Die Geschichte bezieht sich, fragen, die von der Gegenwart an die Vergangenheit geknüpft werden. Wer jede Wissenschaft ... sich die Geschichtswissenschaft eine eigene Fachsprache entwickelt, um diese Art ... zu vermitteln, verständlich sehen zu können.

Dieses Wörterbuch Geschichte enthält in über 5200 Stichwörtern Begriffe und Fachausdrücke aus der Geschichtswissenschaft und ihren Nachbargebieten, auch exemplarische Ereignisse und Daten von historischer ... geschichtlicher Bedeutung werden aufgenommen. Besonders wird vorzugsweise der internationale Raum in größten Anderungen auf andere Geschichtskunde und ... ren. Die Literaturangaben an der Stichworten enthalten auch wesentliche Ergänzungen. Werke. Die ausführliche Bibliographie des wichtigsten Einführungen. Wörterbücher, Lexika, Biographien, Handbüchern, Bibliographien und Zeitschriften ist grundlegende für Schüler und Studierende angeschlossen.

Für diese Auflage wurde das Wörterbuch völlig überarbeitet, neue Artikel und neueste Literaturangaben wurden hinzugefügt. Auch für die 15. Auflage wurden wichtige Werke ergänzt.

Prof. Dr. Konrad, ... geb. 1923, studierte Geschichte, Anglistik, ... und Frühgeschichte und Philosophie in Mainz und ... Deutschland. 1967 Habilitation. Seit 1971 Prof. für mittlere Geschichte, geschichtlichen Landeskunde, und Sozial- und Wirtschaftsgeschichte an der Universität Mainz. Zahlreiche Buchveröffentlichungen.

Prof. Dr. ... geb. 1934, seit 1966 studierte in Marburg und Mainz Geschichte, Germanistik, Anglistik, Philosophie. 1960 Habilitation. Lehramtstätigkeit an der Universität Mainz 1960-63 und 1964-67. 1964-65 Vertretung eine Lehrstuhl für Reale Geschichte an der Universität München, ... war seit 1967 ordentlicher Professor für ... Historie ... an der Universität von Friedrich Schwarz. Zahlreiche Forschungs-Beiträge.

Die Geschichte beantwortet Fragen, die von der Gegenwart an die Vergangenheit gestellt werden. Wie jede Wissenschaft hat auch die Geschichtswissenschaft eine eigene Fachsprache entwickelt, um diese Antwort unmißverständlich geben zu können.

Das ›Wörterbuch Geschichte‹ erklärt in über 5200 Stichwörtern Begriffe und Fachausdrücke aus der Geschichtswissenschaft und ihren Nachbargebieten; auch exemplarische Ereignisse und Daten von besonderer geschichtlicher Bedeutung wurden aufgenommen. Berücksichtigt wurde vorzugsweise der mitteleuropäische Raum mit seinen Auswirkungen auf andere Geschichtsräume und -zeiten. Die Literaturangaben zu den Stichwörtern enthalten auch wesentliche fremdsprachige Werke. Die ausführliche Bibliographie der wichtigsten Einführungen, Wörterbücher, Fachlexika, Biographien, Handbücher, Bibliographien und Zeitschriften ist gerade für Schüler und Studierende unentbehrlich.

Für die 6. Auflage wurde das Wörterbuch völlig überarbeitet; neue Artikel und neueste Literaturangaben wurden hinzugefügt. Auch für die 12. Auflage wurden wichtige Werke ergänzt.

Prof. Dr. Konrad Fuchs, geb. 1928, studierte Geschichte, Anglistik, Vor- und Frühgeschichte und Philosophie in Mainz und Leeds/England; 1968 Habilitation. Seit 1971 Prof. für neuere Geschichte, geschichtliche Landeskunde und Sozial- und Wirtschaftsgeschichte an der Universität Mainz. Zahlreiche Fachveröffentlichungen.

Prof. Dr. Heribert Raab, geb. 1923, gest. 1990, studierte in Marburg und Mainz Geschichte, Germanistik, Anglistik, Philosophie; 1960 Habilitation; Lehrtätigkeit an der Universität Mainz 1960–63 und 1965–67; 1963–65 Vertretung eines Lehrstuhls für Neuere Geschichte an der Universität München; war seit 1967 Ordinarius für Neuere Geschichte-Histoire moderne an der Universität von Fribourg/Schweiz. Zahlreiche Fachveröffentlichungen.

Wörterbuch Geschichte

Von Konrad Fuchs und Heribert Raab

Deutscher Taschenbuch Verlag

Originalausgabe
1. Auflage Oktober 1972
6., bearbeitete und erweiterte Auflage April 1987
13. Auflage Dezember 2002
© Deutscher Taschenbuch Verlag GmbH & Co. KG,
München
www.dtv.de
Das Werk ist urheberrechtlich geschützt.
Sämtliche, auch auszugsweise Verwertungen bleiben vorbehalten.
Umschlagkonzept: Balk & Brumshagen
Umschlagbild: Ausschnitt aus dem Gemälde »Die Freiheit führt das
Volk« (1830) von Eugène Delacroix (© AKG, Berlin)
Gesamtherstellung: Druckerei C. H. Beck, Nördlingen
Gedruckt auf säurefreiem, chlorfrei gebleichtem Papier
Printed in Germany · ISBN-3-423-03364-9

Inhalt

Vorbemerkung

Das vorliegende ›Wörterbuch Geschichte‹ will in die Fachsprache des Historikers einführen. Es werden die historischen Begriffe und Fachausdrücke aus der Geschichtswissenschaft und verwandten Wissenschaftsgebieten erläutert, die ständig begegnen und ohne deren Kenntnis geschichtliches Geschehen nicht verstanden werden kann.

Ziel des Wörterbuches ist es, eine möglichst schnelle und gründliche Information zu liefern.

Jeder Artikel wird unter dem gebräuchlichen allgemeinen, fachlichen oder wissenschaftlichen Stichwort gebracht. Wo verschiedene Stichwortformulierungen üblich sind, wird von den weniger gebräuchlichen oder weniger richtigen Formulierungen auf das Artikel-Stichwort verwiesen (Beispiel: Jesuitenfabeln → Monita secreta [privata] Societatis Jesu). Soweit wie möglich bzw. nötig erfolgt die Erklärung der Herkunft der Wörter in runder Klammer hinter dem Stichwort.

Am Ende der meisten Artikel findet der Leser Literaturangaben, die es ihm ermöglichen sollen, sich weiter in das Thema einzuarbeiten. Anspruch auf Vollständigkeit erheben die Literaturangaben nicht, sie versuchen jedoch das Wichtigste und nach Möglichkeit zugleich das Neueste aus den einschlägigen Veröffentlichungen zu bringen; für Anregungen, Wünsche und fördernde Kritik im Interesse der Benutzer bleibt sicher ein dankbares Feld.

Der Umfang der einzelnen Artikel kann nicht immer erschöpfend sein, vor allem dann, wenn es sich um so problemreiche wie z. B. »Abendland« oder »Aufklärung« handelt. Auch aus Gründen des verfügbaren Raumes war es nicht immer möglich, die vielleicht wünschenswerte Anzahl und Ausführlichkeit zu bieten. Erwähnt sei an dieser Stelle auch, daß bei der Abfassung eines Artikels neben der sachlichen Erläuterung die persönliche Auffassung nicht ganz ausgeschlossen werden kann.

Für wertvolle Hilfen bei der Abfassung der einzelnen Artikel sei den Autoren und Editoren der jeweils einschlägigen Literatur und Lexika gedankt. Hierauf an dieser Stelle im einzelnen hinzuweisen, erscheint nicht notwendig, da im Zusammenhang mit den Literaturangaben die entsprechenden Verweisungen gegeben werden.

Die 6. überarbeitete, erweiterte und ergänzte Auflage wurde um mehr als 150 neue Artikel sowie um mehrere hundert Literaturhinweise vermehrt.

Auch für die 12. Auflage wurden die Artikel durchgesehen und Literaturangaben ergänzt.

Allgemeine Abkürzungen

Außer den hier angegebenen Abkürzungen wurden Stichwörter im laufenden Text mit ihren Anfangsbuchstaben sowie Adjektive, die auf ich oder isch enden (z. B. engl., wörtl.), abgekürzt wiedergegeben.

abgek.	abgekürzt	f., ff.	folgende
ahd.	althochdeutsch	Faks.	Faksimile
aram.	aramäisch	Festschr.	Festschrift
AT	Altes Testament	Forts.	Fortsetzung
At.	Altertum	franz.	französisch
a. u. c.	ab urbe condita, seit Gründung der Stadt (Rom)	g	Gramm
Ausg.	Ausgabe	geb.	geboren
außerh.	außerhalb	gegr.	gegründet
		gest.	gestorben
bayr.	bay(e)risch	GG	Grundgesetz der BRD
Bd., Bde.	Band,Bände	Gf.	Graf
bearb.	bearbeitet	Gft.	Grafschaft
Beih.	Beiheft		
bes.	besonders	H.	Heft
betr.	betreffend	hd.	hochdeutsch
Bez.	Bezeichnung	Hdb.	Handbuch
bez.	bezeichnet	hebr.	hebräisch
Bf.	Bischof	Hrsg.	Herausgeber
Bibl.	Bibliothek	hrsg.	herausgegeben
Bibliogr.	Bibliographie	Hs., Hss.	Handschrift, Handschriften
Bl.	Blatt	Hwb.	Handwörterbuch
BRD	Bundesrepublik Deutschland		
		idg.	indogermanisch
bzw.	beziehungsweise	ital.	italienisch
		i. J.	im Jahre
ca.	circa	innerh.	innerhalb
can.	canonisch		
chin.	chinesisch	Jb.	Jahrbuch
Corp.	Corpus	Jh.	Jahrhundert
		Jahrtsd.	Jahrtausend
DDR	Deutsche Demokratische Republik	Kal.	Kalender
ders.	derselbe	Kard.	Kardinal
dgl.	dergleichen	kath.	katholisch
d. Gr.	der Große	Kg.	König
d. h.	das heißt	Kgr.	Königreich
d. i.	das ist	Kunstw.	Kunstwort
dies.	dieselbe	Kurf.	Kurfürst
Diss.	Dissertation		
dt.	deutsch	lat.	lateinisch
Dtl.	Deutschland	Lit.	Literatur
		LG	Landesgeschichte
EB	Erzbischof	Lfg.	Lieferung
ebd.	ebenda	ll.	libri
ed.	editio, edidit, ediert von	lt.	laut
ehem.	ehemaliger, ehemals	luth.	lutherisch
Einf.	Einführung		
Einl.	Einleitung	MA	Mittelalter
Erg.-Bd.	Ergänzungsband	ma.	mittelalterlich
europ.	europäisch	mhd.	mittelhochdeutsch
ev.	evangelisch	mlat.	mittellateinisch
evtl.	eventuell	mndt.	mittelniederdeutsch
Ew.	Einwohner	Ms., Mss.	Manuskript, Manuskripte

8

N	Norden	spätma.	spätmittelalterlich
nddt.	niederdeutsch	St.	Sankt, Saint
Neudr.	Neudruck	syn.	synonym
nlat.	neulateinisch		
NRW	Nordrhein-Westfalen	t.	tomus, tome, Band
NS	nationalsozialistisch	Tb.	Taschenbuchausgabe
	Nationalsozialismus		
nt.	neutestamentlich	u.a.	unter anderem, und andere
NT	Neues Testament	u.a.m.	und anderes mehr
NZ	Neuzeit	übers.	übersetzt
		Univ.	Universität
O	Osten	Urk.	Urkunde
o.J.	ohne Jahr	urspr.	ursprünglich
orth.	orthodox	usw.	und so weiter
		u.U.	unter Umständen
Pl.	Plural		
Pseud.	Pseudonym	venez.	venezianisch
prot.	protestantisch	Verf.	Verfasser
		versch.	verschiedene
ref.	reformiert	Verz.	Verzeichnis
reg.	regiert, regierte	vgl.	vergleiche
Reg.	Register		
Rep.	Republik	W	Westen
repr.	reprint	Wb.	Wörterbuch
S	Süden	z.B.	zum Beispiel
S.	Seite	Zs.	Zeitschrift
s.	siehe	Ztg.	Zeitung
sc.	scilicet, nämlich, freilich	z.T.	zum Teil
sog.	sogenannt	z.Z.	zur Zeit
SpätMA	Spätmittelalter	zw.	zwischen

Abkürzungen häufig zitierter Werke

AAB	Abhandlungen der Deutschen (bis 1944: Preußischen) Akademie der Wissenschaften zu Berlin, Phil.-hist. Klasse (Berlin 1815ff.).
ADipl	Archiv für Diplomatik, Schriftgeschichte, Siegel- und Wappenkunde. Begr. durch E. E. Stengel, hrsg. von H. Büttner, W. Heinemeyer und K. Jordan (1955ff.).
AKG	Archiv für Kulturgeschichte (1903ff.).
AmrhKG	Archiv für mittelrhein. Kirchengeschichte (1949ff.).
AHVNrh	Annalen des Historischen Vereins für den Niederrhein (1855ff.).
AÖG	Archiv für österreichische Geschichte, 127 Bde. (1848 bis 1968).
AÖR	Archiv des öffentlichen Rechts (1886ff.).
Aubin-Zorn	H. Aubin, W. Zorn (Hrsg.), Handbuch der dt. Wirtschafts- und Sozialgeschichte (Bd. 1: 1971, Nachdr. 1978; Bd. 2: 1976).
Bächtold-Stäubli	H. Bächtold-Stäubli (Hrsg.), Handwörterbuch des deutschen Aberglaubens, 10 Bde. (1927–42).
BHTh	Beiträge zur historischen Theologie (1929ff.).
Bihlmeyer-Tüchle	K. Bihlmeyer und H. Tüchle, Kirchengeschichte. 3 Bde. ([18]1966–69).
Bresslau	H. Bresslau, Handbuch der Urkundenlehre für Deutschland und Italien, 2 Bde. und Reg.Bd. ([2]1958–60).
Clavis mediaevalis	O. Meyer und R. Klauser, Clavis mediaevalis. Kleines Wörterbuch der Mittelalterforschung (1962; Nachdr. 1966).
H. Conrad, DRG	H. Conrad, Deutsche Rechtsgeschichte, 2 Bde., Bd. 1 (1954, [2]1962), Bd. 2 (1962).
DA	Deutsches Archiv für Erforschung (1937–43: für Geschichte) des Mittelalters (Köln 1950ff.).
DACL	F. Cabrol, H. Leclercq (Hrsg.), Dictionnaire d'archéologie chrétienne et de liturgie (Paris 1907ff.).
DDC	R. Naz (Hrsg.), Dictionnaire de droit canonique (Paris 1935ff.).
DHGE	A. Baudrillart u. a. (Hrsg.), Dictionnaire d'histoire et de géographie ecclésiastique (Paris 1912ff.).
DRG	→H. Conrad: DRG; →H. Mitteis: DRG.
DThC	Dictionnaire de théologie catholique (Paris 1903–50).
DW	Dahlmann-Waitz, Quellenkunde der deutschen Geschichte ([9]1931; [10]1965ff.).
DWB	Deutsches Wörterbuch von Jakob und Wilhelm Grimm (1864–1960).
EKL	H. Brunotte und O. Weber (Hrsg.), Evangelisches Kirchenlexikon. Kirchlich-theologisches Handwörterbuch, 3 Bde. und Reg.-Bd. (1955ff., [2]1961–62).
Erdmannsdörffer	B. Erdmannsdörffer, Deutsche Geschichte vom Westfälischen Frieden bis zum Regierungsantritt Friedrichs des Großen, 1648–1740, 2 Bde. ([2]1962).
Feine, KRG	H. E. Feine, Kirchliche Rechtsgeschichte ([5]1972).
FRA	Fontes rerum Austriacarum (Wien 1849ff.).
Gebhardt-Grundmann	B. Gebhardt, Handbuch der deutschen Geschichte, hrsg. von H. Grundmann, 4 Bde. (9., neubearb. Aufl. 1970/71 mit mehreren Nachdrucken; auch als Taschenbuch: dtv Nr. 4201-22, 22 Bde., 1973ff.).
Grotefend	H. Grotefend, Taschenbuch der Zeitrechnung des dt. MA und der NZ, hrsg. von Th. Ulrich ([11]1971).
GWU	Geschichte in Wissenschaft und Unterricht. Zs. des

	Verbandes der Geschichtslehrer Deutschlands (Stuttgart 1950 ff.).
Haberkern-Wallach	E. Haberkern und J. F. Wallach, Hilfswörterbuch für Historiker ([8]1995).
HAW	Handbuch der Altertumswissenschaft, begr. von J. von Müller, neuhrsg. von W. Otto (1929 ff.; Neuaufl. 1955 ff.).
Hdb. d. Arch.	Handbuch der Archäologie im Rahmen des Handbuchs der Altertumswissenschaft, begr. von W. Otto, fortgeführt von R. Herbig (1939 ff.).
Heimbucher	M. Heimbucher, Die Orden und Kongregationen der katholischen Kirche, 2 Bde. ([3]1932–1934).
HJB	Historisches Jahrbuch der Görresgesellschaft (1880 ff.).
HKG	H. Jedin (Hrsg.), Handbuch der Kirchengeschichte, 7 Bde. (1962–79; als Taschenbuch 1985).
HWDRG	A. Erler und E. Kaufmann (Hrsg.), Handwörterbuch zur deutschen Rechtsgeschichte (1964 ff.).
HWIslam	A. J. Wesinck und J. H. Kramers (Hrsg.), Handwörterbuch des Islam (Leiden 1941).
HWSt	L. Elster u. a. (Hrsg.), Handwörterbuch der Staatswissenschaften (Jena [4]1923–29); 5. Aufl.: Hwb. der Sozialwissenschaften (1953 ff.).
HZ	Historische Zeitschrift (München 1859 ff.).
Jedin	→ HKG.
Kluge	Friedrich Kluge, Etymologisches Wörterbuch der deutschen Sprache ([21]1975).
LMA	Lexikon des Mittelalters (1980 ff.).
LThK	Lexikon für Theologie und Kirche, begr. von M. Buchberger, hrsg. von J. Höfer und K. Rahner, 10 Bde. und Reg.-Bd. ([3]1993–98; als Taschenbuch 1986).
Littré	M. P. E. Littré, Dictionnaire de la langue française.
MGH	Monumenta Germaniae Historica, seit 1826 hrsg. von der Gesellschaft für ältere Geschichtskunde (1819 gegr. von Frhr. vom Stein); seit 1946 hrsg. vom Dt. Institut zur Erforschung des MA.
MIÖG	Mitteilungen des Instituts für Österreichische Geschichtsforschung (1880 ff.).
H. Mitteis, DRG	H. Mitteis, Deutsche Rechtsgeschichte ([19]1992).
Mlat. WB	Mittellatein. Wörterbuch bis zum ausgehenden 13. Jh. I (1967).
MÖSTA; MOSA	Mitteilungen des Österreichischen Staatsarchivs (1948 ff.).
NDB	Neue Deutsche Biographie (1953 ff.).
Pauly-Wissowa	Paulys Realencyclopädie der classischen Altertumswissenschaft. Neue Bearbeitung, begonnen von G. Wissowa, fortgeführt von W. Kroll und K. Mittelhaus, hrsg. von K. Ziegler und W. John. 1. Reihe (A–Q), 1,1 (1893) – 24,1 (1963); 2. Reihe (P–Z), 1 A 1 ff. (1914) ff.; bisher: 15 Supplbde. (1903 bis 1978).
QFIAB	Quellen und Forschungen aus italienischen Archiven und Bibliotheken (Rom 1897 ff.).
RAC	Reallexikon für Antike und Christentum (1941, 1950 ff.).
RDK	Reallexikon zur deutschen Kunstgeschichte, begonnen von O. Schmitt (1937 ff.).
RDL	Reallexikon der deutschen Literaturgeschichte, begr. von P. Merker und W. Stammler, 2. Aufl. neu bearbeitet und hrsg. von W. Kohlschmidt und W. Mohr, 3 Bde. (1955 ff.).

Abkürzungen häufig zitierter Werke

RE	Realencyklopädie für protestantische Theologie und Kirche, begr. von J. J. Herzog, hrsg. von A. Hauck, 24 Bde. (^{3}1896–1913).
Redlich	W. Erben, L. Schmitz-Kallenberg, O. Redlich, Urkundenlehre. 2 Bde., I, III (1907–11).
RGG	Die Religion in Geschichte und Gegenwart, hrsg. von K. Galling in Gemeinschaft mit H. Frhr. von Campenhausen, E. Dinkler u. a., 6 Bde. und 1 Reg.Bd. (^{3}1957–65).
RH	Revue historique (1876 ff.)
RHE	Revue d'histoire ecclésiastique (Löwen 1900 ff.).
Rössler-Franz, SWDG	Sachwörterbuch zur deutschen Geschichte, hrsg. von H. Rössler, G. Franz unter Mitarb. von W. Hoppe u. a. (1956–58; Nachdr. in 2 Bänden 1970; Studienausgabe 1982).
RQS	Römische Quartalschrift für christliche Altertumskunde und für Kirchengeschichte (1887 ff.).
RSCI	Rivista di storia della Chiesa in Italia (Rom 1947 ff.).
Sacramentum mundi	Sacramentum mundi. Theolog. Lexikon für die Praxis, hrsg. von K. Rahner, Ad. Darlap u. a., 4 Bde. (1967–69).
Schmoller's Jb.	Jahrbuch für Gesetzgebung, Verwaltung und Volkswirtschaft (1877 ff.).
Spindler	M. Spindler (Hrsg.), Handbuch der bayer. Geschichte II (1966; 1969), III (1971).
Stengel-Fleischmann	K. von Stengel, Wörterbuch des dt. Staats- und Verwaltungsrechts, 2. Aufl. hrsg. von M. Fleischmann, 3 Bde. (1911–14).
StL	Staatslexikon, hrsg. von der Görresgesellschaft, 11 Bde. (^{6}1957–70); 5 Bde. (^{7}1985 ff.).
SWDG	→Rössler-Franz: SWDG.
TRE	Theologische Realenzyklopädie, 25 Bde. (1977 ff.).
VSWG	Vierteljahrsschrift für Sozial- und Wirtschaftsgeschichte (1903 ff.).
WB des Völkerrechts	H. Hatschek-K. Strupp, Wörterbuch des Völkerrechts und der Diplomatie, 3 Bde. (1922–26; 1960–62).
ZAGV	Zeitschrift des Aachener Geschichtsvereins (Aachen 1879 ff.).
ZbKg	Zeitschrift für bayerische Kirchengeschichte (1967).
ZbLG	Zeitschrift für bayerische Landesgeschichte (1928 ff.).
ZfO	Zeitschrift für Ostforschung (1952 ff.).
ZgesStW	Zeitschrift für die gesamte Staatswissenschaft (1844 ff.).
ZKiG	Zeitschrift für Kirchengeschichte (1876 ff.).
ZRG GA	Zeitschrift der Savigny-Stiftung für Rechtsgeschichte, Germanistische Abteilung (1880 ff.).
ZRG KA	Zeitschrift der Savigny-Stiftung für Rechtsgeschichte, Kanonistische Abteilung (1911 ff.).
ZRG RA	Zeitschrift der Savigny-Stiftung für Rechtsgeschichte, Romanistische Abteilung (1880 ff.).
ZSKg	Zeitschrift für Schweizer Kirchengeschichte (Fribourg 1907 ff.).

Aachen, Friede von (2. 5. 1668). Dieser erste Friede von A. beendete den Devolutionskrieg Ludwigs XIV. gegen Spanien (1667–68). Im April 1668 schlossen England und die Generalstaaten mit Frankreich den Frieden von St. Germain. Notgedrungen trat Spanien diesem Frieden am 2. Mai zu Aachen bei. Spanien ließ alle Ansprüche auf die engl. Besitzungen in Westindien und in Nordamerika fallen. Frankreich gab die Franche-Comté (Freigrafschaft Burgund) nach Schleifung aller befestigten Plätze an Spanien zurück, behielt aber die in den span. Niederlanden eroberten 12 Festungen Charleroi, Oudenaarde, Lille, Douai, Bergues, Ypern, Courtrai, Ath, Armentières, Tournai, Binche, Veurne. Frankreich erreichte damit eine für Angriff und Verteidigung gleich wertvolle Verstärkung seiner nördl. Grenzgebiete. Im Krieg zwischen Frankreich und Spanien war der Friede von A. nur ein Waffenstillstand. LIT. Erdmannsdörffer I; Gebhardt-Grundmann II; A. V. Reumont, Mons. Agostino Franciotti und der Aachener Friede von 1668. In: ZAGV 5 (1883) 53–74; Ch. Terlinden, La diplomatie pontificale et la paix d'Aix-la-Chapelle de 1668. In: Bulletin de l'Institut Historique Belge de Rome 27 (1952) 249–68.

Aachen, Friede von (18. 10. 1748). Dieser zweite Friede von A. beendete den Österreichischen Erbfolgekrieg nach den Friedenspräliminarien zwischen den Seemächten (England, Holland) und Frankreich vom 30. 4. 1748. Der Friede von Aachen wurde abgeschlossen zwischen Österreich, Großbritannien, den Niederlanden und Sardinien einerseits und Frankreich, Spanien, Modena und Genua andererseits. Er stellte das Gleichgewicht in Europa wieder her, garantierte die Pragmatische Sanktion Kaiser Karls VI., anerkannte Maria Theresia als Erbin der habsburg. Länder und ihren Gemahl Franz Stephan von Lothringen als Kaiser und restituierte Maria Theresia in den südl. Niederlanden. Die Holländer blieben im Besitz der Barriereplätze (→Barrièretraktat). Schlesien und die Herrschaft Glatz, auf die Maria Theresia im Dresdener Frieden (1745) verzichtet hatte, wurden dem König von Preußen garantiert. Maria Theresia und König Karl Emanuel III. von Sardinien traten ihre Ansprüche auf Parma, Pia-

cenza und Guastalla an den span. Infanten Don Philipp ab. Der König von Sardinien blieb im Besitz seines alten und neuen Gebietes, der Herzog von Modena wurde restituiert, die Republik Genua wiederhergestellt. Ferner bestätigte der Aachener Friede den Assientovertrag bezüglich des Sklavenhandels (vom 26. 3. 1713) und garantierte die Erbfolge des Hauses Hannover auf den engl. Königsthron. In den überseeischen kolonialen Fragen wurde zwischen England und Frankreich-Spanien ein gewisser status quo ante wiederhergestellt. Der engl.-französ. Gegensatz blieb ungeklärt. Der zweite Aachener Friede entsprach in erster Linie den politischen Interessen Englands und wurde auf Kosten des verbündeten Österreich ausgehandelt. Die Brüchigkeit der traditionellen Allianz zwischen Österreich und den Seemächten (England-Hannover, Holland) zeigte sich drastisch, und der Gedanke einer Allianz mit Frankreich, einer Trennung Frankreichs von dem Bündnis mit Preußen erhielt in dem österreich. Staatsmann Graf Wenzel Kaunitz starken Auftrieb. Frankreich, über den Aachener Frieden fast noch mehr verärgert als Österreich, zeigte sich seit Aachen den neuen polit. und diplomat. Möglichkeiten, die sich angesichts der unausweichlichen Konfliktes mit England anboten, nicht verschlossen. Der zweite Friede von A. ist nur eine Etappe in dem großen Ringen der europäischen Mächte zwischen 1740–1762/63 und eine wichtige Vorstufe zum renversement des alliances (Umkehrung der Bündnisse) von 1756 (Vertrag von Versailles). LIT. F. A. Wenck, Codex juris gentium (1735–1772) II, 337ff.; A. Beer, Zur Geschichte des Friedens von Aachen. In: AÖG 47 (1871); A. v. Arneth, Geschichte Maria Theresias, III (1863–79); A. Duc de Broglie, La Paix d'Aix-la-Chapelle (1895); M. Braubach, Versailles und Wien. Von Ludwig XIV. bis Kaunitz (1952).

Aachen, Kongreß von (30. 9.–21. 11. 1818). Einberufen auf Vorschlag Metternichs zwecks Besprechung der gemeinsamen Interessen der Viererbundes. Frankreich wurde aufgefordert, dem Viererbund beizutreten (Pentarchie der Großmächte). Abschluß eines Geheimabkommens unter den Vier, das sich auf die allenfalls zu ergreifenden militär. Maßnahmen bei von Frankreich ausgehenden revolutionären Unruhen bezog. Die Kongreßmächte erklärten, den Frieden in Europa sichern zu wollen. Völkerrechtl. Beschlüsse über die Titeländerung von Souveränen (gegen den Versuch des Kurfürsten von Hessen-Kassel, sich den Königstitel beizulegen) und über die Rangordnung der diplomat. Vertreter (Ergänzung zu dem Règlement sur le rang entre les agents diplomatiques vom 19. 3. 1815, Wiener Kongreß) wurden gefaßt. Die innerdeutschen Streitigkeiten wurden an den Bundestag verwiesen. Offen blieben der Konflikt zwischen Spanien und Portugal, der Krieg zwischen Spanien und seinen amerikan. Kolonien und die Verhandlungen über die Bekämpfung des Negerhandels. LIT. WB des Völkerrechts I, 1 (1924); H. W. Schmalz, Versuche einer gesamteurop. Organisation 1815–1820 (1940).

Abbate (Abate, ital.). Abt, Kleriker, nach Empfang der Tonsur und der niederen Weihen; Titel für einfache Priester, früher auch für Weltleute, z. B. für Advokaten und Ärzte.

Abbatia nullius. Eine zu keiner Diözese gehörende, papstunmittelbare Abtei mit quasiepiskopaler Jurisdiktion. LIT. →Abtei.

Abbé (franz.; Abt). Ursprünglich hatte der A. in Frankreich die Funktion eines Abts. Mit dem Konkordat von Bologna zwischen Papst Leo X. und Franz I. (1516) erhielt der König ein weitgehendes Ernennungsrecht auf fast alle Abteien (Abbé commendataire). Dadurch entstand ein Mißverhältnis zwischen freien Stellen und Anwärtern, so daß bald jeder junge Geistliche, ob geweiht oder ungeweiht, A. genannt wurde. Der Leiter eines einem Abbé commendataire unterstellten Klosters hieß Prieur claustral.

Abbreviator (auch breviator, von lat. brevis: kurz). Päpstlicher Kanzleibeamter (seit dem 13. Jh.), dem die Herstellung von Konzepten für Bullen, Briefe usw. anvertraut war und von dem eine besondere Kenntnis der Abbreviaturen (Abkürzungen) verlangt wurde. Die Zahl der Abbreviatoren der Apostolischen Kanzlei wurde von Sixtus IV. auf 72 festgesetzt. Das Amt war käuflich. Es ist zu unterscheiden zwischen dem Notarabbreviator (von einem päpstl. Notar ernannt und an seine Weisungen gebunden) und dem Kanzleiabbreviator

(vom Papst oder dem Vicecancellarius S. Ecclesiae Romanae ernannt). LIT. Clavis mediaevalis 11; LThK I, 9f.; DDC I, 96–106; B. Schwarz, Die Organisation kurialer Schreiberkollegien (1972).

Abbreviaturen. Abkürzungen, seit alters her auf Münzen, Siegeln, vor allem aber in Handschriften, auch in frühen Drucken üblich, zur Einsparung von Raum, Zeit, Material, gelegentlich auch zwecks Geheimhaltung. Zwei Systeme werden verwendet: a) die Suspension, d. h. die Unterdrückung aller oder mehrerer auf den ersten folgenden Buchstaben, übernommen aus der röm. epigraphisch-juristischen Praxis, die Flexionsendung muß aus dem Zusammenhang erschlossen werden; z. B.: S. I. R. (= Sacrum Imperium Romanum), SPQR (=Senatus Populusque Romanus), fl (= filius), EKM (= Eure Kaiserliche Majestät). b) die Kontraktion, d. h. die ursprünglich nur für nomina sacra angewandte, dann immer gebräuchlicher werdende Zusammenziehung des ersten und letzten Buchstabens bzw. der Hauptkonsonanten, z. B. JHS (=Jesus Christus); pbr (= presbyter); SS (= Scriptores) usw. Angewendet wurden auch individuelle A. und Siglen. Zur Auflösung der A. kannte bereits das SpätMA Lexika. Die Kenntnis der A. bildet seit jeher ein wichtiges Anliegen der Paläographie. LIT. Clavis mediaevalis 11 f.; A. Capelli, Dizionario delle abbreviature latine ed italiane (1954); ders., Lexicon abbreviaturarum (⁹1961); A. Pelzer, Abréviations latines médiévales (1964).

Abdankung.
[1] Förmlicher Verzicht des Staatsoberhauptes bes. des Monarchen auf seine staatliche Stellung (Thronverzicht, Thronentsagung; Abdikation, Renunziation).
[2] In Verfassung und Recht des Hl. Römischen Reiches nicht vorgesehen. Als außerordentliche Vakanz des Reiches setzte sie die Einwilligung der Kurfürsten als Wähler des Kaisers voraus (→ Kurfürstenkolleg). Eine Absetzung des Kaisers wurde aus dem Widerstandsrecht hergeleitet, aber nicht allgemein anerkannt. Kaiser Karl V. sprach 1555 seinem Bruder Ferdinand I., seit 1531 Römischer König, gegenüber den Verzicht auf das Reich aus. Ferdinand gab diese Abdankung gegenüber dem Reichstag nicht bekannt, da sie, ebenso

wie die Wahl, eine Angelegenheit der Kurfürsten sei. Die Abdankungserklärung Karls V. wurde mit deren Annahme von seiten der Kurfürsten am 14. 3. 1558 wirksam.
[3] Die Abdankung Kaiser Franz' II. (6. 8. 1806) unter dem Druck eines Ultimatums Napoleons führte die Auflösung des Reiches herbei. Franz II. erklärte Amt und Würde des Reichsoberhaupts »durch die Vereinigung der konföderierten rheinischen Stände als erloschen« (→ Rheinbund), sich selbst aller Pflichten gegen das Reich ledig, die Reichsstände von ihren Verpflichtungen gegen den Kaiser entbunden, die zum Reich gehörigen österreichischen Erblande als von diesem getrennt.
[4] Kaiser Wilhelm II. entschloß sich am 9. 11. 1918 zur Abdankung – am gleichen Tage wurde die Republik ausgerufen –, um durch Thronverzicht und Einsetzung einer Regentschaft die Monarchie zu erhalten. Auch die übrigen deutschen Fürsten, mit Ausnahme des Königs von Bayern, erklärten 1918 ihre Abdankung.
LIT. Zu [2] E. Reimann, Der Streit zwischen Papsttum und Kaisertum im Jahr 1558. In: Forschungen zur dt. Geschichte V (1865), 291 ff.; ders., Papst Paul IV. und das Kaisertum. In: Abhandlungen der Schles. Gesellschaft für vaterländ. Cultur, phil. hist. Abt. 1871; J. Schmid, Die dt. Kaiser- und Königswahlen und die röm. Kurie in den Jahren 1558–1620. In: HJb 5 (1885) 3 ff.; P. Rassow, Die Reichstage zu Augsburg in der Reformationszeit, Augusta 955–1955 (1955); ders. Karl V., der letzte Kaiser des Mittelalters (1957); K. Brandi, Kaiser Karl V. (⁷1964).
Zu [3] H. Ritter v. Srbik, Die Schicksalsstunde des alten Reiches (1937); E. R. Huber, Dt. Verfassungsgeschichte I, 68f.; ders., Dokumente I, 35f.; K. von Raumer, Hügels Gutachten z. Frage der Niederlegung der dt. Kaiserkrone. In: Zeitschr. für bayr. Landesgeschichte 27 (1964) 390f.
Zu [4] A. Stutzenberger, Die A. Kaiser Wilhelms II. (1937); K. Graf Westarp, Das Ende der Monarchie am 9. 11. 1918, hrsg. von W. Conze (1952).

Abdikation (lat. abdicare, sich lossagen). Freiwilliger Verzicht auf ein öffentl. Amt, Thronverzicht. Umstritten war früher die Zulässigkeit, z. B. (1294) bei Coelestin V. (Papa angelicus) trotz eingeholtem Gutachten über die Möglichkeit der A., und (1936) bei Edward VIII. von England; heute wird die Zulässigkeit allgemein eingeräumt.

Abedarium, Abecedarium (auch Abecedurium, Abeceturium; abgetorium, abigtorium, abgatorium).
[1] Psalmen und Dichtungen, deren Strophen oder Verse mit je einem Buchstaben des Alphabets in der Reihenfolge A–Z anfangen (→ Akrostichon).
[2] Alphabet. geordnete Inhaltsübersichten aus dem 14. und 15. Jh.; z. B. von dt. Rechtsbüchern, wie Sachsenspiegel, Schwabenspiegel und deren Glossen, zum römischen und kanonischen Recht.
[3] Abecedarium Normannicum. Bez. für eine nordische Runenreihe in der Handschrift St. Gallen 878.

Abendland (lat. occidens, Länder im Westen, Europa; im Gegensatz zum Orient, Morgenland). Seit dem 16. Jh. zuerst räumlich, dann seit der Romantik kulturell und religiös die im Mittelalter entstandene Kulturgemeinschaft der westeurop. Völker, die die roman.–german. Völkergemeinschaft von Byzanz und dessen kulturellem und religiösem Einflußgebiet abgrenzt. Das A. bildet eine Synthese aus Antike, Christentum und Germanentum. Die wandlungsreiche Geschichte des Begriffes von der zunächst rein geograph. Bezeichnung zu F. Schlegels »europäischem Abendland« (ma.–christl. Staatenwelt) und L. von Rankes Einheit des Abendlandes (roman.–german. Völkergemeinschaft) und A. Webers »Welt-Abendland« zeigt, daß er mehr für eine empfundene als nachweisbare geistig-religiöse Einheit gebraucht wird. Die Teilung des röm. Reiches in eine oström. und eine weström. Hälfte ist ein erster Schritt zur Ausbildung eines abendländ. Sonderbewußtseins, das durch die Spaltung in eine abendländ.-lat. und eine morgenländ.-griech. Kirche vertieft wird. Im abendländ. Kaisertum lebt der Anspruch, das röm. Weltreich weiterzuführen. Kreuzzüge und Mongolenstürme, z. T. auch noch die Türkennot, festigten das abendländ. Zusammengehörigkeitsgefühl.
Die seit der Aufklärung erwachende Geschichtsphilosophie sah im abendländ. Humanitätsideal die höchste Stufe der Menschheitsentwicklung, während die neuere Kulturmorphologie die Deutung als europazentrisch und die abend-

länd. Kultur nur als eine unter den weltgeschichtl. Hochkulturen gelten lassen will. Als Kennzeichen der abendländ. Entwicklung und Geisteshaltung gelten: Freiheit, Humanität, rationalistisches Denken, Naturwissenschaften, Technik, Industrie, Zivilisation. Auch die antieurop. Einstellung ehem. Kolonialvölker hält das Vordringen der abendländ. Zivilisation nicht auf. Die Idee des »christlichen Abendlandes« erfuhr im Abwehrkampf gegen Nationalsozialismus und Bolschewismus eine Erneuerung, die aber offensichtlich vorübergehend war.
LIT. H. Freyer, Weltgeschichte Europas (1948); G. Krüger, Abendländ. Humanität (1953); A. Mercier (Hrsg.), Islam und A. Geschichte und Gegenwart (1976); F. Borkenau, Ende und Anfang. Von den Generationen der Hochkulturen und von der Entstehung des Abendlandes (1984).

abendländisches Schisma. In der Kirchengeschichte die Zeit von 1378 (Tod Gregors XI.) bis 1417 bzw. 1449, da gleichzeitig zwei bzw. drei Päpste die oberste Gewalt in der Kirche beanspruchten. Das a. S. eine der größten Krisen der Kirche seit ihrem Bestehen, wurde ausgelöst durch die tumultuarische, unter starkem äußerem Zwang und den Nachwirkungen des Avignoneser Exils vollzogene Doppelwahl von 1378, aus welcher der Halbfranzose Bartholomäus Prignano als Urban VI. und der Römer Tebaldeschi hervorgingen. Die herrische Art des pathologischen Urban VI. führte nach seiner Erhebung zum Papst dazu, daß die nichtitalien. (ultramontanen) Kardinäle unter stillschweigender Billigung der drei italien. Kardinäle zu Fondi Karl Robert von Genf, einen Vetter des französ. Königs, als Clemens VII. zum Papst wählten (20. 9. 1378), der sich 1379 in Avignon niederließ. Von der Kurie und ihrem Personal wurde mehrheitlich die Wahl Clemens' VII. begrüßt, die Spitzen der kurialen Verwaltung gingen zu ihm über und verließen Rom.
Die Doppelwahl spaltete die Christenheit in zwei Obedienzen, in Urbanisten und Clementisten, wobei zunächst bis zur Schlacht bei Marino (29. 4. 1379) die Lage für Clemens VII. günstiger schien. Im allgemeinen hielten die westlichen Länder (Frankreich, Kastilien, Aragón, Navarra, Schottland) zu dem Avignoneser Papst, das Reich und die meisten deutschen Territorien sowie England, Ungarn, Nord- und Mittelitalien zu Urban VI. Die Spaltung der Kirche, der Bistümer und Orden in Obedienzen stürzte die Christenheit in tiefste Unsicherheit, stärkte das Staatskirchentum der Laienfürsten und den Konziliarismus. Nach dem Tod der beiden ersten Gegenpäpste wurde durch Neuwahlen das Papstschisma fortgesetzt.
Da weder durch freiwillige Abdankung (via cessionis) noch durch Gewalt (via facti) die Spaltung beseitigt werden konnte, versuchte man die Lösung über ein Konzil (via concilii). Das Konzil von Pisa (März bis Juni 1409) setzte die rivalisierenden Päpste Gregor XII. und Benedikt XIII. ab und wählte zum neuen Papst den Kardinal-Erzbischof von Mailand Peter Philargi als Alexander V. (1409/1410). Zwar hielt der größere Teil der Christenheit zu Papst Alexander V. und seinem Nachfolger Johannes XXIII. (1410–15), aber auch die beiden anderen Päpste behielten einen Teil ihrer Obedienzen, so daß es nach dem Pisanum drei Päpste gab und die Unsicherheit nur noch größer war.
Beseitigt wurde schließlich das Papstschisma mit dem Konstanzer Konzil, vor allem dank den energischen Eingreifens von König Sigismund, mit der Erklärung der Konzilssuperiorität über den Papst, der Absetzung Johannes' XXIII., der Resignation Gregors XII. und der Absetzung Benedikts XIII. (1417). Martin V. wurde am 11. 11. 1417 zum Papst gewählt. In ihm erhielt die Kirche wieder ein allgemein anerkanntes Oberhaupt.
Eine Fortsetzung des a. S. bildete das Papstschisma des Baseler Konzils mit der Absetzung Eugens IV. und der Wahl Felix' V. (1439). Dieses Papstschisma endete nach zehnjähriger Dauer mit der Unterwerfung Felix' V.
LIT. HKG III, 2, 490ff. (1968); M. Seidlmayer, Die Anfänge des großen a. S. (1940); J. H. Smith, Great schism (1970).

Abendmahl. Von Jesus vor seinem Leiden in Form eines jüdischen Festmahls oder des Passahmahls mit den Jüngern gefeiertes Abschiedsmahl (»Letztes Abendmahl«). Die nach Jesu Auftrag begangene Feier im evangel. Sprachgebrauch meist Abendmahl (Nachtmahl), im katholischen Messe, Eucharistie genannt.

Abendmahlsbulle (Bulla in Coena Domini). So genannt, weil sie (endgültige Fassung 1627) bis 1770 jährlich beim Gründonnerstagsgottesdienst feierlich verkündet wurde. Enthält zahlreiche, dem Papst reservierte Exkommunikationssentenzen, z. B. für Angriffe auf den Papst, das päpstliche Gebiet, für Verletzung von Privilegien des Klerus, für Lieferung von Waffen und Munition an die Ungläubigen usw. Die Verkündung der A., bereits im 16. Jh. von kath. Herrschern (Philipp II., Rudolf II.) untersagt, wird unter der Wirkung von Aufklärung und Absolutismus im 18. Jh. heftig bekämpft.
LIT. Le Bret, Pragmatische Geschichte der so verrufenen Bulle in Coena Domini (1769); K. Pfaff, Beitr. zur Geschichte der A. vom 16.–18. Jh. In: RQS 38 (1930), 23–76.

Abendmahlsprobe (Examen per eucharistiam; purgatio per corpus et sanguinem Domini nostri Jesu Christi). Die A. besteht darin, die Eucharistie als Beschwörungsmittel zu verwenden, oder aber die Darreichung der Kommunion als Beschwörungsmittel zu gebrauchen. Anwendung bei den Gottesurteilen, die aus der german. Vorstellungswelt seit dem 8. Jh. in das weltl. und geistl. Strafprozeßverfahren übernommen werden. Aus der Ordalkommunion entwickelt sich eine Art Gottesurteil. Stärkere Verbreitung der A. bei Angelsachsen und Deutschen. Nahezu in ganz Europa ließ die Übung der A. Mitte oder Ende des 13. Jh. nach; nur in Spanien hielt sie sich länger. Beispiele für A.: bei Gregor von Tours; die Kommunion König Lothars II. 869 in Monte Cassino.

Abgabe. Sammelbezeichnung für jede zur Bestreitung des Bedarfs der höhergeordneten Gewalt (Lehnsherr, Grundherr, Stadt, Staat) zu erbringende Geld- oder Sachleistung, z. B. Steuern, Zehnten, Zoll, Gebühren, Fronden, Oblationen. Das Recht, Abgaben zu erheben, ist ein Hoheitszeichen.

Abgeordneter. Gewähltes Mitglied einer gesetzgebenden Körperschaft (Parlament), hervorgegangen aus den ständ. Vertretungen. Die rechtl. Stellung des Abgeordneten als Volksvertreter ist durch die Verfassung und die Geschäftsordnung festgelegt. Der Abgeordnete repräsentiert das ganze Volk als Einheit (→Repräsentation, →Demokratie); er genießt Immunität und Indemnität, erhält eine Aufwandsentschädigung (Diäten), Tagegeld, Auslagenersatz, kostenfreie Benutzung der staatl. Verkehrsmittel. Der Grundsatz des freien Mandats des Abgeordneten, erstmals proklamiert in der franz. Verfassung (vom 3. 9. 1791) und logische Folge der Volkssouveränität, ist vielfach durch Beschlüsse der Parteien und durch den Fraktionszwang aufgehoben.
LIT. Staatslexikon I (⁶1957) 8–13; K. Kremer, Der Abgeordnete (1953); F. A. v. d. Heydte–K. Sacherl, Soziologie der deutschen Parteien (1955).

Abjuratio (lat., Abschwörung). Abschwörung (a) der Häresien bei der Wiederaufnahme in die kirchl. Gemeinschaft und (b) der Irrlehren bei Konversionen. Die Absage an die Werke des Teufels bei der Taufe wird, obschon sachlich entsprechend, als abrenuntiatio diaboli bezeichnet.

Abjurationseid. In England seit der Glorious Revolution (Wilhelm III.) Eid der Beamten und der Geistlichkeit, womit sie dem Hause Stuart abschwuren und dem Hause Hannover Treue gelobten. Seit 1867/68 durch einen allgemeinen Treueid ersetzt.

Ablaß (ahd. ablaz; lat. indulgentia). Nachlaß einer zeitlichen Strafe für Sünden, die hinsichtlich der Schuld schon im Bußsakrament getilgt sind. Dieser Nachlaß wird von der kirchlichen Autorität aus dem Gnadenschatz der Kirche (= Verdienste Christi und der Heiligen) gewährt, für die Lebenden in der Weise der Lossprechung, für die Verstorbenen in der Weise der Fürbitte (per modum suffragii). Die eigentlichen Ablässe sind geschichtlich aus verschiedenen Momenten entstanden, im 11. Jh. zunächst in Frankreich, verbunden mit einem guten Werk. Mit der Entwicklung der Lehre vom Gnadenschatz der Kirche entsteht eine neue Phase in der Ablaßlehre. Häufung der Ablässe bei ständig kleiner werdenden Ablaßwerken, fiskalische Verwendung des Ablasses und Übertreibung bei Ablaßpredigten sind für die Entwicklung der A. im SpätMA charakteristisch. Gegen Wyclif und Hus wurde die Vollmacht der Kirche, A. zu gewähren, herausgestellt. Ablaßmißbrauch spielte in der Entstehungsgeschichte der Reformation eine nicht unwesentliche, jedoch manchmal überbewertete Rolle. Das Konzil von Trient (→Tridentinum) verwarf Luthers Lehre vom A., verurteilte aber gleichzeitig sei-

ne fiskalische Ausnutzung, empfahl Abstellung der Mißbräuche durch die Bischöfe auf künftigen Provinzialsynoden und Maßhalten beim Gewähren von A. Als katholische Lehre in der A.-Frage erklärte das Konzil nur, daß die Kirche die Gewalt habe, A. zu erteilen und daß er den Gläubigen nützlich sei. Im Zusammenhang mit dem 2. Vatikanischen Konzil wurde die A.-Praxis neu geregelt.
LIT. LThK I, 46–54; Sacramentum mundi I (1967) 20–31; N. Paulus, Geschichte des A. im MA I–III (1922f.); K. Honselmann, Urfassung und Drucke der Ablaßthesen Luthers und ihre Veröffentlichungen (1966).

Ablegatus. Bis ins 17. Jh. Gesandter im allgemeinen, dann der Gesandte zweiten Ranges; wenig gebraucht. Vertreter des Papstes zu besonderen Ereignissen entsandt, ohne Jurisdiktion.

Ablösung. Abgeltung, Aufhebung rechtl. Lasten, lehens- bzw. hofrechtl. Verhältnisse wie z. B. Fronden, Zehnten und gewerbl. Berechtigungen durch eine Entschädigung, meist in Geld. Besondere Bedeutung hatte die Ablösung bei der Bauernbefreiung, bei der sie sich sehr zugunsten des Großgrundbesitzes und zu Lasten der beabsichtigten Reform auswirkte.

Ablösungsgelder. Gelder, die für den Freikauf vom Gesindezwang, von Fronden usw. aufgebracht werden mußten.
LIT. E. R. Huber, Deutsche Verfassungsgeschichte I (1957) 194f.; F. Lütge, Deutsche Sozial- und Wirtschaftsgeschichte (²1960); HWDRG I, 10ff.

Ablution. Abwaschen der Finger und Geräte, die bei der Feier der Eucharistie mit dieser in Berührung kamen. Seit alters üblich, mit Wein und Wasser vollzogen (Ablutions-Wein; Ablutions-Wasser), wurde die A. im Missale Pius' V. geregelt; sie fehlt in der mozarab. Liturgie. Seit dem 12. Jh. wurde der Ablutions-Wein vielfach als Ersatz für die Kelchkommunion gereicht.
LIT. LThK I, 55; Liturg. Handlexikon 1922, 1.

Abolition (lat. abolitio). Aufhebung, Abschaffung, Vernichtung, Verbot; Niederschlagung eines schwebenden Strafverfahrens.

Abolitionismus. Bewegung zur Abschaffung von bestimmten Einrichtungen, z. B. der Prostitution in England im 19. Jh.; im engeren Sinn versteht man unter Abolitionismus die Bewegung zur Abschaffung der Sklaverei; seit 1833 war sie in den USA in der National Anti-Slavery Society organisiert.

Abrahamiten.
[1] Sekte des 9. Jh. n. Chr., nach ihrem Stifter Abraham von Antiocheia benannt, sie leugnet die Gottheit Christi.
[2] Böhmische Sekte des 18. Jh., die im Zusammenhang mit den ostböhm. Bauernaufständen (1775) und dem Toleranzpatent Kaiser Josephs II. (1782) eine Rolle spielte, am strikten Monotheismus (»reiner Gottesglaube Abrahams«) festhielt, die Zugehörigkeit zu einer der im Toleranzpatent anerkannten Kirchen ablehnte. Joseph II. siedelte einen Teil der A. zwangsweise nach Siebenbürgen und an die serb. Militärgrenze aus.
LIT. E. Winter, Der Josephinismus und seine Geschichte (²1962).

abrenuntiatio diaboli →Abjuratio.

Abrogans (der, lat.). Glossae ex novo et vetere testamento, alphabetisch geordnete lat. Synonymensammlung, genannt nach dem ersten Stichwort, wahrscheinlich in Bobbio um 700 zusammengestellt, unter Bischof Arbeo von Freising an der Domschule ins Althochdeutsche übersetzt. Die bayr. Urfassung ist verloren, erhalten sind 3 alemann. Um- und Abschriften, 1 bayr. Umarbeitung.
LIT. →Abrogans, deutscher.

Abrogans, deutscher. Das sogen. Keronische Glossar, St. Gallen (aus Murbach?) ca. 800, ist eine alemann. Umarbeitung des Abrogans.
LIT. W. Baesecke, Der dt. A. (Nachdruck 1970); B. Bischoff, J. Duft, St. Sonderegger, Das älteste deutsche Buch (1977); J. Splett, A.-Studien (1976).

Abrogation. Gänzliche und direkte Aufhebung eines Gesetzes durch den Gesetzgeber bzw. ein neues Gesetz.

Abrüstung. Die aus humanitären Wurzeln, wirtschaftl. und militär. Erwägungen (Erhaltung des Gleichgewichts, →Balance of Power) erwachsene Abrüstungs-Idee ist alt. Seit J. Bodin (1530–1596) ist sie in den meisten Friedensrufen der folgenden Jahrhunderte vertreten, z. B. bei I. Kant, Zum ewigen Frieden (1795), durch Zar Alexander I. auf dem Wiener Kongreß, durch Napoleon III. 1870 und Zar Nikolaus I. 1898. Auf den Haager Konferenzen (1899; Landkriegskonvention, von 24 Staaten

unterzeichnet. 2. Konferenz: 1907) mißlingt die eigentl. Abrüstung. Erfolglos bleiben auch die Mahnungen Papst Leos XIII. 1889 zur Rüstungsbeschränkung. Nach dem Ersten Weltkrieg bekommt die Diskussion um die Abrüstung durch die den Besiegten einseitig auferlegte Abrüstung des Versailler Friedens und des Art. 8 der Völkerbundssatzung neuen Auftrieb. Art. 9 der Völkerbundssatzung sieht einen Rüstungsausschuß vor. Das Genfer Protokoll vom 2. 10. 1924 (Regelung internationaler Streitfälle) tritt nicht in Kraft. Schleppend verläuft die Abrüstungskonferenz im Dez. 1925; 1929: Anerkennung des Rüstungsstandes der Siegermächte, Deutschland distanziert sich. 9. 12. 1930: Konventionsentwurf (Frankreich–England) stellt die Abrüstung der Siegermächte in deren Ermessen. Die Abrüstungskonferenz 1932 läßt den Gegensatz Frankreich (Sicherheitsdenken) – Deutschland (Gleichberechtigung) deutlich werden. McDonalds Plan (1933) einer stufenweisen, kontrollierten Abrüstung scheitert. Deutschlands Austritt aus dem Völkerbund (14. 10. 1933) und die Kündigung der Militärklausel des Versailler Vertrags (1935) sind wichtige Marksteine für die beginnende Aufrüstung der abgerüsteten Nationen.
Nach dem Zweiten Weltkrieg (seit der Vollversammlung von 1946) beschäftigt sich die UNO (Abrüstungskommission) mit der A. Zweiseitige Abrüstungsgespräche werden geführt. Besondere Schwierigkeiten bieten die atomaren Waffen, das Verhältnis der konventionellen Waffen, die Kontrolle der A., der Begriff der Rüstung überhaupt oder der Angriffswaffen. Einzelerfolge sind bisher nur gegenüber den Verlierermächten des Zweiten Weltkriegs erzielt worden. Zwischen dem Sicherheitsbedürfnis der einzelnen Mächte, der Angst vor den atomaren und bakteriologischen Vernichtungsmitteln, wirtschaftl. Erwägungen und machtpolitischem Denken verharrte die A. in juristischen Distinktionen und Kontrollfragen, in Mißtrauen und Verdächtigungen bis zur Auflösung der UdSSR und des Ostblocks seit 1989.
LIT. H. J. Schlochauer, Die Idee des ewigen Friedens (1953); H. Volle, Probleme der internat. Abrüstung (1956); STL I, 13–18; K. von Raumer, Ewiger Friede (1953); J. Janning, H.-J. Le-

grand, H. Zander, Friedensbewegungen in der BRD und in Westeuropa (1986); H. Scheer, Die Befreiung von der Bombe (1986).
Abschied. Memorial, Rezeß, Schied. Zusammenfassung der Beschlüsse eines Kollegiums, einer Versammlung, insbesondere eines Landtags (Landtagsabschied), eines Reichstags (Reichsrezeß, recessus imperii). Der Reichsabschied von 1654 wird »jüngster Reichsabschied« genannt, da fortan der Reichstag zu Regensburg in Permanenz tagte (Immerwährender Reichstag bis 1806) und aus diesem Grunde kein Abschied mehr erfolgte. Seit 1663 (Immerwährender Reichstag) tritt an die Stelle des Reichsabschieds der Reichsschluß als die Form, in der die Beschlüsse des Reichstags durch kaiserl. Dekret verkündet werden.
LIT. Haberkern-Wallach 20, 527; H. Conrad, Dt. Rechtsgeschichte I und II.

Absolutismus. Regierungsform der Monarchie, die davon ausgeht, daß der Monarch die unbeschränkte Herrschaftsgewalt verkörpert. »Maiestas est summa in cives ac subditos legibusque soluta potestas« (Bodin). Doch steht auch der absolutist. Fürst unter dem Gesetz (keine Willkürherrschaft). Göttliches und menschliches Gesetz, das persönliche Gewissen, das gute alte Recht, Herkommen, Parlamente bzw. Stände, gesellschaftliche Struktur (besonders der Adel) ziehen dem Absolutismus Grenzen. Die staatsfreie Sphäre der Zeit des Absolutismus war vielfach größer als in modernen Staatswesen. Der monarchische Absolutismus, der im 17. und 18. Jh. seinen Höhepunkt erreichte (Höfischer oder Hochabsolutismus), ist aus dem Königtum des Spät-MA im Bund mit dem Bürgertum gegen das Feudalsystem und den Adel entstanden (Frühabsolutist. Formen: Friedrich II. in Sizilien, Philipp IV. in Frankreich, England unter den Tudors). Er hat sich in langen Kämpfen gegen den Ständestaat und die partikularen Gewalten durchgesetzt. Entscheidend für seine Ausbildung war, daß das Steuerbewilligungsrecht der Stände (Aerarium) gebrochen und stehende Heere (miles perpetuus) eingeführt wurden. Man unterscheidet:
(a) Früh-Absolutismus (Friedrich II.; Philipp IV.)
(b) Konfessioneller A. des 16. Jh. (Phil-

ipp II. von Spanien; Elisabeth I. von England), der vom Endzweck der Glaubenseinheit bzw. der Glaubensreinheit die höchste Gewalt des Fürsten anerkennt und verstärkt, durch reiche Privilegierungen seitens des Papsttums unterstützt, aber auch in den nichtkatholischen Staaten durch die engste Verbindung von Thron und Altar gefördert wird. Der Fürst, weitgehend konfessionell abhängig, beansprucht, auch im Staatsinteresse (non debet esse status in statu) ein religiös-kirchliches Aufsichts- und Sorgerecht, Herrschaft auch über die Seelen, aus religiösen und machtpolitischen Motiven. Vergleiche dazu das Jus reformandi, dessen Grundsatz cuius regio, eius religio lautete (wem das Land, dem der Glaube).

(c) Höfischer oder Hoch-Absolutismus, wie er in Frankreich aus den Hugenottenkriegen und den Frondekämpfen erwachsen ist (höchste Ausbildung unter Ludwig XIV.). Das französische Vorbild (»L'état c'est moi«; »Si veut le roi, veut la loi«) mit der höfischen Zentralisation in Versailles, der weitgehenden Ausschaltung des Adels und der Stände, der Begründung des Absolutismus durch Bibel und Theologie (J. B. Bossuet, 1627–1704) wirkte sich fast in ganz Europa aus (Friedrich Wilhelm I. in Preußen; Zar Peter d. Gr.).

(d) Aufgeklärter A., eine durch die Aufklärung modifizierte Form des monarchischen Absolutismus, die sich vor allem darin niederschlägt, daß der Fürst, unter Beibehaltung der alten »Losgelöstheit« vom Volk und der starren ständischen Gliederung, sich dem gemeinen Besten (salus publica), der öffentlichen Meinung, der Kritik der »Aufgeklärten« verantwortlich weiß und somit der alles beherrschenden Vernunft (Roi-philosophe). Er fühlt sich als erster Diener seines Staates.

(e) Spät-Absolutismus, erfährt nach der Französischen Revolution (bereits beginnend mit Napoleon und seinem Staatensystem) unter Metternich, Montgelas u. a. seine Ausbildung und wird erst durch die 48er Revolution überwunden. Die Leistung des A. ist u. a. in der Schaffung einer modernen Verwaltung, der Herstellung der Rechtseinheit innerhalb der Staaten, Aufstellung stehender Heere unter dem Oberbefehl des Herrschers, Zurückdrängung des alten Adels durch einen neuen Amtsadel, Ausbildung des Staatskirchentums

(→Josephinismus) mit nationalkirchlicher Tendenz sowie im Vordringen des von der Krone geförderten Bürgertums zu sehen.

Die Theorie des A. entwickelte sich in engstem Zusammenhang mit der Auseinandersetzung um das Verhältnis von Kirche und Staat seit dem 14. Jh. (Philipp IV. und seine Legisten, Kämpfe Ludwigs IV. mit dem Papsttum: Marsilius von Padua, Pierre d'Ailly u. a.) und wurde gegen Ende des 16. Jh. von Jean Bodin, namentlich in den sechs Büchern über den Staat (1576) und Thomas Hobbes (1588–1679) formuliert. Neben der Lehre von der Souveränität (entwickelt in Abwehr des Königtums gegen die Stände, Papst und Kaiser) läuft die Idee der Staatsräson (N. Machiavelli) als wichtige Wurzel des Absolutismus. Mit der Überspitzung des A. setzt bereits im 17. Jh., zunächst in England (Buchanan, Barclay) die Gegenbewegung ein, die um so mehr an Boden gewinnt, je stärker sich die überspannte Außenpolitik absolutistischer Herrscher, die Kosten der stehenden Heere, Flotten, Hofhaltung, Kriege, Festungsbauten usw. auf Finanzen und Wirtschaft auswirken. Seit der zweiten Hälfte des 17. Jh. wird nach Beschränkungen der fürstlichen Macht aus dem Naturrecht und der Idee der Gewaltenteilung gesucht (Locke, Montesquieu). Die Kritik der Aufklärung, das Aufkommen einer öffentlichen Meinung leiten die Modifikation zum aufgeklärten A. ein. Bis zu dem durch die Aufklärung und die Französische Revolution eingeleiteten Säkularisierungsprozeß blieb der A. stark konfessionell, kirchenpolit. gebunden, das Streben nach Bindung zwischen Thron und Altar ist selbst für den Neo- oder Spätabsolutismus des 19. Jh. charakteristisch (→Gottesgnadentum). Toleranz und Parität wurden in den absolutistischen Staaten sehr unterschiedlich, oft erst nach harten Kämpfen und je nach der konfessionellen Situation verwirklicht. Die Repräsentationsfreude der absolutistischen Fürsten (so z. B. Ludwigs XIV., Augusts des Starken von Sachsen-Polen, Friedrichs I. von Preußen, Max Emanuels von Bayern, auch der geistlichen Fürsten aus dem Hause Schönborn) hat sich in zahllosen künstlerischen Leistungen des Barock und Rokoko (Architektur, Malerei, Plastik, Musik, Theater) niedergeschlagen.

LIT. StL I, 31–35; Gebhardt-Grundmann II; LThK I, 75–81; W. Hubatsch, Das Zeitalter des A., 1600 bis 1789 (1962); A. D. Lublinskaya, French absolutism: the crucial phase 1600–1629 (Cambridge 1968); W. Hubatsch, A. (1973); K. O. v. Aretin, Der aufgeklärte A. (1974); K. Neumaier, Ius publicum. Studien zur barocken Rechtsgelehrsamkeit an der Universität Ingolstadt (1974); G. Barudio, Absolutismus–Zerstörung »libertärer Verfassung«. Studien zur »Karolinischen Eingewalt« in Schweden zwischen 1680 und 1693 (1976); H. H. Brandt, Der österreich. Neoabsolutismus (1978); H. Ch. Ehalt, Ausdrucksformen absolutist. Herrschaft. Der Wiener Hof im 17. und 18. Jh. (1980); H. Lehmann, Das Zeitalter des A. Gottesgnadentum und Kriegsnot (1980); E. W. Zeeden, Europa im Zeitalter des A. und der Aufklärung (1981); H. Reinalter, Aufgeklärter A. und Revolution (1980); J. Kunisch, A. (2. überarb. Aufl. 1999).

Abt (von bibl.-aram. aba, ab, gräzisiert ἀββᾶς, geistl. Vater seiner Mönche). Vorsteher einer Mönchsgemeinde, nach der Benediktinerregel der Vater des Konvents, der Stellvertreter Christi im Kloster.»Die Geschichte des Benediktinertums ist die Geschichte seiner Äbte« (I. Herwegen).
(a) Der Abbas regularis de regimine steht rechtlich und faktisch einer Abtei vor, ist exemt und besitzt die Jurisdiktion über alle zur Abtei gehörenden Personen.
(b) Der Abbas vel praelatus nullius ist ein exgefreiter Abt oder Prälat, dem 12. Jh. zuständig für den mit der Abtei verbundenen Sprengel, der nicht einem Bischof untersteht, hat dort quasi-episkopale Jurisdiktion und besondere Privilegien.
(c) Der Titularabt ist im Besitz von Weihe, Insignien und Privilegien eines Abts, aber ohne Amtspflicht.
(d) Die Kommendatar- und Laienäbte, eine Einrichtung des MA, denen die Einkünfte einer Abtei übertragen wurden, waren ohne kirchl. Amtspflicht und die Ursache vieler Mißstände.
(e) Archiabbas (Erzabt), Abbas praeses (Abtpraeses), Abbas generalis (Generalabt) sind Bezeichnungen für Vorsteher einer monast. Kongregation.
(f) Der Abbas Primas (Abtprimas) ist das gewählte Haupt der benediktin. Konföderation und amtiert 12 Jahre.

LIT.: H. S. Mayer, Benediktin. Ordensrecht. 4 Bde. (1929–36).
Abtei (lat. abbatia). Zunächst Bez. für das Amt eines Abtes, dann für das Abtsgut, seit dem 11. Jh. für ein Kloster, das unter einem Abt steht, im Gegensatz zu den Propsteien und Prioraten, auch für Nonnenklöster unter einer Äbtissin. Unter den Abteien nahmen die auf königl. Grund errichteten Reichsabteien (→ Reichsklöster) eine bes. Stellung dank ihrer Immunität und der ihnen später verliehenen Regalien ein, wie z. B. Zoll-, Markt-, Münzrecht. Zu den bedeutendsten Reichsabteien, die sich im 13. Jh. zu Territorien und fürstl. Rang zu entwickeln begannen und einen quasiepiskopalen Jurisdiktionsbereich umfaßten, z. T. auch im 18. Jh. zu Fürstbistümern umgewandelt wurden, zählten: St. Gallen, Kempten, Ottobeuren, Ellwangen, Fulda, Stablo-Malmedy, Corvey. Neben den Reichsabteien gab es immediate, nicht gefürstete Abteien (z. B. Weingarten, St. Blasien) und die große Zahl der mediaten, landsässigen Abteien, vor allem im Süden und Südosten des Reiches.
LIT. J. Zeller, Die Umwandlung des Benediktinerklosters Ellwangen in ein weltl. Chorherrenstift (1460) und die kirchl. Verfassung des Stifts. In: Württemberg. Geschichtsquellen 10 (1910); A. Werminghoff, Verfassungsgeschichte der dt. Kirche im MA (²1913); O. Hutter, Das Gebiet der Reichsabtei Ellwangen (1914); Ph. Hofmeister, Mitra und Stab der wirklichen Prälaten ohne bischöfl. Charakter (1928); LThK I, 90–95; HWDRG I, 19 f.; DDC I, 29–62; J. Rottenkolber, Geschichte des hochfürstl. Stiftes Kempten (1933); E. Poumon, Abbayes de Belgique (1954); W. Rave, Korvey (1958); H. Pfeiffer, Verfassungs- und Verwaltungsgeschichte der Fürstpropstei Ellwangen (1959); P. Salmon, L'abbé dans la tradition monastique (1963); V. Burr (Hrsg.), Ellwangen 764–1964. Beiträge und Untersuchungen zur 1200-Jahrfeier. 2 Bde. (1964); H. Tüchle, Abtei und hochfürstliches Stift Kempten. In: Studien und Mitteilungen zur Geschichte des Benediktiner-Ordens 81 (1970) 390–406; H. P. Wehlt, Reichsabtei und König (1970); W. Braunfels, Abendländische Klosterbaukunst (²1976); F. J. Felten, Äbte und Laienäbte im Frankenreich (1980).

21

Äbtissin. Vorsteherin einer weiblichen Klosterfamilie, Abtei oder eines Damenstiftes. Kirchenlat.: abbatissa, zuerst im 6. Jh. auf romanischem Sprachboden, abgeleitet von Abt. Auch praeposita oder mater (bei Augustinus), mater monasterii genannt. In der Reichskirche gab es eine Reihe von Fürstäbtissinnen, z. B. von Essen, Elten, Werden, Thorn, Remiremont, Münsterbilsen, Buchau, Ober- und Niedermünster zu Regensburg usw. Sie verfügten über einen eigenen Territorialbesitz, beträchtliche Selbständigkeit auch gegenüber dem zuständigen Diözesanbischof, waren im Reichstag vertreten und durch kanonische Wahl bestellt.
LIT. M. Ascherfeld, Maria Kunigunde von Sachsen, die letzte Fürstäbtissin des Stiftes Essen 1776–1802. In: Beiträge zur Geschichte von Stadt und Stift Essen 47 (1930), 1–119; M. Domarus, Äbtissin Eva Theresia von Schönborn und das adelige Damenstift zur Heiligen Anna in Würzburg (1964).

Abukir (östlich von Alexandria).
[1] Seeschlacht von A. Am 1. 8. 1798 vernichtete Admiral Nelson die franz. Flotte, die die Expedition Napoleons in Ägypten decken sollte, er begründete damit die engl. Seeherrschaft über das östl. Mittelmeer und leitete, trotz der Erfolge Napoleons in Syrien und Ägypten und des hartnäckigen Widerstands der Franzosen unter General J. Kléber (nach Napoleons Rückkehr nach Frankreich), den endgültigen Sieg Englands auf dem ägyptischen Kriegsschauplatz ein.
[2] Landschlacht bei A. (25. 7.–2. 8. 1799). Sieg Napoleons auf der Halbinsel von A. über das zahlenmäßig weit überlegene Heer von Mustafa IV.

ab urbe condita (von der Gründung der Stadt Rom). Begriff der Chronologie. Neben der Varronischen Zeitrechnung (Gründung Roms mit 753 v. Chr. angesetzt) steht bisweilen auch die Catonische (752 als Jahr der Gründung Roms). Die Datierung a. u. c. findet auch bei frühmittelalterlichen Chronisten Verwendung; im SpätMA soll sie die klassische Bildung unterstreichen. Die Umrechung in christliche Zeitrechnung für die Zeit nach Chr. erfolgt, indem von der Jahreszahl 753 (bzw. 752) abgezogen wird, für die Zeit vor Chr. wird die Jahreszahl von 754 (bzw. 753) abgezogen.

a cappella (ital., nach Art einer Sängerkapelle). Ursprünglich Bezeichnung für Satz und Ausführungsart der ital. Vokalpolyphonie im 16. Jh., vorab der Werke Palestrinas, Lassos und der römischen Schule (A-cappella-Stil; A-cappella-Polyphonie), im Gegensatz zur Musik der Generalbaßzeit, die ein Mitwirken der Instrumente voraussetzt.

Acht (ahd. ahta, Verfolgung). Zustand der Rechtlosigkeit, der Friedlosigkeit. Die Verfolgung des Friedlosen (ahd. ahta, mhd. ahte, ehte) ist rechtmäßig. Von der Friedloserklärung wird die A. auch als Bann bezeichnet. Doppelformel: A. und Bann. Fehderechtlich wird der Friedlose ein Feind des Volkes und des Königs genannt, verliert die Huld des Königs. Im SpätMA für den Geächteten auch die Bezeichnung: vogelfrei. Nicht jede Missetat zieht die A. nach sich. Die volle Friedlosigkeit ist im MA die Ausnahme, in der Regel ist die A. örtlich und sachlich begrenzt, zunächst auf den Gerichtsbezirk, später auf das Territorium. Das Reichshofgericht konnte die Reichsacht aussprechen und damit die Friedlosigkeit auf das Reich ausdehnen. Die königl. Landgerichte und die westfälischen Femgerichte beanspruchten für ihre A. Geltung im ganzen Reich. Die Reichsacht betreffende Vorschriften finden sich in den Reichsabschieden, in den Kaiserlichen Wahlkapitulationen und in den Kammergerichtsordnungen. Die Nichtzahlung der bewilligten Reichssteuern war seit dem Reichsabschied von Speyer 1542 mit der Reichsacht bedroht. Der Kaiser konnte die Reichsacht nur noch nach vorausgehendem Prozeß verhängen, den er am Reichshofrat durchführen lassen konnte. Seit 1711 (Wahlkapitulation Kaiser Karls VI.) war der Ausspruch der Reichsacht an die Zustimmung des Reichstages gebunden.
Damit war der Reichsacht faktisch der Todesstoß versetzt. Das von Maria Theresia 1756 angestrengte Achtverfahren gegen Friedrich II. drang nicht durch.
Häufig hat das Reichskammergericht bis zum 16. Jh. die Reichsacht verhängt, im 17. Jh. sie aber immer seltener ausgesprochen. Karl V. ächtete ohne Prozeß 1546 die Führer des Schmalkaldischen Bundes. Kurfürst Friedrich V. von der Pfalz wurde wegen seiner Einmischung in die böhmischen Unruhen 1621 von Kaiser Ferdinand II. in die Reichsacht erklärt. Kaiser Joseph I. sprach 1706 mit Zustimmung des Kur-

kollegs, aber ohne vorausgehenden Prozeß und ohne Befragung der übrigen Reichsstände die Reichsacht über die Kurfürsten Maximilian Emanuel von Bayern und Joseph Clemens von Köln aus. Die Lösung des Geächteten war möglich durch die Absolution. Sie erfolgte durch eine feierliche Absolutionserklärung. Zuständig für die Absolution war der Kaiser, allein oder mit Hilfe eines Gerichts, des Reichshofrats, das Reichskammergericht und der Reichshofrat selbst, wenn sie ohne Mitwirkung des Kaisers selbständig die Reichsacht ausgesprochen hatten. Wichtigste Bedingung der Absolution war die Bereitschaft des Geächteten zum Gehorsam gegen Kaiser und Reich. Durch die Absolution wurde der Geächtete gänzlich von den Rechtsfolgen der A. befreit.
LIT. HWDRG I, 25–36; F. von Thudichum, Der Achtprozeß gegen Friedrich d. Gr. und seine Verbündeten 1757 und 1758. In: Festgabe für R. von Ihering (1892); E. Feldmeier, Die Ächtung des Kurfürsten Max Emanuel von Bayern und die Übertragung der Oberpfalz mit der fünften Kur an Kurpfalz 1702–08. In: Oberbayerisches Archiv 58 (1914) 145–269; A. Brabant, Das Heilige Römische Reich teutscher Nation im Kampf mit Friedrich d. Gr. (1904); Eberhard Schmidt, Geschichte der dt. Strafrechtspflege (1951).

Achtundvierziger. Die Vertreter der liberalen und demokrat. Strömungen in der Revolution von 1848 (innerhalb und außerhalb der Paulskirche). Zum Teil wanderten sie später aus (in die Schweiz: G. Herwegh, J. Scherr; nach England: F. Freiligrath, L. Bucher; in die USA: Th. Hecker, K. Schurz, Th. Sigel), zum Teil wurden sie gemaßregelt.
LIT. E. Meier, Die außenpolit. Ideen der A. (1938); A. E. Zucker, Forty-Eighters (1950); D. Cunz, Die A. in Amerika (1950); E. W. Dobert, Dt. Demokraten in Amerika (1958).

Acta (lat. das Geschehene, Verhandelte; Akten). Verfügungen und Protokolle von Behörden.
(a) **Acta senatus.** Protokolle der Senatsverhandlungen, seit 59 v. Chr. auf Anordnung Caesars ständig aufgenommen.
(b) **Acta principis.** Aufgezeichnete Äußerungen des Kaisers in Briefen, Reden, Edikten usw.

(c) **Acta diurna oder Acta urbis.** Eine Art Staatsanzeigen im alten Rom, von Caesar begründet, eine Vorform der Zeitung.
(d) **Acta Apostolorum** (d. h. Apostelgeschichte). Weniger eine Geschichte der Apostel, als eine Darstellung der Entstehung und Ausbreitung der urchristlichen Kirche, insbes. der Mission unter den Heiden.
(e) **Acta martyrum** (Martyrerakten). Berichte über das Martyrium von Christen, die altertümlichsten in Form eines Gerichtsprotokolls.
(f) **Acta eruditorum.** Die erste gelehrte Zeitschrift Deutschlands, 1682 in Leipzig von O. Mencke begründet, 1782 eingegangen (117 Bände).
(g) **Acta RR. Pontificum.** Entscheidungen der röm. Päpste für die Gesamtkirche, nach Inhalt und Form verschieden (Briefe, Bullen, Dekrete, Enzykliken usw.), vom 16. Jh. an in sog. Bullarien gesammelt.
(h) **Acta Apostolicae Sedis** (AAS, seit 1909 an Stelle der **Acta Sanctae Sedis,** seit 1865). Gesetzblatt und amtliches Publikationsorgan der röm. Kurie, ›Commentarium Officiale‹ (Untertitel) des Papstes, der Kardinalskongregationen, der Gerichte und Ämter.
(i) **Acta Sanctorum.** Von dem Jesuiten Jean Bolland (1596–1665) begonnene Sammlung von Heiligenleben, oft recht legendarisch, die nach den Gedenktagen des Kalenders angelegt waren. Der erste Band der Acta Sanctorum erschien 1643; die Sammlung ist heute noch nicht abgeschlossen. Nach der Aufhebung der Gesellschaft Jesu (1773) kauften die Prämonstratenser der Abtei Tongerloo die historischen Schätze der Bollandisten auf, führten die Acta Sanctorum weiter. Tongerloo wurde nach Einverleibung der südl. Niederlande in die franz. Republik 1796 säkularisiert und verkauft, die Sammlung der Bollandisten in alle Richtungen zerstreut. 1837 wurde das Unternehmen in Brüssel wiederbegründet. Veröffentlichungen: Acta Sanctorum, Analecta bollandiana, Subsidia hagiographica.

Action Française. Franzäs. politische Gruppe, entstanden 1898 im Zusammenhang mit der Dreyfusaffäre unter Führung des Schriftstellers Charles Maurras; sie war nationalistisch, antisemitisch, royalistisch. Zu ihr gehörte der 1907 gegründete Wehrverband der Ca-

melots du roi. 1936 wurde die Organisation aufgelöst. 1914 wurden vom Hl. Offizium einige von Maurras' Werken verurteilt; diese Verurteilung wurde aber erst 1926 mit der Verkündigung rechtswirksam und von Pius XII. 1939 aufgehoben. Die seit 1908 erscheinende Tageszeitung der A. F., mit Léon Daudet als Chefredakteur, vereinigte hohes literar. Niveau mit großer Schärfe. Nach dem Zweiten Weltkrieg wurde die A. F., die für die Regierung Pétain eingetreten war, aufgelöst.
LIT. R. Havard de la Montagne, Histoire de l'»Action Française« (Paris 1950); L. Thomas, L'action Française devant l'Eglise (1965).

Actium, Seeschlacht bei (2. 9. 31 v. Chr.). Am Vorgebirge von A., auf der Südseite des Golfs von Ambrakia, errang Octavian, der spätere Kaiser Augustus, den welthistor. Sieg über die zahlenmäßig überlegenen Flotten des Antonius und der Kleopatra. Die Niederlage des Antonius zur See zog die Auflösung seines Landheeres nach sich. Der Sieg von A. ermöglichte Octavian im folgenden Jahr die Landung in Ägypten. A. sicherte Rom für Jahrhunderte die Vorherrschaft im Mittelmeer gegenüber Alexandria.
LIT. J.M. Carter, Die Schlacht bei Aktium (1972).

Ada-Handschrift. Karoling. Evangelienhandschrift, um 800, angeblich für die Äbtissin Ada verfertigt, die eine Schwester Karls d. Gr. gewesen sein soll. Die A.-H. aus der Abtei St. Maximin ist heute in der Stadtbibliothek Trier zu sehen.

Adamiten, Adamianer. Bezeichnung für verschiedene Sekten, gnostische und wiedertäuferische Gruppen. Die A. huldigten dem Nudismus zum Zeichen paradiesischer Unschuld und lehnten die Ehe ab. Die Promiskuität war sehr verbreitet. A. werden erwähnt bei Augustinus und Johannes von Damaskus. Den Katharern, gewissen Gruppen der Waldenser, den Wiedertäufern u. a. wurde rituelle Unzucht vorgeworfen. A. waren angeblich auch unter den Hussiten, außer in Böhmen auch in Flandern und der Picardie verbreitet.
LIT. Th. Büttner–E. Werner, Circumcellionen und Adamiten (1959).

Addextrator. Ma. Bezeichnung für den Begleiter einer höheren Persönlichkeit (der zur Rechten ging oder saß) oder die zwei Kardinäle, die den Papst zum Altar geleiteten, bzw. für denjenigen, der den Steigbügel hielt und das Pferd des Papstes führte.

Ad dominici gregis custodiam. Bulle zur Ergänzung der Zirkumskriptionsbulle für die oberrheinische Kirchenprovinz ›Provida sollersque‹; 16. 8. 1821).

Adel (von ahd. adal, edeli). Edles Geschlecht, durch Abstammung bevorrechtigter Stand, der sich ursprüngl. auf kriegerische Tüchtigkeit und die Vorstellung von göttl. Herkunft, Geblütsheiligkeit (Geblütsadel), dann auch auf Grundbesitz stützte.
In der fränk. Zeit entstand aus dem Königsdienst, der Königsgefolgschaft (trustis dominica, →Antrustionen) ein Dienstadel, zu dem auch Unfreie emporstiegen. Dieser Dienstadel war neben dem galloröm. Senatorenaristokratie der Träger der Verwaltung von Staat und Kirche. Er überlagerte den Ur-Adel der german. Stämme, sog ihn zum Teil auf, doch trat dieser Ur-Adel am Ende des 9. Jh. wieder regeneriert hervor. Den Aufstieg des Dienstadels in fränk. Zeit zeigt am deutlichsten der Aufstieg der Hausmeier zum Königtum. Der Adel war das »genossenschaftl. Element in der Struktur des ma. ›Staates‹ bis zu seinem Zerbrechen im Spät-MA«.
Die Reichskirche des MA und der frühen NZ war zu einem guten Teil Adelskirche. Adelige besetzten, mit wenigen Ausnahmen abgesehen, die Bischofsstühle bis zum Untergang der Reichskirche, einen guten Teil der Abtssitze und dominierten in den Domkapiteln. Um die Wende vom 9. zum 10. Jh. übernahm der Adel die Vogtei über die königl. Bischofs- und Klosterkirchen. Die Vogtei ist seit dem 10. Jh. die eigentl. Form der polit. Herrschaft des Adels über die Kirche. Maßgebl. Anteil hatte der Adel am Investiturstreit. Die Überführung der Reichskirche in den Reichslehensverband gereichte in erster Linie dem Adel zum Vorteil. Das Lehenswesen führte zum inneren Ausbau und zur Festigung der Adelsherrschaft.
Der Hochadel baute seine Territorien zu Landesherrschaften aus und trat 1180 beim Prozeß Heinrichs des Löwen als Reichsfürstenstand auf. Dessen Spitze bilden seit dem 13. Jh. die Königswähler, die sich schließlich im Kurfürstenkolleg abschlossen.

Die Abstufung innerhalb des Adels und in der Lehensfähigkeit spiegelt sich Heerschildordnung. Der ma. Kultur- und Gesellschaftskreis des Rittertums vereinigte im gemeinsamen Streben nach Verwirklichung ritterlicher Ideale Fürsten, Hochadel, einfache Ritter, auch die ursprüngl. unfreien Ministerialen. Mit dem Ende der Naturalwirtschaft, der Erschütterung des Feudalsystems, dem Aufkommen der Geldwirtschaft und dem Aufstieg des Bürgertums beginnt eine Krise und Umschichtung des Adels. Im SpätMA zerfallen Ritterstand und ritterl. Ideale.

Die Mystik trägt einen neuen Adelsbegriff in weite Kreise: den Adel des Leidens und Mitleidens. Hoch-Adel und Nieder-Adel differenzierten sich ständerechtlich; der Nieder-Adel schloß sich im 14./15. Jh ab. Söldnerheere, Städtekultur, Humanismus, spätburgundische Kultur umschreiben eine Zeit, die insgesamt dem Adel wenig günstig ist; die Schicksale eines Franz von Sickingen und Ulrich von Hutten stehen für viele andere. Der Gang der Reformation und der Gegenreformation wurde jedoch noch entscheidend von den teils gegen sein gegen den Landesherrn frondierenden Adel bestimmt.

Das absolutist. Fürstentum setzte sich jedoch gegen den Adel durch, brach seine Macht, förderte das Bürgertum. Die Aufklärung, von der Aristokratie in ihren Anfängen gefördert, erwies sich als eine Bewegung des 3. Standes, der aufgeklärte Absolutismus war keineswegs adelsfreundlich.

Mit der Französischen Revolution und ihren Folgen (Säkularisation, Mediatisierung) wurde der Adel in ganz Europa weiter zurückgedrängt. In Frankreich verlor der Adel 1789 seine Vorrechte, Steuerfreiheit, gutsherrl. Gerichtsbarkeit, Recht auf bäuerl. Frondienste. Im Reich wurden 1803 und 1806 die meisten kleineren Geschlechter des hohen Adels, die Reichsritterschaft, mediatisiert (Mediatisierte, → Standesherrn). Der im 18. Jh. noch weitgehend adelige Charakter der Reichskirche wurde mit der Säkularisation beseitigt, Versorgungsmöglichkeiten für den Adel in Stifts- und Domkapiteln sehr stark beschränkt. Der Spätabsolutismus und der Konstitutionalismus in den dt. Staaten drängte den Adel weiter zurück. Im 19. Jh. war sein Schicksal mit dem des monarch. Prinzips verbunden.

Die polit. und gesellschaftl. Bedeutung des Adels ist heute so gut wie ganz beseitigt. Die Funktion der Elite, die früher vom Adel wahrgenommen wurde, haben andere übernommen. Die vom Adel geprägten Leitbilder (Heros, Ritter, Gentleman) sind verblaßt.

LIT. H. von Bülow, Geschichte des Adels (1903); A. Schulte, Der Adel und die dt. Kirche im MA (²1922); O. von Dungern, Adelsherrschaft im MA (1927); Th. Mayer (Hrsg.), Adel und Bauern (1943); H. Mitteis, Der Staat des hohen MA (²1944), O. Brunner, Adeliges Landleben und europ. Geist (1949); Th. Mayer, Fürsten und Staat (1950); G. Tellenbach, Studien und Vorarbeiten zur Geschichte des großfränk. und frühdt. Adels (1957); H. Gollwitzer, Die Standesherren (²1964); M. D. Sagebiel, Die Problematik der Qualifikation bei den Baierischen Standeserhebungen zwischen 1651 und 1799 (1964); H. Rössler, Der deutsche Hochadel und der Wiederaufbau nach dem Westf. Frieden. In: Blätter f. deutsche Landesgesch. 101 (1965) 129–146; H. Schneider, Adel, Burgen, Waffen (1968); W. Blanning, The nobility and revolution in Mainz, 1792–1793. In: Gedenkschrift für Martin Göhring (1968); H. Jacobs, Der Adel in der Klosterreform von St. Blasien (1968); Rössler-Franz, Sachwörterbuch zur dt. Geschichte I (1970) 10–18; Staatslexikon I, 43–49; HWDRG I, 42–51; R. Vierhaus (Hrsg.), Der Adel vor der Französischen Revolution (1971); P. Feldbauer, Herren und Ritter (1973); W. Störmer, Früher Adel. 2 Bde. (1973); R. A. Müller, Universität und Adel. Eine soziostrukturelle Studie zur Geschichte der bayer. Landesuniversität Ingolstadt (1472–1648) (1974); R. Wenskus, Sächs. Stammesadel und fränk. Reichsadel (1976); P. M. Halm: Struktur und Funktion des brandenburg. Adels im 16. Jh. (1979); W. J. Mommsen (Hrsg.), Stadtbürgertum und Adel in der Reformation (1979); A. Friese, Studien zur Herrschaftsgeschichte des fränk. Adels (1979); M. Werner, Adelsfamilien im Umkreis der frühen Karolinger (1982); J. Powis, Der Adel (1986); A. Graf v. Arnim, Märk. Adel (²1989); O. G. Oexle/W. Paravicini (Hrsg.), Nobilitas (1997).

Adelslexika. Kurze Beschreibung der Geschichte, Namen, Wappen und Güter der Adelsgeschlechter in alphabetischer Ordnung. Die Angaben sind nicht immer zuverlässig. Die wichtigsten Adelslexika für das Gebiet des Reiches: J. F. Glaube, Adelslexikon (Leipzig 1740–1747); J. C. von Hellbach, Adelslexikon (1825–26); L. von Zedlitz-Neukirch, Neues Preußisches Adelslexikon (1836); L. von Ledebur, Adelslexikon der Preußischen Monarchie (1855); O. T. von Hefner, Stammbuch des blühenden und abgestorbenen Adels in Deutschland (1860); E. H. Kneschke, Neues allgemeines deutsches Adelslexicon (1860); Adelslexikon (1972).

Adiaphora (lat. media, indifferentia, neutra). Dinge und Handlungen, die einem Zwischenbereich zwischen Gut und Böse angehören, indifferente Dinge, Handlungen, die weder geboten noch verboten sind. A. spielen in der stoischen und christlichen Sittenlehre eine wichtige Rolle.

Adiaphoristenstreit. Innerhalb des Protestantismus wurde durch das Leipziger Interim der 1. A. ausgelöst. Auf Anregung des Kurfürsten von Sachsen erklärten Melanchthon u. a., gewisse gottesdienstliche Formen und Gebräuche, auch Sakramente (Firmung, Letzte Ölung) seien Adiaphora, in denen man den Gegnern nachgeben könne. Anderer Ansicht waren die strengen Lutheraner unter Führung von Flacius Illyricus. Der Streit um die Adiaphora ging über den Augsburger Religionsfrieden weiter und wurde einigermaßen in der Konkordienformel (Art. X) beigelegt. Ein 2. A. entstand gegen Ende des 17. Jh. zw. Pietisten und orthodoxen Lutheranern um die Beurteilung der weltl. Vergnügen.

Aedil (Tempelhüter; röm. Beamter). Seit 494 v. Chr. gab es zwei plebeische Aedilen, und seit dem Zutritt der Plebejer zum Konsulat wurden zum Ausgleich dafür zwei curulische Aedilen geschaffen (367). Die beiden Aedilenpaare unterscheiden sich in Wahlqualifikation, Wahlform, Amtstracht, Hilfspersonal, Kasse; das Amt ist einjährig, auf Rom beschränkt, ohne imperium, das plebeische Aedilenamt jährlich wechselnd zwischen Plebejern und Patriziern. Seit 367 werden aus den Aedilen (bis dahin Sonderbeamte der plebs) Beamte der gesamten Gemeinde. Aufgabenbereiche: Stadtpolizei, Straßen, öffentliche Gebäude, privates Bauwesen, Verkehr, Feuerwehr, Lebensmittelversorgung der Stadt und Marktaufsicht. Caesar erhöhte 46 v. Chr. ihre Zahl um 2 Aediles plebis Cereales. Zu den Aufgaben des Aedils gehörte vor allem auch die Ausrichtung der Spiele (cura ludorum); damit war die Möglichkeit gegeben, über die Gunst des Volkes in der Ämterlaufbahn aufzusteigen. Der Aedil stand der Rang nach über dem Quaestor, unter dem Prätor.

Adler.
[1] Zeichen röm. Weltherrschaft als Attribut des Jupiter Capitolinus, vor allem durch seine Verwendung als Legionsadler.
[2] Unter Otto III. wurde der A. als Bekrönung des Szepters übernommen, von Friedrich Barbarossa zum Reichswappen gemacht, ab 1200 Schwarz auf Gold, bis auf König Sigmund einköpfig, dann als Doppeladler kaiserliches und Reichswappen; 1804 übernahm das Kaiserreich Österreich den Doppeladler. 1701 wurde der gekrönte schwarze A. in Silber Wappen des Königreichs Preußen. In der Mitte des 18. Jh. kam der freischwebende, sog. friderizianische A. auf; er wurde zum Vorbild für das Hoheitszeichen des Freistaats Preußen; 1933 mit Blitzen und Schwert in den Fängen und dem Hakenkreuz auf der Brust. 1848 erklärte die Bundesversammlung in Frankfurt den Doppeladler ohne alle Attribute zum Wappen des Dt. Bundes. 1871 erhielt das Dt. Reich als Wappen den einköpfigen schwarzen A. in Gold, dem der preuß. Adlerschild aufgelegt wurde. 1919 wurde der einköpfige schwarze A. ohne Attribute zum Reichswappen. 1935/36 trat an seine Stelle das Hakenkreuz, jedoch darüber ein rechtsblickender Adler. 1950 übernahm die Bundesrepublik Dtl. das Reichswappen von 1919.

Adlerorden. Als Wappentier des Landeswappens führt Albrecht I., nachdem Preußen weltliches Herzogtum geworden war (1525), den schwarzen Adler in silbernem Feld ein. Die goldene Initiale des regierenden poln. Königs auf der Brust des Adlers ist das Zeichen der polnischen Lehensherrschaft. 1619, als Preußen an die Kurlinie Brandenburg-Hohenzollern kommt, tritt neben die Initiale des poln. Königs die des Kurfürsten, 1660 (Frieden von Oliva) verschwindet die Initiale des poln. Königs, die des regierenden Markgrafen von Brandenburg und Herzogs von Preußen bleibt erhalten. Der schwarze

A. wird am Vorabend der Königskrönung des Kurfürsten Friedrich III. (18. 1. 1701) zur Erhöhung des neuen Königtums von diesem gestiftet, mit der Devise Suum cuique. Der Schwarze A., der höchste preuß. Orden, wurde verliehen an adlige Zivil- und Militärpersonen (acht adlige Ahnen Voraussetzung; Nichtadlige wurden in den erblichen Adelsstand erhoben), ferner an preuß. Prinzen kraft Geburt, an ausländ. Fürsten und deren erste Würdenträger. Seit 1919 keine Verleihung mehr.

Der Rote A. wurde 1705 von dem Erbprinzen Georg Wilh. von Brandenburg-Bayreuth in Anlehnung an das askan. Wappen (1180, Roter Adler auf weißem Feld) gestiftet. Das askan. Wappen wurde 1417 von den Hohenzollern übernommen. 1792 übernimmt Friedrich Wilhelm II. den Roten A. als zweithöchsten preuß. Orden, seit 1864 in 4 Klassen unterteilt. Er galt von 1815–1919 als Symbol besonderer Treue zum preuß. Staate und war der klass. Orden für Beamtenverdienste.

LIT. HWDRG 1964, 54–56.

Adlerpult. Lesepult auf der Brüstung eines Ambo oder Lettners, so gestaltet, daß ein Adler mit ausgebreiteten Flügeln die Pultfläche bildet oder trägt. Eine Beziehung zum Adlersymbol des Evangelisten Johannes liegt nahe.

Ad majorem Dei gloriam (abgek.: AMDG; alles zur größeren Ehre Gottes). Lat. Spruch der Gegenreformationszeit; seit ihrer Gründung Wahlspruch der Gesellschaft Jesu.

Administrator. Verwalter in hoheitlicher Stellung. Bistumsverweser, ohne höhere Weihen, vor allem aus fürstlichen Häusern (z. B. Ernst von Bayern, 1516 Administrator von Passau, 1540 von Salzburg, resigniert 1554, da ihm weitere Dispens von der Priesterweihe verweigert wurde; Johann von Hoya, Administrator von Münster und Paderborn). Evangel. Administratoren haben in den zur neuen Lehre übergetretenen geistl. Staaten Norddeutschlands z. T. eine wichtige Rolle gespielt, z. B. in Magdeburg, bis zu dessen endgültigem Anfall an Preußen. Ein Apostolischer Administrator steht einer Apostolischen Administratur, einem bistumsähnlichen Gebilde, vor. Die Organisationsform einer Apostol. Administratur wird gewählt, wenn kirchenpolitische Schwierigkeiten es nahelegen, Teilgebiete eines oder mehrerer Bistümer einer eigenen Führung zu unterstellen, oder die Verhältnisse zur Errichtung eines eigenen Bistums noch nicht reif sind.

LIT. LThK I, 149 f.; H. E. Feine, Die Besetzung der Reichsbistümer vom Westfäl. Frieden bis zur Säkularisation 1648–1803 (1921, unveränderter Nachdruck 1964) s. Reg.; G. Lorenz, Das Erzstift Bremen und der Administrator Friedrich während des Westfäl. Friedenskongresses (1969).

Admiral (admiragius, admiraldus, admiratus, im MA meist mit dem Zusatz maris, von arab. al-amir). Im 12. Jh. war der A. erster Minister im Königreich Sizilien, seit dem 13. Jh. zuerst in den Mittelmeerländern Oberbefehlshaber einer Flotte, anfänglich nur von Fall zu Fall ernannt. Bis ins 17. Jh. waren die A. selten Seeleute, meist Offiziere des Landheeres. Seit dem 17. Jh. Stufung der Admiralität ähnlich der Generalität: Konter-A., Vize-A., General-A., Groß-A.; in den Niederlanden auch A.-General, der Generalstatthalter als Oberbefehlshaber der Flotte. A. of the Fleet: in England, seit 1696 dauernd, der tatsächl. militär. Oberbefehlshaber der Flotte; A. of the Navy: Großadmiral in den USA.

Admiralität: Kollegium, das die Seemacht eines Landes leitet, besonders in den nördl. Niederlanden nach der Trennung von Spanien, in jeder Küstenprovinz eine, insgesamt fünf; jede Admiralität unterhielt ihre eigene Flotte, doch unterstanden sie seit 1597 dem A.-General. Nach niederländ. Muster wurde 1681 in Pillau eine Admiralität eingerichtet, bald durch eine Admiralität in Emden ersetzt, über der seit 1688 eine Oberadmiralität in Berlin stand. 1853–56 und seit 1872 war die Admiralität oberste Behörde der preuß. bzw. der deutschen Kriegsmarine, 1889 wurde sie in das Marineoberkommando (1899 durch Admiralsstab ersetzt) und das Reichsmarineamt geteilt.

Adoptianismus. Lehre, die in Jesus von Nazareth einen seit seiner Taufe in außerordentl. Weise von Gottes Geist erfüllten Menschen sieht, der auf Grund seiner sittlichen Bewährung nach Art der griech. Apotheose zu göttlicher Würde erhoben worden sei. Vertreter des A.: Theodotos von Byzanz, Paulus von Samosata (seine Anhänger: »Paulianisten«); der A. wurde in der span. Kirche im 8. Jh. anläßlich der Auseinan-

Adoption

dersetzung mit dem Islam durch EB Elipandus von Toledo und Bf. Felix von Urgel vertreten. Die fränkische Kirche (Alkuin, Benedikt von Aniane u. a.) verdammte den A. auf den Synoden zu Regensburg (792), Frankfurt (794), Aachen (799) und Friaul (796). Der A. verlor seitdem rasch an Bedeutung, trat aber in der Christologie des 18. und 19. Jh. wieder hervor. Verschiedene Theologen des 12. Jh. vertreten den A.; verstärkt durch die Assumptus-Homo-Theologie im 12./13. Jh. Auch im 14. Jh. wirken Gedanken des A. nach. LIT. LThK I, 153–55.

Adoption (lat. adoptare, erwählen). Rechtliche Annahme an Kindes Statt, vor allem im röm. Recht der spätrepublikan. Zeit ausgebil̄det. Dient der Weiterführung eines erlöschenden Geschlechts, in der Kaiserzeit der Bestellung eines Nachfolgers, bei Lebzeiten oder ex testamento. Adoptivkaiser als Epochenbezeichnung für die Zeit von 96–192 n. Chr., in der als ideale Lösung der Nachfolgefrage die A. als Auswahl des Besten propagiert wurde. A. im eigentl. Sinne war in den german. Rechten nicht bekannt, doch schon früh zeigten sich Elemente römisch-rechtl. Adoptionsterminologie in einzelnen german. Volksrechten. Erst im Rahmen der Übernahme röm. Rechts zu Beginn der NZ wird auch die A. übernommen. Die moderne Kodifikation (Allgemeines Landrecht für die preuß. Staaten, Code civil Napoleons usw.) hilft ihr zum Durchbruch. Während früher die künstl. Schaffung eines Eltern-Kinder-Verhältnisses im Vordergrund stand, treten dann fürsorgerische Ziele stärker hervor. In den german. Rechten gab es mannigfache Institute von adoptionsähnl. Charakter, z. B. die Pflegkindschaft, die sogen. Ehrenadoption durch Waffengabe usw. sowie manche Formen brauchtümlich-bündischer Adoption. LIT. HWDRG I (1964) 56–58.

Adorant. Anbetend kniende Gestalt zu Füßen Christi oder der Madonna auf Gemälden oder Epitaphien.

Adoration. Anbetung, Huldigung, Proskynese, z. B. der Kardinäle vor dem neugewählten Papst.

Adscriptio glebae. Bindung an die Scholle. Der Bauer ist an das Land unter Gutsherrschaft gebunden, nicht freizügig.
→Bauernbefreiung, →Grundherrschaft.

ad usum Delphini (lat. zum Gebrauch des Dauphin, des franz. Thronerben). Teils verstümmelte, in anstößigen Stellen bereinigte Ausgabe antiker Klassiker mit Kommentar; in weiterem Sinne: zurechtgemacht.

Advent. Vorbereitungszeit im Weihnachtsfestkreis. Aus einer zunächst 3wöchigen Vorbereitungszeit in Gallien und Spanien entwickelt sich eine 6wöchige Quadragese, die am 11. 11. (Martinstag, heute noch deswegen Karnevalsveranstaltungen) beginnt und am 5. 1., vor Epiphanie, endet. Mit der Verdrängung von Epiphanie durch Weihnachten wurde die Vorbereitungszeit (wohl für die Taufe) mit Weihnachten abgebrochen. Gregor der Große schuf eine feste liturgische Ordnung des Advents, die volle drei Wochen mit den notwendigen Ausgleichstagen umfaßte. Der Charakter des heutigen Advents entstand in der Karolingerzeit nördlich der Alpen: vier Sonntage, gallisch-adventliche Bußbräuche. Das reiche Volksbrauchtum des A. ist z. T. verchristlichtes älteres Brauchtum zur Wintersonnenwende.

Adventisten. Eschatolog. Sektierer, die die baldige Ankunft Christi erwarten, 1831 von William Miller († 1849) in Nordamerika gegründete Religionsgemeinschaft, die sich bald in verschiedene Richtungen spaltete. Hauptgruppe: Seventh-Day Adventists (1860 gegr. von E. White, 1956 insgesamt 43 adventistische Zweigsekten). Die A. vertreten die Erwachsenentaufe, feiern den Sabbat, betonen die protestant. Rechtfertigungslehre, Gesamtzahl ca. 4 Mill. (1984), in Deutschland ca. 25 000 (1984).
LIT. Adventism. In: Collier's Encyclopedia, Bd. 1 (1971), 134–35; R. Graham, Ellen G. White. Co-Founder of the Seventh-Day Adventist Church (1985).

advocatia ecclesiae (advocatiae jus). Der Schutz der Kirche, von den christl. Kaisern als eine ihrer wichtigsten Aufgaben betrachtet, wuchs sich später zu weitgehender Schutzherrschaft, zur Bevormundung der Kirche (jus advocatiae, jus circa sacra, jus in sacra) aus; die a. e. bildete z. Z. des Absolutismus und der Aufklärung, des Gallikanismus in Frankreich, des Josephinismus in den österreich. Territorien und in den Territorien des Reiches einen wesentl. Bestandteil der staatl. Hoheitsrechte und eröffnete, ständig weiter ausgebaut, zahlreiche Möglichkeiten, in absolutistisch-territorialist. Sinn in die Kirche, nicht nur in das forum mixtum, hineinzuregieren.

LIT. L. Glier, Die Advokatia ecclesiae Romanae imperatori in der Zeit von 1519 bis 1648 (1897); R. Müller, Die rechtl. Wandlungen der Advocatia Ecclesiae des röm. Kaisers dt. Nation (1895).

Advocatus (lat., der Herbeigerufene).

[1] Rechtsbeistand im Bereich des röm. Rechts; in Deutschland bis 1879, in Österreich bis 1919 der Rechtsanwalt.

[2] Vogt. A.burgi, A.major: Domvogt. A.hereditarius: Erbvogt. A. Dei, A. Diaboli: volkstüml. Bezeichnung für den Fürsprecher bzw. den Vertreter der Gegengründe bei Heilig- oder Seligsprechungsprozessen.

AEIOU. Vokalsymbol. Schon auf dem Leichengewand der 1332 verstorbenen Gemahlin Ludwigs von Bayern. Bekannt geworden vor allem durch Kaiser Friedrich III., der es unmittelbar nach seiner im Jahre 1436 unternommenen Reise nach Jerusalem auf der ersten Seite seines Memorandenbuches mit der Jahreszahl 1437 eintrug. Petrus Lambeck (1628–1680) setzt sich später ein für die Deutung; Austriae est imperare orbi universo, »alles erdreich ist Österreich undertan«. Diese unterlegte Bedeutung kann kaum die ursprüngliche Sinngebung der Buchstaben sein.

Affectio papalis. Im MA und in der NZ übliche, neben dem Jurisdiktionsprimat stehende Reservation des Papstes für Rechts- und Kulthandlungen, die er selbst begonnen hat oder beenden will.

Affiliation. Angliederung einzelner Personen, kleinerer Körperschaften und Vereine an eine größere Einheit.

[1] Im MA die Angliederung einzelner Frommer an einen Orden bei nur teilweiser Unterwerfung unter die Ordensregel.

[2] Übergang eines Religiosen von einem Kloster oder einer Ordensprovinz in eine andere.

[3] Die durch Verleihung erworbene Teilhabe an den guten Werken religiöser Korporationen. Eine besondere Rolle spielte der im ganzen sehr unbestimmte Begriff der A. bei dem Kampf gegen die Gesellschaft Jesu (SJ). Aus Jesuitenfurcht wurde vermutet, es gebe außer den eigentlichen Angehörigen der Gesellschaft Jesu noch Personen und Gesellschaften, die in deren Sinn und als deren Mitarbeiter in einem mehr oder weniger lockeren Abhängigkeitsverhältnis tätig seien. Das Jesuitenverbot (z. B. in der Schweiz) erstreckte sich vielfach auch auf »affiliierte Gesellschaften«. Geheime Nebenorganisationen oder Zweiggesellschaften der SJ gibt es nicht.

Agende. Ursprünglich jede liturgische Funktion, im MA vielfach gebraucht für das Rituale. A., im Protestantismus das Buch, das den gesamten Gottesdienst regelt und nach den einzelnen Landeskirchen verschieden ist. Die Einführung einer neuen A. in Preußen (1822) führte zum Agendenstreit, weil die Agende den Lutheranern als zu stark reformiert oder katholisierend erschien. Seit dem Kirchenkampf hat das Bemühen um eine Neuordnung der A. eingesetzt.

Agent. Seit dem 16. Jh. ein diplomatischer Vertreter niederen Ranges, gleichbedeutend mit Resident, dann von diesem verdrängt, seit Ende des 17. Jh. ohne offiziellen Rang und völkerrechtlichen Schutz, in erster Linie mit der Aufgabe der Nachrichtenübermittlung beauftragt (z. B. im Auftrag von großen Handelshäusern an wichtigen Plätzen oder von deutschen Fürsten bei der Römischen Kurie). Später Spion. Seit 1833 in Österreich Rechtskundiger, der unter bestimmten Bedingungen ein Auskunftsbüro, eine Geschäftskanzlei (Agenzie) für Notariatsgeschäfte o. ä. betreiben darf.

Agenzie (Agentie). Offizielle Vertretung einer Diözese bei den päpstlichen Kongregationen und kurialen Ämtern in Rom für das forum externum. Wahrgenommen für die deutschen Diözesen außer Köln und Freiburg vom Priesterkolleg S. Maria dell' Anima, für jene vom Priesterkolleg S. Maria in Camposanto Teutonico.

LIT. Haberkern-Wallach 29; LThK I, 188; H. Herrmann, Die röm. Agenzie für kirchl. Angelegenheiten Deutschlands und Österreichs. In: Röm. Histor. Mitteilungen 11 (1969), 182–205; J. Lenzenweger, Sancta Maria dell'Anima (1959).

Ager publicus. Öffentl. Gemeindeland im alten Rom. Zunächst nur zur Nutzung zugeteilt, war der a. p. ständig umstritten, wurde aus Eroberungen vergrößert. Teile wurden später verkauft (agri quaestorii), andere Tempeln zur Nutzung zugewiesen (agri consecrati), wieder andere Teile an Gemeinden gegeben oder als Weide benutzt.

Ägidianische Konstitutionen. Die von Kardinal Aegidius Albornoz (1357) für die Mark Ancona promulgierte Verfassung (Constitutiones Marchiae Anconitanae); unter Sixtus IV., Leo X., Paul III. wurde diese Verfassung auf den ganzen Kirchenstaat ausgedehnt und blieb bis 1816 in Geltung.

Agnaten. Verwandte, die sich in rein männlicher Linie auf einen gemeinsamen Stammvater zurückführen, Verwandte der Schwertseite: Schwertmagen, Speermagen, Germagen, agnati masculi, lancea. Ob der agnatisch aufgebaute Geschlechtsverband die ursprüngl. Form der german. Sippe gewesen sei, läßt sich nicht sicher entscheiden. Zu voller Entfaltung gelangte das agnatische Prinzip im deutschen Adel, dann auch, begrenzt, im städtischen Patriziat (Gegenteiliger Aufbau: Cognaten).
LIT. H. Conrad, DRG I, 31 ff., 42 ff.; HWDRG I, 61–63.

Agnus Dei (lat., Lamm Gottes). (a) Bezeichnung für Jesus durch Johannes den Täufer. (b) die seit altchristl. Zeit übliche symbolische Darstellung Christi als Lamm mit Kreuznimbus, Kreuz oder Kreuzesfahne. (c) Sakramentale. Eine im MA runde, später ovale, der Andacht dienende Wachsmedaille mit dem A. D. im Relief, ursprünglich als Ersatz der zerstückelten Osterkerze an die Gläubigen ausgeteilt. (d) Behälter dieser Wachsmedaille, entweder in Form einer Kapsel oder Monstranz. (e) A. D.-Ruf, Bittruf in der röm. Meßliturgie. (f) A. D., in der Volkskunde als Schutz und Schmuckstück in mannigfacher Weise verwendet.

Agon (griech. Wettstreit). Das »Agonale« wurde von J. Burckhardt (1818–97) als wesentl. Aspekt des griechischen Lebens erkannt. Der A. umfaßt die verschiedensten Gebiete, nicht nur athletische, sondern auch Wort- und Gedankenkämpfe, Prozeßstreitigkeiten, musische Agone; in erster Linie ist der A. der friedliche Wettstreit um einen für die beste Leistung ausgesetzten Preis. In den gymnischen A. werden Lauf, Weitsprung, Speerwurf, Diskus, Ringen, körperliche Gewandtheit und Mut ausgezeichnet, in den hippischen Reiten und Wagenrennen.

Agora (gr.). Ursprünglich Volksversammlung z. Z. des heroischen Königtums bei den Griechen; umstritten waren dabei die Rechte des Königs und des gemeinen Mannes. In erster Linie diente die A. der Information. Später wurde der Begriff auf den Versammlungsort übertragen: Marktplatz der griech. Städte; am bekanntesten ist die A. von Athen. Jüngere Anlagen finden in den röm. Kaiserforen ihre Fortsetzung, nach außen abgeschlossen und überbaut. Größte Frequenz war tägl. zwischen 9 und 12 Uhr.

Agrapha (griech., Singular: Agraphon; ein Wort, das nicht geschrieben steht). Worte Jesu, die nur außerhalb der 4 kanon. Evangelien überliefert sind. Durch Papyrusfunde ist ihre Zahl stark angewachsen. Die Wertung der A. schwankt; der größere Teil der A. ist als historisch wertlos zu betrachten.
LIT. RGG I, 177 f.; A. Reich, Agrapha, Außerkanonische Evangelienfragmente (1889).

Agrarier (lat. ager, Acker, Feld). Name für die Vertreter landwirtschaftlicher Interessen im politischen Leben. Sie sammelten sich zuerst auf dem Kongreß deutscher Land-und Forstwirte in Breslau 1869 und konstituierten sich 1876 in Berlin unter Vorsitz von Graf Stolberg-Wernigerode; sie forderten steuerliche Entlastung des Grundbesitzes.

Agrarii milites. Mit Landbesitz angesiedelte Kriegsleute der sächs. Grundherrn, auch Bezeichnung der engl. Knights.

Agreement of the People. Neben der Petition of Rights (1628), der Habeas Corpus Akte (1679) und der Bill of Rights (1689) ist das Agreement of the People (1647–49) eine der wichtigsten Vorstufen für die Erklärung der Menschen- und Bürgerrechte.

Agrément (franz.). Begriff der Diplomatiegeschichte und der diplomatischen Praxis. Das A. geht der Akkreditierung eines Gesandten voraus, kann einem Gesandten verweigert werden, wenn dessen Person in seiner Eigenschaft als Vertreter einer anderen Regierung dem Gastland nicht angenehm ist (persona non grata, persona ingrata, persona minus grata). Daher entstand die Gepflogenheit, vor der Ernennung eines Gesandten Konsultationen durchzuführen und erst nach gegenseitiger Übereinkunft die Gesandten mit ihrem Amt zu betrauen. Die Agréments-Erteilung wird in Krisenzeiten schwierig. Der Apostolische Stuhl hat sich lange aus grundsätzlichen Erwägungen der Agréments-Regelung nicht gebeugt, da er die Ansicht vertrat, weltliche Regierungen könnten über die Eignung eines päpstl. Gesandten nicht urteilen.

Ägyptologie. Die Wissenschaft vom ägyptischen Altertum, seiner Sprache, Geschichte, Kunst und Kultur. Seit der Entzifferung der Hieroglyphen (1822) durch J. F. Champollion wurde die Ä. von diesem und R. Lepsius als Sonderdisziplin begründet. Archäologie und Philologie bilden trotz Spezialisierung noch eine Einheit. Die Quellen sind größten Teils religiöser Natur (Totenlit., Ritualtexte, Mythenfragmente), stammen aber auch aus nicht-religiösen Bereichen (Märchen, Briefe, medizin. und mathemat. Papyri, Rechtsdokumente). Die Forschung wurde besonders gefördert durch A. Erman (1854–1935).
LIT. K. O. Müller, Handbuch der Archäologie der Kunst (1830); W. Wolf, Wesen und Wert der Ä. (1937); E. Otto, Ägypten (1955).

Ahnen. Personen, von denen man in unmittelbarer Stammfolge väter- und mütterlicherseits abstammt. Jeder Mensch hat zwei Eltern, vier Großeltern, acht Urgroßeltern, sechzehn Ururgroßeltern, falls kein Ahnenverlust infolge von Verwandtenheiraten eintritt. Die Kinder aus einer Ehe zwischen Vetter und Base z. B. haben nur sechs Urgroßeltern.

Ahnenprobe. Nachweis adeliger Abstammung; in verschiedenen Formen möglich, z. B. durch beglaubigte Ahnentafel oder eidliche Aussage von Standesgenossen, daher auch »Aufschwörung« genannt. Ahnenproben begegnen zunächst bei dem auf Abschließung bedachten niederen Adel, dann auch beim Dynastenadel zwecks Wahrung der Exklusivität. Die A. war Voraussetzung bei der Aufnahme in geistliche Ritterorden (die Johanniter verlangten z. B. den Nachweis von 8 Ahnen, weniger streng waren die Templerorden und der Deutsche Orden), in Rittervereinigungen bei Fideikommissen, bei Ganerbschaften, bei der Aufnahme in Dom- und Stiftskapitel der Reichskirche. Die Erfordernisse an die Ahnenprobe waren nach Institution und Landschaft unterschiedlich, im Westen des Reiches, in den Domkapiteln an Rhein und Main (z. B.

Mainz, Würzburg) höher als im Südosten und Süden (z. B. Domkapitel von Freising, Augsburg). Die stufenweise Einführung der Ahnenprobe, ihre ständige Erschwerung wie auch die Abgrenzung auf bestimmte Reichskreise oder Kantone der Reichsritterschaft führten zu einer ständig schärfer werdenden Abschließung des Adels auch untereinander. In der Frage der Stiftsfähigkeit und Stiftsmäßigkeit spielte die Ahnenprobe eine wichtige Rolle.
LIT. HWDRG I, 82–84; K. Rauch, Stiftsmäßigkeit und Stiftsfähigkeit in ihrer begrifflichen Abgrenzung. In: Festschrift Brunner (1910), 737f.; A. L. Veit, Der stiftsmäßige dt. Adel im Bilde seiner Ahnenproben (1935); H. Rössler (Hrsg.), Dt. Adel 1555–1740 (1965), darin bes. die Beiträge von E. Riedenauer u. M. Domarus; F. Keinemann, Das Domkapitel zu Münster im 18. Jh. (1967); HKG V (1970), 152ff. mit weiterer Literatur.

Ahnentafel. Aufzeichnung aller nachweisbaren Ahnen männl. und weibl. Geschlechts eines Individuums in aufsteigender Linie. Gegensatz: Stammtafel. Die Ahnenreihen verdoppeln sich in arithmetischer Progression; die Ahnentafel hat ihre Grenze nur in der Unmöglichkeit eines individualisierten Nachweises, d. h. im Ende des historischen Überlieferung. Rechtliche und gesellschaftliche Gründe führten seit dem hohen MA zum Nachweis von 8, 16, 32 Ahnen. Die aufsteigenden Generationsreihen können nur bis zu einer gewissen Grenze mit allgemein verständlichen Namen bezeichnet oder auf einer Tafel übersichtlich dargestellt werden. Der Nachweis von 32 Ahnen ist bereits schwierig. Zur Terminologie der Ahnentafel: 1: Proband; derjenige, der seine Herkunft beweist; 2, 3: Eltern (2); 4–7: Großeltern (4); 8–15: Urgroßeltern (16); 16–31: Ururgroßeltern (Altväter, Altmütter) (32) usw.

Ahnenverlust, Ahnenschwund. Genealogische Bezeichnung für das wiederholte Vorkommen ein und derselben Person in einer Ahnentafel. Ahnenverlust ist die Folge von Heiraten zwischen Blutsverwandten (z. B. bei den Habsburgern), besonders bei begrenzten Heiratsmöglichkeiten infolge von Standes- oder Konfessionsgrenzen oder ungünstiger Lage (Gebirge o. ä.). Ein »natürlicher« Ahnenschwund ist, je weiter man Ahnentafeln zurückverfolgt, wegen des gemeinsamen Ursprungs weiter Bevölkerungsschichten, Stämme und Völker überall festzustellen. »Unnatürlich« hoch ist der Ahnenverlust in manchen Fürsten- und Adelsfamilien.

Aide-mémoire (franz.; wörtlich: Gedächtnisstütze). Im diplomat. Verkehr wird damit die Niederschrift mündl. Erklärungen bezeichnet, die dem Partner übergeben wird.

Akademie. Kunstschule, Gelehrtengesellschaft. Ursprüngl. der heilige Bezirk des Heros Akademos nahe bei Athen, wo Platon (427–347 v. Chr.) seine Schule einrichtete. Die geistesgeschichtl. Entwicklung der A., die seit Platons Tod jeweils unter einem von den Akademikern auf Lebenszeit gewählten Schulhaupt stand, wird in drei Epochen eingeteilt: a) die alte A. von Speusippos bis Krates; b) die mittlere A. von Krates bis Hegesinos; c) die neue A. seit Karneades (2. Jh. v. Chr.). Nach der Schließung der A. durch Kaiser Justinian 529 n. Chr. wanderten die letzten Akademiker in das Neupersische Reich ab.

Nach dem Versuch Alkuins zur Errichtung einer A. am Hof Karls d. Gr. wurde in der Renaissance der Gedanke der A. im Geiste Platons in Italien (Florenz, Rom) neu belebt: Accademia secretorum naturae in Neapel 1560; Accademia di San Luca 1577/1599 (nur für Maler); Accademia dei Lincei (Rom 1603), die erste wissenschaftl. A., der auch Galilei (1564–1642) angehörte. Für das geistige Leben des 17. Jh. waren die A. von großer Bedeutung. Die wichtigsten Gründungen dieser Zeit: Académie Française (Paris 1635); Adacémie royale de Peinture et de Sculpture (1648); Académie des Sciences (1666); Académie d'Architecture (Paris 1671); die beiden letzten wurden 1795 zur Académie des Beaux Arts vereinigt; Royal Society (London 1663), Accademia del Cimento, gegr. unter Großherzog Ferdinand II. in Florenz, deren Vorsitz u. a. von Viviani, Borelli und dem dän. Wissenschaftler Niels Stensen (latinisiert: Nicolaus Steno, 1638–1687) geführt wurde, der als Weihbischof von Münster starb.

Fürstl. A. wurden in Dtl. von Kaiser Leopold I. in Wien (1692), von Friedrich III. in Berlin mit der Stiftung der Brandenburgischen Sozietät der Wissenschaften (1700) gegr. Vor allem das 18. Jh. war reich an Akademiegründun-

gen: Göttingen (1751), München (1759), jüngere Gründungen in Leipzig (1846), Wien (1847), Heidelberg (1909), Mainz (1949).

Die A. fördern in ihren philosophischhistor. Klassen auch die Geschichtsforschung, vor allem durch die großen Publikationen der MGH und der Papsturkunden sowie durch die Veröffentlichung ihrer Sitzungsberichte (SB) und Abhandlungen (Abh.). Neben den rein wissenschaftl. Einrichtungen nehmen Forschungsstätten, Fachhochschulen (Pädagog. A.), Ausbildungsstätten (Kriegs-, Militär-, Musik-A.) die Bez. A. in Anspruch.

Nach 1945 entstanden als erfolgreicher Ausdruck einer ev. Laienbewegung 18 ev. A., u. a. Herrenalb, Loccum, Tutzing. Seit 1950 gibt es eine Reihe kath. A. in Dtl.: Stuttgart-Hohenheim, Bad Honnef, Würzburg, Aachen, München-Freising, Frankfurt/M. Sie erstreben eine Klärung von Zeitproblemen.

Päpstl. A.: Pontificia Accademia Romana di Archeologia, errichtet 1740; Pontificia Accademia Ecclesiastica (1701) zur Ausbildung des diplomat. Nachwuchses des Päpstl. Stuhles; Pontificia Accademia delle Scienze (gegr. 1603, erneuert 1847) zur Pflege der Naturwissenschaften, mit interkonfessionellem Charakter.

LIT. *Nachschlagewerke:* G. Schneider, Handbuch der Bibliographie (⁴1939) 408–411; W. Oberhummer, Die Akademien der Wissenschaften. In: Universitas Litterarum (1953 f.) 700–708; Minerva, Jahrbuch der gelehrten Welt (seit 1891 ff.).

Zur Geschichte: A. Harnack, Geschichte der Königl. Preuß. A. der Wissenschaften zu Berlin. 3 Bde. (1900); P. L. Landsberg, Wesen und Bedeutung der Platon. A. (1923); M. Maylender, Storia delle Accademie d'Italia. 5 Bde. (1926–30); O. Seel, Die Platon. A. (1953); E. W. Cochrane, Tradition and Enlightenment in the Tuscan Academies (1961); M. Spindler (Hrsg.), Primordia Electoralis Academiae Boicae (1962); A. Kraus, Vernunft und Geschichte. Die Bedeutung der Akademien für die Entwicklung der Geschichtswissenschaft im späten 18. Jh. (1962); L. Hammermayer, Europ. Akademiebewegung und ital. Aufklärung. In: HJb 81 (1962), 247–263; P. Fuchs, Palatinatus Illustratus. Die histor. Forschung an der kurpfälz. A. der Wissenschaften (1963); H. Bolewski, Planung in der Akademiearbeit (1966); P. Erkelenz, Der Akademiegedanke im Wandel der Zeiten (1968); F. Henrich, Kath. A. in Bayern (1970/71); L. Hammermayer, Geschichte der Bayer. A. der Wissenschaften. Bd. 1 (1759–1769), Bd. 2 (1769–1786). (1983).

Akklamation (lat., Zuruf). Zurufe des Beifalls, Lobes und des Glückwunsches, zuerst in Persien, Israel, Syrien, Ägypten nachweisbar, in Byzanz nach genau geregeltem Hofzeremoniell vorgetragen. Zuerkennung des Ehrentitels Imperator durch das siegreiche röm. Heer. A. ist kirchenrechtl. eine Form der kanon. Wahl (bei Bischofs- und Papstwahlen), wobei alle Wahlberechtigten auf Vorschlag eines Mitglieds des Wahlkörpers spontan, einstimmig, möglichst durch Zuruf denselben Kandidaten wählen (Inspirationswahl). A. ist reichsrechtlich ein Teil der Kur, d. h. des Wahlverfahrens im weiteren Sinne.
LIT. RAC I, 216–233; LThK I², 238.

Akkolade (lat. accolare, umhalsen, umarmen, franz. accoler). Umarmung, Bruderkuß. Die Umarmung beim Ritterschlag; donner l'accolade: den Ritterschlag geben. Bei der Aufnahme in einen Ritterorden die feierl. Umarmung durch den Großmeister.

Akkommodationsstreit. Im 17. und 18. Jh. besonders heftige Auseinandersetzung um die Erlaubtheit chinesischer oder indischer Zeremonien oder Handlungen (Ritenstreit) in der kath. Liturgie und den damit verbundenen Fragen der Terminologie und der Moral. Als ordensinterne Differenzen der A. verschärfen (Gegensätze zwischen Jesuiten und Bettelorden), wird die Entscheidung Roms angerufen, die je nach den vorgelegten Fällen im 17. Jh. verschieden ausfällt. 1704 entscheidet Rom gegen die Riten; das Eingreifen des Kaisers von China und Rekurse der Missionare nach Rom verschlimmern die Lage. 1742 fällt erneut eine Entscheidung Roms gegen die Riten, die 1939 jedoch mit Vorbehalten gestattet werden. Ähnlich verläuft die Entwicklung in Indien. Nationale, kulturelle Gegensätze zwischen Missionaren und Missionierten andererseits, Ordensrivalitäten, Mißverständnisse und das Streben der Missionare nach Anpassung an chinesische Verhältnisse sind die Ursachen des A.
LIT. LThK VIII, 1322–24.

Akkord (aus lat. ad, zu und cor, Herz entsteht mlat. accordium, franz. accord, Übereinkunft). Erscheint 1614 im dt. Staats-, 1617 im Kriegswesen; erhält im 18. Jh. die allg. Bedeutung Vertrag; später im Sinne von Stücklohnvertrag im Gegensatz zu Tage-, Stunden-, Zeitlohn.

Akolyth. Inhaber der obersten Stufe der latein. Niederen Weihen; in der Ostkirche unbekannt. Seine Aufgaben bestanden in der Unterstützung des Diakons und Subdiakons. Heute erfüllt seine Aufgabe in der kathol. Kirche der Ministrant.

Akrostichon (auch Akrostichis, griech., Versspitze, Anfangsbuchstabe). Das A. stellt die Buchstaben eines Wortes, Namens, Denkspruchs an den Anfang von Verszeilen, Strophen oder größeren Abschnitten. Entsprechend Mesostichon und Telestichon bei Buchstabenreihen in der Mitte oder am Ende der Verse. Bei den Griechen und Römern bekannt, im MA und in der Renaissance beliebt, häufig auch in der Wortkunst des Barock verwendet.

Akten (lat., Geschehenes). Bez. für Schriftstücke, die sich in der Regel zeitlich und nach ihrem Inhalt geordnet vor allem bei Behörden und Gerichten zu Sammlungen verbunden finden. Im früheren gemeinrechtlichen Prozeß war allein der Akteninhalt maßgebend, weshalb der Grundsatz galt »Quod non in actis non est in mundo« (Was nicht in den Akten verzeichnet ist, existiert nicht auf der Welt). Aktenversendung an einen Schöffenstuhl oder eine Juristenfakultät zum Zweck der Urteilsfindung war nur dem gemeinen Prozeßrecht bekannt.
A., die nicht mehr benötigt werden, bewahren die Archive auf.
LIT. E. G. Franz, Einführung in die Archivkunde (1974); J. Pappritz, Archivwissenschaft. 4 Bde. (1976).

Aktie (von lat. actio, Tätigkeit, Handlung, Anteilrecht). Wertpapier, das von Aktiengesellschaften ausgegeben wird, wodurch der Inhaber einen bestimmten Anteil am Gesamtvermögen der Aktiengesellschaft besitzt, Stimmrecht in der Hauptversammlung und Anspruch auf eine Dividende hat. Die erste Gründung einer Aktiengesellschaft erfolgte durch niederländ. Kaufleute 1595: die Allgemeine Vereinigte Ostindische Compagnie mit 6,5 Millionen Gulden. Älteste Wertpapierbörse der Welt ist Amsterdam. Aktien schufen wichtige Voraussetzungen für die Gründung der großen Handelsgesellschaften im 17. Jh., für den Beginn der industriellen Revolution im 19. Jh., für die Nutzung der Erfindungen. Nach marxist. Auffassung wird die Aktie die sozialist. Expropriation erleichtern. LIT. K. Bösselmann, Die Entwicklung des dt. Aktienwesens im 19. Jh. (1939).

Akzise (mlat. accisia, franz. accise, seit dem 15. Jh. dt. Kurzform: zise). Verbrauchssteuer, auch Ungeld, Impost, Lizent genannt. Im MA zuerst in Spanien und Venedig, seit dem 13. Jh. am Niederrhein nachweisbar. Die als Verbrauchssteuer preissteigernd wirkende A. wurde vor allem auf Güter des täglichen Verbrauchs gelegt (Salz, Fleisch, Getreide), in Brandenburg vor Friedrich Wilhelm I. nach holländ. Vorbild zur Steuerquelle ersten Ranges erhoben. Vorteil der Akzise: sie dringt dem Steuerzahler (Verbraucher) wenig ins Bewußtsein. Erhoben wurde die A. bei der Produktion oder am Stadttor (Torakzise); sie stellt praktisch eine Art Binnenzoll dar, markiert den Unterschied zwischen Stadt (Akzise) und Land (Hufenschoß, →Hufe) in der Besteuerung. Im 19. Jh. verschwindet die A., doch belebt sie sich in der Form der Umsatzsteuer wieder im 20. Jh. LIT. HWDRG I 87–88; A. Dopsch, Die älteste Akzise in Österreich. In: Verfassungs- und Wirtschaftsgeschichte des Mittelalters. Ges. Aufsätze (1928) 506–15; H. Bechtel, Wirtschaftsgeschichte Deutschlands II (1952); H. Lütge, Deutsche Sozial- und Wirtschaftsgeschichte (^{2}1960).

Alabamafall. So genannt nach dem von den blockierten Südstaaten während des Sezessionskriegs 1862 im neutralen England in Auftrag gegebenen Bau der ›Alabama‹ und ihrer Ausrüstung für den Kaperkrieg gegen die Nordstaaten. Auf amerikan. Beschwerde wird in England ein jurist. Gutachten zu der Frage angefordert. Währenddessen läuft die ›Alabama‹ aus, wird unterwegs bewaffnet und führt gegen die Nordstaaten Kaperkrieg bis zur Versenkung 1864. Ähnlich waren auch die Kreuzer ›Florida‹, ›Georgia‹, ›Shenandoah‹ von England für die Südstaaten ausgerüstet worden. Amerika erhebt Anspruch auf Schadenersatz durch England, da es in dieser Unterstützung der Südstaaten eine Neutralitätsverletzung von seiten Englands sieht. Der Genfer Schiedsspruch vom 14. 9. 1872 entschied die Streitfrage gegen England und verpflichtete es zum Schadenersatz in Höhe von 15,5 Mill. Dollar. Obwohl er nicht die Billigung Englands findet, wird der Schiedsspruch ausgeführt, die drei in Genf aufgestellten Regeln über das Verhalten einer neutralen Regierung gegenüber zwei kriegführenden Parteien werden aber erst durch das 13. Haager Abkommen (1907) allgemein anerkanntes Völkerrecht. LIT. WB des Völkerrechts I, 16–19.

Alais, Gnadenfriede von (27. 6. 1629). Abgeschlossen zwischen Ludwig XIII. und den Hugenotten; der Gnadenfriede von Alais krönt nach der Einnahme von La Rochelle (1628) und der Eroberung von Montauban Richelieus Kampf um die politische Einheit Frankreichs und die Macht der Krone. Die Hugenotten verloren ihre politische Sonderstellung, doch wird ihnen ihr religionspolitisches Sonderrecht gemäß dem Edikt von Nantes bestätigt.

Alamode (Alamode-Benehmen, Alamode-Literatur). An ausländischen Vorbildern (Spanien, Italien, Frankreich) ausgerichtetes Benehmen bzw. Literatur des 17. Jh. sowie die satirischen Gegenschriften. Z. B. läßt J. G. Schottel (1612–76) in seinem Friedensstück einen Bauern sprechen: »Wie heffet einen Sülveguarden, dat wil ein praf Cavaler sin, dat moete wie siene Gasi und Servis geben.« Lit. W. Flemming, Deutsche Kultur im Zeitalter des Barock (^{2}1965), 83, 87–93; J. Wachtel, A la mode (1964).

Albe (lat.: albus, weiß). Weißes, langes, liturgisches Untergewand, in oriental. Riten auch farbig, aus dem antiken Untergewand der Tunika entwickelt, wird von kathol. und anglikan. Priester während der Messe getragen. Außerhalb der Messe wurde die A. durch den kürzeren Chorrock ersetzt.

Albertina (Constitutio Albertina). Verordnung des Herzogs Albrecht II. von Österreich vom Jahre 1340 (23. 7.), auf deren Bestimmungen, die staatskirchenrechtliche Probleme berührten, bis zur Zeit des Josephinismus zurückgegriffen wurde.

Albertismus, Albertinismus. Theologisch-philosoph. Schulrichtung des 15. Jh., begründet von Joh. de Nova Domo, dessen Schüler Heymericus de Campo ein wichtiger Vertreter des A. war. Der stark neuplatonisch-dynami-

sche A. war bes. in Paris und in Köln vertreten.
LIT. G. Meersseman, Geschichte des A., 2 Bde. (1933–35); LThK I, 284.

Albigenser. Seit dem 12. Jh. übliche, ungenaue Bezeichnung für die um Albi und in dem westlichen Languedoc konzentrierten Ketzergruppen, die aus Katharern und Waldensern bestanden. Sie gründeten 1145/55 ein Bistum Albi. Zunächst gemäßigte Dualisten, dann unter dem Einfluß des Bogomilen Niketas Radikaldualisten. Ein 1. A.-Kreuzzug (1181) hatte ebensowenig Erfolg wie die Bekehrungsversuche der Zisterzienser und Dominikaner. Nach der Ermordung des päpstlichen Legaten Peter von Castelnau (1208) rief Papst Innozenz III. 1209 zum A.-Krieg auf, der sich, in engster Verquickung von religiösen und politischen Zielen, zu einem Machtkampf zwischen Simon von Montfort einerseits, Graf Raimund VI. von Toulouse und Peter II. von Aragón andererseits auswuchs. Das Eingreifen Kg. Ludwigs VIII. brachte mit dem Frieden von Meaux (1229) die Unterwerfung des Languedoc unter Frankreich, nicht aber das Ende der A. Der Bund zwischen A. und provenzal. Adel wurde 1244 mit der Einnahme von Montségur durch franz. Heere zerschlagen. Erst um 1330 war die Inquisition der A. Herr geworden. Die A. waren im Bund mit dem franz. Adel die gefährlichste Bedrohung der kath. Kirche im hohen MA.
LIT. LThK I, 288 f.; O. Mont-Egut, Le drame albigeois (1962); W. L. Wakefield, Heresy, Crusade, and Inquisition in Southern France (1974).

Albion. Ein älterer, vielleicht vorkeltischer Name für England. Perfides A.: Schlagwort der Französischen Revolution, das in der Enttäuschung der Franzosen über den Anschluß Englands an das Bündnis der europ. Großmächte nach der Hinrichtung Ludwigs XVI. seinen Ursprung hat.

Albus (denarius albus, Weißpfennig). Eine Groschenart seit der Mitte des 14. Jh. am Rhein (EB Kuno von Trier 1362), dann allgemein in Westdeutschland und Westfalen geprägt. 1372 urkundl. der Name Weißpfennig gebraucht. Wegen ihres hohen Silbergehalts ist die Münze weiß. Gegen Ende des 15. Jh. taucht für den Weißpfennig die Bezeichnung Albus auf. Raderalbus in Mainz. In Hessen sind Hessenalbus und

Doppelalbus bis 1842 in Umlauf (32 Hessenalbusse = 1 Konventionstaler).

Alchemie (mittellat. alchemia, alchamia, alchimia). Um Naturerkenntnis (philosophia) bemühte und zugleich praxisbezogene Lehre, vor allem im medizinisch-pharmazeutischen Bereich wirkend. Die A. geht von der Vorstellung der Verwandelbarkeit von Metallen (Goldmacherkunst) aus. Alchemist. Lit. gibt es vor allem aus dem Spätmittelalter (16. Jh.). Seit dem 16. Jh. geht auch ein stark religiös-spiritualist. Zug durch die A.; Höhepunkte ereignen sich in der Barockzeit, eine erneute Blüte mit anderen Geheimlehren im 18. Jh. Das experimentelle Erbe der A. trat die Chemie an. Sie begann seit dem späten 18. Jh. der A. den Boden zu entziehen.

Aldinen. Bücher aus der Druckerei des Aldus Manutius in Venedig, seit ca. 1490, in Druck und Ausstattung hervorragend.
LIT.: H. Kopp, Die A. in älterer und neuerer Zeit. 2 Bde. (1886); H. E. Fierz-David, Die Entwicklungsgeschichte der Chemie (1945).

Alessandria, Waffenstillstand von (15. 6. 1800). Nach dem Sieg Napoleons bei Marengo, abgeschlossen zwischen Napoleon und dem österreichischen Unterhändler Neipperg; Österreich liefert den größten Teil Oberitaliens mit wichtigen Festungen (Alessandria, Mailand, Turin, Genua) an Napoleon aus; die österreichische Armee geht hinter Po und Mincio zurück. Der W. v. A. leitet die politische Möglichkeit ein, Österreich und England zu trennen und somit die antifranzösische Koalition zu sprengen.

Alexianer. Brüdergenossenschaft, nach ihrem Patron, dem hl. Alexius, benannt, im 14. Jh. entstanden zur Pflege von Geisteskranken und Totenbestattung, lebt seit dem 15. Jh. nach der Augustinusregel.

Allah. Arab. Bezeichnung für das höchste Wesen, im Islam der einzige Gott.

Alldeutscher Verband. Der 1891 gegr. überparteil. A. V. enstand aus Protest gegen den Erwerb Helgolands durch das Dt. Reich im Austausch gegen die ostafrikan. Insel Sansibar. Die Gründer des A. V. glaubten, daß das Dt. Reich bei diesem Tausch übervorteilt worden sei. Alles, was inskünftig im Deutschland des 19. und 20. Jh. an unglückseligem und abstrusem Gedanken-

35

gut »ausgebrütet« wurde, war vom A. V. vorausgedacht worden: die Eroberung des Ostens, die Begründung eines Riesenlandes durch Aufteilung und Zerschlagung des russ. Reiches, die Umsiedlung, die Germanisierung und »Eindeutschung«, die Umzüchtung der Ostvölker, der Beutezug nach dem ukrain. Getreide mit dem Öl des Kaukasus, die Wiedereinführung der Sklavenarbeit, daneben uferlose koloniale Erwerbungen, die Verherrlichung der Gewalt und des Krieges, all das steht in den Flugschriften, Broschüren und Büchern des A. V.

Der A. V. bzw. die durch ihn repräsentierte Alldeutsche Bewegung entsprang und entsprach einer Grundstimmung, die im Dt. Kaiserreich obwaltete, dem Gefühl einer grenzenlosen Bedrohung von außen, dem Bewußtsein, die ganze Welt zum Feind zu haben, der Unfähigkeit, sich mit den übrigen Menschen in Einklang zu fühlen, und der Neigung, immer mit dem Äußersten zu rechnen. Unter der Führung von H. Claß (1868–1953) seit 1908 (bis 1939) wurde der A. V. vor allem im Ersten Weltkrieg zum Verfechter annexionist. Forderungen. Zwar verlor er nach 1918 rasch an Bedeutung (Mitgliederzahl 1914 etwa 18000, 1922 etwa 40000 und 1939 etwa 8000), dennoch erwuchsen aus ihm »die großen Narrheiten des Deutschen Reiches im 20. Jh.« (M. Freund). 1939 löste es sich auf (→Weltpolitik).

LIT. L. Werner, Der A. V. 1890–1918 (1935); A. Kruck, Geschichte des A. V. 1890–1939 (1954); E. Hartwig, A. V. In: Die bürgerl. Parteien 1830–1954, hrsg. von D. Fricke (1968); M. Peters, Der A. V. (²1996).

Alleinherrscher. Lehnübersetzung für Monarch nicht vor 1792; im 16./17. Jh. begegnet nur Alleinherr; Alleinherrschung für monarchia dagegen schon am Ende des 16. Jh., Alleinherrschaft in der Zeit der dt. Klassik (→Autokrator, →Monarchie).

Alleinseligmachend. Anspruch der kath. Kirche, die alleinige Vermittlerin des übernatürl. Heils zu sein, formuliert in dem Axiom: »Extra ecclesiam nulla salus« (»außerhalb der Kirche ist kein Heil«). Dieser Spruch wurde in verschiedenen Dokumenten formuliert, u. a. in der Bulle ›Unam Sanctam‹ durch Papst Bonifaz VIII. und auf dem Konzil von Florenz.

LIT. LThK I, 343ff.

Allerchristlichster König (Roi très chrétien; Sa Majesté très-chrétienne; lat.: rex christianissimus). Anrede des franz. Königs, zuerst von Papst Paul III. anerkannt, seit Ende des 15. Jh. auch von anderen Mächten gebraucht.

LIT. P. E. Schramm, Der König von Frankreich (²1960).

Allgemeines Landrecht (abgek. ALR; genauer Titel ›Allgemeines Landrecht für die Preußischen Staaten). In Preußen setzt das Bestreben, in einer Kodifikation das gesamte geltende Recht aufzuzeichnen, bereits zu Beginn des 18. Jh. ein. Ein erster Versuch unter Friedrich Wilhelm I. führt zu keinem Erfolg. Der von J. H. Carmer (1721–1801), C. G. Svarez (1746–98) und E. F. Klein 1743–1810) erarbeitete Entwurf wurde in 6 Bänden 1783–88 veröffentlicht. Aus der Überarbeitung und der Berücksichtigung der Monita ging das ›Allgemeine Gesetzbuch für die Preußischen Staaten (AGB)‹ hervor, das 1791 erschien und am 1. 6. 1792 in Kraft treten sollte. Friedrich Wilhelm II. verfügte am 18. 4. 1792 die Suspension. Svarez' Kronprinzenvorträge (1791/92) und die Notwendigkeit, den mit der 2. Polnischen Teilung neu erworbenen, stark vernachlässigten Gebieten ein Gesetzbuch zu geben, haben das bereits »halb begrabene« AGB gerettet. Mit einigen, nicht allzu großen Änderungen und unter dem Titel: ›Allgemeines Landrecht für die Preußischen Staaten (ALR)‹ trat es am 1. 6. 1794 in Kraft.

Obwohl das ALR nur subsidiäre Geltung haben sollte, d. h., daß die bisherigen Provinzial- und Statuarrechte weiterhin erhalten blieben, wurde es doch in sämtlichen preußischen Provinzen angewandt, ausgenommen das Rheinland, wo nach 1815 das französische Recht in Geltung blieb, Neuvorpommern, Rügen, Hohenzollern und (seit 1866) Hannover, wo es beim Gemeinen Recht blieb.

Mit dem Inkrafttreten des BGB (1. 1. 1900) erlosch das ALR, das unter dem Einfluß der Naturrechtslehre und der Aufklärung stand, bis auf geringe Ausnahmen.

LIT. HWDRG I, 99–108; F. Wiecker, Privatrechtsgeschichte der Neuzeit (1952); H. Conrad, Die geistigen Grundlagen des ALR für die preuß. Staaten von 1794 (1958); C. G. Svarez, Vorträge über Recht und Staat (1746 bis 1796), hrsg. von H. Conrad und G. Kleinheyer (1960); K. Fuchs, Johann Heinrich Casimir von Carmer, in: Landeskundliche Vierteljahresblätter, 10 (1964); Allgemeines Landrecht für die Preußischen Staaten von 1794, Textausgabe mit einer Einführung von Hans Huttenhauer und einer Bibliographie von G. Bernert (1971).

Allianz (franz. alliance). Bündnis, Vertragsgemeinschaft. Nach ihrer Zielsetzung werden unterschieden a) Defensivallianz, die nur dem Schutz der Verbündeten (Alliierten) dient; b) die Offensiv-(Defensiv-)Allianz, die auch einen gemeinsamen Angriff einschließt. Systeme und Wechsel der Allianzen machen ein hervorragendes Kapitel europ. Geschichte seit dem SpätMA aus, bes. zur Zeit hegemonialer Bestrebungen einer Großmacht (z. B. Spaniens im 16., Frankreichs im 17. Jh.) oder der Auseinandersetzung zwischen zwei Großmächten (z. B. Frankreich – England im 18. und frühen 19. Jh.). Eine A. zwischen drei Staaten heißt Tripelallianz, eine zwischen vier Staaten Quadrupelallianz.

Allianz, Heilige →Heilige Allianz.

Allmende (Agrargemeinschaft, Allgemeinde, Allmein, Ganerbe u. ä.). Akkerland und Wiesen in german. Zeit waren zunächst allen Siedlern gemeinsam. Erst allmählich gehen bestimmte Grundstücke, Hofstätten mit Ackerland und Wiesen in Eigentum über. Die A. im Besitz von Gemeinden und gemeindeähnlichen Korporationen wird gemeinsam von den Gemeindemitgliedern genutzt und verwaltet. Sie besteht aus Wäldern, Weiden, Ödland und tritt vornehmlich in Süd- und Südwestdeutschland, in der Schweiz und in Österreich auf. Für den König und die Landesfürsten war das Verfügungsrecht über die Substanz der A. und besonders über ihre Nutzungen von Bedeutung. Zum landesfürstl. Allmende-Regal gehörte Holzbezug, Jagdrecht, Wassernutzung, Rodung. Im späteren MA wurde die A. in immer größerem Umfang zum Eigentum der Dorfgemeinde gemacht, durch die Agrargesetzgebung des 17. und 18. Jh. endgültig festgelegt. Die Allmende-Nutzung wurde aus einem persönlichen Recht zu einem dinglichen Recht, an den Besitz eines Hauses, einer Hufe oder größeren Grundeigentums in der Mark gebunden. Neuzugezogene waren von der Allmende-Nutzung meist ausgeschlossen. Seit dem 18. Jh. wird die A. weitgehend aufgeteilt oder verpachtet. Reste der A. haben sich nach der Allmende-Auflösung noch in Südwestdeutschland und in der Schweiz erhalten.

LIT. HWDRG I, 107–120; H. Röhm, Das Allmendeproblem in Baden-Württemberg (1955); H. Conrad, DRG I.

Allod (aus fränk. al, ganz und ôd, Gut, Vermögen). Ein in vollem Eigentum stehendes Gut, speziell Familienerbe (Gegensatz zum Gemeingut, zum Lehngut, feodum). Das Wort kommt nur im fränk. Raum und den rechtlich von hier aus beeinflußten Gebieten vor. In England gibt es seit 1066 keine A. mehr, in Frankreich, abgesehen vom Süden, nur noch wenige. A.-Besitz ist besonders zu beweisen: Nulle terre sans seigneur. In Deutschland findet sich reicher A.-Besitz, vor allem des Adels. Rodungsland wird von den Fürsten als A. behandelt. Der Kg. ist niemals als oberster Lehnsherr Herr des gesamten Reichsareals. Im ausgedehnten A.-Besitz des hohen Adels und in seinem landesherrschaftl. Ausbau wurzelt wesentlich der Dualismus der dt. Verfassungsentwicklung. Größere A. entstanden u. a. durch Lehensverschweigung. Die Umwandlung von A. in Lehen geschieht durch Lehensauftragung oder durch Verlehnung; Umwandlung von Lehensbesitz in Eigentum durch Allodifikation. In Mittel- und Ostdeutschland wird A. zu einem wirtschaftlichen Begriff und bezeichnet seit dem 11./12. Jh. den ritterlichen Wirtschaftshof.

LIT. HWDRG I, 120f.; H. Ebner, Das freie Eigen (1969).

Allodifikation. Umwandlung von Lehen in Allod; 1244 allodiare, zu eigen machen; in der frühen NZ »allodial machen«, 17. Jh. allodifizieren. Im MA A. meist durch Schenkung von Lehen zu vollem Eigen, aber auch »per nefas«, durch Verschweigen der Lehensqualität, durch Kauf und Tauschmanipulationen. In der frühen Neuzeit vollzieht sich langsam die faktische – nicht die rechtliche – A. der alten Landesfürstentümer, die reichsrechtlich noch immer Lehen sind.

LIT. HWDRG I, 122f.

Almanach (mlat. almanachus, das Wort wahrscheinl. koptischen Ursprungs). Ursprüngl. kalenderähnliche astrologische Tafeln im Orient; von dort im 15. Jh. nach Europa; erster gedruckter lat. A. von Regiomontanus, Nürnberg 1475–1551. Neben die Kalenderberichte traten kulturelle, polit. und genealogische Tafeln; daraus entwickelte sich dann das Jahrbuch für verschiedene Fachgebiete und Stände mit Erzählungen und Gedichten. Im 18. Jh. gab es vorwiegend belletristische A.: Musenalmanache, z. B. Göttinger Musenalmanach, 1769–1805, Organ des Göttinger Hains; Wiener Musenalmanach 1776–96; Schillers Musenalmanach 1796–1800; ferner zahlreiche Musenalmanache des ausgehenden 18. und 19. Jh.; Spezialisierung des A. auf Theater, Mode, Reisen im 19. Jh.; als Werbemittel gibt es seit dem 20. Jh. Verlags-A. mit Leseproben zu Neuerscheinungen und Mitarbeiteraufsätzen.

LIT. H. Köhring, Bibliographie der Almanache, Kalender und Taschenbücher 1750–1860 (1929); M. Gfn. Lanckoronska und A. Rümann, Geschichte der dt. Taschenbücher und Almanache aus der klass.-romantischen Zeit (1954).

Almosenier (lat. eleemosynarius). Almosen- und Armenpfleger. Hofamt im päpstl., bischöfl. oder königl. Dienst. Die päpstl. Armenpflege war seit dem MA dem A. (Elemosiniere Segreto) anvertraut, dieser ist heute Titular-EB; am franz. Hof seit dem 13. Jh. im Grand-Aumônier, Bischof oder Kardinal, der die Hofkapelle leitete und für Wohltätigkeitswesen und Militärseelsorge zuständig war. Der Titel Aumônier wird in Frankreich den Militärseelsorgern, Kirchenrektoren, Religionslehrern an höheren Schulen, Anstaltsgeistlichen gegeben.

LIT. LThK I, 362 f.

Alphabet. Von den beiden ersten Zeichen der (semitischen) griech. Buchstabenreihe, Alpha und Beta, abgeleitete Bez. für die in einer bestimmten Schrift und Sprache angewendeten Buchstaben. Grundlegend für die europäischen Alphabete war das griechische, das wiederum auf der nordsemitischen (phönizischen) Konsonantenschrift aufbaut. Umstritten ist die Zeit der Übernahme (12. Jh. – 720 v. Chr.). Für den Ursprung des phönizischen A. gibt es verschiedene Theorien. Die Idee einer Buchstabenschrift beruht auf der Unterscheidung von Silben und Lauten und der Rückführung der Lautwerte auf eine bestimmte Zahl.

LIT. H. Jensen, Die Schrift in Vergangenheit und Gegenwart (1936); W. Frh. von Bissing, Die Entwicklung der Schrift. In: Hdb. der Archäologie I, 147–166; V. Goldschmidt, Unser Alphabet (1932); D. Diringer, The Alphabet (²1949).

Altarsetzung. Teil der feierlichen Wahl eines röm. Königs und Kaisers; fand nach der ersten Proklamation des Neugewählten in der Wahlkirche (St. Bartholomäus zu Frankfurt a. M.) vor den versammelten Würdenträgern und dem Volk statt. In ihrer Bedeutung ist die Altarsetzung noch nicht ganz geklärt; sie blieb bis zum Ende des Reiches Bestandteil der Wahl, erfolgte letztmalig bei der Wahl Josephs I. (1690), da bei späteren Wahlen der Kandidat selbst nicht mehr anwesend war.

LIT. F. Rieger, Die Altarsetzung der deutschen Könige nach der Wahl (Phil. Diss. Berlin 1885).

Altdeutsch. Seit der Romantik übliche, heute nicht mehr sehr gebräuchliche Bezeichnung für die deutsche Malerei des 15. und 16. Jh. bis auf Holbein d. J., auch auf Lebensformen, Wohnungsausstattung (Altdeutsche Stube), Möbel usw. angewandt.

Altenburger Religionsgespräch. Auf Veranlassung des Kurf. August und des Herzogs Johann Wilhelm von Sachsen vom 21. 10. 1568 bis März 1569, abgehalten zur Herstellung der religiösen Einheit in den sächs. Ländern unter Beilegung theolog. Differenzen zwischen Vertretern des reinen Luthertums und des Synergismus. Das A. R. verlief ergebnislos.

LIT. HKG IV.

Althochdeutsch (abgek.: ahd.). Bezeichnung für die älteste schriftlich fixierte hochdeutsche Sprachperiode, annähernd durch die Jahre 750–1050 n. Chr. begrenzt.

LIT. G. Baesecke, Kleinere Schriften zur althochdeutschen Sprache und Literatur, hrsg. von W. Schröder (1966); S. Sonderegger, Ahd. Sprache und Lit. (1974).

Altkatholizismus. Romfreie, autokephale Bischofskirchen, die seit dem 18. Jh. aus dogmat. oder disziplinären Motiven aus der lat. Kirche des Westens hervorgegangen, seit 1889 in der ›Utrechter Union‹ zusammengeschlossen. Die Utrechter Kirche bestand seit 1723 und war stark vom niederländ. Jansensismus geformt. Eine Reunion mit Rom kam, trotz verschiedener Versuche im 18. Jh. – vor allem sind hier die Bemühungen von Dupac de Bellegarde zu nennen – nicht zustande.

Aus Anlaß der Unfehlbarkeitserklärung (→ Infallibilität) des Papstes durch das I. Vatikan. Konzil (1869/70) kam es zu einer von den Theologen Döllinger, Knoodt, Reinkens ausgehenden antivatikanischen Bewegung, die nach dem altkath. Kongreß in München (1871) seit 1873 mit dem Kölner Zusammenschluß zur Gründung altkath. Gemeinden führte. Erster Bischof in Dtl. war J. H. Reinkens (1873), in der Schweiz E. Herzog (1876). 1874 gab sich die neue Kirche eine episkopale Verfassung; die Bischofswahl erfolgte durch die aus Geistlichen und Laien bestehende Synode, das Recht der Pfarrerwahl blieb der Gemeinde vorbehalten. Die recht heterogenen altkath. Kirchen bezeichnen sich als festhaltend am Glauben der alten Kirche vor der Kirchenspaltung des 16. Jh., lehnen die päpstl. Infallibilität, die neueren Mariendogmen, Ohrenbeichte, Ehelosigkeit der Priester u. a. ab.

Die Altkatholiken haben selbständige Kirchen in Dtl. (Bistum Bonn mit altkath. Seminar), in der Schweiz (Christkath. Kirche, Bistum Bern mit altkath. Fakultät), in Österreich (Bistum Wien), auch in Nordamerika, Frankreich, den Niederlanden und Jugoslawien.

Der A. spielte während des Kulturkampfes eine kirchenpolit. Rolle. Die Altkatholiken Joh. Friedr. von Schulte (1827–1914), Joh. Friedrich (1836–1917), ausgezeichnet durch seine Romanophobie, Jos. Hubert Reinkens (1821–96), schließlich I. von Döllinger (1799–1890) haben für die Kirchengeschichte Bedeutendes geleistet. Die in England übliche Bezeichnung A. hat mit der in Dtl. gebrauchten nichts gemein; man versteht darunter die Familien, die in der Zeit der Verfolgung der röm. kath. Kirche die Treue gehalten hatten.

LIT. LThK I, 398; Sacramentum mundi I (1967) 109–111; U. Küry, Die altkathol. Kirche (1966); W. Krahl, Ökumen. Katholizismus (1970); V. Conzemius, Der A. (1971); A. Franzen, Die Kathol. Theolog. Fakultät im Streit um das Erste Vatikan. Konzil (1974); K. Stalder (Hrsg.), Hundert Jahre Christkathol. Fakultät der Universität Bern (1974).

Altranstädt, Friede von (24. 9. 1706). Abgeschlossen zwischen Kg. Karl XII. von Schweden und Kg. August I. von Sachsen-Polen. August I. verzichtet auf Polen zugunsten von Stanislaus Leszczynski, des schwedischen Kandidaten für die polnische Königskrone. Er löst das Bündnis mit Rußland, schließt ein Bündnis mit Schweden und Polen, liefert Patkul an Karl XII. aus und gewährt dem schwedischen Heer Winterquartier in Sachsen. → Nordische Kriege.

Altranstädt, Konvention von (22. 8.–1. 9. 1707). Abgeschlossen zwischen Kaiser Joseph I. und Kg. Karl XII. von Schweden, unter holländ. und engl. Vermittlung. Die Spannungen zwischen dem Kaiser und dem Kg. von Schweden waren wegen des Durchmarschs des schwed. Heeres durch Schlesien, der Flucht russ. Truppen auf österreich. Gebiet und ihrer Zuteilung an die Reichsarmee, schließlich wegen konfessionspolit. Streitigkeiten in Schlesien entstanden. In der K. v. A. wird den Evangelischen Augsburger Konfession in Schlesien freie Religionsausübung gemäß den Bestimmungen des Westfälischen Friedens zugesichert; die in den Fürstentümern Liegnitz, Brieg, Münsterberg und Oels, in Breslau und anderen Städten weggenommenen Kirchen und Schulen werden restituiert, in den übrigen Teilen Schlesiens wird den Evangelischen größere Religionsfreiheit gesichert (Errichtung ev. »Gnadenkirchen«). Karl XII. wird seitdem als Retter des Protestantismus in Schlesien gefeiert. Ferner erhält Karl XII. vom Kaiser eine günstige Entscheidung bezgl. der verschwägerten Holstein-Gottorper, das Bistum Lübeck-Eutin betreffend. Kaiser Joseph I. verzichtet auf die von Schweden für seine Gebiete zu stellenden Reichskontingente im Spanischen Erbfolgekrieg. Karl XII. verpflichtet sich, nach der Ratifikation der Konvention aus Schlesien abzuziehen.

LIT. E. Carlson, Der Vertrag zwischen Karl XII. von Schweden und Kaiser Joseph I. zu Altranstädt (1907); D. von Velsen, Die Gegenreformation in den Fürstentümern Liegnitz-Brieg-Wohlau (1931); Rössler-Franz, SWDG 24 f.; Erdmannsdörffer II, 241 f.; O. Redlich, Das Werden einer Großmacht. Österreich von 1700–1740 (1942); R. M. Hatton, Charles XII of Sweden (1968); N. Conrads, Die Durchführung der Altranstädter Konvention in Schlesien 1707–1709 (1971).

Amalrikaner. Anhänger des Amalrich von Bena, die sich in der Lehre mit den Katharern und den Anhängern des Joachim von Fiore berührten. Auf dem 4. Laterankonzil wurden die Amalrikaner wegen ihres Pantheismus verurteilt.

Ambo(n) (lectrinum, tribunal, pulpitum). Eine liturgischen Zwecken der Predigt, dem Absingen des Graduale dienende, gewöhnlich aus Stein erbaute Bühne mit Brüstung und Aufgängen in altchristl. und ma. Kirchen; im späten MA dem Lettner eingebaut; in größeren Kirchen gab es in nachkaroling. Zeit verschiedentlich zwei Amben, einen für Evangelium und Predigt, einen für die Epistel. Der A. ist der Vorläufer der späteren Kanzel.

Ambraser Sammlung. Von Ferdinand I. nach 1561 angelegte Sammlung auf Schloß Ambras vor Innsbruck, enthält u. a. das Ambraser Heldenbuch (›Nibelungen‹, ›Kudrun‹, Hartmanns ›Erec‹ und ›Iwein‹), Kunst- und Rüstkammer.

Ambrosiana (Biblioteca Ambrosiana). Berühmte Bibliothek in Mailand, 1602 von EB Kard. Federico Borromeo gegründet, 1609 als eine der ersten öffentl. Bibliotheken eröffnet, besitzt wertvolle Handschriften und Inkunabeln (Ilias-Codex 4.–5. Jh., eine Vergil-Hs. usw.). Mehrere Präfekten der Ambrosiana haben wissenschaftsgeschichtlich hervorragende Bedeutung wie z. B. L. A. Muratori, A. Mai, A. Ratti (Papst Pius XI.).

Ambrosiaster (Pseudoambrosius). Der älteste lat. Kommentar zu 13 Paulusbriefen, z. Zt. des Papstes Damasus (366–84) in Rom entstanden, früher dem Bischof Ambrosius von Mailand zugeschrieben; Seit Erasmus von Rotterdam seine Unechtheit nachgewiesen hat, wird dieser Kommentar als A. bezeichnet. Verf. unbekannt.
LIT. LThK I, 425.

Amiens, Friede von (27. 3. 1802). Unterzeichnet von Joseph Bonaparte und Lord Cornwallis war der Friede von A. nach dem Urteil König Georgs III. von England eine »Friede auf Probe«, nach dem franz. Historiker A. Sorel die »offizielle Maske für einen sehr kurzen Waffenstillstand«. Der Definitivfriede von Amiens regelt das von den Präliminarien von London (17. 9. 1801) zwischen Frankreich und England a) die Mittelmeerfragen, b) die überseeischen kolonialen Fragen und greift c) in die Regelung der deutschen Verhältnisse nach dem Frieden von Lunéville ein.

a) Mittelmeerfragen: das von den Engländern eroberte Ägypten soll an das Osmanische Reich zurückfallen, die Ionischen Inseln sollen von Frankreich aufgegeben werden und eine selbständige Republik bilden; Malta soll von England dem Johanniterorden zurückgegeben werden. Außerdem wird Frankreich die Räumung des Königreichs Neapel und des Kirchenstaates innerhalb von 2 Monaten nach der Ratifikation des Friedens zur Auflage gemacht; Menorca kommt an Spanien zurück; die Selbständigkeit Portugals wird garantiert.

b) Überseeische koloniale Fragen: die französische Republik und ihre Verbündeten Holland und Spanien erhalten alle von England besetzten oder eroberten Kolonien zurück mit Ausnahme von Ceylon und Trinidad, d. h., Frankreich erhält die Möglichkeit zum Aufbau eines neuen kolonialen Reiches in Westindien und Nordamerika (Tobago, St. Lucia, Martinique, Französisch-Guayana, Louisiana). Die Rückgabe der französischen Besitzungen in Indien verweigert der Gouverneur Wellesley.

c) Einwirkung auf die deutschen Verhältnisse: Napoleon verpflichtet sich, dem Hause Nassau-Oranien für die mit der Verfassungsänderung in Holland und an Familienbesitz erlittenen Verluste eine Entschädigung im Reich zu verschaffen. Das Haus Nassau-Oranien erhält daraufhin und auf Grund eines Abkommens zwischen Frankreich und Preußen das säkularisierte Fürstbistum Fulda sowie die säkularisierten Fürstabteien Corvey und Weingarten. Zum Bruch des für Frankreich sehr vorteilhaften Friedens kam es wegen der Rückgabe von Malta. →Koalitionskriege.
LIT. O. Brandt, England und die Napoleonische Weltpolitik 1800–03 (²1916); W. Andreas, Das Zeitalter Napoleons und die Erhebung der Völker (1955).

Amortisationsgesetze. Mit der Häufung der Güter in der sog. Toten Hand (manus mortua) der Kirche (das der Kirche zugewendete Vermögen ist für den rechtsgeschäftl. Verkehr, was die Übertragung von Eigentum angeht, tot) stellten sich allenthalben Mißstände ein, die bei einer Erschlaffung des religiösen Geistes und dem Fortschreiten wirt-

schaftl. Denkens wuchsen. Erwerbsbeschränkungen der Toten Hand, d. h. Amortisationsgesetze, sind, in ersten Spuren schon im 9. Jh., seit dem 13. Jh. festzustellen (Ludwig IX., 1250), sie werden mit dem Erstarken der Landeshoheit häufiger, unterschiedslos von kath. und protest. Fürsten, selbst geistl. Fürsten (Kurmainz usw.) erlassen, um eine klerikale Aufsaugung von Gütern und Ländereien und damit eine Schwächung der Wirtschaftskraft zu verhindern (Beispiele für die Amortisationsgesetzgebung in Kurmainz: Verordnungen Johann Philipps 1651, 1652, 1668; Lothar Friedrichs 1674; Lothar Franz' 1704, 1705, 1712; Johann Friedrich Karls 1746, 1753, 1755). Unter dem Einfluß der Aufklärung erreichen sie in Frankreich (Anregung von Montesquieu), in Spanien (R. P. Campones), in Österreich unter Maria Theresia und Joseph II., in Kurbayern unter Max III. Joseph und Karl Theodor einen Höhepunkt. Motiviert wurden die A. durch wirtschaftl., staatskirchenrechtl. und religiöse Gründe. In der BRD gibt es (seit 1953) keine A. mehr.
LIT. Feine, KRG; HWST I² 431 ff.; LThK I² 447; HWDRG I, 147–150.

Amphiktyonie. Schon im Altertum nicht eindeutig definiert. Die Amphiktyonen waren Umwohner eines Heiligtums, zu dessen Pflege und Schutz, zu Festversammlungen und zugleich zu regelmäßigen Beratungen und Beschlußfassungen über gemeinsame Angelegenheiten sie zusammentraten. Oft entsandten umliegende Stämme oder Städte ihre Vertreter. Der Ursprung der A. liegt wahrscheinlich vor der Polisbildung. Am bedeutendsten war die delphische A.; zum Schutz des Heiligtums und Kultzentrums des Apollon führten die Amphiktyonen drei heilige Kriege, beschlossen 355 v. Chr. den heiligen Krieg gegen die Phoker und nahmen an deren Stelle Philipp von Makedonien als Mitglied auf. 346 Neuordnung der A. durch Philipp, 338 rief ihn die A. zum Krieg gegen Amphissa auf und gab ihm damit Gelegenheit, die Herrschaft über Griechenland zu erringen. Daneben gab es u. a. die A. von Argos, von Anchetos, von Kalauria, von Korinth.
LIT. RE I, 1904–1935; Lex. der Alten Welt 141 f.

Amt.
[1] Von kelt.-lat. ambactus, womit die Gefolgschaft gallischer Adeliger bezeichnet wurde, wurden Bezeichnung und Brauch, daß sich ein Fürst mit Gefolgsleuten umgab, vor der german. Lautverschiebung entlehnt. Notker verwendet das Wort im Sinn von anerkannter Stellung. Amt wurde in unterschiedlicher Bedeutung gebraucht und sehr weit gefaßt, z. B. als Verwaltungsbezirk, Gerichtsbezirk, Gemeinde. Unter Amt versteht man einen dauernden, fest umschriebenen Kreis von Aufgaben mit bes. Befugnissen im Dienst anderer, einen umgrenzten Bereich der Staatsfunktion. Man unterscheidet öffentl. und private Ämter; Ehrenämter und Laienämter werden unentgeltl. und nebenberufl. verwaltet.
In karoling. Zeit wurden Ämter (honores, dignitates) als Benefizien übertragen. Im MA scheint das Amt selbst Lehen gewesen zu sein. Amtsträger war zunächst der Adel, dann auch die Ministerialen, ursprüngl. unfreie Dienstleute. Bes. Ausgestaltung erfuhr das Amt und der Amtsgedanke in den Städten, z. B. mit den Ämtern der Geschworenen und der Ratsherrn. Grundlegend wurde jedoch die Entwicklung in den Territorien seit dem 13. Jh. Aus dieser Wurzel bildete sich das neuzeitl. Ämterwesen, die neue Organisation der Lokalverwaltung, die vielfach bis in das 19. Jh. bestand. Der Begriff des Beamten als eines bes. öffentl., festbesoldeten Bediensteten, begann sich zu entfalten. Absolutismus, Reformen der Aufklärung und des 19. Jh. gaben dem Ämterwesen weitere Inhalte. Fürstl. Herrschaft wurde seit der Reformation, bes. im Absolutismus als Amt aufgefaßt (Friedrich Wilhelm I. von Preußen: »Gottes Amtmann am Fürstentum«; im aufgeklärten Absolutismus verstand sich der Fürst vielfach als »erster Diener des Staates«). Amtseid, Amtstracht und Amtssymbole zeichnen ein Amt aus.
LIT. Staatslexikon I, 305–308; HW DRG I, 150–154; R. Scheyhing, Eide, Amtsgewalt und Bannleihe (1960).
[2] In der röm. Liturgie Bez. für Feierlichkeitsgrade der Messe. a) das einfache Amt (missa cantata): Messe mit Gesang des Priesters und der Gemeinde; b) Hochamt (missa solemnis), bei dem Diakon und Subdiakon dem Priester assistieren; c) Pontifikalamt (missa pontificalis), das feierl. Hochamt eines Prälaten, dem Pontifikalien zustehen, insbes. des Papstes, der Bischöfe und Äbte.

Das Pontifikalamt ist die älteste und feierlichste Form der Messe.

Anachoret. In strenger Buße, Enthaltsamkeit und völliger Trennung von der menschl. Gemeinschaft lebender Christ; für das 3. Jh. nachweisbar, zuerst wohl in der ägypt. Wüste; im Osten als bes. Form mönchischer Existenz hoch angesehen. Die bekanntesten Anachoreten: der hl. Paulus († 341) und der hl. Antonius († 356), der einen Verein von Anachoreten um sich sammelte (seit 290), die in einem Zellendorf zusammenwohnten.

Anagramm (griech.). Umstellung von Buchstaben in einem Wort zur Bildung eines neuen Wortes, z. B. Leben – Nebel, angeblich von Lykophron von Chalkis (3. Jh. v. Chr.) erfunden, vielfach verwendet für Wortspiele und Pseudonyme, z. B. bei Fischart, Rabelais u. a. Anagramme waren im 16. und 17. Jh. besonders beliebt.

Anachronismus. Unfreiwillige oder aber auch beabsichtigte Einordnung von Ereignissen, Personen und Gegenständen in eine zeitl. Geschehnisabfolge, zu der sie nicht gehören. Die häufigste Form des Anachronismus ist der sog. vorgreifende A.; verlegt Personen, Ereignisse und Gegenstände in Zeiten, da sie nicht lebten, bzw. nicht stattfinden konnten oder noch nicht erfunden waren.

Anagni, Attentat von (7. 9. 1303). Gefangennahme Papst Bonifaz' VIII. in der Sommerresidenz Anagni durch den franz. Kanzler Wilhelm Nogaret und Sciarra (Jakob) Colonna. Mit dieser Gefangennahme kam man der vom Papst für den 8. September vorgesehenen Verkündigung des Banns über König Philipp den Schönen von Frankreich zuvor. Papst Bonifaz VIII. sollte zur Abdankung gezwungen werden, konnte aber am dritten Tag von den Bürgern Anagnis befreit werden und nach Rom zurückkehren. Das Attentat von Anagni, eine schwere Niederlage des Papsttums, brachte dem leidenden Bonifaz VIII. den Tod (11. 10. 1303).
LIT. R. Holtzmann, Wilhelm von Nogaret (1898); Bilmeyer-Tüchle, Kirchengeschichte II; HKG III, 2.

Anakreontik. Nach dem griech. Dichter Anakreon († 495 v. Chr., lebte am Hof des Polykrates auf Samos) benannte, in Anlehnung an die pseudoanakreontische Sammlung sich ausbildende lyrische Richtung seit der Mitte des 16. Jh., deren Höhepunkte zwischen 1740–60 lagen. Ihre Motivkreise sind Wein und Liebe. Anakreont. Dichtung ist Ausdruck der aufstrebenden Bürgerkultur, tändelnd-konventionelles Spiel, Lust an Formen und freundschaftl.-geselligem Zusammensein, im Grunde aber Fluchtreaktion.
Vertreter der Anakreontik in Dtl.: J. W. L. Gleim, Versuch in scherzhaften Liedern (1744/45); J. N. Götz, Versuch eines Wormsers in Gedichten (1745); I. J. Pyra und Samuel Gotthold Lange, Thyrsis und Damons freundschaftliche Lieder (1745); J. P. Uz – J. N. Götz, Übersetzung des Anakreon.
LIT. H. Joswig, Leidenschaft und Gelassenheit in der dt. Lyrik des 18. Jh. (1938); Reallexikon der dt. Literaturgeschichte I² (1958) 61–63.

Analekten (griech., auflesen, sammeln). Aufgelesenes, Ausgelesenes; Sammlung von Zitaten von Dichtern usw., von wissenschaftl. Material, Auszüge, Lesefrüchte; Sammlung von Abhandlungen.

Anarchismus. Eine politische Ideologie und Bewegung, die auf Beseitigung jeder Autoriät und jeden Rechtszwangs, insbes. des Staates, abzielt und größte Ausdehnung der persönlichen Freiheit im freien, jederzeit lösbaren Zusammenschluß der Individuen erreichen will.

[1] *Der individualistische Anarchismus* wurzelt im extremen Individualismus, nicht im Sozialismus oder Kommunismus, fordert schrankenlose Freiheit für den Einzelnen, völlig freies Sondereigentum, die Beseitigung von Geld und Zinsen, der kapitalistischen Wirtschaftsordnung. Hauptvertreter des individualistischen A. sind: der englische Dissidentenprediger W. Godwin (1756–1836), ›Enquiry concerning political justice and its influence on morals and happiness‹ (1793); P. J. Proudhon (1809–65), ›Qu'est-ce que la propriété‹ (1840), trotz seiner bekannten Forderung »Eigentum ist Diebstahl« ein Gegner sozialistisch-kommunistischer Theorien; Max Stirner (1805–56), ›Der Einzige und sein Eigentum‹ (1845).

[2] *Der kollektivistisch-kommunistische oder föderalistische Anarchismus* erstrebt eine staaten- und klassenlose Kollektivordnung; die Grenzen zum Sozialismus und Kommunismus können fließend sein. Wichtigste Vertreter:

M. Bakunin (1814–76), ›Dieu et l'Etat‹ (1871), der als eigentlicher Begründer der politischen Organisation des A. gelten kann; S. Netschajew (1842–82) trat für die Pandestruktion (Allzerstörung) ein und die »Propaganda der Tat«; er war ein Zyniker und Nihilist. Fürst Peter Kro(a)potkin (1842–1921), der bes. die Theorie des kommunist. Anarchismus ausbildete. In Rußland trug die anarchistische Bewegung entscheidend zum Erfolg der bolschewist. Revolution bei, wurde dann aber vom Bolschewismus vernichtet.

Unter den Theoretikern des A. in Deutschland ist zu nennen Johann Most (1846–1906), der in den USA die anarchistische Zeitschrift ›Die Freiheit‹ herausgab. Theoretiker des A. in Frankreich: Elisée Reclus, ›L'Evolution, la révolution et l'idéal anarchique‹ (1898), Jean Grave, ›La société future‹ (1895).

Auf anarchistische Gruppen geht eine Reihe von Terrorakten und Attentaten zurück, z. B. auf den Präsidenten der USA William McKinley, auf König Alfons XII. von Spanien und die Kaiserin Elisabeth von Österreich (1896), in Deutschland das Attentat auf Kaiser Wilhelm I. von Hödel und Nobiling (1878), in Frankreich die Ermordung des Präsidenten Carnot (1894), in Italien die Ermordung von König Humbert I. (1900).

Stark verbreitet waren anarchistische Organisationen in Frankreich, Italien, Spanien, wo sie durch die Confédéracion Nacional del Trabajo (gegründet 1911) einen starken Einfluß auf die Arbeiterschaft vor allem in Katalonien – Barcelona ein Zentrum des Terrors – ausübten und in Francisco Ferrer nach der »semana tragica« einen politischen Märtyrer fanden. Im Mai 1937 wurden in Barcelona die Anarchisten durch die Kommunisten ausgerottet.

Gering war der Anhang anarchistischer Organisationen in England, den USA, der Schweiz und in Deutschland, wo die Sozialdemokratie Anarchisten schon 1880 ausschloß.

Nach dem Ersten und Zweiten Weltkrieg schienen anarchistische Bestrebungen fast vernichtet, doch finden sie verschiedentlich wieder Anklang.

Quellen: Ein Verzeichnis anarchistischer Schriften bei M. Nettlau, Bibliographie de l'anarchisme (1927).

LIT. K. Diehl, Über Sozialismus, Kommunismus und A. ([3]1920); M. Nettlau, Der A. von Proudhon zu Kropotkin (1927); P. Heintz, Anarchismus und Gegenwart (1951); G. D. H. Cole, A history of socialist thought (1954); E. Comin-Colomer, Historia del anarquismo espagñol (1956); P. Schreibert, Von Bakunin zu Lenin. Geschichte der russisch-revolutionären Ideologien I (1956); R. Cannac, Netchaev. Du nihilisme au terrorisme (1961); H. P. Schwarz, Der konservative Anarchist. Politik und Zeitkritik Ernst Jüngers (1962); J. Joll, Die Anarchisten (1966); O. Rammstedt, A. Grundtexte zur Theorie und Praxis der Gewalt (1969); U. Linse, Organischer A. im Dt. Kaiserreich von 1871 (1970); J. Cattepoel, Der A. (1979).

Anathema (Bann). Erstmals in den 52 der Synode von Elvira (ca. 300), zunächst von der Exkommunikation nur durch eine erschwerende, feierl. Verwünschung verschieden, bez. A. den Kirchenbann, bes. wenn er nach dem im Pontificale Romanum enthaltenen Ritus verhängt wurde; seit der Abschaffung der excommunicatio minor (1869) ist das A. von der Exkommunikation nicht mehr verschieden.

Ancien Régime (franz., alte Regierungsform). Bez. für das alte, vorrevolutionäre Frankreich; von dort auf andere europ. Staaten übertragen zur Bez. der polit. und gesellschaftl. Situation vor der Revolution von 1789; oft in abschätzigen Sinne gebraucht; synonym mit Alteuropa. LIT. A. de Tocqueville, L'ancien régime et la révolution (1856); E. Soreau. La chute de l'ancien régime (1938); D. Mornet, Les origines intellectuelles de la Révolution française, 1715–1787 (1954); B. Fay, Ludwig XVI. oder das Ende einer Welt (dt. 1956); Handbuch der europ. Geschichte Bd. IV, hrsg. von Th. Schieder (1969); E. Fehrenbach, Vom Ancien Régime zum Wiener Kongreß (1981); R. Braun, Das ausgehende Ancien Régime in der Schweiz. Aufriß einer Sozial- und Wirtschaftsgesch. des 18. Jh. (1984).

Anciennität. Reihen- oder Rangfolge, meist nach dem Dienst- oder Lebensalter; von Bedeutung bei Beförderungen und Abstimmungen. Als lokale A. gilt der Zeitpunkt der Anmeldung beim Gaststaat. Dadurch wird die Rangordnung diplomatischer Vertreter derselben Rangklasse geregelt.

Andachtsbild. Darstellung eines Heiligen, bes. Christi, die der außerliturgischen, privaten Andacht dient und die Möglichkeit zu einer kontemplativen Versenkung in den betrachteten Inhalt bietet. Bevorzugte Themen: Leiden Christi (Schmerzensmann), Freuden und Leiden Mariens (Marienklage). LIT. RDK I, 681–687; III, 658–669; V, 601–621.

Andreaskreuz. Diagonalkreuz, in frühchristl. Zeit mit anderen Kreuzformen unterschiedslos gebraucht, in der ottonischen Kunst in christl.-kosmologischer Bedeutung, dann seit 1169 (erstmals) bei der Darstellung der Kreuzigung des hl. Andreas verwendet, in der dt. und niederländischen Kunst des späten MA recht häufig, auch in der Heraldik gebräuchlich. Im Volksaberglauben spielt das A. eine Rolle.

Anekdote. Sie kennzeichnet als Kurzgeschichte pointiert historische Persönlichkeiten und schildert konkrete historische bzw. zeitgeschichtliche Situationen. Die A. hat, ähnlich wie Sage und Legende, als historische Quelle einen Wert.

Angariae. Zwang, Gewalt, Mühsal, Belastung (mlat.), Dienstleistung, Frondienst, wie sie ein abhängiger oder unfreier Bauer dem Grundherrn schuldet (angarialis homo); ähnlich wie: exactio, vectigal = Abgaben, Steuerzins; Last, Fracht (angaria = langsamer und schwerer Wagen des öffentl. Fuhrwesens in der Antike, zuerst 320 v. Chr. erwähnt); Spann- und Fuhrdienst. LIT. RE I, 2184f.; Mlat. WB I (1967), 634–636; Haberkern-Wallach 40.

Angeliken (Englische Schwestern vom hl. Paulus) und **Guastallinen,** Mitglieder einer 1530 von Luise Torelli, Gräfin von Guastalla (bei Parma), begründeten Genossenschaft, die die Augustinusregel annahm, 1535 päpstlich bestätigt wurde und sich gefährdeter und verwaister Mädchen annahm. Anfang des 19. Jh. ging der Orden unter.

Anglikanische Artikel. 39 Artikel, die 1571 in England Gesetzeskraft erhielten und die Grundlage der englischen Staatskirche bilden. Art. 37 übertrug dem König die Jurisdiktion über die Kirche in England unter ausdrücklicher Zurückweisung der päpstlichen Jurisdiktion.

Anglikanische Kirche. Englische Staatskirche, auch Bischöfliche (Episkopal-)Kirche genannt, folgt im Bekenntnis der reformierten Kirche, steht jedoch dem Gottesdienst und der Verfassung nach zwischen Protestantismus und Katholizismus. Diese eigentüml. Stellung erklärt sich aus der engl. Reformationsgeschichte. Die A. K. entstand, als sich Heinrich VIII. wegen der geplanten Ehescheidung 1534 von Rom lossagte und sich zum Oberherrn der englischen Kirche erklärte. Mit Hilfe des EB Cranmer von Canterbury gab er dieser Kirche eine neue Verfassung. Nach den erfolglosen Rekatholisierungsversuchen der Königin Maria (1553–58) wurde unter Elisabeth I. das Staatskirchentum durch Neuordnung des Gottesdienstes (Common Prayer Book) und des Glaubensbekenntnisses (39 Artikel) gefestigt. Oberster Kirchenherr in der A. K. ist der König; unter ihm stehen die EB von Canterbury und York und 41 Bischöfe.
Drei verschiedene Richtungen bildeten sich nach und nach in der A. K. heraus:
(a) die Hochkirche (High Church), die an der katholischen Ausgestaltung des Gottesdienstes festhielt;
(b) die Niederkirche (Low Church), die den Hauptakzent auf ein werktätiges Christentum legte, Bibelverbreitung und innere Mission;
(c) die Breitkirche (Broad Church), deren Glaubenslehre auf Grund kritischer Bibelforschung freier war.
Die A. K. ist im Unterschied zu der schottischen Presbyterian. Kirche auch außerhalb Englands verbreitet. Den Anspruch auf Katholizität vertrat die A. K. mit Entschiedenheit. Außerhalb der A. K., aber auch außerhalb der schottischen Presbyterianer gewannen die ekklesiologisch radikalen Kongregationalisten und die Independenten im 17. Jh. an Bedeutung. Nach der Krise zwischen 1640 und 1660 wurde die A. K. erneut als Staatskirche etabliert.
LIT. TRE II, 713–723; D. H. Pill, The English Reformation 1525–58 (London 1973); A. G. Dickens, The English Reformation (³1969); S. Neill, Anglicanism (⁴1977); J. J. Scarisbrick, The Reformation and the English People (London 1984).

Annalen (von lat. annus, Jahr). Jahrzeitbücher. In der Geschichtsschreibung des MA versteht man unter Annalen urspr. die kurzen Aufzeichnungen wichtiger Ereignisse (z. B. Tod von Päpsten,

Herrschern, Bischöfen; krieger. Ereignisse) in den Ostertafeln. Später erfolgte die Aufzeichnung unabhängig von den Ostertafeln; die Annalen wurden zu einer selbständigen Gattung histor. Überlieferung, in der Darstellung knapp, trocken und streng chronolog. geordnet mit einfacher Aneinanderreihung der Fakten. Die Annalen stammen meistens von anonymen Verfassern und wurden vielfach durch Generationen von wechselnden Händen fortgeführt, häufig abgeschrieben und dabei in Inhalt und Chronologie nicht selten durcheinandergebracht. Höhepunkte der Annalistik sind a) die Karolingerzeit mit dem umfassenden Werk der sogenannten Fränkischen Reichsannalen (Annales regni Francorum) und b) das 11. und beginnende 12. Jh. (Quedlinburger und Hildesheimer Annalen, Lampert von Hersfeld).

Wichtige Annalen.
Annales Altahenses, geschrieben im Kloster Niederaltaich aus reichstreuer Sicht; wichtige Quelle für die Zeit Heinrichs III. und Heinrichs IV., lange verschollen, 1867 in der Abschrift Aventins entdeckt; ed. von W. Giesebrecht–E. Oefele (MG SS 20), bearbeitet von Oefele in MG SS rer. Germ.;
Annales Bertiniani. So genannt nach dem Fundort, der Abtei St. Bertin (Flandern); sie sind eine Fortsetzung der fränk. Reichsannalen für die Zeit 830–882, z. T. von Hinkmar von Reims verfaßt;
Annales Fuldenses. Sie führen die fränk. Reichsannalistik weiter bis 901;
Annales Marbacenses. Nach dem Kloster Marbach bei Kolmar benannt, staufisch gesinnte Darstellung, reichen bis 1238;
Annales Patherbrunnenses. Im Kloster Abdinghof in Paderborn entstanden, verloren, doch durch Scheffer-Boichorst rekonstruiert, wichtig für die ausgehende Zeit der Salier und die Staufer;
Annales Quedlinburgenses. Sie reichen bis 1025, wichtig für die Zeit Ottos III. und Heinrichs II.
Seit dem 14. Jh. nahmen die Annalen einen anderen Charakter an, wurden sehr viel ausführlicher und behielten im Grunde nur das annalist. Gerüst der Jahreseintragungen bei. Die Grenze zwischen Annalen und Chroniken wurde in dieser Zeit, vor allem im 15. Jh.,

fließend. Die Aufzeichnung und Überlieferung histor. Ereignisse begnügte sich nicht mehr mit der annalist. Form, sondern suchte den Übergang zur referierenden Darstellung. Die Annalistik genügte den höheren literar. und histor. Ansprüchen von Renaissance und Humanismus nicht mehr. Die Sprache der Annalen ist fast ausnahmslos lateinisch. In der kirchl. Restauration des 16. Jh. ist eine gewisse Wiederbelebung der Annalistik festzustellen. Von Caesar Baronius stammen die Annales ecclesiastici a Christo nato ad Annum 1198, 12 voll. Romae 1518–1607, fortgesetzt durch O. Raynald, († 1671) von 1198–1566 und A. Bzovius († 1637), der in 9 Bden die Zeit von 1198–1572 behandelt hat (1616–72). H. Spondanus († 1643) verfertigte aus den 12 Bden des Baronius einen Auszug und schrieb dazu eine Fortsetzung (sie erschienen in 2 Bden, Paris 1640).
LIT. W. Wattenbach – W. Levison – H. Löwe, Deutschlands Geschichtsquellen im MA II (1952) 180–192, Neuaufl. von F. Schmale (1967); A. Potthast, Wegweiser durch die Geschichtswerke des europ. MA (³1954); H. Hoffmann, Untersuchungen zur karoling. Annalistik (1958).

Annaten (von lat. annus, Jahr). Im eigentl. Sinn Abgaben, die bei der Verleihung nichtkonsistorialer Benefizien in Höhe der Einkünfte des ersten Jahres oder der Hälfte der Pfründenerträgnisse des ersten Jahres an die röm. Kurie entrichtet werden (fructus primi anni; fructus medii temporis). Seit dem 15. Jh. verstand man unter A. alle Abgaben an die röm. Kurie bei der Verleihung eines Benefiziums, einschließlich der Servitien (Taxen). Die röm. Kurie erschloß sich diese Einnahmequelle unter Clemens V. (1306) und Johannes XXII. (1318). Seit 1326 wurden die Annaten in Verbindung mit den Reservationen gebracht. Ihre Einziehung gab Anlaß zu ständigen Klagen, vor allem auf den Reformkonzilien. Im Wiener Konkordat von 1448 wurde die Weiterzahlung der A. für das Reich vereinbart. Das Konzil von Trient verbot die A. für kleinere Benefizien, Joseph II. schaffte sie für Österreich ab. Sie sind heute nur noch in Italien üblich.
LIT. Feine KRG; DHGE III, 307 bis 315; LThK I², 575.

Annexionen (von lat. annectere, anbinden, hinzufügen, franz. annexer, annexion). Als polit. Schlagwort erst seit 1845 in Gebrauch, als die USA dem benachbarten Mexiko Texas abnahmen, verstärkt angewendet zur Zeit Napoleons III. von Frankreich und Viktor Emanuels von Savoyen, deren Politik auf Annexionen gerichtet war.

Anniversarium (lat., Jahresgedächtnis). Im heute üblichen Sinne anniversarium defunctorum, Jahrestag des Todes oder des Begräbnisses, schon in frühchristl. Zeit liturgisch gefeiert. Es ist heute nicht mehr üblich, den Todestag eines Heiligen, bzw. seinen Festtag (beide sehr oft identisch) als A. zu bezeichnen. A. der Kirchenweihe, der Bischofsweihe (natalis templi, natalis basilicae; a. electionis et consecrationis episcopi) im christl. Altertum belegt.

Annona (von lat. annus). Jährl. Ertrag, dann Vorrat an Lebensmitteln (bes. Kornfrüchte), ferner Getreidebedarf und Zufuhr von Getreide nach Rom und den Municipien; Marktpreis, v. a. der im antiken Rom staatl. überwachte Getreidepreis; Naturallieferungen der Provinzen für die Beamten und Soldaten der Provinz.
Cura annonae: staatl. Fürsorge für Getreide zu erschwingl. Preisen (Aufgabe der Aedilen, durch Augustus vom Kaiser übernommen, der sie durch einen eigenen Präfekten, praefectus annonae, wahrnehmen läßt). Die Kornversorgung Roms nahm unter Caesar schon die Form der Unterstützung Minderbemittelter an und stellte vielfach ein polit. Kampfmittel dar (→panem et circenses).
In der Spätantike mit der Rückkehr zur Naturalwirtschaft ist A. eine Einheit der staatl. Naturalgehälter, in Form einer Anweisung auf Naturalien.
Im MA *Annona ducalis:* Herzogskorn; *Annona missalis:* Meßkorn.

Annuntiationsstil. Rechnungsart, die den Jahresanfang auf das Fest Mariä Verkündigung (incarnatio Domini, 25. 3.) festsetzt. Der A. war im MA im Erzbistum Trier und dessen Suffraganbistümern Metz, Toul, Verdun, ferner seit der Mitte des 11. Jh. unter normannischem Einfluß in England (mos Anglicanus, computatio Anglicana, cursus ecclesiae Anglicanae) üblich und blieb der offizielle Jahresanfang Englands bis zum 1. 1. 1752. Auch in Norditalien (calculus Florentinus: Florenz und Siena am 25. 3. nach unserem Jahresanfang, calculus Pisanus: Pisa und Lodi am

25. 3. vor unserem Jahresanfang) sowie vorübergehend und sporadisch in den päpstl. und kaiserl. Kanzleien wurde der A. angewendet.
LIT. H. Grotefend.

Annus normalis (auch: annus regulativus, a. decisivus, a. decretorius). Normaljahr. Nach langen Verhandlungen und als Kompromiß zwischen kath. (1629) und ev. Forderungen (1618) im Westfälischen Frieden ausgesprochene Norm (1624) für die Konfessionsausübung und den Besitzstand an geistl. Gütern (Normaltag 1. 1. 1624). Beschränkt das jus reformandi, keine Geltung in den österreich. Erblanden und einigen anderen Gebieten, praktisch in Osnabrück modifiziert durch die Capitulatio perpetua Osnabrugensis, bestimmt die Konfessionsgrenzen und bleibt bis ins 19. Jh. in Geltung.
LIT. F. Dickmann, Der Westfälische Friede (⁴1978).

Anonym. Anonymität (griech., namenlos, ungenannt). Anonymität = Unpersönlichkeit menschl. Wirkens; anonym werden Schriftstücke ohne Unterschrift genannt, mit dem Ziel, den Urheber unbekannt bleiben zu lassen. Anonym sind Schriftwerke ohne Namennennung des Verfassers (anonymus), sei er verschwiegen, unbekannt oder sei das Werk fälschlich unter einem anderen Namen überliefert. Anonym sind insbes. zahlreiche Werke des MA und der Reformationszeit, aber auch viele Frühwerke späterhin berühmter Dichter (z. B. Goethes Werther, Schillers Räuber). Gründe für die Anonymität können ungenügende Ausbildung des Persönlichkeitsbewußtseins (so im MA) und des geistigen Eigentums, persönliche Scheu, Furcht vor etwaigen Folgen (insbes. bei polit. gefährl. Inhalt einer Schrift) u. a. m. sein. Zur Feststellung anonymer Verfasser bieten die Anonymenlexika gute Dienste.

Anonymenlexika. In ihrer Anlage meist mehr für den Literarhistoriker als für die Bedürfnisse der eigentl. Geschichte berechnet, sind die A. für den Historiker, vor allem für die Ideen- und Geistesgeschichte, für histor. Grenzgebiete, für die Benutzung der Publizistik anonymer Streit- und Flugschriften bes. in der frühen NZ wichtig. Für die Benutzung von anonymen, pseudonymen, pseudoepigraphen und kryptonymen Schriften bieten gute Hilfe folgende Lexika: Mich. Holzmann-H. Bohatta,

Deutsches Anonymen-Lexikon. 7 Bde. (1902 bis 1928); diess. Deutsches Pseudonymen-Lexikon (1906); S. Halkett-H. Laing, Dictionary of Anonyms and Pseudonyms, hrsg. von H. Kennedy, W. A. S. Smith, A. F. Johnson. 8 Bde. (²1926–56); Stonehill-Black, Anonyma and Pseudonyma, 4 Bde. (1927); Ant. Alex. Barbier, Dictionnaire des ouvrages anonymes et pseudonymes. 4 Bde. (³1872–79; ergänzt durch G. Brunet 1889 und H. Celani 1902); G. Melzi, Dizionario di opere anonime e pseudonime. 3 Bde. (1848–59; ergänzt durch G. B. Passano 1887 und E. Rocco 1888); R. Frattavolo, Anonimi e Pseudonimi (1955); C. Sommervogel, Dictionnaire des ouvrages anonymes et pseudonymes, publiés de la Compagnie de Jesus. 2 Bde. (1884); A. Taylor-F. J. Mosher, The bibliographical history of Anonyma and Pseudonyma (1951).

Anthologie (griech. Blumenlese). Sammlung unter bestimmten Gesichtspunkten ausgewählter literar. Stücke verschiedener Verfasser, auch wissenschaftl. Prosa zwecks Charakterisierung einer bestimmten literar. Gattung, einer Entwicklung, einer Epoche; älteste europäische A. ist die sog. griechische A. (»Kranz« des Meleagros von Gadara, ca. 60 v. Chr.), fortgeführt von Philippos aus Thessalonike (40 n. Chr.). Weitere große A. von Konstantinos Kephalas (ca. 925 n. Chr.) und M. Planides (14. Jh.). Seitdem schnelle Verbreitung des Begriffs und unzählige Anthologien.

Antichrist. Ausdruck und Begriff im NT vorhanden, im Frühchristentum weiter ausgebildet, bes. nach der Offenbarung Johannes', ebenso wie die Antichristerwartung. Der A. ist der vor Christi Wiederkunft auftretende Gegenchristus, der Gegenspieler Gottes, unter dem Eindruck der Verfolgungen mit antijüd. oder antiröm. Vorstellungen verbunden.
Für die alte Kirche ist der A. bald der jüdische Pseudomessias, bald der geschichtl. oder wiederkehrende Nero. Im MA wird die A.-idee mit dem Motiv vom Endkaiser angereichert; die Gehilfen des A. treten stärker hervor; als ein Vorläufer des A. wird Kaiser Friedrich II. von der Kurie bezeichnet. Das Tegernseer Spiel vom A. sieht in der Armutsforderung eine Versuchung des A. Nicht mehr in der Zukunft erwartet, da schon gegenwärtig, wird der A. bei Bernhard von Clairvaux. Gerhoh von

Reichersberg (1162–63: ›De investigatione Antichristi‹) sieht im mißglückten Kreuzzug, im Schisma und in Abaelard Vorzeichen des A. Die Gleichsetzung von A. und Papsttum vollziehen um 1200 die Amalrikaner. Unter dem Einfluß der Geschichtsphilosophie Joachims von Fiore setzen die Fratizellen das Papsttum, die röm. Kirche wegen der Verfolgung der Spiritualen mit dem A. gleich (bes. häufig im Kampf Ludwigs des Bayern mit der Kurie, Johannes XXII.).
Als »rechten Antichrist oder Widerchrist« (Schmalkald. Art. IV) wird das Papsttum in der Reformation von Luther, Melanchthon, den Magdeburger Centuriatoren angegriffen, während die kath. Kontroverstheologie, mit ähnl. Münze zurückzahlend, Luther »nur« als Vorläufer des A. charakterisiert.
Abgesehen von einigen Sekten hat die A.vorstellung in der NZ kaum noch geschichtsbildende Kraft, wenn es auch nicht an verschiedenen literarischen und geschichtstheolog. Versuchen gefehlt hat, best. Personen, Systeme, Ideen mit dem A. zu identifizieren.
LIT. RGG I, 432; LThK I, 634–638; H. D. Rauh, Das Bild des A. im MA (²1978); H. J. Schönstädt, A., Weltheilsgeschehen und Gottes Werkzeug (1978); TRE 3, 20–50.

Antijesuitismus. Eine im wesentlichen auf den Jansenismus zurückgehende, von der Aufklärung des 18. Jh. stark unterstützte (Voltaire, Enzyklopädisten, Nicolai u. a.) Strömung, die sich gegen den als allzu stark empfundenen Einfluß der Gesellschaft Jesu auf Kirche, Geistesleben, Politik richtet. Enge Verbindung von Staatskirchentum und Antijesuitismus (Frankreich, Spanien, Österreich); steigert sich gegen Ende des 18. Jh. zum ausgeprägten Jesuitenhaß; Adam Weishaupt gründet einen Antijesuitenbund. A. lebt mit der Wiederherstellung der SJ im 19. Jh erneut auf.
LIT. S. Merkle, Die kath. Beurteilung des Aufklärungszeitalters (1909); R. van Dülmen, Antijesuitismus und kath. Aufklärung. In: HJb 89 (1969) 52–80.

Antike (von lat. antiquus alt, aus franz. antique alt, altertümlich). Zunächst ohne Beziehung auf das klass. Altertum entlehnt, dann mit dem Aufblühen der kunstgeschichtl., literaturgeschichtl. und archäolog. Forschung

(Graf Caylus, Johann Joachim Winckelmann, Friedrich Schlegel) als kunstgeschichtl. und histor. Epochenbezeichnung verwendet (»altgriechisch«; »altrömisch«, »klassische Literatur«), mit Sinngehalt erfüllt und gegen das von Christentum, Germanentum und Antike bestimmte Mittelalter abgehoben.

A., in sich räumlich und zeitlich sehr verschieden, ist die wertbetonte Sammelbezeichnung für das griechisch-römische Altertum, deckt sich jedoch nicht mit der Alten Geschichte. Die historische Einheit der A., trotz aller Unterschiede, beruht auf einem durchgehenden Kultur- und Traditionsbewußtsein.

Als literar. Beginn der Antike gilt das Epos Homers. Der Sieg des Christentums über das griechisch-römische Heidentum, die Absetzung des weström. Kaisers Romulus Augustulus durch Odoaker (476) und die Schließung der Platonischen Akademie in Athen durch Kaiser Justinian (529) bezeichnen das Ende der Antike.

Die A. kann gegliedert werden:
a) die griechische A.; demokratische Kleinstaaten bzw. Stadtstaaten (Athen, Korinth usw.); kulturelle Höhepunkte: Homer, Aischylos, Sophokles, Euripides, Herodot, Thukydides, Sokrates, Plato und Aristoteles. Politische Leistung: Abwehr der Perser, Ausbildung freiheitlich-demokratischer Staatsformen. Politische Höhepunkte unter Kimon und Perikles.

b) die hellenistische A., geprägt durch das Reich Alexanders des Großen und die Diadochenreiche, absolutistische Großreiche, und die Verschmelzung des Griechentums mit unterworfenen heterogenen Völkerschaften Kleinasiens und Ägyptens. Mittelpunkte der hellenistischen Kultur: Alexandria und die syrisch-kleinasiatischen Städte (insbes. Antiochia). Die besondere Leistung dieser Zeit ist auf wissenschaftlich-technischem Gebiet zu sehen.

c) die römische A., geprägt durch die Geschichte zunächst der Republik, dann des römischen Imperiums, das als zentralistisches Großreich den ganzen Mittelmeerraum umfaßt. Leistungen auf militärischem, kolonisatorischem Gebiet (Gallien, Spanien, Germania superior, -inferior usw.), Straßenbau, Rechtswissenschaft und Rechtspflege; in der Literatur: Vergil, Ovid, Terenz, Plautus und Tacitus.

Von der röm. A. wird (vor allem seit E. Kornemann) abgehoben die Spätantike, d. h. die Zeit zwischen Diokletian und Konstantin 284 oder 305 bis zu Kaiser Herakleios und dem Beginn der islamischen Eroberungen im Mittelmeerraum.

Die Nachwirkungen der Antike im frühen Christentum, insbes. auf dem Gebiet der Philosophie, der Literatur und der bildenden Kunst sind sehr stark (Augustinus, Ambrosius, überhaupt alle Kirchenväter); in Ostrom und Byzanz verschmilzt die A. mit dem Christentum zu einer neuen Kultur; im Abendland werden ihre Nachwirkungen durch die germanischen Wanderungen und die Entstehung neuer Reiche stärker gebrochen, in Vorderasien, Nordafrika und Spanien sind sie noch in den islamischen Reichen erkennbar.

Das Mittelalter ist eine Synthese von Germanentum, Christentum und Antike, die in der karolingischen Renaissance, in der Renaissance des 14.–16. Jh. und im Humanismus bewußt wieder aufgegriffen wird und mit ihrer Wiederbelebung zu neuen Formen in bildender Kunst und Literatur führt, auch den Wissenschaften starke Impulse gibt. Das römische Recht, die antike Medizin (Galen), Teile der antiken Literatur (Vergil, Tacitus), die antike Philosophie (Aristoteles, Plato, die Stoa) haben befruchtend auf das Mittelalter und die Neuzeit gewirkt.

Mit dem 18. Jh. (J. J. Winckelmann) beginnt die breitere Wirkung der antiken Kunst und Literatur in der deutschen Klassik (Lessing, Schiller, Goethe, Hölderlin, Fr. Schlegel) und in der Kunst des Neoklassizismus (G. R. Donner, F. K. Leo von Klenze, K. F. Schinkel).

LIT. Lexikon der Alten Welt (1965; dtv-Lexikon der Alten Welt 1969–71); RAC; L. Zanta, La renaissance du stoicisme au XVIe siècle (1914); H. Vogel, Dt. Baukunst des Klassizismus (1937); H. T. Parker, The Cult of Antiquity and the French Revolutionaries. A Study in the Development of the Revolutionary Spirit (1937); W. Rehm, Griechentum und Goethezeit (³1952); W. Rehm, Götterstille und Göttertrauer. Aufsätze zur deutsch-antiken Begegnung (1952); E. R. Curtius, Europ. Literatur und lat. MA (²1954); G. Oestreich, Antiker Geist und moderner Staat bei Justus Lipsius (1547–1606).

Der Neustoizismus als polit. Bewegung (1954); W. Müri, Die A., Untersuchung über den Ursprung und die Entwicklung der Bezeichnung einer geschichtl. Epoche. Beilage zum Jahresbericht über das Stadtgymnasium in Bern (1957); R. Newald, Nachleben des antiken Geistes (1960); A. Buck, Das heroische und das sentimentale Antike-Bild in der französ. Literatur des 18. Jh. In: German.-Roman. Monatsschrift N.F. 13 (1963) 164–179; C. Andresen, Antike und Christentum (1978); E. Meyer, Geschichte des Altertums (⁹1984); M. Svilar, St. Kunze (Hrsg.), Antike und europ. Welt. Aspekte der Auseinandersetzung mit der A. (1984); Oswyn Murray (Hrsg.), dtv-Geschichte der Antike (1985); J. Irmscher (Hrsg.), Lexikon der Antike (⁶1985); E. Meyer, Geschichte des Altertums (⁹1984); W. Dahlheim, Die A. (1994).

Antiphon (griech., entgegenströmend, antwortend). Bezeichnet seit dem 4. Jh. nichtbiblische Kehrverse, mit denen das Volk in den Psalmen- oder Hymnengesang eines Vorsängerchors einfiel. Im röm.-benediktin. Bereich herrschen Psalmentexte vor. Das HochMA brachte eine Blüte frei geschaffener Antiphontexte. Im Gregorian. Gesang reiche Entfaltung des A.
LIT. LThK I, 657.

Antiphonarium (Antiphonale: liber antiphonarius). Im MA Bezeichnung der Gesangbücher des lat. Ritus, die Antiphone enthalten. Später vorwiegend auf das Tagzeitoffizium beschränkt, nimmt das A. Psalmen, Hymnen, Gebete auf.

Antiqua (lat., alt). Geradestehende, ungebrochene latein. Druckschrift, die seit der Wende des 14. Jh. auftaucht, überwiegend im lat.-ital., roman. Kulturbereich. Die A. (lat. Schrift) ist das Ergebnis eines gelehrten literarischen Irrtums. Die Humanisten hielten die Schrift, in der ihnen die meisten antiken Schriftsteller überliefert waren, für eine antike Schrift; es war jedoch die Schrift der karolingischen Renaissance, eine nur fünf Jahrhunderte ältere Entwicklungsstufe der eigenen Schrift, auf die man im 15. Jh. zunächst lediglich zur Verschönerung der gotischen Schrift (Goticoantiqua) zurückgriff. Für den Druck antiker Autoren wurde die a. als Buchschrift, dann auch als Kursive verwendet und vor allem von Aldus Manutius (→Aldinen) verbessert. Die A.

setzte sich allmählich auch in den nichtroman. europ. Ländern zunächst für antike Autoren, dann auch für Texte in den Nationalsprachen durch: in England und Holland bis rd. 1600, in Deutschland bis rd. 1800 noch meist nur für lat. Werke gebraucht, seit dieser Zeit, zunächst in der wissenschaftl. Literatur, stärker vertreten. Die A. hat sich, dank der Tätigkeit bedeutender Drukker und Formschneider, insbes. in Italien, dann auch in Frankreich, Holland und England, den »gotischen« Buchschriften (Fraktur, Schwabacher) überlegen gezeigt, dem Stilwandel in der Neuzeit besser angepaßt; heute herrscht die A. wegen ihres klaren Druckbildes fast allgemein.
LIT. A. von Brandt, Werkzeug des Historikers 91f. (¹³1992); F. Funke, Buchkunde. Ein Überblick über die Geschichte des Buch- und Schriftwesens (²1963).

Antiquar (lat. antiquarius). Zunächst Anhänger, Kenner oder Nachahmer altröm. Sprache und Literatur; dann Händler mit Altertümern und alten Büchern.

Antiquariat. Dient dem An- und Verkauf von alten Büchern, Bildern, Kunstgegenständen bzw. Auflagenresten des Buchhandels (modernes Antiquariat), Handschriften usw. Angebote erfolgen durch Antiquariatskataloge, der Vertrieb auch durch Auktionen. Die Kataloge bedeutender Antiquariate sind oft gute bibliograph. Hilfsmittel.

Antisemitismus. Ungenaue, seit 1879 durch Wilhelm Marr geprägte, in Deutschland propagierte und von hier aus in andere Sprachen eingedrungene Sammelbezeichnung für die mit religiösen, völkischen oder rassischen Motiven begründete Ablehnung und Bekämpfung der Juden. A. im weiteren Sinne besteht seit den Anfängen des jüdischen Volkes, im engeren Sinne seit der Zerstreuung der Juden. Er erklärt sich z. T. aus dem »Fremdkörpermotiv«, dem »Zersetzungsmotiv«, begegnet in der Antike als »jüdischer Selbsthaß«. Seit den Kreuzzügen, vor allem aber im SpätMA verschlechterte sich die Stellung der Juden (rechtl. und wirtschaftl. Minderstellung) nicht zuletzt unter dem Einfluß antijüdischer Legenden (Hostienschändung, Brunnenvergiftung), trotz Einspruchs mancher Theologen und vieler Päpste, während die weltl. Obrigkeit den Judenhaß zur Erreichung

Antistes

wirtschaftl. und polit. Ziele oft mißbrauchte. Unter dem Einfluß der Aufklärung, schließlich der Französischen
Revolution wird die rechtl. Stellung der
Juden verbessert, damit aber auch eine
Krise innerhalb des bisher geschlosse-
nen Judentums herbeigeführt. ›Die Ansprüche der Juden auf das deutsche
Bürgerrecht‹ (1815) lehnt F. Ruh ab.
Wohlstand und Charakter des deutschen Volkes sehen J. F. Fries, die deutschen Burschenschaften u. a. durch die
Juden gefährdet. Im 19. Jh. gewinnt der
Judenhaß aus nationalist. (Osteuropa),
aus polit., wirtschaftl., schließlich aus
rassischen Motiven (unter Berufung auf
Gobineau) neuen Auftrieb (Wagner,
Lagarde, Treitschke, Chamberlain).
Absichtlich gefördert wurden Pogrome
durch die Zarenpolizei. Im Bismarck-
reich forderten verschiedene Parteien
(antisemitische Volkspartei) die Zurückdrängung der Juden aus wirtschaftl., polit. und rass. Gründen. Antisemit. Bewegungen gab es gleichzeitig
in fast ganz Europa: Österreich, Schönerers deutsch-nationale Bewegung,
Lueger; Frankreich, Dreyfusaffäre,
Drumont: La France juive (1886).
Der Rassen-A. und die systemat. Vernichtung des europ. Judentums erreichten in der Zeit der NS-Gewaltherrschaft
einen Höhepunkt. Hitler, der unter dem
Eindruck des österreich. A. zum fanatischen Antisemiten geworden war, hat die
Theorie des A. konsequent systemati-
siert und ihn in eine radikale Rassentheo-
rie (→Rassengesetze) mit universalem
Anspruch eingebaut. Er rückte die Judenfrage ins Zentrum seines Kampfes
gegen das »internationale Judentum«,
gegen »Alljuda«. »Der Begriff A. sollte
nach dem Willen führender Nationalsozialisten durch den Begriff Antijudais-
mus ersetzt werden. Im Zusammenhang
mit der Vernichtung des deutschen und
europ. Judentums, der furchtbaren ›Realisierung des radikalen rassischen Antisemitismus‹, spielte deshalb die Vokabel
›Antisemitismus‹ keine oder nur eine ne-
bensächl. Rolle. Man sprach von ›Kampf‹
oder von ›Aktionen gegen die Juden‹,
von einer Endlösung der Judenfrage, von
›Sonderbehandlung‹ usw.« (O. Brunner,
Geschichtl. Grundbegriffe I, 1972, 152).
Ausgeprägt war der A. in den ehem.
kommunistisch beherrschten Staaten
Osteuropas.
Von der röm. kathol. Kirche wurde der
A. 1928 und auf dem II. Vatikan. Konzil, vom Weltkirchenrat in Neu-Delhi
1961 als mit der christlichen Lehre unvereinbar abgelehnt.
LIT. Rössler-Franz, SWDG; LThK I,
658; RGG I, 456–459; StL I, 381 f.;
Kirche und Synagoge. Handb. zur Geschichte von Christen und Juden, hrsg.
von K. H. Rengstorf und S. von Kortzfleisch, 2 Bde. (1968–70); F. Fejtö, Les
juifs et l'antisémitisme dans les pays
communistes (1960); K. Meier, Kirche
und Judentum. Die Haltung der ev. Kirche zur Judenpolitik des Dritten Reiches (1968); E. Sterling, Judenhaß. Die
Anfänge des polit. A. in Dtl. (1815–50)
(1969); Schalom Ben-Chorin, Die
Überwindung des christl. A. (1969);
S. Friedländer, L'antisémitisme nazi.
Histoire d'une psychose collective
(1971); J. A. Hellwing, Der konfessionelle A. im 19. Jh. in Österreich
(1972); G. Fellner, Antisemitismus in
Salzburg (1979); G. Michalski, Der A.
im dt. akadem. Leben in der Zeit nach
dem I. Weltkrieg (1980); H. A. Obermann, Wurzeln des A. Christenangst
und Judenplage im Zeitalter von Humanismus und Reformation (1981); L. Poliakov, Geschichte des A. 5 Bde.
(1977–83); J. Bunzel und B. Martin, A.
in Österreich (1983); E. Jäckel, J. Rohwer (Hrsg.), Der Mord an den Juden im
Zweiten Weltkrieg (1985); H. A.
Strauss, N. Kampe (Hrsg.), A. Von der
Judenfeindlichkeit zum Holocaust
(1985); G. Brakelmann, A. (1989);
H. A. Strauss u. a. (Hrsg.), Der A. der
Gegenwart (1990).

Antistes (Vorsteher). Vorchristlich.
Meist der Vorsitzende der Kulthandlung, Tempelpriester. Vom Christentum
übernommener Ehrentitel kirchl.
Würdenträger (→Bischof, →Abt,
→Prälat); seit der Reformation in einigen Schweizer Kantonen Titel des obersten Stadtgeistlichen.

Antitrinitarier. Innerhalb des Christentums die Leugner der Dreifaltigkeit
(Monarchismus, Sabellianismus). Seit
dem 4. Jh. n. Chr. ging der Antitrinita-
rismus zurück. In Italien war die antitri-
nitarische Bewegung im 16. Jh. verbreitet (Unitarismus; Bernardino Ochino,
1487–1565). Michael Servetus (Servet)
wurde als Antitrinitarier in Genf von
Anhängern Calvins hingerichtet. (Servet: ›De Trinitatis erroribus‹, 1531).
Eifrigster Vertreter des Antitrinitaris-
mus war der jüngere Sozzini (→Sozinia-
nismus). In Polen konzentrierten sich

im 17. Jh. die antitrinitar. Bewegungen.
LIT. LThK I, 660 f.; TRE 3, 168–174.

Antlaß. Ablaß, Entlassung.
Antlaßtag: Gründonnerstag, weil an diesem Tag die öffentl. Büßer »entlassen« wurden, auch der Fronleichnamstag.
Antlaßei: ein am Gründonnerstag gelegtes Ei, das als frucht- und segenbringend galt.
Antlaßwoche: Fronleichnamswoche, seltener Karwoche, die Fronleichnamswoche hieß auch langer Antlaß.

Antoniterorden (Antoniusbrüder; Hospitaliter). Von den verschiedenen, hauptsächl. im Orient vertretenen Antoniusorden ist die im 11. Jh. in Frankreich gegründete Vereinigung die historisch interessanteste. Päpstl. Bestätigung 1095, 1298 Umwandlung in einen Chorherrenorden unter Beibehaltung des Hauptzwecks: der Pflege der vom »Antoniusfeuer« Befallenen, einer rotlaufartigen, durch Verbacken von Mutterkorn entstandenen Krankheit. Der Orden stellte ein Mittelding zwischen den krankenpflegenden Ritterorden und den Chorherrenorden nach der Regel des hl. Augustinus dar.
Die über ganz Europa zerstreuten Ordenshäuser (Höchstzahl 389 Hospitäler) waren zentralistisch dem in St. Antoine en Dauphiné residierenden Ordensgroßmeister untergeordnet und nach den 1477 reformierten Statuten in 42 Generalpräzeptorien, davon 6 deutsche, eingeteilt. Der vom franz. Adel beherrschte, recht reiche, auf eine Aufgabe beschränkte Orden begann bereits im 17. Jh. zu zerfallen. 1777 mit den Maltesern (→Johanniter) vereinigt, ging er mit diesen in der großen Säkularisation nach 1803 unter. Die bedeutendste Generalpräzeptorie in Dtl. war Grünberg in Oberhessen.
LIT. Heimbucher II, 38 f.; LThK I, 677; A. Mischlewski, Der A. in Deutschland. In: AMrhKG 10 (1958), 39–66; ders., Grundzüge der Geschichte des Antoniterordens bis zum Ausgang des 15. Jh. (1976).

Antrustionen. Sie bilden die trustis regia oder dominica (mlat. trustis von ahd. truht Gefolgschaft). Die A. sind durch die fränk. Volksrechte mit dreifachem Wergeld ausgezeichnet; ihr Eid ist Waffeneid, geht inhaltlich auf trustem et fidelitatem zurück. Die A. stehen in einem bes. Schutzverhältnis zum Kg., sind freie Leute, zum Kreis des Gefolgschaftsrechts gehörend und in diesem Sinne als eine Vorform der Vasallität anzusehen. Die Adelsqualität der A. beruht nicht allein auf dem Dienst und Vertrauen des Königs, sondern auch auf den miteingebrachten Tugenden; Fortsetzung des sog. german. Uradels wahrscheinlich.
LIT. HWDRG I, 179 f.

Äon (griech., ewig, unendlich, lange Zeit, Weltalter, Welt). Im Spätjudentum eine Zweiäonenlehre: a) Auf diesen Ä. der »Ungerechtigkeit«, »Verderbnis« folgt b) der zukünftige endlose Ä. der »Gerechtigkeit und Wahrheit«. Die Zeit des Messias ist nur eine Zwischenzeit zwischen diesen zwei Ä. In den synopt. Evangelien findet sich die Terminologie der Zweiäonenlehre nur selten. In den kosmogon. Systemen der Gnosis spielen personenhaft vorgestellte Ä., zwischen Gott und der Materie stehende Verbindungen von Person, Raum und Zeit, eine große Rolle.

Apanage (franz. apaner ernähren von lat. panis Brot). Jahresgehalt, Ausstattung zum standesgemäßen Unterhalt für nichtregierende Mitglieder fürstl. Häuser durch Renten oder Grundbesitz entweder auf Lebenszeit (Heimfallsystem) oder bis zum Aussterben der apanagierten Linie (Vererbungssystem). A. gibt es bereits bei den ersten Capetingern, um eine Zerstückelung der Krondomäne durch Teilung zu vermeiden. A. hemmen die Entwicklung der Kronmacht, bringen ihr aber andererseits auch Zuwachs (z. B. Annexion der Provence). Die Entwicklung der frühen NZ geht dahin, keine A. mehr mit Hoheitsrechten auszustatten. A. werden abgeschafft mit der Franzos. Revolution, von Napoleon I. zugunsten seiner Brüder durch Senatsbeschluß (30. 1. 1810) wieder eingeführt, in der Restauration an den Herzog von Orléans gegeben; Louis Napoléon annulliert die A., die Louis Philippe aus seinen persönl. Gütern seinen Kindern gemacht hatte, bevor er 1830 die Krone erlangte.

Apokalyptiker. Vertreter eschatolog. und chiliast. Ideen, die das angeblich nahe bevorstehende Wiederkunft Christi, den Anbruch des Millenniums bzw. das Weltende verkünden. Höhepunkt im ma. A. im 12. und 13. Jh., als, auf Joachim von Fiore († 1202 in Kalabrien) zurückgreifend, das Zeitalter des

Hl. Geistes, die Epoche einer armen, reformierten, schließlich einer unsichtbaren Kirche verkündet wurde. Die Schriften des Joachim von Fiore, trotz mannigfacher Angriffe von der Kirche nicht verurteilt, übten stärkste Wirkung aus (Joachimiten), wurden von Gerhard Segarelli häretisch überspannt, waren bei den Spiritualen stark verbreitet und fanden in der Wahl des Einsiedlers Peter Murrone zum Papst (Coelestin V., Papa angelicus) einen gewissen Niederschlag. A. waren im SpätMA die hussitischen Taboriten und Böhmischen Brüder, in der Reformationszeit die Wiedertäufer, Mennoniten, im 17. Jh. die Labadisten, im 18. Jh. die Gruppe um den Pietisten J. A. Bengel, in der jüngsten Zeit Adventisten, Zeugen Jehovas, Mormonen u. a.

LIT. K. R. Firth, The apocalyptical tradition in Reformation Britain 1530–1645 (1979).

Apokrisiar, Apocrisiarus. Ständiger Vertreter des Papstes in Byzanz vom Jahre 453 (Entsendung des Julianus von Kos) bis zum Beginn des Bilderstreits, auch Bezeichnung für einen bischöfl. Gesandten an der Kurie, am Kaiserhof oder beim →Patriarchen, oder Bezeichnung für einen päpstl. Gesandten im MA überhaupt. In cluniazensischen Klöstern war der A. eine Art Schatzmeister.

Apokryphen (griech.). Die geheimen, »verborgenen«, nicht beim Gottesdienst und im theolog. Gespräch verwendeten Schriften der altchristl. Kirche. Die A. galten als verdächtig, weil man ihre Herkunft nicht kannte, weil sie Fabeleien enthielten und z. T. von Häretikern stammten. Man unterscheidet alttestamentl. A. (z. B. das Buch der Jubiläen, das 3. Esdrasbuch, das 3. und 4. Makkabäerbuch), Apokalypsen (die Henochbücher) und neutestamentl. A. (z. B. das Nazaräerevangelium, die Pilatusakten, das Nikodemusevangelium, das Petrusevangelium usw.). Nicht wenige nt. A. stammen aus gnostischen oder anderen von der kath. Glaubensform abweichenden Kreisen.

LIT. RGG I; LThK I, 712f.

Apologetik (von griech., sich rechtfertigen). Geschichtl. aus der Apologie hervorgegangen, seit dem 2. Jh. gegen Juden und Heiden wissenschaftl. ausgebaut, dann gegen die verschiedenen Häresien. Ansätze zu apologet. Lehrsystemen bei Lactanz, Eusebios, Athanasios,

Theodoret und Augustinus. Im MA gegen Judentum und Islam; Höhepunkt die ›Summa contra Gentiles‹ des Thomas von Aquin. In der frühen NZ gegen Deismus, Rationalismus, dann gegen Kantianismus, dt. Idealismus, gegen Materialismus mit seinen verschiedenen Abarten. Ausbau der A. zu einer selbständigen, von der allgemeinen Dogmatik losgelösten theolog. Disziplin durch S. Drey in Tübingen und H. Sack in Bonn (1819). Neuestens von der Fundamentaltheologie abgehoben.

LIT. LThK I, 723ff.; RGG I, 477f.; EKL I, 174f.; DThC I, 1511–80; TRE 3, 371–411.

Apologia ecclesiae Anglicanae. Verfaßt von dem Bf. von Salisbury, John Jewel, 1562 lat., 1564 engl., rechtfertigt den neuen Glauben und die neue Ordnung der Anglikan. Kirche unter Elisabeth I. (1558–1603).

Apologie (griech., Rechtfertigung).
[1] Rede oder Schrift zur Verteidigung einer Person (z. B. Platons A. des Sokrates), einer Institution, Religion, Weltanschauung; insbesondere Verteidigung des frühen Christentums gegen Judentum und Heidentum (Apologeten: u. a. Aristides, Tatian, Miltiades, Athenagoras, Theophilos, Meliton von Sardes, Hermias).
[2] *Liturgie:* Schuld- und Unwürdigkeitsbekenntnis, verbunden mit Verzeihungsbitten, seit ca. 7. Jh. in orient. und gall. Texten, besonders stark in der röm.-fränk. Liturgie des 9.–11. Jh., heute nur noch in spärlichen Resten (Confiteor) vorhanden.

Apostasie (griech.). Abfall eines Getauften vom Glauben durch gänzl. Preisgabe des Glaubens oder Leugnung einer fundamentalen Glaubenswahrheit; bewirkt den Kirchenbann (Apostat). A. vom geistl. Stand: Bezeichnung für das eigenmächtige Ausscheiden aus dem geistl. Stand oder die Führung einer offenkundig standeswidrigen Lebensweise. A. vom Ordensstand: widerrechtl. Verlassen des Klosters oder der Ordensgemeinschaft nach Ablegung der lebenslängl. Gelübde.

Apostata. Beiname des Kaisers Julian (361–63 n. Chr.).

Apostolische Majestät. Titel der Könige von Ungarn; von Papst Klemens XIII. an Maria Theresia als Trägerin der Stephanskrone und ihre kath. Nachfolger verliehen. Zu dem Titel gehörten besondere kirchl. Prärogativen.

Apostolische Sukzession, Apostolische Nachfolge. Die ununterbrochene, auf die Apostel zurückgeführte Weitergabe der bischöfl. Gewalt (→Bischof). Die A. S. gilt seit Tertullian († 220; ›De praescriptione haereticorum‹) als Prüfstein der Rechtgläubigkeit. In diesem Sinne werden bereits im 2. Jh. Traditionsreihen, die später in Bischofslisten umgedeutet wurden, für die Hauptkirchen (Rom, Antiochia, Ephesus, Smyrna usw.) aufgestellt. Der Episkopat wird zum Nachfolger der Apostel, zur autoritativen Lehrinstanz im Sinne der späteren potestas magisterii.
Die Frage der A. S. spielt in der NZ im Verhältnis der Utrechter Kirche zu Rom sowie in der Anglikanischen Kirche eine wichtige Rolle.
LIT. Th. Klauser, Die Anfänge der römischen Bischofsliste. In: Bonner Zs. für Theologie und Seelsorge 8 (1931); Artikel Bischof und Bischofsliste im RAC II (1952); A. Ehrhardt, The Apostolic Succession in the First Two Centuries of the Church (1953).

Apotheose (griech., theos, Gott). Vergottung. Bezeichnet heute vorzugsweise die Erhebung röm. Imperatoren od. ihrer Angehörigen zu göttl. Würde (divi; consecratio). Die Anknüpfung an den hellenist. Königskult, an oriental. und griech. Vorstellungen ist offenbar. Die A. des Claudius forderte den Spott Senecas heraus: er schrieb seine parodistische ›Apocolocyntosis‹ (Verkürbissung) des Claudius.
LIT. G. Dobesch, Caesars Apotheose zu Lebzeiten und sein Ringen um den Königstitel (1966); RAC III, 284–294; RDK I, 842–852.

Apparat (lat., Zurüstung, Ausrüstung). Bezeichnet bei wissenschaftl. Werken die erläuternden Beigaben in Fußnoten (jeweils auf der betreffenden Seite), im Anhang (Appendix) oder auch in einem Sonderband.
Der kritische A. enthält
a) Angaben aller erhaltenen Handschriften und wichtigen Drucke oder Fassungen;
b) alle vom Lemma abweichenden Lesarten des Manuskripts (wenn vorhanden) und der zu Lebzeiten des Autors erschienenen Ausgaben, bei älteren Autoren die aller wichtigen Codices und Zitatstellen;
c) Kenntlichmachung und Begründung aller vom Herausgeber selbst vorgenommenen Eingriffe in den überlieferten Text (Konjekturen, Athetesen, Korrekturen von Druck- bzw. Schreibfehlern;
d) meist in einer Einleitung die Grundsätze für die Edition, eine Textgeschichte, eine Übersicht der Abkürzungen (Siglen; Conspectus siglorum). (→Editionstechnik).
LIT. RDL I, 313ff.; E. Grumach, Prolegomena zu einer Goethe-Ausgabe. In: Jb. der Goethe-Gesellschaft N. F. 12 (1950) 60–88; P. Maas, Textkritik (³1957); J. Hansel, Bücherkunde für Germanisten (1959).

Appellatio ab abusu (auch: Recursus ab abusu, Recursus ad principem, in Frankreich Appel comme d'abus, in span. Herrschaftsbereich Recurso de fuerza). Die formal verschiedene, auch unterschiedl. begründete Anrufung der Staatsgewalt gegen Übergriffe oder Mißbräuche der Kirchengewalt, insbes. der kirchl. Gerichtsbarkeit.
Die A. a. a. ist eine Einrichtung des Staatskirchentums. In kommunalen und landesfürstl. Verfügungen des 12. u. 13. Jh. in Italien ist sie vorgebildet, später in der Monarchia Sicula und im sardin. Tribunale di appellazioni e gravami schärfer ausgebildet.
In der Pragmatischen Sanktion von Bourges (1438) wird der Appel comme d'abus, Ausdruck eines absolutistischen Herrschaftsanspruchs, die Grenzen zwischen staatl. und kirchl. Jurisdiktion zu bestimmen und jede mit der staatl. Jurisdiktion konkurrierende Gerichtsbarkeit auszuschalten, zum Staatsgesetz erhoben. Vorübergehend aufgehoben, wurde der Appel comme d'abus im Konkordat von 1516 bestätigt und 1539 in der Ordonnanz von Villers Cotterets gesetzl. geregelt. Er blieb bis ins 19. Jh. ein wesentliches Element gallikan. Staatskirchentums.
Im Reich wurde die A. a. a. von Febronianern und Josephinern verteidigt, wenn auch die Meinungen über ihre Ausdehnung und Gestaltung auseinandergingen und ihr, vor allem in den staatskirchl. Perioden, im System der Jura majestatica circa sacra ein hervorragender Platz eingeräumt wurde (Advocatie des Kaisers; der Fürst ist vindex et custos canonum; →Advocatia ecclesiae).
Abgeschafft wurde die A. a. a. für manche dt. Staaten (in Bayern im Religionsedikt von 1818 verankert) erst mit der Weimarer Reichsverfassung, für Italien

durch Art. 14 des Garantiegesetzes und Art. 23 der Lateranverträge.

Die kath. Kirche hat die A. a. a. stets verurteilt, so durch das Konzil von Trient, durch die Bulle ›In Coena Domini‹ (→Abendmahlsbulle), durch die Bulle ›Romanus Pontifex‹ (20. 2. 1714), schließlich im CIC, der den Appellanten mit dem Kirchenbann droht.

LIT. R. Génestal, Les origines de l'appel comme d'abus (1951); P. G. Caron, L'appello per abuso (1954); F. M. Broglio, Il conflitto della »Regalia« e l'appello per abuso del 22. 1. 1688. In: Atti della Accademia Nazionale dei Lincei, Memorie, Classe Scienze morale s. VIII. t. XI, fasc. 4 (1963); E. Eichmann, Der recursus ab abusu nach deutschem Recht (1903; Neudr. 1971).

Apprecatio. Kurzes Schlußgebet, formelhafter Wunsch am Ende des Schlußprotokolls um Verwirklichung der im Urkundentext ausgesprochenen Willenserklärung, am Ende eines Briefes, in Königsurkunden meist in der Form feliciter amen, in Briefen vale, valete, bene valete, manchmal auch in Tiron. Noten, z. Z., da deren Gebrauch schon längst rückläufig ist.

LIT. Bresslau 48, II, 540, 544; Clavis mediaevalis 17.

Approbation. Anerkennung eines Rechtsgeschäfts oder einer Handlung. Der päpstl Approbationsanspruch für die dt. Königswahlen, seit der Gregorian. Reform und dem Investiturstreit immer stärker angemeldet (Innozenz III., Innozenz IV., Bonifaz VIII.), bewegte sich zwischen approbatio im Sinne von confirmatio (Bestätigung der Wahl und des Gewählten) und approbatio im Sinne von examinatio bzw. approbatio im Sinne der Verkündigung des Prüfungsergebnisses für die Weihe. Die Konfirmationstheorie wurde von Innozenz IV. und Bonifaz VIII. vertreten, das kurfürstl. Wahlrecht als päpstl. Privileg betrachtet. Seit der Goldenen Bulle hatte die A. nur noch formale Bedeutung, doch hielt die Kurie bis zum Ende des Reiches an dem Approbationsanspruch fest. Seit dem Ende des 18. Jh. wird dem Kaiser aufgrund des Wormser Konkordats ein förml. A.-Recht gegenüber einem gewählten Bf. verschiedentlich in der Literatur zugesprochen. Der Approbations-Anspruch vor der Belehnung konnte jedoch nicht durchgesetzt werden.

Aquae Sextiae. Sieg der Römer unter Gaius Marius über die Teutonen (102 v. Chr.), gefolgt von dem Sieg über die Kimbern bei Vercellae, die von einem 2. röm. Heer unter Lutatius Catulus bis zum Herannahen des Marius gefesselt worden waren.

Aequitas. Eine dem positiven Recht vorgegebene Größe, diesem übergeordnet. Billigkeit; eine Art der Rechtsfindung, in die iustitia (höhere Gerechtigkeit) und misericordia (Barmherzigkeit) einfließen.

LIT. HWDRG I, 58f.

Aequitas canonica. Kanonische Billigkeit. Seit Gratian als terminus technicus gebraucht, begrifflich mit dem Naturrecht verbunden, im Gewissen und im Gerechtigkeitssinn wurzelnd, eine Art der Rechtsfindung, die das positive Recht in bestimmten konkreten Fällen modifiziert.

Ära. Begriff der Zeitrechnung, seit Beginn der röm. Kaiserzeit in Gebrauch.

[1] Ein durch eine geschichtl. Zeitrechnung fest umrissener Zeitraum.

[2] Die fortlaufende Zählung der Jahre von einem bestimmten geschichtl. Ereignis an. Das Aufkommen eigentlicher Ären ist Ausdruck eines gestaltenden polit. Willens. Von den zahllosen Ä. des At. und des MA sind einige der bekanntesten Herrschaftsären:

a) Die Seleukiden-Ära (1. 10. 312 v. Chr./1. 4. 311), bis ins 11. Jh. bei Arabern und Juden in Gebrauch.

b) die Diokletianische Ära (29. 8. 284 n. Chr. mit dem Regierungsantritt Kaiser Diokletians, später auch aera martyrum zur Erinnerung an die unter Diokletian getöteten Christen).

c) die jüdische Welt-Ära (7. 10. 3761 v. Chr.), die seit dem 4. Jh. die Seleukiden-Ära verdrängt.

d) Die span. Welt-Ära (aera Hispanica, oder einfach aera), entstanden als römische Provinz-Ära (1. 1. 38 v. Chr., da Spanien durch Augustus röm. Provinz wurde), war bis Ende des 14. Jh. in Spanien und Südfrankreich gebräuchlich.

Die Herrschaftsären haben ihren späten Nachhall in der Ä. der Franz. Revolution (22. 9. 1792) und des faschist. Italien (28. 10. 1922). Die heute gebräuchlichen Ären haben ihr Vorbild in antiken Zeitrechnungen, die ihren Ausgangspunkt im Andenken an ein bestimmtes Ereignis nehmen: so die jüdische Welt-Ära mit der Erschaffung der Welt, die mohammedanische Ära

(Hedschra) nach der Flucht Mohammeds von Mekka nach Medina (622 n. Chr.). In der byzantin. Welt gebräuchlich war seit dem 7. Jh. die Byzantin. Weltära (1. 9. 5508 v. Chr.). Sie galt während des ganzen MA auch im byzantin. Süditalien und in Rußland bis auf Peter d. Gr. (1700). Die sog. Ära des Hieronymus setzt die Geburt Christi in das Jahr 5199 der Welt; sie begegnet bes. in Weltchroniken des MA.
Nach der Geburt Christi rechnet die christliche Ä. Von Dionysius Exiguus wurde die Geburt Christi auf das Jahr 754 a. u. c. berechnet und in seiner Ostertafel (532) zuerst angewandt. Diese christl. Ä. hat sich vornehmlich durch die Rechnung nach Jahren vor und nach Christi Geburt, die seit Ende des 18. Jh. immer mehr in Gebrauch kam, gegenüber anderen Ä. durchgesetzt.
LIT. F. Rühl, Chronologie des MA und der NZ (1897); H. Grotefend, Zeitrechnung des dt. MA und der NZ (1891–98); Grotefend; H. Lietzmann, Zeitrechnung der röm. Kaiserzeit, des MA und der NZ, hrsg. von K. Aland (³1957); A. von Brandt, Werkzeug des Historikers (¹⁰1983).

Arabeske (ital. arabesco, rabesco). Ornament aus stilisiertem Blatt- oder Rankenwerk. Die A. hat ihren Ursprung in der hellenist. Kunst (Fries, Pilaster, Sockel), sie wurde in der Renaissance wieder aufgenommen und fand Eingang in alle an der Renaissance beteiligten Länder. Die A. ist am phantasievollsten im Ornamentstich entwickelt, im Rokoko und Klassizismus häufig verwendet.
LIT. E. Kühnel, Die A. (1949); K. K. Polheim, Die A. (1966).

Arbeit. Ursprüngl. im Sinne von arm, verwaist, Mühe und Not gebraucht, bedeutet Arbeit im Althochdt. »Dienstbarmachung der Natur, Ackerbau«, behält aber noch im Mittelhochdt. und bei Luther die Bedeutung von Mühsal bei. Arbeit ist die bewußt gewollte Anstrengung des Körpers und des Geistes, ist persönl. Leistungseinsatz des Menschen bei der Produktion von Gütern, ist zielbewußte Tätigkeit, um die Bedürfnisse des Einzelnen wie der Gesamtheit zu befriedigen. Erst Arbeit ermöglicht die Existenz der Erdbevölkerung; sie ist aber auch Lebensäußerung an sich.
Während die Antike die Arbeit verachtete, sie den Sklaven überließ, hat das Christentum, gestützt auf ausdrückl.

Weisungen Gottes in der Hl. Schrift, die Arbeit als Dienst vor Gott und Hilfe für den Nächsten gewertet. (→ora et labora). Eine intensivere gedankl. Beschäftigung mit dem Problem der Arbeit setzte im 12. und 13. Jh. mit dem techn. und wirtschaftl. Aufschwung, der wachsenden Bevölkerung, der Verstädterung, den philosophisch-theolog. Schulen des MA ein. Die Mystik wertete die weltl. Arbeit als Beruf im christl. Sinn. Luther unterstrich bei der Arbeit das Dienstmotiv, das treue Ausharren im Glauben an die Gnade Christi. Von Calvins Prädestinationslehre und den nach und nach säkularisierten Ideen einer »innerweltlichen Askese« kamen neue starke Impulse. Arbeitspflicht und Besitzlosigkeit wurden bereits in den frühneuzeitl. Utopien (z. B. Th. Morus, Th. Campanella, Morelly, F. Babeuf u. a.) gefordert. Die Industrialisierung des 19. Jh. förderte eine neue, intensive Beschäftigung mit dem Problem der Arbeit und der Stellung des Arbeiters. Nach der marxist. Theorie der Arbeit tritt die Arbeit an die Stelle der göttl. Schöpfung, wird Hauptziel »sittlicher Erziehung« und führt den Menschen zur letzten Vollendung. Staatliche Kontrollen, Orden, Medaillen, Titel wie »Held der sozialistischen Arbeit«, Prämien sollen die Arbeitsleistung steigern und die Entwicklung vorantreiben.
LIT. Staatslexikon I, 396–429; A. Weber, Der Kampf zwischen Kapital und Arbeit (1930); A. Kokallis, Die Theorie der Arbeit (1942); J. H. Oldham, Die Arbeit in der modernen Welt (1950); H. Klages, Technischer Humanismus. Philosophie und Soziologie der Arbeit bei Karl Marx (1964); F. van der Ven, Sozialgeschichte der Arbeit (1972); H. R. Wiedmer, Arbeit im Industrialisierungsprozess (1990).

Arbeiter. Die Industrialisierung und das Bauernlegen zu Beginn des 19. Jh., die Krise im Handwerk, die seit dem SpätMA chronische Armut breitester Massen und die wachsende Bevölkerung seit dem 18. Jh. brachten die neue Gesellschaftsgruppe der A. im eigentl. Sinne hervor. A. gab es bereits in der Antike; in Rom bildeten sie das Proletariat; im MA war die Lohnarbeit stets mit Armut verbunden.
Die Unterscheidung des A. vom Armen wird in der dt. sozialen Literatur erst seit Ketteler (1864) vollzogen. Charakterisiert war die Sozialgruppe der A.

durch erbliche Besitzlosigkeit, Daseinsunsicherheit, polit. Rechtlosigkeit, Lohneinkommen und Verdingung der Arbeitskraft an Besitzer von Produktionsmitteln. In der Phase der Verproletarisierung, da das Überangebot an Arbeitnehmern die Löhne auf ein Existenzminimum drückte und der Liberalismus die Verantwortung von Staat und Kirche für das Gemeinwohl ablehnte, Armenpflege und Caritas jedoch nicht ausreichten, begannen die A. eine Klasse gegenüber der bestehenden Gesellschaft zu bilden. Maschinenstürmerei, Revolten, wilde Streiks und drakonische Gegenmaßnahmen des liberalen Staates sind charakterist. für die erste Phase der Arbeiterbewegung.

Die polit. und wirtschaftl. Arbeiterbewegung (seit 1848), Arbeitskampf und Gewerkschaften, dann die soziale Besinnung des Staates und der staatstragenden Schichten (z.B. Bismarcks Sozialreform) und der wirtschaftl. Aufschwung in der zweiten Hälfte des 19. Jh. führten zu einer Besserstellung der A., deren Selbstbewußtsein und Solidarität seit Marx und Engels mit dem sogen. wissenschaftl. Sozialismus stärker geworden waren. Der gewerkschaftl. Reformismus machte den Weg frei zur Entproletarisierung. Der A. wurde zum Mitarbeiter im Industriebetrieb und ein Stand der Industriegesellschaft, erlangte politisch größten, oft entscheidenden Einfluß und erhielt eine eigene Bürokratie, die oft konkurrierend neben der des Staates steht.

LIT. Staatslexikon I, 429–438; H. Herkner, Die Arbeiterfrage. 2 Bde. (⁸1922); W. Sombart, Der moderne Kapitalismus. 3 Bde. (1928); E. Jünger, Der A., Herrschaft und Gestalt (1932); L. Reichhold, Europ. Arbeiterbewegung (1953); J. Kuczynski, Die Geschichte der Lage der A. unter dem Kapitalismus. 13 Bde. (1953/55); A. Tautscher, Vom A. zum Mitarbeiter. Quantitative und qualitative Sozialpolitik (1961); W. Hoffmann, Ideengeschichte der sozialen Bewegung des 19. und 20. Jh. (1962); D. Langewiesche, K. Schönhoven, A. in Dtl. Studien zur Lebensweise der Arbeiterschaft im Zeitalter der Industrialisierung (1981); G. Mai (Hrsg.), Arbeiterschaft in Dtl. 1914–1918. Studien zu Arbeitskampf und Arbeitsmarkt im Ersten Weltkrieg (1985); U. Sellier, Die Arbeiterschutzgesetzgebung im 19. Jh. (1998).

Arbeiterbewegung. Hervorgerufen durch die mit der industriellen Revolution auftauchenden Probleme zeigt die A. einen nach Ländern, Volkscharakter und ökonomischen Verhältnissen sehr differenzierten Verlauf. Es können unterschieden werden:

a) die Phase der Abwehrreaktion des freien Proletariers gegen Industrialisierung, Kapitalismus und Liberalismus (ca. 1780–1850), gekennzeichnet durch Hungermärsche, Maschinenstürmerei, Ludditen-Aufstand in England (1811–16), Chartismus mit dem Höhepunkt um 1839, schlesische Weberunruhen um 1848.

b) die Phase des erwachenden Klassenbewußtseins der proletar. Solidarität, der Emanzipation und des Selbstbehauptungswillens der Industriearbeiterschaft, der organisatorischen Zusammenschlüsse (1863: Gründung des Allgemeinen Deutschen Arbeitervereins). Die gemeinsamen sozialökonomischen Interessen führten zur Gründung der Gewerkschaften und Genossenschaften, das Streben nach polit. Rechten führte zur Gründung sozialist. Arbeiterparteien, in denen die Arbeiter zunehmend ihre polit. Vertretung sahen.

Eine Sonderstellung nahm die christlich-soziale Bewegung (Ketteler, Kolping) mit ihrer Verwurzelung im berufsgenossenschaftl. und Vereinsdenken sowie in der kirchl. Gesellschaftslehre ein.

Der aufkommende Revisionismus und die Absage an utopisch-marxistische Zukunfterwartungen der klassenlosen Gesellschaft leitete, zumal in Deutschland, eine Periode praktisch-reformerischer Arbeiterpolitik zu Beginn des 20. Jh. ein (Legien, Hue, Ebert u. a.). 1916 wurden die Angestellten- und Arbeiterausschüsse eingeführt; 1920: Betriebsrätegesetz. Die Novemberrevolution 1918 zeigte, daß die Mehrheit der Arbeiter den Kommunismus und die Diktatur des Proletariats ablehnte. Die Masse der Arbeiter stand hinter der Sozialdemokratie und der Weimarer Republik. Mit der ausdrückl. Anerkennung des Koalitionsrechts der Arbeiter in der Weimarer Verfassung, der Einführung der Arbeitslosenversicherung wurde die Stellung der Arbeiter verbessert. Mitverantwortung und Mitbestimmung im Betrieb, in Wirtschaft und Staat kennzeichnen die letzte Phase der A., die von der Negation zu staatstragender polit. Tätigkeit führt. Die Entwicklung nach dem Zweiten Weltkrieg (1945: Entstehung der Einheitsgewerkschaft), die wirtschaftl. und soziale Stellung der Arbeiter, die oft besser ist als die des sog. Mittelstandes, die polit. Tätigkeit führen zu einer Neugliederung der Gesellschaft mit Hilfe einer ausgedehnten Sozialpolitik.

LIT. Staatslexikon I, 438–445; Rössler-Franz, Sachwörterbuch 34–36; W. Sombart, Der proletarische Sozialismus. 2 Bde (¹⁰1924); T. Cassau, Die Gewerkschaftsbewegung (²¹1953); L. Reichhold, Europ. A., 2 Bde. (1953); E. Ritter, Die katholisch-soziale Bewegung Deutschlands im 19. Jh. und der Volksverein (1954); C. Jantke, Der vierte Stand. Die gestaltenden Kräfte der deutschen Arbeiterbewegung im 19. Jh. (1955); H. Gruner, Der Arbeiter in der Schweiz im 19. Jh. Soziale Lage, Organisation, Verhältnis zu Arbeitgeber und Staat (1968); H. Volkmann, Die Arbeiterfrage im preuß. Abgeordnetenhaus 1848–1869 (1968); G. H. Hardrach, Der soziale Status des Arbeiters in der Frühindustrialisierung. Eine Untersuchung über die Arbeitnehmer in der franz. eisenschaffenden Industrie zw. 1800 und 1870 (1969); C. Jantke-D. Hilger, Die Eigentumslosen (1970); E. Schraepler, Handwerkerbünde und Arbeitervereine 1830–1853 (1971); M. Berger, A. und Demokratisierung (1971); I. Costas, Studien zu den Auswirkungen der Konzentration und Zentralisation des Kapitals auf die Arbeiterklasse in Deutschland 1880–1914. (Diss.; Berlin 1978); H. Mommsen, A. und Nationale Frage (1979); G. A. Ritter (Hrsg.), Geschichte der Arbeiter und der A. in Dtl. seit dem Ende des 18. Jh. (Dietz Verlag Berlin o. J.); J. Kocka (Hrsg.), Europ. A. im 19. Jh. (1983); M. Scharrer (Hrsg.), Kampflose Kapitulation. A. 1933 (1984); G. Botz, J. Weidenholzer (Hrsg.), Mündl. Geschichte und A. Eine Einführung in Arbeitsweisen und Themenbereiche der Geschichte »geschichtsloser« Sozialgruppen (1984); C. Poore, Die Anfänge der d. A. in Amerika (1984); W. Marquardt, A. und ev. Kirchengemeinde im Wilhelmin. Dtl. (1985); Wolfgang Abendroth: Einführung in die Geschichte der A. 2 Bde. (1985); D. Jessen, Bibliographie zur Geschichte der Arbeiterbewegung des Ruhrgebiets (1985); E. Breit (Hrsg.),

Aufstieg des Nationalsozialismus, Untergang der Republik, Zerschlagung der Gewerkschaften. Beiträge zur Geschichte der A. zwischen Demokratie und Diktatur (1985); H. A. Winkler, Der Schein der Normalität. Arbeiter und A. in der Weimarer Republik 1924–1930 (1985); K. Tenfelde (Hrsg.), Arbeiter und A. im Vergleich (1986).

Arbeiterklasse →Arbeiter, →Arbeiterbewegung, →Klasse.

Arcandisziplin →Arkandisziplin.

Arcanum →Arkanum.

Archaismus (griech. Altertümlichkeit). Wiedererweckung untergegangener oder ungebräuchlich gewordener Worte, Wort- und Stileigentümlichkeiten der eigenen Sprache, Kunst usw.

Archäologie (griech., Lehre von Ursprung, von der alten Zeit; Altertumskunde). Obwohl eine selbständige Wissenschaft mit spezifischen Quellen und eigener Methode, ist die A. inhärenter Teil der Geschichtswissenschaft. Bahnbrechend Johann Joachim Winckelmann (1717–68). Die A. richtet zunächst ihr Augenmerk auf die klass. Altertümer Roms und Italiens, später Griechenlands (klass. Archäologie). Epochemachend war K. O. Müllers (1797–1840) ›Handbuch der A. der Kunst‹ (1830). In der zweiten Hälfte des 19. und zu Beginn des 20. Jh. setzten die großen archäolog. Untersuchungen ein (Pergamon-Altar; Prozessionsstraße von Babylon usw.).

Die Ausweitung der archäolog. Forschungsvorhaben auf die verschiedenen histor. Perioden und geograph. Räume ließ eine Reihe von speziellen Archäologien entstehen: babylon. A., assyrische A., ägypt. A., mittelamerik. A.; stärker religionsgeschichtlich orientiert sind die christl. A. und die jüd. (hebräische) A. Von der Mediävistik her entwickelt sich aus der Erkenntnis, daß das, vor allem im Früh-MA recht spärliche, schriftl. Quellenmaterial durch Anwendung archäolog. Forschungsmethoden ergänzt werden sollte, die mittelalterliche A.

Die bes. Arbeitsweise der A. resultiert aus ihrem spezif. Quellenmaterial (Denkmäler, Bodenfunde); die A. folgt bei der Auswertung dieser Quellen zunächst den allgemeinen Grundsätzen der Quellenkritik: Frage nach der Echtheit, den genauen Fundumständen usw.; sie arbeitet mit anderen Wissen-

schaften (Klass. Philologie, Kunstgeschichte, Kirchengeschichte usw.) eng zusammen und ist vielfach ganz entscheidend auf deren Hilfe angewiesen.
Beispiele für ma. A. sind: Haithabu; Pfalzen Hagenau, Werla, Wimpfen; Dome: Köln, Speyer, Trier, Xanten. LIT.: Hdb. d. Arch.; K. O. Müller, Hdb. der A. der Kunst (1830); S. de Laet, L'archéologie et ses problèmes (Bruxelles 1954); G. Daniel, Geschichte der A. (1982); A. H. Borbein/T. Hölscher/ P. Zanker (Hrsg.): Klassische A. (2000).

Archidiakon. Im 4. Jh. Haupt des Diakonenkollegs an der Bischofskirche; vom 4.–7. Jh. Bevollmächtigter des Bf. für Armenfürsorge, Haus- und Hofverwaltung, Beaufsichtigung des niederen Klerus, Vertreter auf Konzilien, in der kirchl. Gerichtsbarkeit und in der Diözesanverwaltung. 8.–9. Jh.: von Amts wegen Vicarius (episcopi) in omnibus. Später trat der A., zuerst in Westfranken, dann auch im Osten, als offener Rivale des Bf. auf. Der Höhepunkt in der Stellung des A. wird im 13. Jh. erreicht mit der Gefahr der Aufsplitterung der Diözese in Jurisdiktionsbereiche des A. Mit der Schaffung der neuen Ämter des Offizials, Weihbischofs und Generalvikars wird der Einfluß des A. im 14. und 15. Jh. langsam zurückgedrängt, seit dem Tridentinum weitgehend gebrochen, vor allem in Süddtl., während sich in Norddtl. der A. bis zur Säkularisation (1803 f.) halten kann; in Belgien und Frankreich war der A. schon früher untergegangen. Heute nur noch Ehrentitel.
LIT. LThK I, 824 f.; B. Panzram, Die schles. Archidiakonate und Archipresbyterate bis zur Mitte des 14. Jh. (1937); A. Franzen, Die Kölner Archidiakonate in vor- und nachtrident. Zeit (1953).

Archipresbyter. Erzpriester; ursprüngl. der erste Priester an einer Taufkirche, später der erste Priester beim Domkapitel (A. cathedralis) mit Aufsichtsrechten über den Presbyter, Vertreter des Bf. in spiritualibus. Aus diesem A. älterer Ordnung ging im Westen der Domdekan hervor. A. auf dem Lande (A. ruralis) hieß Landarchipresbyter oder Ruralarchipresbyter, hatte einen eigenen Sprengel (Archipresbyteriat), dessen Mittelpunkt die Archipresbyteriatskirche war und aus dem die Dekane hervorgingen.

LIT. Haberkern-Wallach 45; DDC I, 1004–1026.

Archiv (griech. ἀρχεῖον, χαρτοφυλάκιον, γραμματοφυλάκιον; lat. archivum, tablinum [Privatarchiv]; tabularium [öffentl. Archiv], scrinium, sanctuarium [für Urkundenarchiv des Mittelalters], archivum, armarium, chartarium, chartophylacium, gazophylacium, chartaceum, sacrarium, sanctuarium, sacrista, tabularium [für Aktenarchiv der Neuzeit]).
A. bez. die Aufbewahrungsstätte bzw. Behörde, die zuständig ist für die Aufbewahrung, Sammlung und Erschließung von Urkunden, Akten und Schriftgut, das aus dem Geschäftsgang von Behörden, Wirtschaftsunternehmen, Vereinen, Familien, Privatpersonen anfällt und das für den laufenden Geschäftsverkehr nicht mehr benötigt, aber doch aus polit., administrativen, jurist., historischen Gründen der Aufbewahrung für würdig gehalten wird (Archivwürdigkeit) und zur Bildung des Geschichtsbewußtseins beitragen kann, bzw. diese Sammlung selbst (Archivalien).
Zwischen Archiv und Bibliothek besteht manche Ähnlichkeit (in der Vergangenheit oft miteinander verbunden), aber auch der Unterschied, daß Bibliotheken künstl., zu bestimmten Zwecken und Zielen eingerichtete Sammlungen sind, Archive dagegen zwangsläufig (Ablieferungszwang) und organisch entstehen. Nach den Trägern ihrer Verwaltung unterscheidet man Staats-, Stadt-, Kirchen-, Wirtschafts-, Werks-, Adels- und Familienarchive. »Archivwürdiges« Material gelangt von der Kanzlei oder Registratur in das Archiv. Nach Möglichkeit wird dabei die Ordnung, die das Schriftgut bei der Behörde oder in der Registratur gefunden hat, beibehalten oder wiederhergestellt (Provenienzprinzip) und somit geschichtliche Vorgänge und Zusammenhänge bewahrt.
Zwischen den Archiven und der Geschichtsforschung besteht eine enge Verbindung; die Archive sind vielfach auch zu histor. Instituten geworden; die beiden Berufe – Archivar und Historiker – eng miteinander verbunden.
Die Archivgeschichte spiegelt die allg. und bes. die Verwaltungsgeschichte wider. Schon die Antike kannte Archive. Das Mittelalter übernahm das Archivwesen durch die Vermittlung der Kirche; das päpstl. Archiv reicht bis ins

3. Jh. zurück. Registerwesen und Anlage von Kopialbüchern bestimmen die weitere Entwicklung. Seit dem 16. Jh. entstehen in den Behörden Kanzleiarchive. Das Geheime Staats-Archiv in Preußen reicht bis 1604 zurück; 1749 wird im Zug der theresianischen Verwaltungsreform das Haus-, Hof- und Staatsarchiv in Wien gegründet. Die Französische Revolution wirkt als Zerstörerin und Schöpferin auf das mitteleurop. Archivwesen: 1794 wird das National-Archiv in Paris geschaffen, 1796 werden die Departemental-Archive eingerichtet. Säkularisation (1803) und Mediatisierung lassen in Dtl. viele Archive verschwinden bzw. in denen der Nachfolgestaaten aufgehen. In den dt. Staaten des frühen 19. Jh. entsteht eine neue Archivorganisation. Die Archivkunde oder Archivwissenschaft umfaßt Archivtheorie, Archivgeschichte, Archivverwaltung und Archivrecht. Die Archive dienen der wissenschaftl. Forschung. In der BRD ist das Archivwesen Angelegenheit des Bundes und der Länder (Bundesarchiv in Koblenz, 10 Länderarchivverwaltungen). In der ehem. DDR gab es ein deutsches Zentralarchiv in Potsdam und Merseburg und fünf Landeshauptarchive. Seit der Wiedervereinigung Deutschlands 1990 sind sie dem Bundesarchiv in Koblenz unterstellt.

Die für die dt. Geschichte wichtigsten Archive sind:

a) für die Geschichte des Reiches bis 1806: das Haus- Hof- und Staatsarchiv in Wien;

b) für die Geschichte des Reiches nach 1871: die Zentral-Archive von Potsdam und Merseburg;

c) für die Geschichte der BRD: das Bundesarchiv in Koblenz, sowie die zentralen Länder-Archive (Hauptstaatsarchive; z. B. München, Stuttgart, Karlsruhe, Hannover usw.);

d) schließlich die großen europ. Archive (Paris, Simancas, Public Record Office London, 'sGravenhage) und das Vatikanische Archiv. Für die literar.-histor. Forschung von Wichtigkeit sind die Dichter-Archive, z. B. Goethe Archiv, Schiller Archiv, Rilke Archiv usw.

Archiv wird auch als Titel für wissenschaftl. Zeitschriften gebraucht z. B. Deutsches Archiv, Archiv für Urkundenforschung usw.

LIT. StL I (⁶1957) 549–554; HWDRG I, 211–217; H. Nabholz-P. Kläui, Internationaler Archivführer (Zürich 1936); K. A. Fink, Das Vatikanische Archiv (Rom ²1951); Adolf Brenneke und Wolfgang Leesch, Archivkunde (1953; Neudr. 1970); P. Hamer (Hrsg.), A Guide to Archives and Manuscripts in the USA (1961); Archivalische Zeitschrift 1876ff.; E. Franz, Einführung in die Archivkunde (1974); J. Pappritz, Archivwissenschaft. 4 Bde. (1976); A. Tausendpfund, Die Archivorganisation in den Ländern der Bundesrep. Dtl. (Beitrr. f. Raumforschung und Landesplanung, Bd. 18; 1977).

Archon (Pl. Archonten, griech., Gebieter).

[1] Bez. für den Beamten allgemein.

[2] In Athen nach Abschaffung des Königtums erst lebenslänglich, dann auf 10 Jahre gewählter Oberbeamter. Beginn der Archontenliste 683/2. Neun Archonten teilen sich in Zivil-, Militär-, Kult- und Rechtsverwaltung. Nach Ablauf der Amtszeit wurden die A. Mitglieder des Areopags. Mit der Bestellung durch das Los wurde das Amt bedeutungslos.

LIT. V. Ehrenberg, Der Staat der Griechen (²1965).

Arenga (harenga, exordium, prooemium, praefatio, prologus). Eine den Kontext einer Urkunde einleitende literar. Formel, nicht rechtserheblich, bis zur Mitte des 10. Jh. recht kurz gehalten, später ausführlicher, unter Heinrich II. gelegentlich in Reimprosa. Die A. drückt eine allg. Motivierung für die Ausstellung einer Urkunde aus, handelt, oft pathetisch, über Herrschertugenden, Amt, Recht, Friede. Die A. bietet Quellenstoff zur ma. Ideengeschichte. Päpstliche Bullen werden nach der A. zitiert (z. B. ›Unam sanctam‹, 1302, ›In Coena Domini‹, 1627, usw.).

LIT. H. Fichtenau, Arenga. Spätantike und MA im Spiegel von Urkundenformeln (1957); Clavis mediaevalis, 21 f.; HWDRG I, 217 f.

Areopag (Areshügel). Hügel im westl. Stadtgebiet von Athen, seit alters hl. Stätte (Blutgerichtsstätte), wo der älteste, ehrwürdigste Rat (König und gewesene Archonten) tagte. Der A. sollte die Sippenblutrache ablösen (E. Wolf), ist Herr über die Gesetze und übt die oberste Kontrollfunktion über die Beamten aus. Seit Solon und Kleisthenes werden die Funktionen des A. beschnitten. In den Perserkriegen (Salamis) spielt der A. noch einmal eine Rolle, wird dann aber durch die Verfassung des Ephialtes (462/61) entmachtet, die Blutgerichtsbarkeit bleibt ihm. In der röm. Zeit ist der A. wieder Stadtrat, in der NZ der oberste Gerichtshof Athens.

Argument(um). In lat. Evangelien-Hss. und Bibeln des frühen und hohen MA häufige Bezeichnung des Vorworts zu einer bibl. Schrift, das über Verfasser, Eigenart und Bedeutung, z. T. auch über Ursprung und Geschichte kurz berichtet. Seltener die Bezeichnung Prolog oder Praefatio.

Arianismus. Lehre des alexandrinischen Priesters Areios († 336), welche die Wesensgleichheit Christi, des Sohnes, mit Gott, dem Vater, leugnet. Der A. wurde von Athanasios, dem Bischof von Alexandria, bekämpft und auf dem Konzil von Nicäa (325) verurteilt. Mit polit. Problemen eng verknüpft und durch innere Gegensätze geschwächt, zerfiel der A. nach dem Tode des Kaisers Valens (378), erlebte jedoch bei den Ost- und Westgoten, Vandalen, Langobarden und Burgundern eine Nachblüte, zumal die Anpassung an german. Vorstellungen und Lebensformen ihm leichtfiel. Spannungen aus der unterworfenen kath. Bevölkerung in den Germanenreichen blieben nicht aus, wenn auch die german.-arianische Oberschicht mit Ausnahme der Vandalen im allg. religiös tolerant war. Der Übertritt des Frankenkönigs Chlodwig zur kath. Kirche brachte eine Wende zuungunsten des Arianismus und besiegelte seinen Untergang. Ende des 6. Jh. ging die arianische Kirche der Westgoten in Spanien unter, noch später erlosch der Arianismus bei den Langobarden.

LIT. H. Rückert, Die Christianisierung der Germanen (²1934); K. D. Schmidt, Die Bekehrung der Germanen zum Christentum (1939); Reallexikon für Antike und Christentum I, 647–52; HKG I und II; M. Simonetti, La crisi ariana nel IV secolo (1975); E. Boularand, L'hérésie d'Arius et la foi de Nicée. 2 Bde. (1972–73).

Arimannia (arimannus, latinisierte Form des langobard. Wortes zur Bezeichnung des vollfreien Kriegers, exercitalis). Nach den Forschungen von F. Schneider ist die A. eine Institution des langobard. Königreiches, die erst in nachlangobard. Zeit diese Bez. erworben hat. Man versteht unter arimanni die bei der Eroberung Italiens auf Königsland geschlossen angesiedelten freien Langobarden, häufig am Ort eines byzantin. Kastells mit der Verpflichtung zu unbegrenztem Kriegsdienst. Die A., unter fränk. Herrschaft erhalten, wird allgemein dem Grafen unterstellt. Die Verpflichtung zum Kriegsdienst tritt zurück, die wirtschaftl. Leistungen treten hervor. A. heißt nun (zum ersten Male unter Otto II.) übertragenes Land und die auf ihm ruhenden Lasten. Mit dem Niedergang der ital. Karolinger beginnt der Verfall der A. Versuche zur Stärkung der königl. Gewalt in Italien knüpfen an die A. an; in der Rekuperationspolitik Friedrichs I. (Roncalia 1158) nimmt die A. eine wichtige Position ein. Bis zu den letzten Staufern spielen Arimannenorte an strategisch bedeutsamen Stellen eine Rolle in der Reichspolitik. Ungelöst ist die Frage nach der Bedeutung der A. für die Stadtverfassung.

LIT. HWDRG I, 220–23; J. Jarnut, Prosopograph. und sozialgeschichtl. Studien zum Langobardenreich in Italien (1972).

arisch. Im wissenschaftl. Sprachgebrauch bezeichnet a. weder eine Rasse, noch die Gesamtheit der Indogermanen, sondern nur die indogerman. Stämme, die im 2. Jahrtsd. v. Chr. in den Iran und Nordindien einwanderten und sich selbst arya nannten.

Aristokratie (griech., Herrschaft der Besten). Staatsform (Staat), in welcher ein bevorzugter Teil des Volkes (Adel) die Staatsgewalt innehat. In der griech. Staatstheorie (Herodot, Platon, Aristoteles) wird die A. zu den idealen Staatsformen gerechnet (maßvolle, traditionsbewußte Herrschaft, Gefahr des Übergangs zur Oligarchie und Plutokratie). In Rom verkörpert der Senat das aristokrat. Moment; die A. ist in Altertum, MA und NZ vor allem eine Herrschaftsform der Stadtrepublik (Nobiles, Patriziat; vgl. z. B. die ital. Stadtrepubliken Venedig, Genua). In der NZ wird unter A. der Adel verstanden, im weiteren Sinne besagt A. die führende Schicht der Gesellschaft: Beamten-, Geld-, Partei-Aristokratie, eine Elite. Zur inneren Rechtfertigung der A. muß zur vornehmen Geburt auch die geistige und moralische Qualität hinzutreten.

LIT. O. Ammon, Die natürl. Auslese beim Menschen (1893); M. Meier, Aristokraten und Damoden (1998).

Arkadien. Landschaft des Peloponnes. Die bukolische Dichtung verlegte in dieses rauhe und einfache, von Berghirten bewohnte Land ihr Schäferparadies. A. galt der hellenist. und röm. Schäferdichtung als Land guter, reiner Sitten, stillen Friedens. In der bukolischen Dichtung des 17. und 18. Jh. wird die Vorstellung erneut aufgegriffen.»Et in Arcadia ego« (»Auch ich war in Arkadien«) setzte der Maler Bartolomeo Schidone (1559–1615) auf sein im Palast Sciarra Colonna in Rom befindl. Gemälde unter einen am Boden liegenden Totenkopf, den zwei junge Hirten ergriffen betrachten. Nicolas Poussin († 1665) brachte es auf dem Grabhügel eines Landschaftsgemäldes an. – Auch ich war in Arkadien geboren: Anfangszeile von Schillers Gedicht ›Resignation‹.
LIT. B. Zeller (Hrsg.), Auch in A. Kunstreisen nach Italien 1600–1900. Sonderausstellung des Schiller-Nationalmuseums, Katalog Nr. 16 (1966); R. Faber, Polit. Idyllik. Zur sozialen Mythologie A.s (1977).

Arkandisziplin (lat. arcani disciplina, Geheimhaltung). Brauch der alten Kirche vom 3. bis 5. Jh., Riten und Zeichen (Eucharistie, Taufe) sowie die heiligen Worte (Glaubensbekenntnis, Vaterunser, Hl. Schrift) vor den Ungetauften geheimzuhalten. Mit der Verchristlichung der ma. Welt verlor die A. viel von ihrem Sinn.

Arkanum (lat. arcanum). Geheimnis, religiöse Geheimlehre, Geheimmittel.
LIT. H. Biedermann, Handlexikon der magischen Künste (1968).

Arkebuse. Hakenbüchse, niederländ. haakbus; ursprünglich eine Armbrust, seit dem 15. Jh. Feuerwaffe, die beim Schießen auf ein Gestell aufgelegt wurde.
LIT. A. Demmin, Die Kriegswaffen in ihren geschichtl. Entwicklungen (⁴1893).

Arkebusier. Mit der Arkebuse bewaffneter Soldat: Scharfschütze, zunächst als Infanterist, dann auch beritten eingesetzt.

Arma Christi. Gegenstände, die mit dem Leiden Christi zusammenhängen (Kreuz, Lanze, Geißel, Nägel); früheste künstler. Darstellung im 9. Jh.; häufiger in Andachtsbildern seit dem 14. Jh.

Armada (span. Armee). Ursprüngl. jede Streitmacht zu Lande oder zu Wasser, dann Eigenname für die span. Flotte, die 1588 gegen England ausgeschickt wurde. Die Legende von der Niederlage der span. Armada hatte größere Bedeutung als das Ereignis selbst. Das Auslaufen einer zweiten A. wurde durch englische Angriffe auf Cadiz und die Azoren verhindert. Mit dem Untergang der A. hat die span. Seemacht ihren Glanz eingebüßt.
LIT. G. Mattingly, The Defeat of the Spanish Armada (London 1961, 1986; dt. 1960).

Armagnac. Franz. Grafschaft in der Gascogne, fiel nach dem Aussterben des Grafengeschlechts (1497) an die franz Krone.

Armagnacs (Armagnaken, in Deutschland auch Armegecken genannt) ist der Parteiname (abgeleitet von ihrem Anführer) jener Gruppe, die unter Bernard VII. von Armagnac die Burgunder aus Paris (1413) vertrieb, dann aber zu den Engländern überging und von der Pariser Bevölkerung eine schwere Niederlage hinnehmen mußte (1418). Nach dem burgund.-engl. Bündnis war diese Sache der Armagnacs (seit 1419) die Frankreichs. Der Gegensatz zu Burgund nahm nach dem Frieden von Arras (1435) ab. König Karl VII. von Frankreich lenkte die Söldnerhaufen der A., die sein Land verwüsteten, gegen Lothringen und das Elsaß und im Verein mit Kaiser Friedrich III. gegen die Eidgenossen. Diese befreiten sich von ihnen durch die Schlacht bei St. Jakob an der Birs (26. 8. 1444). Darauf fluteten die A. nach Schwaben und ins Elsaß zurück, wo sie noch bis 1445 fürchterlich hausten und erst durch Pfalzgraf Ludwig, Feldhauptmann Friedrichs III., mit Hilfe der Städte und der Bauern vertrieben werden konnten.
LIT. A. Leguai, La guerre de cent ans (1974).

Armarium.
[1] Allgemein: fester Raum oder bewegl. Behältnis für Geräte, Kleider, Schmucksachen, Speisen, Bücher.
[2] Christliche Grabstelle.
[3] Aufbewahrungsort für Hl. Öle, Reliquien, Hostien.
[4] Im MA vielfach für Bibliothek oder Archiv gebraucht.
[5] Im übertragenen Sinn als Waffenarsenal des geistl. und weltl. Wissens.
LIT. LThK I, 867.

Armenbibel (Biblia pauperum, Biblia picta). Spätma. Belehrungs- und Erbauungsbuch, das in Bildern die wichtigeren Heilstatsachen des NT vorführt, zusammen mit Vorbildern aus dem AT und verschiedenen, teils lat., teils dt. Texten. Hervorgegangen ist die A. aus den typolog. Bilderreihen, die seit altchristl. Zeit beliebt waren; ihre erste Fassung dürfte in das 13. Jh. fallen. Überliefert ist die A. in Hss., Blockbüchern, Wiegendrucken; Ursprungsgebiet vielleicht Bayern. Nachhaltigen Einfluß hatte die A. auf die spätma. Kunst.

LIT. RGG I, 609 f.; LThK I, 868 f.; G. Schmidt, Die Armenbibeln des 14. Jh. (1959).

Armer Konrad. Bauernaufstand; ergreift 1514, ausgehend von dem stark bevölkerten Remstal und infolge der Mißwirtschaft der württemberg. Herzöge, insbes. des Herzogs Ulrich, ganz Württemberg. Die Führung des Aufstandes ist in der Hand der wohlhabenden Bauern. Der Aufstand wurde schnell vom Herzog zerstreut (1514).

LIT. H. Oehler, Der Aufstand d. A. K. In: Württemberg, Vierteljahreshefte 38 (1932).

Arminianismus (Arminianer, Remonstranten). Von dem reform. Prediger Jakob Arminius (1560–1609) gegr. Richtung in der niederländ.-reform. Kirche des 17. Jh. Führte zur Abtrennung und selbständ. Kirchengemeinschaft: Brüderschaft der Remonstranten (1634) unter Führung des Simon Episcopius, der 1629 seine ›Apologia pro confessione Remonstrantium‹ veröffentlichte. Anhänger des A. waren Hugo Grotius, Oldenbarneveldt u. a. Der A. richtet sich gegen die unbedingte Prädestinationslehre Calvins, ist irenisch eingestellt, vom erasmian. Humanismus beeinflußt. Betonung der Willensfreiheit, Duldsamkeit, Vorrang der Bibel vor den kirchl. Bekenntnissen. Als die Anhänger des Arminianismus 1610 für ein staatl. Einschreiten gegen die Intoleranz der Mehrheitspartei remonstrierten, erhielten sie den Namen Remonstranten; ihre Gegner: Gegenremonstranten. Der A. wurde zur Heimat eines freisinnigen Christentums, auch in England und Nordamerika verbreitet.

LIT. RGG I, 620 f.; RE II, 103 f.; EKL I, 216 f.; LThK I, 877 f.

Armut.
[1] Ursprüngl. Bedeutung von »arm« ist vereinsamt, verlassen. In westgerman. Zeit tritt »arm« in Gegensatz zu »reich«.

[2] Unter A. versteht man in wirtschaftlicher Hinsicht den dauernden Mangel an den Mitteln, die zur Sicherung des Lebensbedarfes auf dem jeweils üblichen sozialen Standort notwendig sind. A. ist relativ; das Gefühl der A. erwächst aus der Wertung und dem Vergleich von »Lebenslagen«. A. liegt vor, wenn nur ein sehr kärgliches Leben, gemessen an dem sozialen, kulturellen und typischen Standard, geführt werden kann, oder es sich der Grenze des Existenzminimums nähert, bzw. nur mit unentgeltl. Hilfe anderer längere Zeit möglich ist (Hilfsbedürftige). Charakteristisch für den recht dehnbaren Begriff A. ist in nichtindustriellen Gesellschaften die Besitzlosigkeit an Produktionsmitteln, im Industrialismus das völlige oder teilweise Fehlen von Einkommen.

[3] Freiwillige Armut erscheint bereits im frühesten Christentum als ein Weg zur Vollkommenheit, nicht aber als Selbstzweck oder absoluter Wert. So muß die Seligpreisung der Armut nicht als religiös motivierte Verklärung des Elends, sondern als Mittel der Askese im frühen Christentum, bei Einsiedlern und Zönobiten, die in freiwilliger A. lebten, verstanden werden. Eine Pflicht der Gemeinden zur Unterstützung der Armen anerkannten das Konzil von Tours (532) und ein Kapitulare Karls d. Gr. (806).

Als Reaktion auf den wachsenden Reichtum der Kirchen setzte im 11. Jh. eine **Armutsbewegung** ein. Arnold von Brescia, 1155 als Ketzer hingerichtet, predigte die Apostolische A. des Klerus und den Verzicht auf weltliche Macht (→Regalien) der Bischöfe. Seine Anhänger, die Arnoldisten, wurden noch 1220 von Kaiser Friedrich II. zu den Ketzern gezählt, seine Ideen von den von Gerhard Segarelli gestifteten Apostelbrüdern (seit 1260) mit apokalyptischen Schwärmereien verbunden. Das Ideal der A. lebte aber auch in den Ordensgründungen des 12. Jh., bei Cluniazensern und Prämonstratensern (Armutspredigt des hl. Norbert von Xanten, † 1134) auf. Der Kaufmann Peter Waldes (→Waldenser) sammelte, nachdem er auf seinen Reichtum verzichtet hatte, die »Armen von Lyon« um sich, wurde aber von Papst Lucius III. (1183) zum Ketzer erklärt. Innerhalb der Kirche fand das Ideal der freiwilligen A., d.h. die religiös-asketisch motivierte Freiheit von Besitz, nicht jedoch die Verklärung des Elends, ihren Höhepunkt in Franziskus von Assisi, im Dominikanerorden und den diesem angeschlossenen zweiten und dritten Orden. Als Pflegerin der Armen wurde Elisabeth von Thüringen verherrlicht.

Der **Armutsstreit** im Franziskanerorden führte zu einer gefährlichen Spaltung des Ordens und spielte in den Kämpfen Ludwigs des Bayern mit dem Avignonesischen Papsttum eine wichtige Rolle. Papst Johannes XXII. in Avignon verurteilte die Lehre, Christus und die Apostel hätten kein Gebrauchsrecht an den Dingen gehabt, deren sie sich bedienten.

Am Ausgang des Mittelalters ist die **Armenfürsorge** hauptsächlich auf die Klöster, Stifte, Bruderschaften, Innungen übergegangen, die Armenpflege der Pfarreien durchbrochen, der z.T. berufsmäßige Bettel stark gestiegen. Die Kirchen der Reformation bemühen sich in ähnlicher Weise wie die alte Kirche um die Armen, doch erhält z.B. im Calvinismus A. immer stärker negative Züge. Die Reichspolizeiordnung von 1530 bestimmte, daß jede Stadt und Gemeinde ihre Armen selbst ernähren und erhalten müsse. Die Armenpflege geht in der frühen NZ immer mehr von der Kirche an den Staat über, wenn sie auch noch im 16./17. Jh. in der Tätigkeit des hl. Vinzenz von Paul eine Nachblüte erlebt. Die insgesamt sehr harte polizeiliche Behandlung, die vor der Hinrichtung »ausländischer« Armen nicht zurückschreckte, weicht erst im aufgeklärten Absolutismus einer freieren und menschlicheren Auffassung. Die Welle des Pauperismus im ausgehenden 18. und im frühen 19. Jh. demonstriert die Unzulänglichkeit der bisherigen Armenpflege. Die Herstellung besonderer armenrechtl. Beziehungen zu den Gemeinden, in Preußen 1842 nach franz. Vorbild eingeführt, von anderen deutschen Staaten zögernd nachgeahmt, dann die Sozialgesetzgebung des Bismarckreiches, vor allem aber die Gesetze nach dem Ersten und Zweiten Weltkrieg stellen entscheidende Schritte zur Überwindung der A. dar, wenn auch A. nie aus der Welt zu schaffen sein wird.

LIT. RGG I, 622–28; StL I, 581–591, LThK I, 878–883; G. Ratzinger, Geschichte der kirchl. Armenpflege ([2]1884); W. Roscher, System der Armenpflege und Armenpolitik ([3]1906); W. Liese, Geschichte der Caritas, 2 Bde. (1922); H. Kindermann, Die Reform des deutschen Armenwesens z.Z. der Reformation (1923); F. Allweyer, Der Einfluß der Reformation auf das württembergische Armenwesen (1930); H. Bechtel, Wirtschaftsgeschichte Dtls. II (1952); E. Roche, La pauvreté dans l'abondance (1963); W. Abel, Massenarmut u. Hungerkrisen im vorindustriellen Dtl. ([2]1977); D. von Brentano, Zur Problematik der Armutsforschung (1978); W. Fischer, Armut in der Geschichte (1982); Chr. Sachße, F. Tennstedt, Bettler, Gauner und Proleten. Armut und Armenfürsorge in der dt. Geschichte (1983); E. Schubert, Arme Leute, Bettler und Gauner im Franken des 18. Jh. (1983); P. Blum, Staatl. Armenfürsorge im Herzogtum Nassau 1806–1866 (Diss. Mainz 1986; zahlr. Lit.); M. Mollat, Die Armen im MA ([2]1987); A.L. Head, B. Schnegg (Hrsg.), Armut in der Schweiz (17.–20. Jh.) (1989); J. Schulz, Armut und Sozialhilfe (1989); R. Klötzer, Kleiden, Speisen, Beherbergen (1998).

Ars dictandi, ars dictaminis.
a) Kunst des Briefstils bzw. allgemein des Prosastils, bes. im HochMA;
b) alle Schriften, die sich mit dieser Kunst befassen.

Ars magna (Ars combinatoria). Ein von Raimundus Lullus (1235–1315) erfundenes System, mit dessen Hilfe nach bestimmten Regeln logische Schlüsse gezogen werden können. Die A.m. stellt als das erste praktisch verwirklichte Programm einer Mechanisierung kombinator. Denkprozesse einen Vorläufer des modernen Logikkalküls und logist. Rechenautomaten dar. Die Ideen des R. Lullus wirkten weiter auf die Renaissance und G.W. Leibniz (1646–1716), der eine Ars combinatoria entwarf.

Ars moriendi. Bez. für die Literaturgattung der Sterbebüchlein, die seit dem Ende des 14. Jh. im Gefolge der großen Seuchen und in der Todesstimmung des SpätMA zur Vorbereitung auf eine gute Sterbestunde weite Verbreitung fanden. Vorläufer dieser Gattung: eine A.m. des Anselm von Canterbury (11. Jh.). Verf. u.a.: Johannes Gerson (1408), Nikolaus von Dinkelsbühl (Anfang des 15. Jh.), Geiler von Kaisersberg. Als Hss., Blockbücher und Frühdrucke (Inkunabeln) weitverbreitet, oft eindring-

lich illustriert, bildet die A. m.-Literatur eine wichtige Quelle für die Kenntnis der spätma. Seelsorge, Glaubenswelt und Volksfrömmigkeit.
LIT. RDK I (1937), 1121ff.; W. Stammler, in: Deutsche Philologie im Aufriß II (^{2}1960), 1017ff., 1100; R. Rudolf, Ars moriendi (1957); LThK I, 907f.

Artes liberales →Freie Künste.

Artikelbrief(e) (Artikulsbrief, Knechtsartikel). Seit der frühen NZ Patent des Kriegsherrn, kraft dessen die Feldobristen ermächtigt waren, Söldner anzuwerben; Dienstordnung, die von den Landsknechten bei Musterung beschworen wurde und außer eigentl. Kriegsartikeln noch Bestimmungen über Organisation, Kriegführung usw. enthielt. Reichsdefensionalordnung 1681: A. für die Reichsarmee mit den entspr. Pflichten (Waffen- und Kleiderpflege, Kameradschaft, Beistand im Kampf) und Rechten (Sold, Proviant, Bekleidung) galt formell bis 1806. Auch Religionsfreiheit wurde den Soldaten zugesichert, das Asylrecht respektiert, Duell bei Todesstrafe verboten. Kaiserlicher Artikelbrief: Synonym für Kaiserliche Wahlkapitulation.
LIT. Haberkern-Wallach 48; HWDRG I, 232f.; G. Kleinheyer, Die kaiserl. Wahlkapitulationen. Geschichte, Wesen und Funktion (1968), 105.

As (lat.). Das Ganze, die Einheit. Gewicht und Münze im alten Rom. Der einpfündige Kupferas (as librarius) zerfällt in 12 Unzen (uncia). 260 v.Chr. wurde der As im Wert auf den 6. Teil reduziert, 217 auf den 12. Teil (asses unciales), 191 Reduktion auf den 24. Teil (asses semiunciales). Später sank der Wert noch tiefer.

Askese. Übung, Zügelung und, bereits in der griech. Philosophie, Verzicht. In antiken Mysterienreligionen und in der Orphik wird A. gefordert als Weg zur Reinheit und Entsinnlichung. Im Christentum ist A. ein wesentl. Mittel zur Vollkommenheit und wird nicht aus Weltfeindlichkeit, sondern aus Liebe zu Gott und um der Nachfolge Christi willen geübt.
LIT. M. Viller-K. Rahner, A. und Mystik in der Väterzeit (1939); H. E. Hengstenberg, Christl. A. (^{3}1948); R. Egenter, Die A. des Christen in der Welt (1956); K. S. Frank, Askese und Mönchtum in der alten Kirche (1975); F. Prinz, A. und Kultur (1980).

Asper (von neugriech. aspros, weiß). Name für verschiedene Münzen, die in Ostrom und auf dem Balkan seit dem 12. Jh. im Verkehr waren (so auch die Nachprägungen venezian. Matapane). A. ist heute die kleinste ägypt. und türk. Rechnungsmünze.

Aspern, Schlacht von A. und Essling (21./22. 5. 1809). Sieg der Österreicher unter Erzherzog Karl über Napoleon. Erste wirkliche Niederlage Napoleons. Der Sieg wurde von den Österreichern militär. nicht genützt und hatte polit. keine Folgen. Bei A. fiel der franz Marschall J. Lannes. Masséna wurde für seine Verdienste in der Schlacht zum Prince d'Essling ernannt.
LIT. M. Rauchensteiner, Die Schlacht von A. (1969).

Assassinen. Islamische Sekte des 11. Jh. in Persien und Syrien; die A. setzten den organisierten Mord an polit. und religiösen Gegnern als Instrument ein (vgl. franz. assassin = Mörder). Ihre Macht in Persien wurde durch die Mongolen gebrochen.

Assekurationsakte. Aufgestellt beim Konfessionswechsel von Fürsten im 17. und 18. Jh., dient die A. der Sicherung des Bekenntnisses der Untertanen. Am bekanntesten die A. für Hessen-Kassel nach dem Bekanntwerden des Übertritts des Erbprinzen Friedrich zur kath. Kirche (1754; die Konversion bereits 1749). Sie wurde durch die Garantie Englands, Dänemarks, der Generalstaaten und des Corpus Evangelicorum zu einer polit. Angelegenheit der europ. Protestantismus und spielte in der diplomat. Vorgeschichte des Siebenjährigen Krieges eine wichtige Rolle. Die traditionell guten Beziehungen zwischen Hessen-Kassel und England wurden durch die Garantie der A. noch enger und im Vertrag von Herrenhausen (18. 6. 1755) über engl. Subsidien und hess. Truppengestellung für England gefestigt.
LIT. Th. Hartwig, Der Übertritt des Erbprinzen Friedrich von Hessen-Kassel zum Katholizismus (1870); ders., Der Anschluß Hessen-Kassels an Preußen im Siebenjährigen Krieg (1868); Ph. Losch, Soldatenhandel (1933); W. von Both-H. Vogel, Landgraf Wilhelm VIII. von Hessen-Kassel (1964) 101–104, 107f.

Assemblées du clergé (franz.). Tagungen der Klerusvertreter der 1561 zu Frankreich gehörenden Diözesen, seit

1586 eine regelrechte Einrichtung. Die finanziellen Leistungen des franz. Klerus hingen im Prinzip von der Bewilligung der A. ab. Im 16. Jh. haben die A. entscheidend zur Stärkung des Katholizismus gegen den Calvinismus beigetragen. Im Regalienstreit (Ludwig XIV.) fügte sich die A. 1682 dem Einfluß des Königs und verhalf mit der Annahme der 4 Artikel dem Gallikanismus zum Sieg.

LIT. LThK I, 943 f.

Assientovertrag. England erhält in dem am 26. 3. 1713 mit Spanien abgeschlossenen A. auf 30 Jahre das Monopol zur Einfuhr von 4800 Negersklaven jährl. in die span. Kolonien (ein Viertel des Reingewinns geht an den Kg. von Spanien) und außerdem die wirtschaftsgeschichtl. bedeutsame Konzession, jährl. ein Schiff mit 500 t engl. Waren in die spanischen Kolonien zu bringen. Der Utrechter Friede (11. 4. 1713) bestätigt (Art. 12) den A. (→Utrecht, Friede von; →Utrecht, Kongreß von). England erhielt damit eine riesige Einnahmequelle, so daß ein engl. Historiker (Lecky) den Sklavenhandel geradezu als »the central object of British policy« während des 18. Jh. bezeichnen konnte. 1748 wird der A. um 4 Jahre verlängert (Friede zu Aachen), 1750 im Vertrag zu Madrid gegen Entschädigung von 100000 Pfund Sterl. aufgehoben. Spanier gründen nach 1750 eine eigene Assientogesellschaft, die, durch engl. Sklavenschmuggel (Jamaica) lahmgelegt, 1780 ihr Ende findet. Einzelne Einfuhrbewilligungen hören erst mit dem Verbot des Sklavenhandels 1820 auf.

LIT. WB des Völkerrechts I, 68.

Assisen (mlat. assisa, franz. assise, engl. assize). Vieldeutiger Begriff.
a) ma. Gerichtsversammlung bzw. allg. Versammlung, auf der Justiz- und Verwaltungsangelegenheiten beraten werden.
b) Lehensgericht vor allem in England. Wichtige A. unter königl. Vorsitz: z. B. Assize of Clarendon 1166.
c) Der Beschluß des Gremiums (Richter und Zeugen), Urteilsspruch oder Gesetz. Die A. sind eine Vorform der cours d'assises.
d) A. von Jerusalem: Rechtsbuch, 1099 unter Gottfried von Bouillon entstanden, mit Übernahme des usages féodaux der flandrisch-franz. Heimat. A. von Antiochien fast gleichzeitig. A. de

la Roumanie für die lat. Staaten in Griechenland im 13. Jh.
e) A. in England (seit der Franz. Revolution auch in Frankreich und der Schweiz): Geschworenengericht.

LIT. H. Mitteis. Der Staat des Hohen MA ([7]1962); HWDRG I, 242 f.

Assistenzartikel. Aufgenommen in die Wahlkapitulation Kaiser Leopolds I. (1658) auf Drängen Frankreichs, Brandenburgs; der A. untersagt dem Kaiser sowohl für sich, wie für sein Haus jegliche Unterstützung Spaniens in dem noch anhaltenden Krieg gegen Frankreich und dessen Verbündete. Um Leopold I. die Zustimmung, die einer Preisgabe der spanischen Habsburger gleichkam, zu erleichtern, wurde auf brandenburg. Anregung die Reziprozitätsklausel hinzugefügt. Sie besagt, daß Frankreich auf jede Unterstützung der Feinde des Kaisers und der dt. Habsburger verzichten solle. Während aber die Reziprozitätsklausel eine leere Formel blieb, trennte der Assistenzartikel die österr. und die span. Linie des Hauses Habsburg im Kampf gegen Frankreich, nahm das Reich aus dem span.-franz. Konflikt heraus und bereitete den Pyrenäenfrieden von 1659 vor. Die auswärtige Politik Kaiser Leopolds I. wurde durch den A. erheblich eingeschränkt.

LIT. S. F. N. Gie, Die Kandidatur Ludwigs XIV. bei der Kaiserwahl 1658 (1916); W. Platzhoff, Ludwig XIV., das Kaisertum und die europ. Krisis von 1683. HZ 121.

Assyriologie. Die Wissenschaft von der Schrift und der Sprache, dann auch von der Geschichte, Kultur und den Altertümern Assyriens und Babyloniens, d. h. der Völker, die sich der Keilschrift bedienten; als Disziplin der Altertumswissenschaften seit dem Ende des 19. Jh. verselbständigt.

LIT. H. Schmökel, Ur, Assur, Babylon (1954); ders., Kulturgeschichte des Alten Orients (1961).

Asyl (griech. ásylon, lat. asylum, d. h. unberaubt, sicher: heiliger, vor göttl. Schutz stehender Ort). Zufluchtsort, aus dem ein Verfolgter ohne Verletzung religiöser Vorschriften nicht entfernt werden durfte. In der Antike waren Tempel, Altäre, Kaiserstatuen mit dem Asylrecht ausgestattet. Asylverträge waren ein Mittel der Politik in hellenist. Zeit. Kirchen, Klöstern usw. wurde im christl. Abendland das Asylrecht zuerkannt und bis gegen Ende des MA geachtet, dann aber nach dem Aufkommen einer geordneten Rechtspflege eingeschränkt, seit dem 16. Jh. auch von den Päpsten.

Das moderne Asylrecht ist als Konsequenz der Souveränität des Staates das Recht dieses Staates (nicht des Verfolgten), dem von einem anderen oder dem eigenen Staat Verfolgten Zuflucht und Befreiung vor dem Zugriff der Staatsgewalt zu gewähren. Das diplomatische A. wurde aus dem religiösen A. mit dem Ständigwerden der Gesandteninstitute entwickelt. Konsular. A. war in Europa unbekannt; A. an Bord von Kriegsschiffen (territoire flottant) war in Mittel- und Südamerika üblich, A. an Bord von Handelsschiffen unzulässig. Seit dem 19. Jh. bildete sich das polit. A. als völkerrechtl. Brauch aus, wonach polit. oder religiös Verfolgten Schutz (vor Auslieferung) gewährt werden kann, soweit sie keine Gewaltverbrechen begangen haben und sich organisierter Feindseligkeit gegen ihr Heimatland enthalten.

LIT. WB des Völkerrechts I (1924) 69–70; LThK I, 967f.; HWDRG I, 243–246; O. Kimminich, Asylrecht (1978); H. I. von Pollern, Das moderne Asylrecht (1980); H. Reiter, Politisches Asyl im 19. Jh. (1992).

Aszendenz (lat. aufsteigend).
[1] Verwandtschaft in aufsteigender Linie. Aszendenten: zusammenfassende Bez. für Eltern, Großeltern usw. (Gegensatz: Deszendenten, Verwandtschaft absteigender Linie, Nachkommen).
[2] Aufgangspunkt eines Gestirns.

Aszendenztafel. Darstellung der gesamten Aszendenz einer Person. Letztere nennt man den Probanden. Die Stellen, an denen sich in der Ahnentafel die einzelnen Vorfahren befinden, heißen Quartiere.

Atheismus (griech.). Leugnung der Existenz oder der Erkennbarkeit Gottes oder einer göttl. Weltordnung. Religiöser A. begegnet in einigen primitiven Religionen. Atheistisch sind alle Systeme des Materialismus und materialist. Monismus, der Gottlosenbewegung in den kommunistischen Staaten. Geistesgeschichtl. ist der A. immer an kritischen Übergangspunkten zwischen geistigen, kulturellen und sozialen Epochen aufgetreten. Er verrät sich als Krisenerscheinung (antike Atomisten, nachsokratische Kyniker, französ. Aufklärer wie Holbach, Lamettrie, deut-

sche Positivisten und Monisten des 19. Jh. wie Vogt, Büchner, Moleschott, Haeckel, Linkshegelianer, Feuerbach, Marx) oder postulatorischer A. (Camus, J. P. Sartre). Wesentlich lebt der A. von dem Mißverständnis Gottes, an dem der Theismus in seinen tatsächl. histor. Gestalten unvermeidlich leidet. Der theoret. A. kann sich militant und tolerant äußern. Von der frühneuzeitlichen Toleranz bzw. Toleranzgesetzgebung blieb der A. bis tief in das 19. Jh. ausgeschlossen.

LIT. M. Reding, Der polit. A. (Graz 1957); C. H. Ratschow, A. im Christentum? Eine Auseinandersetzung mit Ernst Bloch (1970); Der moderne A. – Anstoß zum Christsein, hrsg. von L. Klein (1970); A. Esser (Hrsg.), A., Profile und Positionen der Neuzeit (1971); J. Blank, W. Kasper u. a., Gottfrage und moderner A. (1972).

Atlanten, Historische.
[1] Seit Mercator (1595) nennt man A. eine Sammlung von Land- und Himmelskarten, früher mit der mytholog. Figur des Atlas (nach der griech. Sage Träger des Himmels) im Titel.
[2] Aus der ursprüngl. sehr engen Verbindung von Geschichte und Geographie und der Notwendigkeit wechselseitiger Forschungshilfe ist die histor. Geographie entstanden, zu der a) die sog. geschichtl. Landschaftskunde, b) die geschichtl. Siedlungskunde, c) die histor.-polit. Geographie, d) die histor. Kulturgeographie zählen.

Die histor.-geograph. Kartographie entwickelte sich, nachdem die klar Geschichte mit H. Kiepert (›Karte von Kleinasien‹, 1841 ff.) vorangegangen war, erst im letzten Viertel des 19. Jh. Als Frucht der Grundkartenbewegung (F. von Thudichum) darf seit 1895 erscheinende ›Geschichtliche Atlas der Rheinprovinz‹ und der durch E. Richter–O. Redlich begründete ›Atlas der österreichischen Alpenländer‹ angesehen werden. Für zahlreiche dt. Territorien liegen histor. Atlanten vor bzw. sind in Vorbereitung (Bayern, Hessen, Westfalen, ebenso für die kirchl. Topographie).

An allgem. histor. Atlanten sind zu verwenden: Karl von Spruner, ›Historischgeograph. Handatlas‹; Spruner–Th. Menke, ›Handatlas für die Geschichte des Mittelalters und der Neuzeit‹; G. von Droysen, ›Allgemeiner histor. Handatlas‹ sowie der A. von F. W.

Putzger, ›Westermanns Atlas zur Weltgeschichte‹, ›Harms Geschichts- und Kulturatlas‹, J. Niessen, ›Geschichtl. Handatlas der deutschen Länder am Rhein, Mittel- und Niederrhein‹, ›Historischer Atlas von Bayern‹, ›Pfälzischer Geschichtsatlas‹, ›Historischer Atlas von Brandenburg‹, ›Historischer Atlas von Baden-Württemberg‹. LIT. H. Quirin, Einführung in das Studium der ma. Geschichte (³1964), 307 ff.; W. Bauer, Einführung in das Studium der Geschichte (³1961), 164 f.; H. Jedin – K. S. Latourette – J. Martin, Atlas zur Kirchengeschichte. Die christlichen Kirchen in Geschichte und Gegenwart (1970); A. von Brandt, Werkzeug des Historikers (¹⁰1983), 33 f.; Historischer Atlas von Pommern; Historischer Atlas von Mecklenburg; Historisch-Geograph. Atlas des Preußenlandes.

Atrium.
[1] Rechteckiger Hof vor der Eingangsseite der Basilika, oft von Säulen umgeben, mit Reinigungsbrunnen in der Mitte.
[2] Hauptraum des röm. Hauses; an den Wänden die Schreine mit den Ahnenbildern, das Licht kam durch eine Öffnung des Daches in der Mitte des A.

Auctoritas (lat., von augere, vermehren, bereichern). Zunächst: Geltung, Schätzung, Bürgschaft für ein Geschäft, dann auch: Ermächtigung, Vollmacht, schließlich: eine einflußreiche Person, »Autorität«, und im Senat eine Institution. Es war Pflicht, die A. zu hören.
LIT. R. Heinze, Auctoritas. In: Hermes 60 (1925) 349–366; K. H. Lütcke, »Auctoritas« bei Augustin. Mit einer Einleitung zur röm. Vorgeschichte des Begriffs (1968).

audiatur et altera pars (lat., auch: die andere Seite soll gehört werden). Geflügeltes Wort nach verschiedenen antiken Dichterworten und Rechtssätzen. Prozeßgrundsatz, wonach ein Urteil erst gefällt werden soll, wenn beide Seiten gehört worden sind. Entspricht dem dt. Sprichwort: Eines Mannes Rede ist keines Mannes Rede, man muß die Part verhören beede.

Audientia.
[1] Richterl. Untersuchung, Verhandlung, Verfahren, Vernehmung.
[2] Richterl. Entscheidung, Gerichtsbarkeit, Instanz.
[3] Versammlung, Gerichts-Ding.

[4] Möglichkeit zur Erörterung, Verteidigung.
[5] Zutritt, Audienz.
[6] Gehorsam.

Audientia litterarum contradictarum. Abteilung der Camera Apostolica, zur Bearbeitung der in Justizsachen erlassenen Urkunden, bei der die Interessenten gegen die Aushändigung Einspruch erheben.
LIT. P. Herde, Audientia litterarum contradictarum. 2 Bde. (1970).

Audientia pacis. Gericht, das den Gottesfrieden verhängt.
LIT. Mlat. WB I (1967) 1190–92; Haberkern-Wallach 51.

Audientia sacri palatii. Urspr. Name des päpstl. Gerichtshofes in Avignon, später auch →Rota genannt.

Audienz (lat., Gehör).
[1] Verhör, Verhandlung vor Gericht (**Audience:** 1369 errichteter oberster Gerichtshof für Flandern, nur kurze Zeit in Tätigkeit).
[2] Empfang bei Papst, Fürsten, hohen Staatsbeamten.
[3] Öffentliche A.: in absolutist. Staaten (z. B. Joseph II. 1765–90) üblich. Jedermann hatte zu dem Herrscher Zutritt, um sein Anliegen vorzubringen.

Auditor (lat., von audire hören; franz. auditeur; ital. uditore). Im spätröm. Recht Verhörrichter, im MA und teilweise bis in die NZ allgemeine Bezeichnung für Mitglieder eines Gerichts, Richter oder Schöffe. Im kirchl. Prozeßrecht a) der Vernehmungsrichter, b) der erkennende Richter. Die Ernennung der Auditoren der römischen Rota ist dem Papst vorbehalten; sie besitzen besondere Privilegien. Außerhalb des Gerichtswesens gibt es A. als Berater des Papstes in Rechtssachen, z. B. den A. generalis der Apostolischen Kammer.
Die A. der Nuntiaturen, die früher auch in der Nuntiaturgerichtsbarkeit tätig waren, repräsentieren heute lediglich eine Rangstufe des höheren diplomat. Dienstes. A. begegnen auch in der Militärgerichtsbarkeit. In England und den USA bezeichnet A. einen Beamten der Finanzkontrolle.
LIT. LThK I, 1026; DDC I, 1399–1411; Haberkern-Wallach 51; R. Blaas, Das kaiserl. Auditorat der Sacra Rota Romana. In: MÖSTA II (1950) 37–152.

Aufklärung. Die das ausgehende 17. und das 18. Jh. beherrschende Geistes-

bewegung. A. wird als »Beginn und Grundlage der eigentlich modernen Periode der europ. Kultur und Geschichte im Gegensatz zu der bis dahin herrschenden kirchl. und theolog. bestimmten Kultur« (E. Troeltsch) charakterisiert. Die A. ist nach Ländern und Konfessionen verschieden, bei ihrer Ausbreitung durch Europa nach Phasen, Tendenzen, Intensität und Wirkung beträchtl. verschoben. In der zweiten Hälfte des 17. Jh. setzte sich die A. in den Generalstaaten (Grotius, Spinoza) und in England durch (Locke, Hume, Newton). Von dort griff sie nach Frankreich über, wo sie ihren rationalist.-materialist. Höhepunkt (Voltaire, Diderot, Helvetius, Holbach) erreichte und polit. in der Französischen Revolution ausmündete. Die zeitl. und inhaltl. stark abgestufte dt. A. wird etwa repräsentiert durch Leibniz, Wolff, Thomasius, Reimarus, Lessing, Moses Mendelssohn, Nicolai, Pestalozzi, Campe, Kant; die polit. Auswirkungen im aufgeklärten Absolutismus durch Friedrich II., Joseph II., Leopold II., Kurfürst-EB Max Franz von Köln. Gering war die Wirkung der Aufklärung in Südost- und Osteuropa, stärker in den angelsächs. und iberoamerikan. Teilen Amerikas. Das Erbe der Aufklärung ist der Gegenwart auf allen Lebensgebieten präsent. Nicht überwunden wurde sie durch den dt. Idealismus und die Romantik; eine teilweise Wiedergeburt der A. erfolgte im 19. Jh.
Die A. hat keine geschlossenen Systeme, sie ist voller Widersprüche, einig allein im Streben nach Überwindung der »selbstverschuldeten Unmündigkeit« (Kant), nach mathemat. Begrifflichkeit, Vernünftigkeit, Ordnung, Fortschritt. Vernunftoptimismus, Szientizismus, Toleranzstreben, Rationalisierung der Religion, Nivellierung der Bekenntnisunterschiede, Verpflichtung zur »Tugend« sind weitere Kennzeichen. Die A. ist eine spezif. Form des neuzeitl. Subjektivismus und Individualismus. In ihren Anfängen vom Adel getragen, vom Aufschwung der Naturwissenschaften entscheidend gefördert, ist die A. insgesamt eine bürgerl. Bewegung mit den gesellschaftl.-polit. Zielen des Dritten Standes, wirkt aber über die Grenzen des Bürgertums hinaus und trägt zur Heraufkunft des Vierten Standes bei. Am wenigsten berührt von der A. bleibt das Bauerntum. Freimaurerei und Geheimbünde (z. B. Illuminaten) haben bei ihrer Verbreitung mitgewirkt; unhaltbar jedoch ist die Komplott-Theorie (Aufklärung als Verschwörungsergebnis geheimer Gesellschaften; z. Z. der Franz. Revolution wurde diese Theorie u. a. von Barruel vertreten).

Die A. ist nicht identisch mit Rationalismus. Sensualismus (Condillac) und Empirismus (Locke) haben in dieser Bewegung ihren festen Platz, herrschen sogar manchmal vor. Geschichtsfeindl. kann die vorzügl. auf Gegenwart und Zukunft gerichtete A. nicht genannt werden. Sie sah in der Geschichte eine magistra vitae, betrieb sie vielfach nach Analogie der Naturwissenschaften und mit der Tendenz, bestimmte Gesetze des histor. Ablaufs zu finden, förderte die Quellenkritik (Pierre Bayle), große Editionen (vor allem in den Akademien, z. B. in der Bayerischen Akademie) und brachte bedeutende Werke der Geschichtsschreibung (Hume, Gibbon, Voltaire) und der Geschichtsphilosophie (Montesquieu, Condorcet) hervor. Die anthropozentrische Aufklärung ist durch pädagog. Enthusiasmus ausgezeichnet. Durch Erziehung zu naturgemäßer vernünftiger Lebensweise, durch gesteigerte Geistesbildung soll das sittl. und soziale Wohl sowohl des Einzelnen wie der Gesamtheit gefördert, die Glückseligkeit der Menschheit erreicht werden (Wohlfahrtsstaat des aufgeklärten Absolutismus). In den pädagog. Bemühungen der Aufklärung (Basedow, Campe, Rousseau, Pestalozzi) verbinden sich Fortschrittsglaube, Vernunftoptimismus, Glaube an die Organisier- und Planbarkeit gesellschaftl. Lebens. Daraus folgen die Bemühungen um die Volks- und Realschulen, Industrieschulen, Bildung der Erwachsenen, auch der Frauen. Egalitarismus und elitäres Bewußtsein, Bevormundung des »gemeinen Haufens« und die Idee von der »Gleichheit und Erziehbarkeit aller« korrespondieren dabei.
Beachtlich war auch der Einfluß der Aufklärung auf das Rechts- und Staatsleben. Das aufklärerische Naturrecht, die jura connata (die angeborenen Rechte des Menschen; Christian Wolff), die Übertragung der Vertragslehre (Herrschafts- und Unterwerfungsvertrag) auf den Staat, schließlich der Einfluß der Aufklärung auf Herrscher, Höfe, Verwaltung, Justiz (Abschaffung der Folter; Milderung des Strafvollzugs;

Beccaria) führen zu einer Modifizierung des monarchischen Absolutismus, die sich unter Beibehaltung der alten »Losgelöstheit« vom Volk und der starren ständischen Gliederung vor allem darin niederschlägt, daß sich der Herrscher nicht mehr Gott und dem persönl. Gewissen allein, sondern auch der alles beherrschenden Vernunft und der »Öffentlichkeit« (öffentl. Meinung: A.L. Schlözer) verantwortlich weiß und als erster Diener seines Staates fühlt (Friedrich II.; Joseph II.; Katharina II.; »Vater Franz«). Verwaltungs- und Justizreformen (z.B. Allgemeines Landrecht für die preußischen Staaten, Justizreform in den habsburg. Ländern, in Bayern usw.), sparsame Finanzwirtschaft, Förderung des Handels, der Industrie und der Landwirtschaft (Einfluß der Physiokratie; Turgot; Mirabeau; Dupont de Nemours; Quesnay; Schlettwein), Lehre von der Gewaltenteilung (Locke, Montesquieu) und erste zaghafte Schritte auf eine konstitutionelle Monarchie zu (Leopold II. als Großherzog der Toskana) kennzeichnen den aufgeklärten Absolutismus. Die A. leistet damit einen bedeutsamen Beitrag zum modernen Rechts- und Wohlfahrtsstaat, zur Entstehung der konstitutionellen Monarchie, aber auch zur Entstehung des Liberalismus und Republikanismus.

Nachhaltig bestimmte die Aufklärung das Staatskirchentum des späten Absolutismus, indem sie alle Lebensäußerungen der Kirche als einer dem Staat unterstehenden Religionsgemeinschaft dessen Kontrolle unterwarf. Die z.T. notwendigen Reformeingriffe des Josephinismus im kirchl. Bereich (Klosteraufhebung, Pfarrorganisation, Diözesanregulierung, Einrichtung von Generalseminarien zur Klerusausbildung, Amortisationsgesetzgebung) zeigen hinreichend die sich aus der Wechselwirkung und Spannung zwischen Aufklärung, Reformstreben, kirchl. Beharrungstendenz und religiösem Substanzverlust ergebende besondere Problematik von Staat und kath. Kirche in der NZ (z.B. in Österreich unter Joseph II., in Bayern unter Max III. Joseph, Karl Theodor).

In Dichtung (moral. Wochenschriften, bürgerl. Trauerspiel, Idylle, bürgerl. Roman) und bildender Kunst (Ende des Reichsbarocks, des Rokoko, Beginn des Klassizismus) hat die Aufklärung, verglichen mit anderen Epochen, keine überragenden Schöpfungen hervorgebracht. Sturm und Drang, Frühromantik, Neuhumanismus sind Gegenbewegungen gegen die Aufklärung, die sie zwar überlagern, aber nicht überwinden konnten.

LIT. StL I, 673–79; RGG I, 703–30; LThK I, 1056–66; Sacramentum mundi I (1967) 425–430; TRE IV, 594–608; L. Just, Der aufgeklärte Absolutismus. In: Hdb. der dt. Geschichte von O. Brandt, A.O. Meyer, L. Just, II, 4; Gebhardt-Grundmann II; HKG V; Hdb. der europ. Geschichte, hrsg. von Th. Schieder, IV; P. Hazard, Die Herrschaft der Vernunft (dt. 1948); F. Valjavec, Geschichte der europ. Aufklärung (1961); M. Wundt, Die dt. Schulphilosophie der A. (1961); G. Funke, Die A. in ausgewählten Texten dargestellt (1963); W. Philipp, Das Zeitalter der A. (1963); A. Baruzzi (Hrsg.), A. und Materialismus im Frankreich des 18. Jh. – La Mettrie–Helvetius–Diderot–Sade (1968); B. Plongeron, Recherches sur l'»Aufklärung« catholique en Europe occidentale (1770–1830). In: Revue d'historie moderne et contemporaine 16 (1969) 555–605; L.G. Crokker, The Age of Enlightment (1970); H.J. Schoeps, Zeitgeist der A. (1972); Y. Schober, Die dt. Spätaufklärung (1975); F. Engel-Janosi u.a. (Hrsg.), Formen der europ. A. Unters. zur Situation im 18. Jh. (1976); D. Roche, Le siècle des lumières, 2 Bde. (1978); E. Balasz, L. Hammermayer u.a. (Hrsg.), Beförderer der A. in Mittel- und Osteuropa (1979); E.W. Zeeden, Europa im Zeitalter des Absolutismus und der A. (1981); N. Merker, Die A. in Dtl. (1982); U. Im Hof, Das gesellige Jahrhundert. Gesellschaft und Gesellschaften im Zeitalter der A. (1982); M. Buhr, W. Förster (Hrsg.), A. – Gesellschaft – Kritik. Studien zur Philosophie der A. (1985); R. Vierhaus, Wissenschaft im Zeitalter der A. (1985); G. Selzer, Der Wandel des aufklärer. Selbstverständnisses gegen Ende des 18. Jh. (1985); Österreich im Europa der A. Internat. Symposion in Wien 20.–23. Okt. 1980. 2 Bde. (1985); P. Kondylis, Die A. im Rahmen des neuzeitl. Rationalismus (1981, Tb. 1986); G. Gawlick, L. Kreimendahl, Hume in der dt. A. (1987); W. Müller, Die Aufklärung (2002).

Augsburger Allianz. Zusammenschluß des Kaisers Leopold I. mit Bayern und verschiedenen süddt. Reichsständen gegen Frankreich (9.7. 1686) zur Abwehr der französischen Reunionspolitik. Maßgebl. beteiligt am Zustandekommen der A.A. waren Georg Friedrich Fürst von Waldeck und der kaiserl. Diplomat Georg Friedrich Graf von Hohenlohe. Der A.A. schlossen sich Spanien und Schweden an; Angriffsabsichten auf Frankreich bestanden nicht. Die Bedeutung der A.A. ist von franz. Historikern überschätzt worden. Seit der Bildung der A.A. festigte sich in Frankreich der Eindruck, daß eine antifranz. Koalition im Entstehen begriffen sei, wodurch Ludwig XIV. zu neuen Gebietsforderungen bewogen wurde, die wiederum in Europa die Furcht vor neuen franz. Überfall- und Eroberungsabsichten weckten. In der Vorgeschichte des sog. Pfälzischen oder Orléansschen Krieges (1688–97) kommt der A.A. eine gewisse Bedeutung zu.

LIT. R. Fester, Die Augsburger Allianz von 1686 (1893); D. Ogg, England in the reigns of James II. and William III. (1955); Gebhardt-Grundmann, Handbuch der Dt. Gesch. II.

Ausburger Interim →Interim.

Ausburger Konfession, Augsburger Bekenntnis →Confessio Augustana.

Augsburger Reichstage.

[1] 1518: Kaiser Maximilian I. (reg. 1493–1519) versuchte vergeblich, die Wahl seines Enkels Karl zum dt. König und damit zu seinem Nachfolger durchzusetzen. Kurfürst Friedrich der Weise von Sachsen (1486–1525) widersetzte sich jeder Einschränkung des kurfürstl. Wahlrechts; er berief sich darauf, daß Maximilian selbst noch nicht zum Kaiser gekrönt sei, die bisherige Voraussetzung einer Königswahl. Bei dieser Argumentation unterstützten ihn der Papst und der Kurfürst von Trier (ein Parteigänger Frankreichs); beide – Papst und Kurfürst – widersetzten sich aus polit. Gründen der Wahl des Habsburgers. Die von Maximilian, gemeinsam mit dem Papst, geforderte umfassende Reichssteuer (ihre Bewilligung hätte zu einer neuen Reichskriegsverfassung geführt) wurde jedoch nur in abgeschwächter Form zugestanden, darüber hinaus erstmals an die Bewilligung der Landstände gebunden. Hingegen machten die Stände (unter Berufung auf die Volksstimmung) die Gravamina der dt. Nation gegen Rom geltend. Papst Leo X. (reg. 1513–21) erlaubte (um Friedrich dem Weisen entgegenzukommen), daß Luther (1483–1546), der nach Rom geladen worden war, sich jedoch unter den Schutz seines Landesfürsten gestellt hatte, durch den päpstl. Legaten Kardinal Cajetanus (1469–1534) in Augsburg verhört wurde. Nach drei Unterredungen verlangte Luther, da er den Eindruck der Bevormundung gewonnen hatte, andere Richter; gleichzeitig bat er um ein rechtschaffenes Gericht und appellierte an Papst und Konzil.

[2] 20. 6. bis 19. 11. 1530: Dieser A.R. wurde von Karl V. persönlich geleitet, um die Glaubensfrage und die Türkenhilfe zu regeln (sie wurde auf 6 Monate bewilligt: 40000 Fuß- und 8000 berittene Truppen). Zu der angestrebten Einigung in der Glaubensfrage kam es nicht. Die protestant. Reichsstände übergaben die ›Confessio Augustana‹, die oberdt. Städte die ›Confessio Tetrapolitana‹, Zwingli (1484–1531) die ›ratio fidei‹. Die ›Confutatio‹, von den Katholiken verfaßt, anerkannte der Kaiser als eigenes Urteil. Da jeder Ausgleichsversuch scheiterte, verließen die protestant. Reichsstände den A.R. vorzeitig. Der Reichsabschied erneuerte das Wormser Edikt und verlangte die Wiederherstellung des Kirchenguts. Der Kaiser gab das Versprechen, innerhalb von 6 Monaten die Einberufung eines Konzils zu erreichen; auf ihm sollte eine Abstellung der Mißstände sowie eine Beseitigung der Irrtümer in der Lehre erreicht werden. Neu konstituiert wurde das Reichskammergericht.

[3] 1548: Einberufen zum Zwecke der Annahme des Interims. Karl V. erließ die Augsburger Konföderation über die Stellung des Burgundischen Kreises zum Reich.

[4] 5. 2. bis 25. 9. 1555: Der von König Ferdinand I. (1531 zum röm. König gewählt) geleitete Reichstag war der letzte große des Reformationszeitalters. Nach Vereinbarung des Augsburger Religionsfriedens wurde die grundlegende Reichskammergerichtsordnung angenommen; sie räumte den Protestanten parität. Zugang zu den Richterstellen ein und schuf eine Reichsexekutionsordnung zum Landfrieden; die hierdurch eingerichtete Stelle eines Kreisobersten in den Reichskreisen sollte ein rasches militär. Einschreiten sowohl ge-

gen innere als auch gegen äußere Feinde ermöglichen.

LIT. Zu [2] C. E. Förstemann, Urkundenbuch zur Geschichte des Reichstages zu Augsburg i. J. 1530, 2 Bde. (1833–35); den Passauer Vertrag (1552) Protokoll des A. R. 1530, hrsg. von H. Grundmann, veröffentl. in: Schriften des Vereins für Reformationsgeschichte Nr. 177, Jg. 64 und 65 (1958), S. 52–54(Zusammenstellung wichtiger Quellen und Lit.).

LIT. Zu [3] H. Rabe, Reichsbund und Interim (1971).

LIT. Zu [4] H. von Schubert, Der Reichstag von Augsburg (1930).

Augsburger Religionsfriede. Reichsfriede (29. 9. 1555). Polit. vorbereitet durch den Fürstenaufstand (Moritz von Sachsen), den Passauer Vertrag (1552) und das Vordringen der friedenswilligen Kräfte im Reich. Die Religionseinheit für das Reich wird aufgegeben, die Augsburgische Konfession (Confessio Augustana) reichsrechtl. anerkannt. Was Kaiser und Reich in Augsburg verlorengeht, gewinnen die Landesfürsten: das Konfessionsbestimmungsrecht und die Einheit des Glaubens.

Der A. R. garantierte den Reichsständen und den Reichsrittern das Recht, sich einer der beiden Konfessionen anzuschließen und ihren Untertanen, die dem Religionsbann unterstanden, die Annahme des gleichen Bekenntnisses vorzuschreiben. Das Jus reformandi blieb allerdings eingeschränkt. Geistl. Fürsten verloren nach den Bestimmungen des A. R. beim Übertritt zum neuen Glauben Amt, Land und Herrschaft (→Reservatum ecclesiasticum, Geistlicher Vorbehalt). Zweck des Geistlichen Vorbehalts war, die Säkularisation der unmittelbaren geistl. Territorien zu verhindern, was in Norddtl., in Westmitteldtl. und in Württemberg nur selten gelang. Den neugläubigen Landständen geistl. Fürsten garantierte die sog. Declaratio Ferdinandea (24. 9. 1555) ihren bisherigen Bekenntnisstand. Den nicht leibeigenen Untertanen eines weltlichen Fürsten, die ihm nicht in dem gebotenen Bekenntnis folgen wollten, gewährleistete der A. R. das Recht des freien Abzugs in konfessionsverwandte Territorien (Auswanderungsfreiheit, Jus emigrationis), das jedoch in der Praxis einer obrigkeitl. Ausweisungsbefugnis näher kam. Ausweisungsbefugnis näher kam.

Der A. R. galt nur für die Reichsstände, nicht jedoch für mittelbare Stände. Nicht eingeschlossen in den A. R. waren die Anhänger Zwinglis, Calvins (→Confessio Helvetica), die Täufer und andere. Neben der alten Kirche wurde das Luthertum (CA, Confessio Augustana) reichsrechtl. anerkannte Konfession. Den Freien- und den Reichsstädten wurde eine Sonderstellung eingeräumt, indem beiden Konfessionen der Bekenntnisstand des Jahres 1555 gesichert wurde. Die Pflicht zur konfessionellen Wiedervereinigung wurde unterstrichen.

Der A. R. war, trotz mancher Mängel, tragendes Reichsgrundgesetz; er besiegelte, indem er das Bekenntnis an das Territorium band, die konfessionelle Spaltung, stärkte die partikularen Tendenzen, sicherte aber dem Reich als lockerem Oberbau Einheit und Frieden.

LIT. Gebhardt-Grundmann II, 103f.; HKG IV; M. Simon, Der A. R. (1955); TRE IV, 639–645.

Augures. Deuter göttl. Zeichen (die A. tätigten keine Voraussage des Zukünftigen). Das Priesteramt der A. war sehr angesehen, mit hohen Ehren versehen und lebenslänglich. Bei ungünstigen Auspizien war kein gültiger Volksbeschluß möglich. Der in den Krieg ziehende Feldherr mußte vorher günstige Vorzeichen einholen. Deutung und Entscheidung sich widersprechender Vorzeichen beruhten auf einer komplizierten Lehre, deren Träger die A. waren.

Augustalis, Augustanus. Von Kaiser Friedrich II. seit 1231 in Messina und Brindisi für Sizilien geprägte Goldmünze. In Anlehnung an die Goldmünzen der röm. Imperatoren (Augusti) haben sie den Namen A. Sie zeigen das antikisierende lorbeergeschmückte Brustbild des Kaisers, rückseitig den sitzenden Reichsadler, auch als ½ A. geprägt; Vorläufer des florent. Gulden. Gewicht 5,24 g; Umschrift: FRIDERICUS IMP(erator) ROM(anorum) CESAR AUG(ustus).

LIT. Corpus Nummorum Italicorum 18 (1939), 196f.

Augustinereremiten (Ordo Eremitarum S. Augustini). Durch die von Papst Alexander IV. am 4. 5. 1256 vollzogene Vereinigung mehrerer Eremitenverbrüderungen entstandener Orden. Der Orden lebte nach der Augustinusregel, vollzog mit der Bulle ›Licet Ecclesiae catholicae‹ (4. 5. 1256) den entscheidenden Schritt vom Einsiedlertum zum Bettelorden, 1567 von Pius IV. den Bettelorden beigezählt. Der Orden umschließt Priester und Laienbrüder; Ordenstracht: schwarzer Habit (wo keine Dominikaner: auch weißer Habit), spitz zulaufende Kapuze, lederner Gürtel. Wirkungskreis ähnlich wie bei den Franziskanern und Dominikanern; Pfarrseelsorge, außerordentl. Seelsorge, Missionen. Die A. hatten zahlreiche Niederlassungen, besonders im Ordensland Preußen (Patollen, Konitz, Heiligenbeil), Polen, später in den span. und portugies. Kolonien, Philippinen, wo sie überall missionierten. Die Klöster der bedeutenden sächsischen Provinz gingen in der Reformation unter (Joh. von Staupitz). Durch die Klosteraufhebungen des Josephinismus, der Franz. Revolution und der Säkularisation erlitten die A. schwere Verluste. Neugründungen im 19. Jh. und Aufblühen der dt. Provinz. In geistesgeschichtl. Hinsicht kommt den A. für die Anfänge des ital. Humanismus Bedeutung zu, war der Orden doch um die Verbindung von antikem und christl. Erbe bemüht und erkannte den Wert der frühchristl. Literatur.

LIT. DHGE V, 505–45; LThK I, 1084–88; J. Hemmerle, Die Klöster der Augustinereremiten in Bayern (1958); ders., Zur geschichtlichen Bedeutung der Regensburger Augustiner. In: Verhandlungen des Histor. Vereins von Oberpfalz und Regensburg 101 (1961); R. Abesmann, Der Augustinereremitenorden und der Beginn der humanist. Bewegung (1965); A. Kunzelmann, Geschichte der deutschen Augustiner-Eremiten. 7. Bde. (1969–75).

Augustinusregel. In den Werken des hl. Augustinus 3 Texte, die seit der zweiten Hälfte des 11. Jh. als die Regel des hl. Augustinus figurierten und durch diesen Namen als solche großes Gewicht erhielten. Die A. ist in Anwendung bei den Augustinerchorherren und -Stiften, bei Augustinereremiten, Prämonstratensern und Dominikanern. Die A. ist beschränkt auf allg. grundlegende Normen für das klösterl. Leben. Im Reich zuerst von Herzog Welf von Bayern im Stift Rottenbuch eingeführt, im frühen 12. Jh. auch am Rhein bekannt.

Ausbürger. Ein nicht in der Stadt, wo er sich dauernd oder vorübergehend aufhielt, eingebürgerter Fremder, meist ein Kaufmann (Gastbürger), dann ein Bürger, der außerhalb der Stadtmauern wohnt und alle stadtbürgerl. Rechte genießt, der Stadt, in der er eingebürgert, meist bes. Kriegsdienste leisten mußte (→Pfahlbürger).

LIT. H. J. Domsta, Die Kölner Ausbürger (1973).

Ausgabe (lat. editio). Im Buchhandel kein festumgrenzter Begriff, oft Auflage, meist jedoch in äußerer Ausstattung, Format, Güte abweichenden Bände derselben Auflage, z. B. Prachtausgabe, Liebhaberausgabe, Volksausgabe, Taschenausgabe, Kritische A. usw.

Ausgabe letzter Hand. Bez. für die letzte zu Lebzeiten eines Dichters erschienene, von ihm besorgte, daher authentische A. seiner Werke. Da sie den endgültigen Willen des Autors darstellt, bildet sie meist die Grundlage einer kritischen Ausgabe.

Ausschließungsrecht →Exklusive.

Austerlitz, Dreikaiserschlacht von (2. 12. 1805). A. ist die Entscheidungsschlacht des dritten Koalitionskrieges. Der Sieg Napoleons über die vereinigten russisch-österreich. Armeen bedeutet das Ende der 3. Koalition und verhindert eine preuß. Intervention. Das geschlagene Österreich ist zum Waffenstillstand zu Znaim (6. 12. 1805) und zum Frieden von Preßburg (26. 12. 1805) gezwungen. Der russ. Zar zieht sich zurück. Der preuß. Unterhändler Graf Haugwitz läßt sich, anstatt nach dem Potsdamer Vertrag (3. 11. 1805) zu handeln, durch die Nachricht von Napoleons Sieg bei A. zum Abschluß des Vertrags von Schönbrunn bestimmen.

LIT. E. Mayerhoffer, Die Schlacht bei A. (1912).

Austrag, Austrägalinstanz. Austrag: ursprüngl. seit dem 13. Jh. Beendigung von Streitfällen durch ein bestimmtes Schiedsgericht (Austräger, Austragsrichter), dann dieses Gericht selbst. Gewinnt als Möglichkeit zur Umgehung der Reichsgerichte immer breiteren Raum, vor allem für Streitsachen zwischen Reichsfürsten und den reichsunmittelbaren Ständen bis Reichsritter einschließlich. In den Reichskammergerichtsordnungen von 1495 und 1555 wird über den A. bestimmt. Auch im Deutschen Bund spielte der A. als Entscheidung zwischen Mitgliedstaaten eine Rolle (Art. 11 der Bundesakte vom 8. 6. 1815). Schlußakte vom 15. 5. 1820: A. als Oberster Gerichtshof in Bundes-

sachen, Vollstreckung durch die Bundesversammlung in Frankfurt a. M. 1871 geht die Funktion der Austrägalinstanz an die Verfassungsgerichtsbarkeit. Die Austrägalinstanz der Standesherrn blieb für Strafsachen in beschränktem Umfang bis 1919 bestehen.
LIT. HWDRG I, 273f.; Haberkern-Wallach 54.

Austria. »Bella gerant alii! tu, felix Austria, nube!« (Laß andere Kriege führen; du, glückliches Österreich, heirate!). Geflügeltes Wort.
LIT. G. Büchmann, Geflügelte Worte (1958) 367.

Austria sacra. Ein der Germania sacra ähnliches Unternehmen der histor.-statist. Bestandsaufnahme der Kirche Österreichs; von L. Santifaller in Angriff genommen.
Ähnlich der älteren St. Blasianischen Germania sacra gab P. Marianus (Andreas) Fidler (1736–1813) eine Austria sacra in 9 Bänden (1780–88) heraus.

Austromarxismus. Österreichische Schule des Marxismus. Hauptvertreter: M. Adler, 1873–1937 (M. Adler und R. Hilferding, Marxstudie, Bll. zur Theorie und Politik des wissenschaftl. Sozialismus, seit 1904); R. Hilferding (Das Finanzkapital, 1917, ²1920, 1947); O. Bauer, 1882–1938, (Nationalitätenfrage und Sozialdemokratie, 1908); K. Renner, 1870–1950, (Marxismus, Krieg und Internationale, 1917). Der A. sucht den Ausgleich zwischen der idealist. Philosophie und dem Marxismus, stark an I. Kant orientiert, bemüht um eine Neuinterpretation der marxist. Lehre, betont stärker die Reformen als die unabänderliche Entwicklung, will Reformen auf der Grundlage des bestehenden Staates und seiner Nationalitäten, begnügt sich mit der Sozialisierung der Schlüsselindustrien.
LIT. N. Leser, Zwischen Reformismus und Bolschewismus. Der A. als Theorie und Praxis (Wien 1968).

Austroslawismus. In der ersten Hälfte des 19. Jh. eine polit. Richtung unter den Slawen des Habsburger Reiches mit den Zentren in Prag, Wien, Budapest, Agram, Laibach und Lemberg, hauptsächl. repräsentiert durch Dobrovský, Kopitar, Palacký, Graf Thun u. a. Aufgesplittert in verschiedene Richtungen, erstrebte der Austroslawismus ein von den Slawen beherrschtes Habsburger Reich als die beste polit. Form für die eigenen Nationen.

Auswanderung. Beginn einer deutschen A. gegen Ende des 17. Jh.; 1680 lud William Penn deutsche Mennoniten zur A. nach Pennsylvanien ein; 1683 Gründung von Germantown. Franz. Verwüstungen im Ober- und Mittelrheingebiet vor allem während des Pfälzischen und des Spanischen Erbfolgekrieges begünstigen die A. nach Nordamerika. Am Unabhängigkeitskrieg der USA hatten die Deutschen beachtl. Anteil. Verboten wurde die A., bes. die Werbung unter Friedrich Wilhelm I. in Preußen, unter Maria Theresia und Joseph II. für die österr. Erblande. Im 18. Jh. gab es auch viele Auswanderer nach Rußland, vor allem aus dem Westen und Südwesten des Reiches, auch nach Ungarn, u. a. in Teile der Habsburgermonarchie. Gründe der A.: Überbevölkerung, Verelendung.
Im 19. Jh. geht der dt. Auswanderungsstrom hauptsächl. nach Übersee: Nordamerika, Brasilien (1818–1928 ca. 200000 A.), Argentinien (ca. 100000), Kanada (1871–1928 ca. 40000). Die A. nach den USA zwischen 1820–1928 wird auf 5,3 Mio. geschätzt. Eine Ausnahme bildet die im 19. Jh. aus religiösen Gründen erfolgte A. nach Südrußland (hauptsächl. aus Württemberg). Während anfangs die A. aus West- und Südwestdtl. am stärksten war, verlagerte sich der Schwerpunkt um 1900 nach Ostdeutschland, am geringsten ist die A. aus Mitteldtl. Auswanderungswellen und Auswanderungsgründe 1816/17: Agrarkrise, 1830: Wirtschaftskrise, 1846–54: Wirtschaftskrise, polit. Gründe, 48er Revolution. Ein Höhepunkt der A. ist zwischen 1864–70, erneutes Ansteigen mit der Wirtschaftskrise 1880–81; Tiefstand 1912. Nach dem Ende des Zweiten Weltkrieges gibt es erneut, vor allem aus Westdtl., verstärkte A. (Vertriebene, Displaced persons, Qualitätsauswanderung). Politische A. nennt man →Emigration.
LIT. K. Fuchs, Zur Auswanderungsproblematik in Dtl. im 19. Jh. in: H. Duchhardt, M. Schlenke (Hrsg.), Festschrift für E. Kessel (1982), 166–81; K. J. Bade (Hrsg.), Auswanderer, Wanderarbeiter, Gastarbeiter. Bevölkerung, Arbeitsmarkt und Wanderung in Dtl. . . . 2 Bde. (1984); M. Beer, Migration und Integration (1997).

Autarkie (griech., Selbstgenügsamkeit, Unabhängigkeit). Meist beschränkt auf kulturelle, wirtschaftl., po-

Autobiographie

lit. A. Wirtschaftl. A. meint die Selbstversorgung mit Nahrungsmitteln und Rohstoffen, insofern a) ein Staat, Land, Volk diese, soweit sie benötigt werden, selbst besitzt (natürliche A.) oder b) den Bedarf auf das einschränkt, was es besitzt oder erzeugt. Der Autarkiegedanke ist ursprüngl. eng mit imperialist. Vorstellungen gekoppelt (Kolonialbesitz, Zollpolitik; moderne A. stark von wehrpolit. Überlegungen bestimmt: Zusammenhang zwischen Wirtschaftspotential und Wehrpotential. Seit der Weltwirtschaftskrise erscheint die eigene Volkswirtschaft um so gesicherter, je geschlossener und unabhängiger der Wirtschaftsraum ist. Die A. war seit 1933 Teil des nationalsozialist. Regierungsprogramms, wurde aber trotz Propaganda, einschneidender Sparmaßnahmen, Verwendung von »synthetischen« Produkten (Ersatzstoffen), Neulandgewinnung nur teilweise erreicht. Weitere Mittel der A. sind: Leistungsprämien, Steuervergünstigungen, Außenhandelspolitik (Zölle), Devisenbewirtschaftung, Ausfuhr bzw. Ausfuhrverbote und großräumige, gegenseitige Wirtschaftshilfe (z. B. im Ostblock). A. ist abhängig von der Größe des Wirtschaftsraumes, führt zu einer Senkung des Lebensstandards, ist kein Wert in sich.
LIT. StI I, 792–94; F. Fried, A. (1932); E. Teichert, A. und Großraumwirtschaft in Dtl. 1930–1939 (Studien zur modernen Geschichte 30, 1984).

Autobiographie. Selbstbiographie. Darstellung des eigenen Lebens, oft in Tagebuchform. Der Terminus A. bzw. Selbstbiographie taucht erst im 18. Jh. auf. Die literar. Form der A. reicht von der primitiven Aneinanderreihung äußerer Ereignisse bis zum überpersönl. histor. Dokument. Der histor. Quellenwert der A. ist je nach Zeit, Verfasser, Tendenz sehr unterschiedl. Kritische Vorsicht ist stets geboten, der Verbindung und Ergänzung durch andere primäre Quellen stets anzustreben.
Bekanntere A: Augustinus, ›Confessiones‹, (nicht im eigentl. Sinn autobiographisch); Abaelard, ›Historia calamitatum mearum‹, 1133–36; Dante, ›La vita nuova‹, 1292; Götz von Berlichingen; Petrarca; Hutten; Jung-Stilling; Goethe; Alfieri, U. Bräker; Pellico; Grillparzer; Newman.
LIT. G. Misch, Geschichte der A. 4 Bde. (1949–69); R. Pascal, Design and truth in autobiography (1960);

R. Pascal, Die A. Gehalt und Gestalt (1965).

Auto-da-fé (portug.). Auto (público) de fé (span.): actus fidei, ursprüngl. das öffentl. Glaubensbekenntnis am Schluß eines Inquisitionsprozesses, dann die feierl. Verkündigung der von einem Inquisitionstribunal gefällten Urteile in Gegenwart geistl. und weltl. Behörden nach einer Predigt und einem Hochamt auf öffentl. Plätzen. Die Verurteilten wurden in geschlossenem Zug zum Richtplatz geführt. Das erste A. soll 1481 in Sevilla, das letzte 1815 in Mexiko abgehalten worden sein. Über die Zahl der Hinrichtungen herrschen oft falsche Meinungen, so wurde am 12. 2. 1486 bei einem A. in Toledo von 750 Angeschuldigten niemand hingerichtet, 1486 (auch in Toledo) von 900 Angeschuldigten gleichfalls niemand.
LIT. LThK I, 1128.

Autograph (griech., Selbstschrift). Im weiteren Sinn jede Original-Handschrift, auch älterer Erstdruck, im engeren Sinne Handschrift oder wenigstens Unterschrift berühmter Personen. Die Autographensammlung durch Bibliotheken und Liebhaber konzentriert sich zunehmend auf Handschriften großer Persönlichkeiten der Literatur- und Geistesgeschichte. Bis ins 18. Jh. war das histor. Interesse vorherrschend. Der Autographenhandel hat sich als bes. Form im Kunst- und Antiquitätengeschäft herausgebildet. An Fälschungen fehlt es auch auf diesem Gebiet nicht.

Autokrator (griech.). Äquivalent des lat. Imperator. Titel der byzantin. Kaiser de 7.–13. Jh. (Palaiologenzeit), zunächst appellativ, dann Bez. des Hauptkaisers im Gegensatz zum Mitkaiser. Seit Ende des 13. Jh. trägt auch der präsumtive Thronfolger den Titel. Bei serbischen bzw. bulgarischen Herrschern (in der slaw. Variante samodzac) unter Stephan dem Erstgekrönten (1196–1228) und Ivan Asen II. (1218–41) erstmals nachweisbar. Die Einführung in den russ. Zarentitel (Samodrzec) erfolgte erst gegen Ende des 16. Jh., nach neueren Forschungen 1589 (Samoderzec = Selbstherrscher; S. aller Reußen).
LIT. R. Binner, Zur Datierung des »Samoderzec« in der russ. Herrschertitulatur. In: Saeculum 20 (1969), 57–68; H. Hunger, Das byzantinische Herrscherbild (1975).

Autonomen, die rheinischen. Eine rhein. Adelsgruppe um 1840 mit M. von Loë als Wortführer und dem Organ der ›Luxemburger Zeitung‹; geleitet von feudalen Interessen und ständisch-reaktionären Anschauungen K. L. von Hallers (»Restauration der Staatswissenschaft«) und Karl-Ernst Jarckes. Die A. waren Gegner einer preußischen Gesamtstaatsverfassung und der konstitutionellen Repräsentativverfassung überhaupt.

Autonomie. Ursprüngl. im Sinne des heutigen Wortes Souveränität gebraucht, wird unter A. im weitesten Sinn die, unter Umständen graduell abgestufte, Selbstbestimmung im Bereich des Rechts verstanden, bei relativer Unabhängigkeit von übergeordneten staatl. Instanzen. Gegensatz zur Heteronomie, d. h. Unterordnung unter fremde Rechtsetzungsgewalt. A. äußert sich in der Souveränität des Staates ebenso wie in der Selbstverwaltung von Gemeinden, Körperschaften, Verbänden. Stark ausgeprägt war die A. vor allem im Reich bis 1806 sowie in den österreichischen Kronländern. Die Französische Revolution mit ihren Auswirkungen auch auf die dt. Staaten, der Umsturz von 1918 und die moderne Gesetzgebung begannen der Länderautonomie engere Grenzen zu ziehen, doch zeichneten sich gleichzeitig gegenläufige Tendenzen ab (Föderalismus). Das Rechtsinstitut der »Kulturautonomie«, aus naturrechtl. Erwägungen entwickelt, dient dem Schutz nationaler Minderheiten, z. B. des Memelgebietes im Rahmen Litauens (1923–33), in Italien (Aostatal, Sizilien) usw. Ähnl. war die Regelung in den Autonomen Republiken und Autonomen Gebieten der UdSSR, in Jugoslawien und Rumänien.

Autonomist: Anhänger einer landschaftlichen Selbstverwaltung.

Privat-Autonomie: Sicherung der freien Entfaltung der Persönlichkeit, die aber um der Freiheit willen rechtlich begrenzt sein muß.

LIT. H. Dörge, Der autonome Verband im geltenden Staats- und Völkerrecht (1931); M. Imboden, Die polit. Systeme (1962); F. Ermacora, Handbuch der Grundfreiheiten und Menschenrechte (1963).

Autorität (von →auctoritas [lat.]). Recht und Fähigkeit zunächst von Personen, dann auch von Institutionen, Gehorsam und Anerkennung zu verlangen oder als richtungweisend, normativ anerkannt zu werden. Man unterscheidet subjektive, persönliche A. und objektive Amtsautorität. A. ist von Macht im Sinne von Zwang (→Zwangs- und Bannrechte) verschieden, oft aber mit Rechten, Privilegien und Macht verbunden. A. ist durch die Funktionen, denen sie dient, gerechtfertigt. Sie muß sowohl das Eigenwohl wie das Gemeinwohl zum Ziel haben. Keine Gemeinschaftsform kann auf A. verzichten. Widerstand gegen A. ist nur dann erlaubt, wenn diese ihre Grenzen überschreitet. Von der A. des Staates hängt die Erhaltung der Gesellschaft ab. Nur im Anarchismus wird A. grundsätzlich geleugnet.

LIT. StL I, 808–826; W. Burckhardt, Staatl. A. und geistige Freiheit (1936); K. Hauser, A. und Macht. Die staatl. A. in der neuen prot. Ethik und in der kath. Gesellschaftslehre (1949); R. M. MacIver, Macht und A. (dt. 1953); R. Strohal, A., ihr Wesen und ihre Funktion im Leben der Gemeinschaft (1955); A. Müller, Das Problem von Befehl und Gehorsam im Leben der Kirche (1964); B. Knor, A. und Freiheit (1979).

Aventiure, Aventure. Bezeichnet allg. eine Heldentat. Abschnitt einer Dichtung, in der ein Abenteuererlebnis für sich oder im Zusammenhang mit anderen erzählt wird, schließlich auch eine Abenteuererzählung, ein Roman; z. B. Chretiens ›Erec‹, Wolframs ›Parzival‹, Hartmann von Aues ›Erec‹ usw.

Aventurefahrt. Im 17. und 18. Jh. Fahrt eines Frachtschiffes aus eigener Initiative des Schiffseigentümers; die Rückfracht wurde durch Fahrt von Hafen zu Hafen gesucht.

Avers. Die Vorderseite einer Münze (Gegensatz: Revers, Rückseite).

Avignoneser Exil. In der Kirchengeschichte die Zeit von 1305 bzw. 1309–76, da das Papsttum seinen Sitz in Avignon (auf dem linken Rhôneufer, ehemals Hauptstadt der Gft. Venaissin, heute im Departement Vaucluse) hatte; mit dem Babylon. Exil (= Gefangenschaft) des Volkes Israel verglichen. Ursachen des A. E.: Wegen der unsicheren ital. Verhältnisse blieb Bertrand de Got, als Clemens V. zum Papst gewählt, zunächst in der Gascogne, dann in Avignon (seit 1309), in nächster Nähe der der päpstl. Herrschaft unterstehenden

Gft. Venaissin. Mitgewirkt haben bei dieser Entscheidung die Hoffnung auf eine Friedensvermittlung zwischen Frankreich und England, der Plan eines Kreuzzugs, die Hoffnung, auf diese Weise den drohenden Prozeß Philipps des Schönen gegen das Andenken Papst Bonifaz' VIII. niederschlagen zu können. Nach Clemens V. blieben noch 6 Päpste in Avignon. Johannes' XXII. Versuch, die Kurie nach Bologna zu verlegen, scheiterte an den Wirren in Italien. Die unter seinen Nachfolgern erstellte Papstresidenz bot den Päpsten größere Sicherheit.

Im Kampf gegen Ludwig den Bayern nahm das Papsttum auf das verbündete Frankreich Rücksicht, das seinerseits alles aufbot, den päpstl. Hof in Avignon zu halten.

Die Ursachen für die Rückkehr des Papsttums von Avignon nach Rom sind a) in den Auswirkungen des Hundertjährigen Krieges zwischen England und Frankreich, in der Niederlage Frankreichs, der Bedrohung Avignons durch Söldnerhaufen zu sehen, b) in der Notwendigkeit den Kirchenstaat zu ordnen. Vom 16. 10. 1367–Sept. 1370 hielt sich Papst Urban V. in Rom auf, kehrte dann aber wieder nach Avignon zurück, wo er am 13. 12. 1370 starb. In Italien wurde die Opposition gegen ein franz. Papsttum stärker, die Vernichtung des Kirchenstaates drohte, die Gefahr eines Papstschismas tauchte auf. Hauptsächlich den Bemühungen der hl. Katharina von Siena gelang es, Gregor XI. zur Rückkehr nach Rom zu bewegen. Im Herbst 1376 begann die Rückverlegung der Kurie nach Rom, am 17. 1. 1377 kehrte Gregor XI. selbst in die Ewige Stadt zurück.

Das einseitig ungünstige, hauptsächl. unter dem Einfluß Petrarcas, der hl. Katharina von Siena und der hl. Brigitte von Schweden zustande gekommene Urteil über die Avignon-Päpste hält kritischer Überprüfung nicht stand. Der Vorwurf der servilen Abhängigkeit von Frankreich kann nicht aufrechterhalten werden, trifft nur teilweise auf Clemens V. zu. Die Tätigkeit der Avignon-Päpste ist gekennzeichnet durch die Bemühungen um eine Befriedung Europas, die Eroberung des Hl. Landes, die Wiedergewinnung des Kirchenstaates, die Reform der Orden, die Abwehr der Häresie, den Kampf mit dem Kaiser. Insgesamt war das A. E. für die Kirche verhängnisvoll; die übernationale Stellung des Papsttums wurde erschüttert, die Opposition gegen ein von Frankreich abhängiges Papsttum wuchs. Das Stellenbesetzungswesen und der Fiskalismus der Kurie von A. brachten das Papsttum in Mißkredit und stärkten in der Folgezeit antikuriale, antiröm. Strömungen.

LIT. HKG III, Tl. 2; Bihlmeyer-Tüchle II.

Avulsa Imperii. Bez. für die vom Reich getrennten Gebiete, z.B. die drei Fürstbistümer Metz, Toul, Verdun, die Reichsstadt Straßburg, Gebiete im Elsaß usw., deren Revindikation im 17. und 18. Jh., vor allem in der Reichspublizistik, verlangt wurde.

Avulsion. Im Reich (bis 1806) Losreißung von Reichsgebiet durch fremde Mächte.

Avvisi. Quellengattung, vorzügl. des 16. und 17. Jh.

a) »Zeitung« im weitesten Sinn, d.h. gedruckte oder geschriebene Nachrichtensammlung;

b) im Sinne von foglietti di nuove, d.h. Zusammenstellung von Nachrichten oder Neuigkeiten, vor allem im 18. Jh.

LIT. R. Ancel, Etude critique sur quelques recueils d'A., contribution à l'histoire du journalisme en Italie. In: Ecole Française de Rome, Mélanges d'archéologie et d'histoire 28 (1908) 115–139; K. Repgen, Zur Diplomatik der Nuntiaturberichte: Dienstvorschrift für das Abfassen von A. aus den Jahren 1639. In: RQS 49 (1954) 123ff.; F. Dörrer, Der Schriftverkehr zwischen dem päpstl. Staatssekretariat und der Apostol. Nuntiatur Wien in der zweiten Hälfte des 18. Jh. In: Röm. Histor. Mitteilungen 4 (1960/61) 191ff.

Bacchanten (griech.-lat.), auch **Bachanten.**
[1] Die Teilnehmer und bes. die Teilnehmerinnen (Mänaden) an dem orgiast. Kult des griech. Gottes Dionysos oder Bakchos. Im Jahre 186 v. Chr. versuchte der röm. Senat, die orgiastischen Kultfeiern der Ausschweifungen wegen zu unterbinden.
[2] Bachanten, Bakchanten. Während des späteren MA die weltlichen fahrenden Schüler (im Gegensatz zu den →Vaganten und →Goliarden). Die Selbstbiographie des Humanisten Thomas Platter (1499–1582), der als wandernder Schüler Deutschland durchzog, liefert ein anschauliches Bild der B.
LIT. F. Cumont, Religiones Orientales (⁴1929), 195ff. u. 303ff.; M. Gelzer, Die Unterdrückung der B. bei Livius. In: Hermes 71 (1936); K. Latte, Römische Religionsgeschichte (1960); zu Platter bzw. den ma. B. vgl. Th. Platter, Briefe an seinen Sohn Felix, hrsg. von A. Burckhardt (1890); ›Große Schweizer‹, hrsg. von M. Hürlimann (Zürich 1942); F. Ernst, Die beiden Platter. In: F. Ernst, Essais, 3 Bde. (Zürich 1946) I; H. Strehler, in: Geographische Mitteilungen (1949).

Bachelerie (franz.; mlat. baccalaria). Im späten MA ein kleines Lebens- oder Pachtgrundstück.

Bagauden (kelt., Kämpfer). Im römischen Gallien des 3. und 4. Jh. aufständische Bauern. Ihre Erhebung war gegen den Großgrundbesitz und gegen die Mißstände in der Verwaltung gerichtet.

Bagler (zu lat. baculus, Hirtenstab, Bischofsstab). Name für eine 1196 gebildete klerikale Partei in Norwegen. →Birkebeiner.

Bagno (ital., Bad, franz. bagne). Ursprünglich die Palastbäder des Sultans in Konstantinopel, bei denen ein Sklavengefängnis lag. Seit 1749 waren die B. Gefängnisse für Schwerverbrecher in den franz. Seestädten, z. B. in Toulon, Brest. Die Haft in diesen Gefängnissen war mit Zwangsarbeit im Hafen verbunden. Die B.-Strafe, die an die Stelle der Galeerenstrafe trat, wurde 1852 unter Napoleon III. (reg. 1852–70) durch die Strafverbüßung in den sog. Strafkolonien abgelöst.

Bahrgericht, Bahrprobe. Die seit dem MA geübte Sitte, einem Totschläger den Prozeß an der Bahre des Getöteten zu machen. Als Schuldbeweis wurde das Bluten der Wunden des Getöteten betrachtet (→Gottesurteil).
LIT. Cl. von Schwerin, Rituale für Gottesurteile (1933); Ch. Leitmaier, Die Kirche und die Gottesurteile (1953).

Bailli (mlat. ballivus, engl. baillif, von lat. baiulare, tragen). Ein ma. Beamtentitel. In England war der B. im 12. Jh. Beamter der englischen Krone in der Normandie; er besaß gerichtliche, administrative und militärische Befugnisse innerhalb eines abgegrenzten Bezirks, der Bailliage (dt. Ballei). In England selbst war der B. allgemein der Beamte, vor allem der Vollstreckungsbeamte des Sheriffs. – In Frankreich hatte der B., von Philipp II. Augustus (1180–1223) seit etwa 1190 übernommen, zunächst die Funktion eines Reiserichters mit der Verpflichtung, einmal pro Jahr am Hof des Königs Bericht zu erstatten. Im Verlauf des 13. Jh. nahm er seinen Sitz in der Provinz, d. h. in seiner Bailliage. Mit ähnlich umfassenden Rechten wie der normannische B. ausgestattet, stellte er als Vorgesetzter des Prévôt (Praepositus) die eigentliche Mittelinstanz der Verwaltung dar. Die Rechte des B. wurden seit dem 14. Jh. nach und nach eingeschränkt; bis ins 16. Jh. verlor er seine Aufgaben vollends. Im Süden entsprach der B. dem Sénéchaussée und Sénéchal.
LIT. Tixier, Essai sur les baillis et sénéchaux royaux (1898); G. Dupont-Ferrier, Les officiers royaux (1902); Petit-Dutaillis, La monarchie féodale (1933); F. Lot, R. Fawtier, Histoire des institutions franç. au moyen-âge. B. 2: Instit. royales (Paris 1958).

Bajoire (franz., zu baiser, daher auch »Kußmünze«). Münze oder Medaille in der älteren Zeit des Münzwesens. Die B. war mit einem Doppelporträt, insbesondere von Herrscherpaaren, versehen. Schon seit dem 3. Jh. v. Chr. sind derartige Prägungen der Ptolemäer aus Ägypten bekannt.

Bajonett (franz., nach der Stadt Bayonne). Auf das Gewehr zu befestigende Stichwaffe mit messerförmigem oder mehrkantigem Querschnitt. Seit der Einführung des B. um etwa 1750 konnte das Gewehr nicht nur als Schuß-, sondern ebenfalls als Stoß- bzw. Stichwaffe verwendet werden; die Pike wurde dadurch überflüssig. Nach 1850 wurde das B. durch das Seitengewehr ersetzt.

Bakkalaureus (mlat., Hintersasse),

baccalarius, franz. bachelier (entspr. engl. bachelor, italien. bacceliere). Ein den Ritterschlag erstrebender Knappe; auch ein jüngerer und niederer Geistlicher oder Zunftgenosse. Seit dem 13. Jh. der niedrigste akademische Grad; er wurde zuerst an der Sorbonne verliehen. In Frankreich, England und Nordamerika stellt er noch heute den niedrigsten akademischen Grad dar.

Balance of Power (engl., Gleichgewicht der Kräfte). Bez. für ein politisches Prinzip, wonach die Staaten durch Garantieverträge, militärische Bündnisse und internationale Konferenzen die Vormachtstellung einer Macht auf dem europäischen Kontinent zu verhindern suchten. Die B. o. P. bildete vom 17.–19. Jh. die Grundhaltung der britischen Außenpolitik; sie wurde ermöglicht durch die geographische Lage sowie die Rückendeckung Großbritanniens von Übersee her. Die Sicherung der B. o. P. gehörte zu den ausgesprochenen Zielsetzungen der Friedensverträge von Utrecht (1713) und Paris (1814).

Der Zweite Weltkrieg schuf den Begriff des interkontinentalen Gleichgewichts, gegründet auf eine Gemeinschaft von Staaten mit übereinstimmenden politischen und sozialen Idealen und Regierungsformen, teils verwirklicht, teils erst postuliert in Gebilden wie dem British Commonwealth of Nations, den Völkern der ehem. UdSSR, der Panamerikanischen Union, der Atlantischen Gemeinschaft. Sie dürfen als Vorstufen einer umfassenden Weltorganisation gelten (→Gleichgewicht).

LIT. L. Dehio, Gleichgewicht oder Hegemonie (1948); H. Duchhardt, B. of P. und Pentarchie (1997).

Balduineum. Wappenbuch, entstanden zwischen 1340–50. Enthält Wappen der Teilnehmer am Romzug Kaiser Heinrichs VII. sowie der Lehnsleute des Kaisers und seines Bruders, des Erzbischofs Balduin von Trier (1307–54).

Balkanisierung. Ein polit. Schlagwort, das im Ersten Weltkrieg aufkam und die bevorstehende Zerreißung der Donaumonarchie, darüber hinaus Mittel- und Osteuropas, nach 1918 in polit. nicht gefestigte Staaten, wie von der Situation auf dem Balkan her bekannt, bezeichnete. Im übertragenen Sinne wird die Bez. auch für die im Zuge der Entkolonisierung geschaffenen, teilweise kaum existenzfähigen Staaten des afrikan. Kontinents gebraucht.

Ballei (mlat. ballia oder balliva; franz. bailliage, Verwaltungsbezirk). Beim Deutschen Ritterorden, seit 1226 zunächst im Culmerland ansässig, eine Verwaltungsprovinz unter einem Ballivus (→Bailli). Bei den Johannitern ein mehrere Kommenden umfassender Bezirk.

LIT. R. ten Haaf, Deutschordensstaat und Deutsch-Ordens Balleien (^{2}1954); HWDRG I, 286–287.

Ballhaus. Seit etwa 1450 in Frankreich ein Großraum für Ballspiel und Tanz bzw. Festlichkeiten (ballo, Tanz). Die Beliebtheit der B. in Frankreich während des 16. und 17. Jh. läßt sich daran ablesen, daß es 1596 in Paris 250 B. mit 7000 Angestellten gab. Berühmtheit erlangte das B. von Versailles durch den sog. Schwur des Dritten Standes im B. (Séance du jeu de paume) am 20. 6. 1789, vor Ausarbeitung einer konstitutionellen Verfassung für Frankreich nicht auseinanderzugehen. In Dtl. entstand das erste B. 1624 zu Leipzig als »kurfürstlich privilegiertes B.«

LIT. A. A. J. Jusserand, Les sports et jeux d'exercice dans l'ancienne France (1901); W. Streib, in: Leibesübungen und körperl. Erziehung (1935); E. Mehl u. A. Herrmann, in: Olymp. Rundschau, 15 (1941).

Ballhausplatz. In Wien am I. Bezirk gelegen. Hier befindet sich seit 1848 das Ministerium für Auswärtige Angelegenheiten; seit 1918 auch das Bundeskanzleramt der Republik Österreich. Daher wird mit der Bez. B. allgemein die Außenpolitik Österreichs umschrieben.

LIT. F. Engel-Jánosi, Geschichte auf dem B. (1963); Der B. 1848–1918, in: Österr. Osthefte 23 (1981).

Balliste (griech.-lat. ballista zu griech. ballein, werfen). Im Altertum seit dem 4. Jh. das Torsions(Drillungs-)geschütz. Seit dem MA wird das Bogengeschütz als B. bezeichnet.

Ballot (engl. von ital. ballotta). Bez. für einen geheimen Wahlvorgang im Gegensatz zum öffentlichen. Er erfolgt durch die Abgabe von Stimmzetteln (ballots), die in den USA 400 Namen enthalten können, da hier mit dem B. die Besetzung vieler Verwaltungsämter verbunden sein kann. Das B. wurde in der NZ 1776 zum erstenmal in die Verfassungen der nordamerikanischen Einzelstaaten aufgenommen; in Großbritannien durch den Ballot Act von 1872 eingeführt.

Ballotage (franz.). Ursprünglich die verdeckte Abgabe von schwarzen oder weißen Kugeln. In Frankreich die Bez. für eine Stichwahl zwischen den beiden Kandidaten mit den meisten Stimmen, wenn niemand die absolute Mehrheit erringen konnte.

Bambergische Halsgerichtsordnung (Constitutio Criminalis Bambergensis). Bez. für ein vom Geist des Humanismus und der Reformation getragenes, prägnantes Rechtsbuch für das Bistum Bamberg. Es wurde 1507 von dem bischöfl. bamberg. Hofmeister Johann von Schwarzenberg verfaßt. 1516 wurde die B. H. durch die Markgrafen von Brandenburg in ihren fränk. Besitzungen als Strafgerichtsordnung eingeführt. Die B. H. diente als Grundlage für die Carolina.
LIT. E. Schmidt, Einführung in die Geschichte der dt. Strafrechtspflege (³1965); E. Wolf, Große Rechtsdenker (⁴1963).

Ban (mlat. banus). Ursprünglich Bez. für das Oberhaupt eines Stammes, dann einer Provinz bei den Kroaten. Die B. der einzelnen Stämme unterstanden wiederum denen des ersten Stammes, der im Jahre 925 den Königstitel annahm. Seit dem 12. Jh. war B. der Titel des Befehlshabers verschiedener Grenzmarken in Südungarn; er entsprach somit dem dt. Markgrafen. Nach dem Vordringen der Türken galt der Titel nur noch für Kroatien-Slavonien, d. h. seit dem 16. Jh. Es entstand die Kroatisch-Slavonische Militärgrenze (bis 1881). Kroatien kam 1699 an das von den Habsburgern beherrschte Ungarn zurück, kurze Zeit später auch das Gebiet zwischen Drau und Save als Kgr. Slavonien. Von 1809–14 gehörte Kroatien südl. der Save zu den Illyrischen Provinzen Napoleons. Die beiden Kgr. wurden seit 1814 als Nebenländer der Krone Ungarns behandelt, doch behielten sie ihren B. und ihren Landtag. Während der Revolutionsjahre 1848/49 kämpften die Kroaten unter dem B. Jelačić auf kaiserl. Seite gegen Ungarn. Kroatien und Slavonien wurden daraufhin ein eigenes österreich. Kronland, jedoch 1867 wieder mit Ungarn vereinigt. Der letzte B. war von 1868–1918 Haupt der kroatisch-slavonischen Landesregierung. Vom König ernannt, war er der ungar. Regierung und dem Landtag in Agram verantwortlich.

Banalgrenze. Der dem Ban unterstehende Abschnitt der österreichischen Militärgrenze zwischen Una und Save. Der Ban befehligte in diesem Abschnitt zwei Banalgrenzregimenter.

Banat. Der Verwaltungsbereich eines Ban. Nach der Türkenherrschaft, d. h. nach dem Frieden von Passarowitz (1718) wurde der Name auf die Landschaft zwischen Theiß, Maros und den Südkarpaten, d. h. auf das Temescher B. mit der Hauptstadt Temeschburg übertragen und nun großenteils mit Deutschen (Banater Schwaben) besiedelt. Dieses Gebiet unterstand jedoch nie einem Ban.
LIT. J. Szentkláray, Hundert Jahre aus der Geschichte Südungarns (ungar., Temesvár 1879); T. Gentrup, Das Deutschtum an der mittleren Donau in Rumänien und Jugoslawien (1930); H. Herrschaft, Das B., ein dt. Siedlungsgebiet in Südosteuropa (1942); N. Engelmann, B. (1959).

Bandelierreiter. Während der 1. Hälfte des 17. Jh. Bez. für Dragoner. Sie waren mit einer kurzläufigen Muskete, der Arkebuse, bewaffnet (daher auch als Arkebusiere bez.) und trugen das Bandelier (einen breiten, diagonal von der linken zur rechten Hüfte reichenden Lederriemen).

Banden.
[1] Während des MA Söldnerhaufen, die bereit waren, für jede Sache zu kämpfen. Erhielten sie keinen Sold, so meuterten sie, marodierten, sofern sie nicht die Partei wechselten. Die B., die seit dem 12. Jh. auftraten, wurden im 14. und 15. Jh. vor allem in Deutschland und Frankreich, außerdem in Italien, zur Plage.
[2] In der NZ werden (im Unterschied zu den Freischaren) irreguläre bewaffnete Verbände, die nicht in das Heer eingegliedert sind (Zivilisten und versprengte Soldaten) als B. bez. Im 19. Jh. gab es sie in Spanien (1808), in Frankreich (1870/71), im 20. Jh. während des Ersten Weltkriegs. Im Verlauf des Zweiten Weltkriegs wurden die Aktivitäten von Partisanen häufig als B.-Krieg bezeichnet.

Banderien (mlat. banderium, Heerbann). Seit dem SpätMA in Ungarn berittene Abteilungen der adeligen Großgrundbesitzer und Prälaten. Die B. kämpften zwar unter der Fahne des Grundherrn, jedoch auf königl. Befehl. Sie waren Unterabteilungen der Insurrektion. Seit dem 18. Jh. waren die B. bedeutungslos.

Bandes françaises. Französische Fußtruppen; seit Ludwig XI. (reg. 1461 bis 1483) waren sie nach schweizer. Vorbild organisiert. Die B. f. stellen das Ergebnis der Bemühungen der Könige Frankreichs während des 15. und 16. Jh. dar, stehende militär. Verbände aufzustellen. Im Verlauf der Regierungszeit Franz' I. (reg. 1515–47) und Heinrichs II. (reg. 1547–59) spielten die B. f. in den Kriegen gegen Kaiser Karl V. (reg. 1519–56) eine Rolle. Als Kommandeur hatten sie zunächst einen, später zwei Colonels généraux. Der Feldherr François von Guise (1519–63) erweiterte die B. f. zu Regimentern; sie bestanden bis 1789.

Banlandtag. Landtag des Banats in Agram.

Bann. Ursprüngl. das gegen Personen, Orte oder Gegenstände gerichtete Gebot der Meidung; bei Personen fällt der B. häufig mit der →Acht zusammen.

Im MA (a) die Befugnis, vor allem des Königs und seiner Beamten, zum Erlaß administrativer Anordnungen unter der Androhung von Buße; (b) die für die Verletzung solcher Gebote (Bannbruch) angedrohte Strafe; (c) das Gebiet (Dorf-Bann, Bannwald, Markt-Bann, Bannmeile u. a.) sowie die Gegenstände, welche der Banngewalt unterliegen. Der Blut-Bann schloß das Recht über Leben und Tod ein. Der Kirchen-Bann wurde durch die päpstl. Bulle verhängt; man unterscheidet hierbei zwischen dem kleinen B. (excommunicatio minor) und dem großen B. (excommunicatio maior oder Anathema) als einer Strafe für ernste kirchl. Vergehen.
LIT. W. Sickel, Zur Geschichte des B. (1886); C. von Schwerin, Grundzüge der deutschen Rechtsgeschichte, hrsg. von H. Thieme (⁴1950); H. Hirsch, Die hohe Gerichtsbarkeit im dt. MA (²1958); R. Scheyhring, Eide, Amtsgewalt und Bannleihe (1960); H. Conrad, Dt. Rechtsgeschichte, 1 (²1962); W. Küchler, Das Bannrecht (1964).

Banner (got. bandva, Zeichen, mlat. baneria, franz. bannière). Bez. vor allem der ritterlichen Fahne des MA, so des Reichsbanners, seit Friedrich I. (1152–90) mit schwarzem Adler auf goldenem Feld. Während des MA war das B. ebenfalls das Zeichen der Heer-

fahrt. Das Reichsheer zu führen und das damit verbundene Recht, die Reichssturmfahne (→Reichssymbole) zu tragen, oblag den Grafen von Württemberg (erste bekannte Belehnung 1336). Friedrich von Württemberg (reg. 1797–1816) nannte sich 1803 als Kurfürst ›Des Hl. Römischen Reiches Erz-Panner‹; 1809 schuf er als König für sein Königreich das Reichserbbanneramt. B. dient ebenfalls zur Bez. für einen Truppenteil unter einem B., eine Verwaltungseinheit und einen friesischen Unterbeamten für den Vollstreckungs- und Botendient im MA. Aus dem B. entwickelten sich die heutigen Standarten zahlreicher Staatsoberhäupter.
LIT. O. Neubecker, Fahnen und Flaggen (1939); R. Schröder - E. Frh. von Künßberg, Lehrbuch der dt. Rechtsgeschichte (⁷1932).

Bannerherr (Bannermeister). Ursprünglich der zum Führen des Banners berechtigte Lehens- oder Territorialherr (→Territorium), der einem eigenen Aufgebot unter eigenem Banner vorsteht.

Bannerträger. Der eigentliche Träger eines Banners.

Bannmeile. Ein Umkreis, innerhalb dessen die unter Bann erlassenen Verordnungen gelten.

Bannrechte (Banngerechtigkeiten). Sie können sich auf bestimmte Gewerberechte beziehen, insbes. eines Grund- und Gerichtsherrn als dessen Monopol, z. B. in Form des Mühlenbanns bis herab zum Backofenbann. Auf dem Wege der Bannleihe vergab der König den Bann an Grafen oder →Vögte. Im ma. Staat kannte man neben den königl. Bannbezirken (→Immunität) auch Adelsbannbezirke, deren Banngewalt autogen, d. h. aus sich selbst heraus entstanden war.

Bantafel. Das unter dem Vorsitz des Ban tagende Obergericht in Kroatien-Slavonien.

Barbar (griech. rauh, unverständl., nicht griech. redend). Bei den Griechen Bez. für einen Nichtgriechen, seit den Perserkriegen (500–479 v. Chr.) mit dem Nebensinn des Ungebildeten, Grausamen und Rohen. Später, seit Isokrates (436–338 v. Chr.), insbesondere aber während des Zeitabschnitts von Alexander d. Gr. (336–323 v. Chr.) bis auf Kaiser Augustus (31 v. Chr. bis 14 n. Chr.), d. h. des als Hellenismus bezeichneten Abschnitts der griech. Kul-

tur, die nicht griechisch Gebildeten, mithin die Ungebildeten. Im Römischen Reich wurden die jenseits der Grenze, d. h. die außerhalb der Ökumene lebenden Völker als B. bezeichnet. Nicht selten verherrlichte man diese als noch nicht demoralisierte Naturvölker, so Tacitus (55–116 n. Chr.) in seiner Ethnographie Germaniens ›De origine et situ Germanorum‹. In der spätrömischen Zeit wurden die nicht-römischen Soldaten als B. bezeichnet. Als Barbarismus galt bei den Griechen jeder Fehler, den sie als typisch fremd erkannten.
LIT. J. Jüthner, Hellenen und Barbaren (1923); H. Bengtson, in: Unser Geschichtsbild (1954).

Barbaresken. Die Herkunft dieses Namens ist unsicher; wahrscheinlich ist B. auf lat. barbari oder auf arab. berber »schreien« zurückzuführen. Seit dem 16. Jh. ein häufig gebrauchter Name für die türkischen Seeräuberstaaten der Berberei, d. h. die von Berbern bewohnten Nordwestafrika, vor allem Marokko, Algerien und Tunesien.
LIT. Brémond, Berbères et Arabes (Paris 1942).

Barbaten (lat. fratres barbati, Bärtige) Laienbrüder.

Barbatus (lat. von barba, Bart; bärtig). Von den Römern zu der Zeit gebraucht, als die Barttracht in Mode war; dadurch sollte das Mannesalter bezeichnet werden.

Bargilden (von frühmhd. bargildi, Abgaben Leistende). Wahrscheinlich Bez. für freie Bauern, die auf fränkische Königszinser zurückgehen; ebenfalls → Pfleghafte, Biergelden. Nach dem Sachsenspiegel → Freibauern, die auf »Pflege«, d. h. des Schutzes eines Grafen teilhaft waren, wofür sie Abgaben zu leisten hatten, den sog. »Grafenschatz« (Bez. für die Befreiung von Heer- und Dingpflicht). Pfleghafte besaßen wenigstens eine halbe Hufe freies Land. Nach dem Landrecht waren die B. der aus freien Bauern bestehende vierte Stand.
LIT. E. Molitor, in: ZRGGA 32 (1911); ders., Der Pfleghafte des Sachsenspiegels (1941); H. Dannenbauer, Die Entstehung Europas. Von der Spätantike zum MA, s. Abt. II, 3, a. Grundlagen der ma. Welt. Skizzen und Studien (1958).

Bark. Segelschiff mit drei Masten.

Barkasse (span. von lat. barca). Bez. für das größte von einem Kriegsschiff mitgeführte Beiboot; es bietet etwa 120 Mann Platz.

Barke. Bez. für ein kleines Boot ohne Mast (gewöhnl. im Mittelmeer gebräuchlich).

Barock (von portug. barocco, unregelmäßige Perle). Der Entwicklungsabschnitt der europ. Geschichte von etwa 1560–1730, d. h. der Zeit der Gegenreformation und des Absolutismus bis in das Zeitalter der Aufklärung hinein. Die Bez. B., zunächst ein Stilbegriff der bildenden Kunst, wurde ebenfalls auf Dichtung und Musik, schließl. auf das Zeitalter übertragen. Im Gegensatz zum 16. Jh. strebte das 17. Jh. nach einer Stärkung der Zentralgewalt. Die Bewunderung für das At. nahm ab. Mathematik und Physik begründeten die neue Philosophie (Spinoza, 1632–77; Descartes, 1596–1650; Leibniz, 1646–1716). In den protestant. Ländern verfiel das religiöse Leben in Erstarrung; in der kath. Kirche herrschte die Gegenreformation unter der Führung des Jesuitenordens. Während des 18. Jh. übernahm die aufklärerische Philosophie die Führung. In Spanien bildete sich unter Philipp II. (1556–98) die absolute Monarchie, ebenfalls das Hofzeremoniell aus. Die Tracht des Barock-Zeitalters stand zunächst unter spanischem, seit Ludwig XIV. (1643–1715) unter französischem Vorrang (Federhüte, Halskrause, dem Spitzenkragen). Während der Regierungszeit Ludwigs XIV. wurde alles auf Prachtentfaltung ausgerichtet (Allongeperücke, Fontange). Auf die Ausgestaltung der Gärten wurde größter Wert gelegt.
LIT. F. Strich, Der europ. B. (1947); J. H. Biller, Bayer. B. (1965); R. Arbour, L'ère baroque en France (1979); G. Dünnhaupt, Bibliograph. Hdb. der Barockliteratur (1982); F. Markmiller, Barockmaler in Niederbayern (1982); B. Rupprecht, W.-Ch. von der Mülbe, Die Brüder Asam. Sinn und Sinnlichkeit im bayer. B. (²1984); J. von Stakkelberg, Renaissance und B. (1984); A. Schmarsow, B. und Rokoko (1999).

Baron (ahd. baro, Mann; mlat. baro, baronus). Ein Adelstitel, ursprüngl. der Lehensmann, der sein Lehen vom König hatte, und zwar direkt. Seit Ende des 13. Jh. in Frankreich, seit 14. Jh. in England wurden B. ernannt (Patentbaronie). In Dtl. entsprachen den B. die Reichsfreiherren. Seit dem 17. Jh. wurde statt Freiherr der Titel B.

(aus dem Französischen) übernommen, wobei aber der Titel an Bedeutung verlor.

Baronet (kleiner Baron). In England der niederste Adel (Gentry) mit dem Titel Sir vor dem Taufnamen sowie der Abkürzung Bart. hinter dem Familiennamen. Im Jahre 1611 durch König Jakob I. (1603–25) geschaffen, war der B. erblich, im Gegensatz zum Knight (mit dem Titel Sir), der dem Baronet übergeordnet ist.

Baronie. Bez. für ein Kronlehen, den Grundbesitz eines Barons, sodann der Hochadel, die Gesamtheit der Barone in einem Land.

Barrière (franz., auch barre, hierher barrage; mlat. barragium, Maut). Die Schranke, allgemein ein Hindernis, im milit. Sinn ein festes Geländehindernis.

Barrièretraktat. Der Vertrag über ein Besatzungsrecht der holländ. Generalstaaten in einer Reihe von befestigten Plätzen in den span.-österreich. Niederlanden (Barrièreplätze). Das B. war seit dem 15. 11. 1715 gültig; es wurde durch Kaiser Joseph II. (1765/1780–90) im Jahre 1781 aufgehoben. Hiervon stammt der Begriff Barrièrepolitik; durch sie suchte ein Staat milit. besetzte Sicherheits- und Einflußzonen in einem benachbarten unabhängigen Staat zu erreichen. Die Barrièrepolitik spielte vor allem im 17. und 18. Jh. eine Rolle (→Pufferstaat).
LIT. E. Hubert, Les garnisons de la Barrière dans les Pays-Bas Autrichiens 1715–82 (1902); Geschiedenes van Vlaanderen, hrsg. von R. van Roosbroeck, 5 (Brüssel 1940); W. Hahlweg, in: HZ. 187 (1959).

Barrow. Bez. für vorgeschichtl. Grabhügel auf den Brit. Inseln. Unterschieden werden Long Barrows, die für die Jungsteinzeit typisch sind, und Round Barrows, die für die ältere Bronzezeit typisch sind.
LIT. V. Gordon Childe, Communities of the British Isles (London ²1952).

Barschalke (Abgaben leistender Knecht). Nach german. Recht der Minderfreie in den Gebieten Bayerns und der Ostmark während des frühen MA. Der B. war mit Erbbesitz ausgestattet, aber lehnspflichtig (→Lassen).
LIT. Th. Meyer, Baar und B. In: Mitteilungen des oberösterr. Landesarchivs 3 (1954).

Bartholomäusnacht (franz. La Saint-Barthélemy), auch Pariser Bluthochzeit

genannt. Die Ermordung von etwa 2000 Hugenotten in Paris und etwa 20000 in der Provinz in der Nacht vom 23./24. 8. 1572 (Bartholomäustag) auf Anstiften der Königin-Mutter Katharina von Medici. Beweggrund war der Versuch Karls IX. (1560–74), durch die Verheiratung seiner Schwester Margareta von Valois mit dem prot. Prinzen Heinrich von Navarra die religiöse Lage zu entspannen. Vorausgegangen war ein gescheiterter Mordanschlag auf den Hugenottenführer Admiral Coligny (1519–72), der dann der B. zum Opfer fiel.
LIT. W. Platzhoff, Die B. In: Preuß. Jahrbücher 150 (1912); F. Watson, Katharina von Medici und das Zeitalter der B. (1936); Ph. Erlanger, Le massacre de la Saint-Barthélemy (Paris 1960).

Basel, Separatfrieden von.
[1] Am 5. 4. 1795 zwischen Preußen (Hardenberg) und der französischen Republik (Barthélemy) geschlossen. Preußen trat von der Koalition (Österreich, England, Holland, Spanien) gegen Frankreich zurück und überließ außerdem Frankreich seine linksrhein. Besitzungen; in einem Geheimartikel wurde Preußen eine Entschädigung für den Fall versprochen, daß das linke Rheinufer bei einem allg. Friedensschluß endgültig an Frankreich fallen sollte. Die Konvention vom 17. 5. erklärte Norddeutschland sowie den Fränkischen Reichskreis (durch eine Demarkationslinie) für neutral.
[2] Am 22. 7. 1795 kam ein anderer Frieden von Basel zwischen Frankreich und Spanien zustande, demzufolge das span. Reich auf seinen Anteil an der Insel Haiti verzichtete.
LIT. A. Sorel, La paix de Bâle. In: Revue historique. Bd. 5–7 (1880–82); B. Bailleu, König Friedrich Wilhelm II. und die Genesis des Friedens von Basel. In: HZ 75 (1895); A. Ernstberger, Österreich und Preußen von Basel bis Campoformio (Reichenberg 1932).

Baseler Konfession. Bekenntnisschrift der reformierten Kirche. Sie wurde vefaßt von Oswald Myconius auf Grund der Arbeiten des schweizer. Reformators Johann Ökolampadius (1482–1531), dessen Bestreben, die Majestät Gottes in Kirche und Welt zur Geltung zu bringen, ihn zu einem Vorläufer Calvins (1509–64) machte. 1534 erfolgte die Annahme der B. K. in Ba-

sel, 1537 in Mülhauscn (daher auch Mülhausener Konfession). Sie blieb bis 1872 in Geltung.
LIT. E. F. K. Müller, Die Bekenntnisschrift der reformierten Kirche (1903).

Baseler Konzil (1431–39) →Konzil, →Reformkonzilien.

Baseler Programm. Bez. für das Organisationsprogramm, das auf dem ersten Zionistenkongreß in Basel (29.–31. 8. 1897) angenommen wurde.

Basileus (griech., König, Herrscher, Fürst). Der persische Großkönig, der byzantinische Kaiser, der zweite der neun Archonten in Athen. Dem B. oblag die Überwachung des Staatskults sowie die Leitung der Feste und Spiele. Sein Amtsgebäude war die Basilika (Königshalle), die am Markt stand. Der griechischen Staatstheorie entsprechend, war der B. im Gegensatz zum Tyrannen der gute Monarch. In Byzanz wurde der B. nach 812, vielleicht als Reaktion auf das Kaisertum Karls d. Gr., als offizieller Titel eingeführt.

Basilianer.
[1] Eine häufig übliche, aber nicht zutreffende Bez. der Mönche der orthodoxen Kirche.
[2] Die offizielle Bez. für 5 kleine Orden der unierten oriental. Kirchen: byzantin. Mönchsorden (mit Sitz in Grottaferrata bei Rom), ruthen. Mönchsorden (mit Sitz in Rom), 3 melchitische Orden (mit Sitz in der Republik Libanon). Die Bez. B. leitet sich her von dem Kirchenlehrer Basilius d. Gr. (um 330–79), Bischof von Cäsarea in Pontus, einem Förderer des Mönchtums.

Basilie. Bez. für eine monarchische Staatsform, die positiv gewertet wird, da der Herrscher in ihr nicht über, sondern unter dem Gesetz stand.

Basilika (griech. Königsbau). Im At. eine Halle mit inneren Säulenhallen; sie diente als Markt-, Gerichts- und Versammlungsraum. Bei der römischen B. befand sich der Eingang in der Mitte der Breitseite; an den Schmalseiten war meist eine große Halbrundnische, die Apsis. Raumform und Name gingen auf das altchristliche Kirchengebäude über; die B. wurde überhaupt zum grundlegenden Schema der Sakralarchitektur des MA: Der Altar befindet sich in oder vor der erhöhten Apsis. Charakteristisch wurde die Anordnung eines Querschiffs (Transept) vor der Apsis. Vor allem in Deutschland fügte man in frühroman. Zeit (nach syr. Vorbild)

häufig eine zweite westl. Apsis mit oder ohne Querschiff an (doppelchörige B.). Gewöhnlich ist die Apsis um ein rechteckiges Vorjoch verlängert; mit diesem zusammen bildet sie den Chor. In roman. Zeit wurde unter dem erhöhten Chor oft eine gruftartige Unterkirche (Krypta) errichtet. Während des 12. Jh. wurden zuerst die Seitenschiffe, dann ebenfalls das Mittelschiff gewölbt. In Italien hingegen hielt man weitgehend an der ursprüngl. Holzdecke fest. Im christl. Osten bildete die Wölbung von Anfang an ein Charakteristikum der B., die man mit der Kuppel verband. Der Baugedanke der Kuppel-Basilika strahlte seit dem 10. Jh. vom Osten auf den Westen aus.
LIT. RDK I, 1480–88; LThK II, 40–45; G. Dehio und G. von Bezold, Die kirchl. Baukunst des Abendlandes, 3 Bde. (1884–1901); O. Wulff, Altchristl. und byzantin. Kunst, 2 Bde. (Neudr. 1936); A. von Gerkan, in: Von antiker Architektur und Topographie (1959); E. Langlotz, Der architekturgeschichtl. Ursprung der christl. B. (1972).

Bastard (franz. bâtard). Ein illegitimer Nachkomme, dessen Nachlaß im Falle des Fehlens von Deszendenz dem Landesherren zufiel.

Bastardfaden. In Westeuropa achtete man sorgfältiger als in Dtl. darauf, daß sämtl. männl. Personen innerhalb eines Geschlechts ihre Wappen durch ein bes. Beizeichen voneinander unterschieden. Dementsprechend waren Schräglinksfäden im Wappen Bastarden vorbehalten.

Bastille (franz.). Ursprünglich eine Bez. für befestigte Türme und Schlösser in Frankreich, dann der Name für die zwischen 1369 und 1383 erbaute Burg bei dem Tor St. Antoine (Paris). Die B. galt als gefürchtetes Staatsgefängnis für polit. Häftlinge. Zu Beginn der Französischen Revolution wurde sie am 14. 7. 1789 erstürmt und zerstört. Der Tag der Erstürmung wird als franz. Nationalfeiertag begangen.
LIT. J. Durieux, Les vainqueurs de la B. (Paris 1911).

Bastion (frz.; auch Bastei). Im Festungsbau, vor allem nach den Systemen des franz. Festungsbaumeisters Vauban (1633–1707), der aus der Umwallung vorspringende Teil, von dem aus das Vorfeld beschossen werden kann. Der bastionierte Grundriß (Bastionärtracé) entsteht aus einer Reihe von Bastionen.

Bastonnade (ital. bastonata; frz. baston, bâton, Stock). Alte (bis in die Mitte des 19. Jh. übliche) oriental., dann auch russ. Prügelstrafe. Sie bestand in Stockschlägen, vor allem auf die Fußsohlen.

Bataillon (frz. von ital. battaglia und battaglione). Die kleinste militär. Einheit, die zur Durchführung selbständiger Gefechtsaufträge befähigt ist. Sie umfaßt sämtl. Waffen und Mittel des Infanteriegefechts: als Träger des Handelns die Füsilier- (oder Schützen-) Kompanien, als Feuerstaffeln die Maschinengewehr- und Schwere-Waffen-Kompanien.

Das Infanteriebataillon umfaßte im früheren dt. Heer 4 Kompanien, seit dem Ersten Weltkrieg 3 Schützen- und eine Maschinengewehr-Kompanie.

Batzen. Eine Scheidemünze, die ihren Namen vom Berner Bären in den ersten Prägungen herleitet. Der B. war seit 1492 in der Schweiz und in Süddtl. verbreitet (in der Schweiz bis ins 19. Jh. ausgegeben); sein Wert betrug vier Kreuzer oder $\frac{1}{15}$ Gulden.

Bauer. Allein der selbst aus bäuerlichem Leben stammende Eigentümer eines landwirtschaftlichen Anwesens, das von ihm selbst und seiner Familie, doch je nach der Größe des Landwirtschaftsbetriebes sowie der Familie auch mit Unterstützung einiger nicht zur Familie gehörenden Arbeitskräfte, bewirtschaftet wird und der Familie den gesamten Lebensunterhalt bietet, der, dem jeweiligen Lebensstandard entsprechend, verschieden sein kann, ist B. im wirtschaftlichen, gesellschaftlichen sowie kulturellen Vollsinn des Begriffes.

Die Gründung der bäuerlichen Lebensform darf als ein entscheidender Vorgang in der Menschheitsgeschichte bezeichnet werden; hinsichtlich des Verhältnisses der Menschen zur Umwelt kommt ihr sogar eine Bedeutung von revolutionärem Charakter zu. Denn dadurch, daß der Mensch nicht mehr allein das nahm, was die Natur ihm bot bzw. wie sie es ihm bot, vielmehr in das Wachstum von Pflanzen und Tieren gestaltend eingriff, vollzog sich ein in der Menschheitsgeschichte beispielloser ökonomischer Wandlungsprozeß, der von der Stufe der Jäger und Sammler zu der der Produktion ging.

Die Anfänge des **Bauerntums** konnten durch die Forschung bisher noch nicht völlig geklärt werden. Auf Grund der Forschungsergebnisse der Archäologie steht am Anfang des Bauerntums höchstwahrscheinlich eine Bauernkultur mit Getreideanbau und Viehzucht (Hornvieh, Schaf und Ziege). Zeitlich setzt man sie zu Beginn des 5. Jahrtsd. v. Chr. an, örtlich verlegt man sie in den Vorderen Orient, doch nicht, wie zunächst vermutet, in die Stromgebiete, sondern in das sich hieran anschließenden Plateaus. Da aber bisher noch zu wenig Räume erforscht wurden, kommt den Forschungsergebnissen keine letzte Verbindlichkeit zu. Auf Grund der Forschungsresultate der Ethnologie entwickelte sich das Bauerntum aus einer reinen Hirtenkultur mit Großviehherdenzucht; nach und nach kam es zur Herausbildung von Pflanzenkulturen mit (gelegentlicher) Kleinviehzucht (Huhn und Schwein).

Wie es auch immer zur Ausbildung der Pflanzen- sowie der Tierzucht bzw. zu ihrer Kombination im Bauerntum gekommen sein mag; eine grundlegende Umgestaltung des Verhältnisses zur Umwelt vollzog sich durch die gänzlich neuartige Aktivität des züchterischen Willens. Vergegenwärtigt man sich den Grad der geistigen Leistung, in ihrer Fortdauer über mehrere Jahrtausende hinweg jedoch als solche nicht mehr ohne weiteres erkennbar, dann vermag man an den tieferen Hintergrund der keineswegs allein im ökonomischen Verhalten sich erschöpfenden Beziehung des Bauern zu seinem Acker und zu seinen Tieren zu erkennen.

Von Vorderasien her breitete sich der bäuerliche Bodenbau im vorgeschichtlichen Europa aus. Mithin gehen den Anfängen der europäischen Geschichte in der Völkerwanderung rd. 2500 Jahre bäuerlicher Kulturen im gleichen Raum voraus. Während der Völkerwanderungszeit entstand aus den Vorformen der altgermanischen Agrarverfassung, wozu vor allem das freie Landeigentum gehörte, sowie aus Regelungen bei der Landnahme auf ehedem römischem Gebiet z. Z. der Karolinger die Hufenverfassung. Dadurch ging die alte Bauerntum in das neue politische Gemeinwesen ein. Infolge der Ausbildung und Festigung feudaler Herrschaftsformen im hohen MA wurden die Bauern großenteils der Grundherrschaft unterworfen; ihre Lebensformen änderten sich dementsprechend. In Teilen des NW, vor allem in Dithmarschen, und im alpinen SW, insbesondere in der Schweiz

und in Tirol, konnte die alte Bauernfreiheit erhalten werden.
Vom 15. und 16. Jh. an verlief die Entwicklung in West- und Osteuropa unterschiedlich; während sich im W. nach dem Bauernkrieg (1525) die Rentengrundherrschaft durchzusetzen begann, kam es im O. zur Ausbildung eines gutsherrlich-bäuerlichen Verhältnisses. LIT. G. Franz, Bücherkunde zur Geschichte des dt. Bauerntums (1937); J. Schwendimann, Der Bauernstand im Wandel der Jahrtausende (1945); R. M. Radbruch, Der dt. Bauernstand zwischen MA und Neuzeit (²1961); H. Jankuhn u. a., Wort und Begriff B. (1975); E. Ennen (Hrsg.), Dt. Agrargeschichte (1979); B. Ehrhard, Bauernstand und Politik. Zur Geschichte des Tiroler Bauernbundes (1981); O. Brunner (Hrsg.), Geschichtl. Grundbegriffe I, 407 ff. (1982); J. Blum (Hrsg.), Die bäuerl. Welt. Geschichte und Kultur in später Jh. (1982); J. Mooser, Ländl. Klassengesellschaft. Bauern und Unterschichten, ... im östl. Westfalen (1984); W. Rösener, Bauern im MA (1985).

Bauernbefreiung. Das Herauslösen der Bauern aus sämtl. herrschaftl. Bindungen zumeist im Rahmen der liberalen Agrarreformen des 18. und 19. Jh. Sie umfaßte die persönl. Befreiung aus der Leibeigenschaft oder der Erbuntertänigkeit, die »Grundentlastung« bzw. die Auflösung der Grundherrschaft, die Aufhebung der Gerichtsherrschaft sowie die Ablösung des Zehnten und im Zusammenhang damit weiterer herrschaftl. Bindungen. Im allg. vollzog sich die B. in verschiedenen Stufen, so in Preußen durch die Reformen Friedrichs II. (reg. 1740–1786), Steins (1757–1831) und Hardenbergs (1750–1822); in Frankreich wurde sie revolutionär durchgeführt: am 4. 8. 1789 hob die Nationalversammlung alle persönl. und grundherrl. Abhängigkeiten auf, zudem die Patrimonialgerichtsbarkeit. Wo die B. staatlicherseits erfolgte, erhielten die Herren für die wegfallenden bäuerl. Abgaben wie Renten, Naturalleistungen und die Fronen Entschädigungen. Handelte es sich um eine Gutsherrschaft, wurde Entschädigung auch durch Landabgabe geleistet, so in Ostelbien und Osteuropa. Hierdurch wurde die wirtschaftl. Stellung der Bauern häufig geschwächt; als Landarbeiter gerieten sie in erneute gutsherrliche Abhängigkeit. Im Zusammenhang mit den Verkoppelungen und Gemeinheitsteilungen, den Separationen, schuf die B. die Voraussetzung zur Steigerung der agrarischen Produktivität in einer rationellen Landwirtschaft. LIT. G. F. Knapp, Die B. und der Ursprung der Landarbeiter in den älteren Teilen Preußens, 2 Bde. (1887); F. Lütge, Über die Auswirkungen der B. in Deutschland. In: Jbb. f. Nat.-Ökonomie und Statistik 157 (1943); W. Conze, Die Auswirkungen der lib. Agrarreformen auf die Volksordnung in Mitteleuropa. In: VSWG 38 (1949); F. Lütge, Geschichte der dt. Agrarverfassung (1963; ²1967, mit Lit.); W. von Hippel, Die B. im Königreich Württemberg (1977); Ch. Dipper, Die B. in Dtl. (1980).

Bauerngerichte, Bauernsprachen, Dorfgerichte, Heimgerichte. Mittelalterl. Gerichte auf dem Land; sie wurden von einem Bauernmeister als Vorsitzendem sowie 5–6 Bauerngenossen als Beisitzern abgehalten. Ihre Aufgabe war es, über geringfügige Streitigkeiten wegen des Besitzstandes, unbedeutender Vergehen etc. zu entscheiden (→Dorfgerichte).

Bauernkriege.
[1] in Deutschland: Im Jahre 1525 der Versuch der Bauern Süd- und Mitteldeutschlands sowie Österreichs (mit Ausnahme Bayerns), die seit dem MA und der Epoche der Naturalwirtschaft fortbestehenden Lasten teilweise zu erleichtern, teilweise gänzlich abzuschütteln. Erste Erhebungen (des sog. »Bundschuh«) hatte es in Süddeutschland zwischen 1493 und 1517 gegeben. Der Hauptanstoß zu den B. erfolgte durch die Reformation, die die in der Hl. Schrift nicht enthaltenen Lasten als ungöttlich erklärt hatte. Dem Aufstand von 1525 lag ein einheitliches Aktionsprogramm der aufständischen Bauern (12 Artikel) zugrunde. Die Niederwerfung der aufständischen Bauern erfolgte durch Truppen des Adels (von Mitte Mai bis Ende Juni 1525). Verbunden war die Niederwerfung mit Stand- und Strafgerichten.
[2] in der Schweiz:
(a) Von Süddeutschland her beeinflußt, überfielen die Bauern 1524–25 die Klöster (Ittingen, Töß u. a.); sie forderten gemeinde- oder ämterweise wirtschaftliche sowie kirchliche Neuerungen. Überfälle auf Städte konnten verhindert werden; eine Einigung wurde

zumeist auf dem Verhandlungswege erreicht.

(b) Im Jahre 1653 erhob sich die untertänige Bauernschaft in den Städteorten des schweizer. Mittellandes (vor allem in Luzern, Basel und Bern) in einem bewaffneten Aufstand, der zunächst wirtschaftl., dann auch polit. Ziele hatte. Verursacht wurde die Erhebung durch die krisenhaften Folgen des Dreißigjährigen Krieges. Das Ergebnis war die völlige Niederlage der Bauern, innere Verwaltungsreformen sowie eine Festigung der absolutist.-aristokrat. Regierungsform.

LIT. G. Franz, Der dt. B. ([11]1977); R. Wohlfeil (Hrsg.), Der B. 1524–26 (1975); H. U. Wehler, Der dt. B. 1524–26 (1975); P. Blickle, Die Revolution von 1525 (1977); W. Schulze, Bäuerl. Widerstand und feudale Herrschaft in der frühen Neuzeit (1980); F. Dörrer (Hrsg.), Die B. und Michael Gaismair (Innsbruck 1982); W. Schulze (Hrsg.), Aufstände, Revolten, Prozesse. Beiträge zu bäuerl. Widerstandsbewegungen im frühneuzeitl. Europa (1983); · Buszello, P. Blickle, R. Endres (Hrsg.), Der dt. B. ([3]1995); Der dt. B. von 1525. Hrsg. von P. Blickle. Wege der Forschung 460 (1985).

Bauernlegen. Das Einziehen gutsherrlicher Bauernstellen, die wüst (→Wüstung) lagen, um sie als Gutsland zu nutzen; ebenfalls der Auskauf freier Bauernhöfe zum gleichen Zweck; häufig erfolgte der Auskauf unter Druck. Bereits im 15. und 16. Jh. setzte das B. in England ein, um dadurch den Grundherren die Möglichkeit für die Schaffung von Weideland zu geben. In Ostdtl., d. h. in Mecklenburg und Vorpommern, verschwanden die Bauern auf ritterl. Grund und Boden entweder durch das B. seit dem Dreißigjährigen Krieg oder durch Zusammenlegen mehrerer Höfe zu Kleingütern. In Preußen wurde eine derartige oder ähnl. Entwicklung durch den Bauernschutz der Krone seit 1709 verhindert.

LIT. F. Lütge, Geschichte der dt. Agrarverfassung ([2]1967).

Bauernlehen. Die Verleihung eines Bauernguts während der Verfallszeit des Lehnswesens gegen Zins (daher auch Zins- oder Beutellehen), zumindest aber gegen ein →Laudemium.

Bauge, Bouge (ahd. zu biogan, biegen). Bez. für einen Metallring, der als Arm- und Halsschmuck diente; ebenfalls Bez. für Ringgeld.

Bayerischer Bauernbund. Aus der oppositionellen Haltung der bäuerl. Zentrumswähler gegen die Handelspolitik Reichskanzler Caprivis (1890–94) heraus im Jahre 1893 im südl. Bayern entstanden. Föderalist. und republikan. orientiert, war der B. B. seit 1919 an den Bayer. Regierungsbildungen beteiligt. Er nannte sich seit 1923 Bayerischer Bauern- und Mittelstandsbund; 1933 wurde er aufgelöst.

Bayerischer Erbfolgekrieg (1778/79). Die Auseinandersetzung zwischen Friedrich d. Gr. (1740–86) und Kaiser Joseph II. (1765–90). Joseph wollte durch den B. E. die Stellung Österreichs im Reich nach dem Aussterben der bayer. Linie der Wittelsbacher (1777) durch den Erwerb Niederbayerns und der Oberpfalz stärken. Durch einen kurzen Demonstrations-Feldzug Preußens nach Böhmen, bei dem es zu keiner entscheidenden Schlacht zwischen den Kontrahenten kam (daher auch die spöttische Bez. »Kartoffelkrieg« für den Feldzug), insbes. aber durch die Vermittlung Rußlands und Frankreichs wurde dies verhindert. Österreich konnte im Frieden von Teschen (1779), der durch Rußland garantiert wurde, lediglich das Innviertel behaupten.

LIT. E. Reimann, Geschichte des B. E. (1869); A. Unzer, Der Friede von Teschen (1903); M. Doeberl, Entwicklungsgeschichte Bayerns II; M. Spindler (Hrsg.), Hdb. der Bayer. Geschichte II (mit ausf. Lit., 1967ff.).

Bazoche, Basoche (franz., von griech. basilika). Eine in einem der kgl. Paläste von Paris residierende Schreibergilde. Auf Grund eines Privilegs veranstaltete sie von 1303–1789 in jedem Jahr dramat. Aufführungen, die meist satir. Art waren.

Beamter. Im weitesten Sinne des Wortes eine in einem öffentl. Dienstverhältnis stehende Person. Zu allen Zeiten hat es bei sämtl. staatl. organisierten Völkern B. gegeben. Die Mannigfaltigkeit der histor. Erscheinungsformen zeitigt die verschiedenartigsten Typen, so der ständischen Zugehörigkeit, z. B. der Sklaven und der Freigelassenen im At., der Bürgerlichen in der NZ, der Adeligen in der röm. Republik, außerdem im diplomat. Dienst der neuzeitl. Staaten etc.

Das zunächst jurist., dann kameralistisch vorgebildete Fachbeamtentum entwickelte sich als ein besonderer Berufsstand zum erstenmal im normannisch-sizilischen Staat Kaiser Friedrichs II. (1215–50), später in Frankreich sowie in den deutschen Territorialstaaten. In den absolutist. regierten Staaten des europ. Kontinents wurde das Berufsbeamtentum während des 17. und 18. Jh. neben dem Offiziersstand zur staatstragenden Schicht (»Militär- und Beamtenstaat«).

Im aufgeklärten Absolutismus wurde der B. mehr und mehr zum Staatsdiener, der sich nicht allein durch seine persönl. Rechtsbeziehung zum Monarchen, sondern gleichzeitig durch die ethische Bindung an die überpersönl. Einheit des Staates »an sich« verpflichtet wußte. Dagegen hatte er sich ursprüngl. als »Fürstendiener« in einer ausschließl. persönl. Treue- und Gehorsamsbindung dem Landesherren gegenüber verstanden. Wie der Fürst zum »ersten Diener des Staates«, so wurde der B. Repräsentant und Organ einer auf den Macht-, Wohlfahrts- und Rechtsgedanken der Aufklärung gegründeten Staatsidee. In zunehmendem Maße wurde die Stellung des B. mit Rechtsgarantien ausgestattet.

Im konstitutionellen Staat des 19. Jh. konnte das Berufsbeamtentum seine Funktionen im öffentl. Leben nicht allein bewahren, sondern darüber hinaus weiter festigen. Es nahm in hohem Maße an den fortschrittl. Bewegungen teil; zudem erwarb es sich große Verdienste beim Aufbau einer leistungsfähigen, objektiven, gerechten und unbestechl. öffentl. Verwaltung. In polit. Hinsicht entwickelte sich im Beamtentum ein bedeutendes Maß an Unabhängigkeit; seine Vertreter waren zahlreich in der parlamentar. Opposition, wo sie nicht selten an führender Stelle standen. Etwa seit der 2. Hälfte des 19. Jh. setzten sich allerdings die konservativen Ideen wieder durch, insbes. beim preuß. Beamtentum. Seit der Reichsgründung von 1871 entstand neben dem Landesbeamtentum ein besonderes Reichsbeamtentum.

Trotz der ursprünglich beamtenfeindl. Forderungen der dt. Sozialdemokratie wurde das Beamtentum durch die Weimarer Verfassung als staatl. Einrichtung gewährleistet (Art. 128–131). Das Beamtentum stellte sich nach 1918 fast ausschließl. und ohne Vorbehalt für den demokrat. Staatsaufbau zur Verfügung.

Nach 1933 wurden durch das Gesetz zur Wiederherstellung des Berufsbeamtentums vom 7. 4. 1933 polit. nicht zuverlässige und »nichtarische« B. entweder in den Ruhestand versetzt oder entlassen. Das am 26. 1. 1937 erlassene ›Deutsche Beamtengesetz für alle Reichs-, Landes- und Gemeindebeamte‹ legte im wesentl. die überkommenen Grundsätze des Berufsbeamtentums reichseinheitl. fest.

Nach dem Zusammenbruch 1945 kehrten die Landesverfassungen trotz vielfacher Kritik an der Haltung und Rechtsstellung der B. bald wieder zu den althergebrachten Grundsätzen des Berufsbeamtentums zurück. Ihnen trägt auch das Grundgesetz (Art. 33) Rechnung.

Seit Beginn des 20. Jh. hat das Beamtentum infolge der Schwächung der Staatsgewalt in der pluralist. Gesellschaft, der Politisierung der Spitzenposition im Staat sowie infolge der sozialen Umordnung, ebenfalls der polit. Umwälzungen (vgl. hierzu vor allem in den kommunist. Staaten die Beseitigung der Sonderrechte) sowohl an innerer Geschlossenheit wie auch an Prägung verloren. In der ehem. DDR gab es keine B., sondern nur Angestellte.

LIT. S. Isaacsohn, Geschichte des preuß. Beamtentums. 2 Bde. (1873–78; unvollendet); G. Schmoller, Über Behördenorganisation, Amtswesen und Beamtentum (1894); A. Lotz, Geschichte des dt. Beamtentums (1909); H. Nawiasky, Die Stellung des Berufsbeamtentums im parlamentar. Staat (1926); A. Köttgen, Das dt. Berufsbeamtentum und die parlamentar. Demokratie (1928); F. Winters, Abriß der Geschichte des Berufsbeamtentums (²1929); F. Hartung, Zur Geschichte des Beamtentums im 19. und 20. Jh. (1948); W. Grewe, U. Scheuner u. a., Politische Treupflicht im öffentl. Dienst (1951); M. Weber, Wirtschaft und Gesellschaft, 2 Tle. (⁴1956); ders. u. a., Der dt. B. heute (1959); Th. Eschenburg, Ämterpatronage (1961); F. von Dungern, Bürokraten oder schöpfer. B.? (1960); Th. Ellwein, Zoll, Berufsbeamtentum (1973); Christine van den Heuvel, Beamtenschaft und Territorialstaat. Behördenentwicklung und Sozialstruktur der Beamtenschaft im Hochstift Osnabrück 1550–1800 (1984); H. Henning, Die dt. Beamtenschaft im 19. Jh.

Bede

Zwischen Stand und Beruf (1984); Th. Jungblut, Die ›altpreußischen‹ höheren Verwaltungsbeamten u. Landräte ... (Diss. Mainz 1989).

Bede (nddt., Bitte, Gebot). Die älteste direkte dt. Steuer. Seit etwa dem 12. Jh. wurde sie in sämtl. dt. Territorien vom Landesherren meist nur von Grundbesitz und Gebäuden der Bauern und Bürger erhoben (»erbittet«). Befreit waren von der B. der landsässige Adel, teilweise die Geistlichkeit.
LIT. HWDRG I, 346 ff.; A. Waas, Vogtei und B. (1919/23); A. Erler, Bürgerrecht und Steuerpflicht im ma. Städtewesen (²1963); Th. Mayer, Geschichte der Finanzwirtschaft vom MA bis zum Ende des 18. Jh. (²1952); O. Brunner, Land·und Herrschaft (⁵1965).

Bedemund (von ahd. munt, Schutz, Gewalt), Bumede, mlat. maritagium. Eine Erlaubnisgebühr, die von Leibeigenen bei deren Verheiratung erhoben wurde; sie war gewöhnlich nur von der Braut zu entrichten.

Beginen (Begijnen, Begutten). Bez. für eine religiöse Frauengenossenschaft, deren Mitglieder jedoch keine Gelübde ablegten. Sie entstand um 1200 im südl. Brabant; als ihre Aufgabe betrachtete sie die Mädchenerziehung und die Krankenpflege. Der Name B. ist noch nicht hinreichend erklärt; er leitet sich weder von der hl. Begga noch von dem Lütticher Priester Lambert Le Bègue († 1177) her. Die Blütezeit der B. liegt im 13. und 14. Jh.; ihr Verbreitungsgebiet waren die Niederlande, Frankreich und Deutschland. Wegen ihrer Verwandtschaft mit den von der Kirche bekämpften Laienbewegungen Albigenser, Humiliaten und Waldenser sowie ihrer allmählichen Entartung verloren sie bald an Bedeutung. Im 15. Jh. (1453 durch Papst Nikolaus V., 1447–55) gingen sie weitgehend in den Tertiariern (Dritter Orden) auf. Die B. wohnten meist in kleinen Gruppen (Beginenhöfe, Klausen, Samenungen). Einzelne Beginenhöfe haben sich in Belgien und in den Niederlanden bis heute erhalten.

Das männliche Gegenstück zu den B. waren die **Begharden,** die ebenfalls im 13. und 14. Jh. entstanden; sie widmeten sich der Krankenpflege und der Totenbestattung.
LIT. J. Greven, Die Anfänge der B. (1912); A. Mens, Oorsprong en betekenis van de Nederlandse beginjen-begarden beweging (1947); E. W. Mc Don-

nell, The Beguines and Beghardes in Medieval Culture (New Brunswick 1954, m. Lit.); H. Grundmann, Zur Geschichte der B. In: AKG 21 (1931, 37 1955); E. G. Neumann, Rheinisches B.- und Begardenwesen. In: Mainzer Abhandl. 4 (1960); B. Degler-Spengler, Die B. in Basel (Basel 1970); A. Fößel/ A. Hettinger: Klosterfrauen, Beginen, Ketzerinnen (2000).

Beglerbeg, Bejlerbey (türk., Herr der Herren). Hoher türk. Verwaltungsbeamter. Zunächst war je einer für den europ. und für den asiat. Teil der Türkei zuständig.

Bei, Beg, Beg, Bek, Bey (türk., Herr). Türkischer Titel für höhere Beamte und Offiziere, ebenfalls Titel der türk. Statthalter in Nordafrika (1956 erfolgte die Absetzung des B. von Tunis). Später war B. allg. die Anrede sowohl für Angehörige der Oberschicht im türk. Reich als auch für Europäer. Der Titel wurde dann ebenfalls dem Namen desjenigen angehängt, der eine sozial höhere Stellung einnahm. B. war gleichfalls ein Ehrentitel der Paschasöhne; er wurde 1934 in der Türkei, 1952 in Jordanien und Ägypten abgeschafft.

Beigeordneter (nach dem franz. adjoint du maire, Adjunkt, Amtsgehilfe). Nach den preuß. Städteordnungen ein seit dem 19. Jh. von der Regierung bestätigter Bürgermeister-Stellvertreter; er wird entweder ehrenamtl. oder hauptamtl. bestellt.

Beinhaus, Karner, Gerner. Auf Friedhöfen ein kapellenartiger Bau, in dem bei der Anlage neuer Gräber die gefundenen Gebeine und Schädel aufgeschichtet werden. In einer Reihe von Fällen hat das B. einen Altar für Totenmessen.

Beisasse, Beisaß (mhd. zu sitzen). Im MA diejenigen Städter, die nicht das volle Bürgerrecht besaßen (Schutzverwandte).

Bekenntnisfreiheit, Glaubensfreiheit. Die rechtl. gewährleistete Glaubens- und Gewissensfreiheit sowie das Recht der freien Religionsausübung. Die B. konnte sich im 17. u. 18. Jh. (unter der Einwirkung der Aufklärung) durchsetzen, nachdem sie in den Glaubenskriegen (Hugenottenkriege; Dreißigjähriger Krieg u. a.) sehr umkämpft war. In den Verfassungen des 19. Jh. wurde die B. anerkannt. Die Freiheit des Glaubens, des Gewissens, des religiösen und weltanschaul. Bekenntnisses waren bzw. sind nach Art. 135 der Weimarer Verf. und Art. 4 des GG der BRD unverletzlich.

LIT. G. Anschütz, Die Religionsfreiheit. In: Hdb. des dt. Staatsrechts 2 (1932); H. Scholler, Freiheit des Gewissens (1958); W. Geiger, in: StL III; W. Hamel, Glaubens- und Gewissensfreiheit. In: Die Grundrechte, hrsg. von K. A. Bettermann, H.-C. Nipperdey und U. Scheuner, 4,1 (1960).

Bekenntnisschriften, symbolische Bücher. Kirchlich-autoritative Symbole, die die christl. Grundwahrheiten zusammenfassen oder auch eine einzelne Glaubensfrage entscheiden. Wichtige B. sind: In der kath. Kirche die drei altkirchl. B. sowie das tridentin. Glaubensbekenntnis mit dem Antimodernisteneid (→Modernismus). In dem Nicänischen Symbolum und den Lehrentscheidungen des 1.–7. ökumen. Konzils ist die dogmat. Lehre der Ostkirche enthalten.

Als B. der luth. Kirche gelten: die drei altkirchlichen Symbole, die Augsburg. Konfession (Confessio Augustana) einschließlich Apologie, die Schmalkaldischen Artikel, Luthers Kleiner und Großer Katechismus sowie Melanchthons Schrift ›Von der Gewalt und Obrigkeit des Papstes‹ (1537); zusammengefaßt sind sie mit der Konkordienformel (1577) im Konkordienbuch (1580).

Eine Fülle von (begrenzt anerkannten) B. entstand in den reformierten Kirchen: der Genfer Katechismus (1545), die Erste (1536) und die Zweite (1566) Helvetische Konfession, die streng orthodoxe Formula consensus Helvetici (des reform. Theologen J. H. Heidegger, 1633–98), die jedoch nur vorübergehend anerkannt wurde, der Heidelberger Katechismus, das Common Prayer Book, die 39 Artikel der Anglikanischen Kirche aus dem Jahre 1563 (1571 vom Parlament genehmigt; eine Überarbeitung der 42 Artikel von 1552), die Westminster-Konfession (→Westminstersynode).

LIT. C. Fabricius (Hrsg.), Corpus Confessionum, Sammlung aller B. der Christenheit (1918ff.); K. Algermissen, Konfessionskunde (⁷1957); J. Neuner und H. Roos, Der Glaube der Kirche (³1949); H. Bornkamm (Hrsg.), Die B. der evangel.-luth. Kirche (³1952); W. Niesel (Hrsg.), B. der nach Gottes Wort reform. Kirchen

(³1948); Mulert-Schott, Konfessionskunde (²1956).

Bekjaren (türk., Junggeselle), südslaw. Betjaren. Vom 17. Jh. an Räuberbanden in den Ländern des Balkans; sie verdingten sich jedoch auch als Söldner. Z. Z. der Türkenherrschaft waren sie auch in Südungarn verbreitet.

Belagerungsmünzen. Bez. für Notgeld, das in belagerten Städten hergestellt wurde. Die B. waren hinsichtl. der Stempelung häufig unvollkommen; sie konnten aus zerschnittenem Silbergeschirr bestehen, doch wurde hierfür meist minderwertiges Material verwendet (Zinn, Messing, Leder, Pappe; z. B. die während der Belagerung Kolbergs 1807 ausgegebenen Pappgroschen).

LIT. A. Brause, Feld-, Not- und Belagerungsmünzen. 2 Bde. (1897–1904); H. Ballreich, Das Staatsnotrecht (1955).

Belagerungszustand. Ursprünglich das besondere innerstaatliche Kriegsrecht für von feindlichen Truppen eingeschlossene Orte. In zahlreichen Staaten dient der B. zur Bez. eines Sonderrechts, das in Kraft gesetzt (»verhängt«) wird, wenn sich die normale staatliche Ordnung zur Abwehr außerordentlicher Gefahren als unzureichend erweist. Der B. bzw. der Kriegszustand, wenn es sich um größere Gebiete handelt, ist – dem Vorbild der Französischen Revolution entsprechend (Gesetz vom 5. 9. 1797) – in zahlreichen Staaten durch die Verfassung geregelt (Preußen/Deutsches Reich seit dem 4. 6. 1851).

LIT. B. Fleischmann, in: Stengel-Fleischmann I; K. Strupp, Dt. Kriegszustandsrecht (1916); H. Ballreich, Das Staatsnotrecht (1955); weitere Lit. bei E. R. Huber, Dt. Verfassungsgesch. seit 1789, 3 (1963).

Belehnung →Lehen, →Investitur.

Belfried (von mhd. belle, Glocke). Ein freistehender Glockenturm in ma. Städten; ebenfalls Bez. für den Rathausturm (franz. beffroi).

Bellizismus. Eine polit. Richtung, die den Krieg, verbunden mit starken Affekten gegen die bürgerl. Gesellschaft, das »jämmerliche Manchestertum«, bejaht als »Stahlbad« und den »Traum vom Ewigen Frieden« bekämpft als Zeichen ermatteter, gedankenarmer Epochen. Vertreter dieser Richtung: H. von Treitschke, Hermann Baumgarten.

bellum (lat., von duo, zwei). Krieg;

nach Hobbes (1588–1679) der Urzustand der Menschheit: »b. omnium contra omnes«, der Krieg aller gegen alle. In dieser Aussage dokumentiert sich eine Lehre, die auch die Geschichtswissenschaft vorübergehend stark beeinflußt hat (Th. Mommsen). Das b. iustum, der »gerechte Krieg«, stellte vor allem für die Römer die allein mögl. Form eines Krieges dar, und zwar wegen der Mitwirkung der Götter. Er wurde durch die Komitien beschlossen und den Fetialen unter bes. Zeremonien erklärt. Augustinus (354–430), Thomas von Aquin (1225 od. 1226–74) sowie Hugo Grotius (1583–1645) anerkannten den Krieg als gerechtfertigt und daher möglich.
LIT. B. de Solage, La Théologie de la guerre juste (1947); L. Strauss, The Political Philosophy of Hobbes (^{2}1952).

Bematisten (griech., Schrittzähler). Im Stabe Alexanders d. Gr. (336–23) und der hellenist. Könige stellten die B. eine Sonderabteilung dar; ihnen oblag die Landaufnahme sowie die Überprüfung der Itinerarien im Perserreich.
LIT. H. Berve, Das Alexanderreich auf prosopograph. Grundlage. 2 Bde. (1926); Th. Birt, Alexander d. Gr. und das Weltgriechentum bis zum Erscheinen Jesu (^{3}1928).

Benediktiner. Der Benediktinerorden ist der älteste unter den heute noch bestehenden Orden des Abendlandes. Er umfaßt im weitesten Sinn alle Mönche und Nonnen, Klöster und Kongregationen, die nach der Regel des hl. Benedikt von Nursia (um 480–547/53) leben. Auszuschließen sind heute im engeren Sinn diejenigen Abzweigungen, die sich zu selbständigen Orden entwickelt haben, u. a. die Zisterzienser und Kamaldulenser. Nie haben sich die Cluniazenser als Zweigorden betrachtet. Wie auch aller anderen Orden, ist es das höchste Ziel des B.-Ordens, Vollkommenheit in christlichem Sinn zu erreichen. Nach Meinung des Stifters wird sie insbes. erreicht durch die Pflege des liturg. Gottesdienstes, ohne daß dabei jedoch die übrigen Tätigkeiten innerhalb des Klosters, wie Pflege der Wissenschaft, der Kunst, des Handwerks oder des Schulunterrichts, auch nicht die außerhalb des Klosters, wie Seelsorge, karitative Werke, Volks- und Heidenmission oder kulturelle Aufgaben, vernachlässigt würden. Dem B.-Kloster steht ein Abt vor, der von den Mönchen als »Vater« der Klosterfamilie auf Lebenszeit gewählt wird und bereits seit frühester Zeit eine kirchl. Weihe erhält. Ursprüngl. waren nur wenige Mönche eines Klosters Priester. Seit dem 10./11. Jh. bildete sich die noch heute übliche Scheidung zwischen den zum gemeinsamen Chorgebet verpflichteten Mönchen, die meistens Priester sind, und den Laienbrüdern heraus. Als neue dritte Gruppe traten zu den beiden die Chorfratres. Die Kleidung der B. besteht aus Tunika mit Leder- oder Tuch-Cingulum, dem Skapulier mit oder ohne Kapuze, wozu im Chor noch die Kukulle (Flocke) kommt. Die Farbe der Kleidungsstücke der B. ist schwarz, weshalb sie auch schwarze Mönche genannt werden.

Die Geschichte des B.-Ordens läßt sich in verschiedene Perioden aufteilen. Die erste, die von 529 bis ca. 900 dauerte, wurde bestimmt durch das Wirken von Einzelklöstern. Von Monte Cassino (um 529 gegründet) und den übrigen in Italien durch Benedikt gegründeten Klöstern aus trat seine Regel nach und nach an die Stelle der bisherigen. Um 589 bestand in Rom am Lateran ein B.-Kloster. Papst Gregor der Große (590 bis 604), selbst Mönch und Abt des Ordens, sandte unter der Leitung des B.-Mönches Augustinus 40 weitere zur Christianisierung der Angelsachsen nach England, wo der Orden mit großem Erfolg wirkte. Wie auf den Britischen Inseln, so setzte sich die B.-Regel auch in Frankreich, Spanien und Belgien durch. In Deutschland gründeten die angelsächs. Glaubensboten, die hll. Suitbert, Willibrord wie vor allem Bonifatius sowie deren Genossen, B.-Klöster in Friesland, Thüringen, Hessen und Bayern. Gewalttätige Eingriffe weltlicher und geistlicher Fürsten, vor allem Karl Martells (714–741), in die Verwaltung der Klöster, Anhäufung und Mißbrauch von Güterbesitz sowie Mangel an Ordensgeist und Disziplin führten während der 1. Periode der Ordensgeschichte den Verfall zahlreicher Klöster herbei. Verheerender jedoch waren die Einfälle der Dänen in England, der Normannen in Frankreich und Norddtl., der Ungarn in Süddtl. und Oberitalien sowie der Sarazenen in den übrigen Teilen Italiens, dazu in Südfrankreich und Spanien, durch die viele B.-Klöster vernichtet wurden.

Die 2. Periode der Geschichte des B.-

Ordens, die vom 9. bis 14. Jh. dauerte, ist durch den Zusammenschluß der Einzelklöster zu Klostergruppen gekennzeichnet, um so mehr Kraft nach innen und größeren Schutz nach außen zu gewinnen. Tiefgreifender und nachhaltiger Einfluß ging seit Beginn des 10. Jh. von dem 910 gegründeten Kloster Cluny aus, dessen Satzungen (consuetudines) unter den vier bedeutenden Äbten Odo, Majolus, Odilo und Hugo nach und nach von zahlreichen Klöstern des Ordens ganz oder teilweise übernommen wurden. Der B.-Orden erlangte dadurch in kirchl., polit. und sozialer Hinsicht vom 10. bis 12. Jh. solche Bedeutung, daß Päpste, Kaiser, Bischöfe und Landesfürsten mit ihm rechnen mußten.

Mit dem gewaltigen Aufschwung der großen Bettelorden (Franziskaner, Dominikaner, Karmeliten, Augustiner-Eremiten) seit dem 12. Jh., die die besten Kräfte an sich zogen, machte sich ein Rückgang des B.-Ordens bemerkbar. Päpste und Konzilien, insbesondere das 4. Lateran-Konzil von 1215, drangen während dieser Phase darauf, daß die vielfach zu Versorgungsanstalten des Adels gewordenen B.-Klöster sich nach dem Vorbild der Bettelorden stärker als bisher zentralisierten. Entscheidend war in diesem Zusammenhang die sog. ›Benedictina‹ Papst Benedikts XII. (1334–42) von 1336, durch die der gesamte B.-Orden in 36 Provinzen eingeteilt und jährl. Generalkapitel sowie alle drei Jahre Provinzialkapitel angeordnet wurden. Die 3. Periode der Ordensgeschichte der B., die von ca. 1400 bis ca. 1800 dauerte, ist gekennzeichnet durch die Bildung von Ordenskongregationen, die sich im Zusammenhang mit der Entwicklung der Territorialstaaten auf territorialer Grundlage bildeten.

Nach den Verlusten, die die Hussitenkriege, der Hundertjährige Krieg, die Bauernkriege sowie die Glaubenskriege in den verschiedenen Ländern den B. gebracht hatten, wurden durch die Ordensreform des Konzils von Trient auf dessen 25. Sitzung vom 4. 12. 1563 neue Kongregationen geschaffen, für Deutschland u. a. die schwäb. Kongregation vom hl. Joseph im Jahre 1564. Die Auswirkungen des Gallikanismus, des Josephinismus, der Französischen Revolution, der Napoleonischen Kriege und die teilweise hiermit verbundenen Säkularisationen brachten den Orden

an den Rand des Untergangs. Nur etwa 50 Klöster, darunter Monte Cassino, überlebten.

Die 4. Periode in der Ordensgeschichte der B. begann um die Mitte des 19. Jh. Bis heute andauernd, brachte sie eine neue Aufwärtsentwicklung des Ordens. Neue Klöster und Kongregationen entstanden, auf allen Gebieten des geistigen Lebens konnte die Arbeit wieder aufgenommen werden. Durch bes. Pflege des kultisch-religiösen Lebens bzw. der liturg. Bewegung – in Deutschland vor allem in den Klöstern Beuron und Maria Laach – wurde das kath. Leben nachhaltig beeinflußt.

Heute sind sämtl. Klöster des Ordens in Kongregationen zusammengeschlossen. An ihrer Spitze steht jeweils ein Präses, General- oder Erzabt bzw. Generalsuperior. Auf Generalkapiteln beraten sie über ihre Angelegenheiten. 1893 erfolgte eine Einigung aller B.-Kongregationen, deren Äbte alle 12 Jahre einen Abtprimas wählen. Er residiert als Vertreter des Ordens im B.-Studienkolleg Sant' Anselmo in Rom.

LIT. LThK II, 184–192; TRE V, 549–60; St. Hilpisch, Das Benediktinertum im Wandel der Zeiten (1943); Ph. Schmitz, Histoire de l'Ordre de Saint-Benoit, 6 Bde. (1942–49; dt. von L. Raeber, 1947ff.); R. Tschudy, F. Renner, Der hl. Benedikt und das benediktin. Mönchtum (1979); L. Hellriegel, B. als Seelsorger im linksrheinischen Gebiet des ehemaligen Bistums Mainz (1980); Die Bayer. B.-Kongregation 1684–1984 (1985).

Benefizium.

[1] ecclesiasticum: Dem kath. Kirchenrecht entsprechend ein Amt, das zugleich einen Anspruch auf die Erträge einer mit diesem Amt verbundenen Vermögensmasse gewährt. Das B. ist mithin eine Dos im engeren Sinn. Die Dos kann aus Land, Geldvermögen oder sicheren Einkünften bestehen, die dem jeweiligen Inhaber des B. (Benefiziat) zufließen. Hauptarten des kirchlichen B. sind: Beneficia consistorialia (Gegensatz hierzu: B. non consistorialia); hierunter sind solche B. zu verstehen, die gewöhnlich im Konsistorium verliehen werden; die B. saecularia (religiosa), d. h. solche, die nur Weltgeistlichen bzw. nur Klostergeistlichen (religiosa) zustehen, und schließlich die B. curata, welche mit der Seelsorge verbunden sind oder nicht mit ihr verbun-

den sind (non curata). Die Errichtung, Veränderung, Aufhebung und Verleihung der Konsistorial-B. steht ausschließl. dem Hl. Stuhl zu, während hierfür bei den übrigen B. in der Regel der Orts-Ordinarius zuständig ist. Bei der Verleihung der B. sind nicht selten die durch ein Konkordat festgelegten Mitwirkungsrechte staatl. Stellen oder von Patronaten zu berücksichtigen. Das kirchl. Benefizialwesen ist im 8. Jh. aus der Ausdehnung der merowing.-fränk. Landkirche (Prekarium, Prekarie) auf das Kirchengut entstanden. An diese vermögensrechtl. Leihe schloß sich bald auch die Ämterleihe. Das ev. Kirchenrecht hat zunächst den Begriff des B. im engeren Sinn aufgenommen. Im 19. Jh. ist der Unterhalt der kirchl. Amtsinhaber in Dtl. aus den Erträgen des B. fast überall durch ein der staatl. Beamtenbesoldung angeglichenes Gehalt ersetzt worden.

[2] Lehensnutzung; allg. als lat. Bez. des dt. Wortes Lehen verwendet.

LIT. E. Eichmann, Lehrbuch des Kirchenrechts auf Grund des codex juris canonici, Bd. II Sachenrecht (⁷1953), 417 ff.; Feine, KRG I (³1953); W. Plöchl, Geschichte des Kirchenrechts. Bd. 1 (1953), 390 ff., Bd. 2 (1955), 361 ff; U. Stutz, Geschichte des kirchl. Benefizialwesens (1985; Neudr. 1972); H. Mitteis, Lehnrecht und Staatsgewalt (1933; Neudr. 1958); F. L. Ganshof, Was ist das Lehnswesen? (1961).

Berg(bau)freiheit. Bez. für das Recht, das sich seit dem späten MA aus dem Bergregal entwickelte; es sicherte dem Landesherrn, später dem Staat den Abbau von Bodenschätzen aus dem Grund und Boden des Eigentümers gegen eine Entschädigung. Außer dem Landesherrn bzw. dem Staat war jedem Finder der Abbau gestattet. Der Inhaber des Bergregals wurde Bergherr genannt.

Bergpartei (Berg, Montagne). Die radikalste Gruppe im Konvent (1792 bis 1795) während der Französischen Revolution. Die B. hatte ihren Namen von den höher gelegenen Bänken im Konvent, auf denen ihre Angehörigen saßen. Die führenden »Montagnards« waren Danton (1759–94), Marat (1744–93) und Robespierre (1758–94).

Bergregal. Ein Recht des Königs, das ihm die freie Verfügung über die Bodenschätze gestattete (Erze, Salz). Es

wurde zum erstenmal 1158 in der Ronkalischen Konstitution Kaiser Friedrichs I. Barbarossa (1152–90) festgestellt. Seit der Mitte des 13. Jh. stand das B. den Landesherren zu. Mit dem Übergang des B. an die Landesherren war die rechtl. Trennung der Bodenschätze vom Grundeigentum verbunden. Das B. wurde nunmehr zur Berg(bau)freiheit, einer abgeschwächten Form des B., entwickelt.

Berliner Kongreß. Die von Österreich angeregte und durch Bismarck einberufene polit. Zusammenkunft der leitenden Staatsmänner der europ. Großmächte sowie der Türkei vom 13. 6.–13. 7. 1878 unter dem Vorsitz Bismarcks (als »ehrlichem Makler«) in Berlin. Der russ.-türk. Frieden von San Stefano vom 3. 3. 1878 sollte durch den B. K. revidiert und damit das Übergewicht Rußlands auf dem Balkan beseitigt werden. Rußland konnte zum Verzicht auf ein Protektorat Groß-Bulgariens veranlaßt werden; dieses wurde in ein Fürstentum unter türk. Oberhoheit und in eine türk. Provinz Ostrumelien geteilt. Rußland erhielt für seinen Verzicht Gebiete im Kaukasus und Teile Bessarabiens von Rumänien, das wiederum die Dobrudscha gewann. Serbien und Montenegro wurden für unabhängig erklärt. Österreich bekam das Mandat zur Besetzung Bosniens, der Herzegowina und des Sandschak als Gegengewicht gegen Rußland auf dem Balkan eingeräumt. Die Balkanvölker betrachteten die auf dem Berliner Kongreß geschaffene Neuordnung des Balkans lediglich als ein Provisorium. Die Erbitterung Rußlands über seine Machtminderung belastete den Frieden in Europa; dies führte 1879 zum dt.-österreich. Zweibund.

LIT. W. N. Medlicott, The Congress of Berlin and after (London 1938); E. Eyck, Bismarck, 3 Bde. (1944); S. Maiwald, Der B. K. und das Völkerrecht (1948); A. Novotny, Quellen und Studien zur Geschichte des B. K.: Österreich, die Türkei und das Balkanproblem im Jahre des B. K. (1957); R. Melville, H.-J. Schröder, Der B. K. Die Politik der Großmächte und die Probleme der Modernisierung Südosteuropas in der zweiten Hälfte des 19. Jh. (1982).

Berliner Verträge.
[1] Der am 23. 12. 1728 zwischen Friedrich Wilhelm I. von Preußen (reg.

1713–40) und Kaiser Karl VI. (reg. 1711–40) abgeschlossene Vertrag. Durch ihn wurden die im Preußischen →Krontraktat vom 16. 11. 1700 sowie im Geheimvertrag von Wustershausen (vom 12. 10. 1726, der allerdings nicht ratifiziert wurde) getroffenen Vereinbarungen (gegenseitige Waffenhilfe mit 12000 bzw. 10000 Mann) bestätigt. Der Kaiser versprach, die preuß. Ansprüche auf Berg zu unterstützen, während Preußen zusagte, die Pragmatische Sanktion anzuerkennen und seine Kurstimme dem künftigen Gemahl der Erzherzogin Maria Theresia (1717–1780) zu geben, vorausgesetzt, daß dieser Angehöriger eines dt. Reichsfürstengeschlechts sei.

[2] Der auf dem →Berliner Kongreß von 1878 abgeschlossene Vertrag.

[3] Der Freundschafts- und Neutralitätsvertrag, der am 24. 4. 1926 als Erweiterung des →Rapallo-Vertrags (16. 4. 1922) zwischen dem Dt. Reich und der UdSSR abgeschlossen wurde. Die beiden Vertragsschließenden verpflichteten sich, im Falle eines Angriffs von dritter Seite Neutralität zu wahren und sich einem wirtschaftl. und/oder finanziellen Boykott gegen einen der beiden Partner nicht anzuschließen. Durch den Vertrag wurde seitens der UdSSR einer Westorientierung des Dt. Reiches entgegengewirkt. Der Vertrag erfuhr eine Erneuerung 1931 und erneut im Mai 1933 um fünf Jahre.

LIT. Zu [3] L. Zimmermann, Dt. Außenpolitik in der Ära der Weimarer Republik (1958); H. L. Dyck, Weimar Germany and Soviet Russia 1926–1933. A Study in Diplomatic Instability (London 1966); Akten zur Dt. Auswärtigen Politik, Serie B, Bd. 2, 1 und 2,2 (1967); K. Hildebrand, Das Dt. Reich und die Sowjetunion im internationalen System (1977); A. Anderle, G. Förster, L. Heller, Forschungen zur Geschichte der UdSSR und der dt.-sowjet. Beziehungen 1917–1945. In: Jb. für Geschichte der sozialist. Länder Europas 24 (1980); G. Niedhart (Hrsg.), Der Westen und die Sowjetunion. Einstellungen und Politik gegenüber der UdSSR in Europa und in den USA seit 1917 (1983).

Beruf. Ein bereits seit den frühesten Entwicklungsstufen der menschl. Gesellschaft nachweisbares soziales Urphänomen. Zu den Ur-Berufen gehört der des Sammlers, Jägers (Kriegers),

Hirten, Fischers, Ackerbauern, Schmieds, Töpfers, Webers, Händlers, Priesters (gleichzeitig Arzt und Lehrer), Sängers (Rhapsoden). Während der Antike wurde eine staatl. geregelte Berufsordnung geschaffen. Außer den Ur-Berufen entwickelten sich die städt. Handwerker-Berufe. Da die Antike die meisten B. den Sklavenschichten überließ, war ihr eine eigene Berufsidee mit einem Berufsethos unbekannt, etwas, das bereits bei den primitiven Völkern vorhanden war und das insbes. durch das Juden- und Christentum ausgeprägt wurde. So war in der Lehre des Thomas von Aquin (1225/27–74) der B. ein von Gott übertragenes Amt; es fiel dem Menschen kraft seiner Stellung im ganzen der natürl. Schöpfungsordnung zu. Die Ausübung des B. verlangte die ständige Hingabe der gesamten Persönlichkeit an ihre Aufgabe (in der Mystik des 14. Jh. des ›ruof‹ Gottes: Eckehardt, um 1260–1327; J. Tauler, um 1300–61).

Luther (1483–1546) erweiterte diesen Gedanken in Richtung einer Heiligung der irdischen Arbeit. Die Arbeit des Alltags wurde durch ihn an die Stelle der ›guten Werke‹ gerückt. Im B. sah er eine göttl. Berufung, und die Berufsarbeit wurde für ihn Gottesdienst, Ausdruck der Nächstenliebe, da der einzelne durch die Berufsarbeit gezwungen sei, für andere tätig zu sein. Hieraus ergab sich das Verlangen nach Gehorsam und Pflichterfüllung im B.

Ihre schärfste Ausprägung erfuhr die Berufsethik im Calvinismus, da hier die Bewährung im B. bzw. der Berufserfolg als Beweis der Heilsgnade betrachtet wird. Der sich aus dieser Auffassung heraus entwickelnde Typ des Berufsmenschen ist auch heute noch weit verbreitet.

Demgegenüber nahm der dt. Idealismus eine eigene Stellung ein. Für ihn war der B. das Werk, in dem der Mensch die Möglichkeit der Entfaltung seiner Menschlichkeit und Persönlichkeit erhielt und gleichzeitig der Gemeinschaft diente.

Als eine Ordnung von Grundberufen wirkte die röm. Zunftordnung im MA nach. Durch Spezialisierung erwuchsen aus ihnen die neuzeitl. B. Vermehrt wurden die Berufsarten infolge des Aufkommens der Industrie im 18. Jh., namentlich die metallverarbeitenden und Verkehrs-Berufe, weiter die kaufmänn., techn. und wissenschaftl. B. Dies verursachte eine immer größere Arbeitsteilung. Gewerbe-, Handels- und Niederlassungsfreiheit brachten die Freiheit der Berufswahl sowie der berufl. Ausbildung in Berufsschulen, den Handwerker-, landwirtschaftl., hauswirtschaftl., Handelsschulen etc. Erst das 20. Jh. verwirklichte die Berufsberatung, u. a. in den USA, Belgien, der Schweiz und Dtl. Unterstützt wird die Berufsberatung durch wissenschaftl. Forschung (Arbeits-Physiologie und Psychologie).

Bei zahlreichen Völkern galten diejenigen B., die mit Töten und Blutvergießen verbunden sind, als unrein, so der B. des Schlächters, des Schinders und Henkers; häufig auch bestimmte künstler. B. sowie solche, die sich mit der Geldwirtschaft befaßten (u. a. Musiker, Schauspieler; Geldwechsler, »Zöllner und Sünder«).

LIT. M. Weber, Wissenschaft als B. (³1930); R. Thurnwald, Die menschl. Gesellschaft, 2 (1932); J. Johannesson, B. und Privatleben im Industriebetrieb (1953); J. Streller, Wörterbuch der B. (1953); M. Tramer, Die Berufsnöte Jugendlicher (1954).

Besam (franz. Bésant). Der Byzantiner; eine vor allem im 13. Jh. verbreitete Goldmünze von unterschiedl. Wert. Die Bez. wurde auch für Silbermünzen gebraucht.

Beschreibstoffe →Urkunde.

Besthaupt. Das beste Stück Vieh (als Abgabe beim →Mortuarium).

Bettelorden. Die Entstehung der B. (ordines mendicantium) darf als das Ergebnis der Forderung einer Zeit betrachtet werden. Die Orden mußten auftreten und die Kirche retten helfen, welche durch die Sektierer des 13. Jh. an sittl. Strenge, an Armut sowie an Entbehrungs- und Pflichteifer übertroffen wurde. Die Vorwürfe der Ketzer, gegen die Kirche gerichtet, konnten erst seit dem Auftreten der B. entkräftet werden.

Entgegen den alten Orden sind die B. nicht an Ortsbeständigkeit gebunden. Daher ließen sie sich fast nur in volkreichen Räumen in den Städten nieder. In der Übung der Armut gingen sie so weit, daß sie sogar den gemeinsamen Besitz aufgaben, um dadurch eine möglichst arme Lebensführung zu erreichen. Erhielten sie den Lohn für ihre Arbeit nicht, dann erbettelten sie sich ihren Lebensunterhalt von Tür zu Tür (daher die Bez. Bettelmönche oder Mendikanten). Für die empfangenen Gaben waren sie bestrebt, dem Volke als Prediger und Beichtväter zu dienen. Bei ihrer Tätigkeit stützen sie sich insbes. auf das aufstrebende Bürgertum, mit Erfolg arbeiteten sie an der sozialen Hebung des Volkes. Aus diesem Grund wurden sie die Favoriten der Städte. Z. Z. der Reformation wurde ihnen ihre Abhängigkeit von den Städten, als diese die Reformation erfaßte, zum Verhängnis. Dennoch hielt die überwiegende Mehrzahl der Angehörigen der B. zur alten Kirche.

Ursprünglich zählten lediglich die Franziskaner und Dominikaner zu den B. Innozenz IV. (1243–54) gesellte ihnen 1245 noch die Karmeliten, Alexander IV. (1254–61) 1256 die Augustiner-Eremiten zu. Wiewohl Martin V. (1417–31) im Jahre 1424 auch die Serviten den B. zurechnete, spricht das 15. Jh. doch durchweg von den »vier B.«: den Barfüßern, den Predigern, den Augustinern und »Unserer Frauen Brüder«. Später wurden den B. noch zugezählt: die regulierten Tertiarier des hl. Franz, die Minimen oder die Mindesten Brüder des hl. Franz von Paula, die Trinitarier, die Mercedarier, die Hieronymitaner, die Barmherzigen Brüder des hl. Johannes von Gott sowie der Orden von der Buße. Als Mendikanten in strengerem Sinne gelten allein die Franziskaner, die Konventualen und die Kapuziner.

Lt. kath. Kirchenrecht ist es den B. gestattet, mit ihrer Oberen Erlaubnis innerhalb der Diözese, in der sich der Konvent befindet, Almosen zu sammeln. In fremden Diözesen hingegen müssen sie die Erlaubnis der betr. Bischöfe einholen. Diese darf ihnen nur aus schwerwiegenden Gründen verweigert werden.

Die Lehrtätigkeit der B. an den Universitäten, außerdem ihre Privilegien, die in der Exemtion von der bischöfl. Gewalt sowie in der Befugnis zur Pfarrseelsorge bestanden, schufen den B. zahlreiche Feinde. In Paris wurden sie insbes. durch Wilhelm von St.-Amour (geb. zu St.-Amour in der Franche-Comté, gest. daselbst 1272) bekämpft. Doch die hll. Thomas (1225 oder 1226–74) und Bonaventura (1221–74) verteidigten die B. sehr geschickt. 1256 wurde der Streit zugunsten der B. entschieden. Den B. gehörten die bedeutendsten Theologen des 13. und 14. Jh. an.

Großartiges haben die B. nicht zuletzt als Missionare in aller Welt geleistet. So besaßen allein die Franziskaner im 15. Jh. Missionsstationen von Lappland bis zum Kongo und von den Azoren bis China.

In der Architektur haben die B. durch ihre Brückenstellung zwischen dem frühromanischen Stil und der Spätgotik, der sie den Weg ebneten, eine herausragende entwicklungsgeschichtl. Bedeutung. Nie haben die B. Bauvorschriften erlassen; ihre Generalkapitel beschränken sich auf gelegentl. Direktiven. Bei den Franziskanern lehnen sich die Direktiven an die Vorschriften der Zisterzienser an; von diesen wurde jedoch lediglich das Turmverbot durchgeführt. Allgemeingültige Vorschriften oder Baugepflogenheiten kennen sie nicht. LIT. DDC VI, 1156–63; M. Heimbucher, Die Orden und Kongregationen der kath. Kirche (3 Bde. ²1907/08; ³1933/34 in 2 Bdn.); J. Wiesehoff, Die Stellung der B. in den dt. freien Reichsstädten des MA (1906); RDK II, 394–444; IV, 129–54; R. Krautheimer, Die Kirchen der B. in Dtl. (1925); N. Hekker, Bettelorden und Bürgertum. Konflikt und Kooperation in den dt. Städten des SpätMA (1981).

Beunden, Peunten (ahd. biunt, mhd. biunte, Gehege). Ursprüngl. die der privaten Nutzung dienenden Grundstücke, welche der Allmende entzogen und eingezäunt waren (auch Bifang). Die B. waren nicht den wirtschaftl. Einschränkungen, z. B. dem Flurzwang, unterworfen. Heute bez. man als B. häufig die Gärten der Bauernhöfe in Oberdeutschland.

Beuterecht. Im Krieg das Recht eines kriegführenden Staates, sich feindl. Güter anzueignen oder zu gebrauchen. Nach Landkriegsrecht bezieht sich das B. lediglich auf das bewegl. Eigentum des feindl. Staates, insofern es nicht dem Gottesdienst, der Wohltätigkeit, dem Unterricht, der Kunst oder der Wissenschaft dient, nicht hingegen auf das Privateigentum sowie auf das Eigentum der Gemeinden. LIT. H. Wehberg, Das B. im Land- und Seekriege (1909); H. A. Sturm, in: British Yearbook of International Law 23 (1946).

Bevölkerung.
[1] Meist die Gesamtheit der Bewohner eines Gebietes, einer Ortschaft, eines Landes etc. In dem verhältnismäßigen Anteil der beiden Geschlechter, in der Gliederung nach Alter, Familienstand, Siedlungsweise, Beruf, Gebürtigkeit, Konfession etc. drückt sich die Struktur der Bevölkerung aus.
[2] Seit dem 17. Jh. gehören B. und Bevölkerungsbewegung zu den Forschungsgebieten der Nationalökonomie, Anthropologie und Soziologie. Die statist. erfaßbaren Erscheinungen sind Gegenstand der Bevölkerungsstatistik oder Demographie, die sich sowohl mit dem Stand der B. als auch deren Bewegung befaßt. Allerdings ist das Zahlenmaterial erst seit dem 19. Jh. für eine nur langsam wachsende Zahl von Staaten gesichert. Für die älteren Zeiten liegen der histor. Forschung lediglich vereinzelte Volkszählungs-Ergebnisse vor, so die erste umfassende des athenischen Gelehrten und Staatsmannes Demetrios von Phaleron in Athen, der hier von 317–07 unter dem Diadochen Kassander (355–298 oder 297) Statthalter war, ebenfalls der römische Zensus. Vor der Errechnung der Bevölkerungszahlen ist die Forschung daher größtenteils auf Steuerlisten, Angaben über Heeresstärken, wirtschafts- und finanzstatist. Hinweise etc. angewiesen. LIT. K. J. Beloch, Die B. der griech.-röm. Welt (1886); A. W. Gomme, The Population of Athens (1933); G. Ipsen, B. In: Hwb. des Grenz- und Auslandsdeutschtums, Bd. 1 (1934); A. M. Carr-Saunders, World Population, Past Growth and Present Trends (Oxford 1936); E. Keyser, Bevölkerungsgeschichte Deutschlands (³1943); E. Kirsten, Raum und B. in der Weltgeschichte (1956); H. Harmsen, in: Entwicklungstheorie und -politik (hrsg. von E. Boettcher, 1964).

Bevölkerungslehre, Bevölkerungstheorie (früher auch Populationistik genannt). Die Wissenschaft von der Bevölkerung; sie spürt den Gesetzmäßigkeiten der Bevölkerungsentwicklung, zudem ihrer Abhängigkeit von wirtschaftl., sozialen und polit. Gegebenheiten nach. Weitreichende Entwürfe über die Zusammenhänge von B. und Nahrungsgebiet sind den Arbeiten von Quesnay (1694–1774) sowie von Mirabeau (1715–89) zu verdanken, desgl. den Untersuchungen von Th. R. Malthus (1766–1834). Malthus entwickelte in seinem ›Essay on the Principle of Po-

pulation‹ (1798) als ersten Lehrsatz, daß die Bevölkerungszahl in geometr., die Mittel für ihren Unterhalt bestenfalls in arithmet. Progression sich bewegen (Malthus'sches Gesetz).
LIT. G. Mackenroth, Bevölkerungslehre (1953).

Bevölkerungspolitik. Bez. für sämtl. Maßnahmen und Planungen, die regelnd und steuernd auf die Bevölkerungsbewegung einwirken. Maßnahmen bevölkerungspolit. Art waren bereits im alten Orient bekannt, während Augustus (31 v.–14 n. Chr.) den drohenden Zerfall der in Rom führenden Schichten durch die ›Lex Iulia und Papia Poppaea‹ (9 n. Chr.) zu bekämpfen suchte. Das Gesetz schrieb für die bedeutenden Familien ein Ehe- und Kindergebot vor. Im MA war die Bevölkerungspolitik weitgehend Angelegenheit der Kirche. In der NZ trieb vor allem der Fürstenstaat eine intensive B., da er die Abhängigkeit staatl. Macht von der Bevölkerungszahl erkannte. Die liberalen Staaten hingegen verzichteten weitgehend auf eine B., da sie einer freien Entfaltung der Gesellschaft zuneigten. In der Gegenwart wird die B. in zunehmendem Maße durch staatl. Gesetzgebung beeinflußt. Die bevölkerungspolit. Maßnahmen werden unterschieden in qualitative und quantitative; die qualitativen dienen der Hebung der Volksgesundheit, die quantitativen wollen einer Übervölkerung bzw. einem Bevölkerungsschwund entgegenwirken, und zwar durch Geburtenkontrolle oder Familienförderung, Steuer- und Sozialgesetze, Ein- und Auswanderungsgesetze etc.
LIT. →Bevölkerung.

Bevölkerungstausch, Bevölkerungsaustausch. Ihm liegt der Gedanke des nationalen Staatsbegriffs zugrunde. aus dem nationalstaatl. Denken des 19. Jh. heraus entwickelt, wurde er erst im 20. Jh. praktiziert. Beispiele hierfür sind u. a. der Vertrag zwischen der Türkei und Bulgarien zu Adrianopel (1913). Bei echter Gegenseitigkeit, d. h., daß aufgrund zwischenstaatl. Vereinbarungen eine gleichberechtigte Umsiedlung nationaler Minderheiten bei gegenseitiger Wahrung des Vermögensstandes erfolgt, kann hierdurch eine Beilegung internationaler Konflikte erfolgen, falls auf anderem Wege friedl. Lösungen nicht erreicht werden können.
LIT. G. Rhode, Völker auf dem Wege (1952).

Bewußtsein →Geschichte.

Bezirk (von lat. circus, Kreis). Bez. für die gebietsmäßig abgegrenzte Unterabteilung eines staatl. Verbandes, desgl. von Großstädten (so z. B. Berlin, das seit 1920 unter einem Bezirksbürgermeister stand). Im ehem. preuß. Staat und seinen Nachfolgeländern stellt der Regierungsbezirk zwischen der Provinz und dem Kreis eine Mittelinstanz dar, wohingegen in den übrigen dt. Ländern (die der DDR bilden eine Ausnahme) der B., Amtsbezirk und Oberamtsbezirk die niedrigste Verwaltungseinheit darstellt. Unter einem Bezirkshauptmann war in Österreich die Bezirkshauptmannschaft von 1865 bis 1938 die unterste staatl. Verwaltungsbehörde. Der Bezirksausschuß, in Preußen 1883 aus dem Zusammenschluß von Bezirksrat und Bezirksverwaltungsgericht hervorgegangen, war eine Behörde, die aus dem Regierungspräsidenten als Vorsitzendem sowie zwei durch das Staatsministerium ernannten und vier durch den Provinzialausschuß gewählten Mitgliedern bestand. Durch das preuß. Gesetz vom 15. 12. 1933 wurde der Bezirksausschuß beseitigt. Das Bezirksverwaltungsgericht war ein preußisches Gericht, das durch das Verwaltungsgerichtsgesetz vom 3. 7. 1875 für den Regierungsbezirk geschaffen wurde; 1883 ging es im Bezirksausschuß auf.
LIT. H. Beuster, Probleme der staatl. Mittelinstanz. In: AÖR 78 (1952/53).

Bibliographie (griech., Bücherbeschreibung).
[1] Die Lehre von Bücherverzeichnissen.
[2] Die Verzeichnisse selbst; Hilfsmittel der wissenschaftl. Arbeit; die Sammeltätigkeit der Bibliotheken etc. Die anfangs erstrebte allg. B. (Verzeichnis literar. Erzeugnisse ohne Rücksicht auf fachl. Zugehörigkeit, so durch K. von Gesner, 1516–64, die Bibliotheca universalis, 1545–55) konnte nicht aufrechterhalten werden, da die literar. Produktion zu vielfältig war. Die nationalen B., in denen das Schrifttum eines Landes so vollständig wie möglich erfaßt wird, stehen allen anderen voran. Die Fach-B. bieten ein Verzeichnis der Literatur nach dem Inhalt, den verschiedenen Wissenschaften und Wissenschaftsgegenständen; auch die regionalen bzw. Orts-B., die ein das Schrifttum der einzelnen Landschaften und Orte

betreffende Verzeichnis darstellen, ebenfalls die Personal-B., gehören hierzu. Der Erscheinungsweise entsprechend spricht man von abgeschlossenen und laufenden bzw. periodischen B. Eine vollständige B. seines Faches steht dem Historiker nicht zur Verfügung; selbst die ›International Bibliography of Historical Sciences‹ (1930 ff.) vermittelt lediglich eine Auswahl des Gesamtschrifttums zur Historie. Für die einzelnen Teilgebiete der Geschichte stehen jedoch ausgezeichnete B. zur Verfügung, so z. B. für das At. In den nationalen Fach-B. findet der Historiker eine Genauigkeit, die der National-B. entspricht. Eine Ergänzung hierzu bedeuten die Literatur- und Forschungsberichte, die Rezensionen und Bücherverzeichnisse in den verschiedenen Fachzeitschriften (vgl. hierzu P. Caron und M. Jary, World List of Historical Periodicals, [2]1939). Für die Alte Geschichte vgl. das vollständige Verzeichnis ›Bibliotheca philologica classica‹ (1874 bis 1938); für die übrigen Geschichtsepochen bzw. die Geschichte insgesamt: A. Potthast, Bibliotheca historica Medii Aevi ([2]1896; Neudr. 1954); Dahlmann-Waitz u. a., Quellenkunde zur dt. Geschichte ([10]1969); Jahresberichte für Dt. Geschichte, 1920–42 (1952 ff.); G. Franz, Bücherkunde zur dt. Geschichte (1950); W. Trillmich, Kleine Bücherkunde zur Geschichtswissenschaft (1949); G. Franz, Bücherkunde zur Weltgeschichte vom Untergang des Röm. Reiches bis zur Gegenwart (1956); E. H. Boehm (Hrsg.), Historical Abstracts B. der Zeitschriftenlit. der Welt 1775–1945). LIT. G. Schneider, Einführung in die B. (1936); W. Krabbe, B. ([6]1951); K. Fleischhack, Leitfaden für B. (1951); H. Widmann, B. zum dt. Schrifttum der Jahre 1939–50 (1951); W. Totok, R. Weitzel u. K. H. Weimann, Handbuch der bibliographischen Nachschlagewerke (1954, [3]1966); C. Fleischhack u. a. (Bearbeiter); Grundriß der B. (1957); R. Weitzel, Die dt. nationalen B. (1958, [2]1960); R. Blum, Vor- und Frühgesch. der nationalen Allgemeinbibliographie (1965); F. Domay, Formenlehre d. bibliograph. Ermittlung (1968); B. Schneider, Einführung in die neuere Geschichte (1974); E. H. Carr, Was ist Geschichte? ([6]1981); A. von Brandt, Werkzeug des Historikers ([15]1998);

G. Taddey (Hrsg.), Lexikon der dt. Geschichte ([2]1983); K. Pellens (Hrsg.), Geschichtskultur – Geschichtsdidaktik. Internationale Bibliographie (1984); F. J. Lucas, Geschichte als engagierte Wissenschaft (1984); V. Sellin, Einführung in die Geschichtswissenschaft (1995).

Bibliothek (griech., Buchniederlage).
[1] Aufbewahrungsort für Bücher.
[2] Jedwede Art planmäßigen Sammelns von Büchern.
Die älteste B. war die Tontafelsammlung des Königs Assurbanipal (668 bis 626 v. Chr.) in Ninive. Die Alexandrinische B. und die B. von Pergamon waren die bedeutendsten des griech. Altertums. Die griech. B. entwickelte sich parallel zur Wissenschaft als ein Hilfsmittel der Forschung. Neben zahlreichen Privat-B. in Rom wurde die erste öffentliche B. erst 39 v. Chr. durch den röm. Staatsmann und Schriftsteller Gaius Asinius Pollio (76 v. Chr.–5 n. Chr.) gestiftet. Im 4. Jh. n. Chr. besaß Rom 28 öffentliche B. Die ersten christl. B. entstanden bei den Hauptkirchen in Caesarea, Edessa und Konstantinopel; im FrühMA standen die Kirchen-B. ausschließlich im Dienste der kirchl. Wissenschaft. Ausgehend von Italien, wurden die Klöster und Stifte fortan die Betreuer der B. (Kopieren von Handschriften antiker Texte). Zu den bedeutendsten Kloster-B. gehörten Bobbio, Monte Cassino, Corbie, Cluny, St. Gallen, Reichenau und Fulda. Aus den Kollegien-B. entwickelten sich im SpätMA die späteren Universitäts-B. (Salamanca 1243; Sorbonne 1257; Oxford 1345; Prag 1356; Basel 1460 u. a.). Die B. des MA war von nur geringem Umfang; selten umfaßte sie mehr als 1000 Handschriften (auf Pulten aufgestellt und häufig angekettet).
Die Fürsten-B. der Renaissance kamen dem Verlangen nach allg. Anteil an Forschung und Bildung entgegen. Die erste öffentl. B. der NZ war die durch Cosimo Medici (1389–1464) im Jahre 1441 begründete von San Marco in Florenz. Humanist. orientiert war außerdem die ebenfalls durch Cosimo begründete Biblioteca Laurenziana (1444). Während der Reformationszeit wurde viel und bedeutendes Bibliotheksgut vernichtet; hingegen wuchs das Bedürfnis nach B. seitens der neuen Kirche sowie des Bürgertums, wozu ebenfalls die Erfindung

97

des Buchdrucks (um 1455) beitrug. Das Erstarken der fürstl. Macht führte zur Gründung fürstl. B.; aus ihnen gingen später die Staats- und Landes-B. hervor: Wien 1526, Dresden 1556, München 1558, Berlin 1661. Die Palatina in Heidelberg war die bedeutendste dt. B. des 16. Jh., die Augusta in Wolfenbüttel, an der Leibniz (1646–1716) und Lessing (1729–81) wirkten, die bedeutendste des 17. Jh. Den Beginn der allg. Gebrauchs- bzw. der öffentl. B. markieren in England die Bodleiana (gegr. 1602), in Frankreich die Mazarine (gegr. 1645), in Italien die Ambrosiana (gegr. 1609). Das Zeitalter des Barock ist gekennzeichnet durch den Bau herrlicher Bibliothekssäle, so in Wien (Hofburg 1727), den Klöstern St. Gallen, Einsiedeln u. a. Die 1735 gegr. Universitäts-B. in Göttingen war die erste neuzeitlich organisierte wissenschaftl. Gebrauchs-B. Nutznießer der Enteignungen und Zentralisierungstendenz der Französischen Revolution und der Säkularisation um 1800 wurden vor allem die Landes-B. Während des 19. Jh. übernahmen insbes. die National-B. systematisch Sammlung und Verwahrung des bedeutend gewachsenen Schrifttums. Neben die wissenschaftl. traten seit 1850 die Volks-B.; sie dienten dem Unterhaltungs- und Bildungsbedürfnis weiter Kreise.
LIT. G. Adriani, Die Klosterbibliothek des Spätbarock in Österreich und Süddeutschland (1935); H. Kramm, Dt. B. unter dem Einfluß von Humanismus und Reformation (1938); J. Vorstius, Grundzüge der Bibliotheksgeschichte (⁴1948); E. Mehl, Dt. Bibliotheksgeschichte (1951); A. Esdaile, World's Great Libraries. 2 Bde. (London 1934–37); G. Leyh, Die dt. wissenschaftl. B. nach dem Krieg (1947); M. Thilo, Das Bibliothekswesen in der sowjet. Besatzungszone (1964); J. Stummvoll, Die B. der Zukunft. Automationsprobleme im Bibliothekswesen (1965); G. Liebers, Funktion u. Gestalt der B. (2000).

Biergelden → Bargilden.

Bifang, Beifang, Auffang, Fang, Neubruch, Ambitus.
[1] Im MA Bez. für das von einem Markgenossen gerodete Land, das durch Einhegung (Einfang) dessen Sondereigentum wurde; es war dem Flurzwang nicht unterworfen.
[2] Das Recht zur Vornahme des Neubruchs.

[3] die Einzäunung des gerodeten Landes.
[4] Ein Ackermaß als Unterabteilung einer Hufe.

Bilderbogen. Werke der Volksgraphik (imagerie populaire). Sie leiten sich von den Einblattdrucken des 15. Jh. her. Als Holzschnitte geschaffen, waren sie häufig koloriert.

Bilderbuch. Ein illustriertes Buch für Kinder, aus der Fibel (ABC-Buch) im 16. Jh. entstanden und namentlich nach dem ›Orbis sensualium Pictus‹ (ein Weltbild für Kinder in kleinen Holzschnitten von A. Comenius, 1592–1670, im Jahre 1658 verfaßt) entwickelt. Berühmte B. waren J. B. Basedows (1723–90) ›Elementarwerk‹ (1774, mit Kupferstichen von D. Chodowiecki, einem Maler und Radierer, der von 1726–1801 lebte), J. K. A. Musäus, ›Moralische Kinderklappe‹ (1788), F. von Poccis (1807–76) gedichtete und gezeichnete Kinderbücher, H. Hoffmanns (1809–94) ›Struwwelpeter‹, der zuerst 1847 erschien und in fast alle europ. Sprachen übersetzt wurde, W. Buschs (1832–1908) ›Max und Moritz‹ (1858) etc.
LIT. K. Hobrecker, Alte vergessene Kinderbücher (1924); A. Rümann, Alte deutsche Kinderbücher (1937); I. Graebsch, Geschichte des dt. Jugendbuches (1942); M. Dierks, Vom B. zum Arbeitsbuch (1965); B. Hürlimann, Die Welt im B. (1965).

Bilderhandschrift. Ein mit Miniaturen geschmücktes handgeschriebenes Buch religiösen, wissenschaftl. und dichter. Inhalts aus der Zeit vor der Erfindung des Buchdrucks. Beispiele für B. sind: Vergil in der Vatikanischen Bibliothek (Antike); irische, karolingische und romanische B. in St. Gallen und Kloster Engelberg; Heidelberger Liederhandschrift (Profanhandschrift), die sog. Manessische Handschrift (um 1300 entstanden).
LIT. K. Pfister, Mittelalterl. Buchmalerei des Abendlandes (1922); F. Unterkircher, Die Buchmalerei. Entwicklung, Technik, Eigenart (1974).

Bilderstreit. Bez. für den Streit um die Verehrung religiöser Bilder im byzantin. Reich von 726–840, und zwar zwischen Ikonodulen, »Bilderknechten«, und Ikonoklasten, »Bilderbrechern«. Ausgelöst wurde der B. durch einen Erlaß Kaiser Leos III. (717–41) über das Anbringen und die Verehrung

von Bildern Christi, Mariae und der Heiligen. Der Erlaß entstand aus der Befürchtung heraus, daß die Verehrenden lediglich das Bild, nicht jedoch die damit symbolisierte geistige Realität anbeteten. Der B. konnte beigelegt werden auf dem 2. Konzil von Nicäa (787) und dem 4. Konzil von Konstantinopel (869). Karl der Große (768–814) sprach sich wohl gegen eine Verehrung, aber für ein Anbringen von Bildern aus (Libri Carolini).
LIT. E. J. Martin, A History of the Iconoclastic Controversy (1930); K. J. Brosch, Wenn ich nur sein Gewand berühre (1951); K. H. Bernhardt, Gott und Bild (1956); G. Howe (Hrsg.), Das Gottesbild im Abendland (1957); G. Haendler, Epochen karolingischer Theologie (1958); H. W. Haussig, Kulturgeschichte von Byzanz (1959).

Bildersturm. Im Zusammenhang mit dem Bilderstreit die Beseitigung und Zerstörung jedweder Art von Kunstwerken durch Feinde der Bilderverehrung. Ähnl. Ursprungs waren die weitgehenden B. zur Zeit der Reformation; sie erfolgten gegen den Willen Luthers, so die von 1522 zu Wittenberg und in anderen Städten, insbes. in denjenigen, in denen man ref. Bekenntnissen anhing.

Bildnis (Porträt). Die Darstellung einer bestimmten Person, ebenfalls des Künstlers selbst (Selbstbildnis) oder einer Gruppe in Skulptur, Malerei und Graphik. Antike Statuen und Büsten waren zunächst Weihegeschenke, dem Götterideal angeglichen. Um so bewußter suchte der Hellenismus die Lebensnähe der Darstellung. Im MA war das B. selten und eher typisch als individuell gefärbt, so z. B. die Kaiserbilder in der Buchmalerei, Grabmäler und Stifterfiguren. Seit dem 15. Jh. finden sich selbständige B. Die Hochrenaissance mit ihrem ausgeprägten Persönlichkeitssinn wurde zur Glanzzeit des B. Das Barock bevorzugte die Repräsentation; gleichzeitig schuf Rembrandt (1606–69) B. von starker Eindringlichkeit. Menschl. Werte suchten Klassizismus und Romantik in ihren B. zum Ausdruck zu bringen. Das spätere 19. Jh. und die Gegenwart sind in ihrer Auffassung nicht selten von der Photographie beeinflußt, häufig auch im gewollten Gegensatz zu ihr.
LIT. R. von Lichtenberg, Das Porträt an Grabdenkmälern etc. (1902);

K. Woermann, Die italienische Bildnismalerei der Renaissance (1906); W. Waetzoldt, Die Kunst des Porträts (1908); Dumont-Wilden, Le portrait en France (Brüssel 1909); A. Hekler, Die Bildniskunst der Griechen und Römer (1912); E. Waldmann, Das Bild im 19. Jh. (1921); M. Wegner (Hrsg.), Das röm. Herrscherbild (1939ff.); B. Schweitzer, Studien zur Entstehung des Porträts bei den Griechen (1940); K. Scheffold, Die B. der antiken Dichter, Redner und Denker (1943); B. Schweitzer, Die Bildniskunst der röm. Republik (1948); E. Buchner, Das dt. B. der Spätgotik und der frühen Dürerzeit (1953); Gisela M. A. Richter, The Portraits of the Greeks. 3 Bde. (London 1965); H. W. Singer, Allgemeiner Bildniskatalog. 14 Bde. (1967); ders., Neuer Bildniskatalog. 5 Bde. (1967).

Bildnisrecht (lat. ius imaginum). Das Recht patriz. Geschlechter in Rom, sodann der Nobilität, daß im Leichenzug diejenigen bereits verstorbenen Angehörigen, die das Amt eines Diktators, Konsuls, Zensors, Prätors, Reiterführers, kurulischen Aedils bekleidet hatten, gleichsam persönl. folgten. Voraussetzung für das B. war, daß die Verstorbenen zu ihren Lebzeiten im Vollbesitz der Bürgerrechte sowie der bürgerl. Ehre gewesen waren; auch durften diese Rechte nicht nach dem Tode aberkannt worden sein, was nach röm. Recht möglich war. Desgl. durften die Verstorbenen nicht unter die Götter versetzt worden sein, wodurch sie aus der Zahl der Dahingeschiedenen ausschieben.
LIT. Th. Mommsen, Röm. Staatsrecht (1952, Nachdr. der 3. Aufl.); E. Bethe, Ahnenbild und Familiengeschichte (1935).

Bilingue (lat.). Eine Inschrift oder Handschrift mit zweisprachigem Text, in Kolumnen abgesetzt. Insbes. für die Entzifferung unbekannter Schriften und Sprachen sind die B. von Bedeutung, beispielsweise bei der Entzifferung des Sumerischen durch die Assyriologie.

Bill (engl., von ma. billa, bulla, Zettel, Brief, Urkunde). Im angelsächs. Recht vor allem der dem Parlament vorgelegte Gesetzentwurf; er wird durch die Zustimmung des Königs zur Act (Gesetz), so die ›B. of Rights‹, das Gesetz der Rechte; sie wurde im Oktober 1689 durch ein ordnungsgemäß berufenes Parlament zum Gesetz erhoben, nachdem es im Anschluß an die Vertreibung Jakobs II. (1685–88) zunächst durch eine formlos berufene Parlamentsversammlung als ›Declaration of Rights‹ aufgesetzt und im Februar 1689 von den neuen Herrschern (Wilhelm III. von Oranien und Maria, 1689–1702 bzw. bis 1694) angenommen worden war. Die ›B. of Rights‹ regelte in 13 Art. die Thronfolge in England und sämtl. Rechte des Parlaments, vor allem das Ausschreiben von Steuern; sie stellte eine Art Staatsgesetz dar. Die ›B. of Rights‹ führte dazu, daß die Herrschaft des Parlaments gegenüber der Regierung und dem König gesichert wurde. LIT. W Holdsworth, A History of English Law. 18 Bde. (1923–73).

Billon (franz.). Eine Legierung minderwertigen Münzmetalls (Silber und Kupfer). Die Legierung enthält mehr Kupfer als Silber. In Frankreich nennt man alle Scheidemünzen B., in England rohe, ungemünzte Edelmetalle.

Bimetallismus. Bez. für ein Währungssystem auf der Grundlage zweier Währungsmetalle, meist Silber und Gold, wobei die Einlösung der Banknoten sowie die Prägung von Münzen im einen wie im anderen Metall erfolgen können. Bei der Parallelwährung besteht, im Gegensatz zur Doppelwährung, kein festes gesetzl. Umtauschverhältnis zwischen den beiden Währungsstoffen. Die Doppelwährung geht aus von der durch die tatsächl. Entwicklung widerlegten Annahme eines stabilen Wertverhältnisses zwischen Silber und Gold, das z. B. für England 1717, für die USA 1792 festgelegt wurde. LIT. E. Cernuschi, La monnaie bimétallique (1876).

Biographie (griech. Lebensbeschreibung).
[1] Die Darstellung eines durch Ideen, Taten, Charakter oder Schicksal bemerkenswerten Menschenlebens. In der Autobiographie, der künstler. konzentrierten Form des Tagebuchs, stellt der Verfasser sein eigenes Leben dar.
[2] Sammelwerk, das in alphabet. Reihenfolge Lebensbeschreibungen in knapper Form enthält (wenn sich biograph. und bibliograph. Angaben die Waage halten, Bibliographie genannt), z. B. die von der Historischen Kommission der Münchner Akademie in 52 Bänden von 1875–1912 hrsg. ›Allgemeine Deutsche Biographie‹. Neben den nationalen gibt es auch internationale und regionale B., außerdem solche, die nach Zeiten, Bekenntnissen, Berufen oder Fachgebieten begrenzt sind. Die Geschichte der B. reicht zurück bis ins Altertum. So wurden bei Plutarch (um 50–120 n. Chr.) bedeutende Persönlichkeiten des Griechen- und Römertums nebeneinander gestellt, um dadurch eine Typisierung sowie einen erzieherischen Effekt zu erreichen. Von Sueton (um 70–nach 140 n. Chr.) sind die Lebensbeschreibungen der römischen Kaiser von der Zeit Caesars bzw. Oktavians (31 v.–14 n. Chr.) bis Domitian (81–96) erhalten. Sueton übertrug auf die ›vitae Caesarum‹ die Form der gelehrten alexandrinischen B., die er ebenfalls in seinem Hauptwerk ›De viris illustribus‹ anwandte. Hierin werden bedeutende Repräsentanten der römischen Literatur, Dichter, Historiker, Philosophen, Grammatiker und Rhetoren beschrieben. Während des MA stand die legendenhafte Heiligenbiographie (→ Hagiographie) im Vordergrund, während seit dem Beginn der NZ die Darstellung der Einzelpersönlichkeit vorrangig ist. Von besonderem Wert für die historische Forschung ist die Autobiographie, vor allem dann, wenn sie sich durch Objektivität, Vollständigkeit und Einordnung des eigenen Lebens und Erlebens in die jeweilige Epoche auszeichnet. Berühmte Autobiographien stammen von Augustinus (354–430, ›Confessiones‹), Abälard (1079–1142), der hl. Theresa von Avila (1515–82), Ulrich von Hutten (1488–1523), J. J. Rousseau (1712–78), J. W. von Goethe (1749–1832) etc. LIT. E. M. Oettinger, Bibliographie biographique universelle (²1866); R. Dimpfel, Biographische Nachschlagewerke (1922); G. Schneider, Handbuch der B. (⁴1930); R. F. Arnold, Allg. Bücherkunde zur neueren dt. Literaturgeschichte (³1931); J. Romein, Die B. (1948); G. Misch, Geschichte der Autobiographie. 4 Bde. (1949–69); M. Hartmann, Einführung in die allg. B. (1956); H. Koch und W. Siedentop, Grundzüge der allg. B. (1957); O. Hähner, Historische Biographik (1999).

Bireme (lat. biremis). Ein Zweiruderer; das leichte schnelle Kriegsschiff der Römer; es fand auch als Geleitfahrzeug Verwendung.

Birkebeiner. Bez. für die Anhänger des norweg. Gegenkönigs Sverre (1164–1202); Sverre erhob sich gegen

König Magnus VI. (1161–84) und die Partei der Bagler. Zweck des Aufstands war, die Ansprüche der Kirche zurückzuweisen und diese der Herrschaft des Königs unterzuordnen. Die Bez. B. bezieht sich auf die Umhüllung der Beine mit Birkenrinde.

Bischof (von griech. episkopos, Aufseher). Der leitende Geistliche eines bestimmten Gebiets in christl. Kirchen. Das Amt des B. fiel in der Urkirche mit dem des Presbyters zusammen. Bereits bei dem Apostel Paulus werden B. als selbständige Amtsträger erwähnt, anfangs verschiedene an einem Ort, wahrscheinlich für jede Hausgemeinde jeweils ein B. Seit dem 2. Jh. entstand, vermutl. in Syrien und Kleinasien, zuerst bei Ignatius von Antiochien († um 110 n.Chr.) der Gedanke des monarch. Episkopats: der den Presbytern und Diakonen, d.h. den beiden anderen Amtsträgern, übergeordnete Einzelbischof. Er repräsentiert als Leiter der Eucharistie die Kirche für die gesamte Ortsgemeinde.

Seit dem 3. Jh. verkörpert der von der Gemeinde, dem Klerus oder anderen B. gewählte und eingesetzte B. die Tradition der Kirche, da er in der apostolischen Sukzession steht; er besitzt das Priester-, Lehr- und Hirtenamt, die Presbyter und Diakone werden von ihm ernannt, jedem beaufsichtigt er das Leben der Gemeinde. Auch obliegt ihm die Aufsicht über die Kirchenzucht.

Nach der Anerkennung des Christentums durch den Staat erlangten die an der Spitze der kirchl. Hierarchie stehenden B. auch den Rang weltl. Würdenträger. Im Zusammenhang mit der Herausbildung einer festen Kirchenorganisation wird der ursprüngl. Amtsbereich der B., die Parochie, zur Diözese, einem exakt umrissenen Bezirk. Mehrere Diözesen bilden eine Kirchenprovinz, der ein Erzbischof bzw. ein Metropolit vorsteht. Seit dem 3. Jh. wird die Priester- und Hirtengewalt zwar langsam, aber stetig durch den Primat des römischen B. als Papst und Inhaber des Primats eingeschränkt, während innerhalb der Diözese Archidiakon und Domkapitel, insbes. im Hoch- und Spät-MA Einfluß auf die Macht des B. zu gewinnen versuchen. Speziell im dt. Reich erlangen eine Anzahl von B. als Fürstbischöfe Einfluß. Die Versuche der B., gegenüber den Päpsten größeren Einfluß und Unabhängigkeit zu gewinnen, werden durch letztere vor allem auf den Konzilien bekämpft. Sie finden ihr Ende durch das Vatikanische Konzil im Jahre 1870. Dagegen können die B. gegenüber den Domkapiteln seit dem Konzil von Trient (1545–63) an Macht gewinnen.

Heute erfolgt die Besetzung eines Bischofsstuhls in freier Ernennung des B. durch den Papst; er stützt sich dabei auf Vorschlagslisten der B. des jeweiligen Landes sowie des Domkapitels. Letzteres besitzt in Ausnahmefällen ein formales Wahlrecht. Nach seiner Ernennung hat der B. dem Papst einen Treueid zu leisten, in einigen Fällen, so in Dtl., auch dem Staat. Feste Residenz, regelmäßige Visitation der Diözese und Berichterstattung nach Rom (visitatio ad limina) gehören zu den bischöfl. Pflichten. Da der B. als Nachfolger der Apostel betrachtet wird, besitzt er die Weihegewalt (potestas ordinis), die Regierungsgewalt (potestas iurisdictionis) sowie das Lehramt (potestas magistri).

Der B. zeichnet sich durch eine besondere Tracht und Insignien (Pontifikalien) aus. Die Bischofsinsignien sind: Der Ring, das Symbol der geistl. Vermählung mit seiner Kirche; der Stab (Krummstab), das Zeichen der Hirtensorge; das Brustkreuz, das Zeichen der bischöfl. Würde sowie Inful oder Mitra (Bischofsmütze). In der Bischofskirche findet sich rechts vom Altar die Kathedra (Bischofsthron), weshalb die Bischofskirche Kathedrale genannt wird.

In der ev. Kirche konnte sich lediglich zu Beginn der Reformation die ursprüngl. Vorstellung vom Bischofsamt durchsetzen, da schon bald die Konsistorialverfassung an die Stelle des Bischofsamtes trat. Zunächst nur als vorübergehende Institution gedacht, wurde die Konsistorialverfassung zu einer Dauereinrichtung; sie bestand bis 1918. Seitdem gibt es das Amt des Landesbischofs in den einzelnen Landeskirchen. Er wird der Synode gewählt; ihm untersteht die geistl. Leitung der Pfarrer. Außerdem hat er maßgebl. Einfluß auf die Verwaltung der Landeskirche. Die anglikan. Kirche kennt ebenfalls B., ebenso die Kirche der skandinavischen Länder u.a. Ihre Stellung ähnelt der der kath. Bischöfe.

LIT. A. Nicolovius, Die bischöfl. Würde in Preußens ev. Kirche (1834); H. Liermann, Deutsches ev. Kirchenrecht (1933); Episcopus, Studien über das Bischofsamt, Festschrift Kard. Faulhaber (Hrsg. Theolog. Fakultät München, 1949); E. Eichmann, Lehrbuch des Kirchenrechts auf Grund des Codex Iuris Canonici. Neu bearb. und hrsg. von K. Mörsdorf ([9]1959); H. von Campenhausen, Kirchliches Amt und geistliche Vollmacht ([2]1963); Y. Congar, Das Bischofsamt und die Weltkirche (1964); R. Kaiser, Bischofsherrschaft zwischen Königtum und Fürstenmacht (1981); E. Gatz, Die Bischöfe der deutschsprachigen Länder 1785/1803 bis 1945 (1983); H.J. Brandt, K. Hengst, Die Bischöfe und Erzbischöfe von Paderborn (1984).

Bischofsmütze. Die Kopfbedeckung von Kardinälen, Bischöfen und Äbten bei ihren Pontifikalfunktionen. Die B. steht auch den Protonotaren (oberste Rangstufe der päpstlichen Hof- und Ehrenprälaten), den Rota-Auditoren sowie, mit einem entspr. päpstl. Privileg ausgestattet, ebenfalls anderen (infulierten) Prälaten zu. Die B. besteht aus zwei flachen, nach oben spitz zulaufenden Deckeln; an der Rückseite hat sie zwei Bänder (→Mitra).

Bischofsstadt. In Dtl. die bischöfl. Residenzstadt, in der der Bf. gleichzeitig Stadtherr war.
LIT. F. Merzbacher, Die B. (1961).

Bistum (ahd. biscoftuom). Der aus der Parochie hervorgegangene kirchliche Verwaltungsbezirk des Bischofs (Diözese). In ihm übt der Bischof seit dem frühen MA seine Rechte aus; ihm untersteht dessen geistl. Leitung, nicht selten bis zur Säkularisation auch die weltl. (Fürstbischof). Das B. setzt sich zusammen aus Pfarreien, von denen mehrere ein Dekanat bilden. Eine Anzahl von B. ist in einer Kirchenprovinz zusammengefaßt. Exemte B. nennt man diejenigen, die nicht dem Verband einer Kirchenprovinz angehören, sondern dem Hl. Stuhl unmittelbar unterstellt sind (→Exemtion).

Bitte →Bede, →Erste Bitten.

Blaffert, Blappart, Blaphard, Plappert (frz. blafard). Im SpätMA und zu Beginn der NZ allgemein Bez. für Scheidemünze, Halbgroschen.

Blason. Wappenschild, Wappenkunde. Die kunstgerechte Beschreibung eines Wappens wird als Blasonieren bezeichnet. Blasonierte Münzen nennt

man diejenigen dt. Münzen, die ein mit Lack ausgemaltes Wappen tragen.

Blaubuch →Farbbücher.

Bleikammern. In Venedig das berüchtigte Staatsgefängnis unter einem Bleidach. Mit dem Dogenpalast war es durch die Seufzerbrücke verbunden. 1797 wurde es zerstört. Berühmt wurde Giacomo Casanova (1725–98) durch seine kühne Flucht aus den Bleikammern im Jahre 1756, in die er infolge einer Anklage der Inquisition gelangt war.
LIT. H. Kretschmayr, Geschichte von Venedig. 5 Bde. (1905–34).

Bliaud (franz.), **Blialt.** Bez. für ein Obergewand (hemdkittelartig gearbeitet), das vom 10. bis zum 14. Jh. von Männern und Frauen getragen wurde; auch Cotte, auch Robe genannt. In Dtl. war es unter dem Namen Roc bekannt. Bei den Männern reichte es bis zu den Knien oder bis zu den Knöcheln, bei den Frauen hinab bis zu den Füßen, falls es nicht schleppig gearbeitet war. Aus seiner kurzen Form, die lediglich bis zum Gürtel reichte, kam es zur Entwicklung der Bluse.
LIT. H. Schurtz, Grundzüge einer Philosophie der Tracht (1891); L. H. Newburgh, Psychology of Heat Regulation and the Science of Clothing (1949).

Blitzkrieg. Bez. für die erfolgreichen Feldzüge der dt. Wehrmacht gegen Polen, Frankreich, Jugoslawien und Griechenland während der Kriegsjahre 1939–41, da sie die Erwartungen von Freund und Feind weit übertrafen. Die Erfolge basierten nicht zuletzt auf dem kombinierten Einsatz der Luft- und Panzerstreitkräfte. Die Blitzkriegsphase fand ihr Ende mit dem Steckenbleiben der Offensive der dt. Heeresgruppe Mitte vor Moskau Ende November 1941 und den erfolgreichen sowjet. Gegenoffensiven im Süd- und Zentralabschnitt der Ostfront Winter 1941/42.
LIT. A. Hillgruber, Hitlers Strategie. Politik und Kriegführung 1940 bis 1941 (1965); A. S. Milward, Die dt. Kriegswirtschaft 1939–1945 (1966); K.-H. Frieser, B.-Legende (1995).

Block (franz. bloc von ahd. bloh). Bez. für das polit. Zusammengehen von Parteien. Der B. unterscheidet sich von der Koalition durch seine kämpferische Tendenz, z.B. 1907 im Reichstag die Vereinigung von Konservativen, Nationalliberalen und Freisinnigen gegen das Zentrum und die Sozialdemokraten

zum Bülow-Block. Im außenpolit. Sinne das enge Bündnis zwischen mehreren Staaten, die eine gemeinsame Weltanschauung vertreten.
LIT. A. Steiniger, Das Blocksystem (1949); A. Vulpius, Die Allparteienregierung (Diss. Freiburg 1956).

Blockade (engl., franz. blocus). Die Absperrung (das Blockieren) eines Hafens oder einer Küste durch fremde Flottenstreitkräfte (Blockadegeschwader). Die B. ist zulässig im Krieg oder als Repressalie. Die Kriegsblockade erhielt ihre rechtliche Ordnung durch die Pariser Seerechtsdeklaration vom 16. 4. 1856. Eine gegenüber den Neutralen rechtsgültige B. besteht, sobald der Zugang zur Küste durch Seestreitkräfte an Ort und Stelle wirksam verhindert wird (Prinzip der Effektivität der B.; verboten sind die Fern- oder die Papierblokkade; letztere bezeichnet die lediglich durch eine Erklärung ausgesprochene B.). Die neutralen Schiffe, welche trotz Kenntnis der B. die Sperre zu durchbrechen suchen (Blockadebrecher), dürfen entschädigungslos weggenommen werden. Keine B. im ursprüngl. Sinn ist die sog. Seesperre; hierdurch soll der Handelsverkehr des Feindes mit den Neutralen über neutrale Häfen lahmgelegt werden.
LIT. J. L. Kunz, Kriegsrecht und Neutralitätsrecht (1935); L. F. L. Oppenheim und H. Lauterpacht, International Law, 2 (London [7]1952); L. Kotsch, in: Wörterbuch des Völkerrechts, 1 (1960).

Blockbücher. Holzdrucke, d. h. in Buchform gefaßte Folgen von Bilddrukken, die mit kurzen Begleittexten versehen sind; dabei wurde stets eine ganze Seite von einer Holztafel (Block) abgezogen. B. entstanden größtenteils in Dtl. und den Niederlanden, und zwar von 1430–50 und später. Endgültig wurden sie zu Beginn des 16. Jh. durch Holzschnittbücher, deren Text typographisch hergestellt war, verdrängt.
Inhalt: Volkstüml. Erbauungsschriften sowie auch Lehrbücher auf scholastischer und mystischer Grundlage. Als wichtigste B. sind zu bez.: der Antichristus et quindecim signa, die Apokalypse, die Ars moriendi, die Biblia pauperum, das Canticum canticorum (Hohelied), die Chiromantia, das Defensorium inviolatae et perpetuae virginitatis Mariae, die Mirabilia Romae, das Planetenbuch, das Speculum humanae salvationis sowie der Totentanz. Insge-

samt sind 33 Werke in über 100 Ausgaben als B. bekannt.
LIT. P. Kristeller, Kupferstich und Holzschnitt in vier Jh. ([4]1922); E. von Rath und R. Ruchhoff, in: Hdb. der Bibliothekswissenschaft 1 (1931; [2]1950); RDK II.

Blutbann. Im dt. MA die Gerichtsbarkeit über Leben und Tod. Ursprüngl. in der Hand des Königs, durch seine Beamten (Grafen, Reichsvögte) ausgeübt, gelangte der B. mit Entstehung der Landeshoheit an die Landesherren (→Bann).
LIT. K. von Amira, Über das altgerman. Privatstrafrecht (Sitzungsbericht München 1913); H. Hirsch, Die hohe Gerichtsbarkeit im dt. MA (1922); F. Genzmer, Wergeld und Klage (1941); H. von Hentig, Die Strafe ([2]1955); H. Mitteis, DRG ([11]1969); L. Günther, Die Idee der Wiedervergeltung in der Geschichte und in der Philosophie des Strafrechts (1889).

Blutfahne, Blutbanner. Eine rote Fahne, mit der die Reichslehen beliehen wurden, die mit dem Blutbann verbunden waren.

Blutfeld, Regalienfeld. In der Heraldik ein rotes Feld im Wappen; es weist auf die Belehnung mit der Blutfahne hin (Burgund).

Blutgeld.
[1] Während des dt. MA, darüber hinaus vor allem im England des 18. Jh. eine Belohnung für denjenigen, dessen Zeugnis zur Überführung eines Verbrechers führte.
[2] Buße für die Tötung eines Menschen (Wergeld).

Blutiger Sonntag. Bez. für den 22. 1. 1901. Dieser Tag, ein Sonntag, markiert den Beginn der bürgerlich-sozialist. Unruhen in Rußland, als ein friedlicher Bitt-Demonstrationszug (rd. 100000 Teilnehmer) in St. Petersburg unter der Führung des Priesters G. Gapon durch Gardetruppen des Zaren zusammengeschossen wurde. Nach Bekanntwerden der russ. Niederlage im russ.-japan. Krieg (1904/05) brach in Rußland die Revolution aus; sie hatte ihre Ursache in den sozialen und wirtschaftl. Mißständen des Zarenreiches.
LIT. L. Kulczycki, Geschichte der russ. Revolution. 3 Bde. (1910–14); H. Seton-Watson, Der Verfall des Zarenreiches (1954).

Blutrache. Eine Erscheinung des primitiven Gesellschaftslebens; sie ist Ausdruck eines urtümlichen Gefühls für Verwandtschaftszusammenhang in Sippe oder Clan. Der Tod durch Blutvergießen, aber auch durch Zauberei, galt bzw. gilt als Anlaß für die B. Dabei erscheint nicht der einzelne Täter, sondern sein gesamter Verwandtschaftsverband als schuldig, dem gegenüber zur B. aufgerufen wird. B. führte oft zu langen Kämpfen zwischen den verschiedensten Geschlechtern. Sie ging zurück mit der Ausbildung fester Machtordnungen und dem Erstarken staatl. geregelter Rechtsordnungen.

Bodenreform. Zusammenfassende Bez. für die unterschiedl. Bestrebungen, die auf eine Änderung der Besitzverhältnisse sowie des Eigentumsrechts am Grund und Boden gerichtet sind. Die beiden Grundfragen der B. sind: Abschaffung des privaten Bodenmonopols (der »Bodensperre«) sowie Beschränkung oder Aufhebung des arbeitslosen Einkommens aus Grundrente. Zu den von den verschiedenen Gruppen geforderten wirtschaftlichen Maßnahmen gehören die folgenden: [1] Aufhebung des privaten Bodenbesitzes, d.h. (a) Verstaatlichung; sie führt zur Entstehung von Staatsbetrieben (z.B. der sowjet. Sowchosen) oder von staatl. verpachteten Bauerngütern (Kolchosen); (b) Übertragung des Bodenbesitzes an die Gemeinden, verwirklicht z.B. im russ. Mir und in der ma. Hufenverfassung; sie spielt auch in der modernen kommunalen Wohnungspolitik eine Rolle; (c) die Verallgemeinerung des genossenschaftl. Grundbesitzes; sie gehört zu den Forderungen des Anarchismus.
[2] Aufteilung des Grundbesitzes und Zuweisung des Bodens an selbständige Bauern; sie ist im Grunde die verbreitetste Art der Bodenreform.
[3] Abschöpfung der Grundrente durch Besteuerung (Bodenwertzuwachssteuern).
In der Bodenreformbewegung berühren sich ausgesprochen sozialist. und kommunist. Ideen (Agrarsozialismus und Agrarkommunismus) mit kleinbürgerl.-mittelständischen (Mieterschutz, »Zurück-aufs-Land«-Bewegung, Bauernpolitik) oder sogar solchen liberalen, großbürgerlichen Ursprungs (Kampf gegen den grundbesitzenden Adel; Interesse des industriellen Bürgertums an niedrigen Nahrungsmittelpreisen etc.). Den stärksten Impuls, vor allem in England

und den USA, erhielt die B. durch Henry George, namentlich auf Grund seines Werkes ›Progress and Poverty‹ (1879), das die Lösung der sozialen Frage in der Abschöpfung der Grundrente durch eine einzige Steuer (engl. single tax, hierher »singletax«-Bewegung) erblickt, die an die Stelle sämtl. übrigen Steuern treten soll. In Deutschland entwickelte sich eine Bodenreformbewegung unter der Führung von M. Flürscheim (1844–1912), A. Damaschke (1865–1935) und F. Oppenheimer (1864–1943). In der ehem. DDR erfolgte 1954 als erste Stufe zur Verwirklichung des Agrarsozialismus die entschädigungslose Enteignung der Großgrundbesitzer. In Westdeutschland wurde 1946–48 eine Enteignung gegen Entschädigung durch die damaligen Besatzungsmächte eingeleitet.

LIT. K. Diehl, Art. Bodenbesitzreform. In: HWSt II (hier die gesamte ältere Lit.); A. Damaschke, Geschichte der Nationalökonomie (⁴1910); ders., Die B. (1923); M. Sering, Agrarrevolution und Agrarreform in Ost- und Mitteleuropa (1929); ders. (Hrsg.), Die agrarischen Umwälzungen im außerruss. Osteuropa (1930); A. Liertz, A. Damaschke und die dt. B. (1948); W. Abel, Agrarpolitik (1951); W. Ehrenforth, Das Recht der Siedlung und B. (Texte, 1952); W. Abel, Agrarpolitik (²1958).

Bodmerei, Verbodmung (ndl. bodmerij, engl. bottomry, vgl. Schiffs»boden«). Im Seehandelsrecht seit dem späten MA die Darlehensaufnahme auf den Schiffsboden. Der Gläubiger trug hierbei gegen einen erhebl. Zinssatz (20–40%) das Risiko beim Verlust eines Schiffes. In der NZ ist die B. auf ein Notdarlehen beschränkt; hierüber wird vom Kapitän des Schiffes eine Urkunde (Bodmereibrief) ausgefertigt. Die Aufnahme des Notdarlehens muß in fremden Häfen erfolgen; hierdurch wird die Fortsetzung der Reise ermöglicht. Moderne Formen der Nachrichtenübermittlung wie Funk und Kabel haben die B. überflüssig gemacht. LIT. H. Wüstendörfer, Neuzeitl. Seehandelsrecht (²1950).

Bogomilen, Bogumilen (slaw. ›Gottesfreunde‹, auch Babunier. Eine seit dem 10. Jh. in Kleinasien und auf dem Balkan verbreitete, den Manichäern verwandte Sekte. Die B., die die Taufe, das Abendmahl, die religiösen Bilder

sowie die Verehrung des Kreuzes verwarfen, lehrten die Existenz eines guten und bösen Gottes. Vom 12. Jh. an wurden sie durch den byzantin. Staat bekämpft; bis ins späte MA hielten sie sich vor allem in Bosnien (daher spricht man auch von der ›Bosnischen Kirche‹). Ohne Erfolg blieben die mit Unterstützung der ungar. Könige unternommenen Bekehrungs- und Bekämpfungsversuche der kath. Kirche. Die Mehrzahl der B. trat nach der türk. Eroberung (1463) zum Islam über. Bis heute sind Spuren der bogomil. Lehre in abgelegenen Gegenden ihres einstigen Verbreitungsgebiets feststellbar. In gewissem Sinne sind die B. Vorläufer der Katharer.
LIT. I. von Döllinger, Beitrr. zur Sektengeschichte des MA. 2 Bde. (1890); J. Ilic, Die B. in ihrer geschichtl. Entwicklung (Bern 1923); M. Spinka, A History of Christianity in the Balkans (Chicago 1933); A. Dondaine, Un traité néomanichéen du XIIIᵉ siècle, die ›Liber de duobus principiis‹ (Rom 1939); P. Obolensky, The Bogomil (Cambridge 1948); D. Angelov, Der Bogumulismus (Sofia 1948); A. Borst, Die Katharer (1953); G. Wild, Bogumili als Ausdruck des Selbstverständnisses der ma. Sektenkirche. In: Kirche im Osten, 6 (1963); TRE VII, 28–42; R. Kutzli, Die Bogumilen (1977).

Bojar (altruss., ursprüngl. donaubulgar., Herr, Edelmann). In Bulgarien vom 8.–14. Jh., in Rußland bis ins 18. Jh. existierender Stand. Hier waren die B. für das örtl. Steuer-, Gerichts- und Militärwesen zuständig. Dann, unter Peter d. Gr. (1689–1725), wurden sie durch den Dienstadel der Dvorjane ersetzt. In Rumänien gab es B. bis ins 19. Jh. Im alten Rußland waren die B. fürstl. Gefolgschaftsleute. In Rumänien bzw. den rumän. Fürstentümern wurden als B. allg. die Freien, die Großgrundbesitzer bezeichnet.
LIT. W. O. Kliutschewsku, Die Bojarenduma (russ. 1888); M. A. Djakonov, Skizzen zur Gesellschafts- und Staatsordnung des alten Rußlands (1931); J. Blum, Lord and Peasant in Russia from the Ninth to the Nineteenth Century (Princeton 1961); H.-W. Camphausen, Die Bojarenduma unter Ivan IV. (1985).

Bollandisten. Die nach dem 1596 zu Julemont bei Lüttich geborenen und 1665 zu Antwerpen verstorbenen Jean Bolland genannten Herausgeber des noch nicht abgeschlossenen Riesenwerkes ›Acta Sanctorum‹, einer Biographie aller Heiligen; die erreichbaren Quellen sämtl. Heiligen sind hier zusammengetragen. Von dem Jesuiten J. Bolland im Jahre 1615 begonnen, wurden durch seine Ordensgenossen, die B. genannt wurden, bis 1773 in Antwerpen 50 Bde., seit 1837 in Brüssel 22 Bde. ediert.
LIT. H. Delehaye, A travers trois siècles: l'œuvre des Bollandistes 1615–1915 (Brüssel 1920); P. Peeters, L'œuvre des B. (ebd. 1942).

Bolschewismus (russ. von bolsche, mehr, im Gegensatz zu mensche, weniger). Der Begriff leitet sich her von der Bez. für den radikalen Flügel der ehem. russ. Sozialdemokratischen Partei. Verwirklicht wurde der B. in Rußland nach der Oktoberrevolution von 1917 im Sowjetregime. Der Name Bolschewiki entstand nach der Spaltung der Sozialdemokratischen Partei auf dem II. Parteitag zu Brüssel-London im Juli 1903. Hier entschied sich der größere (Bolschewiki) Teil für Lenins (1870–1924) revolutionäre Taktik, während sich der kleinere Teil (Menschewiki) für ein evolutionäres Prinzip aussprach. Der Leninismus basiert auf der philosoph. Grundlage des dialekt. Materialismus; er sieht im Staat ein Organ der Klassenherrschaft, erwartet jedoch von der Beseitigung der Klassenunterschiede auch ein Absterben des Staates. Dies soll erreicht werden durch die – als Übergang gedachte – Diktatur des Proletariats. Sie setzt einen Massenaufstand unter Führung einer kommunist. Avantgarde voraus. Die Verwirklichung der klassenlosen Gesellschaft wird erst von einer Weltrevolution erwartet. Das Wirtschaftsprogramm des B. beinhaltet: Vollständige Vergesellschaftung der Produktionsmittel, planwirtschaftl. Regelung der Produktion, Abschaffung des Privateigentums, der privaten Initiative in der Landwirtschaft, im Handel etc. sowie Gleichheit der Löhne. Unter dem Stalinismus (Beginn in den 30er Jahren des 20. Jh.) erfolgten erhebl. Veränderungen im B.: Konzessionen an eine erstarkende Bürokratie, Akzentuierung des Nationalismus sowie eines Imperialismus (→Totalitarismus). Nach dem Zweiten Weltkrieg festigte der B. seine Position in den Rand-Satellitenstaaten der UdSSR (Polen, DDR, Tschechoslowakei, Ungarn, Bulgarien,

Rumänien) und stieß zudem bis in den Fernen Osten vor. Übersteigerung des Personenkults sowie des Bürokratismus führten nach Stalins Tod (1953) zu innersowjet. Krisen und immer stärkerer Kritik am Stalinismus (Höhepunkt der Kritik: die Rede Chruschtschews vor dem XX. Parteitag 1956). Es erfolgte eine Rückwendung zum Leninismus, insbes. in den Satellitenstaaten (Polen und Ungarn) sowie in China, das einen »eigenen Weg« in diesem Zusammenhang vorschlug (Rede Mao Tse-tungs vor dem Obersten Staatsrat am 27. 2. 1957). In der UdSSR wurde eine Rückkehr zur Lehre Lenins auf dem XXII. Parteitag (1961) verkündet und der Stalinismus gänzlich verworfen. Bis zum Auseinanderbrechen der UdSSR 1991 war die Situation des B. bestimmt durch die ideolog.-polit. Spannungen zw. Moskau und Peking. Die Gegensätze konnten weder auf der Moskauer Konferenz von 1960, an der 81 kommunist. Parteien teilnahmen, noch später überbrückt werden. Die gegenwärtige Situation des inzwischen weitgehend zerfallenen B. ist durch Perspektivlosigkeit gekennzeichnet.
LIT. W. I. Lenin, Staat und Revolution (1917; dt. 1926); N. I. Bucharin, ABC des Kommunismus (1921); J. Martow, Geschichte der russ. Sozialdemokratie (1926; menschewist.); V. Fülöp-Miller, Geist und Gesicht des B. (Zürich 1926); A. Feiler, Das Experiment des B. (1930); W. Gurian, B., Einführung in Geschichte und Lehre (1931); B. Meissner, Umbruch in Rußland (1951); G. A. Wetter, Der dialekt. Materialismus. Seine Geschichte und sein System in der Sowjetunion (Wien 1952, ⁵1960); H. J. Lieber, Die Philosophie des B. (²1958); I. Fetscher, Von Marx zur Sowjetideologie (⁶1961).

Bombarde (franz. von lat.-griech. bombus, einer lautmalenden Klangbezeichnung). Vom 15.–17. Jh. ein großkalibriges Belagerungsgeschütz, das von vorne beladen wurde. Es vermochte Steinkugeln von mehreren Zentnern Gewicht zu schleudern und war sämtl. Befestigungen seiner Zeit überlegen. Hierher leitet sich auch die Bez. Bombardier her, der Büchsenmeister des 14.–15. Jh., später allg. der Artillerist; im Preußen des 18. und beginnenden 19. Jh. eine Rangstufe zwischen den Mannschaften und den Unteroffizieren bei der Artillerie.

Bonapartisten. Eine seit 1815 in Frankreich bestehende polit. Gruppe, die sich für das Regierungssystem Kaiser Napoleons I. (1804–14/15) und die Ansprüche der Familie Bonaparte einsetzte. Sie hatte Anteil am Aufstieg Napoleons III. (1852–70) und behielt nach dessen Sturz einen bedeutenden Anhang und Einfluß in Heer und Beamtenschaft. Nachdem sie in den Kammerwahlen des Jahres 1885 noch rd. 80 Sitze hatte gewinnen können, verlor sie nach 1888 an Einfluß. In diesem Jahr hatte sie den kurz darauf wegen eines Umsturzversuchs zu lebenslängl. Gefängnis verurteilten General und Politiker Boulanger (1837–91) unterstützt; sie sank nunmehr bald zur Bedeutungslosigkeit herab (→Boulangismus).

Bönhase →Zunft.

boni (lat., Gutgesinnte, Ehrenmänner). Die konservativen Patrioten (→Optimaten) bei Cicero (106–43 v.Chr.).

Bonze (von jap. bonso, Priester, Mönch). Urspr. Bez. für den buddhist. Priester, später (während der Gottsched-Zeit, 1700–66) im Sinne von »Pfaffe« gebraucht. Neuerdings auf großspurige und dabei engstirnige Parteibürokraten angewendet.

Bootaxtkultur. Eine jungsteinzeitliche, nach dem bootartigen Aussehen ihrer Streitäxte benannte Kultur. Sie stellt den schwed., finn. und balt. Zweig der jungsteinzeitl.-kupferzeitl. Streitaxtkultur dar.
LIT. K. Tackenberg, in: Historia mundi 2 (1963).

Börse (die Bez. leitet sich vom Namen der Patrizierfamilie van der Burse in Brügge her, in deren Haus sich seit dem 13. Jh. Geld- und Wechselhändler trafen). Ein Zentralmarkt, auf dem in regelmäßigen Zeitabständen, unter Einbeziehung von Mittelspersonen (Börsenmakler), Geschäfte in vertretbaren Gütern abgeschlossen werden. Die B. garantiert eine größtmögl. Marktübersicht, Zusammenfassung der Nachfrage und des Angebots sowie das Einspielen des herrschenden Marktpreises (Kurs). Man unterscheidet vor allem Waren- oder Produkten-B. und Effekten-, Wertpapier- oder Fonds-B. Bei den Waren-B. (die Amsterdamer Getreide-B. bestand schon im 17. Jh., ihre volle Entwicklung erlebte sie erst Ende des 19. Jh.) muß die Vertretbarkeit erst geschaffen werden, z. B. durch Festsetzung von Typen mit bestimmten Qualitäten (beispielsweise für Getreide, Baumwolle, Kaffee). Die Effekten-B., seit dem 12. Jh. aus den Messen in Oberitalien entstanden, doch erst im 16. Jh. zu größerer Bedeutung gelangt, haben die Versachlichung des Kredits, d. h. seine Unabhängigkeit von der Person des Schuldners und Gläubigers, gefördert und die Marktgängigkeit der Wertpapiere stark erhöht.

Der Begriff B. wird von der Wirtschaftsgeschichte bereits für vergleichbare Erscheinungen im At. verwendet. Die katalanischen Seestädte Sevilla, Cadiz und Lissabon hatten schon im 15. Jh. B. (Lonja). Antwerpen besaß die erste internationale B. (1531). Die frühesten gesetzl. organisierten B. in Frankreich waren die von Lyon, Toulouse (1546) und Rouen (1566); Paris hingegen erhielt erst 1724 eine gesetzl. B. In England wurde zwischen 1566 und 1570 die Royal Exchange (zunächst The Bourse genannt) in London gegründet.

In Dtl. entstanden die ersten B. während der 1. Hälfte des 16. Jh. in Augsburg und Nürnberg, in der 2. Hälfte des 16. Jh. in Hamburg und Köln; Anfang des 17. Jh. erfolgten Börsengründungen in Königsberg, Lübeck, Frankfurt/M. und Leipzig; zu Beginn des 18. Jh. in Berlin. Frankfurt und Berlin standen seit Beginn des 19. Jh., bis etwa 1866, gleichbedeutend nebeneinander, dann jedoch erlangte die Berliner B. allmählich eine überragende Bedeutung.

LIT. W. Sombart, Der moderne Kapitalismus (1928); J. Löffelholz, Geschichte der Betriebswirtschaft und der Betriebswirtschaftslehre (1935); S. Moltke, Geschichte der Leipziger B. (1936); A. Mayer, Finanzkatastrophen und Spekulation (1938); G. Bernhard, Die B. (Berlin o. J.).

Borussisten (zu mlat. Borussia, Preußen). Bez. für die Repräsentanten einer nationalpolitischen-kleindt. Geschichtsschreibung, u. a. J. G. Droysen (1808–84), H. von Sybel (1817–95); F. Häusser (1818–67) und H. von Treitschke (1834–96).

Botschaft. Die schriftliche, unmittelbare Mitteilung des Staatsoberhauptes eines konstitutionellen Staates an die Volksvertretung aus einem wichtigen Anlaß, so die Kaiserliche Botschaft vom 17. 11. 1881 zur Sozialpolitik. In den USA bezeichnet man als B. die Rede des Präsidenten vor dem Kongreß über die Lage der Nation zu Jahresbeginn.

LIT. W. Zechlin, Die Welt der Diplomatie ([2]1960).

Botschafter (franz. ambassadeur, von lat. ambactus, Dienstmann). Seit dem Wiener Kongreß (1815) Bez. für den höchsten diplomat. Vertreter eines Landes bzw. den persönl. Vertreter eines Staatsoberhauptes. Zunächst nur unter Großmächten ausgetauscht, sind B. heute als diplomat. Vertreter sämtl. Staaten fast allg. üblich.

Boulangismus. Bez. für eine chauvinist. Bewegung in Frankreich, die zur Revanche an Dtl. für den verlorenen Krieg von 1870/71 aufforderte. Ihr Initiator war der franz. General und Politiker Georges Boulanger (1837 bis 1891). Da Boulanger, der 1886 Kriegsminister wurde, als Wortführer der Revanchepolitik 1887 die Gefahr eines dt.-franz. Krieges heraufführte, wurde er bald abberufen und 1888 aus der Armee entfernt. Er wirkte jedoch als Kammermitglied im Sinne des Revanchismus weiter; außerdem forderte er die Revision der Verfassung. Unterstützt wurde er bei seinen Bestrebungen von einer radikalen Parteigruppe (den Boulangisten oder der Boulange) unter dem Dichter und Politiker Paul Déroulède (1846–1914), der 1882 die auf eine Revanche hinwirkende Patriotenliga gegründet hatte, außerdem von den Monarchisten. Der B. brach bald nach Boulangers Tod (Selbstmord) zusammen.

LIT. F. Laur, L'époque boulangiste (Paris 1912); A. Zévaès, Au temps du Boulangisme (1930); W. Frank, Nationalismus und Demokratie im Frankreich der 3. Republik (1933); J. Néré, Le boulangisme et la presse (Paris 1964).

Bourgeoisie (franz. bourgeois, Bürger einer Stadt. Gegensatz: citoyen, Staatsbürger). Die Oberschicht des Bürgertums. Urspr. war B. ein Ausdruck der marxist. Terminologie, wodurch die Klasse der Kapitalisten dem »Proletariat« gegenübergestellt werden sollte. Nach der Lehre des Marxismus ist die B. in der kapitalist. Gesellschaft dominierende Klasse. Sie beutet die Klasse der Lohnarbeiter bzw. des Proletariats aus, da sie über die Produktionsmittel verfügt. LIT. Kommunistischem Manifest spaltet sich die gesamte Gesellschaft in zunehmender Weise in

107

Boxer

zwei große Klassen, die einander feindl. gegenüberstehen. Durch die Revolutionen des 17. Jh. (in England), des 18. Jh. (in Frankreich), des 19. Jh. (in Dtl.) und des 20. Jh. (in Dtl. und Rußland) habe sich die B. gegenüber der feudalen Gesellschaft durchgesetzt und die Macht übernommen, welche ihr jedoch durch den Klassenkampf und die Revolution des internationalen Proletariats mit Erfolg streitig gemacht werde. Zunächst ein Schlagwort der Sozialisten, wurde der Begriff B. zum Forschungsgegenstand der Wissenschaft (Soziologie, Wirtschaftsgeschichte etc.). Festzuhalten ist, daß sich das vom Marxismus vorausgesagte Zwei-Klassensystem nicht durchgesetzt hat, denn der Mittelstand existiert nach wie vor. Insbes. in England und den USA stiegen zahlreiche Angehörige des Arbeiterstandes in die B. auf. Selbst in den kommunist. Ländern konnte die Klasse der B. nicht überwunden werden (vgl. M. Djilas, Die Neue Klasse). Die Definition des Begriffes B. durch die marxist. Lehre ist somit fragwürdig.
LIT. W. Sombart, Der Bourgeois (²1923); M. Rostovtzeff, The Social and Economic History of the Roman Empire (1926; dt. Gesellschaft und Wirtschaft im Röm. Kaiserreich. 2 Bde., 1931); R. Pernoud, Origines de la b. (1947); N. Berdjaev, De l'esprit bourgeois (1948); J. A. Schumpeter, Kapitalismus, Sozialismus und Demokratie (²1950); M. Djilas, Die Neue Klasse (New York 1957; dt. 1958); E. Hobsbawm, Europ. Revolutionen (1962); A. J. Tudesq, Les grands notables en France 1840–49, 2 Bde. (Paris 1964).

Boxer (chin. k'üan-fei, Faust-Rebellen). Ein chines. religiöser Geheimbund. Um 1770 entstanden, verfolgte er auch polit. Ziele, die sich zunächst gegen das Herrscherhaus, dann gegen Ausländer richteten. Öffentl. Anerkennung erfuhr der Geheimbund 1900 unter der Bez. J-ho-t'uan (Vereinigung für Recht und Eintracht); er breitete sich unter der neuen Bez. rasch aus.
LIT. G. N. Steiger, China und the Occident. The Origin and Development of the B. Movement (New Haven 1927); Wu-Yung, The Flight of an Empress (London 1937); V. Purcell, The B. Rebellion (Cambridge 1963); P. A. Cohen, History in Three Keys. The Boxers as Event, Experience, and Myth (N. Y. 1997).

Boxeraufstand. Die Erhebung der Anhänger der Vereinigung des k'üan-fei (→ Boxer) gegen die Mandschu-Dynastie und den Einfluß der fremden Mächte in China (1900). Durch ein internationales Expeditionskorps niedergeschlagen.
LIT. R. Felber/H. Rostek, Der ›Hunnenkrieg‹ (1987).

Boykott (engl.). Eine Maßnahme zur Erzwingung oder Bestrafung eines bestimmten Verhaltens durch Abbruch der wirtschaftl. und gesellschaftl. Beziehungen. Der Name leitet sich her von dem engl. Güterverwalter Ch. Boycott, den die irische Landliga infolge seiner Härte gegen die irischen Pächter um 1881 zur Auswanderung zwang, indem sie bewirkte, daß jedwede Form der Zusammenarbeit und jeder gesellschaftl. Verkehr mit ihm aufhörten. Unter B. im engeren Sinne versteht man die Weigerung, Waren von bestimmten Personen zu kaufen oder an bestimmte Personen zu verkaufen. Der B. ist als Form des passiven Widerstandes auch ein Mittel des polit. Kampfes, so 1921 Indiens (M. Gandhis) gegen England.
LIT. A. Retzbach, Der B. (1916); L. Wolman, The Boycott in American Trade Unions (Baltimore 1916); P. Krückmann, Der B. (1918); A. Weber, Der Kampf zwischen Kapital und Arbeit (⁴1921); W. Röpke, Der B. In: HWSt 3 (⁴1926); A. Nikisch, Arbeitsrecht (²1959).

Brabançonne (franz., die »Brabantische«). In der Septemberrevolution 1830 entstandenes belgisches Freiheits- und Nationallied.

Brabançons, Brabanzonen. Größtenteils aus Brabant stammende Söldner des 12. Jh., die in engl. oder franz. Diensten standen. Nach ihrer Entlassung stellten sie gefürchtete marodierende Banden dar.

Brahmane (altind. Brāhmana, nach engl. und franz. Schreibweise auch Bramine, Brahmine). Ein von Brahman, einer männl. Gottheit, Erfüllter. Seit dem 15. Jh. v. Chr. haben die B. in der Geschichte Indiens eine herausragende Stellung als Priester, Dichter, Gelehrte und Politiker eingenommen. Seit dem 10. Jh. v. Chr. bilden die B. die höchste der vier Kasten Indiens mit fast göttl. Ansehen. Nach Einbuße an Einfluß (vom 6. Jh. v.–7. Jh. n. Chr.) infolge der Einwirkung des Buddhismus konnten die B. ihre Bedeutung und den damit verbundenen polit. Einfluß zurückgewinnen.

LIT. G. Mensching, Soziologie der gro
ßen Religionen (1966).

Brakteat (von lat. bractea, dünnes Me-
tallblättchen). Bez. für einseitig geprägte
hohle Pfennige. Sie wurden seit dem
12. Jh. in weiten Teilen Deutschlands anstelle der kleinen zweiseitigen Pfennige
geprägt. Von der erzbischöfl.-magde-
burg. Münzstätte in Halle ausgehend,
verbreiteten sich die B. zunächst in Meißen und der Oberlausitz, sodann in Thüringen; nach 1140 in Magdeburg, Halberstadt, Niedersachsen bis zur Weser
und Hessen, ausgeschlossen die nördl.
Wetterau. In Süddtl. waren die B. wenig
verbreitet; als Schweizer Kleinmünze
galt sie von 1190–1500. Ebenfalls im
Deutsch-Ordensgebiet, in Skandinavien
und im nördl. Böhmen ging man zur
Brakteatenprägung über. Die B. waren
meist rund, selten viereckig, mit einem
Durchmesser bis zu 50 mm.
LIT. F. von Schrötter, Wb. der Münzkunde (1930); G. L. Schlumberger, Les
Bractéates d'Allemagne (1874); H. Bu-
chenau, Der Brakteatenfund von Seega
(1905); ders., Der Brakteatenfund von
Gotha (1928); A. Suhle, Mittelalterl. B.
(1966).

Brandwirtschaft. Eine Form der Gewinnung von Nutzland durch Abbrennen der Oberflächenvegetation. Sie erstreckt sich auf minderwertige Böden in
Wald-, Weide- und Moorgebieten. Nach
einem begrenzten Zeitabschnitt wird
das Nutzland wieder der Wald- und
Weidenutzung bzw. der Moorbrache zu-
geführt.

Brauch. Das an Überlieferung gebun-
dene Handeln einer Gemeinschaft. Die
B. haben in allen Kulturen ihren tiefe-
ren Ursprung in der Religion; nicht sel-
ten haben sie ein hohes Alter, weshalb
die vergleichende Völkerkunde zu ihrer
Erklärung beitragen kann.
LIT. P. Geiger, Dt. Volkstum in Sitte und
B. (1936); W. E. Peuckert, Volkskunde
(Basel 1951); H. Schwedt (Hrsg.),
Brauchforschung regional (1989).

Brauchtum →Herkommen.

Brehonen (engl. Brehons), **Brithem.**
Bez. für den altirischen, erbl. Richter-
stand.

Brehon Laws. Die alten einheimischen Gesetze der irischen Richter vor
der Eroberung Irlands durch England.
Zwischen dem 8. und 13. Jh. wurden
die z. T. lange vor dieser Zeit entstandenen Gesetze aufgezeichnet; König Jakob I. (1603–25) schaffte sie ab. Zwi-

schen 1865 und 1901 wurden die Brehon Laws unter dem Titel ›Ancient
Laws of Ireland‹ herausgegeben.
LIT. E. Mac Neill, Celtic Ireland (London 1921); K. S. Bottigheimer, Geschichte Irlands (1985).

Breite Groschen (lat. Grossi lati). Silbermünzen, die während des 14. Jh.
nach dem Muster der Prager Groschen
durch die Markgrafen in Meißen geprägt wurden. Auf die feine Mark gingen 60 B. G.

Brennus. Der Name gallischer Fürsten (vermutl. ein Titel in der Bedeutung »König«). Am bekanntesten ist
der, dem man den Sieg an der Allia
(wahrscheinlich 387 v. Chr.) über die
Römer und die Einnahme Roms zu-
schrieb, sodann der Führer eines kelt.
Heeres, das 279 v. Chr. aus dem N gegen Griechenland vordrang und bis Delphi gelangte, während des Rückzugs
starb B.

Breslauer Vertrag, am 4. 6. 1741 zwischen Preußen und Frankreich abgeschlossen. Friedrich II. erhält darin eine
Garantieerklärung für den Besitz Nie-
derschlesiens und sagt dem Kurfürsten
Karl Albrecht von Bayern seine Kurstimme bei der Kaiserwahl zu. Preußen
verzichtet auf seine Ansprüche auf Jülich und Berg.

Breve (lat. von brevis, kurz, hierzu:
Brief). Bez. für kürzere päpstl. Erlasse.
Seit dem ausgehenden 14. Jh. (1390)
aufkommend, treten B. seit dem 15. Jh.
immer häufiger in Erscheinung, vor allem seit Papst Martin V. (1417 bis
1431). Sie sind zu erkennen an dem roten Stempel des Fischerrings (Wachssiegel). Das Pergament hat Querformat.
Weitere Kennzeichen des B. sind die
über den Text gesetzte knappe Intitulatio (z. B. Martinus papa V) sowie die
knappe Datierung. Die B. waren zunächst für polit. Verwaltungsakte bestimmt, von der 2. Hälfte des 15. Jh. an
mehr und mehr auch für Gnadenangele-
genheiten, ebenfalls für Ablaßverlei-
hungen. Heute werden durch B. meist
Ehrenrechte verliehen. Sie werden ausgestellt in der Kanzlei der B. des Staatssekretariats, dann auch in der Sekretarie der Fürstenbreven. Das B. wird heute meist apostolischer Brief (lat. Litterae apostolicae) genannt.
LIT. L. Schmitz-Kallenberg, Papsturkunden (1913); LThK 2; Th. Frenz,
Die verlorenen Brevenregister 1421–
1527. In: QFIAB 57 (1977), 354–65.

Brevet (franz. zu lat. brevis, kurz). [1] Seit dem 16. Jh. ein Gnadenbrief des franz. Königs, demzufolge Ämter, Würden etc. verliehen wurden. Er wurde auf Pergament geschrieben. Die Abfassung erfolgte in Protokollform, beginnend mit dem Datum. Unterzeichnet wurde er vom König, gegengezeichnet von einem Staatssekretär, jedoch nicht gesiegelt. Später bzw. heute werden staatl. Verleihungsurkunden, z. B. für Konzessionen, Patente etc. B. genannt. [2] Die milit. Bestallungsurkunde für Offiziere, das Diplom für eine bestandene Prüfung, das Patent für eine Erfindung etc.

Breviarium (lat.). Ein Schriftstück in knapper Fassung, ein Auszug, eine Übersicht.

Das ›B. Augusti‹, später ›B. totius Imperii‹ genannt, von Augustus bei seinem Tode (14. n. Chr.) hinterlassen und von anderen Kaisern erneuert, enthält statist. Angaben über das röm. Reich, darunter seine finanziellen und militär. Machtmittel. B. wird auch die Kurzfassung z. B. eines Geschichtswerks genannt. So heißt die Arbeit, die der Geschichtsschreiber Eutropius unter Kaiser Valens (364–78) schrieb, ›B. ab urbe condita‹.

Eine durch König Alarich II. (484–507) für die Römer im Westgotenreich zusammengestellte Sammlung röm. Rechtsbestimmungen stellt das ›B. Alaricianum‹ dar, auch ›Liber legum‹, ›Lex Romana Visigothorum‹ genannt.

Das ›B. Grimani‹ ist eine Pracht-Hs. aus der Sammlung des Kard. Domenico Grimani; es befindet sich heute in der Markusbibliothek zu Venedig; fläm. Künstler statteten es zu Beginn des 16. Jh. mit Bildern aus.

LIT. M. Conrat (Cohn), B. Alaricianum (1903; Neudruck 1963).

Brevier (von lat. breviarium, kurzes Verzeichnis).
[1] Ein liturg. Buch mit dem tägl. lat. Pflichtgebet des kath. Priesters, der Mönche und Ordensfrauen mit offiziellem Chorgebet (Hymnen, Psalmen, Lesungen und Gebeten). Papst Pius V. (1566–72) schrieb 1568 ein einheitliches B. für die gesamte kath. Kirche vor.
[2] Laienbrevier. Das für Laien in die verschiedenen Landessprachen übersetzte B. Das Beten des B. in den Landessprachen ist heute auch den Priestern erlaubt.

LIT. LThK II; S. Bäumer, Geschichte des B. (1895); J. Brinktrine, Das röm. B. (1932); M. Righetti, Manuale di Storia Liturgica II (1946); P. Salmon, Das Stundengebet. In: Hdb. der Liturgiewissenschaft; A.-G. Martimort, B. (1965); F. Unterkircher, Burgundisches B. (1973).

Brief (von lat. brevis, kurz). Eine schriftl., persönl. Mitteilung. Der Absender steht im Präskript. Die Form lautet: »Von NN an NN«. Am Schluß steht zuweilen das Datum; seit hellenist. Zeit eine Grußformel; bei Urkunden kommen dazu noch Zeugenlisten. Zum offenen Vertragstext kann dann auch ein versiegelter geschlossener Text treten, um so Verfälschungen zu verhindern.

Die alten Kulturvölker, die Babylonier und Assyrer – sie schrieben auf Tontafeln – und die Ägypter – sie schrieben auf Papyrusrollen – verwendeten den B. schon umfänglich. Die Griechen und Römer benutzten weitgehend holzgeschützte zweiteilige Wachstafeln – weniger hingegen Papyrus – und sorgten bereits für deren Vervielfältigung. Das MA (Urkunden-B.) schrieb auf Pergament; seit dem 15. Jh. wurde auf Papier geschrieben, womit sich Geschäfts- und Privatbriefe entwickelten. Das franz. 17. und das 18. Jh. waren brieffreudig. Zu den berühmten Briefschreibern gehören Cicero, Caesar, Seneca, Plinius d. J., Paulus, Augustinus, Julian Apostata, Alkuin, Abälard, Héloïse, Petrus de Vinea, Katharina von Siena, Luther, Erasmus, Reuchlin, Hutten, Crotus Rubianus (die Dunkelmännerbriefe, lat. ›Epistolae obscurorum virorum‹, eine witzige Schmähschrift, zwischen 1515–17 entstanden, in »Küchenlatein« auf die Kölner theolog. Gegner Reuchlins von Rubianus und – deren 2. Teil – von Hutten verfaßt), Pascal, Madame de Sévigné u. a. Die Briefform wurde von der Antike bis in die neueste Zeit als literar. Mittel für die wissenschaftl., polit. und dichter. Darstellung oder die öffentl. Kundgebung verwendet.

LIT. B. Schmeidler, Über Briefsammlungen des frühen MA (1926); Büngel, Der B., ein kulturgeschichtl. Dokument (1939); H. Rüdiger, Einleitung zu ›B. des Altertums‹ (²1965); P. Herde, Politik und Rhetorik am Vorabend der Renaissance. In: AKG 2 (1965); J. Pfanner, Briefe an und über C. Pirckheimer (1966); H. Rogge, Fingierte B. als Mittel polit. Satire (1966); S. Steinhausen, Geschichte des dt. Briefes. 2 Bde. (1889–91; Neudr. 1968); Ingeborg Klettke-Mengel, Fürsten und Fürstenbriefe. Zur Briefkultur im 16. Jh. in geheimen und offiziellen preuß.-braunschweig. Korrespondenzen. Studien zur Geschichte Preußens 38 (Köln 1985).

Briefadel. Ein im Unterschied zum Uradel und Alten Adel aufgrund eines kaiserlichen, später landesfürstlichen Diploms verliehener Adel.

Brigade (franz., urspr. ital., von spätlat. briga, Streit). Ein größerer Truppenverband, bestehend aus zwei oder drei Regimentern der gleichen Waffengattung (Infanterie-, Artillerie-, Kavallerie-B.). Die B. gibt es seit König Gustav Adolf (reg. 1611–32). Seit dem 18. Jh. eine Unterabteilung der Division, ist die B. heute häufig ein gemischter Verband, d. h., daß er sich aus Truppen verschiedener Waffengattungen zusammensetzt; ebenfalls existiert sie als eine selbständige Einheit (Gebirgs-B.).

Brigadier. Kurzform für den Kommandanten einer Brigade. In der engl., amerikan. und franz. Armee gibt es den Brigadegeneral, der dem Generalmajor des ehem. dt. Heeres entspricht. Die Bundeswehr kennt ebenfalls den Brigadegeneral.

Briganten (ital. briganti, franz. brigands). Wegelagerer, Straßenräuber. Urspr. (im 14. Jh.) mit Schuppenpanzern (Brigantinen) ausgerüstete franz. Söldnertruppen. Während des 19. Jh. spielten die B. z. Z. des Kampfes G. Garibaldis, d. h. vor allem 1848/49 und 1860, in Neapel und Sizilien eine Rolle.

Brigantine (auch Korazin, ital. corrazino).
[1] Ein im 15.–16. Jh. getragener Leibschurz, d. h. eine Jacke mit innen angebrachten Eisenplättchen.
[2] Ein Segelschiff (Schonerbrigg, Zweimaster) insbes. im Mittelmeer; auch ein Seeräuberschiff.
LIT. A. Dubarry, Le brigandage en Italie (Paris 1875); C. Cesari, Il brigantaggio e l'opera dell'esercito Italiano 1860–70 (Rom 1920).

Brikolschuß (von franz. bricole, ital. braccata, Katapultgeschütz). Seit dem 17. Jh. bei der Artillerie die Bez. für einen Abpraller von einer Festungsmauer (bei der Beschießung eingezogener Mauerabschnitte).

Bruderschaft, auch Brüderschaft (lat. confraternitas). Bez. für einen freiwilligen Zusammenschluß innerhalb der kath. Kirche zum Zwecke der Frömmigkeitspflege oder der Caritas sowie zur Förderung des öffentl. Gottesdienstes. Die B. haben Elemente vorchristl. Tischgemeinschaften und des christl. Liebesmahls bereits seit dem frühen MA bewahrt. Später gliederten sie sich nach Berufsgruppen, weshalb die Bez. dann auch auf nicht-religiöse Vereinigungen übergeht.

Brüder vom gemeinsamen Leben (lat. Fratres communis vitae, auch Fratres devoti). Eine zu Ende des 14. Jh. in Deventer (Niederlande) gegr. nichtmönchische Bruderschaft. Sie erstrebte die Reform des kirchl. Lebens durch Versenkung ins Evangelium, praktische Frömmigkeit und christl.-humanist. Volksbildung. Sie wurde zur Trägerin der Devotio moderna. Aus ihr gingen u. a. Thomas a Kempis (1379/80–1471), Nikolaus Cusanus (1401–64) und Erasmus (1466–1536) hervor.
LIT. E. Barnikol, Studien zur Geschichte der Brüder vom gemeinsamen Leben (1917); G. Schreiber, Gemeinschaften des MA (1948); W. M. Landeen, Gabriel Biel and the Brethren of the Common Life in Germany. In: Church History 20 (Hartford, Conn., 1951); J. Dechamps, Les confrèries au moyen âge (1958); I. Crusius, Die Brüder vom gemeinsamen Leben in Deutschland (1965); E. Iserloh, Thomas a Kempis und die Devotio moderna (1976); TRE VII, 220–25.

Brüsseler Vertrag (Fünfmächtepakt). Der zwischen Großbritannien, Frankreich sowie den Beneluxländern (Belgien, Niederlande, Luxemburg) am 17. 3. 1948 über die wirtschaftliche, soziale und kulturelle Zusammenarbeit, außerdem über die kollektive Selbstverteidigung, abgeschlossene Vertrag. Die militär. Aufgaben wurden auf die Nordatlantische Vertragsgemeinschaft übertragen (1949). Nachdem die Europäische Verteidigungsgemeinschaft 1954 gescheitert war, traten die BRD und Italien (aufgrund der Londoner Akte vom 3. 10. 1954) dem B. V. bei (am 23. 10. 1954); zuvor war der ursprüngl. gegen Dtl. gerichtete Vertrag in dieser Hinsicht abgeändert worden. Durch die Pariser Verträge wurde der B. V. zur Westeuropäischen Union erweitert (am 5. 5. 1955).

Buccelarius (lat. Schmarotzer, zu buccella, Bissen). Der Gefolgsmann eines Grundherrn oder Feldherrn in spätröm., westgot. und byzantin. Zeit. Während des 7. Jh. eine byzantin. Elitetruppe; desgl. eine Offizierscharge.

Buch (ahd. buoh, hergeleitet vom Buchenholz der germ. Schrifttafel). Als älteste Buchform darf die babylonische und assyrische Tontafel betrachtet werden. Das B. der Ägypter (das älteste bekannte Exemplar aus dem Jahre 3350 v. Chr. befindet sich in der Nationalbibliothek zu Paris), der Griechen und Römer war die Rolle aus Papyrus oder Lederblättern.

Beim Vorlesen der Buchrolle bzw. bei deren Lesen wurde zugleich auf- und zugerollt. Im Westen (Rom?) hat man für Notizbücher den Codex geschaffen, bei dem Einzelblätter aus Pergament, seltener aus Papyrus, zusammengeheftet wurden, die man beidseitig beschreiben konnte. Der Codex (für die Aufzeichnung hl. Texte) anstelle der Rolle ist christl. Ursprungs. Während die griech. literar. Papyri des 2./3. Jh. zu 90% Rollen sind, überwiegen im gleichen Maße bei der griech. Bibel die Codices. Bisweilen hat man Pergament-Codices wiederbenutzt. In derartigen Fällen wurde der alte Text abgeschabt. Bereits im At. wurde auch Pergament als Schreibmaterial gebraucht. Mehrere Pergamentstücke aufeinandergelegt und je nach der gewünschten Buchgröße gefaltet (1 Bruch, d. h. 1 Bogen zu 4 Seiten ergibt das Folio-, 2 das Quart-, 3 das Oktav- und 4 das Sedezformat) und geheftet, bildeten eine Lage, mehrere Lagen zu einem Bande vereinigt einen Codex, mithin die Buchformen des MA, die im heutigen B. weiterleben. Als zu Anfang des 14. Jh. das billigere Papier aus China nach dem Westen kam, trat es an die Stelle des bisherigen Beschreibstoffes.

LIT. A. Schramm, Schreib- und Buchwesen einst und jetzt (1922); F. Milkau, Hdb. der Bibliothekswissenschaft 1 (1931); S. Dahl, Geschichte des B. (²1941); C. Wendel, Die griech.-röm. Buchbeschreibung verglichen mit der des Vorderen Orients (1949); J. Cerny, Paper and Books in Ancient Egypt (1952); K. Schottenloher, Bücher bewegten die Welt. Eine Kulturgeschichte des B. 2 Bde. (2. Aufl., Neudruck 1968); H. Hiller, Wörterbuch des B. (⁴1980); F. Funke, Buchkunde (1959, ²1963); H. Presser, Das B. vom B. (1962); H. Kliemann, Auf dem Acker

des Buches (1963); J. Kirchner (Hrsg.), Lexikon des Buchwesens. 4 Bde. (1952–1956); Beiträge zur Geschichte des Buchwesens im konfessionellen Zeitalter. Hrsg. von H. G. Göpfert. Wolfenbütteler Schriften zur Geschichte des Buchwesens 11 (1985).

Buchdruck (Geschichte). Obwohl die Chinesen bereits im 11. Jh. und die Koreaner, bei ihnen noch weiter entwickelt, im 15. Jh. den Letternguß kannten, ist der B. Europas doch allein von der Erfindung Johann Gutenbergs (etwa 1400–68) ausgegangen, der um 1455 seine berühmt gewordene 42-Zeilen-Bibel druckte. Vom Erfindungs- und Druckort Mainz aus verbreitete sich die ständig verbesserte und mit immer neuen Typen arbeitende »neue Kunst« rasch über das gesamte Abendland; sie rief bis in das 18. Jh. eine Reihe großer Meister hervor. Während des 19. Jh. wurde insbes. die Bildtechnik durch vervollkommnete Stereotypie, die Erfindung der Schnellpresse, der Galvanoplastik, der Setzmaschine, der Schriftgießerei etc. entwickelt. Im 20. Jh. vollzog sich der Übergang vom Bleisatz zum Photosatz bzw. Lichtsatz.

LIT. W. Unger, Wie ein Buch entsteht (³1912); A. Müller, Lehrbuch der Buchdruckerkunst (1929); P. Renner, Die Kunst der Typographie (1939); H. Barge, Geschichte der Buchdruckerkunst (1940); P. A. Schmidt und Kunsemüller, Die Erfindung der B. als technisches Phänomen (1951); W. Brise, Wissen und Können im B. (³1965).

Bücherzensur →Zensur.

Buchkunst. Ihr Höhepunkt liegt im MA. Sie resultiert aus dem Zusammenwirken von edlem Beschreibstoff, einer hochentwickelten Schreibkunst sowie einer vollendeten Buchmalerei. Die Kalligraphie (Schönschreibkunst) wurde zunächst in klösterl., dann aber auch in handwerkl. Schreibstuben mit feinem Stilgefühl gepflegt. Der Bildschmuck der B. begann mit den Initialen, die zu selbständigen Miniaturen fortgebildet wurden. Anfänglich ahmte der Buchdruck die Handschrift nach (Inkunabeln). Ausgeschmückt wurden die Bücher zuerst mit Holzschnitten, so durch Dürer, Holbein u. a., später, d. h. seit dem 16. Jh., mit Kupferstichen (zunächst als Titelkupfer, im 18. Jh. unter der Führung Frankreichs, auch mit Ganzbildern und Vignetten) und schließlich mit Stahlstichen und Lithographien. Eine Umwälzung in die bisherigen Darstellungstechniken brachte die photomechan. Illustrationstechnik.

Budget (von altfranz. bougette, Geldbeutel, von lat. bulga). Seit dem 19. Jh. der Haushaltsplan, d. h. der Voranschlag der Einnahmen und Ausgaben öffentl. Körperschaften während einer Finanzperiode. LIT. G. Jèze, Théorie générale du budget (Cours des finances, Paris 1922; dt. Allg. Theorie des Budgets, 1927); W. Prion, Die Lehre vom Wirtschaftsbetrieb. 3 Bde. (1935).

Budgetkommission. Der Haushaltsausschuß einer öffentl. Körperschaft.

Budgetrecht. Das Recht der Volksvertretung, die staatl. Einnahmen und Ausgaben zu bewilligen, und zwar insbes. in der Form, die sich nach engl. Vorbild im Konstitutionalismus des 19. Jh. entwickelte.

Bukaniere, Bukkaniere (franz. boucanier, engl. buccaneer, von boucan, Hürde, Rauchfleisch). Herrenlose Jäger und Schlächter des 17. Jh., später Kaperfahrer und Seepiraten, die sich in Genossenschaften (»Küstenbrüder«) von Haiti her ausbreiteten. LIT. A. Sternbeck, Flibustier und B. (1928); J. Piekalkiewicz, Freibeuter. Das bunte wilde Leben der Buccaneers in der Karib. See (1979).

Bulé (griech., Rat, Ratsversammlung). In den griech. Stadtstaaten die aus dem Beirat des Königs sowie aus dem regierenden Rat des Adelsstaates entstandene Institution. Sie gewann bes. Bedeutung in den Demokratien, wiewohl sie in allen freien Stadtstaaten bestand. So schuf Solon (etwa 640 bis 541) in Athen neben dem weiterhin bestehenden Areopag einen Rat der 400; er rekrutierte sich aus den vier alten Phylen (je 100). Seit Kleisthenes (510 v. Chr.), der den Rat der 400 durch den Rat der 500 ersetzte (je 50 aus den 10 neugebildeten Phylen), vermochte jeder mindestens 30 Jahre alte Bürger auf 1 Jahr in den Rat zu gelangen; niemand konnte zweimal Rat (Buleutes) sein. Seit Perikles (ca. 500–429) wurden den Ratsherren für die Sitzungen Diäten gezahlt. Für ein Jahrzehntel (Prytanie) oblag die Geschäftsführung den Vertretern einer Phyle, deren Vorsteher tägl. wechselte; der Sekretär (Grammateus) hingegen amtierte für den Zeitraum einer Prytanie. – B. ist auch die Bez. für den röm. Se-

nat. – Dulcut: Ratsherr. – Buleuterion: Rathaus. LIT. G. Busolt und H. Swoboda, Griech. Staatskunde. 2 Bde. (1920–26, [3]1963); V. Ehrenberg, Der Staat der Griechen ([2]1965).

Bullarium. Sammlung der wichtigsten Bullen und Breven. Als offiziell gilt nur der erste Band des Bullariums (1754–58) Papst Benedikts XIV. (1740–58). Sämtl. übrigen B. sind Privatarbeiten, u. a. die von Cherubini (1586–88) und Coquelines (1739–62). Außerdem gibt es die B. einzelner Orden. LIT. H. Mainardi, C. Coquelines, Magnum B. Romanum. 32 Bde. (1733–62; Neudr. 1964–67); Forts. von A. Berberi, Spetia u. a.; DDC II, 1121–26; Bresslau II.

Bulle (lat. bulla, Kapsel). Urspr. ein Amulett, das von röm. Triumphatoren am Hals getragen wurde, das aber auch alle freien Knaben bis zur Anlegung der toga virilis trugen. Dann wird als B. auch das in eine Kapsel eingeschlossene Siegel aus Gold, Silber, Blei oder Wachs einer Urkunde bezeichnet. Offenbar war die Verwendung der von Ostrom gekommenen Gold-, in selteneren Fällen von Silber-Bullen, ein Privileg von Souveränen. Im Abendland waren B. bei Kaisern und Königen seit Karl d. Gr. (768–814) bis ins 18. Jh. für feierl. Urkunden und auf den ausdrücklichen Wunsch eines hierfür zahlenden Empfängers hin üblich. Diejenigen Souveräne, die nicht Kaiser oder Könige waren, verwendeten Gold-Bullen selten, die Päpste seit dem 16. Jh. Bleisiegel waren bereits im At. bekannt und blieben während des Bestehens Ostroms, d. h. bis 1453, in Gebrauch. Während des MA wurden Bleisiegel vor allem in den westl. Mittelmeerländern verwendet, an der Kurie nahezu schlechthin. Urspr. nicht auf bestimmte Personen beschränkt, wurde ihre Verwendung während des SpätMA im Abendland als Vorrecht der Päpste und Souveräne. Seit dem 12. Jh. trugen die päpstl. Bleibullen auf der Rückseite die Köpfe der beiden Apostel Petrus und Paulus, während auf der Vorderseite der Name des jeweiligen Papstes verzeichnet war. Die kaiserl. B. waren in der Regel mit dem Brustbild einschl. Namen oder Unterschrift des Kaisers versehen; dagegen zeigten die kaiserl. Goldbullen das Kaiserporträt auf der Vorderseite und die aurea Roma auf der

Rückseite (ab 1033); seit der Zeit Maximilians I. (1493–1519) den mit dem Wappen umgebenen Reichsadler. Mit den eigentl. Urkunden waren die B. durch Schnüre oder Fäden verbunden.
Seit der Übertragung der Siegelart auf das besiegelte Schriftstück (ab 13. Jh.) wird die Urkunde selbst als B. bezeichnet. Zitiert wurden die B. nach dem Anfang der Arenga, so z. B. ›Unam Sanctam‹ vom 18. 11. 1302, durch die Bonifaz VIII. (1294–1303) die überkommene These von der Überordnung der geistl. über die weltl. Gewalt zu erneuern suchte.
Bemerkenswert erscheint, daß Bleibullen Briefen mit Gnadenerweisen durch Seidenfäden (cum filo serico), Mandaten durch Hanfschnüre (cum filo canapis) verbunden waren.
Die Bez. B. ist seit neuerer Zeit auf Erlasse von bes. Wichtigkeit beschränkt.
Seit 1878 wurde das Bleisiegel durch einen roten Farbstempel ersetzt.
LIT. A. Eitel, Über Blei- und Goldbullen im MA (1912); L. Schmitz-Kallenberg, Papsturkunden (1913); Bresslau II; H. E. Feine, in: RGG (1958); LThK II; P. Herde, Beiträge zum päpstl. Kanzlei- und Urkundenwesen im 13. Jh. (1961); P. E. Schramm, Die Metallbullen der Karolinger (1969).

Bulletin (franz. von mlat. bulla, Zettel). Bericht, Tagesbericht. Urspr. der am 29. 5. 1800 durch Napoleon Bonaparte an die Reservearmee gerichtete Tagesbefehl. Später die von Napoleon oder seinem Polizeiminister Fouché (1759–1820) verfaßten tendenziösen und aufgebauschten Heeresberichte (dt. Heereszettel), zu deren Abdruck die Presse gezwungen wurde. Dementspr. werden heute – allerdings ohne abwertenden bzw. tendenziösen Sinn – Tages-, Krankheits-, Heeresberichte sowie amtl. Bekanntmachungen, die für die Öffentlichkeit bestimmt sind, B. genannt.

Bullionismus (von engl. bullion, Gold-, Silberbarren; ungemünztes Gold oder Silber).
[1] Bez. für den älteren Merkantilismus.
[2] Die Lehre sowie die Forderungen des engl. ›Bullion Committees‹; hierbei handelte es sich um eine parlamentar. Kommission, deren Bericht vom Jahre 1810 an die Schrift des engl. Sozialökonomen D. Ricardo (1772–1823) ›On

the High Price of Bullion‹ vom Jahre 1809 anknüpfte.

Bund.
[1] Soziologie: Eine Gruppe, deren Verbundenheit auf bestimmten Wertvorstellungen, Interessen und Ideologie basiert. In der primitiven Welt spielten bzw. spielen die Männerbünde eine bedeutende Rolle, nicht zuletzt deshalb, weil sie die Entstehung staatl. Ordnungen einleiten können (etwa als »geheime Gesellschaften«). In der Moderne tauchen bündische Ideen vor allem in der Jugendbewegung wieder auf.
[2] Historie, Politik: Eine auf Dauer und Koordination der Glieder ausgerichtete Staatenverbindung; sie steht im Gegensatz zu den Begriffen Herrschaft, Hegemonie, Reich, Diktatur. Die Mittel, ihren Bestand zu erhalten, sind Waffenhilfe, Schiedsgericht, Konkordat; als ihre Garantien gelten Eid, Pfand und Vertrag.
Der Bundesgedanke kann in verschiedenen Formen verwirklicht werden, so im Staatenbund, dem Bundesstaat und der Union. Im Verlauf der Geschichte hat er die verschiedensten Verwirklichungen erfahren, z. B. als Hellen. Bund gegen Philipp von Makedonien (340 v. Chr.); als Rhein. Städtebund von 1254 und 1381; als Schwäb. Städtebund von 1376; als Schweizer. Eidgenossenschaft, seit dem Jahre 1291 allmählich erwachsend; als Staatenbund der Niederlande (im 16. Jh.); als 1. und 2. Rheinbund (1658–68 bzw. 1806–13), unter der Führung Frankreichs gegen Habsburg gerichtet; als nordamerikan. Staatenbund, den USA (im 18. Jh.); als Zweibund (1879); als Dreibund (1882); als British Commonwealth of Nations (20. Jh.); als Bundesrepublik Deutschland (BRD), in der die 16 Bundesländer (seit der Vereinigung 1990) zusammengeschlossen sind.
Seit den Verhandlungen und Diskussionen während des Wiener Kongresses (1814/15) ist der Begriff B. von der Antithese Staatenbund (Konföderation) und Bundesstaat (Union) erfüllt. Die beiden Begriffe werden häufig, wenn auch nicht immer zu Recht, als Stufen einer Entwicklung zum Einheitsstaat hin betrachtet. Angesichts der Vielfalt ihrer Erscheinungsformen in der Geschichte entziehen sie sich einer definitiven Bestimmung. Gemeinsam sind den verschiedenen Bundesformen die Zentralinstanz, eine Verfassung, der völker-

rechtl. Charakter sowie die Aufgabe bestimmter Souveränitätsrechte, z.B. des Münzrechts, durch die einzelnen Gliedstaaten. Hinsichtl. der Macht- und Zuständigkeitsverteilung sind die Unterschiede zwischen den Gliedstaaten nur gradueller Art. Ihren schärfsten Ausdruck finden sie in der Art und Besetzung der Zentralbehörden sowie im Bundesbürgerrecht.

[3] Religion: Ein dauerndes, das gesamte Leben zwischen Gott und seinem Volk ordnendes Verhältnis.

(a) Der B. im Alten Testament beruhte auf dem durch Offenbarung an das auserwählte Volk kundgetanen, gesetzschaffenden Willen Gottes.

(b) Im B. des Neuen Testaments wird Christus als der Mittler des (verheißenen) Neuen B. betrachtet. Der Neue B. gilt als Erfüllung und Überwindung des Alten B.

LIT. C. Wollgraff, Wodurch unterscheiden sich Staatenbünde, Bundesstaat und Einheitsstaat? (1859); E. A. Freeman, J. B. Bury, History of Federal Government in Greece and Italy (1883); L. Le Fur und P. Posener, Bundesstaat und Staatenbund (1902, mit Lit.); H. Swoboda, Die griech. Bünde und der moderne Bundesstaat (1915); H. Schmalenbach, Die soziolog. Kategorie des B. (Dioskuren Bd. 2, 1922); R. N. Coudenhove-Kalergi, Pan-Europa (³1926); Sir E. Barker, Ideen und Ideale des Brit. Weltreichs (dt. 1942); W. Bourquin, Vers une nouvelle Société des Nation (Neuchâtel 1945); E. R. Huber, Dt. Verfassungsgeschichte seit 1789. 6 Bde. (1957ff.); G. Eisermann (Bearb. u. Hrsg.), Die Lehre von der Gesellschaft (1958); H. K. Rupp, Politische Geschichte der BRD (1978).

Bundesakte. Bez. für den von 39 Staaten am 8. 6. 1815 unterzeichneten Verfassungsvertrag des Dt. Bundes. Sie stellt einen Teil der Schlußakte des Wiener Kongresses vom 9. 6. 1815 dar.

Bundesarchiv. Eine am 1. 6. 1952 anstelle des ehemaligen Reichsarchivs errichtete Bundesbehörde in Koblenz. Aufgaben: Sammlung und Verwertung des Archivguts, das bei den obersten Bundesbehörden anfällt, Betreuung und Bearbeitung der Archivbestände des ehem. Reichsarchivs, des Preuß. Geh. Staatsarchivs (seit 1990 auch der Archivbestände in der ehem. DDR in Potsdam und Merseburg), des Archivguts aus den abgetrennten dt. Gebieten

sowie anderer ehem. Reichsbehörden, der ehem. westzonalen und bizonalen Verwaltungen und der Wehrmacht. Das Archivgut des Dt. Bundes und des alten Dt. Reiches wird von der Außenstelle Frankfurt/M., Archivgut der Wehrmacht, der Reichswehr und der preuß. Armee vom Bundesarchiv/Militärarchiv in Koblenz, Personal- und Versorgungsunterlagen der Wehrmacht von der Zentralnachweisstelle in Kornelimünster verwaltet. Neben dem staatl. Archivgut werden durch das B. auch die Überlieferungen von Verbänden, Anstalten sowie früheren polit. Parteien, namentl. der NSDAP, aufgenommen. Darüber hinaus sammelt das B. die Nachlässe leitender Persönlichkeiten, Erlebnisberichte und Erinnerungen, Film- und Bildgut, darunter publizist. Quellen zur Zeitgeschichte.

LIT. G. Winter, Das B. In: Bulletin des Presse- und Informationsamtes der Bundesregierung 91 (1952); Schriften des B. (seit 1955); G. Granier, J. Henke, K. Oldenhage (Bearb.), Das Bundesarchiv und seine Bestände (³1977); E. von Vietsch und W. Kohte (Hrsg.), Das B. (1966).

Bundesbriefe. Die in Urkundenform abgefaßten Bestimmungen der Bündnisse, die vom 13. Jh. an die Städte, adelige Herren, seltener bäuerl. Dörfer oder Täler miteinander abschlossen (B. der Acht alten Orte; Bund der Dreizehn Orte; Urkunden über die zwischen den eidgenöss. Städten und Ländern abgeschlossenen Bündnisse; bis 1789 waren sie die staatsrechtl. Grundlage der Eidgenossenschaft).

Bundesdirektorium. Der Vorstand der Reichsritterschaft nach deren Zusammenschluß von 1577; der Vorstand wechselte unter den drei Ritterkreisen.

Bundesdistrikt. In einigen Bundesstaaten ein Territorium mit dem Sitz der Bundesbehörden unter einer eigenen Verwaltung, so in Brasilien, Argentinien, Mexiko, Venezuela, den USA (In den USA steht der sog. District of Columbia [DC], Washington, unter der Verwaltung des Kongresses).

Bundesfeldherr. Lt. Verfassung des Norddt. Bundes (Art. 63) der König von Preußen als Oberbefehlshaber der gesamten Landstreitkräfte.

Bundesfestungen. Die Festungen des Deutschen Bundes während der Jahre 1815–66; sie waren mit Bundestruppen belegt und wurden aus Bundesmitteln

unterhalten. B. waren Landau, Luxemburg, Mainz, Rastatt und Ulm. Nach 1866 wurde Landau, nach 1871 Luxemburg geschleift. Die übrigen drei B. wurden nach der Reichsgründung von 1871 in das System der dt. Festungen einbezogen. Rastatt verlor seinen Festungscharakter 1890, Mainz und Ulm 1919.
LIT. H. Gassner, Die Geschichte der Festung Mainz (1904).

Bundesgenossen. Ein Teil der italischen Städte und Stämme in der röm. Republik. Die B. standen (auf Grund eines ungleichen Bündnisses: foedus iniquum) in einem Abhängigkeitsverhältnis zu Rom. Obgleich zur Heeresfolge verpflichtet, waren sie bei polit. Entscheidungen ohne Mitspracherecht. Auch verschiedene außeritalische Städte gehörten den B. an, so Massilia.
LIT. Th. Hantos, Das röm. Bundesgenossensystem in Italien (1983).

Bundesgenossenkrieg.
(a) Der Krieg Kariens, Rhodos', Chios' und Byzanz' gegen Athen (357–55 v. Chr.). Er führte das Ende des 378/77 v. Chr. gegründeten 2. Attischen Seebundes herbei;
(b) Die letzte bedeutende kriegerische Auseinandersetzung in der Geschichte Griechenlands, ehe die Römer hier eingriffen; sie dauerte von 220–17 v. Chr. Makedonien und der Achäische Bund standen in diesem Krieg gegen Sparta und den Ätolischen Bund. Beendet wurde der Kampf durch den Frieden von Naupaktos im Jahre 217 v. Chr.;
(c) Der Aufstand der italischen Bundesgenossen gegen Rom (91–88 bzw. 82 v. Chr.). Der Aufstand hatte seine Ursache in der Weigerung Roms, den Bundesgenossen das röm. Bürgerrecht zu gewähren. Nachdem den versöhnungsbereiten Bundesgenossen das Bürgerrecht zugesichert worden war, gelang es Rom, den Widerstand zu brechen (89/ 88). Die weiterhin aufständ. Samniter konnten erst im Jahre 82 niedergeworfen werden.

Bundesgesetzgebung. Die in einem Bundesstaat von den gesetzgebenden Organen des Gesamtstaates erlassenen Gesetze. Trotz des Grundsatzes, daß Bundesrecht Landesrecht bricht, waren sie lange umstritten, so auch, ob den Beschlüssen der Bundesversammlung des Deutschen Bundes gesetzgeberischer Charakter zukomme.

Bundesheer, Bundeswehr. Das Heer

eines Bundesstaates, z. B. Österreichs. In der Schweiz wird das B. Armee genannt und ist dem Bund unterstellt (mit kantonalen Anteilen). In der BRD stellt die Bundeswehr die durch Beschluß des Bundestages vom 8. 8. 1956 neu geschaffene militär. Streitmacht dar. Im Deutschen Bund waren es die aus den Kontingenten der Länder bestehenden Streitkräfte; ihr Oberbefehlshaber wurde lt. Kriegsverfassung vom 9. 4. 1821 von Fall zu Fall bestellt.
LIT. F. H. W. Borkenhagen (Hrsg.), Bundeswehr – Demokratie in oliv? (1986).

Bundesintervention. Z. Z. des Deutschen Bundes die einem Land geleistete Hilfe bzw. Bundeshilfe, um Sicherheit und Ordnung wiederherzustellen (vgl. Art. 26 der Wiener Schlußakte).

Bundeskanzlei. Im Deutschen Bund sowie in der Schweiz die Kanzlei der Bundesversammlung.

Bundeskanzler. In der Schweiz der seit 1848 auf jeweils vier Jahre gewählte Vorsteher der Bundeskanzlei; im Norddt. Bund von 1867–71 der durch das Präsidium, d. h. die Krone Preußens ernannte Vorsteher des Bundesrats und dessen Geschäftsleiter; in Österreich während der Jahre 1920 bis 1938 und wiederum seit 1945 der Regierungschef; in der BRD der Leiter der Bundesregierung.
LIT. J. Küpper, Die Kanzlerdemokratie (1985).

Bundeskasse. Die im Zusammenhang mit der Gründung des 1. Attischen Seebundes (478 v. Chr.) zur Abwehr persischer Übergriffe geschaffene Kasse. Gespeist wurde sie aus den Beiträgen (phori) der Mitglieder, die keine eigenen Schiffe zur Verfügung stellten. Die B., die von den Hellenotamien verwaltet wurde, befand sich zunächst auf der Insel Delos, seit 454 v. Chr. in Athen.

Bundeslade, Gesetzeslade. Bez. für den Schrein, in dem die beiden israelit. Gesetzestafeln aufbewahrt wurden. Urspr. ein Wanderheiligtum, wurde die B. später im Tempel von Jerusalem aufbewahrt.

Bundesländer. Die Gliedstaaten der BRD, ebenfalls der Republik Österreichs, wo an ihrer Spitze der Landeshauptmann steht.

Bundesmatrikel. Das Verzeichnis der Mitglieder sowie der Kontingente und Beiträge des Deutschen Bundes.

Bundespräsident.
(a) BRD: das Staatsoberhaupt mit fünfjähriger Amtsdauer; es wird von der
Bundesversammlung gewählt; eine
Wiederwahl ist nur einmal zulässig.
(b) Österreich: von 1920–38 und erneut
seit 1945 das Staatsoberhaupt; es wird
auf vier Jahre gewählt; eine Wiederwahl
ist zulässig.
(c) Schweiz: (unter Beibehaltung seines
Departements) der Vorsitzende des regierenden Bundesrats. Er wird von der
Bundesversammlung auf ein Jahr gewählt.

Bundespräsidium.
(a) Der Vorsitz in der Bundesversammlung des Deutschen Bundes; er stand
der Präsidialmacht Österreich zu;
(b) Der Vorsitz im Norddt. Bund, der
der Krone Preußens zustand
(Art. 11);
(c) Der Vorsitz im Deutschen Reich
nach 1871, der dem König von Preußen
zustand; er führte in dieser Eigenschaft
den Namen ›Deutscher Kaiser‹ (Art. 11
der Reichsverfassung von 1871). Ihm
oblag die Vertretung des Reiches nach
außen, das Recht der Kriegserklärung,
die Berufung des Parlaments und die
Ernennung des Kanzlers.

Bundesrat.
(a) Im Norddt. Bund (1867–71) das
oberste Bundesorgan; im dt. Kaiserreich (1871–1918) kam ihm die gleiche
Rangstufe zu.
(b) In der Schweiz die höchste vollziehende und leitende Behörde.
(c) In der BRD das höchste föderative
Bundesorgan, bestehend aus mindestens drei Regierungsmitgliedern pro
Bundesland; es wirkt an der Gesetzgebung und Verwaltung des Bundes mit
(die 16 Länder der BRD haben je nach
Größe je 3 bis 6 Stimmen; die Stimmen
der einzelnen Länder sind einheitl. abzugeben).
(d) In Österreich seit 1920 die Vertretung der Länder (Länderkammer), die
mit beschränkten Befugnissen (aufschiebendes Veto) ausgestattet ist. Der
B. bzw. die Länderkammer umfaßt 50
Mitglieder.
(e) Beim Schwäbischen Bund (1488–
1534) war der B. das leitende Organ,
aus 40 Mitgliedern der Fürsten, Prälaten, Städte und Ritter bestehend.
LIT. U. Scholl, Der Bundesrat in der
dt. Verfassungsentwicklung (1982).

Bundesstaat. Eine auf Dauer bestehende Staatenverbindung, die mehrere

Gliedstaaten (Länder, states, Kantone)
derart zu einem Gesamtstaat zusammenfaßt, daß den einzelnen Gliedstaaten eine bestimmte Freiheit im Rahmen
des Gesamtstaates verbleibt und daß sie
als solche an dessen Willensbildung beteiligt sind.
LIT. K. Weber, Kriterien des B. (1980).

Bundestag. Zunächst die inoffizielle,
bald jedoch die allg. übliche Bez. für die
Bundesversammlung des Deutschen
Bundes. In der BRD stellt der B. die
Volksvertretung dar; als solcher hat er
den früheren Reichstag ersetzt. Erstmalig gewählt wurde der B. der BRD am
14. 8. 1949. Die Wahlperiode umfaßt vier
Jahre.

Bundesversammlung. Z. Z. des Deutschen Bundes (1815–66) der in Frank-
furt/M. tagende ständige Gesandtenkongreß. Er stellte das oberste Bundesorgan der 41 im Deutschen Bund zusammengeschlossenen Staaten dar. Im
Plenum wurde lt. Art. 6 der Bundesakte
und Art. 12 der Wiener Schlußakte mit
$\frac{2}{3}$ Mehrheit, bei wichtigen Entscheidungen einstimmig beschlossen. In der
BRD stellt die B. die Vereinigung der
Mitglieder des Bundestages sowie der
gleichen Anzahl von Vertretern der
Länder dar. Die B., vom Präsidenten
des Bundestags einberufen, ist das Bundesorgan für die Wahl des Bundespräsi-
denten der BRD. In der Schweiz ist sie
das aus Nationalrat und Ständerat zu-
sammengesetzte Parlament (seit
1848).
LIT. H. Nabholz und Kläui, Quellenbuch zur Verfassungsgeschichte (1940);
G. Strickrodt, Das Bundesratsmandat
(1949); Th. Maunz, Deutsches Staatsrecht ([14]1965).

Bündnis (auch Symmachie, foedus,
Allianz). Ein Vertrag zwischen zwei
oder mehreren Staaten zum Zweck des
gegenseitigen Beistands im Falle eines
Krieges (casus foederis). Die Beistandspflicht beinhaltet:
(a) das Verharren in der Neutralität,
d. h. nicht auf seiten des jeweiligen Gegners einzugreifen bzw. eine wohlwollen-
de Neutralität zu beobachten. Mit letzterem Begriff wird ein Verhalten umschrieben, das weniger dem völkerrechtl. als vielmehr dem diplomat.
Sprachgebrauch entnommen ist;
(b) den automat. Kriegseintritt bzw.
nach vorausgegangener Konsultation
Absprachen über die Quantität und
Qualität bzw. die Art der Truppen, die

117

zur Verfügung zu stellen sind, außerdem Feststellungen hinsichtl. der einzuschlagenden Strategie, der Kriegsziele etc. Nach Art der Abmachungen wird zwischen offensivem und defensivem B. unterschieden. Von Schutz- und Trutzbündnissen spricht man im Falle von sog. gemischten B., während man, der Zahl der bündnisschließenden Staaten entsprechend, von Zwei-, Dreibund etc. bzw. Tripel-, Quadrupelallianz spricht. Im Falle einer Liga (auch Union) liegt der Akzent auf den gemeinsam zu verfechtenden Interessen. Eine Konföderation kennt keine zeitl. Begrenzung. Der Pakt, das Agreement, die Entente sowie die Konvention sind Zusammenschlüsse, ohne daß ihnen ein spezieller Vertragscharakter zugrunde liegt.

LIT. P. Barandon, Das System der polit. Staatsverträge seit 1918 (1937).

Bundschuh. Die nach ihrem Feldzeichen, dem bäuerl. Riemenschuh, benannten lokalen Bauernrevolten während der Jahre 1492–1517, insbes. in Südwestdtl. Der B. im Bistum Speyer (1502), im Breisgau (1513) sowie am Oberrhein (1517) wurde angeführt von dem Bauern Joss Fritz aus Untergrombach (Kreis Bruchsal). Die Bauernrevolten der B. mündeten in den großen Bauernkrieg 1525/26 ein.

LIT. A. Rosenkranz, Der B. 2 Bde. (1927); W. E. Peuckert, Die große Wende (1948); G. Franz, Der dt. Bauernkrieg. 2 Bde. ([10]1975).

Burg (griech. pyrgos, lat. burgus, frz. bourg, engl. borough, ital. borgo). Ein befestigter Wohnsitz. Schon in vorgeschichtl. Zeit gab es befestigte Höhenkuppen (Fluchtburgen) zur Aufnahme von Talbewohnern. In der ägäischen Kultur stellten u. a. Mykene und Tiryns ausgedehnte Burganlagen dar. Eine besondere Entwicklung erfuhren in der german. Ritterzeit die Herrenburgen, Zwingburgen, Talsperren- und Ortsburgen. Im Gegensatz zum röm. Kastell waren sie dem Gelände angepaßt. Während der Kaiserzeit, d. h. seit 31 v. Chr., stellt die B. (burgus) als Wach- und Wohnturm einen wesentl. Bestandteil der röm. Grenzbefestigung dar, insbes. an bedeutenden Handelswegen, die in das nichtunterworfene und somit dem röm. Herrschaftsbereich nicht zugehörige Gebiet führten. Sie war nicht selten der Ausgangspunkt für die Entstehung von Ansiedlungen. Daher wurde seit dem 7. Jh. auf ehedem röm. Staatsge-

biet die B. mit Civitas (städtische Siedlung) gleichgesetzt, während z. Z. des frühen MA im ostfränk. Reich die Stadt B. genannt wurde; ihre Einwohner bezeichnete man als burgari (Bürger). Die engl. Stadt entwickelte sich ebenfalls weitgehend aus der befestigten Anlage, dem borough. Seit dem 12. Jh. dient die Bez. B. mehr und mehr zur Umschreibung einer ausgesprochenen Verteidigungsanlage. Mit der Entwicklung der Feuerwaffen seit dem 15. Jh., die die B. als eine nützl. Verteidigungsanlage in zunehmendem Maße zweifelhaft erscheinen läßt, wandelt sie sich zum Schloß.

LIT. RDK III, 126–73; 221–25; 1304–12; C. Schuchardt, Die B. im Wandel der Weltgeschichte (1929 ff.); W. Schlesinger, Burgen und Burgbezirke. In: Festschr. R. Kötzschke (1937); B. Ebhardt, Der Wehrbau Europas im MA. 2 Bde. (1939–58); E. Klebel, Ma. Burgen und ihr Recht (1952); H. Dannenbauer, Grundlagen der ma. Welt (1959/62); A. Tuulse, B. des Abendlandes (1958); R. Schmidt, B. des dt. MA (1959); C. Tillmann, Lexikon der deutschen Burgen und Schlösser (1958–1961); H. Patze (Hrsg.), Die B. im dt. Sprachraum (1976); C. L. Salch, L'atlas des chateaux forts en France (1976); W.-R. Berns, Burgenpolitik und Herrschaft des Erzbischofs Balduin von Trier (1307–54) (1980); G. Streich, B. und Kirche während des dt. MA (1984); B. Gondorf, Die Burgen der Eifel und ihrer Randgebiete (1984); H. W. Böhme (Hrsg.), Burgen der Salierzeit ([2]1991).

Burgbann. Während des MA ein Bezirk um eine Burg oder Stadt. Den innerhalb des B. lebenden Bewohnern war es gestattet, sich im Kriegsfall auf die Burg zu begeben, wo sie sich an der Instandhaltung der Burganlagen (Burgwerk) und der Verteidigung der Burg zu beteiligen hatten.

Bürger. Zunächst in den Stadtstaaten der Antike eine auf Grund ihrer Geburt mit polit. Entscheidungsgewalt ausgestattete Person. In den Städten Griechenlands sowie den Kolonien und Munizipien wurde sie ein vielschichtiges Selbstverwaltungssystem entwickelt. Der Zusammenbruch des röm. Reiches, d. h. vor allem seines Westteils, beeinträchtigte zwar die Bedeutung der Städte; sie blieben dennoch die Mittelpunkte der Gewerbetreibenden. Außer-

Bürgerkrieg

gen aus dem Umkreis der Städte hinzu.
Die Bez. B. stand demjenigen zu, der
freier und vollberechtigter Einwohner
einer Stadt war. Voraussetzung hierfür
war der Besitz von Grund und Boden in
der Stadt bzw. innerhalb deren Gemarkung (Pfahlbürger). Ihm stand entgegen
der Unfreie, der Halbfreie und der Beisasse. Gegen eine Beeinträchtigung ihrer Freiheiten haben sich die B. stets
gewehrt. Zu den bürgerl. Freiheiten gehörten insbes. die Freiheit von der Steuerpflicht und der Heerfahrt sowie der
außerstädt. Gerichtsbarkeit. Auch Hörige konnten Freie werden, wenn sie auf
einen Aufenthalt von einem Jahr in einer Stadt zu verweisen vermochten; daher der Terminus: »Stadtluft macht
frei«. Mit dem Aufkommen zahlreicher
Städte vor allem seit dem 12. Jh. trat zu
dem Adel und den Bauern als ein neuer
Stand der der B. Innerhalb der Stadt
selbst kam es in der Folge zu einer Stän-
degliederung in Patrizier, Gilden und
Zünfte. Mit dem wirtschaftl. Erstarken
der beiden letztgenannten Gruppen, die
auch Spießbürger genannt wurden, da
sie weitgehend mit Spießen bewaffnet
waren, kommt es im 14. Jh. zu Kämpfen mit dem Patriziat um die Beteiligung am Stadtregiment. Während in
den meisten Auseinandersetzungen die
Gleichberechtigung erreicht werden
kann, obsiegt in Nürnberg, Frankfurt
sowie den Hansestädten das Patriziat.
Die Entwicklung in den Städten war seit
dem HochMA durch eine hohe Kultur
gekennzeichnet, da der Absatz der Produktion gesichert und eine gleichmäßige
Einkommensverteilung gewährleistet
war. Das Erstarken des Fürstenstaats,
eine Entwicklung, die sich bereits vom
MA an abzuzeichnen begann, und die
mit der Entdeckung der Neuen Welt
(1492) erfolgende weitgehende Verlagerung des Handels nach Westeuropa
leitet den Niedergang der Städte bzw.
seines Bürgertums ein; der 30jährige
Krieg (1618–48) schließlich führt seine
Verarmung herbei. Das bürgerl. Wirt-
schafts- und Kapitaldenken greift nunmehr, vor allem seit dem Zeitalter des
Absolutismus, auf den Staat über. Anteil an der polit. Macht erreichen die B.
in der Franz. Revolution (1789). Durch
die Städteordnung des Frh. vom Stein
(1757–1831) aus dem Jahre 1808 wird
den städt. B. das Recht auf Selbstver-

waltung eingeräumt. Die Umbildung
des Staates zum Verfassungsstaat erreichen die B. (Staatsbürger) durch die
bürgerl. Revolutionen 1830 und 1848.
LIT. HWDRG I, 543ff.; O. Brunner,
Geschichtl. Grundbegriffe I, 672ff.
(1982); W. H. Riehl, Die bürgerl. Gesellschaft (1851, [8]1885, Neudruck
1930); W. Sombart, Der Bourgeois
([2]1923); O. Gmelin, Naturgeschichte
des B. (1929); H. Pirenne, Les Villes et
les institutions urbaines (1939); Marbach, Theorie des Mittelstandes (1942);
A. von Brandt, W. Koppe (Hrsg.), Städtewesen und Bürgertum. In: Gedächt-
nisschr. für F. Rörig (1953); E. Ennen,
Frühgeschichte der europ. Stadt
(1953); H. Planitz, Die dt. Stadt im MA
([3]1973); F. Rörig, Die europ. Stadt
([2]1955); E. H. Maurer. Das Spätbür-
gertum (1964); B. Groethuysen, Die
Entstehung der burgerl. Welt- und Lebensanschauung in Frankreich. 2 Bde.
(1978); H. Stoob (Hrsg.), Altständ. B.
2 Bde. (1978); E. Ennen, Die europ.
Stadt des MA ([3]1979); R. Vierhaus
(Hrsg.), B. und Bürgerlichkeit im Zeitalter der Aufklärung (1981); J. Kocka
(Hrsg.), B. und Bürgerlichkeit im
19. Jh. (1987); H.-J. Puhle (Hrsg.), B.
in der Gesellschaft der Neuzeit (1991);
B.-Y. Kim, Bauern und städtische B.
vom 12. bis zum 14. Jh. (1998).
Bürgerausschuß (auch Bürgerrat).
Eine Selbsthilfeorganisation, die im Anschluß an die Novemberrevolution
(1918) entstand. In den Freien Städten
Hamburg und Lübeck war der B. ein
Ausschuß der Bürgerschaft, der für weniger wichtige Angelegenheiten zuständig war. Er wachte u. a. auch darüber,
daß die Verfassung nicht verletzt wurde.
Bürgergarde. Bewaffnete Verbände;
im Falle von Unruhen zur Aufrechterhaltung der Ordnung aufgestellt.
Bürgerkönig. Die Bez. für Louis Philippe, König von Frankreich (1830 bis
1848). Er wurde nach dem Sturz
Karls X. (1824–30) durch das französische Bürgertum zum konstitutionellen
Monarchen erhoben. In der Februarrevolution von 1848 beseitigt.
Bürgerkrieg.
(a) Ein Konflikt zwischen 2 oder mehreren feindlichen Parteien oder Regierungen eines Staates, die den gleichen Anspruch auf Souveränität stellen.
(b) Die Auflehnung eines Teils der Bevölkerung gegen die eigene Staatsgewalt. Ein B. kann, muß jedoch nicht Be-

gleiterscheinung einer Revolution sein. Zu den Kriegen im völkerrechtl. Sinn gehört der B. nicht; er wird als innere Angelegenheit eines Staates betrachtet. Als Beispiele für Bürgerkriege seien genannt: Die Auseinandersetzung zwischen Caesar und Pompeius (49 ff. v. Chr.), die Kämpfe zwischen Ländern und Städten der schweiz. Eidgenossenschaft (im 15. und 16. Jh.), die Rosenkriege (1455–85), der Sezessionskrieg in den USA (1861–65), die Kriege in Rußland, China, Spanien und Griechenland (im 20. Jh.).
LIT. C. Wiesse, Le droit international appliqué aux guerres civiles (Lausanne 1899); G. Scelle, La reconnaissance des insurgés. In: Friedenswarte 37,2 (1937); F. Siordet, Les Conventions de Genève et la guerre civile. In: Revue internationale de la Croix Rouge (1950); vgl. »B. in China«, »B. in Griechenland«, »B. in Rußland«, »B. in Spanien« in: Lexikon zur Geschichte und Politik im 20. Jh. (1971), 122–27 (mit Lit.); H. Thomas, The Spanish Civil War (London 1986); B. Holden Reid, The Origins of the American Civil War (London u. N. Y. 1996).

Bürgerkrone (lat. corona civica). Eine Auszeichnung (Eichenkranz) für die Rettung eines Mitbürgers, der im Kampf in Todesgefahr geraten war.

Bürgermeister (franz. maire, engl. mayor). Der Vorsitzende der Verwaltung einer Gemeinde heißt teilweise Stadtdirektor

Bürgerrecht. Das Recht der Staatsangehörigkeit. Es bildet die Grundlage für die polit. Rechte. Das B. soll dem Menschen gleichsam eine letzte Zufluchtstätte sein: es schützt ihn gegen Auslieferung und Ausweisung durch den Heimatstaat und verleiht ihm einen Anspruch auf diplomat. Schutz dem Ausland gegenüber. Das B. wird entweder auf Grund bes. familienrechtl. Gegebenheiten (Geburt, Heirat, Legitimation) oder Verleihung durch einen Staat erworben. Es gibt verschiedene Möglichkeiten der B.-Verleihung: auf das Begehren des Einzubürgernden hin (Einbürgerung, Naturalisation), durch Verleihung des Ehrenbürgerrechts (an Personen, die sich um das Gemeinwesen verdient gemacht haben), durch Zwangseinbürgerung (z. B. im Falle einer Gebietsabtretung). Das B. kann verloren werden: durch Entlassung

(sog. Verzicht) auf Antrag eines Bürgers, durch Widerruf einer Einbürgerung (Nichtigerklärung, u. a. im Falle einer Erschleichung des B.), durch Aberkennung der Staatsangehörigkeit (Zwangsausbürgerung, u. a. im Falle von Landesverrat oder Fahnenflucht).
LIT. E. Ehrlich, Über Staatsangehörigkeit (1930); H. Peters (Hrsg.), Handb. der kommunalen Wissenschaft und Praxis, 1 (1956).

Bürgerschaft. Bez. für das Stadtparlament in Hamburg, Bremen und Lübeck seit der Mitte des 19. Jh.

Bürgertum. Ein vieldeutiger Begriff. Es werden hierunter im allg. die überlebenden Reste der alten Ständeordnung verstanden (3. Stand: Handwerker, Händler, Bauern), wie auch die mit dem Kapitalismus auftretende bürgerl. Klasse (Bourgeoisie, Mittelstand). Während früher innerhalb des Begriffs B. beides durcheinanderlief, versucht man neuerdings, beide Teilgebilde zu trennen.
LIT. H. J. Henning, Das westdt. B. in der Epoche der Hochindustrialisierung 1860–1914, T. I (1972); W. Conze, J. Kocka (Hrsg.), Bildungsbürgertum im 19. Jh. T. 1 (1984); U. Engelhardt, Bildungsbürgertum. Begriffs- und Dogmengeschichte eines Etiketts (1986); K. Tenfelde/H.-U. Wehler (Hrsg.), Wege zur Geschichte des B. (1994).

Burgfriede. Während des MA der Ausschluß oder die Beschränkung der Fehde innerhalb des Bereichs ummauerter Burgen oder Städte.

Burggraf (lat. praefectus, burggravius, auch castellanus). Ein mit richterl. Gewalt über die ihm unterstellten Burgmannen ausgestatteter militär. Befehlshaber in Burgen und Städten, insbes. in Reichsburgen sowie Reichs- und Bischofsstädten. Die praefecti urbis, denen die militär. Sicherung bedeutender Handelsplätze oblag, dürfen als die Vorläufer der B. betrachtet werden. Der B. stand im Dienste des Reiches oder eines Landesherren. Infolge der zunehmenden Bedeutung seines richterl. Amtes im Verlauf des späteren MA heißt er häufig auch Vogt oder Schultheiß. Die Burggrafenwürde war nicht selten erblich. Nach dem Vorbild der Burgwardeiverfassung der Ottonen war der B. in Polen und Schlesien sowohl militär. Befehlshaber als auch Richter und Verwaltungsbeamter in dem nach ihm benannten Bezirk, desgl. in Böhmen, wo er im 12./13. Jh. dem Hoch-

adel entstammte, jedoch auch dem niederen Adel, wenn es sich um die Wahrnehmung von Aufgaben geringerer Bedeutung handelte. Der flandr. B., der seit dem 10. Jh. das Richteramt ausübte, stand auf der gleichen Stufe wie der Baron; er war ebenfalls militär. Befehlshaber. Seit dem 12. Jh. wurde er durch den Bailli ersetzt. In Italien oblag dem B. meist die Befehlsgewalt in einem Burgflecken.
LIT. S. Ritschel, Das Burggrafenamt (1905); W. Schlesinger, Zur Gerichtsverfassung des Markengebietes. In: Beiträge zur dt. Verfassungsgeschichte (1961).

Burglehen. Das einem Burgmann zu dessen Unterhalt verliehene Lehen, wenn der Burgmann auf einer Burg zu deren Verteidigung ansässig war (Burggesäße). Das B. bestand aus Grund und Boden außerhalb der Burg. Es war vererb-, aber nicht verleihbar. Wenn eine Burg in einer Stadt aufging, wurden die Burgmannen zu Stadtbürgern. Mit ihrem Grundbesitz stellten sie dann in den meisten Fällen einen Teil des Patriziats dar.

Burgstall (Burgstelle). Bez. für eine Burgruine oder den Platz, auf dem einst eine Burg stand.

Burgunderkriege. Die von 1474–77 während der Kämpfe der schweizer. Eidgenossen gegen den Burgunderherzog Karl den Kühnen (reg. 1467–77). Ursachen für die B. waren die Machtpläne Karls des Kühnen zur Bildung eines neuburgund. Reiches, die Einkreisungspolitik des vorsichtigen und listigen franz. Königs Ludwig XI. (reg. 1461–83), die auf einer Koalition mit dem dt. Kaiser Friedrich III. (1440–93) und den Eidgenossen basierte, sowie die Begehrlichkeit Berns nach den savoyischen Gebieten Waadt und Unterwallis. Der Krieg verlief folgendermaßen: 1474 Sperrung der Burgunderpforte und der Jurapässe durch die Eidgenossen; 1475 Bernerzug in die Waadt; 1476 Vordringen Karls des Kühnen über den Jura; die Eroberung und blutige Bestrafung von Grandson; der Überraschungskampf bei Grandson und Sprengung des Burgunderheeres durch die Eidgenossen. Dann der zweite Zug Karls des Kühnen mit erfolgloser Belagerung von Murten (verteidigt durch Adrian von Bubenberg) und Niederlage am 22. 6. 1476. Am 5. 1. 1477 siegten die Eidgenossen und Herzog René von

Lothringen bei Nancy; Karl der Kühne fiel in der Schlacht.
LIT. E. Dürr, Schweizer Kriegsgeschichte, IV (1933); J. Robert de Chevanne, Les guerres en Bourgogne 1470–75 (1934); E. von Rodt, Karl der Kühne (1941); P. Sulzer, Die B. in der schweizer. Geschichtsschreibung (1945); R. Vaughan, Charles the Bold (1973); N. Stein, Burgund und die Eidgenossenschaft z. Z. Karls des Kühnen (1979).

Burgward. Der während des 10. und 11. Jh. zu einer Burg gehörige Bezirk im Grenzraum des Dt. Reiches, hauptsächlich an der Elbe, der Saale und der Mulde. Die Mittelpunkte der gegen die Slawen gerichteten B. waren Fluchtburgen, für die durch die Bevölkerung Abgaben (Burgbann) und Befestigungsarbeiten geleistet wurden. Die B. waren von Wirtschaftshöfen umgeben, die nicht selten das Marktrecht erhielten. Es scheint, daß die B. ein geschlossenes System von Verwaltungsbezirken bildeten, die gleichzeitig den Pfarrsprengeln entsprachen. Das Burgwardensystem ging teils aus dem fränk. Bauernkriegertum hervor, das Heinrich I. (919–36) in Sachsen übernahm, teils war es slaw. Ursprungs. Durch die ostdt. Siedlung wurde das Burgwardensystem in zunehmendem Maße durchlöchert.
LIT. B. Knüll, Die B. (1895); K. Rübel, Die Franken und ihr Eroberungs- und Siedlungssystem (1904); R. Kötzschke, in: Festgabe für G. Seeliger (1920); W. Schlesinger, in: Land und Kultur (Festschrift für R. Kötzschke, 1937); ders., Die dt. Kirche im Sorbenland und die Kirchenverfassung auf westslaw. Boden. In: Mitteldt. Beitrr. zur dt. Verfassungsgeschichte des MA (1961); ders., Merseburg. In: Dt. Königspfalzen, 1 (1963).

Burgwardeiverfassung. Bez. für einen bestimmten Bezirk, der 12–24 Dörfer umfaßte und für den die jeweilige Burg der Verwaltungs- und Gerichtssitz war.

Seit dem 12. Jh. wurden vom Hochadel und den Ministerialen Burgen gebaut, obwohl deren Anlage ein Regal ist. Außerdem bauten Kirchenvögte auf geistl. Gebiet Burgen. Die Salier, vor allem aber die Staufer, errichteten systemat. Anlagen von Burgbezirken, und zwar sowohl auf Reichs-, wie auch auf Reichsgut. Die Landesherren des späteren MA erstellten Burgen als Verwaltungszentralen ihrer Territorien, der Deutsche Orden als Wehranlagen.

LIT. E. Schrader, Das Befestigungsrecht in Dtl. (1910); O. Piper, Abriß der Burgenkunde (³1914); W. Schlesinger, Die Entstehung der Landesherrschaft (1941).

Bürokratie. Kritisch-abwertende Bez. für das Übergewicht insbes. der führenden Schicht eines engstirnigen Verwaltungsapparats. Nach M. Weber (1864–1920) stellt die B. eine legitime Herrschaftsform dar. Sie beruht auf dem Glauben an die Legalität gesetzter Ordnungen sowie auf dem Anweisungsrecht der zur Ausübung der Herrschaft Berufenen. Ausgeführt werden die Anweisungen durch einen geschulten Apparat von Beamten. Obwohl die B. niemals eine rein verwirklichte Herrschaftsform war und voraussichtl. auch nie sein wird, so sind ihre Wesenszüge in der Geschichte doch vielfach faßbar. So spricht man von der B. in den hellenist. Staaten, im Rom der Spätantike, in den absolutist. regierten Staaten etc., während sie in der Gegenwart im Bereich der zivilen und militär. Verwaltung, in der Industrie und in den Parteien u. a. registrierbar ist.

Bürokratisierung stellt eine Form dar, die zum Bürokratismus tendiert. Der Bürokratismus (die Herrschaft des Büros) ist namentl. in der öffentl. Verwaltung sowie in Recht und Wirtschaft feststellbar. Für ihn existiert das Publikum lediglich als gestaltlose Masse; er läßt somit einen Grundzug der modernen rationalisierten Gesellschaft erkennen. Seine Leistung liegt insbes. im korrekten Mechanismus, seine Gefahr in der Verknöcherung, dem Schematismus sowie der Pedanterie der sog. Bürokraten.

LIT. L. von Mises, Burocracy (1944); M. Weber, Wirtschaft und Gesellschaft (⁴1956); F. Morstein-Marx, Einführung in die B. (1959); Th. Eschenburg, Staat und Gesellschaft in Dtl. (⁶1963); L. von Wiese, System der allg. Soziologie als Lehre von den sozialen Prozessen und den sozialen Gebilden der Menschen (⁴1966); Th. Leuenberger, K. H. Ruffmann (Hrsg.), B. (1977); E. Treichel, Der Primat der B. (³1991).

Bursa (lat. Tasche, Beutel).
[1] Im MA Geldbeutel, Börse, Reliquienbehälter, auch Opferstock.
[2] Die Burse; seit dem MA Bez. für Stiftungen an Universitäten zum Unterhalt armer Studenten und Magister.

Bes. bekannt war die B. an der Sorbonne (Paris; gegr. 1254), an den Universitäten Oxford, Cambridge sowie an den dt. Universitäten.

Burschenschaft. Eine national-dt. Studentenorganisation, die insbes. im 19. Jh. wirksam war. Nach den Ideen Friedrich Ludwig Jahns (1778–1852) und Ludwig Uhlands (1787–1862) wurde durch sie eine christl.-vaterländ. Erneuerung erstrebt. Eine Gruppe innerhalb der B. verfocht radikale Tendenzen – in diesem Zusammenhang kam es auch zur Ermordung des Dichters und russischen Spions Kotzebue – und setzte sich deshalb der Demagogenverfolgung durch Metternich (1773–1859) aus.

LIT. W. Fabricius, Die dt. Corps bis zur Gegenwart (1928); D. Grieswelle, Zur Soziologie des Cösener Corps 1870–1914. In: Chr. Helfer, M. Rassem (Hrsg.), Student und Hochschule im 19. Jh. (1975); Quellen und Darstellungen zur Geschichte der B. und der dt. Einheitsbewegung. Hrsg. von H. Haupt. 17 Bde. (1910 ff.; ²1965 ff.); Darstellungen zur Geschichte der dt. Einheitsbewegung im 19. und 20. Jh. Hrsg. von P. Wentzcke u. a. 7 Bde. (1954–67).

Bußbücher, Pönitentialien. Bez. für Schriftenverzeichnisse, die Bestimmungen für die Verwaltung des Bußsakraments enthalten, insbesondere Anweisungen, die sich auf die für die einzelnen Sünden zu verkündenden Bußen beziehen. In der Zeit vom 6. bis zum 12. Jh. wurde in der irischen, angelsächs. und franz. Kirche eine Vielzahl von B. aus den Konzilsvorschriften erstellt.

LIT. RAC II, 802 ff.; LThK II, 805–15; H. J. Schmitz, Die B. und die Bußdisziplin der Kirche. 2 Bde. (1883; 1898); W. von Hörmann, Bußbücherstudien. In: ZRG GA 32–34 (1911–13); G. Hägele, Das Poenitentiale Vallicellianum I. (1984).

Buße. Lt. germanischem und ma. Recht eine in Geld oder Vieh zu leistende Entschädigung. Der Verletzte und seine Sippe empfing sie für Friedensbrüche und Ungefähr. In den meisten Fällen stellte die B. einen Bruchteil des Wergelds dar; sie war daher wie dieses gestuft (entspr. dem Stand des Verletzten). Von der Strafe unterschied die B. ihr privater, von der Sühne ihr wirtschaftl. Charakter. Während des MA stellte die B. eine der gelegentl. Einkünfte des Gerichtsherrn dar, vor allem in Form der Bußgelder für die Übertre-

tung des Königsfriedens sowie der »Bannbuße« der Karolingerzeit für die Befreiung vom Heeresdienst, dem Heerbann.
LIT. HWDRG I, 575 ff., 1466 ff.

Bußtag, Bettag. In der abendländ. Kirche eine staatl.-kirchl., aus vorchristl. Zeit stammende Einrichtung, durch gemeinsame Buße des Volkes zur Behebung der Landesnot beizutragen. Übernommen wurde sie für die christl. Zeit u. a. durch Theodosius d. Gr. (reg. 379–95) und Karl d. Gr. (reg. 768–814). Außerordentliche B. wurden zu ständigen erhoben. In Anlehnung an die kath. Quatembertage wurde der regelmäßige »Landesbuß- und Bettag« im den prot. Kirchen entweder zu jeder Jahreszeit wiederholt oder auf eine bestimmte Zeit des Kirchenjahres gelegt. In den dt. Landeskirchen wird er am Mittwoch vor dem letzten Sonntag des jeweiligen Kirchenjahres begangen, in Bayern daneben auch am Sonntag Invocavit (am ersten Fastensonntag).
LIT. G. Mensching, Die Idee der Sünde (1931); TRE VII, 492–96.

Bußzucht, Bußdisziplin. In der alten und ma. Kirche die Regelung der öffentlichen Buße. Verhängt wurde sie für Glaubensabfall, Mord, Unzucht sowie verwandte Sünden über einen längeren Zeitabschnitt hinweg. In den ersten nachchristl. Jh. verhängte man die Bußen für derartige Sünden, die als die schwersten galten, häufig auf Lebenszeit. Eine Wiederaufnahme der Büßer in den Schoß der Kirche, die in späterer Zeit am Gründonnerstag erfolgte, konnte erst nach schweren Auseinandersetzungen mit dem Rigorismus erreicht werden. Im Morgenland verschwand die Einrichtung der B. im Verlauf des 5. Jh., während sie im Abendland noch weiterbestand, doch war sie bereits seit der Merowingerzeit auf öffentl. Sünder eingeschränkt worden; im 11. Jh. fiel sie auch für diese weg. Ersetzt wurde sie durch die private Beichte sowie die in der abendländ. Kirche durch vom Bußsakrament abgelöste Verhängung öffentl. Bußen durch die geistl. Gerichte (Send, Sendgericht). Mitgewirkt haben bei der Beseitigung der B. die Bußredemptionen, die unter dem Einfluß des german. Sühnegeldes entstanden. Ersetzt wurden die schweren öffentl. Bußen nunmehr durch leichtere Bußübungen wie Gebete, Almosen, Wallfahrten etc., und zwar entsprechend den Festlegungen in den Bußbüchern.
LIT. Rauschen, Eucharistie und Bußsakrament in den ersten 6 Jahrhunderten (²1910); B. Poschmann, Buße und letzte Ölung. In: Hdb. der Dogmengeschichte (1951; hier weitere Lit.).

Buteil (mlat., Bauteil). Nach ma. Recht der einem geistl. oder weltl. Grundherrn zustehende Anteil am Nachlaß eines Hörigen. Nicht selten betrug der Anteil ein Drittel des Nachlasses.

Butigler (mlat. buticularius, Mundschenk). Zunächst das Hofamt. Zum erstenmal erwähnt wird es in der Palastordnung Hinkmars, des EB von Reims (845–882). Z. Z. der stauf. Kaiser (1138–1254) war der Reichs-B. der oberste Beamte des Reichsgutsbezirks um Nürnberg. Er entstammte der hohen Reichsministerialität.

Büttel (ahd. butil). Gerichtsdiener, Häscher. Heute nur noch abwertend gebraucht.

Byzantinismus. Bez. für würdelose Unterwürfigkeit Höherstehenden gegenüber; sie ist abgeleitet vom Hofzeremoniell des Byzantinischen Reiches. Ihren Ursprung hat die Bez. – von ihrer Bedeutung her betrachtet – in dem geringen Verständnis der Geschichtsschreibung während des Zeitalters der Aufklärung für die Formen und Formeln des byzantin. Herrscherzeremoniells, das dem röm. Kaiserkult entstammte. In seinem Vollzug war jedoch keine moralische, sondern lediglich eine liturg. Handlung zu sehen.
LIT. H. Hunger, Byzantinismus. Nachwirkungen byzantin. Verhaltensweisen bis in die Gegenwart. In: Schriftenreihe des Int. Konstantin-Ordens, V.

Byzantinistik. Bez. für die Wissenschaft, die sich mit allen Lebensäußerungen des Byzantin. Reiches und seiner Bevölkerung beschäftigt. Zeitlich umfaßt sie die Spanne von 330 n. Chr. (Gründung Konstantinopels) bis 1453 (Eroberung durch die osmanischen Türken); der geographische Raum wechselt je nach Ausdehnung des Reiches (Kernländer: Kleinasien, Thrakien, Griechenland).
Nach einer ersten Vorstufe, da die Byzantiner vor allem in Italien dem Abendland den Weg zurück in die griech. Antike erschlossen, verdankt die wissenschaftliche Beschäftigung mit Byzanz ihre Entstehung dem sprachlichen

Byzantinistik

(Humanisten) wie auch dem religiös-politischen (Reformation, Unionsverhandlungen, Türkenkriege) Interesse des 16. Jh., dessen Vertreter vor allem im süddt. Raum (Wolf, Xylander etc.) zu suchen sind. Seit dem 17. Jh. hat sich die B. in Frankreich – nicht zuletzt aufgrund des damals erwachsenden Interesses der franz. Wissenschaft für die Kreuzfahrerstaaten im Orient – verselbständigt (DuCange u. a.). Nach der Geringschätzung in der Aufklärungszeit (→Byzantinismus; Lebeau; Gibbon), erlebte sie im 19. Jh. einen neuen Aufschwung, bis sie in K. Krumbacher (1856–1909), der 1897 den ersten Lehrstuhl des Faches in München erhielt, ihren heros ktistes, ihren Begrün-der und Schöpfer, als wissenschaftliche Disziplin an einer Universität fand.

LIT. G. Ostrogorsky, Entwicklung der byzantin. Geschichtswissenschaft. Einleitung zur Geschichte des byzantin. Staates (³1963); H. G. Beck, Die byzantin. Studien in Deutschland vor Karl Krumbacher. In: Chalikes. Festgabe für die Teilnehmer am XI. Internat. Byzantinistenkongreß (1958), 66–119; G. Moravcsik, Byzantinoturcica I (²1958; mit ausführl. Literatur); D. A. Zakythinos, Byzant. Geschichte. Bd. 1 (1977); H. G. Beck, Byzantinistik heute (1977); St. Runciman, Kunst und Kultur in Byzanz (1978); E. Eickhoff, Macht und Sendung. Byzantin. Weltpolitik (1981); P. Schreiner, Byzanz (1994).

Cahier de doléances (Cahier de remonstrances). Beschwerdeschrift. In Frankreich seit dem 15. Jh. Zusammenfassung der Beschwerden der drei Stände (Adel, Geistlichkeit, Bürger), die zunächst für jede Stadt usw. aufgeschrieben wurden, dann zu einem Cahier de bailliage zusammengefaßt, schließlich für jeden Stand redigiert und dann von den drei Ständen (Cahier des états généraux) dem König überreicht wurden.

Calderari (ital., Kesselflicker). Polit. Geheimbund, vor allem in Süditalien, zwischen 1810–20, gegen die Carbonaria gerichtet, verteidigt die alte Ordnung und die Restauration, unterliegt im Kampf mit der Carbonaria und den fortschrittl.-freiheitl. Ideen.

Calixtiner (Utraquisten). Gemäßigte Mehrheit der Hussiten, oft die Gegenspieler der Taboriten. Die C. rekrutieren sich hauptsächl. aus dem tschech. Adel und dem Bürgertum der Städte, organisieren sich zunächst auf Klerussynoden, unter Leitung des von der Kirche abgefallenen EB von Prag, dann unter Leitung des vom Landtag gewählten Joh. von Rokycana, stehen seit 1478 unter einem Konsistorium, seit 1485 als Landeskirche in Böhmen und Mähren neben den Katholiken anerkannt. In der Forderung nach Kommunion unter beiden Gestalten weichen sie zum mindesten von der kath. Kirche ab. Seit 1524 sind die C. in »alte« und »lutherfreundliche« gespalten; Unionsversuche bleiben erfolglos; 1609 übernehmen die ev. C. das Konsistorium; im ersten Drittel des 17. Jh. werden alle C. in Böhmen und Mähren unterdrückt.
LIT. F. G. Heymann, John Ziška and the Hussite Revolution (Princeton 1955); H. Grundmann, Ketzergeschichte des MA (1963); F. Seibt, Hussitica. Zur Struktur einer Revolution (1965); K. Bosl (Hrsg.), Handbuch der Geschichte der böhm. Länder, I (1967).

Calvinismus. Von den deutschen Lutheranern geprägte, zunächst polemisch gebrauchte Bez. für die aus der Lehre und Wirksamkeit Calvins (1509–64) hervorgegangene reformator. Lehre und Bewegung, bald identisch mit der reformierten Kirche. Der C. wurzelt im franz. und Schweizer Humanismus, ist von Luther beeinflußt, unterscheidet sich jedoch vom Luthertum in der Lehre vom Abendmahl und der Prädestination.
Calvins Hauptwerk und Grundlage der reformierten Glaubenslehre ist die ›Institutio Religionis Christianae‹ (1536, seitdem erweitert und verbessert). Calvins Lehre ist stark theozentrisch; dem Hl. Geist kommt eine besondere Rolle zu, Christus ist stark zurückgedrängt. Der Mensch ist nach Calvins Lehre total verdorben, wird allein durch den Glauben gerechtfertigt. Der Papst wird als Antichrist abgelehnt, eine unfehlbare Autorität der Konzilien nicht anerkannt, die Kirche auf dem Gemeindeprinzip aufgebaut und demokratisch geleitet von einem Konsistorium (presbyterianische Kirchenordnung). Der Verwirklichung des Reiches Gottes auf Erden sind die polit. Ziele des C. untergeordnet.
Das Zusammengehen des C. mit frondierenden Ständeparteien gegen nicht calvinistische Obrigkeiten (Frankreich, Niederlande, England, Österreich) ist charakteristisch. Im Unterschied zu dem polit. fast passiven Luthertum entfaltete der C. im Reich eine beachtl. polit. Aktivität und stellte die eigentl. Opposition gegen den Kaiser (Kurpfalz, Nassau, Hessen-Kassel). Der C. breitete sich von ca. 1550 von Genf aus über die Schweiz und Frankreich aus, wo er in der ›Confessio Gallicana‹ (1559) auf der ersten franz. Nationalsynode eine kräftige Grundlage erhielt und sich in den Hugenottenkriegen behauptete. Das Zentrum des europ. C. im 17. Jh. waren die wirtschaftl. außerordentl. starken Niederlande. Trotz beachtl. Anfangserfolge wurde der C. in Polen nach 1560 von der Gegenreformation zurückgedrängt. In Ungarn und Siebenbürgen behauptete sich eine starke reformierte Kirche. Die ungarische ständische Opposition gegen den Absolutismus der Habsburger verquickte sich mit dem reformierten Bekenntnis. An den Bürgerkriegen und Kämpfen um die Macht in Frankreich, England, Schottland, an dem Freiheitskampf der Niederlande und ihrer Weltgeltung im 17. Jh. hatte der C. hervorragenden Anteil.
Stärkste wirtschaftl. Impulse gingen vom C., seinem Arbeitsethos, seiner »innerweltlichen Askese« aus. Der Erwählungsgedanke wirkte polit. und wirtschaftl. anspornend. Weit mehr als das auf das Reich und Skandinavien beschränkte Luthertum hat der C. als die in Westeuropa herrschende und nach Übersee verbreitete Form des Prote-

stantismus die Geschichte der Neuzeit bestimmt. Im Reich war der C. in der Kurpfalz (Heidelberger Katechismus 1563), in Ostfriesland, Nassau, Anhalt, Hessen-Kassel das herrschende Bekenntnis. Presbyterianer, Kongregationalisten, Methodisten spalteten sich ab. LIT. RGG I, 1588–99; LThK II, 887–98; Sacramentum mundi I, 687 bis 699; StL II, 339–47; HKG Bd. IV; J. Bohatec, Calvins Lehre von Staat und Kirche (1957); V. Press, C. und Territorialstaat (1970); H. Scholl, Calvinus Catholicus. Die kathol. Calvinforschung im 20. Jh. (1974); H. Kretzer, C. und französ. Monarchie im 17. Jh. (1975); TRE VII, 568–92; A. Duke/G. Lewis/A. Pettegree, Calvinism in Europe (1992).

Camaldulenser. Zweigorden der Benediktiner, gegr. um 1000; die Einsiedelei Camaldoli (1012) mit dem späteren Kloster Fontebuono wurde erst einige Jahre später zum Stammkloster des Ordens. Die C. verbinden eremit. und koinobit. Ideal (monachi-eremitae). Einflüsse auf die Anfänge Brunos (→Karthäuser) sind unverkennbar. Im SpätMA Selbständigkeitsbestrebungen der zahlenmäßig stärkeren Koinobiten; von 1616–1935 bestand eine eigene Koinobitenkongregation. Die Eremitengemeinschaften spalteten sich in mehrere Kongregationen. Bedeutende C. waren: Gregor XVI., Gratian, Bruno von Querfurt.
LIT. LThK V, 1266 f.

Cambrai, Damenfriede von (3. 8. 1529). Zustandegebracht durch die Statthalterin der Niederlande, Margaretha, und durch Luise von Savoyen, die Mutter Kg. Franz' I. von Frankreich. Abgeschlossen auf der Grundlage des Friedens von Madrid (14. 1. 1526). Kg. Franz I. von Frankreich verzichtet auf Burgund, alle Ansprüche auf Mailand, Genua, Neapel und seine Souveränitätsrechte über habsburg. Besitz in den Niederlanden, außerdem verpflichtet er sich, den Herzog von Bourbon wieder in seine Rechte einzusetzen. Frankreich erhält Péronne, Montdidier, Roye, die Grafschaft de Bolanois, Städte und Herrschaften an der Somme. Franz I. verpflichtet sich, Eleonore von Portugal, die Schwester Karls V. zu heiraten. Andrea Doria, Genua, erhält Schadenersatz. Robert von der Mark, Karl Herzog von Bourbonnais und der Auvergne u. a. werden restituiert. Frankreich macht erhebl. finanzielle Zugeständnis-

se für die Freilassung der Prinzen, übernimmt die kaiserl. Schulden gegenüber England.
LIT. K. Brandi, Karl V., 2 Bde. ([7]1964, dort weitere Lit.).

Cambrai, Kongreß von. Der beim Abschluß der Quadrupelallianz (2. 8. 1718) in Aussicht genommene Kongreß von C. wurde von Österreichs Alliierten Frankreich und England aus Furcht vor einer Ausweitung der österr. Macht in Italien lange verhindert. Als der Kongreß endlich am 24. 1. 1724 eröffnet wurde, waren die wichtigsten Verhandlungsgegenstände das Schicksal von Parma, Piacenza und Toskana und die Frage des belg.-ostind. Handels. Der erfolglos verlaufene Kongreß fand mit der Annäherung zwischen Spanien und Österreich (Erfolg der Mission Ripperdas) und dem Abschluß der Wiener Verträge vom 30. 4. und 1. 5. 1725 zwischen Spanien und Frankreich sein Ende.
LIT. A. F. Pribram, Österreich. Staatsverträge I (1907) 433 ff.; O. Redlich, Das Werden einer Großmacht. Österreich von 1700–1740 (1942); M. Braubach, Prinz Eugen von Savoyen. 5 Bde. (1963–65).

Camera Apostolica. Apostolische Kammer; Kurialbehörde zur Verwaltung des Vermögens des Apostol. Stuhles. Voll ausgebildet erscheint die C. A. gegen Ende des 12. Jh. im ›Liber censuum‹; mit dem Ende des Kirchenstaats endet auch ihre Tätigkeit, ausgenommen die Zeit der Sedisvakanz des Päpstl. Stuhles. An der Spitze der C. A. steht der Camerlengo.

Camerlengo.
[1] (lat. S. Rom. Eccl. camerarius), Kämmerer der Hl. Röm. Kirche; Kardinalpräfekt der Apostolischen Kammer; heute hat der Camerlengo nur noch bei der Sedisvakanz und bei der Vorbereitung des Konklave gewisse Rechte.
[2] Oberster Finanzbeamter in den ital. Stadtrepubliken des SpätMA und der NZ.

Camorra. Südital. Geheimbund des 19. Jh., spielte in der Bourbonenzeit eine Rolle, extrem terroristisch, kriminelle Tendenzen.

Campo Formio, Friede von (17./18. 10. 1797). Nach dem Waffenstillstand und Vorfrieden von Leoben, der den 1. Koalitionskrieg beendete, wurde auf Schloß Passariano, in der Nähe von Campo Formio, nach schwierigen

Verhandlungen zwischen Napoleon und dem österreich. Diplomaten Cobenzl der Friede zwischen Österreich und Frankreich mit der Ortsangabe Campo Formio unterzeichnet. Der Kriegszustand zwischen dem Reich und Frankreich blieb bestehen; alle das Reich betr. Fragen sollen auf einem Kongreß in Rastatt geklärt werden, der binnen Monatsfrist zusammentreten wird. Bestimmungen des Friedens von C.: Österreich anerkennt die franz. Republik, verzichtet auf die Unterstützung der Bourbonen und Emigranten, verzichtet in Italien auf die Herzogtümer Mailand, Modena sowie auf Mantua zugunsten der neuzugründenden Cisalpinischen Republik. Österreich tritt die südl. Niederlande an Frankreich ab und verpflichtet sich, bei der Abtretung der linksrhein. Reichsterritorien zwischen Basel-Andernach und westl. der Nette-Roer-Linie zugunsten Frankreichs mitzuwirken. Die linksrhein. depossedierten Fürsten sollen rechtsrhein. mit geistl. Territorien entschädigt werden. Mit diesem Entschädigungsversprechen leitet der Friede von C. die Säkularisation der Reichskirche ein und damit den Untergang des Reiches. Österreich erhält als Entschädigung die venezian. terra ferma bis zur Etsch, Istrien und Dalmatien einschließlich der venezian. Inseln in der Adria, doch kommen Korfu, Zanta, St. Maurus, Cerigo an Frankreich. Der Herzog von Modena wurde auf Entschädigungen aus dem vorderösterreich. Breisgau verwiesen, wofür Österreich das Erzstift Salzburg und bayer. Gebiete rechts des Inns erhalten sollte.
LIT. M. Braubach, Von der Franz. Revolution bis zum Wiener Kongreß. In: Gebhardt-Grundmann III; A. Ernstberger, Österreich und Preußen von Basel bis Campoformio 1795–97 (1932); W. Andreas, Napoleon (1962); S. S. Biro, The German Policy of Revolutionary France. 2 Bde. (1957).

Camposanto (ital., Friedhof). Bes. Begräbnisplatz mit Einfassung durch kreuzgangähnl. Arkadengänge. Der bekannteste C., neben dem Dom von Pisa, seit dem letzten Drittel des 13. bis zur Mitte des 14. Jh. errichtet; die Arkaden mit Maßwerk gefüllt, die Wände des Umgangs im 14. und 15. Jh. mit Fresken, darunter der ›Triumph des Todes‹, bedeckt. Schwere Schäden 1944, 1953 restauriert.

LIT. E. Carli-P. E. Arias, Il Camposanto di Pisa (1937).

Camposanto Teutonico. Auf der Südseite des Petersdoms zu Rom, aus der ›Schola Francorum‹ hervorgegangen, mit Priesterhaus, Friedhof, Pilgerberge, Hospital, getragen von der um 1450 von Joh. Goldeser gegründeten Bruderschaft, seit 1579 Erzbruderschaft, Mittelpunkt des dt. Lebens in Rom über das MA hinaus. Der Friedhof reich an histor. interessanten Grabstätten, heute den Mitgliedern der Erzbruderschaft reserviert. 1876 Gründung eines wissenschaftl. Priesterkollegs, das seit 1887 die ›Römische Quartalschrift‹ zusammen mit der Görres-Gesellschaft herausgibt. Der Camposanto Teutonico ist auch Sitz des Röm. Instituts der Görres-Gesellschaft, seit 1929 exterritorial, vom Vatikan verwaltet, Sitz der Agenzie für die Erzbistümer Köln und München-Freising.
LIT. LThK II, 912; E. Gatz (Hrsg.), Hundert Jahre dt. Priesterkolleg beim Campo Santo Teutonico 1876–1976 (1977).

Cancellaria Apostolica. Apostol. Kanzlei, Päpstl. Kanzlei. Seit 1042 steht ein bibliothecarius et cancellarius Sanctae Sedis Apostolicae an der Spitze der C., seit Ende des 11. Jh. ein Kardinal, ausgenommen die Zeit 1216–1325. Von 1216–1908 hieß der Vorstand vicecancellarius Sanctae Ecclesiae Romanae, seitdem cardinalis cancellarius. Die C. besorgte bis ins 15. Jh. die Ausfertigung aller Papsturkunden, seitdem nur noch den Bullen, die beneficia ecclesiastica consistorialia, größere Verwaltungsgeschäfte u. a. betrafen.

Cannae, Schlacht von (2. 8. 216). Hannibal schlägt bei C. die Römer vernichtend; der röm. Verluste betrugen mehr als 50000 Mann, fast 20000 wurden gefangen; unter den Gefallenen war auch der Konsul Aemilius Paullus. C. ist eine der bittersten Niederlagen der röm. Geschichte und zählt zu den klassischen Einkreisungsschlachten.
LIT. A. Gf. von Schlieffen, C. In: Ges. Schriften. 2 Bde. (1913); F. Cornelius, C. Das militär. und das literar. Problem (1932; Neudruck 1963).

Canonici in herbis. Zum Unterschied von den canonici in floribus et fructibus, d. h. den Canonici (Dom- bzw. Stiftsherrn), die stallum in choro (Sitz im Chor) und votum in capitulo (Stimme im Kapitel) haben, die Domicellaren, die ihren Unterhalt selbst bestreiten müssen.

Canonicus a latere. Domherr, der von einem Fürstbf. an seinen Hof berufen und zu bes. Aufgaben verwendet wurde. Für die Zeit der Abwesenheit am fürstbischöfl. Hof war er von den Pflichten eines Domherrn dispensiert.

Canossa. Burg südwestl. von Reggio nell'Emilia am nördl. Abhang des Apennin. C. gab einer Markgrafschaft den Namen. Hier spielte Markgräfin Mathilde von Tuszien, der die Burg und die Markgrafschaft gehörte, zusammen mit Abt Hugo von Cluny die Rolle der Vermittlerin zwischen Heinrich IV. und Papst Gregor VII., so daß Heinrich am 28. 1. 1077, als er schon an Aufbruch dachte, vom Papst die Absolution erreichte. Die Bedingungen für Heinrich IV., unter denen er die Absolution erreichte, waren Genugtuung an die Fürsten oder Vergleich mit ihnen innerhalb einer vom Papst festgesetzten Frist sowie freies Geleit für den Papst für den Fall einer Reise nach Dtl. Über die Investitur wurde keine Vereinbarung getroffen. Nach Canossa behandelte der Papst Heinrich IV. als König, ohne ihn als solchen ausdrückl. anzuerkennen. Ob C. ein Erfolg oder eine Niederlage Heinrichs IV. war, ist umstritten, sicher war es für den Augenblick ein taktischer Erfolg des Königs, der die Verbindung des Papstes mit seinen dt. Gegnern verhinderte, für den ma. Reichsgedanken stellte die »Wende von Canossa« aber eine Einbuße dar.

In Anlehnung an das Ereignis von 1077 erklärte Bismarck während des Kulturkampfes in der Reichstagssitzung vom 14. 5. 1872: »Nach Canossa gehen wir nicht – weder körperlich noch geistig.«

LIT. A. Brackmann, C. und das Reich. In: Stufen und Wandlungen der dt. Einheit (1943); H. Zimmermann, Canossa 1077 (1977).

Canticum (lat. Lied).
[1] Einzel- und Wechselgesang in der röm. Komödie.
[2] Liedhafte Partie der Schrift, die nicht aus den Psalmen stammt, aber in der Liturgie wie ein Psalm verwendet wird. Der Gebrauch der Cantica wurde wahrscheinlich in der Osternacht entwickelt. Am bekanntesten Benedictus, Magnificat, Nunc dimittis. Aus den Vigilfeiern wanderten die Cantica in die Laudes (Morgenlob). Bes. reich vertreten im monast. Brevier und im altspan. Ritus.

LIT. E. Bickel, Lehrbuch der Geschichte der röm. Literatur (1937, [2]1961); LThK II, 922.

capella regia.
[1] Mantelreliquie des hl. Martinus (cappa, capella sancti Martini); seit der Mitte des 7. Jh. im Besitz der Merowingerkönige, seit 710 in dem der Karolinger. Im 8. Jh. wird mit c. r. der Reliquienschatz des Königs oder auch das Meßgerät gemeint.
[2] Seit 765 auch Bez. für das Oratorium der Königspfalz, in dem Reliquien aufbewahrt wurden. Bald nach 800 wird auch in den fisci von capellae gesprochen. Capellae geht schließlich als Bezeichnung auf alle königl., dann auf die nichtkönigl. Eigenkirchen über. Eigenkirchen haben in der Regel keine Pfarrrechte. So erklärt sich der moderne Wortgebrauch von Kapelle als Bezeichnung für kleine kirchl. Gebäude.
[3] Seit 741 werden die Geistlichen im Gefolge des Königs als capellani bezeichnet. Mit Pippins Königserhebung stiegen die capellani zu geistl. Gefolgsleuten auf, deren Gemeinschaft als c. r. bezeichnet wurde. Nach dem Vorbild des Königs hielten bald auch Herzöge, Bischöfe und Päpste ihre eigenen Kapelläne. Seit dem 12. Jh. wird capellanus auch der Stellvertreter eines Geistlichen genannt. In diesem weitesten Sinn deckt sich capellanus mit vicarius (→Vikar). Die c. r. hatte nicht nur geistl. Aufgaben, sondern ihr war auch die schriftl. Verwaltungstätigkeit übertragen.

Seit 825 gibt es folgendes Ordnungsschema der c. r.: an ihrer Spitze der archicapellanus (anfangs ein Abt, später Bischof, unter ihm rückte der alte Kanzleivorsteher zum cancellarius (seit 808) und (seit 820) zum summus cancellarius auf. In Angleichung an den archicapellanus nannte er sich archicancellarius (bald nach 820). Der unter dem archicancellarius stehende leitende Notar rückte als cancellarius nach und gewann zunehmend an Bedeutung, je mehr Erzkaplan und Erzkanzler nicht mehr am Hofe weilten. Die Teilung des großfränk. Reiches führte zur Bildung eigener Hofkapellen.

Seit 965 war der EB von Mainz deutscher Erzkaplan und damit die c. r. mit dem Mainzer Erzstuhl verbunden. Die c. r. wuchs in die Reichskirche hinein, die Mitglieder der c. r. erlangten vielfach Bischofsstühle. Die Verbindung von c.r., Reichskirche und König wurde mit dem Investiturstreit und mit dem Schwinden des königl. Ernennungsrechts auf die Bischofsstühle gestört. Seit der Mitte des 11. Jh., verlor die c.r. ihre Bedeutung, die Kanzlei verwandelte sich seit dem 12. Jh. in eine eigene Behörde, der EB von Mainz führte anstelle des Titels Erzkaplan den des Erzkanzlers. In reduzierter Form blieb die c.r. als exemte kirchl. Institution bis zum Ende des Reiches bestehen. LIT. J. Fleckenstein, Die Hofkapelle der dt. Könige (1959/66); HWDRG I (1966) 582–85.

Capitaine (lat. caput, Kopf). Heerführer, Feldherr.

Capitaine d'armes. Kammerunteroffizier, Rüstmeister, Waffenmeister.

Capitaine des chasses ou de louveterie. Jägermeister, der in Jagdsachen eine Gerichtsbarkeit ausübte.

Capitainerie.
[1] Teil der königl. Domäne mit einem Schloß und umliegendem Land.
[2] Küstenstrecke, die zu Wach- und Zollzwecken einem capitaine général unterstellt war.
LIT. Haberkern-Wallach 95.

Capitolium. Name (vielleicht sabinischen Ursprungs) für die aus zwei Kuppen bestehende Anhöhe zwischen Velabrum und Campus Martius, nördl. die Arx (heute Kirche Ara coeli), südwestl. das Capitolium, dazwischen ein Sattel (clivus Capitolinus), über den der Weg vom Forum hinaufführte. Auf der Südseite wurde unter den Tarquiniern der große Tempel für die Göttertrias Jupiter Optimus Maximus, Juno und Minerva errichtet, vollendet im ersten Jahr der Republik (509), niedergebrannt 83 v. Chr., Neubau unter Sulla begonnen, 69 v. Chr. durch Catulus eingeweiht, 69 n. Chr. erneut abgebrannt. Der Neubau Vespasians, nach Brandschäden durch Titus wiederhergestellt, steht dann bis ins 6. Jh., im MA nach Plünderungen der Völkerwanderungszeit gründlich zerstört. Siegreiche Feldherrn fuhren im Triumph in der Tracht des Jupiter zu diesem Tempel. Auf der Arx der Tempel der Juno Moneta, die röm. Münzstätte. Der steile Absturz an der Südostseite des C. war der Tarpejische Felsen, über den hinab Staatsverbrecher zu Tode gestürzt wurden.
Capitolia gab es auch in anderen Städten des Imperium Romanum: z. B. Ca-

pua, Karthago; die Bez. ist manchmal auch an Kirchen erhalten, z. B. in Köln: St. Maria im Kapitol.

Capitulare de villis (vollständiger Titel: Capitulare de villis vel curtis imperii). Zwischen 770/800 entstanden, gibt das C. d. v. sehr detaillierte Vorschriften zur Verwaltung der Krongüter und ist, auch mit seinem programmat.-theoret. Hinweisen, die wichtigste Quelle über die Verwaltung des fränk. Reichsgutes.
LIT. HWDRG I 587 f.

Capitulatio de partibus Saxoniae. Ein fränk. Sondergesetz für die unterworfenen Sachsen; 782/85 erlassen, aus zwei Teilen bestehend, stellenweise wenig übersichtlich, bedroht es u. a. mit Strafe: Menschenopfer, Opfermahl, das Verbrennen der Toten, Opfer an Quellen, Bäumen, Hainen u. a.
LIT. HWDRG I, 588.

Capitulatio perpetua Osnabrugensis. Sondervertrag zur Regelung der nach dem Westfälischen Frieden (1648) noch strittigen Einzelfragen im Hochstift Osnabrück, abgeschlossen zwischen dem Osnabrücker Fürstbischof Franz Wilhelm von Wartenberg, dem kath.-ev. gemischten Domkapitel und dem Hause Braunschweig-Lüneburg, dessen successio alternativa im Hochstift Osnabrück durch den Westfäl. Frieden garantiert war. Die C. p. O. ist Grundgesetz für das Hochstift Osnabrück. Die geistl. Verwaltung des Bistums stand während der Regierung prot. Fürstbischöfe dem EB von Köln als Metropoliten zu. In die ev. Dinge durfte er sich nicht einmischen. Die Pfarreien des Bistums wurden nach der sogen. Volmarischen Liste geteilt: in 28 kath., 17 luth. Pfarreien; einige Pfarreien wurden gemeinsamer Besitz beider Konfessionen. Parität. war die Landesverwaltung. Bis zum Untergang des Reiches wird Osnabrück abwechselnd von einem kath. Bischof und einem prot. Fürstbischof aus dem Hause Braunschweig-Lüneburg regiert. Die C. p. O. ist ein Versuch, die Grenzen des Besitzstandes jeder Konfession und die Entfaltung jeder Kirche zu fixieren; sie steht der Entfaltung eines absolutist. Monarchenrechts hemmend im Wege.
LIT. H. Freckmann, Die capitulatio perpetua und ihre verfassungsgeschichtliche Bedeutung für das Hochstift Osnabrück, 1648–50 (1906); H. Hiltebrandt, Die kirchl. Reunionsverhandlungen in

Cappa

der 2. Hälfte des 17. Jh. zwischen Ernst August von Hannover und der kath. Kirche (1922); G. Schwaiger, Kardinal Franz Wilhelm von Wartenberg als Bischof von Regensburg (1954); A. Knoch, Die Politik des Bischofs Franz Wilhelm von Wartenberg während der westfäl. Friedensverhandlungen (1644–48) (1966); R. Renger, Landesherr und Landstände im Hochstift Osnabrück in der Mitte des 18. Jh. (1968).

Cappa (Capa). Kirchl. Kleidungsstück. Nachklass. lat. Bezeichnung für eine Kapuze oder den ärmellosen Kapuzenmantel. Von der C. leiten sich her a) das Pluviale, b) die C. choralis, ein schwarzer Kapuzenmantel der Kanoniker für das Chorgebet zur Winterzeit. Aus der C. choralis entsteht durch Verkürzung die Mozetta. Mit der C. bekleidet stellt sich der Domicellar dem Domkapitel vor (»Kappengang«) und erhält die Emanzipation.
LIT. RDK III, 323f.; LThK II, 926.

Cappa magna. Mantel mit langer Schleppe (cauda) und großer Kapuze, von Kardinälen und Bischöfen bei feierlichen Ein- und Auszügen getragen. Durch Privileg auch den Mitgliedern hervorragender Domkapitel und päpstlicher Basiliken verliehen. Die Schleppe (cauda) ist bei Kardinälen und Bischöfen ausgeschlagen und wird durch einen caudatarius nachgetragen, sonst allg. nicht entfaltet über dem Arm oder in einer Schleife getragen. Farbe bei Kardinälen rot, in Buß- und Trauerzeit violett, bei Religiosen früher in der Ordensfarbe. Heute nur noch sehr selten gebräuchlich.

Carbonaria (ital., Köhler). Polit. Geheimbund der ersten Hälfte des 19. Jh. in Italien, vor allem Süditalien, trat zuerst 1807 in Neapel in Erscheinung. Ursprung ungeklärt. Die C. wendete sich zunächst gegen Murat, dann gegen die Restauration, forderte freiheitl. Verfassung, Einheit und Unabhängigkeit Italiens. An der Revolution von 1820 führend beteiligt, 1830 auch in Modena. Aus der C. ging die von G. Mazzini gegründete Giovine Italia hervor. Die C. hat in der Organisation und in ihren Formen starke Anleihen bei der Freimaurerei gemacht, wurde von Pius VII. (13. 9. 1821) verurteilt, rivalisierte mit den Calderari, verlor nach 1830 an Bedeutung.

Carmen de bello Saxonico. Gedicht von den Kämpfen Heinrichs IV. mit den Sachsen bis zum Frieden von Gerstungen, zwischen dem 9. 6. 1075 und vor Frühjahr 1076 verfaßt. Der nicht bekannte Verf., wohl ein Kleriker aus der näheren Umgebung des Kaisers, schreibt in sachsenfeindl. Sinne. Lampert von Hersfeld kann nicht als Verf. gelten.
LIT. W. Gundlach, Heldenlieder der dt. Kaiserzeit 2 (1896). W. Wattenbach, Deutschlands Geschichtsquellen im MA. Deutsche Kaiserzeit, hrsg. von R. Holtzmann, Bd. I, 3 (1940; ²1948); MGH Script. XV 1218–35.

Carmina burana (Benediktbeurer Lieder). Bez. für Vagantenlieder in einer im Kloster Benediktbeuren gefundenen Hs., die von mehreren Schreibern um die Mitte des 13. Jh. angefertigt, von A. Schmeller 1847 unter dieser Bez. veröffentlicht wurde. Sie enthält 250 lat. Gedichte, die meisten davon eine Mischung aus Liebes- und Trinkpoesie, einige auch religiösen Inhaltes. Neben Versen in dt.-lat. Mischsprache, stehen auch 49 dt. Strophen bzw. Lieder, die an lat. Gedichte angeschlossen sind.
Ausgaben: A. Hilka und O. Schumann (Hrsg.), Carmina burana. 2 Bde. (1930); Auswahl von Lundius (²1926).
LIT. H. Süßmilch, Die lat. Vagantenpoesie des 12. und 13. Jh. (1917); H. Brinkmann, Geschichte der lat. Liebesdichtung im MA (1925).

Carolina, Constitutio Criminalis C. Peinliche Gerichtsordnung Karls V., am 25. 7. 1532 vom Regensburger Reichstag genehmigt, 1533 gedruckt. Die C. entsprach der Zeit und blieb bis zu den Reformen des 18. Jh. allg. in Geltung. Aus der C. wurde das allg. dt. Strafrecht, vor allem durch sächsische Juristen, entwickelt.

Carta. Urspr. das aus der Papyrusstaude gewonnene, aber noch nicht beschriebene Blatt, in spätrom. Zeit Bez. für Urkunden verschiedener Art. Im MA allg. Urkunde, im engeren Sinn Privaturkunde, rechtsetzend (Gegensatz: Notitia). Die C. ist überwiegend in subjektiver Form abgefaßt, d. h., der Aussteller nennt sich selbst in der ersten Person; sie ist formaler als die Notitia; die C. beginnt mit einer Inskriptionsformel mit dem Namen des Ausstellers und des Empfängers. Es folgt die firmatio mit Unterfertigung durch den Aussteller (Handzeichen oder Unterschrift), Nennung der Zeugen, die persönlich unterschreiben, und die subscriptio des Schreibers. Die Beweiskraft liegt in der Handschrift (oder Unterschrift) des Schreibers oder Notars. Der Abschluß des Beurkundungsvorgangs heißt traditio cartae. Im FrühMA erfuhr die aus spätröm. Zeit übernommene C. in formaler Hinsicht mannigfache Abwandlungen. Mit dem Rückgang der Schriftlichkeit verlor sie im 9. Jh. ihre Bedeutung. Beweiswert nur im hohen Adel und der Kirche (Schriftkundige), mit rechtssymbol. Handlungen verbunden. C. im HochMA allg. Urkunde.

LIT. Clavis Mediaevalis 50; HWDRG I, 597–99; H. Honselmann, Von der Carta zur Siegelurkunde (1939; Nachdruck 1970).

Cartularii (epistolarii; libellarii), Freigelassene, genauer: die durch Carta Freigelassenen, im Unterschied zu den durch eine Tabula des Bischofs Freigelassenen (Tabularii), die in einem Schutzverhältnis der Kirche stehen. Für die C. bestehen noch gewisse Bindungen an die königl. Herrschaft. Das Manngeld der C. fällt an den' König.

LIT. H. Conrad, DRG I, 118; Haberkern-Wallach 210; HWDRG 599 f.

Cäsarenwahnsinn. Begriffsbildung nach Gustav Freytags Roman ›Die verlorene Handschrift‹ (1864), worin sich Prof. Werner über Tacitus' geniale Charakteristik röm. Kaiser ergeht. Bez. für krankhafte Herrschsucht, Neigung zu sinnlosen Befehlen und Grausamkeiten, wozu schwache Charaktere durch unumschränkte Macht verführt werden können. Beispiele aus der röm. Geschichte für C.: Caligula (37–41 n. Chr.); Nero (54–68).

Caesar non supra grammaticos (lat., der Kaiser [steht] nicht über den Grammatikern). Eine Redewendung, die ihren Ursprung angebl. in der falschen Anwendung des Wortes ›schisma‹ durch König Sigismund (reg. 1410–37) hat. Auf dem Konzil von Konstanz (1414–18) soll es von Sigismund als männl. Hauptwort gebraucht worden sein. Auf den daraufhin erfolgenden Einspruch des Kardinals von Piacenza habe Sigismund angebl. geantwortet: »Ich bin römischer König und stehe über der Grammatik.«

Caesaropapismus (lat. Kunstw., »Kaiserpapsttum«). Ein Schlagwort zur Charakterisierung des Kirche-Staat-Verhältnisses, und zwar insofern, als die höchste volle kirchl. Gewalt in der Hand des Staates liegt, d. h., daß der »Caesar« gleichsam auch die Funktionen eines Papstes hat. Der Begriff wurde im 18. Jh. geprägt. Zunächst bez. er ledigl. das staatskirchenrechtl. System des Römischen Reiches seit dem 4. Jh. Später übertrug man ihn (in den meisten Fällen in polem. Absicht) ebenfalls auf Regelungen, in denen kirchl. Befugnisse, welcher Art auch immer, durch die staatl. Gewalt ausgeübt werden, so in der Byzantinischen Kirche im Anschluß an den Bilderstreit, in der Kirche Rußlands bis 1917. Bis zu einem gewissen Grad gilt der Begriff auch für die Fränkische Kirche, die dt. Reichskirche des frühen und des beginnenden hohen MA, das Staatskirchentum der kath. Nationalstaaten in der NZ und den ev. Landesherrn als Summus episcopus seiner ev. Landeskirche.

LIT. H. Raab (Hrsg.), Kirche und Staat (dtv-Dokumente, 238/39, 1966); S. Runciman, The Orthodox Churches and the Secular State (1971).

Casus belli. Kriegsfall. Ereignis, das zur Kriegserklärung Anlaß gibt, das als Kriegsgrund angesehen wird.

Casus foederis. Bündnisfall. Ereignis, bei dem die von einem Staat übernommene Bündnisverpflichtung eintritt.

Cateau-Cambrésis, Friede von (3. 4. 1559). Abgeschlossen zwischen Kg. Heinrich II. von Frankreich und Philipp II. von Spanien. Frankreich, von den Habsburgern trotz der Teilung in zwei Linien eingekreist, verzichtet auf die eigentl. Kriegsziele der Valois. Es behält Metz, Toul und Verdun, verzichtet aber auf die Eroberungen im Artois, in Flandern sowie im Charolais und gibt Thionville, Marienburg, Yvoix, Damvilliers, Montmédy an Spanien zurück. Der Herzog von Mantua erhält die Markgrafschaft Montferrat und Casale; Korsika kommt an Genua zurück; der Herzog von Savoyen erhält von Frankreich das Herzogtum Savoyen, das Gebiet von Bresseu, Bugey, das Fürstentum Piemont, die Grafschaft Asti, die Markgrafschaft Ceva usw. zurück. Abgesprochen wird ferner die Vermählung Philipps II. mit Elisabeth von Frankreich (18. 6. 1559) und die Verlobung Margaretas von Frankreich mit Philibert von Savoyen. Frankreich und Spanien versprechen, sich nachdrückl. für die Einberufung und Durchführung eines allg. Konzils zur Reform der Kirche und Wiederherstellung der kirchl. Einheit einzusetzen. Mit Cateau-Cambrésis ist Philipp II. der mächtigste Monarch, Spanien die Vormacht Europas. Der Tod Heinrichs II., kurz nach dem Friedensschluß, läßt in Frankreich heftige Kämpfe der Adelsparteien um den Einfluß auf die Krone ausbrechen, die zu Konfessionskriegen zwischen Katholiken und Calvinisten werden. LIT. C. Bauer, Die europ.-polit. Situation von 1559. In: HJB 53 (1933); H. Hauser, La prépondérance Espagnole 1559–1660 (1940); G. Ritter, Die Neugestaltung Europas im 16. Jh. (1950).

Cathedra (griech., Sitz). Aus dem antiken Amtssitz hervorgegangener, erhöhter Sitz des Bischofs beim Gottesdienst (Bischofsstuhl). Eigentl. und altchristl. Platz der C. ist der Apsisscheitel hinter dem Altar, der im MA vielfach auf die Evangelienseite verlegt wurde. Urspr. aus Holz und mit Leinen überzogen, wurde die C. nur gelegentlich aufgestellt, später (seit Konstantin) findet sie sich öfters fest errichtet, aus Stein und prächtig verziert (Beispiel: C. des Maximinus zu Ravenna, 545–56), auch mit Baldachin. In der Reichskirche war die C. auch Ausdruck der fürstlichen Macht der Bischöfe.

Cathedralis ecclesia. Bischofskirche, Hauptkirche des Bistums; Kathedrale als Bezeichnung der Bischofskirche vor allem in Spanien, Frankreich, England üblich, in Dtl. meist Dom oder Münster. Für Errichtung und Aufhebung der Kathedralkirchen ist der Apostol. Stuhl zuständig.

Cathedra Petri. Bischofsstuhl von Rom. Die C. P. der Peterskirche in Rom ist vermutlich der Thron Karls des Kahlen, den dieser vielleicht Papst Johannes VIII. schenkte.

Cathedraticum (auch synodaticum genannt). Kathedralabgabe; jährl. Abgabe der Diözesankirchen an die Kathedralkirche (Bischof) in signum subjectionis, als Zeichen der Unterordnung, früher meist auf den Synoden entrichtet. Im MA vom Bf. widerrechtl. für die Ordination geforderte Abgabe.

Catholicisme libéral. Unterstreicht die Interessengemeinschaft zw. kath. Kirche und polit. Liberalismus. Seine Grundlinien zeichnete R. F. de Lamennais, der einen kath. Liberalismus an die Stelle des individualist., philosoph. Liberalismus setzte und die Kirche aus dem Bündnis von Thron und Altar des frühen 19. Jh. lösen wollte (seine Ideen vertreten in der Zs. ›Avenir‹). Für einen taktischen kath. Liberalismus tritt der ›Correspondant‹ ein. Die Vorstellungen von Lamennais wirkten trotz seines Scheiterns in Frankreich, Belgien, auch in Dtl. weiter. LIT. W. Gurian, Die polit. und sozialen Ideen des franz. Katholizismus 1789–1914 (1929); L. Ahrens, Lamennais und Dtl. (1930); J. R. Derré, Lamennais, ses amis et le mouvement des idées à l'époque romantique (1824–34) (1962); ders., Metternich et Lamennais (1963); K. Jürgensen, Lamennais und die Gestaltung des belgischen Staates. Der liberale Katholizismus in der Verfassungsbewegung des 19. Jh. (1963).

Catholicon (auch prosodia genannt). Das mit einer Grammatik verbundene lat. Wörterbuch des Dominikaners Johannes Balbus von Genua, vollendet 7. 3. 1286, das ein Hilfsmittel zum besseren Verständnis der Vulgata sein sollte und in Dtl. im Zug der Kirchenreform durch den Buchdruck im 15. Jh. in 23 Auflagen verbreitet wurde, trotz seines enormen Umfangs. Das C. spielt in der Geschichte der Wiegendrucke eine hervorragende Rolle.

Centenar →Hundertschaft.

Centgericht. Mittelalterlicher Gerichtsbezirk mit einem centenarius an der Spitze (→Hundertschaft), vor allem in den Gebieten am Main (Bistum Würzburg und Bamberg), die erst später zum Fränkischen Reich kamen.

Centuria (Hundertschaft). Die militär. und polit. Einteilung der röm. Bürgerschaft nach C. (ursprüngl. Einheit 100 Mann, bald jedoch nur Sollstärke) wird Kg. Servius Tullius zugeschrieben. Volksabstimmungen erfolgen in Comitia centuriata. Die militär. Einheit C. führte der Centurio. Nach Hadrians Heeresreform ist die C. taktische Einheit, der Centurio, 50 je Legion, auch takt. Kommandant. Der Centurio war Bindeglied zw. Offizieren und Mannschaft. Als hervorragender Träger des militär. Geistes trug er zum Zeichen seiner Disziplinargewalt den Rebstock (bis Ende des 2. Jh. n. Chr.) und den quergestellten Helmbusch, seit der frühen Kaiserzeit war er durch Beinschienen und Goldring ausgezeichnet. Anfang des 4. Jh. wurde er durch den Centenarius abgelöst.

Ceterum censeo. Ceterum censeo Carthaginem esse delendam (Übrigens bin ich der Meinung, daß Karthago zerstört werden muß). Ständige Redensart des M. Porcius Cato Censorius (234–149 v. Chr.), womit er wesentl. zum Ausbruch des 3. Punischen Krieges beigetragen haben soll. Viele Aussprüche Catos sind sprichwörtl. geworden; eine Sammlung Verssprüche, die sog. Disticha Catonis, war bis ins SpätMA verbreitet.

Cevennen, Aufstand in den. Die Aufhebung des Edikts von Nantes und die von Ludwig XIV. gegen die franz. Protestanten eingeleiteten Maßnahmen führten in den Cevennen zum Aufstand, dem »Krieg der Camisards«, unter Führung des Bäckergesellen J. Cavalier; der Aufstand wurde von Holland, England und Savoyen geschürt, aber nicht unterstützt und 1705–10 mit hartesten Mitteln niedergeworfen.
LIT. A. Ducasse, La guerre des Camisards (1947); C. Almeras, La révolte des Camisards (1960).

Chaironeia, Schlacht von.
[1] (1. 9. 338 v. Chr.). Philipp von Makedonien besiegt die Athener und Thebaner unter Chares und Theagenes. Den Sieg entschied der Angriff des 18jährigen Alexander gegen die Heilige Schar der Thebaner. Ch. bedeutete das Ende der griech. Einzelstaaten und die Einigung Griechenlands unter makedon. Vorherrschaft, den Anfang der Kultur des Hellenismus.
[2] (86 v. Chr.). L. Cornelius Sulla besiegt bei Ch. die weit überlegene pontische Armee des Mithridates VI. Eupator unter Führung des Archelaus.

Chambellan (lat. cambellanus, camberlanus, cubicularius). Im ma. Frankreich Unterbeamter des Chambrier, mit der eigentl. Verwaltung der Finanzen betraut. Später dem grand-chambellan unterstellt. Unter Ludwig IX. gab es vier Ch., die die Zimmer des Königs bewachten. Aus den Ch. wurden Ratgeber, Gesandte usw. gewählt.
→Grand Chambellan.

Chambord, Vertrag von (15. 1. 1552). Abgeschlossen zwischen Moritz von Sachsen, Herzog Johann Albrecht von Mecklenburg, Landgraf Wilhelm von Hessen und König Heinrich II. von Frankreich war der Vertrag gegen Kaiser Karl V. gerichtet, mit dem Ziel, ihn von den Niederlanden abzuschneiden, sich womöglich am Rhein mit Frankreich zu verbinden und die Ziele der prot. Fürstenopposition gegen den Kaiser durchzusetzen. Gegen beträchtl. Subsidien werden Frankreich die zwar franz. sprechenden, aber zum Reich gehörenden Städte Metz, Toul, Verdun und Cambrai ausgeliefert. Formell sollte Kg. Heinrich II. nur Vikar des Reiches sein, die Rechte des Reiches vorbehalten werden. Die Städte sollten dem Reich nicht verlorengehen, von den Bistümern bzw. den geistl. Territorien ist nicht die Rede. Für Frankreich eröffnete sich aus der polit. und konfessionellen Zerrissenheit des Reiches die Möglichkeit, die Städte und darüber hinaus weitere Gebiete an der Westgrenze des Reiches zu gewinnen. Der Vertrag von Chambord bildete die Voraussetzung für den Angriff von Sachsen, Hessen, Kulmbach auf den Kaiser im März 1552.
LIT. G. Zeller, La réunion de Metz à la France 1552–1648 (1926); K. E. Born, Moritz von Sachsen und die Fürstenverschwörung gegen Karl V. In: HZ 191 (1960); F. Petri, Das Jahr 1552 in der rheinischen Geschichte. In: K. Repgen u. St. Skalweit (Hrsg.), Spiegel der Geschichte, Festgabe für M. Braubach (1964); K. Brandi, Kaiser Karl V., 2 Bde. (⁷1964).

Charisma (griech.). Das ungeschuldete Heil; Gnadengaben, magische Fähigkeiten; Schon das AT hat vom Gottesgeist ergriffene Führer wie Simson, Saul. Im NT vertieft: Weisheitsrede, Heilungsgabe, Prophetie. In der nachapostol. Zeit Differenzierung zwischen Amt und Charisma, Krise im Montanismus. Charismatische Bewegungen: Armutsbewegung des 12. und 13. Jh., Devotio moderna. Seit M. Weber spricht man vom Typ der charismat. Herrschaft; Ch. in der Soziologie im umfassenden Sinne und wertfrei gebraucht, in der modernen Theologie häufig gegen das »Amt« gestellt. Eine Geschichte der Theologie des Ch. fehlt.
LIT. F. Taeger, Charisma (1957/60); LThK II, 1025 ff.; A. B. Gugolz, Charisma und Rationalität in der Gesellschaft. Die Religionssoziologie Carl Mayers zwischen klass. Theorien und moderner Wissenssoziologie (1984).

Charistia. Röm. Fest, am 20. Februar gefeiert, diente der Beseitigung von Mißverständnissen und Streitigkeiten unter Verwandten (cara cognatio, dies

festos inter cognatos) bei einer gemeinsamen Mahlzeit.
LIT. Grotefend 20.

Chariten (Charites). In der griech. Mythologie die drei Göttinnen Aglaia (Glanz), Euphrosyne (Frohsinn), Thalia (Lebensfreude), oft im Gefolge der Aphrodite auftretend, häufig in der Kunst dargestellt, von den Römern Gratiae (Grazien) genannt.

Charlottenburg, Vertrag von. Abgeschlossen zw. Lucchesini und dem General von Zastrow am 30. 10. 1806. Preußen verzichtet nach der Niederlage von Jena und Auerstedt und dem Einzug des Kaisers Napoleon in Berlin auf alle linkselbischen Besitzungen außer Magdeburg und der Altmark. Napoleon verweigert jedoch die Zustimmung zu diesem Vertrag.

Charta (carta). Papyrus, dann Papierblatt, außerdem im Sinne von Buch, Schriftstück, Urkunde (carta) gebraucht; Bez. für Urkunden von größter rechtl. und polit. Bedeutung, z. B. Magna Charta libertatum, Charta der Vereinten Nationen.

Charte constitutionelle. Bez. für die von dem zurückkehrenden Bourbonen Ludwig XVIII. Frankreich gegebene »Verfassung« (4. 6. 1814). Mit Absicht wurde die Bezeichnung »Constitution« vermieden, denn Konstitution hieß seit 1789 die vom Volke beschlossene Verfassung, Carta (Charte) aber bezeichnete seit dem MA vom Monarchen gewährte Zugeständnisse. Charte constitutionelle hieß auch die Verfassung Frankreichs vom 14. 8. 1830, ebenso die Verfassung Portugals vom 26. 4. 1826. Ludwig XVIII. verlieh die Charte 1814 als freies Geschenk der Krone; in der Präambel wurde die Stellung der königl. Gewalt über die Verfassung aus der Geschichte begründet.
LIT. F. A. Helie, Les constitutions de la France (1879), 884 (Text der Charte von 1814).

Chartular. Kopiar, →Kopialbuch.

Chassidim (hebr., Fromme). Urspr. ein Geheimbund altgläubiger Juden zur Zeit der Seleukiden. Als Chassidim bezeichneten sich auch die Mitglieder einer mystisch-kabbalist. Sekte des Israel Baal Schem aus Miedziboz, Polen (geb. nach 1700, gest. 1760). Baal Schem trat als Wundertäter und Prophet auf und wurde als Heiliger verehrt. Trotz Verfolgung durch die Rabbiner zählten die Chassidim beim Tode des Sektengrün-

ders ca. 40000 Anhänger. Unter Dob Beer Verbreitung auch in Ungarn und den Donauländern. Trotz erfolgversprechender Anfänge zerfielen die Ch. bald in zahlreiche Sekten.
LIT. S. Dubnow, Geschichte des Chassidismus (1931–32); M. Buber, Die Erzählungen der C. (1949); ders., Die chassid. Botschaft (1952).

Châtillon, Kongreß von (1814). Die Uneinigkeit der Alliierten und die diplomat. Tätigkeit von Metternich und Castlereagh führten zum Kongreß von Châtillon, auf dem Frankreich die vorrevolutionären, nicht die natürl. Grenzen zugestanden werden sollten. Napoleon, dem es während des Kongresses gelang, den Alliierten einige Niederlagen beizubringen (Champaubert, Montmirail, Vauchamps, Montereau) forderte ultimativ die natürl. Grenzen. Die militär. Ereignisse im Februar und März 1814 sowie der Abschluß des Vertrags von Chaumont machten dem Kongreß ein Ende.

Chaumont, Vertrag von (9. 3. 1814). Österreich, Rußland, Preußen, England schließen sich zur Fortsetzung des Krieges gegen das napoleon. Frankreich zusammen. Der Vertrag, ein Werk Castlereaghs, beendet den Kongreß von Châtillon und hat die Zurückführung Frankreichs in die Grenzen von 1792 sowie die volle Unabhängigkeit der Nachbarländer zum Ziel.

Chauvinismus (franz.). Übersteigerter, blinder, fremde Rechte mißachtender Nationalismus. Wort- und Begriffsbildung nach dem Namen eines jungen Rekruten Chauvin, der in dem Lustspiel der Brüder Théodore und Hippolyte Cogniard ›La cocarde tricolore‹ (1831) auftritt.

Cheirotonie (griech., Handaufheben). In den Freistaaten Altgriechenlands die gebräuchlichste Forrm der Abstimmung durch die Volksversammlung.

Cherasco, Vertrag von (1631) →Mantuanischer Erbfolgekrieg.

Cherasco, Waffenstillstand von (27. 4. 1796). Abgeschlossen nach dem siegreichen Feldzug Napoleons in Oberitalien im Frühjahr 1796 gegen Österreich und Sardinien zw. Napoleon und König Viktor Amadeus von Sardinien. Napoleon erhält die wichtigsten Festungen als Pfand, während Viktor Amadeus über den endgültigen Frieden mit dem Direktorium in Paris verhandelt. Die endgültigen Friedensbedingungen sahen die Abtretung von Nizza und Savoyen, Verpfändung der Festungen, freien Durchzug für die franz. Armee, Abbruch aller Beziehungen zu den Feinden Frankreichs vor.

Chevalier (franz., von mlat. caballarius, miles). Ritter in der umfassendsten Bedeutung, ohne Rücksicht auf sonstige Titel, später Angehöriger des mittleren Adels. Seine Frau: Dame.

Chevalier-bachelier, Bachelier (Baccalarius). Unverheirateter Vasall, ohne Lehen, am Hofe des Seigneur lebend. Im 14. und 15. Jh. Ritter, der allein oder mit geringem Gefolge zu Feld zieht.

Chevalier de la Légion d'honneur. Ritter der Ehrenlegion (unterste Stufe der von Napoleon am 19. 5. 1802 für militär. und zivile Verdienste gestifteten Légion d'honneur).

Chevalier de la Triste Figure. Ritter von der traurigen Gestalt (Don Quichotte).

Chevalier du guet (miles gueti). Seit Mitte des 13. Jh. Hauptmann der Wache in Paris.

Chevalier du Temple. Tempelherr, Tempelritter, Templer.

Chevalier errant. Fahrender Ritter.

Chevalier sans peur et sans reproche. Ritter ohne Furcht und Tadel; Ehrenname verschiedener franz. Ritter (u. a. des Bertrand Du Guesclin und des Chevalier de Bayard).

Chiffrieren. Verfahren, durch Vertauschung der gebräuchl. Schriftzeichen, durch Geheimschriften usw. Mitteilungen vertraul. Inhalts in Akten, Briefen und dgl. der allg. Kenntnis zu entziehen. Ausgebaut wurde, obwohl At. und MA Geheimschriften bereits kannten, die Kunst des Chiffrierens mit der Ausbildung der ständigen Gesandtschaften und des diplomat. Verkehrs seit dem 15. Jh. (Kryptographie, Geheimschriften). Im 17. Jh. ersetzte man häufig Buchstaben durch Zahlen, wobei zur Erschwerung der Entschlüsselung Personennamen nach einem anderen Schlüssel chiffriert wurden. Die Systeme, nach denen die Umsetzung eines Klartextes in Geheimschrift (Verschlüsselung) erfolgt, sind in der NZ immer komplizierter geworden. Der wichtigste Anhaltspunkt zum Dechiffrieren (Entschlüsseln) besteht in der Tatsache, daß in allen Sprachen die Häufigkeit der Vokale und Konsonanten bestimmt werden kann. Voraussetzung für die Entzifferung ist die Kenntnis der Schlüssel, der Chiffrier- (chiffre chiffrant) und der Dechiffriertabelle (chiffre déchiffrant), der bes. Namensverzeichnisse (Nomenclator, passe partout), der sog. blinden, d. h. irreführenden, nichtssagenden Zeichen oder Zeilen (non valeurs). Vielfach liegt den chiffrierten Stücken eine Entzifferung von Empfängerseite bei oder der Chiffrenschlüssel, nicht selten ist die Dechiffrierung auch zw. den Zeilen bereits erfolgt.

LIT. E. Fleissner von Wostrowitz, Hdb. der Kryptographie (1881); A. Collon, Étude sur la cryptographie (1901); A. Meister, Die Anfänge der modernen diplomat. Geheimschrift (1902); E. Dröscher, Die Methoden der Geheimschriften (Zifferschriften) unter Berücksichtigung ihrer geschichtl. Entwicklung (1921).

Childerichgrab. Grab des Frankenkönigs Childerich I. (ca. 460–81). Childerich, Sohn des Merowech, verteidigte das Reich des Syagrius in Gallien gegen andrängende Germanen, vermutl. als röm. Bundesgenosse, andererseits aus der Vorstellung, daß dieses reström. Reich den Franken zufallen werde. Seine Residenz war (zuletzt) Tournai (Doornik). Dort wurde 1653 ein reich ausgestattetes Fürstengrab gefunden, das u. a. einen goldenen Siegelring mit der Umschrift Childerici regis und dem Bild des Königs enthielt. Von der reichen Grabausstattung, heute in der Bibliothèque Nationale zu Paris, sind nur noch Fragmente erhalten: Teile eines Schwertes, Teile von Schnallen, Zikadenfibeln (gotische Erzeugnisse aus dem Donaugebiet).

LIT. K. Böhner, Das Langschwert des Frankenkönigs Childerich. In: Bonner Jahrbücher 148 (1948) u. 150 (1950).

Chiliarch.

[1] Kommandant von tausend Mann im griech. Heer.

[2] Kommandant der persönl. Leibwache der Perserkönige. Das Amt, von Alexander d. Gr. übernommen, war unter den Diadochen das bedeutendste Hofamt.

Chiliasmus (griech.). Auch Millenarismus genannt. Die Erwartung eines tausendjährigen Reiches Christi auf Erden, das dem Endgericht vorangehen soll. Jüd. und altoriental. Vorstellungen von einem weltl.-überweltl. Zwischenreich und der endgültigen Gottesherrschaft verbinden sich darin. Grundlage ist Apk. 20, 1–15. Mit dem 4. Jh. n. Chr. beginnt im Christentum ein Nachlassen endzeitl. Erwartungen. Augustinus († 430) setzte das Tausendjähr. Reich gleich mit der Zeit von der Auferstehung Christi bis zu seiner Wiederkunft. Joachim von Fiore († 1202) nahm in seinem 3. Zeitalter ein Tausendjähr. Reich des Hl. Geistes an und rechnete für 1260 mit dem Anbruch der Gottesherrschaft auf Erden. In den Reformbewegungen des MA spielt die Vorstellung vom Tausendjähr. Reich eine Rolle. Der Ch. lebte im SpätMA wieder auf in den schwärmer. Gruppen der Apostoliker, Flagellanten usw., seit dem 16. Jh. vor allem in den Sekten (Wiedertäufer), bei den Böhmischen Brüdern (17. Jh.), in einer bestimmten Richtung des Pietismus, bei Adventisten und Mormonen (19. Jh.), den Zeugen Jehovas u. a. (20. Jh.). Auch in säkularisierter Form und in mannigfacher Abwandlung ist der Ch. wirksam.

LIT. E. Benz, Ecclesia spiritualis (1934, Neudr. 1964); W. Nigg, Das ewige Reich (²1954); LThK II (1958), 1058–62; R. A. Knox, Christliches Schwärmertum (1957).

Chimaira (Chimäre). Dreigestaltiges Fabelwesen, mit den drei Köpfen von Löwe, Ziege, Schlange dargestellt, auch im vorderen Teil Löwe, in der Mitte Ziege, hinten Schlange. Homer erzählt die Sage von der Aufzucht der Chimaira und ihrer Vernichtung durch Bellerophontes, lokalisiert sie an der Westküste Lykiens; Vergil und Lukian versetzen sie in die Unterwelt. Bildl. Darstellungen nicht selten, auch als Wappentier verwendet (z. T. mit Pegasus) von Korinth, Sikyon u. a. Schon in der Antike wird die Ch. rationalist. als vulkan. Erscheinung gedeutet.

Chinoiserie. Seit Anfang des 18. Jh. nach chines. Vorbildern entwickelte Motive, vor allem in der Innenausstattung der Rokokoräume, in der Fayence- und Porzellankunst, im Ornamentstich des 18. Jh., zunächst in Frankreich, dann auch in Dtl. und England verbreitet. China, durch die Reisebeschreibungen und Berichte der Missionare seit dem späten 17. Jh. bekannt geworden, galt als Land des heiteren und spielerischen Lebensgenusses.

LIT. A. Reichwein, China und Europa im 18. Jh. (1923); Ch. Yamada, Die Chinamode des Spätbarock (1935);

E. H. von Tscharner, China in der dt. Dichtung bis zur Klassik (1939); RDK III.

Chirographum (griech., handgeschrieben). Urspr. Bezeichnung der antiken Papyrusurkunde. Dann im MA von England ausgehend (erstmals 854/55) Bez. für eine Sonderform der Urkundenbeglaubigung (Carta partita). Zwischen die gleichlautende Doppel- oder Mehrfachausfertigung der Urkunde auf einem Pergamentblatt wurde in den Zwischenraum das Wort Ch. oder ein Name, Spruch oder Teil des Alphabets geschrieben und dann glatt, später auch wellenförmig durchschnitten, so daß die jedem Vertragspartner ausgehändigten Stücke beim Aneinanderpassen die Echtheit beider Ausfertigungen bewiesen. Ch. überwiegend im privaten Rechtsverkehr, seit dem 6. Jh. bei den Angelsachsen, seit dem 10. Jh. auch in Frankreich und Dtl. belegt. Die Beweiskraft des Ch. wurde seit dem 12. Jh. durch zusätzl. Besiegelung erhöht, ein drittes Exemplar in kirchl. oder städt. Archiven hinterlegt.

Mit dem Aufkommen des Siegels ging das Ch. zurück, hielt sich aber in den Städten Nordostfrankreichs, der Niederlande und in Lothringen bis in die NZ.

LIT. Bresslau I 50f., 669f.; O. Redlich, Die Privaturkunden des MA (1911); B. Bischoff, Zur Frühgeschichte des ma. Ch. In: Archival. Zeitschrift 50/51 (1955) 297ff.; Clavis mediaevalis 50f.; HWDRG I (1966) 609–10.

Chorbischof (lat. chorepiscopus, episcopus vagus). Im Gegensatz zum Stadtbischof Bischof für das offene Land (griech. chora). Die Anfänge des Ch. fallen zusammen mit der Verbreitung des Christentums außerhalb der Städte. Der Ch. ist dem Stadtbischof untergeordnet. Die Bez. taucht erstmals bei der Synode von Ankyra (314), im Abendland erstmals im Schreiben des Papstes Zacharias an Pippin 747 auf. Der abendländ. Ch. hat seinen Ursprung vom iroschott. Klosterbischof und in der Einordnung des iroschott. Bischofs (ohne Sprengel und Jurisdiktion) in die Diözesanorganisation. Blütezeit der Ch. im 9. Jh., beginnender Verfall im 10. Jh., Ende im 11./12. Jh.

LIT. DDC III, 689–95.

Chorherren (Canonici Regulares, Regularkanoniker, Kanoniker). Aus der Gregorianischen Reform des 11.

und 12. Jh. erwuchs eine Belebung des priesterl. Gemeinschaftslebens der Kanoniker in den Domkapiteln, den Kollegiatkapiteln nach der Augustinusregel. Durch Neugründungen, insbes. von Hospizen (z. B. Großer St. Bernhard), entstanden Gemeinschaften von Chorherren. Die Richtung des »Ordo novus« wurde unter den Chorherrn vor allem durch Prémontré und Springiersbach verkörpert. Die Blütezeit der Chorherrn, die bedeutende Wissenschaftler hervorbrachten und ihre Klöster zu geistigen und kulturellen Ausstrahlungspunkten machten (z. B. in Bayern: Polling, Rottenbuch, Berchtesgaden; in Österreich: St. Florian, Klosterneuburg), lag im 14., 15. und im 18. Jh. Durch den Josephinismus, die Französische Revolution und die Säkularisation wurden sie fast vernichtet.
LIT. DHGE XII, 353–405; LThK II, 1053–88; S. Brunner, Ein Chorherrenbuch (1883); N. Backmund, Die Chorherrenorden und ihre Stifte in Bayern (1966).

Chotusitz, Schlacht von (17. 5. 1742). Sieg Friedrichs d. Gr. über die von Karl von Lothringen, dem Schwager der Maria Theresia, geführte österr. Armee. Die Niederlage von Ch. bricht den Widerstandswillen Maria Theresias; nicht ganz einen Monat später, am 11. 6. 1742, werden in Breslau Präliminarien vereinbart, die durch den Frieden von Berlin (28. 7. 1742) bestätigt werden. Ch. ist die Entscheidungsschlacht des ersten Schlesischen Krieges.
LIT. J. G. Droysen, Zur Schlacht bei Ch. (1873).

Chouans (frz. von chat-huant, Eule). Während der Französischen Revolution in der Bretagne sowie auf dem rechten Ufer der unteren Loire die Königstreuen (auf dem linken Loire-Ufer waren es die Royalisten der Vendée). Der Name Ch. scheint von ihrem ersten Führer, Jean Cotterau, hergeleitet, den man nach dem ihm eigenen Schrei Chouan nannte. Die Ch. kämpften seit 1792 verbissen gegen die Republik (Chouannerie). Obwohl sie 1796 durch General Hoche unterworfen werden konnten, kam es 1799 zu einem erneuten Aufstand unter Cadoudal, der ebenfalls niedergeworfen wurde. Zu letzten Erhebungen der Ch. kam es 1815; sie waren gegen die Rückkehr Napoleons gerichtet.
LIT. J. Morvan, Les Ch. de la Mayenne

(1900); E. Sageret, Le Morbihan et la chouannerie, 3 Bde. (1911–1917); L. Madelin, La Contre-Révolution 1789–1815 (1935); Bleiguen, Ch. et bleus (1950).

Chrestomathie (griech.). Sammlung vorbildlicher Stücke, meist Prosa, aus verschiedenen Schriftstellern, für den Unterricht bestimmt. Zu Ausgang des At. gab es Ch. aus griech. und lat. Autoren (z. B. die Ch. des Proklos). In der NZ für den Schulgebrauch abgestimmte Auswahlen der wichtigsten Schriftsteller eines Landes.

Chrismon (Pl. Chrismen).
[1] Ein aus Buchstaben oder aus Tironischen Noten gebildetes Zeichen für Christus. Von Konstantin d. Gr. für das Labarum übernommen.
[2] Symbolische Invocatio (Anrufung Gottes bzw. Christi) am Anfang ma. Urkunden, erst ein mit Tironischen Noten versehenes Kreuz, dann ein verschnörkeltes C. Aus den Kaiser- und Königsurkunden verschwindet das Ch. seit Otto IV. immer mehr, aus den Papsturkunden seit Gregor VII. Auch Privaturkunden haben Chrismen.

Christenverfolgungen. Schon die urchristl. Gemeinde hatte unter der Verfolgung durch die jüd. Hohenpriester, vor allem aus dem Hause Annas und die jedem Messianismus feindl. Sadduzäer zu leiden. (Martyrium des Apostels Jakobus d. Ä. 43).
Unter Nero (64) und Domitian (81–96) kam es zu gelegentl. Verfolgungen der von den Juden noch nicht hinreichend unterschiedenen Christen, denen aufrührerische Tätigkeit und sittl. Verfehlungen vorgeworfen wurden. Aufschlußreich für das Verhalten gegenüber den Christen ist die Antwort des Kaisers Trajan auf eine Anfrage des Statthalters Plinius von Bithynien. An anonymen Denunziationen der Christen bestand kein Interesse, opferte der angezeigte Christ den Staatsgöttern und dem Kaiser, blieb er straffrei. Die Feindseligkeiten gegen die Christen rührten weniger von den relativ toleranten Kaisern als von der heidnischen und jüdischen Bevölkerung her. Unter Trajan (98–117) kam es in Bithynien, Palästina (Martyrium Simeons) und Antiochien (Martyrium des Ignatius) zu Verfolgungen.
Nach dem relativ friedl. Regierungszeit Hadrians (117–138) wurden in der zweiten Hälfte des 2. Jh. die Martyrien

zahlreicher. Die erste große Anklage gegen die Christen nach Polemiken von untergeordneter Bedeutung stammte von Celsus. Mit dem Edikt des Kaisers Severus (202), das den Übertritt zum Judentum und Christentum verbot, daher hauptsächl. eine Verfolgung der Neophyten und Katechumenen auslöste, zeichnet sich erstmals eine allg., systemat. Unterdrückung der Christen ab. Zwar verhielten sich die folgenden Kaiser den Christen gegenüber zum Teil wohlwollend, an Martyrien in einzelnen Provinzen (Kleinasiens, Syriens, Afrikas [im röm. Sinn] und Ägyptens) fehlte es aber auch jetzt nicht.

Die erste planmäßige Christenverfolgung auf der Grundlage besonderer Edikte und mit dem Ziel der Vernichtung wurde von Kaiser Decius (249–251) durchgeführt, von Valerian (257–260) wieder aufgenommen, dauerte aber trotz ihrer Härte nur kurze Zeit. Mit der Verfolgung unter Diokletian (303/304) versuchte das heidnische Kaisertum mit einer bis dahin unbekannten Grausamkeit auf der Grundlage von 4 Edikten das Christentum zu vernichten und die Gesamtherrschaft im geteilten Reich wiederherzustellen. Am heftigsten waren die Verfolgungen in Ägypten, Syrien, Kleinasien. Zahl und Grausamkeit der Martyrien wurden nicht selten legendär ausgeschmückt. Konstantin setzte mit dem Mailänder Edikt die Duldung und freie Ausübung des christl. Glaubens im Röm. Reich durch.

Aber auch in der Folgezeit fehlte es nicht an einzelnen Christenverfolgungen, so z.B. unter Kaiser Julian (361–363), unter der Herrschaft der Vandalen in Nordafrika, während des MA in den german. und slaw. Missionsgebieten, unter der Herrschaft der Araber und Osmanen in Vorderasien, Nordafrika, Kleinasien (Armeniergreuel), auf dem Balkan, schließlich in den überseeischen Missionsgebieten: China 1664; 1723 in Fukien; 1784/85 im ganzen chines. Reich. In Japan 1640: Errichtung des ›Inquisitionsamts für christliche Angelegenheiten‹, Höhepunkt der Verfolgungen ca. 1680–1700 mit der Vernichtung des sichtbaren Christentums. In Afrika kam es wiederholt in der ganzen NZ zu einzelnen lokalen Verfolgungen und Unterdrückungen. Totalitäre Weltanschauungssysteme, Nationalsozialismus wie Kommunismus, haben auch in der jüngsten Vergangenheit Unterdrückungen und systemat. Verfolgungen von bekennenden Christen durchgeführt.

LIT. RAC II, 1159–83, 1192–1204, 1208–29; TRE VIII, 23–62; HKG I (1963), V (1970) (mit weiterer Lit. für die Missionsgeschichte); A. Ehrhard, Die Kirche der Märtyrer (1932); H. von Campenhausen, Die Idee des Martyriums in der alten Kirche (1936); K. S. Latourette, A History of the Expansion of Christianity III (1940); G. E. M. De St. Croix, Aspects of the »Great« Persecution. In: Harvard Theol. Review 47 (1954) 75–113; W. Niemöller, Die ev. Kirche im Dritten Reich, Handbuch des Kirchenkampfes (1956); S. Delacroix, Histoire des Missions Catholiques (1957); J. Moreau, Die Christenverfolgung im Römischen Reich (1961); H. Müller, Kath. Kirche und Nationalsozialismus (1963); J. Lecler, Geschichte der Religionsfreiheit. 2 Bde. (1965); R. Freudenberger, Das Verhalten der röm. Behörden gegen die Christen im 2. Jh., dargestellt am Brief des Plinius an Trajan und den Reskripten Trajans und Hadrians (1967).

Chroniken. Sekundäre Geschichtsquellen. Der Übergang von den Annalen zu den C. ist fließend. Der Unterschied besteht darin, daß die Verfasser ihren Namen nennen, literar. Ehrgeiz durch Widmung, Vorausgeschichte und Aufbau bekunden. Nach Umfang, Wert und Zusammensetzung sind die C. sehr verschieden. Der jeweilige Stand der Geschichtswissenschaft spiegelt sich in ihnen. C. wollen eine zusammenfassende Erzählung in zeitl. Abfolge geben, sind meist in Klöstern und Bischofssitzen entstanden, berücksichtigen vielfach in erster Linie die Geschichte ihres Entstehungsraumes.

Andere C. wollen die gesamte abendländ. Welt umfassen. Weltchroniken kannte bereits das Altertum (Eratosthenes von Kyrene, Diodor, Trogus, Pompejus, Nikolaus von Damaskus). Auf Eusebios von Kaisareia fußen die späteren C. des Ostens und Westens. Die ma. Weltchroniken beginnen gewöhnlich mit der Erschaffung der Welt, der Erschaffung des Menschen oder Christi Geburt. Ihr Quellenwert sinkt mit der Entfernung von der Abfassungszeit (bekannte C.: Frechulf von Lisieux (852/53), Ado von Vienne, Regino von Prüm).

In der Chronik des Bischofs Otto von

Freising (›Chronica sive Historia de duabus civitatibus‹) erreicht die Quellengattung ihren Höhepunkt. Im 13. Jh. artet die Gattung der Weltchroniken in Kompilationen aus (z. B. Alberich von Trois Fontaines, Matthäus von Paris, Vinzenz von Beauvais). Die C. der dt. Städte vom 14.–16. Jh. sind oft für diese Zeit die einzigen Quellen und haben einen bes. histor. Quellenwert. Sie werden seit 1862 von der Hist. Kommission bei der Akademie der Wissenschaften in München herausgegeben. Eine ma. Volkschronik ist die ›Chronica Boemorum‹ des Kosmas von Prag.

LIT. R. C. van Carnegem, F. L. Ganshof, Kurze Quellenkunde des westeurop. MA (1964); M. Menzel, Die Sächs. Weltchronik. Ihre Quellen und Stoffauswahl (1985).

Chronogramm. Wort, Inschrift, Merkvers oder sonstiger lat. Text, in dem die als röm. Zahlzeichen gebrauchten, meist durch Größe, aber auch durch Farbe hervorgehobenen Buchstaben die Jahreszahl des zum Text gehörenden Ereignisses angeben. Chronogramm in Versen: Chronostichon. Bekanntes Chronogramm am Schluß des Genter Altars:
VersV seXta MaI Vos CoLLoCat aCta tVerI = MCCCLLXVVVVII = 1432.

Chronologie (Lehre von der Zeiteinteilung und Zeitrechnung). Die Chronologie hat a) zu untersuchen, wie die verschiedenen Zeitmaße errechnet, auf Grund welcher Beobachtungen sie gewonnen und wie sie eingeteilt werden (theoret. bzw. mathemat. Chronologie) und b) die Mittel zu finden, Zeitangaben in histor. Quellen zu deuten und aufzulösen (techn. oder histor. Chronologie). Ohne die histor. Chronologie wäre die Geschichte eine wirre Masse. Histor. Chronologie macht den Zusammenhang histor. Geschehens deutlich und wurde bereits von Petavius mit Recht als ein Auge der Geschichte – das andere nennt er die Geographie – bezeichnet.

Die Zeitrechnung begründete der Mensch auf Ereignisse, die für jedermann sichtbar und begreifbar sind und eine regelmäßige Wiederkehr deutl. erkennen lassen. Zur Gewinnung fester Zeitmaße ist die Berechnung der Gestirnbewegungen (Sonne, Mond) Voraussetzung. Astronomie und Kalenderwesen, aber auch Zeitrechnung, Kult und Religion stehen nicht nur für die Frühzeit der Kulturen und für primitive Völker in engem Zusammenhang. Die mathemat.-astronom. Grundlagen der Zeitrechnungslehre sind 1. der mittlere Sonnentag, d. h. der Zeitraum, in dem sich die Erde einmal um die eigene Achse dreht, 2. das Sonnenjahr (tropisches Sonnenjahr), d. h. der Zeitraum, in dem die Sonne auf ihrer scheinbaren Bahn bis zu demselben Wendepunkt (Äquinoktialpunkt) zurückkehrt, von einer mittleren Länge von 365 Tagen, 5 Stunden 48 Minuten und 46,08 Sekunden.

Das tropische Sonnenjahr wurde nach griech. und ägypt. Vorbild von Julius Caesar in dessen III. Konsulatsjahr (46 v. Chr.) der röm. Zeitrechnung zugrunde gelegt (Julianischer Kalender). Der Julianische Kalender näherte sich dem tropischen Sonnenjahr an und faßte die übrigbleibenden Tagesteile nach einiger Frist zu einem vollen Tag wieder zusammen. Auf je drei Gemeinjahre von 365 Tagen folgte demnach ein Schaltjahr von 366 Tagen. Der Julianische Kalender blieb während des gesamten MA nach einigen nicht verwirklichten Reformvorschlägen (Kalenderkommission des Konzils von Basel, Reparatio Calendarii des Nicolaus von Cues 1439) bis zur Gregorianischen Kalenderreform und deren Annahme in den einzelnen Staaten in Geltung.

Die Gregorianische Kalenderreform, durchgeführt von Papst Gregor XIII., verkündet in der Bulle ›Inter gravissimas‹, schaltete die Differenz zwischen dem astronom. und dem Julianischen Kalender, die im Laufe der Jahrhunderte zu einer erhebl. zeitl. Verschiebung des ersten Frühlingsvollmonds und damit des Ostertermins geführt hatte, dadurch aus, daß sie 10 Tage ausfallen und auf den 4. Oktober 1582 sogleich den 15. Oktober folgen ließ.

Die prot. Länder nahmen den Gregorianischen Kalender nur zögernd und sehr verspätet an; in Dtl. wurde der sog. »Neue Stil« im allg. erst um 1700 eingeführt. In der Übergangszeit wurde vielfach nach dem alten und neuen Stil datiert. In der Sowjetunion wurde der Gregorianische Kalender erst am 14. 2. 1918 eingeführt (Oktoberrevolution: 25. Oktober alten, 7. November neuen Stils).

Die Ursprünge der Woche liegen im Dunkel (ägypt. Dekade, röm. 8 Tage-Woche), die 7-Tage-Woche ist bibl. Ur-

Chronostichon

sprungs, Abbild der Schöpfungswoche
Gottes. Das Christentum übernimmt
die röm. von Planeten-Göttern genommenen Tagesnamen, die später von german. Götternamen im german. Sprachbereich verdrängt werden. Die Monate
berechnen sich von der Umlaufzeit des
Mondes. Der synod. Monat beträgt 29
Tage, 12 Stunden, 44 Minuten, 2,8 Sekunden.
Die Jahresform des MA blieb ein reines Sonnenjahr, aber der christl. Kult
verlangte, da der Ostertermin hauptsächl. durch den Mondlauf bestimmt
wurde (das Konzil von Nikäa entschied, daß das Osterfest am Sonntag
nach Frühlingsvollmond zu feiern sei),
eine Verbindung der Zeitrechnung
nach Sonne und Mondzeiten. Die
Schwierigkeiten, die sich daraus ergaben, wurden mit der Gregorianischen
Kalenderreform beseitigt und die Früh-
lingstagundnachtgleiche wieder auf den
21. März festgelegt. Das wurde dadurch für die Zukunft erreicht, daß von
den Schalttagen in einem Zeitraum von
400 Jahren 3 fortfallen, nur die durch 4
teilbaren Säkularjahre behalten den
Schalttag (also 1600, nicht aber 1700,
1800, 1900) und so das Kalenderjahr
weitgehend dem astronom. Jahr angeglichen wird.
Der Jahresanfang und die Jahreszählung sind von kult. oder administrativen
Faktoren abhängig. Die Antike rechnete z.B. nach Olympiaden (von 776
v.Chr.), von der Gründung Roms (753
v.Chr.), nach Konsulatsjahren, oder
kannte andere Ären, wie die Seleuki-
denära (280 v.Chr.), die Ären syrisch-
phönikischer Städte oder vorderasiat.
Dynastien (Arsakidenära).
Als Jahresanfang begegnen im MA:
a) der 25. 3. Dabei ist zu unterscheiden
der Annuntiationsstil (auch stilus Pisanus) oder Incarnationsstil, der vom
25. 3. vor unserem Jahresanfang ausgeht (so Trier, Metz, Toul, Verdun),
und der stilus Florentinus, der vom
25. 3. nach unserem Jahresanfang rechnet;
b) der 25. 12. als Jahresbeginn, weitverbreitet, (stilus Curiae Romanae, in Dtl.:
Mainzer Stil). Die Kanzlei der deutschen Kaiser seit den Karolingern rechnet fast ausnahmslos mit diesem Stil;
c) mit Ostern als Jahresanfang (Osterstil) wird gerechnet in Frankreich, in
den Niederlanden, vorübergehend auch
in Köln. Durch den Osterstil werden die

Jahre völlig ungleich, bis zu 45 Tagen
Unterschied;
d) der byzantin. Stil (Jahresbeginn:
1. September) war in Süditalien verbreitet.
Der 1. Januar als Jahresanfang setzt sich
erst seit dem 16. Jh. durch.
Datierung nach Heiligen- und Festtagen
ist im MA und in der frühen NZ sehr
verbreitet, selbst noch im 19. Jh. üblich.
Der von der Französischen Revolution
eingeführte Kalender (14. 7. 1790)
konnte sich nicht durchsetzen und wurde als rein polit. Kalenderreform von
Napoleon wieder rückgängig gemacht.
Seit dem 22. 9. 1792 zählte man nach
Jahren der Republik, vorher nach den
Jahren der Freiheit, von denen es allerdings nur zwei gab. Ähnl. polit. Kalen-
derreformen der neuesten Zeit scheiterten gleichfalls (Italien unter Mussolini).
LIT. H. Lietzmann-K. Aland, Zeitrechnung der röm. Kaiserzeit, des MA und
der Neuzeit für die Jahre 1–2000 n.Chr.
(²1957); F. K. Ginzel, Handbuch der
mathemat. und techn. Chronologie, 3
Bde. (1906–14, 1958); A. von Brandt,
Werkzeug des Historikers (¹³1992); H.
Grotefend, Taschenbuch der Zeitrechnung (¹¹1971).

Chronostichon → Chronogramm.

Chrysographie (griech.). Kunst, mit
Goldtinktur zu malen oder zu schreiben, nicht nur einzelne Buchstaben,
sondern Urkunden und ganze Handschriften (Beispiel: Codex aureus). Später beschränkt auf das Ausmalen einzelner Buchstaben; Nachblüte in der Ikonenmalerei.
Beispiele für C.: in Byzanz vor allem bei
Schreiben an hochgestellte Persönlichkeiten verwendet, so Nikephoros Phokas an Otto I.; Romanos II. an Konrad
II.; Manuel an Friedrich I. Ferner für
wichtige Dekrete, Schenkungen, Urkunden: Privileg Ottos I. für die röm.
Kirche (962); Dotalurkunde Ottos II.
für Theophanu; Heinrichs II. an Benedikt VIII. (1020); Diplom Konrads II.
für das Bistum Parma (1035, nur Entwurf), sowie Diplome Heinrichs IV.,
Friedrichs I., Friedrichs II.
LIT. Bresslau II 507–13.

Ciborium.
[1] Auf Säulen ruhender, steinerner Al-
tarüberbau (Altarciborium, Baldachin),
an dem das Gefäß mit der Eucharistie
hing. Bes. häufig in Italien, in Dtl. nur

140

bei Nebenaltären. Beispiel: das got. C. im Dom zu Regensburg.
[2] Gefäß, aus Edelmetall, in verschiedenen Formen, zur Aufnahme der Eucharistie.

Cisiojanus. Merkverse zum Verständnis und zur Einprägung des ma. Festkalenders, vom 13. bis 16. Jh. in Gebrauch; gebildet aus den Anfangssilben der bedeutendsten Festtage jedes Monats, jede Silbe entspricht einem Kalendertag. Der Name rührt her vom Beginn der Januar-Merkverse: Cisio Janus Epi sibi vendicat Oc Feli Mar An Priscae Fab Ag Vincen Ti Pau Po nobile lumen. (Cisio = Circumcissionis = 1. Januar; Epi = Epiphanias domini = 6. Januar; Oc = Octava Epi. = 13. Januar; Feli = Felicis = 14. Januar; Mar = Marcelli = 16. Januar; An = Antonii = 17. Januar; Priscae = 18. Januar; Fab = Fabiani + Sebastiani = 20. Januar; Ag = Agnetis = 21. Januar; Vincen = Vincentis = 22. Januar; Ti = Timothei = 24. Januar; Pau = Conversionis Pauli = 25. Januar; Po = Polycarpi = 26. Januar).
Der C. war meist in 24 Hexametern, für jeden Monat 2, abgefaßt; aber entsprechend dem Reichtum des ma. Festkalenders findet sich der C. in den verschiedensten Formen, den Diözesen und ihrem Heiligenkalender angepaßt. Neben dem lat. C. gibt es auch dt. C., die sich dem lat. Vorbild meist eng anschließen (z. B. Oswald von Wolkenstein, Konrad von Dankrotzheim).
LIT. Grotefend 124f.; Clavis mediaevalis 53.

Civis Romanus sum. »Ich bin römischer Bürger«, Zitat aus Ciceros (106–43 v. Chr.) zweiter Rede gegen Verres (gest. 43 v. Chr.), V, 57; das stolze Bekenntnis der Größe Roms. (Gegensatz → Incola).

Civitas Dei (Staat Gottes). Gemeinschaft der nach dem Geist Lebenden, im Gegensatz zu der **Civitas terrena** (ird. Staat), der Gemeinschaft der nach dem Fleisch Lebenden. Eine durch Augustinus' Werk ›De civitate Dei‹ geprägte Vorstellung von einem kosmischen Dualismus. Die Begriffe der beiden Civitates dürfen nicht ohne weiteres auf empirische Gemeinschaften angewendet werden. Beide Civitates sind miteinander verflochten. Später erfolgt eine Annäherung von Civitas Dei = Kirche und von Civitas terrena = Staat.

Clan. In Schottland Gemeinschaft von Personen, die von einem gemeinsamen Ahnherrn abzustammen glaubten, denselben Namen führten (vorausgestellt die Bezeichnung Mac = Sohn) und unter einem Häuptling ein gemeinsames Gebiet (ebenfalls Clan) bewohnten. Noch zu Lebzeiten des Häuptlings wurde sein Nachfolger und Stellvertreter (Tanaist) gewählt. Der Häuptling hatte patriarchalische Gewalt, die Feldbestellung erfolgte gemeinsam. Ursprünglich war nur bewegl. Besitz vererbbar. Mit dem Einbruch der Geldwirtschaft (Verpachtung des überschüssigen Landes) begann die Clanverfassung zu zerfallen, doch blieb der C. als Stammeseinheit bestehen. Aufgelöst wurde die Clanverfassung durch die Engländer 1745. Im Hochland spielen die C. noch eine gewisse Rolle. Clan-Farben sind nicht älter als 200 Jahre. Das Muster der Röcke wird (über die Regimenter des 18. Jh.) zum Abzeichen der C.-Zugehörigkeit.
LIT. Haberkern-Wallach 109.

Clericis laicos. Von Papst Bonifaz VIII. erlassene Bulle (25. 2. 1296), mit der er einer Bitte des franz. Klerus, vor allem der Zisterzienser entsprach. Durch die Bulle wurde die Besteuerung des Klerus durch die Krone und Tributabgaben ohne päpstl. Bewilligung verboten. Offensichtl. beabsichtigte Bonifaz VIII. damit, seinen Friedensbemühungen zwischen Frankreich und England größeren Nachdruck zu verleihen. Die Bulle wurde von Kg. Philipp IV. (dem Schönen) mit einer Ausfuhrsperre für Geld, Wechsel, Edelmetall und Maßnahmen gegen ausländ. Pfründeninhaber beantwortet. Bonifaz VIII. lenkte ein, doch lebte, ausgelöst durch den Fall des Bf. Bernard Saisset von Pamiers der Streit zwischen dem Papst und Philipp IV. bald wieder auf und fand in der Bulle ›Unam Sanctam‹ und dem Attentat von Anagni seinen Höhepunkt.

Clericus. Urspr. auf alle Christen angewandt, dann seit dem 3. Jh. im engeren Sinne Bez. für ein Mitglied des geistl. Standes (ordo clericalis). Aufnahme in den geistl. Stand mit der Tonsur. Nur ein Mann kann C. sein; Ordensleute, die nicht C. sind, nehmen an manchen ihrer Vorrechte teil. Der Ausdruck C. kann im MA auch einen nichtgeistl. Schreiber oder Kanzleibeamten bezeichnen (engl. = clerc). C. religiosus, C. regularis = Ordensmann, Ordensgeistlicher, im Gegensatz zu C. saecularis = Weltgeistlicher.

Clienten (lat. cliens, der sich schutzeshalber anlehnt). Im alten Rom halbfreie Hintersassen eines patrizischen Herrn (patronus), seit ca. 400 n. Chr. privat und öffentl. voll rechtsfähig. Beziehungen zu dem patronus bleiben bestehen: die clientes bilden das Gefolge des patronus, treten bei den Wahlen für ihn ein, dieser schützt sie, vertritt sie vor Gericht. Die röm. Klientel hält sich noch lange in Gallien. Im MA ist clientes eine Bezeichnung für Dienstmannen, Knappen, Schutzhörige. Deren Gesamtheit wird clientela genannt. Zunächst bei den kirchl. Dienstmannen abgelöst durch die Bez. ministeriales, die im 12. Jh. vorherrscht.

LIT. Haberkern-Wallach 110; HWDRG I (1966) 615 f.

Cluny, Cluniazensische Reform. Cluny in Burgund, von Herzog Wilhelm III. von Aquitanien 908 neu gegründet, war Ausgang und Mittelpunkt der kirchl. Reformbewegung vom 10.–12. Jh. Die Cluniazensische Reform richtete sich gegen die Entartung des Eigenkirchenwesens. Cluny erhielt eine eigene, von der weltl. und allmählich auch von der bischöfl. Gewalt unabhängige Satzung, insbes. freie Abtwahl, Exemtion vom Bischof, Unterstellung unter den Papst. In der ersten Hälfte des 11. Jh. wurden diese Sonderrechte und die Reformen des klösterl. Lebens von Cluny auf alle abhängigen Klöster übertragen.

Unter den 6 bedeutenden, ungewöhnlich lange regierenden Äbten Berno († 927), Odo († 942), Majolus († 944), Aymard (resig. 948), Odilo († 1049), und Hugo († 1109) erreichte Cluny seine Blüte. Unter Odilo betrug die Zahl der von Cluny abhängigen Klöster 65, im 12.–14. Jh. waren es 1150–1450.

Das klösterl. Leben wurde nach den ›Consuetudines‹, einem fast lückenlosen Gesetzbuch, das sich an der Interpretation der Benediktinerregel durch Benedikt von Aniane orientierte, neu geregelt, die Handarbeit zugunsten der Verinnerlichung zurückgedrängt, strenges Stillschweigen eingeführt; Chorgebet und Liturgie waren bes. feierlich; Kreuz- und Marienverehrung wurden sehr gepflegt.

Die Gregorianische Reform wurde vorbereitet durch die Cluniazensische und fand hervorragende Unterstützung durch Mönche von Cluny, die als Bischöfe, Kardinäle, päpstl. Gesandte tätig waren. Auf das Reichsgebiet, wo die Reform von Gorze herrschte, hat Cluny im 12. Jh., bis zur Übernahme cluniazensischer Observanz durch Hirsau, wenig eingewirkt.

Im 13. Jh. begann der Verfall Clunys, das eines der mächtigsten Klöster des Abendlandes gewesen war und durch seine zentralist. Verfassung größten Einfluß ausgeübt hatte.

Über den religiös-kirchl. Bereich hinaus ist die Cluniazensische Reform von Bedeutung für die Friedens- und die Kreuzzugsidee, für die Sorge für Arme und Pilger.

Auf den Sakralbau hat Cluny, obwohl es keine Bauschule begründete, stark eingewirkt. Die von Abt Hugo erbaute Kirche (Cluny III) (1088–1109) galt damals als die größte Kirche des Abendlandes; sie wurde durch die Französische Revolution völlig zerstört.

LIT. K. Hallinger, Gorze-Cluny, 2 Bde. (1950/51; Neudr. 1971); Th. Schieffer, Cluniazensische oder Gorzische Reformbewegung? In: AmrhKG 4 (1953) 24–44; A. Brackmann, Die polit. Wirkung der cluniazensischen Bewegung (Neudr. 1955); E. Sackur, Die Cluniazenser bis zur Mitte des 11. Jh. 2 Bde. (Nachdr. 1971); H. E. J. Cowdrey, The Cluniacs and the Gregorian Reform (1970); H. Richter (Hrsg.), Cluny (1975); G. Constable, Cluniac Studies (1980); J. Wollasch, Cluny (²2002).

Code civil (Code Napoléon). Durch eine bes., am 12. 8. 1800 gebildete Kommission unter tatkräftigem Mitarbeiten Napoleons ausgearbeitet und am 15. 3. 1804 als Gesetz angenommen, unter dem Namen ›Code civil der Franzosen‹ am 27. 3. 1804 verkündet; später wurde der Name in ›Code Napoléon‹ umgeändert.

Der C. c. ist keine Neuschöpfung, sondern eine »coordination«, eine Verschmelzung von Altem und Neuem, von Gesetzen des franz. Ancien Régime mit den Errungenschaften der Revolution, Römisch-rechtlichem und Gewohnheitsrecht (lois coutumes). Der ›Code Napoléon‹ wurde in zahlreichen Rheinbundstaaten eingeführt, so im Königreich Westfalen (15. 11. 1807), in den Großherzogtümern Baden (1806), Berg (1. 1. 1810), Frankfurt (1. 1. 1809); in anderen Staaten wurde seine Einführung beschlossen (Bayern, Würzburg, Hessen-Darmstadt, Nassau). Als eini-

gendes Band, als Mittel polit Integration und in seiner Bedeutung für die meisten europ. Staaten kann der C. c. nicht hoch genug eingeschätzt werden.
LIT. J. A. L. Seidensticker, Einleitung in den Code Napoléon (1808); W. Andreas, Die Einführung des Code Napoléon in Baden. In: ZRG GA 31 (1910); G. Böhmer, Der Einfluß des Code Civil auf die Rechtsentwicklung in Deutschland. In: Archiv für die civile Praxis 151 (1950/51); E. Fehrenbach, Der Kampf um die Einführung des Code Napoléon in den Rheinbundstaaten (1973); HWDRG I, 619–26.

Codex (lat. caudex, codex, Baumstamm, Holzklotz). Buchform, die in der Spätantike und im MA an die Stelle der für das Pergament wenig geeigneten Buchrolle (volumen) trat. Der C. besteht im allg aus Lagen von (im Umfang verschiedenen) Pergamentblättern in Holzdeckeln, die mit Leder oder Edelmetall überzogen sein können. In der ältesten Form ist der C. ein Päckchen von wachsbestrichenen, zum Schreiben eingerichteten Holztäfelchen, die mit durchgezogenen Fäden zusammengehalten wurden. Dann wurde die Bezeichnung vom Material auf die Form übertragen. Ein Codex chartaceus war ein Codex aus Papyrus, Papier; ein Codex membranaceus bestand aus Pergament.
Berühmte Codices: Codex Argenteus, Codex Aureus, Codex Udalrici; sowie Gesetzessammlungen, wie z. B. Codex Iuris Canonici, Codex Theodosianus, Codex Theresianus.
LIT. B. Bischoff, Paläographie des römischen Altertums und des abendländischen MA (1979); W. Wattenbach, Das Schriftwesen im Mittelalter (Neudr. 1958).

Codex Argenteus (Silberner Codex). Berühmte got. Bibelhandschrift, urspr. 330 Bll., von denen noch 187 erhalten sind, heute in der Universitätsbibliothek zu Uppsala. Der C. A. enthält teils in silberner, teils in goldener Schrift auf purpurnen Pergamentbll. Bruchstücke aus den vier Evangelien nach der Übersetzung von Bf. Wulfila (um 440).

Codex Aureus (Goldener Codex).
[1] – Epternacensis (von Echternach), heute im Germanischen Nat.-Mus., Nürnberg, bilderreiches Prachtevangeliar, Anfang 11. Jh., das otton., karoling.,

byzantin. Vorlagen zu einem neuen Stil verarbeitet.
LIT. P. Metz, Das Goldene Evangelienbuch von Echternach (1956); Faks.-Ausgabe des C. A. Epternacensis (1982).
[2] – von St. Emmeram, Regensburg, seit 1811 in München, Bayr. Staatsbibliothek, im Auftrag Karls des Kahlen 870 geschaffenes Prachtevangeliar mit großformatigen Miniaturen.
Faksimileausgabe von G. Leidinger. 5 Bde. (1921–25).

Codex Carolinus. Sammlung von ca. 100 Briefen der Päpste Gregor III. bis Hadrian I. an Karl Martell und seine Nachkommen (bis 791), die Karl d. Gr. zu polit. Zwecken hat sammeln lassen. Ausgezeichnete Quelle für die kirchl. und polit. Geschichte des 8. Jh.
Ausgabe: Jaffé, Bibl. rer. Germ. IV. Mon. Carolina (1868); Grundlach, MGH Epp. III; ein Teil auch bei J. Haller, Quellen zur Entstehung des Kirchenstaats (1907); H. Fuhrmann, Quellen zur Entstehung des Kirchenstaates (1968).

Codex Iuris Canonici (CIC). Promulgiert 27. 5. 1917, seit 19. 5. 1918 in Kraft, ist das Gesetzbuch der lat. Kirche, mit beschränkter Geltung für die Ostkirche. Der CIC sucht das historisch gewordene Vielerlei der alten Rechtsquellen abzulösen, leidet aber, bei klarer und nüchterner Sprache, an einer beträchtl. Unsicherheit in der Terminologie. Die authentische Interpretation des CIC soll eine unterm 25. 9. 1917 eingesetzte Kardinalskommission sichern (PCJ). Eine Reform des kanon. Rechts wurde vom II. Vatikan. Konzil in die Wege geleitet, eine Kommission zur Revision des CIC 1963 eingesetzt.
LIT. LThK II (1958) 1244–49; Sacramentum Mundi I, 808; HWDRG I (1966), 626f.; U. Stutz, Der Geist des CIC (1918); K. Mörsdorf, Lehrbuch des Kirchenrechts auf Grund des CIC ([11]1964); H. E. Feine, KRG ([4]1964).

Codex Theodosianus, von Kaiser Theodosius II. (15. 2. 438) publizierte Sammlung von Gesetzen und Entscheidungen seit Konstantin I., hatte im Röm. Reich Geltung bis auf Justinians Gesetzgebung.
LIT. Pauly-Wissowa IV, 1, 170ff.; HWDRG I, 627–29.

Codex Theresianus. Die Errichtung einer obersten Justizstelle (1749) war ein erster Schritt zur Zentralisierung des

Codex Udalrici

Rechtswesens der habsburg. Erblande. Eine 1753 gebildete Kommission sollte ein gültiges Gesetzbuch, den C. Th., schaffen. Hauptreferent war der Prager Professor Josef von Azzoni, nach seinem Tod Johann Bernhard von Zenker. Der 1766 abgeschlossene, acht Foliobände füllende Entwurf, wurde, weil zu weitschweifig und aus sachl. Bedenken, von Maria Theresia nicht gebilligt. Der C. Th. ist nie Gesetz geworden, doch bildete er die Grundlage für das 1811 verkündete ›Allgemeine Bürgerliche Gesetzbuch‹.
LIT. Ph. Harras von Harrasowsky (Hrsg.), Codex Theresianus. 5 Bde. (1883–86); HWDRG I, 629f.

Codex Udalrici. Sammlung des Bamberger Geistlichen Ulrich, reicht bis 1125, mit Zusätzen bis 1134, von größter Bedeutung für die Zeit des Investiturstreites, eine Zeit lang als Formularbuch in der kaiserl. Kanzlei benutzt. Mit seiner Entstehung aus älteren Sammlungen und Einzelstücken haben sich K. Pivec, C. Erdmann beschäftigt.
Ed.: Jaffé Bibl. V (1869; Neudr. 1964).

Cognac, hl. Liga von (22. 5. 1526). Abgeschlossen zwischen Papst Clemens VII., Mailand, Venedig und Frankreich. Gegen Kaiser Karl V. gerichtet, angebl. aus Sorge um den Frieden in der Christenheit und die Freiheit Italiens, die vom Kaiser bedroht würden. England begünstigt nach einem Sonderfrieden mit Frankreich die Liga.
LIT. K. Brandi, Kaiser Karl V., I (⁷1964; Neudr. 1986).

Collatio.
[1] Die gemeinsame außerliturg. Schrift- und Väterlesung der Mönche.
[2] Kirchenrecht: die vorschriftsmäßige Übertragung eines vakanten Kirchenamtes an eine taugliche Person. Collatio libera schließt freie Auswahl ein (Kollaturrecht des Bf.), collatio non libera, seu necessaria bedeutet Bindung an einen vorausgegangenen Vorschlag. Das Kollaturrecht entwickelte sich aus dem aus german. Rechtsanschauung ausgebildeten Patronatsrecht.

Collegium Germanicum. Von Papst Julius III. auf Betreiben des Ignatius von Loyola 1552 gegründet. 1580 vereinigte Gregor XIII. mit ihm das 1578 begonnene Ungarische Kolleg (Collegium Germanicum-Hungaricum). Durch reiche Schenkungen u. a. von Kaiser Ferdinand I., Herzog Albrecht V. von Bayern, in den Stand gesetzt, 100 Alumnen zu halten, aus denen Führungskräfte für die dt. Kirche hervorgehen sollten. Mit Rücksicht auf die Verfassung der Reichskirche, auf die Statuten der Domkapitel wurden bevorzugt Adelige aufgenommen, Bürgerliche waren nicht ausgeschlossen. Germaniker hatten eine beträchtl. Anzahl der deutschen Bischofssitze inne, stellten zahlreiche Weihbischöfe. Durch das C. G. wurde der Klerus der Reichskirche stärker nach Rom orientiert, die kath. Reform entscheidend gefördert, die theolog. Ausbildung in röm. Sinne gelenkt. Nach Aufhebung der Gesellschaft Jesu 1773 wurde das C. G. bis 1798 von Weltpriestern weitergeführt, 1818 erneut eröffnet und den Jesuiten übertragen. Tracht der Alumnen: roter Talar, schwarzes Zingulum, roter Mantel. Die Alumnen kommen aus dem Gebiet des ehem. Röm. Reiches Deutscher Nation und aus Ungarn.
LIT. A. Steinhuber, Geschichte des Collegium Germanicum-Hungaricum in Rom. 2 Bde. (²1906); LThK VI, 373–76.

Colonus (lat.) Pächter, zwischen Freiheit und Sklaverei stehend (colonatus: eine Form der zeitlich unbeschränkten, vererbl. Bodenpacht). Unter Diokletian wird der C. auf den kaiserl. Domänen häufiger, seine Ausbreitung vom Kaiser gefördert, um der Landflucht zu wehren und die Steuereinnahmen zu sichern. Der C. ist an die Scholle gebunden, darf nicht entfernt werden und hat keine Freizügigkeit; der Herr hat ein Züchtigungsrecht gegen den C., er kann sogar in dessen Ehe eingreifen. Persönl. Eigentum kann der C. erwerben.

Columbarium. Eigentl.: Taubenschlag, dann die Nische für die Aufnahme von Aschenurnen in den großen röm. Friedhöfen. Grabstätten der kleinen Leute. Armut, Sparsamkeit und Raummangel schufen diese Bestattungssitte, die ihren Namen von der Ähnlichkeit mit einem Taubenschlag hat. In zahlreichen, eng gereihten, rechteckigen oder halbrunden Nischen werden je zwei Aschenurnen beigesetzt und der Name des Toten angebracht. Die Anlagen sind z. T. unterirdisch und von erhebl. Ausdehnung. Private C. tragen an der Außentür den Namen des Besitzers und oft ein auf seinen Beruf bezügl. Reliefbild; in der älteren Zeit war das C. recht einfach, später als aedicula mit Giebel und Muschel gestaltet. Mit dem Ende der Brandbestattung hören die C. auf; christl. C. gibt es nicht, ebensowenig besteht ein Zusammenhang mit der symbol. Bedeutung der Taube.

Coemeterium (griech.-lat., Schlafkammer). Altchristl. Grabstätte, Friedhof. Coemeterium ad catacumbas: urspř. Bez. für die Katakombe des hl. Sebastian; von hier wird die Bez. Katakombe auf alle röm. Coemeterien übertragen.

Commercium. Gesetzliche Fähigkeit, Kaufs- und Verkaufstransaktionen unter röm. Recht abzuschließen. Erst seit dem 4. Jh. konnte das C. an nichtröm. Gemeinschaften und nichtröm. Einzelpersonen verliehen werden. Römer konnten das C. als Strafe verlieren. Als Instrument röm. Politik spielt die Verleihung des C. eine wichtige Rolle.

Completorium, completa. Unter dem Einfluß der Regel des hl. Benedikt eingeführt, ist die Komplet (Abschluß) das Gebet nach der Abendmahlzeit und der Collatio (einer Abendlesung) im Dormitorium, später im Oratorium verrichtet. Durch die immer frühere Feier der Vesper, des gemeinsamen Abendglies, bekommt die Komplet größere Bedeutung.

Computus. Berechnung der Daten des Kalenders mit Hilfe der Osterfestberechnung, der Goldenen Zahlen, Epakten, Sonntagsbuchstaben. Autoritäten der Computistik sind Dionysius Exiguus (6. Jh.), Beda Venerabilis (7. Jh.), Helperic (10. Jh.), Roger Bacon.
LIT. Clavis mediaevalis 55.

Comuneros, Communeros. Spanische Aufständische 1520/21 gegen die von niederländischen Ratgebern bestimmte Politik Karls V. In der Schlacht bei Villalar (23. 4. 1521) wurden die Comuneros, bei denen sich auch sozial-revolutionäre Tendenzen abzeichneten, geschlagen.
LIT. H. L. Seaver, The great revolt in Castile. A study of the Comunero movement of 1520–1521 (1928); K. Brandi, Kaiser Karl V. 2 Bde. (⁷1964; Neudr. 1986).

Comuneros, Söhne des Padilla. Geheime polit. Gesellschaft innerhalb der span. Freimaurerei (1821), von König Ferdinand VII. hart verfolgt.

Conclusum imperii (lat.). Reichsschluß. Die Form, in der seit Ende des 14. Jh. durch den Reichstag Gesetze erlassen und vom Kaiser sanktioniert wurden. Jedes Kollegium des Reichstags (Kurfürstenkollegium und Reichsfürstenrat) entschied für sich über die Annahme oder Ablehnung des eingebrachten Gesetzes. Stimmten beide Beschlußfassungen nach vorangegangener Relation und Correlation überein, entstand das Conclusum duorum, das dem Städtekollegium zur Entscheidung vorgelegt wurde. Nach Zustimmung der Städte hieß die Gesetzesvorlage Conclusum trium collegiorum oder consultum imperii (Reichsgutachten), dieses nach Annahme durch den Kaiser conclusum imperii (Reichsschluß). Die Reichsschlüsse wurden seit 1663 zusammen im Reichsabschied (recursus imperii) verkündet.
LIT. F. Hartung, Dt. Verfassungsgeschichte vom 15. Jh. bis zur Gegenwart (⁹1969); HWDRG I, 630 bis 631.

Concordata Principum → Konkordate.

Condottiere (von ital. condotta, Sold; lat. conducere, anwerben). Söldnerführer zunächst fremder, dann auch ital. Herkunft im Dienst der ital. Städte im 14. und 15. Jh. Berühmte Condottieri waren u. a. Bartolomeo Colleoni (1400–75), Gattamelata (ca. 1370–1443; berühmtes Reiterdenkmal von Donatello in Padua), Giovanni Acuto (John Hawkins). Einige Condottieri stiegen zu eigener Herrschaft auf wie Francesco Sforza (1401–66) in Mailand.
Condottiere auch gebraucht als Bez. für den Führer eines Gewalthaufens.
LIT. F. von Graevenitz, Gattamelata und Colleoni (1906); P. Clemen, B. Colleoni (1925); E. Walder, Der Condottiere Walter Roll von Uri und die Beziehungen zw. der Innerschweiz und Italien in der Wende zur Gegenreformation, 1551–61 (1948); N. Valeri, L'Italia nell'età dei principati (1949); B. Belotti, La vita di B. Colleoni (²1951).

Confessio. Raum, der Altar und Martyrergrab verbindet, entstanden aus dem Bemühen, auf einem Altar über dem Grab Eucharistie feiern zu können und das Grab für Pilger zugleich zugänglich zu halten. Die Bezeichnung C. wird im MA auf die ganze Grabanlage und auf das Reliquiengrab im Altar ausgedehnt. Die C. ist eine Vorform der Krypta.

Confessio Augustana

Confessio Augustana, Augsburger Konfession, Augsburger Bekenntnis. Von Melanchthon verfaßt, von Luther gebilligt, vor dem Augsburger Reichstag verlesen am 25. 6. 1530, von Kursachsen, Kurbrandenburg, Braunschweig-Lüneburg, Hessen, Nürnberg, Reutlingen u. a. unterschrieben, nicht aber von den oberdeutschen Städten (→Confessio Tetrapolitana) und der Schweiz. Im ersten Teil der Confessio Augustana wird die reformator. Lehre möglichst im Einklang mit dem alten Glauben dargestellt, die Frage des päpstl. Primats, des Fegefeuers und des Ablasses nicht erwähnt. Im zweiten Teil werden Mißstände zusammengestellt: z. B. Zölibat, Fastengebote, Klostergelübde, bischöfl. Jurisdiktion. Der Vorwurf des Dissimulierens und Harmonisierens wurde wegen der C. A. gegen Melanchthon erhoben; die C. A. ist keine vollständige Darstellung der neuen Lehre. Die Katholiken antworteten in Augsburg mit der ›Confutatio‹, Melanchthon schrieb dagegen die ›Apologie‹. 1540 überarbeitete Melanchthon die C. A. zur sogenannten ›Variata‹, um den Anhängern Zwinglis und Calvins entgegenzukommen und die Confessio besser zu begründen. Die C. A. erhielt bald symbolische Bedeutung, wurde zur Grundlage des Schmalkaldischen Bundes und im Augsburger Religionsfrieden, der nur für die Augsburgischen Konfessionsverwandten, nicht aber für die Reformierten galt, reichsrechtlich anerkannt.
LIT. J. Lortz, Die Reformation in Deutschland. 2 Bde. (³1948; Neudr. 1983); RGG I, 733–36; LThK I, 1079ff.; HKG Bd. IV; V. Pfnür, Einig in der Rechtfertigung? Die Rechtfertigungslehre in der Confessio Augustana und die Stellungnahme der katholischen Kontroverstheologie (1970); G. Leif, Die Confessio Augustana. Einführung in die Hauptgedanken der lutherischen Reformation (1970); H. Immenkötter, Die Confutatio der Confessio Augustana (1978).

Confessio Bohemica. Bekenntnisschrift der Lutheraner, Utraquisten und Böhmischen Brüder von 1575 (Einigung mit den Lutheranern), im Majestätsbrief Kaiser Rudolfs II. vom 9. 7. 1609 rechtl. anerkannt.

Confessio Helvetica, Helvetische Konfession. Bekenntnisschrift der reformierten Kirche.

a) **Confessio Helvetica prior** (1536) von Heinrich Bullinger (1504–75), F. Myconius 1490–1546 u. a. verfaßt, Unionsbuch der Schweizer reformierten Stände.

b) **Confessio Helvetica posterior**, 1562 von Heinrich Bullinger als privates Glaubensbekenntnis verfaßt, von Kurfürst Friedrich von der Pfalz den reformierten Ständen der Schweiz zur Annahme vorgelegt, auch in Ungarn, Schottland, Polen, in den Niederlanden, Böhmen akzeptiert. Nachdem bereits 1549 in dem **Consensus Tigurinus** eine Einigung zwischen den Anhängern Zwinglis und Calvins herbeigeführt worden war, stellte die C. H. ein einigendes Band zwischen den reformierten Kirchen dar.
LIT. W. Niesel (Hrsg.), Bekenntnisschriften und Kirchenordnungen der reformierten Kirche, 5 Hefte (1938); W. Hildebrandt u. R. Zimmermann, Bedeutung und Geschichte des 2. Helvetischen Bekenntnisses (Zürich 1938); P. Jacobs (Hrsg.), Reformierte Bekenntnisschriften und Kirchenordnungen (1950); J. Staedtke (Hrsg.), Glauben und Bekennen (1966).

Confessio Tetrapolitana (Vierstädtebekenntnis). Bekenntnisschrift der Städte Straßburg, Konstanz, Lindau und Memmingen. 1530 von Martin Bucer und Wolfgang Capito verfaßt und dem Augsburger Reichstag vorgelegt. Diese Bekenntnisschrift zeigt manche Verwandtschaft mit der Confessio Augustana, weicht aber in anderen Punkten von ihr ab und unterstreicht die Sonderstellung der oberdt., konfessionspolit. nach Zürich orientierten Städte.

Confoederatio cum principibus ecclesiasticis. Privilegien Friedrichs II. an die dt. Fürsten (1220 und 1231/32: Statutum in favorem principum). Die konventionelle Benennung beider Dokumente stammt aus dem 19. Jh. Die Confoederatio (26. 4. 1220) war der Preis Friedrichs II. für die Zustimmung der geistl. Reichsfürsten zur Wahl von Friedrichs minderjährigem Sohn Heinrich (VII.) zum dt. König. Friedrich II. verzichtet auf das Spolienrecht und verbietet die Ausübung durch alle Laien. Er verzichtet ferner auf die Errichtung neuer Münz- und Zollstätten auf dem Gebiet geistl. Herren. Unter deren Zustimmung, gibt den Kirchenfürsten freie Verfügungsgewalt über vakant werdende Kirchenlehen, verbietet vogteiliche

Übergriffe, die Errichtung von Burgen und Städten auf geistl. Gebiet ohne bes. Genehmigung, sagt die Zerstörung widerrechtl. angelegter Burgen und Städte zu sowie die Verstärkung des Kirchenbanns durch nachfolgende Reichsacht, präzisiert die königl. Regaliennutzung bei Hoftagen in Bischofsstädten. Die C. enthält keine definitive Verzichtleistung des Königs auf bisher voll gewahrte Königsrechte. Auf die königl. Territorialpolitik hat sie nur vorübergehend gewirkt. Sie läßt den Stand erkennen, den die dt. Fürsten um 1200 erreicht haben.

LIT. H. Mitteis, Der Staat des Hohen MA (⁷1962); HWDRG I, 1358–61; G. Wolf (Hrsg.), Stupor mundi (Wege der Forschung 101; 1966).

Congrua → Kongrua.

Connétable (lat. comes stabuli; constabularius). Urspr. Oberststallmeister, noch im 11. Jh. im wesentlichen auf die Funktionen des Marschalls beschränkt, im 12. Jh. dann an die Stelle des Seneschalls tretend, nach dessen Beseitigung (1191) Kronfeldherr, aber erst im 14. Jh. stärker hervortretend. Im 16. Jh. wird das Amt des C., da für die Krone gefährlich, zeitweise nicht mehr besetzt, 1627 abgeschafft, 1804 von Napoleon als reines Ehrenamt wieder hergestellt. Der C. ist in manchen Ländern erbl. Ehrentitel; C. kommt ferner als Titel unterer Beamter vor.

LIT. Ph. de Contamine, Guerre, Etat et société à la fin du MA (1972).

Connétablie. Marschallsgericht. Militärgericht.

Connétablie et maréchaussée de France. Oberstes Militärgericht des Ancien régime, im 15. Jh. entstanden, in seinen Befugnissen nie genau umgrenzt.

Consilium et auxilium. Rat und Tat. Formelhafte Wendung, die das Wesen der vasallit. Treuepflicht umschreibt. Im SpätMA und der frühen NZ charakterisiert sie das Verhältnis der Stände zum Fürsten.

Consolatio (lat.) Trost, Trostschrift, Trostrede. Trostgedichte meist in Hexametern (z. B. Statius in den ›Silvae‹. Von Seneca Trostschriften in Prosa. Nachwirkung: Boëthius, ›Consolatio Philosophiae‹.

LIT. R. Kassel, Untersuchungen zum griech. und röm. Konsolationsstil (1958); P. von Moos, Consolatio. 4 Bde. (1971–72).

Consolationes. Urspr. eine freiwillige

außerordentl., später eine ordentl. Pflichtabgabe in Geld, welche der Klerus alljährlich an den Bf. entrichten mußte, sub titulo sustentationis, als Beitrag zum Unterhalt.

Constituta. Die nach stenograph. Aufzeichnungen niedergeschriebenen Verhandlungen und Beschlüsse der vom Papst abgehaltenen Synoden aus der Spätantike und dem frühen MA; von Beamten der päpstl. Kanzlei geschrieben, in den Archiven der Päpste niedergelegt. Die C. sind Urkunden, weil sie zugleich authent. und rechtskräftige Ausfertigung der Synodalbeschlüsse sind; daher auch feste Formen: Invocatio, Datierung, Namen des präsenten Papstes und der Mitglieder der Synode, Bericht in objektiver Form, in der die verlesenen Schriftstücke inseriert sind, Schlußprotokoll, bestehend aus Unterschrift des Papstes, mit Namen, Titel und Unterschrift der Synodalmitglieder.

LIT. Bresslau I, 74 f.; Clavis mediaevalis 56.

Constitutio Innocentiana. Verbot aller vor der Bischofswahl eingegangenen Verträge, Kapitulationen und dgl. durch Papst Innozenz XII. (22. 9. 1695). Nach der Wahl vorgelegte Verträge müssen der Prüfung durch den Papst unterworfen werden. Reichskammergericht und Kaiser Leopold I. schließen sich 1698 dem päpstl. Standpunkt an. Die bischöfl. Wahlkapitulationen werden verworfen. Das Verbot der Wahlkapitulationen wurde jedoch vielfach umgangen, und eine Reihe von Domkapiteln setzte die Wahlkapitulationen bis zum Ende des Reiches fort. Ein evtl. Rekurs in dieser Sache nach Rom wurde durch entspr. Klauseln in den Wahlkapitulationen und einen besonderen Eid erschwert, zudem hätte er sich für den rekurrierenden Fürstbischof und seine Familie polit. höchst nachteilig ausgewirkt.

LIT. G. Weigel, Die Wahlkapitulationen der Bamberger Bischöfe 1328–1693 (1909); J. A. Abert, Die Wahlkapitulationen der Würzburger Fürstbischöfe bis zum Ende des 17. Jh. In: Archiv des Histor. Vereins für Unterfranken und Aschaffenburg 46 (1909); N. Fuchs, Die Wahlkapitulationen der Fürstbischöfe von Regensburg 1437–1801. In: Verhandl. des Histor. Vereins von Oberpfalz und Regensburg 101 (1960/61).

Constitutio Romana (Lotharii), 11.11. 824. Regelung der fränk.-röm. Beziehungen unter Ludwig I. durch seinen Sohn Lothar. Die C. R. führt das Prinzip der Personalität des Rechts im Kirchenstaat ein, errichtet in Rom eine aus einem kaiserl. und päpstl. Missus gebildete Kontrollinstanz, die über die Verwaltung des Kirchenstaats zu wachen hat und führt mit dem von dem gewählten Papst vor seiner Weihe geforderten Eid (pro conservatione omnium) eine Kontrolle der Besetzung des päpstl. Stuhles durch den Kaiser ein. Der röm. Kirchenstaat wird durch die C. R. fest dem Karoling. Imperium eingegliedert, die Bindungen der Constitutio 844 noch verstärkt und durch Papst Johann IX. (898) sanktioniert. Otto I. bestätigt (13.2. 962; Ottonianum) die Constitutio Lothars.
LIT. MGH Capitularia I 322f.; E. Stengel, in: HZ 134 (1926); O. Bertolini, Osservazioni sulla Constitutio Romana e sul Sacramentum cleri et populi Romani dell' 824. Studi medievali in onore di A. Stefano (1956) 43–78.

Contrasigillum (Gegensiegel, Rücksiegel). Ein auf der Rückseite eines anhängenden Siegels oder auch auf der Vorderseite desselben aufgeprägtes Siegel. Es dient Kontrollzwecken und der zusätzl. Sicherung des Majestätssiegels (Sekretsiegel). Es kann von derselben Person wie das Vordersiegel, aber auch von einer zweiten beteiligten oder mitverantwortenden Person herrühren.
LIT. Bresslau II, 570f.; Clavis mediaevalis 215.

Contumacia, Kontumaz. Ungehorsam gegenüber einem Gericht, zu einem bestimmten Termin zu erscheinen, in die Verhandlung einzutreten, die Fortsetzung des Verfahrens zu verweigern. Die ausbleibende, prozeßungehorsame Partei heißt Contumax. Sie treffen die Kontumazialnachteile oder das Kontumazialverfahren (= Verfahren wegen Ungehorsams gegenüber dem Gericht).

Conubium.
[1] Im röm. Recht die Fähigkeit bestimmter Personen, eine gültige Ehe einzugehen. Bei Standesverschiedenheit war auch im MA und in der frühen NZ eine Heirat unmöglich bzw. außerordentlich erschwert.
[2] Die meist durch Vereinbarung der beiderseitigen Eltern geschlossene Ehe unter Berücksichtigung von Stand und Ansehen, Vermögen, Gesundheit, Fortpflanzungsfähigkeit.

Conversi → Konversen, Konversen-Institut.

Cordeliers (frz., »Strickträger«). In Frankreich ursprünglich Bez. für die Franziskaner, da ihr Habit mit einem Strick (frz. cord, cordelle) umgürtet wurde. Z. Z. der Französischen Revolution ein radikaler polit. Klub (gegr. im April 1790 in einem ehemaligen Kloster der C.; daher der Name). Die bedeutendsten Mitglieder des Klubs, die vorwiegend dem linken Flügel der Französischen Revolution angehörten, waren Jean Paul Marat (1743–93); Georges Jacques Danton (1759–94), Camille Desmoulins (1760–94) und Jacques René Hébert (1757–94). Als Organ des Klubs gab Marat von 1792–93 den ›Ami du peuple‹ heraus. Die C. waren aktiv beteiligt an den Septembermorden von 1792, der Abschaffung der Monarchie sowie der Zerschlagung der Girondisten. Während der Jahre 1793/94 übernahmen zahlreiche C. das Programm der »Enragierten«, der Vertreter des äußersten linken Flügels der Jakobiner. Nach Dantons und Héberts Sturz im März 1794 zerfiel der Klub; im April 1794 löste er sich auf.
LIT. M. Göhring, Geschichte der Großen Revolution. 2 Bde. (1950/51); K. Griewank, Die Französische Revolution (²1958); F. Furer, D. Richet, Die Französische Revolution (1968).

Corporation Act (1661). Der C. A. festigt die Vorherrschaft der Anglikaner in England; läßt zu den lokalen Behörden und Körperschaften nur noch Personen zu, die das Abendmahl nach anglikanischem Ritus empfangen.

Corpus Catholicorum.
[1] Bez. für die kath. Reichsstände unter dem Direktorium von Kurmainz, von geringerer polit. Bedeutung als das Corpus Evangelicorum, da das Kaisertum kath. blieb; das C. C. hat das Recht der Itio in partes und der Abstimmung nach Corpora.
[2] Gesellschaft zur Herausgabe der Werke kath. Schriftsteller im Zeitalter der Glaubensspaltung, 1917 gegründet, durch ihre Publikationen um die Erforschung der Reformation und Gegenreformation verdient.

Corpus Evangelicorum. 1653 als Reichstagsbehörde konstituiert, umfaßt das C. E. sämtl. luth. und reformierten Reichsstände; das Direktorium hatte

Kursachsen, auch nach dem Übertritt der Wettiner zur kath. Kirche (1697). Das C. E. hatte das Recht der Itio in partes und der Abstimmung nach Corpora in Religionssachen. LIT. H. Conrad, DRG II; F. Wolff, C. E. und Corpus Cath. auf dem Westfälischen Friedenskongreß (1966); U. Belster, Die Stellung des C. E. in der Reichsverfassung (1968).

Corpus Iuris Canonici (C.I.C.) (das, lat.). Zusammenfassung teils privater, teils amtl. Sammlungen kirchenrechtl. Inhalts, die zwischen 1140 und 1503 entstanden sind, wichtigste Quelle des Kirchenrechts vor der Veröffentlichung des Codex Iuris Canonici.
Das C.I.C. besteht aus 5 Rechtssammlungen und Gesetzbüchern:
1. *Decretum Gratiani* (Concordia discordantium canonum), eine private Sammlung des Mönchs Gratian von St. Felix und Nabor in Bologna, vollendet 1140–42, der erste gelungene Versuch einer Zusammenfassung des vorhandenen kirchl. Rechtsmaterials, für die spätere Entwicklung von größter Bedeutung.
2. *Liber Extra* (vagantium) Gregors IX. (Dekretalen Gregors IX.), zusammengestellt von dessen Kaplan Raimund von Peñafort, 1234 als Gesetzbuch promulgiert.
3. *Liber Sextus* Bonifatius' VIII., will (wie der Titel zeigt) die Fortsetzung der 5 Bücher der Dekretalen Gregors IX. sein, wurde 1298 publiziert.
4. *Clementinae*. Von Papst Clemens V. begonnene, von Johannes XXII. revidierte und 1317 veröffentl. Sammlung. (Urspr. Titel: Liber-Septimus).
5. *Extravagantes Johannis XXII.* und *Extravagantes communes*, keine offiziellen Zusammenfassungen, private Sammlungen, erschienen 1500, in einer zweiten Aufl. 1503.
LIT. Feine, KRG (^{5}1972); DDC III, 623–27; LThK ^{2}III, 65–69.

Corpus Iuris Civilis. Seit dem Spät-MA übl. Bezeichnung für die von dem oström. Kaiser Justinian I. (527–65) veranstaltete Kodifikation des römischen Rechts (533/34) (Corpus Justinianeum).
Das Corpus Iuris besteht aus 4 Teilen: a) den Institutionen, b) den Digesten oder Pandekten, 50 Büchern mit Auszügen aus der röm. Rechtsliteratur, c) dem Codex Iustinianus, 12 Büchern kaiserl. Gesetze seit Hadrian, d) den Novellen, Gesetzen Justinians und zweier seiner Nachfolger.
LIT. *Ausgabe:* Th. Mommsen, P. Krüger u. a., Corpus Iuris Civilis. 3 Bde. (1899 ff. Neudr. 1954); L. Wenger, Die Quellen des röm. Rechts (1953); F. Ebrard, Die Entstehung des corpus iuris nach den acht Einführungsgesetzen des Kaisers Justinian. In: Schweizer Beiträge zur allg. Geschichte 5 (1947).

Corpus iuris militaris. Sammlungen von Heeresvorschriften deutscher und anderer Fürsten, 1632–1724. Sie sind nicht nur Stoffsammlungen und Quellenwerke (meist nach den Verlegern, seltener nach den Herausgebern benannt), sondern auch wichtig für die beginnende Militärrechtswissenschaft.

Corroboratio. Am Ende des Kontextes einer Urkunde Angabe der Beglaubigungsmittel, in der Königsurkunde der nachstaufischen Zeit eng mit der Datierung verbunden, kann als Teil des Schlußprotokolls aufgefaßt werden. C. kündigt eigene Unterschrift an oder Besiegelung (sigillari iussimus, oder sigilli nostri impressione iussimus communire). Unter Konrad III. und Friedrich I. wird, was früher selten vorgekommen ist, die Zeugenliste oft in der Corroboratio angekündigt; die Zeugenliste erscheint als Beglaubigungsmittel.
LIT. Bresslau I, 48, 688, 690; II, 96, 218.

Cortes. Ständevertretungen in Kastilien, Léon, Aragón, Portugal, Navarra. Mit dem Absolutismus schwindet ihre Bedeutung.

Crécy, Schlacht von (26. 8. 1346). Crécy liegt zw. Calais und Abbéville. Nach der Landung der Engländer unter Eduard III. (12. 6. 1346) und nach ihrem Vormarsch kam es bei C. zur Schlacht gegen das Ritterheer Kg. Philipps VI. von Frankreich. Die überlegenen engl. Bogenschützen (der Langbogen war noch auf 250 yards eine tödl. Waffe) brachten dem franz. Ritterheer eine vernichtende Niederlage bei geringsten eigenen Verlusten bei. An der Schlacht nahm auf seiten seines Schwagers auch der spätere Kaiser Karl IV. und dessen Vater, der blinde König Johann von Böhmen, teil. Dieser fiel, Karl IV. konnte entkommen. Crécy, eine der Entscheidungsschlachten nicht nur des Hundertjährigen Krieges, sondern der europ. Geschichte überhaupt, befestigte die Position der Engländer in Frankreich und bewies die Überlegenheit der

Creditiv

Infanterie und der Bogenschützen über ma. Ritterheere.

LIT. F. Lot, L'art militaire et les armées au Moyen-Age 1 (1946); Ph. de Contamine, Crécy (1346) et Azincourt (1415): une comparaison (1977).

Creditiv (litterae credentiales, Credentzbrief, kurz auch Credentz). Beglaubigungsschreiben beim Antritt einer diplomat. Mission zwecks Legitimierung und Anerkennung der Gesandtschaft. Die Formen des C. sind nach Epochen und Ländern verschieden.

Crépy, Friede von (19. 9. 1544). Abgeschlossen zw. Kaiser Karl V. und Kg. Franz I. von Frankreich, beendet der Friede von C. den vierten Krieg zwischen dem Kaiser und dem franz. König (1542–44). In einem siegreichen Vorstoß war Karl V. über die Marne in Richtung auf Paris bis Château-Thierry vorgedrungen. Panik in Paris, die Sorge des franz. Königs um seine Hauptstadt, andererseits die Furcht des Kaisers um das eigene Heer, dem ein entscheidender Sieg über den Gegner nicht gelungen war und fehlende Nachrichten über den engl. Verbündeten, der noch vor Boulogne liegt, führen zu einem schnellen Frieden.

Frankreich anerkennt im Frieden zu Crépy die Friedensschlüsse von Madrid und Cambrai, verspricht Waffenhilfe gegen die Türken in Höhe von 10000 Mann und 6000 Reitern, Restitution aller Eroberungen seit 1538, Rückgabe von Stenay, Heirat des Herzogs von Orléans mit der Infantin Maria oder der Erzherzogin Anna von Österreich. Karl V. verzichtet zugunsten des Dauphin auf das Herzogtum Burgund, die Grafschaft Auxonne u. a. Gebiete. Frankreich verzichtet auf die bisherige Kaperpolitik und verspricht Anerkennung der Rechte der Spanier und Portugiesen auf alle indischen Länder. In einem Geheimvertrag sagt Frankreich Hilfe gegen die dt. Protestanten bei der Rückführung in die alte Kirche, bei der Wiederherstellung des wahren Glaubens, bei der Durchführung kirchl. Reformen und der Vorbereitung des Konzils (in Trient oder Metz) zu. Der Friede von Crépy war für keine Seite ein eindeutiger Sieg oder eine eindeutige Niederlage.

LIT. K. Brandi, Kaiser Karl V. 2 Bde. (⁸1973; Neudr. 1986), 431 f.; A. Hasenclever, Die Geheimartikel zum Frieden von Crépy. In: ZKiG 45 (1926–27).

Crux → Kreuz.

Cubicularius (lat.). Kammerdiener, bes. im kaiserl. Palast, in der Regel Sklave, während der Oberkämmerer (a cubiculo) meist Freigelassener ist. In der Zeit des Dominats heißt der Oberkämmerer praepositus sacri cubiculi, zählt als oberster Hofbeamter zu den höchsten Würdenträgern des Reiches und hat infolge des persönl. Umgangs mit dem Kaiser starken Einfluß.

Auch am päpstl. Hof gibt es Cubicularii; bis in die Zeit Gregors I. Laien, dann Geistl. und Mönche; sie treten seit dem 12. Jh. deutlich in Erscheinung und haben vor allem zeremonielle Aufgaben. Sie begleiten den Papst mit brennender Kerze, halten den Baldachin, wirken bei der Fußwaschung am Gründonnerstag mit, helfen beim Besteigen des Pferdes usw.; im 14. Jh. auch im Urkunden- und Supplikenwesen tätig. Die Hofordnung Papst Alexanders V. unterscheidet 3 Gruppen von Cubicularii. Ihre Aufgabe war die Wahrnehmung der wichtigeren Funktionen in der Umgebung des Papstes. Heute heißen die Cubicularii Kammerherren.

Cui bono? (lat., zu wessen Vorteil?). Frage des röm. Untersuchungsrichters. Geht auf L. Cassius Longinus Ravilla zurück. Öfters bei Cicero zitiert.

Cuius regio, eius religio. Einprägsames, stark umstrittenes, auf den Greifswalder ev. Kanonisten J. Stephani (1544–1623) zurückgehendes Schlagwort des konfessionellen Absolutismus; propagiert den landesherrl. Religionszwang: der Landesherr kann die Konfession seiner Untertanen bestimmen (Ius reformandi; Augsburger Religionsfriede 1555; Westfäl. Friede 1648); die »geistliche Obrigkeit ist höchstes Regal«. Die Obrigkeit gewann durch das Schlagwort und den Grundsatz eine zuvor unbekannte sakrale Autorität und Legitimität; der konfessionelle Besitzstand wurde dadurch verhärtet, der dt. Protestantismus in eine Vielzahl enger Landeskirchentümer zersplittert. Begrenzt wurde der Grundsatz im Augsburger Religionsfrieden durch das Ius emigrationis (= Auswanderungsrecht), den geistl. Vorbehalt (Reservatum ecclesiasticum); dann durch ständische Religionsverträge in den einzelnen Territorien, schließlich durch den Westfälischen Frieden; vor allem durch den

Schutz des exercitium religionis publicum, sc. privatum, sowie des Kirchenguts nach dem Normaljahr 1624 (annus
normalis) und den Normaltag. Der Bekenntnisstand eines Territoriums ist mit
dem Normaljahr fixiert und geschützt.
LIT. M. Heckel, Staat und Kirche nach
den Lehren der ev. Juristen Dtl. in der
ersten Hälfte des 17. Jh. In: ZRG KA
42 (1956); 43 (1957); F. Dickmann,
Der Westfälische Friede (^{2}1960);
HWDRG I (1966) 651–58.

Curia Romana (Römische Kurie).
Bez. für die Gesamtheit der Kardinalskongregationen. (S. Officium, Konzils-
kongregation, Ritenkongregation usw.),
Gerichtshöfe (Sacra Rota Romana, Signatura Apostolica [→Signatur]) und
Ämter (Apostolische Datarie, Staatssekretariat), die dem Papst bei der Regierung der gesamten Kirche zur Seite stehen. Die Bezeichnung C. R. wurde vor
dem 11. Jh. nicht verwendet.

Cursus. Eine aus der Antike übernommene Form der Kunstprosa; rhyth-
mische Kadenz der Sätze und vor allem
der Schlüsse (clausulae) von Sätzen
oder Satzteilen. Wichtigster Grundsatz:
am Ende von Sätzen oder Satzgliedern
müssen die beiden letzten betonten Silben durch mindestens zwei, unter Umständen drei oder vier unbetonte Silben
getrennt werden. Die päpstl. Kanzlei
verwandte C.-Technik seit dem 5. Jh.
(Leo-Briefe, liber diurnus, cursus leonis
= weil auf Papst Leo I. zurückgeführt);
die Kenntnis der C.-Technik verliert
sich nach Gregor d. Gr. langsam. Eine
Wiederbelebung wurde im Auftrag
Urbans II. seit 1088 unter dem Kanzler
Johannes von Gaeta (später Gelasius
II.) begonnen. Die Vernachlässigung
des C. wird seit der Mitte des 12. Jh.
gegen die Echtheit einer päpstl. Urkunde sprechen. Die Theorie des C. wurde

in der papstl. Kanzlei von Albertus de
Morra (Kanzler von 1178–87) festgelegt (summa dictaminis). Beim Satzen-
de ist möglich a) cursus velox (1 Daktylus u. 2 Spondeen), b) cursus planus
(1½ oder 2 Spondeen und ein Wort
von 1½ Spondeen), c) cursus tardus
(ecclesiasticus, durus) Spondeus, Halb-
spondeus, Daktylus. Der C. beginnt
seit Ende des 13. Jh. wieder aus der
päpstl. Kanzlei zu verschwinden, war
bis gegen Ende des MA aber noch vorhanden. Verbreitet war der C. in allen
Kanzleien, vor allem unter Friedrich II.
in Sizilien, doch nie so stark wie in der
päpstl. Kanzlei.

Custodia.
[1] Behälter in Form eines Türmchens,
Zylinders usw. zur Aufbewahrung der
konsekrierten Hostie.
[2] Gliederung der Franziskaner-Pro-
vinzen unter Kustodes, bei OFM Conv.
bis heute im wesentl. beibehalten, bei
OFM Cap. 1937 wiedereingeführt. Als
Kustodie wird manchmal auch eine Niederlassung der Franziskaner bezeichnet,
die in einem Lande die einzige war.
Heute bezeichnet Kustodie eine kleinere Provinz.
[3] Im röm. Recht eine noch unentwik-
kelte Form der Verschuldenshaftung. C.
im klass. röm. Recht die über die culpa-
Haftung hinausgehende Haftung, die
sich auch auf die Fälle des niederen Zu-
falls erstreckt, von dem eine res custodi-
ri solita getroffen wurde und der durch
besondere Bewachung hätte abgewen-
det werden können.

Custos.
[1] Richtzeichen für den Hefter einer
Handschrift oder eines gedruckten Buches in Form des ersten Wortes der folgenden Lage oder der Nummer des
Druckbogens.
[2] Amtsträger im kirchl.-klösterl. Bereich.

Dageschalke, Dagewerchten. Während des MA die Eigenleute, d. h. das in der Stadt und auf dem Lande ansässige unfreie Gesinde. Obwohl es größtenteils weder eigentums- noch ehefähig war, besaß es doch schon den Schutz des Strafrechts.

Dáil, Dáil Eireann. In der Republik Irland das Abgeordnetenhaus.

Daily-Telegraph-Affaire. Die aus der Veröffentlichung eines unbeherrschten Interviews Kaiser Wilhelms II. (reg. 1888–1918) am 11. 11. 1908 für die brit. Zeitung ›Daily Telegraph‹ resultierende innenpolit. Krise. Das an dem Interview Erschreckende hat der damalige Reichskanzler B. von Bülow (1849–1929) folgendermaßen zusammengefaßt: Der Kaiser habe die Aufforderung der russ. und franz. Regierung, sich mit ihnen zu vereinigen, um die Burenrepubliken zu retten und England »bis in den Staub zu demütigen«, nicht nur mit dem Hinweis darauf abgelehnt, daß Deutschland es niemals auf einen Streit mit einer Seemacht wie England ankommen lassen könne, sondern er habe auch den genauen Wortlaut der vertraulichen franz. und russ. Noten sowie seine Antworten auf die besagten Noten der Königin von England sofort mitgeteilt. Im September 1899 habe er u. a. durch einen dt. Offizier einen ganz genauen Bericht über die Zahl der Kämpfenden auf beiden Seiten und über die Stellung der in Südafrika einander gegenüberstehenden Streitkräfte aufsetzen lassen. Es sei »ein merkwürdiges Zusammentreffen«, daß der vom dt. Kaiser ausgearbeitete Plan demjenigen sehr nahekomme, der dann vom brit. Oberbefehlshaber im Burenkrieg (1899/1900), Feldmarschall F. S. Roberts (1832–1914) angenommen und durch ihn glücklich ausgeführt worden sei. Demnach habe eigentlich nicht Roberts, sondern Wilhelm II. die Buren besiegt und vernichtet. Die Kritik auf das Interview war im dt. Volk derart einheitlich, und dies gerade unter den Konservativen, daß Bülow im Reichstag öffentlich davon abrücken mußte. Aus dem Interview entstand deshalb eine Staatskrise, weil das dt. Volk von den Reden des Kaisers ein Mindestmaß an Besonnenheit erwartete.

LIT. E. Eyck, Das persönl. Regiment Wilhelms II. (1948); W. Schüssler, Die D. T. A. 1908 (1952).

Daimjo, Daimyo. Früher in Japan Territorialfürsten. Im 11. Jh. wurden die Inhaber größerer und kleinerer Komplexe von sog. Myoden (»Namenfelder«) D. oder Schomio, Shomyo (»Groß- oder Kleinname«) genannt. Privatleute hatten sie angelegt, deren Namen sie auch trugen. Im 12. Jh. bezeichnete man größere und kleinere Grundherren schlechthin als D., vor allem die ritterlichen. Zum Gattungsnamen wurde D. für alle diejenigen, die auf Grund privater und lehnsrechtl. Besitztitel während des 13.–16. Jh. zu landesherrl. Stellung gelangten. Infolge der Mitwirkung der eigenen Vasallen, ebenfalls auf Grund der Reichsgesetzgebung, war die Landeshoheit der D. beschränkt. Vom 17. Jh. ab gab es drei Rangklassen der D.: Go-sanke, Fudai und Tozama. Wegen der besseren Überwachung durch den Shogun waren die D. von etwa 1635 bis 1862 verpflichtet, sich alle 2 Jahre für 6 Monate in der Residenz aufzuhalten. Nachdem die D. 1869 ihre Herrschaften an den Kaiser zurückgegeben hatten, erhielten sie seit 1871 als Entschädigung eine Staatsrente.

Dalai Lama (mongol. Dalai, Meer; tibet. Lama, der Höhere). Seit dem 15. Jh. der Titel des Oberhauptes der lamaistischen Kirche, der tibet. Abart des Buddhismus. Auf der Grundlage der stark mit Zauberbräuchen durchsetzten indischen Spätformen des ›Großen‹ und ›Diamant-Fahrzeugs‹ (mahajana, vadschrajana) erwachsen, hat der Lamaismus mancherlei Elemente der vorbuddhist. Landesreligion, der ›Bon‹-Lehre, sich aufgenommen und unter dem Einfluß bedeutender Priester eine eigenartige hierarch. Organisation erhalten. An ihrer Spitze stehen der Dalai Lama (»Meerpriester«) in Lhasa und der Pantschen-rinpo-tsche (»Juwel des großen Gelehrten«), der in Europa meist Taschi Lama genannt wird; er ist eine Inkarnation Buddhas. Die histor. Entwicklung hat dazu geführt, daß der Dalai Lama der oberste welt. Herrscher Tibets wurde, während der Taschi Lama, der, dem Rang des in ihm inkarnierten Wesens entsprechend, eigentl. höher als der D. L. steht, sich mehr mit religiösen Funktionen begnügen mußte.

Der Lamaismus ist die Mischung einer tiefsinnigen buddhist. Philosophie, eines prunkvollen Kultus sowie eines alles

überwuchernden Dämonen- und Zauberglaubens.
Bereits im 13. Jh., vor allem aber seit dem 16. Jh., gelang es den Lamas, die Mongolen zu bekehren; im 17. Jh. bekehrten sie die Burjäten und Kalmükken. Nachdem letztere sich im Raum zwischen Don und Wolga festgesetzt hatten, entstanden auch im europ. Rußland lamaist. Gemeinden. Der Lamaismus herrscht heute auch in den Himalaja-Ländern Ladakh, Sikkim und Bhutan.
LIT. H. Schulemann, Die Geschichte der Dalai-Lamas (²1958); Ch. Bell, The Religion of Tibet (Oxford 1931); W. E. Clark, Two Lamaistic Pantheons. 2 Bde. (Cambridge, Mass. 1937); W. Filchner, Der Lamaismus in Lehre und Leben (1954); L. A. Waddell, The Buddhism of Tibet (²1958).

damaszieren (von Damaskus). Ein vor allem in der Stahlverarbeitung angewandtes Verfahren zur Erzielung einer linearen, meistenteils geschwungenen, doch auch blumigen Zeichnung auf der Oberfläche des Werkstücks, desgl. zur Steigerung seiner Festigkeit und Zähigkeit (Damaszener Stahl). Das Verfahren besteht darin, daß man dünne Vierkantstäbe verschiedener Dicke und Drähte aus weichem und hartem Stahl mehrfach übereinanderlegt und verschweißt; sie werden dann schraubenförmig verwunden und durch Hämmern zu neuen Stäben gestreckt; dieser Vorgang wird mehrfach wiederholt. Die Berührungslinien der Stahlschichten ergeben das Muster.
Die Kunst des D. hat ihren Ursprung in Indien. Sie fand weite Verbreitung, insbes. in Damaskus, dessen Waffenproduktion von der Spätantike bis ins MA führend war; in Dtl. wird sie seit etwa 1400 ausgeübt. Einer der bedeutendsten Meister des D. war der im 17. Jh. in Solingen wirkende Semmelnuß. Herausragende Meister dieser Kunstgattung waren in Frankreich Clouet (um 1780), in Italien Crivelli, der um 1820 in Mailand arbeitete.
LIT. E. von Lenz, in: Zs. für histor. Waffenkunde, 4 (1906–08); W. Hassenstein, in: Zs. für histor. Waffenkunde, N.F. 6 (1937); O. Johannsen, Geschichte des Eisens (³1953); P. Post, in: RDK 3 (1954).

Dame (franz. aus lat. domina). In der altfranz. Ritter- und Hofsprache galt D. als der Titel für die Frau eines Ritters.

Die Frau eines Knappen hingegen wurde damoiselle genannt. Der D. stand das Recht zu, Schild und Banner zu führen. Später wurde der für eine privilegierte Schicht bzw. die Frauen dieser Schicht reservierte Titel allg. der Ehrentitel der verheirateten sowie der unverheirateten Frauen, allerdings ledigl. solcher von Stand, welchem dann das Fürwort ›ma‹ (Madame) beigefügt wurde. Im dt. Sprachgebrauch diente die Bez. D. beim Volk zunächst zur Umschreibung der »Geliebten«, »Dirne«, doch setzte sie sich allmählich als Schmucktitel der Frau in Hof- und Adelskreisen nach franz. Vorbild durch. Seit dem beginnenden 19. Jh. fand die Titulierung ebenfalls in der bürgerl. Gesellschaft Eingang.

Damenfrieden. → Cambrai, Damenfriede von.

Damenstifte. Ma. Bez. für die Konvente, Kapitel oder Kollegien von Kanonissen oder Chorfrauen. Später wurden die Anstalten für die unverheirateten Töchter der höheren Stände, vor allem des Adels, als D. (Fräuleinstifte) bez.; Wohnung und Kost waren hier frei.

Damenweg, Chemin-des-Dames. Im franz. Dép. Aisne, auf dem Höhenrükken zwischen Aisne und Ailette (südlich von Laon), ein Höhenweg von 30 km Länge; er wurde von Ludwig XV. (reg. 1715–74) für seine Töchter angelegt. Während des Ersten Weltkriegs war der D. von April 1917 bis Okt. 1918 schwer umkämpft.

Dames de France. Der Titel der königl. Prinzessinnen im monarchischen Frankreich.
a) **Dames du palais** (Palastdamen) nannte man die franz. Hofdamen.
b) **Dames de la cour** waren D., die bei Hofe Zutritt hatten.
c) Seit langem werden die Pariser Fisch- und Gemüsefrauen ironisierend **Dames de la halle** (Hallendamen, nach den Markthallen der franz. Hauptstadt) genannt, und zwar deshalb, weil es ihnen früher erlaubt war, zu bestimmten Zeiten dem König einen Blumenstrauß zu überreichen.

Danebrog (von brog, Fahne). Dän. Reichsbanner. Nach der Sage fiel es während der Schlacht bei der Estenburg Lindanissa (Lindanos oder Lyndanis) im Jahre 1219 vom Himmel herab. Die Estenburg Lindanissa stand in der Landschaft Revele, wo später Reval erbaut wurde.

Danebrogsorden (Orden des dänischen Reichsbanners). Der zweite der dän. Ritterorden wurde von Christian V. am 12.10. 1671 gestiftet; am 1.12. 1693 erhielt er seine Statuten, die am 28.6. 1808 bedeutend erweitert wurden, als Friedrich VI. den D. in drei Klassen teilte: Großkommandeure, Großkreuze sowie Kommandeure; 1864 erfolgte noch einmal eine Unterteilung in zwei Grade. Ordenstage sind der Geburtstag des jeweiligen Königs, ferner der 28. Januar, der 15. April sowie der 28. Juni.
LIT. Werlauff, Om Danebrog og Danebrogsorden (Kopenhagen 1872).

Danegeld (Dänengeld). Ein Tribut, der in England seit dem 9. Jh. an die Dänen (Wikinger) gezahlt wurde, um diese dadurch von Plünderungen abzuhalten. Nach dem Ende der Dänenherrschaft (1042) wurde das D. weiter erhoben, jetzt als Grund- und Wehrsteuer. Nach der normann. Eroberung (1066) wurde das D., ebenfalls als Grund- und Wehrsteuer, weiterhin erhoben.

Danewerk. Befestigung aus dem 8.–12. Jh., die den Zugang nach Jütland sperrte, gegen das Frankenreich, das otton. Reich und angreifende Slawen gerichtet.

Dareikos (griech.). Goldmünze des altpers. Reiches mit dem Bild des Großkönigs Dareios I. (reg. 522–486 v. Chr.); die Münze war 8,4 g schwer. Während der Vorderseite den König als Bogenschützen zeigte, hatte die Rückseite nur einen tiefen Einschlag. Die D., im 5. und 4. Jh. v. Chr. die bedeutendsten und zuverlässigsten Münzen im internationalen Verkehr, wurden nach der Darstellung des Königs auch Toxotai (Bogenschützen) genannt.

Darstellung. Terminus, der zur Umschreibung der Begriffe Geschichtsschreibung, Historiographie verwendet wird, doch auch ihrer Teilgebiete und speziellen Probleme. Im At. war die (erzählende) D. als literar. Kunstwerk bes. Gesetzen unterworfen (vgl. die »eingelegte Rede« insbes. bei Thukydides, etwa 460–395 v. Chr.). Die antike D. gliederte sich in drei Formen der Geschichtsschreibung: a) die referierende (z. B. Annalen, Chroniken), b) die pragmatische und c) die genetische, der entsprechend ein histor. Phänomen als etwas nach und nach Gewordenes bzw. als das Endergebnis dieses Prozesses aufgefaßt wurde. Zu diesen Formen sind in

jüngster Zeit weitere getreten, u. a. die soziolog. und morpholog. (vgl. in diesem Zusammenhang auch die Darstellungsform der Biographie). Erwähnt sei noch, daß sich der Versuch J. G. Droysens (1808–84), die D. durch Unterscheidung zwischen untersuchender und erzählender sowie didakt. D. aufzufächern, nicht durchgesetzt hat, ebenfalls nicht ein Versuch, die polit. Diskussion mit Erkenntnissen und Beispielen aus der Geschichte zu führen.
LIT. M. Ritter, Die Entwicklungsgeschichte der Geschichte (1919); W. Bauer, Einführung in das Studium der Geschichte (²1928); K. Brandi, Geschichte der Geschichtswissenschaft (1947; ²1952 überarb. von W. Graf); J. G. Droysen, Historik (³1958); F. Stern (Hrsg.), Geschichte und Geschichtsschreibung (dt. 1966); R. Landfester, Historia magistra vitae (1972).

Datar. Während des MA ein päpstl. Beamter, dem die Datierung, sodann auch die Prüfung der → Suppliken oblag.

Dataria. Apostolica, Apostolische Datarie. Eine Behörde der röm. Kurie. Sie entstand während des 15. Jh. aus der Gewohnheit, bestimmten Kurialen die Datierung der Supplikenbewilligungen zu übertragen. Hieraus entwickelte sich eine umfangreiche Behörde; seit dem 17. Jh. stand ihr gewöhnlich ein Kardinal vor mit dem Titel Prodatar. Seit 1908, d. h. dem Jahr der Kurialreform, beschränkt sich der D. A. auf Angelegenheiten, die sich auf die Vergabe der nicht-konsistorialen Benefizien beziehen, d. h. die dem Zuständigkeitsbereich des Papstes vorbehaltenen Benefizien.
LIT. Feine, KRG I (³1955, mit ausführl. Bibliographie); W. M. Pöschl, Geschichte des Kirchenrechts 1 und 2 (1953–55); N. del Re, La Curia Romana (²1952).

Datierung (von lat. datum, gegeben am).
[1] Die Angabe eines Datums, d. h. von Jahr und Tag; sie ist bes. gebräuchl. bei Urkunden, dem Eintreten eines Ereignisses (zu den Jahresdaten → Ära). Die Angabe der Tage erfolgte in griech. Quellen nach den örtl. gültigen Mondjahren; ihr Jahresanfang war unterschiedlich; zudem besaßen sie eigene Monatsnamen. So waren im Attischen Jahr, das mit dem Neumond nach der Sommersonnenwende begann, die Mo-

nate in jeweils drei Dekaden gegliedert; innerhalb einer Dekade wurden die Tage durchgezählt. Die Angleichung an das Sonnenjahr erreichte man durch einen 8jährigen Zyklus (daher Oktaeteris genannt); seit etwa 421 v. Chr. durch einen 19jährigen, recht genauen, Schaltzyklus, der von Meton aufgestellt worden war und deshalb auch Metonischer Zyklus genannt wurde. In den Diadochenreichen galt das Sonnenjahr mit ägypt. bzw. makedon. Monaten; die Tage wurden durchlaufend gezählt.

Nachdem durch Caesar im Jahre 46 v. Chr. die Umstellung vom Mond- auf das ägypt. Sonnenjahr erfolgt war, setzte sich der röm. Kalender allmählich durch, wobei die Tagesbezeichnung durch Rückzählung von Festpunkten erfolgte, so den Kalenden, den Ersten eines Monats, den Nonen, den Fünften des Monats (im März, Mai, Juli und Oktober der 7. Tag des Monats) bzw. den Iden, den Dreizehnten des Monats (im März, Mai, Juli und Oktober der 15. Tag des Monats). Die röm. D. war im FrühMA weit verbreitet; sie wurde im Hoch- und SpätMA seltener.

Die heutige D. nach Monatstagen wurde in der dt. Königskanzlei zum erstenmal unter Heinrich VI. (reg. 1190–97) angewandt, obwohl sie schon bis ins 6. Jh. n. Chr. zurückreicht. Die D. nach Fest- oder Heiligentagen entwickelte sich zu der am häufigsten gebrauchten. Dabei unterschied man zwischen dem Tag des Festes selbst (festum), dem Vorabend des Festes (vigilia), dem 2. Tag vor dem Fest (vigilia vigiliae), dem Tag nach dem Fest (crastino), dem 7. Tag nach dem Fest (octava) und dem 14. Tag nach dem Fest (quindena). Nicht selten wurden die Heiligenfeste in den einzelnen Diözesen oder Orten an verschiedenen Tagen gefeiert. Eine Besonderheit war in verschiedenen Gegenden die D. nach dem Cisiojanus, einer Sammlung ma. kalendar. Merkverse; sie zählten die Heiligenfeste für jeden Monat auf; die Verse als solche waren sinnlos. Gebraucht wurde der Cisiojanus vom 13.–17. Jh.

[2] In der historischen Kritik gilt die D. als ein Unterfangen, eine undatierte Quelle zeitl. zu fixieren. Das geschieht insbes. dadurch, daß man die rein äußeren und die inhaltl. Merkmale der Quelle miteinander vergleicht; desgl. dadurch, daß man das zeitl. früher (termi-

nus post [quem]) und später liegende (terminus ante [quem]) festzustellen versucht.
→Kalenderreform, →Chronologie.

Dauphin (lat. delphinus). Nach dem Delphin im Wappen oder als Eigenname (aus dem Vor- und Beinamen Dolfinus, Dalfinus) des Grafen von Vienne entstanden, war D. seit 1150 der Beiname des Grafen von Albon, dann der Titel des Grafen von Vienne, nachdem die Grafen von Albon seit dem ausgehenden 12. Jh. den größten Teil der Grafschaft Vienne erobert hatten. Danach machten sie sich zu Herren fast der gesamten Dauphiné, einer histor. Landschaft, die mit der Auflösung des Königreichs Burgund entstanden war. 1349 verkauften sie die D. unter der Bedingung an Frankreich, daß der jeweilige franz. Thronfolger Wappen und Titel D. führen solle. Von 1349–1791 und von 1814–30 wurden durch die Kronprinzen von Frankreich Wappen und Titel D. geführt.

Davidstern. Hexagramm. Erstmals im 14. Jh. nachweisbares Siegelzeichen der jüdischen Magie, ein aus zwei übereinander liegenden, gleichseitigen Dreiecken bestehender Sechsstern. Im 17. Jh. wurde der D. Symbol des Judentums, seit 1948 in die Flagge des Staates Israel übernommen.

Dawesplan. Am 16. 4. 1924 zu London abgeschlossenes Vertragswerk, das die dt. Reparationen nach dem Ersten Weltkrieg regelt. Vorbereitet worden war er durch einen internationalen Sachverständigenausschuß unter der Leitung des amerikan. Politikers Ch. G. Dawes (1865–1951), der ein Gutachten über die dt. Leistungsfähigkeit ausgearbeitet hatte. Es ging von einem ausgeglichenen dt. Haushalt und einer aktiven dt. Zahlungsbilanz als Voraussetzung für die Leistung von Reparationen aus. Zur endgültigen Stabilisierung der Währung und als Überbrückungshilfe für das erste Jahr der Reparationszahlungen erhielt Deutschland eine Auslandsanleihe von 800 Mill. Goldmark. Nach einer Übergangszeit waren deutscherseits Jahreszahlungen in Höhe von 2,4 Mrd. Goldmark zu leisten, die folgendermaßen aufzubringen waren: 1250 Mill. aus dem Haushalt des Reiches unter Verpfändung der Einnahmen aus den Zöllen sowie vier großen Verbrauchssteuern, 660 Mill. durch die Reichsbahngesellschaft, 210 Mill. aus der Beförderungssteuer, 300 Mill. durch die Industrie als Verzinsung und Tilgung einer Industriebelastung in Höhe von 5 Mrd. Die Transferierung der Gelder, die bei der Reichsbank einzuzahlen waren, erfolgte durch einen »Generalagenten« und ein »Transferkomitee« an die Gläubigerländer. Infolge ausländ. Anleihen konnte der D. während der ersten Jahre seiner Laufzeit erfüllt werden; seit 1928 aber wuchs das nicht transferierbare Guthaben derart stark beim »Generalagenten« an, daß der D. 1929 durch eine neue Zahlungsvereinbarung (→Youngplan) ersetzt werden mußte. Der D. trat am 1. 9. 1924 in Kraft.

LIT. R. C. Dawes, Wie der D. zustande kam (1926); H. v. Beckerath, Reparationsagent und dt. Wirtschaftspolitik (1928); M. Sering, Deutschland unter dem D. (1928); W. J. Delbrück, Die Reparationen in der Ära Brüning (1962); W. Link, Die amerikan. Stabilisierungspolitik in Dtl. 1921–32 (1970); E. Wandel, Die Bedeutung der Vereinigten Staaten von Amerika für das Reparationsproblem 1924–29 (1971).

Debellation (von lat. bellum, Krieg). Die völlige Besiegung und Eroberung eines Staates. D. ist ein Begriff des Völkerrechts.

Dechant, der →Dekan.

Décime. Vor 1789 in Frankreich eine Zehntsteuer, die durch die Geistlichen an den König zu entrichten war.
Auch der Zuschlag, der in Notzeiten zu den öffentl. Abgaben zu leisten war, wurde D. genannt.
LIT. R. Doucet, Les institutions de la France au XVIe siècle, 2 (Paris 1948).

Decimo (ital., Zehntel). Bis zum Jahre 1870 in Rom ein kleines Längenmaß, (etwa 2 mm).

Decisiones →Dezision.

Declaration of Independence. Die Unabhängigkeitserklärung der USA vom 4. 7. 1776. Die 13 Kolonien mit 2,5 Mill. Einwohnern im Jahre 1775, aus denen sich die US bildeten, wiesen bei ihrer Entstehung unterschiedl. Wirtschaftsverhältnisse auf. Das besiedelte Gebiet reichte bis an den Osthängen der Alleghanies. Ihre Wirtschaft, ihre innere Verwaltung sowie ihre Siedlungen waren durch die Kolonisten aus eigener Kraft auf- und ausgebaut worden. Hierdurch war ein ausgeprägtes Selbstbewußtsein entstanden, das durch den siegreichen Krieg gegen Frankreich (1756–63), wenn auch mit Unterstützung des Mutterlandes England, noch gesteigert worden war.

Nun aber begann die Regierung des Mutterlandes damit, ihr durch den Krieg gegen Frankreich wesentl. erweitertes Reich straffer zu verwalten, was nicht zuletzt auch die amerikan. Kolonien betraf. Da hier ein engl. Staatsbewußtsein dominierte, waren die Kolonisten zunächst keineswegs englandfeindl. gesonnen. Allerdings begannen sie, die gleichen Rechte zu fordern, wie sie die Einwohner des Mutterlandes besaßen. Diese jedoch zuzugestehen, waren die engl. Regierung und das Parlament nur zögernd bereit.

Aus dieser Situation heraus erwuchs die Forderung, Steuern nur dann zu zahlen, wenn die Kolonien durch eigene gewählte Abgeordnete im Parlament vertreten seien (»no taxation without representation«). Wohl zeigte die brit. Regierung viel Mäßigung; sie befolgte allerdings keinen festen Kurs, weshalb manche ihrer Maßnahmen scharfen Widerstand seitens der Kolonisten hervorriefen und daher zurückgenommen werden mußten. Der Widerstand war bes. stark in Boston, dem Hauptsitz der puritan. Opposition gegen England (Versenkung einer Teeladung der East India Company am 16. 12. 1773) sowie in Virginia (dem Widerstandsgebiet der selbstbewußten Plantagenbesitzer).

Scharfe Maßnahmen des Mutterlandes gegen Boston führten in Amerika zur Einberufung eines Kontinentalkongresses durch die überall zusammengetretenen Bürgerausschüsse am 5. 9. 1774 in Philadelphia. Er stellte die erste gemeinsame Versammlung aller amerikan. Kolonien brit. Provenienz dar. Auf ihr wurden bereits militär. Vorbereitungen gegen das Mutterland getroffen.

Die eigentl. Revolution wurde durch örtl. Ereignisse ausgelöst: Brit. Truppen stießen bei dem Versuch, Waffen der Bürgermiliz zu beschlagnahmen, auf deren Widerstand in Massachusetts (19. 4. 1775). Mit dem Gefecht zu Bunker Hill am gleichen Tag brach der lange und schwere Unabhängigkeitskrieg aus. Die von Jefferson (1743–1826) entworfene Unabhängigkeitserklärung wurde am 4. 7. 1776 durch den Kontinentalkongreß angenommen. Dieser Tag gilt als Nationalfeiertag der USA.

LIT. J. Bryce, The American Commonwealth. 2 Bde. (1887; revid. Ed. 1920;

dt., Amerika als Staat und Gesellschaft, 1924); C. A. Beard, An Economic Interpretation of the Constitution (1913, Neuausg. 1935).

Declaration of Rights (Erklärung der Rechte). Eine durch das brit. Parlament am 12. 2. 1689 gefaßte Entschließung über die verfassungsmäßigen Grundrechte der Bürger. König Jakob II. (reg. 1685–88) war der Thron abgesprochen worden, weil er die Grundrechte verletzt hatte. Durch den neuen König, Wilhelm von Oranien (reg. 1689–1702), wurde die D. sofort angenommen; sie erfuhr dann eine Erweiterung zur Bill of Rights, das gegen den Katholizismus und Absolutismus gerichtete Gesetz der Rechte.
LIT. G. Jellinek, Die Erklärung der Menschenrechte (1919).

Decretales Gregorii IX. →Corpus iuris canonici.

Decretum Gratiani →Corpus iuris canonici.

Dedikation (lat. Weihung). Bei den Römern sowohl der feierl. Akt der Einweihung einer Kultstätte als auch die Übergabe eines mobilen oder immobilen Gegenstandes an eine Gottheit bei gleichzeitigem Verzicht auf das Eigentumsrecht, z. B. anläßl. von Stiftungen und Gelübden.
LIT. G. Wissowa, Religion und Kultus der Römer (²1912).

Dediticii (lat.). Die von Unterworfenen abstammenden Nachkommen. Sie stellten im Röm. Reich die Bevölkerungsgruppen mit der niedersten Rechtsstellung dar und umfaßten vor allem die innerhalb der Reichsgrenzen angesiedelten Barbaren. Die Rechtsstellung der D. hatten seit dem 4. Jh. n. Chr. ebenfalls die vorbestraften freigelassenen Sklaven.

de facto (lat.). Den Tatsachen entsprechend, ohne Rücksichtnahme darauf, daß diese rechtlich (de iure) begründet sind. Seit dem Beginn des 19. Jh. unterscheidet man im Völkerrecht, nicht zuletzt infolge der häufig schwierigen Frage, ob Aufständische nicht als Rebellen, sondern als tatsächl. Inhaber der Regierungsgewalt anzusehen und folglich zu behandeln sind, die vorläufige Anerkennung (de facto) von der endgültigen Anerkennung (de iure). Dementsprechend ist ein zwischenstaatl. Verkehr, insbes. auf dem Sektor Wirtschaft, auch ohne eine formelle Anerkennung möglich. Die Anerkennung kann widerrufen werden (z. B. zog Großbritannien 1940 seine 1938 ausgesprochene de iure-Anerkennung der Annexion Abessiniens durch Italien wieder zurück). Nach der jüngsten Entwicklung kann die Verweigerung der Anerkennung einer unter Gewaltanwendung erfolgten Gebietseroberung Ausdruck der Klarstellung eines völkerrechtl. Unrechts sein.
LIT. L. Spirodoulos, Die de facto-Regierungen im Völkerrecht (1926); J. L. Kunz, Die Anerkennung von Staaten und Regierungen im Völkerbund (1928); T. C. Chen, The International Law of Recognition (London 1951).

Defaitismus (franz.). Bez. für die dem Unglauben an die Möglichkeit eines Sieges entstammende Neigung, einen Krieg selbst unter ungünstigen Bedingungen möglichst bald zu beenden, insbes. dann, wenn sich bei längerer oder gar langer Kriegsdauer militär. Rückschläge einstellen. Während des Ersten Weltkriegs hatte Frankreich gegen defaitist. Strömungen zu kämpfen; seit etwa 1917 in zunehmendem Maße vor allem die Mittelmächte infolge ihrer ständig prekärer werdenden militär. und wirtschaftl. Lage. Die Defaitisten werden seitens der kriegführenden Regierungen bekämpft. Während des Zweiten Weltkriegs wurden sie in Dtl. als Staatsfeinde verfolgt.
Lt. kommunist. Ideologie wird derjenige als Defaitist betrachtet, der den Erfolg der Partei- und Regierungsmaßnahmen, vor allem auf dem Gebiet der Wirtschaft, anzweifelt.

Defension (lat.). Bez. für die gesamten Verteidigungseinrichtungen sowie die Kriegsverfassung, beginnend mit dem Zeitpunkt der Verkündigung des ›Ewigen Landfriedens‹ (1495) bis ins 18. Jh.

Defensionale. Die in der Zeit von 1668–73 entstandene schweizer. Heeresordnung; hierdurch erhielt das Heerwesen der Eidgenossenschaft zum erstenmal eine einheitl. Organisation; die Heeresstärke wurde auf 40000 Mann festgesetzt. Die Gültigkeit der D. erlosch, als die kath. Kantone im 18. Jh. von ihr zurücktraten.

Defensor fidei (lat., Verteidiger des Glaubens; engl. defender of the faith). Ein an König Heinrich VIII. (reg. 1509–47) von Papst Leo X. (reg. 1513–21) im Jahre 1521 verliehener Ehrentitel für seine gegen Luther (1483–1546) gerichtete polem. Schrift ›De septem sacramentis assertio‹. Auf Grund eines Parlamentsbeschlusses vom Jahre 1544 wurde der Titel für das engl. Königshaus erblich; er wird noch heute von engl. König bzw. der Königin geführt.

Defterdar (türk., Buchhalter, von griech. diphtera, Buch). Ein von den höchsten Finanzbeamten der Türkei bis ins 19. Jh. geführter Titel; urspr. gab es einen, dann vier D. Die D. waren Mitglieder des Divan. Den Titel D. führte auch der Finanzverwalter eines Wilajet.

Degen (ahd. dêgan, Gefolgsmann, Diener; mhd. dëgen, Held). Zunächst der freie Gefolgsmann in der german. Gefolgschaft, dann ganz allg. ein tüchtiger Krieger.

Degen (von mlat. dagna; span. und ital. daga, langer Dolch). Eine Hieb- und Stichwaffe; sie hat eine lange, schmale Klinge, die – im Unterschied zum Säbel – gerade ist, ein- oder zweischneidig sein kann und einen die Hand schützenden Degenkorb hat. Der D. entwickelte sich im 14. Jh. aus dem Schwert. Während des 16. Jh. kam er von Italien und Spanien nach Dtl.; hier wurde er von den Offizieren bis 1919 geführt. Als Würdeabzeichen (Hof-Degen) wurde er vom Adel, bei Hofe und von den Diplomaten getragen; als Standesabzeichen galt er den Patriziern und Studenten.

Deheme (zu lat. decima). Zehnt; vor allem während des MA eine durch die Bauern zu entrichtende Abgabe dafür, daß sie ihre Schweine in die Eichenwälder treiben durften.

Dehortatorien (von lat. dehortor, abmahnen, abraten). Kaiserl. Erlasse anläßl. der Reichsexekution bei Landfriedensbruch oder einem äußeren Feind gegenüber. Durch die D. wurde jede Form der Gemeinschaft mit dem Reichsfeind verboten.

Dei, Dai (türk.).
[1] Oheim (mütterlicherseits).
[2] Anrede für Janitscharenoffiziere.
[3] In Algerien von etwa 1600–1830 der Titel des Oberhauptes der Janitscharen-Herrscher.

Deichgraf, Deichhauptmann, heute **Deichvorsteher.** Im MA und erneut seit dem 19. Jh. ein genossenschaftl. Beamter, der dem Deichverband vorsteht. Er wird seit dem vorigen Jh. durch die staatl. Behörde bestätigt; z. Z. des Absolutismus hingegen wurde er staatlicherseits ernannt. Aufgabe des Deich-

grafen ist es, für die Instandhaltung, wenn nötig auch für den Neubau der Deiche zu sorgen. Dem Deichgrafen bzw. dem Deichvorsteher stehen die Mitglieder des Deichvorstandes zur Seite: die Deichgeschworenen, die Deichschöppen und die Deichschulzen.

Deichlast. Die Pflicht, für die Instandhaltung der Deiche zu sorgen. Von dieser Pflicht konnte man ledigl. durch rechtsförml. Aufgabe des Grundstücks entbunden werden; das geschah dadurch, daß man einen Spaten in den davorliegenden Deich einstach, der Ausdruck des sog. Spatenrechts.

Deichverband. Der Zusammenschluß der Deichanwohner bzw. der Grundeigentümer, die für die Anlage und Unterhaltung eines Deiches zu sorgen haben. Die Beteiligung hieran konnte bzw. kann erzwungen werden.
LIT. J. von Gierke, Geschichte des dt. Deich-Rechts, 1 (1901), 2 (1917); HWDRG I, 668–72 (Deichrecht); R. E. Siebert, Entwicklung des Deichwesens vom MA bis zur Gegenwart (1969).

Deismus (von lat. deus, Gott). Eine religiöse Anschauung, die während der Aufklärung vorherrschte. Sie schrieb Gott zwar die Weltschöpfung, jedoch kein weiteres Eingreifen in Natur und Weltgeschehen zu. Der D. wandte sich gegen einen Offenbarungsglauben und eine kirchl.-konfessionelle Bindung. Das Grundwerk des D. schrieb der engl. Philosoph J. Toland (1670–1722); es erschien 1696 (dt. 1908) unter dem Titel ›Christianity not Mysterious‹ und gipfelte in dem Satz, daß nichts im Evangelium »der Vernunft widerspricht oder sie übersteigt«. Weitere Repräsentanten des D. waren W. Tindale (1483–1536) und J. Locke (1632–1704) in England, Voltaire (1694–1778) und die Enzyklopädisten in Frankreich. In Dtl. ging der D. in den Rationalismus der Aufklärung über; Hauptvertreter: G. E. Lessing (1729–81), H. S. Reimarus (1694–1768) und M. Mendelssohn (1729–86). Die Deisten wurden auch als Freidenker bezeichnet.
LIT. K. Leese, Recht und Grenzen der natürl. Religion (1954); H. Thielicke, Offenbarung, Vernunft und Existenz. Studien zur Religionsphilosophie Lessings ([4]1959); W. Philipp, Das Werden der Aufklärung in theologiegeschichtl. Sicht (1963).

Dekabristen (von russ. dekabr, Dezember). Bez. für die Teilnehmer am

gescheiterten Aufstand vom 26. (14.)
12. 1825 nach dem Tod Zar Alexanders I. (reg. 1801–25) und dem Thronverzicht des Großfürsten Konstantin. Vorbereitet in den Geheimbünden junger Aristokraten und Gardeoffiziere, verlangten sie für Rußland eine Konstitution, die in zahlreichen westl. Staaten bereits verwirklicht war. Der Aufstand wurde schnell niedergeschlagen, da er planlos erfolgte. Fünf der Verschwörer wurden gehenkt, der Rest nach Sibirien verbannt, von wo die Überlebenden erst 1856 zurückkehrten. Die D. wurden als Vorbilder sämtl. freiheitl. Bestrebungen z.Z. des Zarismus verehrt.
LIT. A. G. Mazour, The First Russian Revolution (Berkely 1937); M. N. Wolkonskij, Die D. (Zürich 1946); N. A. Netschkina, Der Aufstand des 14. Dezember 1825 (russ., Moskau 1951); M. Zetlin, The Decembrists (N. Y. 1958); H. Lemberg, Die nationale Gedankenwelt der D. (1963).

Dekan (von lat. decem, zehn).
[1] In der röm. Militärsprache die Bez. für den Kommandeur einer 10 Mann starken Truppe.
[2] In der kath. Kirche stellt der D., Dechant, Erzpriester oder Landdekan – der Fachausdruck lautet vicarius foraneus (lat., Außenvikar) – eine Zwischeninstanz zwischen Bischof und Pfarrer dar, die sich aus dem Amt des Archipresbyters entwickelte. Im MA galt der D. auch als Zwischeninstanz zw. dem Archidiakon und dem Pfarrer, vorausgesetzt, daß sich infolge der großen Anzahl von Archidiakonen – so vor allem im ostfränk. Reich – die Bildung eines besonderen D.-Amtes erübrigte. Der Bischof ernennt den D. für den zuständigen Bereich (das Dekanat); im Auftrag des Bf. beaufsichtigt der D. seinen Zuständigkeitsbereich, die Zusammenfassung mehrerer Pfarreien, deren Größe ebenfalls durch den Bf. bestimmt wird. Die Geistlichen eines Dekanats kommen zu Dekanatskonferenzen zusammen; über den Stand des Dekanats wird dem Bf. regelmäßig Bericht erstattet. Der Titel D. wird auch vom dienstältesten Kardinal, den dienstältesten Prälaten der z. Prälatenkollegien sowie häufig den Dignitären der Kapitel geführt.
[3] In den ev. Landeskirchen, und zwar denen von Württemberg, Bayern, Baden, Pfalz, Hessen und Nassau sowie Kurhessen-Waldeck kommt die Amtsbezeichnung D. dem aufsichtführenden Geistlichen eines Kirchenkreises zu; sie entspricht dem des Superintendenten.
[4] An den Universitäten war der D. zunächst Vorsteher der Provinz der Nationen. Seit dem Aufkommen der Fakultäten wird der D. gewöhnl. für ein Jahr zum Leiter des Kollegiums sowie der laufenden Geschäfte einer Fakultät gewählt. Er vertritt gleichzeitig die Fakultät im akadem. Senat.
LIT. J. B. Sägmüller, Lehrbuch des kath. Kirchenrechts, 1 (^{3}1914; hier Lit. bis 1914); Feine, KRG I; DDC IV, 1057.

Dekapolis (griech., zehn Städte).
[1] Ein aus zehn hellenist. Städten gebildeter Bund im Ostjordanland, zw. dem Toten Meer und dem See Genezareth, teilweise auch im westl. Jordangebiet zw. Galiläa und Samaria. Ein bes. Merkmal der D. war ihre ausgeprägte Selbstverwaltung. Die D., der u.a. die Städte Skythopolis, Gerasa, Gadara und Philadelphia angehörten, bestand von 62 v. Chr. bis etwa 200 n. Chr.
[2] Während des 16. Jh. Bez. für zehn Reichsstädte des Elsaß, und zwar Hagenau, Colmar, Schlettstadt, Weißenburg, Landau, Oberehnheim, Rosheim, Münster, Kaysersberg und Türkheim.
LIT. Zu [1] H. Guthe, Die griech.-röm. Städte des Ostjordanlandes (1918); ders., Gerasa (1919); H. C. Kraeling (Hrsg.), Gerasa, City of Decapolis (New Haven, Conn. 1938).
Zu [2] L. Sittler, La Décapole alsacienne (Straßburg 1955); Der elsässische Zehnstädtebund. In: Jb. für Geschichte der oberdt. Reichsstädte 10 (1964).

Deklaration (lat.). Erklärung grundlegender Art, wie z. B. die ›declaration of rights‹ des engl. Parlaments vom 12. 2. 1689 zur Verfassung Englands, die ›declaration of independence‹, die Bez. für die Unabhängigkeitserklärung der USA von 1776, die ›declaration des droits humains‹, die franz. Erklärung der Grund- und Menschenrechte von 1789. D. hießen früher auch Gesetze, die zur maßgebenden Erläuterung vorausgegangener Gesetze bestimmt waren (authentische D.). Im internationalen Verkehr werden als D. Zusatzverträge oder Vereinbarungen bez., die ihrer Absicht nach einen bisherigen Zustand ledigl. bestätigen. Sie sind jedoch häufig deshalb von großer Bedeutung, weil sie zweifelhafte oder umstrittene Rechte verbindl. festlegen, beispielsweise die Pariser Seerechtsdeklaration von 1856. Die Unterzeichner werden Deklaranten genannt.

Dekretalen (epistolae decretales). Der Name, der zum erstenmal auf der röm. Synode des Jahres 496 fiel, dient zur Bez. päpstl. Erlasse, wie sie sich in den Rechtssammlungen des MA finden. Gewöhnl. werden als D. (wie die Konstitutionen) allg. Gesetze bez., im Gegensatz zu den Reskripten, durch welche Einzelfälle entschieden werden; allerdings kann ein Reskript durch Aufnahme in eine amtl. Sammlung die Bedeutung von D. erlangen. Als erstes erhaltenes D. gilt das des Papstes Siricius (reg. 384–99) aus dem Jahre 385 an den Bf. Himerius von Tarragona über den Zölibat. Eine der ältesten Dekretalensammlungen ist die sog. Avellana; sie enthält neben päpstl. auch kaiserl. D. Es gibt neben echten auch falsche oder gefälschte D., so in denen des Pseudo-Isidors. Schon in den ältesten Rechtssammlungen wurden durch die Kanones der Konzilien die D. der Päpste unterschieden; dementsprechend spricht man von Kanones- oder Dekretalensammlungen. Bei dem ständig wachsenden Umfang der päpstl. Gesetzgebung wurde letzterer Name seit dem Decretum Gratiani, einer Sammlung sämtlicher kirchenrechtl. Quellen um 1150, für die Sammlungen des kirchl. Rechts allgemein. So bez. man als D. die offiziellen Sammlungen des Corpus Juris Canonici, die Compilationes antiquae, den Liber septimus, die Extravagantensammlungen u. a. Neuere Dekretalensammlungen sind die →Bullarien.

LIT. H. Singer, Neue Beiträge über die Dekretalensammlungen. In: Sitz. Ber. der Wiener Akademie 171, 1 (1913); H. Getzeny, Stil und Form der ältesten Papstbriefe (1922); Ae. Friedberg (Hrsg.), Die Canones-Sammlungen zwischen Gratian und Bernhard von Pavia (1897; Neudr. 1958); J. B. Sägmüller, Lehrbuch des kath. Kirchenrechts I, Teil 1 (⁴1926); Feine, KRG I (⁵1972).

Dekumatenland (lat. agri decumates). Erwähnt wird das D. bei Tacitus (55–116) in seinem Werk ›De origine et situ Germanorum‹, 29. Das D. umfaßte das Vorfeld zw. Rhein und Donau, das Neckarland und dessen Randberge. Das Gebiet war von den kelt. Helvetiern seit dem Kimbernzug (seit dem Ende des 2. Jh. v. Chr.) geräumt und daraufhin von german. Stämmen (Sueben und Teutonen) neu besetzt worden. Zur kürzeren Verbindung zw. den Heeresstandorten am Rhein und der mittleren Donau wurde die Grenze des Röm. Reiches seit 74 n. Chr. in mehreren Etappen vorgeschoben; das neugewonnene Land wurde durch die Anlage des Limes gesichert und der röm. Provinz Obergermanien (Germania superior) zugeschlagen. Etwa 260 n. Chr. überrannte der german. Stamm der Alemannen den Limes und eroberte das D. Die Deutung des D. als »Zehntland« gilt als umstritten und nicht geklärt.

LIT. F. Hertlein, Die Römer in Württemberg, 1 (1928); K. Magirus, Was heißt decumates agri? (1929); E. Norden, Altgermanien (1934); E. Hesselmeyer, D. In: Klio, 37 (1944); V. Burr, Decumates agri. In: Ellwanger Jb. 25 (1973/74); T. Bechert, Röm. Germanien zwischen Rhein und Maas. Die Provinz Germania Inferior (1982); J. vom Elbe, Die Römer in Dtl. Ausgrabungen, Feuerstätten, Museen (1984); →Limes.

Dekurio (lat. decurio, von decem ›zehn‹). Bei den Römern urspr. der einer Abteilung von 10 Mann Vorstehende (decuria), lt. ältester röm. Heeresordnung beim Fußvolk und bei der Reiterei. In den latinischen Kolonien sowie den Munizipien des Röm. Reiches war der D. ein Ratsherr des Gemeinderats; auf 1000 Kolonisten entfielen normalerweise 100 D.; sie waren die Träger der lokalen Selbstverwaltung. Am wirtschaftl. und kulturellen Aufblühen der Städte hatten sie entscheidenden Anteil. Ihre Bedeutung schwand dahin, als Kaiser Konstantin d. Gr. (reg. 306–337) sie für das Aufbringen der städt. Steuern verantwortl. machte und sie dadurch in ihrer wirtschaftl. Existenz ruinierte.

Delatoren (lat., Anzeiger). Bez. für die gewerbsmäßigen Ankläger im antiken Rom, insbes. während des 1. Jh. des Prinzipats, und zwar nachdem während der Regierungszeit des Kaisers Augustus (31 v. Chr.–14 n. Chr.) der Begriff der maiestas vom röm. Volk auf die Person des Kaisers übergegangen war.

Delegation (lat.).
[1] Abordnung; Ausschuß von Bevollmächtigten.
[2] Die Übertragung, und zwar von richterl. Befugnissen, z. B. durch die

Kaiser Roms auf die Statthalter, oder eingeschränkten polit. Zuständigkeiten, so in Lombardo-Venetien und im Kirchenstaat.

[3] In Österreich-Ungarn (1867–1918) wurden als D. die Parlamentsausschüsse bezeichnet, die bei der Gesetzgebung über die gemeinsamen Reichsangelegenheiten der beiden Reichshälften mitwirkten.

[4] Eine bevollmächtigte Abordnung, insbes. in internat. Gremien (Völkerbund, UNO etc.) und Konferenzen (Haager Friedenskonferenzen von 1899 und 1907, Genfer Abrüstungskonferenz etc.).

[5] Nach kath. Kirchenrecht die Übertragung der kirchl. Jurisdiktion ohne Amt.

Deliberationsrecht (franz.-lat.). Im älteren Staatsrecht das den Ständen oder der Volksvertretung zustehende Recht, beratend mitzuwirken.
Deliberativ-Stimme: beratende Stimme.

Demagoge (griech., Volksführer).
[1] In den Demokratien Griechenlands, vor allem in der radikalen athenischen Demokratie (seit 461 v. Chr.) eine Person, die durch ihr Ansehen, ihre Rednergabe sowie ihre Macht- und Erfolgspolitik die Entschließungen der Volksversammlungen und, da es hier zur Verurteilung von Feldherrn und Politikern bzw. deren Politik kam, die Staatsleitung zu beeinflussen vermochte. Als Prototyp des D. darf der Athener radikale Politiker Kleon angesehen werden, der nach dem Tod des Perikles (429 v. Chr.) Wortführer der Kriegspartei gegen Sparta war; er fiel in der Schlacht bei Amphipolis 422 v. Chr.; diese Schlacht stellte den Höhepunkt eines Feldzugs dar, zu dem er in seiner grobschlächtigen Art aufgerufen hatte.
[2] Allgemein die Bez. für einen aufrührerischen und gewissenlosen Volksverführer; sie leitet sich her aus dem Zeitalter der Restauration (1815–48), als sich die Regierungen, zunächst die Preußens, gegen die nationalen und liberalen Ideen wandten. Den Anlaß zu den sog. **Demagogenverfolgungen** lieferte die Ermordung des Schriftstellers Kotzebue (1761–1819) durch den Burschenschaftler Sand (1819). Neben den Burschenschaften wurden u. a. die Turnerschaft, die Presse und die Angehörigen der Universitäten verfolgt, verhaftet oder amtsenthoben, hierunter E. M.

Arndt (1769–1860), L. Jahn (1778–1852) und K. Th. Welcker (1790–1869); überwacht wurde F. Schleiermacher (1768–1834); es flüchtete J. von Görres (1776–1848). Der Bundestag in Frankfurt/M. setzte auf Grund der →Karlsbader Beschlüsse vom August 1819 eine Zentral-Untersuchungskommission in Mainz ein.
Im Anschluß an die Juli-Revolution von 1830 kam es zu neuen Verfolgungen. Ein Sturm auf die Frankfurter Hauptwache (1833) war die Ursache für die Einsetzung einer neuen Zentraluntersuchungskommission in Frankfurt/M. Eines der zahlreichen Opfer der Verfolgungen war der Schriftsteller Fritz Reuter (1810–74). →Karlsbader Beschlüsse.

LIT. Zu [1] P. Cloché, La démocratie athénienne (1951); T. Tarkiainen, Die athen. Demokratie (1972).
Zu [2] F. Schneider, Pressefreiheit und polit. Öffentlichkeit (1966); E. R. Huber, Dt. Verfassungsgesch. seit 1789 (^{2}1967/68); HWDRG I, 677–80; E. R. Huber, Dt. Verfassungsgeschichte I (1957); E. Büssem, Die Karlsbader Beschlüsse von 1819 (1974).

Démarche (franz.). Die diplomat. Vorstellung bei einem anderen Staate, gewöhnl. mit der Absicht eines Protestes, der sich gegen vertragswidrige Handlungen oder unwahre Aussagen eines anderen Staates richtet.

Demareteion (griech.). Eine Silbermünze zu 10 att. Drachmen; sie wurde 480/79 v. Chr. aus dem Gegenwert eines goldenen Kranzes geprägt; diesen hatten die Karthager der Königin Demarete, der Gemahlin Gelons, welcher 480 v. Chr. die Karthager bei Himera auf Sizilien besiegte, geschenkt, und zwar aus Dankbarkeit für ungewöhnl. leichte Friedensbedingungen. Die Münze trägt auf der Vorderseite einen weibl. Kopf, dessen Deutung zweifelhaft ist; auf der Rückseite sind Nike, Quadriga und ein afrikan. Löwe abgebildet.

Demarkation (mlat. von germ. Mark). Die Festlegung der Grenzen zw. Staaten im Anschluß an Gebietsveränderungen oder Streitigkeiten, meist auf Grund von Verträgen. Nicht selten wird die D. durch eine gemeinsame Kommission der beteiligten Staaten oder durch eine internationale Kommission durchgeführt; sie kann auch durch eine höhere schiedsrichterl. Instanz erfolgen, so z. B. die Atlantische D. (Vertrag von

Tordesillas von 1494, bestätigt durch Papst Alexander VI., 1492–1503) und die Pazifische D. (Vertrag von Saragossa, 1529) zur Abgrenzung der portugies. und span. Kolonisationssphären. **Demarkationslinie.** Die zw. zwei Staaten festgelegte vorläufige Grenze. Jenseits dieser Grenzen soll sich der eine oder der andere Teil kriegerischer Unternehmungen oder der Ausübung der Staatshoheit enthalten. Als D. galten z. B. der Ebro im Vertrag zwischen Rom und Karthago (226 v. Chr.) und die Curzon-Linie, die Ostgrenze Polens (vom 8. 12. 1919).

Dementi (franz.). In der Diplomatie und Politik seit dem 18. Jh. die offizielle Ableugnung oder Richtigstellung öffentl. Erklärungen oder Behauptungen. – Dementieren: für falsch erklären, ableugnen.

Demiurg (griech., Werkmeister). Im frühen Athen und bei Homer, der wohl im 8. Jh. v. Chr. lebte, der Handwerker und Gewerbetreibende, später in einigen Poleis Griechenlands der oberste Jahresbeamte (auch Epidemiurg). Seit Platon (427–347) der Weltbaumeister, welcher meist nicht mit der höchsten Gottheit identisch war, sondern den man sich als Mittler zwischen dieser und der irdischen Welt vorstellte. Die Erschaffung der Welt wird verschiedentl. auch dem D. zugeschrieben. Bei den Gnostikern, vor allem bei Markion (um 85 n. Chr. bis um 165/70) wird durch die Lehre vom D. versucht, das Böse zu erklären.

LIT. A. von Harnack, Marcion, das Evangelium vom fremden Gott (²1924); H. Leisegang, Die Gnosis (1924); K. Murakawa, Demiurgos. In: Historia, 6 (1957); W. Theiler, in: Reallexikon für Antike und Christentum, 3 (1957).

Demographie, Bevölkerungswissenschaft. In der Regel die statist. Beschreibung von Zuständen, Entwicklungen und Veränderungen, die sich auf Bevölkerung und Bevölkerungsteile, so von Ländern, Regionen, Städten etc. erstreckt. Die D. ist ein wichtiger Bestandteil der Geschichtswissenschaft. LIT. A. E. Imhof, Einführung in die Historische D. (1977); W. G. Rödel, Mainz und seine Bevölkerung im 17. und 18. Jh. Demograph. Entwicklung, Lebensverhältnisse und soziale Strukturen in einer geistl. Residenzstadt (1985; hier weitere Lit.).

Demokratie (griech., Volksherrschaft). Die D. unterscheidet sich nach der klass. Dreiteilung der Staatsformen (Aristoteles, 384–322) als Herrschaft aller von der Herrschaft eines einzelnen (Monarchie, Tyrannis), ebenfalls von der Herrschaft weniger (Aristokratie, Oligarchie). Verwirklicht war die klassisch-antike Form der D. in einer Anzahl von Stadtstaaten Alt-Griechenlands, z. B. in Athen; sie beruhte auf der Gleichheit der Staatsbürger. Allerdings waren nicht alle Einwohner Staatsbürger, da breite Schichten (Sklaven, Heloten) keine polit. Rechte besaßen. So stellten die vollberechtigten Einwohner stets eine Minderheit dar. Im republikan. Rom vermochten sich nur einzelne demokrat. Einrichtungen durchzusetzen.

Wohl galten gleiche Rechte und gleiche Pflichten innerhalb des Stammverbandes bei den Germanen; die daher von Montesquieu (1689–1755) vertretene Auffassung, daß bei ihnen der Ursprung der D. zu suchen sei, erscheint aber nicht haltbar. Die urspr. Gleichheit der german. Freien wurde durch das erstarkende Königtum und die Durchbildung des Lehnswesens mehr und mehr verdrängt. Das MA kann als das Zeitalter des monarchischen und aristokrat. Ständestaates betrachtet werden; sein Wesen wird durch Vorrechte und Sonderrechte (Privilegien) geprägt; zudem überwog bald die Herrschaftsgewalt des Landesherrn. Auch dort, wo in der ma. Staatstheorie der Gedanke der Volkssouveränität vertreten wird, wird ein ständisch gegliedertes Volk vorausgesetzt. Echte demokrat. Zielsetzungen zeigen sich in den Fällen, in denen die »niederen Stände« Anteil an der polit. Gewalt fordern und sich mit ihren Forderungen durchsetzen können. Speziell in den Urkantonen der Schweizer Eidgenossenschaft entstand seit dem 13. Jh. eine bäuerliche D. auf der Grundlage der Markgenossenschaft. In den europ. Städten kommt es zum Kampf der Handwerkerzünfte um die Gleichberechtigung mit den herrschenden Ständen.

Als den ersten großen Durchbruch der religiösen D. kann man die englische Revolution des 17. Jh. betrachten. Durch die Pilgerväter kamen die Vorstellungen von der religiösen D. nach Amerika; sie fanden ihren Ausdruck in der ›Erklärung der Menschen- und Bürgerrechte‹ sowie schließlich in der Unabhängigkeitserklärung der Vereinigten Staaten (1776).

Neben den im religiösen Bereich entwickelten Gedanken wurden philosophisch-naturwissenschaftl. wirksam, welche bereits im Altertum (Stoa) vorgebildet waren. Die Aufklärungsphilosophie in England und Frankreich hat den Gedanken, daß der Staat die Pflicht habe, die Freiheit aller anzuerkennen und zu sichern sowie jedem einen gleichen Anteil an der Staatsgewalt zuzugestehen, zur Überzeugung derjenigen Kreise gemacht, aus denen schließlich die Französische Revolution (1789) hervorging. Von bedeutendem Einfluß waren hierbei die Theorien Montesquieus und J. J. Rousseaus (1712–78).

Während die Lehren Montesquieus zum liberalen Staat mit starken Freiheitssicherungen (Gewaltenteilung) hinführten, bekannte sich Rousseau zu einer schrankenlosen Allmacht der »volonté générale«. Wie die Erfahrungen der Französischen Revolution zeigen, kann diese leicht in die Diktatur umschlagen.

Außerdem wurde die D. auch wirtschaftlich-sozial begründet. Schon während der ma. Stadtrevolutionen und der Bauernaufstände wurde der Anspruch auf unbeeinträchtigte Lebensbetätigung, auf die Achtung vor der Menschenwürde sowie auf wahres Recht und auf ausreichende Nahrung für jedermann erhoben.

Unter der Einwirkung der Verfassung der Vereinigten Staaten sowie der Französischen Revolution setzten sich demokrat. Grundsätze in der Gesetzgebung und der Verwaltung sowohl in Dtl. wie auch in anderen europ. Staaten durch, die sich, teilweise in heftigen Verfassungskämpfen, zu konstitutionellen Monarchien wandelten. Hierbei war das engl. Vorbild von nicht zu unterschätzendem Einfluß.

Im allg. darf man von einer ständigen Ausbreitung und Verstärkung der demokrat. Einrichtungen bis zum Ersten Weltkrieg sprechen. Die Ursache hierfür lag in der gewaltigen Bevölkerungsvermehrung der europ. Länder sowie in dem Streben der Massen nach sozialem Aufstieg und Mitbeteiligung an der polit. Verantwortung. Die Fortbildung des demokrat. Ideengutes vollzieht sich seit dem 19. Jh. in der Auseinandersetzung mit den sozialist. Theorien.

Obwohl sich die D. im 20. Jh., insbes. auch unter nicht-europäischen Völkern, stark ausbreitet, kann man von einer Bedrohung ihrer geistigen Voraussetzungen wie auch ihrer Existenz und Durchführung sprechen. In zahlreichen modernen Staaten haben sich die Gegensätze der Interessen und Weltanschauungen verschärft. Das freie Spiel der Meinungen im polit. Leben ist nicht mehr entscheidend. Festgefügte Interessenblöcke und ideolog. Fronten lassen eine Diskussion kaum mehr zu. Der Individualismus, die Grundlage der überlieferten D., ist bereits weitgehend durch einen Kollektivismus verdrängt worden, in dem Massenführer die Möglichkeit erhalten, mit demokrat. Methoden die Macht zu erlangen. Andererseits ist der Wille zu demokrat. Lebensformen durch die Erfahrungen in den modernen Diktaturen gestärkt worden.

LIT. J. Bryce, Modern Democracies. 2 Bde. (London 1921; dt. Moderne D. 3 Bde. 1923–26); H. Kelsen, Vom Wesen und Wert der D. (²1929); C. Schmitt, Die geistesgeschichtl. Lage des heutigen Parlamentarismus (²1926); L. Wittmayer, D. und Parlamentarismus (²1926); F. A. Hermens, D. und Kapitalismus (1931); V. Ehrenberg, Ursprung des Wortes demokratia (1950); Th. Eschenburg, Staat und Gesellschaft in Deutschland (⁶1963); A. H. M. Jones, Athenian Democracy (1957); G. Leibholz, Strukturprobleme der modernen D. (1958); A. de Tocqueville, Die D. in Amerika (dt. 1959); A. Rosenberg, D. und Sozialismus (1962); Art. D., in: Chamber's Encyclop. (1950); R. Maurach, Sowjetische D. (1951); E. Forsthoff, Dt. Verfassungsgeschichte der NZ (1961); M. Imboden, Die polit. Systeme (1962); J. Dewey, Democracy and Education (N. Y. 1961); E. Fraenkel, Deutschl. und die westlichen Demokratien (1964); R. Dahrendorf, Gesellschaft und D. in Deutschland (1965); D. Pickles, Democracy (London 1970); Ch. Meier, Die Entstehung des Begriffs D. (1970); H. Maier, Revolution, D., Kirche (1975); J. Bleicken, Die athenische D. (1986).

Demos (griech., Gemeinde, Volk). Im antiken Griechenland zunächst das Gebiet, gleichzeitig die in einem Staatswesen herrschende Schicht; dann meist das niedere Volk, vor allem die städt. Menge. D. wurden häufig auch die Landgemeinden genannt. Seit Kleisthe-

Demotikon

nes, der um 510 v. Chr. polit. wirkte, war in Attika das Bürgerrecht an die Zugehörigkeit zu einem D. gebunden. Als Mitglied eines D. (Demotes) führte seitdem jeder Bürger die Heimatbezeichnung (Demotikon) im Namen. Der kommunalen Selbstverwaltung stand als Leiter der Demarch vor; ihm oblag die Führung der Bürger- und Aushebungslisten des Katasters sowie der Gemeindekasse. – Demotisch, volkstümlich, dem (gemeinen) Volk zugehörig. – Demotische Schrift der Ägypter: die ägyptische Kursivschrift mit der Sprache des 1. Jahrtsd. v. Chr.

Demotikon. Der 3. Teil des attischen Namens (neben Namen und Patronymikon); er gab die Demenzugehörigkeit (→Demos) an.

Denar (lat. denarius, von deni asses, je 10 As.). Die wichtigste Münzeinheit Roms; sie wurde wahrscheinlich 187 v. Chr. eingeführt und blieb 400 Jahre lang die Währungs- und Rechnungseinheit. Zunächst entsprach 1 D. dem Wert von 4 Sesterzen (= $\frac{1}{72}$ Pfund = 4,55 g). Nach einiger Zeit allerdings wurde der D. auf $\frac{1}{84}$ Pfund = 3,9 g herabgesetzt. Seit der Münzreform des Kaisers Augustus (reg. 31 v.–14 n. Chr.) entsprachen einem D. 4 Sesterzen (1 Aureus = 25 D.). Nero (reg. 54–68) setzte dem urspr. aus reinem Silber geprägten D. 5–10% Kupfer zu unter gleichzeitiger Festsetzung auf $\frac{1}{96}$ Pfund = 3,4 g. Bei fortlaufender Inflation setzte Trajan (reg. 98–117) den Silbergehalt mit 85%, Septimius Severus (reg. 193–211) mit 50% fest. Der D., im MA dem Pfennig entsprechend, ist bis heute (als Dinar) die Währungseinheit Jugoslawiens.

LIT. B. V. Head, Historia nummorum (Oxford ²1911); K. Regling, Die antiken Münzen (nach A. von Sallet neubearb.; ³1929).

Denkmal. Bez. für jedweden Gegenstand von allg. Interesse, ob er nun in den Bereich der Kunst, der Geschichte oder der Natur gehört, weshalb man zwischen Natur-, Geschichts- und Kunstdenkmälern unterscheidet. Im engeren Sinne ist ein D. figürl. Art und wird für eine Persönlichkeit geschaffen.
Den D. werden zugerechnet:
a) jedwede Art von Bau- und Kunstwerken, u.a. also Kirchen, Burgen, Schlösser, Triumphbögen, Siegessäulen, Grabstätten bzw. Grabmonumente,

Skulpturen, Werke der Malerei, Mosaiken (z. B. aus antiker Zeit), Kupfer- und Holzstiche, Geräte aus dem liturg. Bereich, Reliquiare (so bei den Reichskleinodien), Teppiche, (z. B. der Teppich von Bayeux);
b) Inschriften, insbes. aus dem At. und MA, wie sie sich auf Grabsteinen, Grenz- und Meilensteinen sowie Altären befinden;
c) Urkunden; denn sie sind nicht nur Ausdruck eines Geschäftsabschlusses, sondern es wird dadurch gleichfalls ein rechtl. Tatbestand für die Zukunft festgelegt;
d) Münzen und Medaillen, die Porträts und Ortsansichten zeigen, wenn man von ihrer Bedeutung für die Geldgeschichte einmal absieht;
e) Siegel als Quellen der Ikonographie, der Heraldik und Genealogie;
f) Wappen als Quellen der Genealogie, der Orts- und Symbolgeschichte;
g) Waffen als kriegsgeschichtl. Quellen.
Soweit man den D. eine Belehrungsabsicht beimißt, werden sie der Quellengruppe Tradition zugerechnet; alle übrigen D. gehören zur Gruppe der Überreste.
Die Geschichte des sog. Individualdenkmals, d. h. das einem Individuum gesetzte D. kann bis in die Antike zurückverfolgt werden. Im allg. war es der Sinn eines dem Individuum errichteten D., das Individuum über die übrigen Sterblichen zu erheben (Plinius, 23 oder 24 n. Chr.–79 n. Chr.). Im MA hat das D. vor allem Symbolcharakter, so das durch Heinrich den Löwen (1139–80) zu Braunschweig errichtete D. eines Löwen, Ausdruck des Selbstbewußtseins und der Stärke. Von bes. Bedeutung in der Geschichte des D. wurde das Reiterdenkmal. Einen Höhepunkt des Denkmalbaues in Frankreich brachte das Zeitalter Ludwigs XIV. (1643–1715), wobei der Repräsentanz-Gedanke vorherrschend war. Diese Vorstellung wurde durch die Französische Revolution von 1789 zerstört; nunmehr sollten nur noch »verdiente« Männer durch D. geehrt werden. Im 19. Jh. begann man damit, allen mehr oder minder bedeutenden Persönlichkeiten ein D. zu setzen. Ausgangs des 19. Jh. wandte man sich vom figürl. D. ab; in Dtl. folgte nun die Zeit der Bismarck-Türme. Die künstler. Wertlosigkeit zahlreicher D. steht außer Zweifel.

LIT. P. Clemen, Der Denkmalsbegriff und seine Symbolik (1933); H. Schrade, Das dt. National-Denkmal (1934); I. Dahl, Das barocke Reitermonument (Diss. München 1935); Katalog der Ausstellung »Bewahren und Gestalten, Dt. D.« (1966); Denkmalschutz und Denkmalpflege in NRW. Eine Literaturdokumentation von H. Schubert (1982); C. Meckseper, H. Siebenmorgen (Hrsg.), Die alte Stadt: Denkmal oder Lebensraum (1984); M. Bach, Studien zur Geschichte des dt. Kriegerdenkmals in Westfalen und Lippe (1985); A. Laumann-Kleineberg, Denkmäler des 19. Jh. (1989).

Departement (franz.; engl. department, Abteilung, Verwaltungszweig). In Frankreich die obersten Verwaltungsbezirke, 1789 durch Aufteilung der historisch gewordenen Provinzen nach geograph.-polit. Gesichtspunkten geschaffen und nach Gebirgen, Flüssen etc. benannt. Im franz. Mutterland betrug 1791 die Zahl der D. 83; seit 1918 sind es 90. An der Spitze eines D. steht der Präfekt (Préfet) sowie der aus allg. Wahlen hervorgegangene Generalrat (Conseil général). Die Unterabteilung eines D. ist der Kreis (Arrondissement); ihm steht der Unterpräfekt (Sous-préfet) vor. Die Bez. D. wurde ebenfalls durch verschiedene lateinamerikan. Staaten Mittel- und Südamerikas übernommen. Von 1810–17 wurde die Landvogtei Württembergs D. genannt. Auch die Abteilung einer Behörde, die entweder eine Provinz (Provinzialdepartement) verwaltet oder ein Ressort, das für das gesamte Land (Fachdepartement) zuständig ist, wird als D. bez. Im preußischen Generaldirektorium (1723–1806) existierte die Mischung des regionalen und realen Prinzips; so war z. B. das 3. D. für die rheinischen Gebiete sowie das Post- und Münzwesen zuständig.

Department of War. Das amerikan. Kriegsministerium; State-Department, das Außenministerium der USA.

Deportation (lat., Verbringung, Wegführung). Eine Strafe, die sich (im Recht der röm. Kaiserzeit) aus dem Exil sowie der Aberkennung des Bürgerrechts (aquae et ignis interdictio) entwickelte: »Verbannung mit Zwangsaufenthalt« (Th. Mommsen). Die D. war bzw. ist zumindest teilweise noch im Strafrecht der NZ verankert. So konnten in England straffällig Gewordene nach Australien, in Frankreich nach Cayenne, in Rußland bzw. der UdSSR nach Sibirien verschickt werden, desgl. solche, die aus polit. Gründen straffällig geworden waren. Im Völkerrecht bez. D. die Abschiebung von straffälligen Ausländern nach Verbüßung ihrer Strafe in die Heimat.

Depot (franz. dépôt, zu lat. deponere, niederlegen). Das Lager, der Aufbewahrungsort und die Sammelstelle für Kriegsgerät, Munition und anderen Bedarf im Kriegsfall, desgl. von Mannschaften und Pferden.

Dépôt de la guerre. Die im franz. Kriegsministerium zu Paris unter Ludwig XIV. (1643/61–1715) durch den Kriegsminister Louvois (1641–91) eingerichtete Stelle für die Sammlung von Kriegsberichten, Feldzugsplänen sowie kriegswissenschaftl., insbes. kriegsgeschichtl. Schriften: Als bedeutendste Leistung des D.d.l.g. gilt die Herstellung der Carte de France (1:80000), womit 1817 begonnen wurde. Das D.d.l.g. wurde 1887 aufgelöst; Bestände und Aufgaben dieser Institution gingen auf die histor. Abteilung des franz. Generalstabs sowie den topograph. Dienst der Armee über.

Depotfunde. Vorgeschichtl. Bodenfunde, die nicht zuletzt wegen der Eigentümlichkeit ihrer Niederlegung für die Forschung bes. Bedeutung haben. Es wird unterschieden zwischen a) Verwahrfunden (durch Händler als Niederlagen oder in Zeiten der Gefahr geborgen); b) Gießerfunden (unter ähnl. Gegebenheiten von Handwerkern verwahrte Metallvorräte); c) Hortfunden (vergrabene Schätze; sie stellten den Besitz der Wohlhabenden dar). Die D. liefern der Forschung wichtige Aufschlüsse über die Chronologie sowie die wirtschaftl. und gesellschaftl. Struktur der vorgeschichtl. Epochen.

LIT. H.-J. Hundt, in: Jb. des Röm.-German. Zentralmuseums Mainz, 2 (1955); E. Aner, in: Offa, 15 (1956); E. Sprockhoff, Jungbronzezeitl. Hortfunde der Südzone des nordischen Kreises, Kat. des Röm.-German. Zentralmuseums Mainz, 16 (1956); W. A. von Brunn, in: Schriften der Sektion für Vor- und Frühgeschichte der Dt. Akademie der Wiss. Berlin, 7 (1959).

Deputat (von spätlat. deputare, anweisen). Insbes. Naturalleistungen und Naturallohn, u. a. für das Gutsgesinde, ebenfalls für Lehrer und Geistliche. Das

D. bestand aus Lebensmitteln, Holz etc., bei den Bergarbeitern aus Kohle (D.-Kohle).

Deputat-Gesinde. Arbeitskräfte, die im eigenen Haushalt lebten und zum großen Teil durch Naturalien und Überlassung von Deputatland entlohnt wurden.
LIT. HWDRG I, 1627–29; G. Hertz, Die Rechtsverhältnisse des freien Gesindes nach den Rechtsquellen des MA (1881, ²1935); O. Könnecke, Rechtsgeschichte des Gesindes in West- und Süddeutschland (1912).

Deputation (lat.). Die Abordnung von Mitgliedern einer Versammlung oder Vereinigung, welche im Auftrag und Namen der sie entsendenden Gesamtheit handelt. Deputierte sind die Mitglieder einer D.
Im alten Dt. Reich (bis 1806) wurden durch den Reichstag zur Erledigung bestimmter Geschäfte Reichsdeputationen eingesetzt. Urspr. tagten sie während der Pausen zwischen den einzelnen Reichstagen (ordentl. Reichsdeputation). Seit jedoch der Reichstag ständig versammelt war (1663), gab es nur noch die außerordentl. Reichsdeputationen; sie mußten sich konfessionell paritätisch zusammensetzen. Soweit es zu Beschlüssen kam, wurden sie in einem Reichsdeputationshauptschluß zusammengefaßt. Der bedeutendste ist der Reichsdeputationshauptschluß vom 25. 2. 1803 über die Gebietsveränderungen im Anschluß an den Frieden von Lunéville (9. 2. 1801). Im Jahre 1849 trug die Kaiserdeputation im Namen der Frankfurter Nationalversammlung dem preuß. König die Kaiserkrone an.
Verwaltungsdeputationen wurden nach dem früheren Gemeinderecht in den Städten für einzelne Verwaltungszweige (Schul-, Armen-, Bau-, Steuer-, Gas- und Wasserwerke) sowohl für die Beschlußfassung der städt. Organe als auch zur eigenen Anordnung gebildet.

Derebeg, Derebei (türk.). Der Angehörige einer türk. Beamtendynastie, deren Aufwärtsentwicklung zu Anfang des 18. Jh. in Kleinasien begann; die D. waren von der Hohen Pforte einigermaßen unabhängig und besaßen das erbliche Ejalet; etwa 1830 wurden sie abgeschafft.

Derogation (lat.). Nach röm. Staatsrecht die Aufhebung einzelner durch ein Gesetz verankerter Bestimmungen.

Designation (lat. designatio, Ernennung zu einem Amt). Die Anweisung, die Bestimmung der Person, welche ein Amt nach Ablauf der Amtsdauer des Vorgängers antreten soll. Z. Z. der röm. Republik erfolgte die D. durch Volkswahl. Während der Zeit zwischen Wahl und Amtsantritt wurde der Magistrat designatus genannt. Im alten Dt. Reich bestand das Recht des Königs, seinen Nachfolger zu designieren; bis auf Heinrich VI. (reg. 1190–97) galt der Wahlvorschlag als bindend, gewöhnl. um so die Dynastie zu sichern. Im Gegensatz hierzu stand die D. Heinrichs I. (reg. 919–36) durch Konrad I. (reg. 911–19) im Jahre 919. Seit Heinrich VI. begründete die D. nur mehr eine Anwartschaft bei der Königswahl, ohne bindenden Charakter zu haben.
LIT H. Mitteis, Die dt. Königswahl (²1944); W. Berges, Gregor VII. und das dt. Designationsrecht (Studi Gregoriani, II, 1947); Th. Mommsen, Röm. Staatsrecht (1952, Nachdruck der 3. Auflage).

Despot (griech., despotes, Herr). Im byzantin. Reich zunächst die Anrede für den Kaiser sowie für kaiserl. Familienmitglieder. Seit dem 12. Jh. wurden in Byzanz angeheiratete mutmaßl. Thronfolger, seit dem 13. Jh. die Herrscher der hier entstandenen Teilstaaten als D. angeredet; in der Spätzeit des Reiches waren es die Inhaber der kaiserl. Sekundogenituren und Provinzgouverneure aus kaiserl. Haus, die man als D. anredete. Heute noch heißt der griech. Bischof D.; die Anrede »Despota« kommt jedem griechischen Priester zu.

Despotismus (griech.). Bez. für diejenige Regierungsform, bei der ledigl. der Wille und die Willkür des Herrschers entscheiden. D. stellt den höchsten Grad und die Ausartung eines autokrat. oder absolutist. Regierungssystems (Tyrannis, Willkürherrschaft) dar. In der Regel spricht man von D. in der Bedeutung von Fürstendespotismus. Denjenigen D., der während des 17. und 18. Jh. in den meisten dt. Territorien zu finden war, bez. man als patriarchalischen D., weil damals das Verhältnis zw. Landesherrn und Landeskindern tatsächl. häufig einen gewissen patriarchal. Charakter hatte.
Despotisch wird im übertragenen Sinn für die Gewaltherrschaft eines einzelnen oder einer Machtgruppe gebraucht.

LIT. R. Thurnwald, Die menschliche Gesellschaft, Bd. 4: Werden, Wandel und Gestaltung von Staat und Kultur im Lichte der Völkerforschung (1935); K. A. Wittfogel, Die orientalischen Despoten (1962).

Deszendenz (lat.). Sammelbez. für die Verwandtschaft in absteigender Linie: Urgroßvater, Großvater, Sohn, Enkel sowie weitere direkte Nachkommen.

Deszendenz-Lehre, Abstammungslehre. Ein Teil der Wissenschaft von der Entstehung, Entwicklung sowie der Typendifferenzierung der menschl. Art und von ihren wechselnden Verhaltensformen mit den gleichfalls wechselnden Umweltformen, insbes. in der vom Darwinismus geprägten Form (Charles Darwin, 1809–82, ›The Descent of Man‹, 1871).

Deszendenztafel. Stammtafel, umfaßt alle Personen, die von einem gemeinsamen Ahnherrn, Stammvater abstammen (→Aszendenztafel). D. sind für das Erbrecht und die damit zusammenhängenden histor. Fragen wichtig.

Detraktrecht (lat. detractus ius). Ein bis ins 19. Jh. ausgeübtes Recht, sowohl von Auswanderern wie auch von dem über die Grenzen geführten Nachlaß im Falle der Beerbung durch einen Fremden, Abgaben zu erheben (Abzugsgeld, Abschoß). Das D. wurde von Gutsherren, Städten und Staaten ausgeübt.

Deutsche Bewegung. Ein Begriff, der die »Blütezeit des dt. Geistes« kennzeichnet; er umfaßt etwa die Lebenszeit Goethes (1749–1832). In diesem Zeitabschnitt kam es seit dem hohen MA zum erstenmal wieder zu einer Selbstverwirklichung des dt. Geistes, nachdem die vorausgegangenen Kulturepochen in ihrem Ursprung ihre Prägung wesentl. durch fremde Einflüsse erfahren hatten: Renaissance, Humanismus, Barock, Klassizismus.

Auf dem Gebiet der Dichtung waren im Zeitalter der D. B. die Hauptrepräsentanten F. Klopstock (1724–1803), F. Hölderlin (1770–1843), Jean Paul (1763–1825), H. von Kleist (1777–1811); auf dem Gebiet der Philosophie I. Kant (1724–1804), J. G. Fichte (1762–1814), F. W. Schelling (1775–1854) und G. W. F. Hegel (1770–1831). Weitere Leistungen waren neben denen auf dem Gebiet der Dichtung und Philosophie die Entdeckung der geschichtl. Welt sowie des dt. MA (J. Möser, 1720–94; J. G. Herder, 1744–1803), die Neubegegnung mit der Antike (J. J. Winckelmann, 1717–68; Goethe, F. Schiller, 1759–1805; F. Hölderlin), die Sprachdeutung und Spracherforschung (J. G. Hamann, 1730–88; J. Grimm, 1785–1863; W. von Humboldt, 1767–1835). In die Epoche der D. B. fällt ebenfalls die Entstehung des Nationalgefühls (Fichte, E. M. Arndt, 1769–1860; Kleist; J. F. Ch. Jahn, 1778–1852) und der Staatsauffassung (W. von Humboldt; Frhr. vom Stein, 1757–1831). Die D. B. war außerdem von nachhaltigem Einfluß auf die europ. Geistesentwicklung, vor allem durch Herder, Goethe, Hegel sowie die Romantik. Der Begriff D. B. geht zurück auf den Pädagogen und Philosophen H. Nohl (1879–1960).

LIT. H. Nohl, in: Pädagogik in 30 Jahren (1949); G. Steinhausen, Geschichte der dt. Kultur (³1929).

Deutsche Farben. Die Nationalfarben des deutschen Reiches und Volkes. Das bis 1806 bestehende alte dt. Reich kannte keine Nationalfarben, da die Voraussetzung hierfür, die Staatseinheit, fehlte: Als kaiserl. Farbe galt Schwarz-Gelb; in Österreich hat sie mit der Kaiserwürde bis 1918 weitergelebt. Mit der Geschichte der dt. Einigung sowie ihren Krisen und Höhepunkten ist die Geschichte der D. F. eng verbunden.

Durch Theodor Körner (1791–1813) war die schwarze Kleidung der Lützower Jäger, mit roten Vorschößen und goldenen Knöpfen besetzt, volkstümlich geworden. Nach den Befreiungskriegen trugen die Burschenschaften, denen vor allem in Jena viele Lützower Jäger angehörten, ihre Waffenröcke als Bundeskleidung weiter. Hieraus entstand ihre Bundesfarbe Schwarz und Rot mit Gold durchwirkt, ebenfalls ihre Fahne. Auf dem Wartburgfest des Jahres 1817 setzte die Jenenser Burschenschaft ihre eigene Tracht und Farbe mit der Begründung durch, daß diese die ermittelten D. F. seien, was mit dem – nicht zutreffenden – Hinweis auf die Farben des alten Reichswappens bekräftigt wurde. Beim Hambacher Fest (1832) bestand kein Zweifel mehr, daß Schwarz-Rot-Gold die D. F. seien. Unter dem Eindruck der Pariser Februarrevolution (1848) erklärte der Bundestag in Frankfurt das angeblich alte Reichspanier zu Bundesfarben. Die Begeisterung, mit der insbes. im März und Sommer 1848 die Truppen der Bundesfürsten die schwarz-rot-goldene Kokarde trugen, schwand wieder. Im Volksbewußtsein jedoch lebte die Trikolore als D. F. weiter.

Der Norddeutsche Bund wurde durch eine neue, aus den Farben Preußens (Schwarz-Weiß) und der Hansestädte (Weiß und Rot) abgeleitete Trikolore (Schwarz-Weiß-Rot) versinnbildlicht, die nach dem Krieg von 1870/71 auf das Dt. Reich übertragen wurde (Art. 55 der Reichsverfassung). Diese Farben wurden 1892 förmlich zur Nationalflagge erklärt. In Österreich-Ungarn galten den Deutschen Schwarz-Rot-Gold weiterhin als D. F.

Nach dem Zusammenbruch von 1918 wurden die Reichs- und Nationalfarben der Weimarer Republik Schwarz-Rot-Gold. Die Handelsflagge aber war schwarz-weiß-rot mit den Reichsfarben in der Gösch, der Oberecke der Flagge.

Die Wiedereinführung der schwarz-weiß-roten Flagge durch die Nationalsozialisten 1933 war nur kurz. Seit dem Reichsflaggengesetz vom 15. 9. 1935 nämlich waren Schwarz-Weiß-Rot nur noch als Reichsfarben für Kokarden, Helmwappen der Wehrmacht (rechts), Schlagbäume, Schilderhäuser u. a. erlaubt; zur alleinigen Nationalflagge wurde die Hakenkreuzflagge. Seit der Gründung der BRD (1949) sind die schwarz-rot-goldenen Farben zur Symbolisierung dt. Staatlichkeit wieder in Geltung.

LIT. E. Zechlin, Schwarzrotgold und Schwarzweißrot (1926); P. Wentzcke, Die D. F., ihre Entwicklung und Deutung sowie ihre Stellung in der dt. Geschichte (²1939; Neuaufl. 1955); V. Valentin und O. Neubecker, Die D. F. (1929); G. Hoog, Dt. Flaggenrecht (1982); H. Hüttenhauer, Dt. Nationalsymbole. Zeichen und Bedeutung (1984).

Deutsche Frage. Z. Z. der Tagung der Frankfurter Nationalversammlung wurde die D. F. im Zusammenhang mit Umfang und Organisation des geplanten Dt. Reiches besprochen. Die Auseinandersetzungen um die D. F. begannen im Herbst 1848; sie erreichten im Januar 1849 ihren Höhepunkt. Unheilvoll wurden sie dadurch beeinflußt, daß in den beiden Großmächten, in Preußen sowie in Österreich, im Herbst 1848 die Reaktion den Sieg davon trug. Eine Auflösung der habsburg. Monarchie, die während der ersten Monate der 1848er Revolution als wahrscheinlich erschien, wodurch die Schaffung eines »großdt.« Bundesstaates mit preuß. Spitze, d. h. mit einem zum dt. Kaiser gewählten preuß. König (unter der Voraussetzung allerdings, daß sich Preußen in seinem Staatsbestand mehr oder minder auflockerte und in Dtl. aufging), war nunmehr undenkbar.

Angesichts dieser Lage vollzog sich in der Frankfurter Nationalversammlung eine völlige Neugruppierung: Die Linke trat entschieden gegen eine monarch. Lösung ein; aus der bisherigen Mehrheit bildeten sich die polit. Gruppen, für die sich vom Monat Januar des Jahres 1849 an die Bez. »kleindt.« und »großdt.« einzubürgern begann. Während die »Kleindeutschen«, die sich selbst »Erbkaiserliche« nannten, in ihrer Mehrzahl die Aufnahme Gesamtösterreichs mit seinen nicht-dt. Teilen aus nationalen Motiven ablehnten und in zunehmendem Maße (infolge der reaktionären Haltung Österreichs) an die Schaffung eines vorerst kleindt. Bundesstaates dachten, dem der preuß. König als Kaiser vorstehen sollte, bekämpfte die Gruppe der »Großdeutschen« (sie war in sich keineswegs einheitlich), teilweise aus innenpolit. und partikularist. Gründen, eine preuß. Führung. Konfessionelle Gegensätze spielten dabei auf beiden Seiten eine nicht unwesentl. Rolle. Nachdem eine Mehrheitsbildung der »Kleindeutschen« erfolgt war, wurde Friedrich Wilhelm IV. von Preußen (reg. 1840–61) am 28. 3. 1849 mit 290 Stimmen bei 248 Enthaltungen zum erblichen Kaiser gewählt, jedoch akzeptierte er die Krone nicht (3. 4. 1849).

LIT. V. Valentin, Geschichte der dt. Revolution 1848/49. 2 Bde. (1930/32); R. Stadelmann, Soziale und polit. Revolution von 1848 (1948); W. Mommsen, Größe und Versagen des Dt. Bürgertums (1949); W. Blos, Die dt. Revolution. Gesch. der Dt. Bewegung von 1848–1849 (1978); H. Lutz, H. Rumpler (Hrsg.), Österreich und die dt. Frage im 19. und 20. Jh. (1982); C. Lessing, K. G. Fischer (Hrsg.), Dt. Fragen in Geschichte, Politik und polit. Bildung (1982); W. D. Gruner, Die dt. Frage (1985); H. Horn, S. Mampel (Hrsg.), Die dt. Frage aus der heutigen Sicht des Auslandes (1987).

Deutsche Historikergesellschaft (DHG). Vereinigung der »in Forschung, Lehre und populärwissenschaftl. Arbeit tätigen Historiker der DDR«. Aufgabe der am 18.3. 1958 in Leipzig gegr. DHG war es, »den dialekt. und histor. Materialismus auf allen Gebieten der Geschichtswissenschaft anzuwenden und zu verbreiten«. Bis zum 22. 3. 1965 war ihr Vorsitzender Prof. Dr.Ernst Engelberg, danach Prof. Dr. Gerhard Schilfert, beide Altkommunisten; Sekretär war Dr. Ernst Laboor. Die DHG hatte 7 Bezirksverbände, die teilweise mehrere Bezirke umfaßten. In ihr konstituierten sich Fachgruppen für einzelne Zeiträume und Fragen. Seit ihrem im Oktober 1962 veranstalteten II. Kongreß wurde nicht allein eine marxist., sondern ebenfalls eine nationale Geschichtsbetrachtung betont. Der IV. Historikerkongreß (9.–11. 10. 1968 in Leipzig) bestimmte Prof. Joachim Streisand zum Präsidenten; er wurde auf dem V. Kongreß (12.–15. 12. 1972 in Dresden) wiedergewählt.

Deutschenspiegel (Spiegel dt. Leute). Eines der Rechtsbücher des MA. Der D. stellt eine von einem unbekannten süddt. Verfasser herrührende Bearbeitung des Sachsenspiegels aus der Mitte des 13. Jh. dar. Er wurde 1857 in der Innsbrucker Universitätsbibliothek aufgefunden und durch J. von Ficker (Innsbruck, 1859) herausgegeben.
LIT. C. von Schwerin, in: Dt. Lit. des MA, Verfasserlexikon, 1 (1933; mit Bibliogr.).

Deutsche Partei.
[1] Von 1866–1919 der Name der Nationalliberalen Partei in Württemberg.
[2] Die aus der Niedersächsischen Landespartei nach 1945 hervorgegangene polit. Partei; sie bestand zunächst nur in Niedersachsen, Schleswig-Holstein, Hamburg und Bremen; dann dehnte sie sich auf das gesamte Bundesgebiet aus. Die Partei vertritt einen gemäßigten Föderalismus; sie betont im übrigen eine nationaldeutsche Auffassung. 1961 vereinigte sich die DP mit dem Gesamtdeutschen Block/BHE zur Gesamtdeutschen Partei (GDP). In Niedersachsen und Bremen konstituierte sich die DP 1962 neu.

Deutscher Bund. Der von 1815–66 bestehende Staatenbund der dt. Einzelstaaten; er war durch die Bundesakte vom 8. 6. 1815 gegründet und durch die Wiener Schlußakte vom 15. 5. 1820 weiterentwickelt worden. Zunächst, d. h. 1815, umfaßte der D. B. 34, 1866, im letzten Jahr seines Bestehens, noch 28 souveräne Fürsten und 4 Freie Städte. Von ausländischen Staaten gehörten dem D. B. Dänemark (für Holstein und Lauenburg), England (für Hannover) sowie die Niederlande (für Luxemburg und Limburg) an. Die beiden ihn bestimmenden Mächte, Österreich und Preußen, gehörten ihm ledigl. mit denjenigen Gebietsteilen an, die dem alten Dt. Reich bis zu dessen Ende im Jahre 1806 angehört hatten.

Die Bundesversammlung (ebenfalls Bundestag genannt), bestehend aus den Gesandten der Einzelstaaten, die in Frankfurt/M. tagte, war das einzige Bundesorgan. Österreich führte in ihr (als Präsidialmacht) den Vorsitz.

Die Entwicklung des D. B. zu einem Nationalstaat war insofern ausgeschlossen, als einmal der Gliedstaaten ihre Souveränität garantiert war, sodann der Dualismus von Preußen und Österreich eine derartige Entwicklung unmöglich machte. Vom Tage seiner Gründung an sah sich der D. B. mit der Gegnerschaft sowohl der demokrat.-liberalen als auch der nationalen Bewegung konfrontiert; sie wurde durch die von Fürst Metternich (1773–1859) betriebene Bundespolitik bzw. die hiermit zusammenhängenden Maßnahmen unterdrückt (u. a. durch die →Karlsbader Beschlüsse). Im Verlauf der Revolution von 1848/49 wurde versucht, den D. B. in einen nationalen Bundesstaat, der durch einen gemäßigten demokrat. Liberalismus charakterisiert sein sollte, umzuwandeln. Nachdem die Bundesversammlung ihre Befugnisse an den Reichsverweser übertragen hatte, stellte sie ihre Tätigkeit ein. Als jedoch die Revolution fehlschlug, wurde die Bundesversammlung durch Österreich (zunächst gegen Preußen) wieder hergestellt. Im Anschluß an die Olmützer Punktation (29. 11. 1850) kehrte auch Preußen (samt seinen Anhängern) wieder in die Bundesversammlung zurück. Die jeweils in ihrem Sinne unternommenen Reformversuche durch Österreich (→Frankfurter Fürstentag, 1. 9. 1863) sowie durch Preußen (Reformanträge vom 11. 5. 1866) waren ergebnislos. Als die Bundesversammlung auf einen Antrag Österreichs hin am 14. 6. 1866 die Mobilisierung des Bundesheeres gegen Preußen beschloß (wegen des Konflikts zwischen Österreich und Preußen), führte dies zum Auseinanderbrechen des Bundes. Daraufhin erklärte Preußen seinen Rücktritt vom Bundesvertrag. Im Prager Frieden vom 23. 8. 1866 wurde die Auflösung des D. B. durch Österreich anerkannt (→Deutscher Krieg von 1866). Der D. B. zerbrach letztlich deshalb, weil er die erwachende nationale Einheitsbewegung nicht befriedigen konnte.

LIT. Protokolle der dt. Bundesversammlung. 19 Bde. und Reg. (1817–28); L. F. Ilse, Geschichte der dt. Bundesversammlung. 3 Bde. (1860–62); E. R. Huber, Dt. Verfassungsgesch. seit 1789 (²1967/68); R. Darmstadt, Der Deutsche Bund in der zeitgenöss. Publizistik (1971).

Deutscher Krieg von 1866. Der Entscheidungskampf zwischen Preußen und Österreich in Dtl. um die Vorherrschaft in Dtl. (durch Bismarck herbeigeführt). Der Bruch ging aus dem Gegensatz der beiden Mächte in der schleswig-holstein. Frage sowie in der Frage der Bundesreform hervor. Im Anschluß an die Besetzung Holsteins durch preuß. Truppen entgegen der Gasteiner Konvention vom 14. 8. 1865, derzufolge Österreich die Verwaltung Holsteins, Preußen die Schleswigs erhielt, kam es zum Bruch mit Österreich, dessen Antrag auf Mobilmachung der Bundesarmee unter Ausschluß Preußens am 14. 6. 1866 von der Mehrheit des Bundestags angenommen und von Preußen als Kriegserklärung betrachtet wurde.

Auf der Seite Österreichs nahmen Sachsen, Bayern, Württemberg, Baden, Hannover, Hessen-Darmstadt, Hessen-Kassel und Nassau am Krieg teil. Auf preuß. Seite beteiligten sich am Krieg nur Sachsen-Coburg und Lippe, außerdem Italien (Bündnis mit Preußen am 8. 4. 1866); die meisten der übrigen kleineren dt. Staaten waren unentschieden. Nach H. von Moltkes (1800–91) Feldzugsplan drang die preuß. Hauptmacht in drei Armeen über die Sudeten in Böhmen ein. Die unter der Führung L. von Benedeks (1804–81) stehende österreich. Nordarmee, die mit sächs. Truppen vereinigt kämpfte, wurde, nachdem sie in mehreren Gefechten zurückgedrängt worden war (Nachod, Skalitz, Trautenau etc.), am 3. 7. 1866 bei Königgrätz und Sadowa entscheidend geschlagen. Der preuß. Vormarsch erreichte am 8. 7. die Gegend von Wien. Hannover, Kurhessen und Sachsen waren währenddessen durch preuß. Truppen besetzt und die hannoversche Armee bei Langensalza zur Kapitulation gezwungen worden (29. 6.). Die preuß. Mainarmee schlug süddt. Korps in Hessen und Franken. Lediglich auf dem ital. Kriegsschauplatz konnten die Österreicher unter Erzherzog Albrecht über die Italiener unter La Marmora bei Custozza (24. 6.) siegen, während die österreich. Flotte unter W. von Tegetthoff (1827–71) bei Lissa erfolgreich war (20. 7.).

Da Bismarck ein Eingreifen Napoleons III. auf österreich. Seite fürchtete, schloß er am 26. 7. 1866 den Vorfrieden von Nikolsburg und am 23. 8. 1866 den endgültigen Frieden zu Prag. Österreich, das zu keinen Gebietsabtretungen gezwungen wurde, mußte der Auflösung des Dt. Bundes und der Gründung des Norddt. Bundes zustimmen. Die süddt. Staaten, mit denen zw. dem 13. 8. und 3. 9. zu Berlin Friedensabschlüsse zustande kamen, wurden ebenso schonend wie Österreich behandelt. Hannover, Hessen-Kassel, Nassau, Frankfurt/M. und Schleswig-Holstein dagegen wurden durch Preußen annektiert. Trotz der österreich. Siege über Italien trat Österreich im Frieden von Wien am 3. 10. 1866 Venetien an Italien ab.

Österreich, das auf Grund des D. K. aus Deutschland ausschied, schloß 1867 den bis 1918 gültigen Ausgleich mit Ungarn ab, wodurch das staatsrechtl. Verhältnis zw. der österreich. und ungar. Reichshälfte geregelt wurde. Damit bereitete es die Schaffung der österreich.-ungar. Doppelmonarchie vor.

LIT. Der Feldzug von 1866 in Deutschland (preuß. Generalstabswerk. 5 Bde., 1868); Österreichs Kämpfe 1866 (österreich. Generalstabswerk. 5 Bde., 1867–69); La campagna del 1866 in Italia (ital. Generalstabswerk. 2 Bde. und Compl., 1875–95, Rom 1909); O. von Lettow-Vorbeck, Geschichte des Krieges von 1866 in Deutschland. 3 Bde. (1896–1902); H. von Srbik, Dt. Einheit, 4 (1942); Groote und Gersdorff (Hrsg.), Entscheidung 1866 (1966); G. A. Craig, Königgrätz (dt. 1966); A. Wandruszka, Schicksalsjahr 1866 (1966).

deutscher Michel. Eine vom Erzengel

Michael, dem Schutzpatron der Deutschen, abgeleitete Bez. für den Deutschen. In der Karikatur erscheint der d. M. als das Gegenteil des strahlenden Gotteskämpfers: als ein Bauernbursche mit Zipfelmütze und in Kniehosen, Inbegriff der Einfalt und einer gutmütigen Schwerfälligkeit. Die Gestalt des d. M. wurde oft und gern von polit. Bewegungen benutzt, um das Volk aufzurütteln, so bereits während der Reformationszeit. Z. Z. des Dreißigjährigen Krieges erhielt der Reiterführer Michael Obentraut (1574–1625) den Beinamen »der d. M.«.

LIT. A. Hauffen, Geschichte des d. M. (1918); E. Boehlich, Joh. Mich. Elias Obentraut. Zur Geschichte und Legende des d. M. (Bausteine. Festschrift für Max Koch, 1926); C. Rademacher, Wodan-St. Michael – Der d. M. (1934).

Deutscher Orden, Deutschritter-, Deutschherren-, Kreuzritterorden. Die Kreuzzüge brachten eine Verschmelzung geistl. und ritterl. Elemente in die Ritterorden der Johanniter, der Templer und schließl. der Deutschherren, der im Verlauf des 3. Kreuzzuges (1189–92) durch Lübecker und Bremer Kaufleute 1190 gegründet wurde, und zwar als Krankenpflegerorden; 1198 wurde er in einen geistl. Orden mit dem Sitz in Akkon umgewandelt. Die Tracht der Ordensritter bestand aus einem weißen Mantel mit schwarzem Kreuz.

Der Aufgabenbereich des Ordens, der in Palästina, Griechenland, Süditalien und insbes. in Dtl. reich begütert war, lag weniger im Hl. Land als vielmehr in Europa. Unter dem vierten Hochmeister Hermann von Salza (1210–39) wurde der D. O. im siebenbürgischen Burzenland, das er von 1211 bis 1225 als Lehen besaß, gegen die heidnischen Kumanen eingesetzt; hier gründete er Kronstadt. Da er dem ungar. Adel und dem König zu mächtig wurde, verdrängten diese ihn 1225. Von Herzog Konrad von Masowien gegen die heidnischen Preußen zu Hilfe gerufen, erhielt er 1226 das Culmerland. Von diesem Besitztum aus wurde bis 1283 das gesamte Preußenland unterworfen. Durch die Ansiedlung dt. Bauern und eine Reihe von Städtegründungen konnte das Land eingedeutscht werden. Als sich der D. O. 1237 mit dem Schwertbrüderorden vereinigte, wurde er zum Herrn von Livland und Kurland. Bei dem Versuch, gegen Nowgorod vorzustoßen, scheiterte der Orden in der Schlacht auf dem Peipus-See (1242).

Der Sitz des Hochmeisters, zunächst in Akkon, wurde nach dessen Eroberung durch die Mohammedaner (1291) nach Venedig, 1309 nach Marienburg und 1466 nach Königsberg verlegt. 1308 gewann der Orden Pommerellen mit Danzig, 1346 das bis dahin dänische Estland, 1380 Schamaiten, 1398 Gotland und 1402 die Neumark. Den Höhepunkt in der Geschichte des Ordensstaates stellt die Herrschaft des Hochmeisters Winrich von Kniprode (1351–82) dar.

Der auf Lebenszeit gewählte Hochmeister war zwar kein Reichsfürst, jedoch reichszugehörig; ihm standen fünf Gebietiger zur Seite; unter ihm stand der Landmeister für Livland sowie der Deutschmeister für die zwölf binnendt. Balleien; den Bezirksverwaltungen standen Komture vor.

Der Niedergang des D. O. wurde im 14. Jh. eingeleitet; Ursache hierfür war die Gegnerschaft zwischen Landadel und Städten. Und als Litauen sich 1386 unter dem Großfürsten Jagiello mit Polen vereinigte und christl. wurde, verlor der Orden nicht nur seine Missionsaufgabe, sondern wurde gleichzeitig von einem überlegenen Gegner umklammert. Nach der Niederlage in der Schlacht bei Tannenberg (15. 7. 1410) trat der D. O. im 1. Thorner Frieden (1411) Schamaiten ab. Die im Anschluß an die Niederlage eingeleiteten Reformversuche des Hochmeisters Heinrich von Plauen (1410–13) waren erfolglos. Im Jahre 1453 brach ein 13 Jahre lang währender Krieg zwischen dem Landadel, den Städten und Polen aus; er wurde durch den 2. Thorner Frieden (1466) beendigt. Der Orden mußte Pommerellen, das Culmerland, Marienburg, Danzig, Elbing und das Ermland an Polen abtreten; das übrige Preußen wurde zur Anerkennung der Oberlehenshoheit des poln. Königs gezwungen. Im Jahre 1525 verwandelte der Hochmeister des Ordens, Albrecht von Brandenburg-Ansbach, den Ordensstaat in ein preuß. Herzogtum. Der Landmeister Walter von Plettenberg (1494–1535) versuchte in Livland die Ordensherrschaft zu behaupten. Da er aber den russ. Angriffen zu erliegen drohte, unterwarf sich 1561 Estland dem schwed., Livland der poln. Herrschaft, während 1558 Kurland als Lehen Polens ein prot. Herzogtum des letzten livländ. Heermeisters Gotthard Kettler wurde.

Der D. O., nunmehr auf seine zerstreuten Besitzungen im süd- und westdt. Raum beschränkt, verlegte seinen Hauptsitz nach Mergentheim. 1530 verlieh Kaiser Karl V. (reg. 1519–56) dem kath. gebliebenen Deutschmeister die Würde des Hochmeisters. In den außerösterreich. Teilen Dtl. hob Napoleon I. den Orden 1809 auf; Franz I. von Österreich erneuerte ihn 1834 als kath. Adelsgemeinschaft. Er gehört seit 1929 zu den klerikalen Bettelorden.

LIT. H. von Treitschke, Das dt. Ordensland Preußen (1862); E. Caspar, Hermann von Salza und die Gründung des D. O.-Staates in Preußen (1924); Chr. Krollmann, Polit. Geschichte des D. O. (1932); E. Maschke, Der dt. Ordensstaat (1935); E. E. Stengel, Hochmeister und Reich (1938); R. ten Haaf, Kurze Biographie des D. O. 1198–1561 (1949); W. Ziesemer und K. Helm, Die Literatur des D. O. (1951); W. Hubatsch, Quellen zur Gesch. des D. O. (1954); ders., in: Preußßland und D. O., Festschr. für K. Forstreuter (1958); B. Schumacher, Geschichte Ost- und Westpreußens (²1957); U. Arnold, Quellen und Studien zur Geschichte des Deutschen Ordens (1968 ff.); M. Tümler, Der D. O. (1974); K. Wieser (Bearb.), Bibliographie des D. O.; bis 1959 (1975); M. L. Favreau, Studien zur Frühgeschichte des D. O. (1976); H. Boockmann, Der D. O. (1982); B. Demel, Der D. O. einst und jetzt (1999.)

Deutsches Institut für Erforschung des Mittelalters (1936–45: Reichsinstitut für ältere dt. Geschichtsforschung. Die bis 1936 bestehende und von den dt. Akademien getragene Zentraldirektion der Monumenta Germaniae Historica, die 1946 unter der Bez. »MGH. Deutsches Institut für Erforschung des Mittelalters« wiederhergestellt wurde.

Deutsches Reich.
[1] Das alte (I.) Dt. Reich von 911–1806; sein offizieller Name lautete seit Anfang des 11. Jh. »Römisches Reich« (Romanum Imperium; ab 1034 nachweisbar) seit dem 15. Jh. »Heiliges Römisches Reich Dt. Nation«.
[2] Der amtl. Name des dt. Staates im Zeitalter des Bismarck-Reiches (II. Dt. Reich) von 1871–1918, z. Z. der Weimarer Republik (1919–33) und des na-

tionalsozialist. Deutschland (→ Drittes Reich); 1933–45.

LIT. K. Zeumer, Heiliges Römisches Reich Dt. Nation. In: Quellen und Studien, hrsg. von K. Zeumer, 4, 2 (1911); R. Poidevin, Die unruhige Großmacht. Dtl. und die Welt im 20. Jh. (dt. 1985); H. Klinke-Mibert (Hrsg.), Deutschsein heute. Auf der Suche nach Identität (1986).

Deutsches Zentralarchiv, Deutsches Staatsarchiv der DDR. 1946 in Potsdam eingerichtetes Nachfolgearchiv des ehemal. Reichsarchivs. Es bewahrte das archival. Material des Reichsarchivs sowie das in der DDR bis zu ihrem Ende 1990 angefallene Archivgut. In der inzw. aufgelösten Außenstelle Merseburg wurde das Archivmaterial des Preuß. Geheimen Staatsarchivs aufbewahrt.

Deutsch-Französischer Krieg von 1870/1871. Ursachen waren die Schwächung Österreichs im Deutschen Krieg von 1866 und die hierdurch bedingte Vormacht Preußens, außerdem die beginnende Zentralisation Deutschlands. Hinzu trat die Enttäuschung Napoleons III. von Frankreich wegen Ablehnung der franz. territorialen Kompensationsvorschläge durch Bismarck, die sich auf das linke Rheinufer, Luxemburg und Belgien bezogen. Ausgelöst wurde der Krieg durch den Streit über die span. Thronkandidatur des Prinzen Leopold von Hohenzollern. Bismarcks Emser Depesche schuf die Kriegsatmosphäre; am 19. 7. 1870 erfolgte die Kriegserklärung durch Frankreich. Es kam nicht zu einem Bündnis zw. Frankreich und dem 1866 durch Preußen besiegten Österreich, wodurch eine 2. Front gegen Preußen geschaffen worden wäre; hingegen traten die süddt. Staaten (1866 Gegner Preußens) sofort auf die Seite Preußens.

Kriegsverlauf: Auf dt. Seite marschierte eine Armee von ca. 325 000, auf franz. von ca. 300 000 Soldaten auf. Die dt. Streitkräfte, vor allem wegen ihrer Führung (H. von Moltke, 1800–91) den franz. überlegen, drangen (in drei Armeen gegliedert: unter Kronprinz Friedrich, Prinz Friedrich Karl und von Steinmetz) von der Pfalz aus vor und siegten bei Weißenburg (4. 8. 1870), Wörth und Spichern (6. 8. 1870). Die franz. Rheinarmee unter Marschall F. A. Bazaine (1811–88) wurde im Anschluß daran durch die Schlachten um Metz – bei Colombey-Nouilly (14. 8.

1870), Mars-la-Tour und Vionville (16. 8. 1870), Gravelotte und Saint-Privat (18. 8. 1870) – in die Festung Metz gedrängt und hier eingeschlossen. Der Versuch einer franz. Armee unter Marschall M. Mac-Mahon (1808–93), bei der auch Kaiser Napoleon III. weilte, Metz zu entsetzen, scheiterte nicht nur; es gelang der Kronprinzenarmee und der neugebildeten Maasarmee unter Kronprinz Albert von Sachsen darüber hinaus, die franz. Entsatzarmee in Sedan einzuschließen, wo sie am 2. 9. 1870 mit dem Kaiser kapitulierte; Bazaine ergab sich am 27. 10. 1870 in Metz.

Am 4. 9. 1870 wurde das franz. Kaisertum gestürzt und die Republik durch Léon Gambetta (1838–82) proklamiert, der Krieg aber fortgesetzt. Seit dem 15. 9. 1870 schlossen die Deutschen das stark befestigte Paris ein. Zum Entsatz der belagerten Hauptstadt stellte Gambetta im Süden und Norden Frankreichs neue Massenheere (ca. 600000 Mann) auf (Levée en masse), die aber schlecht ausgebildet und ausgerüstet waren. Bei Orléans wurde die Loirearmee geschlagen (28. 11.–4. 12. 1870). Als sie sich teilte, erlitt die Westarmee eine Niederlage bei Le Mans (10. 1.–12. 1. 1871). Etwa zur gleichen Zeit konnten die Generale Manteuffel und Goeben Vorstöße der Nordarmee durch die Siege bei Amiens (27. 11. 1870) und Saint-Quentin (19. 1. 1871) zurückschlagen. Ausfälle aus dem belagerten Paris scheiterten ebenfalls. Am 28. 1. 1871 ergab sich Paris. Währenddessen drang die franz. Ostarmee unter General Bourbaki (1816–97) gegen Belfort vor. Durch diesen Vorstoß sollte die bisher noch nicht eroberte franz. Festung entsetzt und rückwärtige dt. Verbindungen abgeschnitten werden. General von Werder fing diesen Vorstoß ab; in der sich hierbei ergebenden Schlacht an der Lisaine (15.–17. 1. 1871) vermochte er sich zu behaupten. Am 1. 2. 1871 zwang die unter Manteuffel neugebildete Südarmee Bourbaki bei Pontarlier, in die Schweiz überzutreten. Nach dem Vorfrieden zu Versailles am 26. 2. 1871 wurde am 10. 5. 1871 der Friede zu Frankfurt/M. abgeschlossen. Bereits am 18. 1. 1871 war die Kaiserproklamation Wilhelms I. von Preußen zu Versailles erfolgt. Als Folge des verlorenen Krieges mußte Frankreich Elsaß-Lothringen abtreten und ei-

ne Kriegsentschädigung von 5 Mrd. Franken zahlen; bis zu deren endgültiger Zahlung blieb ein Teil Nordfrankreichs besetzt. Auf franz. Seite rief die Niederlage die Revanche-Idee hervor.

Die Gesamtverluste des D.-F. K. betrugen auf dt. Seite 49000 Tote; auf franz. Seite 139000 Tote und 384000 Gefangene.

LIT. Zur Vorgeschichte: Les origines de la guerre franco-allemande. 15 Bde. (1910–25; Aktensammlung); Der D.-F. K. 1870/71 (das dt. Generalstabswerk, 5 Text- und 3 Kartenbände, 1874–81); H. von Moltke, Geschichte des D.-F. K. ([2]1891; Volksausgabe 1895); K. Stählin, Der D.-F. K. 1870/71 (1912; mit Bibliographie); H. Kohl (Hrsg.), Deutschlands Einigungskriege 1864–71 in Briefen und Berichten der führenden Männer. 3. Tl.: Der D.-F. K. 1870/71. 5 Bde. (1912–16); B. E. Palat, Bibliographie générale de la guerre de 1870/71 (1896); La guerre de 1870/71 (das franz. Generalstabswerk, 10 Faszikel und 30 Bde., 1901–11); H. Oncken, Die Rheinpolitik Kaiser Napoleons III. und der Ursprung des D.-F. K. 1863–70. 3 Bde. (1926); H. Delbrück, Geschichte der Kriegskunst (fortgesetzt von E. Daniels und O. Haintz). Bd. 5, Tl. 1–3 (1929–31); P. Bronsart von Schellendorf, Geh. Kriegstagebuch 1870/71, hrsg. von P. Rassow (1958); K. Fuchs, Zur polit. Lage und Stimmung am Mittelrhein bei Ausbruch des D.-F. K. von 1870/71. In: Nass. Ann. (1978); U. E. Koch, Berliner Presse und europ. Geschehen 1871 (1978).

Deutschkatholizismus. Eine 1844 durch die Priester Czerski (Schneidemühl) und Ronge (Breslau) anläßlich der Ausstellung des Hl. Rocks zu Trier begründete Reformbewegung, die sich von der kath. Kirche abspaltete. In Österreich und Bayern wurden die ›kath. Dissidenten‹, denen sich auch zahlreiche Protestanten anschlossen, ausgewiesen, die Bewegung verboten. Ihren Höhepunkt erreichte die D. 1847 mit 70–80000 Anhängern. Vor allem das kirchl. Lehramt und der päpstl. Primat wurden durch ihn verworfen; an Heiligenkult, Bilderverehrung und Fasten nahm er Anstoß. Sein Verfall setzte 1850 ein; er konnte auch durch die Verschmelzung mit den ›Freien Protestantischen Gemeinden‹ (Lichtfreunden)

173

nicht aufgehalten werden. 1859 schlossen sich seine vom positiven Christentum abgelösten und freidenkerisch gewordenen Reste zum ›Bund Freireligiöser Gemeinden Deutschlands‹ zusammen, der 1921 in den ›Volksbund für Geistesfreiheit‹ (Freidenker, Freireligiöse) umbenannt wurde.

LIT. G. Tschirn, Zur 60jährigen Geschichte der freireligiösen Bewegung (1904); P. Lieberknecht, Geschichte des D. in Kurhessen (1915); G. Esseltom, Der D. in Darmstadt (1923); W. Leesch, Geschichte des D. in Schlesien (1938); G. Habres, Der D. in Österreich (1960); A. Stollenwerk, Der D. in den preuß. Rheinlanden (1971); F. W. Graf, Die Politisierung des religiösen Bewußtseins (1978).

Deutschlandlied. Benannt nach dem Anfang: Deutschland, Deutschland über alles. Seit der Verordnung des Reichspräsidenten Ebert vom 11. 8. 1922 dt. Nationalhymne. Der Text stammt von A. Hoffmann von Fallersleben (1798–1874); er dichtete ihn im August 1841 auf der Insel Helgoland. Die Melodie entspricht der der alten österreich. Kaiserhymne (›Gott erhalte Franz den Kaiser‹), die Joseph Haydn (1732–1809) komponierte. Seit dem 6. 5. 1952 ist das D. die Nationalhymne der BRD; seit 1990 auch des wiedervereinigten Deutschlands; bei amtl. Anlässen wird dessen dritte Strophe gesungen.

Deutschorden. Heraldisches Rang- und Würdezeichen. Schwarzes Kreuz, auf diesem ein silbernes Stabkreuz mit goldenen Lilienenden, auf dem Durchkreuzungspunkt der Arme ein goldenes Schildchen mit schwarzem Adler.

Devise (franz. von vulgärlat. divisare, aufteilen).
[1] Ein mit einem Sinnbild (corps de d.) zusammengehörender Spruch (âme de d., Motto), jedoch auch der Spruch allein. Die Mode der D. blühte vom 16. bis gegen Ende des 17.Jh., insbes. in Italien. Einzelne D., sie waren im Unterschied zu den Wappen nicht vererbbar, haben ihre ehem. Inhaber überlebt, so die Friedrichs II. (reg. 1740–86) der preuß. Adler mit dem Spruch »Pro Gloria et Patria«. Zu den bekannten D. gehört die Ludwigs XIV. (reg. 1643–1715): die Sonne mit dem Spruch »Nec pluribus impar« (»Auch mehreren gewachsen«), der Adler Friedrichs I. von Preußen (reg. 1701–13) mit den Sinnbildern der gerechten Belohnung (Lorbeerkranz) und der gerechten Strafe (Donnerkeil) sowie dem Spruch »Suum cuique« (»Jedem das Seine«).
[2] Die Regierungsjahre der chines. und japan. Regenten. Die chines. Kaiser führten seit 114 v. Chr. Regierungs-D., welche frei gewechselt werden konnten; seit 1386 jedoch wurde die D. nur noch beim Regierungsantritt geändert. Gewöhnlich drückten die D. eine glückl. Vorbedeutung aus, z.B. K'ang-hi »Kraftvoller Glanz«. Von China wurde der Brauch durch eine Reihe anderer asiat. Staaten übernommen, seit 645 durch Japan. So lautet die D. Kaiser Hirohitos (reg. 1926–89) Schowa »Glänzende Harmonie«. In China und Japan zählte man die Jahre nach D., z.B. K'ang-hi 14. Jahr = 1675, Schowa 45. Jahr = 1970.

LIT. J. Dielitz, Wahl- und Denksprüche, Feldgeschreie … (1882); P. Mathias Tchang SJ, Synchronismes Chinois (Schanghai 1905).

Devolution (lat. devolvere, abwälzen). Die kraft eines Gesetzes erfolgende Abwälzung oder der Übergang eines Rechtes oder Besitzes auf einen anderen, z.B. in Frankreich und Flandern seit dem 15. Jh. der Übergang von Erbgütern der väterl. auf die mütterl. Linie bzw. umgekehrt im Falle des Aussterbens einer Linie.

Devolutionskrieg. Der erste der Eroberungskriege Ludwigs XIV. (reg. 1643–1715) von Frankreich während der Jahre 1667/68. Der Krieg hatte seine Ursache in dem Anspruch Ludwigs als Gemahl der Tochter des 1665 verstorbenen Königs von Spanien, Philipps IV. (reg. 1621–65), auf einige Provinzen der Niederlande, in denen das Recht der Devolution galt. Nach anfängl. Erfolgen unterlag Ludwig den Streitkräften der Tripelallianz (Holland, England und Schweden). Die Freigrafschaft Burgund mußte er im Aachener Frieden wieder herausgeben, jedoch behauptete er die Eroberungen in Flandern (Douai, Lille, Kortrijk) und im Hennegau (Charleroi, Tournai).

LIT. F. Meinecke, Der Regensburger Reichstag und der Devolutionskrieg. In: HZ 60 (1888).

Devolutionsrecht. Im kath. Kirchenrecht der Übergang des Besetzungs- oder (bei versäumter Präsentation) Bestallungsrechtes für ein Amt an die nächsthöhere Instanz, wenn das Recht von zuständiger Seite nicht ausgeübt wurde; es gilt insbes. hinsichtl. der Besetzung von Stellen.

Devotio moderna (lat., neue Frömmigkeit). Die religiöse Erneuerungsbewegung des 14. und 15. Jh. Sie ging aus von dem niederländ. Buß- und Reformprediger Gerhard Groote (etwa 1340–84) und der Genossenschaft der Brüder des gemeinsamen Lebens (Fraterherren). Die D. m. bestand in der praktisch-erbaul. Betrachtung des Lebens Jesu, in das man sich zu versenken und so zur persönl. Vereinigung mit Gott zu bringen suchte. Das bisherige mönchisch-klösterl. Frömmigkeitsideal wurde nunmehr durch praktisches Weltchristentum, das eine tätige und helfende Liebe (Krankenpflege, Armenfürsorge, Schulen) zum Inhalt hatte, ersetzt. Aus dem Geist der D. m., die innerhalb der kath. Kirche das Frömmigkeitsideal des Luthertums vorwegnahm, entstand um 1420 die ›Nachfolge Christi‹ des Thomas von Kempen (1379/80–1471). Die Devoten-Bewegung fand in fast allen Ländern Westeuropas Eingang.
LIT. Thomas a Kempis, Von der Nachfolge Christi (Bd. [15]1926 u. ö.); R. Stadelmann, Vom Geist des ausgehenden Mittelalters (1929); J. M. E. Dols, Bibliographie der moderne devotie (Nijmegen 1941); M. A. Lücker, Meister Eckhart und die D. m. (Leiden 1950); R. R. Post, The Modern Devotion (Leiden 1968); G. Epiney-Burgard, Gérard Groote (1340–1384) et les débuts de la Dévotion moderne (1970); G. Rehm, Die Schwestern vom gemeinsamen Leben im nordwestl. Deutschland. Untersuchungen zur Geschichte der D. und des weibl. Religiosentums (1985).

Devotion (lat. devotio). Im At. ein magischer Akt, wodurch ein Feind oder eine feindl. Stadt durch das Vergraben einer Bleitafel mit Spruch (Devotionstafel, Fluchtafel) den Mächten der Unterwelt geweiht wurde. Von bes. Art war die D. der Decier (nach dem röm. Plebejergeschlecht der Decier, bekannt durch drei Angehörige mit Namen Publius D. Mus [Vater, Sohn und Enkel], die sich geopfert haben sollen, um für ihr Heer den Sieg zu erreichen; der erste in der Schlacht am Vesuv 340 v. Chr., der zweite im Samniterkrieg bei Sentinum 295 v. Chr. und der dritte im Krieg gegen Pyrrhus bei Asculum 279 v. Chr.), bzw. die Todesweihe, durch die ein Feldherr sich und das Heer des

Feindes den unterirdischen Mächten weihte; im Todesfalle riß er die mit ihm Geweihten mit sich.
LIT. G. Wissowa, Religion und Kultus der Römer ([2]1912).

Dezem (lat.). Die kirchl. Abgabe; →Zehnt, Zehntsteuer.

Dezemvirn (lat. decemviri, Zehnmänner). In der röm. Republik ein Beamtenkollegium von 10 Männern, z. B. Decemviri legibus scribundis, die 451 v. Chr. mit außerordentl. Vollmachten zur Gesetzesabfassung gewählt worden sein sollen (Zwölftafelgesetz); Decemviri sacris faciundis, ein Priesterkollegium, das insbes. mit der Auslegung der Sibyllinischen Bücher befaßt war; Decemviri litibus iudicandis, ein Gerichtshof, der für Freiheitsprozesse zuständig war; Decemviri agris metiendis dividendisque, eine Behörde, der die Vermessung und Verteilung der dem Staate zugefallenen Ländereien an die Kolonisten oblag.

dezimieren. Die Gepflogenheit, im Falle der Meuterei oder Feigheit eines Truppenteils jeden zehnten Mann mit dem Tode zu bestrafen.

Dezision (lat.). Im älteren Staatsrecht die der Volksvertretung zustehende Entscheidungsbefugnis (im Gegensatz zur beratenden Funktion stehend; →Deliberationsrecht).
Decisiones quinquaginta: Die 50 Konstitutionen der Jahre 529–532, welche den Codex Iustinianeus vorbereiteten.
Decisiones Rotae Romanae: Die Urteile, welche die Rota fällt.

Dia de la Raza (span., Tag der Rasse). Der seit dem Jahre 1911 in Spanien, Portugal sowie den lateinamerikan. Ländern gefeierte Jahrestag der Entdeckung Amerikas am 12. 10. 1492 durch Christoph Kolumbus (1451–1506).

Diadem (griech., Binde). Eine Stirnbinde, aus Stoff (Seide, Wolle und Garn) oder aus Metall (Gold, Silber) hergestellt. Während diademartiger Schmuck bereits im alten Orient insbes. von Frauen getragen wurde, galt den Griechen das D. als Zeichen der Priesterwürde. Eine Haarbinde wurde in Griechenland auch von Frauen und jungen Männern getragen, insbes. von olympischen Siegern. Hingegen war das D. im Orient schon früh ein Herrschaftssymbol (Babylonien, Ägypten, Persien etc.). Alexander d. Gr. (reg.

336–323 v. Chr.) und die Herrscher der hellenist. Staaten übernahmen das D. aus dem Orient. Das republikan. Rom lehnte das D. als ein Zeichen der Monarchie ab. Erst seit der Zeit Konstantins d. Gr. (reg. 306–337) wurde es durch die röm. Kaiser als Zeichen der Kaiserwürde übernommen. Der oström. Kaiser Justinian (reg. 527–565) machte das D. zu einem Stirnreif mit geschlossenem Bügel, der von einem Kreuz gekrönt war, d. h., daß er das D. zur Krone ausgestaltete.

LIT. S. Grenz, Beitr. zur Geschichte des D. in hellenist. Reichen (1914); A. Alföldi, Insignien und Tracht der röm. Kaiser. In: Mitt. des Dt. Archäolog. Inst., Röm. Abt. 50 (1935); E. Eichmann, Die Kaiserkrönung im Abendland. 2 Bde. (1942); P. E. Schramm, Herrschaftszeichen und Staatssymbolik. 3 Bde. (1954/56); R. A. Higgins, Greek and Roman Jewellery (London 1961); H. W. Ritter, D. und Königsherrschaft (1965).

Diadochen (griech., Nachfolger). Die im Anschluß an den Tod Alexanders d. Gr. (323 v. Chr.) um dessen Nachfolge gegeneinander rivalisierenden und sich sein Reich schließl. teilenden Feldherren Alexanders: Antipater behielt Makedonien (mit Griechenland), Lysimachos erhielt Thrakien, Antigonos Lykien, Pamphylien und Großphrygien, Ptolemäos Ägypten und Seleukos Babylonien. Außer Pergamon blieben noch einige weitere Teile des Reiches unabhängig. Die Kämpfe der D. untereinander fanden mit der Schlacht bei Ipsos (301 v. Chr.) ihren vorläufigen und mit der Schlacht bei Kurupedion (281 v. Chr.) ihren endgültigen Abschluß. Seit etwa 280 v. Chr. kam es zur Bildung der drei großen hellenist. Reiche: Ägypten (unter den Ptolemäern), Syrien (unter den Seleukiden) und Makedonien (unter den Antigoniden); dazu noch das Reich von Pergamon (unter den Attaliden). Die Nachfolger der D. wurden Epigonen genannt.

LIT. J. G. Droysen, Geschichte des Hellenismus, 2 und 3 (²1877–78); J. Kaerst, Geschichte des Hellenismus, 1 (³1927), 2 (²1926); H. Bengtson, Griech. Geschichte (³1965).

Diakon (griech. diakonos, Gehilfe, Diener). Im NT die Bez. für einen Gemeindefunktionär. Im 1. Timotheusbrief, 3, werden die von einem D. erwarteten Eigenschaften genannt, nicht aber die Aufgaben des Amtes. Offensichtl. war es dem des Bischofs analog. Der D. half dem Bischof in Kultus, Armenpflege und bei der Verwaltung; somit ist er einflußreich, obwohl er nie zu vollen Priesterfunktionen zugelassen und ausdrücklich den Presbytern unterstellt wurde. Durch zahlreiche, genau fixierte Aufgabe war er kultisch unentbehrlich. So blieb es in der Ostkirche bis heute. Daß dort auch die kleinste Gemeinde einen D. neben dem Priester haben muß, hat sich auf die Vorbildung der D. negativ ausgewirkt. Häufig besitzen sie nur Volksschulbildung; bisweilen wird die Diakonsweihe an Schulentlassene erteilt.

Wie sich der Dienst der D. in der frühen Kirche vielfach gliederte (über den Taufunterricht und die Salbung bei der Taufe u. U. bis zur Austeilung des Abendmahls oder zur Predigt), so gab es eine ähnl. Mannigfaltigkeit der Aufgaben auch beim weibl. Diakonat, dessen Angehörige sich zunächst aus Gemeindewitwen rekrutierten, im Laufe der Zeit jedoch aus Jungfrauen, die eine der Diakonsweihe ähnliche Ordination empfingen.

An Bischofskirchen hieß der erste D. Archidiakonus; aus den röm. Regionaldiakonen wurden die Kardinaldiakonen (heute 14, meist mit Priester- oder Bischofsweihe). Der Diakonat als solcher hat in der röm.-kath. Kirche heute seine selbständige Bedeutung verloren, da er als zweitniedrigster der höheren Weihegrade nur Durchgang zum Presbyterat ist.

In der anglikan. Kirche blieb der Diakonat kanonischer Weihegrad. In luth. Kirchen war bis ins 20. Jh., häufig in Gemeinden mit mehreren Geistlichen, die Bez. Diakonus für den zweiten Geistlichen üblich. Gibt es mehrere D., so hat man auch die Bez. Subdiakonus und insbes. Archidiakonus. Auch der weibl. Diakonat wurde im Luthertum nicht aufgegeben. Calvins (1509–64) Gedanken über den kirchl. Dienst der Frau wurden im Diakonissenamt holländ. und niederrhein. Gemeinden in mehreren Fällen bis ins 17. Jh. verwirklicht. In der 1. Hälfte des 19. Jh. lebte das Diakonen- und Diakonissenamt neu auf. Aus dem Leben der modernen ev. Gemeinde, ebenfalls den Anstalten bzw. den Aufgaben der Inneren Mission sind beide Ämter nicht mehr wegzudenken.

LIT. EKL I (1955ff.), 915ff. und 921ff.; F. Heiler, Wertung und Wirksamkeit der Frau in der christl. Kirche. In: Veritati, Festschrift für Johannes Hessen (1949), 116–140; K. Rahner und H. Vorgrimler, Diaconia in Christo (1962); H. Krimm, Das diakonische Amt der Kirche (²1965); H. Rünger, Die männliche Diakonie, Gestalt und Auftrag im Wandel der Zeit (1965).

Dialektik (griech., Disputierkunst; im MA eine der Freien Künste). Von den Sophisten ausgebildet, wurde sie durch Sokrates (469–399 v. Chr.) und Platon (427–347 v. Chr.) zur Methode der Philosophie erhoben. D. war bis ins 16. Jh. auch der Name für die formale Logik. Die neuere D. führt das Denken method. auf Widersprüche zurück und durch diese hindurch, welche sie als Schein zu entlarven oder in »Synthesen« aufzuheben trachtet bzw. als ein Letztes stehen läßt. Die eigentl. D. wurde durch Fichte (1762–1814) begründet, und zwar dadurch, daß er grundsätzl. philosoph. Gedankengänge sich durch Widersprüche hindurchbewegen und darin steigern ließ, hierbei neue Synthesen aus den Widersprüchen konstruierend. Übernommen wurde dieses Verfahren durch Hegel (1770–1831), in dessen System eine Auseinanderentwicklung der Begriffe derart erfolgt, daß jeder Begriff als »Thesis« einen entgegengesetzten, die »Antithesis«, enthält und aus sich erzeugt. Als die höhere Form geht aus den beiden Begriffen wieder die »Synthesis« hervor; in ihr sind die Widersprüche aufgegangen, doch werden sie auch in ihr aufbewahrt. Karl Marx (1818–83) übernahm Hegels dialekt. Methode in seinem Historischen Materialismus, der Weltanschauung des sog. wissenschaftlichen Sozialismus oder Marxismus.
LIT. I. Cohn, Theorie der D. (1923); S. Marck, Die D. in der Philosophie der Gegenwart. 2 Teile (1929/31); P. Foulquié, La dialectique (Paris 1949); L. Reidemeister, Das exakte Denken der Griechen (1949); R. Heiss, Wesen und Formen der D. (1959); G. A. Wetter, Der dialektische Materialismus. Seine Geschichte und sein System in der Sowjetunion (⁵1960); J. P. Sartre, La critique de la raison dialectique (1960); E. Topitsch, Die Sozialphilosophie Hegels als Heilslehre und Herrschaftsideologie (1967); H. Heimsoeth, Transzendentale D., ein Kommentar zu Kants Kritik der reinen Vernunft (1967); Th. W. Adorno, Negative D. (1967); G. Göhler, Die Reduktion der D. durch Marx (1980).

Diaspora (griech. Zerstreuung). Glaubensgenossen, die zerstreut unter den Bekennern anderer Konfessionen leben; auch die Gebiete, in denen sie wohnen (Jak. 1,1; Petr. 1,1).

Diaeta, Diäten (von lat. dies, Tag; franz. diète). Ständeversammlung, Reichstag; Tagungsperiode; hierher die Bez. Diäten, in der NZ die Entschädigung eines Abgeordneten, eine nach Tagesleistung oder Tagesaufwand gewährte Vergütung. Außerdem das Diensteinkommen, das außerplanmäßige Beamte erhalten.

Dicken. Eine Silbermünze zu ⅓ Goldgulden mit meistenteils schönen Münzbildern. Nach dem Vorbild der Testone wurde der D. in der Schweiz sowie im Gebiet des Oberrheins geprägt.

Dienst. Die Leistung für den Beruf, die Gesellschaft, desgl. für die Religion (Gottesdienst); sodann auch für kulturelle oder mitmenschliche Ideale.

Dienstadel. Eine dem Adel verwandte Bez. für im Dienst des Königs oder anderer hoher Herren Stehende; die Angehörigen des D. waren nicht selten aus der Schicht der Unfreien aufgestiegen; allmählich verschmolz der D. mit dem Geburtsadel.

Dienstbarkeit (Servitut). Das dingliche Nutzungsrecht an einer fremden Sache; es ist zu unterscheiden von dem rein schuldrechtl. Nutzungsrecht, das nur einen Anspruch auf Gestattung der Nutzung gewährt.

Diensthufe. Im Grunde genommen jede Hufe, auf der Leistungen, d. h. Dienste jedweder Art ruhen; dann vor allem die Hufe, die der Angehörige eines Fronhofes zur Bestreitung seines Unterhalts zugeteilt bekam.

Dienstlehen. Das an einen Ministerialen verliehene Lehen, zunächst ohne einen Lehenseid; das D. konnte nicht weiter verliehen werden. Im Zusammenhang mit dem sozialen Aufstieg der Ministerialen wurde es nach und nach zu einem echten Lehen.

Dienstrechte. Im Bereich geistl. Herrschaften seit dem 11., mehr noch seit dem 12. Jh. die Aufzeichnungen der Rechte und Pflichten der Dienstleute, insbes. die D. von Bamberg (11. Jh.), Köln und Basel (13. Jh.). Im Verlauf des

13. Jh. wurde das D. durch das Lehensrecht ersetzt.

Digesten (lat. von digerere, ordnen, mitteilen; griech. Pandekten). Der Hauptbestandteil des Corpus Juris Civilis, und zwar die 530–33 zusammengestellten 50 Bücher des röm. Juristenrechts (ius vetus). Allg. bez. D. ein systematisch geordnetes Sammelwerk insbes. jurist. Inhalts.

Dignitär (lat.). Würdenträger. Nach kath. Kirchenrecht der Inhaber eines höheren Kirchenamtes (Dignität). Als Dignitäten gelten vor allem die leitenden Mitglieder eines Kapitels, z. B. der Domdekan, der Dompropst und der Domscholaster.

Dikasterien. Altgriech., vor allem athen. Volksgerichtshöfe (Geschworenengerichte, Heliäen). Aus dem von Solon als Berufungsinstanz gegen Beamtenansprüche eingerichteten Volksgerichtshof entwickelten sich seit etwa 500 v. Chr. mehrere Gerichtshöfe, die in erster und zweiter Instanz urteilten. Als auch die attischen Bundesgenossen Athens häufig gezwungen waren, in Athen ihr Recht zu suchen, gehörten den D. einige tausend Athener an. Durch die Einführung der Diäten seitens Perikles (nach 500–429) erhielten auch die ärmeren Bevölkerungskreise Athens die Möglichkeit, den D. anzugehören. Den Vorsitz im Dikasterion hatte ein Beamter inne; die Teilnehmer stimmten mit Stimmsteinen ab. Als kirchl. D. bez. man in der kath. Kirche die Zentralbehörden der päpstl. Kurie, vor allem innerhalb der kurialen Vermögensverwaltung.
LIT. O. Schulthess, Das attische Volksgericht (Bern 1921); H. Hommel, Heliaia. In: Philologus, Suppl.-Bd. 19, 2 (1927).

Diktat. Ein strikter Befehl, z. B. das bedingungslos auszuführende Friedensdiktat von Versailles vom 28. 6. 1919.

Dictatus papae. Die durch Papst Gregor VII. (1073–85) im Jahre 1075 aufgestellten 27 kirchenpolit. Grundsätze über die universale Papstgewalt. Sie gipfelte im Primat des von Irrtum freien, von Gott gestifteten röm. Kirche, deren Vorsteher von niemandem gerichtet werden kann und darf.
LIT. K. Hofmann, Der D. p. Gregors VII. (1933); H. Mordek (Hrsg.), Proprie auctoritates apostolice sedis. Ein zweiter D. p.?. In: DA 28 (1972);

E. Caspar (Hrsg.), Das Register Gregors VII. (1955).

Diktator (lat., Sprecher).
[1] In latinischen Städten das oberste Jahresamt. Z. Z. der frühen röm. Republik ein Beamter mit unbeschränkten Befugnissen. Er wurde in Notzeiten durch die Konsuln ernannt; mit seinem Gehilfen (magister equitum) regierte er ohne Kollegen, ohne Provokation, ohne Interzession der Volkstribunen. Die Amtszeit des D. war auf sechs Monate beschränkt. Seit dem Ende des 2. Punischen Krieges (201 v. Chr.) wurde kein D. mehr eingesetzt. Die Diktaturen Sullas (82–79 v. Chr.) und Caesars (49, 48–44 v. Chr., zuletzt auf Lebenszeit) waren etwas gänzlich Neues. Ledigl. die Titel und äußeren Formen (24 Liktoren) wurden durch sie wiederaufgenommen.
[2] Im Deutschen Reich bis 1806 der Sekretär des Mainzer Erzbischofs; er hatte auf dem Reichstag die Diktatur (seit 1663 und ähnlich auch im Deutschen Bund, seit 1815), die förml. Weitergabe von Anträgen und Eingaben an die Gesandten, vorzunehmen. Seit der NZ bez. man eine mit uneingeschränkter Machtvollkommenheit ausgestattete Einzelperson als D.: er ist der führende Mann in autoritären Staaten.
LIT. E. Halévy, L'ère des tyrans (1938); W. Wilcken, Zur Entwicklung der röm. Diktatur (1940); Ernst Meyer, Röm. Staat und Staatsgedanke (³1964).

Diktatur. In autoritären Staaten die uneingeschränkte Macht eines einzelnen oder einer oligarchischen Gruppe, welche tatsächlich die gesamte polit. Gewalt innehaben und bestenfalls dem äußeren Schein nach andere Staatsorgane neben sich gelten lassen. Dementsprechend hat etwa ein Monarch neben dem diktatorisch herrschenden Regierungschef lediglich repräsentative Funktionen zu erfüllen, während eine evtl. noch bestehende Volksvertretung ein reines Akklamationsorgan ist; Mitwirkung bei oder Stellungnahme zu den Regierungsentscheidungen werden durch Zustimmungsakte vorgetäuscht. In derartigen Fällen stellt die D. einen Dauerzustand dar. Selbst wo sie noch formal aufrechterhalten wird, stellt die überlieferte parlamentar.-demokrat. Verfassung in Wirklichkeit eine Fiktion dar; der eigentl. Verfassungszustand ist die souveräne D. Aus einer Krise des parlamentar.-demokrat. Staates entstanden, kann sie sich auf eine revolutionäre Massenbewegung mit autoritärer und in den meisten Fällen auch totalitärer Ideologie stützen; nicht selten basiert die D. auf einer Gruppe von Militärs. Häufig ist sie aus einer Verbindung nationalist. Elemente mit sozialrevolutionären Arbeiterbewegungen hervorgegangen.

In einer Reihe europ. Staaten kam es nach dem Ersten Weltkrieg zur Bildung diktator. Staatsformen. Die polit. Konstellation wie auch das Ausmaß des Eingreifens in die rechtsgültige staatl. Ordnung war hierbei in den verschiedenen Ländern sehr unterschiedlich. Als Beispiele für diktator. Staatsformen wären zu nennen, sieht man vom Faschismus und Nationalsozialismus einmal ab, Spanien unter Primo de Rivera (1923), Polen unter Pilsudski (1926), Griechenland unter Metaxas (1936). In einigen außereurop. Staaten kam es zu einer ähnl. Entwicklung nach dem Zweiten Weltkrieg: in Argentinien unter Peron (1946), in Persien unter Mossadegh (1952), in Ägypten unter Nagib bzw. unter Nasser (1952); zudem in Algerien, dem Irak, Syrien, Libyen, dem Sudan etc.

LIT. C. Schmitt, Die D. ([2]1928); H. Arendt, Elemente und Ursprünge totaler Herrschaft (1955); O. Stammer, Demokratie und D. (1955); C. J. Friedrich, Totalitäre D. (1957, mit Lit.); G. W. F. Hallgarten, Dämonen oder Retter (1957); H. Buchheim, Totalitäre Herrschaft (1962); B. Moore, Soziale Ursprünge von D. und Demokratie (1969); J. C. Fest, Das Gesicht (1973).

Diktatur des Proletariats. Bez. für eine Herrschaftsform, in der alle polit. Gewalt von der organisierten Klasse der Arbeiter, dem Proletariat, ausgeübt wird. Die D. d. P. ist im Grunde genommen ein Zwischenstadium: lt. Kommunistischem Manifest (1847/48), durch Karl Marx (1818–83) und Friedrich Engels (1820–95) proklamiert, stellt sie eine sozialrevolutionäre Herrschaftsform für die Übergangszeit vom Zusammenbruch der bürgerl. Ordnung bis zur Herausbildung einer klassenlosen Gesellschaft dar.

LIT. K. Kautsky, Die D. d. P. ([4]1919); A. Waerland, Die D. d. P. (1921; aus dem Schwedischen); M. Langhans, Vom Absolutismus zum Rätefreistaat (1925); W. I. Lenin, Sämtliche Werke, 22 (dt. 1925 ff. und 1958 ff.); J. W. Stalin, Fragen des Leninismus (dt. [2]1950).

Ding, nordgerman. Thing (mlat. mallus, placitum). Die german. Volksversammlung, im fränk. und frühma. Reich vor allem die Gerichtsversammlung. Stets fand das D. bei Tage statt (Tagding, hierher Taiding: Gericht, Verhandlung) und unter freiem Himmel. Der Tagungsort wurde nicht geändert: die Dingstätte (Malstätte, Dingstuhl), wie man den Tagungsort nannte, war altgewohnt; hier versammelten sich die Dinggenossen (Dingleute, Dingmannen). Auf den religiösen Ursprung des D. läßt die Hegung, d. h. die Bekanntmachung des Dingfriedens bei gleichzeitiger Anrufung der Gottheit, schließen; das Brechen des Dingfriedens wurde hart bestraft. Man unterschied zwischen echtem D. und gebotenem D.

Während zunächst alle waffenfähigen und freien Männer dingpflichtig waren, versammelten sich seit Karl d. Gr. (reg. 768–814) das gesamte Dingvolk nur noch dreimal jährl. beim echten D. des Grafen. Das während der Zwischenperioden bei Bedarf veranstaltete gebotene D. besuchten gewöhnl. nur der Schultheiß und die Schöffen; Dingvogt oder Dinger war die gängige Bez. für den Vorsitzenden des D. Auf dem grundherrl. Dinghof stand der Meier oder Vogt dem D. vor.

Die Dauer des D. war nicht fest begrenzt; es konnte drei Tage, jedoch auch länger dauern. Die Dingfrist, d. h. die Zeit bis zur nächsten Tagung, betrug 40 Nächte (fränkisch), sechs Wochen und drei Tage (sächsisch). Im Falle eines Versäumnisverfahrens war eine derartige Frist von Bedeutung.

Die von gesetzeskundigen Dinggenossen erfragten Beschlüsse und Urteile erhielten auf die Zustimmung des Umstandes hin Gesetzeskraft. Zur Urteilsfindung wurden Dingzeugen herangezogen. Über die Verhandlung verfaßte man ein beweiskräftiges Zeugnis. Der zu verurteilende Missetäter wurde für die Zeit der Verhandlung dingfest gemacht.

Bei den Germanen entschied das D. noch über alle das gesamte Volk betreffenden Fragen, nicht zuletzt über Krieg und Frieden. Dagegen wurde es seit der fränk. Zeit mehr und mehr zu einem reinen Gerichtsding. Während im MA verlor das D. seine ursprüngl. Bedeutung infolge der zunehmenden ständ.

und sachl. Differenzierung, bis es schließl. durch die zwar nicht formale, jedoch tatsächl. Gerichtsverfassung des Territorialstaats verdrängt wurde. In den Landtagen der Stände bestand es als polit. Versammlung weiter. Die Tradition des D. lebt in den Bez. für die Parlamente der skandinavischen Länder weiter: Althing, Storting, Landsting, Folketing. Die schweizerische Landsgemeinde, obwohl sie als Organ der direkten Demokratie dem D. am nächsten steht, leitet sich nicht von diesem her.

LIT. C. von Schwerin und H. Thieme, Grundzüge der dt. Rechtsgeschichte (^{4}1950); W. Grönbech, Kultur und Religion der Germanen (^{5}1954); A. Grote, Die Welt der Dinge (1958); H. Mitteis, Der Staat des hohen MA (^{7}1962).

Dinzeltag, Dingestag (ahd. ding, Gericht). Bez. für den Tag, an dem die Jahresversammlung einer Zunftgenossenschaft stattfand.

Diobelie (griech.). »Zwei-Obolen-Spende«; eine im Jahre 410 v. Chr. in Athen eingeführte tägl. Staatsrente. Sie wurde allen Bürgern gewährt, die ihre Besoldung nicht vom Staat erhielten.

Diognetbrief. Eine von einem unbekannten altchristl. Verfasser um 200 n. Chr. in Brieform abgefaßte hervorragende Apologie. Hierin werden die von einem Heiden gestellten Fragen nach dem Wesen christl. Gottesverehrung beantwortet; gleichzeitig wird der Unterschied der Verehrung Gottes gegenüber der durch Juden und Heiden dargelegt.

Dioikismos (griech.). In der Geschichte der Griechen die unter Zwang vorgenommene Aufteilung einer Stadt in eine Anzahl selbständiger Gemeinden. Synoikismos war hierzu ein Akt gegensätzlicher Art.

Diözese (griech., dioikesis, Haus-, Staatsverwaltung).

[1] In den Stadtstaaten Griechenlands, insbes. aber in den hellenist. Königreichen die Verwaltung der Finanzen und der Wirtschaft; hierher Dioiketes, der »Hausverwalter«, der dem Finanzwesen und der Staatswirtschaft im Ägypten der Ptolemäerzeit (284–31 v. Chr.) Vorstehende; desgl. der Titel für die ihm in den einzelnen Landesteilen Unterstellten; in Byzanz der Titel der Finanzbeamten. Das spätlat. dioecesis bez. eine Verwaltungseinheit des röm. Reiches in Anlehnung an das hellenist. Vorbild, und zwar ein Stadt-Territorium, das einen der Provinz untergeordneten Verwaltungsbezirk darstellt. Seit der Reform Kaiser Diokletians (284–305) stellte die D. innerhalb des gesamten Verwaltungsbereichs eine Zwischeninstanz dar, die den Provinzen übergeordnet war; an der Spitze der urspr. 12 D. stand der Vikar oder Comes.

Von der spätantiken Bedeutung leitet sich nach kath. Kirchenrecht der Amtsbezirk eines Bischofs bzw. seine Bez. als D. her. In den ersten christl. Jahrhunderten wurde die bischöfl. Stadtgemeinde D. genannt. Infolge fortschreitender Missionierung dehnte sie sich auf das umliegende Gebiet, häufig auch auf Stadt- und Landgemeinden aus, die keinen Bf. hatten. Seit dem 3. Jh. entstanden nach oben die größeren hierarch. Verbände durch Zusammenfassung, nach unten die Pfarreien (Parochien) durch Teilung.

[2] **Exemte Diözese.** Eine D., die keiner Kirchenprovinz eingegliedert, sondern direkt dem Papst oder dessen Beauftragtem unterstellt ist.

[3] In der ev. Kirche bez. man den Bezirk eines Superintendenten (Dekan) als D.

LIT. J. Müller, Die bischöfl. Diözesanbehörden (1905); S. d'Angelo, La curia diocesana a norma del Codice. 2 Bde. (Giarre 1922, 1928); Handbücher des kath. Kirchenrechts und seiner Geschichte.

Diplom (griech., gefaltetes Schreiben). Urspr., und zwar bei den Griechen, ein amtl. Schriftstück, das aus zwei Täfelchen zusammengefügt war; bei den Römern vor allem ein von den Kaisern oder anderen höheren Staatsbeamten verfaßtes Schreiben, wodurch einzelnen Personen gewisse Vorrechte oder Vorteile zugesprochen wurden, so u. a. das Militärdiplom, die Entlassungsurkunde der röm. Soldaten, denen hierdurch das Bürgerrecht und das Conubium verliehen wurden.

Im MA wurde die Bez. D nur noch selten verwendet; denn zu dieser Zeit nannte man Urkunden »charta«, »pagina«, »litterae«, »instrumentum« etc. Erst seit dem 17. Jh. wurde das Wort D. wieder allg. verwendet und daraufhin durch J. Mabillon (1632–1707), den Begründer der Urkundenlehre, in den wissenschaftl. Sprachgebrauch eingeführt. Seit der Bearbeitung der Diplo-

matik in dt. Sprache wurde das Wort D. durch Urkunde ersetzt. Gleichzeitig kommt es aber zu unterschiedl. Auffassungen hinsichtl. der Urkunden. So wurden durch H. Bresslau (1848–1926) »schriftliche, unter Beobachtung bestimmter, wenn auch nach Verschiedenheit von Person, Ort, Zeit und Sache wechselnder Formen aufgezeichnete Erklärungen, welche bestimmt sind, als Zeugnisse über Vorgänge rechtlicher Natur zu dienen«, als Urkunden bezeichnet. Akten nennt man die sämtlichen übrigen in den Archiven verwahrten Schriftstücke.
LIT. →Diplomatik; →Urkundenlehre.

Diplomatie. Die Wissenschaft und Praxis der internationalen Beziehungen. Der Sache nach ist die D. so alt wie die Staaten, deren Verhandlungen und Abmachungen untereinander sich bis ins 2. Jahrtsd. v. Chr. zurückverfolgen lassen. Die diplomat. Gepflogenheiten der NZ wurden seit dem 15. Jh. vor allem in den Staaten Westeuropas entwickelt (Italien, hier insbes. an der Kurie, in Venedig und Florenz, Frankreich und Spanien) und durch internationale Vereinbarungen ganz bes. während des Wiener Kongresses festgelegt (Wiener Reglement vom 19. 3. 1815; ferner durch das Aachener Protokoll vom 21. 11. 1818). Die Zeit der Geheimdiplomatie vom Westfälischen Frieden (1648) bis zum Ersten Weltkrieg (1914–18), in der Formen der Etikette, persönl. Kontakt, Lebensstil etc. einer auf Hof und aristokrat. Gesellschaft abgerichteten D. Voraussetzungen für den Erfolg waren, ist seit dem Ende des Ersten Weltkriegs einer neuen, der offenen D., gewichen. Sie wird geprägt durch Demokratisierung und eine immer stärkere Technisierung des diplomat. Verkehrs, nicht zuletzt auch durch das häufige persönl. Zusammentreffen der leitenden Staatsmänner.
LIT. O. Krauske, Die Entwicklung der ständischen D. (1886); J. Cambon, Der Diplomat (1927); H. Nicolson, Diplomacy (New York 1939; dt. Bern 1947); R. Sallet, Der diplomat. Dienst (1953); H. Wildner, Die Technik der D. (1959, mit Lit.); Ch. Webster, The Art and Practice of Diplomacy (London 1961); P. Gerbore, Formen und Stile der D. (1964, mit Lit.); H. A. Kissinger, Großmacht D. Von der Staatskunst Castlereaghs und Metternichs (1980); F. Franchedino, Diplomat. Geheimschrif-

ten (1980); J. von Uthmann, Die Diplomaten. Affären und Staatsaffären von den Pharaonen bis zu den Ostverträgen (1985).

Diplomatik. Als formale geschichtl., nicht als jurist. Erscheinung ist die Urkunde Gegenstand der D. Als einer der sog. Hilfswissenschaften der Geschichtswissenschaft fällt ihr im Rahmen der Quellenkunde die Aufgabe zu, für die krit. Aufbereitung der urkundl. Quellen zu sorgen. Ihre Begründung durch Jean Mabillon (1632–1707) im 17. Jh. darf als der Beginn einer method.-krit. Geschichtsforschung betrachtet werden; die D. verdankt Mabillon auch ihren Namen, der von dem griech.-lat. diploma hergeleitet ist, womit urspr. bestimmte Arten der röm. Doppeltafelurkunde bez. wurden, in neulat. Zeit aber die Urkunde im allg., im engeren Sinn jedoch zur Bez. der feierl. Ausfertigung namentlich königlicher Urkunden diente. Herkömmlich, gleichfalls durch die Entwicklung bedingt, ist die Gliederung der D. in eine allg. D. sowie in Spezialdiplomatiken, und zwar Königsurkunden, Papsturkunden und nichtkönigl. Urkunden; unzutreffend ist die Bez. Privaturkunden (eine derartige Gliederung wird den Gegebenheiten und der Mannigfaltigkeit des Urkundenwesens allerdings nur in unvollkommener Weise gerecht).
Auf beschreibende und vergleichende Art betrachtet die D. zunächst die Beschaffenheit der Urkunden nach deren äußeren und inneren Merkmalen: Beschreibstoff, Schrift, Besiegelung bzw. Sprache, Gliederung und Textgehalt. Sodann wendet sie sich ihrer zeitl. und inhaltl. Bedingtheit zu, betrachtet sie dann unter dem Aspekt der Abhängigkeit von Vorbildern und Vorlagen, um dadurch die Kriterien für die Beurteilung ihrer Echtheit und Glaubwürdigkeit zu gewinnen. Unter Zuhilfenahme der durch Th. Sickel (1826–1908) entwickelten Methode des Schrift- und Diktatvergleichs zielt sie weiter dahin, den Verfasser des Textes, d.h. des »Diktates«, sowie den Schreiber der einzelnen Urkunden zu bestimmen, insgesamt die verschiedenen Stufen des Geschäftsganges aufzuhellen, welchen die Urkunde durchlief, und zwar vom Antrag (petitio, Supplik) oder vom Rechtsakt an über den Beurkundungsantrag hin zum Entwurf, weiter zu ihrer Genehmigung, zur Reinschrift und

Diptychon

schließlich zu ihrer Vollziehung. Neben die Betrachtung der fertigen Urkunde tritt mithin die Untersuchung des Beurkundungsvorganges. Dementsprechend richtet sich das Interesse der D. auch auf die beteiligten Personen und Einrichtungen, d. h. die Beurkundungsstellen bzw. »Kanzleien«. Diese Einbeziehung der Verwaltungsgeschichte bedingt, daß sich die D. nicht mehr auf die klass. Urkunde, den Einzelakt, beschränkt, sondern darüber hinaus die Amts- oder Geschäftsbücher mit ihren Sammeleintragungen sowohl urkundl. wie auch verwaltungsmäßigen Charakters einbezieht. Auf diese Weise erhellt die D., zumal sie am Rande ebenfalls den Briefformen ihr Augenmerk zu widmen hat, die Frühgeschichte des Aktenwesens. Was die Kulturgeschichte anbetrifft, so vermittelt die D. Einblick in das Ausmaß sowie die Rolle des Schriftgebrauchs, der sich seit dem frühen MA wieder ausbreitete.
LIT. Bresslau I (1889), II/1, 2 (1912–31); R. Thommen, Die Lehre von den Königs- und Kaiserurkunden. In: Grundriß der Geschichtswissenschaft, I, 1 (1906), I, 2 (1906, ²1913); O. Redlich, Allgemeine Einleitung zur Urkundenlehre (1907); W. Erben, Die Kaiser und Königsurkunden des MA in Deutschland, Frankreich und Italien (1907); F. Dölger, Byzantinische D. (1956); Archiv für Urkundenforschung 1–18 (Berlin 1908–44); ADipl. (1955 ff.)

Diptychon (griech., doppelt zusammengefaltet). Antikes, durch zwei Gelenke verbundenes, zusammenklappbares, schmal-rechteckiges Tafelpaar aus Holz, Elfenbein oder Edelmetall mit einer Wachseinlage zum Schreiben; außen war es mit Reliefschmuck versehen. Das D. war ein häufiges Geschenk beim Amtsantritt von Konsuln (Konsulardiptychon), mit deren Bildnis versehen. Vom 4. Jh. an waren D. auch in frühchristl. Kirchen gebräuchlich. Ihre Außenseiten waren mit christl. Szenen verziert, ihre Innenseiten zur Aufzeichnung von lebenden und toten Wohltätern der Kirche bestimmt, deren man beim Meßopfer gedachte. Während des MA wurden D. oft als Deckel von Handschrifteneinbänden benutzt. Zweiflügelige Altäre bez. man ebenfalls als D.
LIT. H. Graeven, Frühchristl. und ma. Elfenbeinwerke (1898–1900); R. Del-

brück, Konsulardiptychen und verwandte Denkmäler (1929); W. F. Volbach, Elfenbeinarbeiten der Spätantike und des frühen MA (²1952, m. Lit.).

Direktorium (von lat. dirigere, leiten). Eine mehrere Personen umfassende Gemeinschaft, die durch Wahl oder Ernennung den Vorsitz oder das Präsidium einer Institution bildet bzw. die leitende Instanz, eine oberste Verwaltungsbehörde darstellt, z. B. seit 1489 in den Reichstagskollegien, so Mainz im Kurfürstenkollegium, Österreich bzw. Salzburg im Reichsfürstenrat, die Stadt des Reichstags im Städtekollegium, das Kreisdirektorium in den Reichskreisen.
Nach der Verfassung vom 1. Vendémiaire (23. 9. 1795) stellte das D. (franz. Directoire) die oberste Regierungsbehörde Frankreichs dar. Es bestand aus fünf Mitgliedern; sie wurden vom Rat der Alten aus einer durch den Rat der 500 aufgestellten Liste gewählt. Zu den bekanntesten Direktoren gehörten Barras, Rewbell, Carnot und Sieyès. Napoleon Bonaparte machte durch den Staatsstreich vom 18. Brumaire (9. 11. 1799) dem D. ein Ende; an dessen Stelle trat nunmehr das Konsulat.
LIT. L. Sciout, Le Directoire, 4 Bde. (1895–97); A. Mathiez, Le Directoire (1934); G. Lefèbvre, Le Directoire (1946, ²1958); J. Godechot, Les institutions de la France sous la Révolution et l'Empire (1951).

Dirhem, Diräm (griech.). Bis ins 16. Jh. eine wichtige muselmanische Silbermünze von 2,97 g Gewicht. 695/96 eingeführt, wurde es von Baktrien bis Spanien geschlagen.

Disciplina clericalis. Eine aus 34 oriental. Quellen schöpfende Sammlung von Fabeln, moralischen Erzählungen, Sprüchen und Gedichten; besorgt wurde sie zu Beginn des 12. Jh. durch Moses von Huesca (nach seiner Taufe Petrus Alfonsus) in lat. Sprache.
Ausgaben der D. c. von A. Hilka und W. Söderhjelm. 2 Bde.

Disengagement (engl., Ungebundenheit). Allg. Bez. für Entspannung, insbes. aber zur schlagwortartigen Umschreibung der seit 1955 währenden Bemühungen gebraucht, die in Mitteleuropa militär. engagierten Großmächte zum Auseinanderrücken zu bewegen.
LIT. K. Kaiser, German Foreign Policy

in Transition (1968); P. Bender, Die Ostpolitik Willy Brandts (1972).

Disestablishment (engl., Entstaatlichung). Bez. für die Trennung der Kirchen Großbritanniens vom Staat: der Irlands 1869, Schottlands 1874, Wales' 1920.

Dislokation. Die räuml. Verteilung von Truppen im Frieden.

Dislokationsrecht. Nach 1945 beruhte die Stellung der Sieger- bzw. Besatzungsmächte in Dtl. auf dem D.

Dismembration (lat. Kunstw.). Die Zerstückelung eines Staatswesens. Nach dem Ersten Weltkrieg kam dem Begriff D. im Zusammenhang mit den Diskussionen, die die Auflösung der Donaumonarchie auslöste, bes. Bedeutung zu.

Dispensator (lat., Verwalter, Rechnungsführer, Kassierer). Während des FrühMA der mit der Kassenführung und Auszahlung betraute Hofbeamte; allgemein der Wirtschaftsverwalter (Meier).

Dispositio Achillea. Das Hausgesetz des Kurfürsten Albrecht Achilles (reg. 1470–86) vom 24. 2. 1473. Hierdurch wurden Primogenitur und Unteilbarkeit für die Mark Brandenburg festgelegt. LIT. E. W. Kanter, Markgraf Albrecht Achilles. Bd. 1 (1911); J. Schultze, Die Mark Brandenburg, 3 (1963); H. Conrad, DRG 2 (1966).

Disposition (lat. dispositio, Anordnung). Die Verfügungsbefugnis. In den dt. Armeen wurden die verabschiedeten höheren Offiziere, die, ohne Dienst zu tun, dem Kriegsministerium im Mobilmachungsfall zur Verfügung standen, ›Offiziere z. D.‹ (Offiziere zur D.) genannt. Auch diejenigen Offiziere, die Dienst in inaktiven Stellungen taten, z. B. als Bezirkskommandeure, nannte man Offiziere zur D.

Dispositionsfonds. Im Staatshaushalt ein Posten, dessen Verwendung dem König, dem Staatsoberhaupt oder den Ministerien zur freien Verfügung steht; der D. wird durch die Volksvertretung zugebilligt.

Disputation. Das öffentl. geführte gelehrte Streitgespräch; es war früher weit verbreitet und diente der Klärung wissenschaftl. oder religiöser Streitfragen, z. B. die D. Martin Luthers mit dem Ingolstädter Theologen Johannes Eck zu Leipzig im Jahre 1519. Die D. war auch zur Erlangung akadem. Grade und Würden erforderlich.

Dissenters (Nonkonformisten, An-

dersdenkende). Bez. für diejenigen Gruppen in England, die wegen ihrer Forderung nach Reformation der engl. Kirche (Verlangen nach dem reinen Wort Gottes) die Uniformitätsakte (1559 etc.) ablehnten. Es handelte sich bei ihnen hauptsächl. um Anhänger Calvins (1509–64); sie erhielten bald den Namen Puritaner. Z. Z. Cromwells (reg. 1649–58) gewannen sie die Führung in der Kirche; seit 1660 jedoch wurden sie verfolgt und entrechtet; etwa 2000 Geistliche wurden aus ihren Kirchen vertrieben und grausame Gesetze gegen sie eingebracht. Die hiermit verfolgte Absicht des Zwangseintritts in die Staatskirche wurde meist nicht erreicht. Kongregationalisten, Presbyterianer, Baptisten, Quäker etc. nahmen sogar zu und bildeten in ihren staatlicherseits verbotenen Akademien den Nachwuchs aus. Durch die Toleranzakte (1689) wurde ihnen freie Gottesdienstausübung gewährt, davon ausgenommen waren die Unitarier und die röm. Katholiken.

Im 18. und 19. Jh. gewannen die D. allmählich Gleichberechtigung mit den Anglikanern: 1827 erreichten sie Zugang zu Gemeinde- und Staatsämtern, auch die Mitgliedschaft im Parlament, 1868 Aufhebung der Kirchensteuerverpflichtung, 1871 Erlaubnis zum Studium in Oxford und Cambridge, alles gegen starke Opposition der Staatskirche. Die Namen Cromwell, Milton (1608–74), des Politikers Fox (1749–1806), Bunyans (1628–88), des Malers Watts (1817–1904), Wesleys (1703–91), des Begründers des Methodismus, beweisen den großen Beitrag der D. für das engl. Leben.

Der Bez. D. wird heute der Name Freikirche vorgezogen; das Verhältnis zur anglikan. Kirche ist wesentl. freundlicher. Zu den aus England nach den USA abgewanderten D. gehören u. a. die Pilgrim Fathers (1620).

LIT. H. W. Clark, History of English Nonconformity. 2 Bde. (1911/12); H. Davies, The English Free Churches (N. Y. 1952, mit Lit.).

Dissidenten. Der Begriff D. (lat. dissidere, nicht übereinstimmen, getrennt sein) ist heute schillernd. Sprachl. tritt er zuerst im Warschauer Frieden (Pax dissidentium, 1573) in Erscheinung; er dient dort zur Kennzeichnung der von der kath. Kirche Getrennten. In England sind Dissenters die von der Staats-

kirche Getrennten. Wenn, wie es z. B. im preuß. Staat der Fall war, mehrere Kirchen öffentl.-rechtl. Befugnisse besitzen, gelten als D. diejenigen, welche sich von diesen Kirchen getrennt halten. Seitdem auch kleinere Religionsgemeinschaften Körperschaften des öffentl. Rechts werden können (vgl. Art. 137–141 der Weimarer Verfassung von 1919), verengt sich der Begriff im modernen Sprachgebrauch auf solche Personen, die keiner Religionsgemeinschaft angehören, die in diesem Sinne mithin konfessionslos (glaubenslos) sind. Um dem Wort einen positiven Sinn zu verleihen, bez. das Dritte Reich die D. als »Gottgläubige«. Die Bez. »Freidenker« ist für D. ebenfalls üblich. Nur dort, wo Religionsfreiheit herrscht, sind D. möglich.
In der nichtkommunist. Welt bez. man mit D. oft Oppositionelle in den ehem. Ostblockstaaten, die mit den jeweils herrschenden Anschauungen und polit. Grundsätzen nicht übereinstimmten.
LIT. RGG II (1958), 209; LThK III (²1957ff.), 348; StL I (1957), 1464.

Distelorden, Andreasorden; engl. The Most Ancient and Most Noble Order of the Thistle. Ein urspr. schott., heute brit. Orden, der in der Rangfolge der brit. Orden (hinter dem Hosenbandorden) an 2. Stelle steht. Er soll 787 durch den schott. König Achaius, der mit Hungus, dem König der Pikten, gegen die Engländer kämpfte, in Erinnerung an ein leuchtendes Kreuz, das sie in der Nacht vor der Schlacht sahen, gegr. worden sein. 1540 soll der Orden wiederhergestellt worden sein, sicher aber 1687, jedoch nur bis zur Revolution des Jahres 1688. Endgültig wiederhergestellt wurde er durch Königin Anna (reg. 1702–14) im Jahre 1703. Die Mitgliedschaft des Ordens ist auf den König, Mitglieder des Königshauses, ausländ. Ritter sowie im Höchstfalle 16 Ritter aus dem hohen schott. Adel (Peers) beschränkt.

Distrikt (mlat. districtio, Amtsgewalt bzw. deren Ausübung). Die untere Verwaltungseinheit, d. h. der Bezirk, der Kreis oder deren Untergliederung. In den europ. Staaten kommt der D. im Verwaltungsbereich selten vor; in Frankreich war er von 1791–95 ein Teil des Departements, Bayern kannte ihn im 19. Jh.; häufiger war er in der Kolonialverwaltung Dtls. und Großbritanniens. In mittel- und südamerikan. Staaten (Mexiko, Venezuela, Argentinien, Brasilien, Uruguay, Peru) ist der Distrito Federal, der Bundes-Distrikt, der den Provinzen oder Staaten gleichgestellte Verwaltungsbezirk. Der District of Columbia, abgek. D. C., ist der 1791 geschaffene Bundesdistrikt der USA mit der Bundeshauptstadt Washington; er ist dem Kongreß unmittelbar unterstellt.

Disziplin (lat. disciplina, Unterweisung, Zucht).
[1] Wissenschaftszweig, vor allem die disciplina Etrusca, die Wissenschaft der etrusk. Haruspices; sie wurden herangezogen, wenn es in Rom die Prodigien zu deuten galt.
[2] Zucht, Ordnung, vor allem im Heer, wo sie als militär. Tugend galt; im 2. Jh. n. Chr. wurde sie als Göttin verehrt.
[3] Kirchenzucht (→Flagellanten); sie steht in engem Zusammenhang mit der inneren Zucht, der Selbstdisziplin, einer freien, sittl. Leistung des einzelnen.

Divan, Diwan.
[1] Urspr. Rechnungsbücher, dann das Büro der Finanzverwaltung, das Amtszimmer, der Sitz des Beamten, die Regierungskanzlei im islam. Orient; ebenfalls Bez. für den früheren türk. Staatsrat (desgleichen den rumän.), dessen Vorsitzender der Großwesir war.
[2] Sammlung panegyrischer und lyrischer Gedichte eines islam. Dichters (nach oriental. Vorbild entstand Goethes ›West-östlicher D.‹).

Divide et impera (lat., teile [trenne] und herrsche). Dieser Grundsatz, der davon ausgeht, durch die Schaffung von Parteiungen zu herrschen, wird den Staatsmännern des antiken Rom zugesprochen, die ihn angebl. gegenüber den von ihnen unterworfenen Völkern praktizierten; doch führt man seinen Ursprung auch auf Ludwig XI. von Frankreich (reg. 1461–83) zurück.
LIT. J. Vogt, D. e. i. In: Das Reich, Festschr. Joh. Haller (1940).

Divination (von lat. divinatio, Sehergabe, [Gabe der] Weissagung. Allg. die Ahnung künftiger Ereignisse; im bes. die Feststellung der Zukunft durch bestimmte Mittel, u. a. durch Beobachtungen in der Natur: Baumrauschen, Vogelflug, Eingeweide von Opfertieren etc. Verschiedene Ausübungsformen der D. waren strafbar; so galt z. B. in der Spätantike die Frage nach dem Tod des Kaisers als Majestätsverbrechen.

LIT. Th. Mommsen, Röm. Strafrecht (1888); R. Otto, Das Heilige ([28]1948).

Divini redemptoris (lat., die Verheißung eines »göttlichen Erlösers«). Die gegen den »gottlosen Kommunismus« gerichtete Enzyklika Papst Pius' XI. (reg. 1922–39) vom 19. 3. 1937.

Division (lat., Teilung, Einteilung). Unterabteilung. Seit dem Ende des 18. Jh. ein Truppenteil bzw. Truppenverband; er verfügt über sämtl. zu selbständiger Kampfführung erforderl. Waffen und Versorgungsdienste und stellt daher die unterste operative Einheit dar; ihr Bestand umfaßt 10000–12000 Mann, in der brit. Armee 15000 Mann. Die Unterteilung des gesamten Heeres in D. erfolgte zuerst unter Napoleon I. (1804–14/15). In der Kriegsmarine ist die D. eine Unterabteilung bzw. Unterverband des Geschwaders; sie umfaßt 3–5 Kriegsschiffe.

Divisionär. Bezeichnung für den Kommandeur einer Division; er hat meist den Rang eines Generalleutnants oder Generals.

Divus (lat.). Der Gottgewordene. Im antiken Rom der staatl. verliehene Titel für einen zu göttl. Verehrung erhobenen großen Toten. Als erstem wurde dieser Titel Caesar zuerkannt, den man als D. Julius verehrte. Seit Augustus (reg. 31 v.-14 n.Chr.) wurde die Konsekration immer mehr zur Regel, allerdings konnte der Senat einen verstorbenen Kaiser auch für verfluchungswürdig erklären (damnatio memoriae). Seit Commodus (reg. 180–192) wurde der Titel D. auch auf lebende Kaiser angewendet. Die mlat. Bedeutung von D., vereinzelt als Prädikat der Kaiser verwendet, entspricht in erster Linie der des Gottesgnadentums.

LIT. J.S. Reid, in: A Companion to Latin Studies (London 1910); G. Wissowa, Religion und Kultus der Römer ([2]1912); L.R. Taylor, The Divinity of the Roman Emperor (London 1931); P.E. Schramm, Kaiser, Rom und Renovatio ([2]1957); K. Latte, Röm. Religionsgeschichte (1960).

Dogaressa. Die Gemahlin des Dogen.

Doge (ital. von lat. dux). Bez. für das Staatsoberhaupt der ehem. Republiken Venedig und Genua mit dem Rang eines regierenden Fürsten. Die Dogenwürde findet sich in Venedig bereits seit 697 n.Chr. Die zunächst fast absolute Gewalt des D. wurde Ende des 12. Jh. durch eine neue Verfassung in eine derartige Abhängigkeit vom Rat gebracht, daß eine Wahl zu diesem Amt, vor allem auch wegen der 5 Correttori, die nach dem Tode des D. seine Amtsführung prüften und etwaige verhängte Strafen auf seine Angehörigen übertrugen, keineswegs immer gern angenommen wurde. Der 1177 gewählte D. Ziani vollzog zum erstenmal die später immer wieder gefeierte symbolische Vermählung des neuen D. mit dem Meer dadurch, daß er einen kostbaren Ring von dem prächtigen Staatsschiff Bucentaur in die Tiefe warf.

Genua gab sich den ersten D. 1339. Die 1528 durch Andrea Doria eingeführte Verfassung bestimmte, daß nur sehr vermögende Senatoren sowie Mitglieder des Großen Rates, die mindestens 50 Jahre alt sein mußten, gewählt werden konnten. Der Friede von Campo Formio (1797) machte den Republiken Venedig und Genua und damit auch der Würde des D. ein Ende. In Genua wurde sie 1802 noch einmal hergestellt, hörte jedoch 1805 mit der Einverleibung der Ligurischen Republik in das franz. Kaiserreich endgültig auf.

LIT. Musatti, Storia della promissione ducale (Padua 1888); H. Kretschmayr, Geschichte von Venedig. 3 Bde. (1905–34); L.M. Levati, Dogi di Genova 1669–1797. 4 Bde. (Genua 1912–16); R. Cessi, Venezia ducale, 1 (Venedig 1940); F. Thiriet, Histoire de Venise (Paris 1952); A. da Mosto, I dogi di Venezia nella vita pubblica e privata (Milano 1960).

Dogma (griech., Verordnung, Satzung, Lehrsatz). Ein für die kirchl. Gemeinschaft verpflichtender Glaubenssatz. Als D. gilt nach kath. Auffassung jede von Gott entweder durch die Hl. Schrift oder die Überlieferung geoffenbarte Wahrheit, und zwar in der vom obersten Lehramt (Papst) verkündeten Form; es stellt eine Glaubenspflicht für alle Gläubigen dar. In der orthodoxen Kirche sind glaubenspflichtige D. lediglich die Lehrentscheidungen der ersten sieben ökumenischen Konzilien (325–787). Nach ev. Auffassung enthält das D. eine Lehr- aber keine Glaubensverpflichtung. D. im Sinne der kath., orthod. und prot. Kirche sind in den nichtchristl. Religionen unbekannt; hier gibt es ledigl. lehrhafte Formulierungen, die den D. nahekommen.

LIT. A. Deneffe, D., Wort und Begriff.

In: Scholastik, 6 (1931); B. Poschmann, Wesen und Bedeutung des D. In: Die Kirche in der Welt. Ein Loseblatt-Lexikon, 2 (1949); A. von Harnack, Lehrbuch der Dogmengeschichte ([5]1931 f.); P. Althaus, Die christliche Wahrheit. 2 Bde. ([3]1952); F. Flückiger, Der Ursprung des christl. D. (1955); L. Ott, Grundriß der D. ([6]1963); F. Feiner, M. Löhrer (Hrsg.), Mysterium Salutis. Grundriß heilsgeschichtlicher Dogmatik. 5 Bde. (1966 ff.); F. Gogarten, Die Verkündung Jesu Christi ([2]1966); W. Trillhaas, Dogmatik ([2]1967); J. Ratzinger, Das Problem der Dogmengeschichte in der Sicht der kath. Theologie (1966).

Dokimasie (griech.). In der athenischen Demokratie die dem Amtsantritt der Beamten und Ratsherren vorausgehende Prüfung, sowohl der erwählten wie auch der erlosten. Die D. bezog sich insbes. auf die mit einer Amtsübernahme verbundenen Vorbedingungen, u. a. das Bürgerrecht, außerdem auf das Vorleben der Bewerber.

Doktrin (lat. doctrina, Lehre, Gelehrsamkeit). Eine Lehre; in der Politik präzis formulierte Grundsätze von Parteien, Staaten, Machtgruppen, z. B. die Monroe-Doktrin (die Botschaft des amerikan. Präsidenten J. Monroe vom 2. 12. 1823, welche die europ. Einmischung in amerikan. Angelegenheiten und die amerikan. in europ. ablehnt; →Isolationismus). Im Völkerrecht kann eine D. als Rechtserkenntnisquelle dienen, so die Grundsätze von der Freiheit der Meere.

Doktrinär (nlat.). Gelehrt, meist mit dem Nebensinn des Einseitigen und Engstirnigen, nach festgelegten Meinungen handelnd. – In Frankreich erhielt eine parlamentarische Oppositionsgruppe während der Restaurationszeit (1815–48), welche die Weiterbildung des konstitutionellen Systems nach engl. Vorbild verfocht, den Namen Doktrinäre; während der Regierungszeit Louis Philippes (1830–48) kam sie, geführt von G. Guizot (1787–1874), zu beherrschender Geltung.

Dokumentation. Sammlung, Ordnung und Verarbeitung von Dokumenten, d. h. des sämtl. Materials wie Bücher, Zeitungen, Zeitschriften, Briefe, Urkunden, Akten, Bilder etc. mit dem Ziel, dem Forscher das Aufsuchen und Beschaffen der gewünschten Unterlagen zu erleichtern. Die D. befaßt sich mit der Ausarbeitung und Verbreitung von Methoden, Normen und Richtlinien für das Herstellen, Zusammentragen, Ordnen und Benutzen von Dokumenten, z. B. für die innere und äußere Gestaltung wissenschaftl. Veröffentlichungen, das Auswerten von Zeitschriften, die systemat. Klassifizierung des gesammelten Materials, die Organisation sog. Literaturnachweisstellen, die Reproduktion (vor allem die photographische) vergriffener oder schwer zugängl. Dokumente sowie die hierfür notwendige Apparatur. Das seit 1895 bestehende Internationale Bibliographische Institut in Brüssel gab die Anregung zur planmäßigen internationalen Zusammenarbeit auf dem Gebiet der D.
LIT. O. Frank, Einführung in die D. (1949, Hdb. der Klassifikation, 5); Zs.: Nachrichten für D. (1950 ff.); Th. P. Loosjes, D. wissenschaftl. Lit. (1962); E. Ühlein, Terminologie der D. (1966).

Dolchstoßlegende. Nach dem Ersten Weltkrieg verbreitete, letztlich auf E. Ludendorff (1865–1937) zurückgehende Darstellung der Ursachen des dt. Zusammenbruchs; hiernach war ein Teil der Heimatbevölkerung dem im Felde unbesiegten Frontheer in den Rücken gefallen; die Niederlage Deutschlands war mithin nicht aus militär. und wirtschaftl. Gründen, sondern durch Defaitismus verschuldet worden. Der Begriff D. wurde zum Schlagwort und als solches von den Rechtsparteien, insbes. von den Nationalsozialisten ausgenutzt. Deshalb bestanden 1945 die Alliierten auf der Unterschrift der Kapitulationsurkunde durch die dt. militärischen Befehlshaber. – Bereits in der franz. polit. Lit. nach der Niederlage im Krieg von 1870/71 war von einem »coup de poignard dans le dos« die Rede.
LIT. H. von Zwehl, Der Dolchstoß in den Rücken des siegreichen Heeres (1922); Der Dolchstoß. In: Süddt. Monatshefte (Okt.–Nov. 1925); H. Schröder, Das Ende der D. (1946); S. A. Kaehler, Neuere Geschichtslegenden und ihre Widerlegung. In: Vorurteile und Tatsachen (1949); W. Conze. In: Dt. Geschichte im Überblick, hrsg. von P. Rassow (1953; [2]1962); F. Frhr. Hiller von Gaertringen, »Dolchstoß«-Diskussion und »D.« im Wandel vier Jahrzehnten. In: Festschr. für Hans Rothfels (1963); J. Petzold, Die D. Eine Geschichtsfälschung im Dienste des

dt. Imperialismus und Militarismus (Berlin-Ost 1963).

Dollar →Taler.

Dolmen (bret. dol = Tisch, Tafel, men = Stein, wörtlich also Steintisch, Tafelstein). Bez. für ein in der Regel aus einer Decke und vier Tragsteinen bestehendes Hünengrab, Riesengrab; die große Totenstätte (Gangrab) der jüngeren Stein- und frühen Bronzezeit für einen Toten (→Megalithgrab).

Dom (von lat. domus, Haus, mhd. tuom, später Thum). Die Kirche eines Bischofs (Kathedrale) oder eine größere Stiftskirche, deren Geistliche urspr., ähnlich den Mönchen, ein gemeinsames Leben führten; daher wurde der D. nicht selten auch Münster genannt. LIT. K. Honselmann, in: Theologie und Glaube, 49 (1959); H. J. Mrusek, K. G. Beyer, Drei dt. Dome – Quedlinburg, Magdeburg und Halberstadt (1983).

Domäne (lat. dominium, Herrschaft, Besitz, mlat. domanium). Das staatl. Landgut, die Fischerei, das Bergwerk, der Forst etc.; im weiteren Sinn alle dem Staat gehörenden Grundstücke, die der »Urproduktion« dienen; in Frankreich wird der gesamte öffentl. Grund und Boden als domaine bezeichnet.

Die röm. Anfänge des Begriffs D. sind umstritten; entweder ging das dominium in solo provinciali aus der Übernahme des hellenist. Königslandes in den ager publicus hervor aus einer Rechtstheorie, die auf die röm. Kaiserzeit zurückgeht. Jedenfalls bildet seit der Kaiserzeit des Römischen Reiches der Dominialbesitz, d. h. das Krongut bzw. Reichsgut oder (soweit als Privatbesitz des Herrschers deklariert) das Kammergut, Schatullgut oder Tafelgut eine der entscheidenden Einkommensquellen des Staates bis in die NZ.

Die süddt. Herzöge, der Langobardenkönig, insbes. aber das Frankenreich besaßen D. beträchtl. Ausmaßes; gegen Ende der Merowingerzeit unterstand es den Hausmeiern. Karl d. Gr. (reg. 768–814) verfügte eine Neuordnung der Verwaltung des umfangreichen Besitzes in den ›Capitulare de villis‹ (812). Dadurch wurden u. a. die D. aus der Verwaltung der Grafschaft herausgenommen und in einem besonderen Domänenverwaltungsbezirk zusammengefaßt. Aus dem hiermit verbundenen Domänenamt entwickelte sich seit dem 10. Jh. die dominiale Grafschaft. Mit dieser Entwicklung lief die Verwendung der D. zur Ausstattung von Kirchen, zur Belehnung des Adels oder als Kreditunterpfand (Verpfändung) parallel. Mit dem Übergang der Lehen in erbl. Besitz gingen die D. in ihrer Eigenschaft als Staatsbesitz größtenteils verloren. Gleichzeitig kam es zu einer Erstarkung des landesherrl. Domänenbesitzes, der infolge der Säkularisation seit 1521 (im Zusammenhang mit der Reformation) und nach 1802 eine weitere Vermehrung erfuhr.

War bis in die zweite Hälfte des 17. Jh. als Nutzungsform der D. die Selbstverwaltung üblich, so war es später die Verpachtung; gewöhnlich handelte es sich dabei um Zeitpacht, vereinzelt um Erbpacht. Zw. dem Staatsvermögen und dem fürstl. Hausgut (Kammer-, Schatull- oder Tafelgut) bestand keine scharfe Trennung. Als sich die verschiedenen Territorien im Laufe des 19. Jh. Verfassungen gaben, wurden die D. teils zu Staatsgut (so in Bayern, Preußen und Sachsen), teils kam es zu ihrer Aufteilung zw. dem Staat und dem Fürstenhaus, teils blieben sie im Besitz des Fürstenhauses, allerdings mit der Auflage, hierfür Abgaben zu entrichten.

Als der Zusammenbruch des Deutschen Reiches 1918 zur Abdankung der Regenten der Länder des Reiches führte, kam es zu Auseinandersetzungen mit der Republik als der Rechtsnachfolgerin des Reiches hinsichtl. der D. Die Auseinandersetzungen machen deutlich, daß die Eigentumsverhältnisse bis zu diesem Zeitpunkt noch häufig unsicher waren.

LIT. M. Rostovtzeff, Gesellschafts- und Wirtschaftsgeschichte der hellenist. Welt. 3 Bde. (dt. 1955/56); H. Balck, Dominiale Verhältnisse in Mecklenburg-Schwerin (1864); H. Olrichs, Die Domänenverwaltung des preuß. Staates (²1888); K. Beyerle, Artikel »Domäne«, in: Handwörterbuch der Rechtswissensch., 2 (1927); T. Frank, Journal of Hellenistic Studies (1927); A. H. M. Jones, in: Journal of Hellenistic Studies (1941); F. Facius, Wirtschaft und Staat (1959); F. Lütge, Geschichte der dt. Agrarverfassung (²1967).

Domesday Book (engl., Buch des Jüngsten Gerichts), Liber iudicarius Angliae. Das unter Wilhelm d. Eroberer (1066–87) von 1083–86 für 34 engl. Grafschaften (Northumberland und Durham fehlen; von Westmoreland und

187

Domesticus

Cumberland sind lediglich Teile erfaßt)
angelegte Grundbuch stellt den ältesten
erhaltenen engl. Kataster dar. Es enthält ein Verzeichnis des Grundbesitzes
sowie die Zahl der Einwohner nach
Einkünften und Abgaben. Das in lat.
Sprache auf Pergament abgefaßte Buch
umfaßt 2 Bände (ein Band in Foliofor-
mat zu 382 Seiten, ein Band in Quart-
format zu 450 Seiten). Das D. B. wird
ebenfalls ›King's Book‹ und ›The Winchester Roll‹ (da es in Winchester aufbewahrt wurde) genannt.
Ausgabe: 1783 (amtlich); Index 1811;
Supplement 1816; Facsimile-Ausgabe
1861/64. – Heute befindet sich das D. B.
im Public Record Office in London.
LIT. A. Ballard, The Domesday Inquest
(1906); J. Hatschek, Engl. Verfassungsgeschichte (1913); F. M. Stenton,
Anglo-Saxon England (Oxford ²1947);
A. L. Poole, From Domesday to Magna
Charta (1951); H. C. Darby, Domes-
day-geography of England (Cambridge
seit 1952); V. H. Galbraith, The Making
of D. B. (Oxford 1961); R. Welldon
Finn, An Introduction to D. B. (London
1963); R. Fuchs, Das D. B. und sein
Umfeld. Zur ethn. und sozialen Aussa-
gekraft einer Landesbeschreibung im
England des 11. Jh. (1987).

Domesticus (lat., der zum Hause gehörige Genosse).
[1] Seit dem 4. Jh. n. Chr. Beamte, die
bei den höchsten Staatswürdenträgern
des röm. und byzantin. Reiches eine
Vertrauensstellung einnahmen.
[2] **protectores domestici:** die kaiserliche Leibgarde.
[3] In der Merowingerzeit war der D.
Domänenverwalter; mlat. Ministeriale.

Domfreiheit. In Bischofsstädten der
unter der unmittelbaren Gerichtsbarkeit des Domstiftes als Immunitätsherrn
stehende Bezirk um den Dom.

Domherr. Angehöriger des Domkapitels, im MA häufig adeligen Standes,
seit dem 9. Jh. in eigener Wohnung lebend, mit freier Verfügung über sein
Privateigentum und seine Pfründenein-
künfte. Der D. hat ständige Residenzpflicht, die Pflicht zur Teilnahme am
Chordienst und den Versammlungen
des Domkapitels sowie zur Übernahme
bestimmter Ämter.

Dominat (lat. dominus, Herr). Im
Gegensatz zum Prinzipat des Augustus
(reg. 31 v.-14 n. Chr.) die zweite, das
absolute Kaisertum umschreibende
Epoche der röm. Kaiserzeit; sie begann

mit Diokletian (reg. 284–305) und dauerte bis zur Teilung in ein oström. und
weström. Reich (395) bzw. bis zum Untergang Westroms (476).

Dominikaner (Predigerorden, Ordo
Fratrum Praedicatorum, OP: nach dem
Kloster St. Jakob in Paris auch Jakobi-
nerorden genannt).
Die Ordensgründung durch den hl. Dominikus von Caleruega (1170–1221)
ist, wie beim Franziskanerorden, im Zusammenhang mit den Spannungen zu
sehen, die seit der Mitte des 12. Jh. in
der Kritik der Laien gegenüber der Ver-
weltlichung der Geistlichkeit, in der
Forderung nach apostol. Armut sowie
in den häret. Bewegungen (Albigenser,
Waldenser) ihren Ausdruck finden. Ihren Ursprung haben der D. in Südfrankreich, wo Dominikus 1215 in Toulouse
ein erstes Haus errichtete, mit der Absicht der predigtmäßigen Bekämpfung
der Häretiker. Papst Honorius III. (reg.
1216–27) bestätigte die Gründung des
Dominikus. Insbes. durch das Verlangen des aufstrebenden Bürgertums nach
intensiver Seelsorge findet der neue Orden schnell Verbreitung in den Städten.
Die Ordensregel knüpft an die der Augustiner an, doch übernimmt sie auch
Elemente der Franziskanerregel, allerdings ohne die strenge Betonung des
Armutsgelübdes, welches später (1475
bzw. 1477) durch Papst Sixtus IV. ganz
aufgehoben wird. Gemäß dem Auftrag
des Ordens entfällt die stabilitas loci,
desgleichen die Forderung nach Handarbeit; denn theolog. Studien und Predigt stehen im Mittelpunkt. Bald nach
der Gründung beginnt im Orden die Tätigkeit bedeutender Gelehrter wie Al-
berts des Großen (1193[?]–1280) und
Thomas' von Aquino (1225[27]–74) sowie der großen mystischen Prediger des
14. Jh.: Eckehart (um 1260–1327),
Tauler (um 1300–61), Seuse (um 1295–
1366) und Savonarola (1452–98).
Großen Einfluß gewinnen die D. durch
die fast ausschließl. Übertragung der Inquisition (1232) unter Papst Gregor IX.
(reg. 1227–41) sowie infolge des stets
mit einem D. besetzten Amtes des
päpstl. theolog. Beraters (magister sacri
palatii). Den D. eröffnete sich ein neues
Betätigungsfeld im Zeitalter der Entdeckungen: die Mission in Übersee. Die
Reformation, das Aufkommen der Jesuiten, die Franz. Revolution (1789) sowie die Säkularisation führen den Nie-

dergang des Ordens herbei. Im 19. Jh. jedoch gewinnen die D. durch Dominique Lacordaire (1802–61) und den Ordensgeneral Jaudel (†1872) wieder an Bedeutung; auf wissenschaftl. Gebiet u. a. durch Heinrich Seuse Denifle (1844–1905).

Heute bestehen 33 Provinzen; höchste Instanz ist das Generalkapitel, das den Ordensgeneral wählt. Die Ordensprovinzen werden von einem Prior provincialis, die Klöster von einem Prior geleitet. Wichtige wissenschaftl. Forschungsstätten befinden sich in der Gegenwart u. a. in Rom, in Walberberg bei Köln (Albertus-Magnus-Akademie), zu Etielles bei Paris sowie in Freiburg/Schweiz (Theolog. Fakultät). In neuester Zeit sind sie den alten Arbeitsgebieten neue getreten, u. a. die Kath. Sozialkunde.

Der von Dominikus gegrundete sog. »II. Orden« der Dominikanerinnen tritt heute gegenüber seiner großen Bedeutung im MA zurück. Von dem im 13. Jh. entstandenen III. Orden (Tertiarier) wurde der männl. Zweig 1923 mit dem 1. Orden vereinigt.

LIT. Monumenta Ordinis Fratrum Praedicatorum historica. 14 Bde. (1896–1904), ab Bd. 15 ff. 1931 ff.; Heimbucher II, 93 ff.; O. M. Rohling, Der Predigerorden in Deutschland (1938); G. M. Löhr, Die Kölner Dominikanerschule vom 14.–16. Jh. (1948); ders., Der Dominikanerorden und seine Wirksamkeit im mittelrheinischen Raum. In: AMrhKG 4 (1952), 120–56; Quellen und Forschungen zur Geschichte des Dominikanerordens in Deutschland (8 Bde. 1992–99); H. Wilms, Geschichte der dt. Dominikanerinnen (1920); A. M. Walz, Wahrheitskünder. Die D. in Geschichte und Gegenwart (1960); M. M. Monssen, Die Dominikanerinnen (1964); W. Hinnebusch, The History of the Dominican Order. Origins and Growth to 1500, vol. 1 (N. Y. 1965).

Dominion (engl., Herrschaftsgebiet). Lt. engl. Staatsrecht urspr. jede überseeische Besitzung des Britischen Reiches (1901–52 Teil des Titels der brit. Krone: . . . of the British Dominions beyond the Seas); seit der brit. Reichskonferenz von 1917 galten als D. nur noch die sog. »self-governing« (sich selbst regierenden) Länder Kanada, Australien, Neuseeland, Südafrika und die Teile des Britischen Reiches, welche eine diesen Ländern gleichberechtigte

Stellung (Dominionstatus) gegenüber dem brit. Mutterland erhielten (Indien 1947, Pakistan 1947, Ceylon 1948). Die D. wurden in der brit. Regierung durch Hoch-Kommissare (High Commissioners) vertreten. Nachdem die Bez. D. durch den Terminus Country of the Commonwealth ersetzt worden war, weil sie zu sehr an die frühere Abhängigkeit vom brit. Mutterland erinnerte, ist sie seit 1952 auch aus dem Titel Elisabeths II. entfernt worden.

Dominium (lat., Eigentum). Das, besonders nach röm. Recht, nicht beschränkte private Eigentumsrecht an Grund und Boden.

Dominium altum. In der dt. Rechtsgeschichte: öffentl. »hoheitliche Gewalt«, über die der Territorialherr verfügte.

Dominium directum. Obereigentum des Lehnsherrn.

Dominium eminens. Im Staatskirchenrecht: Das bes. aus dem Josephinismus bzw. den hieraus entstandenen Auffassungen hergeleitete landesherrl. Obereigentum am Besitz der Kirche.

Dominium humile. In der dt. Rechtsgeschichte: private »niedere Gewalt« eines Eigentümers an Grund und Boden (Patrimonialgerichtsbarkeit).

Dominium maris baltici (lat.). Die Herrschaft über die Ostsee. Ein zuerst 1563 durch Sigismund II. von Polen (reg. 1548–72) verwendetes Schlagwort zur Umreißung des machtpolit. Strebens nach der Ostseeherrschaft. Dann allg. der Ausdruck des Versuchs eines Anliegerstaates, vor allem Schwedens, die Gegenküste zu beherrschen.

LIT. W. Vogel, Zur Frage der Ostseeherrschaft. In: Jomsburg (Zeitschrift) 1 (1937); J. Paul, Europa im Ostseeraum (1961); W. Hubatsch, Unruhe des Nordens (1962).

Dominium utile. Lt. röm. Recht die eigentumsähnliche Befugnis des Erbpächters.

Dominus (lat., Hausherr, Eigentümer, Herr, Herrscher, Gebieter). Die Bez. wurde schon früh als Anrede der röm. Kaiser verwendet (Domitian, reg. 81–96 n. Chr.); seit Aurelian (reg. 270–275) gehört sie offiziell zum kaiserl. Titel: »dominus et deus«. Hieraus entwickelte sich eine übl. Titulierung. Im Mittelalt. bedeutet D. Lehnsherr, Grundherr, Landesherr (dominus terrae) und Weltenherrscher (dominus rerum). Aus dem lat. D. entwickelten sich das spanische »Don« und das portugies. »Don« als Titel für die Geistlichkeit (auch des Papstes) sowie Prinzen und Angehörige des Hochadels.

Domkapitel. Die Korporation von Geistlichen an einer Kathedralkirche (bischöfl. Kirche). Ihm entspricht bei den Stiftskirchen das Stiftskapitel. Die Geistlichen solcher Kirchen lebten in klosterähnlicher Gemeinschaft, die, im 4. Jh. eingeführt, doch erst seit der Karolingerzeit Bedeutung erlangte. Von der auf Chrodegang von Metz († 766) zurückgehenden Übung, bei der tägl. Versammlung ein Kapitel zu lesen, erhielt erst der Versammlungssaal, dann auch die Gemeinschaft der Versammelten selbst, den Namen Kapitel; die einzelnen Mitglieder hießen Kanoniker, Kapitulare, Dom-, Stifts- oder Chorherren. Im 10. und 11. Jh. geriet die vita canonica in Verfall. Unter Gregor VII. (reg. 1073–85) entstand eine Reformbewegung, die sich jedoch fast ausschl. bei den Stiftskapiteln durchsetzte; ihren Niederschlag bildet hier die sog. Augustinerregel, beruhend auf den Schriften des hl. Augustinus, weshalb man auch von Regularkanonikern oder Augustiner-Chorherren spricht. Seit dem 13. Jh. verfiel die vita canonica erneut; sie ist heute nur noch in schwachen Resten vorhanden. Die nicht in der Gemeinschaft lebenden Stiftsherren hießen »Säkularkanoniker«.

Im SpätMA erhielten die D. immer größeren Anteil an der bischöfl. Regierung, vom 12. Jh. an besaßen sie auch das Recht der Bischofswahl. Im Laufe der Zeit verselbständigten sich manche Kapitel völlig gegenüber ihren Bischöfen; dieser Entwicklung bereitete das Tridentinum (1545–63) ein Ende. In Dtl. existierten die D. in ihrer alten Form bis zur Säkularisation von 1803, wodurch die reichsunmittelbaren D. beseitigt und die reichsmittelbaren Landesfürsten untergeordnet wurden.

Heute ist die Stellung der D. rein kirchlich; das Recht der Bischofswahl haben die D. mit Einschränkungen behauptet, d. h., daß sie vielfach durch Vorschlagslisten bei der Auswahl des neuen Bischofs mitwirken. LIT. H. E. Feine, Die Besetzung der Reichsbistümer vom Westfäl. Frieden bis zur Säkularisation 1648–1803 (1921); unveränderter Nachdruck 1964); A. Schulte, Der Adel und die dt. Kirche im MA (^{2}1922); Ph. Hofmeister,

Bischof und D. (1931); Feine, KRG I (1950); E. Eichmann, Lehrbuch des Kirchenrechts auf Grund des Codex Iuris Canonici (neu bearb. und hrsg. von K. Mörsdorf), 1 (^{9}1959); R. Schieffer, Die Entstehung von Domkapiteln in Dtl. (1976); C. Bosshart-Pfluger, Das Basler Domkapitel von seiner Übersiedlung nach Arlesheim bis zur Säkularisation (1687–1803) (1983); P. Hersche, Die dt. Domkapitel im 17. und 18. Jh. 3 Bde. (1984).

Domkloster. In german. Ländern ein an Bischofskirchen des frühen MA gelegenes Kloster. Das D. war eine Vorform des Domkapitels.

Dompropst. Der Leiter des Domkapitels; er ist vor allem für die Güterverwaltung zuständig; unterstützt wird er bei der Vermögensverwaltung sowie bei der Leitung des Gottesdienstes nicht selten durch den Domdekan.

Domschule. Eine vom Domkapitel unterhaltene Ausbildungsstätte, bes. für den Klerikernachwuchs; geleitet wird sie vom Domscholaster. In der ma. Bildung kam ihr neben den Klosterschulen bes. Bedeutung zu, die sie jedoch mit dem Aufkommen der Universitäten und der städt. Schulen mehr und mehr verlor. Die D. wurde schließl. durch das Tridentinum (1545–63) vorgeschriebenen Seminare abgelöst.

Donaten →Oblaten.

Donatisten. Das donatist. Schisma, das vom 4. bis 7. Jh. in Nordafrika währte, brach aus, als es im Anschluß an den Tod des Bf. Mensurius von Karthago im Jahre 311/12 oder 307 zu einer Doppelwahl kam. Der eigentl. Grund für die Spaltung lag jedoch in den starken sozialen, wirtschaftl. und nationalen Spannungen zwischen der berberischen Landbevölkerung und den röm. oder romanisierten Grundherren sowie den Städten. Bereits 305 hatten die Landarbeiter in Cirta den Bürgern einen Bf. ihrer Wahl aufgezwungen. Infolge solcher tieferen Ursachen währte das Schisma auch so lange. Ihren Namen erhielt die Bewegung von dem Bf. Donatus von Karthago († um 355); sie betrachtete sich als die Verkörperung der ecclesia catholica schlechthin. Die Versuche Kaiser Konstantins (306–37), die kirchl. Einheit Nordafrikas wiederherzustellen (Synoden zu Rom 313, zu Arles 314) schlugen fehl. Die D. wurden zunächst vorübergehend, seit 414 in großem Ausmaß als Ketzer verfolgt. Hierbei verschmolz ihre unversöhnl. Opposition mit national-punischen und sozial-revolutionären Tendenzen. Zu Unruhen kam es durch die Zusammenrottung von D., den sog. Circumcellionen oder Agnostikern. Die Bez. Circumcellionen stammte daher, daß diese sich bei den cellae rusticanae, d. h. wahrscheinlich: den Märtyrerschreinen und -gräbern in ländl. Kirchen Numidiens mit angebauten Verpflegungsmagazinen, sammelten. Bedeutende Theologen der D. waren u. a. Ticonius und Parmenian. Außerhalb Afrikas entstand nur in Rom eine donatist. Gemeinde. LIT. H. von Soden (Hrsg.), Urkunden zur Entstehungsgeschichte des Donatismus ([2]1950); P. Menceaux, Histoire littéraire de l'Afrique chrétienne IV en VII (1912–23); W. H. C. Frend, The Donatist Church (1952); S. L. Greenslade, Schism in the Early Church (Oxford 1953); H.-J. Diesner, Studien zur Gesellschaftslehre und sozialen Haltung Augustins (1954); H. Kraft, Kaiser Konstantins religiöse Entwicklung. In: BHTh 20 (1955); H. J. Diesner, Spätantike Widerstandsbewegungen, das Circumcellionentum. In: Aus der byzantin. Arbeit der DDR, 1 (1957); H. Lietzmann, Geschichte der alten Kirche, 3 ([3]1961).

Donativum (lat., Geldgeschenk). Ein außerordentl. Geldgeschenk, das die röm. Kaiser an ihre Soldaten bei feierl. Anlässen verteilten. Das D. wurde vor allem beim Regierungsantritt von den Herrschern gewährt, um dadurch die Gunst der Soldaten zu gewinnen, sodann auch am Jahrestag der Thronbesteigung, schließl. bei wichtigen Anlässen im Leben der kaiserl. Familie, so der Annahme der toga virilis, des Caesartitels seitens der Thronfolgers, bei Adoption und Heirat. Noch bei den Ostgoten unter Theoderich (reg. 493–526) gab es das D. Endgültig abgeschafft wurde es in Ostrom unter Justinian (reg. 527–65).

Donaufürstentümer. Bez. für die Fürstentümer Moldau und Walachei bis zu deren Vereinigung im Jahre 1861. LIT. R. Roesler, Romänische Studien, Untersuchungen zur älteren Geschichte Romäniens (1871).

Donaumonarchie. Name für die offizielle Bez. Österreich-Ungarn (Österreich-Ungarische Monarchie), d. h. die vom Kaiser von Österreich und König von Ungarn beherrschte habsburg. Doppelmonarchie; sie umfaßte die Länder der habsburg. Hausmacht sowie der ungar. Krone mit einer Gesamtfläche von 676 615 km². Zum Kaiserreich Österreich gehörten die im Reichsrat repräsentierten Kronländer Niederösterreich, Oberösterreich, Salzburg, Steiermark, Kärnten, Krain, Küstenland (d. h. Triest, Görz, Gradisca und Istrien), Tirol, Vorarlberg sowie die Königreiche Böhmen-Mähren mit Schlesien und Galizien, die Bukowina und Dalmatien (Flächeninhalt: 300 004 km²); zum Königreich Ungarn gehörten die Länder der ungar. Krone mit Kroatien und Slowenien (Flächeninhalt: 325 411 km²); seit 1908 kamen die ehemals türkischen Provinzen Bosnien und Herzegowina (Flächeninhalt: 51 200 km²) hinzu. Gemeinsam waren der D.: Währung (Krone), Maße und Gewichte, die Außenpolitik und das Kriegswesen; Verwaltung, Gesetzgebung, Parlamente und Folklore hingegen waren getrennt. Die Einwohnerzahl betrug rd. 50 Mill. LIT. Die Österreich.-Ungar. Monarchie in Wort und Bild. 24 Bde. (1886–1906); R. A. Kann, B. K. Király, P. S. Fichtner, The Habsburg Empire in World War I (N. Y. 1977); J. Komlos, The Habsburg Monarchy as a Customs Union. Economic Development ... (Princeton 1983); E. Marjanowic, Die Habsburger Monarchie in Politik und öffentl. Meinung Frankreichs 1914–1918 (Wien 1984); W. Bihl, Von der D. zur Zweiten Republik (1989); A. S. v. Reden, Die D. in historischen Dokumenten (o. J.).

Donauraum. Die Uferstaaten der mittleren und unteren Donau umfassend, deren Geschichte entscheidend durch die Auseinandersetzungen zw. dem Osten und dem Westen um die Beherrschung des Verbindungsweges zw. Europa und Kleinasien mitbestimmt wird. Das Streben Rußlands und der österreichisch-ungarischen Monarchie um die Vorherrschaft im D. wurde während des 19. Jh. von den nationalen Bestrebungen der Balkanvölker durchkreuzt. Die Habsburger Monarchie verstand es nicht, ihre dynast. Grundsätze mit der auf die Kooperation einzelner Nationalstaaten gerichteten Strömung zu verbinden; sie fiel daher im Ersten Weltkrieg auseinander. Nach 1918 strebten Ungarn und Bulgarien, durch

Dtl. und Italien unterstützt, eine Revision an. Der Plan einer Donauföderation stand zur Debatte, als im Jahre 1938 Hitler zum Vorstoß nach dem D. unter der Parole des Ausschlusses »raumfremder Mächte« ansetzte. Deutschlands Niederlage im Zweiten Weltkrieg öffnete den D. 1945 dem Einfluß der Sowjetunion. Die Bestrebungen, eine Donauföderation zu erreichen, d. h. den wirtschaftl. Zusammenschluß der aus Österreich-Ungarn zu bildenden Nachfolgestaaten, gehen bis in die Mitte des 19. Jh. zurück.
LIT. R. Roesler, Romänische Studien, Untersuchungen zur älteren Geschichte Romäniens (1871); J. Popovici, Die Vereinigten Staaten von Groß-Österreich (1906); G. Schacher, Die Nachfolgestaaten Österreich, Ungarn, Tschechoslowakei und ihre wirtschaftl. Kräfte (1932); K. Springenschmid, Der D. (1935); E. Hantos, Die Neuordnung des D. (1935); M. A. Basch, The Danube Basin and the German Economic Sphere (London 1944; mit zahlreicher Lit.); F. Gross, Crossroads of Two Continents. A Democratic Federation of East-Central Europe (N. Y. 1945); R. Wierer, Der Föderalismus im D. (1960).

Donjon (franz., engl. zu lat. dominium, Herrschaft, Besitz). Der turmartige, meist viereckige, feste Hauptturm franz.-normann. Burgen; der Bergfried.

Doppeladler →Adler.

Doppelaxt. Ein zunächst aus Stein gefertigtes Werkzeug; es findet sich in den vorgeschichtl. Kulturen des Vorderen Orients. Seit dem letzten Drittel des 3. Jahrtsd. v. Chr. erscheint die D. in Kreta. In der minoischen Kultur (etwa 2000–1400 v. Chr.) ist sie als Kultsymbol von großer Bedeutung. Die meisten der steinernen und bronzenen D., die aus der Zeit der vorgeschichtl. Kulturen Europas stammen, entstanden offensichtlich – teils mehr, teils weniger – unter mittelbarem ägäischem Einfluß.
LIT. M. P. Nilsson, The Minoan-Mycenaean Religion (^{2}1950); H. G. Buchholz, in: Prähistor. Zeitschr., 38 (1960).

Doppelsöldner. Ein Söldner mit doppelter Löhnung, insbes. ein Landsknecht, der mit einer Arkebuse (Hakenbüchse) ausgerüstet war.

Dordrechter Synode. Internationale Generalsynode der ref. Kirchen; sie dauerte vom 13. 11. 1618–29. 5. 1619. Sie war einberufen worden, um die Streitigkeiten zw. Remonstranten (→Arminianismus) und den streng orthodoxen Calvinisten über die Prädestination beizulegen. Nach 180 Sitzungen endete sie mit der Verurteilung der Remonstranten und der Absetzung von mehr als 200 Predigern. Die seit 1630 tolerierten Remonstranten haben zur Ausbildung des modernen Geisteslebens (H. Grotius, 1583–1645; G. J. Vossius, 1577–1649) sowie zur Gestaltung des engl. und amerikan. kirchl. Lebens wesentl. beigetragen.
LIT. H. Kaajan, De Synode van Dordrecht (1918); J. Reitsma, Geschiedenis van de Hervorming en de Hervorminde Kerk der Nederlanden, hrsg. von J. Lindeboom (Den Haag ^{5}1949).

Dorf. Urspr. wird unter D. eine Form des gemeinsamen Siedelns von mehreren Hausgemeinschaften verstanden. Nach Tenhumberg ist D. »eine Siedlungs- und Wohngemeinschaft, in der die Menschen auf der Grundlage der landwirtschaftlichen Arbeit noch natur- und bodenverbunden leben, ihr Gemeinschaftsleben noch für alle voll überschaubar vollziehen, ihr geistiges und religiöses Leben noch in dieser Natur- und Menschengebundenheit gestalten können«. Dieser Definition zufolge können, zumindest in entwickelten Industriegesellschaften, nur noch einige wenige Landgemeinden der Kategorie D. zugeordnet werden. Hinsichtl. seiner sozialökonom. Struktur weist das heutige D. als Ergebnis der histor. Entwicklung eine reiche Differenzierung auf: er erlaubt es nicht, ohne weiteres von einem Gegensatz Stadt – Dorf zu sprechen. Vielmehr kann man von Erscheinungsformen und Sinngehalten sprechen, die sich von der reinen Agrargemeinde bis zur Großstadt in lückenloser Folge hinziehen. Obwohl gerade im german. Bereich die Bewirtschaftung des Landes frühzeitig bei den einzelnen Familien lag, verlangte die Wirtschaftstechnik doch bestimmte Formen der Kooperation (→Flurzwang). Den Kern des alten D. bildete daher die kooperative Bauernschaft. Die ältesten dt. D. waren in ihrer Mehrzahl Markgenossenschaften mit eigener Gerichtsbarkeit, den Bauerngerichten. Die Versammlung der Dorfgenossenschaft tagte unter dem Vorsitz des Dorfvorstehers (Bauermeister, →Heimbürge, Dorfschulze →Schultheiß). In der NZ wandelten sich die D.

aus Lebens- und Wirtschaftsgemeinschaften mehr und mehr zu reinen Verwaltungseinheiten. Stark erschüttert wurde die herkömmliche soziale Gliederung infolge der industriellen Entwicklung, insbes. seit 1900; die Verstädterung bewirkte eine Einengung, teilweise eine Aufgabe des dörfl. Brauchtums. In umfangreichen Räumen verwandelten sich die D. in Industrie- und Arbeiterdörfer bzw. -siedlungen; die Trennung von der Wohn- und Arbeitsstätte macht die Pendelwanderung deutlich. Diese Entwicklung zeichnete sich seit der Bauernbefreiung ab. Hiermit zusammenhängend bildete sich recht bald eine unterbäuerl. Schicht heraus; sie, die urspr. als arbeitswirtschaftl. Beifügung zu den Höfen gedacht war, erreichte ihre Emanzipation durch die Aufnahme außerlandwirtschaftl. Neben- bzw. Zusatzbeschäftigungen (Landflucht). Zu Beginn der Industrialisierung stellte sie ein Arbeitskräftereservoir der gewerbl. Wirtschaft dar. Dieser Entwicklung und der sich hieraus ergebenden Tatbestände wegen findet man insbes. in West- und Mitteleuropa eine Anzahl von Dorftypen mit unterschiedl. sozialökonom. Strukturen.

LIT. A. Dopsch, Herrschaft und Bauer in der dt. Kaiserzeit (1939); K. S. Bader, Staat und Bauerntum im dt. MA (Adel und Bauern) (1943); H. Tenhumberg, Grundzüge im soziolog. Bild des westdt. D. In: Schriftenreihe für ländliche Sozialfragen, 7 (1952), 20–50; Th. Baader, in: Jb. des Vereins für niederdt. Sprachforschung, 79 (1956); K. S. Bader, Studien zur Rechtsgeschichte des ma. Dorfes. 3 Bde. (1957–73); O. Brunner, Land und Herrschaft (⁴1959); G. Wurzbacher, Das D. im Spannungsfeld industrieller Entwicklung (²1961); K. S. Baader, Dorfgenossenschaft und Dorfgemeinde (1962); ders., Die Anfänge der Landgemeinde und ihr Wesen. 2 Bde. (1964); F. Lütge, Geschichte der dt. Agrarverfassung vom frühen MA bis zum 19. Jh. (²1967); K. Fuchs, Geschichte der Verbandsgemeinde Gebhardshain (1982); H. Reyer, Die Dorfgemeinde im nördl. Hessen. Untersuchungen zur hess. Dorfverfassung im SpätMA und in der frühen Neuzeit (Schr. d. Hess. Landesamtes f. gesch. Ldskde. 38; 1983); P. Assion, R. W. Brednich, Bauen und Wohnen im deutschen Südwesten.

Dörfl. Kultur vom 15. bis zum 19. Jh. (1984); J. Graw, Arnoldsdorf/Wildgrund. Geschichte und Leben eines oberschles. Dorfes (1984).

Dorfgerichte.
[1] Während des MA Niedergerichte; sie waren vielfach mit Aufgaben der bäuerl. Selbstverwaltung betraut.
[2] Im früheren Geltungsbereich des Preußischen Allgemeinen Landrechts Hilfsorgane der Freiwilligen Gerichtsbarkeit (auf Grund von Art. 104 des preuß. Gesetzes vom 21. 9. 1899). Der Aufgabenbereich der D. umfaßte die Sicherung von Nachlässen sowie die freiwillige Versteigerung bewegl. Sachen.

Dos (lat., Mitgift).
[1] Nach röm. Recht ein Beitrag, der von der Frau oder deren Familie zu den ehelichen Lasten geleistet wurde. Eigentümer der D. wird der Mann, doch kann er nur beschränkt über Dotalgrundstücke verfügen; nach Lösung der Ehe muß er die D. wieder herausgeben.
[2] Nach kath. Kirchenrecht die Aussteuer einer Klosterfrau, außerdem die Ausstattung einer kirchl. Stiftung oder einer Anstalt.

Dotation (von lat. dos, Gabe, Mitgift).
[1] Die Zuweisung von Grundbesitz oder anderen Vermögenswerten durch das Staatsoberhaupt bzw. durch den Staat an verdiente Staatsmänner, erfolgreiche Heerführer usw.
[2] Im öffentl. Recht die zweckgebundene Ausstattung von Stiftungen und Anstalten mit Vermögensgütern.
[3] Nach kath. Kirchenrecht die vermögensmäßige Ausstattung einer kirchl. Stiftung, Anstalt oder Pfründe.

Downing Street. Nach einem engl. Diplomaten des 17. Jh. (Sir George Downing, um 1624–84) benannte Londoner Straße, in der die Wohnung des brit. Premiers (Downing Street No. 10) und das Außenministerium Großbritanniens (Foreign Office) liegen; daher übertragen für diese selbst gebraucht.

Drache (griech., Schlange).
[1] Ein Fabelwesen, das meist aus Bestandteilen des Schlangen- und Vogelkörpers gemischt, als Verkörperung feindlicher, zerstörender Naturmächte, insbes. von Bächen und Seen, in den Mythologien zahlreicher Völker eine Rolle spielte bzw. noch spielt (China, Persien – Tier des babylon. Gottes Marduk).

[2] Heraldik: hier wurde der D. sehr häufig als Symbol der Kraft und der Furchtlosigkeit verwendet. Seit dem 11. Jh. erhielt der D., zweibeinige Schlange genannt, Fledermausflügel, vom 16. Jh. an ein zweites Beinpaar; seitdem unterscheidet man zw. Lindwurm (2 Beine) und D. (4 Beine). Als Feldzeichen verwendet, ist der D. oriental. Ursprungs; er wurde auch in den Heeren der Germanen und den röm. Heeren der Spätantike heimisch; daher die spätröm.-byzantin. Bez. Dracontarius (Fahnenträger). In Westeuropa war der D. als Feldzeichen (ohne Flügel) bis ins 11. Jh. üblich, in England bis 1485. Hierher rührt die engl. Bez. Pendragon für den dux bellorum, den Führer im Krieg (Pen: Führer oder Häuptling.)

In Schöpfungsmythen verkörpert der D. die den Göttern feindl. Mächte. Der hl. Johannes nimmt in der Offenbarung (Kap. 12) den D. als den Widersacher Gottes (Tier aus dem Abgrund) noch einmal auf.

LIT. M. W. de Visser, The Dragon in China und Japan (Amsterdam 1913); G. E. Smith, The Evolution of the Dragon (London 1919), L. Mackensen, in: Hwb. des dt. Aberglaubens, 2 (1929–30); B. Renz, Der oriental. Schlangen-D. (1930); K. Fürst Schwarzenberg, Adler und D. (1958).

Drachme (griech., eine Handvoll).
[1] Eine altgriech. Gewichts- und Rechnungseinheit nach oriental. Vorbild (1 D. = 6 Obolen, $\frac{1}{100}$ der Mine, $\frac{1}{6000}$ des Talents). Alle griech. Währungen bauten auf der D. oder dem Stater (= 2 D.) auf; das Gewicht der D. war jedoch verschieden. Stark vertreten war die doppelte D. (Didrachmon) und insbes. die vierfache D. (Tetradrachmon). Bekannt war die von Athen mit dem Athenakopf und der Eule auf der Rückseite, ferner die Alexanders d. Gr. (336–323 v. Chr.) mit Herakleskopf und Zeus des Phidias. Letztere war eine in der damaligen bekannten Welt verbreitete Münze und wurde in allen Orten des Alexanderreichs geprägt. Selten war die achtfache D. (Oktodrachmon) sowie die zehnfache D. (Dekadrachmon), eine der größten Münzen des At., die sowohl in Stil wie Technik zum Besten auf dem Gebiet des Münzwesens im At. gehört. Im Anschluß an die Diadochenzeit wurde das Tetradrachmon in Syrien und Ägypten im Wert von 1 röm. Denar

ausgeprägt. Die D. war eine Silbermünze.
[2] Während des MA wurden durch die Kreuzfahrer D. und halbe D. aus Silber in Akkon geprägt.

Dragoman (arab., Dolmetscher). Im Vorderen Orient früher ein Dolmetscher, der der Aufrechterhaltung des Verkehrs zwischen den diplomat. sowie konsular. Vertretungen und den Landesbehörden diente.

Dragonaden (franz. dragonnades). Bez. für die Zwangsmaßnahmen Ludwigs XIV. (reg. 1643–1715) sowie seines Ministers Louvois (1641–91) zur Bekehrung der Protestanten Frankreichs; diese wurden mit einer doppelten Einquartierung an Dragonern belegt, welchen man zudem Mißhandlungen und Plünderungen gestattete.

Dragoner (von lat. draco, franz.-engl. dragon, Drache, eine mit einem Drachenkopf verzierte Feuerwaffe). In Frankreich eine im 16. Jh. entwickelte Gattung der Reiterei. Als Hauptwaffe diente ihr das Gewehr; deshalb kämpfte sie als berittene Infanterie vornehmlich abgesessen; doch trat das Fußgefecht nach und nach in den Hintergrund. Seit etwa der Mitte des 18. Jh. wurden die D. gänzlich als Kavallerie verwendet. Im preußisch-dt. Heer hatten sie, gleich den Husaren, leichtere Pferde als Kürassiere und Ulanen.

Dragonerpost. In Brandenburg sowie der Pfalz im 17. und 18. Jh. gebräuchl. berittene Truppe (Dragoner), die Nachrichten übermittelte. Von 1646–49 unterhielt der Große Kurfürst (reg. 1640–88) die erste D. (als feste Stafetenlinie betrieben) zw. Berlin, Osnabrück und Münster/Westf. Zweck dieser D. war der Nachrichtenaustausch zw. dem Hof des Großen Kurfürsten und seinen Gesandten bei den Verhandlungen in Osnabrück und Münster zur Beendigung des Dreißigjährigen Krieges. Weitere D. bestanden zw. Königsberg (Preußen) und Warschau (seit 1657) sowie zw. Pillau und Danzig (unter Friedrich I., reg. 1701–13). In der Pfalz bestand eine D. oder Ordonnanzpost von 1699–1732 (von Weinheim, dem damaligen Regierungssitz, aus).

LIT. Handwörterb. des Postwesens (^{2}1953); K. Becker, in: Pfälzische Postgeschichte, 13 (1956).

Dreibund. Das durch den Beitritt Italiens am 20. 5. 1882 auf fünf Jahre abgeschlossene geheime Verteidigungs-

bündnis zw. dem Deutschen Reich, der Donaumonarchie und Italien. Die Vertragsbestimmungen lauteten, daß im Falle eines Angriffskrieges durch zwei oder mehr Großmächte gegen einen der Verbündeten für die beiden anderen die unbedingte Beistandspflicht eintrete. Bereits 1879 hatten das Deutsche Reich und Österreich-Ungarn den Zweibund miteinander abgeschlossen. Ohne förmlich beizutreten, erfolgte 1883 die Angliederung Rumäniens an den D. auf Grund von Sonderverträgen mit dem Deutschen Reich und Österreich-Ungarn. Eine Ergänzung durch zwei Sonderverträge erfuhr der D. anläßlich seiner ersten Verlängerung i.J. 1887; sie wurden zw. Österreich-Ungarn und Italien abgeschlossen sowie zw. Dtl. und Italien. Hiernach waren im Falle von Territorialveränderungen auf dem Balkan Kompensationen zwischen Italien und der Donaumonarchie vorgesehen; das Deutsche Reich stand Italien bei einem Konflikt mit Frankreich im westl. Mittelmeer bei. 1891, als der D. zum zweitenmal verlängert wurde, wurden die Sonderverträge Bestandteil des Hauptvertrags. Verlängert wurde der D. 1896 stillschweigend, 1902 ausdrücklich, 1907 wieder stillschweigend und 1912 wiederum ausdrücklich. Die Dreibundverträge, die geheim waren, wurden in ihrem Wortlaut erst nach dem Ersten Weltkrieg bekannt. Entwertet wurde der D. bereits 1902, als Italien ein Geheimabkommen mit Frankreich abschloß; eine weitere Aushöhlung erfuhr er infolge der österreich.-ital. Spannungen seit 1911; er brach auseinander, als Italien 1915 auf der Seite der Entente-Mächte in den Krieg eintrat.
LIT. R. Kjellen, D. und Dreiverband (1921); H. Granfelt, Das Dreibundsystem 1879–1916, 1 (1925); Italicus (d. i. M. Alberti), Italiens Dreibundpolitik 1870–96, 2 Tle. (1928); H. Oncken, Das Dt. Reich und die Vorgeschichte des Weltkriegs. 2 Bde. (1933); L. Albertini, The Origins of the War of 1914, 1 (London 1952); W. M. Carlgren, in: Histor. Archiv, 2 (1954); F. Fellner, in: Österr.-Archiv, 8 (1960).

Dreifaltigkeitssäulen. Sie wurden, gleich den Marien- und Heiligensäulen, aus bes. Anlässen errichtet, so z.B. die Wiener D. am Graben 1679 als Ausdruck des Dankes für das Ende der Pest (deshalb auch Pestsäule genannt) oder als Erinnerung an den Sieg der Gegen-

reformation. In Böhmen, Mähren und Österreich weit verbreitet.

Dreigröscher, poln. Trojak. Eine Silbermünze von 2,34 g Silbergehalt. Sie wurde 1526 durch König Sigismund I. von Polen (1506–48) eingeführt und fand bald sehr große Verbreitung, in Preußen unter der Bez. Düttchen.

Dreikaiserjahr.
[1] Bez. für das Jahr 69 n. Chr., als Galba, Otho und Vitellius röm. Kaiser waren, auf die Vespasian (bis 79) folgte.
[2] Bez. für das Jahr 1888, als Wilhelm I., Friedrich III. und Wilhelm II. deutsche Kaiser waren bzw. wurden.
LIT. W. Richter, Friedrich III. Leben und Tragik des zweiten Hohenzollernkaisers ([2]1981); W. Treue (Hrsg.), Drei Kaiser (1987); K. Wagner, 1888 – Das D.-K.-J. (1988).

Dreikaiserschlacht. Die am 2.12. 1805 zwischen Napoleon I., Franz II von Österreich und Alexander I. von Rußland ausgetragene Schlacht bei Austerlitz in Südmähren. Napoleon erfocht hier einen entscheidenden Sieg über Österreicher und Russen.
LIT. E. Mayerhoffer, Die Schlacht bei Austerlitz (1912).

Dreikaiserverhältnis, Dreikaiserbund. Bez. für das durch Bismarck (1815–98) begründete und anläßl. der Berliner Zusammenkunft der drei Kaiser 1872 öffentl. bekannt gegebene polit. Einvernehmen zw. Dtl., Österreich und Rußland. Eine erste nachhaltige Beeinträchtigung erfuhr das D. 1876 infolge des österreich.-russ. Gegensatzes auf dem Balkan. Trotz eines Neutralitätsvertrags, den Bismarck 1881 zustande brachte, sowie einer neuen Zusammenkunft der drei Kaiser zu Skierniewice 1884 konnte das Auseinanderbrechen des D. während der Balkankrise 1886 nicht verhindert werden.

Dreiklassenwahlrecht. Ein indirektes Wahlrecht, demzufolge die Wähler zunächst die Wahlmänner, diese dann die Abgeordneten wählten. Die Wähler jeder Kommune wurden entsprechend den von ihnen gezahlten Steuern in drei Gruppen geteilt; auf jede dieser Gruppen entfiel 1/3 der Gesamtsumme der erbrachten Steuern. Mithin wählten die wenigen am höchsten Besteuerten ebenso viele Wahlmänner wie die weit größere Zahl der zweiten Gruppe sowie die Masse der gering besteuerten dritten Gruppe. Das 1849/50 eingeführte D. wurde erst durch die Revolution von

1918 abgeschafft; in seiner ›Osterbotschaft‹ vom 7. 4. 1917 hatte Kaiser Wilhelm II. die Beseitigung des D. in Aussicht gestellt.
LIT. J. Jastrow, Das Dreiklassensystem (1894); H. Boberach, Wahlrechtsfragen im Vormärz, die Wahlrechtsanschauungen im Rheinland 1815–49 und die Entstehung des D. (1959); R. Patemann, Der Kampf um die preuß. Wahlreform im 1. Weltkrieg (1964).

Dreikönigsbündnis. Es wurde am 26. 5. 1849 zw. den Königen von Preußen, Sachsen und Hannover abgeschlossen. Anstelle des gescheiterten Verfassungswerks der Frankfurter Nationalversammlung sollte es die Unionspolitik des preuß. Staatsmannes J. M. von Radowitz (1797–1853) durchführen und einen kleindt. Bundesstaat (auf der Grundlage der Frankfurter Reichsverfassung) unter der Führung Preußens schaffen. Es kam zur Auflösung des D. (im Oktober 1849), als der Beitritt Bayerns, der von Sachsen und Hannover zur Bedingung gemacht worden war, nicht erfolgte.

Dreikronenkrieg. Nordischer siebenjähriger Krieg (1563–70). Er wurde ausgelöst durch den Anspruch Dänemarks, das mit drei Kronen versehene schwed. Wappen zu führen.

Dreiling. Ein zwischen Elbe und Oder vom 14.–18. Jh. geprägtes silbernes Dreipfennigstück des Wendische Münzvereins, der 1377 von den Wendischen Städten Lübeck, Hamburg, Lüneburg und Wismar gegründet worden war.

Dreimächtepakt. Ein Vertrag, der am 27. 9. 1940 durch Dtl., Italien und Japan zu Berlin abgeschlossen wurde. Dem D. zufolge sollte in Europa und im »Großasiatischen Raum« eine »neue Ordnung« geschaffen werden; einer nachträgl. Ergänzung gemäß sollte er jedoch nicht den bestehenden Status der UdSSR berühren. Es traten dem D. bei: Ungarn, Rumänien, die Slowakei (1940); Bulgarien, Kroatien, Jugoslawien (1941). Nach Ausbruch des dt.-sowjet. Konflikts am 22. 6. 1941 wurde der D. dahingehend ergänzt, daß keiner der Mitgliedstaaten einen Waffenstillstand oder Frieden ohne Einverständnis der Gesamtheit der übrigen Partner abschließen durfte. Am 18. 1. 1942 wurde der D. durch ein Militärbündnis der drei Hauptmächte vertieft. Japan bezeichnete die Kapitulation Deutschlands am 6. 5. 1945 als Bruch des D.
LIT. H. Roennefarth, Konferenzen und Verträge (Vertragsploetz), 4 Tle. 2 (2), 1914–59 (1959); Th. Sommer, Deutschland und Japan zwischen den Mächten 1935–40 (1962); B. Martin, Deutschland und Japan im 2. Weltkrieg (1969).

Dreispitz (Dreimaster). Seit Ende des 17. Jh. eine zivile sowie (und vor allem) eine militär. Kopfbedeckung: Filzhut mit dreiseitig hochgeschlossenem Rand (Krempe). Aus der militär. Tracht verschwand der D. nach 1786; in der bürgerl. Kleidung hielt er sich bis zu Beginn des 19. Jh.

Dreißigjähriger Krieg. Bez. für eine Reihe von Kriegen während der Jahre von 1618–48. Der D. K. ging aus den konfessionellen Gegensätzen in Dtl. hervor; in seinem Verlauf wurde er aber immer mehr ein auf dt. Boden ausgetragener Kampf gegen die span.-österr. Vormacht mit rein polit. Zielen. Wirklichen Frieden hatte der Augsburger Religionsfriede (25. 9. 1555) nicht gebracht; denn den geistl. Vorbehalt (→Reservatum ecclesiasticum) lehnten die Protestanten ab und verletzten ihn, während die Zusicherungen Ferdinands, seit 1526 König von Böhmen und Ungarn, seit 1531 röm. König, seit 1556 Kaiser (im Geheimvertrag), zugunsten der prot. Untertanen geistl. Fürsten von den Katholiken nicht anerkannt wurden; darüber hinaus bildete die Anerkennung des Calvinismus einen Streitpunkt. Die Spannungen verstärkten sich, als die Katholiken, durch die Reform (→Gegenreformation) seit den 80er Jahren des 16. Jh. gekräftigt, ein entschiedenes und erfolgreiches Auftreten, so im Kölner Krieg (1582–84), wodurch der kath. Charakter Nordwestdtl. erhalten wurde, an den Tag legten. Die gegen Donauwörth durch Maximilian I. von Bayern (reg. 1597–1623) ausgeführte Reichsacht wegen Bedrückung der kath. Minderheit durch die prot. Mehrheit verursachte 1608 die Sprengung des Reichstags und führte zur Gründung konfessioneller Zusammenschlüsse: der prot. Union unter Führung Friedrichs IV. von der Pfalz 1608 sowie der kath. Liga unter Maximilian 1609.
Der Krieg nahm seinen Anfang in den österreichischen Erblanden. Infolge des Streites um die Auslegung des Maje-

stätsbriefes sowie des Widerstandes gegen den entschieden kath. Erzherzog Ferdinand (II.) als böhm. König kam es 1618 zur Revolution in Böhmen, ausgelöst durch den Widerstand einer radikalen prot. tschechisch-aristokrat. Gruppe. Ihren greifbaren Ausdruck fand die Revolution im Prager Fenstersturz (23. 5. 1618), sowie in der Gegenwahl Friedrichs V. von der Pfalz (reg. 1610–20) zum König von Böhmen (August 1619).
In der 1. Phase des D. K., dem Böhmisch-Pfälzischen Krieg (1618–23), konnte Maximilian als Führer der Liga zusammen mit den Truppen des 1619 zum Kaiser gewählten Ferdinand II. (reg. 1619–37) den »Winterkönig« Friedrich von der Pfalz in der Schlacht am Weißen Berg bei Prag schlagen (November 1620): Friedrich flüchtete nach Holland. Im dem sich nun entwickelnden Krieg um die Pfalz, wo Ernst von Mansfeld, Christian von Braunschweig und Georg Friedrich von Baden-Durlach für Friedrich fochten, behielt der Feldherr der Liga, Tilly (1559–1632), die Oberhand. Maximilian besetzte die Oberpfalz; 1623 erhielt er die Friedrich abgesprochene pfälzische Kur. In den österreich. Landen wurde nunmehr die Gegenreformation durchgeführt.
Im Niedersächsisch-Dänischen Krieg (1623–29), von den prot. Gegnern des Kaisers mit Unterstützung Hollands und Englands geführt, besiegte der kaiserl. Generalissimus Wallenstein (1583–1634) den auf prot. Seite kämpfenden Söldnerführer Graf Ernst II. von Mansfeld (1580–1626) an der Dessauer Brücke (25. 4. 1626), während Tilly König Christian IV. von Dänemark (reg. 1588–1648) ebenfalls 1626 bei Lutter am Barenberge schlagen konnte (27. 8.). Durch das Vordringen über Holstein und Schleswig bis nach Jütland wurden Kaiser und Liga zu Herren im Norden und Nordwesten. Angesichts dieser günstigen Situation erließ Ferdinand das Restitutionsedikt (1629). Nunmehr geriet die kath. Einheitsfront ins Wanken. Der Grund hierfür war die nachdrückl. Durchführung des Restitutionsedikts, das Mißtrauen gegen Wallenstein sowie gegen die span.-kaiserl. Politik, gegenüber der auch Papst Urban VIII. (reg. 1623–44) Argwohn hegte. Durch Richelieu (1624–42), den Leiter der franz. Politik, unterstützt, griff nun Gustav II. Adolf (reg. 1611–

32) in den Krieg ein, in erster Linie deshalb, weil er seinen Plan, ein großes schwed. Ostseereich zu schaffen, durch das kaiserl. Vordringen gefährdet sah. Damit begann die 3. Phase des D. K., der Schwedische Krieg (1630–35). Infolge des Mißtrauens, das die prot. Stände hegten, gewann Gustav Adolf zunächst nur langsam an Boden. Tilly, der nach der Entlassung Wallensteins als kaiserl. Feldherr außer den ligistischen auch die kaiserl. Truppen führte, konnte am 20. 5. 1631 Magdeburg erobern. Durch den Sieg bei Breitenfeld (17. 9. 1631) aber war für Gustav Adolf der Weg in die Länder der Liga offen. In einem zweiten Gefecht bei Rain am Lech (15. 4. 1632) wurde Tilly tödlich verwundet; München wurde nunmehr besetzt und verwüstet. Der in dieser Lage vom Kaiser zurückgerufene Wallenstein führte keine Wende zugunsten des Kaisers und der Liga herbei, obwohl die Lage nach der Schlacht bei Lützen (16. 11. 1632), in der Gustav Adolf zwar siegte, aber fiel, günstig war. Wegen seines Gegensatzes zu Maximilian blieb Wallenstein untätig, als die Schweden Regensburg eroberten, Bayern verwüsteten. Wallenstein wurde des Hochverrats beschuldigt und am 25. 2. 1634 zu Eger ermordet. Als die vereinigten kaiserl., span. und bayr. Truppen bei Nördlingen siegten (6. 9. 1634), kam es zum Frieden von Prag mit Sachsen; die Mehrzahl der prot. Stände trat dem Frieden bei. Die Schweden neigten ebenfalls zum Frieden, doch Richelieu bestärkte sie in ihrem Widerstand. Entgegen den Friedensbemühungen der Kurie trat Frankreich sogar selbst in den Krieg ein und leitete damit dessen vierte Phase ein. Als schwedisch-französischer Krieg bez., dauerte er von 1635–48; er wurde mit wechselndem Erfolg geführt. Von seinen Vorgängern unterschied er sich dadurch, daß er noch blutiger und verheerender war. Seit Februar 1637 führte er zu einem Übergewicht der gegnerischen Mächte über Kaiser Ferdinand III. (reg. 1637–57), zumal innerer Schwierigkeiten wegen die Widerstandskraft Spaniens erlahmte. Zudem gelang es, die dt. Bundesgenossen des Kaisers diesem abspenstig zu machen, vorübergehend sogar Maximilian von Bayern. Wirkliche Friedensverhandlungen kamen erst 1644 bzw. 1646 in Gang, zu Münster in Westf. mit Frankreich, zu Osnabrück mit Schweden; sie

führten am 24. 10. 1648 zum Abschluß des → Westfälischen Friedens.

Die lange Kriegsdauer sowie die Anwendung des Grundsatzes, daß der Krieg den Krieg zu ernähren habe, brachten unendliches Leid über Dtl. und seine Einwohner. Neben dem jahrzehntelang nachwirkenden wirtschaftl. Schaden war der sittl. und geistige Verfall unermeßlich. Deutschlands große wirtschaftliche Abhängigkeit vom Ausland in der Folge wurde hierdurch mitbedingt, als Großmacht wurde es ausgeschaltet. Die Anerkennung der vollen Landeshoheit der Territorialherren sowie ihres Bündnisrechtes mit ausländischen Staaten durch den Westfälischen Frieden besiegelte den Zerfall des alten Reiches. Die Gewinner des Krieges waren Schweden und Frankreich, die nicht nur dt. Land erhielten, sondern auch die Möglichkeit der Einmischung in innerdt. Angelegenheiten.
LIT. H. J. G. von Grimmelshausen, Der abenteuerliche Simplicissimus Teutsch (1669, neu hrsg. ³1954 von J. H. Scholte, ²1965 von A. Kalletat); M. Ritter, Dt. Geschichte im Zeitalter der Gegenreformation und des D. K. Bd. 3 (1908); R. Huch, Der große Krieg in Deutschland. 3 Bde. (1912–14); G. Franz, Der D. K. und das dt. Volk (²1943); Bücherkunde zur dt. Geschichte. Nr. 2205 bis 2232 a (1951); I. Bog, Die bäuerliche Wirtschaft im Zeitalter des D. K. (1952); S. H. Steinberg, Der D. K. und der Kampf um die Vorherrschaft in Europa 1600–1660 (1967); C. V. Wedgwood, Der D. K. (1967); H. Diwald, Wallenstein (1969); J. von Polišenský, The Thirty Years War (London 1971); G. Mann, Wallenstein (1971); Josef von Polišenský, Der Krieg und die Gesellschaft in Europa 1618–1648 (Prag 1971); ders., War and Society in Europe 1618–48 (Cambr. 1978); H. Langer, Kulturgeschichte des D. K. (1978); K. Fuchs, Wallenstein (1983); G. Schormann, Der D. K. (1985); G. Barudio, Der ›Teutsche‹ Krieg 1618–1648 (1985); G. Parker, Der Dreißigjährige Krieg (1987). H. Lahrkamp, D. K. – Westfälischer Frieden (1998); P. Mieger, Der D. K. (1998).

Dreißigste. Im altdt. Recht die Verpflichtung der Erben, den zum Haushalt gehörigen Familienangehörigen (einschließl. des Gesindes) des Erblassers während eines Zeitraums von 30 Tagen nach dem Erbfall Unterhalt zu gewäh-ren und Benutzung der Wohnung zu gestatten.
LIT. H. Planitz, Grundzüge des dt. Privatrechts (³1949); H. Mitteis und H. Lieberich, Dt. Privatrecht (⁴1963).

Dreißig Tyrannen. Die durch den spartan. Feldherrn Lysander († 395 v. Chr.) im Jahre 404 v. Chr. in Athen als Regierungskörperschaft eingesetzten 30 Männer; sie führten ein Gewaltregiment. Ihr Sturz erfolgte bereits 403. Auch die unter dem röm. Kaiser Gallienus (reg. 253–68 n. Chr.) auftretenden Usurpatoren wurden, obwohl sie nicht die Zahl 30 erreichten, als D. T. bezeichnet.

Dreistadiengesetz. Ein von G. B. Vico (1668–1744), durch den die Geschichtswissenschaft als das Bewußtsein der Menschheit von ihren Taten begründet wurde, aufgestelltes Gesetz, demzufolge sich die Weltgeschichte in drei Entwicklungsstufen vollzieht; in der Fassung von A. Comte (1798–1857): die Zeitalter der Theologie, der Metaphysik und als Abschluß das des positiven Wissens.

Dreistufentheorie. Bez. für die Lehre, derzufolge durch die Menschheit im Verlauf ihrer wirtschaftl. Entwicklung drei Stufen durchlaufen wurden: die des Jägers, des Hirten und des Ackerbauern. Widerlegt wurde die D. durch E. Hahn (1856–1928).
LIT. E. Hahn, Von der Hacke zum Pflug (1919).

Dreitageschlacht. Bez. für die zw. dem 28. 2. und 2. 3. 1653 im Ärmelkanal (zw. der Isle of Portland und dem Cap de la Hague) ausgetragene große Seeschlacht, in der die engl. Flotte (unter dem Flottenführer Cromwells, Admiral Robert Blake, 1599–1657) über die niederländische (unter Admiral Maarten Tromp, 1598–1653) siegte.

Dreiverband, Tripelentente. Seit 1907 bis in den Ersten Weltkrieg zw. Frankreich, Rußland und England bestehend. Der D. baute auf dem russ.-franz. Bündnis von 1894, der engl.-franz. Entente von 1904 und dem engl.-russ. Abkommen von 1907 auf. Vom Dreibund unterschied sich der D. dadurch, daß er eine lose und zeitlich unbegrenzte Interessengemeinschaft darstellte. Eine Ergänzung und Festigung erfuhr der D. durch militär. und maritime Absprachen zw. England, Frankreich und Rußland, wodurch er mehr und mehr in die Form eines Bündnisses

hineinwuchs. Zu gegenseitiger Waffenhilfe im Kriegsfall verpflichtete der D. seine Mitglieder nicht.
LIT. O. Hauser, Deutschland und der engl.-russ. Gegensatz 1900–14 (1958).

Dreyfus-Affäre. Bez. für das Justizverfahren gegen den franz. Hauptmann jüd. Herkunft Alfred Dreyfus (1859–1935). Nach einem auf falschen Schriftexpertisen aufbauenden und prozessual fehlbaren Verfahren wurde Dreyfus wegen Landesverrats zu Degradierung und Deportation (auf die Teufelsinsel) verurteilt. Die D. war von weittragenden polit. Folgen; sie führte zur Sammlung der Linken, die 1899 zur Macht kam. In ihrem Kampf gegen die kath. Kirche, in der sie die Hauptstütze der Rechten erblickte, führte sie während der Jahre von 1901–05 die Trennung von Kirche und Staat durch.
LIT. A. Dreyfus, Lettres d'un innocent (Paris 1898; dt. 1899); ders., Cinq années de ma vie, 1894–99 (Paris 1901, dt. 1901; zahlreiche Aufl.; in fast alle Weltsprachen übersetzt); E. Zola, Die Affäre Dreyfus (dt. 1901); B. Weil, Der Prozeß des Hauptmanns Dreyfus (dt. ⁹1931); K. Leuser, Die Affäre Dreyfus (1949); S. Thalheimer, Die Affäre D. (1963); P. Miquel, L'affaire Dreyfus (Paris 1965); R. Gautier (Hrsg.), Dreyfusards. Souvenirs de Mathieu Dreyfus (Paris 1965).

Dritte Kraft (franz. troisième force). In Frankreich die Forderung nach einer demokrat. Mitte ausdrückend; sie sollte die franz. Republik gegen die extremen Kräfte von rechts (Gaullisten) und links (Kommunisten) schützen. Die urspr. von dem Politiker Léon Blum (1872–1950) im Jahre 1947 ausgesprochene Forderung ist seitdem auch ein in Europa und der Welt allg. verbreitetes polit. Schlagwort zur Bez. einer Mächtegruppe geworden, die sich neben oder zwischen zwei übergroßen Parteien oder Staaten zu behaupten vermag.

Dritter Orden, Drittorden (lat. Tertiarier). In der kath. Kirche klösterl. oder Laienvereinigungen beiderlei Geschlechts im Anschluß an einen religiösen Männer- oder Frauenorden. Die Mitglieder der D. O. erstreben eine Erziehung zur religiös-sittl. Vollkommenheit. Die D. O., während des 13. Jh. im Anschluß an die Bettelorden gebildet, traten zu deren männl. (1. Orden) und weibl. (2. Orden) klösterl. Zweig hinzu. Von den weltl. D. O. sind die der Franziskaner und Dominikaner die bedeutendsten.

Dritter Stand (franz. tiers état). Bez. für das Bürgertum in der ma. Ständeordnung; es nahm hinter den privilegierten Ständen des Adels und der Geistlichkeit den dritten Platz ein. Der D. S. erreichte während der Französischen Revolution (1789) und den hierauf folgenden polit. Entwicklungen in Europa die polit. und rechtl. Gleichrangigkeit mit den beiden übrigen Ständen. Mit dem aufkommenden Proletariat (→Vierter Stand) wurde der Begriff dann auch gebraucht, um das besitzende Bürgertum hiervon zu unterscheiden.
LIT. A. Thierry, Essai sur l'histoire de la formation et des progrès du Tiers-Etat (1853).

Dritter Weg. Bez. für ein modernes, vorwiegend volkswirtschaftl. Reformprogramm. Zwischen histor. Liberalismus und Kollektivismus zielt es auf einen »ökonomischen Humanismus« ab: Dezentralisation, Förderung der kleineren Produktions- und Siedlungseinheiten sowie der soziolog. gesunden Lebens- und Berufsformen; es wendet sich gegen Monopole und Konzentration; den Regeln der Marktwirtschaft entsprechend sollen die Staatseingriffe begrenzt sein.
LIT. W. Eucken, Der Wettbewerb als Mittel volkswirtschaftl. Leistungssteigerung und Leistungsauslese (1942); W. Lippmann, The Good Society (Boston 1937; dt. 1946); W. Röpke, Internationale Ordnung (1945); ders., Die Gesellschaftskrisis der Gegenwart (⁵1949).

Drittes Reich.
[1] In der christl. Prophetie sowie Geschichtsphilosophie im MA eine Weltperiode, in der der Zwiespalt von Idee und Wirklichkeit nicht mehr besteht. Zum erstenmal erscheint die Idee eines D. R. bei Joachim von Floris (1132–1202). Nach dessen chiliast. Geschichtstheologie folgt das Zeitalter des Hl. Geistes dem des Vaters und des Sohnes. Später ist diese Konzeption häufig abgewandelt worden, so von G. E. Lessing (1729–81) und von F. W. Schelling (1775–1854), der von einem »Johannei-Zeitalter« sprach. Nach H. Ibsen (1828–1906) ist im D. R. die Synthese von Antike und Christentum zu sehen (vgl. hierzu das Werk ›Kejser og Galilaeer‹, 1873; dt. ›Kaiser und Galiläer‹, 1888). Der russ. Schriftsteller D. S. Me-

reschkowskij (1865–1941) vertrat die Idee einer Synthese des Christentums mit der antiken Kultur (Nazarener- und Hellenentum).
[2] Zum polit. Schlagwort eines konservativ-romant. Nationalismus wurde der Begriff D. R. durch ein Buch von A. M. Moeller van den Bruck mit dem Titel ›Das D. R.‹ (1923). Von dort wurde er für den nationalsozialist. Einparteienstaat unter der Führung A. Hitlers (1889–1945) übernommen.
LIT. E. Benz, Ecclesia spiritualis (1934); J. Petersen, Die Sehnsucht nach dem D. R. in dt. Sage und Dichtung (1934); W. Nigg, Das Ewige Reich (1944); J. Neurohr, Der Mythos vom D. R. (1957); K. Hildebrand, Das Dritte Reich (⁵1995); M. Broszat, N. Frei (Hrsg.), Ploetz. Das Dritte Reich. Ursprünge – Ereignisse – Wirkungen (1983); W. Michalka (Hrsg.), Das Dritte Reich. 2 Bde. (1985); U.–W. Ketelsen, Literatur u. D. R. (1999).

Drittes Rom. Moskau, das 1325 Sitz des Metropoliten geworden war, stieg, durch seine Lage begünstigt, zum Großfürstentum auf. Die Moskauer Herrscher bildeten die uneingeschränkte Fürstengewalt aus und unterwarfen die benachbarten Fürstentümer.
Im Moskauer Rußland, dessen traditionsgeformte Kultur gänzlich in seinen Klöstern lebte, erhob die seit dem Jahre 1448 autokephale (eigenständige) Kirche (nach 1589 unter einem eigenen Patriarchen) und mit ihr der Zar den Anspruch, einziger Hort des rechtgläubigen Christentums, ein D. R. (1470) zu sein. Nach dem Fall von Konstantinopel (1453) wurden bei der Heirat (1472) Iwans III. (reg. 1462–1505) mit Zoë Sophia Paläologa, der Nichte des letzten Kaisers von Byzanz und dessen Erbin, das Symbol des Doppeladlers sowie ein Zeremoniell der Selbstherrschaft eingeführt.
LIT. L. Bonwetsch, Kirchengeschichte Rußlands (1923); W. K. Medlin, Moscow and East Rome (Diss. Genf 1946).

Drost (mndt. drossete, Truchseß). Seit dem späten MA in Nordwestdtl. ein Beamter; er entspricht in etwa dem Amtmann oder Landrat und stand bes. den Domänen vor. Seit Beginn der NZ ebenfalls der Titel des mit polizeil. und militär. Befugnissen ausgestatteten Adeligen. In Hannover hießen die Regierungspräsidenten noch bis 1885 Landdroste.

Druiden (lat. druides, irisch driud, die »Eichenkundigen«). Bez. für die altheidnischen Priester der Kelten in Britannien und Gallien; sie waren als Stand organisiert und entsprachen den indischen Brahmanen. Die Priesterkaste der D. bestand bereits seit indogerman. Zeit. Z. Z. Caesars bildeten sie in Gallien einen geschlossenen Stand; er teilte sich mit dem der Ritter in die Herrschaft über das Volk. Die Spitze der D. wurde repräsentiert durch einen obersten D. Ihre Funktionen als Priester waren mannigfach: sie bewahrten nicht nur die religiöse Geheimlehre, sondern übten auch die Kunst der Weissagung aus; darüber hinaus waren sie Richter, Heil- und Sternkundige. Eine überaus wichtige Rolle spielte der Kult der Eiche. Wesentl. Bestandteil der Lehre der D. war ein neues Leben nach dem Tode sowie die Seelenwanderung. Vor allem zwei Gründe waren es, die Kaiser Claudius (reg. 41–54 n. Chr.) veranlaßten, den druidischen Gottesdienst aufzuheben: einmal dessen Verbindung mit Menschenopfern, sodann die Tatsache, daß die D. die einzigen wirklichen Träger eines keltischen Nationalbewußtseins waren, das heißt zuletzt im Kult verankert war. Die D. verschwanden, als Gallien allmählich romanisiert bzw. – wie auch Schottland und Irland – christianisiert wurde.
LIT. J. Pokorny, Der Ursprung des Druidentums. In: Mitt. der Anthropolog. Gesellsch. in Wien, 38 (1908); T. D. Kendrick, The Druids (London 1927); J. Ryan, Die Kelten (Christus und die Religionen der Erde, II), 1951; L. Spence, The History and Origin of Druidism (London 1951); F. le Roux, Les druides (1961).

Druzhina (russ. Freundschaftsbund). Die sich aus dem Stand der Bojaren rekrutierende kriegerische Gefolgschaft altrussischer Fürsten.

Dualismus (von lat. dualis, zweifach). Die Doppelherrschaft, d. h. das koordinierte Nebeneinander von zwei polit. Mächten oder Organen, in einem Staat, in dem die Staatsspitze von zwei Königen oder Konsuln gebildet wird oder in dem die monarch. und die ständ. Gewalt gleiches Gewicht besitzen (D. des alten Ständestaats), oder die monarch. und parlamentar. Gewalt einander gleichgeordnet sind, oder ein D. von 1. und 2. Kammer gegeben ist (Zweikammersystem). Klassische Fälle des D. in der neueren Geschichte sind der preuß.-österreich. Gegensatz im 18. Jh., im Dt. Bund (1815–66 und 1850–59) sowie die Zweiteilung der Donaumonarchie in eine österreich. und ungar. Reichshälfte (1867–1918). LIT. E. R. Huber, Dt. Verfassungsgeschichte seit 1789 (1957/1963); Th. Rody, Preußen und Österreich im Ringen um die dt. Seele (1947); E. Franzel, Der Donauraum (1958); E. Somogyi, Vom Zentralismus zum Dualismus. Die ungar. Frage in der österr. Politik (1982).

Dublone (span. doblon, Doppelstück, von urspr. 2 Escudos). Früher eine Goldmünze; seit dem 16. Jh. der doppelte span. Escudo mit einem Goldgehalt von 6,766 g.

Duc (franz., weibl. Duchesse, Herzogin, ital. duca, Herzog). Der höchste franz. Adelstitel nach dem des Prinzen. Während der Lehenszeit war er mit dem Besitz eines Herzogtums (duché) verbunden.

Dukat, Dukaten (mlat.). Die meistverbreitete Goldmünze Europas (Zechine). Der D. wurde zunächst in Venedig geprägt und zwar erstmals durch G. Dandolo (reg. 1280–89) nach Florentiner Vorbild. Ihren Namen erhielt die Münze durch die Legende auf der Rückseite, die mit dem Wort ducatus endete: sit tibi Christe datus quem tu regis iste ducatus. Seit 1235 gab es D. in Ungarn, seit 1559 als dt. Reichsmünzen. In Süddtl. wurden D. bis 1871, in Österreich noch im 20. Jh. geprägt. In den Niederlanden schlug man die Ritter-D. (3,42 g Gold) vom 16.–20. Jh., in Skandinavien von etwa 1550–1868 (in Schweden).

Duke (von lat. dux, Führer). Herzog. Der höchste unter den engl. Adelstiteln. Zunächst ledigl. an die Mitglieder des königl. Hauses verliehen, kam es seit Richard II. (1377–99) auch zu anderweitigen Verleihungen, die seit dem 17. Jh. häufiger wurden. Die ›Royal Dukes‹ jedoch (»Your Royal Highness« angeredet) besaßen gegenüber den übrigen Herzögen (»Your Grace« angeredet) einen Vorrang. Es gibt heute 4 »royal« (königl.) und 26 sog. »noble« Herzogswürden.

Duma (russ., Rat, Gedanke). In Rußland bis in die Zeit Peters d. Gr. (reg. 1689–1725) der Rat der fürstl. Gefolgsleute. Als Städtische D. wurde die Stadtverordnetenversammlung nach der Städteordnung von 1870 bez. Seit der Revolution von 1905 (bis 1917) hieß das russ. Parlament Reichs-Duma. Auf Grund des Gesetzes vom 19. 8. 1905 war die D. zunächst lediglich eine beratende Versammlung; sie erhielt aber nur kurze Zeit später das Recht der Gesetzgebung. Gewählt wurden die Abgeordneten der D. nach einem dreistufigen Wahlsystem (für Bauerngemeinden, Fabrikarbeiter und Kleingrundbesitzer), bzw. nach einem zweistufigen für die übrigen Bevölkerungsgruppen. Zwischen 1905 und 1917 hat es in Rußland vier Dumas gegeben: die erste tagte vom 10. 5.–22. 7. 1906 (sie wurde wegen ihrer radikalen Haltung aufgelöst); die Tagungsperiode der zweiten dauerte vom 5. 3.–17. 6. 1907; die dritte, die vom 14. 11. 1907–22. 6. 1912 tagte, war nach einem neuen Wahlgesetz der Regierung gewählt worden, welches die besitzenden Klassen begünstigte; die vierte, am 15. 11. 1912 eröffnet, amtierte bis zur Februarrevolution; im Jahre 1917 wurde durch sie die provisorische Regierung gebildet. Die D. wurde (seit 1907) auf 5 Jahre bestellt. LIT. A. Palme, Die russische Verfassung (1910); O. Hoetzsch, Rußland (²1917); H. Seton-Watson, The Decline of the Russian Empire (1952; dt. 1954); A. A. Zimin, Sostav bojarskoj dumy v XV–XVI vekach. In: Archeografičeskij ežegodnik za 1957 (1958).

Dunkelmännerbriefe (lat. Epistolae obscurorum virorum). Eine witzige Schmähschrift, in absichtl. schlechtem Latein (Küchenlatein) abgefaßt; Teil I erschien 1515, Teil II 1517. Sie wandte sich gegen die Kölner theolog. Gegner des Humanisten Johannes Reuchlin (1455–1522). Verfasser waren vor allem Crotus Rubianus (um 1480–nach 1530) und Ulrich von Hutten (1488–1523). Außer den Kölner Theologen werden in den D. die Wissenschaft und Lehrweise des MA verspottet. *Ausgabe* von A. Bömer. 2 Bde. (1924, 1966); W. Brecht, Die Verfasser der Epistolae obscurorum virorum (1904).

Duodezstaat (von lat. duodecima, ein Zwölftel). Ein kleines Land während der Zeit der dt. Kleinstaaterei; die Bez. hatte spöttischen Charakter; sie war hergeleitet von Duodez, dem kleinen Buchformat, wonach ein Druckbogen 12 Blatt (= 24 Seiten) umfaßt. LIT. H. Reichold, Bismarcks Zaunkönige. Duodez im 20. Jh. (1977).

Durchlaucht (lat. Serenitas; →Serenissimus). Durchlauchtiger, Durchlauchtigster; das den got. und fränk. Königen beigelegte Prädikat. 1375 erhielten im alten Dt. Reich die Kurfürsten von Kaiser Karl IV. (1347–78) das Prädikat Durchlauchtig, im 17. Jh. die österreich. Erzherzöge, seit 1712 die Reichsfürsten. Das Prädikat war auch in Venedig, Genua und Polen üblich. Es war ebenfalls mit der landesherrlichen Erhebung in den Fürstenstand verbunden (seit Anfang des 19. Jh.).

Durchzugsrecht, Etappenrecht. Die Befugnis, das Territorium eines fremden Staates mit militär. Einheiten friedlich zu durchziehen bzw. zu überfliegen. Das D. ist allein durch einen völkerrechtl. Vertrag begründbar. Die Neutralität in einem Krieg verpflichtet jedoch nicht allein dazu, ein D. nicht nur nicht zu gestatten, sondern es sogar zu verhindern. Hingegen gilt die Durchzugserlaubnis für Kranke und Verwundete nicht als Neutralitätsverletzung (lt. 5. Haager Abkommen über die Landneutralität von 1907). Im Falle von militär. Sanktionen der Vereinten Nationen besteht nach Art. 43 der Satzung ein Durchmarschrecht zu Lasten der Mitgliedsländer; es ist allerdings vom Abschluß eines Sonderabkommens abhängig.
Auf Grund des Gewohnheitsrechts besteht ein Durchfahrtsrecht für die Territorialgewässer; die Gestattung der Durchfahrt stellt auch im Krieg keine Neutralitätsverletzung dar.

Dürnitz, Dirnitz, Dorntzee, Tirnitz (von russ. gornitza). Urspr. eine größere heizbare Stube, ein Speisezimmer, das durch einen Ofen beheizbar war. Seit dem 14. Jh. bez. man als D. die Wohnung der Dienstmannen auf Burgen und Schlössern, ebenfalls die Badestube.

Dusack. Das aus einem Stück bestehende böhm. Sensenschwert mit der Schneide an der inneren Krümmung. In Dtl. wurde es bis ins 16. Jh. hinein verwendet.

Düttchen, Dütchen, Dittchen. Volkstümliche Bez. für die im 17. und 18. Jh. in Niedersachsen, Schleswig-Holstein und Dänemark geprägten 1/16 Taler oder 2-, seit 1622 3-Schilling-Stücke sowie die Dreigröscher.

Dux (lat., Führer, franz. Duc, ital. duce, engl. duke). In der spätröm. Kaiserzeit der einem Heeresteil vorstehende Befehlshaber. Seitdem durch Kaiser Diokletian (reg. 284–305) die militär. und zivile Gewalt streng geschieden worden waren, war der D. der militär. Befehlshaber in einer Provinz (dux limitis). Nachdem der D. seit dem 7. Jh. wieder mit der zivilen Verwaltung von Provinzen beauftragt worden war (sein Amtsbereich hieß Dukat), entwickelte sich hieraus allmählich ein Hoftitel sowie der Titel lokaler Herrscher, vor allem in Italien. Als Dukalien bez. man die landesherrlichen Rechte eines Herzogs.

Duce. Der Titel Mussolinis (1883–1945).
LIT. H. W. Goetz, »Dux« und Ducatus (1972).

Dvorjane (von russ. dvor, Hof). Die unter den Bojaren stehenden Hofmannen bzw. Gefolgschaftsangehörige eines russ. Fürsten. Nachdem unter Peter d. Gr. (reg. 1689–1725) die Bojaren ausgeschaltet worden waren, stellten die D. den Dienstadel in Heer und Verwaltung. Allg. auch Bez. für den Adel.

Dyarchie (von griech. dyo, zwei). Der Ausdruck, der geschaffen wurde, um den Gegensatz zur Monarchie zu umschreiben, kennzeichnet eine Staatsform, bei der die Macht auf zwei verschiedene Institutionen, die voneinander unabhängig sind, aufgeteilt ist, so im Prinzipat des Augustus (reg. 31. v.–14 n. Chr.). auf Senat und Kaiser.

Dynast (von griech. dynastes, Machthaber). Im At. die Bez. für einen Machthaber bzw. für eine Persönlichkeit, die in einem Gemeinwesen Herrschaftsrechte ohne Herrschaftstitel ausübte.

Dynastie. Bez. für eine Familie, der in einem monarchist. Staat tatsächl. oder rechtl. das Vorrecht auf die Erlangung der Herrscherwürde zusteht. Im alten Ägypten machte der Priester Manetho von Sabennytos (um 280 v. Chr.) die D. zur Grundlage der Chronologie: Altes Reich, 1.–6. D.; Mittleres Reich, 11.–13. D.; Neues Reich, 18.–24. D. Für Mesopotamien schuf der Priester Berossos (um 280 v. Chr.) eine ähnl. Chronologie.
LIT. J. Kunisch, Der dynastische Fürstenstaat (1982).

Earl. Englischer Grafentitel. Seit Knut d. Gr. der Titel des Statthalters eines Teilkönigreiches. In normann. Zeit durch königl. Beamte in der Amtsgewalt abgelöst und zum Standestitel entwertet. Nach der Einführung der Adelstitel Duke und Viscount im 14. Jh. wurde Earl zur Bez. des dritthöchsten Adelsrangs.

Ebenbürtigkeit. Gleichwertige Abkunft, die zur Standesgleichheit und Rechtsgleichheit führt. Der Grundsatz der Ebenbürtigkeit hat Rechtsfolgen (Heirat, Erbe) im Gerichtswesen (Richter, Zeugen); er erhält nach dem Sachsenspiegel erhöhte Bedeutung. Ebenbürtigkeitsregeln werden später vor allem in Hausgesetzen festgelegt; im niederen Adel spielte die E. in der Frage der Stiftsfähigkeit eine Rolle.
Lit. O. von Dungern, Das Problem der Ebenbürtigkeit (1905); HWDRG I, 793–95.

Ecce homo. Nach Johannes 19, 4 der gegeißelte, mit Dornen gekrönte, mit einem Spottmantel umgebene Jesus, ein Rohrzepter in den gefesselten Händen haltend. Schon in frühchristl. Zeit, bes. aber seit dem späten MA in der Kunst häufig entweder als Einzelgestalt oder in einer Szene mit den ihn verhöhnenden Juden dargestellt. Beispiele: Rogier van der Weyden (ca. 1450), Leonardo da Vinci, Tizian, Tintoretto, G. Reni, A. Dürer, Rembrandt.
LIT. R. Bauerreiss, Pie Jesu (1931); G. von der Osten, Der Schmerzensmann (1935).

Ecclesia (griech.).
a) Versammlung der freien Bürger in den griech. Stadtstaaten.
b) Versammlung der Christen zum Gottesdienst.
c) Die Einheit der Gläubigen in der ganzen Welt (Kirche) bzw. an einem Ort (Ortskirche), rechtl. und sakramental zusammengefaßt.
d) Der Raum, in dem der christl. Gottesdienst stattfindet, Kirchengebäude; Darstellung der Kirche bzw. des Neuen Testamentes in der Kunst, meist als siegreiche Frauengestalt mit Krone, Kelch, Kreuzesfahne als Gegengestalt der Synagoge, seit dem 9. Jh. oft als Begleitfigur der Kreuzigung, auch zusammen mit der Synagoge im ma. Schauspiel.
LIT. H. Pflaum, Der allegor. Streit zwischen Synagoge und Ecclesia in der europ. Dichtung des MA (1934).

Ecclesia cathedralis. Kathedralkirche, Domkirche, Hauptkirche (ecclesia capitularis; ecclesia major), Residenzkirche des Diözesanbischofs, Residenzkirche des Erzbischofs (Metropolitankirche), bestimmt für die Feier der bischöfl. Pontifikalhandlungen und die dem Domkapitel obliegenden gottesdienstl. Funktionen.

Ecclesia militans. Die streitende Kirche, d. h. die Kirche in der Welt.

Ecclesia non sitit sanguinem. »Die Kirche vergießt kein Blut.« Grundsatz, der im MA teils beachtet, teils wegen der Verquickung geistl. und weltl. Bereiche und der bes. Situation der Kirche beiseite gesetzt war, heute jedoch uneingeschränkt Geltung hat. Da geistl. Fürsten keinen Blutbann ausüben durften, mußten sie besondere, von ihnen eingesetzte Personen den Blutbann aus der Hand des Königs empfangen lassen. Der kirchl. Anspruch gegen die weltl. Macht auf Verhängung der Todesstrafe gegen Ketzer, Zauberer, Hexen (seit Gregor IX., Friedrich II.) zeigt eine neue Seite des Problems. Nicht beachtet hat die Kirche den Grundsatz in den Kreuzzügen, deren Führung sie beanspruchte, da sie negotia fidei, negotia Dei seien. Der Grundsatz richtete sich gegen den Kriegsdienst der Geistlichen, schloß aber Selbstverteidigung nicht aus.
LIT. HWDRG I, 795–98.

Ecclesia triumphans. Die triumphierende Kirche, die Kirche der Heiligen, die Kirche in der Vollendung.

Ecclesia vivit lege Romana. »Die Kirche lebt nach röm. Recht.« Dieser in den ma. Quellen mehrfach bezeugte Grundsatz kann nur bedingt als histor. Aussage gelten, da starke oriental. Einflüsse unverkennbar und ganze Gebiete dem fränk. (langobard.) Recht vorbehalten sind. Der Grundsatz bringt das Personalitätsprinzip der ma. Kirche und das nur z. T. auf echter Kontinuität fortlebende röm. Recht in der Kirche zum Ausdruck.
LIT. HWDRG I, 798f.

École des Chartes. École nationale des Chartes: 1821 gegr. Institut in Paris. Die bei der Gründung festgesetzten Konstitutionen wurden 1829 erneuert und verbessert. Die Kurse dauern jeweils 3 Jahre und bereiten auf den späteren Archiv- und Bibliotheksdienst vor. Besonders gepflegt werden, einer alten franz. Tradition entsprechend, die

historischen Hilfswissenschaften: Paläographie, Urkundenlehre, Chronologie, Quellenkunde, Mittellatein, Provenzalisch. Die Zeitschrift des Instituts ist die ›Bibliothèque de l'École des Chartes‹. Nach dem Vorbild der E. d. C. wurde 1854 das Institut für Österreichische Geschichtsforschung gegründet, das auf dem Gebiet der Hilfswissenschaften nicht nur der E. d. C. ebenbürtig war, sondern sie in einigen Fächern bald überholte.
LIT. Livre du Centenaire d'École des Chartes. 2 Bde. (1921).

École Française. Eine von H. Brémond (1865–1933) geschaffene, auf die franz. Spiritualität des 17. Jh. angewandte Bezeichnung (Bérulle, Condren, J. Eudes, Olier), heute in der Ausdehnung etwas umstritten.

École Polytechnique. 1794/95 vor allem zur Förderung der Kriegstechnik, für Straßen- und Brückenbau, Schiffsbau, Kanal- und Bergbau usw. gegr., war die E. P. wegweisend für den wissenschaftl. betriebenen Maschinenbau und die wissenschaftl. Technik. Die Aufgaben der E. P. umriß A. F. de Fourcroy 1794.
LIT. G. Pinet, Histoire de l'Ecole Polytechnique (1887).

Écorcheurs (franz., Abdecker, Schinder). Ein anderer Name für die von Caboche geführte Partei in Paris (1413). In weiterem Sinne gebraucht für die räuberischen Söldnerbanden, die Frankreich ca. 1430–45 verwüsteten (→ Armagnacs).

Écrasez l'infâme (franz., »Vernichtet den schimpflichen [zu ergänzen: superstition] Aberglauben«). Voltaires berühmtes Wort, das sich an mehreren Stellen seines Briefwechsels mit Aufklärern aus den Jahren zwischen 1759–62 findet, u. a. in dem Brief an d'Alembert vom 28. 11. 1762. Voltaire will das Wort nicht gegen die Religion oder die Kirche gerichtet wissen. Nach seiner eigenen Aussage betrachtet er als Ergänzung des weiblichen Adjektivs infâme das Substantiv superstition (= Aberglaube).
LIT. F. Dupré, Encyclopédie des citations Nr. 1286; Büchmann, Geflügelte Worte I–III (1967).

Écuyer (von franz. écu = Schild; lat. scutum). Urspr. Schildträger, Knappe; Diener, der seinem Herrn im Krieg den Schild trug. Bez. dann der letzte Stufe vor dem Ritterschlag. Bez. für den einfachen Adeligen: Junker, Herr. Im Ancien régime hatte der **Grand E.** Kdie Oberaufsicht über die équipage et écuries du roi (= Oberstallmeister). **E. tranchant:** Truchseß; **E. de bouche, E. de cuisine:** Küchenmeister an fürstl. Tafeln.

Edel. Sprachl. verwandt mit Adel; sprachlich und rechtlich vielfach gleichgesetzt bis in die Neuzeit. Ob edel in Beziehung zu Odal gesetzt werden kann, ist umstritten. Eine notwendige Beziehung zw. Adel und Stammgut kann nicht angenommen werden.
LIT. HWDRG I, 799 ff.

Edelfreie. Durch edle Abkunft und höheres Ansehen ausgezeichnete Schicht der Freien bei den Germanen. Edelfrei wird nicht für Ministerialen oder den niederen Adel gebraucht. Aus den Edelfreien entwickelten sich im 11./12. Jh. die liberi barones, die mit Gerichtshoheit ausgestatteten Grundherren.

Edelmannsfreiheit. Zusammenfassende Bezeichnung für bestimmte Rechte, die nur persönlich waren und an sich nur den Nachkommen der 1577 dem bayerischen Adel angehörenden Familien zustanden. Die E. umfaßte das Scharwerk auf den Eigengütern (= Freiheit von den landesherrlichen → Fronden und das Recht, solche selbst zu fordern), niedere Gerichtsbarkeit, gewisse Jagdrechte, Privilegien bei der Erbfolge. E. wurde zum wichtigen Unterscheidungsmerkmal des bayerischen Adels: nicht edelmannsfrei war der neue Adel nach 1577.
LIT. Spindler I.

Edictum Theodorici. Sog. Edikt des Theoderich. An der Autorschaft des Ostgotenkönigs Theoderich (493–526) wird nicht mehr festgehalten, einiges spricht dafür, daß das E. T. von dem Westgotenkönig Theoderich II. (453–66) stamme. Das E. T. behandelt Gegenstände des Privat-, Prozeß- und Strafrechts; es gehört zu den Kodifikationen des röm. Rechts in den Germanenreichen.
LIT. HWDRG I, 801 ff.

Edikt (lat. edictum). Obrigkeitlicher Erlaß. In der Zeit der röm. Republik öffentl. Bekanntmachung des Prätors über die Grundsätze für die Rechtsanwendung und Verwaltung seines Amtes, zunächst nur für die Amtszeit gültig. Unter Kaiser Hadrian erfolgte die Fixierung des Edikts (ca. 130 n. Chr.), das

fortan als **Edictum perpetuum** gültig
war und in dieser Form veröffentlicht
werden mußte. In der Kaiserzeit wird E.
zur Bez. bestimmter kaiserl. Erlasse
verwendet, die Gesetzeskraft erlangten.
Edikt von Nantes (13. 4. 1598). Von
König Heinrich IV. von Frankreich erlassen, um die Hugenottenkriege zu beenden und die Hugenotten für den Staat
zu gewinnen. Die Reformierten erhielten mit dem Edikt Gewissens- und örtlich beschränkte Kultfreiheit. Das galt
bes. für Adelige mit selbständiger Gerichtsbarkeit und reformierte Bürger in
bestimmten Städten und Flecken. Untersagt war der reformierte Gottesdienst in allen bischöfl. und erzbischöfl.
Städten, am Hof des Königs in Paris und
im Umkreis von 5 Meilen um Paris. Die
Reformierten durften ferner Schulen,
Kollegien, Akademien errichten und
Synoden abhalten; sie erhielten Zutritt
zu den Staatsämtern und Zulassung zu
den gemischten Gerichtshöfen. 150
Schutzorte wurden ihnen zunächst auf 8
Jahre eingeräumt, wo sie eigene Garnisonen unterhalten durften. Aus polit.
Gründen entzog ihnen Richelieu die
Schutzorte, löste die Garnisonen auf,
bestätigte aber im Gnadenedikt von
Nîmes (Juli 1629) die bürgerl. und religiösen Rechte. Aufgehoben wurde das
E. durch Ludwig XIV. mit dem Edikt
von Fontainebleau (18. 10. 1685). Ludwig XVI. gewährte mit dem Toleranzedikt von Versailles (1787) freie Religionsausübung. Unbeschränkte religiöse und bürgerl. Freiheit erlangten die
Reformierten mit der Erklärung der
Menschen- und Bürgerrechte (26. 8.
1789). In den Organischen Artikeln zu
dem Konkordat Napoleons mit Pius
VII. werden sie den Katholiken gleichgestellt (7. 4. 1802).
Text des Edikts von Nantes bei E. Walder (Hrsg.), Religionsvergleiche des
16. Jh. II (1961) 13–71.
LIT. R. Nürnberger, Die Politisierung
des franz. Protestantismus (1948);
E. Mengin (Hrsg.), Das Edikt von Nantes (1963); J. Faurey, L'édit de Nantes
et la question de tolérance (1929);
ders., Henri IV et l'édit de Nantes
(1903); J. Lecler, Histoire de la tolérance au siècle de la réforme. 2 Bde.
(1935), dt. Geschichte der Religionsfreiheit im Zeitalter der Reformation. 2
Bde. (1965); G. Pagès, La paix de religion et l'édit de Nantes. In: Revue d'Histoire Moderne 11,5 (1936) 393–413;

K. H. Schipperges, Die »Politik« Heinrichs IV. von Frankreich bis zum Edikt
von Nantes (1955); S. Mours, Les Egli-
ses réformées en France (1958); E. La-
brousse, »Une foi, une loi, un roi.« Essai sur la Révocation de l'édit de Nantes
(1985).
Editio, Edition. Herausgabe eines
Werkes, bes. antiker Texte. Die philolog. Methode des 19. Jh. hat auch für
die Herausgabe von schriftl. Quellen
der Geschichtswissenschaft den Begriff
der kritischen Edition (**editio critica**)
entwickelt und vor allem unter dem
Einfluß der Monumenta Germaniae Historica Grundsätze zur Textgestaltung
aufgestellt.
LIT. W. Hagen u. a. (Hrsg.), Handbuch
der Editionen (1979).
Editio castigata (– castrata, – expur-
gata). Ausgabe eines Werkes, in der religiös, moralisch oder polit. anstößige
Stellen beseitigt sind, entweder durch
den Verfasser oder den Herausgeber
oder auf Weisung der Zensur (→ad
usum delphini).
Editio princeps. Erstausgabe, bes.
von alten bzw. wiederentdeckten Werken. Bei den Humanisten Bez. für den
Erstdruck lat. und griech. Klassiker,
oft von großem literar. und antiquar.
Wert.
Editionstechnik. Technik der Herausgabe von schriftl. Quellen. Sie verfolgt
den Zweck, den Text in möglicher Reinheit und Vollständigkeit, übersichtlich,
lesbar darzustellen. Erfordert. ist dafür
die möglichst vollständige Erfassung der
Überlieferung, unter Heranziehung des
eventuell erhaltenen Autographs, der
Konzepte, Reinschriften oder Abschriften, Ordnung der Handschriften, in einem Stammbaum (Stemma) und Ermittlung von Redaktionen, ihrer Entstehungszeit und ihrer Absicht. Die
Textwiedergabe erfolgt nach der besten
Überlieferung unter Beifügung der
wichtigen Varianten (Variantenappa-
rat). Verderbte Textstellen werden verbessert (Konjektur), Interpolationen
deutlich gemacht. Sacherklärungen
bringt der Sachapparat. Die Regelung
der Interpunktion und der Orthogra-
phie erfolgt nach Grundsätzen, die u. U.
in der Einleitung dargelegt werden. Jeder krit. Edition muß eine Einleitung
vorausgehen, die über die verwendeten
Handschriften und editionstechn.
Grundsätze Aufschluß gibt. Register,
u. U. auch ein Glossar und eine Kon-

Ehrbarkeit

kordanztafel erschließen eine Edition.
LIT. O. Stählin, Editionstechnik; Ratschläge für die Anlage textkritischer Ausgaben. In: Neue Jahrbücher für das klass. Altertum, Geschichte und deutsche Lit. 23 (1909) 393–433; H. Zeller, Zur gegenwärtigen Aufgabe der Editionstechnik. In: Euphorion 52 (1958); Clavis mediaevalis 65 f.; H. Quirin, Einführung in das Studium der ma. Geschichte (²1961) 159 ff., 288 ff.; G. Wittkowski, Textkritik und Editionstechnik neuerer Schriftwerke (1924); RDL I² (1958) 313–20; J. Schultze, Richtlinien für die äußere Textgestaltung bei der Herausgabe von Quellen zur neueren deutschen Geschichte. In: Blätter für Deutsche Landesgeschichte 102 (1966) 1–10.

Ehrbarkeit. Bezeichnet in Württemberg das Honoratiorentum (Pfarrer, Ärzte, Kaufleute). Ursprung im 15. und 16. Jh. Starkes Familienbewußtsein verbindet sich dabei mit dem Streben, die erworbenen Positionen zu halten. Wirtschaftl. Unvermögen machte nicht gesellschaftsunfähig, bewirkte aber eine schlechte Ausbildung. Die E. hatte in Württemberg die gesamte hohe geistl. und weltl. Verwaltung inne.
LIT. M. Hasselhorn, Der altwürttembergische Pfarrstand (1958); E. Marquardt, Geschichte Württembergs (²1962).

Ehrenbücher. Von den Patriziern der Städte angelegte und unterhaltene Bücher: z. B. Ehrenbuch der Fugger in Augsburg.

Ehrenbürger. Ehrentitel verdienter Personen, schließt die Rechte eines Bürgers, nicht jedoch dessen Pflichten ein; von Gemeinden und Hochschulen verliehen.

Ehrenlegion (franz. légion d'honneur). 1802 von Napoleon I. gestifteter, höchster franz. Orden für militär. und zivile Verdienste; 5 Ordensklassen: Ritter, Offiziere, Kommandeure, Großoffiziere, Großkreuze, mit Pension verbunden.
LIT. J. Renault, La légion d'honneur (⁴1922).

Ehrenzeichen. Abzeichen, die nicht ausdrücklich Orden heißen und zur Belohnung von Verdiensten an Einzelpersonen oder Gruppen verliehen werden. Ehrenzeichen stehen in der Ordenskunde zwischen den Medaillen und den eigentl. Orden. Ehrenzeichen wurden seit dem 18. Jh. vergeben, zunächst zur Auszeichnung derjenigen, die keine Ritterorden erhalten konnten, etwa der Soldaten unterhalb der Offiziersränge. Allg. kann die vermehrte Schöpfung von Ehrenzeichen nach 1918 als eine Art versteckter Opposition demokratisch-republikan. Grundhaltung gegen die als aristokrat. empfundenen Orden gedeutet werden. Vielfach unterscheiden sich Ehrenzeichen von den Orden nur dem Namen nach.

Eid. An eine bestimmte Form oder an eine symbolische Handlung gebundene Anrufung Gottes als Zeugen für die Wahrheit einer Aussage; bei fast allen Völkern und Kulturen bekannt. [1] Zum Wesen des Eides gehört die Eidesform und der Glaube an den allwissenden und wahrhaftigen Gott. Abgelehnt wurde der E. von Pelagianern, Katharern, Waldensern, Wiclif, Hus, Mennoniten, Herrnhutern, Quäkern u. a. [2] E. im rechtl. Sinne ist die feierl. Beteuerung der Richtigkeit, wahlweise auch ohne Anrufung Gottes, d. h. nicht religiöser Beteuerung. [3] Geschichtl. bedeutsam wurde insbes. der Versprechens-, Gelöbniseid (promissorischer Eid) in seinen verschiedenen Formen. Die königl. Gefolgschaft der fränk. Zeit schwor dem König Mannschaft und Treue (trustem et fidelitatem). Im Merowingerreich seit dem 6. Jh. und wieder seit Karl d. Gr. bis etwa Ende des 9. Jh. begegnet der Untertaneneid, wohl antiken Vorbildern nachgebildet. Der mit der Feudalisierung aufkommende Lehenseid verknüpfte grundsätzlich nur Herrn und Lehensmann. Bei der Entstehung und in der Geschichte der ma. Stadt kommt dem Gesamteid der Bürger (der coniuratio) größte Bedeutung zu, durch den ein neuer Rechtsraum entsteht. Im Wesen des Eides liegt, daß eine Verpflichtung gegen Glaubens-, Sittenlehre und Gewissen nicht Gegenstand des Eides sein kann, was galt im MA bereits mit dem Treuevorbehalt gegenüber einem anderen Lehnsherrn, mit der Lehre vom Widerstandsrecht gegenüber dem rex iniustus (dem Tyrannen), mit dem Anspruch der Kirche über die Bindungswirkung von Eiden entscheiden zu können (z. B im Investiturstreit), das gilt bis zur Gegenwart bes. für den Beamten- und Fahneneid bei entstehenden Gewissenskonflikten.

LIT. StL ⁶II (1958) 1055–60; HWDRG
I (1967) 861–70; J. Stelzenberger, Der
Fahneneid (1953).

Eigenkirche (ecclesia propria). Wurzelt in der röm. Latifundienkirche (Ausbreitung der Kirche auf dem Land; Mitwirkung des Grundherrn bei Errichtung
der Kirche), in der oström. Kirchenhoheit und in german. Rechtsvorstellungen (Grundherrschaft, bäuerlicher Ge-
meinbesitz) sowie in polit. und ökonom.
Notwendigkeiten. Die einseitige Ablei-
tung vom german. Privattempelwesen
(U. Stutz) oder vom altarischen Haus-
priestertum (H. E. Feine) ist nicht gerechtfertigt. Der Höhepunkt des Eigenkirchenwesens wurde im 8. und 9. Jh.
erreicht. Der Eigenkirchen-Herr sah in
den auf seinem Gebiet errichteten Got-
teshäusern, Klöstern, Kirchen sein Eigentum, über das er verfügen konnte.
Er bestellte und entließ die Geistlichen,
darunter auch Unfreie. Seit Karl d. Gr.
wird der Einfluß der Bischöfe stärker,
seit Gregor VII. wird das Eigenkirchenwesen als Simonie bekämpft, seit dem
12. Jh. beginnt das Aussterben der Eigenkirchen. An die Stelle des Eigenkirchenwesens treten Patronat und Inkorporation.
LIT. Feine, KRG, 160ff., 205ff.,
397ff., 406ff.; HWDRG I, 879f.;
LThK ²III; TRE IX, 399–404;
Th. Graff, Kaiserurkunde und Eigenkirchenrecht. Ein Beitrag zur Rechtsstellung der geistl. Eigenklöster vornehmlich nach den Diplomen der Ottonen
und Salier, in MIÖG 78 (1970) 63–72.

Einblattdruck. Erste Erzeugnisse me-
chanischer schriftl. Wiedergabe eines
Textes vor Erfindung des Buchdruckes
(d. h. der zusammensetzbaren Lettern),
aber auch später üblich. Ihrem Inhalt
nach meist Flugblätter, Berichte über
eigentüml. Ereignisse, Fabeln, Sinn-
sprüche, moral. Lehren, oft mit Illustra-
tionen (Holzschnitt, Kupfer). Heute
noch in Wahlflugblättern und Bilderbogen.
LIT. W. Heide, Handbuch der Zei-
tungswiss. I (1940); Reallexikon der
deutschen Literaturgeschichte I (²1958)
320–21; W. H. Schreiber, Handbuch
der Holz- und Metallschnitte des 15. Jh.
8 Bde (1926–30).

Einmauerung (lat. inmuratio).
[1] Form der Askese (→Inklusen).
[2] Als Bezeichnung für Einkerkerung
in ma. Texten gebraucht.
[3] Als Gnadenstrafe seit dem 14./

15. Jh. für todeswürdige Verbrechen bezeugt; auch eine Form der Todesstrafe
mit Aushungerung für verurteilte Geistliche.
Die E. ist ein beliebtes Sagenmotiv. Errettung aus der E. wird mit übernatürl.
Einwirkung zum Schutz der Unschuld
begründet.
LIT. LThK ²III; HWDRG I, 906.

Einsiedel, Einsiedler; Einsiedelei.
[1] Lehnübersetzung von griech.-lat.
ἀναχωρητής = Anachoret, monachus
(= Mönch). In der Absonderung die
Nähe zu Gott und Selbstheiligung su-
chender Asket, auch im Buddhismus
vorkommend. E. ist die ältere Form des
Mönchtums, im Unterschied zu den
Gemeinsamkeit lebenden Zönobiten
(→Zönobium), zuerst in Ägypten und
Syrien im 3. Jh. nachweisbar. Klassische
Gestalt: Antonius der Einsiedler, in der
Kunst immer wieder dargestellt.
[2] Der Übergang zum klösterl. Zusammenschluß der Mönche wurde durch
Pachomios und Basilius d. Gr. eingeleitet. Das Zönobitentum trug in der Folge
den Sieg über das Einsiedlertum davon,
doch lebte das Einsiedlertum im irischen Mönchtum (Gallus, Fridolin
u. a.), in Frankreich (neue Blüte im
11. Jh.) und in Italien weiter. Die z. T.
verwilderte Anachorese wurde von der
Kirche in Eremitenkongregationen und
-klöstern aufgefangen (lebte aber auch
ungeformt weiter, z. B. Nikolaus von
Flüe), so etwa in Süddeutschland (Frei-
singer Kongregation von 1686), in den
»Waldbrüdern« bis zur Aufklärung und
Säkularisation. Heute nur noch sehr
schwach vertreten.
[3] **Einsiedelei.** Stätte, an der der E.
lebt, bes. in der Wüste, im Gebirge und
Wald, beliebtes Motiv der Kunst in der
Romantik, bei den Nazarenern usw.
LIT. LThK ²III, (1959) 767ff.; F. von
Oer, Die Eremiten in Steiermark
(1917); K. Vossler, Poesie der Einsamkeit in Spanien (1940); L. Gougaud,
Eremites et Reclus (1948); Ph. Hofmeister, Eremiten in Deutschland. In:
Wahrheit und Verkündigung. II (1967)
1191–1214; N. Watteck, Einsiedler
(1972).

Eisen und Blut. Bereits bei Max von
Schenkendorf ›Das eiserne Kreuz‹
(1813): »Denn nur Eisen kann uns ret-
ten/Und erlösen kann nur Blut« und bei
E. M. Arndt. Zum geflügelten Wort
wurde es durch Bismarck. In der Budgetkommission des preuß. Abgeordne-

tenhauses sagte Bismarck am 30. 9. 1862: »Nicht durch Reden und Majoritätsbeschlüsse werden die großen Fragen der Zeit entschieden – das ist der Fehler von 1848 und 1849 gewesen – sondern durch Eisen und Blut.« Bismarck gebrauchte die Wortverbindung öfters.

Eisernes Kreuz. Am 10. 3. 1813, dem Geburtstag der verstorbenen Königin Luise, von König Friedrich Wilhelm III. von Preußen für die Dauer des Krieges gestiftete Kriegsauszeichnung für alle Dienstgrade. Künstler. Ausführung nach des Königs Entwurf von K. F. Schinkel. Das E. K. wurde am 19. 7. 1870, 5. 8. 1914, 1. 9. 1939 auf Kriegsdauer erneuert. Höhere Stufen des E. K. waren das E. K. I. Kl. (als Steckkreuz an der linken Brust), das Ritterkreuz (am Hals zu tragen, anstelle des früheren Pour le mérite). Höhere Stufen des Ritterkreuzes: das Eichenlaub zum Ritterkreuz; dasselbe mit Schwertern, letztere Form mit Brillanten, schließlich das Goldene Eichenlaub mit Schwertern und Brillanten zum Ritterkreuz des E. K., sowie das Großkreuz. Durch Ordensgesetz vom 26. 7. 1957 wurde das Tragen des E. K. (ohne Hakenkreuz) in der BRD zugelassen.
LIT. K. Bauch, Das E. K. 1813/1939 (1941); K. G. Klietmann – O. Neubecker, Ordenslexikon (1951 ff); F. Thomas/G. Wegmann (Hrsg.), Die Ritterkreuzträger der Dt. Wehrmacht 1939–1945 (1986 ff.); F. Heyde, Das E. K. 1813–1870. 1914 (1980).

Eldorado (span., der Vergoldete, aus lat. deaurare, vergolden). Geht auf die Kulthandlung des Kaziken zurück, der, am ganzen Körper vergoldet, im heiligen See badete. Dann Bezeichnung für das sagenhafte Goldland in Südamerika, das in der Geschichte der Entdeckungen des 16. bis 18. Jh. eine wichtige Rolle spielt.
LIT. H. Trimborn, E. (1961).

Eleganz (lat. elegans, wählerisch; von eligere, wählen, auswählen). Anfang des 18. Jh. aus franz. élégant entlehnt, zunächst als Wort der künstler. Kritik (»einen eleganten stylum und Schreibart acquirieren«), später für materielle Vollkommenheit, insbes. Kleidung, verwendet. E. schon im 16. Jh. aus dem Lat. als literar. Ausdruck entlehnt, bedeutete Gewähltheit im Ausdruck.

Elendenbruderschaft (ahd. eli-lenti, in fremdem Lande; mhd. ellende, Ausland, Verbannung, Not). Elend im MA gleichbedeutend mit: Fremde. Die E. (confraternitas exulum) übernahm im MA die Sorge für Fremde und Heimatlose, speziell deren Begräbnis. Anfang des 14. Jh. gab es viele E. Die 1492 bestätigte Paderborner E. hat sich als einzige in Dtl. erhalten.

Elgin Marbles. Die von Lord Thomas Elgin (1766–1841) als Gesandtem im Osmanischen Reich erworbenen Skulpturen aus Griechenland, bes. aus Athen. Die Hauptstücke stammen vom Parthenon und Erechtheion. Seit 1816 befindet sich die Sammlung im Brit. Museum; sie wurde für ein neues Verständnis der griech. Kunst äußerst wichtig.

Elite (franz., das Auserlesene, die Auswahl; von lat. eligere, auswählen). Ende des 18. Jh. wird das Wort aus dem Franz. übernommen. Bez. für die Auswahl von Menschen (Minderheit), deren Überlegenheit sich gesellschaftlich bestimmend geltend machte. E. ist nicht fixiert, instabil, ständig wechselnd; sie hat die Tendenz, sich zur herrschenden Schicht oder Kaste zu wandeln. E. ist (seit V. Pareto, G. Sorel) eine soziolog. Kategorie, gleichgültig ob sie regiert oder nicht, das bewegende Prinzip der Gesellschaft. Nach Pareto ist die gesamte Sozialgeschichte »Kreislauf der Elite«.
LIT. E. Rack, Das Problem der E. (1950); E. W. Mommsen, Die Elitebildung in der Wirtschaft (1955); A. von Martin, Ordnung und Freiheit (1956); P. Hübner, Herrschende Klasse und Elite. Eine Strukturanalyse der Gesellschaftstheorie Moscas und Paretos (1967); T. B. Bottomore, Elite und Gesellschaft ([3]1974); G. Endruweit, Elite und Entwicklung. Theorie und Empirie zum Einfluß von Eliten auf Entwicklungsprozesse (1986).

Elle. Natürliches, sehr verbreitetes Längenmaß, vom Ellbogen bis zur Spitze des Mittelfingers reichend. Die genauen Maße schwanken für Ägypten, Babylonien, das übrige At., MA und NZ. Allein in Dtl. gab es über 100 verschiedene Ellenmaße. Die E. betrug (etwa) zwischen 49–80 cm.

Ellerianer. Elias Eller (1690–1750) aus Ronsdorf bei Wuppertal gründete kurz nach 1726 mit Anna von Buchel (1702–43) die Elberfelder, seit 1737 Ronsdorfer Philadelphische Sozietät, eine chiliastische Sekte, in deren Mittelpunkt Anna von Buchel als Zionsmutter stand. Zu den Anhängern Ellers (Elle-

rianer) zählte u.a. Schleiermachers Großvater Daniel. Ronsdorf, für das Eller 1745 vom Pfälzer Kurfürsten Stadtrecht erlangte, erhielt einen Herrnhut ähnlichen Charakter. 1749 kam es zum Zerwürfnis mit Schleiermacher und zu dessen Ausscheiden. Nach Ellers Tod – man warf ihm Tyrannei und Unsittlichkeit vor – ging die chiliast. – schwärmerische Bewegung 1768 zugrunde. Seit 1741 gab es E. in Dtl., Holland, der Schweiz und in England.
LIT. RGG II, 435f.; LThK III, 825f.

Eltville, Verträge von (26. 5. 1349). Abgeschlossen zwischen Kg. Karl IV. und den Wittelsbacher Herzögen (Ludwig dem Brandenburger, Stephan II.). Mit diesen Verträgen stellen die Wittelsbacher den Widerstand gegen das Königtum Karls IV. ein (Thronverzicht des hoffnungslos isolierten Gegenkönigs Günther von Schwarzburg-Arnstadt), und Karl IV. verzichtet auf die Unterstützung der Gegner der Wittelsbacher in Tirol und Brandenburg.
LIT. S. Steinherz, Die Verträge Karls IV. mit den Wittelsbachern. In: MIÖG 8 (1887); Th. Lindner, Karl IV. und die Wittelsbacher. In: MIÖG 12 (1891); Spindler, II (1966).

Elvira, Synode von (306). Gesamtspanisches Konzil. Die Canones über Bußdisziplin, Taufe, Eherecht, Ehelosigkeit der Priester fallen durch außergewöhnliche Strenge auf. Can. 33 bestimmte die Ehelosigkeit der Priester für ganz Spanien und gilt als älteste Festlegung des Zölibats.
LIT. Bihlmeyer-Tüchle, Kirchengeschichte I; HKG I.

Elzevier. Niederländ. Buchdrucker- und Buchhändlerfamilie des 16. und 17. Jh., mit Niederlassungen in Leiden und Amsterdam. Förderte die Verbreitung des wissenschaftl. Buches durch preiswerte Duodezausgaben mit klarem Schriftbild (Elzevier-Ausgaben) und durch Drucke von Descartes, Calvin, H. Grotius, Corneille, Galilei und anderen. Der bedeutendste der E.: Ludwig E. (1604–70).
LIT. D. W. Davies, The world of the Elzeviers (1954); W. Alphonse, Les Elzeviers. Histoire et annales typographiques (1962).

Emanzipation (lat. emancipatio = Freilassung).
[1] röm. Recht: Freilassung des Sohnes aus der Gewalt des Hausvaters, durch dreimaligen Scheinverkauf (mancipatio), womit die Bedingung der sofortigen Freilassung verbunden war. Der Sohn war danach Person eigenen Rechts. E. ist seit der französ. Revolution politisches Schlagwort. Von entscheidender Bedeutung für die seit der frühen NZ immer stärker werdenden Emanzipationsforderungen der verschiedensten Gruppen der Gesellschaft wurde die Erklärung der Menschen- und Bürgerrechte und ihr Eindringen in das öffentl. Bewußtsein. Seit etwa 1830 wurde E. der amerikan. Negersklaven gefordert. Seit 1833 (Börne) wird von der E. der Juden gesprochen, seit 1839 (Gutzkow) von der E. der Frau, seit dem Saint-Simonismus von der E. des Fleisches usw.
[2] E. der Frau →Frauenbewegung.
[3] Jüdische E.: Die Forderung nach bürgerl. Gleichberechtigung der Juden ist eine Frucht der Aufklärung, aufbauend auf dem aufklärer. Natur- und Menschenrecht; erstmals in der Deklaration von Virginia (1776); weitere Staaten der USA schließen sich an. Während der Franz. Revolution wird die E. in der Verfassung vom 3. 9. 1791 verankert. In Dtl. wird sie durch Lessing, Ch. W. Dohm vorbereitet, im Toleranzpatent Kaiser Josephs II. (1781) bekräftigt. H. Heine (1829): »Was ist aber die große Aufgabe unserer Zeit? Es ist die Emanzipation.« Die E. stößt auf Widerstand des orthodoxen Judentums, wird erst allg. nach 1871 durchgeführt, im zarist. Rußland abgelehnt, in Dtl. mit der Ariergesetzgebung und den Nürnberger Gesetzen durch die NS-Diktatur wieder annulliert.
LIT. K. Fuchs, Juden als Wegbereiter. Ihre Bedeutung für das dt. Erziehungs- und Bildungswesen. In: Tribüne. Zs. zum Verständnis des Judentums, H. 89, 92, S. 101–107, 146–150 (1984); R. van Dülmen, Die Gesellschaft der Aufklärer. Zur bürgerl. E. und aufklärer. Kultur in Dtl. (1986).

Embargo (span. embargar, zurückhalten). Gewaltsame, von einem Staat innerhalb seiner Hoheitsgrenzen verfügte Zurückhaltung des Eigentums eines fremden Staates oder fremder Staatsangehöriger, insbes. von dessen Schiffen und Ladungen; dient in Friedenszeiten als Repressalie, handelspolit. oder polit. Maßnahme, in Kriegszeiten als Beginn der Anwendung des Seebeuterechts. Das völkerrechtl. E. ist zu unterscheiden von dem staatsrechtl. oder zivilen (z. B. aus staatspolizeil. oder gesundheitl. Gründen verfügten) Embargo. Die Ausübung des E. in Kriegszeiten ist umstritten, erwünscht ist, daß den Schiffen freies Auslaufen gewährt wird. E. als Repressalie muß aufgehoben werden, sobald Genugtuung erfolgt oder der Zweck der Repressalie nicht mehr erreichbar ist.

LIT. WB des Völkerrechts I, 279.

Emblem. Kompositorische Einheit einer kurzen ethischen Wahrheit, einer Lebensregel oder eines Wahlspruchs (Motto, Devise, Lemma) mit einer sie ausdeutenden bildl. Darstellung (Pictura, Icon, Symbolon) und der näheren Erklärung und Auflösung durch ein Epigramm.

Emblembuch. Urspr. die Sammlung kunstvoller Verbindungen von Wort und Bild ohne weitere Zusätze. In der Renaissance und mit ihrer Vorliebe geheime Abzeichen zu tragen (meist mit entspr. Wahlspruch) und der aufkommenden Hieroglyphik entstehen die Emblemata des Andreas Alciati (1531; zahlreiche Neudrucke und Übersetzungen bis 1781) und mit ihrer Nachahmung die Emblemliteratur: M. Holzwart (1581), G. Rollhagen (1611), J. Camerarius (1590) u. a. Die Anwendung der Embleme im 17. Jh. und die Emblemliteratur des Barock ist schier unbegrenzt. Verbreitet ist die bewußte Antithese von Bild und Deutung, die Herausforderung zur intellektuellen Deutung, der Vorstoß zu nicht mehr deutbaren Tiefen, rätselhaften Anspielungen (von Harsdörffer stammt die Übersetzung: »Sinnbildkunst«). Wichtig: Filippo Picinelli, Mondo symbolico (1653; lat.: Mundus symbolicus, 1680). Verbreitet sind Titelemblemata, z. B. bei Grimmelshausen, Widmungsemblemata usw.

LIT. RDL I (1958) 334ff.; A. Schöne, Emblemata (1964); M. Praz, Studies in 17th Century Imagerie (1939, 1947); A. Henckel, A. Schöne, Emblemata, Handbuch zur Sinnbildkunst des 16. und 17. Jh. (1967); A. Schöne, Emblematik und Drama im Zeitalter des Barock (²1968); D. W. Jöns, »Das Sinnen-Bild«, Studie zur allegorischen Bildlichkeit bei Gryphius (1966).

Emeritenhäuser (lat. domus emeritorum, domus bene meritorum). In der kath. Kirche Bez. für die Versorgungsanstalten, die der Unterbringung von dienstunfähig gewordenen würdigen

Klerikern dienten. Die E. wurden inzwischen durch kirchl. Ruhegehaltskassen ersetzt.

Emigration (von lat. migrare). Auswanderung, freiwillige Verbannung, freiwilliges Verlassen der Heimat aus religiösen, polit., rassischen Gründen oder unter Zwang. E. hat es stets gegeben (→Exulant), z. B. die Hugenotten, Réfugiés, Quäker. **Emigrés** wurden die franz. Flüchtlinge während und vor der Franz. Revolution. Adelige und eidverweigernde Priester genannt. Zur ersten Emigrations-Welle gehörten unmittelbar nach dem Bastilesturm die Prinzen der königl. Familie (Graf von der Provence, Comte d'Artois, Condé, Polignac). Hauptquartier der aristokrat. E. war Koblenz, vorübergehend auch Worms. Mit Hilfe der europ. Mächte wurde unter Condé eine Emigrantenarmee aufgestellt, die 1792/94 am Krieg teilnahm. Als Reaktion auf die Politik der E. ist die Konfiskation der Güter durch die revolutionär. Machthaber in Frankreich und die Aufstellung der Proskribiertenlisten zu verstehen. Im Gefolge des Friedens von Lunéville mußte sich die Emigrantenarmee auflösen. Die Lockerung der Emigrationsgesetze durch Napoleon bewog einen Großteil der Emigranten zur Rückkehr nach Frankreich. Eine Entschädigung erfolgte erst 1814 und 1825.

Im 19. Jh. emigrierten unter dem Druck der Demagogenverfolgungen der 1820er Jahre, zunehmend aber nach der 1848er Revolution polit. gefährdete Persönlichkeiten (u. a. Joseph Görres, Richard Wagner, J. Fröbel, G. Kinkel). In Rußland löste die Oktoberrevolution 1917 und der Bürgerkrieg 1917–21 eine E. von über 1 Million Menschen, vornehmlich der oberen Schichten, aus. Im faschist. Italien kam es nur zu einer zahlenmäßig unbedeutenden E. Dagegen war die Zahl der polit., rassisch und religiös Verfolgten und Emigrierten aus dem nationalsozialist. Dtl. beträchtlich (über 270000 Juden; 300000 nichtjüd. Emigranten). Für die in Dtl. verbliebenen Gegner der NS-Diktatur kam der Ausdruck **innere Emigration** auf.

LIT. H. Forneron, Histoire générale des Emigrés pendant la Révolution française. 3 Bde. (1884–90); F. Baldensperger, Le mouvement des idées dans l'émigration française. 2. Bde. (1924); F. Hempelmann, Die Emigranten und die Französische Revolution in den Jahren 1789–92 (1935); W. Wühr, Die Emigranten der Französischen Revolution im bayerischen und fränkischen Kreis (1938); J. Vidalenc, Les Emigrés Français 1789 à 1825 (1963); M. Pawlik, Emigranten der Französischen Revolution in Österreich 1789–1814. In: MIÖG 77 (1969) 78–127; K. R. Grossmann, Emigration. Die Geschichte der Hitler-Flüchtlinge (1969); J. Radkau, Die dt. Emigration in die USA (1971); A. Marsch, Die Salzburger Emigration in Bildern (1977); R. Fabian, Die dt. Emigration in Frankreich (1978); Biograph. Hdb. der deutschsprachigen Emigration nach 1933. Bd. I: Politik, Wirtschaft, Öffentl. Leben. Leitung und Bearbeitung: W. Röder, H. A. Strauss (1980); B. Post, Judentoleranz und Judenemanzipation in Kurmainz 1774–1813 (1985).

Eminenz (lat. eminentissimus, hervorragend). Spätröm. Titel. Im MA u. a. zunächst für die fränk. Könige und Kaiser gebraucht, dann auf andere bedeutende Persönlichkeiten, z. B. Bischöfe ausgedehnt. Seit 1630 für die Kardinäle reserviert, außerdem für die geistl. Kurfürsten und den Großmeister der Johanniter (Malteser) angewendet, der heute noch diesen Titel führt.

Emir (arab. amir von amara, befehlen). Urspr. arab. Stammeshäuptling, später Titel arab. Statthalter und Oberbefehlshaber, seit Omar weltl. Titel des Kalifen, von den selbständigen mohammedan. Herrschern bis heute geführt. E. der Emire seit Anfang des 10. Jh. Oberbefehlshaber, Titel des obersten Söldnerführers des Kalifen von Bagdad, der nach Art eines Hausmeiers regierte, während der Kalif nur noch geistl. Oberhaupt war. Unter den Abbasiden Provinzgouverneur. Durch niederländ. emier seit 1728 auch im Deutschen.
LIT. Haberkern-Wallach 171.

Emphytheuse →Erbleihe.

Empire (franz., engl., von lat. imperium) Kaiserreich, Weltreich.
[1] franz. und engl. Bez. für das röm. Weltreich.
[2] engl. und franz. Bez. für das ma. Reich, das Heilige Römische Reich (Deutscher Nation): The Holy Roman Empire; Saint-Empire.
[3] Bez. für das Kaiserreich Napoleons I. (reg. 1804–15) und Napoleons III.

[4] Brit. Weltreich (British Empire); Kolonialreich der 3. Franz. Republik.
[5] Bez. der klassizist. Kunstrichtung unter dem Kaisertum Napoleons I. und darüber hinaus (ca. 1800–30), ausgezeichnet in der bildenden Kunst, bes. der Architektur, durch ägypt., griech. und röm. Formelemente, Geradlinigkeit, Schwere (z. B. Arc de Triomphe); vermittelt oft den Eindruck des Wuchtigen, Großen.
LIT. G. Pariset, Le Consulat et l'Empire (1921); L. Madelin, L'Empire de Napoléon (1946); J. Godechot, Les Institutions de la France sous la Révolution et l'Empire (1951); G. Bruun, Europe and the French Imperium, 1799–1814 (1938); J. E. Tyler, The Struggle for Imperial Unity, 1868–95 (1938); A. Speltz, Das Empireornament (²1913); M. von Boehm, Das Empire (1925); G. Hanotaux-A. Martineu, Histoire des colonies françaises et de l'expansion de la France dans le Monde (1933); E. Lasbax, La France ira-t-elle à un Troisième Empire? (1936); M. Erbe, Vom Konsulat zum Empire, 1799–1870 (1985); W. Markow, Die Napoleon-Zeit. Geschichte und Kultur des Grand Empire (1985).

Emser Depesche. Depesche Bismarcks vom 13. 7. 1870 an alle preuß. Gesandtschaften. Sie ist die durch Streichungen Bismarcks bewußt verschärfte Veröffentlichung der Ablehnung König Wilhelms I. der Zumutungen Frankreichs in der Frage der Hohenzollernschen Thronkandidatur in Spanien. Die Emser Depesche stellt keine Fälschung Bismarcks dar, aber sie zwang Frankreich nach Lage der Dinge, entweder eine schwere diplomat. Niederlage einzustecken oder die Rolle der kriegserklärenden Macht zu übernehmen. Verursacht hat indessen die Emser Depesche den Deutsch-Französischen Krieg von 1870/71 nicht.
LIT. R. Fester, Briefe, Akten und Regesten zur Geschichte der Hohenzollernschen Thronkandidatur in Spanien (1913); ders., Neue Beiträge zur Geschichte der Hohenzollernschen Thronkandidatur in Spanien (1913); ders., Die Genesis der Emser Depesche (1915); E. Walder, Die Emser Depesche. Quellen zur Neueren Geschichte, Heft 27–29 (²1972); G. Bonnin, Bismarck and the Hohenzollern Candidature. The documents in the German Diplomatic Archives (1957); J. Becker,

Zum Problem der Bismarckschen Politik in der spanischen Thronfolge. In: HZ 212 (1971).

Emser Kongreß (25. 7.–25. 8. 1786). Zusammenkunft der Deputierten der drei rhein. Kurfürst-Erzbischöfe von Köln, Trier und Mainz und des Fürst-Erzbischofs von Salzburg mit dem Ziel, ein reichskirchl. Reformprogramm, das sich vor allem gegen die Nuntiaturen richtete und die Befugnisse der Metropoliten stärken sollte, aufzurichten. Dieses Reform- und Kampfprogramm, die sog. **Emser Punktation** (25. 8. 1786), knüpfte an die Gravamina der rhein. Kurfürsten, insbes. die Koblenzer Gravamina von 1769, den Febronianismus und Episkopalismus an. Die Unabhängigkeit der bischöfl. Gewalt von der päpstl. wurde betont, die Aufhebung der Exemtionen und der Quinquennalfakultäten, der Nuntiaturen, zum mindesten aber ihrer konkurrierenden Jurisdiktion, das bischöfl. Plazet für röm. Bullen und Breven wurden gefordert. Die Annaten und Palliengelder sollten reduziert werden. Nicht mehr das Wiener Konkordat (1448), sondern die Mainzer Akzeptation (1439) und die Concordata Principum (1447) (→Konkordate) sollten die Grundlage der Reichskirchenverfassung bilden. Die Forderung nach Abhaltung von Konzilien, zum mindesten von Nationalkonzilien in regelmäßigen Abständen, wurde erneut erhoben. Die Emser Punktation fand die Unterstützung des Kaisers nicht, stieß auf zunehmenden Widerstand der Suffragane, vor allem des Fürstbischofs August von Limburg-Styrum von Speyer und wurde durch den Nuntiaturstreit und das Bündnis zwischen Papsttum und bayerischem Staatskirchentum überspielt. Relativ schnell begann sich die Union der vier Erzbischöfe zu lockern. Die Emser Punktation blieb »die bloße Ansage einer Fehde wider Rom, der die Fehde selbst nicht folgte«.

LIT. H. Raab, Der reichskirchliche Episkopalismus von der Mitte des 17. bis zum Ende des 18. Jh. In: HKG V (1970); ders., Die Concordata Nat. Germanicae in der kanonist. Diskussion des 17.–19. Jh. (1956); K. O. von Aretin, Heiliges Römisches Reich (1776–1806) Teil I (1967); M. Höhler, Des kurtrier. geistl. Rats H. A. Arnoldi Tagbuch über die zu Ems gehaltene Zusammenkunft der vier Erzbischöfl. dt.

Herrn Deputierten, die Beschwerde der dt. Nation gegen den Römischen Stuhl und sonstige Gerechtsame betreffend 1786 (1915).

Enchiridion (griech.). Handbuch. Leitfaden, Sammlung wichtiger Texte. a) Desiderius Erasmus von Rotterdam, Enchiridion militis Christiani (1503) bezeichnet die Wende des Erasmus zu einem christl. Humanismus und ist mit seinem Streben nach bibl. Einfachheit, seinem mangelnden Verständnis für Kirche und Sakramente wichtig geworden für die Geistesgeschichte des frühen 16. Jh. b) H. Denzinger, Enchiridion Symbolorum et Definitionum (1854; [31]1957): Sammlung von wichtigen Lehrentscheidungen der kath. Kirche, auch für den Historiker ein sehr brauchbares Arbeitsinstrument.

Englische Fräulein (lat.: Institutum Beatae Mariae Virginis, abgekürzt: I. B. M. V.: Institut der seligen Jungfrau Maria). Ordensgemeinschaft für Erziehung und Unterricht der weibl. Jugend, gegründet von der aus England geflohenen Maria Ward. Auf Grund persönl. Initiative des Herzogs Maximilian I. genüber der von der Kirche nach Auflösung der Kongregation der Jesuitinnen bedrängten Ordensgründerin wurden 1627 in München Pensionat und Schule der Engl. Fräulein eröffnet. Von 1700–1929 befand sich die Generalleitung des Instituts in München. Die E. F. sind hauptsächlich in Deutschland und Österreich verbreitet, wo sie Schulen und Internate für Mädchen unterhalten. Tracht: engl. schwarze Witwentracht mit schwarzem Schleier und weißem Kragen.

LIT. J. Grisar, Die ersten Anklagen in Rom gegen das Institut M. Wards (1959); ders., Maria Wards Institut vor röm. Kongregat, 1610–30 (1966); M. Köhler, Maria Ward (1984).

Enklave (franz., von lat. clavis, Schlüssel; mlat. inclavare, einschließen). Staatsgebiete, die ringsum vom Gebiet eines anderen Staates umschlossen sind. E. ist vom fremden Staat her gesehen **Exklave.** Auch ein Kleinstaat kann von dem umgebenden Staat als Enklave betrachtet werden (Beispiel: San Marino – Italien). Enklaven-Exklaven waren vor allem in Mitteleuropa vor der Franz. Revolution als Folge der Grenzverschiebungen, Teilungen und der erst im 17. Jh. sich ausbildenden Vorstellung der linearen Grenzen häu-

fig. Durch Grenzregulierung, Tausch, Kauf, Mediatisierung wurden E. im 19. Jh. weitgehend beseitigt. Einige E. sind heute noch vorhanden. Die bes. wirtschaftl., finanziellen, verkehrspolit. u. a. Probleme der E. sucht man durch Staatsverträge zu regeln. Ein bes. Problem des Enklavenrechts bildet das Durchzugsrecht. Bei den alten E. des alten Reiches war das Durchzugsrecht zu den E. anerkannt und bot kaum Schwierigkeiten.
LIT. WB des Völkerrechts I, 425 ff.; HWDRG I, 939 ff.

Enkolpion (griech., das auf der Brust Getragene). Im At. vielfach auf der Brust getragenes kleines Behältnis mit dem Charakter eines Amuletts. In altchristl. Zeit und im frühen MA gewinnt das E. christl. Formen (Kreuz, Fisch, Anker, Petrusschlüssel u. a.) mit christl. Beschriftung; Inhalt: Reliquien, insbes. Kreuzpartikel; auch das von griech. Bischöfen getragene Medaillonbild der Jungfrau Maria. Unterschiedl. Beurteilung schon in frühchristl. Zeit (Gregor d. Gr., Gregor von Nyssa).

Entelechie (griech.). Von Aristoteles in die Philosophie eingeführter Begriff, worunter eine wesensimmanente Strebekraft in einem materiell Seienden verstanden wird, durch die dieses Seiende auf ein bestimmtes Ziel (telos) hingeordnet wird. Das Prinzip der E. wird vielfach auch das Prinzip der Finalität oder der Teleologie genannt.

Entente cordiale (franz., herzliches Einvernehmen). Von Guizot verwendete Bez. für die unter seiner Regierung herbeigeführte Verbesserung der Beziehungen zw. Frankreich und England (1843: Begegnung zwischen Louis-Philippe und Königin Viktoria). Napoleon III. versuchte diese Politik weiterzuführen (während des Krimkrieges 1854/56), aber die kolonialen Gegensätze verhinderten ein polit. Zusammengehen zw. den beiden Mächten (Faschoda 1898). Deutschlands wachsende Macht bestimmte die engl. Politik, aus der Isolierung herauszukommen, zunächst durch Anschluß an Frankreich, dann Rußland, schließlich zu Japan. Erster Erfolg der neuen Politik ist der Abschluß des engl.-japan. Bündnisses (30. 1. 1902). Der Besuch Kg. Eduards VII. in Paris (1903) und der Gegenbesuch des franz. Außenministers Delcassé bereitet einen Umschwung in der öffentl. Meinung vor (Beginn der An-

glophilic); dem Ausgleich der kolonialen Gegensätze folgt eine polit. Kooperation, schließlich politische Freundschaft.

Die E. c. war urspr. nicht offen gegen Dtl. gerichtet. Das Abkommen vom 8. 4. 1904 (Lansdowne für England, Paul Cambon für Frankreich) bereinigt die kolonialen Gegensätze, vor allem in Nordafrika (Ägypten und Marokko), in West- und Zentralafrika, betr. Neufundland, Siam, Madagaskar, die Neuen Hebriden, trifft Bestimmungen über Handel und Durchgangsverkehr in den nordafrikan. Kolonialgebieten, sichert freie Durchfahrt durch den Suezkanal und die Meerenge von Gibraltar und gegenseitige Unterstützung bei der Durchführung der Erklärung über Ägypten und Marokko. Spanien wird an der Aufteilung Marokkos beteiligt, darf jedoch keine fremde Macht (Deutschland) anrufen. Am 16. 5. 1907 folgt der E. c. der engl.-franz.-span. Vertrag über gemeinsame Interessen im Mittelmeer, Atlantik und den angrenzenden Gebieten. 1907 wird die E. c. durch den Beitritt Rußlands zur Tripelentente (→Dreiverband) erweitert.
LIT. P. J. V. Rolo, The E. c. The Origins and Negotiations of the Anglo-French Agreements of April 8th 1904 (1969).

Enzheim, Schlacht bei (4. 10. 1674). Unentschiedene Schlacht des franz.-niederländ. Krieges.
Nach der Erklärung des Reichskrieges gegen Frankreich, der Zerstörung der Kurpfalz durch Turenne und der Niederlage der Kaiserlichen bei Sinsheim wehrten die zahlenmäßig überlegenen Kaiserlichen und Reichstruppen bei Enzheim/Elsaß einen franz. Angriff ab, konnten aber infolge eigener Uneinigkeit einen Sieg nicht erringen.
LIT. H. Pastenaci, Die Schlacht bei E. (1880).

Enzyklika. Bezeichnung für kirchl. Rundschreiben (Lehr- und Disziplinar-Enzykliken), die an einige oder alle Kirchen gerichtet sind. Papst Benedikt XIV. wollte die alte Form der E. beleben, aber erst seit Gregor XVI. (1831) erscheint die Bezeichnung E. häufiger und wird allg. gebräuchlich. E. ist eine authentische Äußerung des kirchl. Lehramtes.

Enzyklopädie (griech.). Umfassende und übersichtl. Darstellung des gesamten Wissensstoffes einer Zeit (Univer-

salenzyklopädie) oder eines Fachgebiets in alphabet. Reihenfolge oder in systemat. Zusammenhang. Die älteste (verlorene) Enzyklopädie aus dem 4. Jh. v. Chr. stammt angeblich von Speusippos. Im MA wurden Wissensgebiete unter dem Titel ›Summa‹ zusammengefaßt. In der Renaissance taucht der Name Enzyklopädie auf; als Begründer der modernen Enzyklopädie gilt F. Bacon (›Novum organum scientiarum‹, 1620). Von weiteren berühmten Enzyklopädien seien genannt: E. Chambers, Cyclopædie. 2 Bde. (1728); J. P. Ludewig, Großes vollständiges Universallexikon. 68 Bde. (1732–54), nach dem Verleger ›Zedlers Universallexikon‹ genannt; die ›Encyclopédie‹ von Diderot, d'Alembert und den Enzyklopädisten, die ›Encyclopædia Britannica‹, zuerst 3 Bde. (1768–71); J. S. Ersch-J. G. Gruber, Allgemeine Encyclopädie der Wissenschaften und Künste. 167 Bde. (1818–89; unvollendet); die ›Enciclopedia Italiana‹. 35 Bde. (1929–37); die ›Große Sowjet-Enzyklopädie‹ (1926–47); ›The new Encyclopædia Britannica‹ ([15]1974–87) u. a. m.
LIT. R. L. Collison, Encyclopedias (1962); J. Mittelstrass, Enzyklopädie, die Philosophie und Wissenschaftstheorie I (1980); M. T. Bronio-Brodieri Fumagalli, Le Enciclopedie dell'Occidente medievale (1981).

Enzyklopädisten. Bez. für die Mitarbeiter der von Diderot und d'Alembert 1751/72 herausgegebenen ›Encyclopédie ou Dictionnaire raisonné des sciences, des arts et des métiers‹ (24 Bände, bis 1780 um 8 weitere Bände vermehrt). Mitarbeiter waren u. a. Voltaire, der sich wegen sprachl. Mängel der Enzyklopädie aus anderen Gründen zurückzog, Rousseau, der sich mit Diderot überwarf, Condillac, Helvétius, Holbach, Grimm, Turgot, Boulanger, Jaucourt, Morellet. Die Enzyklopädisten, obwohl in ihren Auffassungen keineswegs übereinstimmend, vereinten sich als die eigtl. Vertreter der öffentl. Meinung. Im Sinne der Aufklärung übten sie einen sehr starken Einfluß aus. Die Enzyklopädie ist das große Wahrzeichen der franz. Aufklärung.
LIT. F. Schalk, Einleitung in die Enzyklopädie der franz. Aufklärung (1936), E. Weis, Geschichtsschreibung und Staatsauffassung in der Französischen Enzyklopädie (1956).

Epakten.
[1] **Epakten alten Stils** (epactae lunares, epactae minores, adiectiones lunae) sind die Angaben des Mondalters eines bestimmten Tages im Jahr. Sie dienen zur Osterfestberechnung.
Sedes epactarum ist der 22. März, der Tag nach dem Eintreffen der Frühjahrstagundnachtgleiche. Die Epakte ist jedesmal um 11 Tage größer als die des Vorjahres entsprechend dem Unterschied von Mondjahr (354) und Sonnenjahr (365); sie kehrt mit dem Mondzyklus in 19jährigem Rhythmus wieder; die Epakte des 19. Jahres springt um 12 Tage (saltus lunae), um den durch Vollrechnung der Tage entstandenen Überschuß auszugleichen und die regelmäßige Wiederkehr des Zyklus zu sichern. Wechsel der Epakten ist der 1. September (= Alexandrinischer Brauch), 1. Januar (= Römischer Brauch). Berechnung: Subtrahiere 1 von der Goldenen Zahl, multipliziere den Rest mit 11 und subtrahiere, so oft es möglich ist, 30.
[2] **Epakten neuen Stils** wird der Epaktenzyklus genannt. Neu ist, daß jedesmal, wenn ein Schalttag ausgelassen wird, sich die Epakten um eine Einheit verringern. 1700 tritt eine neue Epaktenreihe ein, 1800 jedoch nicht, weil die in diesem Jahr stattfindende Mondgleichung (alle 300, bzw. 308 Jahre) die ebenfalls eintretende Sonnengleichung aufgehoben hat.
LIT. Grotefend I, 50f.; F. K. Ginzel, Handbuch der mathemat. und techn. Chronologie III (1914; 1958), 140ff.; Clavis mediaevalis 68f.

Eparch. Bez. für höhere Offiziere und Beamte. Entspricht dem lat. praefectus.

Eparchie. Amt und Amtsbereich eines Eparchen, Verwaltungseinheit des byzantin. Reiches. In der griech. Kirche umfaßt die E. den Bereich der Diözese. Im MA wurde das Stadtoberhaupt von Konstantinopel als Eparch bezeichnet.

Epavenrecht (franz. droit d'épaves). Begriff und Name stammen aus dem franz. Staatsrecht. Das E. gründet auf der Vorstellung, daß das ius circa sacra et politica dem Landesherrn erlaube, bei der Aufhebung geistl. Stiftungen über deren Rechte und Besitzungen zu verfügen, soweit sie in seinem Territorium liegen. Bei der Aufhebung der Gesellschaft Jesu (1773) wurde es auch von zahlreichen dt. Reichsständen in

Anspruch genommen. Bei der Durchführung des Reichsdeputationshauptschlusses versuchten der Kaiser und Österreich das E. in Anwendung zu bringen.

Ephesos, Konzil von (431). 3. allgemeines Konzil. Bestätigt die Lehre des Konzils von Nikaia (325) über die Menschwerdung Christi. Stärkt mit der Anerkennung des Legaten Coelestins I. die päpstl. Stellung gegenüber dem Konzil.

Epidemien. Pest, Cholera, Lepra haben in der Geschichte der Menschheit bis an die Schwelle der Gegenwart eine verheerende, noch nicht genügend erforschte Rolle gespielt. Die von ital. und franz. Handelsleuten aus dem Vorderen Orient eingeschleppte Pest (Beulen- und Lungenpest) wirkte insbes. im 14. Jh. (1348: großes Pestjahr), aber auch noch im 17. Jh. stärkstens auf polit. Entscheidungen (Hundertjähriger Krieg, Kalmarische Union), auf Kriegsläufe, Sozialverhältnisse (Leibeigenschaft, Löhne), auf Wirtschaft (Geldwesen, Preise), auf die religiös-kirchl. Entwicklung (Reformbestrebungen, Geißler, Flagellanten), auf die Kunst, kirchl. Malerei, Literatur und auf das gesamte Lebensgefühl der betreffenden Zeiten, oft wie ein »traumatischer Schock«. Erst der Fortschritt der Medizin, der Hygiene, Verbesserungen in den Siedlungsformen haben die Wirkung der Epidemien (»Gottesgeißel«) an der Schwelle der Gegenwart einigermaßen gebannt.
LIT. K. Lechner, Das große Sterben in Deutschland (1884); H. Zinsser, Rats, Lice and History (1935); E. Rodenwald, Pest in Venedig 1575–77. Ein Beitrag zur Frage der Infektkette bei den Pestepidemien Westeuropas. Sitzungsberichte der Heidelberger Akademie der Wissenschaften, Mathemat. nat. Klasse 1952, 2; E. Keyser, Neue dt. Forschungen über die Geschichte der Pest. In: VSWG 44 (1957).

Epigonen (von griech. epigonoi, Nachgeborene). Helden der griech. Sage, die zehn Jahre nach dem Tode ihrer Väter, der Sieben gegen Theben, diese Stadt eroberten und in einem Epos gefeiert wurden. Die Nachfolger Alexanders d. Gr. werden bei Strabo E. genannt, dann wird der Begriff auf alle schwachen Nachfolger berühmter Vorgänger ausgedehnt, seit K. Immermanns Roman ›Die Epigonen‹ (1830) vor allem abwertend gebraucht, z. B. Epigonendichtung.

Epigramm (griech., Aufschrift, Inschrift). Zunächst Aufschrift auf Gebäuden, Denkmälern, Weihegaben o. ä. in einprägsamer Kürze, meist in elegischen Distichen verfaßt (E. = Kurzelegie). Seit dem 6. Jh. v. Chr. gewinnt das E. seine literar. Bedeutung. Der erste große Epigrammmatiker war Simonides von Keos (556–468 v. Chr.: Grabinschrift der Thermopylenkämpfer: »Wanderer, kommst du nach Sparta, verkündige dorten, du habest uns hier liegen gesehen, wie das Gesetz es befahl.«). Aischylos (Inschrift am Denkmal der Kämpfer von Marathon [?]), Platon, Kallimachos u. a. schrieben E. Von röm. Epigrammatikern sind zu nennen Ennius, Vergil, Martial (40–102), der dem E. den straffen satirischen Charakter gab. Antikisierende Dichtung führt das E. in die neuere Lit. ein, so in die deutsche durch Opitz (1625). Bedeutende Vertreter: Logau, Wernicke im 17. Jh., im 18. Jh. Kästner. Lessing: ›Zerstreute Anmerkungen über das E.‹ (1771), Schiller und Goethe in den ›Xenien‹; Goethe ferner: ›Venezianische Epigramme‹ (1790). Seit der Mitte des 19. Jh. keine nennenswerten E. mehr.
LIT. O. Weinreich, E. stud. (1948); R. Raiser, Über das E. (1950); RDL I, 374–79.

Epigraphik (von griech., ritzen, aufschreiben; lat. inscriptiones). Lehre von den Inschriften an Bauwerken, Kunstwerken, Schmuckstücken, auf dauerhaftem Material (Stein, Metall; bei Holz sind keine antiken Beispiele mehr vorhanden). Die E. wird abgegrenzt gegen Numismatik, Sphragistik, Papyrologie (Papyruskunde). Ostraka (Tonscherben) als Papierersatz werden mit den Papyri behandelt. Enge Berührung der E. mit Sprachwissenschaft, Philologie u. a. geschichtl. Hilfswissenschaften führt dazu, daß auf dem Gebiet der Assyriologie, der Ägyptologie und dem der das At. betreffenden Orientalistik E. und Sprachwissenschaft noch nicht recht zu trennen sind. Die moderne E. ist von dem Berliner Philologen Phil. Aug. Boeckh (1785–1867) und Th. Mommsen begründet worden. Boeckh legte die erste wissenschaftl. Sammlung griech. Inschriften im ›Corpus inscriptionum Graecarum (CIG)‹ (1827) an. Mommsen stellte den Plan für das lat. Inschriftencorpus (›Corpus Inscriptionum Latinarum‹ [CIL]) auf. Die Sammlung und Erforschung der ma. Inschriften in Dtl. wurde auf Anregung des Germanisten F. Panzer in Angriff genommen.

LIT. H. Dessau: Lat. E. In: Einleitung in die Altertumswissenschaft I, 10 (1925); Handbuch der Archäologie I (1939) 185ff.; H. Bengtson, Einführung in die alte Geschichte (1949); G. Klaffenbach, Griechische E. Studienhefte zur Altertumswissenschaft 6 (1957); F. Panzer-H. Kollenberger, Inschriftenkunde. In: Deutsche Philologie im Aufriß I² (1957) 333ff; H. Bengtson, Einführung in die alte Geschichte (⁸1979).

Epikie (griech., Billigkeit: lat. aequitas). Korrektur des Gesetzes und des gesetzl. Rechten zugunsten des wirklich Rechten. E. ist nach Aristoteles das bessere Recht. Die E. spielte im MA, vor allem infolge der Aristoteles-Rezeption, eine wichtige Rolle. Thomas von Aquin betrachtet sie als einen Teil der allg. Gerechtigkeit oder als den vorzüglicheren Teil der Gesetzesgerechtigkeit. Mit der Subjektivierung des Rechts in der NZ tritt die E. stärker hervor und erfährt mit Fortschreiten des Individualismus eine Akzentverschiebung und Abwertung.

Epilog (griech., Schlußrede, Nachrede, aber auch der Sprecher selbst).
[1] In der röm. Komödie, im Drama des MA und der frühen NZ betont der E. den Abschluß des Stücks, faßt moralisch zusammen, enthält Hinweise auf das nächste Stück, gibt religiöse Ermahnungen im Drama der Reformation und Gegenreformation.
[2] Erläuterndes Nachwort zu einem lit. Werk.

LIT. RDL I (²1958) 379f.

Epiphanie (von griech. Erscheinung). Fest der Erscheinung des Herrn, am 6. Januar. In Alexandrien im 3. Jh. nachweisbar, urspr. auf die Geburt Christi bezogen, wandelt sich dieses Fest bei der Wanderung nach Westen zum Fest der Offenbarung Christi an die Welt, die vor allem in der Huldigung der drei Weisen (Drei Könige) gesehen und in weiten Gebieten der abendländ. Kirche heute noch im Volksbrauch (Sternsingen, Haussegnung) gefeiert wird.

Episkopalismus (von lat. episcopus, Bischof). Nach Ländern, Epochen und den jeweiligen Trägern sehr differen-

zierte Bewegung, die durch das Bestreben charakterisiert werden kann, das Schwergewicht in der Regierung der Kirche von Papst und den Kardinälen auf die Bischöfe und das Generalkonzil zu verlegen. Als Reaktion auf die päpstl.-absolutist. Kirchenverfassung begegnet der Episkopalismus verstärkt im SpätMA, häufig im Bündnis mit dem aufkommenden staatskirchl. Absolutismus (Philipp der Schöne in Frankreich, Ludwig der Bayer). Auf den Konzilien von Pisa, Konstanz und Basel, in den dann abgeschlossenen Konkordaten sowie in der Pragmatischen Sanktion von Bourges (1438) und in der Mainzer Akzeptation (1439) findet er seinen Niederschlag und seine kirchen- und staatsrechtliche Begründung. Das Konzil von Trient und die Gegenreformation festigen die Lehre von der päpstl. Gewaltenfülle. Ungelöst bleibt die Frage nach dem Verhältnis Papst, Konzil, Bischöfe. Der E. behauptet sich in Spanien und Frankreich (Petrus de Marca, Pithou, Fleury, Bossuet, Gallikanismus) und wird auch in der Reichskirche nach dem Westfälischen Frieden stärker. Er läuft dort auf eine Kompromißlehre vom Status mixtus der Kirche, auf die Diskussion um die Konkordate der Natio Germanica, den Kampf gegen die Nuntiaturen hinaus und erstrebt eine Stärkung der fürstbischöfl. Macht.

Höhepunkte des reichsrechtl. Episkopalismus: die Koblenzer Gravamina (1769), der Emser Kongreß (1786), der Salzburger Kongreß (1777) und der Münchener Nuntiaturstreit (1785ff.). Hauptvertreter: Johann Kaspar Barthel in Würzburg, Johann Nikolaus von Hontheim in Trier (→Febronianismus), Gregor Zallwein in Salzburg, die Fürstbischöfe aus dem Hause Schönborn, die Kurfürst-Erzbischöfe von Mainz, Köln und Trier. Von aufklär. und jansenist. Unterströmungen war der E. nicht frei. Er scheiterte an dem Bündnis von Papsttum und landesfürstl. Staatskirchentum, wirkte aber auch nach der Säkularisation in der Umgebung Dalbergs und in der Sonderform des Wessenbergianismus weiter.

LIT. H. Raab, Der reichskirchl. Episkopalismus von der Mitte des 17. bis zum Ende des 18. Jh. In: HKG V (1970) 477–507 (mit weiterer Lit.).

Episkopalsystem. System und Theorie der ev. Kirchenverfassung insbes. während des 17. Jh. Das E. spricht im

Unterschied zu dem Kollegialsystem dem Landesfürsten bischöfl. Gewalt zu (Summepiskopat), indem dieser als Treuhänder der im Augsburger Religionsfrieden (1555) suspendierten Jurisdiktion der kath. Bischöfe über die Evangelischen bez. wird. Abgelöst wird das E. im frühen 18. Jh. durch das Territorialsystem. LIT. RGG II, 532; LThK III, 950f.; M. Heckel, Staat und Kirche nach den Lehren der ev. Juristen Deutschlands in der ersten Hälfte des 17. Jh. In: ZRGKA 42 (1956) 117-247; 43 (1957) 202-306.

Episkopat. Gehört zu den Strukturelementen der Kirche. Seine Ausbildung vollzieht sich im 1.–9. Jh. Zu den bischöfl. Aufgaben gehören: Lehrverkündigung, Kultleistung, Disziplinarfunktionen, legislative und exekutive Vollmachten. Das seit dem Konstantin. Zeitalter von der weltl. Macht beanspruchte Nominationsrecht auf die Bischofsstühle, das 921 von Johannes X. anerkannt wird, macht den E. zum festen Bestandteil der ma. Ordnung und zur tragenden Säule des Reiches. Der Streit um die Investitur (Einsetzung in das geistl. Amt und Einweisung in die Regalien) zeigt die Problematik des ma. Staates und der bischöfl. Stellung zw. Sacerdotium und Imperium (Regnum). Der Kompromiß des Wormser Konkordats löst das Problem nicht. Während im HochMA unter dem Einfluß der herrschenden Theologie und Kanonistik nach dem Siege des Papsttums über die Kaisertum die Bischöfe vielfach als Funktionäre des Papsttums erscheinen, entwickelt sich im SpätMA parallel zum Verfall der päpstl. Macht (Avignoneser Exil, Abendländisches Schisma, Reformkonzilien) ein Episkopalismus unterschiedl. Prägung. In der Pragmatischen Sanktion von Bourges (1438) und der Mainzer Akzeptation (1439) erfährt er seine Fixierung, wird aber dann durch die erfolgreiche (Konkordat-)Politik der Päpste im Bund mit den Laienfürsten abgebaut. In der Reformation wird vielfach der E. abgelehnt (Zwingli, Calvin), andererseits aber beibehalten (luther. Skandinaviens; anglikan. Hochkirche). Das Konzil von Trient führt zu einem neuen vertieften Verständnis des E. Gallikanismus, Jansenismus, Febronianismus, z. T. auch die kath. Aufklärung versuchen aus verschiedenen Gründen (reformerischen,

kirchenrechtl., politischen) die Stellung des E. zu stärken, müssen aber mit der Säkularisation von 1803 und der kirchl. Restauration eine Niederlage hinnehmen. Das Vaticanum I verurteilt mit der Definition des päpstl. Summepiskopats den extremen Episkopalismus, wendet sich aber auch gegen den radikalen Papalismus. Das Vaticanum II sucht die neue Stellung des E. zu begründen. LIT. LThK ³III (1959) 951–952; Sacramentum mundi I (1967) 1073–1103; 1082/83; H. Zielinski, Der Reichsepiskopat in spätotton. und sal. Zeit (1002–1125) (1984).

Epistolae obscurorum virorum. →Dunkelmännerbriefe.

Epitaph. In Athen Grabrede bzw. Gedächtnisrede für die im Kriegszeiten Gefallenen, eine der frühesten Formen der Kunstprosa. Dann die in dichter. Form abgefaßte Inschrift auf dem Grabstein, in dieser Form vom christl. MA übernommen und seit dem 15. Jh. mit der Wiederbelebung antiker Formen und der alten Sprachen wieder stärker gepflegt. Im Humanismus wurde E. von der Inschrift auf das ganze Gedächtnismal übertragen. Die dt. Kunstgeschichte hat den Begriff E. eingeschränkt auf eine bes. Art von Totengedächtnismalen, welche die Erinnerung an den Verstorbenen mit einem religiösen oder allegor. Bildwerk und einer Inschrift verbinden. E. sind keine eigentlichen Grabmäler, auch nicht an den Ort der Beerdigung gebunden, vielfach im ganzen Kirchenraum angebracht, auch an den Außenwänden der Kirchen, vor allem an Pfeilern aufgehängt oder aufgestellt. Die außerordentlich reiche Ausgestaltung der E., insbes. in der Zeit des Barock, in der mehrgeschossige E. begegnen, spiegelt die Kunstentwicklung, die herrschenden religiösen Strömungen und das Lebensgefühl wider; sie sind auch für die histor. Forschung eine wichtige Quelle.

Epitomator. Verfasser einer Epitome.

Epitome (griech., Ausschnitt). Auszug aus einem größeren Werk (Periochen zu Livius) oder einem Wissensgebiet.

Epoche (griech. Haltepunkt, Zeitpunkt eines bedeutenden Ereignisses). In der Chronologie der Anfang einer Zeitrechnung, einer Ära. Die Epoche oder der **Epochentag** ist der Tag, an dem bei der Datierung die Jahresziffer umgesetzt wurde. In der Geschichte der Zeitpunkt eines bedeutenden, »epochalen« bzw. »epochemachenden« Ereignisses, dann in übertragenem Sinn die von diesem Ereignis eingeleitete bzw. beherrschte Zeit. Epochenbezeichnungen und Epochenbegriffe sind stets umstritten, aber die Notwendigkeit einer Gliederung ist allein schon aus prakt. und didakt. Gründen gegeben. Nach Ch. Cellarius (1638–1707) und seiner ›Historia universalis‹ (1685 f.) hat sich in der Geschichte die ursprünglich literarhistor. Periodisierung der Latinitas allgemein durchgesetzt: Altertum, Mittelalter, Neuzeit. Diese Periodisierung war vor Cellarius bereits bekannt; sie stützt sich auf die Vorstellung humanist. Gelehrter des 15./16. Jh. (u. a. Justus Lipsius) von der Wiederentdeckung der Antike mit Renaissance und Humanismus. Die schemat., vereinfachende Einteilung, von Cellarius auf die Geschichte übertragen, ist als solche ohne Wert und nur für das westl. und mittlere Europa, das Gebiet des Reiches, nicht aber z. B. für Byzanz einigermaßen anwendbar und mit Inhalten zu füllen. Sie hat jedoch entscheidend das Geschichtsbild des Abendlandes bestimmt, und ist durch bessere Bezeichnungen nicht ersetzt.

Um die Epochengrenzen wird stets gestritten werden, Epochenbezeichnungen aus Nachbardisziplinen, wie z. B. der Kunstgeschichte, der Wirtschafts-, Verfassungs- und Kirchengeschichte werden nicht ohne weiteres auf die polit. Geschichte bzw. die Geschichte übertragen werden und mit bereits dort geprägten Epochenbezeichnungen zur Deckung gebracht werden können.

LIT. L. von Ranke, Über die Epochen der neueren Geschichte (1854); K. Heussi, Altertum, Mittelalter und Neuzeit in der Kirchengeschichte. Ein Beitrag zum Problem der histor. Periodisierung (1924); G. von Below, über histor. Periodisierungen (1925); H. Ritter von Srbik, Geist und Geschichte vom dt. Humanismus bis zur Gegenwart (1950); A. Klempt, Die Säkularisation der histor. Auffassung. Zum Wandel des Geschichtsdenkens im 16. und 17. Jh. (1960); R. Herzog, R. Koselleck (Hrsg.), Epochenschwelle und Epochenbewußtsein (1988).

Erbauungsbücher (Erbauungsliteratur). E. dienen der religiösen Erbauung (die Gemeinde als Gottestempel) einer Gemeinschaft und (verstärkt seit dem Pietismus) des einzelnen. Erbauungsliteratur gibt es bereits im frühen Christentum: Heiligenleben und Märtyrerakten, Schriften Cyprians und Gregors d. Gr., dann im MA die Mystiker (Eckhart, Tauler), Thomas a Kempis, ›De imitatione Christi‹, zahlreiche ›Seelengärtlein‹, Stundenbücher, Sterbebüchlein, Beichtspiegel, Erklärung der Evangelien- und Episteltexte, Gebetsanthologien, wie die von Staupitz (1523). Stark ist der Einfluß der Passionsmystik. Evangel. E. seit der Reformation: Luthers Betbüchlein (1522), Habermanns Andachtsbücher (1567). In der kath. Gegenreformation erhalten die E. durch Ignatius von Loyola: ›Exercitia spiritualia‹, durch Franz von Sales: ›Introduction à la vie dévote‹ (Philothea) 1609, durch M. Molinos und die Madame Guyon starken Auftrieb. Martin von Cochem und Goffiné waren sehr verbreitet. Die E. machen im ev. dt. Volksteil bis um die Mitte des 18. Jh. einen wesentl. Teil der Literatur aus. Sehr verbreitet waren Joh. Arnd: ›Vier Bücher vom wahren Christentum‹; H. Müller: ›Geistliche Erquickstunden‹; Zesen: ›Des kirchlichen Frauenzimmers Tugendwecker‹; Joh. Gerhard: ›Meditationes‹. Mit der pietist. Bewegung, der Tendenz nach subjektiver Innerlichkeit, erhielten die E. neuen Auftrieb; Spener, Francke, Zinzendorf, Tersteegen, Stark. Während die rationalist.-moralisierende Ära wenig an E. hervorgebracht hat (Wessenbergs Gesang- und Andachtsbuch, J. M. Sailers Gebetbuch wären zu nennen) sieht das frühe 19. Jh. zahlreiche Neuauflagen der alten E., der Legendenbücher usw., doch werden sie im kath. Bereich durch die aufkommenden Diözesangebetbücher, die liturg. Bewegung zurückgedrängt und verschwinden auch im ev. Bereich seit der Wende des 19. zum 20. Jh.

LIT. RDL I, 393–404.

Erbfeind. Im MA und in der frühen NZ Bez. für den Teufel, dann im 15. Jh. auf den Türken übertragenes Schlagwort: Erbfeind der Christenheit. Schon im frühen 16. Jh. von Kaiser Maximilian I. auf die Franzosen angewendet. Zur Zeit der Befreiungskriege (→Freiheitskämpfe) wurde das Schlagwort E. erneut belebt, insbes. von E. M. Arndt; für die deutsch-franz. Beziehungen war es von verhängnisvoller Bedeutung. In der Publizistik des Ersten Weltkriegs sehr häufig gebraucht.

Erbfolge, Erbfolgeordnung. Seit der Merowingerzeit war die Erbfolge (Thronfolge) auf den Mannesstamm beschränkt. Die Söhne, gleich ob ehelich oder unehelicher Herkunft, teilten in der Regel Schatz und Reich unter sich. Die Söhne eines Teilkönigs wurden häufig von der Erbfolge ausgeschlossen. Unter den Karolingern galt das Erbrecht des Sohnes, den der König zum Nachfolger bestimmte, doch war das Wahlrecht nicht ganz beseitigt und trat gegen Ende der Karolingerzeit wieder stärker hervor. Das Nebeneinander von Wahlrecht und Erbrecht (→Geblütsrecht) ist für das ma. Reich charakteristisch. Im Reich ist nicht die Krone, sondern schließlich das Wahlrecht der Kurfürsten erblich geworden. Die Goldene Bulle setzte für die Kurfürstentümer Unteilbarkeit und Primogeniturfolge fest. In den übrigen dt. Territorien drangen nach und nach das Prinzip der Unteilbarkeit und Primogenitur durch, für Österreich erst mit der Pragmatischen Sanktion Kaiser Karls VI. von 1713. In Hausgesetzen der regierenden Dynastie wurde in der frühen NZ die Erbfolge geregelt: Teilungen haben indessen die Kraft und Bedeutung nicht weniger Territorien bis tief ins 18. Jh. hinein geschwächt (z. B. Sachsen, die thüring. Territorien usw.).
LIT. HWDRG I, 962–64; G. Turba, Die Pragmatische Sanktion (1913).

Erbfolgekrieg. Bez. für die polit. und militär. Auseinandersetzungen, die beim Aussterben einer regierenden Dynastie um deren Territorialbesitz zw. den Mächten geführt wurden. Zu den bekanntesten Erbfolgekriegen zählen: der Bayerische Erbfolgekrieg, der Österreichische Erbfolgekrieg, der Spanische Erbfolgekrieg, der Pfälzische Erbfolgekrieg.
LIT. HWDRG I, 962 ff.; G. Turba, Geschichte des Thronfolgerechtes in den alten habsburg. Ländern bis zur Pragmatischen Sanktion (1913); K. L. Feckl, Preußen im Span. E. (1979).

Erblande. Stammland des Landesfürsten, Gebiet einer Dynastie, das auf Grund alten Erbrechts in deren Besitz ist, die Landeshoheit stützt sich auf Erbrecht, und gegenüber den Landständen werden vom Fürsten des. Machtbefugnisse geltend gemacht. Hinter dem Begriff der E. steht eine patrimoniale Staatsauffassung. Der öffentl.-rechtl. Gegenbegriff zu Erblande ist **Kronland.** Besondere Bedeutung kam den E. der Habsburger zu. Hier war die Abgrenzung gegenüber den Kompetenzen des Reiches wichtig, da die Habsburger die Kaiserkrone trugen.
LIT. HWDRG I, 966–67.

Erbleihe. Erbzinsleihe, Leihe zu Erbrecht, war die günstigste Form der Leihe im MA und in der frühen NZ. Sie wird zurückgeführt auf die spätröm., zunächst in Kleinasien und an der unteren Donau ausgebildete **Emphytheuse,** d. h. die dingliche Erbpacht mit vollem Nutzungsrecht wie Verfügungsrecht der Eigentümer und der Verpflichtung, das Grundstück in gutem Zustand zu erhalten, sowie auf die Precarie. Bei der hoch- und spätma. Kolonisation kam der Erbleihe bei der Städtegründung große Bedeutung zu.
LIT. HWDRG I, 968–971; F. Lütge, Die mittelalterliche Grundherrschaft und ihre Auflösung (1957).

Eremitage (franz., Einsiedelei). Ländliches Gebäude in den Parks des 18. Jh., als Symbol der Empfindsamkeit und der Einsamkeit gedacht, aber auch für ein zurückgezogenes Leben benutzt. Aus einer von Zarin Katharina II. 1756 in St. Petersburg errichteten Kunstkammer wurde die Bezeichnung E. auf das daraus entwickelte bedeutende Museum, das Weltruf genießt, übertragen.
LIT. P. von Weiner, Meisterwerke der Gemäldesammlung in der Eremitage zu Petrograd (²1923); R. F. Gubtschewski, Die staatliche Eremitage (dt. 1955).

Erbuntertänigkeit. Form der wirtschaftl. und persönl. Abhängigkeit des Bauern vom Gutsherrn, entstanden aus der Milderung der älteren Leibeigenschaft. E. bedeutet keine privatrechtl. Eigentumsmacht über Menschen nach Art der Sklaverei. Sie beruht auf der öffentl.-rechtl. Hoheitsgewalt des Gutsherrn über den Gutsuntertan; war vor allem in Ostdeutschland verbreitet und wurde durch die Bauernbefreiung des 19. Jh. aufgehoben. Merkmale der E. sind Schollenpflichtigkeit (glebae adscriptio), Frondienst bzw. Gesindezwang, andererseits von seiten des Gutsherrn als Korrelat ein relativ hoher Schutz bei Alter, Krankheit sowie das Verbot des Bauernlegens.
LIT. G. F. Knapp, Bauernbefreiung. 2 Bde. (1887).

Erfüllungspolitik. Ein polit. Schlagwort der Rechtsparteien und A. Hitlers (1889–1945). Damit sollte die durch die Regierung J. Wirth (vom Mai 1921–Nov. 1922 im Amt) eingeleitete Politik, die dahin ging, die aus dem Versailler Vertrag erwachsenen Verpflichtungen zu erfüllen (speziell handelte es sich um die Annahme des Londoner Ultimatums vom 5. 5. 1921), gebrandmarkt werden. Mit der E., die von G. Stresemann (1878–1929) als »nationale Realpolitik« fortgeführt wurde, sollte die Grenze der wirtschaftl. Leistungsfähigkeit und damit die Unmöglichkeit der Erfüllung der Reparationsforderungen bewiesen werden. Durch die E. wurde die vorzeitige Räumung der Rheinlande erreicht.

LIT. Gebhardt-Grundmann IV.; L. Zimmermann, Dt. Außenpolitik in der Ära der Weimarer Republik (1958).

Erisapfel. Eris, Dämon des Streites, Schwester des Ares, warf bei der Hochzeit des Peleus und der Thetis einen goldenen Apfel mit der Aufschrift »Der Schönsten« unter die Gäste. Die Göttinnen Hera, Athene und Aphrodite stritten darum, bestellten zum Schiedsrichter den Troerprinzen Paris. Er gab den Apfel Aphrodite, die ihm dafür bei der Entführung der Helena half. So gab der Erisapfel den Anlaß zum Trojanischen Krieg.

Erlaucht (mhd. erliuht, als Lehnübersetzung von lat. illustris übernommen). Adelsprädikat.

Erste Bitten (lat. preces primariae). Das dem dt. König seit dem 12. Jh. zustehende Recht, bei jedem Kloster oder Stift für die erste im Anschluß an seine Krönung erledigte Pfründe den neuen Inhaber vorzuschlagen.

LIT. H. Bauer, Das Recht der ersten Bitte bei den deutschen Königen bis auf Karl IV. (1919); H. E. Feine, Papst, Erste Bitten und Regierungsantritt des Kaisers seit dem Ausgang des Mittelalters. In: ZRG KA 51 (1931); A. A. Benna, Preces Primariae und Reichshofkanzlei. In: MÖSTA 5 (1952) 87–102; Feine, KRG (⁴1964) 387f.; F. J. Heyen, Die kaiserlichen Ersten Bitten für Stifte des Erzbistums Trier von Ferdinand I. bis Franz II. (1531–1792). In: Festschrift für Alois Thomas (1967) 175–188.

Erweckungsbewegung. Religiöse Erneuerungsbewegung innerhalb des Protestantismus vom 17. bis 19. Jh. als Reaktion gegen den Rationalismus der Aufklärung und die Orthodoxie des Staatskirchentums. Die Erweckungsbewegungen des Pietismus und der Herrnhuter Bürgergemeinde trugen viel zur religiösen Vertiefung bei. Im 19. Jh. vielfach mit nationalen und konservativen Ideen verbunden. In England fand die Erweckungsbewegung Ausdruck im Quäkertum und im Methodismus.

LIT. RGG II, 621–29; LThK III, 1063–65; F. W. Kantzenbach, Die Erweckungsbewegung (1957).

Erzämter (archiofficia). Oberste Reichswürden, an bestimmte Territorien gebunden. Im Reich hatten die 7 Kurfürsten auch die 7 Erzämter inne. Der Erzbischof von Mainz war Erzkanzler des Reiches (archicancellarius sacri imperii per Germaniam); der Erzbischof von Köln Erzkanzler für Italien (archicancellarius per Italiam), der Erzbischof von Trier Erzkanzler für Gallien und Burgund (archicancellarius sacri imperii per Galliam et regnum Arelatense); der Pfalzgraf bei Rhein war Erztruchseß (archidapifer), der Kurf. von Sachsen Erzmarschall (archimarescallus); der Kurf. von Brandenburg Erzkämmerer (archicamerarius), der Kurf. von Böhmen Erzmundschenk (archipincerna).

Zwischen Erzamt und Kurrecht besteht ein enger Zusammenhang. Neu geschaffene Kurwürden wurden wenigstens dem Titel nach mit Erzämtern verbunden. 1623 kam das Erztruchsessenamt mit der ersten weltl. Kur (bisher Kurpfalz) an Bayern. 1648 erhielt die restituierte Kurpfalz (nunmehr 8. Kur) das Erzschatzmeisteramt. 1692/1708 erhielt Kur-Hannover (Braunschweig-Lüneburg) das Reichsbanneramt. 1778 mit der Vereinigung von Kurpfalz und Kurbayern fiel das Erztruchsessenamt wieder an die Pfalz zurück, das Erzschatzmeisteramt kam an Hannover. Das Reichsbanneramt kam 1803–06 an die neue Kur Württemberg. Es gab auch ein Erzjägermeisteramt (Markgraf von Meissen) und Erzämter der Kaiserin: Erzkanzler, Erzmarschall, Erzkaplan.

Die älteren E. wurden bei der Krönung ausgeübt, die jüngeren blieben meist nur Titel. Den Dienst versahen die meist gräfl. Inhaber der Reichserzämter, z. B. die Grafen von Waldburg als Reichserbtruchsessen, die Grafen von Pappenheim als Reichserzmarschälle.

LIT. HWDRG I, 1011–15; H. Conrad, DRG I (1962); M. Buchner, Die Entstehung der E. (1911); S. Schlösser, Der Mainzer Erzkanzler im Streit der Häuser Habsburg und Wittelsbach um das Kaisertum 1740–1745 (1986).

Erzbischof (archiepiscopus). In der Ostkirche seit dem 4. Jh. Bez. für die Inhaber der hervorragendsten Bischofsstühle (Alexandria, Antiochia, Rom); Vorsteher der Großsprengel, die oft mehrere Kirchenprovinzen umfassen. Seit dem 8. Jh. auch in der Westkirche von den angeseheneren Bischöfen geführt. Der E. steht an der Spitze einer Kirchenprovinz ist gleichbedeutend mit Metropolit. Seit dem 11. bis zum 15. Jh. leisten die Suffragane dem Erzbischof einen Obödienzeid. Rechte des E.: a) Gerichtsbarkeit über die Suffragane, b) Berufung des Provinzialkonzils und Vorsitz dabei, c) Visitationsrecht über die Kirchenprovinz (heute eingeschränkt), d) besondere kirchl. Rechte und Ehrenrechte (→Pallium).

Erzkanzler (lat. archicancellarius). Höchste Würde im Reich nach dem Kaiser. Zunächst war die Bez. summus cancellarius für den obersten Leiter der königl. Kanzlei üblich (erstmals 820). In Dtl. wird die Bez. summus cancellarius nicht üblich, zumal seit Ludwig dem Deutschen 854 dieses Amt mit dem des Erzkaplans (→Capella regia) vereinigt wurde und hier die Bez. archicapellanus vorherrschte. Die selten unterbrochene, fast tausendjährige Verbindung des Erzkanzleramtes des Reiches mit dem Erzkapellanat und dem Mainzer Erzstuhl erfolgte erst unter Liutbert von Mainz (870). Die Verbindung geistl. und weltl. Rechte durch den Mainzer Erzbischof gab dem Amt des E. im 10. Jh. eine überragende Bedeutung. Der Mainzer EB hatte bei der Königswahl (Wahleinberufungsrecht; Erst-, dann Letztstimme) bei der Königskrönung und im Reichstag eine Sonderstellung inne. Die tatsächl. Leitung der Reichskanzlei ist schon 868 auf den Hofkanzler übergegangen, wird aber im 15. und 16. Jh. von den Mainzer Erzbischöfen im Zuge der Reichsreform zeitweise mit Erfolg wieder beansprucht, in der NZ jedoch durch die habsburgische Hofkanzlei und den Reichsvizekanzler in Wien ausgeübt. Das Erzkanzellariat für Italien war unter den Ottonen in wechselndem Besitz geistl. Fürsten und seit 1031 fest mit dem Kölner Erzstuhl verbunden. Das Erzkanzellariat für Burgund (seit 1043) wird im späten MA von Trier beansprucht: seit 1308 nimmt der EB von Trier diesen Titel in Anspruch, erhält die Rechte 1314 durch Privileg und in der Goldenen Bulle (wie Mainz, Köln für die betr. Gebiete) bestätigt mit dem Zusatz »per Galliam«. 1803–06 blieb die Würde eines Reichserzkanzlers mit dem von Mainz nach Regensburg transferierten Erzstuhl verbunden.

In Frankreich führte bis zum Beginn des 12. Jh. der EB von Reims den Titel E. als Ehrentitel. Napoleon I. schuf 1804 zwei archichancelliers: a) den a. de l'empire, b) den a. de l'état. Die Aufgaben des letzteren: Promulgation von internationalen Verträgen, Korrespondenz mit fremden Höfen, formeller Vorgesetzter der Gesandten und Konsuln.

LIT. HWDRG I, 1013 f. (s. Erzämter); Clavis mediaevalis, 70 f.; Haberkern-Wallach 181; G. Seliger, Erzkanzler und Reichskanzleien (1889); H. Mathy, Über das Mainzer Erzkanzleramt in der Neuzeit. Stand und Aufgaben der Forschung. In: Geschichtliche Landeskunde 2 (1965); J. Bärmann, Mainzer Kammergerichtsvisitation und Verfassungshermeneutik im 18. Jh. In: Festschrift für Ludwig Petry. T. 2 (1969).

Eschatokoll. Schlußprotokoll, Schlußformeln der Urkunde. Zum E. gehören: Subscriptio, Datierung, Apprecatio. Das E. ist nach Urkundenart und der Kanzlei des Ausstellers verschieden.

LIT. Bresslau I, 46 ff., 76 f.

Esperanto (nach lat. sperare, hoffen). Von dem Warschauer Augenarzt Dr. L. L. Zamenhof (1859–1917) meist aus dem Romanischen konstruierte Welthilfssprache (1887).

Esplanade (franz. esplanade, von lat. explanare, einebnen). Begriff der neuzeitl. Festungsbaukunst. Bez. den freien (eingeebneten) Raum vor den Befestigungsanlagen bzw. den vorgelagerten Befestigungsanlagen und dem Siedlungsgebiet, zw. Stadt und Zitadelle. Die E. sichert freies Schußfeld. Bez. auch die erhöhte Plattform zur Aufstellung von Batterien. Heute: breite Allee.

Etat (franz., von lat. status) Stand, Zustand, Haushalt, Staat, Staatshaushalt (→Staat).

Etatismus. Ausdehnung der öffentl. Haushalte zu Lasten der Privatwirtschaft; Finanzpolitik, die das Gleichgewicht der öffentl. Haushalte ohne Rücksicht auf die Interessen der Wirtschaft anstrebt (étatisme: Staatssozialismus).

Etats généraux. Generalstände, entstanden aus der Erweiterung der Cour plénière, d. h. der erweiterten Curia regis und den schon älteren Berufungen von Vertretern der »guten Stände« durch den König. Erste Tagung 1302; damit tritt der dritte Stand offiziell in die Politik Frankreichs ein. Die zahlreichen Ständeversammlungen des 14. und 15. Jh. stellten keine Reichsversammlungen dar. Eine verfassungsmäßige Form der Stände nicht, blieben vielmehr lange stets vom Willen des Königs abhängig. Eine Sonderstellung nahm die Ständeversammlung 1483/84 unter einem minderjährigen, geistesschwachen König ein; sie hatte den Charakter einer Nationalversammlung. Die Zahl der Abgeordneten auf den Ständeversammlungen war stets verschieden, auch die Zahl der Vertreter der einzelnen Stände schwankte. Da die Stände jedoch fast nur zur Steuerbewilligung zusammenberufen wurden, spielten Zahl und Wahl der Abgeordneten nur eine untergeordnete Rolle, bes. zu der Zeit, wo der dritte Stand polit. fast ohne Bedeutung war. Letzte Einberufung der Generalstände 1614. Nach der Einberufung von 1789, die unter dem Kampfzeichen für oder gegen die Form von 1614 und der Ständekämpfe stand, erklärte sich der dritte Stand, der in der Regierung seinen Verbündeten sah, als Nationalversammlung. »Der dritte Stand ist die Gesellschaft, ist die Nation selbst.« Mit dem Zusammentritt der Generalstände 1789 beginnt die Französische Revolution.

LIT. G. Picot, Histoire des Etats généraux (1888); G. Lefèbvre – A. Terroine, Le régime des Etats généraux de 1789 et ses origines (1952).

Ethnarch (griech., Volksfürst). In der röm. Zeit bes. in Syrien und in Palästina Titel eines subalternen Fürsten. Caesar z. B. verleiht den Titel E. dem Hohenpriester Hyrkanos II.

Ethnarchie. Gebiet eines Volksfürsten, Statthalterschaft.

Etikette (franz. étiquette). Urspr. Bedeutung: Stift zum Anheften eines Zettels, dann: Bezeichnungszettel. Später: Ordnung gesellschaftl. Formen. Die Einbürgerung des aus dem Franz. entlehnten Wortes erfolgte am Ende des 17. Jh. mit der Übernahme franz. Hofsitten und Lebensformen. Zunächst begegnet E. am Wiener Hof als Synonym zu Zeremoniell.

Etymologie (griech.). Nachweis des Ursprungs eines Wortes. E. ist die Lehre von den letzten Elementen, aus denen sich ein Wort aufbaut. Wissenschaftl. begründete E. gibt es, da die antike E., vom äußeren Gleichklang ausgehend, sich vielfach, wie die des MA, in Wortspielereien und phantastischen Vermutungen erschöpft, erst seit dem 19. Jh., als die Verwandtschaft der indogerman. Sprachen und die Gesetze des Lautwandels entdeckt waren. Etymolog. Hilfsmittel sind für den Historiker oft unentbehrlich, so z. B. für die dt. Sprache: Fr. Kluge, Etymologisches Wörterbuch der deutschen Sprache ([22]1989).

LIT. F. Mauser-F. Stroh, Deutsche Wortgeschichte. 2 Bde. ([2]1959 bis 1960); H. Birkhan, E. des Deutschen (1985).

Eudämonismus. Glückseligkeitslehre. Sittl. gut ist alles, was die Glückseligkeit fördert. Das Prinzip des Guten ist im Glück zu sehen (im Glück des einzelnen: Individual-E.; im Glück der Gesellschaft: Sozial-E.). In der neuzeitl., bes. der engl. Philosophie, wird gefordert, das »größte Glück der größten Zahl« möge den sittl. Wert der Handlungen bestimmen. Glück ist indessen kein letztes ethisches Prinzip, weil durch Früheres entschieden. Gegen den E. wendet sich I. Kant. Das Gute müsse um seiner selbst willen, rein aus Pflicht gewollt werden. Als wesentl. Begleiterscheinung der sittl. Werte räumen M. Scheler und N. Hartmann dem Glück in der Ethik größeren Raum ein.

Eunuch (griech., Betthüter). Ein durch Verstümmelung zeugungsunfähiger Mann. Eunuchen konnten im alten Orient als Haremswächter oder Hofbeamte bis zu den höchsten Regierungsämtern aufsteigen, kommen auch in der Kaiserzeit in Rom und Byzanz vor. Die christl. Gesetzgebung schritt allg. erst ab 325 gegen die Verstümmelung ein.

Evangelienharmonie. Mit dem von Andreas Osiander (Harmoniae Evangelicae Libri IV, Basel 1537) zuerst verwendeten Begriff bezeichnet man die Versuche, aus den Worten der vier Evangelien eine fortlaufende, einheitliche Erzählung des Lebens Jesu herzustellen (Unterschied zur →Synopse).

Erste bekannte E. ist das Werk des Syrers Tatian (geschrieben ca. 170), das im Morgen- und Abendland bis ins späte MA sehr verbreitet war. Ca. 830 entstand in Fulda als Gemeinschaftswerk die ahd. Tatianhandschrift. Weitere E. stammen von Guido von Perpignan, Johannes Gerson und Jansenius dem Ä. Im weiteren Sinne sind als E. anzusprechen: der altsächs. ›Heliand‹, Otfrids ›Liber Evangeliorum‹ (ca. 870) sowie andere poetische Bearbeitungen des MA.
LIT. RDL I, 410–413.

Evangelisch (von lat. evangelicus, von griech. frohe Botschaft).
[1] Im Evangelium enthalten oder dem Evangelium entsprechend.
[2] Bez. für Christen, die in der Hl. Schrift die alleinige Norm des Glaubens sehen. E. wird im 11. Jh. aus dem Lat. entlehnt. M. Luther dehnt den Begriff Evangelium auf die ganze Bibel aus. Ende 1520 nennt Luther seine Lehre evangelisch und schlägt dieses als Selbstbezeichnung seiner Anhänger vor. Zunächst wird das Wort e. durch den Bauernkrieg, die Täuferbewegung und deren polit. und soziale Forderungen erheblich belastet. Weder auf dem Augsburger Reichstag 1530 noch im Augsburger Religionsfrieden dringt die Bezeichnung durch, auch nicht im Westfälischen Frieden (Augsburgische Konfessionsverwandte). Erst mit der Formierung des Corpus Evangelicorum gewinnt die Bezeichnung amtl. Charakter, um sich dann vor allem seit den Unionsbestrebungen (1817) als Sammelname für alle prot. Kirchen mehr oder weniger durchzusetzen. E. will den positiven Charakter des Protestantismus unterstreichen.
LIT. EKL I, 1819f.; LThK 3, 1327; Zs für deutsche Wortf. 13, 1ff.

Evokation, Evokationsrecht (lat. evocatio: Auswanderung, Aufruf, Abberufung usw.).
[1] In der röm. Antike Aufforderung an die Gottheiten einer eroberten Stadt, diese zu verlassen und nach Rom überzusiedeln.
[2] Befreiung einer Örtlichkeit von den darauf ruhenden religiösen Verpflichtungen.
[3] Im MA wird mit E. bezeichnet, wenn der König bzw. andere höchste Machthaber, z. B. der Papst, unerledigte Rechtsfälle an sich zogen (ius evocandi). Im SpätMA erwarben Landesfürsten, insbes. Kurfürsten Privilegia de non evocando, d. h. das Vorrecht, von der Berufung an andere »ausländische« bzw. höchste Reichsgerichte oder deren Eingreifen frei zu sein. Die Reichsgerichte hatten das Recht der Evokation.

Evolution. Entwicklung.
[1] Vorwiegend für Veränderung, Wachstum, Differenzierung, Fortschritt im naturwissenschaftl. Bereich gebraucht. Der Gedanke einer Evolution in der Natur konnte durchdringen, als die buchstäbl. Anerkennung des bibl. Schöpfungsberichtes und der bibl. Chronologie erschüttert waren.
[2] Evolution bez. im Ablauf der Geschichte die friedl. Entwicklung im Gegensatz zur Veränderung durch Anwendung von Gewalt (Revolution).

Evolutionismus.
[1] Entwicklungslehre.
[2] Philosoph. Richtung, die den Entwicklungsgedanken zum allg. Prinzip erhebt, einseitig alles unter diesem Gesichtspunkt betrachtet und die Unterschiede zw. Leblosem und Lebendem, zw. Materie und Geist damit zu überbrücken sucht; im 19. Jh. vor allem durch H. Spencer und Ch. Darwin vertreten.

Evolutionstheorie. Versuch, mit Hilfe von Mikro- und Makroevolution, Mutation und anderen Faktoren erdgeschichtl. und biolog. Veränderungen zu erklären. Gegensatz: Katastrophentheorie.

Exarch (griech.). Anführer.
[1] Titel, der seit Ende des 6. Jh. an kaiserl. Magistraten mit ziviler und militär. Gewalt über mehrere Provinzen (Exarchat) vergeben wurde. Allg. entsprach der E. einem Strategos und das Exarchat einem Thema. Nach Verdrängung der Ostgoten aus Italien entstand das **Exarchat** von Ravenna, das byzantin., von einem Statthalter mit dem Ehrentitel eines Patricius verwaltete Gebiet in Italien (553–751); das Exarchat von Ravenna wurde 754 von Pippin dem Papst überwiesen. Nach ital. Vorbild bestand 591–709 (Einnahme von Ceuta durch die Araber) ein Exarchat in Afrika.
[2] Archimandrit.
[3] Titel des Oberhaupts autokephaler Kirchen, z. B. in Bulgarien 1870–1953.
[4] Titel in den orthodoxen Kirchen, bezeichnet in der Frühzeit einen Bischof, der seinen Sitz in der Provinzhauptstadt

hat und ein Mittelglied zwischen Patriarch und Erzbischof darstellt.

[5] Im Abendland vereinzelt Ehrentitel eines Bischofs, z. B. des Bischofs von Lyon z. Z. Friedrichs I.

exc. (lat.; Abk. von excudit: hat es gebildet). Abkürzung auf Kunstwerken, z. B. Kupferstichen, als Zusatz zum Namen des Verlegers, der zugleich Stecher sein kann.

Exekutive (von lat. exsequi: vollziehen, ausführen). Vollziehende Gewalt. Exekutive ist leicht mißverständl. und nur aus dem histor.-ideegeschichtl. Zusammenhang richtig zu verstehende Bez., mit der in der klass. Lehre von der Gewaltentrennung bzw. Gewaltenteilung die Leitung des gesamten Staates, Regierung und Verwaltung benannt wird. Exekutive ist also mehr als nur die Ausführung der von der Legislative gemachten Gesetze.

Exempel (lat. exemplum, Beispiel). Kurze Erzählung von positiven oder negativen Beispielen zur Veranschaulichung einer sittl. oder religiösen Lehre mit der Nutzanwendung für den einzelnen, für einen Stand oder die Allgemeinheit. Folgende Typen von Exempla werden unterschieden: a) das biblische E.; b) das fromm-erbauliche E. (aus Kirchenvätern u. dgl.); c) das hagiographische E. (aus Heiligenlegenden, Wundergeschichten); d) das Visions-E.; e) das profane E.; f) das historische E.; g) das sagenhafte E.; h) das tiergeschichtliche (Fabel-)E.; i) das naturgeschichtl. E.; k) das persönl. und Erfahrungs-E.

Die große Blütezeit der E. beginnt im 13. Jh.: Alanus von Lille; Jacobus de Vitriaco; Vinzenz von Beauvais (›Speculum historiale‹ 1244, 1250), Heinrich von Herford; Martin von Troppau (›Promptuarium exemplorum‹). Im 15. Jh. beginnt der Verfall des E. Im Barock lebt es weiter bei Martin von Cochem und Abraham a Santa Clara. Das E. hat die dt. Lit. weitgehend befruchtet, vor allem mit Anregungen stofflicher Art.

LIT. E. R. Curtius, Europ. Lit. und lat. MA (1948); RDL 1, 413–418.

Exemtion. Befreiung von einer Verbindlichkeit oder der Befehlsgewalt; Ausgliederung aus dem gewöhnl. Gerichtsstand; Freistellung von Abgaben; im Völkerrecht: Exterritorialität; im Kirchenrecht: Herausnahme aus der gewöhnl. Organisation der Kirche (Kirchenprovinz, Bistum, Pfarrei) und Unterstellung unter den nächsthöheren Hoheitsträger.

Früheste Exemtion der Ostkirche: die Herausnahme des Bischofssitzes von Byzanz aus dem Obermetropolitanverband von Herakleia (381). Damit begann die kirchliche Sonderstellung von Byzanz; früheste Exemtion eines Bistums der Westkirche: Pavia, 7. Jh. Bekannte Exemtionen der Reichskirche: die des Klosters Fulda mit dem Privileg des Papstes Zacharias von 751 aus dem Würzburger Diözesanverband. 1662 anerkannte Würzburg die Abtei Fulda als »Ecclesia nullius«. Endgültig abgeschlossen wurden die Exemtionsstreitigkeiten mit Würzburg und Mainz durch die Erhebung Fuldas zum Bistum (1752). Das Bistum Bamberg, von Heinrich II. bei seiner Gründung (1007) unter den Schutz der röm. Kirche gestellt, was bald mit der Vorstellung päpstl. Obereigentums verbunden wurde, erlangte im 13. Jh. die völlige Exemtion vom Erzbistum Mainz. Die Fürstpropstei Berchtesgaden wurde mit einem Urteil der Rota Romana 1593 als exemt von der Salzburger Bischofsgewalt erklärt und unmittelbar Rom unterstellt. Ende des 17. Jh. wurde das langwierige Ringen des Fürstbistums Passau um Exemtion von dem Metropolitanverband Salzburg mit Hilfe des Kaisers zugunsten des Passauer Bischofs entschieden, der sich fortan analog dem Salzburger Legatenkreuz das Exemtionskreuz vortragen ließ. Die geistl. Ritterorden (Johanniter, Templer, Deutscher Orden) sowie die Mendikantenorden erlangten im 12./13. Jh. die Exemtion.

Allzu häufige Exemtionen von Orden, Pfarreien, Klöstern usw. führten im SpätMA zur Durchbrechung der bischöfl. Jurisdiktion und der Diözesanverwaltung sowie zur Lähmung von Reformen. Eine Einschränkung der Exemtion erbrachte das Konzil von Trient. Exemt ist heute weitgehend die Militärseelsorge. Die Exemtion der Orden von der Jurisdiktion des zuständigen Bischofs ist verschieden geregelt. Die Abbati nullius (dioecesis), Praelati nullius (dioecesis), d. h. die freien oder gefreiten Abteien und Prälaturen mit voller oder quasibischöfl. Jurisdiktion, waren in der Reichskirche zahlreich.

LIT. Feine, KRG (pass.); LThK III[2] (1959) 1295 f.; A. Scheuermann, Die

Exemtion nach geltendem kirchl. Recht mit einem Überblick über die geschichtl. Entwicklung (1938); J. Weier, Exemte Jurisdiktionsbezirke im Archidiakonat Dietkirchen. In: AMrhKG 21 (1969) 35–58; H. Hack, Der Rechtsstreit zw. dem Fürstbischof von Würzburg und dem Fürstabt von Fulda an der Römischen Kurie (1688 bis 1777) (1956); Ph. Hofmeister, Gefreite Abteien und Prälaturen. in: ZRGKA 50 (1964).

Exequatur (lat.) Es möge vollzogen werden.

[1] Vom Staat im System des Staatskirchentums beanspruchtes Recht, nach vorheriger Prüfung, die Genehmigung zur Veröffentlichung oder zum Vollzug päpstl., auch bischöfl. und synodaler Akte zu erteilen. Plazet: eine andere Bezeichnung für diese Institution.

[2] Genehmigung eines Staates zur Errichtung eines Konsulats, wobei die sachl. und räuml. Zuständigkeit festgelegt wird.

Exerzitien. Geistl. Übungen, gekennzeichnet durch Zurückgezogenheit für eine bestimmte Zeit, planmäßiges Vorgehen nach bestimmten Gesichtspunkten unter Leitung eines Exerzitienmeisters und einen bestimmten Vorsatz. Die ersten festen Formen für die Übungen gehen auf die Wüstenväter zurück, werden im 13. Jh. vertieft, durch die devotio moderna festgelegt, bes. aber von Ignatius von Loyola ausgebaut (Exerzitienbuch 1548). Frühestes Exerzitienhaus in Alcalá. Das 1569 in Mailand eröffnete Exerzitienhaus bildete den Ausgangspunkt einer mächtigen Bewegung, die im 17. Jh. fast alle kath. Länder ergriff und heute noch verbreitet ist.

Exil (lat. exsilium, Verbannung, Zufluchtsstätte). Im alten Rom zunächst das freiwillige Verlassen des Staatsgebiets bei drohender Verurteilung; später wurde das Verlassen des Domizils nur einer gerichtl. Verurteilung gestattet. Seit dem 1. Jh. n. Chr. verhängte man das Exil auch als gerichtl. Strafe, und zwar a) als Relegation (Verweisung auf einen Platz, der außerhalb Roms lag; in der Regel erfolgte die Verweisung auf Zeit); b) als Deportation (zwangsweise Entfernung an einen bestimmten Ort; sie erfolgte meist auf Lebenszeit).
LIT. R. Albrecht u. a. (Hrsg.), Widerstand und Exil (1986).

Exilregierung. Die Verlegung der Regierung aus dem angestammten Sitz auf fremdes Territorium als Folge von Kriegen, Bürgerkriegen oder einer Abfallbewegung im eigenen Land. Seit dem 1. Weltkrieg (1914–18), als z. B. die belgische Regierung ihren Sitz nach Le Havre verlegte, hat es eine Reihe von E. gegeben, vor allem während des 2. Weltkriegs, als in den von Dtl. besetzten Ländern die Regierungen ihre Regierungssitze verließen.
LIT. K. H. Mattern, Die E. (1953).

Exklusive (ius exclusivae, ius exclusionis, veto civile). Ausschließungsrecht, Veto bei Bischofswahlen in der Reichskirche, von vielen Publizisten und Staatstheoretikern des 17. und 18. Jh. auf Grund des Wormser Konkordats für den Kaiser gefordert. Bis zum Untergang des Reiches umstritten. Ferner den der österreich. Kaisern, dem Kaiser des Hl. Röm. Reiches, den Königen von Frankreich, Spanien, Neapel geforderte, von der Kirche geduldete Recht, im Konklave gegen die Wahl eines bestimmten Kandidaten Veto einzulegen. Die Anwendung der E. bei der Papstwahl war genau geregelt, sie wurde als Recht anscheinend zuerst von Karl V. und Philipp II. gefordert, war im 18. Jh. voll ausgebildet, zuletzt von Österreich 1903 gegen die Wahl Rampollas zum Papst angewendet. Napoleon verlangte den Friedensverhandlungen zu Tolentino (1797) die Anerkennung der Exklusive auch nach vollzogener Papstwahl, drang damit nicht durch. Die Exklusive bei der Besetzung der Reichsbistümer wurde gewöhnlich mit Reichsfeindschaft begründet, sie war ein polit. Kampfmittel der habsburg. Reichskirchenpolitik, drang jedoch nur selten durch.
LIT. Feine, KRG I; H. E. Feine, Die Besetzung der Reichsbistümer vom Westfäl. Frieden bis zur Säkularisation 1648–1803 (1921; unveränderter Nachdruck 1964); HKG V (1970).

Exkommunikation (lat. excommunicatio). Ausschließung aus der kirchl. Gemeinschaft; kanon. Bez. für Kirchenbann. Bei der E. unterscheidet man excommunicatio minor (Ausschluß von den Sakramenten), excommunicatio maior (völliger Ausschluß aus der kirchl. Gemeinschaft) und in bes. schweren Fällen das Anathem. Die E. tritt entweder durch Urteilsspruch oder auf Grund des Strafgesetzes oder Strafbefehls ein. E. schließt von den Sakramenten, den Sakramentalien, kirchl.

Ämtern und Ehrendiensten aus. Bestimmte Vergehen ziehen die E. nach sich. Auch in den luth. Kirchen gab es die E. verschiedener Grade; in der ref. Kirchenzucht erhielt sich der Gedanke der E.

LIT. E. Eichmann, Acht und Bann im Reichsrecht des Mittelalters (1909); K. Mörsdorf, Handbuch theolog. Grundbegriffe I (1962) 375–380; HWDRG I (1968) 1032 ff.

Exlibris (lat., aus den Büchern). Bücherzeichen; ein kleines gedrucktes Blatt, das gewöhnlich auf die Innenseite des Buchdeckels geklebt wird, um den Besitzer des Buches zu bezeichnen. Meist ausgeschmückt, urspr. fast ausschließlich mit Wappen, dann mit Monogramm oder mit symbol. oder allegor. Darstellungen, die den Besitzer charakterisieren sollen, oder in bes. Beziehung zu ihm stehen.

Das E. kam gegen Ende des 15. Jh. in Dtl. auf (Holzschnitt, dann Kupferstich) und nahm an allg. Aufschwung der graph. Künste zur Dürer-Zeit teil. Dürer schuf die E. für Pirckheimer und andere Nürnberger Patrizier. Im Zeitalter des Barock war das E. über alle europ. Länder verbreitet, erlebte eine Blüte im 18. Jh., einen Tiefstand im 19. und eine künstler. Wiederbelebung bes. in Dtl. und England nach 1900. **Super-E.:** ein außen auf den Deckel als Wappen, Namen oder Monogramm geprägtes E.

Bedeutende Exlibris-Sammlungen: German. Museum Nürnberg, Berliner Kunstbibliothek, Bayerische Staatsbibliothek München, Österreich. Nationalbibliothek, Gutenberg-Museum Mainz, British Museum London. – Für bibliotheksgeschichtl. und geistesgeschichtl. Forschungen ist die Exlibris-Kunde von nicht geringem Wert.

LIT. E. W. von der Westen, E. ([3]1925).

Exorzismus (griech., hinausbeschwören). Hinausbeschwörung (Beseitigung) böser Geister, Dämonen, widergöttl. Mächte. E. gehört zu den Grundformen religiösen Weltverhältnisses, spielt eine große Rolle im chines. Taoismus, im Schamanismus, im alttestamentl. Judentum, wo der E. mit dem Aufkommen einer ausgebildeten Dämonologie, vor allem an Besessenen, weit verbreitet ist. Christus hat nach dem NT den E. vollzogen, den Befehl an den Teufel gerichtet, Menschen und Gegenstände zu verlassen bzw. zu meiden, und Vollmacht und Auftrag hierzu gegeben (Matth.

10, 1; Mark. 3, 10). E. wurde zunächst an Besessenen vorgenommen, seit dem 3. Jh. auch für die Taufbewerber eingeführt, noch heute bei der Kindertaufe erhalten. E. auch über Gegenstände, die geweiht sind und in gottesdienstl. Gebrauch gestellt werden: Taufwasser, hl. Öle. E. hat nichts mit Magie zu tun, sondern ist, nach einem bestimmten Ritual, ein feierl. Gebet zu Gott im Namen und Auftrag Jesu, Unheilsmächte abzuwenden, zu vertreiben.

Exorzist. Kleriker, der zur Vornahme des Exorzismus bestellt ist, im 3. Jh., wohl im Zusammenhang mit dem Taufexorzismus, zu einem Amt verfestigt, das sich bald wieder auflöste. Von der lat. Kirche im MA im Schema der vier Niederen Weihen als Durchgangsstufe zur Priesterweihe ohne echte Aufgabe wiederbelebt.

LIT. RGG 2, 832 f.; LThK 3, 1314 f.; J. Pascher, Die Liturgie der Sakramente (1951).

Explicit.
[1] Einleitungswort der Schlußformel von Handschriften und Büchern, oft ebenso wie das Incipit durch andere Schrift gekennzeichnet.
[2] Bei der Beschreibung einer Handschrift Zitat des Schlußsatzes des Einzeltextes der Handschrift. Explicit und Incipit dienen der Bestimmung der Textgrenzen.

Exsurge Domine. Bulle Papst Leos X. (15. 6. 1520) mit der ersten amtl. Stellungnahme zur Gesamtlehre Martin Luthers. Die Bulle ist das Ergebnis des kirchl. Prozesses gegen Luther, der im Frühjahr 1518 begonnen hatte. Der Kern der Bulle ist eine Liste von 41 Artikeln mit Irrtümern Luthers.

Extra ecclesiam nulla salus (lat., außerhalb der Kirche ist kein Heil). Theolog. Grundsatz, der die kath. Kirche als die alleinseligmachende hinstellt. Die Formulierung bei Origenes vollendet, grundlegendes Axiom bei Cyprian, wiederholt von Augustinus benutzt, im MA in der Bulle Unam Sanctam Papst Bonifaz' VIII. ausgesprochen, wird das Prinzip in der NZ (Bellarmin, Suarez) gemildert. Durch Erklärung des Hl. Offiziums vom 8. 8. 1949 an Erzbischof Cushing von Boston (abgedr.: American Ecclesiastical Review 77, 1952, 307–311) erneut eingeschärft.

LIT. LThK 3, 1320 f.; H. Denzinger-A. Schönmetzler (Hrsg.), Enchiridion Symbolorum ([33]1965) 770 f. (Nr. 3866 bis 3873), J. Neuner-H. Roos-K. Rahner, Der Glaube der Kirche in den Urkunden der Lehrverkündigung (1961) 255f. (dt. Übersetzung der wichtigsten Stellen).

Exulant (von lat. exul, verbannt). Verbannter. Mit E. bez. man vor allem die wegen ihres Bekenntnisses vertriebenen Protestanten aus den habsburg. Ländern im 17. und 18. Jh. Die böhmischen E., nach der Schlacht am Weißen Berge vertriebene böhm. Protestanten, wandern hauptsächl. nach Kursachsen aus. Die Salzburger E., aus dem Erzstift Salzburg im Anfang des 18. Jh. ausgewiesen, wandern zum großen Teil nach Ostpreußen aus. Die Ausweisung war in vielen Fällen auf das ius reformandi der Landesfürsten gegründet (→Cuius regio, eius religio).

LIT. F. Martin, Salzburgs Fürsten in der Barockzeit (²1966); H. Widmann, Geschichte Salzburgs Bd. III (1914); G. Florey, Bischöfe, Ketzer, Emigranten. Der Protestantismus im Lande Salzburg von seinen Anfängen bis zur Gegenwart (1967); G. Schwarz-Oberhumer, Die Auswanderung der Gasteiner Protestanten unter Erzbischof Leopold Firmian. In: Mitteilungen d. Gesellschaft für Salzburger Landeskunde 94; W. Menger, Die Salzburger Emigration nach Ostpreußen 1731/32. Ebda.

Ex voto (lat.). Auf Weihegeschenken und Votivtafeln übliche Formel. Sie besagt, daß es sich dabei um eine Stiftung auf Grund eines Gelübdes handelt.

Exzellenz (von lat. excellentia, Herrlichkeit). Ehrender Titel, nicht scharf geschieden von Eminenz. E. im MA zuerst bei den langobard. Königen, dann bei den fränk. Königen, Kaisern, souveränen Fürsten, Päpsten und Bischöfen verwendet. 1593 dem franz. Gesandten in Rom zuerkannt, 1648 allg. den Gesandten, seit der Mitte des 17. Jh. in Frankreich mit höchsten Militär- und Zivilämtern verbunden. E. verschwindet im 17. Jh. als fürstl. Titel. In Dtl. gebührte der Titel E. bis 1918 den Reichskanzler und den Staatssekretären des Reiches, in Preußen den Ministern und Oberpräsidenten während der Amtsdauer, ferner den Offizieren vom Generalleutnant aufwärts.

Fabianismus. Bez. für die Lehren und die polit. Haltung der im Jahre 1883 in London gegründeten Fabian Society, u. a. durch S. Webb (1859–1947), B. Webb (1858–1943) und G. B. Shaw (1856–1950). Der F. stellte eine Mittelstandsaktion gegen den radikalen marxist. Sozialismus im Sinne einer schrittweisen Umbildung von Wirtschaft und Gesellschaft dar. Die Bez. F. leitet sich her von dem röm. Diktator Quintus Fabius Maximus Cunctator (217/16 v. Chr.).
LIT. E. Reichel, Der Sozialismus der Fabier (1947);· A. M. McBriar, Fabian Socialism and English Politics, 1884–1918 (Cambr. 1962); H. Frei, Fabianismus und Bernstein'scher Revisionismus 1884–1890 (1979).

Fabrik (lat. fabrica, Bearbeitung).
[1] In der Numismatik werden die äußeren Eigenschaften einer Münzklasse als F. bez.; dadurch wird eine Unterscheidung der Prägungen nach Ort und Zeit ermöglicht.
[2] Bau, Baukunst: der Kirchenbau sowie die zu seiner Instandhaltung bestehende Kasse: Kirchenfabrik (fabrica ecclesiae).
[3] Seit dem Zeitalter des Merkantilismus ein zunftfreier Gewerbebetrieb, die »Werkstätte« (verwiesen sei in diesem Zusammenhang auf die spätröm. bzw. byzantin. Großwerkstätten für die Herstellung von Waffen sowie Hausbedarf, die fabricae).
[4] Ein industrieller Betrieb, in dem Rohstoffe zu Halb- oder Fertigfabrikaten verarbeitet werden; die ältere Bez. Manufaktur ist nahezu verschwunden. Typisch für den Fabrikbetrieb sind: eine größere Zahl von Arbeitern, weitgehende Arbeitsteilung, die Verwendung von Maschinen und Motoren, eine verhältnismäßig hohe Kapitalinvestierung und die Erzeugung einer großen Zahl einheitl. Produkte (Massenproduktion) für den meistenteils anonymen Markt.
LIT. W. Ruppert, Die Fabrik. Geschichte von Arbeit und Industrialisierung in Dtl. (1983).

Fabrikbau. Bis zu Beginn des 19. Jh. sachl. und schlicht, wurde er dann in historisierenden oder gesucht modernen Formen monumentalisiert. Im Verlauf des 20. Jh. setzte sich ein techn. Stil endgültig durch mit Formen, die aus den eigenen Anforderungen· erwuchsen.
LIT. H. Mayer-Leibnitz, Industriebau.

2 Bde. (1932–33); W. Henn, Bauten der Industrie. 2 Bde. (Neuausg. 1957).

Fahne. Sie gehört zu den wichtigsten Symbolen der Völker; ihren Ursprung nahm sie vom Wahrzeichen der über Krieg und Frieden entscheidenden Gottheit. Diese kultische Herkunft zeigte deutlich das (für die abendländische Kirchen- und Prozessions-F. vorbildliche) Labarum Konstantins d. Gr. (reg. 306–337), da diese Reichsfahne das Christusmonogramm anstelle des röm. Adlers in sich aufnahm. Die Signa des röm. Heeres (Feldzeichen, beginnend mit verschiedenen Tiergestalten, später insbes. der eherne Legionsadler) fanden im quadrat., an einer Querstange getragenen Vexillum (Tuch, Segel) die Entwicklung zur eigentlichen F.; sie wirkte nach in der segelgroßen ma. Städtefahne bis hin zu den Standarten des 18. Jh. Die nachantiken F. zeigten, zuerst von den östl. Völkern aufgebracht, verschiedenartige Trembleme (Zoolatrie: Löwe, Stier, Eber, Falke, Drache, Schlange u. a.). Die seit dem 6. Jh. verehrte Reiterstandarte der byzantin. Reiterei, das Bandon, ist german. Ursprungs; es setzte sich im hochma. Banner (seit dem 12. Jh.) fort; dessen unmittelbarer Vorläufer (seit dem 8. Jh.) war das Gonfalon (Kampf- und Turnierfahne). Seit dem 14. Jh. erschien neben dem Banner das dreieckige Fähnlein (frz. pennon); es war das Feldzeichen kleinerer Truppenteile; hierauf geht der neuzeitl. Ausdruck F. zurück.
LIT. HWDRG I, 1037f.; A. von Domaszewski, Die F. im röm. Heere (1885); C. Erdmann, Kaiser-Fahne und Blut-Fahne (1932); H. Kühlmann, Geschichte der bayer. F. und Standarten 1100–1919. 5 Bde. und 960 Taf. (seit 1959); R. Redlin, Pro Gloria et Patria, die Feldzeichen der preuß. Armee (Rüti/Zürich, seit 1967).

Fahneneid. Urspr. der stets auf die F. oder die Standarte, bei der Artillerie auf das Geschütz abgelegte Diensteid; heute die Bez. für den Treueid des Soldaten auf die Verfassung, das Volk, die Armee etc.
LIT. J. Bruckauf, Fahnenlehn und Fahnenbelehnung (1907); F. Everling, Vom Fahneneid (1916); E. Friesenhahn, Der polit. Eid (1928); R. Höhn, Verfassungskampf und Heereseid (1938); O. Neubecker, Fahnen und Flaggen

(1939); H. Mitteis, Lehnsrecht und ·Staatsgewalt (Neudr. 1958).

Fahnenflucht (Desertion). Die unter schwerer Strafe stehende unerlaubte, dauernde Entfernung von der Truppe.

Fahnengasse. Der Hauptweg des Zeltlagers, der mit den Fahnen der Fähnlein ausgesteckt war.

Fahnenjunker. Während des 16. und 17. Jh. Edelleute, die im Alter von 14–16 Jahren standen und sich der militär. Laufbahn widmeten; als eine bes. Auszeichnung galt für sie das Tragen der Fahne. Im dt. Heer bis 1919 bzw. in der dt. Wehrmacht seit 1934 hießen die Offiziersanwärter F.; bis 1899 waren sie als Avantageure bez. worden.

Fahnenlehen. Im Dt. Reich des MA ein unmittelbar vom König verliehenes Lehen, das mit der herzogl. Amtsgewalt verbunden war. Die Belehnung erfolgte mit einer Fahne als Sinnbild des Heerbanns, ebenfalls der Gerichtsbarkeit, in den meisten Fällen jedoch mit mehreren Fahnen, um dadurch das Recht der Weiterverleihung von einzelnen Rechten zum Ausdruck zu bringen.

Fahnenwagen (ital. carroccio). Z. Z. des HochMA ein Wagen, der das Zentrum der oberital. Städteheere bildete; aus dem Wagen ragte ein Mast mit den Fahnen der Städte empor. Der Verlust des Wagens kam einer vollständigen Niederlage gleich; seine Übergabe, so durch Mailand i.J. 1162 an Kaiser Friedrich Barbarossa (reg. 1152–90), war der Ausdruck bedingungsloser Unterwerfung.

Fähnlein. Die niedrigste Einheit von durchschnittlich 300–600 Mann Fußvolk oder 250 Reitern in den Söldnerheeren Deutschlands und der Schweiz während des 16. und 17. Jh.; 10 F. bildeten in der Regel ein Regiment. Während des 17. Jh. wurde der Name F. durch Kompagnie ersetzt.

Fähnrich (früher auch Venner). Der Fahnen- oder Bannerträger. Während des MA häufig auch der Führer einer Bannerschaft; in einer Reihe von Armeen ein Dienstgrad. In Dtl. waren F. die nach einer bes. Prüfung hierzu ernannten Fahnenjunker; sie waren die Anwärter zum Offiziersgrad.

Fahrende Leute, Fahrendes Volk, Fahrende. Im MA und in der NZ heimatlos umherziehende Spielleute, Vaganten, Zauberer, Totenwahrsager, Dirnen, Bettler, Landsknechte, die entlassen worden waren, entlaufene Mönche und Nonnen. Ihre rechtl., kirchl. und soziale Geltung war bis zum Ausgang des MA gering. Leib und Leben der Fahrenden wurden durch Sachsen- und Schwabenspiegel, desgl. die ältesten Stadtrechte, nur geringfügig geschützt, da sie außerhalb der gesellschaftl. Ordnung standen. Obwohl ihnen im Reformationszeitalter und im Zusammenhang mit der erstarkenden Landesverwaltung schwer zugesetzt wurde, hielten sie sich weiterhin; allerdings verschwand der Name F. L. seit dem ausgehenden 15. Jh. Die F. L. seit dem 17. Jh. waren Bänkelsänger, Alchimisten, Geisterbeschwörer, Hausierer, Quacksalber, Komödianten etc.

LIT. H. Blümner, Fahrendes Volk im At. (1918); Th. Hampe, F. L. in der dt. Vergangenheit (³1924); J. Bolte, F. L. in der Lit. des 15. und 16. Jh. (1928); H. Arnold, Vaganten, Komödianten, Briganten (1958); E. Schlee, Werbezettel der Schausteller. In: Philobiblon, 11 (1967); W. Hartung, Die Spielleute. Eine Randgruppe in der Gesellschaft des MA (1982); A. Kopeczny, Fahrende und Vagabunden (1980); H. Reif, Vagierende Unterschichten (1981); C. Küther, Menschen auf der Straße (1983).

Fahrnis (Fahrnishabe). Seit germanischer Zeit Bez. für »fahrende Habe«, »bewegliche Sachen« (Mobilien: franz. meubles): Vieh, Gerätschaften, Waffen, desgl. das Holzhaus. Im Gegensatz zum unbewegl. (immobilen) Vermögen konnte die F. schon früh vererbt oder anderweitig veräußert werden; doch war den Hausgenossen ein Einspruchsrecht (Warterecht) vorbehalten. Die Möglichkeit der **Fahrnisklage** bestand, wenn die F. verlorengegangen war.

Faktion (lat., franz.). Partei; im bes. Sinne die leidenschaftl. kämpfende und werbende Partei, so im Röm. Reich seit der Kaiserzeit die vor allem in Rom und Konstantinopel bezeugten Zirkusparteien, die sich in Weiße und Rote bzw. Grüne und Blaue gliederten. In Konstantinopel verfügte sie unter ihrem Leiter, dem Demarch, über eine feste Organisation. Verschiedentl. gelangten sie zu bedeutendem polit. Einfluß, so im Nika-Aufstand (532 n. Chr.).

Faktor.

[1] Eine um 1500 aufgekommene Bez. für die seit dem HochMA bis ins 19. Jh. von den Kaufleuten an bedeutenden Messeplätzen bestellten und ständig

dort in Kontoren oder Höfen wohnenden Stellvertreter (auch Institores, Lieger, Diener, Gesinde).

[2] Als F. bez. man auch denjenigen, der im Verlagssystem des Textilgewerbes die Vermittlung des Verkehrs zw. dem Fabrikanten und dem Heimarbeiter auf dem Lande vermittelte.

Faktorei (engl. factory). Eine größere Handelsniederlassung europ. Kaufleute in Übersee; sie wurde von einem Faktor verwaltet. Bereits im 13. bis 15. Jh. besaßen die Hanseaten ähnl. Niederlassungen in den Ländern des Ost- und Nordseeraumes, obwohl der Ausdruck F. erst im Verlauf des 16. Jh. in Gebrauch kam. Vor allem die mit Privilegien ausgestatteten Handelskompagnien in Afrika, Asien und Amerika gründeten Faktoreien. Bis 1842 wurde in China der Austausch von Waren zw. den Händlern Europas und den Chinesen allein durch die großen in Kanton ansässigen F. getätigt; bis 1858 vermittelte den Warenaustausch mit Japan die niederländische F. (seit 1609). Außer den Kontoren der Hanse bzw. der Hanseaten in den Ländern der Ost- und Nordsee können die Stationen der hellenist. Staaten und Roms in Vorderindien als Vorläufer der F. bez. werden.

Fakultät (lat. facultas, Fähigkeit, Vermögen).

[1] Die Vereinigung von Universitätslehrern (seit dem 13. Jh.) unter dem Vorsitz eines Dekans. Urspr. gab es drei F.: die theologische, die juristische und die medizinische, zu denen später die philosophische oder Artisten-F. als weitere, gleichberechtigte hinzutrat.

[2] Im kath. Kirchenrecht die Ermächtigung, Befugnisse auszuüben, welche von einem höheren Oberen an einen Untergebenen erteilt werden und die kraft des Amtes oder Reservation dem höheren Oberen allein zustehen.

Falarika (lat., wahrscheinlich nach Phalaris, dem Tyrannen von Akragas, reg. 570–554 v. Chr., benannt). Von einer Wurfmaschine geschleudertes Brandgeschoß (seit dem 3. Jh. v. Chr.); es wurde bis ins MA verwendet.

Falke, Falkaune, ebenfalls **Falkhahn, Falkonette** (frz. faucon, fauconette). Bez. für eine leichte Wurfmaschine. Insbes. während des 16. Jh. wurde ein leichtes, von einem Pferd gezogenes Feldgeschütz F. genannt.

Fall. Begriff der Rechtsgeschichte; bez. die dem Leib- oder Grundherrn

nach dem Tod eines Leibeigenen oder Hörigen zufallende Abgabe (Todfall).

Fallbrücke (lat. sambuca). Belagerungsmaschine der Römer. Mit Hilfe der F. suchten die Belagerer die feindl. Gräben zu überwinden und die Mauern zu ersteigen.

Fallgatter, Fallgitter. Ein Gatter, das aus unten zugespitzten und mit Eisen beschlagenen Balken bestand; es diente zur Sperrung des Eingangs eines Stadt- oder Burgtores.

Fälschung (lat. falsum). Bei verschiedenen strafbaren Handlungen das Tatbestandsmerkmal, die bes. Form der Täuschung durch Erzeugung eines unechten Produkts oder durch Nachahmung einer echten Sache; darüber hinaus auch die Verfälschung, die mißbräuchl. Änderung einer bestehenden Sache. Zu den Hauptfällen strafbarer F. gehören die Münzfälschung und die Urkundenfälschung. Im MA kam die F. von Urkunden häufig vor. Sie erfolgte in der Absicht, sich hierdurch Rechte oder Besitzungen zu verschaffen. Häufig dienten die F. auch nur dazu, für verlorengegangene Dokumente oder nicht beurkundete Rechtsakte einen Ersatz zu schaffen; wiederholt wurde die Schrift nachgeahmt und der Text umgearbeitet; nicht selten heftete man ein gefälschtes Siegel an die Urkunde.

Z. Z. des frühen Christentums wurde eine Vielzahl von Schriften den Aposteln zugeschrieben; man verfolgte damit die Absicht, die Schriften zu legitimieren oder zu empfehlen. Nach den damaligen Anschauungen jedoch kann man dieses Verfahren der Pseudepigraphie schwerlich als F. bez. Man hat auch (teilweise aus theolog. oder histor. Interesse) Schriften erfunden, z. B. die Pilatusakten. Die bedeutenden, unter kirchenpolit. Gesichtspunkten vorgenommenen F. beginnen im frühen MA; hierher gehören die symmachischen F. für die Unabhängigkeit des röm. Bischofs im frühen 6. Jh.; im großen Stil wurden sie wieder aufgenommen in der Konstantinischen Schenkung (8. Jh.) und den pseudoisidor. Dekretalen (9. Jh.).

Als Fälscher von Geschichtsquellen haben sich einen Namen gemacht: der Abt Trithemius (1462–1516), der Erfinder der Chronisten Meginfried und Hunibald; Johann Letzner, der zu Beginn des 17. Jh. u. a. die Annalen des Klosters Corvey edierte, die jedoch von ihm selbst verfaßt worden waren; der österreich. Zisterzienser Chrysostomus Hanthaler, der während des 18. Jh. vier Chronisten der babenbergischen Zeit erfand; der Mainzer Professor F. J. Bodmann mit seinen ›Rheingauischen Altertümern‹. Die Fälschung von Hitler-Tagebüchern aus der jüngsten Vergangenheit sind ein Beispiel dafür, wie dilettantisch-unkritisch »Zeitgeschichte« betrieben werden kann. Auf die zahlreichen F. von Kunstwerken, die mit der aufkommenden Wertschätzung der Künstlerpersönlichkeit seit der Renaissance einsetzten, sei lediglich hingewiesen.

LIT. H. Lüpke, Historische F. als Werkzeug der Politik (1939); K. Wehlte, Werkstoffe und Techniken der Malerei (³1977); H. Fuhrmann, Einfluß und Verbreitung der pseudo-isidorischen Fälschungen. 3 Bde. (1972–74); TRE VIII, 196–202.

Familia (lat., Bez. für den Kreis der Mitglieder einer Familie, einschließl. Gesinde und Familienhabe; zu famulus, Diener, im Haus geborener Sklave, mlat. Knappe, Ministeriale). Diese Grundinstitution der röm. Gesellschaft umfaßte nach altröm. Vorstellung den Hausvater (pater familias), dessen Gattin (mater familias), weiter die Söhne, deren Frauen, die unverheirateten Töchter sowie die Familiaren, d. h. abhängige Freie, insbes. Freigelassene, und Sklaven. Die väterl. Gewalt (patria potestas), ein Abbild der Staatsgewalt, war außerordentlich. Sie erstreckte sich auf sämtl. Familienmitglieder und deren Besitz, d. h., daß sie eine Fülle von Möglichkeiten umfaßte: die Bestrafung (Koerzition), die Veräußerung (Emanzipation), resp. die Scheidung und die alleinige wirtschaftl. und jurist. Geschäftsfähigkeit einschließl. der priesterl. Funktion des Familienkultverbandes (Laren, Manen, Penaten, Genien). Eine Änderung der väterl. Gewalt bahnte sich an, als hellenist. Gedankengut in Rom vordrang; nunmehr lockerten sich die hergebrachten Formen; es kam zu einer Humanisierung des Verhältnisses von Hausvater und F.; insbes. gewann die Frau eine stärkere Unabhängigkeit und Verfügung über ihr Vermögen; gleichzeitig geht die Gewalt über Leben und Tod auf den Staat über. Vor allem sind es zwei Gründe, die die Erweiterung der F. zur Großfamilie bewirken: einmal das Fortbestehen der Bindungen des Oberhauptes über dessen Tod hinaus, sodann die zunehmende Bedeutung der Haussöhne; im Gegensatz zu Gesinde und Sklavenschaft. Weitere Formen des Zusammengehörens, denen das Attribut F. zukommt, hat es im weiteren Verlauf der Geschichte immer wieder gegeben. So hieß das Personal einer Gladiatorenschule »familia gladiatora«, einer Renngesellschaft »familia quadrigaria«; die Bez. F. kam auch den abhängigen Gemeinschaften des MA zu: Genoßamen, dem Hofstaat eines Fürsten, weiter den Geistlichen und Laien im persönl. Dienst eines Papstes (familia pontificia) sowie den Angehörigen eines Klosters (bis in die Gegenwart). Die polit.-weltanschaul. Eingriffe während der letzten Jahrzehnte haben das innere Gefüge der Familie nicht so erschüttert, wie häufig befürchtet wurde.

LIT. HWDRG I, 1066 71; F. Müller-Lyer, Die Entwicklungsstufen der Menschheit. Bd. 4: Die Familie (²1921); R. Thurnwald, Die menschliche Gesellschaft. Bd. 2: Werden, Wandel und Entfaltung von F., Verwandtschaft und Bünden im Lichte der Völkerforschung (1932); C. C. Zimmermann, Family and Civilization (1947); H. Begemann, Von der patriarchal. zur partnerschaftl. Familie (Diss. Münster 1959); W. Conze (Hrsg.), Sozialgeschichte der Familie in der Neuzeit Europas (1976); P. Borscheid, H. J. Teuteberg, Ehe, Liebe, Tod. Zum Wandel der Familie, der Geschlechts- und Generationsbeziehungen in der Neuzeit (Studien zur Gesch. des Alltags, 1; 1983); M. Segalen, Die Familie (dt. 1990); W. Bockhorst (Hrsg.), Beiträge zur westfäl. Familienforschung (1997).

Familiengeschichte, Familienchronik, Familienbuch, Familienstammbuch. Verzeichnis der für eine Familie bedeutsamen Ereignisse, so von Geburten, Eheschließungen, Familienjubiläen, Todesfällen etc. Wurden für derartige Verzeichnisse früher Blätter der Hausbibel benutzt, so wird seit einer Reihe von Jahren der Brauch durch die Überreichung eines Familienbuches bei der Eheschließung offiziell gefördert.

LIT. R. Thurnwald, Die menschl. Gesellschaft. Bd. 2: Werden, Wandel und Entfaltung von Familie, Verwandtschaft und Bünden im Lichte der Völkerforschung (1932); J. Höffner, Ehe und Familie (1959).

Famulus, Famulant (lat., Diener).

Während des MA ein bevorzugter Unfreier; er leistete dem König oder einem Grundherrn persönl. Dienste, jedoch auch Waffendienste. Zur Ritterzeit wurde der F. Knappe genannt. Später Bez. für Schüler, Gehilfe.

Fanal (griech.-franz.). Eine Stange, die senkrecht aufgestellt wurde und an ihrem oberen Ende eine Tonne trug, die mit Brennstoff gefüllt war; doch wurde die Stange auch durch Umwickeln mit Werg sowie Eintauchen in flüssiges Pech und Teer brennbar gemacht. Zündete man das F. an, dann entstanden eine starke Dampfwolke und eine Flamme; sie galten als Signal für einen verabredeten Zweck.

Fanarioten, Phanarioten (zu spätgriech. phanarion, Leuchtturm). Urspr. die (meist griech.) Bewohner des Stadtviertels Phanar in Konstantinopel; viele von ihnen entstammten edlen Familien des byzantin. Reiches. Sie waren in türk. Dienste getreten (seit der Mitte des 16. Jh.) und hatten seit der Mitte des 17. Jh. hohe Ämter im Hof- und Verwaltungsdienst inne, z. B. als Dragomanen. Seit 1821 beteiligten sich die F. an der griech. Revolution. Auf Grund des griech.-türk. Austauschvertrags von 1923 zogen die meisten F. von Konstantinopel weg.
LIT. H. Held, Die Phanarioten (1920); J. Gottwald, in: Leipziger Vierteljahresschrift für Südosteuropa, 5 (1941).

Fanatiker, Fanatismus (von lat. fanari, umherrasen). Urspr. ein von Gott besessener Priester. Seit dem 17. Jh. wurde der Ausdruck für die Vertreter extremer Sekten eingeführt zur Bez. der Unduldsamkeit und blinden Leidenschaft, mit der sie eine Sache vertreten. Der F. tritt epochenweise als Massenbewegung auf, so in der Tanzwut des MA, den Hexenprozessen oder den modernen polit. Massenpsychosen.
LIT. E. Murisier, Les maladies du sentiment religieux ([2]1903); H. Lasswell, Psychopathology and Politics (Chicago 1930); Ph. Lersch, Der Aufbau der Person ([10]1966); V. Klemperer, Die unbewältigte Sprache (1966).

Farbbücher, Buntbücher. Amtl. Dokumentensammlungen, die zur Rechtfertigung der (auswärtigen) Politik und der Diplomatie ohne Veröffentlichungspflicht zu gegebenen Anlässen erscheinen. Der Name F. leitet sich her von den Farben der Umschläge, die, traditionsgemäß, von den einzelnen Staaten

verwendet werden: Weißbücher: Deutschland, Portugal; Rotbücher: Österreich, Spanien, z. T. auch die USA; Gelbbücher: Frankreich, China; Grünbücher: Italien, Mexiko; Graubücher: Dänemark, Japan; Blaubücher: Großbritannien; Blauweißbücher: Finnland; Braunbücher: ehem. DDR. England veröffentlichte die ersten F. 1624; hier bez. man auch sämtl. Parlamentsdrucksachen als Blue Books; sie werden White Books genannt, wenn sie, ohne das Bestehen eines sachl. Unterschieds, einen weißen Umschlag haben. Die F., urspr. nur an das Parlament gerichtet, wenden sich seit 1831 in zunehmendem Maße an die Öffentlichkeit.
LIT. J. Sass, Die dt. Weißbücher zur auswärtigen Politik 1870–1914 (1928; mit Übersichten über andere F.).

Farbige (coloured people). Während in Europa alle Nicht-Weißen, d. h. auch Chinesen, Malaien etc. als F. bez. werden, sind es in Amerika die Neger, doch auch die Indianer sowie die europid-negriden Mischlinge der verschiedenen Grade (Mestizen, Mulatten etc.).

Faschismus (von ital. fascio, Mz. fasci; Bündel; →Liktoren). Unter dem Eindruck des Versagens der alten monarchisch-konservativen Staatsformen, ebenfalls der noch kaum stabilisierten bürgerlich-liberalen Parlaments- und Parteidemokratien gegenüber den Problemen der modernen Staaten und Gesellschaft, entwickelten um die Jahrhundertwende vor allem die Soziologen Georges Sorel (1847–1922) in den ›Réflexions sur la Violence‹ (1906) und Alfredo Pareto (1848–1923) in dem ›Trattato di Sociologia Generale‹ (1916) Herrschafts- und Elitetheorien. In Anknüpfung an die Philosophie F. Nietzsches (1844–1900) bzw. der von der Umgebung Nietzsches verfälschten Version vom ›Willen zur Macht‹ wurden diese Theorien entwickelt. Sie übten früh einen tiefen Einfluß auf das polit. Denken des revolutionären Sozialisten Benito Mussolini (1883–1945) aus, der sie in einer polit. Bewegung verwirklichte.
1922–43 bestimmte der F. die Form des ital. Staates. Nachdem 1921 die faschist. Miliz (»Schwarzhemden«) gegründet worden war, wurde die Staatsgewalt durch den Marsch von 40000 Schwarzhemden auf Rom am 28. 10. 1922 handstreichartig übernommen. 1925 wurde der F. zur Einheitspartei Italiens;

ihr Symbol war das Liktorenbündel, ihr Gruß der antike Gladiatorengruß. Ihr Wirtschaftsprogramm sahen die Faschisten in der Gründung berufsständiger Korporationen; das grundlegende Gesetz wurde am 3. 4. 1936 verabschiedet.

Trotz der Bemühungen seines Philosophen Giovanni Gentile (1875–1944) war der F. nicht die Schöpfung einer Staatsphilosophie. Das Werk Mussolinis imponierte vielmehr durch seinen glanzvollen äußeren Aufbau. Dadurch wurde der F. zum Vorbild ähnl. autokrat. und totalitärer Strömungen in anderen Ländern, insbes. in Dtl. (→Nationalsozialismus). Seit 1936 gingen Hitler und Mussolini polit. zusammen (»Achse«). Nach Mussolinis Sturz am 25. 7. 1943 fand der F., nachdem er als Neo-Faschismus im Schatten der dt. Macht in den von den dt. Truppen besetzten Gebieten weiterexistiert hatte, beim militär. Zusammenbruch Deutschlands ein blutiges Ende.

Im polemischen Sinne wurde der Begriff F. früh auf alle Bestrebungen ausgedehnt, die seit den Erschütterungen des Ersten Weltkriegs auf eine Ablösung der parlamentar. Demokratie durch »nationale Diktaturen« sowie den autoritär geführten Einparteienstaat abzielten. Diese Verallgemeinerung zum Gattungsbegriff (in der kommunistischen – »antifaschistischen« – Propaganda bis zur negativen Kennzeichnung aller nicht-kommunistischen Staats- und Gesellschaftsformen übersteigert) ist angesichts der weitgehenden Verschiedenheiten nationaldiktaturstaatl. Verwirklichungsversuche wissenschaftl. nicht zu rechtfertigen, wiewohl äußere Ähnlichkeiten und wechselseitige Einflüsse auf vergleichbare Bedingungen und Bestrebungen in anderen Ländern hinweisen: Spanien unter Primo de Rivera und Franco, Portugal unter Salazar, Argentinien unter Perón, Ungarn unter Horthy, Polen unter Pilsudski, Österreich unter Dollfuß und Schuschnigg etc. Man hat an dem speziellen Inhalt des F. als einer historisch-politischen Erscheinungsform des Nationalismus Italiens festzuhalten.

LIT R. Michels, Sozialismus und F. (1925); H. Heller, Europa und der F. (1931); E. Nolte, Der F. in seiner Epoche (1963); ders., Die faschist. Bewegungen (1966); W. Laqueur und G. L. Mosse (Hrsg.), Internationaler F. (1966); G. Quazza, Fascismo e antifascismo nell'Italia (1976); K.-J. Siegfried, Klerikalfaschismus (1979); M. Estermann-Juckler, Faschistische Staatsbaukunst (1982); Der ital. F., Probleme und Forschungstendenzen. Kolloquium des Instituts für Zeitgeschichte (1983); M. Luks, Entstehung der kommunist. Faschismustheorie. Die Auseinandersetzung der Komintern mit F. und Nationalsozialismus 1921–1935 (1985); B. Bromberger, H. Mausbach, K.-D. Thomann, Medizin, F. und Widerstand (1985); Eva Gottschaldt, Antifaschismus und Widerstand. Der Kampf gegen den dt. F. (1985).

Fasten. Bez. für den in zahlreichen Religionen geübten Brauch einer zeitl. beschränkten Enthaltung von der Nahrungsaufnahme. Auf der Stufe der Naturreligionen basiert das F. auf der Auffassung, daß von der Nahrung bestimmte, u. U. schädigende Wirkungen ausgehen. Das F. dient im Judentum zur Buße (Versöhnungstag) oder Trauer (Tag der Tempelzerstörung). Gefordert wird das F. von alttestamentl. Propheten, im späteren Buddhismus, im Manichäismus, im Islam, im Christentum etc. Die strengen Fastenverordnungen der kath. Kirche wurden im Laufe der Zeit sehr gemildert oder ganz aufgehoben.

LIT R. Arbesmann, Das F. bei den Griechen und Römern (1929); J. Schümmer, Die altchristl. Fastenpraxis (1933); TRE XI, 48–59.

Fasti (von lat. fas, Recht; dies fasti, Spruch- oder Gerichtstage).
[1] Bez. für bestimmte Tage im antiken Rom, an denen bürgerl. und staatl. Geschäfte erlaubt (dies fasti) oder unerlaubt waren (dies nefasti).
[2] Im wissenschaftl. Sprachgebrauch allg. Beamtenverzeichnisse im Rom. Beamten, die Jahreslisten der Magistrate.

LIT. O. Seeck, Die Kalendertafel der Pontifices (1885); G. Wissowa, Religion und Kultus der Römer ([2]1912); J. Beloch, Röm. Gesch. (1926); R. Werner, Der Beginn der Röm. Republik (1963).

Fatalismus (lat. fatalis, vom Geschick bestimmt). Der Glaube an ein unabänderl. Schicksal. Dem F. liegt die Überzeugung zugrunde, daß an den Lebensfügungen weder die Menschen noch ein Gott etwas zu ändern vermögen. Demnach liegt allem Geschehen die Gewalt eines unentrinnbaren Schicksals zugrunde. Der F. des Islam hingegen be-

ruht auf dem Glauben an die Allmacht Allahs und die völlige Ergebung in dessen Willen; das menschl. Schicksal ist nämlich durch Allah von Ewigkeit her vorbestimmt.
LIT. W. Engel, Die Schicksalsidee im Altertum (1926); H. Naumann, German. Schicksalsglaube (1934); H. Runggren, Studies in Islamic Fatalism (Uppsala 1952).

Faustrecht. Die Inanspruchnahme der Selbstverteidigung und Selbsthilfe durch den in seinen Rechten Bedrohten oder Verletzten für den Fall, daß der Staat keinen ausreichenden Schutz zu gewähren vermag. Blutrache und Fehde zählen zum F.; sie beherrschten während der histor. Frühzeit, als das Staatswesen noch mangelhaft ausgebildet war, beispielsweise in den nordgerman. Ländern, doch auch in Zeiten staatl. Verfalls, so im SpätMA und im 16. Jh., das Rechtsleben.

Febronianismus. Eine nach ihrem Urheber, Justinus Febronius, Deckname des Trierer Weihbischofs Johannes Nikolaus von Hontheim (1701–90), benannte Reformbewegung innerhalb der kath. Kirche. Die Bewegung ging zurück auf die 1763 durch Hontheim unter dem Pseudonym J. Febronius veröffentlichte Schrift ›De statu ecclesiae et legitima potestate Romani Pontificis‹. Ihr Ziel war es, den Einfluß der Kurie in Dtl. mit Hilfe des Staates zugunsten einer Nationalkirche zurückzudrängen. Ihren Höhepunkt erreichte die Bewegung, die dem Gallikanismus und Episkopalismus verwandt war und von den geistl. Kurfürsten von Mainz, Trier und Köln getragen wurde, in der Emser Punktation (1786). Doch vermochte es der F. nicht, sich gegen den Widerstand des übrigen Episkopats durchzusetzen, da dieser der päpstl. der Metropolitan-Jurisdiktion vorzog (→Pseudo-Isidorien des 9. Jh.). Außerdem stieß er entweder auf Gleichgültigkeit oder Ablehnung seitens des Kaisers sowie der weltl. Fürsten. Der F. verschwand mit der Säkularisation (1803) und der Auflösung des Reiches (1806).
LIT. M. Höhler (Hrsg.), Des kurtrier. Geistl. Rats H. A. Arnoldi Tagbuch über die in Ems gehaltene Zusammenkunft (1915; hier Text der Emser Punktation); H. Becher, Der dt. Primas (1943); L. Just, Hontheim. In: AmrhKg 4 (1952); H. Raab, Die Concordata Nationis Germanicae i. d. Kanonist. Dis-

kussion des 17. bis 19. Jh. (1958); ders., G. Chr. Neller und Febronius. In: AmrhKg 11 (1959); ders., Der reichskirchl. Episkopalismus. In: HKG V (1970) 477–508; ders., J. N. von Hontheim. In: Rhein. Lebensbilder V (1973).

Februarrevolution.
[1] Die Staatsumwälzung in Frankreich am 24. 2. 1848, durch die Louis-Philippe (reg. 1830 bis 1848) gestürzt und die 2. Republik errichtet wurde. Während des Zeitalters der Restauration (1815–48) hatte die durch die Französische Revolution hervorgerufene Umgestaltung der Rechts- und Gesellschaftsordnung nicht rückgängig gemacht werden können. Frankreich wurde daher während dieses Zeitabschnitts durch Revolutionen erschüttert; es blieb der Herd der bürgerl. Revolutionen Europas im 19. Jh.
Ludwigs XVIII. Herrschaft (1815–24) war das erste Beispiel einer konstitutionellen Monarchie auf dem europ. Festland; sie suchte eine Verbindung der monarch. Tradition mit dem Erbe der Revolution. Die stärkste polit. Kraft stellte nunmehr das Bürgertum dar. Dennoch kam es zu einer Konfrontation der restaurativen und der revolutionären Kräfte in Frankreich, insbes. als der Herzog von Berry am 14. 2. 1820 durch den Fanatiker Louvel erstochen wurde. An dieser innenpolit. Entwicklung vermochten auch die außenpolit. Erfolge Frankreichs nichts zu ändern, die im Beitritt zur Hl. Allianz gipfelten. Die Thronbesteigung von Ludwigs XVIII. Bruder, Karl X. (reg. 1824–30), hatte eine Verschärfung der Reaktion zur Folge. Dies führte zu einer Verhärtung der Opposition des bürgerl. Liberalismus. Im August 1829 versuchte die Regierung des Ultraroyalisten Polignac (1780–1847) vergeblich, das linke Rheinufer und Belgien zu gewinnen und dadurch auf die Außenpolitik abzulenken; die zu dem gleichen Zwecke eingeleitete Eroberung Algiers führte ebenfalls zu keiner Entspannung auf innenpolit. Gebiet. Als Neuwahlen der Opposition Erfolge brachten, glaubte Karl X. zum Mittel des Staatsstreichs greifen zu müssen: Am 27. 7. 1830 beseitigte er die Pressefreiheit, änderte das Wahlrecht und löste die neugewählte Kammer auf; daraufhin brach am 17. 7. 1830 die **Julirevolution** aus; am 2. 8. 1830 dankte Karl X. ab.

Die **Julirevolution** führte zur Vorherrschaft des Bürgertums in der Form einer konstitutionell-parlamentar. Monarchie. Von histor. Bedeutung wurde sie vor allem dadurch, daß sie der liberalen und nationalen Entwicklung in beinahe allen europ. Ländern bedeutenden Auftrieb gab. In Frankreich selbst fügte der siegreiche Liberalismus der Verfassung den Grundsatz der Volkssouveränität ein. Neuer König der Franzosen wurde der Herzog von Orléans als Louis-Philippe. Die Trikolore der Revolution von 1789 ersetzte wieder das weiße Lilienbanner der Bourbonen.

Louis-Philippe suchte die Juli-Monarchie von der revolutionären Demokratie zu lösen und ein persönl. Regiment zu errichten. Bei seinen Bemühungen stützte er sich auf das Bürgertum. Seine Politik wurde jedoch von Rechts- und Links-Parteien bekämpft: den bourbon. Legitimisten, den Bonapartisten sowie den Republikanern. Der König scheiterte schließlich an der Frage der Wahlreform, der Hauptforderung der radikalen Opposition, vor allem auch der Kleinbürger und Arbeiter. Sie signalisierte die Gefahr einer sozialen Revolution, welche sich am 24. 2. 1848 in der Februarrevolution sowie in der Flucht und Abdankung des Bürgerkönigs verwirklichte.

[2] Die **russ. Revolution** vom März 1917 (alten Stils Februar). Seit der Revolution von 1905 sowie der Niederlage im Russisch-Japanischen Krieg von 1905 wandte sich die russ. Außenpolitik verstärkt dem Westen zu. Dies fand seinen Ausdruck in der panslawistischen Agitation gegen Österreich, der verstärkten Bindung an Frankreich sowie schließl. dem Ausgleich mit England bezügl. der Streitfragen in Asien (1907). Während sich Rußland in der bosnischen Krise (1908/09) noch zurückhielt, da es noch nicht genügend gerüstet war, verschärfte es die Spannungen während der Balkankriege (1912/13) in Serbien, worauf es dann zum Ausbruch des Ersten Weltkriegs kam. Die verlustreichen Schlachten im Ersten Weltkrieg führten im 3. Kriegsjahr auf Grund der katastrophalen Lage in Rußland zu Kriegsmüdigkeit und im Zusammenhang damit zu einer revolutionsreifen Lage. Zar Nikolaus II. (reg. 1894–1917) wurde am 15. 3. 1917 zur Abdankung gezwungen, nachdem durch bürgerlich-liberale Kräfte eine Revolution ausgerufen worden war.

LIT. Zu [1] D. H. Pinkney, The French Revolution of 1830 (Princeton N. J. 1972); J. Dautry, Histoire de la Révolution de 1848 en France (1948).
Zu [2]: H. Kohn, Pan-Slavism (1953, ²1960); H. Seton-Watson, Der Verfall des Zarenreiches (1954); L. Kulczycki, Geschichte der russ. Revolution. 3 Bde. (1910–14); P. Miljukow, Rußlands Zusammenbruch. 2 Bde. (1925/26); H. Kohn, Das moderne Rußland (1961); R. P. Dimitriera, Bibliographie der russ. Geschichtsschreibung: 1679–1959 (dt. 1962); R. Stökl, Russische Geschichte von den Anfängen bis zur Gegenwart (²1965), P. Sethe, Russische Geschichte (1965); L. Schapiro, 1917: The Russian Revolutions and the Origins of Present-Day Communism (London 1985).

Federhannsen. Während des SpätMA Leute, die im Waffenhandwerk unterrichteten; es handelte sich bei ihnen meist um erprobte Soldaten. Durch die F. wurden förmliche Lehrbriefe ausgestellt.

Fehde (mhd. vêde, Feindschaft). Bez. für Feindschaft (inimicitia), Rache, Streit zw. zwei Freien oder deren Sippen in german. Zeit sowie im MA. Wenn die öffentl. Gerichtsgewalt versagte wie in vorkaroling. Zeit oder während des Interregnums (1254–73), war jedermann zur Durchsetzung seines wirklichen oder vermeintlichen Rechts auf die eigenmächtige Selbsthilfe, das Faustrecht, angewiesen. Die F., zunächst außerrechtl., wurde später durch die Rechtsordnung anerkannt. Von der gewöhnl. Blutrache unterschied sich die F. dadurch, daß sie die gebotenen, wenn auch häufig mißachteten ritterl. Formen beobachtete. Vor Beginn der Feindseligkeiten war die F. dem Gegner durch Fehdebrief anzukündigen. Durch das Werfen des Fehdehandschuhs forderte der Ritter seinen Gegner zum Zweikampf.

Sowohl die Kirche als auch der Staat haben die F. einzudämmen versucht, z. B. durch den Gottesfrieden (treuga dei) und Landfrieden, durch die Forderung nach vorheriger Erschöpfung des Rechtswegs, der Ankündigung (Fehdebrief), der Forderung des Sühnezwangs (Urfehde) etc. Dennoch waren F. des Landadels, F. zw. Stadt und Adel und Bauernfehden bis in die beginnende NZ hinein üblich, obwohl sie im Ewigen Landfrieden (1495) für das Gebiet des Reiches verboten wurden. Erst der Rechtsschutz und die Vollstreckungsgewalt der modernen Staaten vermochten es, die F. endgültig zu überwinden. Seit dem SpätMA wurde jede Form des Kleinkriegs zwischen den Ständen als F. bezeichnet. LIT. HWDRG I, 1083–93; H. Conrad, Geschichte der dt. Wehrverfassung I (1939); Cl. von Schwerin-H. Thieme, Grundzüge der dt. Rechtsgeschichte (⁴1950); J. Gernhuber, Die Landfriedensbewegung in Deutschland bis zum Mainzer Reichslandfrieden von 1235 (1952); O. Brunner, Land und Herrschaft (⁴1959); E. Schmidt, Einführung in die Geschichte der dt. Strafrechtspflege (³1965); H. Angermeier, Königtum und Landfriede im dt. SpätMA (1966).

Feld.
[1] Landwirtschaft: das (begrenzte) dem Ackerbau dienende Kulturland.
[2] Bergbau: zur bergmännischen Nutzung bestimmtes unterirdisches Gebiet, das durch Verleihung zugesprochen wurde bzw. wird.
[3] In der Heraldik der Platz für ein Wappenbild.

Feldbinde. Ein von militär. Führern um Schulter, Arm oder Leib getragenes Kleidungsstück. Die F. war bereits bei den Griechen und Römern bekannt; sie wurde nach dem Dreißigjährigen Krieg das Abzeichen der Offiziere, und zwar zunächst als Schärpe aus Silber oder einem Goldgespinst mit Schleife und Quasten; dann war sie ein einfacher Leibgurt, mit einer Schleife aus gleichfarbigem Metall versehen. Seit dem Ersten Weltkrieg wurden F. nur noch bei festl. Anlässen, z. B. Paraden, getragen.

Felderwirtschaft. Eine Form der Bodenbebauung mit einer Einteilung der Flur in Schläge (Felder), die streng voneinander getrennt waren. Hier ist zu unterscheiden zw. verschiedenen Systemen der Fruchtfolge:
a) Felderwirtschaften, bei denen der Getreidebau überwog; hierbei ist am bekanntesten die Dreifelderwirtschaft, nach der die in drei Schläge bzw. ein Mehrfaches hiervon geteilte Flur im Wechsel von Winterfrucht, Sommerfrucht und Brache bewirtschaftet wird. Bereits seit german. Zeit ist die Dreifelderwirtschaft bekannt; eine Intensivie-

rung erfährt sie im Anschluß an die Völkerwanderung; bis ins 19. Jh. bleibt sie dominierend;
b) Fruchtfelderwirtschaften; hierbei tritt der Getreideanbau zugunsten von anderen, insbes. Hackfrüchten, zurück;
c) Wechselwirtschaften, d. h. der Wechsel zw. mehrjähriger Futternutzung und Ackerkulturen. Typisch für die Art der Bewirtschaftung ist die Egartenwirtschaft in Süddeutschland sowie die Feldgras- und Koppelwirtschaft in Norddeutschland; hierbei wecheln Weide (Dreesch) bzw. Weide und Acker einander ab;
d) freie Wirtschaft; hierunter ist eine Bewirtschaftung ohne eine planmäßig geregelte Fruchtfolge zu verstehen. Sie wird gewöhnlich dort praktiziert, wo günstige Standortbedingungen eine intensive Bodennutzung erlauben.
Neben den genannten gibt es noch andere Bewirtschaftungsformen, so die Brandwirtschaft: durch Roden und Abbrennen wird für eine gewisse Zeit Nutzland gewonnen (Brandkultur).
LIT. Th. von der Goltz, Geschichte der dt. Landwirtschaft (1902f.); G. von Below, Geschichte der dt. Landwirtschaft des MA (hrsg. von F. Lütge, 1937); G. Franz, Bücherkunde zur Geschichte des dt. Bauerntums (1937); Th. Brinkmann, Das Fruchtfolgebild des dt. Akkerbaus (1950).

Feldgemeinschaft. Im Gegensatz zum freien Landbesitz die verschiedenen Formen des Rechts am Boden, soweit dieses Recht nicht individuell und nicht staatl. ist. Hierzu gehören: a) Gemeineigentum, das gemeinsam genutzt wird; b) Gemeineigentum, das einzelnen in periodischer Auf- und Umteilung zur Nutzung überlassen wird; c) Flurzwang. Das Gemeineigentum wurde während des 19. Jh. als die Ursprungsform des Eigentums an Grund und Boden bezeichnet. Auf Grund der Forschung wissen wir heute, daß die Formen der F., soweit nachweisbar, geschichtl. Bildungen sind; sie entstanden, nachdem sich die Staatlichkeit entwickelt hatte. Als Beispiele hierfür seien genannt: der russ. Mir, die südslaw. Zadruga und die Gewannflur german. Zeit. Die sowjet. Kolchose mit ihren verschiedenartigen Übergangsformen kann als eine moderne Form der F. bez. werden, ebenfalls die LPG in der ehem. DDR.
LIT. W. D. Preyer, Feldgemeinschaft in

Rußland. In: HWSt 3 (⁴1926); R. Kötz-schke, Agrarverfassung II. In: Hwb. für das Grenz- und Auslandsdeutschtum I (1933; mit Lit); F. Lütge, Geschichte der dt. Agrarverfassung (²1967).

Feldgericht. Ein Rügegericht in Feldsachen, das bei Grenzstreitigkeiten, Frevel etc. angerufen wurde.

Feldgeschrei.

[1] Im Felde der Erkennungsruf der Truppen.

[2] In der Heraldik die auf einem Bande um die Helmzier aufgezeichnete Losung.

Feldgeschworener, Feldscheider. Der für Grenzstreite zuständige Schiedsmann.

Feldhauptmann. Bez. für einen Truppen- oder Heerführer vor allem des 16. und 17. Jh. Die Bez. rührt her von den Landsknechten.

Feldjäger. Urspr. die aus Berufsjägern gebildete Truppe der alten österreich. Armee. Sie waren hier, in Feldjägerbataillonen zusammengefaßt, eine Elite-Truppe der Infanterie. In Preußen wurden F. seit der Zeit Friedrichs d. Gr. (reg. 1740–86) als militär. und diplomat. Kuriere verwendet; sie bildeten das Reitende Feldjägerkorps; 1919 wurde es aufgelöst. In der dt. Bundeswehr sind die F. eine Waffengattung zur Aufrechterhaltung von Ordnung und Disziplin, Verkehrsregelung und -überwachung (vor allem bei Marschbewegungen von Truppen).

Feldmarschall. In den meisten Armeen die höchste, nur selten verliehene, milit. Rangstufe; sie geht aus dem Marschallamte hervor; während des 18. Jh. überflügelte sie die Generalsränge.

Feldmarschalleutnant. In der Armee der Donaumonarchie bis 1918 ein Generalleutnant.

Feldpost. Bez. für denjenigen Teil der Post, der in Kriegszeiten für die Postverbindung zwischen den Streitkräften und der Heimat sowie den Streitkräften untereinander zuständig ist.

Unter Maximilian I. (reg. 1493–1519) erfolgte 1496 die Einrichtung der ersten nachweisbaren F. Die erste Dienstinstruktion für F. erschien in Preußen 1715 während der Regierungszeit des ›Soldatenkönigs‹ Friedrich Wilhelm I. (reg. 1711–40). Z. Zt. des Siebenjährigen Krieges (1756–63) existierten sowohl F.-Ämter als auch F.-Expeditionen. Während des Dt.-Französ. Krieges

(1870/71) gab es 88 F.-Anstalten mit 960 Beamten. Die Zahl der im 1. Weltkrieg (1914–18) bei der F. eingesetzten Kräfte belief sich auf 8000 Beamten und militär. Hilfspersonal. Während des 2. Weltkriegs (1939–45) bildete die F. einen Teil der dt. Wehrmacht. Sie gliederte sich in drei Instanzen: 1. den Heeresfeldpostmeister (er war dem Generalquartiermeister des Heeres zugeteilt); 2. jeweils einen Armeefeldpostmeister bei jedem Armeeoberkommando (ihm waren sämtliche F.-Dienststellen des Armeebereichs unterstellt); 3. jeweils ein F.-Amt für die einzelnen Armeeoberkommandos, Korps und Divisionen. Außerdem gab es für jeden Armeebereich eine Armeebriefstelle, ferner eine F.-Leitstelle sowie F.-Ämter zur bes. Verwendung. Marine und Luftwaffe waren Sonderbestimmungen unterworfen. Aus Gründen der Geheimhaltung des Standorts der einzelnen Truppenteile wurde bei Sendungen an Wehrmachtsangehörige neben dem Namen und dem Dienstgrad eine F.-Nummer verwendet. Im Verlauf des 2. Weltkriegs beförderte die F., deren Apparat etwa 30 000 Beamte und ebensoviele zivile Hilfskräfte umfaßte, rd. 30,6 Mrd. Sendungen.

LIT. Schracke, Geschichte der dt. F. im Kriege 1914–18 (1921); K. Sautter, Geschichte der Dt. Reichspost 1871–1945 (1951); H. Hinrichsen, Die dt. F. (1998).

Feldprediger, Feldkaplan (in der kath. Kirche). Geistlicher für die Militärseelsorge, der dem kath. oder prot. Feldpropst bzw. Feldvikar oder Feldsuperior unterstand.

LIT. J. Freisen, Das Militärkirchenrecht (1913).

Feldwebel, Feldweibel (weibeln, schaffen). Der höhere bzw. 1. Unteroffizier einer Kompanie seit der Zeit der Landsknechte.

Feldwebelleutnant. Von 1877–1918 in der dt. Armee ein an verdiente Unteroffiziere verliehener Dienstgrad, insbes. während des Ersten Weltkriegs.

Feldzeichen. Kennzeichen, die militär. Formationen im Felde vorangetragen wurden: Adler, Standarte etc. Die Römer hatten als Legionsfeldzeichen (signum) einen plastischen, silbernen Adler, auf dem Donnerkeil sitzend. In spätröm. Zeit traten Kaiserbilder und Kränze, schließl. nur noch das Kaiserbild (imago) an die Stelle des Adlers.

Seit dem 16. Jh. wurde das F. auf die als Kennzeichen der Parteizugehörigkeit im Felde aufkommenden Schärpen und Armbinden übertragen.

Feldzeugmeister. In den Landsknechtsheeren der Kommandant der Artillerie; im österreich.-ungar. Heer der zweithöchste Generalsrang; im ehem. dt. Heer seit Ende des 19. Jh. der an der Spitze der Feldzeugmeisterei (für die Beschaffung und Verwaltung von Kriegsgerät zuständig) stehende General.

Felonie (von mlat. fello, eidbrüchig). Verräterischer Treubruch. Im Lehnsrecht der vorsätzl. Bruch des Treuverhältnisses zw. Lehnsherrn und Vasall. F. galt als eines der schwersten Verbrechen. Sie konnte seitens des Vasallen in der Verweigerung seiner Pflichten dem Lehnsherrn gegenüber bestehen, z. B. der Heerfahrt, des Bündnisses mit den Feinden des Lehnsherrn, dem böswilligen Verkauf des Lehens etc. Für den Herrn war das Verbrechen der F. gegeben, wenn er z. B. ein Lehen ohne Grund einzog oder dessen Herausgabe verweigerte. Für den Vasallen bedeutete F. Lehns-Verlust. So wurde Heinrich der Löwe 1180 nach Lehnsrecht verurteilt; infolgedessen verlor er die Herzogtümer Sachsen und Bayern.
LIT. J. Goebel, Felony and Misdemeanor (1937).

Fememorde. Die nach 1919, vor allem aber im Jahre 1923 von rechtsradikalen Vereinigungen in Dtl. verübten polit. Morde. Den F. fielen nicht allein führende Politiker der Mittel- und Linksparteien zum Opfer (u. a. W. Rathenau und M. Erzberger), sondern auch und vor allem zahlreiche Mitglieder aus den eigenen Reihen, soweit sie sich des Verrats verdächtig gemacht hatten (→Republikschutzgesetz). Durch die F. kamen etwa 300 Menschen um.
LIT. Fr. Grimm, Grundsätzliches zu den Femeprozessen (1928); ders., in: Handwörterbuch der Rechtswissenschaft (Erg.-Bd. 1931); E. J. Gumbel, Vier Jahre polit. Morde (1922); ders., Verräter verfallen der Feme (1929); ders., Vom F. zur Reichskanzlei (1962); H. Habedank, Der Feind steht rechts (Ost-Berlin 1965); H. Hannover und E. Hannover-Drück, Polit. Justiz 1918–33 (1966).

Femgerichte (Fehme, Vehme, Freigerichte, heimliche Gerichte, Stuhlgerichte). Im MA in Dtl., insbes. in Westfalen bestehende Gerichte, die vom Kaiser mit dem Blutbann beliehen waren und in seinem Namen Verbrechen aburteilten, die die Todesstrafe nach sich zogen. Die Herkunft des Wortes Fem ist umstritten. Es wird sowohl von dem lat. Wort fama (Gerücht) als auch von dem altdt. Wort feme oder feime, das Gericht bedeutet, abgeleitet. Die Bez. Freigerichte bezieht sich darauf, daß jeder Freigeborene zur Teilnahme an denselben berechtigt war, doch auch auf gewisse Freiheiten, die die Feme für sich in Anspruch nahm, während die Bez. heimliches Gericht, Stuhl- oder Stillgericht, heimliche Acht darauf hindeuten, daß die Verhandlungen der Feme meist nicht öffentlich waren. Der Name »verbotene Gerichte« schließlich besagt, daß Nichteingeweihten der Zutritt zu den heimlichen Tagungen bei Todesstrafe verboten war. Was über das heimliche und unheimliche Wesen der F. in Sage und Dichtung berichtet wird, sind häufig Übertreibungen. Untersuchungen über die F. haben ergeben, daß diese nie von der Folter Gebrauch machten, sondern daß es sich hierbei um ehrwürdige altgerman. Rechtsinstitutionen handelte, deren Sitzungen nur zum Teil geheim und die Orte, an denen sie tagten, allgemein bekannt waren.

Das Femgericht stammt aus der karoling. Zeit. Nach älterem dt. Recht konnte allein der Kaiser den Blutbann, d. h. das Recht, Gericht über Leben und Tod zu halten, verleihen. Während nun in den übrigen dt. Territorien dieses Recht im Laufe der Zeit auf die Landesherren überging, erhielt sich der alte Grundsatz in Westfalen. Die halb anarchischen Zustände des MA waren durch die Ausdehnung der Gerichtsbarkeit der westfäl. Freigerichte weit über die Grenzen Westfalens hinaus besonders förderlich. Der ›Freistuhl‹ oder ›freie Stuhl‹, die Stelle, an der das Gericht tagte, war gewöhnlich ein Hügel oder ein anderer, jedermann bekannter und zugänglicher Ort, dessen angesehenster sich in Dortmund befand. Stuhlherr wurde der Eigentümer des Freistuhls und Patronatsherr des Gerichts genannt. Inhaber der Stuhlherrschaft waren geistl. und weltl. Fürsten, häufig auch einzelne Stadtgemeinden, unter ihnen standen mehrere Freigrafen, die aus ihrer Mitte der Freischöffen vom Stuhlherren auf Lebenszeit gewählt werden mußten. Oberstuhlherr und Stellvertreter des Kaisers war der EB von Köln als Herzog von Westfalen. Die Aufnahme unter die Wissenden (Freischöffen) erfolgte vor einem Freistuhl auf roter Erde, eine Bezeichnung, die mit dem Blutbann zusammenhängt, unter feierl. Zeremonien. Auf der untersten Stufe unter den Wissenden standen die Freifronen oder Fernboten, die die Aufträge der Freigrafen zu vollziehen und namentlich die Aufrechterhaltung der Ordnung wahrzunehmen hatten.

Die innere Einrichtung und das Verfahren der F. waren im wesentl. die gleichen wie bei allen übrigen altdt. Gerichten. Die Freistühle und die Gerichtstage waren allg. bekannt, die Sitzungen, an denen jeder freie Mann teilnehmen konnte, fanden nur bei Tage statt. Das Verfahren war der alte dt. Anklageprozeß. Als Kläger durfte nur ein Freischöffe auftreten. Zunächst wurde untersucht, ob die Anklage eine Sache betreffe, die vor das F. gehöre. Hierzu gehörten alle mit dem Tode zu bestrafenden Verbrechen. In derartigen Fällen wurde dem Beklagten eine Vorladung zugeschickt, die ein Freigraf besiegelt hatte. Gewöhnlich wurde der Ladebrief dem Vorzuladenden nicht persönl. übergeben, sondern an seinem Haus oder einem diesem nahegelegenen Ort befestigt. Drei ausgehauene Späne wurden als Wahrzeichen der Feme gebracht. – Für die Gerichtsverhandlung bestanden althergebrachte und streng beachtete Formalitäten. Erschien der Angeklagte und gestand seine Tat, dann wurde das Todesurteil gesprochen und sofort vollstreckt. Leugnete er sie, dann wurde ein Beweisverfahren eingeleitet. Wenn der Kläger nicht erschien, wurde der Angeklagte ohne weiteres freigesprochen. Für den Fall, daß der Angeklagte ausblieb, wurde er verfemt, d. h. die Oberacht ausgesprochen und dem Ankläger das gesprochene Urteil schriftlich ausgefertigt. Hierin war die Mahnung an alle Freischöffen erhalten, dem Kläger bei der Urteilsvollstreckung »gefällig« zu sein. Die gewöhnl. Art der Todesstrafe war der Strang.

Ursache für den Verfall des Femewesens war das Erstarken der Landeshoheit der Territorialherren. Es hatte die Einführung einer besseren Rechtspflege zur Folge. Die Justizanordnung Kaiser Maximilians trugen ebenfalls zum Verfall des Femewesens bei. Daher waren die westfäl. Freigerichte bereits während des 16. Jh. auf Westfalen beschränkt. Dann wurden sie den Landesgerichten unterstellt und auf bloße Polizeifälle verwiesen. In dieser nur mehr unbedeutenden Form bestanden sie fort, bis der König von Westfalen, Jérôme Bonaparte (1807–13), sie endgültig beseitigte. Der letzte Freigraf starb 1835.

LIT. HWDRG I, 1099–1103; F. von Thudichum, Femgericht und Inquisition (1889); Th. Lindner, Die Veme (²1896); ders., Der angebl. Ursprung der Vemegerichte aus der Inquisition (1890); E. Schmidt, Einführung in die Geschichte der dt. Strafrechtspflege (²1951; ³1965); A. K. Hömberg, Die Veme in ihrer zeitlichen und räumlichen Entwicklung. In: Der Raum Westfalen (1955); H. Conrad, Dt. Rechtsgeschichte 1 (²1962), 2 (1966); E. Fricke, Die westfälischen F. im Bild (2001).

Fenier (engl. Fenians von altir. fene, frei, oder fiann, Gefolgsmann). Eine antiengl. Geheimorganisation, die sich 1857 sowohl in Irland unter James Stephens und in New York unter John O'Mahony bildete; sie verfolgte die Absicht, die brit. Herrschaft in Irland zu beseitigen und Irland in eine Republik umzuwandeln. Die »Fenian Brotherhood« breitete sich schnell in den USA aus; sie unternahm Einfälle nach Canada (1866) und einen Aufstandsversuch in Irland selbst (1867); außerdem Bombenanschläge auf den Londoner Tower und das brit. Parlamentsgebäude (1885). Der Bund verlor seit 1880 für Irland an unmittelbarer Bedeutung; als Vereinigung der Iren Nordamerikas blieb er jedoch bestehen. Später haben einige Führer der Sinn Fein wieder an die Ideen der F. angeknüpft.

LIT. J. O'Leary, Recollections of Fenians and Fenianism. 2 Bde. (London 1896); F. Devoy, Recollections of an Irish Rebel (London 1929); D. Macardle, The Irish Republic (London 1937); D. Ryan, The Phoenix Flame (London 1937).

Fernost (engl. Far East). Die am Rande des Pazifik gelegenen Länder Ostasiens, insbes. China und Japan.

Fernostkommission. Ein Ausschuß, vom Völkerbund ernannt, zur Untersuchung des japan. Angriffs auf China in der Mandschurei (Sept. 1931). Obwohl der Ausschuß die Unrechtmäßigkeit des japan. Angriffs feststellte, machte er den Vorschlag, die Mandschurei unter japan. Vormacht zu einem autonomen chin. Staat zu erklären. Die Untersuchungsergebnisse des Ausschusses veranlaßten Japan, aus dem Völkerbund auszutreten.

Fest, Festtag (lat. festum), auch **Festmahl.** Die aus dem Alltag herausgehobene »heilige« oder »mächtige« Zeit, der Höhepunkt des urwüchsigen religiösen Lebens. Die Festtage geben dem Jahr seinen Rhythmus. Die religiösen Festtage der kath. und prot., darüber hinaus der oriental. Christen, knüpfen teilweise an die alttestamentl.-jüdischen F. an, teilweise haben sie sich unabhängig von diesen wie auch unabhängig voneinander entwickelt. Zahlreiche F. haben eine geschichtl. Persönlichkeit oder Begebenheit zum Gegenstand, andere wiederum hängen mit den Jahreszeiten zusammen. Ziel der F. ist stets eine Huldigung an Gott sowie die religiöse Besinnung des Gläubigen.
LIT. M. Nickel, Die hl. Zeiten und F. nach ihrer Geschichte und Feier. 6 Bde. (1825–38); F. Strauß, Das ev. Kirchenjahr (1850); B. Sasowski, Das Buch von F. und Feier (1929); Th. Knoll-W. Stählin, Das Kirchenjahr (1934); O. Casel, Das christl. F.mysterium (1941); J. Pieper, Muße und Kult (1948); H. Muckermann, Feiertag und Feierabend (1951); J. A. Jungmann, Das kirchl. F. nach Idee und Grenze. In: Festgabe für F. X. Arnold (1958); H. Biehn (Hrsg.), F. und Feiern im alten Europa (1965); W. Haug, R. Warning (Hrsg.), Das F. (1989).

Festlandsdegen. Seit dem 18. Jh. vor allem in der Publizistik, doch auch in der Geschichtsschreibung verwendete Bez. für diejenige europ. Kontinentalmacht, die die brit. Interessen auf dem europ. Festland verteidigt.

Festung. Bez. für eine dauernde größere Befestigungsanlage, die einem Angriff länger währenden Widerstand zu leisten vermag. Die F. ist im Gegensatz zu den ma. Burgen eine großräumige Anlage; im Unterschied zu den befestigten Städten des At. stellt sie ein Verteidigungsobjekt dar, das insbes. unter militär. Voraussetzungen errichtet wurde; größtenteils kamen bzw. kommen ihr strateg. Aufgaben zu.
Die Zeit des Festungsbaues ist im eigentlichen Sinne auf den Abschnitt zwischen dem Absolutismus (S. Vauban, 1633–1707) und die Jahrzehnte zwi-

schen den beiden Weltkriegen (1918–39) mit ihren ausgedehnten Befestigungsanlagen beschränkt; jedoch erfuhren die Auffassungen über den Festungswert vor allem nach dem Ersten Weltkrieg eine grundsätzl. Wandlung, die sich dahingehend auswirkten, daß man von der F. zur Festungsfront überging. Dies führte zur Errichtung weitausgreifender Festungszonen mit möglichster Eingliederung alter F., die man modernisierte (Maginot-Linie, Westwall, Atlantikwall).
Ein gänzlich neues Gesicht erhielt der Festungskrieg während des Zweiten Weltkriegs infolge der den Verteidigungswaffen überlegenen Angriffswaffen. Für eine erfolgreiche Verteidigung konnten Luft- und Seeherrschaft ausschlaggebend sein, meist jedoch nur vorübergehend (Narvik, Eben Emael, Pearl Harbor, Singapur, Sewastopol etc.). Infolge der Weiterentwicklung der Waffen (Raketen, Atombombe) ist ein definitives Urteil über den derzeitigen und künftigen Wert von F. nicht möglich.
LIT. S. de Vauban, Traité de l'attaque et la défense des places. 2 Bde. (1737–42; dt. 1748); H. von Müller, Geschichte des Festungskriegs seit Einführung der Feuerwaffen ([2]1892); M. von Brunner, Die beständige Befestigung ([6]1901); M. Schwarte, Kriegstechnik der Gegenwart (1927); Schroeter, Die F. (1940); OKH, Gen. der Pioniere und F.: Die Landesbefestigung (1943); T. Ehrhardt, Geschichte der Festung Königsberg/Pr. 1257–1945 (1960); A. Klose, Festung Neisse (1980).

Festungshaft. Freiheitsstrafe für polit. und militär. Vergehen seit dem 18. Jh.; F. ist nicht entehrend.

Festungsviereck. Die oberital. Festungen Österreichs, die 1848 und 1866 eine Rolle spielten: Mantua, Legnago, Verona und Peschiera; dgl. die befestigte Zone Ostbulgariens um Varna während der Balkankriege.

Fetialen (lat. fetiales). Altröm. Priesterkollegium, das sich aus 20 Sachverständigen für völkerrechtl. Angelegenheiten zusammensetzte. Ihnen oblag es, über das mit dem Völkerrecht verbundenen sakralrechtl. Fragen zu entscheiden.
LIT. K. Latte, Röm. Religionsgeschichte (1960).

Fetisch (von portugies. feitiço, Machwerk, Amulett, Zauber, lat. facticius, künstlich gemacht). Gegenstände, die bei primitiven Völkern als Gottheit verehrt werden; sie sind beseelt und haben Macht über das Leben (Idole, Pfähle, Steine, Bäume etc., außerdem Waffen und Werkzeuge). LIT. N. Söderblom, Das Werden des Gottesglaubens ([2]1926); G. van der Leeuw, La religion dans son essence et ses manifestations (1948); M. Eliade, Traité d'histoire des religions (1949); Chr. Garnier und J. Fralon, Le fétichisme en Afrique noire (Paris 1951).

Feudalismus (von mlat. feodum, feudum, Lehen). Die Gesamtheit derjenigen polit., kirchl. und sozialen Verhältnisse, bei denen Pflichten und Leistungen auf einem persönl. Treueverhältnis zw. dem Obern (Feudalherrn) und dem Untergebenen (Vasall) beruhen, wobei dieser durch Belehnung mit Grund und Boden (beneficium) belohnt wird. Der F. nahm seinen Anfang mit der Organisierung des Heerwesens durch Karl d. Gr. (reg. 768–814) und breitete sich von da auf das polit. Gebiet (Lehnswesen, Lehnsstaat), die ma. Kirchenverfassung und die Grundbesitzverhältnisse aus. Zwischen 900 und 1100 kommt es zu einer weitgehenden Auflockerung Europas in feudale und allodiale Herrschaften. Der Aufstieg des Königtums im 12. Jh. führt dazu, daß die zentripetalen Tendenzen des Lehnswesens wieder hervortreten; die Oberlehnsherrlichkeit wird zu einem Feudalstaat mit hierarch. Lehnspyramide ausgeformt, zugleich aber auch oft direkte Abhängigkeit der Aftervasallen vom Herrscher durchgesetzt.

In Frankreich, wo das Lehnsrecht fast völlig durchgedrungen war, konnte man den Gesamtkomplex der adeligen Herrschaftsrechte als feudal bezeichnen. Im 17. Jh. erscheint das Hauptwort Féodalité; es bez. vorerst nur den Gesamtkomplex lehnsrechtl. Normen. Zur Bez. einer vom Staat abgehobenen Feudalgesellschaft wird Féodalité in den ersten Jahrzehnten des 18. Jh., und zwar aus der Opposition des Adels, der sich in seinen Rechten durch das absolute Königtum bedroht fühlt. In Frankreich hatte das absolute Königtum seit langem den Dritten Stand der königl. Städte zur Gesamtheit der unmittelbar den königl. Behörden unterstehenden Bürgern und Bauern weitergebildet. 1789 erklärte sich der Dritte Stand als die Nation der Freien und – vor dem Gesetz – Gleichen. Dementsprechend erscheinen die Feudalrechte als widerrechtl. Privilegien, Ergebnisse der Gewalt und der Eroberung.

Die Feudalität (die herrschaftl., jedoch auch die korporativen Sonderrechte) wurde von der Revolution von 1789 beseitigt. Eine entsprechende Entwicklung vollzog sich im übrigen Europa bzw. in Mitteleuropa vom Ausgang des 18. Jh. an bis etwa 1848. Der Begriff F. ist seitdem durch diesen Vorgang weitgehend bestimmt; er wird zum Gegenpart der bürgerl. Gesellschaft, und zwar im Sinne des 19. Jh. Seine weiteste Verbreitung erfuhr er durch den Marxismus. Bereits bei den Frühsozialisten ist F. nur eine der Arten der prinzipiell abgelehnten persönl. Abhängigkeit der Menschen, die als Gegensatz von Bourgeoisie und Proletariat in der bürgerl. Gesellschaft erscheint. Karl Marx (1818–83) erfaßte dieses Verhältnis als Kapitalismus, d. h. die Verfügung über das Kapital als das in der Industriegesellschaft maßgebende Produktionsmittel; ihm stellte er den F. entgegen, d. h. die Herrschaft über den Menschen und die Verfügung über den Grund und Boden (in einer Agrargesellschaft). Hier erscheint F. als eine notwendige Durchgangsstufe in einem weltgeschichtl. Ablauf; für jede durch Großgrundbesitz oder Pächtersysteme bestimmte Gesellschaft kann er daher gebraucht werden. Neben dem marxist. existiert auch ein bürgerl. Begriff F.; er leitet jede Grundherrschaft her aus Gewalt, Eroberung und Überlagerung.

LIT. H. Mitteis, Lehnsrecht und Staatsgewalt (1933; Neudr. 1958); O. Hintze, Wesen und Verbreitung des F. in Staat und Verfassung (1941), 74–109; M. Bloch, La société féodale. 2 Bde. (1949); A. Rüstow, Ortsbestimmung der Gegenwart, I (1950); H. Mitteis, Der Staat des Hohen MA ([7]1962); M. Weber, Wirtschaft und Gesellschaft ([4]1956); F. Oppenheimer, Abriß einer Sozial- und Wirtschaftsgeschichte Europas (System der Soziologie, IV/2), 1933, S. 454ff.; R. Coulborn (Hrsg.), Feudalism in History (Princeton 1956); O. Brunner, F. (1958); J. Q. C. Mackrell, The Attack on ›Feudalism‹ in the 18th-Century France (London 1973); Heide Wunder (Hrsg.), F. (1974).

Feuerarmbrust, Feuerrohrarmbrust. Eine insbes. im 16. Jh. benutzte Feuerwaffe; sie stellte eine Kombination zw.

Feuerprobe

Armbrust und Feuerrohr, einer langschäftigen Pistole, dar.

Feuerprobe. Eine bes. Form des Gottesurteils, das im Überschreiten eines glühenden Rostes, dem Anfassen und Tragen glühenden Eisens etc. bestand.

Feuertod. Vollzugsform der Todesstrafe durch Verbrennen bei lebendigem Leib; der F. war früher eine weit verbreitete Form der Bestrafung, im MA insbes. für Brandstifter, Zauberer, Hexen und Ketzer (J. Hus zu Konstanz, 1415). Die Aufklärung bzw. die durch sie ausgelöste Reform des Strafrechts schaffte den F. im Laufe des 18. Jh. ab.

Feuertopf. Eine mit Brennstoffen und Zündungen gefüllte Tonne; er wurde im At. und MA zum Entzünden von Feuern bei Belagerungen eingesetzt.

Feuerwaffen (Pulverwaffen). Gewehre und Geschütze aller Art, die seit der Verbreitung des Schießpulvers vom 14. Jh. an entwickelt wurden. LIT. F. Temesváry, Pistolen. F. des Ungar. Nationalmuseums I (1988); R. Zenke, Ultimatio ratio Regum. F. und ihre Produktion im Kurfürstentum Hannover und im A. Reich im 18. Jh. (1997).

Feuerwerker. Spezialisten, die für die Kriegsfeuerwerkerei (Technik des Pulvers und der Pulverwaffen) seit Beginn des 15. Jh. auftraten; sie waren zunftmäßig gebunden. Während des 18. Jh. wurden die F. als Unteroffiziere den Artillerieeinheiten zugeteilt.

Feuillants. Ein politis.her Klub, der in der ersten Phase der Französ. Revolution eine bedeutende Rolle spielte. Er wurde gegr. im Sommer 1790 von Mitgliedern des Breton. Klubs (Anhänger der Verfassung), die sich angesichts der Radikalisierung dieses Klubs von ihm abgewandt hatten. Der neue Klub, dessen Mitglieder liberal eingestellte Adelige waren (sie pflegten ihre Zusammenkünfte im ehemaligen Kloster der Feuillants in der Nähe der Tuilerien abzuhalten), unterstützte die konstitutionelle Monarchie. Führende Mitglieder des Klubs waren Marie Joseph Lafayette (1757–1834), Emanuel Joseph Sieyès (1748–1836), Barnave und die Brüder Lameth. Mit der Abschaffung der Monarchie und der Proklamation der Republik (22. 9. 1792) durch die Jakobiner wurden die F. beseitigt. Man klagte sie an, die Sache der Revolution verraten zu haben.

LIT. M. Göhrung, Geschichte der Großen Revolution. 2 Bde. (1950/51);

K. Griewank, Die Französische Revolution ([2]1958); F. Furer, D. Richet, Die Französische Revolution (1958).

Fideikommiß (lat. fidei commissum, auf Treu und Glauben Anvertrautes). Unveräußerl. Sondervermögen, das ungeteilt in der Hand eines Familienmitglieds blieb; der Inhaber war in der Verfügung beschränkt. Beim F. handelte es sich meist um Grundbesitz. Die Vermögensform wurde seit dem 14. Jh., insbes. im 16./17 Jh. im Mannesstamm gepflegt. Majorat und Primogenitur waren am häufigsten. Das F. wurde im Bereich des franz. Rechts durch den Code Napoléon beseitigt. In Art. 155 der Weimarer Verfassung wurde die Auflösung des F. zur besseren Verteilung des Grundbesitzes bestimmt; die noch bestehenden F. löste das Reichsgesetz vom 6. 7. 1938 auf.

LIT. M. Wolff, in: Stengel-Fleischmann ([2]1911); H. Meyer, Die Anfänge der Familienfideikommisse in Dtl. (Festschrift R. Sohm, 1914); ders., Eine süddt. Stammgutsstiftung (Festschr. J. W. Hedemann, 1938); H. Modersohn, Die Auflösung der F. in Preußen (1921); Th. Häbig, Dt. Latifundien ([3]1947); F. Lütge, in: Hwb. der Sozialwiss. (1961).

Filiation (von lat. filius, Sohn).
[1] In der Genealogie bez. F. sowohl die Abstammung wie auch den Abstammungsnachweis einer Person von einer anderen.
[2] Juristisch die Bez. für die legitime Abstammung eines' Kindes von seinen Eltern.
[3] In der Philologie das Abhängigkeitsverhältnis der Handschriften, das in Form von Stammtafeln (Stemmata) dargestellt wird.

Filibuster (engl., Freibeuter, vgl. →Flibustier). Taktik, durch stundenlanges Reden über die Diskussion bzw. die Abstimmung über eine Gesetzesvorlage zu verhindern; sie wird vor allem im amerikan. Parlament von der Opposition angewandt.

Finanzausgleich. Sämtliche Maßnahmen, durch die die finanziellen Wechselbeziehungen der Gebietskörperschaften untereinander geregelt werden. In der BRD wird die Ausstattung von Bund, Ländern und Gemeinden mit Finanzmitteln durch den F. mit dem sich aus ihren Aufgaben ergebenden Bedarf an Geldmitteln abgestimmt. Gewöhnl. erfordert der F. bes. Maßnahmen, so die

Aufteilung von Steuerzuständigkeiten, bestimmte Beteiligungen am Steueraufkommen oder Dotationen und Matrikularbeiträge. Neben dem »vertikalen« F. zw. über- und untergeordneten Gebietskörperschaften spricht man von einem »horizontalen« F., früher auch als Lastenausgleich bez.; er erfolgt zw. gleichgeordneten, jedoch in verschiedenem Grade finanzstarken Gebietskörperschaften.

Finanzen (franz.-mlat., von lat. finis, Ende, mlat. Termin, urspr. Schulden, desgl. Wucher). Bez. für die Gesamtheit der Maßnahmen, welche auf die Gestaltung der Finanzwirtschaft, d. h. die Beschaffung, Verwaltung und Verwendung der von den öffentl. Gemeinwesen für die Bewältigung ihrer Aufgaben benötigten Mittel, gerichtet sind. Urspr. abschließende Schuldenzahlungen; seit dem Merkantilismus Staatseinnahmen, staatl. Geldbesitz sowie die staatl. Vermögensanlage.
LIT. W. Röpke, Finanzwissenschaft (1929); W. Gerloff, F. Neumark (Hrsg.), Hdb. der Finanzwissenschaft (²1951 ff.); A. De Maddalena/H. Kellenbenz, F. u. Staatsraison in Italien u. Deutschland in der frühen Neuzeit (1992).

Finanzministerium. Eine Oberbehörde zur einheitl. Leitung der Finanzen; sie ist aus der fürstl. Kammer hervorgegangen; seit dem 19. Jh. gehört das F. zu den sog. klass. Ministerien.

Finanzmonopol. Ein speziell zum Zwecke der Besteuerung geschaffenes staatl. Monopol.

Finanzperiode, Finanzjahr. Die Zeitdauer, für die der Staatshaushalt aufgestellt wird. Im 19. Jh. betrug die Dauer in einigen Ländern 2 oder 3 Jahre; unter dem Druck der Parlamente setzte sich das Finanzjahr durch, das jedoch in zahlr. Ländern wieder von einer längeren Finanzperiode abgelöst wurde.

Finanzprokurator. In Österreich eine dem Finanzministerium unterstellte Behörde; sie ist für die rechtsanwaltl. Geschäfte des Bundesvermögens sowie für bestimmte andere Vermögenschaften zuständig – Fonds und Stiftungen –, vor allem aber zur Vertretung vor Gericht.

Finanzsteuer, Finanzzoll. Allg. Bez. für Abgaben, die allein aus finanzpolit. Gründen erhoben werden.

Finanzwache. Seit 1843 in der Donaumonarchie die Paß- und Zollbeamten, denen auch die Steuerüberwachung und Steuerfahndung oblag.

Fin de siècle (franz., Ende des Jh.). Bez. für eine gegen Ende des 19. Jh. charakterist. Haltung des raffinierten Genusses und der Skepsis einer dekadenten Generation.
LIT. J. Kleist/B. A. Butterfield (eds.), Fin de siècle (1996); S. P. Scheichl/W. Duchkowitsch (Hrsg.), Zeitungen im Wiener F. d. S. (1997).

Fischerring (Anulus piscatoris). Der Amtsring des Papstes. Seit Clemens IV. (1265–68) wird er zum Siegeln der Breven verwendet. Er trägt das Bild von Petri Fischfang (netzauswerfender oder -einziehender Petrus). Der F. wird nach dem Ableben eines Papstes zerbrochen.

Fischgrätenmauerwerk (lat. opus spicatum). Das gemusterte röm. und ma. Backstein- und Bruchsteinmauerwerk.

Fiskal. In Dtl. während des 18. Jh. ein öffentl. Beamter; er hatte die Gerechtsame und Interessen des Fiskus zu vertreten. Sein Amt hieß Fiskalat.

Fiskalinen. Am Hofe der fränk. Könige eine bevorrechtete Klasse von Leibeigenen.

Fiskalismus, Fiskalpolitik. Eine sich einseitig um hohe öffentl. Einnahmen bemühende Richtung der Finanzpolitik; gesamtwirtschaftl. Rücksichten werden hierbei vernachlässigt.

Fiskus (lat., Korb, den man zum Aufbewahren größerer Geldmengen verwendet). a) Seit Augustus (reg. 31 v. bis 14. n. Chr.) wurden die Privatkasse des röm. Kaisers sowie die kaiserl. Einkünfte als F. bez.; b) das röm. Fiskalgut fiel an die fränkischen Könige; unter ihnen wurde zw. Staats-, Kron- und Privatgut des Königs nicht unterschieden; c) während des SpätMA verliehen, schenkten oder verpfändeten die Könige zahlreiche Güter oder Rechte des F. an Kirchen, weltliche Adelige, Städte und ländliche Gemeinwesen; d) während der NZ wurde die Kasse eines Landesherrn, im Gegensatz zur Staatskasse (Aerar), als F. bez., und im Absolutismus die Staatskasse schlechthin.
LIT. J. Hatschek, Art. Fiskus. In: Stengel-Fleischmann I; E. Forsthoff, Lehrbuch des Verwaltungsrechts, 1 (⁹1966).

Fixation (von mlat. fixare, festsetzen). Eine Steuerpauschale und deren Festsetzung, u. a. bei der preuß. Akzise im 18. Jh.

Flagellanten, Flegler (lat. flagellantes, flagellarii), **Geißler,** auch Geißeloder **Kreuzbrüder** (cruciferi) genannt. Schwärmerische Laien aller Stände,

Flagge

welche die »Disciplina flagelli«, d.h. die Geißelung von den Klöstern auf die Straße trugen. In ihrem übertriebenen Bußeifer erschienen sie erstmals 1260 in Mittelitalien, bald darauf, insbes. im 14. und beginnenden 15. Jh., in fast sämtl. west- und mitteleurop. Ländern; vor allem während der Pestjahre 1348/49 durchzogen sie als Bruderschaften Stadt und Land; bei entblößtem Oberkörper geißelten sie sich morgens und abends unter Gebet, Psalmengesang und Bußliedern öffentlich. Von den Frauen wurde die Selbstgeißelung in streng verschlossenen Kirchen vollzogen. Die Flagellantenbewegung, aus der aufgewühlten Stimmung des SpätMA erwachsen, erreichte ihren Höhepunkt 1348/49; daraufhin artete sie mehr und mehr in abergläubische Verirrung, Vagabundieren, verschiedentl. auch in soziale Unruhen aus. Kirche und Klerus wurden in den Liedern der F. als pflichtvergessen angegriffen; daher wurden die F. 1349 von Papst Clemens VI. (1342–52) und 1417 durch das Konstanzer Konzil (1414–18) verboten. Den F. ähnlich waren die Vereinigungen, die in Italien und Spanien unter dem Einfluß bedeutender Bußprediger wie Nikolaus von Tolentino († 1305) und Vinzenz Ferrer († 1419) entstanden. Die F. verschwanden erst im Laufe des 15. Jh. Zur Zeit der Gegenreformation lebte die öffentl. Selbstgeißelung an den Kartagen wieder auf.
LIT. G. F. Collas, Geschichte der F. Bd. 1 (1913); L. Kern, Die F. In: Festschrift G. Schnürer (1930); F. Siebert, Der Mensch um 1300 (1931); A. Hübner, Die dt. Geißellieder (1931); E. Tomek, Kirchengesch. Österreichs, 1 (1935); N. Kohn, The Pursuit of the Millenium (London 1957).

Flagge (aus engl. flag, schlaff hängen). Ein Erkennungs- oder Feldzeichen zur See; vermutlich wurde es bereits von Wilhelm dem Eroberer (reg. 1066–87) auf der Fahrt nach England 1066 geführt. Die F. waren zunächst einfarbig (z.B. Schwarze F., Zeichen der Piraten; Gelbe F., Zeichen für Seuchengefahr; Rote F., Zeichen für Pulverladung; Weiße F., Zeichen für Verhandlungsbereitschaft, Waffenruhe). Erst nach den Befreiungskriegen der Niederlande erlangten mehrstreifige F. Bedeutung. Die niederländische F. fand als erste echte Nationalflagge Nachahmung; dementsprechend besaß im 17. Jh. in Verbindung mit der Völkerrechtslehre von der Freiheit der Meere (Hugo Grotius, 1583–1645) jedes seefahrende Gebiet oder Land eine eigene F. Für die meisten F. im 19. Jh. wurde die Trikolore der Französ. Revolution zum Vorbild.
Neben den Handelsflaggen führen zahlreiche Staaten eine bes. Kriegsflagge. Man unterscheidet u.a. die Bugsprietflagge oder Gösch (bei Kriegsschiffen), die Heckflagge (achtern, Hauptflagge eines Schiffes), die Toppflagge (eine im Schiffstopp geführte Nebenflagge).
LIT. R. Siegel, Die F. (1912); O. Neubecker, Fahnen und F. (1939); P. Wentzcke, Die dt. Farben. Ihre Entwicklung und Deutung sowie ihre Stellung in der dt. Geschichte (1955); W. Petersen und P. Kannik, Das farbige F.-Lexikon (1958); H. Horstmann, Die Rechtsstellung der europ. Schiffe im MA. In: Bremer Jb. (1965); C. J. Colombos, The International Law of the Sea (London [6]1967).

Flaggengruß. Ein internationaler Höflichkeitsbrauch bei der Begegnung von Schiffen durch langsames Niederholen und Hissen der Flagge.

Flaggenrecht. Rechtssätze über die Flagge vor allem über deren Gebrauch auf dem Meere; im engeren Sinne die Befugnis eines Seeschiffes, eine bestimmte Nationalflagge zu führen.

Flaggensignale. Nachrichtenübermittlung mit Hilfe von Signalflagge und Flaggenwimpeln.

Flaggoffiziere. Die höchste Rangklasse der Marineoffiziere: Konteradmiral, Vizeadmiral, Admiral, Generaladmiral, Großadmiral; sie sind zur Führung einer Flagge berechtigt.

Flaggschiff (Admiralsschiff). In einem Schiffsverband das Schiff des Kommandanten.

Flaggenzoll (Flaggenzuschlag). Eine Sonderabgabe, die in mehreren westeurop. Staaten bei der Wareneinfuhr auf fremden Schiffen erhoben wurde (vom 17.–19. Jh.). Der F. war eine Folge der Navigationsakte Englands.

Flamberg (franz.). Ein mannshohes Schlagschwert mit teilweise oder ganz »geflammter« Klinge, vor allem in der Form des Beidhänders (Griff für beide Hände). Der F. wurde insbes. zur Mauerverteidigung verwendet; er war seit dem 15. Jh. in Gebrauch, u.a. auch bei den Landsknechten Karls V. (reg. 1519–56). Die Bez. F. wurde später, bes. in der Poesie, für Schwert schlecht-hin benutzt.

Flamen (lat., Anzünder). Röm. Eigenpriester eines einzelnen Gottes. Die F. wurden unterteilt in die Flamines maiores (F. des Jupiter: F. Dialis; des Mars: F. Martialis; des Quirinus: F. Quirinalis) sowie die zwölf Flamines minores. Eine bes. Stellung kam dem F. Dialis zu. Dem Vorbild der Flamines maiores entsprechend, wurden in der röm. Kaiserzeit Flamines Divorum eingesetzt, d. h. Einzelpriester der vergöttlichten Kaiser.

Flandern, Graf von. Seit 1840 der Titel des 2. belg. Königssohnes.

Flecken (franz. Bourg, engl. Borough). Eine Ortschaft, der einzelne städt. Rechte verliehen worden sind, vor allem Marktrechte, weshalb man auch von Marktflecken spricht; man spricht von Burgflecken, wenn sie befestigt sind. In Südwestdtl. bis in die Gegenwart die Bez. für ein einfaches Dorf.

Fleckenrodel. In Südwestdtl. ein Grundstücksverzeichnis. Seit dem ausgehenden MA angefertigt, sind hier diejenigen Grundstücke aufgeführt, ebenfalls die Gerechtsame, Abgaben etc., die zu einem Ort gehörten. Erstellt wurden die F. durch die jeweilige Ortsherrschaft.

Flibustier (holl. Vrijbuiter, span. filibustero, lat. in finibus terrae). Im 17. Jh. westind. Seeräuber, vermutl. nach deren leichten und schnellen Schiffen genannt (frz. flibots, engl. flyboats). Urspr. franz. Piraten; sie setzten sich 1625 auf der Insel St. Christoph und nach ihrer Vertreibung von dort etwa 1630 im NW der span. Insel Santo Domingo (Haiti) fest. Hier trieben sie Handel mit Dörrfleisch, daher auch Bukaniere genannt. In der 2. Hälfte des 17. Jh. gelangten die F. zu bedeutender Macht; 1671 plünderten sie Panama, 1683 Vera Cruz, 1685 die Städte Chiles und Perus; zu Beginn des 18. Jh. wurden sie aufgerieben.
LIT. A. Sternbeck, F. und Bukaniere (1928).

Fliehburgen, Fluchtburgen. Vor- und frühgeschichtl. Befestigungen. Im Falle einer Kriegsgefahr dienten sie den Umwohnern als Zufluchtstätten.

Florin (franz. von ital. fiorino d'oro, Goldblümchen, dt. Floren).
[1] Die erste, seit 1252 in Florenz geprägte Goldmünze des MA; sie trug die Lilie auf dem Revers. Die 3,8 g schwere Münze war das Vorbild des venezian. Dukaten sowie des rhein. Gulden.
[2] Franz. Name für den Gulden (Abk. fl.).
[3] Eine engl. Silbermünze zu 2 Shilling; sie wurde seit 1849 mit einem Feingewicht von 10,462 g geprägt. Seit 1887 gibt es auch doppelte F. zu 4 Shilling.

Flugblätter, Fliegende Blätter, Flugblattlieder, Flugschriften (dt. im 18. Jh. für franz. feuilles volantes). Eine nicht gebundene Druckschrift, vom Einblattdruck bis zur umfangreichen Broschüre reichend; sie behandelt Tagesfragen des polit., kirchl., sozialen oder wissenschaftl. Lebens. Die F. erschienen bald nach der Erfindung der Buchdruckerkunst (erstes Flugblatt 1488); sie dürfen als Vorläufer der Zeitungen bez. werden; bereits zu Beginn des 16. Jh. wurden sie auch häufig so genannt. Als um die Mitte des 16. Jh. die Zahl der F. ihren Höhepunkt in Dtl. erreicht hatte, versuchte man ihnen durch die Reichspolizeiordnungen von 1548 und 1577 entgegenzuwirken, jedoch ohne Erfolg. Die F. stellen bedeutende Geschichtsquellen dar, bes. diejenigen der Reformation, des Dreißigjährigen Krieges, der Zeit der Franz. Revolution, der Befreiungskriege (1812/13), der 1840er Jahre in Preußen, der 1848er Revolution etc. Die F. waren verschiedentl. strengen Kontrollen unterworfen (den franz. Zensurbestimmungen von 1788, denen die Karlsbader Beschlüsse von 1818 hierin folgten und Druckerzeugnisse auf 20 Bogen = 320 Seiten beschränkten). Flugblatt-Sammlungen gibt es im Britischen Museum in London, in den Nationalbibliotheken von Wien sowie der Stadtbibliothek Frankfurt/M.
LIT. E. Weller, Die ersten dt. Zeitungen (1872); K. Schottenloher, F. und Zeitung (1922; Nachdr. 1985); K. d'Ester, Hdb. der Zeitungswissenschaft, hrsg. von W. Heide (1940–43; nicht vollendet); W. Wäscher, Das dt. illustrierte Flugblatt. 2 Bde. (1955/56); W. Kothe, 50 Jahre dt. Geschichte 1907–57 in Plakaten und F. (1957); W. Schaber (Hrsg.), F. und Streitschriften (1966); J. Köhler (Hrsg.), Flugschriften als Massenmedien der Reformationszeit (1980); O. Neisinger, Flugblätter (1982); K. Schottenloher, J. Binkowski, Flugblatt und Zeitung. Ein Wegweiser durch das gedruckte Tagesschrifttum. Bd. 1: Von den Anfän-

gen bis zum Jahre 1848; Bd. 2: Von 1848 bis zur Gegenwart (1985); Paul S. Russell, Lay theology in the Reformation. Popular pamphleteers in Southwest Germany 1521–25 (Cambridge 1986); M. Pfeffer, Flugschriften im Dreißigjährigen Krieg (1993).

Flügeladjutant. Bez. für den Adjutanten eines höheren Befehlshabers; er wird zu den Flügeln des Heeres entsandt, um der kämpfenden Armee Befehle zu überbringen. Die Adjutanten eines Fürsten, die den Generalsrang hatten, wurden später Generale à la suite oder Generaladjutanten genannt, diejenigen, die einen niederen Rang bekleideten, Flügeladjutanten.

Flurbuch. Ein Verzeichnis der Grundstücke einer Gemeinde nach Größe, Lage, Ertrag, Eigentümer; das F. dient als Unterlage zum Grundbuch.

Flurumgänge (Flurgänge). Das kult. Begehen der Fluren; im antiken Rom anläßl. der drei Frühlingsfeste. Christl. F. sind die Bittgänge sowie die Flurprozessionen.

Flurzwang. Bez. für die durch die Gemengelage der Grundstücke sowie den Mangel an Wegen verursachten Bestellungs-, Aussaat- und Erntevorschriften, die der Bauer unter der bis zum Ende des 18. Jh. dominierenden Zwei- oder Dreifelderwirtschaft (→Felderwirtschaft) zu beobachten hatte. Der F. wurde entweder seitens der Besitzer vereinbart oder durch den Grundherrn angeordnet.

Föderalismus (von lat. foedus). Seit dem 18. Jh., vor allem seit Montesquieu (1689–1755), häufig gebrauchte Bez. für das Gestaltungsprinzip einer aus mehreren Staaten zusammengesetzten rechtl. Gemeinschaft im Sinne eines betonten Selbstbestimmungs- und Mitbestimmungsrechts der Glieder. Seine Verwirklichung erfolgt in den beiden Formen des Staatenbundes und des Bundesstaates. Entwickelt worden ist die Theorie des F. in Frankreich von Proudhon (1809–65); in Dtl. waren die Hauptverfechter Konstantin Frantz (1817–91), weiter O. von Gierke (1841–1921), F. Oppenheimer (1864–1943) und O. Spann (1878–1950). Der F. nahm im Dt. Bund die Form des Staatenbundes unter der Präsidialmacht Österreich an. Seit der Reichsgründung von 1871 bestand in Dtl. ein dynast. F.; er gipfelte in der Institution des Bundesrates. Wohl war die Führung des größ-

ten Bundesstaates, Preußen, in der Verfassung verankert; dennoch war in Dtl. bis 1918 der F. stärker als z. Z. der Weimarer Republik und ebenfalls in der BRD, wo ein verstärkter Zug zum Einheitsstaat zu beobachten war bzw. ist. In Österreich wurden von den Anhängern einer Umgestaltung der Donaumonarchie in einen Bundesstaat entweder die Kronländer oder die Kronlandgruppen, desgl. die nach der nationalen Siedlung abgegrenzten Gebiete als Gliedstaaten gewünscht. In seinen Anfängen reicht der Gegensatz zwischen den Föderalisten und Zentralisten bis in die Zeit der Kaiserin Maria Theresia (reg. 1740–80) zurück; die polit. Kämpfe der ehem. österreich. bzw. österreich-ungar. Monarchie hat der F. seit 1848 entscheidend bestimmt. Die USA und die Schweiz sind ebenfalls auf der Grundlage des F. aufgebaut; auch hier führte die Entwicklung zu einer bundesstaatl. Organisation. Das brit. Commonwealth of Nations ist gleichfalls föderativ gegliedert. In Frankreich vermochte sich der F. im Anschluß an die Revolution von 1789 nicht durchzusetzen. Als der Hauptfeinde der zentralist. ausgerichteten »République une et indivisible« galten hier neben den Royalisten die Föderalisten. Föderalist. Bestrebungen unter dem Namen Regionalismus (in Frankreich und Italien) waren erfolglos. Den F. auf internationaler Ebene zu verwirklichen, wird seit der Zeit des Völkerbundes (1919 gegr.) versucht.

Föderalisten nannten sich, nachdem die Unabhängigkeit der nordamerikan. Kolonien erreicht worden war, die Vorkämpfer der bundesstaatl. Idee (A. Hamilton, J. Jay u. a.), die mit der Annahme der Verfassung (17. 9. 1787) den Sieg über den bisherigen Staatenbund davontrugen.

LIT. K. Frantz, Der F. (1879; Neuausg. 1946); ders., Deutschland und der F. (1917); F. Fleiner, Unitarismus und F. in der Schweiz und den Vereinigten Staaten von Amerika (1931); B. Dennewitz, Der F. (1947); W. Grewe, Antinomien des F. (1948); F. W. Jerusalem, Die Staatsidee des F. (1949); E. von Puttkamer, Föderalist. Elemente im dt. Staatsrecht seit 1648 (1955); Th. Maunz, Dt. Staatsrecht (^{12}1963); K. H. Walper, F. (1966); H. Ehringhaus, Der kooperative F. in den USA (1971).

foedus (lat., Bündnis, Vertrag). Das

röm. Staatsrecht unterschied zwischen f. aequum, dem Vertrag, den gleichberechtigte Partner abschlossen, so Rom und Marseille um 400 v. Chr., sowie f. iniquum, d. h. dem Vertrag zw. Partnern ungleichen Rechts, seit dem 4. Jh. v. Chr. zw. Rom und zahlreichen Städten und Stämmen Italiens bestehend. Daneben gab es die foederati, die aufgrund eines f. gewonnenen socii, die zu Heeresfolge und Abgaben verpflichtet waren. Foederati gab es auch außerh. der Reichsbevölkerung, z. B. gall. Stämme z. Z. Caesars, insbes. aber die in spätantiker Zeit innerh. der Grenzen des röm. Reiches geschlossen angesiedelten german. Stämme. LIT. H. Horn, Foederati (Diss. 1929).

Fokosch. Eine Wurf- und Schlagwaffe der Magyaren; ein Streithammer, teilweise mit Beilschneide versehen

Folketing (dän.). Seit 1849 die 2. Kammer des dän. Reichstags, die neben dem Landsting, dem Oberhaus des Reichstags, besteht.

Folklore (engl., Volkslehre). Von dem Engländer William John Thoms 1846 geschaffene Bez. für die Überlieferung von volkstüml. Dichtung, von Brauch und Aberglauben sowie Gegenständen der Volkskunde. Zunächst setzte sich die F. im engl. Sprachraum durch gegenüber dem seit 1806 und 1812 von verschiedener Seite im dt. Sprachraum verwendeten Begriff Volkskunde. Die F. beschränkte sich auf die o. a. Gebiete; die Volkskunde dagegen erweiterte sich durch Einbeziehung sprach- und literaturgeschichtl. sowie anthropolog. Probleme zu einer Wissenschaft von den Lebensformen und Lebensäußerungen der deutschsprachigen Völker. Nach Ansätzen sehr verschiedener Art (u. a. Herder, J. Möser, Arnim, Brentano) durch die Brüder Grimm als eine Wissenschaftsdisziplin begründet, gewann die dt. Volkskunde – trotz W. H. Riehl (1823–97) – erst seit 1890 auf Grund des Wirkens K. Weinholds (1823–1901) festere Gestalt. Bedeutsam wurde Weinholds Gründung des › Vereins (später ›Gesellschaft‹) für Volkskunde‹ zu Berlin. Zu Weinholds Gründung traten andere volkskundl. Vereine, die Zeitschriften herausgaben und zu Mittelpunkten der Forschung wurden; 1904 schlossen sie sich zum › Verband dt. Vereine für Volkskunde‹ zusammen (seit 1947 › Verband der Vereine für Volkskunde‹). F. und Volkskunde stehen als Kulturwissenschaft in der Nähe der Kulturgeschichte. LIT. O. A. Erich, R. Beitl, Wörterbuch der dt. Volkskunde ([2]1955); H. Moser, Der Folklorismus. In: Zs. für Volkskunde, 58 (1962); R. W. Brednich (Hrsg.), Grundriß der Volkskunde ([3]2001).

Follis (lat., Geldbeutel). Eine zuerst unter Kaiser Diokletian (reg. 284–305) geprägte röm. Bronzemünze. Sie trug urspr. die Wertzahl XXI (wie die im Jahre 215 durch Kaiser Caracalla, reg. 211–17, geschaffene röm. Silbermünze »Antoninian«). Der F., der den Antoninian ersetzen sollte, kam bis ins 10. Jh. vor.

Folter (von mlat. poledrus, Füllen, ein röm. Foltergerät). Ein prozessuales Beweismittel, aber keine Strafe. Man ging davon aus, daß der Mensch in der Qual die Wahrheit sagen werde. Die F. außerhalb eines Prozesses gehört nicht in den rechtl. Bereich der Tortur. Im röm. Recht wurde sie vor allem gegenüber Sklaven und Plebejern angewendet. In Dtl. kam die F. erst gegen Ende des MA mit der Entwicklung des Inquisitionsprozesse auf. Das Beweisverfahren des gemeinen dt. Strafprozesses, auf der Carolina beruhend, suchte die Wahrheit in erster Linie durch das Geständnis des Angeklagten zu ermitteln. War das Geständnis nicht freiwillig zu erreichen, dann wurde es durch die »peinliche Frage«, die dem Richter nur bei schweren Verdachtsgründen erlaubt war, herbeigeführt. Der späteren Praxis waren drei Grade der F. bekannt, wobei der berüchtigte 3. Grad die grausamste Form der F. darstellte. Die strafrechtl. Reformbewegung der Aufklärung verlangte die Beseitigung der F.; abgeschafft wurde sie zuerst in Preußen (1740), dann in Österreich (1776). Die fortschreitende Humanisierung der Strafrechtspflege im 20. Jh. erfuhr durch die Wiederaufnahme von Vernehmungspraktiken grausamster Art einen schweren Rückschlag. Die wichtigsten Folterwerkzeuge waren: Daumen- und Beinschrauben zum Zusammenpressen der Daumen und Waden, die Folterleiter, um die Glieder zu zerren, der spanische Bock, der Schwitzkasten, das Rad etc. LIT. Th. Mommsen, Röm. Strafrecht (1888); H. Fehr, Gottesurteil und F. In: Festgabe R. Stammler (1926); F. Helbing, Die Tortur. Geschichte der F. im Kriminalverfahren aller Zeiten und Völker (neu bearb. 1926); R. Lieberwirth, C. Thomasius, Über die F. (1960).

Fondaco (ital. von arab. funduq, Magazin, Lager). Seit dem 11. Jh. Bez. für Handelsniederlassungen, Kaufhäuser und Herbergen insbes. ital. und franz. Kaufleute im Orient und Mittelmeergebiet. Im MA spielten sie eine bedeutende Rolle für das Wirtschaftsleben. Am bekanntesten ist der Fondaco dei Tedeschi, das Kauf- und Lagerhaus der Deutschen in Venedig vom 13. Jh. bis 1805. Das um 1200 zuerst genannte Haus war mit Kammern und Gewölben ausgestattet, die an dt. Kaufleute vermietet wurden; hier drängte sich der gesamte dt.-venezian. Handel zusammen.
LIT. H. Simonsfeld, Der Fondaco dei Tedeschi in Venedig. 2 Bde. (1887); G. von Pölnitz, Fugger und Medici (1942).

Fontes rerum Austriacarum. Die seit 1849 von der Histor. Kommission der Österreichischen (bis 1918 Kaiserlichen) Akademie der Wissenschaften edierten österreich. Geschichtsquellen. Sie sind gegliedert in drei Abteilungen: 1. Scriptores; 2. Diplomataria et Acta; 3. Fontes iuris.

Formel (lat. formula). Die urspr. von Priestern, dann vom Prätor und Juristen festgelegte Wortfolge für eine Geschäfts- oder Prozeßhandlung, die vielfach zur Musterformel (Formular) entwickelt wurde.

Formularbuch, Formelsammlung. Eine Mustersammlung von Urkunden und Briefen, die für die Benutzung in Kanzleien bestimmt ist. Als bedeutende Beispiele von F. seien genannt:
a) der ›Liber diurnus‹ (Buch für den tägl. Gebrauch); er ist das älteste erhaltene F. und entstammt der päpstl. Kanzlei; vom 7.–11. Jh. wurde er in immer wieder neu angepaßten Fassungen benutzt;
b) die ›Formulae Marculfi‹ der fränk. Königskanzlei (gegen Ende des 7. Jh. entstanden);
c) die ›Formulae imperiales‹ (um 830 in Gebrauch genommen);
d) Die Briefsammlung des ›Codex Udalrici‹ (um 1125 aus Bamberg; sie wurde in der staufischen Kanzlei verwendet);
e) die ›Summae de arte prosandi‹ des

Konrad von Mure (um 1275 zusammengetragen).
Die F. erhielten seit dem 11. Jh. lehrbuchartige Einleitungen. Im späteren MA gab es F. in jeder größeren Kanzlei. Der Gebrauch der F. sowie deren Wandlungen oder Wanderungen zw. verschiedenen Kanzleien lassen Schlußfolgerungen, über die Feststellung der Kanzleigebräuche hinaus, auch hinsichtl. der polit. und geistesgeschichtl. Situation zu.
LIT. K. Zeumer, Formulae Merowingici et Karolini aevi. 2 Tle. In: MGH Legum Sectio V (1886); W. M. Peitz, Liber Diurnus – Methodisches zur Diurnusforschung. In: Miscellanea historiae pontificae 2, 3 (1940); F. Hausmann, in: MIÖG 58 (1950); F. Beyerle, in: Aus Verfassungs- und Landesgeschichte (Festschr. zum 70. Geburtstag von Th. Mayer) 2 (1955); Bresslau 2, 2 (²1958).

Forst (mlat. forestis von lat. foris, draußen). Durch den Menschen beeinflußter Wald; urspr. herrenloses Land; es konnte neben Waldungen auch Fischgewässer, in einigen Fällen auch Kulturland umfassen. Seit der Merowingerzeit wurde es durch den König mit seinem Bann durch Einforstung (mlat. forestatio) zu dessen Sondereigentum erhoben. Während des MA wurde die Bez. F. insbes. im Sinne von eingefriedetem Wald verwendet. In den sog. Ronkalischen Beschlüssen (1158) beanspruchte Friedrich I. Barbarossa (reg. 1152–90) das Forstrecht zusammen mit dem Jagdrecht als Regal; es wurde ebenfalls an geistl. und weltl. Herren verliehen. Bei Strafe des Königsbanns war die Nutzung derjenigen Wälder, die aufgrund des Forstrechts eingehegt worden waren (Bannforsten), vor allem die Jagd, verboten (→Wildbann). Seit dem späteren MA war das Forstrecht in zunehmendem Maße im Besitz der Landesherren. Von diesen wurde es für sämtl. Wälder innerh. ihres Territoriums beansprucht. Ende des MA und in der frühen NZ wurde es so zur Forsthoheit. Die derart entstandene Forsthoheit der Landesherren entwickelte sich, bes. ausgeprägt im 16.–18. Jh., infolge zahlreicher Forstordnungen, wobei die Ordonnanz Ludwigs XIV. von 1669 als Vorbild diente, zu einer staatl. Aufsicht über die Miteigentümer, die zu Beginn des 19. Jh. aufgrund der Lehre von der Freiheit des Eigentums aufgehoben und erst gegen Ende des Jh., vor allem nach 1918, wiedereingeführt wurde.

LIT. H. Timme, Forestis, Königsgut und Königsrecht. In: Archiv für Urkundenforschung (1909); K. Glöckner, Bedeutung und Entstehung des Forestisbegriffes. In: VSWG (1924); K. Lindner, Die Jagd im frühen MA (1940); H. Görcke, Das Forst-Zivilrecht im Dt. Reich. 2 Bde. (1930–33); J. Köstler, Wald und F. in der dt. Geschichtsforschung. In: HZ 155 (1937); R. B. Hilf, Der Wald in Geschichte und Gegenwart (1938); H. Kaspers, Comitatus nemoris (1957); F. Mayer, Der Wald in Altpreußen als Wirtschaftsraum. 2 Bde. (1960); H. von Bothmer, Mirica, F. und Gesellschaft (1965).

Fort (franz., stark, fest). Ein abgeschlossenes, räuml. begrenztes Verteidigungswerk seit dem 17. Jh. Es wurde entweder als detachiertes oder vorgeschobenes F. von einem Festungskern oder zur Verteidigung von Hafeneinfahrten, bedeutenden Verkehrs- und Angriffswegen in der Nähe der Grenze als Sperrfort angelegt.

LIT. H. P. Pétain, La bataille de Verdun (1929).

Fortifikation. Befestigungskunst, -wesen; auch die Befestigung, das Festungswerk sowie deren Ingenieuroffiziere (vor allem im 19. Jh.).

Fortschritt (lat. progressus, franz. progrès, engl. progress). Die Aufeinanderfolge von Formen oder Zuständen in einem derartigen Sinn, daß die zeitl. späteren für den Betrachter von größerem Werte erscheinen.

Der Begriff, bereits in der Antike bekannt, verbreitete sich seit dem ausgehenden 18. Jh. schnell. Nach dem modernen Fortschrittsgedanken setzt sich die Vernunft stetig durch, die Menschheit wird einem vollkommeneren und glücklicheren Zustand entgegengeführt, vor allem durch ihren moral. F. Die Geschichtsschreibung der Aufklärung ist bis hin zu Rousseau (1712–78), der zum erstenmal Bedenken anmeldete, von diesem Fortschrittsgedanken beherrscht. I. Kant (1724–1804) wandelte ihn dahin ab, daß die Natur den Menschen zur Legalität seiner Handlungen dränge, was bestenfalls auf eine wachsende Moralität seiner Gesinnung zu hoffen berechtige. Die weitere Entwicklung der Fortschrittsidee wird beherrscht von den Geschichtskonstruktionen G. W. F. Hegels (1770–1831)

und A. Comtes (1798–1857). Sie verflacht dann bald zum Zivilisationsoptimismus des aufsteigenden Bürgertums in enger Verbindung mit der sich schnell entwickelnden Wissenschaft und Technik. Sie verbindet sich mit dem Darwinismus, der den Wirtschaftsliberalismus des »laisser faire« zu stützen schien. Der Erste und Zweite Weltkrieg haben diesen Fortschrittsglauben stark erschüttert; desgl. schienen ihn die Grundlagenkrisen der Wissenschaften zu widerlegen. Dem jedoch steht entgegen, daß die Forschung hiervon verhältnismäßig wenig berührt wurde und sich häufig in den letzten Jahrzehnten ebenso schnell entwickelte wie auch die Technik. Die Erwartung, daß Wissenschaft und Technik F. machen, hat sich bestätigt. Ebenfalls der Lebensstandard der breiten Volksschichten ist gestiegen, allen Rückschlägen zum Trotz. Daher hat sich ihnen auch der Fortschrittsglaube erhalten; er hat sich sogar in seiner orthodox-marxist. Form zu einer vollkommenen Ersatzreligion entwickelt.

In den polit. Ideologien ist der F. seit dem 19. Jh. zur Kampfparole geworden. Man beansprucht, Träger des F. zu sein, was dem Gegner abgestritten wird. Insbes. hat der Marxismus den F. für sich in Anspruch genommen, trotz der logischen Spannung, in der sich die Ideologie des Fortschritts-Begriffs zum dialektischen Materialismus befindet.

LIT. R. Briefault, Progress and History (London 1916); F. Tönnies, F. und soziale Entwicklung (1926); A. M. Hocart, The Progress of Man (London 1933); M. Ginsberg, The Idea of Progress (London 1953); H. Freyer, Theorie des gegenwärtigen Zeitalters (1955); E. Bloch, Differenzierungen im Begriff F. (Ost-Berlin 1956); R. Wittram, Das Interesse an der Geschichte (1958); E. Burck (Hrsg.), Die Idee des F. (1963); W. Müller, Gesellschaft und F. (Ost-Berlin 1966); P. A. Baran, Unterdrückung und F. (1966); H. B. Cobb, Der Preis des F. (1972); E. Knaul, Glanz und Elend des F. (1972); F.-J. Bäumer, F. und Theologie. Philosoph. und theolog. Überlegungen zum Fortschrittsgedanken (1985); M. Arning, Die Idee des F. (1998).

Fortschrittspartei, Deutsche Fortschrittspartei. Eine Partei, die 1861 von altliberalen Abgeordneten in Preußen gegründet wurde; ein Teil von ihnen wechselte 1866 zu den Nationallibera-

Forum

len über. Die F. stand unter ihrem Führer Eugen Richter (1838–1906) im Reichstag in hartnäckiger Opposition zu Bismarck; sie ging 1884 in der Dt.-Freisinnigen Partei auf.
LIT. H. A. Winkler, Preuß. Liberalismus und dt. Nationalstaat. Studien zur Geschichte der Dt. F. 1861–66 (1964); G. Seeberg, Zwischen Bebel und Bismarck. Zur Geschichte des Linksliberalismus in Dtl. 1871–93 (1965).

Forum (lat.). Urspr. der Marktplatz der italischen Gemeinden, der griech. Agora entsprechend; sodann a) die polit. Versammlungsstätte und b) die allg. Gerichtsstätte für zivile Prozesse (forum civile; forensisch: gerichtlich).
Das F. Romanum in Rom war an der Straßenkreuzung zw. urspr. getrennten Siedlungen (Kapitol, Esquilin, Palatin) entstanden. Am Tempel der Vesta vorbei führte die Heilige Straße zum Hauptplatz mit Rednertribüne (Rostra), Markt- und Gerichtsgebäuden (Basilica Aemilia und Iulia), Tempeln der Dioskuren, des Ianus etc. Neben dieses republikanische F. traten die Kaiserfora, riesige Plätze, die von Säulenhallen und Tempeln umgeben waren, so das F. des Caesar, Augustus, Vespasian, Trajan. Da das F. Romanum auch Gerichtsstätte war, wurde die Bez. mlat. für weltl. oder kirchl. Gericht sowie die Gerichtszuständigkeit verwendet.
LIT. Ch. Heulsen, F. und Palatin (1926); L. Curtius und A. Nawrath, Das antike Rom (³1957); H. Kähler, Das Fünfsäulendenkmal für die Tetrarchen auf dem F. Romanum (1964); J. Lugli, Fontes ad topographiam veteris urbis Romae pertinentes, 6, 1, 16 (Rom 1965).

Frais (ahd. freisa, Gefahr). In Süddtl. häufige Bez. für peinl. Gerichtsbarkeit.

Fraisherr. Inhaber der peinl. bzw. der Blutgerichtsbarkeit.

Fraktion (lat. fractio, Bruchteil). Im parlamentar. Sprachgebrauch die der gleichen Partei angehörenden Mitglieder eines Parlaments oder einer kommunalen Volksvertretung, gewöhnlich, insofern sie die lt. Geschäftsordnung vorgeschriebene Mindeststärke erreichen. Entgegen dem Prinzip des freien Mandats bestimmt die F. in zunehmendem Maße die polit. Haltung ihrer Mitglieder. Insbes. bei Abstimmungen bedient sie sich dazu des Fraktionszwanges. Diejenigen Abgeordneten, die die Fraktionsdisziplin verletzen, können aus der F. ausgeschlossen werden. In der Regel ist ein Austritt aus der F. oder ein Fraktionswechsel mit dem Parteiaustritt oder Parteiwechsel verbunden. In der BRD bilden nach der Geschäftsordnung mindestens 15 Abgeordnete eine F. Mit Zustimmung des Bundestages können sich Abgeordnete verschiedener Parteien zu einer F. zusammenschließen (techn. F.). Als Fraktionslose (früher »Wilde«) werden solche Abgeordnete bez., die keiner F. angehören.
LIT. Th. Eschenburg, Staat und Gesellschaft in Dtl. (1956, ⁶1963); Th. Nipperdey, Die Organisation der bürgerl. Parteien in Dtl. vor 1918. In: HZ 185 (1958); G. Eisermann (Hrsg. und Bearb.), Die Lehre von der Gesellschaft (1958).

Fraktur (lat., Bruch). Die dt. Ausprägung der sog. got. Druckschrift. Sie entstand im 16. Jh. und war im dt. Sprachgebiet, in Skandinavien, den baltischen Ländern, Polen etc. verbreitet. Im 19. Jh. wurde sie allmählich von der Antiqua verdrängt.
LIT. R. Kautzsch, Die Entstehung der Frakturschrift (1922); E. Crous-J. Kirchner, Die got. Schriftarten (1928); A. Hessel, Die Schrift der Reichskanzlei seit dem Interregnum und die Entstehung der F. In: Nachrichten von der Gesellschaft der Wiss. Göttingen, Phil. hist. Kl. II, N. F. 2, 2 (1937); K. Wehmer, Hans Schönsperger, Der Drucker Kaiser Maximilians. In: Altmeister der Druckschrift (1940); W. H. Lange, Schriftfibel (³1952); H. Fichtenau, Die Lehrbücher Maximilians I. und die Anfänge der Frakturschrift (1961).

Framea (lat. aus ahd. brame). Eine german. Waffe, und zwar eine lange Lanze mit schmaler, kurzer Eisenspitze. Z. Z. des Tacitus (55–116 n. Chr.) war die F. die Hauptwaffe der Germanen; lt. Germania, 6, stellte die F. einen Speer »mit schmalem, kurzem Eisen (dar), aber einem so scharfen und zum Gebrauch handlichen, daß sie mit derselben Waffe, je nach Lage, aus der Nähe oder aus der Ferne kämpften«.

Franche-Comté. Freigrafschaft Burgund, eine ehem. Provinz in Ostfrankreich. Die F.-C. kam 1032 als ›Freigrafschaft Burgund‹ an das Dt. Reich. Seit 1318 gehörte sie zum Herzogtum Burgund. 1493 wurde sie habsburg. Besitz, 1556 der span. Linie der Habsburger

zugesprochen. Ludwig XIV. (reg. 1643–1715) eroberte die F.-C. 1668 und 1674; seit dem Frieden von Nimwegen (1678) gehört sie zu Frankreich. Hauptstadt: Besançon.
LIT. Renard, La F.-C. Histoire et Civilisation (Besançon 1947); E. Préchin, Histoire de la F.-C. (Paris 1947); L. Marion, F.-C. (Paris 1960); L. Boehm, Geschichte Burgunds (1971).

Franc-tireurs (franz.). Freischärler, die in Kriegszeiten außerh. der regulären Armee kämpfen (im Dt.-Franz. Krieg 1870/71 und im Ersten Weltkrieg in Belgien); sie sind häufig nicht uniformiert.

Franken (die »Kühnen«, »Trotzigen« [?]). Der westgerm. Stamm der F. wird 258 n. Chr. zum erstenmal erwähnt; er umfaßte die Völkerschaften am mittleren und unteren Rhein. Kernstamm der F. waren die Salier (wohl auf die ingwäonischen Chauken zurückgehend). Nach dem Abzug der röm. Truppen (406 n. Chr.) breiteten sich die F. in westl. Richtung (nach Flandern) bis zur Nordsee aus. Sie stießen weiter nach Gallien vor, wodurch sie die Grundlage für das Fränkische Reich legten.
Die Ausbreitung der F. den Main aufwärts begann nach der Gründung des Fränkischen Reiches sowie der Unterwerfung der Alemannen durch Chlodwig (466–511). Die F. stellen das eigtl. Element der german. und abendländ. Geschichte dar. Auf dt. Boden einigten sie die dt. Stämme der Völkerwanderungszeit rechts und links des Rheins und Mains; gleichzeitig wurden sie zu deren Bindeglied. Darüber hinaus sind die Hessen, Thüringer, außerdem die nördl. Gruppen der Bayern und Alemannen ebenfalls fränk. Prägung. Ferner haben die F. bedeutenden Anteil an der Besiedlung des dt. Ostens z. Z. des HochMA. Sie sind sowohl in Obersachsen als auch in Schlesien zu finden, zudem im nördl. Sudetenland, in Brandenburg und im südl. Ostpreußen.
Der Name F. gilt heute nur noch für deren östl. Gruppe im Maintal. Dagegen haben Niederländer, Flamen, Rheinländer, Pfälzer und Lothringer im eigtl. Kernland der Franken den Rhein entlang ein eigenes Stammesbewußtsein entwickelt, das an die Stelle des fränkischen getreten ist.
LIT. B. Schmeidler, F. und das Dt. Reich im MA (1930); F. Steinbach und F. Petri, Zur Grundlegung der eu-

rop. Einheit durch die F. (1939); W. Levison, Aus rhein. und fränk. Frühzeit (1948); W. von Wartburg, Umfang und Bedeutung der german. Siedlung in Nordgallien im 5. und 6. Jh. (1950); K. Bosl, F. um 800 (1959); R. Wenskus, Stammesbildung und Verfassung (1961); G. Pfeiffer, Fränk. Bibliographie (1965); E. von Guttenberg, Die Territorienbildung am Obermain (²1966); E. Zöllner, Geschichte der F. bis zur Mitte des 6. Jh. (1970); F. Petri (Hrsg.), Siedlung, Sprache und Bevölkerungsstruktur im Frankenreich (Wege der Forschung 49, 1973); R. Kaiser, Die F.: Roms Erben und Wegbereiter Europas? (1997).

Franken, Franc.
[1] Franz. Münzsorten: Franc d'or von 1360–80; Franc d'argent, eine Silbermünze, von 1575–1641; der moderne Franc, seit dem 1. 7. 1796, eine Münzeinheit in Silber zu 100 Centimes.
[2] Franken, der Hauptwert der Schweizer Geldwährung. Am 19. 3. 1799 führte die Helvetische Republik den F. zu 100 Rappen ein. Die Schweizerische Eidgenossenschaft setzte 1850, nach Erlöschen der Münzhoheit der Kantone, den Franc als Münzeinheit fest. 1865 trat die Schweiz der lateinischen Münzunion, der Währungsgrundlage mehrerer europ. Länder, bei. Das Ende der Münzunion (1927) verlangte eine neue Festsetzung des F. Aufgrund einer Abwertung (1936) wurde der Goldwert des F. zw. 190 und 210 Milligramm festsetzt.
LIT. P. Hofer, Die Münzprägungen der Helvetischen Republik (1936); E. Kellenberger, Das Münzwesen der Schweiz seit 1850 (1937).

Frankfurter Friede (vom 10. 5. 1871). Er beendete den → Deutsch-Französischen Krieg von 1870/71. Abgeschlossen wurde der F. F. durch Bismarck (1815–98) und den franz. Außenminister J. Favre (1809–80). Aufgrund des F. F. mußte Frankreich das Elsaß (ohne Belfort) und Lothringen (einschließl. Metz) an das Dt. Reich abtreten; außerdem hatte es eine Kriegsentschädigung von 5 Mrd. Francs zu zahlen. Nordostfrankreich blieb bis zur endgültigen Bezahlung der Kriegsentschädigung (1873) besetzt.
LIT. E. Kessel, Der F. F. 1871. In: Studien der Erwin von Steinbach-Stiftung, 3 (1971).

Frankfurter Fürstentag. Auf Veranlassung Österreichs hin im August 1863 zusammengetreten, beschäftigte er sich mit der Reform der Verfassung des Dt. Bundes. Die Verhandlungen zeitigten jedoch keine Ergebnisse, nicht zuletzt deshalb, weil Preußen (auf Bismarcks Drängen hin) auf dem F. F. nicht vertreten war.

LIT. H. von Srbik, Deutsche Einheit IV (1942).

Frankfurter Nationalversammlung. Das dt. Parlament von 1848/49; es erstrebte eine dt. Reichsverfassung, scheiterte jedoch infolge von Parteikämpfen zw. den »Großdeutschen« (Österreicher, Süddeutsche und Republikaner) und den »Kleindeutschen«, welche unter der Führung Preußens einen Bund erstrebten.

LIT. V. Valentin, Geschichte der dt. Revolution 1848/49. 2 Bde. (1930/32); R. Stadelmann, Soziale und polit. Geschichte der Revolution von 1848 (1948); W. Mommsen, Größe und Versagen des dt. Bürgertums (1949); E. R. Huber, Dt. Verfassungsgesch. seit 1789, 2 (1960); E. Eyck, Deutschlands große Hoffnung. Die F. N. (1973); W. Siemann, Die Frankfurter Nationalversammlung 1848/49 zwischen demokrat. Sozialismus und konservativer Reform (1976); D. Langewiesche, Die dt. Revolution von 1848/49 (1983).

Fränkisches Recht. Das Recht des german. Volksstammes der Franken. Die ältesten Überlieferungen des F. R. gehören zu den »Volksrechten« oder den »leges Barbarorum«: die ›lex Salica‹ (etwa 510); die ›lex Ribuaria‹ (6. und 7. Jh.); ›Ewa (Gesetz) Chamavorum‹ (um 803).

Als Fränkisches Amtsrecht werden die königlichen Kapitularien (mit regelmäßiger Kapiteleinteilung) bez. – Das F. R. ist auch in Formelsammlungen überliefert; deren wichtigste wurden von dem Mönch Markulf verfaßt.

LIT. H. Conrad, DRG; HWDRG I, 1209–10.

Franziska. Z. Z. der Merowinger das Wurfbeil der Franken mit kurzem, leicht gebogenem Stiel; es war die Hauptwaffe der Franken.

LIT. K. Böhner, in: Rhein. Vorzeit in Wort und Bild. 2. Jg. (1939).

Franziskaner (Ordo Fratrum Minorum, OFM, Minoriten oder Minderbrüder). Diejenigen religiösen Genossenschaften, die den hl. Franz von Assisi (1181/82[?]–1226) als ihren Stifter ver-

ehren. Die Ziele des Ordens geben die 3 Regeln wieder: die im Gründungsjahr 1209 ausgearbeitete und von Papst Innozenz III. (1198–1216) mündlich bestätigte, die 1221 entstandene mit 23 Kapiteln und die von Papst Honorius III. (1216–27) am 29. 11. 1223 bestätigte mit 12 Kapiteln, die sog. ›Regula bullata‹. Sie verlangen Beobachtung des Evangeliums, Preisgabe jegl. Besitzes, Verbot der Geldannahme (im Notfall Zuflucht zum Betteln; →Bettelorden), Selbstheiligung und Arbeit am Seelenheil des Nächsten. Die Tracht der F. besteht aus einem groben Gewand mit Kapuze und Stock (Schuhe nur in besonderen Fällen).

Die Spannung zw. dem Ideal der Herstellung der apostol. Urkirche in Armut und Selbstverleugnung sowie der Angleichung an den bisher gekannten Typus klösterl. Lebens trat bereits zu Lebzeiten des hl. Franziskus hervor; sie verdüsterte dessen letzte Lebensjahre und bestimmte die weitere Entwicklung des Ordens. Schon in der Regel von 1223 sind die Mahnungen Jesu zur Nachfolge und die Aussendungsgebote an die Jünger zugunsten der 3 herkömml. Ordensgelübde weggefallen. Der 2. Generalmeister des Ordens, Elias von Cortona (um 1180–1253), forderte die äußere Ausbreitung und Privilegierung des Ordens. In dem Streit um das Armutsideal standen sich die gemäßigten Konventualen und die strengeren Spiritualen oder Observanten gegenüber. Unter dem Generalat des Johann von Parma (1247–57) gewann die apokalypt. Richtung des Abtes Joachim von Fiore (um 1130–1202) Einfluß. Nach seiner Lehre von den 3 Zeitaltern des Vaters, des Sohnes und des Hl. Geistes war das Ende der neutestamentl. Klerikerkirche und der Anbruch der mönchischen Geistzeit spätestens 1260 zu erwarten.

Der Pariser Theologe Bonaventura (Generalmeister 1257–74) ging streng gegen den Joachimitismus vor. In der Bulle ›Exiit qui seminat‹ (1279) wurde dem Orden zwar die Nutznießung seines irdischen Besitzes gestattet, dieser selbst aber dem päpstl. Eigentum erklärt. Die Mehrheit des Ordens fügte sich; um so heftiger widersetzten sich die Spiritualen unter der Führung des Apokalyptikers Petrus Johannis Oligavi (1248–98). Nach einem vorübergehenden Erfolg der Spiritualen bzw. Observanten unter Papst Clemens V. (1305–14) kam es unter Johannes XXII. (1316–34) zum Sieg der Konventualen und zur Unterdrückung der Observanten, teilweise unter Einsatz der Inquisition. Zu einem Streit zw. den Dominikanern und den F. wurde die 1323 beginnende unterschiedl. Auffassung vom Armutsideal, in dem Johannes XXII. die Partei der Dominikaner ergriff und die franziskan. Behauptung der völligen Besitzlosigkeit Christi und seiner Jünger für häretisch erklärte. Im Verlauf des Streites entstanden mehrere kurzlebige Sondergemeinschaften. Schweren Schaden fügten dem Orden der Schwarze Tod (1348 ff.) und das Schisma (1378–1417) zu. Die Spaltung in die Konventualen und Observanten wurde 1517 päpstlicherseits bestätigt (Apostolische Konstitution ›Ite vos‹).

Die Reformation brachte den Orden im Norden Europas fast zum Erliegen; in Spanien jedoch begann eine neue Blüte. Neue große Wunden schlugen dem Orden die Aufklärung, das Staatskirchentum und die Französ. Revolution (1789), ebenso die Säkularisation; im 19. Jh. ebenfalls die Revolutionen in Südamerika. Papst Leo XIII. (1878–1903) vereinigte 1897 die verschiedenen Zweige zum Ordo Fratrum Minorum (sog. Braune F.).

Wirksamkeit des Ordens: In den Städten wurde vor allem die innere Mission gepflegt (durch päpstliche Privilegien gefördert). Bedeutende Prediger waren Antonius von Padua (1195–1231), Berthold von Regensburg (um 1210–72), Bernhardin von Siena (1380–1444), Johannes von Capistrano (1386–1456) u.a. Die schon in den Anfängen des Ordens wichtige äußere Mission pflegt dieser heute vor allem auf dem Balkan, in Syrien, Indien, Japan, Australien, Südamerika und in Zaire.

Die Wissenschaft fand im Orden glänzende Vertreter, vor allem in Alexander von Hales (um 1180–1245), Bonaventura (1221–74), Duns Scotus (1266–1308) und Wilhelm von Ockham (1290/1300 [?]–49). Das franziskan. Denken ist zwar nie eine eigentl. Schultheologie geworden, knüpft aber an Augustinus (354–430) an und gibt dem Wollen und Lieben den Vorrang gegenüber dem Erkennen; im Gegensatz zum Thomismus betont es das Individuelle und Konkrete stärker als das Allgemeine und Abstrakte. Durch die Ausgaben der Werke des Alexander von Hales, Bonaventuras u.a. (in Quaracchi bei Florenz) hat sich der Orden verdient gemacht.

Der Gesamtorden umfaßt 115 Provinzen. In Dtl. gibt es 5 Provinzen. Die F.-Observanten und -Konventualen bez. man als 1. Orden, die Klarissen (Franziskanerinnen) als 2. und die Tertiarier als 3. Orden.

LIT. Analecta Franciscana (1885 ff.); Études Franciscaines (1899–1939; 1949 ff.); Archivum Franciscanum Historicum (1908 ff.); Franziskanische Studien (1914 ff.); Collectanea Franciscana (1931 ff.); Wissenschaft und Weisheit (1934 ff.); Franciscan Studies (Washington 1941 ff.); Heimbucher, I; A. Gemilli, Das Franziskanertum (1936); R. M. Huber, A Documented History of the Franciscan Order 1182–1514 (Washington 1944); K. Esser, Der Orden des hl. Franziskus (²1952); Fr. de Sessevalle, Histoire générale de l'Ordre de S. François I/1–2 (Paris 1935/37); A. Léon, Histoire de l'Ordre des frères mineurs (Paris 1954); E. Wagner, Historia Constitutionum generalium O. F. M. (1954); L. Casutt, Die älteste franziskan. Lebensform. Untersuchung zur regula prima sine bulla (1955); K. Esser, Anfänge und ursprüngl. Zielsetzungen des Ordens der Minderbrüder (Leyden 1966); H. Roggen, De Franciscaanse Lekenbeweging. 2 Bde. (Mecheln 1966); TRE XI, 389–97; J. Moorman, A History of the Franciscan Order (Oxford 1968).

Französische Revolution. In der modernen Geschichte eines der folgenreichsten Ereignisse, da mit ihr eine Neugestaltung der Weltgeschichte beginnt; sie vollzog näml. das histor. Bündnis universaler Menschheitsideale mit dem nationalen Gedanken und zerstörte dadurch das überkommene Staatensystem in Europa, weil in der Restauration später nur unvollkommen und vorübergehend erneuert, auf immer. Dadurch, daß sie unter sämtl. Völkern Europas einen Strukturwandel hervorrief, schuf sie mit den Forderungen des Liberalismus und der Demokratie in Gesellschaft, Wirtschaft und Recht die Voraussetzung für die Gestaltung der Industriegesellschaft sowie für die Entwicklung der soz. Bewegung. Die F. R. dauerte vom 14. 7. 1789 (Bastillesturm) bis zum 9. 11. 1799 (Staatsstreich N. Bonapartes). Die Wurzeln für die Revolution sind in der Reformbedürftigkeit des Ancien régime zu sehen; hiergegen richteten sich die Gesellschaftskritik sowie die Staatstheorie der Aufklärung (Montesquieu, 1689–1755; Voltaire, 1694–1778; Rousseau, 1712–78). Der Anlaß für den Ausbruch der F. R. war die Wirtschafts- und Finanzkrise der Regierung: am 5. 5. 1789 erfolgte die Einberufung der États généraux (Generalstände); sie traten in Versailles zusammen. Adel und Klerus hatten je 300, der Dritte Stand (Tiers État), entsprechend königl. Verfügung, 600 Deputierte gewählt; letztere forderten eine Abstimmung nach Köpfen anstatt nach Ständen. Die Abgeordneten des Dritten Standes erklärten sich am 17. 6. 1789 zur verfassunggebenden Nationalversammlung (Constituante); am 20. 6. 1789 leisteten sie im Ballhaus den Schwur, vor Vollendung einer Verfassung nicht auseinanderzugehen. Die Nationalversammlung arbeitete eine neue Verfassung aus, erklärte die Freiheit und Gleichheit aller Bürger und schaffte die Privilegien des Adels und des Klerus ab; am 26. 8. 1789 erfolgte die Erklärung der Menschenrechte, nachdem am 14. 7. 1789 der Sturz der absoluten Monarchie erfolgt war; am 10. 8. 1792 kam es zum Sturz der konstitutionellen Monarchie, am 2. 6. 1793 zum Sturz der parlamentar. Republik und Errichtung der Diktatur der Jakobiner (bis zum 28. 7. 1794). Am 21. 1. 1793 wurde König Ludwig XVI. (reg. ab 1774) hingerichtet.

Um der durch das Ausland drohenden Intervention zuvorzukommen, der wachsenden inneren Schwierigkeiten Herr zu werden und der revolutionären Missionsidee zu dienen, wurde durch die Girondisten am 20. 4. 1792 die Kriegserklärung an Österreich (mit Preußen verbündet) durchgesetzt. Hieraus entwickelte sich der 1. Koalitionskrieg (1792–97). Im Innern wurde der Widerstand der Bauern, des Adels und der Katholiken durch Terror niedergerungen. Die Diktatur fand ihr Ende, als Robespierre (1758–94), der seit dem 27. 7. 1793 im Wohlfahrtsausschuß tätig war, infolge einer Verschwörung seiner ehem. Anhänger am 9. Thermidor (27. 7. 1794) gestürzt und hingerichtet wurde.

Nach Annahme der Direktorialverfassung am 23. 9. 1795 löste sich der Nationalkonvent, der 1792 an die Stelle der Legislative getreten war. Die neue Verfassung brachte die Rückkehr zu einer bürgerl. Klassenherrschaft, die auf dem Zensus-Wahlrecht aufbaute. Das Ende der 1. Republik wurde durch N. Bonaparte herbeigeführt, der am 18. Brumaire (9. 11. 1799) die Macht übernahm. Die Revolution wurde nunmehr für beendet erklärt.

LIT. H. Wahl, Vorgeschichte der F. R. 2 Bde. (1905–07); M. Göhring. Geschichte der Großen Revolution. 2 Bde. (1950/51); K. Griewank, Die F. R. 1789/99 (1948); K. Borries, Die Bedeutung der F. R. für die Entstehung der modernen Welt (1938); A. Mathiez, La Révolution française. 3 Bde. (1937–38; dt. 1940); P. Gaxotte, La Révolution française (1928; erw. Ausg. 1947; dt. 1949); P. de la Gorce, Histoire religieuse de la Révolution française. 5 Bde. (1909–50); J. Godechot, Les institutions de la France sous la Révolution et l'Empire (1951); M. J. Sydenham, The French Revolution (London 1965); W. Markov und A. Soboul, Die Sansculotten von Paris (1967); W. Grab (Hrsg.), Die F. R. Eine Dokumentation (1973); E. Schmitt (Hrsg.), Die Französische Revolution. Anlässe und langfristige Ursachen (Wege der Forschung 293, 1973); E. Pressensé, L'Eglise et la Révolution française (1978); M. Vovelle, Die Französ. Revolution – soziale Bewegung und Umbruch der Mentalitäten (1982); J. Voss (Hrsg.), Dtl. und die Französ. Revolution (1983); J. Michelet, Geschichte der F. R., 5 Bde. (1988); N. Hampson, Vor dem Terror – Das revolutionäre Frankreich 1789–91 (1989); Fr. Furet/M. Ozouf, Wörterbuch der F. R., 2 Bde. (1996).

Französische Revolutionskriege. Die von 1792 bis 1802 von dem revolutionären Frankreich auf der einen und den europ. Koalitionen auf der anderen Seite ausgetragenen Kriege; sie fanden ihre Fortsetzung in den Napoleonischen Kriegen.

[1] Der Krieg Frankreichs gegen die 1. Koalition (1792–97): Am 20. 4. 1792 erfolgte die Kriegserklärung Frankreichs an Österreich, auf dessen Seite sich unmittelbar darauf das verbündete Preußen stellte. Unter Wilhelm Ferdinand von Braunschweig (1735–1806) drang im Sommer 1792 ein preuß. Heer bis in die Champagne vor; nach der erfolglosen Kanonade von Valmy (20. 9.

1792) zog sich das Heer wieder zurück. Die Franzosen gingen nun ihrerseits zum Angriff über. General Ch. F. Dumouriez (1739–1823) gelang es, die Österreicher am 6. 11. 1792 bei Jemappes in der Provinz Hennegau zu besiegen und die österreich. Niederlande zu besetzen. Zur gleichen Zeit war General A. Ph. Custine (1740–93) in die Pfalz eingedrungen; am 21. 10. 1792 hatte er Mainz, einen Tag später Frankfurt/M. erobern können.

Der Anschluß Englands, Hollands und Spaniens an Österreich und Preußen 1793 vervollständigte die erste der seitens der Feinde Frankreichs zustande gekommenen Koalitionen während der F. R. Infolgedessen gelang es dem österreich.-preuß. Heer, die Initiative zurückzugewinnen und wieder zur Offensive überzugehen. Durch den Sieg bei Neerwinden (18. 3. 1793) gewannen die Österreicher die Niederlande zurück; preuß. Truppen gelang es, Mainz zurückzuerobern (23. 7. 1793). Vor allem diese neue Situation, die sich nicht zuletzt durch die Landung der Engländer in Südfrankreich und die Besetzung des Kriegshafens Toulon (29. 8. 1793) für die Franzosen prekär gestaltete, führte dazu, daß die Revolutionsregierung durch L. N. Carnot (1753–1823) bedeutend größere und bessere Armeen aufstellen ließ. Als ein erstes Ergebnis der Maßnahmen Carnots darf der Sieg J. B. Jourdans (1762–1833) bei Fleurus (26. 6. 1794) betrachtet werden, wodurch die österreich. Niederlande erneut an die Franzosen fielen. 1794/95 konnte General Ch. Pichegru (1761–1804) Holland (seit 1795 ›Batavische Republik‹) erobern, während vor allem auf die Initiative von General J. V. Moreau (1763–1813) hin das gesamte linke Rheinufer in die Hände der Franzosen fiel.

Nachdem Preußen durch den Baseler Frieden, an dem auch Spanien beteiligt war, aus dem Krieg ausgeschieden war (5. 4. 1795), wodurch Mittel-, Nord- und Ostdeutschland bis 1806 von kriegerischen Handlungen verschont blieben, setzte Österreich den Krieg während der Jahre 1795 und 1796 und bis in das Jahr 1797 hinein in wechselvollen Kämpfen fort. Erzherzog Karl von Österreich (1771–1847) schlug in den Feldzügen von 1795 und 1796 die Vorstöße der Franzosen auf das rechte Rheinufer zurück (durch die Siege bei Wetzlar am 15. 6., Amberg am 24. 8. und Würzburg am 3. 9. 1796). Trotz der Erfolge Erzherzog Karls endete der Krieg der 1. Koalition mit einer Niederlage Österreichs, da in Oberitalien, wo die Franzosen bis zum Frühjahr 1796 recht glücklos gekämpft hatten, Napoleon Bonaparte (1769–1821) den Oberbefehl übernahm. Er führte hier nun den entscheidenden Feldzug des Krieges: Der König von Sardinien wurde zum Verzicht auf Savoyen und Sardinien gezwungen, die Lombardei und Ferrara besetzt sowie die Festung Mantua belagert. Österreichs Entsatzversuche führten zu Niederlagen bei Castiglione (5. 8. 1796), bei Arcole (15.–17. 11. 1796) und bei Rivoli (14. 1. 1797). Als Napoleon nach der Kapitulation von Mantua (2. 2. 1797) Klagenfurt und Laibach besetzte und auf Wien vorrückte, lenkte Österreich ein: Am 18. 4. 1797 kam es zum Vorfrieden von Leoben; im Frieden von Campo Formio (17. 10. 1797) schied Österreich aus dem Krieg aus. Nur zur See waren die Franzosen (den Engländern) unterlegen. Als Napoleon seine »Ägyptische Expedition« unternahm, um Englands Herrschaft in Indien zu bedrohen, erfocht der brit. Admiral H. Nelson (1758–1805) den entscheidenden Sieg bei Abukir (1. 8. 1798).

[2] Der Krieg der 2. Koalition gegen Frankreich (1798–1801/02): Um der franz. Ausdehnungspolitik widerstehen zu können, kam es bereits 1798 zu einer 2. Koalition; an ihre Spitze trat der russ. Zar Paul I. (reg. 1796–1801); Österreich, England, die Türkei, Portugal, Neapel sowie der Kirchenstaat schlossen sich ihm an. Im Frühjahr 1799 wurden die Franzosen durch Erzherzog Karl wiederholt geschlagen (am Oberrhein); gleichzeitig siegten die Truppen der Koalition unter dem russ. Marschall Suworow (1729–1800) in Italien. Doch im Dezember 1799 schied Rußland aus der Koalition aus. In Frankreich ging die Macht (als 1. Konsul) an den aus Ägypten zurückgekehrten Napoleon Bonaparte über (1799). Bereits im Frühjahr 1800 begab er sich nach Oberitalien, wo er die Österreicher bei Marengo schlug (14. 6. 1800). Währenddessen drang Moreau in Bayern vor; er siegte bei Hohenlinden (3. 12. 1800) über Erzherzog Johann (1782–1859). Hierauf kam es zw. Österreich und Frankreich am 9. 2. 1801 zum Frie-

Frater

den von Lunéville; er bestätigte Frankreich den Besitz des linken Rheinufers und die Vorherrschaft in Italien. England, das noch 1801 die Franzosen aus Ägypten vertrieben hatte, schloß am 27. 3. 1802 mit Frankreich den Frieden von Amiens.
LIT. L. von Ranke, Ursprung und Beginn der Revolutionskriege, Sämtl. Werke, Bd. 45 (²1879); C. von Clausewitz, Der Feldzug von 1796 in Italien, 4. Bd. der Hinterlass. Werke (³1899); H. Hüffer, Der Krieg des Jahres 1799 und die zweite Koalition. 2 Bde. (1904/05); S. Stern, Karl Wilhelm Ferdinand, Herzog zu Braunschweig und Lüneburg (1921); E. Gachot, Les Campagnes de 1799; Jourdan en Allemagne et Brune en Hollande (1906); Krieg gegen die Franz. Revolution. Österreich. Generalstabswerk. 2 Bde. (1905); W. John, Erzherzog Karl, der Feldherr und seine Armee (1913); H. Delbrück, Geschichte der Kriegskunst, 4 (1920); R. Lorenz, Volksbewaffnung und Staatsidee in Österreich 1792–97 (1926); S. S. Birro, The German Policy of Revolutionary France. 2 Bde. (Cambridge, Mass. 1957); F. Godechot, L'expansion révolutionnaire de la France. 2 Bde. (Paris 1956); N. Hampson, La marine de l'an II (Paris 1959); G. Lefebvre, La Révolution française (Paris ³1963); H. O. Sieburg (Hrsg.), Napoleon und Europa (1971); W. Grab, Eroberung oder Befreiung? Dt. Jakobiner und die Französenherrschaft im Rheinland 1792–99. In: Studien zu Jakobinismus und Sozialismus (1974); H. G. Molitor, Vom Untertan zum Administré. Studien zur französ. Herrschaft und zum Verhalten der Bevölkerung im Rhein-Mosel-Raum von den Revolutionskriegen bis zum Ende der Napoleon. Zeit (1980); S. Fiedler, Kriegswesen und Kriegführung im Zeitalter der Revolutionskriege (1988).

Frater (lat., Bruder). Zunächst sämtl. Mitglieder von Klostergemeinschaften, dann, abgesehen von den Dominikanern, auf die Laienbrüder beschränkt. In Dtl. wird der zum Ordensmann als Priester Bestimmte F. genannt, der Laienbruder dagegen Bruder.

fraternisieren (lat.-franz.). Verbrüdern, vertraut werden, vor allem der Besatzungstruppen mit der Einwohnerschaft des besetzten Landes.

Fraternité. »Brüderlichkeit«; Schlagwort der Franz. Revolution; es ging aus von den Rufen des Dritten Standes (5. 5. 1789).

Fratizellen →Spiritualen.

Frauenbewegung, Frauenemanzipation. Sammelbez. für sämtl. Einsichten, Bestrebungen und Leistungen, die es der Frau ermöglichen, ihre Kräfte in Zusammenarbeit mit dem Mann zu entfalten. Nachdem bereits 1792 sowohl in Dtl. als auch in England Darstellungen erschienen waren, in denen größere polit. Rechte für die Frauen gefordert wurden, setzte die Bewegung im eigentl. Sinn um die Mitte des 19. Jh. in allen Kulturstaaten ein, zunächst in den angelsächs. und skandinavischen. Die Frauenfrage stellt sich als eine Reformfrage. Mit den übrigen gesellschaftl. Reformfragen, die sich seit dem Ende des 18. Jh. ergeben haben, steht sie in engem Zusammenhang. Olympe de Gouge versuchte 1789, eine ›Erklärung der Frauenrechte‹ herauszugeben. De Gouge forderte sowohl ein aktives als auch ein passives Wahlrecht für die Frauen, desgl. ihre Zulassung zu öffentl. Ämtern. 1792 erschien das Buch der Engländerin Mary Wollstonecraft ›Vindication of the Rights of Women‹ (Verteidigung der Rechte der Frauen). Und im gleichen Jahr schrieb Th. von Hippel in Dtl. ›Über die bürgerliche Verbesserung der Weiber‹.
Die F. hat seitdem, von Unterbrechungen abgesehen, ununterbrochen Fortschritte machen können. Zunächst lag der Schwerpunkt auf der Verbesserung der Frauenerziehung und Frauenbildung. So übten z. Z. der Romantik Frauen wie C. Schelling, gesch. Schlegel (1763–1809), D. von Schlegel-Veit, geb. Mendelssohn (1763–1839), H. Herz (1764–1847), G. de Staël-Holstein, geb. Necker (1766–1817), R. von Varnhagen-Levin (1771–1833), B. von Arnim, geb. Brentano (1785–1859) bedeutenden Einfluß auf das geistige Leben von Berlin, Wien und Paris aus. Aus der fortschreitenden Arbeit der Frauen ergaben sich die polit. Zielsetzungen. Von dem Elan der 1848er Bewegung getragen, kam es zur Aufstellung eines ersten Programms, das großen Anklang fand. 1865 wurde in Leipzig der ›Allgemeine Dt. Frauenverein‹ gegründet; er war über eine Reihe von Jahrzehnten hinweg der Hauptträger der F.
Während der 80er und 90er Jahre entwickelten sich Organisationen für Bil-

dungs-, Berufs- und Sittlichkeitsfragen, sozialpolit. Forderungen, Mäßigkeitsbestrebungen etc.; ihr Anliegen war es, die Interessen der verschiedenen Frauenberufe zu pflegen. 1894 schlossen sich die einzelnen Vereine zum Bund dt. Frauenvereine zusammen, der sich wiederum 1897 dem Internationalen Frauenbund anschloß, der größten und ältesten überstaatl. Frauenorganisation. Die Vorkämpferinnen der F. in diesen Jahrzehnten, die polit. Gleichberechtigung zu erreichen suchten, erregten als Frauenrechtlerinnen (Suffragetten) Aufsehen und Widerspruch.

Die Bedeutung der F. nahm von 1900 bis zum Ersten Weltkrieg weiter zu. Während dieses Zeitabschnitts begann auch die Organisierung der konfessionellen F.: 1899 Gründung des Dt. Evangel., 1904 des Kath. und des Jüdischen Frauenbundes. Der Frauenkongreß zu Berlin (1912) stellte einen Höhepunkt der F. dar. Während des Ersten Weltkriegs erfuhr die weibl. Arbeits- und Berufsleistung auf vielen Gebieten Anerkennung. Die polit. Gleichberechtigung der Frau brachte das Jahr 1918 in Deutschland.

Den herausragenden Persönlichkeiten der dt. F. sind zuzurechnen L. Otto-Peters, Auguste Schmidt, Helene Lange, Gertrud Bäumer, Elly Heuss-Knapp.

Eine Unterbrechung der Entwicklung der dt. F. bedeutete die Machtübernahme durch die Nationalsozialisten 1933. Nach 1945 lebte die F. in Dtl. in großen Frauenorganisationen wieder auf; sie widmen sich vor allem polit., sozialen, staatsbürgerl. und berufl. Aufgaben.

LIT. K. Bücher, Die Frauenfrage im MA (²1910); H. Lange, Kampfzeiten (1928); A. von Zahn-Harnack, Die F. (1928); dies., H. Sveistrup, Die Frauenfrage in Dtl., Strömungen und Gegenströmungen 1790–1830 (1934); E. Stein, Frauenbildung und Frauenberufe (1949); Die Frau, Wesen und Aufgaben. In: A. Scherer (Hrsg.), Wörterbuch der Politik, 2 (1951); F. E. Frh. von Gagern, Mann und Frau (⁴1955); J. Mörsdorf, Gestaltwandel des Frauenbildes (1958); E. Dauzenroth (Hrsg.), F. und Frauenbildung (1964); Gabriele Strecker, Frausein – heute (1965); Betty Friedan, Der Weiblichkeitswahn (dt. 1966); B. Greven-Aschoff, Die bürgerl. Frauenbewegung in Dtl. 1894–1933 (1981); K. Hausen (Hrsg.), Frauen suchen ihre Geschichte. Studien zum 19. und 20. Jh. (1983);

I. Weber-Kellermann, Frauenleben im 19. Jh. (1983); E. Ennen, Frauen im Mittelalter (1984); TRE XI (1983) 471–81; J. Kirshner, S. Wemple, Women in the medieval world (1985); H. Möbius, Die Frau im Barock (1985); R.-E. Boetcher-Joeres, A. Kuhn, Frauenbilder und Frauenwirklichkeiten. Interdisziplinäre Studien zur Frauengeschichte in Dtl. im 18. u. 19. Jh. (1985); F. Hervé (Hrsg.), Geschichte der dt. Frauenbewegung (1985); U. Blosser, F. Gerster, Töchter der guten Gesellschaft. Frauenrolle und Mädchenerziehung im schweizer. Großbürgertum um 1900 (Zürich 1985); S. Hilzinger, »Als ganzer Mensch zu leben …« Emanzipatorische Tendenzen in der neueren Frauen-Literatur der DDR (1985); E. Uitz, Die Frau in der ma. Stadt (1988); U. Baumann, Protestantismus u. Frauenemanzipation in Dtl. 1850 bis 1920 (1992); D. A. Reder, F. u. Nation (1999); W. Paravicini (Hrsg.), Das Frauenzimmer (2000).

Frauenstimmrecht. Das aktive und passive Wahlrecht der Frauen; außerdem ihr Recht, abzustimmen. Als erster führte der US-Staat Wyoming das volle F. ein (1869). Bereits ab 1861 gab es ein partielles Frauenwahlrecht: Australischer Bund 1861, Schweden 1862, Finnland 1863, USA 1869 etc. Vor dem Ersten Weltkrieg gab es ein integrales F. schon in Finnland, Norwegen, Nordirland; während der Jahre 1918–28 wurde es in Großbritannien, den USA, Schweden sowie anderen europ. und überseeischen Ländern eingeführt.

LIT. R. Fulford, Votes for Women (London 1957).

Fräulein. Zunächst Bez. für ein adeliges F., vor allem eine Fürstentochter. Im 18. Jh. nannte man das bürgerl. Mädchen Demoiselle. Seitdem wird allg. die unverheiratete Frau F. genannt.

Freibauer. Der Besitzer eines Freigutes; er unterstand keinem Grundherrn, sondern entrichtete nur an den Grundherrn eine direkte Abgabe.

Freibrief (Freiheitsbrief).
[1] Die Urkunde über die Freilassung eines Hörigen.
[2] Im MA die Gewährung von Vorrechten sowohl an einzelne Personen wie auch Körperschaften durch ein königl. oder fürstl. Privileg.

Freidank (mhd. Vrîdanc, derjenige, dessen Gedanken sich ungehindert bewegen). Selbstbez. durch den unbekannten Verfasser († 1233) des Lehrgedichts ›Bescheidenheit‹, die Bez. für Lebenserfahrung, Einsicht. Es handelt sich hierbei um eine Sammlung von Sprichwörtern und Kernsprüchen, die um 1229 entstand. 1508 hat Sebastian Brant (1457–1521), der Verfasser des ›Narrenschiffs‹ (1494), das Werk neu bearbeitet.

Ausgaben: 1860, 1872; nhd.

Ausgaben: 1867 (durch Simrock), 1874 (durch Bacmeister), 1878 (durch Pannier).

LIT. A. Leitzmann, Studien zu Freidanks Bescheidenheit. In: Sitzungsbericht der dt. Akademie der Wissenschaft zu Berlin 1948 (1950); H. de Boor, Geschichte der dt. Literatur, 2 (^{7}1966; mit Bibliographie).

Freie, Freihälse, Frilinge (lat. liberi, ingenui). Im At. und MA Sammelbez. für vollberechtigte Personen, die nicht einem anderen Rechtsträger, d.h. einem Herrn oder Gemeinwesen gehörten. F. besaßen das Recht der Freizügigkeit, die Ehefreiheit sowie das uneingeschränkte Verfügungsrecht über ihre Güter. Die willkürl. Verhaftung, Folterung, Bestrafung und Verurteilung von F. war nicht gestattet. Infolge schwerer Verbrechen, außerdem durch Selbstverkauf, durch Unterliegen im Kampf ging man der Freiheit verlustig; desgl. verlor die Freiheit derjenige, der sich als Geisel stellte. Der Unfreie und der Lite (Halbfreie) gelangte durch Freilassung in eine höhere Klasse; als Beweismittel seiner Freilassung diente der ihm ausgestellte Freibrief. Königsdienst und Grundherrschaft führten im Fränkischen Reich zur Ausbildung eines Dienst- und Grundadels; er erhob sich als ein bevorrechtigter Stand der Hochfreien über die Gemeinfreien. Im Verlauf des MA entwickelte sich ein Stand von Berufskriegern (Ritterstand), der sich den Gemeinfreien gegenüber als niederer Adel abschloß. Durch Eintritt in ein Schutzverhältnis gegenüber einem Herrn sank ihr größter Teil in die Hörigkeit ab; sie stellte eine Art von Minderfreiheit dar. Diese Entwicklung währte bis zur Bauernbefreiung. F. im überkommenen Sinn erhielten sich nur in einigen Landschaften Dtl. Die rechtl. Unfreiheit wurde in den Städten durch das Bürgerrecht beseitigt.

LIT. E. Hölzle, Die Idee der altgerman. Freiheit (1925); H. Fehr, Zur Lehre vom ma. Freiheitsbegriff. In: MIÖG 47 (1933); G. Tellenbach, Libertas. Kirche und Weltordnung im Zeitalter des Investiturstreits (1936); A. Waas, Die alte dt. Freiheit (1939); Th. Mayer (Hrsg.), Adel und Bauern im dt. Staat des MA (1943); K. Bosl, Frühformen der Gesellschaft im ma. Europa (1964); F. Lütge, Geschichte der dt. Agrarverfassung (^{2}1967).

Freie Berufe. [1] Im At. fielen die F. B. auf eine gewisse Zeit mit den ›artes liberales‹ zus., die den Inhalt der in der Antike eines Freien würdig erachteten allg. Bildung bezeichnen, d.h. Vorzüge, Leistungen und Dienste auf höheren geistigen Gebieten.

[2] Während des MA galten als F. B. insbes. diejenigen, die sich aus den drei Hauptfakultäten ergaben: der Theologie, der Jurisprudenz und der Medizin; außerdem aus den nunmehr eng umgrenzten ›septem artes liberales‹: Jurist, Arzt, Theologe, Geometer, Feldmesser, Astronom und Musiker.

[3] Die orts- und marktgebundenen Berufe standen seit dem Zeitalter der Renaissance denjenigen (freien) Berufen gegenüber, welche (aufgrund königl. Patente) überall ausgeübt werden konnten: Wundarzt, Alchimist, Musiker, Maler.

[4] Dem modernen Begriff des F. B. entsprechend, bringt die freie Persönlichkeit schöpfer. eigene Ideen und Werke hervor, die von der Ausbildung weitgehend unabhängig sind.

LIT. H. Fehlmann, Die rechtl. Stellung der freien wissenschaftl.-techn. Berufe (1946); W. Kriener, Wesen und Bedeutung der F. B. (1966).

Freie Künste (artes liberales). Die Artes ingenuae oder bonae bezeichnen in der satgriech. Antike diejenigen Kenntnisse und Fertigkeiten, die man eines freien Mannes für würdig ansah; sie standen im Gegensatz zu der von den Sklaven geleisteten Arbeit. Als Vorstufe der Philosophie galten sie seit Isokrates (436–337 v. Chr.). Sieben F. K. zählte Martianus Capella (um 420 n. Chr.) auf: Grammatik, Rhetorik, Dialektik, Arithmetik, Geometrie, Musik, Astronomie. Der röm. Philosoph und Staatsmann Boëthius (um 480–524) faßte die vier letzten als Quadrivium zus.: im 9. Jh. erhielten die drei ersten den Namen Trivium. Bis ins MA war diese Darstellung maßgebend.

LIT. J. Koch, Artes liberales (1959).

Freies Frankreich. Die während des

Zweiten Weltkriegs ab 1940 (seit der Niederlage Frankreichs) in London residierende franz. Exilregierung unter Charles de Gaulle (1890–1970). Das F. F. bestand bis 1944. Sein Symbol war das Lothringerkreuz.
LIT. H. Michel, Histoire de la Résistance 1940–44 (1950); Hoover-Institution (Hrsg.), France during the German Occupation (1940–44). 3 Bde. (Stanford 1958/59); A. Fabre-Luce, De Gaulle – Zwischen Tadel und Bewunderung (1961); R. Aron, Charles de Gaulle (Paris 1964).

Freie Städte (Freistädte). Im Unterschied zu den reichsfreien Städten im Dt. Reich seit dem 14. Jh. diejenigen Bischofsstädte, denen es seit dem 13. Jh. gelungen war, sich von der bischöfl. Verwaltung zu befreien und darüber hinaus das Stadtregiment in die eigene Hand zu nehmen.
LIT. H. Planitz, Die dt. Stadt im MA (^{2}1965); G. Landwehr, Die Verpfändung der dt. Reichsstädte im MA (1967); P.-J. Heinig, Reichsstädte, Freie Städte und Königtum 1389–1450 (1983).

Freigelassener (libertus). Lt. röm. Recht war er dem Freigeborenen (ingenuus) gegenüber polit. zurückgesetzt sowie vom Patron abhängig, dem er nicht nur Dienste schuldete, sondern der ihn auch beerbte.
LIT. H. Chantraine, F. und Sklaven im Dienst der röm. Kaiser (1967); W. L. Westermann, The Slave Systems of Greek and Roman Antiquity (Philadelphia 1955).

Freigut, Freihof. Im MA ein Landgut; es war frei von öffentl. oder grundherrl. Abgaben, desgl. von Diensten.

Freihafen (Zollausschlußgebiet). Bez. für einen Hafen mit einer Freizone: hier dürfen Waren aus dem Zollausland gelagert, umgepackt, weiterverarbeitet bzw. veredelt und wieder zollfrei ausgeführt werden. Neapel, Venedig, Triest (für die Donaumonarchie bis 1918), Hamburg, Kopenhagen und Stockholm sind bekannte F. Den vorgesehenen Regelungen für F. entsprechend, schufen die USA die sog. Freihandelszonen (durch ein Gesetz von 1934), worin ihnen andere amerikan. Staaten folgten. Zu den bekannten Freihandelszonen gehören New York, San Francisco, Seattle, Los Angeles, Panamá und Puntarenas (Costa Rica).

LIT. R. S. Thoman, Free Ports and Foreign Trade Zones (Cambr. 1956).

Freihandel (engl. Free Trade).
[1] Im allg. die unbeeinträchtigte Freiheit des Erwerbs und des Verkehrs, im bes. der von Zöllen und anderen staatl. Maßnahmen unbeeinflußte zwischenstaatl. Handelsverkehr. Entspr. den Grundgedanken des Liberalismus wird der Wirtschaftsrhythmus durch jeden Eingriff, der von außen erfolgt, gehemmt. Zu einer bestmögl. Arbeitsteilung zw. den einzelnen Ländern kann es nur dann kommen, wenn der Handelsverkehr keiner Behinderung unterliegt.
LIT. G. Haberler, Der internat. Handel (1953); A. Kruse, Außenwirtschaft (^{2}1965).
[2] Die **Freihandelslehre** bzw. ihre Praktizierung nahm ihren Weg von England aus; hier war die durch Adam Smith (1723–90) und seine Schule vertretene freihändler. Lehre insbes. von der Industrie aufgenommen worden (Manchesterpartei). In den Ländern Kontinentaleuropas war die Bedeutung der Freihandelsbewegung nicht so ausgeprägt wie in England. Infolgedessen kam es hier ledigl. zu einer Herabsetzung der Einfuhrzölle. Die Freihandelsbewegung war zeitl. und räuml. begrenzt. Die ihr entgegengesetzte Schutzzollpolitik (→Protektionismus) setzte in Dtl. mit dem Zolltarif von 1879 ein, nachdem andere Staaten hiermit bereits früher begonnen hatten, soweit sie nicht später folgten, während Rußland und die USA stets bei der Schutzpolitik geblieben waren. Nachdem der F. seit etwa den 80er Jahren des 19. Jh. mehr und mehr abgebaut worden war, wurden die letzten Überbleibsel während der Weltwirtschaftskrise von 1929 beseitigt. Nunmehr setzte sich die autonome Handelspolitik durch, die hinsichtlich der Austauschbeziehungen ausschließlich auf die Belange des Binnenbereichs, d. h. die Erhaltung der Vollbeschäftigung ausgerichtet war; die Wirtschaftsbeziehungen basierten auf dem bilateralen Handelsvertrag.
Nach dem Zweiten Weltkrieg trachtete man, eine größere Freiheit des Welthandels zu erreichen, d. h., man versuchte zu einer multilateralen Handelspolitik zurückzukehren (ein Versuch, der bereits nach dem Ersten Weltkrieg gemacht worden war). Speziell in Euro-

pa führten die Europäische Zahlungsunion sowie das Europäische Währungsabkommen zu einer gemäßigten Form des F. Innerh. der Europäischen Wirtschaftsgemeinschaft (EWG, dann EG, Europäische Gemeinschaften) und der Europäischen Freihandelsgemeinschaft (EFTA) wird der weitere Ausbau des F. vorangetrieben. Über EWG bzw. EG und EFTA hinaus wird auf einen weltweiten F. hingearbeitet, soweit ein solcher angesichts der bes. Probleme der Entwicklungsländer verwirklicht werden kann. Ebenso stellen in diesem Zusammenhang die kommunist. Staaten mit ihrer dirigist. Handelspolitik ein spezielles Problem dar.
LIT. R. Schüller, Schutzzoll und F. (1905); E. Carell, F. und größtmögliche Güterversorgung (1937); V. Hentschel, Die dt. Freihändler und der volkswirtschaftliche Kongreß (1975).

Freihaus. Nach älterem dt. Recht a) die Freistätte, das Asyl; b) ein Haus, das von Steuern, Fronden, Gericht etc. befreit war.

Freihäusler. In Schlesien früher Leute, die von Zins- und Frondiensten befreit waren.

Freiheit.
[1] Das Merkmal des Selbstbewußtseins sowie der Menschenwürde (Persönlichkeit). F. besteht in Unabhängigkeit von Knechtschaft und Zwang; sie beruht auf der inneren F. und dem Recht, das Leben innerh. der sittl. und gemeinschaftsbedingten Ordnung zu schaffen. F. und Recht gehören im MA aufs engste zusammen. F. ist im MA kein absoluter Begriff, es gibt vielmehr eine Vielzahl von Freiheiten (libertates). F. ist eng mit → Munt und → Herrschaft verbunden, daher besteht auch eine bes. Beziehung des Königs zur F. (Königsdienst macht frei). Die vom Liberalismus her geprägte individualist.-optimist. Denkart des 19. Jh. erstrebte weitergehende, durch eigene Einsicht geregelte Loslösung von Bindungen.
[2] Politik: F. bedeutet hier neben der äußeren Unabhängigkeit und Gleichberechtigung eines Staates (Souveränität) ebenfalls das Recht eines Volkes, über seine staatl. Einheit und Ordnung selbst zu entscheiden, darüber hinaus das Recht sämtl. Staatsbürger, an der Ausübung der Staatsgewalt teilzunehmen (Demokratie). Bereits in alter Zeit wurde die persönl. F. gegenüber der Staatsgewalt als ein hohes Gut betrachtet. Seit

der Reformation erfuhr das polit. Freiheitsbewußtsein eine Wiederbelebung; es erhielt sich in den städtischen F., bis sich im 18. und 19. Jh. das moderne polit. Freiheitsverlangen durchsetzte, das insbes. von Naturrecht und Aufklärung getragen wurde. Diese bürgerl.-liberale Bewegung erreichte durch die Revolutionen und Verfassungskämpfe der modernen Zeit die Sicherung der persönl. F. im Staat. Gewaltenteilung, Grundrechte sowie unabhängige Gerichtsbarkeit gehören in den modernen Verfassungsstaaten zu den institutionellen Garanten der persönl. F. Infolge der totalitären Massenbewegungen der neuesten Zeit werden die polit. F. des einzelnen weit stärker bedroht, als dies durch fürstl., feudale oder militär.-bürokrat. Gewalten jemals geschah.
[3] Recht: In der älteren dt. Rechtssprache bedeutet F. die Zugehörigkeit zum Stande der Freien. Unter F. von Städten, Ständen, Korporationen verstand man die diesen durch Tradition, Herkommen, Gewohnheitsrecht oder Privileg zustehenden Sonderrechte. Derartige alte F. gingen aber im Zeitalter des Absolutismus verloren. Einige Sonderrechte bestehen dennoch bis heute: die Immunität der Abgeordneten oder die Exterritorialität.
LIT. Geschichtl. Grundbegriffe 2 (1975); HWDRG I, 1228–33; E. Fromm, Die Furcht vor der F. (Zürich 1945); O. Veit, Die Flucht von der F. (1948); R. Zorn, Das Problem der F. (1952); L. Hand, Das Wesen der F. (dt. 1955); M. Pohlenz, Griech. F. (1955); Das Problem der F. in der dt. und schweizer. Geschichte (1955); Ch. Morgan, Von der F. des Geistes (dt. 1956); O. Veit, Soziologie der F. (1957); L. Szondi, F. und Zwang im Schicksal des einzelnen (1968); J. Schlumbohm, F. Die Anfänge der bürgerl. Emanzipationsbewegung in Dtl. im Spiegel ihres Leitworts (1975); D. Klippel, Polit. F. und F.srechte im dt. Naturrecht des 18. Jh. (1976); TRE XI (1983); H. G. Frankfurt, F. u. Selbstbestimmung (2000); K. Hornung, Die offene Flanke der F. (2001).

Freiheit der Meere. Völkerrechtl. Grundsatz, wonach das obere Meer keiner Staatsgewalt unterworfen ist und von allen Staaten oder deren Angehörigen in gleicher Weise benutzt werden darf. Ausgenommen von der F. d. M. sind ledigl. die Küstengewässer. Die F. d. M. umfaßt die Befugnis aller Flaggen, im Frieden ungehindert Schiffahrt zu betreiben, sich der Reichtümer des Meeres zu bemächtigen (Fischerei) sowie Kabel zu verlegen. Formuliert wurde der Grundsatz von der F. d. M. zum erstenmal durch Hugo Grotius (1583–1645) 1609.

LIT. F. Stier-Somlo, Die F. d. M. und das Völkerrecht (1917); E. G. Hofmann, Der Grundsatz der Freiheit der Seeschiffahrt im Völkerrecht (1956); C. J. Colombos, The International Law of the Sea (London ⁶1967).

Freiheit, Gleichheit, Brüderlichkeit (liberté, égalité, fraternité). Ein durch die Französische Revolution von 1789 geprägtes Schlagwort, das zur Devise der französischen Republik wurde.

Freiheitsbaum. Eine während des amerikan. Unabhängigkeitskrieges (1775–83) entstandene Sitte, Bäume als Symbol der Freiheit zu pflanzen. Durch die Franz. Revolution übernommen.

LIT. S. Anderegg, Der F. (1969).

Freiheitskämpfe, Freiheitskriege. Bez. für die Kämpfe von Völkern und Staaten um ihre Selbständigkeit, entweder gegen drohende oder bereits eingetretene Gewaltherrschaft seitens fremder Staaten und Völkerschaften; außerdem das Ringen um Verselbständigung innerh. einer bestehenden Machtorganisation, z. B. eines Reiches; weiter die Erhebung gegen eine Kolonialmacht, die Kämpfe innerh. eines Staates wider die polit. und sozialen Verhältnisse, gegen eine Verfassung, im Regierungssystem etc. – Im engeren Sinne bez. man als F. die Auseinandersetzungen, die von 1813–1815 zur Befreiung von der Herrschaft Napoleons geführt wurden.

LIT. R. Friederich, Die Befreiungskriege (1911–13); H. W. Koch, Die Befreiungskriege 1807/1815 – Napoleon gegen Deutschland und Europa (1987); Wenzlik, Waterloo – Der Feldzug von 1815 (1998).

Freiheitsmütze →Freiheitssymbole.

Freiheitssymbole.
a) Fahnen und Glocken: in Florenz (1215) »zu Ehren Gottes und der Freiheit« geweiht; Liberty Bell (seit 1753 im State House von Philadelphia); sie läutete 1776 den amerikan. Unabhängigkeitskampf ein; seit 1950 im Berliner Rathaus die tägl. um 12 Uhr läutende Freiheitsglocke.
b) Bäume: Freiheitsbäume, vor allem Pappeln; sie wurden während des Unabhängigkeitskrieges in Amerika ge-

pflanzt; in der Französischen Revolution die Arbres de la Liberté (wahrscheinlich 1790 zum erstenmal durch die Jakobiner errichtet).
c) Kopfbedeckungen: die Jakobinermütze (bonnet de la liberté, Freiheitsmütze); der Form nach kommt sie von der »phrygischen« Mütze her, die von Fischern am Mittelmeer getragen wurde; ihrer Bedeutung nach entspricht sie dem pileus libertatis (wie bereits der Doktorhut), dem Abzeichen des freien Römers, das dem Sklaven anläßl. seiner Freilassung verliehen wurde.
d) Bauten: das Atrium libertatis in Rom oder ma. Rathäuser.
Als Personifikation der Freiheit galt in Rom die Göttin Libertas (das älteste F.), gewöhnl. mit dem pileus libertatis in der Rechten. In ihr haben ihren Ursprung auch die Liberté Delacroix' (1798–1863) sowie die New Yorker Freiheitsstatue am Eingang des Hafens, von F. A. Bartholdi (1834–1904) geschaffen und 1886 als Geschenk Frankreichs errichtet. Die Rolandsfiguren des MA galten nur in wenigen Fällen als F., z. B. die zu Bremen aus dem Jahre 1404.
Die Athener Demokratie symbolisierte das Denkmal der Tyrannenmörder, der Kämpfer für die Freiheit; im MA und der Renaissance galten Judith und David als Freiheitssymbole.

LIT. W. Helbig, Über den pileus der alten Italiker. In: Sitz.-Ber. der Bayer. Akad. der Wiss., Phil.-hist. Kl. (1880); H. Friedel, Der Tyrannenmord in Gesetzgebung und Volksmeinung der Griechen (1937); H. Meyer, Freiheitsroland und Gottesfrieden. In: Hansische Geschichtsblätter, 56 (1931); H. Kauffmann, Donatello (²1936); H. Keller, Denkmal. In: Reallex. zur dt. Kunstgeschichte 3 (1954); Symbolon, Jb. für Symbolforschg., hrsg. von J. Schwabe, 1–5 (1960–66).

Freiherr (Edelfreiherr, ahd. baro, Mann). Adelstitel; urspr. ein Lehnsmann; er hatte sein Lehen direkt vom König. Seit der NZ allmähl. Reichsritter (→Baron). Weibl. Form Freifrau, Freiin (Freifräulein).
Der Titel F. konnte vom Kaiser verliehen werden; die durch den Kaiser in den Freiherrenstand Erhobenen wurden Reichsfreiherrn genannt.

Freilassung.
a) lt. german. Recht die Entlassung eines Unfreien aus der Knechtschaft; sie

erfolgte durch die Übergabe eines Freibriefes.

b) röm. Recht: →Freigelassener.

Freimann. In der älteren dt. Sprache Bez. für einen freien Bauern; ebenfalls der Hörige, der nur mit verschiedenen Freiheitsrechten ausgestattet war, u. a. mit dem Recht des freien Abzugs.

Freimaurerei (Freimaurerbund). In den Bauhütten der gotischen Dome entstanden, was für Straßburg und Aberdeen nachweisbar ist, wurde ihr Handwerk durch die Zünfte der Maurer ins Geistige erhoben. In England hat sich die Symbolik der F. am längsten erhalten. Im Jahre 1717 schlossen sich in London vier Bauhütten (Logen) zu einer Großloge zusammen. Die F. nahm von hier aus eine rasche Verbreitung auf dem Kontinent: 1725 wurde die erste Loge in Paris, 1736 in Genf gegründet. Nach Dtl. kam die F. 1737, als in Hamburg die Loge Absalom gegründet wurde. In der humanist. Geistesrichtung fand sie wirksame Unterstützung. Von jeher sind Fürsten, Staatsmänner, Gelehrte, Künstler und Kaufleute Mitglieder der Logen gewesen, z. B. Friedrich d. Gr., Goethe, Mozart etc. Die F. erstrebt die Erziehung ihrer Mitglieder ohne konfessionelle Bindung zur Humanität, durch Übung der vom Bauhandwerk hergeleiteten symbol. Gebräuche, durch Pflege des Idealen und Freundschaft sowie durch Erfüllung sozialer Pflichten.

LIT. F. Runkel, Geschichte der F. in Deutschland. 3 Bde. (1932); E. Lenhoff, O. Posner, Internationales Freimaurerlexikon (1932); W. Stukenberg, Die F. (1953); H.-G. Deiters, Die F. (1963); E. Lennhoff und U. von Merhart, Die F. (1963); U. von Merhart, Panorama der Welt-F. (1967); E. Rosenstrauch-Königsberg, F. im josephin. Wien (1974); W. Dotzauer, Freimaurergesellschaften am Rhein (1977); L. Hammermayer, Der Wilhelmsbader Freimaurer-Konvent von 1782 (1980); R. Halevi, Les loges maçonniques dans la France d'Ancien Régime aux origines de la sociabilité démocratique (1985); H. Reinalter, Joseph II. und die F. im Lichte zeitgenöss. Broschüren. Komm. für Neuere Geschichte Österreichs 77 (1985/86); H. Biedermann, Das verlorene Meisterwort. Kultur- und Geistesgeschichte des Freimaurertums (1986); H. Schneider, Dt. Freimaurer Bibliothek, 2 Tle. (1993).

Freimeister. Während des MA Handwerksmeister, die außerh. der Zünfte standen. Sie übten ihr Handwerk auf Grund einer durch den Stadtrat ausgestellten Erlaubnis aus. Teilweise waren die F. sogar privilegiert, da ihnen die Möglichkeit gegeben wurde, die Stellung der in der Zunft zusammengeschlossenen Meister zu brechen. Der Gruppe der Bönhasen sind die F. nicht zuzurechnen. Sie arbeiteten ohne Lehrlinge und Gesellen; an die ihrem Handwerk entsprechende Zunft entrichteten sie häufig eine geringfügige Abfindung. Gab es in einer Stadt mehrere F. desselben Handwerks, so schlossen sie sich bisweilen zur Zunft der F. zusammen.

Freirechtsschule. Eine rechtswissenschaftl. Schule, die ihren Höhepunkt um 1900 erlebte. Sie richtete sich gegen die um diese Zeit herrschende histor. und positivist. Schule. Ihre Forderungen zielten auf eine freie Auslegung des Gesetzes sowie darauf, daß als Rechtsquelle außer dem Gesetz das richterl. Recht zu gelten habe. Dieses wiederum habe zurückzugehen auf das Abwägen der Interessen, soziale Gerechtigkeit, zudem Billigkeit und Zweckmäßigkeit.

LIT. H. Reichel, Gesetz und Richterspruch (1915); E. Stampe, Die Freirechtsbewegung (1911); H. U. Kantorowicz, Aus der Vorgeschichte der F. (1925); E. Fuchs, Gerechtigkeitswissenschaft. Ausgewählte Schriften zur Freirechtslehre (1965).

Freireligiöse. Eine dogmenfreie Bewegung, die 1840 in Mitteldtl. auf dem Boden der prot. Landeskirche entstand. Nach dem Ersten Weltkrieg wuchs die freireligiöse Bewegung an; unter dem Nationalsozialismus war sie verboten. Nach 1945 bildeten sich erneut zahlreiche freireligiöse Gemeinden.

LIT. TRE XI (1983) 567–72; F. Heyer, V. Pitzer (Hrsg.), Religion ohne Kirche. Die Bewegung der Freireligiösen. Ein Handbuch (^{2}1979).

Freisasse. Bez. für den Besitzer eines Freiguts.

Freischaren. Bewaffnete Freiwilligenscharen; sie bilden sich auf Veranlassung einzelner Persönlichkeiten oder polit. Parteien durch freiwilligen Zuzug ohne Ermächtigung des Kriegsherrn. Da sie der Kriegsmacht angegliedert sind, ist ihre rechtl. Stellung und Verwendung im Kriegsfalle seit dem Haager Landfriedensabkommen (1899) geregelt.

LIT. H. A. Koch, Fremdvölkische Truppenteile des dt. Heeres (Feldgrau 4, 1956).

Freischarenzüge. Bez. für die Kriegszüge radikaler Schweizer am 8. 12. 1844 und am 31. 3. 1845; sie waren gegen Luzern gerichtet und führten zum sog. Sonderbund, einer Schutzvereinigung konservativer Kantone. LIT. O. Marchi, Der erste F. (1971).

Freisinn. Eine polit. Richtung, die die Verwirklichung eines liberalen Staatsprogramms sowie eine grundsätzl. individualist. Wirtschaftsordnung zu erreichen suchte; sie nahm später auch sozialliberale und -reformerische Ideen auf; nach 1870 organisierte sie sich in Parteien. Die Dt. Freisinnige Partei löste sich 1893 auf; sie lebte fort in der Freisinnigen Vereinigung und der Freisinnigen Volkspartei, welche 1910 in der Fortschrittlichen Volkspartei aufging, die wiederum 1919 den Hauptbestand der Demokratischen Partei lieferte.

Der F. entstand in der Schweiz aus der Kritik an der Regeneration (1815–30). Er repräsentierte das Ideengut der Franz. Revolution; dem föderalist. Element gegenüber vertrat er das zentralistische. Der F. vermochte die Grundsätze des polit. Liberalismus durch die Bundesverfassung von 1848 zu verwirklichen; eine organisatorische Etablierung als Partei erfolgte erst 1894. Dem F. erwuchs gegen Ende des 19. Jh. die Opposition der industriellen Arbeiterschaft, die sich in der Sozialdemokratie organisierte.

LIT. H. Rutishauser, Liberalismus und Sozialpolitik in der Schweiz (1935); D. Fricke (Hrsg.), Die bürgerl. Parteien in Dtl. 1830–45 (1968).

Freistaat. Die dt. Bez. für Republik. Für die meisten der dt. Länder nach 1918 die offizielle Bez.; nach 1945 bez. sich nur noch die Länder Baden (bis 1953) und Bayern, seit 1990 auch Sachsen als F. Nach Art. 17 der Weimarer Verf. mußte jedes der dt. Länder eine freistaatl. Verfassung haben.

Freistatt, Freistätte; Zufluchtsort (→Asyl).

Freizügigkeit. Gegen das Vordringen der Grundherrschaft, den Zunftzwang etc. im MA gerichtet bzw. gegen die hierdurch erschwerte freie Wahl des Aufenthaltsortes. Erst im 19. Jh. erfolgte die Gewährleistung der Freizügigkeit.

LIT. I. Jahreis, Das Prinzip der F. nach dem GG (Diss. München 1953); H. P. Tieves, F. nach allg. Völkerrecht … (Diss. Köln 1959).

Fremde. Weder im antiken Griechenland noch im antiken Rom hatte der F. Anteil an den polit. Rechten. Als peregrinus war er in der älteren Zeit rechtund schutzlos; weithin wurde er sogar als Feind betrachtet. Später erlangte er das Gastrecht (hospitium). Der F. lebte im Privatrecht nach seinem heimischen Recht; im Vermögensverkehr bildete sich jedoch ein Recht der Völker (ius gentium) heraus. Im Röm. Reich vermochten die F. in großem Umfang das röm. Bürgerrecht zu erlangen; die Unterscheidung zwischen civis und peregrinus verlor mehr und mehr an Bedeutung.

Die Germanen bezogen den F. (got. gasts, ahd. alilanti) grundsätzl. nicht in ihre Rechtsordnung ein. Bürgte ein Gastfreund jedoch für ihn, dann konnte er ihm Rechtsschutz verschaffen. Innerh. der fränk. Rechtsgebiets wurden die F. während des MA ihrem nationalen Recht entspr. behandelt; die Neigung, sie dem sächs. Recht des Aufenthaltsstaats zu unterwerfen, wuchs aber. Die F., denen zahlreiche Rechte vorenthalten blieben, so das des Grunderwerbs und des Marktrecht, konnten den Einheimischen durch Privilegien gleichgestellt werden. Die Rechtsstellung der F. erfuhr eine nachhaltige Verbesserung z. Z. des Absolutismus, insofern die Staaten dadurch qualifizierte Ausländer anzuziehen vermochten. Die F. sind den Einheimischen seit dem 19. Jh. grundsätzl. gleichgestellt.

LIT. U. Kahrstedt, Stud. zum öffentl. Recht Athens, 1 (1934); A. H. Roth, The Minimum Standard of International Law applied to Aliens (Leiden 1949); K. Doehring, Die allg. Regeln des völkerrechtl. Fremdenrechts und das dt. Verf.-Recht (1963); A. Kloesel und R. Christ, Dt. Ausländerrecht (1965); W. Kanein, Das Ausländer-Ges. und die wesentl. fremdenrechtl. Vorschriften (1966); G. Weissmann, Ausländer-Ges. (1966); H. Sonnabend, Fremdenbild und Politik. Vorstellungen der Römer von Ägypten und dem Partherreich in der späten Republik und frühen Kaiserzeit (1986).

Fremdenlegion.
a) Die französische F. (Légion étrangère), 1831 durch König Louis-Philippe

(1830–48) in Frankreich aus polit. Flüchtlingen, Deserteuren und Abenteurern aller Länder gebildet. Zunächst in dem eben eroberten Algerien verwendet, zeichnete sich die Truppe während des Dt.-Franz. Krieges von 1870/71, in Marokko und während des Ersten Weltkriegs aus. 1940 wurde die F. aufgelöst, 1946 neu gegründet. b) 1855 wurde die engl. F. für den Kampf auf der Krim und im Vorderen Orient gegen Rußland gebildet. Kolonialformationen anderer Staaten wiesen ebenfalls Legionscharakter auf, so die Spaniens, Belgiens und der Niederlande.

LIT. F. von Papen, Die französische F. ([12]1926); W. von Trotha, Frankreichs F. (1929); E. O'Ballance, The Story of the French Foreign Legion (London 1961); G. Blond, Die F. (dt. 1966); E. Michels, Deutsche in der F. (1998).

Frevel (ahd. fravali, Kühnheit). Bez. für tadelnswerte Handlungen gegen das Vermögen, meist in Verbindung mit Sachbeschädigung, z.B. Jagd-, Wild- und Fischfrevel, sowie Forst-, Wald- und Feldfrevel. Im älteren dt. Recht galt F. nicht als eine Strafe an »Hals und Hand«, d.h. ein mit Tod oder Verstümmelung geahndetes Vergehen; F. war eine Straftat, die an »Haut und Haar«, d.h. durch Züchtigung, Haarscheren vollzogen wurde; auch durch eine Geldstrafe (Brüche).

Friede (lat. pax, franz. paix, engl. peace, griech. eirene). Zustand harmonisch ausgeglichener gegenseitiger Beziehungen; er ist insbes. durch die Kraft der Gerechtigkeit und der Humanität sowie das Gefühl der Ruhe und Sicherheit gekennzeichnet; zerstört wird der F. durch Streitigkeiten und Kampf. Als das Ziel jeder in die Politik gesetzten Hoffnung wurde der F. im At. zum Teil kultisch verehrt, z.B. in Athen seit 449 v. Chr. Im MA wurde das Erbe der Pax Romana mit dem Friedensgedanken der christl. Botschaft verbunden; in der NZ wurde es aufgenommen vom Abbé de Saint-Pierre (1658–1743) in seinem ›Projet pour rendre la paix perpétuelle en Europe‹, (1712/13; dt. 1922); durch I. Kant (1724–1804) in seiner Schrift ›Zum ewigen Frieden‹ (1795) u.a., ohne daß sich hieraus jedoch prakt. Konsequenzen ergeben hätten. Angesichts der modernen Kriegswaffen erwächst aus der religiös-sittl. Verpflichtung, den F. zu verteidigen, der Zwang, den physischen Fortbestand der Menschheit zu sichern.

Mit dem Erstarken der Staatsgewalt in histor. Zeit ist die Sicherung des F. überall auf die staatl. Organe übergegangen. Bis zum Ausgang des MA hat sich in den abendländ. Staaten das Fehderecht erhalten. Frühzeitig entwickelte sich ein bes. Friedensschutz als Burg-, Stadt-, Heer- oder Gerichtsfriede. Friedensstörungen, die sich aus der Anwendung des Fehderechts ergaben, wurden eingegrenzt durch die Treuga Dei sowie den Landfrieden. Friedensbruch, zunächst die Verwirkung des F. gegenüber dem Verletzten bei einem Verbrechen, wird heute von den Strafgesetzen als Haus- und Landfriedensbruch bestraft. Der innere F. wird heute bedroht und gestört durch Arbeitskämpfe (Streiks); durch den Abschluß von Tarifverträgen übernehmen die Tarifpartner eine tarifl. Friedenspflicht.

In der prakt. Politik versuchte man durch Friedensschlüsse (Friedensverträge) Vereinbarungen, die den zw. den Staaten bestehenden Kriegszustand beendeten, zu sichern. In der NZ werden Friedensschlüsse bzw. -verträge meist nach dem Ort des Vertragsabschlusses benannt, z.B. Pariser F. von 1814, 1815, 1856. Sie sind zu unterscheiden von den vorausgehenden Vereinbarungen über Waffenruhe; ebenfalls den vorläufigen Abreden der Beteiligten (Präliminarien, Präliminarfrieden). Bis zum Ende des 19. Jh. machte der Gedanke, internationale Streitigkeiten durch Schiedsgerichte zu schlichten, große Fortschritte. Seinen wohl wichtigsten und nachhaltigsten Niederschlag fand er in den beiden Haager Friedenskonferenzen (1899, 1907); ihr Hauptresultat war die Errichtung des Ständigen Schiedshofs im Haag.

Die Bemühungen, den F. zu sichern, wurden nach dem Ersten Weltkrieg verstärkt. Der Völkerbund sowie der Ständige Internat. Gerichtshof im Haag sollten universale Einrichtungen der Friedenssicherung sein; der Kellogg-Pakt (1928) schloß den Krieg als Mittel zur Durchsetzung nationaler Ziele aus. Die der Friedenssicherung dienenden Aufgaben des Völkerbundes wurden nach dem Zweiten Weltkrieg durch die Vereinten Nationen übernommen; der Haager Gerichtshof (Internationaler Gerichtshof) wurde erneuert. Dennoch blieben die Versuche, eine allg. Abrüstung zu erreichen, auch seit dem Zerfall der UdSSR (vgl. u. a. die Staaten des Mittleren Ostens, Lybien) ohne Ergebnis; es kam jedoch eine internationale Kontrolle der Atomenergie zustande (Kernwaffensperrvertrag von 1968). LIT. H. Fuchs, Augustin und der antike Friedensgedanke (1928); W. Nestle, Der Friedensgedanke in der antiken Welt (1938); R. Laun, Der dauernde F. (1947); H. J. Schlochauer, Die Idee des Ewigen F. (1953); K. v. Raumer, Ewiger F. (1953); R. N. Coudenhove-Kalergi, Weltgeschichte des F. (1956); R. Schneider, Der F. und die Welt (1956); K. Jaspers, Wahrheit, Freiheit und F. (1958); E. Biser, Der Sinn des F. (1960); R. Aron, F. und Krieg (dt. 1963); S. T. Possony, Strategie des F. Sicherheit und Fortschr. im Atomzeitalter (1963); H. Angermeier, Königtum und Landfriede im dt. SpätMA (1966); TRE XI (1983) 599–646; C. Kuhlmann, Peace – A Topic in European History Text-Books? (1985); Frieden in Geschichte und Gegenwart. Hrsg. vom Histor. Seminar der Universität Düsseldorf (1985).

Friede den Hütten, Krieg den Palästen. »Guerre aux châteaux, paix aux chaumières.« Formel der Franz. Revolution, die alte Vorstellungen von einem natürl.-einfachen, friedl. Leben mit aufklärer. Ideen verquickt und die Begriffswelt der Revolution über Frieden und Krieg zusammenfaßt. Diese Parole stellt eine erweiterte Fassung der Formel dar: »guerre aux rois, paix aux nations«, die aus der Legende von den friedliebenden Republiken und den kriegslüsternen Monarchien hervorgegangen ist.

Friedelehe. Die nach ahd. Recht lösbare Ehe mit einer freien Frau, der Friedel; sie trat nicht unter die Munt des Mannes und erhielt kein Wittum, sondern eine Morgengabe. Die Vorgängerin der F. ist die morganat. Ehe. Die aus einer F. hervorgegangenen Kinder standen denen aus einer Vollehe unter der Voraussetzung gleich, daß der Vater sie »aufnahm«.

Friedensbürgschaft. Die Möglichkeit, durch den Strafrichter einer Person das Versprechen abzunehmen, eine geplante strafbare Handlung nicht auszuführen, hierfür hingegen eine angemessene Sicherheit zu leisten. Die F. war im altdt. und ist noch im engl. Recht entwickelt; nach dem Vorbild älterer Straf-

rechte der Kantone ist sie auch in das schweizer. Strafgesetzbuch aufgenommen worden.

Friedensfreunde →Pazifismus.

Friedensgeld (lat. fredus). Nach german. Recht ein Betrag, der im Falle sühnbarer Friedensbrüche durch den Täter an die öffentl. Gewalt zu entrichten war. Das F. galt als Preis für die Wiederherstellung des Friedens.

Friedensresolution. Öffentl. Erklärung zur Friedensbereitschaft, so die am 19. 7. 1917 durch die Mehrheit der Linken im Dt. Reichstag unter der Führung Erzbergers (1875–1921; ermordet) erklärte Bereitschaft zu einem Verständigungsfrieden ohne Annexionen und Kriegsentschädigungen.

LIT. W. Steglich, Die Friedenspolitik der Mittelmächte 1917/18 (1964).

Friedensrichter (Vermittler). Eine ehrenamtl. tätige Person, deren Aufgabe es ist, bei Beleidigungen, einfacher Körperverletzung, Hausfriedensbruch u. ä. einen Sühneversuch zu unternehmen (Güteverfahren). – In England und den USA ein Einzelrichter, der für die Rechtsprechung in Straf- und Zivilsachen niederer Ordnung zuständig ist. Von der Krone ernannte F. wirken in England seit dem 13. Jh.; sie entstammen meist der Gentry. In der Schweiz ein Rechtspflegebeamter (juge de paix). Durch ihn ist ein Sühneversuch, der obligatorisch ist, durchzuführen.

Friedenssicherung. Die Bemühungen, den Weltfrieden durch gemeinsame Maßnahmen sämtl. Staaten, zumindest aber einer größeren Gruppe von Staaten, nicht nur herbeizuführen, sondern auch zu gewährleisten. Ihre Wurzel haben die Bemühungen, den Frieden zu sichern, in den Friedensgedanken des christl. geprägten ma. Reiches; sie wirkten fort in den Friedensbemühungen William Penns (1644–1718; ›Essay on the Present and Future Peace of Europe‹, 1693) sowie des Abbé de Saint-Pierre (1658–1743; ›Projet pour rendre la paix perpétuelle en Europe‹, 1712/13). Durch I. Kant (1724–1804) wurde die Idee des ›Ewigen Friedens‹ zu einem universalen Friedensprogramm ausgeweitet; sie erfuhr durch ihn auch die entspr. Vertiefung (›Zum ewigen Frieden‹, 1795). Die christl. Friedensidee fand auf kath. Seite ihren Ausdruck in den diesbezügl. Bemühungen seit Papst Leo XIII. (1878–1903), auf prot. Seite in denen

Friedensvertrag

des ›Weltbunds für Freundschaftsarbeit der Kirchen‹ (1914). Neben diesen theoret. Bemühungen versuchte man in der prakt. Politik durch die Friedensschlüsse von Münster und Osnabrück (1648) sowie Utrecht (1713) den europ. Frieden zu sichern. Über nahezu vier Jahrzehnte hinweg gelang die F. der Hl. Allianz (1815). Eine Humanisierung der Kriegführung wurde seit dem Krimkrieg (1853–56) und dem Österreich.-Ital. Krieg (1859) versucht; sie fand ihren Ausdruck in der Genfer Konvention vom 22. 8. 1864, einem von 16 Staaten unterzeichneten Abkommen, aus dem das Rote Kreuz hervorging. Vor dem Ersten Weltkrieg kam es zu verstärkten Bemühungen, internationale Streitigkeiten durch Schiedsgerichte beizulegen; sie konkretisierten sich in den Haager Friedenskonferenzen (1899, 1907) bzw. der Errichtung des Ständigen Schiedshofs im Haag.

Nach dem Ersten Weltkrieg wurden die Bemühungen zur F. fortgesetzt. Sowohl der Völkerbund als auch der Ständige Haager Schiedshof waren Institutionen der F. Aus dem Erlebnis des Ersten Weltkriegs heraus sollte ihnen eine bes. Bedeutung im Rahmen der F. zukommen. Es gelang dem Völkerbund jedoch nicht, die in ihn gesetzten Erwartungen zu erfüllen, d. h. eine Revision der Pariser Vorortverträge zu erreichen und eine allg. Abrüstung herbeizuführen; die gemeinsame Abwehr von Friedensstörungen mittels Sanktionen gegen einen Angreifer erwies sich ebenfalls als wirkungslos, denn es konnten weder bewaffnete regionale Konflikte noch der Zweite Weltkrieg verhindert werden. Seit dem Zweiten Weltkrieg nehmen die Vereinten Nationen (UNO) die der F. dienenden Aufgaben des Völkerbunds, der sich 1946 auflöste, wahr. Der Haager Schiedshof wurde als Internationaler Gerichtshof erneuert. Trotz dieser neuen oder erneuerten Institutionen zur F., die sich namentl. um eine allg. Abrüstung sowie eine Kontrolle der Kernwaffenerzeugung bemühen, konnten kriegerische Auseinandersetzungen nicht vermieden werden: in Korea (1950/53), im Kongo (1961/62), in Vietnam (1949–75), im Nahen Osten (1967; 1973) etc. Die Bemühungen um einen Friedensvertrag mit Gesamtdeutschland wurden durch die Vereinigung erfolgreich abgeschlossen.

LIT. H. J. Schlochauer, Das Problem der F. in seiner ideengeschichtl. und völkerrechtl. Entwicklung (1946); A. Hanke, Friedenspläne und Friedensorganisationen (1958); F. Dickmann, Friedensrecht und Friedenssicherung (1971); W. von Simson, Die Verteidigung des Friedens (1975); P. Lock (Hrsg.), Frieden als Gegenstand von Wissenschaft (1982); H. Röhrs, Frieden – eine pädagogische Aufgabe. Idee und Realität der Friedenspädagogik (1983); G. Heiss, H. Lutz (Hrsg.), Friedensbewegungen. Bedingungen und Wirkungen (1984); D. Riesenberger, Geschichte der Friedensbewegung in Dtl. von den Anfängen bis 1933 (1985).

Friedensvertrag. Eine Übereinkunft, durch die ein Krieg beendet und der Friede zwischen den vertragschließenden Parteien wiederhergestellt wird. Sowohl die territorialen als auch die polit. Verhältnisse, darüber hinaus die Fragen der Entschädigungen (Reparationen), der Abrüstung, der Entfestigung oder der Entmilitarisierung von Gebietsteilen, Garantien für die Sicherung der Erfüllung der erhobenen Ansprüche (z. B. die Besetzung des gesamten Landes oder von Landesteilen durch den Sieger), die Beendigung des Wirtschaftskrieges sowie die Wiederherstellung eines friedl. Verkehrs werden durch einen F. geregelt. Im Falle eines Bürgerkrieges entfällt ein F., außerdem bei vollständiger Unterwerfung (debellatio) und einer hierauf erfolgenden Annexion durch den Gegner (wie im Falle Hannover, Kurhessen, Nassau, Frankfurt/M. im Jahre 1866, der Burenrepubliken im Jahre 1901). Führen verschiedene Staaten gemeinsam einen Krieg, dann verpflichten sie sich häufig, keinen Sonderfrieden (Separatfrieden) abzuschließen. Die entscheidenden Forderungen und Zugeständnisse, die für einen F. verbindlich sind, werden mitunter in einem Vorfrieden (Präliminarfrieden) festgelegt (z. B. Nikolsburg 1866; Versailles 1871). Dagegen werden durch einen Waffenstillstand ledigl. die Kampfhandlungen eingestellt; der Waffenstillstand kann jedoch mit einem Vorfrieden verbunden werden (dies geschah im Falle der Waffenstillstandsvereinbarungen der UdSSR mit Rumänien, Bulgarien, Ungarn und Finnland – verbündete Deutschlands im Zweiten Weltkrieg – in den Jahren 1944/45). Nach Kriegen, an denen zahlreiche

Staaten beteiligt waren, kommt es gewöhnl. zu Friedenskonferenzen (Kongressen), auf denen der F. ausgehandelt wird. Bedeutende Friedenskonferenzen bzw. -kongresse waren die zu Münster und Osnabrück (1644–48), zu Utrecht (1713), zu Aachen (1748), zu Rastatt (1797–99), zu Wien (1815), zu Berlin (1878), im Haag (1899 und 1907), zu Paris und Vororten (1919/20). Ein F. kann a) die Wiederherstellung des früheren Zustandes (Status quo ante), b) die Herstellung einer neuen polit. Ordnung zu erreichen suchen. Das Ergebnis eines F. kann aufgrund von Vereinbarungen zwischen Siegern und Besiegten auf der Basis der Gleichberechtigung (Verständigungsfriede) zustande kommen; es kann aber auch die dauernde Überlegenheit des Siegers anstreben. In der Regel kommt es zwischen den ehem. Kriegführenden zu Verhandlungen über den Inhalt des F. (zu Versailles – 1919 – wurde ledigl. schriftl. und zudem nur für kurze Zeit verhandelt). Wird durch den Sieger auf den Besiegten ein Druck ausgeübt, so entsteht daraus kein rechtl. Mangel des F.

Nach dem Zweiten Weltkrieg kamen F. zustande (im Anschluß an Friedenskonferenzen) zwischen den Alliierten und Italien, Rumänien, Ungarn und Finnland (am 10. 2. 1947 zu Paris), zw. den Alliierten (ausschließl. der UdSSR) und Japan (am 8. 9. 1951 zu San Francisco), zw. den Alliierten und Österreich (am 15. 5. 1955 zu Wien; Staatsvertrag). Mit Gesamtdeutschland ist es im Zusammenhang mit der Wiedervereinigung zu friedensichernden Abmachungen und Verträgen gekommen.

LIT. H. Hackett und H. Nicolson, Das europ. Gleichgewicht. Friedenskongresse in 3 Jh. (1948); P. Drost, Contracts and Peace Treaties (Den Haag 1948); F. A. von der Heydte und H. Müller, in: StL 3 (1959); H. von Hentig, Der Friedensschluß (1952; Neuaufl. 1965); H. Rößler (Hrsg.), Ideologie und Machtpolitik 1919 (1966); D. Blumenwitz, Die Grundlagen eines F. mit Deutschland (1966); G. Schulz, Revolutionen und Friedensschlüsse (1967); B. Mesmer, Friedensverträge aus der Zeit der deutschen Einigung (1975); J. Fisch, Krieg und Frieden im Friedensvertrag (1979).

Friedland (Ostpr.), **Schlacht bei** (14. 6. 1807). Durch den Sieg Napo-

leons I. (reg. 1804–14/15) über die Preußen und Russen führte sie zum Frieden von Tilsit.

Friedlosigkeit. Im MA die sich aus einigen schweren Verbrechen ergebende gesetzl. Folge. Dementspr. wurde der Friedlose in das Tot- und Schelmenbuch (Achtbuch) eingetragen und verrufen; man durfte ihn straflos töten; seine Habe war jedwedem Zugriff preisgegeben; aus jeder Form der Rechtsgemeinschaft war er herausgerissen.

Friedrichsd'or, abgek. Frdor. Eine von 1750–1855 geprägte preuß. Silbermünze im Wert von 5–5⅔ Silbertaler. Es wurden auch doppelte und halbe F. geprägt.

Fron, Fronde (von ahd. frô, Herr). Hörigkeit einem Herrn, urspr. Gott gegenüber, später der Arbeitsdienst für einen Gebieter.

LIT. F. Lütge, Geschichte der dt. Agrarverfassung vom frühen MA bis zum 19. Jh. ([2]1967); ders., Dt. Sozial- und Wirtschaftsgeschichte ([3]1960).

Fronbote. Im MA zunächst der Vollstreckungsbeamte eines Grafen, dann allg. der Gerichtsdiener (Büttel, Weibel), der außerdem mit Verwaltungsaufgaben betraut war, u. a. mit dem Einziehen der Steuern. In einer Reihe von Städten fungierte der F. als Richter in Bagatellsachen.

Fronde (franz., Schleuder). Die während der Minderjährigkeit Ludwigs XIV. gegen Kardinal Mazarin (1643–61) gerichtete Opposition des Pariser Parlaments, der Bevölkerung von Paris und des franz. Adels. Der Widerstand richtete sich gegen Mazarins Absolutismus; von 1648–53 führte er zum Bürgerkrieg. – Dementspr. bez. man eine jed organisierte Gruppe Oppositioneller als Fronde.

LIT. H. Sée, Les idées politiques en France au 17e siècle (1923); H. Courteault, La F. à Paris (1930); A. Bailly, Mazarin (1942); B. Poršnev, Die Volksaufstände in Frankreich vor der F. 1623–48 (dt. 1954); A. L. Moote, The Parliamentary F. and the 17th Century Robe Solidarity. In: French Historical Studies, 2 (1962); E. Birnstiel, Die F. in Bordeaux, 1648–53 (1985).

Frondienste (Zwangsdienste). Teils Spanndienste, d. h. Ackerbestellung, Baufuhren etc., teils Handdienste, d. h. persönl. Verrichtungen auf dem Gutshof. Die meist unentgeltl. F. (Vergütung in Form von Beköstigung kam vor) wa-

ren nach Zahl, Zeit, Ort und Art nicht genau festgelegt. Im allg. war jedoch seit dem ausgehenden MA in Westeuropa, Westdtl. eingeschlossen, der Frondienst auf bestimmte Tage des Jahres, des Monats oder der Woche beschränkt. Geleistet bzw. verlangt wurden die Dienstleistungen von den hierzu Pflichtigen gleichzeitig (sässige Fronden) oder abwechselnd (walzende Fronden). Bereits seit dem HochMA konnten die F. durch Abgaben entgolten werden; teilweise wurden sie zu jener Zeit schon abgeschafft, so in England. Hingegen wurden sie im SpätMA und der frühen NZ im Bereich der Gutsherrschaft ausgebaut. Die Bauernbefreiung beseitigte sämtliche F.
LIT. G. F. Knapp, Die Landarbeiter in Knechtschaft und Freiheit ([2]1910); F. Lütge, Geschichte der dt. Agrarverfassung ([3]1978).

Fronfasten. Die Quatemberfasten, da im MA die Fronden gewöhnl. zu den Quatemberterminen geleistet werden mußten.

Fronhof. Ein Herrengut, das vom Herrn oder einem Verwalter bewirtschaftet wurde; hierbei leisteten die der Grundherrschaft hörigen Bauern (Hintersassen) Frondienste. Der F. umfaßte die Wohngebäude des Grundherrn bzw. seines Meiers, außerdem des Hausgesindes und der Tagelöhner (provendarii), zudem die Wirtschaftsgebäude, insbes. die Vorratsscheunen. Das zum F. gehörige Herrenland (terra salica) setzte sich meist aus Streubesitz zusammen. Auch das Hofgericht hatte seinen Sitz auf dem F. Mehrere F., die es im Bereich größerer Grundherrschaften gab, unterstanden einem Oberhof. Die Agrarstruktur der Früh- und HochMA wurde durch die Fronhofswirtschaft (villicatio) bestimmt.

Frontier (engl., Grenze). Die freies Land und Kulturland trennende Linie; der Raum, in dem der Pioniergeist expansiver und dynamischer Kräfte wirkt. Der amerikan. Historiker F. J. Turner (1861–1931) bez. diese Kräfte, die das Bestreben haben, sich selbst zu verwalten und auf soziale Gebiet Gleichrangigkeit zu erreichen trachten, in ständischer, berufl. und lokaler Hinsicht kaum gebunden sind, als ein wesensbestimmendes Element der US-Geschichte. Heute wird dieses Thema unter dem Aspekt einer vergleichenden Geschichtsbetrachtung auch im Hinblick

auf andere Gebiete und Zeiträume untersucht.
LIT. F. J. Turner, The Frontier in American History (1921); D. Gerhard, Alte und Neue Welt in vergleichender Geschichtsbetrachtung (1962); M. Mittler, Eroberung eines Kontinents (Zürich 1968); H. Boesch, USA (1973); R. A. Billington, Westward Expansion (New York [4]1974); G. H. Nobles, American Frontiers (N. Y. 1997).

Frontismus. Bez. für antidemokratische polit. Strömungen in der Schweiz. F. wurde in Anlehnung an Faschismus und Nationalsozialismus gebildet.
LIT. B. Glaus, Die nationale Front. Eine Schweizer faschist. Bewegung 1930–40 (1969).

Fronung (Fron). Seit fränk. Zeit die Beschlagnahme des gesamten, insbes. des unbewegl. Vermögens durch die öffentl. Gewalt zugunsten eines Klägers. Die F., eine Form der Liegenschaftsvollstreckung, erfolgte aufgrund der gräfl. Banngewalt (mlat. missio in bannum).
LIT. H. Planitz, Die F. In: ZRG GA, 78 (1961).

Fruchtfelderwirtschaften →Felderwirtschaft.

Frühsozialismus →Sozialismus.

Fuchtel (von fechten). Degen mit flacher Klinge. Bis 1806 war der Schlag mit der F. eine im preuß. Heer oft angewendete Strafe; daher die Redensart »unter der F. stehen«.

Fuéro (span. von lat. forum). Gericht, Gesetzbuch, Sammlung von Rechtsgewohnheiten. Die ältesten F. sind die F. Juzgo, die span. Übersetzung der ›lex Visigothorum‹ (694) des Königs Eurich (reg. 466–84).

Fuéro de los Españoles. Das span. Grundgesetz vom 17. 7. 1945.
Texte: Leyes fundamentales del Reino (Madrid 1967).

Fuggerzeitungen. Sammlung von handschriftl. Nachrichten über Ereignisse und Zustände während der Zeit von 1568–1604. Der 27 Bände umfassende Hauptbestand liegt in der Wiener Nationalbibliothek. Im wesentl. geht die Sammlung auf Philipp Eduard Fugger (1546–1618) zurück.
LIT. V. Klarwill (Hrsg.), F. (Wien 1923); M. A. H. Fitzler (d. i. M. A. H. Koemmerling), Die Entstehung der sog. F. in der Wiener Nationalbibliothek (1937); G. T. Matthews (Hrsg.), News and Rumor in Renaissance

Europe. The Fugger Newsletters (N. Y. 1959).

Führer. Bez. für eine Persönlichkeit, die eine Gruppe von Menschen oder Unternehmen aufgrund ihrer F.-Eigenschaften oder Kenntnisse zu leiten versteht. Im milit. Bereich wird seit der Landsknechtszeit eine Dienststellung als F. gekennzeichnet: Zugführer, Kompanieführer etc. In den Diktaturen der jüngeren Vergangenheit und der Gegenwart ist die Bez. F. ein selbstgeschaffener Titel ihrer Diktatoren; so nannte sich A. Hitler »Der F.«, B. Mussolini »Duce«, F. Franco »Caudillo«. Entspr. dem Führerprinzip befiehlt und entscheidet der F. (»wir folgen«).
LIT. A. Hitler, Mein Kampf. 2 Bde. (1925–27, [47]1933); A. Bullock, Hitler. Eine Studie über Tyrannei ([2]1953 u. ö.); Jean F. Neurohr, Der Mythos vom Dritten Reich (1957); W. Horn, Führerideologie und Parteiorganisation in der NSDAP 1919–39 (1972); A. Tyrell, Vom Trommler zum Führer (1974).

Führerbefehl. Die 1941–45 erlassenen Befehle Hitlers in seiner Eigenschaft als Oberbefehlshaber des Heeres. Hitlers Weisungen hingegen stellen Rahmenbefehle für die strateg. Kriegführung dar.
LIT. W. Hubatsch (Hrsg.), Hitlers Weisungen für die Kriegführung (1965); M. Moll, »Führer-Erlasse« 1939–1945 (1997).

Fünfte Kolonne. Bez. für Agenten-, Spionen- und Verrätergruppen sowie für staatszersetzende, Wühlarbeit leistende Organisationen verschiedener Art im Dienste einer ausländ. Macht. Die Bez. entstand während des Span. Bürgerkrieges (1936–39), als nationalspan. Truppen in vier Kolonnen gegen Madrid vorrückten, währenddessen sie durch ihre Anhänger, eine F. K., in der Stadt unterstützt wurden.
LIT. L. de Jong, Die dt. F. K. im Zweiten Weltkrieg (1958); T. Georgescu, La cinquième colonne en Roumanie. In: Revue d'Histoire de la Deuxième Guerre Mondiale, 8 (1968).

Furor Teutonicus (lat., german. Raserei). Ausdruck zur Bez. des german. Angriffsgeistes; er ist zuerst bezeugt bei dem röm. Dichter Marcus Annaeus Lukan (39–65) in seinem leidenschaftl. antimonarch. (unvollendeten) Epos ›Pharsalia‹ (I, 255 f.).

Fürsprech(er). Im MA verbreitete Bez. für den Beistand einer Partei vor Gericht; er sprach für sie und beriet sie. Heute insbes. im Kanton Bern die Bez. für Rechtsanwalt.

Fürstbischof, Fürsterzbischof. Ein durch den Staat verliehener, kirchenrechtl. bedeutungsloser Ehrentitel von elf Erzbischöfen und Bischöfen des alten Österreichs, deren Sprengel bereits vor der Regierung Maria Theresias (1740–80) bestanden, des Erzbischofs von Gran und des Bischofs von Breslau. Außerh. des heutigen Österreich ist der Titel nach 1918 weggefallen.

Fürsten (lat. principes, ahd. furesto, der Erste; vgl. angelsächs. fyrest, engl. first). Im MA die höchsten Reichsbeamten, Herzöge, Pfalz-, Burg- und Gaugrafen. Als F. galten auch die Bischöfe und Äbte, sofern die von ihnen verwalteten Gebiete reichsfrei waren. Die weltl. und geistl. F. hatten Sitz und Stimme im Reichstag.
LIT. H. Mitteis, Der Staat des hohen MA ([7]1962); J. Ficker, Vom Reichsfürstenstande. Bd. 2, hrsg. und bearb. von P. Puntschert ([3]1923); O. von Dungern, Der Herrenstand im MA (1908); ders., Adelsherrschaft im MA (1927); A. Schulte, Der Adel und die dt. Kirche im MA ([2]1922); Th. Mayer, Kaisertum und Herzogsgewalt im Zeitalter Friedrichs I. (1944); ders., F. und Staat (1950); G. Tellenbach, Vom karoling. Adel zum dt. Reichsfürstenstand (Herrschaft und Staat im MA, 1956); W. Berges, Die Fürstenspiegel des hohen und späten MA (1938; unveränd. Nachdruck 1952); H. M. Klinkenberg, Über Karolingische Fürstenspiegel. In: GWU 7 (1956); H. Mitteis und H. Lieberich, Dt. Rechtsgeschichte ([9]1965); Ingeborg Klettke-Mengel, F. und Fürstenbriefe. Zur Briefkultur im 16. Jh. an geheimen und offiziellen preuß.-braunschweig. Korrespondenzen. Studien zur Geschichte Preußens 38 (1985).

Fürstenabfindung, Fürstenauseinandersetzung. Bez. für die Regelung der Vermögensverhältnisse der dt. Fürstenhäuser, die 1918 entthront worden waren. Die F. erfolgte aufgrund von 26 Einzelverträgen, nachdem eine reichsgesetzl. Regelung und der ›Volksentscheid auf entschädigungslose Enteignung der Fürsten‹ (20. 6. 1926) gescheitert waren. Die Verträge liefen im wesentl. darauf hinaus, daß das Kammergut (Domänen) zw. Staat und Fürsten-

haus geteilt wurde, während die Residenzschlösser, Parks, Theater, Bibliotheken und Museen in den meisten Fällen auf den Staat übergingen. Teilweise erhielten die Fürsten auch einmalige Abfindungen oder lebenslange Renten. Die Abfindungen bezogen sich stets auf das gesamte Haus. Ihren Abschluß fand die F. durch den Vergleich des preuß. Staates mit dem Haus Hohenzollern am 6. 9. 1926. Durch Gesetz vom 3. 4. 1919 erfolgte die Beschlagnahme der Kron- und Familienfideikommisse des Hauses Habsburg.
LIT. Th. Günther, Die Fürstenentschädigung (1928); M. Stürmer, Koalition und Opposition in der Weimarer Republik (1967); U. Schüren, Der Volksentscheid zur Fürstenenteignung 1926 (1978).

Fürstenbank (Fürstenrat). Die Gesamtheit der mit Sitz und Einzel(Viril)-stimme ausgestatteten Fürsten am Reichstag. Durch kaiserl. Privilegien, die sog. Fürstungen, bildete sich die jüngste Schicht des Reichsfürstenstandes. Die Auflösung aller geistl. und zahlreicher weltl. Fürstentümer brachte der Reichsdeputationshauptschluß (1803). Jedoch verblieben den mediatisierten standesherrl. Häusern die Zugehörigkeit zum Hochadel sowie die volle Ebenbürtigkeit. Diese Rechte besaßen später gefürstete Familien nicht.
LIT. L. K. Aegidi, Der Reichsfürstenrat nach dem Luneviller Frieden (1853).

Fürstenbund (Deutscher). 23. 7. 1785: durch Friedrich d. Gr. (reg. 1740–86) gegen die Hauspolitik Kaiser Josephs II. (reg. 1765–90) veranlaßter Bund dt. Reichsfürsten von Preußen, Sachsen, Hannover, Trier u. a. Der F. richtete sich im einzelnen gegen den Versuch Josephs II., Bayern durch Tausch mit den österreich. Niederlanden für Österreich zu erwerben, darüber hinaus das Reich im zentralist. Sinne umzugestalten; die Rechte der Reichsfürsten hätten bei der Verwirklichung solcher Bestrebungen zwangsläufig geschmälert werden müssen. Durch die Konvention von Reichenbach (1790) fanden die Bestrebungen ihr Ende.
LIT. L. von Ranke, Die dt. Mächte und der F. (^{2}1875); U. Krämer, Carl August von Weimar und der Dt. F. (1961).

Fürstenschulen. Durch den Kurfürsten Moritz 1543 in Sachsen errichtete Internate mit humanist. Bildungsideal; jahrhundertelang gingen aus den F. be-

deutende Persönlichkeiten hervor, z. B. (aus Pforta) Klopstock, Fichte, Ranke, Nietzsche; (aus Meißen) Gellert, Lessing.
LIT. R. Lennert, in: Neue Sammlung, Jg. 4 (1964).

Fürstenspiegel. Anleitung zur Erziehung junger Fürsten, häufig in poetischer Form oder als Lebensbild abgefaßt; in ihnen wird das Idealbild eines Herrschers dargestellt oder Regeln für ein vernünftiges Handeln zukünftiger Herrscher vorgeschrieben. Berühmte F. sind Xenophons ›Kyropädie‹; Thomas von Aquins ›De regimine principum‹ (1266); Machiavellis ›Il Principe‹ (1513); Erasmus von Rotterdams ›Institutio principis christiani‹; Castigliones ›Cortegiano‹ (1518); Elyots ›Governour‹ (1531); Fénelons ›Télémaque‹ (1699); Wielands ›Goldener Spiegel‹ (1772).
LIT. B. Singer, Der F. in Dtl. im Zeitalter des Humanismus und der Reformation (1979); W. Berges, Die F. des hohen und späten MA (1938; 1952).

Fürstentag.
[1] Die Versammlung dt. Reichsfürsten, meist gegen den König gerichtet. Der erste, gegen Heinrich IV. (reg. 1056–1106) gerichtete F., fand 1076 zu Tribur bei Mainz statt.
[2] Die Versammlung der Fürsten des Dt. Bundes 1863 zu Frankfurt/M.; Zweck der Versammlung war es, eine Reform des Bundes zu beraten.

Fürstentum.
[1] Die von einem Fürsten bekleidete Würde.
[2] Im Dt. Reich Bez. für die aus den alten Herzogtümern hervorgegangenen reichsunmittelbaren Territorien. Die Bez. ist seit dem 16. Jh. nachweisbar. Man unterschied geistl. und weltl. F.
LIT. H. Aubin, Die Entstehung der Landeshoheit (1920; Neudr. 1961); H. Conrad, DRG 1 (^{2}1962), 2 (1966); H. Möller, Fürstenstaat oder Bürgernation. Deutschland 1763–1815 (1989).

Fürstprimas. Titel, der 1806 dem Reichsfreiherrn Karl Theodor von Dalberg (1744–1817) durch die Rheinbundakte verliehen wurde: ›F. des Rheinbundes‹.

Füsilier (von franz. fusil, Gewehr, Flinte). Eine zunächst in Frankreich aufgekommene Bez. für die mit den um 1640 erfundenen Steinschloßgewehr ausgerüsteten Angehörigen eines Reiterregiments. Bis ins 20. Jh. blieb die

Bez. als Traditionsname für Angehörige der Infanterie bestehen, da die Infanterie nach den Reiterregimentern die gleiche Bewaffnung erhielt.

Füssen, Friede von (22. 4. 1745 zwischen Bayern und Österreich). Seine Bedeutung liegt darin, daß Kurfürst Maximilian III. Joseph (1745–77) sich hierdurch aus dem Österreichischen Erbfolgekrieg zurückzog, um sich einer Politik der inneren Reformen zuzuwenden.

Fylke (norweg.). »Völkerschaft«, das Herrschaftsgebiet eines norweg. Kleinkönigs (Hersen); seit dem MA Bez. für die Verwaltungsbezirke in Norwegen.

271

Gabella

Gabella (franz. gabelle). Urspr. Bez. für jede indirekte Steuer in Frankreich (gabelle du vin etc.), dann Salzsteuer seit Philipp IV. (1286). Salzverkauf war Staatsmonopol, erfolgte durch königl. Offiziere (grenadiers à sel). Steuerpflichtige mußten jedes Jahr eine bestimmte Menge Salz kaufen (devoir de sel: Pflichtsalz). Wer bei der Kontrolle nicht genügend Salzquittungen vorweisen konnte (billets de gabellement), wurde bestraft. Einige franz. Provinzen hatten Exemtion vom Salzmonopol erreicht (l'Auvergne, le Poitou, la Saintonge, le Périgord, les deux Limousins). Seit 1680 unterscheidet man pays de la petite gabelle (Dauphiné, Languedoc, Provence u. a.), wo das Salz weniger teuer ist, und pays de la grande gabelle, ferner provinces franches (pays de franc salé). Die G. war sehr unpopulär, reizte zum Schmuggel mit Salz zw. den verschiedenen Provinzen und wurde von der Assemblée générale am 10. 5. 1790 abgeschafft, 1806 auf anderer Grundlage wieder eingeführt. – Salzakzise, Salzumgeld, Salzzoll gab es auch in anderen Ländern, z. B. in Böhmen und Preußen bis 1820.
LIT. M. Mourré, Dict. d'hist. universelle I (1968), 793; Haberkern-Wallach 220.

Gala (aus arab. über span. gala, Kleiderpracht). Festschmuck, Festkleider; am Wiener Hof Leopolds I. (1658–1705) taucht die aus dem Span. übernommene Bez. zuerst auf, 1706 in Hannover verständlich, in Süddtl. und in Paris noch unbekannt.

Galan (von span. galano, in Gala gekleidet, höfisch, artig). Im Deutschen (seit 1601): Liebhaber.
LIT. Kluge 228.

Galant (von franz. galer, Feste feiern, oder von Gala) wird im letzten Drittel des 17. und in den beiden ersten Jahrzehnten des 18. Jh. anstelle von »alamodisch« als Modewort für elegant und modern gebraucht. Gesellschaftl. Gewandtheit im Benehmen und Reden, bes. gegenüber Frauen, bildet den Kern des schnell verallgemeinerten und verwässerten Begriffs, der in Frankreich im Umkreis des Hotels Rambouillet entstanden ist. Der überragende Einfluß Frankreichs in jener Zeit spiegelt sich in der Geschichte dieses Mode- und Schlagwortes. **Galant homme:** »ein Mensch, dem alles wohl ansteht, der gleich vor allem der Leute Augen auf sich zieht und ihnen immer besser gefällt« (Frisch 1719). Nicht nur Kleidung und Umgangsformen, alles Menschliche sollte, den Forderungen der Zeit entsprechend, »galant« sein, daher auch **»galante Dichtung«** (Erdmann, Neumeister, ›Allerneueste Art zur reinen und galanten Poesie zu gelangen‹, 1707).

Galanterie tritt an die Stelle des Schlichten, Natürlichen. Die Reaktion auf galant setzte etwa ab 1720 in Dtl. ein.

Galeasse (ital. galeazza). Größeres Kriegsschiff; seit 1419 in dt. Texten; in der Bedeutung: Zweimaster mit hohem Vormast nicht vor 1794.
LIT. Kluge 228.

Galeere (griech.). Die griech. Bez. für einen Seefisch wurde auf die großen Ruderkriegsschiffe des Mittelmeeres übertragen. Aus mlat. galea entstand ital. galera, dt. zunächst gallere. Segel dienten als Hilfsantrieb; von Strafgefangenen gerudert, danach: Galeerensklave; die Galeerenstrafe wurde bis Ende des 18. Jh. verhängt. **Général des galères:** Galeerengeneral; in Frankreich vom Ende des 15. Jh. bis 1748 der Kommandant der Galeerenflotte.

Galimathias (aus neulat. gallimathia). Verworrenes Gerede. Seit Montaigne († 1592) literarisch, Ende des 17. Jh. von Christ. Gryphius übernommen.
LIT. Kluge 229.

Gallia christiana. Histor.-statist. Werk, das die Geschichte der Bistümer und Abteien des alten Frankreich auf urkundl. Grundlage, nach Kirchenprovinzen geordnet, behandelt. Angeregt durch Ughellis Italia sacra (1644–62) erweiterten die Brüder de Sainte-Marthe die einbändige G.: des Robert (1626) und der Archiepiscopatuum et episcopatuum Galliae (1621) von Chenu zur G. c., qua omnium archiepiscoporum, episcoporum et abbatum Galliae deducitur (4 Bde., 1659). Durch die Assemblée nationale von 1710 aufgefordert, begann D. de Sainte-Marthe (OSB) die Neubearbeitung: G. c. in provincias eccl. distributa etc. (3 Bde. 1715–20). Die Bände IV–XIII (Lyon-Trier) gaben die Mauriner (1728–86) heraus; im 19. Jh. kamen die Bände XIV–XVI (Tours-Vienne) hinzu (1856–65). Die G. c. ist die beste unter den im 17. und 18. Jh. geschaffenen histor.-statist., nach Ländern geordneten Kirchengeschichten. Sie war Vorbild für

ähnl. Unternehmen wie España Sagrada, Illyricum sacrum, Germania sacra des Abtes Martin Gerbert von St. Blasien. Eine zweite von Piolin besorgte Ausgabe umfaßte nur einen Teil der Bände der G. c. und entsprach nicht den modernen histor. krit. Anforderungen. Die franz. Bearbeitung von H. Fisquet (La France pontificale. 22 Bde., 1864–69) enthält Zusätze über den damaligen Stand der Bistümer.
LIT. DACL VI, 227–310; LThK 4, 497.

Gallikanismus. System des Staatskirchenrechts mit episkopalist., konziliarem und nationalkirchl. Einschlag, das in Frankreich (»ecclesia gallicana«) seit dem späten MA zur Ausbildung kam, vor allem seit den Kämpfen Philipps IV. mit Papst Bonifaz VIII. In einer königl. Ordonanz vom 18. 2. 1407 wurde das System des G. präzise formuliert, in der Pragmatischen Sanktion von Bourges (1438) mit Reformdekreten des Baseler Konzils zum Staatsgesetz erhoben, und in der Publizistik des ausgehenden 16. und 17. Jh. weiter ausgebaut. Namhafte Theoretiker des G. (P. Pithou, ›Les libertés de l'Eglise gallicane‹; P. de Marca, ›De concordia sacerdotii et imperii‹, 1641; E. Richer, ›De ecclesiastica et politica potestate‹, 1661) förderten die Entwicklung zum absolutist. Staat sowie den Ausbau des franz. Landeskirchentums im 17. Jh. Seinen kirchenpolit. und doktrinären Höhepunkt erreichte der G. unter Ludwig XIV., der 1663 die Sorbonne zwang, den G. anzuerkennen und während des Regalienstreits 1682 die von Bossuet redigierte ›Declaratio cleri Gallicani‹ von einer franz. Klerusversammlung (Assemblées du clergé) annehmen ließ. Papst Alexander VIII. verwarf die ›Declaratio‹, scheute aber aus Furcht vor einem Schisma vor einer öffentl. Verurteilung zurück. Die von Innozenz XII. erreichte formale Zurücknahme der ›Declaratio‹ bedeutete wenig.
Der G. trat mit der Aufklärung, mit dem Kampf gegen den jüngeren Jansenismus zurück, und wurde mit dem aus der Französischen Revolution hervorgehenden Prinzip der Trennung von Kirche und Staat zum guten Teil überwunden, begann aber mit den Organisationsartikeln des Konkordats zw. Napoleon und Pius VII. (1801) und in der Restauration wieder aufzuleben. Die Entscheidung gegen den G. fiel mit den Erklärungen des Ersten Vatikanischen Konzils.
Seitdem ging auch im polit. Leben Frankreichs die Bedeutung des G. zurück. Der G. schränkte die päpstl. Gewalt gegenüber Frankreich und der Ecclesia gallicana zugunsten der Bischöfe (»libertés de l'Eglise gallicane«) und vor allem des Königs ein. Der Staatsgewalt wurden in Kirchensachen größte Rechte eingeräumt, bes. bei der Vergebung der Pfründen, der Besetzung der Bischofsstühle, mit dem Plazet und der Appellatio ab abusu. Die Wirkungen des G. blieben nicht auf Frankreich beschränkt. Im reichskirchl. Episkopalismus, im Febronianismus, im Josephinismus ist der Einfluß der gallikan. Theoretiker und des gallikan. Vorbilds unverkennbar.
LIT. HKG III–V; LThK IV (¹1960) 499–503; V. Martin, Les origines du Gallicanisme. 2 Bde. (1938–39); A. G. Martimort, Le Gallicanisme de Bossuet (1953); Carl Andresen, Georg Denzler, dtv-Wörterbuch der Kirchengeschichte (²1984); A. Gough, Paris and Rome. The Gallican Church and the Ultramontane Campaign 1848–53 (1986).

Gallomanie. Übertriebene Vorliebe für franz. Lebensart und franz. Wesen; im 17. und 18. Jh. in Dtl. stark verbreitet. Die G. wurde im 17. Jh. bekämpft von Gryphius, Grimmelshausen, im 18. Jh. durch Schiller u. a. Jeweils im Zusammenhang mit polit.-militär. Vorstößen Frankreichs nach Osten (Eroberung Straßburgs 1681, Pfälzischer Erbfolgekrieg 1688–97) zurückgedrängt, lebte die G. jedoch infolge der kulturellen und geistigen Überlegenheit Frankreichs immer wieder (z. B. am Berliner Hof und anderen dt. Residenzen) auf.

Gallophobie (syn. Frankophobie), Franzosenhaß. Im 17. Jh. z. Z. der Abwehrkämpfe gegen die franz. Hegemonie sind gallophobe Äußerungen festzustellen. Stärker lebt die G. aber erst während der Befreiungskämpfe von der Herrschaft Napoleons (Kleist, Arndt, Körner) und z. Z. des Bismarckreiches auf.

Galloromania. Gallien z. Z. der Römerherrschaft bis zum Einfall der Franken. Davon abgeleitet: Galloromanen = Bewohner dieser Gebiete; **galloromanisch:** aus der Verbindung röm. röm. Zivilisation und kelt. Elementen hervorgegangen; **galloromanische Schrift:**

von Alfred d. Gr. in England eingeführte Schrift.

Gallus Anonymus. Erste zusammenhängende Landesgeschichte Polens aus dem Anfang des 12. Jh., wohl um 1114 vollendet. Der unbekannte Verf. stammt wahrscheinl. aus dem südl. Frankreich oder der Provence. Deutsch- und tschechenfeindliche Tendenz der Darstellung; der Verf. fühlt sich als Herold Boleslaws III.
LIT. W. Wattenbach-R. Holtzmann, Deutschlands Geschichtsquellen im MA II, (1967) 812.

Gammelsdorf, Schlacht von (9. 11. 1313). Sieg Ludwigs von Oberbayern über die Österreicher im Streit um die Vormundschaft über die niederbayer. Wittelsbacher; G. rettete Niederbayern vor dem österreich. Zugriff.
LIT. W. Hofmann, Gammelsdorf 1313, eine kriegsgeschichtl. Studie. In: Verhandl. des Hist. Vereins für Niederbayern 73 (1940) 68–84; Spindler II, 136 ff.

Ganerbe (frühahd. ganarp[e]o). Miterbe, Glied einer Erbengemeinschaft; Ganerben: die Gesamtheit der zu einem Erbe Berufenen (lat. coheredes), die auf dem ungeteilten Erbe zusammenlebt.

Ganerbschaft. Adelsgenossenschaft, Ganerbengeschlecht, Ganherrschaft, unter Mitgliedern des Adels, meist der Reichsritterschaft durch Vertrag begründet (Burgfrieden, Erbeinigung, pax castrensis). Ein gemeinsamer Haushalt der Ganerben war in der Regel nicht der Fall; Ganerben leben durch Mutscharung getrennt. War die Ganerbschaft ein Lehen, fand Gesamtbelehnung statt.
LIT. Haberkern-Wallach 121; H. Stegel, Das dt. Erbrecht nach den Rechtsquellen des MA (1853).

Gant (von lat. in quantum, wie hoch [wird geboten?]). Versteigerung. Frage des Versteigerers, über mlat. inquantare, ital. incanto, mhd. gant, seit 1372 in der Schweiz.
LIT. Kluge 231.

Garantiegesetz. Bez. für das ital. Gesetz vom 13. 5. 1871 zur Lösung der röm. Frage. Es sah gewisse Garantien für die Würde und Unabhängigkeit des Papstes vor, eine jährl. Dotation, freie Verbindung des Papstes mit Bischöfen und Gläubigen, aktive und passive diplomat. Vertretung, Nutzung der exterritorialen vatikan. und lateran. Paläste,

Trennung von Kirche und Staat in Italien, Abschaffung des Plazet. Ziel des Garantiegesetzes war, aus dem Papst einen ital. Staatsbürger zu machen. Das Gesetz wurde von der Kirche zurückgewiesen. Es erfüllte auch seinen Zweck (z. B. Vertreibung der diplomat. Vertretungen der Mittelmächte) nicht. Mit den Lateranverträgen (1929) wurde das einseitige Garantiegesetz hinfällig.
Text: Z. Giacometti, Quellen zur Geschichte der Trennung von Staat und Kirche (1926).
LIT. H. Bastgen, Die röm. Frage. 3 Bde. (1917–19); A. Jemolo, La Questione romana (1938); ders., Chiesa e Stato in Italia negli ultimi cento anni (1949).

Garde (franz. garde, ital. guardia). Schutz, Warte (germ. warda). 1474 heißt die burgund. Truppe im Heer Karls d. Kühnen garde. G. bedeutet auch die Verpflichtung des franz. homme lige (Lehensmann), die Burg des Herrn zu verteidigen; **garde du commerce:** 1808–67 Beamter in Paris, der die in Schuldhaft Geratenen verhaftete; **garde du sceau:** Bewahrer des kgl. Geheimsiegels in Frankreich, meist unbesetzt; **garde marine:** seit Colbert der Seeoffiziersanwärter; **garde mobile:** 1848/49 in Paris Truppe zum Schutz der Republik; **garde nationale:** Nationalgarde. 1789–1871 Organisation der nicht in sonstigem Militärdienst stehenden Wehrfähigen.
Als G. wurden auch die Elitetruppen in der Umgebung des Herrschers (Hetären, Prätorianer, Mamelucken, Janitscharen) und die Schweizergarden der Bourbonen (seit Ludwig XII. [1498–1515]) und der Päpste (seit 1506), die G. Napoleons I. als Kerntruppe der franz. Armee, die G. als Mustertruppe des preuß. Heeres bis 1918 und in Rußland bezeichnet; die Rote Armee übernimmt diesen Begriff; ähnl. Formationen, allerdings ohne die Bez. G., doch mit demselben Anspruch, auch im NS-Dtl.; **Rote Garden:** Elitegruppen in der Volksrepublik China.

Garnison (aus dem Franz. Anfang des 17. Jh. entlehnt).
[1] Bez. für die in einen bestimmten Platz zu Verteidigungszwecken gelegte Truppe.
[2] Festung; fester Platz; Ort, in dem Truppen liegen (Ville de garnison, Garnisonstadt).

LIT. Kluge 241; Haberkern-Wallach 122; Littré II, 1839.

Garnisonsältester. Ältester Offizier, Vorgesetzter der ganzen Garnison.

Garnisonsgericht. In Preußen bis 1900; zuständig für alle, auch von Zivilisten begangene Ausschreitungen gegen Ruhe und Sicherheit der Garnisonen.

Gast. Fremder; auch fahrender Held, Nichtbürger, fahrender Kaufmann, Schüler. Gastfreundschaft galt in der Antike, im Spätjudentum als hervorragende Tugend. Sie wurde im frühen und ma. Christentum hauptsächl. unter dem Motiv geübt, daß man geübte Gastfreundschaft als Christus selbst erwiesen betrachtete und der Gläubige sich als Fremdling auf Erden (peregrinus) verstand, Gastrecht sichert Unverletzlichkeit auch gegen Dritte (Asyl); das Gastgericht (placitum hospitum) ist ein Notgericht für Gäste. Gastrecht heißt auch das Recht eines Kriegsschiffes einer kriegführenden Macht, sich für eine kurze Zeit in einem neutralen Hafen aufzuhalten.

Gastalde (lat. gastaldus, gastaldio, castaldus). Bez. eines langobard. Beamten; seine Stellung ist nicht genau definierbar. Im eigentl. Regnum langobard. waren die G. hohe bis mittlere Amtsträger, neben den Herzögen, jedoch enger als diese dem König untergeordnet, vom König ein- und absetzbar. G. verwalten häufig ein Stadtgebiet oder königl. Fiskalgut. G. werden in fränk. Zeit durch den Grafen (comes) ersetzt; die Bez. hält sich in den folgenden Jahrhunderten für die Verwalter von Gütern in königl., adligem, bischöfl., städt. Besitz (Verwaltungsbeamter, Meier).

LIT. HWDRG 1388 f.; Haberkern-Wallach 223.

Gastein, Konvention von (14. 8. 1865). Zw. Bismarck und dem österreich. Gesandten Graf Blome in München unterzeichnete Übereinkunft, nach der die Verwaltung von Holstein Österreich, die von Schleswig Preußen zustehen solle. Österreich trat seine Rechte an Lauenburg gegen eine Geldentschädigung an Preußen ab. Die Konvention von Gastein war der letzte Versuch einer friedlichen Regelung der deutschen Frage.

LIT. R. Stadelmann, Das Jahr 1865 in Bismarcks dt. Politik (1933); J. C. G. Röhl, Kriegsgefahr und G. K. In: I. Geis, B.-J. Wendt (Hrsg.), Dtl. in der

Weltpolitik des 19. und 20. Jh. F. Fischer zum 65. Geburtstag (1973).

Gastrecht → Gast.

Gebietiger (Großgebietiger, Ordensgebietiger). Allg.: Herrscher, Machthaber; Titel der fünf höchsten Ämter im Deutschen Ritterorden: Großkomtur, Marschall, Spittler, Drapierer, Treßler.

LIT. Haberkern-Wallach 224.

Geblütsrecht. Anspruch vor allem des Sohnes eines regierenden Herrschers auf Herrschaft und Erbe; Anspruch, noch zu dessen Lebzeiten (zur Sicherung der Nachfolge der regierenden Dynastie) gewählt zu werden, dann Anwartschaft der nächsten Verwandten auf den Thron. Das in magischen Vorstellungen von dem bes. Heil der Königssippe wurzelnde Geblütsrecht wurde zwar im MA als Prinzip der Thronfolge (Erbfolge) berücksichtigt, konnte sich jedoch gegen das Wahlrecht, den Widerstand der Dynasten und die Einmischungen des Papsttums in die Wahlen nicht durchsetzen und zum Erbrecht steigern. Bei der Wahl des Gegenkönigs Rudolf von Rheinfelden 1077 zu Forchheim siegte das freie Wahlrecht über das Geblütsrecht, ebenso bei der Wahl Lothars III. 1125 über den Geblütsanspruch Friedrichs II. von Schwaben und bei der Wahl Konrads III. 1138 über den Geblütsanspruch Herzog Heinrichs von Bayern und Schwaben. Indessen blieb auch nach dem Interregnum und nach Ausbildung des Kurfürstenkollegs das Geblütsrecht stark (→ König, Königtum).

LIT. H. Mitteis, Die dt. Königswahl ([2]1944; Nachdr. 1965); H. Conrad, DRG I; F. Rörig, Geblütsrecht und freie Wahl in ihrer Auswirkung auf die dt. Geschichte (1948); K. Schmid, Geblüt – Herrschaft – Geschlechterbewußtsein (1999).

Geburtstag. In der Antike als Ahnenandenken und Festtag des persönl. Schutzgottes. Nach anfängl. Zögern von der Kirche im 4./5. Jh. aufgenommen; bis ins 11./12. Jh. ein eigenes Meßformular in natale genuinum. G. heute bes. in prot. Ländern verbreitet; in manchen kath. Gegenden besitzt der Namenstag bis heute ausschließlich Geltung.

Geflügelte Worte. Homer. Ausdruck (Ilias I, 201), doch erst seit Georg Büchmanns Werk, das diesen Titel führt (1864), selbst zum »geflügelten Wort« geworden. Man versteht darunter sprichwörtl. gebrauchte Ausdrücke, Bezeichnungen, Namen, deren Ursprung nachweisbar ist (Neuausg. 1998).

Gefolgschaft. Im frühen 19. Jh. aufkommende Bez. für ein wesentl. Element der german. Verfassung, den comitatus, und alle von ihm abgeleiteten Erscheinungen. G. war ein auf Treue und Gehorsam begründetes Verhältnis zw. dem Gefolgsherrn, einem König oder Adeligen und seinen Gefolgsleuten. Eine große G. verlieh Ansehen in Friedenszeiten, Macht in Kriegszeiten. Kriegerisches Gefolge dieser Art gab es noch in der Völkerwanderungszeit, ungewiß ist der Zusammenhang mit Vasallität und Lehenswesen (siehe auch → Antrustionen; → trustis).
LIT. HWDRG 1433–37; R. von Kienle, German. Gemeinschaftsformen (1939); W. Schlesinger, Herrschaft und Gefolgschaft in der german.-dt. Verfassungsgeschichte. In: HZ 176 (1953).

Gefürstet. Im Reich die Grafen und Prälaten, denen Ehrenrechte und Titel eines Fürsten zustanden (z. B. Fürstabt, Fürstäbtissin, Fürstpropst; Fürstäbt von St. Gallen, Fürstäbtissin von Essen und Thorn; Fürstpropst von Ellwangen usw.). Die Mehrzahl zählte zu den Reichsfürsten, einige waren aber nur Kreisstände.

Gegenkönig (Gegenkaiser). Die Zeit des Gegenkönigtums in der dt. Geschichte reicht von der Wahl Rudolfs von Schwaben (1077) bis zum Verzicht Günthers von Schwarzburg auf die Königswürde (1349). Bis zur Mitte des 11. Jh. war das Geblütsrecht so stark ausgeprägt, daß Thronstreitigkeiten fast nur innerh. der Königssippe vorkamen. Mit dem Aufstieg der Fürsten wurde das Prinzip der Wahl stärker, das Geblütsrecht schwächer. Zudem geriet seit dem Investiturstreit der röm.-dt. König zw. Papsttum und Fürstentum: staufisch-welfischer Thronstreit, Doppelwahl von 1198: Otto IV. gegen Philipp von Schwaben. Der Niedergang der stauf. Macht begünstigte mit den päpstl. Eingriffen die Wahl von Gegenkönigen (1246/47). Doppelwahl von 1257: Richard von Cornwall – Alfons X. von Kastilien. Nach der Zurückweisung des päpstl. Approbationsanspruchs mit dem Rhenser Weistum (1338) und der Ausbildung des Wahlrechts der Kurfürsten war das Ende der Doppelwahlen und des Gegenkönigtums gekommen.

Gegenpapst (pseudopapa, antipapa). Zu Lebzeiten eines bereits kanonisch gewählten Papstes aufgestellter Papst. Die genaue Zahl der Gegenpäpste festzustellen, ist infolge der Quellenlage, der z. T. oft stürmischen Papstwahlen und der unterschiedl. Zählung der Päpste schwierig. Die Zahl der Gegenpäpste schwankt je nach den Standpunkten der Historiker zw. 25 und 40. Erster G. war Hippolytos von Rom, letzter Felix V. Parteiungen im Kardinalskollegium, Eingriffe der Kaiser oder röm. Adelsgruppen führten zur Aufstellung von Gegenpäpsten. Bei einer Reihe von Päpsten ist die rechtl. und histor. Stellung äußerst kompliziert und kaum zu entscheiden, wer der rechtmäßige oder der unrechtmäßige Papst ist.
LIT. Bihlmeyer-Tüchle; HKG; F. X. Seppelt-G. Schwaiger, Geschichte der Päpste. 5 Bde. (²1957–59); L. von Pastor, Geschichte der Päpste seit dem Ausgang des MA. 16 Bde. (Neudr. 1958 ff.).

Gegenreformation. Der erstmals von dem Göttinger Juristen Stephan Pütter (1776) gebrauchte Ausdruck wurde zunächst als Bez. für die einzelnen Fälle von (gewaltsamer) Rückführung prot. gewordener Gebiete zur kath. Religionsausübung gebraucht. Man sprach daher meist von »Gegenreformationen«. Daß die Zeit vom Augsburger Religionsfrieden bis etwa zum Westfälischen Frieden eine Eigenart aufweise, die nach bes. histor. Namengebung verlange, hat sich erst nur langsam durchgesetzt. Ranke spricht am Ende seiner ›Deutschen Geschichte im Zeitalter der Reformation‹ zum ersten Male von der »Gegenreformation« als einem Zeitalter. Die Bez. ist seit Moritz Ritter (Deutsche Geschichte im Zeitalter der Gegenreformation, 1889 f.) in die Historiographie eingeführt, seitdem heftig umstritten bzw. abgelehnt, durch andere Begriffe z. B. »katholische Reform«, »Restauration«, »konfessioneller Absolutismus« ersetzt bzw. ergänzt und durch die Forschungen von J. Lortz, K. Eder, H. Jedin, E. W. Zeeden u. a. erheblich differenziert. Die Unterscheidung von religiös bestimmter innerkirchl. Reform oder Regeneration und vorwiegend polit. bestimmter, gewaltsam rekatholisierender Gegenreformation hat sich dabei durchgesetzt. In der geschichtl. Wirklichkeit durchdrangen sich beide Prozesse vielfach.

Entscheidende Impulse zur kirchl. Erneuerung und G. gingen aus von dem Konzil von Trient, den Nuntiaturen und den neuen Orden der Jesuiten, Kapuziner, Theatiner, neugegründeten Universitäten (Jesuitenuniversitäten) und dem Collegium Germanicum, das der Reichskirche eine Reihe tüchtiger Bischöfe und Weihbischöfe schenkte. Der Augsburger Religionsfriede bot den kath. Reichsfürsten die Möglichkeit, ihre Untertanen im kath. Bekenntnis zu erhalten oder zu ihm zurückzuführen. Die im Prinzip genauso auf die Erhaltung des Konfessionsstandes oder seine Ausdehnung abzielende Politik prot. Reichsfürsten führte zu dem Streit um Aachen, dem Straßburger Kapitelstreit, dem Streit um die Reichsstadt Donauwörth, zur Lahmlegung von Reichskammergericht und Reichstag, schließlich zur konfessionellen Bündnisbildung mit dem Abschluß der Union (gegr. 14. 5. 1608, Ahausen), der Liga unter bayer. Führung (1609) und weiteren Reichskrisen, die in den Dreißigjährigen Krieg mündeten. Erstes Zentrum der G. im Reich war das Herzogtum Bayern unter Wilhelm IV. (reg. 1508–50), Albrecht V. (reg. 1550–79) und Wilhelm V. (reg. 1579–98). Die G. in Bayern wirkte sich auf die Markgft. Baden-Baden, im Bunde mit Rom und einer eigenen süddt. Nuntiatur (unter Portia und Ninguarda) auf die Bistümer Freising, Regensburg, Passau, sowie über die Wittelsbacher Kirchenpolitik auch auf das Erzstift Köln und die Hochstifte des Niederrheinisch-Westfälischen Reichskreises aus, die seit der Wahl des Herzogs Ernst auf den Kölner Erzstuhl für 180 Jahre bis 1761 eine Art geistl. Sekundogenitur der Wittelsbacher blieben. Im Erzstift Salzburg setzte die G. unter Wolf Dietrich von Raitenau (1587–1612) und Marcus Sittich von Hohenems (1612–19) ein. In den innerösterreich. Ländern machte sie Fortschritte unter den Erzherzögen Karl und Ferdinand, in Tirol unter Erzherzog Ferdinand II., in den Ländern der Wenzelskrone (Böhmen, Mähren, Schlesien) nach 1620, im Fürstbistum Würzburg unter Julius Echter von Mespelbrunn (1573–1617), im Hochstift Bamberg unter Johann Gottfried von Aschhausen (1617–21), in der Fürstabtei Fulda unter Balthasar von Dernbach (1570–1606). Im Erzstift Mainz wurde die kirchl. Erneuerung und G. durchgeführt

unter den Kurfürst-Erzbischöfen Daniel Brendel von Homburg (1555–82), Johann Adam von Bicken (1601–04), Johann Schweikhard von Kronberg (1604–26); im Erzstift Köln setzte die G. mit dem Kölnischen Krieg und der Vertreibung des Gebhard II. Truchseß. von Waldburg (reg. 1577–83) unter Herzog Ernst von Bayern (reg. 1583–1612) und seinem Neffen Ferdinand von Bayern (1612–50) ein. Dem ersten Jahrzehnt des Dreißigjährigen Krieges gaben die Rekatholisierung Böhmens, Ober- und Niederösterreichs, der Oberpfalz sowie das Restitutionsedikt (1629) beherrschende Akzente. Das Eingreifen des Schwedenkönigs Gustav II. Adolf machte die Erfolge der G. im Reich zum größten Teil wieder zunichte. Der Westfälische Friede brachte im großen und ganzen das Ende der polit. G., wenn auch deren Ausläufer im 17./18. Jh. in Schlesien (→Altranstädter Konvention) und in der Pfalz (→Rijswijker Klausel, Pfälzer Religionsstreit) festzustellen sind. Wenn auch die Periodenbez. G., für die man franz. contreréforme und engl. counterreformation kennt, sich bezeichnenderweise in der dt. Geschichtsschreibung durchgesetzt hat, fehlt es doch nicht an anderen europ. Staaten an »Gegenreformationen«. In England versuchte Maria die Katholiken vergebens die G. durchzuführen. In Frankreich zeigen die Hugenottenkriege die enge Verbindung von konfessionellen und polit. Fragen. In Polen trug die G. schließlich den Sieg davon. Die Außenpolitik der europ. Mächte (z. B. Spaniens unter Philipp II., Englands unter Elisabeth I., Schwedens, der Habsburger, Wittelsbacher, Guisen) war entscheidend von konfessionellen Momenten bestimmt. Ohne die innere kath.-kirchl. Erneuerung sind die im Bündnis mit der Staatsgewalt errungenen Erfolge der G. nicht verständlich. Umgekehrt wäre ohne die Unterstützung der kath. Mächte und Dynastien, des kräftig aufblühenden Staatskirchentums eine kirchl. Erneuerung kaum möglich gewesen. Stärksten Ausdruck gewinnt die G. in einer speziellen Frömmigkeit und in der Kunst (Barock), im Jesuitendrama, in der Erbauungsliteratur.
LIT. L. Petry, Die G. in Deutschland (1952); HWDRG I, 1438–42; RGG ³III (1958) 1254–62; LThK ²IV (1960) 585–88; H. Jedin, Katholische Refor-

Gegenstempel

mation oder Gegenreformation? Ein Versuch zur Klärung der Begriffe nebst einer Jubiläumsbetrachtung über das Trienter Konzil (1946); K. Eder, Die Kirche im Zeitalter des konfessionellen Absolutismus (1555–1648) (1949); E. W. Zeeden, Das Zeitalter der Gegenreformation (1967); ders., Das Zeitalter der Glaubenskämpfe (1555–1648). In: Gebhardt-Grundmann II; HKG IV: Reformation, Katholische Reform und Gegenreformation (1967); Spindler II (1969), III (1971); E. W. Zeeden (Hrsg.), Gegenreformation. Wege der Forschung 311 (1973); G. Droysen, Geschichte der G. (Neuausg. 1984).

Gegenstempel. Ein auf Münzen aufgeprägter kleiner Stempel, der als Prüfzeichen der Behörde und zur Anerkennung landfremder Münzen, auch zur Wertveränderung früher geprägter Sorten dient.
LIT. Clavis mediaevalis 80 f.

Geheimbünde. Exklusive Organisationen, abgeschlossen gegenüber »Uneingeweihten«, in der Regel Männerbünde, von hierarch. Gliederung und steigender Exklusivität. In primitiven Gesellschaften meist kultischer Art; in der Antike ägypt., vorderasiat. und griech. Mysterienbünde. Geheimbündischen Charakter im Christentum haben einzelne Gruppen des Gnostizismus, Manichäer, die ma. Neumanichäer, Bogomilen, Katharer, Albigenser. G. waren im MA die schiitischen Assassinen, die Feme.
In der frühen NZ werden die G. häufiger: z. B. die Rosenkreuzer, Freimaurer, Illuminaten, Odd Fellows, Martinisten usw. Ihre polit. Bedeutung ist verschieden, manchmal zweifelhaft. Erst im 19. Jh. entstehen G. mit unmittelbarer polit. Tendenz; in Italien Carbonari, Calderari, Camorra, Mafia; in Frankreich, in Irland, in Rußland die Nihilisten; in Spanien die Comuneros, in China die Boxer, in den USA der Ku-Klux-Klan (negerfeindl., antisemit., antikath.). Ziele und Mittel der G. sind sehr verschieden, oft national, fremdenfeindl. und reichen bis zum polit. Mord, zur Terrorisierung Andersdenkender. Auch die Gegenwart ist noch durchsetzt mit G., mit Resterscheinungen älterer G. und neu entstehenden.
LIT. P. C. Martens, Geheime Gesellschaften (²1923); E. Lennhoff-O. Possner, Internationales Freimaurerlexikon

(1932); H. und G. Schreiber, Gesch. der G. in vier Jahrtausenden (1956); E. Lennhoff, Polit. G. (1966); M. Agethen, Geheimbund und Utopie. Illuminaten, Freimaurer und deutsche Spätaufklärung (1984).

Geheimschrift. G. gibt es schon im frühen At. Am bekanntesten sind die G., die durch Umsetzen der Buchstaben des Alphabets oder mit Hilfe des Zahlenwerts der Buchstaben (Gematrie) zustande kommen. Daneben gibt es G. aus willkürl. geschaffenen Zeichen. Ma. G. begegnen in Urkunden zur Rekognition und Apprekation, häufiger in Handschriften, Randnoten, Glossaren, Rezepten, Segen u. dgl. Systematischer Ausbau der G. findet sich erst im Spät-MA mit dem Aufkommen der diplomat. (ständigen) Vertretungen, zunächst vor allem in Italien (Sforza in Mailand, Venedig). Chiffrensysteme, Zeichenalphabete werden entwickelt, Personen, Staaten usw. durch Decknamen ersetzt, die manchmal schwer aufzulösen sind. In Dtl. sind G. unter Maximilian I. noch selten, recht häufig unter Karl V., in den Kanzleien der Fürsten verstärkt seit dem 17. Jh. In der Reichskanzlei seit der 2. Hälfte des 18. Jh. ein eigenes Chiffrensekretariat, unter Karl VI. in Wien Aufbau eines geheimen Dienstes mit geheimer Ziffernkanzlei. Bes. entwickelt war die G. in Frankreich seit Ludwig XIV.; sehr verbreitet auch an der Röm. Kurie, zahlreiche Nuntiaturberichte sind z. T. in Geheimschriften abgefaßt.
LIT. A. Meister, Die Anfänge der modernen diplomat. Geheimschrift (1902); Clavis mediaevalis 81; B. Bischoff, Übersicht über die nichtdiplomat. G. des MA (Sonderdruck aus: MIÖG 62; 1954); HWDRG 1443 ff.; E. Hüttenhain, Die G. des Fürstbistums Münster unter Chr. B. von Galen 1650–1678 (1974).

Geisel. Person, die zur Sicherung eines Rechtsanspruchs in der Gewalt eines Geiselherrn haftbar gemacht wird: Menschenpfand. Zw. der G. und der Tat, für die sie haftbar gemacht wird, besteht kein Rechtszusammenhang, wohl aber irgendeine Beziehung: z. B. Volkszugehörigkeit. Geiselhaft ist zu unterscheiden von Gefangenschaft. Geiselverfall tritt bei Fluchtversuch oder Nichterfüllung des Anspruchs. Geiselhaft kann durch Vertrag oder einseitigen Akt (Geiselnahme) begründet werden. Als Garant völkerrechtl. Ansprüche (Leibbürge) spielte die G. in röm. Zeit, im MA eine wichtige Rolle. Letztes Beispiel für Friedensgeiseln: 1748 zw. England und Frankreich wegen der Herausgabe der Insel Cap Breton. Bei Verträgen zw. Kolonial- und unzivilisierten Mächten vereinzelt noch im 19. Jh. Kriegsgeiseln bis zur Gegenwart als Mittel anerkannt, den Gegner zur Beachtung der Kriegsregeln zu zwingen (z. B. im Partisanenkrieg, als Schutz gegen Sabotage u. dgl.; Sicherheitsgeisel). Die Haager Landkriegsordnung berührt das Problem nicht, Einschränkungen erfuhr das Geisel-Problem durch das Genfer Abkommen über die Behandlung von Kriegsgefangenen 1929; seit dem Genfer Abkommen über den Schutz von Zivilpersonen in Kriegszeiten vom 12. 8. 1949 ist jede Geiselnahme verboten. Der Geiselvertrag zur Ableistung von Schulden (Nutzgeisel) galt nur bis ins MA. LIT. HWDRG I, 1445–51; A. Lutteroth, Die G. im Rechtsleben (1922); A. von Knieriem, Nürnberg (1953).

Geißler. Flagellanten (von lat. flagellum, Geißel). Selbstgeißelung als asket. Übung war im MA und in der frühen NZ verbreitet. Unter G. im engeren Sinne verstand man jene Schwärmer, die seit der Mitte des 13. Jh. – erstes öffentl. Auftreten in Perugia 1260 – die Selbstgeißelung in die Öffentlichkeit trugen. Unmittelbare Ursache der von Oberitalien rasch um sich greifenden Bewegung und der Geißlerfahrten (oft 33½ Tage dauernd in Erinnerung an das Leiden Christi) waren die religiöse Erregung der Zeit, wirtschaftl. Verelendung, Seuchen, vor allem die große Pest 1348/49, endzeitl. Erwartungen. Vielfach förderten die G. soziale Unruhen, nahmen an Judenverfolgungen teil, maßten sich Beicht- und Predigtrecht an, verschärften die Kritik an der Kirche. Papst Clemens VII. verbot, allerdings erfolglos, die Geißlerfahrten; die endgültige Verurteilung erfolgte durch das Konzil von Konstanz 1417, doch lebten die G. örtlich bis ins 16. Jh. weiter. Während der Gegenreformation lebte die öffentl. Selbstgeißelung unter dem Einfluß von Jesuiten und Kapuzinern erneut auf. LIT. LThK IV² 610f.; RGG II³ 971f; TRE XII (1984) 162–69.

Geisteswissenschaften. Zusammenfassende Bez. (seit 1849 für [engl.] »moral sciences« erstmals auftauchend) der histor.-philolog. Wissenschaften, die gegen Ende des 19. Jh. gegen die Naturwissenschaften abgegrenzt wurden. Grundlegend waren die Versuche von Wilhelm Dilthey: ›Einleitung in die Geisteswissenschaften‹ (1883) sowie ›Der Aufbau der geschichtlichen Welt in den Geisteswissenschaften‹ (1910). Der Historie kommt in diesem System der G. bes. Bedeutung zu. Die bewußte method. Besinnung auf die G. erfolgte in Auseinandersetzung mit den im 19. Jh. mächtig aufblühenden Naturwissenschaften auf dem Boden des dt. Idealismus, der Romantik und der historischen Schule. Es gibt folgende Scheidungsprinzipien von Natur- und Geisteswissenschaften: erklärend – verstehend (nach Dilthey), nomothetisch – ideographisch (nach Windelband), generalisierend – individualisierend, wertbezogen (nach Rickert). LIT. E. Spranger, Die Grundlagen der Geisteswissenschaft (1905); E. Rothacker, Einleitung in die Geisteswissenschaft (²1930); E. Cassirer, Zur Logik der Kulturwissenschaft (1942); Th. von Uexküll, Von Ursprung und Grenzen der Geistes- und Naturwissenschaften (1950); W. Laskowski u. a. (Hrsg.), Geisteswissenschaft und Naturwissenschaft. Ihre Bedeutung für den Menschen von heute (1970); TRE XII (1984) 259–73; O. F. Bollnow, Zur Philosophie der Geisteswissenschaften. 2 Bde. (1982).

Gelbe Gefahr. Seit dem Boxeraufstand in China (1899–1900), vor allem aber seit dem Sieg der Japaner über das zarist. Rußland im russ.-japan. Krieg (1904/05) gebrauchtes Schlagwort für die vermeintl. Gefahr, die der weißen Rasse und Kultur durch die gelbe Rasse drohte. LIT. U. Mehnert, Deutschland, Amerika und die »G. G.« (1995).

Geld (ahd. gelt, Vergeltung, Vergütung). Das lat. Wort pecunia = Geld wird meist auf pecus (Vieh) zurückgeführt, doch ist zu vermuten, daß es auf die umfassendere Bedeutung von pecunia = Eigentum zurückgeht. Entstanden ist das G. aus dem Bedürfnis heraus, einen Maßstab für die Quantifizierung z. B. von kult. Opfern zu besitzen. Der anwachsende Tauschverkehr führte dazu, stellvertretend für sämtl. übrigen Güter ein einziges Gut als bevorzugtes Tauschmittel verfügbar zu ha-

ben. Bei den einzelnen Völkern und Kulturen hat es im Laufe der Zeit die unterschiedlichsten Zahlungsmittel gegeben, so Kleidergeld (Pelze) im alten Rußland, Nutzgeld, d. h. vor allem Nahrungs- und Genußmittel u. a. bei den Lappen, den Mexikanern und den Abessiniern, oder Metallgeld im Nigergebiet. Die weitere wirtschaftl. Entwicklung im Laufe der Zeit führte dazu, daß die primitiven Geldformen in zunehmendem Maße durch Metalle, zumal Silber und Gold, ersetzt wurden, bis schließl. die Goldwährung (seit der Wende vom 18. zum 19. Jh.) maßgebend wurde. Erster Weltkrieg (1914–18), Weltwirtschaftskrise (1929–31) und Zweiter Weltkrieg (1939–45) führten zu volkswirtschaftl. Belastungen, denen die Goldwährung nicht gewachsen war. Die hieraus resultierende Konsequenz war, daß an ihre Stelle die Papierwährung trat. Sie verkörpert das Wesen des Geldes als einer abstrakten Währung am vollkommensten. Gleichzeitig jedoch birgt sie die Gefahr der Vermehrung der Geldmenge in sich mit den daraus sich ergebenden Gefahren für die modernen Volkswirtschaften.
LIT. W. Gerloff, Die Entstehung des G. und die Anfänge des Geldwesens (²1947); ders., G. und Gesellschaft (1952); H. Ritter, Der Mensch und das G. (1952); E. Samhaber, Das G. Eine Kulturgeschichte (1964); H. Schacht, Magie des G. (1966); H. Rittmann, Dt. Geldgeschichte seit 1914 (1975); M. Monestier (Hrsg.), Banknoten der Welt (1982); F. Wagner, G. oder Gott? (1985); B. Sprenger, Das G. der Deutschen (²1995); M. Ermer, Von der Reichsmark zur Deutschen Mark (2000).

Geldkatze. Früher benutzter Geldbeutel für Reisende; er war schlauchartig gearbeitet und wurde um den Leib geschnallt.

Gelehrtenkalender. Biograph. und bibliograph. Hilfsmittel. ›Kürschners Deutscher Gelehrtenkalender‹, seit 1925 von dem seit 1879 ff. erscheinenden ›Allg. dt. Literaturkalender‹ getrennt; Biographien lebender Persönlichkeiten auch in dem seit 1849 erscheinenden ›Who is who?‹ Vergleichbares gibt es für alle Länder, z. B. für Deutschland seit 1905: H. A. L. Degener, ›Wer ist's?‹; heute unter dem Titel: ›Wer ist wer?‹ Allgemein nur kurze biograph. Angaben, Name, Fach, akadem.

Grade, Titel, Stellung, Adresse, Veröffentlichungen.

Geleit (conductus, custodia stratarum publicum, ducatus). Begleitung, Schutzgeleit, Ehrengeleit. Das Geleitrecht war königl. Hoheitsrecht. Friedrich II. gestand 1220 und 1232 den Landesfürsten auch das Geleitregal zu. Der unter Geleit Reisende zahlte dem »Geleitherrn« ein bes. Geleitgeld. Als Zeichen des Schutzes trug der Geleitete Fahne, Kreuz, geweihten Stab oder andere Abzeichen. Das Geleitwesen diente der Sicherheit der Straßen, des Verkehrs und des Handels. G. konnte auch als Zusicherung der Verschonung von Untersuchungshaft und Freiheit von Haft an Personen gewährt werden (Hus auf dem Konzil von Konstanz, Geleitsbruch umstritten; Luther auf dem Reichstag zu Worms 1521). Für die Königswahl war den Kurfürsten seit Licet iuris (1338) und der Goldenen Bulle G. zugesichert, ebenso für die Reichstage.
LIT. HWDRG I, 1481–89; Rössler-Franz, SWDG I, 334 f.

Gelobtes Land. Bez. für Palästina nach Hebr. 11, 9 (terra repromissionis), weil Gott es den Patriarchen und ihren Nachkommen zu geben versprochen hatte.

Gemarkung (ahd. marcha, Mark). Urspr. Grenze, Markung; später Feldmark, Flur, heute auch für Gemeindegebiet gebraucht. Unterabteilung der Gemarkung ist die Gewann.

Gematrie. Geheimschrift, die auf dem Zahlenwert des Buchstabens beruht, in altoriental., jüd., christl., griech. und arab. Überlieferung. Auffallende Zahlen oder Quersummen werden als Geheimnisse gedeutet; im Talmud und der Kabbala dient G. oft der Schriftexegese.

Gemeiner Pfennig. Auf dem Reichstag von Worms (1495) eingeführte Reichssteuer, »Ordnung des gemeinen Pfennigs«. Der G. P. ist der erste, aber mißglückte Versuch einer allg. Reichssteuer, mit der sich bereits der Große Regensburger Christentag (Reichstag von 1471) beschäftigt hatte; sie sollte von allen Männern und Frauen über 15 Jahren erhoben werden, war auf 4 Jahre befristet, sollte die Aufstellung eines Reichsheeres ermöglichen sowie die Kosten des Reichskammergerichts decken. Da die Erhebung zu schwierig, der Ertrag zu gering war, kehrte man 1505, dauernd 1521 wieder zu dem äl-

teren System der Matrikularbeiträge zurück.
LIT. E. Gothein, Der G. P. auf dem Reichstag zu Worms (1878); H. Müller, Reichssteuern ... (1880); P. Schmid, Der G. P. von 1495 (1988).

Gemeines Recht (lat. ius commune) bez. das bei allen Völkern gleichmäßig geltende ius gentium sowie das allen Bürgern desselben Staates gemeinsame Recht im Gegensatz zu dem lokalen, regionalen, ständ. Sonderrecht. Das G. R. bildete sich im 14./15. Jh. in Oberitalien, vor allem aus dem röm. Recht als »communis opinio doctorum«, wurde im MA subsidiär zum Partikularrecht angewendet und setzte sich im werdenden frühneuzeitl. Staat im Zug der Vereinheitlichung der Gesetzgebung allmählich durch. Kritik am G. R. ging vom Naturrecht des 17. und 18. Jh. aus. Unterschiedl. ist die Stellung der Kodifikationen zum G. R.: das Allgemeine Landrecht für die preuß. Staaten z. B. setzt das G. R. außer Kraft. Subsidiär fand das G. R. z. T. Anwendung bis zum Inkrafttreten des Bürgerlichen Gesetzbuches (BGB).
LIT. HWDRG I, 1506–10; H. Conrad, DRG I; P. Koschaker, Europa und das röm. Recht (⁴1966); F. Wieacker, Privatrechtsgeschichte der Neuzeit (²1967).

Gemeingeist. Etwa gleichbedeutend mit Gemeinsinn. Sinn und Tätigkeit für das Gemeinbeste, gebildet gegen Ende des 18. Jh. nach engl. public spirit, franz. esprit public. Das Wort begegnet bei Campe, Herder, Schiller, Görres.
LIT. Grimm, Deutsches Wörterbuch, IV, 1, 2 (1897) 3254; Kluge 246.

Gemeinheit. Bez. für das gemeinschaftl. Nutzungsrecht an ländl. Grundbesitz infolge gemeinsamen Eigentums oder »wechselseitiger Dienstbarkeiten«. Nachdem sich seit dem 18. Jh. die Auffassung durchzusetzen begann, daß gemeinsame Nutzungen nicht sinnvoll seien und daher staatlicherseits beseitigt werden müßten, geschah dies durch Gemeindeteilung in großem Ausmaß (lt. preuß. Ges. vom 7. 6. 1821). Verbunden war hiermit in der Regel die Aufhebung des Flurzwangs, außerdem Flurbereinigung sowie Zusammenlegung des herrschaftl. Besitzes (Verkoppelung). Schon vor Einsetzen dieses Prozesses verfügten die Bauern in zahlreichen Fällen nur noch über ein Nutzungsrecht an den G., da sie bereits in den Besitz der Groß

grundgesitzer übergegangen waren (→ Allmende).
LIT. P. Gieseke, Art. Grundstück, in: Rechtsvergl. Hwb. f. d. Zivil- u. Handelsrecht, 3 (1931); W. Abel, Agrarpolitik (³1967).

Gemeinsinn → Gemeingeist.

Gemmensiegel. Seit der Merowingerzeit bis Ende der Karolinger wurden antike Gemmen häufig als Siegelinstrument verwendet; seit Ludwig dem Frommen gibt es auch Nachahmungen solcher Gemmen. Die G. sind meist oval gebildet und zeigen im Profil bildl. Darstellungen von Kaisern, Göttern und Frauenköpfen sowie figürl. Szenen etc.; durch die Umschrift als Siegel einer Person des MA gekennzeichnet. In geh. Ringsiegeln und in Sekreten noch vereinzelt bis ins SpätMA.
LIT. Bresslau II, 597 ff.; Clavis mediaevalis 82.

Genealogie. Histor. Hilfswissenschaft, die sich mit der Geschichte der Personen, ihrer Abstammung und den darauf beruhenden Zusammenhängen sowie mit Familienforschung beschäftigt. Vgl. auch → Ahnenprobe, → Ahnentafel, → Aszendenz, → Deszendenz, → Gotha, → Genealogisches Handbuch des Adels.
LIT. E. Heydenreich, Hdb. der prakt. Genealogie (1913); E. Henning, W. Ribbe (Hrsg.), Hdb. der Genealogie (1972); Deutsches Familienarchiv (bis 1981 sind 75 Bände erschienen).

Genealogisches Handbuch des Adels. Fortführung der Gothaischen Taschenbücher seit 1951, gegenüber dem alten »Gotha« wesentl. erweitert, (bis 1980) 73 Bände, gegliedert in: Fürstliche, Gräfliche, Freiherrliche und Adelige Häuser.

General (von lat. generalis, allgemein). Im Kirchenlatein Bez. für Vorsteher eines Mönchsordens. Seit dem 15. Jh. im franz. Heerwesen zur Bez. eines milit. Dienstgrades: capitaine général; daraus gekürzt général für den Höchstkommandierenden. Die dt. Nachbildung Generaloberst gibt es seit der Mitte des 16. Jh., die Kürzung General seit dem Anfang des 17. Jh. Das Oberkommando über die Reichsarmee hatte, wenn es der Kaiser nicht selbst übernahm, der Reichsgeneralfeldmarschall, der von Kaiser und Reichstag gemeinsam ernannt wurde. Bei der Ernennung der Reichsgeneralität mußte seit dem Westfälischen Frieden die kon-

fessionelle Parität berücksichtigt werden. Höchster Rang der dt. Wehrmacht war der Generalfeldmarschall; es folgten der Generaloberst, der General der Infanterie, Artillerie usw., der Generalleutnant, der Generalmajor.
LIT. R. Stumpf, Die Wehrmacht-Elite. Rang- und Herkunftsstruktur der dt. Generale und Admirale 1933–1945 (1982).

Generalbaßzeit (von ital. basso continuo). Bez. für die Musik des Barock seit Anfang des 17. Jh.

Generaldirektorium (abgek. Bez. der höchsten preuß. Behörde im 18. Jh., entstanden aus der 1722 erfolgten Zusammenlegung der Zentralbehörde für die Domänenverwaltung (1689: Geheime Hofkammer, 1713: Generalfinanzdirektion) und des Generalkriegskommissariats mit dem eigentl. Namen: General-Oberfinanz-Kriegs- und Domänendirektorium. Das G. war in Departements mit teils territorialer, teils nach Sachgebieten bestimmter Ressortverteilung gegliedert. Der Zusammenbruch Preußens und die Reformen Steins brachten die Ablösung des G. durch ein modernes Verwaltungssystem.
LIT. H. Conrad, DRG II (1966) 309–313; F. Hartung, Deutsche Verfassungsgeschichte; E. R. Huber, Deutsche Verfassungsgeschichte I.

Generalvikar (Vicarius generalis in spiritualibus). Vertreter des Ortsbischofs, vom Bischof abhängig und nur mit beschränkter stellvertretender Amtsgewalt. Die Ausbildung des Amtes erfolgte im 13. und 14. Jh. G. und Offizial drängten die zu mächtig gewordenen Archidiakone zurück. Das Amt des G. erlischt mit der Vakanz des Bischofstuhles.
LIT. Feine, KRG; LThK IV 667–68; E. von Kienitz, G. und Offizial (1931).

Genfer Katechismus: Zwei verschiedene Schriften Calvins.
a) ›Instruction et Confession de foi dont on use en l'Église de Genève‹ (1537 verfaßt): Katechismus und Glaubensbekenntnis, auf das sich die Genfer Bürgerschaft eidlich verpflichten sollte; die Trinität wurde nicht nachdrücklich gelehrt.
b) 1541/42 verfaßte Calvin 373 Fragen und Antworten. Die Prädestinationslehre war noch nicht entwickelt. Der lat. Text des Katechismus (1545) erhielt in der reform. Kirche das Ansehen einer Bekenntnisschrift.

LIT. RGG II, 1384; W. Niesel (Hrsg.), Bekenntnisschrift der nach Gottes Wort reformierten Kirche ([2]1948); P. Jacobs (Hrsg.), Reformierte Bekenntnisschriften und Kirchenordnungen (1950).

Genieperiode, Geniezeit → Sturm und Drang.

Genius. Röm. Gott; Schutzgeist; Verkörperung der das Einzelleben überdauernden männl. Zeugungs- und Schöpfungskraft (genius natalis; lectus genialis: Ehebett) sowie der individuellen Existenz; das Fest des G. war der Geburtstag. Von Familie (Familiengenius) und Haus (Hausgenius) wurde der Genienglaube auf größere Verbände, Truppen, Staaten, auf das Imperium seit Augustus, und auf Örtlichkeiten (genius loci) übertragen. Der Genius erschien in Schlangen-, später in Menschengestalt, als nacktes Flügelkind, in Renaissance und Barock zum Putto abgewandelt.

Genossenschaft (von ahd. nôz. Nutzvieh). Genosse ist urspr. der Mithirte oder Weidemitbenützer. G. ist im ma.-dt. Recht eine Vereinigung zur Verwirklichung religiöser, gesellschaftl., wirtschaftl. und polit. Aufgaben auf dem Prinzip der Gleichberechtigung oder auch der Unterordnung (herrschaftl. G.). Als natürlichster genossenschaftl. Faktor erscheint die Verwandtschaft. Aus nachbarl. Solidaritätsgefühl entstanden Nachbar- oder Dorfschaften, darauf aufbauend zur Wahrnehmung wirtschaftl. Interessen die Markgenossenschaft. Durch freie Einung (coniuratio, Eidgenossenschaft) entstand die ma. Stadtverfassung; bei den Kämpfen um die Stadtverfassung und die Bürgerrechte standen sich die Patriziergenossenschaften (z. B. Richerzeche/Köln) und die genossenschaftl. Zünfte der Handwerker gegenüber. Auch in der Landesherrschaft ist ein stark genossenschaftl. Element unverkennbar. Die Bedeutung der G. für das MA hat vor allem O. von Gierke, Das deutsche Genossenschaftsrecht, 4 Bde. (1868/1913; Neudr. 1954) herausgestellt. Vgl. auch O. von Gierke, Die Genossenschaftstheorie und die deutsche Rechtsprechung (1887; Neudr. 1963).
LIT. HWDRG I, 1522–27; StL III ([6]1959) 764–68; Rössler-Franz, SWDG I, 338 ff.; K. Kluthe, Genossenschaften und Staat in Deutschland (1985).

Genossenschaftskirche. Neben die Eigenkirche trat im frühen MA die G., von einem Personenverband (Markge-

nossenschaft, Hundertschaft usw.) getragen. Die Mehrzahl der dt. G. wurden später Eigenkirchen.
LIT. LThK IV, 678.

Gens (lat.). Geschlecht, Sippe, Volk; das vornehme, polit. einflußreiche, zuerst nur patrizische, dann auch plebejische röm. Geschlecht mit bes. Kult- und Grabrecht; Verband mehrerer Familien, die denselben Namen haben und gemeinsame Abstammung annehmen. Die eigentl. Bedeutung der G. lag in der vorrepublikan. Zeit. Die Angehörigen der G. heißen gentiles (**Gentilen**); sie unterscheiden sich von den Agnaten dadurch, daß ihre Verwandtschaft mit dem Stammvater nicht mehr nachweisbar ist. Umstritten ist die Zugehörigkeit von Freigelassenen und Klienten zur G.
LIT. RE VII, 1176–98.

Gentleman (franz. gentilhomme). Edelmann, Kavalier, urspr. dem niederen Adel (Gentry) angehörend, später jedes Mitglied der guten Gesellschaft. Der G. wurde seit der elisabeth. Zeit immer mehr zum Erziehungs- und Bildungsideal. 1813 umschreibt Campe den G.: »feiner oder rechtlicher Mann«, ein Mann von Erziehung. Als Erziehung- und Bildungsideal löst G. auch im Deutschen ältere Vorstellungen und Schlagwörter ab, z. B. Kavalier, galanter Mensch (17. Jh.), Weltmann (18. Jh.). Kennzeichen: Selbstbeherrschung, Höflichkeit, Fairneß.

gentlemanlike. Nach Art eines Gentleman, ehrenhaft, anständig.

Gentlemen's agreement. Formlose, persönl. Vereinbarung auf Treu und Glauben, bes. in der Diplomatie und Wirtschaft; stillschweigende Übereinkunft zw. Ehrenmännern; Mittel der polit. Verständigung.

Gentry (engl.). Der niedere Adel in England bis zum Baronet; steht unter der Nobility, ist aber nicht abgeschlossen. Auch die Inhaber bestimmter Orden und Ämter sowie Großgrundbesitzer zählen zur G.
LIT. G. E. Mingay, The Gentry. The Rise and Fall of a Ruling Class (1976).

Geographus Ravennatus. Geistlicher aus Ravenna, der um 800 unter Benutzung einer Weltkarte des 3. Jh. eine Kosmographie verfaßte. Guido von Pisa fertigte 1118 einen Auszug aus dem Werk.
LIT. J. Schnetz, Itineraria Romana II (1940).

Geopolitik. Von dem schwedischen Staatsrechtslehrer Rudolf Kjellén (1864–1922) geprägte Bez. der nie anerkannten »Grenzwissenschaft« zw. Geographie, Staatenkunde, Soziologie und Geschichte. Sie geht auf die polit.-geograph. Ideen Friedrich Ratzels (1844–1904) zurück und wurde in Dtl. vor allem durch Karl Haushofer (1869–1946) zur angewandten polit. Geographie weitergebildet. Haushofer vertrat die Lehre »von der geographischen Bedingtheit der Politik«, »von der Erdgebundenheit der polit. Vorgänge«. Durch Haushofers Schüler Rudolf Hess waren Verbindungen zum Nationalsozialismus früh gegeben. Die G., 1935 zu »einer der Grundsäulen des Nationalsozialismus« erklärt, trug zur Rechtfertigung von Hitlers Politik manches bei, brach mit dem Dritten Reich zusammen, rückte aber nach 1945 im Weltbild des histor. Materialismus in eine wichtige Position.
LIT. R. Kjellén-K. Haushofer, Die Großmächte der Gegenwart ([7]1930); K. Haushofer, Grenzen und ihre geograph. und polit. Bedeutung (1927); R. Hennig, Geopolitik (1928); A. Haushofer, Allg. Politik, Geographie und Geopolitik (1951); A. Grabowsky, Raum, Staat und Geschichte. Grundlagen der Geopolitik (1960); StL III ([6]1959) 778 ff.

Georgsorden, St.
[1] Hannoverscher Orden, 1839 von König Ernst August von Hannover gestiftet und zum Hausorden erklärt.
[2] Von Zarin Katharina II. 1769 gestifteter höchster militär. Orden Rußlands.

Gerechtsame. Altertümliche Bez. für vererbl. und veräußerl. Nutzungsrechte an Grundstücken, z. B. das Bergrecht und die Apotheken-Gerechtsame.

Gericht, Gerichtsbarkeit (ahd. girihti, zu ahd. recht, gerade, aufgerichtet).
[1] Organ der Rechtsprechung.
[2] Vorgang der Rechtsprechung.
LIT. W. Schild, Die Geschichte der Gerichtsbarkeit (1997).

Gerichtsverfassung. In german.-fränk. Zeit hatten die Sippen, König, Kirche, Verbände, Grafen Gerichtsbarkeit. Dem Königtum ist es nie gelungen, die Gerichtsbarkeit zu einem Kernstück zentraler Reichsgewalt auszubauen. Im Gerichtsverfahren dienten Eid, Gottesurteil, Zeugen, auch Urkunden als Beweise. Die Zersetzung der königl. Gerichtsbarkeit, die bereits im 9. Jh. einsetzte, wurde seit der Verquickung von Gerichtsbarkeit und Lehnswesen beschleunigt. Der königl. Bann geriet mit dem Untergang der Feme fast in Vergessenheit. Im SpätMA entzogen viele Reichsstände ihr Gebiet der obersten Gerichtsbarkeit des Königs. Die Goldene Bulle für die Kurstaaten und Privilegia de non appellando und de non evocando für weitere Territorien bezeichnen den Abbau der Reichsjustiz und die Ausdehnung der Landesjustiz. Für die Ausbildung der Landeshoheit war der Erwerb der Blutsgerichtsbarkeit wichtig. Mit der Rezeption des röm. Rechts beginnt der Aufstieg der gelehrten Richter. Die beiden obersten Reichsgerichte waren das Reichskammergericht seit 1495 als vom Kaiser unabhängiges Gericht und mit ihm konkurrierend der Reichshofrat seit 1498, der ein wirklich kaiserl. Gericht war. Reformversuche der obersten Reichsgerichte blieben bis zum Untergang des Reiches ohne Erfolg. Die Städte wußten sich ebenso wie die Kirche ihr eigenes Gericht zu sichern. Die Niedergerichtsbarkeit blieb bis ins 19. Jh. weitgehend bei den Städten. Seit dem Untergang des Reiches (1806) gab es bis zur Errichtung des Reichsgerichts keine obersten Gerichte, weder im Deutschen Bund noch im Norddeutschen Bund. Erst 1934/35 wurden die G. der Länder einschließl. der Landesjustizverwaltungen auf das Reich übertragen.

LIT. HWDRG I, 1539–42; 1551–76; H. Conrad, DRG I (^{2}1962); II (1966); Feine, KRG; G. May, Die geistl. Gerichtsbarkeit des EB von Mainz im Thüringen des späten MA (1956).

Germania Sacra. In Anlehnung an die Gallia christiana und die Italia sacra in Dtl. im 17. Jh. unternommener Versuch einer histor.-statist. Bestandsaufnahme der ma. dt. Kirche (Bistümer, Domkapitel, Kollegiatkirchen, Klöster usw.). Vor allem gefördert durch die Benediktiner von St. Blasien unter Abt Martin II. Gerbert. 1908 entwickelten P. F. Kehr und A. Brackmann den Plan einer G. S. Für einige Bistümer liegen Veröffentlichungen vor.

LIT. G. Pfeilschifter, Die St. Blasianische G. S. (1921); G. Wentz, Die G. S. des Kaiser-Wilhelm-Instituts für dt. Geschichte. In: Bll. für dt. Landesgeschichte 86 (1941) 92–1006; N. Hammerstein, Aufklärung und kath. Reich (1977); I. Crusius (Hrsg.), Beiträge zur Geschichte u. Struktur der ma. G. S. (1989).

Gesamtherrschaft, Gemeinherrschaft, Kondominium. Die von verschiedenen Staaten gemeinsam ausgeübte Herrschaft über ein Gebiet. Während des dt. MA diente die G. häufig als ein Mittel, um nachteilige Folgen einer Erbteilung zu verhüten. In Resten lebt die G. seit dem 19. Jh. noch fort. Im Völkerrecht existiert sie noch zu dem Zweck, dem Anspruch mehrerer Staaten auf ein Gebiet gerecht zu werden. So gab es eine G. von Preußen und Lippe über Lippstadt (bis 1850), von Hamburg und Lübeck über Bergedorf (bis 1868), von Preußen und Österreich über Schleswig-Holstein (1864–66), von Großbritannien und Frankreich über die Neuen Hebriden (seit 1906).

Gesamtstimme, Kuriatstimme. Die einer Mehrheit von Stimmberechtigten zustehende Stimme. Im Unterschied zur Virilstimme, die einem einzelnen zukommt, kann die G. nur einheitlich abgegeben werden. Im Reichstag des alten Dt. Reiches (bis 1806) waren die gräfl. Häuser zu 4 G. zusammengefaßt (fränk., schwäb., westfäl., wetterauische Grafenbank), die nicht gefürsteten Prälaten zu 2 G. (rhein. und schwäb. Prälatenbank). Im Dt. Bund verfügten im Engeren Rat außer den 11 Einzelstimmen der größeren und mittleren Staaten die 27 kleineren Staaten über 6 G.

Gesandter. Als gekürzte Lehnübersetzung des franz. envoyé im 17. Jh. in Dtl. nachweisbar. G. ist ein öffentl. beglaubigter und mit diplomat. Charakter ausgestatteter Vertreter eines Staates bei einem anderen Staat.

LIT. W. Fürnrohr, Kurbaierns Gesandte auf dem Immerwährenden Reichstag (1971).

Gesandtschaft. Im 17. Jh. aufkommende Bez. für ständige diplomat. Vertretungen eines Staates bei einem anderen Staat der Völkerrechtsgemeinschaft. Ständige G. gehen auf die dauernde päpstl. Vertretung am Kaiserhof zu Byzanz und bei den fränk. Königen, vor allem aber auf die von Venedig und anderen ital. Staaten seit der Mitte des 15. Jh. entwickelten diplomat. Formen zurück. Die heute übl. Unterscheidung diplomat. Vertreter stützt sich auf das Reglement des Wiener Kongresses (Protokoll vom 19. 3. 1815) und des Aachener Kongresses (Protokoll vom 21. 11. 1818). Man unterscheidet

a) **Botschafter** (ambassadeur extraordinaire et plénipotentiaire), Vertreter ihres Staates und ihres Staatsoberhauptes, bis nach dem Ersten Weltkrieg nur unter den Großmächten üblich; sie haben bes. Ehrenrechte, führen den Titel Exzellenz; ihnen gleichstehend die päpstliche Nuntien und Pronuntien.

b) **Gesandte** (envoyé extraordinaire et ministre plénipotentiaire), von Souverän zu Souverän beglaubigt, sie vertreten jedoch nicht das Staatsoberhaupt, haben geringere Ehrenrechte als die Botschafter; ihnen gleich stehen die päpstl. Internuntien.

c) **Ministerresidenten** in Kleinstaaten vor allem oder in Staaten, die in der internationalen Staatengemeinschaft nicht als vollberechtigt anerkannt sind; heute kaum noch von Bedeutung.

d) **Geschäftsträger**: ständige Geschäftsträger (chargé d'affaires); Geschäftsträger ad interim, nur von Minister zu Minister beglaubigt, sie unterhalten bei polit. Spannungen oder bei Abwesenheit des Missionschefs den notwendigen diplomat. Verkehr.

Die Wahl der Rangklasse einer diplomat. Vertretung hängt vom Absenderstaat ab. Die amtl. Ernennung eines Gesandten erfolgt nach erteiltem Agrément. Seine bes. Aufgaben sind in einer Instruktion festgehalten. Die Sendung eines Gesandten endigt durch Tod, Rückberufung, Abbruch der diplomat. Beziehungen, Erledigung des erteilten Auftrags. Die Gesandten besitzen Exterritorialität, d.h. Befreiung von der Strafgerichtsbarkeit und Zivilgerichtsbarkeit des Empfangsstaates, franchise de l'hôtel: Unverletzlichkeit des Gesandtschaftsgebäudes, Steuer- und Zollfreiheit, Brief- und Depeschenrecht, das Recht der freien Religionsausübung, sog. Kapellrecht usw.

LIT. P. Zorn, Deutsches Gesandtschafts- und Konsularrecht auf der Grundlage des allg. Völkerrechts (1920); K. Walf, Die Entwicklung des päpstl. Gesandtschaftswesens in dem Zeitabschnitt zw. Dekretalenrecht und Wiener Kongreß, 1159–1815 (1966); H. Raab, Sieben Jahrhunderte päpstl. Gesandtschaftswesens. In: HJB 89 (1969) 409–19; K. Müller, Das kaiserl. Gesandtschaftswesen im Jh. nach dem Westf. Frieden 1648–1740 (1976); A. Casaroli, Der Heilige Stuhl und die Völkergemeinschaft. Hrsg. von H. Schambeck (1981).

Geschichte, Geschichtswissenschaft (ahd. gisciht: Ereignis, Zufall, Hergang; frühneuhochdeutsch auch: Erzählung von Geschehenem). Das im 13. Jh. eingedeutschte Wort Historie wurde im 18. Jh. durch G. ersetzt. G. wird in doppeltem und durchaus nicht identischem Sinn gebraucht a) zur Bez. dessen, was geschehen ist, b) als Kunde, Erzählung von dem Geschehenen. In letzterem Sinn umfaßt G. auch den Gesamtbegriff dessen, was mit Geschichtswissenschaft bezeichnet wird, nämlich Geschichtsforschung und Geschichtsschreibung (Historiographie, →Darstellung). Geschichtsforschung versucht, method. Tatbestände aufzuhellen; Geschichtsschreibung ist Aufzeichnung des histor. Geschehens, verbunden mit der Frage nach Ursachen, Zusammenhängen und dem Versuch einer Deutung.

G. kann sich stets nur auf Geschehenes, Vergangenes beziehen, Geschehen an sich ist jedoch noch nicht Geschichte. Geschichtswissenschaft ist die Wissenschaft, welche die durch menschl. Willensakte bewirkten, sozial relevanten Erscheinungen in ihrer vielseitigen Individualität und nach dem erkennbaren kausalen und finalen Zusammenhang mit der Folgezeit bzw. mit bes. Rücksicht auf ihren typischen Wert zu erforschen und zu beschreiben versucht. Zwar gibt es auch eine G. der Natur, des Tier- und Pflanzenlebens, aber im eigentl. Sinne besitzt G. nur der Mensch, wenn er sich als vernünftiges, bewußt handelndes Wesen betätigt. Nur der Mensch wird sich seiner G. bewußt, und zwar jeweils nur geschichtlich und in Auseinandersetzung mit der G. Der Mensch besitzt seine G. nur in deren Verständnis, darin liegt die Einheit von G. als bereits Geschehenem und G. als Wissenschaft. Das Verständnis der G. hat selbst seine G., und es ist in seinem Wandel ein Moment der G. selbst. Die Auswahl des Wissenswerten aus der G. variiert und ist, wie auch die historische Urteilsbildung, abhängig von allg. Zeittendenzen. »Die Vergangenheit vergessen erzeugt die Wirkung, der wir heute begegnen: den Rückfall des Menschen in die Barbarei« (Ortega y Gasset). G. ist nach J. Huizinga die geistige Form, in der sich eine Kultur über ihre Vergangenheit Rechenschaft gibt. Von diesen Urteilen her wird man zu modernen Versuchen, G. durch Futurologie oder

285

Prognostik abzulösen, Stellung nehmen müssen.

G. ist nach Leopold von Ranke, dem Altmeister histor. Forschung und Geschichtsschreibung, die Darstellung des Gewesenen, »wie es wirklich war, die Vergegenwärtigung der vollen Wahrheit«, nicht Vermittlung von totem Fakten- und Datenwissen, noch Kuriositätenkabinett. G. ist eine ständig in die Vergangenheit hinein, die als Grund der Gegenwart präsent, jedoch nicht verfügbar ist, fragende Wissenschaft. Die Leugnung der Herkünftigkeit der Gegenwart und der Zukunft aus der Vergangenheit ist Absage an die G. und führt zu utopisch-revolutionärer Einstellung. Die Leugnung echter Zukünftigkeit mündet in falscher Restauration und Stagnation.

G. ist einmalig, unwiederholbar, nicht umkehrbar; Geschehenes kann nicht ungeschehen gemacht werden. G. als Wissenschaft unterscheidet sich von den exakten (Natur-)Wissenschaften, die sich auf das Experiment stützen können, vor allem dadurch, daß sie des Experiments entbehren muß und keine Gesetze nach Art der Naturwissenschaften kennt. G. ist nicht willkürl. Zurückgreifen in die Vergangenheit, sondern von der gegenwärtigen Situation her bestimmtes Fragen. Vergangenes wird daher immer wieder unter anderen Gesichtspunkten befragt und beschrieben.

Vorzüglichste Träger und Organe der G. sind Staat, Religion, Kultur. Die polit. G. genießt seit jeher, vor allem seit Hegel und Ranke, eine Vorzugsstellung und nimmt in der Geschichtsschreibung den breitesten Raum ein (dynastische G., Reichsgeschichte, Territorial-, Verfassungs- und Parteigeschichte). Staatl.-polit. Vorgänge (Kriege, Bündnisse, Friedensschlüsse, Außenpolitik), polit. Denken (Ideengeschichte) sind primäre Objekte für die polit. G.

Die Geschichtsauffassung des 19. Jh. war vorwiegend nationalstaatl., polit.-militärisch. Die kulturgeschichtl. Richtung – Karl Lamprechts (1856–1915) kulturgeschichtl. Methode war stark umstritten.

a) **Kulturgeschichte** als eigene Disziplin bleibt problematisch – will die geistigen, religiösen, gesellschaftl., rechtl., wirtschaftl. Verhältnisse einer Zeit beschreiben, die Abhängigkeit von Einzelerscheinungen voneinander untersu-

chen und die Bedeutung dieser Verhältnisse für die Gesamtentwicklung der Menschheit oder eines Volkes erforschen.

b) **Territorial- oder Landesgeschichte** wendet sich kleineren geographischen, stammesmäßigen, territorialen Einheiten zu.

c) **Sozial- und Wirtschaftsgeschichte** will die Wechselwirkungen zw. Wirtschaft, Staat, Gesellschaft erforschen, wird gelegentlich überschätzt, ist jedoch ein wichtiges Gebiet, dessen Bedeutung nicht nur für die G. der NZ evident ist.

d) **Rechts- und Verfassungsgeschichte,** zw. Geschichtswissenschaft und Rechtswissenschaft stehend, erforscht Formen und Kräfte des staatl. Lebens und ist das »erste und zugleich wichtigste unter den Teilgebieten der G.« (Paul Kirn).

e) Die verschiedenen Religionen in ihrem Werden und in ihrer Art sind Gegenstand der **Religionsgeschichte**.

f) Gegenstand der **Kirchengeschichte** »ist das Wachstum der von Christus gestifteten Kirche in Zeit und Raum. Indem sie diesen ihren Gegenstand von der Glaubenswissenschaft empfängt und im Glauben festhält, ist sie theologische Disziplin und unterscheidet sich von einer G. des Christentums« (H. Jedin). Im Zeitalter der Reformation und der Gegenreformation hat die Kirchengeschichte viel zur Entwicklung der histor.-kritischen Methode beigetragen, der Geschichtswissenschaft auch später wichtige Anregungen gegeben und ausgezeichnete Werke hervorgebracht. Der Wert der Kirchengeschichte für die Geschichtswissenschaft wird vor allem für das MA, die Zeit der Reformation und Gegenreformation und die frühe NZ deutlich.

Die **Geistesgeschichte** bleibt ähnlich wie die Kulturgeschichte als Disziplin problematisch, als Ideengeschichte ist sie aber in jeder Forschungsrichtung miteingeschlossen und sollte dort gepflegt werden. Die Verbindung zw. G. und Kunstgeschichte sollte aufrechterhalten werden.

Nach der formalen Seite ist Geschichtsforschung und Geschichtsschreibung zu unterscheiden. Forschung bereitet in der Untersuchung und Kritik der Quellen, in der Edition von Urkunden, Akten, Briefen usw., in der Anwendung der sog. historischen Hilfswissenschaften (Chronologie, Diplomatik, Paläographie, Heraldik, Genealogie, Numismatik) das Material für die Darstellung vor, sichert Tatbestände, klärt Details. Geschichtsschreibung ist Darstellung des Geschehens, der Ursachen und Zusammenhänge und verlangt ein gewisses künstlerisches Element. Nach der Art der Darstellung werden in der Geschichtsschreibung unterschieden:

a) die **referierende** oder **narrative Geschichtsschreibung,** die einfachste, nächstliegende und älteste Form histor. Darstellung. Die referierende Geschichtsschreibung begnügt sich mit der Erzählung des Tatsächlichen in äußerer chronolog. Aufeinanderfolge (»Historia quae nude res gestas tantum narrat«). Die referierende Geschichtsschreibung wird vielfach als vorwissenschaftlich charakterisiert. Typisch für diese Form sind: Herodot, die ma. Ostertafeln, die ma. Annalen und Chroniken.

b) die **pragmatische** oder **lehrhafte Geschichtsschreibung,** im 18. Jh. auch histoire raisonnée genannt. Sie versucht den Verlauf des Geschehens nach Ursache und Wirkung zu erfassen, den inneren Triebkräften im histor. Geschehen nachzuspüren und aus der gewonnenen Begründung u. U. eine Nutzanwendung für das Leben, den Staat, die Kirche, die Partei abzuleiten, Bestätigung eigener Auffassungen, Lehren für die Zukunft zu finden. Die pragmat. Geschichtsschreibung verfolgt religiöse, ethischerbauliche, patriotische, nationale oder parteipolit. Ziele. Das sittliche Urteil beherrscht die Darstellung. Ein stark subjektives Element ist bei der Auswahl und Auswertung der Quellen und in der Darstellung unverkennbar. Die G. ist richterliche Instanz und Lehrmeisterin. Die pragmatische Geschichtsschreibung gedeiht offensichtlich am besten in den Perioden, da der Pragmatismus seine Sinngebung und Weisung von oben und von wenigen empfängt (Absolutismus, Aufklärung). Vertreter der pragmatischen Geschichtsschreibung sind: Thukydides, Cicero, der in der G. eine magistra vitae sah, Tacitus, Schiller, Friedrich d. Gr., dem die G. zur Rechtfertigung diente, K. von Rotteck, F. Chr. Schlosser. P. Le Moyne, De l'histoire (1670): »Die G. ist eine ununterbrochene Darstellung wahrer und bedeutsamer Begebenheiten, geschrieben mit Geist, Beredsamkeit und Urteilskraft zum Zweck, Privatleute wie Fürsten zu unterrichten und dem Wohle der bürgerlichen Gesellschaft zu dienen.« – Referierende und pragmatische Geschichtsschreibung entspringen menschlich-natürlicher Veranlagung, sind aber auf keine wissenschaftliche Methode gestützt.

c) Die **genetische Geschichtsschreibung** versucht unabhängig von allen spekulativen und lehrhaften Absichten die Entwicklung jeder geschichtl. Erscheinung in ihrem allmählichen Werden zu verstehen aus unzähligen inneren und äußeren Vorgängen. Sie will zeigen, wie etwas geworden ist. Zur allg. herrschenden Form wird die genetische Geschichtsschreibung, die allein den heutigen wissenschaftlichen Anforderungen entspricht, erst im 19. Jh., nachdem Herder den Weg dazu gewiesen hatte. Die neuere Historiographie weist oft Elemente aller drei Stufen der Geschichtsschreibung in enger Verbindung miteinander auf.

Überblick über die **Geschichte der Geschichtswissenschaft:** Der Fortschritt der G. als Wissenschaft war von der Ausbildung der histor.-kritischen Methode abhängig, mit der allein Ergebnisse auf wissenschaftliche Art erworben werden konnten. Ansätze histor. Kritik finden sich bereits in der antiken (Thukydides, Sallust, Tacitus) und ma. Geschichtsschreibung. Die christl. Antike orientierte die Geschichtsschreibung auf Schöpfung, Offenbarung, Weltende, auf den Kampf zw. civitas Dei und civitas Diaboli (Augustinus). Sie brachte Periodisierungen nach den vier Weltreichen der Danielprophetie und nach den sechs Weltaltern in Analogie zu den Lebensaltern (Augustinus, Isidor, Beda). Seltener sind Periodisierungen nach den drei Zeitaltern ante legem, sub lege, sub gratia. Die Hauptformen ma. Geschichtsschreibung sind Annalen, Chroniken, Viten.

Der neuzeitl. Begriff der G. setzt die Verselbständigung der Wissenschaften gegenüber Theologie und Philosophie, die Anschauung von der innerlichen Zusammengehörigkeit und Kontinuität menschlicher Begebenheiten, die Ausbildung des modernen Staates voraus. Renaissance, Humanismus, Reformation und Gegenreformation schärfen ganz allg. den Sinn für philolog. Kritik und das hist.-kritische Bewußtsein. Lorenzo Valla gibt mit seiner Kritik an der Konstantinischen Schenkung ein Muster der Quellenkritik und leitet die Abwertung des »finsteren« MA ein. Machiavellis Geschichtsschreibung (›Istorie Fiorentine‹, 8 Bde., bis 1492 reichend, und seine ›Vita di Castruccio Castracani‹, 1281–1328) übt mehr einen grundsätzlichen als einen vorbildlich praktischen Einfluß aus. Francesco Guicciardini (1483–1540) liefert mit seiner ›Storia d'Italia 1492–1534‹, erstmals vollständig im Buchhandel 1567, und seiner bis ins 19. Jh. geheimgehaltenen ›Storia Fiorentina‹ (1378–1509) Musterbeispiele der neueren polit. Staatengeschichte, bricht mit der humanist. Tradition. Enea Silvio Piccolomini (später Papst Pius II.) bringt in seiner ›Historia Bohemica‹ (verfaßt 1458, reichend bis 1458) die erste im humanist. Geist abgefaßte dt. Landesgeschichte und in seiner ›Germaniae descriptio‹ (1458) wichtige Anregungen für ein stärkeres dt. Nationalbewußtsein. Jakob Wimpheling (1450–1528) verfaßt, nachdem der Humanismus zur Erweckung des hist. Selbstbewußtseins der Deutschen und Erschließung von Geschichtsquellen (1473 erster Druck der neuentdeckten Germania des Tacitus) manches geleistet hatte, den ersten patriotischen Abriß einer dt. G. (›Epitome rerum Germanicarum‹ 1505). Beatus Rhenanus (1486–1547) führt Wimphelings Werk fort, verfaßt ›Rerum Germanicarum libri tres‹ (zuerst Basel 1531) und Aventin (Johannes Thurmair, 1477–1534) prägt mit seiner bayer. G., die mit souveräner Behandlung der Quellen tiefes Verständnis und leidenschaftl. Begeisterung für seinen Gegenstand verbindet, auf lange Zeit das bayer. Geschichtsbild. Besonderes Interesse wendet Kaiser Maximilian der G. auch als polit. Kampfmittel zu. In seiner Umgebung fehlt es nicht an Plänen zur Edition dt. Geschichtsquellen (Celtis und Cuspinian) und an histor. Versuchen.

Der dt. Humanismus erlahmt vor der religiösen Welle der Reformation. Melanchthon trennt grundsätzlich die polit. und die Kirchengeschichte; für ihn war der Zweck der G. religiöser und politisch-ethischer Natur. Vorzüglichster Ausdruck prot. Kirchengeschichtsschreibung sind die der histor. Rechtfertigung der Reformation dienenden Magdeburger Centurien des Flacius Illyricus (Mathias Vlacich) u. a. Die prot. Kirchengeschichtsschreibung, aus Bedürfnissen der konfessionellen Polemik entstanden, sollte den Nachweis liefern, daß die Reformation im Gegensatz zum Katholizismus die reine Urform des Christentums erneuert habe, die Herrschaft des Papstes aber identisch sei mit der des Antichrist. Unter diesen Vorzeichen konnte die histor. Erkenntnis aus der aufblühenden Kirchengeschichte nur geringen Vorteil ziehen. Was sie durch die Erweiterung des Stoffes gewann, verlor sie wieder durch polemische, konfessionelle Befangenheit des Urteils. Die bedeutendste kath. Entgegnung auf die Magdeburger Centurien sind die ›Annales ecclesiastici‹ des Cäsar Baronius, in zehn Bänden, 1588–1607, bis 1198 reichend, fortgesetzt von Odericus Raynaldus, J. von Laderchio, H. Spondé und A. Bzovius. Standpunkt, Anlage, Methode und Kritik sind, wenn auch die Quellen sorgfältiger benutzt werden als bei den Magdeburger Centurien, bei den Annales ecclesiastici im wesentlichen sehr ähnlich. So tendenziös und apologetisch diese Werke auch im einzelnen sein mögen, in ihrer Kritik und in ihrem Bemühen um quellenmäßig histor. Begründung sind sie ein erster großer Schritt der Kirchengeschichtsschreibung.

Wie stark die religiösen Kämpfe im 16. Jh. auch die polit. Geschichtsschreibung beherrschen, die Probleme Habsburg-Valois, Kaiser und Fürsten mitbestimmen, zeigen Sleidans (eigentlich Johann Philippi, nach seinem Geburtsort Schleiden in der Eifel Sleidan genannt, 1507–66) ›Commentarii de statu religionis et rei publicae Caroli V.‹ (1555), eine G. der Ereignisse 1517–55 und frühes Muster zeitgeschichtl. Darstellung. Erst im 19. Jh., als die Archive der Forschung geöffnet wurden, begann sich die Geschichtsforschung von Sleidan zu distanzieren. In systemat. Form wird die histor. Kritik von Jean Bodin und nach dem Abklingen der konfessionellen Auseinandersetzungen im 17. Jh. von den Maurinern (Dom Jean Mabillon, 1632–1707, ›De re diplomatica libri sex‹, 1681) und Bollandisten weiter entwickelt. Mabillon gab zu den diplomat. und paläograph. Forschungen auch außerhalb Frankreichs Anregungen: in England wandten Madox, in Spanien Perez, in Italien Maffei die Grundsätze der Mauriner an. In Dtl. stehen die Gießener Rechtslehrer J. N. Hertius, J. G. Bessel, der Abt des Klosters Göttweig

(›Chronicon Gotwicense‹, 1732) in der Tradition der Mauriner. In den Niederlanden erwächst aus den hagiograph. Forschungen der Jesuiten, vor allem des Johannes Bolland in den ›Acta Sanctorum‹ (1643 ff.) ein Organ der historisch-kritischen Methode.

Die im 17. Jh. nachlassende konfessionelle Polemik, der allmählich einsetzende Säkularisierungsprozeß des europ. Geistes, die Hinwendung zu neuen, nicht mehr ausschließlich oder vorwiegend kirchl.-theolog. bestimmten Zielen ist der Fortbildung des histor. Sinns und der Geschichtswissenschaft nützlich. Samuel von Pufendorf (1632–94) sind als offiziösem Historiographen bei der Abfassung seiner ›Commentariorum de rebus Svevicis ll. XXVI ab expeditione Gustavi Adolphi in Germaniam ad abdicationem usque Christinae‹ (1686) und der ›De rebus gestis Friderici Wilhelmi Magni Electoris Brandenburgici ll. XIX‹ (1695) Grenzen gezogen. Leibniz (1646–1716) versucht die neue gelehrte Methode der Mauriner auf die Geschichte anzuwenden und befolgt im allg. ihre histor. Prinzipien, erwirbt sich außerdem Verdienste um die Quellen- und Sachkritik. In Österreich treten die Brüder Pez, in Italien Ludovico Muratori, in Frankreich Bouquet mit Editionen hervor.

Die Aufklärung bringt die Ablösung von der bisherigen heilsgeschichtl. Auffassung der G. und den Durchbruch eines histor. Relativismus. Wegbereiter dieses Relativismus ist Montesquieu: ›Considérations sur les causes de la grandeur et de la décadence des Romains‹ (1734). Der eigentl. Begründer der Aufklärungshistoriographie ist Voltaire (1694–1778). William Robertson (1721–93) gilt als »the most impeccable historian« des 18. Jh. Neben seiner ›History of Scotland‹ (1759) und seiner ›History of America‹ (1777) ist vor allem seine ›History of the Reign of the Emperor Charles V‹ (1769) zu nennen, die seinen Ruhm in Europa begründete. David Hume (1711–76) verfaßt eine ›History of England from the Invasions of Julius Caesar to the revolution of 1688‹ (erstmals 1763); Edward Gibbons (1737–94) ›History of the Decline and Fall of the Roman Empire‹ (1776–88) wirkt bis in die Gegenwart nach. Weniger an den Universitäten als an den im 18. Jh. gegründeten Akademien, insbes. an der Kurbayerischen, wurden Geschichtsforschung und Geschichtsschreibung gepflegt.

Der Ausbildung der philolog. Methode in Göttingen durch die Philologen Gesner, Ernesti, Heyne kommt für die Geschichtswissenschaft beträchtliche Bedeutung zu. Die Sankt-Blasianische Germania Sacra u. a. Unternehmen, wie z. B. die ›Subsidia diplomatica‹ und die ›Nova Subsidia‹ des Wormser Weihbischofs Würdtwein erschlossen nicht nur für die kirchengeschichtl. Forschung wichtige Quellen. Mit der Beschäftigung mit dem MA beginnt erst eigentlich die moderne dt. Geschichtsschreibung. Gatterer richtet in Göttingen das erste paläograph. Seminar ein. Ein typischer Vertreter der dt. Aufklärungshistoriographie, vielfach überschätzt, ist A. L. Schlözer. Wichtiger für die Geschichtsschreibung ist das Werk von Johannes von Müller.

Das 19. Jh. zeigt die historisch-kritische Methode auf ihrer Höhe. Von größter Bedeutung für die moderne Geschichtswissenschaft sind die vom Freiherrn vom Stein angeregten Monumenta Germaniae Historica (seit 1826). Von der patriotischen Welle der Freiheitskriege und von der Romantik gehen wichtige Impulse für das histor. Denken und die Geschichtsforschung aus. Die Veröffentlichungen der Historischen Kommission bei der Bayerischen Akademie der Wissenschaften, die auf Initiative Rankes von König Max II. berufen wurde, die Errichtung des Instituts für Österreichische Geschichtsforschung in Wien (1845), das sich vor allem der Pflege der Hilfswissenschaften widmet, die Eröffnung des Vatikanischen Archivs (1881) und die daran anschließende Gründung des Preußischen Historischen Instituts in Rom (1883, 1888) und des Historischen Instituts der Görres-Gesellschaft (1889) bez. wichtige Marksteine in der histor. Forschung und Geschichtsschreibung. Von bes. Bedeutung wurde der Ausbau der Historischen Seminare an den deutschen Universitäten; das erste wurde von dem Ranke-Schüler Waitz eingerichtet. Entscheidend geprägt wurde die Geschichtsforschung und die Geschichtsschreibung des 19. Jh. durch Leopold von Ranke, seine Schüler – unter ihnen die Mediävisten Giesebrecht und Waitz und der bedeutende neuere Historiker Sybel – sowie durch die vorwiegend kleindeutsch-prot. Historiographie

Geschichte

(Droysen, Sybel, Treitschke, Mommsen). Die großdeutsch-kath. Geschichtsschreibung (Ficker, Onno Klopp) trat wissenschaftlich weniger hervor, erlitt mit der kleindeutschen polit. Lösung eine Niederlage und wurde während des Kulturkampfes, nachdem das erste Vatikanische Konzil führende kath. Historiker (Döllinger, Reusch u. a.) in die Opposition und zum Altkatholizismus getrieben hatte, in die Verteidigung gedrängt. Janssens quellengesättigte, aber nicht zu den hist. Meisterwerken zählende ›Geschichte des deutschen Volkes seit dem Ausgang des Mittelalters‹ (1873 f.) zog heftige Angriffe von Baumgarten, Kawerau, Köstlin, Delbrück, Kolde auf sich. Denifles Attacke auf Luther und die Reformation (›Luther und Luthertum‹, 1904) verschärfte und förderte die Diskussion um die Reformation, zu der auch N. Paulus, Grisar und L. von Pastors vielbändige, materialreiche, erstmals aus den Vatikanischen Archiven und unzähligen anderen Quellen geschriebene ›Geschichte der Päpste seit dem Ausgang des Mittelalters‹ Wesentliches beitrugen. Die ma. G. wurde durch den Streit zwischen Sybel und Ficker in die polit. Diskussion hineingezogen, im übrigen aber durch die Arbeit der Monumenta Germaniae Historica, durch Quellenkritik und Editionen sehr gefördert. Der große Schweizer Historiker Jacob Burckhardt (›Die Zeit Konstantins des Großen‹; ›Die Kultur der Renaissance in Italien‹, bei ihrem Erscheinen 1860 bereits als klassisches Geschichtswerk angesehen; ›Griechische Kulturgeschichte‹), der von der Romantik und den Brüdern Grimm beeinflußte, fast vergessene Wilhelm Heinrich Riehl (›Die Naturgeschichte des dt. Volkes‹, 1851 f.), schließlich auch Gustav Freytag mit seinen patriotischen ›Bildern aus der deutschen Vergangenheit‹, in deren Mittelpunkt Luther steht, schufen mit der Kulturgeschichte, der sie den Rang einer eigenen Disziplin verliehen, einen Ausgleich zu der fast ausschließlich polit.-nationalstaatl. orientierten Geschichtsschreibung.
Als »Bismarck auf dem Katheder« und Herold des Hohenzollern-Reiches wurde Treitschke angesehen. Sein Meisterwerk ›Deutsche Geschichte im 19. Jahrhundert‹ hat durch F. Schnabel, der aus tiefer und ruhigerer Sicht dieselbe Zeit behandelt, wichtige Korrekturen und Ergänzungen erfahren. Nach 1890 wendeten sich führende Historiker wie M. Lenz, E. Marcks, eine Autorität auf dem Gebiet der Bismarckforschung, bekannt vor allem durch sein letztes Werk ›Der Aufstieg des Deutschen Reiches‹, und H. Oncken (›Die Rheinpolitik Kaiser Napoleons III.‹, 1863–70) von Treitschke ab und Ranke zu. Kaum einen nennenswerten Einfluß hat bis nach dem Zweiten Weltkrieg die materialist. Geschichtsauffassung von Karl Marx auf die dt. Geschichtsschreibung ausüben können. Dagegen erreichte der Historismus im ausgehenden 19. Jh. seine Blüte. Dilthey wollte »das Bewußtsein der Relativität alles geschichtlich Wirklichen bis in seine letzten Konsequenzen« entwickeln. E. Troeltsch zeigte die Problematik des Historismus auf. Als Schüler Diltheys wurde F. Meinekke, einer der bedeutendsten Gestalten der dt. Historiographie, der Begründer der Ideen- und Geistesgeschichte und steuerte dazu Meisterwerke (›Die Idee der Staatsräson‹, ›Die Entstehung des Historismus‹, ›Weltbürgertum und Nationalstaat. Studien zur Genesis des deutschen Nationalstaates‹) bei. Der Zusammenbruch des Kaiserreiches 1918 gab der dt. Historiographie eine vorwiegend polit. Aufgabe mit der Widerlegung der Kriegsschuldlüge und der Erforschung der Vorgeschichte des Ersten Weltkrieges. F. Thimme leistete die Hauptarbeit an der ›Großen Politik der europäischen Kabinette, 1871 bis 1914‹. Der Weg zur Überwindung des kleindeutschen Geschichtsbildes wurde nach 1918 frei. Vor allem von österreich. Seite leisteten H. von Srbik (›Metternich‹; ›Deutsche Einheit. Idee und Wirklichkeit vom Heiligen Reich bis Königgrätz‹. 4 Bde., 1935–42; ›Geist und Geschichte vom deutschen Humanismus bis zur Gegenwart‹. 2 Bde., 1950) und andere Historiker wie Redlich und Hantsch Hervorragendes. Für das Zeitalter der Reformation und Gegenreformation legten K. Brandi (›Deutsche Reformation und Gegenreformation‹. 2 Bde., ²1941; ›Kaiser Karl V.‹. 2 Bde., 1937–41) und Joseph Lortz (›Die Reformation in Deutschland‹, erstmals 1939–40) und H. Jedin (›Geschichte des Konzils von Trient‹) Standardwerke vor, die für das Geschichtsbild und für die Forschung von größter Wichtigkeit sind. F. Hartung veröffentlichte seine ›Deutsche Verfas-

sungsgeschichte vom 15. Jahrhundert bis zur Gegenwart‹, ein Meisterwerk der Verfassungsgeschichte, und G. Ritter schrieb neben zahlreichen anderen Arbeiten eine Biographie Steins und das Werk ›Staatskunst und Kriegshandwerk, das Problem des Militarismus in Deutschland‹. Die ma. G. trat vor allem auf dem Gebiet der Quellenkritik und der Editionen hervor, zeichnete sich aber auch in der Geschichtsschreibung mit den großen Darstellungen von K. Hampe, J. Haller, P. E. Schramm u. a. aus.

Stand und Leistung der jüngsten dt. Geschichtsschreibung spiegeln die großen und bekannten Handbücher, z. B. die von Below-Meinecke, Gebhardt-Grundmann; O. Brandt-A. O. Meyer-L. Just, ferner das ›Handbuch der europäischen Geschichte‹ von Th. Schieder, das ›Handbuch der bayerischen Geschichte‹ von M. Spindler, das ›Handbuch der Kirchengeschichte‹ von H. Jedin.

LIT. E. Bernheim, Lehrbuch der histor. Methode ([6]1908); M. Ritter, Die Entwicklung der Geschichtswissenschaft an ihren führenden Werken betrachtet (1919); P. Joachimsen, Geschichtsauffassung und Geschichtsschreibung in Dtl. unter dem Einfluß des Humanismus I (1920); G. Pfeilschifter, Die St.-Blasianische Germania Sacra. Ein Beitr. zur Historiographie des 18. Jh. (1921); E. C. Scherer, G. und Kirchengeschichte an den dt. Universitäten (1927); W. Bauer, Einführung in das Studium der G. ([2]1928); E. Fueter, G. der neueren Historiographie ([4]1985); F. Gundolf, Anfänge dt. Geschichtsschreibung (1937); G. Heer, Johann Mabillon und die Schweizer Benediktiner (1938); R. Voggensperger, Der Begriff der G. als Wissenschaft im Lichte aristotel. und thomist. Prinzipien (1948); A. Coreth, Österreich. Geschichtsschreibung in der Barockzeit, 1610–1740 (1950); H. von Srbik, Geist und G. vom dt. Humanismus bis zur Gegenwart. 2 Bde. (1950–51); F. Wagner, Geschichtswissenschaft (1951); H. Leclercq, Dom Mabillon. 2 Bde. (1953–54); J. G. Droysen, Historik ([3]1958); A. Kraus, Die histor. Forschung an der Churbayer. Akademie der Wissenschaften, 1759 bis 1806 (1959); J. Engel, Die dt. Universitäten und die Geschichtswissenschaft. In: HZ 189 (1959); F. Wagner, Moderne Geschichtsschreibung. Ausblick auf eine

Philosophie der Geschichtswissenschaft (1960); A. Klempt, Die Säkularisierung der universalhistor. Auffassung. Zum Wandel des Geschichtsdenkens im 17. und 18. Jh. (1960); A. Lhotsky, Österreich. Historiographie (1962); H. Jedin, Einleitung in die Kirchengeschichte. In: HKG I (1962); A. Kraus, Vernunft und G. Die Bedeutung der dt. Akademien für die Entwicklung der Geschichtswissenschaft im späten 18. Jh. (1963); P. E. Hübinger, Das Histor. Seminar der Rhein. Friedrich Wilhelms Universität zu Bonn. Vorläufer, Gründung, Entwicklung (1963); G. P. Gooch, G. und Geschichtsschreiber im 19. Jh. (1964); L. Boehm, Der wissenschaftstheoret. Ort der historia im frühen MA. In: Speculum historiale, Festschr. für J. Spörl (1965); F. Wagner, Der Historiker und die Weltgeschichte (1965); P. Meinhold, G. der kirchl. Historiographie. 2 Bde. (1967); R. Wittram, Das Interesse an der G. ([3]1968); H. W. Hedinger, Subjektivität und Geschichtswissenschaft, Grundzüge einer Historik (1969); K. H. Spieler, Untersuchungen zu Johann Gustav Droysens ›Historik‹ (1970); A. Marwick, The Nature of History (1970); Ch. Weiß, Geschichtsauffassung und polit. Denken Münchener Historiker in der Weimarer Zeit (1970); E. K. Kessler (Hrsg.), Theoretiker humanist. Geschichtsschreibung (1971); H. U. Wehler (Hrsg.), Dt. Historiker. 5 Bde. (1972); K. Kluxen, Vorlesungen zur Geschichtstheorie (1974); J. Rüsen, Für eine erneuerte Historik (1976); E. Kosthorst (Hrsg.), Geschichtswissenschaft. Didaktik – Forschung – Theorie (1977); K.-G. Faber, Theorie der Geschichtswissenschaft ([5]1983); A. Demandt, Metaphern für Geschichte (1978); H. Grundmann, Geschichtsschreibung (Mittelalter). In: Dt. Philologie im Aufriß, hrsg. von W. Stammler III (1977–79); R. Uhlig, Histor. Grundlagenforschung als Problem der Geschichtswissenschaft (1980); R. Dophude, Wie finde ich Literatur der Geschichtswissenschaft (1980); E. Rudolph, E. Stöv (Hrsg.), Geschichtsbewußtsein und Rationalität. Zum Problem der Geschichtlichkeit in der Theoriebildung (1982); Th. Kornbichler, Dt. Geschichtsschreibung im 19. Jh. Wilhelm Dilthey und die Begründung der modernen Geschichtswissenschaft (1984); H. E. Bödeker u. a. (Hrsg.), Aufklärung und Geschichte. Studien zur dt. Geschichtswissenschaft im 18. Jh. (1985); K. H. Jarausch, G. A. Arminger, M. Thaller, Quantitative Methoden in der Geschichtswissenschaft (1985); F.-J. Schmale, Funktion und Formen ma. Geschichtsschreibung (1985); J. Meran, Theorien der Geschichtswissenschaft (1985); H. Patze (Hrsg.), Geschichtsschreibung und Geschichtsbewußtsein im SpätMA (1985); E. O. Karpf, Herrscherlegitimation und Reichsbegriff in der otton. Geschichtsschreibung des 10. Jh. (1985); TRE XII (1984) 565–698.

Geschichtskalender. Chronologisch geordnete Zusammenstellungen wichtiger polit. Ereignisse je eines Jahres. Ihr Entstehen verdanken die G. hauptsächlich dem praktischen Informationsbedürfnis von Politik, Wirtschaft, Presse usw. G. sind ein typisches Erzeugnis der jüngeren NZ; manches läßt sie der ma. Annalistik verwandt erscheinen. Ältestes Beispiel eines G.: ›The Annual Register‹, seit 1758, begründet von Edmund Burke, dem hervorragenden engl. Staatsdenker und Gegner der Franz. Revolution.
LIT. H. Schultheß, Europ. Geschichtskalender (1 [1860] bis 25 [1884]); Keesings Archiv der Gegenwart (1931 ff.); J. Lesur, L'annuaire historique universel, 43 voll. (1818–61); A. Daniel (A. Lebon), L'année politique, 1874–1905; 1944 wiederaufgenommen von A. Siegfried, E. Bonnefous, J. B. Duroselle, bis heute weitergeführt; Survey of International Affairs (1919 ff.); The Statesman's Yearbook (1864 ff.); K. Wippermann-F. Pulitz, S. H. Steinberg, Dt. G. (1886–1933).

Geschichtsphilosophie. Von Voltaire eingeführter Begriff; G. befaßt sich mit dem Sinn der Geschichte (Geschichtsmetaphysik) und mit der logischen Voraussetzung der Geschichtswissenschaft (Geschichtslogik). Grundlegend für die G. des MA und der frühen NZ wurde Augustinus Deutung der Geschichte als Kampf zw. civitas Diaboli und civitas Dei. Die röm.-dt. Kaiser (Karolinger, Ottonen, Salier) verstanden das Reich als Sacrum Imperium. Der Investiturstreit wirkte auf die G. mit der Zweischwerterlehre und in den Werken des Rupert von Deutz, Hugo von St. Viktor, der Hildegard von Bingen und des Otto von Freising. Nominalismus und Renaissance wirkten mit der Trennung von Glauben und Wissen an der Ausbildung

einer G. mit. Luther sah in der Geschichte das Werk Gottes. G. B. Vico († 1744) entwarf im 17. Jh. eine weltliche G. (= Kreislauflehre notwendig aufeinanderfolgender Zeitalter). Als Prozeß steten Fortschreitens deutete die Aufklärung die Geschichte. Der Begründer der dt. G. ist Herder. Den Höhepunkt der idealist. G., die von Kants ›Reich der Freiheit‹ beherrscht ist, stellt Hegel dar: Weltgeschichte als »Fortschritt des Geistes im Bewußtsein der Freiheit«. Marx deutet die Geschichte von ökonom.-soziolog. Grundlagen her als Geschichte von Klassenkämpfen; Endpunkt der Geschichte sei die klassenlose Gesellschaft. Die Historiker des 19. Jh. betonen vor allem die Einmaligkeit und den Freiheitsgehalt der Geschichte (Ranke, Burckhardt, J. G. Droysen). Droysens Auffassung von der Geschichtlichkeit wurde von Dilthey ausgebaut. Geisteswissenschaftliche G. betrieben nach 1900 H. Rickert, W. Dilthey, M. Weber. K. Lamprecht und E. Troeltsch, der mit Scheler auch die Idee des »Europäismus« vertritt, hoben in der G. kulturgeschichtl. Aspekte hervor. Jaspers entwirft ein Schema der Weltgeschichte, charakterisiert durch die »Achsenzeit«. Die gegenwärtige G. ist auf eine enge Verbindung mit der Geschichtswissenschaft angewiesen und selbst zu einer empir. Wissenschaft geworden.
LIT. E. Troeltsch, Der Historismus und seine Überwindung (1924); A. Dempf, Sacrum Imperium (1929); Th. Litt, Geschichtswissenschaft und G. (1950); H. von Srbik, Geist und Geschichte vom dt. Humanismus bis zur Gegenwart. 2 Bde. (1950/51); J. Thyssen, Geschichte der G. (³1960); A. Stern, G. und Wertproblem (1967); K. Löwith, Weltgeschichte und Heilsgeschehen. Zur Kritik der Geschichtsphilosophie (1983).

Geschichtsvereine (auch: Altertumsvereine). Vereine, deren Aufgabe die Pflege der geschichtl. Studien eines Landes, eines Landesteils, einer Diözese u. ä. ist. G. geben histor. Zeitschriften heraus, veranstalten Vorträge, unterstützen Heimatmuseen, Denkmalpflege, haben z. T. beachtl. Verdienste für die histor. Forschung. In Deutschland entstanden seit den 20er Jahren des 19. Jh. unter dem Einfluß der romant. Hinwendung zum MA und des Fortschritts der histor. Methode und Forschung zahlreiche G. Beispiele: 1810 in Graz, 1816 in Prag: Vaterländ. Museum; 1819 in Halle; 1824 für pommersche Geschichte. 1852 Zusammenschluß von ca. 500 G. im Gesamtverein dt. Geschichts- und Altertumsvereine. Organ: ›Korrespond. Bl.‹; seit 1937: ›Blätter für deutsche Landesgeschichte‹. Die G. geben auch heute noch zahlreiche Zeitschriften heraus. Außerdem zahlreiche Diözesangeschichtsvereine: Freiburg, Fulda, Hildesheim, Mainz, Speyer, Limburg, Trier, München-Freising, Regensburg, Würzburg usw. mit eigenen Publikationsorganen.

Geschworene (lat. iurati). Personen, die einen Eid geleistet haben und damit eine bes. Vertrauensstellung oder ein Amt erwerben. Als G. werden alle zum Gericht gehörigen Personen bezeichnet. G. sind seit der fränk. Zeit bekannt. G. heißen insbes. die Laienbeisitzer eines Schwurgerichts.

Gesinde. Gesamtheit von Personen, die zu jemand im Verhältnis einer persönl. Abhängigkeit stehen und ihm zu Dienstleistungen verpflichtet sind: z.B. Dienstboten im Hause, Knecht und Magd. Für die Rechtsstellung des G. war die Munt von Bedeutung; es bestanden Schutz- und Fürsorgepflichten, aber auch Strafgewalt des Herrn.
LIT. Th. Vormbaum, Politik und Gesinderecht im 19. Jahrhundert (1980); R. Schröder, Das G. war immer frech und unverschämt (1992).

Gesindezwang war in der Grundherrschaft die Verpflichtung, der Herrschaft gegen geringe Vergütung landwirtschaftl. Dienste zu leisten; G. war neben der Schollenpflichtigkeit wichtiger Bestandteil der Grundherrschaft. Die Verhältnisse des Gesindes waren in den Städten seit dem 14. Jh. bis 1918 in den Gesindeordnungen geregelt.

Gesta (statt res gestae). Taten; Bez. für Geschehen, Geschichte, Tatenbericht. Beispiele: ›Res gestae Divi Augusti‹ (Monumentum Ancyranum); Liber pontificalis (6./7.Jh.), ›Gesta episcoporum Mettensium‹ des Paulus Diaconus (784); ›Gesta Chuonradi‹ des Kaplans Wipo; ›Gesta Friderici‹ Ottos von Freising. Eine Trennung von chronikal. Geschichtsdarstellung ist nicht immer möglich.
LIT. Clavis mediaevalis 86.

Gesta Berengarii. Epos auf den 915 zum Kaiser gekrönten Berengar, von einem zeitgenöss. Dichter aus Ober- oder

Mittelitalien verfaßt. Hat einen gewissen Wert als histor. Quelle.
Text: MGH Antiquitates. Poetae IV (1899) 355–401.

Gesta Francorum et aliorum Hierosolymitanorum. Älteste Geschichte des ersten Kreuzzugs, glaubwürdig dargestellt. Verfasser: ein unbekannter Teilnehmer an diesem Kreuzzug.
Text: L. Brehier (1924, mit franz. Übersetzung); R. Hill (Nelson's Medieval Texts 1962, mit engl. Übersetzung).

Gesta Friderici. Epos auf Friedrich I., zw. 1162–66 von Otto von Freising verfaßt mit kaiserfreundl. Tendenz.
Text: E. Monaci, Fonti per la storia d'Italia I (1887).

Gesta Romanorum. Gegen Ende des 13. Jh. vermutl. in England entstandene Sammlung erbaul. Erzählungen, hauptsächl. der röm. Geschichte und der Legende entnommen.
Text: H. Oesterley (1872); J. G. Graesse-H. E. Rübesamen (1962).

Geusen (franz. gueux, Bettler). Seit der Petition vom 5. 4. 1566 um Einstellung der Inquisition gegen die Ketzer Spottname; von der spanienfreundl. Umgebung der Regentin Margareta von Parma den niederländischen Edelleuten gegeben, bald auf Anregung des Grafen Brederode von den niederländ. Edelleuten als Parteiname übernommen, nach der Abtrennung des kath. Adels den calvinist. Gegnern Spaniens in den Niederlanden vorbehalten.
LIT. F. Rachfahl, Wilhelm von Oranien und der Niederländ. Aufstand. 3 Bde. (1906–24).

Gewaltenteilung (franz. séparation des pouvoirs). Die Teilung oder Trennung der in einem Herrschaftsverband bestehenden Herrschaftsgewalt nach ihren Staatsfunktionen ist seit der Aufklärung (J. Locke, 1632–1704; Montesquieu 1689–1755) zum unabdingbaren Wesenselement der Rechtsstaatlichkeit geworden. Die *formale* Gewaltenteilung ist schon bei Aristoteles, Cicero, auch im MA vorgebildet, fand bei Locke und Montesquieu (›Über den Geist der Gesetze‹, 1748) in der Trennung von Legislative (gesetzgebende Gewalt) Exekutive (vollziehende Gewalt) und richterlicher Gewalt (oft auch Organisationsgewalt) ihre klassische Form. Ziel der G. ist nicht nur Arbeitsteilung, sondern Ausschluß von Mißbrauch der Herrschaftsgewalt, gegenseitige Kontrolle, Sicherung der persönl. Freiheit

und der staatsfreien Sphäre. Die *materielle* Gewaltentrennung bezweckt die Aufteilung der Macht im Staat durch funktionale Bindung der polit. Kräfte. Auch in diesem Fall ist das Ziel gegenseitige Kontrolle und Gleichgewicht der Kräfte. Aus dem Gesellschaftsvertrag von Hobbes und Rousseau wurde das Prinzip der *Gewaltenhäufung* abgeleitet. Von bes. Bedeutung wurde das Prinzip der Gewaltentrennung für die Verfassung der nordamerikan. Union (USA).
LIT. StL III[6], 896–901; G. Jellinek, Allg. Staatslehre ([3]1921); E. von Hippel, Geschichte der Staatstheorie I (1955); Th. Maunz, Deutsches Staatsrecht ([12]1963).

Gewann. Acker, Flur; Unterabteilung der Gemarkung; einer der drei Teile, in welche bei der Dreifelderwirtschaft die Dorfflur (Gemarkung) aufgeteilt war, mit gleicher Frucht bestellt, möglichst gleich groß; urspr. Ackergrenze, an der gewendet wurde.

Gewere (lat. investitura). Abschließender Akt der Eigentumsübertragung, meist in einem symbol. Akt. Die Sichtbarmachung der G. war die Grundlage des ältesten german. Sachenrechts. G. bez. den Besitz, bei unbewegl. Sachen die Nutzung. Der Inhaber der G. genoß bei der Führung des Eigentumsnachweises eine bevorzugte Stellung. Ideelle G., im Unterschied zu der reellen G., ist die dinglich gesicherte Anwartschaft, Rechtsanspruch auf eine Sache (z. B. Erbe hat G. am Nachlaß).
LIT. H. Huber, Die Bedeutung der G. im dt. Sachenrecht (1894); H. Mitteis, DRG.

Gewerkschaften (auch Gewerkvereine). Zusammenschlüsse von Arbeitnehmern, Lohn- und Gehaltsempfängern zur Wahrung ihrer Lohn- und Arbeitsinteressen, zuerst in England (Trade Unions) 1829; Owen faßte 1834 Gewerkvereine und Konsumgenossenschaften zusammen und gründete die erste sog.»allgemeine« G., doch erst in den 1850er Jahren kam es nach dem Radikalismus der Chartistenbewegung zur Gründung von Facharbeiter-G. In Dtl. entstanden um 1848 zahlreiche lokale Arbeiterverbände; 1848 gründete Adolf Kolping den ›Katholischen Gesellenverein‹, 1849 Schulze-Delitzsch die ersten Genossenschaften, 1863 Ferdinand Lassalle den ›Allgemeinen Deutschen Arbeiterverein‹; 1868 er-

folgte die Gründung der ›Arbeiterschaften‹ und die liberale Gegengründung der ›Hirsch-Dunckerschen Gewerkvereine‹. Nach Aufhebung des Sozialistengesetzes (1890) entwickelten sich die G. sprunghaft. 1890: Gründung der ›Generalkommission der Gewerkschaften Deutschlands‹; 1891: ›Deutscher Metallarbeiterverband‹; 1894: ›Gewerkverein christlicher Bergarbeiter‹ u. a. Bis zu ihrer Auflösung 1933 bestanden in Dtl. drei große Richtungen in der Gewerkschaftsbewegung nebeneinander:
a) die Freien G., sozialistisch ausgerichtet, aber von der SPD unabhängig, besonders seit 1905; die Freien G. übten auf die SPD nach und nach stärkeren Einfluß i. S. des Revisionismus aus.
b) die Hirsch-Dunckerschen Gewerkvereine, liberal, national.
c) die Christlichen G., innerh. der Christlich-sozialen Bewegung entstanden, lehnten revolutionäre Ziele und Klassenkampf ab.
Nach der Aufhebung aller dt. G. (1933) wurden ihre Mitglieder in die ›Deutsche Arbeitsfront‹ übergeführt. 1949 wurde mit dem **Deutschen Gewerkschaftsbund (DGB)** Keine einheitl. G. gegründet; 1945 erfolgte in Hamburg die Gründung der **Deutschen Angestellten-Gewerkschaft (DAG),** 1955 entstand die **Christliche Gewerkschaftsbewegung Deutschlands (CGB).**
LIT. StL III, 926–43; G. Briefs, Gewerkschaftsprobleme gestern und heute (1955); F. Deppe u. a. (Hrsg.), Geschichte der dt. Gewerkschaftsbewegung (1977); M. Schneider, Die Christl. Gewerkschaften 1894–1933 (1982); W. J. Mommsen, H.-G. Husung (Hrsg.), Auf dem Wege zur Massengewerkschaft. Die Entwicklung der Gewerkschaften in Dtl. und Großbritannien 1890–1914 (1984); E. Matthias, K. Schönhoven (Hrsg.), Solidarität und Menschenwürde. Etappen der dt. Gewerkschaftsgeschichte von den Anfängen bis zur Gegenwart (1984); H.-O. Hemmer, K. Th. Schmitz (Hrsg.), Geschichte der G. in der Bundesrep. Dtl. (1990); R. Krämer, Geschichte des dt. Bauarbeiterverbandes (1911–1922) (Diss. Mainz 1990); H. Limmer, Die dt. Gewerkschaftsbewegung ([13]1996).

Gewissensfreiheit. Gewissen, eine Lehnübersetzung von conscientia (lat.). Von Boëthius geprägt: libertas conscientiae (= G.); franz.: liberté de conscience seit 1598 nachweisbar. Im Westf. Frieden (1648) wird libertas conscientiae übersetzt als »Gewissens Freiheit«. Die Zusammensetzung »Gewissens-Freiheit« seit 1661. Das Wort Gewissenszwang schon 1521. Äußere G. ist das dem einzelnen Menschen zuerkannte, staatl. zu gewährleistende natürl. Recht, nach dem eigenen Gewissensurteil zu reden und zu handeln. In erster Linie wird die äußere G. verstanden als Freiheit der religiösen Betätigung (Bekenntnisfreiheit, Kultusfreiheit, Glaubensfreiheit, Religionsrecht). Sie hat sich auch als solche entwickelt und wird auch heute noch geradezu als solche (Glaubensfreiheit) bezeichnet, obwohl G. sich darin nicht erschöpft, sondern auch ethisch oder weltanschaul. begründete Haltungen umfaßt, jedoch nicht sittl. Subjektivismus, Freiheit für Willkür. In den Erklärungen der Menschenrechte wird die G. verkündet und in den meisten Verfassungen, allerdings oft mit Einschränkungen und Uminterpretationen, gewährleistet. LIT. StL III, 946–51; RGG II, 1104–08; LThK IV, 870–73; F. Tillmann, Geschichte des Begriffes Gewissensfreiheit. In: Festschrift S. Merkle (1922); H. J. Scholler, Die Freiheit des Gewissens (1958); K. Brinkmann, Grundrecht und Gewissen im Grundgesetz (1965).

G(h)etto (ital.). Die Bez. G. stammt aus Venedig, wo die Juden in einem Stadtteil »Ghetto Nuovo« (= Neue Gießerei) seit 1510 wohnen mußten. Bes. Judenviertel gab es bereits in der Spätantike, zuerst freiwillig, im MA seit dem III. Laterankonzil (1179) zwangsweise, »von den gemeinsamen Wohnungen der Christen durch einen Zaun, eine Mauer oder einen Graben getrennt«. G. auch in einigen dt. Städten: Köln, Mainz, Worms, Frankfurt a. M., Regensburg, Prag sowie in den osteurop. Städten, vor allem in Polen, Weißrußland. Das Anwachsen der jüd. Bevölkerung in den G. führte dazu, daß diese eng und lichtlos wurden. Aufklärung, Franz. Revolution und Emanzipation führten zu einer Lockerung und zur Überwindung der Absperrung. Der Ghettozwang wurde zu Beginn des Zweiten Weltkriegs von der NS-Regierung als Zwischenstufe auf dem Weg zur sog. Endlösung wieder eingeführt. Dadurch unterscheidet sich das Ghetto der

NS-Zeit grundsätzlich von den älteren Ghettos: es macht die Abschließung undurchdringlich und ist Vorstufe der physischen Vernichtung. In islam. Ländern gibt es heute noch Ghettos. LIT. G. Kisch, The Jews in Medieval Germany (1949); F. W. Foerster, Die jüd. Frage (1959); W. P. Eckert, Das G., Geschichte und Gestalt (1966); Venedig, Geschichte und Gestalt seiner G. (1975).

Ghibellinen, Guelfen. Parteibezeichnungen, die aus dem Gegensatz von Staufern (Waiblinger) und Welfen stammen. Gh. = ital. Umformung von Waiblingen, dem bedeutenden stauf. Gut. Späte Überlieferung (zuerst bei Andreas von Regensburg, 1425) will wissen, daß 1140 in der Schlacht von Weinsberg zuerst der Schlachtruf: »Hie Welf, hie Waiblingen« erklungen sei. Nachweisbar ist der Parteiname 1215 bei der Spaltung des Adels in Florenz, wo Ghibellinen die Anhänger des Kaisers, Guelfen dessen Gegner genannt wurden. Von der Toscana dann auch in der Lombardei verbreitet. Nach dem Untergang der Staufer werden andere Gegensätze mit der Parteinamen bezeichnet: Gh. = Adel, Gu. = Volkspartei. Benedikt XIII. verbot den Gebrauch der Namen unter Strafe des Bannes (1334). LIT. V. Vitale, Guelfi e Ghibellini a Genova nel Duecento. In: RSCJ 60 (1948); LThK IV 881 f.; P. Herde, Guelfen und Neoguelfen. Zur Geschichte einer nationalen Ideologie vom Mittelalter zum Risorgimento (1986).

Gichtelianer. Anhänger der Lehre des Theosophen und myst. Schwärmers Johann Georg Gichtel (1638–1710); kirchenlose Christen, die das stumme Gebet, Visionen und Askese pflegen. Stark von der Mystik J. Böhmes beeinflußt. Wegen der Ablehnung der Ehe auch Engelsbrüder genannt. In Dtl. (Regensburg, Augsburg, Lindau, Hamburg, Berlin) und in Holland nur wenig verbreitet. LIT. RGG ³II, 1368 f.; F. Tanner, Die Ehe im Pietismus (1952).

Gilde (altnord. gjald; got. gild, in der Bedeutung von Opfer, gemeinsames Mahl, Zahlung, Steuer, Bruderschaft; mlat. gilda, gildonia; neuhd. Gilde, seit Luther). Urspr. kultisch-religiöse Vereinigung, zu der dann der Rechtsschutz der Mitglieder kam. Überwiegend religiös bestimmte Gilden münden in der religiösen Bruderschaft; handwerkl. Gilden wandelten sich und nahmen den Namen Zunft an. Mit der Förderung und dem Schutz des Handels befaßten sich andere Gilden (Kaufmannsgilden), deren Mitglieder durch Schwurgemeinschaft (conjuratio) einander verpflichtet waren. Hieraus entwickelte sich z. B. die Hanse. Der Zugang zur Gilde, urspr. frei, wurde bis zum Ende des 11. Jh. durch Bräuche und Vorbedingungen geregelt. Gilderecht trug zur Bildung des späteren Stadtrechts bei; Gemeinschaftsleistungen waren die Gildehallen. Erst im 15./16. Jh. begann die Bedeutung der Gilden zurückzugehen. LIT. B. Schwinekörper (Hrsg.), G. und Zünfte ... im frühen und hohen MA (1985); Ch. Anz, G. im mittelalterlichen Skandinavien (1998).

Giovine Italia. Von G. Mazzini gegr. Vereinigung, die die geistigen, polit. und ideolog. Voraussetzungen für die Erneuerung Italiens entscheidend mitbegründete. Die Vereinigung gab seit 1831 eine Zeitschrift ›La G. I.‹ heraus, die in Marseille gedruckt wurde und heimlich in Italien starke Verbreitung fand. Mazzini löste kurz vor der Revolution 1848 den G. I. auf und gründete in Paris die ›Associazione Nazionale Italiana‹.

Girondisten (franz. Girondins). Nach dem Departement Gironde, aus dem mehrere ihrer Führer kamen, benannte Gruppe in der Nationalversammlung, auch als **Brissotisten** (= Brissotins nach ihrem Führer Brissot), **Buzotins** (nach Buzot) oder **Rolandais** (nach Roland) bezeichnet. Neben den drei Genannten waren ihre hervorragendsten Vertreter Vergniaud, Isnard, Guadet, Gensonné und der gelehrte Condorcet. Die G. als Vertreter des kleinen und mittleren Bürgertums traten entschieden gegen jede Rückkehr zum Ancien régime ein, sperrten sich aber ebenso gegen soziale Demokratie, Zwangswirtschaft und die Vorstellungen der Jakobiner (Montagnards). 1791 setzten die G. schärfste Maßnahmen gegen die Emigranten und den eidweigernden Klerus und am 20. 4. 1792 die Kriegserklärung gegen Österreich durch. Gemeinsam mit den Jakobinern stürzten sie das Königtum, versuchten aber vergebl., das Leben des Königs zu retten und erlitten nach der Niederlage von Neerwinden (18. 3. 1793) starke Einbußen. In den Ausein-andersetzungen mit den Jakobinern (Marat) und den Pariser Sektionen unterlagen die G. (31. 5. – 2. 6. 1793). Brissot, Vergniaud, Gensonné und andere G. wurden hingerichtet, Aufstände girondist. Provinzen und Städte niedergeschlagen. Nach dem Ende der Schreckensherrschaft kehrten einige G. wie Convray, Isnard, Lanjuinais in den Konvent zurück. LIT. A. de Lamartine, Histoire des girondins. 3 Bde. (1865/66); E. Biré, La Légende des girondins (1881); A. Mathiez, Girondins et Montagnards (⁵1930); M. J. Sydenham, The Girondins (1961).

Gladiator (lat. gladius, Schwert). G. waren in der Mehrzahl zunächst Kriegsgefangene, Schwerverbrecher, Sklaven, seit Ausgang der Republik auch Freigelassene, die in Kasernen (Gladiatorenschulen) zusammengezogen und für die Gladiatorenkämpfe ausgebildet wurden. Die Gladiatorenkämpfe, etrusk. Herkunft, wurden früh von den Römern übernommen, in Rom zum ersten Male für das Jahr 264 v. Chr. nachweisbar, zunächst als Leichenspiele oder Teile derselben, seit der ausgehenden Republik auch aus polit. oder militär. Anlässen veranstaltet. Seit 105 v. Chr. Gladiatorenfechten auch im röm. Heer eingeführt. Verschiedentl. wurden G. als Kampftruppen eingesetzt, so im Bürgerkrieg Caesar-Pompejus, im Markomannenkrieg, oft auch als Leibwachen röm. Politiker verwendet. Nach ihrer Ausrüstung und Kampfesart wurden die G. in verschiedene Gruppen eingeteilt: z. B. Retiarii, Gallier, Samniten, Thraker. Der Ablauf der Gladiatorenspiele vollzog sich wie folgt: Pompa (Aufmarsch), Probatio (Scheinfechten mit stumpfen Waffen), eigtl. Kämpfe mit verschiedenen Waffen paarweise, in Gruppen, in Massen, Kämpfe gegen wilde Tiere. Die Sieger erhielten beträchtl. Prämien und Geschenke. Kritik an den Gladiatorenkämpfen wurde nur selten laut (z. B. Seneca), Domitian unterdrückte die privaten Fechtschulen, Kaiser Konstantin verbot 325 im östl. Reichsteil die Gladiatorenspiele. Im 5. Jh. gingen die Gladiatorenspiele zu Ende. LIT. Lexikon der Alten Welt 1088 f.; RE, Suppl. III 760–84; L. Robert, Les gladiaturs dans l'orient grec (1940); M. Grant, Die Gladiatoren (1970); A. Henze, Augusta Hönle, Röm. Am-

phitheater und Stadien – Gladiatorenkämpfe und Circusspiele (1981).

Glagolismus, Glagolitismus. In der
von Kyrill entwickelten Schrift, der **Glagolica**, ist das altslaw. Schrifttum verfaßt. Die urspr. runde Glagolica wurde
seit dem 10. Jh. durch die Kyrillische
Schrift zurückgedrängt, blieb aber im
kath. Kroatien erhalten, wo sich seit
dem 13. Jh. die eckigen Glagolien bildeten. An sie ist der G., der Gebrauch der
kirchenslawischen Sprache im kath.
Gottesdienst, heute ausschließlich gebunden. Innozenz IV. hatte 1248 den
G. nach älteren Verboten genehmigt. In
Kroatien kam es im 19. Jh. zum Streit
zw. Lateinern und Glagoliten. Der G.
galt als Privileg der Kroaten. Eine Reinigung des G. von Russizismen wurde
durchgeführt, doch verlor der G. ständig an Bedeutung.

Glaubensfreiheit. Als Teil der Gewissensfreiheit, die dem einzelnen Menschen garantierte Freiheit, seine Glau-
bensüberzeugung selbst wählen zu können und von jedem staatl. Eingriff in
seinen religiösen Bereich frei zu sein.
Die erste Anerkennung der G., deren
Geschichte von dem Verhältnis von Religion und Recht, Kirche und Staat bestimmt ist (→ius reformandi) und durch
Christenverfolgung, Inquisition, Ketzerverfolgung, Reformation und Toleranz führt, findet sich im ›Agreement of
the People‹ (1647); bekannt geworden
ist die Anerkennung der G. in der Erklärung von Virginia und im Allgemeinen Landrecht für die preußischen Staaten. Das Recht der G. fehlt fast in keiner Verfassung des 19. Jh. und der Gegenwart, auch nicht in der Satzung der
Vereinten Nationen und in der Allgemeinen Erklärung der Menschenrechte
von 1948. Ihre Ergänzung findet die G.
durch die Kultusfreiheit. Die Annahme
des allein wahren, von Christus gelehrten Glaubens wird von der kath. Kirche
zur Gewissenspflicht gemacht, Nichtka-
tholiken darf jedoch der Glaube nicht
aufgezwungen werden. Abfall vom
Glauben, Glaubensdelikte werden mit
Kirchenstrafen belegt.

LIT. StL III, 969–74; M. S. Bates,
Glaubensfreiheit (dt. 1947); H. Marti,
Glaubens- und Kultusfreiheit (1951);
G. Miegge, Religious liberty (1957).

Gleichgewicht (Lehnübersetzung von
lat. aequilibrium, franz. équilibre, seit
1679). Das engl. Schlagwort Balance of
Europe (1675) erscheint in Dtl. lat. als

bilanx Europae. Die Formel »Gleichgewicht von Europa« seit Justi (1758),
»europäisches Gleichgewicht« (équilibre de l'Europe) seit 1798.

Der durchaus doppeldeutige Begriff G.,
rationales Surrogat des »Abendlandes«,
erscheint als polit. Ziel zuerst in der polit. Welt Italiens zw. Mailand, Venedig,
Florenz, Neapel, um das Übergewicht
eines Staates zu verhindern. Der Begriff
wird von Venedig auf andere europ.
Fragen übertragen und ist seit dem
16. Jh. ein ständiges Element europ. Politik, gegen die Gefahr einer Hegemonie
gerichtet, insbes. von England gefordert, nicht zuletzt in der Absicht über
die »balance of power« die Kontinen-
talmächte beherrschen zu können. Die
Politik des europ. G., eng verknüpft mit
der Idee der Staatsräson, richtete sich
zunächst gegen die spanisch-österreich.
Weltmacht, hauptsächl. von Frankreich
inspiriert (Rohan, Richelieu). Dann
wurde sie gegen die franz. Hegemonie
unter Ludwig XIV. gekehrt, hauptsächl.
von Wilhelm III. von Oranien-England,
der niederländ., engl. und dt. Publizistik, bald aber auch während des Nordischen Krieges gegen Rußland vertreten. Dem »europäischen Gleichgewicht« wurde ein »nordisches Gleichgewicht« parallel gesetzt.

Mit den Friedensschlüssen von Utrecht,
Rastatt, Baden (1713/15) wurde ein gewisses europ. G. hergestellt, doch gelang es England nach den Friedensschlüssen von Paris (1763) und Hubertusburg (1763) seine Vormachtstellung
in der zweiten Hälfte des 18. Jh. auszubauen. Der z. Z. der Kriege gegen das
revolutionäre Frankreich (Koalitionskriege) und das napoleonische Empire
neubelebte Grundsatz des europ. G.
spielte auf dem Wiener Kongreß (1814/
15) und bei der Gründung und Politik
der Heiligen Allianz eine wichtige Rolle.

Seit der Mitte des 19. Jh. begannen Liberalismus und Nationalismus die Idee
des G. auszuhöhlen. Napoleon III. setzte dagegen das nationale Prinzip und
das Recht der Selbstbestimmung. Das
europ. Gleichgewichtssystem nahm zuletzt die Form zweier Mächtegruppen
an: Entente (→Entente cordiale) und
Dreibund standen sich in immer tiefer
werdendem Gegensatz gegenüber. Der
Erste Weltkrieg und das Diktat von
Versailles beseitigten das europ. G. Mit
der Verlagerung der Weltpolitik weg

von Alt-Europa und mit dem Aufkommen neuer Großmächte, mit dem Zusammenbruch der Kolonialreiche und mit der polit. Gruppierung um Erdteile und Weltmächte beginnen neue Vorstellungen internationaler Beziehungen und die Frage nach einem G. in der Weltpolitik an seine Stelle zu treten. LIT. J. Schmauß, Die Historie der Balance von Europa (1741); J. H. G. von Justi, Chimäre des Gleichgewichts von Europa (1758); ders., Chimäre des Gleichgewichts des Handels und der Schiffahrt (1759); E. Kaeber, Die Idee des europ. Gleichgewichts in der publizist. Literatur vom 16. bis zur Mitte des 18. Jh. (1907); G. Hanotaux, La politique de l'équilibre 1907/12 (1912); E. von Vietsch, Das europ. Gleichgewicht (1942); L. Dehio, Gleichgewicht oder Hegemonie (1948); H. Duchhardt, Gleichgewicht der Kräfte (1976).

Gleichheit. Der G. der Menschen von Natur aus steht eine ebenso in der Natur begründete, durch Entwicklung, Leistung, bes. die moderne Wirtschaft, vertiefte Ungleichheit gegenüber. Die nur im Abendland entwickelte Idee der G. wurzelt im Christentum, in der Stoa, im Naturrecht, doch blieb sie im MA und in der frühen NZ überdeckt von den institutionellen Ordnungen der Geschichte, im mehr oder weniger latenten Widerspruch zu diesen und fand in der Armutsbewegung, in der Mystik, in spiritualist. und häret. Bewegungen einen Ausdruck.
Die Idee der G. wurde in sozialen Utopien der frühen NZ (Thomas Morus, Morelly, E. Cabet), in der Aufklärung (J. J. Rousseau, ›Discours sur l'origine et les fondements de l'inégalité des hommes‹, 1754) vertreten, doch kannten die ma. und frühneuzeitl. Staaten vor der Französischen Revolution keine G. des Rechts. Die Unabhängigkeitserklärung der Vereinigten Staaten (1776) und die Pariser ›Erklärung der Menschenrechte‹ vom 26. 8. 1789 stellen den Grundsatz der G. aller Menschen auf (»Die Menschen werden frei und gleich geboren und bleiben es.«). Der Gedanke der Menschen- und Bürgerrechte richtet sich gegen Privilegien von Ständen und Gruppen. Die Verfassungen anderer Länder nahmen im 19. Jh. die G. des Rechts auf (Belgien 1831; Verfassung der Frankfurter Nationalversammlung 1849; Preußische Verfassung 1850).

Die G., im revolutionären Denken der neuesten Zeit tragendes Sozialprinzip, steht in einer notwendigen Spannung zur Freiheit, insofern die Verwirklichung der polit. (z. B. im Kampf um das allg. Wahlrecht), noch mehr der sozialen G. mit Einschränkungen der individuellen Freiheit bezahlt werden muß. Eine ausgleichende Beseitigung aller Ungleichheiten (klassenlose Gesellschaft) kann niemals das Ziel einer vernünftigen und verantwortungsbewußten Staatsleitung sein, da auf Ungleichheit Leben, Veränderung und Betätigung beruhen und jede persönl. Leistung die Ungleichheit wieder zur Geltung bringt.
LIT. StL III, 983–93; M. Rümelin, Die Gleichheit vor dem Gesetz (1928); F. Ermacora, Handbuch der Grundfreiheiten und Menschenrechte (1963); P. Brückner, Freiheit, Gleichheit, Sicherheit (1966).

Gloria. Hymnus, aus vielen huldigenden Akklamationen bestehend; zunächst im Morgenhymnus, dann beim Papstgottesdienst für die Sonntage und Märtyrerfeste, erst im HochMA auch im Priestergottesdienst an Festtagen zugelassen. Im ev. Gottesdienst vielfach auf den bibl. Einleitungsspruch beschränkt.

Glorious Revolution, Glorreiche Revolution. Herkömml. und bes. in der angelsächs. Historiographie verbreitete Bez. der »Revolution« von 1688, d. h. der Wiederherstellung des rechten Zustands vor der Stuart-Restauration: »glorreich« deshalb, weil sie ohne Kämpfe vor sich ging und von der Glorie eines neuen Königs umstrahlt wurde. Die G. R. wurde ausgelöst durch die absolutist. Politik, die Rekatholisierungsmaßnahmen des kath. Königs Jakob II. (reg. 1685–88), die Furcht vor einer kath. Thronfolge durch die Geburt des Prinzen Jakob Eduard (1688–1766) und durch den Zusammenhang der Ereignisse in England mit den großen europ. Problemen der pfälzischen Erbfolge (→Pfälzischer Erbfolgekrieg), mit dem Thronanspruch der älteren, prot. gebliebenen Tochter König Jakobs von England und ihres Gemahls Wilhelm III. von Oranien und der Furcht vor den Einmischungsversuchen des absolutist. Frankreich unter Ludwig XIV. Wilhelm von Oranien, von Whigs und Tories zum Eingreifen aufgefordert, landete in England, Jakob II. floh nach Frank-

reich. Ein auf Veranlassung Wilhelms III. gewähltes Konventionsparlament regelte die Nachfolgefrage, erklärte Wilhelm und seine Gemahlin zu Souveränen des Landes, sprach die Absetzung Jakobs II. aus und gab mit der Bill of Rights von 1689 dem Königtum eine konstitutionelle Grundlage. Die G. R. von 1688 schuf die Grundlage für die gegen die Hegemonialbestrebungen Frankreichs gerichtete Gleichgewichts- und Einkreisungspolitik Wilhelms III. und war von entscheidender Bedeutung für den Ausgang des Pfälzischen Erbfolgekrieges.
LIT. G. M. Trevelyan, The English Revolution 1688–89 (1938; dt. 1950); J. P. Kenyon, The Nobility in the Revolution of 1688 (1963); L. Stone, The Causes of the English Revolution (1972); P. Wende, Probleme der Englischen Revolution (1980).

Glossa ordinaria. Die Bez. kam im 14. Jh. auf. Gemeint sind damit Glossen, die den Kirchenvätern und späteren Kirchenschriftstellern entnommen waren (mit gelegentl. Bemerkungen der Glossatoren hierzu). Längere G.o. wurden an den Rand des Textes, kürzere zwischen die Zeilen geschrieben. Die G.o. deckten die ganze Vulgata ab.

Glossatoren. Rechtsgelehrte, deren wissenschaftl. Tätigkeit in der Abfassung von Glossen zu Texten des röm., des kanon. und des langobard. Rechts bestand. Zentren der Glossatorenschulen waren im 11. Jh. Pavia, dann seit Irnerius (†1118) vor allem Bologna, das in der Mitte des 12. Jh. etwa 10000 Jurastudenten hatte. Hervorragende G. waren die »Quattuor Doctores« des 12. Jh., Martinus, Bulgarus, Hugo, Jacobus, in der Folgezeit Pillius (†1207), Azo (†1230) und Hugolinus (†1233). Mit letzteren ist der Höhepunkt der G. erreicht.
LIT. HWDRG I, 1708–12.

Gnosis (griech.). Erkenntnis überhaupt; bes. spekulativ religiöses Erkennen als Schauen oder Einswerden mit dem Objekt der Erkenntnis; Weg zur Erlösung. Im engeren Sinn Bez. für religiöse Strömungen und Sekten der Spätantike (→Gnostizismus).

Gnostizismus (von Gnosis). Zusammenfassende Bez. für spätantike religiöse Bewegungen und Sekten, frühchristl. Lehren und Sekten. Kennzeichen des G. sind ein mythisiertes Welt- und Menschenbild, soteriolog. Impulse, Dualis-

mus von Gott und Welt, Verquickung von Elementen griech. Philosophie und Mysterienreligionen und christl. Elementen. Die maßgebenden Gnostiker stammten aus dem Orient. Der G. im Frühchristentum gab die Offenbarung als Grundlage theolog. Erkennens auf, verwässerte sie durch allegor. Auslegungen und verquickte sie mit heidn. Philosophemen und Elementen oriental. Kulte. Der G. war im Morgen- und Abendland weit verbreitet, bes. unter den Gebildeten, seine Literatur im 2. Jh. zunächst umfangreicher als die orthodoxe, doch ist sie zum größten Teil verloren und erst nach 1850 in einigem Umfang entdeckt worden. Eine Bildung des G. ist der Manichäismus; gnost. Traditionen leben bei den Katharern fort. Bekanntere Gnostiker sind Basilides (120–45), Bardesanes (†222), Marcion, dessen Sonderkirche sich lange behauptet hat.
LIT. W. Völker, Quellen zur Geschichte der christl. Gnosis; H. Leisegang, Die Gnosis (⁵1985); B. Altaner, Patrologie (³1951); Jedin, HKG I; K. Prümm, Gnosis an der Wurzel des Christentums (1971); TRE 13 (1984) 519–50.

Goldbulle. Der Gebrauch der G. (Goldsiegel) war im allg. auf Könige und souveräne Herrscher beschränkt, ging von Byzanz aus und wurde im MA bes. bei Kaisern und dt. Königen seit Otto I. üblich, wenn er der Bedeutung einer Urkunde und dem Urkundenempfänger angemessen war. Wichtigere G. (Goldene Bullen): a) die Goldene Bulle von Rimini Friedrichs II. vom März 1226, das Grundgesetz des Deutschen Ordens in Preußen; b) die Goldene Bulle Karls IV. von 1356 (Gesetze der Reichstage von Nürnberg und Metz) über die röm. Königswahl und die Kurfürstenrechte, ein Reichsgrundgesetz.
LIT. Bresslau ²II 558f., 566f.; Clavis mediaevalis 87f.

Goldene Bulle. Reichsgrundgesetz, welches das Recht der Königswahl festlegt und die Stellung der Kurfürsten und das Zeremoniell für die Repräsentation des Reiches ordnet. Die ersten 23 Kapitel der Goldenen Bulle wurden am 10. 1. 1356 auf dem Nürnberger Reichstag veröffentlicht, die Kapitel 24–31 wahrscheinlich auf der Reichsversammlung in Metz (25. 12. 1356). Die ersten sieben Kapitel handeln über die Verfassung des Kurfürstenkollegs, binden Wahlrecht und Erzamt an ein

Fürstentum und verhindern durch Primogeniturordnung und andere Bestimmungen die Zersplitterung von ius, vox et potestas eligendi Romanorum regem. Die Kurfürsten erhalten die Privilegia de non evocando und de non appellando. Wahlort für die Königswahl ist Frankfurt; die erste Krönung soll in Aachen, der erste Reichstag in Nürnberg stattfinden. Die Krönung in Rom und die päpstl. Ansprüche auf Nomination und approbatio electionis (→Approbation) werden übergangen. In den Wahlkapitulationen der dt. Kaiser und Könige wurde die Goldene Bulle anerkannt. Sie zählt neben dem Augsburger Religionsfrieden, dem Westfälischen Frieden zu den wichtigsten Reichsgrundgesetzen.

LIT. A. Erler, Die Goldene Bulle Kaiser Karls IV. von 1356 auf Grund der Textausgabe von Karl Zeumer; HWDRG I, 1739–1746; K. Müller, Die G. B. Kaiser Karls IV. 1356 (^{3}1970); W. Dotzauer, Das Königsgeleit für die Kurfürsten in der G. B. Karls IV. (1356). In: Geschichtl. Landeskunde, Bd. 21 (1980), 82–139; A. Wolf, in: Lexikon des Rechts (1989).

Goldene Bulle von Rimini (März 1226). Kaiser Friedrich II. erteilt auf Bitte des Hochmeisters des Deutsch-Ritterordens (→Deutscher Orden), Hermann von Salza, diesem die Ermächtigung zum Angriff auf das heidnische Land der Preußen. Er bestätigt gleichzeitig dem Hochmeister und dem Deutschen Orden die Schenkung des Kulmer Landes sowie alles Land, das der Orden im Gebiet des Landes Preußen gewinnen wird. Das Land Preußen wird unter »die Monarchie des Römischen Imperiums« einbegriffen.

LIT. E. Stengel, Hochmeister und Reich. In: ZRGGA 58 (1938); W. Hubatsch, Quellen zur Gesch. des Deutschen Ordens (1954); E. Weise, Interpretation der Goldenen Bulle von Rimini (März 1226) nach dem kanonischen Recht. In: Acht Jahrhunderte Dt. Orden, hrsg. von Kl. Wieser 15–44.

Goldene Horde. Heerlager, dann auch Reich von Tschingis Chans ältestem Sohn Dschutschi (1227) und dessen Nachkommen; umfaßte die westl. Länder des mongol. Eroberungsgebiets in Asien und Europa, zur Aral-See und Pripet. Seit Osbeg (reg. 1313 bis 1341) setzt sich langsam im Reich der G. H. der Islam durch. Anfang des 15. Jh. beginnt endgültig der Verfall mit der Abspaltung der Krim, Kasans, Astrachans, Sibiriens; 1480 wird Moskau unabhängig. Poln.-litauische und russ. Angriffe schwächen die G. H., 1502 werden ihre Reste östlich von Kiew vernichtet.

Goldener Bund (5. 10. 1548). So genannt wegen der goldenen Anfangsbuchstaben der Vertragsurkunde, seit 1656 Borromäischer Bund nach seinem Patron, dem hl. Karl Borromäus. Der G. H. ist ein Bündnis von Luzern, Uri, Schwyz, Unterwalden, Zug, Freiburg, Solothurn, in ihrem Gebiet die kath. Religion um jeden Preis zu schützen, sich gegenseitig Hilfe zu leisten und dieses Bündnis, falls die Religion in Frage stehe, selbst den eidgenöss. Bündnissen vorgehen zu lassen. 1587 trat Philipp II. von Spanien, 1597 Appenzell-Innerrhoden, 1635 Kathol.-Glarus dem Bündnis bei.

Goldene Regel (regula aurea). Der Begriff ist erst im 18. Jh. nachweisbar, zuerst in England (golden rule), als Bez. für die Maxime »Was du nicht willst, daß man dir tu', das füg auch keinem andern zu!« Luther setzt das göttl. Liebesgebot mit der G. R. gleich; im Decretum Gratiani ist die G. R. mit dem Naturrecht gleichgesetzt. Hobbes u. a. sehen die G. R. als Summe der Naturgesetze an, Voltaire betrachtet sie als Ausgleich von Vernunft und Leidenschaft. Bei Kant nimmt die G. R. die Form des kategor. Imperativs an. Scheler setzt sie mit dem Solidaritätsprinzip gleich, sieht darin einen »Grundartikel eines Kosmos endlicher sittlicher Personen«. In der Sache geht es bei der Goldenen Regel um das Prinzip der Gegenseitigkeit (Reziprozität).

LIT. Th. Heckel, Regula aurea. Zur polit. Predigt (1952) 57–66; A. Dihle, Die G. R. Eine Einführung in die Geschichte der antiken und frühchristl. Vulgärethik (1962); TRE XIII (1984) 570–83.

Goldene Rose (lat. rosa aurea). Eine aus Gold verfertigte und mit Edelsteinen besetzte Rose. Sie wird jedes Jahr am 4. Fastensonntag (Rosensonntag) geweiht und an Persönlichkeiten verschenkt, die sich um die Kirche verdient gemacht haben (daher auch Tugendrose genannt). Die päpstl. Auszeichnung existiert seit dem 11. Jh.

LIT. E. Cornides, Rose und Schwert im päpstlichen Zeremoniell (1967).

Goldenes Buch.

[1] Ein Verzeichnis von 1200 (zuletzt 1600) Patrizierfamilien Venedigs; ihnen

stand seit dem Jahre 1297 allein das Recht zu, am ›Großen Rat‹ und damit an der Regierung teilzunehmen. Das G. B. wurde 1797 verbrannt.

[2] Ein prunkvolles Buch, das von Städten, Universitäten und großen Körperschaften geführt wird. Es dient dazu, daß Ehrengäste sich darin eintragen. LIT. zu [1] G. Maranini, La costituzione di Venezia dopo la Serrata di Maggior Consiglio (Florenz 1931).

Goldenes Vlies (Orden vom G. V.; franz. Toison d'or; span. Toisón de oro). Ein im Jahre 1430 durch Philipp den Guten von Burgund (reg. 1419–67) gestifteter Orden. Nach der Teilung des Hauses Habsburg in einen österreich. und span. Teil (1556) wurde er in Österreich und Spanien als höchste Auszeichnung verliehen. Das Ordenszeichen war ein goldenes Widderfell unter einem Feuerstein; die Ordenskette war aus Feuersteinen und Feuerstählen gearbeitet. LIT. J. Kervyn de Lettenhove, La Toison d'Or (1907).

Goldenes Zeitalter. Ein aus der Antike übernommener Begriff zur Bez. einer Epoche, in der auf geistigem und kulturellem Gebiet Höchstleistungen vollbracht wurden, so z. Z. des Perikles (kurz vor 500–429 v. Chr.) und des Kaisers Augustus (31 v. – 14 n. Chr.). Die auf ein G. Z. folgende Spätblüte, gekennzeichnet durch nachlassende schöpfer. Kraft, wird als Silbernes Zeitalter bezeichnet (z. B. Silberne Latinität). →Zeitalter. LIT. M. Landsmann, Das Zeitalter als Schicksal (1956); M. Defourneaux, Spanien im G. Z. (1986); P. Cloché, Le siècle de Perikles (1949); V. Gardthausen, Augustus und seine Zeit. 2 Tle. (1891–1904); R. Günther, R. Müller, Das G. Z. (1988).

Goldene Worte. Eine unter dem Namen von Pythagoras überlieferte Schrift, die in Wirklichkeit eine spätere Fälschung darstellt.

Goliarden. Im MA Bez. für fahrende Dichter oder Sänger in Dtl., Frankreich, England. Meist wandernde Kleriker.

Göllheim, Schlacht von (2. 7. 1298). König Adolf von Nassau unterliegt im Kampf um die Krone dem Habsburger Albrecht und dessen Verbündeten aus Böhmen und Ungarn und findet in der Schlacht den Tod. In dem militär. Ergebnis von Göllheim ist eine Entsprechung zu der Absetzung Adolfs durch

die Kurfürsten (23. 6. 1298) und der Neuwahl Albrechts I. zu sehen. LIT. Gebhardt-Grundmann II, 407 f.

Gonfaloniere (ital. Bannerträger). In Italien bis 1859 übl. Bez. des Stadtoberhauptes; bis 1870 im Kirchenstaat Oberhaupt einer Provinzhauptstadt.

Gonfaloniere della chiesa (Bannerträger der Kirche). Ehrentitel, vom Papst seit dem 12. Jh. an Fürsten verliehen, bes. an die Könige von Sizilien und die Herzöge von Parma.

Gonfaloniere della giustizia (Bannerträger der Gerechtigkeit). In Florenz 1293 geschaffenes Amt, das anstelle des Podestà die eigentl. Spitze der Stadtverwaltung bildete. Auch in anderen ital. Städten, hauptsächl. zur Wahrung der bürgerl. Interessen gegenüber dem Adel.

Gonfalonieri. 1264 in Rom gegr. Erzbruderschaft von 12 Edelleuten zum Loskauf der christl. Gefangenen aus den Händen der Sarazenen.

Gorze. Südwestlich von Metz gelegene, 749 von Bischof Chrodegang von Metz gegr., von den Karolingern reich dotierte Benediktinerabtei. Seit der Restitution und Reform durch Bischof Adalbero I. (933) war G. unter den Äbten Ainold (†967) und Johannes I. (†974) Mittelpunkt einer Reformbewegung, die von der cluniazensischen Reform in vielen Punkten verschieden, sich schnell im Reichsgebiet ausbreitete, St. Maximin, Stablo-Malmédy, Prüm, Schwarzach am Main, Niederaltreich, St. Emmeram, Reichenau, St. Gallen erfaßte und sich dem Ottonischen Reichskirchensystem einfügte. In der 2. Hälfte des 11. Jh. trat die Gorzer Reform hinter die von Cluny zurück. LIT. K. Hallinger, Gorze-Cluny. 2 Bde. (1950/51); TRE XIII (1984) 588–90.

Gotha; Gothaische Taschenbücher. [1] Gothaischer Hofkalender, seit 1785 im Verlag von Justus Perthes, enthält die regierenden Häuser und den hohen Adel. [2] Gräfliches Taschenbuch, ab 1825. [3] Freiherrliches Taschenbuch. [4] Historisch-heraldisches Handbuch zum genealogischen Taschenbuch der gräflichen Häuser, 1855. [5] Uradeliges Taschenbuch, 1900. [6] Adeliges Taschenbuch, 1907. Die letzten Gothaischen Taschenbücher wurden 1942 verlegt. Seit 1951 wird diese Reihe, die ein unentbehrl. Hilfsmittel darstellt, unter dem Titel →Genealogisches Handbuch des Adels fortgesetzt.

LIT. T. Frh. von Fritsch, Die Gothaischen Taschenbücher, Hofkalender und Almanache (1968).

Gotik. Von ital. Gelehrten des 15. Jh. (Ghiberti, Vasari) geprägte Bez. für die ma. Kunst, die nach der damaligen Meinung von den Goten geprägt war und, gemessen an der Antike, als »barbarisch« galt. Von dem Odium des Barbarischen begann erst die Romantik, zuerst in England, mit der Korrektur des Mittelalterbildes die G. zu befreien. Die Bestimmung der G. erfolgte zunächst von der Baukunst her und in Abgrenzung gegen Romantik und Renaissance.

Ursprungsland der G. ist Nordfrankreich (Ile de France, Picardie, Champagne, Normandie) ca. Mitte des 12. Jh.; St. Denis 1137, Chartres Westbau 1134, Sens 1140, Reims 1221, Amiens 1221. In England trat die G. im letzten Viertel des 12. Jh. auf; Chor der Kathedrale von Canterbury 1174, Kathedrale von Lincoln 1233, Salisbury 1220–60. In Dtl. erst ab Mitte des 13. Jh. gotischer Kirchenbau; Höhepunkte: Straßburg, Freiburg i. Br., Köln, Oppenheim, Regensburg. Eine Sonderform ist die Spätgotik in Dtl. (»eigene deutsche G.«) mit weiträumigen Hallenkirchen: St. Stephan, Wien; Soest, Maria zur Wiese; Ulm, Münster u. a. Höchste Blüte der Glasmalerei im 14. und 15. Jh.

Kennzeichen der G.: Betonung der Vertikalen, Verbindung von Idealismus und Naturalismus, schlanke, schwingende, entschwerte Formen in allen Künsten; in der Baukunst: Spitzbogen, Rippengewölbe, Strebwerk, Maßwerk, Gliederung der Pfeiler.

Im 16. Jh. geht die G. in Dtl. im wesentl. zu Ende, lebt aber noch im 17. und im frühen 18. Jh. in der Kirchenbaukunst als Nachgotik und im 19. Jh. als Neugotik weiter.

LIT. H. Schmitz, Die G. im dt. Kunst- und Geistesleben (1921); W. Worringer, Formprobleme der G. (^{19}1936); H. Sedlmayr, Die Entstehung der Kathedrale (1950); M. Aubert, Got. Kathedralen und Kunstschätze in Frankreich (1959); A. Stange, Die Malerei der G. 9 Bde. (1934–58); P. Frankl, The Gothic (1960); O. von Simson, The Gothic Cathedral (^{2}1962, dt. 1968); R. Branner, St. Louis and the Court Style in Gothic Architecture (1968); R. Mark, Experiments in Gothik Structure (1982).

Gotlandfahrer, Gemeinschaft der deutschen G. Gemeinschaft dt. Handelsleute des 12. und 13. Jh.; begründete in Nowgorod um 1200 ein eigenes Kontor (Peterhof); spielte bei der Entstehung der Hanse eine wichtige Rolle; seit der Mitte des 13. Jh. auch in Flandern. Die Blüte Wisbys (auf Gotland) geht auf die G. zurück. Eigenes Siegel: Sigillum Theutonicorum Gutlandium frequentantium.

Gottesfreunde. Im 14. Jh. verbreitete Bez. für von Welt- und Ordensleuten getragene relig. Reformgruppen bes. am Rhein und im Elsaß. Der sog. Gottesfreund aus dem Oberland ist der lit. Deckname für den reichen Straßburger Kaufmann und Mystiker Rulman Merswin (1307–82), der in dem von ihm erworbenen Kloster Grünenwörth Gleichgesinnte um sich sammelte; Merswin, ein Beichtkind Taulers, oder sein Sekretär Nikolaus von Löwen ließen Traktate und Schriften eines »Gottesfreundes aus dem Oberland« hinausgehen und fälschten sie in einem fehlerhaften Schweizerdeutsch. Verbindungen zu der niederländ. Mystik bestanden.

Gottesfrieden. Die ersten Gottesfrieden begegnen, von Cluny entscheidend bestimmt, um 1000 in Süd- und Westfrankreich, sie sind im 11. Jh. weit verbreitet und enden ungefähr nach 1200 mit Ausnahme Spaniens. Die G. sind beschworene Beschlüsse, die unter Androhung von Kirchenstrafen (Exkommunikation usw.) bes. Personengruppen (Kleriker, Kaufleute, Bauern, Frauen) und Objekte (Kirchen, Klöster, Straßen) vor dem Überhandnehmen des Fehdewesens sichern wollen. Relativ spät tauchen G. in Dtl. auf. Nach 1023 werden die G. durch Treuga Dei erweitert. Mit dem Wiedererstarken der Staatsgewalt erlosch die Gottesfriedensbewegung.

LIT. HWDRG I, 1762–65; H. Conrad, DRG I; H. Hoffmann, Gottesfriede und Treuga Dei (1964).

Gottesgnadentum. Abgeleitet von der Demuts- und Würdeformel »von Gottes Gnaden«, die ihrerseits wieder der von Geistlichen gebrauchten Formel »Dei gratia« nachgebildet ist. Diese Formel ist Ausdruck des fürstl. Absolutismus und konservativer auf metaphysischer Grundlage ruhender Staatsauffassung. Als Schlagwort immer wieder umstritten.

Gotteshausbund auch Gottesbund (franz. Ligue cadé) genannt (29. 1. 1367). In Chur abgeschlossene Vereinigung des Domkapitels von Chur, der bischöfl. Ministerialen, der Abgesandten der Talschaften, des Rats und der Bürger von Chur, gegen die Politik des Bischofs Peter von Böhmen gerichtet. Der G. will die Entfremdung des Gotteshausgutes, die Ernennung eines Vikars ohne Wissen und Willen des G. verhindern.

Gottesurteil (iudicium Dei; auch Ordale von angelsächs. Ordāl, Urteil über lat. ordalium). G. sind auf magisches Denken, »auf den unerschütterlichen Glauben an die Rechtmäßigkeit der naturgegebenen Ordnung« (H.Nottarp) zurückzuführen, keine Schöpfung der Kirche. Das G. war Beweismittel, es hatte den Zweck, in Ermangelung von Tat- oder Zeugenbeweisen Schuld oder Unschuld des Angeklagten aufzuzeigen. Wo menschl. Wissen versagte, sollte Gott genötigt werden, endgültig zu entscheiden. Das Eingreifen wurde als Beweismittel unbedingt anerkannt. G. sind seit dem 8. Jh. aus dem german. Rechtsleben in das weltl. und geistl. Strafprozeßverfahren eingeführt, von der Kirche anerkannt und von verschiedenen Synoden vorgeschrieben (Mainz 847, Worms 868, Seligenstadt 1023 usw.). Zahlreiche Päpste sprachen sich gegen die G. aus, z.B. Nikolaus I. (858–67), Stephan VI. (885–91). Das Laterankonzil verurteilte die G. 1215. Die verbreitetsten Formen der G. waren: Zweikampf, Feuerprobe (z.B. Gang über glühende Pflugscharen), Wasserproben, Kreuzesprobe, Losordal, bei dem durch Los bestimmt wurde, wer Recht hatte; Bissensprobe, bei der Brot oder Käse ohne Schwierigkeit geschluckt werden mußten, Abendmahlsprobe, Bahrrecht (Nibelungenlied: zeigte die Leiche bei Berührung des Probanden Zeichen, dann war dieser schuldig) u. a. m.
LIT. HWDRG I, 1769–73; Bächtold-Stäubli III (1930/31) 994–1064; H. Nottarp, Die Gottesurteile (1949); ders., Gottesurteilstudien (1956); L. Leitmaier, Die Kirche und die Gottesurteile (1952).

Göttinger Sieben. Die sieben Professoren der Universität Göttingen: W. Albrecht, F. C. Dahlmann, H.

Ewald, G. G. Gervinus, Jakob und Wilhelm Grimm, W. Weber, die König Ernst August von Hannover der Aufhebung der Verfassung von 1833 beschuldigten, sich zur Verfassung und ihrem Diensteid bekannten. Der Protest der G. S. hatte starke verfassungspolit. Wirkung in Dtl. Die Entlassung und Vertreibung der Sieben mobilisierte die öffentl. Meinung zu ihren Gunsten und schadete der Universität. Die Sieben wurden 1848 fast alle Mitglieder der Frankfurter Nationalversammlung.
LIT. E. R. Huber, Deutsche Verfassungsgeschichte II², 96–106; H. Kück, Die G. S. (1934); R. Smend, Die G. S. (1951); W. Ebel, Jakob Grimm und die deutsche Rechtswissenschaft (1963).

Graduale. a) Seit dem 12. Jh. die Bez. für das Choralbuch, das die Gesänge der Messe enthält. Der Name abgeleitet von gradus = Stufen des Ambo, von denen der Kantor die Gesänge vortrug. b) Gesang der Messe.
LIT. LThK IV, 1158f.

Grafschaft (lat. comes iudex; comitatus, cometia, comitia). »Comes« war in der Spätantike die Bez. eines Hofbeamten und kaiserl. Beauftragten in den Provinzen. Beim Zusammenbruch des Röm. Reiches übernahmen die Comes als lokale Machthaber die Verwaltung in den Restgebieten. In der Merowingerzeit bestand die Aufgabe des Comes hauptsächl. darin, die königl. Macht durchzusetzen, den Frieden zu wahren. Im 8. Jh. kam in Nordgallien neben Comes die Bez. »grafio« auf (grafio von Gebot, Befehl), womit urspr. ein lokaler, milit. Befehlshaber bezeichnet wurde, der bald zur gleichen Stellung wie der Comes aufstieg.
In der Karolingerzeit wuchs die Bedeutung des Comes. Heeresaufgebot (Heerbann), Königsschutz, Friedenswahrung, iudex publicus waren seine wichtigsten Aufgaben. Die Grafschaft war territorial abgrenzbar gegen die Herrschaftsbereiche des Hochadels, jedoch »logisch Personenverband«. Das Amt des Grafen, das Karl d. Gr. sogar an Unfreie vergeben hatte, wurde bald in vornehmen Familien erblich. In spätkaroling. Zeit trat das Grafengericht deutlicher hervor. Unter den sächs. Herrschern kam es zur Gründung neuer Grafschaften und einem inneren Strukturwandel der G., zu ihrer Durchbrechung durch Immunitäten. Seit dem

11. Jh. geriet die gräfl. Gewalt unter den Einfluß der territorialen Mächte. Die alten Grafschaften verschwanden.

Im 13. Jh. wurde die G. zu einem »lokal bezeichneten Verfassungsinstitut«. Der Titel Comes verlor seinen ursprüngl. Charakter als Amtsbezeichnung und wurde zum Familientitel, zur Standesbezeichnung. Im 12. und 13. Jh. ist die G. keine gleichwertige Einheit mehr. Ein Teil der Grafen und freien Herrn unterlag den Mediatisierungsbestrebungen größerer Territorien. Markgrafen erhoben sich über Grafen und stiegen an der Ostgrenze des Reiches zu neuer herzogl. Gewalt empor. Die reichsständischen Grafen und freien Herrn (später Reichsgrafen) traten seit dem 15. Jh. mit Fürsten und Prälaten im Fürstenrat (Reichsfürstenrat) zusammen. Es bildete sich eine schwäbische und eine wetterauische, eine fränkische und eine westfälisch-niedersächsische Grafenkurie, die bis zum Ende des Reichstages bestand. Unabhängig von der verfassungsrechtl. Stellung begegnet der Titel ›Graf‹ beim Adel. Mit dem Untergang des Reiches verloren die reichsunmittelbaren Grafen jede selbständige Bedeutung (→Landgraf; →Markgraf; →Pfalzgraf).

LIT. HWDRG I, 1775–95 (dort weitere Lit. nachgewiesen).

Grand Chambellan (zuerst mestre chamberlenc). Unter Philipp III. und Philipp IV. wirklicher Finanzminister, von großem Einfluß. Nach 1315 gehen diese Aufgaben an die tresoriers de France. G. C. wird ein erbliches Hofamt; 1545 tritt der G. C. an die Stelle des Chambrier in dessen alter Bedeutung: er steht an der Spitze der Kammerherrn und führt die Aufsicht über die königl. Gewänder und Insignien. – Die Würde bestand auch noch unter Napoleon I., in der bourbon. Restauration bis 1830 und unter Napoleon III.

LIT. Haberkern-Wallach 102, 256.

Graue Eminenz. Nach Père Joseph (1577–1638), dem Beichtvater des Kardinals Richelieu, Spottbez. für einen einflußreichen, öffentl. nicht hervortretenden Berater oder Politiker, Minister, Offizier.

Grauer Bund. Älteste Grundlage ist das Bündnis zw. Abt Johann von Disentis, Ulrich Brun von Rhäzüns, Albrecht von Sax-Misox 1395. Am 16. 3. 1424. Erneuerung und Erweiterung des Bundes in Truns, Einsetzung eines Bundesgerichts für innere Streitigkeiten. Seine Sprüche können durch Bundesgewalt zur Exekution gelangen. Vorort ist Truns. Der G. B. war der angesehenste unter den rätischen Bünden.

Gravamina (Beschwerden). Nach der Herkunft unterscheidet man klerikale, städtische und offizielle Reichstags-G. Im allg. treten in den G. drei gemeinsame Punkte hervor: a) Klagen gegen die röm. Verwaltungspraxis, b) Klagen gegen die röm. Besteuerungspraxis, c) Klagen über das kirchl. Prozeßverfahren. Die Bezeichnung »G. der dt. Nation wider den römischen Hof« ist als Antizipation einer späteren Ideologie leicht mißverständlich.

Die wichtigsten G.: das Mainzer Libell von 1451, die der Mainzer Provinzialsynode von 1455, die Frankfurter Avisamenta, die G. des Reichstags zu Frankfurt 1458, 1479 die G. des unierten Klerus der 3 rhein. Kirchenprovinzen zu Koblenz, die Zusammenstellung J. Wimpfelings, die hundert G. des Wormser Reichstags 1521. In der Geschichte der klerikalen und der Reichstags-G. bedeutet die Reformation keinen nennenswerten Einschnitt. 1673, 1769 (→Koblenzer G.) traten die rhein. Kurf.-Erzbischöfe mit ihren Beschwerden hervor. Auch der Emser Kongreß und die Verhandlungen um die kaiserl. Wahlkapitulation griffen auf die vorreformator. G. zurück.

LIT. B. Gebhardt, Die G. der deutschen Nation gegen den röm. Hof ([2]1895); H. Raab, Die Concordata Nationis Germanicae in der kanonist. Diskussion des 17.–19. Jh. (1956); LThK IV, 1174f.

Gregorianischer Gesang (Choral). Bez. für den liturg. Gesang der röm. Kirche, dessen Überlieferung im 9. Jh. beginnt und im wesentl. auf die liturg. Reformen Papst Gregors d. Gr. zurückgeht. Eine Reform des Gregorianischen Gesangs im frühen 17. Jh. scheiterte; erst im 19. und frühen 20. Jh. erhielt der Gregorianische Gesang neuen Auftrieb, scheint jedoch durch die Liturgiereform nach dem Zweiten Vatikanischen Konzil gefährdet.

LIT. F. Blume (Hrsg.), Die Musik in Geschichte und Gegenwart (1948–79); K. G. Fellerer, Der Gregorianische Choral (1936); F. Tack, Der kultische Gesang der abendländ. Kirche (1951).

Grenze (im preuß. Ordensland kommt im 13. Jh. greniz[e] auf. Im 15. Jh. dringt das Fremdwort aus dem

Poln. ins deutsche ein, gemeindeutsch
wird es erst durch Luther). Trennungsli-
nie zw. zwei Gebieten, natürl. oder
rechtl. Art. Staatsgrenzen gegenüber
dem Hoheitsgebiet fremder Staaten und
gegenüber dem freien Meer beruhen
auf Völkerrecht. Es gilt der Grundsatz
wechselseitiger Unverletzlichkeit. Verkehr über die G. durch Paß- und Zoll-
recht geregelt. Die ältesten geschichtl.
Formen der G. sind nicht die linearen
G., sondern der Grenzsaum (Grenz-
wald, Sumpf, Gebirge). Grenzraum
oder Grenzsaum sind schwach oder
nicht bewohnt. Grenzmarken im MA:
österreich. Militärgrenze auf dem Balkan. Mit dem Absolutismus, dem Streben nach Überwindung feudaler Bindungen und Beseitigung von En- und
Exklaven entsteht das Problem einer
genauen Grenzfestlegung. Nationalstaatl. Denken bringt die Forderung
nach den gerechten und natürl. Grenzen. Kriterien für die gerechte und natürl. Grenze: Sprachen-, Kulturgrenzen.
Bes. Schwierigkeiten in Ostmitteleuropa: Frage der sprachl.-völk. Minderheiten. Polit. G. wurden und werden nach
geograph., wirtschaftl. und strateg. Gesichtspunkten fixiert, oft einseitig. Jede
Grenzziehung bedarf der ausdrückl.
oder stillschweigenden Anerkennung
der Völkergemeinschaft. Ein bes. Problem ist das Verhältnis von staatl. und
kirchl. Grenzen; während es in frühchristl. Zeit nicht bestand, tauchte es
seit dem Erstarken der Territorialstaaten, mit ihrem staatskirchenrechtl. Programm und infolge der Stabilität kirchl.
Verwaltungsgrenzen, die sich über Jahrhunderte erhalten hatten, in der frühen
NZ (17., 18. Jh.) mit bes. Heftigkeit auf.
Zirkumskriptionen, Konkordate halfen
im 19. und 20. Jh., das Problem zu ent-
schärfen.
LIT. StL III, 1011–16; RGG VI 1853 –
1856; HWDRG I, 1801–04.

Groschen (mlat. denarius grossus,
dicker Pfennig, kleine Münze). Unmittelbares Vorbild für den dt. G. war der
Prager Groschen. Daneben gab es viele
andere G., etwa Adler(Flandern)-G.,
Engel-, Marien-G. Bis 1571 galt der G.
als ⅓₂ Taler, dann als ¼₄ bzw. weniger.
1821–73: Silber-G. in Preußen, doch
bleibt auch nach 1871, als der G. keinen
Platz mehr im Währungssystem hat, die
Bezeichnung G. erhalten für ein Zehn-
pfennigstück.

Großfürst. Herrschertitel: 1. in Ruß-

land; z B. Großfürst von Moskau,
Kiew, Nowgorod. Seit dem 18. Jh. Titel
der Mitglieder des russ. Kaiserhauses. 2.
in Litauen; nach der Union in Litauen
mit Polen führen die poln. Könige den
Titel eines Großfürsten. 3. in Ungarn;
nach der Erhebung Siebenbürgens zum
Großfürstentum (1765) führen die
habsburg. Könige den Titel Großfürst.

Großmacht. Bez. für einen Staat mit
bestimmendem Einfluß auf die Weltpolitik und schwer bestimmbaren tatsächl.
Vorrechten in dem Konzert der Mächte.
Weder die flächenmäßige Ausdehnung
(z. B. Brasilien, Kanada, Sudan) noch
die Bevölkerungszahl (z. B. Indien, Indonesien) machen allein eine G. aus.
Eine G. entsteht nur durch das Zusammenwirken verschiedener Faktoren –
Ausdehnung, Bevölkerungszahl, wirtschaftl. und milit. Leistungsfähigkeit,
polit. Wille, günstige Konstellation.
Nach ihren Zielen können folgende
Großmachttypen unterschieden werden: der kontinentale, militärische, maritime, wirtschaftliche, koloniale, bzw.
der aggressive oder defensive.
Unverkennbar ist bei allen G. die ausgeprägte imperialist. Tendenz und der
Wille, stärker als die in erster Linie auf
das Innerstaatliche (Kultur, Soziales
usw.) beschränkten Kleinstaaten das
weltpolit. Geschehen zu bestimmen,
insbes. bei Kongressen und Friedensschlüssen, z. B. bei den westfälischen
Friedensverhandlungen, auf dem Wiener Kongreß, dem Berliner Kongreß
(1878), den Friedensverhandlungen
von 1919, der Washingtoner Konferenz
1921/22, der Konferenz von Jalta usw.
Völkerbund und UNO schränken diesen polit. Willen der G. nur äußerst wenig, fast nur ideell ein.
Zu dem System der G., wie es sich im
17. und 18. Jh. ausbildete, gehörten
nach dem Zerfall der span. Weltmacht
(Pyrenäenfrieden 1659):
a) Frankreich als kontinentale Vormacht unter Richelieu und Ludwig
XIV.,
b) die aus dem Reich herausgewachsene
und unter Leopold I., Joseph I., Karl
VI. und Maria Theresia sich verfesti-
gende, in den Donauraum (Prinz Eugen, Türkenkriege) vorstoßende habsburgische Monarchie,
c) die maritime, koloniale Großmacht
England, die z. T. das Kolonialerbe Portugals, Spaniens, Frankreichs und der
Seemacht Holland antrat,

305

d) die kontinentale Großmacht Rußland, die das Erbe Polens in Ostmitteleuropa, der verfallenden militär. Großmacht Schweden seit dem Nordischen Krieg (1700–21) im Ostseeraum und des Osmanischen Reiches an den Küsten des Schwarzen Meeres und in Südosteuropa übernahm, und
e) schließlich Preußen, das sich unter Friedrich d. Gr. militär. und polit. gegen das festländische Europa behauptete. Das europ. Staatensystem der frühen NZ mündete aus in der Pentarchie, d. h. der Hegemonie der fünf G.: England, Frankreich, Rußland, Österreich, Preußen bzw. darauf aufbauend das Deutsche Reich. Höhepunkt der Pentarchie war der Wiener Kongreß. Als außereurop. G. kommt im 19. Jh. die USA hinzu (1898 Krieg gegen Spanien und Eintritt in die Weltpolitik) und zu Beginn des 20. Jh. Japan mit dem Sieg über Rußland (1904–05). Italien rückte seit dem Ausgang des 19. Jh. langsam unter die G. auf. Durch den Ersten Weltkrieg schieden Österreich endgültig und vorläufig auch Deutschland und Rußland aus. Unter den überlebenden G. hatte Frankreich die Vorherrschaft über das festländische Europa, und England wurde als See- und Finanzmacht von den USA eingeholt.

Der Ausgang des Zweiten Weltkrieges hat mit der Vernichtung der kurzlebigen dt., ital. und japan. Großmachtstellung zu weiteren Differenzierungen zwischen den G. geführt. Durch den Besitz atomarer Waffen sowie ihr polit., militär. und wirtschaftl. Potential hoben sich die Weltmächte (Supermächte) USA und UdSSR (bis 1990/91) deutlich von den übrigen »Großmächten« ab. China nimmt zuletzt infolge seiner Flächenausdehnung und seiner Bevölkerungszahl eine Sonderstellung ein. Wirtschaftl. G., ohne entsprechendes polit. Gewicht, waren bisher die BRD und Japan. Wie die künftige Entwicklung nach dem Zerfall der UdSSR und dem sich abzeichnenden polit. Machtzuwachs der BRD und Japans verlaufen wird, ist nicht vorauszusehen. Die Geschichte zeigt, daß jede Hegemonial- oder Universalmacht früher oder später zurückgewiesen wurde bzw. an inneren und äußeren Schwierigkeiten zerbrochen ist.
LIT. L. von Ranke, Die großen Mächte (1833); M. Spahn, Die Großmächte (1918); H. H. Schraeder, E. Kornemann u. a., Die Weltreiche der Geschichte und die Großraumidee der Gegenwart (1942); O. Redlich, Das Werden einer Großmacht. Österreich 1700–40 (1939); W. Windelband, Die auswärtige Politik der Großmächte in der Neuzeit von 1494 bis zur Gegenwart (1922, Neudr. 1964); W. Platzhoff, Geschichte des europ. Staatensystems 1559–1660 (1928, Neudr. 1967); M. Immich, Geschichte des europ. Staatensystems 1660–1789 (1905, Neudr. 1967); Th. Schieder (Hrsg.), Handbuch der europ. Geschichte Bd. IV (²1975) und Bd. VI (1968); R. Poidevin, Die unruhige Großmacht. Dtl. und die Welt im 20. Jh. (dt. 1985).

Groß-Orient. Deputiertenversammlung sämtl. Logen.

Grumbachsche Händel (Grumbachsche Wirren). Nach dem fränk. Reichsritter Wilhelm von Grumbach (1503–67, hingerichtet), dem »Fehdehelden« aus der Umgebung des Markgrafen Albrecht Alcibiades, benannte Händel, die 1558 mit Grumbachs Versuch, den Fürstbischof von Würzburg, Melchior von Zobel, gefangenzunehmen, begannen. Grumbachs Anschläge gegen den Reichsfrieden enthüllen die Ohnmacht des Reiches und den Verfall der Reichsritterschaft und führten zur Verhängung und Vollstreckung der Reichsacht.
LIT. F. Ortloff, Geschichte der G. H. (1868–70).

Grundbesitz, Grundeigentum. Grund und Boden waren bis in die frühe NZ fast alleinige Grundlage des wirtschaftl. Lebens, bes. der Produktion (→Physiokratie). Entsprechend war ihre Stellung in der Wirtschafts-, Sozial- und Gesellschaftsverfassung. Sozialrevolutionäre Bewegungen sind daher oft mit Forderungen auf Neuverteilung des Grundbesitzes verknüpft (Bodenreform).

Grundherrschaft. Aus den früh- und hochma. Quellen belegbarer »moderner historisch-juristischer Ordnungsbegriff«, der erst in Quellen des 15. Jh. begegnet. Der Tatbestand der G. verbirgt sich in dominium, dominatio, potestas, ius et dominium, causa dominica. Grundbesitz bzw. Akkumulation von Grundbesitz allein führte nicht zur G., sondern nur in Verbindung mit eigenständiger, adliger Herrengewalt, mit der Fähigkeit, Schutz und Schirm zu gewähren. G. ist ein Komplex von Herrschaftsrechten, eine Form der Herrschaft neben anderen und wäre am besten zu ersetzen durch »Herrschaft über

Land und Leute«. Die **Grundholden** waren zu Abgaben, Fronden an den **Grundherrn** verpflichtet. Die grundherrl. Gerichtsbarkeit wird als Ausfluß adeliger Herrengewalt gedeutet. Geleitet wurde die G. von einem zentral gelegenen **Herrenhof** (Fronhof, Salhof, curtis dominica, villa, capitanea). In größeren Grundherrschaften gab es das System der Villikation. Die Angehörigen einer G. hießen Hintersassen oder Grundholde. Die G. ist im SpätMA und in der NZ landschaftl. verschieden abgestuft. In Nordostdeutschland geht sie in die Gutsherrschaft über. Daß die G. Unterdrückung freier Bauern gewesen sei, kann nicht behauptet werden; vielmehr gab sie Sklaven und Minderfreien wirtschaftl. und soziale Aufstiegsmöglichkeiten. Seit dem SpätMA wandelte sich die G. in die Rentengrundherrschaft. Im frühen 19. Jh. wurde sie aufgelöst. Die öffentl.-rechtl. Befugnisse der G. übernahm der Staat (Bauernbefreiung), die Grundherrschaft wurde in bloßes privatwirtschaftliches Grundeigentum umgewandelt.
LIT. HWDRG I, 1824–42; F. Lütge, Die Bayer. G. (1949); K. S. Bader, Studien zur Rechtsgeschichte des ma. Dorfes. 2 Bde. (1957–62); O. Brunner, Land- und Herrschaft (^{5}1965); H. Patze (Hrsg.), Die G. im späten MA. 2 Teile (1983); W. Rösener (Hrsg.), Strukturen der G. im frühen Mittelalter (^{2}1993).

Gründonnerstag. Donnerstag der Karwoche, zuerst in Erfurt ca. 1220, im oberdt. Westen und Süden erst nach 1400, dort Antlaßtag (Tag des Erlasses der Kirchenbußen). Der G. ist bes. dem Gedächtnis des Abendmahls, des Gebetes am Ölberg und des Verrats des Judas geweiht. Von der kath. Bischöfen wurde die Fußwaschung vollzogen. In allen Riten auch Weihe der Hl. Öle.

Grundrechte (auch Grund- und Freiheitsrechte genannt). Grundlegende Rechte des Individuums gegenüber dem Staat, die vom Staat anzuerkennen und zu gewährleisten sind und jedem Menschen, nach naturrechtl. Auffassung, auf Grund seiner Menschenwürde zustehen. Die Begriffe Grundrechte und Menschenrechte überschneiden sich. Manche Grundrechte, z.B. polit. Grundrechte, können über die natürl. Menschenrechte hinausgehen, andererseits sind in manchen Verfassungen nicht alle Menschenrechte als Grundrechte anerkannt.

Historischer Überblick: Der Antike waren Grundrechte im allg. noch unbekannt; Sklaven waren nicht rechtsfähig. In den oriental. Despotien gab es keine Grundrechte, dagegen erweiterte sich in der athen. Stadtrepublik die Freiheits- und Rechtssphäre der Bürger nach den Perserkriegen gegenüber dem Staat. Die wichtigste Grundlage für die Grundrechte wurde mit dem Christentum und der christl. Staatsphilosophie (Augustinus, Thomas von Aquin) gelegt. Entscheidende Impulse kamen auch aus german. Rechtsvorstellungen. Als ma. Vorläuferin von Grundrechtskodifikationen gilt die Magna Charta. Ein weiterer Schritt zu Grundrechtserklärungen wird im 17. Jh. im Kampf gegen den Stuart-Absolutismus und um Religionsfreiheit in England getan: Petition of Rights (1628), Agreement of the People (1647); Habeas-Corpus-Akte (1679), Bill of Rights (1689; →Bill, →Declaration of Rights).
Auf dem Kontinent wurden unter dem Einfluß des Naturrechts der Aufklärung zu Beginn des 18. Jh. Kataloge von Grund- und Menschenrechten aufgestellt (Christian Wolff). In den engl. Kolonien Nordamerikas war die Vorstellung von Grundrechten als Erbe der Deklarationen des 17. Jh. infolge religiöser Überzeugungen, der kolonialen Situation und unter dem Einfluß der europ. Aufklärung bes. tief eingewurzelt. Bei der Losreißung von England stellten die nordamerikan. Staaten ihren Verfassungen Declarations of Rights voran, zunächst Virginia (1776). Das nordamerikan. Vorbild und die Vorstellungen der Aufklärung über Staat und Individuum führten in der franz. Nationalversammlung am 26. 8. 1789 zur Erklärung der Menschen- und Bürgerrechte (›déclaration des droits de l'homme et du citoyen‹), die dann in die Verfassungen von 1791, 1795, 1814 und 1830 überging.
Das Allgemeine Landrecht für die preuß. Staaten (1794) spricht ebenfalls von »allgemeinen Rechten der Menschen«. Im 19. Jh. wurden die Grundrechte in den meisten Verfassungen garantiert, allerdings meistens als »Bürgerrechte«. Die Deutsche Bundesakte vom 8. 6. 1815 versprach eine Erklärung der Rechte für die Untertanen der deutschen Bundesstaaten, doch kam es nur zu spärlichen Zugeständnissen. Am weitesten gingen in der Frage der

Grundrechte noch die vormärzlichen Verfassungen von Bayern, Württemberg und Baden. Entwurf blieben die vom Paulskirchenparlament als Abschnitt VI der Verfassung des Deutschen Reiches vom 28. 3. 1849 beschlossenen ›Grundrechte des deutschen Volkes‹.

Zu diesen Grundrechten, die »den Verfassungen der deutschen Einzelstaaten zur Norm dienen« sollten, gehören: Gleiches Reichsbürgerrecht in allen dt. Staaten, Niederlassungsfreiheit, Rechtsgleichheit, Freiheit und Unverletzlichkeit der Person, Unverletzlichkeit der Wohnung, Briefgeheimnis, Pressefreiheit, volle Glaubens- und Gewissensfreiheit, Freiheit der Wissenschaft und Lehre, Petitionsrecht, Unverletzlichkeit des Eigentums.

In der Verfassung des Norddeutschen Bundes (1867) und des Deutschen Reiches (18. 4. 1871) fehlen Grundrechte. Die Reichsverfassung vom 11. 8. 1919 enthält einen umfangreichen Katalog von Grundrechten und Grundpflichten, auch soziale Grundrechte (Recht auf Arbeit usw.) in einem bisher unbekannten Umfang. Die NS-Diktatur kannte die individuelle Freiheits- und Rechtssphäre gegenüber dem Staat nicht und lehnte Grundrechte prinzipiell ab. Am 28. 2. 1933 wurden die wesentl. Grundrechte der Weimarer Verfassung aufgehoben.

Die Charta der Vereinten Nationen erklärte 1945 den Schutz der Menschenrechte zu einem ihrer Hauptziele. Die Deklaration der Menschenrechte, die von der Generalversammlung der Vereinten Nationen 1948 ausgesprochen wurde, ist indessen nur eine rechtlich unverbindl. Empfehlung. Dreizehn Mitgliedstaaten des Europarates unterzeichneten 1950 in Rom die Konvention zum Schutz der Menschenrechte und Grundfreiheiten mit Pariser Zusatzprotokoll von 1952. Die Europäische Kommission für Menschenrechte und der Europäische Gerichtshof für Menschenrechte können bei Verletzung der Menschenrechte angerufen werden. Die Verfassungen der dt. Länder sowie der Bundesrepublik und der meisten europ. Staaten enthalten Grundrechte.

LIT. StL III, 1122–34; HWDRG I, 1843–52; G. Jellinek, Die Erklärung der Menschen- und Bürgerrechte (⁴1927); G. Dürig, Grundgesetz, Kommentar (1951); A. Wimmer, Die Menschenrechte in christl. Sicht (1953); F. Hartung, Die Entwicklung der Menschen- und Bürgerrechte von 1776 bis zur Gegenwart (²1954); J. M. Wintrich, Zur Problematik der Grundrechte (1957); F. Ermacora, Handbuch der Grundfreiheiten und Menschenrechte (1963).

Grundzins. Feststehende, dem Grundherrn zu leistende Abgaben, teils in Geld, teils in Naturalien, eine Art Nutzungsgebühr für den Boden und Mietzins für die Gebäude.

Grüne Front. Das im März 1929 geschlossene Bündnis der bedeutendsten landwirtschaftl. Interessenverbände (→Reichslandbund, Dt. Landwirtschaftsrat und Vereinigung der dt. christl. Bauernvereine) mit der Absicht, interessenpolit. Absichten durchzusetzen, und zwar höhere Agrarzölle und ein national-autarkes Bauerntum. Nach der Machtübernahme durch die Nationalsozialisten am 30. 1. 1933 wurden die in der G. F. zusammengeschlossenen Organisationen in den Reichsnährstand übergeführt, für dessen Blut- und Bodenideologie bei ihnen eine ausgeprägte Anfälligkeit bestand.

LIT. E. Topf, Die G. F. (1933); D. Gessner, Agrarverbände in der Weimarer Republik (1976).

Guardian. Ital. Bezeichnung für Kustos, Wart, Wächter; Amtsbez. eines Oberen eines formierten Franziskanerkonvents, auf 3 Jahre ernannt vom Provinzial und 4 Definitoren, im MA zeitweise vom Konvent gewählt. G. in England: Verwalter der geistl. Jurisdiktion einer Diözese während einer Sedisvakanz. Das **Guardianat** ist die Amtszeit oder Wohnung eines G. bzw. der Tätigkeits- oder Terminbezirk eines Konvents. **Vizeguardian** heißt der Stellvertreter eines G.

LIT. LThK IV, 1259f.; H. Heimbucher, Die Orden und Kongregationen der kath. Kirche I (1933) 690; Haberkern-Wallach 262.

Guillotine. Nach dem angebl. Erfinder, dem Arzt J. J. Guillotin (1738–1814), wird das Fallbeil der Franz. Revolution G. genannt, im Deutschen zuerst von Lichtenberg 1792.

Guillotinieren. Nach franz. guillotiner (1790), seit 1800 im Deutschen.

LIT. Kluge 276.

Guinegatte, Schlacht von (im Artois). [1] Maximilian I. besiegte am 7. 8. 1479 im Kampf um die burgund. Erbschaft seiner Gemahlin Maria den König von Frankreich, Ludwig XI. Der nur vorübergehende Erfolg des Sieges wurde durch den frühen Tod Marias von Burgund (1482) wieder zunichte gemacht. [2] Am 16. 8. 1513 besiegten Heinrich VIII. von England und Maximilian I. als milit. Berater der Engländer die Franzosen bei Guinegatte-Thérouanne (»Sporenschlacht«, da die Franzosen, wie Zeitgenossen bereits spotteten, sich mehr der Sporen als der Waffen bedienten). Die Engländer besetzten Tournai und übernahmen einen Teil des Schutzes der habsburg. Lande. Politisch brachte die Schlacht für das Reich keinen Gewinn.

Gulden (abgeleitet von Gold). Bez. für eine Goldmünze, die nach ital. Vorbild geprägt (→Florin) auch seit ca. 1300 in Dtl. umlief (aureus denarius; Fiorino d'oro seit 1252). Seit 1325 in Böhmen, dann in Westdeutschland und Österreich, seit 1440 auch in Lübeck wurden Florene nachgeprägt, seit 1375 mit einheim. Wappen. Urspr. nach seinem Goldgehalt in Zahlung genommen (Goldgulden), wurde der G. nach und nach aus dem Währungssystem durch Silbermünzen (Guldengroschen, Taler) verdrängt. Nach Erstarrung des Namens und Sachwandel wird eine Wortbildung wie Silbergulden möglich. G. im 19. Jh. in Ost- und Westpreußen und Polen auf ⅓ Taler übertragen, der G. lebte in Danzig seit 1923, in Polen 1815–50 und in Ungarn (1946 als Forint) wieder auf. Die niederländische Währungseinheit ist nach wie vor der holländische Gulden (hfl) zu 100 cents.

Gutsgerichtsbarkeit →Patrimonialgerichtsbarkeit.

Gutsherrschaft. Sie entwickelte sich seit der Ostkolonisation neben der Grundherrschaft, blieb bis ins 19. Jh. bestehen und war von größter Bedeutung für Nordostdeutschland. G. ist eine Konzentration von Grund-, Leib- und Gerichtsherrschaft. Dem Gutsherrn wurden von Territorialfürsten staatl. Rechte und öffentl.-rechtl. Hoheitsgewalt delegiert. Seit der Mitte des 16. Jh. begannen die Gutsherrn durch Bauernlegen ihren Besitz zu erweitern, nach der Mitte des 17. Jh. die Hintersassen in Erbuntertänigkeit, schließlich in die Leibeigenschaft zu drücken. Erst die Bauernbefreiung brachte mit dem

Ende der Grundherrschaft auch das Ende der Gutsherrschaft.
LIT. HWDRG I, 1878–80; H. van zur Mühlen, Zur Entstehung der Gutsherrschaft in Oberschlesien. In: VSWG 38 (1950); H. Kaak, Die G. (1991); J. Peters (Hrsg.), G. als soziales Modell (1995).

Gymnasium (griech., öffentl. Platz für nackt ausgeführte Leibesübungen, dann »Versammlungsplatz« der Philosophen). In der Zeit des Humanismus aufgenommen zur Bez. von Latein- und Gelehrtenschulen (z. B. in Straßburg), um die Distanz zu den ma. Schulen, dem Bildungsideal des MA und die Anknüpfung an das antike Ideal, das mit christl. Vorstellungen vereinigt werden sollte, zu unterstreichen. Sprachl. Schulung an den lat. und griech. Klassikern, lat. Eloquenz, Allgemeinbildung, Durchdringung mit christl. Gedankengut (z. B. an den Jesuitengymnasien, auch an den pietist. Gymnasien) waren die Ziele. Seit der Aufklärung fanden die Naturwissenschaften an den Gymnasien stärkere Berücksichtigung. Um 1800 erhielt das G. durch den Neuhumanismus (W. von Humboldt, F. J. Niethammer u. a.) seine moderne Gestalt und das ausschließliche Recht, auf die Universitätsstudien vorzubereiten. Um 1900 wurden Realgymnasium (Latein, moderne Fremdsprachen) und Oberrealschule (moderne Fremdsprachen, Naturwissenschaften) als gleichberechtigt anerkannt, 1925 die Deutsche Oberschule eingeführt, 1937 die Oberschule mit neusprachl. und mathematisch-naturwissenschaftl. Zweig. Nach 1945 folgten weitere Neuerungen und Experimente, die das G. aus seiner ehemals führenden Position verdrängten und neue Wege zur Allgemeinbildung und Hochschulreife aufzeigten.
LIT. F. Paulsen, Geschichte des gelehrten Unterrichts. 2 Bde. (1919, Neudr. 1960); F. Blättner, Das G. (1960); A. Rebele-Th. Hülshoff, Zur Geschichte der höheren Schule, 1 (1967); H. J. Apel, Das preuß. G. in den Rheinlanden und Westfalen 1814–1848 (1984).

Gymnosophisten. Griech. Bezeichnung für ind. Asketen, eine Klasse der Brahmanen, die nackt in den Wäldern lebten, ausgezeichnet durch Gebet, Verehrung der Natur, Prophetie, Selbstverbrennung. Der bekannteste G., der im Gefolge Alexanders d. Großen reiste, war Kalamos.

Haager Abkommen (Haager Konventionen). Die verschiedenen Vereinbarungen der Konferenzen, die im Haag abgehalten wurden:
a) Regelung des Geltungsbereichs der Gesetze auf dem Gebiet der Eheschließung (vom 12. 6. 1902);
b) Ehescheidung und Trennung von Tisch und Bett (vom 12. 6. 1902);
c) Wirkungen der Ehe auf die Rechte und Pflichten der Ehegatten sowohl in ihren persönlichen Beziehungen als auch auf das Vermögen des Ehegatten (vom 17. 7. 1905).
Außerdem werden den H. A. zugerechnet: das Abkommen über den Zivilprozeß (von 1896; neugefaßt am 17. 7. 1905) zur Vereinfachung des Verkehrs mit den ausländ. Gerichten und zur prozessualen Gleichstellung von In- und Ausländern sowie das Abkommen über 15jährigen Rechtsschutz gewerbl. Muster und Modelle sowie deren Hinterlegung beim Internationalen Bureau zum Schutz des gewerbl. Eigentums in Bern (vom 6. 11. 1925). Ein einheitl. Wechsel- und Scheckgesetz wurde in den Haager Wechselabkommen von 1910 und 1912 vereinbart.
Die Beschlüsse der Haager Friedenskonferenzen werden ebenfalls als H. A. bezeichnet.
LIT. F. Meili und A. Mamelok, Das internationale Privat- und Zivilprozeßrecht auf Grund der Haager Konventionen (1911); F. Liszt, M. Fleischmann, Völkerrecht (¹²1925); A. N. Makarov, Die Quellen des Internat. Privatrechts, 1 (²1953); G. Jellinek, Die zweiseitigen Staatsverträge über Anerkennung ausländ. Zivilurteile (1953); F. Kessler, Wechselgesetz (1933); ders., Scheckgesetz (1934).

Haager Friedenskonferenzen. Die auf die Initiative Zar Nikolaus' II. (1894–1917) hin einberufenen diplomat. Konferenzen im Haag zur Rüstungsbeschränkung. Die erste H. F. tagte vom 18. 5. bis 19. 7. 1899. An ihr nahmen sämtl. europ. Staaten teil, von den außereurop. Staaten die USA, Mexiko, China, Japan und Siam (insges. 26 Staaten). Hinsichtl. der Abrüstungsfrage kam es nur zu einer allg. Erklärung, derzufolge eine Beschränkung der Militärlasten für wünschenswert bez. wurde. Wertvollstes Ergebnis der ersten H. F. war die Einrichtung eines ständigen internationalen Schiedsgerichtshofes (Haager Schiedshof). Wegen des Widerstandes seitens der dt. Delegation wurde eine internationale Schiedsgerichtsbarkeit ledigl. in Form einer Empfehlung für die schiedsgerichtl. Erledigung von Streitfällen verwirklicht.
Die zweite H. F. (vom 15. 6.–18. 10. 1907) wurde von 44 Staaten beschickt. Die Regeln des Kriegsrechts wurden auf dieser Konferenz in 12 Konventionen festgelegt. Außer den verbesserten Fassungen der Landkriegsordnung (Haager Landkriegsordnung) sowie des Rechts der Genfer Konvention im Seekrieg betrafen die Konventionen insbes. das Recht der Neutralen in einem Land- und Seekrieg sowie die Art der Seekriegführung.
LIT. Les Procès-Verbaux de la Conf. intern. de la Paix. 4 Bde. (Haag 1899); C. Meurer, Die H. F. 2 Bde. (1905–07); Actes et Documents de la deuxième Conférence de la Paix (1908); Ph. Zorn, Die beiden H. F. von 1899 u. 1907 (1915); W. Schücking (Hrsg.), Das Werk vom Haag (1912–17); H. Lammasch, Die Lehre von der Schiedsgerichtsbarkeit (1914); A. Pillet, Les conventions de la Haye 1899–1907 (1918); J. B. V. Scott (Hrsg.), The Proceedings of the Hague Peace Conferences. 5 Bde. (Oxford 1920–21); P. Zorn, Dtl. und die beiden H. F. (1920); H. J. Schlochauer, Das Problem der Friedenssicherung (1946); A. Eyffinger, The 1899 Hague Peace Conference (Den Haag u. a. 1999).

Haager Konferenz. Die im August 1929 und Mai 1930 im Haag abgehaltene Tagung zw. den Alliierten und Dtl.; Aufgabe der H. K. war die Regelung der Reparationsfrage im Rahmen des Young-Plans. In Abänderung des Dawes-Plans von 1924, der die Zahlung von 2,4 Mrd. Goldmark pro Jahr durch das Dt. Reich vorsah, wurde nun eine Zahlung von 34,5 Mrd. festgelegt, die bis 1988 zu leisten war. Die H. K. sah außerdem die vorzeitige Räumung des Rheinlandes (bis zum 1. 7. 1930) vor.

Haager Landkriegsordnung (HLO). Bez. für einen Bestandteil (Anlage) der Abkommen der Haager Friedenskonferenzen von 1899 und 1907 bezügl. der Regeln und Gebräuche des Landkriegs. Durch die H. L. werden diejenigen Staaten, die sie ratifiziert haben, zu ihrer Einhaltung verpflichtet; darüber hinaus auch alle Kriegführenden, insofern sie allg. Regeln des Völkerrechts kodifiziert. Personen, die gegen die H. L. verstoßen, können wegen Kriegsverbrechen vor internationalen Gerichten zur Verantwortung gezogen werden.

Die durch die H. L. getroffenen Bestimmungen betreffen: die Abgrenzung des Kreises der Kämpfenden (hierzu gehören ebenfalls die Teilnehmer an einer Volkserhebung im Falle des Herannahens eines Feindes; ebenso Freischärler, die durch ein Abzeichen gekennzeichnet sind, ihre Waffen tragen und einer verantwortl. Führung unterstehen); das Verbot von grausamen und hinterlistigen Waffen; die Tötung Wehrloser und Verwundeter; die Stellung der Besatzungsmacht im besetzten Gebiet, deren Pflicht, die Ordnung wiederherzustellen sowie Person, Ehre und Eigentum der Bewohner zu achten; ferner das Recht der Besatzungsmacht auf Requisitionen und das Einziehen von Kriegsbeute.

Da die H. L. teilweise veraltet ist, wird sie durch neuere Abkommen (Genfer Vereinbarungen) ergänzt, z. B. über Kriegsgefangene, Verwundete, den Schutz der Zivilbevölkerung.

LIT. A. Waltzog, Recht der Landkriegsführung (1942); R. Laun, H. L. (⁵1950); Ch. Rousseau, Principes généraux du Droit internat. public, T. 1 (1953); E. Castrén, Present Law of War and Neutrality (Helsinki 1954); M. Greenspan, The Modern Law of Land Warfare (London 1959); J. Hinz, Kriegsvölkerrecht (²1960).

Haager Schiedshof, Ständiger Internationaler Schiedsgerichtshof, Ständiger Schiedshof (franz. Cour permanente d'arbitrage; engl. Permanent Court of Arbitration). Eine Einrichtung, die in Ausführung des Haager Abkommens (29. 7. 1899) zur friedl. Erledigung internat. Streitigkeiten geschaffen wurde; sie umfaßt einen Verwaltungsrat, der sich aus den im Haag beglaubigten Gesandten der Vertragsstaaten zusammensetzt. Von 1902–32 wurde der H. S. in 20 Fällen angerufen. Nach dem Zweiten Weltkrieg sind die schiedsgerichtl. Funktionen des H. S. mehr und mehr durch die Vereinten Nationen sowie deren Sicherheitsrat übernommen worden.

LIT. C. Meurer, H. Friedenskonferenz, 1 (1905); H. Wehberg, Kommentar zu den Haager Abkommen von 1907 (1911); J. B. V. Scott (Hrsg.), The Hague Court, Reports (Oxford 1916–32); E. Schmitz u. a. (Hrsg.), Hdb. der Entscheidungen des Ständigen Schiedshofs 1902–28 (1931); G. Schwarzenberger, International Law, 1 (London ²1949); L. F. L. Oppenheim und H. Lauterpacht, International Law, 2 (London ⁷1957); Rapport du Conseil administratif de la Cour Permanente d'Arbitrage. In: Analyses des sentences rendues par les Tribunaux d'Arbitrage 1899–1934 (Haag 1934).

Haartracht. Für Völker und Epochen kennzeichnend.

a) Altertum: Assyrer, Babylonier, Meder und Perser kräuselten ihr Haar wie auch den Bart; am kunstvollsten behandelten die Ägypter ihr Haar; sie trugen auch Perücken. Die alten Hebräer pflegten sorgfältig zunächst langes, dann kürzeres Haar. Verschiedene Frisuren hatten die Griechen; sie unterschieden zw. der H. der Freien und der Sklaven. Jungmänner trugen das Haar meist unbeschnitten. Während bei den Männern anfänglich die Lockendrehung üblich war, kannten die Frauen mannigfaltige H.: gelockt, gescheitelt; im Laufe der Zeit verkürzten sie ihr Haar; zu Beginn der röm. Kaiserzeit verwendeten sie auch künstl. Frisuren, sogar Perücken. Bei den Kelten und einigen Germanenstämmen war es Brauch, das Haar hinten zu knoten. Von ihren Königen abgesehen, beschnitten die fränkischen Adeligen das Haar; die Sachsen hingegen, d. h. deren Freie, trugen es lang.

b) Mittelalter: Gelocktes Haar, meist bis auf die Schultern fallend, wurde bis ins HochMA getragen; später schwankte die H. zw. kürzerem und bis zur Achsel fallendem Haar. Kurzes Haar wurde seit dem 16. Jh. getragen. Wallend-offenes oder von einer Binde (Gebende) oder von einer Schnur und einem Reif (Schapel) gefaßtes Haar war die H. der Frauen; vielfach auch der Zopf (mit Haube, Netz und Bändern).

c) Neuzeit: Z. Z. der Renaissance bevorzugten die Männer das an Stirn und Nacken glatt abgeschnittene Haar (Kolbe). Während des 17. Jh. führte die H. vom langen Haar zum geflochtenen Zopf der Männer, vor allem der Soldaten, zum zivilen Haarbeutel und insbes. zur kunstvollen Perücke. Als Sonderformen galten die Allonge-Perücke bei den Männern, die Fontange bei den Frauen. Die Franz. Revolution schaffte die Perücke ab; sie brachte für die Frauen einfachere gelockte Frisuren. Wechselhaft war die H. der Frauen im 19. Jh.;

sie entwickelte sich von der ringellockig um den Kopf gelegten Frisur des Biedermeier über das Nacken-Chignon und die Zopfflechten bis hin zu den zahlreichen H. des 20. Jh., darunter der »Bubikopf« sowie die mannigfaltigen Formen, die die 1925 durch den Deutschen Nessler (in London) erfundene Dauerwelle, die jedoch schon im At. bekannt war, ermöglichte.
LIT. HWDRG I, 1880–84; Boehn, Die Mode. 8 Bde. u. Erg.-Bd. (1907–25); E. Forster, Haar- und Barttrachten ([2]1924); G. Wolf-Brüssel, Geschichte der Frisur in allen Zeiten (1952); Emma Calderini, Acconciature. Antiche e Moderne (Mailand 1963); R. Corson, Fashions in Hair (London 1965).

Habakuk. Ein alttestamentl. Buch, das zur Gruppe der 12 Kleinen Propheten gehört.

Habeas Corpus (lat., Du habest den Körper, bzw. die Person, und zwar ad subiciendum, um sie dem Gericht vorzuführen). Anfangsworte eines ma. Haftbefehls; im anglo-amerikan. Recht das prozessuale Mittel gegen ungerechtfertigte Verhaftung. Der Writ of H. C. der als das Kernstück der bürgerlichen Freiheitsrechte gilt, wurde verschärft in der Petition of Rights (1628), wonach bei der Verhaftung einer Person die Gründe für die Verhaftung anzugeben waren, und in der Habeas-Corpus-Akte (1679), wodurch bestimmt wurde, daß ein Verhafteter die Abschrift eines richterl. Haftbefehls verlangen konnte; sodann als Rechtsmittel, wonach er gegen eine evtl. willkürl. Freiheitsberaubung innerh. von drei Tagen die Vorführung zur Haftprüfung zu erreichen vermag. 1816 wurde der Anwendungsbereich der H.-C.-Akte auf Geisteskranke und Minderjährige ausgedehnt. Die von der engl. Gesetzgebung entwickelte Form des bestmöglichen Schutzes der persönl. Freiheit ist auch in das Bonner GG (Art. 104) eingegangen.
LIT. P. Sundelin, Die H.-C.-Acte (1862); Quellen zur Neueren Geschichte (hrsg. vom Histor. Seminar der Univ. Bern, H. 11: Die engl. Freiheitsrechte des 17. Jh.; [2]1962).

Haberfeldtreiben. Ein nächtliches Rügeverfahren der Jungburschenschaften vor allem Bayerns bis Ende des 19. Jh. Das volkstüml. H. erfolgte unter Katzenmusik und Maskierung; es richtete sich gegen Verletzungen der Volksmoral.

Hacke. Ein bereits in der jüngeren Steinzeit als Steinhacke auftretendes Erdbearbeitungsgerät für den Ackerbau; später durch die bronzene bzw. die eiserne H. abgelöst.

Hacksilber. Primitive Geldform Osteuropas z. Z. des frühen MA; es bestand aus Rohmetall und war nach bestimmten Gewichten gestückelt.

Hackwaldwirtschaft →Haubergswirtschaft.

Hadrianswall (Piktenmauer, -wall). Ein Wallsystem mit 17 Kastellen, 80 Toren und 320 Türmen, das sich von der West- zur Ostküste Nordenglands erstreckte. Der H. wurde um 122 n. Chr. durch den röm. Kaiser Hadrian (reg. 117–38) angelegt.
LIT. S. Frere, Britannia. A History of Roman Britain ([2]1978).

Hafen. Ein natürlich oder künstlich geschaffener Anlegeplatz zum Schutz der Schiffe gegen Wind, Hochwasser, See- und Eisgang. Seehäfen liegen an Meeresküsten, Binnenhäfen an Flüssen und Strömen; sie sind durch Molen und Quaimauern sowie Bollwerke gegen Sturm und Wellen geschützt, um dadurch der Schiffahrt die Verrichtung der von Land her erfolgenden Tätigkeiten ungestört zu ermöglichen. Einen Höhepunkt der Hafenbaukunst stellt die Zeit Griechenlands, Karthagos und Roms dar (Hafenanlagen Athens, Karthagos, Alexandriens, Ostias [H. der Stadt Rom] etc.). Die Binnenschiffahrt und damit auch der Ausbau der Binnenhäfen war nur wenig entwickelt. Die Hafenbaukunst der neueren Zeit geht von den ital. Seestädten des späteren MA (Genua, Venedig) aus. Kriegs- und Handelshäfen waren von jeher voneinander getrennt. Die Entwicklung der Handelshäfen hing nicht selten vom Strom des Fernhandels ab; seine Verlagerung konnte zur Rückbildung bzw. zum Ausbau neuer H. an den Schwerpunkten neuer Handelswege führen (nach der Entdeckung der Neuen Welt 1492 Aufschwung Lissabons, Antwerpens und Amsterdams bei gleichzeitiger Rückbildung der Hansehäfen an den Ostseeküsten). Die Bedeutung der H. als Handelszentren führte dazu, daß sich eigene Hafenverwaltungen (Hafenamt, Hafenmeisterei) herausbildeten. Für die Benutzung der H. werden Hafengebühren, Hafengelder erhoben; desgleichen Hafenzölle.
Der **Freihafen** ist ein ganz oder teilweise

als Zollausland geltender H.; er soll den internationalen Verkehr anziehen; denn hier können Waren aus dem Zollausland gelagert, umgepackt, veredelt und wieder ausgeführt werden, ohne daß ein Ein- und Ausfuhrzoll entrichtet werden muß. Die ersten Freihäfen besaßen Livorno (1547), Genua (1595), Neapel (1633), Venedig (1661), Ancona und Messina (1732), Frankreich mit Marseille (1669); in Dtl. hatte der Altonaer H. bereits 1664 Zollfreiheit, Hamburg seit 1669. Freihäfen erhielten Hamburg und Bremen 1888.
LIT. HWDRG I, 1892–94; K. Lehmann-Hartleben, Die antiken Hafenanlagen des Mittelmeeres (1923); O. Franzius, Der Verkehrswasserbau (1927); D. Schäfer (Hrsg.), Abh. zur Handels- und Seegeschichte (1933 ff.); R. Héron de Villefosse, Europ. H. (1961); F. Rauers, Vom Wilden zum Weltraumfahrer (1962); F. Voigt, Verkehr (1965).

Haftung. Das Einstehenmüssen für eine Schuld. Sie bestimmt Zugriffsrechte und Zwangsgewalt eines Gläubigers für den Fall, daß ein Schuldner sie nicht freiwillig leistet. Die H. findet sich bereits in den ältesten Rechtsordnungen.
LIT. HWDRG I, 1901–06; O. von Gierke, Schuld und H. (1910); Ph. von Heck, Grundriß des Schuldrechts (1929).

Haganah (hebr., Selbstschutz). Name einer Verteidigungsorganisation jüd. Jugendlicher; die H. entstand während der russ. Pogrome der Jahre 1887 und 1905. Neugegründet wurde die H. in Palästina nach dem 1. Weltkrieg zum Schutz der jüd. Siedlungen. 1948 bildete sie den Kern der israel. Armee; damit verlor sie ihre Selbständigkeit.

Hagestolz (ahd. hagustalt, Besitzer eines Hages, eines eingefriedeten Grundstücks; später auch in der Bedeutung »Leibeigener«). Im MA der Eigenmann, der keinen Herrenhof verwaltete, sondern ein Gehege oder Vorwerk. Als freier Gefolgsmann oder jüngerer Bruder war er vom Herrn wirtschaftl. abhängig und daher häufig ohne die Möglichkeit, eine vollgültige Ehe einzugehen.

Hagestolzenrecht. Es entwickelte sich aus dem Anspruch des Herrn auf den Nachlaß eines ledig verstorbenen Hagestolzen. Das H. (vielfach ausgeweitet

auf den Landes- oder Stadtherrn) wurde im 18. Jh. abgeschafft.

Hagestolzensteuer. Bez. für eine bes. Steuer auf Ehelosigkeit; sie wurde vor allem im 17. Jh. erhoben bzw. angewandt, als bevölkerungspolit. Maßnahme nach den Menschenverlusten im 30jährigen Krieg.

Hagiographie (griech.). Bez. für die Geschichtsschreibung über die Heiligen. Entwickelt hat sich die christliche H. aus den Martyrerberichten (Martyrerakten). Absicht der H. war es, das Leben und Leiden der Heiligen zu bewahren; später lieferte sie den Stoff für die liturg. Lesungen im Gottesdienst. Da sie in erster Linie erbaul. sein wollte, förderte sie im MA eine unkrit. Legendenbildung. Unter dem Einfluß des Humanismus setzte eine histor.-krit. H. ein, vor allem durch die Bollandisten. Die bekannteste Sammlung ist die ›Legenda aurea‹ des Jacobus de Voragine († 1298). Weitere Sammlungen stammen von Mabillon (1668 ff.), Assemani (1748) und P. Bedjan (1890 ff.).
LIT. A. Ehrhard, Überlieferung und Bestand der hagiograph. und homilet. Lit. der griech. Kirche. 2 Teile (1937 ff.); A. Butler und H. Thurston, The Lives of the Saints. 12 Bde. (London 1926–38); R. Aigrain, L'hagiographie (Paris 1953); P. Molinari, Die Heiligen und ihre Verehrung (dt. 1964); E. und H. Melchers, Das Jahr der Heiligen (1965); B. Gaiffier, Etudes critiques d'hagiographie et d'iconologie (Brüssel 1967); J. Coulson (Hrsg.), Dictionnaire historique des saints (Paris 1964); O. Wimmer, Hdb. der Namen und Heiligen (³1966); P. Manns (Hrsg.), Die Heiligen in ihrer Zeit. 2 Bde. (1966); D. R. Bauer/K. Herbers (Hrsg.), H. im Kontext (1999).

Hagiologie (griech.). Die Lehre oder die Wissenschaft von den Heiligen.

Hagiologion. Das Heiligenverzeichnis.

Hahnenkampf. Bereits in der Antike und während des MA eine über ganz Europa verbreitete Volksbelustigung. Man nützte beim H. die natürl. Streitsucht der Hähne aus und erfreute sich daran. Heute noch bes. in Indien und Ostasien beliebt.

Hakenbüchse (auch Haken, Hakbusse). Während der 2. Hälfte des 15. Jh. ein Gewehr; urspr. war die H. am unteren Laufende mit Haken zum Aufstützen versehen (→ Arkebuse).

Hakenkreuz (Swastika, zu Sanskrit svasti, Glück, Segen). Ein Kreuz, das in verschiedenen Varianten auftrat und als Segens- und Fruchtbarkeitszeichen galt. Es ist seit vorgeschichtl. Zeit in Europa, Indien, Ostasien, der altamerikan. Kultur und Afrika bezeugt. Durch den Nationalsozialismus wurde das H. als Abzeichen einer völk. und antisemit. Gesinnung umgedeutet.
LIT. L. Wilser, Das H. nach Ursprung, Vorkommen und Bedeutung (1917); J. Lechler, Vom H., die Geschichte eines Symbols (1921; [2]1934).

Hakim (arab., Weiser). Urspr. ein Arzt (Hakimbaschi, Leibarzt des Sultans), dann ein Richter, ebenfalls ein Beamter; in Persien ein Provinzstatthalter. Im mohammedan. Spanien die Bez. für einen niederen Richter (Kadi), in den sonstigen mohammedan. Ländern für einen Propheten.
LIT. M. Canard, in: Encyclop. of Islam, [2]3 (1966), S. 76–82.

Halbbauer. Frühere Bez. für einen kleinen Bauern; auch Halbhufner, der Besitzer einer halben Hufe, oder Halbspänner, der Besitzer eines halben Gespanns, oder Halbpächter.

Halbbruder. Im Dt. Orden ein dienender Bruder.

Hälbling (mhd. halbeling). Der ma. halbe →Pfennig.

Halbmond.
[1] Symbol des Islam und des Türkischen Reiches. Bereits von den Sassaniden verwendet, wurde der H. von den Seldschuken (1200), dann von den Türken u. a., meist mit Stern, übernommen. Die Herkunft ist umstritten (Roter H.: Bez. für das Rote Kreuz der islam. Völker).
[2] Im Festungsbau ein Außenwerk mit einem einspringenden Winkel; seine Schenkel stoßen meist rechtwinklig aufeinander.
[3] Fruchtbarer H. Bez. für die fruchtbaren Länder des Zweistromlandes sowie Syrien; in ihnen wird eine der Ur-Heimaten der Kultur und der Geschichte vermutet. Geprägt wurde die Bez. von J. H. Breasted (1865–1935).

Halbmondorden.
[1] Auszeichnung für den Kampf gegen den Halbmond, die im 15. Jh. verliehen wurde (René von Anjou, 1448).
[2] Ein türk. Orden, der Fremden verliehen wird.
[3] Eiserner H. Eine türk. Kriegsaus-zeichnung des Ersten Weltkriegs; sie wurde 1915 gestiftet.

Halbpacht (Halbteilwirtschaft, Halbscheidwirtschaft). Pachtwirtschaft. Die Pächter haben bei dieser Wirtschaftsform in der Regel die Hälfte des landwirtschaftl. Rohertrags als Grundzins an den Verpächter zu entrichten. Die Pächter werden auch als Halbleute bez.

Halfenwirtschaft →Teilbau.

Halljahr →Jobeljahr.

Halloren (spätlat. hallones, Salzleute, Hall-Leute). Die Zunftgenossen in den Salinen zu Halle a. d. Saale. Die H. waren eine Bruderschaft mit eigener Tracht und bes. Bräuchen. Ihre Zahl war einst so groß, daß noch 1545 mehr als 600 streitbare Männer von ihnen gestellt worden sein sollen. Heute gibt es noch etwa 100 (?) H. Erhalten haben sich eine bes. Fachsprache und Festtracht.
LIT. Chr. Keferstein, Über die H. (1843); F. Büttner, Pfänner zu Thal. Aus der Heimat. Sagen und Märchen der H. ([3]1889); A. Kirchhoff, Die H. in ihrer alten Tracht (1890); H. Freydank, Die H. (1931); W. Piechocki, Die H. Geschichte und Tradition der »Salzwirtschaft im Thale zu Halle« (Leipzig 1981).

Halmwurf. Im alten dt. Recht die Übergabe eines Halmes oder eines Speeres als Ausdruck der Zustimmung. Der Rechtsbrauch des H. wurde vor allem bei der Eigentumsübertragung zur Symbolisierung der Auflassung geübt.
LIT. A. Manigk, Das rechtswirksame Verhalten (1939).

Halsbandgeschichte. Ein der Französ. Revolution von 1789 vorausgehender Skandal, in den der in Ungnade gefallene Kardinal Prinz Rohan, die Gräfin Lamothe und der Abenteurer Cagliostro verwickelt waren. Rohan glaubte, durch das (von der Gräfin aus eigennützigen Absichten veräußerte) Geschenk eines Diamanten-Halsbandes ein Rendezvous mit der Königin Marie Antoinette zu bewirken. Der Ruf der Königin wurde durch den Handel schwer geschädigt.
LIT. F. Funck-Brentano, Das Halsband der Königin und der Tod der Königin (dt. 1903); St. Zweig, Marie Antoinette (1932); L. Hastier, La vérité sur l'affaire du collier (Paris 1955); H. Mathy, Die Halsbandaffäre (1989).

Halsberge (von alberc, alles bergend, frz. haubert). Im MA ein hemdartiges

Gewand, das bis zu den Knien reichte; später ein Rüstungsteil zw. Hals und Brustharnisch, der als Halsschutz verstanden wurde.

Halseisen. Bez. für ein eisernes Halsband, das an einem Pfahl oder einem öffentl. Gebäude (Rathaus) befestigt ist; der Verurteilte wurde in das H. eingeschlossen und öffentl. ausgestellt. Während des MA diente das H. zur Vollstreckung der Ehrenstrafe.

Halsgericht. Im späteren MA, vor allem im 15. Jh., der Name für das bluthohe, peinliche Gericht, Ungericht, das über Leben und Tod wegen »Bosheits«-Verbrechen, insbes. Mord, Totschlag, Brandstiftung, Raub, Diebstahl, Notzucht, Meineid, Fälschung entschied. Zur Aufklärung diente das Inquisitionsverfahren; dabei wurde seit dem ausgehenden 12. Jh. in zunehmendem Maße die Folter angewandt (daher auch die Bez. Hochnotpeinliches H.).

Halsgerichtsordnungen hießen die im 15. und 16. Jh. in Dtl. erlassenen Gesetze über das Strafverfahren und Strafrecht (z. B. Nürnberger H. von 1481 und 1526, Tiroler Malefiz-Ordnung von 1506 und 1514). Bes. Bedeutung erlangte die Bambergische H. von 1507 (Constitutio Criminalis Bambergensis); sie, ein vom Geist des Humanismus getragenes Rechtsbuch für das Bistum Bamberg, wurde 1507 von J. von Schwarzenberg verfaßt. Auf der Bambergischen H. baute die peinliche Gerichtsordnung Karls V. (reg. 1519–56) auf, die 1532 beschlossene Carolina (vollständiger Titel: Constitutio Criminalis Carolina, abgekürzt: CCC).
LIT. HWDRG I, 1914–15; E. Schmidt, Einführung in die Geschichte der dt. Strafrechtspflege (^{3}1965); G. Radbruch (Hrsg.), Die peinliche Gerichtsordnung Karls V. von 1532 (^{5}1980).

Hals und Hand. Bez. für die Todesstrafe und Verstümmelungsstrafen während des MA. Hals und Hand war eine Sühnestrafe für schwere Verbrechen (Ungericht, Malefizsachen); hiervon rührt der Name Halsgericht.

Hambacher Fest (27. 5. 1832 auf dem Hambacher Schloß [urspr. Kästenburg] unweit der Gemeinde Hambach in Kreis Neustadt a. d. Weinstr.). Eine große Volksversammlung der demokrat.-nationalen Bewegung im südöstl. Raum. Sie veranlaßte den Bundestag, die Presse- und Versammlungsfreiheit radikal zu unterdrücken. Die auf dem

H. F. auftretenden Redner, durch die die Souveränität des Volkes, die Republik sowie die Einheit Dtl. gefordert worden waren, wurden eingekerkert, soweit sie nicht ins Ausland flohen.
LIT. A. Becker, Hambach und Pirmasens, ein Beitr. zur Geschichte des H. F. (1928); V. Valentin, Das H. Nationalfest (1932); K. Baumann (Hrsg.), Das H. F. Männer und Ideen (1957); Hambacher Gespräche (Geschichtl. Landeskunde Bd. 1 [1964], hrsg. von J. Bärmann, A. Gerlich, L. Petry); H. E. Volkmann, Der poln. Aufstand 1830/31 und die dt. Öffentlichkeit. In: ZfO 16 (1967); N. Deuchert, Vom H. F. zur bad. Revolution. Polit. Presse und Anfänge dt. Demokratie 1832–1848/49 (1983).

Hammer und Sichel. Das Emblem des Kommunismus. Es symbolisiert die Einheit von Arbeiter- und Bauernstand. Das Staatssymbol der UdSSR (30. 12. 1922) bestand bis zu ihrem Zerfall 1991 aus gekreuztem H. u. S. sowie einem überhöhten, fünfstrahligen Stern. Höchste zivile Auszeichnung der UdSSR war eine Goldmedaille mit H. u. S.
LIT. F. Weinhandl, Über das aufschließende Symbol (1929); A. Rabbow, dtv-Lexikon polit. Symbole (1970); M. P. Verneuil, Dict. des symboles, embl. et attributs (1987).

Hand. Im Recht des MA bedeutete H. (Munt; lat. manus) die Gewalt eines Menschen, z. B. des Hausherrn über Frau, Kinder, Gesinde, freie Schutzgenossen.

– Handfeste.

[1] Urspr. eine Urkunde; sie wurde vom Aussteller unterzeichnet oder durch Handschlag gefestigt (lat. cartam manu firmare, davon die Bez. Firma).

[2] Im MA häufig das durch Stadtherren einer Stadt verliehene Privileg, z. B. Kulmer Handfeste des Dt. Ordens von 1233 (ein Stadtrecht nach Magdeburger Vorbild).

– Handhafte (frische) **Tat.** Eine Tat, während der der Täter gestellt wurde.

– Hantgemal (mhd. Handzeichen, freies Gut).

[1] Im MA ein Stammgut vollfreier, insbes. ritterbürtiger Geschlechter, das im Mannesstamm vererbbar war; hiermit war ebenfalls die Fähigkeit zum Schöffenamt verbunden.

[2] Bez. für Hauszeichen.

– Gesamthand bezeichnet ein Rechtsverhältnis zw. mehreren Berechtigten, die nur mit dem Willen aller verfügen konnten.

– Linke Hand, Ehe zur linken Hand. Entsprechend dem Recht des Hochadels eine nach der Form der Trauung benannte standesungleiche Ehe; ihre vermögens- und erbrechtl. Wirkungen wurden durch Ehevertrag ausdrücklich festgelegt. Weil die Frau lediglich eine Morgengabe, jedoch nicht das Wittum erhielt, hieß diese Form der Ehe auch morganatische Ehe. Seit 1918 ist diese rechtl. Sonderstellung des Hochadels weggefallen.

LIT. C. G. Homeyer, Über die Heimat nach altdt. Recht. In: AAB (1825); O. von Gierke, Dt. Privatrecht, 1 (1895); R. Sohm, Über das Hantgemal. In: ZRG GA Bd. 30 (1909); A. Boenicke, Die Ehe zur linken H. (Diss. Leipzig 1915); H. Meyer, Das Hantgemal als Gerichtswahrzeichen (1934); W. Krogmann, in: ZRG GA 71 (1954).

Handel. Allg. Verrichtung, Vorgang, vor allem:

[1] gerichtlicher Streit, Zank (Pl. Händel).

[2] Die gewerbsmäßige Vermittlung von Gütern und Dienstleistungen, die erst dann möglich wird, wenn die Stufe der geschlossenen Hauswirtschaft, bei der sowohl Erzeugung wie auch Verbrauch zusammenfallen, überwunden und eine gewisse Arbeitsteilung vorhanden ist. Jedoch fehlt ein Güteraustausch auch bei primitivsten Naturvölkern nicht. So läßt sich H. seit der Altsteinzeit nachweisen, zunächst als Austausch von Rohstoffen (Feuerstein etc.), doch auch von Schmuckgegenständen und Geräten, Bernsteingegenständen, Äxten etc. Von der Metallzeit an werden zu wichtigen Handelsartikeln Kupfer, Zinn, Gold und Bronze; als Handelsstraßen dienten bereits die großen Flußläufe (vgl. Bernsteinstraße). Während des At. war der H. zumeist mit hochwertigen Produkten bedeutend, namentlich im Mittelmeerraum. Im Röm. Reich war der H. stark entwickelt. Die Völkerwanderung und die hierdurch bewirkte Zerfall des Röm. Reiches brachte in dessen westl. Teil den Zusammenbruch des H., während im östl. Teil (Oström. Reich), von der Völkerwanderung weitgehend unbeeinflußt, Byzanz zu einem Handelsmittelpunkt zw. Europa und Asien bzw. dem Orient wurde. Durch die Kreuzzüge erlebte der H. zw. Orient und Okzident einen bedeutenden Auf-

schwung, der vor allem die Blüte der ital. Handelsstädte (u. a. Amalfi, Pisa, Genua und Venedig) hervorrief; hier wurden die modernen Formen des H. entwickelt (Banken, Buchführung, Messen). Von Italien aus führten bedeutende Fernhandelsstraßen über die Alpen nach Dtl. Hier entwickelten sich die großen Handelsstädte Süddtl., vornehmlich Augsburg, Ulm, Nürnberg, Regensburg; es entstanden Handelshäuser von Weltgeltung, so die der Fugger und Welser. Bis in die NZ war der H. beschwerlich und der Unsicherheit der Straßen wegen risikoreich. Den H. zw. Nord- und Osteuropa sowie zw. Mittel- und Westeuropa vermittelte, im 12. Jh. beginnend, bis ins 17. Jh. die Hanse.

Durch das Zeitalter der Entdeckungen wurden die internationalen Handelsbeziehungen völlig verändert. Nachdem Portugal und Spanien, dann die Niederlande die vorherrschenden Handelsmächte gewesen waren, wurde England die herausragende Handelsmacht. Die bereits in Rückbildung begriffene Hanse wurde nun völlig ausgeschaltet: 1598 Schließung des Stalhofs in London. Der Aufstieg und Niedergang der Handelsplätze Antwerpen, Brügge und Amsterdam dokumentiert die handelspolit. Machtverschiebung.

Seit dem ausgehenden 18. Jh. trennte sich der Großhandel in zunehmendem Maße vom Einzelhandel. Bis zum Ende des 19. Jh. waren die in der Industrie vordringenden Kapitalgesellschaften im H. verhältnismäßig selten vertreten. Die vor 1914 einsetzende Entwicklung zum Großbetrieb dehnt sich immer weiter aus. Die Kapitalgesellschaften sind in den Großbetriebsformen häufig, selten dagegen im eigentlichen Großhandel.

LIT. C. Büchele, Geschichte des Welthandels (1868); A. Schulte, Geschichte des ma. H. (1900); A. Schaube, Handelsgeschichte der roman. Völker (1906); W. Stein, Handels- und Verkehrsgeschichte der dt. Kaiserzeit (1922); A. Schulte, Geschichte der großen Ravensburger Handelsgesellschaft (1923); H. Bechtel, Der ökonom. Raum für den H. im SpätMA. In: Schmoller's Jb., H. 2 (1929); R. Thurnwald, Werden, Wandel und Gestaltung der Wirtschaft (1932); D. Schäfer (Hrsg.), Abh. zur Handels- und Seegeschichte (1933 ff.); F. Rörig, Ma. Weltwirtschaft (1933); G. von Pölnitz,

J. Fugger (1949ff.); O. Fischer, Allg. Handelskunde (³1950); R. Seyffert, Wirtschaftslehre des H. (⁴1961); H. Wagenführ, Großmacht Europa (1961); F. Salzmann, English Trade in the Middle Ages (1964); R. Sédillot, Histoire des marchands et des marchés (1964); K. Rose (Hrsg.) Theorie der internationalen Wirtschaftsbeziehungen (1965); M. Wheeler, Der Fernhandel des Röm. Reiches in Europa, Afrika und Asien (dt. 1965); F. Lütge, Dt. Sozial- und Wirtschaftsgeschichte (³1966); F. Braudel, Der Handel. Sozialgeschichte des 15.–18. Jh. (1986).

Handelsbilanz (spätlat. bilanx, Waage mit zwei Schalen). Die Gesamtheit der Zahlungsforderungen und Zahlungsverpflichtungen, die sich während einer bestimmten Zeit für ein Land aus seinem zwischenstaatl. Warenhandel ergeben.

Handelsgesellschaft. Vereinigung zum Betrieb eines Handelsgewerbes unter gemeinsamer Firma (»Handelshaus«); der Gewinn wird unter die Mitglieder verteilt (Große Ravensburger H. 1380–1530).
LIT. HWDRG I, 1936–42.

Handelskammer (Industriekammer). Die für ein bestimmtes Gebiet zuständigen Vertretungen des Handels und der Industrie. Deren Aufgabe ist es, die allg. Interessen von Industrie, Großhandel und teilweise auch des Handwerks zu fördern. Die H. wurden vor allem seit dem 19. Jh. in den meisten Staaten eingerichtet. Sie entstanden nach franz. Vorbild (chambre de commerce); Marseille besaß bereits 1650 eine H.
LIT. H. Winkel, Geschichte der württemberg. Industrie- und Handelskammern Heilbronn, Reutlingen, Stuttgart/ Mittlerer Neckar und Ulm 1933–1980. Zum 125jährigen Bestehen (1980).

Handelskompanien. Große, seit dem 16. Jh. auftretende Gesellschaften von Kaufleuten, die meist mit einem fernen Land Handel trieben. Begünstigt wurden sie durch Monopole, Privilegien und Unterstützungen. Die H. trugen wesentl. zur Kolonisierung zahlreicher Länder bei, u. a. Indiens, Niederländisch-Indiens, Kanadas. Berühmte H. waren die Englisch-Ostindische Gesellschaft (1601–1858), die Holländisch-Ostindische Kompanie (1602–1798). Trotz guter Erfolge wurde die Ostindische Kompanie Kaiser Karls VI. (reg. 1711–40) im Jahre 1731 aufgelöst.
LIT. R. de Roover, L'organisation administrative et commerciale de la Compagnie d'Ostende (1934); E. Köhler, Einzelhandel im MA (1938); F. Weyer, Der reisende Kaufmann (1948); E. Sieber, Kolonialgeschichte der NZ (1949); P. E. Schramm, Dtl. und Übersee (1950).

Handelsmünzen (Handelsdollar, Handelspiaster, Handelsyen u. a.). Seit dem At. bekannte Münzen, die für den Handel im Ausland geprägt werden. Vor allem der Maria-Theresien-Taler fand große Verbreitung (Vorderasien, Nordafrika).

Handelsniederlassungen. Allg. Bez. für die Mittelpunkte der Handelstätigkeit in fremden Ländern. Als H. sind zu bez. die Kolonien der Phöniker im Mittelmeerraum, die Faktoreien Roms und der Ptolemäer in Indien, die Kontore der Hanse, die Faktoreien der Kolonialmächte der NZ in überseeischen Ländern u. a.

Handelspolitik. Maßnahmen, die im Rahmen der Wirtschaftspolitik zur Gestaltung und Ordnung des Binnen- sowie des Außenhandels getroffen werden.

Handelsprivilegien. Die Einzelnen oder Gesellschaften erteilten Vorrechte zum Zwecke des Handels. Sie entstammen der Zeit, da der Handel durch die Obrigkeit geregelt wurde (Stapelrechte, Handelsmonopole). Im 17. und 18. Jh. wurden die H. den Handelskompanien als Konzessionen verliehen, in Dtl. den Kolonialgesellschaften (seit 1886).

Handelsrecht. Bez. für das Sonderrecht des Handels, und zwar sowohl für die zw. Produzenten und Konsumenten vermittelnde Erwerbstätigkeit, als auch sämtl. Hilfsgewerbe (Banken, Versicherungen, Transportgewerbe) sowie die gesamte gewerbl. und industrielle Produktion, insofern sie über den handwerkl. Rahmen hinausgeht. Unter Ludwig XIV. (reg. 1643–1715) erfolgte die erste umfassende Regelung in der ›Ordonnance sur le commerce‹ (1673); hierauf basiert der ›Code de Commerce‹ (1807), welcher zum Vorbild für die meisten Handelsgesetzbücher des 19. Jh. wurde.
LIT. HWDRG I, 1942–53; P. Raisch, Geschichtl. Voraussetzungen, dogmat. Grundlagen und Sinnwandlung des H. (1965); K. H. Capelle, H. (¹²1967).

Handels- und Gewerbefreiheit. Freiheitsrecht, das dem Einzelnen die von staatl. Eingriffen freie Erwerbstätigkeit garantiert.

Handfeuerwaffen. Bez. für die Handfernwaffen, u. a. das Gewehr, die Pistole, den Revolver; desgl. die früheren Handpulverwaffen, z. B. die Arkebuse (Hakenbüchse) und das Steinschloßgewehr.
LIT. H. Thierbach, Die geschichtl. Entwicklung der H. (^{2}1899); G. Bock, Moderne Faustfeuerwaffen und ihr Gebrauch (^{3}1942); W. H. B. Smith, Small Arms of the World (^{5}1953).

Handfriede. Im MA der Friede, der durch Handschlag gelobt wurde.

Handgeld.
[1] Eine der Gaben des Bräutigams an die Braut am Tage der Hochzeit (Draufgeld, Treugeld, Ehetaler, Schenktaler).
[2] Im 15.–18. Jh. das erste, bei der Werbung der Landsknechte, später der Soldaten gezahlte Geld, welches der Löhnung vorausging.

Handgemal. Gedeutet als Handzeichen, Hausmarke, aber auch als Hauptoder Stammgut eines vollfreien Geschlechts, Stammgut der Königsleute, Gut, in dem die Gerichtsstätte liegt, im engeren Sinne Gerichtswahrzeichen.
LIT. HWDRG I, 1960–65.

Handschar (türk.), auch **Kandschar.** Arab.-türk. Krummschwert mit zweifach gebogener und in eine Spitze auslaufender Klinge; seit dem 16. Jh. als Hiebwaffe aufgekommen. Als langer, gekrümmter Dolch ist der H. ebenfalls die Waffe der Albaner, Montenegriner, Kaukasier und Perser.

Handschlag. Nach älterem dt. Recht eine Form, die die vertragl. Haftung begründete. Als Volkssitte hat sich der H. bis heute erhalten.
LIT. HWDRG I, 1974–75; K. von Amira, Die Handgebärden in der Bilderhandschrift des Sachsenspiegels (1905).

Handschrift. Im übertragenen Sinn Bez. für Buch bis zur Erfindung des Buchdrucks. Das Schrifttum der Antike sowie die MA ist in H. überliefert. Mit ihrer Entstehungsgeschichte und Entwicklung befaßt sich die Handschriftenkunde, mit ihrer Entzifferung die Paläographie.
Die früh- und hochma. H. entstanden in den Skriptorien (Schreibstuben) der Klöster, meist für den eigenen Bedarf. Z. Z. der Karolinger und der Ottonen waren Hauptorte St. Gallen, Reichen-

au, Fulda, Trier, Weingarten, Reims, Tours, Saint Denis u. a. Die Schreibtätigkeit erlahmte gegen Ende des 14. Jh. in den Klöstern. Dem erhöhten Bedarf an einfachen Gebrauchs-H. suchten dann weltl. Schreiber zu genügen. Es kam zur Entwicklung eines ausgedehnten Handschriftenhandels.
Heute befinden sich die H. größtenteils im Besitz öffentl. Bibliotheken; nicht selten sind die H. nach ihrer »Bibliotheksheimat« benannt (z. B. Codex Vaticanus).
LIT. G. E. Magnat, Die Sprache der H. (1948); K. Löffler und P. Ruf, in: Hdb. der Bibliothekswissenschaft, 1 (1952); W. Voigt (Hrsg.), Forschungen und Fortschritte der Katalogisierung oriental. H. in Deutschland (1966); B. Bischoff, Ma. Studien. Ausgewählte Aufsätze zur Schriftkunde und Literaturgeschichte. 2 Bde. (1966–67). – A. Kirchhoff, Die H.-Händler des MA (^{2}1853, Neudr. 1966).

Handschuh. Ein Herrschafts- und Rechtssymbol bei der Investitur, der Belehnung sowie der Standeserhöhung. Als Zeichen der Herausforderung warf ein Ritter seinem Gegner den rechten H. hin (→Fehde).
LIT. HWDRG I, 1975–76; W. B. Redfern, Royal and Historic Gloves and Shoes (London 1904); B. Schwineköper, Der H. im Recht, Ämterwesen, Brauch und Volksglauben. Mit einer Einführung von P. E. Schramm, Die Erforschung der ma. Symbole (1981).

Handwerk. Die Anfänge des H. reichen, da es sich um die älteste Produktionsform der Menschheit handelt, in vorgeschichtl. Zeiten zurück. Zahlreiche hochentwickelte Kulturen der Vergangenheit haben auf handwerkl. Grundlage bedeutende techn. Leistungen hervorgebracht; ohne H. ist keine entwickelte Menschheitskultur möglich und denkbar. Im christl.-abendländ. Kulturkreis erreichte das H. während des MA eine einmalige Blüte, die durch den Zusammenklang von künstler. Gestaltungskraft, wirtschaftl. Wohlstand und gesellschaftl. Harmonie (→Zunft) gekennzeichnet ist. Das Einsetzen der ersten industriellen Revolution im ausgehenden 18. Jh. führte die Herrschaft einer neuen Produktionsform, der industriellen (→Industrie), herauf; sie strebt in der Gegenwart einem Höhepunkt zu.
Der modernen Sachlage wird die ent-

wicklungsgeschichtl. bedingte Einschätzung des H. als »vorindustrielle« Wirtschaftsform nicht mehr gerecht, weil keine ausreichenden Anzeichen dafür vorliegen, daß die Industrie (Großbetrieb) das H. (Kleinbetrieb) verdränge. Diese Auffassung berücksichtigt nämlich nicht, daß beide Wirtschaftsbereiche unterschiedl. volkswirtschaftl. Funktionen wahrnehmen, die nebeneinander zu bestehen vermögen. Auf der techn. Grundlage individueller, insbes. erlernter Handfertigkeit sowie umfassender Werkstoffbeherrschung vollzieht der Handwerker Produktions- oder Dienstleistungen vielfacher Art; hierbei ist der Einsatz der vollen Persönlichkeit stets die Voraussetzung für ein gutes Gelingen. Betätigungsbereiche: Neuherstellung, Montage und Installation, Instandhaltung (Pflege) und Reparatur, sachl. und persönl. Dienstleistungen, Handelstätigkeit in Verbindung mit einer dieser Funktionen.

Die neuzeitl. Handwerksgesetzgebung in Dtl. basiert auf der Gewerbenovelle von 1897; dadurch wurden Handwerkskammern eingerichtet. 1908 folgte die Einführung des kleinen Befähigungsnachweises, der das Recht zur Anleitung von Lehrlingen grundsätzl. für die geprüften Handwerksmeister reserviert. Als amtl. Verzeichnis der Handwerksbetriebe wurde 1929 die Handwerksrolle eingeführt, jedoch ohne Registriercharakter; hinzu kam 1935 der große Befähigungsnachweis, d. h. daß fortan jeder, der im H. selbständig werden wollte, zuvor die Meisterprüfung abgelegt haben mußte. 1953 wurde das Handwerksrecht in der BRD neu kodifiziert. Von den bis 1935 ergangenen Bestimmungen weicht es nicht wesentlich ab.

LIT. HWDRG I, 1976–84; O. D. Potthoff, Kulturgeschichte des dt. H. (1938); K. Gatz, Das verlorene Tagewerk (1951); H. Mitgau, Berufsvererbung und Berufswechsel im H. (1952); ders., Bibliographie des H. (1953ff.); K. Abraham, Der Strukturwandel des H. in der ersten Hälfte des 19. Jh. (1955); M. Rumpf, Dt. Handwerkerleben und der Aufstieg der Stadt (1955); H. Sinz, Volksbuch vom dt. H. (1958); W. Vocke, Geschichte der H.-Berufe (1959/60); W. Wernet, Kurzgefaßte Geschichte des H. in Dtl. (³1969); J. Bergmann, Das Berliner H. in den Frühphasen der Industrialisierung (1973); W. Abel (Hrsg.), Handwerks-geschichte in neuer Sicht (1978); R. S. Elkar (Hrsg.), Dt. Handwerk in Spätmittelalter und Früher Neuzeit. Sozialgeschichte – Volkskunde – Literaturgeschichte (1983); U. Engelhardt (Hrsg.), Handwerker in der Industrialisierung. Lage, Kultur und Politik vom späten 18. bis ins frühe 20. Jh. (1984); W. Reininghaus (Bearb.), Quellen zur Geschichte des Handwerks. Ein Bestandsnachweis für die Kreishandwerkerschaften in Westfalen u. Lippe (Veröff. d. Stiftg. Westf. Wirtsch. arch.; 1984); R. Boch, Handwerker-Sozialisten gegen Fabrikgesellschaft (1985); P. Schichtel, Das Recht des zünftigen H. im Herzogtum Pfalz-Zweibrücken während des 18. Jh. (Schriften zur Rechtsgeschichte, H. 37; 1986); T. Meer, H., Hauswerk, Heimarbeit (1986); G. Deter, Handwerksgerichtsbarkeit zwischen Absolutismus und Liberalismus (1987)

Hannibal ad portas (lat. »Hannibal vor den Toren«). Um die Römer im Verlauf des 2. Punischen Krieges (218–201 v. Chr.) von der Eroberung Capuas abzuhalten, zog Hannibal (247/46–183 v. Chr.) 211 v. Chr. gegen Rom. Dies löste den Schreckensruf der Römer aus (Bei Cicero, 106–43 v. Chr., ›Philippica‹ 1, 5, 11 und ›De finibus‹ 4, 9, 22 angeführt). Die Verteidigungsmaßnahmen der Stadt führten bei Hannibal zu der Erkenntnis, daß eine Eroberung Roms ausgeschlossen sei.

LIT. H. Sack, Hannibals Marsch auf Rom im Jahre 211 v. Chr. (Diss. Frankfurt/M. 1937); H. Bellen, Metus Gallicus – Metus Punicus. Zum Furchtmotiv in der röm. Republik (1985).

Hanse (latinisiert Hansa; got. und ahd. hansa, bewaffnete Schar, später die Genossenschaft, die ihr hanshus, Gildehalle, hatte). Seit 1356 Bez. für den lockeren Zusammenschluß der norddt. Handelsstädte. Die Blütezeit der H. fällt in das 14. und 15. Jh.; während dieser Periode umfaßte die H. mehr als 100 Städte. Die Führung lag bei den Städten Lübeck, Hamburg und Köln. Als ihre Aufgabe betrachtete die H. die Vermittlung des Warenaustauschs von Rußland und Polen mit Norddtl., den skandinavischen Ländern, Flandern sowie England. Die bedeutendsten Umschlagplätze und Etappen waren: Nowgorod, Wisby, Bergen, London, Brügge, später Antwerpen; hier besaß die H. bes. Privilegien: Zollfreiheit oder -ermäßigungen, eigene Gerichtsbarkeit (so der Stalhof in London). Die H. löste sich im 30jährigen Krieg auf. Den Namen einer Hansestadt wahrten nur Hamburg, Lübeck und Bremen. Der Begriff H. wird von der Geschichtswissenschaft auch für (Handels-)Städtebünde anderer Epochen gebraucht. LIT. HWDRG I, 1990–2002; Hans. Gesch.bll. (1871ff.); D. Schäfer, Die Hansestädte und König Waldemar (1879); ders., Die dt. H. (⁴1943); E. Daenell, Die Blütezeit der dt. H. (1905f., Neudr. 1973); W. Stein, Die Hansestädte (Hans. Gesch.bll., 1913–15); W. Vogel, Kurze Geschichte der dt. H. (1915); F. Rörig, Vom Wesen und Werden der dt. H. (³1943); H. K. Röthel, Die Hansestädte Hamburg, Lübeck, Bremen (1955); F. Bruns und H. Weczerka, Hansische Handelsstraßen (1962); Ph. Dollinger, Die H. (²1976); K. Pagel, Die H. (⁴1965); K.-F. Olechnowitz, Handel und Seeschifffahrt der späten H. (1965); R. Sprandel (Hrsg.), Quellen zur Hanse-Geschichte (1982); K. Fritze, E. Müller-Mertens, W. Stark (Hrsg.), Autonomie, Wirtschaft und Kultur der Hansestädte (Hansische Studien VI; 1984); J. Schildhauer, Die H. Geschichte und Kultur (1984); K. Friedland, Die Hanse (1991); M. Puhle (Hrsg.), Hanse – Städte – Bünde (1996).

Hanseaten. Bez. für die Kaufleute und Städte der Hanse.

Hansebund. Die von 1909–33 bestehende antiagrar. und antikonservative Interessenvertretung einer liberalen Wirtschaftspolitik in Dtl.

Hanswurst. Spottname in S. Brants (1457–1521) ›Narrenschiff‹ (1494). Durch Luther (1483–1546) wurde der Ausdruck in seiner ›Vermahnung an die Geistlichen‹ (1530) sowie in der Streitschrift ›Wider Hansworst‹ (1541) verwendet. Seit dem 16. Jh. ist der H. eine komische Figur der Bühne. LIT. X. Flock, H. und seine Erben (1892); H. Hohenemser, Pulcinella, Harlekin, H. (Diss. München 1940); O. Rommel, J. A. Stranitzky, Der bäuerl. Urhanswurst. In: Altwiener Volkskomödie (1952).

Harakiri (jap., Bauchaufschneiden). In Japan die seit dem MA geübte rituelle Art des ehrenvollen Selbstmordes. Als eine dem Ritterstand vorbehaltene Strafe konnte das H. bis 1868 von der Regierung befohlen werden. LIT. P. Rindl, H. (1965).

Häresie (griech., die erwählte Meinung; im Hellenismus und Judentum auch »die selbstgewählte wissenschaftliche oder politische Ansicht«). Ketzerei, Meinung, die der kirchl. Lehre widerspricht. Seit Konstantin d. Gr. (reg. 306–37) bis ins 17. Jh. war der Häretiker auch staatl. Strafen ausgesetzt. Während des MA wurde der Häretiker in der Inquisition insbes. mit kirchl. Strafen verfolgt; eine Reihe von Tatbeständen, so die Communicatio in sacris (die Kultgemeinschaft zwischen verschiedenen, vor allem christlichen Konfessionen), begründet den Häretikerverdacht. Wer sich des Widerspruchs zum Dogma nicht bewußt ist, gilt nur als materieller Häretiker. Die H. zählt zu den Glaubensdelikten; ob ein solches vorliegt, entscheidet die Kirche. H. wird heute mit Exkommunikation bestraft. LIT. W. Bauer, Rechtgläubigkeit und Ketzerei im ältesten Christentum (1934); J. Brosch, Das Wesen der H. (1936); G. Welter, Histoire des sectes chrétiennes des origines à nos jours (1950); W. Nigg, Das Buch der Ketzer (1949, ²1953); H. Grundmann, Ketzergeschichte des MA (1963); H. Dörries, Wort und Stunde, 1 (1966); G. Leff, Heresy in the Later Middle Ages (N. Y. 1967).

Haribannatores (lat. von haribannum, Heerbann). Sonderbevollmächtigte, von Karl d. Gr. (reg. 768–814) eingesetzt; ihre Aufgabe war es, die Bußen für die Verweigerung des Zuzugs zum fränk. Heerbann oder für Befreiungen, die unbegründet waren, einzuziehen.

Harnisch (mhd. harnasch aus altfranz. harnas). In der Waffenkunde der zum Schutze des Oberleibes bestimmte Teil der Rüstung.

Hartschier, Hatschier (von ital. arcieri, Bogenschütze). Leibgardist, Angehöriger der Palastwache. Die Leibwache der bayer. Könige bildeten Leibgarde-Hartschiere.

Haruspices (lat. Ez. haruspex). Bez. für etrusk. und altröm. Wahrsager (Eingeweidebeschauer), die sich auf die komplizierte Kunst (disciplina Etrusca) der Eingeweideschau (extipicina), der Deutung von Blitzzeichen (ars fulguratoria), außergewöhnl. Naturerscheinungen und Abnormitäten verstanden. Aus dem Orient kam über die Etrusker die »Leberschau« nach Rom. Infolge der Wundergläubigkeit der röm. Kaiserzeit hielt sich die »Leberschau« noch bis ins

4. Jh. n. Chr. Die H. wurden von Feldherren, Kaisern und Privaten zur Erstellung von Gutachten herangezogen. Als Staatspriester sind dagegen die H. nie anerkannt worden.
LIT. G. Wissowa, Religion und Kultus der Römer ([2]1912); K. Latte, Röm. Religionsgeschichte (1960).

Harzburger Front. Bez. für den vorübergehenden Zusammenschluß der »Nationalen Opposition«, bestehend aus Nationalsozialisten, Deutschnationalen, Stahlhelm, Alldt. Verband und Vaterländ. Verbänden gegen die Regierung H. Brünings (1885–1970) sowie die bürgerl. und die linksgerichteten Parteien. Auf der Harzburger Tagung (11. 10. 1931), an der sich Führer und Abordnungen der Deutschnationalen, der Volkspartei, des Stahlhelms, der NSDAP, der Vereinigten Vaterländ. Verbände sowie prominente Repräsentanten aus Fürstenhäusern und dem Finanz- und Wirtschaftsleben beteiligten, wurde der Rücktritt der Reichsregierung und der preuß. Regierung, außerdem die Auflösung des Reichstags und des preuß. Landtags gefordert, ferner die Aufhebung der →Notverordnungen, Neuwahlen im Reich und in Preußen. Die H. F., der ein gemeinsames polit. Konzept fehlte, zerbrach nicht zuletzt, weil A. Hitler (1889–1945) den Gedanken der »Gemeinsamkeit« prinzipiell ablehnte. Offenkundig wurde dies gelegentlich der Reichspräsidentenwahl im Frühjahr 1932, als es nicht gelang, sich auf einen gemeinsamen Kandidaten der Rechten zu einigen bzw. die Deutschnationalen sich weigerten, die Kandidatur Hitlers zu unterstützen.
LIT. W. Treue, Dt. Parteiprogramme ([3]1963).

Harzgulden. Ein aus Harzsilber geprägter braunschweig. Gulden des 16.–18. Jh. Die H. waren meist mit dem Bild des Wilden Mannes oder des hl. Andreas versehen.

Haubergswirtschaft, Hackwaldwirtschaft. Wechselwirtschaft zwischen Niederwaldpflanzung und Ackerbau auf ertragsarmen Böden (16–20jährige Holzwirtschaft, 2–4 Jahre Anbau von Hafer, Roggen, Kartoffeln oder Nutzung als Weideland). H. wurde im Siegerland betrieben, wo der Niederwald vor allem für die Produktion von Holzkohle zur Versorgung der Erzhütten verwendet wurde. Die Baumrinde fand bei der Lohgerberei Verwendung. H wurde bis nach dem Zweiten Weltkrieg betrieben. Eigentümer der sog. Hackberge sind die Haubergsgenossenschaften.
LIT. HWDRG I, 2015–18; H. Kroll, Die Siegerländer H. In: Zs. für Ethnologie, 68 (1937); H. Wingen, Energie aus dem Hauberg (1982).

Haubitze (aus tschech. von dt. Hauptbüchse). Ein seit dem 15. Jh. bekanntes kurzrohriges, schweres Geschütz, das zw. Flachfeuerkanonen und Steilfeuergeschützen seit dem 20. Jh. einzuordnen ist.

Haudegen.
[1] Degen mit zweischneidiger Klinge.
[2] Ein alter Krieger, Landsknecht.

Haude- und Spenersche Zeitung. Eine in Berlin im Jahre 1740 durch A. Haude gegründete Zeitung. Sie wurde durch Friedrich II. (reg. 1740–86) zu polit. Zwecken benutzt; auch verfaßte der König selbst Beiträge für sie. Seit 1872 hieß die Zeitung ›Spenersche Zeitung‹, nachdem sie zunächst an J. K. Spener und 1826 an H. S. Spener übergegangen war. Im Jahre 1874 kam es zur Verschmelzung der ›Spenerschen Zeitung‹ mit der ›Nationalzeitung‹, deren Namen zuletzt das Berliner ›8-Uhr-Abendblatt‹ trug (1938 eingestellt).
LIT. Margot Lindemann, Dt. Presse bis 1815; K. Koszyk, Dt. Presse im 19. Jh.; ders., Dt. Presse 1914–1945; alle in Geschichte der dt. Presse, III Teile (1972).

Hauländereien, Holländereien.
[1] Ursprüngl. Bez. für die Siedlungen holländ. Bauern, größtenteils Sektierer, im Flußgebiet der Weichsel seit 1527.
[2] Vom 16. bis ins frühe 19. Jh. die auf Brachland im Osten entstandenen dt. Siedlungen. Aus dem Marschhufendorf der holländ. Siedler entwickelten sich die Liniendörfer. Die neuzeitl. dt. Siedlung in Polen entstand vorwiegend in dieser Form.

Hauptfahrt. Zunächst das Anrufen eines Gerichts in 2. Instanz; in Kleve und der Gft. Mark bis zum Jahre 1719 das Gericht 2. Instanz selbst.

Hauptgericht. Generell ein Gericht 2. Instanz; in einem Territorium das hierfür zuständige landesherrl. Obergericht.

Hauptherr.
[1] Der Besitzer eines Gutes, das zu einem Fronhofsverband gehörte, das aber durch den Besitzer an einen Hörigen weiterverliehen wurde, um sich dadurch

der Lasten gegenüber dem Grundherren, insbes. der Frondienste, zu entledigen.

[2] Das Haupt einer Familie.

Hauptlade. Die Zentrale eines Zunftverbandes; sie befand sich im allg. in der Stadt, in der das betreffende Handwerk bes. zahlreich vertreten war.

Hauptmann. Im MA der Anführer jeder selbständigen Truppe, in den Söldnerheeren der frühen NZ der Anführer eines Fähnleins. Rangmäßig über ihm stand nur sein Oberst sowie der Heerführer; letzterer wurde auch Feldhauptmann genannt. Infolge der Umwandlung des Fähnleins in die Kompanie wurde der H. Kapitän. Während der H. sein Fähnlein im 16. Jh. noch völlig selbständig führte, wurde er später vom Obersten als Führer des Fähnleins im Krieg abgelöst; verantwortl. blieb der H. jetzt noch für die Werbung, Löhnung, Verpflegung, auch die Beförderung der Unterführer – in Preußen bis zu den Reformen zu Beginn des 19. Jh. Den Titel H. trägt seit dem späten MA auch der Kommandant einer städt. Truppe (Stadthauptmann).

Hauptquartier. Im Krieg Sitz der obersten Kommandostelle sowie der höheren Truppenstäbe. In der früheren dt. Wehrmacht gab es Korps-, Armee- und Heeresgruppen-H. Die Zentrale einer übernationalen Organisation, so der UNO in New York, der NATO in Brüssel, wird ebenfalls als H. bezeichnet.

Haupt- und Staatsaktionen. Bez. für die Stücke der dt. Wanderschauspieler um 1700. Die Hauptaktion umschrieb den Teil des Stückes, der im Gegensatz zum lustigen Nachspiel stand. Wegen des geschichtl.-polit. Inhalts mancher dieser Stücke, evtl. auch wegen der Pracht (Staat) ihrer Ausstattung, bildete sich die Bez. Staatsaktion. Gekennzeichnet sind die H. durch ihre schwülstige Prosa. LIT. R. Payer von Thurn (Hrsg.), H. u. St. 2 Bde. (1908–10); W. Flemming, in: RDL 1 (²1958).

Haus. Ein ortsfestes Gebäude; es dient dem Menschen als Wohnstätte. Zudem bedeutet H. von altersher auch die Bewohner des H., eine durch Verwandtschaft oder durch ein sonstiges, vor allem durch ein Dienstverhältnis zusammengeschlossene Wohngemeinschaft (Familie). Die enge Verbindung zwischen H. und Hausgemeinschaft hat zu rechtl., religiösen und kulturgeschichtl. Sonderbildungen bedeutender Art geführt (vgl. z. B. die Wohnstatt und den Privatbesitz eines Adeligen oder Herrschers: H. Hohenzollern, H. Österreich; ebenfalls die Hofstatt und Hofhaltung eines Fürsten; ferner Abgeordnetenhaus, Herrenhaus, Repräsentantenhaus, House of Commons, das Volkshaus in der dt. Reichsverfassung vom 28. 3. 1849 u. a.).

Hausämter. Die Hofämter, insbes. des frühen MA.

Hausartillerie. Eine Spezialtruppe zur Verteidigung befestigter Plätze; sie wurde durch die Krone Österreichs im 17./18. Jh. unterhalten.

Hausfriede. Nach german. Recht ein Sonderfriede; seine Verletzung, der Hausfriedensbruch, wurde streng bestraft und berechtigte zur Notwehr.

Hausgenosse. Der Angehörige einer Hausgemeinschaft. Die Bez. dient auch dazu, den Besitz von Haus und Hof bes. zu kennzeichnen.

Hausgesetz, Hausverträge. Seit dem späten MA Vereinbarungen familien- und erbrechtl. Art; sie werden von souveränen und mediatisierten Häusern getroffen (→Pragmatische Sanktion Karls VI., 1713).

Hausgut. Der Besitz der herrschenden Dynastie im HochMA. Insbes. seit Konrad II. (reg. 1024–39) konnte das H. einer erloschenen Dynastie, beispielsweise der Karolinger, zum Reichsgut einer späteren Dynastie werden. Seit Konrad II. war das H. vom Reichsgut begriffl. geschieden, wurde aber gemeinsam verwaltet.

Haushalt.
[1] Die häusl. Wirtschaft einer Familie oder Lebensgemeinschaft im engeren Sinne.
[2] Die Einnahmen und Ausgaben einer öffentl. Körperschaft, vor allem die Wirtschaftsführung eines Staates (Staatshaushalt).

Haus-, Hof- und Staatsarchiv; Österreichisches Staatsarchiv. 1749 durch Maria Theresia (reg. 1740–80) in Wien gegründet. Seit 1806 war es das Zentralarchiv für das alte Dt. Reich, seit 1814 der österr. Monarchie. 1918 wurde das H. in Staatsarchiv umbenannt. LIT. K. von Böhm, Die Handschriften des k. u. k. H. 2 Bde. (1873/74); G. Winter, Die Gründung des k. u. k. H. (1902); L. Bittner (Hrsg.), Gesamtinventar des Wiener H. 5 Bde. (1936–40); L. Santifaller (Hrsg.), Festschrift zur Feier des 200jährigen Bestandes des H. 2 Bde. (1949–51).

Haus-, Hof- und Staatskanzlei. In Österreich die 1742 durch Maria Theresia (reg. 1740–80) für die äußeren Angelegenheiten errichtete zentrale Behörde, aus der im 19. Jh. das Ministerium des Äußeren hervorging.

Hausindustrie. Eine Form der gewerbl. Erzeugung im At. und wiederum im bzw. seit dem späten MA, vor allem im Textil- und Metallgewerbe. Die meist sehr bedrückenden Arbeitsverhältnisse bei der hausindustriellen Produktion waren durch das Hausarbeitsgesetz von 1911 und die Neufassung des Heimarbeiterlohn-Gesetzes von 1932 nur unzureichend verbessert worden. Wirksamere Regelungen brachten die Gesetze von 1934, 1939 und schließl. das von 1951 für den Bereich der BRD.

Häusler. Dorfbewohner, die in einem eigenen Haus leben, jedoch auf Lohnarbeit angewiesen sind, da sie über keinen oder nur sehr geringen Feldbesitz verfügen.

Hausmachtpolitik. Seit dem 12. Jh., vor allem von Rudolf I. (reg. 1273–91) bis Friedrich III. (reg. 1440–93), der Versuch der dt. Könige, den Zerfall der Reichsgewalt durch Stärkung des eigenen Hausguts zu verhindern. In der H. sahen die Dynastien die einzige Möglichkeit, die königl. Zentralgewalt vor der Zerstörung durch die Machtpolitik namentlich der großen Territorialherren zu bewahren.
LIT. W. Schlesinger, Die Entstehung der Landesherrschaft (1942); Th. Mayer, Fürsten und Staat (1950); E. Schubert, König und Reich. Studien zur spätma. dt. Verfassungsgeschichte (1979).

Hausmaler. Vom 17. bis 19. Jh. unabhängige Fayence- und Porzellanmaler; die H. arbeiteten außerh. der Manufakturen.
LIT. G. E. Pazaurek, Dt. Fayence- und Porzellan-H. 2 Bde. (1925).

Hausmeier (mlat. Maior domus, frz. Maire du palais). Im Frankenreich unter den Merowingern der Vorstand der königl. Hofhaltung; gleichzeitig das Haupt des kriegerischen Gefolges (Antrustionen). Das Hausmeieramt entwickelte sich zum obersten Amt der Staatsverwaltung. Während der letzten Jahrzehnte des Merowingerreiches entschieden die H. auch über die Nachfolge im Königsamt. Nach der Wahl des H. Pippin im Jahre 751 ließ dieser zu Soissons Childerich III. (reg. 743–51), den letzten Merowinger-König, absetzen und sich selbst zum König wählen. Das Amt des H. hörte damit auf.
LIT. HWDRG I, 2035–40; H. Brunner, Dt. Rechtsgeschichte. Bd. 2 (²1928; unveränd. Neudr. 1958).

Hausministerium. Bis 1918 in den dt. Monarchien diejenige Behörde, die die Angelegenheiten des fürstl. Hauses zu verwalten hatte (vor allem das Vermögen, sodann Ehe-, Vormundschafts- und Testamentssachen).

Hausname. Während des MA die übliche an einem Haus oder Hof haftende Bez. des Hauses, und zwar auch dann noch, wenn es den Besitzer wechselte. Während die ältesten H. auf natürl. Kennzeichen der Häuser zurückgehen, werden sie später in der Mehrzahl der Fälle durch den Besitzer bestimmt und häufig als Hauszeichen angebracht. Hergeleitet sind die H. u. a. aus dem Bereich der Religion (›Zum Engel‹, ›Zum guten Hirten‹), aus der Umgebung (›Rosengarten‹, ›Bäumken‹) und dem Beruf (›Zur Mühle‹, ›Zum Salzhaus‹). Der Brauch der H. entstand seit dem 13. Jh. (zus. mit der Entwicklung der Familiennamen). Im 18. Jh. wurden (nach franz. Vorbild) anstelle der H. Hausnummern eingeführt.
LIT. E. Grohne, Die H. und Hauszeichen (1912); K. Schmidt, Die H. und Hauszeichen in ma. Freiburg (1930).

Hausprälat. Kleriker der röm. Kurie mit der Würde eines Prälaten und dem Titel Monsignore.

Haussprüche, Hausinschriften. An Gebäuden angebrachte Inschriften, die meist Bibelsprüchen und Sprichwörtern nachgebildet sind. In Dtl. war es vor allem vom 15. bis ins 17. Jh. üblich, H. anzubringen.
LIT. J. Hofmann, 1400 dt. H. (1918); H. Stelljes, Hess. H. (Diss. Marburg 1942); G. Maurer, Hausinschriften im Schweizerland (²1951); W. Schmülling, H. in Westfalen (1951).

Haustruppen (lat. domestici; die →protectores der röm. Kaiserzeit seit dem 4. Jh.). Leibwache, Leibgarde.

Hausvogtei. Die Aufsichtsbehörde einer Schloß- und Gebäudeverwaltung. In einzelnen Fällen war sie bis ins 19. Jh. mit Gerichts- und Polizeibefugnissen ausgestattet.

Hauswehr, Bauernwehr, Ochsenzunge. Ein für den Nahkampf bestimmtes meist sehr kurzes Schwert, das zu Beginn des 14. Jh. aufkam.

LIT. H. Seitz, Blankwaffen, 1 (1965, m. Bibliogr.).

Hauswirtschaft. Die meist von einer Familie getragene wirtschaftl.-soziale Lebenseinheit, im engeren Sinne die materiellen Dinge und die entspr. wirtschaftl. Tätigkeiten, die im Rahmen der Familie, nicht jedoch zu deren Erwerb, vollzogen werden. In der Wirtschaftsgeschichte ist die H. nach der Theorie von K. Bücher (1847–1930) die erste der drei geschichtl. Wirtschaftsstufen: geschlossene H., Stadtwirtschaft, Volkswirtschaft. Sie waren, ebenfalls nach Bücher, für das At. und das frühe MA kennzeichnend.

LIT. W. Wygodzinski, Die Hausfrau und die Volkswirtschaft (1916); W. Eucken, Die Grundlagen der Nationalökonomie (⁶1950).

Hauszeichen. Zur Bez. der Fahrnishabe (→Fahrnis) sowie des Besitzes überhaupt eingekerbte, aufgemalte, geritzte oder eingehauene Eigentumszeichen. Die H. werden auch Hausmarken oder Hofmarken genannt.

Havarie, Haverei (von arab. hawâr, Beschädigung). Nach dem Seehandelsrecht des späteren MA der Zusammenschluß aller bei einer Kauffahrt an Schiff und Ladung Beteiligten. Zweck des Zusammenschlusses, der auf genossenschaftl. Basis erfolgte, war das gemeinsame Einstehen für etwaige Schäden und Verluste. Nach heutigem Seerecht umfaßt die (große) H. alle Schäden und Kosten, die zur Rettung aus Gefahr direkt (z. B. Kappen der Masten) oder indirekt (z. B. Einlaufen in einen Nothafen) entstehen. Die Kosten werden vom Schiff, der Ladung und der Fracht gemeinsam getragen.

LIT. HWDRG II, 2–6; H. Wüstendörfer, Neuzeitl. Seehandelsrecht (²1950); R. Ulrich, G. Hochgräber, P. Brüders, Große H. 2 Bde. (³1927–30); G. Schaps und H. J. Abraham, Das dt. Seerecht, 2 (³1962).

Hazarpet (pers.; griech. Chiliarch). Befehlshaber der 1000 Mann umfassenden Leibwache der altpers. Könige; sie gehörten zu den 10000 »Unsterblichen« des stehenden Heeres. Seit Dareios d. Gr. (reg. 521–485 v. Chr.) war der H. Leiter der Verwaltung und des Schatzes.

Heckenmünze. Während des 16. und 17. Jh. ungesetzl. Münzstätten, in denen minderwertiges Geld (Heckmünzen) geprägt wurde. Höhepunkte der Heckenmünzerei fallen in die Jahre 1618–22 (→Kipper und Wipper) sowie die Zeit um 1680.

Hedschra, Hidschra (arab., Auswanderung). Bez. für Mohammeds (571–632) Weggang von Mekka nach Medina (zwischen dem 28. 6. und 20. 9. 622 n. Chr.). Seit dem Kalifen Omar Beginn der mohammedan. Zeitrechnung; sie datiert vom 15. oder 16. 7. 622 (= 1. Muharrem des Jahres 1 der H.) und wird nach dem Mondjahr berechnet.

LIT. F. Wüstenfeld und E. Mahler, Vergleichungstabellen der mohammedan. und christl. Zeitrechnung (³1961); W. Montgomery Watt, in: Encyclop. of Islam, ²3 (1966), 366f.

Heerbann. Seit dem frühen MA die milit. Hoheitsgewalt, sodann das Heer selbst; im fränk. Reich

a) die Befugnis des Königs, das Heer für den Kriegsdienst aufzubieten;

b) das Aufbieten zu einer Heeresfolge;

c) die Geldstrafe von 60 solidi, die bei Nichtbefolgung des Befehls, Heeresfolge zu leisten, entrichtet werden mußte;

d) das aufgebotene Heer.

LIT. HWDRG II, 22–23.

Heerfahrt, Kriegszug. Vor allem der Vasallendienst im Reichsheer z. Z. des MA (insbes. der Italienzug zur Kaiserkrönung, die sog. Romfahrt). Die allg. Pflicht zur Heerfolge (Lehnsfolge) konnte durch Geld abgelöst werden.

Heergewäte (ahd. wad, Kleid, mlat. vestis bellica), **Heergeräte.** Urspr. Schwert, Harnisch, Streitroß, Kleid, Bett und Tischgerät. Im MA ein ritterl. Sondervermögen. Nach dem Recht des Sachsenspiegels und zahlreicher späterer Quellen gehörte das H. nicht zum allgem. Erbe; es wurde stets dem nächsten ebenbürtigen männl. Verwandten (Schwertmagen) zugesprochen. Das H. ist ein Rest der alten Sitte, dem Verstorbenen seine Rüstung etc. als Totengabe ins Grab mitzugeben.

LIT. K. Klatt, Das H. (1908).

Heeresleitung. Die Oberste H. ist praktisch identisch mit dem Generalstab. Kaiser Wilhelm II., der formelle Oberbefehlshaber, vermochte darin keinen wirklichen Einfluß auszuüben. Im August 1916 übernahm Feldmarschall Paul von Hindenburg als Chef des Generalstabes und General Erich von

Ludendorff als sein erster Quartiermeister die Oberste H. Seitdem waren Kaiser und Kabinett von der Kommandogewalt fast völlig ausgeschaltet.

Heer(es)versammlung. Die Versammlung des Volkes in Waffen in frühgeschichtl. Zeit, insbes. während der Wanderungen. Die H. besaß beratende und entscheidende Funktionen. Teilweise bestand sie nach der Landnahme weiter, so bei den Makedonen bis in die hellenist. Zeit, wo sie die Gerichtsbarkeit sowie das Recht auf Mitwirkung bei der Thronbesetzung besaß. Bei den Franken existierte die H. bis ins 9. Jh. (Märzfeld, Maifeld, Ding). LIT. P. Schmitthenner, Wehrhaft und frei. Die dt. Wehr von den Anfängen bis zur Gegenwart (1934); M. Lezius, Die Entwicklung des dt. Heeres von seinen ersten Anfängen bis auf unsere Tage (1936); H. Conrad, Geschichte der dt. Wehrverfassung (1939); E. R. Huber, Heer und Staat in der dt. Geschichte (²1943).

Heerkönig. Bez. für einen König, dessen Macht sich im wesentl. auf das Heer stützt, so bei den idg. Stämmen (Griechen, Kelten, Germanen, sodann bei den Germanen der Völkerwanderungszeit). Der H. stand einem Heer vor, das keine stammesmäßigen Bindungen kannte. Beim makedon. Heer beispielsweise trug das Heerkönigtum patriarchal. Züge einer einstigen Wehrordnung.

Heermeister. Dt. Bez. für den röm. Magister equitum, militum, utriusque militiae; Leiter einer Ritterorden-Provinz, so beim Dt. Ritterorden; seit 1525 Fürstenmeister.

Heerschild (mlat. clipeus militaris). Zunächst das milit. Kommando bzw. das Recht, die Vasallen aufzubieten und das Kommando über sie zu führen. Nach dem Sachsen- und Schwabenspiegel gibt es H.-Ordnung, die in 7 Stufen unterteilt ist: 1. der König, 2. die Pfaffenfürsten, 3. die Laienfürsten, 4. die Grafen und Freiherren, 5. die Freien und Ministerialen, 6. die Mannen der Freien und Ministerialen, 7. die übrigen rittermäßigen Leute, die die aktive Lehensfähigkeit nicht besäßen. LIT. J. Ficker, Vom H. (1862, Neudruck 1964); H. Mitteis, Lehnrecht und Staatsgewalt (1933, Neudruck 1958); W. Goez, Der Leihezwang (1962).

Heersteuer, Heerbann. Das seit der Karolingerzeit zu entrichtende Entgelt für die Befreiung von der Heerfahrt.

Heerstraße. Ausgehend von polit., wirtschaftl. und militär. Prämissen war es das Ziel der Gesetzgebung seit der Zeit der Karolinger, das Verkehrswesen zu fördern. So entstand in der ottonisch-salischen Zeit ein Gesetzgebungswerk, das die Fragen des Straßenzwangs, der Zollstätten, der Beherbergung der Reisenden, der Besteuerung des Handelsguts, der Abgabenfreiheit der Verkehrsmittel, der Verpflichtung zur Hilfeleistung beim Wegebau und Wegeunterhaltung, wozu auch die Unterhaltung von Brücken und Dämmen gehörte, regelte. Die bedeutenderen und größeren Straßen erhielten den Rang von *Königsstraßen;* wegen ihrer Eigenschaft als H. waren sie Eigentum des Reiches, ein Tatbestand, der mindestens seit dem 10. Jh. ebenfalls auf Brücken, Fähren und Wasserstraßen ausgedehnt wurde. Unter Heinrich I. (reg. 919–36) wurde zum erstenmal die Bez. *Reichsstraße* (strata imperialis; mhd. des riches strâze) verwendet (1008). Auf den Reichsstraßen herrschte ebenso wie auf dem Markt der Königsfriede. Wer sich der Sicherheit der Straße begab, tat dies auf eigene Gefahr. An der Reichsstraße mußte Gericht gehalten werden, und zwar an einem Kreuzweg unter freiem Himmel.

Im Verlauf des MA gingen die Verkehrswege sowohl zu Lande als auch zu Wasser allmählich vom König auf die örtl. Gewalten als Lehen über; seit dem 13. Jh. waren sie ein Bestandteil der Landeshoheit (→Landesherr). LIT. F. Rauers, Zur Geschichte der alten Handelsstraßen in Dtl. (1907); A. Schulte, Geschichte des ma. Handels und Verkehrs zwischen Westdtl. und Italien mit Ausschluß von Venedig (Neudr. 1966).

Hegemon (griech., Führer). In einzelnen Fällen der Oberkommandierende in den Stadtstaaten Griechenlands; rechtl. waren seine Kompetenzen nur ungenau bestimmt. Seit dem 4. Jh. v. Chr. wird der Bundesfeldherr als H. bezeichnet, so Philipp und Alexander von Makedonien im Korinthischen Bund (337 v. Chr.).

Hegemonie. Die Vormachtstellung eines Staates gegenüber einem oder mehreren anderen Staaten. Bedeutende Hegemonialmächte waren Athen unter Perikles (460–429), Spanien z. Z. der

325

Gegenreformation (etwa 1550–1650), Frankreich unter Ludwig XIV. (1661–1715) und Napoleon I. (1804–14), Preußen im Dt. Reich von 1871, das zarist. Rußland auf dem Balkan (1856–1914), die UdSSR in Osteuropa von 1945 bis 1989. Der Begriff H. wird nicht allein auf den polit., sondern ebenfalls auf den führenden Einfluß im kulturellen und wirtschaftl. Bereich angewandt; darüber hinaus auf eine Gruppe, einen Stand oder eine Klasse. LIT. F. von Wieser, Das Gesetz der Macht (1926); H. Triepel, Die H. (²1943); L. Dehio, Gleichgewicht oder H. (1948); K. Stadelmann, H. und Gleichgewicht (1950); A. Reese, Europäische H. versus Weltreich. Außenpolitik in Europa 1648–1763 (1995).

Hegung. Bez. für das Einhegen der Gerichtsstätte mit Zweig, Schnur, Pflock und Seil anläßl. der feierl. Eröffnung des Dings. Die H. erfolgte unter formelhaften Erklärungen durch die Richter an das Volk. Durch die H. wurde das Ding unter einen bes. Frieden gestellt.

Hehlerrecht, Hehlerprivileg. Während des MA das Recht desjenigen, der gestohlenes Gut auf dem Markt erworben hatte, dieses dem Eigentümer entweder gegen Zahlung des halben oder des ganzen Kaufpreises zurückzugeben (Lösungsrecht).

Heidelberger Katechismus. Neben Luthers (1483–1546) Enchiridion das bedeutendste und verbreitetste Unterrichtsbuch in Form von Fragen und Antworten. Er ist das Ergebnis der Bemühungen des Kurfürsten Friedrich III., die unfertigen kirchl. Verhältnisse der Kurpfalz zu konsolidieren. Die entscheidende theolog. Vorarbeit leistete Z. Ursinus (1534–83), der unter Benutzung früherer ev., insbes. reformierter Katechismen, außerdem von Melanchthon (1497–1560) erarbeiteten Materials, zwei lat. Entwürfe vorlegte, die auf Beratungen und Diskussionen hin Änderungen erfuhren. Die dt. Endredaktion ist wahrscheinl. das Werk K. Olevians (1536–87), auf dessen Veranlassung hin der Kurfürst dem fertigen Werk die gegen die röm. Messe gerichteten 80 Fragen hinzufügte. Der H. K. wird, wahrscheinl. nach dem Vorbild eines 1558 in Heidelberg nachgedruckten anonymen luth. Katechismus, in 3 Teile unterteilt: ›Von des Menschen Elend‹ (erkannt durch das Gesetz Gottes, das uns Christus im Doppelgebot der Liebe lehrt), ›Von des Menschen Erlösung‹ (Credo, Taufe, Abendmahl) und ›Von der Dankbarkeit‹ (10 Gebote und Unservater).

Außer der Kurpfalz eroberte sich der H. K., der von den Lutheranern heftig befehdet wurde, da er theolog. in erster Linie von Calvin (1509–64) abhängig ist, Nassau-Oranien, Wittgenstein, Braunfels, Hanau, den Niederrhein sowie die Grafschaft Mark, vor allem aber die Niederlande; sodann z. T. auch Bremen, Hessen, Tecklenburg, Bentheim, Lingen, Lippe, Anhalt, die Schweizer Kantone St. Gallen, Bern, Aargau und Schaffhausen, die reformierten Gemeinden in Preußen, Böhmen-Mähren, Polen, Ungarn, Amerika und Südafrika. Er gilt als das stärkste ökumen. Band der Reformierten in der Welt. LIT. A. Lang, Der H. K. und vier verwandte Katechismen (1913); W. Klaas, Die Stimmen der Väter (1949); K. Barth, Die christl. Lehre nach dem H. K. (1949); K. Hollweg, Neue Untersuchungen zur Geschichte und Lehre des H. K. (1961); L. Coenen (Hrsg.), Hdb. zum H. K. (1963).

Heiden (ahd. heida, urbar gemachte Flur). Die Bez. entstand bei den Israeliten, als diese sich über ihre religiöse Verschiedenheit von allen Völkern Rechenschaft gaben (hebr. gojim, Nichtjuden). Nach urspr. christl. Sprachgebrauch werden als H. diejenigen Menschen bez., die sowohl die christl. Offenbarung als auch ihre vortestamentl. Vorstufe ablehnen. Die Bez. paganus (von lat. pagus, Dorf, Gau) kommt im 4. Jh. n. Chr. in Gebrauch; sie wird als Anspielung auf das Heidentum unter der Landbevölkerung der Spätantike verstanden. In der NZ werden als Neuheiden im christl., vor allem im kath. Sprachgebrauch, die Angehörigen derjenigen Religionen bez., die eine Vielheit von Göttern verehren, d. h. die im Gegensatz zum Monotheismus stehen. LIT. →Heidenchristen.

Heidenburg, Heidenmauer, Heidenschanze, Heidengraben, Heidenwall. Volkstüml. Bez. für vor- und frühgeschichtl. Befestigungen bzw. die noch vorhandenen Reste dieser Befestigungsanlagen (z. B. bei Dürkheim und Neustadt a. d. Weinstraße); ebenfalls für provinzialröm. Mauerzüge (z. B.

in Wiesbaden; desgl. die auf dem Odilienberg im Elsaß aus spätröm. Zeit).

Heidenchristen. Christen heidnischer Abstammung; sie wurden z. Z. der Urkirche von den Judenchristen unterschieden.

LIT. W. Bousset, Kyrios Christos (^{2}1921); H. Prümm, Religionsgeschichtl. Handbuch für den Raum der altchristl. Umwelt (1943); E. Peterson, Theolog. Traktate (1951); G. Dix, Jew and Greek (Westminster 1953); L. Goppelt, Christentum und Judentum im 1. und 2. Jh. (1954).

Heiducken, Heiduken (ungarisch hajduk, Treiber).
[1] Urspr. Bez. für ungarische Viehhirten.
[2] Eine Söldnertruppe; 1605 erhielt sie östl. der mittleren Theiß ein eigenes Komitat, dessen Hauptstadt Debreczin war.
[3] Später die Bez. für die ungar. Gerichtsdiener sowie die Trabanten der ungar. Großen; ebenfalls die Diener an dt. Höfen.
[4] Bez. für die Freischärler, die auf dem Balkan gegen die Türken kämpften.

Heil. Im german. At. bis ins HochMA war H. ein religiös-polit. Begriff. Von Göttern verliehen, stellte es eine Lebenskraft des Menschen dar, die ihn, darüber hinaus eine Sippe, einen Stamm trägt und ihm Kraft gibt. Der Begriff H. wird auch auf Ereignisse, z. B. eine Schlacht bezogen. Im christl. Sinn bedeutet H. Freisein von seel. Schädigung durch Sünde (Seelen-H.); im engsten Sinn die jenseitige Seligkeit in Gott. Bes. nachhaltig wirkt der Heilsbegriff im Königsheil weiter.

LIT. R. Guardini, Der Heilbringer (1946); O. Höfler, German. Sakralkönigtum (1952); W. Grönbech, Kultur und Religion der Germanen (^{5}1954); HWDRG II, 41–43; R. Schottländer, Der philosophische Heilsbegriff in der Ethik (1952); J. Becker, Das H. Gottes (1964); B. Welte, Heilsverständnis (1966).

Heiland (ahd.). Altsächs. Heliand. H. entspricht dem lat. salvator. Diese altkirchl. Bez. für Christus ist eine Wiedergabe des im NT auf Christus angewandten Begriffs des griech. Soter.

LIT. W. Staerk, Soter. 2 Bde. (1933, 1938); R. Guardini, Der Heilbringer (1946); E.-M. Kaffanke, Der dt. H. (2001).

Heilige.
[1] Im christl. Sinne: alle Menschen auf Erden, die in der Taufgnade, d. h. in der Kindschaft Gottes sind.
[2] Im weltl. Bereich (mlat. ecclesiastici): unfreie Eigenleute von Kirchen und Klöstern (Wachszinsige).
Seit 1157 wird H. als Adjektiv in der offiziellen Bez. des Dt. Reiches geführt, um dadurch den sakralen Charakter des Reiches gegenüber der Kirche zu betonen (in Wiederaufnahme der justinianischen Tradition). Der Begriff »Sacrum Imperium« ist seit 1254 zum erstenmal nachweisbar, zusammen mit »Romanum Imperium«, einer Formel, die seit 1034 nachgewiesen werden kann. Die dt. Form »Heiliges Römisches Reich« kommt im SpätMA auf; seit dem 15. Jh. wurde ihr der Genitiv »Deutscher Nation« zugefügt. Dadurch sollten die dt. Gebiete von den übrigen abgehoben werden. An dieser Bez. orientiert sich auch das im Zeitalter des Humanismus aufkommende dt. Nationalbewußtsein.

LIT. K. Zeumer, Heiliges Römisches Reich Dt. Nation (1910); A. Diehl, Heiliges Römisches Reich Dt. Nation, in: HZ 156 (1937); W. Nigg, Große H. (^{7}1962); O. Wimmer, Hdb. der Namen und H. (^{3}1966); P. Manns (Hrsg.), Die H. in ihrer Zeit. 2 Bde. (1966); P. Trüb, H. und Krankheit (1978); G. Neumeister, Lexikon der Heiligen und Päpste (1980); F. Hubmann, E. Trost, Das Heilige Römische Reich Deutscher Nation (1984); J. Köhler, H. u. Heiligenverehrung in Schlesien (1997).

Heilige Allianz. Zu Paris am 26. 9. 1815 zustande gekommen auf Anregung Zar Alexanders I. (reg. 1801–25) zw. den Staaten Rußland, Österreich und Preußen. Die H. A. stellt eine Vereinbarung dar, der später außer England und dem Hl. Stuhl alle christl. Monarchen Europas beitraten. Die Monarchen versprachen in der H. A. einander Hilfe und erklärten, die Religion, den Frieden und die Gerechtigkeit bewahren zu wollen. Polit. Bedeutung hat sie nur bedingt erlangt. Im wesentl. handelte es sich um eine Kundgebung christl. Friedensgesinnung, die nach den Grundsätzen der Legitimität und des Gleichgewichts auf eine Restauration der vorrevolutionären Staatenwelt und einer europäischen Völkerrechtsgemeinschaft abzielte. Von größerer Wichtigkeit war das Bündnis vom

20. 11. 1815 der Siegermächte Rußland, England, Österreich und Preußen. In der Folge wurde H. A. zum Schlagwort für die konservativ-reaktionäre Politik des Systems Metternich. LIT. R. Wetzlar, Die H. A. von 1815 bis zum Ausbruch des russ.-türk. Krieges (1922); W. Näf, Zur Geschichte der H. A. (Bern 1928); J. H. Pirenne, La Sainte Alliance. 2 Bde. (1946); W. Markert, Alexander I. und Metternich. In: Schicksalswege dt. Vergangenheit. Festschr. S. A. Kaehler (1950); M. Bourquin, Histoire de la Sainte Alliance (Genf 1954); G. de Bertier de Sauvigny, Sainte alliance et alliance dans les conceptions de Metternich. In: RH 223 (1960) 249–274; H. Schaeder, Autokratie und H. A. (1963); E. R. Huber, Dt. Verfassungsgeschichte der Neuzeit III (1963) 687 f.

Heilige Kriege.
a) In der Geschichte Griechenlands die Kriege für Delphi und seine Amphiktyonie (um 590 v. Chr., 448 v. Chr., 356–46 v. Chr., 339/338 v. Chr.);
b) Dschihad (arab., Anstrengung). Name für die im Koran geforderten H. K. der Mohammedaner gegen alle Ungläubigen; die Kreuzzüge gehören ebenfalls in die Kategorie der H. K. LIT. HWIslam (Leiden 1941), Art. Dschihad; G. von Rad, Der H. K. im alten Israel (1958); A. Noth, H. K. in: Islam und Christentum (1966).

Heilige Lanze →Lanze, →Insignien.
Heiligenschein →Nimbus.
Heiliger Synod. Die oberste Behörde der Kirche Rußlands. 1721 wurde er von Zar Peter d. Gr. (reg. 1689–1725) errichtet, 1917 aufgehoben. Der H. S. wurde vom Zaren ernannt.
Heiliger Vater. Anrede des Papstes.
Heilige Schar. a) 300 Mann starke Truppe der Thebaner; sie entschied 371 v. Chr. den Sieg Pelopidas' bei Leuktra; 338 wurde sie bei Chäronea vernichtet; b) 500 Mann starke Truppe unter A. Ypsilanti (1792–1828); sie wurde 1821 durch die Türken vernichtet.
Heiliges Edikt. 1671 durch den chin. Kaiser K'ang-hi (1673–1722) erlassen; es wandte sich gegen Irrlehren, darunter auch das Christentum, und erreichte einen strengen Konfuzianismus im chin. Reich.
Heiliges Römisches Reich Dt. Nation →Reich.
Heiligkeit, Seine H. Während des MA Anrede des Bischofs; sie wurde jedoch im Laufe der Zeit auf den Papst beschränkt.
Heimbürge. In MA und früher NZ der Dorf-Vorsteher vor allem in West- und Süddtl.; ebenfalls die Richter oder Schöffe im Dorfgericht
Heimbürgin (von volkstümlich Hein, Tod). In Sachsen, aber auch in anderen Gegenden, die Leichenfrau.
Heimfall.
[1] Apertura feudi, im Lehns- und Hofrecht H. der Rückfall eines erledigten Lehngutes an den Lehnsherrn.
[2] Heimfallrecht, Anfallrecht. Der bis ins 16. Jh. während des MA der Landesherrn auf die Verlassenschaft (Fremdlingsrecht, albinagium) oder eine bes. Form der Steuer (Abschoß, gabella). Nach modernem Recht das Erbrecht des Staates, falls weder Verwandte noch ein Ehegatte des Erblassers beim Erbfall vorhanden sind (§ 1936 BGB). LIT. HWDRG II, 51–55; E. R. Huber, Wirtschaftsverwaltungsrecht. 2 Bde. (²1953).
Heimlicher (nach mlat. secretarius). Während des MA in oberdt. Städten Stadtratsmitglieder. In verschiedenen schweizer. Kantonen eine kollegiale Kontrollinstanz; sie überwachte das öffentl. und private Leben in den Kantonen und bestand bis ins 19. Jh.
Heimschnath (ndt., Grenze). Teil einer Allmende oder gemeinen Mark in Nordwestdtl.; er stand für Sonderrechte einzelner Bauern oder vollständiger Gemeinden offen.
Heimskringla (Weltkreis). Die norweg. Königsgeschichten (Konunga sögur) bis 1177; sie wurden von Snorri Sturluson (1179–1241) gesammelt. LIT. F. Niedner, Snorris Königsbuch. In: Thule, Reihe 2, Bd. 14–16 (1922/23; Neudr. 3 Bde., 1963).
Heimwehren. In den bäuerl. Gebieten Österreichs im Jahre 1918 gegründete antikommunist. Selbstschutzorganisationen; sie wurden nach 1927 zu einer gegen die Sozialdemokraten gerichteten Bewegung mit extremem faschist. Flügel. LIT. K. von Schuschnigg, Requiem in Rot-Weiß-Rot (Zürich 1946); Ch. A. Gulick, Austria from Habsburg to Hitler. 5 Bde. (dt. Wien 1950); F. Schweiger, Geschichte der niederösterr. H. 1928–30 (Diss. Wien 1960); L. Jedlicka, Die österreich. Heimwehren (1966); L. Kerekes, Abenddämmerung

einer Demokratie. Mussolini, Gömbös und die H. (1966).

Heiratsmarkt. Ein Brauch, der in der Kaufehe (Brautkauf) begründet liegt. Er war bereits bei den Babyloniern bekannt; von griech. Schriftstellern, u.a. Herodot (um 500–um 424 v.Chr.) wird er illyr. und thrak. Stämmen zugeschrieben. Bis in die jüngste Zeit hat er sich u.a. in Serbien, Rußland, Siebenbürgen und der Bretagne erhalten, wo sich die Mädchen alljährl. an bestimmten Tagen und Orten mit ihrem Heiratsgut einfanden und ausgewählt wurden.

Heiratszwang. Während des FrühMA der vom Vater gegenüber der Tochter, vom Bruder gegenüber der Schwester (soweit sie sich in seiner Vormundschaft befand), verschiedentlich auch der von der Sippe gegenüber dem von ihrer Fürsorge abhängigen Mündel ausgeübte Zwang zur Heirat, dem eine rechtliche Wirksamkeit zukam. Obwohl es der Kirche gelang, den H. zu beseitigen, hielt er sich beim Adel doch noch lange.
LIT. HWDRG II, 66–70.

Hekatombe (griech.). Wörtl. Opfer von 100 Rindern; dann überhaupt ein den Göttern dargebrachtes größeres Schlachtopfer.

Helgoland-Sansibar-Vertrag (1.7. 1890). Die von Friesen besiedelte Insel war 1402 in den Besitz des Herzogtums Schleswig und 1714 Dänemarks gelangt, das sie 1814 an England abtreten mußte, das sie schon während der Kontinentalsperre besetzt worden war. Aufgrund des unter Reichskanzler L. von Caprivi (1890–94) abgeschlossenen Vertrags zwischen England und dem Dt. Reich verzichtete Dtl. auf Witu (Uganda) und erhielt von Südwestafrika aus Zugang zum Sambesi (Caprivi-Zipfel), während der Festlandsbesitz des Sultans von Sansibar an Dt.-Ostafrika fiel. England sicherte sich sein Protektorat über die Inseln Sansibar und Pemba und trat Helgoland an Dtl. ab; die Insel wurde durch Reichsgesetz mit Preußen vereinigt. Der H.-S.-V. ist im Zusammenhang mit dem neuerbauten Nordostsee-Kanal (1887–95 erbaut) zu sehen, zu dessen Schutz die Reichsregierung den Besitz Helgolands für unentbehrlich erachtete. Er ist aber auch Ausdruck der sich verschlechternden Beziehungen zu Rußland sowie des Versuchs einer Hinwendung zu England. Gegen den H.-S.-V. wurde der

›Alldeutsche Verband, zunächst als Kundgebung, begründet.
LIT. A. Birken, Der H.-S.-V. von 1890. In: Int. Jb. für Geschichts- und Geographieunterricht 15 (1974).

Heliäa (griech. Heliaia). Im alten Athen der Versammlungsraum des Geschworenengerichts, dann auch dieses Gericht selbst. Die Mitglieder hatten jährl. einen Eid zu leisten, den Heliasteneid. Das Gericht stand unter dem Vorsitz eines seit etwa 460 v.Chr. besoldeten Thesmotheten.

Hellanodiken (griech.). Ein aus 10 Bürgern von Elis gebildetes Kollegium, bei den Olympischen Spielen die Kampfordner und -richter.

Hellas. Das Land der Hellenen; bei Homer eine Landschaft im südöstl. Thessalien; nach Herodot (um 500–um 424 v.Chr.) das gesamte von Griechen bewohnte Land im Mittelmeerraum (von Kyrene bis Sizilien etwa), vor allem aber der mittelgriech. Raum. Davon **Helladikum,** helladische Zeit, die frühgeschichtl. Epoche Griechenlands; sie wird unterteilt in die frühhelladische Zeit (2600–2000 v.Chr.), die mittelhelladische Zeit (etwa 1900–1550 v.Chr.) und die spät-helladische Zeit (1550–1190 v.Chr.). Die helladische Zeit umfaßt die von den Helladikern gegründete und entwickelte ägäische Kultur.

Hellebarde (mhd. helmbarte, Steilbeil). Eine Stangenwaffe für Hieb und Stoß; seit etwa dem SpätMA bis ins 16./ 17. Jh. in Gebrauch. Die H. besaß eine Lanzenspitze sowie Axt und Haken an langem Schaft; bei den Schweizern war sie weit verbreitet. Seit dem 16. Jh. wurde sie durch den langen Spieß und die Pike verdrängt. Bei den Schweizergarden des Papstes gilt die H. auch heute noch als Paradewaffe.
LIT. E. A. Gessler, in: Aus Geschichte und Kunst (1928); Cl. Bosson, in: Geneva, N. S. 3 (1955).

Hellenen (griech., neugriech. Ellines). Urspr. ein in Thessalien wohnender Stamm; seit dem 7. Jh. v. Chr. Gesamtname für alle griech. Stämme, im Gegensatz zu den Barbaren Menschen, die Griechisch sprachen und an den Olympischen Spielen teilnahmen; in der klass. Zeit, d.h. z.Z. des Isokrates (436–338 v.Chr.) diejenigen, die an der attischen Bildung teilhatten.

Hellenisierung. Die Einflußnahme der griech. Sprache und Kultur auf ein

329

nichtgriechisches Volk. Unter H. des Christentums versteht man die dogmat. und kult. Entwicklung der Kirche des 2. und 3. Jh. sowie ihre wesenhafte Umgestaltung durch hellenist. Begriffe und Ideen.

Hellenismus (griech. hellenizein, Griechisch sprechen, griechische Denkart haben). Ein von J. G. Droysen (1808–1884) im Jahre 1836 geprägter Begriff zur Bez. der Epoche seit der Zeit Alexanders d. Gr. (reg. 336–323 v. Chr.) bis Augustus (reg. 31 v.–14. n. Chr.), d. h. der Kultur des Weltreichs Alexanders d. Gr. und der aus ihm hervorgegangenen Reiche (Diadochen, Epigonen) bis zu deren Aufgehen im röm. Weltreich. Geistesgeschichtl. gesehen reicht die Epoche bis zum Ausgang der Antike.
LIT. F. E. Peters, The Harvest of Hellenism (Hampstead 1973); H. Kreissig, Geschichte des Hellenismus (1984); H. Bengtson, Philipp und Alexander der Große. Die Begründer der hellenistischen Welt (1985).

Hellenistische Kunst. Die griech. Kunst seit Alexander d. Gr. bis in die Römerzeit.

Hellenistische Welt. Der das Alexanderreich und seine Nachfolgestaaten umfassende Raum.
LIT. J. G. Droysen, Geschichte des Hellenismus. 3 Bde. (Neuausg. 1952–54); J. Burckhardt, Griech. Kulturgeschichte (Neuausgabe in den Ges. W. Bd. 5–8, 1956–57); A. Jüthner, Hellenen und Barbaren (1923); H. E. Stier, Grundlagen und Sinn der griech. Geschichte (1945); R. Laqueur, Hellenismus (1925); F. Altheim, Rom und der Hellenismus (Amsterdam 1942); G. de Reynold, L'Hellénisme et le génie européen (1944); M. P. Nilsson, Die hellenist. Schule (1955); W. Zschietschmann, Die hellenist. und röm. Kunst (1939); H.-J. Marrou, Geschichte der Erziehung im klass. At. (dt. 1957); M. Hadas, Hellenist. Kultur (dt. 1963); W. W. Carn, Die Kultur der hellenist. Welt (dt. ³1966); H. Bengtson, Herrschergestalten des Hellenismus (1975).

Hellenotamien (griech., Schatzmeister der Griechen). Ein gewähltes Kollegium von 10 Athenern, das während der Zeit des 1. Attischen Seebundes (478/77–404 v. Chr.) fungierte; ihm oblag die Aufstellung der Tributlisten, die Einziehung des Tributs sowie die Verwaltung des Bundesschatzes.

Heller, Häller, Haller, Händleins-, Händelspfennig (mlat. denarius Hallensis). Urspr. ein Pfennig der königl. Münzstätte Hall in Schwaben; urkundl. zum erstenmal 1200 erwähnt. Auf der Vorderseite zeigte er die Hand sowie den Namen der Münzstätte, auf der Rückseite ein Gabelkreuz; bis 1250 zudem die abgek. Königslegende. Der H. verdrängte seit 1270 die Konstanzer Pfennige und den Nürnberger Pfennig. Seit dem beginnenden 13. Jh. trat er zw. Aachen und Böhmen an die Stelle der einheimischen Pfennige; im 15. Jh. war er in der Schweiz hauptsächlich in Zürich und Bern im Umlauf. In der NZ war der H. als Kleinmünze verbreitet, zuletzt in Österr.-Ungarn und der Tschechoslowakei (= ¹⁄₁₀₀ Krone). Seit 1924 in Ungarn 100 Filler (Heller) = 1 Pengö, seit 1946 = 1 Forint.

Hellweg (zu hell; hier Lichtung). Ein Verbindungsweg zw. Rhein (Ruhrort) und Weser (Minden), der wahrscheinlich aus vorröm.-german. Zeit stammt. Der H. verlief auf der Wasserscheide zw. den Flüssen Ruhr und Lippe über Dortmund, Soest und Paderborn. Während der Sachsenkriege (772–804) baute Karl d. Gr. (reg. 768–814) den H. zu einer Heerstraße aus, die er mit Königshöfen (Curtes) besetzte. Der Name H. wurde auch auf die Landschaft zw. Lippe und Haarstrang ausgedehnt.
LIT. H. Pieper, Der westf. H. (Diss. Münster 1928); H. J. Riekenberg, Königsstraße und Königsgut in luodolfingischer und frühsalischer Zeit. In: Archiv für Urkundenforschung, 17 (1941); B. Ortmann, Vororte Westfalens in german. Zeit (1949); A. Hömberg, in: Zwischen Rhein und Weser (1967).

Helm (zu ahd. helan, verbergen). Ein aus Metall oder Leder hergestellter militär. Kopfschutz gegen Hieb und Stich, später gegen Schußwaffen. Der H. war bereits in der Bronzezeit (ca. 2500–800 v. Chr.) bekannt. Bis gegen Ende des 16. Jh. existierten verschiedene Formen von Eisenhelmen mit und ohne Visier (einem aufklappbaren Gesichtsschutz). Im Verlauf des 19. Jh. wurden der Lederhelm und der Tschako eingeführt. Im Ersten Weltkrieg (1916) wurde der Stahlhelm im dt. Heer eingeführt. Er entstand, wie auch bei den Streitkräften der übrigen Teilnehmerstaaten des Weltkrieges, aus dem Bedürfnis nach einem wirksamen Kopfschutz gegenüber

den Kampfmitteln der Materialschlachten heraus.
LIT. G. Frhr. von Suttner, Der H. von seinem Ursprung bis gegen die Mitte des 17. Jh. (1878); E. Haenel, Alte Waffen (²1920); F. Rascher, Die preuß. Infanteriehelme. In: Archiv für Waffen- und Uniformkunde, 1. Jg. (1918); J. K. F. Naumann, in: Wehrtechn. Monatshefte (1944); G. F. Laking, The European Armour and Arms through Seven Centuries. 5 Bde. (London 1920–22); D. Hejdora, Der sog. Sankt-Wenzels-H. In: Waffen- und Kostümkunde (1966); K. H. Frhr. von Brand, in: Dt. Soldaten-Jb. (1967); J. Kraus (Bearb.), Stahlhelme vom Ersten Weltkrieg bis zur Gegenwart. In: Veröffentlichungen des Bayer. Armeemuseums 8 (1984).

Helmdecke. Ein über den Helm gebreitetes Tuch, das wie ein kleines Mäntelchen oder in Streifen geschnitten herabfällt. Die H. ist in den Wappenfarben gehalten, gehört zu den dekorativen Bestandteilen des Helms; mit dem Aufkommen des Kübelhelms (14. Jh.) diente die H. als Zierde oder zur Kühlung.

Heloten (griech. heilotes, Gefangene). In Sparta (in den Ebenen Lakoniens und Messeniens) die soziale Schicht der Leibeigenen, die an die Scholle gebundenen Bauern. Die H. waren die Nachkommen der von den Dorern unterworfenen frühgriech. Einwohnerschaft. Etwa 6 H. bebauten mit ihren Familien in Eigenwirtschaft jeweils das Landlos eines Spartiaten; mindestens die Hälfte des Ertrags hatten sie abzuliefern. Im Kriege dienten die H., die dem Staat gehörten, als Waffenknechte. Die harte Unterdrückung der H. geht daraus hervor, daß durch jährl. offizielle Kriegserklärung H. von jungen Spartiaten heimlich beseitigt wurden. Da das Gemeinschaftsleben der Spartiaten von den durch die H. entrichteten Naturalabgaben abhing, war die Furcht vor Aufständen groß; sie beeinflußte sogar die spartan. Außenpolitik. Erst in späterer Zeit kam es zur Freilassung von H. durch den Staat, um so das Heer aufzufüllen.
LIT. G. L. Huxley, Early Sparta (London 1962); F. Kiechle, Lakonien und Sparta (1963).

Helvetik. Bez. für die der franz. nachgebildete landfremde Saatsform der Schweiz nach dem Zusammenbruch der alten Eidgenossenschaft als Folge des Einmarsches der Franzosen am 12. 4.

1798; sie wurde als »eine und unteilbare Helvetische Republik« in Aarau verkündet. Die Verfassung für die H. entwarf Peter Ochs (1752 bis 1821), der Vertreter der franz. Revolutionsideen in der Schweiz (im Ochs-Büchlein, 1797–98); sie erstrebte die Übertragung des franz. Einheits- und Freiheitsstaates; hieraus resultierten dauernde Kämpfe zw. Unitariern und Föderalisten. 1803 wurde die Verfassung durch die Mediation Napoleons (1769–1821) beseitigt (→Mediationsakte).
LIT. L. von Muralt, Alte und neue Freiheit in der helvet. Revolution (1941).

Helvetische Gesellschaft. Schweizerische Vereinigung, die 1761 in Schinznach (Kanton Aargau) durch Isaac Iselin, Franz Urs Balthasar, Salomon Geßner, Salomon Hirzel u. a. gegründete Gesellschaft zur nationalen Erneuerung der alten Schweiz aus dem Geiste der Aufklärung. Nach der Schaffung des Bundesstaates (1848) löste sie sich auf. 1914 wurde eine neue H. G. gegründet. Ihre Ziele waren der Kampf gegen die Überfremdung, Wiedergewinnung der eidgenöss. Selbstbesinnung und Überwindung des Materialismus.
LIT. U. im Hof, Isaac Iselin. 2 Bde. (1947–67); H. Nabholz, Die H. G. 1761–1848 (1961); G. Thürer u. a., 200-Jahrfeier der H. G. (1961); P. Wegelin, in: Die Schweiz, 35 (1964).

Helvetische Konfession →Confessio Helvetica.

Henotheismus (griech., Eingottverehrung). Von dem Indologen Max Müller (1823–1900) geprägter Begriff für eine Gottesvorstellung; sie geht von dem Vorhandensein zahlreicher Götter aus, ruft allerdings den einzelnen Gott so an, als ob er der einzige sei.

Henotikon (griech., »Vereinigungs«-Formel). Nach dem Titel eines Edikts aus dem Jahre 482; der oström. Kaiser Zeno (reg. 474–91) versuchte damit, die Monophysiten durch Preisgabe der Beschlüsse des Konzils von Chalcedon (451) für die Reichskirche zurückzugewinnen; der Versuch scheiterte jedoch. Dadurch kam es zw. Rom und Byzanz zu einem 35 Jahre währenden Schisma (484–519).

Heortologie (griech., heorte, Fest). Die Lehre von den kirchl. Festen in der Theologie und Religionsgeschichte.

Heortologium. Festkalender.

Heptarchie (griech., Siebenherrschaft). Ein Staatenbund der (gewöhnlich) sieben angelsächs. Königreiche, die sich seit der Landung der Angelsachsen in Britannien nach 450 herausgebildet hatten (Essex, Wessex, Sussex, Kent, Mercia, Eastanglia, Northumberland); 827 unter König Egbert von Wessex (reg. 802–39) vereinigt. Egbert nannte sich daraufhin ›King of the English‹.

Heräen. Altgriech. Fest zu Ehren der Göttin Hera, der Tochter des Kronos und der Rhea.

Heraklessäulen, Herkulessäulen (lat. columnae Herculis). Nach altgriech. Auffassung markierten die H., die angeblich von Herakles aufgerichtet worden waren, verschiedene Randpunkte des Erdkreises, insbes. an der Straße von Gibraltar.
LIT. A. Schulten, in: O. Jessen, Die Straße von Gibraltar (1927); M. Ninck, Die Entdeckung von Europa durch die Griechen (1945).

Heraldik (abgel. von Herold). Die Wissenschaft von der Entstehung und Entwicklung der Wappen (Wappenkunde) sowie die Kunst, Wappen richtig darzustellen (Wappenkunst). Die H. beginnt mit dem ital. Rechtsgelehrten Bartolus de Sassoferrato (›De insigniis et armis‹) um 1350. In England und dann in Frankreich wurde die H. sehr gepflegt, in Dtl. fand sie Eingang durch Ph. J. Spener sowie C. F. Menestrier, SJ. Eine Neubelebung erfuhr die H. um 1840 im Zusammenhang mit der wiederauflebenden Pflege der »vaterländischen Studien«.
Die ältesten Wappen sind seit etwa 1130 bekannt. Sie entstanden aus der Notwendigkeit heraus, während der Zeit der Kreuzzüge (1096–1270) den voll ausgerüsteten Krieger für Freund und Feind erkennbar zu machen. Das lebende Wappenwesen verfiel mit dem Niedergang des Rittertums; es ging nunmehr in die H. über. Die Siegel sind die bedeutendste Quelle der H.
Zwischen Wappen und Siegel besteht jedoch ein grundsätzl. Unterschied; denn während Wappen Erkennungs- und Eigentumszeichen sind, gilt das Siegel als rechtl. wirksames Beglaubigungs- und Beweismittel. Da das Wappen ein weithin erkennbares Zeichen darstellen sollte, galten als Voraussetzung für den heraldischen Stil Einfachheit, Typisierung und Flächenhaftigkeit.
Um ein Wappen fachgerecht zu be-

schreiben, ist es notwendig, die heraldische Kunstsprache zu beherrschen. Zunächst wird der Inhalt des Schildes beschrieben; es folgt das Oberwappen, dann die übrigen Teile des Wappens. Wesentl. Bestandteil des Wappens ist der Schild, dessen Form im Laufe der Zeit Änderungen unterworfen war: Im 12. Jh. war er mandelförmig, im 13. und 14. Jh. dreieckig, dann halbrund (Tartschenschild). In der NZ nahm der Schild häufig gekünstelte Formen an. Unter einem Herzschild versteht man einen dem Hauptschild in der Mitte aufgelegten kleinen Schild; ein Mittelschild ist der größere von zwei Schilden, die dem Hauptschild aufgelegt sind.
Ehe- bzw. Allianz-Wappen entstanden vor allem dadurch, daß man die beiden Schilde nebeneinander stellte, vorne das Wappenbild des Mannes, dem das der Frau hinten als Spiegelbild zugewandt war. Wappenfiguren stellen den Schildinhalt dar: Heroldsbilder oder gemeine Figuren bzw. eine Verbindung von beiden.
Ein Wappen soll möglichst einfach beschaffen sein, doch gleichzeitig auch so, daß es sich von anderen leicht unterscheiden läßt. Der vereinfachende heraldische Stil bildete sich am augenfälligsten bei den Wappentieren (Löwe, Adler, Greif, Einhorn) und bei Pelzwerken (Feh, Kürsch, Hermelin, Eisenhutfeh etc.) heraus.
Der Wappenminderung (Veränderung von Zahl und Stellung der Figuren) steht die Wappenmehrung (Erweiterung des Wappens anläßl. einer Standeserhöhung, Besitzvergrößerung und Gnadenerweises) entgegen.
Bes. Lebewesen, Pflanzen oder gemeine Figuren werden eines bestimmten Sinngehaltes wegen als Wappenbilder bevorzugt, so der Löwe als König der Tiere (redende Wappen). Ein Wappen hat farbig zu sein (rot, blau, grün, schwarz); zudem kennt die H. die Metalle Gold und Silber. Farbe darf aber nicht auf Farbe und Metall nicht auf Metall gesetzt werden. Die leeren Flächen des Schildes können mit Zierlinien ausgefüllt werden (Damaszierung).
Auf dem oberen Schildrand ruht der Helm. Die Helmzierden erlauben eine formale Vielheit. Oft wiederholen die Helmzierden die Bilder des Schildes, vor allem die Tiere oder die Farben. Weitere Verzierungen (Prachtstücke, Prunkstücke) können aus Spruchbän-

dern mit Wahlspruchen, bei furstl. Wappen aus Lorbeer-, Eichen-, Öl- und Palmzweigen bestehen. Seit dem 17. Jh. kommen Wappenmäntel und Wappenzelte hinzu (Thronzelte, Pavillons). Seit 1596 erscheint das Wappenbuch. LIT. G. A. Seyler, Geschichte der H. (1885–89); H. G. Ströhl, Heraldischer Atlas (1899); Die Wappenbücher des dt. MA, hrsg. vom Volksbund der sippenkundl. Vereine, 1 (1937–43); A. M. Hildebrandt, Heraldisches Musterbuch ([2]1897); ders., Wappenfibel ([14]1943); D. L. Galbreath, Handbüchlein der H. (Lausanne [2]1948); O. Neubecker, Wo finde ich ein Familienwappen? (1956); J. Siebmachers großes und allg. Wappenbuch (neuhrsg. seit 1854; bis 1949: 618 Lfgn; unvollendet); E. Beck, Grundfragen der Wappenlehre und des Wappenrechts (1931); B. B. Heim, Wappenbrauch und Wappenrecht in der Kirche (Olten 1948); Ch. F. Pedersen, Internationales Wappen- und Flaggenlexikon in Farben (1970); O. T. von Hefner, A. M. Hildebrandt, G. A. Seyler, Die Wappen bürgerlicher Geschlechter Deutschlands und der Schweiz, Teil 1 (1971); H. Hussmann, Über dt. Wappenkunst (1977); O. Neubecker, Heraldik (1977); F. Gall, Österreich. Wappenkunde (1977); P. Bahn: Familienforschung und Wappenkunde (1998); V. Vok Filip, Einführung in die H. (1999).

Herberge (abgeleitet von Heer; franz. auberge, ital. albergo). Urspr. die Unterkunft für Soldaten, dann für wandernde Handwerksgesellen, schließl. jedes Unterkunftshaus.
LIT. C. H. Perthes, Das Herbergswesen der Handwerksgesellen ([2]1883); C. Brühl, Fodrum, Gistum, Servitium Regis. 2 Bde. (1968).

Herbergsleute. Einwohner ohne Grundbesitz, insbes. in Wüstungen.

Herbergsrecht. Im Frankenreich sowie den europ. Staaten des MA das Recht weltl. und geistl. Herrscher, desgl. ihrer Beamten, auf Beherbergung, Verpflegung und Beförderung. Obwohl für alle Untertanen verbindlich, wurde das H. insbes. den Städten und Klöstern gegenüber angewandt; der Adel hingegen verstand es weitgehend, sich aus dem H. abgeleiteten, oft drückenden, Verpflichtungen zu entziehen. Seit dem 12. Jh. wurde die Beherbergungspflicht gegenüber dem König und seinem Gefolge innerh. der Grenzen des Dt. Reiches auf die Reichsstädte, die Reichskirchen und die Reichsvogteien begrenzt. Den Landesherren stand das H. in den jeweiligen Territorien zu. Nicht selten wurde das H. in eine Steuer abgeändert, so in Frankreich, Spanien und den nordeurop. Staaten.

Hercynischer Wald. Im At. urspr. Bez. für die Alpen; seit Caesar (100–44 v. Chr.) Name für das rechtsrhein. Mittelgebirgsland.

Herdsteuer. Im MA eine vom Besitz erhobene Steuer. So gab es z. B. in Mainz den Herdschilling; er war in Höhe von ½ Gulden pro Haushaltung neben der Schatzung (einer Vermögenssteuer) zu entrichten.

Herkommen. Die Überlieferung, der Brauch (von alters her geübt), die Gewohnheiten der Gesamtheit oder aber eines engeren Standes- oder Berufsbereichs, soweit sie histor. gefestigt sind, ebenfalls die altüberkommene gesellschaftl. Konvention. Von bes. Bedeutung ist die durch das H. hervorgerufene Kontinuität in der Sozialordnung; ihr kommt die gleiche Stellung zu wie dem staatl. gesetzten Recht. In festgefügten Lebenskreisen wie dem Bauerntum oder dem Handwerkerstand hat sich das H. trotz Fortschritt oder Umwälzung zu behaupten vermocht. Die Industrialisierung hatte eher einen negativen Einfluß. In der Rechtsordnung spielt das H. als eines der Elemente des Gewohnheitsrechts sowie der Observanz eine bes. Rolle. Für Staaten, die keine geschriebene Verfassung haben, stellt das H. einen wesentl. Teil des Verfassungsrechts dar.
LIT. H. Schwedt (Hrsg.), Brauchforschung regional (1989).

Hermandad (span., Verbrüderung). Seit dem 12. Jh. bez. für Bündnisse kastil. und aragon. Städte gegen den Adel zur Wahrung der öffentl. Sicherheit. 1486 machte das erstarkende Königtum die H. zu einer staatl. Institution als Santa H. (Heilige H.). Sie unterstand einem königl. Beamten und diente der Aufrechterhaltung des Landfriedens. Bis ins 16. Jh. besaß die Santa H. eigene Polizeitruppen und Gerichtsbarkeit.

Hermannsschlacht. Bez. (seit dem 18. Jh.) für die Schlacht im Teutoburger Wald (9 v. Chr.). Dramen von F. G. Klopstock und Heinrich von Kleist.

Herme (griech.). Anfänglich ein nur im Freien aufgestelltes Fruchtbarkeits-

mal der griech. Antike; es war von einem bärtigen Kopf gekrönt, später meist Hermes darstellend, dann allg. eine Bildnisbüste. Zur einfachen H. traten vom späten 6. Jh. v. Chr. an Doppel-H. mit zwei in entgegengesetzter Richtung blickenden Köpfen.
LIT. L. Curtius, Die antike H. (Diss. München 1903); R. Lullies, Die Typen der griech. H. (1931); M. P. Nilsson, Geschichte der griech. Religion, 1 (^{3}1967).

Hermeneutik (zu griech. hermeneus, Dolmetsch). Die Lehre von der Auslege- oder Interpretationskunst. Als biblische H. Vorstufe der Exegetik, bestehend aus Noëmatik (Begriff und Art des Schriftsinnes), Heuristik (Weg der Auffindung des Schriftsinnes) und Prophoristik (Darstellung des gefundenen Schriftsinnes). Neben der bibl. H. gibt es die jurist., philologische, archäologische, literarische, kunstwissenschaftliche und musikalische. Die seit dem 18. Jh. währenden Versuche, zu einer allg. Ausdruckslehre zu kommen, nahm F. E. D. Schleiermacher (1768–1834) auf und entwickelte eine umfassende hermeneut. Theorie.
LIT. J. Wach, Das Verstehen. 3 Bde. (1926–33); E. Rothacker, Logik und Systematik der Geisteswissenschaften (^{2}1947); O. F. Bollnow, Das Verstehen (1949); E. Betti, Die H. als allg. Methodik der Geisteswissenschaften (1962); K. Frör, Bibl. H. (^{2}1964); G. Ebeling, Wort Gottes und Tradition (1964); H.-G. Gadamer, Wahrheit und Methode (^{2}1965); S. Oppolzer (Hrsg.), Phänomenologie, Dialektik (1966); F. Kaulbach, Philosophie der Beschreibung (1967); K. Frör, Wege zur Schriftauslegung (^{3}1967).

Hermetik (von Hermes Trismegistos, der »dreimal Größte«, d. h. »der Allergrößte«). Während der ersten nachchristl. Jh. eine mystisch-religiöse Lehre, in deren Mittelpunkt Thot (griech. Hermes Trismegistos), der ägypt. Gott der Schrift und Gelehrsamkeit stand.
LIT. W. Kroll, Die Lehren des Hermes Trismegistos (1914); W. Gundel, Hermes Trismegistos. Neue astrolog. Texte. Funde und Forschungen auf dem Gebiet der antiken Astronomie und Astrologie (Abh. der Bayer. Akad. der Wiss. Philos.-histor. Abt. NF 12, 1936); G. van Moorsel, The Mysteries of Hermes Trismegistos (Diss. Utrecht 1955).

Hermetismus (von Hermes Trismegistos, Urheber alchimist. Weisheit); seit 1935 Bez. für eine ital. literar. Bewegung, beeinflußt vom franz. Surrealismus; Vertreter waren Ungaretti, Quasimodo, Montalé, Sinisgalli u. a.

Hermokopidenfrevel. Die Zerstörung der Hermen in Athen 415 v. Chr. Im hierdurch ausgelösten Hermokopidenprozeß gelang es oligarch. Kreisen, den athen. Staatsmann Alkibiades (um 450–404), dem die Untat angelastet wurde, zu stürzen; wahrscheinlich waren die Kläger selbst an der Tat beteiligt gewesen.
LIT. J. Hatzfeld, Alcibiade (Paris 1951).

Herold (wahrscheinlich aus dem ahd. heriowaldo, Heerwalter). Im späteren MA der mit der Kenntnis der Turnierregeln und der Ritterwappen vertraute Beamte. Von diesen Hauptaufgaben abgesehen, konnte der H. auch zu Diensten im Rahmen des Hofzeremoniells herangezogen werden, z. B. bei Festlichkeiten, wo er die Gäste auszurufen hatte. Darüber hinaus war er an völkerrechtl. Vorgängen beteiligt, so bei einer feierl. Kriegserklärung; dann auch als Friedensbote bei der Verkündung des Friedens (vgl. hierzu auch die ähnl. Funktionen bei anderen Völkern: griech. keryx, lat. praeco, Ausrufer). Die H. teilten sich in drei Rangstufen: a) Wappenkönige (nur am Königshof oder am Hof eines regierenden Fürsten); b) gewöhnliche H.; c) Persevanten.
Die H. aller Rangstufen besaßen einen Amtsnamen; er glich dem eines Territoriums oder eines Emblems (z. B. Jerusalem, Roter Drache, Blaumantel etc.). H. trugen eine bes. Amtstracht, Wappenrock oder Tappert genannt; auf ihm waren die Wappen der Fürsten, dem man diente, eingestickt.
Die Heroldsämter der NZ (in Bayern, Preußen und Sachsen bis 1918) gehen nicht auf die H. zurück, England ausgenommen; im Rahmen einer modernen Staatsverwaltung erfüllen sie aber deren Aufgaben.
LIT. E. von Berchem, in: E. von Berchem, D. L. Galbreath und O. Hupp, Beitrr. zur Geschichte der Heraldik (1939); A. R. Wagner, Heralds and Heraldry in the Middle Ages (Oxford und London ^{2}1956); O. Neubecker in: Mitt. der Gesellschaft für Histor. Kostüm- und Waffenkunde, 9 (1959).

Heroldsdichtung, Wappendichtung. Beliebte Art der Dichtung seit dem ausgehenden 13. Jh. Sie schilderte, meist mit übertreibendem Lob, die Rüstung, vor allem aber die Wappen der Streiter. Die H. versuchte, den äußeren Glanz des romanhaften Rittertums auf die Turniere und Kriegszüge ihrer eigenen Zeit zu übertragen. Der bedeutendste Repräsentant der H. war Peter Suchenwirt (2. Hälfte des 14. Jh.). Abgelöst wurde die H. im 16. Jh. durch die Verse der Pritschmeister.
LIT. G. Bebermeyer, in: RDL (²1958).

Heros (griech., Mz. Heroen). In der antiken Mythologie: Held, häufig ein Halbgott, der einer Verbindung von Gott und Mensch entstammte; er wurde nach einem durch große Taten ausgezeichneten Leben unter die Götter versetzt.

Heroenkult. Eine Art des Totenkults; den Heroen opferte man abends. Das zu opfernde Tier war schwarz von Farbe; man ließ sein Blut in das Grab hinabfließen, dann wurde das Tier – im Unterschied zu den den Göttern dargebrachten Opfern – vollständig verbrannt. Zu Ehren der Heroen wurden häufig auch Spiele aufgeführt. Gründer des H., der bis tief in die histor. Zeit hinein gepflegt wurde, waren Archeget und Ktistes.
Seit der griech. Literatur (Homer, Hesiod) ist Heros allg. auch die Bez. für den Helden der Vorzeit.
LIT. F. Pfister, Der Reliquienkult im At. (1909); E. Bethe, Ahnenbild und Familiengeschichte (1935); M. P. Nilsson, Geschichte der griech. Religion, I (³1967); F. Taeger, Charisma (1957/60); K. Kerényi, Die Mythologie der Griechen. Bd. 2: Heroengeschichten (Neuausg. 1966).

Herostratos. Ein Epheser, der 356 v. Chr. den Artemistempel zu Ephesos anzündete, angeblich, um berühmt zu werden; daher Herostratentum Bez. für ein sinnlos zerstörer. Handeln, dem ein patholog. übersteigertes Geltungsbedürfnis zugrunde liegt.

Herr (ahd. heriro, mhd. herre, eigentlich Komparativ zu ahd. her, ehrwürdig, herrlich). Urspr. Bez. für jeden Höhergestellten und Vorgesetzten im Gegensatz zum Sklaven, Knecht, Untertan; im frühen MA der Standestitel für die reichsunmittelbaren und edelfreien Adeligen, die nach den Fürsten und Grafen folgten. Später wurden sämtl. Adelige, außerdem die Ratsherren und Geistlichen, vom 18. Jh. an allg. die Gebildeten und Besitzenden H. genannt. Seit dem 19. Jh. als Anrede für einen Mann allg. verbreitet. →Freiherr; →Baron.
LIT. M. Weber, Wirtschaft und Gesellschaft. 2 Tle. (⁴1956).

Herrenbank. Während der Zeit der ständischen Landtagsverfassung diejenige Abteilung, wo Ritterschaft und Adelige saßen. H. diente auch zur Bez. der ritterschaftl. Beisitzer des Hofgerichts, im Gegensatz zur gelehrten Bank, die sich aus den Doktoren des Rechts zusammensetzte; letztere wurden nach Aufnahme des röm. Rechts neben den Adeligen Beisitzer in den Hofgerichten.

Herrenhaus. Im preuß. Landtag die 1. Kammer (1854–1918). Die Mitgliedschaft, die lebenslängl. war, beruhte entweder auf einem Standesprivileg oder einer Berufung durch den Herrscher. In Österreich wurde als H. die 1. Kammer des Reichsrats (1861–1918) bezeichnet.

Herrenklub. Eine 1924 in Berlin durch H. von Gleichen-Rußwurm gegründete polit.-wissenschaftl. Vereinigung, die mit den Jungkonservativen, der Aristokratie und der Wirtschaft zusammenarbeitete. Der polit. Repräsentant des H. war F. von Papen (1879–1968), dessen Regierung er stützte. 1933 verlor der H. seine Bedeutung; 1944 löste er sich auf.
LIT. A. Mohler, Die konservative Revolution in Dtl. (²1972); M. Schoeps, Der Dt. Herrenklub (Diss. 1974).

Herrenmoral. Ein von F. Nietzsche (1844–1900) in dessen ›Genealogie der Moral‹ geprägter Begriff für ein Ethos, das »jenseits von Gut und Böse« steht. Als H. kennzeichnet Nietzsche die antike Moral, als Sklavenmoral die christl. und jüdische.

Herrenstadt. Eine der Herrschaft eines weltl. Landesherrn unterstehende Stadt.

Herrenstube. Bez. für den Raum, der den Patriziern einer Stadt als Versammlungs- und Trinkstätte diente.

Herrenvolk. Ausdruck für den von einem Volk erhobenen Hegemonialanspruch. Aus der Zugehörigkeit zu einer bestimmten Rasse abgeleitet, wurde er vor allem vom Nationalsozialismus verbreitet.

Herrlichkeit.
a) Anrede für die obrigkeitliche Gewalt (lat. maiestas, excellentia); auch Bez. für Herrenrechte.
b) nach dt. Recht die Unterherrschaft.
Herrschaft. Bez. für die polit. Differenzierung der Gesellschaft in Herrschende und Beherrschte im Unterschied zum allg. und neutralen Begriff der Macht. Auf Grund einer Rechtsordnung kann sie als bürokrat. H. rational sein, traditional im Sinne einer Pietätsordnung (z. B. im Patrimonialstaat) oder charismat. als Glaube an die übernatürl. Fähigkeit einer Person oder einer Gruppe. Die verschiedenen Formen der H. werden insbes. in der ma. Rechts- und Verfassungsgeschichte diskutiert (Grund-, Guts-, Landes-H., Territorium u. ä.)
LIT. HWDRG II, 104–08; A. Rüstow, Ortsbestimmung der Gegenwart, I: Ursprung der Herrschaft (Erlenbach-Zürich 1950); G. Eisermann (Bearb. u. Hrsg.), Die Lehre von der Gesellschaft (1958); G. Mosca, Die herrschende Klasse (Bern 1950); H. Dannenbauer, Grundlagen der ma. Welt (1959–62); O. Brunner, Land und Herrschaft (⁴1959); K. Bosl, Herrscher und Beherrschte im Dt. Reich des 10.–12. Jh. (1963); R. E. Agger, D. Goldrich und B. E. Swanson, The Rulers and the Ruled (N. Y. 1964); A. Haverkamp, Herrschaftsformen der Frühstaufer in Reichsitalien. 2 Bde. (1970/71); H. Kämpf (Hrsg.), Herrschaft und Staat im MA (1956; Neuausg. 1984); H. Haferkamp, Soziologie der Herrschaft. Analyse von Struktur, Entwicklung und Zustand von Herrschaftszusammenhängen (1983).
Herrscherkult (Königs-, Kaiserkult). Die Verehrung eines regierenden bzw. eines nach seinem Tode unter die Götter versetzten Herrschers durch den religiös erfaßten Menschen. So gehört zum Kult das, was als Verehrung der Götter seinen Ausdruck in bestimmten Lauten, Worten, Gesten und Handlungen findet. Der H. ist zeitl. etwa auf das 3. Jh. v. Chr. bis zum 3. Jh. n. Chr. begrenzt. Er beginnt mit der Gotteskindschaft Alexanders d. Gr. (reg. 336–323) und findet sein allmähliches Ende mit dem Sieg des Christentums (Toleranzedikt von 313). Zurückzuführen ist der H. auf die Vorstellung von charismat. Charakter des Priesterkönigs. Der H. konnte, insbes. in den griech. Städten,

verpflichtend sein. In der Regel wurde der H. in bes. Gebäulichkeiten (Tempeln etc.), die mit Bildern, Statuen u. a. geschmückt sein konnten, vollzogen (Divus, Genius). Seit dem 1. Jh. n. Chr. greift der H. vom griech. auf den lat. Raum über.
LIT. H. Wenschkewitz, Die Spiritualisierung der Kultbegriffe (1932); F. Taeger, Charisma. 2 Bde. (1957–60); Chr. Habicht, Gottmenschentum und griechische Städte (1956); H. W. Ritter, Diadem und Königsherrschaft (1965).
Hertziana, Biblioteca Hertziana. Bibliothek im Palazzo Zuccari in Rom, die nach der Stifterin Henriette Hertz (†1913) benannt ist. Die H. enthält reiches Material zur mittleren und neueren Kunstgeschichte, vor allem Italiens. Seit 1948 unter internationaler Verwaltung, wurde sie 1953 an die BRD (Max-Planck-Gesellschaft) zurückgegeben.
LIT. W. Lotz, Der Palazzo Zuccari in Rom. – Ein Künstlerhaus des 16. Jh. als Sitz eines Max-Planck-Instituts. In: Jb. der Max-Planck-Ges. (1967).
Herzog, Herzogtum (ahd. herizogo, der vor dem Heere herzieht). Bei den Germanen der ohne ständiges Königtum im Kriegsfall unter den Principes erwählte oberste Heerführer. Schon früh zeichnete sich das Bestreben ab, aus dem zeitl. begrenzten Amt des H. eine dauernde Führerstellung auch im Frieden zu machen. Häufig traten solche H., die in den german. Stammesreichen mit Königsverfassung in der älteren Zeit nicht nachweisbar sind, in den Dienst des röm. Reiches der Spätantike. Hier verschmolz ihre Stellung nicht selten mit dem Strategos in Ostrom, mit dem Dux in Westrom. Nach der Eroberung Italiens durch die Langobarden (568 n. Chr.) lag die Staatsführung zunächst in den Händen von 35 H. mit jeweils bes. Bezirk. Nach ihrer Unterwerfung durch den König bestanden sie als diesem untergeordnete Amtsträger weiter.
Amtsherzöge gab es auch im Merowingerreich; sie unterstanden dem König und gingen zurück auf den Dux des spätröm. Reiches, der als Kommandant der Limestruppen wirkte; im Kriegsfall führte er das Aufgebot im Grenzraum. War die Zentralgewalt schwach, gelang es den Grenzherzögen häufig, eine fast unabhängige, erbl. Gewalt zu gewinnen. So führte die Schwäche der merowing. Könige im 8. Jh. zum (sog. älteren)

Stammesherzogtum der Thüringer, Bayern, Alemannen, Friesen und Aquitanier.

Die frühen Karolinger beseitigten die Herzogtümer, lediglich an den Reichsgrenzen erhielten sich größere Gebiete unter der Führung von Markgrafen; aus diesen entwickelten sich unter Ludwig d. Kind (reg. 899–911) in der Art eines halbsouveränen Stammesherzogtums die neuen Stammesherzogtümer (Bayern, Schwaben, Sachsen, Franken). Sie wurden zu einer der Grundlagen des ma. Dt. Reiches bis zur Regierungszeit Friedrichs I. Barbarossa (reg. 1152–90). Versuche der Kaiser Otto I. (reg. 936–73) und Heinrich IV. (reg. 1056–1106), die H. wieder zu Amtsträgern des Königs zu machen, scheiterten. Doch kam es zur vorübergehenden Aufhebung von Herzogtümern (Franken und Sachsen), zur Neugründung infolge Teilung der alten, ebenfalls zur Entziehung des Landes durch lehnsrechtl. Aberkennung seitens des Königs. Um 1180 bestanden die folgenden dt. Herzogtümer: Bayern (907), Schwaben (917), Sachsen (843), Lothringen (895), Brabant (1128), Kärnten (976), Böhmen (895), Österreich (1156), Pommern (1152), Steiermark (1180); hinzu traten Titularherzöge wie die von Zähringen, Meran, Teck etc.

Die Macht des Gebietsherzogtums basierte auf Grafschaften, Vogteien sowie dem Grundbesitz; ihre Herrschaft erstreckte sich auf einen bes. Raum. Bis 1806 entstanden in Dtl. als weitere Herzogtümer: 1235 Braunschweig, 1348 Mecklenburg, 1356 Jülich, 1380 Berg, 1416 Savoyen, 1417 Kleve, 1474 Holstein, 1495 Württemberg, 1525 Preußen, 1552 Sachsen (Ernestinische Linie), 1777 Oldenburg. 1806 bzw. nach 1806 kam es zur Bildung der folgenden Herzogtümer: Nassau-Usingen, Anhalt-Bernburg (1806), Anhalt-Dessau, Anhalt-Köthen (1807), Nassau-Weilburg (1816).

In England, den skandinav. und roman. Ländern ist es nicht zur Ausbildung von Stammesherzogtümern gekommen: hier ist H. nur ein Titel des hohen Adels, in England auch des königl. Familienmitglieder.

Erzherzog war der Titel der kaiserl. Prinzen des Hauses Österreich (1453–1918).

LIT. H. Zeiss, Herzogsmann und Herzogsamt. In: Wiener Prähistor. Zeitschr. (1932); G. Läwen, Stammesherzog und Stammesherzogtum (1935); E. Klebel, Herzogtümer und Marken bis 900. In: DA (1938); W. Schlesinger, Die Entstehung der Landesherrschaft (1941); G. Tellenbach, Vom karoling. Reichsadel zum dt. Reichsfürstenstand. In: Adel und Bauern im dt. Staat des MA (hrsg. von Th. Mayer, 1943); Th. Mayer u. a., Kaisertum und Herzogsgewalt im Zeitalter Friedrichs I. (1944); ders., Fürsten und Staat (1950); E. Klebel, Vom Herzogtum zum Territorium. In: Festschr. Th. Mayer (1954); W. Kienast, Der Herzogstitel in Frankreich und Dtl. (1968).

Herzogskrone. Rang- und Würdezeichen der herzogl. Häuser sowie der Prinzen aus herzogl. Familien und der Erzherzöge.

Hetären (griech., Genossen, Kameraden).

[1] Während der griech. Frühzeit die freien Gefolgsleute des Königs; im makedon. Heer die Adelsreiterei, etwa 3000 Mann stark. Bei den Makedonen war bis in die Diadochenzeit der Hetäre des Königs Vertrauter und Freund; er stand ihm im Kampf zur Seite.

[2] Die Freudenmädchen in der griech. Antike. Seit dem 5. Jh. v. Chr. findet man die H. als hochgebildete und allg. höher geachtete Freundin bedeutender Persönlichkeiten. Berühmte H. waren: Aspasia, die 2. Frau des Perikles (um 490–429), Thais, die Geliebte Alexanders d. Gr. (reg. 336–323), Lais, die Freundin des Demosthenes (384–322), Phryne, die Geliebte des Praxiteles (im 4. Jh. v. Chr.).

LIT. H. Herter, in: RAC, 3 (1957); ders., Jb. für Antike und Christentum, 3 (1960).

Hetärien (von griech. hetairos, Genosse). Meist polit. Zusammenschlüsse im alten Griechenland (403 v. Chr. verboten); seit dem beginnenden 19. Jh. polit. griech. Geheimbünde; sie erstreben die Befreiung von den Türken. ›Hetärien der Befreundeten‹ war der Name für den 1814 gegründeten Geheimbund zur Befreiung der Griechen von der Herrschaft der Türkei. Führer der Geheimbünde waren Capodistrias und A. Ypsilanti.

LIT. T. Boyrnas, Philike Hetaireia (Athen 1959).

Heteronomie (griech.). Im Gegensatz zur Autonomie die Beugung unter ein Fremdgesetz. Durch I. Kant (1724–

1804) wurde die H. als die Bestimmung des Willens durch etwas anderes (z. B. Autoritäten oder erstrebte Zwecke) als das Sittengesetz in uns bezeichnet.

Hethitologie. Wissenschaft von der Geschichte, Kultur und Sprache der Hethiter, nach 1. Mos. 10,15 die Nachkommen des Heth, eines Volkes des At. mit idg. Sprache, das sich wahrscheinlich bereits vor 2000 v. Chr. im östl. Kleinasien ansiedelte. Nachdem der idg. Charakter der hethit. Sprache durch F. Hrozný 1915 erkannt und die Hieroglyphenschrift durch P. Merigi 1930, I. J. Gelb, F. Forrer, Th. Bossert u. a. entziffert worden war, wurde die H. von der Assyriologie getrennt und als eine selbständige Disziplin betrachtet. LIT. J. Friedrich, Entzifferungsgeschichte der Hethitischen Hieroglyphenschrift (1939); H. Pedersen, Hittitisch und die anderen indoeurop. Sprachen (Kopenhagen 1938); O. R. Gurney, The Hittites (London 1952); M. Riemenschneider, Die Welt der Hethiter (²1955); J. Friedrich (Hrsg.), Hethit. Wb. (1952ff.); H. Kronasser, Etymologie der hethit. Sprache, 1 (1966).

Hetman (poln.; russ. Ataman). Im alten Königreich Polen der Titel des Oberbefehlshabers des Heeres (vom 15. Jh.–1792); seit 1581 lautete der Titel Großhetman. Seit 1609 wurden die milit. und richterl. Befehle eines H. als Hetmansartikel in die Reichstagsgesetze eingeführt. Vom 16. Jh.–1764 hieß das Stammes- und Heeresoberhaupt der Kosaken H.; es wurde entweder frei gewählt oder vom Zaren bzw. dem poln. König ernannt. Von 1918–20 wurde das Oberhaupt der unabhängigen Ukraine als H. bezeichnet.

Heuerlinge, Heuerleute. Vor allem in Nordwestdtl. Hintersassen eines Großbauern, zu denen sie in einem bes. Pacht- und Arbeitsverhältnis stehen. Durch den Hofbauern erhalten sie zur Eigenwirtschaft Wohn- und Wirtschaftsgebäude, Acker- und Grünland. Die Pacht hierfür wird durch eine vereinbarte bestimmte Zahl von Arbeitstagen (100–200) abgeleistet. Vor allem in Westfalen existiert das Heuerlingswesen seit Generationen.
LIT. H. J. Seraphim, Das Heuerlingswesen (1948).

Heuristik (Kunstwort, von griech. heuriskein, finden). Vor der Kritik und Interpretation in der Historik J. G.

Droysens (1808–84) der 1. Teil der Methodik, d. h. die Kunst, Wege zur Gewinnung wissenschaftl. Erkenntnisse zu finden.
LIT. J. Müller, Grundl. der systemat. H. (1970).

Hexabiblos (griech., Sechsbuch). Sammlung der byzantin. Kaisergesetze; sie wurde durch Harmenopulos 1345 in griech. Sprache verfaßt.

Hexen, Hexenwesen, Hexenprozesse (ahd. hagazussa, Zaunteufel [?]). Das Wort ist westgerman.; es wird im Mhd. selten gebraucht; erst im 16. Jh. dringt es in Form von »H.« aus schweizer. Gebiet nach Norden vor. Der Begriff selbst, dem uralte Vorstellungen zugrunde liegen, wurde dem Inhalt nach durch die kirchl. und staatl. Gesetzgebung festgelegt (päpstl. Bullen; ›Hexenhammer‹ des Heinrich Institoris und Jakob Sprenger von 1487). Das Wort H. ist aus der Lit. bis ins 14. Jh. nachweisbar. Bereits in der Antike und bei den Germanen sowie anderen alteurop. Völkern bestanden Vorstellungen von weibl. Unholden und Zauberinnen. Auch heute ist mit H. noch die Vorstellung verbunden »durch Zauber Schaden bringendes Weib«.

Hatte die Kirche in der Zeit der Germanenbekehrung die alten Volksvorstellungen von den nachtfahrenden Frauen und Tierverwandlungen noch entschieden abgelehnt, so waren diese doch so zählebig, daß die großen Theologen der HochMA wie Alexander von Hales (vor 1180–1245), Bonaventura (1221–74) und Thomas von Aquin (1225/27–74) sie übernahmen und in ihr theolog. System einbauten, nachdem sich bereits das Sachsenkapitulare Karls d. Gr. gegen die Hexenverbrennungen gerichtet hatte. Der Hexenaberglaube verdichtete sich im SpätMA zu einer eigenen Lehre, wonach die H. mit dem Teufel, der sie verjüngte und verschönte, Buhlschaft trieb. Der vom 15.–17. Jh. dauernde Höhepunkt des Hexenwahns erfaßte sämtl. Schichten der Bevölkerung; keine Gegend blieb von ihm verschont. In dem berüchtigten ›Hexenhammer‹ (›Malleus maleficarum‹), der zw. 1487 und 1669 29mal gedruckt wurde ist stellt eine Beschreibung des Hexenwesens und seiner Bekämpfung dar, wurde der Hexenwahn und das Hexen-Bekämpfungsverfahren in ein wirksames System gebracht. Der Hexenhammer löste eine Welle von Hexenprozessen in

Dtl. aus, die nach den Anweisungen des Buches durchgeführt wurden. Papst Innozenz VIII. (1484–92) erließ 1484 eine Bulle gegen das Hexenwesen (›Summis desiderantes‹). Die Hexerei zählte rechtl. zu den gemischten Verbrechen; für sie war im Falle von Schädigung an Leib und Leben das weltl. Gericht zuständig, bei widernatürl. Unzucht, »Teufelsbuhlschaft«, das geistl. Gericht und die Inquisition. Den schärfsten Kampf gegen die H. forderten auch Luther (1483–1546) und Calvin (1509–64). Erst die ›Cautio criminalis‹ Friedrichs von Spee, SJ (1591–1635) vom Jahre 1631, die zwar nicht den Hexenglauben überhaupt verwarf, aber die Art der Durchführung der Prozesse, veranlaßte einige kath. und ev. Fürsten, die Hexenprozesse einzuschränken. Nachdem das aufsehenerregende Werk des Holländers Balth. Bekker von 1691–93 den Glauben an die Macht und Wirksamkeit des Teufels nachdrücklich erschüttert hatte, überwand schließlich Christian Thomasius (1655–1728) den Hexenglauben im Geiste des Rationalismus in der Dissertation ›De crimine magiae‹, die er 1701 verteidigen ließ. Er gab den Anstoß zu dem preuß. Edikt von 1714, das die Hexenprozesse der Regierung und den obersten Justiz-Kollegien vorbehielt. Auch dort, wo die Rechtsbücher die Verbrechen der Hexerei noch kannten, fanden im 18. Jh. nur noch vereinzelt Prozesse statt. Der Hexenglaube, im theolog. Raum ganz aufgegeben, blieb jedoch als volkstüml. Überzeugung bis in die Gegenwart erhalten (letzte Hinrichtung 1782 an Anna Göldi in Glarus/Schweiz).
LIT. J. Hansen, Zauberwahn, Inquisition und Hexenprozeß im MA (1900); Quellen und Untersuchungen zur Geschichte des Hexenwahns (1901); W.G. Soldan, H. Heppe, Geschichte der Hexenprozesse (Neudr. 1938); J. Kruse, H. unter uns? Magie und Zauberglauben in unserer Zeit (1951); K. Baschwitz, Die Hexenprozesse im Lichte der Massenpsychologie (1953); F. Merzbacher, Die Hexenprozesse in Franken (²1970); Chr. Thomasius, Über die Folter (dt. 1960); H. Auhofer, Aberglaube und Hexen-Wahn heute (1960); W. Ziegeler, Möglichkeiten der Kritik am Hexen- und Zauberwesen im ausgehenden MA (1973); H. Döbler, Hexenwahn (1977); G. Schormann, Hexenprozesse in Deutschland (1981);

B. Gloger, W. Zöllner, Teufelsglaube und Hexenwahn (1984); A.R. Baumgarten, Hexenwahn und Hexenverfolgung im Naheraum (Diss. Mainz 1986); E. Heinemann, Hexen und Hexenglauben. Eine histor.-sozialpsycholog. Studie über den europ. Hexenwahn des 16. und 17. Jh. In: Campus Forschung 478 (1986); G. Schwaiger, Teufelsglaube und Hexenprozesse (1987); G. Schormann, Der Krieg der Hexen (1991); B.E. König, Gesch. der Hexenprozesse (1990); R. Schulte, H.meister (2000).

Hidalgo (span.). Zunächst kastil. Adelsklasse; seit dem 13. Jh. allg. Bez. für den Adeligen. Von bes. Einfluß auf die H. wurde die Reconquista. Seit dem 15. Jh. ist H. der Titel des niederen Adels. In Portugal entspricht dem H. der Titel Fidalgo.

Hierarchie (griech., hl. Herrschaft). Im kath. Kirchenrecht der Terminus technicus für das Verhältnis gegenseitiger Über- und Unterordnung innerh. des Klerus sowie für die Gesamtheit der Kleriker, die in irgendeinem Grad an den hierarch. Gewalten teilhaben. Innerh. der ständischen Gliederung der Kirche, die nach göttl. Recht zw. Klerikern und Laien unterscheidet, ist der Klerus durch eine Rangordnung gestuft, und zwar entsprechend der doppelten Gewalt durch eine zweifache: die Weihe- und Jurisdiktionshierarchie. In beiden H. sind die tragenden Stufen – der Weihe nach: Bischöfe, Priester und Diakone, der Jurisdiktion nach: Papst und Bischöfe – göttl. Rechts. An sie sind kraft kirchl. Rechts bes. in der Jurisdiktionshierarchie zahlreiche andere Stufen angeschlossen. Indem der Bischof als zweiter göttl.-rechtl. Träger eigenständiger Jurisdiktion neben dem Papst steht und die Gewalt des Papstes als bischöfl. Vollgewalt charakterisiert wird, wird die bischöfl. Verfassung zur eigentl. hierarch. Verfassung. Die H. ergänzt sich selbst, und zwar in der ersten Ordnung durch die Weihe, in der zweiten durch die Übertragung von Jurisdiktion (→ Missio canonica), in der päpstl. Spitze durch Wahl. Lediglich Kleriker können in die H. aufgenommen werden. Während die ev. Kirche keine H. kennt, besitzen die anglikan. und die orthodoxe Ostkirche eine feste H.
LIT. DDC, V.S. 1125 ff.; H. Barion, Sacra Hierarchia (Tymbos für W. Ahlmann, 1951, S. 18–45); E. Eubel u.a. (Hrsg.), Hierarchia Catholica. 5 Bde.

Hierodulen

(1898–1952); H. Scharp, Wie die Kirche regiert wird (1958).

Hierodulen (griech., hl. Knechte). Tempelsklaven, männl. oder weibl.; sie wurden als Eigentum der Götter betrachtet. Durch geschlechtl. Vereinigung mit ihnen glaubte man, der göttl. Macht teilhaftig zu werden. Ihre Zahl war teilweise recht groß. So soll es allein in einer Stadt in Kappadokien 6000 H. gegeben haben. In Israel hießen die H. Kedeschim (Geweihte, Heilige), es waren nur Knaben. LIT. W. Otto, Beitr. zur Hierodulie im hellenist. Ägypten (1949); L. Delekat, Katoche, Hierodulie und Adoptionsfreilassung (1964).

Hieroglyphen (hl. Eingrabungen). Allg. eine Bilderschrift, z.B. die ägäischen, hethitischen H.; insbes. die Zeichen der altägypt. Bilderschrift. Aus ihr entwickelte sich die hieratische (Priester-)Buchschrift sowie die demotische Kursive.

Hierokrat. Ein Geistlicher, der die Hierokratie durchzusetzen versucht.

Hierokratie. Priesterherrschaft, d.h. die Ausübung oder die entscheidende Beeinflussung der staatl. Herrschaft durch kirchl. Machtträger, vor allem die durch das Papsttum des MA vertretene Ordnung des Kirche-Staat-Verhältnisses. LIT. H. Raab (Hrsg.), Kirche und Staat (dtv-Dokumente, 238/39, 1966).

Hieromantie (griech.). Das Wahrsagen aus Tieropfern.

Hieronymiten (Hieronymitaner). Verschiedene, im 14. Jh. gegr. und nach dem lat. Kirchenvater Hieronymus (331 od. um 340–419 od. 420), dem Förderer des Mönchtums und der Askese, genannte Einsiedlergenossenschaft mit Augustinerregel. Ein letzter italien. Zweig wurde 1953 aufgehoben.

Hierophant. Der oberste Priester der griech. Mysterien, bes. der zu Eleusis. Der H. entstammte einem Geschlecht, in dem sich Symbole und Kultgegenstände einer bes. Gottheit vererbten.

Hieroskopie. Das Wahrsagen aus Tieropfern bzw. deren Eingeweide (→Haruspices).

Highness (engl., Hoheit). Bis zu Heinrich VIII. (reg. 1509–47) Titel der engl. Könige; in der Anrede Your H., Royal H. (›Königliche Hoheit‹) Titel der königl. Prinzen und Prinzessinnen.

Hintersassen (Kossäten, Zinsleute, Hintersättler, Grundholden). Im MA Bez. für die von einem Grundherrn abhängigen freien oder halbfreien Bauern; ebenfalls Ansiedler ohne oder mit nur geringem Recht an der Allmende; sie hatten den Hof entweder erblich oder in abgeleitetem Eigentum oder in Erbpacht zu eigen, bewirtschafteten ihn selbständig, waren aber dem Gutsherren zu Abgaben und Diensten in mannigfacher Art verpflichtet. LIT. F. Lütge, Geschichte der dt. Grundherrschaft (1967).

Hipparch (griech.) »Reiteroberst«, Befehlshaber einer Reiterschwadron (Hipparchie) des griech. Heeres, in Sparta von Hipparmosten, in Athen von Hipparchen befehligt. Über das Militärische hinaus bestand auch in den Bünden der hellenist. Zeit das Amt des H.; er war der 2. Beamte nach dem Strategen. In Rom entsprach dem H. der magister equitum.

Hippeis. Im griech. Heer die Reiter; sie wurden in Sparta von Hipparmosten, in Athen von Hipparchen befehligt. Außerdem repräsentierten die H. häufig den Adel. In der Timokratie Solons (um 640–um 560) bildeten sie die zweithöchste Vermögensklasse (auf 300–500 Scheffel Getreideertrag festgesetzt).

Hirsau. Das Hirsauer Benediktinerkloster (im 9. Jh. gestiftet) gehörte im 11. Jh. zu den Hauptstützen der Reformbewegung von Cluny; sie verbreitete sich von H. aus in Dtl. (Hirsauer Klosterreform). Hiermit lief eine Ausbreitung der Hirsauer Bauschule parallel; diese schuf zwar keinen bestimmten Typus, zeichnete sich jedoch durch hervorragende Steinmetzarbeit aus. LIT. W. Irtenkauf, Hirsau (²1978); B. Hoffmann, H. und die Hirsauer Bauschule (1950); K. Schmid, Kloster H. und seine Stifter (1959); H. Jakobs, Die Hirsauer (1961); ders., Der Adel in der Klosterreform von St. Blasien (1968); K. Greiner, H., seine Geschichte und seine Ruinen (⁶1962).

Historia Augusta. Eine Sammlung von Biographien der röm. Kaiser von Hadrian bis Carus (117–283) aus dem Anfang des 4. Jh.

Historienmalerei. Die künstler. Darstellung geschichtl., bibl. und sagenhafter Szenen. Nach antiken Vorläufern begann die H. mit der Renaissance; im Klassizismus erreichte sie einen letzten Höhepunkt. LIT. E. Hornung, Geschichte als Fest

340

(1966), II. G. Evers, Vom Historismus zum Funktionalismus (1967).

Historik. Die Lehre von der Methode der Geschichtsschreibung.
LIT. J. Rüsen, Für eine erneuerte Historik (1976).

Historiographie → Geschichte.

Historische Dichtung. Vergegenwärtigende und deutende Auseinandersetzung mit der Welt der Geschichte in dichterischer Form; in der Erzählung Berührung mit der Geschichtsschreibung unter Gestaltung der Erlebniswahrheit (W. Scott, W. Irving, F. R. Chateaubriand, L. A. v. Arnim, Stendhal, L. N. Tolstoi, Th. Mann u. a.). Insbes. das dichter. Lebensbild hat eine nahe Beziehung zur Biographie (C. F. Meyer, G. L. Strachey, A. Maurois, St. Zweig u. a.). Das Epos mischte sich früher mit der Geschichtserzählung (Herodot, ma. Reichchroniken). Das Drama, weniger die Komödie, benutzte vor dem Aufkommen des bürgerl. Schauspiels vor allem myth. und histor. Stoffe.
LIT. E. Ermatinger, Das dichterische Kunstwerk ([3]1932); Hustvedt, Ballad Books and Ballad Men (Harvard 1936); F. Wehrli, Der historische Roman (Amsterdam 1941); W. Hinck, Geschichtsdichtung (1995).

Historische Geographie. Ein Forschungsgebiet mit Aufgaben geograph. und histor. Art. Auf Grund von Feld- und Bodenforschung (Archäologie) sowie schriftl. Quellen versucht die H. G. das geograph. Bild der einzelnen geschichtl. Epochen wiederherzustellen.
LIT. H. Jäger, H. G. (1969). – Kartenwerk: Westermanns Großer Atlas zur Weltgeschichte (1966).

Historische Hilfswissenschaften. Sammelbez. für diejenigen Wissensgebiete, die notwendig sind, um eine vorbereitende Kritik der Geschichtsquellen zu ermöglichen. Zu den H. H. gehören die Schriften- und Handschriftenkunde (Paläographie), Inschriftenkunde, Urkundenlehre, Siegelkunde, Münzkunde, Genealogie, Wappenkunde, Chronologie, Historische Geographie.

Historische Institutionen. Kommissionen, Institute, Vereine und Publikationsorgane, die der Geschichtsforschung dienen.

Historische Kommission. Institut zur Edition von Geschichtsquellen. Auf L. von Rankes (1795–1886) Anregung hin wurde 1858 in München die erste H. K. gegründet. In den meisten Fällen sind die II. K. landesgeschichtl. Publikationsinstitute.

Historische Rechtsschule. Dt. Schule der Rechtswissenschaft, die zu Beginn des 19. Jh. entstand. Sie betrachtete das Recht als Ergebnis der histor. Entwicklung und führte zu einer Neubelebung der Rechtsgeschichte. Die ältere H. R. bemühte sich vor allem um die Erforschung des älteren röm. und german. Rechts (Romanisten: F. K. von Savigny, G. Fr. Puchta; Germanisten: K. F. Eichhorn, J. Grimm, K. J. A. Mittermaier, G. Beseler, K. G. Homeyer). Die jüngere H. R. hob auch die praktische Bedeutung der Rechtswissenschaft hervor (Romanisten: R. von Jhering, Th. Mommsen, L. Mitteis; Germanisten: K. von Amira, A. Heusler, H. Brunner, O. von Gierke).
LIT. HWDRG II, 170–72.

Historischer Materialismus (abgek. Histomat). Die Grundlehre des Marxismus, von Karl Marx (1818–83) aus dem religiösen Sozialismus C. H. Saint-Simons (1760–1825) und der idealist. Geschichtsphilosophie G. W. F. Hegels (1770–1831) entwickelt. Vor allem F. Engels (1820–95) und W. I. Lenin (1870–1924) machten den H. M. zum Bewegungsgesetz der gesamten Natur. Im Vorwort zur ›Kritik der politischen Ökonomie‹ (1859) wird der H. M. klassisch formuliert. Er sieht die beherrschende geschichtl. Kraft in der ökonom. und sozialen Struktur. Diese geschichtl. Kraft, die Basis, umschließt die Produktivität, d. h. die Bodenschätze, Werkzeuge, Maschinen sowie die Fähigkeit der Menschen, die sie verwerten, außerdem die Produktions- und Eigentumsverhältnisse. Zum ideolog. Überbau, der durch die Basis »bedingt« ist, gehören Kunst und Wissenschaft, polit. Anschauungen und religiöse Überzeugungen sowie deren Institutionen, d. h. Kirche und Staat, Parteien etc. Diese Schichten entwickeln sich in einem Tempo von unterschiedl. Geschwindigkeit. Hieraus entstehen soziale Spannungen und Klassenkämpfe, schließlich Revolutionen; in einer neuen geschichtl. Formation wird durch sie das Gleichgewicht wiederhergestellt.
Man unterscheidet an solchen ökonom. Gesellschaftsformationen: zu Beginn der menschl. Gesellschaft den Urkommunismus; z. Z. der Antike das sklavenhaltende Gesellschaft; im MA die feudale, insbes. die agrar. Gesellschaft; im

19. Jh. die bourgeoise oder kapitalist. Gesellschaft. Auf sie folgt im Anschluß an die proletar. Revolution die sozialist. Gesellschaftsordnung, die in ihrem Endstadium in die kommunist. Gesellschaftsordnung überleitet. Sie ist dadurch gekennzeichnet, daß die Entfremdung des Menschen von seiner Arbeit beseitigt sein wird (Marxismus). In ihr ist es jedermann gestattet, nach Gutdünken zu handeln.

Nach bürgerl. Terminologie ist der H. M. eine ökonomist. Geschichtsphilosophie, jedoch keine Wissenschaft der Geschichte. Mit der Analyse der ökonom. und sozialen Struktur insbes. des 19. Jh. ist durch den H. M. Hervorragendes geleistet worden. Dies gilt vor allem hinsichtl. der Ergänzung einer Geschichtskonzeption, die allzu einseitig orientiert war. In die Soziologie ist vom H. M. eingegangen, was als von Bestand erkannt worden ist.

Der fortwährende Materialismusstreit ist der Ausdruck einer Auseinandersetzung zw. der vorwiegend naturwissenschaftl. und der idealistisch-geistigen (und religiösen) Weltanschauung.

LIT. F. A. Lange, Geschichte des M. 2 Bde. ([10]1921); H. Cunow, Die Marxsche Geschichts-, Gesellschafts- und Staatstheorie. 2 Bde. ([2]1923); K. Kautsky, Die materialist. Geschichtsauffassung. 2 Bde. ([4]1929); M. Adler, Lehrbuch der materialist. Geschichtsauffassung, 1. 2 Bde. (1930ff.); H. Driesch, Die Überwindung des M. (1935); Bavink, Ergebnisse und Probleme der Naturwissenschaften ([9]1948); J. Hommes, Der techn. Eros (1955); G. A. Wetter, Der dialektische M. Seine Geschichte und sein System in der Sowjetunion ([5]1960); J.-Y. Calvez, La pensée de Karl Marx (1956; dt. 1964); H. Marcuse, Die Gesellschaftslehre des sowjet. M. (1964); K. Marko, Sowjethistoriker zwischen Ideologie und Wissenschaft (1964); P. Kägi, Genesis des H. M. (1965); H. Schack; Die Revision des Marxismus-Leninismus ([2]1965); E. Oberländer, Sowjetpatriotismus und Geschichte (1967).

Historische Schule. Bez. für jene Gelehrten verschiedener Fachrichtung, die mit den Mitteln exakter Kritik und historischen Verstehens eine Gesamtanschauung ihrer Wissenschaft zu erreichen suchen. Ihr werden u. a. zugerechnet: B. G. Niebuhr, F. K. von Savigny, J. Grimm, L. von Ranke. Die H. S.

stand in einem ausgesprochenen Gegensatz zu G. W. F. Hegels (1770 bis 1831) philosophischer Schule.

LIT. H. von Srbik, Geist und Geschichte vom Humanismus bis zur Gegenwart, II ([2]1964); C. Hinrichs, Ranke und die Geschichtstheologie der Goethezeit (1954); O. Büsch, H. Heimpel, Beiträge zur Organisation der histor. Forschung in Dtl. (1984).

Historische Zeitschrift. Die 1859 durch H. von Sybel gegr. führende Zeitschrift der dt. Geschichtswissenschaft. Ihre Herausgeber waren bzw. sind: F. Meinecke (seit 1893), L. Dehio (seit 1949), L. Dehio und W. Kienast (seit 1950), Th. Schieder und W. Kienast (seit 1957), Th. Schieder und Th. Schieffer (seit 1968), Th. Schieder und L. Gall (seit 1975) und Lothar Gall (seit 1984).

LIT. Th. Schieder (Hrsg.), Hundert Jahre HZ 1859–1959 (1959).

Historisch-politische Blätter für das katholische Deutschland. Eine Halbmonatsschrift, die 1838 in München von G. Phillips, E. Jarcke und J. J. Görres gegründet wurde und bis 1922 erschien; jahrzehntelang wurde sie von J. K. Jörg herausgegeben. Die Zeitschrift behandelte polit. und geschichtl. Themen im Sinne der kath. Weltanschauung. Die von M. Buchner 1924 gegr. ›Gelben Hefte‹ versuchten, ihre Tradition fortzusetzen.

Historismus. Bez. für eine Betrachtung der kulturellen Erscheinungen unter dem Gesichtspunkt ihres geschichtl. Bedingt- und Gewordenseins sowie der damit einhergehenden Leugnung ihres überzeitlichen absoluten Sinnes. Wie die meisten Parteinahmen auf dem Gebiet der Philosophie ist auch dieser Begriff, der in der 2. Hälfte des 19. Jh. aufkommt, zunächst kritisch-polemisch gemeint und geht insbes. auf die Kritik zurück, die F. Nietzsche (1844–1900) in seiner zweiten ›Unzeitgemäßen Betrachtung‹ an der Historie geübt hat; bald wird H. aber auch in einem neutralen Sinn verwendet.

Geschildert hat die Entstehung des H. vor allem F. Meinecke (1862–1954). Herders (1744–1803) Kritik an der Aufklärung ist dafür das wichtigste Dokument (›Auch eine Philosophie zur Geschichte der Bildung der Menschheit‹, 1774). Jedoch vermag man gewisse Vorgestalten des H. zu erkennen, in denen sich der Sache nach ein ähnl. Gegensatz zu einer herrschenden Philosophie darstellt. So im alten Rom die Kritik an der griech. Bildung von röm. Staatsbewußtsein aus, etwa bei Cicero (106–43 v. Chr.), so im Humanismus bis zu Bacon (1561–1626) und Hobbes (1588–1679) die Kritik an der Scholastik. Jedoch ist in diesen Vorgestalten die Kritik mehr pragmatisch als theoretisch gemeint. Hingegen waren im philosoph. Denken von Herder bis Hegel die begriffl. Fundamente des H. gelegt, indem der Begriff der Individualität sowie der Begriff der Entwicklung der Besonderung des Allgemeinen bzw. dem Prozeß des Fortschritts zur Vollkommenheit entgegengesetzt werden. Die von Herder entwickelte und von Ranke (1795–1886) übernommene Form des H. kann man einen histor. Pantheismus nennen, soweit im endlichen geschichtl. Leben das Walten des unendlichen Gottes mehr anerkannt als erkannt wird. Hingegen stellt Hegels (1770–1831) Einbeziehung der Geschichte in das Wesen und die immanente Selbstentfaltung der Wahrheit einen log. Pantheismus vor, weil die Geschichte sich am Ende in dem Begriff aufhebt. Beiden Formen des H. ist gemeinsam, daß das Unendliche im Endlichen erscheint.

Auf dem Gebiet der Politik entspricht dieser Einbeziehung der Geschichte in die Philosophie die Kritik des revolutionären Rationalismus, repräsentiert vor allem durch Edmund Burkes (1729–97) ›Reflections‹ (1790; dt. 1793) sowie ihre romant. Nachfolger; auf dem Gebiet der Rechtswissenschaft durch Savignys (1779–1861) histor. Rechtslehre. Dazu gesellt sich Rankes Kritik der naturrechtl. Staatslehre, die die histor. Weltanschauung als erste begründete. Man kann in der durch Ranke eingeleiteten histor. Bewegung ein Zurückbleiben hinter der spekulativen Konsequenz Hegels bzw. eine falsche Anpassung an den Positivismus sehen wie B. Croce (1866–1952). Karl Marx (1818–83) und seine Fortsetzer, z.B. G. Lukács (1885–1971), sehen in der histor. Schule einen reaktionären Irrationalismus.

Wohl waren bzw. sind das eigentl. Erscheinungsgebiet des H. die Geisteswissenschaften. Darüber hinaus kam es jedoch bei ihnen zu einer durchgreifenden Historisierung. Für den größten Teil des vorigen Jh. stellt der H. die beherrschende Bewegung dar; seiner heutigen Würdigung und Bedeutung galten die

Arbeiten u.a. Th. Litts (1880–1962); E. Sprangers (1882–1963) und E. Rothackers (1888–1965).

LIT. F. Nietzsche, Vom Nutzen und Nachteil der Historie für das Leben (1874); G. Simmel, Die Probleme der Geschichtsphilosophie (⁵1923); M. Weber, Ges.polit. Schriften (²1958); ders., Ges. Aufsätze zur Wissenschaftslehre (²1951); E. Troeltsch, Der H. und seine Probleme (Ges. Schriften, III, 1922); K. Heussi, Die Krisis des H. (1932); F. Meinecke, Die Entstehung des H. 2 Bde. (³1959); C. Antoni, Vom H. zur Soziologie (1950); H. von Srbik, Geist und Geschichte vom dt. Humanismus bis zur Gegenwart. 2 Bde. (³1964); G. Lukács, Die Zerstörung der Vernunft (1953); R. G. Collingwood, Philosophie der Geschichte (dt. 1955); L. Strauß, Naturrecht und Geschichte (1956); E. Fülling, Geschichte als Offenbarung (1956); Th. Litt, Die Wiedererweckung des geschichtl. Bewußtseins (1956); G. Eisermann, Die Grundlagen des H. in der dt. Nationalökonomie (1956); K. R. Popper, Das Elend des Historismus (³1971); G. Scholtz, »Historismus« als spekulative Geschichtsphilosophie (1973); A. Wittkau, H. (²1994).

Hochfrei. Bez. der Geschichtswissenschaft für den hohen Adel im fränk. Reich; darüber hinaus in dessen Nachfolgestaaten sowie in England; die Quellenbez. lauten meliores, optimati (-es), principes, proceres, nobiles u. a.

Hochgericht.
[1] Bez. für das Gericht der hohen Gerichtsbarkeit, während des frühen und hohen MA das Gericht der Grafen, Vögte und Immunitäten; in Territorialstaaten das niedere Landgericht.
[2] Stelle, wo die Hinrichtung stattfand, d. h. wo Galgen bzw. Schafott stand.

Hochkirche (High Church, heute Anglo-Catholics genannt).
[1] In der Anglikan. Kirche eine Richtung, die hierarch. Aufbau, Kultus und Liturgie der kath. Kirche auch nach der Trennung von Rom (1534) beibehielt.
[2] Eine 1918 gegründete Hochkirchliche Vereinigung des dt. Protestantismus; sie nennt sich seit 1947 ›Evangelisch-ökumen. Vereinigung des Augsburger Bekenntnisses‹; durch sie werden »katholisierende« Tendenzen vertreten, so das Bischofsamt in apostol. Nachfolge, die Feier der Sakramente, die Liturgie, die Einzelbeichte, die

kirchl. Einigung. Gleichgeartete Bewegungen entstanden in luth. Kirchen Skandinaviens, der USA, der Schweiz, Frankreichs und der Niederlande. Ziele ähnl. Art werden durch die Alpirsbacher Bewegung und den Berneuchener Kreis angestrebt.

LIT. F. Heiler, Ev. Katholizität (1926); Mackenzie, Anglo-Catholic Ideals (London 1931); B. von Schenk, The Presence (1945); Bo Giertz, Die Kirche Christi (⁴1954); G. van der Leeuw, Sacramentstheologie (1959).

Hochkommissar (Hoher Kommissar, Oberkommissar, engl. High Commissioner). Titel des obersten Organs in abhängigen oder besetzten Ländern, so in den ehem. Kolonien (Schutzgebieten, Protektoraten) für die der einheim. Verwaltung der jeweiligen leitenden Beamten der jeweiligen Schutzmacht, des obersten Völkerbundsbeamten in der Freien Stadt Danzig (1920–39), der Militärgouverneure in der BRD (1949–55). In der DDR wurde die Sowjetische Kontrollkommission 1953 durch einen H. abgelöst.

Hochmeister. Titel des Ordensmeisters des Dt. Ritterordens; er war der Leiter der Besitzungen in Sachsen, Thüringen um Wendland, einer Landschaft zw. Elbe und Altmark beiderseits der Jeetze (Reg.-Bez. Lüneburg). Bei den Johannitern lautete der entspr. Titel ›Hoher Meister‹. Hoch- und Deutschmeister war der Titel nach dem Verlust Livlands und Kurlands und der Umwandlung Preußens in ein weltl. Herzogtum (1525), d. h. nach der Beschränkung des Ordens auf den binnendt. Raum.

Hochstift. Bez. für die Bistümer des MA, desgl. für die Bischofsresidenz mit Domkapitel, vielfach auch für Reichsabteien.

Hochverrat. Das auf die gewaltsame Beseitigung der bestehenden staatl. Ordnung gerichtete Verbrechen gegen den Staat, dessen innere Ordnung, Verfassung und Organe (→ Landesverrat).

Hochwacht (Hohwacht). Bez. für die in der Schweiz verbreiteten alten kelt. Wachtbefestigungen. Später auch als Wachtpunkte (Chuzen) in der Eidgenossenschaft systemat. organisiert (seit dem 15. Jh., vor allem im 17. Jh.).

Hochzeitshaus, Tanzhaus. Im MA und z. Z. der Renaissance städt. Gebäude zur Veranstaltung von Festen, für die das bürgerl. Haus nicht genügend Raum bot, vielfach auch ein Saal im Rathaus, in einem Zunfthaus u. ä. Eines der größten H. war das ›Tanz- und Kaufhaus‹ Gürzenich in Köln. H. stehen noch in Marburg/Lahn, Alsfeld/Oberhessen und Hameln/Weser.

Hochzeitsmünzen, Hochzeitsmedaillen. Denkmünzen oder Medaillen, die zu der Hochzeit oder dem Hochzeitsjubiläum eines Herrscherpaares geprägt wurden. Bereits seit hellenist. Zeit bekannt, waren sie vor allem seit dem 17. Jh. ebenfalls beim Bürgertum beliebt. Seit dieser Zeit gab es auch Hochzeitsgeschenkmünzen; sie zeigten das Bild eines jungen Paares, das von Christus getraut wird.

Hof.
[1] Urspr. eine vor Überfällen und Überschwemmungen Schutz bietende Anhöhe; heute Bez. für ein Landgut, das vom zugehörigen angebauten Land im ganzen umgeben und nur von einer Bauernfamilie samt deren Gesinde bewohnt wird; es ist ohne Flurverband mit anderen Höfen.
[2] (mlat. curia, curtis). Bez. für die Haushaltung des Fürsten und ihrer Familien, desgl. für die Residenz eines Fürsten, d. h. eines Kaisers, Königs, geistlicher oder weltlicher Fürsten.

LIT. J. Bumke, Höfische Kultur … im hohen MA (1986); E. Kruse/W. Paravicini (Hrsg.), Höfe und Hofordnungen 1200–1600 (1999).

Hofadel. Der am Hof eines Regenten ständig anwesende Adel; den Nachweis seiner Hoffähigkeit hatte er durch Ahnenprobe zu erbringen.

Hofämter. Allg. Bez. für jede am Hof ausgeübte Tätigkeit, insbes. die schon z. Z. der fränk. Könige bestehenden vier altgerman. Hausämter: Truchseß (Seneschall), Marschall, Kämmerer, Mundschenk; sie wurden seit Otto I. (reg. 936–73) von den höchsten Reichsfürsten ausgeübt. Die Ämter waren von Anfang an Ehrenämter, die Träger dieser Erzämter beanspruchten gemeinsam mit den drei rhein. Erzbischöfen als Erz-Kanzler das Recht auf die Kurfürstenwürde. Zunächst waren deren Inhaber Stellvertreter in den Funktionen der alten Ämter, dann nur mehr Titelträger (Erz-Truchseß, Erz-Marschall, Erz-Kämmerer etc.); die eigentl. Leitung lag bei den Erbämtern weniger Familien: Schenk von Limpurg, Marschall von Pappenheim, Truchseß von Waldburg, Kämmerer von Bolanden-Falken-

stein. Seit dem 13. Jh. gab es bei den Landesfürsten entsprechende Landes-H. In den dt. Territorien, ebenfalls in England, entwickelte sich seit dem späteren MA neben der Hofverwaltung eine Staatsverwaltung mit selbständigen Behörden und Räten; eine von der Hofverwaltung getrennte Reichsverwaltung hingegen entstand später, und zwar nach dem Vorbild der Territorien. Die Ausweitung der Hofämter zu einem Hofstaat war zeitl. und örtl. verschieden; sie fällt in das 15./16. Jh. Vorbild des Hofzeremoniells war im 15. Jh. der burgund., im 16. Jh. der span. und im 17. Jh. der franz. Hof.
LIT. HWDRG II, 197–200; H. Conrad, DRG I (²1962).

Hofburg. In Wien bis zum Untergang der Donaumonarchie 1918 die kaiserl. Residenz.

Hofcharge. Allg. ein zum Ehrenamt oder ledigl. zu einem Titel gewordenes Hofamt; vom 15. Jh. an wird es nicht selten in Rangklassen unterteilt, so der Obersthof-, Oberhof-, Hofmarschall; bei einigen Adelsfamilien mit häufiger Erblichkeit dieser Ämter findet sich der Zusatz Erb-.

Höferecht. Ein Sonderrecht für Bauernhöfe, durch das Teilung und Belastung verhindert werden sollte. Im späten MA infolge der häufigen Bodenzersplitterung aufgekommen, wurde es im frühen 19. Jh. während der Agrarreformen abgeschafft. Um die Jahrhundertmitte lebte es jedoch wieder auf, so 1855 für Bayern, 1858 für Hessen, 1874 für Hannover, 1882 für Westfalen, 1886 für Schleswig-Holstein. Eine Neuregelung erfuhr es im nationalsozialist. Erbhofgesetz vom 29. 9. 1933. Durch das Gesetz zur Änderung der Höfeordnung vom 24. 8. 1964 wurde der Vorrang des männl. Geschlechts bei der Hoffolge aufgehoben. Nach den in der BRD geltenden Landesgesetzen (Höfeordnung) gilt Einzelerbfolge; Miterben müssen durch Geld abgefunden werden.
LIT. R. Lange, H. Wulff, Ch. Lüdtke-Handjery, Höfeordnung (⁸1978); H. Kruse/W. Paravicini (Hrsg.), Höfe und Hofordnungen 1200–1600 (1999).

Hoffahrt. Im Früh- und HochMA die Verpflichtung des Lehnsmannes, das Hoflager des Herrn an festgesetzten Terminen zu besuchen (Lehnsfolge); im SpätMA das Recht, am Hof gehört zu werden.

Hofgeistliche. Bez. für Geistliche, die mit dem kirchl. Dienst an einem weltl., im MA auch an einem geistl. Hof betraut waren bzw. sind. Geschichtl. bedeutsam sind:
a) der Hofklerus (Hofkapelle) der merowing., otton. und sal. Herrscher. Die Bischöfe gingen aus der Hofkapelle hervor; die Hofkapläne wurden häufig in der königl. Kanzlei beschäftigt; deren Vorsteher, der Erzkaplan, war seit dem 9. Jh. gleichzeitig (Erz-)Kanzler, vom 10. Jh. an Erzbischof von Mainz;
b) die Hofbeichtväter an den kath. Höfen der NZ; sie waren überwiegend Angehörige des Jesuitenordens;
c) die Hofprediger an den prot. Höfen, vor allem in Dtl.; in zahlreichen Fällen waren sie gleichzeitig an der Leitung der Landeskirche maßgeblich beteiligt.

Hofgeld. Eine durch die Fronhofsverfassung festgelegte jährl. Leistung durch die Angehörigen einer Genoßsame. Zweck der Leistung war, das Hofrecht zu sichern.

Hofgericht. Das an einem Fürstenhof wirkende Gericht, vor allem
a) das *Reichshofgericht,* bis 1235 Königsgericht genannt – es erhielt im Mainzer Reichslandfrieden eine nach sizilischem Vorbild geschaffene Gerichtsverfassung –, dem ein Hofrichter (iustitiarius curiae regiae) vorstand, an den jeder, wann auch immer, appellieren konnte. Die Bedeutung des Gerichts ging seit dem Interregnum sehr zurück, nicht zuletzt infolge der Privilegien, die die Territorien besaßen (Privilegium de non evocando); im Jahre 1456 hört es auf zu bestehen und wird ersetzt durch das Reichskammergericht und den Reichshofrat;
b) *Hofkammer,* die Finanzverwaltungszentrale, die 1498 durch die Habsburger für die Erblande und das Reich errichtet wurde; sie erfuhr 1537 eine Neuorganisation als kollegiale Behörde mit einem Superintendenten als Vorsteher, nachdem sie seit 1527 nur mehr für die Erblande zuständig war; die Hofkammern der einzelnen Länder waren ihr unterstellt; 1848 ging sie im Finanzministerium auf. Im Verlauf des 16. und 17. Jh. errichteten die meisten dt. Territorien Hofkammern, entspr. den österreich., so Preußen 1689 die kollegiale geh. Hofkammer für Domänenverwaltung. Die Hausgüter der dt. Fürsten wurden ebenfalls von Hofkammern verwaltet, und daher auch als Hofkammergut bezeichnet.

Hofkanzlei

LIT. J. Grimm, Weistümer. 7 Tle. (1840–78); E. Döhring, Geschichte der dt. Rechtspflege seit 1500 (1953); H. Conrad, DRG 1 (²1962); HWDRG II, 206–09; B. Diestelkamp (Hrsg.), Urkundenregesten zur Tätigkeit des dt. Königs- und Hofgerichts bis 1451 (1988).

Hofkanzlei. Eine Zentralbehörde für das Reich sowie die österreich. Erblande; letztere erhielten unter Friedrich III. (reg. 1440–93) eine österreich. Hofkanzlei als Sonderabteilung, die jedoch durch Maximilian I. (reg. 1493–1519) mit der Reichshofkanzlei verbunden wurde. Die Reichshofkanzlei, 1559 in eine lat. und dt. Expedition geteilt, war zuständig u. a. für lokale Angelegenheiten der 10 Reichskreise, den diplomat. Schriftverkehr, Angelegenheiten der Reichskirche und Universitäten, nicht zuletzt die Standeserhöhungen. Die österreich. Abteilung der Reichshofkanzlei wurde 1620 endgültig als selbständige Zentralbehörde der österreich. Länder für die auswärtige, innere und Justizverwaltung errichtet; gleichzeitig war sie oberster Gerichtshof. Die für Böhmen und Ungarn bestehenden Abteilungen wurden später selbständig; 1695 erhielt Siebenbürgen eine eigene Hofkanzlei, unter Karl VI. (reg. 1711–40) auch die ital. und niederländ. Besitzungen Österreichs. Seit Joseph I. (reg. 1705–11) gab es zwei österreich. Hofkanzleien; die eine war zuständig für die Geschäfte eines Ministers des kaiserl. Hauses und des Auswärtigen, die andere besorgte die »provincialia et iudicialia«. Die österreich. und böhm. Hofkanzlei wurden 1749 aufgehoben und durch oberste Verwaltungsbehörden für die dt.-böhm. Erblande, die Geh. Haus-, Hof- und Staatskanzlei, das Direktorium in internis (Vereinigte böhmisch-österreichische Hofkanzlei) und die Oberste Justizstelle ersetzt.

LIT. F. Walter, Die Österreich. Zentralverwaltung, hrsg. von Th. Fellner und H. Kretschmayr (1907–38); F. Hausmann, Reichskanzlei und Hofkanzlei (1956).

Hofkriegsrat. Zentralbehörde des alten Österreich, die 1556 von Ferdinand I. (reg. 1556–64) für die Heeresverwaltung, die Grenzverteidigung, vor allem gegen die Türken, sowie den diplomat. Dienst mit der Türkei errichtet wurde. Seit der Mitte des 17. Jh. fungierte er als eine Art Generalstab des österreich. und des Reichsheeres in den Kämpfen gegen Frankreich und die Türkei. Die bedeutendsten Hofkriegsratspräsidenten waren Ernst Rüdiger Graf Starhemberg (1638–1701), Prinz Eugen (1663–1736) und Erzherzog Karl (1771–1847). In Grafen-, Herren- und Ritterbank gegliedert, stellte der H. die bedeutendste Zentralbehörde Österreichs im 17. und 18. Jh. dar. Nach vorübergehender Auflösung 1792 wurde der H. 1848 in das Kriegsministerium umgewandelt.

LIT. O. Regele, Der österreich. H. (1949).

Hoflieferant. Titel für den einen Fürstenhof beliefernden Geschäftsinhaber.

Hofmarschall (während des Früh- und HochMA Marschalk). Seit dem SpätMA der Leiter des Hauswesens eines Hofes, häufig unter Ausschaltung des Kämmerers; außerdem war der H. Richter über sämtl. Hofbeamte. Das Oberhofmarschallamt in Österreich war das Gericht für das Erzhaus.

Hofmeister (magister curiae, praefectus aulae). In den dt. Territorien des 13. Jh., im Reich seit Beginn des 14. Jh., zunächst der Aufseher über das niedere Hofgesinde; er führte den Vorsitz im Hofgericht und Hofrat. Im Laufe der Zeit wurde er ständiger Vertreter der Territorialherren bzw. des Königs als obersten Repräsentanten der Hof- und Territorialverwaltung (Landeshofmeister). Seit der Trennung von Hof und Verwaltung wurde der H. zur Hofcharge.

LIT. F. Neumann, Der H. (Diss. Halle 1930); L. Fertig, Die Hofmeister. Ein Beitrag zur Geschichte der Lehrerstandes und der bürgerl. Intelligenz (1975).

Hofnarr. Vom 15.–18 Jh. an den Fürstenhöfen der Spaßmacher. Bereits im griech.-röm. Altertum bekannt (sie belebten durch Scherzreden die Unterhaltung, insbes. bei der Tafel), sind sie seit den Kreuzzügen erneut zu registrieren; etwa seit Beginn des 15. Jh. sind sie eine allg. Erscheinung; in Dtl. versuchte man, sie durch Reichstagsbeschlüsse (bis 1575) zu bekämpfen, jedoch hatte man damit keinen Erfolg. In Frankreich wurde die H. im Verlauf des 17. Jh. durch die Etikette beseitigt, während sie sich an dt. Höfen bis ins 18. Jh. hielten; sie hatten hier ein besoldetes Amt (in Kursachsen bis etwa 1750). Am Hof Zar Peters d. Gr. (reg. 1689–1725) waren die H. offiziell in Klassen unterteilt.

H. wurden häufig Zwerge (Perkeo Karl Philipps von der Pfalz) oder Bucklige, insbes. aber solche, die über kritisch-satirischen Witz verfügten. Sie besaßen das Recht der freien Meinungsäußerung. Diese »Narrenfreiheit« ermöglichte es ihnen, ein Zerrbild der Zeit unter der Maske der Torheit zu entwerfen. Als fürstl. Ratgeber vermochten die H. verschiedentlich auch politischen Einfluß zu erlangen. Zur Tracht der H. gehörten die Narrenkappe mit Eselsohren oder Hahnenkamm, das Hofnarrenszepter in Form von Rohrkolben oder lederner Keule, ein überdimensionierter Halskragen, ebenfalls Schellen.
LIT. A. S. Nick, Die Hof- und Volks-Narren (1861); F. W. Ebeling, Zur Geschichte der H. (1890); G. Petrat, Die letzten Narren und Zwerge bei Hofe (1998).

Hofpfalzgraf. Durch Karl IV. (reg. 1347–78) geschaffene Würde; sie knüpfte an die alte Stellung des Pfalzgrafen an. Bis 1806 wurden die H. von den Kaisern für die verschiedenen Territorien mit der Vollmacht ausgestattet, Adelsbriefe, akadem. Würden sowie den Titel eines poeta laureatus zu verleihen, außerdem Notare zu ernennen.
LIT. J. Arndt (Bearb.), Hofpfalzgrafen-Register, 1 (1964).

Hofpredigerpartei. Bez. für eine konservative Gruppe insbes. in Preußen z. Z. des Kulturkampfes; 1879 erreichte sie die Absetzung des preuß. Kultusministers A. Falk (1827–1900), dessen liberale Kirchen- und Schulpolitik sie ablehnte.

Hofrat. Eine den König (Kaiser) bzw. den Landesherrn umgebende Landesversammlung, die sich aus sog. wesentl. Räten (dauernd am Hof) und sog. Räten von Hause aus (für bes. Fälle) zusammensetzte; der H. bestand seit dem 13. Jh. im Reich und in verschiedenen Territorien. Vom 15. Jh. an gehörten ihm in zunehmendem Maße Juristen bürgerl. Herkunft an. Seit dem 16. Jh. wurden von ihm die Hof-, Rent- und Domänenkammer (ein Kollegium für Finanzsachen), das Hof- und Kammergericht sowie das Konsistorium für die Kirchenverwaltung abgezweigt.
Der **Reichshofrat,** ein 1497/98 von Maximilian I. (reg. 1493–1519) als polit. und richterl. beratendes Gremium gegr. (bis 1806 bestehend), konkurrierte mit dem reichsständisch beeinflußten Reichskammergericht; sein Zuständig-

keitsbereich umfaßte das Reich und die Erblande, ausgenommen – auf Grund des ›Privilegium minus‹ 1156 – Österreich. Seit der Reichshofrats-Ordnung von 1559 war er ein reines Justizkollegium. Vom Ende des 16. Jh. an wird er als ein quasi oberster Reichsgerichtshof zur bedeutendsten Institution des Kaisers im Reich. Er setzte sich zusammen aus einem dem Reichsfürsten- oder Reichsgrafenstand entstammenden Präsidenten sowie der Herren- und Gelehrtenbank. Beschlüsse wurden im Plenum gefaßt; ein vom Kaiser ernannter Reichsfiskal vertrat die kaiserl. und Reichsinteressen. Zuständig war der Reichshofrat für Reichslehnssachen, Kriminalklagen gegen Reichsunmittelbare, Streitigkeiten über kaiserl. Reservatrechte und Privilegien sowie ital. Angelegenheiten. Die Bedeutung des Reichshofrats wuchs mit dem Versagen des Reichskammergerichts. Seit 1564 verloren die Stände ihren Einfluß auf den Reichshofrat gänzlich, während der Kaiser z. B. durch das ›votum ad imperatorem‹ auch persönl. einzuwirken vermochte.
LIT. V. Samanek, Kronrat und Reichshofrat im 13./14. Jh. (1910); O. von Gschliesser, Der Reichshofrat (Wien 1942); C. von Schwerin und H. Thieme, Grundzüge der dt. Rechtsgeschichte (⁴1950); E. Döhring, Geschichte der dt. Rechtspflege seit 1500 (1953); F. Hartung, Dt. Verfassungsgeschichte vom 15. Jh. bis zur Gegenwart (⁸1964); H. Conrad, DRG 2 (1966); R. Heydenreich, Der landesherrl. Hofrat unter Herzog und Kurfürst Maximilian I. von Bayern (1598–1651) (1981).

Hofrecht. Im MA Bez. für dasjenige Recht, das die Verhältnisse zw. dem Grundherrn und den abhängigen Bauern regelte.
LIT. F. Lütge, Geschichte der dt. Agrarverfassung (²1967).

Hofreite. Im MA sowohl das um jedes Haus gelegene Hof- und Gartenland, als auch die Gebäude, das Inventar sowie der Besitz insgesamt.

Hofschranze (mhd. schranz, Riß, Schlitztracht). Stutzer, Schmeichler; eine auf höhere Hofbediente gemünzte abfällige Bezeichnung.

Hofschule, Palastschule (lat. schola palatina). Die nach röm. Vorbild seit dem 6. Jh. am Hofe der Merowinger bestehende Schule; in ihr wurden insbes. die Söhne des Königs und seiner

Großen in den Freien Künsten unterrichtet, außerdem in Latein. Durch die Berufung fremder Gelehrter unter Karl d. Gr. (reg. 768–814) erfuhr die in Verfall geratene H. eine Erneuerung.

LIT. F. Paulsen, Geschichte des gelehrten Unterrichts. 2 Bde. (^{3}1912–21).

Hofstaat. Bez. für die Gesamtheit der Hofbeamten, die am Hofe eines Fürsten Dienst tun.

Hoftag (curia regis). Eine vom König im fränkischen und ma. Dt. Reich berufene Versammlung der Großen an den Königshof anläßl. der hohen Kirchenfeste wie Weihnachten, Ostern, Pfingsten. Auf Grund der Hoffahrtpflicht war die Teilnahme an diesen wie auch an den erweiterten H. zu anderen Terminen verbindlich. Die H. fanden ebenfalls in den Städten und Pfalzen der Reichsbischöfe statt. In den Stammesherzogtümern wurden gleichfalls H. abgehalten; seit dem ausgehenden 12. Jh. in den Territorien. Aus den H. der Territorien entwickelten sich die Landtage, aus dem königlichen H. seit dem ausgehenden 15. Jh. die Reichstage.

LIT. W. Sickel, Zur Geschichte des dt. Reichstags. In: MIÖG, Erg.-Bd. I (1885); M. Lintzel, Die Beschlüsse der dt. Hoftage 911–1025 (1924): P. Moraw (Hrsg.), Dt. Königshof, H. u. Reichstag im späteren MA (2000).

Hoheit (franz. altesse, engl. highness).

[1] Titel fürstlicher Personen, vom 17. Jh. an die Anrede der Kinder sowie der nächsten Verwandten von Kaisern und Königen; im Verlauf des 19. Jh. (nach 1806) auch der großherzogl. Familien und der regierenden Herzöge. Seit 1871 stand der Titel ›Kaiserl. H.‹ nur dem Kronprinzen und der Kronprinzessin zu. Seit 1919 besteht der Titel H. offiziell nicht mehr.

[2] Die höchste Staatsgewalt sowie die damit verbundenen Rechte.

Hoheitsrechte. Die bes. Staatsgewalt, durch die sich ein Staat und andere Verbände des öffentl. Rechts von privaten Organisationen unterscheiden. In dem Absolutismus vorausgehenden Staaten besaß eine Obrigkeit nur die H., für die sie einen bes. Rechtstitel hatte.

LIT. K. H. Klein, Die Übertragung von H. (1952).

Hoheitszeichen, Staatssymbole. Figürl. Darstellungen oder Gegenstände, die auf einen mit Hoheit ausgestatteten Verband, vor allem den Staat, hinweisen, oder ihn (insbes. seine Autorität) versinnbildlichen, z. B. Flaggen, Wappen, Staatssiegel, Hymnen, auch Grenzzeichen.

Hohenfriedeberg, Schlacht von. König Friedrich II. von Preußen (reg. 1740 bis 1786) siegte bei H. (einer Kleinstadt im Kreis Jauer in Niederschlesien) am 4. 6. 1745 über das österreich.-sächs. Haupttheer im Zweiten Schlesischen Krieg.

LIT. A. Hoffmann, Der 4. 6. 1745. Quellenmäßige Darstellung der Schlacht von H. (1910).

Höhenkult, Bergkult, Höhendienst. Bez. für die über den gesamten Erdball verbreitete Verehrung von Bergen und Höhen, da man auf ihren Spitzen entweder den Wohnsitz der Götter mutmaßte oder in ihnen die Stützen des Himmels erblickte. Die Griechen betrachteten den Olymp als Wohnsitz der Götter; die Kelten und Germanen verehrten zahlreiche Berge, während den Juden der Berg Sinai heilig war, da auf ihm die Zehn Gebote verkündet worden waren (2. Mos. 19,23). Wiewohl der H. von den Propheten bekämpft wurde, da sie einem einzigen Opferstätte das Wort redeten (5. Mos. 12,1–6), gaben ihn die Juden nicht auf.

LIT. F. von Andrian, Der H. asiat. und europ. Völker (1891); W. Engelkemper, Heiligtum und Opferstätten in den Gesetzen des Pentateuch (1909); O. Cullmann, Urchristentum und Gottesdienst (^{2}1950); P. Radin, Gott und Mensch in der primitiven Welt (1953).

Hohenlinden, Schlacht von (3. 12. 1800). Sieg des franz. Generals J. V. Moreau (1763–1813) mit der Rheinarmee über Erzherzog Johann (→ Französische Revolutionskriege).

Hohe Pforte. Bis 1924 in der türk. Kanzleisprache Bez. für die Residenz des Sultans; dann allg. die Regierung, insbes. das Außenministerium des Osmanischen Reiches.

Hohepriester, Hoherpriester (hebr., Großpriester). Seit etwa 520 v. Chr. Bez. für den Vorsteher der Priesterschaft des Tempels zu Jerusalem sowie des Hohen Rates; der H. war ausgezeichnet durch Rang und Tracht.

Hoher Rat (auch: Großer Rat). Die höchste jüdische Staatsbehörde (→ Synedrion).

Hohe Straße, Hohe Landstraße. Handelsstraße (seit Beginn des 13. Jh.

bekannt), die von Frankfurt/Main über Eisenach, Erfurt, Halle, Leipzig, Bautzen und Görlitz nach Breslau führte. Als während des 18. Jh. die Kanalbauten in Brandenburg den Verkehr stärker durch die nördl. Gebiete lenkten, verlor die H. S. ihre Bedeutung.

LIT. H. Wiechel, in: Abhandl. der naturwiss. Gesellschaft Isis (1901).

Höhlenkult. Sowohl die Verehrung von Höhlen als Geburtsplätze oder Aufenthaltsorte der Gottheiten als auch deren Benutzung zu Kulthandlungen.

Höhlentempel, Felsentempel. Unteroder oberirdische Tempelbauten (3. Jh. v. Chr.–10. Jh. n. Chr.), die in Fels gehauen sind; sie finden sich bes. häufig in Vorderindien (Adschanta, Ellora, Karli), doch auch in Ägypten (Abu Simbel) und im Mittelmeergebiet (z. B. in Kleinasien, im Hidschas und bei Jerusalem).

Hohlpfennig. Im Anschluß an die Brakteaten eine nach deren Vorbild (einseitige, hohle Pfennige aus Silberblech) geprägte dünne Silbermünze von geringem Wert.

Holländischer Krieg. Der 2. Eroberungskrieg (Raubkrieg) Ludwigs XIV. von Frankreich (reg. 1661–1715) von 1672–79. Der franz. König, unzufrieden mit dem Ausgang des Devolutionskrieges (1667/68), überfiel die Vereinigten Niederlande ein zweites Mal. Innerhalb kurzer Zeit konnte er die Hälfte der niederländ. Provinzen erobern. Die Holländer, hart bedrängt, stürzten ihre bisherige, von reichen Kaufleuten gebildete Regierung und wählten den 21 Jahre alten Wilhelm III. von Oranien zum Generalstatthalter. Er erklärte »Holland in Not« und ließ die Deiche durchstechen. Zwar verdarben die in das Land einströmenden Salzfluten die fruchtbaren Felder und Weiden auf Jahre hinaus, verwandelten aber gleichzeitig die Städte in schwer einnehmbare Inseln. Infolgedessen vermochten sich die Verteidiger zu halten, bis die Koalition mit Spanien und dem Dt. Reich sowie die (zeitweilige) Unterstützung durch den Großen Kurfürsten (reg. 1640–88) zu deren Eingreifen führte und die franz. Armee ablenkte.

LIT. L. André, Louis XIV et l'Europe (Paris 1949/50); P. O. Höynck, Frankreich und seine Gegner auf dem Nymwegener Friedenskongreß (1960).

Home Rule (engl., Selbstregierung). Im Unterschied zu den Feniern seit 1877 Bez. für das Programm der irischen Nationalpartei, die auf parlamentar. Wege die nationale Selbständigkeit Irlands im Rahmen des Britischen Weltreichs (als Dominion) erstrebte; erreicht wurde die H. R. 1921.

Homestead Act (Heimstättengesetz). Amerikan. Gesetz vom 20. 5. 1862; hiernach werden Farmen auf Regierungsland kostenlos überlassen, wenn sie über einen Zeitraum von 5 Jahren hinweg bebaut worden sind.

Homiliarium (griech.-lat.). Ma. Sammlung von Homilien (Predigten, die sich eng an die ausgewählten Textstellen halten), doch auch von Predigten überhaupt; häufig sind sie nach den Perikopen (bibl. Abschnitte, die in der Vormesse als Epistel und Evangelium gelesen werden) des Kirchenjahres geordnet.

homo (lat., Mensch, Mann, mlat. bedeutet der Plural homines aus Leute, d. h. Untertanen – Vasallen und Unfreie).

[1] **homo faber** (Schmied). Der Mensch als manuell wirkendes Wesen. Hierin dokumentiert sich der Gedanke von der Überlegenheit des Menschen gegenüber den übrigen Wesen sowie die Möglichkeit, die Umwelt in seinem Sinne zu verändern.

[2] **homo novus.** In der ausgehenden röm. Republik (im Gegensatz zu den nobiles) ein in die Staatsaristokratie gelangter Emporkömmling aus bisher unbekannter Familie, so M. Porcius Cato (234–149 v. Chr.) und M. Tullius Cicero (106–43 v. Chr.).

[3] **homo oeconomicus.** Bez. für den Menschen, insofern er rein wirtschaftl. tätig ist; hierbei handelt es sich um eine Begriffsbildung der klassischen Nationalökonomie des 18. Jh.

[4] **homo sui iuris** (Mensch eigenen Rechts). Eine (nach röm. Recht) gewaltfreie Person, d. h., daß sie nicht unter väterl. Gewalt stand.

[5] **homo sapiens.** Seit C. von Linné (1707–78), von dem der Begriff geprägt wurde, der Mensch im Sinne eines vernunftbegabten Wesens; der jetztzeitliche Menschentyp.

LIT. J. Vogt, H. novus (1926); O. von Zwiedineck-Südenhorst, in: Jb. für Nationalökonomie (1934); M. Scheler, Mensch und Geschichte ([2]1954); Ernst Meyer, Röm. Staat und Staatsgedanke ([3]1964); J. Huizinga, H. ludens ([6]1963); A. Gehlen, Der Mensch ([8]1966).

Honores

Honores (lat. honor, honos, Ehre, Ehrenamt, Auszeichnung, Ansehen). In der röm. Republik vor allem die senator. Ämter (cursus honorum: Ämterlaufbahn); hierher: Honours, Auszeichnungen; Honourable (abgek. Hon.), Ehrenwerter (Anrede für die Angehörigen des engl. Hochadels bis zum Marquis), ebenso Anrede für die höchsten Richter und Beamten, in den USA für die Kongreßmitglieder.

Honoriusfrage. Umschreibung des Versuchs Papst Honorius' I. (625–38), den Streit um den Monotheletismus durch das Verbot, von einem oder zwei gottmenschl. Willen in Christus zu sprechen, zu unterdrücken. Deshalb und weil Honorius ledigl. einen Willen annahm, verurteilte ihn das 6. Allg. Konzil zu Konstantinopel (681) als Häretiker. Im Jahre 682 wurde die Verurteilung durch Papst Leo II. (682–83) bestätigt, da Honorius »durch unheilige Preisgabe zugelassen habe, daß die unbefleckte (römische Kirche) befleckt werde«. Während die Verurteilung im Zusammenhang mit dem Papsteid eine Zeitlang fortwirkte, spielte die Begünstigung der Häresie durch Honorius, gleichfalls seine Verurteilung als Häretiker, bei der Auseinandersetzung um die päpstl. Unfehlbarkeit eine wichtige Rolle.
LIT. C. J. Hefele, Causa Honorii (Neapel 1870; dt. 1870); K. Hirsch, Honorius I. und das 6. Allg. Konzil (Salzburg 1929); G. Kreuzer, Die Honoriusfrage im Mittelalter und in der Neuzeit (1975).

Honvéd (ungar., Vaterlandsverteidiger). In Ungarn eine (zuerst 1848) befristet aufgestellte Freiwilligentruppe; seit 1867 Bez. für die ungar. Landwehr, von 1919–45 für die gesamten nationalen Streitkräfte.

Hopliten (griech., hoplites, eigentlich: Schildträger; im antiken Griechenland die mit Schwert, Speer, Helm, Schild [hoplon] und Beinschienen ausgerüsteten Schwerbewaffneten). Da sie den adeligen Einzelkämpfern überlegen und von etwa 650 v. Chr. an wegen ihrer Ausrüstung und Taktik kampfentscheidend waren, erlangten die H. zunehmende polit. Bedeutung (→Zeugiten).
LIT. J. Kromayer, G. Veith, Heerwesen und Kriegführung der Griechen und Römer. In: HAW (1928); dies., Antike Schlachtfelder. 4. Bde. (1903–31);

H. Bengtston, Griech. Geschichte. In: HAW (³1965).

Hoplitenpolis. Im 6. und 5. Jh. v. Chr. die timokrat. Ordnung des griech. Stadtstaates (zw. Aristokratie und Demokratie).

Hoplitentaktik. Bez. für die Kampfesweise der schwerbewaffneten Fußtruppen; sie bestand im Angriff einer geschlossenen Formation (Phalanx). Der Erfolg der H. war auf den massierten Angriff zurückzuführen; sie erforderte einen hohen Grad an Disziplin. Die H. ging von Sparta aus (seit dem 7. Jh.) und wurde von der damaligen griech. Welt kopiert.

Horde (türk. ordu, Schar, Heerlager). Ethnolog. Begriff für mehr oder weniger lose Lebensgemeinschaften primitiver Jäger, Fischer, Krieger ohne straffe polit. Organisation.
LIT. R. H. Lowie, The History of Ethnological Theories (London 1937); W. Mühlmann, Geschichte der Anthropologie (²1968).

Hörigkeit. Mittelstellung zw. Freiheit und Leibeigenschaft, weshalb die Hörigen auch als Halbfreie bez. werden. Im Gegensatz zum Leibeigenen konnte ein Höriger beweg. Eigentum, jedoch keinen freien Grundbesitz erwerben. Er war an einen Bauernhof gebunden (Schollenpflicht), der einem Großgrundbesitzer gehörte, gleich dem urspr. freien Kolonen seit Kaiser Konstantin (reg. 306–37). Die Germanen kannten die H.; wähend des Früh- und HochMA nahm die Zahl der Hörigen zu, da mehr und mehr Freie entweder als Folge der Schuldknechtschaft zu Hörigen wurden oder sich aus freien Stücken dem Schutz (Schutzhörigkeit) eines Grundherrn unterstellten. Die Gebundenheit des Hörigen an die Scholle wurde an seine Kinder vererbt; sie blieb auch bestehen, wenn ein Gut durch Veräußerung an einen anderen Herrn überging. Der Grundherr hatte Anspruch auf Grundzinsen, gemessene Frondienste und den Todfall (→Fall). Der Hörige war zu persönl. Leistungen auf dem Fronhof (Salhof) verpflichtet, ebenfalls seine Kinder, soweit sie unverheiratet waren. Während des MA besserte sich die Stellung des Hörigen derart, daß die zu leistende Abgabe (insbes. seit dem 13. Jh.) ledigl. in einem Rekognitionszins bestand, während das bestellte Gut erblich wurde. Trotz dieser merklichen Besserung der Situation

des Hörigen blieben die Standesunterschiede bestehen.
Dabei ist allerdings zu berücksichtigen, daß es in den verschiedenen Landschaften rechtl. Unterschiede gab (so konnte im Falle des Hörigen ein Hörigen die von den Erben zu entrichtende Abgabe zw. einer rein symbol. und einer Abgabe von einem Drittel bzw. der Hälfte des Vermögens schwanken). Eine Heirat zw. ständisch Ungleichen, auch im Falle gleicher wirtschaftl. Stellung, war bis zum ausgehenden MA nicht erlaubt. Gemäß dem Grundsatz »Luft macht eigen« konnte H. auch an eine besondere Gegend gebunden sein, d.h. daß jemand, der dort ein Leihgut besaß, der H. bzw. den damit verbundenen Verpflichtungen unterworfen war. Der Begriff H. umfaßt nicht selten auch die Wachszinser, die Leibeigenen bzw. die Unfreien jeder Art. Mit der Bauernbefreiung im 19. Jh. wurden die letzten Überreste der H. beseitigt.
LIT. L. Thurnwald, Die menschliche Gesellschaft. Bd. 4: Werden, Wandel und Gestaltung von Staat und Kultur im Lichte der Völkerforschung (1935); G. von Below, Geschichte der dt. Landwirtschaft des MA in ihren Grundzügen, hrsg. von F. Lütge (1937); F. Ganshof, in: Cambridge Economic History of Europe, 1 (1942); Ch. E. Perrin, La servage en France et en Allemagne (Rel. Int. Hist. Kongr. Rom 3, 1955); H. Conrad, DRG, 1 (²1962), 2 (1966).

Hornfessel. In der Tracht des MA ein breites Bandelier, das schräg über Brust und Rücken getragen wurde.

Horror vacui. Bis ins 17. Jh. Bez. für die herrschende Vorstellung, daß die Natur vor einem leeren Raum einen Abscheu besitzt; deshalb suche sie solche Räume mit allen Mitteln und mit aller Kraft auszufüllen.

Horse-guards. Das älteste der engl. Garde-Kavallerieregimenter (seit 1660 unter König Karl II., reg. 1660–85). Nach ihrer Uniformfarbe werden die H.-g. auch Royal blues genannt.

Hosenbandorden (engl. Order of the Garter), auch Georgsorden genannt. Die höchste engl. Ordensauszeichnung; sie wurde 1348 von König Eduard III. (reg. 1327–77) gestiftet. Die Zahl der Mitglieder ist auf 25 begrenzt (dazu der König oder die Königin, die Prinzen des Hauses und Sonderritter). Devise: honni soit qui mal y pense.

Hospes (lat., Gast[freund], Fremder). Der Fremde, dem zunächst durch einen röm. Bürger, dann auch durch den röm. Staat Gastfreundschaft (hospitium) zuteil wurde. Sie bezog sich auf Gerichtsbeistand sowie die Vermittlung von Geschäftsverbindungen und war vom Vater auf den Sohn vererbbar. Der H. nahm Wohnung in eigens errichteten domunculae, später hospitalia (Gastzimmer) genannt.

Hospital, Spital, Spittel (von lat. hospitalia). Während des MA Sammelanstalt für verschiedene Arten von Hilfsbedürftigen wie Alte, Kranke, Fremde etc. Das H. entstand aus dem frühchristl. Xenodochium (griech., Herberge), einem Fremdenheim; es war als selbständiges kirchl. Institut organisiert. Im FrühMA kam es auch in Italien und Frankreich vor. Im Laufe der Zeit wurde es von den durch die Klöster und Stifte betriebenen Spitälern abgelöst, insbes. durch die der Hospitaliter, deren Klostergenossenschaften sich vornehml. dem Dienst in Hospitälern widmeten. Die bekanntesten unter ihnen waren die Johanniter, die bürgerl. Orden der Antoniusbrüder, der Hospitaliterorden vom hl. Johannes von Gott und der Hospitaliterorden vom Hl. Geist. Zahlreich waren auch die weibl. Klostergemeinschaften (Hospitaliterinnen, von denen u.a. die Zellitinnen noch heute wirken). Mit der Entwicklung der Städte kam es in zunehmendem Maße zur Gründung von Bürgerspitälern; sie waren im kirchl. Sinn geleitet, vermögens- und verwaltungsrechtl. jedoch weltlich organisiert. Das ma. H. hat bis ins 19. Jh. bestanden.
LIT. S. Reicke, Das dt. Spital und sein Recht im MA. 2 Bde. (1932); Feine, KRG (⁴1964); U. Cramer, Das H. als Bautyp des MA (1963); D. Jetter, Geschichte des dt. H. (1966); D. Leistikow, Hospitalbauten in Europa aus zehn Jahrhunderten (1967).

Hospitaliter, Hospitaliterinnen. Ordensgenossenschaften, die sich (neben der Selbstheiligung) vor allem der Krankenpflege in Spitälern widmen. Die Bez. stammt vom hospitalarius, dem in Klöstern und Stiften die Verwaltung des Gast- und Armenhauses oblag.
a) Bereits im 9. Jh. soll Sorore von Siena die Gemeinschaft der in seinem Hospital wirkenden Krankenpfleger zu einer Verbrüderung zusammengeschlos-

sen haben. Bes. Bedeutung erlangten die ritterl. Spitalorden: die Johanniter, die 1113 von Papst Paschalis II. (1099–1118) bestätigt und nach der Übersiedlung nach Malta (1530) Malteser genannt wurden; die Lazariter, die sich aus den Kranken eines vor 1250 in Jerusalem entstandenen Leprosenheims entwickelten (sie nahmen später auch Gesunde auf); der Dt.-Ritterorden, 1189 gegr. von Bürgern aus Bremen und Lübeck im Hospital St. Marien der Deutschen in Jerusalem und 1198 in einen Ritterorden umgestaltet. Unter den nicht-ritterl. Spitalorden ist zunächst der Antoniterorden aus der Zeit des ausgehenden 11. Jh. zu nennen; er entstand aus der Pflege der zahlreichen Kranken, die zu den Reliquien des hl. Antonius in La Motte des bois pilgerten. Sodann der Orden vom Hl. Grab in Jerusalem, 1114 vom Patriarchen Arnulf gegründet. Der Ursprung des 1198 durch Papst Innozenz III. (1198–1216) privilegierten Hl. Geist-Ordens liegt in Montpellier; derselbe Papst berief den Orden 1204 an das Spital Santo Spirito in Sassia zu Rom, das dann Hauptsitz des Ordens wurde. In den selbständigen Spitälern legten die Brüder Gelübde auf die Augustinerregel ab. Das 16. Jh. brachte wieder zwei große Hospitaliterorden hervor, die Barmherzigen Brüder, gestiftet von Johannes von Gott (1495–1550) und 1572 von Papst Pius V. (1566–72) bestätigt, sowie die Kamillianer, 1591 von Papst Gregor XIV. (1590–91) bestätigt. In neuerer Zeit bildeten sich auch verschiedene Hospitaliterkongregationen: die Barmherzigen Brüder von Mariä Hilf in Trier (1852), die Barmherzigen Brüder von Montabaur (1856), die Hospitalitersöhne von der Unbefleckten Empfängnis in Rom (1857), die franziskan. Tertiarbrüder vom hl. Joseph in Heerlen (1875), die Brüder vom hl. Paulus in Queichheim (1913).
b) Die Johanniter, Templer, Lazariter und der Dt.-Orden hatten auch weibl. Zweige, die im Krankendienst tätig waren. Die Großpriorin der Johanniterinnen lebte bis zur Französ. Revolution (1789) in Beaulieu. Die Dt.-Ordensschwestern entstanden 1854 von neuem. In den Spitälern des Ordens vom Hl. Geist versahen Schwestern den Dienst an den weibl. Siechen. Analog den Hospitaliterinnen gab es in vielen Spitälern Augustinerinnen. Im An-

schluß an die hl. Elisabeth von Thüringen (1207–31) entstanden unzählige Hospitaliterinnen-Gemeinschaften, von denen manche noch heute bestehen (Schwestern vom hl. Paulus in Chartres, von Ernement bei Rouen). Aus Dtl. und Italien sind zu erwähnen die Schwestern von der hl. Elisabeth in Aachen (1622), die Schwestern nach der 3. Regel des hl. Franziskus in Münster i. Westf. (1850), die franziskan. St. Josephskongregation in Ursberg (1897), die Hospitaliterschwestern vom Heiligsten Herzen Jesu in Rom (1881).

LIT. L. de Grand, Statuts d'Hôtel-Dieu et de Léproseries (1901); E. J. King, The Knights Hospitallers in the Holy Land (London 1931); S. Reicke, Das dt. Spital und sein Recht im MA. 2 Bde. (1932); Heimbucher I; M. Tumler, Der Dt. Orden (1948); A. Mischlewski, Der Antoniterorden in Deutschland. In: AmrhKG 10 (1958) 39–66; A. Lutrelli, The Hospitallers in Cyprus, Rhodes, Greece and the West, 1291–1440 (1978); D. Jetter, Geschichte des Hospitals. 4 Bde. (1966–80); A. Lutrelli, Latin Greece, the Hospitallers and the Crusades 1291–1400 (1982); DHGE V.

Hospiz (lat. hospitium, Herberge). Von Mönchen in unwegsamen Gegenden errichtete Unterkunftsstätte zur Aufnahme von Reisenden, so auf Bergpässen und an Wallfahrtsorten etc. (Vgl. hierzu auch hôtel, von mlat. hospitale, Gasthaus, vor allem im Frankreich des 17. Jh. ein palastartiges Stadtgebäude, das dem Adel als Wohnsitz diente; Hôtel Dieu, das städt. Spital in einer Reihe franz. Städte; Hôtel de ville, das Rathaus, d. h. der Sitz der Stadtverwaltung).

LIT. D. Jetter, Geschichte des Hospitals. 4. Spanien von den Anfängen bis um 1500 (1980); ders., Santiago, Toledo, Granada. Drei span. Kreuzhallenspitäler und ihr Nachhall in aller Welt (1986).

Hospodar, Gospodar (slaw., Herr, griech. despotes).
a) Bez. für den Hausherrn oder das Familienoberhaupt im Kleinrussischen;
b) Titel der Fürsten der Moldau und Walachei vom SpätMA bis 1866. Die H. wurden vom 17.–19. Jh. durch die Pforte (→Hohe Pforte) ernannt oder bestätigt; sie entstammten den rumän. Bojaren; von 1712–1821 waren es griech. Fanarioten.

Hubertusburg (sächs. Jagdschloß aus dem 18. Jh. von Oschatz). Der Friede von H. (15. 2. 1763) beendete den →Siebenjährigen Krieg für Preußen, Österreich und Sachsen. Schlesien und die Grafschaft Glatz verblieben bei Preußen, d. h. daß der Gebietsstand (wie bei Kriegsbeginn, 1756) unverändert blieb. H. bedeutete die Bestätigung der Existenz von zwei gleichberechtigten Großmächten innerhalb des Reiches. Der Dualismus war von nun an ein Tatbestand der dt. Geschichte, der Gegensatz zwischen Wien und Berlin wurde für 100 Jahre zu ihrem Inbegriff (bis 1866). Nachdem nämlich Preußen durch den Siebenjährigen Krieg und seinen Ausgang zu einer Großmacht geworden war, mußte es aus Gründen seines eigenen Bestandes die Existenz des Reiches zu untergraben suchen, damit Österreich gänzlich aus dem Reich herausgedrängt wurde (→Pariser Friedensschlüsse [1]).
LIT. Friedrich der Große, Histoire de la guerre de Sept ans (1788); C. von Beaulieu-Marconnay, Der Hubertusburger Friede (1871); G. Ritter, Friedrich der Große ([3]1954).

Hubertusorden, Sankt-Hubertusorden. Der älteste (seit 1444) und höchste bayerische Orden.

Hubmeister. Während des 15. Jh. in Ober- und Niederösterreich der mit der Leitung der landesherrl. Verwaltung beauftragte Beamte.

Hufe, Hube (ahd. huoba, mhd. huofe, lat. mansus). Bez. für den (gleichmäßigen) Anteil der Gemeindemitglieder an der Ackerflur und der Allmende; auch die bäuerliche Hofstätte mit dem dazu gehörenden Grund und Boden. Während in der Merowingerzeit die Größe einer H. nicht genau bestimmt war, umfaßte sie während der Karolingerzeit einen festgesetzten Raum, und zwar den Hof eines Vollbauern. Im MA kam es nicht selten infolge Erbteilung zur Zersplitterung der H. in Halb-, Viertel- und Achtelhufen; Königs- und Adelshufen waren weit größer als normale H. Der (nieder)sächsische Brauch hielt an der Unteilbarkeit der H. fest. Die Größe einer H. betrug 30–60, einer Königshufe als ritterliche Stelle 120–160 Morgen. Die Hufen-Inhaber waren Vollbauern, Vollspänner oder Hubbauern (Hüfner); die Inhaber der daneben durch Teilung entstandenen H. waren die Halbbauern, Halbspänner oder Halbhüfner. Wäh-

rend der Zeit der Rodungen im Hoch-MA wurde die H. bei der Anlage von Waldhufen als Besitznorm betrachtet; in den spätma. Territorialstaaten und in der frühen NZ war die H. für öffentliche Steuern (Steuer-H.) oder grundherrliche (Zins- und Dienst-H.) Leistungen Belastungseinheit, der Hufenschoß.
LIT. G. Waitz, Über die alte dt. H. (Ges. Abh. 1. Bd.: Abhandlungen zur dt. Verfassungs- und Rechtsgeschichte, hrsg. von K. Zeumer, 1896); J. Reichel, Die Hufenverfassung z. Z. der Karolinger (1907); R. Kötzschke, G. Ipsen, E. G. Bürger, Art. Agrarverfassung, in: Hwb. des Grenz- und Auslanddeutschtums. Bd. 1 (1936); A. Hömberg, Grundfragen der dt. Siedlungsforschung (1938); R. Kötzschke, in: Festschr. A. Dopsch (1938); H. Bechtel, Wirtschaftsgeschichte Deutschlands (1951 ff.); F. Lütge, Dt. Sozial- und Wirtschaftsgeschichte ([3]1966).

Hugenotten. Bez. für die Anhänger des franz. Protestantismus, der nicht nur als kirchl., sondern auch als polit. Bewegung auftritt. Die Herkunft des Wortes ist ungeklärt. Seit 1559 begegnen als Parteinamen huguenots d'état und huguenots de religion. Nach dem Frieden von Cateau-Cambrésis traten die beiden Gruppen in Verbindung. Die Bez. der französischen Reformierten als H., in der 2. Hälfte des 16. Jh. gebräuchlich, wird nach der Aufhebung des Edikts von Nantes (1685) in zunehmendem Maße Selbstbez., vor allem der aus Frankreich kommenden reformierten Emigranten. Normalerweise nannte man diese, die in Gastländern eine Zuflucht fanden, Réfugiés. Die (seit Generationen eingegliederten) Nachfahren der Réfugiés bez. sich heute überwiegend als H., selbst dann, wenn sie nicht (wie ihre Vorfahren) dem reformierten Bekenntnis angehören.
Die den H. geltenden Verfolgungen im 16. und vor allem im 17. Jh. in Frankreich veranlaßten diese, in steigendem Maße Zuflucht in Gebieten von Glaubensverwandten und sie tolerierenden Obrigkeiten zu suchen. Dort bildeten sie dann eigene Flüchtlingsgemeinden (Églises des Réfugiés).
Der erste große Flüchtlingsstrom franz. H. verließ Frankreich seit 1560 (Verschwörung von Amboise). Die durch das Gnadenedikt von Nantes (1598) versuchte Befriedung der franz. H. hielt

bis zur Aufhebung des Edikts (1685) an, wiewohl die Kämpfe und der Fall der Hugenottenfestung La Rochelle (1628) sowie die den H. aufgezwungenen Wohnbeschränkungen weitere Auswanderungen hervorriefen, denen Ludwig XIV. (reg. 1661–1715) durch strengste Auswanderungsverbote entgegenzuwirken versuchte. Hiermit gingen Dragonaden und Zwangsbekehrungen einher. Trotz aller Verfolgungen, die auf eine Bekehrung hinausliefen, und trotz der Auswanderungsverbote gelang es mehr als einer halben Million H., Frankreich zu verlassen. Auf franz. Druck hin folgten ihnen 1698 auch Waldenser aus Piemont. Der Flüchtlingsstrom ebbte bald nach 1700 ab; die Verfolgung einzelner H. in Frankreich selbst hörte jedoch erst gegen Ende der Regierungszeit Ludwigs XV. (reg. 1715–74) auf.

Ihrer sozialen Schichtung nach waren die Réfugiés Beamte und Soldaten, Richter, Ärzte, Pfarrer, Lehrer, kapitalkräftige Kaufleute und Unternehmer sowie fachlich hochqualifizierte Handwerker, dagegen weniger Arbeiter und Bauern. In größeren Städten besaßen die H. eigene Gymnasien.

In Dtl. kam es vornehmlich in reformierten Gebieten zur Ansiedlung von H., zunächst im Elsaß. Flüchtlingszentren des 16. Jh. waren seit 1554 Wesel, Emden und Frankfurt/Main, seit 1574 Aachen, Köln und Heidelberg, seit 1579 Kleve und Umgebung sowie Nürnberg, Bremen und Hamburg. Zw. 1561 und 1629 entstanden die Gemeinden im Bereich der Pfalz, u.a. Otterberg, Speyer, Annweiler, Frankenthal und Neustadt. Erst seit 1682 siedelten sich franz. H. im Badischen an; auch in Nassau und Kurhessen fanden, bes. nach 1685, Wallonen, H. und Waldenser Aufnahme, so in Wetzlar, Hanau, Kassel, Homburg, Karlshafen und in Friedrichsdorf im Taunus (1687), wo sich die hugenottische Eigenart bis ins 20. Jh. erhielt. In Braunschweig-Lüneburg konnten sich die Réfugiés seit 1670 niederlassen. Die Bayreuth-Ansbacher setzten die Aufnahme von H. gegen mancherlei Widerstände durch; die Neustadt von Erlangen (1686) war eine reine Hugenotten-Siedlung.

In kommerzieller, polit. und geistiger Hinsicht steht die Niederlassung von H. in Brandenburg-Preußen an hervorragender Stelle. Hier wurde die Aufnahme von Réfugiés vor allem seit dem Edikt von Potsdam (29. 11. 1685), eine Antwort auf das Edikt Ludwigs XIV., bewußt gefördert. Neben den bereits bestehenden kam es seit 1685 zu Hugenotten-Siedlungen in Oranienburg, Rheinsberg, Potsdam (seit 1723). Städtische Zentren der H. wurden 1686 Magdeburg, Halle, Frankfurt/Oder und Stendal (hier vertriebene Pfälzer) sowie Königsberg. Ländl. Kolonien gab es vor allem in der Uckermark, seit 1737 in Ostpreußen. – In Frankreich gibt es z.Z. etwa 750000 Protestanten.

LIT. J. P. Ermann-P. Chr. F. Reclam, Mémoires pour servir à l'histoire des Réfugiés français dans les États du Roi (de Prusse). 9 Bde. (1782–1800); E. Mengin, Das Recht der franz.-reform. Kirche in Preußen (1929); H. Erbe, Die H. in Dtl. (1937; mit Lit.); J. Chambon, Der franz. Protestantismus (⁶1948); O. Zoff, Die H. (²1948); E. G. Leonard, Le protestant français (Paris 1953); W. Beuleke, Studien zum Refuge in Dtl. und zur Ursprungsheimat seiner Mitglieder (1966); R. von Thadden, M. Magdelaine (Hrsg.), Die Hugenotten 1685–1985 (1985); H. Duchhardt (Hrsg.), Der Exodus der H. (1986); L. Huey Boles, Jr., The Huguenots, the Protestant Interest, and the War of the Spanish Succession, 1702–1714 (1997).

Hugenottenkriege. Die aus dem gewaltsamen Vorgehen der kath. Partei Frankreichs teils im Bunde mit Spanien gegen die Hugenotten resultierenden kriegerischen Auseinandersetzungen seit dem Jahre 1562. Eingeleitet wurden die H. durch das von Franz von Guise am 1. 3. 1562 veranstaltete Blutbad von Vassy. Während der ersten Kriege (1562/63, 1567/68 und 1568/70) wurden die Hugenotten zwar besiegt, konnten aber im Frieden von Amboise (1563) eine an bestimmte Orte gebundene Kultfreiheit erlangen, die im Frieden von St.-Germain-en-Laye (1570) noch erweitert wurde; durch die Einräumung von Sicherheitsplätzen behaupteten sie eine polit. Sonderstellung.

In der Folge gelang es dem Hugenottenführer Gaspard de Coligny, Admiral von Frankreich (1519–72), maßgebenden Einfluß auf König Karl IX. (reg. 1560–74) zu gewinnen. Durch die Bartholomäusnacht, in der Coligny ermordet wurde, fand sein Einfluß ein Ende. Der Bourbone Heinrich von Navarra

folgte nun als Hugenottenführer. Es kam zu weiteren Kriegen (1572/73, 1574–76, 1576/77, 1579/80).
Die für die Hugenotten günstige Wendung im 5. Krieg (1574–76) führte 1576 zur Bildung der kath. Liga unter Heinrich von Guise (1550–88). König Heinrich II. (reg. 1574–89) begann unter ihrem Einfluß 1585 den 8. H.; 1588 aber verbündete er sich mit den Hugenotten gegen die Liga. Heinrich von Navarra erbte nach der Ermordung Heinrichs III. (1589) den Thron (er regierte als Heinrich IV. von 1589–1610). 1593 trat er zwar zum Katholizismus über, doch im Edikt von Nantes (13. 4. 1598) gewährte er seinen früheren Glaubensgenossen freie Religionsausübung und eine polit. Sonderstellung.
Durch Kardinal Richelieu (1585–1642), der 1628 die Hugenotten-Festung La Rochelle eroberte, verloren die Hugenotten im 9. H. (1621/22) und 10. H. (1625–29), als sie sich zur Erhaltung ihrer polit. Privilegien der Krone entgegenstellten, ihre Sicherheitsplätze. Den schwersten Verfolgungen waren die Hugenotten unter Ludwig XIV. (reg. 1643–1715) ausgesetzt; sie gipfelten in der Aufhebung des Edikts von Nantes (23. 10. 1685); etwa 200000 Hugenotten wanderten nun aus. Es erhielt sich dennoch eine Hugenottengemeinde in Frankreich als ›Kirche der Wüste‹ (nach Offenbar. 12, 6), gegen die der letzte der H. geführt wurde: 1702 trieb man die Hugenotten in den Cevennen zu Aufständen, aus denen der blutige Cevennenkrieg entstand; er wurde 1710 beendet. Staatl. Duldung wurde den Hugenotten erst im Toleranzedikt von Versailles (Nov. 1787) gewährt (als Folge der Wirksamkeit der literar. Aufklärung). Volle Gleichberechtigung erhielten die Hugenotten aber erst nach der Franz. Revolution (1789) durch den Code Napoléon. Heute gibt es in Frankreich etwa 900000 Protestanten, größtenteils Calvinisten.
LIT. L. Romier, Les origines polit. des guerres de religion. 2 Bde. (1913/14); J. Chartrou-Charbonnel, La Réforme et les guerres de religion (1936); A. Ducasse, Guerre des camisards (1946); R. P. Gagg, Die Kirche im Feuer. Das Leben der südfranzös. Hugenotten nach dem Todesurteil durch Ludwig XIV. (1961); J. Condy, Die H. in Augenzeugenberichten (1965); V. Roeser, Politik und religiöse Toleranz vor dem ersten H. in Frankreich. In: Basler Beiträge zur Geschichtswissenschaft 153 (1985); J. Karniel, Die Toleranzpolitik Kaiser Josephs II. (1985).

Hugenottenstil. Der durch die Hugenotten in Holland und im prot. Dtl. verbreitete Baustil. Im Vergleich zum Barock ist er nüchtern und schmucklos.
LIT. P. du Colombier, L'architecture française en Allemagne au 18ᵉ Siècle (Paris 1956); P. Germann, Der prot. Kirchenbau in der Schweiz (1963); E. Hempel, Baroque Art and Architecture in Central Europe (Harmondsworth 1965).

Hulde (mlat. homagium, franz. hommage).
[1] Lehnsrecht: das Gelöbnis eines Lehnsmannes, seinem Herrn treu, hold und gegenwärtig zu sein (H. schwören); daraufhin erhielt er die Investitur. Begleitet wurde die H. von symbol. Handlungen, so der Kommendation; hierbei legte der kniende Lehnsmann seine gefalteten Hände in die des Herrn.
[2] Staatsrecht (**Huldigung**): das Treuegelöbnis der Untertanen. Die Huldigung wurde im fränk. Reich bei der Thronbesteigung, doch auch bei anderen Gelegenheiten durch Grafen oder Königsboten vom Volke gefordert. Während des MA nahm der dt. König den höheren Klassen den persönl. Eid ab, der Landesherr in seinem Territorium den Ständen. Während des 19. Jh. wurde die Huldigung aufgegeben; an ihre Stelle trat die Vereidigung, z. B. der Beamten, des Heeres etc.
LIT. HWDRG II, 256–59; F. Hartung, Dt. Verfassungsgeschichte vom 15. Jh. bis zur Gegenwart (⁵1950); C. von Schwerin und H. Thieme, Grundzüge der dt. Rechtsgeschichte (⁴1950); W. Kienast, Untertaneneid und Treuvorbehalt in Frankreich und England (1952); A. Holenstein, Die Huldigung der Untertanen. Rechtskultur und Herrschaftsordnung (800–1800) (1991).

Humaniora (lat., das Menschlichere), eigentlich H. studia. Die Studien des klass. At., insofern sie der Allgemeinbildung dienen sollen.

Humanismus (neuzeitl. nach humanum). Eine von der idealisierten klassischen und christl. Antike befruchtete Lebensanschauung, die vom 14.–16. Jh. in den Kreisen der Gelehrten und Pädagogen, Gebildeten und Literaten vorherrschte. Der H. vertrat eine von der Tradition befreite und der kirchl. Autorität teilweise ablehnend gegenüberstehende allg. Geistesbildung und stellte den Menschen in den Mittelpunkt. Von Italien ausgehend, wo er die wissenschaftl.-geistige Seite der Renaissance bildete (Petrarca [1304–74], Poggio [1380–1459], L. Valla [1406 od. 1407–57], Pico della Mirandola [1463–94]), hat der H. in Frankreich (Guillaume Budé [1467–1540], Faber Stapulensis), Spanien (Jiménes [1436–1517]), England (Colet [1467 (?) – 1519], Thomas Morus [1478–1535]), in den Niederlanden und in Deutschland (Reuchlin [1455–1522], Erasmus von Rotterdam [1469–1536], Melanchthon [1497–1560] u. a.) ein eigenes Gepräge; schließlich ist der H. thematisch ausgeweitet worden. Durch die Impulse, die er Wissenschaft und Erziehung vermittelte, bestimmte er die NZ mit.

Die etwa 1750 einsetzende Erneuerung der humanistischen Bewegung und ihre erneute Hinwendung zum klassischen At., der **Neuhumanismus**, wurde angebahnt durch M. Gesner (1691–1761), Chr. G. Heyne (1729–1812) und J. A. Ernesti (1707–1781); sie vertieften den altsprachl. Unterricht, während sie durch Betonung des Griechischen in den Geist des At. einzuführen versuchten. Winckelmann (1717–68), Herder (1744–1803) und Fr. A. Wolff verstanden den Neuhumanismus als Erneuerung des in der Antike geltenden menschl. Hochwertes. W. von Humboldt (1767–1835), G. W. F. Hegel (1770–1831) und F. A. Trendelenburg (1802–72) machten den Neuhumanismus zur Grundlage des preuß., F. J. Niethammer (1766–1848) und F. W. Thiersch (1784–1860) zur Grundlage des bayer. Schul- und Bildungswesens. Darüber hinaus brachte der Neuhumanismus eine Blütezeit künstler. Erneuerung; sie wurde repräsentiert in der Dichtkunst vor allem durch Lessing (1729–81), Schiller (1759–1805); Goethe (1749–1832) und Hölderlin (1770–1843), in der Baukunst durch K. F. Schinkel (1781–1841).

Der sog. **Dritte Humanismus** des 20. Jh. führt auf die überzeitl. Inhalte der griech. Paideia (Erziehung und Selbsterziehung) zurück; er wird repräsentiert u. a. durch W. Jaeger (1888–1961) und J. Stenzel (1883–1936).

LIT. K. Brandi, Ma. Weltanschauung, H. und nationale Bildung (1925);

K. Burdach, Reformation, Renaissance und H. ([2]1926, Nachdr.1970); J. Huizinga, Erasmus ([2]1936); J. Burckhardt, Die Kultur der Renaissance in Italien (Neuausg. in den Ges. Werken, Bd. 3, 1955); H. Rüdiger, Wesen und Wandlung des H. (1937); W. Rüegg, Cicero und der H. (1946); R. Newald, Humanitas, H., Humanität (1947); H. von Srbik, Geist und Geschichte vom dt. H. bis zur Gegenwart. 2 Bde. ([3]1964); M. Merleau-Ponty, H. und Terror. 2 Bde. (1965); E. Kessler, Das Problem des frühen H. (1968); P. Joachimsen, Gesammelte Aufsätze. Beiträge zur Renaissance, Humanismus und Reformation (1970); A. P. Saccaro, Französ. Humanismus des 14. und 15. Jh. (1975); L. W. Spitz (Hrsg.), Humanismus und Reformation (1981); M. P. Fleischer, Späthumanismus in Schlesien (1984); W. Reinhard (Hrsg.), Humanismus im Bildungswesen des 16. Jh. (1984); J. Overfield, Humanism and scholasticism in the late medieval Germany (1984); M. Fink-Lang, Untersuchungen zum Eichstätter Geistesleben im Zeitalter des H. (1985); Maria Dowling, Humanism in the age of Henry VIII. (Beckenham 1985); A. Buck (Hrsg.), H. und Historiographie (1991); P. G. Schmidt (Hrsg.), H. im dt. Südwesten ([2]2000).

Humanität (lat. humanitas, Menschlichkeit, Bildung). Anerkennung der Individualität des Mitmenschen allein deswegen, weil er Mensch ist. Eine derartige Geisteshaltung des abendländ. Menschen ist griech. Erbe. Der Begriff H. erwuchs aus der verfeinerten städt. Kultur Athens z. Z. des Aristoteles (384–322 v. Chr.) und Menanders (342–291 v. Chr.); sie wurde von den röm. Humanisten der Stoa, insbes. Cicero (106–43 v. Chr.) und Seneca (1–64 n. Chr.), als Lebens- und Bildungsprogramm übernommen; durch die christl. Bruderliebe wurde sie gefördert und an die europäischen Völker weitergegeben. Vor allem durch J. G. Herder (1744–1803) erhielt die H. eine neue Festigung als Menschheits- und Erziehungsideal, welche zur harmonischen Ausbildung des Seelischen und Geistigen im Menschen beitrage.

LIT. G. Söhngen, H. und Christentum (1946); F. Beckmann, Humanitas (1952); Th. Ballauf, Die Grundstruktur der Bildung (1953); H. Weinstock, Die Tragödie des Humanismus ([3]1957);

P. B. Stadler, W. von Humboldts Bild
der Antike (1959); H. J. Baden, Ende
und Anfang der H. (1955); W. A. Be-
rendsohn, Die Idee der H. in Vergangenheit und Gegenwart (1961); G. Mö-
bus, Europäische H. als polit. Formkraft
(1963).

Hundertjähriger Krieg. Die Auseinandersetzung zw. England und Frankreich während der Jahre 1338–1453.
Der Krieg entstand auf Grund der folgenden Situation: Auf Philipp den
Schönen (reg. 1285–1314) folgten
nacheinander dessen drei Söhne, mit
denen die direkte Linie der Kapetinger
ausstarb. Weil aber die Frauen und deren männl. Nachkommen von der
Thronfolge ausdrücklich ausgeschlossen
wurden, fiel die Krone an Philipp VI.
(reg. 1328–50), einen Sohn von Philipps des Schönen Bruder Karl. Damit
bestieg das Haus Valois den franz.
Thron (bis 1498 hatte es ihn inne). Als
Sohn einer Tochter Philipps des Schönen stellte Eduard III. von England
(reg. 1327–77) den Valois seinen eigenen Anspruch auf den Thron entgegen.
So brach der H. K. mit England aus.
Eduard III. konnte nach dem Sieg von
Crécy (1346) Calais erobern. 1349 erwarb Philipp die Dauphiné. In der
Schlacht von Maupertuis (1356) geriet
König Johann der Gute (reg. 1350–64)
in die Gefangenschaft der Engländer.
Im Frieden von Brétigny (1360) mußte
Frankreich den gesamten Südwesten,
im Norden Calais und die Grafschaft
Ponthieu an England abtreten. 1363
gab Johann seinem jüngsten Sohn, Philipp dem Kühnen, das erledigte Herzogtum Burgund (Bourgogne).
Als durch den engl. König Heinrich V.
(reg. 1413–22) mit dem bedeutenden
Sieg von Azincourt (1415) der H. K. erneuert wurde, eroberte Johann von
Burgund 1418 Paris. Nachdem er 1419
von Anhängern des Dauphins (des
späteren Königs Karl VII.) erschlagen
worden war, verband sich sein Sohn
Philipp der Gute mit England. Heinrich
V., der mit Katharina (1400–38), der
Tochter Karls VI. von Frankreich
(1368–1422) von 1420–22 vermählt
war, erhielt im Vertrag von Troyes
(1420) die Regentschaft und Thronan-
wartschaft. Karl VII. (reg. 1422–61)
verlor fast ganz Frankreich an die Engländer, bis in Jeanne d'Arc (1412–31)
im Jahre 1429 eine Retterin entstand.
Ihr Erscheinen bedeutete die entschei-

dende Wende im Krieg mit England.
1429 entsetzte sie Orléans und führte
Karl VII. zur Krönung nach Reims. Im
Vertrag von Arras (1435) erkaufte Karl
den Frieden mit Burgund, 1436 wurde
Paris, bis 1453 ganz Frankreich befreit.
Die Engländer behielten lediglich Ca-
lais (bis 1558) und die normann. Inseln.
Zu einem formellen Friedensschluß
kam es erst 1475. Den Titel ›König von
Frankreich‹ führten die engl. Herrscher
noch bis zum Frieden von Amiens
(1802).
LIT. E. M. J. Perroy, The Hundred
Years War (London 1951); A. H. Bur-
ne, The Crécy War (ebd. 1955); ders.,
The Azincourt War (ebd. 1956);
M. McKisack, The Fourteenth Century
(Oxford 1959); Ph. Contamine, La
guerre de cent ans (Paris 1968).

Hundertschaft.
[1] lat. centena; lt. Tacitus (Germania,
12) bei den Germanen eine etwa 100
junge Krieger umfassende Schar; sie be-
gleitete den Fürsten zu den Gerichtsver-
handlungen.
[2] Im fränk. Reich und bei den Alamannen der Bezirk einer Grafschaft; sie
bestand aus 3–4 H.; ihr stand ein vom
Volk frei gewählter Hundertschaftsvor-
steher vor (ahd. hunno; mlat. centenarius), der auch Vorsitzender des Gerichts war und in einigen Gebieten zum
Unterbeamten des Grafen wurde. Nach
H. Dannenbauer ist H. die Übersetzung
des lat. centena, der Bez. für die spätröm. Militärsiedlung auf Staatsdomä-
nen. Von den Franken wie auch von den
Angelsachsen wurde die Bez. übernommen; sie diente als Name für einen adeligen Herrschaftsbezirk (z. B. bei den
Alamannen und Friesen).
LIT. C. von Schwerin, Die altgerman.
H. (1907); F. Steinbach, in: Rhein.
Vierteljahresbll. 15/16 (1949); H. Dannenbauer, Grundlagen der ma. Welt
(1959–62).

Hundert Tage. Bez. für die Zeit zw.
der Landung Napoleons I. in Frankreich
nach seiner Rückkehr von Elba (1. 3.
1815) und seiner Niederlage bei Belle-
Alliance (18. 6. 1815).
LIT. F. Sieburg, Napoleon. Die Hundert Tage (1956).

Hungertuch, Fastentuch. Bez. für ein
großes Leinentuch, das während des
MA, teilweise auch heute noch, während der Fastenzeit in Kloster- und
Pfarrkirchen im Chorbogen aufgehängt
wurde. Durch das H., ein Symbol für die

Verhüllung der Gottheit Christi während seines Leidens, sollte der Hochaltar dem Anblick der Gläubigen entzogen werden.

LIT. J. Emminghaus, Nachma. Westfäl. H. und ihre liturg. Herkunft (Diss. Münster, 1945); P. Engelmeier, Westfäl. H. vom 14. bis 19. Jh. (1961).

Hunnen. Schlagwort der gegnerischen Propaganda während des Ersten Weltkriegs zur Verunglimpfung der dt. Soldaten für angebl. durch sie verübte Greuel. Kaiser Wilhelm II. (reg. 1888–1918) hatte die Bez. bei der Verabschiedung des dt. Truppenkontingents, das zur Niederwerfung des Boxeraufstands nach China entsandt wurde, gebraucht (27. 7. 1900).

Hurenweibel. Ein älterer, erfahrener Krieger, dessen Aufgabe darin bestand, die Weiber, Kinder und Troßbuben zu beaufsichtigen, welche jedes Landsknechtsheer begleiteten.

Husaren (ungar. huszár). Zunächst der Angehörige einer irregulären Reitertruppe, seit der Mitte des 15. Jh. Bez. für die leichte ungar. Reiterei; sie wurde später von den meisten europ. Heeren übernommen. In Österreich kam es zur Aufstellung der ersten Reiterregimenter um 1700, in Preußen 1721. Zu Beginn des 19. Jh. hörten die H. auf, eine Sonderwaffe zu sein. Seit 1920 gibt es in der dt. Armee keine H. mehr.

LIT. Th. Horstmann, Genlt. J. N. N. v. Luckner u. seine H. im siebenjährigen Kriege (1997).

Hussiten.

[1] Die Anhänger des tschech. Reformators J. Hus (um 1369–1415), dessen Lehre auf der John Wiclifs (um 1320–84) basierte. Die Kirche ist für Hus nur die Versammlung der Prädestinierten, der eigentliche mystische Leib des Herrn, dessen Haupt allein Christus ist. Ende 1414 stellt sich Hus im Bewußtsein seiner Rechtgläubigkeit dem Konzil zu Konstanz. Als man von Hus Widerruf verlangte, lehnte er dies ab. Daraufhin wurde er am 6. 7. 1415 verbrannt.

[2] Der dt. Kaiser Sigismund (reg. 1410–37) und die röm. Kurie galten als die Mörder des religiösen und nationalen Führers des tschech. Volkes. Der Landtag protestierte gegen Hus' Feuertod. Eine Gruppe von gemäßigten Adeligen und Bürgerlichen (Calixtiner oder Utraquisten = Kelcher, d. h. solche, die das Abendmahl unter »beiderlei« Gestalt einnahmen), der 1421 auch der Erzbischof beitrat, wollte die Bindung mit Rom aufrechterhalten; die radikale sektierer. Richtung, die Taboriten, lehnte die kath. Kirche aber entschieden ab. Als Papst Martin V. (1417–31) nach König Wenzels Tod am 1. 3. 1420 die Kreuzzugsbulle gegen die Ketzer in Böhmen erließ, begann der offene, organisierte Kampf gegen die besitzenden Klerus, die Klöster, die Katholiken und die Deutschen. Das unter dem Oberbefehl von Jan Žižka von Trocnow († 11. 10. 1424) stehende Heer schlug die dt. Kreuzfahrer in mehreren Schlachten in Böhmen. Seit 1427 eröffneten die H. unter Prokop d. Ä. (um 1380–1434) sogar die Offensive; sie unternahmen Vernichtungsfeldzüge nach Bayern, Sachsen, Österreich und Brandenburg. Die von ihnen gegründete Stadt Tabor wurde Symbol und Losung. Das Gottesreich verbreiteten sie mit Gewalt, allein das Alte Testament galt ihnen als Lebensnorm; die H. verwarfen alle kirchl. Einrichtungen und jede Hierarchie und lebten in Gütergemeinschaft. Die von den Calixtinern 1420 aufgestellten vier Prager Arikel (freie Predigt, Abendmahl mit Kelch, Ausrottung der Erbsünder durch die Obrigkeit, besitzloses Leben der Geistlichen) bildeten 1432 die Grundlage für die Verhandlungen des Basler Konzils (1431–47). Vor dem Sieg der Calixtiner über die Taboriten bei Lipan am 30. 5. 1434 kam es zu einer Einigung in den Prager Kompaktaten (1433). Papst Pius II. (1458–64) hob 1452 die Kompaktaten wieder auf. Von den Utraquisten trennte sich 1467 die Brüderunität. Während der Reformation, z. Z. der tschech. Emigration im 17./18. Jh. sowie in der 1920 begründeten tschechoslowak. Nationalkirche lebte die hussit. Tradition weiter, nachdem im Laufe des 16. Jh. die Mehrheit der Utraquisten lutherisch geworden war und die Minderheit 1594 wieder katholisch.

LIT. M. Vischer, Joh. Hus. 2 Bde. (1955); K. von Höfer, Geschichtsschreiber der hussit. Bewegung. 1v: FRA (1856/66); F. Palacky, Urkundl. Beitrr. zur Geschichte der H. 2 Bde. (1872–74); F. von Bezold, König Sigmund und die Reichskriege gegen die H. 3 Bde. (1872–77); ders., Zur Geschichte des Hussitismus (1874); J. Loserth, Beitrr. zur Geschichte der hussit. Bewegung. 5 Bde. (1877–95); H. Denis, Hus et la Guerre des Hussites (1878); F. G. Heymann, John Žižka and the Hussite Revolution (Princeton 1955); J. Macek, Die hussitische revolutionäre Bewegung (1958; mit Lit.); F. Bartoš, Der Hussitismus im Ausland (1931); F. Seibt, Hussitica. Zur Struktur einer Revolution (1965); M. Spinka, John Hus (1968); R. Kalivoda, Der Hussitismus (1976); E. M. Bartos, The Hussite Revolution (1986); P. Hörner, Hus – Hussiten (2002).

Hussitenpfennige. Die in Böhmen z. Z. der Hussitenherrschaft (1420–36) geprägten Heller.

Hymne (griech., Lied). Bei den Griechen der Preisgesang auf Götter oder Helden; er wurde meist mit Musik und Tanz begleitet (bei Homer, der Ende des 8. Jh. v. Chr. lebte, war er mehr epischmytisch, seit Kallimachos, etwa 305–240 v. Chr., mehr lyrisch, ebenfalls bei Pindar, um 518–nach 446 v. Chr.). Seit dem Frühchristentum, insbes. aber während des MA, ist die H. ein lyrisch-gefühlstragender Lobgesang Gottes und der Heiligen. Durch die Aufklärung wird die H. auch auf abstrakte Themen übertragen: Hölderlin (1770–1843) ›Hymnen an die Ideale der Menschheit‹.

LIT. E. Busch, Stiltypen der dt. freirhythm. H. In: Frankfurter Quellen und Forschungen, 6 (1934); J. Szövérffy, Die Annalen der lat. Hymnendichtung. 1, 2 (1964/65, mit Lit.).

Hypaspisten (griech., Schildknappen). Makedonische Fußsoldaten, die außerhalb der Phalanx kämpften; im Heer Alexanders d. Gr. (reg. 336–323 v. Chr.) bildeten sie die Kerntruppe.

Hypatos (griech., der Höchste). Die griech. Bez. für Konsul in röm. und byzantin. Zeit.

Hypokaustum (griech., von unten geheizt), **Hypokausten.** Eine Warmluftheizung der Antike. Bereits um 800 v. Chr. in Olympia nachgewiesen, wurde sie seit 80 v. Chr. von den Römern angewandt.

Die Beheizung erfolgte dadurch, daß in 50–120 cm hohen Kanälen, die unter der gesamten Fußbodenfläche verliefen, die heißen Abgase eines starken Holzfeuers geleitet wurden, ebenfalls durch Hohlwände.

LIT. G. Precht, in: Katalog der Ausstellung »Römer am Rhein«, Köln (1967).

Idealismus. Als I. bez. man allg. den ethischen Glauben an Ideale sowie die Bereitschaft, hierfür Opfer zu bringen. [1] Philosophie: Der metaphysische I. im Sinne des Platonismus lehrt, daß es neben dem materiellen das diesem übergeordnete Sein der Ideen gebe. Der erkenntnistheoret. I. knüpft an die Bedeutung Idee (= Vorstellung) an. Der dt. I. ist eine durch Fichte (1762–1814), Schelling (1775–1854) und Hegel (1770–1831) begründete philosoph. Strömung des 19. Jh.; er weist zurück auf Platon (384–322 v. Chr.), Leibniz (1646–1716) und Kant (1724–1804). Der dt. I. erfaßt das Stoffliche vom Geist her und identifiziert Idee (Vernunft) und Sein. In einer dialekt. Bewegung – von der These über die Antithese zur Synthese – entwickelt sich nach dem dt. I. die Vernunft – der eigene Urgrund und in durch ihn das Weltgeschehen – empor, wobei jede erreichte Stufe wieder These und damit Ausgangsstellung in unaufhörlichem Werden wird. [2] Kunst: Die Gestaltung eines inneren Vorstellungsbildes unter Verzicht auf Naturtreue (z. B. die religiöse Malerei und Skulptur des MA) oder die Umformung der Wirklichkeit auf einen Idealtypus hin, z. B. in der Antike und Renaissance. LIT. N. Hartmann, Die Philosophie des dt. I. 2 Bde. (1923–29); E. Spranger, Der Kampf gegen den I. (1931); H. U. von Balthasar, Apokalypse der dt. Seele. 3 Bde. (1937–39); J. Schwarz, Hegels philosph. Entwicklung (1938); N. Hartmann, Grundzüge einer Metaphysik der Erkenntnis ([4]1949); K. Löwith, Von Hegel bis Nietzsche ([2]1953); W. Dilthey, Die Jugendgeschichte Hegels u. a. Abhandlungen zur Geschichte des dt. I. ([2]1959); R. Kroner, Von Kant bis Hegel. 2 Bde. ([2]1961); H. M. Baumgartner u. a. (Hrsg.), Dt. I. Philosophie und Wirkungsgeschichte in Quellen und Studien. 9 Bde. (1981–84); W. D. Fröhlich, dtv-Wörterbuch zur Psychologie ([20]1994).

Idealtypus. Bez. für ein vorgestelltes einzelnes; es weist die Wesenszüge der entsprechenden Gattung in höchster Vollkommenheit auf, z. B. *die* Stadt, *das* Handwerk. Der Begriff wurde von Max Weber (1864–1920) geprägt.

Ideengeschichtliche Betrachtung. Der Versuch, die Kultur auf Grund der in und hinter den geschichtl. Ereignissen wirkenden ideellen Kräfte zu deuten. Vertreter der I. B.: Ranke, Meinecke, Troeltsch, Dilthey, Spengler. LIT. H. Fenske u. a., Geschichte der politischen Ideen ([6]1994).

Ideologie (griech., Lehre von den Ideen). Grundbegriff der Sozialphilosophie sowie der Wissenssoziologie. Seit Beginn des 19. Jh. wurden die »Ideen«, in denen der Mensch unmittelbar und naiv lebte, mehr und mehr als I. gedeutet, wobei sich das Denken als »falsches Bewußtsein«, als Ausdruck bestimmter Interessen darstellt. Die Lehre von den Ideologien wurde bei den späteren Soziologen vom Gedanken des Klassenkampfes getrennt. LIT. K. Mannheim, I. und Utopie ([3]1952); W. Brüning, Geschichtsphilosophie der Gegenwart (1961); K. Lenk (Hrsg.), I., Ideologiekritik und Wissenssoziologie ([2]1964); R. Römer, Sprachwissenschaft und Rassenideologie in Dtl. (1976); K. D. Bracher, Zeit der Ideologien. Eine Geschichte des polit. Denkens im 20. Jh. (1982); A. Pelinka, H. Reinalter (Hrsg.), I. im Bezugsfeld von Geschichte und Gesellschaft. In: Vergleichende Gesellschaftsgeschichte und polit. Ideengeschichte der Neuzeit. Bd. 2 (Innsbruck 1986).

idiographisch (griech. Kunstwort). Ein Begriff, von W. Windelband (1848–1915) geprägt, um zw. den verallgemeinernden oder nomothetischen Naturwissenschaften sowie den »das Einzelne erfassenden und beschreibenden« Kulturwissenschaften zu unterscheiden. LIT. W. Windelband, Präludien ([9]1924); W. Brüning, Geschichtsphilosophie der Gegenwart (1961).

Idios Logos (griech.). Ein »Privatkonto« bzw. die Sonderkasse eines Herrschers im hellenist.-röm. Ägypten, die unregelmäßigen Einkünfte, z. B. herrenlosen Gutes, umfassend. In röm. Zeit auch der Titel des nach dem Präfekten ranghöchsten Beamten. LIT. W. Graf Uxkull-Gyllenband, Das Gnomon des I. L. (1934).

Iglauer Kompaktaten (5. 7. 1436). Die Hussiten, die Anhänger des Jan Hus (geb. um 1370; verbrannt als Ketzer am 6. 7. 1415), zerfielen in die gemäßigte Gruppe der Utraquisten oder der Calixtiner sowie die der radikalen Taboriten. Ihre 1420 formulierten religiösen Forderungen umfaßten die Freiheit der Predigt, den Laienkelch, die

Armut des Klerus und die Bestrafung von Todsündern durch den Staat. Politisch verfolgten die Hussiten einen fanatisch tschech. und antidt. Kurs. Während der Hussitenkriege (1419–36), die sich auf Böhmen, Österreich, Ungarn, Bayern, Sachsen, Schlesien und Brandenburg erstreckten, schlugen sie unter ihren Führern Žižka, Prokop dem Gr. und Prokop dem Kl. die vom Kaiser und vom Papst gegen sie ins Feld geführten Kreuzheere vernichtend. Nachdem ihnen in den → Prager Kompaktaten der Laienkelch zugestanden worden war, bedeutete dies gleichwohl noch nicht das Ende der Kämpfe. Die Taboriten nämlich stellten sich gegen die Prager Kompaktaten und führten den Krieg unter Prokop d. Gr. und Prokop d. Kl. weiter. Am 30. 5. 1534 jedoch konnten sie bei Lipau durch die vereinigten Katholiken und Utraquisten vernichtend geschlagen werden. Der Widerstand der Taboriten war nunmehr gebrochen und damit der Weg für die I. K., gleichzeitig für die Beendigung der Hussitenkriege, frei. Am 5. 7. 1436 empfing Kaiser Sigmund (reg. 1410–37) zu Iglau in Gegenwart einer Gesandtschaft des Baseler Konzils der Repräsentanten der böhm. Landtags, um mit ihnen die Friedensurkunden auszutauschen. Die Hussitenkriege fanden hierdurch ihr Ende. Von nun an sollte in Böhmen, wie schon in den Prager Kompaktaten zugestanden, das Abendmahl unter beiderlei Gestalt empfangen werden können, ausgenommen diejenigen Orte, in denen sich der kath. Brauch hatte behaupten können. Nach Abschluß der I. K. konnte Sigmund wieder von Böhmen Besitz ergreifen. Im August 1436 kehrte er als anerkannter böhm. König nach Prag zurück.
LIT. F. von Bezold, König Sigmund und die Reichskriege gegen die Hussiten (1872–77); E. Bretholz, Geschichte Böhmens und Mährens. 2 (1922); F. G. Heymann, John Ziska and the Hussite Revolution (Princeton 1955); J. von Aschbach, Geschichte Kaiser Sigmunds (1838–45; Neudr. 1964); F. Seibt, Karl IV. (1978).

Ikonographie (griech., Bildbeschreibung). Die inhaltl. Erforschung der Kunst; die I. erhellt die Beziehungen zw. literar. Quellen und bildkünstler. Gestaltung, zudem deutet sie deren Symbolgehalt. Zur Abgrenzung von der rein stofftl. I. spricht man heute von Ikonologie.
LIT. Sauer, Symbolik des Kirchengebäudes (1924); Künstle, I. der Heiligen (1926); H. Schrade, I. der christl. Kunst (1931); H. Aurenhammer, Lexikon der christl. I. (1959 ff.); M. Lurker (Hrsg.), Bibliographie zur Symbolik, I. und Mythologie (1968 ff.); Lexikon der christl. I. Begründet von E. Kirschbaum, hrsg. von W. Braunfels (8 Bde. bis 1985); R. Stichel, Die Geburt Christi in der russ. Ikonenmalerei (1986); Lexikon der I. (1990); R. van Straten, Einführung in die I. (²2001).

Illuminaten (lat., Erleuchtete).
[1] Vereinigungen derjenigen, die sich besonderer Erleuchtung und Verbindung mit der Geisteswelt rühmten, z. B. die Alombrados (1523–1623) in Spanien.
[2] Eine 1776 von Adam Weishaupt (1748–1830) in Ingolstadt gegr. geheime Vereinigung (»Orden«) freimaurerischer Art, als Weltbund der I. noch bestehend; im 18. Jh. sehr verbreitet (Angehörige z. B. Goethe, Mozart, Mirabeau, 1749–91; A. von Knigge, 1752–96, letzterer sorgte für ihre Verbreitung in Norddtl.)
LIT. L. Engel, Geschichte des Illuminatenordens (1906); R. van Dülmen, Der Geheimbund der I. (1975).

Illustris (lat., strahlend, berühmt, erlaucht). Aus einer ehrenden Anrede zu senator. Rang und Titel im 4. Jh. umgewandelt. Die höchste Stufe des Clarissimats war der Illustrissimat; er blieb im spätröm.-byzant. Reich den höchsten Würdenträgern vorbehalten. Mlat. Prädikat der Reichsfürsten; bis 1630 (illustrissimus) der Kardinäle (→ Erlaucht, → Durchlaucht).

Illyrismus. Patriot. und kulturelle Wiedergeburtsbewegung bei den Kroaten von 1830–50. Der I., der auf panslawist.-messianist. Strömungen bei den Westslawen und Russen fußte, verfocht unter dem Einfluß des slowak. Dichters Jan Kollárs (1793–1852) den südslaw. (»illyrischen«) Einheitsgedanken. Führer und Ideologe des I. war der kroat. Kulturpolitiker L. Gaj (1809–72); seine Anhänger bez. sich als Illyrer. Der I. schuf eine einheitl. serbokroat. Schriftsprache sowie die Grundlagen der modernen kroat. Lit.; darüber hinaus wirkte er sich (trotz des Verbots 1843) auf die polit. Entwicklung des Kroatentums aus.

LIT. A. Borac, Hrvatska Knjizevnost, 1 (Kroat. Literatur, Agram 1954).

Imam (arab.). Urspr. der Karawanenführer; seit Mohammed der Vorbeter im tägl. fünfmal stattfindenden mohammedan. Gottesdienst. Im schiitischen Islam der geheime Leiter der Theokratie. Seit 1633 Titel der Herrscher des Jemen. LIT. C. Huart, in: Enzyklop. des Islam, [1]2 (1927), S. 504 f.; H. Brentjes, Die Imamatslehren (1964).

Imbreviatur (zu lat. brevis, kurz). Eine Akten- und Urkundennotiz im ma. Notariat, der rechtl. Beweiskraft zukommt.

Immediat (lat., unmittelbar). Bez. für eine der höchsten staatl. Instanzen, beispielsweise eine dem Kaiser oder dem Landesherrn unmittelbar unterstellte Person bzw. Behörde oder einer solchen unmittelbar zukommende Sache; so die Immediatbehörde, die von einem Ministerium unabhängige oberste Behörde. **Immediateingaben, Immediatsachen** sowie **Immediatvorstellungen** bez. im staatl. Bereich Angelegenheiten, welche gleich bei der obersten Instanz vorgebracht oder unmittelbar durch das Staatsoberhaupt erledigt werden. **Immediatbericht.** Die direkte Berichterstattung an das Staatsoberhaupt, entsprechend das **Immediatgesuch.** Das **Immediatvortragsrecht** ist das Recht eines Ministers, ohne Beteiligung des Regierungschefs Vortrag beim Staatsoberhaupt zu halten; desgl. das Recht eines anderen Amtsinhabers, Vortrag beim Staatsoberhaupt ohne Beteiligung des betr. Ressortministers zu halten. **Immediatstände.** Im Dt. Reich bis 1803–06 die reichsunmittelbaren Stände, z. B. Reichsstädte, Reichsabteien und Reichsritterschaft (Gegensatz: mediat).

Immunität (lat. immunitas, eminitas, Dienst- und Abgabenfreiheit). [1] Im Staats- und Völkerrecht bez. I. ein gewissen Personen zur Wahrung ihrer Aufgaben gewährtes Vorrecht. Im Staatsrecht genießen insbes. die Abgeordneten I.: a) Die parlamentarische Unverantwortlichkeit verbietet, den Abgeordneten für seine Stimmabgabe und Reden im Parlament gerichtlich zu belangen; b) Die parlamentarische Unverletzlichkeit erlaubt, das Mitglied eines Parlaments – während der Tagung – nur mit dessen Ermächtigung strafrechtlich zu verfolgen oder zu verhaften.

[2] Im röm. Reich bez. I. die Freiheit der kaiserl. Domänen von öffentl. Abgaben und Lasten; in der Spätantike wurde die I. auf kirchl. und senator. Besitz ausgedehnt. Im Frankenreich bestätigte das Pariser Edikt (614) außer der I. des Königsguts und der Kirche auch Immunitäten des Adels. Das Immunitätsgebiet war befreit a) vom Eingreifen öffentl. Beamter (Verbot des Introitus), b) teilweise von öffentl. Abgaben und Lasten sowie ihrer Einziehung (Verbot der exactio). Der Immunitätsherr, bei kirchl. Immunitäten sein Beamter (missus, iudex; seit den Karolingern der Vogt), übte mittels einer Banngewalt staatl. Funktionen aus, insbes. als Gerichtsherr, dann aber auch als Träger des Heerbanns im Immunitätsbezirk. Der König reservierte sich ein Kontrollrecht über die kirchl. I. dadurch, daß der Graf bei der Bestellung eines Immunitätsbeamten mitwirkte; dessen Amtsführung ließ er durch missi überwachen. Infolge der Verbindung von kirchl. I. und Königsschutz seit Ludwig dem Frommen (reg. 814–40) und durch die direkte Bestellung des Vogtes durch den König von der 2. Hälfte des 9. Jh. an erlangte insbes. das ma. dt. Königtum nach und nach eine Form von Obereigentum an sämtlichen mit I. begabten Kirchen. Das häufige Verleihen von Immunitätsprivilegien im 10. und 11. Jh. führte auf diese Weise zur otton.-salischen Reichskirche und schließlich zur Reichsunmittelbarkeit der geistl. Fürsten sowie der Reichsklöster. Die I. der Adelsherrschaften, die urkundl. kaum nachweisbar ist, bildete auf der anderen Seite eine der Voraussetzungen für die spätere Landeshoheit. – Im engeren Sinne ist I. nach german. und kirchl. Auffassung der spezielle Schutz und Frieden für Kult- und Asylstätten (Domfreiheit, Freiung etc.). Die Kirche leitete aus ihr den Anspruch auf selbständige Gerichtsbarkeit über Klerus und Laien besonderer Bezirke (z. B. Klosterhöfe) sowie gänzliche Steuerfreiheit gegenüber Stadt und Territorium im späten MA und der frühen NZ, sowie Befreiung von der weltl. Gerichtsbarkeit, Asylrecht, Schutz der geistl. Personen und des kirchl. Eigentums ab. 1623 setzte Papst Urban VIII. eine bes. Congregatio iurisdictionis et immunitatis ein. Der Kampf für und wider die I. ist ein Teil des Ringens zwischen Kirche und Staat bes. im 17. und

18. Jh. und erreicht im Aufgeklärten Absolutismus in Österreich und Bayern einen Höhepunkt. Im Rechtsstaat des frühen 19. Jh. sind die Immunitäten weitgehend beseitigt. Kirchlicherseits wird die I. heute nur noch für das Asylrecht, außerdem für die Befreiung der Kleriker vom Militärdienst sowie von öffentl. Ämtern beansprucht.
LIT. HWDRG II, 312–30 (mit reicher Lit.); E. E. Stengel, Die I. in Deutschland bis zum Ende des 11. Jh. (1910); H. Hirsch, Die Kloster-I. (1913); E. E. Stengel, Art. I. In: RGG (1929); Th. Mayer, Fürsten und Staat (1950); C. von Schwerin und H. Thieme, Grundzüge der dt. Rechtsgeschichte (⁴1950); H. Mitteis, Der Staat des Hohen MA (⁷1962); P. Bockelmann, Die Unverfolgbarkeit des Abgeordneten nach dt. Immunitätsrecht (1951); G. Sandhaus, Die Behandlung mitgebrachter Verfahren nach den Immunitäts-Vorschriften des GG (Diss. Münster 1956); W. R. Beyer, I. als Privileg (1966); G. Winkler, in: Berichte und Informationen des österr. Forschungsinstituts für Wirtschaft und Politik, 22 (1967).

Impeachment (engl.). In den USA Bez. für die vor dem Senat gegen einen Minister, hohe Beamte sowie den Präsidenten erhobene öffentl. Anklage im Falle schwerer Verfehlungen. Von Bedeutung war das I. in Großbritannien während der Verfassungskämpfe des 17. Jh. (1805 zum letztenmal angewandt).

Imperator (lat.). Bei den Römern der Titel für die Träger des Imperiums. Der Titel wurde durch den Senat nach einem Sieg verliehen; doch konnte ein Feldherr auch durch die Truppen zum I. ausgerufen werden. Von Caesar und Augustus wurde der Titel I. als Vorname geführt. Während des 1. Jh. n. Chr. wird der Titel nach und nach zu einem festen Bestandteil der Kaisertitulatur.

Imperialismus. Bez. für die auf Schaffung und Ausdehnung eines Imperiums abzielende Machtpolitik der europ. Großmächte in der 2. Hälfte des 19. Jh., insbes. die überseeische Macht- und Wirtschaftspolitik der Großmächte seit etwa 1880; in ihr ist die konsequente Fortführung der durch die Kolonialmächte betriebenen Politik des 16.–18. Jh. zu erkennen, d. h. die Politik Spaniens, Portugals, der Niederlande und schließlich Großbritanniens, das

zw. 1880–1914 dem Wirtschafts-I. huldigte. Dessen Ziel war es, durch ein umfangreiches Kolonialreich dem Mutterland nicht nur die Rohstoffeinfuhr zu sichern, sondern gleichzeitig neue Absatzgebiete für die Industrieproduktion sowie Siedlungsgebiete für den Bevölkerungsüberschuß des Mutterlandes zu gewinnen.

Das Wort I. wurde zum erstenmal 1880 durch die Gegner Disraelis (1804–81), des konservativen und imperialist. brit. Staatsmannes und Schriftstellers, verwendet, nachdem der engl. I. durch Dilke (Greater Britain, 1868) und J. R. Seeley (The Expansion of England, 1883) literar. vorbereitet worden war. Zu imperialist. Großmächten wurden Frankreich durch seine Afrika-Politik, Rußland durch seine Eroberungen im Nahen und Fernen Osten (russ. Binnen-I.), zudem durch seine Balkaninteressen; weiter Japan (seit 1895), die USA (seit 1898) und schließlich Dtl. infolge seines Anspruchs auf Welt- und Seegeltung.

Nach dem Ersten Weltkrieg, der wesentl. durch die imperialist. Politik verschuldet worden war, wurde auf die Anregung von General Smuts (1870–1950) und Präsident Wilson (US-Präs. 1913–21) der Versuch unternommen, die koloniale Expansion durch Mandate einzudämmen. Eine neue Welle imperialist. Politik, auf pseudo-biolog. (Rassenbegriff, Herrenvolk) und geo-polit. Basis (Großraum, Lebensraum) aufbauend, lösten die Reichskonzeptionen der Diktaturstaaten Italien (Imperio Romano) und Deutschland (Drittes Reich) aus. Von 1945 bis 1989 sahen sich die westeurop. Demokratien und die USA mit den Ansprüchen der UdSSR konfrontiert, die im Sinne des Marxismus den I. theoret. zwar ablehnte, in der Praxis aber imperialist. Methoden, u. a. im Ostblock, anwendete.

LIT. E. Marcks, Die imperialist. Idee der Gegenwart (1903); W. I. Lenin, Der I. als höchstes Stadium des Kapitalismus (1915; dt. 1921); H. Friedjung, Das Zeitalter des I. 1884–1914 (3 Bde., 1919–22); C. Eckert, Alter und neuer I. (1932); C. Schmitt, Die Vereinigten Staaten von Amerika und die völkerrechtl. Formen des modernen I. (1933); W. Röpke, Internationale Ordnung (1945); Les politiques d'expansion impérialiste, Einl. von P. Renouvin (1949); P. E. Schramm, Dtl. und Übersee (1950); W. Sulzbach, I. und Nationalbewußtsein (1959); A. P. Thornton, The Imperial Idea and its Enemies (London 1959); G. W. F. Hallgarten, I. vor 1914. 2 Bde. (^{2}1962/63); H. D. Schmidt, Imperialism (London 1964); A. P. Thornton, Doctrines of Imperialism (N. Y. 1965); H. U. Wehler, Der Aufstieg des amerikan. I. (1974); W. Baumgart, Dtl. im Zeitalter des I. (^{5}1986); ders., Der I. (1975); P. Hampe, Die »ökonom. Imperialismustheorie« (1976); W. J. Mommsen, Der europ. I. (1979); K. Bade, I. und Kolonialismus. Kaiserl. Dtl. und koloniales Imperium (1982); H. Gründer, Christl. Mission und dt. I. (1982); H. U. Wehler, Bismarck und der I. (1984); L. R. Pyenson, Cultural Imperialism and Exact Sciences (1985); E. J. Habsbawm, Das imperiale Zeitalter 1875–1914 (1989); G. Schöllgen, Das Zeitalter des I. (^{2}1990); M. Fröhlich, I. (^{2}1997).

Imperium (lat., Befehlsgewalt). Im antiken Rom urspr. das militärische und zivile Befehlsrecht; es wurde später auf die militärische Gewalt eingeschränkt. Unter Augustus bez. I. seit 27 v. Chr. auch das Reich selbst. Im MA wird das Reich seit Karl d. Gr. (reg. 768–814) als I. Romanum, seit dem 11. Jh. als Sacrum I. bez. In der NZ dient die Bez. I. zur Umschreibung eines Kaiserreichs, Großreichs, Weltreichs, insbes. des röm. Empires, dgl. des Erneuerungsversuchs des röm. I. durch das faschist. Italien zwischen 1935 und 1943. LIT. Th. Mommsen, Röm. Staatsrecht (1952, Nachdr. der 3. Aufl.); A. Heuss, Zur Entwicklung des I. der röm. Oberbeamten. In: ZRG RA 64 (1944); A. von Premerstein, Vom Werden und Wesen des Prinzipats (1937); H. Siber, Röm. Verfassungsrecht (1952); J. Vogt, Röm. Geschichte (^{4}1959); H. Wagenvoort, I. (1941); Ernst Meyer, Röm. Staat und Staatsgedanke (^{3}1964); A. Dempf, Sacrum I. Geschichts- und Staatsphilosophie des MA und der polit. Renaissance (^{3}1962); K. O. Frhr. von Aretin, Heiliges Röm. Reich 1776–1806. Reichsverfassung und Staatssouveränität. 2 Tle. (1967).

Impost (von lat. impositum, Auflage). Um 1800 Bez. für Steuer, insbes. die Akzise.

Imprimatur (lat., es darf gedruckt werden). Ausdruck der kirchl. Druckerlaubnis. Dem CIC, can. 1385–94, zufolge unterliegen sämtl. Schriftwerke so-

wohl der theoret. als auch der prakt. Theologie einer Vorzensur. Das I. muß beim Ordinarius der Diözese des Verlegers eingeholt werden.

Inauguraldiplom. Die unterzeichnete Bestätigung der Privilegien anläßl. einer Krönung.

Inauguration (lat.). Feierl. Amtseinsetzung, insbes. röm. Priester, durch einen Augur; dann auch allg. eine Amtseinführung, vor allem in akademische Würden. LIT. Th. Mommsen, Röm. Staatsrecht, 2 (^{3}1887; Nachdruck 1963); G. Wissowa, Religion und Kultus der Römer (^{2}1912).

incipit (lat., es beginnt). Formel am Anfang alter Handschriften und Frühdrucke.

Incola. Der ansässige Nichtbürger, im Gegensatz zum civis (Bürger → Civis Romanus sum).

Incroyable (franz., unglaublich). Im Directoire und Empire der neureiche Pariser Stutzer; sein weibl. Gegenstück war die Merveilleuse.

Indemnität (lat.). Im Staatsrecht die nachträgl. parlamentar. Gutheißung einer von Regierungen in Notlagen begangenen Rechtswidrigkeit. In England seit dem 17. Jh. praktiziert, wurde die I. in Dtl. durch Bismarck bekannt (Thronrede vom 5. 8. 1866). Während der Konfliktzeit (1861–66), als das von der Fortschrittspartei beherrschte Abgeordnetenhaus die Geldmittel für die Heeresreform Wilhelms I. (reg. 1861–88) verweigerte, erteilte das preuß. Indemnitätsgesetz vom 3. 9. 1866 für die Haushaltsführung I. LIT. G. Ritter, in: HZ 114 (1915); L. Dehio, in: HZ 140, 144 (1929), (1931); K. Kaminsky, Verfassung und Verfassungskonflikt in Preußen (1938); H. A. Winkler, Preuß. Liberalismus und dt. Nationalstaat (1964); A. Hess, Das Parlament, das Bismarck widerstrebte (1964); Th. Maunz, Dt. Staatsrecht (^{18}1971).

Indentured Servants. In den brit. Kolonien Amerikas während des 17. und zu Beginn des 18. Jh. Arbeitskräfte, die infolge freiwilliger (Bezahlung der Überfahrt etc.) oder unfreiwilliger (Sträflinge, Entführte) Verträge zu unfreier Arbeit (in den meisten Fällen bis zu 7 Jahren) verpflichtet waren. Bis 1776 kamen etwa 60–70% sämtlicher Einwanderer als I. S. in die Kolonien. LIT. R. B. Morris, Government and

Labor in Early America (N.Y. 1946);
A.E. Smith, Colonists in Bondage
(Chapel Hill 1947).

Independenten (nlat., Unabhängige,
franz. indépendants, engl. independents). Seit 1642 der Name für eine calvinisch-puritanische Kirchenpartei Englands. Da sie die volle Selbständigkeit
der Einzelgemeinde forderten, wurden
die I. auch Kongregationalisten (von
engl. congregation, Gemeinde) genannt. Von bedeutendem Einfluß waren die I. während der Regierungszeit
Cromwells (1649–58). Seit 1689 sind
sie neben der Anglikanischen Kirche
staatl. anerkannt.
LIT. A. Armstrong, The Church of
England, the Methodists and Society,
1700–1850 (1973).

Index (librorum prohibitorum). Verzeichnis der vom Hl. Offizium den Katholiken allg. verbotenen Bücher, jedoch nicht, soweit sie zu Studienzwekken benutzt werden. Zum erstenmal
wurde ein I. 1559 durch Papst Paul IV.
(1555–59) für die gesamte kath. Kirche
publiziert. Fortgeführt wurde der I. seit
1571 durch die Indexkongregation, vom
Jahre 1918 an durch das Sanctum Officium. Die letzte amtl. Neuausgabe des
I. erschien 1948. Während des 2. Vatikanischen Konzils (1962–65) wurde der
I. aufgehoben.
LIT. A. Sleumer, I. Romanus ([11]1956).

Indienrat. Eine bis ins 19. Jh. in Spanien sowie Portugal bestehende kollegiale Zentralbehörde zum Zwecke der
Verwaltung sämtl. Kolonien. In England 1858–1947 ein ausschließlich für
Indien zuständiger Beirat des Staatssekretärs für Indien.

Indigenat (nlat., eingeboren, inländisch). Im frühen neuzeitlichen Staat
Untertanenschaft, Staatsangehörigkeit;
ebenfalls Ortsangehörigkeit, Heimatrecht, Gemeinderecht sowie Zugehörigkeit zu den bevorrechteten Ständen.
Auf Grund Art. 3 der dt. Reichsverfassung von 1871 wurde für das Reichsgebiet ein gemeinsames I. eingeführt,
d.h., daß jeder Staatsangehörige der dt.
Einzelstaaten das Recht erhielt, in
sämtl. anderen dt. Einzelstaaten den
dortigen Staatsangehörigen gleich behandelt zu werden. Dadurch wurde eine
entscheidende Voraussetzung der
Rechtsgleichheit sowie der Reichseinheit geschaffen.

Indigenatsrecht. Die rechtmäßige Bevorzugung von Einheimischen bei der
Besetzung von Ämtern oder beim
Grundstückserwerb; passiv das Recht
der Verwaltung durch einheimische Beamte.

Indiktion (von lat. indicare, ansagen). Während der röm. Kaiserzeit eine
Realsteuer; eine außerordentl. Getreideabgabe; im Zusammenhang mit dem
Vordringen der Naturalwirtschaft unter
Kaiser Diokletian (reg. 284–305) seit
289/90 eine ordentl., durch den Zensus
verteilte Jahressteuer.
In der NZ wurde vereinzelt eine Grundsteuer als Indiktion bezeichnet.

Indiktionszyklus. Ein seit dem 4. Jh.
n. Chr. für die Datierung gebrauchter
Zyklus von 15 Jahren, dessen Entstehung noch nicht völlig geklärt ist. Die
Indiktion (auch Römerzinszahl) – einem
Datum beigefügt – zeigt das Jahr des
Zyklus an. Im MA war die Indiktion eine
der häufigsten Jahresbez., seit Kaiser Justinian (reg. 527–65) lt. Gesetz vorgeschrieben. Der 15jährige Zyklus beginnt
nunmehr im Jahre 3 v. Chr.; dabei wird
jedoch die Anzahl der verflossenen Zyklen nur selten genannt; meist wird lediglich die Jahreszahl im Zyklus angegeben. Es gab dreierlei Indiktionen, die
sich im Jahresanfang unterschieden:
1. 9., 24. 9. und 25. 12. oder 1. 1.

Individualismus (nlat.). Bez. für eine
menschl. Haltung und Weltanschauung,
welche in der freien Entfaltung der Einzelperson sowie in der Wahrung ihrer
Würde das vornehmste Ziel sittl. Strebens sieht; wesentl. Bedeutung und
Wirkung bei der Gestaltung der
Menschheitsgeschicke erkennt der I.
dem verantwortungsbewußten einzelnen zu. In der Metaphysik wird er bes.
von Leibniz (1646–1716) und vom Nominalismus, in der Sozialphilosophie im
Gegensatz zum Kollektivismus und Sozialismus vertreten. Als moderner Begriff (19. Jh.) gehört der I. zu den
Grundhaltungen des abendländ. Menschen. Bedroht wird er im 20. Jh. durch
den Kollektivismus.
LIT. Th. Litt, Individuum und Gemeinschaft ([3]1926); H. Hoffmann, Religiöser I. und religiöse Gemeinschaft im
Christentum (1928); E. Grassi, Verteidigung des individuellen Lebens
(1946); R. H. Murray, The Individual
and the State (London 1946);
H. Remplein, Psychologie und Persönlichkeit ([5]1965); M. Frank, A. Haverkamp (Hrsg.), Individualität (1989).

Indogermanen (Indoeuropäer). Eine

365

von H. J. Klapproth (1783–1835) im Jahre 1822 geprägte Bez. für Völker, die idg. Sprachen sprechen. Gebildet wurde die Bez. aus den Namen der beiden äußersten Völker: Inder und Germanen. Eine Trennung in Einzelstämme erfolgte während des 3. Jahrtausends v. Chr. Die heutigen I. sind ledigl. der Sprache, nicht jedoch der Rasse nach miteinander verwandt. Von den europ. Kulturkreisen der I.-Epoche gilt die Schnurkeramik als idg.; doch war sie sicher nicht der einzige idg. Kulturkreis. Umstritten ist, ob die Träger der nordeurop. Megalithkultur I. waren. Ackerbau, vor allem Rinder- und Schafzucht, bildeten die Wirtschaftsgrundlage der I. Individuelles Eigentum an Grund und Boden war unbekannt. Als Gottheiten wurden »Vater Lichthimmel« und dessen Tochter, die Morgenröte, verehrt. Religiöse und Heldendichtung hat es bei den I. ebenfalls gegeben. Auf der vaterrechtl. organisierten Großfamilie, die im Stamm gipfelte, basierte die Gesellschaftsordnung.
LIT. H. Güntert, Die Frage nach der Urheimat der I. (1931); O. Schrader, Die I., neu bearb. von H. Krahe (1935): E. Wahl, Dt. Vorzeit (^{2}1952); A. Nehring, Die Problematik der I.-Forschung (1954); I. Schwidetzky (u. a.), Vergleichende statist. Untersuchungen zur Anthropologie des Neolithikums. In: Homo, 18 (1967); A. Scherer (Hrsg.), Die Urheimat der I. (1968); B. Schlerath, Die I. (1972).

indogermanische Sprachen (indoeuropäische Sprachen). Die am weitesten verbreitete Sprachfamilie (mit den meisten Kultur- und Verkehrssprachen, heute etwa 900 Mill. Sprechende). Ihre Zweige sind: Indoiranisch (Arisch: Indisch und Iranisch), Armenisch, Griechisch, Italisch (Latein und Oskisch-Umbrisch), Keltisch, Germanisch, Baltisch-Slawisch, Albanesisch; ausgestorben sind: Tocharisch, Hethitisch, Phrygisch u. a. Die i. S. sind sämtlich miteinander urverwandt, d. h., sie gehen auf eine ledigl. durch Vergleich zu erschließende idg. Grundsprache zurück. Die i. S. sind unter sich wiederum in Kentum- und Satemsprachen gegliedert.
LIT. F. Bopp, Vergleichende Grammatik des Sanskrit, Zend, Griech., Lat., Litauischen, Altslaw., Gotisch und Dt. (1833–56); A. Nehring (Hrsg.), Reallex. der idg. Altertumskunde. 2 Bde. (^{2}1917–29); J. S. Schrijnen, Einführung in das Studium der idg. Sprachwissenschaft (1921); Mehringer und H. Krahe, Idg. Sprachwissensch. (Slg. Göschen, 1943); P. Thieme, Die Heimat der idg. Gemeinsprache. In: Abh. der Akad. der Wiss. und der Lit., geist.- und sozialwiss. Kl. Jg. 1953, Nr. 11 (Mainz 1953); H. Birnbaum und J. Puhrel, Ancient Indo-European Dialects (Berkely 1966); W. P. Schmid, Alteuropäisch und Indogermanisch (1968); Zs. für vgl. Sprachwiss. (1852ff.); Idg. Forschungen (1891ff.); Glotta, Zs. für griech. und lat. Sprache (1907ff.); Idg. Jb. (1914ff.).

Indogermanistik (indogermanische Sprachwissenschaft). Die Lehre von den idg. Sprachen und den Indogermanen. Nachdem durch den Oberrichter in Kalkutta, W. Jones, 1786 die Verwandtschaft der wichtigsten idg. Sprachen erkannt worden war, wurde die neue Wissenschaft begründet und gefördert durch F. Bopp (1816), R. Rask (1814) und J. Grimm (1822).
LIT. H. Hirt, Idg. Grammatik. 7 Bde. (1921–37); W. Porzig, Die Gliederung des idg. Sprachgebiets (1954); J. Pokorny, Idg. etymolog. Wörterbuch (1959); H. Krahe, Idg. Sprachwissenschaft (^{2}1962/63); R. Hauschild, Die idg. Völker und Sprachen Kleinasiens (1964); O. Zeller, Problemgeschichte der vergleichenden (indogerman.) Sprachwiss. (1967); G. Neumann, Idg. Sprachwiss. 1816 und 1966 (1967).

Indult (mlat. indultum; zu lat. indulgere, nachgeben, bewilligen).
[1] Nachsicht, Frist, um eine Verbindlichkeit erfüllen zu können; während des MA vor allem die Fristerweiterung, während der um den Empfang eines heimgefallenen Lehens nachgesucht werden mußte.
[2] Im 20. Jh. (bis 1925) eine nach Kriegsausbruch feindl. Handelsschiffen in gegner. Häfen und auf See gewährte Möglichkeit, sich innerhalb einer bestimmten Frist (Indultfrist) in Sicherheit zu bringen.
[3] Die Überlassung von kirchl. Privilegien, z. B. einer Vergabe von Kirchenpfründen durch den König.

Industrie (lat. industria, Fleiß, Betriebsamkeit). Urspr. und im weitesten Sinn jedwede Produktion industrieller Güter, ja jede wirtschaftl. Tätigkeit überhaupt. Im engeren Sinn bez. I. Rohstoffumwandlung auf mechan. oder chem. Weg und im engsten Sinn die me-

chan. und chem. Bearbeitung von Rohstoffen und Halbfabrikaten mit weitgehender techn. Arbeitsteilung, Benützung von Maschinen, Beschäftigung einer größeren Zahl von Lohnarbeitern,
insbes. in der Fabrik, sowie der Verwendung von Kapital. Gliederung:
a) Technologie: nach der Natur des zu
verarbeitenden Rohstoffs, z.B. Metall-,
Textil-I., oder nach dem Produktions-
verfahren, z.B. Gießerei-, Weberei-I.;
b) Wirtschaft: nach dem Grad der Vollendung der hergestellten Güter spricht
man von Rohstoffgewinnungs-, Halbfa-
brikate- und Fertigwaren-I.; nach dem
Rhythmus der Produktion von Dauer-
und Saison-I.; nach dem Verhältnis von
Kapital und Arbeit von kapitalintensi-
ver und lohnintensiver I.; nach Art und
Dringlichkeit des von ihr gedeckten Be-
dürfnisses von Massenwaren- und Lu-
xuswaren-I.; nach Absatzweise von
Kunden- und Marktproduktion. Weiter
spricht man, insofern man die Absatzgebiete im Auge hat, von Inland- bzw.
Export-I. Man unterscheidet außerdem
nach dem Verwendungszweck der er-
zeugten Güter: Kapital- und Konsum-
güter-I., nach den hergestellten Fabri-
katen, z.B. Zement- oder Schuh-I.,
oder Warengruppen, z.B. Maschinen-,
Nahrungsmittel-I.;
c) Betriebssystem: Fabrik- und Haus-I.
(Verlagssystem);
d) Betriebsgröße: Klein-, Mittel- und
Groß-I.
Die Industrialisierung der einzelnen
Länder wurde durch verschiedene Umstände gefördert, z.B. wichtige Rohstoffe, Kapitalreichtum, überschüssige Arbeitskraft, Kontinuität der Wirtschafts-
entwicklung, offene Seeverbindungen,
Kolonialbesitz etc. In Europa erfolgte
die Industrialisierung zuerst im Norden
und Westen: England, Belgien,
Schweiz, Frankreich, Holland, Deutschland; später und weniger ausgeprägt
war die Industrialisierung Süd- und Osteuropas. Unter den außereurop. Staaten ragen die USA und Japan durch ihre
Industrialisierung heraus. Eine Eigentümlichkeit der modernen Fabrik-I. ist
der Trend zum größeren Betrieb, außerdem, und zwar aus techn. und ökonom. Gründen, das relative Überhandnehmen kapital-intensiver Produktions-
techniken.
LIT. B. Seidel, I. und Kapitalismus
(1955); E. Gerwig, Organisation und
Führung in industriellen Unternehmun-

gen ([2]1955); L. von Schwerin und Kro-
sigk, Die große Zeit des Feuers. Der
Weg der dt. I., I (1957); H. G. Schacht-
schabel, Das industrielle Potential in
Ost und West (1963); D. Mertens, Die
Wandlungen der industriellen Bran-
chenstruktur in der BRD 1950–60
(1964); J. S. Bain, Industrial Organization (N. Y. [2]1968); S. Pollard und
C. Holmes, Industrial Power and National Rivalry 1870–1914 (1972);
H. P. Ullmann, Der Bund der Industriellen (1976); H. Müller-Sink, Industrialisierung und Außenpolitik (1977);
W. R. Krabbe, Kommunalpolitik und
Industrialisierung. Die Entfaltung der
städt. Leistungsverwaltung im 19. und
frühen 20. Jh. Fallstudie zu Dortmund
und Münster (1985); G. Rapohl
(Hrsg.), Arbeit im Wandel (1986);
M. J. Piore, Charles F. Sabel, Das Ende
der Massenproduktion (1986); P. Brödner, Fabrik 2000 (1986).

Industrielle Revolution. Durch den
engl. Sozialreformer A. Toynbee
(1852–83) verbreiteter Begriff für die
Umwälzungen im Wirtschaftsleben;
hervorgerufen wurden sie durch die im
18. Jh. einsetzende Industrialisierung.
Die I. R. nahm ihren Anfang in der Textilindustrie, griff dann auf die Eisenge-
winnung und -verarbeitung sowie den
Bergbau über und war etwa der
Mitte des 19. Jh. mit der Revolutionie-
rung des Verkehrswesens, d. h. des
Dampfschiffs und der Eisenbahn, verbunden. Sog. Industrierevieve, d. h. Pro-
duktionsschwerpunkte nicht-agrar. Erzeugnisse, bildeten sich in Schottland,
Mittelengland, Nordostfrankreich,
Norditalien, Rheinland-Westfalen,
Oberschlesien, an der Saar, in Süd-
westdtl., den USA etc. Sowohl die Sied-
lungsordnung als auch die gesellschaftl.
Struktur der europ. Völker wurde durch
die Entwicklung der von großen Spannungen erfüllten industriellen Gesellschaft von Grund auf verändert, wobei
die soziale Frage eine bes. Rolle spielte.
Vor allem in Wechselwirkung mit den
USA kam es zur Herausbildung neuer
Möglichkeiten der Massenfertigung,
neuer Formen des Verkehrs durch die
Entwicklung des Automobils und des
Flugzeugs, der Verwaltung infolge der
Herausbildung einer Bürokratie im industriellen Bereich, ferner kam es zu
neuen Formen der Massenbeeinflus-
sung, die Film, Funk, Fernsehen, die
Erzeugnisse der Druckindustrie, die

367

Meinungsbildung insgesamt, die Verkaufswerbung etc. ermöglichten.

Die sog. 2. I. R., von der man im Zusammenhang mit dem sich seit etwa den 50er Jahren des 20. Jh. abzeichnenden Automatisierungsprozeß sprechen kann (vgl. hierzu die Stellungnahmen von Leo Brandt und C. Schmid auf dem SPD-Parteitag 1956), ist im Grunde genommen lediglich eine Weiterführung der (1.) I. R.

Insbes. seit dem Ersten, vor allem aber seit dem Zweiten Weltkrieg, hat die Industrialisierung auf Rußland, Australien, Kanada, die Südafrikanische Republik, China etc. übergegriffen. Wenn man von Japan einmal absieht, dann hat vor allem Rußland die klassischen Industrieländer Europas (Großbritannien, Frankreich und Deutschland) auf dem Gebiet der Raumfahrtindustrie überholt.

Im Zusammenhang mit Entwicklung (1969) und Inbetriebnahme (1972) der Mikroprozessoren spricht man von der »dritten industriellen Revolution«.

LIT. A. Toynbee, Lectures on the Industrial Revolution (1884); M. Weber, Gesammelte Aufsätze zur Religionssoziologie I (1920; ⁴1947); L. Ch. A. Knowles, The Industrial and Commercial Revolutions in Great Britain during the 19th Century (London ³1924); W. Sombart, Der moderne Kapitalismus (1928); L. W. White, Industrial and Social Revolution, 1750–1937 (London 1938); W. W. Rostow, British Economy of the Nineteenth Century (Oxford 1948); E. Michel, Sozialgeschichte der industriellen Arbeitswelt (²1948); T. S. Ashton, The Industrial Revolution 1760–1830 (²1952); F. Pollock, Automation (1956); L. Brandt, Die 2. Industrielle Revolution (1957); H. Schelsky, Die soz. Folgen der Automatisierung (1957); G. Wurzbacher, Die I. R. In: GWU (1958); W. W. Rostow, The Stages of Economic Growth (London 1960); M. Pietsch, Die I. R. (1961); W. G. Hoffmann u. a., Das Wachstum der dt. Wirtschaft seit der Mitte des 19. Jh. (1965); F.-W. Henning, Wirtschaft und Gesellschaft im Zeitalter der Industrialisierung (1972); K. Borchardt, Die I. R. in Dtl. (1972); R. Braun (Hrsg.), Die I. R. (1972); W. Köllmann, Bevölkerung in der I. R. (1974); E. Pawson, The Early Industrial Revolution (1979); K. Fuchs, Siegerländer Unternehmer des 19. Jh. und ihr Werk (1979); W. Ruppert, Die Fabrik. Geschichte von Arbeit und Industrialisierung in Dtl. (1983); U. Engelhardt, Marxismus und I. R. (1983); K. Eiler (Hrsg.), Hessen im Zeitalter der I. R. (1984); R. Forberger, Die I. R. in Sachsen 1800–1861 (1999).

Infallibilität (lat.). Unfehlbarkeit, die auf den ständigen Beistand Christi (Matth. 28, 20) und des Hl. Geistes (Joh. 14, 16 f.) gegr. Bewahrung der kath. Kirche vor jedwedem Irrtum bei Glaubensentscheidungen. Die I. des gesamten Episkopats ist seit dem 1. ökumenischen Konzil (Nicäa 325) Lehre der kath. Kirche. Die persönl. Unfehlbarkeit des Papstes wurde seit dem HochMA, mit Ausnahme der Zeit der Reformkonzilien, in zunehmendem Maße anerkannt, jedoch erst auf dem Vatikanischen Konzil von 1870 definiert und zum Dogma erhoben. Demnach ist der Papst unfehlbar, wenn er eine Lehre über Glauben oder Sitten ex cathedra für die gesamte Kirche für bindend erklärt. Zum erstenmal praktiziert 1950: Dogma über die leibl. Aufnahme Mariens.

LIT. H. J. Pottmeyer, Unfehlbarkeit und Souveränität; K. Schatz, Kirchenbild und päpstliche Unfehlbarkeit ... auf dem 1. Vatikanum (1975); A. B. Hasler, Pius IX. (1846–1878). Päpstl. Unfehlbarkeit und 1. Vatikan. Konzil. 2 Bde. (1977); U. Horst, Unfehlbarkeit und Geschichte. Studien zur Unfehlbarkeitsdiskussion von Melchior Cano bis zum 1. Vatikan. Konzil (1982).

Infant, Infantin (span. infante, infanta; von lat. infans, Kind). Titel der königl. Prinzen und Prinzessinnen in Spanien und Portugal.

Infanterie (von span. infante, Edelknabe, Kriegsknecht). Fußvolk, Kampftruppe zu Fuß; urspr. das Knappenkorps im Ritterheer. Seit dem 16. Jh. von Spanien sich ausbreitende, aus Fußvolk mit Handwaffen (Spieße, später Gewehre) bestehende Truppe. Die Bewaffnung wird heute ergänzt und organisiert in Zusammenarbeit mit leichten und schweren Maschinengewehren, der Maschinenpistole, der Hand- und Panzerwurfgranate, den leichten und schweren Minenwerfern und dem Panzerabwehrgeschütz. Die I.-Truppe wird eingeteilt in Kompanien, Bataillone, Regimenter etc.

LIT. F. M. Frhr. von Senger und Etterlin, Die Panzergrenadiere. Geschichte

und Gestalt der mechanisierten I.
1930–60 (1961).

Inflation (lat. inflare, aufblähen). Ein
Begriff, der nicht eindeutig verwendet
wird; er dient zur Bez.
a) einer starken Erhöhung der Geldzirkulation;
b) einer wesentl. Erhöhung des Preisniveaus (auch auf die durch Vergrößerung
der Geldzirkulation verursachte Erhöhung des Preisniveaus beschränkt);
c) eines bestimmten realen Konjunkturverlaufs, gekennzeichnet durch Geldentwertung, Erhöhung der Umlaufsgeschwindigkeit des Geldes, Vergrößerung der umlaufenden Geldmenge,
Flucht in die Sachwerte etc.
Wirtschaftsgeschichtl. folgenschwer war
die Silber-I. in Spanien im 16. Jh.
Frankreich erlebte die erste Papiergeldinflation 1719–20. Sie hatte ihre Ursache in der übermäßigen Ausgabe von
Banknoten durch den Finanzmann John
Law of Lauriston (1671–1729). Sie löste, zusammen mit der laufenden Neuausgabe von Aktien, eine gewaltige
Spekulation aus. 1720 kam der Zusammenbruch. Er stürzte Frankreich in eine
schwere Finanz- und Wirtschaftskrise.
Eine weitere I. in Frankreich löste die
Assignatenwirtschaft während der
Französischen Revolution aus. Von Bedeutung waren ferner die Papiergeld
Inflationen in den USA während des
Unabhängigkeitskrieges (1776–83) und
während des Sezessionskrieges (1861–
65).
Zu der bisher schwersten I. führte der
Erste Weltkrieg; er rief einen derart ungeheuren Geldbedarf der kriegführenden Länder hervor, daß die Regierungen fast ausnahmslos die Notenpressen
bemühten, weshalb kaum eines dieser
Länder von der I. verschont blieb. Den
stärksten Währungsverfall hatte neben
Österreich, Ungarn und Polen Deutschland zu verzeichnen. Am Tage der Stabilisierung der dt. Währung (Nov.
1923) war 1 Billion Papiermark auf den
Wert einer Goldmark gesunken. Während des Zweiten Weltkrieges trat durch
den allg. Preis- und Lohnstopp sowie
durch die Bewirtschaftung an die Stelle
der offenen eine »zurückgestaute« I.
Die Entwertung des Geldes zeigte sich
auf dem »Schwarzen Markt«; die Funktion der gesetzl. Zahlungsmittel ging auf
allg. begehrte Waren über. Die Währungsreform (1948) brachte das Ende
der I.

LIT. S. Wendt, Die Lehre vom Geldwert (1949); B. Hansen, A Study in the
Theory of I. (London 1951); C. W. Hazelett, Practical Answers to I., Unemployment, Taxation and Practical
Leadership (Greenwich, Conn. 1952);
P. Einzig, I. (London 1952); M. Flamant, Théorie de l'inflation et politiques antiinflationnistes (1952);
R. Gaettens, Inflationen (vom Altertum
bis zur Gegenwart) (²1958); O. Veit,
Der Wert unseres Geldes (1958); L. A.
Hahn, Fünfzig Jahre zwischen I. und
Deflation (1963); R. Stucken, Dt.
Geld- und Kreditpolitik 1914–63
(³1964); E. Hielscher, Das Jh. der Inflationen in Dtl. (1968); O. Büsch, G. D.
Feldman (Hrsg.), Histor. Prozesse der
dt. I. 1914–24 (1978); C.-L. Holtfrerich, Die deutsche Inflation 1914–23
(1980); G. D. Feldman, C.-L. Holtfrerich, G. A. Ritter, P. Chr. Witt, Die Dt.
I. (1982); Agnete von Specht, Polit. und
wirtschaftl. Hintergründe der dt. Inflation 1918–1923 (1982); G. D. Feldman, C.-L. Holtfrerich, G. A. Ritter,
P. Chr. Witt (Hrsg.), Die Erfahrung der
I. im internat. Zusammenhang und Vergleich (1984); G. D. Feldman (Hrsg.),
Die Nachwirkungen der I. auf die dt.
Geschichte 1924–33 (1985).

Informativprozeß. Nach kath. Kirchenrecht ein Verfahren außerröm. Behörden (Ortsbischof, Nuntius, Delegat).
Durch einen I. soll eine Entscheidung
der röm. Kurie (Definitivprozeß) vorbereitet werden.

Inful (lat. infula, dt. auch Infel). Bei
den Römern eine Stirnbinde mit herabhängenden Bändern. Die I. wurde von
Kaisern und Beamten getragen; sie war
war das Symbol der religiösen Weihe;
heute ist sie ein Teil der Bischofsmütze
(→ Mitra). – **Infuliert.** Zum Tragen der
Mitra berechtigt.

Ingenuität (zu lat. ingenuus, frei geboren). Aufrichtigkeit, Freimut. Nach
röm. Personenrecht die Abstammung
von freien Aszendenten; ihnen stand
der Stand der Freigelassenen und Sklaven entgegen.

Initiale (zu lat. initium, Anfang). Der
ornamental gestaltete Anfangsbuchstabe; der durch Größe und Schmuck am
Anfang von Büchern oder Abschnitten
bei Hand- und Druckschriften hervorgehobene Buchstabe. In der irischen
und karoling. Buchmalerei nicht selten
blattgroß, waren die I. im MA fast immer farbig und künstler. ausgestaltet. In

Inkunabeln meist von Hand eingesetzt, dann mit Holzschnitt und Kupferstich dem typograph. Stil angepaßt.

LIT. K. Löffler, Romanische Zierbuchstaben und ihre Vorläufer (1927); J. Gutbrod, Die I. in Handschriften des 8. bis 13. Jh. (1965).

Initiation (lat.). Die meist mit Eintritt der Pubertät stattfindende, nach bestimmten Riten erfolgende Jünglings- (oder Mädchen-)weihe; bei primitiven Völkern unter feierl. Riten. Hierdurch wurden bzw. werden die Jugendlichen in die Welt der Erwachsenen aufgenommen. Im At. verstand man unter I. die Zulassung zu den Mysterien, ebenfalls die Aufnahme in einen Geheimbund.

LIT. W. E. Peuckert, Geheimkulte (1951); Mirceade Eliade, Das Mysterium der Wiedergeburt (dt. 1961); C. D. Bleeker (Hrsg.), I., Contributions to the Theme (Leiden 1965).

Initiative (nlat.). Im Staatsrecht Bez. für den Antrag, durch den ein Rechtsetzungsverfahren eingeleitet wird (eigtl. I.), oder über dessen Ingangbringung ein Beschluß herausgefordert wird (Initiativbegehren).

Inka. Im alt-indian. Peru die Adels- und Herrscherkaste. Urspr. ein Stamm der Khechua-Indianer im Hochlandbecken von Cuzco (Peru). Als wanderndes Eroberervolk unterwarfen die I. eine bodenständige Bauernkultur (um 1100 n. Chr.) und schufen ein Reich, welches Peru, Ecuador, Bolivien, Nordchile, Nordargentinien und Teile Mexikos umfaßte. In Cuzco seßhaft geworden, erweiterte sich das Inkareich durch Unterwerfung benachbarter Stämme. Als personifizierter Gott galt der durch den Sonnenpriester gekrönte Kaiser (Inka); als Mondgöttin wurde seine Schwester (und Hauptgattin) verehrt. Knotenschnüre (Quipu) dienten als Schrift. Eine entwickelte Musik bediente sich der Panpfeife, der Flöte, der Trommel, Glocke etc. als Instrumente. Auf gute astronom. Kenntnisse lassen die Sonnenwarten der I. schließen (Einteilung des Jahres in 12 Monate). Zu den bedeutenden Leistungen der I. gehören die ausgebauten Verkehrsstraßen mit ihren Seilbrücken, Steindämmen, Wasserleitungen, Terrassenanlagen etc.; außerdem die Tempel- und Festungsbauten aus behauenen Quadern, die mörtellos zusammengesetzt wurden. Die Wände der Tempel und Paläste waren mit einer dünnen Gold- und Silber-schicht überzogen; als goldener Tempel war der Sonnentempel in Cuzco berühmt. Von Bedeutung war ebenfalls das Kunstgewerbe, darunter vor allem die Metallkunst (Gold, Silber, Bronze, Kupfer), die Keramik und die Stoffwirkerei mit ihren geometr. Mustern. Das Inkareich befand sich bereits in Auflösung, als die Spanier sich anschickten, es zu erobern. Huayana Capac (bis 1529) hatte das Reich unter seine Söhne Atahualpa und Huascar geteilt. Huascar wurde im Kampf um die Macht von seinem Bruder getötet. Der span. Seefahrer und Feldherr Francisco Pizarro (um 1475–1541), der zw. 1531–33 das Inkareich von Panama aus eroberte, nahm Atahualpa in Cajamarca gefangen und ließ ihn 1533 erdrosseln.

LIT. L. Baudin, Der sozialistische Staat der Inkas (dt. 1956); ders., So lebten die Inkas vor dem Untergang des Reiches (dt. 1957); V. W. von Hagen, Das Reich der I. (1958); B. Flornoy, Rätselhaftes Inkareich ([2]1958); H. Ubbeloh-de-Doering (Hrsg.)., Die Kunst im Reich der I. (Neuaufl. 1967); H. D. Disselhoff, Geschichte der altamerikan. Kulturen ([2]1967); Lieselotte und Th. Engel, Glanz und Untergang des Inkareiches (1967).

Inkarnation (lat., Eingehen in das Fleisch).

a) In der allg. Religionsgeschichte eine der Erscheinungsformen der Gottheit. Im weiteren Sinn versteht man unter I. das Kommen der Gottheit in die sichtbare Welt; im engeren Sinn deren Menschwerdung.

b) Im Christentum die Menschwerdung Gottes in Christus. Das Dogma von der I. besagt, daß in Christus Gott Mensch wurde, d. h., daß Christus Gottmensch ist.

LIT. G. van der Leeuw, Phänomenologie der Religion ([2]1956); G. Mensching, Die Religion (1959, Tb. 1962).

Inklusen, Reklusen (lat. inclusi, inclusae, Eingeschlossene). Im frühen MA Klausner und Klausnerinnen, die sich meist bei einer Kirche oder einem Kloster in Zellen einmauern ließen.

Inkolat (lat. incola, Einwohner) = Indigenat, vor allem der Anspruch auf einen Sitz im Herrenhaus.

Inkompatibilität (lat.). Unvereinbarkeit; eine Vorschrift, wonach bestimmte Ämter oder ein Amt sowie eine bes. wirtschaftl. Stellung, Standeszugehörigkeit (z. B. Geistliche), ebenfalls ver-

wandtschaftl. Beziehungen zu einem Amtsträger in einer Person nicht vereinigt sein dürfen, und zwar infolge des Prinzips der Gewaltenteilung. In der BRD lassen sich Beamte oder Richter, Hochschullehrer und Ehrenbeamte ausgenommen, bei ihrer Wahl in ein öffentliches Amt in den Ruhestand versetzen (Ges. vom 4. 8. 1953).
Wirtschaftl. I.: Die Unvereinbarkeit von bestimmten staatl. und wirtschaftl. Stellungen, so das Verbot für einen Minister, gleichzeitig einen Aufsichtsratsposten innezuhaben.
LIT. W. Weber, Parlamentar. Unvereinbarkeiten. In: AÖR, N.F. 19 (1930); W. Plaum, Inkompatibilitätsprobleme ... In: Dt. Verwaltungsbll., 73 (1957).

Inkorporation (nlat., Einverleibung).
[1] Entsprechend dem kath. Kirchenrecht die dauernde, von den hierfür zuständigen kirchl. Oberen vorgenommene Verbindung eines Benefiziums, insbes. einer Pfarrei, mit einer sonstigen jurist. Person. – Im MA die Vereinigung einer Pfründe, vor allem einer Pfarrei mit einem Kloster, Kapitel oder einer anderen kirchl. Institution; sie wurde durch das Tridentinum verboten.
[2] Im älteren Völkerrecht die Gebietsvergrößerung, z. B. durch Eingemeindung, oder die Angliederung eines Staates oder Staatsteiles an einen anderen Staat (Annexion).
LIT. U. Stutz, Die Eigenkirche (1895); A. Pöschl, Die I. und ihre geschichtl. Grundlagen (1927f.); N. Hilling, Neueste Forschungen über Inkorporationen von Kirchen. In: Arch. für Kirchenrecht 121 (1941); D. Lindner, Die Lehre von der I. in ihrer geschichtl. Entwicklung (1951).

Inkulpat (zu lat. culpa, Schuld). Im Inquisitionsprozeß vor dem Beginn des Verhörs der eines schweren Vergehens Beschuldigte. Während des eigentlichen Prozesses, d. h. nachdem das Ermittlungsverfahren abgeschlossen war, wurde der Beschuldigte als Inquisit bezeichnet.

Inkunabeln (von lat. incunabula, Windeln, Wiege). Bez. für die zw. 1445 und 1500, anfängl. auf Pergament, hergestellten ersten Drucke mit bewegl. Lettern (Wiegendrucke). Viele I. sind reich verziert, häufig mit Holz- und Metallschnitten berühmter Meister. Drucke, die zw. 1500 und 1550 ent-

standen, werden als Frühdrucke bezeichnet.
LIT. F. Geldner, Die dt. Inkunabeldrucker. 2 Bde. (1968–70); K. Haebler, Handbuch der Inkunabelkunde (²1966).

Innere Kolonisation. Bez. für den Ausbau bereits vorhandener bäuerl. Siedlungen, und zwar durch Urbarmachung und Rodung. Die Blütezeit der I. K. fällt in die Zeit vom 8. bis zum 14. Jh.; in Ostdtl. gab es eine Nachblüte im 17./18. Jh.
Speziell wird als I. K. das preuß. Ansiedlungsgesetz vom 26. 4. 1886 bzw. die hierdurch ausgelöste bäuerl. Siedlung in Posen und Westpreußen bez. Die I. K. ist im Unterschied zur äußeren Kolonisation zu sehen.
LIT. E. Lang, Das Werk der ländlichen Siedlung in Dtl. (1933); H. Rothfels, Ostraum, Preußentum und Reichsgedanke (1935).

Innung (mhd., Verbindung, zu ahd. innon, aufnehmen). Bez. für eine Institution, die die alten Zünfte fortsetzte, seitdem die mit den Zünften verbundenen Vorrechte durch den Übergang zur Gewerbefreiheit im 19. Jh. aufgehoben worden waren. Die I. konnten allmählich eine Reihe ihrer öffentl. Funktionen zurückgewinnen. Nachdem lt. Gewerbeordnung von 1869 I. auf freiwilliger Basis neu gegr. werden konnten, sah die Novelle zur Gewerbeordnung von 1897 neben den freien I. mit freiwilliger Mitgliedschaft auch fakultative Zwangsinnungen vor.
Auf dem Gebiet des Innungswesens bestand nach 1945 eine starke Zersplitterung. Nach der Handwerksordnung vom 17. 9. 1953 sind I. freiwillige Vereinigungen selbständiger Handwerker gleichen oder ähnlichen Handwerks. Sie bestehen als öffentlich-rechtliche Körperschaften. Ihre Aufgabe ist es, die gemeinsamen Interessen ihrer Mitglieder zu fördern, die Lehrlingsausbildung sowie das Fachschulwesen; sie nehmen die Gesellenprüfungen ab.
LIT. E. Eyermann und L. Fröhler, Handwerksordnung (²1967); A. Sagaster, Organisationsbuch des dt. Handwerks (²1968).

Inquilinus (lat. Adj. zu incola, Einwohner). Der freizügige Guts- und Domänenarbeiter in der Spätantike; er ist im Gegensatz zum Kolonus zu sehen, doch war er, wie dieser, dingl. unfrei; mlat. Lohnarbeiter, Häusler.

Inquisition (von lat. inquirere, untersuchen). Ein strafrechtliches Verfahren, in dem dieselbe Instanz Anklage erhob, die die Untersuchung durchführte und das Urteil fand, ohne zureichendes Verteidigungsmittel des Angeklagten. Dieses Verfahren war während gewisser Epochen der Antike und insbes. im MA vorherrschend (bis ca. 1000 ledigl. ein geistl. Strafmittel, vom 12. Jh. an wurde die verhängte Strafe in Verbindung mit dem Staate vollzogen, vom 13. Jh. an wurde die Strafe durch die Folter verschärft). Erst aus dem Kampf der kath. Kirche gegen die Katharer und Waldenser erwuchs die eigtl. I. Papst Lucius' III. (1181–85); er verfügte auf dem Konzil von Verona (1184) die Aufsuchung der Häretiker; dadurch führte er die bischöfl. I. ein. Die Todesstrafe durch Verbrennung wurde zum erstenmal durch Kaiser Friedrich II. (reg. 1215–50) gegen hartnäckige Ketzer verfügt. Durch Papst Gregor IX. (1227–41) wurde die päpstl. I. begründet. Ausgeübt wurde sie vor allem durch Dominikaner und Franziskaner.

Das Verfahren begann mit der öffentl. Mahnung an alle Häretiker, sich zu stellen sowie dem eindringlichen Hinweis zur Anzeigepflicht an die Gläubigen. Daraufhin erfolgte die Vorladung, in schwerwiegenden Fällen eine sofortige Gefangennahme. Wer sich schuldig bekannte, wurde lediglich mit kirchl. Strafen belegt (Gebete, Almosen, Fasten, Wallfahrten oder – in schweren Fällen – das Aufnähen von Kreuzen als diffamierendes Zeichen). Als schwerste Strafe galten Gefängnis und die Auslieferung an die weltl. Gewalt zur Verbrennung. In Frankreich verlor die I. seit dem 14. Jh. an Bedeutung; formell allerdings bestand sie noch bis 1772. In Spanien dagegen wurde sie 1478 unter einem Groß- bzw. Generalinquisitor gegen die bekehrten Juden und Mauren, welche insgeheim ihrem ererbten Glauben weiter anhingen, erneuert. 1781 wurde in Spanien das letzte Todesurteil vollstreckt, 1834 die I. endgültig aufgehoben. In Portugal währte die I. von 1536–1821. In Italien konnte sie, 1542 durch Papst Paul III. (1534–49) gegen die Glaubenserneuerung organisiert, erst im Jahre 1859 endgültig beseitigt werden. In Dtl. verlor die I. nach der Ermordung des Inquisitors Konrad von Marburg (1233) an Bedeutung. In Eng-

land erlangte sie Bedeutung im Zusammenhang mit der Verfolgung der Anhänger Wiclifs (um 1320–84) und während der Regierungszeit Marias der Katholischen (1553–58). In den Niederlanden konnte die 1524 begründete päpstl. I. während der Reformationszeit beseitigt werden. Vor allem im Zusammenhang mit den Hexenverfolgungen griff die I. auf ganz Europa über; sie erhielt sich im Kirchenstaat bis 1870. – **Inquisitor.** Der Inquisitionsrichter. **Groß- (General-)inquisitor.** Der oberste Leiter der I. in einem Land.

LIT. J. Hansen, Zauberwahn, I. und Hexenprozeß im MA (1900); H. Ch. Lea, A History of the I. 3 Bde. (1888; dt. 1905–13); J. Guiraud, Histoire de l'I. au moyen âge (1935 und 1938); E. Schmidt, I. und Rezeption (1940); W. Nigg, Das Buch der Ketzer (1949; ²1953); G. della Veneria, L'inquisizione medievale (²1951); R. Leiber, Die ma. I. (1963); H. Grundmann, in: DA, 21 (1965); H. Kamen, The Spanish I. (London 1965); H. Kamm, Die spanische I. (1966); O. Loretz, Galilei und der Irrtum der I. (1966); P. Dressendörfer, Islam unter der I. Die Morisco-Prozesse in Toledo 1575–1610 (1972); B. Rill, Die I. und ihre Ketzer (1982); M. Hroch, A. Skýbová, Die I. im Zeitalter der Gegenreformation (1985); J. R. Grigulevic, Ketzer, Hexen, Inquisitoren. Geschichte der I. 13.–20. Jh. 2 Bde. Eurobuch 10 (1985); H. Wolf (Hrsg.), I., Index, Zensur (2001).

Inquisitori di Stato (ital., Staatsinquisitoren). Seit dem Jahre 1539 die drei obersten Richter der Republik Venedig; sie wurden mit einjähriger Amtsdauer eingesetzt. Während zwei von ihnen dem Rat der Zehn angehörten, war einer Mitglied des engeren Rates.

Inschriften (lat. inscriptiones oder tituli). Schriftl. Aufzeichnungen auf Stein, Metall oder einem anderen dauerhaften Stoff. Teilweise bestehen die I. auf bes. Tafeln, teilweise an Gebäuden, Denkmälern, auf Wegsteinen und Grabsteinen, außerdem auf Waffen, Gefäßen und sonstigen Geräten. Man unterscheidet u. a. indische, semitische, hethitische, etruskische, ägyptische, griechische und römische I. Die Lehre von den I., ein Teil der Archäologie und eine Hilfswissenschaft der Geschichte, ist die Inschriftenkunde oder Epigraphik.

LIT. Epigrafia, in: Enciclopedia Italiana, 14 (1933), Appendice 2 (1948); F. W. von Bissing und A. Rehm, in: Handbuch der Archäologie, I (1939).

Insignien (lat.). Abzeichen der Macht und des Ansehens. Häufig, wenn auch nicht immer, haben die I. Symbolcharakter und werden deshalb nicht selten (manchmal auch fälschlich) als Herrschaftssymbole bez. Der Stab, das Zeichen der (unparteil.) Rechtsprechung, gehört zu den ältesten I.; bis in die NZ hat er, wenn auch in abgewandelter Form, z. B. als Marschallstab, seine Bedeutung erhalten.

Unter den abendländ. I. steht die Krone an erster Stelle; seit Otto I. (reg. 936–73) trugen die dt. Kaiser eine Mitra unter der Krone; sie war das Zeichen hohepriesterl. Würde, zugleich Ausdruck des alten Grundsatzes, daß – wie Melchisedek – der christl. Herrscher rex et sacerdos sei, wie in der Habsburger Hauskrone (1602 während der Regierungszeit Rudolfs II. [1576–1612] entstanden und bis 1918 verwendet) angedeutet. Im 11.–13. Jh. wurde die Mitra durch die Päpste ebenfalls einigen weltlichen Fürsten (Böhmen, Aragon, Sizilien) verliehen.

Ein bereits im At. bekanntes Herrschaftszeichen ist neben der Krone der Thron. Z. Z. der röm. Republik kam die sella (curulis) den Oberbeamten zu; sie wurde auch von den röm. Kaisern sowie den hohen Beamten benutzt. Sowohl bei den Germanenfürsten wie auch bei den Herrschern des MA und der NZ galt der Thron als Herrschaftssymbol (vgl. den Steinsitz Karls d. Gr. [reg. 768–814] in Aachen).

Den Reichsinsignien (weiterer Begriff Reichskleinodien), den bis zum Ende des Alten Reiches 1806 benutzten Herrschaftszeichen der dt. Könige und Kaiser, kam bes. Bedeutung zu. Sie wurden, da als selbständige Symbole des Reiches angesehen, auch »Das Reich« genannt. Ihren Besitz betrachtete man als Voraussetzung der Reichsherrschaft. Zu den zur Krönung notwendigen Reichsinsignien im engeren Sinn gehörten die Reichskrone (vermutl. von Otto I.), der Reichsapfel (aus dem 12. Jh.), das Reichszepter (14. Jh.), das Reichsschwert oder Mauritiusschwert (11. Jh.). Im weiteren Sinne gehörten dazu: die Hl. Lanze (durch Heinrich I. [reg. 919–36] von König Rudolf von Burgund erworben), der Krönungsornat (Krönungsmantel, Al-

ba, Dalmatica, Gürtel, Strümpfe, Handschuhe, Schuhe, die dem sizilian. Krönungsschatz entstammten), das Zeremonienschwert (vor 1220, sizilianisch), die Stola (14. Jh.) sowie eine Anzahl Reliquien und Heiligtümer (das Reichskreuz mit Reliquien, wahrscheinl. aus dem 11. Jh., ein Zahn Johannes' des Täufers, ein Armbein der hl. Anna bzw. der hl. Kunigunde, zudem ein Stück vom Tischtuch des Abendmahls Christi etc.). Als segen- und ablaßspendend verehrt, wurden die Reichsreliquien seit Karl IV. (reg. 1347–78) jährl. ausgestellt. Aufbewahrungsorte der Reichsinsignien waren: die Waldburg in Schwaben unter Friedrich II. (reg. 1215–50), der Trifels ab 1246, die Kyburg bei Winterthur ab 1273, Prag und die Burg Karlstein unter den Luxemburgern. 1424 kamen die Reichsinsignien nach Nürnberg, um sie den Hussiten zu entziehen. In Nürnberg blieben sie bis 1798. Dann wurden sie nach Regensburg und nach Wien gebracht, da sie den Franzosen nicht in die Hände fallen sollten. In Wien verblieben sie (ledigl. von 1938–46 waren sie in Nürnberg).

In Wien befinden sich neben den Nürnberger auch die Aachener Kleinodien (aus dem 9. Jh. stammend): Reichsevangeliar, Stephansbursa (Reliquiar) sowie der sog. Säbel Karls d. Gr.

Den kirchl. I. werden zugerechnet: Tiara, Thron (Stuhl Petri) sowie Schlüssel, das Zeichen höchster Jurisdiktion, zusammen mit dem Wappen gebraucht; außerdem der Fischerring des Papstes, der rote Kardinalshut, das Pallium des Erzbischofs, die beiden letzten vom Papst verliehen; weiterhin der Prälatenhut, der von der Anzahl der Quasten her über dem Wappenschild den geistl. Rang erkennen läßt.

I. der Heere sind: Standarten und Fahnen; der Amtspersonen: Amtsketten (der Magistrate); der Orden: deren Bänder, Ketten oder Zeichen.

LIT. K. von Amira und C. von Schwerin, Rechtsarchäologie (1943); B. B. Heim, Wappenbrauch und Wappenrecht in der Kirche (Olten 1948); H. Fillitz, Die Kleinodien und I. des Hl. Römischen Reiches (1954); P. E. Schramm, Herrschaftszeichen und Staatssymbolik. 3 Bde. (1954–56); K. Fürst Schwarzenberg, Adler und Drache (1958); H. Fillitz, Katalog der weltl. und geistl. Schatzkammer (Wien ³1961); Amtsketten dt. Städte, Katalog der Ausstellung im Dt. Goldschmiedehaus in Hanau (1967).

Institut für Landeskunde in der Bundesforschungsanstalt für Landeskunde und Raumordnung (Zentralarchiv für dt. Landeskunde). Es hat seinen Ursprung in der 1941 gegr. ›Abt. für Landeskunde im Reichsamt für Landesaufnahme‹. 1945–52: ›Amt für Landeskunde‹ 1953–58: ›Bundesanstalt für Landeskunde‹, 1959–67: ›Institut für Landeskunde‹. Sitz des Instituts ist Bonn-Bad Godesberg.
LIT. E. Meynen (Hrsg.), Institut für Landeskunde, 25 Jahre amtl. Landeskunde (1967).

Institut für österreichische Geschichtsforschung. Das 1854 gegr. österreich. Zentralinstitut für Geschichtswissenschaft. Das Institut hat seinen Sitz in Wien.

Institut für Zeitgeschichte. 1950 durch den Bund und einige Bundesländer als Dt. Institut zur Erforschung der nationalsozialist. Zeit gegründet. Seit 1953 gibt das Institut die ›Vierteljahrshefte für Zeitgeschichte‹ (mit Bibl.) heraus. Sitz des Instituts ist München.

Institution (lat. institutio, Einrichtung, Einsetzung, mlat. Einweisung in eine Kirchenpfründe). Allg. die wichtigste Form sozialer Ordnung, in der sich ein ausdrückl. Wille zur Regelung ausspricht, z.B. im Recht. Seit den röm. Juristen, insbes. aber seit den Institutionen im Corpus iuris Justinians (reg. 527–65) von 533 ein kurzgefaßtes Rechtslehrbuch. In der Geschichtsphilosophie P. Lacombes (1833–1919) stellen die I. die unveränderl. Grundformen menschl. Verhaltens, Fühlens, Handelns, Wollens etc. dar.

Institutionalismus. Bez. für eine amerikanische, gegen die Methode der klassischen Sozialökonomie gerichtete Schule. Allen Gegenströmungen (den Sozialisten Sismondi [1773–1842] und Marx [1818–83] sowie dem dt. und englischen Historismus) ist gemeinsam, daß sie die Bedeutung der »Institutionen« in höherem Maße würdigen. Den Namen I. hat nur in den USA die Gegenschule unter Th. Veblen (1857–1929) angenommen.
LIT. Th. Veblen, The Theory of Business Enterprise (New York 1904); ders. The Place of Science in Modern Civilization (New York 1919).

Instmann, Instleute. Einlieger, Gutstagelöhner, Hofgänger, Häusler; in der norddt. Gutswirtschaft im Gegensatz zum Tagelöhner ständig beschäftigte Landarbeiter, auch mit eigener kleiner Privatwirtschaft. Als Entgelt erhalten sie außer dem Barlohn häufig Deputatwohnung, Deputatland und Deputatnaturalien.

Instrument (lat.). Allg. Gerät, Werkzeug; in der Rechtssprache des MA und der NZ Urkunde.

Insularität (engl. insular mind). Das aus der Insellage Englands erwachsene Gefühl der Sicherheit gegen Angriffe von außen; es entwickelte sich seit der Zeit Oliver Cromwells (reg. 1649–58) und wurde gestützt durch die engl. Seeherrschaft. Insellage und Seeherrschaft ließen englischerseits ein Überlegenheitsgefühl entstehen.

Insurgenten. Aufständische (insbes. die gegen die österreich.-ungar. Besetzung Bosniens im Jahre 1878).

Insurrektion (lat.). Aufstand; bis 1848 in Ungarn das allg. Aufgebot des Reichsadels durch den König zur Grenzverteidigung.

Integration (lat.). Grundbegriff zur Bez. der Wiederherstellung eines Ganzen aus seinen Teilen, der Erneuerung sowie der synthet. Weiterbildung einer Entwicklungsreihe.
Soziologie: Insbesondere der Zusammenschluß verschiedenartiger Elemente der Kultur (Wirtschaft, Technik, Recht, Religion etc.) zu einem einheitl. System.
Volkswirtschaft: Die unternehmungsmäßige Zusammenfassung von Betrieben mit einander ergänzenden und aufeinanderfolgenden Produktionsstufen.
Politik: Zusammenschluß von Ländern mit dem Ziel einer stärkeren Wirkungsmöglichkeit auf wirtschaftl. und polit. Gebiet (vgl. Montanunion, Bagdadpakt, Balkanpakt, Atlantikpakt, Vereinte Nationen, Europarat, Paneuropa, Bandung).
LIT. H. Kelsen, Der Staat als I. (1930); R. Smend, in: Hwb. der Sozialwissenschaften 5 (1956).

Intelligentsia (russ. von lat.). In Rußland seit etwa 1860 allg. Bez. für diejenige Schicht, die sich von der bäuerl. Bevölkerung durch Bildung und Lebensart unterscheidet. Ihr wurden der Adel und das gebildete Bürgertum zugerechnet. Eine verhältnismäßig kleine Gruppe der I. übernahm die radikalen Lehren des Sozialismus und der Revolution aus dem Westen. Im sozialist. Rußland seit 1917 zählte die I. neben den Bauern und dem Proletariern zu den tragenden Elementen der Staatsordnung.

LIT. R. Pipes (Hrsg.), Die russ. I. (dt. 1962); W. Markert, Zur geschichtl. Bedeutung der russ. ›Intelligencija‹ In: Osteuropa und die abendländ. Welt (1966); B. Meissner (Hrsg.), Sowjetgesellschaft im Wandel (1966).

Intelligenzblätter. Zunächst wöchentl. erscheinende (›Wöchentliche Fragen- und Anzeigen-Nachrichten‹), aus den Listen von Angeboten und Nachfragen hervorgegangene Zusammenstellungen, die in Adreß-(Intelligenz-)Kontoren aufgegeben wurden. Die ersten I. erschienen in Dtl. um 1720. Von den absolutist. Fürsten und ihren Verwaltungen, in deren Dienst die I. standen, wurden sie als amtl. Publikationsorgane benutzt. Das Anzeigenwesen suchten sie durch diese dadurch zu monopolisieren, daß sämtl. Anzeigen in ihnen publiziert werden mußten oder zumindest in ihnen zuerst zu veröffentlichen waren. Infolge eines solchen Interventionszwanges, auch dadurch, daß den polit. Zeitungen gleichzeitig die Aufnahme von Anzeigen verboten wurde, stellten die I. eine staatl. Einnahmequelle dar. Darüber hinaus dienten die I. zur Überwachung von Handel und Wirtschaft. Ihrer Verbreitung diente einmal der Zwangsbezug, sodann die Ergänzung um einen bescheidenen redaktionellen Teil (belehrende und unterhaltende Artikel). Durch die Einführung der Pressefreiheit (1848) wurden die staatl. I. beseitigt. An ihre Stelle traten als amtl. Publikationsorgane die Amtsblätter.

LIT. H. Max, in: W. Heide (Hrsg.), Hdb. der Zeitungswissenschaft, Lfg. 6 (1942).

Intendant (lat.-franz., Aufseher, Verwalter, Leiter). Seit dem 16. Jh. in zunehmendem Maße Titel für die wichtigsten Staatsbeamten des Ancien régime. Die I. gingen hervor aus den königl. Kommissionen; sie wurden vor allem während der Religionskriege des 16. Jh. in den Provinzen eingesetzt. Unter Richelieu (1624–42) wurden sie zu ständigen Beamten und zum wichtigsten Instrument des absoluten Regiments und dessen Zentralismus. Die I. fanden außerhalb Frankreichs im zivilen Bereich kaum Verbreitung. Von der Mitte des 17. Jh. an ist der franz. I., der meist bürgerl. Herkunft ist, der oberste Zivilbeamte einer Armee. Dieses Amt wurde (mit bedeutenden Vollmachten auch im Gerichts- und Rekrutierungswesen) von vielen Staaten übernommen; dem Amtsinhaber oblagen die Verpflegungs-, Besoldungs-, Bekleidungs- und Unterkunftsangelegenheiten (Armee-, Korps-, Divisions-Intendant etc.).

LIT. F. Mosser, Les Intendants des Finances au XVIIIe siècle (1978); O. Hintze, Der Commissarius und seine Bedeutung in der allgem. Verwaltungsgeschichte. In: Ges. Abhandlungen, 1 (^{2}1962).

Intendantur. Die Wirtschaftsverwaltung eines Intendanten.

Interdikt (lat.). Im röm. Recht die vorläufige Entscheidung des Prätors, vor allem dann, wenn der Besitz um stritten war.

Im kath. Kirchenrecht bez. I. eine Kirchenstrafe, durch die den Gläubigen in einem Land oder einer Diözese bestimmte heilige Handlungen (Gottesdienst, Sakrament, Begräbnis) bzw. deren Ausübung untersagt sind. Als personales I. gilt das Verbot für Einzelpersonen oder Gruppen, den Gottesdienst zu besuchen bzw. eine oder alle Kirchen zu betreten. Vor allem während des MA galt das lokale I. als eine der Hauptwaffen der Kirche; sie wurde insbes. gegen ihre polit. Gegner angewandt. Das personale I. wird noch heute verhängt.

LIT. A. Berger, in: Pauly-Wissowa, 9 (1916); A. Haas, Das I. nach geltendem Recht mit geschichtl. Überblick. In: A. M. Koeniger, Kanonist. Studien 2 (1929).

Interessenpolitik. Bez. für eine vor allem von Bismarck (1815–98) befürwortete Politik, die im Gegensatz zu einer von Gefühlen oder Machtinteressen bestimmten Politik steht (Gedanken und Erinnerungen, I. 8, 1; Gesammelte Reden, 12.447); sie läßt sich ledigl. von vaterländ. Interessen leiten.

Interessensphäre. Auf ein Gebiet bezogen, an dem ein Staat wegen der räuml. Nachbarschaft, der wirtschaftl., militär. Bedeutung etc., auch hinsichtl. der dortigen Vorgänge insgesamt sein bes. polit. Interesse hat, nicht selten deshalb, um dort später die Herrschaft zu erlangen. In nicht wenigen Fällen sichern sich die Staaten das Recht auf

Einflußnahme auf ihre I. durch Verträge.

LIT. L. F. L. Oppenheim und H. Lauterpacht, International Law, I, 7 (London ⁷1948); G. Schwarzenberger, Power Politics (London ²1951).

Interim (lat. inzwischen, einstweilen).

[1] Bez. für die vorläufige Regelung von Streitfragen; sie wird vor allem gebraucht für Kaiser Karls V. (reg. 1519–56) Lösungsversuche der Glaubensspaltung: Regensburger I. (Juni 1541), durch das den Evangelischen die entscheidenden Punkte der Reformation bis zum kommenden Konzil zugestanden wurden; Augsburger I. (Mai 1548), ein im Anschluß an den Schmalkaldischen Krieg (1546/47) auf Karls V. Anordnung verfaßtes Ausnahmegesetz gegen die Evangelischen mit nur wenigen Zugeständnissen; es scheiterte daher am ev. Widerstand; Leipziger I. (Dez. 1548), das trotz größerer Zugeständnisse an die Reformationsanhänger gegenüber dem Augsburger I. durch diese bekämpft wurde. Es wurde durch den Passauer Vertrag (1552) und den Augsburger Religionsfrieden (1555) zugunsten der Protestanten außer Kraft gesetzt.

[2] Der bis zum 1. 5. 1850 befristete preuß.-österreich. Vertrag vom 30. 9. 1849, wonach die Zentralgewalt an eine gemischte Vierer-Kommission übergehen sollte.

LIT. M. K. Th. Hergang, Das Augsburger I. (1855); W. von Loewenich, Das I. von 1548. In: Von Augustin zu Luther (1959).

Interimsgesetz. Eine gesetzl. Regelung, die vorläufigen Charakter hat.

Interimstaler. 1549 in Magdeburg geprägt, verspottete das Augsburger Interim (Mai 1548) durch die Umschrift: Packe di Satan, du Intrim.

Interkalarfrüchte (von lat. intercalaris, eingeschaltet).

Kirchenrecht: Einkünfte eines Benefiziums während der Vakanz zwischen zwei Besetzungen.

Interkalation. Die Schaltung, vor allem die röm. Monatsschaltung, in der Chronologie (Schaltmonat: [lat.] mensis intercalaris).

Interkonfessionalismus. Im religiösen und kirchl. Bereich die Tendenz, die in den verschiedenen Konfessionen das Gemeinsame hervorhebt.

Internationale.

[1] Die Vereinigung sozialist. Arbeiterbewegungen aller Länder. Die 1. I. (1864–72) wurde gegr. durch Karl Marx (1818–83) sowie M. A. Bakunin (1814–76). Sie zerfiel infolge des Anarchismus Bakunins. 1889 kam es in Paris zur Neugründung der sog. 2. I. (mit einem ständigen Büro in Brüssel). Da sich die sozialist. Parteien fortschreitend nationalisierten, zerbrach die 2. I. im Ersten Weltkrieg. In Moskau wurde 1919 die 3. I. (Komintern) gegründet, 1943 jedoch aufgelöst; sie erfuhr 1947–56 in der Kominform ihre Wiederbelebung.

Die 2. I. wurde 1923 in Hamburg reorganisiert, nachdem es bereits 1919/20 zu einer teilweisen Wiederbelebung in der Schweiz gekommen war. Hinzu trat die 2 1/2. I.; ideolog. betrachtet muß sie zw. der 2. und 3. I. angesiedelt werden.

Leo Trotzki (1879–1940), einer der engsten Mitarbeiter Lenins (1870–1924) und Organisator der Roten Armee, gründete während seiner Emigrationszeit in Mexiko die 4. I.; sie blieb jedoch ohne Bedeutung. Die 2. I. wurde 1946 erneut aufgelöst. In Frankfurt/Main entstand 1951 ein loser Zusammenschluß der sozialist. Parteien des westl. Lagers unter der Bez. ›I. sozialistische Konferenz‹. 1953 gründeten die asiat. Sozialisten in Rangun einen eigenen Verband.

[2] Bez. für das Kampflied der internationalen sozialist. Arbeiterbewegung und Nationalhymne der UdSSR bis in den Zweiten Weltkrieg, gedichtet von Eugène Pottier (1871); die dt. Nachdichtung stammt von Emil Luckhardt, die Melodie von dem Arbeiter P. Ch. de Geyter († 1915) aus Lille.

LIT. G. Nollau, Die I. (1959); J. Braunthal, Geschichte der I. 2 Bde. (1961–63); J. Freymond (Hrsg.), Etudes et documents sur la Première Internationale en Suisse (Genf 1964); G. Haupt, La Deuxième I. 1889–1914 (Paris 1964); L. Herbst, Die erste I. als Problem der dt. Politik in der Reichsgründungszeit (1975); S. Na'aman, J. P. Becker, W. Liebknecht und K. Marx (Archiv für Sozialgesch. XV, 1975); W. Loth, Sozialismus und Internationalismus (1977); R. Sigel, Die Geschichte der Zweiten Internationale, 1918–23 (1986).

Internationalismus. Bez. für eine Haltung, die nationalstaatl. Denken entgegengesetzt und vor allem pazifist., sozialist. oder kommunist. geprägt ist.

Internierung.
[1] Der Entzug der Freizügigkeit durch die Bindung an einen bestimmten Aufenthaltsort sowie die Unmöglichkeit der freien Erwerbstätigkeit (Flüchtlingslager, Internierungslager etc.). In Kriegszeiten erfolgt die I. als staatl. Schutzmaßnahme gegen feindl. Ausländer.
[2] Die Vorschrift zur I. besteht für neutrale Staaten, sobald Truppenangehörige eines kriegführenden Staates neutrales Gebiet betreten; völkerrechtl. geregelt ist die I. im Haager Abkommen vom 18. 10. 1907 (Art. 11).

Internum Mare (lat., inneres Meer). Im At. Bez. für das Mittelmeer, im Unterschied zum äußeren Meer, dem Ozean. Bei Polybios (um 200–nach 120 v. Chr.) und Plinius d. Ä. (um 23–79 n. Chr.) ist der Begriff belegt.

Internuntius. Bez. für den päpstl. Gesandten niederen Ranges (→ Nuntius).

Interparlamentarische Union. Internationaler Zusammenschluß der Mitglieder von Parlamenten; die I. U. ist in nationale Verbände gegliedert; sie wurde 1888 von W. R. Cremer und F. Passy in Paris gegr. Ihr Zweck ist, polit. Verständnis sowie die friedl. Beilegung von Streitigkeiten der Staaten untereinander zu erreichen.
LIT. R. Eickhoff, Die I. U. 1889–1914 (1921); Union interparlamentaire. In: WB des Völkerrechts, 2 (1925).

Interpellation (von lat. interpellare, anreden). Im parlamentar. Sprachgebrauch insbes. des 19. Jh. das schriftl. Auskunftsbegehren seitens einer gesetzl. festgelegten Mindestzahl von Parlamentsmitgliedern an die Regierung. Durch die I. wird die Regierung ersucht oder auch genötigt, über eine in ihren Verantwortungsbereich fallende Angelegenheit Auskunft zu erteilen.

Interpolation (lat., Einschaltung). Die nachträgl. häufig mißbräuchl. Änderung eines Originaltextes; sie erfolgt durch das Einschieben eines zusätzl. oder eines umgestalteten Textes. I. dieser Art gibt es in zahlreichen Quellen des At., u. a. in der Bibel und im Corpus Iuris Civilis (sein Text, insbes. der der Digesten, weist zahlreiche I. auf, die Kaiser Justinian II. [reg. 685–95 und 705–11] veranlaßte). Im einzelnen sind die I. Justinians teilweise stark umstritten.
LIT. L. Wenger, Die Quellen des röm.

Rechts (1953); F. Wieacker, Textstufen klass. Juristen (1960).

Interpretation (lat.). In der Geschichtswissenschaft die Auslegung und Erklärung von Quellen; die I. kann psycholog., ideengeschichtl. oder philosoph. Methoden anwenden, aber auch versuchen, ein einzelnes Quellenwerk oder -stück als Ausdruck eines geschichtl. Vorganges oder speziellen Zeitgeistes zu interpretieren (vgl. Hermeneutik, Ikonographie).
LIT. H. Rüdiger, Zwischen I. und Geistesgeschichte. In: Euphorion, 57 (1963).

Interregnum (lat., Zwischenherrschaft). In Wahlmonarchien allg. die Zeit zw. zwei Herrschern, in Dtl. die Zeit vom Ende der Staufer (Tod Konrads IV., 1254) bis zur Wahl Rudolfs von Habsburg (1273); sie stellte eine Periode der Fehden und der Raubritter (Faustrecht) dar. In Erbmonarchien ist ein I. dann nicht möglich, wenn es aus der Dynastie erbberechtigte Anwärter gibt. In Republiken wird im Falle des Todes eines Präsidenten zur Wahl eines Nachfolgers auf Grund der Verfassung oder eines Gesetzes ein Vertreter berufen (in Dtl. 1925 nach dem Tod des Reichspräsidenten F. Ebert). In den USA wird ein I. durch das Nachrücken des Vizepräsidenten an die Stelle des Präsidenten vermieden (z. B. 1945, als Roosevelt starb und Truman nachrückte, sowie 1963, als Johnson dem ermordeten Präsidenten Kennedy folgte).
LIT. H. Triepel, Das I. (1892); J. Kempf, Geschichte des Dt. Reiches während des großen I. 1254–73 (1893); O. Redlich, Rudolf von Habsburg (1903); A. Gerlich, Königtum, Rheinische Kurfürsten und Grafen in der Zeit Albrechts I. von Habsburg. In: Geschichtl. Landeskunde V, 2 (1969; mit Lit.).

Intervention (von lat. intervenire, dazwischentreten).
Völkerrecht: Eingreifen eines oder mehrerer (Kollektivintervention) Staaten in die Verhältnisse einer oder mehrerer anderer Staaten. Man unterscheidet zwischen diplomatischer und gewaltsamer I. Gegenüber der Interventionspolitik im Zeichen der Legitimität, wie sie von den konservativen Staatsmännern der Hl. Allianz befolgt wurde, vertraten Großbritannien unter dem liberalen Staatsmann George Canning (1770–1827) sowie die USA mit der

Monroedoktrin (2. 12. 1823) den Grundsatz der Nichteinmischung. Nach schweizer. Bundesrecht ist die I. des Bundes im Sinne des Einsatzes seiner Macht zur Wiederherstellung der in einem Gliedstaat gestörten Ruhe und Ordnung vorgesehen. In der BRD (lt. GG) darf ein Land im Falle drohender Gefahr die Polizeikräfte anderer Länder anfordern. Die Bundesregierung kann die Polizei des bedrohten Landes sowie die anderer Länder ihren Weisungen unterstellen, wenn das bedrohte Land zur Abwehr nicht in der Lage oder nicht bereit ist.

LIT. E. C. Stowell, I. In: International Law (Washington 1921); K. Hettlage, Die I. in der Geschichte der Völkerrechtswissenschaft und im System der modernen Völkerrechtslehre (Diss. Köln 1927); H. Mosler, Die I. im Völkerrecht (1937); A. Gerlach, Die I. (1967).

Interzession (lat., Dazwischentreten).
[1] Im röm. Recht der Einspruch des Magistrats (ius intercessionis), z. B. des Volkstribunen, seinen Kollegen oder minderrangige Beamte an der Ausübung einer Amtshandlung zu hindern.
[2] Eingreifen eines Staates in die Verhältnisse eines anderen auf ein Ersuchen hin oder auf Grund einer vertragl. Abmachung; gilt als statthaft.
LIT. H. Vogt, Studien zum Senatus consultum Velleianum (1952).

Inthronisation (nlat., Götter-, Herrscher-, Richter-, Lehrstuhl). Thronerhebung, feierl. Einsetzung des Papstes, eines Bischofs oder eines Abtes.

Intitulatio. Angabe von Name und Titel im Protokoll der Urkunde und im ma. Brief, häufig verbunden mit der Devotionsformel.
LIT. O. Redlich, Urkundenlehre (1907/ 11) 24; W. Erben, Die Kaiser- und Königsurkunden des MA in Dtl., Frankreich und Italien (1907) 309 ff.

in usum Delphini → ad usum Delphini.

inv. Abkürzung für: invenit (lat., hat es erfunden). Auf Kupferstichen, Holzschnitten etc. dem Namen des Künstlers, der das Original schuf, beigefügt. Soweit dieser auch die Wiedergabe geschaffen hat, ist die Beifügung invenit et fecit (hat es erfunden und gemacht) üblich; abgekürzt; inv. et fec.

Invasion (lat. invadere, eindringen). Das Eindringen militär. Formationen in fremdes Staatsgebiet entweder in Form von Kriegshandlungen oder von Repressalien, vor allem die I. der Alliierten in der Normandie im Zweiten Weltkrieg (6. 6. 1944 auf der Halbinsel Cotentin, Viremündung). Seitdem verbindet man mit dem Begriff I. die Vorstellung des weiträumigen und großangelegten Einfalls.
LIT. C. Ryan, Der längste Tag (dt. 1959); H. A. Jacobsen, J. Rohwer (Hrsg.), Entscheidungsschlachten des 2. Weltkriegs: A. Norman, Die I. in der Normandie 1944 (1960).

Invektive (von lat. invehere, ›gegen jemanden losfahren‹). Die polit. oder literar. Schmährede oder Schmähschrift, insbes. der Humanisten. Vorbild ist die I. des Sallust (86–35 v. Chr.) gegen Cicero (106–43 v. Chr.).

Investitur (lat. investire, bekleiden). Bez. für den Akt einer förml. Besitzeinweisung der der Übertragung von Eigentum, insbes. von Grundstücken, im german.-dt. Privatrecht. Im Lehnswesen bedeutet I. die Einführung eines Lehnsträgers in den Besitz eines Lehens. Hierbei wurden bestimmte Symbole verwendet: Schwert, Speer, Stab, Zweig, Handschuh etc.
Im ma. Kirchenrecht bedeutet I. – in Anlehnung an das Lehnswesen sowie auf der Grundlage des Eigenkirchenwesens – das Einsetzen eines Geistlichen in weltl. Besitzrechte, gleichzeitig in die geistl. Befugnisse seines Amtes, seit dem 10. Jh. vor allem das Übertragen sowohl von Bistümern wie auch Abteien durch den König mit dem Symbol des Stabes. Seit Kaiser Heinrich III. (reg. 1039–56) erfolgte die Übertragung mit den Symbolen des Stabes und des Ringes sowie unter Ablegung des Treueides.

Investiturstreit. Bez. für den Kampf zw. Kaiser und Papst um die mit der Investitur vollzogene Einsetzung der Bischöfe und Äbte, die, mit Reichslehen ausgestattet, gleichzeitig weltl. Fürsten waren. Der Kaiser beanspruchte deshalb ihre Investitur für sich; hierdurch sah die Kirche ihre Wahlfreiheit beeinträchtigt. Ausgelöst wurde der I. durch die cluniazens. Reformbewegung, insbes. durch deren Hauptvertreter Papst Gregor VII. (1073–85), durchgekämpft von den Kaisern Heinrich IV. (reg. 1056–1106) und Heinrich V. (reg. 1106–25). Der I. konnte in verschiede-

nen Konkordaten beigelegt werden.
1104 mit dem franz., 1107 mit dem
engl. und 1122 zu Worms mit dem dt.
König. Auf Grund der Konkordate, die
einen Kompromiß darstellten, erfolgte
die Investitur durch die Verleihung der
Temporalia (Regalien) seitens des Königs oder dessen Bevollmächtigten mit
dem Symbol des Zepters, seitens der
Kirche durch die Verleihung der Spiritualia mit den Investitursymbolen Ring
und Stab.
LIT. A. Scharnagl, Der Begriff der Investitur in den Quellen des I. (1908);
A. Hofmeister, Das Wormser Konkordat (Festschr. für D. Schäfer, 1915);
P. Schmid, Der Begriff der kanon. Wahl
in den Anfängen des I. (1926); G. Tellenbach, Libertas. Kirche und Weltordnung im Zeitalter des I. (1936);
Th. Schieffer, in: Festschr. für E. E.
Stengel (1952); ders., in: RH, 225 (Paris 1961); R. Sprandel, Ivo von Chartres und seine Stellung in der Kirchengeschichte (1962); J. Haller, Papsttum, 2
(⁴1962); J. Fleckenstein (Hrsg.), I. und
Reichsverfassung (1973); I. Schmale-
Ott, Quellen zum I., 2 Tle. (1980–84);
U.-R. Blumenthal, Der I. (1981);
J. Laudage, Der I. (1989).
Invocatio, Invokation. Anrufung des
göttl. Namens der Heiligen am Eingang
der Urkunde, symbol. (→Chrismon)
oder verbal in wechselnden Formen.
Verbale Invokation z.B.: In nomine
sanctae et individuae trinitatis. Symbol.
und verbale I. können auch zusammen
auftreten.
LIT. Bresslau I³ 47; Clavis mediaevalis
117.
Ironsides (engl., Eisenseiten). Die
Reitertruppe Oliver Cromwells seit dem
Bürgerkrieg (1642–49) gegen König
Karl I. (reg. 1625–49).
LIT. R. Ashton, The English Civil War.
Conservatism and Revolution, 1603–
1649 (1978).
Iro-Schotten. Bez. für die Mönche der
iro-schott. (kelt.) Missionskirche; sie
wirkten seit dem 6. Jh. n. Chr. auf dem
europ. Festland (Schottenmönche).
LIT. G. Schreiber, Irland und Dtl. im
abendländ. Sakralraum (1952);
J. Lechner, 800 Jahre Schottenabtei
(1960); A. Mischlewski, Die Abtei Ottobeuren und das Memminger Schot-
tenkloster St. Nikolaus (1964).
Irredenta (von ital. irredento, uner-
löst). Polit. Bewegung, die das Ziel verfolgte, diejenigen Gebiete mit Italien zu

vereinigen, in denen Italienisch gesprochen wurde, die aber nicht zum 1870
gegründeten Königreich Italien gehörten (Trentino, Nizza, Korsika, Malta,
der Kanton Tessin, Istrien mit Görz,
Triest und Fiume).
LIT. M. Mayr, Der ital. Irredentismus
(²1917).
Irredentismus. Nationale Bestrebungen innerhalb der europ. Minderheiten
in Ost- und Südosteuropa, die als Folge
der Friedensverträge von Versailles (mit
Dtl., 1919) und St. Germain (mit Österreich, 1920) den neugeschaffenen Staaten (Tschechoslowakei, Jugoslawien,
Ungarn etc.) zugeschlagen worden waren.
LIT. M. H. Boehm, Europa irredenta
(1923); R. A. Kann, The Multinational
Europe. 2 Bde. (New York 1950);
G. Fogar, Dall'irredentismo alla resi-
stenza nelle provincie adriatiche (Udine
1966).
Irreguläre Truppe (lat., unregelmäßig, ungesetzmäßig). Freikorps, Francti-
reurs oder Partisanenverbände, die sich
erst während eines Krieges, vor allem in
bes. Notlagen, bilden; sie sind im Unterschied zu den auf Grund der Wehrverfassung eines Staates aufgestellten
regulären Truppen zu sehen.
Irreversibilität (lat., nicht umkehrbar). Bez. für einen Vorgang, der ausschließl. in einer Richtung verläuft;
auch die Unwiederholbarkeit des Ablaufs der Geschichte, z.B. bei Henri
Bergson (1859–1941).
Isegorie (griech.). In der athen.
Volksversammlung das für alle Bürger
gleiche Recht auf freie Meinungsäußerung. Im klass. Athen stellte es ein wesentl. Merkmal der demokrat. Freiheit
und Gleichheit dar.
Islam (arab., Hingabe, Unterwerfung). Die von Mohammed (571–632)
zw. 610 und 632 in Mekka und Medina
gestiftete Religion, die jüngste der
Weltreligionen. Bei Mohammeds Tod
(632) war das islam. Reich bereits ein
Arabien umfassender milit.-polit. Got-
tesstaat; bis 650 reichte er nach Mesopotamien, Syrien und Ägypten; 100
Jahre später (750) hatte er sich über
Nordafrika und Spanien bis nach Frankreich ausgedehnt (732 konnte der I.
durch die Abwehrschlacht bei Tours
und Poitiers durch den Hausmeier Karl
Martell, 714–41, an der Eroberung des
Frankenreiches gehindert werden),
ebenfalls nach Persien und Turkestan.

Isolation

1453 fiel Konstantinopel in die Hand der Osmanen; 1529 belagerten sie Wien. Seit etwa 1650 erfolgte der allmähliche Niedergang bis zum Zusammenbruch des türk.-osman. Großreiches im Jahre 1918. Der I., aus jüd., christl. und arab.-heidn. Elementen erwachsen, hat dennoch eine eigene Theologie und Philosophie hervorgebracht. Er hat außerdem eine großartige Baukunst und Ornamentik, eine umfangreiche poet. Literatur sowie eine glänzende sprachl. und mathemat. Wissenschaft geschaffen. Der I. lehrt den unbedingten Monotheismus: der einzige, in bildlosem Kult verehrte Schöpfer der Welt aus dem Nichts ist Allah; seine Boten sind die Engel; sein Prophet ist Mohammed (Abraham, Moses und Jesus sind seine Vorläufer). Der Koran ist das Hl. Buch mit unbedingter Autorität; neben ihm die Tradition (Sunna). Die Menschen werden durch ein zukünftiges Gericht zu Seligkeit oder Verdammnis bestimmt. Pflicht des Gläubigen ist die Ergebenheit in Gottes Hl. Willen (Kismet). Zu den wesentl. kult. Pflichten gehören das Glaubensbekenntnis, das tägl. (5malige) Gebet, vollständiges Fasten tagsüber im Monat Ramadan, Almosengeben und eine Wallfahrt nach Mekka. Die Sittenlehre ordnet sämtl. Lebensgebiete (Kultus, Staatsordnung, Sozialleben, Wirtschaft, Eherecht, Hygiene u. a.) von der Religion her. Mohammeds Nachfolger sind die Kalifen.

Die einzige bedeutende Sekte sind die Schiiten (vor allem in Persien). Als Anhänger Alis, des 4. Kalifen (602–61) und seiner Nachkommen bestreiten sie die Legalität der Kalifen nach 650 (der Imam ist ihr geistiges Oberhaupt); im übrigen aber stimmen sie mit dem I. überein.

Die heutige Bekennerzahl des I. liegt bei etwa 700 Mill. In neuerer Zeit dringt der I. vor allem in Afrika ständig vor.

LIT. A. Müller, Der I. in Morgen- und Abendland. 2 Bde. (1885–87); R. Hartmann, Die Krisis des I. (1928); C. Brockelmann, Geschichte der islam. Völker und Staaten (²1943); H. A. R. Gibb, Modern trends in I. (1947); B. Spuler, Chalifenzeit (1952); R. Paret (Hrsg.), Die Welt des I. und die Gegenwart (1961); Propyläen Weltgeschichte. Bd. 5 (1963); R. Italiaander (Hrsg.), Die Herausforderung des I. (1965); Fischer, Weltgeschichte. Bd. 14 und 15 (1967ff.); P. Rondot, Der I. (dt. 1968); L. Gardet, I. (dt. 1968); A. J. Abberry (Hrsg.); Religion in the Middle East II: I. (Cambr. 1969); K. Kreiser, W. Diem, J. G. Majer (Hrsg.), Lexikon der islam. Welt. 3 Bde. (1974); W. M. Watt, A. T. Welch, Der I. I (1980); R. W. Southern, Das Islambild des MA (1981); R. Paret, Schriften zum Islam (1981); W. Ende, U. Steinbach (Hrsg.), Der Islam in der Gegenwart (1984); W. M. Watt, M. E. Marmura, Der I. II (1985); J. Schwarz (Hrsg.), Der politische I. (1993); M. Tworuschka, Grundwissen I. (2002).

Isolation (franz. und engl. von ital. isola, lat. insula). Vereinzelung; in der Politik das Bestreben, im Bewußtsein der eigenen Stärke die außenpolit. Aktivität auf bestimmte Teile der Welt zu beschränken und den Verwicklungen in anderen Gebieten fernzubleiben. Seit der Zeit Lord Palmerstons (1784–1865) gehörte die sog. splendid isolation zu den Grundsätzen der Außenpolitik Englands; sie fand ihr Ende mit den Bündnissen Englands, die zu Beginn des 20. Jh. (z. B. 1902 mit Japan) abgeschlossen wurden.

Isolationismus. In den USA eine außenpolit. Richtung, die jede Einmischung in die Streitigkeiten fremder Erdteile, insbes. Europas, ablehnt. Zum polit. Grundsatz wurde der I. durch die 1823 in der Botschaft des Präsidenten Monroe (5. Präsidentschaft von 1817–25) ausgesprochene und bis 1917 die Politik der USA beherrschende Tendenz der Nichteinmischung in außeramerikan. bzw. europ. Angelegenheiten; gleichzeitig bestand man darauf, eine europ. Einmischung in amerikan. Angelegenheiten nicht zu gestatten. Die isolationist. Phase der USA lebte nach dem Ersten Weltkrieg wieder auf; dadurch wurde der Eintritt in den Völkerbund verhindert. Durch Neutralitätsgesetze (1935–37) suchte die US-Regierung ein Eingreifen in europ. Kriege unmöglich zu machen. Seit 1945, d. h. seit dem Ende des Zweiten Weltkriegs, haben die USA die Isolationspolitik aufgegeben.

LIT. W. Lippmann, US Foreign Policy (London 1943; dt. 1944); G. Myrdal, Kontakt mit Amerika (dt. 1945); A. de Conde (Hrsg.), Isolation and Security (Durham, N. C. 1957); S. Adler, The Uncertain Giant, American Foreign Policy between the Wars, 1921–41 (N. Y.

1965); W. A. Williams, The Tragedy of American Diplomacy (N. Y. ²1962); M. Jonas, Isolationism in America 1935–42 (Ithaca, N. Y. 1966); W. E. Cohen, The American Revisionists, The Lessons of Intervention in World War I (Chicago 1967).

Isolierung. Bez. für das polit. Ziel, einem polit. Gegner sämtliche Verbündeten abspenstig zu machen.

Isonomie (griech.). Einiger oder aller Anteil zu gleichen Teilen an den polit. Rechten, dann aber auch die Gleichheit aller vor dem Gesetz; in der Auseinandersetzung der Aristokratie Athens mit der Tyrannis die durch Kleisthenes im Jahre 508/07 v. Chr. durchgeführte Verfassungsänderung, später als Demokratie bez. I. diente auch zur Bez. der Gleichheit in der Demokratie während der klass. Zeit (vgl. Isegorie).
LIT. H. E. Stier, Die klassische Demokratie (1952); F. Vittinghoff, in: GWU (1956); A. H. M. Jones, Athenian Democracy (1957).

Isonzoschlachten. An der Isonzofront die insgesamt 12 Schlachten während des 1. Weltkriegs. Die Schlachten wurden zwischen dem Juni 1915 und Nov. 1917 ausgetragen. Erst in der 12. Schlacht gelang den Österreichern (mit dt. Hilfe) der Durchbruch der vom Golf von Triest bis in die Julischen Alpen verlaufenden Front.
Die Verluste in sämtlichen Isonzo-Schlachten betrugen auf österreich. Seite mehr als 550 000 Mann, auf ital. mehr als 1 Million Mann.
LIT. Der Weltkrieg 1914–18, Bd. 11–14, hrsg. von der Kriegsgeschichtl. Forschungsanstalt des Heeres (1938–42; 1956).

Isprawnik (russ.). Im zarist. Rußland der Leiter der Polizei eines Bezirks.

Italia sacra. Das von F. Ughelli (1594–1670) verfaßte 9bändige Werk (1644–62), in 2. Aufl. von N. Coleti. 10 Bde. (1717–22); es faßt die Berichte über die ital. Bischofssitze (in 20 Provinzen gruppiert) und deren Inhaber zusammen; es war das erste Werk dieser Art.

Italienische Kreuzherren. 1169 von Papst Alexander III. (1159–81) bestätigt, 1656 durch Alexander VII. (1655–67) aufgehoben.
LIT. Heimbucher I 416, 419–22; LThK VI 619 ff.

Itinerarien (lat., Wegebücher). Während der röm. Kaiserzeit Straßenver-zeichnisse mit Angabe der Distanzen zw. den wichtigsten Ortschaften, Raststationen etc. Das Itinerarium Antoninianum (4. Jh. n. Chr.), mit einem Verzeichnis der Straßen und Schiffahrtswege des Röm. Reiches, ist das umfassendste Itinerarium unter den erhaltenen, Itinerarkarten stellen die Straßen graphisch dar. Als Peutingersche Tafel wird eine röm. Straßenkarte des 4. Jh. n. Chr. bez.; sie ist benannt nach dem Humanisten Konrad Peutinger (1465–1547), in dessen Besitz sie sich befand. I. von Pilgerfahrten entstanden in christl. Zeit. Die ›Peregrinationes in Terram Sanctam‹ des Mainzer Domdekans Bernhard von Breidenbach, 1486 gedruckt, gehören zu den bekanntesten I. Von der Forschung werden I. für die ohne feste Residenz lebenden ma. Herrscher anhand der Orts- und Zeitangaben in den einschlägigen Quellen erstellt. Sie sind eine wichtige Grundlage für die vergleichende Urkundenkritik und eine zuverlässige Quelle der allg. ma. Geschichte.
LIT. W. Kubitschek, I., in: Pauly-Wissowa IX; B. Kötting, Peregrinatio religiosa (1950); Th. Mayer, Das dt. Königtum und sein Wirkungsbereich. In: Ma. Studien (1963); G. Radke, Itineraria. In: Der Kleine Pauly, 2 (1967); Annalina und M. Levi, Itineraria picta (Rom 1967); K. Schmidt-Otto, Itinerarium per nonullas Galliae Belgicae partes (2000).

Itinerarium Alexandri Magni. Ca. 340 n. Chr. entstandene anonyme lat. Schrift. Schildert den persischen Feldzug Alexanders d. Gr. hauptsächlich nach Arrian und Pseudo-Kallisthenes. Gewidmet ist die Schrift Kaiser Konstantin, dessen Sohn damals einen Feldzug gegen die Perser plante.
Text: D. Volkmann (1871).

Itio in partes (lat., Auseinandertreten in Parteien). Die Trennung einer Versammlung in Parteien oder Stände, aus denen sie sich rekrutiere. Ein gültiger Beschluß kommt nur dann zustande, wenn die Corpora übereinstimmen. Hauptfall der I. i. p. war die im dt. Reichstag (bis 1806) vorgeschriebene Beschlußfassung bezügl. Religionsangelegenheiten; 1648 durch den Westfälischen Frieden eingeführt, sollte hierdurch das Überstimmen der einen Religionspartei durch die andere ausgeschlossen werden, wenn es sich um Sachen der Religion handelte. Der Reichstag schied sich auf Antrag einer

Religionspartei in einen kath. (Corpus Catholicorum) und einem ev. Teil (Corpus Evangelicorum); zu einem Beschluß kam es nur bei freundschaftl. Übereinstimmung.

LIT. H. Conrad, DRG 2 (1966); M. Heckel, Itio in partes. In: ZRG KA 64 (1978), 180–308.

ius curiae. Das Hofrecht (→Hofgericht).

ius de non appellando et evocando (lat.). Das Recht der Kurfürsten (auf der Goldenen Bulle beruhend), eine Berufung an Reichsgerichte und eine Evokation des Kaisers nicht zu dulden.

ius emigrationis (lat.). Seit dem Zeitalter der Glaubenskämpfe das Recht zur Emigration, das Andersgläubigen zugestanden wurde und das man als eine Vergünstigung betrachtete (→Augsburger Religionsfriede). Von Bedeutung waren die Salzburger Exulanten, die engl. Pilgerväter sowie die franz. Hugenotten (Réfugiés).

ius eminens (lat.). Die einem Fürsten oder einem Staat zustehende Befugnis, in Privatrechte der Untertanen im Falle der Not oder im Interesse der Gesamtheit einzugreifen.

ius evocandi (lat.). Das königliche Evokationsrecht (→Evokation).

ius primae noctis (lat., das Recht auf die erste Nacht). In Frankreich, Schottland, Spanien und der Schweiz das angeblich dem Grundherrn gegenüber einer hörigen Braut zustehende Recht auf die Brautnacht, das praktisch jedoch kaum jemals bedeutsam wurde. Durch eine Leistung des Bräutigams konnte das Recht abgekauft werden; das i. p. n. spielte in der Phantasie der antifeudalen Bestrebungen eine große Rolle.

ius reformandi (lat.). Die im früheren Staatskirchenrecht durch den »Staat beanspruchten Rechte gegenüber den Kirchen«, die Religionszugehörigkeit, Religionsausübung, Rechtsstellung der Religionsgesellschaften usw. seiner Untertanen zu bestimmen.

LIT. B. von Bonin, Die prakt. Bedeutung des I. r. (1902); HWDRG II, 498–502.

ius subcollectandi (lat.). Das Recht der Steuererhebung.

ius utrumque (die beiden Rechte). Zusammenfassende Bez. für
a) das durch das Corpus iuris civilis repräsentierte röm. sowie das durch das Corpus iuris canonici repräsentierte kanonische Recht;
b) im MA das weltliche und geistliche oder das staatliche und kirchliche Recht.

Jacques Bonhomme (franz. von jacque, Kittel). Franz. Spottname für die (leibeigenen) Bauern; hierher **Jacquerie,** der Bauernaufstand vom 28. 5. bis 10. 6. 1358, getragen durch die Bauern der Ile de France im N von Paris. Ihr Aufstand, der von einzelnen Städten unterstützt wurde und in dessen Verlauf es zur Zerstörung zahlreicher Schlösser kam, führte schließlich zu einem Sieg des Adels über die Bauern, da die Unterstützung durch die Städte ungenügend war. Für die von den Bauern begangenen Grausamkeiten nahmen die Adeligen blutige Rache. Ursachen für den Aufstand waren die aus dem Hundertjährigen Krieg (1338–1453) resultierenden Leiden sowie die Bedrückung durch den Adel.
LIT. S. Luce, Histoire de la Jacquerie (Paris ²1894).

Jagdregal (Jagdhoheit, Wildbannrecht). Die Germanen kannten Jagdfreiheit; dagegen erließen die Franken bereits Jagdgesetze (Forstbann), die sich später um J. der Fürsten, namentl. für die »hohe Jagd« (Luchs, Bär, Wolf, Wildschwein, Hirsch, Reh u. a.) entwickelten; die Jagd auf Niederwild hingegen wurde von den Bauern ausgeübt. Neben dem J. der Fürsten gab es ein J. des Königs, das sich ebenfalls auf Hochwild erstreckte; im Regalienkatalog von Roncaglia (1158) beanspruchte Friedrich II. Barbarossa (reg. 1152–90) noch einmal die gesamte Jagdhoheit; im 13. Jh. aber geht sie auf die Territorialherren über bei gleichzeitiger Einschränkung der bäuerl. Jagdrechte in der Allmende in kleineren Territorien (vgl. hierzu Klage des Freidank 1129 und die 12 Artikel der Bauern 1525). In Frankreich ist eine ähnl. Entwicklung zu beobachten; hier lag das Jagdrecht zu Beginn der NZ gänzlich in den Händen der Seigneurs. Das Herren-Jagdrecht wurde erstmals in der Franz. Revolution (1789) abgeschafft.
LIT. HWDRG II, 281–88; K. Lindner, Die Jagd im frühen MA (1940); A. Lorz, Naturschutz-, Tierschutz- und Jagdrecht (²1967).

Jagdkanzlei. Oberste Behörde des Forstwesens im Preußen des 17./18. Jh. unter einem Ober- und Hofjägermeister. Mitte des 18. Jh. wurde sie dem Generaldirektorium angegliedert, das seit 1770 ein bes. Forstdepartment besaß.

Jahr. Zeiteinheit, die durch den periodischen Umlauf der Erde um die Sonne bestimmt wird. Man unterscheidet
[1] das astronom. Jahr, d. h. diejenige Zeit, innerhalb der die Erde von einem Punkt ihrer Bahn zu diesem zurückkehrt; je nach der Wahl dieses Punktes wird unterschieden zwischen
a) dem siderischen J. oder Sternjahr: Rückkehr der Erde zum selben Fixstern; Dauer: 365 Tage 6 Std. 9 Min. 9,35 Sek.
b) dem tropischen J., das ist die Zeit bis zur Rückkehr zum Frühlingspunkt; Dauer: 365 Tage 5 Std. 48 Min. 46,42 Sek.
c) dem anomalist. J., Dauer: 365 Tage 6 Std. 13 Min. 48,5 Sek.
[2] das bürgerl. Jahr (Dauer: 365 Tage; die Restzeit wird jedes 4. J. – Schaltjahr – im Februar als 366. Tag – Schalttag – eingefügt), dem bürgerl. J. ist das tropische J. zugrunde gelegt. Als Mondjahr wird diejenige Zeit bezeichnet, in der der Mond seinen synod. Umlauf zwölfmal vollendet (Dauer: 354 Tage 8 Std. 48 Min. 36 Sek.).
Als Julianisches J. (365,25 Tage) und Gregorianisches J. (365 Tage 5 Std 48 Min 46,42 Sek.) bez. man die durchschnittl. Länge in beiden Kalendern. Die Güte des Gregorian. Kalenders ist an der Übereinstimmung mit der Dauer des trop. J. erkennbar.
Noch bis in die NZ hinein lag der **Jahresanfang,** der Beginn des Neuen J. (er fällt im Gregorian. Kalender mit dem 1. 1. zusammen), an sehr unterschiedl. Daten; so wurde z. B. im MA Neujahr am 25. 3. oder am 25. 12. gefeiert. Selbst das Osterfest ist (trotz seines veränderl. Datums) als Jahresanfang benutzt worden.

Jahresdevise. Glückhafte Bez. für eine Reihe von Jahren, später für die Regierungsperiode eines Kaisers, seit 163 v. Chr. in China, seit dem 7. Jh. ähnl. in Japan. Da der Name des Kaisers von China aus Gründen der Ehrfurcht nicht ausgesprochen werden durfte (vgl. Pharao), sind uns deren Namen unter der J. bekannt.

Jahr und Tag. Während des MA und in der frühen NZ eine Frist des alten dt. Rechts; sie umfaßte 1 Jahr, 6 Wochen und 3 Tage, d. h. den Zeitraum bis zum ersten echten Ding im neuen Jahr; Wochen und Tage wurden auch Sachsenfrist genannt, der gesamte Zeitabschnitt Sachsenjahr. Der Ablauf der Frist von

Jahr und Tag bewirkte eine Rechtsänderung zum Nachteil desjenigen, der sich verschwiegen hatte.

Jakobiner (franz. Jacobins) (Jakobinismus). Urspr. Bez. für die Dominikaner in Frankreich nach ihrem Kloster St. Jakob in Paris. Während der Franz. Revolution volkstüml. Bez. des wichtigsten polit. Klubs, der Societé des amis de la constitution (Gesellschaft der Verfassungsfreunde) im Dominikanerkloster St. Jakob zu Paris (nach Robespierres Sturz am 9. Thermidor wurde der Jakobinerklub am 11.11. 1794 geschlossen). Die J. trugen die phryg. rote Wollmütze (Jakobinermütze), ein antikes Freiheitssymbol. Noch im gleichen Jh. wurde J. zum Scheltwort für Eiferer und Radikale unterschiedlichster Art.
LIT. C. Brinton, The Jacobins (N. Y. 1930); G. Walter, Histoire des Jacobins (Paris 1946); W. Grab, Ein Volk muß seine Freiheit selbst erobern. Zur Geschichte der dt. Jakobiner (1984); H. Reinalter, J. in Mitteleuropa (Innsbruck 1986).

Jakobiten.
[1] Anhänger der von Jakob Baradai, Bischof von Edessa († 578) neu organisierten monophysit. Sonderkirche in Ostsyrien; heute wohnen die eigentl. J. (etwa 150000; Schätzungen bis 300000) v. a. in Syrien und im Irak.
[2] Anhänger des im Zusammenhang mit der Glorreichen Revolution (1688; →Glorious Revolution) aus England vertriebenen Stuart-Königs Jakob II. (reg. 1685–88) sowie deren Nachkommen vor allem in Schottland (1689–1746), denen der größte Teil des Adels zugerechnet werden muß. Ihr letzter Aufstand scheiterte 1746 in der Schlacht bei Culloden.
LIT. F. Heiler, Die kath. Kirche des Ostens und Westens, 1 (1937); B. Spuler, Gegenwartslage der Ostkirchen (1948); C. Petri, The Jacobite Movement. 2 Bde. (Neuausg. 1949/50); W. Hage, in: TRE, B. 16 (1987).

Janitscharen (türk. jeni tschari, neues Heer). Türk. Truppen, seit 1329 aus zum Islam bekehrten Gefangenen rekrutiert; im 15. Jh. 40000, im 17. Jh. 100000 Mann unter dem Befehl des J. Aga. Seit 1360 – zuletzt etwa 1675 – durch den Knabenzins, d. h. die Aushebung jedes 5. Knaben der unterworfenen christl. Länder, meistens des Balkans, ergänzt; später wurden sie auch aus Osmanen rekrutiert. Die J. bildeten die Kerntruppe des türk. Heeres; im Frieden waren sie als Polizei in Konstantinopel und Umgebung stationiert. Zahlreicher Privilegien wegen, z. B. zollfreier Wareneinfuhr, taten viele J. keinen Kriegsdienst mehr, sondern betätigten sich als Händler, Gutsbesitzer etc. Im 18. Jh. zu Prätorianern geworden, wurde eine Reihe von Sultanen durch sie beseitigt. Im Zusammenhang mit der Heeresreform Sultan Mahmuds II. (reg. 1808–39) wurde die Truppe 1826 aufgelöst.
LIT. Enzyklopädie des Islam, 2 (1927 mit Lit:, insges. 4 Bde., 1924–34); J. A. B. Palme, The Origin of the Janissaires. In: Bulletin John Ryland's Library, 35 (1953).

Jansenismus. Religiöse Bewegung in Frankreich unter Ludwig XIV. (reg. 1643/61–1715), benannt nach Cornelius Jansen (1585–1638), Bischof von Ypern; sie geriet insbes. wegen ihrer Gnadenlehre, Prädestination und Weltabkehr des Christen und der Kirche in Gegensatz zur kath. Kirche. Mittelpunkt des J. war das Kloster Port-Royal bei Versailles, seine Führer A. Arnauld (1612–94) und zeitweilig B. Pascal (1623–62). Der J. gewann vor allem auf die Gebildeten Frankreichs bedeutenden Einfluß. Dem Calvinismus nahestehend, geriet der J. in Gegensatz vor allem zur wirklichen oder vermeintlichen Nachlässigkeit der Jesuiten sowie zur Religionspolitik Ludwigs XIV. Seit 1710 (Zerstörung von Port-Royal) wurde der J. durch Kirche und Staat verfolgt; 1713 wurde die Bulle ›Unigenitus‹ gegen P. Quesnel (1634–1719), den wichtigsten und extremsten Vertreter des J., erlassen. Aufgrund dieser Bulle spalteten sich die Jansenisten in Akzeptanten und Appellanten. Die jansenist. Bewegung fand im 18. Jh. in Italien, den Niederlanden und in Österreich Verbreitung; in Dtl. blieb ihr Einfluß gering. Die Unterdrückung der Jesuiten (→Jesuitengesetz) und der in Frankreich verbreitete Antiklerikalismus sind als Folgen des J. anzusehen.
LIT. C. Jansenius, Augustinus sive doctrina (1640); F. Honigsheim, Die Staats- und Soziallehren der franz. Jansenisten im 14. Jh. (1914; prot.); J. Carrère, Le Jansenisme durant la Régence (3 Bde., Löwen 1929–33: kath.); W. Deinhardt, Der J. in dt. Landen (1929); G. Schnürer, Kirche und Kultur in der Barockzeit (1937); P. Hersche,

Der Spätjansenismus in Österreich (1977); L. Ceyssens, La fin de la première période du Jansénisme. 2 Bde. (Brüssel 1963–65); R. Taveneaux (Hrsg.); Jansénisme et politique (Paris 1965; Quellen); G. Winner, Die Klosteraufhebungen in Niederösterreich und Wien (1967); P. F. Barton, Ignatius A. Fessler (1969); HKG V; P. Herrsche, Der Spätjansenismus in Österreich (1977).

Jarl (nordgerm., engl. Earl). Alter skandinav. Titel, soviel wie Statthalter bedeutend; im 10. Jh. durch die Krone (Harald Schönhaar) in die Gefolgschaft des Königs gezwungen. Durch das Königtum wurden die Versuche der J., die Macht für sich zu erlangen, immer wieder zunichte gemacht. Ledigl. Birger J. erlangte in Schweden die Regentschaft (1250–66); er eroberte Finnland und wurde nach der Sage zum Gründer Stockholms.

Javeline, Javelot (franz., von lat.). Ger, Wurfspieß.

Jazeran, Korazin (von pers. Khorazan). Rüstung oder Hemd mit Schuppen dachziegelförmigen Musters; seit dem 8. Jh. auch in Europa bekannt.

Jena und Auerstedt, Doppelschlacht von. Im preuß.-napoleon. Krieg 1806/07 wurde am 14. 10. 1806 die preuß.-sächs. Armee in der Doppelschlacht von J. u. A. entscheidend geschlagen. Die preuß. Hauptmacht unter Herzog Karl von Braunschweig unterlag bei Auerstedt dem franz. Marschall Davout; das vom Fürsten Hohenlohe befehligte Korps wurde von Napoleon bei Jena vernichtet. LIT. P. von Lettow-Vorbeck, Der Krieg von 1806 und 1807, 1 (²1899); E. Leidolph, Die Schlacht bei Jena (1926).

Jesuaten, Jesusdiener. Eine ital. Laiengenossenschaft, die sich der Krankenpflege und der Totenbeerdigung widmete; sie wurde um 1360 gegr. und 1668 aufgehoben. Die **Jesuatinnen** waren eine beschauliche ital. Genossenschaft, die 1367–1872 bestand.

Jesuiten. Bez. für die Mitglieder des kath. Ordens der Gesellschaft Jesu (span. Compaña de Jesús, lat. Societas Jesu, Abk. S. J.). Ordensstifter ist Ignatius von Loyola (etwa 1491–1556). Die kirchl. Gründung vollzog Papst Paul III. (1534–49) im Jahre 1540). Später bestätigte das Trienter Konzil (1545–63) den neuartigen Orden, an dessen Spitze der Jesuitengeneral steht. Von anderen

Orden unterscheiden sich die J. durch den Verzicht auf ein bestimmtes Ordenskleid, das Chorgebet und feste Klöster. Der Orden widmet sich vor allem der Glaubensverbreitung, der Jugenderziehung (Schulwesen), der Heidenmission und der Wissenschaftspflege. Um 1600 war die Societas Jesu bereits in sämtl. kath. Ländern Europas (in Dtl. seit 1542) missionarisch tätig, ebenfalls in Asien (Indien 1542, Japan 1549, China 1563), Afrika (portugies. Kolonien 1547), Südamerika (1549) und Nordamerika (Kanada 1611). Der bedeutende Erfolg ihrer Arbeit während der Gegenreformation sowie bei der Durchsetzung der kath. Reform und der hiermit sich verstärkende Einfluß der kath. Kirche im weltl. Bereich führte im 18. Jh. zu einer starken Gegenbewegung gegen die J. und schließlich zur Aufhebung des Ordens (unter dem Druck Pombals, 1750–77 leitender Minister des portugies. Staates) durch Clemens XIV. (1769–74) im Jahre 1773. Voll wiederhergestellt wurde der Orden durch Pius VII. (1800–23) im Jahre 1814. LIT. B. Duhr, Geschichte der J. in den Ländern dt. Zunge (4 Bde., 1907–28); P. Lippert, Zur Psychologie des Jesuitenordens (²1956); R. Fülop-Miller, Macht und Geheimnis der J. (Neuaufl. 1962); Th. Burke, Jesuits Abroad (New York 1957); H. Becher, Die J. (1951); H. Boehmer, Die J. (aufgrund der Vorarbeiten von H. Leube neu hrsg. von K. D. Schmidt; 1957); J. Stierli, Die J. (1955); Ch. Hollis, A History of the Jesuits (London 1968); K. Hengst, J. an Universitäten und Jesuitenuniversitäten (1981); Archivum Historicum Societatis Jesu (1932ff.; Zs., die sich schwerpunktmäßig mit der Geschichte der J. beschäftigt); B. J. Murphy, Der Wiederaufbau der Gesellschaft Jesu im 19. Jh. (1985).

Jesuitenfabeln. →Monita secreta (privata) Societatis Jesu.

Jesuitengesetz. Während des Kulturkampfs vom Dt. Reichstag erlassenes Gesetz (4. 7. 1872), wodurch die Jesuitenorden und ihm verwandte →Orden vom Reichsgebiet ausgeschlossen, ihre Niederlassungen aufgelöst und die Betätigung in Kirche, Schule und Mission untersagt wurde; 1917 erfolgte die Aufhebung des J.

Jesuitenstaat. Unzutreffende Bez. für die durch die Jesuiten im 17. Jh. gegr.

385

Missionsgesellschaften in Paraguay und Uruguay sowie in Panama. Die Missionsgesellschaften, die dem König von Spanien unmittelbar unterstanden, wurden zu geschlossenen Gemeinschaften in →Reduktionen zusammengefaßt.
LIT. M. Fassbinder, Der J. in Paraguay (1926).

Jesuitenstil. Veraltete Bez. für kirchl. Barock. Viele Jesuitenkirchen behielten vor allem in Dtl. bis ins 17. Jh. got. Formen. Maßgebend für den Barock wurde der Bau von Il Gesù in Rom durch Vignola, 1568–84; Nachfolge: Jesuitenkirchen in München (St. Michael), Luzern u. a.
LIT. J. Braun, Die Kirchenbauten der dt. Jesuiten. 2 Bde. (1908/09).

Jesuitentheater. In den Gymnasien der Jesuiten (seit 1570) gepflegt. Die Stoffe der dramatischen Aufführungen wurden der Heiligen- und Kirchengeschichte entnommen. Die J., die den Sieg der Kirche demonstrierten, dienten der Glaubenspropaganda.
LIT. Ingrid Seidenfaden, Das J. in Konstanz (1903); H. Kindermann, Theatergeschichte Europas, 3; (1959); J. M. Valentin, Répertoire bibliographique du théatre des Jésuites dans les pays de la langue allemande (1554–1773). 2 Bde. (1982).

Jesuitenuniversitäten. Der große Erfolg der Arbeit der Jesuiten (sie galt in Europa zunächst der Durchsetzung der Gegenreformation und der kath. Reform) sowie die hiermit verbundene Stärkung des kirchl. Einflusses im weltl. Bereich wirft die Frage nach der Beurteilung der Jesuiten auf. Ihre geschichtl. Bedeutung beruht nicht auf den Schauermitteln der Jesuitenfabeln (→Monita secreta), ebenfalls nicht nur auf ihrer stets zielbewußten und klugen polit. Tätigkeit (u. a. als Hofbeichtväter); sie ist insbes. auf ihre großen theolog. und profanwissenschaftl., kulturellen (→Jesuitenstil, →Jesuitentheater), nicht zuletzt ihre pädagogischen Leistungen zurückzuführen. Im Schul- und Universitätswesen haben sie stets mit sehr großem Erfolg die kirchl., charakterl. und wissenschaftl. Erziehung einer durch die soziale Stellung der Familie und durch Begabung ausgezeichneten kath. Elite betrieben, oft auf eigene Universitäten (speziell in Dtl., z. B. Dillingen, Würzburg, heute in Kollegien, bes. den von Godesberg, St. Blasien und Büren). Unter den zahlreichen, den Jesuiten übertragenen oder eigenen Studienanstalten im Ausland sind heute die wichtigsten die Gregoriana und das Germanicum in Rom sowie die Theologische Fakultät in Innsbruck.
LIT. J. Schröteler, Die Erziehung in den Jesuiteninternaten des 16. Jh. (1940); L. Petry, Dt. Forschungen nach dem Zweiten Weltkrieg zur Geschichte der Universitäten. In: VSWG 46 (1959); K. Hengst, Jesuiten an Universitäten und J. Zur Geschichte der Universitäten in der Oberdt. und Rhein. Provinz der Gesellschaft Jesu im Zeitalter der konfessionellen Auseinandersetzung (1981).

Jeunesse dorée (franz., goldene Jugend). Volkstüml. Bez. für die jugendl. Kreise, die nach dem Sturz Robespierres (1758–94) im Jahre 1794 unter Führung Frérons gegen die Jakobiner auftraten und in der vornehmen Gesellschaft aus dem Ancien régime tonangebend waren. Ihre oppositionelle Haltung zu den durch die Revolution geschaffenen Verhältnissen unterstrichen sie durch ihre Kleidung.
Allg. bez. man mit J. d. die leichtlebige, genußsüchtige Jugend der vornehmen Welt.

Jingo (engl.). Bez. für aggressive Nationalisten; Jingoismus entspricht dem franz. Chauvinismus. Die Bez. kam 1878 während des russ.-türk. Krieges (1877/78) in England durch ein Schlagerlied auf; sie wurde sowohl in Nordamerika als auch in Dtl. gebräuchlich (bis ins 20. Jh.).

Jobeljahr, Halljahr (von hebr. jobel, Posaune). Nach dem Alten Testament (3. Mos. 25) Bez. für jedes 50. Jahr, jeweils auf ein 7. Sabbatjahr folgend. Es brachte für alle Israeliten Sklavenbefreiung, Schuldenerlaß sowie Pfandrückgabe; daher auch Freijahr, Erlaßjahr genannt.

Johanniter.
[1] **Hospitaliter, Rhodiser** (seit 1310). **Malteser** (seit 1530), lat. Ordo militiae Sancti Joannis Baptistae hospitalis Hierosolymitani. Der älteste der geistl. Ritterorden; er entstand in der 2. Hälfte des 11. Jh. zu Jerusalem. Die Anfänge des Ordens sind ungewiß. Kaufleute aus Amalfi gründeten wahrscheinlich ein Spital für Pilger; dessen Vorsteher Gerhard schuf während des 1. Kreuzzugs (1096–99) einen Orden, den er 1099 durch den Papst bestätigen ließ. Durch Gerhards Nachfolger Raimond du Puy

(1120–60) erhielt der Orden seine Regel. An der Spitze des Johanniterordens, der sich in Ritter, Priester und dienende Brüder gliederte, stand der auf Lebenszeit gewählte Großmeister; er wurde beraten vom Konvent der 8 Großwürdenträger; sie standen je einer Provinz (›Zunge‹) vor. Während der Kreuzzüge zeichnete sich der Johanniterorden durch seine vorbildl. Krankenpflege aus; nach und nach wurde jedoch der Glaubenskampf der Ritter vorherrschend. Nachdem Akkon 1291 gefallen war, gingen die Reste des Ordens nach Zypern. 1308 gewannen sie im Kampf gegen die Seeräuber Rhodos. Hier erlebten die J. ihre Blütezeit, trotz ständiger Kämpfe gegen die Türken, denen sie 1523 erlagen. Von 1530 bis 1798 spielten sie auf Malta, das ihnen Kaiser Karl V. (reg. 1519–56) im Jahre 1530 zu Lehen gegeben hatte, bei der Türkenabwehr eine hervorragende Rolle. Im Jahre 1798 fiel Malta unter dem einzigen dt. Großmeister, Ferdinand von Hompesch, durch Verrat an Napoleon. Der Orden, der nunmehr fast seinen gesamten Besitz verlor, wählte nur noch Großmeister-Statthalter, bis die Würde mit Kardinalsrang durch Papst Leo XIII. (1878 bis 1903) 1879 wiederhergestellt wurde. Heute werden von dem Orden Spitäler (in Italien und Dtl.) und Pfarreien (in Österreich, der Tschechoslowakai und in Italien) unterhalten.
[2] Preuß. Johanniterorden (ev. Zweig, Ballei Brandenburg). 1351 gegr., erlangte die Ballei Brandenburg weitgehende Selbständigkeit; 1540 schloß sie sich dem ev. Bekenntnis an. 1812 erfolgte die Stiftung des königl.-preuß. St.-Johanniterordens als prot. Adelsgenossenschaft; seit 1852 widmete sie sich der Krankenpflege. Bis 1949 in Berlin, befindet sich der Sitz des Preuß. Johanniterordens heute in Rolandseck, nachdem er sich zunächst in Bad Pyrmont befunden hatte. Dem Orden gehören Genossenschaften in Ungarn, Finnland und der Schweiz an. Für die Krankenpflege werden ev. Schwestern (Johanniterschwestern oder Johanniterinnen) in Diakonissenhäusern ausgebildet. Die Spitze bildet das Kapitel mit dem Herrenmeister (seit 1958 Prinz Wilhelm Karl von Preußen).
[3] Britischer Johanniterorden. Eine Ritterbruderschaft, die 1888 im Britischen Reich als das Groß-Priorat des Verehrungswürdigen Ordens vom Hospital St. Johannis von Jerusalem gegr. wurde. Die brit. J. bauen auf den Traditionen des im 16. Jh. in England aufgelösten Malteser Großpriorats auf.

LIT. Zu [1] J. von Pflugk-Harttung, Die Anfänge des Johanniterordens in Dtl. (1899); H. Prutz, Die geistl. Ritterorden (1908); J. Killy-Smith, The Knights of St. John in Jerusalem and Cyprus (London, N. Y. 1967); Cl.-El. Engel, Histoire de l'Ordre de Malte (Genf 1968); W. G. Rödel, Das Großpriorat des J. (Diss. Mainz 1966); ders., Der Malteser-Orden. In: A. Wienand, Der Johanniter-Orden/Der Malteser-Orden (1970); H. Kirchner, G. von Truszczynski, Ordensinsignien und Auszeichnungen des Souveränen Malteser-Ordens ([2]1976); G. Ellert, Die J. (1980); E. Bradford, Kreuz und Schwert – Die Chronik der J./Malteser-Ritterorden (1983).
Zu [2] W. von Obernitz, Die Balley Brandenburg des Ritterl. Ordens St. Johannis vom Spital zu Jerusalem (1929).
Zu [3] E. King, The Grand Priory of the Order of the Hospital of St. John of Jerusalem in England (London 1924).

John Bull. Personifikation des engl. Nationalcharakters, dargestellt als stämmiger, kampflesustiger Mann im Reitkostüm. Die Figur geht zurück auf die stuartfreundl. Satire ›The History of J. B.‹ von John Arbuthnot (1667–1735); hierdurch wird ein praktischer, nüchterner, freiheits- und wahrheitsliebender Mensch personifiziert. Erstmals auf Lord Bolingbroke (1678–1751) angewandt.
LIT. W. Michael, in: HZ 100 (1908).

Josephinismus. Im engeren Sinne das nach Kaiser Joseph II. (reg. 1765/80–90) benannte kirchenpolit. System, welches in allen nicht rein geistl. Angelegenheiten der Kirche dem Staate unterordnen wollte, aber auch das rein kirchl. Gebiet im Sinne des aufgeklärten Absolutismus zu beeinflussen suchte, und zwar bereits seit 1763. So kam es zur Aufhebung des Jesuitenordens 1773, zu Eingriffen in den Kultus und die Priesterausbildung, zur Aufhebung von 700 Klöstern, deren Besitz zur Besoldung und Neugründung von Pfarrstellen im Dienste der Erziehung zu staatsbürgerl. Gesinnung verwendet wurde, weiter zur Judenemanzipation und schließlich zum Erlaß des Toleranzpatents von 1781, wodurch Protestanten und Griechisch-Orthodoxen freie Religionsausübung zugesichert wurde. Diese bereits unter Maria Theresia (reg. 1740–80) bes. durch Staatskanzler Kaunitz (1753–93 Staatskanzler) ausgebildete Form einer Staatskirchenpolitik hat bis zum Konkordat von 1855 nachgewirkt. Der J. stellt im weiteren Sinne eine lebendige, allerdings nicht systemat. durchgebildete geistige Haltung dar, die vor allem das österreich. Beamten- und Bürgertum beeinflußte und mit der Vorstellung von einem starken, christl. geprägten und aufgeklärten Einheitsstaat sowie einem an die Dynastie gebundenen Volk verbunden war. Der J. beeinflußte auch den Liberalismus.

LIT. E. Winter, Der J. und seine Geschichte (^{2}1962); F. Valjavec, Der J. (^{2}1945); F. Maass, Der Frühjosephinismus (1969); E. Zöllner, Geschichte Österreichs (1961); F. Valjavec, Die Entstehung der polit. Strömungen in Dtl. 1770–1815 (1951); F. Maass, Der J., 5 Bde. (1951–61); H. Rieser, Der Geist des J. und sein Fortleben (1963); A. Ellemunter, A. E. Visconti und die Anfänge des J. (1963); P. F. Barton, Ignatius Aurelius Fessler (1969); HKG V (1970).

Jubeljahr (von Jobeljahr). In der kath. Kirche seit 1300 jedes 50., 33. oder 25. Jahr, in dem ein bes. Ablaß, der sog. J.ablaß, gewonnen werden kann.

LIT. A. de Waal, Das Heilige Jahr (^{2}1900); P. Brezzi, Storia degli Anni Santi (Rom 1950); P. G. Schmidt, Das römische J. 1300 (2000).

Juden (hebr. Jehudi, Mz. Jehudim). Urspr. Bez. der Angehörigen des Stammes Juda, später aller des Südreiches Juda (932–586 v. Chr.). Seit der Rückkehr aus dem babylon. Exil (450 v. Chr.) wurden sämtl. Israeliten (Bez. der Juden im Alten Testament) Juden genannt. Der Herkunft nach sind die von den heidn. Völkern als Hebräer bez. J. teils semitischer, teils kanaanäischer Abkunft.

Geschichte: In allen europ. Staaten verlief die Geschichte der J. ziemlich gleichartig: schwierige Zeiten (Pest, Hungersnot, Krieg, soziale oder wirtschaftl. Spannungen) führten regelmäßig zu Judenverfolgungen. Seit dem Ende des MA mußten die Juden in einem abgeschlossenen Stadtteil (Ghetto) wohnen. Da die Juden von Grundbesitz, Handwerk (Zunftverbot für Juden) und

Staatsstellen ausgeschlossen waren und durch das kirchl. Zinsverbot dem Geldgeschäft zugetrieben wurden, entwikkelte sich bei ihnen notgedrungen eine einseitige Berufsschichtung, die sich erst in neuerer Zeit, seit der Gleichberechtigung der Juden als Auswirkung der nordamerikan. und Franz. Revolution, zu wandeln begann.

In Palästina (Israel), wo der moderne Zionismus zu einer durch den Antisemitismus gesteigerten Zuwanderung und Kolonisation führt, beweisen die Juden ihre Anhänglichkeit an die Scholle, ihre organisator. Fähigkeiten sowie ihre Verbundenheit mit dem Handwerk.

Jüdische Bevölkerung 1946 insgesamt (in Klammern die Zahlen vor den nationalsozialistischen Judenverfolgungen): 11,4 Mill. (17 Mill.). Europa 4,2 Mill. (9,8 Mill.); Nord- und Südamerika 5,6 Mill.; Asien 1,1 Mill.; Australien 26 000. – Jüdische Bevölkerung 1991 insgesamt: 13 452 720. Verteilt auf: USA 5 835 000; Israel 3 755 000; Gebiet der ehemal. UdSSR 1 450 000; Frankreich 600 000; Großbritannien 330 000; übriges Europa 327 840; Kanada 325 000; Brasilien 150 000; übriges Südamerika 140 350; Südafrika 120 000; Australien 90 000; Asien 67 680; übriges Afrika 33 850.

LIT. S. Dubnow, Weltgeschichte des jüd. Volkes. 10 Bde. (1925–29); M. Philippson, Neueste Geschichte des jüd. Volkes. 3 Bde. (^{3}1930); S. W. Baron, A. Social and Religious History of the Jews, (N. Y. ^{2}1957–67); V. Zimmermann, Die Entwicklung des Judeneids (1973); H. H. Ben-Sasson, Geschichte des jüd. Volkes, 3 Bde. (1978–80); W. Grab, J. H. Schoeps (Hrsg.), J. in der Weimarer Republik (1986); F. J. Bautz, Geschichte der J. (^{2}1987); N. T. Gidal, Die J. in Dtl. von der Römerzeit bis zur Weimarer Republik (1988); G. Gorschenek, S. Reimers (Hrsg.), Offene Wunden – brennende Fragen. J. in Dtl. von 1938 bis heute (1989); Th. Sirges, K. E. Schöndorf (Hrsg.), Haß, Verfolgung, Toleranz (2000).

Judenhut. Während des MA den Juden vorgeschriebener spitzer (meist gelber) Hut, seit Beginn des 8. Jh. in den islam. Ländern, seit 1215 (4. Laterankonzil) im Abendland bekannt.

Judenmeister. Vorsteher einer Judengemeinde in dt. Städten, mit Gerichts-

und Steuerbefugnissen ausgestattet. Bez. auch für die Mitglieder des Judenrats, der dem J. zur Seite oder an seiner Stelle stand.

Judentum. Als histor.-philosoph. Erscheinung ein komplexes Gebilde, dessen Wesen als heiliges Volkstum auf der Einheit von Religiösem und Nationalem beruht. Die jüd. Religion basiert auf der Offenbarung, die, von den Zehn Geboten und dem Fünfbuch Mosis ausgehend, im prophet. und talmud.-rabbin. Schrifttum ihre Fortsetzung findet. Die Hauptlehren der jüd. Religion haben keinen dogmat. Charakter; sie beruhen auf dem eth. Monotheismus. Dieser lehrt die Einheit und Einzigkeit Gottes, dem der Mensch ohne Mittler gegenübersteht. Außer ihm wird kein Wesen angebetet. LIT. J. Aronius, Regesten zur Geschichte der Juden im fränk. und dt. Reich bis 1273 (1887 ff.); H. Graetz, Geschichte der Juden von den ältesten Zeiten bis auf die Gegenwart, neubearbeitet von Ch. Bloch u. a., 12 Bde. (1911–23); ders., Volkstüml. Geschichte der Juden. 6 Bde. (1888; Nachdr. als Tb. 1985); G. Caro, Sozial- und Wirtschaftsgeschichte der Juden im MA und in der NZ (^{2}1924); S. Dubnow, Weltgeschichte des jüd. Volkes. 10 Bde. (1925–29); Jüd. Lexikon. 5 Bde. (1928–30); E. Sellin, Geschichte des israelit.-jüd. Volkes. 2 Bde. (1924–32); H. J. Schoeps, Jüd. Geisteswelt (1953); E. G. Reichmann, Die Flucht in den Haß (1956); E. Schopen, Geschichte des J. im Orient (1960); ders., Geschichte des J. im Abendland (1961); H. G. Adler, Die Juden in Dtl. (^{2}1961); U. D. Adam, Judenpolitik im 3. Reich (1972); H. G. Adler, Der verwaltete Mensch (1974); S. Herrmann (Hrsg.), Zur Geschichte des Volkes Israel (^{2}1979), A. Haverkamp (Hrsg.), Zur Geschichte der Juden in Dtl. (1981); Monika Richarz (Hrsg.), Jüd. Leben in Dtl. Selbstzeugnisse zur Sozialgeschichte 1918–1945 (1982); B. Linner, Die Entwicklung der frühen nationalen Theorien im osteurop. J. des 19. Jh. (1984); Y. Amir, Studien zum antiken J. (1985); L. Botstein, J. und Modernität (1990).

Judenverfolgung (nationalsozialistische). Die während der Herrschaft des Nationalsozialismus (1933–45) getroffenen Maßnahmen zur Schädigung, Vertreibung und Vernichtung der Juden zunächst in Deutschland, seit 1938 in Österreich und der Tschechoslowakei sowie seit Ausbruch des Zweiten Weltkrieges 1939 in den von Deutschen besetzten Gebieten. Sie setzten nach propagandist. Vorbereitung bereits vor 1933 mit dem Boykott jüd. Ärzte, Anwälte und Geschäftsinhaber (1. 4. 1933) und der Verfemung jüd. Künstler (10. 5. 1933) ein. Ihre Fortsetzung fanden sie in den Nürnberger Gesetzen (15. 9. 1935), in den Durchführungsverordnungen über die Reichsbürgerschaft sowie den »Schutz des Blutes und der dt. Ehre«. Vorläufiger Höhepunkt der Beschränkungen und Sondergesetze war die »Reichskristallnacht« (9./10. Nov. 1938), das von A. Hitler (1889–1945) und J. Goebbels (1897–1945) inszenierte Pogrom gegen die Juden in Deutschland. Es war gekennzeichnet durch die planmäßige Vernichtung zahlreicher Synagogen, die Zerstörung von ca. 7000 jüd. Geschäften und Warenhäusern, die Verwüstung von Wohnungen, Schulen und Betrieben, Mißhandlungen und Morden sowie die Verlängerung der »Schutzhaft« für ca. 30000 Juden. Für die im Zusammenhang mit der Reichskristallnacht angerichteten Schäden hatten die zu jener Zeit noch in Deutschland (einschl. Österreich) lebenden ca. 375000 Juden, in der Mehrzahl arbeitslose Personen, aufzukommen; die von den Versicherungsgesellschaften geleisteten Entschädigungen wurden beschlagnahmt. Schließlich hatten die Juden eine »Buße« in Höhe von 1,25 Mrd. Mark für die der Reichskristallnacht vorausgegangene und als Vorwand benutzte Ermordung des Legationsrats E. vom Rath an der dt. Botschaft in Paris durch den poln. Juden H. Grünspan zu zahlen. Die folgenden Jahre waren gekennzeichnet durch den systemat. Entzug der Existenzgrundlage von Juden und sog. Halbjuden, u. a. Ausschluß von der Mehrzahl der Berufe, Verbot des Besuchs von kulturellen Einrichtungen sowie der Inanspruchnahme von Erholungsstätten. Diffamierende Maßnahmen waren die Verpflichtung zum Tragen des Judensterns und die Annahme der Vornamen »Sara« für weibl. und »Israel« für männl. Personen.

Die bis 1941 durch A. Eichmann (1906–62) als Leiter des Judenreferats im Reichssicherheitshauptamt der Reichsführung SS betriebene Auswan-

389

derung der Juden mündete nunmehr ein in die »Endlösung«, d. h. die Vernichtung der Juden. Auf Befehl A. Hitlers und Anweisung H. Görings (1893–1946) vom 31. 7. 1941 sowie der auf der **Wannsee-Konferenz** (20. 1. 1942) beschlossenen Maßnahmen wurde die »Endlösung« eingeleitet. Ab Januar 1942 setzte der Abtransport der in Europa noch lebenden Juden in die Vernichtungslager im Osten ein.
Die Zahl der Opfer in den Vernichtungslagern (Auschwitz, Treblinka usw.) wird auf mehr als 3 Mio. geschätzt, dazu kommen ca. 1,4 Mio. Opfer durch Einsatzgruppen in den Gebieten der UdSSR, weitere 700000, die in Konzentrationslagern, auf Transporten oder auf der Flucht umkamen. Der Bericht des Institute of Jewish Affairs (New York 1945) gibt die Zahl der Getöteten mit 5,787 Mill. an, während die Encyclopedia Judaica (Bd. 8, Stichwort Holocaust; Jerusalem 1971) die Gesamtzahl der im Verlauf der nationalsozialist. Judenverfolgung umgekommenen Juden mit 5820960 beziffert.
Die nationalsozialist. Judenverfolgung, die eine »tausendjährige Geschichte des dt. Judentums« (L. Baeck) beendete, der Völkermord an den Juden, ist das größte, am häufigsten und nachhaltigsten verurteilte Verbrechen im Namen des Dt. Reiches.
LIT. G. Reitlinger, Die Endlösung (1956, ⁶1983); R. Hilberg, The Destruction of European Jews (1961); U. A. Adam, Judenpolitik im Dritten Reich (1972); H. G. Adler, Der verwaltete Mensch (1974); L. F. Dawdowicz, The War against the Jews (New York 1975, London ²1986); J. Walk (Hrsg.), Das Sonderrecht für die Juden im NS-Staat (1981); I. Elbogen, Geschichte der Juden in Dtl. (1982); M. Gilbert, Atlas of the Holocaust (Jerusalem 1982); S. Rengstorf, S. von Kortzfleisch (Hrsg.), Kirche und Synagoge. 2 Bde. (1968–70); L. Poliakov, Geschichte des Antisemitismus. 5 Bde. (1977–83); G. B. Ginzel, Jüd. Alltag in Dtl. 1933–45 (1984); »Die Lage der Juden in Dtl.« (Paris 1935, Neuaufl. 1985); S. E. Cernyak-Spatz, German Holocaust Literature (1985); C. Lanzmann, Shoah (1986); S. Friedländer, Das 3. Reich u. die Juden (1998).
Julirevolution→Februarrevolution [1].
Junges Deutschland.
[1] Eine Gruppe liberal-revolutionärer Schriftsteller, die sich im Anschluß an die Julirevolution von 1830 bildete. Ein engerer Zusammenhang persönlicher Art der sich zu den Ideen des J. D. Bekennenden bestand nicht; sie wurden vielmehr von den sie bekämpfenden Regierungen wegen ihrer gleichgearteten Tendenzen zu einer literar. Partei zusammengefaßt. Ziel des J. D. war es, die Literatur aus einer ästhetischen Scheinexistenz, die von der Wirklichkeit abgewandt war, zu einem wirkungsvollen Instrument des gesellschaftl. Lebens sowie des polit. Fortschritts zu machen, mit dem man insbes. der dringend notwendigen ethischen, polit. und sozialen Erneuerung dienen könne. Das J. D. kämpfte für die Freiheit des Geistes und des Wortes, für die Emanzipation des einzelnen, der Frau, der Juden, für Verfassung, Demokratie sowie eine Kultur- und Literaturanschauung, die weltbürgerl. orientiert war. Zu den Hauptrepräsentanten des J. D. zählen: H. Heine (1797–1856), L. Börne (1786–1837), K. Gutzkow (1811–78), L. Wienbarg (1802–72), Th. Mundt (1808–61) und H. Laube (1806–84).
Am 10. 12. 1835 wurden die Werke der dem J. D. angehörenden Schriftsteller durch einen Bundestagsbeschluß verboten und staatl. verfolgt. Im November 1837 verbot die preuß. Regierung die Schriften Gutzkows, Laubes, Mundts und Wienbargs; im Dezember 1837 wurde (unter Hinzufügung Heines) selbst die Erwähnung der Namen dieser Schriftsteller untersagt (Börne hatte man aufzunehmen vergesssen). Nachdem sich Mundt und Laube (als einzige), schriftlich dazu verpflichtet hatten, alles zu unterlassen, was Religion, Staatsverfassung und Sittengesetz beleidige, wurde das Ausnahmegesetz in Preußen aufgehoben.
[2] Ein polit. Zweig des →Jungen Europa, der sich vorwiegend aus Handwerkern und polit. Flüchtlingen rekrutierte; er entstand im Frühjahr 1834 als ›Neues Deutschland‹. Vorübergehend entfaltete er eine lebhafte Werbeaktivität, vor allem in der Schweiz. Etwa 1845 entstand hier erneut unter dem Namen J. D. (Junge Schweiz) ein radikal ausgerichteter Zusammenschluß; er forderte die Revision der Bundesverfassung in liberal-demokrat. Sinne; in Südwestdtl. half er der Revolution vorzubereiten.
LIT. L. Geiger, Das J. D. und die preuß. Zensur (1900); ders., Das J. D. (1907); H. von Kleinmayr, Die Welt- und

Kunstanschauung des J.D. (1930); H. Bessler, Studien zum histor. Drama des J.D. (Diss. Leipzig 1935); G. Schüler, Die Novelle des J.D. (Diss. Berlin 1941); W. Dietze, J.D. und dt. Klassik (^{3}1962); J. Hermand (Hrsg.), Das J.D. Texte und Dokumente (1966); W. Suhge, Saint-Simonismus und J.D. (Nachdr. 1967); H. Koopmann, Das J.D. (1970); F. Wassen, Restauration, Vormärz und 48er Revolution (1975); W. Wülfing, Schlagworte des J.D. (1982).

Junges Europa. Eine im April 1834 in Bern von G. Mazzini (1805–72) gegründete revolutionär-republikanische Bewegung. Dem J.E. schlossen sich bald neben einer italienischen eine poln., eine schweizer., später auch eine franz. Gruppe an. Die Auflösung des J.E. erfolgte 1848.

Junges Italien, Giovine Italia. Ein Geheimbund, den G. Mazzini (1805–72) im Jahre 1831 gründete. Ziel des J.I. war es, durch Verschwörungen, Putsche, Fürstenmord Italien auf republikan. Grundlage zu einigen. Nach zunächst rascher Ausbreitung verlor der Bund allmählich seine Bedeutung. 1848 wurde er von Mazzini aufgelöst.

Junges Österreich. Ein während der 1848er Jahre entstandener Kreis radikaler und freiheitl. Dichter. Seine Hauptvertreter waren M. Hartmann (1821–72), A. Meissner (1822–85) und H. Rollet (1819–1904).

Jungtürken. Urspr. eine literar., seit 1876 eine polit. Reformpartei der Türkei; sie erstrebte ein konstitutionelles Staatswesen im westeurop. Sinne. Seit etwa 1900 gewann sie vor allem von Saloniki aus Einfluß auf das türk. Offizierskorps. Von 1908–18 konnte sie sich unter Enver Pascha (1881–1922) und Tal'at Pascha (1872–1921) in der Führung des Osmanischen Reiches behaupten. Unter Kemal Atatürk (1880–1938) wurde sie bald ausgeschaltet. LIT. Djemal Pascha, Erinnerungen eines türk. Staatsmannes (^{2}1922); H.W. Duda, Vom Kalifat zur Republik (1948).

Juniusbriefe. Die 69 während der Jahre 1768 (21.11.)–1772 (21.1.) in London im ›Public Advertiser‹ erschienenen und meisterhaft abgefaßten polemischen Briefe unter dem Pseudonym Junius (1772 in Buchform publiziert). Die J. richteten sich gegen die führenden Regierungsvertreter (Grafton, Bedford, North, Mansfield), ebenfalls gegen König Georg III. (reg. 1760–1820) und setzten sich für die freie polit. Meinung ein. Ihr Verfasser ist niemals mit Sicherheit festgestellt worden. Man schreibt sie Sir Philip Francis (1740–1818), neuerdings (mit großer Wahrscheinlichkeit) dem Earl of Shelburne (1737–1805) zu; Shelburne war Ende 1768 aus dem Kabinett ausgeschieden. Als andere mutmaßl. Verfasser gelten Edmund Burke, dessen Bruder William, Earl Temple, Charles Lloyd, John Roberts, John Wilkes, Dr. Butler, Bischof von Hereford, Lord George Sackville sowie Edward Gibbon. »Junius« ist seither als polit. Pseudonym beliebt. *Ausgabe:* Engl. von C.W. Everett (London 1928); dt. von A. Ruge (^{3}1867) und von P. Greve (1909). LIT. A. Ellegård, Who was Junius? (Stockholm 1962); J.N.M. Maclean, Reward is secondary (London 1963).

Junker (mhd. juncherre). Urspr. Bez. der jungen Fürstensöhne, dann allg. der Söhne des Adels. Man behielt die Bez. bei, als junge Adelige im Unteroffiziersrang seit dem 17. Jh. als Fahnenjunker in den Militärdienst eintraten. Ebenfalls seit dem 17. Jh. dient J. auch zur Bez. eines niederen Hofamts: Kammerjunker, Hofjunker, Jagdjunker. LIT. K. Heß, J. und bürgerl. Großgrundbesitzer im Kaiserreich (1990).

Junkerparlament. Polem. Bez. der Demokraten für die erste Konservative Tagung des Vereins zur Wahrung der Interessen der Grundbesitzer in Berlin am 18./19.8. 1848 in Berlin; hier mißfiel vor allem das überhebl. Auftreten einer Reihe Adeliger, insbes. der preuß. Grundbesitzer im ostelbischen Gebiet. Vorsitzender des Vereins war Hans Hugo von Kleist-Retzow (1814–92), der 1851–58 Oberpräsident der Rheinprovinz war und zu den Mitbegründern der ›Kreuzzeitung‹, des führenden Blattes der preuß. Konservativen und der Deutschkonservativen Partei, das von 1848–1939 erschien, gehörte. Ein weiterer bedeutender Teilnehmer der Tagung war Bismarck (1815–98). In einer Rede vom 8.4. 1851 versuchte Bismarck vergeblich, der von seinen Gegnern verwendeten Bez. den verächtlichen Beigeschmack zu nehmen.

Junkerpartei. Bez. für die preuß. Konservativen; 1848 gegr., spaltete sich die Partei mehrmals.

Junkertum. Spottbezeichnung für den ostelbischen Land- und Militäradel. LIT. W. Görlitz, Die Junker, Adel und Bauern im dt. Osten (³1964).

Junktim (von lat. iungere, verbinden, vereinen). Verbindung mehrerer Gesetzesvorlagen oder internationaler Verträge, die gemeinsam unter der Bedingung behandelt werden, daß sie gleichzeitig Gesetzeskraft erlangen.

Junta (span. Versammlung). Aragon. Städtebund im 12. Jh. (Hermandad); während des 13. Jh. Umbildung zu einer Verwaltungseinheit. Später war die J. ein gewählter oder berufener Ausschuß zur Wahrnehmung von Verwaltungsaufgaben, so z. B. die Santa J., ein Revolutionsausschuß span. Städte von 1520, gegen Kaiser Karl V. (reg. 1519–56) gerichtet, ebenfalls die J. Suprema Central, die von 1808–13 als aufständ. provisor. Regierung gegen Napoleon I. (Kaiser 1804–14/15) für Ferdinand VII. (reg. 1814–33) fungierte, als Ferdinand 1808 durch Napoleon zur Thronentsagung gezwungen wurde. Heute allg. Bez. für revolutionäre Ausschüsse, vor allem von Offizieren (Militärjunta).

Jurati (zu lat. ius iurandum, mlat. juramentum). Mlat. Geschworene, Schöffen; ein von den Bürgern gewählter Stadtrat vor allem in den roman. Ländern des MA; ihm wurde in einzelnen Fällen kollegial auch die Verwaltung der Kommune übertragen.

Jurisdiktion (lat. iurisdictio, Rechtsprechung, Gerichtsbarkeit, mlat. Verwaltung).
[1] röm. Recht: Im objektiven Sinn Inbegriff der von der Gesamtheit ausgehenden Verhaltensnormen, im subjektiven Sinn das Herrschaftsrecht röm. Beamten aufgrund zuerteilter Machtbefugnis.
[2] dt. Recht: **ius ad rem**; im MA sowie in der neuzeitl. Rechtslehre bis ins 19. Jh. das »Recht zur Sache«, d. h. der Anspruch auf Eigentum oder Nutzung einer Sache oder eines Rechts, gegen den Verfügungsberechtigten gerichtet (persönl. Seite) und der Sache folgend (dingl. Seite). LIT. M. Kaser, Das altröm. Ius (1949); P. Jörs, W. Kunkel und L. Wenger, Röm. Privatrecht (³1949); K. S. Bader, Die dt. Jurisdiktion (1947); L. Wenger, Institutionen des röm. Zivilprozeßrechts (1925); M. Kaser, Das röm. Zivilprozeßrecht (1966).

Jus →ius.

Justitiar (lat.).
a) früher: der des Rechts kundige Gerichtshalter und Gerichtsverwalter;
b) in der NZ: ein Rechtsberater sowie ein Rechtsvertreter staatl. Organe.

Justiz (lat. iustitia, Gerechtigkeit; ebenfalls, als der römischen Kaiser Gerechtigkeit, personifiziert und kultisch verehrt; mlat. Gerichtsbarkeit; in roman. Sprachen auch [richterliches] Amt, desgl. Titel eines [höheren] Richters, vgl. engl. justice). Die Rechtspflege, Gerichtsverwaltung. LIT. H. Reynold (Hrsg.), J. und Öffentlichkeit (1966).

Justizhoheit. Das Recht des Staates, soweit es sich auf die Gerichtsbarkeit bezieht und in ihr äußert, so in der Organisation und Verwaltung der Rechtsprechung; die Ausübung der Gerichtsbarkeit hingegen bleibt in der modernen Demokratie beim Richter.

Justizminister. In Preußen während des 18. Jh. verschiedenen Verwaltungsdepartements zugeteilt, gleichzeitig aber einem Chefminister bzw. Großkanzler unterstellt.

Justizstaat.
a) Rechtsstaat;
b) Staat, in dem die Justiz das Übergewicht besitzt; dieses entsteht dadurch, daß Legislative und Exekutive wichtige Entscheidungen häufig den Verfassungsgerichten übertragen. LIT. H. P. Ipsen, Politik und Justiz (1937); H. Schneider, Gerichtsfreie Hoheitsakte (1951).

Kabbala (hebr., Überlieferung). Die mündl. Überlieferung neben dem schriftl. Gesetz, im engeren Sinn die mystische Geheimlehre des Judentums. Die K. wurde im MA zw. 1150 und 1250 in der Provence entwickelt und von dort aus verbreitet, vor allem nach Spanien. Hauptwerke sind das Buch Jezira, das Buch Bahir, das Buch Zohar. Die K. wirkte auf Waldenser, Albigenser, Katharer. Nach der Vertreibung der Juden aus Spanien wurde sie zu einer Volksbewegung und beeinflußte den Chassidismus. Zahlen- und Buchstabenmagie verbindet sie mit der Kabbalistik.
LIT. G. Scholem, Die jüd. Mystik in ihren Hauptströmungen (1957); G. Langer, Liebesmystik der K. (1956); E. Benz, Die christl. K. (1958).

Kabinett (zu ital. gabbia, Käfig; franz. cabinet, kleines abgeschlossenes Gemach, ohne Verbindung mit einem Vorsaal).
a) Arbeitszimmer des Fürsten, Ministers.
b) Raum zur Aufbewahrung von Kunstwerken, daher **Kupferstichkabinett, Münzkabinett,** daher auch die Bezeichnung **Kabinettstück.**
c) Höchste Regierungsbehörde eines Landes (vgl. →Kabinettsregierung).

Kabinettsjustiz. Eingreifen der Regierung in die Rechtspflege, seit dem 18. Jh. bekämpft, u. a. mit der Forderung nach Trennung der Gewalten, im modernen Rechtsstaat verboten.

Kabinettskriege. Bez. für die europ. Kriege im Zeitalter des Absolutismus und des aufgeklärten Absolutismus, mit begrenzter Zielsetzung und weitgehender Schonung von Menschen und Sachwerten geführt.
LIT. S. Fiedler, Kriegswesen und Kriegführung im Zeitalter der K. In: Heerwesen der Neuzeit. Bd. 2 (1986).

Kabinettsminister. Im Gegensatz zu dem Konferenzminister die aus der Kabinettsregierung hervorgegangenen Minister (Ministerium). Für die auswärtige Politik schuf Friedrich Wilhelm I. 1728 eine selbständige kollegialische Behörde **(Kabinettsministerium),** in der 2–3 K. tätig waren.

Kabinettsregierung. Regierungsform des Absolutismus, ausgebildet mit der Verlegung der Regierung vom Hof in das K. des Fürsten; vollendet in Preußen unter Friedrich Wilhelm I. (reg. 1713–40) und Friedrich d. Gr. (reg.

1740–86). An die Stelle der fürstl. Regierung im und mit dem Rat tritt die Regierung des Königs aus dem K. mit Kabinetts-Ordres, Weisungen, die vom Geh. Sekretär, (seit 1711) Geh. **Kabinettssekretär** ausgefertigt sind. Die unmittelbare Verbindung zw. dem Herrscher und den obersten Behörden wird zerschnitten, der persönl. Einfluß des Herrschers gestärkt.

Kadavergehorsam. Unbedingter Gehorsam. Abschätzige Bez. der von Ignatius von Loyola in den Constitutiones Societatis Jesu vorgeschriebenen Lehre vom Gehorsam des Mönches: »perinde ac si cadaver essent« (im spanischen Urtext: cuerpo muerto): »als ob sie Leichname wären«. Unberührt bleibt die Geltung des Sittengesetzes. Die hier gebrauchte Sprache der Mystik läßt keine Parallele zu dem militär. Gehorsamsbegriff zu. Ab 1880 wird das Schlagwort K. vor allem von der Sozialdemokratie im Kampf gegen den Militarismus gebraucht.

Kaden (Kaaden), Vertrag von (29. 6. 1534). Der von dem Schwäbischen Bund vertriebene Herzog Ulrich von Württemberg erhält mit dem Vertrag von Kaden (bei Karlstadt, Böhmen), unterstützt von Landgraf Philipp von Hessen und Frankreich, dem er die württemberg. Grafschaft Mömpelgard verpfändet, sein Herzogtum zurück, das von dem Schwäbischen Bund an Österreich gekommen war. Württemberg bleibt zwar bis zum Prager Vertrag vom 24. 1. 1599 zwischen Rudolf II. und Herzog Friedrich I. österreichisches Afterlehen, doch wird dem Herzog das Reformationsrecht (ius reformandi) zugestanden. Bestehen blieb bis zum Frieden von Preßburg ein österreich. Anwartsrecht für den Fall des Aussterbens des Herzogshauses. Der V. v. K. schwächt Österreichs Position in Südwestdtl. und führt dazu, daß Württemberg ein Stützpunkt der Reformation in Oberdeutschland wird.

Kadett (von franz. cadet, der jüngere Sohn). Bez. für den Zweitgeborenen eines regierenden Hauses, seit dem 17. Jh. Bez. für den Offiziersnachwuchs, der hauptsächlich von den nachgeborenen Söhnen des Adels gestellt wurde. In Österreich-Ungarn hießen die K. Offiziersanwärter.
LIT. K.-H. v. Brand/H. Eckert/E. Heckner, u. a., Kadetten. Aus 300 Jahren dt. Kadettenkorps, 2 Bde. (1981/89).

Kadettenanstalten. Ausbildungsanstalten für Offiziersnachwuchs in Dtl. (Preußen, Bayern, Sachsen) und Rußland.

Kadi (arab.). Richter in islam. Ländern, vielfach das eigtl. Oberhaupt einer Gemeinde und Verwaltungsbeamter. In Dtl. ist die Bez. seit 1703, gestützt vor allem durch die Beliebtheit der Märchen aus Tausendundeiner Nacht, verbreitet.

Kahlenberg, Schlacht am (bei Wien; 12. 9. 1683). Die verbündeten christl. Heere (kaiserl., fränk. und schwäb. Kreistruppen, Bayern, Sachsen, Polen) unter dem Oberbefehl des Königs von Polen Johann Sobieski (reg. 1674–96) in einer Stärke von ca. 65000 Mann siegen nach einem Plan des Herzogs Karl V. von Lothringen über das türk. Heer (etwa 200000 Mann) unter dem Großwesir Kara Mustafa, befreien das belagerte Wien und zwingen die Türken zum Rückzug. Der Sieg am K. mit dem folgenden Sieg am Berge Harsan bei Mohács (12. 8. 1687) bezeichnet eine Wende in der dt. und europ. Geschichte, die Einleitung der österreich. Offensive zur Eroberung Ungarns, die Abwendung der Habsburger von der Oberrheinfront, die Hinwendung zum Donauraum und die Durchsetzung der Erblichkeit der →Stephanskrone durch die Habsburger. Am 6. 9. 1688 fiel Belgrad.
LIT. R. Lorenz, Das Türkenjahr 1683. Das Reich im Kampf um den Ostraum (³1944); P. Wentzcke, Feldherr des Kaisers. Leben und Taten Herzog Karls V. von Lothringen (1943).

Kainiten. Nachkommen Kains. Bez. für eine gnost. Sekte des 2. Jh.; sie betrachtet Kain, Esau, die Sodomiten als Träger göttl. Gnosis.

Kainszeichen. Begriffsbildung nach 1. Mos. 4, 15; wird gewöhnlich falsch angewandt in dem Sinne, als habe Gott mit seinem Zeichen Kain nach der Erschlagung Abels zum Mörder gestempelt. Es handelte sich jedoch um ein Schutzzeichen, das Kain davor bewahren sollte, selber erschlagen zu werden; vergröbert zum Brandmal des Brudermörders.

Kaiser, Kaisertum (von lat. Caesar; lat. imperator). Höchster weltl. Herrscher; Herrscher des Röm. Reiches. Das weström. Kaisertum erlosch 476; das oström. Kaisertum bestand bis 1453. Als die Geburtsstunde des abendländ. Kaisertums, das aus röm., christl. und german. Elementen entstand, gilt die Übertragung des weström. (→translatio imperii →Reichsidee) durch Papst Leo III. auf Karl d. Gr. mit dessen Krönung am 25. 12. 800. Das Kaisertum wurde fortan als zum fränk. Königtum gehörend betrachtet, änderte aber an dessen Rechtsstellung nichts Wesentliches. Das mit der Krönung auftauchende Zweikaiserproblem fand mit dem Friedensschluß Karls d. Gr. mit Ostrom 812 vorerst ein Ende, blieb aber während des ganzen MA bestehen. Das karoling. Kaisertum war eine Vor- bzw. Oberherrschaft über andere Könige und Völker. Karl d. Gr. nannte sich nach der Krönung imperator et augustus und erhob 813 ohne Mitwirkung des Papstes aber mit Zustimmung der fränk. Großen seinen Sohn Ludwig zum Mitkaiser, konnte aber das Kaisertum nicht von Rom und dem Papsttum unabhängig machen. Erst seit Ende des 9. Jh. beanspruchte das Papsttum die Kaiserkrönung als kirchl. Vorrecht. Für die Geschichte des dt. und europ. MA wurde die Idee des Kaisertums von größter Bedeutung, obwohl das Kaisertum staatsrechtl. keine Rolle spielte und der Gedanke der Unteilbarkeit sich unter den Karolingern nicht durchsetzen konnte.
Otto d. Gr. erneuerte 962 das karoling. Kaisertum in engeren Grenzen und verkirchlichtem Inhalt (Renovatio). Der dt. König besaß als Rechtsnachfolger des fränk. Königs und als Herrscher über die drei regna Dtl., Italien, Burgund die Anwartschaft auf das Kaisertum. Erforderlich waren allerdings Salbung und Krönung durch den Papst. Das Kaisertum brachte dem König keine Erhöhung seiner Macht (potestas), wohl aber einen Vorrang an Würde und Hoheit (auctoritas). Der Kaiser hatte niemals die Universalherrschaft, wenn er auch theoretisch die Oberhoheit über das Abendland beanspruchte (Dominus mundi) und Rainald von Dassel die Könige von Frankreich und England als reguli und Walter von der Vogelweide sie als arme Könige bezeichnen konnten. Der Inhalt des Kaisertums ist nicht genau zu bestimmen und setzt sich aus verschiedenen Elementen zusammen. Der Kaiser war vicarius Christi, advocatus ecclesiae, zum Schutz der Christenheit (z. B. durch Kreuzzüge) verpflichtet. Er war filius ecclesiae Romanae und

leistete dem Papst das officium stratoris et strepae, d.h., er leitete das Pferd des Papstes am Zügel und hielt den Steigbügel. Der im Kaisertum liegende Anspruch führte zu schweren Konflikten mit dem Papsttum (sacerdotium). Bis zum Investiturstreit behauptete sich die Macht des Kaisers über Papst und Kirche. Der Kaiser setzte Päpste und Bischöfe ein und ab. Im Investiturstreit konnte das ref. Papsttum den Einfluß des Kaisers zurückdrängen, die Absetzung König Heinrichs IV. aussprechen und den Vorrang der päpstl. Gewalt gegenüber der königl. und kaiserl. anmelden. Die Absetzung wurde später im den Kämpfen des Papsttums mit Friedrich II. und Ludwig dem Bayern als Waffe verwendet.

Seinen Höhepunkt erreichte das Kaisertum unter Friedrich I., Heinrich VI. und Friedrich II. Im 12. Jh. bereits beanspruchte das Papsttum eine Anzeige der Wahl, bestand auf seinem Entscheidungsrecht bei Doppelwahlen und dem Recht, von den dt. Fürsten Gewählten auf seine Eignung zu prüfen, da es ihm zustehe, ihn als Kaiser zu krönen und zu salben. Innozenz III. betonte, daß die Kurie das röm. Reich an die Germanen übertragen habe. Die Päpste beanspruchten das Recht, Kaiser und Könige zu bannen und abzusetzen, sogar das Reich und das Kaisertum den Deutschen zu entziehen und anderen Völkern zu übertragen. Doch unterlag das Papsttum, das entscheidend zum Niedergang des staufischen Kaisertums beigetragen hatte, im Kampf mit dem franz. Königtum. Mit dem Aufstieg der nationalen Königreiche Westeuropas, vor allem Frankreichs, und mit dem Erstarken der territorialen Gewalten auf dem Boden des Reiches und der Schwächung des dt. Königtums verlor das Kaisertum an Bedeutung. Der Luxemburger Heinrich VII. verkörperte als letzter die hochma. Kaiseridee.

Mit dem Übergang des Reiches vom Lehens- zum Ständestaat traten Kaiser und Reich wie zwei verschiedene Gewalten auseinander. Das Rhenser Kurfürstenweistum, das Gesetz Licet iuris Ludwigs des Bayern (1338) und die Goldene Bulle wiesen den päpstl. Anspruch auf die Approbation und Bestätigung der dt. Königswahl und jede Abhängigkeit des Kaisertums von der päpstl. Gewalt zurück. Mit der Konzilspolitik Sigismunds (der Kaiser ist promotor conciliorum) und der Überwindung des Schismas wird erneut die kirchl. Aufgabe des Kaisers wahrgenommen. Die Zeit der Luxemburger und der frühen Habsburger Kaiser machte indessen deutlich, daß ein Kaisertum ohne ein starkes dt. Königtum nicht möglich war. Die letzte Kaiserkrönung in Rom fand 1452 statt (Friedrich III.); die letzte Kaiserkrönung durch den Papst erfolgte 1530 in Bologna.

Wahl- und Krönungsort war in den frühen NZ regelmäßig Frankfurt. Seit Maximilian I. (1508) führte der dt. König den Titel ›Erwählter Römischer Kaiser‹. Meist schon bei Lebzeiten des Kaisers erfolgte die Wahl seines Nachfolgers zum Römischen König. Über seine Rechte entschied der regierende Kaiser. Zu Reichsvikariaten vacante Imperio kam es nur noch selten (→Reichsvikar). Seit der Mitte des 15. Jh. trugen, von dem Wittelsbacher Karl VII. (1742–45) abgesehen, nur noch Habsburger, seit 1745 Habsburg-Lothringer die Kaiserkrone.

Mit der Reformation und der konfessionellen Spaltung Deutschlands, dem Religionsbann im Augsburger Religionsfrieden wurden ideelle und materielle Grundlagen des Kaisertums zerstört bzw. preisgegeben. Versuche, die kaiserl. Macht gegen die ständische Opposition und ständische Libertät zu stärken, blieben ohne dauernde Erfolge. Durch Wahlkapitulationen und Reichsgrundgesetze (insbes. den Westfälischen Frieden) war der Kaiser weitgehend von den Reichsständen abhängig, verfügte nur noch über bescheidene Macht und die ihm vorbehaltenen →Reservatrechte (iura caesarea reservata). Der staatsrechtl. Unterschied zw. Königtum und Kaisertum verlor an Bedeutung, Versuche Josephs II. (1765–90), die Reichs- und Kaisergewalt zu stärken, scheiterten am dt. Dualismus (→Bayerischer Erbfolgekrieg; →Fürstenbund). 1806 legte Franz II., der am 18. 8. 1804 den Titel eines Kaisers von Österreich angenommen hatte, unter dem Druck Napoleons die Kaiserkrone nieder.

Eine Erneuerung des dt. Kaisertums nach dem Sturz Napoleons (Gagern, Görres, Stein) und später in der Frankfurter Nationalversammlung wurde nicht erreicht. Am 18. 1. 1871 schuf Bismarck mit der Kaiserproklamation in Versailles die Würde eines dt. Kaisers. Sie war erblich mit der Krone

Preußens verbunden. Staatsrechtl. war der Deutsche Kaiser nicht Monarch, sondern Träger des Bundespräsidiums und geringer formaler Rechte wie des militär. Oberbefehls. Das dt. und das österreich. Kaisertum gingen in der Revolution von 1918 unter.

LIT. HWDRG II, 518–46; F. Kampers, Karl d. Gr. Die Grundlegung der ma. Kultur und Weltanschauung (1910); ders., Vom Werdegang der abendl. Kaisermystik (1924); A. Dempf, Sacrum Imperium (1929; Neudr. 1954); A. Rauch, Kaiser und Reich im Jahrhundert nach dem Westfäl. Frieden (1933); E. Eichmann, Die Kaiserkrönungen im Abendland. 2 Bde. (1942); E. Ohnsorge, Das Zweikaiserproblem im frühen MA (1947); J. Calmette, Karl d. Gr. (1948); P. E. Schramm, Die Anerkennung Karls d. Gr. als Kaiser (1952); ders., Kaiser, Rom und Renovatio (²1957); W. Goetz, Translatio imperii (1958); H. Conrad, DRG I (²1962), II (1966); H. Durchhardt, Protestant. Kaisertum und Altes Reich (1977); I. Wurtzbacher-Rundholz, Kaiser und Reich von Kaiser Maximilian I bis Kaiser Maximilian II (1983); H. Beumann (Hrsg,), Kaisergestalten des MA (1984); P. Classen, Karl d. Gr., das Papsttum und Byzanz. Die Begründung des karoling. Kaisertums (1985); J. Lehmann, Die Staufer – Glanz und Elend eines dt. Kaisergeschlechts (1986); E. Gotthardt, Die Kaiserwahl Karls VII. Ein Beitrag zur Reichsgeschichte während des Interregnums, 1740–42 (1986).

Kaiserchronik. Verfaßt nach 1160 in Regensburg von mehreren Geistlichen, schildert die K. die röm.-dt. Kaisergeschichte von Caesar bis zum Kreuzzug Konrads III. (1147); um 1260 in Bayern bis auf Friedrich II., um 1280 in Schwaben bis auf Rudolf von Habsburg fortgeführt. Nur bedingt von histor. Wert.

LIT. W. Stammler, K. Langosch, Die dt. Lit. des MA II (1936) 732–46.

Kaiserkrönung →Krönung.

Kaiserliche Wahlkapitulation →Wahlkapitulation, →Kapitulation.

Kaiserrecht (ius Caesareum). Ein Begriff der ma. Rechtssprache. Im allg. bez. K. das Recht der Kaiser, und zwar sowohl das röm. Recht im Corpus iuris als auch die dt. Rechtsgesetze. In einigen Ausgaben wird der Schwabenspiegel als K. bez. Unter dem Namen Lütti-

ke oder Kleines K. (liber lex imperatoris) entstand (wahrscheinlich im 14. Jh.) ein Rechtsbuch, das ein für das ganze Land gemeines Recht zur Aufrechterhaltung des Landfriedens schaffen wollte; Verfasser unbekannt.

Kalandsbruderschaften (confraternitates Calendarum). Gebetsbruderschaften von Geistlichen (domini) und Laien (fratres), im 13.–14. Jh. über ganz Nordwestdtl. verbreitet, nach dem üblichen Gottesdienst am Monatsersten (Calendae) benannt. Zweck: Gegenseitiger Beistand, Grabesgeleit, Totengedächtnis. Die K. gingen in der Reformation und in der Säkularisation fast restlos unter.

LIT. F. Flaskamp, Die K. zu Wiedenbrück (1957–59); R. Preising, Der Werler Kaland (1958).

Kalenderreform. Die K. Gregors XIII. beseitigte die Fehler des Julian. Kalenders (→Jahr). Diese ergaben sich aus der Berechnung nach dem trop. Sonnenjahr (in 400 Jahren 3 Tage, 2 Stunden, 53 Minuten und 20 Sekunden Unterschied) und aus der Differenz zw. den astronom. und den zyklisch berechneten Mondaltern. Die Fehler wurden durch den Ausfall von 10 Tagen (5.–14. 10. 1582) erreicht. Neue Schaltregeln sicherten den Gregorian. Kalender (stilus novus, Gregorianus, novi calendarii im Unterschied zum stilus vetus oder antiquus), so daß die Abweichung erst im J. 4500 einen Tag beträgt und für den Frühlingsanfang bis 8000 unter einem halben Tag bleibt. In den prot. dt. Territorien wurde der Gregorian. Kalender erst 1700, in England 1752 eingeführt. Prot. Schweizer Kantone schlossen sich der K. im 18. Jh. an, Rußland erst 1918.

LIT. F. K. Ginzel, Hdb. der mathemat. und techn. Chronologie III (1914; 1958) 252–287, 335–358; Grotefend I 132 ff.; H. Koch-H. Gutzwiller, Der Kalender (1968); J. W. Erkutt, Der Kalender im Wandel der Zeiten (1972).

Kalif (arab. Stellvertreter, Nachfolger). Geistliches und weltliches Oberhaupt des Islam. K. wurde als Nachfolger Mohammeds zunächst Abu Bakr genannt. Das Ideal erfüllten nur die vier ersten K. Den Omaijaden wurde die Legitimität weitgehend abgesprochen (661–750). Dem Mongolensturm fiel 1258 das Kalifat von Bagdad zum Opfer, es lebte aber in Kairo weiter, bis es 1517–1924 mit dem türk. Sultanat verbunden wurde. Auch die Großmoguln in Indien führten den Titel Kalif. In Wirklichkeit endete das Kalifat 1258.

LIT. H W Islam 291–96; B. Spuler, in: Saeculum Weltgeschichte 3, 4 (1967).

Kalifat. Das Amt des Kalifen.

Kalmarische Statuten (7. 9. 1587). Nach der Wahl Johanns III. (von Polen) aus Furcht vor einem Verlust der schwed. Eigenständigkeit und einer Rekatholisierung Schwedens erlassen, verbriefen die K.S. die Selbständigkeit Schwedens, die Privilegien seines Adels, den Bestand der schwed. Kirche und richten ein Bündnis mit Polen gegen Rußland auf.

Kalmarische Union (1397). Die bei der Krönung Erichs von Pommern zum König von Dänemark, Schweden und Norwegen konzipierte Vereinigung der drei nord. Königreiche war kein eigtl. Unionsakt; sie ist niemals in der beabsichtigten und endgültigen Form verwirklicht worden, blieb aber bis 1523 bestehen und hat die nordeurop. Geschichte entscheidend bestimmt.

Kalmarkrieg (4. 4. 1611–20. 1. 1613). Krieg zw. Dänemark (Christian IV.) und Schweden (Karl X. und Gustav Adolf), benannt nach den Kämpfen um das wichtige Kalmar gegenüber der Insel Öland. Obwohl Christian IV. Kalmar und die Insel Öland eroberte, konnte Schweden, seit November 1611 unter der Herrschaft des erst 17jährigen Gustav Adolf, nicht besiegt werden. Der Krieg wurde durch Vermittlung König Jakobs I. von England und der in ihrem Ostseehandel geschädigten Niederlande mit dem Frieden von Ulfsbäk (oder Knäröd) abgeschlossen, in dem trotz einiger Verluste Schwedens der Status quo im wesentl. wiederhergestellt wurde.

Kalokagathie. Erzieherisches Ideal, in der attischen Adelsgesellschaft des 5. Jh. v. Chr. entwickelt. Verbindung des »Guten« und »Schönen«. Von Platon und den Stoikern zum Inbegriff menschl. Vollkommenheit erhoben. Das Ideal lebte weiter im neuzeitl. Humanismus, im 18. Jh., in der Klassik.

Kamaldulenser. Zweigorden der Benediktiner, nach ihrer Ordenstracht »weiße Benediktiner« genannt, gegr. um 1000 vom hl. Romuald. Die später gegr. Einsiedelei Camaldoli im Kloster Fontebuono gab dem Orden den Namen. Der Orden setzte Kloster und Einsiedelei in Wechselbeziehung,

verband eremit. und zönobit. Leben, wirkte auf die Anfänge der Kartäuser, war vor allem in den roman. Ländern verbreitet, heute nur noch wenige Niederlassungen.

Kamaldulenserinnen. Weibl., zönobit. Zweig der Kamaldulenser, gegründet um 1085.

LIT. Heimbucher I³ 315–320; LThK 5 (²1960) 1266f.

Kamarilla (lat.-span., Kämmerlein). Bez. für einflußreiche, intrigierende Hofpartei; Günstlingsherrschaft; Nebenregierung. Eine K. bestand in Preußen unter Friedrich Wilhelm IV. (L. von Gerlach).

LIT. F. Hartung, Verantwortl. Regierung, Kabinette und Nebenregierung im konstitutionellen Preußen. In: Forschungen zur brandenburg. und preuß. Geschichte 44 (1932); H. J. Schoeps, Das andere Preußen (²1957).

Kameralismus (lat. camera, Kammer). Deutsche Spätform des Merkantilismus mit dem Ziel der Ausbildung einer Staatswirtschaft für das betreffende Territorium. Vordringlich war zunächst die Aufgabe, über die Nöte und Auswirkungen des Dreißigjährigen Krieges, der Türkenkriege und der Kriege mit Frankreich unter Ludwig XIV. hinwegzukommen. In seiner Spätform leitet der K. in den aufgeklärten Absolutismus über. Wichtigste Vertreter (Kameralisten) waren: Veit Ludwig von Sekkendorf (1626–92) und sein ›Teutsche-Fürsten-Staat‹ (Frankfurt a. M. 1656); Johann Joachim Becher (1635–82) und sein ›Politischer Diskurs des Auf- und Abnehmens der Städte, Länder und Republiken‹ (Frankfurt 1668); Philipp Wilhelm von Hörnigk (1635–1712) mit seiner Schrift ›Österreich über alles, wenn es nur will‹ (1684); Wilhelm von Schröder (1640–88) mit seiner ›Fürstlichen Schatz- und Rent-Kammer‹ (Leipzig 1686); Johann Heinrich Gotthold von Justi (1720–71) und seine ›Staatswirtschaft‹ (Leipzig 1755). Der K. gelangte schließlich zu einer bewußten Systematik, zur Einheit der Staatsverwaltung unter der absoluten Monarchie und zu einer Finanzpolitik, die die Steuerkraft sorgsam hütete. Unter Friedrich Wilhelm I., »Preußens größtem inneren König«, wurde für die Kameralwissenschaften je ein Lehrstuhl an den Universitäten Halle und Frankfurt/O. eingerichtet. Mit Abstand folgten in der Kameralwissenschaft andere dt. Territorien (z. B. Bayern, Hannover, Österreich, Sachsen). Die Flut kameralist. Veröffentlichungen ist im 18. Jh. kaum mehr zu übersehen und gleitet nicht selten in abenteuerl. Pläne ab. Joseph von Sonnenfels (1733–1817) markiert den Übergang zum aufgeklärten Absolutismus.

LIT. M. Humpert, Bibliogr. der Kameralwissenschaften (1937); A. Tautscher, Die Staatswissenschaftslehre des K. (1947); U. Troitzsch, Ansätze technolog. Denkens bei den Kameralisten des 17. und 18. Jh. (1966); H. Haußherr, Wirtschaftsgeschichte der Neuzeit (1954); F. Lütge, Deutsche Sozial- und Wirtschaftsgeschichte (²1960); H. Kellenbenz, Der Merkantilismus und die soziale Mobilität in Europa (1965).

Kameralistik. »Polizeiwissenschaft«; umfaßt Finanzlehre, Rechtswissenschaft, Verwaltungs- und Wirtschaftslehre.

Kamillianer. Regularkleriker, 1582 vom hl. Camillo de Lellis gegr. mit dem bes. Auftrag der Pflege der Kranken und Sterbenden, daher auch »Väter vom guten Tod«. In Spanien, Portugal, Ibero-Amerika verbreitet, gegen Ende des 18. Jh. dem Aussterben nahe, seit der Mitte des 19. Jh. wieder stärker verbreitet.

LIT. Heimbucher II, 114–19; M. Vanti, S. Camillo de Lellis (³1964).

Kamillianerinnen. Drei 1829, 1892, 1936 gegr., vom Geist des Kamillianerordens inspirierte Frauengemeinschaften, die sich der Krankenpflege widmen.

Kamisarden (von mlat. camisia, Hemd, Überhemd, oder von camis, Landstraße; »Wegelagerer«). Bez. für die reformierten Bewohner der Cevennen und des Languedoc während ihres Aufstandes 1702–05. Der von beiden Seiten mit großer Erbitterung geführte Krieg wurde von Marschall Villars mit einem Vertrag, der die Gewissensfreiheit garantierte, beendet. Spätere Aufstandsversuche (bis 1710) wurden rasch unterdrückt.

LIT. A. Ducasse, La guerre des Camisards (1947); A. de la Gorce, Camisards et dragons du roi (1950).

Kämmerer (lat. camerarius, von lat. camera, Raum mit gewölbter Decke).
[1] Beamter am fränk. Königshof, eines der vier alten Hofämter; der K. war in erster Linie Schatzmeister, daher unter den Merowingern thesaurarius genannt.

Im Reich wurde der K. zum Erzamt. Das Amt des Erzkämmerers (archicamerarius) bekleidete der Kurfürst von Brandenburg.
[2] →Camerlengo, →Kardinal.
[3] Geistliche und Weltliche zur persönl. Bedienung des Papstes, nach Rangklassen und Kleidung unterschieden.
[4] →Cubicularius.

Kammergericht. Auch Hofgericht genannt, das oberste Gericht des dt. Territoriums; es ist hervorgegangen aus der persönl. Rechtsprechung des Landesherrn. Für die Besetzung ist das Reichskammergericht Vorbild. Der Niedergang der K. beginnt im 17. Jh. In den Territorien, die ein Appellationsprivileg besaßen, wird mit dem Appellationsoder Oberappellationsgericht eine an die Stelle des Reichskammergerichts tretende Appellationsinstanz geschaffen.

Kammerzieler. Die einzige ständige Reichssteuer; sie mußte von den Reichsständen zur Unterhaltung des Reichskammergerichts aufgebracht werden (Reichsabschied 1548).

Kampf. Als »Vater aller Dinge« und Prinzip der Weltanschauung bei Heraklit; wieder aufgenommen bei Friedrich Nietzsche.

Kampf ums Dasein (engl. struggle for life). Im Anschluß an Malthus' ›Essay on the principles of population‹ (1798) von Charles Darwin, ›On the origin of species‹ (1859) geprägter Begriff. Danach können nur die Lebewesen ihr Leben erhalten, die sich am besten den Daseinsbedingungen anpassen und am härtesten kämpfend sich durchsetzen. Natürl. Zuchtwahl, Auswahl der Tüchtigsten ist notwendige Bedingung des Fortschritts, und der Fortschritt ist um den Preis des Untergangs der Schwächeren nicht zu hoch bezahlt. Der Glaube an die Vorzüge der Konkurrenz weist auf die Verherrlichung des »struggle for life« hin. Nietzsche sah den berühmten Kampf ums Dasein mehr behauptet als bewiesen an. In erster Linie werde um Macht gekämpft.

Kandidat (lat. candidatus, von candidus, weiß). Bewerber, Anwärter auf ein Amt, Prüfling. Die Bez. leitet sich ab von der Tatsache, daß im alten Rom der Bewerber um ein Amt in weißer Toga (toga candida) erschien. Seit dem Ende des 16. Jh. bezeichnet K. im Deutschen auch den Bewerber um einen akadem.

Grad, vor allem junge Theologen, die schon vor der Schlußprüfung ein Amt suchten. Im 18. Jh. wurde der Gebrauch des Wortes K. ausgedehnt.

Kannegießer. Polit. Schwätzer; unter Anlehnung an die Komödie des dän. Dichters Ludwig Holberg, ›Den politiske Kandestøber‹ (1722 zuerst aufgeführt, 1742 übersetzt: Der polit. K.) gebildeter Begriff.

Kannenorden. 1410 zur Bekämpfung der Mauren in Spanien gestiftet. Der Orden zeigt eine goldene Kanne, aus der drei Lilien hervorkommen. Unten befindet sich ein goldener Greif, der ein Band hält mit der Aufschrift: Por los amor.

Kanon (griech., Richtschnur).
[1] In der antiken Lit. Auswahl mustergültiger Autoren.
[2] Religionsgeschichtlich: die anerkannten und unabänderl. Schriften einer Religion: z.B. die als echt anerkannten Schriften der Bibel (kanon. Bücher).
[3] Wesentlicher, unveränderlicher Teil der Messe: eucharist. Hochgebet, Konsekration von Brot und Wein, Erhebung von Hostie und Kelch.
[4] Kirchenrecht: bes. die Synodalgesetze im Unterschied zu den päpstl. Dekretalen oder den kaiserl. Erlassen. Tridentinum und Vaticanum gebrauchen K. im Sinn von definierten Glaubenssätzen.

Kanonade von Valmy →Valmy.

Kanonbild. Bild des Gekreuzigten im Meßbuch zum Beginn des Kanons, d.h., des unveränderl. Teils der Messe. Das Bild entwickelte sich aus dem Anfangsbuchstaben T des beginnenden Kanons (Te igitur).

Kanone (lat. canna, Rohr). Urspr. Geschütz überhaupt, in der NZ Flachfeuergeschütz mit langem Rohr.

Kanonenfutter. Sinn- und nutzlos geopferte Soldaten (nach Shakespeares ›Heinrich IV.‹).

Kanonikat. Amt eines Kanonikers im Domkapitel (an Kathedralkirche) oder im Stiftskapitel bzw. sein Benefizium.

Kanoniker. Mitglied eines Kapitels an Dom- oder anderen Kirchen oder eines Ordens regulierter Chorherren. Die Bez. wird abgeleitet vom Leben nach den canones oder von der Eintragung ins Register (canon) einer Kirche. Schon im frühen MA bildete sich ein ordo canonicus zum Unterschied vom ordo monasticus heraus. Einflußreiche Regeln waren die Chrodegangs von Metz (ca. 760) und die Aachener Chorherrenregel. Durch die Gregorian. Reform wird eine Differenzierung eingeleitet in Regular-K. (die die Reform übernahmen) und Säkular-K. (an Kathedralen, Domkapiteln, Kollegiatstiften).
LIT. M. Gabathuler, Die K. am Grossmünster und Fraumünster in Zürich (1998).

Kanonisationsakten. Akten, die im Zug der seit dem 12. Jh. vollentwickelten Prozesse zur Heiligsprechung anfallen. Zu ihnen gehören die Petitionen der an der Heiligsprechung einer bestimmten Persönlichkeit interessierten Kreise, außerdem die Protokolle der Untersuchungskommissionen, sowie die päpstl. Kanonisationsbulle.

Kanonissen (nlat., zu Kanon). Chorfrauen, die ursprünglich nach bestimmten kirchl. Vorschriften (Canones) lebten, d.h. nicht im Klosterstand; sie durften daher Vermögen besitzen und in die Welt zurückkehren. Die Kanonissenstifte entstanden seit dem 8. Jh.; sie hielten sich teilweise bis zur Säkularisation. Vereinzelt blieben sie als weltliche Damenstifte erhalten.
LIT. K. H. Schäfer, Die K.-Stifter im dt. MA (1907, neu hrsg. 1965).

Kanonist. Lehrer des kanon. Rechts.

Kanonistik. Wissenschaft des Kirchenrechts. Folgende Perioden werden unterschieden:
a) die Zeit bis zum Dekret Gratians (Isidor von Sevilla, Hinkmar von Reims, Ivo von Chartres, Alger von Lüttich u.a.);
b) von Gratian (ca. 1142) bis Johannes Andreae (1348), die klass. Periode mit grundlegender Formung des Kirchenrechts;
c) die nachklassische K. oder Periode der Postglossatoren (Mitte des 14. Jh. bis Mitte des 16. Jh.);
d) die neuklass. oder goldene K. (von der Mitte des 16. bis zur Mitte des 19. Jh.);
e) von der Mitte des 19. Jh. bis zum Inkrafttreten des Codex Iuris Canonici 1917/18;
f) die Gegenwart von 1917/18 an.
LIT. LThK V (²1960) 1289–1300; K. Möhrsdorf, Lehrbuch des Kirchenrechts. 3 Bde. (¹¹1964); Feine, KRG (⁴1964); J. Neumann, Grundriß des kathol. Kirchenrechts (1981).

Kanontafeln. Drei bei der Meßfeier seit dem 16. Jh. auf dem Altar aufgestellte Tafeln mit bestimmten unveränderl. Texten der Messe (Gloria, Credo, Wandlungs- und Kommuniongebete).

Kanontafeln, Eusebianische (Kapiteltafeln). Auf Eusebios von Kaisareia zurückgehende Evangelienkonkordanz auf 10 Tafeln, welche die Nummern der Abschnitte enthält, in die jedes Evangelium zerlegt ist. Künstlerisch seit dem ausgehenden 6. Jh. reich ausgestaltet.

Kanton (von altfranz. cant, ital. canto, zu lat. pars, pagus, latus, Winkel, Bezirk, Landschaft).
a) Bez. der Bundesgliedstaaten der Eidgenossenschaft. Bis gegen Ende des 18. Jh. war die übl. Bez. Ort, Gebiet, Stand (z. B. Fünf alte Orte). Daneben tritt seit dem ausgehenden 16. Jh. immer häufiger K. Durch Teilung entstanden Halbkantone (heute 6).
b) Fester militär. Aushebungsbezirk seit Friedrich Wilhelm I. von Preußen, den einzelnen Regimentern des stehenden Heeres zugewiesen (1733). Die **Kantonspflichtigkeit** bildete die Grundlage der Wehrpflicht der Untertanen. Das **Kantons-Reglement** vom 12. 2. 1792 erklärte die »Verbindlichkeit zu Kriegsdiensten« als Pflicht der Untertanen, enthielt aber unter dem Einfluß des Merkantilismus zahlreiche Befreiungen davon, so daß sie im wesentl. auf den unteren Schichten der Bevölkerung (Bauern, Handwerker) lastete.
c) Ein **Kantonist** war ein Dienstpflichtiger nach dem in Preußen bis 1814 geltenden Kantonssystem.
d) Der **Ritter-Kanton** unterteilte die Kreise der Reichsritterschaft und wurde vom Kantonsdirektorium geleitet.
e) In Frankreich und Belgien heute die Unterabteilung eines Arrondissements.

Kantor. Vorsänger bei der Liturgie. In Kathedralen und Klöstern ausschließlich Kleriker, bes. Dignität in den Domkapiteln, wo für die urspr. Aufgabe im späteren MA ein Stellvertreter, Chormeister, eingesetzt wurde.

Kantorei. Urspr. geistl., später auch weltl. Sängerchor; seit dem ausgehenden MA wurden besoldete Künstler aufgenommen. In den K. als wesentl. Trägern geistl. und weltl. Musikpflege lebte eine hohe künstler. Tradition bis ins 19. Jh. fort.

Kanzel (von lat. cancellus, Schranke). Ein meist erhöhter Einbau in der Kirche zur Predigt, entstanden aus dem Ambo der alt- und frühchristl. Zeit, im 13. Jh. Lettnerkanzlei. Mit der Gotik kommen die ersten freistehenden, meist an einen Pfeiler angelehnte K. auf, mit einem Schalldeckel gekrönt. Bes. reiche Ausstattung der K. in der Spätgotik und in der Renaissance (K. im Wiener Stephansdom von Anton Pilgram, 1502–12) sowie in der Barockzeit. In kleinen, vor allem ev. Kirchen werden Altar und K. gelegentlich zum Kanzelaltar vereinigt, an Wallfahrtsorten finden sich manchmal Außenkanzeln.

LIT. A. Henle, Die Typenentwicklung der süddt. K. des 18. Jh. (Diss. Heidelberg 1933); P. Poscharsky, Die K. Erscheinungsform im Protestantismus bis zum Ende des Barocks (1963).

Kanzelparagraph. Während des Kulturkampfes auf Antrag des bayer. Kultusministers Lutz geschaffenes Gesetz (1871), 1876 erweitert (§ 130a des Dt. Strafgesetzbuches), das Geistliche mit Strafe (Gefängnis oder Festungshaft bis zu 2 Jahren) bedroht, die schriftl. oder mündl. in Ausübung ihres Berufes »Angelegenheiten des Staates in einer den öffentlichen Frieden gefährdenden Weise zum Gegenstand einer Verkündigung oder Erörterung« machten. Nach dem Kulturkampf wurde der K. fast nur während der NS-Diktatur angewendet und 1953 aufgehoben, in der ehem. DDR blieb er in Geltung.

LIT. E. Wolf, Anwendbarkeit und Auslegung des K. in der Gegenwart. In: Archiv für ev. Kirchenrecht 3 (1939) 81–98.

Kanzlei (zu lat. cancelli, Schranken; Gitter, mhd. kanzlie, der mit Schranken eingehegte Raum einer Behörde). Schreibstube, Dienststelle; dem Staatsoberhaupt unmittelbar unterstehende Verwaltungsbehörde. Im MA, für dessen frühe Zeit K. nur eine »wissenschaftl. Hilfskonstruktion« ist, der Personenkreis, dem die Erledigung der Schreibgeschäfte im Rechts- und Verwaltungswesen der Päpste, der Fürsten, Städte und Konzilien oblag. Am frühesten entwickelte sich die K. am Hof der Päpste, seit dem 12. Jh. als cancellaria bezeichnet. Die Kanzleigeschäfte erledigte in der Zeit der fränk. Herrscher die capella regia. Aus ihr, deren Vorsteher seit Ludwig d. Dt. zum Leiter der Schreibgeschäfte ernannt wurde, entwickelte sich die Kanzlei der dt. Könige und Kaiser. Seit 955 war das Amt des archicancellarius mit dem des Erzbischofs von Mainz fast stets verbunden. Die tatsächl. Leitung der Reichskanzlei ging bereits 868 auf den Hofkanzler (imperialis aulae cancellarius) über, doch beanspruchten die Erzbischöfe von Mainz im 15. und 16. Jh. erneut deren Leitung und ließen sich in Wien durch einen Reichsvizekanzler vertreten. Neben der Reichskanzlei stand die habsburg. Hofkanzlei. Seit dem 13. Jh. fördert die Ausbildung der Territorien auch das Entstehen fürstl. Kanzleien.

LIT. HWDRG II, 609–13; Clavis mediaevalis 125–129; Bresslau I, 184 ff.; Th. Schieffer, Die lothring. K. um 900. In: DA 14 (1958); H. Banza, Studien zur K. Ludwigs des Bayern, 1414–29 (1969); W. Petke, Kanzlei, Kapelle und königl. Kurie unter Lothar III. (1985). Weitere Lit. →Capella regia.

Kanzlei, päpstliche →Cancellaria Apostolica.

Kanzleiregeln, päpstliche. Regeln, die die päpstl. Kanzlei (Cancellaria Apostolica) bei der Erledigung ihrer Geschäfte beobachten mußte. Von Johannes XXII. in einer eigenen Sammlung vereinigt und von da bis Nikolaus V. regelmäßig veröffentlicht. Seit Clemens XI. (1700–21) nach Zahl (72) und Inhalt nicht mehr verändert. Der Codex Iuris Canonici hob alle K. auf, soweit er sie nicht übernommen hat. Die Gültigkeitsdauer war an den einzelnen Pontifikat gebunden, nach jeder Neuwahl mußten sie festgelegt, approbiert oder promulgiert werden. Es sind zu unterscheiden die regulae expeditoriae oder directivae für die Form der Ausfertigung von Urkunden, die regulae reservatoriae oder beneficiales für die Verleihung der reservierten Benefizien. Sie waren in der Reichskirche sehr umstritten, wiederholt wurde (z. B. in den Koblenzer Gravamina 1769) ihre Abschaffung verlangt; regulae iudiciales für das Verfahren in erster und in Appellationsinstanz; regulae revocatoriae: Widerruf geltender Vorschriften.

LIT. J. B. Sägmüller, Lehrbuch des kath. Kirchenrechts ([4]1926); V. Bartocetti, Le regole can. di diritto (Rom 1939); LThK V., 1315 f.

Kanzler (lat. cancellarius). Schreiber, Kanzleibeamter, im 9. und 10. Jh. Gerichtsschreiber; erstmals 820 Bez. für den Leiter der königl. Kanzlei (vgl. Erzkanzler). – Kanzler dient auch, z. T. bis zur Gegenwart, als Bez. für die Vorstände der Kanzleien bei Gerichten, Universitäten, Verwaltungsbehörden.

LIT. R. Morsey, Die oberste Reichsverwaltung unter Bismarck (1957); A. Sprinkart, Urkundenwesen, Kanzlei, Rat und Regierungssystem der Pfalzgrafen bei Rhein und Herzöge von Bayern Rudolf I. und Ludwig IV. von 1294 bis 1314 bzw. 1317. Forschungen zur Kaiser- und Papstgeschichte des MA 4. Beihefte zu J. F. Böhmer, Regesta Imperii (Köln/Wien 1985/86).

Kaper (aus niederl. Kaper; engl. Privateer, franz. Corsaire). Bewaffnete Fahrzeuge privater Unternehmer, die auf Grund staatl. Ermächtigung (**Kaperbrief**) am Handelskrieg auf See teilnahmen. Die **Kaperei** war seit dem MA eine erlaubte Methode der Seekriegführung; ihre Blütezeit hatte sie vom 15. bis 18. Jh. Durch die Pariser Seerechtskonvention vom 16. 4. 1856 wurde sie abgeschafft.

Kapital (mlat., Vieh, Viehbestand, Vermögen). Hauptgut, Hauptsumme einer Schuld; jene Geldsumme, die Zinsen einbringt. Die philosoph. und moraltheolog. Auseinandersetzung mit dem Zinsverbot machte im ausgehenden MA den Unterschied zw. Geld und K. deutlich. Die ersten nationalökonom. Untersuchungen über den Kapitalbegriff stammen von Barbon, Turgot, Hume. Adam Smith, Rodbertus, Adolph Wagner, Marx, Schmoller, Sombart, Wieser u. a. haben sich um eine Klärung des Begriffs bemüht. K. ist »nicht einfachhin eine Summe Geldes, sondern ein irgendwie bedeutender Vorrat von produzierten Sachgütern, der allerdings in Geld abgeschätzt und durch Geld repräsentiert werden kann, der aber zur Produktion von anderen Sachgütern und Gebrauchswerten dient« (F. Keller).

Es gibt zahlreiche Definitionen von K. Am gängigsten sind die Unterscheidungen von Produktiv-Kapital und Real-Kapital. Nicht zum K. gerechnet wird der Boden, weil er ein naturgegebenes Produktionsmittel darstellt.

LIT. Artikel K. im HWSt; E. von Böhm-Bawerk, Positive Theorie des Kapitals I ([4]1921); F. von Wieser, Theorie der gesellschaftl. Wirtschaft. Grundriß der Sozialökonomik I, 2 ([2]1924).

Kapitalismus. Eine sehr komplexe, in ihrer Beurteilung von verschiedenen Kräften und Antipathien bestimmte Erscheinung; vor allem ein Wirtschaftssystem, aber auch eine sozial- und wirtschaftsgeschichtl. Epoche. Der Begriff

Kapitän

des K. wahrscheinlich zuerst bei L. Blanc, dann von K. Marx im ersten Band seines ›Kapital‹ zur Bez. des zeitgenöss. Wirtschafts- und Gesellschaftssystems übernommen. Auf den K. folgt im System des dialektischen Materialismus der Sozialismus. Erst mit W. Sombart und M. Weber wurde der Begriff K. genauer bestimmt. Seine wichtigsten Merkmale sind: a) die Trennung von Kapital und Arbeit; Industrialisierung; b) Entstehung von Lohnarbeiterschaft, Proletariat und sozialer Frage, c) individualistisches Erwerbsstreben um seiner selbst willen, das sich zerstörend auf das Gesellschaftsganze auswirkt, das Gemeinwohl verzerrt.

Der K., von Individualismus, Rationalismus, Liberalismus, Fortschrittsoptimismus der Aufklärung entscheidend bestimmt, wonach der Eigennutz letztlich allgemeinnutzen ist, entfaltet Unternehmergeist, Wagemut, Unabhängigkeitssinn, fördert die Organisationstechnik und macht erst die moderne wirtschaftl. Produktion und Güterversorgung möglich, sieht aber das Gesamtinteresse zu wenig, überbewertet die rein mechan. Machtmittel und ist im Grunde hilflos gegenüber den Problemen moderner Wirtschafts- und Sozialpolitik. Aus der Kritik am K. geht der Sozialismus zum guten Teil hervor. An die Stelle des K. ist die soziale Marktwirtschaft getreten.
LIT. StL IV, 813 ff.; W. Sombart, Der moderne K. (⁷1928; Neudr. 1987); A. Müller-Armack, Entwicklungsgesetze des K. (1931); J. A. Schumpeter, K., Sozialismus und Demokratie (²1950); H. A. Winkler (Hrsg.), Organisierter K. (1974); A. Langner (Hrsg.), Katholizismus, konservative Kapitalismuskritik und Frühsozialismus bis 1850 (1975); E. Lederer, K., Klassenstruktur und Probleme der Demokratie in Dtl. 1910–1940 (1979); F. Braudel, Die Dynamik des K. (dt. 1986); P. Koslowski, Ethik des K. (³1986); O. v. Nell-Breuning, K. kritisch betrachtet (1986).

Kapitän (von lat. caput, Haupt; capitaneus über franz. capitaine, engl. captain) →Capitaine, →Capitaine d'armes, →Capitainerie.
a) Führer einer Kompanie, zunächst in Spanien und Frankreich im 16. Jh. verwendet, auch in Dtl. übernommen, im 19. Jh. durch die Rangbezeichnung Hauptmann ersetzt.
b) Führer eines Schiffes, auch als

Dienstrangbezeichnung gebraucht: Korvettenkapitän, Fregattenkapitän.
c) Der **Capitaneatus** war der Stand oder Rang der hohen Lehensträger.
d) Der **Capitaneus** war ein Edelfreier, (in Italien) hochadeliger Lehensträger.
e) Anführer, Oberhaupt, Hauptmann.

Kapitel (lat., capitulum »kleiner Kopf«). Hauptstück.
a) kurze, den Inhalt zusammenfassende Überschrift vor Abschnitten eines Buches (Kapitelüberschrift) und der Abschnitt selbst.
b) die zur Lesung eines Abschnitts der Schrift versammelte Geistlichkeit.
c) Ort der Versammlung (Kapitelsaal, Kapitelstube).
d) Domkapitel, Stiftskapitel sind geistliche Körperschaften mit bestimmten Statuten und Rechten (z. B. dem Recht, den Bischof der Diözese zu wählen).
e) Versammlung der stimmberechtigten Mitglieder eines Klosters, einer Kloster- oder Ordensprovinz (Provinzialkapitel) oder aller Klöster bzw. des gesamten Ordens (Generalkapitel).
f) Land- oder Ruralkapitel (capitulum rurale): die auf dem Land einem Dekan unterstellte Geistlichkeit.

Kapitell (lat. capitulum, kleiner Kopf). Bez. für den obersten, plastisch auslaufenden Teil von Säule, Pilaster, Pfeiler, der Last (Gewölbe) und Stütze (Säule usw.) verbindet. Die Grundformen der abendländ. K. prägte die Antike: dorisches, ionisches, korinthisches K.; eine Mischform ist das röm. Kompositkapitell; die Romanik entwickelte das Würfelkapitell, die Gotik das Knospen-, Kelch- und Blattkapitell. Seit der Renaissance wird wieder auf die antiken Typen zurückgegriffen.
LIT. E. von Mercklin, Antike Figuralkapitelle (1962).

Kapitelsvikar, Kapitularvikar. Vicarius capitularis: Verwalter einer Diözese bei Sedisvakanz (Tod, Verzichtleistung, Translation usw. eines Bischofs). Seine Bestellung durch das Domkapitel bei Sedisvakanz ist vom Tridentinum vorgeschrieben.

Kapitularien (lat., capitula). Königsgesetze der Merowinger und Karolinger, nach ihrer Einteilung in capitula benannt. Sie wurden teils mit Zustimmung der Großen oder des Volkes als Ergänzungen der Volksrechte in weltl. Angelegenheiten erlassen (capitularia mundana), teils auf Grund der Synoden

402

oder Bischofsversammlungen beim Reichstag publiziert (capitularia ecclesiastica). Mischformen sind die Capitularia mixta. Die Capitularia legibus addenda ergänzen oder ändern Stammesrecht, die Capitularia per se scribenda geben Reichsrecht, die Capitularia missorum enthalten Anweisungen für die Missi. Amtl. Sammlungen fehlen. Die Sammlung Ansegis' von Fontenelle (827) enthält die K. von 789–826, die Sammlung des Benedikt Levita enthält größtenteils verfälschte Texte.

Ausgabe: MGH Leges II.

LIT. HWDRG II, 623–29; F. L. Ganshof, Was waren die Kapitularien? (1961); ders., in: Karl d. Gr. I (1965); H. Conrad, DRG 1 (^{2}1961); W. A. Eckhardt, Die Kapitulariensammlung Ghaerbalds von Lüttich (1955); R. Schneider (Hrsg.), Kapitularien (1967); C. Brühl, Cap. de Villis (1971).

Kapitulation (zu lat. capitulum, franz. capitulation).

[1] Übergabevertrag für eine Festung, einen Truppenteil oder ein Kriegsschiff bzw. für alle Streitkräfte während eines Krieges. Die K. ist für die Fortdauer des Kriegszustandes ohne Bedeutung. **Bedingungslose K.** (unconditional surrender) wurde auf der Konferenz von Casablanca 14.–26. 1. 1943 als Ziel der Kriegführung der Alliierten formuliert. Sie hat in der Geschichte des Zweiten Weltkrieges eine verhängnisvolle Rolle gespielt und wurde 1945 auf Dtl. und mit Einschränkungen auf Japan angewandt.

[2] Soldatische K. Auf Grund einer K. mit dem Kriegsherrn warben Oberste oder Hauptleute Regimenter oder Fähnlein an, die sie als selbständige militär. Unternehmer hielten. Mit dem Absolutismus und dem Aufkommen stehender Heere, für die der Landesherr oberster Kriegsherr ist, wurde die S. K. abgeschafft.

[3] Vertrag eines Eligendus (zu Wählenden) mit den Wählern, z. B. Vertrag eines zu wählenden Bischofs mit dem Domkapitel: bischöfl. →Wahlkapitulation; eines röm. Königs bzw. eines Kaisers mit den Kurfürsten: kaiserl. bzw. königl. →Wahlkapitulation.

[4] Verträge europäischer Mächte mit orientalischen Staaten, insbes. mit der Türkei, China, Persien, in denen vor allem die Gebietshoheit des Aufenthaltsstaates zugunsten der Personalhoheit des fremden Staates in bezug auf seine Vertreter und Angehörigen durchbrochen wurde. Das System des K. entwikkelte sich seit den Kreuzzügen, wurde nach dem Fall von Konstantinopel ausgebaut von Genua, Venedig und vor allem von Frankreich seit dem 16. Jh. Kapitulationen mit dem Osmanischen Reich schlossen ferner England (seit 1580), Österreich (seit 1718), Preußen 1761 usw. Die wichtigsten Bestimmungen betreffen freie Religionsausübung, Konsulargerichtsbarkeit, Freiheit der Niederlassung, des Verkehrs, des Handels und der Schiffahrt. Am 1. 10. 1914 hob die Türkei die K. auf, was im Frieden von Lausanne (1923) anerkannt wurde unter Verpflichtung der Türkei zu Reformen.

[5] Dienstvertrag auf weiteren Militärdienst. Kapitulant: Soldat, der sich auf eine längere militär. Dienstzeit verpflichtet.

LIT. Zu [4] Overbeck, Die K. des Osman. Reiches (1917); Anne Armstrong, Bedingungslose K. Die teuerste Fehlentscheidung der NZ (dt. 1965); R. Hansen, Das Ende des Dritten Reiches (1966).

Kapitulations-Resolution. Die König Matthias 1608 von den im Horner Bund vereinigten österreich. Landständen abgerungenen Zugeständnisse in der Religionsfrage.

Kap Passero, Seeschlacht von. Spanien unter Philipp V. und seinen Minister Alberoni griff 1717 Sardinien und Sizilien an. England, Österreich, Frankreich (Holland) schlossen zur Abwehr dieses Überfalls die Quadrupelallianz. Dem ins Mittelmeer entsandten engl. Admiral George Byng (später Lord Torrington) gelang es, an der Südostküste Siziliens bei K. P. die span. Flotte unter Antonio Castañeta vernichtend zu schlagen.

Kappel, Kappeler Kriege und Landfriede (1529–31). Das Vordringen der Lehre Zwinglis in der Eidgenossenschaft führte zur polit. Spaltung. Am 8. 6. 1529 erfolgte die Kriegserklärung Zürichs an die Fünf Orte. Nach der ersten Schlacht bei Kappel (10. 6. 1529) siegte das schweizer. Gemeinschaftsbewußtsein über die religiösen Differenzen. Der Glarner Landammann Aebli vermittelte den ersten Kappeler Landfrieden (26. 6. 1529), der die Fünf Orte beim alten Glauben ließ, sie aber zwang, das Bündnis mit König Ferdinand aufzugeben. Durch die Getreidesperre der neugläubigen Kantone gezwungen, erklärten die Fünf Orte am 8. 10. 1531 den Krieg und schlugen die Zürcher in der 2. Schlacht bei Kappel (11. 10. 1531), in der Zwingli fiel, und am Gubel (23./24. 10.). Der Sieg der Fünf Orte bedeutete eine Niederlage der Reformation in der Schweiz, führte zum Anschluß der oberdt. Städte an die luth. Bewegung und bewahrte dank der gemäßigten Forderungen der kath. Kantone den föderalist. Aufbau der damaligen Dreizehn Orte.

Kapuze (zu lat. cappa, Mantel; caputium, Mönchskappe). Teil der Mönchskleidung.

Kapuzinade, Kapuzinerpredigt. Derbe, volkstüml. drastische Predigt. Schon zu Anfang des 18. Jh. ist die Bez. nachgewiesen, nicht erst seit der bekannten Kapuzinerpredigt in Schillers ›Wallensteins Lager‹. Die K. ist ausgezeichnet durch starken Stimmaufwand und übertriebenes Gebärdenspiel.

Kapuziner. Ordo Fratrum Minorum Capucinorum, jüngster der drei selbständigen Zweige der Franziskaner, aus einer Reformgruppe des Matthäus von Bassi und Ludwig von Fossombrone 1525 hervorgegangen, 1528 von Papst Clemens VII. bestätigt. Das Ziel war die Rückkehr zu den Idealen des hl. Franziskus von Assisi. Strenge Armutspraxis, Einsiedlerdasein, die Nachahmung des hl. Franziskus auch in Kleidung (Kapuze) und Bart sowie die Betonung der Kontemplation kennzeichnen den ursprünglichen Geist des Ordens. Bis 1573 auf Italien beschränkt, von Austritten und Abfall bedroht (Übertritt Occhinos von Siena zum Calvinismus), fand der Orden nach 1574 schnelle Verbreitung in Frankreich, Spanien, den Niederlanden, im dt. Sprachgebiet vor allem in Bayern und in der Schweiz. Beachtl. sind seine Verdienste bei der Rekatholisierung; als Seelsorger und Prediger waren die K. beim einfachen Volk sehr beliebt. Die geschichtl. Bedeutung des Ordens liegt in der Volkspredigt (Martin von Cochem, Dionysius von Luxemburg, Jordan von Nonsberg, Klemens von Burghausen [† 1731], Jordan von Wasserberg [† 1739], in der religiösen Erneuerung der Gegenreformation (Fidelis von Sigmaringen) sowie in der Predigt für die Abwehr der Türken (Markus von Aviano). Seine stärkste Verbreitung fand der Orden im 18. Jh., nach schweren Verlusten infolge der Franz. Revolution und der Säkularisation begann seit der Mitte des 19. Jh. eine neue Blüte. LIT. P. Cuthbert-J. Wildlöcher, Die K. (1931); A. Jacobs, Die rhein. K., 1611–1725. Ein Beitrag zur Geschichte der kath. Reform (1933); T. Graf, Die K. (1957); LThK 5 (²1960) 1332–39; F. da Mareto, Le capuccine nel mondo 1538–1969. Anni storici e bibliographia (1970).

Karabiner. (franz. carabin, leichter Reiter). Kurzes Reitergewehr.

Karabinier. Urspr. berittener Arkebusier, später mit dem Karabiner bewaffneter Reiter.

Karavelle (von lat. carabus, portugies. caravela = großes Schiff). Segelschiff der Portugiesen und Spanier von 14. bis zum 16. Jh. Die K. war das Schiff der großen Entdeckungsreisen. Sie wurde auch von Kolumbus benutzt. Die K. hatte ein hohes Heck, Hinter- und Vorderkastell und eine Wasserverdrängung von 50–200 t.

Karawane (pers., Kamelzug, Handelsschutz). Kamelzug, Reisegesellschaft. Im 15. Jh. als Wort des oriental. Handels in die europ. Sprachen übernommen. Die K. ziehen mit militär. Geleit bestimmte an Wasserstellen und Rastplätze gebundene Routen (Karawanenstraßen). Der Handel über die Karawanenstraßen, die China mit Zentralasien und Europa verbanden (Seidenstraße), wurde dort und in Afrika von dem Kaufmann selbst ausgeführt.

Kardinal, Kardinalskolleg (von lat. cardo, Türangel). Urspr. der an einer Hauptkirche dauernd angestellte Kleriker (incardinatus). Durch Pius V. (1567) ist die Bez. auf die Mitglieder des Presbyteriums der Stadt Rom beschränkt. Dieses wird gebildet aus den Vorstehern der Haupt-(Titel-)kirchen Roms, den a) presbyteri cardinales (Kardinalpriestern), die auch den Gottesdienst an den vier Patriarchalbasiliken St. Peter, St. Paul, S. Maria Maggiore, S. Lorenzo ausübten; b) den diaconi cardinales (Kardinaldiakonen), die mit der Armen- und Krankenpflege in den 7, später 12 Regionen der Stadt betraut waren, und den Pfalzdiakonen; c) den 7 suburbikarischen Bischöfen, die zur röm. Kirchenprovinz gehörten (episcopi cardinales, Kardinalbischöfe). Die K. bilden den »Senat der Kirche«, ein Kollegium, das in die drei erwähnten Klassen zerfällt. Die Zahl der K.

schwankte; in den Reformkonzilien von Konstanz und Basel auf 24, von Sixtus V. (1586) auf 70 festgesetzt; seit Johannes XXIII. 1958 überschritten (83 K.; z. B. 1967: 118 K., 1976: 138 K.).

Vorsteher des **Kardinalskollegiums** ist der Kardinaldekan, regelmäßig zugleich Bischof von Ostia, primus inter pares; die Vermögensverwaltung hat der **Kardinalkämmerer** (Camerlengo). Die Vollversammlung der K. (wenigstens der in Rom residierenden) heißt Konsistorium (Kardinalskonsistorium). Nach Errichtung der Kardinalskongregationen und anderer Kurialbehörden, zu deren Leitern und Mitgliedern der Papst K. ernannte, sank die Bedeutung des Kardinalkollegiums. Die Ernennung (Kreierung) der K. erfolgt durch den Papst, die Publikation in einem geheimen Konsistorium. Eine bes. Art der Ernennung ist die Reservatio in pectore, wobei die Nennung des Namens aus gewissen Gründen unterbleibt (in petto). Die K. haben eine röm. Titelkirche. Bei sog. Kronkardinälen erfolgt die Ernennung durch den Papst auf Bitte einer Landesregierung.

Das wichtigste den K. zustehende Recht ist das der Papstwahl, seit 1059 bzw. 1179 ausschließlich. Während der Vakanz des päpstl. Stuhles erledigt der Camerlengo interimistisch die wichtigsten Geschäfte. Nur K. sind Leiter der Kardinalskongregationen und werden als persönl. Vertreter des Papstes (Legati a latere) entsandt. Neben bes. Privilegien steht den K. eine bes. Tracht, Kardinalshut, Kardinalspurpur ihrer Kleidung, großer weiter Mantel, Brustkreuz, Mitra, Ring, Krummstab zu, außerdem seit Urban VIII. (1630) der Titel Eminenz. K. haben auf Grund der Lateranverträge in Italien bes. Vorrechte, auch die außerhalb des Vatikans residierenden Kurienkardinäle sind vatikan. Staatsbürger. Die Zahl der nichtital. K. hat seit der Mitte des 19. Jh. ständig zugenommen. Die Bischofsstühle von Breslau, Köln, München, Berlin gelten als Anwartsposten auf das Kardinalat.

LIT. J. B. Sägmüller, Thätigkeit und Stellung der Cardinäle bis Bonifaz VIII. (1896); V. Martin, Les Cardinaux et la Curie (1930); Feine, KRG; K. Ganzer, Die Entwicklung des auswärtigen Kardinalats im hohen MA. Ein Beitrag zur Geschichte des Kardinalskollegiums vom 11. bis 13. Jh. (1963); P. C. van Lierde und A. Girand, Das Kardinalskollegium (1965); C. G. Fürst, Cardinalis, Prolegomena zu einer Rechtsgeschichte des röm. Kardinalskollegiums (1967); G. Alberigo, Cardinalato e collegialità (1969); C. Weber, Kardinäle und Prälaten in den letzten Jahrzehnten des Kirchenstaats (1978).

Kardinaldatar. Leiter der für die Einnahmen und Taxen für Ämterverleihung, Gewährung von Dispensen und Verleihung reservierter Benefizien zuständigen Datarie (→Datar, Dataria Apostolica), urspr. ein einfacher Priester, meist nach der Amtszeit zum Kardinal befördert, dann auch Kardinal; als **Prodatar** bezeichnet, da er ein nicht kardinalizisches Amt bekleidet. Der K. ist einer der Palastkardinäle, da er ein Amt des päpstl. Palastes innehat. Ihm zur Seite stand der **Subdatar.**

Kardinalnepot(e). Bez. für ein gewöhnlich einem Neffen des Papstes übertragenes, mit umfassenden Vollmachten für die Verwaltung des Kirchenstaates und der auswärtigen Politik versehenes Amt, eigentlich **Kardinalpadrone.** Der K. war nicht der Leiter des Staatssekretariats. Unter seiner Leitung besorgte der Staatssekretär die polit. Korrespondenz. Der Machtkampf zw. K. und dem Staatssekretär (auch dieser war häufig Kardinal, →Kardinalstaatssekretär) wurde 1644, endgültig 1692 zugunsten des letzteren entschieden.

LIT. A. Kraus, Das päpstl. Staatssekretariat unter Urban VIII., 1623–1644 (1964).

Kardinalprotektor. Kardinal, dem die Schutzherrschaft über Orden, Kongregationen, Kirchen, Bruderschaften usw., früher auch über Nationen und Reiche übertragen wurde. Die Aufgaben bestanden in Fürsprache, Rat und Vermittlung in schwierigen Angelegenheiten.

LIT. J. Wodka, Zur Geschichte der nationalen Protektorate der röm. Kurie (1938); A. A. Strnad, Aus der Frühzeit des nationalen Protektorates der Kardinale. In: ZRG KA 81 (1964).

Kardinalshut. Abzeichen der Kardinalswürde, ein flacher, runder Hut mit sehr breiter Krempe, von der mit Knoten und Quasten versehene Schnüre herabhängen, deren Zahl um 1600 auf 15 festgelegt wurde. Der K. wird nur äußerst selten getragen, z. B. bei der Kreierung; er dient zum Schmuck der

Titelkirche, des Wappens und des Sargs des Kardinals. In der bildenden Kunst ist er das Attribut des hl. Hieronymus. Auch Roter Hut genannt.

Kardinalskongregationen (Sacrae Congregationes, Kongregationen). Behörden der Curia Romana, aus einer Anzahl von Kardinälen, Konsultoren (Fachleuten), Notaren und dem erforderlichen Kanzleipersonal zusammengesetzt.

a) Die Congregatio Sancti Officii, kurz Sanctum Officium genannt (urspr. Bez.: Congregatio Romanae et universalis Inquisitionis), seit 1542 bzw. 1588, unter dem Vorsitz des Papstes zum Schutz der Glaubens- und Sittenlehre, zuständig für Glaubensdelikte (Apostasie, Häresie, Schisma) in erster oder letzter Instanz, für dogmatische Fragen, Indizierung von Büchern.

b) Die Congregatio Consistorialis (seit 1588) unter dem Papst als Präfekten, zuständig für die Errichtung, Aufhebung, Veränderung von Kirchenprovinzen, Diözesen, Dom- und Kollegiatkapiteln, Ernennung von Bischöfen, Weihbischöfen, Koadjutoren und die hierfür erforderlichen Informativprozesse.

c) Die Congregatio de Disciplina Sacramentorum (seit 1908), zuständig für die Verwaltung der Sakramente, soweit nicht Fragen des Dogmas berührt werden, oder der Riten (dafür zuständig die Ritenkongregation).

d) Die Congregatio Concilii (seit 1564) für die Disziplin des Weltklerus und der Laien, Ämter- und Pfründensachen.

e) Congregatio de Religiosis (seit 1586 bzw. 1908) für alle Angelegenheiten der Orden und Kongregationen zuständig.

f) Congregatio de Propaganda Fide (seit 1622) für das gesamte Missionswesen.

g) Congregatio Rituum (seit 1588) für die Liturgie und Zeremonien der lateinischen Kirche und die Ordnung des gesamten Kultus.

h) Congregatio Caeremonialis (seit 1588) für Gottesdienst und Zeremoniell am päpstlichen Hof.

i) Congregatio pro negotiis ecclesiasticis extraordinariis (seit 1793 bzw. 1827), Präfekt der Kardinalstaatssekretär, für kirchenpolit. Angelegenheiten, insbes. Verhandlungen mit Staaten über Errichtung von Bistümern, Bischofsernennung, Abschluß von Konkordaten.

k) Congregatio de Seminariis et Universitatibus (seit 1588 bzw. 1824) für kirchl. Hochschulen.

l) Congregatio pro Ecclesia Orientali (seit 1917), Präfekt ist der Papst, zuständig für alle Angelegenheiten der unierten Kirche. Für Glaubens- und Sittenfragen bleibt auch hier das S. Officium zuständig.

m) Congregatio Fabricae S. Petri für die Vermögensverwaltung des Petersdomes.

Kardinalstaatssekretär. Polit. Ratgeber des Papstes, Leiter des Staatssekretariats. Das Amt des K. entwickelte sich aus der ma. Institution der fürstl. Sekretäre. Um 1550 begegnet die Bez. Staatssekretär für den secretarius secretus. Der Machtkampf zw. Kardinalnepot und Staatssekretär endete mit dem Sieg des letzteren endgültig 1692.
LIT. A. Kraus, Das päpstl. Staatssekretariat unter Urban VIII., 1623–44 (1964); ders., Der Kardinal-Nepote Francesco Barberini und das Staatssekretariat Urbans VIII. In: Röm. Quartalschrift 64 (1969) 191–208; W. Baum, Luigi Maria Torrigiani (1697–1777), K. Papst Klemens' XIII. In: Zeitschrift für kath. Theologie 94 (1972) 46–73.

Karenz, Karenzjahre (von lat. anni carentiae, Wartezeit, Sperrfrist). Im Benefizialrecht üblicher Begriff. Man versteht darunter jene Zeit, die bis zur Zulassung zur Residenz und den Einkünften eines Kanonikats verbracht werden muß.

Karikatur (lat. caricare, überladen). Die Geschichte der Karikatur, der Darstellung des menschl. Zerr- und Spottbildes, reicht zurück bis in das Neue Reich Ägyptens (1580–1085 v. Chr.), doch wurde sie erst im 19. Jh. eine Kunst um ihrer selbst willen, nachdem bereits während der Neuzeit mit bes. Schärfe karikiert worden war. Von Bedeutung war für die moderne K. die Schaudermalerei des MA.
Was die K. ausmacht und sie von der Groteske unterscheidet, ist die satir. Absicht. Schon im SpätMA, insbes. aber seit der Reformation, konnte sie bis zur Verteufelung gehen. Zum Wesenselement der K. gehört es, über den Menschen, sein Wesen und seine Handlungen zu richten. In der Regel richtet sie sich gegen Personen und Institutionen, die Anspruch auf Absolutheit erheben. Im MA waren es insbes.

Mönche, Ärzte, Richter, Gelehrte und Landsknechte, seit der Reformation die Institutionen Kirche und Staat, aber auch als irreal erkannte Erscheinungen des Alltags, die das Ziel der K. bildeten. Zu einer alltägl. Erscheinung wurde sie durch die Gründung von satir. Zeitschriften, die sich ihr ausschließlich widmeten, so in Frankreich 1830 ›Caricature‹, 1832 ›Charivari‹, in England 1841 ›Punch‹, in Dtl. 1844 ›Fliegende Blätter‹ (München), 1848 ›Kladderadatsch‹ (Berlin), 1896 ›Simplizissimus‹ (München). In Zeiten außergewöhnlicher Spannungen zwischen Völkern, Weltanschauungen oder Klassen war die K. durch Haß geprägt, so z. Zt. der Reformation und Gegenreformation, des Gegensatzes zwischen England und Frankreich im 18. Jh. und der Napoleon. Herrschaft sowie der beiden Weltkriege.
LIT. G. Hermann, Die dt. K. im 19. Jh. (1901); F. Conring, Das dt. Militär in der K. (1907); E. Fuchs, Der Weltkrieg in der K., 1 (1916); ders., Die K. der europ. Völker vom Altertum bis zur Neuzeit. 2 Bde. (⁴1921); ders., Die Juden in der K. (²1921); Th. Heuß, Zur Ästhetik der K., hrsg. von der Gesellschaft der Bibliophilen (1954); W. Hofmann, Die K. von Leonardo bis Picasso (1959); W. Loch, K. Görres, Polit. K. und ihr Einsatz im Unterricht (1985).

Karlisten, Karlistenkriege. Nach dem Tode Ferdinands VII. (1833) wurde seine Tochter Isabella II. (reg. 1833–68) Königin von Spanien, Regentin aber war ihre Mutter, Maria Cristina, deren Lebenswandel ebensosehr Anstoß erregte wie ihre absolutist. Herrschaft. Für die Rechte des Thronprätendenten Don Carlos, des Bruders des verstorbenen Königs Ferdinand, setzten sich die Karlisten oder Legitimisten ein, die Cristinos traten ein für die Rechte der Regentin. Die Spaltung und die Gegensätze wurden vertieft durch Republikaner, Progressistos und Moderatos. Die Karlistenkriege 1833/40 und 1849/50 für die Erbrechte des Don Carlos nahmen stellenweise den Charakter eines Religionskrieges (Verteidigung der kath. Kirche gegen den Liberalismus) an. Hinzu kam der Kampf um die Freiheiten der alten Länder Spaniens, Navarras und der Baskengebiete. Im Span. Bürgerkrieg 1936–39 standen die Karlisten auf seiten Francos. Nach dem Aussterben der karlist. Linie (1936) wurde im April 1937 Carlos Hugo, Prinz von Bourbon-Parma (geb. 1930), zum Thronanwärter bestimmt. Allerdings bestieg Juan Carlos, der Enkel Alfons XIII., 1960 von Franco als erster Thronanwärter anerkannt, 1969 zum Thronfolger ernannt, 1975 als Juan Carlos I. den span. Thron.
LIT. R. Oyarzun, Historia del Carlismo (1939); H. Gollwitzer, Der erste Karlistenkrieg und das Problem der internationalen Parteigängerschaft. In: HZ 176 (1953).

Karlowitz, Friede von. (26. 1 1699). Der F. v. K. beendet den großen, seit 1683 dauernden Türkenkrieg nach dem Sieg des Prinzen Eugen von Savoyen bei Zenta (11. 11. 1697) und dem Eingreifen von Polen, Rußland und Venedig in den Krieg. Die Türkei muß Ungarn, mit Ausnahme des Temesvarer Banats, den größten Teil von Slavonien und Kroatien an Österreich, Kamenez an Polen und Asow an Rußland abtreten. Mit dem fast gleichzeitigen Frieden von Rijswijk (1697), durch den im Westen wichtige Gebiete an Frankreich verlorengehen, markiert der F. v. K. die Umorientierung der Habsburger Monarchie vom Rhein zur Donau, den Aufstieg Österreichs zur europ. Großmacht.
LIT. M. R. Popović, Der F. v. K. (Diss. Leipzig 1893).

Karlsbader Beschlüsse. Die durch das Attentat Karl Sands auf A. von Kotzebue (22. 3. 1819) ausgelösten, auf 23 Karlsbader Konferenzen vom 6.–31. 8. 1819 von zehn dt. Staaten (Österreich, Preußen, Bayern, Sachsen, Hannover, Württemberg, Baden, Mecklenburg-Schwerin und Strelitz, Nassau) beschlossenen Entwürfe zu vier Bundesgesetzen; einem Universitätsgesetz, einem Pressegesetz, einem Untersuchungsgesetz gegen bundesfeindl. Umtriebe und einer Exekutionsordnung. Das Pressegesetz bedeutete die Aufhebung der in Art. 18 der Bundesakte versprochenen Pressefreiheit, die Einführung einer Vorzensur für Schriften bis zu 20 Druckbogen und einer Nachzensur für umfangreichere Werke. Das Untersuchungsgesetz brachte die Einrichtung einer Zentralbehörde zur näheren Untersuchung der in mehreren Bundesstaaten entdeckten revolutionären Umtriebe. Der strittige Art. 13 der Bundesakte über »landständ. Verfassungen« sollte im altständ. Sinne ausgelegt werden, der dem »monarch. Prinzip« Vorrang vor dem Prinzip der Volkssouveränität gab.

Die K.B. waren kein Bundesstaatsstreich, aber ihre einstimmige Annahme im Bundestag (20. 9. 1819) wurde durch Überrumpelung der in Karlsbad nicht beteiligten Gliedstaaten und die Hegemonie der größeren Staaten erreicht. Die K.B. waren die schärfsten Maßnahmen im Dt. Bund gegen die »demagog. Umtriebe«, die Burschenschaften, die nationalen und liberalen Bestrebungen. Am 2. 4. 1848 wurden die K.B. aufgehoben.

Text. E. R. Huber, Dokumente I, 31 ff.

LIT. H. von Treitschke, Dt. Geschichte II; F. Schnabel, Dt. Geschichte II; E. R. Huber, Dt. Verfassungsgeschichte I (1957) 732–53; E. Büssem, Die K.B. von 1819 (1974).

Karmeliten, Karmeliter. Ordo Fratrum B. M. V. de Monte Carmelo (O Carm): Orden U. L. Frau vom Berge Karmel, einer der großen Bettelorden, in der zweiten Hälfte des 12. Jh. von Kreuzfahrern als Einsiedlerorden an der Eliasquelle auf dem Berge Karmel (hebr., Baumgarten) in Samaria ins Leben gerufen. 1214 erhielt er eine von dem Patriarchen Albertus von Jerusalem verfaßte Regel, die von Papst Honorius III. bestätigt wurde. Während der Sarazenenverfolgungen verbreitete sich der Orden in England (1241), Frankreich (1251), im Reich mit der ersten Niederlassung in Köln. Neben dem beschaulichen Leben, dem Studium der Theologie und der Seelsorge widmeten sich die K. dem Unterricht in den Klosterschulen. Auf die Reform des Johann Soreth geht der weibl. Zweig (Karmelitinnen) zurück. Verschiedene K. setzten sich in der Reformationszeit nachhaltig für die kath. Restauration ein (z. B. Andreas Stoß in Nürnberg). Der von Teresa von Avila reformierte Orden der Unbeschuhten K. (Ordo Fratrum Carmelitarum Discalceatorum, abgek.: OCD) drang von Westen kommend auch in Dtl. ein; ein erstes Kloster war in Köln 1613; eine Ordensreform fand 1627 in Würzburg statt. Seit 1593 Trennung in Beschuhte und Unbeschuhte K.

Der hauptsächl. auf Innerlichkeit ausgerichtete Orden spielte bei den Rekatholisierungsbestrebungen des 17. Jh., nicht zuletzt wegen seiner strengen Lebensführung, eine hervorragende Rolle. Der Marienverehrung (Skapulierbruderschaft) kam im 17. Jh. eine große Bedeutung zu; daneben geht die volkstümliche Verehrung des Prager Jesuskindes auf die K. zurück. Die beiden bedeutendsten Heiligen des Ordens sind Teresa von Avila und Johannes vom Kreuz. Die Säkularisation hob fast alle Klöster auf. Von den überlebenden Karmeliterklöstern in Würzburg und Straubing aus hat sich der Orden in Dtl. regeneriert. Beachtlich sind auch die Verdienste des Ordens um die Wissenschaft: Paulinus vom hl. Bartholomäus gab die erste gedruckte Sanskritgrammatik heraus. Die Karmelitin Edith Stein wurde ein Opfer der NS-Diktatur.

LIT. G. Mesters, Geschichte des Karmeliterordens (1958); LThK V, 1266–72; Giovanna della Croce, Der Karmel und seine myst. Schule (1962); A.-E. Steinmann, Carmel vivant (Paris 1963); V. Schmitt, Karmel in Dtl. (1981); W. Herbstrith, Edith Stein. Ein neues Lebensbild in Zeugnissen und Selbstzeugnissen (1983).

Karolus Magnus et Leo Papa. Bez. eines Epos (Fragment?), das um 800 in der Umgebung Karls d. Gr. verfaßt wurde und für das Hofleben eine anschauliche Quelle darstellt.

Text: MGH Poetae I (1881) 366–81.

Karsthans. Flugschrift 1521, im Anschluß an Thomas Murners gegen Luther gerichtetes Buch ›von dem bapstum‹ veröffentlicht. Im gleichen Jahr ließ Butzer dem ›K.‹ sein ›Gesprech bichlin neuw K.‹ folgen. Der Neue K. will die Bauern auf die Seite des luth. Adels bringen. Der K. ist die volkstümlichste und verbreitetste Gestalt der Flugschriftenliteratur der Reformationszeit, von St. Gallen ausgehend, hauptsächlich im dt. Süden und Südwesten verbreitet. Es ist der Bauer, der mit dem Karst (Hacke) seinen Lebensunterhalt gewinnt, der schlichte, den Doktoren und Pfaffen an Wissen und Gottesfurcht überlegene »gemeine Mann«.

Ausgaben: Karsthans, hrsg. von H. Burckhardt (1911); Neu-Karsthans, hrsg. von E. Lehmann (1930).

Kartage. Haupttage der Karwoche: Gründonnerstag, Karfreitag und Karsamstag; sie haben wie die ganze mit der Messe des Palmsonntags beginnende Karwoche eine liturg. Sonderstellung und ein reiches Brauchtum. Ihre Liturgie ist seit 1965 neu geregelt.

LIT. LThK VI, 4–9; H. Schmidt, Hebdomada Sancta, 2 Bde. (1956–57); G. Schreiber, Die Wochentage im Erlebnis der Ostkirche und des christl. Abendlandes (1959).

Kartätsche (abgeleitet von ital. cartaccia, grobes Papier, Tüte, Rolle; cartouche, gerollte Einfassung von Papier). Artilleriegeschoß (seit 1611), das mit Bleikugeln gefüllt ist, ähnlich einer Schrotpatrone, auf lebende Ziele und kurze Entfernungen verwendet wurde, durch moderne Sprenggranaten jedoch überholt ist.

Kartätschgeschütz. Mehr- oder Schnellfeuergeschütz zur Verwendung von Kartätschen.

Kartaune (zu ital. cartona, kurze Kanone, neulat. quartana, Viertelstück). Schweres Geschütz des 15.–17. Jh., mit 25pfündigen Geschossen, kam Ende des 15. Jh. über die Schweiz nach Dtl.

Kartause. Bez. für eine Niederlassung der Kartäuser. Charakteristisch: kleine zusammenhängende und doch unabhängige Häuschen mit je einem kleinen Garten. Die histor. bedeutsamsten K. im dt. Sprachgebiet sind: St. Margarethenthal in Klein-Basel; Marienparadies bei Danzig, St. Barbara in Köln, St. Michaelsberg vor Mainz, Prüll bei Regensburg, Marienbühl in Straßburg-Königshofen, St. Alban bei Trier, Hortus angelorum in Würzburg; in Italien: Pavia, Florenz, Neapel; in Spanien: Burgos, Xerès; in Frankreich: Gaillon, Paris. LIT. LThK VI, 1379 ff.

Kart(h)äuser (lat. Ordo Cartusiensis, abgek.: O. Cart.). Einsiedlerorden, gegr. von dem hl. Bruno (geb. 1032 zu Köln, gest. 1101 in Kalabrien). 1084 errichtete Bruno mit sechs Gefährten in der Bergwildnis der Chartreuse nordwestl. von Grenoble eine Einsiedelei (cartusia), die das Mutterkloster seines Ordens werden sollte (La Grande Chartreuse). Nach dem Mutterkloster heißen alle Klöster Kartause (franz. Chartreuse, ital. Certosa). Der Kartäuserorden (eigene Statuten 1127, 1133 bestätigt) breitete sich schnell aus, erreichte seine größte Entfaltung im 14./15. Jh. und ist bis heute der ausschließlichen Pflege der Beschaulichkeit treu geblieben. Er verbindet in eigenartiger Weise bereits in der baulichen Anlage seiner Klöster Einsiedler- und Gemeinschaftsleben. Der Kartäuserorden wurde niemals reformiert. Bedeutende K.: Guigo von Kastell, Hugo von Balma, Ludolf von Sachsen, Dionysius der Kartäuser, Georg Pirkheimer (1477–1504, Prior in Nürnberg, verdient um die Sammlung und Herausgabe der Schriften des Thomas von Kempen), Johannes Justus Landsperg (1490–1539), Sigismund Diez (der kunstsinnige und gelehrte Prior der Kartause Prüll, (1677–1719). In der Zeit des aufgeklärten Absolutismus, der Franz. Revolution und durch die Säkularisation wurden fast alle Kartausen aufgehoben. 1958 gab es noch 18 Kartausen, davon eine in Dtl. LIT. J. Greven, Die Kölner Kartause und die Anfänge der kath. Reform in Dtl. (1935); P. van der Meer de Walcheren, Das weiße Paradies (1949); M. Picard, Die Welt des Schweigens (1948; ³1959); LThK V., 1381–84; M. Zanidkar (Hrsg.), Die K. (1983).

Kartusche (von lat. charta, Papier, aus dem Franz. übernommen).
[1] In der Baukunst des Barock verwendetes Zierglied; besteht aus einer schildförmigen Fläche und einem aus Rollwerk gebildeten Rahmen; diente zur Aufnahme von Wappen und Emblemen.
[2] Militär; Ladung, Patrone, Patronenbund; je nach der Entfernung, die ein Geschoß erreichen soll, bemessen.

Karwoche (von ahd. kara, Sorge, Kummer). Die Woche vor Ostern, auch Stille Woche genannt, dem Gedächtnis des Leidens und Sterbens Christi im bes. Maße gewidmet und im Zusammenhang mit Ostern, der Auferstehung Christi, zu sehen.

Karyatiden. In der Architektur statt Säulen verwendete Mädchenfiguren, z. B. am Erechtheion.

Karzer (lat. carcer). Kerker; im akadem. Bereich: Universitätskarzer, nachgewiesen für Heidelberg 1387, Tübingen 1477.

Kasematte (von lat. casamatta). Der Begriff gelangt über das Französische gegen Ende des 16. Jh. in die militär. Fachsprache Deutschlands. Er bez. ein schußsicheres Gewölbe, einen Raum in Festungswerken oder einen gepanzerten Geschützstand.

Kaserne (aus lat. quaderna oder casa und dem Ital. und Franz. übernommen). Urspr. der Raum auf Festungen, der für die (je vier = quaterni) zur Nachtwache bestimmten Soldaten vorgesehen war; dann Daueruntersunft von Truppen, mit dem Aufkommen der stehenden

Heere im Zeitalter des Absolutismus in größerem Umfang gebaut.

Kassandrarufe. Sprichwörtl. Ausdruck zur Umschreibung vergeblicher Warnungen. Nach Kassandra (Tochter des Priamos), der trojanischen Seherin, gebildet, die vergeblich davor gewarnt hatte, daß die Trojaner das hölzerne Pferd in ihre Stadt führten. Kassandra wurde nach dem Fall Trojas von Agamemnon als Beute nach Mykene gebracht und dort mit ihm zusammen von Klytämnestra ermordet. Ihren Tod erlebte sie visionär voraus.

Kaste (von portugies. casta, Rasse, Abkunft, Geschlecht). Urspr. als Bez. der »unvermischten Rasse« der Iberer gegen die Mauren gebraucht; im 16. Jh. von den Portugiesen auf die streng abgeschlossenen sozialen Gruppen Indiens übertragen. Zugehörigkeit zu einer K. kann nur durch Geburt erworben, nicht verändert werden. Von den Brahmanen bis zu den Parias (den Unberührbaren) sind ca. 3000 K. durch komplizierte Gebote getrennt.
LIT. A. M. Hocart, Caste: A Comparative Study (London 1950); M. M. Tumin, Caste in a Peasant Society (Princeton 1952).

Kastell (zu lat. castrum, befestigtes Truppenlager). Im MA Bez. für Burgen, später auch für Teile von Befestigungsanlagen angewandt.
LIT. A. Johnson, Röm. Kastelle (1987).

Kastellan (zu lat. castellanus, zu einem Kastell gehörig; franz. châtelain). Im MA Befehlshaber einer Burg, Burgvogt.

Katakomben. Catacumbas war die Bez. des einzigen stets zugänglich gebliebenen unterirdischen Coemeteriums bei der Basilika S. Sebastiano in Rom; von dort wurde der Begriff seit dem 16. Jh. auf alle ähnl. Begräbnisstätten der Christen übertragen. Die unterirdische Bestattung steht in keinem Zusammenhang mit den Christenverfolgungen; zunächst waren die K. Familiengräber; da die Begräbnisstätten unter dem Schutze des röm. Gesetzes standen, wurden sie bei Verfolgungen gelegentl. als Zufluchtsstätten benutzt. Zur Entwicklung der K. und ihrer Umgestaltung trug die Märtyrerverehrung im 4. Jh. bei. Auch in Mittelitalien, Sizilien, Nordafrika und im Vorderen Orient gab es K. Inschriften und Malereien der K. sind wichtigste Zeugnisse der Geschichte des frühen Christentums. Die seit dem 8. Jh. vergessenen K. wurden gegen Ende des 16. Jh. wiederentdeckt; ihre Erforschung wird seit dem 19. Jh. betrieben.
LIT. E. Bock und R. Goebel, Die K.-Bilder aus der Welt des früheren Christentums (1963); P. Testini, Le catacombe e gli antichi cimiteri cristiani in Roma (Bologna 1966).

Katakombenheilige. Während des 8. und 9. Jh., dann seit Wiederentdeckung der Katakomben gegen Ende des 16. Jh. wurden die Katakomben auf der Suche nach »Heiligengebeinen« ausgeräumt. Unkenntnis und Mißbräuche konnten dabei auch besorgte Kritik (Papebroch, Muratori) oder Spott bei den Protestanten bis ins 19. Jh. nicht beseitigt werden.
LIT. LThK VI ([2]1961) 19–26; L. Hertling-E. Kirschbaum, Die röm. Katakomben und ihre Märtyrer ([2]1955).

Katalaunische Felder, Schlacht auf den (451). Ungenaue Bez. für die Mauriazensischen Gefilde bei Troyes, wo die Römer unter Aetius mit den verbündeten Westgoten unter Theoderich I. die Hunnen unter Attila und die mit ihm verbündeten Ostgermanen besiegten.

Katalog (griech). Verzeichnis, Liste; in der Antike Aufzählung verschiedener Gegenstände, später vor allem alphabet. bzw. nach bestimmten Regeln erstellte Verzeichnisse von Werken der Wissenschaft und Kunst. Ältere Form: handgeschriebene Bandkataloge; neuere Form: Zettelkataloge. Alphabet. Verfasserkataloge sind nach Verfassernamen geordnet; daneben gibt es Sachkataloge, Schlagwortkataloge, oftmals Auswahlkataloge meist jüngeren Datums und gewöhnlich nicht erschöpfend. Systemat. K. erfassen das Material unter bestimmten Gesichtspunkten. Zentralkataloge befinden sich an größeren Bibliotheken. 1957 wurden die Pläne einer einheitl. Katalogisierung der Handschriften des deutschen Kulturkreises wiederaufgenommen. Nicht zu Ende geführt sind das Verzeichnis der Handschriften im Deutschen Reich T. 1 ff. (Leipzig 1938 ff.) und das Handschriftenverzeichnis Österreich. Bibliotheken Bd. 1 ff. (Wien 1927 ff.).
LIT. K. Löffler, Einführung in die Katalogkunde ([2]1956); W. J. Wilson, Manuscript cataloging. In: Traditio 12 (1956) 457–555; Regeln für alphabet. Katalogisierung, hrsg. vom Verein Dt.

Bibliothekare (1965); G. Rusch, Einführung in die Titelaufnahme. 2 Bde. (1967).

Katapult (griech.-lat.). Wurfmaschine, seit dem 4. Jh. v. Chr. (Dionysios von Syrakus) bes. bei Belagerungen verwendet. Allg. Geschütz, Pfeilgeschütz.

Kataster (von lat. capitum registrum, Kopfsteuerliste). Staatliches Verzeichnis der Grundstücke, ihrer Größe, Benutzung usw. Die Anlage eines den Steuerbedürfnissen des Staates angemessenen K. erfolgte in manchen Staaten bereits im 18. Jh.; in der österreich. Lombardei (censimento milanese) 1719–60; in den österreich. Erblanden (Theresianischer K.) 1748–49. Der K. bot die Grundlage für die direkte Besteuerung nach dem Wert und den Erträgnissen des Steuerobjekts und bedeutete einen Schritt zur Durchsetzung der Steuergleichheit.

Katastrophentheorie (auch Kataklysmentheorie genannt). Die K. wurde von G. Cuvier aufgestellt; sie besagt, daß sämtl. Lebewesen am Ende jeder Erdperiode durch große Naturkatastrophen vernichtet wurden und immer wieder neue Arten geschaffen wurden; sie versucht auf diese Weise, die große Verschiedenheit der fossilen Funde zu erklären. Gegensatz: →Evolutionstheorie.

Katharer (griech., die Reinen). Eine vom Balkan kommende Sekte, die erstmals 1143 in Köln auftritt, sich bes. in Südfrankreich und Oberitalien verbreitet (dort gazzari genannt, daher Ketzer). Ihre dualist., von den Bogomilen übernommene Lehre trat erst 1167 hervor und verdrängte ihr Armutsideal und Reformstreben. Dem guten Gott stellen sie den Teufel als bösen Gott und Weltenschöpfer entgegen; die Menschenseelen sind gefallene Engel. Die Sakramente und die Hierarchie der Kirche werden abgelehnt. Ehe, Eid, Krieg sind sündhaft; höchste Instanz ist das Katharerkonzil; nur die reinen Perfecti sind des Heils sicher. Trotz bald erfolgter Aufspaltung konnten Kreuzzüge (→Albigenser) und Mission die K. nicht überwinden, bis die Kirche durch dogmat. Abwehr und Reformen, durch Dominikus und Franz von Assisi und die von ihnen ausgehenden Ordensgründungen und Bestrebungen den K. ihren besten Anhang zu entziehen begann. Seit 1250 hatten die K. kaum noch Einfluß, wenn auch in entlegenen Gegenden die Sekte bis ins 14. Jh. erhalten blieb.

LIT. A. Borst, Die K. (1953); LThK VI, 58–61; O. Rahn, Kreuzzug gegen den Gral (²1964); B. Belperron, La croisade contre les Albigeois (Paris 1967); G. Wild, Bogumilen und Katharer in ihrer Symbolik (1970); H. Grundmann, Ketzergeschichte des MA (³1978); G. Rottenwöhrer, Der Katharismus. 4 Teile (1982).

Kathedersozialisten. Bez. einer Richtung in der dt. Volkswirtschaftslehre und Politik, die auf dem Kongreß von Eisenach 1872 der »manchesterlichen Schule« den Kampf ansagte und im Staat »das große Moralinstitut zur Erziehung der Menschheit« sah; von ihren liberalen Gegnern aufgrund der großen Anzahl von Professoren, die an dem Kongreß teilnahmen, als »K.« (H. B. Oppenheim) verspottet. Die K. waren keine Sozialisten, sondern Reformer. Im Gegensatz zu dem liberalen Manchestertum forderten die K. größeren Anteil des Volkes am Sozialprodukt und eine Entspannung der sozialen Verhältnisse. Die Grenzen zum Staatssozialismus sind manchmal fließend. Wichtigste Vertreter: Adolph Wagner mit seiner ›Grundlegung‹ (1. Ausg. 1876), seiner ›Finanzwirtschaft‹ und seinen Aufsätzen im ›Handwörterbuch der Staatswissenschaften‹ und in der ›Zeitschrift für die gesamte Staatswissenschaft‹, ferner G. Schmoller und L. Brentano.

LIT. G. Wittrock, Die Kathedersozialisten bis 1872 (1939); F. Völkerling, Der dt. Kathedersozialismus (1959); H. Rübner (Hrsg.), Adolph Wagner (1978).

Kathedra. Mit Arm- und Rückenlehne versehener Sitz für Herrscher, Richter, Lehrer, in christl. Zeit auch für Bischöfe (Bischofsthron) wegen ihrer Lehrautorität und Eigenschaft als kirchl. Richter (→Cathedra).

Kathedralabgaben →Cathedraticum.

Kathedrale (von spätrom. cathedra, Sitz). Kirche des Bischofs, Metropoliten, Patriarchen; Hauptkirche des Bistums, Erzbistums, Patriarchats. Während in England und Frankreich K. sich als Bez. für die Bischofskirche durchgesetzt hat, ist **Dom** (von lat. domus Dei: Haus Gottes) in Dtl. üblich geworden. In der K. sollen die Weihen und Synoden stattfinden. Mit der K. hat sich die Vorstellung gotischer Architektur, Pla-

stik und Glasmalerei verbunden, doch entspricht das nur sehr bedingt dem histor. Sachverhalt.
LIT. LThK VI, 67; DDC V, 228–33; H. Sedlmayr, Die Entstehung der K. (1950); O. G. von Simson, The Gothic Cathedral (London 1956); G. Bandmann, Mittelalterl. Architektur als Bedeutungsträger ([2]1959).

Kathedralentscheidungen (ex cathedra). Unfehlbare päpstl. Entscheidungen (→Infallibilität).

Kaudinisches Joch. Bez. für eine Zwangslage, aus der es ohne schwere öffentl. Demütigung kein Entrinnen gibt. Im zweiten Samniterkrieg wurden die Römer in den Engpässen von Caudium (heute Montesarchio, Mittelitalien) eingeschlossen und geschlagen (321 v. Chr.). Als Besiegte mußten sie waffenlos unter einem Joch von Speeren hindurchgehen.

Kavalier (zu lat. caballus, Pferd, über ital. cavaliere, Reiter, Ritter, franz. cavalier, um 1600 ins Deutsche eingedrungen). Zunächst Titel der Angehörigen eines ritterl. Ordens. Seit 1614 allg. für adeliger Herr, Edelmann, Hofmann verwendet. Bildungsideal des 17./18. Jh.

Kavalierperspektive. Perspektivische Darstellung von einem hochliegenden Blickpunkt aus, durch die Sicht vom Kavalier, einem überhöht angeordneten Festungsvorbau, gewonnen. Heute versteht man unter K. eine Form der schiefen Parallelprojektion, häufig bei Schlachtdarstellungen.

Kavaliersreise. Bildungsreise junger Adeliger in der frühen NZ, hauptsächlich nach Italien und Frankreich, später auch nach England. Die Reiseberichte sind interessant als kulturhistorische Quelle.

Kavalkade. Geschlossener Reiterzug.

Kavallerie (zu lat. caballus, Pferd). In der zweiten Hälfte des 16. Jh. übernommene Bez. für Reiterei.

Kavallerist (nicht vor der Mitte des 18. Jh. im Deutschen). In der Kavallerie behauptete sich das adelige Element stärker als in den anderen Waffengattungen. Die Reiterei im alten Reich war in Geschwader, Fahnen oder Banner (300 Pferde) und Rotten (50 Pferde), später auch in Regimenter eingeteilt. Man unterscheidet bei der Kavallerie u. a. Kürassiere, Ulanen, Husaren, Dragoner.

Kebse. Kebsweib, Konkubine, Nebenfrau, Bettgenossin (ahd. Bebisa, Magd). Die in der Hütte, Bettlerbude wohnende Frau, die in einem eheähnl. Geschlechtsverhältnis mit einem Ledigen oder neben einer gültigen Ehe lebt. Vielfach galt das von einer K. geborene Kind als Kind der kinderlosen Ehefrau. Die Rechtsunsicherheit führte dazu, daß vom Tridentinum (Konzil von Trient) das Konkubinat verboten wurde.
LIT. A. van Selms, Marriage and Family Life in Ugaritic Literature (1954).

Keilschrift. Bez. für die mit Rohrgriffeln in feuchten Ton, später auch Stein, Metall, Wachstafeln geritzte keilförmige, im antiken Vorderasien um 3000 v. Chr. von den Sumerern erfundene, bei Akkadern, Hethitern, Babyloniern, Assyrern verbreitete Schrift. Selbständige Weiterbildungen sind die K. von Ugarit, die altpersische und neuelamische K. Die Bez. K. wurde 1712 von dem Arzt und Reisenden E. Kämpfer (1651–1716) geprägt, die Entzifferung zunächst mit der altpersischen K. durch G. F. Grotefend (1802) begonnen und durch E. Burnouf, Ch. Lassen, H. C. Rawlinson im 19. Jh. fortgesetzt. Die K. ist vor den Hieroglyphen (altägypt. Bilderschrift) die älteste Schrift der Menschheit.
LIT. B. Meissner, Die K. (1922; völlig neu bearb. Aufl. von K. Oberhuber [3]1967); I. J. Gelb, Von der K. zum Alphabet (1958); R. Borger, Hdb. der K.-Lit. I. Repertorium der sumer. und akkad. Texte (1967).

Kelch (von lat. calix). Trinkgefäß, Becher; wichtigstes Gefäß der Meßliturgie zur Darbringung, Konsekration und Austeilung des Weines (bis ins 12./13. Jh. in der kath. Kirche auch an Laien), seit dem frühen MA hauptsächlich aus Edelmetallen hergestellt. In seinen Formen und Ornamenten spiegelt der K. die europ. Kunstentwicklung (vom Tassilokelch des 8. Jh. bis zum klassizist. K.) wieder. Die Forderung nach dem Laienkelch (Laienkelchbewegung) spielte in den vorreformator. Bewegungen (z. B. bei den Hussiten) und in der Reformation eine wichtige Rolle und zielte auf den Empfang des Abendmahls in beiderlei Gestalt (Brot und Wein).
LIT. V. H. Elbern, Der eucharist. K. im frühen MA (1961).

Keller, Kellerer, Kellner (lat. cellarius, cellararius). Auf den Fronhöfen, größeren Grundherrschaften und in Klöstern Gehilfe des Meiers; im Domkapitel Hauptverwalter der domkapitularischen Güter (Domkellnerei). Der K. hatte Aufsichtsrecht über Weinberg, Güter und Keller (cellarium). Im frühneuzeitl. Territorialstaat, z. B. in Württemberg, wurde er dem Amtmann beigeordnet und zog die Einkünfte aus den Domänen (Naturalien), seit dem 16. Jh. auch die übrigen Steuern ein. Sein Amt hieß Kellerei.

keltisch. Zu der idg. Völkergruppe der Kelten in West- und Mitteleuropa gehörend. Die zahlreichen Dialekte der k. Sprache werden in Festlandkeltisch und Inselkeltisch geteilt. Irisch und Gälisch sind seit der Römerzeit überliefert. Das K. gehört zu den westidg. Sprachen.

LIT. J. Moreau, Die Welt der Kelten (1958); A. Furger-Gunti, Die Helvetier. Kulturgeschichte eines Keltenvolkes (1984).

Keltische Kirche. Iroschottische Kirche, die im 4./5. Jh. auf den Brit. Inseln entstandene christl. Kirche, in Klostersprengel organisiert, im 6. Jh. Übergang zur Bistumsorganisation.

Kemenate (mlat. camera, caminata, zu caminare, mit einer Feuerstelle versehen; ahd. cheminata). Schon im 6. Jh. aus dem Lat. entlehnt, bezeichnet K. ein heizbares Zimmer, vor allem das Frauengemach, aber auch Schlafgemach.

Kempen, Schlacht bei (17. 1. 1642). Sieg der franz. Truppen unter J. B. B. Guébriant über den kaiserl. General Wilhelm Lamboy. Das Herzogtum Jülich mit den angrenzenden kurköln. und westfäl. Gebieten geriet im Gefolge dieser Niederlage unter franz. Herrschaft.

Kenotaph. Leeres Grab; bereits aus vorgeschichtl. Zeit bekannt, in der Antike als Opfer- oder Gedächtnisstätte dann errichtet, wenn der Leichnam nicht oder nur an einem anderen Ort bestattet werden konnte.

Kentaur, Kentauren. Fabelwesen der griech. Mythologie mit menschl. Oberkörper und Pferdeleib; in der Kunst beliebtes Motiv: Kentaurendarstellungen in Olympia, Westgiebel des Zeustempels, Parthenonfries.

Kentumsprachen. Eine der Gruppen der überlieferten indogerman. Sprachen, vorwiegend in Europa gesprochen. Gegensatz: **Satemsprachen**, vorwiegend in Asien. Die Unterscheidung beruht auf der Beobachtung, daß ein

Teil des Indogermanischen die palatalen Verschlußlaute zu Spiranten verschoben hat, z. B. lat. centum, got. hunt aber altind. sata, altiran. satem. K. sind: Griechisch, Italisch, Keltisch, Germanisch. Überraschenderweise haben sich das Hethitische (Kleinasien) und auch das Tocharische (Ostturkestan) als K. erwiesen, das Baltoslawische und das Albanesische in Europa aber als Satemsprachen.

Kerberos. Hund, der den Eingang des Hades bewacht, oft dreiköpfig und mit Schlangenschwänzen dargestellt.

Keresztes, Schlacht auf der Keresztes-Ebene (23.–26. 10. 1596). Sieg der Türken über das zur Rettung Erlaus heranrückende kaiserl. Heer unter Erzherzog Maximilian.

Kerze. Aus Talg, Pech, Bienenwachs, seit Beginn des 19. Jh. auch aus Stearin oder Paraffin hergestellter Beleuchtungskörper, vermutl. von den Etruskern oder Römern erfunden. Spielt seit dem 3. Jh. im christl. Kult (Totenkult, Taufe, Evangelienprozession) auf dem Altar eine wichtige Rolle. Umgangssprachlich ist K. im kath. Süden und Westen weitaus verbreiteter als im prot. Norden und Osten, wo die Bezeichnung »Licht« vorherrscht. Im MA war die K. gebräuchlichstes Beleuchtungsmittel in den Wohnungen der Wohlhabenden, im Zeremoniell und bei festl. Anlässen wird sie bis heute verwendet.

Kerzenweihe. Liturg. Feier am 2. Februar, Lichtmeß.

Kesselsdorf, Schlacht von (15. 12. 1745). Die S. v. K. entschied mit dem Sieg der Preußen unter Leopold von Dessau über die sächs. Truppen den Zweiten Schlesischen Krieg und schuf auf der Basis der Konvention von Hannover die Vorbedingungen für den Frieden von Dresden (25. 12. 1745).

Kettenbücher. Libri catenati. Wertvolle Handschriften und Drucke, die in ma. und frühneuzeitl. Bibliotheken durch Ketten gegen Diebstahl gesichert, aber ohne bes. Aufsicht zugänglich waren.

Kettenkirchen. Die Ursprünge der innen und außen mit Ketten umspannten Kirchen sind vermutlich vorchristlich. K. haben meist Leonhard von Nobiliacum zum Patron; vielfach handelt es sich bei den Ketten um Votivgaben befreiter Gefangener, vor allem der aus türkischer Gefangenschaft zurückgekehrten.

Kettenkugeln. Zwei durch eine Kette miteinander verbundene Kugeln, die gleichzeitig aus einem Geschütz abgefeuert werden; sie wurden besonders im 16. und 17. Jh. verwendet, als Nahkampfmittel bei Seegefechten auch noch im 19. Jh. Angreifende feindl. Schiffe konnten mit K. leichter entmastet und bewegungsunfähig gemacht werden. Seit Philipp II. war für jedes größere span. Schiff pro Geschütz eine bestimmte Anzahl von K. vorgeschrieben.

Kettenpanzer. Zum Schutz des Oberkörpers aus Eisenringen oder Eisendraht gefertigtes Panzerhemd.

Kettenstrafe. Noch im 19. Jh. auch in dt. Staaten bekannte Strafe, die nur lebenslänglich verhängt wurde. Durch sie verfiel der Verurteilte dem bürgerl. Tod, seine bestehende Ehe wurde bürgerl. aufgelöst, er selbst wurde vermögensunfähig.

Ketzer (von griech. katharos, rein, über Katharer, ital. gazzari, mhd. ketter). Sammelname für dualist. Sekten des MA, die seit der 2. Hälfte des 12. Jh. auftreten. Seit der Übernahme aus dem Italien. und dem Kirchenlatein bezeichnet K. einen frevelhaften, verworfenen Menschen, den Häretiker. Seit der Reformation von den gespaltenen Kirchen häufig wechselseitig zur Bez. Andersgläubiger gebraucht. Luther galt den Katholiken als »Erzketzer«.

LIT. M. Erbstößer, K. im MA (1984); P. Segl, Ketzer in Österreich. Untersuchungen über Häresie und Inquisition im Herzogtum Österreich im 13. und beginnenden 14. Jh. (1984).

Ketzerei. Spätma. und frühneuzeitl. Bezeichnung für Häresie.

LIT. W. Nigg, Das Buch der K. (^{3}1961); H. Grundmann, Ketzergeschichte des MA (^{3}1978); M. Lambert, Ketzerei im MA (1981).

Ketzerkataloge. Verzeichnisse von Irrlehren, von Justinos, ›Syntagma gegen alle Häresien‹ (vor 150) bis Johannes von Damaskus (ca. 750) reichend. Wichtige Quellen für Geschichte und Begriff der Theologie; das literar. Abhängigkeitsverhältnis der einzelnen K. ist schwer zu klären.

LIT. B. Altaner, Patrologie, Leben, Schriften und Lehre der Kirchenväter (^{3}1951).

Ketzerprozeß. Durch die Konstitution ›Inconsutilem tunicam‹ von 1231 wurde von Friedrich II. das Verfahren der Behandlung der K. für Sizilien geregelt, 1232 auf das Reich ausgedehnt: Ketzer sollten vom Staat aufgespürt, Häresieverdächtige einem kirchl. Gericht übergeben und im Fall eines Schuldspruchs und bei Beharren im Irrtum dem Scheiterhaufen überantwortet werden. Der K. mußte vor der Obrigkeit geführt werden; er stellt gegenüber dem Akkusationsprozeß einen Fortschritt dar. Unter Gregor IX. (1231/32) wurde ein eigenes kirchl. Inquisitionswesen geschaffen. Im Reich ebbte nach 1233 die Inquisition ab, lebte aber zur Zeit des Hexenwahns wieder auf. Höhepunkte spätma. K. sind der Kölner Inquisitionsprozeß gegen Meister Eckehart (1326) und die Verurteilung und Verbrennung von Johann Hus auf dem Konzil von Konstanz (1415). Als gescheitert muß der K. gegen Martin Luther bezeichnet werden. Luther, Melanchthon, entschiedener noch Huldrych Zwingli und Calvin (Hinrichtung von Servet) hielten an der Ketzerverfolgung fest. Erst mit dem Sieg der Aufklärung, endgültig mit der Trennung von Staat und Kirche hörten die K. auf.

LIT. J. Guiraud, Histoire de l'inquisition au moyen âge. 2 Bde. (1935–38); J. Vincke, Zur Vorgeschichte der span. Inquisition (1941); H. W. Schraepler, Die rechtl. Behandlung der Täufer in der dt. Schweiz (1957); O. Hageneder, Studien zur Dekretale ›Vergentis‹ X. V. 7, 10. Ein Beitrag zur Häretikergesetzgebung Innozenz' III. In: ZRG KA 47 (1963) 138–173; J. Fearns (Hrsg.), Ketzer und Ketzerbekämpfung im Hochmittelalter (1968).

Ketzerrecht. Seit Gratians Gesetzen gegen die Arianer und Donatisten und Theodosius I. (Codex Theodosianus: Verlust der Testierfreiheit, Güterkonfiskation, Verbannung) kam es infolge der engen Verbindung von Kirche und Reich in der Spätantike, von Imperium und Sacerdotium, vor allem unter dem Einfluß des Augustinus zur Ausbildung des K. und Rechtfertigung der Ketzerbestrafung. Der Ketzer galt als Feind der universalen Ordnung, als Majestätsverbrecher. Erst mit dem Beginn des 11., mehr noch im 12. Jh. begann die Ketzerei im Abendland ein geschichtl. Faktor zu werden, vor allem mit dem Katharismus. Mit dem Anwachsen der Häresien im HochMA nahm die Bekämpfung der Ketzer und die Ausbildung eines bes. K. zu. Da die Fürsten nach ma. und frühneuzeitl. Auffassung sich auch für das geistlich-jenseitige Heil ihrer Untertanen verantwortlich fühlten, den Religionsbann beanspruchten, gingen sie mit Gesetzen gegen die Ketzer vor (z. B. Karl V. in den Niederlanden).

Der erste große Einbruch in das K. erfolgte mit den Bestimmungen der Wahlkapitulation Kaiser Karls V. (1519) und dem Scheitern des Prozesses gegen Martin Luther. Weitere Einbrüche stellten der Augsburger Religionsfriede mit der reichsrechtl. Anerkennung der Confessio Augustana und die Gewährung des ius emigrandi (Auswanderungsrecht religiös andersdenkender Untertanen, bzw. Ausweisungsbefugnis der Landesfürsten) sowie der Westfälische Friede mit der Aufnahme der Reformierten in den Religionsfrieden und dem Normaljahr (annus normalis) dar. Spuren des K. leben im Reformationsrecht (ius reformandi, Religionsbann) weiter. Auch die neugläubigen Fürsten nach der Reformation fühlten sich zum Schutz des Glaubens, der Reinerhaltung der Lehre, zum Vorgehen gegen Ketzer, Apostaten, Atheisten verpflichtet, doch wurde das K. seit dem Ende des 16. Jh. allg. milder gehandhabt und unter dem Einfluß von Aufklärung, Staatsräson und wirtschaftl. Überlegungen langsam abgebaut.

Ketzertaufe (Ketzertaufstreit). Die von einem Ketzer gespendete Taufe. Die Frage nach der Gültigkeit und der Notwendigkeit einer Wiederholung der Taufe führte, nachdem Tertullian sich gegen die Gültigkeit ausgesprochen hatte, zum **Ketzertaufstreit** zw. Cyprian von Karthago, Firmilian von Cäsarea, deren nordafrikan. und kleinasiat. Anhang einerseits und Papst Stephan I. andererseits. In der abendländ. Kirche setzte sich die von Stephan I., Sixtus II., Augustinus verteidigte röm. Praxis gegen die rigorist. afrikanisch-kleinasiat. Forderungen durch. Nach der röm. Praxis galt jede mit der legitimen Formel gespendete Taufe als gültig, eine Auffassung, die vom Konzil von Trient bestätigt wurde. Das Konzil von Nikaia (325) verlangte die Wiederholung der von antitrinitar. Ketzern gespendeten Taufe.

LIT. LThK VI (^{2}1961) 131 ff.; HKG Bd. I (1963) 404–08; F. de St. Palais d'Aussac, La réconciliation des hérétiques dans l'église latine (1943).

Kipper und Wipper(-Zeit). Vor allem im frühen 17. Jh., in Frankreich zur Zeit der Religionskriege, in Dtl. bes. während des Dreißigjährigen Krieges zur Zeit der Kupferinflation übervorteilten die K. u. W. durch Beschneiden (Kippen) der damals noch ungeänderten Münzen, sowie Betrug beim Wiegen (Wippen) beim Wechseln der Münze den gemeinen Mann und verschärften die Münzverschlechterung.

LIT. H. Ertel, Die Münzen der dt. Kipper (1924); R. Stammler, Die K. u. W. 1601 bis 1633. In: R. Stammler, Dt. Rechtsleben in alter und neuer Zeit, I. Bd. (1939) 181–194; E. Rahnenführer, Die kursächs. Kippermünzen (1963).

Kirche (griech., dem Herrn geweihtes Haus).

[1] Ein dem Gottesdienst durch Konsekration oder Benediktion (nach kath. Kirchenrecht) oder Widmung (ev. Kirchenrecht) geweihtes Gebäude.

[2] Nach kath. Verständnis die von Christus gestiftete, auf ihm beruhende Gemeinschaft der Heiligen, die sich selbst als Glieder seines Leibes versteht. Zu ihr gehören die streitende K. auf Erden, die leidende K. im Fegefeuer, die verherrlichte K. im Himmel. Die vier Kennzeichen der sichtbaren K. sind Einheit, Heiligkeit, Katholizität, Apostolizität. Die kath. K. erhebt den Anspruch, die alleinseligmachende zu sein (Extra ecclesiam nulla salus). Für Luther ist K. dort, wo das Wort Gottes rein gepredigt und angenommen, die Sakramente richtig gespendet und empfangen werden. Für Calvin tritt die Kirchenzucht als konstitutives Element hinzu. Gemeinsam ist der Reformation ein eschatologisch-funktionales Kirchenverständnis. Im 20. Jh. beginnt mit dem Aufkommen der ökumenischen Bewegung ein Wandel im Kirchenverständnis.

LIT. K. Barth, Die K. und die Kirchen (1935); L. Kösters, Die K. unseres Glaubens (^{4}1952); D. Bonhoeffer, Sanctorum communio (^{3}1960); H. S. Brechter u. a., Das Zweite Vatikan. Konzil, II (1962); B. Gassmann, Ecclesia reformata (1968); P. Mikat (Hrsg.), Kirche und Staat in der neueren Entwicklung (1980); A. Birke, K. Kluxen, K., Staat und Gesellschaft im 19. Jh. (1984).

415

Kirchenbann →Exkommunikation, →Anathema.

Kirchengeschichte, Kirchengeschichtsschreibung. Ähnlich wie das Wort Geschichte wird K. in doppeltem Sinn gebraucht, a) zur Bez. der geschichtl. Entwicklung der christl. Kirche, der lat. Kirche, der Ostkirche, des →Protestantismus, b) zur Bez. der Erforschung und Darstellung der K., auch Kirchenhistorie genannt. »Der Gegenstand der K. ist das Wachstum der von Christus gestifteten Kirche in Zeit und Raum. Indem sie diesen ihren Gegenstand von der Glaubenswissenschaft empfängt und im Glauben festhält, ist sie theologische Disziplin und unterscheidet sich von einer Geschichte des Christentums« (H. Jedin). Die K. arbeitet grundsätzl. mit den gleichen Methoden, Mitteln und Hilfswissenschaften wie die Geschichte, bindet sich aber innerhalb des theolog. Bereichs an die jeweiligen glaubensmäßigen Voraussetzungen und ist Teil der Theologie. »Wesen und damit Aufgabe und Methode der K. hängen entscheidend vom Begriff der Kirche und damit von der Funktion ab, die man ihr im Rahmen der Welt- und Heilsgeschichte zuschreibt« (A. Franzen). In der K. spiegelt sich der Wandel des Kirchenbildes und des kirchl. Selbstverständnisses im Laufe der Zeit. Als histor. Wissenschaft bleibt die K. auf die streng wissenschaftl. Erforschung der Tatsachen festgelegt. »Ne audeat historia falsa dicere, ne audeat vera non dicere« (Leo XIII.).

Als »Vater der K.« gilt Eusebius von Caesarea († 339), dessen epochenmachende K. bis 324 reicht, im 5. und 6. Jh. durch Sokrates Scholastikus († 450), Sozomenius († 450), Theodoret, Evagrius u.a. fortgesetzt und im 5. Jh. durch Rufinus von Aquilea († 410) und im 6. Jh. durch Epiphanius ins Lateinische übersetzt wird. Dionysius Exiguus begründet die »christliche Ära« in der Zeitrechnung. Mit ihren historiograph. Leistungen bleibt die lat. Kirche zurück und weist auch im MA, dessen Geschichtsbild entscheidend von Augustinus bestimmt ist, nur unzureichende Versuche für eine Gesamt-Kirchengeschichtsschreibung auf. Objekte der Kirchengeschichtsschreibung sind in erster Linie die kirchl. Vergangenheit eines Volkes, eines Bistums, eines Klosters. Einen bes. Platz nimmt die Hagio-

graphie ein. Das Durchdringen eines neuen Kirchenverständnisses seit den Reformen des 11. Jh. beginnt sich auch auf die K. auszuwirken (Odericus Vitalis, Johannes von Salisbury).

Im Zeitalter des Humanismus und der Renaissance vollzieht sich in der K. eine ähnl. Wende wie in den übrigen Geschichtswissenschaft mit zunehmender Erschließung der Quellen und Ausbildung der Kritik. Die Unechtheit mancher Dokumente (Konstantinische Schenkung u.a.) und Legenden (z.B. Legende von der Päpstin Johanna) wird erkannt, die Kirchenväter werden in kritischen Ausgaben erschlossen. Seit der Glaubensspaltung wirkt der Streit der Konfessionen fördernd auf die kirchengeschichtl. Forschung, und allmählich beginnt die apologet. und polem. Tendenz, die zunächst die Darstellungen stark belastet und die Fortschritte der Quellenerschließung und Kritik z.T. wieder aufgehoben hatte, zurückzutreten. Die Magdeburger Centurien und die Annales ecclesiastici der Caesar Baronius stehen am Beginn einer neuen kirchengeschichtl. Forschung. Im 17. Jh. treiben die Mauriner intensive Quellenforschung, pflegen die Hilfswissenschaften und geben krit. Ausgaben der Kirchenväter heraus. Die Bollandisten beginnen das Monumentalwerk der ›Acta Sanctorum‹. Die ›Gallia Christiana‹, die ›Italia sacra‹ (1644f.), die ›España Sagrada‹ (1747ff.), die ›Germania sacra‹ werden in Angriff genommen, die großen Konziliensammlungen von J. Hardouin (1714f.) und G.D. Mansi (31 Bde., 1759–98) erscheinen.

Die bedeutendsten historiograph. Leistungen des 17. Jh. sind in Frankreich entstanden: Natalis Alexander, ›Selecta historicae eccl. capita‹ (26 Bde., bis 1563 reichend, 1676–86); L.S.L. de Tillemont, ›Mémoires pour servir à l'histoire ecclésiastique‹ (eine krit. K. in Monographien, 16 Bde., 1693–1712). An großen dt. Leistungen ist um die Wende des 17. zum 18. Jh. die ›Unparteiische Kirchen- und Ketzergeschichte‹ des Pietisten Gottfried Arnold zu nennen. Die Aufklärung leitete eine Säkularisierung der K. ein. An den Universitäten kath. Länder wurde nun auch, nachdem Melanchthon schon 1520 in Wittenberg das Studium der K. in seine Universitätsreform eingebaut hatte, K. als Lehrfach eingeführt. In der kirchengeschichtl. Forschung und Quellenerschließung leisteten die Orden, vor allem die Benediktiner, Hervorragendes. Aus dem 18. Jh. ragen an kirchengeschichtl. Darstellungen hervor J. L. Mosheim († 1755), ›Institutiones historiae ecclesiasticae‹ (1755), J. M. Schroeckh, ›Christliche Kirchengeschichte‹ (45 Bde., 1768–1812). Im 19. Jh. macht die K. den Aufschwung der Geschichtswissenschaft mit, insbes. in Dtl., wo die prot. K. einen beachtl. Vorsprung vor der kath. hat. Führende Werke prot. Verfasser des 19. Jh. sind die K. von F. Ch. Baur, 5 Bde. (1853–63); die K. von K. R. Hagenbach. 7 Bde. (1869–72), die K. von K. Hase. 3 Bde. (1885–92). Zu den bedeutendsten prot. Kirchenhistorikern dieser Zeit zählen A. Ritschl († 1889), A. von Harnack († 1930), A. Hauck († 1918), K. Holl, H. von Schubert. An kath. Leistungen sind seit dem frühen 19. Jh. zu nennen F. L. von Stolbergs ›Geschichte der Religion Jesu Christi‹, die K. von Katerkamp. 5 Bde. (1819–34), K. J. Hefeles Konziliengeschichte, ein bahnbrechendes und monumentales Werk. 7 Bde. (1855–74), I. Döllingers Monographien und Untersuchungen, J. Hergenröthers ›Handbuch der allg. Kirchengeschichte‹, 3 Bde. (1876–80. 4 Bde. [6]1924–25), die Arbeiten von Denifle, Ehrle, L. von Pastors Papstgeschichte, die Arbeiten und K. von H. Brück, J. Marx, F. X. Funk, A. Erhard, die von J. P. Kirsch, L. A. Veit, K. Eder u. a. herausgegebene K., die K. von Bihlmeyer-Tüchle, die Papstgeschichte von Seppelt-Schwaiger, die Arbeiten von J. Lortz und H. Jedin. LIT. Handbücher und größere, klassische Darstellungen der Kirchengeschichte: K. Heussi, Kompendium der K. ([16]1981); K. D. Schmidt, Grundriß der K. ([7]1979); K. D. Schmidt-E. Wolf, Die Kirche in ihrer Geschichte (1961 ff.); Bihlmeyer-Tüchle; F. X. Seppelt-G. Schwaiger, Geschichte der Päpste von den Anfängen bis zur Mitte des 20. Jh. I–V ([2]1954–59); E. Caspar, Geschichte des Papsttums von den Anfängen bis zur Höhe der Weltherrschaft. 2 Bde. (1930–33); A. Hauck, K. Deutschlands I–V, 2 (1887–1920, [5-7]1952–53); J. Haller, Das Papsttum. 5 Bde. (1950–53); L. von Pastor, Geschichte der Päpste seit dem Ausgang des MA. 16 Bde. in 22 Bden. (1885 ff., in versch. Auflagen); J. Lortz, Geschichte der Kirche in ideengeschichtli-

cher Betrachtung. 2 Bde. ([21]1962); HKG 6 Bde. (1962–75); M. Greschat (Hrsg.), Gestalten der K. 14 Bde. (Bd. 1–12: 1984–86); J. Lenzenweger, P. Stockmeier, K. Amon, R. Zinnhobler, Geschichte der kath. Kirche. Ein Grundkurs (1986). Zur Geschichte der Kirchengeschichtsschreibung: F. Ch. Baur, Die Epochen der kirchl. Geschichtsschreibung (1832, Neudr. 1962); W. Nigg, Die Kirchengeschichtsschreibung (1934); P. Meinhold, Geschichte der kirchl. Historiographie. 2 Bde. (1967); E. C. Scherer, Geschichte und K. an den dt. Universitäten (1927); A. Franzen, K. In: Sacramentum Mundi II (1968) 1170–1204; H. Jedin in: HKG I; C. Andresen, G. Denzler, dtv-Wörterbuch der K. ([2]1984); C. Uhlig, Funktion und Situation der K. als theologischer Disziplin (1985).

Kirchenlehen →Lehen.

Kirchenprovinz.
[1] Kath. Kirche: Zusammenfassung mehrerer benachbarter Diözesen unter einem Erzbischof.
[2] Ev. Kirche: Verwaltungsbezirke der Ev. Kirche der altpreuß. Union, entsprach bis 1945 der preuß. Provinz, seitdem selbständige Gliedkirche der EKD.

Kirchenstaat (lat. Patrimonium Petri, Vermögen des hl. Petrus; im 19. Jh. Stato Pontificio, päpstlicher Staat genannt). Der K. entstand seit dem 4. Jh. aus dem Grundbesitz der röm. Kirchen in Mittel- und Süditalien. In den Auseinandersetzungen mit den oström. Kaisern und den langobard. Königen schrumpfte er auf den Dukat von Rom zusammen. Durch die Pippinische Schenkung und Karl d. Gr. bestätigt und erweitert, wuchs der K. im 12. Jh. mit dem Erwerb der Mathildischen Güter, wurde dem Papst Innozenz III. von Kaiser Friedrich II. verbrieft (1213), im SpätMA aber durch Gebietsverluste geschwächt, bis Papst Julius II. (1503–13) ihn wiederherstellte, vergrößerte und eigentlich begründete. Im 18. Jh. gingen Parma und Modena an die span. Bourbonen verloren. Napoleon zog den durch die Verluste während der Revolutionszeit stark reduzierten K. 1809 ein. Der Wiener Kongreß stellte den K. erneut her, doch war er politisch, wirtschaftlich und militärisch unhaltbar und ging 1870 völlig im Königreich Italien auf. Die Römische Frage, von dem Garantiegesetz nicht gelöst, wurde in den

Lateranverträgen bereinigt, das Ende des K. damit endgültig bekräftigt.

LIT. H. Fuhrmann, Quellen zur Entstehung des K. (1968); W. Kölmel, Rom und der K. im 10. und 11. Jh. (1935); A. Erler, Aegidius Albornoz als Gesetzgeber des K. (1970); N. Miko, Das Ende des K. 4 Bde. (1962–69); D. P. Waley, The Papal State in the Thirteenth Century (1961); A. Esch, Bonifaz IX. und der K. (1969); C. Weber, Kardinäle und Prälaten in den letzten Jahrzehnten des Kirchenstaats (1978).

Kirchhof. Urspr. jeder Hof um die Kirche, unabhängig davon, ob er als Begräbnisplatz (Friedhof) diente oder nicht; dann auf den christl., nie den jüd. Begräbnisplatz eingeengt. Bis ins 19. Jh. waren die Begräbnisplätze konfessionell streng getrennt, für Andersgläubige gesperrt. Mit der Verlegung der Begräbnisplätze aus der Umgebung der Kirche, zunächst in den Städten des 18. Jh., vor die eigentl. Wohngebiete wird die Bez. K. durch Friedhof verdrängt. Syn. Gottesacker.

Klasse (von lat. classis, Gruppe, Stand, Art). In der Gesellschaftslehre eine Großgruppe von Menschen mit gleicher sozialer Stellung, ähnl. Wirtschaftslage und eigentüml. Gruppeninteresse, deren Angehörige in einem tatsächl. oder bewußten Gegensatz zu anderen sozialen Gebilden stehen (Gegenklasse). Eine K. ist an den Rändern offen und schließt nach »oben« und »unten« an. Das Wort K. wurde zuerst von den Physiokraten geprägt, später vom Marxismus übernommen, mit einem anderen Begriffsinhalt versehen und zur Rechtfertigung des Klassenkampfes benutzt. In marxist. Sicht ist der Ursprung der K. allein im Wirtschaftlichen, im Eigentum und Nichteigentum an Produktionsmitteln zu suchen. Die Gesellschaft wird als aus zwei K. bestehend gedacht (Zweiklassengesellschaft): der der Nur-Arbeiter und der der Nur-Eigentümer. Beide stehen in einem natürl. Gegensatz um die optimale Quote des Sozialprodukts. Im Spätmarxismus umfaßt der Begriff K. die Summe der Anhänger marxist. Parteien, unabhängig von der sozialökonom. Situation. Nach marxist. Prognose führt der Klassenkampf in seiner letzten Phase zur Einklassengesellschaft. Die Arbeiterschaft als »historisch letzte K.« organisiert das »Endreich« einer sozial undifferenzierten, egalitären, klassenlo-

sen Gesellschaft. Eine klassenlose Gesellschaft entspricht jedoch nur einer utop. kommunist. Situation.

LIT. StL IV ([6]1959) 1062–66; K. Marx, Das Kapital. 3 Bde. (1951); L. von Wiese, Gesellschaft, Stände und Klassen (1950); R. Dahrendorf, Soziale Klassen und Klassenkonflikt in der industriellen Gesellschaft (1957); G. Lucács, Geschichte und Klassenbewußtsein. Studien über marxist. Dialektik (1923, Nachdr. 1967); D. Herzog, Klassengesellschaft ohne Klassenkonflikt. Eine Studie über W. L. Warner und die Entwicklung der neuen amerikan. Stratifikationsforschung (1965); R. Herrnstadt, Die Entdeckung der K. (Ost-Berlin 1965); H. Steiner, Soziale Strukturveränderungen im modernen Kapitalismus (1967); J. Graebener, Klassengesellschaft und Rassismus (1971); J. Kocka, Klassengesellschaft im Krieg. Dt. Sozialgeschichte 1914–18 ([2]1978); J. Moser, Ländl. Klassengesellschaft 1770–1848 (1984).

Klassenjustiz. Schlagwort; eine Folgerung aus den Vorstellungen von Karl Marx, daß sich alle geschichtl. Entwicklung in wirtschaftl. Gegensätzen und Klassenkämpfen vollziehe. Der Begriff K. geht von der Vorstellung aus, das Recht werde gegenüber der großen Schicht der Arbeiter anders gehandhabt als gegenüber anderen Schichten; Klasseninstinkte führten, weil das Richteramt nur Personen herrschender Klassen zugängl. sei, zur K. Der Vorstellung der K. wurde mit der Bestimmung der Reichsverfassung 1919 über die Gleichheit aller vor dem Gesetz der Boden entzogen.

LIT. HWDRG II, 858–60.

Klassenkampf. Der Begriff ist notwendig mit dem Begriff Klasse verbunden, da die Klasse nur innerhalb des Begriffspaares »Klasse« und »Gegenklasse« denkbar ist. Vor Karl Marx wurde der Begriff K. von O'Brien, Georg Büchner, Lorenz Stein verwendet. Den histor. Tatbestand des K. als Folge von Interessengegensätzen in der Gesellschaft hat es stets gegeben. Im Marxismus und in der kommunist. Ideologie ist der K. bestimmendes Element und Inhalt der auf Neuordnung der Gesellschaft zielenden Maßnahmen. »Die Geschichte aller bisherigen Gesellschaft ist die Geschichte von Klassenkämpfen«. Karl Marx deutet so die Auseinandersetzung zw. den Klassen als Prinzip der

Weltgeschichte und als unausweichlich. Jeweils eine Klasse sei die ausbeutende, die andere die ausgebeutete. Das Proletariat (Arbeiterklasse, ehedem fast ausschließlich mit körperl. Arbeit beschäftigt) werde von der kapitalist. Bourgeoisie ausgebeutet. Durch Akkumulation und Konzentration des Kapitals nehme der Gegensatz unausweichlich schärfere Formen an. Reformen seien zwecklos. Der K. hat auf gewaltsamem Weg den Sturz der kapitalist. Gesellschaft, die soziale Revolution und die Machtergreifung des Proletariats (Diktatur des Proletariats) als Übergangsstadium zur klassenlosen Gesellschaft zur Folge. Die von Marx aufgewiesene Tendenz einer Aufteilung der Gesellschaft in zwei antagonistisch einander gegenüberstehende Klassen (Arbeiter und Eigentümer) läßt sich nicht halten. Marx selbst spricht von Übergangsklassen und zuweilen von acht Klassen. Die Kritik des Klassendenkens und der Klassenkampflehre weist außerdem darauf hin, daß dabei von einer simplifizierenden Darstellung ausgegangen wird und Entwicklungsgesetze Darwins auf das gesellschaftl. Leben übertragen werden (Sozialdarwinismus). Schließlich werde die Diktatur des Kapitalismus lediglich durch die Staatsallmacht des Proletariats ersetzt. Interessengegensätze gibt es nach marxist.-leninist. Ansicht auch in der nachsozialist. (kommunist.) Gesellschaft, doch sollen sie dort friedlich gelöst werden. In soziolog. Hinsicht ist die Klassenkampflehre nur unzureichend begründet, vor allem fehlen Beweise für das Vorhandensein einer Klassenmoral; der Erkenntniswert der Klassenkampftheorie ist gering, die agitatorische Wirkung indessen immer noch beachtlich. Eine reformistisch-opportunist. Ausrichtung erhielt der K. im Revisionismus; in der Sozialdemokratie gilt er vielfach als überholt. LIT. StL IV (⁶1959) 1066–70; P. Jostock, Grundzüge der Soziallehre und Sozialreform (1946); E. Heinemann, Die sittliche Idee des K. und die Entartung des Kapitalismus (1947); C. Pozzoli (Hrsg.), Spätkapitalismus und K. Auswahl aus den Quaderni (dt. 1972).

klassenlose Gesellschaft. Nach marxistisch-leninist. Ideologie Endziel des Sozialismus. In der nachsozialist. Gesellschaft wird es nach dieser Ideologie keine Klassen, sondern nur noch Interessengruppen geben. Sie stehen jedoch infolge der Beseitigung des Eigentums, der wirtschaftl. und polit. Ungleichheit nicht in Widerspruch zueinander. Die k.G. wird erreicht über die Durchgangsstufe der »Diktatur des Proletariats«. Auch der Zustand in der ehem. Sowjetunion war nach kommunist. Doktrin ein Übergangsstadium.

Klassenwahlrecht →Dreiklassenwahlrecht.

klassisch (von lat. classicus, d.h. urspr. zur höchsten Vermögensklasse gehörend, später im übertragenen Sinne von vollkommen, vom ersten Rang) bez. den Höhepunkt einer Kunstentwicklung. Gegensatz: unklassisch, barbarisch, archaisch. Vor allem angewendet auf die griech. Kunst des 5. Jh. v. Chr. Mit k. verbinden sich die Werte: maßvoll, gesetzmäßig, klar, ausgewogen, schön. LIT. W. Jaeger, Das Problem der Klassik in der Antike (1931); H. Rose, Klassik als künstler. Denkform (1937); H. Wölfflin, Das Klassische (1941); W. Rehm, Griechentum und Goethezeit (²1952); F. Schultz, Klassik und Romantik der Deutschen (²1952).

Klassizismus. Histor. Epochenbegriff für die europ. Kunst von der Mitte des 18. Jh. bis ca. 1830, mit den dt. Zentren Berlin, Weimar, München, Karlsruhe. Gegenbewegung gegen Barock und Rokoko, von Lessing, Winckelmann, Graf Caylus vorbereitet, von der Entdeckung der antiken Kunst und der Aufklärung beeinflußt; erstrebt werden Ebenmäßigkeit, Klarheit, ideale Schönheit. Wichtige Vertreter des K. in der Baukunst: K. F. Schinkel, F. Gilly, F. Weinbrenner, L. von Klenze; in der Plastik: A. Canova, B. Thorvaldsen, G. Schadow, Chr. Rauch, J. H. Dannecker; in der Malerei: R. Mengs, J.-L. David, A. Kauffmann. In der Sakralkunst brachte der K. wenig hervor. LIT. G. Pauli, Die Kunst des K. und der Romantik (1925); E. von Sydow, Die Kultur des dt. K. (1926); H. Vogel, Dt. Baukunst des K. (1937); K. Lankheit, Revolution und Restauration (1965); H. von Einem, Dt. Malerei des K. und der Romantik, 1760–1840 (1978); K. Manger, K. und Aufklärung (1991).

Klause (von lat. claudere, schließen; clausa). Zelle, Einsiedelei. Im engeren Sinne die Zelle, in der sich jemand, seit dem 9. Jh. hauptsächl. Frauen, freiwillig auf Lebenszeit einschließt, um der Kontemplation zu leben (reclusus, inclusus);

die K. waren hauptsächl. an der Mauer einer Kirche, am Stadtwall oder an Brücken. LIT. LThK VI ([2]1961) 320f.

Klausel (von lat. clausula, Schlußsatz). Bes. Vereinbarung im Rahmen eines Vertrags. Vgl. auch →politische Klausel.

Klausur. Klösterl. Abgeschiedenheit, durch Ordensleben und Ordensregeln gegeben, schon im christl. Altertum vorhanden und ausgebaut. Bei der K. unterscheidet man verschiedene Abstufungen, formell a) die *aktive* K., die in dem Verbot für die Ordensleute besteht, den Klosterbereich zu verlassen, b) die *passive* K., die Außenstehenden verbietet, den Klosterbereich zu betreten. Materiell bez. die K. jene Bereiche, die unter die Klausurbestimmungen fallen.

kleindeutsch. Der Begriff entstand 1848 mit der Spaltung der Frankfurter Nationalversammlung über die Ansichten zur Lösung der dt. Frage. Die **groß-deutsche** Lösung sah den Einschluß Österreichs, die **kleindeutsche** den Ausschluß Österreichs vor. Die Bez. wurde wohl von dem Trierer Abgeordneten Ludwig Simon (1810–72) geprägt. Mit geringer Mehrheit siegten in Frankfurt die K. Das k. Programm wurde vor allem von den gemäßigten Liberalen, seit Juni 1849 auch Gothaer genannt, vertreten.

Kleindeutsche Historiker. Bez. für die Historiker, die in ihrer polit. gerichteten, einseitig preußisch orientierten Geschichte die Lösung von 1871 als die nationale, deutsche darzustellen versuchten. Wichtigste Vertreter: Droysen, Sybel, Treitschke. LIT. H. von Möller, Großdeutsch und Kleindeutsch, die Entstehung der Worte (1937); H. von Srbik, Geist und Geschichte vom dt. Humanismus bis zur Gegenwart. 2 Bde. (1950/51).

Klein-Schnellendorf, Geheimkonvention von (9. 10. 1741). Die Konvention, im Widerspruch zu den Bündnisverpflichtungen Friedrichs II. gegenüber Frankreich, den verbündeten Bayern und Sachsen und im tiefsten Geheimnis abgeschlossen mit dem österreich. Feldmarschall Graf Neipperg und mit Einverständnis Maria Theresias, lieferte nach einer Scheinbelagerung der Festung Neisse den Preußen aus, sicherte aber der Besatzung einen ehrenvollen Abzug. Nach der Einnahme von Neisse

sollte Friedrich II. bis zum allg. Friedensschluß keine Angriffshandlung mehr gegen Maria Theresia als Königin von Ungarn und Böhmen, den König von England als Kurfürst von Hannover oder ihre Verbündeten unternehmen, nur Niederschlesien mit der Stadt Neisse von Österreich fordern und gegen Ende Dezember einen endgültigen Vertrag schließen. Die österreich. Armee unter Neipperg sollte sich nach Mähren zurückziehen, ein Teil der preuß. Armee sollte in Oberschlesien Winterquartier nehmen; die militär. Operationen sollten zum Schein weitergeführt werden. Friedrich II. ist jedoch nach der Eroberung Prags wieder in die Front der Gegner Maria Theresias eingeschwenkt. Der schwere Fehler des Königs – andere sprechen von einer moralisch kostspieligen Improvisation – befreite Österreich vorübergehend von seinem gefährlichsten Gegner. LIT. A. Unzer, Die Convention von Klein-Schnellendorf (1889). Weitere Lit. →Schlesische Kriege.

Kleinstaat. Bez. für einen Staat von geringer Flächenausdehnung und Bevölkerungszahl. Vor allem aber ist in der polit. Wirklichkeit der Grad der Abhängigkeit für den K., der im Völkerrecht den Großmächten gleichgestellt ist, und der Appell an das Recht charakteristisch. Das innere Staatsleben kann gesünder sein als in einer Großmacht. Die kulturelle Leistung war und ist in vielen K. beachtl. Von Montesquieu, Tocqueville, Haller, C. Frantz, J. Burckhardt wurden die K. positiv beurteilt. Von K. zu unterscheiden ist der **Kleinstaaterei**, womit die Zersplitterung eines großen Kulturgebietes in wenig lebensfähige staatl. Gebilde gemeint ist (bes. ausgeprägt im alten Griechenland, im Röm.-Dt. Reich, in Italien). Der Übergang vom K. zum Satellitenstaat kann fließend sein. Im weltpolit. Kräftespiel treten die K. manchmal vermittelnd hervor; oft um Neutralität bemüht. K. halten sich vorzugsweise in geographisch günstigen Lagen (Andorra, Schweiz) oder in polit. Pufferzonen (Pufferstaaten). Nach dem Ersten Weltkrieg hat die »Balkanisierung« Südosteuropas zu neuen K. geführt. LIT. H.-H. Welchert, Aus der dt. Idylle. Szenen der Reichsgeschichte von 1805–1871 (1949).

klerikal. Die kath. Geistlichkeit (Klerus) betreffend; streng kirchlich gesinnt.

Klerikalismus. Polit. Schlagwort, Bez. für das Machtstreben der kath. Geistlichkeit; mehrsinnig.
a) K. nach außen: direkter polit. Machtanspruch des Klerus; häufig auch von nationalist. und staatskirchl. Seite dann gebraucht, wenn die Kirche, ihrem Sendungsauftrag gemäß, für die Durchsetzung der religiösen Grundsätze im öffentl. Leben eintritt. Die Bez. K., häufig antiklerikal, geht davon aus, daß Religion und Politik absolut zu trennen sind. Der Vorwurf ist dort berechtigt, wo die Religion in den Dienst der Politik gestellt wird.
b) K. nach innen: Bevormundung der Laien durch den Klerus innerhalb der Kirche.

Kleriker (von lat. clericus, Mitglied des Klerus). Kath. Geistlicher. →Regularkleriker.

Klerisei. Klerus, Geistlichkeit, auch abfällig für Verwandtschaft, Sippschaft.

Klerus (clerus, status clericalis). Im Griech. bedeutet kleros das Los, in altgriech. Staaten das dem Einzelnen zugewiesene Landlos, in Sparta erblich und unverkäuflich. Im Christentum Bez. für den Stand, dem die Kirchengewalt zukommt im Unterschied zu den Laien; in den Amtsgebeten der röm. Liturgie selbst als servitus bezeichnet. Nach kath. und orthodoxer Lehre wurde der K. von Christus selbst begründet. Die Aufnahme in den K. erfolgt durch die erste Tonsur. Ausschließlich der K. hat in der Kirche die Weihe- und Leitungsgewalt. Nach Empfang der höheren Weihen kann eine Rückversetzung in den Laienstand nur noch durch bes. kirchl. Maßnahme erfolgen. Der Gebrauch einer bes. Kleidung beim K. geht zurück. LIT. A. Schulte, Der Adel und die dt. Kirche im MA (³1958); F. Prinz, Klerus und Krieg im frühen MA (1971).

Kloster (lat. claustrum, abgeschlossener Raum). Zunächst Klausur, d. h. der dem Laien nicht zugängliche Raum im K., dann für die gesamte Anlage gebraucht; sowie die für Gemeinschaft der Insassen als jurist. Person. Seit dem FrühMA werden Monasterium und Coenobium mit K. gleichgesetzt. Das christl. Klosterwesen entstand im 3./4. Jh. durch Zusammenschluß der bisher als Einsiedler lebenden Mönche. Durch Pachomios († 346) und Basilius d. Gr. erhielt das Klosterwesen der Ostkirche seine durch eine gewisse Regellosigkeit in der Anlage charakterist. Form. Das abendländ. K. mit einer sehr viel strafferen Gesamtanlage geht im Grunde auf Benedikt von Nursia (480–547) und seine Regel zurück und blieb für die meisten Orden bis in die NZ verbindlich. Die Benediktiner errichteten ihre K. mit Vorliebe auf Hügeln, die Zisterzienser in wasserreichen, abgelegenen Tälern, die Franziskaner und Dominikaner in den Städten, die Kartäuser gaben jedem Mönch eine Einzelzelle mit Garten. Von weltl. und geistl. Herrn gestiftete K. wurden im MA als Eigenklöster behandelt. Die Vertretung der rechtl. Interessen erfolgte durch den Vogt. Der Beitrag der K. zu Kunst, Kultur (Architektur, Literatur, Malerei, Musik, Pflege der Landwirtschaft) und Wissenschaft (Geschichtswissenschaft, Theologie, Naturwissenschaften) ist zu fast allen Zeiten sehr beachtlich. Ganze Epochen der abendländ. Kulturgeschichte erscheinen vorzüglich in den Leistungen der K. Klosterfeindlich waren Renaissance, Reformation, Aufklärung, Revolution. Die Säkularisation traf das abendländ. Klosterwesen schwer, führte zur Verschleuderung von Klosterbibliotheken und Zerstörung von wertvoller Klosterarchitektur.
LIT. Heimbucher; L. H. Cottineau, Répertoire topobibliographique des abbayes et prieurés (1935 ff.); LThK (unter den einzelnen Orden u. Klöstern); W. Braunfels, Abendländ. Klosterbaukunst (1969); P. Becker (u. a.), Untersuchungen zu K. und Stift (1980); W. Bauer, Klöster in Bayern (1985).

Knabenbischof (auch Kinderbischof oder Narrenbischof). In einem, wahrscheinlich aus Nordfrankreich stammenden kirchl. Spiel wurde in scherzhafter Umkehrung der kirchl. Ordnung von niederen, jungen Klerikern ein Bischof zu Beginn des neuen Jahres gewählt und auf einem Esel in die Kirche geführt (Narrenbischof). Der K. wurde von Meßdienern, Stiftsschülern u. a. zum Nikolausfest gewählt und regierte bis zum 28. 12., dem Fest der Unschuldigen Kinder. Ausgelassenheit und Jugendfrechheit ließen das Spiel um den jugendl. Scheinbischof entarten, im 18. Jh. wurde es bekämpft, dann abgeschafft.

Knabenzins. Bez. für die seit Murad II. (reg. 1421–51) alle fünf Jahre (später auch öfter) vorgenommene Aushe-

421

bung von Christenknaben im Osmanischen Reich, vor allem in den christl. Balkanländern (Albanien, Griechenland, auch Ungarn). Loskauf war möglich. Osmanen mischten, um der späteren Vorteile willen, eigene Kinder unter die christlichen. Aus den Ausgehobenen rekrutierte sich die Elitetruppe des osman. Heeres, die Janitscharen; vielfach war der Aufstieg bis zu den höchsten Ämtern möglich.

Knappe. Jüngling, Edelknabe, etwa vom 15. Lebensjahr an, der im Dienst eines Ritters und in ritterl. Ausbildung steht, bis zum Ritterschlag. Auch Bez. für Ritter niederen Standes, Bewaffneter, der nicht in voller Ritterrüstung kämpft. Das Knappenlehen galt als echtes Lehen. Später wurde K. übertragen auf Lehrlinge, jüngere Gesellen, bes. im Bergbau.

Knappschaft. Die Gesamtheit der Bergleute eines Bergwerkes; Unterstützungskassen zur Sicherung gegen die Folgen von Unfällen, Krankheit, Tod.

Koadjutor. Amtsgehilfe eines Bischofs, Weihbischofs, Abtes, Apostolischen Vikars. Ein bischöfl. K. kann einem regierenden Bischof persönlich (z. B. wegen Alter, Krankheit) oder einem Bistum (z. B. wegen Größe des Bistums) gegeben werden, und zwar mit Nachfolgerecht (cum iure succedendi) oder ohne Nachfolgerecht, stets aber mit Weihegewalt.

Koadjutorwahlen. In der Reichskirche bis 1806 vom Domkapitel vorgenommen, von der Kurie wenigstens in der Theorie nicht als Bischofswahlen betrachtet, dienten die K. der Vermeidung von Sedisvakanzen und deren polit. und kirchl. Folgen (bes. in der Zeit der Reformation und Gegenreformation), vor allem aber sollten sie die Nachfolge stiftsfähiger Familien sichern. Bekannt sind die Wittelsbacher Koadjutorien in Kurköln, das zw. 1583–1761 über die Koadjutorien eine bayer. geistl. Sekundogenitur war. Ähnlich verhielt es sich in Freising und Regensburg. Auch die Habsburger, Lothringer, Pfalz-Neuburger bedienten sich der Koadjutorie für ihre Reichskirchenpolitik. Seit dem beginnenden 19. Jh. wurde die Koadjutorie durch Konkordate geregelt. Die Bestellung eines Koadjutors erfolgt durch den Papst.

Koalition (franz. coalition, von lat. coalescere).
a) Zusammenschluß oder Bündnis meh-

rerer Staaten zur Erreichung von gemeinsamen außenpolit. und militär. Zielen (vgl. Allianz, Koalitionskriege). K. unterstreicht gegenüber dem weitgehend syn. Allianz die Selbständigkeit der Staaten in ihrer Politik.
b) Zusammenschluß von Parteien oder Gruppen zu gemeinsamen Zwecken, z. B. zur Bildung oder Unterstützung einer Regierung.
c) Arbeitsleben: Vereinigung der Arbeitnehmer oder der Arbeitgeber zur Wahrung und Förderung ihrer Interessen.

Koalitionsfreiheit. Das Recht, Vereinigungen zu bilden (Koalitionsrecht) oder ihnen fernzubleiben (negative K.). K. ist eine bes. Form der Vereinsfreiheit. Sie war im Reich bis zur Reichszunftordnung von 1731 garantiert und ist mit der Gewerbeordnung von 1869 wieder durchgedrungen, heute überall mit Ausnahme einiger autoritärer Staaten anerkannt und geschützt.
LIT. R. Köhne, Nationalliberale und K. (1977).

Koalitionskriege. Die Kriege der verbündeten europ. Monarchien gegen das revolutionäre Frankreich von 1792 bis 1807.
Erster K.: Am 20. 4. 1792 zwang die Kriegspartei in Frankreich Ludwig XVI. zur Kriegserklärung an den König von »Ungarn und Böhmen«. Preußen erklärte sich mit Österreich solidarisch (5. 7. 1792), doch kam der Vormarsch der alliierten Truppen nach der Kanonade von Valmy zum Stehen. Die franz. Revolutionsheere trugen den Krieg in die österreich. Niederlande und die Westgebiete des Reiches. Den Reichskrieg gegen Frankreich beschloß der Reichstag am 22. 3. 1793. Der nun entstehenden ersten Koalition gegen Frankreich gehörten außerdem Spanien, Holland und England an. Mit Preußen und Österreich schloß England Bündnisverträge (14. 6., 30. 6. 1793). 1794 gingen die linksrhein. Gebiete an die Franzosen verloren, die im Januar 1795 ihre holländischen Eroberungen als Batavische Republik ausriefen. Der Separatfrieden von Basel (5. 4. 1795) beendete den Krieg zw. Frankreich und Preußen. Der von der Tripel-Allianz Österreich-England-Rußland weitergeführte Krieg wurde mit den militär. Erfolgen Napoleons in Oberitalien gegen Österreich entschieden und von diesem mit dem Präliminarfrieden von Leoben

(18. 4. 1797) und dem Frieden von Campo Formio abgeschlossen, von England jedoch weitergeführt und für das Reich in den Verhandlungen zu Rastatt (→ Rastatter Kongreß) nicht abgeschlossen.
Zweiter K.: Der Zweite K. dauerte von 1798 bis 1801 und nahm mit der Abberufung der russ. Truppen durch Zar Paul I. von den Kriegsschauplätzen in Oberitalien und der Schweiz, den Niederlagen von Marengo (14. 6. 1800) und Hohenlinden (3. 12. 1800) einen für die Alliierten unglücklichen Verlauf. Der Friede von Lunéville (9. 2. 1801) beendete den Kriegszustand zw. Frankreich, dem Kaiser und dem Reich; Rußland schloß am 8. 10. 1801, England am 27. 3. 1802 (Friedensvertrag von Amiens) Frieden mit Frankreich.
Dritter K.: Der Bruch des Friedens von Amiens und der Machtanspruch Napoleons führten zur Bildung einer dritten Koalition zw. Rußland und England (Petersburger Bündnis 11. 5. 1805), der Österreich (9. 8. 1805), Neapel, Spanien und Schweden beitraten, Preußen jedoch fernblieb. Die Kapitulation von Ulm (17. 10. 1805) und der Sieg Napoleons in der Dreikaiserschlacht von Austerlitz, der Rückzug des Zaren und der preuß. Vertrag von Schönbrunn zwangen Österreich zum Frieden von Preßburg (26. 12. 1805). Das nun verspätet im Bündnis mit Rußland in den Krieg eingreifende Preußen wurde bei Jena und Auerstedt, Preußisch Eylau und Friedland geschlagen und zum Frieden von Tilsit gezwungen (1807). England sicherte sich während des Dritten K. mit dem Seesieg von Trafalgar die Seeherrschaft und Vormacht in den Kolonien.
LIT. W. Andreas, Das Zeitalter Napoleons und die Erhebung der Völker (1955); M. Braubach, Von der Franz. Revolution bis zum Wiener Kongreß. In: Gebhardt-Grundmann III ([8]1960); H. Schaeder, Die 3. Koalition und die Hl. Allianz (1934); E. R. Huber, Dt. Verfassungsgeschichte seit 1789. I. Band (1959; [2]1967).
Koalitionsministerium. Ministerium, das aus Angehörigen verschiedener Parteien besteht.
Koblenzer Gravamina (1769). 31 Gravamina, im Auftrag der drei rhein. Kurfürst-Erzbischöfe von deren Vertretern in Koblenz zusammengestellt. Sie enthalten die Beschwerden des Reichsepiskopats gegen die röm. Kurie und fordern größere Freiheit der Reichskirche. Sie wurden dem Kaiser zur Abstellung zugeleitet, blieben aber ohne Erfolg.
Koblenzer Manifest (1792). Von Herzog Karl Wilhelm Ferdinand von Braunschweig, dem Oberbefehlshaber der alliierten Streitkräfte im Ersten Koalitionskrieg gegen das revolutionäre Frankreich erlassen (25. 7. 1792). Das K. M. erreichte sein Ziel, einen größeren Schutz der königl. Familie, nicht, es führte vielmehr zum Anwachsen der revolutionären Stimmung und hat zum Sturz des franz. Königtums (10. 8. 1792) beigetragen.
Kognaten (lat. cognati).
[1] Blutsverwandte durch gemeinsame Abstammung.
[2] Im engeren Sinn die von mütterl. (weibl.) Seite nachweisbaren weibl. und männl. Blutsverwandten. Syn. Spindelmagen, Kunkelmagen; Gegensatz: Agnaten.
Köhlerglaube. Im 16. Jh. sprichwörtlich, in der Bedeutung von unbedingter Kirchengläubigkeit gebraucht; im 19. Jh. im Gegensatz zu wissenschaftl. Kritik verwendet.
Kokarde (franz. cocarde, Hutschleife). Abzeichen militär. Ursprungs, seit der Mitte des 18. Jh. üblich als Regimentszeichen, das auch nach der Umwandlung der Bürgerwehr in die Nationalgarde verwendet wurde. Nach der Erstürmung der Bastille wurde die K. König Ludwig XVI. von Lafayette mit den Worten umgelegt: »Voilà une cocarde qui fera le tour du monde.« Durch Gesetz vom 5. 7. 1792 wurde die dreifarbige K. (blau-weiß-rot) allen Franzosen, ebenso den Fremden, die in Frankreich wohnten oder reisten, vorgeschrieben. Eine andersfarbige K. galt als Zeichen der Rebellion und konnte die Todesstrafe zur Folge haben. Durch Dekret vom 21. 9. 1793 wurden auch die Frauen zum Tragen der K. verpflichtet, Zutritt zum Theater oder zu öffentl. Gebäuden war nur mit K. erlaubt. Die K. ist das erste revolutionäre Symbol; die weiße K. wurde als Zeichen der Monarchisten verfolgt.
LIT. L. E. F. Pouy, Histoire de la Concorde tricolore (1872); A. Mathiez, Les origines des cultes révolutionnaires 1789–1792 (1904); P. Sethe, Die großen Tage (1965).
Kolin, Schlacht bei (18. 6. 1757). Bei

K. östl. von Prag erlitt die preuß. Armee unter Friedrich d. Gr. eine schwere Niederlage durch die Österreicher unter Feldmarschall Daun. Nach dieser Niederlage mußten die Preußen die Belagerung Prags aufgeben, das nördl. Böhmen räumen. Eine schnelle Beendigung des Krieges war nicht mehr möglich (→ Siebenjähriger Krieg).
LIT. Der Siebenjährige Krieg. Hrsg. vom Großen Generalstabe. 3: Kolin (1901).

Kollaboration (franz., Zusammenarbeit). Eine im Zweiten Weltkrieg (1941) in Frankreich entstandene Bez. für die freiwillige, von den Mitbürgern mißbilligte, da als ehrenrührig betrachtete Zusammenarbeit mit dem Feind bzw. mit der dt. Besatzungsmacht. Daher galten Pétain (1856–1951) und Laval (1883–1945) wegen ihrer Zusammenarbeit mit den Deutschen als Kollaborateure. In den übrigen von Dtl. im Zweiten Weltkrieg besetzten Ländern kam es zu einer ähnl. Entwicklung wie in Frankreich. Nach der Befreiung der besetzten Länder wurden die Kollaborateure in großer Zahl angeklagt und verurteilt, ohne daß damit das Problem bewältigt worden wäre.
LIT. W. Rings, Leben mit dem Feind (1979); G. Hirschfeld, Fremdherrschaft und K. Die Niederlande unter deutscher Besatzung 1940–1945 (1984); F. W. Seidler, Die K. 1939–1945 (1995); K. Stang, K. und Massenmord (1996).

Kollation (von lat. conferre, übertragen).
[1] Übertragung eines geistl. Amtes.
[2] Textvergleich. Vergleich der Abschrift mit der Urschrift (kollationieren: diesen Vergleich durchführen).

Kollator. Der zur Verleihung eines geistl. Amtes (einer Pfründe) Berechtigte.

Kolleg. An ma. Universitäten hieß die Vorlesung lectio. Im 16. Jh. kamen neuartige Privatvorlesungen auf, die als Vorläufer moderner Seminare collegium (Zusammenkunft) hießen. Daher rührt die Bez. K. für Vorlesung im Hochschulbetrieb.

Kollegialsystem.
[1] Nach dem Episkopal- und Territorialsystem im ev. Kirchenrecht ein dritter Versuch zur Begründung der Kirchenverfassung; das K. sieht – nach Ch. M. Pfaff (1742) – in der Kirche eine aus menschl. Übereinkunft abgeleitete Vereinigung, in der Gemeinde die Trägerin der obersten Kirchengewalt.
[2] Verwaltung: Mehrköpfige Behörden mit Mehrheitsentscheid, Gremialsystem, z. B. Ministerrat, städt. Magistrat.

Kollegiatkapitel. Körperschaft von kath. Weltgeistlichen (Kanonikern) an einer Stiftskirche, die zur Abhaltung von Gottesdiensten (Konventsmesse) und Chorgebet verpflichtet sind (Kollegiatstift). Seine Mitglieder werden Stiftsherrn oder Chorherrn genannt; sie sind zu unterscheiden von den Domherrn, die Mitglieder der Dom-(Kathedral-)kapitel sind. Die meisten K. gingen in der Reformation, in der Französischen Revolution und der Säkularisation unter.

Kollegium.
[1] Gesamtheit mehrerer Personen gleichen Berufes oder Amtes, z. B. Lehrer-, Rats-, Richterkollegium usw.
[2] Gemeinschaft von Studierenden, meist mit Internat verbunden, z. B. Collegium Germanicum-Hungaricum in Rom; auch Vorlesung (→ Kolleg).
[3] Der Reichstag der alten Reiches war in drei Kollegien geteilt:
a) das kurfürstliche (Kurfürstenkolleg), bestehend aus den 7 (bzw. 8) Kurfürsten, den drei geistlichen und 4 (bzw. 5) weltlichen; Direktorium: Kurmainz;
b) das Fürstenkolleg, bestehend aus den geistl. und weltl. Fürsten (Erzbischöfe, Bischöfe, Deutschmeister usw., Herzöge, Grafen); Direktorium: Österreich und Salzburg alternierend;
c) Städtekolleg.

Kollektaneen (lat. collectanea, Lesefrüchte, Auszüge). Materialsammlungen für wissenschaftl. Arbeiten.

Kollekte (lat. collecta, Sammlung).
[1] Geldsammlung bei der Messe oder bei Gottesdiensten; jede Sammlung für karitative Zwecke; das Almosensammeln der sog. Bettelorden oder anderer Orden, auch **Terminieren** genannt.
[2] Kurzes Gebet im Gottesdienst.
[3] Versammlung der röm. Gemeinde vor der Prozession zur Stationskirche.

Kollektiv. Gruppe, Arbeitsgemeinschaft. In der Ideologie des Kollektivismus Bez. für die kleinste Einheit der Gesellschaft.

Kollektivismus. Weltanschauung, in der der Einzelmensch (Individuum) nur noch als unselbständiges Glied der Gesellschaft (Masse) betrachtet und letztlich verneint wird. Als Antithese auf den radikalen Liberalismus und Individualismus des 19. Jh. zu deuten. Das Personale wird verneint, der Einzelmensch nur noch Akzidens einer anonymen Masse; gesellschaftl. Gliederungen werden nivelliert, Privateigentum, Selbständigkeit abgeschafft, persönl. Arbeit durch Gruppenarbeit ersetzt. LIT. W. Röpke, Die Krise des K. (1947); Ch. Ertel, Der Kollektivmensch (1950); G. A. Wetter, Der dialekt. Materialismus. Seine Geschichte und sein System in der Sowjetunion (³1956; ⁵1960); G. Briefs, Zwischen Kapitalismus und Syndikalismus (1952).

Kollektoren. Päpstl. Beamte, Kleriker, die Annaten, Taxen, Peterspfennig, Papstzehnt usw. einzogen und vielfach mit diplomat. Vollmachten ausgestattet waren.

Koller (von neulat. collarium, altfranz. collier, Halsbekleidung, Halsschutz). Teil der Rüstung.
a) Frauenkragen des 15./16. Jh.
b) Ärmelloses Lederwams des 17. Jh., dann Waffenrock der Kürassiere (Kürass) und Jäger zu Pferde.

Kölner Allianz (15. 12. 1654), auch **Rheinische Allianz** genannt. Bündnis rhein. Fürsten (Kurköln, Kurtrier, Fürstbistum Münster, Pfalz-Neuburg) zur Sicherung des Friedens und der Reichsreform; 1655 durch Beitritt von Kurmainz erweitert. Vorausgegangen war der Kurrheinische Bund (1651); ähnl. Ziele auch im Rheinbund (1658).

Kölner Kirchenstreit, auch **Kölner Wirren, Kölner Ereignis.** Konflikt zw. der kath. Kirche und dem preuß. Staat wegen der staatskirchl. Bevormundung der Kirche, konkret wegen der Frage der konfessionell gemischten Ehen und des Hermesianismus. Die von Friedrich Wilhelm III. durch Kabinettsordre (1825) in den westl. Provinzen des preuß. Staates eingeführte Praxis bezüglich der konfessionell gemischten Ehen, bisher durch die Berliner Geheimkonvention zwischen Bunsen und EB Spiegel toleriert, wurde durch das Mischehenbreve Pius' VIII. (25. 3. 1830) in Frage gestellt und durch Spiegels Nachfolger EB Clemens August von Droste zu Vischering auf Drängen Papst Gregors XVI. abgelehnt. Zugleich wurde die von Rom verworfene Lehre des Bonner Universitätsprofessors Hermes (Breve Gregors XVI. vom 26. 9. 1830) von dem Kölner EB gegen den staatl. Willen unterdrückt. EB Clemens August wurde in Haft genommen

(20. 11. 1837). Durch päpstl. Allokution (10. 12. 1837), durch scharfe literar. Stellungnahmen vor allem von Joseph Görres (Athanasius) und Gründung der Historisch-politischen Blätter durch Ausweitung des Kirchenstreits auf Posen-Gnesen und Gründung einer kath. polit. Partei wurde der K. K. zu einer Wende in der Geschichte des kath. Dtl. Friedrich Wilhelm IV., persönlich ohnedies anders eingestellt, sah sich zur Beilegung der Wirren veranlaßt. Droste-Vischering wurde aus der Haft entlassen, aber durch J. Geissel, zunächst als Koadjutor, ersetzt; die Mischehenpraxis wurde den Bischöfen überlassen. LIT. H. Schrörs, Die Kölner Wirren (1927); R. Lill, Die Beilegung der Kölner Wirren 1840–1842. Studien zur Kölner Kirchengeschichte. 6. (1962); J. Grisar, Das Kölner Ereignis nach den Berichten italien. Diplomaten. In: HJB 74 (1955); HKG VI; F. Keinemann, Das Kölner Ereignis (1974).

Kölner Krieg (1583–85). Ausgelöst durch den Übertritt des Kölner Kurfürst-Erzbischofs Gebhard Truchseß von Waldburg zum Protestantismus (1582). Domkapitel und Landtag des Kurfürstentums erklärten Gebhard den Krieg, Papst und Kaiser setzten ihn ab. Bayer. und span. Truppen sicherten dem zum EB gewählten Herzog Ernst von Bayern (1583) die Nachfolge in Kurköln. Damit wurde der kath. Charakter Nordwestdtl., die kath. Mehrheit im Kurkolleg gerettet, der Geistliche Vorbehalt durchgesetzt und die Wittelsbacher geistl. Sekundogenitur in Kurköln bis 1761 (Clemens August von Bayern) begründet. LIT. M. Lossen, Der K. K. (1882–97).

Kölner Pazifikationstag (1579), auch **Kölner Kongreß** genannt. Vermittlungsversuch zw. der Utrechter Union (Holland, Seeland mit Utrecht, Geldern, den Groninger Ommelanden, später auch Friesland und Overyssel) einerseits und Spanien (Philipp II.) andererseits. Da aber weder Philipp II. noch Wilhelm von Oranien einen wirkl. Ausgleich wollen, Alessandro Farnese während des Kongresses die Festung Maastricht erobert (29. 6. 1579), scheitern die Verhandlungen im November 1579 an konfessionellen und polit. Gegensätzen.

Kolonat. Bäuerl. Zinsgut; in der röm. Kaiserzeit, seit dem 1. Jh. n. Chr. eine aus wirtschaftl. und militär. Ursachen erwachsene Siedlungsform in Zwangspacht. Der K. hielt sich im fränk. Reich bis ins 9. Jh.

Der **Kolone** (von lat. colonus) war persönlich frei, dinglich unfrei, erblich an die Scholle gebunden, zu Kopfsteuer, Kriegsdienst und Fronden verpflichtet.

Kolonialstil. Ein Stil, der zu einer Sonderform in den Kolonialländern weiterentwickelt wurde, z. B. spanisches Barock in Mittel- und Südamerika, engl. Klassizismus in engl. Kolonien, besonders in den Vereinigten Staaten von Nordamerika im 19. Jh. beliebt, zumal bei Wohnbauten.

LIT. C. A. Crane-E. Soderholz, Alte Bauwerke im Kolonialstil aus den nordamerikan. Unionsstaaten (o. J.).

Kolonie, Kolonialgeschichte (im Überblick) (von lat. colere, bebauen). Ansiedlung, Niederlassung. Jede Kolonisation schließt in sich eine geistige und materielle Fruchtbarmachung (Binnen- oder innere Kolonisation; Kolonisation in Grenzräumen, ostdt. Kolonisation, Erwerb oder Erschließung von Kolonien). Der nach dem Zweiten Weltkrieg aufgekommene Begriff »Kolonialismus« bringt die Opposition gegen »koloniale Ausbeutung« und »Kolonialimperialismus« zum Ausdruck, ist aber unklar und zudem in ideolog. Auseinandersetzungen verquickt. – Unter dem eigtl. Kolonialzeitalter versteht man die Zeit der neuzeitl. europ. Kolonisation und Kolonialpolitik in Übersee, die mit der Entdeckung der Portugiesen und Spanier gegen Ende des 15. und im 16. Jh. beginnt. Das Kolonialzeitalter kann eingeteilt werden in 4 Zeitalter: die portugies. und span. 1492–1598 (Tod Philipps II.); die holländ. (1598–1688); die engl. und franz. 1688 (Glorious Revolution) bis 1783 (Friede von Paris, Unabhängigkeit der USA); die imperialist. ca. 1870–1945.

Die bedeutendsten Kolonialreiche sind

a) das portugies., mit Stützpunkten und Handelskolonien auf dem Seeweg nach Ostindien und Ostasien, mit Flächen- und Plantagenkolonien in Brasilien, sowie Ceylon, den Molukken, Sundainseln. 1580–1640 mit Spanien verbunden, wird das portugies. Kolonialreich in dessen Untergang hineingezogen, durch Eroberungen der Holländer (Ceylon, Molukken, Sundainseln, usw.) und der Engländer geschmälert. Seit der Selbständigkeit Brasiliens ist Portugals

Kolonialreich (heute vor allem in Afrika) nur noch ein Schatten einstiger Größe.

b) das span. Kolonialreich: um das Karib. Meer gruppiert, das bis ins 17. Jh. fast ein span. Binnenmeer ist, gehörten zum span. Kolonialreich Mittelamerika, die südl. Teile von Nordamerika, die Andenhochländer, der ehem. Inkastaat, Bolivien, Peru, Chile, das Stromgebiet des Orinoko und La Plata. Um die Mitte des 16. Jh. umfaßt das span. Kolonialreich (Weltreich Kaiser Karls V.) ein Viertel der bekannten Welt. Seine schwersten Verluste erleidet es mit dem unter dem Einfluß der Französischen Revolution und nach nordamerikan. Vorbild erfolgten Abfall der Kolonien Mittel- und Südamerikas (1810–25).

c) das engl. Kolonialreich, nicht planmäßig angelegt, aber systematisch ausgebaut, beginnt im 17. Jh. mit den Neuenglandstaaten der heutigen USA, im Kampf gegen Spanien (in Westindien) im 16. und 17. Jh., gegen Frankreich im 17. und 18. Jh. (Kanada, Louisiana, Indien) und wird unter Ausnutzung europ. Konflikte und der engl. Seeherrschaft vergrößert. Die Gewinnung des franz. Kolonialreiches in Nordamerika und Indien (Friede von Paris 1762), der Abfall der Neuenglandkolonien im Nordamerikan. Unabhängigkeitskrieg (1776–83; anerkannt im Frieden von Versailles 1783), dann während der Französischen Revolution im Zeitalter Napoleons die Gewinnung der ehemals holländ. Kapland und Ceylon sind die wichtigsten Phasen der kolonialen Expansion Englands bis zum Beginn des 19. Jh. Von den indischen Ostküste aus baute England das ind. Kaiserreich auf, besetzte und besiedelte nach den Forschungsreisen von Cook (1769–78) und Bass (1798) ganz Australien und riß das Erbe der Holländer und Portugiesen in der ind. und austral. Inselwelt an sich (1819 Gründung von Singapur). Im letzten Drittel des 19. Jh. wurde von England die Umfassung des Indischen Ozeans und die Sicherung des Seeweges nach Indien durch Unterwerfung Ägyptens, des Sudan und die Herstellung eines Kolonialreiches in Afrika von Kairo zum Kap (Cecil Rhodes) durchgeführt. Nach dem Ersten Weltkrieg umfaßte das engl. Kolonialreich fast ein Drittel der bewohnten Landfläche der Erde.

d) das erste franz. Kolonialreich des 17. und 18. Jh. ging mit dem Frieden von

Paris 1762 (Verlust Kanadas und In diens) und während der Französischen Revolution fast ganz verloren. Nach vergebl. Versuchen Napoleons, das Kolonialreich wieder aufzubauen (Louisiana), begann die Geschichte des 2. franz. Kolonialreichs im 19. Jh. mit der Besetzung der algerischen Gegenküste, dem Vordringen in Tunesien, Marokko, in Westafrika und in Äquatorialafrika bis zum Kongo; seit 1862 auch starker Einfluß und wachsender Kolonialbesitz in Ostindien (Indochina).
Gegen Ende des 19. Jh. traten neue Kolonialmächte auf: Deutschland 1884 mit Südwestafrika, Togo und Kamerun (1885), Ostafrika, Neuguinea, Marshallinseln und Samoa (1899); Italien gewann Libyen, Eritrea, Somaliland, 1936 vorübergehend Äthiopien; Belgien gründete den Kongostaat, Japan (1895) und die USA reihten sich unter die Kolonialmächte ein. Das besiegte Deutschland wurde von den Alliierten als zur Kolonisation unfähig erklärt (16. 5. 1919) und mußte in Versailles auf seine überseeischen Rechte und Ansprüche verzichten. 1945 verloren auch Italien und Japan ihren Kolonialbesitz. Die Auflösung der Kolonialreiche ging vor allem nach dem Zweiten Weltkrieg mit dem Mündigwerden der beherrschten Gebiete, dem Aufkommen nationaler Forderungen, dem Entgegenkommen mancher Kolonialmächte (insbes. Englands und der USA), sowie unter dem Einfluß von Sozialismus und Kommunismus weiter, oft in erbitterten Kämpfen, vielfältig unterstützt von der Sowjetunion, die aber selbst nach wie vor über den größten Kolonialbesitz verfügte.
LIT. H. Schnee, Dt. Koloniallexikon. 3 Bde. (1920); H. von Tobien, Die Methoden des sowjet. Imperialismus (1955); A. Rein, Europa und der Kolonialismus (1962); D. K. Fieldhouse, The Colonial Empires (London 1966); F. Ansprenger, Auflösung der Kolonialreiche (1966); I. Wolff, Regierung und Verwaltung der kolonialspan. Städte in Hochperu 1538–1650 (1970); R. Tetzlaff, Koloniale Entwicklung und Ausbeutung. Wirtschafts- und Sozialgeschichte Deutsch-Ostafrikas 1885 bis 1914 (1970); R. von Albertini (Hrsg.), Moderne Kolonialgeschichte (1970); W. Drascher, Die Perioden der Kolonialgeschichte. = Studien zur Geschichte H. 4; W. R. Louis, Das Ende des dt. Kolonialreiches. Aus dem Amerikan. übersetzt von G. Weissenberg (1971); W. Schiefel, Bernhard Dernburg, Kolonialpolitiker und Bankier im Wilhelmin. Dtl. (1974); H. Volberg, Dt. Kolonialbestrebungen in Südamerika (1977); H. Pietschmann, Staat und staatl. Entwicklung am Beginn der span. Kolonisation Amerikas (1980); K. J. Bade, Imperialismus und Kolonialmission (1982); Chi Wang, Endphase des brit. Kolonialismus in China (1982); M. Mimler, Der Einfluß kolonialer Interessen in Nordamerika (1983); F. Schinzinger, Die Kolonien und das Deutsche Reich. Die wirtschaftl. Bedeutung der dt. Besitzungen in Übersee (1984); J. Petschull, Th. Höpker, Der Wahn vom Weltreich. Die Geschichte der dt. Kolonien (1984); F. Schinzinger, Die Kolonien und das Deutsche Reich. Die wirtschaftl. Bedeutung der dt. Besitzungen in Übersee (1984); H. G. Steltzer, Die Deutschen und ihr Kolonialbereich (1984); R. von Albertini, R. Wirz, Europ. Kolonialherrschaft 1880–1940 ([2]1985); H. Gründer, Geschichte der dt. Kolonien (1985); H. Hecker, Kolonialforschung und Studentenschaft an der ›Hansischen Universität‹ im Zweiten Weltkrieg (1986).

Kolonnade (lat.-ital.-franz.). Säulengang, Säulenhalle mit geradem Gebälk, im Unterschied zur Arkade.

Kolonnenschrift. Schrift, deren Zeichen nicht neben-, sondern untereinanderstehen, z. B. chin. oder japan. Schrift. K. begegnet auf byzantin. und roman. Gemälden, auch auf Initialseiten.

Komitien (lat. comitia). In Rom die vom Magistrat einberufenen Volksversammlungen.
a) Die **Kuriatkomitien**, als älteste Form der röm. Königszeit angehörend, waren zuständig für Familienrecht und Bestätigung der Konsulswahl.
b) Den **Tribunatskomitien**, nach Tribus eingeteilt, stand die Wahl niederer Beamter und Beschlußfassung über Gesetze zu.
c) Die **Zenturiatskomitien** wählten die höheren Beamten und beschlossen über Krieg und Frieden.
In der Kaiserzeit verloren die Komitien ihre Bedeutung.
LIT. E. Meyer, Röm. Staat und Staatsgedanke ([3]1964).

Kommendation (von lat. commendare, anvertrauen, übergeben). Die Ergebung in das Patrozinium eines Herrn um wirtschaftl. Unterstützung, polit. Protektion, sogar um des Anschlusses an eine religiöse Bewegung willen. Die K., von den Franken in Gallien vorgefunden, wurde zu einem Akt der Unterwerfung und zur röm. Wurzel der Vasallität. Der Kommendierte hat durch das Einlegen seiner Hände in die Hände des Herrn – die Geste des Sklaven – Unterwerfung und Gehorsam zum Ausdruck gebracht und wird mit dem Keltischen gwas (= Knecht, latinisiert vassus, Vasall) bezeichnet. Die K. findet sich im Homagium des Lehnswesens wieder.

Kommende (von lat. commendare, anvertrauen).
[1] Benefizium, das einem Geistlichen oder Laien nur zum Genuß der Einkünfte ohne Verpflichtung zur Verwaltung des kirchl. Amtes übertragen wurde. Die K., meist Abteien, wurden vielfach an Bischöfe und Kardinäle vergeben, vor allem in Frankreich, Spanien, Italien (Kommendatarabt). Kommendataräbte übten eine unbeschränkte Jurisdiktion über die Klöster aus. Die Verleihung von K. ist seit 1514 dem Hl. Stuhl reserviert. Die meisten K. gingen mit der Säkularisation unter.
[2] Ordenshaus der Johanniter oder Deutschherren von einem Komtur geleitet, auch **Komturei** genannt.

Kommunismus. Im weitesten Sinn jede Gesellschaftsordnung mit völliger oder teilweiser Zurückdrängung des Privateigentums zugunsten des Gemeineigentums. Lange Zeit wurden die Begriffe K. und Sozialismus synonym verwendet. Marx und Engels sprachen in ihrem Manifest 1848 vom K., doch nannten sich in der Folgezeit marxist. Parteien »sozialistisch« und sozialdemokratisch. Lenin benannte 1918 seine Partei in »kommunistische« um. Der heutige K. anerkennt nur Marx (1818–83), Engels (1820–95) und Lenin (1870–1924) als seine »Klassiker«. Nach ihnen erscheint der K. als die auf den →Kapitalismus über die proletar. Revolution notwendig folgende Gesellschaftsordnung, als ein Moment der dialektischen Selbstbewegung der Materie. 1917 brachte Lenin in Rußland die kommunist. Partei an die Macht. Das Ziel der Weltrevolution, vor allem in den Jahren 1918–23, wurde nicht erreicht, die Komintern 1943 von Stalin aufgelöst. Offiziell wird die auf dem Dialektischen und Historischen Materialismus beruhende Ideologie des K. »Marxismus-Leninismus« genannt. Inzwischen gilt die K. im Bereich der ehem. UdSSR und der ehem. Ostblockstaaten als gescheitert.
LIT. J. M. Bochénski, G. Niemeyer (Hrsg.), Handbuch des Weltkommunismus (1958); B. Meissner, Das Parteiprogramm der KPdSU 1903–61 (1962); T. Bottomore (Hrsg.), A Dictionary of Marxist Thought (1985); L. Schapiro, 1917: The Russian Revolutions and the Origins of Present-Day Communism (1985).

Kompanie (mlat. companium, Gesellschaft, urspr. Brotgemeinschaft: con [mit] panis [Brot]).
[1] Aus dem ital. Handel kam das Wort im 14. Jh. nach Oberdeutschland, bezeichnet eine Handelsgesellschaft, insbes. die nach niederländ.-engl. Vorbild gegr. überseeischen, ostindischen Handelsgesellschaften des 17. und 18. Jh. (→Ostindische Kompagnie).
[2] Als milit. Fremdwort dringt das franz. compagnie gegen Ende des 16. Jh. ein. K., seit dem 18. Jh. auf die Infanterie beschränkt, ist die kleinste ständige Einheit der Infanterie, zw. 100–150 Mann stark, vom **Kompaniechef,** meist einem Hauptmann, geführt.

Kompendium. Kurzes Lehrbuch.

Kompensation. Ausgleich, Austausch von Forderungen. Entschädigung.

Kompetenz. Zuständigkeit a) von Staatsorganen und Behörden, b) von Gerichten bei Behandlung einer Prozeßsache, richtet sich nach dem Wohnort der beklagten Person oder nach dem Prozeßgegenstand.

Kompetenzkonflikt. Zuständigkeitsstreit zw. verschiedenen Behörden oder Gerichten.

Kompilation (von lat. compilare, plündern). Abschätzige Bez. für ein wissenschaftl. Werk ohne eigenständigen Wert, weil in ihm der aus mehreren Vorlagen gesammelte Stoff unverarbeitet und ohne geistige Durchdringung wiedergegeben wird.

Kompilator. Verfasser einer Kompilation.

Kompilationskommission, sog. **Brünner Kommission.** Kommission, die im Zuge der österreich. Privatrechtskodifikation des 18. Jh. Entwürfe für den Codex Theresianus ausarbeitete.

Komplanation (lat., Einebnung). Stichentscheid des Landesherrn bei Uneinigkeit der Landstände.

Kompliment (von lat. complementum, Anhang, Ergänzung). Der Anhang alter Moralbücher handelte von der Höflichkeit (span. complimento, Höflichkeitsbezeugung). Im Barock dringt das vom Spanischen ausgehende franz. compliment als höfliche Anrede in Dtl. ein.

Komplimentierbuch. Anstandsliteratur, begegnet hauptsächl. von der Mitte des 17. bis zur Mitte des 18. Jh., meist verbunden mit Sammlungen von Hofreden, Spruchsammlungen und dgl. Das K. gehört zum Typ der Literatur, die sich um die Heranbildung eines »politischen Menschen« bemüht, dessen Kennzeichen Klugheit und Höflichkeit sind.
LIT. RDL I, 879–82.

Kompromiß (lat., compromissum). [1] Urspr. in der röm. Rechtssprache die Abmachung von Personen, einen Schiedsrichter zur Entscheidung einer Streitsache anzurufen.
[2] Übereinkunft von Individuen oder Gruppen, die durch teilweises Nachgeben in gegensätzl., nicht unberechtigt erscheinenden Forderungen erreicht wird. Man unterscheidet zwischen echtem und taktischem (vorläufigem) K. Letzterer ist nur ein von praktischen Erwägungen diktiertes Zurückhalten im Aufstellen von Nahzielen. Die letzten Ziele werden dabei nicht aufgegeben. Verwandt ist damit der dilatorische Formelkompromiß, d. h., eine denkbare Formel ermöglicht befristete Zusammenarbeit. Der faule K. besteht in Halbheiten, im Verzicht auf Unverzichtbares, in ehrloser Preisgabe verpflichtender Werte. Der faule K. ist unbedingt abzulehnen; im übrigen sind K. durch polit. Klugheit geboten.
LIT. H. Steubing, Der Kompromiß als ethisches Problem (1955); W. A. Jöhr, Der Kompromiß als Problem der Gesellschafts-, Wirtschafts- und Staatsethik (1958).

Kompromißwahl. Wahl per compromissum; Form der Bischofswahl, die bis ins 16. Jh. verbreitet war. Sie bestand im wesentl. darin, daß ein oder mehrere Geistliche vom Domkapitel mit der Vornahme der Wahl beauftragt waren. Diese **Kompromissare** waren in ihrem Vorgehen völlig frei.
LIT. H. E. Feine, Die Besetzung der Reichsbistümer vom Westfälischen Frieden bis zur Säkularisation, 1648 bis 1803 (1964).

Komtur (mlat. commendator, Ver walter).
[1] Vorsteher der Niederlassung eines Ritterordens; führt eine **Komturei,** →Kommende. Mehrere Komtureien bilden eine Ballei.
[2] Rangklasse von Ordensinhabern zwischen Ritter- und Großkreuz.

Konfessionalismus. Die zu weit gehende Betonung und Geltendmachung des religiösen Bekenntnisses auf Gebieten, die nicht unmittelbar im Bereich des Religiösen liegen; bekenntnismäßige Abschließung.
LIT. A. Rauscher (Hrsg.), Probleme des K. in Dtl. seit 1800 (1984).

Konfirmation (lat. confirmare, bestätigen, bekräftigen).
[1] In der kath. Kirche die Übertragung eines Kirchenamtes, insbes. des Bischofsamtes nach vorausgegangener Wahl und Prüfung des Wahlvorgangs und der Eignung des Kandidaten (Informativprozeß). Die K. der Bischöfe, Metropoliten, auch der exemten, sowie der Suffraganbischöfe stand allein dem Papste zu. Für die K., mit der der Gewählte das Amt erlangte, wurden bestimmte Gebühren (Konfirmationsgebühren) erhoben.
[2] In der ev. Kirche die gottesdienstl. Handlung (Einsegnung), mit der Jugendliche nach dem Konfirmandenunterricht, öffentl. Prüfung und Bestätigung des Taufgelübdes zur Teilnahme am Abendmahl zugelassen und als mündige Mitglieder der Kirchengemeinde erklärt werden. Die K., von M. Butzer zuerst in Hessen eingeführt, trat an die Stelle der Firmung.
LIT. Zu [1] H. E. Feine, Die Besetzung der Reichsbistümer vom Westfäl. Frieden bis zur Säkularisation, 1648 bis 1803 (1964).
Zu [2] RGG³ III, 1759–67; Ev. Kirchenlexikon II, 893–99; LThK VI, 432f.

Konfiskation (lat. confiscare, für den Fiskus einziehen). Entschädigungslose Wegnahme von Privateigentum zugunsten des Fiskus oder einer fremden Macht. Gegensatz: gegen Entschädigung vorgenommene Enteignung, Beschlagnahme. Nach allg. Völkerrecht ist K. gegenüber fremden Staatsangehörigen auch nicht im Krieg oder während einer Besetzung erlaubt.

Konflikt, Konfliktzeit. Verfassungskonflikt in Preußen 1862–66, ausgelöst durch die von Wilhelm I. mit Unterstützung des Kriegsministers A. von Roon geforderte Heeresreform. Die liberale Partei, zumal ihr als Fortschrittspartei seit dem 9. 6. 1861 selbständig gewordener linker Flügel, widersetzte sich der Heeresreform und versuchte die Streitfrage zu benutzen, um die »konsequente Verwirklichung des verfassungsmäßigen Rechtsstaates« im Sinne der Parteidoktrin durchzusetzen, um damit den Übergang Preußens zur parlamentar. Monarchie zu vollziehen. In der ausweglosen Stiuation übernahm Bismarck die Regierung, setzte mit Hilfe der »Lückentheorie« die Etats ohne Zustimmung des Abgeordnetenhauses fest und plante mit Hilfe des allg. Wahlrechts die fortschrittl. Mehrheit des Abgeordnetenhauses zu brechen. Der durch Bismarcks Außenpolitik noch verschärfte K. wurde bald nach dem Sieg von Königgrätz mit Bismarcks Bitte um Indemnität beendet, der bes. Charakter des preuß. Staates als konstitutionelle Monarchie festgelegt.

LIT. F. Löwenthal, Der preuß. Verfassungsstreit 1862–66 (1914); K. Kaminski, Verfassung und Verfassungskonflikt in Preußen (1938); G. Ritter, Staatskunst und Kriegshandwerk I (1954).

Konföderation (lat. confoederatio, franz. confédération). Bündnis, Staatenbund, im Gegensatz zum Bundesstaat. Confédération rhénane: Rheinbund; Confédération germanique: Deutscher Bund. In Polen wurden mit K. vom 16. bis 18. Jh. Beschlüsse des Kleinadels, die oft gegen die Krone gerichtet waren, bezeichnet. Bekannteste K. des 18. Jh.: die K. von Bar (1768). Die K. trugen nicht unwesentl. zum Zerfall Polens bei. Das Recht zu K. wurde dem Adel 1791 genommen.

Konföderationsakte, böhmische (1619). Nach dem Prager Fenstersturz (23. 5. 1618), dessen Opfer die kaiserl. Statthalter Martinitz und Slawata waren, übernahm ein ständisches Direktorium die Regierung Böhmens. Am 31. 7. 1619 schlossen die Stände der böhm. Länder ein enges Bündnis, die sog. K. zur Verteidigung der Religion, der »Privilegia«, Majestätsbriefe, Concessiones. Der Oñate-Vertrag sollte nicht gelten, der König durfte ohne Einwilligung der Länder keinen Krieg führen, keine Befestigungen anlegen, keine Schulden machen. Die Stände verlangten freies Wahlrecht des Königs, Aus-

schließung der Jesuiten. Am 16. 8. 1619 folgte ein Bündnis mit den Ständen von Ober- und Niederösterreich. Dem monarch. Staatsgedanken trat damit in den meisten habsburg. Erblanden das Prinzip ständischer Autonomie entgegen.

Konföderationsartikel. Erste vorläufige Verfassung der USA vom 15. 11. 1778, trat 1781 in Kraft, wurde aber 1789 ersetzt.

Konföderierte Staaten von Amerika (Confederate States of America). Sonderbund der Südstaaten der Nordamerikan. Union. Zuerst erklärte Südkarolina die Verbindung mit der Union für gelöst; ihm folgten Georgia, Florida, Alabama, Mississippi, Louisiana, Texas 1861, die sich bald eine provisor. Verfassung gaben. Die Sklavenfrage war nur ein Anlaß. Mit der Beschießung von Fort Sumter durch die Konföderierten begann der Sezessionskrieg.

Kongregation. Versammlung, Vereinigung. [1] Religiöse oder klösterl. K., auch einfach K. (congregatio religiosa). Eine bes. Gemeinschaft in der kath. Kirche, die nach einer Regel lebt und einfache Gelübde ablegt, zu unterscheiden von den Orden; oft im Dienst der Caritas und der Jugendarbeit tätig. [2] Kurien-K., röm. K.: →Kardinalskongregationen. [3] Monastische K.: Vereinigung von selbständigen Klöstern eines Ordens unter einem Oberen (Abtpräses, Erzabt, Generalabt), oft mit einem Reformprogramm, z. B. Cluny, Gorze, Hirsau, Bursfeld. [4] Fromme K., marianische K. (Sodalitäten): zur Ausübung von Werken der Frömmigkeit (oft spez. Frömmigkeitshaltung) und der Nächstenliebe errichtet.

LIT. M. Heimbucher, Orden und K. der kathol. Kirche (Neudr. 1954).

Kongregationslisten. Reformierte Freikirche des Protestantismus, gegen Ende des 16. Jh. in Ablehnung des anglikan. Staatskirchentums, jeder episkopalen oder presbyterian. Kirchenverfassung; jede Kirchengemeinde betrachtet sich als absolut unabhängig, unmittelbar unter Christus stehend. Durch Elisabeth I. unterdrückt, seit 1606 Auswanderung nach Amsterdam und Leiden; 1620 erste Auswanderung der Pilgerväter nach Amerika. Unter Cromwell Aufschwung in England, erneute Unterdrückung unter den Stuarts; 1689 in dem Toleration Act beschränkte Zulassung, doch Unterdrückung bis 1828. Durch Methodismus im 18. Jh. und Erweckungsbewegung starker Auftrieb; heute am stärksten in den USA verbreitet.

LIT. D. Th. Jenkins, Congregationalism (1954); H. Escott, History of Scotish Congregationalism (1960); LThK VI (²1961) 441f.; Weltkirchenlexikon. Handbuch der Ökumene. Im Auftrag des Dt. Ev. Kirchentages hrsg. von F. H. Littel und H. H. Walz (1970) 767 bis 771; N. Goodal, Der Kongregationalismus (1973).

Kongreß. Versammlung, Tagung, Zusammenkunft.

[1] Treffen von Staatsmännern zur Regelung internationaler Fragen mit der Absicht einer Beschlußfassung. Im 17.–19. Jh. vielfach zur Festsetzung von Friedensbestimmungen, z. B. Friedenskongresse in Münster und Osnabrück (→Westfälischer Friede), zu Nymwegen (1679), Utrecht, Rastatt und Baden (1712–14), Wiener Kongreß (1815), Pariser Kongreß (1856), Berliner Kongreß (1878); »Le congrès ne marche pas, il danse.« Nach einem Spottwort des österreich. Feldmarschalls Fürst von Ligne über den Wiener Kongreß.

[2] Allrussischer Kongreß (1917): Einsetzung der Sowjetregierung.

[3] Die Legislative in den USA: Senat und Repräsentantenhaus zusammen bilden den K.

[4] In Frankreich bis 1944 Senat und Abgeordnetenhaus, ähnlich auch in anderen Staaten, z. B. in Indien.

[5] Größere fachliche, wissenschaftliche, berufliche Versammlung.

Kongreßpolen. Spätere Bez. für den mit der 4. poln. Teilung auf dem Wiener Kongreß der Herrschaft des russ. Zaren unterstellten Hauptteil des alten Polen, eigenes Königreich mit der Hauptstadt Warschau, aber ohne Ostpolen, Galizien, Posen und Krakau, das mit seiner Umgebung einen neutralen Kleinstaat unter dem Schutz der Großmächte bildete.

Kongrua (vom lat. congrua; sustentatio congrua). Das zum Lebensunterhalt eines Geistlichen erforderl. Mindesteinkommen aus den Erträgnissen eines bepfründeten Amtes.

König, Königtum (ahd. kuning/thiodans). In german. Zeit waren die Könige nicht eigentlich Herrscher, aber gewählte Volksführer, an die Beschlüsse der Volksversammlung gebunden, in manchen Völkerschaften auch oberste Priester. Die Wahl erfolgte auf Grund der Geblütsheiligkeit; Königsstammbäume wurden auf Götter oder gottähnliche Wesen zurückgeführt. Der Vorstellung vom **Königsheil** kam größte Bedeutung zu. Sakral- und Gefolgschaftskönigtum flossen im Heerkönigtum zusammen, das seine Blütezeit während der Völkerwanderung hatte.

Während das fränk. Großkönigtum der Merowinger, von Chlodwig I. begründet, auf german. und spätröm. Grundlage beruhte, stützte das von den Hausmeiern begründete Königtum der Karolinger auf die Kirche (Eigenkirche, Reichskirche). Der Titel der Merowingerkönige war rex Francorum; Karl der Große fügte 768 die Demutsformel gratia Dei hinzu. Seit der Unterwerfung der Langobarden führte er den Titel »rex Francorum et Langobardorum ac Patricius Romanorum«, seit der Kaiserkrönung (25. 12. 800) den Kaisertitel (→Kaiser).

Königl. Insignien waren in der Zeit der Merowinger Speer (durch Anheften eines roten Banners wurde er zur Heerfahne), Thron (Hochsitz), Stab und Zepter, unter den Karolingern außerdem Krone (seit Pippin), Schwert und Kreuz.

Der fränk. K. war kein absoluter Herrscher, er war erbl. Herrscher nach salischem Recht in der Merowingerzeit, nach ribuarischem Recht in der Karolingerzeit. Seine Macht war begrenzt durch das Verhältnisse zu den Großen des Reiches und zum Volk sowie durch das Recht. Das wichtigste Recht des fränk. K. war das Bannrecht, mit dessen Hilfe er die Regierung führte. Der K. entschied über Krieg und Frieden, hatte die oberste Gerichtsbarkeit, die Münzhoheit, die Kirchenhoheit, war oberstes Organ der Friedenswahrung. Das karoling. Erbprinzip wurde im 9. Jh. mit der Wahl Arnulfs (887) vom Wahlprinzip verdrängt. Aus dem fränk. Königtum gingen das dt. und das franz. Königtum hervor.

In Dtl. behauptete sich, während sich in Frankreich und in England im 12. Jh. die Erbfolge durchsetzte, das Wahlprinzip bis zum Untergang des Reiches, doch wurde es durch die Vorstellungen vom Geblütsrecht gelenkt. Eine gesetzl. Festlegung der Erbfolge (Heinrich VI.) gelang nicht. In der Goldenen Bulle

König

(1356) wurden feste Regeln für die Königswahl aufgestellt. Die Wahl eines röm. K. zu Lebzeiten des Kaisers (vivente Imperatore) war im MA in der Zeit des vorherrschenden Geblütsrechtes (bis zum Interregnum) üblich. Seit Karl V. und der Wahl seines Bruders Ferdinand zum röm. K. (1531) wurden röm. Königswahlen zur Sicherung der habsburg. Nachfolge bis auf Franz I./Joseph II. wieder durchgeführt.
Kurze Lebensdauer der meisten dt. K., häufiger als in Frankreich und England wechselnde Dynastien, Doppelwahlen, Minderjährigkeitsregierungen, Kämpfe mit dem Papsttum schwächten die Macht des dt. Königtums. Die Stellung des K. als Eigentümer des Reichsgutes war bereits im 12. Jh. erschüttert, seine Stellung als oberster Lehnsherr wurde durch die Erblichkeit der Lehen und den Leihezwang bedeutungslos. Seine Rechte gegenüber der Reichskirche wurden ebenfalls beträchtl. reduziert und schrumpften in der frühen NZ etwa auf die Entsendung von Wahlkommissaren bei Bischofswahlen (Exklusive), die Erteilung von Panisbriefen und das Recht der Ersten Bitten (ius primariarum precum) zusammen.
Seine stärkste Entfaltung hat das dt. Königtum unter den Saliern (Konrad II., Heinrich III.) und den Staufern (Friedrich I., Heinrich VI.) gehabt. Der im MA voll ausgebildete staatsrechtl. Unterschied zw. dem dt. (röm.) K. und dem Kaiser verlor an Bedeutung, seitdem die dt. Herrscher auf die röm. Kaiserkrönung verzichteten und sich als ›Erwählter römischer Kaiser‹ mit dem Zusatz ›König in Germanien‹ (electus Romanorum imperator semper augustus, Germaniae rex) bezeichneten: Maximilian I. nahm 1508 erstmalig den Titel eines erwählten röm. Kaisers an. Die letzte Kaiserkrönung durch den Papst fand 1530 in Bologna statt. Über die Rechte des röm. K. zu Lebzeiten des Kaisers entschied der regierende Kaiser. Beim Tod des Kaisers übernahm der röm. K. die Regierung des Reiches.
Den Königstitel führten außer dem dt. und franz. K. (Rex christianissimus, Allerchristlichster K.), die Herrscher von England und Schottland, von Spanien (Kastilien und Aragon, Rex catholicus), von Portugal (Rex fidelissimus seit 1749), Dänemark, Norwegen, Schweden; der Kaiser erhob den Herzog von Böhmen 1198 zum K., der Papst erhob den Herrscher von Ungarn im Jahre 1101 mit dem Titel Rex apostolicus und den Herrscher von Sizilien 1030 (Rex feudatarius). Die Herzöge von Polen nahmen 1319 den Königstitel an. Der Kurfürst von Brandenburg, Friedrich III. (reg. seit 1688), krönte sich am 18. 1. 1701 selbst in Königsberg zum K. und wurde K. in Preußen (Friedrich I., bis 1713). Eine Änderung seiner staatsrechtl. Stellung innerhalb seines Herrschaftsbereichs war damit nicht verbunden, doch erwies sich die Krone als ein Band, das die preuß. Staaten enger zusammenschloß. 1806 wurden die Kurfürsten von Bayern, Sachsen und Württemberg K. Auf dem Wiener Kongreß erfolgte die Anerkennung der Königreiche Hannover und der Niederlande.
Gegenwärtig bestehen in Europa folgende Königreiche: Belgien, Dänemark, Großbritannien, Niederlande, Norwegen, Schweden, Spanien.

LIT. H. Conrad, DRG I und II; HWDRG II, 999–1023; H. Planitz, K. A. Eckhardt, Dt. Rechtsgeschichte (³1971); G. Tellenbach, Die Entstehung des Dt. Reiches (³1946); ders., Königtum und Stämme in der Werdezeit des Dt. Reiches (1939); F. Kern, Gottesgnadentum und Widerstandsrecht des frühen MA (²1954); P. E. Schramm, Der K. von Frankreich (1939; Nachdruck 1960); R. Fawtier, The Capetian Kings of France. Translated by L. Butler and R. J. Adam (1960); W. Schmidt, Dt. Königtum und dt. Staat des Hoch-MA während und unter dem Einfluß der ital. Heerfahrten (1964); H. Angermeier, Königtum und Landfriede im dt. SpätMA (1966); B. Schimmelpfennig, Die dt. Königswahl im 13. Jh. (1968); C. R. Brühl, Fodrum, gistum, servitium regis. Studien zu den wirtschaftl. Grundlagen des Königtums im Frankenreich und in den fränk. Nachfolgestaaten Dtl., Frankreich und Italien vom 6. bis zur Mitte des 14. Jh. 2 Bde. (1968); E. Wadle, Reichsgut und Königsherrschaft unter Lothar III. (1125–1137) (1969); P. E. Schramm, Geschichte des engl. Königtums im Lichte der Krönung (Nachdruck 1970); E. Peters, The Shadow King (1970); W. Böhme, Die dt. Königserhebung im 10.–12. Jh. (1970); K. Schnith, Gedanken zu den Königsabsetzungen im Spätmittelalter. In: HJb 91 (1971) 309–26;

H. Vollrath-Reichelt, Königsgedanke und Königtum bei den Angelsachsen bis zur Mitte des 9. Jh. (1971); R. Schneider, Königswahl ... (1972); H. Beumann, Der dt. K. als »Romanorum rex« (1981); F. B. Fahlbusch, Städte und Königtum im frühen 15. Jh. (1983); K. Flink, W. Jansen, Königtum und Reichsgewalt am Niederrhein (1983); R. Schneider (Hrsg.), Das spätma. K. im europ. Vergleich (1987).

Königgrätz, Schlacht von (3. 7. 1866). Sieg der preuß. Armee über Österreicher und Sachsen unter Benedek, in England und Frankreich nach dem Ort Sadowa genannt, entschied den deutschen Krieg, führte zu dem Präliminarfrieden mit Österreich (26. 7.), dem Frieden zu Prag und zur kleindt. Lösung der dt. Frage. LIT. A. Wandruszka, Schicksalsjahr 1866 (1966); G. A. Craig, K. (1966); W. Frauendienst, Das Jahr 1866 (1966).

Königsgelübde. Ein schon früh im schwed. Staatsrecht üblich gewordener Begriff; der Sache nach zu vergleichen mit den dt. Wahlkapitulationen.

Königstraße →Heerstraße.

Konjektur (lat.). Vermutung; erschlossene Lesart eines mangelhaft überlieferten Textes, welche dem Sinn besser zu entsprechen scheint.

Konklave (lat., verschließbarer Raum). Räume für die Wahl des Papstes. Seit 1274 sind die **Konklavisten** (d. h. die Kardinäle mit je 2 Begleitern) ganz von der Außenwelt abgeschlossen; seit 1870 findet das K. im Vatikan statt, vorher im Quirinal. Von den Räumlichkeiten wurde die Bez. auf die Papstwahl selbst übertragen. Hüter des K. ist der Konklavemarschall. Bis an die Schwelle der NZ beanspruchten die kath. Mächte während des K. die Exklusive.

Konkordate (von lat. concordare aliquid, etwas in Einklang bringen). Unter einem K. versteht man eine zw. dem Hl. Stuhl für die kath. Kirche und einem Staat getroffene Vereinbarung zur Regelung von Angelegenheiten, die zugleich dem staatl. und dem kirchl. Interessenbereich angehören (= gemischte Angelegenheiten), z. B. Besetzung wichtiger Kirchenämter, insbes. der Bischofsstühle, Ehe- und Schulfragen, Umgrenzung der Diözesen, Kirchensteuer, Bildung der Geistlichkeit, Nuntiaturen, Seelsorge in Heer und Marine usw. Diese Abmachungen, für die keine bestimmte Form zwingend vorgeschrie-

ben ist und deren Sprache (für ältere K. Latein, für neuere K. Italienisch oder Französisch, meist aber zweisprachig) uneinheitlich ist, müssen nicht die Bez. Concordatum (Concordata) tragen – zum ersten Male bei den Vereinbarungen Martins V. (1417–31) mit den Nationen des Konstanzer Konzils (1414–18) verwendet, es können syn. auch Bez. wie Conventio (-iones), Pactum, Pacta conventa, Zirkumskriptionsbullen vorkommen. Die Rechtsnatur der K. war umstritten. Nach der von kirchl. Seite ausgehenden, in der ma. Vorstellung von der Superiorität der Kirche über den Staat wurzelnden Privilegientheorie galt das K. als eine nach freiem Belieben des Papstes widerrufbare Vergünstigung der Kirche an den Staat. Nach der in der Omnipotenz des staatl. Rechts wurzelnden Legaltheorie war das K. ein einseitiges, nicht rechtl., sondern höchstens moralisch bindendes, jederzeit widerrufbares Zugeständnis des Staates an die Kirche. Nach den neueren Auffassungen über das Verhältnis von Staat und Kirche herrscht die Vertragstheorie vor, nach der K. völkerrechtl. oder quasi-völkerrechtl. Verträge sind.

Überblick über die wichtigsten K.:

a) Das **Wormser Konkordat** (1122) abgeschlossen zw. Heinrich V. und Calixt II. beendet den Investiturstreit und regelt die Besetzung der Bischofsstühle im Reich, bis 1806 in Geltung, von Leibniz u. a. im 17. Jh. wegen des kaiserl. Entscheidungsrechts zwiespältiger Bischofswahlen erneut belebt.

b) Die **Konkordate Martins V.** (1418) mit den Nationen des Konstanzer Konzils (der dt., engl., franz. und span. Konzilsnation). Abgesehen vom engl. K. waren diese auf fünf Jahre befristet. Sie galten hauptsächl. dem päpstl. Pfründenbesetzungsrecht, dem Steuerrecht, der Verminderung der Ablässe, dem Kardinalskolleg und waren als Teil des Konstanzer Reformprogramms von Konziliarismus und von nationalkirchl. Tendenzen bestimmt.

c) Die **Fürstenkonkordate** (Concordata principum, Röm. oder Eugen. K.; 1447) zielen nach dem Willen der dt. Fürsten mit 1 Breve und 3 Bullen Papst Eugens IV. auf eine Anerkennung der von den dt. Fürsten akzeptierten Baseler Reformdekrete (Mainzer Akzeptation von 1439), der Dekrete über die Konzilssuperiorität, auf Abstellung der Gravamina und Regelung der kirchl. Verhältnisse in Dtl., werden aber durch das Salvatorium Eugens IV. und das Wiener K. weitgehend entwertet bzw. modifiziert. Ihre Geltung ist auch nach ihrer Wiederentdeckung im 18. Jh. nicht unbestritten.

d) Das **Wiener Konkordat von 1448** (auch Aschaffenburger K.), abgeschlossen zw. Friedrich III. und Papst Nicolaus V. (vertreten durch den Legaten Carvajal), modifiziert zugunsten der Römischen Kurie die Fürstenkonkordate, trifft vor allem Bestimmungen über die Pfründenvergebungen und die Besetzung der Reichsbistümer. In Geltung bis 1803/06.

e) Das **Konkordat zw. Franz I. von Frankreich und Leo X.** (1516). Wichtigste Bestimmungen: Aufhebung der Pragmatischen Sanktion von Bourges (1438). Die Ecclesia Gallicana wird grundsätzl. wieder in die gesamtkirchl. Ordnung eingefügt; der König von Frankreich erhält das Besetzungsrecht für alle Erzbistümer, Bistümer, Abteien und Priorate und damit einen außerordentl. Machtzuwachs.

f) Die Konkordatsära des 19. Jh. wird eingeleitet durch das zw. Pius VII. und Napoleon geschlossene K. (15. 7. 1801), das erste mit einem säkularisierten, modernen Staat; Vorbild für K. des 19. Jh. Wichtigste Bestimmungen: Neue Diözesaneinteilung für Frankreich; alle bisherigen Bischöfe, konstitutionelle wie eidweigernde, müssen resignieren. Napoleon erhält das Recht der Ernennung der Bischöfe. Rom verzichtet auf die Restitution der säkularisierten und zum großen Teil bereits veräußerten Kirchengüter. Der Staat sorgt für angemessenen Unterhalt der Bischöfe, Pfarrer, für Errichtung von Seminarien usw. Gegen den Widerspruch des Papstes ließ Napoleon dem K. 77 Organische Artikel (8. 4. 1802) hinzufügen und gleichzeitig mit dem K. veröffentlichen. Die Organischen Artikel greifen auf die Gallikanischen Artikel von 1682, die Grundsätze des franz. Staatskirchentums und die kirchenpolit. Praxis der Revolutionszeit zurück, schreiben das staatl. Plazet vor, die Appellationsmöglichkeit an das weltl. Gericht in geistl. Sachen usw. Das K. von Fontainebleau (1813) suchte dem gefangenen Papst weitere Zugeständnisse aufzuzwingen, erlangte jedoch keine Geltung. Das K. von 1801 blieb im wesentl.

bis zur Kündigung von 1904 bestehen. Das Trennungsgesetz von 1905 beseitigte es.

g) **Deutsche Konkordate und Zirkumskriptionsbullen.** Nach der Säkularisation von 1803 scheiterten zunächst Verhandlungen um ein Reichskonkordat und um Länderkonkordate. 1817 kam ein K. mit Bayern zustande: Neuordnung der Diözesanverfassung, Besoldung der Geistlichkeit usw. 1821 Abschluß der Zirkumskriptionsbulle (›De salute animarum‹) mit Preußen über die Regelung der Diözesaneinteilung, Dotation auf Grund der Säkularisationsverpflichtungen, Bildung der Domkapitel, Bischofswahl (eine persona minus grata durfte nicht gewählt werden). 1821–27 Zirkumskriptionsbulle für die Oberrheinische Kirchenprovinz ›Provida sollersque‹; ›Ad dominici gregis custodiam‹, 1824 ähnl. Regelung für Hannover: ›Impensa Romanorum‹. K. mit Baden (1857) und Württemberg (1859) scheitern am Widerstand der Landtage. Das K. von 1855 mit Österreich beendet das josephin. Staatskirchentum, wird aber 1870 aus Protest gegen das Unfehlbarkeitsdogma gekündigt. K. wurden abgeschlossen mit Lettland 1922, mit Litauen 1927, mit Polen 1925, mit Portugal 1928. Das K. mit Bayern (1924) regelte die Dotation der Erzbistümer und Bistümer, die Gründung von Orden und Kongregationen, die Besetzung der Bischofsstühle sowie Bestimmungen über Schule und Universität (Konkordatsprofessuren). Das K. mit Italien (1927) trug zur Lösung der röm. Frage bei (Lateranverträge). Das K. mit Preußen (1929) beinhaltete im wesentl. eine Anpassung der Bestimmungen der Zirkumskriptionsbulle ›De salute animarum‹ (1821) an die veränderten Verhältnisse. Das Reichskonkordat (20. 7. 1933), durch Länderkonkordate in der BRD modifiziert, wird in der DDR als nicht existent betrachtet.

LIT. A. Mercati, Raccolta di concordati su materie ecclesiastiche tra la Santa Sede e le autorità civili (Rom 1954); Feine, KRG I (³1933); H. Raab, Die Concordata Nationis Germanicae in der kanonist. Diskussion des 17. bis 19. Jh. (1956); A. Albrecht, Koordination von Staat und Kirche in der Demokratie (1965); A. Hollerbach, in: Jb. des öffentl. Rechts (1968); StL IV (⁶1959) 1215–1226; J. Wenner, Reichskonkordate und Länderkonkordate (⁷1964); R. Morsey, Zur Geschichte des preuß. K. und der Errichtung des Bistums Berlin. In: Wichmann-Jahrbuch für Kirchengeschichte im Bistum Berlin 19/20 (165/66) 64–89; H. D. Sidow, Die Rechtsnatur der Zirkumskriptionsbullen für Dtl. aus der Zeit nach dem Wiener Kongreß (1969); W. Weber, Die dt. Konkordate und Kirchenverträge der Gegenwart I (1962), II (1971); E. Weinzierl, Die österreich. K. 1855 und 1933 (1960); L. Schöppe (Hrsg.), Konkordate seit 1800 (1964); K. Hausberger, Staat und Kirche nach der Säkularisation. Zur bayer. Konkordatspolitik im frühen 19. Jh. (1983).

Konkordienformel (lat. formula concordiae). Eintrachtsformel. Auf der Grundlage der ›Schwäbischen Konkordie‹ des J. Andreä (1574) und der ausführl. ›Schwäbisch-sächsischen Konkordie‹ des Chemnitz und Chyträus sowie der ›Maulbronner Formel‹ entstand die K., auch ›Bergisches Buch‹ genannt. Die Tendenz gegen den Calvinismus ist scharf; die K. bildet die Grundlage der luth. Orthodoxie.
LIT. Die Bekenntnisschriften der luther. Kirche (³1956).

Konkubinat. Dauerndes Zusammenleben von Mann und Frau in außerehel. Geschlechtsgemeinschaft, wilde Ehe, bes. stark verbreitet im SpätMA, während des 30jährigen Krieges; unter dem Einfluß der Beschlüsse des Konzils von Trient langsam abgebaut. In den vorreformator. Klagen über Mißstände in der Kirche spielt das K. eine wichtige Rolle. Seit dem Tridentinum verboten und für Laien und Geistliche mit Kirchenstrafen bedroht.

Konquistadoren (von span. conquista, Eroberung). Eroberung und Entdeckung gehen seit der Entdeckung Amerikas eng zusammen, vor allem in Mittel- und Südamerika. Die Conquista wird vielfach als der letzte Kreuzzug und die bruchlose Fortsetzung der Reconquista gedeutet. K. sind Abenteurer und Offiziere verschiedener Herkunft, die im 16. Jh., vornehmlich in span. Diensten, das tropische Amerika eroberten. Bedeutende K. waren Cortéz (erobert Mexiko 1519–21), Pizarro (erobert Peru), Almagro und Luque (an der Eroberung der Andenländer 1524–37 hervorragend beteiligt). Die Grausamkeiten der Conquista sollen nicht beschönigt werden, sie müssen jedoch im Zusammenhang mit der gesamten Zeit gesehen werden.
LIT. G. Friderici, Der Charakter der Entdeckung und Eroberung Amerikas durch die Europäer (1925); W. Prescott, Die Eroberung Mexikos (1935); F. A. Kirkpatrick, The Spanish Conquistadores (London 1946); C. Saëns de Santa Maria, Hernán Cortés, Primer Soldato del Imperio (1958); H. Matis, Hernán Cortés. Eroberer und Kolonisator (1967); H. Innes, Die K. Aus dem Engl. übers. von A. Klein (1970).

Konsanguinitätstafel. Tabellar. Darstellung aller Verwandten einer Person. Die K. umfaßt Ahnen- und Deszendenztafel zugleich, alle Personen, die zur gesetzl. Erbfolge aus dem Titel der Verwandtschaft berechtigt sind.

Konservatismus, Konservativismus (von lat. conservare, erhalten, bewahren). Eine geistige, polit., gesellschaftl. Form und Haltung, die zunächst die erhaltenden, stabilisierenden Kräfte stützen will gegen die Revolution. K. leugnet die philosoph. Voraussetzungen des Progressismus, begnügt sich mit dem in einer konkreten histor. Situation Erforderlichen, hat im Grunde kein Programm, da er auf ein perfektionistisches Zukunftsbild, wie z. B. Liberalismus, Sozialismus usw. verzichtet und ist in seinem letzten Kern rational begrifflich nicht erfaßbar.
Charakterist. für den Konservativismus ist:
a) Der Glaube an das Walten der göttlichen Vorsehung in der Geschichte. Politische Probleme sind im Grunde religiöse und moralische Probleme. »Politik ist die Kunst, die über der Natur steht, zu erfassen und zu verwirklichen« (R. Kirk).
b) Konkrete Anschauung, Vertrauen in das überlieferte Recht, Mißtrauen gegenüber Spekulation und abstrakter Systematik. Tradition und gesundes »Vorurteil« wirken mäßigend.
c) Natur und Geschichte sind keine Gegensätze. Es gibt kein realisierbares Modell einer abstrakten »natürlichen Ordnung«.
d) In der Tradition und in ihren Institutionen verkörpert sich die Weisheit der Ahnen. Der Staat ist »die Gemeinschaft der Lebenden, der Toten und der noch Ungeborenen« (E. Burke).
e) Keine Gesellschaft kann ohne Autorität leben. Jede zivilisierte Gesellschaft bedarf der Rangordnung und der Klas-

sen. Alle Versuche, die natürl. Unterschiede zw. den Menschen aufzuheben, Gleichheit mit positiver Gesetzgebung zu erzwingen, führen zur Katastrophe.
f) Freiheit und Eigentum gehören zusammen. Wirtschaftl. Nivellierung bedeutet keineswegs wirtschaftl. Fortschritt. Beseitigung des Privateigentums zerstört die Freiheit.
Der K. unterstreicht die enge Verbundenheit der Gegenwart mit der Vergangenheit, bekennt sich zum historisch Gewachsenen, verlangt lebendiges Geschichtsbewußtsein, Pflege der Tradition und ihrer Institutionen, bleibende Grundsätze der Rechtsordnung. Der Staat ist nicht durch Vertrag entstanden, die Gesellschaft muß sich verändern, wie der menschl. Körper sich erneuert, und in Übereinstimmung mit der Vorsehung. Organische und möglichst bruchlose Entwicklung, Evolution, nicht Revolution erstrebt der K., der also zw. Reaktion, dem starren Festhalten an geschichtl. überlebten Formen und dem revolutionären Bruch mit der Geschichte steht.
Der K. nahm seinen Ursprung in der Kritik der Franz. Revolution, ihrer Ideologie, der These Rousseaus von der Güte des Menschen, der Gleichheit aller Menschen, der Kritik des Vernunftsglaubens der Aufklärung und der optimistischen Fortschrittsgläubigkeit, der Kritik der polit. Nivellierung und der totalen Demokratie. Seinen ersten und bedeutendsten literar. Anwalt hat der K. in Edmund Burke (1729–97), dem größten engl. Staatsdenker, gefunden. Seine ›Reflections on the Revolution in France‹ (1790), von F. Gentz ins Deutsche übersetzt, erregten um so größeres Aufsehen, als Burke für die Rechte der amerikan. Kolonisten, der kath. Iren eingetreten war und Hastings' Vorgehen in Indien angegriffen hatte. Burke setzte sich in dieser Schrift und in ›A Letter to a Member of the National Assembly‹ (1791), ›An Appeal from the New to the Old Whigs‹ (1791), ›A Letter to a Noble Lord‹ und den ›Thoughts on a Regicide Peace‹ (1796/97) mit dem Rationalismus der »philosophes«, dem romant. Sentimentalismus Rousseaus, dem Utilitarismus Benthams, der Franz. Revolution auseinander, trat für Vorsehung und Ehrfurcht, Vorurteil und das historisch gewachsene Recht, das Prinzip der Ordnung und für die

Freiheit ein. In Dtl. wurden die Ideen Burkes durch Brandes, Rehberg (›Untersuchungen über die Franz. Revolution‹, 1793), F. von Baader, den Freiherrn vom Stein, Joseph Görres vertreten, später durch Konstantin Frantz, W. E. von Ketteler, K. von Vogelsang, E. Jörg. Aus der Romantik erhielt der K. starke Impulse, insbes. mit dem Organismusgedanken, der Verherrlichung der Geschichte, des Mittelalters, dem Volksgeist, der romantischen Auffassung vom Verhältnis von Individuum und Gemeinschaft. Romantisch-konservative Ideen vertraten F. Novalis, Friedrich Schlegel, F. von Baader, Jos. Görres, Adam Müller, der Kreis um Kleists ›Berliner Abendblätter‹ und die ›Christlich germanische Tischgesellschaft‹ in Berlin, schließlich das ›Berliner politische Wochenblatt‹ (1831–41), das von J. M. von Radowitz und K. E. Jarcke herausgegeben wurde, Rankes ›Historisch-politische Zeitschrift‹ (1832–36) und Hubers ›Janus‹ (1845–48). Umstritten ist die Zugehörigkeit des Schweizers K. L. von Haller zum K., der mit seiner ›Restauration der Staatswissenschaften‹ dem Zeitalter den Namen gegeben hat.
K., so sehr auch manches an die Ideen und die Politik der Heiligen Allianz erinnern mag, ist nicht mit Restauration, Reaktion oder Traditionalismus identisch. K. wendet sich ebenso gegen Absolutismus, insbes. seine Spätform im 19. Jh., wie gegen individualist. Liberalismus, Bürokratismus und gleichmachende Demokratie. Der Staat ist für den K. organische Einheit, gewachsen aus kleineren Gemeinschaften: Familie, Sippe, Stamm, niemals aber durch Vertrag entstanden. Freiheit steht stets in engster Verbindung mit Pflicht. Wie stark der K. sich auf ein nicht konfessionelles Christentum gründet und auch um eine Reunion der gespaltenen Christenheit bemüht ist, zeigt sich am Beispiel der Brüder Gerlach, des Historikers Heinrich Leo, J. M. von Radowitz u. a. Stahl faßte die Gedanken des K. über den Staat in großartiger Weise zusammen.
Mit dem Einsetzen der Reaktion gewann der K. in Preußen, vor allem durch die Verbindung der Kamarilla mit dem »Romantiker auf dem Thron«, König Friedrich Wilhelm IV., die Herrschaft und auch die Mehrheit im Abgeordnetenhaus. Mit dem Beginn der

Neuen Ära ging die Bedeutung des K. zurück. Seine Formel »Thron und Altar« blieb jedoch noch lange charakteristisch für die preuß. Politik. Der Politik Bismarcks stand der K. abwartend, ja ablehnend gegenüber, spaltete sich jedoch schließlich an dieser Frage in Altkonservative und Freikonservative. Der sozialen Frage brachte der K. großes Verständnis entgegen, suchte sie vom Christentum und in staatssozialist. Sinn (V. A. Huber, A. Stoecker, A. H. G. Wagner) zu lösen, drang jedoch nicht durch. Infolge der Interessenbindung an den Großgrundbesitz, der Absage an Bismarcks Machtpolitik, innerer Uneinigkeit, mangelnder Organisation verlor der in Mißkredit geratene K. seit dem 2. Drittel des 19. Jh. immer mehr an Bedeutung.

Konservative Staatsdenker in Frankreich waren de Maistre, de Bonald, de Tocqueville; einen revolutionären K. vertraten Barrès, Sorel, Maurras. In Spanien traten Cortes, in den USA Hamilton, Adams, in England Disraeli für konservative Auffassungen ein.

Nach dem Ersten Weltkrieg knüpften Othmar Spann und seine Schule an das polit. Gedankengut der dt. Romantik an. Das ganze Werk des Staatsrechtlers Carl Schmitt steht bewußt in der »Konservativen Revolution«, der auch Moeller van den Bruck (›Das dritte Reich‹, 1923; ›Der Preußische Stil‹, 1916) sowie Ernst Jünger, E. E. Jung u. a. zuzurechnen sind. Dieser K. forderte im Rückgriff auf die Romantik, im Kampf gegen Marxismus und Liberalismus einen ständisch gegliederten, autoritär geführten Machtstaat und führte vielfach in gefährliche Nähe zu totalitärem Denken und zum Nationalsozialismus. Die Widerstandsbewegung gegen Hitler wurde jedoch zu einem nicht geringen Teil von dem religiösen Ernst und dem Gedankengut konservativer Kreise getragen.

Nach dem Zweiten Weltkrieg wurde konservatives Denken in der von H.J. Merkatz herausgegebenen ›Konservativen Schriftenreihe‹ (Merkatz, ›Die konservative Funktion‹; A. Mohler, ›Die französische Rechte‹; J. Ch. Allmayer-Beck, ›Der Konservativismus in Österreich‹), in den USA von R. Kirk (›The Conservative Mind‹) und einigen Politikern vertreten.

LIT. StL IV, 1237–45; A. von Martin, Weltanschaul. Motive im altkonservativen Denken. In: Dt. Staat und dt. Parteien. Festschr. für F. Meinecke (1922) 342–384; C. Schmitt, Polit. Romantik (²1925); K. Mannheim, Konservatives Denken. In: Archiv für Sozialwissenschaft 57 (1927); H. Barth, Der konservative Gedanke (1938); S. Neumann, Die Stufen des preuß. K. (1930); H. J. Schoeps, Das andere Preußen (²1957); R. Kirk, The Conservative Mind. From Burke to Santayana (1953; dt. Übers. 1959, unter dem Titel: Lebendiges polit. Erbe); S. Neumann, Aus den Jahren preuß. Not und Erneuerung. Tagebücher und Briefe der Gebrüder Gerlach und ihres Kreises 1805–1820 (1963); ders., Konservative Erneuerung. Ideen zur dt. Politik (1963); A. Mohler, Die Konservative Revolution in Dtl., 1918–32 (1950); ders., Die franz. Rechte (1958); J. Ch. Allmayer-Beck, Der K. in Österreich (1959), K. von Klemperer, Konservative Bewegungen zw. Kaiserreich und Nationalsozialismus (dt. 1961); K. Epstein, The Genesis of German Conservatism (Princeton, N. J. 1966); Otto Graf zu Stolberg-Wernigerode, Die unentschiedene Generation. Deutschlands konservative Führungsschichten am Vorabend des 1. Weltkriegs (1968); H. Gerstenberger, Der revolutionäre Konservativismus (1969); Grebing-Greiffenhagen u. a., K., eine dt. Bilanz (1971); M. Freund, Georges Sorel. Der revolutionäre Konservativismus (²1972); G.-K. Kaltenbrunner (Hrsg.), Rekonstruktion des Konservativismus (²1973); ders., Die Herausforderung der Konservativen (1974); ders., Der schwierige Konservativismus (1975); D. Stegmann, B.-J. Wendt, P.-C. Witt (Hrsg.), Dt. K. im 19. und 20. Jh. Festschrift für F. Fischer (1983); H. G. Schumann (Hrsg.), Konservativismus (1984); L. Elm (Hrsg.), K. heute (1985); ders. (Hrsg.), Leitbilder des dt. K.: Schopenhauer, Nietzsche, Spengler, Heidegger, Schelsky, Rohrmoser, Kaltenbrunner u. a (1985); K. L. Shell, Der amerik. Konservativismus (1986); P. Kondylis, K. Geschichtl. Gehalt und Untergang (1986).

Konsistorium (lat.).

[1] In der römischen Geschichte der Versammlungsort des geheimen Rats der röm. Kaiser, seit Konstantin d. Gr. der geh. Rat selbst.

[2] In der kath. Kirche die Vollversammlung der Kardinäle unter dem Vorsitz des Papstes. Seit dem 16. Jh.

wurden die K. in ihrer Bedeutung durch die Kardinalskongregationen zurückgedrängt. Es werden unterschieden geheime K. (Consistoria secreta: Kardinalskreierungen und Bischofsernennungen; nur Kardinäle haben Zutritt); öffentl. K. (Consistoria publica, zu denen auch Bischöfe, Prälaten, Diplomaten Zutritt haben), abgehalten etwa aus Anlaß der Überreichung des Kardinalshuts.

[3] Konsistorialverfassung, Konsistorialsystem. In den ev. Kirchen oberste kollegiale Verwaltungsbehörde, zuerst 1539 in Wittenberg eingerichtet, als Notmaßnahme bis zur Herstellung der Bischofsverfassung gedacht, von allen luth. Landeskirchen übernommen. Das K. übte im Namen des Landesherrn dessen kirchl. Regierungsrechte aus (Summepiskopat), bestand aus Theologen und Juristen, beaufsichtigte die Geistlichkeit und die Lehre. Im 17. und 18. Jh. ging die Gerichtsbarkeit der K. zunehmend an die weltl. Gerichte über. Nach 1918 wurden mit dem Wegfall des landesherrl. Kirchenregiments die K. in ihren Befugnissen erneut eingeschränkt, unbenannt in Landeskirchenamt o. ä., bzw. abgeschafft.

[4] In der Diözesankurie Bez. für die Diözesanverwaltung; gelegentl. auch Bez. für das Offizialat.

[5] Katholisch-geistliches K. in Sachsen. Seit 1827 Behörde für die Verwaltung der kath. Angelegenheiten.

Konstantinische Schenkung (Constitutum Constantini). Eine frühma. Fälschung in Urkundenform, nach der Kaiser Konstantin d. Gr. dem Papst Silvester I. und dem Römischen Stuhl das Imperium über das Abendland verliehen habe, außerdem die Sanktion des Primats der sedes romana Petri über alle anderen Bischofsstühle, einschließlich der oriental. Patriarchate. Zweck der Fälschung war die Lösung der Kirche und des Papsttums aus der Bevormundung durch das Kaisertum. Der Anlaß für die Fälschung ist unbekannt. Entstanden ist die Fälschung zw. 750 und 850. Die K. S. wurde im Zeitalter Ottos III. als Fälschung abgelehnt, dann aber bis ins 15. Jh. nicht mehr bezweifelt. Philologisch-historische Kritik übten Nicolaus von Cues, Lorenzo Valla, R. Pecock. Seit der Herausgabe der Untersuchung Vallas durch Ulrich von Hutten stand die Unechtheit der K. S. für die Protestanten fest. C. Baronius gab die Unechtheit der Form zu. Seit der Mitte des 19. Jh. gilt auch der Inhalt der K. S. auf kath. Seite als gefälscht.
LIT. LThK VI (1961) 483f.; HWDRG II, 2110–18; H. Fuhrmann, Konstantinische Fälschung und Silvesterlegende. In: DA 15 (1959) 523–540; ders., in: DA 22 (1966); D. Maffei, La donazione di Constantino nei giuristi medievali (Mailand 1964). – Neue Ausg. von H. Fuhrmann, in: MGH Schriften (1969).

Konstitution (lat. constitutio von statuere, fest hinstellen) →Verfassung.

Konstitutionalismus. Von Konstitution (lat. constitutio, Verfassung) abgeleitete Bez. einer Regierungsform, in der die Gewalt des erbl. Herrschers durch eine Verfassung beschränkt ist. K. beruht auf der Lehre von der Trennung der Gewalten, ist lediglich in Monarchien möglich und historisch aus dem Gegensatz gegen die absolute Monarchie und den ständischen Staat zu erklären. Der Übergang von der ständischen zur konstitutionellen Monarchie ist am deutlichsten in England seit 1689. Die Aufklärung bahnte dem K. den Weg, doch erst mit der Charte constitutionelle Ludwigs XVIII. (4. 6. 1814), die das Vorbild des europ. Frühkonstitutionalismus wurde, begann sein Siegeszug auf dem Kontinent. Die konstitutionelle Staatslehre sprach die verfassunggebende Gewalt dem Fürsten und dem Volke gemeinsam zu, verlangte Mitwirkung der Untertanen an der Gesetzgebung und parlamentarische Kontrolle der Exekutive und des Budgets. Nach Art ihrer Entstehung werden oktroyierte, vom Landesherrn erlassene, oder vereinbarte Verfassungen (Beispiel: Württemberg) unterschieden.
Die ersten Verfassungen der dt. Frühkonstitutionalismus: Nassau (1814); Schwarzburg-Rudolstadt (1816); Schaumburg-Lippe (1816); Waldeck (1816); Sachsen-Weimar (1816); Liechtenstein (1819); Bayern (oktroyierte Verfassung 1818); Baden (1818), Württemberg (1819), Sachsen (1831). In Preußen (Verfassung 1850) und auch im Deutschen Reich (1871) bildete sich eine Sonderform des K. heraus.
Allg. beschränkte der K. die Macht des Monarchen, stärkte die Vorstellung von der Einheit des Staates, bereitete der Demokratie und dem Parlamentarismus den Weg.
LIT. O. Hintze, Das monarch. Prinzip

und die konstitutionelle Verfassung. In: Staat und Verfassung (1941); E. R. Huber, Dt. Verfassungsgeschichte seit 1789. 4 Bde. (1957–63); F. Hartung, Dt. Verfassungsgeschichte vom 15. Jh. bis zur Gegenwart ([7]1959; [9]1969); E.-W. Böckenförde (Hrsg.), Probleme des Konstitutionalismus im 19. Jh. (1975).

Konsul.

[1] Titel der zwei höchsten Beamten der röm. Republik, aus Angehörigen patrizischer, seit 367 auch plebejischer Geschlechter gewählt. Nach den consules ordinarii wird bis 354 v. Chr. das Jahr benannt. Die Insignien der K. waren: zwölf Liktoren, Purpurstreifen an der Toga, kurulischer Stuhl. In der Kaiserzeit erfolgte die Nominierung durch den Kaiser, in der Regel auf eine Amtsdauer von 2, 4 oder 6 Monaten beschränkt.

[2] Im MA in Italien und Südfrankreich regierender, auf ein Jahr gewählter Beamter einer Stadt, während des 13. Jh. durch den Podestà verdrängt.

[3] Vorsteher einer Kaufmannsniederlassung an einem fremden Handelsplatz mit Gerichtsbarkeit über diese (consul mercatorum, comes hansae).

[4] 1799–1804 in Frankreich Titel der drei höchsten Staatsbeamten; Zeit des Konsulats. Die gesamte Macht war jedoch in den Händen des ersten K. Napoleon.

[5] Ständiger Vertreter eines Staates, ohne polit. Aufgaben und diplomat. Eigenschaften. Die Aufgabe des K. ist beschränkt auf den Schutz und die Förderung von Wirtschaft, Verkehr, Handel, bestimmte Verwaltungsaufgaben, die Wahrung von Interessen und Rechten von Angehörigen seines Staates im Ausland. Die frühere Konsulatsgerichtsbarkeit in afrikan. und asiat. Staaten besteht nicht mehr. Nach der Rangordnung werden unterschieden: Generalkonsul, Konsul, Vizekonsul, nach ihrer beamtenrechtl. Stellung Berufskonsuln (consules missi) und Wahlkonsuln (consules electi).

Konsulat.

[1] Amt und Amtszeit der röm. Konsuln.

[2] Vom Staatsstreich Napoleons bis zu seiner Kaiserkrönung reichende Epoche der neueren franz. Geschichte (1799–1804).

[3] Dienststelle eines Konsuls in der NZ.

LIT. Zu [2] M. Erbe (Hrsg.), Vom Konsulat zum Empire libéral. Ausgewählte Texte zur franzäs. Verfassungsgeschichte, 1799–1870 (1985).

Kontamination. Verschmelzung zweier sinngemäß ähnl. Worte. K. entsteht dadurch, daß sich syn. oder verwandte Ausdrücke gleichzeitig so ins Bewußtsein drängen, daß keiner von beiden rein zum Ausdruck kommt, sondern eine neue Form aus Elementen beider Ausdrücke entsteht.

Kontext.

[1] Zusammenhang eines Wortes mit seiner Umgebung, aus der sein Sinn erschlossen werden kann.

[2] Begriff der Urkundenlehre. Als Text oder K. wird jener Teil der Urkunde bezeichnet, der den Rechts- und Sachinhalt zum Ausdruck bringt. Zum K. (Text) gehören: Promulgation oder Publicatio, Narratio. Dispositio (Ausdruck der Willenserklärung), Sanctio oder Poenformel, Corroboratio.

Kontinentalsperre. Die K. stellt den Höhepunkt des Wirtschaftskrieges Frankreichs unter Napoleon gegen die See-, Handels- und Industriemacht England dar. Sie ist, eine Kampfmaßnahme der Direktorialzeit, aus der maritimen Unterlegenheit Frankreichs vor allem nach der Niederlage von Trafalgar diktierte Gegenblockade, die jedoch zu einer Selbstblockade des Kontinents unter Napoleons Herrschaft wurde. Zur Durchführung der K. mußte Napoleon sämtliche Küsten des Kontinents beherrschen, sein System ausdehnen, neue Kriege führen. Er erließ sein Blockadedekret am 21. 11. 1806 in Berlin, wo er sich der Unterwerfung Preußens sicher fühlte, vollendete die Sperre im nächsten Jahre, als Rußland sich im Frieden von Tilsit seinem polit. und wirtschaftl. System anschloß. Die Habsburger Monarchie mußte 1809 folgen. Gegen die Eingliederung in die Blockade wehrte sich Spanien, von England unterstützt. Durchbrochen blieb die K. mit Portugal, Schweden, dem Osmanischen Reich. Das Ziel der K., die keine Blockade im modernen Sinne war, bestand darin, England durch den Entzug seiner Absatzmärkte in eine Wirtschafts- und Währungskrise zu manövrieren. Da weder die franz. noch die europ. Wirtschaft auf die kolonialen Rohstoffe, Genußmittel usw. verzichten konnte und wollte, noch den durch die K. erweiterten Aufgaben gewachsen war, hatte sie letztlich trotz schwerer Schäden für das engl. Wirtschaftsleben keinen durchschlagenden Erfolg. Durchbrochen blieb die Sperre durch Lizenzen und Schmuggel. Der Bekämpfung des Schmuggels diente das Edikt von Trianon (5. 8. 1810); das Edikt von Fontainebleau (1810) hielt das unbedingte Verbot der engl. Manufakturwaren aufrecht. Als Rußland sich dem System der K. entzog, entschloß sich Napoleon zu jenem Feldzug, der zusammen mit den Kämpfen in Spanien seinen Untergang einleitete. Die K. hat den engl. Handel und die engl. Industrie zweifelsohne schwer geschädigt, die engl. Regierung jedoch nicht friedenswillig gemacht. Zwiespältig waren die Folgen für die Wirtschaft Frankreichs und der europ. Staaten, teils ruinös, teils stimulierend. Mit dem Feldzug nach Rußland und dem beginnenden Freiheitskampf der europ. Völker begann sich die Sperre stärker zuungunsten Frankreichs als Englands auszuwirken.

LIT. R. Hoeniger, Die K. und ihre Einwirkungen auf Deutschland (1905); W. F. Heckscher, The Continental System (1922); M. Dunan, Napoléon et l'Allemagne. Le système continental (Paris ²1948); F. L'Huillier, Étude sur le blocus continental (Paris 1951); W. Andreas, Das Zeitalter Napoleons und die Erhebung der Völker (1955); F. Crouzet, Kriege, Kontinentalsperre und wirtschaftl. Veränderungen in Europa 1792–1815. In: H. O. Sieburg (Hrsg.), Napoleon und Europa (1971).

Konvenienz (von lat. con-venire, zusammenkommen, über franz. convenance, Übereinkunft, Harmonie, Schicklichkeit, das Angemessene, Zuträgliche). K. ist neben dem internationalen Vertrags- und Kongreßrecht ein grundlegendes Prinzip des polit. Zusammenlebens der europ. Mächte in der frühen NZ, insbes. im Zeitalter der Staatsräson, des europ. Gleichgewichts und des aufgeklärten Absolutismus. K. wurzelt im Denken der Aufklärung, ist staatsegoistisch orientiert und tendiert auf eine Auflösung des Völkerrechts. K. heißt jedoch nicht polit. Willkür der Großmächte; die Mächte sollen vielmehr das tun, was Europa, dem Herkommen, dem europ. Gleichgewicht konveniert. K. setzt die Auffassung vom Gesamtinteresse der europ. Staatengemeinschaft, die Lehre vom europ. Gleichgewicht voraus, dient aber in erster Linie den Sonderinteressen der Mächte. Bei der Vergrößerung einer Großmacht konnte eine andere Entschädigungen für sich oder ihre Bündnispartner verlangen, wie es z. B. Frankreich im Frieden von Aachen (1748) für seine bourbonischen Bundesgenossen tat. Die K. schloß nicht aus, daß die Großmächte ihre Sonderinteressen auf Kosten schwächerer bzw. kleinerer Staaten durchsetzten, wie z. B. bei den Teilungen Polens. Mit den Mitteln der K. sollte der Krieg in Europa vermieden bzw. eingedämmt, Konflikte zw. den Großmächten ausgeräumt werden. Eine bedeutende Rolle spielte die K. zuletzt auf dem Wiener Kongreß. Die Überwindung der K. begann mit der Französischen Revolution, mit dem Sieg der nationalen, völk. Idee über den Staat des Ancien régime und des europ. Gleichgewichts, dem Ausgreifen der Mächte in überseeische Gebiete. Als polit. Regulativ trat 1918 an die Stelle der K. das Selbstbestimmungsrecht der Völker.

Konvent (lat. conventus, Zusammenkunft).
[1] In Klöstern die Versammlung aller stimmberechtigten Klosterinsassen (Konventualen).
[2] Bez. für das Kloster selbst bzw. für die Gesamtheit der Klosterinsassen.
[3] In den ev. Kirchen die regelmäßigen Zusammenkünfte der Pfarrer mit Superintendenten.
[4] Bez. für die Volksvertretung in der Franz. Revolution vom 21. 9. 1792 bis 26. 10. 1795.
[5] In Studentenverbindungen die Beratung in Verbindungsangelegenheiten.

Konvention (lat. Übereinkunft). Staatsvertrag, Bündnis, Konkordat; gesellschaftl. Brauch; Regeln des sozialen Verhaltens. Konventionell: herkömmlich, üblich.

Konventualen.
[1] Alle stimmberechtigten Mitglieder eines Bettelordens.
[2] Bei den Karmelitern jener Zweig, der sich für die mildere Regel entschied.
[3] Im Orden des hl. Franziskus von Assisi offizieller Name für die älteste Zweig des Ordens, in Dtl. Franziskaner genannt.

Konversen, Konversen-Institut.
[1] Conversi suchten in Askese, aber ohne Zugehörigkeit zum Kloster Umkehr in Buße. Conversi sind seit dem 5. Jh. belegt. Seit dem 6. Jh. drängt das

organisierte Mönchtum die K. zu rück.

[2] Conversi bez. jene Mönche, die nicht aus den Kinderoblationen hervorgegangen, sondern in reiferem Alter in das Kloster eingetreten waren.

[3] Halbkonversen im 7.–13. Jh.: religiöse Menschen mit begrenzter Askese; ohne Mönch zu sein, werden sie der klösterl. familia zugerechnet (Laienbrüder). Das jüngere Konversentum entstand um Vallombrosa, Hirsau (vor 1078), Cluny (vor 1100). Niedergang des Laienbrüdertums gegen Ende des 12. Jh.

[4] Im SpätMA gab es das Profeßbrüder-Institut. Im 19. Jh. lebten unter dem Einfluß von P. L. P. Guéranger (1805–75) die Konversen-Institute wieder auf.

LIT. LThK VI, 518f.; K. Hallinger, Woher kommen die Laienbrüder? In: Annales Ord. Cist. 12 (1956) 1–104.

Konzentrationslager (abgek. KZ, KL). Das K. und sein Name wurde erstmals am Vorabend des span.-amerikan. Krieges durch den span. Gouverneur und General V. Weyler auf Kuba eingeführt (1896), dann fand es im Burenkrieg (1899–1902) durch die Briten Verwendung. Als Instrument totaler Gewaltherrschaft des 20. Jh. sind K. weit verbreitet in den Bereichen nationalsozialist. und kommunist. Diktaturen bzw. anderer totalitärer Regime. Bei wechselnden Namen (Arbeitslager, Internierungslager, Straflager usw.) bleibt die Sache dieselbe.

Nach dem Reichstagsbrand wurden K. von NS-Organisationen in Dtl. (bes. von der SA) errichtet. Die Verhaftungen erfolgten willkürlich. Diese K. wurden z. T. wieder aufgelöst. Die verbliebenen K., vor allem Oranienburg bei Berlin und Dachau bei München, wurden zu einem Instrument des NS-Unrechtsregimes. Bis zum Ausbruch des Zweiten Weltkriegs erhöhte sich die Zahl der K. beträchtlich (Buchenwald, Flossenbürg, Groß-Rosen, Neuengamme, Ravensbrück, Mauthausen), um während des Krieges nochmals sprunghaft anzuwachsen. Insassen der K. waren weltanschaul. und polit. Gegner des NS-Regimes, parteilose Persönlichkeiten, Geistliche, aus rass. Gründen Verfolgte (Juden, Zigeuner), Asoziale, Kriminelle, Angehörige der vom NS-Deutschland bekämpften Staaten usw. In den dt. K. (1943–45) herrschten Willkür und unmenschl. Lebensbedingungen. Zwangsarbeit, unzureichende Ernährung, grausame Mißhandlung der Gefangenen, medizin. Experimente, Seuchen hatten eine sehr hohe Sterblichkeit zur Folge. Mit der Zwangsarbeit der Häftlinge stellten die K. einen wichtigen Teil der Rüstungsindustrie. Die Gesamtzahl der Opfer in den K. kann nur geschätzt werden (ca. 6 Mio.).

LIT. E. Kogon, Der SS-Staat (1946, 1965); D. J. Dallin, B. Nicolaewsky, Das System der Arbeitslager in Sowjetrußland (1948); R. Höß, Kommandant in Auschwitz (1958); H. Jacobsen, H. Krausnick, K., Kommissarbefehl, Judenverfolgung (1965); S. Wiesenthal, Doch die Mörder leben (1967); M. Broszat (Hrsg.), Studien zur Geschichte der KZ (1970); A. J. Kaminski, Konzentrationslager 1896 bis heute (1982), R. Fröbe u. a., K. in Hannover. KZ-Arbeit und Rüstungsindustrie in der Spätphase des Zweiten Weltkriegs. Histor. Komm. für Niedersachsen und Bremen 35 (1985); E. Kolb, Bergen-Belsen. Vom »Aufenthaltslager« zum Konzentrationslager 1943–45 (1985).

Konzept. Als K. werden in der Urkundenlehre die handschriftl. Texte von Urkunden bezeichnet, die nicht als Originale angesehen werden können und zeitl. als Entwurfsstadium der Herstellung der Originale vorangehen und nach dem Beurkundungsauftrag angefertigt werden. Dabei ist zu unterscheiden:

a) **Vollkonzept:** voll ausgeführter Entwurf;

b) **Vorakt** (auch **Minute**); knappe Notiz der wichtigsten Daten der späteren Urkunde, als **Marginal-Konzept** auf dem Rande des für die Reinschrift bestimmten Blattes, meist durch Beschneiden verloren, oder als **Dorsual-Konzept** auf der Rückseite des betreffenden Blattes.

Die Marginal- und Dorsual-Konzepte, die beim Empfänger blieben, wurden später durch K. ersetzt, die beim Notar blieben und öffentl. Glaubwürdigkeit hatten. Aus ihnen konnte jederzeit eine rechtskräftige Urkunde hergestellt werden, ohne Eingreifen des Ausstellers. Für Königsurkunden des frühen MA ist die Anfertigung von K. Ausnahme; sie wurden nach Formularen (→Formularbuch) geschrieben. Für Papsturkunden sind schon früh K. und Registrierung nach K. anzunehmen, doch sind bis ins

Konzil

späte MA (14. Jh.) nur wenige K. erhalten.

LIT. Bresslau [2]I, 88; II, 115–163; Redlich 27f.; Clavis mediaevalis 137f.;

Konzil, Konzilien (von lat. concilium, Zusammenkunft, Versammlung). K., in den christlichen Kirchen auch Synoden genannt, »sind rechtmäßige Zusammenkünfte von Bischöfen und anderen kirchl. Würdenträgern zur Beratung, Beschlußfassung und Gesetzgebung über kirchl. Angelegenheiten« (H. Lais). Ökumen. K. repräsentieren die gesamte Kirche. Patriarchal-, Plenar-, Primatial-, National-, Reichs- und Provinzialsynoden repräsentieren, wie jeweils der Name schon sagt, bestimmte kirchl. Bezirke. Urbild der Kirchenversammlung ist das Apostelkonzil zu Jerusalem um das Jahr 50 n. Chr. (Apostelgeschichte 15). Verhandlungsgegenstand war die Frage der Heidenchristen. Die heutige übl. Zählung der ökumen. K. hat sich seit Paul V. durchgesetzt. Seit der 2. Hälfte des 2. Jh. sind Partikularsynoden nachweisbar. Nationalsynoden standen seit dem 13. Jh. unter antikurialen, antiröm. Tendenzen und wurden von Rom bekämpft. Provinzialsynoden wurden durch das K. von Trient belebt, erhielten im 17. und 18. Jh. häufig antiröm. Akzente und wurden im 19. Jh. durch die Bischofskonferenzen abgelöst.

Ökumenische Konzilien:

1. **Nikaia I** (325): Verurteilung des Presbyters Arius († 336) und seiner Lehre, daß der Sohn Gottes Geschöpf des Vaters sei. Anwesend: Kaiser Konstantin, aus dem Abendland die röm. Presbyter Viktor und Vinzenz als Vertreter des Papstes Silvester I., Bischof Hosius von Cordoba. Aufstellung des Nizäischen Glaubensbekenntnisses (Credo der Messe): Wesensgleichheit des Sohnes mit dem Vater. Außerdem wurde der Osterstreit endgültig beigelegt.

2. **Konstantinopel I** (381): Verurteilung der arian. Lehre, daß der Hl. Geist nur ein Geschöpf sei, lediglich dem Grade nach von den Engeln verschieden.

3. **Ephesos** (431): Von Kaiser Theodosios II. berufen. Verurteilung der Lehre des Nestorius, wonach Maria nur »Christus- nicht Gottesgebärerin« sei, und des Pelagianismus (nach Pelagius, einem Mönch aus Britannien), welcher die Erbsünde leugnete und die Kraft des menschl. Willens auf Kosten der göttl.

Gnade überbetonte. Gegner des Pelagianismus waren der hl. Augustinus und der hl. Hieronymus.

4. **Chalkedon** (451): Verurteilung der Lehre des Archimandriten Eutyches, der in Christus nur eine Natur sehen will.

5. **Konstantinopel II** (553–55): Verurteilung des Origenes und der Schriften von 3 Nestorianern (›Drei Kapitel‹) aus der Schule von Antiochien.

6. **Konstantinopel III** (680–81): Verurteilung des Monotheletismus; →Honoriusfrage.

7. **Nikaia II** (787): Über Sinn und Erlaubtheit der Bilderverehrung.

8. **Konstantinopel IV** (869–70): Absetzung des Photius und seines Anhangs.

9. **Lateran I** (1123): Verkündung des Wormser →Konkordats.

10. **Lateran II** (1139): Roger von Sizilien von Papst Innozenz II. gebannt. Auf Mißhandlungen von Geistlichen und Ordensleuten wird die Strafe der Exkommunikation gesetzt, das Verbot von Priesterehe und Simonie erneuert. Arnold von Brescia wird Stillschweigen geboten.

11. **Lateran III** (1179): Verurteilung der Albigenser. Für die Gültigkeit der Papstwahl wird Zweidrittelmehrheit vorgeschrieben.

12. **Lateran IV** (1215): Größtes K. des MA. Glaubensbekenntnis gegen die Irrlehren der Katharer, Verbot der Mißbräuche beim Ablaß. Die Transsubstantiation bei der Wandlung wird als Glaubenssatz verkündet, ferner das Gebot der mindestens einmaligen jährl. Beichte und Kommunion erlassen.

13. **Lyon I** (1245): Über Friedrich II. werden Bann und Absetzung verhängt. Außerdem befaßt sich das K. mit dem Verlust Jerusalems, der bedrängten Lage des lat. Kaisertums und dem Mongolensturm.

14. **Lyon II** (1274): Vorbereitung eines neuen Kreuzzuges und Union mit den Griechen, die das »Filioque« und den Primat des Papstes anerkannten; Ordnung für das Konklave.

15. **Vienne** (1311–12): Allg. Einführung des Fronleichnamsfestes. Der Templerorden unter dem Druck König Philipps IV. von Frankreich aufgehoben, ohne daß die Frage der Anschuldigungen geklärt wurde. Seine Güter sollen an andere Ritterorden, u. a. an die Johanniter fallen. Der verstorbene Papst Bonifatius VIII. von den gegen

ihm von Frankreich erhobenen Anklagen freigesprochen.

16. Konstanz (1414–18): Die Abstimmung nach (Konzils-)Nationen (dt., franz., engl., span.) wird eingeführt. Das K. trifft Entscheidungen in der Causa unionis (Beseitigung des Abendländischen Schismas), in der Causa fidei und in der Causa reformationis. a) Causa unionis: In der Frage des Abendländischen Papstschismas und der Kirchenverfassung vertritt das K. die Lehre von der **Konzilssuperiorität,** d. h. das K. steht über dem Papst, ausgesprochen in dem Dekret ›Sacrosancta‹. Das Papstschisma wurde auf folgende Weise gelöst: der Konzilspapst (Gegenpapst) Johannes XXIII. (1410–15) wurde in einem Prozeß verurteilt und abgesetzt. Der röm. Papst Gregor XII. (1406–15) trat zurück und der Avignoner Papst Benedikt XIII. (1394–1417) wurde abgesetzt. Die Neuwahl fiel auf Martin V. (1417–31). Das Papstschisma war damit beendet. b) Causa fidei: Das K. verurteilt 45 Sätze von Johannes Hus, der am 6. 7. 1415 verbrannt wurde. Sein Freund Hieronymus von Prag fand, vom K. ebenfalls verurteilt, den Feuertod am 30. 5. 1416. c) Causa reformationis: Das K. beschloß zur Abstellung der Mißstände in der Kirche und zur Reform an Haupt und Gliedern period. Abhaltung von K. (Dekret ›Frequens‹), Einschränkung der finanziellen Leistungen an die Römische Kurie, Reduzierung der Annaten, Taxen, Palliengelder usw., eine Reform des kirchl. Pfründenwesens, der Kirchenstrafen u. a. m. Mit den einzelnen Nationen wurden zeitl. begrenzte Konkordate abgeschlossen. Die Konstanzer Reformbeschlüsse wurden nur zum Teil durchgeführt, die Konzilsuperiorität durch die Konkordate abgebaut; das Versprechen über die Periodizität der K. nicht eingelöst.

17. Basel, Ferrara, Florenz (1431–39): Das K. von Basel (1431–37) beschloß Reformen des päpstl. Stellenbesetzungsrechts, der Abgaben (Annaten, Palliengelder usw.), der Feier des Gottesdienstes und des Lebens des Klerus. Durch den Streit über den Ort der Unionsverhandlungen mit den Griechen kam es zur Verlegung des K. nach Ferrara (1437/38), und von da nach Florenz (1439). Die papstfeindl. Konzilsmehrheit tagte in Basel weiter. Ihre Reformdekrete wurden von Frankreich in der ›Pragmatischen Sanktion von

Bourges‹ (1438), von einer Reihe dt. Fürsten in der episkopalistisch-konziliarist. Mainzer Akzeptation (1439) angenommen. Das Baseler K. wählte sogar einen Gegenpapst, doch entschied sich das Reich für Neutralität zw. Papst Eugen IV. und Basel. Die Fürstenkonkordate von 1447 (→Konkordate) brachten den Frieden zw. den Reichsfürsten und dem Papst.

18. Lateran V (1512–17): Das K. will der Wiederherstellung des Friedens, der Vorbereitung eines Krieges gegen die Türken und der Reform der Kirche dienen. Die konziliarist. Theorie wurde verurteilt; der Papst steht über allen K. Simonist. Papstwahlen wurden als ungültig erklärt.

19. Trient (1545–63): Die Unterscheidungslehren gegenüber der Reformation werden präzisiert, insbes. die Lehre von Schrift und Tradition, Erbsünde und Rechtfertigung, sowie die Lehre von den Sakramenten, von der Messe und über die Heiligenverehrung. An wichtigeren Reformdekreten brachte Trient: die Gründung von Klerikalseminaren, das Verbot der Expektanzen und der Kumulation von Kirchenämtern; eingeschärft wurde die Residenzpflicht für die Geistlichkeit, insbes. für die Bischöfe, die jährl. Visitation der Diözesen, die Abhaltung von Diözesansynoden. Die Exemtion der Orden wurde reduziert und die »tridentinische Eheform« vorgeschrieben. Eine Ehe war fortan dort, wo die Tridentinischen Dekrete verkündet waren, nur gültig, wenn sie vor dem Pfarrer und zwei Zeugen geschlossen war. Herausgabe des Index, des verbesserten röm. Missale, Breviers und Vulgata wurden beschlossen.

20. Vatikan I (1869–70): Verurteilung des Atheismus, Materialismus, Pantheismus und Agnostizismus. Definition der päpstl. Unfehlbarkeit in Glaubens- und Sittenfragen bei Verkündigung von Lehrentscheidungen (ex cathedra). Das 1. Vatikanische Konzil wurde vertagt am 20. 10. 1870 und in dem **2. Vatikanischen Konzil** (1962–64) durch die Lehren über die Kirche fortgesetzt und ergänzt. Das 2. Vaticanum brachte in der Stellung der Bischöfe zum Papst, in der Liturgie, im Verhältnis der kath. Kirche zur modernen Welt wichtige Reformen.

LIT. L. Jaeger, Das ökumen. K., die Kirche und die Christenheit (³1961); C. Butler, H. Lang, Das I. Vatikan. K.

(²1961); H. Jedin, Kleine Konziliengeschichte (³1961); ders., Geschichte des K. von Trient. 3 Bde. (1951–71); K. Stürmer, K. und ökumen. Kirchenversammlungen (1962); C. J. von Hefele-H. Leclercq, Histoire des Conciles. 8 Bde. (1907–21). Bd. 9: P. Richard, Le concile de Trente (1930–31). Bd. 11: Ch. de Clerq, Conciles des Orientaux Catholiques, 1575–1849 (1949–52); P. Palazzini (Hrsg.), Dizionario dei Concili. 6 Bde. (1963–68); R. Bäumer, Die Zahl der Allg. K. in der Sicht der Theologen des 15. und 16. Jh. In: Annuarium historiae conciliorum I (1969) 288–313; F. Oakley, Council over Pope? (1969); A. Franzen, Die Kath.-Theol. Fakultät Bonn im Streit um das Erste Vatikan. K. (1974); G. Schwaiger (Hrsg.), K. und Papst. Hist. Beiträge zur höchsten Gewalt in der Kirche (1975); W. Hartmann, Das Konzil von Worms 868 (1977); R. Somerville, Pope Alexander III and the Council of Tours (1977); H.J. Sieben, Die Konzilsidee der Alten Kirche (1979); M. Wojtowytsch, Papsttum und K. von den Anfängen bis zu Leo I. (440–461) (1981); H.J. Sieben, Die Konzilsidee des latein. MA (1984); J. Hehnrath, Das Basler Konzil 1431–39 (1986); W. Brandmüller, Das K. von Konstanz 1414–1418 (1990ff.).
Bibliographie zur Konzilsgeschichte. In: Annuarium historiae conciliorum I (1969) 229–40; 473–78.

Konziliarismus (auch Konziliare Theorie, Lehre von der Konzilssuperiorität). Die in der Diskussion um die Kirche im 12./13. Jh. wurzelnde, seit dem 14. Jh. ausgebildete und auf den Konzilien von Konstanz und Basel ausgesprochene Theorie von der Oberhoheit (Superiorität) des Konzils über den Papst. Als klassische Formulierungen des K. gelten die aus der Not der Kirche erwachsenen Konstanzer Dekrete ›Sacrosancta‹ und ›Frequens‹. Auf diese Dekrete haben Episkopalismus, Febronianismus, Gallikanismus zurückgegriffen. Verworfen wurde die konziliare Theorie auf dem 5. Laterankonzil 1516 durch die Bulle ›Pastor aeternus‹.
LIT. R. Bäumer, Die Entwicklung des K. (1976); Bihlmeyer-Tüchle, HKG II; HKG III, 2; L. Buisson, Potestas und Caritas (1958; mit Lit.); R. Bäumer, Nachwirkungen des konziliaren Gedankens in der Theologie und Kanonistik des 16. Jh. (1971).

Konziliensammlungen. Die erste Sammlung von Akten und Beschlüssen allg. und Provinzialkonzilien veröffentlichte J. Merlin (2 Bde., Paris 1524). 1538 gab P. Crabbe eine K. in 2 Bden heraus (vermehrte Ausgabe in 3 Bden, Köln 1551). L. Surius veröffentlichte eine K. in 4 Bden. (Köln 1567), S. Bienius eine K. in 4 Bden. (Köln 1606), erweiterte Ausgabe 9 Bde. (Köln 1618). Weitere hervorragende K. sind die von Ph. Labbé-G. Cossart, 17 Bde. (Paris 1671–72), von J. Hardouin, 12 Bde. (Paris 1714–15) und die von G. D. Mansi, 31 Bde. (Florenz-Venedig 1759–1798), auf 55 Bde. (bis zum 1. Vatikanischen Konzil) erweitert von J. B. Martin und L. Petit. Daneben zahlreiche spezielle K.; Die Collectio Lacensis, 7 Bde. (Freiburg 1870–90), umfaßt die Konzilsakten von 1682 bis zum 1. Vaticanum mit zahlreichen Texten, die sich bei Mansi nicht finden. Die Akten des Konstanzer Konzils wurden kritisch ediert von H. Finke-H. Heimpel-J. Hollnsteiner: ›Acta Concilii Constantiensis‹, 4 Bde., Münster 1896–1928. Die Akten des Baseler Konzils gaben heraus: J. Haller-G. Beckmann-H. Herre: ›Concilium Basiliense‹, 8 Bde., Basel 1896–1936. Das maßgebende Quellenwerk für das Konzil von Trient ist die von der Görres-Gesellschaft herausgegebene ›Concilium Tridentinum‹, 13 Bde. (Freiburg 1901ff.; noch nicht abgeschlossen).
LIT. Bihlmeyer-Tüchle, I 6; H. Jedin, Kleine Konziliengeschichte (³1961); LThK VI, 534ff. (dort weitere Sammlungen nachgewiesen, insbes. auch für die partikulären Konzilien).

Kopialbuch (Chartular, Kopiar). Sammlung von Urkundenabschriften im Buchform zum Zweck, die Besitztitel und Privilegien zu sammeln, auch zum Zweck einer histor. Quellensammlung, manchmal in vollständiger, häufig jedoch in gekürzter Abschrift: Kontext mit Datierung, nicht selten auch mit »Verbesserungen« oder stilist. Umarbeitungen. K. eröffneten für Fälschungen ein weites Feld, da die äußeren Merkmale der Urkunde nicht überliefert wurden. Die ältesten K. auf dt. Boden für Freising (830: Codex traditionum) und für Fulda (828–42).
LIT. Bresslau I³ 49ff.; Redlich 33.

Kopie (lat., copia, Vorrat, Vervielfältigung, Fülle, Abschrift). In der Urkundenlehre eine einfache Abschrift einer

Originalurkunde ohne Überlieferung der äußeren Merkmale. K., die auch die äußeren Merkmale einer Originalurkunde ganz oder teilweise nachahmen, heißen Nachzeichnungen. In buchmäßiger Zusammenfassung: Kopialbuch. K. hatten keinerlei Rechtskraft; **beglaubigte Kopien** – wenn das Original beschädigt, zu kostbar, die Schrift nicht mehr zu lesbar war usw. – begegnen relativ spät, in Italien im 9. Jh., in Dtl. in der ersten Hälfte des 13. Jh. Beglaubigte K. haben Beweiskraft, diplomatisch sind oft Fälschungen beglaubigt. – Moderne Urkundenkopien mit Hilfe der Lichtbildnahme geben auch die äußeren Merkmale genau wieder.
LIT. Bresslau I³ 88f.; Redlich 32f.; Clavis mediaevalis 139f.

Koran (arab. »das [als Gottes geoffenbartes Wort feierlich] zu Rezitierende«). Bez. des islam. Religionsbuches, das die von Mohammed verkündeten Offenbarungen enthält, endgültig 653 zusammengestellt, in 114 Suren eingeteilt, umfaßt Weissagungen, Predigten, Ermahnungen, gesetzl. Bestimmungen. Christl. und jüd. Einflüsse sind unverkennbar.
LIT. R. Paret (Hrsg.), Der K., Übersetzung, Kommentar und Konkordanz, 2 Bde. (1966–71); ders., Mohammed und der K. Geschichte der Verkündigung des arab. Propheten (²1966); D. S. Attema, De K. (1962); D. Bakker, Men in the Qu'oran (Amsterdam 1965).

Kosmokrator (griech. Weltherrscher). Bez. des griech. Kaisers.

Kosmopolitismus. Weltbürgertum. Bez. für eine ins griech. Altertum zurückreichende Einstellung, die über alle Verschiedenheiten (religiöse, kulturelle, rassische usw.) die Zusammengehörigkeit aller Menschen betont sowie die Freiheit des Weisen von jeder Gebundenheit an Vaterland und Nation. Ursprüngl. von den Kynikern vertreten, in gewisser Hinsicht auch vom Christentum gefördert, beschäftigt sich die Staatsphilosophie des Mittelalters nicht mit dem K. In der Aufklärung und in der dt. Klassik (Lessing, Kant, Goethe) erhält der K. seine moderne, eigentl. Ausprägung und nähert sich dem Begriff der Humanität im weiten Sinne. Der K. wurzelt in zwei Gedanken: a) in dem betonten Individualismus, b) in dem von der nationalen und staatl. Differenzierung geschaffenen Gegensatz. Wesentlich auch von der Freimaurerei

gefördert, hat der K. eine ideale, humane, pazifist. Tendenz, leidet aber, wie weltbürgerl. Bestrebungen polit. Utopisten nach dem Zweiten Weltkrieg (z. B. Garry Davis) zeigen, nicht selten an einer gewissen Überspannung und wird vom Kommunismus scharf abgelehnt.
LIT. F. Meinecke, Weltbürgertum und Nationalstaat (⁷1928).

Krähwinkel. Nach Jean Pauls Kleinstadtsatire ›Das heimliche Klaglied der jetzigen Männer‹ (Bremen 1801) gebildet, durch Kotzebues Lustspiel ›Die deutschen Kleinstädter‹ (1803), das offenbar an Jean Paul angelehnt ist, verbreitet. K. ist seitdem das Urbild der von Klatsch, Spießertum, Schildbürgerstreichen und Rückständigkeit erfüllten Kleinstadt.

Krämervolk. Nach dem Propheten Zephanja I, 11 gebildete abschätzige Bez. für die Engländer (nation of shopkeepers). Von Samuel Adams ›Independent Advertiser‹ (1748) gebraucht, dann Napoleon I. nachgesagt.

Kranker Mann am Bosporus. Bez. des verfallenden Osmanischen Reiches, findet sich bereits in 2 Liedern des Chorherrn Albert Poysel (1683) und in Montesquieu ›Lettres Persanes‹ I, 19. In diesem Sinne wurde das Wort auch von Zar Nikolaus I. von Rußland gegenüber dem engl. Gesandten Seymour gebraucht in St. Petersburg am 14. 1. und 20. 2. 1853.

Kreis.
[1] Kreislinie, Umkreis, eingezäunter Kampfplatz.
[2] Unterer staatl. Verwaltungsbezirk und Selbstverwaltungskörperschaft mit Autonomie und Finanzhoheit in gewissem Umfang. An der Spitze des K. steht der Landrat. Der Landkreis umfaßt eine Reihe von Gemeinden oder Ämtern, der Stadtkreis ist eine Stadt (mit mehr als 20000 Ew.), die keinem Landkreis angehört.
[3] →Reichskreise.
LIT. StL V (1960) 83–86.

Kreisstände. Zu einem Reichskreis gehörende Reichsstände (Territorien), aufgezeichnet in den niemals völlig übereinstimmenden **Kreismatrikeln.** Man unterscheidet, da die Zugehörigkeit zu den einzelnen Reichskreisen öfter wechselte, dabei
a) Kreisstände, die sich dauernd zu einem Kreis bekannten und wenigstens einige Male an einer Kreisversammlung teilnahmen;

b) Die **Kontribuierenden Stände** zahlten Steuern an einen Reichskreis, hatten aber weder Sitz noch Stimme im **Kreistag;**

c) Die **Separierten Stände** hatten sich von einem Reichskreis abgesondert, wurden aber von dem Kreistag noch als zum Kreis gehörig betrachtet und wiederholt zur Reakzession aufgefordert. LIT. J. J. Moser, Von der teutschen Crays-Verfassung (1773); K. Arnold, Geschichte des niederrheinisch-westfäl. Kreises in der Zeit des span. Erbfolgekrieges 1698–1714 (1937); G. A. Süss, Geschichte des oberrhein. Kreises und der Kreisassoziationen in der Zeit des span. Erbfolgekrieges (1697 bis 1714). In: Zs. für die Geschichte des Oberrheins 103 (1955); B. Sicken, Der Fränkische Reichskreis. Seine Ämter und Einrichtungen (1970).

Kremsier, Reichstag zu. Erster österreich. Reichstag, nach der Revolution von 1848 von Wien nach K. in Mähren verlegt (22. 11. 1848–7. 3. 1849), trifft u. a. radikale Bestimmung über das Verhältnis von Kirche und Staat, schafft die Staatskirche ab, bestimmt die Gleichberechtigung der Konfessionen.

Krethi und Plethi. Nach 2. Samuel 8, 18 und anderen Bibelstellen gebildetes Wort zur Bez. einer recht gemischten Gesellschaft oder Gesindels. Vermutl. entstanden aus den Namen Kreter (oder Karer) und Philister; aus diesen Stämmen rekrutierte sich König Davids Leibwache.

Kreuz (lat. crux). Hauptsymbol des Christentums. Dient als Weihezeichen, Erinnerungsmal, Zeichen vieler Orden und Auszeichnungen (→Eisernes Kreuz). In der Darstellung begegnen sehr viele Sonderformen und Stilisierungen. Die wichtigsten: Crux commissa = Antoniuskreuz; Crux immissa = lat. Kreuz oder Passionskreuz; Crux quadrata = griech. Kreuz mit gleichlangen Längs- und Querbalken; Crux decussata = Gabel- oder Schächerkreuz; Andreaskreuz; Patriarchen- bzw. Lothringerkreuz; Schismatikerkreuz; Crux dissimulata = Ankerkreuz; Malteserkreuz; Deutschordenskreuz, Kleeblattkreuz, Volutenkreuz, Blumenkreuz; Ringkreuz; Kruckenkreuz, Kugelkreuz, Hakenkreuz. LIT. J. Stockbauer, Kunstgeschichte des K. (1870).

Kreuzer.
[1] Münze, genannt nach dem Doppel- oder Radkreuz, das sie auf einer Seite trug. Erstmals 1271 von Meinhard II. von Tirol in Meran geprägt (Etschtaler), seit dem 14. Jh. nachgeahmt, erhält der K. vor allem in Österreich Bedeutung für die weitere Entwicklung des Münzwesens. Bis 1829 die kleine Währungseinheit.
[2] Ein vorzügl. zur Aufklärung, zum Handelskrieg bestimmtes Kriegsschiff mit hoher Geschwindigkeit und schwächerer Bestückung und Panzerung als das Schlachtschiff. Der **Panzerkreuzer,** aus der Fregatte entwickelt, näherte sich dem **Dreadnought** oder wurde zum Schweren K. entwickelt (seit 1906), der die Aufgaben eines Schlachtschiffes übernehmen kann. Aus der **Korvette** entstand der Kleine K., später Leichte K. Kreuzerkrieg ist in erster Linie Handelskrieg. Krieg gegen die feindl. Nachschublinien.

Kreuzerhöhung. Eines der 12 Hauptfeste des östl.-orthodoxen Kirchenjahres (14. 9.). Im Abendland bes. nach der Wiedergewinnung des 614 von den Persern geraubten Kreuzes Christi durch Heraklios III. (628) verbreitet.

Kreuzgang (lat. ambitus). Meist gewölbter Umgang um einen rechteckigen Hof neben Dom-, Stifts- oder Klosterkirchen, mit einer Seite an die Kirche angelehnt; dient als Wandelgang, für Prozessionen und als Begräbnisort. Berühmte K.: Rom, S. Paolo fuori le mura; Ferrara, S. Benedetto; Maulbronn; Augsburg, Dom.

Kreuzherren, Kreuzbrüder (Ordo S. Crucis, Cruciferi, Crucigeri). Regularkanoniker. Der Orden entstand aus dem Geist der Kreuzzüge zu Beginn des 13. Jh. zunächst im Gebiet von Lüttich; 1248 Bestätigung der Konstitutionen. Verbreitet über die Niederlande, Frankreich, Westdeutschland, England; Blüte im 15. Jh. Beziehungen zu den Brüdern vom gemeinsamen Leben und zur Devotio moderna erneuerte. Erneute Blüte im 17. Jh., durch den Klostersturm der Aufklärung (Frankreich 1769; Joseph II.) fast ganz beseitigt. LIT. LThK VI, 619–21; R. Haass, Die K. in den Rheinlanden (1932); P. van den Bosch, Sie teilten mit jedermann. Eine kurze Geschichte des Ordens der Kreuzherrn (1978).

Kreuzherren mit dem roten Stern (Ordo militaris Crucigerorum cum ru-

bea stella). Aus einer krankenpflegenden Bruderschaft zur Zeit der Kreuzzüge entstanden, vor allem in Schlesien, Böhmen, Mähren verbreitet; in Schlesien 1810 säkularisiert.
LIT. W. Lorenz, Die Kreuzherrn mit dem roten Stern (1964).

Kreuzlied. Lied, das zur Teilnahme an einem Kreuzzug auffordert. Beispiele: Walther von der Vogelweide, Friedrich von Hausen.

Kreuzweg. Leidensweg Christi nach Golgatha. In Erinnerung daran entstand im SpätMA die Kreuzwegandacht, zunächst in 7, dann in 14 Stationen mit bildl. Darstellungen unterteilt, oft künstlerisch wertvoll, am Ende mit dem Kalvarienberg.

Kreuzzeitung. Nach dem Eisernen Kreuz im Titelkopf benanntes, von Ludwig von Gerlach am 10. 4. 1848 gegründetes Organ der preuß. Konservativen, oft in Opposition zu Bismarck.

Kreuzzeitungspartei. Bez. des äußersten rechten Flügels der preuß. Konservativen seit 1851. Nach 1918 verlor die Kreuzzeitung sehr an Bedeutung, 1932 wurde sie vom Stahlhelm übernommen und ging 1933 ein.
LIT. P. A. Merbach, Die Kreuzzeitung 1848–1923 (1923); H. Heffter, Die K. und die Kartellpolitik Bismarks (1927); H.J. Schoeps, Das andere Preußen (²1957).

Kreuzzüge.
[1] Unter K. im weiteren Sinne versteht man die im MA von der Kirche geförderten Kriege gegen Ungläubige, z.B. gegen die heidnischen Wenden, Preußen, Ungarn, gegen die in Schlesien eingefallenen Mongolen (1241), oder Ketzer, wie z.B. die Albigenser, die Stedinger Bauern an der Unterweser, die Hussiten oder auch die vom Papsttum bekämpften stauf. Kaiser, zur Ausbreitung bzw. Wiederherstellung des Glaubens und Durchsetzung auch polit. Ziele. Im engeren Sinne werden als K. die Kriegszüge der abendländ. Christenheit zur Befreiung der hl. Stätten von der Herrschaft der Muslime vom Ende des 11. bis zum Ende des 13. Jh. bezeichnet.
[2] Die Zählung der K. ist historisch eingebürgert, sachl. aber nur z.T. gerechtfertigt.
1. Kreuzzug (1096–99). Den unmittelbaren Anlaß zu dem 1. K. gab die Eroberung Jerusalems durch die intoleranten Seldschuken, die Erschwerung der Pilgerfahrten zu den hl. Stätten sowie die Bedrohung Ostroms. Papst Urban II. unterstützte den Hilferuf des byzantin. Kaisers und rief auf der Synode von Clermont-Ferrand (27. 11. 1095) die Christenheit zum »Heiligen Krieg« gegen die Ungläubigen und Befreiung des Hl. Grabes auf. Die gesteigerte Religiosität der Zeit, die in dem kirchl. Reformprogramm von Cluny in der bes. Ritterfrömmigkeit, in der Vorstellung der »militia Christi« ihren Ausdruck fand, schließlich die ältere Wallfahrtsbewegung, die durch die Predigten Peters von Amiens ausgelöste Massenbewegung, sowie die Gewährung eines Ablasses für die Kreuzfahrer bestimmten diesen K. und verliehen ihm einen zwiespältigen Charakter. Die um Peter von Amiens versammelten zügellosen Massen wurden von den Muslimen fast vollständig vernichtet. Das eigentliche, aus franz., lothring. und normann. Rittern bestehende Kreuzfahrerheer unter Führung Gottfrieds von Bouillon, Hugos von Vermandois, Roberts II. von der Normandie u. a. eroberte unter großen Verlusten Antiocheia (1098) und Jerusalem (15. 7. 1099), wobei Tausende von Muslimen von den Kreuzfahrern in religiöser Erregung getötet wurden. Nach der Eroberung Jerusalems kam es dort zur Errichtung eines christl. Königreiches unter Balduin von Bouillon und von kleineren Lehnstaaten in Edessa, Antiocheia und Tripolis in Phönikien; größte Ausdehnung unter Fulco von Anjou († 1143). Eine Beteiligung des Reiches an den K. wurde, obwohl Heinrich IV. 1103 einen K. gelobt hatte, erst nach dem Fall Edessas (1141) durch die Predigt Bernhards von Clairvaux 1146 zu Speyer erreicht.
Der 2. Kreuzzug (1147–49) unter König Konrad III. – auch sein Stiefbruder Bischof Otto von Freising nahm daran teil – und König Ludwig VII. von Frankreich, war ein Mißerfolg. Nach der Niederlage bei Dorylaion schloß sich der Rest des dt. Heeres den franz. Kreuzfahrern an, doch gelang es dem vereinigten Kreuzfahrerheer nicht, Damaskus zu erobern. Lediglich eine festere aber keineswegs zuverlässige Verbindung zw. dem Reich und Byzanz und die Eroberung von Lissabon können als Ergebnisse des 2. K. gewertet werden.
Der 3. Kreuzzug (1189–91), ausgelöst durch Saladins Sieg bei Hattin über das Heer der Kreuzritter (1187), die Erobe-

rung von Akko und Jerusalem, gruppierte sich um Kaiser Friedrich I. Nach dem Sieg bei Iconium und dem Tod des Kaisers im Saleph (10. 6. 1190) führte sein Sohn Herzog Friedrich von Schwaben das dt. Kreuzfahrerheer, doch starb auch er 1191. Die wichtige Festung Akko wurde von König Richard I. Löwenherz von England, König Philipp II. August von Frankreich und Resten des dt. Ritterheeres im Juli 1191 erobert, doch blieben weitere Erfolge wegen der Zwistigkeiten zw. den Fürsten aus. Ein von Heinrich VI. vorbereiteter K. brach nach dem Tode des Kaisers vor seiner Abfahrt aus Sizilien zusammen, obwohl ein vorausgeschicktes Heer unter Konrad von Querfurt bereits Beirut erobert hatte.

Der **4. Kreuzzug** (1202–04), vor allem von franz. Adeligen unternommen, erreichte Palästina überhaupt nicht, wurde aber von Venedig und dem byzantin. Thronprätendenten gegen Konstantinopel gelenkt, führte dort zur Gründung eines Lateinischen Kaisertums (Balduin I.) und zur Abdrängung von Byzanz nach Kleinasien.

Ein 1213 begonnener **Kinderkreuzzug** endete auf dem Weg nach Marseille und Genua in einer Katastrophe.

Der **5. Kreuzzug** (1228–29) wurde von den Auseinandersetzungen zw. Kaiser Friedrich II. und dem Papsttum überschattet, brachte aber dem Kaiser auf dem Verhandlungsweg die Abtretung von Jerusalem, Bethlehem und Nazareth, einen 10jährigen Waffenstillstand, die Krönung in der Grabeskirche zum König von Jerusalem und damit die Annahme dieses Titels durch die dt. Könige. 1244 ging Jerusalem jedoch wieder an den Sultan von Ägypten verloren.

Trotz nachlassenden Kreuzzugswillens führte König Ludwig IX. von Frankreich den **6. Kreuzzug** (1248–54) nach Ägypten, wurde aber bei Kairo geschlagen und geriet mit seinem Heer in Gefangenschaft.

Erfolglos blieb auch der **7. Kreuzzug**, von Ludwig IX. gegen Tunis geführt. Dabei starb der König 1270 vor Tunis. Palästina, auf sich selbst angewiesen, konnte sich gegen die ägypt. Sultane, die Mameluken, nicht halten; 1291 ging Akko, der letzte Stützpunkt der Kreuzritter, verloren; 1522 fiel das von den Johannitern verteidigte Rhodos. Die Johanniter zogen sich nach Malta zurück. Die seitdem drohende osmanische Gefahr im Mittelmeer wurde in der Seeschlacht von Lepanto gebrochen, im Donauraum in den Türkenkriegen abgewehrt.

Die urspr. auf die hl. Stätten der Christenheit gerichtete Kreuzzugsidee schwand mit den Mißerfolgen gegenüber den Muslimen im 13. Jh., doch gewann sie gelegentlich in den Abwehrkämpfen gegen die Türken (etwa z. Z. Papst Pius' II., 1452; sowie im 16. und 17. Jh.) neuen Auftrieb. Das polit. und religiöse Ergebnis der K. war gering, Missionierungserfolge (z. B. Franziskus von Assisi) konnten nicht verzeichnet werden, eher litt das Selbstbewußtsein der Christen. Die Ausweitung des abendländischen Horizonts durch die Berührung mit der geistigen (Philosophie, Dichtung, Medizin), kulturellen und wirtschaftl. Welt des Orients, die Öffnung des Mittelmeerraumes sind dagegen von größter positiver Bedeutung. Auch die Ausbildung der ritterl.-höfischen Welt, bis in die Dichtung, ist nicht zuletzt ein Ergebnis der K. In Zusammenhang mit den K. schließlich steht die Gründung der drei geistl. Ritterorden, der Templer, Johanniter und Deutschritter (→Deutscher Orden).

LIT. R. Grousset, Das Zeitalter der K. (dt. 1951); L. Boehm, Die K. als historiograph. Problem. In: Saeculum 8 (1957) 43–81; C. Erdmann, Die Entstehung des Kreuzzug-Gedankens (^{2}1961); H. E. Mayer, Bibliographie zur Geschichte der K. (^{2}1965); ders., Idee und Wirklichkeit der K. (1965); E. Stickel, Der Fall von Akkon (1975); R. Chr. Schwinges, Kreuzzugsideologie und Toleranz (1977); F. Lotter, Die Konzeption des Wendenkreuzzugs (1977); S. Runciman, Geschichte der K.; M. Erbstösser, Die K. Eine Kulturgeschichte (^{2}1980); S. Runciman, Der erste K. (1981); H. E. Mayer, Geschichte der K. (^{6}1985); A. Becker, Papst Urban II. (Bd. 1: 1964, Bd. 2: 1988); J. Lehmann, Die Kreuzfahrer – Abenteuer Gottes (1985); R. Payne, Die Kreuzzüge. Zweihundert Jahre Kampf um das Heilige Grab (1986); J. Riley-Smith, The First Crusade and the idea of crusading (1986); J. Philipps, The First Crusade (Manchester 1997); N. Housley (ed.), Documents on the Later Crusades, 1274–1580 (London 1996).

Kriege →Bauernkriege, →Bayerischer Erbfolgekrieg, →Burgunderkriege, →Deutscher Krieg von

1866, → Deutsch-Französischer Krieg, → Devolutionskrieg, → Dreißigjähriger Krieg, → Französische Revolutionskriege, → Heilige Kriege, → Holländischer Krieg, → Hugenottenkriege, → Hundertjähriger Krieg, → Kalmarkrieg, → Koalitionskriege, → Kölner Krieg, → Krimkrieg, → Livländischer Krieg, → Mantuanischer Erbfolgekrieg, → Napoleonische Kriege, → Nordische Kriege, → Opiumkrieg, → Orléansscher Krieg, → Österreichischer Erbfolgekrieg, → Pfälzischer Erbfolgekrieg, → Polnischer Thronfolgekrieg, → Punische Kriege, → Raubkriege, → Religionskriege, → Rosenkriege, → Schlesische Kriege, → Schmalkaldischer Krieg, → Schwabenkrieg, → Schwedisch-polnischer Krieg, → Sezessionskrieg (1861–65), → Siebenjähriger Krieg, → Spanischer Erbfolgekrieg, → Türkenkriege, → Unabhängigkeitskrieg, → Weltkriege.

Kriegsschuldfrage. Die Frage nach der Urheberschaft am Ersten Weltkrieg, viel erörtert und von großer Bedeutung, da mit ihr die Frage der Reparationen verbunden war. § 231 des Vertrags von Versailles (»Kriegsschuldparagraph«) und die Mantelnote zum Versailler Vertrag vom 16. 6. 1919 luden Dtl. die Alleinschuld am Ersten Weltkrieg auf: Dtl. habe den alliierten und assoziierten Regierungen den Krieg aufgezwungen, jahrelang planmäßig vorbereitet, angezettelt und unmenschlich geführt. Die ausgedehnte Kriegsschuldforschung nicht nur von dt. Seite, sondern von allen betroffenen Nationen (»Kautsky-Akten«, B. Schwertfeger, v. Siebert, A. von Wegerer, H. Holborn, H. Delbrück, Albertini, E. Bourgeois, E. D. Morel, G. Pagès u. a.) hat die von der Entente Dtl. aufgezwungene Behauptung als unhaltbar erwiesen und die Schuldfrage als nicht eindeutig erkannt. LIT. Die Große Politik der Europ. Kabinette 1871–1914. 40 Bde. (1927); E. Brandenburg, Die Ursachen des Weltkriegs (1927); Gebhardt-Grundmann IV (1959) 22 ff.; F. Dickmann, Die K. auf der Friedenskonferenz von Paris 1919 (1964); S. T. Possony, Zur Bewältigung der K. (1968); L. Mnačko, Die Aggressoren (dt. 1968); U. Heinemann, Die verspielte Niederlage. Polit. Öffentlichkeit und K. in der Weimarer Republik (1983); B. Wegner (Hrsg.), Wie Kriege entstehen (2000).

Kriminalist (von lat. criminalis, zu crimen, Verbrechen). Lehrer des Strafrechts, im 18. Jh. übl. Bez.

Kriminalistik. Lehre vom Strafrecht; im Zug der durch die Aufklärung geförderten Reformen des Strafrechts bes. gepflegt.

Krimkrieg (1853–56). Von der Türkei und ihren westl. Verbündeten England, Frankreich und Savoyen gegen Rußland geführter Krieg, der sich vor allem auf der Halbinsel Krim abspielte. Ausgelöst wurde der K. durch die Balkanpolitik Zar Nikolaus' I., die russische Besetzung der Donaufürstentümer Moldau und Walachei und die Vernichtung der türk. Flotte bei Sinope. Ziel des K. war die Aufrechterhaltung der Unabhängigkeit der Türkei, milit. Höhepunkt des Krieges die fast einjährige Belagerung von Sewastopol (1854/55), der erste große Stellungskrieg der NZ. Der K. bedeutete polit. das Ende der Heiligen Allianz und leitete eine neue Gruppierung der europ. Mächte ein. Preußen verharrte in strikter Neutralität, Österreich ging in das Lager der Westmächte über und besetzte die von Rußland geräumten Fürstentümer. Der nach dem Fall von Sewastopol abgeschlossene Pariser Friede (30. 3. 1856) beendete den Krimkrieg, zwang Rußland, die Schwarzmeerklausel und die Sperrung der Meerengen anzuerkennen und die Donaumündung sowie das südliche Bessarabien an Rumänien abzutreten. LIT. A.W. Kinglake, The Invasion of the Crimea. 8 Bde. (1863–67); F. Eckhard, Die dt. Frage und der K. (1931); W. Treue, Der K. und die Entstehung der modernen Flotten (1954); E. V. Tarlé, Der K. 2 Bde. (russ. 1950); G. B. Henderson, Crimean War Diplomacy (1947); B. Unckel, Österreich und der Krimkrieg: Studien zur Politik der Donaumonarchie in den Jahren 1852–56 (1969); W. E. Mosse, The Rise and Fall of the Crimean System 1855–71 (1963); W. Baumgart (Hrsg.), Akten zur Geschichte des Krimkriegs (1979 ff.); D. Wetzel, The Crimean War. A diplomatic history (Irvington 1985).

Krondomäne, Krongut (franz. le domaine royal en France). Die in freier Verfügung des Herrschers stehenden Domänen, Ländereien, Gerechtsame und Einnahmen. Während im Reich das Krongut weit zerstreut und zu seiner Verwaltung seit Otto d. Gr. der Pfalzgraf bestellt war, bildete in Frankreich die geschlossene Krondomäne um Paris,

Krone

Orléans, St. Denis im 11. Jh. den natürl. Mittelpunkt, aus dem die Macht des Königs seit Philipp II., Ludwig VIII. über die großen Lehensfürsten sich erhob und die staatl. Einheit auf dem Wege der »konzentrischen Konzentration« erwuchs. Die Ausbreitung der Krondomäne ist identisch mit der polit. Einigung Frankreichs. Mit der Einführung der Apanagen wurden jedoch der Krondomäne wieder weite Gebiete entzogen
LIT. C. R. Brühl, Fodrum, gistum, servitium regis 1–2 (1968).

Krone (von lat. corona, Kranz, Krone entlehnt).

[1] Zeichen der königl. Macht. In der Spätantike wurden das Diadem und der Prunkhelm zum Kamelaukion (zylinderförmige schwarze Kopfbedeckung, urspr. weltl., später ausschließlich geistl. Kleidungsstück) verbunden, das die byzantin. Kaiser und seit 1130 die normann. Könige Siziliens, dann auch Kaiser Friedrich II. trugen. In der Karolingerzeit wurden die heute üblichen Formen der K. entwickelt. Maßgeblich dafür waren antike Vorbilder, das Diadem und der germ. Königshelm. Berühmte Formen der K.: die **Plattenkrone**, aus 6–8 Platten bestehend (z. B. die Eiserne K.); die **Bügelkrone** (Beispiel: die sog. Reichskrone um 960); die ungar. **Stephanskrone**, dem Kamelaukion nachgebildet. Die K. tragen meist reichen Schmuck an Edelsteinen (Brillantenkrone), Perlen, Emailbildern, Reliefs mit Wappenschildern und spezifischen Darstellungen (z. B. Mitrakrone Rudolfs II. von 1602). Auch Reliquien wurden in K. eingefügt. Die K. war ein rechtschaffendes Zeichen, im Besitz wesentl. Beweis für die Rechtmäßigkeit einer Monarchie oder eines Thronprätendenten. Der Königskrone ähnlich wurden Kurfürstenhüte, Herzogshüte; seit dem 17. Jh. gab es außerdem herald. Adelskronen, nach den einzelnen Ländern allerdings stark abgewandelt, z. B. Großherzogskrone, Herzogskrone, Landgrafenkrone, Fürstenkrone, Markgrafenkrone, Grafenkrone, Freiherrenkrone, Adelskrone.

[2] Im von den Insignien her übertragenen Sinn wird K. als Bez. der königl. Macht (etwa die schwed. K., die böhm. K.), des Staates, der Person des Königs selbst oder für den Besitz des Landesherrn und seiner Familie gebraucht.

[3] Bez. einer Währungseinheit, nach dem Münzbild Name von Münzen, vor allem von Goldmünzen. Als Währungseinheit seit 1875/77 in Dänemark, Norwegen, Schweden; 1892–1924 in Österreich, auch in der Tschechoslowakei.
LIT. Zu [1] HWDRG II, 1212–17; P. E. Schramm, Herrschaftszeichen und Staatssymbolik. 3 Bde. (1954/56); H. Fillitz, Die österreich. Kaiserkrone und die Insignien des Kaisertums Österreich (1959); ders., Die Insignien und Kleinodien des Heiligen Römischen Reiches (1954); M. Hellmann (Hrsg.), Corona Regni (1961); N. Grass, Reichskleinodien-Studien (1965); R. Staats, Theologie der Reichskrone (1976); ders., Die Reichskrone (1991).

Krongut →Kromdomäne.

Kronprinz. Gebildet aus Kurprinz, dem Erben der weltlichen Kurfürsten, und Kronerbe, begegnet K. erst seit der Mitte des 17. Jh. Seit der Erhebung Preußens zum Königreich (1700) setzt sich K. als Bez. für den Thronerben in König- und Kaiserreichen durch. Der K. stammt in gerader Linie (Sohn, Enkel) vom Throninhaber ab.
In einigen Staaten führt der K. einen bes. Titel. In Großbritannien: Prince of Wales; in Spanien: Fürst von Asturien; in Belgien: Herzog von Brabant; in den Niederlanden: Prinz von Oranien. In Italien hieß der K. Fürst von Piemont; in Österreich: Erzherzog; in Frankreich: Dauphin; in Portugal: Prinz von Algarve; in Rußland: Zarewitsch.

Krontraktat, Brandenburg-preußischer (Krontraktat von Wien). Der zwischen Preußen und Österreich am 16. 11. 1700 abgeschlossene Vertrag, wonach Preußen sich bereit erklärte, gegen eine jährlich zu entrichtende Summe in Höhe von 150000 Gulden sich mit einer Streitmacht von 8000 Mann an der Durchsetzung des Anspruchs Habsburgs in der span. Erbschaftsfrage zu beteiligen, in die Erhebung Hannovers zum Kurfürstentum einzuwilligen, in die uneingeschränkte Wiederherstellung der kurfürstl. Rechte Böhmens einzusetzen sowie bei kommenden Kaiserwahlen die Kandidatur Habsburgs zu unterstützen. Als Gegenleistung anerkannte Kaiser Leopold I. (reg. 1658–1705) den Kurfürsten von Brandenburg Friedrich III. (seit 1688) als König in Preußen, d. h. in dem vom Reich unabhängigen Herzogtum Preußen, vom Zeitpunkt der Standeserhöhung an (am 12. 1. 1701). Seitdem nannte sich Kurfürst Friedrich III. König Friedrich I. (reg. 1701–11). Am 18. 1. 1701 erfolgte die Selbstkrönung Friedrichs III. in Königsberg und die kirchl. Salbung durch zwei eigens zu diesem Zweck ernannte Bischöfe, einen ref. und einen lutherischen. Fortan führten die Kurfürsten von Brandenburg auch den Titel eines ›Königs in Preußen‹, der im Frieden von Utrecht (1713) von den europ. Mächten, vom Papst erst am Ende des 18. Jh. anerkannt wurde.

LIT. Kurbrandenburgische Staatsverträge, hrsg. von Th. von Mörner (1867); A. F. Pribram, Österreich und Brandenburg 1688–1700 (1885); Th. Schieder, Die preuß. Königskrönung von 1701 und die polit. Ideengeschichte. In: Th. Schieder, Begegnungen mit der Geschichte (1962); A. Berney, König Friedrich I. und das Haus Habsburg (1927).

Krönung. Teil der feierl. Einsetzung eines Königs durch Aufsetzen der Krone. Der K. voran geht die eigentliche Bestellung durch Wahlakt oder Erbgang. Zur K. gehören die Altarsetzung bzw. Stuhlsetzung, das Überreichen der Insignien (Schwert, Szepter, Königsmantel, Siegelring). Zum regelmäßigen Krönungsort der dt. Könige wurde der Wahlort, also Frankfurt/Main. Aachen, nach den Bestimmungen der Goldenen Bulle, Ort der ersten K. des Königs, konnte nur den Rechtsanspruch behaupten. Letzte K. in Aachen 1531: K. des röm. Königs Ferdinand I.; seit 1562 K. in Frankfurt durch den EB von Mainz. Der daraus resultierende **Krönungsstreit** zw. dem EB von Köln (Max Heinrich von Bayern) für das in seiner Erzdiözese gelegene Aachen und dem EB von Mainz (Johann Philipp von Schönborn) für Frankfurt wurde durch Vergleich vom 16. 6. 1657 beigelegt, nachdem der Mainzer das Krönungsrecht für Frankfurt, der Kölner es für seine Diözese und für Aachen (Diözese Lüttich) haben sollte. Im übrigen sollte die Alternation des Krönungsrechtes eintreten. Der Vergleich wurde durch spätere kaiserliche Wahlkapitulationen bestätigt (erstmals in der Kapitulation Leopolds I., 1658). Mit Ausnahme der K. Karls VII. (1742) durch dessen Bruder Clemens August, Kurfürst-Erzbischof von Köln, erfolgte die K. fortan bis zum Ende des Reiches regelmäßig durch den EB von Mainz in Frankfurt.

Die K. der röm.-dt. Kaiser erfolgte durch den Papst 800–1530, bis 1452 in Rom; nach 1530 (K. Karls V. in Bologna) fand keine K. der Kaiser durch den Papst mehr statt. 1804 Selbstkrönung Napoleons im Beisein und unter Mitwirkung Papst Pius' VII. Die K. mit der Eisernen Krone der Langobarden fand in Pavia, Mailand oder Monza statt. Krönungsort für Frankreich war Reims, für England die Westminster-Abtei in London, für Preußen Königsberg, für Polen Krakau bzw. Gnesen. Die K. konnte erfolgen als Selbstkrönung (Friedrich III. [Friedrich I. in Preußen, 1701], Napoleon I. [1804]), durch den Vorgänger (K. Ludwigs des Frommen durch Karl d. Gr.), durch einen geistl. Koronator (Papst, EB von Mainz für Kaiser und dt. Könige; EB von Reims für den König von Frankreich usw.), für Königinnen durch den König selbst (1701 durch Friedrich I., 1804 durch Napoleon).

LIT. E. Eichmann, Die Kaiserkrönung im Abendland. 2 Bde. (1942); P. E. Schramm, Geschichte des engl. Königtums im Lichte der Krönungen (1937); ders., Der König von Frankreich. 2 Bde. (1939); ders., Herrschaftszeichen und Staatssymbolik. 3 Bde. (1954/56); K. Reindel, Die Kaiserkrönung Karls d. Gr. (1966); H. Meinert, Von Wahl und K. der dt. Kaiser zu Frankfurt am Main. Mit dem Krönungsdiarium des Kaisers Matthias aus dem Jahre 1612 (1956); A. M. Reitzel, Das Mainzer Krönungsrecht und die polit. Problematik (1963); A. Schulte, Die Kaiser- und Königskrönungen zu Aachen (1924); K. Schmid, Die Thronfolge Ottos d. Gr. In: ZRG GA 81 (1964); G. Wallner, Der Krönungsstreit zwischen Kurköln und Kurmainz (1653–57) (1967).

Krummstab. Bischofsstab. Als **Krummstablande** wurden im alten Reich die geistl. Territorien bezeichnet, die unter Fürstbischöfen, Fürstäbten bzw. Äbtissinnen standen. **Unterm Krummstab ist gut ruhen:** polit. Schlagwort des 18. Jh., das vor allem auf die lockere Verwaltung, den Mangel an Staatlichkeit in den geistl. Territorien, ihre Ausrichtung auf Innen- und Kulturpolitik, aber auch deren polit. selbstgenügsames Dasein und militär. Ohnmacht abzielt. Heraldisch ist der K. das Unterscheidungszeichen der Bischöfe, Äbte und Äbtissinnen; mit dem Schwert

gekreuzt, wenn diese Hochgerichtsbarkeit hatten.
LIT. DAC III, 2, 3144–59; LThK II, 508; HWDRG II, 1237–42; H. Lahrkamp, Unter dem K. (1999).

Krümper (von mhd. krump, krumm). Die von 1808 bis 1812 in die preuß. Armee eingestellten und kurzfristig ausgebildeten Rekruten.

Krümperpferde. Im alten dt. Heer Bez. für diejenigen Pferde, die von den Truppeneinheiten überplanmäßig gehalten wurden, und zwar zu Wirtschaftszwecken.

Krümpersystem. Ein von G. J. D. Scharnhorst (1755–1813) auf der Vorstellung von der allg. und gleichen Wehrpflicht und dem in der friderizian. Armee übl. System der beurlaubten »Kantonisten« ausgearbeiteter, von H. von Boyen 1808 ausgeführter Vorschlag, mit dem die Bestimmungen des Tilsiter Friedens (9. 7. 1807) und des Vertrags von Paris (8. 9. 1808) über eine Beschränkung des preuß. Heeres auf 42 000 Mann entwertet wurden. Die Präsenzstärke des Heeres von 42 000 Mann wurde eingehalten, durch planmäßige Beurlaubungen und Neueinstellungen von Rekruten aber gleichzeitig eine sehr starke, kriegsfähige Reserve geschaffen. Die Zahl der als Krümper Ausgebildeten schwankt zwischen 30 000–35 000; das K. ermöglichte es dem verkleinerten Preußen, beim Ausbruch des Krieges 1813 mit einer erheblichen Heeresmacht ins Feld zu ziehen.
LIT. Jany, Geschichte der Preuß. Armee vom 15. Jh. bis zum Jahre 1914 (1928–33); B. Schwertfeger, Die Neugestaltung der preuß. Armee in den Jahren 1807–1812 (1909); R. Vaupel, Die Reorganisation des preuß. Staates unter Stein und Hardenberg. Teil II: Das preuß. Heer vom Tilsiter Frieden bis zur Befreiung 1807–1814 Bd. 1 (1938); F. Meinecke, Das Leben des Generalfeldmarschalls H. von Boyen (1895–99); R. Stadelmann, Scharnhorst (1952).

Krypta (griech. gedeckter Raum). Unterirdisches Gewölbe. Sakralraum unter dem Ostchor der Kirche zur Aufnahme von Reliquien oder als Grabstätte geistl. oder weltl. Würdenträger. Die K. ermöglicht den Zugang zu dem Heiligengrab (Ringkrypta). Echte K. seit dem 5. Jh. bekannt: in der Romanik Verbreiterung der K., oft mehrschiffige Hallenkrypta (bes. in Frankreich). In der Gotik hört aus kult. und architekton. Gründen der Bau von K. auf.

Küchenlatein (Latinitas culinaria; zuerst um 1500 belegt). Bez. für verderbtes Latein; K. nannte man vor allem das Mönchs- und Universitätslatein des SpätMA. Von den Humanisten wurde es bes. in den Epistolae obscurorum virorum bekämpft.
LIT. P. Lehmann, MA und Küchenlatein. In: HZ 137 (1928).

Kulaken. Bez. für die von der Dorfarmut gehaßten reicheren Bauern in Rußland. Im ausgehenden 19. Jh. wird mit dem Verkauf der Landteile der Landarmen an die K. und wachsender Verschuldung der Dorfarmut an Kaufleute und Großbauern die soziale Spannung auf dem Lande größer. Die Stolypinische Agrarreform (1906) verschafft eigentlich nur den K. ein freies Hoferbe. Im Zuge der Kollektivierung der Landwirtschaft werden die K. ab 1929 beseitigt.
LIT. T. G. Robinson, Rural Russia under the Old Regime (1949).

Kulikover Feld, Schlacht auf dem (1380). Sieg des Dimitrij Donskoj über die Tataren.

Kulm, Schlacht von (in Böhmen, 29./ 30. 8. 1813). Sieg der Russen (unter Ostermann) und Preußen (unter Kleist) über die Franzosen (unter Vandamme).

Kulmer Handfeste. Nachdem 1231 die Burg Kulm rechts der Weichsel (zwischen Thorn und Graudenz), das erste Haupthaus des Ritterordens, errichtet worden war, entwickelte sich um die Burg die Stadt Kulm. 1233 erhielt sie (neben Thorn) durch den Landmeister Hermann Balk (gest. 1239) im Auftrag des Hochmeisters Hermann von Salza (um 1170–1239) in Form der K.H., »der ›Magna Charta‹ des Ordensgebietes«, eine Städteordnung, die für das gesamte Ordensland vorbildlich wurde. Aus der auf dem Magdeburger Recht basierenden K.H. entstand das 1397 aufgezeichnete Kulmische Recht. Es blieb grundsätzlich bis 1620 in Preußen in Kraft, in Danzig als Statuarrecht sogar bis 1857. Die K.H. war so gestaltet, daß sie die Ansiedlung von Kolonisten im Ordensland förderte.
LIT. B. Schumacher, Geschichte Ost- und Westpreußens (1959); G. Kisch, Die K.H. (1978).

Kult, Kultus (von lat. colere, bebauen, pflegen, verehren). Ausdrucksform religiöser Verehrung, welche der Gottheit in bestimmten an Ort und Zeit gebundenen Formen erwiesen wird, vor allem von Königen, Priestern, Schamanen; zunächst a) auf die Gottheit, b) auf deren Beauftragte oder Gesandte, c) auf geheiligte Gegenstände, d) auch auf Menschen (Herrscherkult, Heroenkult) und Dinge übertragen.

Kultsprache. Beim Gottesdienst gebrauchte, von der Umgangssprache verschiedene Sprache; K. wurden bereits im Alten Orient häufig nicht mehr verstanden; der Kult bevorzugt das Arcanum. Innerhalb des Christentums gab es anfangs keine eigentl. K., vielmehr wurde die Alltagssprache (Koine, Latein) benutzt. Latein im Gottesdienst der Nachvölkerwanderungszeit muß als Kultursprache, nicht als K. verstanden werden. Durch die Verquickung reformator. Bestrebungen mit dem Gebrauch der Volkssprache im Gottesdienst wurde die Parteinahme für Latein verhärtet und zu einem konfessionellen Unterscheidungsmerkmal. Seit der Aufklärung begegnen mit wachsendem Erfolg Forderungen nach Einführung der Volkssprache in den Kult. Vgl. Beschlüsse des 2. Vaticanums.

Kultur (lat. cultura, von colere, bebauen, pflegen, urbar machen, bilden). Ende des 17. Jh. werden Wort und Begriff aufgenommen, und zwar in doppeltem Sinn 1. als landwirtschaftlicher Anbau, Bebauung und 2. als Pflege der Sprache, einer Wissenschaft usw. K. ist a) formendes, gestaltendes Handeln des Menschen (subjektive K.) und b) das aus diesem Handeln hervorgehende Werk (objektive oder Sachkultur). K. ist die gesellschaftl. und geistige Lebensform eines Volkes, seine Vorstellungs-, Denk-, Sprach- und Wertwelt. Die Unterscheidung von K. und Zivilisation (äußere und materielle K.) ist nur im dt. Sprachbereich üblich (franz. civilisation steht ebenso wie engl. civilization für die ganze K.), hat Vor- und Nachteile und kann nur mit Vorbehalt angewandt werden. K. besteht bereits am Anfang der Geschichte. Im Ablauf der Geschichte gibt es eine Vielzahl von K., die durch die bestimmte geschichtl. Situation eines Volkes oder einer Völkergruppe und durch die bestimmte Bevorzugung von Werten geprägt sind. K. kommt nur im Zusammenhang mit Religion und Staat vor. Unbestritten ist, daß alle K. eine religiöse Wurzel hat,

daß K. jedoch nicht das Ziel der Religion sein kann und stets ins Spannungsverhältnis zwischen Religion und K. besteht. Die K. der NZ hat sich weitgehend von der Religion gelöst.

Unter **Kulturpolitik** versteht man die Pflege des Kulturellen durch den Staat. Diese Aufgabe des Staates wird in totalitären Staaten mit der Unterordnung der K. unter die Politik und ihre Dienstbarmachung durch diese verkannt.

LIT. A. Dempf, Kulturphilosophie (1932); A. Schweitzer, Kulturphilosophie. 2 Bde. (⁹⁻¹⁰ 1953); J. Mesner, Kulturethik (1954); A. Weber, Kulturgeschichte als Kultursoziologie (²1950); Ch. Dawson, Religion and Culture (1948, dt. 1951); A. Rüstow, Ortsbestimmung der Gegenwart. Eine universalhistor. Kulturkritik. 3 Bde. (1950/57); H. Marcuse, K. und Gesellschaft. 2 Bde. (1965); H. W. Nau, Die systematische Struktur von Erich Rothackers Kulturbegriff (1969).

Kulturgeschichte. Der Begriff wurde in der Aufklärung als Gegensatz oder Ergänzung zu einer vorwiegend polit. Geschichte geprägt; die K. als eine bes. Form der Geschichte (Geschichtsschreibung) wurde von Voltaire (›Essai sur l'histoire générale et sur les moeurs et l'esprit des nations‹, 1756) und Herder (›Ideen zur Philosophie der Geschichte der Menschheit‹, 1785–1792) begründet. L. von Ranke, der Altmeister der histor. Forschung und Geschichtsschreibung im 19. Jh., übte nicht nur auf die polit. Geschichte stärksten Einfluß aus, sondern postulierte bereits 1830 eine »innere Geschichte unserer Kultur«. Mit J. Burckhardt (›Kultur der Renaissance in Italien‹; ›Griechische Kulturgeschichte‹), W. H. Riehl, G. Freytag, dann mit E. Gothein (›Kulturentwicklung Süditaliens‹, 1886; Schriften zur Kulturgeschichte. 2 Bde., 1924), K. Th. Buckle (›History of civilization in England‹, 1857–61) erreichte die K. im 19. Jh. Höhepunkte. Eine Klärung der Methode wurde in dem Streit um Karl Lamprecht (1856–1915) zw. E. Gothein und D. Schäfer u.a. versucht. (K. Lamprecht, ›Die kulturhistorische Methode‹, 1900). Neue Impulse erhielt die K. durch W. Dilthey, E. Troeltsch, A. Weber, H. Freyer. Meisterhafte Darstellungen verdanken wir den quellengesättigten Werken von Joh. Huizinga.

LIT. Hdb. der K. begr. von H. Kindermann, neu hrsg. von E. Thurnher (1960ff.); E. Friedell, K. der NZ, 3 Bde. (1927–31; neu hrsg. 1961); F. Zoepfl, Dt. Kultur. 2 Bde. (1929–30); F. Seifert, Der Streit um Lamprechts Geschichtsphilosophie (1925); J. Huizinga, Wege der K. (1930); ders., Der Mensch und die Kultur (1938); A. J. Toynbee, A Study of History. 10 Bde. (1929–54); dt. Auszug: Der Gang der Weltgeschichte, Anfang und Verfall der Kultur (⁴1954); A. Weber, K. als Kultursoziologie (²1950); W. H. Bruford, Kultur und Gesellschaft im klassischen Weimar (1971); B. Hubensteiner, Vom Geist des Barock. Kultur und Frömmigkeit im Alten Bayern (1967); W. E. Mühlmann, Homo Creator (1962, mit Lit.); ders., Rassen, Ethnien, Kulturen (1964); ders., Geschichte der Anthropologie (²1968).

Kulturkampf. Krise des Bismarckschen Reiches und seiner Gliedstaaten, insbes. Preußens, mit der röm.-kath. Kirche und der polit.-parlamentar. Vertretung der Mehrheit der kath. Bevölkerung des Reiches, die sich schon 1871 vorbereitete und im wesentlichen erst 1891 beigelegt werden konnte.

Syllabus und Unfehlbarkeitsdogma (→Konzil, Vatikan I) wurden als massiver Angriff der Kirche auf die herrschende moderne, durch die Forschungsergebnisse der Naturwissenschaften gestützte Weltanschauung und als ein für den Staat untragbarer Herrschaftsanspruch der röm. Kurie über den kath. Volksteil gedeutet. Bismarck selbst äußerte seine Teilnahme an den Fragen des 1. Vatikanischen Konzils in »ostensibler Weise«, enthielt sich aber jeder Einflußnahme, obwohl ihn der österr. Kanzler F.F. von Beust zu einer Intervention zu bewegen versuchte und er seiner Genugtuung über die Zirkularnote der bayer. Ministerpräsidenten Fürst Chlodwig zu Hohenlohe-Schillingsfürst, die unter dem Einfluß von Ignaz Döllinger zustande gekommen war, amtl. Ausdruck verlieh.

Der K. war trotz aller anderen mitwirkenden Kräfte Bismarcks persönl. Werk. Aus der Reihe der Motive, die zum Ausbruch des Kampfes führten, hat A. Wahl die auswärtige Politik, die Abwehrstellung des Kanzlers gegen das klerikale Frankreich und Österreich, Kars dagegen die Bedeutung von Bismarcks Staatsidee hervorgehoben. Sattler, Bornkamm, Franz u. a. wollen als

wichtigste Ursache des K. Bismarcks Befürchtungen um das neugegründete Reich gegenüber der kath. Kirche und dem polit. Katholizismus hervorgehoben wissen. Sie sehen in dem K. einen innenpolit. Präventivkrieg gegen eine reichsfeindl. Opposition. Bismarck sei zum K. mehr oder weniger wider den eigenen Willen getrieben worden. Sicher ist, daß der K. nicht allein aus außenpolit., aber auch nicht allein aus innen- oder kirchenpolit. Gründen und Überlegungen geführt wurde. Erst die Verquickung innerer und äußerer Gefahren hat bei Bismarck den Entschluß zum Kampf ausgelöst.

Einen Monat nach der Veröffentlichung von Bismarcks Kampfansage an das Zentrum erfolgte als erste wichtigere Kampfhandlung die Aufhebung der seit 1841 bestehenden kath. Abteilung im preuß. Kultusministerium (8. 7. 1871). Das dann noch im Dez. von dem Kultusminister Mühler dem preuß. Landtag vorgelegte Schulaufsichtsgesetz sollte einmal mit der Entfernung fast sämtl. kath. Geistlichen aus den Schulinspektionen den kirchl., aber auch den polnischen Einfluß in den Ostprovinzen zurückdrängen, zum anderen die Trennung von Staat und Kirche einer Verwirklichung näher bringen.

Wegen der »Zensurdekrete« gegen den Religionslehrer Wollmann am kath. Gymnasium zu Braunsberg, der sich geweigert hatte, über die Unfehlbarkeit zu unterrichten, wurde über Bischof Krementz von Ermland schließlich die Temporaliensperre verhängt. In Köln kam es wegen der vom Kriegsministerium den Altkatholiken eingeräumten Mitbenutzung von St. Pantaleon zu einem Konflikt, in dessen Verlauf der kath. Feldpropst Namszanowski von der Regierung suspendiert und die Feldpropstei selbst aufgelöst wurde.

Auf Antrag Bayerns wurde dem Strafgesetzbuch für das Deutsche Reich der sog. Kanzelparagraph eingefügt (10. 12. 1871), ein Ausnahmegesetz nach ital. Vorbild. Das nach heftigen Parlamentsdebatten erlassene Jesuitengesetz (4. 7. 1872) verbot auf dem Gebiet des Deutschen Reiches alle Niederlassungen der Gesellschaft Jesu und verwandter Orden. Zur Abwehr des einst. Vorgehens war am 22. 5. unter dem Vorsitz Felix von Loës der »Verein der deutschen Katholiken« gegründet worden. Dagegen wandte sich der »Deutsche Verein«

unter Heinrich von Sybel. Verschärft wurde die Kulturkampfstimmung durch die Ablehnung des von Bismarck vorgeschlagenen liberalen Kurienkardinals Hohenlohe als dt. Botschafter beim Vatikan. Damit war praktisch der diplomat. Verkehr mit der Kurie abgebrochen. Bismarcks vielumstrittener Papstwahlerlaß an die europ. Regierungen, dem aber jeder konkrete Erfolg versagt blieb, verschärfte ebenfalls die Spannung. Höhepunkt und Kernstück des K. bildeten die sog. preuß. Maigesetze (11.–14. 5. 1873), zu deren Vorbereitung Art. 15 und 18 der preuß. Verfassung in staatskirchl. Sinne abgeändert und später ganz aufgehoben wurden. Die Maigesetze trafen Bestimmungen a) über die wissenschaftl. Vorbildung und die Anstellung der Geistlichen; b) über die kirchl. Disziplinargewalt; c) über die Anwendung kirchl. Straf- und Zuchtmittel und d) über den Austritt aus der Kirche. Den Maigesetzen, die ihre Ergänzung in der Einführung der obligator. Zivilehe und der Beurkundung des Personalstandes in Preußen fanden, setzten Klerus und Volk passiven Widerstand entgegen. Die Erzbischöfe von Köln und Posen/Gnesen, die Bischöfe von Paderborn, Breslau, Münster und Limburg wurden für abgesetzt erklärt. 1876 waren alle preuß. Bischöfe verhaftet oder ins Ausland geflüchtet und zahlreiche Geistliche zu harten Geldoder Gefängnisstrafen verurteilt. Neue Maigesetze mit rücksichtslos angewandten Strafbestimmungen sollten den Widerstand von Klerus und Volk brechen. Aber auch sie verfehlten ihren Zweck und vermehrten nur die Verwirrung und die Not in dem kath., aber auch im ev. Volksteil.

In der Enzyklika ›Quod numquam‹ (2. 2. 1875) verurteilte der Papst in feierl. Form die Kulturkampfgesetze und erklärte sie, soweit sie mit der göttl. Verfassung der Kirche in Widerspruch stehen, für nichtig. Als Antwort darauf versuchte Bismarck durch das Sperroder Brotkorbgesetz (22. 4. 1875), durch die Aufhebung aller Orden und ordensähnl. Kongregationen außer den krankenpflegenden (31. 5. 1875), durch das Gesetz über die Vermögensverwaltung in den kath. Kirchengemeinden (20. 6. 1875), durch die Begünstigung der Altkatholiken an kirchl. Vermögen (4. 7. 1875) den Widerstand der Geist-

lichkeit und des kath. Volksteils zu brechen. Das Expatriierungsgesetz (25. 4. 1874) bot die Handhabe zu drakonischen Maßnahmen gegen die Geistlichkeit im Reich, deren Befreiung vom Wehrdienst gleichfalls aufgehoben wurde.

Mit der Verschärfung des Kanzelparagraphen und ergänzenden Bestimmungen über die Verwaltung des Kirchenvermögens (1876–78) endet die Kulturkampfgesetzgebung. Die Möglichkeiten des Staates, den K. siegreich zu Ende zu führen und eine klare Staatskirchenhoheit neu zu errichten, waren erschöpft. Der Wandel in der parlamentar. Situation, der mit der Zollvorlage und dem Sozialistengesetz umschrieben werden kann, forderte notwendig als Folge der praktischen Zusammenarbeit den Ausgleich mit dem Zentrum. Der Rücktritt Falks (Juni 1879), die umsichtigen Bemühungen Leos XIII., persönl. Aussprachen mit dem Wiener Pronuntius Jacobini und Verhandlungen mit dem Münchener Nuntius Massella machten den Weg frei zu schwierigen, aber doch erfolgreichen Verhandlungen, wodurch es bereits 1880 zu Zugeständnissen und Erleichterungen auf beiden Seiten kam. Die von Leo XIII. am 23. 2. 1880 in einem Breve an den Kölner Erzbischof ausgesprochene Bereitschaft, die von dem preuß. Staat verlangte Anzeigepflicht bei der Übernahme geistl. Ämter dulden zu wollen, bereitete einen Ausgleich mit vor. Die Wiedererrichtung der preuß. Gesandtschaft beim Hl. Stuhl, deren Besetzung durch K. von Schlözer und die beiden Milderungsgesetze vom Mai 1882 und Juli 1883 änderten an der rechtl. und kirchenpolit. Lage nicht viel, doch konnte durch Begnadigung, Aufhebung von Vermögensverwaltungen und Gehältersperren seitens der Regierung die Kulturkampfatmosphäre entspannt werden. Durch das Angebot des Schiedsrichter- und Vermittleramts an Leo XIII. in Streit um die Karolinen-Inseln und durch das umsichtige Wirken des Fuldaer Bischofs Kopp kam am 21. 5. 1886 das erste Friedensgesetz zustande. Durch die Einwirkung der Kurie auf das Zentrum kam 1887 das zweite Friedensgesetz zustande und bis 1891 wurden fast alle Kulturkampfgesetze aufgehoben. Unverändert blieben bestehen das Gesetz über die staatl. Schulaufsicht, der Kanzelparagraph (in der BRD 1953 aufgehoben), die obligatorische Zivilehe und das Jesuitengesetz (dieses bis 1917). Parallelerscheinungen zum preuß. K. hat es auch in Baden, im Großherzogtum Hessen-Darmstadt, in Sachsen gegeben. Eine »Oase des Friedens« blieb Württemberg; in Bayern kam es unter dem liberalen Kultusminister Lutz zu einem »schleichenden Kulturkampf«. Ein offener Konflikt wurde vermieden, um nicht die staatskirchl. Rechte der Krone zu gefährden.

Trotz schärfster Bedrückung hat die kath. Kirche den Angriff auf ihre Freiheit und Selbständigkeit abwehren und staatskirchl. Ansprüche verhindern können. Für das neugegr. Bismarck-Reich war der K. »ein immenses Unglück für Staat und Kirche«, weil er in einem nicht unbeträchtl. Teil der Bevölkerung das Aufkommen eines echten Staatsgefühls verzögert und eine fruchtbare Anteilnahme an den Kulturaufgaben verhindert hat.

Quellen: H. von Cremer-Auenrode, Aktenstücke zur Gesch. von Staat und Kirche. III u. IV (1873–80); P. Hinschius, Die preuß. Kirchengesetze, Komment. Ausgabe (1873–87); A. Constabel, Die Vorgeschichte des K. Quellenveröffentlichung aus dem Deutschen Zentralarchiv (1956). LIT. J. Heckel, Die Beilegung des K. In: ZRG KA 50 (1930), 215–353; E. Schmidt, Bismarcks Kampf mit dem polit. Katholizismus. T. 1: Pius IX. und die Zeit der Rüstung 1848–70 (1942); R. Ruhenstroth-Bauer, Bismarck und Falk im K. In: Heidelberger Abhandlungen zur mittl. und neueren Geschichte. H. 70 (1944); H. Bornkamm, Die Staatsidee im K. In: HZ 170 (1950) 41–72; G. Franz, K. Staat und kath. Kirche in Mitteleuropa von der Säkularisation bis zum Abschluß des preuß. K. (1954); R. Morsey, Bismarck und der K. Ein Forschungs- und Literaturbericht 1945–57. Unter Verwendung neuen Aktenmaterials. In: AKG 39 (1957) 232–270; E. Weinzierl-Fischer, Bismarcks Haltung zum Vatikan und der Beginn des K. nach den österreich. diplomat. Berichten aus Berlin 1869–71. MÖSTA 10 (1957), 302–21; E. Schmidt-Volkmar, Der K. in Dtl. 1871–90 (1962, m. Bibl.); R. Morsey, Probleme der Kulturkampf-Forschung. In: HJB 83 (1964) 217–45; C. Wolf, Rudolf Kögels Kirchenpolitik und sein Einfluß auf den K. (1968); M. Stadelhofer, Der Abbau der Kulturkampfgesetzgebung im Großherzogtum Baden 1878–1918 (1969); R. Morsey, Die dt. Katholiken und der Nationalstaat zw. K. und Erstem Weltkrieg. In: HJB 90 (1970), 30–64; E. F. J. Müller-Büchi, Segesser und der Ausbruch des K. in der Diözese Basel. In: ZSKg 64 (1970) 328–69; Chr. Weber, Kirchl. Politik zw. Rom, Berlin und Trier 1876–88. Die Beilegung des preuß. K. (1970); R. Lill, Vatikan. Akten zur Geschichte des dt. K. Teil 1 (1970); HKG VI, 1 (1971); G. Franz-Willing, K. gestern und heute. Eine Säkularbetrachtung (1971); J. Becker, Liberaler Staat und Kirche in der Ära von Reichsgründung und K. Geschichte und Strukturen ihres Verhältnisses in Baden, 1860–76 (1973); J. Fontana, Der K. in Tirol, 1861–92 (1978); P. Horwarth, Der Kampf gegen die religiöse Tradition. Die Kulturkampfliteratur in Österreich 1780–1918 (1978); P. Stadler, Der K. in der Schweiz. Eidgenossenschaft und kath. Kirche im europ. Umkreis, 1848–88 (1984); R. Lill (Hrsg.), Der Kulturkampf (1995).

Kulturmorphologie. Von Leo Frobenius für die Völkerkunde geprägter Ausdruck. Die K. versucht die einzelnen kulturellen Lebensstufen als in sich geschlossene Erscheinungen zu erfassen; eine Kultur wird nicht als eine Summe bestimmter Merkmale, sondern als Gestalt, Seele angesehen.

Kulturphilosophie. Weltanschaul. bestimmte Grundwissenschaft von der Rangordnung und den Formgesetzen der Kulturwerte, vom Wesen, Sinn, von Gliederung und Ordnung der Kultur; steht mit Geschichtsphilosophie und Soziologie in enger Verbindung.

Kultusfreiheit. Möglichkeit ungestörter Ausübung von häuslichen oder öffentl. Kultushandlungen, gilt als notwendige Ergänzung der Glaubensfreiheit (Bekenntnisfreiheit), gehört zu den Grundrechten, die vom modernen Staat zu gewährleisten sind, aber durch allg. Gesetze eingeschränkt werden können.

Kumulation. Häufung von geistl. Ämtern und Pfründen in einer Hand, insbes. von Dom- und Stiftskanonikaten (= Pfründenkumulation) oder von Hoch- und Erzstiften. Seit dem Spät-MA, vor allem aber seit dem 16. Jh. nahmen die Bistumskumulationen für jüngere kath. Fürstensöhne zu im Zug der polit. Gegenreformation, der dynast. Kirchenpolitik und des Durchdringens der Primogenitur-Erbfolge in den größeren weltl. Territorien, womit sich die Notwendigkeit zur angemessenen Versorgung nachgeborener Prinzen ergab. Obwohl das Konzil von Trient sich gegen Bistumskumulationen ausgesprochen hatte, mußte die Römische Kurie aus polit. Gründen in die K. einwilligen und Dispensen erteilen. Musterbeispiele für K. sind Erzherzog Leopold Wilhelm von Österreich (1625–62): 2 Erzbistümer, 5 Bistümer, verschiedene Abteien; Herzog Ernst von Bayern (1566–1612): 5 Bistümer; Herzog Ferdinand von Bayern (1612–50): 5 Bistümer und andere kirchl. Würden; Clemens August von Bayern (1715–61): 5–6 Bistümer; Clemens Wenzeslaus von Sachsen (1763–1803): 2–4 Bistümer, sowie die Pfalz-Neuburger, die Schönborn: jeweils 2–3 Bistümer.

LIT. H. E. Feine, Die Besetzung der Reichsbistümer vom Westfälischen Frieden zur Säkularisation (1921, unver. Nachdr. 1964); H. Raab, Clemens Wenzeslaus von Sachsen, Bd. 1. Dynastie, Kirche und Reich im 18. Jahrhundert (1962); R. Reinhardt, Die Reichskirchenpolitik Papst Klemens' XII. In: ZKiG (1967) 271–99; H. Raab, Die oberdeutschen Hochstifte zw. Habsburg und Wittelsbach in der frühen Neuzeit. In: Bll. für dt. Landesgeschichte 109 (1973) 69–101.

Kunersdorf, Schlacht von (12. 8. 1759). Sieg der vereinigten Russen unter Saltykow und der Österreicher unter Laudon über die preuß. Armee unter Friedrich d. Gr., die schwerste Niederlage des Königs im Siebenjährigen Krieg.

LIT. M. Laubert, Die Schlacht bei K. (1900).

Kunkel (mlat. conucula, Kegelchen, Teil des Spinnrads). Spinnrocken.

Kunkeladel. Adel mütterlicherseits.

Kunkellehen. Weiberlehen. Lehen, das bei Erlöschen des Mannesstammes auch in weibl. Linie weitergegeben werden kann.

Kunstgeographie. Das Wort begegnet erst um 1910; geprägt vom Geographen H. Hassinger; es will im Unterschied zur Kunsttopographie ein Kunstwerk nicht als an einem Ort entstanden oder befindlich beschreiben, sondern unter räumlich-landschaftl. Gesichtspunkten erforschen und als ortsgebunden erweisen. Ziel: Feststellung von überzeitlichen »Raumstilen« im Gegensatz zu »Zeitstilen«.

LIT. R. Hausherr, K. Aufgaben, Grenzen, Möglichkeiten. In: Rhein. Vierteljahrsblätter 34 (1970), 158–72.

Kunstgeschichte. Untersucht die geschichtl. Entwicklung der Kunst; Hilfswissenschaft für die Geschichte und Zweig der Kunstwissenschaft.

LIT. W. Waetzoldt, Dt. Kunsthistoriker. 2 Bde. (1921–24); H. Wölfflin, Kunstgeschichtl. Grundbegriffe (^{13}1963); Bibliographien zur K. des 19. Jh. (1940–66) (1968); Propyläen Kunstgeschichte. 18 Bde. (1966 ff.); W. Braunfels, Die Kunst im Heiligen Röm. Reich Deutscher Nation. 8 Bde. (1980 ff.); Reallexikon zur Deutschen Kunstgeschichte. 20 Bde. (1983 ff.); W. von Löhneysen, Eine neue K. (1984); L. Dittmann, Kategorien und Methoden der dt. K. 1900–30 (1985); J. P. Néraudau, Dictionnaire d'Histoire de l'Art (1985); H. Belting u. a. (Hrsg.), K. (^{5}2001).

Kunsttopographie. Aus der Tradition der Guiden- und Periegesenliteratur herausgewachsen; Teil der Kunstwissenschaft; verzeichnet und untersucht systemat. Kunstwerke nach Orten und Gegenden. Zur K. gehören und als Hilfsmittel für histor. Forschung wichtig sind die Inventare der »Bau- und Kunstdenkmäler«, die verschiedenen »Kunstführer«, etwa von Reclam; die von Hugo Schnell herausgegebenen »Kleinen Kunstführer«.

LIT. G. Dehio, Hdb. der Dt. Kunstdenkmäler (1976, 1977, 1979); R. Hootz, Dt. Kunstdenkmäler (^{2}seit 1966).

Kur (von kiesen, prüfen, wählen abgeleitet). Die »prüfende Wahl«, bes. die Wahl des dt. Königs (→ Kurfürstenkolleg).

LIT. U. Reuling, Die Kur in Dtl. und Frankreich (1979).

Kurant (zu lat. currere, laufen; franz. courant, im 18. Jh. übernommen) »gängig« von Münzen.

Kurantgeld, Kurantmünze. In der frühen NZ Landesmünzen, die unbeschränkt als Zahlungsmittel dienten.

Kürass (von lat. corium, franz. cuir, Leder). Lederpanzer (cuirasse). Im 15. Jh. aus dem Franz. übernommen. Die Schweren Reiter hießen bereits im 15. Jh. nach ihrer Lederpanzerung küresser, seit dem 17. Jh. Kürassiere. Die Panzerung war nunmehr aus Eisen,

Stahl oder Messing. Kürassierregimenter (auch unter der Bez. Garde-Reiter, Schwere Reiter, Garde du Corps) gab es in den europ. Armeen bis zum Ersten Weltkrieg.

Kurat, auch **Kuratus** (von lat. cura, Sorge, Obsorge). Seelsorger eines abgegrenzten, zum Verband einer Pfarrei gehörigen Gebietes, untersteht dem Ortspfarrer (parochus loci), manchmal auch faktisch selbständig.

Kuratie. Pfarrvikarie; Zuständigkeitsbereich eines Kuraten.

Kurator (von lat. cura, Sorge).
[1] Vormund oder Pfleger.
[2] Beamter, mit der Vermögensverwaltung und Rechtsvertretung der Universität beauftragt. Nach der Verordnung vom 30. 4. 1815 sollte in Preußen eigentlich der Oberpräsident jeder Provinz für seine Provinzialuniversität, nach den Karlsbader Beschlüssen ein Bevollmächtigter, die Funktion eines K. übernehmen, d. h. eines ordentl. Verwaltungsorgans und zugleich eines polit. Überwachungsorgans im Zug der Ausführung der Karlsbader Beschlüsse und der preuß. Instruktion für die außerordentl. Regierungsbevollmächtigten bei den Universitäten (18. 11. 1819). Dennoch wirkte sich die Kurator-Verfassung nach Wegfall der Ausnahmesituation segensreich für den Aufbau der Universitäten aus, bes. nach 1848. Nicht zuletzt durch die vorbildl. Arbeit preuß. K. haben die Universitäten in der zweiten Hälfte des 19. Jh. ihre Blüte erreicht.

Kurfürstenkolleg (principes electores imperii, electores). Im 13. Jh. sich ausbildendes, in dem Weistum von →Rhense und in der →Goldenen Bulle umschriebenes, später erweitertes Kolleg der reichsfürstl. Alleinwähler, vermutl. entstanden aus den urspr. Vorwählern (laudatores) innerh. der Wählerschaft. Seit 1198 galten die Erzbischöfe von Mainz, Köln und Trier sowie der Pfalzgraf bei Rhein als unentbehrlich für eine rechtmäßige dt. Königswahl. Entscheidend für die Ausbildung des kurfürstl. Wahlkollegs war das Scheitern der Erbreichspläne Heinrichs VI. »Erblich wurde nicht das *passive,* sondern das *aktive Wahlrecht* in den Dynastien der weltl. Kurfürsten« (Mitteis). Vorbild für die Entstehung des K. war wohl auch die Ordnung der Papstwahl mit dem Alleinwahlrecht der Kardinäle.

Mehr Zufall als histor. Notwendigkeit bestimmten die Zusammensetzung des Kurkollegs. Ein Zusammenhang zw. Kurrecht und Erzamt, wie ihn Eike von Repgow im Sachsenspiegel entwickelt hat, besteht nicht. Wichtig wurde dagegen die Ausbildung der Landesherrschaft. Bei der Doppelwahl von 1257 ist das ausschl. Wahlrecht der Kurfürsten durchgesetzt; die übrigen Reichsfürsten sind künftig an der Königswahl nicht mehr beteiligt. Fortan gelten als alleinige Wähler des dt. Königs die Erzbischöfe von Mainz, Köln, Trier, der Pfalzgraf bei Rhein, der Herzog von Sachsen, der Markgraf von Brandenburg, der König von Böhmen, den Eike von Repgow als Nichtdeutschen in seinem Sachsenspiegel (1220) noch hatte ausschließen wollen. Bayern, nach dem Streit mit Böhmen, Österreich und mächtige Reichsfürsten waren fortan von der Königswahl ausgeschlossen, das dynast. Prinzip durch »springende Wahlen« verdrängt, die Reichsgeschäfte durch kurfürstl. Willebriefe mitbestimmt, die Macht des Königtums geschwächt. Der Wahlmodus, auch Kurspruch, der urspr. Einstimmigkeit kennt, schwankte, bis der Ludwig den Bayern im ›Licet iuris‹ von 1338 das Mehrheitsprinzip festgelegt und in der Goldenen Bulle Kaiser Karls IV. von 1356 die Wahl endgültig geregelt wurde. Wahlort war fortan stets Frankfurt. Innerhalb von vier Monaten nach Sedisvakanz sollte dort die Wahl stattfinden.

Die Kurlande waren nach der Goldenen Bulle unteilbar, mit dem Erbfolgerecht der Primogenitur. Die Kurfürsten haben die unbedingten Privilegien de non evocando (→Evokation) und de non appellando, die Befreiung von der Zuständigkeit der Reichsgerichte bei Klagen ihrer Untertanen für ihre sämtl. Besitzungen, außerdem die Regalrechte. Erststimmrecht hat der Kurfürst von Trier, Letztstimmrecht der Kurfürst von Mainz, der damit bei Stimmengleichheit den Ausschlag gibt, die Stimmen abfragt und das Ergebnis verkündet. Seit 1489 besteht ihnen Reichstag als erste Kurie ein bes. K.

Durch Kurvereine und Wahlkapitulationen, vor allem aber durch ihre polit. Macht bestimmen die Kurfürsten die Politik des Reiches entscheidend. Die Reformation brachte die konfessionelle Spaltung des K. Karl V. übertrug nach dem Sieg über die Schmalkaldener

(→Schmalkaldischer Bund) bei Mühlberg die sächs. Kur von den Ernestinern an den Albertiner Moritz (→Wittenberger Kapitulation; kaiserl. Belehnung 4. 6. 1547).

Im 16.–18. Jh. änderte sich die Zusammensetzung des K. 1622/1623/1628 fiel die pfälzische Kur, das Erzamt und das Reichsvikariat nach der Ächtung Friedrichs V. von der Pfalz, des Winterkönigs, durch Übertragung an Herzog Maximilian I. von Bayern. 1648 erhielt die Pfalz eine neue achte Kur. Mit dem Aussterben der bayer. Wittelsbacher sollte sie erlöschen und damit die Siebenzahl wiederhergestellt werden. 1777 kamen mit dem Regierungsantritt des Pfälzer Kurfürsten Karl Theodor in Bayern beide Kurwürden zusammen. Für das im letzten Drittel des 17. Jh. zu einem der mächtigsten Fürstengeschlechter emporgestiegene Haus Braunschweig-Lüneburg wurde 1692 bzw. 1709 eine neunte Kurwürde (= Hannover) geschaffen, für Böhmen die Readmission der seit dem SpätMA ruhenden Kur durchgesetzt. Die Friedensschlüsse von Rastatt und Baden bestimmten die Wiederaufnahme ins K. von Bayern und Köln, die während des Spanischen Erbfolgekrieges (1706) in die Reichsacht erklärt worden waren. Der Friede von Lunéville (1801) und der Reichsdeputationshauptschluß (1803) brachten eine kurzfristig einschneidende, gegen die reichspatriot. geistl. Kurfürsten gerichtete Veränderung des Kurkollegs. Kurköln und Kurtrier gingen unter, die Mainzer Kur wurde für die Kurerzkanzler Karl Theodor von Dalberg nach Regensburg transferiert, und für Salzburg – sein Kurrecht wurde 1805 mit dem neuerrichteten Herzogtum Würzburg verbunden –, für den Markgrafen von Baden, den Herzog von Württemberg, die Landgrafen von Hessen-Kassel wurden vier neue Kurwürden geschaffen.

Mit dem Untergang des Reiches und der Auflösung des Reichstages (1806) verschwand auch das K. Der Titel blieb nur bei Kurhessen bis 1866.

Das Direktorium des K. hatte Kurmainz, es berief die Wahl ein, führte das Protokoll, gab seine Stimme zuletzt ab und verfaßte das Conclusum.

Die bes. Insignien der Kurfürsten waren roter hermelinbesetzter Kurmantel, Kurhut und Schwert.

LIT. HWDRG II, 1277–90; M. Krammer, Quellen zur Geschichte der dt. Königswahl und des K. 2 Bde. (1911–13); ders., Das K. von seinen Anfängen bis zum Zusammenschluß im Rhenser Kurverein des Jahres 1338 (1913); M. Buchner, Die Entstehung der Erzämter und die Beziehung zum Werden des K. (1931); ders., Kaiser und Königsmacher, Hauptwähler und Kurfürsten. In: HJB 55 (1935); U. Kühne, Geschichte der böhm. Kur in den Jahrhunderten nach der Goldenen Bulle. In: Archiv für Urkundenforschung 10 (1928) 1–110; H. Mitteis, Die dt. Königswahl und ihre Rechtsgrundlagen bis zur Goldenen Bulle (1949); M. Lintzel, Die Entstehung des K. (1952); F. von Esebeck, Die Begründung der hannoverschen Kurwürde. In: Quellen und Darstellungen zur Geschichte Niedersachsens 43 (1935); G. Schnath, Geschichte Hannovers im Zeitalter der neunten Kur und der engl. Succession 1674 bis 1714, Bd. I (1674–1692) (1938); C. Schwarte, Die neunte Kur und Braunschweig-Wolfenbüttel (1905); W. Becker, Der Kurfürstenrat (1973); H. Conrad, DRG I (1962); II (1966); D. Albrecht, Der Hl. Stuhl und die Kurübertragung von 1623. In: Quellen und Forschungen aus ital. Archiven und Bibliotheken 34 (1954), 236–49; C. C. Bailey, The Formation of German College of Electors in Mid-13th Century (1949).

Kuriale (littera Romana). Aus der jüngeren röm. Kursive entwickelte Gebrauchsschrift der päpstl. Kanzlei (Cancellaria Apostolica) und der stadtröm. Notare. Volle Ausbildung vom Beginn des 9. Jh. bis ins späte 10. Jh., dann Verfall, seit ca. 1123 zugunsten einer Kurialminuskel aufgegeben; ältestes Original in röm. Kuriale 788, letztes 1123. Die K. betont die Kreisförmigkeit der Buchstaben, in der Spätzeit oft schwer lesbar.

LIT. P. Rabikauskas, Die röm. K. in der päpstl. Kanzlei (1958); Clavis mediaevalis 141.

Kuriatstimme (abgeleitet von lat. curia, Kurie, Versammlung). Die Stimme, die von einer Kurie auf dem Reichstag oder bei Landtagen nur geschlossen abgegeben wird. Gegensatz: Virilstimme. Die einfachen Prälaten, eingeteilt in die rhein. und schwäb. Prälatenbank, hatten z. B. auf dem Reichstag nur K., ebenso die nach 1582 gefürsteten Grafen.

Kurie (lat. curia).
[1] Gliederungseinheit der röm. Bürgerschaft, im 5. Jh. durch tribus ersetzt. Dann auch Versammlungsort des Senats, bis 52 v. Chr. meist in der curia Hostilia, dann in der curia Julia.
[2] Gerichtshof oder eine andere Behörde bzw. deren Sitz.
[3] Im Röm.-Dt. Reich auf den Reichstagen die gesondert beratenden Vertretungen der Kurfürsten (→Kurfürstenkolleg), Fürsten und Städte.
[4] Bischöfl. Kurie: Versammlung von Klerikern um den Bischof, bischöfl. Verwaltungsbehörde bzw. -gebäude; →Ordinariat.
[5] Römische Kurie: Curia Romana. Seit dem Ende des 11. Jh. Bez. für die Gesamtheit der Zentralbehörden und obersten Gerichte, deren sich der Papst bei der Regierung der Kirche bedient. Zur K. gehören
a) 11 Kardinalskongregationen: Verwaltungsbehörden für bestimmte Aufgabenbereiche;
b) die drei obersten Gerichtshöfe, nämlich die Pönitentiarie, die Rota Romana, die Signatura Apostolica.
c) fünf Ämter: 1. Cancellaria Apostolica, seit 370 zur Expedition der päpstl. Erlasse und Bullen, die im Auftrag des Papstes oder der Congregatio Consistorialis insbes. über Errichtung von Kirchenprovinzen, Bistümern, Kapiteln, Ernennung von Bischöfen ergehen.
2. Dataria Apostolica (→Datar), seit dem 14. Jh., unter dem Kardinaldatar für die vom Papst zu vergebenden Benefizien, die nicht in die Zuständigkeit der Konsistorialkongregation gehören.
3. Camera Apostolica (seit dem 11. Jh.): oberste Finanzbehörde.
4. Secretaria Status: Staatssekretariat (seit dem 15./16. Jh.) unter dem Kardinalstaatssekretär für die kirchenpolit. Fragen und den diplomat. Verkehr und für die Expedition der päpstl. Breven unter dem Brevenkanzler.
5. Secretaria Brevium ad Principes et Epistolarum latinarum (seit 678): Sekretariat für Breven und Briefe, unter dem Brevensekretär zuständig für Breven und Briefe an Fürsten.
LIT. W. Hofmann, Forschungen zur Geschichte der kurialen Behörden. 2 Bde. (1914); LThK VI (1961), 692ff.; K. Jordan, Die Entstehung der röm. K. (1963).

Kurier (lat. currere, franz. courir, laufen). Gegen 1200 Bez. einer Figur im Schachspiel (Läufer), im 16. Jh. für Eilboten, dann im engeren Sinne Bez. für Boten im diplomat. Verkehr, der frei von Zoll- und Polizeibehörden Nachrichten überbringen kann.
Kurrheinischer Bund. Versuch der rhein. Kurfürsten unter Führung des Kurfürsten-Erzbischof Johann Philipp von Mainz auf föderativem Weg Schutz gegen innere und äußere Gefahren zu schaffen (21. 3. 1651). Die Defensivallianz zwischen Kurköln, Kurtrier, Kurpfalz, dem Fürstbischof von Münster und dem Pfalzgrafen von Neuburg (15. 12. 1654) verfolgte ähnl. Ziele und wurde 1654 mit dem K. B. verschmolzen. Nur in einem sehr begrenzten Sinn kann der K. B. als Vorstufe des Rheinbundes gelten.
Kuß (von irokelt. bus = Lippe, Mund). Ein altes, bei den meisten Völkern verbreitetes Zeichen der Verehrung, der Freundschaft und der Liebe durch das Berühren eines Menschen (Mund-, Hand-, Fuß-K.) oder von Dingen, z. B. eines Kultgegenstandes, mit den Lippen. Als Zeremonie der Verehrung sowohl gegenüber Personen als auch Sachen hat sich der K. im religiösen Leben erhalten. So kennt die kath. Kirche den K. in der Liturgie, u. a. bei Meßfeiern.
Während des MA kam dem K. zur Bekräftigung eines Versprechens oder eines Vertrags auch symbolische Bedeutung zu. Als Zeichen der Falschheit gilt der Judas-K.
LIT. J. Grimm, Rechtsaltertümer, 2 Bde. (⁴1899); W. Wünsche, Der K. in der Bibel, Talmud und Midrasch (1911); A. Zimmermann (Hrsg.), Der Begriff der Repräsentation im MA. Stellvertretung, Symbole, Zeichen, Bild (1972); D. de Chapeaurouge, Einführung in die Geschichte der christl. Symbole (1984).
Kustodie.
[1] Liturgisches Gefäß.
[2] Gliederung des Franziskanerordens, an deren Spitze ein Kustos steht, Unterabteilung einer Provinz, seit 1918 Kommissariat genannt.
Kustos.
[1] Offizial eines Dom- oder Stiftskapitels, bis zum 13. Jh. bisweilen auch der Seelsorger an der Kapitelskirche. Das Amt des K. ist gewöhnlich Kanonikat.

[2] Wissenschaftl. Beamter an Museen u. dgl., auch Kustode genannt.

[3] Vorsteher einer Kustodie, Offizial einer Franziskanerprovinz.

Kütschük-Kainardschi, Friede von (21. 7. 1774). Der in dem russ. Lager bei dem Dorf Kütschük-Kainardschi abgeschlossene Friede beendet den russ.-türk. Krieg 1768–74. Der Friede bestimmt folgendes:
a) Die Krim wird von der Türkei unabhängig.
b) Die Festungen des Asowschen Meeres, Asow, Kertsch und Jenikale sowie die Mündungsgebiete des Don, Bug und Dnjepr werden russisch; das Schwarze und Ägäische Meer werden den russ. Handelsschiffen geöffnet.
c) Die russ. Eroberungen in der Moldau und Walachei werden an die Türkei zurückgegeben, doch muß diese dort Amnestie und Religionsfreiheit zugestehen, dem russ. Handel Schutz gewähren und eine erhebl. Kriegsentschädigung zahlen. Das weite und spärlich besiedelte Gebiet an der Schwarzmeerküste ist damit für Rußland gesichert, die tatarische Gefahr beseitigt und Rußland eine Art Schutzrecht für die christl. Untertanen in der Türkei zuerkannt.

Kutte (mlat. cotta). Mönchsgewand, bis auf die Füße reichend, mit Kapuze.

Kux. Bergwerksanteil, wird seit dem SpätMA gehandelt.

Kyrie, Kyrie eleison (griech., Herr erbarme dich). Huldigungs- und Bittgebet, bereits im frühesten Christentum nachweisbar, in der kath. Kirche zu Anfang der Messe gesungen. Eine Abkürzung ist die Form Kyrieleis. Aus ihr haben sich die ältesten Formen des deutschen geistl. Liedes, die Leisen, entwikkelt (Ludwigslied, Petruslied, 9. Jh.). In den großen Seelen- und Totenmessen von Mozart, Verdi, Berlioz künstlerisch gestaltet.

kyrillische Schrift, Kyrillika, Kyrilliza. Dem Slawenapostel Kyrillos zugeschriebene und nach ihm benannte kirchenslawische Schrift, die seit dem 10. Jh. die Glagolitische Schrift verdrängte. Die k. S. ist aus der griech. Majuskelschrift entwickelt und den bes. phonet. Besonderheiten des Slawischen angepaßt. Sie ist zusammen mit der griech. Schrift die Schrift des griech. Orthodoxismus, der sich damit von dem röm. Katholizismus und Protestantismus (lat. Schrift) abhebt. Unter Zar Peter d. Gr. wurde die k. S. in Rußland vereinfacht zur russ. Schrift.

Kyzikener. Bez. für Elektronmünzen in versch. Gewichten, die vom 6.–4. Jh. v. Chr. in den Griechenstädten Kleinasiens geprägt wurden. Der von der Stadt Kyzikos geprägte Stater von rd. 16 g war bis auf Alexander d. Gr. (reg. 336–32) die beliebteste Großmünze der griech. Welt. Auf den K. finden sich Bilder von Gottheiten, Tieren und Fabelwesen, ebenfalls Kopien großer Kunstwerke sowie Darstellungen unbekannter Privatpersonen. Auf der Rückseite befindet sich stets das →Quadratum incusum.

Auf den Kyzikenern ist der Name der Stadt, in der sie geprägt wurden, nicht verzeichnet.

Labadisten. Eine calvinist.-pietistische Sekte, die von dem franz. Theologen Jean de Labadie (1610–74), der von 1625–39 Jesuit war und 1650 zur ref. Kirche übertrat, gegründet wurde. Die L. hielten sich bis zu Anfang des 18. Jh.

LIT. P. Balsenq, Labadie et le Labadisme (Paris 1908); G. Oorthuys, Zwingli, de Labadie, Kohlbrugge (Wageningen 1935); M. Queckbörner, Ph. J. Speners Reformtätigkeit in Frankfurt a. M. unter besonderer Berücksichtigung seines Verhältnisses zu Jean de Labadie (Diss. Mainz 1960).

Labarum (lat., von griech. labaron). Kreuzesfahne, von Konstantin d. Gr. (reg. 306–37) eingeführt auf Grund einer Vision, die er vor der Schlacht am Tiber (312) hatte. Erst 324 voll ausgebildet, blieb das L. Feldzeichen bis in die spätbyzantin. Zeit. Das Christusmonogramm, auf einem an einer Querstange befestigten Tuch angebracht, war eingerahmt von einem aus Gold und Edelsteinen geflochtenen Kranz.

LIT. J. Vogt, Constantin d. Gr. (1949); R. Egger, in: Sitzungsberichte der Österreichischen Akademie der Wissensch., Philosoph.-histor. Klasse, 234. Bd. (1960).

Labour Party (engl. Arbeitspartei).
[1] Großbritannien: Die L. P. Großbritanniens geht auf das Bemühen der Gewerkschaften zurück, Männer ihres Vertrauens als Abgeordnete ins Unterhaus zu bringen, um hier innerh. der liberalen Partei die sozialreformer. Gruppe zu unterstützen. Diesem Zweck dienten sowohl die 1869 gegr. Labour Representation League (1874 mit 2 Abgeordneten) als auch das 1886 gegr. Labour Electoral Committee des Gewerkschaftskongresses; letzteres wurde 1887 durch die Labour Electoral Association ersetzt. Die 1893 durch J. Keir Hardie (1856–1915) und J. R. MacDonald (1866–1937) organisierte Independent Labour Party trachtete, die Gewerkschaften für eine selbständige Parteibildung zu gewinnen. Diese Absicht konnte 1899 verwirklicht werden; am 27. 2. 1900 wurde von den Gewerkschaften, der Independent Labour Party, der Social Democratic Federation und der Fabian Society das Labour Representation Committee gegründet. Nach den Wahlen von 1906 änderte es seinen Namen in L. P. um. Die marxist. eingestellte Social Democratic Federa-

tion war bereits 1901 wieder ausgeschieden, während die Gewerkschaften eine mißtrauische Zurückhaltung gegenüber der neuen Partei an den Tag legten. Bis 1914 unterstützten die Labour-Abgeordneten die Liberalen, deren Wahlprogramm sich kaum von dem der L. P. unterschied: Freihandel, Sozialreform und Gewerkschaftsgesetzgebung bildeten die Hauptpunkte. Der Kriegsausbruch 1914 führte zu einer Spaltung der Partei. Die neue Independent L. P. war pazifist. eingestellt. MacDonald schied mit ihr (als Vorsitzender der L. P.) aus, A. Henderson (1865–1935) wurde sein Nachfolger. In der Koalitionsregierung von 1915 wurde Henderson der erste Kabinettsminister, den eine L. P. stellte.

Der Aufschwung der L. P. setzte 1918 ein. Das Wahlprogramm ›Labour and the New Order‹, von Sidney Webb (1859–1947) entworfen, legte die Partei auf eine schrittweise Entwicklung zum Sozialismus fest. Bei den Wahlen vom November 1918 wurde die L. P. mit 57 Abgeordneten zum erstenmal offizielle Opposition, da die Liberalen zersplittert waren. Nach den Wahlen von 1923 wurde die L. P., die nunmehr über 191 Mandate verfügte, mit der Regierungsbildung betraut.

Im Zweiten Weltkrieg bewährte sich die L. P. als nationale Partei. Sie trug nicht nur zum Sturz N. Chamberlains (1869–1940) im Mai 1940 entscheidend bei, sondern beteiligte sich auch mit ihren fähigsten Repräsentanten (Attlee, Bevan, Morrison, Dalton, A. V. Alexander und Cripps) an der von W. Churchill (1874–1965) gebildeten Koalitionsregierung.

Die Wahlen vom Juli 1945 brachten einen Sieg der L. P. Hauptpunkte ihres Wahlprogramms waren die Verstaatlichung von Kohle, Elektrizität, Eisen und Stahl, des Verkehrs (die Schiffahrt ausgeschlossen) sowie der Bank von England. Das Verstaatlichungsprogramm wurde mit der absoluten Mehrheit von 395 Abgeordneten durchgeführt. Die Wirtschafts- und Finanzpolitik sowie die behördl. Bevormundung führten zu einer Entfremdung des Mittelstandes. Infolgedessen gingen die Wahlen vom Oktober 1951 verloren. 1964 konnte Wilson mit äußerst knapper Mehrheit die Wahlen gewinnen. Bei den deshalb 1965 angesetzten Neuwahlen erreichte die L. P. einen überwälti-

Lade

genden Sieg gegenüber den Konservativen. Wilson stand von 1964 bis 1970 einem Labour-Kabinett vor, das mehr oder weniger erfolgreich versuchte, die Wirtschafts- und Finanzschwierigkeiten des Landes zu lösen. Die L. P. ist, im Gegensatz zu den kontinentalen Arbeiterparteien, von marxistischen Einflüssen frei geblieben. Sie' hat keine Parteitheorie entwickelt, wiewohl Einflüsse der Fabian Society in den Wahlprogrammen zu registrieren sind. Die nordengl., schott. und walis. Gewerkschaften mit ihrer freikirchl. Einstellung bildeten von jeher den Grundstock der L. P., während der Zusammenbruch der Liberalen Partei ihr den radikalen, freihändlerischen und intellektualist. Flügel des Bürgertums zuführte. Nach wie vor hat die L. P. ihre Hauptstütze in der städt. Arbeiterschaft, in Schottland und Wales sowie unter den Freikirchlern und Katholiken, obwohl der Labour-Politiker H. Morrison (1888–1965) sich um die engl.-anglikan. Schicht der Angestellten und Kleinkaufleute bemühte.
[2] Allen Arbeiterparteien des Commonwealth ist mit der L. P. die nichtmarxistische Einstellung gemeinsam. Ein theoretisches Parteiprogramm fehlt, auch kommen sie nicht vom radikalen sozialreformerischen Liberalismus her. Die Arbeiterparteien Australiens und Neuseelands haben seit etwa 1900 wiederholt die Regierung gebildet. Sie zeichneten sich aus durch eine fortschrittl. Sozialgesetzgebung, Schutzzollpolitik, militanten Imperialismus, Ablehnung nichtengl. Einwanderer sowie einen Staatssozialismus. In Kanada nimmt die Stellung der L. P. die Cooperative Commonwealth Federation ein. Bedeutungslos ist die L. P. in den übrigen selbständigen Mitgliedstaaten des Commonwealth.
LIT. G. D. Cole, British Working-Class Politics 1832–1914 (1941); H. Tracey (Hrsg.), The British L. P., 3 Bde. (1948); H. Pelling, The Origins of the L. P. 1880–1900 (1954); F. Bealey und H. Pelling, Labour and Politics 1900–1906 (1958); M. Beer, A History of British Socialism. 2 Bde. (1929); F. Williams, Socialist Britain (N. Y,. 1949); E. Wertheimer, Das Antlitz der brit. Arbeiterpartei (1929); R. T. McKenzie, British Political Parties (London 1964); C, F. Brand, The British L. P. (ebd. 1966); C. N. Parkinson, Left Luggage.

From Marx to Wilson (ebd. 1967); J. Bulmer-Thomas, The Growth of British Party System. 2 Bde. (^{2}1967); H. Pelling, A Short History of the Labour Party (London 1968).
Lade (mhd., Brett). Schrank, bzw. Truhe, in der Urkunden und Gegenstände des Vermögens aufbewahrt wurden, vor allem einer Zunft.
Ladenherr, Ladenmeister. Zunftmeister; er besaß die Aufsicht über eine Lade.
Lady (von angelsächs. hlæfdige, Brotherrin [?]) Zunächst Titel der engl. Königin sowie der königl. Prinzessinnen; sodann Anrede für die Gattin des Peers bzw. für die Töchter von Peers (einschließlich Vornamen). Heute werden nicht nur sämtl. adeligen Frauen, sondern Frauen aller Stände Englands mit L. angeredet (wenn auch L. heute nicht mehr als persönliche Anrede gebraucht wird).
Laeti (von westgerman. latan, freilassen). Bez. für röm. Kolonisten, die sich aus Angehörigen der Armee rekrutierten; seit dem 2. Jh. n. Chr. siedelten sie in Gallien. Bei den L. handelte es sich in der Hauptsache um kriegsgefangene oder freiwillig zugewanderte Germanen; ihnen oblag die Straßensicherung an bedeutenden Punkten; befehligt wurden sie von Präfekten. Die Rechtsstellung der L. entsprach in etwa der der german. Liten (→Lassen).
Lagting. Das vom Storting gewählte Oberhaus Norwegens.
La Hogue. Bucht an der französ. Halbinsel Cotentin. In der Seeschlacht von L. H. (29. 5.–3. 6. 1692) schlug die engl.-holländ. die französ. Flotte. Dadurch wurde eine Landung französ. Truppen in England verhindert.
LIT. G. Toudouze. La bataille de L. H. 29 Mai 1692 (Paris 1899); G. de Raulin, La Légende de L. H. (ebd. 1941).
Laibacher Kongreß (26. 1. bis 12. 5. 1821). Unter dem Einfluß Metternichs (1773–1859) beschloß er (mit den Stimmen der teilnehmenden europ. Staaten) den Grundsatz der Intervention. Österreich erhielt dadurch die Rechtfertigung zur Niederwerfung der Aufstände in Neapel-Sizilien und Piemont.
Laie (griech. laos, Volk; laikos, zum Volk gehörig). Zunächst die nicht zum Klerus Zählenden, sodann die Nicht-Fachleute, die Ungelehrten. Nach kath. Kirchenrecht, aber auch weitgehend in

der orthodoxen Kirche, basiert die Scheidung von Klerikern und Laien auf dem göttl. Kirchenrecht. Den Unterschied zw. Laien und Klerikern bewirkt die Weihe. Von dieser Unterscheidung her entwickelten sich Ämter und Begriffe wie Laienabt, Laienaltar (in Stifts- und Klosterkirchen, an denen Gottesdienste für die Laien stattfanden) oder Laienbeichte (in der Ostkirche die Beichte bei einem Mönch, der dort auch ohne Weihe als Geistträger betrachtet wird; in der Lateinischen Kirche die Beichte bei einem Nicht-Priester). Die Laienbeichte, vom 8. bis 14. Jh. in Übung, verschwand mit der Anerkennung der Beichte als Sakrament.
LIT. M. de la Bedoyère, Die Würde des L. (dt. 1956); G. Philips, Der L. in der Kirche (dt. 1955); H. Keller und O. von Nell-Breuning, Das Recht der L. in der Kirche (1950); R. Svoboda (Hrsg.), Das Volk Gottes auf den Wegen der Menschheit (1968).

Laienbruder. Der Angehörige einer Bruderschaft, der keine Weihe erhält, sondern nur Profeß ablegt. Seit dem 8. Jh. in die Gebetsverbrüderung einzelner Klöster aufgenommen, erlebten die Bruderschaften vor allem im Hoch- und SpätMA eine große Bedeutung. Heute obliegen den karitativen Laien-Bruderschaften in der kath. Kirche neben religiösen und karitativen Aufgaben manuelle Funktionen. Auch in der prot. Kirche gibt es seit der NZ Laienbruderschaften. Analog zum L. gibt es die Laienschwester.
LIT. W. Stählin, Bruderschaft (1940); R. Schulz, La vie communitaire (1944).

Laienfürst. Ein weltl. Reichsfürst.

Laiengesetze. In Frankreich die seit 1901 erlassenen antiklerikalen Gesetze; 1905 führten sie zur Trennung von Kirche und Staat.

Laienkelch. Kelch zur Darreichung des Abendmahls in der Gestalt des Weins an die Gläubigen (Laien). In der röm. Kirche wurde es seit dem 12./ 13. Jh. meist nur unter der Gestalt des Brotes gespendet (die Kommunion unter beiden Gestalten ist auf den Priester beschränkt). Die Forderung auf den L. wurde wieder durch die Hussiten erhoben; während der Hussitenkriege wurde er den Utraquisten und Kalixtinern durch die Prager Kompaktaten gewährt (30. 11. 1433), 1604 bzw. 1621 jedoch von Rom endgültig verboten. Bei den unierten und schismat. Ostkirchen,

ebenso bei den Protestanten und den Altkatholiken, ist der L. gebräuchlich.

Laienspiegel. Ein von dem Nördlinger Stadtschreiber Ulrich Tengler (um 1440–nach 1511) verfaßtes Rechtsbuch in dt. Sprache; dessen vollständiger Titel lautete: ›L. von rechtmäßigen Ordnungen in bürgerlichen und peinlichen Regimenten‹ (Augsburg 1509). Der L. ist eins der wichtigsten Erzeugnisse der volkstüml. Rechtsliteratur seiner Zeit; er fußt auf Schriften ital. und dt. Rechtsquellen.
LIT. HWDRG II, 1357–61.

laissez faire (frz., laßt machen), auch laissez aller, laissez passer (laßt gehen). Ausdruck für wirtschaftl. Freiheit, der im 18. Jh. aufkam und von den Physiokraten sowie den sozialökonom. Klassikern zur Kennzeichnung ihres wirtschaftspolit. Programms verwendet wurde. Demzufolge gedeiht die Wirtschaft am besten, wenn der Staat sich nicht in sie einmischt. Das Schlagwort wurde zum Sinnbild des radikalen Liberalismus.

Laizismus.
[1] Die Ablehnung des Einflusses der Kirche auf den staatl. Bereich, d. h., daß die Selbständigkeit des Staates gegenüber der Kirche akzentuiert und eine eindeutige Trennung zw. Kirche und Staat gefordert wird. Der L. fand in der franz. École laïque (Schulgesetz vom 30. 10. 1886) seinen klassischen Ausdruck.
[2] Eine Weltanschauung, die auf das Diesseits bezogen ist und eine auf ein Jenseits bezogene nicht gelten läßt.
LIT. S. Grundmann, in: Kirche und Staat, Festschr. ..., hrsg. von K. Aland und W. Schneemelcher (1967).

Lale(n)buch (Narrenbuch). Eine Sammlung von Schildbürgerstreichen, die einzelnen Kleinstädten (so Buxtehude, Schöppenstedt, Schilda) zugeschrieben wurden; sie sind gruppiert um einen Mittelpunkt (Laleburg). 1594 im Elsaß entstanden (Ausg. 1914), erschien die Sammlung seit 1598 unter dem Titel ›Die Schildbürger‹, seit 1603 unter dem Titel ›Grillenvertreiber‹ (vgl. auch Ch. M. Wielands ›Abderiten‹, Gottfried Kellers ›Leute von Seldwyla‹).
LIT. W. Hesse, Das Schicksal des L. in der dt. Literatur (1929); St. Ertz, Aufbau und Sinn des L. (Diss. Köln 1965).

Land. Im Gegensatz zu den Wasserflächen, d. h. Seen und Meeren, sämtliche festen Teile der Erdoberfläche. L.

bzw. auch (im Gegensatz zur Stadt) die von Ackerbauern bewohnten Gebiete. Zudem ist L. die Bez. für den Staat, d. h. ein Gebiet einheitl. Rechts, darüber hinaus für einen innerstaatl. Gebietsteil, so für die Bundesländer in der BRD und Österreich.

Landammann. In einigen Kantonen der Schweiz der Bezirks- und Gemeindevorsteher, sodann der Titel des Regierungschefs der jetzigen oder früheren Landsgemeindekantone (Uri, Schwyz, Ob- und Nidwalden, Zug, Glarus, Appenzell-Außerrhoden und -Innerrhoden sowie der Kantone Aargau und St. Gallen.

Landbischof. Vom 2. bis zum 4. Jh. in der morgenländischen Kirche der Bischof eines Landgebiets; seine Funktionen als selbständiger Amtsträger hörten seit dem ausgehenden 4. Jh. auf; sie gingen an den Stadtbischof über. In mehreren morgenländischen Kirchen hat sich der Titel L. bis heute erhalten.

Landboten (Deputierte). Die Vertreter der Schlachta auf dem polnischen Reichstag, vor allem seit dem 15. Jh.

Landdrost. In Norddtl. ein Verwaltungsbeamter; sein Bezirk entspricht dem Kreis, Oberamt; in Hannover hat er den Rang eines Regierungspräsidenten (→Drost).

Landesausschuß (Landeskollegium). Ständiger Ausschuß eines Landtags in den dt. Ländern während der NZ, so in Schlesien vom 16.–18. Jh. Der L. rekrutierte sich aus den Landesältesten.

Landesbischof. Häufig Titel für den höchsten prot. Geistlichen einer Landeskirche in Dtl.

Landesdirektor. Seit 1875 in Preußen ein gewählter Beamter; er stand einer Provinzialbehörde vor.

Landesfarben (Nationalfarben). Die Farben eines Staates, die in der Nationalflagge verwendet werden, außerdem auf Kokarden, Schärpen, Ordensbändern u. ä.; die L. sind meist dem Landeswappen entnommen.

Landesfreiheiten. Die durch landesherrl. Privilegien geschaffenen Landesrechte in den dt. Territorialstaaten des MA; später die Rechte der Landstände.

Landesgeschichte. Die historische Erforschung von Territorien, Landschaften und Bezirken, d. h. räumlich begrenzter Gebiete. Die L. wird in erster Linie getragen von den – den Universitäten angeschlossenen – Instituten für geschichtliche Landeskunde, den historischen Vereinen und Kommissionen, nicht zuletzt von Einzelpersonen (Lehrer, Pfarrer etc.).

LIT. H. Aubin, Geschichtliche Landeskunde, Anregungen in 4 Vorträgen (1925); L. Petry. In Grenzen unbegrenzt (1961); J. Grolle, L. in der Zeit der dt. Spätaufklärung (1963); K. Blaschke, in: Blätter für dt. L. (1970); K. S. Bader, Ausgewählte Schriften zur Rechts- und Landesgeschichte. 3 Bde. (1983/84); A. Gerlich, Geschichtliche Landeskunde des MA. Genese und Probleme (1986); W. Buchholz (Hrsg.), L. in Dtl. (1998).

Landeshauptmann.
a) In ehem. preuß. Staat: der Leiter der Provinzial-Selbstverwaltung.
b) In Österreich: die oberste Verwaltungsbehörde der Bundesländer.
c) Im Dt. Reich von 1871 der Leiter der Reichsverwaltung in den dt. Schutzgebieten (Kolonien); zunächst nahmen dessen Aufgaben Reichskommissare, später kaiserliche Gouverneure wahr. LIT. HWDRG II, 1381–83.

Landesherr, Landeshoheit, Landesherrlichkeit. Nach heutigem Sprachgebrauch der Inhaber der Landeshoheit (Territorialhoheit. Höchste Gewalt, Obrigkeit, seit dem 15./16. Jh. Souveränität). Der L. bzw. die Landeshoheit entwickelten sich durch Gewohnheitsrecht aus dem fränk. Grafenamt. Ursprünglich hatten die Landesherren aus einzelnen Befugnissen (Grundbesitz, Vogtei-Gerichtsbarkeit, Zoll u. a. →Regalien) ihre Rechte aufgebaut. Nachdem 1180 die herzogl. Gewalt weggefallen war, vermochten die Landesherren ihre Macht in eine echte Landeshoheit umzugestalten; anerkannt wurde sie durch die Gesetze Friedrichs II. (reg. 1215–50): Confoederatio cum principibus ecclesiasticis (1220), Statutum in favorem principum (1231). Ein weiterer Markstein war die Goldene Bulle Karls IV. (reg. 1347–78) von 1356, durch die den Kurfürsten wesentl. Rechte und Privilegien eingeräumt wurden. Allmählich wuchs auch die Selbständigkeit der übrigen Landesherren, die sich auf den Reichstagen zum Fürstenkolleg zusammenschlossen. Die Reichsstädte erwarben schließlich ebenfalls die Landeshoheit. Durch die Auflösung des Dt. Reiches (1806) erhielten die Landesherren ihre volle Souveränität, die auch während der Zeit des Dt. Bundes (1815–66) nicht beeinträchtigt wurde.

Durch den Art. 78 der Dt. Reichsverfassung von 1871 wurde die Souveränität der Landesherren auf »Sonderrechte« beschränkt. Souveränitätsträger waren nunmehr die verbündeten Regierungen in ihrer Gesamtheit. LIT. J. J. Moser, Von der Landeshoheit der dt. Reichsstände (1773); J. Berchthold, Von der Entwicklung der Landeshoheit in Dtl. (1863); H. Spangenberg, Vom Lehnsstaat zum Ständestaat (1912); G. von Below, Territorium und Staat (^{2}1923); O. Brunner, Land und Herrschaft (^{4}1959); W. Schlesinger, Die Entstehung der Landesherrschaft (1941, Nachdr. 1969); K. H. Quirin, Herrschaft und Gemeinde nach mittelalt. Quellen des 12.–18. Jh. (1952); HWDRG II, 1383–88; H. Mitteis und H. Lieberich, Dt. Rechtsgesch. (^{16}1981); W. Brohm, Landeshoheit und Bundesverwaltung (1968); Folker Reichert, Landesherrschaft, Adel und Vogtei. Zur Vorgeschichte des spätma. Ständestaats im Herzogtum Österreich, Beihefte zum AKG 23 (1985).

Landeskirche. Eine Kirche, die in bes. Weise – rechtl. oder geschichtl. – mit einem bestimmten Staat verbunden ist. Die Landeskirchen wurden von den dt. luth. Fürsten im 16. Jh. (gegen Luthers Willen) eingerichtet. Das Prinzip des cuius regio, eius religio konnte, bedingt durch die Ergebnisse des Dreißigjährigen Krieges (→Normaljahr 1624) sowie des Absolutismus bzw. seiner Toleranzidee, nicht durchgesetzt werden. Es gibt heute luth., ref. und unierte Landeskirchen. Die Kirchen- und Staatsgrenzen stimmen seit den Länderneugliederungen von 1945 nicht mehr in allen Fällen überein (nicht vergleichbar ist die L. mit der →Eigenkirche). LIT. M. Brecht u. a. (Hrsg.), Pietismus und Neuzeit. Ein Jahrbuch zur Geschichte des neueren Protestantismus. Bd. 6: Landesherr und Landeskirchentum im 17. Jh. (1981); H. W. Krummwiede, Zur Entstehung des landesherrlichen Kirchenregiments ... (1967).

Landesrat. Bez. für ein Mitglied der Landesregierung in den Österreich. Bundesländern.

Landesrecht, Partikularrecht. In Dtl. und in Österreich das Recht der Länder (es ist im Unterschied zum Reichs- oder Bundesrecht zu sehen). Nach Art. 13 der Weimarer Reichsverfassung galt der Satz: »Reichsrecht bricht Landrecht«: ihm entspricht Art. 31 des GG: »Bundesrecht bricht L.« Demzufolge sind Landesgesetze mit bundesrechtswidrigem Charakter nichtig. In Österreich sind bundesrechtswidrige Gesetze so lange wirksam, bis sie (z.B. durch Erkenntnis des Verfassungsgerichtshofs) aufgehoben werden.

Landesregierung.
[1] Nach 1945 in den Ländern der BRD das mit den Regierungsgeschäften beauftragte höchste Kollegial-Organ (Ministerien, Staatskanzlei, auch das Kabinett).
[2] Seit 1851 die Regierung in den österr. Kronländern; in den österreich. Bundesländern besteht die L. aus dem Landeshauptmann, dessen Stellvertreter sowie den Landesräten (in Wien entspricht der Stadtsenat dem Landesrat). LIT. F. Koja, Das Verfassungsrecht der österreich. Bundesländer (1967).

Landesschützen. In Österreich-Ungarn bis 1918 die Gebirgstruppe der kaiserlich-königlichen österr. Landwehr.

Landesstatthalter.
[1] In Österreich (Vorarlberg) der Stellvertreter des Landeshauptmanns.
[2] In verschiedenen Kantonen der Schweiz, vor allem in Landsgemeinde-Kantonen, der Vizepräsident der Regierung.

Landesvater.
[1] Zunächst Ehrentitel der röm. Republik (pater patriae, Vater des Vaterlandes); er fand auch Eingang in die röm. Kaisertitulatur.
[2] Bez. für den Landesherrn in patriarchalischen Sinn.

Landesverrat. Im Gegensatz zum Hochverrat umfaßt der L. Straftaten, die gegen die äußere Sicherheit und Machtstellung des Staates (im Verhältnis zu anderen Staaten) gerichtet sind. L. wird verübt a) durch Preisgabe eines Geheimnisses an fremde Staaten, dessen Wahrung im Interesse des eigenen Staates geboten erscheint, b) durch Verfälschung, Vernichtung oder Entwendung von Urkunden und Beweismitteln über die Rechtsverhältnisse zu einem ausländischen Staat, soweit dadurch nationale Interessen gefährdet werden, c) durch Unterhandlungen mit ausländischen Regierungen als nationaler Bevollmächtigter zum Nachteil des eigenen Staates. LIT. G. Ruge (Hrsg.), L. und Pressefreiheit (1963); G. Stratenwerth, Publizist. L. (1965); A. Arndt, L. (1966).

Landesversammlung. Nach 1918 in Dtl. die verfassunggebenden Volksvertretungen in einigen Ländern (Preußen, Württemberg, Oldenburg); in verschiedenen dt. Ländern nach 1945 entsprechende Einrichtungen.

Landflucht. Vor allem im 19. Jh. der Berufswechsel aus einem landwirtschaftl. in einen industriellen Beruf; sie wurde ausgelöst insbes. durch die Bauernbefreiung von 1807 und die industrielle Revolution. Ursachen für die L. sind u. a. ländl. Geburtenüberschüsse, das Streben nach einem einträglicheren Beruf, um eine eigene Familie gründen zu können, sowie die Gesindeverfassung, derzufolge ledige Kräfte bevorzugt beschäftigt werden.
LIT. F. Dovring, Land and Labour in Europe 1900–50 (London 1960).

Landfolge, Landesaufgebot, Landwehr (mhd. lantwer). Seit der fränk. Zeit bis zum Ende des alten Reiches (1806) die Pflicht der Landbewohner zur Heeresfolge, Verfolgung von Friedensbrechern sowie zur Hilfeleistung bei allg. Notzuständen wie Überschwemmungen und Deichbrüchen. Die Landfolge hat sich im Recht der Behörden zum Aufgebot der Bevölkerung in Notfällen (Wassernot, Feuernot, Seenot) erhalten. Eine Fortsetzung der alten L. stellt die allg. Wehrpflicht seit dem 19. Jh. dar.

Landfrieden. Vom 11. Jh. bis 1806 im Dt. Reich Bez. für diejenigen Gesetze, die dem Schutz des öffentl. Friedens durch Verbot oder Einschränkung der Fehden sowie anderer gewaltsamer Selbsthilfe dienten (constitutiones pacis). Die L. enthielten entweder ein gänzliches Fehdeverbot oder machten die Ausübung des Fehderechts von bes. Voraussetzungen, vor allem einer rechtzeitigen förml. Ankündigung der Fehde, abhängig. Gefährdung und Verletzung des öffentl. Friedens wurden mit peinlicher (d. h. mit an Leib und Leben gehender) Strafe bedroht. Schutzbedürftige Gegenstände (z. B. Kirchen, Wohnhäuser, Mühlen, Ackergerät auf dem Felde, Königsstraßen) und Personen (Geistliche, Frauen, reisende Kaufleute, daneben Bauern, Jäger und Fischer in Ausübung ihres Berufs) wurden unter Schutz gestellt. Die L. galten jeweils für eine bestimmte Zeit; sie schufen eine Art Standrecht und Sondergericht (Landfriedensgerichte). Die ältesten L. wurden für einzelne Landschaften (Provinzial-L.), der älteste Reichs-L. im Jahre 1103 unter Heinrich IV. (reg. 1056–1106) erlassen. Unter den L. war der bekannteste der Mainzer Reichs-L. Friedrichs II. (reg. 1215–50) von 1235, übrigens das erste in dt. Sprache verfaßte Reichsgesetz. 1495 verkündete Kaiser Maximilian I. (reg. 1493–1519) auf dem Wormser Reichstag den Ewigen L., der das Fehderecht im gesamten Dt. Reich endgültig beseitigte. Die Reichs-L. stellen den Versuch dar, eine moderne Gesetzgebung zu erreichen.
LIT. HWDRG II 1451–85; C. von Schwerin und H. Thieme, Grundzüge der dt. Rechtsgeschichte (⁴1950); J. Gernhuber, Die L.bewegung in Dtl. bis zum Mainzer Reichslandfrieden von 1235 (1952); H. Mitteis, Der Staat des hohen MA (⁷1962); ders., DRG (¹⁶1981); A. Gerlich, Studien zur L.politik König Rudolfs von Habsburg (1963); H. Angermeier, Königtum und L. im dt. SpätMA (1966); A. Buschmann/E. Wadle (Hrsg.), L. – Anspruch u. Wirklichkeit (2001).

Landgericht (mlat. cometia). Im frühen MA das Grafending; nach und nach erfolgte seine Verdrängung aus der hohen Gerichtsbarkeit durch das Zentgericht, ein niederes L.; längeren Bestand hatte es lediglich in Südwestdeutschland als kaiserliches L., hier wurde seine Zuständigkeit seit dem HochMA auf die Standesgerichtsbarkeit und in zunehmendem Maße auf Zivilsachen beschränkt.

Landgraf (lat. Comes patriae, Comes provincialis). Im Dt. Reich vom 12. Jh. – 1806 der an der Spitze einer Landgrafschaft stehende Amtsträger. Die Landgrafschaften wurden seit dem 12. Jh. als Verwaltungsgebiete geschaffen, die dem König unmittelbar unterstellt waren, um den Stammesgewalten gegenüber die königl. Gewalt zu festigen. In Südwestdtl. (Ober- und Unterelsaß, Breisgau, Albgau, Linzgau, Thurgau, Aargau) deckte sich ihr Gebiet im wesentl. mit dem der ehem. fränk. Grafschaften. Hingegen scheint sich das Amt des L. in Thüringen nicht aus der Grafschaft, sondern aus dem Vorsitz auf den Landfriedenstagen entwickelt zu haben; im Jahre 1247 ging es auf die Markgrafen von Meißen (Haus Wettin) über. Die Allodialerben der alten thüring. Landgrafen lehnten den Titel L. von Hessen an. Die Landgrafen in der Baar, Stühlingen, Nellenburg, Leuchtenberg waren ihren Befug-

Landrecht

niesen nach nur einfache Grafen. Im 19. Jh. wurde der Titel L. nur noch vom Landesherrn von Hessen-Homburg (bis 1866) geführt. Die ehem. Landgrafen erlangten Rangerhöhungen. LIT. HWDRG II, 1501–05; W. Franck, Die Landgrafschaften des Hl. Römischen Reiches (1873); Th. Mayer, in: ZRG GA 58 (1938); H. Mitteis und H. Lieberich, Dt. Rechtsgeschichte (¹⁹1992).

Landkanzlei. Vor allem im 17. Jh. Bez. für die Kanzlei eines Landesherrn.

Landkapitel. Nach kath. Kirchenrecht die Geistlichkeit eines Landdekanats in ihrer Gesamtheit; das L. ist in den einzelnen Diözesen körperschaftl. organisiert.

Landkasten. Bez. für die Kasse der Landstände.

Landleihe, Grundleihe. Die dingl. Nutzungsrechte an fremdem Land während des MA. Die sog. bäuerliche Leihe, eine Leihe gegen Naturalabgabe, Geld und bäuerl. Dienstleistungen, war gekennzeichnet durch wirtschaftl. Abhängigkeit des Leihegutes von einem grundherrl. Fronhof. Die Landleiheformen des MA wurden größtenteils erst während des 19. Jh. aufgehoben. Gegen Land- oder Geldentschädigung wurde die bäuerl. L. der Leiheherren in freies Volleigentum verwandelt, die Lehen allodifiziert. LIT. H. Planitz, Dt. Privatrecht (³1948).

Landler. Bez. für die Bewohner Oberösterreichs (im Unterschied zu den Innviertlern, die bis 1779 zu Bayern gehörten).

Landleute, Landherren. Der hohe und niedere weltl. Adel im 15. Jh. und danach.

Landmarschall, Landtagsmarschall.
[1] Der Landtagspräsident in altständischen Verfassungen, so bis 1918 in Mecklenburg.
[2] Ein ständisches erbl. Ehrenamt in den alten preuß. Provinzen (Erb-, Landmarschall).
[3] Der Vorsitzende des Landtags und des Landesausschusses in den Kronländern Niederösterreich, Böhmen und Galizien (bis 1918).

Landmeister. Im Dt. Orden der Vertreter des Hochmeisters in einem Gebiet, das von dessen Residenz getrennt war (in Preußen bis 1309 und in Livland bis 1561; in Binnendeutschland: Deutschmeister).

Landnahme. Die Inbesitznahme eines Gebietes durch Besiedlung und Bodenverteilung; die L. erfolgt nach Vertreibung oder Vernichtung der ansässigen Bevölkerung, ebenfalls nach Minderung ihres Rechts. Darüber hinaus kann sie durch Abtretung eines Teils ihres Gebietes erfolgen, wie in Italien beim Eindringen der Ostgoten während der Völkerwanderung (nach 490); gewöhnlich wurde ein Drittel des Gebiets abgetreten.

Landpfleger. Im Alten Testament der Statthalter über einen Landesteil; im Neuen Testament der röm. Prokurator.

Landrat.
[1] In Preußen seit dem 18. Jh. ständische Bezirke (Landstände), die sich einen Ausschuß vor allem zum Zwecke der Steuerverwaltung gewählt hatten. Nach und nach wurden sie staatl. Verwaltungsbezirke und erhielten im Kreistag eine feste Organisation. Erst 1872 wurden die kreisständischen Befugnisse der Rittergüter beseitigt und die Selbstverwaltung in den Kreisen verwirklicht. In anderen dt. Ländern, so in Bayern und Baden, wurden nach preuß. Vorbild ebenfalls Landkreise geschaffen.
[2] In der Schweiz in den Kantonen Uri, Nidwalden, Glarus und Baselland die aus den Abgeordneten des Volkes bestehende gesetzgebende Behörde; in den übrigen Kantonen wird der L. Großer Rat, manchmal auch Kantonsrat oder Staatsrat genannt. LIT. HWDRG II, 1524–27; P. Schoen, Das Recht der Kommunalverbände in Preußen (1897); R. von Bitter, Hwb. der Preuß. Verwaltung. 2 Bde. (³1928); M. von Brauchitsch, Verwaltungsgesetze für Preußen, 7 (¹⁹1930); H. Helfritz, Grundriß des preuß. Kommunalrechts (³1932); G. Ch. von Unruh, Der Kreis, Ursprung und Ordnung einer kommunalen Körperschaft (1964, mit Lit.); W. Stelbrink, Der preußische L. im Nationalsozialismus (1998).

Landrecht.
[1] Während des MA im Unterschied zu den Sonderrechten (Lehn-, Hof- und Dienstrecht) das allg. Recht.
[2] In der NZ die Landesgesetzbücher der dt. Länder; seit dem 1. 1. 1900 haben sie im dt. Bürgerlichen Recht eine Vereinheitlichung erfahren. Am bekanntesten ist das Preußische Allgemeine L. (→ Allgemeines Landrecht) von 1794.

469

Landsassen

LIT. HWDRG II, 1527–35; O. Brunner, Land und Herrschaft (⁴1959); U.-J. Heuer, Allgem. L. und Klassenkampf (Berlin-Ost 1960); R. Koselleck, Preußen zwischen Reform und Revolution (1967).

Landsassen, Landsiedel. Im SpätMA allg. freie Zinsleute; lt. Sachsenspiegel Freie, mit weniger als einer halben Hufe Landbesitz. In der NZ (bis 1806) wurden als landsässig die Untertanen eines Landesherrn bezeichnet, im Gegensatz zu den Reichsunmittelbaren.

Landschaft. Seit dem späten MA bis in die frühe NZ in einem Territorialstaat die Stände in ihrer Gesamtheit; zusammen mit dem Landesherrn bildeten sie das Land.

Landsgemeinde (→Ding, →Volksversammlung, Märzfeld). Bis heute die verfassungsmäßige, normalerweise einmal jährl. unter feierl. Zeremoniell veranstaltete Versammlung der Bürger mit aktivem Wahlrecht eines Schweizer Kantons. Die L. besteht noch in Obwalden, Nidwalden, Glarus, Appenzell-Außerrhoden und -Innerrhoden.
LIT. H. Ryffel, Die schweizer. L. (1904); Z. Giacometti, Das Staatsrecht der schweizer. Kantone (1941); M. Kellenberger, Die L. der schweizerischen Kantone (1965).

Landsknecht. Zunächst ein Gerichtsbote, Gendarm. Seit dem 15. Jh. Bez. für dt. Söldner, die zu Fuß kämpften. Die erste Erwähnung bezieht sich auf Söldner Maximilians I. (reg. 1493–1519). Die L. operierten regimentsweise (10–16 Fähnlein zu je etwa 300 bis 600 Mann) unter einem Feldhauptmann (Obrist). Außer dem Feldhauptmann gehörten zum Regimentsstab der Oberstleutnant als sein Stellvertreter, der Schultheiß (Richter), der Quartier- und Proviantmeister, der Pfennigmeister (Zahlmeister) und der Profos (Polizei). An der Spitze des Fähnleins stand ein Hauptmann, der sich einen Leutnant als Stellvertreter wählte. Das Fähnlein selbst wählte den Feldwebel und die Rottmeister (Unteroffiziere). Ein Angriff wurde eingeleitet durch das Vorgehen des »Verlorenen Haufens«, dem der »Gewalthaufe«, gegliedert in Gevierthaufen, folgte. Die Verteidigungsform war der Igel, der Gevierthaufe mit auswärts gerichteten Spießen. Die L. waren außer mit Spieß und Schwert vereinzelt mit dem großen Schwert (Zweihänder) sowie zunehmend mit Arkebusen bewaffnet. Die L., die als Ersatz für die Schweizer Söldner galten, wurden im späteren 17. Jh. durch die stehenden Heere abgelöst. Berühmte Feldhauptleute: Georg v. Frundsberg (1473–1528) und S. Schärtlin v. Burtenbach (1496–1577).
LIT. E. von Frauenholz, Entwicklungsgeschichte des Heerwesens. Bd. 2: Das Heerwesen des Reiches in der Landsknechtszeit (1937); H. M. Möller, Das Regiment der Landsknechte (1976); F. Blau, Die dt. Landsknechte (1985); R. Baumann, Georg von Frundsberg. Vater der Landsknechte (1984); R. Baumann, L. (1994); G. Quaas, Das Handwerk der L. (1998).

Landstände. Im Territorialstaat des späten MA und der frühen NZ Bez. für a) die Prälaten, b) den landsässigen Adel sowie frühere Ministerialgeschlechter, c) Ämter, d) Städte, in manchen Territorien auch für die Bauern, welche das Land unter Zusammenwirken mit dem Landesherrn regierten; daher auch die Bez. dualist. Ständestaat.
Urspr. gingen die L. aus den Hoftagen der geistl. und weltl. Großen hervor, die lediglich der Beratung dienten. Sie waren rechtsfähige Institutionen und übten in eigenem Namen eigene Rechte aus. Das Steuerbewilligungsrecht stellte das Kernstück der L. zukommenden Befugnisse dar. Darüber hinaus wirkten die L. bei der Gesetzgebung, der Domänenveräußerung und Gebietsabtretung mit; zudem besaßen sie das Recht, über öffentl. Mißstände Beschwerde zu führen. Die L. beanspruchten für sich, bewaffnet gegen den Landesherrn vorzugehen, falls dieser ihre Rechte verletzte. Seit der Reformation, insbes. aber seit dem Zeitalter des Absolutismus, nahmen die Gegensätze zwischen Fürst und Ständen zu, nicht zuletzt infolge des sich steigernden Geldbedarfs am Hofe und für das Heer. In einzelnen Staaten konnte der Adel als Offiziere und Beamte in den Staat integriert werden, so in Preußen; in einigen Territorien hingegen konnte sich die landständ. Verfassung erhalten; in Württemberg und Hannover bis 1805, in Mecklenburg bis 1918.
In den dt. Einzelstaaten der frühkonstitutionellen Zeit (1815–1848) hießen die L. Volksvertretungen; diese (nach Art. 13 der Dt. Bundesakte geschaffenen) landständ. Verfassungen wurden vielfach nach dem Zweikammersystem

gebildet. Anstelle des ständischen trat mehr und mehr das Repräsentationsprinzip, d.h., daß die Abgeordneten nicht mehr die Stellung von Ständevertretern besaßen, sondern von Repräsentanten des gesamten Volkes. Seit 1848 nahmen die L. ausnahmslos die Bez. Kammer oder Landtag an.
LIT. F. W. Unger, Geschichte der dt. L. 2 Bde. (1844); A. Luschin von Ebengreuth, in: HZ 78 (1897); H. Spangenberg, Vom Lehnsstaat zum Ständestaat (1912); K. Kaser, Der dt. Ständestaat (1923); E. Klebel, in: Jb. der Ranke-Ges., 3 (1957); K. von Raumer, in: HZ, 183 (1957); F. L. Carsten, Princes and Parliaments in Germany from the 15th to the 18th Century (Fair Lawn, N. J. 1959); O. Brunner, Land und Herrschaft (⁴1959); F. Hartung, Staatsbildende Kräfte der NZ (1961); ders., Dt. Verfassungsgeschichte vom 15. Jh. bis zur Gegenwart (⁹1969); G. Putschögl, Die landständ. Behördenorganisation in Österreich ob der Enns vom Anfang des 16. bis zur Mitte des 18. Jh. (1978); M. Lanzinner, Fürst, Räte und L. (1980); Chr. Fürbringer, Necessitas und Libertas. Staatsbildung und L. im 17. Jh. in Brandenburg (1985).

Landsting.
[1] Während des MA das landschaftl. Volkstreffen in Skandinavien.
[2] Seit 1849 Bez. für die 1. Kammer des dänischen Reichstags; die Abgeordnetenkammer heißt Folketing.

Landsturm, Landwehr. Das Aufgebot sämtl. Wehrfähigen zur Vaterlandsverteidigung zur einem feindl. Einfall; in beschränktem Umfang erfolgte es in Österreich 1808, in Rußland 1812; in Preußen wurde am 17. 3. 1813 eine Landwehr-Verordnung erlassen. Danach umfaßte das Aufgebot alle männl. Einwohner vom 17.–40. Lebensjahr, soweit sie nicht dem stehenden Heer angehörten. Bereits seit dem 16. Jh. gab es in Österreich und Ungarn eine Verpflichtung zum L. In der Schweiz umfaßt die Landwehr die 33–42jährigen, der Landsturm die 43–50jährigen, die Offiziere bis 55 Jahre.
LIT. HWDRG II, 1585–90.

Landtafel, Landbuch (von lat. tabula terrae).
[1] Im 16. und 17. Jh. Landkarten, so ›Bayerische Landtafeln‹ von P. Apian (Ingolstadt 1568), ›L. von Preußen‹ von C. Henneberger (1576).
[2] Ein in adeligem oder städt. Besitz

befindl. Grundstücksverzeichnis der privilegierten Güter; seit 1309 wurde es in Böhmen, später auch in den habsburg. Ländern geführt. Landtagsbeschlüsse und Gesetze wurden ebenfalls in der L. aufgezeichnet.
LIT. O. Peterka, Rechtsgeschichte der böhm. Länder. 2 Bde. (1923–28).

Landtag. Bereits z. Z. des Ständestaats hießen die landständ. Vertretungen L. Während des 19. Jh. wurden in den konstitutionellen Staaten bei Zweikammersystem vielfach beide Kammern zusammen als L. bezeichnet. 1847 wurde in Preußen ein »Vereinigter L.« aus Mitgliedern der Provinzialstände berufen, der im April 1848 noch einmal zusammentrat. »Preußischer L.« hießen unter der Verfassung von 1850 das Herrenhaus und das Abgeordnetenhaus gemeinsam, häufig auch nur das Abgeordnetenhaus. In sämtl dt Ländern bestanden seit 1919 Volksvertretungen unter dem Namen L.; in den Hansestädten wurden sie Bürgerschaft genannt. Auf Grund des Gesetzes vom 7. 4. 1933 wurden die L. dem Reichstag gleichgeschaltet und durch Gesetz vom 30. 1. 1934 aufgehoben.
In der BRD sind die L. die Volksvertretungen der Länder (in den Hansestädten Hamburg und Bremen heißen sie Bürgerschaft, in Berlin Abgeordnetenhaus). Jeder L. muß nach Art. 28 des GG aus allgemeinen, unmittelbaren, freien, gleichen und geheimen Wahlen hervorgehen. Das Wahlsystem richtet sich nach den Landeswahlgesetzen (Mehrheits- oder Verhältniswahl), die Rechtstellung der Abgeordneten nach den Landesverfassungen. Das freie Mandat und die Immunität der Abgeordneten sind durchweg zugesichert. Den L. steht das Recht der Landesgesetzgebung sowie der Haushaltsfeststellung zu; die Landesregierung wird durch sie gewählt und überwacht.
Mit den Ländern waren 1952 die L. in der DDR aufgehoben worden.
LIT. W. Albrecht, L. und Regierung in Bayern (1968).

land tax. Eine 1688 eingeführte brit. Grundsteuer. 1798 wurde sie auf einen Antrag W. Pitts d. J. (1759–1806) hin für unabänderlich erklärt. Durch einmalige Zahlung des 25fachen jährl. Steuerbetrags kann die l. t. abgelöst werden.
LIT. W. R. Ward, The English l. t. in the 18th Century (London 1953).

Landvogt

Landvogt. Im alten Dt. Reich vom 13. Jh. bis 1806 der Oberamtmann eines trotz Ausbildung der Landeshoheit unter direkter königl. Herrschaft verbliebenen Reichsgebiets, Landvogtei genannt. Die Landvogtei wurde durch Rudolf von Habsburg (reg. 1273–91) mit dem Ziel geschaffen, das stauf. Reichsgut wieder in Königsland zusammenzufassen. Das Burggrafenamt in Nürnberg entstand aus der fränk. Landvogtei. Die elsäss. Landvogtei, die ihren Sitz in Hagenau hatte, umfaßte die 10 elsäss. Reichsstädte; unter Aufrechterhaltung der Reichszugehörigkeit wurde sie 1648 an Frankreich abgetreten; infolge der franz. Annexions- und Reunionspolitik während der 80er Jahre des 17. Jh. ging die Zugehörigkeit verloren. Die meisten der übrigen Landvogteien wurden durch die Landesherrschaften beseitigt.
LIT. F. Schwind, Die Landvogtei in der Wetterau (1969); P. Blickle, Landschaften im alten Reich (1973).

Landvolkbewegung. Während der Agrarkrise (1928–32) entstandene bäuerl. Widerstandsbewegung. Sie ging von Schleswig-Holstein aus und stand unter der Führung von Cl. Heim und W. Hamkens, beide Landwirte. Der L. ging es um Steuerverweigerungen, Widerstand gegen Pfändungen und Versteigerungen, doch der Widerstand eskalierte zum Terror, der in Bombenanschlägen auf Landratsämter seinen Ausdruck fand. Im sog. »Bombenleger-Prozeß« 1930 wurden die Anführer zwar zu Zuchthausstrafen verurteilt, jedoch bald amnestiert. Die sich infolge der Weltwirtschaftskrise (1929–32) verschlechternde Lage der Bauern führte dazu, daß die L. auf Oldenburg, Ostpreußen, Pommern, Sachsen und Thüringen übergriff. Die durch die L. gesteigerte Verbitterung trieb die bäuerl. Bevölkerung in erhebl. Umfang dem Nationalsozialismus zu, da sie sich vom Agrarprogramm der NSDAP wirksame Hilfe versprach.
LIT. R. Schapke, Aufstand der Bauern (1933); G. Stoltenberg, Polit. Strömungen im schleswig-holstein. Landvolk 1918–1933 (1962); R. Heberle, Landbevölkerung und Nationalsozialismus, 1918–1932 (1963).

Landwehr →Landsturm.

Landwehr, Landwehrgraben. Eine vor allem bei den Germanen gebräuchl. Bezeichnung für die Befestigung (Grenz-

wall); sie besaß noch im MA Bedeutung.

Langer Marsch. Der 6000-km-Marsch der chines. kommunist. Roten Armee von ihrem Hauptstützpunkt Kiangsi nach Yenan im Nordosten Chinas 1934/35. Zweck des Marsches war es, der Umklammerung des Truppen des Generals Tschiang Kai-schek (1887–1975) zu entgehen.
LIT. S. Schram, Mao Tse-tung (1967); T. Grimm, Mao Tse-tung (1968); China. In: Collier's Encyclopedia 6 (1971), 314.

Langes Parlament. Das von König Karl I. (reg. 1625–49) im Jahre 1640 einberufene engl. Parlament, das, während der letzten Jahre nur noch als Rumpfparlament bestehend, sich erst 1660 endgültig auflöste.
Karls I. Ziel, die Aussöhnung mit Rom, beunruhigte die Anglikaner; daher fand er zunehmend Widerstand im selbstbewußten Parlament. Obwohl er 1628 die Petition of Rights bewilligte, löste er 1629 das Parlament auf und regierte nunmehr allein mit Hilfe Lord Straffords (1593–1641) sowie des Erzbischofs Laud (1573–1645). Nachdem ein Feldzug gegen die aus konfessionellen Gründen aufständischen Schotten gescheitert war, mußte der König sich wieder zur Einberufung des Parlaments bequemen (1640). Dieses setzte 1641 die Hinrichtung Straffords durch. Als ein Aufstand in Irland die Entsendung eines Heeres notwendig machte, kam es bei der Auseinandersetzung darüber, ob dieses dem König oder dem Parlament zu unterstellen sei, 1642 zum offenen Bürgerkrieg, in dem den Anhängern des Königs, den Kavalieren, die Anhänger des Parlaments, die Rundköpfe, entgegentraten. Auf seiten des Parlaments standen vor allem die Stadt London, die Flotte sowie der wirtschaftl. stärkere Teil des Adels.
Die anfängliche Überlegenheit der »Königlichen« fand ein Ende, als Oliver Cromwell (1599–1658) das Parlamentsheer umgestaltete und mit diesem die Entscheidung im Bürgerkrieg erzwang. Das Parlament war in sich gespalten (in die gemäßigten, die eigentli-che Presbyterianer, die einen Kirchenverband gewahrt wissen wollten, und die das Ideal der ungebundenen Gemeindekirche vertretenden Independenten). Nachdem durch Cromwells Armee die Presbyterianer aus dem Par-

lament vertrieben waren, verurteilte die verbleibende Minorität der Independenten den König zum Tode und ließ das Urteil am 30. 1. 1649 vollstrecken. England wurde 1649 (unter Vermeidung des Namens »Republik«) zum Commonwealth erklärt, das in der Protektoratsverfassung (1653) auch Schottland und Irland (beide inzwischen militär. unterworfen) einbezog.
LIT. M. Ashley, England in the 17th Century (Pelican 1952); G. Davies, The Early Stuarts, 1603–60 (Oxford 1937); H. Oncken, Cromwell (1935); G. Lenz, Demokratie und Diktatur in der engl. Revolution 1640–60 (1937); G. P. Gooch, English Democratic Ideas in the 17th Century ([21]1927); G. A. Ritter, Parlament und Demokratie in Großbritannien (1971); L. Stone, The Causes of the English Revolution 1529–1642 (1972); C. Russell, Parliaments and English Politics 1621–29 (1979); P. Wende, Probleme der Englischen Revolutionen (1980).

Lanze (altfranz. lance von lat. lancea).
[1] Bereits seit der Steinzeit bekannte Stoß- und Wurfwaffe. Bis zur Einführung der Feuerwaffen war sie beim Fußvolk und der Reiterei die Hauptwaffe, so der Hoplitenspieß bei den Griechen, die Sarissa bei den Makedonen, die Hasta bei den Römern, die Flügel-Lanze seit den Merowingern. Während des MA war die L. die Waffe der Ritter, im Gegensatz zum Spieß des Fußvolks. Seit dem 10. Jh. symbolisiert die L. die Gewalt der dt. Könige.
[2] Heilige L.: Teil der Reichsinsignien (→Insignien).
LIT. H. Seitz, Blankwaffen (1965); HWDRG II, 1620–22.

Laodicea (Laodikeia). Bez. für mehrere kleinasiat. und syr. Städte der Antike; die bedeutendste war L. am Lykos in Phrygien (240 v. Chr. gegr.). Z. Z. der röm. Herrschaft eine blühende Handelsstadt, wurde sie im MA von den Türken verwüstet und 1402 völlig zerstört.
LIT. V. Schultze, Altchristl. Städte und Landschaften, II, 1 (1922); J. des Gagniers u. a., Laodicée du Lycos (Quebec 1969).

lapidarisch (von lat. lapis, Stein). Veraltete Bez. für epigraphisch. Die Schrift der Inschriften, insbes. der lat., wird als Lapidarschrift bezeichnet.

Lappo-Bewegung. Die 1929 in der Stadt Lapua (schwed. Lappo) in Finnland entstandene antikommunist. bäuerl. Bewegung, die sich schnell über ganz Finnland ausbreitete. Durch einen Protestmarsch gelang es der L.-B., den Rücktritt der Regierung und die Auflösung des Parlaments zu erreichen. Die L.-B. setzte ihre Aktionen auch nach dem Verbot der kommunist. Partei Finnlands 1930 bis zu ihrer Auflösung 1934 fort.
LIT. W. Sommer, Geschichte Finnlands (1938).

Laren (lat. lares). Die Schutzgötter der Römer, die neben den Penaten verehrt wurden. In jeder röm. Familie gab es einen Lar familiaris; er wurde am häusl. Herd verehrt und sein Bild mit den Penaten und dem Genius in einem Schrein (lararium) aufbewahrt. Seit Augustus (reg. 31 v.–14. n. Chr.) gab es in jedem Stadtviertel ein kleines Heiligtum, das zwei L. enthielt; dazwischen stand der Genius des Kaisers. Auch in jedem Hause wurden seit Augustus zwei L., die das Bild des Hausherrn einrahmten, verehrt. Die Larien waren das Hauptfest der L.
LIT. F. Boehm, in: Pauly-Wissowa 12 (1924); E. Norden, Aus altröm. Priesterbüchern (1939); K. Latte, Röm. Religionsgeschichte (1960); G. Radke, Die Götter Altitaliens (1965).

Lassen, Liten, Laten, Laeten, Lassiten, Lassi, auch **lazzi** (»Hörige«), **lati** oder **liti** genannt. Allg. Zinsleute; im altgerman. Recht die Halbfreien, die wohl meist rechts- und vermögensfähig, aber dienst- und zinspflichtig, an die Scholle gebunden sowie ohne polit. Rechte waren. Im MA wuchsen die halbfreien Laten Norddeutschlands und die ihnen gleichstehenden Barschalken Süddeutschlands mit den freien Hintersassen sowie den auf einem Hof angesiedelten Unfreien zu einem Stand zusammen, der seine soziale Stellung zw. den Gemeinfreien und den unfreien Eigenleuten erhielt. In den Kolonisationsgebieten östl. der Elbe waren Lassiten – im Unterschied zu den freieren Kolonisten – die dem Gutsherrn dienst- und steuerpflichtigen Bauern, welche am Grund und Boden nur ein beschränktes und zudem unveräußerl. Nutzungsrecht hatten. Das Recht der Lassiten wurde im preuß. Allg. Landrecht, das 1794 in Kraft trat, neu geregelt. Bis zum Ablösungsgesetz vom 2. 3. 1850 blieb es in Gebrauch.

LIT. HWDRG II, 1631–32; C. von Schwerin und H. Thieme, Grundzüge der dt. Rechtsgeschichte (⁴1950); G. Franz (Hrsg.), Dt. Agrargeschichte, 3 (²1967); W. Abel, Agrarkrisen und Agrarkonjunktur (³1978).

Laßgut. Eine vor allem nach dem Dreißigjährigen Krieg verbreitete Besitzform der Lassen ohne Verfügungsrecht über den Grund und Boden; die Nutzungsrechte konnten ebenfalls nicht veräußert werden. Das Besitzrecht auf das L. war teils vererbbar, teils nicht vererbbar. Im Zusammenhang mit der Bauernbefreiung wurde durch das preuß. Regulierungsedikt vom 14. 9. 1811 die bis dahin bestehende Besitzform des L. beseitigt, allerdings mit der Einschränkung, daß im Falle des vererbl. L. ein Drittel, des nicht vererbl. L. die Hälfte des Besitzes dem Gutsherrn als Entschädigung zufiel. Die Konsequenz dieser Bestimmung war nicht selten Verschuldung und infolgedessen Verkauf des restlichen Gutes. Eine endgültige Ablösung wurde erst am 2. 3. 1850 verfügt.

Latein (lat. lingua Latina). Urspr. die Sprache der idg. Stämme in der Landschaft Latium (Mittelitalien), dann die Sprache Roms in der Antike. Sie bildete den latinofaliskischen Zweig der itali. Sprachen und gehört zur westl. Gruppe der indogermanischen Sprachen an. Die ältesten Inschriften stammen aus der Zeit um 500 v. Chr., während eine Literatursprache erst im 3. Jh. v. Chr. entstand. Das Altlatein wird um 200 v. Chr. datiert, sein Hauptvertreter ist Plautus (vor 250–184 v. Chr.).

Die lateinische Sprache entwickelte sich im 1. Jh. v. Chr. (in Anlehnung an die kulturell überlegene griech. Sprache) zum klass. L.; es wurde in den folgenden Jh. als vorbildl. Norm anerkannt. Als Ideal galten Cicero (106–43 v. Chr.) in der Prosa, Vergil (70–19 v. Chr.) in der Poesie. Zahlreiche Ausdrücke entlehnte die lat. Sprache aus dem Griechischen, insbes. »Kulturwörter«, hauptsächl. auf dem Sektor Kunst, Wissenschaft und Technik. Die lat. Sprache verdrängte als röm. Reichssprache sowohl in Italien als auch in den anderen westl. Mittelmeerländern die einheim. Sprachen; dagegen blieb in der östl. Reichshälfte das Griechische die beherrschende Sprache. Im Zusammenhang mit der Verbreitung des Christentums wurde das Lateinische zur Sprache der röm.-kath. Kirche (Kirchen-L.) und ist es im großen und ganzen noch heute.

Das ma. Latein (es war lange die einzige Bildungssprache des Abendlandes) ließ die Regel des klass. L. öfter unberücksichtigt. In der Renaissance dagegen griff der Humanismus bewußt auf das klass. L. zurück (Neulatein). Dadurch wurde die lebendige Entwicklung der lat. Sprache beendet. Bis in die NZ blieb die lat. Sprache international das wissenschaftl. und diplomat. Verständigungsmittel. Nach der Völkerwanderung entwickelten sich aus dem Vulgärlatein, d.h. der gesprochenen Volkssprache (Gegensatz: Schriftsprache) die verschiedenen roman. Sprachen. Die übrigen europ. Sprachen sind ebenfalls durch die lat. Sprache beeinflußt worden, vor allem hinsichtlich des Wortschatzes.

LIT. F. Stolz und A. Debrunner, Geschichte der lat. Sprache (⁴1966); F. Kluge, Von Luther bis Lessing (⁵1918); L. R. Palmer, The Latin Language (N. Y. ³1961); O. Seel, Römertum und Latinität (1964); G. Devoto, Geschichte der Sprache Roms (dt. 1968); C. Vossen, Mutter L. und ihre Töchter (1968); L. Buzas, F. Junginger (Hrsg.), Bavaria Latina. Lexikon der latein. geograph. Namen in Bayern (1971).

Lateinische Kirche. Der den lat. Ritus befolgende Teil der röm.-kath. Kirche (d. h. ohne die griech.-kath. bzw. orientalische Kirche). Seit Luther (1483–1546) gehört zur L. K. auch nicht mehr die abendl. Christenheit insgesamt, sondern lediglich deren kath. Teil. Durch ihre Missionen hat sich über die gesamte Erde ausgebreitet; sie ist somit über die abendländ. Kirche hinaus zu einer Weltkirche geworden.

LIT. K. D. Schmidt und E. Wolf (Hrsg.), Die Kirche in ihrer Geschichte (1961ff.); HKG 1–7; T. Klauser, Kleine abendländ. Literaturgeschichte (1965).

Lateinische Münzunion, Lateinischer Münzbund, Lateinischer Münzvertrag (frz. Union latine). Eine am 22. 12. 1865 zustande gekommene Vereinbarung zw. Frankreich, Belgien, Italien und der Schweiz (1868 trat Griechenland bei). Zweck der L. M. war, gleichartige Gold- und Silbermünzen auszuprägen mit gegenseitiger Umlaufberechtigung; dadurch sollte der zwischenstaatl. Geldverkehr erleichtert werden.

LIT. R. Greul, Die L. M. (1926).

Lateinisches Kaisertum. Das von den franz. Kreuzfahrern des 4. Kreuzzuges (1202–04) und den Venezianern 1204 in Konstantinopel gegr. Reich. Kaiser waren Balduin von Flandern, Heinrich von Flandern und Balduin von Courtenai. 1261 wurde das L. K. von Michael VIII. Paläologus (reg. 1258/59–82) durch einen Angriff von Nikaia aus beseitigt.

LIT. J. Longnon, L'Empire Latin de Constantinople et la principauté de Morée (Paris 1949); H. G. Beck, Geschichte der orthodoxen Kirche im Byzantin. Reich (1980).

Lateinschulen. Die seit dem ausgehenden MA von den Städten gegr. Kloster-, Dom- und Stadtschulen; die L. waren die Vorläufer der höheren Schulen.

Latène-Kultur. Bez. für die Kulturschicht der jüngeren Eisenzeit; sie ist benannt nach dem Ausgrabungsplatz Latène am Neuenburger See. Träger der L.-K. waren die Kelten. Als letzte der prähistor. Perioden Mitteleuropas begann die Latène-Zeit um 500 v. Chr.

LIT. J. Filip, Celtic Civilization and its Heritage (Prag 1962); W. Schaaff, in: Jb. des Röm. German. Zentralmuseums zu Mainz, 13 (1966).

Lateran(palast). Päpstl. Palast in Rom, der als Exklave zur Vatikanstadt gehört. Der Name leitet sich her von der Familie der Laterani, deren Besitz der Palast war. 312 wurde er durch Fausta, die Gemahlin Konstantins d. Gr. (reg. 306–37), den Päpsten übergeben. Seitdem war er (bis 1308, als er durch einen Brand zerstört wurde) die Residenz der Päpste; außerdem tagten hier fünf allg. Konzilien. Unter Sixtus V. (1585–90) wurde der jetzige L. erbaut (1585–89); Baumeister war Domenico Fontana (1543–1607). 1693 wurde der L. in ein Waisenhaus, 1841 in ein Museum umgewandelt.

Auf dem Lateranplatz befindet sich das achteckige (unter Sixtus III., 432–40) erbaute Baptisterium San Giovanni in Fonte (Taufkapelle Konstantins), ebenfalls der (ohne Sockel) 32 m hohe Obelisk aus rotem Granit (von Thutmosis III., 1490–36 v. Chr. – oder IV. – in Heliopolis vor dem Sonnentempel des Rê errichtet, von Konstantin II., geb.

317, †340, im Circus Maximus zu Rom, von Sixtus V. im Jahre 1588 auf dem Lateranplatz aufgestellt). Die 28stufige Scala santa (Hl. Treppe) aus dem alten Lateranpalast (nach der Legende stammt die Scala santa aus dem Palast des Pilatus zu Jerusalem – auf ihr war demnach Jesus zu seinem Verhör hinaufgestiegen) führt zur Sancta Sanctorum (der noch erhaltenen päpstl. Hauskapelle der alten Residenz).

LIT. Ph. Lauer, Le palais de L. (1911); H. Grisar, Die röm. Kapelle Sancta Sanctorum (1908); L. Ortolani, S. Giovanni in Laterano (1925); R. Elze, in: Studi Gregoriani, 4 (1952); J. B. Tóth, Die Kathedrale des Papstes (1966); H. Brandenburg, Roms frühchristl. Basiliken (1979).

Laterankonzilien (Lateransynoden). Die im Lateranpalast abgehaltenen altkirchl. und ma. päpstl. →Konzilien. Mit dem Aufstieg des Papsttums vom 11. Jh. an entwickelten sich die L. zu abendländ. Generalkonzilien. Ökumenische Konzilien waren die (fünf) von 1123 (Investitur), 1139, 1179 (Papstwahl), 1215 und 1512–17 (→Reformkonzilien).

Lateranverträge. Die zwischen dem Hl. Stuhl und dem faschistischen Italien (Mussolini) im Lateran zusammen mit einem Konkordat 1929 abgeschlossenen Verträge. Der seit der Besetzung Roms im Jahre 1870 schwebende Konflikt zwischen Kurie und italienischer Regierung wurde dadurch beendet. Die L. wurden 1947 in die Verfassung der Republik Italien aufgenommen.

LIT. Th. von Reck, Die Lösung der röm. Frage (1930); H. F. Köck, Die völkerrechtl. Stellung des Heiligen Stuhls (1975).

Laterculum. »Verzeichnis« der zivilen und militär. Ämter Roms, vor allem im 4. Jh. n. Chr.; es diente als Vorlage der Notitia dignitatum. Gelegentlich wird die Bez. L. in der wissenschaftl. Fachsprache verwendet.

Latifundien (lat. latifundium, Großgut; latus, ausgedehnt; fundus, Grundbesitz). Bez. für Großgrundbesitz, insbes. den ital. Riesengrundbesitz, der die zweckmäßige Betriebsgröße wesentl. überschreitet. Seit dem 2. Jh. v. Chr. entstanden L. in Italien, dann auch in den Provinzen, aus dem staatl. Grundbesitz (ager publicus). Die L. wurden von Sklaven bestellt; sie ruinierten die Kleinbauern. In Italien verdrängten sie in den beiden letzten Jahrhunderten der Republik das selbständige Bauerntum mehr und mehr. Seit Ausgang des MA bildeten sich als Nachfolgeformen älterer Grundherrschaften L., in Europa vor allem in Großbritannien (extensive Weidewirtschaft), in Italien (häufig in Halbpacht vergebener Grundbesitz von Geschlechtern, die in der Stadt ansässig waren) sowie in Spanien. Von hier wurde diese Form des Grundbesitzes in die Kolonialgebiete in Übersee übertragen (Hauptbeispiel: Argentinien). Eine Art L. sind auch die hochtechnisierten Getreidewirtschaften in den USA und in Kanada.

LIT. A. Dopsch, Wirtschaftl. und soziale Grundlagen der europ. Kulturentwicklung, 1 (^{2}1923); A. Murat, La propriété agraire en Italie (1946); U. Kahrstedt, Kulturgeschichte der röm. Kaiserzeit (^{2}1958); Th. Habich, Dt. L. (^{3}1947); F. Vöchting, Die ital. Südfrage (1951).

Latiner. Die Einwohner Latiums, einer antiken Landschaft Mittelitaliens am Unterlauf des Tiber; seit dem 4. Jh. v. Chr. Bez. für die Personen latinischen Rechts. Als eine Vorstufe des röm. Bürgerrechts umfaßte es eine Reihe von Vorrechten, die sich während der Zeit der röm. Republik wandelten. So erhielten die L. nach ihrer letzten Erhebung gegen Rom (340–338 v. Chr.) unter Verpflichtung zum Heeresdienst ein beschränktes röm. Bürgerrecht; es schloß die zivile Rechtsfähigkeit ein, jedoch keine polit. Befugnis. Durch Übersiedlung nach Rom konnten latinische Familien das röm. Vollbürgerrecht erhalten. Im Bundesgenossenkrieg (89 v. Chr.) wurde das Vollbürgerrecht sämtlichen L. zugestanden.

LIT. K. J. Beloch, Der italische Bund unter Roms Hegemonie (1880); M. Gelzer, in: Pauly-Wissowa, 12 (1924); F. Altheim, Röm. Geschichte, Slg. Göschen. 3 Bde. (1956–58); A. Alföldi, Early Rome and the Latins (Ann Arbor, Mich., 1965).

Latinische Straße (lat. via Latina). Eine etwa um 370 v. Chr. angelegte Straße, die von Rom südostwärts durch die Täler des Trerus und Liris in Latium bis Cales und Capua führte; hier vereinigte sie sich mit der Via Appia. Die L.S. ist eine der ältesten Römerstraßen.

Latinität (nlat.). Der Charakter der lat. Sprache (→ Latein), wie er sich in einer bestimmten Epoche insgesamt äu-

ßert; so spricht man z. B. von goldener (1. Jh. v. Chr.), silberner (1. Jh. n. Chr.), ma. Latinität.

Latium (ital. Lazio). Antike mittelitalische Landschaft am Unterlauf des Tiber. Im 5. Jh. v. Chr. Bund der latinischen Städte; Vorort des Bundes war Alba Longa. Nach der letzten Erhebung der Latiner gegen Rom wurde der Bund aufgelöst.

LIT. E. Capurto und F. Romero, Il Lazio (Turin ^{6}1931); R. Almagià, Lazio (Turin 1966); H. Kühner, L. Land im Schatten Roms (1967).

Laudemium (mlat.). Eine Abgabe bei Besitzwechsel (auch Abfahrtsgeld, Kaufgeld, Auffahrtsgeld genannt). Die Laudemien mußten von Erbpächtern, den Inhabern eines erbbeliehenen oder Zinsgutes an den Lehnsherrn entrichtet werden. Sie fielen oft mit dem Mortuarium zusammen, da sie nicht nur bei Kauf, sondern auch bei Todesfall gezahlt werden mußten.

LIT. HWDRG II, 1643–47.

Laudes regiae (lat. ›Lob des Königs‹). Eine Sonderform der Akklamation. Sie kam seit dem 8. Jh. im Frankenreich auf. An den Hochfesten des liturg. Jahres wurde sie zu Ehren geistl. und weltl. Herrscher in der Liturgie verwendet. Mittelalterl. Formen haben sich zahlreich erhalten.

LIT. R. Elze, Die Ordines für die Weihe und Krönung des Kaisers und der Kaiserin (1960).

Lazaristen, Vinzentiner (Beiname der ›Kongregation der Mission‹). Eine Priestergenossenschaft, deren Mitglieder keine öffentl. Gelübde ablegen. Die L. bzw. V. widmen sich insbes. der inneren und äußeren Mission. Der hl. Vinzenz von Paul (1581–1660) stiftete die Kongregation (1625). St. Lazare in Paris war das erste Mutterhaus.

LIT. G. Goyau, La Congrégation de la Mission des Lazaristes (Paris 1938); M. Auclair, Vinzenz von Paul (^{2}1978).

Lebensraum. Ein von dem dt. Geopolitiker Karl Haushofer (1869–1946) geprägter Begriff der Geopolitik zur Bez. der Sphäre bzw. des Raumes, den das Leben für seinen Ablauf beansprucht. Zwischen den beiden Weltkriegen wurde L. zu einem Schlagwort; hierdurch sollten die angeblich beengten Lebensmöglichkeiten einer Reihe von Völkern (u. a. Dtl. und Japan) charakterisiert werden, da ihnen auf Grund ihrer Bevölkerungszahl der entspr.

Raum zur Entfaltung ihrer Möglichkei ten fehlte.

LIT. C. Schmitt, Völkerrechtl. Großraumordnung mit Interventionsverbot für raumfremde Mächte ([4]1942); G. Jentsch, Der L. (1940); R. Walter, in: Auswärtige Politik, H. 5 u. 8 (1943); F. Ratzel, Der L. ([2]1966); K. Lange, Der Terminus »L.« in Hitlers ›Mein Kampf‹), in: Vierteljahreshefte für Zeitgeschichte, 13 (1965); T. Bendikowski, L. für Volk u. Kirche (2002).

Legalität (von lat. lex, Gesetz). Im Unterschied zur Legitimität und, bes. in der Kantschen Ethik, mit äußeren ethischen Regeln im Unterschied zur Moralität die Gesetzmäßigkeit, die äußere Rechtmäßigkeit des Handelns, insbes. die Übereinstimmung sowohl der staatl. Maßnahmen als auch des Verhaltens privater einzelner oder Verbände mit den Gesetzen. Als legales Unrecht wird ein Handeln bez., das unter formaler Wahrung äußerer Gesetzmäßigkeit in grober Weise gegen Gerechtigkeit und Sittengesetz verstößt. Ein Verfassungsumsturz, der sich ausschließl. der Mittel bedient, welche die Verfassung zur Verfügung stellt, wird als legale Revolution bezeichnet. Die Prüfung der Gesetzmäßigkeit des Verwaltungshandelns durch übergeordnete Behörden oder Gerichte bez. man als Legalitätskontrolle.

LIT. HWDRG II, 1665–69; C. Schmitt, Legalität und Legitimität (1932); G. Radbruch, in: Süddt. Juristenzeitung 1, 5 (1946); J. Winckelmann, Legitimität und L. in M. Webers Herrschaftssoziologie (1952); H. Hofmann, Legitimität gegen L. (1964, mit Lit.).

Legat (lat. legatus, Gesandter).
a) In der Antike Boten des röm. Senats oder anderer höherer Instanzen an auswärtige Staaten; seit dem 2. Jh. v. Chr. wurden L. den Feldherren und Statthaltern beigegeben; während der röm. Kaiserzeit der L. ein Unterfeldherr, Kommandeur der Legion (legatus legionis). Die mit der Verwaltung und dem Oberbefehl in den kaiserl. Provinzen beauftragten Generale erhielten den Titel Legati Augusti pro praetore; ihnen waren fünf Liktoren beigegeben.
b) Während der Stauferzeit (1138–1250) der Stellvertreter des Kaisers in Italien (Generallegat).
c) Ein diplomat. Vertreter, so der Republik Venedig in Byzanz, vor allem aber ein Gesandter, den der Papst mit beschränktem Auftrag, ausgestattet mit ju-

risdiktionellen Vollmachten, an weltl. und geistl. Höfe, zu Reichstagen und Konzilien, zu den Kreuzzügen und in Missionsgebiete entsandte. Seit Gregor VII. (1073–85) waren die L. meist Kardinäle, die als Legati a latere (»Gesandte von der Seite«, d. h. aus der Umgebung des Papstes) den Papst vertraten bzw. vertreten. Außerdem gibt es den Legatus missus, einen L. ohne Kardinalswürde und mit weniger Vollmacht, sowie den Legatus natus, ein Titel mit Sonderrechten unterschiedl. Art; eine Anzahl dt. und franz. Erzbischöfe besitzt diesen Titel, so die von Trier, Mainz, Köln, Reims und Bourges. Auch der König von Ungarn und der Beider Sizilien besaßen den Titel eines Legatus natus.

LIT. Th. Mommsen, Röm. Staatsrecht, 2 ([3]1888); J. Crook, Concilium Princeps (Cambridge 1955); E. Meyer, Rom. Staat und Staatsgedanke ([3]1964).

Legation. Im ehem. Kirchenstaat eine Provinz; sie wurde durch einen Kardinal-Legaten verwaltet, so Bologna, Ferrara. Legationen gab es seit Papst Clemens XI. (1700–21).

Legende (lat. legenda, das zu Lesende).
[1] Die Bei- oder Umschrift auf Bildern, Münzen etc.
[2] Das Leben eines Heiligen, das im MA an dessen Gedenktag den Gläubigen vorgelesen wurde. – Legenda aurea, Legenda sanctorum oder Historia langobardica. Eine volksbucharrige Sammlung von Legenden (zw. 1263 und 1288 entstanden) des Dominikaners Jacobus de Voragine (um 1230 bis 1298). Eine bekannte dt. Bearbeitung erschien unter dem Titel ›Der Heiligen Leben und Leiden‹ (→ Passional, oberdt., Ende des 13. Jh.).

LIT. H. Rosenfeld, L. ([2]1964); Th. Wolpers, Die engl. Heiligenlegenden des MA (1964); sowie im LThK die Artikel zu den einzelnen Heiligen.

Leges Romanorum. Rechtssammlungen, die im Burgunder- und Westgotenreich für die röm. Untertanen zusammengestellt wurden.

Legion (lat., Auslese).
[1] Während der röm. Königszeit das Bürgeraufgebot, urspr. 3000 Mann (1000 Mann je Tribus; daher standen 3, später 6 Tribunen an der Spitze). Mit dem Anwachsen der Macht Roms um 400 v. Chr. wird die Zahl auf 6000 Mann gesteigert.

Légion d'honneur

Die L. stellte keine takt. Einheit dar. In
früher Zeit waren die Bürger, ihrem
Vermögen entsprechend, in Klassen
eingeteilt: in Schwerbewaffnete, in minder schwer Bewaffnete, in mit Spieß
und Schild Ausgerüstete sowie in lediglich mit Schleudersteinen Ausgerüstete.
Später standen sie nach dem Alter in 3
Gliedern: als hastati (1. Glied), principes (2. Glied) und triarii (3. Glied), wobei letztere an Zahl nur die Hälfte der
übrigen umfaßten. Im Laufe der Zeit
gliederte sich die L., mit wechselnden
Schwerpunkten in der taktischen Entwicklung, in 10 Kohorten, 30 Manipel,
die Manipel wiederum in je 2 Zenturien
unter je einem Centurio. Die Truppenkontingente der Bundesgenossen wurden nicht in L. zusammengefaßt; ihre
Zahl im Verhältnis zur L. wechselte
stark.
Die Gliederung sowie die hohe Tapferkeit und Disziplin der röm. Bauernsol-
daten ermöglichten es, in der Manipulartaktik des 3./2. Jh. v. Chr. die mas-
sierte Kampfesweise der Phalanx zu
überwinden und mit der lockeren,
schachbrettartigen Aufstellung der Manipel ein Höchstmaß an Beweglichkeit
der Truppe sowie des einzelnen Legio-
närs zu erreichen.
Gaius Marius (156–86 v. Chr.) bildete
Ende des 2. Jh. v. Chr. das Bürgerheer
zum Berufsheer um; bei gleichmäßiger
Bewaffnung umfaßte die L. danach 30
Manipel zu je 200 Mann (Sollstärke der
L.: 6000 Mann). Taktische Einheit wurde die Kohorte zu 3 Manipeln. Während
der ersten Jahrhunderte der Kaiserzeit
blieben Organisation und Taktik der L.
im wesentlichen unverändert; das stehende Heer umfaßte damals etwa 30 Legionen. Seit dem 3. Jh. änderte sich der
Charakter der L., deren aktiver Stamm
sich im Bedarfsfall mit wehrpflichtigen
Grenzbauern ergänzte. Reichsfremde,
insbes. Germanen, drangen in zunehmender Zahl in die L. ein. Zu Beginn des
5. Jh. waren Legionen kleine Truppen-
verbände, von denen die ›notitia dignitatum‹ etwa 175 aufzählt.
[2] In unserer Zeit selbständige Truppen, die sich aus fremdländ. Söldnern,
nicht selten aus polit. Flüchtlingen,
Überläufern und Abenteurern rekrutieren. So wurde während der Franz. Revolutionskriege 1792–93 eine Légion
germanique gebildet. Desgleichen entstanden 1797 poln. Legionen unter Jan
Henryk Dąbrowski (1765–1818), die

für Frankreich kämpften. Gegen Napoleon I. kämpfte die Dt. L. im Dienste
Englands vor allem in Spanien und bei
Waterloo sowie die Russisch-Dt. Legion.
Frankreich und Spanien unterhielten
für ihre Kolonialinteressen Fremden-
Legionen. Während des 1. Weltkriegs
bildete Piłsudski (1867–1935) bereits
Anfang 1914 poln. Legionen, die im
österreich.-ungar. Heer gegen Rußland
kämpften. Aus österreich. Überläufern
und Kriegsgefangenen tschechoslowak.
Nationalität wurden in Frankreich und
Rußland Legionen gebildet, die gegen
die Mittelmächte kämpften. Nach dem
1. Weltkrieg wiederum kämpften tschechoslowak. Legionäre 1918–20 in Sibirien mit Admiral A. Koltschak (1874–
1920), dem Leiter des Kampfes gegen
die Bolschewisten. Am Span. Bürgerkrieg (1936–39) nahm die dt. »Legion
Condor« auf der Seite F. Francos teil.
Im 2. Weltkrieg stellte die SS aus
Fremdstämmigen L. auf: Flämische,
Wallonische, Indische L. etc.
LIT. Zu [1] E. Ritterling und Kubit-
schek, in: Pauly-Wissowa, 12 (1925);
J. Kromayer, G. Veith, Heerwesen und
Kriegführung der Griechen und Römer
(1928); H. M. D. Parker, The Roman
Legions (Oxford ²1958); A. von Do-
maszewski, Die Rangordnung des röm.
Heeres (²1967).
Zu [2] →Fremdenlegion.

Légion d'honneur (frz., Ehrenlegion). Die einzige Ordensauszeichnung
der franz. Republik; sie wurde am 19. 5.
1802 durch Napoleon gestiftet.

Legislative (von lat. legem ferre, ein
Gesetz einbringen; mlat. legislator,
Rechtskundiger, Schöffe). Im System der
Gewaltenteilung die gesetzgebende Gewalt im Unterschied zu Exekutive und
Justiz; ebenfalls die gesetzgebende Körperschaft, insbes. die franz. Assemblée
nationale législative von 1791–92. Der
Legislator ist der Gesetzgeber, die Legislaturperiode (Gesetzgebungsperiode,
Wahlperiode) der Zeitabschnitt, für den
eine gesetzgebende Körperschaft gewählt ist. Die Unterteilung der Legislaturperiode in mehrere Sitzungsperioden
(Sessionen) war im Dt. Reichstag von
1867–1918 üblich. Seitdem haben die
durch Parlamentsferien unterbrochenen
Sitzungsabschnitte keine staatsrechtl.
Selbständigkeit mehr.

Legisten.
[1] In der Sprache des MA (legistae) die

Interpreten (Glossatoren) der »leges«, d. h. des röm. Rechts, auch dessen Verteidiger, so gegen die Kanonisten, die Vertreter des Kirchenrechts.

[2] Die philosoph.-staatsrechtl. Schule Chinas (chinesisch fa-kia, Gesetz-Vertreter, auch Legalisten und Rechtsschule genannt). Die L., deren Vorläufern u. a. Kuan Tschung (7. Jh. v. Chr.) zugerechnet wird und deren bedeutendste Vertreter Schang Yang und Han Fe-Tsi (4. und 3. Jh. v. Chr.) sind, verlangten anstelle der mehr und mehr versagenden Tugend-, Etikette- und Feudalordnung eine strenge Gesetzgebung, wirtschaftl. und soziale Verstaatlichung, eine starke Armee sowie absolute Herrschergewalt.

LIT. E. W. Eschmann, Die Führungsschichten Frankreichs, 1 (1943); P. Koschaker, Europa und das röm. Recht (⁴1966); R. Schnur, Die französ. Juristen im konfessionellen Bürgerkrieg des 16. Jh. (1962).

Legitimisten. Die Anhänger des monarchist. Legitimitäts-Prinzips, die nach dem Sturz einer Dynastie deren Wiedereinsetzung fordern, so in Frankreich im 19. Jh. vor allem die Anhänger der Bourbonen, in Spanien die Karlisten, in Österreich die Anhänger der Habsburger.

Legitimität (lat. legitimus, rechtmäßig). Die Rechtfertigung eines Staates, seiner Herrschergewalt sowie seiner Handlungen durch höhere Werte und Grundsätze, im Unterschied zur formellen Gesetzmäßigkeit (Legalität) wie auch zur bloßen Faktizität der Machtverhältnisse.

a) Das monarch. Legitimitätsprinzip ist auf den Glauben an die Betrauung eines Herrscherhauses »von Gottes Gnaden« gegründet. In Europa bildete es die staatstheoret. Rechtfertigung der monarch. Herrschaft im Absolutismus; seine bes. Bedeutung erlangte es im Konstitutionalismus, in den Kämpfen um die Beschränkung der monarch. Gewalt durch verfassungsmäßige Mitbestimmungsrechte des Volkes.

b) Das demokrat. Legitimitätsprinzip kommt in dem Satz »Die Staatsgewalt geht vom Volke aus« zum Ausdruck. Dementsprechend gilt eine Herrschaftsordnung nur dann als gerechtfertigt, wenn in ihr die staatl. Macht entweder unmittelbar oder von einer vom Volke gewählten oder kontrollierten Regierung ausgeübt wird. Jeder Verfassungs-

umsturz (Staatsstreich, Revolution) beruft sich auf bestimmte Legitimitätsvorstellungen; hierdurch wird die gestürzte Ordnung als illegitim diskriminiert, während die neue Ordnung, auch dann, wenn sie gewaltsam begründet ist, als dem höheren Recht entsprechend dargestellt wird.

Die Auffassung, bei einem Umsturz genüge es, daß die gewaltsam begründete Herrschaft sich tatsächlich durchzusetzen verstanden hat, steht daher mit der bei einem erfolgreichen Umsturz üblicherweise vertretenen Theorie nicht in Einklang. Völkerrechtl. besteht ebenfalls die Möglichkeit, einer Regierung die Anerkennung zu verweigern, falls sie den in der betreffenden Völkerrechtsgemeinschaft geltenden Legitimitätsvorstellungen nicht entspricht. Meistens stellt die Anwendung von Gewalt zur Erlangung der Herrschaft den Grund der Nichtanerkennung dar.

LIT. HWDRG II, 1681–86; M. Weber, Wirtschaft und Gesellschaft (²1925, ⁴1956); C. Schmitt, Legalität und L. (1932); G. Ferrero, Pouvoir (N.Y. 1942; dt. 1944); J. Winckelmann, L. und Legalität in M. Webers Herrschaftssoziologie (1952); H. Hofmann, L. gegen Legalität (1964, mit Lit.); A. Gauland, Das Legitimitätsprinzip in der Staatenpraxis seit dem Wiener Kongreß (1971); T. Würtenberger, Die L. staatl. Herrschaft (1973); J. Heidorn, L. und Regierbarkeit. Studien zu den Legitimitätstheorien von Max Weber (1982).

Lehen, Lehnswesen, Feudalwesen (von lat. feudum, Lehen). Das Lehnswesen des MA, ein auf ein Lehenrecht gegr. und Lehengerichten unterworfenes Leiheverhältnis, bestehend in der Einräumung eines weltl. oder geistl. Gutes (Kirchenlehen) auf Lebenszeit des Beliehenen (Lehnsmann, Vasall) gegen persönl., bes. militär. Leistungen und Hofdienste zugunsten des Leihenden (Lehnsherr), bei gegenseitigem Treueverhältnis, ging aus der vom 8. Jh. an im Frankenreich vollzogenen Verschmelzung der personenrechtl. Vasallität und des sachenrechtl. Benefizialwesens hervor. Die commendatio der Römer, d. h. die Ergebung in den Schutz eines Herrn (Patron), verschmolz in Gallien mit der keltischen Vasallität; sie kannte die völlige Abhängigkeit und den unbedingten Gehorsam meist unfreier Knechte (lat. vassi) von bzw. gegenüber einem Herrn (dominus).

479

Die commendatio wurde zu einer Form der Verknechtung. Dennoch war es den vassi möglich, in sozialer Hinsicht aufzusteigen, insbes. durch den Kriegsdienst. Eine Hebung und Sicherung der Stellung des Vasallen wird erst seit der fränk. Eroberung erreicht, und zwar dadurch, daß der Treueid aus dem Gefolgschaftswesen der Franken übernommen wird; hierdurch verpflichteten sich Herr und Vasall zu gegenseitiger Treue. Im 7. und 8. Jh., d. h. während der Merowinger- und Karolingerzeit, wurden die lediglich auf dem persönl. Verhältnis beruhenden Verbindungen durch das L. (beneficium, feudum) ergänzt. Entsprechend dem in der Kirche üblichen Benefizialwesen wird das L. vergeben, d. h., daß es wie das Kirchengut, unveräußerlich ist. War es bisher gebräuchlich, daß der Vasall seinen Unterhalt direkt durch den Lehnsherrn empfing, so tritt nun das Nutzungsrecht am Grundbesitz an dessen Stelle. Eine Förderung erfuhr diese Entwicklung durch die Säkularisation von Kirchengut, d. h., daß die Kirche Grundbesitz für die Ausstattung von Vasallen als Benefizium abgibt. Seit dem 9. Jh. kann man im Karolingerreich von einem vollausgebildeten Lehnswesen sprechen; es gab dem MA sein Gepräge und formte dessen Kultur und Dichtung.

Im Gegensatz zu Frankreich, wo das Königtum seine Herrschaft über die Kronvasallen auf dem persönl. Element des Lehnswesens entwickelte, war in Dtl. das dingliche Element vorherrschend: das L. wurde nun nicht mehr wegen des Dienstes empfangen; hingegen diente man wegen des schon frühzeitig erblich gewordenen Lehens. Bald wurden auch Rechte, so Zölle, außerdem Ämter und selbst ganze Gebietsherrschaften zu L. vergeben. Obwohl der König der Heerschilderordnung nach oberster Lehnsherr war, erfuhr er eine weitgehende Absperrung von der Herrschaft über Land und Leute; er konnte sich nur noch an seine Kronvasallen halten, während deren Aftervasallen ihm keine Treue schuldeten. Auf Grund der Doppelvasallität betrachteten sich diese lediglich ihrem nächsten Herrn verpflichtet. Bei Konflikten, die zwei eigene Herren gegeneinander führten, blieb man neutral und entzog sich der Dienstpflicht. Infolge des Leihezwanges war es für das Königtum unmöglich, ledig gewordene L., entweder durch Aussterben oder durch Landesverrat (Felonie), für dauernd an sich zu ziehen. Mithin schwächte das Lehnswesen in Dtl. die Staatsgewalt.

Begründet wurde das Lehnsverhältnis zw. Herrn und Mann durch die förml. Belehnung (Investitur). Gewöhnlich wurden hierbei Herrschaftssymbole wie Schwert, Szepter, Fahne und Stab dargereicht. Der Akt erfolgte vor dem Lehnsgericht (Lehnshof) der übrigen Vasallen. Der Vasall leistete den Lehnseid; er verpflichtete sich zu Treue und Mannschaft, d. h. zu Heerfahrt und Hoffahrt. Bei Treubruch verlor er sein L., doch erfolgte, zumindest im ma. Dtl., keine persönliche Bestrafung. Die wichtigste Form der Heerfahrt war die Romfahrt, die Beteiligung am Krönungszug des Königs nach Rom. Hoffahrt bedeutete, daß der Vasall am Hof des Lehnsherrn zu Rat und Hilfe weilte.

Das Lehnswesen verlor seine Bedeutung im ausgehenden MA und zu Beginn der NZ, als sich das Kriegswesen grundlegend änderte, d. h., als das adelige Ritterheer durch das Söldnerheer abgelöst wurde. Auch aus den Ämtern wurden die Lehnsleute nach und nach verdrängt und durch den neuen Beamtenstand (Rat, Amt, Vögte) ersetzt, die sich weitgehend aus dem aufstrebenden Bürgertum rekrutierten. Formell jedoch blieb das alte Dt. Reich bis zu seinem Untergang (1806) ein Lehnsstaat.

LIT. H. Conrad, DRG 1 ([2]1962); H. Mitteis, Der Staat des hohen MA ([7]1962); W. Kienast, Untertaneneid und Treuevorbehalt in England und Frankreich (1952); H. Mitteis und H. Lieberich, DRG ([16]1981); H. Mitteis, Lehnsrecht und Staatsgewalt (1933; Neudr. 1958); F. L. Ganshof, Was ist das Lehnswesen? (dt. 1961); J. Calmette, La société féodale ([5]1977); Th. Mayer (Hrsg.), Studien zum ma. L. (1960); F. Merzbacher, Kirchenrecht und Lehnsrecht, in: Österreich. Archiv für Kirchenrecht, 12 (1961); W. Goez (Hrsg.), Lehnrecht und Staatsgewalt im dt. HochMA. Histor. Texte MA, 11 (1969); V. Rödel, Reichslehnswesen, Ministerialität, Burgmannschaft und Niederadel. Studien zur Rechts- und Sozialgeschichte des Adels in den Mittel- und Oberrheinlanden während des 13. und 14. Jh. (1979); S. Hauser, Staufische Lehnspolitik (1998).

Lehnsauflassung. Die Rückgabe eines Lehens an den Herrn einschließlich der mit dem Lehen verbundenen Rechte.

Lehnsauftragung. Das Angebot eines Allods an einen Herrn mit der Absicht es als Lehen wieder zu empfangen.

Lehnsbrief. Zunächst lediglich die Bestätigung einer Belehnung. Seit dem ausgehenden MA in Westeuropa und der beginnenden NZ in Deutschland bezeichnet der L. den rechtsförml. Ersatz einer Lehnsbestätigung.

Lehnbuch, Lehnregister.
a) Die Zusammenstellung der zu einer Herrschaft gehörenden Lehen und Lehnsträger.
b) Seit dem ausgehenden 13. Jh. die Bez. für den Belehnungsakt (→Investitur).
c) Das Register der Lehnsbriefe (seit dem 16. Jh.).
LIT. HWDRG II, 1686–88.

Lehnsfähigkeit. Die aktive L. bez. das Recht, ein Lehen rechtskräftig zu empfangen; sie setzte die Ritterbürtigkeit, die Waffenfähigkeit sowie den Vollbesitz der Ehre voraus.

Lehnsfolge.
a) Nach dem dt. Lehnsrecht das Recht, d. h. die Pflicht des Mannes, im Falle des Ablebens des Herrn dem neuen Herrn Lehnsdienste zu leisten, vorausgesetzt allerdings, daß der neue Herr dem alten ebenbürtig ist.
b) →Heerfahrt, →Hoffahrt.

Lehnsfürst. Bez. (bes. in Frankreich) für den Großvasallen (lat. princeps; franz. grand seigneur), der mit königl. Rechten ausgestattet war. In der Mehrzahl der Fälle war er ein direkter Vasall des Königs. Der L. konnte auch den Titel duc, marquis, comte, vicecomte führen.

Lehnsgericht, Lehnshof, Lehnskurie. Zunächst ein Gericht, vor dem Streitigkeiten zw. Herrn und Vasall, doch auch der Vasallen untereinander ausgetragen wurden. Bei Differenzen zw. Vasallen war der Herr Richter; als Beisitzer fungierten die dem Vasallen ständisch gleichen Mannen (pares), desgleichen im Fronhofsverband für Bauernleihen und Bauernlehen. Das L. war seit dem Beginn der NZ ausschließl. mit gelehrten Juristen besetzt. Seine Aufgabe war es seit dieser Zeit, erledigte Lehen zu erneuern. Die L. wurden in der Folge teilweise durch Lehnskammern (Lehnsdepartements, Lehnskanzleien) ersetzt. Letztere waren eine Abteilung der territorialstaatl. Verwaltung.

Lehnshof. Bez. für das Lehnsgericht, doch auch für die Vasallen eines Herrn.

LIT. C. Ullrichs, Vom L. zur Reichsritterschaft (1997).

Lehnshoheit. Die landesherrl., zudem die städt. Oberhoheit über sämtl. Lehen des jeweiligen Territoriums seit dem späten MA.

Lehnspferdegeld. Die anstelle der Heerfahrt seit dem späteren MA entrichtete Steuer der Mannen. Im 18. Jh. wurde hieraus eine feste Abgabe als Voraussetzung der Umwandlung eines Lehens in freies Eigentum (Allod).

Lehnsrecht. Ein Sonderrecht, das zum allg. Stammesrecht (→Landrecht) in Gegensatz stand. Es entwickelte sich zunächst gewohnheitsrechtl., seit dem 13. Jh. auf Grund der Rechtsbücher, so des Sachsenspiegels, Schwabenspiegels etc. Im 16. Jh. wurde das L. durch die langobardischen libri feudorum ersetzt; ihnen ging jedoch das einheimische partikulare L. vor.

Lehn(s)vertrag (Lehnsrevers). Ein die Belehnung betreffendes Abkommen zw. Herrn und Mann; vom ausgehenden MA an die Bez. vor allem für die sämtlichen Sonderrechte bzw. -pflichten, die nicht der allg. Überlieferung entsprachen.

Lehnsvormund. Die Vormundschaft eines Herrn über einen Lehnserben, der noch nicht mündig war, d. h. der das Mindestalter von 12 Jahren noch nicht erreicht hatte. Nach dem in Frankreich geltenden Lehnsrecht konnten auch die nächstberechtigten Verwandten L. sein, vor allem die Mutter.

Lehnware (mhd. lêheware, Wahrnehmung eines Lehens bzw. einer Abgabe, die dafür zu entrichten war; ältere Schreibweise »Lehnwahre«). Unter den Zahlungen, die im Zusammenhang mit dem Empfang von Lehen durch den Vasallen zu entrichten waren, besaß die L. besondere Bedeutung, denn sie allein läßt deutlich werden, in welchem Umfang finanzielle Gesichtspunkte bei der Lehnvergabe eine Rolle spielten. Den eigentl. Sinn der Zahlung hat man darin zu sehen, »daß ein außerhalb der übl. Sohnesfolge zum Lehen gelangender Vasall sich dem Herrn geneigt machen wollte, indem er ihm seine außergewöhnl. Disposition mit Sachleistungen oder Geld honorierte.« Verbindliche Angaben über die Höhe der geforderten L. gibt es nicht. Fest steht allein, daß für eine Blutbannleihe 2000 Gulden zu entrichten waren. In einer Reihe von Fällen scheint die Höhe der L. entweder

festgesetzt oder ausgehandelt worden zu sein.
LIT. HWDRG II, 1752–55; W. Goez, Der Leihezwang. Eine Untersuchung zur Geschichte des dt. Lehnsrechtes (1962).

Leibeigenschaft. Im dt. Recht des MA eine Form persönl. Abhängigkeit von einem Leibherrn im Unterschied zu der dinglichen Abhängigkeit der Hörigen von einer Grundherrschaft. Der erst im späteren MA aufkommende Begriff (mlat. homo proprius de corpore, Ende des 13. Jh.) wurde durch die Geschichte, die Ethnologie und die Soziologie auch für andere Völker und Kulturen übernommen. Rein sachlich hat man vom Sklaven der Antike, dann vom Kolonus der Spätantike auszugehen. Zusammen mit den german. Unfreien wird der Kolonus bei der Bebauung des eroberten Landes weiterverwendet. Eine Besserung der Lage des Leibeigenen brachte das Christentum. Während der fränk. Zeit konnte der Leibeigene jederzeit freigelassen werden. Im hohen MA gab es die folgenden Formen der Leibeigenschaft:
a) die mansionarii oder servi casati (sie bebauen innerhalb eines Fronhofverbandes eine Hufe und sind so den Hörigen [Grundholden] gleichgestellt);
b) die homines proprii (Eigenleute, Hörige; sie dienen als Gesinde im Herrenhaus, wo sie auch wohnen: servi in domo manentes; sie haben sich für alle möglichen Dienste ständig bereitzuhalten: servi in perpetuo servitio; sie werden von ihrem Herrn völlig unterhalten);
c) die Tagelöhner (servi quotidiani, mit einem Häuschen).
Während des späteren MA und der frühen NZ bildet sich innerhalb des Rahmens der allmählich entstehenden Territorien unter dem Einfluß des röm. Rechts eine einheitl. Klasse von Leibeigenen heraus. Sämtliche abhängigen Leute werden nunmehr nicht selten als Leibeigene bezeichnet; den Hörigen werden sie gleichgestellt. In der frühen NZ wird, nach dem jeweiligen Territorium, zwischen personaler, lokaler bzw. realer (»Luft macht eigen«) sowie naturaler, d. h. ererbter L. unterschieden. Im allg. war der Leibeigene zu Geld- und Naturalleistungen (Leibzins, Sterbefalls- und Heiratsabgaben), zudem zu mäßigen Fronden an seinen Herrn verpflichtet. Gegenüber dieser verhältnismäßig milden Form der L. in Süd- und Westdtl., die auch in der NZ weiterbestand, brachte in Ostdtl. die Ausbildung der Gutsherrschaft, außerdem die Nachwirkung des slawischen Rechts, eine teilweise strengere Abhängigkeit der ehedem freien bäuerl. Kolonisten; sie fand ihren Ausdruck im Verlust der Freizügigkeit, in der Verpflichtung zu unbeschränkten Fronden sowie im Gesindezwang der Kinder. Diese Form der Erbuntertänigkeit in Ostdtl. fand seit dem 18. Jh. ihren Ausdruck in der Bez. L.; sie traf insbes. für Mecklenburg und Pommern zu. Während des 18. und 19. Jh. wurde die L. allmählich beseitigt (→Bauernbefreiung).

In Rußland entstand die L. erst im 15.– 17. Jh. Die ehedem nomadisierenden Bauern werden an den Boden gezwungen und dem Herrn (Barin) beinahe wie Sklaven unterworfen: sie werden durch ihn verheiratet, können durch ihn verpfändet, verkauft und verschenkt werden; außerdem unterstehen sie völlig der Gerichtsbarkeit des Herrn. Hieraus resultiert jedoch auch die umfassende Fürsorgepflicht des Herrn für die Leibeigenen. 1861 wurde die russ. L. durch Zar Alexander II. (reg. 1855–81) aufgehoben.
LIT. HWDRG II, 1761–72; Th. Knapp, Ges. Beitr. zur Rechts- und Wirtschaftsgeschichte (1902); ders., Neue Beiträge zur Rechts- und Wirtschaftsgeschichte (1919); A. Dopsch, Herrschaft und Bauer in der dt. Kaiserzeit (1939); Ch. Perrin, Les classes rurales et régime seigneurial en France (1941); H. Pirenne, Sozial- und Wirtschaftsgeschichte Europas im MA (dt. 1946); M. Bloch, La société féodale. Bd. 2 (1949); H. Haussherr, Wirtschaftsgeschichte der NZ (1954); Ch. Perrin, Le servage en France et en Allemagne (Rel. Int. Hist. Kongr. Rom 3, 1955); H. Conrad, DRG 1 (²1962); H. Dannenbauer, Grundlagen der ma. Welt (1959–62); F. Lütge, Geschichte der dt. Agrarverfassung vom frühen MA bis zum 19. Jh. In: Dt. Agrargeschichte, hrsg. von G. Franz, 3 (²1967); W. Müller, Entwicklung und Spätformen der dt. bäuerl. Heiratsbeschränkungen (1974); Cl. Ulbrich, Leibherrschaft am Oberrhein im Spät-MA (1979).

Leibgarde, Leibwache. In West- und Mitteleuropa eine seit dem Ende des MA aufkommende Bez. für eine Truppe, die dem persönl. Schutz eines Herr-

schers dient. Im Dt. Reich bestanden
noch bis zum Jahre 1918 die preuß. und
württemberg. Schloßgarde-Kompagnie,
die bayer. L. der Hartschiere (Leibgar-
disten) sowie die zum Ordonnanz-
Wachdienst beim dt. Kaiser und der
Kaiserin bestimmte berittene preuß.
Leibgendarmerie; in Österreich-Ungarn die Leibgarde-Kompagnie und Eskadron, die Arcieren-Leibwache, Tra-
banten-Leibwache und die ungarischen
L.; in Rußland die Palastgrenadier-
Kompagnie. Leibtruppen hießen im
16./17. Jh. die Angehörigen derjenigen
Kompagnien, deren Einkünfte der Regimentsinhaber als nomineller Kompag-
nie-Chef bezog. Im dt. Heer wurde später die erste Kompanie (Eskadron, Bat-
terie) der Regimenter, deren Chef der
Landesfürst oder ein Mitglied seines
Hauses war, als Leibkompagnie, Leib-
eskadron etc. bezeichnet.

Leibgedinge (mhd. lipgedinge, auf
Lebenszeit Ausbedungenes). **Leib-
zucht.**
[1] Das Altenteil.
[2] Lt. älterem dt. Recht die lebenslängl. Nutznießung; sie konnte durch
den Ehemann im voraus zugunsten seiner überlebenden Ehefrau an bestimmten Grundstücken bestellt werden.
LIT. W. Ogris, Der ma. Leibrentenver-
trag (1961).

Leibjäger. Bei Treibjagden ein Be-
diensteter, der das Reservegewehr seines Jagdherrn zu halten und die abge-
schossenen Gewehre zu laden hatte.

Leibzoll. Eine im alten Dt. Reich bis
1806 erhobene Abgabe; sie mußte
durch Juden beim Überschreiten von
Zollgrenzen für ihren persönl. Schutz
entrichtet werden.

Leichenbitter (Leichensager, Lei-
chenlader). Eine Person, die, bes. in
ländl. Gegenden, einen Todesfall be-
kanntgibt und zur Bestattung einlädt.

Leichenpredigt. Nach der luther. Reformation vor allem in Mitteldeutschland aufkommend, am Grabe oder in
der Kirche auf den Verstorbenen gehalten, mit Angaben zur Person und dem
Lebenslauf, manchmal auch mit Porträt
und genealog. Angaben. Die L. hatte
ihre Blütezeit im 16. und um die Wende
vom 17. zum 18.Jh., verlor mit der Aufklärung an Bedeutung, wurde im kathol. Bereich bekämpft. Als Quelle jetzt
stärker berücksichtigt.
LIT. R. Lenz, L. als Quelle histor. Wissenschaften (1984).

Leihe (Gebrauchsleihe). Allg. ein ob-
ligationenrechtl. Vertrag über die unentgeltl. Überlassung einer Sache zum
Zwecke des Gebrauchs auf Zeit. Die
röm.-rechtl. Leiheform (→Precarium)
war das Vorbild für die ma. L. Das MA
kannte eine strenge Scheidung zw. höherer L., aus der lediglich eine persönl.
Abhängigkeit resultierte (Lehen) und
niederer L. Die niedere L. gliederte sich
in freie L. und unfreie L.
Bei der freien L. unterschied man
a) zwischen Land- und Stadtrecht;
b) den verschiedenen Formen der
→Erbleihe, insbes. bei Rodungen,
Dorf- und Stadtanlagen im Zusammenhang mit der Ostkolonisation, weshalb
man auch von Gründerleihe sprach;
c) dem Erbbaurecht, d.h., daß der Be-
liehene stets nur einen Zins zahlte.
Die niedere L. bezog sich vor allem auf
den Hörigen einer Grundherrschaft, der
für das dingliche Nutzungsrecht bzw.
das Erbzinsrecht Abgaben, Mortuarium
und Laudemium entrichtete; zudem leistete er Frondienste. Ein Freier wurde
zum Hörigen, wenn er ein Gut zu unfreier L. übernahm. Seit der frühen NZ
ist die Unterscheidung zw. L. und Pacht,
insbes. der Erbpacht, nur noch schwer
möglich.
LIT. G. von Below, Geschichte der dt.
Landwirtschaft des MA in ihren Grundzügen, hrsg. von F. Lütge (1937);
F. Lütge, Dt. Sozial- und Wirtschaftsgeschichte (²1960); W. Goez, Der Leihezwang (1962).

Leihezwang. Lt. Lehnsrecht die Verpflichtung, daß jedes Lehen nach dem
Ableben eines Lehnsträgers wieder abgegeben werden muß, und zwar an
dessen Erben im Mannesstamm. Die
Erblichkeit eines Lehens ist zum erstenmal während der Karolingerzeit zu
verzeichnen, und zwar im Kapitulare
von Kiersy (877). Der auch im Sachsenspiegel formulierte Grundsatz, daß
ein erledigtes Fahnenlehen innerh. von
Jahr und Tag wieder verliehen werden
mußte, gelangte durch den Prozeß gegen Heinrich den Löwen (1129–95),
von Friedrich Barbarossa (reg. 1152–
90) angestrengt (1180), zur endgültigen Anerkennung. Infolge des L. war
es nicht möglich, daß heimgefallene
Fürstenlehen, wie in Frankreich und
England, bei der Krone verbleiben
konnten. Dies bedeutete, daß die Aufrechterhaltung gewisser Territorien
rechtl. gesichert wurde, wodurch die

Macht von König und Reich eine Beeinträchtigung erfuhr.

LIT. HWDRG II, 1826–29; H. Mitteis, Der Staat des hohen MA ([7]1962); ders., Lehnsrecht und Staatsgewalt (Neudr. 1958); H. Gunia, Der L., ein angebl. Grundsatz des dt. Reichsstaatsrechts im MA (1938); vgl. hierzu H. Mitteis, in: ZRG GA (1939); W. Goez, Der L. (1962).

Leih- und Pachtgesetz →Lend-Lease-System.

Leinpfad (mhd. lîne-phat), **Treidelpfad.** Ein Weg, der entlang von Flußufern und Schiffahrtskanälen angelegt wurde. Von ihm aus wurden vor Einführung des maschinellen Schiffsantriebs die Schiffe von Tieren oder Menschen an Seilen gezogen (getreidelt).

Leipziger Disputation. Das Religionsgespräch vom 27. 6. bis 16. 7. 1519 in der Pleißenburg zu Leipzig, in dem J. Eck (1486–1543) die Willensfreiheit und die Guten Werke gegen Karlstadt (um 1480–1541), den Primat des Papstes gegen Luther (1483–1546) verteidigte.

Leipziger Münzfuß. Ein von Brandenburg, Kursachsen und Braunschweig-Lüneburg im Jahre 1690 aufgestellter Münzfuß; später schlossen sich die meisten der übrigen Staaten an. Der L.M., der die Zinnaischen Münzfuß ablöste, geht auf die Initiative Brandenburgs zurück, das 1687 einen 12-Taler-Fuß (statt des 10½-Taler-Fußes) einführte; hiernach waren ⅔-, ⅓- und ⅙-Taler zu prägen. Offiziell bestand der L.M. bis 1740, doch hielt er sich bis ins 19. Jh. im Handel.

LIT. F. von Schrötter, Acta Borussica. Das preuß. Münzwesen im 18. Jh., münzgeschichtl. Tl. 1 u. 2 (1904–08); ders., Das preuß. Münzwesen 1806 bis 1873, 1 (1926).

Leise, Leis. Kirchl. Bittgesänge oder geistl. Volkslieder des MA, deren Strophen auf den Kehrreim Kyrieleis (Kyrie eleison) ausgingen. Die L. sind der Anfang des dt. Gemeindegesanges.

Leitha. 180 km langer rechter Nebenfluß der Donau, der aus der Vereinigung von Schwarza und Pitten in den niederösterr. Alpen entsteht, das südl. Wiener Becken durchfließt, sich in der Brucker Pforte zw. Leithagebirge und Hainburger Bergen nach SO wendet und im oberungar. Tiefland (bei Ungarisch-Altenburg) in den Wieselburger Donauarm mündet. – Das Lei-

thagebirge ist ein 35 km langer Bergzug (als Ausläufer der Zentral-Alpen) zw. Ödenburger und Brucker Pforte (die Südost-Begrenzung des Wiener Beckens). Bis 1918 bildeten L. und Leithagebirge teilweise die Grenze zw. der österreich. (Zisleithanien) und der ungar. Reichshälfte (Transleithanien) der Donaumonarchie. Seit 1918 Grenze zw. Niederösterreich und Burgenland.

Leiturgie (griech.). Dienstleistungen der Besitzenden in den griech. Städten der Antike für das Gemeinwesen; sie bezogen sich auf die verschiedensten Bereiche, so auf die Ausrüstung eines Kriegsschiffes (z. B. in Athen), die Finanzierung dramat. Aufführungen, u. a. von Götterfesten, ebenfalls die Leitung des Gymnasions, die Sitonie, die Finanzierung öffentl. Bäder etc. Während der röm. Kaiserzeit wandelte sich die L. zu einer Zwangseinrichtung. Seit der Zeit der Ptolemäer wurde in Ägypten jede Zwangsleistung als L. bezeichnet.

LIT. F. Oertel, Die L. (1917).

Lemma (griech.). Allg. der entweder durch eine Überschrift oder in Form eines Mottos zum Ausdruck gebrachte Hauptinhalt eines Aufsatzes, Bildes etc.

Lemuren (lat. Lemures). Röm. Totengötter, zu deren Versöhnung am 9. 11. und 13. 5. um Mitternacht das Fest der Lemurien gefeiert wurde. Als L. wurden ebenfalls die Geister von Verstorbenen bez., die nicht zur Ruhe gekommen waren.

LIT. K. Latte, Röm. Religionsgesch. (1960); G. Radke, Die Götter Altitaliens (1965).

Lenäen, (griech.) **Lenaia.** Im alten Athen ein dem Dionysos zu Ehren gefeiertes Fest mit dramat. Aufführungen. Das Fest fand im Monat Gamelion (etwa Januar) statt.

LIT. L. Deubner, Attische Feste (1932), Neudr. 1956).

Lenäos. Der 5. Monat im Kalender der ionischen Griechen; ebenfalls der Beiname des Dionysos.

Lend-Lease-System. Leih-Pacht-System. Die während des Zweiten Weltkriegs durch die USA getroffenen Maßnahmen, um die Gegner Deutschlands und seiner Verbündeten mit Kriegs- und Zivilgütern zu versorgen, ohne Bargeld dafür zu erhalten. Durch den am 11. 3. 1941 unterzeichneten L.-L. Act (Leih-Pacht-Gesetz) leisteten die USA bereits vor ihrem Eintritt in den Krieg am 7. 12. 1941 (Angriff der Japaner auf

Pearl Harbour) den Alliierten Hilfe. Das L.-L.-S. kam zunächst England, China, Indien, Australien, Neuseeland, Afrika und dem Mittleren Osten zugute, seit dem 11. 6. 1942 auch der UdSSR. Die anfängl. Leistungen aufgrund des L.-L.-S. beliefen sich auf 7 Mrd. Dollar; bis zu seiner Aufhebung am 21. 8. 1945 waren Güter im Wert von 47 Mrd. Dollar erbracht worden, von denen 31,5 Mrd. auf England und 11 Mrd. Dollar auf die UdSSR entfielen. Lediglich rd. 17% der geleisteten finanziellen Hilfen wurden durch die Empfänger zurückerstattet.
LIT. E. R. Stettinius, Lend Lease (London 1944).

Lendner, Lentner. Während der 2. Hälfte des 14. Jh. ein enganliegender Waffenrock aus Leder, der bis auf die Oberschenkel reichte; er war meist hemdartig und ärmellos.

Leninismus. Bez. für die Weiterentwicklung der marxist. Theorie durch Wladimir Iljitsch Lenin, eigentl. Uljanow (1870–1924); hierzu gehört u. a.:
a) Einheitlichkeit der Erkenntnistheorie im dialekt. Materialismus (→Dialektik, →historischer Materialismus);
b) die Theorie, daß Monopolkapital und Imperialismus zusammenwirken und einander ergänzen;
c) das Zusammenfassen der widerstrebenden Kräfte in der Partei und der Aufbau des Partei-, Staats- und Wirtschaftsapparates. (Auf dem II. Parteitag der russ. Sozialdemokratie [SDPR] in London [1903] trennte Lenin hinsichtl. der revolutionären Taktik und Parteistruktur die von ihm geführte Gruppe der →Bolschewiki von dem stärkeren demokrat. Flügel);
d) der Koexistenzbegriff.
Lenin verwirklichte den L. mit äußerster Konsequenz. Im histor. Verlauf stellt der L. die 1. Phase des Bolschewismus dar.
LIT. W. I. Lenin, Staat und Revolution (1917; dt. 1926); D. Shub, Lenin (N. Y. 1949; dt. 1951); →Marxismus.

Leoben, Präliminarfriede von. Am 18. 4. 1797 zw. Österreich und Frankreich abgeschlossen (→Französische Revolutionskriege).

Leopoldina
[1] Abk. für die Kaiserlich Leopoldinisch-Carolinische dt. Akademie der Naturforscher; sie wurde 1652 in Schweinfurt gegr. (mit der ersten dt. naturwissenschaftl. Zeitschrift: Nova Acta L.). Sitz der L. ist heute Halle a. d. Saale.
[2] Die Breslauer Jesuitenuniversität (1702 gegr.). Durch die 1811 erfolgte Zusammenlegung mit der Hochschule zu Frankfurt (Oder), die Kurfürst Joachim I. von Brandenburg (Nestor), reg. 1499–1535, im Jahre 1506 gegründet hatte, entstand die schlesische Friedrich-Wilhelms-Universität.
LIT. Zu [2] L. Petry, Die schles. Friedrich-Wilhelms-Universität im letzten Jahrzehnt ihres Bestehens und die ostdt. Rechtsgeschichte. Briefe an Theodor Görlitz. In: ZfO 19, 633–59 (1961).

Lepanto (griech. Naupaktos). An diesem Ort, am Eingang in den Golf von Korinth, siegte am 7. 10. 1571 in einer ungemein blutigen Galeerenschlacht die vereinigte span.-venezian. und päpstl. Flotte unter dem Oberbefehl von Don Juan d'Austria (1547–78) über die Türken (→Türkenkriege).
LIT. F. Hartlaub, Don Juan d'Austria und die Schlacht bei L. (1940).

Leproserium, Leprosenhaus, Gutleutehaus. Die Lepra (Aussatz, Miselsucht, Malzey), eine bereits im antiken Ägypten, Indien und China bekannte chron., meist Jahrzehnte dauernde Infektionskrankheit, wurde durch röm. Truppen nach Europa eingeschleppt. Insbes. die Städte trafen bald radikale Maßnahmen; sie bestanden im Aussetzen der Kranken (daher »Aussatz«), d. h., daß sie vor die Stadtmauern verwiesen wurden, wo sie im L. lebten. Bis auf geringe Reste verschwand die Krankheit in Europa nach dem Dreißigjährigen Krieg.
LIT. Ph. G. Hensler, Vom abendländ. Aussatze im MA (1790); J. Ruffié, J. Ch. Sournia, Die Seuchen in der Geschichte der Menschheit (1987).

Lettre (franz., Brief). In der franz. Diplomatik Bez. für ein Schriftstück, das in der Form einfacher gehalten, in jurist. und polit. Hinsicht von geringerer Bedeutung als die eigentl. Urkunde (diplôme) ist. Man unterschied zunächst, und zwar der Verschlußart entsprechend, zw. lettres patentes und (vom 14. Jh. an) lettres closes (verschlossene Briefe), später jedoch auch nach Form und Inhalt; so traten die lettres patentes, die großes Format hatten und mit einem aufgedrückten Siegel versehen waren, zunehmend an die Stelle der diplômes; die lettres closes, die kleiner und einfacher gehalten waren, welche man zudem faltete, wurden durch ein

kleines, aufgedrucktes Siegel verschlossen; ihr Inhalt war ausschließlich für den Empfänger bestimmt.
Man unterschied (nach Entstehung und Inhalt) u. a. zwischen L. de conseil (Kanzleischreiben), L. de cabinet (Schreiben des Fürsten; hierbei handelte es sich um ein eigenmächtiges Schreiben, das nicht im Staatsrat beraten worden war), L. missive (Schreiben, dessen Inhalt von nur temporärer Bedeutung war), L. de grâce (königlicher Gnadenakt), L. de justice (ein Verwaltungs- und Justizsachen betreffendes Schreiben), L. de créance (Beglaubigungsschreiben), L. de récréance (Abberufungsschreiben eines Gesandten).
LIT. Archiv für Urkundenforschung (seit 1907–44; seit 1955: ADipl); L. Santifaller, Urkundenforschung (1937); weitere Lit. →Urkundenlehre.

Lettres de cachet (franz., versiegelte Briefe). Bis zur Revolution von 1789 in Frankreich vom König bzw. in seinem Auftrag geschriebene und mit seinem Siegel versehene Geheimbefehle, durch die Verbannung oder Verhaftung angeordnet wurde; durch Dekret vom 16./26. 3. 1790 wurden sie beseitigt. Durch die Verfassungen von 1830, 1848 und 1852 wurde die Beseitigung noch einmal ausdrücklich garantiert.
LIT. F. Funck-Brentano, Les L. de c. (Paris 1926); M. Marion, Dictionnaire des institutions de la France aux XVIIe et XVIIIe siècles (Paris 1923, Neudr. 1968).

leudes (latinisiert, »Leute«). Eine Art Gefolgschaftseid, wodurch solche Grundherren (l. sublimes) und Königsfreie (l. pauperes), die als Bauernkrieger unter einem Centenar (Hundertschaft) auf Fiskalland saßen, dem König verpflichtet waren. Darüber hinaus bez. man als l. das gesamte fränk. Volk, da es ebenfalls dem König durch einen Treueid (leudesamio) verpflichtet war.

Leuthen (niederschles. Ort westl. Breslau im Kreis Neumarkt), **Schlacht von** (5. 12. 1757). Nach seinem Sieg über die Franzosen bei Roßbach am 5. 11. 1757 wandte sich der Preußenkönig Friedrich II. (reg. 1740–86) nach Schlesien, da dort nicht nur Schweidnitz und Breslau durch die Österreicher hatten genommen werden können, sondern auch die preuß. Truppen des Herzogs von Bayern geschlagen worden waren. Mit einem Heer von rd. 35000 Mann trat Friedrich II. den Österreichern und deren Verbündeten, einem Aufgebot von 70000 Mann, das unter dem Befehl des Prinzen Karl von Lothringen stand, entgegen. Nach anfängl. Erfolgen der Österreicher griffen die Preußen unerwartet von Süden her in nach rechts gerichteter schiefer Schlachtordnung unter dem Kommando General Wedells, Prinz Moritz' von Anhalt und General Zietens, den linken gegnerischen Flügel umfassend, an. Der Schwerpunkt der Kämpfe lag in und um L. Vor allem wurde um den Friedhof von L. gerungen. Entschieden wurde die Schlacht schließlich durch den überraschenden Angriff der Reiterei des linken preuß. Flügels unter General von Driesen. Nach der Schlacht, die einen der glänzendsten Erfolge Friedrichs II. darstellt, stimmten die preuß. Truppen den Choral ›Nun danket alle Gott‹ an.
LIT. P. Gerber, Die Schlacht bei L. (1901); Die Kriege Friedrichs d. Gr. hrsg. v. Großen Generalstab, Tl. 3. Bd. 6 (1904); Von Mollwitz bis Annaberg, zusammengestellt von G. Schwantes (1935), 44–50; C. Jany, Geschichte der Preuß. Armee vom 15. Jh. bis 1914. 4 Bde. (^{2}1967).

Leutnant (franz. lieutenant, von mlat. locum tenens, Stellvertreter). Zunächst der Stellvertreter des Königs als (General)Statthalter, Gouverneur; desgleichen von Beamten, so des bailli. Seit dem 15./16. Jh. war L. ganz allg. ein Dienstgrad, der die Stellvertretung des nächsthöheren, d. h. des Hauptmanns bez. Im Sinne einer evtl. Stellvertretung sind auch die höheren und hohen Rangstufen wie Oberstleutnant, Kapitänleutnant, Generalleutnant, Feldmarschalleutnant etc. urspr. zu verstehen, wiewohl sie Inhaber eigener Kommandostellen sein können.

Leutpriester (Leutpfarrer; lat. plebanus). Ma. Bez. für Geistliche, die mit der Pfarrseelsorge betraut waren (daher auch Leutkirche); die L. übten die Seelsorge aus, wenn der amtierende Amtsinhaber hierzu wegen fehlender Weihe, Pfründenhäufung etc. nicht in der Lage war.

Levante (ital., Morgenland, Osten). Bez. für die Länder um das östl. Mittelmeer bis zum Euphrat und Nil; im engeren Sinne die kleinasiat. Küsten sowie die Küsten Syriens und Ägyptens.

Levantiner. Die Bewohner der Levante, d. h. vor allem die Abkömmlinge von Europäern und oriental. Müttern;

desgleichen Bez. für den Maria-There-sien-Taler, der seit 1765 geprägt wurde und in der Levante sowie in Ostafrika (Abessinien) bis ins 20. Jh. als Zahlungsmittel verbreitet war.

Levée en masse. Das im August 1793 durch den franz. Nationalkonvent, im Januar 1814 durch Kaiser Napoleon I. (reg. 1804–14/15) und im Herbst 1870 durch L. Gambetta (1838–82) als Kriegsminister durchgeführte Aufgebot der männl. Bevölkerung Frankreichs.

Levellers (engl., Gleichmacher). In England eine Gruppe radikal-demokrat. Republikaner z. Z. Karls I. (reg. 1625–49) und Cromwells (reg. 1649–58). Sie erstrebte die totale bürgerl. und religiöse Freiheit. Einer ihrer Führer war der polit. Schriftsteller und Agitator John Lilburne (1614–57). Die seit 1647 als L. bezeichnete Gruppe wurde 1649 trotz ihres Anhangs und ihrer Popularität in der Armee unterdrückt.
LIT. M. A. Gibbs, John Lilburne, The Leveller (1949); E. Abeles, in: Collier's Encyclopedia, 14 (1971), 525; G. E. Aylmer (Hrsg.), The Levellers in the English Revolution (1975).

Lever (franz., Aufstehen). Am franz. Hof vor allem im 17. Jh. und 18. Jh. die Morgenaudienz, die der König nach fast beendigter Toilette gewährte.

Levirat (von lat. levir, Mannesbruder), Schwagerehe. Die Wiederverehelichung einer kinderlosen Witwe mit dem Bruder des verstorbenen Mannes oder dessen nächsten Verwandten. Ein Kind, das im L. gezeugt wurde, galt als Kind des Verstorbenen (5. Mose 25,5 ff.; Matth. 22,24 ff.). Außer bei den Israeliten gab es das L. auch bei anderen altoriental. sowie bei Naturvölkern.

lex (lat., Bindung, Gesetz). Im röm. Recht die für die Staatsbürger allgemeinverbindl. Rechtsvorschrift (l. publica); im engeren Sinn das vom röm. Volk auf Antrag eines Magistrats angenommene (l. rogata) oder verfügte Gesetz (l. data). Die l. rogata, in den meisten Fällen nach dem Geschlechtsnamen der Antragsteller benannt, so die l. Hortensia von 287 v. Chr., welche den Beschlüssen der Plebs eine den leges der Volksversammlung gleiche Gültigkeit verlieh, wurde auf öffentl. aufgestellter Bronzetafel durch den Magistrat bekanntgemacht; Zuwiderhandlungen wurden mit Strafe geahndet, weshalb die l. rogata gewöhnlich mit einer Strafandrohung (sanctio) versehen war.

Wichtige Volksgesetze und Plebiszite waren die l. Canuleia (etwa 445 v. Chr.), wodurch das Eheverbot zw. Patriziern und Plebeiern beseitigt wurde, die l. Cincia (204 v. Chr.), wodurch Schenkungen verboten wurden und die l. Papia Poppaea, die die Ehereform zum Inhalt hatte.
Während der Kaiserzeit wurden die Volksgesetze bald durch Beschlüsse des Senats oder kaiserl. Verordnungen ersetzt. Kaiser Nervas (reg. 96–98 n. Chr.) Ackergesetz (96 n. Chr.) war das letzte Volksgesetz.
Erst die Gesetzessammlungen der german. Staaten, die während der Völkerwanderungszeit (seit 370 n. Chr.) auf röm. Boden entstehen, werden wieder l. genannt; es handelt sich hierbei um die vor allem für den röm. Bevölkerungsteil bestimmten Sammlungen röm. Rechts. Die lex Romana Visigothorum König Alarichs II. (reg. 484–507) von 506 ist die älteste dieser Gesetzessammlungen. Insbes. tragen die Stammesrechte der Germanen die Bez. l., angefangen von der lex Visigothorum (etwa 475) bis hin zu den 802/03 im Auftrag Karls d. Gr. (reg. 768–814) aufgezeichneten Leges Thuringorum etc.
LIT. Th. Mommsen, Röm. Staatsrecht (1952, Nachdr. der 3. Aufl.); G. Rotondi, Leges publicae populi Romani (1912); L. Wenger, Die Quellen des röm. Rechts (Wien 1953); J. Bleicken, Lex publica. Gesetz und Recht in der röm. Republik (1975).

Lexikon. Alphabetisch geordnetes allg. Nachschlagewerk, in dem das Wissen und Können einer Zeit insgesamt oder auf einem bes. Wissensgebiet dargestellt ist.

Lex Salica (Salisches Gesetz). Das älteste und bekannteste westgerman. Volksrecht. Die L. S., die unter Chlodwig I. (466–511) Anfang des 6. Jh. entstand, reicht in die vorchristl. Zeit der Franken zurück.
LIT. HWDRG II, 1949–52; E. Boshof, Die Salier (²1992).
Ausgabe: L. S. hrsg. von K. A. Eckhardt (1969).

Libella (lat. Diminutiv von libra). Röm. Münzeinheit (soviel wie 1 As); die L. galt als Münze in der Buchführung ¹⁄₁₀ Denar, später ¹⁄₁₀ Sesterz.

Libelli de Lite (lat., Schriften über den Streit). Abk. Ldl. Bez. für die aus der Zeit der Kirchenreform und des Investiturstreites stammenden Streit-

schriften. Sie sind publiziert in den ›Monumenta Germaniae Historica‹, 3 Bde, (1891–97, Nachdr. 1957).
LIT. C. Mirbt, Die Publizistik im Zeitalter Gregors VII. (1894, Nachdr. 1965).
Libell(us) (lat., kleine Schrift). Im röm. Recht die Bez. für Schriftstücke verschiedener Art, z. B. eine Schmähschrift (libellus famosus), eine Klageschrift (Klag-Libellus), Eingaben an Behörden und den Kaiser. Am Hofe des Kaisers bestand daher eine eigene Behörde zur Entgegennahme der Bittschriften; ihr stand zunächst ein Freigelassener vor, seit Kaiser Hadrian (reg. 117–38) ein Ritter, später der magister libellorum. Bes. Bedeutung erlangten die Schriftstücke, auf denen die Teilnahme an heidnischen Kulthandlungen z. Z. der Christenverfolgung des Kaisers Decius (reg. 249–51) im Jahre 250 bescheinigt war. Die Schriftstücke waren in Form einer Eingabe an die Opferkommission ausgestellt.
LIT. E. Honée, Der Libell des Hieronymus Vehus zum Augsburger Reichstag 1530 (1988).
Liber (Buch).
[1] **L. censuum Romanae Ecclesiae** (Abgabenbuch der Römischen Kirche). Ein Verzeichnis der period. Abgaben, die z. B. Klöster, Kirchen, Städte, Territorialherren der röm. Kirche schuldeten. Im Jahre 1188 angelegt.
[2] **L. diurnus** (Handbuch für die tägl. Arbeit). Eine Sammlung kurialer Formulare; sie umfaßt u. a. Weihe-, Schenkungs- und Privilegienformulare und reicht zurück bis in die Zeit Papst Gregors d. Gr. (590–604).
[3] **L. iudicarius Angliae** →Domesday Book.
[4] **L. Papiensis, L. legis Langobardorum.** Sammlung langobard. Rechtsquellen, zw. 1019 und 1037 in Pavia, Verona und Rom zusammengestellt.
[5] **L. Pontificalis** (Papstbuch). Eine Papstchronik, die mit Petrus beginnt und bis zum Jahre 1431 reicht. Als Geschichtsquelle ist sie unzuverlässig, da häufig legendarisch.
[6] **L. Septimus.** Bez. für die Fortsetzung des **L. Extra** und des **L. Sextus**, d. h. der Kodifikationen von Dekretalen seit der Mitte des 12. Jh. bis auf Papst Klemens VIII. (1592–1605).
[7] **Libri Carolini** (Karoling. Bücher). Die gegen Bilderverehrung gerichtete Streitschrift der fränk. Kirche. Sie wurde im Auftrag Karls d. Gr. (reg. 768–

814) wahrscheinlich von Theodulf von Orléans (um 760–821) im Jahre 790 verfaßt.
[8] **Libri Feudorum.** Eine aus dem 12. und 13. Jh. stammende Sammlung des langobard. Lehnsrechts; sie umfaßt insbes. Gesetze dt. Kaiser sowie Arbeiten Mailänder Juristen, der Feudisten. Die L.F. stellen einseitig die Rechte des Vasallen heraus; später wurden sie dem Corpus iuris eingefügt und im 16. Jh. zusammen mit diesem als gemeines dt. Lehnsrecht in Dtl. übernommen.
LIT. Zu den hier genannten »Libri« und anderen vgl. HGWDRG II, 1991–2001.
Zu [1] *Ausgabe* von P. Fabre und L. Duchesne, 2 Bde (1899, 1910).
Zu [2] R. Buchner, Die Rechtsquellen, Beih. zu W. Wattenbach und W. Levinson, Deutschlands Geschichtsquellen im MA, Vorzeit und Karolinger, 2 (1953).
Zu [4] *Ausgabe* von A. Boretius, in: MGH, Leges, 4 (1868; Neudr. 1925).
Zu [5] *Ausgabe* von L. Duchesne, Le L. P., 2 Bde (Rom 1886–92) und Gesta Pontificum Romanorum, hrsg. von Th. Mommsen, 1 (1898; MGH).
Zu [6] Corpus Iuris Canonici.
Zu [7] W. von den Steinen, in: Quellen und Forschungen aus ital. Archiven und Bibliotheken, 21 (1930); ders., in: Neues Archiv der Ges. für ältere dt. Geschichtskunde, 49 (1931); *Ausgabe* von H. Bastgen, in MGH 3, 2 (1924).
Zu [8] K. Lehmann, Das karoling. Lehnsrecht (1896).
liberal (lat. liberalis, eines freien Mannes würdig: edel, anständig, vornehm, gütig). Im polit. Sinn erstmals 1812 in Spanien verwendet. Seit dem 19. Jh. findet sich die Bez. in den Namen vieler polit. Parteien, so der preußisch-dt. Nationalliberalen Volkspartei (1867–1918), der Liberalen Partei Großbritanniens; sie trat das Erbe der Whigs an und war zw. 1859 und 1922 neben den Konservativen die zweite große Partei Englands, mit der sie sich in der Regierung und der Opposition abwechselte. Ihre bedeutendsten Repräsentanten waren H. J. T. Palmerston (1784–1865), W. E. Gladstone, (1809–98) und D. Lloyd George (1863–1945).
LIT. R. Wohlfeil, Spanien und die dt. Erhebung 1808–1814 (1965).
Liberale Theologie. Eine Erscheinung der prot. Theologie des 19. Jh.; vorbereitet wurde sie in der Aufklä-

rung, mit vereinzelten Vorläufern bereits in früheren Perioden.

Liberale Weltunion, Union libérale mondiale (Internationale libérale). 1947 in Oxford gegründet; ihr Sekretariat befindet sich in London. Zielsetzung: die Förderung einer Gesellschaft, die auf persönl. Verantwortung und Freiheit aufbaut; außerdem die Zusammenarbeit aller Länder auf dieser Grundlage.

Liberalismus. Der L. war eine Bewegung, die sich zunächst in geistig-polit. Strömungen, sodann in Gruppen- und Parteibildung manifestierte mit bestimmten Wertvorstellungen von einer Ordnung der Wirtschaft, der Gesellschaft und des Staates. Sie gehörte vorwiegend dem 19. und den ersten Jahrzehnten des 20. Jh. an und wurde insbes. in Europa wirksam. Die Begriffe liberal und Liberalismus erschienen zunächst als Selbstbez. der Liberalen – als liberales bezeichneten sich die Anhänger einer konstitutionellen Verfassung 1812 in Spanien, die in Gegnerschaft zum Absolutismus standen. Sodann wurden sie von ihren Gegnern, den Konservativen und der den L. vor allem als Weltanschauung verurteilenden kath. Kirche, als Liberale bezeichnet. In der Bez. durch die Gegner lag ein polem. akzentuierte Inhaltsbestimmung.

Die große Bedeutung des L. wird daraus erkennbar, daß alle wesentl. Aufgaben im Bereich des Politischen, Ökonomischen und Sozialen sowie sämtl. bedeutenden Entwicklungen auf dem Gebiet der Wissenschaft und Philosophie im 19. und zu Beginn des 20. Jh. durch den L. beeinflußt wurden und diesen wiederum beeinflußten.

Von den Ursprüngen des L. während der Französischen Revolution und der Kriege Napoleons abgesehen, darf man die Zeit vom Wiener Kongreß bis um die Mitte des 19. Jh. als die des Früh-Liberalismus, die von der Jahrhundertmitte bis in die 80er Jahre als die des Hoch-Liberalismus bezeichnen. Die Epoche des Spät-Liberalismus reicht vom ausgehenden 19. Jh. bis in die Zeit nach dem Ersten Weltkrieg.

Während die Revolution von 1848 als der Beginn eines in seinen Institutionen und seinem Denken gänzlich liberalen Europa erschien, zeigte sich doch während der Epoche des Hoch-Liberalismus, daß eine völlige Realisierung der liberalen Forderungen nicht zu errei-

chen war. Nicht nur, daß Ost- und Südosteuropa trotz aller hier erfolgenden Reformen und Verfassungsproklamationen de facto vom L. unbeeinflußt blieben; selbst im übrigen Europa zeichnete sich während der Zeit des Hoch-Liberalismus auf wichtigen Gebieten eine Abkehr vom L. ab, insbes. mit der Wende in der europ. Handels- und Zollpolitik um 1880 auf dem Gebiet der Wirtschaft. Die Periode des Spät-Liberalismus vom ausgehenden 19. Jh. bis in die Jahre nach dem Ersten Weltkrieg ist gekennzeichnet einmal durch den Versuch einer Vollendung bzw. die Vollendung des L. im polit. Bereich in der Form ständig neuer Nationalstaatsgründungen sowie die Umwandlung nur teilweise liberaler Staaten in liberale Demokratien oder parlamentar. Monarchien, andererseits durch eine Umformung, wenn nicht gar Auflösung des ökonom. L. und den Übergang zu einem Protektionismus auf handelspolit. Gebiet, durch eine zunehmende Einflußnahme des Staates auf die Sozialpolitik sowie das vermehrte Auftreten der öffentl. Hand als Unternehmer.

Im weltanschaulichen L. machte sich etwa seit 1880 eine antiliberale Tendenz geltend, die sich insbes. in der antiindividualist. Haltung des entstehenden Jungnationalismus sowie im weltanschaul. Wandel in Wissenschaft und Philosophie zeigte. Hingegen wurde der proletar. Sozialismus, auch der marxist. Prägung, wesentlich durch Elemente liberaler Weltanschauung beeinflußt.

Der Rückgang bzw. Verfall des L. als Bewegung, der sich vor allem im Schwund der liberalen Parteien dokumentierte, sowie sein Zurücktreten als Weltanschauung von einer beherrschenden Stellung in eine Stellung neben anderen seit dem Ende des Ersten Weltkriegs hatte als Ursache sowohl die Erfüllung der liberalen Forderung als auch – und keineswegs zuletzt – den Durchbruch antiliberaler Bewegungen wie des Kommunismus und des Faschismus. Gegen den Staat liberaler Prägung erhob sich der Staat totalitärer Prägung, gegen den ökonom. L. die prinzipielle staatliche Intervention. Und während die sozialen Fragen sowie die zum Nationalismus übersteigerte Nationalstaatsidee bereits in der Epoche des Hoch-Liberalismus wesentlich zur Umgestaltung des L. beigetragen hatten, wurden sie während der Epoche der Selbstauflösung und Verdrängung des L. zu dessen eigentlichen Sprengkräften. Hinzu trat eine Stärkung der öffentl. Stellung der antiliberal eingestellten christl. Konfessionen, wiewohl diese wiederum von Kommunismus und Faschismus bedroht wurden.

In der Entwicklung der liberalen Bewegung erreichte der ökonom. L. als erster der »Teil-Liberalismen« einen völligen Durchbruch. Seine These war, daß innerh. der einzelnen Volkswirtschaften gänzliche Freiheit der Verkehrs- und Tauschbeziehungen zu herrschen habe; nur uneingeschränkte Freiheit ermögliche höchste Produktivität. Die Ordnung von Produktion und Verteilung sowie die Lenkung des Wirtschaftsprozesses, so glaubte man, regle sich von selbst. Da das individuelle Gewinnstreben Motor und tragendes Ordnungsprinzip des ökonom. L. sei, habe sich der Staat jeder Intervention zu enthalten. Grundlage für einen derart optimist. »Harmonieglauben« war die Überzeugung, daß eine konsequente Verfolgung des Eigeninteresses die Erfüllung des Gemeininteresses bewirke.

Der L., der zunächst im polit. und ökonom. Bereich auftrat und erst allmählich die Züge einer Weltanschauung annahm, hatte seine geistigen Grundlagen vor allem in der Aufklärung. Für Dtl. gehörten zudem Sturm und Drang sowie die Romantik und nicht zuletzt die Klassik zu den Grundlagen des weltanschaulichen L. Dadurch, daß der L. durch die geistigen Strömungen des 19. Jh. immer wieder neu beeinflußt wurde, ergaben sich stets neue Antworten auf die Frage, was »liberal« sei.

Die lebendige Bewegung des L. darf heute als eine im wesentlichen der Vergangenheit angehörende betrachtet werden. Doch sind seine ehemaligen Forderungen wie Grundrechte, Pressefreiheit, Gewaltenteilung, Selbstverwaltung, Rechtsstaatlichkeit, freie Berufswahl, freie Wahl des Arbeitsplatzes und weitgehende Gewerbefreiheit außerhalb der totalitären Gesellschaften zu Bestandteilen der Gegenwart geworden, weshalb man von einem realisierten L. sprechen darf, der Gegenwart geblieben ist.

LIT. W. Röpke, Das Kulturideal des L. (1947); J. A. Schumpeter, Kapitalismus, Sozialismus und Demokratie (²1950); A. Rüstow, Das Versagen des Wirtschaftsliberalismus (1951); F. Valjavec,

Die Entstehung der polit. Strömungen in Dtl. 1770–1815 (1951); F. C. Sell, Die Tragödie des dt. L. (1953); G. Franz, Die deutschliberale Bewegung in der habsburg. Monarchie (1955); K. Eder, Der L. in Altösterreich (1955); R. Bendix, Herrschaft und Industriearbeit (dt. 1960); L. Diez del Corral, Doktrinärer L. (dt. 1964); L. Gall, Der L. als regierende Partei (1968); E. Nolte, Krise des liberalen Systems und die faschist. Bewegungen (1968); M. Prélot, Le libéralisme catholique (Paris 1969); G. Schulz, Das Zeitalter der Gesellschaft (1969); K. Fuchs, Vom Dirigismus zum L. (1970); D. Langewiesche, L. und Demokratie in Württemberg (1974); F. Gottas, Ungarn im Zeitalter des Hochliberalismus (1976); Joh. B. Müller, L. und Demokratie. Studien zum Verh. von Politik und Wirtschaft . . . (1978); R. Dahrendorf, Der L. und Europa (1980); L. Gall, R. Koch (Hrsg.), Der europ. L. im 19. Jh. 4 Bde. (1981); W. Schieder (Hrsg.), L. in der Gesellschaft des dt. Vormärz (1983); J. J. Sheehan, Der dt. L. Von den Anfängen im 18. Jh. bis zum Ersten Weltkrieg, 1770–1914 (1983); C. Weber, Liberaler Katholizismus. Biograph. und kirchenhistor. Essays von F. X. Kraus (1983); J. Harms (Hrsg.), ›Über Freiheit‹ von John Stuart Mill und die Polit. Ökonomie des L. (1984); R. Aldenhoff, Schulze-Delitzsch. Ein Beitrag zur Geschichte des L. zwischen Revolution und Reichsgründung (1984); M. J. Sandel (Hrsg.), Liberalism and its critics (1984); K. Holl, G. Trautmann, H. Vorländer (Hrsg.), Sozialer L. (1985); W. Wadl, L. und soziale Frage in Österreich (1986); G. Sorman, Der neue L. (dt. 1986); L. Gall/D. Langewiesche (Hrsg.), L. und Region (1995); U. Wilhelm, Der dt. Früh-L. (1995); J. Leonhard: L. (2001).

Liberal-katholische Kirche. Eine der Zahl nach bedeutungslose religiöse Gemeinschaft mit theosophischer Lehre. Die L.-k. K. hat eine starke Bindung an den Kultus der kath. Kirche, vor allem in der Sakramentenspendung. 1916 in England entstanden.

Libertas ecclesiae (lat. »die Freiheit der Kirche«). Bez. für die durch die Kirche erhobene Forderung nach Freiheit von staatl. Beherrschung und Bevormundung. Die L. e. hat, namentlich im Investiturstreit, immer wieder zu den

Kampfzielen der kath. Kirche gegenüber dem Staat gehört.
LIT. H. Raab, Kirche und Staat (dtv 238/39, 1966).
Libertät (lat.), Freiheit, insbes. die altständ. Freiheit; auf sie beriefen sich die Landstände den Landesfürsten gegenüber. Die Freiheit der Landesfürsten gegenüber Kaiser und Reich wurde ebenfalls als L. bezeichnet.
LIT HWDRG II, 1989–91; R. Schnur (Hrsg.), Staatsräson (1975).
Liberté, Égalité, Fraternité (franz., Freiheit, Gleichheit, Brüderlichkeit). Das im Juni 1793 aufgestellte Losungswort der Franz. Revolution. Während der 2. Republik (1848–52) galt es als offizieller Wahlspruch.
Libertiner (lat. libertinus, freigelassen). In der Apostelgeschichte 6, 9 als Synagogengemeinde zu Jerusalem und Widersacher des Stephanus erwähnt. Die L. rekrutierten sich aus Rückwanderern und den Nachkommen von Kriegsgefangenen, die in die Sklaverei verkauft worden waren. Später Bez. für Gegner der kirchl. Moralgesetze. Während der Reformationszeit die pantheistisch-spirituellen Gegner Luthers (Loisten in Antwerpen) und Calvins (Spirituels am Hofe von Navarra, 1530–50).
Liberum Veto (lat., das freie, d. h. das nicht zu begründende, verbiete ich). Bez. für das Recht eines jeden Mitglieds des alten poln. Reichstags (1652–1791), durch einen Einspruch Beschlüsse aufzuheben (→Veto).
LIT. W. Konopczynski, L. v. (Krakau 1918); W. Czaplinski, Dwa sejmy w roku 1652 (Warschau 1955).
Libra, Libra pondo. Ein altröm. Gewicht, das Pfund (→As). Aus Lateinischen ging die Bez. in die roman. Sprachen über (Lira, Livre).
Libri →Liber.
Liburner (lat. Liburni). Im At. ein illyr. Stamm an der dalmatin. Küste, der vom Seeraub lebte; desgleichen Bez. für den Schiffstyp der Liburne. Im 1. Jh. v. Chr. der Haupttyp der röm. Flotte Oktavians. Die Liburne, die eine Besatzung von 120 Mann hatte, wurde als Hauptkampfschiff im Mittelmeer später durch die Galeere abgelöst.
Libyer. Urspr. der Name eines Berberstammes der mit den alten Ägyptern verwandt war. Libysche Söldnerführer und deren Nachkommen waren seit 945 v. Chr. mehr als 2 Jh. lang Könige Ägyptens. Der Name L. wurde später von den Griechen auf die Gesamtheit der Berberstämme Nordafrikas übertragen. Während die Griechen die L. ins Innere Afrikas abdrängten, wurden die im Westen ansässigen L. durch die punischen Karthager unterworfen. Die libysche Schrift wurde im At. im gesamten N-Afrika verwendet.
LIT. O. Bates, The Eastern Libyans (N.Y. 1914); W. Hölscher, in: Ägyptolog. Forschungen, H. 4 (1937); K. Meinhof, Die libyschen Inschriften (1931); A. J. Arkell, A History of the Sudan from the Earliest Times to 1821 (London ²1961).
Liebeshöfe, Minnehöfe (franz. cours d'amour). Bez. für historisch nicht gesicherte Gerichtshöfe (am Hofe Karls VI. von Frankreich?) des MA für Entscheidungen in Liebesstreitigkeiten. In den ma. Dichtungen, Gesellschafts- und Festspielen dagegen wurden die L. häufig dargestellt.
LIT. J. Laffite-Houssat, Troubadours et cours d'amour (Paris 1950); P. Rémy, Les ›cours d'amour‹, légende et réalité. In: Revue de l'Université de Bruxelles (1955).
Liebesknoten. In der Wappenkunde eine in Form einer doppelten 8 geschürzte Schnur; der L. ist das Zeichen der verheirateten Frauen.
Liga (span., Bündnis; franz. ligue; engl. league).
[1] Bez. für Bündnisse zwischen Fürsten und Städten vom 12.–17. Jh.; die spätere Bez. hierfür war Allianz, Koalition. 1465: Ligue du bien public (Bund für das Gemeinwohl), ein Zusammenschluß franz. Fürsten unter Karl dem Kühnen (reg. 1433–77) gegen Ludwig XI. (reg. 1461–83); 1508 die L. von Cambrai, ein Zusammenschluß des Papstes, Kaiser Maximilians I. (reg. 1493–1519), Ludwigs XII. von Frankreich (reg. 1498–1515), Ferdinands von Aragonien (reg. 1479–1516) sowie mehrerer ital. Staaten gegen Venedig; 1511 die Hl. L., ein Zusammenschluß des Papstes, der Schweizer Eidgenossen, Venedigs und Ferdinands von Aragonien zur Vertreibung der Franzosen aus Italien; 1526 die L. von Cognac, ein Bündnis Frankreichs, Englands, Venedigs und Mailands gegen Kaiser Karl V. (reg. 1519–56); 1538 die kath. L. (Hl. Liga, Hl. Bund) in Nürnberg zw. Kaiser und Papst gegen die prot. Schmalkaldischen

Bund (1531) gegr. Während der polit. Auseinandersetzungen vor dem Ausbruch des Dreißigjährigen Krieges wurde 1609 in München die Kath. L. gegr.; sie stellte einen Gegenbund zur 1608 gegr. prot. Union dar. Der kath. L. gehörten unter der Führung Maximilians I. von Bayern (reg. 1597–1651) schließlich fast alle kath. Stände an.
[2] **L. der Nationen,** franz. Société des Nations, engl. League of Nations, →Völkerbund.
[3] **L. für Menschenrechte** (ligue pour la défense des droits de l'homme et du citoyen), gegr. 1898 anläßl. der Dreyfus-Affäre. Seit 1922 Zusammenschluß der einzelnen nationalen Gruppen zu einer internationalen Föderation mit humanitären und pazifist. Zielen (Sitz Paris).
[4] **Arabische L.,** am 23. 3. 1945 gegr., ein lockerer Bund aller arabisch sprechenden Völker.
LIT. HWDRG II, 2022–27; H. Wiesflecker, Maximilian I. und die Heilige Liga von Venedig (1495). In: Festschr. Sas-Zaloziecky (1956) 178–99; Zu [1] K. Brandi, Karl V., Werden und Schicksal ([7]1964); ders., Geschichte im Zeitalter der Reformation und Gegenreformation. 2 Bde. (1927–30; [3]1960); F. Neuer-Landfried, Die kath. L. (1968).

Ligatur (spätlat., Bindung). In griech. und epigraph. Texten, ebenfalls in den Handschriften des MA, die Verbindung von zwei, selten von mehr als zwei Buchstaben (z. B. æ, œ, ch, ck) zum Zweck einer zeit- und raumsparenden Vereinfachung des Schreibens.

Ligesse (franz., von mlat. ligius, wahrscheinlich aus fränk. litus, Halbfreier). Vor allem in Frankreich seit dem ausgehenden 10. Jh. ein Institut des Lehnswesens. Bei Doppelvasallität schrieb die L. die strikte Bindung an einen Herrn, den dominus ligius, vor. Lediglich mit einem Treuevorbehalt gegenüber dem dominus ligius konnte ein zweites Lehnsverhältnis eingegangen werden. Vom 12./13. Jh. an wird der franz. König allmählich zum dominus ligius ante omnes, woraus sich ein Erstarken der Zentralgewalt ergibt.
LIT. H. Mitteis, Der Staat des hohen MA ([7]1962); ders., Lehnsrecht und Staatsgewalt (Neudr. 1958).

Ligurische Republik. Auf den Druck Napoleon Bonapartes (1769–1821) hin nannte sich die Adelsrepublik Genua im Jahre 1797 L.R.; sie wurde gezwungen, eine demokrat. Verfassung anzunehmen und war von Frankreich völlig abhängig. 1805 wurde sie dem Kaiserreich Napoleons einverleibt.

Likendeeler (nddt., Gleichteiler) →Vitalienbrüder.

Li-ki (chines., Riten-Aufzeichnungen). Eines der »Fünf klass. Bücher« Alt-Chinas. Es handelt sich hierbei um ein Sammelwerk konfuzianisch-universist. Traktate, meist aus dem 4. und 3. Jh. v. Chr., zusammengestellt um 50 v. Chr., über Riten, Etikette, Kalender, Musik, (Staats-)Ethik u. a.
Übersetzung: R. Wilhelm, Li Gi, (1930).

Liktoren (lat., öffentl. Diener). Die Amtsdiener der höheren Beamten (des Königs, der obersten Magistrate und Promagistrate) und Priester. Je nach Amt war die Zahl der zukommenden L. verschieden; sie betrug je 12 bei Konsuln und Prokonsuln, je 6 bei Prätoren und Proprätoren. Die L. trugen den Beamten in der Öffentlichkeit die fasces (Rutenbündel mit Beil; innerh. des Pomeriums mußte es wegen des Provokationsrechts des Bürgers entfernt werden) voran. Als Träger der fasces waren die L. beauftragt, die Koerzition zu vollstrecken; dem Volk galten sie als sinnfälliger Ausdruck der Macht Roms.
LIT. B. Kübler, in: Pauly-Wissowa 13 (1927); K. H. Vogel, in: ZRG RA, 67 (1950).

Lilienbanner. Die Fahne der Bourbonen: 3 goldene Lilien auf weißem Tuch. Seit 1179 findet sich die Lilie im Banner der Bourbonen; sie erscheint in gleicher Form als Symbol auf Kronen, Szeptern, Münzen, in Stadtwappen (z. B. Wiesbadens) und andernorts.

Limes (lat.).
[1] Der Weg als Feldgrenze in der röm. Landwirtschaft.
[2] Die befestigte Grenzlinie, insbes. die Grenzlinie sowie die dazu gehörigen Befestigungen, die das röm. Reich im Norden (vor allem die Provinz Raetia und Germania superior) gegen die german. Völker trennten: Der Obergermanische L. (382 km lang), bei Rheinbrohl beginnend, über den Taunus zum Main verlaufend, von wo er sich weiter über den Odenwald und Cannstatt nach Lorch im Remstal erstreckte. An ihn schloß sich der Rätische L. (166 km lang) an, der, über die Donau hinwegführend, schließlich seine Fortsetzung in Österreich und Ungarn (bis in die Do-

brudscha) fand. Unter Kaiser Claudius (reg. 41–54 n. Chr.) begonnen, wurde der L. mit verschiedenen Veränderungen und Verlegungen von den Kaisern Vespasian (reg. 69–79), Domitian (reg. 81–96) und Hadrian (reg. 117–138) fortgeführt; vollendet wurde er durch Antoninus Pius (reg. 138–161). Zunächst bestand der L. aus Palisadenwerk, später aus Erdwerk, gelegentlich auch aus Steinmauern mit vorgelagertem Graben (bis zu 6 m Breite) und Wachttürmen (mehr als 1000); gesichert wurde er durch über 100 hinter der Grenze liegende Kastelle. Um 260 n. Chr. überrannten die Germanen den L. [3] L. werden auch die auf Karl d. Gr. (reg. 768–814) zurückgehenden Grenzlinien zw. den nord-albingischen Sachsen und den wendischen Stämmen genannt (L. Saxoniae; L. Sorabicus).
LIT. O. von Sarwey, F. Hettner, E. Fabricius (Hrsg.), Der obergerm.-rätische L. des Römerreichs. 14 Bde. (1894–1938); W. Schleiermacher, Der röm. L. in Dtl. (³1967); M. Klee, Der L. zw. Rhein und Main (1989); D. Baatz, Der römische L. (⁴2000).
Zu [3] C. Matthiesen, in: Zs. d. Ges. f. Schlesw.-Holstein. Gesch. 68 (1940); H. Ostertun, in: Zs. d. Ges. f. Schlesw.-Holstein. Gesch. 92 (1967).

lingua franca (lat.). Bez. für die Sprache der roman. Völker im östl. Mittelmeer durch die Araber, insbes. für das verdorbene Italienisch, das während der Zeit der Herrschaft Venedigs und Genuas (seit dem 10. Jh.) in der Levante entstand; hier war es Verkehrssprache der Bevölkerung sowie der dort ansässigen Europäer. Dient auch zur Bez. der Verkehrssprache in einem vielsprachigen Raum.
LIT. H. Schuchardt, in: Zs. für roman. Philologie, 33 (1909); E. Rossi, in: Rivista delle Colonie Italiane (1926); H. u. R. Kahane u. A. Tietze, The L. Franca in the Levant (Urbana Jll., 1958); W. Röll, in: Zs. für roman. Philologie, 83 (1967).

Linie (lat. linea, Richtschnur, Grenzlinie).
[1] Reine L., d. h. die direkten Nachkommen eines Stammvaters (aus mlat. linea bez. die Ordensprovinz der Zisterzienser).
[2] Im Heerwesen die Truppenaufstellung; die Soldaten standen hierbei nebeneinander. Dann auch die Bez. für die aktive Truppe des Friedensheeres vor allem des 19. Jh.; daneben gab es die Reserve- und Landwehrtruppen. Als Linienregimenter bez. man die nicht zur Garde gehörigen eines Heeres. Die Linienkommandantur war im alten dt. Heer für die Abwicklung der Militärtransporte verantwortlich.
[3] **Linienschiff**; das Hauptkampfschiff z. Z. der Segelschiffsflotten. Es vermochte seine Geschütze in der L. der hintereinanderfahrenden Schiffe am günstigsten und wirkungsvollsten einzusetzen. Später wurde das Linienschiff Schlachtschiff genannt.
[4] Grenzlinie. Speziell in Österreich seit 1829 die Stadtgrenze größerer und geschlossener Städte mit Sonderbesteuerung; an der Stadtgrenze bzw. der L. wurde eine bes. Steuer erhoben.
[5] Im Völkerrecht des 16. und 17. Jh. eine angemessene Grenze für den Geltungsbereich von Verträgen in der westl. Hemisphäre. Die geographisch präzise Festlegung der L., etwa der Äquator, war umstritten. Ganz allg. ging man davon aus, daß Vorkommnisse »beyond the line« (»jenseits der Linie«) keinen Einfluß auf die europ. Politik haben sollten.
LIT. A. Rein, Über die Bedeutung der überseeischen Ausdehnung für das europ. Staatensystem (1953); ders., Europa und Übersee (1961).

Linke Hand → Hand.

Lira (von lat. libra, Pfund).
[1] L. italiana: Während des MA ein ital. Münzgewicht zu 12 Unzen, dann in den Staaten Norditaliens die Geldeinheit, seit 1859 die Währungseinheit Italiens (1 L. = 100 Centesimi).
[2] L. Tron: Zur Zeit des venezian. Dogen Nicolo Tron (1471–73) eine Silbermünze zu 20 Soldi; sie hatte ein Gewicht von 6,52 g und einen Silbergehalt von 6,19 g. Die L. Tron war der Vorläufer der Guldengroschen und Taler.
[3] L. austriaca (»österr. L.«): Im lombardisch-venezian. Königreich (1814–58) die gebräuchliche L. (zu 20 Kreuzer oder 20 Soldi).
L'Italia farà da sé (ital.). »Italien wird allein fertig werden.« Das aus einem Aufruf des Königs Albert von Sardinien (1848) stammende Losungswort der ital. Einheitsbewegung.

Lituus (lat.).
[1] Im antiken Rom der oben gekrümmte Stab der Auguren; er wurde zur Abgrenzung des hl. Bezirks für die Vogelschau benutzt.

[2] Eine altröm. Signaltrompete.
LIT. Zu [1] K. Latte, in: Pauly-Wissowa, 13, 1 (1926).
Zu [2] C. Sachs, in: Festschr. Rochus von Liliencron (1910).

Livländische Reimchronik. Eine Schilderung der Kämpfe des Schwertbrüder- und Deutschherrenordens um Livland; die L. R. wurde gegen Ende des 13. Jh. von einem Deutschordensritter verfaßt.
LIT. H. de Boor, Geschichte der dt. Lit., 3,1 (³1967).

Livländischer Krieg. Von Iwan IV. (1533–84) gegen Livland geführt. 1560 wurde der Kern des Deutschordensheeres vernichtet. Nach bedeutenden militär. und polit. Erfolgen kam es auf das Eingreifen der Schweden und Polen hin zur Verdrängung der Russen. Nach Jahrzehnte dauernden Kämpfen mußte Rußland in den Friedensverträgen mit Polen (1582) und Schweden (1595) auf Livland und Estland verzichten.

Livre (von lat. libra, Pfund).
[1] Bis 1796 eine franz. Rechnungs- und Münzeinheit (= 20 Sous). Die livre tournois wurde durch den Franken abgelöst.
[2] Eine frühere franz. Gewichtseinheit von zuletzt 500 g.

Lizentiat (lat., mit Erlaubnis versehen). An den Universitäten des MA der dem Doktor oder Magister (Professor im heutigen Sinn) vorausgehende akadem. Grad, durch den ein Gelehrter Lehrberechtigung erhielt; heute als akadem. Titel gebräuchlich.

Loge (franz., aus ahd. laubia, Laube).
[1] Im Theater die bestuhlte Zuschauernische mit Brüstung. Die L. entstand im Hoftheater des Barock, da hier die standesgemäße Trennung des Publikums gefordert wurde.
[2] Innerhalb der Freimaurerei der Name des Einzelverbandes; ebenfalls die Bez. für das Lokal, in dem die Freimaurer zusammenkommen, sowie der Versammlung zu ritueller Arbeit. Darüber hinaus wird L. für Vereinigungen von freimaurerähnl. Charakter gebraucht (z. B. Druiden, Odd Fellows). Die Mitglieder einer L. werden vereinzelt als Logenbrüder, der Vorsitzende einer L. als Logenmeister (auch Meister vom Stuhl, Stuhlmeister) bezeichnet.
LIT. P. Wendling, L. n, Clubs u. Zirkel (2001).

Logographen (griech.).
[1] Bez. für die ältesten griech. Prosaschriftsteller vor Herodot (um 500–424 v. Chr.), so die Genealogen, Ethnologen und Geographen, u. a. Hekataios von Milet (um 500 v. Chr.) und Hellanikos von Lesbos. Die Bez. wurde zuerst von Thukydides (um 460 – um 400 v. Chr.) in abwertendem Sinne gebraucht, später – weitgehend wertfrei – galt sie für die alten Prosaiker, d. h. die Vertreter des lediglich aneinanderreihenden, jedoch noch nicht unterordnenden Satzbaus.
[2] Im 4. Jh. v. Chr., dem Zeitalter der klassischen attischen Beredsamkeit, der »Redeschreiber«. Die Funktion des sog. rhetorischen L., so des Lysias (um 440 – nach 380 v. Chr.), bestand im Entwerfen von Reden. Da die rhetorischen L. das attische Bürgerrecht nicht besaßen, durften sie vor Gericht nicht selbst auftreten.

Logothet (griech.). Rechnungsprüfer; in Byzanz der Kanzleivorstand, der Titel für höchste Zivilämter und Minister (Großlogothet, »Kanzler«).

Lohn. Im weitesten (sozialökonom.) Sinn der Preis des Produktionsfaktors Arbeit, im engeren Sinn das Entgelt für die Dienstleistung des Arbeitnehmers, d. h. des Arbeiters und Angestellten, im engsten Sinn das Arbeitsentgelt des Arbeiters. Geldlohn ist der in Geld, Naturallohn der in der Form von Waren (Deputat) oder Dienstleistungen, z. B. Wohnung, entrichtete L. Der Nominallohn drückt sich in einer bestimmten Geldsumme, der Reallohn in der Gütermenge aus, die mit dem Nominallohn erworben werden kann. Nach D. Ricardo (1772–1823) entspricht der L. auf lange Sicht dem Existenzminimum, da die Bevölkerung bei höherem L. so lange zunehme, bis dieses wieder erreicht sei (ehernes Lohngesetz). Diese Lohntheorie gilt heute als überholt. Der Begriff »ehernes Lohngesetz« wurde erstmals von F. Lassalle (1825–64) verwendet. Der L. wird bemessen entweder nach der Arbeitszeit (Zeitlohn) oder nach der Leistung (Leistungs- oder Werklohn; auch Stücklohn, Akkordlohn und im Bergbau Gedinge genannt).
LIT. F. J. C. Simiand, Le salaire, l'évolution sociale et la monnaie. 3 Bde. (Paris 1932); W. F. Whyte, L. und Leistung (1958); E. Arndt, Theoret. Grundlagen der Lohnpolitik (1957); H. Böhrs, Leistungslohn (1959); H. Timme, Löhne und Gehälter nach Leistung (1961); E. Kosiol, Leistungsgerechte Entlohnung (²1962); A. Horné (Hrsg.), Gibt es einen gerechten L. (1965); W. Mieth,

Ein Beitrag zur Theorie der Lohnstruktur (1968); F. J.-P. Mayer, Lohnstruktur und Lohnpolitik (1967); R. Skiba, Die gewerkschaftl. Lohnpolitik und die Entwicklung der Reallöhne (1968); R. Reith, L. u. Leistung (1999).

Lohnpolitik. Die Regelung und Kontrolle der L. durch den Staat, vor allem in Notzeiten durch Mindestlohn, Lohnänderung, d. h. Lohnstop etc. Von den Anhängern der freien Marktwirtschaft wird die L. prinzipiell bekämpft.

Lohnwerk. Handwerkl. Arbeit, bei der die durch einen Auftragserteiler gelieferten Rohstoffe verarbeitet werden.

Lokator (lat., Vermieter). Im antiken Rom ein vom Staat (seit der Zeit der späteren Republik auch von Munizipien) und von Privaten insbes. mit Bauarbeiten beauftragter Unternehmer, der seinerseits wieder Arbeiter anwirbt. Während des MA allg. ein Unternehmer, der vom Landes- oder Grundherrn den Auftrag erhalten hatte, eine Städtegründung durchzuführen; z. Z. der Ostkolonisation ein von weltl. und geistl. Landes- oder Grundherren beauftragter Unternehmer ritterl. oder bürgerl. Abstammung, der das Siedlungsland den im Altsiedelland angeworbenen Siedlern zuweist, nachdem er diese nicht selten auf eigene Kosten ins Neuland geführt hat. Ihm werden für diese Tätigkeit das Erbschulzenamt mit der niederen Gerichtsbarkeit, zudem ein größeres Gut, von dem keine Abgaben zu leisten waren (Freigut), weiter Jagd- und Fischereirechte, häufig auch Krug und Mühle übertragen.

LIT. P. R. Kötzschke, Das Unternehmertum in der ostdt. Kolonisation (Diss. Leipzig 1894); R. Koebner, Locatio. In: Zs. f. d. Gesch. Schlesiens, 63 (1929); W. Kuhn, Geschichte der dt. Ostsiedlung (1953–57); J. J. Menzel, Die schlesischen Lokationsurkunden des 13. Jahrhunderts (1977).

Lollarden (auch Lollharden). Eine asketische, religiöse Sekte. Die L. entstanden zu Beginn des 14. Jh. während einer Seuchenzeit als Bestattungsvereine in Antwerpen. Die Bez. L. rührt her vom leisen Singen (vgl. dt. lallen) im Leichenzug.

Lombarden. Während des späteren MA Geldwechsler und Pfandleiher. Sie kamen urspr. aus Oberitalien; neben den Juden übernahmen sie gegen Zins Kreditgeschäfte (daher Lombardgeschäfte).

Londoner Akte. Die nach dem Scheitern der Europäischen Verteidigungsgemeinschaft auf der Neunmächte-Konferenz (28. 9. – 3. 10. 1954) in London zustande gekommene Vereinbarung zw. Belgien, der BRD, Frankreich, Großbritannien, Italien, Kanada, Luxemburg, den Niederlanden und den USA. Anstelle der durch die franz. Nationalversammlung (30. 8. 1954) abgelehnten Verteidigungsgemeinschaft wurde die Beteiligung der BRD sowie Italiens am Brüsseler Vertrag, außerdem die Einrichtung einer Rüstungskontrolle in dessen Rahmen vorgesehen. Eine wesentliche Ergänzung der L. A. stellt der Verzicht der BRD auf die Herstellung atomarer, biolog. und chem. (ABC-) Waffen dar, weiter auf strateg. Bomber sowie auf Kriegsschiffe über 3000 t. Großbritannien und Kanada verpflichteten sich, für die Zeit der Vertragsdauer (50 Jahre) bestimmte Streitkräfte auf dem europ. Kontinent zu stationieren. Die L. A. bereitete die Pariser Konferenz vom 19.–23. 10. 1954 vor.

LIT. B. Leupold, »Weder anglophil noch anglophob« (1977).

Londoner Konferenzen und Vereinbarungen.
[1] Der Londoner Vertrag vom 26. 7. 1827; hierdurch garantierten England, Frankreich und Rußland die Autonomie Griechenlands.
[2] Die L. K. vom 6. 10. 1831; auf ihr wurde die Unabhängigkeit und Neutralität Belgiens garantiert.
[3] Der Vertrag vom 11. 5. 1867 betr. die Neutralität Luxemburgs.
[4] Die Konferenz der Großmächte vom 4. 12. 1908 bis zum 26. 2. 1909; sie befaßte sich mit der Regelung von Fragen des Seekriegsrechts: Blockade, Konterbande etc. Die hier beschlossene Londoner Deklaration erlangte keine Wirksamkeit.
[5] Die Reparationskonferenzen vom 1. 3. bis 7. 3. 1921, vom 7. 8. bis 14. 8. sowie vom 8. 12. bis 11. 12. 1922; Großbritannien widersetzte sich hier der Forderung nach »produktiven Pfändern« (Ruhrbesetzung).
[6] Die Flottenkonferenz vom 21. 1. bis 22. 4. 1930; Großbritannien, die USA, Frankreich, Italien und Japan verzichteten auf dieser Konferenz auf den Bau neuer Panzerschiffe bis 1936; der Bau von U-Booten wurde beschränkt (Fünfmächtevertrag). Außerdem kam es hier zw. Großbritannien, den USA und Ja-

Lorbeer

pan zu einer Vereinbarung über Kreuzer, Zerstörer und U-Boote sowie über die Festsetzung der Gesamttonnage (Dreimächtevertrag).
[7] Das dt.-brit. Flottenabkommen vom 18. 6. 1935; hierdurch wurde das Verhältnis der dt. Flottenstärke zu der Großbritanniens auf 35:100, speziell das der U-Boot-Tonnage auf 45:100 festgelegt.
[8] Das über die Aburteilung von Kriegsverbrechen am 8. 8. 1945 zw. Frankreich, Großbritannien, der UdSSR und den USA getroffene Abkommen; ihm war die Konferenz über Militärgerichte vom 26. 6. bis 8. 8. 1945 vorausgegangen.
[9] Die Londoner Schuldenkonferenz vom 28. 2. bis 8. 8. 1952. Sie führte zum Londoner Schuldenabkommen vom 27. 2. 1953, wodurch die Rückzahlung der dt. Vorkriegsschulden (vor allem der Auslandsanleihen, privater Sonderkredite und Handelsschulden) sowie der Nachkriegsschulden (namentlich aus der US-Wirtschaftshilfe) unter Erlaß eines Teiles dieser Schulden geregelt wurde.
[10] Die →Londoner Akte.
[11] Die 3 Konferenzen der 22 Benutzernationen des Suezkanals vom 16. 8. bis 23. 8., vom 18. 9. bis 21. 9. sowie vom 1. 10. bis 4. 10. 1956; die durch die Verstaatlichung des Kanals entstandene Lage sollte hier geklärt werden. Auf der 3. Konferenz wurde von 15 Nationen die Vereinigung der Suezkanal-Benutzer (Suez Canal Users' Association; SCUA) gegründet.

Lorbeer (lat. laurus, griech. daphne). In der Symbolik ist der L. die Pflanze der Reinigung und Entsühnung; er war zunächst dem Apollon heilig (Sage von Apollon und Daphne), dem Gott der Musen (und der Weissagung). Daher wurden auch Dichter und Sänger mit L. bekränzt. Da der L. ebenfalls das Symbol des Jupiter war, galt er seit dem At. als Symbol des Sieges und des Ruhms; deshalb der Lorbeerkranz des Siegers, speziell des röm. Triumphators.

Lord (altengl. hlaford, Brother). Titel des hohen engl. Adels; er kommt allen Peers (Pair) zu und wird ebenfalls in der Anrede und Umgangssprache gebraucht, ausgenommen sind hierbei der Archbishop und der Duke; stets wird er verwendet für den Baron. Als L. wird ebenfalls der älteste Sohn eines Duke, Marquess oder Earl angeredet, während die jüngeren Söhne den Höflichkeitstitel eines L. führen, allerdings in Verbindung mit dem Vor- und Familiennamen (z. B. L. Randolph Churchill). Anglikan. Bischöfe führen ebenfalls den Titel L., jedoch nur, wenn sie von Amts wegen Peers sind; zudem die Richter an den hohen schott. Gerichtshöfen. Das Oberhaus des engl. Parlaments (1. Kammer) heißt ›House of Lords‹. Häufig ist die Verbindung L. mit Amtstiteln: First L. of Admirality (Marineminister), First L. of Treasury (Schatzkanzler), L. Chancellor (Reichskanzler), L. Privy Seal (Lordsiegelbewahrer; heute ohne Portefeuille) etc. Der L. Great Chamberlain ist der Haushofmeister des engl. Königs bzw. der Königin, außerdem der Aufsichtsbeamte über die Theater. Der Oberbürgermeister von London und die von 12 weiteren Städten tragen die Bez. L. Mayor.

Lorscher Annalen (lat. Annales Laurissenses maiores oder Annales regni Francorum, Fränkische Reichsannalen). Aufzeichnungen aus der Lorscher Benediktinerabtei über die fränk. Reichsgeschichte, die sich auf die Zeit von 741–829 beziehen (→Annalen).
LIT. K. Jakob, Quellenkunde der dt. Geschichte im MA ([4]1943).

Los (german. Stammwort). Ein Mittel der vom menschl. Willen unabhängigen Schicksalsbefragung. Die Sitte des Losens ist uralt und weitverbreitet. Häufig antwortet das L. auf Fragen mit ja oder nein, oder es offenbart die Zukunft deutlicher demjenigen, der die Zeichen versteht. Bei den Germanen war das Losen auch für die Rechtsprechung bekannt.
LIT. HWDRG III, 41–46; G. Wissowa, Religion und Kultus der Römer ([2]1912); J. G. Frazer, The Scapegoat. In: The Golden Bough (London [3]1925); F. Boehm, in: Bächtold-Stäubli 5 (1932/33).

Löser, Juliuslöser. Eine breite Silbermünze von 2½–16 Talern; sie wurde zw. 1574–85 unter Herzog Julius von Braunschweig-Wolfenbüttel geprägt. Bei dem L. bzw. Juliuslöser handelte es sich wahrscheinlich um eine Sparmünze, die nach der Höhe des Vermögens erworben werden mußte, um sie dem Staat in Notzeiten zur Verfügung zu stellen. Während des 17. Jh. haben die Braunschweiger Fürsten derartige L. weiterprägen lassen.

Losbücher. Eine Form des Orakels,

in dem Wunsch wurzelnd, die Zukunft zu erforschen. L. gab es seit der Antike und, trotz kirchl. Strafen, im MA, wo sich ihr Gebrauch unter arab. Einfluß verstärkte, vermehrt seit der Erfindung der Buchdruckerkunst in verschiedenen Formen: Kartenlosbuch, Würfellosbuch, Tierlosbuch usw. Nur ein geringer Teil der L. blieb erhalten.

Losfest →Purim.

Loskauf. Bez. für die Befreiung von Sklaven, Un- oder Minderfreien dadurch, daß der für sie verlangte Kaufpreis entrichtet wurde, und zwar entweder durch Fremde und Angehörige oder aber durch die Loszukaufenden selbst, soweit sie durch die Gunst ihres Herrn eigenes Vermögen hatten erwerben können. Der L. betraf insbes. solche, die infolge Kriegsgefangenschaft und Piraterie Sklaven geworden waren.

Los von Rom.
[1] Seit 1897 die Parole einer national-religiösen Strömung im habsburg. Österreich, die, vor allem in Böhmen und Mähren sowie in Wien, die Trennung von der röm.-kath. Kirche und den Übertritt zur prot. Kirche betrieb. Die Bewegung, die vom alldt. Verband G. Schönerers (1842–1921) ausging, warb auch für den staatl. Anschluß an Dtl. Zwischen 1898 und 1927 erreichte sie den Übertritt von 150000 Katholiken in den dt.-sprachigen Teilen Österreichs (nach 1918 in Dt.-Österreich) zur prot. Kirche. Gefördert wurde die Bewegung durch den Evangelischen Bund und den Gustav-Adolf-Verein (1938 waren ca. 220000 Katholiken zum Protestantismus übergetreten). Die L.-v.-R.-Bewegung kam nach 1945 zum Stillstand.
[2] Bez. für die Bemühungen zur Gründung romfreier kath. Kirchen.
LIT. F. Goyau u. J. Schieser, Das prot. Dtl. in Österreich (1904); G. David, Werdegang der L.-v.-R.-Bewegung bis anfangs 1899 (1906); F. Hochstetter, 25 Jahre ev. Bewegung in Österreich (1924); L. Albertin, Nationalismus und Protestantismus in der österreich. L.-v.-R.-Bewegung (Diss. Köln 1953); H. Traar, Geschichte der ev. Kirche in Österreich (1962).

Lothringer Kreuz. In der Heraldik ein Kreuz mit 2 ungleichen Querbalken, von denen der obere verkürzt ist. Während des Zweiten Weltkriegs galt das L.K. als Symbol des franz. Widerstands unter Charles de Gaulle (1890–1970).

LIT. A. Germain, L'origine de la croix de Lorraine (Nancy 1895); Eugen Meyer, in: Der Herold, 2 (1941).
Louisdor (franz. Louis d'or). Die 1640 durch Ludwig XIII. (reg. 1610–43) eingeführte franz. Dublone, eine Goldmünze von unterschiedl. Wert und Gepräge (in einzelnen Fällen auch hochwertige Silbermünzen). Bis 1794 blieb der L. die Hauptgoldmünze Frankreichs; an seine Stelle trat 1803 mit Einführung der Frankenwährung das 20-Francs-Stück. In Dtl. entsprach dem L. das goldene 5-Taler-Stück.
Louis-Quatorze (franz., Ludwig XIV.) Das nach Ludwig XIV. (reg. 1661–1715) genannte franz. Barock (Mitte des 17. bis Anfang des 18. Jh.), das zum Vorbild für große Teile Europas wurde, insbes. auf dem Gebiet des Schloß- und Wohnbauten, der Innenraumgestaltung sowie der Parkanlagen.
LIT. R. A. Weigert, Le style Louis XIV. (Paris 1941).
Louis-Quinze (franz., Ludwig XV.). Das nach Ludwig XV. (reg. 1715–74) genannte Rokoko des 2. und 3. Viertels des 18. Jh.
LIT. Verlet, Le style Louis XV. (Paris 1942); F. Kimball, Le style Louis XV. (Paris 1949/50).
Louis-Seize (franz., Ludwig XVI.). Die nach Ludwig XVI. (reg. 1774–92) genannte, etwa 1765 einsetzende 1. Phase des Klassizismus. Gegenüber dem Rokoko bedeutet diese Stilrichtung eine Vereinfachung; sie mündet ab 1792 in den Directoirestil.
LIT. Bayard, Le style Louis XVI. (Paris 1919).
Loyalisten (→Tory). Während des Unabhängigkeitskrieges der USA (1776–83) diejenigen Kolonisten, die der brit. Krone »loyal« gegenüberstanden; zahlreiche L. wanderten nach 1783 aus (nach Ontario, Kanada).
LIT. C. H. van Tyne, The Loyalists in the American Revolution (N.Y. 1929); E. A. Jones, The Loyalists of Massachusetts (London 1930); N. Callahan, Flight from the Republic; the Tories of the American Revolution (Indianapolis 1967); W. Brown, The Good Americans; the Loyalists in the American Revolution (N.Y. 1969).
Loyalität (franz. loyauté, Ehrenhaftigkeit, Treue vom Lehnsherrn aus gegenüber seinem Vasallen; im Gegensatz zu Felonie). Bez. für die der

Staatsgewalt gegenüber geübte Ergebenheit.

Lückentheorie. Bez. für die seit 1850 durch Bismarck vertretene Auffassung, daß in derartigen staatsrechtl. Fällen, die in der Verfassung nicht vorgesehen sind, die Regierung das Recht habe, nach eigenem Dafürhalten zu handeln. Praktiziert wurde diese Auffassung, als das Budgetgesetz für 1863 in Preußen infolge Ablehnung durch das Herrenhaus am 31. 1. 1862 nicht zustande kam (vgl. hierzu auch die preuß. Verfassung vom 31. 1. 1850, Art. 99, 62). LIT. K. Kaminski, Verfassung und Verfassungskonflikt in Preußen (1938); H.-J. von Collani, Die Finanzierung des preuß. Staates zur Zeit des Verfassungskonfliktes 1862–66 (Diss. 1939); F. Hartung, Dt. Verfassungsgeschichte vom 15. Jh. bis zur Gegenwart (^{9}1950); W. Voth, Die Reichsfinanzen im Bismarckreich (Diss. 1966); E. R. Huber, Dt. Verfassungsgeschichte seit 1789. Bd. III (^{3}1970).

Ludditen (engl. Luddites). Bez. für unzufriedene engl. Arbeiter, die zw. 1811 und 1816 durch die Industriebezirke (vor allem Nottingham) zogen und, überzeugt davon, daß die Maschine den Menschen seiner Arbeit beraube, die Maschinen zerstörten. Die Bez. L. leitet sich her von Ned Lud, der aus Leicestershire stammte; er drang gewaltsam in ein Haus ein und zerstörte dort zwei Strumpfwirkmaschinen. Der Anführer der L. erhielt den Namen »General Lud«. LIT. Brewer's Dictionary of Phrase and Fable (London 1952); F. Peel, The Rising of the Luddites, Chartists and Plug-Drawers, hrsg. v. E. P. Thompson (London 1968).

Ludus de Antichristo (Das Spiel vom Antichrist). Ein dramatisiertes Weltanschauungsgedicht des 12. Jh.; es ist enthalten in einer Tegernseer Klosterhandschrift. *Ausgabe:* K. Langosch, Geistliche Spiele (Lat. Dramen des MA), lat. dt., (1961), 179–239. LIT. Meyer-Benfey, in: Preuß. Jbb. 238 (1934).

Lugal (großer Mann). Bei den Sumerern Titel des Königs, und zwar in seiner Eigenschaft als Stellvertreter der Gottheit seiner Stadt oder seines Gaues.

Lukumo. In etrusk. Städten bis Ende des 6. Jh. v. Chr. der Priester-König. Aus dem Zusammenschluß der 12 Lukumonen entstand der Etruskische Bund; wahrscheinlich wählten sie aus ihrer Mitte einen Oberkönig. LIT. F. Schachermeyer, Etrusk. Frühgeschichte (1929).

Lunarbuchstaben (mlat. litterae lunares). Während des MA Hilfsmittel zur Berechnung der Mondphasen; drei Buchstabenreihen: A–U, A–U, A–T.

Lunaria. Antike Schriften; sie machten aus der Stellung des Mondes im Tierkreis Voraussagen. LIT. F. Cumont, Les présages Lunaires de Virgile . . . (1933).

Lunation. Der Zeitraum, in dem die Mondphasen einen vollen Wechsel durchlaufen: 29 Tage, 12 Stunden, 44 Minuten, 3 Sekunden. Von Neumond zu Neumond gemessen, wird dieser Zeitabschnitt auch astronom. oder synod. Monat genannt.

Lunéville, Friede von (9. 2. 1801). Er beendigte die Franz. Revolutionskriege (seit 1793). Frankreich erhielt auf Grund des Friedensschlusses das linke Rheinufer; es erlangte außerdem die Anerkennung der Batavischen, der Helvetischen und der Ligurischen Republik. Für die Gebietsverluste der dt. Fürsten auf den linken Rheinufer wurden diese auf der rechten Rheinseite entschädigt. Geregelt wurden die Gebietsentschädigung durch Reichsdeputationshauptschluß (vom 25. 2. 1803). LIT. E. R. Huber, Dt. Verfassungsgeschichte I (1975).

Lusitania. Antike röm. Provinz, etwa dem heutigen Portugal zw. Durius (Duero) und Anas (Guadiana) entsprechend. 139 v. Chr., nach dem Tode ihres Anführers Viriathus, wurden die Lusitani durch die Römer unterworfen; unter Kaiser Augustus (reg. 31 v.–14 n. Chr.) wurde ihr Land röm. Provinz. Die Hauptstadt war Augusta Merita (Mérida). LIT. C. H. V. Sutherland, The Romans in Spain (London 1939); A. Schulten, Iberische Landeskunde, 2 (Straßburg 1957); H. Simon, Roms Kriege in Spanien (1962).

Lustration (lat., Sühneopfer). Altröm. Reinigungsopfer vor einer Kulthandlung (nach dem Wochenbett, im Anschluß an ein Begräbnis, nach Blutvergießen, des Heeres vor der Schlacht durch den Befehlshaber; weiter gab es die L. als Entsühnung der Äcker, der Gaue, der Gesamtstadt etc.).

Lustrum (lat., Reinigungs-, Sühneopfer). Das von den Römern alle 5 Jahre auf dem Marsfeld dargebrachte Sühneopfer nach Abschluß der Schätzung. Schwein, Schaf, Stier (die suovetaurilia, Dreitieropfer) werden um die Gemeinde geführt und dann dem Mars geopfert. Da die zunächst unregelmäßige Zensusperiode (3–7jährig) seit dem 3. Jh. v. Chr. alle 5 Jahre erfolgte, wurde im 1. Jh. v. Chr. auch ein Zeitraum von 5 Jahren L. genannt; ebenfalls der Zeitabschnitt für die durch die Zensoren vergebenen Staatspachten, insbes. aber die Steuerpachten.

LIT. K. Latte, Röm. Religionsgeschichte (^{2}1967).

Luthertum. Die Bez. »lutherisch« war urspr. ein Schimpfwort. Sie wurde geprägt von den kath. Gegnern der Reformation; erstmalig nachweisbar bei J. Eck (1486–1543) für das Jahr 1520. Man beabsichtigte mit dieser Bez., die Bedeutung der ev. Bewegung herabzusetzen und sie als Ketzerei zu qualifizieren. Luther (1483–1546), dem die Ursache klar war, wehrte sich lange gegen die Benennung der neuen Bewegung nach seinem Namen. Dennoch setzte sich die Bez. bald durch, da sie die dt. Reformation in leicht faßlicher Weise den anderen reformator. Bewegungen gegenüber charakterisierte. Verständlicherweise nimmt Luther innerhalb des L. eine zentrale Stellung ein, obwohl sein Einfluß tatsächl. Einfluß Schwankungen unterworfen war. Als selbständige Kirchenbildung trat das L. mit der durch Ph. Melanchthon (1497–1560) verfaßten Confessio Augustana hervor, die Kaiser Karl V. (reg. 1519–56) auf dem Augsburger Reichstag von 1530 vorgelegt wurde. Die Confessio Augustana ist von allen luth. Kirchen angenommen worden.

Am Ende des 16. Jh. hatte das L. in Dtl. und Österreich, den skandinav. und balt. Ländern sowie Siebenbürgen Fuß gefaßt und in zahlreichen Fällen Landeskirchen gebildet. Daneben gab es Diasporagemeinden in Polen und Ungarn sowie in Teilen Südosteuropas, außerdem in Frankreich. Außer dem Widerstand von seiten der röm.-kath. Kirche sowie der Humanistengruppe um Erasmus von Rotterdam (1466–1536) trug auch die notwendige Abgrenzung gegen die Schwärmer und andere sektiererische Gruppen zur Entstehung von konfessionsbestimmten luth. Kirchen

bei. Verschärft wurde die konfessionelle Eigenart weiterhin während des 17. Jh. durch die Gegenreformation und den Übertritt des Kurfürsten Johann Sigismund von Brandenburg (reg. 1608–19) zum Calvinismus. Eine Schwächung der luth. Orthodoxie bedeuteten die Theologie der Aufklärung, der Pietismus und das Herrnhutertum. In der konfessionellen Theologie des 19. Jh. erhielten die Fragestellungen hinsichtl. der Religion erneute Aktualität und wurden dann von ganz neuen Ausgangspunkten her in Angriff genommen. Von Bedeutung für die Ausbreitung des L. wurde die Auswanderung nach Übersee. Glaubensbekenner nach den USA; hier kam es während des 19. Jh. zu neuen luth. Kirchenbildungen. Die Missionsarbeit unter nicht-christl. Völkern hat zur Ausbreitung des L. in Afrika, Asien und Südamerika wesentlich beigetragen.

Neu-Luthertum ist die Bez. für eine Strömung, die im 19. Jh. in Dtl., Skandinavien und Nordamerika eine Erneuerung des L. in Theologie und praktisch-biblischem Leben anstrebte. Das Neu-Luthertum ging von der Bibel und den Bekenntnisschriften aus. Zunächst galten die Bestrebungen des Neu-Luthertums der Verteidigung des luth. Erbes. Dies bedeutete in der Praxis ein Festhalten an der Bibel sowie am Bekenntnis, die beide von den rationalist. Theologen angegriffen worden waren. Das Bibelwort galt der Theologie des Neu-Luthertums als lauterste Quelle und einzig untrügliche Norm christl. Wahrheit. Das Neu-Luthertum war bestrebt, die Einstellung des ursprüngl. L. zum lebendigen und in der Verkündigung ausgelegten Wort zu bewahren, allerdings unter Anknüpfung an die philosoph. Voraussetzungen der Zeit.

LIT. P. Tschackert, Die Entstehung der luth. und ref. Kirchenlehre (1910); W. Köhler, Luther und das L. in ihrer weltgeschichtl. Auswirkung (1933); H. Sasse, Was heißt lutherisch? (^{2}1936); L. Haikola, Studien zu Luther und zum L. (Uppsala Universitets Årsskrift, 1958, 2); W. Elert, Morphologie des L. 2 Bde. (1931/32; Neudr. 1958); G. Wünsch, Luther und die Gegenwart (1961); P. Brunner, L. und die Welt des 20. Jh. (1961); H. Leube, Kalvinismus und L. im Zeitalter der Orthodoxie (1966); H. Weigelt, Erweckungsbewegung und konfessionelles L. im 19. Jh. (1968); F. W. Kantzenbach, Gestalten

Luxus

und Typen des Neu-L. (1968); R. Bäumer (Hrsg.), Lutherprozeß u. Lutherbann (1972); E. Iserloh, Luther u. d. Reformation (1974).

Luxus (lat.). Bez. für den über den durchschnittl. Bedarf hinausgehenden Aufwand. Staatl. Maßnahmen, die ihn entweder verbieten oder durch Steuern einschränken, sind bereits seit dem At. bekannt. Sie finden sich in den Gesetzen Solons (594 v. Chr.), in Sparta sowie in Rom (lex Oppia, 215 v. Chr. etc.). Zweck der Luxusgesetze war es oft, insbes. in Antike und MA, die gegebenen Unterschiede der verschiedenen sozialen Schichten bzw. Stände zu wahren, doch auch die Staatswirtschaft zu fördern, so vor allem im Fürstenstaat der NZ. Die Luxusgesetze wurden im 18. Jh. durch Luxussteuern abgelöst. Gemeinsam ist beiden ihre geringe Wirksamkeit; denn zu hohe Steuersätze führen zu Steuerausweichungen und beeinträchtigen den fiskal. Erfolg.
LIT. W. Sombart, L. und Kapitalismus (²1922; Neudr. 1967); Th. Sommerlad, in: HWSt 6 (⁴1925); E. Bayer, Demetrios Phalerius, der Athener (1942); S. Dow, Hesperia (1943); F. Marbach, L. und Luxussteuer (1948); K. Häuser, Luxusbesteuerung, in: Hwb. der Sozialwiss. (1961).

Lykeion (griech.). Der nach dem Priester Lykos benannte Hain des Apollon in Athen; danach das Gymnasium, in welchem Aristoteles (384–322 v. Chr.) und die von ihm gegründete Philosophenschule der Peripatetiker lehrten.

Lynchjustiz (engl. Lynch Law). Bez. für die ungesetzl. und gewalttätige Bestrafung von Vergehen durch die Volksmenge, polit. Organisationen etc., so durch den Ku Klux Klan. Der Ursprung der Bez. ist unbekannt; sie findet sich zum erstenmal 1817 und stammt sehr wahrscheinlich aus den USA, wiewohl es ein altes nordengl. Dialekt-Wort »linch« mit der Bedeutung »schlagen«, »schlecht behandeln« gibt.
LIT. J. H. Chadbourn, Lynching and the Law (Chapel Hill, N. C. 1933); A. F. Raper, The Tragedy of Lynching (ebd. 1933).

Maccaronische Dichtung. Von dem Italiener Titi degli Odasi († 1488) erfundene Dichtart, die sich durch die Verwendung einer lat.-ital. Mischsprache und Derbheit des Inhalts auszeichnet. Nach Dtl. im 16. Jh. importiert (dt.-lat. Mischverse); das bekannteste Beispiel ist die 1593 in nddt.-lat. Mischsprache verfaßte ›Floia‹. Mischdichtung, verbreitet in Studenten- und Gelehrtenkreisen.
LIT. RDL II (1965) 259–62.

Machiavellismus. Bez. für eine Politik der Treulosigkeit und Grausamkeit. Das Schlagwort geht zurück auf willkürlich aus N. Machiavellis ›Principe‹ (1522) herausgegriffene und daher mißverständliche Sätze. Der ›Principe‹ ist eine sehr wenig gelesene und noch seltener richtig verstandene Anweisung für den Fürsten im Übergang vom spätma. zum frühncuzcitlich-absolutist. Den ken, die auch als Anweisung zur Abschüttelung der polit. Fremdherrschaft und zur Einigung Italiens gedacht war.
LIT. F. Meinecke, Die Idee der Staatsräson (³1957).

Macht
[1] **soziale Macht.** Im Gegensatz zum spezielleren Begriff der →Herrschaft wird jedes soziale Verhältnis, in dem bestimmte Personen von anderen Gehorsam einfordern, auch die Verfügung über bestimmte Sachen, zumal im wirtschaftl. Bereich, als M. bezeichnet.
[2] **polit. Macht.** Das Streben nach Überlegenheit stellt in der Politik eine der treibenden Kräfte dar; es ist Ausdruck von M. und Machtbewußtsein. Innerhalb eines Staatsgefüges dokumentiert sich M. in legaler Organisation. Das Bewußtsein von der Problematik der M., hinter der sich Gewaltsamkeit verbirgt, erfuhr im abendländ. Menschen durch das Christentum eine Schärfung. Neben dem Streben nach einer Humanisierung der M. durch den Gedanken des Rechts werden in der Geschichte immer wieder Versuche erkennbar, das wahre Wesen der M. zu verschleiern; zudem wird die Auffassung propagiert, daß Machtpolitik die Voraussetzung sei, um der nationalen Größe Ausdruck zu verleihen. Die totalitären Diktaturen vor allem der neuesten Zeit lassen die Gefahren, die von der Monopolisierung der M. in den Händen Weniger ausgehen, überaus deutlich werden. Umstritten ist, ob und wenn ja inwieweit M. als etwas Böses zu gelten hat.
Eine gegensätzl. Auffassung von M. vertrat M. Gandhi (1869–1948) mit seiner Politik der Gewaltlosigkeit.
LIT. F. Meinecke, Die Idee der Staatsraison in der neueren Geschichte (1924); J. Huizinga, Im Schatten von morgen (dt. 1935); R. Schneider, M. und Gnade (1941); G. Ritter, Die Dämonie der Macht. Betrachtungen über Geschichte und Wesen des Machtproblems im polit. Denken der Neuzeit (⁶1948); O. H. von der Gablentz, M., Gewalt und Recht (1952); R. Guardini, Die M. (²1952); J. Becker, F. Knipping (Hrsg.), Power in Europe? Great Britain, France, Italy and Germany in a Postwar World 1945–50 (1986); M. Mann, Geschichte der M. (1990).

Madrid, Friede von
[1] (14. 1. 1526). Abgeschlossen zw. Kaiser Karl V. und Kg. Franz I. von Frankreich, der in der Schlacht von Pavia (24. 2. 1525) gefangengenommen worden war. Das Herzogtum Burgund sollte von Frankreich abgetreten, die Verbündeten des franz. Königs preisgegeben, Kaiser Karl V. bei seinem Zuge nach Italien mit einer Flotte, Geschütz, Matrosen und einer beträchtl. Geldhilfe unterstützt werden. Ein gemeinsamer Kreuzzug war vorgesehen; Franz I. sollte Karls V. Schwester, Eleonore, heiraten; die Freilassung des franz. Königs sollte gegen Gestellung seiner älteren Söhne als Geiseln erfolgen. Franz I., der schon vor der Beschwörung des Vertrages gegen diesen protestiert hatte, erklärte diesen nach seiner Freilassung als erzwungen und ungültig und schloß mit ital. Mächten die Liga von Cognac ab.
[2] (5. 11. 1630). Er beendet den Krieg zw. England (Karl I.) und Spanien.
LIT. Zu [1] K. Brandi, Kaiser Karl V. (⁷1964).

Madrid, Vertrag von (25. 4. 1621). Spanien muß unter franz. Druck das Veltlin, wo es im Juli 1620 zu blutigen Kämpfen zw. den Parteien und gegen das harte Regiment Graubündens gekommen war, den Bündnern zurückgeben. Der Vertrag trat wegen der Gegensätze zw. den Bündnern und Eidgenossen nicht in Kraft, und Frankreich wurde durch einen neuen Hugenottenkrieg abgelenkt.

Madrigal. Musikal. Liedform; ländlich-idyllische Kunstlieder. Man unterscheidet:

a) das Madrigal der ital. Frührenaissance nach Dichtungen Petrarcas, Boccaccios usw.

b) das Madrigal der Spätrenaissance und des Frühbarock.

Märzrevolution →Revolution.

Maestà. Ital. Bez. für die Darstellung der thronenden, von Engeln und Heiligen umgebenen Madonna, bes. häufig im 13./14. Jh.

Maffia, Mafia. Geheimbund, urspr. auf Sizilien beschränkt, bekämpft die staatl. Macht und verfolgt autonomist. Ziele.
Lit. H. Hess, Mafia. Zentrale Herrschaft und lokale Gegenmacht (^{2}1986).

Mag, Mage. Verwandter; im bes. Blutsverwandte im Mannesstamm (Agnaten, Schwertmagen) und Weibesstamm (Kognaten, Spindelmagen).

Magdalenerinnen. Nach ihrer Patronin, der hl. Maria Magdalena genannt, auch Büßerinnen, Reuerinnen oder Weißfrauen, gegründet von Rudolf von Worms, 1227 von Gregor IX. bestätigt, zur Bekehrung gefallener und sittl. gefährdeter Frauen und Mädchen. Blütezeit im 13. Jh., durch die Reformation fast ganz beseitigt.
LIT. LThK VI (^{2}1961) 1270f.; H. Grundmann, Religiöse Bewegungen im MA (1935).

Magdeburg, Kapitulation von. Die in die Reichsacht erklärte Reichsstadt Magdeburg kapitulierte am 4. 11. 1551 vor Moritz von Sachsen. Die zum Entsatz Magdeburgs gesammelten Truppen nahm Moritz seinen Verbündeten weg.

Magdeburger Centuriatoren, Magdeburger Centurien. Von Matthias Vlacich, latinisiert Flacius (geb. 1520 zu Albona in Istrien, daher Illyricus, gest. 1575 zu Frankfurt/M.) und seinem Mitarbeiterstab (hauptsächlich J. Wigand und M. Judex) geschaffene erste umfangreiche prot. Kirchengeschichte: ›Ecclesiastica historia . . . secundum singulas centurias . . . congesta per aliquot studiosos et pios viros in urbe Magdeburgensi‹ erschien in 13, je ein Jh. umfassenden Foliobänden in Basel 1559–74. Das Unternehmen, das mit Flacius' Tod ins Stocken geriet, ist in erster Linie eine histor. Rechtfertigung des Luthertums und behandelt die Anschläge des Antichrist (d. h. des Papstes) in 13 Jahrhunderten. Als krit. histor. Leistung werden die Magdeburger Centurien überschätzt, doch begründen sie ungewollt die moderne Kirchenge-schichtsschreibung. Gegen die Centurien traten von kath. Seite auf: Petrus Canisius, der Augsburger Domherr Konrad Braun († 1563), der Speyrer Domherr Wilhelm Eisengrein († 1570) u. a., vor allem aber Cäsar Baronius (1538–1607) mit seinen ›Annales ecclesiastici‹, die in 12 Bänden (bis 1198 reichend) zu Rom 1588–1607 erschienen sind.
LIT. E. Fueter, Geschichte der neueren Historiographie (^{3}1936); H. von Srbik, Geist und Geschichte vom dt. Humanismus bis zur Gegenwart I (^{3}1964); W. Preger, Matthias Flacius Illyricus und seine Zeit. 2 Bde. (1859–61; Neudr. 1964); P. Polman, Flacius Illyricus, historien de l'Eglise. In: RHE 27 (1931) 27–73; P. Meinhold, Geschichte der kirchl. Historiographie I (1967); L. Haikola, Gesetz und Evangelium bei Matthias Flacius Illyricus (1952); H. Scheible, Die Entstehung der Magdeburger Zenturien (1966).

Magdeburger Konzert (22. 10. 1688). Zusammenschluß der armierten Reichsstände Brandenburg, Hannover, Hessen-Kassel, Kursachsen gegen den erneuten, durch die Pfälzer Erbfolge und die Niederlage Fürstenbergs in der Kölner Doppelwahl ausgelösten Einfall ins Reich (→Pfälzischer Erbfolgekrieg, Krieg der →Augsburger Allianz). Kaiser Leopold I. räumte diesen armierten Reichsständen gewisse Befugnisse gegenüber den übrigen Ständen ein. Den Truppen des Magdeburger Konzerts gelang es, die franz. Armeen vom Nieder- und Mittelrhein zurückzudrängen.

Magdeburger Recht, Magdeburger Rechtsbücher. Bez. für verschiedene zusammenhängende Stadtrechtsbücher:
a) die **Weichbildchronik** 1235–50;
b) das **Weichbildrecht** oder Rechtsbuch von der Gerichtsverfassung 1241–69;
c) das **Magdeburger Schöffenrecht** 1261–95;
d) die **Weichbildvulgata**;
e) **Glosse** zum Weichbild vor 1387.
LIT. Rössler-Franz, SWDG 693.

Magdeburger Sessionsstreit (1582–94). Da der neugläubige Joachim Friedrich von Brandenburg, 1566 zum Administrator in Magdeburg gewählt, weder die kaiserl. Investitur noch Sitz und Stimme auf dem Reichstag erlangt hatte, wollte er diese gegen den Widerstand der kath. Stände erzwingen, verließ aber dann den Reichstag, ohne daß in der Frage der Belehnung der ev. Bistumsadministratoren und bezügl. ihrer Stellung auf dem Reichstag eine Entscheidung herbeigeführt war. Neben dem Kölner Krieg, dem Straßburger Kapitelstreit, dem Vierklösterstreit und dem Streit um Donauwörth ein Höhepunkt der konfessionspolit. Kämpfe im ausgehenden 16. und frühen 17. Jh.

Magie. Versuch, das Erscheinen und Eingreifen der Gottheit durch bestimmte Handlungen erzwingen zu können. Magie bereits in der frühesten Menschheitsgeschichte, als Unterströmung in allen Religionen, vor allem in dem religiösen Brauchtum; auch in modernen Ideologien ausgeprägt.
LIT. K. Vondung, M. und Manipulation. Ideolog. Kult und polit. Religion des Nationalsozialismus (1971); F. Döbler, M., Mythos, Religion (1972).

Magische Maurerei. Abart der →Freimaurerei, in der 2. Hälfte des 18. Jh. gegen den Rationalismus entstanden; Gründer: Johann Georg Schrepfer (1730–74); die Bewegung erlosch um die Wende vom 18. zum 19. Jh.

Magister (von lat. magis, mehr). Meister, Vorsteher. In Byzanz einer der höchsten Titel.
a) **Magister burgensium, magister civitatis:** Bürgermeister.
b) **Magister cubicularium:** Kämmerer.
c) **Magister generalis:** Ordensgeneral.
d) **Magister militum:** Bez. der beiden von Konstantin d. Gr. geschaffenen Oberbefehlshaber des röm. Heeres.
e) **Magister equitum:** Oberbefehlshaber der Reiterei.
f) **Magister peditum:** Oberbefehlshaber der Fußtruppen.
g) **Magister Sacri Palatii:** päpstl. Hoftheologe; stets Dominikaner.

Magistrat (lat. magistratus von magis, mehr). Amt und Beamter.
a) In der republikan. Zeit Roms vom Volk auf ein Jahr gewählt, ehrenamtl., nicht absetzbar. Die magistrati cum imperio (Konsul, Diktator, Prätor) hatten unbegrenzte Vollmacht, die magistrati cum potestate (Ädil, Quästor) begrenzte. In der Kaiserzeit verloren seit Augustus und Tiberius die M. an Bedeutung. Kaiserl. Beamte übernahmen später ihre Amtsgeschäfte; die M. hatten nur noch formelle Bedeutung.
b) Neuzeit: Stadtrat (magistratus urbis),

Kollegium, das die Verwaltung einer Stadt führt. Seit dem 18. Jh. bez. M. insbes. die kleinen Kollegien, die an die Stelle der Stadträte traten und von der Regierung ernannte Beamte waren. Neue Magistratsverfassung mit der preuß. Städteordnung des Freiherrn vom Stein (1808). Der M. wird von der Stadtverordnetenversammlung gewählt, hat Beschlußrecht, besteht aus hauptamtl. Mitgliedern, auf 6 oder 12 Jahre gewählt, und ehrenamtlichen für die Dauer der Wahlperiode der Gemeindevertretung. Magistratsverfassung in der BRD in Hessen, den Städten Schleswig-Holsteins, Bremen.
LIT. Th. Mommsen, Röm. Staatsrecht II (⁴1952); E. Meyer, Röm. Staat und Staatsgedanke (³1964); E. R. Huber, Dt. Verfassungsgeschichte seit 1789, I (³1970); D. Schwab, Die »Selbstverwaltungsidee« des Freiherrn vom Stein und ihre geistigen Grundlagen (1971).

Magna Charta, Magna Carta (Juni 1215). Eine der wichtigsten Verfassungsurkunden der engl. Geschichte, abgeschlossen zw. König Johann ohne Land und den engl. Baronen 1215. Von ihren 61 Kapiteln sind die wichtigsten die über die Freiheit der Kirche, die Rechtsanwendung, die königl. Gerichtsbarkeit; Versuch, die Ausübung der königl. Gewalt einer Kontrolle der Stände zu unterwerfen.
LIT. F. Thompson, Magna Carta, its Role in the Making of the English Constitution (1948); J. C. Dickinson, The Great Charter (1955); J. C. Holt, The Northerners. A Study in the Reign of King John (1961); ders., Magna Carta (1965); J. A. P. Jones, King John and M. C. (1971); H. Wagner, M. C. Libertatum von 1215 (²1973).

Magnaten. Bez. für die vornehmsten adeligen Geschlechter und hohen Würdenträger in Ungarn, die im Reichstag die Magnatentafel bildeten, in Polen für den hohen Adel (niederer Adel = Schlachta), für die hohen geistl. und weltl. Würdenträger.

Magnifizenz (die M., von lat. magnificus, großgesinnt, hochgesinnt; magnificentia, Hoheit, Herrlichkeit).
a) Titel der Universitäts- und Hochschulrektoren.
b) Früher auch Titel der Bürgermeister der Freien Reichsstädte (Hansestädte)
c) Der regierende Fürst als Schutzherr der Landesuniversität hatte den Ehrentitel: Rector magnificentissimus.

Magsühne

Magsühne, Magzahl, Maggeld. Anteil der Verwandten am Wergeld.

Magyarisierung. Bestrebungen, den gegen Ende des 18. Jh. auf rd. 60% gestiegenen Anteil nichtmagyar. Bevölkerung Ungarns zurückzudrängen bzw. an Sprache und Kultur des magyar. Staatsvolkes zu assimilieren. Die Magyarisierung, oft rücksichtslos durchgeführt, trotz des Nationalitätengesetzes von 1868, richtete sich nicht nur gegen die seit der Habsburger Kolonisation des durch 150-jährige Türkenherrschaft verwüsteten Landes beträchtl. dt. Minderheit (»großer Schwabenzug«, »Donauschwaben«), sondern auch gegen die Kroaten und wirkte sich mit der indirekten Förderung serbischer Bestrebungen für den Bestand der Donaumonarchie verhängnisvoll aus. Um die Wende des 19./20. Jh. war das höhere, mittlere und Volksschulwesen der Deutschen, ausgenommen Siebenbürgen, und die dt. Bevölkerung der Städte fast restlos magyarisiert, ähnlich verhielt er sich mit der jüd. Stadtbevölkerung. Um 1910 bekannten sich wieder 50% der Bevölkerung Ungarns als Magyaren. Die mit dem Vertrag von Trianon Ungarn auferlegten Verpflichtungen zum Schutz der Minderheiten haben die Fortsetzung der Magyarisierungsbemühungen in Rest-Ungarn nicht verhindern können.
LIT. R. Fr. Kaindl, Geschichte der Deutschen in den Karpatenländern. 3 Bde. (1907–11); O. A. Isbert, Das Deutschtum in Rumpf-Ungarn (1930).

Mahdi, Mahdiaufstand (arab., der [von Gott] Geführte). Bei den schiit. Mohammedanern der von Gott gesandte Erlöser und Glaubenserneuerer der Endzeit; bei den sunnit. Mohammedanern ein erhoffter Glaubenserneuerer mit dem Namen Mohammed. Seit dem 7. Jh. treten wiederholt in der islam. Welt religiöse Führer auf, mit dem Anspruch, der Mahdi zu sein. Der bekannteste ist Mohammed Ahmed (1843/44–1885) im Sudan. Im Aufstand gegen die ägypt. Regierung eroberte er den Sudan und vernichtete die engl. Truppen unter Gordon in Khartum (1885). Nach dem Tod des M. übernahm 'Abd Allah die Führung der Mahdisten. Kitcheners Sieg bei Omdurman (1898) brach die Kraft der Mahdisten; 'Abd Allah fiel 1899.
LIT. J. Friedländer, Messiasidee im Islam (1903); E. L. Dietrich, Der M. Mohammed Achmed (1925); R. Slatin Pascha, Feuer und Schwert im Sudan ([13]1922); H. Pleticha (Hrsg.), Der Mahdiaufstand in Augenzeugenberichten (1967).

Mährischer Ausgleich. Der auf Grund des Personalprinzips im Jahre 1905 zustande gekommene nationale Ausgleich zwischen den Deutschen und Tschechen in Mähren. Er blieb bis zum Zusammenbruch Österreich-Ungarns im Jahre 1918 wirksam.
LIT. A. Frh. von Senke, Der M. A. (1930); H. Glassl, Der M. A. (1967).

Maifeld. Fränk. Heeres- und Reichsversammlung; seit 755 in den Mai verlegt, vorher Märzfeld; seit Ludwig dem Frommen nur mehr unregelmäßig berufen.

Mailand, Edikte von (Januar oder Februar 313). Die Bez. Mailänder Toleranzedikt ist nicht korrekt. Es handelt sich vielmehr um Edikte, die auf Grund von Absprachen der beiden siegreichen Augusti Konstantin im Westen und Licinius im Osten erlassen wurden. Zwangsmaßnahmen gegen Christen hören auf; volle Religions- und Kultusfreiheit wird hergestellt; die Rückgabe der Kirchengüter an die Christen verfügt.
LIT. M. Adriani, La storicità dell'editto di Milano (1954).

Mailänder Artikel (15./16. 1. 1622). Graubünden verzichtet nach dem Einmarsch span. und österreich. Truppen gegen eine Geldentschädigung auf Veltlin und Bormio und räumt Spanien das Truppenwerbungs- und Durchzugsrecht ein. Auf Grund der Mailänder Artikel verfügen die Habsburger über wichtige Alpenpässe und Verbindungen zw. Oberitalien und den österreich. Vorlanden.

Mailänder Liturgie. Auch nach dem großen Bischof Ambrosius (374–97) ambrosianische Liturgie genannt. Die führende Stellung Mailands und eine gewisse Selbständigkeit gegenüber Rom in Norditalien kommt darin zum Ausdruck und behauptet sich auch, nachdem seit Gregor VII. die fränk.-röm. Liturgie vordringt, allerdings unter Annahme röm. Elemente, bis zur Gegenwart.

Mainlinie.
a) Im Frieden zu Basel zwischen Frankreich und Preußen festgelegte Linie, die Süddtl. den franz. Kriegshandlungen preisgab.

504

b) Die ungefähre Südgrenze des Norddeutschen Bundes.
c) Schlagwort für die polit. Gegensätze zwischen Nord- und Süddtl. Bestimmte Grundzüge der »M.« bereits mit der Reformation und Gegenreformation vorgezeichnet, durch Barock, Aufklärung und napoleon. Staatensystem vertieft, im 19. Jh. verfestigt.

Mainzer Akzeptation, Mainzer Akzeptationsinstrument. Annahme einer Reihe von Reformdekreten des Baseler Konzils auf dem Mainzer Reichstag von 1439; in vielem der Pragmatischen Sanktion von Bourges (1438) ähnlich, doch nicht wie diese als Reichsgesetz verkündet. Durch die Concordata Principum (1447; Fürstenkonkordate) bestätigt, durch das Wiener Konkordat (1448) weitgehend entwertet, wurde die Akzeptation erst 1762 wiederentdeckt, zum Programm des reichskirchl. Episkopalismus gegen Rom erhoben, und zur Grundlage der Koblenzer Gravamina und der Emser Punktation. LIT. H. Raab, Die Concordata Nationis Germanicae in der episkopalist. Diskussion des 17.–19. Jh. (1956); H. Hürten, Die M. A. von 1439. In: AMrhKG 11 (1959) 42–75; HKG V (1970).

Mainzer Gottesfrieden (1085). Im MA übernahm die Kirche verschiedentlich die öffentl. Friedenswahrung durch Errichtung des Gottesfriedens. 1082: Gottesfriede in der Diözese Lüttich, 1083: in der Diözese Köln. Kaiser Heinrich IV. griff die Friedensbewegung auf und verkündete auf dem Reichstag zu Mainz (April 1085) einen Gottesfrieden für das Reich.

Mainzer Libell. Erstes offizielles Gravamen gegen die röm. Kurie. Eröffnet die Reihe der für die Vorgeschichte der Reformation wichtigen »Gravamina der dt. Nation wider den röm. Hof«. LIT. B. Gebhardt, Die Gravamina der dt. Nation gegen den röm. Hof (²1895); LThK IV, 1174f.

Mainzer Reichslandfriede (15. 8. 1235). Erstmals auch in dt. Sprache verkündetes Gesetz. Der M. R. versucht die in dem Statutum in favorem principum (→Confoederatio cum principibus ecclesiaticis) gemachte Zusage an die Fürsten auf ein tragbares Maß zurückzuführen, also eine »Revindikation der Reichsrechte« (Mitteis). Neu die Einsetzung eines Reichshofrichters, behandelt das Zoll- und Münzwesen, das Geleitsrecht, die Reform der Hofgerichts-

kanzlei, versucht das Fehdewesen zu regeln. LIT. H. Mitteis in: ZRG GA 62 (1942); E. Schrader in: ZRG GA 68 (1951); H. Angermeier, Königtum und Landfriede im dt. Spät-MA (1966).

Maîtres de requêtes (lat. magistri libellorum supplicum). Urspr. Sekretär des Königs, seit 1799 Berichterstatter im Staatsrat, die Bittschriften, Gesuche und Appellationen vorzulegen hatten. Mit der Zentralisierung der franz. Verwaltung wurde das Amt wichtiger.

Maiestas (lat.). Würde, Vorrang; seit dem 1. Jh. n. Chr. die Erhabenheit des röm. Kaisers, dann auf den Kaiser des Hl. Röm. Reiches übertragen. Die Ausbildung der Lehre von der **maiestas realis** und der **maiestas personalis** (Dominikus Arumäus, 1579–1637) gab der Lehre von der Volkssouveränität Auftrieb und führte in der Reichsverfassungslehre zu einer Schwächung der Position des Kaisers und einer Stärkung der Fürsten, insbes. der Kurfürsten. Die maiestas realis liegt nach Johannes Limnäus (1592–1662) bei den Reichsständen. Noch weiter in der Verteidigung der reichsständ. Libertät ging Boguslav Philipp von Chemnitz (1605–78). In den größeren dt. Territorien setzte sich dagegen im Absolutismus die Auffassung von der grundsätzlich unumschränkten Gewalt des Herrschers durch (maiestas personalis; Preußen, Bayern, Kursachsen, Landgrafschaft Hessen-Kassel), wenn auch der Herrscher an Staatszwecke, Pflicht, Naturrecht gebunden blieb.

Maiestas Domini. Darstellung des thronenden Christus, in der altchristl. Kunst ausgebildet (San Vitale, Ravenna), seit der karoling. Zeit häufiger (Aachener Pfalzkapelle, Bibel Karls des Kahlen), vor allem aber als Tympanonrelief roman. Kirchen. LIT. R. Berger, Die Darstellung des thronenden Christus in der roman. Kunst (1926).

Majestät. Anrede, die urspr. nur dem Kaiser zustand, seit dem 15. Jh. auch auf den König von Frankreich ausgedehnt wurde, seit dem 18. Jh. auf alle Könige; gleichzeitig Steigerung für den Kaiser: kaiserliche M. Gleichwertig mit M. in der Anrede ist Sire.

Majestätsbrief (9. 7. 1609). Allgemein: Bez. für Urkunden dt. Herrscher, in denen Untertanen gewisse Rechte und Freiheiten verbrieft werden.

Besondere Bedeutung erreichte der M. Rudolphs II. Der unfähige, in Prag residierende Kaiser Rudolf II. versuchte in dem Zwist mit seinem Bruder Matthias durch die Gewährung des M. Böhmen für sich zu gewinnen. Der M. gestand den kath. und prot. Herren, Rittern und königl. Städten Böhmens die freie Religionsausübung zu. Konfessionszwang der Obrigkeit gegenüber Bürgern und Bauern war ausgeschlossen. Ein Protestantentag war zuständig für Kirchen- und Schulangelegenheiten oder Verletzung prot. Rechte. Der M. war ein Erfolg des böhm. Selbstgefühls und ein Rückschlag für die kath. Gegenreformation. Für Schlesien wurde am 20. 8. 1609 ein ähnl. M. erteilt. Bis zur »christl. vollkommenen und endl. Vereinigung der Religion« sollte der M. die Beziehungen der Katholiken und Augsburg. Konfessionsverwandten in den Ländern der Wenzelskrone regeln.
LIT. A. Gindely, Geschichte der Erteilung des böhm. M. (1858); Hdb. der Geschichte der böhm. Länder II (1974) 185 ff.

Majestätsrechte. Die Regalien, urspr. dem König zustehende Hoheitsrechte, wurden mit dem Aufkommen der dt. Territorialstaaten als die dem Staat zustehenden, grundsätzl. unveräußerl. M. oder Hoheitsrechte (regalia majora) reklamiert. Zu den M. – die regalia majora sind von den regalia minora nicht immer scharf zu trennen – wurden u. a. gerechnet: das Recht der Gesetzgebung, der Gerichtsbarkeit, der Landesverteidigung, der auswärtigen Bündnisse (ius foederis), der Polizeigewalt, das Recht über große Flüsse (Landeshoheit über Erde und Wasser, seit dem 17. Jh.), Land- und Heerstraßen (→Straßenregal).

Majestätsverbrechen (crimen laesae maiestatis). Angriff auf Sicherheit und Würde des röm. Kaisers (seit dem 1. Jh.), dann jedes Monarchen, durch die Goldene Bulle auf die Kurfürsten, in den dt. Territorialstaaten auch auf die Landesfürsten ausgedehnt.

Major (lat. maior, der Größere). Militär. Dienstgrad, stellvertretender Regimentskommandeur im 17. Jh.; mit der Aufstellung von Bataillonen im 18. Jh. Bataillonskommandeur.

Majorat.
[1] Form der Erbfolge, bei der der jeweils Älteste (maior natu) den Vorzug hat, im Gegensatz zum **Minorat**, das den

Jüngeren vorzieht. Beim M. wird unterschieden:
a) **Primogenitur:** der Älteste der ältesten Linie erbt;
b) **Seniorat:** der Älteste der Gesamtfamilie erbt, ohne Rücksicht auf Linie und Verwandtschaftsgrad;
c) **Majorat im engeren Sinne (Ältestenrecht):** der älteste Verwandte, der dem Grade am nächsten ist, erbt.
[2] Bez. für das Gut, das diesem Erbrecht unterliegt; der Besitzer: Majoratsherr.

Majordomus →Hausmeier.

Majoristen. Kleriker, die höhere Weihen empfangen haben: Subdiakon bis Bischof.

Majuskel (von lat. maiusculus, etwas größer). Regelmäßige Kapitalschrift ohne Ober- oder Unterlängen (»Capitalis quadrata«, »Rustica«), bis ins 4. Jh. verwendet, als Buchschrift (→Unziale) bis ins 7./8. Jh.; zum schnellen Schreiben unbequem; Majuskel später nur noch für Anfangs- oder Großbuchstaben (Versalien).

Majuskelkursive. Im 1. Jh. n. Chr. für den prakt. Gebrauch entwickelt (ältere röm. Kursive).

Makulatur (mlat. maculatura). Beschmutzte Druckbogen; wertloses Papier.

Malberg, Malstätte (von ahd. mahaljan, sprechen; mâl: Gerichtsplatz). Im german. und altdt. Recht Gerichts- und Versammlungsplatz, →Ding.

Malbergische Glossen. In der Lex Salica Glossen in altfränk. Sprache, die vor Gericht (in malbergio) gebraucht wurden.
LIT. F. B. Beyerle, Die M. G. der Lex Salica. In: ZRG GA 89 (1972) 1–32.

Malefiz (lat. maleficium). Missetat, Frevel; strafbare Handlung.

Malefizfälle. Fälle der hohen Gerichtsbarkeit.

Malefizgericht. Hohe Gerichtsbarkeit, Blutgerichtsbarkeit.

Malkontente (von franz. malcontent, mißvergnügt).
[1] Bez. für die magyar. Adelsopposition gegen die habsburg. Herrschaft, die mit Hilfe des Osman. Reiches und Frankreichs ein unabhängiges ungar. Königtum im 17.–19. Jh. errichten wollte. Leopold I. schlug 1670 die Malkontentenverschwörung nieder; unter Tököly und Rakoczy kämpften sie mit den Türken gegen die Habsburger. Die Malkontentenbewegung hielt sich bis zum

Untergang der Donaumonarchie (Kossuth, Tisza).

[2] Niederlande: eine Partei, bestehend aus Standesherren und besitzendem Bürgertum, die etwa um 1578 entstand und sich des gewaltsamen Vorgehens der Reformierten in den wallon. Provinzen erwehren wollte.

Malplaquet, Schlacht von (11. 9. 1709). Sieg der Alliierten unter Prinz Eugen und Marlborough über die franz. Armee unter Villars und Boufflers. Diese blutigste Schlacht des Spanischen Erbfolgekriegs brachte keine Entscheidung, die Verbündeten behaupteten zwar das Schlachtfeld, doch waren ihre Verluste größer als die der Franzosen, und bald darauf beginnt eine für die Verbündeten unerwartete Peripetie des Krieges.
LIT. W. Schwertfeger, Die Schlacht bei Malplaquet (Diss. 1912); M. Braubach, Prinz Eugen von Savoyen (1963–65).

Malter (lat. maltrum). Stark schwankendes Hohlmaß zum Messen von Getreide, im 19. Jh. außer Gebrauch.

Malteser → Johanniter.

Malteserkreuz. Ein breitendiges Kreuz, dessen Arme in jeweils zwei Spitzen, insgesamt acht, ausgehen, weiß auf schwarz getragen.

Malthusianismus. Nach Th. R. Malthus (1766–1834) genannte Lehre, nach der die Bevölkerungsziffer in geometr., die Nahrungsmittelerzeugung nur in arithmet. Progression wachse und der Ernährungsmittelspielraum lediglich durch »präventive« Faktoren (Geburtenbeschränkung, Spätehe usw.) erhalten werden könne. Der M. wurde von Karl Marx scharf abgelehnt und ist wissenschaftlich überholt.
LIT. StL ⁶V, 520; LThK VI (²1961) 1337.

Mamelucken, Mamluken (arab. Bez. für freigelassene Kaufsklaven; über ital. mammalucco zu M.). Weiße Soldtruppen ägypt. Herrscher; eroberten Mitte des 13. Jh. Ägypten und Syrien, herrschten dann bis zur osman. Eroberung (1516/17) über diese Gebiete, drangen bis in den Indischen Ozean vor, wo sie den Portugiesen den Gewürzhandel streitig machten. Durch Sklavenhandel mit südruss. Gebieten wurden die Mameluckenheere aufgefüllt. Endgültig beseitigt wurden die M. unter Mehmed Ali (1811).
M. wird auch als Bez. für abtrünnige Christen gebraucht; syn. mit Gottloser.

LIT. J.-D. Brandes, Die M. (1996).

Manchestertum. Mit Bezug auf die Manchesterpartei geprägte Bez. für eine rücksichtslose Freihandelslehre. Das M. lehnt die Schutzzollpolitik und die Sozialpolitik (Sozialversicherung, Arbeitszeitregelung usw.) grundsätzlich ab, lehrt die natürl. Gesetzmäßigkeit des wirtschaftl. Lebens, tritt für den vollkommenen Freihandel zw. den Staaten und völlig freie Konkurrenz ein.
Die **Manchesterpartei,** 1838 in Manchester als Anti-Corn-Law-League gegründet, mit dem Ziel der Herabsetzung bzw. Beseitigung der hohen engl. Getreidezölle, hat mit den auf wissenschaftl. Boden erwachsenen Anschauungen des M. wenig gemeinsam. Unter der Führung von R. Cobden befaßte sich diese Partei hauptsächl. mit prakt. Fragen und setzte schließlich die Beseitigung der Getreidezölle durch.

Mandarin. Aus dem Portugiesischen übernommene Bez. für Würdenträger in Ostasien; bis zum Anfang des 20. Jh. allg. europ. Bez. für hohe chines. Beamte.

Mandat.
[1] Erlaß, Auftrag an einen Untergebenen. In der röm. Kaiserzeit Instruktion des Kaisers für einen Beamten. Später auch landesherrl. Auftrag.
[2] Auftrag, der mit Wahl dem Abgeordneten von den Wählern gegeben ist. Die neueren Verfassungen kennen nur das **freie Mandat,** nicht jedoch das **imperative Mandat,** wodurch der Abgeordnete an bestimmte Instruktionen der Wähler gebunden wäre.

Mandation. Übertragung der Gerichtsbarkeit; der Mandierte (iudex mandatus) kann nicht an einen Dritten mandieren.

Mandator. In Byzanz Bote des Kaisers, Reichsbote; an der Spitze der Mandatoren der **Protomandator.**

Mandator; Mandatorius. Diplomat. Vertreter; im 16. Jh. diplomat. Vertreter niederen Ranges.

Mandatsgebiet. Treuhandsgebiet; Gebiet, das nach Art. 22 der Völkerbundsatzung einem Staat (**Mandatarstaat**) zur treuhänder. Verwaltung übergeben ist unter Verantwortung gegenüber dem Völkerbund bzw. den Vereinten Nationen. Es werden unterschieden:
a) **A-Mandate:** zeitweilige Mitverwaltung, Übergang zu voller Selbständigkeit (Irak, Syrien, Libanon);

Mandatum de providendo

b) **B-Mandate:** Kolonialmandate;
c) **C-Mandate:** als integrierende Bestandteile des beauftragten Staates verwaltet (z. B. Südwestafrika).

Mandatum de providendo. Päpstl. Auftrag an den Kollator, ein erledigtes Benefizium mit einer bestimmten Person zu besetzen, aus bisherigen preces im 12. Jh. hervorgegangen, schließlich zu executoriae gesteigert.

Manen (lat. di manes, die guten Götter). Bei den Römern die freundlich gesinnten Geister der Toten, Beschützer der Gräber; sie genossen göttl. Verehrung. Ihr Hauptfest: die Parentalien. Auf den Gräbern häufig die Widmung: D(is) M(anibus) = den Göttern der Toten.
LIT. W. F. Otto, Die M. (^{2}1958).

Manessische Handschrift. Sammelhandschrift mhd. Minnelieder, genannt nach dem Zürcher Ritter Maness und dessen Sohn, dem Chorherren und Custos Maness, die zusammen mit Meister Johannes Hadlaub, einem Zürcher Minnesänger, die Sammlung anlegten oder anlegen ließen, wahrscheinlich um 1230 in Zürich, mit 138 Miniaturen und Liedern von 140 Dichtern.
Farbige Faksimileausgabe (1926–28).
LIT. K. Zangemeister (Hrsg.), Wappen, Helmzierden und Standarten der großen Heidelberger Minnesänger Handschrift (1892); R. Sillib, Zur Geschichte der großen Heidelberger (Manessischen) Liederhandschrift (1921).

Manichäer. Anhänger der von Mani (Manes, Manichaeus) (216–274/77) gestifteten gnost. Religion des Manichäismus.

Manichäismus. Eine aus buddhist., zoroastr., frühchristl.-gnost. Elementen von Mani (→Manichäer) begründete Religion, die auf einem radikalen Dualismus: Geist–Materie, Gut–Böse usw. beruht, radikale Weltverneinung predigt, zwischen »electi« (Auserwählten) und »auditores« (Hörer) scheidet, sich in der 2. Hälfte des 3. Jh. über Syrien, Nordarabien und Ägypten, im 4. Jh. über ganz Nordafrika, Südgallien, Kleinasien, Griechenland, Italien ausbreitet. Seit Diokletian vom Staat verfolgt, von den Kirchenvätern bekämpft, ist der M. im Abendland im 6. Jh. fast ganz verschwunden, erlebte aber im 7. u. 8. Jh. in Persien und Mesopotamien eine Blütezeit, drang nach Zentralasien vor und wurde im Reich der Uiguren zur Staatsreligion. In Zentralasien ging der M. mit dem Mongolensturm unter, in China lebte er bis ins 14. Jh. Eine Beeinflussung der Bogomilen, Paulikianer und Katharer durch den M. ist nicht unwahrscheinlich.
LIT. S. Runciman, The Medieval Manichee (1946); G. Widengren, Mani und der M. (1961); A. Adam, Texte zum M. (^{2}1968).

Manier (franz.). Art und Weise, bes. Verfahren eines Künstlers; Eigenart; Künstelei.

Manierismus (von ital. manierismo, Künstelei). Stilbegriff zur Charakterisierung der Kunst vor allem in Dtl. zw. Hochrenaissance und Barock (ca. 1530–1600), gilt heute als eigenwertig und nicht mehr als abwertend aus der Sicht der Hochrenaissance. Der M. bringt die Unruhe, seel. Spannung, religiöse Inbrunst und Weltverneinung der Zeit zum Ausdruck und wird aus dem Geist der Gegenreformation gedeutet. Kennzeichen der manierist. Malerei, die vor allem Greco repräsentiert: langgestreckte, gewundene, kleinköpfige Figuren, starkes Helldunkel, kontrastierende Raumverhältnisse, Vorliebe für Schmuck.
LIT. W. Weisbach, Zum Problem des M. (1934); H. Hoffmann, Hochrenaissance, M., Frühbarock (1939); E. Wüsten, Die Architektur des M. in England (1951); Le Triomphe du maniérisme européen. Katalog der Ausstellung im Reichsmuseum in Amsterdam (1955); A. Hauser, Der Ursprung der modernen Kunst und Literatur. Die Entwicklung des M. seit der Krise der Renaissance (1964, dt. 1973; Tb. 1979).

Manipel.
[1] Militärische Einheit; 30 Manipel bilden eine Legion. **Manipulartaktik:** löst im 3./2. Jh. v. Chr. die Phalanx ab; die schachbrettartige Aufstellung erhöht die Beweglichkeit der Legion, damit ihren Kampfwert.
[2] Urspr. ein Ziertuch aus Leinen (mappula), das über dem linken Unterarm oder mit der linken Hand getragen wurde; dann ein Vorrecht des höheren Klerus von Rom, schließlich in der ganzen lat. Kirche beim Meßornat verbreitet. Heute nicht mehr verpflichtend.

Mantuanischer Erbfolgekrieg (1628–30). Um die Sukzession des Herzogs Karl von Nevers nach dem Tod des Gonzaga Vinzenz II. in Mantua und Montferrat zu verhindern, verhängte

Kaiser Ferdinand II. als Oberlehnsherr über die beiden Herzogtümer auf Betreiben von Spanien und Savoyen das Sequester. Den span.-habsburg. Machtgewinn in Oberitalien suchte Richelieu vergeblich mit einem Feldzug zunichte zu machen. Den in Regensburg (1630) ausgehandelten Vergleich ratifizierte Richelieu jedoch nicht, sondern erreichte im Vertrag von Cherasco (1631), daß Mantua und Montferrat an den Herzog von Nevers kamen. Gegen einen Teil von Montferrat wurde Savoyen zur Abtretung der wichtigen Festung Pignerolo gezwungen.
LIT. R. Quazza, La guerra per la successione di Mantova e del Monferrato. 2 Bde. (Mantua 1922); K. J. Burckhardt, Richelieu. Bd. I (1961).

Manufakturen (von lat. manu factum, von Hand gemacht). Rein optisch und chronologisch scheinen die Manutakturen die Vorläufer der durch die industrielle Revolution eingeführten Fabrik zu sein. Mit Manufaktur bezeichnet man einen größeren Gewerbebetrieb, insbes. Tuch-, Seiden-, Porzellan-, Spiegelmanufaktur mit Arbeitsteilung, Lohnarbeitern und Massenfertigung, vorbereitet durch das spätma. →Verlagswesen, und allg. von geringer Wirtschaftskraft. Nicht unter den Begriff fallen Bergwerks- und Hüttenwesen; bekanntestes Beispiel einer M. des 17. und frühen 18. Jh.: die Tuchfabrik von Robais in Abbéville. Staatl. Förderung, Heranziehung billiger Arbeitskräfte in Strafanstalten, Armen- und Waisenhäusern, selbst Kasernen sind kennzeichnend für die M. Von einem »Manufakturzeitalter« kann nur bedingt gesprochen werden.
LIT. M. Courtecuise, La manufacture de draps fins Vanrobais aux 17e et 18e siècles (1920); R. Forberger, Die M. in Sachsen vom Ende des 16. bis zum Aufstieg des 19. Jh. (1958); F. H. Hofmann, Das Porzellan der europ. M. im 18. Jh. (1932); G. Slawinger, Die M. in Kurbayern (1966); J. Kerman, Die Manufaktur im Rheinland 1750–1833 (1972).

Manus manum lavat (lat., eine Hand wäscht die andere). Sprichwort nach Seneca und Petronius.

Marbacher Bund (14. 9. 1405). Einigung südwestdt. Fürsten und Städte unter Führung Graf Eberhards III. von Württemberg und Erzbischof Johanns von Mainz, gegen König Ruprecht von der Pfalz und dessen Pläne zum Ausbau der pfälz. Territorialmacht gerichtet. Durch innere Gegensätzlichkeiten und geschickte Politik Ruprechts verlor der M. B. bald an Bedeutung.

Marburger Religionsgespräch (1./ 3. 10. 1529). In Marburg/Lahn geführtes Gespräch zw. Luther und Zwingli, um eine theolog. Einigung herbeizuführen. Das Gespräch, von Landgraf Philipp von Hessen aus polit. Gründen vermittelt, scheiterte an den widersprüchl. Meinungen in der Abendmahlslehre. Luther veröffentlichte über das M. R. die 15 Marburger Artikel.
LIT. W. Köhler, Das M. R. (1929); W. Menzel, Das M. R. (1931); W. Köhler, Zwingli und Luther 2 (1953).

Marchfeld, Schlacht auf dem. [1] Sieg Ottokars II. von Böhmen über König Béla IV. von Ungarn (1261). [2] Sieg Rudolfs von Habsburg über Ottokar II. von Böhmen am 12. 8. 1278 bei Dürnkrut. Der Böhmenkönig fiel auf der Flucht. Auch die Schlachten von Aspern und Wagram wurden auf dem M., einer Ebene zwischen Donau und unterer March, ausgetragen.

Marengo, Schlacht von (14. 6. 1800). Bei Marengo, östl. von Alessandria in Norditalien, besiegte Napoleon nach gefährlichen Anfangserfolgen der Österreicher unter dem gesten Melas diese nach dem Eintreffen der Truppen von Desaix und der Schwadronen von Kellermann vollständig. Desaix, der eigentliche Sieger, fiel. Der Sieg von M. entschied zusammen mit der dem österreich. Erzherzog Johann von Moreau bei Hohenlinden (3. 12. 1800) beigebrachten Niederlage den 2. Koalitionskrieg zugunsten Frankreichs.
LIT. A. Herrmann, M. (1903); L. Madelin, Histoire du Consulat et de l'Empire. Bd. III: De Brumaire à Marengo (1938); J. Thiry, Marengo (1949).

Marginalien. Randbemerkungen. Überschriftähnl. Stichwörter, die meist in kleinerer Schrift an den äußeren Rand des Satzspiegels gestellt werden. Auch abweichende Lesarten (Varianten) bei Handschriften.

Marianer. 1673 in Polen gegr., hauptsächlich auch dort verbreitete Kongregation.

Marianische Kongregation. Kirchl. Vereinigung, 1563 in Rom gegr., vor allem in der Zeit der Kath. Reform auch in Dtl. an vielen Schulen und Universitäten stark verbreitet; Rückgang nach der Aufhebung der Jesuiten (1773), erneuter Aufschwung seit 1948.

Maria-Theresia-Orden. Zur Erinnerung an den österreich. Sieg unter Feldmarschall Daun über die Preußen bei Kolin (1757) von Maria Theresia gestiftet; höchste milit. Auszeichnung im alten Österreich.

Maria-Theresien-Taler. Münze aus der Zeit Maria Theresias, später ständig nachgeprägt für die Ausfuhr in den Nahen Osten, wo sie als Handelsmünze in Gebrauch blieb.

Marienburg, Bündnis von (25. 6. 1656). Bündnis zwischen König Karl X. Gustav von Schweden und Kurfürst Friedrich Wilhelm von Brandenburg; es läßt die schwed. Lehnshoheit über das Herzogtum Preußen bestehen, sichert aber Brandenburg für die milit. Unterstützung gegen Polen großpoln. Gebiet zu (Posen, Kalisch usw.).

Marignano, Schlacht von (13./14. 9. 1515). Sieg König Franz' I. von Frankreich über die zahlenmäßig unterlegenen, durch den Abzug der Berner vor der Schlacht geschwächten Schweizer. Unklare Kommandoverhältnisse haben die Niederlage mitverschuldet. Die Monopolstellung der Schweizer Landsknechte wurde mit dieser Niederlage gebrochen, ihr milit. Ruf schwer angeschlagen, die Schweizer Expansionspolitik nach Süden wurde gebremst. Nach M. eroberte Franz I. Mailand und nahm Herzog Maximilian Sforza gefangen.

Marinismus (auch Navalismus). Richtung des Militarismus, auf stärksten Ausbau von Handels- und Kriegsmarine zielend.

Maristen. Societas Mariae, religiöse Vereinigung, 1824 in Frankreich gegr., tätig in Jugenderziehung, Seelsorge und Mission.

Maritime Union. 1756 abgeschlossen unter dem Eindruck des Renversement des alliances und unter franz. Einfluß zw. Dänemark und Schweden zum Schutz von Handel und Schiffahrt und gegen engl. Übergriffe zur See. Holland trat der Union nicht bei.

Mark. Gewichtseinheit des MA. urspr. ⅔ des Pfundes. In die karoling. Münzreform übernommen und als »Rechengeld«, d.h. größere Münzeinheit, die nicht ausgeprägt wurde, verwendet; eingeteilt in 16 Schillinge (solidi) und 192 Denare (denarii). Da aus der Gewichtsmark immer mehr Pfennige ge-

prägt werden, wird die Differenz zw. Gewichtsmark und Zählmark ständig größer. Die marca argenti (= Gewichtsmark Silber) ist im 14. Jh. doppelt so viel wert wie eine marca denariorum (= 192 geprägte Pfennige). Auf der Grundlage der kölnischen Mark ruht die von Ferdinand I. erlassene Reichsmünzordnung (1559). Nach dem Leipziger Münzfuß (Ende des 17. Jh.) war 1 Reichs- oder Speciestaler = ⅑ Mark Feinsilber. Seit 1876 alleingültige Geldeinheit des Deutschen Reiches (Reichsmark); nach der Inflation (November 1923): Rentenmark, seit 1924 Reichsmark; seit der Währungsreform (1948) Deutsche Mark.

Marken (marca, Grenze; Grenzgebiet). Zur Verteidigung des Reiches und zur Gewinnung von Neuland errichtete oder aus älteren Dukaten ausgegliederte Verwaltungsgebiete, erstmalig z. Z. Karls d. Gr.: **Spanische Mark** (795) aus dem Dukat Toulouse gegen die Basken in den Pyrenäen und die Araber in Spanien; **Septimanische Mark** (865); **Bretonische Mark:** aus dem Dukat Maine ausgegliedert; **Pannonische Mark** u. a. Mit dem Zerfall des Karolingerreiches ging das karoling. großräumige, aus mehreren Grafschaften bestehende Markensystem unter.

Neues Markensystem, kleinräumig und jeweils nur aus 1 Grafschaft bestehend, unter Otto d. Gr. (nach 970); seine Schwerpunkte lagen an der östl. Reichsgrenze: **Billunger Mark; Geronische Mark:** 965 nach dem Tod des Markgrafen Gero in 6 kleinere Marken geteilt; **Mark Meissen.** Die **Ostmark** übernahmen 976 die Babenberger. Aus den Marken entstehen unter der Führung tatkräftiger Markgrafen und Geschlechter (Babenberger, Askanier, Wettiner) im Zusammenhang mit der Ostkolonisation Machtgebilde, die seit dem späteren MA als relativ geschlossene größere Territorien (Sachsen, Brandenburg, Österreich) die dt. Geschichte immer stärker bestimmen.

LIT. HWDRG III, 286–93; E. Klebel, Herzogtum und M. In: DA 2 (1938); K. Bosl, Die Markengründungen Kg. Heinrichs III. auf bayer.-österr. Boden. In: Zs. für bayr. LG (1944); H. Sproemberg, Die Markgrafschaft Flandern (1935); S. Lüpke, Die Markgrafen der sächs. Ostmarken in der Zeit von Gero bis zum Beginn des Investiturstreits (1937).

Marketender (von ital. mercatare, Handel treiben; mercatante, Kaufmann). Händler, die nicht von der Heeresverwaltung gestellte Waren an die Soldaten verkaufen. M., vielfach auch Marketenderinnen, folgten schon in röm. Zeiten den Heeren ins Feld; erstmals bezeugt für das Heer Karls V. (reg. 1519–56) im Schmalkaldischen Krieg (1546/47). Das Marketenderwesen blühte vor allem im 16.–18. Jh.

Markgraf (comes confinii, comes marcae, marchio, marchensis). Der M. hat Befehlsgewalt (wie der spätröm. dux) über ein größeres Grenzgebiet (Markgrafschaft) und über ihm unterstellte Grafen. Die schwankende Bez. comes, dux, marchensis, marchio läßt den Umfang der markgräfl. Gewalt erkennen, die mit der Verfügung über Reichsgut, Kirchenherrschaft usw. königsgleiche Herzogtümer schuf. In Thüringen, Sachsen, Ostmark stiegen Markgrafen zu neuer herzogl. Gewalt empor.

Markgrafenfehde.
[1] Fehde des Albrecht Achilles von Brandenburg-Ansbach mit den Hochstiften Würzburg, Bamberg, mit Ansbach, der Reichsstadt Nürnberg mit dem Ziel der Errichtung eines fränk. Herzogtums für die Hohenzollern (1448–52).
[2] Feld- und Raubzüge des Markgrafen Albrecht Alkibiades von Brandenburg-Kulmbach (reg. 1552–53) unter Ausnutzung der Kriege Karls V. mit Frankreich und der Opposition der ev. Fürsten gegen den Kaiser. Nach dem Scheitern der Belagerung von Metz verlor der in die Reichsacht erklärte Albrecht Alkibiades mit der Niederlage bei Sievershausen (1553) sein zusammengeraubtes Herzogtum wieder und floh nach Frankreich.
LIT. O. Kneitz, Albrecht Alkibiades Markgraf von Kulmbach (1951).

Markt (von lat. mercatus über ahd. markät). Unter M. versteht man das Zusammentreffen von preisbestimmendem Angebot und Nachfrage, von Käufern und Verkäufern an bestimmten Plätzen, zu bestimmten Zeiten und nach einer festen Ordnung zum Abschluß von Geschäften.
In den Städten der Antike war der Markt Zentrum des öffentl. Lebens: Versammlungsplatz, Zentrum des Geld- und Warenverkehrs unter kommunaler Aufsicht.

Im frühen MA ist die Gründung von Märkten oft an geeigneten Plätzen für den Warenaustausch erfolgt, an Verkehrsschnittpunkten, Flußübergängen, im Schutz von Burgen, in der Nähe von Klöstern. Häufig ist eine Verbindung mit religiösen Festen zu beobachten. Aus Marktplätzen entwickelten sich Städte; die europ. Stadt des MA lebte vom Fern- oder Nahhandel. Gemeinden erhielten durch königl. Privileg Marktrecht. Bis ins 12. Jh. wurde das Marktrecht häufig der Geistlichkeit gewährt (Asylrecht), dann wichtiger Bestandteil des Stadtrechts. Der Marktfriede wurde durch die Städte und die städt. Behörden gesichert. Das Streben nach Marktbeherrschung führte zu Kämpfen der Städte untereinander (z. B. Ausschaltung von Pisa durch Florenz und Genua) und zur Spezialisierung städt. Produktion.
Die Volkswirtschaftslehre verwendet den Begriff M., losgelöst von Ort und Zeit, in einem abstrakten Sinn als das Zusammenspiel von Angebot und Nachfrage, »als die ökonomische Institution der Preisbildung und des Ausgleichs zwischen angebotenen und nachgefragten Gütermengen« (R. J. Willeke). Marktfreiheit, vollständige Konkurrenz und Markttransparenz sind entscheidende Voraussetzungen, wenn der M. seine Funktion erfüllen soll.
LIT. F. Heichelheim, Wirtschaftsgeschichte des Altertums (1938); H. Planitz, Die dt. Stadt im MA (1954); W. Eucken, Die Grundlagen der Nationalökonomie ([6]1950); H.-J. Jaeck, Der M. im Wandel der Jahrtausende. Entwicklungsgeschichte städt. Geschäftszentren, Bd. 1: Urzeit und Antike (1979).

Markuslöwe. Stadtwappen von Venedig. Geflügelter goldener Löwe mit Heiligenschein, der zwischen seinen Pranken ein silbernes Buch hält mit den Buchstaben: P(ax) T(ibi) M(arce) E(vangelista) M(eus).

Marmorchronik. Auf Marmor aufgezeichnete chronolog. Übersicht wichtiger Ereignisse der griech. Geschichte vom 16. Jh. v. Chr. bis 264/263 v. Chr. von der Insel Paros. Seit 1667 befindet sich die M. in Oxford.
LIT. F. Jacoby, Das Marmor Parium (1904).

Marquis, Marquise. Franz. Adelstitel, urspr. gleichbedeutend mit und abgeleitet von Markgraf. Der M. steht im Rang zw. Herzog und Graf. Der Titel wurde bald auch an adelige Grundbesitzer durch königl. Patent verliehen, ihr Besitz zum Marquisat erhoben. Dem M. entspricht in Italien der Marchese (weibl. Marchesa), in Spanien der Marqués (weibl. Marquesa), in England Marquess.

Marranen. Abschätzige Bezeichnung für span. und portugies. Judenchristen, die unter Druck zum Christentum übergetreten waren; im SpätMA von der Inquisition verfolgt, wanderten viele M. aus Spanien und Portugal aus.

Marschall (marescalcus, mareschallus, mariscalus von ahd. marah-scalc, Pferdeknecht). Zunächst Stallmeister (comes stabuli; maréchal [franz.]: [Huf-]-Schmied), dann Aufsicht über das berittene Gefolge, schließlich Oberbefehl im Krieg, Oberaufsicht über das gesamte Hofwesen (Hofmarschall).

Im Reich eines der Erzämter (Kurfürst von Sachsen); Erbamt der Grafen von Pappenheim.

Bei den geistlichen Ritterorden war der Marschall (Ordensmarschall) Oberbefehlshaber im Krieg, im Frieden Stellvertreter des Meisters.

Feldmarschall: seit dem 16. Jh. Oberbefehlshaber des Heeres.

Generalfeldmarschall, ranghöchster General.

Maréchal de France: Unterbeamter des Connétable, der im Krieg den Oberbefehl hat.

Unter Napoleon: Maréchal d'Empire.

Der Papst forderte im MA vom Kaiser den **Marschalldienst** (servitium stratoris et strepae, Halten des Steigbügels und Führen des Pferdes am Zügel).

LIT. R. Holtzmann, Der Kaiser als Marschall des Papstes (1928); P. E. Schramm, Kaiser, Rom und Renovatio (²1957).

Marschallstab, den M. im Tornister tragen. Geflügeltes Wort. Nach E. Blaize, ›La vie militaire sous l'Empire‹ (1837), I, 5 ein Ausspruch Napoleons. Nach anderen findet sich dagegen die früheste Überlieferung erst in einer Ansprache Ludwigs XVIII. (1819) an die Zöglinge der Militärschule von St. Cyr.

Marseillaise. Franz. Nationalhymne seit 1879. Am 30. 7. 1792 erstmals von den Jakobinern in Marseille gesungen, daher der Name. Der Text stammt von Rouget de Lisle 1792, die Melodie aus dem Oratorium Esther von Jean-Baptiste L. Grison. Das Lied war urspr. für die franz. Rheinarmee bestimmt, ver-

breitete sich dann aber rasch in den Revolutionsheeren.

»Marseiller Kirchenstaat«. Bez. für die um das Reformkloster St. Victor in Marseille (seit 1040) entstandene Klosterfamilie und die abhängigen Pfarrkirchen.

Martinisten. Um 1760 in Bordeaux gegr. theophilosoph-kabbalist. Vereinigung, von Louis Claude de St. Martin (1743–1803) beeinflußt, bereitet einen romant. Mystizismus vor; Gegenbewegung gegen Aufklärung; Brauchtum stark freimaurerisch.

Martin-Luther-Bund. Zusammenschluß d. ev. Vereine (1932), mit dem Ziel, in der ev. Diaspora zu wirken, in Europa sowohl als auch in Amerika, Afrika, Australien.

Märtyrer (griech. martys, Zeuge, Augenzeuge). Blutzeuge, der sein Leben zum Zeugnis für Christus hingegeben hat. Martyrerfeste sind liturg. bes. hervorgehoben. Im übertragenen, weiteren Sinn alle, die für eine Überzeugung, Idee (Freiheit, Recht usw.) Verfolgung leiden oder ihr Leben opfern.

LIT. H. von Campenhausen, Die Idee d. Martyriums d. alten Kirche (²1964).

Märtyrerakten. Berichte, meist in Brief- oder Protokollform, vom Prozeß und Tod der Märtyrer in erbaulicher Einkleidung.

Zu den ältesten M. zählen u. a.:

a) das Martyrium Polycarpi;

b) das Martyrium des Ptolemäus und Lucius;

c) die Akten Justins und seiner sieben Gefährten;

d) die Akten der hl. Carpus, Papylus und Agathonice;

e) die Akten des Apollonius.

Ausgaben: J. Bollandus et socii, Acta Sanctorum (1643ff.; noch nicht abgeschlossen; nach der Reihenfolge der Heiligen im röm. Kalender). — Ergänzungen in: Analecta Bollandiana 1882ff.; Nachschlagewerke über die Quellen zur Geschichte aller Heiligen in: Bibliotheca hagiographica Lat. 2 vol. (1898/1900, Suppl. 1911); Bibliotheca hagiographica Graeca (²1909); K. Rahner, Die Märtyrerakten des 2. Jh. (²1954).

Märtyrerdrama. Besonders im Jesuitenorden und Barock beliebte Dramenform, auf Erhöhung des eigenen Ich und Erregung von Mitleid, weniger auf innere Konflikte gerichtet. Beispiele: A. Gryphius: ›Leo Armenius‹, ›Papimanus‹; J. Chr. Hallmann: ›Sophia‹, ›Marianne‹ u. a. m.

Märtyrerlegenden. Histor. von geringerem Wert, entstanden um die im allg. histor. zuverlässigen Märtyrerakten durch literar. Ausschmückung, mit dem Ziel der Erbauung und auch der Sensationslust zu dienen. Ähnl. Motive und Kunstmittel wie in der M. begegnen in der Heiligenlegende (→Hagiographie, →Legende).
LIT. H. Delehaye, Les légendes hagiographiques (³1927; dt. von E. A. Stükkelberg 1907).

Martyria oder **Passiones.** Von Augenzeugen oder glaubwürdigen Zeitgenossen verfaßte Darstellungen vom Leiden und Tod der Martyrer.
LIT. H. von Campenhausen, Die Idee des Martyriums d. alten Kirche (²1964).

Martyrologium, Märtyrerverzeichnis, Märtyrerkalender. Kalender. geordnetes Heiligenverzeichnis mit kurzen hist. Angaben. Älteste Beispiele: die ›Depositio episcoporum‹, die ›Depositio martyrum‹ (354 n. Chr.), das ›Martyrologium syriacum‹. Das bekannteste und größte: das ›Martyrologium Hieronymianum‹: fälschlich dem Hieronymus zugeschrieben, entstanden im 5. Jh. in Oberitalien, älteste Fassung verloren.
Sog. **historische Martyrologien,** vielfach jedoch legendär, entstanden seit dem 8. Jh.
Nach dem Konzil von Trient wurde ein offizielles **Martyrologium Romanum** herausgegeben, das jedoch unkritisch ist.
LIT. A. Rosenthal, Martyrologium und Festkalender der Bursfelder Kongregation. Von den Anfängen bis zum nachtridentin. Martyrologium Romanum 1584 (1985).

Marxismus. M. nennt man sowohl die von Karl Marx (1818–83) und Friedrich Engels entwickelte Gesellschafts-, Wirtschafts- und Staatstheorie, die im Unterschied zum utop. Sozialismus als wissenschaftl. Sozialismus auftritt, als auch die von seinen Anhängern später daraus fortgebildete, propagandawirksame, revolutionäre, in ein dogmat. System gebrachte Ideologie, sodann die sich daran orientierende polit. Bewegung der Arbeiterklasse.
In der bolschewist. Ideologie werden die Lehren Lenins (1870–1924, →Leninismus) und Stalins mit dem M. als M.-Leninismus-Stalinismus zusammengefaßt, im übrigen aber als wesensver-

schieden vom »wahren« M. (Sozialismus) getrennt.
Das Wesentliche des M. findet sich bereits in den von Marx und Engels für den ›Bund der Gerechten‹ zwecks Umgründung in den ›Bund der Kommunisten‹ verfaßten ›Manifestes der Kommunistischen Partei‹ (veröffentlicht März 1848).
In seinem Hauptwerk ›Das Kapital. Kritik der polit. Ökonomie‹, 3 Bde. (1867–94; Bd. II–III hrsg. von F. Engels) bringt Marx eine umfassende Analyse des kapitalist. Produktionsprozesses.
Ausgangspunkte sind für Marx die Auseinandersetzung mit der Philosophie Hegels, die klass. engl. Nationalökonomie und der von ihm als »utopisch« bezeichnete engl. und franz. Sozialismus der Jahre 1830–50. Hegels Philosophie hält Marx für unbefriedigend, weil sie die Wirklichkeit des Vernünftigen nur in Gedanken erwiesen habe und die Wirklichkeit der Idee widerstreite. Arbeitsteilung, Privateigentum, die gesamten ökonom. und rechtl. Verhältnisse hätten den Arbeiter sich selbst, der Gesellschaft und seiner Arbeit, die im Grunde nur Zwangsarbeit sei, entfremdet. Emanzipation aus einer histor. bedingten Entfremdung und Verwirklichung einer freien sozialisierten Gesellschaft sei Aufgabe des Proletariats.
Die Theorie des →historischen Materialismus, von Marx am ausführlichsten im Vorwort von ›Zur Kritik der polit. Ökonomie‹ umrissen, sucht den Ablauf des histor. Geschehens als notwendig und gesetzmäßig zu erweisen. Materie und Produktionsverhältnisse des materiellen Lebens determinieren den sozialen, polit. und geistigen Prozeß, der dialekt. verläuft und notwendig zur sozialist. Gesellschafts- und Wirtschaftsform, zur Abschüttelung einer »fremden, unmenschl. Macht«, die den Arbeiter zum Objekt der Ausbeutung mache und zum Sieg des Proletariats führe.
Das Wesen der kapitalist. Gesellschaft charakterisiert Marx in seinem Hauptwerk ›Das Kapital‹ durch das Zweiklassenmodell, derart, daß die Kapitalisten allein über die Produktionsmittel verfügen, die Arbeiter nur über ihre Arbeitskraft.
Die zwei wirtschaftl. wichtigsten Gedanken von Marx sind a) die Theorie des **Mehrwerts** und b) das Gesetz der **automatischen Expropriation** oder das Gesetz der **Konzentration.** Der Mehr-

wert, d. h. der Differenzbetrag zw. Güterpreis und möglichst niedrig gehaltenem Arbeitslohn, fällt, obwohl vom Arbeiter durch Mehrarbeit erzeugt, dem Kapitalisten ohne Gegenleistung zu. Ein Teil des Mehrwerts wird nach Marx von den Kapitalisten konsumiert, der andere zur Akkumulation und Konzentration des Kapitals aufgewandt (Akkumulationstheorie).

Die bei Marx unbeantwortete Frage, woher bei fortschreitender Erweiterung der Produktion und gleichzeitiger weiterer Verelendung der Arbeitermassen die Nachfrage stamme, welche die Mehrproduktion aufnehme, sucht R. Luxemburg mit der Theorie des Imperialismus zu beantworten, nach der sich der Kapitalismus in nichtkapitalist. Gebieten neue Absatzgebiete erschließe, um auf diese Weise seinen sicheren Zusammenbruch vorübergehend hinauszuschieben.

Die Gesetze der kapitalist. Dynamik führen nach Marx über zunehmende Konzentration des Kapitals (Konzentrationstheorie), Arbeitslosigkeit und wachsende Not (Verelendungstheorie), Unterkonsumtion der verelendeten Arbeitermassen und dadurch entstehende regelmäßige Krisen zum Zusammenbruch des Kapitalismus. Der sichere wirtschaftl. Zusammenbruch löst auch eine polit. Krise aus. »Die Stunde des kapitalist. Privateigentums schlägt, die Expropriateurs werden expropriiert.« Das Proletariat, seines Klassencharakters bewußt, schließt sich auf nationaler und internationaler Ebene zusammen und führt den Klassenkampf gegen die Bourgeoisie. Der wirtschaftl. Zusammenbruch verschärft den Klassenkampf. Das Proletariat ergreift schließlich die Macht, führt die letzte Expropriation der Geschichte zum Nutzen aller durch, überführt die Produktionsmittel in öffentl. Eigentum und errichtet die Diktatur des Proletariats als Übergangsstadium zur klassenlosen Gesellschaft des Sozialismus.

Die Lehren von Marx-Engels, nach ihrem Tod verschieden ausgelegt und heftig umstritten, gehören zum Traditionsgut der internat. Sozialdemokratie. Ihre Wirkung in Dtl. beginnt mit der Annahme des Eisenacher Programms, wird aber durch den → Revisionismus (G. von Vollmar, E. Bernstein), den → Reformismus und → Austromarxismus in wesentl. Punkten korrigiert; die

Verelendungstheorie und die Klassenkampftheorie (»politischer Aktivismus«, E. Bernstein) werden abgelehnt. Nach dem Ersten Weltkrieg dringt der Neomarxismus vor, daneben bleibt der orthodoxe M. bestehen. In Rußland entsteht mit Lenin und seinen Anhängern eine radikale Richtung des M. und eine spezifisch russ. Ausprägung mit der Doktrin des Bolschewismus (Lenin, G. W. Plechanow). Die bes. aktive, revolutionäre Deutung (Elite von Berufsrevolutionären), die Lenin dem histor. Materialismus gibt, und die vereinfachende Interpretation von Stalin (M.-Leninismus-Stalinismus) galten in der ehem. UdSSR und ihren Satellitenstaaten als absolut richtige, einzig mögliche Interpretation des M. und wurden den jeweiligen Bedürfnissen kommunist. Taktik angepaßt.

Die Arbeiterparteien des westl. Europa haben sich in den letzten Jahren weitgehend vom M. abgewandt. Mit der Frankfurter Schule um Adorno, Horkheimer, Habermas, mit Lefèbvre in Frankreich sind moderne Positionen der M.-Diskussion angedeutet.

Quellen: K. Marx-F. Engels, Histor.-krit. Gesamtausgabe. Werke, Schriften, Briefe. 39 Bde. (1927 ff.); S. Landgraf (Hrsg.), Die Frühschriften von K. Marx (1953); F. Borkenau (Hrsg.), Karl Marx (1956); I. Fetscher, Der M., seine Geschichte in Dokumenten. 3 Bde. (1962–65). LIT. H. Lefèbvre, Le marxisme (1950); A. Piattre, Marx et marxisme (1957); G. A. Wetter, Der dialekt. M. (⁴1958); I. Berlin, K. Marx. Sein Leben und sein Werk (1959); StL V (1960) 586–600; J. L. Talmon, Political Messianism. The Romantic Phase (1960); O. W. Kuusinen u. a. (Hrsg.), Grundlagen des M.-Leninismus (dt. 1960); H. Lefèbvre, Probleme des M. (1965); H. Lefèbvre, Der dialekt. Materialismus (1966); M. Post, Kritik der Religion bei Karl Marx (1969); H. Aptheker, The urgency of marxist. christian dialog (1970); H. Seiffert, M. und bürgerl. Wissenschaft (1971); B. Gustafsson, M. und Revisionismus (dt. 1972); M. Niel, Psychoanalyse des M. (dt. 1972); J. A. Banks, Marx auf dem Prüfstand. Eine soziolog. Analyse der marxist. Auffassung von Industrieverhältnissen (dt. 1972); H. Constantin/J. Gulian, Versuch einer marxist. philosoph. Anthropologie (1972); L. Kolakowski, Die

Hauptströmungen des M. (⁷1981), H. Hirsch, Friedrich Engels in Selbstzeugnissen und Dokumenten (1982); E. Nolte, M. und Industrielle Revolution (1983); P. Vranicki, Geschichte des M. 2 Bde. (1983); I. Fetscher, Der M. (1983); A. Senge, M. als atheist. Weltanschauung (1983); V. Schubert, Karl Marx (1984); K. Lotter, R. Meiners, E. Treptow (Hrsg.), Marx-Engels-Begriffslexikon (1984); T. Doerry, M. und Faschismusanalyse (1985); W. Theimer, Der M. (⁸1985); W. F. Haug, Pluraler M. (1985); J. Busch-Weßlau, Der M. und die Legitimation politischer Macht (1990).

Märzfeld. → Maifeld.

Maschinenstürmer. Anhänger einer Arbeiterbewegung am Anfang des 19. Jh., bes. in England, die aus Opposition gegen die Mechanisierung in der Textilindustrie und die damit verbundenen Arbeiterentlassungen die Maschinen zerstören wollten (→ Ludditen). LIT. M. Spehr, Maschinensturm (2000).

Maßwerk. Bauornament der Gotik, urspr. zur Ausgestaltung des Bogenzirkels eines Fensters bestimmt.

Matapan. Eine venezian. Groschenmünze (Grossus Venetianus) aus Silber; zum erstenmal von dem Dogen Enrico Dandolo (1192–1205) geprägt; sie war bis zum 15. Jh. in Umlauf. Nachprägungen wurden später in ganz Italien und auf dem Balkan vorgenommen.

Materialismus (von lat. materia, Stoff). Weltanschauung und philosoph. Lehren, die in der Stofflichkeit die wahre Wirklichkeit sehen, die geistige Realität leugnen und geistiges Geschehen nach mechan. Gesetzen erklären. Der M. fand, abgesehen von einigen Epochen des Altertums, seine eigentl. Ausprägung in der franz. Aufklärung (J. O. de Lamettrie, ›L'homme machine‹; Helvétius; Holbach). In Dtl. wurde er im 19. Jh. vertreten von L. Feuerbach, Vogt, J. Moleschott, L. Büchner, E. Haeckel. Der histor.-dialekt. M. (→ historischer Materialismus), an sozialen und wirtschaftl. Problemen orientiert, ist philosoph. Kernstück des Marxismus. LIT. K. Schmidt, Zur Überwindung des wissenschaftl. M. (1968); A. Baruzzi (Hrsg.), Aufklärung und M. im Frankreich des 18. Jh. (1968); D. Wittich, Schriften zum kleinbürgerl. M. in Dtl. (1971); A. Wittkau-Horgby, M. (1998).

Mathildische Güter. Güter der Markgräfin Mathilde von Tuszien (1046–1115) in der Toscana, Emilia, Lombardei, die diese ca. 1079 der röm. Kirche vermacht, die Heinrich V. aber aufgrund eines Abkommens (1111) als Erbe beansprucht. Der Streit um die M. G. wurde unter Friedrich II. zugunsten der röm. Kurie entschieden. LIT. Th. Groß, Lothar III. u. die M. G. (1990).

Matriarchat. Mutterherrschaft. Die Bez. ist irreführend und die Auffassung, das M. sei ein Durchgangsstadium in der Menschheitsentwicklung, wissenschaftlich unhaltbar.

Matrikel. Von lat. matricula d. h. Liste, Stammrolle; insbes. Stammrolle einer Hochschule.

Matrikel des Wormser Reichstags (1521), die sog. Wormser Matrikel, war Grundlage für die Aufstellung des Reichsheeres (→ Reichsarmee) bis 1806; wurde öfter abgeändert.

Matrikularbeiträge. Beiträge von Gliedstaaten an den Oberstaat im bundesstaatl. Finanzwesen. M. mußten im Norddt. Bund und im Bismarckreich von den Einzelstaaten gezahlt werden. LIT. W. Gerloff, Die Finanz- und Zollpolitik des Dt. Reiches (1913).

Matrimonium ratum non consumatum. Im kath. Kirchenrecht die geschlossene aber nicht vollzogene Ehe; ist nicht, wie die vollzogene Ehe, schlechthin untrennbar.

Matrone (lat. matrona zu mater, Mutter). Ehrwürdige Frau; im 14. Jh. ins Deutsche übernommen.

Matutin (von lat. matuta, Göttin der Morgenhelle; eingedeutscht Mette). Urspr. Bez. des Morgenlobes (heute: laudes), dann übertragen auf das Gebet der Mönche in den letzten Nachtstunden, in der Form mitbedingt durch die Zeit- und Lebensverhältnisse der Spätantike und des MA.

Mauren → Morisken.

Mauriner. Franz. Benediktinerkongregation (1621), der die meisten Klöster Frankreichs angehörten und die sich in verschiedenen Klöstern (bes. St. Germain) in vorbildl. Weise um die Wissenschaft verdient machte: J. L. d'Achéry, J. Mabillon, B. de Montfaucon u. a. LIT. LThK 7 (²1962) 190 f.

Mauritius, Ritterorden vom hl. M. Von Herzog Amadeus VIII. von Savoyen

Mauritius-Schwert

1434 gestiftet mit dem Ziel der Ketzerbekämpfung, 1572 mit den Hospitali-
tern vereinigt, 1816 von König Viktor
Emanuel I. erneuert.

Mauritius-Schwert. Reichsschwert.
Vermutlich für Heinrich III. angefertigt.
Das M.-S. gehört zu den Reichsinsignien, wurde bei kaiserl. Umzügen mit
der Spitze nach oben vom Schwertträ-
ger feierlich vorangetragen.

Maximiliansgrab. Grabmal, nicht
Grab Kaiser Maximilians I. in der Hof-
kirche zu Innsbruck, nach einem Plan
von Peutinger, mit hervorragenden von
Peter Vischer d. Ä. geschaffenen Statuen Theoderichs und Kg. Artus'.
LIT. V. Oberhammer, Die Bronze-
standbilder des M. (1935).

Mäzen. Bez. für einen Gönner der
Künste und Wissenschaften nach
C. Maecenas († 8 v. Chr.), einem Ver-
trauten des Kaisers Augustus; Maecenas machte sich vor allem um die Förderung von Vergil und Horaz verdient.
LIT. J. Bumke, Mäzene im MA (1979).

Medaille (mlat.: metallia, metallene
Münze; ital. medaglia, franz. médaille).
Denk-, Schaumünze; die große Schaumünze: Medaillon von ital. medaglio-
ne.
LIT. J. B. Beierlein (Bearb.), Die Münzen und M. des Gesamthauses Wittelsbach (1901); M. Bernhart, M. und Pla-
ketten (²1920); G. Habich, Die dt.
Schaumünzen des 16. Jh. 2 Bde. (1929–
34).

mediat (mlat.) mittelbar; →immediat
= unmittelbar, reichsunmittelbar.

Mediatfürstentum. Kleines schles.
Fürstentum, seit dem 14. Jh. unter der
Wenzelskrone, seit Ferdinand I. nur
noch ein größerer Grundbesitz.

Mediationsakte (19. 2. 1803). Von
Napoleon der Schweiz gegebene Verfassung; Bundesstaat, weitgehende Befugnisse der 19 Kantone, schwache
Zentralgewalt; die M. vermittelt zw.
dem aristokrat.-föderalist. und dem uni-
tar.-demokrat. Prinzip.

Mediatisierung. Mittelbarmachung;
Unterwerfung bisher Reichsunmittelbarer unter die Landeshoheit anderer Territorien, insbes. auf Grund des Friedens
von Lunéville (1801), infolge des Friedens von Preßburg (1805) und der
Gründung des Rheinbundes (1806)
durchgeführt. Mediatisiert wurden fast
alle Reichsstädte, die Reichsdörfer, die
Reichsritterschaft, das Herzogtum
Arenberg, das Fürstentum Salm, die

Fürstentümer Isenburg und von der
Leyen, die Fürsten von Fürstenberg u. a.
Die mediatisierten Fürsten (Standesherren) erreichten auf dem Wiener
Kongreß nicht ihre Wiederherstellung;
die Bundesakte sicherte ihnen aber gewisse Privilegien zu: Befreiung von Mi-
litärpflicht, ferner Kirchenpatronat, Patrimonialgerichtsbarkeit usw. Zu den
Mediatisierten gehörten u. a. die
Reichsfürsten Arenberg, Fugger-Ba-
benhausen, Hohenlohe-Schillingsfürst,
Isenburg-Birstein, Leiningen, Sayn-
Wittgenstein, Metternich, Thurn und
Taxis. Nachdem die Mediatisierten in
den dt. Bundesstaaten nach 1848 manche Vorrechte verloren hatten, beseitigte die Weimarer Verfassung 1918 ihre
restl. Privilegien.
LIT. J. F. Hoff, Die Mediatisierten-Fra-
ge 1813–15 (1913).

Mediatkirchen. Im Reich bis 1806
und in der alten Reichskirche wurden
die nicht reichsunmittelbaren Hochstifte als Mediatkirchen bezeichnet (z. B.
das Erzbistum Prag, Olmütz, Wiener
Neustadt, St. Pölten, aber auch die Salzburger Eigenbistümer Chiemsee, La-
vant, Gurk und Seckau).

Mediceische Weltkarte (1351). Darstellung der damals bekannten Welt mit
den wiederentdeckten Inseln vor der atlant. Südwestküste Europas.

Medische Mauer. Befestigungsanlage
zum Schutz Mesopotamiens, von Nebukadnezar angelegt.

Meerengen-Frage. Das polit. und militär. Problem der türk. Meerengen, bes.
der Durchfahrt von nichttürk. Kriegsschiffen durch Bosporus und Dardanellen. An der Verfügung über die Meerengen war Rußland wegen seiner Mit-
telmeer- und Balkanpolitik im höchsten
Maße interessiert, aber auch England
mit Rücksicht auf die Sicherung des
Seeweges nach Indien und seine Position im Mittelmeer. Für die Türkei
schließlich war es eine Lebensfrage. Die
M.-F., seit dem Ausgang des 18. Jh. Gegenstand zahlreicher internationaler
Verträge, ist durch den Vertrag von
Montreux (20. 7. 1936), der die Durchfahrt der Schiffe durch die Meerengen
regelt, bereinigt.

Megalithgrab (griech., megas, groß;
lithos, Stein). Bez. für die monumentale
Grabanlage (Einzel-, Sippen- oder
Sammelgrab) von Naturvölkern. In Europa trat es in der ausgehenden Jungsteinzeit sowie in der beginnenden

Bronzezeit auf. Prähistor. M. finden sich auch in Nordafrika, Vorderasien, Indien, Indonesien, Korea, Japan, Nord- und Südamerika (Bolivien). Zeitlich sind sie meist jünger als die in Europa. LIT. E. Sprockhoff, Die nord. Megalithkultur (1938); H. Kühn, Vorgeschichte der Menschheit (1962/63); E. Sprockhoff, Atlas der M. Deutschlands (1966/67).

megalithische Denkmäler. Sammelbez. für vor- und frühgeschichtl. Steinbauten, die in der Regel aus Blöcken ohne Bindemittel bestehen. Als **megalithische Mauern** werden Bauten der myken. Kultur zu Mykene, Tiryns und Troja bez., ebenfalls Bauten der Etrusker. Die m. D. wurden von den Alten auch als **kyklopische Mauer** bez. Die Kyklopen waren Gestalten der griech. Sage, bei Homer (lebte Ende des 8. Jh. v. Chr.) einäugige Riesen auf der Insel Trinakria (Sizilien), bei Hesiod (um 700 v. Chr.) die Söhne der Gaia (Brontes, Steropes, Arges), die dem Zeus die Donnerkeile schmiedeten. Später waren sie die Schmiedegesellen des griech. Gottes Hephästus. LIT. D. Fimmen, Die kret.-myken. Kultur (²1924); F. Matz, Die Ägäis. In: Handbuch der Archäologie, 2,1 (1950); K. Bittel, Grundzüge der Vor- und Frühgeschichte Kleinasiens (²1950).

Meier, Meierrecht. Die M. waren urspr. Verwalter der herrschaftl. Fronhöfe (Meierhöfe), die sie seit dem 12. Jh. in Pacht erhielten, dann im Besitzrecht auf Lebenszeit hatten. Das Besitzrecht konnte an die Erben weitergegeben werden (Erbmeier). Im 16. Jh. wurden die Gründe für die Einziehung von Meiergütern zum Herrenland stark reduziert, die Meiergüter tatsächl. erblich. Im 18. Jh. setzte Kurf. Georg III. in Hannover eine staatl. Obergrundherrschaft fest, um die Meierverfassung aufrechterhalten zu können. Die Bauernbefreiung übernahm das Meierrecht als bäuerl. Privatrecht. Wo sich der Fronhof zu einem Dorf entwickelte, wurde der M. zum Dorfschulzen (→Schultheiß).

Memento mori (lat., gedenke des Todes, gedenke zu sterben). Von dem ersten Herausgeber herrührende Bez. für eine ca. 1070 in der östl. Schweiz entstandene Predigt eines Geistlichen an die Laien; Dialekt alemannisch, dem Ezzolied nahestehend; einfache Sprache. Thema: die Vergänglichkeit des Irdischen und die Anklage gegen die Welt.

Memoria. Gedenkstätten, insbes. von Märtyrern. LIT. K. Schmidt, J. Wollasch (Hrsg.), M. Der geschichtl. Zeugniswert des liturg. Gedenkens im MA (1985).

Memorial →Abschied; Denkschrift; Bittschrift.

Memorialbücher.
[1] Eintragungen zum Gedächtnis Verstorbener in Sakramentare usw.
[2] Zum Gedächtnis der Toten bes. angelegte Bücher. LIT. A. Decker-Heuer, Studien zur Memorialüberlieferung im frühma. Paris (1998).

Menage (aus lat. mansio, der Aufenthaltsort, über franz. ménage im 18. Jh. entlehnt). Truppenverpflegung.

Mendikanten. Bettelmönche, →Bettelorden; →Franziskaner, →Kapuziner.

Menetekel. Anfang der Warnung, die an der Wand von Belsazars Königssaal erschien. Deutung: Gezählt, gewogen und zu leicht befunden (Daniel 5,25ff.).

Mennoniten. Nach Mennon Simons (1496–1561) genannte Mitglieder der aus dem gemäßigten Täufertum hervorgegangenen, zunächst in den Niederlanden, seit der Mitte des 16. Jh. auch in Nord- und Ostdtl., später auch in Amerika verbreiteten Freikirche. LIT. Ch. Hege-Ch. Neff (Hrsg.), Mennonit. Lexikon (1913–42); A. Brons, Ursprung, Entwicklung und Schicksale der Altevangelischen Taufgesinnten oder Mennoniten in kurzen Zügen übersichtlich dargestellt (Amsterdam ³1912); G. von Beckerath, Die wirtschaftl. Bedeutung der Krefelder Mennoniten und ihre Vorfahren im 17. und 18. Jh. (Diss. Bonn 1952).

Menschenrechte. Wort und Begriff entstammen dem 18. Jh., wenn auch das Wort im Deutschen schon gegen Ende des 17. Jh. nachgewiesen werden kann. M. sind angeborene, unveräußerl., durch kein staatl. Gesetz antastbare Rechte und Freiheiten, die unmittelbar mit der Natur des Menschen als einer mit Vernunft und freiem Willen begabten Person gegeben sind. Als polit. Schlagwort und Programm erlangten die M. vor allem nach der ›Déclaration des droits de l'homme et du citoyen‹ durch die franz. Nationalversammlung (26. 8. 1789) Bedeutung. Die Begriffe M. und →Grundrechte überschneiden sich. M. haben in fast alle modernen

517

Verfassungen Eingang gefunden, die Lehre von den M. ist allg. anerkanntes Element rechtsstaatl. Denkens.

LIT. →Grundrechte; G. Oestreich, M. und Grundfreiheiten im Umriß (1968); Geschichtl. Grundbegriffe II (1975) 1047–82; P. P. Müller-Schmid, Begründung der M. (1986); J. Punt, Die Idee der M. (1987).

Menschenwürde. Wert, Rang, Würde (maiestas), Geltung, Ansehen des Menschen, weil er Mensch ist. Die tiefste metaphys. und geistesgeschichtl. Wurzel der M. liegt im Christentum und in dessen Lehre von der Gottesebenbildlichkeit des als Leib-Seele-Wesen geschaffenen Menschen. Die vom Humanismus und der Aufklärung getragenen Bekenntnisse zur M. sind letztlich säkularisierte Formen der christl. Personalitätsidee. M. ist elementares Naturrecht, prinzipiell unantastbar, unabänderlich, ist die Bedingung für jegliches Recht und zugleich allg. Menschenrecht. Aus der M. leiten sich die Menschenrechte her. Ohne Wahrung der M. gibt es weder gesellschaftl. Ordnung noch Staat, Freiheit oder Frieden.

LIT. J. Höffner, Christentum und M. (1947); E. Wolf, Die Freiheit und Würde des Menschen. In: Recht, Staat und Wirtschaft, IV. Bd., hrsg. von H. Wanderslet (1953); W. Wertenbruch, Grundgesetz und M. Ein krit. Beitrag zur Verfassungswirklichkeit (1958); H. C. Nipperdey, Die Würde des Menschen. In: Neumann-Nipperdey-Scheuner, Die Grundrechte II (1954).

Mensur. Fechtkampf nach festen Regeln. Die M. wurde aus den seit dem 16. Jh. an dt. Universitäten aufgekommenen Studentenduellen entwickelt, die von Angehörigen zweier waffenstudent. Korporationen ausgetragen werden. Die strafrechtl. Beurteilung der M. ist umstritten; die kath. Kirche lehnt die M. als sittlich verwerflich ab und belegt sie mit Kirchenstrafen.

Mercedarier. Ordo B. Mariae de Mercede redemptoris captivorum. Ritterorden, 1218 von Petrus Nolascus, daher auch Nolasker genannt, und Raimund von Peñafort gegr. zum Loskauf christl. Gefangener von den Muslims; in der Franz. Revolution fast vernichtet, heute nur noch in Spanien, Italien, Süd- und Nordamerika etwas verbreitet und in der Seelsorge tätig.

LIT. LThK VII (^{2}1962) 904 f.

Merkantilismus. Epoche der Wirtschaftsgeschichte zur Zeit des Absolutismus, d. h. vom 16. bis ins 18. Jh. Der M. war, vom Calvinismus stark beeinflußt, das System einer staatl. gelenkten, einheitl. Wirtschaft mit dem Ziel, dem Staat die Mittel zur Aufstellung stehender Heere, zum Ausbau der Verwaltung, für das Streben nach Ruhm (fürstl. Bauten, Mäzenatentum usw.), Vergrößerung (Erwerb von Kolonien), Eroberungskriege, insbes. Erbfolgekriege) und zur Bereicherung zu liefern. Populationist. Maßnahmen wie Förderung der Einwanderung, Verbot der Auswanderung, ferner Erwerb von Kolonien als Rohstofflieferanten und Absatzmärkte einheimischer Produkte, protektionist. Steigerung der Produktion und Handel, hohe Schutzzölle und andere Mittel sollten diesem Ziele dienen. Es wird unterschieden zwischen
a) küstenländischem M. (Spanien, Portugal, England, Niederlande) mit Einfuhr kolonialer Rohstoffe und deren Weiterverarbeitung und Einfuhr von Edelmetallen aus Übersee und
b) binnenländischem M. (Frankreich, Brandenburg-Preußen, Österreich, Rußland). In Frankreich erreichte der M. zur Zeit Ludwigs XIV. unter Colbert (1619 bis 1683) eine derartige Ausprägung, daß man ihn vielfach auch als **Colbertismus** bezeichnet.

Im Außenhandel sah der M. das geeignetste Mittel zur Bereicherung des Staates, daher galt der Grundsatz: begünstigte Einfuhr von Rohstoffen, bevorzugte Ausfuhr von Fertigwaren. Subvention des Bergbaus bzw. Überführung in die Hand des Staates, Beseitigung regionaler Zollgrenzen und der Zunftordnungen, Gründung staatl. Manufakturen, Währungseinheit durch staatl. Münzstätten, Ausbau des Steuerwesens (Akzise), Getreidesperren und Zollkrieg waren Mittel merkantilist. Wirtschaftspolitik.

Die dt. Spätform des M. ist der Kameralismus, der aus der Wirtschaftspolitik des Staates eine Wirtschaftspolitik des Volkes zu machen sich bemüht.

Abgelöst wurde der M. im 18. Jh. durch den Physiokratismus und die Freihandelslehre von A. Smith.

Hauptsächliche Vertreter des M. sind:
1. Herrscher: Philipp II. in Spanien (reg. 1556–98), Ludwig XIV. (reg. 1661–1715) und sein Minister Colbert (1661–83) in Frankreich, in England

Elisabeth I. (reg. 1558–1603), Cromwell, Wilhelm III., Georg I., in Brandenburg-Preußen Kurfürst Friedrich Wilhelm I. (reg. 1640–88), König Friedrich Wilhelm I. (reg. 1713–40), König Friedrich II. (reg. 1740–86), in Österreich Karl VI. (reg. 1711–40) und Maria Theresia (reg. 1740–80), in Rußland Peter I. (reg. 1683–1725).

2. Theoretiker: Jean Bodin, A. de Montcrétien, V. de Forbonnais, Thomas Mun, Joshuah Child, F. Galiani u. a., in Dtl. die Kameralisten.

LIT. StL V, 669–73; E. F. Heckscher, Der M. 2 Bde. (1932); W. Dreissig, Die Geld- und Kreditlehre des dt. M. (1939); W. Treue, Der M. und das Wirtschaftsgefüge des absolutist. Zeitalters. In: Historia Mundi VII (1957); I. Bog, Der Reichsmerkantilismus (1959); H. Kellenbenz, Der M. und die soziale Mobilität in Europa (1965); E. Klein, Staatsdirigismus und Handelsfreiheit in der merkantilist. Wirtschaftstheorie. In: Jahrb. f. Nationalökonomik 180, S. 72–90; F. Blaich, Die Epoche des M. (1973); D. Rothermund, Europa und Asien im Zeitalter des M. (1978).

Mesner (lat. mensionarius, neben der Kirche wohnend); auch **Küster** (von lat. custos, Wächter) oder **Sakristan.** Kirchendiener; beauftragt mit dem Öffnen und Schließen der Kirche, Glockenläuten u. ä. Der Mesnerdienst entwikkelte sich, als die niederen kirchl. Weihen (Ostiarius) ihre Bedeutung verloren.

Messe (lat. missa, von missio, Verzicht, Entlassung).

[1] Liturg. Feier der Eucharistie, gefeiert von einem Priester und der Pfarrgemeinde, einem Konvent (Konventmesse), einem Bischof und seinem Presbyterium. Eine Vereinheitlichung der Feier der M. erfolgte erst mit der Durchführung der Beschlüsse des Konzils von Trient und der Herausgabe des mit wenigen Ausnahmen allg. verpflichtenden →Missale. Das Zweite Vatikan. Konzil leitete eine völlige Neugestaltung der M. ein.

[2] Von der liturg. Feier wurde die Bez. M. auf Feste, Jahrmärkte, periodisch wiederkehrende Veranstaltungen zum Kauf und Verkauf übertragen. Seit dem 11. Jh. entstanden in Verbindung mit Kirchenfesten Warenmessen, vor allem in Flandern (Brügge, Antwerpen) und in der Champagne. In Dtl. erhielt Frankfurt/M. 1240 das Messeprivileg,

Leipzig 1268. Daneben waren Frankfurt/Oder und Braunschweig die bedeutendsten M.

LIT. Zu [1] LThK VII (²1962) 321–31.

Zu [2] A. Dietz, Frankfurter Handelsgeschichte (1910–1925); E. Bassermann, Die Champagnermessen (1911); W. Jähnl, Die Entwicklung und Bedeutung der Handelsmessen (1922); Th. Martens, Wörterbuch des internationalen Messe-Wesens (1967); H.-O. Schembs, Weither suchen die Völker sie auf. Die Geschichte der Frankfurter M. (1985).

Mestize (aus span. mestizo zu lat. miscere, mischen). Mischling zw. Weißen und Indianern, bes. in latein-amerikan. Staaten.

Methodismus, Methodisten. Eine aus der anglikan. Kirche hervorgegangene Erweckungsbewegung der Brüder Charles (1707–88) und John Wesley (1703–91), des Theologen J. W. Fletcher (1729–85) und des Predigers George Whitefield (1714–70), gerichtet gegen den Rationalismus und Deismus der Aufklärung, von Vorstellungen der Böhmischen Brüder, Zinzendorfs und kath. Mystiker beeinflußt und auf den Pietismus einwirkend. In Lehre und Ritus stark an die anglikan. Kirche angelehnt und schnell in viele Religionsgemeinschaften aufgespalten, konnten sich die M. in Europa und Nordamerika rasch verbreiten. Die karitative und soziale Tätigkeit der M. verdient bes. Anerkennung.

LIT. J. L. Nuelsen u. a., Kurzgefaßte Geschichte der M. (²1924); J. E. Rattenbury, The Conversion of the Wesleys (1937); C. G. Cell, John Wesley's Theology (1950); W. W. Sweet, Methodism in American History (²1954); C. J. Bertrand, Methodism and society (1970).

Methuenvertrag (1703). Nach dem engl. Unterhändler Methuen genannter Handelsvertrag zw. Portugal und England (Portwein und Wollwaren), der einseitig das wirtschaftl. stärkere England begünstigte und Portugal wirtschaftl. Nachteile brachte.

Metropole. Mutterstadt einer Kolonie, dann Hauptstadt.

Metropolit →Erzbischof.

Mette. Kirchenlat. laudes matutinae (→Matutin); daraus M.; Bezeichnung für den morgendl. Nebengottesdienst; bes. der Gottesdienst, der in der Nacht oder am Vorabend einem hohen Kirchenfest vorangeht; z. B. **Christmette,** der Gottesdienst in der Nacht vor Weihnachten.

Metze, Metzen. Altes dt., österreich. und ungar. Hohlmaß von unterschiedl. Größe und Unterteilung: In Preußen und Anhalt enthielt eine Metze ¹⁄₁₆ Scheffel (= 3,435 l), in Sachsen zwischen 6,5 und 11,7 l, in Hessen-Kassel ⅛ Scheffel (= 10,03 l), in Hannover ¹⁄₂₄ Malter (= 7,79 l), in Bayern ⅙ Schäffel (= 37,0596 l) und in Österreich ¹⁄₃₀ Muth (= 61,478 l).
LIT. F. Wielandt, Gewichte und Maße. In: Aubin-Zorn I (1971), 658 ff.

Metzer Schule. Bez. für die Künstler verschiedener Handschriften und Elfenbeinreliefs aus karoling. Zeit. Bekanntestes Kunstwerk der M. S. ist das Sakramentar des Bischofs Drogo von Metz.
LIT. W. Koehler, Die karoling. Miniaturen III, 2: Metzer Handschr. (1960).

Michaelsorden. Von Ludwig XI. (1461–83) von Frankreich gestifteter, zweithöchster Orden des Königreiches; 1789 erloschen, 1816 für Verdienste für Kunst und Wissenschaft erneuert. Das Ordenszeichen: ein Medaillon mit der Darstellung des Erzengels Michael an einer Kette, die aus silbernen Muscheln und goldenen Gewinden besteht.
LIT. P. Vetter, Der französ. Ritterorden vom hl. Michael, 1461–1830 (1979).

Michelade. Nach Michaelis, dem 29. 9., benannte Greueltat gegen die Katholiken in Nîmes. 80 Katholiken wurden ermordet und in die Brunnen gestürzt. Ähnl. wie der »Tumult« von Amboise oder die Bartholomäusnacht ein für die Hugenottenkriege typ. Ereignis.

Miles. Allg. Krieger, Bewaffneter, bes. zu Pferd. Lehnsmann im 11. und 12. Jh., seit dem 12. Jh. auch Ministeriale.

Miles gloriosus. Ruhmrediger Soldat, Aufschneider; Titel einer Komödie des Plautus.

Miles perpetuus. Stehendes Heer.

Militär (lat. militaris von miles, Soldat). Die Ausbildung des Militärwesens (miles perpetuus) erfolgte im 17. Jh., zum Teil im Kampf gegen die Landstände, unter Festigung des fürstl. Absolutismus und Beibehaltung bzw. Reform der Landesausschüsse (jetzt: Landmiliz) bzw. im Aufbau auf die Landmiliz, wie in Preußen unter Friedrich Wilhelm I. (1720; 1733) mit Enrollierung der Wehrpflichtigen und Zuweisung fester Aushebungsbezirke (Kantone) an die Regimenter. Einführung der allgemeinen Wehrpflicht in Preußen und Bayern erst 1812/1813.
LIT. C. H. Hermann, Dt. Militärgesch. (1966); K. H. Fuchs-F. W. Kölper, Militär. Taschenlexikon (²1961); O. Hackl, Militärgeschichte in Dtl. und Österreich vom 18. Jh. bis in die Gegenwart (1985).

Militärakademien. Anstalten zur Heranbildung eines Offiziernachwuchses (Kadettenanstalt zu Berlin 1717).

Militärdiktatur. Die M. wird gewöhnlich durch Putsch oder in einem Ausnahmezustand errichtet; sie stellt eine unkontrollierte polit. Machtausübung durch militär. Befehlshaber dar. Beispiele in der Neuzeit: Spanien, Griechenland, verschiedene Staaten Lateinamerikas, Polen unter Pilsudski.

Militärgrenze. Bez. für die von Habsburgern verteidigten westl. Grenzgebiete von Ungarn z. Z. der Türkenherrschaft; Vorort der M. auf ungar.-kroat. Boden: Warasdin. Die Bewohner der M. waren steuerfrei, zum Grenzschutz gegen die Türken verpflichtet. 1627/28 wurde der Karlstadter M. organisiert, 1699 ein Banater Grenzgeneralat, 1702 ein slawonisches, 1764/66 ein siebenbürgisches. 1872/73 Aufhebung der M. auf Begehren Ungarns und Magyarisierung.
LIT. R. V. Schuhmacher, Des Reiches Hofzaun (1940); N. von Preradovich, Des Kaisers Grenzer – 300 Jahre Türkenabwehr (1971); P. Krajasich, Die M. in Kroatien (1974).

Militärgrenzlehen. Unter Maria Theresia an der Militärgrenze den Soldaten zugewiesenes Land; 1807 erblich, 1850 Eigentum. Von jedem M. mußte ein Mann gestellt werden.

Militarismus. Polit. Schlagwort seit der Mitte des 19. Jh. M. bedeutet Vorherrschen der Militärgewalt im staatl. Leben, Überbewertung des Militärischen; M. äußert sich in der ungerechtfertigten Einmischung der Militärs, auch der Marine (→Marinismus), in Außen- und Innenpolitik, gesteigerter Rüstung, milit. Erziehungsansprüche gegenüber dem Volk (Mißbrauch der Autorität, Drill, Kastengeist; militärischer Autokratie). M. war eine Kampfparole der Sozialdemokratie, die als

»antimilitaristisch« galt. Während des Ersten Weltkrieges als Wesenszug des preuß.-dt. Staates propagandistisch angeprangert, wurde der M. von E. Ludendorff, ›Kriegführung und Politik‹ (1922), verherrlicht. In der nationalsozialist. Ideologie kommt dem M. große Bedeutung zu, doch ist er kein wesentl. dt. Zug, sondern auch in anderen Nationen anzutreffen. Das Problem der Demokratie in Dtl. ist verknüpft mit dem Problem des M.

LIT. G. Ritter, Staatskunst und Kriegshandwerk I (⁴1970), II (²1965), III (1954), IV (1968); K. Buchheim, M. und ziviler Geist. Die Demokratie in Dtl. (²1964); W. von Bredow, Moderner M. Analyse und Kritik (1983); D. Beyrau, Militär und Gesellschaft im vorrevolutionären Rußland (1984); P. Bachmann, K. Zeisler, Der dt. M. 1917–45 (1985); St. Forster, Der doppelte M. Die dt. Heeresrüstungspolitik zwischen Status-quo-Sicherung und Aggression 1890–1913 (1985); A. Gasser, Preuß. Militärgeist und Kriegsentfesselung 1914. Drei Studien zum Ausbruch des Ersten Weltkrieges (1985).

Miliz (von lat. militia, Kriegsdienst). Urspr. soviel wie Streitkräfte allg., später Land- und Bürgertruppen, die nur im Kriegsfall zusammengestellt und nach Kriegsende wieder aufgelöst wurden (Ausschuß); sie unterschieden sich vom stehenden Heer durch geringere Kampfkraft, defensiven Charakter und gewöhnlich nur unvollständig milit. Ausbildung. M. gab es bereits im 16. Jh.; in Frankreich zur Zeit des Orléansschen Krieges (1688–97) (→Pfälzischer Krieg) aufgestellt.

Im 17. und 18. Jh. bezeichnet Miliz das Heer im allg. (reguläre Miliz), **Landmiliz** die Miliz im heutigen Sinne.

Das **Milizsystem** als alleinige Form der Wehrverfassung heute noch in den USA und in der Schweiz.

Die Arbeitermilizen spielten in der sowjet. Revolution und während des Zweiten Weltkrieges an der Ostfront (Moskauer Schutzstellung, Leningrad, Stalingrad) eine Rolle.

Millennium (lat.). Das Jahrtausend.

Millenarismus. Glaube an ein kommendes tausendjähriges Reich (→Chiliasmus).

Minderheiten. Der Begriff ist als Bez. für eine bodenständige, fremde Volksgruppe innerh. eines Staates mit der Ausbildung des modernen National-

staates in der Gegenüberstellung zur »Mehrheit« (= Staatsvolk) entstanden, nicht eindeutig und nach folgenden Merkmalen zu bestimmen:

a) eine relativ bedeutende Bevölkerungsgruppe mit dem Willen zur Entfaltung eigener Kultur, der Bewahrung eigener Sprache;

b) die Mitglieder der M. besitzen das Bürgerrecht des Staates, den sie bewohnen (keine Ausländer);

c) die M. ist nach Rasse, Sprache, Volkstum, Kultur und Religion von der Mehrheit verschieden;

d) sie will ihre Eigenständigkeit bewahren, ist sich ihrer Sonderart bewußt und versteht sich als lebendige Gemeinschaft;

e) wesentlich ist ein größerer räuml. Zusammenhalt, vor allem aber das subjektive Moment, die freie Willensäußerung.

Das Problem der M. sowie der völker rechtl. Minderheitenschutzbestimmungen wurde 1918 akut, als im Widerspruch zum Selbstbestimmungsrecht der Völker zahlreiche M. fremden Staatsnationen unterstellt wurden. Schutzverträge, die von den Hauptsiegerstaaten unterzeichnet sind, wurden abgeschlossen mit Polen, der Tschechoslowakei, Jugoslawien, Rumänien und Griechenland. Eine Sonderstellung nimmt das Memelabkommen (8. 5. 1924) ein. Zum Schutz der M. aufgefordert wurden vor ihrem Eintritt in den Völkerbund Albanien, Estland, Lettland, Litauen, Finnland. Einzelverträge betr. die M. sind: das poln. Abkommen mit Danzig (9. 11. 1920), der tschechoslowak.-österreich. Brünner Vertrag (7. 6. 1920), die Verträge zw. Polen und der Tschechoslowakei (20. 11. 1920, 25. 4. 1925), das Genfer Abkommen für Oberschlesien (15. 5. 1922) zw. Dtl. und Polen, der Friedensvertrag zw. Rußland und Polen (18. 5. 1921) u. a. m. Ungenügend geschützt waren die Rechte der M. in Litauen, Polen, Frankreich, Italien (Südtirol, wo die faschist. Regierung jedes fremde Volkstum zu unterdrücken versuchte). Auch heute besteht trotz Umsiedlungen, Vertreibungen, Ausbildung des Minderheitenrechts das Problem.

Quellen: F. Bordihn, Das positive Recht der nationalen M. (1921). Bedeutendste Zeitschrift: Nation und Staat (1927ff.).

LIT. F. Wertheimer, Deutschland, die M. und der Völkerbund (1926); Société

Minelli

des Nations (Hrsg.), Protection des minorités de langue, de race et de religion par la Société des Nations. Recueil des stipulations (1927); J. Robinson, Das Minoritätenproblem und seine Literatur (1928); E. Vierhaus, Die Minderheitenfrage und die Entstehung der Minderheitenschutzverträge auf der Pariser Friedenskonferenz 1919 (1960); H. Pieper, Die M. und das Dt. Reich 1919–33/34 (1974); W. Lager, Die Minderheitenpolitik der schleswig-holstein. Landesregierung 1954–63 (1982); K. Ludwig, Bedrohte Völker. Ein Lexikon nationaler und religiöser M. (1985).

Minelli, Ad modum Minelli (nach der Art des Minelli). Bez. für Klassikerausgaben mit wörtl. Übersetzung, nach Jan M. († 1683), der die erste dieser Art herausgab.

Minimen → Bettelorden.

Minister (lat. Diener, Gehilfe). Mitglied einer Regierung, Träger eines höchsten öffentl. Amtes im Staat, an der Spitze eines Ministeriums stehend. Für die Ernennung des M. im Absolutismus war allein das Vertrauen des Monarchen ausschlaggebend. Für die heutige Stellung des M. wurde die Entwicklung in England entscheidend. Gegenüber den engl. M., die ursprüngl., wie überall, auch nur Räte des Königs waren, beanspruchte das Unterhaus seit dem Ende des 14. Jh. eine gewisse Kontrolle (→ Impeachment). Seit der Glorreichen Revolution hatte der M. die Meinung des Parlaments einzuholen. 1696 erscheint in England das erste einheitl. Ministerium, 1721 wurde für das Ministerium die Mehrheit des Parlaments verbindlich. Aus dem Bedürfnis nach einer Repräsentation des Gesamtministeriums entstand das Amt des Premierministers. Um seine Stellung gegenüber dem Monarchen zu festigen, stützte sich der Premierminister auf seine Verantwortlichkeit gegenüber dem Parlament. Dadurch wurden die Könige gezwungen, ihre M. aus der Parlamentsmehrheit zu nehmen.

In Preußen waren die M. zunächst überwiegend Provinzial-Minister, erst allmählich entwickelte sich das Realsystem (Fach-Ministern). Mit dem Kampf des Freiherrn vom Stein gegen das Kabinettssystem und mit seinem Vorschlag für eine nach dem Real- statt nach dem Provinzialsystem aufgebauten Ministerregierung und dem Organisati-

onsedikt vom 24. 11. 1808 über die Errichtung von 5 Ministerien beginnt in Preußen die moderne Ministerialregierung.

Minister generalis. Ordens-General bei den drei Franziskanerorden.

Ministerialen (lat. ministeriales). Dienstleute, Dienstmannen. Urspr. in fränk. Zeit Unfreie (pueri regis, servi ministeriales) im Hof-, Verwaltungs- und Kriegsdienst, bald stark differenziert. Die M. erhielten von ihrem Herrn den Lebensunterhalt, später Dienstgüter als dienstrechtl. Leihe. Die wirtschaftl. Stärkung, die Bedeutung ihrer Leistungen und die Annahme ritterl. Lebensweise hoben das Ansehen der M. Im 12. Jh. traten Freie und verarmte Edelleute unter Vorbehalt ihrer Freiheit (Schöffenbarkeit) in den Stand der M. (sog. Vorbehaltsministerialen). Die Grenze zw. M. und freien Rittern wurde fließend, das Dienstgut zum Lehen. Die Reichsministerialen waren seit Konrad II. die Stütze der sal. und stauf. Reichspolitik, bes. bei der Verwaltung des Reichsguts und im Kriegsdienst. Der Versuch Friedrichs I., mit Hilfe der Ministerialität die Zentralgewalt zu konsolidieren, scheiterte. Seit dem 13. Jh. wurden die M. zum Adel gerechnet, doch sind erst im 14. Jh. die Reste der ehem. Unfreiheit völlig verschwunden. Die Blütezeit der Reichsministerialität geht mit dem Interregnum zu Ende. Die M. haben im Sachsenspiegel den fünften, im Schwabenspiegel den sechsten Heerschild. Im Dienst der Landesherrn halten sich die M. bis zum Ende des Reiches.
LIT. Conrad, DRG I (1960); H. Mitteis u. H. Lieberich, DRG (¹⁶1981); K. Bosl, Die Reichsministerialität der Salier und Staufer. 2 Bde. (1950/51; Neudr. 1968–69); H. E. Derschka, Die M. des Hochstiftes Konstanz (1999).

Ministerium. Oberste Behörde der staatl. Verwaltung, in Abteilungen, diese wieder in Referate gegliedert. Die fünf klass. M. sind: Auswärtiges, Inneres, Justiz, Finanzen, Krieg. Im 19. und 20. Jh. kamen neue M. dazu, z. B. Handel, Landwirtschaft, Kultus, Post, Verkehr, Gesundheit usw. Die Gesamtheit der Minister heißt Kabinett, Regierung; wird vom Regierungschef, Premierminister, Ministerpräsident geleitet.

Minorat → Majorat.

Minutant. Bez. für den Sachbearbeiter bei kurialen Behörden.

Minute (ital. minuta). →Konzept, Entwurf, Vorakt.

Mir (russisch, eigentl. Welt). Verwaltungsgemeinde mit richterl. Befugnissen und alleiniger Eigentümer von Grund und Boden; in der Stolypinischen Agrarreform von 1910 und 1911 aufgelöst zugunsten von freiem Landeigentum im westeurop. Sinn; in der Revolution von 1917 beseitigt.

Mirabilia Urbis Romae. Um 1150 entstandene Aufzählung der Sehenswürdigkeiten Roms; Verfasser ist unbekannt; die ältere Vorlage nicht erhalten. Später wurden die ›Mirabilia‹ viel benutzt und auch umgearbeitet. Ihr Quellenwert ist beträchtlich.
LIT. R. Valentini – G. Zucchetti, Fonti per la storia d'Italia XC (1946) 17–110.

Missale. Meßbuch; enthält alle bei der Messe notwendigen Texte; setzte sich im MA als Plenarmissale anstelle von Sakramentar, Lektionar, Antiphonar usw. durch, zunächst nach kirchl. Zentren und Orden verschieden; weit verbreitet das M. Curiae; 1570 Einführung des M. Romanum, das von allen Kirchen übernommen werden mußte, die nicht seit wenigstens 200 Jahren einen eigenen Sonderritus hatten.

Missio canonica. Kanonische Sendung. In der kath. Kirche a) die Übertragung von Hirtengewalt (potestas iurisdictionis) durch Verleihung eines Kirchenamtes oder Delegation, b) die Ermächtigung zur Verkündung des Wortes Gottes (Lehrbefugnis), auch an Laien erteilbar; kann jederzeit widerrufen werden.

Mission. Die aus dem christl. Glaubensverständnis und dem absoluten Anspruch des Christentums erwachsene Verkündigung des Evangeliums, gegründet auf dem Auftrag Christi, beginnend mit den Wanderpredigten der Apostel, bes. des Petrus und Paulus. Die M. führte zu einer Christianisierung des röm. Imperiums, dann zu einer Christianisierung der kelt. und german. Völker durch die lat. Kirche, der Slawen durch die miteinander rivalisierenden lat. und griech. Kirchen. Seit den großen Entdeckungen des 15. Jh. wurde die M. auch auf die außereurop. Völker zunächst von der kath. Kirche und unter dem Schutz der großen Kolonialmächte Portugal und Spanien ausgedehnt. Herrschaft der Kolonialmächte, Verbreitung der europ. Kultur waren gewöhnl. mit der M. eng verbunden. Doch wird seit dem 16. Jh. die Kritik an der Verbindung zw. M. und Kolonialismus stärker und führt zu verschiedenen Versuchen der Akkomodation (→Akkomodationsstreit; →Ritenstreit). Eine Wende in der Missionsgeschichte bezeichnet die Gründung der Propaganda Fide (1622; →Propagandakongregation). Seit dem Ausgang des 18. Jh. mußte die kath. M. in den ehem. Kolonien Portugals und Spaniens, in China, in Hinter- und Vorderindien mit der Aufhebung des Jesuitenordens, dem Verfall der kath. Mächte und den Revolutionen in Südamerika schwere Rückschläge hinnehmen. Neue Erfolge, hauptsächlich der franz., belg., niederländ. und dt. M. wurden im 19. und 20. Jh. errungen, durch den Zweiten Weltkrieg aber erheblich gestört. Erst seit der Mitte des 17. Jh. kam es zur M. im Protestantismus, zunächst von England aus, dann hauptsächlich unter dem Einfluß des Pietismus und der Brüdergemeinen, schließlich in der neuesten Zeit vor allem von den USA getragen.
LIT. A. von Harnack, M. und Ausbreitung des Christentums (⁴1924; Neudr. 1966); J. Schmidlin, Kath. Missionsgeschichte (1925); K. S. Latourette, A History of the Expansion of Christianity. 7 Bde. (1937–45); T. Ohm, Wichtige Daten der Missionsgeschichte (²1961); St. Neill, A History of Christian Missions (1965); HKG IV, V, VI (1967, 1970, 1972); H. Gründer, Christl. Mission und dt. Imperialismus. Eine polit. Geschichte ihrer Beziehungen während der dt. Kolonialzeit (1884–1914), unter bes. Berücksichtigung Afrikas und Chinas (1982); A. Angenendt, Kaiserherrschaft und Königstaufe. Könige und Päpste als geistl. Patrone in der abendländ. Missionsgeschichte (1984).

Missus. Allg. Bez. für den gräfl. (m. comitis) oder königl. Bevollmächtigten (m. regis, m. regalis, m. fiscalis) in der fränk. Zeit. Die Missi waren unter Karl d. Gr. Träger der Reformideen, der Verwaltungszentralisation, der Rechtspflege (missatisches Gericht), je zwei (ein geistl. und ein weltl.) waren für ein Gebiet zuständig mit bes. Instruktionen (capitula missorum). Unter Ludwig d. Frommen begann der Verfall dieser Institution dadurch, daß die territorialen Gewalten das Amt des M. an sich rissen.
LIT. H. Conrad, DRG I (1960), 146f.;

W. A. Eckhardt, Die Capitularia missorum specialia von 802. In: DA 12 (1956), 498–516.

Mitra (auch infula genannt, Inful, Infel). Liturg. Kopfbedeckung der Bischöfe und Prälaten mit Recht der Pontifikalien (»infulierte Prälaten«); die M. wird bei sakramentalen Handlungen getragen. Die Herkunft der M. ist ungeklärt, eine Beziehung zu der antiken profanen M. besteht nicht. Wahrscheinlich ist eine Entwicklung aus dem camelaucum, einer zum Ornat höchster röm. Würdenträger gehörenden Kappe. Bis zur Mitte des 11. Jh. ist die M. nur für den röm. Bischof bezeugt, fortan auch für andere Bischöfe, zunächst den von Trier, sowie für Äbte und Kardinäle. Die Ausbildung der Form der M. von einer halbkugelförmigen Kappe zur heute üblichen Form kann noch nicht vollständig überblickt werden. Drei Formen der M. werden heute unterschieden:

a) **Mitra simplex:** weiße M., ohne jede Verzierung;

b) **Mitra pretiosa:** reich geschmückt, nur bei kurz dauernden Handlungen getragen;

c) **Mitra auriphygiata:** aus Goldbrokat, bei Prozessionen, dem feierl. Gloria getragen.

LIT. P. Salmon, M. und Stab (1960); LThK VII (²1962), 490f.

Mittelalter (lat. medium aevum). Entstanden aus der humanist. philolog. Bez. media latinitas für die Sprachepoche von Konstantin d. Gr. bis Karl d. Gr. im Unterschied zur infima latinitas von Karl d. Gr. bis zur Renaissance. Ende des 17. Jh. und im 18. Jh. wird M. als Bez. einer Geschichtsepoche verwendet. »Historie der mittleren Zeiten« (1725); von A. L. Schlözer (1772), Gatterer, Lessing (1774) u. a. gebraucht für die Zeit zwischen Altertum und neuester Zeit. Von Anfang an mit abwertenden Urteilen belastet (»das finstere Mittelalter«), von der Romantik aber als Reaktion auf die Aufklärung in dem verklärenden Licht einer Idealzeit gesehen.

Als Epochenbezeichnung ist M. eine Hilfskonstruktion, nur auf die roman.-german. Kultur im Abendland anwendbar. Das M. umfaßt die Zeit vom Untergang des weström. Reiches, von den german. Staatenbildungen bis zu den großen Entdeckungen des 15. Jh. bzw. bis zur Reformation oder dem Interregnum und der Entstehung der Nationalstaaten um 1330, der Niederlage Papst Bonifaz' VIII. im Streit mit Philipp IV. von Frankreich und der polit.-philosoph. Renaissance. Das M. ist bestimmt durch eine Synthese von Antike, Christentum, Germanentum, durch eine ständische Gesellschaftsordnung, die enge Verbindung von Kirche und Reich im Mit-, Neben- und Gegeneinander von Sacerdotium und Imperium, Feudalismus, vorherrschende Naturwirtschaft. Der Streit um die Periodisierung des M. ist abgeklungen, aber noch nicht beendet. Als äußerste Grenze des M. werden Aufklärung oder Französische Revolution (Ende der Feudalherrschaft) genannt. Die Unterteilung in Frühmittelalter (Ende Westroms bis auf Karl d. Gr. bzw. Otto I.), Hochmittelalter (von Ottos d. Gr. Wiederherstellung des Reiches bis zum Interregnum), Spätmittelalter (»Herbst des Mittelalters«, das 14. und 15. Jh. umfassend) ist ebenfalls eine Hilfskonstruktion und läßt die Problematik dieser Periodisierungsversuche deutlich werden.

LIT. Lexikon des MA; Gebhardt-Grundmann I; HKG II, 1 und II, 2; J. Huizinga, Zur Geschichte des Begriffs M. (1921; 1954); A. Dempf, Reich und Kirche, Geschichtsphilosophien und Gemeinschaftslehren des M. (1928); R. L. Varga, Das Schlagwort vom finsteren M. (1931); R. C. van Caenegem, Kurze Quellenkunde des westeurop. M. (1946); H. Aubin, Vom Altertum zum M. (1947); K. Hampe, Herrschergestalten des M. (⁶1955); G. Barraclough, Die ma. Grundlagen des modernen Dtl. (²1955); H. Mitteis, Der Staat des hohen M. (⁷1962); H. Dannenbauer, Die Entstehung Europas. Von der Spätantike zum M. 2 Bde. (⁵1963); K. Hampe, Das HochMA (⁵1963); H. Quirin, Einführung in das Studium der ma. Geschichte (³1964); M. Seidlmayer, Das M. (2. Aufl. hrsg. von H. Grundmann 1970); H. Zimmermann, Das M. (1975); G. Koziélek (Hrsg.), Mittelalterrezeption. Texte zur Aufnahme altdeutscher Literatur in der Romantik (1977); R. W. Southern, Geistes- und Sozialgeschichte des M. (²1980); J. Leuschner, H. Boockmann, Europa im Hoch- und SpätMA (1982); H. Löwe (Hrsg.), Die Iren und Europa im frühen M. (1982); ders., Die Erforschung von Alltag und Sachkultur des M. (Wien 1984); E. Ennen, Frauen im M. (1984); P. Moraw, Wahlreich und Territorien. Dtl. 1273–1500 (1985); F. Prinz, Grundlagen und Anfänge Dtl.s bis 1056 (1985); H. K. Schulze, Grundstrukturen der Verfassung im dt. M., Bd. 1 (1985); P. J. Schuler, Auswahlbibliographie zur ma. Geschichte (1986); G. Duby, Europa im M. (dt. 1986); J. Bumke, Höf. Kultur. Literatur und Gesellschaft im hohen M. 2 Bde. (1986); H. Zimmermann, Im Bann des M. Ausgewählte Beiträge zur Kirchen- und Rechtsgeschichte. Festgabe zum 60. Geburtstag. Hrsg. von I. Eberl und H.-H. Kortüm (1986); A. Borst, Lebensformen im M. (1987); H. Boockmann, Das M. Ein Lesebuch aus Texten des 6. bis 16. Jh. (1988); J. Fleckenstein, Ordnungen und formende Kräfte des M. (1989); C. A. Lückerath/U. Uffelmann (Hrsg.), Das M. als Epoche (1995); P. Segl (Hrsg.), M. u. Moderne (1998).

Mitteleuropa-Idee. Mitteleuropa ist gegen West- und Osteuropa geograph. schwer abzugrenzen; histor. umfaßt es, noch weniger scharf umrissen, etwa das Gebiet des Hl. Römischen Reiches mit Burgund, den Niederlanden, Italien, den Ländern der Wenzelskrone, Ungarn und Polen, insbes. die nach den polnischen Teilungen an Preußen und Österreich gefallenen Gebiete. Als polit. Schlagwort und polit. Idee kam Mitteleuropa erst nach dem Untergang des Reiches (1806) auf. Die verschiedensten, kaum auf einen Nenner zu bringenden Pläne zur polit. Gestaltung Mitteleuropas reichen von Napoleons Rheinbund (1806) über Metternichs Dreigliederung Europas mit einem übernationalen, föderativen Mitteleuropa unter österreich. Führung zum »Völkerverein« von 1848. Wirtschaftl. bestimmt war Fr. Lists und K. L. Brucks Mitteleuropa-Idee von der Vorstellung einer industriell-wirtschaftl. und kolonisator. Expansion nach Südosten in den Donau- und Balkanraum. K. Möring forderte einen Bund aller german. Völker unter Führung Habsburgs und Ausdehnung Zwischeneuropas bis zur Wolga. Schwarzenberg wandte seinen Plan eines 70-Millionen-Reiches in Mitteleuropa zugleich gegen Preußen. Auf die Donaustaaten beschränkten sich die Pläne Kossuths (1851/62), während Constantin Frantz eine mitteleurop. Weltmacht auf föderalist. Basis wünschte. Bismarcks Dreibund zielte auf eine mitteleurop. Gemeinschaft. Der 1904 von Julius Wolf gegründete »Mitteleuropäische Wirtschaftsverein« erstrebte eine wirtschaftl. und handelspolit. Vereinigung. Nach F. Naumann, ›Mitteleuropa‹ (1915), sollten Dtl. und Österreich-Ungarn den Kern für ein neues, im Sinne von List nach Südosten ausgreifendes Mitteleuropa abgeben. In den letzten Jahrzehnten der Donaumonarchie wurden dort zahlreiche mitteleurop. Projekte erörtert. In der »Kleinen Entente« zwischen der Tschechoslowakei, Rumänien, Jugoslawien (1920/21 ff.), in dem »Römischen Block« Italiens, Österreichs, Ungarns (1934); in Hitlers »Lebensraumprogramm« lebten Mitteleuropa-Ideen weiter. Der Ausgang des Zweiten Weltkrieges und der Eiserne Vorhang machten der Mitteleuropa-Idee ein Ende.

LIT. F. Naumann, ›Mitteleuropa‹ (1915); StL V (⁶1960) 764–66; Rössler-Franz, SWDG 740–41; H. von Srbik, Mitteleuropa, das Problem und die Versuche seiner Lösung in der dt. Geschichte (²1938).

Moderator (²1938). Leiter einer Versammlung, z. B. eines Konzils.

Modernismus. Eine geistig theolog. Strömung innerhalb der kath. Kirche vor allem in Frankreich, England, Italien gegen Ende des 19. und zu Anfang des 20. Jh. Die unter der zunächst schillernden Bez. M. zusammengefaßte Bewegung erstrebte einen Ausgleich zw. kath. Glauben und modernen Wissenschaften. Hauptvertreter des M. waren auf dem Gebiet der Bibelwissenschaft L. Laberthonnière, A. Le Roy, A. Loisy, G. Tyrell, auf dogmengeschichtl. Gebiet J. Turmel. In Dtl. fand der M. keine Anhänger, der dort auftretende Reformkatholizismus ist keine Abart des M. Von Papst Pius X. in dem Dekret ›Lamentabili‹ (3. 7. 1907) und in der Enzyklika ›Pascendi Dominici gregis‹ (8. 9. 1907) verurteilt, besteht der M. im Grunde in der Verbindung radikaler Gefühlstheologie mit Bibelkritik, Dogmen- und Religionsgeschichte im Sinne einer extremen Entwicklungstheorie. Seit 1910 wurde von allen kath. Geistlichen ein »Antimodernisteneid« verlangt. Nach dem Zweiten Weltkrieg gab es einen Neomodernismus.

LIT. LThK VII, 513–16; Dictionnaire Theolog. Catholique X, 2009 bis 2047;

Sacramentum mundi III (1969) 582–91; Handbuch der Kirchengeschichte Bd. VI; E. Poulat, Intégrisme et catholicisme intégral (1969).

Mogul (von Mongole). Islam. Dynastie in Indien, 1562–1761 (1857); allg. indischer Herrscher.

Mohácz, Schlacht bei (29. 8. 1526). Vernichtender Sieg Sultan Suleimans II. über das zahlenmäßig unterlegene ungar. Heer; der Tod Ludwigs II. macht für dessen Schwager, Erzherzog Ferdinand von Österreich, die Erbfolge frei. Ungarn ist fortan bis gegen Ende des 17. Jh. fast ganz unter türk. Herrschaft.

Molinismus. Nach dem Jesuiten Luis de Molina († 1600) genannte Lehre über das Verhältnis von Gnade und freiem Willen, die einen langwierigen Streit zwischen Jesuiten und Dominikanern auslöste (Thomisten gegen Molinisten).

Mollwitz, Schlacht von (10. 4. 1741). Sieg der preuß. Armee unter Schwerin über die österreich., nachdem Friedrich II. geflohen war.

Monarchia sicula. Begriff und Institution des Staatskirchentums. Der auf das Privileg Papst Urbans II. für Roger I. von Sizilien (5. 7. 1098) gestützte Anspruch der span., savoyischen und bourbon. Herrscher Siziliens, die geistl. und kirchl. Vollgewalt in diesem Königreich auszuüben, auch in kirchl. Hinsicht Monarch zu sein. Zur M. s. gehörten u. a. Titel und Rechte eines »legatus natus Papae«, das Visitationsrecht über Kirchen und Klöster, das Entscheidungsrecht bei Wahlen kirchl. Oberer, das Strafrecht gegenüber Bischöfen, Nuntien und Kardinälen, das Verbot jeder Appellation nach Rom, die Ausübung der kirchl. Jurisdiktion durch einen ständigen Richter der »Monarchie« (Iudex Monarchiae Siculae). Während des Spanischen Erbfolgekrieges, dann unter den Bourbonen erreichten die ständigen Konflikte wegen der M. s. ihre Höhepunkte. 1787 verweigerte der König beider Sizilien förml. die Anerkennung der päpstl. Lehnshoheit. 1864 gab Pius IX. die Bulle ›Suprema‹, welche erst 1867 veröffentlicht wurde, und hob darin die M. s. auf. Das Garantiegesetz erkannte die Bulle an.
LIT. HKG V (1970) 353–68; F. J. Sentis, Die M. s. Eine histor.-canonist. Untersuchung (1869); G. Catalano, Le ultime vicente della legazia apostolica di Sicilia nella controversia Liparitana alle legge guarentigie, 1711–1871 (1950); R. Mincuzzi, Bernardo Tanucci, ministro di Ferdinando di Borbone 1759–76 (1967).

Monarchie. Herrschaft eines einzelnen im Staat. Nach der griech. Staatsphilosophie eine der drei fundamentalen Staatsformen neben Aristokratie und Demokratie. M. ist die Staatsform, in der ein einzelner auf Grund der Staatsverfassung auf Lebenszeit ausschließl. oder mindestens hervorragender Träger der Staatsgewalt ist. Von der Tyrannis, die auch Einherrschaft ist, unterscheidet sich die M. durch ihre Legitimität, die auf sakraler Bindung beruht – vom Gottkönigtum (theokratisch-heroische Auffassung) bis zum Gottesgnadentum bzw. stärker auf rationale Begründung gestellt wird – Lehre vom Unterwerfungs- bzw. vom Herrschaftsvertrag –, in der Staatslehre der Antike, der Staatsphilosophie des Mittelalters bzw. in der Staatsphilosophie der Aufklärung. Konstitutive Elemente der M. sind Erblichkeit bzw. wenigstens Lebenslänglichkeit; davon hängt die Form der Übertragung der monarch. Gewalt ab: im Erbgang nach einer bestimmten Sukzessionsordnung (Erb-Monarchie) oder im Wahlakt (Wahl-Monarchie). Souveränität und absolute Gewalt waren im 16.–18. Jh., zur Zeit der extremen Ausprägung der abendländischen M., die Ziele der Monarchen.
Die M., die sich im christl. Abendland bildeten, unterschieden sich von jenen in der außerchristl. Welt dadurch, daß es im Christentum grundsätzlich nicht mehr möglich ist, den Monarchen als Gott oder Abkömmling eines Gottes zu verehren. Der Aufstieg der M. im Abendland knüpft an das Königtum in West-, Ost- und Nordeuropa sowie an die Ausbildung der Landeshoheit im Reich an. Kaiser und Reich waren niemals Monarch oder Monarchie. Der Kaiser stand über der ganzen Christenheit und war Oberlehnsherr über die Fürsten im Reich. Der Aufstieg zur M. vollzieht sich zunächst in den aufkommenden westeurop. Nationalstaaten (Frankreich, England, Kastilien) seit dem HochMA im Kampf gegen Adel, Stände (Parlamente) und Kirche unter Ausnutzung der zw. ihren Gegnern bestehenden Rivalitäten mit Unterstützung der neuen Rechtswissenschaft, des Beamtentums und früher nationaler Bestrebungen.
Zur Zeit der Reformation und Gegen-

reformation wurden über den konfessionellen Absolutismus entscheidende Schritte zur Verfestigung der M. in Westeuropa (Spanien, England, Frankreich) sowie im Reich zur Ausbildung eines fast souveränen Landesfürstentums getan. Die Machtbefugnis des Monarchen konnte – Glauben, Recht und Sitten mehr oder weniger ausgenommen – »unbeschränkt«, aber kaum willkürlich sein, wenn es auch im Hochabsolutismus des 17. Jh. (bei Barclay, Bossuet u. a.) an theokrat. Überspannungen nicht gefehlt hat. Die patrimoniale Auffassung ließ im 16.–18. Jh. vielfach Land und Krone als Familienbesitz erscheinen. Die privatrechtl. Auffassung der Herrschaft steht im Gegensatz zu der öffentl.-rechtl., wirkt sich mit Erbteilungen usw. unheilvoll aus, doch sind andererseits die Staatsidee und die staatl. Kontinuität durch die Dynastie gestärkt, der staatl. Dualismus des MA überwunden, ja der Staat nicht selten erst die geschaffen worden (z. B. Brandenburg-Preußen durch die Hohenzollern). Beschränkt war die M. schon im 16.–18. Jh. auf verschiedene Weise, z. B. in England durch den Adel, das Oberhaus und Unterhaus, das histor. Recht (konstitutionelle und parlamentarische M.), auf dem Kontinent durch die Stände, die Wirkung der Aufklärung, ihre aus der Vernunft und der Zweckmäßigkeit, weniger aus dem Gottesgnadentum begründete Staatstheorie, durch die Lehre von der Gewaltenteilung und die öffentl. Meinung.
Nicht zerstört, sondern fortgesetzt hat das Werk der alten M. die Französische Revolution. Der Zusammenbruch des Reiches 1806 brachte den dt. Fürsten erst die volle Souveränität. Eine Restauration der M. im frühen 19. Jh. mit dem Kaisertum Napoleons, dem Wiener Kongreß, der »bourbonischen Restauration«, dem Bund von Thron und Altar, der Lehre von der Legitimität und dem »monarchischen Prinzip« ist auf die Dauer nicht gelungen. In Dtl. entwickelte sich im 19. Jh. der bes. Verfassungstypus, die konstitutionelle M. mit oktroyierten Verfassungen, einem Übergewicht der Bürokratie und der Ablehnung der Lehre von der Volkssouveränität. Nur in Mecklenburg hat sich eine ständische Monarchie bis 1918 erhalten. Die Lehre vom »sozialen Königtum« hatte wenig Erfolg und die

Bindung von M. und Patriotismus lockerte sich im ausgehenden 19. Jh.
Mit dem Ende des Ersten Weltkrieges (Oktoberrevolution, Erschießung des Zaren, Flucht Kaiser Wilhelms II., Abdankung der dt. Fürsten) geht das Zeitalter der M. im wesentlichen zu Ende. Die für die dt. Geschichte zw. 1815–1918 charakterist. konstitutionelle Monarchie wird durch die Demokratie abgelöst.
LIT. H. Conrad, DRG I, 129–43; P. E. Schramm, Geschichte des engl. Königtums im Lichte der Krönung (1937); K. Loewenstein, Die M. im modernen Staat (1952); F. Kern, Gottesgnadentum und Widerstandsrecht im früheren MA (⁴ 1954); P. E. Schramm, Der König von Frankreich. Das Wesen der M. vom 9. bis zum 16. Jh. 2 Bde. (²1960); H. Rössler, Weltwende 1917. M., Weltrevolution, Demokratie (1963); J. Stuker, An den Höfen des alten Europa. Glanz und Untergang der Fürsten Europas (1972); H. Kammler, Die Feudalmonarchien. Polit. und wirtschaftl.-soziale Faktoren ihrer Entwicklung und Funktionsweise (1974); J. B. Strayer, Die ma. Grundlage des modernen Staates (1975); D. Willoweit, Rechtsgrundlagen der Territorialgewalt, Herrschaftsrecht und Territorium in der Rechtswissenschaft der Neuzeit (1975); H. Ch. Ehalt, Ausdrucksformen absolutist. Herrschaft. Der Wiener Hof im 17. und 18. Jh. (1980); R. Mousnier, La monarchie absolue en Europe du Vᵉ siècle à nos jours (1982); HWDRG 3 (1983) 1549–1550; W. Eberhard, M. und Widerstand. Zur ständ. Oppositionsbildung im Herrschaftssystem Ferdinands I. in Böhmen (1984).
monarchisches Prinzip. In der den monarch. Charakter des Staates festsetzenden franz. Charte constitutionelle (1814), in den oktroyierten dt. Verfassungen und in der Wiener Schlußakte fixierter Grundsatz, daß alle Rechte der Staatsgewalt im Monarchen vereinigt bleiben müssen. Verfassungen und landständische Vertretungen, von denen nur die zweite Kammer eine eigentliche Volksvertretung war, sollten den Monarchen nur an der Ausübung bestimmter Rechte hindern dürfen, »ohne die Kraft der Regierung zu schwächen«. So hatte z. B. die Zweite Kammer kein Budgetrecht. Das m. P. wurde in den Wiener Ministerialkonferenzen 1834 erneut bekräftigt. Das m. P. hat die in

Dtl. bes. ausgebildete Form der konstitutionellen Monarchie nachhaltig bestimmt. Zum System erhoben wurde das monarchische Prinzip von dem bedeutenden Staatsdenker der Restauration und des Konservatismus, F. J. Stahl, ›Das m. P.‹ (1845; wieder abgedruckt in seiner Philosophie des Rechts II, ²1847). LIT. O. Brunner, Vom Gottesgnadentum zum m. P. In: Vorträge und Forschungen III (1955); O. Hintze, Das m. P. und die konstitutionelle Verfassung. In: Preuß. Jbb. 144 (1911); H. O. Meissner, Die Lehre vom m. P. im Zeitalter der Restauration und des Dt. Bundes (1913).

Monarchomachen. Kämpfer gegen die Monarchen. Der Name wurde ihnen von ihrem Gegner und Anwalt des Absolutismus, William Barclay, ›De regno et regali potestate adversus Buchanam, Brutum, Boucherium et reliquos Monarchomachos libri sex‹ (1600), beigelegt. M. sind näherhin die Schriftsteller, die zw. 1573 und 1599 unter Berufung auf Volksrechte und Bibel gegen den aufkommenden fürstl. Absolutismus kämpften, ein aktives Widerstandsrecht der Stände und Magistrate, die Absetzbarkeit des Königs, die Lehre vom Tyrannenmord verteidigten und für eine monarch., ständisch gegliederte Staatsform eintraten. Bedeutende M. waren: François Hotman, ›Francogallia‹ (1573); Jean Boucher, ›De justa Henrici III abdicatione‹; Du Plessis-Mornay, ›Vindiciae contra tyrannos‹ (1580) und in gemäßigter Form Juan Mariana, ›De rege et regis institutione‹ (1599); Johannes Althusius, ›Politica‹. LIT. R. Treumann, Die M. (1898); J. Winters, Die Politik des Johannes Althusius und ihre zeitgenöss. Quellen (1963); J. Dennert (Hrsg.), Beza. Brutus. Hotman. Calvinist. M. Klassiker der Politik. Bd. 8 (1968).

Mönch, Mönchtum. (griech. monachos, alleinlebend). Jemand, der aus religiösen Gründen allein (Einsiedler, Anachoret) oder in einem Kloster lebt. Das Mönchtum ist in vielen Religionen, insbes. im Buddhismus, verbreitet. Das christl. Mönchtum entstand im 3. Jh. in Ägypten und Vorderasien, wo es an die Stelle der älteren Anachoretentums trat. Begründer des Zönobitentums wurde Pachomius († 346). Die M. waren zunächst Laien. Gebet, Askese, Handarbeit waren ihre wichtigsten Aufgaben. Das Konzil von Chalkedon unterstellte die M. der Aufsicht der Bischöfe. In der Ostkirche wurde das nach den Regeln des Pachomius und Basilius lebende, von Theodor von Studion († 828) organisierte Mönchtum zu einer der stärksten Kräfte, seit dem abendländ. Schisma zu einem Gegner des Unionsgedankens. In Gallien (Martin von Tours), noch mehr in Irland (Kolumban, 516) fand das Mönchtum starke Verbreitung, doch erhielt es seine abendländische Form durch Benedikt von Nursia, † 547, dessen Regel bis ins 11. Jh. das »Grundgesetz des abendländ. Mönchtums« war. Seit der Karolingerzeit setzte die Klerikalisierung, seit den Ottonen die Verbindung des Mönchtums mit dem Feudalsystem ein. Eine Rückbesinnung auf das alte Mönchsideal leiteten die Kamaldulenser um 1000, die Kartäuser und Zisterzienser gegen Ende des 11. Jh. ein. Im 12. und 13. Jh. kamen das Kanonikertum der regulierten Chorherren der Prämonstratenser und die Bettelorden der Franziskaner, Dominikaner und Karmeliter auf. Die Reformation brachte dem abendländ. Mönchtum und seiner Idee schwerste Niederlagen. Reformbewegungen der nachtridentin. Zeit stellen die Mauriner und die Trappisten (reformierte Zisterzienser) dar. Erneut gefährdet wurde das abendländ. Mönchtum durch Aufklärung, Franz. Revolution und Säkularisation. In den Benediktinerkongregationen von Solesmes und Beuron erlebte im 19. und 20. Jh. das monast. Ideal eine Wiedergeburt. Ganze Epochen der abendländ. Kultur, bis hin in die Barockzeit, und der Wissenschaft sind entscheidend von Mönchsorden geprägt. Zu den Mönchsorden der kath. Kirche gehören die Benediktiner, Zisterzienser, Kartäuser, Olivetaner, Silvestriner, Kamaldulenser, Vallombrosaner, Trappisten und Mechitaristen (Benediktiner von armenischem Ritus). LIT. St. Schiwietz, Das morgenländ. Mönchtum. 3 Bde. (1904/38); St. Hilpisch, Klosterleben-Mönchsleben (1953); F. Prinz, Frühes Mönchtum im Frankenreich (1965); B. Lohse, Askese und Mönchtum in der Alten Kirche (1969); Il monachesimo e la riforma ecclesiastica (1049–1122) (1971); J. Wollasch, Mönchtum d. MA zw. Kirche u. Welt (1973); F. Prinz, Askese und Kultur. Vor- und frühbenediktin. Mönch-

tum an der Wiege Europas (1980);
K. S. Frank, Geschichte des christl.
Mönchtums (^{4}1983); D. R. Bauer u. a.
(Hrsg.), Mönchtum, Kirche, Herrschaft
750–1000 (1998).

Mönch, exponierter. Außerhalb der
Klausur lebender Mönch, z. B. an einer
dem Kloster inkorporierten Kirche.

Monetarsystem. Von K. Marx geprägte Bez. für die primitive Frühform
des Merkantilismus, die in dem Besitz
an Edelmetall den zu erstrebenden
Wert sieht, auch Bullionismus genannt.

Mongolisches Reich. Ausgehend von
den innerasiat. Hochsteppen mit Kern
südl. des Baikalsees in der Nordmongo-
lei und der Residenz der Khane im Ka-
rakorum dehnte sich das mongolische
Reich unter den Söhnen und Enkeln Te-
mudschins in die fruchtbareren und dichter besiedelten Gebiete Eurasiens (1238
Einnahme von Moskau; 1240 von Kiew;
Eroberung der westl. Randgebiete Chinas) aus. Der Vorstoß nach Schlesien
konnte am 9. 4. 1241 auf der Wahlstatt
bei Liegnitz von Herzog Heinrich II.
nicht abgewehrt werden, doch kehrten
die Mongolen bald um; 1242 verließen
sie Ungarn. Zum polit. Schwerpunkt
entwickelte sich Kambaluk (Peking),
unter Kublai-Chan errichtet. Das gewaltige Reich, mindestens 12 Millionen
qkm zw. Stillem Ozean und Dnjestr, zerfiel bald in Teilreiche, u. a. in die Herrschaft der Goldenen Horde.
LIT. B. Spuler, Die Mongolenzeit. In:
Handbuch der Orientalistik (^{2}1953);
ders., Die Goldene Horde (1943).

Monismus (von griech. μόνος, allein,
einzig). Einheitslehre; All-Eins-Lehre;
Monisten nennt Chr. Wolff erstmalig jene Philosophen, die nur eine Art des
Seienden, Materie (materialist. Monismus) annehmen, oder ein Drittes, welches das gemeinsame Wesen des Materiellen und Geistigen bildet (transzen-
denter Monismus).

**Monita secreta (privata) Societatis Je-
su** (lat., Geheime Weisungen der Gesellschaft Jesu). Titel einer Schmähschrift auf den Jesuitenorden; sie wurde
seit 1614 sehr häufig sowohl in lat.
Sprache als auch in Übersetzungen gedruckt. Verfasser war wahrscheinlich
der poln. Ex-Jesuit Hieronymus Zaho-
rowski.
LIT. J. B. Reiber, M. s. (Augsburg
1902); B. Duhr, Jesuitenfabeln (^{4}1904).

Monogramm.
[1] Auf Urkunden von Königen (8.–

14. Jh.) rechteckig zusammengesetzter
Herrschername aus Majuskeln mit Voll-
ziehungsstrich als Unterschrift.
[2] Unterschrift der Päpste bis 1050 aus
BENE VALETE gebildet.
[3] Die auf Kunstwerken angebrachte
Abkürzung des Künstlernamens.
LIT. V. Gardthausen, Das alte M.
(1224); W. Burckhardt, Das M. (1955);
F. Goldstein, Monogramm-Lexikon.
Internationales Verzeichnis der M. bil-
dender Künstler seit 1850 (1964).

Monopol. Marktform, bei der das
Angebot in einer Hand vereinigt ist;
Beherrschung des Gesamtangebots
wirtschaftl. Güter in Menge und Preis.
Private, Kollektiv- und Staatsmonopole
sind in der Antike, im MA (Zünfte), in
der frühen NZ (Post, Bahn, Tabak usw.)
sehr verbreitet. Der Handel mit den
Kolonien war monopolisiert; die Staatsmonopole wurden aus den Regalien
weiter entwickelt; im Merkantilismus
wurden zahlreiche M. verliehen. Eine
Durchbrechung der M. begann mit dem
wirtschaftl. Liberalismus des 19. Jh.,
doch setzten gegen Ende des Jh. neue
monopolist. Bestrebungen, nicht zuletzt
der Staaten, ein (Verwaltungsmonopo-
le, Steuermonopole).
LIT. J. Strieder, Studien zur Geschichte
kapitalist. Organisationsformen (^{2}1925);
J. Höffner, Wirtschaftsethik und M. im
15. und 16. Jh. (1941).

Monopolkapitalismus. Schlagwort
des Marxismus-Leninismus, weitgehend
identisch mit Imperialismus; gemeint ist
damit die kapitalist. Wirtschaftsordnung
im »höchsten Stadium«, die Herrschaft
einer Finanzoligarchie auf nationaler
und internationaler Ebene.

Monotheletismus (griech.). Lehre,
daß in Christus zwar zwei Naturen, aber
nur ein Wille seien. Diese Lehre, durch
Kaiser Heraklius als kaiserl. Dekret
(638) veröffentlicht, wurde auf dem
Konzil von Konstantinopel (680/81)
verurteilt. Auch Papst Honorius (→Ho-
noriusfrage) wurde in die Verurteilung
einbezogen.

Monroe-Doktrin. Verkündet in der
7. Jahresbotschaft des Präsidenten der
USA Monroe vom 2. 12. 1823.
Inhalt: 1. **Nichtkolonisationsprinzip:** die
amerikan. Kontinente sind keine Objekte für Kolonisation mehr; 2. **Nichtin-
terventionsprinzip:** die USA betrachten
jeden Versuch einer Intervention europ.
Mächte als Gefahr für den Frieden und
für die USA.

Die Monroe-Doktrin hat seit ihrer Verkündung manchen Wandel durchgemacht und steht auch heute noch in der Umgestaltung und Diskussion. Der klarste Anwendungsfall: gegen die franz. Intervention in Mexiko (1864–70); der berühmteste: der Grenzstreit zw. Venezuela und England, entschieden durch Schiedsspruch 1899.
LIT. P. Bradley, Bibl. of the M.D. (London 1929).

Monsignore (ital., mein Herr). Abgek. Mons., Mgre., Msgre. Titel für höhere und niedere Prälaten, vor allem für Ehrenprälaten der Kurie.

Montanismus. Eine enthusiastisch-apokalyptische christl. Bewegung, die nach 150 n. Chr. in Phrygien entstand. Da sie kirchlicherseits abgelehnt wurde, verfiel sie dem Sektiererdasein. Geführt wurde die »neue Prophetie« von dem Begründer des M., Montanus, sowie von den Prophetinnen Prisca und Maximilla. Mit der Herabkunft des himml. Jerusalem wurde in absehbarer Zeit gerechnet. Bedeutendster Anhänger des M. war Tertullian (nach 150–um 225), Verfasser von apologet. und dogmat.-polem. Schriften. Die Grundbegriffe der späteren abendländ. Theologie (Natur, Gnade, Verdienst, Dreieinigkeit) sind bei ihm, einem juristisch geschulten und stoisch gebildeten Denker, vorgezeichnet.
LIT. H. Karpp, Schrift und Geist bei Tertullian (1955).

Montebello, Vorfriede von (16. 4. 1175). Abgeschlossen zw. Kaiser Friedrich I. und den lombardischen Städten; Unterwerfung der Lombarden; ein Schiedsgericht von je 3 Vertretern des Kaisers und der Städte soll den endgültigen Frieden vorbereiten.

Montes pietatis. Leih- oder Pfandhäuser, um 1460 von dem Franziskaner Barnabas von Terni ins Leben gerufen in der Absicht, dem Wucher abzuhelfen; von Italien über andere Länder verbreitet und von der Kirche gefördert.

Monument(e) (lat. monumentum). Bez. für eine zw. Tradition und Überreste eingeschobene Gruppe histor. Quellen. Zu den Monumenten werden gerechnet: Inschriften mit unmittelbarem histor. Inhalt, Medaillen, Münzen, Wappen, Siegel, aber auch Briefe usw.

Monumenta Germaniae Historica (MGH). Auf Initiative des Reichsfreiherrn Karl vom Stein wurde am 20. 1. 1819 die ›Gesellschaft für Deutschlands ältere Geschichtskunde‹ in Frankfurt/

M. gegründet. Ihr Ziel war, zur »Erhaltung der Liebe zum gemeinsamen Vaterland und des Gedächtnisses unserer Vorfahren« die histor. Studien zu fördern und eine »Gesamtausgabe der Quellen-Schriftsteller dt. Geschichten des MA für die Zeit von ca. 500–1500‹ vorzulegen. Stein hatte bis zu seinem Tod (1831) die Leitung; die wissenschaftl. Leitung übernahm 1823 Georg Heinrich Pertz (1795–1875), von 1831–63 von Johann Friedrich Böhmer als Sekretär unterstützt. Finanziert wurde die zunächst vorwiegend private Gesellschaft vom Deutschen Bund. 1873 wurde die ›Gesellschaft‹ aufgelöst, neu organisiert als rein wissenschaftl. Körperschaft, den Akademien in Berlin, Wien, München verbunden und die ›Zentraldirektion der MGH‹ dem Reichskanzleramt, später dem Reichsamt des Inneren unterstellt. Die Finanzierung erfolgte nun durch Zuschüsse des Dt. Reiches und Österreichs. Die Präsidenten der Zentraldirektion waren von 1875–86 G. Waitz, 1886–88 W. Wattenbach (stellvertretend), 1888–1902 E. Dümmler, 1902–05 O. Holder-Egger (stellvertretend), 1905–14 O. Koser, 1916–36 P. F. Kehr. 1936 erfolgte die Umwandlung in ein ›Reichsinstitut für ältere dt. Geschichtskunde‹, nach dem Zweiten Weltkrieg 1946 wurde die Zentraldirektion unter einem Präsidenten wiederhergestellt (F. Baethgen) und das Reichsinstitut umbenannt in ›Monumenta Germaniae Historica, Deutsches Institut für Erforschung des Mittelalters‹ mit Sitz (seit 1949) in München.
Von den MGH gingen einerseits durch ihre Editionen, andererseits durch die hier ausgebildeten wissenschaftl. Grundsätze wichtigste Impulse für die Erforschung des MA aus. Die meisten namhaften dt. Mediävisten sind durch die Schule der MGH gegangen und haben an ihnen mitgearbeitet. Die MGH sind dem urspr., aber unzureichenden Plan entsprechend gegliedert in 5 Abteilungen:
1. **Scriptores** (SS): Erzählende Quellen, Annalen, Chroniken, Lebensbeschreibungen usw.;
2. **Leges** (LL): Rechtsquellen. Kapitularien, Volksrechte, Konzilsakten;
3. **Diplomata** (DD): Königs- und Kaiserurkunden;
4. **Epistolae** (Epp): Briefe, Briefsammlungen, Briefregister;

5. **Antiquitates** (AA): lat. Dichter, Nekrologien u. ä.
Für das Studium kommen am häufigsten in Betracht:
a) **Scriptores rerum Germanicarum in usum scholarum** (MG SS rer. Germ. in us. schol.): meistens wesentlich verbesserte Neubearbeitungen der Folioausgaben der Scriptores.
b) **Deutsche Chroniken** (MG Dt. Chron.): Deutschsprachige Chroniken des Hoch- und SpätMA (6 Bde.);
c) **Libelli de lite imperatorum et pontificum** (MG Ldl): Streitschriften aus dem 11.–13. Jh. über den Kampf zw. Kaisertum und Papsttum (3 Bde.).
d) **Staatsschriften des späteren Mittelalters** (MG Staatsschr.): Staatstheoret. Schriften des 13.–15. Jh. (bisher 3 Bde.).
Nicht zu den MG gehören, aber doch mit ihnen eng zusammenhängend:
1. **Die Geschichtsschreiber der deutschen Vorzeit** (GdV), dt. Übersetzungen der wichtigsten darstellenden Geschichtsquellen nach den Texten der MG, mit deren Herausgabe 1847 bereits Wattenbach begonnen hatte, inzwischen mehr als 100 Bände. Ausführliches Namen- und Sachregister mit genauem Inhaltsverzeichnis der bisher erschienenen Bände 1–90, Anhang zu Bd. 91 (1911).
2. **Ausgewählte Quellen zur deutschen Geschichte des Mittelalters** (Freiherr vom Stein-Gedächtnisausgabe, 1955 ff.). Die ›Ausgewählten Quellen‹ bringen den Text wichtiger erzählender Quellen (Annalen, Chroniken, Viten) meist nach den MG, jedoch mit verkürztem Apparat und synopt. dt. Übersetzung. Übersicht über die bisher erschienenen Bände in: Zeitschrift für Geschichte 1964, Zehnjahresregister, 248 f.; Repertorium 49.
Die MG geben eine Schriftenreihe und eine Zeitschrift heraus:
1820–74: Archiv der Gesellschaft für ältere deutsche Geschichtskunde;
1876–1935: Neues Archiv (NA);
seit 1937 Deutsches Archiv für Geschichte des Mittelalters;
seit 1950 Deutsches Archiv für Erforschung des Mittelalters (DA).
Über die Editionen der MG orientieren: Repertorium fontium historiae medii aevi I. Series Collectionum (1962); K. Jacob, Quellenkunde der dt. Geschichte im MA I, bearb. von H. Hohenleutner (⁶1959).

Über den Fortgang der Arbeit und die weitere Planung referieren die Jahresberichte der Zentraldirektion der MG, die im ›Deutschen Archiv für Erforschung des Mittelalters (DA)‹ veröffentlicht werden.
LIT. H. Bresslau, Geschichte der MG. (1921; Neudr. 1976); M. D. Knowless, Great Historical Enterprises III. The MG historica: Transactions of the Royal Hist. Soc. 5th Ser. 10 (1960) 129–50; H. Quirin, Einführung in das Studium der ma. Geschichte (⁴1985).

morganatisch nennt man standesungleiche, unebenbürtige Ehen in regierenden Häusern und dem hohen Adel; von mlat. matrimonium ad morganaticum = »Ehe auf bloße Morgengabe«. In diesen Ehen erhält die Frau nur eine Morgengabe, kein Wittum. (Beispiel: zweite Ehe Friedrich Wilhelms III. von Preußen mit der Gräfin Harrach). **Ehe zur linken Hand** wegen der Trauungsform. Kinder folgen dem im Ehevertrag festgesetzten Vermögens- und Erbrecht, sind nicht sukzessionsberechtigt.

Morgarten, Schlacht am (13. 11. 1315). Sieg der schweizer. Fußtruppen über das schwerfällige Ritterheer Herzog Leopolds I. von Österreich. Der Sieg sicherte die polit. Selbständigkeit der Waldstätte. Grablege der Gefallenen im Stift Rüti.
LIT. C. Amgwerd, Die Schlacht und das Schlachtfeld am Morgarten (1951); M. Schnitzer, Die Morgartenschlacht im werdenden schweizerischen Nationalbewußtsein (1969).

Morgengabe (donatio nuptialis). Nach german.-dt. Recht: Geschenk des Mannes an die Frau nach der Hochzeitsnacht, das als Erbe dem überlebenden Teil zufällt. – Verschiedentlich wird auch die Gabe der Frau an den Mann damit bezeichnet; syn. mit Aussteuer gebraucht.

Morgenland. Für lat. Orient, (seit Luther) das Land im Osten; der Nahe Osten; nicht genau fixiert.

Morgenländisches Schisma →Schisma.

Morgensprache. Vollversammlung [1] der Bürger einer Stadt; [2] einer Zunft zur Beschlußfassung über neue Gesetze und Ausübung der Gerichtsbarkeit.

Morgensprachherr. Aufseher; Ratsherr, der an den Morgensprachen der Zünfte teilnimmt.

Morisken. Bez. für die islam., auch

zum Teil zwangsbekehrten span. Mauren. Die M. spielten im Wirtschaftsleben der südl. und südöstl. Gebiete Spaniens eine beträchtl. Rolle und stellten nach der Reconquista für Spanien während der Kämpfe mit den nordafrikan. Barbareskenstaaten und dem Osman. Reich unter Suleiman d. Großen die Gefahr einer Fünften Kolonne dar, bes. nach der ungar. Katastrophe von Moházc (1526f. und 1560). Sicherungsvorkehrungen der Regierung (Edikt von 1526, Verbot des Erwerbs von Negersklaven durch die Mauren; 1563 Verbot des Besitzes von Feuerwaffen, der maurischen Tänze und Lieder, Einführung der christl. Eheschließung usw.) vermochten die Gefahr nicht zu bannen. 1568 begrenzter aber von entsetzl. Greueln begleiteter Aufstand der Mauren in der Umgebung von Granada. 1570 brach der Aufstand, nicht zuletzt dank militär. Erfolge des Don Juan d'Austria, zusammen. Die Mauren wurden in das Landesinnere umgesiedelt. Ihre Vertreibung 1609–14 (Flucht nach Nordafrika) schädigte die span. Wirtschaft schwer.

Moritat (wahrscheinlich aus Moralität abgeleitet). Lied der Bänkelsänger von einer meist schaurigen Begebenheit, durch Bilder illustriert; bes. im 18. Jh. von Einfluß auf die episch-lyr. Kunstform, in der Gegenwartsliteratur wieder von B. Brecht u. a. belebt.

Mormonen. »Kirche Jesu Christi der Heiligen der letzten Tage«. Adventist.-chiliast. Sekte, 1830 gegründet von Joseph Smith (1805–44), straff organisiert, tritheist. Gottesbegriff, chiliast. Vorstellungen. LIT. LThK VII ([2]1962) 638ff.; RGG [3]IV, 1138–41.

Mörser (aus lat. mortarium). [1] Großkalibriges Steilfeuergeschütz, Vorderlader, seit dem 15. Jh. verwendet. [2] Gefäß, in Apotheken und Kirchen gebraucht.

Mortuarium. Seelrecht, Sterbegeld, Seelgerät. Abgabe der Angehörigen eines Verstorbenen an den Pfarrer des Sterbeorts, im MA weit verbreitet.

Mosaik. Flächendekoration; durch Aneinanderfügen verschiedenfarbiger Steine oder Glaskörper hervorgebracht. Als **Fußbodenmosaik** vor allem in hellenist. Zeit (Alexandermosaik aus Pompeji); **Wand- und Gewölbemosaiken** in christl. Basiliken Roms (S. Maria Maggiore ca. 430; S. Pudenziana, S. Prassede, S. Sabina), dann in Ravenna (S. Vitale 549); aus dem 12. Jh. die sizilian. Mosaiken von Cefalù, Palermo, Monreale; Rom: S. Maria in Trastevere (1130), S. Clemente (Mitte des 12. Jh.); Wiederbelebung der Mosaikkunst im ital. Barock und im 19. Jh. auch in Dtl. LIT. J. Kollwitz, Mosaiken (1953); W. F. Volbach, Frühchristl. Kunst (1959); H. P. L'Orange, P. J. Nordhagen, Mosaiken. Von der Antike bis zum MA (1960); J. Wilpert, W. N. Schumacher, Die röm. Mosaiken der kirchl. Bauten vom 4.–13. Jh. (1976).

Mos Gallicus. [1] **Mos docendi.** Von Frankreich ausgehende humanist. Richtung der Jurisprudenz, grundgelegt durch Guillaume Budé (1468–1540), an der Universität Bourges verbreitet, erreichte in Hugo Doneau (1527–91) ihren Höhepunkt. [2] Festlegung des Jahresanfangs mit dem Osterdatum, d. h. mit 35 Möglichkeiten zwischen dem 22. März und dem 25. April. Der Osterstil herrscht bis ins 16. Jh. in Frankreich vor, daher M. G., Mos Gallicanus, stilus Gallicus, zeitweise auch in der Erzdiözese Köln.

Motion. Antrag; insbes. Antrag an die Legislative, einen Gesetzesentwurf vorzulegen.

Motto (mlat. motire, erinnern; ital. motto = Denk-, Leitspruch). Einer Schrift oder einem Kapitel vorangestelltes Zitat, Sprichwort usw., das die Stimmung, Inhalt oder Absicht andeutet.

Motu proprio. Bescheide und Gesetzgebungsakte, die auf der persönl., freiwilligen Initiative des Papstes beruhen.

Mozaraber. Bez. der Christen im islam. Spanien.

mozarabische Kunst. Kunst der Christen unter islam. Herrschaft in Spanien, von maurischen Einflüssen mitbestimmt, Auswirkungen nach Asturien, León, Katalonien. LIT. T. Burckhardt, Die maurische Kultur in Spanien (1970).

Mozetta (ital., abgeschnittener Mantel). Kleidungsstück, genauer: Schulterumhang, höherer kath. Geistlicher mit und ohne Bischofsweihe im Bereich ihrer Jurisdiktion.

Mühlberg, Schlacht bei (24. 4. 1547). Sieg der Truppen Kaiser Karls V. unter Alba über Kurfürst Johann Friedrich von Sachsen, der gefangengenommen wurde. Die Schlacht beendete den Schmalkaldischen Krieg. In der Witten-

berger Kapitulation mußte Johann Friedrich zugunsten seines Vetters, des Albertiners Moritz von Sachsen, auf seine Kur verzichten.
Mühldorf am Inn, Schlacht von (28. 9. 1322). Sieg König Ludwigs (IV.) des Bayern (reg. 1314–47) über den Gegenkönig Herzog Friedrich den Schönen (†1330) von Österreich, der zusammen mit seinem Bruder Heinrich in Gefangenschaft geriet. M. a. I. eine der größten, für die Geschichte des Reiches und Bayerns bedeutendsten Schlachten des MA, verhinderte für die folgenden hundert Jahre die Wahl eines Habsburgers zum dt. König, sicherte Ludwig die Königswürde, Bayern als Machtbasis und schuf die Voraussetzungen für ein weiteres Ausgreifen.
LIT. Spindler I (1966) 148ff.; W. Erben, Die Schlacht bei Mühldorf (1923).
Mündigkeit, M. der Landesherren. Die Goldene Bulle schrieb für die M. der Kurfürsten Vollendung des 18. Lebensjahres vor. Diese Regelung wurde später von anderen landesherrl. Häusern übernommen. Bis zur M. nahm der Vormund die Regierungsrechte wahr (tutor et administrator). Vor dem Mündigwerden konnte der Kaiser die Mündigkeitserklärung (venia aetatis) geben. Nach sächs. Recht mit 21, nach gemeinem Recht mit 25 Jahren.
Mundschenk. Im MA der Hofbedienstete, dem die Sorge über die Getränke anvertraut war. An größeren Höfen entwickelte sich daraus ein Hofamt, das erblich wurde bzw. Ehrenhofamt; ausgeübt wurde dieses Amt gewöhnlich nicht von seinem Inhaber, sondern von rangniederen Vertretern. Mundschenk der dt. Könige war der König von Böhmen.
Münster (monasterium). Bez. für Stifte (Essen und Aachen) und Klöster, Klosterkirche auch Domstifte (z. B. die Stadt Münster i. W. erhielt ihren Namen vom Domstift), insbes. Bischofskirchen (Basel, Straßburg, Worms u. a.); M. vor allem in Süddtl. für Bischofskirche, in Norddtl. Dom bevorzugt.
Münster, Friede von →Westfälischer Friede.
Münsterische Stiftsfehde (1450–57). Fehde zw. dem Kölner Erzbischof Dietrich von Moers, dem seine Macht über Westfalen ausdehnen wollte, und den Grafen von Hoya, unterstützt von Cleve. Die päpstl. Entscheidung fiel gegen Dietrich von Moers aus.

Munt (mhd. munt, Schutz, latinisiert: mundium). Personalrechtl., familienhaftes Schutz- und Vertretungsverhältnis eines Muntherren über Familienangehörige (d. h. Braut, Frau, Kinder, Gesinde) und Sippenangehörige (d. h. Witwen, Waisen, Unmündige, sowie über Hörige und Schutzunterworfene). Die väterl. M. endigte beim Sohn, wenn er in eine Gefolgschaft eintrat, eigenen Herd begründete, von einem anderen an Kindes Statt angenommen wurde, bei der Tochter mit der Heirat (»Heirat macht mündig«). Bei der Verlobung verpflichtete der Bräutigam mit der Vorleistung des Muntschatzes (pretium uxoris, pretium emptionis) den Muntwalt, das Mädchen selbst mit der Muntgewalt zu übertragen. Aus der M. entwickelten sich weitgehende Rechte an Personen mit gleichzeitigen Schutzverpflichtungen, z. B. die Königsmunt über das königl. Gefolge seit der Merowingerzeit. Aus dem Königsschutz für die Kirche entstand die Vogtei über Kirchen und Klöster. Auch die Herrschaftsrechte des Grundherren gegenüber seinen Grundholden entstanden aus der M.
LIT. HWDRG III, 750–61; E. Molitor, Zur Entwicklung der M. In: ZRG GA 1944; K. Kroeschell, Haus und Herrschaft im frühen dt. Recht (1968).
Münzbann. Verordnungsrecht des Münzherrn, das sich aus der Münzhoheit ergibt.
Münze (da die röm. Münzstätte sich im Tempel der Juno Moneta auf dem Kapitol befand, entstand daher moneta und daraus M., d. h. geprägtes Metall). Zahlungsmittel, meist in Scheibenform, aber auch Bez. für den Ort der Prägung.
Die gängigsten **Münzmetalle** sind Silber, Gold, Kupfer, in der NZ auch Nikkel und Aluminium; die Prägung meist beidseitig; der **Münzherr** (König, Fürst, Stadt usw.) meist durch eine Umschrift bezeichnet oder durch Porträt oder Monogramm, Symbol, Wappen auf der Münze. Das **Nominal** (Nennwert) und Jahresangabe sind selten aufgeprägt, sie begegnen erst seit dem SpätMA, häufiger jedoch sind Prägestätten und **Münzmeister** angegeben.
Erstes Vorkommen von Münzen in Lydien im 7. Jh. v. Chr.; Prägung, Münzstempel garantieren ein bestimmtes Gewicht, damit auch einen bestimmten Wert; das Münzmaterial ist meist silber-

haltiges Gold, bzw. später hauptsächlich Silber. Als Zahlungsmittel und Mittel der Vermögensbildung verbreiteten sich die M. an den Küsten der Ägäis, in Griechenland und Unteritalien. Verglichen mit den künstler. hervorragenden griech. M. waren die röm. gegen Ende des 4. Jh. auftretenden kupfernen Schwergeldstücke (Aes grave) schlecht. Zunächst setzte sich der röm. Silberdenar durch, in der Kaiserzeit drangen Goldmünzen vor: Aureus, Solidus. Der Niedergang des Münzwesens setzte in der Spätantike ein, zugleich damit eine Verschlechterung des Münzbildes. Unter den Merowingern Goldprägung, allerdings schlechte Ausmünzung. Übergang zur Silberprägung unter den Karolingern.

Die von Karl d. Gr. durchgeführte **Münzreform,** nach der allein der Silberdenar (Silberpfennig) geprägt wurde – rechnungsmäßig wurde der Silberdenar zu größeren Einheiten zusammengefaßt: 12 Silberdenare = 1 Schilling, 240 Silberdenare = 1 Pfund – brachte nur eine vorübergehende Verbesserung der künstler. und techn. Qualität der M.
Erst im 13. Jh. begegnen größere Silbermünzen, z. T. auch in besserer Ausführung: franz. Tournois (→Turnose), Prager Groschen, 1231 der goldene Augustalis Friedrichs II., nach 1250 der venezian. Zecchino, in Florenz der Fiorino d'Oro, im Reich der Dukat und der Goldgulden.
Die Zersplitterung des Münzwesens im Reich setzte mit dem Zerfall der Königsmacht, der Aushöhlung des Münzregals und dem Aufkommen der Territorien ein. Im SpätMA ging man mit steigendem Warenverkehr und Geldbedarf zur Prägung von Großmünzen über. 1484 wurde in Hall (Tirol) erstmals der Silbergegenwert der Goldmünze geprägt, der nach der Münzstätte der Wettiner zu Joachimsthal den Namen Taler erhielt. Der Taler blieb die vorherrschende große M. bis zum Übergang zur Goldwährung im 19. Jh. und der Verdrängung der Edelmetall-M. seit 1914.
Während bei den Griechen im Münzbild Götter sowie Geräte und Landesprodukte als Kennbilder der Städte vorherrschen, sind bei den Römern Kaiserporträts häufiger; in den europ. Territorien werden die Porträts des Landesfürsten als Münzherrn seit der Renaissance

und dem frühen Absolutismus häufiger.
Münzreformbestrebungen der dt. Territorien über Münzvereine seit dem SpätMA und durch das Reich im 16. Jh. hatten nur begrenzte Erfolge. Im 18. Jh. ging die Initiative zur Münzreform an die größeren Territorien, Brandenburg-Preußen, Kursachsen, Kurbayern über.
Bedeutende Münzsammlungen: London, British Museum; Paris, Bibliothèque Nationale; Wien: Kunsthistorisches Museum; Berlin, Staatliche Museen; München. – Die Kataloge dieser Sammlungen sind die reichhaltigsten Münzpublikationen.
LIT. HWDRG III, 770–90; F. von Schrötter (Hrsg.), Wörterbuch der Münzkunde (1930); B. V. Head, A Guide to the Principal Coins of the Greeks (1932); H. Mattingly, Roman Coins (1928); K. Regling, Münzkunde. In: Einleitung in die Altertumswissenschaft, hrsg. von A. Gercke, E. Norden II, 2 (1930); H. Gebhardt, Die dt. M. des MA und der NZ (1929); A. Luschin von Ebengreuth, Allg. Münzkunde und Geldgeschichte des MA und der neueren Zeit (1926); H. Dannenberg, Die dt. M. der sächs. und fränk. Kaiserzeit (1870–1905); F. von Schrötter, Das preuß. Münzwesen im 18. Jh. (1902ff.); Ch. Binder-J. Ebner, Württemberg. Münz- und Medaillenkunde. 2 Bde. (1904–1915); M. van Rey, Geschichte der Aachener M. (1969); G. Hatz, Münze, Gewichte und Maße bis 1800. In: Aubin-Zorn I (1971) 658–78; ders., Badische Münz- und Geldgeschichte (²1973); M. van Rey, Einführung in die rhein. Münzgeschichte des MA (1983).
Münzfälschung, Münzverfälschung. Delikte gegen die Echtheit des umlaufenden Geldes. In der Zeit der Edelmetallmünzen hauptsächlich durch Verfälschung des Edelmetallgehalts, z. B. durch Verwendung eines Bleikerns, oder durch Kippen und Wippen vorgenommen.
Münzfuß. Die Zahl der Münzeinheiten, die aus der Gewichtseinheit Münzmetall ausgeprägt wird.
LIT. H. Witthöft, Münzfuß, Kleingewichte, pondus Caroli und die Grundlegung des nordeurop. Maß- und Gewichtswesens in fränk. Zeit (1984).
Münzgewinn, Münznutzen. Schlagschatz, der bei der Ausprägung von

Scheidemünzen anfällt; resultiert aus dem Unterschied zw. dem Nenn- und dem Metallwert einschließl. der Prägekosten der Münzen. Der Münzgewinn fällt dem Münzherrn (Staatskasse) zu.

Münzkabinett →Numismatik.

Münzkunde →Numismatik.

Münzregal. Das Münzrecht des Königs. Von Karl d. Gr. straff gehandhabt; Friedrich II. verzichtete in der sog. Confoederatio cum principibus ecclesiasticis (1220) auf seine Ausübung, hielt aber theoret. noch im Mainzer Landfrieden (1235) daran fest. Seitdem verfiel das M. immer mehr und wurde durch landesfürstl., autonome und halbautonome Prägungen ersetzt.

Münzunion, Münzkonvention, Münzvertrag, Münzbund, Münzverein. Zwischenstaatl. Abkommen zur Vereinheitlichung des Münzwesens durch gleiche Ausprägungsvorschriften und feste Wechselkurse. Schon im ausgehenden 14. Jh. versuchte man dem Münzwirrwarr im Reich mit **Münzvereinen** zu steuern: Wendischer Münzverein der Hansestädte; Mainz-Pfälzer-Verein; Rappenmünzbund; Münzverein der drei rhein. Erzbischöfe mit dem Pfalzgrafen bei Rhein; schwäbisch-württemberg. Münzverein. In der NZ waren bedeutsam: die Münzkonvention der im Zoll- und Handelsverein verbundenen Staaten (1830) mit der Schaffung einer Vereinsmünze; die Vereinbarungen, die den Preußischen Taler zur allg. Vereinsmünze erklärten (1857); die bayer.-österreich. Münzkonvention (20. 9. 1753); der Lateinische Münzbund vom 22. 12. 1865 zw. Frankreich, Italien, Belgien, Schweiz, Griechenland; die Nordische Münzunion von 1872 zw. den skandinav. Ländern. Nach der Reichsgründung von 1871 wurde im Reichsmünzgesetz 1873 eine einheitl. Währung für das Reich eingeführt, deren Grundlage statt des Talers die Mark bildete.

Münzverrufung. Außerkurssetzung der umlaufenden Münzen durch den Münzherrn. Vor allem im SpätMA und in der früheren NZ häufig – widerrechtlich bis zu viermal jährlich – ausgeübt aus fiskal. Erwägungen in Not- und Kriegszeiten aber auch zur Bereicherung der Fürsten über den Zwangsumtausch der kursierenden Münzen.

Muove, (Eppur si muove! = und sie bewegt sich doch!). Galileo Galilei unterschobene, jedoch legendäre Äuße-

rung, nachdem er 1633 zum Abschwören des kopernikan. Weltbildes vor der Inquisition gezwungen worden war.

Muratorisches Fragment. Von L. A. Muratori nach einer Handschrift (8. Jh.) der Ambrosiana in Mailand veröffentlichtes Verzeichnis der im 2. Jh. von der Kirche als kanonisch anerkannten Schriften des Neuen Testaments.

Murten, Schlacht von (22. 6. 1476). Die Verteidigung Murtens durch Adrian von Bubenberg ermöglichte den Eidgenossen, ein Heer (ca. 25000 Mann) gegen Karl den Kühnen von Burgund zu sammeln (burgund. Heer: ca. 23000 Mann). Mit schwächeren Kräften frontal, mit stärkeren umfassend im Süden und Westen gegen den Murtensee angreifend, gelang den Eidgenossen ein vernichtender Sieg durch Umfassung und Überraschung der Burgunder bei geringsten eigenen Verlusten (Eidgenossen 410 Tote, Burgunder 10000–12000 Tote). Der Sieg brach die burgund. Macht, wurde aber polit. von den Eidgenossen kaum genutzt. Die »Beute« ist kulturgeschichtlich für die Schweiz (»Burgunderbeute«) von Bedeutung.

LIT. E. Dürr, Die Politik der Eidgenossen im 14. und 15. Jh. Schweizer Kriegsgeschichte Bd. 4 (1933); W. Schaufelberger, Der Alte Schweizer und sein Krieg. Studien zur Kriegführung vornehmlich im 15. Jh. (1952); Die Burgunderbeute und Werke burgund. Hofkunst. Ausstellungskatalog des Bernischen Histor. Museums (1969); Hdb. der Schweizer Geschichte I.; Die Murtenschlacht. Internat. Kolloquium 1976 (1977).

Musen. Töchter des Zeus und der Mnemosyne; Schutzgöttinnen der Künste. Urspr. stand ihre Zahl nicht fest. Die neun Musen, ihre Funktionen und Attribute sind (z. T. seit Hesiod) folgende:

1) **Erato:** Liebeslyrik, Saiteninstrument;

2) **Euterpe:** ernste Lyrik, Doppelflöte;

3) **Kalliope:** Epik, Schriftrolle;

4) **Klio:** Historie, Schriftrolle;

5) **Melpomene:** Tragödie, tragische Maske;

6) **Polyhymnia:** Chorgesang;

7) **Terpsichore:** Tanz, Lyra;

8) **Thalia:** Komödie, komische Maske;

9) **Urania:** Astronomie, Globus und Zirkel.

Die zehnte Muse nannte man die Dichterin Sappho.
LIT. W. F. Otto, Die M. und der göttl. Ursprung des Singens und Sagens (1955); E. Barmeyer, Die M. Ein Beitrag zur Inspirationstheorie (1968); E. R. Curtius, Europ. Literatur und lat. MA ([7]1969).

Musenalmanach. Im ausgehenden 18. und im frühen 19. Jh. beliebte Form von Gedichtsammlungen, meist mit beigefügten Kompositionen und Kupferstichen. Vorbild war der ›Almanac des Muses‹ (Paris 1765). Wichtigste M.: Göttinger M., 1769 bis 1805 (Gotter, Boie, Bürger, Voss); Leipziger M., 1770; Wiener M., 1776 bis 1796 (Ratschky); Hamburger M., 1776 (Voss); Schlegel-Tiecks M. (1802f.).
LIT. RDL II ([2]1965); M. Lanckorońska und A. Rumann, Geschichte der dt. Taschenbücher und Almanache aus der klass.-romant. Zeit (1954).

Museum (griech. Mouseion, Musensitz; den Musen geweiht; museum [lat.]). Ort gelehrter Beschäftigung; in dt. Texten erscheint M. seit dem Ausgang des 16. Jh. als »Studierzimmer«, seit der Mitte des 17. Jh. für »Kunst- und Altertumssammlung«. Die Entwicklung des Museumswesens setzt im 19. Jh. ein. Bisher private (fürstl. und bürgerl.) Kunstsammlungen werden der Öffentlichkeit zugänglich gemacht und unter bes. Gesichtspunkten geordnet. Neben den zahlenmäßig von allen Museumstypen am stärksten vertretenen Heimatmuseen stehen andere, wie z. B. die Gemäldegalerie, das Kupferstich- und Medaillenkabinett, das Kunstgewerbe-M., das techn. M., Völkerkunde-M., National-M., (München, Nürnberg). Vielfach sind zentrale M. mit Forschungsstellen verbunden. Verschiedene M. sind dem Œuvre eines einzelnen Künstlers gewidmet. Mit der Spezialisierung der Wissenschaften dehnte sich der Museumsgedanke aus, da jede Disziplin ihre Objekte sammelte und didaktisch ansprechend darbieten wollte.
LIT. V. Scherer, Dt. Museen (1931); L. Brieger, Die großen Kunstsammler (1931); Jahrbuch der dt. Museen seit 1928; Zs.: Museumskunde (seit 1905); H. Haefs (Hrsg.), Die dt. Heimatmuseen (1984).

Muskete. Großkalibriges Luntengewehr, von Herzog Alba 1567 als mosquete anstelle der Arkebuse bei den span. Truppen eingeführt. Von der Bewaffnung abgeleitet: **Musketier;** später syn. für Infanterist gebraucht; unterster Mannschaftsdienstgrad bei der Infanterie; abschätzig: Muskot.

Muslim. Sprachlich unkorrekt ist die Form Moslem bzw. Muslem, sachlich nicht zutreffend die Bez. Mohammedaner. M. bezeichnet den Anhänger des Islam und der von Mohammed wiederhergestellten »Urreligion«.
LIT. HWIslam 208 f.

Muspilli. Ahd. Dichtung (2. Hälfte des 9. Jh.); Verfasser unbekannt, schildert das Schicksal der Seele nach dem Tod und den Weltuntergang.
LIT. H. de Boor, Die dt. Literatur von Karl d. Gr. bis zum Beginn der höf. Dichtung ([4]1960); B. O. Murdoch, Die ahd. poetischen Denkmäler (1976).

Muttersprache (lat. sermo patrius, Vatersprache; mittellat. materna lingua, M.; Anfang des 12. Jh. zuerst nachgewiesen, von daher wahrscheinlich M., im Nhd. bald nach 1522). Gemeint ist damit die dt. Heimatsprache, die als ebenbürtig neben die Hl. Sprachen Hebräisch, Griechisch, Latein gestellt und fortan auch in den Wissenschaften bes. in der Theologie, anfangs noch zaghaft, seit dem 18. Jh. stärker verwendet wird und das Latein als Gelehrtensprache zu verdrängen beginnt.
LIT. A. Daube, Der Aufstieg der M. (1940); L. Weisgerber, Die Entdeckung der M. im europ. Denken (1948).

My home is my castle (engl., mein Haus ist meine Burg). Sprichwörtl. Ausdruck für das Recht des Engländers, sein Haus gegen das Eindringen der öffentl. Gewalt zu schützen.

Mysterienspiele. Bez. für die geistl. Spiele des MA aus lat. ministerium, Gottesdienst abgeleitet; franz. mystères (seit dem 14. Jh. gebraucht; engl. mystery plays). Die M. entstanden wahrscheinlich aus der Osterliturgie, ergriffen dann die Passions- und Weihnachtsgeschichte; außerdem gab es Fronleichnams-, verschiedene Marien-, Propheten-, Legenden- oder Mirakelspiele (z. B. von der hl. Katharina oder Dorothea, vom hl. Georg oder Nikolaus). M. wurden meist in der Volkssprache, in Kirchen und auf Märkten aufgeführt, durch die Reformation stark zurückgedrängt, aber erst in der Aufklärung bis auf Reste (z. B. Oberammergau) abgeschafft. Eine Renaissance der M. setzte in Frankreich mit P. Claudel, in Dtl. mit

R. von Kralik († 1934), E. Schmidt (†
1939), H. von Hofmannsthal, M. Mell
u. a. ein.
LIT. K. Young, The Drama of the Medieval Church. 2 Bde. (1933); E. Hartl,
Das Drama des MA. In: Dt. Philologie
im Aufriß, hrsg. von W. Stammler, II
(²1956); W. Stammler, K. Langosch,
Dt. Literatur des MA. Verfasserlexikon.
5 Bde. (1933–55); A. Dörrer, Der Judas
von Erl (1948).

Mysterium, Mysterien (griech., lat.
mysterium). Geheime Kulte, die nur
Eingeweihten (Mysten) zugänglich waren, fast ausnahmslos in Fruchtbar-
keitskulten wurzeln, meist das Schicksal eines Paares, nämlich einer Mutter-
göttin und eines Heros oder Halbgottes
als inhaltl. Kern haben, Vereinigung
von Menschheit und Gottheit und bevorzugtes Weiterleben nach dem Tod
versprechen. Die bekanntesten griech.
M. waren die von Eleusis (Demeter),
Samothrake (Kabiren), die M. des Orpheus und Dionysos waren an keinen
bestimmten Ort gebunden. Hinzu kamen im Hellenismus aus dem Vorderen
Orient die M. des Adonis, der Kybele,
der Isis und des Osiris und des Mi-
thras. Eine Abhängigkeit des Christentums von den Mysterienreligionen besteht nicht, wenn auch im Wortgebrauch ein gewisser Einfluß sowie einzelne äußere Parallelen (z. B. für Taufe,
Eucharistie, Firmung) aufgezeigt werden können.
LIT. M. P. Nilsson, Geschichte der
griech. Religion (²1952–61); K. Kerényi, Die M. von Eleusis (1962); K.
Prümm, Der christl. Glaube und die
altheidn. Welt. 2 Bde. (1935); F. J. Dölger, Antike und Christentum. 5 Bde.
(1929–36); R. Reitzenstein, Die hellenist. Mysterienreligionen (³1927);
S. Eitrem, Orakel und M. am Ausgang
der Antike (1948); C. Riedweg, Myste-
rienterminologie bei Platon, Philon und
Klemens von Alexandrien (1986).

Mysterium iniquitatis. Geheimnis der
Gesetzlosigkeit, der Gottlosigkeit; bezeichnet die Macht des Bösen, des Antichrist, das Geheimnis der Sünde vor der
Allmacht Gottes.

Mystik (griech., eingeweiht werden;
sich Augen und Mund schließen lassen;
sich nach innen sammeln, um geheimer
Erkenntnis teilhaftig zu werden). Eine
Form religiösen Lebens und Erlebens.
Die christl. M. ist so alt wie das Christentum selbst. Starke Einflüsse des
Neuplatonismus sind unverkennbar.
Seit dem 4. Jh. wird sie vor allem von
dem oriental. Mönchtum getragen. Eine
starke Nachwirkung übt das Schrifttum
des Pseudo-Dionysius aus. Unter den
Vätern der abendländ. M. sind zu nennen Augustin, Cassian und Gregor
d. Gr.
Als eigentl. Begründer der ma. M. kann
Bernhard von Clairvaux angesehen werden (Jesus- und Brautmystik). In den
Orden der Zisterzienser, Franziskaner
und Dominikaner (Eckhart, Seuse, Tauler) erlebte die M. eine Blüte. Im Spät-
MA (Katharina von Siena, Birgitta von
Schweden, Bernhardin von Siena) blüht
die M. erneut auf und wird dann von der
devotio moderna stark beeinflußt. Nach
der Reformation erfolgt ein Auf-
schwung der M. in Spanien (Ignatius
von Loyola, Teresa von Avila, Johannes
vom Kreuz), in Frankreich (Franz von
Sales, Ph. de Bérulle, Fénelon). Von der
Aufklärung wird die M. zurückgedrängt, gewinnt aber mit Pietismus,
Irrationalismus, Romantik auch im Pro-
testantismus (Zinzendorf, Tersteegen,
Swedenborg, Schleiermacher) stark an
Boden.
LIT. LThK VII 732–41; H. Grundmann,
Religiöse Bewegungen im MA (Nachdr.
1961); I. Behn, Span. M. (1957); F. W.
Wentzlaff-Eggebert, Dt. M. zwischen
MA und NZ (³1963); R. Otto, West-
östl. M. (³1971); A. M. Haas, Nim dîn
selbes war. Studien zur Lehre von der
Selbsterkenntnis bei Meister Eckhart,
Johannes Tauler und Heinrich Seuse
(1971); J. C. Nieto, Mystic, Rebel,
Saint: A Study on St. John of the
Cross (1979); G. Ruhbach, J. Sudbrock
(Hrsg.), Große Mystiker (1984); P. Din-
zelbacher, D. R. Bauer, Frauenmystik
im MA (1985); C. Hell, Skepsis, M.
und Dualismus (1985); K. Ruh, Ge-
schichte der abendl. M. (1999); Gabriel
Biel und die M. (2001).

Mystizismus. Intuitiv-irrationale Geisteshaltung, die durch unmittelbares
Eingreifen einer höheren Macht Erkenntnisse sucht, die einer verstandes-
mäßigen Prüfung nicht standhalten.

Mythologie. Bez. für eine Summe von
Mythen oder für die wissenschaftl. Behandlung und Begründung des Mythos
bzw. der Mythen mit Hilfe der Sprachforschung, der allg. Kulturgeschichte,
der Völkerkunde. Die wissenschaftl.
M., der J. J. Winckelmann, J. G. Herder
die Bahn gebrochen haben, beginnt mit

C. G. Heyne, G. F. Creuzer, J. Görres, den Brüdern Grimm, F. W. J. Schelling. Mit dem Fortschritt der idg. Sprachforschung, der Orientalistik und Archäologie wurden im späten 19. Jh. die mytholog. Einzelkenntnisse vertieft. Durch die Ethnologie, neuerdings auch durch die klassische Philologie hat die M. wichtige Impulse erhalten (z. B. U. von Wilamowitz-Moellendorf, W. F. Otto, K. Kerényi), doch stehen verschiedene Betrachtungsweisen und Schulrichtungen in der M. locker nebeneinander. Die Geschichtswissenschaft versucht mit ihren Methoden im Mythos enthaltene histor. Tatbestände zu erfassen, das Mythische vom Historischen zu trennen und neuer Mythenbildung vorzubeugen.

LIT. J. von Görres, Mythengeschichte der alten Welt (1810); G. F. Creuzer, Symbolik und M. der alten Völker. 4 Bde. (1810 bis 1822); J. Grimm, Dt. M. (1835; Nachdr. 1968/69); W. H. Roscher, Ausführl. Lexikon der griech. und röm. M., fortges. durch K. Ziegler (1884–1937; Nachdr. 1965); W. Wundt, Mythus und Religion. 4 Bde. (1904/1910); O. Gruppe, Geschichte der klass. M. (1921); D. Cinti, Dizionario Mitologico (1935); H. Hunger, Lexikon der griech. und röm. M. (²1959); C. S. Littleton, The New Comparative Mythology (1966); K. Kerényi, Die Eröffnung des Zugangs zum Mythos (1967); E. Schmalzriedt, H. W. Haussig (Hrsg.), Wörterbuch der M. 6. Bde. und 1 Sonderband (1981 ff.); R. Simek, Lexikon der german. M. (1984); F. Graf, Griech. M. (1985); E. Simon, Die Götter der Griechen. Ein fundiertes Kompendium der griech. M. (1985).

Mythos, Mythus (griech., Wort, Sage, Erzählung im Gegensatz zum Logos als dem durch verstandesmäßige Beweise in seiner Wahrheit erwiesenen Wort). M. ist Erzählung der Urzeit oder Endzeit, von Göttern und ihrer Herkunft (theogon. M.), von der Weltschöpfung (kosmogon. M.), von Helden und Heilbringern (soteriolog. M.) oder vom Weltende (eschatolog. M.). Stark verbreitet auch die Sintflut-Mythen. Bes. bei den Naturvölkern und in den alten Hochkulturen transzendiert der M. das menschl. und Weltgeschehen und verdichtet es symbolisch. M. ist eine Form der Religion und wurde in den alten Hochkulturen als Teil der Geschichte verstanden.

LIT. P. Grimal, Mythen der Völker. 3 Bde (1967); G. Bornkamm, Gesch. und Glaube I (1968); M. Hochgesang, M. und Logik im 20. Jh. (²1969); G. S. Krik, Myth, its Meaning and Function (1970); H.-O. Rebstock, Hegels Auffassung des M. in seinen Frühschriften (1971); H. Berding, Rationalismus und M. Geschichtsauffassung und polit. Theorie bei G. Sorel (1969); G. Brand, Welt, Geschichte, M. und Politik (1978); K. Hübner, Die Wahrheit des M. (1985).

Nabob → Naib.

Nachbarrecht. Die gesetzl. Vorschriften (vgl. §§ 906 ff. BGB), welche die benachbarten Grundeigentümer zu gegenseitiger Rücksichtnahme verpflichten, wodurch sie ihre Eigentumsrechte beschränken. So ergeben sich
a) aus der genossenschaftl. Bewirtschaftung in der Dreifelderwirtschaft (auch Markgenossenschaft): Pflugwende- oder Kehrrecht sowie Wegerechte;
b) das Überhangrecht, d. h. das Recht, überhängende Zweige und hereinreichende Wurzeln zum Schutz des eigenen Grundstücks abzuschneiden; desgleichen das Fenster- und Lichtrecht, d. h. die Einschränkung der nachbarl. Baubefugnis; weiter das Traufrecht, d. h. das Verbot, Wasser von Dachtraufen auf ein Nebengrundstück abzuleiten etc.;
c) das Überfallrecht, d. h., daß abfallendes Obst etc. zur Nutzung aufgelesen werden darf.
LIT. HWDRG III, 815–19; Chr. Meisner, H. Stern und F. Hodes, N. im Bundesgebiet (ohne Bayern) und in Westberlin (⁵1970).

Nachbestattung. Die seit vorgeschichtl. Zeit übliche Wiederverwendung älterer Grabanlagen für Neubestattungen.

Nachfolge Christi (lat. imitatio Christi). Ein für die christl. Frömmigkeit wesentlicher Begriff; er geht zurück auf bzw. wird hergeleitet von der Aufforderung Jesu an seine Jünger: »Folget mir nach.«
N. C. ist auch der Titel eines aus dem 15. Jh. stammenden berühmten Andachtsbuches. Als sein Verfasser gilt der Mystiker Thomas a Kempis (1378/79–1471).

Nachfolgestaaten. Eine publizist. Bez. für die Sukzessionsstaaten, die nach dem Ersten Weltkrieg entweder aus der Aufteilung Österreich-Ungarns hervorgingen (Österreich, Ungarn, Tschechoslowakei) oder denen zur Donaumonarchie gehörendes Gebiet zugesprochen wurde (Polen, Serbien bzw. Jugoslawien, Rumänien).

Nachprägung, Beischlag. Die N. fremder Münzen war bereits in der Antike bekannt. So wurden röm. und griech. Münzen durch die Germanen nachgeprägt. Sehr beliebt war die N. im MA; es gab vollwertige und unterwertige Nachprägungen, letztere vor allem im 16. und 17. Jh. Während der Zeit des Siebenjährigen Krieges (1756 bis 1763) prägten die Münzpächter in den preuß. Münzstätten fremde Münzen geringhaltig in bedeutendem Ausmaß nach.

Nachtwächterstaat. Eine Spott-Bezeichnung, von F. Lassalle (1825–64) geprägt. Sie soll das Bestreben des Liberalismus zum Ausdruck bringen, die Aufgaben des Staates lediglich im Schutz des Individuums und dessen Eigentum zu sehen.

Nadelgeld, Spielgeld, Spillgeld. Nach dem älteren dt. Recht die Geldzuwendungen des Mannes (seiner Schwiegereltern o. a.) an seine Frau zur Bestreitung persönl. Bedürfnisse. Vor allem beim Adel wurde das N. ehevertraglich festgesetzt. Die Staatsrente lediger Prinzessinnen bezeichnete man ebenfalls als N.

Naher Osten (engl. Middle East, amerikan. Near East). Bez. für die afro asiat. Gebiete am östl. Mittelmeer, soweit sie die Teile des ehem. Osmanischen Reiches umfassen, außerdem auch Bez. für den Iran. Seit der Gründung des Staates Israel (1948), aber auch infolge der bedeutenden Ölvorkommen in den Staaten des N. O., ist die polit. Brisanz in diesem Raum während des 20. Jh. noch gewachsen.
LIT. Glubb Pasha, A Soldier with the Arabs (London ³1958); ders., Syria, Lebanon, Jordan (London 1967).

Näherrecht (zu nahe), **Abtriebs-, Einstands-, Losungs-, Retrakt-, Zugrecht.** Im älteren dt. Recht verstand man unter N. ein gesetzl. vereinbartes bzw. vereinbartes dingl. Vorkaufsrecht, z. B. für die nächsten Erben (Erblosung), die Nachbarn (Furchgenossenrecht), die Markgenossen (Marklosung), die Miteigentümer (Kondominalretrakt) etc. Die meisten N. wurden im Verlauf des 19. Jh. beseitigt. Als einziges gesetzl. N. kennt das BGB das Vorkaufsrecht der Miterben (§ 2034), als rechtsgeschäftl. N. das dingl. Vorkaufsrecht an Grundstücken (§§ 1094 ff.).
LIT. HWDRG III, 827–31; H. Planitz, Dt. Privatrecht (³1949); F. Baur, Sachenrecht (⁴1968); H. Mitteis und H. Lieberich, Dt. Privatrecht (⁵1968).

Naib (arab., Stellvertreter). Ein Titel von unterschiedl. Bedeutung vor allem in den Ländern des Orients: In Syrien vom 12. bis 16. Jh. der Statthalter der Mameluken; vom ausgehenden 14. Jh. an ein ägypt. Provinzgouverneur und hoher Offizier; bei den Türken ein unterer Verwaltungsbeamter und Richter, der Stellvertreter des Kadi; bei den Persern der niedere Offizier; in Indien der Stellvertreter islam. Fürsten (bis ins 16. Jh.). Im modernen Arabisch bedeutet N. Abgeordneter.

Der Nawab (die Pluralbildung von N.) war ein islam. Provinzstatthalter der Großmogule; seiner Stellung nach entsprach er dem nicht-islam. Radscha. Im Laufe der Zeit wurde Nawab zu einem bloßen Ehrentitel hochgestellter Persönlichkeiten.

Durch Verballhornung entstand aus Nawab **Nabob**, seit dem 18. Jh. die Bez. für den in Indien schnell zu Reichtum Gelangten; später in Europa sprichwörtl. für einen sehr reichen Mann.

Name, Eigenname. Die Benennung von Personen (durch Familien-, Vor- und Beinamen), persönl. gedachten Wesen und Dingen (so vor allem Gottheiten, Tieren, Schiffen, Häusern), desgleichen von Völkern, sozialen und polit. Gruppen, Gattungen (Mensch, Tier, Pflanze etc.), von Örtlichkeiten (Flur- und Ortsnamen), Bekenntnissen (Heiden, Christen etc.), Zeitabschnitten (Tage, Monate etc.). Seit jeher hatte der N. für primitives Empfinden eine nahezu körperl., sowohl das Wesen wie auch die (magische) Beziehung zum Objekt erfassende Bedeutung. Das Namenrecht, d. h. das Recht, einen bestimmten N. zu führen, gehört zu den Persönlichkeitsrechten. Noch bis in das 19. Jh. hinein wenig beachtet, wird ihm heute der Schutz der Gesetzgebung oder der Rechtspraxis zuteil.

LIT. E. Nied, Heiligenverehrung und Namengebung (1924); M. Noth, Die israelit. Personennamen (1928); H. Usener, Götternamen (³1948); A. Heintze und P. Casorbi, Die dt. Familiennamen (⁷1933); O. Grether, N. und Wort Gottes im Alten Testament (1934); H. G. Ficker, Das Recht des bürgerl. N. (1950); ders., Öffentl. Namenrecht (1952); E. Förstemann, Altdt. Personennamen (²1966); W. Fleischer, Die dt. Personennamen (²1968); M. Gottschald, Dt. Namenkunde (⁴1971).

Namenstag. Bei den Katholiken der Brauch, den Kalendertag des Heiligen (Namenstag), dessen Name jemand bei der Taufe gegeben wurde, zu feiern. Im Feiern des N. manifestiert sich die gleiche Jenseitsgesinnung, aus der heraus bei den Heiligen nicht der Geburts-, sondern der Todestag gefeiert wird, mithin der »Geburtstag« für den Himmel. Obwohl eine entsprechende kirchl. Vorschrift nicht existiert, wird der N. in zahlreichen kath. Gegenden anstelle des Geburtstages gefeiert.

LIT. F. Böhm, Geburtstag und N. im dt. Volksbrauch (1938); H. Harmjanz und E. Röhr (Hrsg.), Atlas der dt. Volkskunde, Lfg. 2, Karte 35: Feier des Geburtstages – N. (1937); W. Dürig, Geburtstag und N. (1954); J. Quadflieg, Das große Buch von den heiligen Namenpatronen (1966).

Nantes, Edikt von → Edikt von Nantes.

Napoleonische Kriege. Die von Napoleon I. im Anschluß an die → Französischen Revolutionskriege seit 1803 ausgetragenen krieger. Auseinandersetzungen mit den europ. Mächten:

[1] Der Krieg zw. Frankreich und England: Die Kampfhandlungen begannen nach der Kriegserklärung Englands am 18. 5. 1803 mit der Besetzung Hannovers (durch Personalunion mit England verbunden) und der Zusammenziehung eines Landungskorps (zur Eroberung Englands) in Boulogne durch Frankreich. Die engl. Seeüberlegenheit, die trotz des span.-franz. Bündnisses (12. 12. 1804) nicht beeinträchtigt wurde, verhinderte eine franz. Landung in England; sie fand ihren sinnfälligen Ausdruck in dem Seesieg von Trafalgar (21. 10. 1805). Im Anschluß daran konnte England die wertvollsten franz. und holländ. Kolonien in Westindien, in Afrika (Kapland 1806) sowie in Ostindien (Java 1811) an sich bringen. Napoleon versuchte daraufhin, das für die damalige Zeit schon stark industrialisierte England durch wirtschaftl. Maßnahmen (Kontinentalsperre) in die Knie zu zwingen.

[2] Der Krieg der 3. Koalition gegen Frankreich (1805–07). Die Koalition kam unter den jüngeren Pitt (1759–1806) zustande; ihr gehörten England, Schweden, Rußland und Österreich an (→ Koalitionskriege).

[3] Der Krieg auf der Pyrenäenhalbinsel (1808–14). Das franz. Eingreifen wurde hervorgerufen durch Portugals Widerstand gegen die Kontinentalsperre sowie Thronstreitigkeiten in Spanien, in deren Verlauf Napoleon König Karl IV. (reg. 1788–1808) sowie den Kronprinzen zur Abdankung zwang und seinen Bruder Joseph Bonaparte zum span. König ernannte. Hierauf erhoben sich

Adel und Klerus gegen die franz. Fremdherrschaft. England landete (unter Wellington, 1769 bis 1852) eine Armee auf der Pyrenäenhalbinsel. Nach wechselvollem Ringen, in das Napoleon zeitweilig selbst eingriff (Nov./Dez. 1808), konnte Wellington am 21. 6. 1813 bei Victoria einen entscheidenden Sieg über das franz. Hauptheer unter König Joseph erringen und Spanien von der Herrschaft der Franzosen befreien. Wellington drang nach Frankreich vor (10. 4. 1814 Sieg bei Toulouse). Am 18. 4. 1814 wurde (nach Napoleons Abdankung) ein Waffenstillstand geschlossen.

[4] Der Krieg Österreichs gegen Frankreich (1809). Österreich erklärte am 9. 4. 1809 Frankreich den Krieg, da es sich von der Situation Napoleons in Spanien einen Erfolg versprach. Napoleon konnte jedoch die Hauptmacht der Österreicher unter Erzherzog Karl bei Abensberg, Landshut und Eggmühl (20.–22. 4. 1809) schlagen. Der Erzherzog vermochte aber bei Aspern (21./22. 5. 1809) einen bedeutsamen Sieg über die Franzosen zu erringen; bei Wagram (5./6. 7. 1809) wurde er dennoch entscheidend besiegt. Zwei weitere Österreich. Heere blieben ebenfalls ohne Erfolg. Eine Unterstützung durch die dt. Staaten, auf die man österreichischerseits gehofft hatte, kam nicht zustande, von dem Kampf Friedrich Wilhelms von Braunschweig (der ›schwarze Herzog‹) und den Aufstandsversuchen der Offiziere Ferd. von Schill und Wilh. von Dörnberg in Norddtl. abgesehen. A. Hofers Aufstand in Tirol blieb ohne Erfolg. Im Frieden von Schönbrunn (14. 10. 1809) verlor Österreich seine Küstenländer an der Adria (Illyrische Provinzen Napoleons) sowie Galizien.

[5] Der Russisch-Französische Krieg (1812). Verursacht wurde er durch Napoleons paktbrechende Durchführung des Tilsiter Friedens; außerdem durch den Abfall des Zaren Alexander I. (reg. 1801–25) von der Kontinentalsperre. Durch einen Feldzug seines vereinigten Heeres (Franzosen, Italiener, Polen, Rheinbundtruppen, Österreicher, Preußen, Schweizer) von 575000 Mann bis Moskau glaubte Napoleon, Rußland niederringen zu können. Die blutige Schlacht bei Borodino (7. 9. 1812) gegen den russ. Feldmarschall Fürst Kutusow (1745–1813) gab den Weg nach

Moskau frei; am 14. 9. 1812 zog Napoleon in die Stadt ein. Der Zar zeigte jedoch keine Friedensbereitschaft. Durch den Brand von Moskau (15.–18. 9. 1812) und den herannahenden Winter geriet die »Große Armee« in eine schwierige Lage. Am 19. 10. 1812 begann sie unter ständiger Belästigung durch die bewegl. russ. Streitkräfte den Rückzug in furchtbarer Kälte. Bei Smolensk siegte Kutusow über Napoleon (16./17. 11. 1812), da, wo genau 3 Monate zuvor (16./17. 8. 1812) Napoleon erfolgreich gewesen war. Vom 26. bis 28. 11. 1812 konnte sich die mehr und mehr in Auflösung begriffene franz. Armee noch den Übergang über die Beresina erkämpfen. Der franz. Marschall Murat erreichte mit nur geringen Truppenteilen die Memel, während Napoleon sich nach Paris begab. Die durch den preuß. General Graf Yorck von Wartenburg (1759–1830) am 30. 12. 1812 mit den russ. General Diebitsch abgeschlossene Neutralitätskonvention von Tauroggen eröffnete die Befreiungskriege (→ Freiheitskämpfe).

LIT. Zu [1] E. Desbrière, La campagne maritime de 1805 (1907); H. F. B. Wheeler, A. M. Broadley, Napoleon and the Invasion of England. 2 Bde. (1908).

Zu [2] → Französische Revolutionskriege.

Zu [3] C. W. Oman, A History of the Peninsular War. 7 Bde. (Oxford 1903–30); A. Grasset, La guerre d'Espagne. 3 Bde. (1914–32); C. A. Geoffroy de Grandmaison, L'Espagne et Napoléon. 3 Bde. (1908–31).

Zu [4] H. Rössler, Österreichs Kampf um Deutschlands Befreiung. 2 Bde. (1940); W. C. Langsam, The Napoleonic Wars and German Nationalism in Austria (N. Y. 1930); R. André, L'Idée nationale autrichienne et les guerres de Napoléon (1933); A. Ernstberger, Die dt. Freikorps 1809 in Böhmen (1942); W. Andreas, Das Zeitalter Napoleons und die Erhebung der Völker (1955); R. Wohlfeil, Spanien und die dt. Erhebung 1808–14 (1965).

Zu [5] H. Delbrück, Geschichte der Kriegskunst im Rahmen der polit. Geschichte, 4 (1920); E. Bardoux, Campagnes modernes, 1789–1815. 2 Bde. (1912–21); F. Steger, Der Feldzug von 1812: Chronik der großen Armee im Feldzug Napoleons gegen Rußland 1812 nach zeitgenöss. Quellen (1985).

Narodna Odbrana (serb., Nationale Verteidigung). Eine 1908 gegr. serb. Vereinigung, die zusammen mit dem 1911 gegr. Geheimbund Schwarze Hand kompromißlos die Vereinigung aller Südslawen erkämpfen wollte. Die N.O. veranlaßte unmittelbar die Ermordung des österreich. Thronfolgers Franz Ferdinand am 28. 6. 1914 zu Sarajewo und löste dadurch den Ersten Weltkrieg aus. Während des Ersten Weltkriegs noch aktiv, verlor sie seit 1918 ihre Bedeutung.

Narodniki (von russ. narod, Volk). Die Anhänger einer polit. und literar. Bewegung, die während der Jahre 1865 bis 1895 unter den Gebildeten Rußlands verbreitet war. Den Bauern freundlich gesonnen, erstrebte sie eine Agrarreform auf der Grundlage des Mir, da sie von der Neigung des russ. Volkes zu solidar. Gemeinwirtschaft überzeugt war. 1879 gründeten sie N. die Partei Narodnaja Wolja (Volkswille). Am 13. 3. 1881 wurde Zar Alexander II. durch Narodowolzen ermordet. Die Marxisten (G. Plechanow, 1857–1918; W. I. Lenin, 1870–1924) bekämpften die N.
LIT. A. A. Galaktionov und P. F. Nikandrov, Ideologi russkogo narodničestva (Leningrad 1966).

Narrenfest (lat. festum stultorum). Im MA ein Kinderfest; es wurde unter Parodierung kirchl. Zeremonien (Wahl eines Knabenbischofs, Narrenpapstes) in Klosterschulen gefeiert. Vom 11. Jh. an war es vor allem in Frankreich verbreitet (fête des fous). Trotz kirchl. Verbote vermochte es sich hier bis ins 16. Jh. zu halten. Das N. hat seinen Ursprung letztlich in den → Saturnalien.
LIT. K. Meisen, Nikolauskult und Nikolausbrauch im Abendlande (1931); P. Lehmann, Die Parodie im MA (²1965).

Nation (von lat. natio. Geburt, Volksstamm; von nasci, geboren werden). Ein vieldeutiger Begriff, dem urspr. allg. die Bedeutung Volk zukam, der aber häufig auch für Staat gebraucht wurde und im At. noch ohne einen eindeutigen Unterschied neben gens (Geschlecht, Stamm) und populus (Volk, Gemeinde) stand. Eine für alle Teile der Welt verbindl. Begriffsbestimmung konnte bis heute noch nicht erreicht werden.
Während des MA schlossen sich Studenten einer Fakultät mit der Absicht ihrer wirtschaftl. und rechtl. Sicherung zu N. zusammen; allerdings konnten in einer N., so den vier an der Sorbonne, der Universität in Paris, bestehenden, Angehörige verschiedener N. zusammengeschlossen sein.
Frühzeitig kam es zur Herausbildung eines Nationalbewußtseins innerhalb der kath. Kirche. So erreichte in England die kath. Kirche bereits im 13. Jh. einen bemerkenswerten Grad an Selbständigkeit, während zu Beginn des 14. Jh. auf dem Konzil von Vienne (1311/12) die Abstimmungen nach N. erfolgten. Dieser Prozeß der nationalen Selbständigkeit innerhalb der kath. Kirche wurde durch das Schisma (1378–1415) und die hiermit zusammenhängenden Konzilien von Pisa (1409) und Konstanz (1414–18) noch beschleunigt; er erfuhr eine intensive Fortsetzung im Gallikanismus und Anglikanismus sowie durch die Reformation in Dtl.
Die Entwicklung eines Nationalbewußtseins setzte in Europa mit der Konsolidierung der Staaten Westeuropas (Frankreich, Spanien, England) während des MA ein; in Dtl. fand es seinen Ausdruck u. a. in dem Zusatz zum Reichstitel ›Deutscher N.‹, womit die dt. Reichsgebiete gemeint waren; gleichzeitig wurde hierdurch der Anspruch der Deutschen auf das Imperium angesprochen.
Eine Neubewertung der nationalen Geschichte mit der Tendenz, dem Ansehen des eigenen Landes zu dienen, erfolgte durch die Humanisten. Ziel dieser Bestrebung war es, das nationale Interesse in einem starken Einheitsstaat realisiert zu finden, wie dies in Spanien, England und Frankreich der Fall war. Den modernen Begriff der N. hat insbes. die dt. Romantik, auf J. G. Herders (1744–1803) »Volksgeist« fußend, geprägt. In der Auseinandersetzung mit Napoleon I. (reg. 1804–14/15), im Anschluß daran mit den Mächten der Restauration, gewann die Idee der N. in Verbindung mit den Forderungen des Liberalismus polit. Schlagkraft bzw. Stoßkraft.
Nach heutiger Auffassung ist N. der Ausdruck eines polit. geeinten Volkes, das ein Machtgebilde darstellt, bestimmte Ansprüche durchzusetzen, so auf Macht, Prestige etc. Als Merkmale einer N. gelten die gemeinsame Abstammung und Sprache, doch auch das persönl. Zugehörigkeitsgefühl und die hieraus resultierende Entscheidung für eine bestimmte N.

LIT. B. Bauch, Vom Begriff der N. (1916); A. Gasparian, Der Begriff der N. in der dt. Geschichtsschreibung des 19. Jh. (1917); F. Meinecke, Weltbürgertum und Nationalstaat ([7]1928); S. Weill, L'éveil des nationalités et le mouvement libéral (Paris 1930); K. Stavenhagen, Das Wesen der N. (1934); J. Huizinga, Im Bann der Geschichte (o. J.); O. Vossler, Der Nationalgedanke von Rousseau bis Ranke (1937); R. Wittram, Das Nationale als europ. Problem (1954); K. G. Hugelmann, Stämme, N. und Nationalstaat im dt. MA (1956); P. Joachimsen, Vom dt. Volk zum dt. Staat ([2]1956); W. Conze, Die dt. N. ([2]1965); E. R. Huber, Nationalstaat und Verfassungsstaat (1965); A. Schröcker, Die dt. N. Beobachtungen zur polit. Propaganda des ausgehenden 15. Jh. (1974); H. Beumann, W. Schröder (Hrsg.), Aspekte der Nationenbildung im MA (1978); O. Büsch, J. Sheeham, Die Rolle der N. in der dt. Geschichte und Gegenwart (1985); T. Mayer, Prinzip N. Dimensionen der nationalen Frage – gestellt am Beispiel Deutschlands (1986); A. Suppan u. a. (Hrsg.), Nationen, Nationalitäten, Minderheiten (1994).

Nationalgarde (franz. garde nationale). Während der Franz. Revolution von 1789 eine durch Lafayette aufgestellte Bürgerwehr; später (1862) wandelte sie sich zur Mobilgarde; sie bestand bis 1872. In den USA ist die National Guard ein den Gouverneuren der Einzelstaaten unterstehender Teil der Armee, soweit sie zu örtl. Einsatz gelangt. Die National Guard wird von der Bundesregierung in Washington beaufsichtigt und ausgerüstet; für einen Einsatz gegen auswärtige Gegner wird sie dem Präsidenten unterstellt.

Nationalgefühl, Nationalbewußtsein. Ein Begriff zur Bez. des Zusammengehörigkeitsempfindens der verschiedenen Teile einer Nation, vornehmlich erwachsen aus dem Wissen um die gemeinsame Sprache, Kultur und Geschichte. Ein Nationalbewußtsein entwickelte sich bereits im MA, vor allem in den westeurop. Staaten (Frankreich, England, Spanien), während es in Dtl. und Italien lange gehemmt war. In diesen beiden Ländern standen sich der universale Reichsgedanke und das Verbundenheitsgefühl auf der einen Seite und die Territorialstaaten auf der anderen gegenüber und dem N. entgegen. Erst mit Klopstock (1724–1803) und Herder (1744–1803) kam es in Dtl. zur Herausbildung eines kulturellen und polit. Eigenbewußtseins. Durch die Franz. Revolution erfuhr das Nationalbewußtsein eine nachhaltige Vertiefung und Ausbreitung; es festigte sich endgültig in den Einigungsbewegungen Deutschlands und Italiens. Gegen Ende des 19. Jh. kam es zu einer gefährl. Zuspitzung des Nationalbewußtseins im Nationalismus. Im 20. Jh. wurden vor allem die Völker in den ehem. Kolonialgebieten vom Nationalbewußtsein ergriffen.

LIT. F. G. Schultheiß, Geschichte des dt. N. (1893); K. Sturmhöfel, Dt. N. und Einheitsbestrebungen im 19. Jh. (1904); A. Rapp, Der dt. Gedanke, seine Entwicklung im polit. und geistigen Leben seit dem 18. Jh. (1920); H. H. Jacobs, Studien zur Geschichte des Vaterlandsgedankens. In: Welt als Geschichte 12 (1952); Th. Schieder, in: HZ, 202 (1966); H. Haettich, Nationalbewußtsein und Staatsbewußtsein in der pluralist. Ges. ([2]1966); G. Schulz, Das Zeitalter der Ges. (1969); O. W. Johnston, Der dt. Nationalmythos (1990).

Nationalhymne. Gesänge mit gewöhnlich einprägsamen Melodien und offiziellem Charakter, so in Frankreich die ›Marseillaise‹, in England ›God save the Queen (King)‹, in den USA ›The Star-Spangled Banner‹, in der Schweiz ›Rufst du, mein Vaterland‹, jetzt: ›Trittst im Morgenrot daher‹, in Deutschland – vor 1866 – ›Was ist des Deutschen Vaterland?‹, seit 1870 ›Die Wacht am Rhein‹, seit 1922 auf eine Verordnung des Reichspräsidenten Ebert (1871–1925) hin das ›Deutschlandlied‹ Hoffmann von Fallerslebens, seit 1949 in der BRD die 3. Strophe des Deutschlandlieds, in der ehem. DDR ›Auferstanden aus Ruinen‹.

LIT. B. Herter, Die N. der Erde (1958), Ergänzungsband (1965); P. Nettl, in: Musik in Gesch. und Gegenwart, 9 (1961); H. Tümmler, »Deutschland, Deutschland über alles«. Zur Geschichte und Problematik unserer N. (1979); U. Ragozat, Die N. der Welt (1985).

Nationalismus. Das übersteigerte, kämpferische und intolerante Vertreten des nationalen Gedankens. Der N. gründet auf der Überzeugung eines Volkes, den übrigen Völkern überlegen zu sein. Als Haltung ist er alt, als Bez. wurde im 19. Jh. geprägt, als er sich bei zahlreichen Völkern entwickelte. So fiel in England der N. mit der imperialist. Expansion zusammen; er fand seinen Höhepunkt im Burenkrieg (1899–1902). In Frankreich wurde der N. genährt durch den Gedanken der Revanche. In Dtl. dokumentierte er sich im Alldeutschtum der Wilhelminischen Ära und in der sog. Rassenlehre des Nationalsozialismus. Außer in Dtl. kam es nach dem Ersten Weltkrieg in einer Vielzahl anderer Länder zur Ausbildung zahlreicher totalitärer Strömungen; ihre Charakteristika waren vor allem autoritäre Staatsführung und Einparteiensystem, wodurch der N. die entscheidenden Impulse zu seiner Entfaltung erfuhr. Die Gefährlichkeit des N. beruht vor allem darauf, daß der N. des einen den des anderen Landes hervorruft. In Rußland dokumentierte er sich im 19. Jh. in einer antiwestl. Strömung; sie fand ihren sinnfälligen Ausdruck in dem Schlagwort Panslawismus; dann setzte er sich im Imperialismus der UdSSR (1917–91) fort. Im 20. Jh. wurde der N. bes. im Vorderen Orient, in Asien und in Afrika gestärkt und trat beim Zerfall der Sowjetunion und Jugoslawiens in Erscheinung.

LIT. E. Lemberg, N. 2 Bde. (1964); C. J. Hayes, The Historical Evolution of Modern Nationalism (N. Y. 1931); K. H. Bremer, Der franz. N. (1939); Hazem Zaki, The Ideas of Arab Nationalism (Ithaka, N. Y. 1956); H. A. Winkler/Th. Schnabel, Bibliogr. zum N. (1979); P. Hüttenberger, Bibliogr. zum N. (1980); A. Hoover, The Gospel of N. (1986); J. Echternkamp, Der Aufstieg des dt. N. 1770–1840 (1998); J. Breuilly, N. und Staat (1999); E. Gellner, N. (1999).

Nationalkirche. Eine Kirche, die ihre Aktivität bewußt auf das Gebiet eines Staates beschränkt, so die seit dem 16. Jh. (1534) vom Papst unabhängige Staatskirche Englands. Innerhalb des kath. Bereichs konnte lediglich die franz. Kirche eine gewisse nationale Eigenständigkeit auf Grund der sog. gallikan. Freiheiten wahren. In Dtl. büßte die karoling. Reichskirche ihre seit 850 bisweilen bedeutende rechtl. Unabhängigkeit gegenüber dem Papst ein. Infolgedessen vermochte sich während des gesamten MA keine N. zu bilden, wiewohl es in dieser Hinsicht Bemühungen gegeben hat. Die Möglichkeit, eine N. zu schaffen, schwand endgültig mit der Glaubensspaltung im 16. Jh. N. luth.

Provenienz bildete sich ledigl. in den skandinav. Ländern. In der kath. Welt war das Ende nat. kirchl. Bestrebungen mit dem auf dem Vatikanischen Konzil (1870) verkündeten Dogma von der Infallibilität des Papstes gekommen.

LIT. A. Werminghoff, Nationalkirchl. Bestrebungen im dt. MA (1910); Feine, KRG I (³1955); HKG V; E. R. Huber, Dt. Verfassungsgeschichte (1957 ff.).

Nationalkomitee Freies Deutschland. Eine Organisation dt. kommunist. Emigranten und Kriegsgefangener; gegr. wurde das N.F.D. am 12. 7. 1943 in Moskau. Es rief zum Widerstand gegen Hitler und zur Beendigung des Krieges auf. 1945 wurde das N.F.D. aufgelöst.

LIT. E. Weinert, Das Nationalkomitee ›Freies Deutschland‹ 1943–1945 (Berlin-Ost 1957); B. Scheurig, Freies Deutschland (1960); H. Bungert, Das Nationalkomitee u. der Westen (1997).

Nationalliberale Partei. Eine am 28. 2. 1867 gegr. dt. liberale Partei. Sie verstand sich als Partei des gebildeten und besitzenden Bürgertums, zudem häufig des städt. und ländl. Mittelstandes. Von 1871–81 bildeten die Nationalliberalen die stärkste Fraktion im Reichstag; während des Kulturkampfes waren sie im Parlament die Hauptstütze Bismarcks. Nach dem Streit über die Schutzzollfrage kam es 1880 zur Spaltung der Partei; seitdem war sie nur noch von mittlerer Größenordnung unter den Reichstagsparteien (1881: 45 von 377 Sitzen). Während des Ersten Weltkriegs trat sie außenpolit. für Annexionen, für den uneingeschränkten U-Boot-Krieg und einen Siegfrieden ein. Die Partei zerfiel nach 1918. Ein Teil ihrer Anhänger schloß sich der Dt. Demokrat. Partei an; G. Stresemann (1878–1929), bis zum Zerfall der N. P. deren Mitglied, gründete die Dt. Volkspartei.

LIT. P. Harms, Die N. P. (1907); H. Oncken, Rudolf von Bennigsen. 2 Bde. (1910); L. Bergsträßer, Geschichte der polit. Parteien in Dtl. (¹¹1965); H. Thieme, Nationaler Liberalismus in der Krise. Die nat.-lib. Fraktion des preuß. Abg.-Hauses 1914–1918 (1963); H. Schwab, Nationalliberale Partei. In: D. Fricke (Hrsg.), Die bürgerl. Parteien in Dtl. Bd. 2 (Berlin-Ost 1968); G. A. Ritter (Hrsg.), Die dt. Parteien vor 1918 (1973); F. Wende (Hrsg.), Lexikon zur Geschichte der Parteien in Europa (1981).

Nationalrat. Bez. für Volksvertretungen.
[1] Schweiz: eine Kammer der Bundesversammlung, in die jeder Bürger weltl. Standes gewählt werden kann.
[2] Österreich: eine Kammer des Parlaments; ihre Mitglieder werden für jeweils vier Jahre gewählt.

Nationalsozialer Verein. Eine polit. Vereinigung, die 1896 von Friedrich Naumann (1860–1919), Paul Göhre (1864–1928) und Rudolph Sohm (1841–1917) gegründet wurde. Sie trat für ein demokrat. Kaisertum ein und versuchte, die fortschrittl. christlich-sozialen Kräfte zu sammeln sowie die Arbeiterschaft und das Bürgertum zu vereinigen.
LIT. M. Wenk, Die Geschichte der Nationalsozialen (1905).

Nationalsozialismus. Die von 1933–45 in Dtl. herrschende totalitäre Bewegung. Sie wurde 1920 von Adolf Hitler (1889–1945) als Nationalsozialistische Deutsche Arbeiterpartei (NSDAP) in München durch die Zusammenfassung einiger bestehender Gruppen ähnl. Zielsetzung gegründet, um den Herrschaftsanspruch des dt. Volkes durch Vereinigung der sozialen und nationalen Kräfte auf revolutionärem Wege zu realisieren. Mit dem Faschismus, der dem N. in mancherlei Hinsicht zum Vorbild diente, verband ihn die Ablehnung der liberalen polit. Institutionen, die offene Bejahung der Gewalt, der Kult der Macht sowie die Umstellung des Lebens auf »totale Mobilmachung« (→ Totalitarismus). Die Wurzeln des N. liegen in der preuß.-militär. Tradition und im irrationalen Volks-Begriff der polit. Romantik. Sie entarteten unter dem Einfluß biolog. Argumente – der Rassenlehre J. A. Gobineaus (1816–82), der Idee vom nordisch-arischen Menschen H. St. Chamberlains (1855–1927) u. a. – zu den Vorstellungen von der welthistor. Mission des dt. Herrenvolkes (→ Antisemitismus). Das Programm der NSDAP – ihm lag keine klar definierte Doktrin zugrunde – vermochte man den verschiedensten sozialen Schichten anzupassen. Nach den Erfolgen der Reichstagswahlen vom 14. 9. 1930 (sie hatten vor allem in der durch die Weltwirtschaftskrise ausgelösten Massenarbeitslosigkeit ihre Ursache) vom 31. 7. 1932 und dem Rückschlag vom 6. 11. 1932 erfolgte am 30. 1.

1933 unter Mithilfe F. von Papens (1879–1968) die Ernennung Hitlers zum Reichskanzler.
Zu den ersten Maßnahmen des N. nach der Machtübernahme gehörten der Abbau demokrat. Institutionen, Aktionen zur Ausschaltung sog. Staatsfeinde (→ Judenverfolgung) sowie die Einführung von Methoden (→ Konzentrationslager), Charakter und Selbständigkeit der Persönlichkeit zu brechen. Durch weitgehende Umstellung des Wirtschaftslebens auf Wehrwirtschaft wurde die Arbeitslosigkeit überwunden. Seit dem Plebiszit vom 20. 8. 1934 im Anschluß an den Tod des Reichspräsidenten P. von Hindenburg (1847–1934) konzentrierte sich die gesamte Macht im Staat auf den »Führer« A. Hitler. Seine expansionist. Außenpolitik führte nach anfänglichen außenpolit. Erfolgen in die Katastrophe des Zweiten Weltkriegs. Sie hatte der N. ausgelöst und in ihr ging er bzw. das Dritte Reich unter.
LIT. A. Hitler, Mein Kampf. 2 Bde. (1925–27; [47]1933); G. Feder, Der N. Staat auf nationaler und sozialer Grundlage ([5]1932); H. Rauschning, Die Revolution des Nihilismus (1938); W. Röpke, Die dt. Frage (1945); F. Meinecke, Die dt. Katastrophe (1946); F. Glum, Der N. Werden u. Vergehen (1962); K. D. Bracher, W. Sauer und G. Schulz, Die nationalsozialist. Machtergreifung ([2]1962); H. Schorn, Die Gesetzgebung des N. als Mittel der Machtpolitik (1963); E. Klöss (Hrsg.), Reden des Führers. Politik und Propaganda A. Hitlers 1922–45 (1967); H. Matzerath, N. und kommunale Selbstverwaltung (1970); S. Aronson, R. Heydrich und die Frühgeschichte von Gestapo und SD (1971); M. Broszat u. a. (Hrsg.), Bayern in der NS-Zeit. 6 Bde. (1977 ff.); G. Wollstein, Die Zeit des N. 1933–45 (1980); I. von Münch (Hrsg.), Gesetze des NS-Staates ([2]1982); T. Schnabel, Die Machtergreifung in Südwestdtl. (1982); R. Wistrich, Wer war wer im Dritten Reich: Anhänger, Mitläufer (1983); M. Broszat, M. Frei, Das Dritte Reich. Ursprünge, Ereignisse, Wirkungen (1983); M. Broszat, H. Möller (Hrsg.), Das Dritte Reich – Herrschaftsstruktur und Geschichte (1983); H. Rottleuthner (Hrsg.), Recht, Rechtsphilosophie und N. (1983); Michael Kater, The Nazi Party. A Social Profile of Members and Leaders, 1919–1945 (Ox-

ford 1983); Mathilde Jamin, Zwischen den Klassen. Zur Sozialstruktur der SA-Führerschaft (1984); H.-J. Gamm, Führung und Verführung. Pädagogik des N. (1984); K. Malettke (Hrsg.), Der N. (1984); W. Carr, Adolf Hitler. Persönlichkeit und polit. Handeln (1985); J. Gillingham, Industry and Politics in the Third Reich. Ruhr Coal, Hitler and Europe (1985); H.-U. Thamer, Der N. (2001); I. Kershaw, Hitler, 2 Bde. (2000/01); B. Sösemann (Hrsg.), Der N. u. die dt. Gesellschaft (2002).

Nationalstaat. Bez. für einen die gesamte Nation umfassenden Staat.
LIT. H. Hürten, Die Epoche der N. und der Erste Weltkrieg (1981).

Nationalverein, Deutscher N. Eine Vereinigung in Frankfurt/M., die von 1859–67 bestand. Sie forderte, dem Programm der Erbkaiserl. Partei von 1848/49 entsprechend, die bundesstaatl. Einigung Deutschlands unter der Führung Preußens. Der N., dem sich Nationalliberale und Linksliberale anschlossen, umfaßte während seiner Blütezeit 30 000–40 000 Mitglieder.
LIT. R. Schwab, Der Dt. N. (1902); R. le Mang, Der Dt. N. (1909); H. Oncken, Rudolf von Bennigsen. 2 Bde. (1910); W. Grube, Die neue Ära und der N. (Diss. Marburg 1933); H. von Srbik, Dt. Einheit, 3 (1942); D. Fricke (Hrsg.), Die bürgerl. Parteien in Dtl. 2 Bde. (Berlin-Ost 1968).

Nationalversammlung (franz. Assemblée nationale). In verschiedenen Ländern Bez. für das Parlament, auch für eine unter außergewöhnl. Umständen zum Zweck der Ausarbeitung einer neuen Verfassung einberufene Volksvertretung, so in Frankreich die
a) Assemblée nationale (17. 6. 1789 bis 30. 9. 1791); sie wurde durch die Assemblée législative abgelöst;
b) die N. der 2. franz. Republik (4. 5. 1848 bis 2. 12. 1851);
c) die am 12. 2. 1871 in Bordeaux zusammengetretene N., die am 25. 2. 1875 die 3. Republik proklamierte;
d) die durch die N. 1945/46 für das befreite Frankreich geschaffene Verfassung der 4. Republik.
In Deutschland:
a) die im Anschluß an die Februarrevolution in Frankreich am 18. 5. 1848 zu Frankfurt/M. zusammengetretene N. (Verfassung vom 28. 3. 1849); sie wurde am 18. 6. 1849 in Stuttgart aufgelöst;

b) die N. in Preußen (22. 5.–5. 12. 1848); sie wurde durch den König aufgelöst;
c) die N. zu Weimar, die am 6. 2. 1919 zusammentrat, am 11. 2. 1919 Friedrich Ebert (1871–1925) zum Reichspräsidenten wählte und am 11. 8. 1919 die Weimarer Verfassung beschloß.

Nationalwerkstätten (franz. ateliers nationaux). Der Sturz des Bürgerkönigtums in Frankreich (1848) führte zur Errichtung der 2. Republik (1848–52). In ihr setzte sich zunächst eine radikalsozialist. Tendenz durch mit der Forderung – unter anderen – nach Errichtung von N., um so den Anspruch des »Rechts auf Arbeit« verwirklichen zu helfen. Das Unterfangen scheiterte.
LIT. (Zu dt. N. 1848/49 und preuß. N.) HWDRG III, 869–917 (mit reicher Lit.).

Nationalzaranisten (von rumän. taran, Bauer). Bez. für die Mitglieder einer Partei in Rumänien, die 1926 aus der Vereinigung der Nationalpartei Siebenbürgens und der altrumän. Bauernpartei (Zaranisten) hervorging. Unter der Führung Iuliu Manius (1873–1951) stürzte sie 1930 die Vorherrschaft der Liberalen; 1938 wurde die Nationalzaranist. Partei aufgelöst.

Natschalnik. Vorsteher; Bez. für den Leiter eines (niederen) militär. oder eines zivilen Amtes.

Naturaldienste. Arbeitsleistungen in Form von Leistungen in natura; sie können durch öffentl.-rechtl. Verbände von ihren Angehörigen gefordert werden.

Naturalisation. Bez. für die Einbürgerung, d. h. die Erteilung der Staatsbürgerschaft an einen Ausländer. Die N. erfolgt seit dem 19. Jh. Im 2. Dt. Reich bestand ein rechtl. Unterschied zw. der N. und der »Aufnahme« des Angehörigen eines der übrigen Einzelstaaten innerhalb des Reiches, wenn er das »gemeinsame Indignat« bereits besaß (lt. Art. 3 der Reichsverf.).

Naturalsteuern. Eine primitive Form der Besteuerung. Sie wurde durch die Abgabe von Sachgütern oder durch Dienstleistungen abgegolten. Zu den N. sind auch die Naturaldienste zu rechnen.

Naturalwirtschaft. Im Gegensatz zur Geldwirtschaft eine Wirtschaftsform, in der Wirtschaftsgüter nicht mittels Geld, sondern in natura getauscht werden. Die N. basiert vornehmlich auf der Eigenproduktion. Durch Einrichtungen

wie die Sklaverei, Hörigkeit etc. konnte bzw. kann sie eine umfassende Form annehmen (Naturallohn → Lohn).
LIT. W. Jellinek, Verwaltungsrecht (³1931; Neudr. 1948).

Natürliche Grenzen (franz. limites naturelles). Bez. für Staatsgrenzen, die durch Gebirge, Wüsten, Meere, Sümpfe, Wälder und Flüsse gebildet werden. Da sie die Grenzsicherung bedeutend erleichtern, wurden sie bereits durch Kaiser Augustus (reg. 31 v.-14 n. Chr.) angestrebt. Während des 19. Jh. war die Bez. in der dt.-franz. Polemik ein heftig umstrittenes Schlagwort, da hierdurch seitens Frankreichs eine Rechtfertigung der durch C. I. Caesar (102 od. 100–44 v. Chr.) während des Gallischen Krieges (58–51 v. Chr.) erreichten Grenzen an Rhein, Alpen und Pyrenäen versucht wurde.

Naturrecht. Das Recht oder auch Gesetz, welches dem vernunftbegabten Menschen von Natur, d. h. unabhängig vom staatl. als dem »positiven« Recht bewußtseinsmäßig gegeben ist. Es hat eth. Charakter und wurde im Verlauf der Geschichte verschieden begründet. Bereits die Antike kannte ein N.; seine Blütezeit erlebte es jedoch erst im MA und in der NZ. Bis zum 19. Jh. diente das N. der Rechtfertigung verschiedener Positionen, die teilweise entgegengesetzter Art waren. Im Verlauf des 19. Jh. erlag das N. den Wirkungen der Erkenntniskritik I. Kants (1724–1804), dem Aufkommen der histor. Rechtsschule bzw. ihrer Fragestellung sowie dem Rechtspositivismus.
Im 5. Jh. v. Chr. leitete die griech. Sophistik aus dem N. den von Platon (427–347) bekämpften Satz vom Recht des Stärkeren ab. Während Aristoteles (384–322) – auch noch Thomas von Aquin (1225–74) – anhand des N. die Berechtigung der Sklaverei nachwiesen, diente es der NZ dazu, den Gleichheitsbegriff zu begründen. Es steht hinter dem modernen Souveränitätsbegriff (J. Bodin, 1530–96), der Rechtfertigung des absoluten Fürstenstaates (S. von Pufendorf, 1632–94) sowie hinter dem Widerstandsrecht der Gegner des Absolutismus, der sog. Monarchomachen. Für eine Erneuerung des N. treten heute prot. Theologen (E. Brunner) und Juristen (Coing, Welzel) ein. Sie lehnen sich bei ihrer Argumentation meist an die Ontologie und materielle Wertphilosophie M. Schelers

(1874–1928) sowie N. Hartmanns (1882–1950) an. Ihnen gegenüber fehlt es allerdings auch nicht an Kritikern (E. Spranger, 1882–1963, W. Schönfeld, 1888–1958).
LIT. R. Eberhard, Modernes N. (1934); H. Rommen, Die ewige Wiederkehr des N. (²1947); E. Wolf, Das Problem der Naturrechtslehre (²1959); J. Ritter, N. bei Aristoteles (1961); E. Bloch, N. und menschl. Würde (1961); H. Welzel, N. und materielle Gerechtigkeit (⁴1962); H. Coing, Grundzüge der Rechtsphilosophie (1950, 1969); W. Maihofer (Hrsg.), N. oder Rechtspositivismus (1962); E. Wolf, Große Rechtsdenker der dt. Geistesgeschichte (⁴1963); F. Böckle, Das N. im Disput (1966); E. von Hippel, Elemente des N. (1969); Sieglinde C. Othmer, Berlin und die Verbreitung des N. (1970); R. Zippelius, Geschichte der Staatsideen (³1976).

Nauarch (griech., Schiffsführer). In den griech. Stadtstaaten und Reichen Bez. für den Flottenbefehlshaber. Insbes. in Sparta (5. Jh. v. Chr.) und Syrakus (4. Jh. v. Chr.) gehörte die Nauarchie zu den bedeutendsten Ämtern.

Naumachie (griech.). Die antike Seeschlacht, und zwar zunächst die Seeschlacht als solche, dann die theatral. Aufführung entweder auf Bassins in den Arenen oder auf Seen in der Umgebung Roms.
LIT. E. Bernert, in: Real-Enc. der class. Altertumswiss., 16, 2 (1935).

Navigationsakte. Sammlung derjenigen engl. Gesetze, die zur Förderung der nationalen Schiffahrt gegenüber dem holländ. Zwischenhandel und zur Stärkung der wirtschaftl. Abhängigkeit der Kolonien vom Mutterland erlassen wurden. Erstmals verabschiedete das engl. Parlament ein derartiges Gesetz 1651; es wurde 1660, 1663 und 1673 erneuert und ergänzt. Die N. bestimmte im einzelnen, daß die Einfuhr von Waren aus Übersee nach England ausschließlich auf engl. Schiffen, die Einfuhr aus europ. Ländern bei einer Anzahl der wichtigsten Güter sowie aus Rußland und der Türkei bei sämtl. Waren entweder auf engl. oder auf Schiffen des Ursprungslandes zu erfolgen habe; die Schiffahrt vor der engl. Küste müsse der heimischen Schiffahrt vorbehalten bleiben. Die N. wurde erst 1849 (als Folge des Wirtschaftsliberalismus) endgültig aufgehoben.

LIT. J. H. Clapham, An Economic History of Modern Britain, 1 (Cambridge [2]1930); L. A. Harper, The English Navigation Laws (N. Y. 1939); L. Beutin, in: Welt als Geschichte, 12 (1952); K. Davis, The Rise of English Shipping Industry in the 17th and 18th Century (London 1962); Ch. Wilson, England's Apprenticeship 1603–1763 (1965).

Nawab, Nawwab (arab., Statthalter). In Indien ein mohammedan. Fürstentitel. Aus dem Titel N. ist Naib, Nabob entstanden.

Nazarener. Urspr. spöttische Bez. für eine Gruppe dt. und österreich. Maler. Die N. gründeten 1809 in Wien die Lukasbruderschaft; 1810 fanden sie sich in Rom zu einer verinnerlichten Kunst nach Art des Fra Angelico (1387 od. 1388–1455) und P. Perugino (1445?–1523) zusammen. Die Hauptvertreter der N. waren F. Pforr (1788–1812), J. F. Overbeck (1789–1869), J. Schnorr von Carolsfeld (1794–1872) und P. Cornelius (1783–1867).
LIT. K. Andrews, The Nazarenes (Oxford 1964); J. C. Jensen, in: Klassizismus und Romantik in Dtl., in: Ausstellungskatalog Nürnberg (1966); ders., in: Der frühe Realismus 1800 bis 1850, ebd. (1967); H. Schindler, Nazarener. Romantischer Geist und christl. Kunst im 19. Jh. (1982).

Negerfrage. Das Problem resultiert aus dem Zusammenstoß von Gruppen, die ihrer Herkunft, Kultur und Hautfarbe nach verschieden sind. Die N. spielte zunächst in den USA als Sklavenfrage eine bedeutsame Rolle, taucht aber auch in Südafrika und Südamerika auf. Nach den USA (Virginia) wurden seit 1619 Negersklaven in großer Anzahl gebracht. Das Hauptkontingent der Neger lebte in den Südstaaten der USA, wo sie auch nach ihrer Befreiung im Jahre 1863 durch Präsident Lincoln in allg. ein kastenartiges Dasein führten, da sie durch den Ku-Klux-Klan, Lynchjustiz, Diskriminierung etc. eingeschüchtert wurden. Deshalb wanderten die Neger massenweise in die großen Industriegebiete des Nordens ab. Hier gehörten sie und gehören sie noch weitgehend dem Proletariat an. Ihre Lage hat sich durch eigene Leistung, nicht zuletzt auf dem kulturellen Sektor (Jazz, Literatur etc.), Selbsthilfeorganisationen im allg. gebessert. Dennoch kommt es immer wieder zu Zusammenstößen der verschiedenen Rassengruppen. Von einer völligen Integrierung der Neger kann noch längst nicht die Rede sein.
LIT. R. Rie, Das polit. Schicksal des amerikan. Negers (1956); E. F. Frazier, The Negro in the U.S. (New York [2]1957); W. Förster, Das Rassenproblem in den USA (1973); J. Hope Franklin, From Slavery to Freedom (New York [4]1974); C. Vann Woodward, The Strange Career of Jim Crowe (New York [5]1974).

Negotiatores (lat.). Bez. für röm.-ital. Geschäftsleute. Sie betätigten sich z. Z. der späteren röm. Republik in den Provinzen des Reiches, insbes. in Griechenland und Kleinasien, und zwar als Kaufleute, Bankiers und Gutsbesitzer. Ein Teil von ihnen blieb hier für dauernd ansässig und wurde zum größten Teil hellenisiert.
LIT. J. Hatzfeldt, Les trafiquants italiens dans l'Orient hellénique (1921); M. Rostovtzeff, Gesellschafts- und Wirtschaftsgeschichte der hellenist. Welt. 3 Bde. (dt. 1955/56).

Negus (äthiop., König, Herrscher). Hohe abessin. Adelsbez. (= Unterkönig), die den Provinzialstatthaltern vom Herrscher verliehen wurde. Negusa Negast (König der Könige), Titel des Kaisers von Abessinien (seit dem 13. Jh.); Negus-Negesti ist die europäisierte Form des Titels.

Neidkopf (von ahd. nid, Haß), Abschreckkopf. Ein in Stein oder Holz nachgebildeter Kopf eines Ungeheuers. Der Volksglaube sah seit frühester Zeit in den N. einen Abwehrzauber, den man gegen Unheil verwendete.

Nekrologium (griech., lat.; Obituarium, Totenbuch). Ein Totenverzeichnis, das in den Klöstern des MA mit dem Zweck angelegt wurde, nahestehende geistl. und weltl. Personen durch jährl. Seelenmessen und andere Feiern zu ehren. Die dt. Nekrologien spielen wegen ihrer genealog. Bedeutung eine bes. Rolle als Geschichtsquelle. Sie sind ediert in den Monumenta Germaniae Historica.
LIT. Monumenta Germaniae Historica, Necrologia, 1–5 (1888–1913); W. Wattenbach, W. Levison, Deutschlands Geschichtsquellen im MA, H. 1, bearb. von W. Levison (1952); W. Wattenbach, Deutschlands Geschichtsquellen im MA, hrsg. von R. Holtzmann, 1: Dt. Kaiserzeit (1938–43; [2]1948).

Nekropole (griech., Totenstadt). Die vorchristl. Begräbnisstätte der griech.

und röm. Antike an den Stadtmauern und vor allem an den Landstraßen entlang mit oftmals bedeutenden Grabmälern und Grabkammern. N. sind auch in anderen Kulturen, so der Ägypter und Etrusker, bekannt.
LIT. R. Pagenstecher, Nekropolis (1919, Alexandria); W. Kraiker und K. Kühler, Die N. des 12. bis 10. Jh. (Kerameikos 1–4, 1939–43, Athen); G. Karo, An Attic Cemetery (Philadelphia 1943).

Neo ... (griech. neos, neu) Neofaschismus (→ Faschismus); Neoguelfen (→ Ghibellinen); Neoliberalismus (→ Liberalismus); Neoslawismus (→ Panslawismus).

NEP (russ., Abk. für Nowaja Ekonomitscheskaja Politika, Neue Ökonomische Politik). Die 1921 nach den wirtschaftl. Rückschlägen des »Kriegskommunismus« vorübergehende Rückkehr (bis 1923) zur Marktwirtschaft in der Sowjetunion. W. I. Lenins (1870–1924) NEP ermöglichte es den Bolschewiki, ihre Stellung auszubauen und der Sowjetunion internationale Anerkennung zu verschaffen.
LIT. B. Meissner, Sowjetrußland zwischen Revolution und Restauration (1956).

Nepotismus (lat. nepos, Enkel, Neffe). Vetternwirtschaft, Begünstigung von Verwandten durch staatl. und kirchl. Machthaber. Aus der Verbindung der weltl. Herrschaft mit geistl. Aufgaben im Kirchenstaat während des 10. Jh. entstand ein päpstl. N. dadurch, daß Verwandte des Papstes oder andere kirchl. Würdenträger mit Ämtern betraut wurden, desgleichen in der Renaissance, und zwar durch die Schaffung erbl. Fürstentümer für die päpstl. Nepoten aus Gebieten des Kirchenstaates, so während des Pontifikats Sixtus' IV. (1471–84), Innozenz' VIII. (1484–92) und Alexanders VI. (1492–1503). Dieser N. ging seit der Reform innerhalb der kath. Kirche während des 16. Jh. zurück; als sog. »kleiner Nepotismus« dauerte er durch die Ausstattung der Nepoten mit Ämtern, Geld und Titeln noch lange fort. Durch das geltende Kirchenrecht wird N. bei der Ernennung von Kardinälen heute verhindert. Im allg. wird z. Z. unter N. die Ämterpatronage verstanden, d. h. die Auslesebevorzugung von Kreisen mit ausgeprägten Solidaritätsvorstellungen.
LIT. Th. Eschenburg, Ämterpatronage

(1961); W. Reichard, Freunde und Kreaturen (1979).

Nerčinsk, Vertrag von (1689). Abgeschlossen zwischen Rußland und China, regelte den Grenzverlauf am Amur. Rußland gab die kleine Festung Albasin und das Amurgebiet auf.
LIT. G. Cahen, Histoire des relations de la Russie avec la Chine sous Pierre le Grand 1689–1730 (1912).

Neubruch (Ambitus, Bifang, Rüti, Schwand u. a.). Während des MA derjenige Acker, der durch Rodung außerhalb der Dorfmark gewonnen wurde.

Neue Ära. Der Ende 1858 einsetzende und 1861 durch die Konfliktszeit beendete gemäßigte liberale Kurs des preuß. Prinzregenten Wilhelm.

Neuer Kurs. Die nach dem Sturz Bismarcks (1890) durch Kaiser Wilhelm II. (reg. 1888–1918) und Reichskanzler Caprivi (1890–94) praktizierte Außenpolitik. Sie stand im Gegensatz zur Außenpolitik Bismarcks, d. h., sie verzichtete auf den Rückversicherungsvertrag mit Rußland, welches sich nun mit Frankreich verbündete.
LIT. O. Hammann, Der N. K. (1918); ders., Der mißverstandene Bismarck (1921); Gudrun Jilg, Der N. K. in der dt. Pressepolitik 1890–1914 (Diss. Wien 1959); J. C. G. Roehl, Dtl. ohne Bismarck (dt. 1969); H.-J. von Berlepsch, Zwischen Arbeitschutz und Arbeitertrutz. Die Arbeiterschutzgesetzgebung des Neuen Kurses unter dem preuß. Minister für Handel und Gewerbe Hermann Freiherr von Berlepsch 1890–1896 (Diss. Mainz 1986; mit zahlr. Lit.).

Neuer Stil (abgek.: n. St.). Die Zeitrechnung nach dem Gregorian. Kalender: Nach langen Bemühungen wurde 1582 von Papst Gregor XIII. (1572–85) im Anschluß an Beratungen mit zahlreichen Fachgelehrten eine Reform des Kalenders angeordnet. Dementsprechend folgte auf den 4. sogleich der 15. 10. 1582. Die Schaltung wurde dahin geändert, daß von den Säkularjahren 1600, 1700 etc. nur solche Schaltjahre sind, deren erste Ziffern durch die Zahl vier geteilt werden können. Die durchschnittl. Jahreslänge wurde damit auf 365,2425 Tage festgesetzt; mithin wird der Kalender erst nach 3000 Jahren vom Lauf der Sonne um einen Tag abweichen. Dieser Gregorian. Kalender wurde sogleich eingeführt in den Ländern Spanien, Portugal und Italien; sehr

bald in den übrigen kath. Ländern; erst viel später in den ev. Ländern: 1700 in den ev. Staaten Deutschlands, 1752 in England, 1753 in Schweden. Noch bis zum Oktober 1923 rechnete man in Rußland nach dem Julian. Kalender (alter Stil). Mithin war man seit dem 1. 3. 1900 hinter dem Gregorian. Kalender um 13 Tage zurück.
LIT. H. Watkins, Time counts. The Story of the Calendar (1954); Grotefend ([11]1971).

Neuprotestantismus. Eine durch den Spiritualismus, Pietismus sowie die Aufklärung vorbereitete, durch den Idealismus und den religiösen Liberalismus des 19. Jh. beeinflußte Richtung des Protestantismus. U. a. fordert der N. die Freiheit des individuellen Glaubens sowie ein selbständiges Ringen um Erkenntnis; er baut das Dogma ab und nimmt zur Bibel histor. und krit. Stellung.
LIT. H. Stephan, Die heutigen Auffassungen von N. (1911); F. Grützmacher, Alt- und N. (1920); E. Troeltsch, Die Bedeutung des Protestantismus für die Entstehung der modernen Welt ([3]1924); C. Damour, Die Epochen des Protestantismus (1935); W. Nigg, Geschichte des religiösen Liberalismus (1937); Guggisberg, Der Freie Protestantismus (1942); R. Prenter, Der Protestantismus in unserer Zeit (1959).

Neuscholastik. Eine in der kath. Theologie und Philosophie vorherrschende Richtung, die die Erneuerung und Weiterbildung der Scholastik anstrebt und diese für die Probleme der Gegenwart fruchtbar zu machen sucht. Die N. ging von Italien aus, wo V. Buzzetti († 1824) und dessen Schüler S. Sordi, SJ († 1865) den Thomismus erneuerten. Durch Papst Leos XIII. (1878–1903) Rundschreiben ›Aeterni Patris‹ (1879) über die Philosophie des hl. Thomas von Aquin (1225/27–74) erfuhr die neuscholast. Bewegung, für die in Dtl. insbes. das Werk des kath. Philosophen und Theologen J. Kleutgen SJ (1811–83) ›Philosophie der Vorzeit‹ (1860) bahnbrechend wirkte, eine starke Förderung. Dennoch überwog im 19. Jh. lediglich das Weiterführen der Überlieferungen (im Anschluß an Thomas von Aquin oder an F. Suarez, 1548–1617, an letztern in Spanien, teilweise auch in Dtl.). Die namentlich in Frankreich und Dtl. betriebene hist. Erforschung der Scholastik des MA

zeigte deren Ideenreichtum sowie die zahlreichen Richtungen innerhalb der Scholastik auf. Durch krit. Neuausgaben der Scholastiker wurde deren Gedankengut wieder zugänglich gemacht. Studienzentren der N. wurden: die röm. philosoph.-theolog. Hochschulen Angelicum, Anselmianum und Antonianum; die kath. Universitäten in Rom (Gregoriana), in Löwen, in Freiburg (Schweiz), in Mailand, in Nijmwegen, in Washington und in Ottawa, ferner das Institut für scholast. Philosophie in Innsbruck, das Institut Catholique in Paris u. a.
LIT. F. Ehrle, Die Scholastik und ihre Aufgaben in unserer Zeit ([2]1933); P. Dezza, Allegorini del neotomismo (Mailand 1940); L. de Raeymaeker, Le Cardinal Mercier et l'Institut Sup. de Phil. de Louvain (Löwen 1952); ders., Introduction à la philosophie (Brüssel [2]1944; dt. 1949); Th. Schäfer, Die erkenntnistheoret. Kontroverse Kleutgen-Günther (1961); O. Muck, Die transzendentale Methode in der scholast. Philosophie der Gegenwart (1964).
Zeitschriften: Philosoph. Jb. der Görres-Gesellschaft (seit 1888); Scholastik (seit 1926); Revue Philosophique de Louvain (1894 bis 1940: Revue néoscolastique de Phil.); Revista di Filosofia neoscolastica (seit 1909).

Neutralistische Länder. Die sog. »blockfreien« Staaten; sie wollen sich weder der freien Welt noch dem kommunist. Block anschließen. Zu den blockfreien Staaten rechnen sich z. B. Indien und Ägypten.

Neutralisierung (Kunstw. lat.). Die Feststellung des Befestigungsverbots sowie des Truppenunterhalts in bestimmten Grenzzonen und Gebieten, soweit sie in einem Friedensvertrag einem Staat auferlegt werden, so die Entmilitarisierung der dt. linken Rheinufers und einer 50 km breiten Zone rechts des Rheins durch den Vertrag von Versailles vom 28. 6. 1919. Die vertragl. N. eines Staates verpflichtet diesen zum Verzicht auf die Beteiligung an krieger. Auseinandersetzungen; sie beinhaltet nicht unbedingt eine volle oder teilweise Entmilitarisierung. Häufig ist sie mit der Gewährleistung des Bestands des betr. Staats durch die an der vertragl. N. beteiligten Staaten verbunden.

Neutralität (von lat. neuter, keiner von beiden). Bez. für die rechtl. und polit. Situation eines Staates zw. anderen Staaten während eines Krieges. Vor Kriegsausbruch gibt es eine N.spolitik mit dem Bestreben des betr. Staates, alles zu vermeiden, was ihn in einen Krieg hineinziehen könnte. In älterer Zeit war die N. ein durch Verträge mit den Kriegführenden gesicherter Zustand; seit dem 18. Jh. wurde die N. zu einer anerkannten Rechtslage des an einem Kriege unbeteiligten Staates; sie beruhte auf seiner freien, einseitigen Entschließung; gleich den Kriegführenden legte sie ihm bestimmte Pflichten auf. So dürfen die Privaten, nicht aber ein neutraler Staat einem Kriegführenden Kriegsmaterial liefern, doch ist die Lieferung ganzer Kriegsschiffe hiervon ausgeschlossen. Dem neutralen Staat ist es erlaubt, die Ausfuhr von Kriegsmaterial zu beschränken oder zu verbieten, doch muß er dabei beide Kriegsparteien gleich behandeln. In neutralen Staaten dürfen zugunsten von Kriegführenden weder Truppeneinheiten gebildet noch Werbestellen eröffnet werden. Den Kriegführenden ist es verboten, Truppen, Munition oder Verpflegungskolonnen durch neutrale Staaten zu führen; auf neutrales Gebiet übertretende Truppen müssen interniert werden. Die Satzung des Völkerbundes erlaubte eine begrenzte Möglichkeit der Kriegführung und somit der N. Im Anschluß an den italienisch-abessin. Krieg (1935/36) vollzog sich eine Rückkehr zum bedingungslosen Neutralitätsgedanken durch Erklärungen der Schweiz, Belgiens und der nordischen Staaten (1938). Für die Mitglieder der Vereinten Nationen besteht die Pflicht, gemäß der Entscheidung des Sicherheitsrats gemeinsam gegen Kriegsverbrecher vorzugehen. Falls eine Entscheidung in diesem Sinne fehlt, ist N. möglich, andernfalls jedoch entfällt sie für die Mitglieder. Während des Zweiten Weltkriegs wahrten von den europ. Staaten ledigl. die Schweiz, Schweden, Spanien, Portugal und Irland N. Im Staatsvertrag von 1955 hat Österreich seine volle bewaffnete N. erklärt. LIT. Wb. des Völkerrechts II (²1960–62) 569–97; E. von Waldkirch und E. Vanselow, Neutralitätsrecht (1936); A. Verdross, Völkerrecht (²1950); H. Hang, N. und Völkergemeinschaft (1962); U. Scheuner, Die N. im heutigen Völkerrecht (1969); E. Bonjour,

Geschichte der schweizer. N. 8 Bde. (1967–74); M. Rotter, Die dauernde N. (1981); G.-A. Chevallaz, Neutralité suisse et nations unies (1986).

Neuzeit. Bez. für die Geschichtsperiode vom Ende des MA (ca. 1500) bis zur Gegenwart, wobei allerdings zu berücksichtigen ist, daß das Jahr 1789 den Ansatz zu weiteren Unterteilungen bietet: Neuere Zeit (seit 1789), Neueste Zeit (seit dem Ersten Weltkrieg). Jedoch sind derartige Hilfsmittel der individuellen Handhabung unterworfen. Die Bildung des Begriffs N. erfolgte im 19. Jh.; er stellt in der konventionellen Epochengliederung den 3. und letzten Abschnitt gegenüber Altertum und Mittelalter dar. Diese Unterteilung geht von der Auffassung aus, daß Humanismus und Reformation, die Entdeckungen des 15. und 16. Jh. sowie die Erfindung der Buchdruckerkunst (um 1450) durch Johannes Gutenberg (vor 1400 bis 1468) die Basis der modernen Kultur sind. LIT. E. Troeltsch, Die Bedeutung des Protestantismus für die Entstehung der modernen Welt (⁵1928); K. Heussi, At., MA und NZ in der Kirchengeschichte (1921); J. R. von Salis, Weltgeschichte der Neuesten Zeit (³1955); R. Nöll von der Nahmer, Vom Werden des Neuen Zeitalters (1957); H. Blumenberg, Legitimität der N. (1966, Sonderausg. 1969); W. Flitner, Die Geschichte der abendländ. Lebensformen (1967); Eberhard Schmitt, Repräsentation und Revolution (1969); H. Holborn, Dt. Geschichte der N. 3 Bde., 1 und 2 (1970); H. Wiesflecker, Kaiser Maximilian I. Das Reich, Österreich und Europa an der Wende zur N., Bd. 5: Der Kaiser und seine Umwelt. Hof, Staat, Wirtschaft, Gesellschaft und Kultur (1986).

New Deal. Bez. für die aus der Wirtschaftsdepression gegen Ende der 1920er Jahre erwachsene Wirtschaftspolitik der US-Regierung unter der Präsidentschaft F. D. Roosevelts (1933–45). Durch Notstandsprogramme, insbes. den Freiwilligen Arbeitsdienst, sollte die Arbeitslosigkeit bekämpft, die Industrie durch Arbeitsverträge zw. den Gewerkschaften und der Industrie belebt werden. Die Landwirtschaft beschränkte man in ihrer ungehemmten Produktion durch Verminderung der Anbaufläche sowie Anbausteuerung. Dadurch entfiel der ruinöse Wettbe-

werb auf dem Gebiet der landwirtschaftl. Produktion; dem Staat wurde es
hierdurch möglich, die Preise auf einem
bestimmten Niveau zu garantieren, von
den Aufkäufen landwirtschaftl. Erzeugnisse seitens des Staates mit dem Zweck
der Marktentlastung einmal abgesehen.
Andere Maßnahmen bestanden im
Kampf gegen die Elendswohnungen
(Slums), in der Regelung der Arbeitszeit, in der Einschränkung der Kinderarbeit, in staatl. Bezuschussung der neu-
en Alters- und Invalidenversicherung
etc. Der N. D., der eine Summe von
einzelnen Reformen darstellt, erlaubte
dem Staat zum erstenmal entscheidenden Einfluß auf die Wirtschaft. Von
bleibendem Wert sind die im Zusammenhang mit dem N. D. geschaffenen
gemeinnützigen Werke, so der Bau von
Staudämmen, die Elektrifizierung des
flachen Landes etc. Es darf als bezeichnend gelten, daß der Oberste Gerichtshof der USA 1935 eine Reihe von New-
Deal-Gesetzen, weil verfassungswidrig,
aufhob.
LIT. F.D. Roosevelt, Unser Weg
(1934); B. Rauch, The History of the
N. D. (1944); W. Brogan, Roosevelt
and the N. D. (1952); D.R. Fusfeld,
The Economic Thought of F. D. Roosevelt (1965); E. W. Hawley, The N. D.
and the Problem of Monopoly (Princeton, N. J. 1969); V.L. Perkins, Crisis in
Agriculture (Berkeley, Cal., 1969);
B. J. Bernstein, A. J. Matusow (Hrsg.),
Twentieth Century America. Recent
Interpretations (New York [2]1972);
R. Edsforth, The New Deal (Oxford
2000).

Nibelungentreue. Die Bündnistreue
des Dt. Reiches gegenüber Österreich-
Ungarn. Sie wird deshalb als N. bezeichnet, weil sie unbedingt war und
die eigenen staatl. Interessen hintan-
stellte. Als polit. Schlagwort wurde die
Bez. zum erstenmal während der Bos-
nien-Krise (1908/09) verwendet.

Nichtanerkennung. Im Völkerrecht
die Ablehnung der Anerkennung eines
unter Verletzung des internationalen
Rechts erworbenen Gebiets. Seit der
Note des US-Außenministers H. L.
Stimson (1867–1950) vom 7. 1. 1932,
die anläßl. des Mandschureikonfliktes
(durch die militär. Intervention Japans
1931 ausgelöst) an Japan gerichtet wurde, sowohl in der Politik der Vereinigten
Staaten als auch der anderer Länder
ein in zahlreichen Fällen angewandtes

Mittel, um Aggressionen abzuwehren
(Stimson-Doktrin).
LIT. Ti-Chian Chen, The International
Law of Recognition (London 1950).
Nichtangriffspakt. Eine Vertrags-
form, die z.Z. des Völkerbunds aufkam.
Sie stellt eine Abrede zw. zwei oder
mehreren Staaten dar, Differenzen auf
friedl. Wege auszugleichen und einander nicht anzugreifen. Nicht selten sind
N. mit Schiedsverträgen verbunden, so
z. B. mit der Beilegung von Rechtsstrei-
tigkeiten durch Verträge oder Verbands-
satzungen bzw. der Garantierung des
territorialen Besitzstandes. Vor 1933
hatte die UdSSR eine Reihe von N. mit
ihren Nachbarn geschlossen. Nach 1945
schloß die Sowjetunion mit ihren Satel-
liten Verträge mit der gleichen Zielsetzung. Im Brüsseler Vertrag vom 17. 3.
1948, dem die BRD und Italien 1954
beitraten, findet sich die gleiche Verpflichtung. Auch die Charta der Organisation der amerikan. Staaten vom 30. 4.
1948 enthält eine Nichtangriffspakt-
Klausel.
LIT. P. Barandon, Das System der polit.
Staatsverträge seit 1918 (1937).
Nichteinmischung (in die inneren Angelegenheiten eines anderen Staates).
Die N. gilt als Grundsatz der internationalen Politik; sie leitet sich her von der
Souveränität und wurde 1945 in die Satzungen der UNO aufgenommen.
Niedergericht. Während des MA eine
für Schuld- und Fahrnisklagen, darüber
hinaus für leichtere Straffälle zuständige Rechtsinstitution. N. dient vor allem
auch zur Bez. des Zent-, Go- und Schul-
zengerichts. Im Gegensatz zum N. stand
Hochgericht.
LIT. HWDRG III, 983–87.
Nießbrauch (17. Jh.; lat. usus fructus). Das Recht, in fremdem Eigentum
stehende Gegenstände in Besitz zu nehmen, zu gebrauchen und wirtschaftl. zu
nutzen. Dem N. Ausübenden stehen
alle Vorteile des Eigentums zu, jedoch
darf er die Substanz des Nießbrauchs-
gegenstandes nicht antasten.
LIT. H. Westermann, Lehrbuch des
Sachenrechts ([5]1966).
Nihilismus (von lat. nihil, nichts). Ein
durch den dt. Philosophen F. H. Jacobi
(1743–1819) im Jahre 1799 geprägter
Begriff für eine Einstellung, welche
grundsätzl. keinen geltenden Wert anerkennt. Erkenntnistheoretisch hat der N.
mit dem Skeptizismus gemeinsam, daß
er jede Möglichkeit der Wahrheitser-

kenntnis in Frage stellt. Um 1800 bezeichnete L. S. Mercier (1740–1814) in Frankreich die Nihilisten als das »Ergebnis der üblen Philosophie«. Unabhängig davon nannte I. Turgenjew (1818–83) die russ. Anarchisten Nihilisten; sie, die nichts mehr als Autorität gelten ließen, nahmen den Namen an und machten ihn populär. F. X. von Baader (1765–1841) qualifizierte 1826 den N. als letzte Konsequenz des Abfalls vom christl. Glauben. Polit. hat man als N. den Totalitarismus bez., da er den Wert des Einzelmenschen nicht mehr respektiert.

LIT. F. Nietzsche, Der Wille zur Macht (1888); G. Benn, Nach dem N. (1932); H. Thielicke, Der N. (²1952); H. Rauschning, Masken und Metamorphosen des N. (²1955); E. Mayer, Kritik des N. (1958); K. Jaspers, Psychologie der Weltanschauungen (⁵1960); F. Leist, Existenz im Nichts (1961); J. Lotz, Sein und Existenz (1965); D. Arendt, N. Die Anfänge von Jacobi bis Nietzsche (1970); W. Hof, Pessimist.-nihilist. Strömungen in der dt. Lit. (1970); E. Severino, Vom Wesen des N. (dt. 1983).

Nika-Aufstand. Der spontane Aufstand der »Grünen« und »Blauen« (Zirkusparteien in Konstantinopel) gegen Kaiser Justinian (reg. 527–65); er dauerte vom 11.–18. 1. 1532. Der Name N.-A. leitet sich her vom Feldgeschrei der Aufständischen: »nika!« (»siege!«).

LIT. G. Ostrogorsky, Geschichte des byzantin. Staates (²1952).

Nimbus (lat., Regen, spätlat., Strahlenkranz). Heiligenschein oder Gloriole, Lichtkreis oder Lichtscheibe entweder um den gesamten Körper (Mandorla) oder nur um das Haupt (Aureole). Die Bez. wurde bereits in der buddhist. und hellenist. Kunst für Heroen gebraucht, ebenfalls für Lichtgottheiten. Während der röm. Kaiserzeit verwendete man N. für die Apotheose der Herrscher.

Nimwegen, Friede von (11. 8., 17. 9. 1678, 5. 2. 1679). Er beendete die Auseinandersetzung zw. Spanien, Frankreich, dem dt. Kaiser und den Vereinigten Niederlanden. Frankreich erhielt von Spanien die Freigrafschaft Burgund (Franche-Comté) sowie 16 Festungen an der niederländ. Grenze. Der Kaiser mußte Freiburg im Breisgau, Kehl und Philippsburg abtreten. Die Vereinigten

Niederlande hingegen erlitten nur geringe Gebietsverluste in ihren Kolonien.

Nimwegen, Kongreß von. Der dem Nimwegener Frieden vorausgehende Kongreß von 1678/79.

LIT. P. O. Höynck, Frankreich und seine Gegner auf dem Nimweger Friedenskongreß (1960).

Nisam (arab., engl. Nizam, genauer Nisam ol-Mulk, Ordnung des Königreichs). Titel des Statthalters der Großmogulen im Dekhan; von 1724 bis 1948 der Titel des Fürsten von Haiderabad. In der alten Türkei die Bez. auch für die Reformen des Sultans Selim III. (reg. 1789–1807) nach 1792 und dabei neu aufgebaute Heer.

Nobel (engl. noble). Seit 1344 eine engl. Goldmünze, die zunächst • wegen der Prägung auf der Münz-Vorderseite Schiffsnobel genannt wurde. 1465 wurde der Rosennobel (Royal) eingeführt. Die Bez. Rosennobel leitet sich von den Rosen auf dem Avers und Revers her. Später wurde die Münze auch in Burgund und den Niederlanden (Schuitken) nachgeahmt.

Nobiles (lat., die Bekannten, die Vornehmen, die Adeligen; spät-röm.-byzant. nobilissimus). Prädikat der Caesares, dann auch der übrigen Mitglieder der kaiserl. Familie sowie der höchsten Würdenträger; schon im republikan. Rom etwa seit dem 3. Jh. v. Chr. für die führende Oberschicht aus den Familien, die das Konsulat innegehabt hatten (Nobilität); sie umfaßte Patrizier und Plebejer. Seit dem ausgehenden MA bis ins 18. Jh. wurden in Italien die Mitglieder des Adels allg. Nobili genannt. Daher auch Nobelgarde, ital. Guardie Nobili Pontificie, die rein repräsentativen Zwecken dienende päpstl. Leibgarde. 1801 gebildet, setzte sie sich ausschließlich aus ital. Adeligen, gewöhnlich aus dem Adel des früheren Kirchenstaates, zusammen.

LIT. M. Gelzer, Die Nobilität der röm. Republik (1912); A. Afzelius, Classica et Mediaevalia (1945); K. Büchner, Humanitas Romana (1957); Meyer, Röm. Staat und Staatsgedanke (³1964, mit Lit.); C. Meier, Res publica amissa (1966); K.-J. Hölkeskamp, Die Entstehung der Nobilität (1987); O. G. Oexle/ W. Paravicini (Hrsg.), Nobilitas (1997).

Nobility. Der engl. Hochadel im Unterschied zum niederen Adel, der Gentry. Der Hochadel gliedert sich in 5 Stufen: Duke, Marquess, Earl, Viscount, Baron.

Noblesse. Der franz. Adel, und zwar sowohl der Geburtsadel (noblesse de race) und Briefadel (noblesse par lettres), als auch der dem 3. Stand zugerechnete Amts- und Dienstadel (noblesse de robe), der die Tendenz zur Erblichkeit hatte. 1789 wurden die Adelstitel in Frankreich aufgehoben, 1814 erneuert.

Nomadismus. Bez. für eine Kultur- und Wirtschaftsweise, die durch dauerndes Verschieben des Wohnsitzes gekennzeichnet ist. Den N. kennt man fast auf allen Kulturstufen. Im engeren Sinn bez. man als N. die Lebensweise der wandernden Hirtenvölker (viehzüchtende und in Zelten wohnende Nomaden) der Steppen in den verschiedenen Breiten. Zum Zwecke der Ernährung ihrer Herden ziehen sie von einem Weideplatz zum andern.
LIT. W. Schmidt, W. Koppers, Völker und Kulturen. In: Der Mensch aller Zeiten. Bd. 3 (1924); S. Moscati, Geschichte und Kultur der semitischen Völker (dt. ²1961); H. Straube, Hirten und Nomaden. In: Völkerkunde (1960); R. Herzog, Seßhaftwerden von Nomaden (1963); N. als Entwicklungsproblem, Bochumer Symposion 1967 (1969).

Nomarch (von griech. nomós, Weide). Im alten Ägypten die Bez. für den Gau im Sinne einer Verwaltungseinheit; im hellenist. Ägypten ein Gaubeamter, dem die Beaufsichtigung des Ackerlandes oblag.

Nomenklator (lat., Namennenner). Bei den Römern ein Sklave, der seinem Herrn die Namen der diesem auf der Straße Begegnenden zu nennen hatte.

Nominalismus (von lat. nomen, Name). In der Philosophie ein erkenntnistheoret. System, das die reale Geltung der Allgemeinbegriffe (Universalien) verneint; es hält daher jede allg. Wesenserkenntnis für unmöglich.
[1] Der N. im strengen und urspr. Sinn bestreitet darüber hinaus jedwede begriffl. Allgemeinheit (Gattungs- und Artbegriffe); die Allgemeinheit verlegt er ausschließlich in die Worte und Namen (nomina), welche eine Mehrheit von ähnl. Einzeldingen, denen jedoch jede Wesenseinheit abgesprochen wird, bezeichnen.
[2] Die gemäßigte Form des N. oder Konzeptualismus nimmt außer allg.

Worten (termini) ebenfalls Allgemeinbegriffe (conceptus) an; als ausgesprochenen Verstandesgebilden entspricht ihnen in der Wirklichkeit nichts.
Der spätscholastische N., die sog. via moderna (im Unterschied zur via antiqua der Realisten) des Wilhelm von Ockham (zw. 1290 und 1300–49) sowie seiner Schule (Pierre d'Ailly, G. Biel u. a.) ist der Konzeptualismus.
LIT. J. Reiners, Der N. in der Frühscholastik (1910); E. Husserl, Log. Untersuchungen, II, 1 (1900); E. Stampe, Zur Entstehung des N. (1932); N. Goodman, W. O. von Quine, in: Journ. of Symbolic Logic, 12 (1947); H. Obermann, The Harvest of Mediaeval Theology (Cambr., Mass., 1963); K. Picht, in: Franziskan. Studien, 52 (1970).

Nomination (lat.). Namhaftmachung, vor allem die Benennung oder die Ernennung für ein Amt. Lt. Staatskirchenrecht bedeutet N. die Benennung eines Kandidaten für ein höheres Kirchenamt, vor allem für das Bischofsamt, und zwar durch den Landesherrn auf Grund eines päpstl. Privilegs (landesherrl. Nominationsrecht); es wird seit dem 15. Jh. gewährt. Nach dem Ersten Weltkrieg ist das Nominationsrecht beinahe gänzlich verschwunden (→ politische Klausel).

Nomokanon (griech.). In der Ostkirche des MA Sammlungen der Synodalentscheidungen (Kanones) und Staatsgesetze, welche für die Kirche verbindlich waren.
LIT. J. Smolitsch, Das Kirchenrecht in der Russisch-Orthodoxen Kirche, in: Die Russisch-Orthodoxe Kirche, hrsg. von R. Stupperich (1966).

Nomokratie (von griech. nómos, Gesetz). Im Unterschied zur Autokratie die Herrschaft nach Gesetzen.

Nomophylax. »Gesetzeswächter«. In den griech. Stadtstaaten ein Vollzugs- und Überwachungsbeamter.

Nomothesie. Gesetzgebung.

Nomothet. Gesetzgeber.

Non-Cooperation (engl., Nicht-Mitarbeit). Bez. für die von Mahatma Gandhi (1869–1948) entwickelten sozialen Kampfmaßnahmen des gewaltlosen Widerstandes (Asahajoga) der Inder gegen die brit. Herrschaft. Sie bestanden aus Streik, Boykott engl. Textilprodukte, zivilem Ungehorsam durch Nichtachtung der brit. Behörden, Verletzung des staatl. Salzmonopols durch eigene Salzgewinnung aus Meerwasser,

Hungerstreiks bei Inhaftierungen, schließlich, aber nicht zuletzt, öffentl. Fasten als Ausdruck des Protests gegen behördl. Mißstände und Ungerechtigkeiten.
LIT. W. E. Mühlmann, Mahatma Gandhi (1950; mit Lit.); D. G. Tendulkar, Mahatma, Life of M. K. Gandhi. 3 Bde. (Bombay 1951/52); O. Wolff, Mahatma Gandhi (1963).

Nonen (lat. nonae). Im altröm. Kalender der 5., im März, Mai, Juli und Oktober der 7. Tag des Monats.

Non expedit (lat., es ist nicht angebracht). Mit dieser Formel verboten die Päpste Pius IX. (1846–78) und Leo XIII. (1878–1903) den ital. Katholiken die Teilnahme an polit. Wahlen. Der Grund hierfür war die Aufhebung kirchlicher Privilegien durch den ital. Staat, vor allem die Einziehung des Kirchenstaates seit 1861. Das Non expedit ist seit 1919 stillschweigend aufgehoben.
LIT. G. de Rosa, in: Ressegna di Politica e Storia, 114 (1964).

Nonkonformisten. In England eine Sammelbez. für alle nicht der anglikan. Kirche angehörenden Christen (→ Dissenters).

Non possumus (lat., Wir können nicht). Allg. die durch die röm. Kurie einer weltl. Macht gegenüber geäußerte Weigerungsformel (nach Apostelgesch., 4, 20). Darüber hinaus wird die Wendung auch im diplomat. Gespräch verwendet.

Nordatlantische Vertragsgemeinschaft (engl. North Atlantic Treaty Organization), Nordatlantik-Pakt, Atlantik-Pakt, abgek. NATO. Eine Sicherheitsallianz der Westmächte, deren Kern die USA, Kanada, Großbritannien, Frankreich sowie die Benelux-Staaten (Belgien, Niederlande, Luxemburg) bildeten. Die Unterzeichnung des Paktes erfolgte am 4. 4. 1949 in Washington; außer den genannten Staaten waren Portugal, Norwegen, Dänemark, Italien und Island beteiligt. 1952 traten Griechenland und die Türkei, 1954 die BRD und 1982 Spanien bei.
Die N. V. ist eine gemeinsamen Militär. Oberbefehl; die Planung für Strategie und Rüstung ist vereinheitlicht. Frankreich verließ 1966 die militär. Integration, Griechenland 1974–80 und teilweise seit 1985.
An der Spitze der Gemeinschaft steht der NATO-Rat (North Atlantic Council) mit dem Sekretariat, dessen Sitz in Brüssel ist (bis 1967 in Paris, Palais Chaillot); Generalsekretäre waren P. H. Spaak (1957–61), D. Stikker (1961–64), M. Brosio (1964–71), J. Luns (1971–84), Lord Carrington (1984–88), seit 1988 M. Wörner.
LIT. W. E. Beckett, The North Atlantic Treaty (London 1950); F.-W. Engel, Hdb. der NATO (seit 1957); K. Ipsen, Rechtsgrundlagen und Institutionalisierung der atlant.-westeurop. Verteidigung (1967); P. H. Spaak, Memoiren eines Europäers (dt. 1969); M. H. Schlösser, Die Entstehungsgeschichte der NATO bis zum Beitritt der Bundesrepublik Dtl. (1985); H. Magenheimer, Die Verteidigung Westeuropas (1986).

Norddeutscher Bund. Der nach dem Dt. Krieg von 1866 durch Bismarck (1815–98) anstelle des Dt. Bundes unter Ausschaltung Österreichs und unter der Führung des Königreichs Preußen geschaffene dt. Bundesstaat. Er vereinigte die 22 Länder nördl. des Mains. Am 18. 8. 1866 wurde das grundlegende Bündnis geschlossen. Der N. B. war die Vorstufe des Dt. Reiches von 1871.
LIT. O. Becker, Bismarcks Ringen um Deutschlands Gestaltung (1958); R. Dietrich (Hrsg.), Europa und der N. B. (1968); E. L. von Gerlach, Von der Revolution zum N. B., hrsg. von der Histor. Kommission der Bayer. Akademie der Wiss. (1970); H. J. Schoeps, Der Weg ins dt. Kaiserreich (1970); R. Wilhelm, Das Verhältnis der süddt. Staaten zum N. B. (1867–70) (1978).

Nordische Kriege.
[1] Der Nordische Siebenjährige Krieg oder Dreikronenkrieg (1563–70); er wurde zw. Dänemark und Schweden geführt.
[2] Der schwed.-poln.-brandenburg.-dän. Krieg (1655–60). Der Anspruch König Johanns II. Kasimir von Polen (reg. 1648–68), des letzten der Wasas auf dem poln. Thron, auf die schwedische Krone bewog den Schwedenkönig Karl X. Gustav (reg. 1654–60), Polen anzugreifen. Nach ersten Erfolgen (Eroberung von Warschau und Krakau) brachte ihn die Erhebung des poln. Adels in Bedrängnis. Er konnte jedoch im Bunde mit Kurfürst Friedrich Wilhelm von Brandenburg (reg. 1640–88) bei Warschau siegen (28.–30. 7. 1656). Nachdem die Russen in Livland eingefallen waren und sich eine Koalition zw.

Österreich, Polen und Dänemark gebildet hatte (1657), schloß der Große Kurfürst zu Wehlau Frieden mit Polen (10. 9. 1657). Brandenburg-Preußen erlangte durch den Friedensschluß die Souveränität in Preußen. Karl X. Gustav ging nun gegen Dänemark vor; im Frieden von Roskilde (26. 2. 1658) erreichte er die Abtretung von Schonen, Halland, Blekinge, Bohus, Drontheim und Bornholm durch die Dänen; dennoch nahm er den Krieg im August 1658 wieder auf und belagerte Kopenhagen. Neben einer niederländ. Flotte wurden die Dänen daraufhin durch die verbündeten Brandenburger, Österreicher und Polen unterstützt; die Schweden mußten sich infolgedessen aus Holstein, Schleswig und Alsen zurückziehen. Im Frieden von Kopenhagen (6. 6. 1660) hatte Schweden nach Karls X. Tod Drontheim und Bornholm an Dänemark zurückzugeben. Mit den übrigen Feinden Schwedens vermittelte Frankreich den Frieden von Oliva (3. 5. 1660). Hierdurch wurden die Verhältnisse von 1655 wiederhergestellt, ferner die Befreiung Preußens von der Lehnshoheit Polens bestätigt.

[3] Der Krieg von 1700–21 (der eigentl. große N. K.). Auf Grund der Koalition zw. Dänemark, Polen und Rußland gegen Schweden griff August II. der Starke, König von Polen und Kurfürst von Sachsen (reg. 1694–1733), vergebl. die schwed. Festung Riga an, während Schweden mit Dänemark den Kampf um Holstein begann und Zar Peter I. (reg. 1689–1725) einen Angriff auf Narwa unternahm. Karl XII. von Schweden (reg. 1697–1718) schlug die Russen bei Narwa (30. 11. 1700) und drang siegreich in Polen ein; im Frieden von Altranstädt (24. 9. 1706) mußte König August zugunsten des 1704 auf Karls Einfluß hin gewählten Gegenkönigs Stanislaus Leszczynski auf die poln. Krone verzichten (bis 1709). Die Dänen hatte er bereits zum Frieden von Travendal gezwungen (18. 8. 1700). Karl zog dann in die Ukraine, verlor aber die entscheidende Schlacht bei Poltawa (8. 7. 1709) gegen das inzwischen modernisierte Heer des Zaren. Daraufhin flüchtete Karl in die Türkei, wo er es vermochte, die Türken zum Kriegseintritt zu veranlassen. Durch den Verzicht auf Asow erkaufte der 1711 am Pruth eingeschlossene Zar den Frieden. August der Starke konnte sich während Karls Aufenthalt in der Türkei wieder des poln. Thrones bemächtigen; Peter d. Gr. gelang es, 1710 Livland, Estland und Finnland zu unterwerfen. Preußen und das durch Personalunion mit England verbundene Hannover traten nach Ende des Spanischen Erbfolgekrieges (1713) der Koalition bei (1715) und verdrängten Schweden im Verein mit Dänemark vom Kontinent. Karl XII. kehrte 1714 aus der Türkei zurück; er fiel 1718 im Kampf um Norwegen bei Frederikshall. Nachdem Schweden im Frieden mit Hannover (1719) Bremen-Verden abgetreten hatte, verzichtete es im Frieden von Stockholm (1. 2. 1720) zugunsten Brandenburg-Preußens auf Stettin, Vorpommern bis zur Peene, Usedom und Wollin. Durch den Frieden von Nystad (10. 9. 1721) fielen Livland, Estland, Ingermanland und Karelien mit Wiborg an Rußland. Schweden verlor im N. K. seine europ. Großmachtstellung, die nunmehr an Rußland überging.

LIT. Zu [2] E. Haumant, La guerre du Nord et la paix d'Oliva (1893); E. Opitz, Österreich und Brandenburg im Schwedisch-Poln. Krieg 1655–1660 (1969).

Zu [3] E. Carlsson, Friden i Nystad 1, (Uppsala 1932); O. Haintz, Karl XII. 3 Bde. (^{2}1958); St. Jägerskiöld, Sverige och Europa 1716–18 (Diss. Uppsala 1937); E. Hassinger, Brandenburg-Preußen, Rußland und Schweden 1700 bis 1713 (1953); R. Wittram, Peter I. 2 Bde. (1964); W. Mediger, Mecklenburg, Rußland und England-Hannover 1706–1721 (1967).

Normaljahr (nlat. annus decretorius). Bez. für das Jahr 1624. Im Westfälischen Frieden (1648) wurde festgesetzt, daß der Besitzstand der geistl. Güter wie die religiösen Verhältnisse entweder aufrechtzuerhalten oder so wiederherzustellen seien, wie sie 1624 bestanden hatten. Durch diese Festsetzung wurde anerkannt, daß die Änderungen, die vor dem N. vorgenommen worden waren, rechtsgültig seien, insbes. die Rekatholisierung Böhmens.

LIT. F. Dickmann, Der Westfäl. Frieden (^{4}1978).

Normannen (von Nordmannen), auch Wikinger, Dänen, Ostmannen; in Osteuropa als Rûs oder Waräger bez. Seefahrer und Krieger aus Skandinavien und Dänemark, die vom 8.–11. Jh. Europa mit Plünderungs- und Eroberungszügen heimsuchten. Als Hauptursachen für die Normannenzüge sind zu nennen: Übervölkerung, polit. und religiöse Gegensätze in der Heimat, jedoch auch die Lust am Abenteuer.

787 erschienen sie zum erstenmal in Westeuropa; 793 überfielen sie das Kloster Lindisfarne, auf einer Insel vor der Küste der Grafschaft Northumberland gelegen. Seit etwa 800 erschienen sie in jedem Jahr, zunächst in kleinen Gruppen, bald in großer Zahl. Während ihre Aufenthalte anfangs vorübergehender Art waren, ließen sie sich bald vor allem im Norden Schottlands, auf der Isle of Man und in Irland nieder. Die von Dänemark kommenden Wikinger wandten sich vor allem dem Frankenreich und England zu. Die 2. Hälfte des 9. Jh. brachte für Westeuropa den Höhepunkt der Normannennot. 881/82 konnten die N. bis zum Mittelrhein vordringen; bei diesem Vorstoß eroberten sie eine Reihe von Städten, so Neuß, Köln, Bonn und Trier, während Paris sich bei einem Vorstoß 885/86 erfolgreich gegen sie zu verteidigen vermochte. Bereits 859/60 waren sie tief ins Rhonetal vorgestoßen und in Italien vor Luna und Pisa erschienen. In England zwangen sie Alfred d. Gr. (reg. 871–901), das Land nördl. der Straße London-Chester abzutreten. Wohl trat nach den Niederlagen der N. bei Saucourt in Nordfrankreich (881) und bei Löwen an der Dyle (891 von König Arnulf von Kärnten, reg. 887–99, erfochten) eine gewisse Ruhe ein; dennoch entstand 911 aus einer Niederlassung dän. N. an der Seinemündung die Normandie; die dortigen N. nahmen mit dem Christentum bald auch die franz. Sprache und Kultur an. Einen weiteren Höhepunkt erreichte die Normannenzüge seit 990. Im Jahre 991 übernahmen die Leitung der Züge dän. Könige; 1016 eroberten sie England, das durch Knut II. d. Gr. (reg. 1018–35) mit Dänemark, Südschweden und Norwegen zu einem bis 1042 bestehenden Großreich zusammengefaßt wurde.

Die N. setzten sich ebenfalls in Unteritalien fest (Apulien, Kalabrien, Sizilien). Dadurch, daß Robert Guiscard (um 1015–85) die letzten griech. Besitzungen sowie die langobard. Fürstentümer eroberte und sein Bruder Roger I. (1031–1101) den Arabern Sizilien entriß (1061–91), entstanden zwei Normannenstaaten: das Herzogtum Apulien und die Großgrafschaft Sizilien. Rogers Sohn Roger II. (reg. 1101–54) unterwarf seit 1128 Unteritalien, erzwang sich die päpstl. Belehnung mit Apulien, Capua, Neapel sowie Benevent und 1130 den Königstitel vom Gegenpapst Anaklet II. (1130–38). Die Herrschaft der N. in Unteritalien stellt eine wirtschaftl. und geistige Blütezeit dar. Der Staufer Heinrich VI. (reg. 1190–97), seit 1186 Gemahl der normann. Erbin Konstanze, nahm 1194 das Normannenreich in Besitz.

Im hohen Norden wurde seit 874 Island durch norweg. N. besiedelt. 986 legte Erich der Rote (um 950 bis um 1007) an der Westküste Grönlands Siedlungen an; sie bestanden bis ins 15. Jh. Sein Sohn Leif Eriksson entdeckte um 1000 Nordamerika (Vinland). Darüber hinaus beherrschten die N. vom 9.–11. Jh. die südl. Ostseeküste; sie gründeten hier u. a. Haithabu bei Schleswig, Jomsburg auf Wollin und Truso bei Elbing. Die Waräger, N. aus Schweden, schufen seit 862 unter Rurik (reg. 862–79 in Nowgorod) das russ. Reich. Sie drangen bis zum Schwarzen Meer vor; wiederholt wurde durch sie Konstantinopel angegriffen.

LIT. T. D. Kendrick, A History of the Vikings (1930); O. Scheel, Die Wikinger (1938); U. Noack, Nordische Frühgeschichte und Wikingerzeit (1941); O. Vehse, Nord. Staatengründer (1943); W. Vogel, Die N. und das Fränk. Reich (1906); F. M. Stenton, Anglo-Saxon England (Oxford ²1950); M. Vasmer, Wikingerspuren in Rußland (1931); A. Brackmann, Die Wikinger und die Anfänge Polens (1943); P. Nörlund, Wikingersiedlungen in Grönland (1937); A. Brackmann, Der ma. Ursprung der Nationalstaaten (1936); Ch. Brooke, The Saxon and Norman Kings (1963); D. J. A. Matthew, The Norman Conquest (1966); H. Harthausen, Die Normanneneinfälle im Elb- und Wesermündungsgebiet (1966); H. Ingstad, Die erste Entdeckung Amerikas (dt. 1966); O. Klindt-Jensen und Svenolov-Ehrén, Welt der Wikinger (dt. 1969); T. Capelle, Die Wikinger (1971); G. Faber, Die Normannen – Piraten, Entdecker und Staatsgründer (1985).

Not (mlat. impedimentum legitimum).

[1] Echte Not, nach ma. Recht ein Grund zur Wiedereinsetzung in den vo-

rigen Stand; sie berechtigte auch, über sonst gebundenes Vermögen zu verfügen, z. B. Kindesgut. Echte N. war u. a. gegeben bei Heeresdienst, Kriegsgefangenschaft, Hungersnot, Krankheit und Überschwemmung.

[2] Gemeine Not. Sie löste bei der gesamten Bevölkerung Hilfs- und Wehrpflicht aus. Der Fall gemeiner N. war gegeben bei Dammbrüchen, Seuchen, der Annäherung feindl. Heere etc.

Notabeln (franz.). Männer, deren Ansehen auf ihrem hohen Rang, ihrem großen Vermögen oder ihrer Bildung beruhte.

[1] Seit dem 15. Jh. wurden in Frankreich die erweiterten Ratsversammlungen des Königs Notabelnversammlungen (assemblées des notables) genannt. Sie kamen durch Berufung des Königs zustande, im Unterschied zu den gewählten Generalständen (→ Etats généraux). In ihnen waren (wie in den Generalständen) meist die drei Stände vertreten. In Konkurrenz zu den Generalständen wurden sie häufig berufen, da sie der absolutist. Entwicklung weniger hinderlich waren als diese und, von dem Recht auf Steuerbewilligung abgesehen, ähnl. Zuständigkeiten hatten. Doch nach der Notabelnversammlung von 1626/27 kam es durch das Königtum auch nicht mehr zu dieser beschränkten Form der Volksbefragung. Erst im Februar 1787 wurden die N. wegen der Zerrüttung der Staatsfinanzen durch den Minister Calonne wieder einberufen. Wohl konnten sie Calonne stürzen, doch vermochten sie auf ihren beiden Sitzungen (Febr.-Mai 1787 und Nov. bis Dez. 1788) die finanzielle Lage nicht zu normalisieren. Als das Parlament den N. das Recht bestritt, neuen Steuern zuzustimmen, kam es zur Einberufung der Generalstände.

[2] Während der Zugehörigkeit der Elsaß zum Deutschen Reich (1871 bis 1918) bez. man die Angehörigen der polit. maßgebenden Oberschicht des Bürgertums als N.; sie waren großenteils franzosenfeundlich.

LIT. J. Egret, La pré-révolution française, 1787–89 (Paris 1962).

Notar, lat. notarius (von lat. notare, aufzeichnen). Eine durch den Staat zur öffentl. Beurkundung von privatrechtl. Rechtsgeschäften bestellte jurist. Amtsperson; ihr Amt ist das **Notariat.** Zunächst war der N. lediglich ein privater Schreiber; doch bereits bei den Rö-

mern wurde aus ihm eine öffentl. Institution. Während des MA war der Notarius publicus ein öffentl. Beamter; seit dem 13. Jh. genossen seine Urkunden erhöhten Glauben. Da bereits am Hof der Merowinger N. als Urkundsbeamte tätig waren, stand das Recht, sie zu ernennen, dem Kaiser zu; später wurde es durch die Hofpfalzgrafen wahrgenommen. Die Beaufsichtigung und Vereinheitlichung (Formelbücher, Notariatsimbreviaturen) der Amtsgeschäfte der N. erfolgte schon früh. Die erste Reichsnotariatsordnung wurde im Jahre 1512 erlassen.

LIT. P. J. Schuler, Geschichte des südwestdt. Notariats (1976).

Notding (Notgericht). Im alten dt. Prozeßrecht das bei Notfällen verwandte abgekürzte Gerichtsverfahren, manchmal unter dem Vorsitz besonderer Notrichter. Als Notfälle galten handhafte Tat, Kranken- und Sterbebettfälle, Streit um verderbliche Dinge.

Note. Die schriftl. Mitteilung zw. Regierungen als Fixierung von Besprechungen. Man unterscheidet:
a) Vom Absender, d. h. einem Minister oder diplomat. Vertreter unterzeichnete N. (notes signées);
b) Verbalnoten. Kurze Zusammenfassungen mündl. Besprechungen, die nicht unterzeichnet sind, doch unterscheiden sie sich von einer bloßen Aufzeichnung (aide-mémoire; Memorandum) durch eine Höflichkeitsformel am Schluß;
c) Die vertrauliche N. ist diejenige, die nicht zur Weitergabe bestimmt ist;
d) Die an mehrere fremde Adressaten gerichteten N. als Bekundung von Entschlüssen und Auffassungen einer Regierung sind als Zirkularnoten.

Noten, Tironische. In der röm. Antike eine Art lat. Stenographie. Sie soll zuerst von dem Sekretär und Freund Ciceros (106–43 v. Chr.), Marcus Tullius Tiro (zunächst Sklave, später Freigelassener), im Jahre 63 v. Chr. angewandt worden sein. Die T. N. waren Abkürzungen von Wörtern, Endungen und Vorsilben.

LIT. A. Mentz, Antike Stenographie (1926).

Notfrei. Bis ins 19. Jh. in Westfalen ein Freier, der einer bestimmten Gemeinschaft angehörig sein mußte, so als Handwerker einer Zunft oder als Pächter einer Grundherrschaft; er hatte einen Freienschilling zu zahlen.

Notgeld. Das während eines Krieges oder bei zerrütteter Währung von kleineren öffentl. oder privaten Körperschaften ausgegebene Ersatzgeld, um dadurch einen akuten Mangel an Zahlungsmitteln zu überbrücken.
LIT. F. R. von der Trelde, Österr. N.-Katalog, 1918–21 (1921); A. Keller, Das dt. N. 1914–24. 8 Bde (^{5}1934); H. O. Eglau, Mehr Schein als Sein ... Deutsches Notgeld 1914–1923 (1997).

Notifikation. Die Übermittlung wichtiger Nachrichten an einen anderen Staat durch N., so eines Wechsels des Staatsoberhaupts, der Regierungsform, der Erklärung des Krieges etc.
LIT. R. Genet, Traité de diplomatie et de droit diplomatique. 3 Bde. (1931/32).

Notitia →Urkunde.

Notitia dignitatum. Im spätröm. Reich zu Ende des 4. Jh. ein illustriertes ›Staatshandbuch‹, das die röm. Reichsämter nach der Reichsordnung durch Diokletian (reg. 284–305) enthält. Editionen besorgten E. Böcking, 2 Bde. (1839, 1853), und O. Seeck (1876).
LIT. A. H. M. Jones, The Later Roman Empire (Norman, Okla., 1964).

Notiz (lat. notitia). Ein kurzer Bericht, eine Aufzeichnung zu eigenem Gebrauch.

Notverordnung. Eine gesetzvertretende Verordnung, die volle Gesetzeskraft besitzt (sie vermag bestehende Gesetze aufzuheben oder zu ändern); erlassen wird die N. von der Regierung auf Grund verfassungsmäßiger oder gesetzl. Ermächtigung.
Die N. in ihrem urspr. Sinn ist eine gesetzvertretende Verordnung; sie kann durch das Staatsoberhaupt im Falle einer dringenden Notlage und wenn das Parlament nicht versammelt ist, erlassen werden; jedoch bedarf sie der baldmöglichen Bestätigung durch das Parlament (z. B. in Preußen von 1850–1918). N. wurden allerdings auch dazu benutzt, Dauerregelungen zu treffen, darunter das preuß. Dreiklassenwahlrecht. Ebenfalls z. Z. der Weimarer Republik (1919–33) waren N. dieser Art auf Grund der Verfassungen verschiedener dt. Länder möglich (z. B. lt. preuß. Verfassung vor 1920). Die Weimarer Reichsverfassung hingegen kannte die N. dieser Art nicht. Als N. wurden im Staat von Weimar die sich auf Art. 48, Abs. 2 der Weimarer Reichsverfassung stützenden Diktaturverordnungen des Reichspräsidenten bez. Der Reichstag war hiervon sofort in Kenntnis zu setzen; auf sein Verlangen hin mußten sie außer Kraft gesetzt werden. Vor allem von 1930–32 wurden N. dieser Art erlassen.
Ebenfalls werden die auf die Ermächtigungsgesetze sich stützenden gesetzvertretenden Verordnungen als N. bezeichnet; sie spielten z. Z. der Weimarer Republik, vor allem 1923/24, eine große Rolle.
In der Verfassung der BRD (Grundgesetz) ist die N. wesentlich enger gefaßt (im »Gesetzgebungsnotstand« des GG, Art. 81); der Gesetzgebungsnotstand darf durch die Bundesregierung nur unter Zustimmung des Bundesrats erklärt werden.
LIT. R. Grau, Diktaturgewalt des Reichspräsidenten und der Landesregierungen (1922); C. Schmitt u. E. Jacobi, in: Der dt. Föderalismus (1924); C. Schmitt u. a., in: N. und öffentl. Verwaltung (1931); H. H. Gather, Das Notstandsrecht nach der Weimarer Reichsverfassung und dem Bonner Grundgesetz (1963); H. Boldt, Rechtsstaat und Ausnahmezustand (1967); K. D. Bracher, Die Auflösung der Weimarer Republik (^{5}1971).

Novemberrevolution. Die dt. Revolution von 1918; sie beseitigte die Monarchie im Reich sowie in den Ländern und leitete den Übergang zur parlamentar.-demokrat. Republik ein. Ursachen für den Ausbruch der N. waren: a) der militär. Zusammenbruch Dtl. im Ersten Weltkrieg; b) die zu späte Inangriffnahme der inneren Reformen, insbes. der preuß. Wahlrechtsreform (→ Dreiklassenwahlrecht); c) die revolutionäre Agitation radikaler sozialist. Gruppen sowohl unter der Arbeiterschaft als auch unter den Streitkräften.
Ausgelöst wurde die N. durch den Matrosenaufstand in Kiel (28.–31. 10. 1918); er griff bald auf Hamburg, Bremen sowie die mitteldt. Großstädte über. Zum ersten polit. Umsturz kam es in München; hier rief der Führer der Unabhängigen Sozialdemokraten (USPD), Kurt Eisner (1867–1919), am 7./8. 11. 1918 die »demokratische und soziale Republik Bayern« aus. Prinz Max von Baden, seit dem 3. 10. 1918 dt. Reichskanzler, suchte (im Einvernehmen mit den Mehrheitssozialisten F. Ebert, 1871–1925), um die parlamentarische Regierungsweise durchzuführen und Waffenstillstandsverhand-

lungen einzuleiten, die Revolution dadurch aufzuhalten, daß er Kaiser Wilhelm II. (reg. 1888–1918) die Abdankung für sich und seinen Sohn nahelegte; die Staatsgewalt sollte durch einen Regentschaftsrat für den minderjährigen Sohn des Kronprinzen übernommen werden. Als die Abdankung des Kaisers nicht eintraf, verkündete Prinz Max sie eigenmächtig (9. 11. 1918) und übertrug F. Ebert das Reichskanzleramt.

Ohne Kenntnis des Reichskanzlers rief der sozialdemokrat. Politiker Philipp Scheidemann (1865–1939), seit Oktober 1918 Staatssekretär im Kabinett des Prinzen Max von Baden, am 9. 11. 1918 um 2 Uhr mittags in Berlin die Republik aus. Innerhalb weniger Tage verzichteten daraufhin sämtl. regierenden dt. Fürsten auf ihren Thron, ohne Widerstand zu leisten. Nach dem Vorbild der russ. Revolution wurde die Staatsgewalt nunmehr überall von revolutionären Arbeiter- und Soldatenräten übernommen. Der Zentralgewalt bemächtigte sich der Großberliner Arbeiter- und Soldatenrat; als oberstes Vollzugsorgan des Reiches setzte er den Rat der Volksbeauftragten ein, der sich aus drei Mehrheitssozialisten und drei Unabhängigen Sozialdemokraten zusammensetzte. Nachdem der Kaiser in die Emigration nach Holland gegangen war, einigte sich der Rat der Volksbeauftragten mit der Obersten Heeresleitung über den geordneten Rückzug des dt. Feldheeres.

Von entscheidender Bedeutung war, daß die Mehrheitssozialisten, die eine parlamentar. Demokratie forderten, sich gegenüber den Unabhängigen und dem bes. aktiven Spartakusbund durchzusetzen vermochten; dies geschah auf dem Kongreß der Arbeiter- und Soldatenräte Deutschlands in Berlin am 9. 12. 1918. Daraufhin schieden die Unabhängigen aus dem Rat der Volksbeauftragten aus. In den Monaten Dezember 1918 und Januar 1919 kam es in Berlin zu schweren Kämpfen zw. Regierungstruppen sowie den Radikalsozialisten und Spartakisten. Der Sozialdemokrat G. Noske (1868–1946), 1919/20 Reichswehrminister, warf im Januar 1919 mit Regierungstruppen und Freikorps die aufständischen Radikalen nieder. Die Wahlen zur Nationalversammlung am 19. 1. 1919 konnten nun ohne Störung erfolgen. Damit hatte

sich die parlamentar. Demokratie endgültig durchgesetzt, allerdings im Bündnis mit den bürgerlich-demokrat. Parteien und der Obersten Heeresleitung. Eine Revolution im eigentlichen Sinne dieses Wortes kann die N. daher nicht genannt werden.

LIT. Die Ursachen des dt. Zusammenbruchs im Jahre 1918, Abt. 2: Der innere Zusammenbruch. 13 Bde. (Bd. 4–12 des Werks des Untersuchungsausschusses der Nationalversammlung und des Reichstags, 1926–29); E. Bernstein, Die dt. Revolution (1922); A. Rosenberg, Die Entstehung der dt. Republik 1871–1918 (1928); ders., Geschichte der Weimarer Republik (1935); K. Graf von Westarp, Das Ende der Monarchie, hrsg. von W. Conze (1952); E. Eyck, Geschichte der Weimarer Republik, 1 (1954); W. Tormin, Zwischen Rätediktatur und sozialer Demokratie (1954); H. Heiber, Die Republik von Weimar (1966); G. Schulz, Revolutionen und Friedensschlüsse 1917–20 (1967); E. Waldmann, Spartakus (dt. 1967); U. Linse, Gustav Landauer und die Revolutionszeit 1918/19 (1973); E. Kolb (Hrsg.), Vom Kaiserreich zur Weimarer Republik (1972); D. Lehnert, Sozialdemokratie und Novemberrevolution. Die Neuordnungsdebatte 1918/19 in der polit. Publizistik von SPD und USPD (1983); U. Kluge, Die dt. Revolution 1918/19. Staat, Politik und Gesellschaft zwischen Weltkrieg und Kapp-Putsch (1985). – Außerdem die Memoiren F. Eberts, Ph. Scheidemanns, A. Brechts, G. Noskes, F. von Payers, H. Müllers, des Prinzen Max von Baden u. a.

Noyaden (von franz. noyer, ertränken). Die während der jakobin. Schreckensherrschaft in Frankreich (1793/94) durch den Konventskommissar Carrier in Nantes durchgeführten Massenhinrichtungen. Die Hinrichtungen (im Dez. 1793 und im Jan. 1794 wenigstens 3000) erfolgten auf die Art, daß man die Opfer auf Schiffe brachte, deren Böden mit Klappen versehen waren; durch Öffnen der Klappen wurden die Opfer in der Loire ertränkt.

Nullifikation. Die verbindliche Erklärung eines Staates, daß er einen Vertrag, von ihm abgeschlossen, für erloschen betrachtet (nullifizieren). Die Möglichkeit der N. war zuerst von dem amerikan. Präsidenten Jefferson (Präs. 1801–09), im Jahre 1798, d. h. vor seiner Präsidentschaft, dann 1828 von J. C. Calhoun (1782–1850) vertreten worden.

LIT. D. F. Houston, A Critical Study of N. in South Carolina (Cambridge, Mass., 1896); A. Jackson, Nullification and the State-Rights Tradition, hrsg. von C. G. Sellers (Chicago 1963); W. W. Freehling (Hrsg.), The Nullification Era (N. Y. 1967, Dokumente).

Numismatik (Münzkunde, von griech. nomisma, Münze). Die Wissenschaft von den Münzen. Als Quellen dienen das erhaltene Material der Münzen, Rechts- und Wirtschaftsurkunden sowie Literaturstellen. Ziel der N. ist die Beschreibung, Bestimmung, Ordnung und Deutung der Münzen sowie Darstellung ihrer geschichtl. Beziehungen. Forschungszentren der N. sind die Münzkabinette. Der Humanismus erkannte früh die Bedeutung der antiken Münzen. Mit den Porträtwerken nach antiken Münzprägungen setzt die numismat. Lit. ein; erst dann folgen Versuche system. Zusammenstellungen. Die eigentlich wissenschaftl. Erfassung der antiken Münzen begann mit J. J. Winckelmann (1717 bis 1768); in ein System gebracht wurde sie durch J. Eckhel (1737–98) in Wien. In Deutschland setzte die Erforschung der ma. Münzen erst im 19. Jh. ein mit J. Mader (1754–1815), J. J. Leitzmann (1798–1877) und H. Grote (1802–95). Große Corpora für die verschiedenen Epochen und Länder sind seit 1875 erschienen.

LIT. J. Eckhel, Doctrina nummorum veterum (^{2}1792–1839); F. von Schrötter, Wörterbuch der Münzkunde (1930); E. Weisskopf, Das schweizer. Münzwesen (Diss. Bern 1948); H. Gebhart, N. und Geldgeschichte (1950); A. Suhle, Dt. Münz- und Geldgeschichte (1962); R. A. G. Carson, Coins (1962); T. Kroha, Münzensammeln (^{2}1965); W. Jesse, Quellenbuch zur Münz- und Geldgeschichte des MA (1924); F. Friedensburg, Münzkunde und Geldgeschichte des MA und der NZ (1926); A Suhle, Dt. Münz- und Geldgeschichte von den Anfängen bis zum 15. Jh. (1955); F. Verdenhalven, Alte Maße, Münzen und Gewichte aus dem dt. Sprachgebiet (1968); R. Cunz, N. zwischen Haushistoriographie u. fürstl. Sammellust (1997).

Nummus (lat.). Zunächst Münze, dann die Bez. für Sesterz (Sestertius). N. ist im Kupfermünzsystem Anasta-

sios', Kaisers von Byzanz (reg. 491–518), der Follis.

Nundinae (lat.) Innerhalb der 8tägigen röm. Woche der Anfangstag; dann wird auch die Woche selbst N. genannt; ebenfalls der (auf die N. fallende) Markttag sowie der Markt. Zwischen der Veröffentl. eines Gesetzes- oder Wahlvorschlags und der Abstimmung in der röm. Volksversammlung mußten 3 N. (Trinundinum, mindestens 17 Tage) liegen.

Nuntius (lat. Bote). Urspr. die Bez. für den diplomat. Vertreter schlechthin; seit dem 16. Jh. nur noch der ständige diplomat. Vertreter des Papstes. Er hat die Beziehungen zw. dem Hl. Stuhl und dem Staat, bei welchem er beglaubigt ist, zu pflegen. Innerh. dieses Staates hat er über den Stand der kirchl. Angelegenheiten zu wachen. Der N. hat Botschafterrang. Seit dem Wiener Kongreß (1815) ist er Doyen des diplomat. Corps. Das Amt und der Sitz eines N. heißen Nuntiatur.

Internuntius heißt der Vertreter des Papstes vor allem an kleineren Höfen; von seinem diplomat. Rang her ist er einem Gesandten gleichgestellt.

Pronuntius ist ein N., der gleichzeitig Kardinal ist.

Nuntiaturberichte sind Berichte, welche durch die Nuntien entweder an den Papst oder dessen Staatssekretär über die kirchl. und polit. Zustände ihres Amtsbereichs geschickt werden. Bis zum 19. Jh. sind sie zugänglich. Für das 16. und 17. Jh. stellen sie wichtige histor. Quellen dar.

LIT. A. Pieper, Zur Entwicklungsgeschichte der ständigen Nuntiaturen (1894); A. Wymen, Die päpstl. Diplomatie (1922); K. A. Fink, Das Vatikan. Archiv (Rom ^{2}1951); Feine, KRG 1 (^{3}1955); H. Lutz, Nuntiaturberichte aus Dtl. In: Quellen und Forsch. aus italien. Archiven und Bibl., 45 (1965), Übersicht und Lit.; seitdem wurden u. a. ediert die Nuntiaturberichte von O. M. Frangipani, 1590–92 (1969–71), A. Amalteo, 1606/07 (1972), P. F. Montoro, 1621–24 (1977), P. L. Carafa, 1624–27 (1980); J. Lindeck-Pozza, Der Schriftverkehr zwischen dem päpstl. Staatssekretariat und dem Nuntius am Kaiserhof A. E. Visconti 1767–74 (1970); K. Walf, Die Entwicklung des päpstl. Gesandtschaftswesens (1159–1815) (1966); H. Raab, Sieben Jahrhunderte päpstl. Gesandtschaftswesens

(1159–1815). In: HJB 89 (1969) 409–19; H. F. Köck, Die völkerrechtl. Stellung des Hl. Stuhls (1975).

Nuntiaturstreit. Bez. für die in der 2. Hälfte des 18. Jh. unternommenen Versuche der geistl. Kurfürsten von Köln, Mainz und Trier, die Beseitigung der Rechte der päpstl. Nuntien gegenüber den Ortsbischöfen, insbes. aber gegenüber den Metropoliten zu erreichen. Der N. stellt eine der Hauptbestrebungen des Febronianismus dar.
LIT. K. Habenschaden, Der Münchener N. in der Publizistik (1933); H. Raab, Nuntiaturstreit. In: HKG, V (1970).

Nurag(h)e. Monumentale runde Turmbauten, meist aus Blöcken ohne Mörtel oder sonstige Bindemittel, die in der Jungsteinzeit und Bronzezeit errichtet wurden. Sie dienten der jungsteinzeitl. altmittelländ. Bevölkerung Sardiniens als Fliehburgen im Abwehrkampf gegen die Karthager und Römer; die N. wurden ebenfalls als Häuptlingssitze und Gräber benutzt.
LIT. C. Zervos, La civilisation de la Sardaigne (1954); F. Altheim, Röm. Geschichte I. 3 Bde. (1956–58); G. Lilliu, I. Nuraghi (Cagliari 1962); Margaret Guido, Sardinia (London 1963).

Nürnberger Gesetze → Rassengesetze.

Nutzung. Bez. für die Früchte einer Sache oder eines Rechts; auch für die Vorteile, die sich aus dem Gebrauch der Sache oder des Rechts ergeben. Als Nutzungsrecht wird das Recht auf Aneignung sowohl von Erzeugnissen als auch von Bestandteilen einer fremden Sache bezeichnet. Insofern es auf einem Recht an einer fremden Sache beruht, handelt es sich um ein dingl. Recht, so im Falle des Erbbaurechts, des Nießbrauchs, der familienrechtl. Nutznießung oder des Nutzungspfands. Um ein Schuldrecht handelt es sich, falls es auf einem schuldrechtl. Vertrag bassiert, so im Falle einer Pacht.
LIT. F. Wieacker, Privatrechtsgeschichte der Neuzeit (1952).

Nymphenburger Vertrag. Der sog. N. V. vom 18. oder 22. 5. 1741 (ihn soll Kurfürst Karl Albrecht von Bayern zu Beginn des Österreich. Erbfolgekrieges mit König Ludwig XV. über eine Teilung der österreich. Lande und Abtretungen dt. Territorien an Frankreich abgeschlossen haben) ist eine offenbar im August 1741 verfaßte Fälschung; sie verfolgte vermutl. die Absicht, den Kurfürsten als Reichsverräter zu brandmarken.
In der Tat hat der Kurfürst durch den in Nymphenburg am 28. 5. 1741 mit Spanien abgeschlossenen Vertrag bezweckt, sich neben der Kaiserkrone einen noch zu vereinbarenden Teil der dt. Lande Österreichs zu verschaffen (Spanien sollte die ital. Besitzungen Österreichs erhalten).
Der zu Nymphenburg am 5. 9. 1766 zw. Bayern, Kurpfalz und Zweibrücken abgeschlossene Vertrag regelte die Erbfolge des pfälz. Hauses in Bayern.
LIT. K. Th. von Heigel, Der sog. N. V. vom 22. Mai 1741. In: ders., Biograph. und kulturgeschichtl. Essays (1906); Z. Kannegieter, Het valsche Nymphenburger tractaat en zijn vermoedelijke auteur. In: Tijdschrift for Geschiedenis 55 (1940).

Nymwegen → Nimwegen.

O. A. M. D. G. Abkürzung für lat. Omnia ad maiorem Dei gloriam (alles zur größeren Ehre Gottes) → Ad maiorem Dei gloriam.

Obedienz (lat., Gehorsam).
[1] Der kanon. und klösterl. Gehorsam gegenüber den geistl. Oberen in der kath. Kirche.
[2] Der Anhang eines Bischofs bzw. eines Papstes nach zwiespältigen Wahlen, insbes. bei einem Schisma.

Obedienzgesandtschaft. Gesandtschaft an den Papst, mit welcher der neugewählte Kaiser Wahl und Regierungsantritt aussprechen läßt und um päpstl. Gunst und Gnadenerweise, z. B. Recht der Ersten Bitten, seit dem frühen 16. Jh. jedoch nicht mehr um Approbation oder Konfirmation bittet. Gewissermaßen ist die Obedienzgesandtschaft an die Kurie Ersatz für die seit Friedrich III. und Karl V. außer Übung gekommene Kaiserkrönung durch den Papst. Da die Kurie an ihrem Konfirmationsanspruch festhielt, wurde zwar eine Konfirmationsbulle ausgefertigt, aber nicht dem Kaiser ausgehändigt, sondern im Archiv niedergelegt.
LIT. H. E. Feine, Papst, Erste Bitten und Regierungsantritt des Kaisers seit dem MA. In: ZRG KA 21 (1931). Wiederabgedruckt in H. E. Feine, Reich und Kirche, Ausgewählte Abhandlungen zur dt. und kirchl. Rechtsgeschichte, hrsg. von F. Merzbacher (1966) 1–75.

Oberdeutsch. Oberdeutschland begegnet bereits im 15. Jh., oberdeutsch ab 1574. Am Anfang die Vorstellung des gebirgigen Südens gegenüber dem flachen Niederdeutschland; oberdeutsch wird zur zusammenfassenden Bez. für alemannisch und bairisch-österreichisch.
LIT. D. Breuer, Oberdt. Lit. (1971); ZbLG 47 (1984): Oberdt. Lit. im Zeitalter des Barock.

Oberdeutsche. Die deutschsprechenden Bewohner der Alpen- und Voralpengebiete: Schwaben, Elsässer, Schweizer, Bayern, Österreicher.
LIT. I. Bog, Oberdeutschland. Das Heilige Römische Reich des 16. bis 18. Jh. in Funktion (1986).

Oberdomänendirektorium. 1699 für Preußen eingerichtete oberste Kontrollbehörde der Domänenverwaltung, ging 1711 wieder ein. Die Hofkammer trat wieder an ihre Stelle.

Oberhaus. Allg. die erste Kammer eines Parlaments, nach Staaten mit verschiedenen Namen bezeichnet, z. B. Senat, House of Lords (→ Zweikammersystem) usw.

Oberhof. Während des MA das Gericht einer Mutterrechtsstadt. Es erteilte den Tochterrechtsstädten allg. Rechtsbelehrungen; bisweilen war es auch als Berufungsinstanz zuständig für Berufungen, die gegen Urteile der Tochterrechtsstädte eingelegt wurden. Zu den bedeutendsten O. gehörten neben Lübeck und Magdeburg Frankfurt am Main und Freiburg im Breisgau sowie Iglau. In einer Reihe von →Grundherrschaften war der Rechtszug von den →Hofgerichten an einen übergeordneten →Fronhof als O. ähnlicher Art.
LIT. E. Boehm, in: Zs. für die gesamte Strafrechtswissenschaft 59 (1940).

Oberkommando der Wehrmacht (abgekürzt OKW). 1938–45 Führungsstab der dt. Wehrmacht. Ihm unterstanden das Oberkommando des Heeres (OKH), der Marine (OKM) und der Luftwaffe (OKL).

Oberpräsident. Im 17. und 18. Jh. Beamter, der den Vorsitz in den Zentralbehörden einer preuß. Provinz führt, unmittelbar unter dem König steht. Seit 1815 oberster Verwaltungsbeamter einer preuß. Provinz, 1875–83 zugleich meist Regierungspräsident; seit 1934 ständiger Vertreter der Reichsregierung, dem Reichsstatthalter gleichgestellt, meist gleichzeitig Gauleiter.
LIT. K. Schwabe, Die preuß. Oberpräsidenten 1815–1945 (1985).

Oberrechenkammer (Oberrechnungskammer). In einigen Ländern übliche Bez. für den Rechnungshof, in Preußen seit 1744 aus der Vereinigung verschiedener Rechenkammern entstanden, nach verschiedenen Änderungen mit der Stein-Hardenbergischen Reform zu einem obersten Kontrollorgan im Sinne eines Rechnungshofes gemacht.

Oberrheinischer Kreis. Einer der zehn Reichskreise des Hl. Römischen Reiches. Direktor: Fürstbischof von Worms; kreisausschreibende Fürsten: Worms und Simmern. Die wichtigsten Mitglieder des Oberrhein. Reichskreises waren:
a) geistliche Territorien: die Hochstifte Basel, Straßburg, Speyer, Worms, Fulda, bis 1648 auch Metz, Toul, Verdun, die Fürstabtei Prüm, die Propstei Odenheim.

b) weltliche Territorien: Fürstentum Simmern, Fürstentum Zweibrücken, Landgrafschaft Hessen-Kassel, Landgrafschaft Hessen-Darmstadt, Nassau-Weilburg, Nassau-Usingen usw.
c) Reichsstädte: z.B. Straßburg (bis 1681), Speyer, Worms, Frankfurt, Friedberg.
Zum Oberrhein. Kreis gehörte bis ins 18. Jh. auch Savoyen. Die Herzöge von Savoyen und Lothringen entzogen sich dem Kreis früh. Der Reichskreis, der nach dem Plan Maximilians I. die Sicherheit der westl. Reichsgrenze gewährleisten sollte, war zerrissen, milit. schwach. Als polit. Einheit trat der Kreis nach der Mitte des 17. Jh. in der Abwehr der franz. Expansion und im Spanischen Erbfolgekrieg hervor.
LIT. T. Malzan, Geschichte und Verfassung des O. K. bis 1618 (Phil. Diss. Mainz 1951); G. A. Süss, Geschichte des O. K. 1697–1714. In: Zs. f. d. Gesch. d. Oberrh. 103 (1955); L. Petry, Das polit. Kräftespiel im pfälz. Raum. In: Rhein. Vierteljahrsbll. 20 (1955) 80–111.

Oberst, ältere Nebenform **Obrist.** Seit dem 16. Jh. bes. im Heerwesen übl. Bez. für den Oberstkommandierenden. Feldoberst: Führer des Heeres; Kriegsoberst, seit 1691 nachweisbar; Oberstfeldhauptmann: Bez. für den Regimentskommandeur und Regimentsinhaber. **Oberstleutnant** ist der Stellvertreter des Obersten. In der NZ wird O. dann zum militär. Dienstgrad, oberster Stabsoffizier.

Oblate (mlat. oblata [hostia]). Dargebrachtes Abendmahlsbrot. Weil das Abendmahlsbrot sehr fein gebacken war, begegnet seit dem 13. Jh. O. für feines Backwerk, im 18. Jh. für Siegelscheibe.

Oblaten.
[1] pueri oblati, oblati: Dargebrachte Kinder, auch Donaten genannt, die im MA (bis ins 12. Jh. hauptsächlich) von ihren Eltern oder Vormündern für den Mönchsstand bestimmt wurden; auch nutriti genannt, weil sie im Kloster aufwuchsen, im Gegensatz zu den **conversi** (→ Konversen, Konversen-Institut), die später eintraten. Umstritten war die Verbindlichkeit der Oblation, da sie der freien Selbstentscheidung widersprach. Von der Hirsauer Reform abgelehnt, wurden Oblationen seit dem 12. Jh. seltener und durch das Tridentinum ganz beseitigt.

[2] Personen, die nach Art der Tertiarier sich einem kath. Orden oder Kloster anschließen bzw. im SpätMA von einem Herrscher als »Pfründner« zugewiesen wurden (z.B. dienstunfähige Soldaten).
[3] Bez. kath. Ordensgenossenschaften bzw. Kongregationen, z.B. Oblaten des hl. Franz von Sales, 1875 gegr. Kongregation für Erziehung und Seelsorge; Oblaten der sel. Jungfrau Maria, 1815 gegründet u.a.
LIT. LThK VII (²1962) 1083–86; W. Laske, Das Problem der Mönchung in der Völkerwanderungszeit (1973).

obligat (lat.). Verbunden, verpflichtet, verbindlich; **obligatorisch:** verpflichtend.

Obrigkeit. Bez. für die Inhaber der staatl. Gewalt im →Ständestaat, ebenfalls in absoluten und konstitutionellen Monarchien.

Obrigkeitsstaat. Ein Kampfbegriff, der um 1900 von den Anhängern eines freiheitl.-demokrat. Volksstaats geprägt wurde; gerichtet war er gegen den monarchisch-autoritären sowie den bürokrat. Staat. Durch die polem. Formulierung O. sollte ebenfalls die konstitutionelle Monarchie charakterisiert und getroffen werden.
LIT. J. Lotz (Hrsg.), Obrigkeit und Untertan. Anmerkungen zur dt. Geschichte im 18. Jh. (1985).

Obrogation. Im Kirchenrecht die stillschweigende Aufhebung eines Gesetzes durch ein späteres Gesetz mit entgegengesetztem Inhalt.

Observant. Vertreter einer strengeren Richtung, z.B. im Mönchtum.

Observanten. Reformkreise innerhalb des Franziskanerordens im 15. Jh. (Bernhardin von Siena, Johannes von Capestrano), 1517 von den Konventualen getrennt.

Observanz.
[1] Gewohnheitsrecht, das sich innerhalb einer Gemeinschaft bilden kann.
[2] Kirchl. Abgaben.
[3] Im Klosterrecht der kath. Kirche ein neben der Regel beobachteter Brauch.

Obskurant (von lat. obscurus, bedeckt, dunkel, finster). Finsterling, Dunkelmann. Gegner der Aufklärung, die sich selbst als »Licht« (»siècle des lumières«, Enlightenment«), Überwindung des finsteren Zeitalters versteht.

Obskurantismus. Schlagwort des 18. und 19. Jh., von Aufklärern, Rationalisten, Illuminaten, Liberalen gebraucht

und mit im einzelnen nicht leicht bestimmbaren Inhalten erfüllt. O. wurde im 18. und im frühen 19. Jh. fast identisch mit Jesuitismus, Kryptokatholizismus, Ultramontanismus (→ultramontan und → Restauration). Als Hauptvertreter des O. galten im frühen 19. Jh. Friedrich Schlegel, Adam Müller, Karl Ludwig von Haller, Friedrich Leopold von Stolberg, Joseph Görres; als Zentrum des O. wurde von Heinrich Heine München angesehen. Als Gegner des O. verstanden sich u. a. Adam Weishaupt, Johann Gottfried Pahl, Johann Heinrich Voss, Heinrich Heine, Ludwig Feuerbach.
LIT. J. G. Pahl, Über den O., der das dt. Vaterland bedroht (1826); H. Raab, Kirchengeschichte im Schlagwort. In: Annuarium Historiae Conciliorum 8 (1976) 509–40; ders., »Römling«. Zur Geschichte des antiröm. Affekts In· Festschr. für Walter Hofer (1980) 527–45.

Obstruktion. Versuch einer Minderheit in der Volksvertretung, die Beschlüsse der Mehrheit zu vereiteln. Es ist zu unterscheiden zw. parlamentar. zulässiger und unzulässiger O., die z. B. durch Lärmszenen, gegen die Geschäftsordnung verstoßende Dauerreden u. dgl. Beschlüsse zu verhindern versucht. Die Grenze zur noch zulässigen O. im Rahmen der Geschäftsordnung (Verlassen des Sitzungssaales, Herbeiführen der Beschlußunfähigkeit) ist nicht leicht zu ziehen. Selbstzucht der Parteien, straffe Geschäftsführung sollten die O., die leicht den Parlamentarismus zerstören kann, nach Möglichkeit ausschließen.
LIT. E. Brandenburg, Die parlamentar. O. Geschichte und Bedeutung (1904); K. Loewenstein, Staatsrecht und Staatspraxis in Großbritannien I (1967).

Ochlokratie (griech. óchlos, Haufe, Pöbel und kratein, herrschen). Pöbelherrschaft. Bez. der griech. Staatslehre für eine Entartung der Demokratie.

Ockhamismus. An Wilhelm von Ockham (1285–1345) anknüpfende Schule und Lehre des 14. Jh. mit stark nominalist. Tendenz (→ Nominalismus). Der O. hat die Entwicklung der Logik gefördert und auf die Ausbildung der modernen Naturwissenschaften eingewirkt. Zentrum des O. war Paris. Wichtigste Vertreter: Nicolaus von Autrecourt († 1350), Johannes Buridanus († 1358), Nicolaus von Oresme. In seinen kirchenpolit. stark von dem Kampf Ludwigs des Bayern mit der Kurie in Avignon geprägten Schriften betont Ockham die Selbständigkeit von Kirche und Staat bei gegenseitiger Hilfeleistung, tritt jedoch für eine arme, machtlose Kirche ein. Die libertas evangelica endet vor dem König und im Dienst staatl. Machtausweitung.
LIT. L. Baudry, Guillaume d'Ockham, sa vie, ses œuvres, ses idées sociales et sa politique (1950); ders., Lexique philosophique de Guillaume d'Ockham (1958); Ph. Böhner, Collected Articles on Ockham, hrsg. von E. Buytaert (1958); E. Kölmel, Ockham und seine kirchenpolit. Schriften (1962); H. J. Junghans, Ockham im Lichte der neueren Forschung (1968); J. Miethke, Ockhams Weg zur Sozialphilosophie (1969).

Odal. Das Stammgut des edlen Geschlechts, vor allem im älteren skandinav. Recht, dessen Besitzer bes. Vorrechte hatte.

öffentlich. Erscheint erst im SpätMA und bedeutet urspr., daß etwas bekannt war (offenbar). Als Übersetzung von lat. publicus meint öffentlich das, was der Gemeinde, dem Staat angehörig oder darauf bezüglich ist; steht syn. für gemeindlich, behördlich, staatlich, z. B. öffentl. Hand, öffentl. Dienst, öffentl. Sachen, öffentl. Schulen usw.
LIT. W. Martens, Öffentlich als Rechtsbegriff (1969).

öffentliche Meinung. Vorherrschende Meinung in einer bestimmten Gruppe (z. B. Wählerschaft) gegenüber Fragen des öffentl. Lebens, begünstigt, aber auch gelenkt durch die modernen Massenkommunikationsmittel (Presse, Rundfunk, Fernsehen) unter Anwendung der Erkenntnisse der sozialen Verhaltensforschung, polit. Faktor von zunehmender Bedeutung.
Im Grunde haben erst Rousseau mit der ›Volonté générale‹ und die Französische Revolution mit dem ›Esprit publique‹ der öffentl. Meinung Bahn gebrochen und ihre polit. Bedeutung erkannt. Die Aufklärung mit ihrem gewerbsmäßigen Schriftstellertum förderte die Publizistik. Pressepolitik wurde erstmals im ausgehenden 18. Jh. getrieben, zunächst in Frankreich und England, als Teil des Abwehrkampfes gegen Napoleon auch in Dtl. Die Befreiungskriege (→ Freiheitskämpfe) unterstrichen die Bedeutung der ö. M., z. B. die Wirkung des

›Rheinischen Merkur‹ von Jos. Görres. Trotz neuauflebender Zensur und Restauration wuchs die polit. Bedeutung der ö. M.: → Junges Deutschland, → Hambacher Fest, → Kölner Kirchenstreit, Protest der Göttinger Sieben. In der Revolution von 1848 wurde die Flugschrift zum Träger der ö. M., dann die Presse, doch wäre die Gleichsetzung von Publizistik und ö. M. verfehlt, wenn auch verständlich. In welchem Umfang die ö. M. lenkbar, »machbar« ist, zeigen Greuelpropaganda des Ersten Weltkrieges und Kriegsschuldfrage. Auf die Lenkung der ö. M. verstand sich ausgezeichnet der Nationalsozialismus, vor allem nach der Errichtung des Reichspropagandaministeriums unter J. Goebbels. Diktaturen jeder Prägung versuchen, die ö. M. zu steuern und zu beherrschen. Der Einfluß der ö. M. ist schwer zu bestimmen, für das polit. Geschehen jedoch vielfach von größter Bedeutung. »Die stadtgeborene, flüchtige, vernunftstolze, massenpsych. Einflüssen leicht zugängliche, ihnen entsprossene rationalistische ö. M. ist nur ein Teil des Stimmungsgehaltes einer Zeit, der in letzter Linie aus den Tiefen einer gemeinsamen Weltanschauung schöpft. Das zu schildern ist eine Aufgabe, der sich nur das gereifte Können eines geschichtsphilosophisch geschulten Kopfes unterwinden kann.« (Wilh. Bauer).

LIT. W. Bauer, Die ö. M. und ihre Grundlagen (1914); F. Toennies, Kritik der ö. M. (1922); W. Bauer, Die ö. M. in der Weltgeschichte (1929); F. Everth, Die Öffentlichkeit in der Außenpolitik von Karl V. bis Napoleon (1931); F. Lenz, Werden und Wesen der ö. M. (1956); H. Seidel, Vom Mythos der ö. M. (1961); E. Noelle-Neumann, Umfragen in der Massengesellschaft (1963); H. L. Childs, Public Opinion (1965); E. Traugott, Die Herrschaft der Meinung (1970); K. R. Wenger, Preußen in der ö. M. Frankreichs 1815–1870 (1979).

öffentliches Leben. Das über den privaten Bereich der kleineren Lebensgemeinschaften (Familie usw.) hinausgehende Leben in Gemeinschaft, Staat, Kirche, Beruf.

Öffentlichkeit. Als Ersatzwort für Publizität seit dem 18. Jh. gebräuchlich, durchgesetzt von Jean Paul und Campe. Publizität war Schlagwort der Revolutionszeit, Ö. wurde zum Schlagwort im Kampf um die Geschworenengerichte.

LIT. O. Ladendorf, Histor. Schlagwörterbuch, 228f. (1906); Staatslexikon X (1970) 751–61; J. Habermas, Strukturwandel der Ö. (1962).

Officia propria. Eigenfeste eines Klosters, einer Bischofskirche usw.

Officium. Amt, Amtsstellung. O. kommt urspr. in der Kirchensprache dem Begriff der Liturgie nahe, bezeichnet den amtl. Gottesdienst, Stundengebet usw.

Officium ecclesiasticum. Kirchenamt, das einem Geistlichen übertragen ist. O. e. wird fälschlicherweise oft syn. mit **beneficium ecclesiasticum** gebraucht, da es mit einem Benefizium ständig verbunden ist.

Offizial (officialis curiae, officialis Episcopi). Hofrichter, Leiter der bischöfl. Gerichtsbehörde. Seit dem 12. Jh. ändert sich mit dem Eindringen des kanon. Rechts und der Schriftlichkeit des Verfahrens das bischöfl. Hofgericht. »Das officium siegte über das beneficium.« Es kommt zur Bestellung des bischöfl. O., des beamteten, gelehrten Berufs- und Einzelrichters als Vertreter des Bischofs in Rechtssachen (daher auch iudex episcopi genannt). Über O. und Generalvikar wird seit dem 12. Jh. die Macht der Archidiakone reduziert.

Der O. bildet mit einigen Beisitzern (Viceofficialis) das **Offizialat** (officialatus, in Dtl. auch **Konsistorium** genannt), ist abberufbar, nicht den Pfründeninhabern entnommen. Zuerst in der Erzdiözese Reims (1182) nachweisbar, verbreitet sich das Amt des O. schnell über Mittel- und Nordfrankreich, ab Mitte des 13. Jh. auch über westdt. Diözesen (Köln 1252, Konstanz 1256).

Am Offizialat sind u. a. auch **Offizialatsnotare** beschäftigt, doch war das Offizialat in Dtl. nur selten Beurkundungsstelle. Einzelne Offizialate (Bonn, Köln, Werl) übten auch weltl. Gerichtsbarkeit aus.

LIT. Feine, KRG. Die kath. Kirche (⁴1964) 370ff. mit Lit.; U. Eisenhardt, Die weltl. Gerichtsbarkeit der Offizialate in Köln, Bonn und Werl im 18. Jh. (1966); J. Johanek, Geistl. Richter und geistl. Gericht im spätma. Bistum Eichstätt (1981).

Offizier (von franz. officier, lat. officiarius). Um die Mitte des 16. Jh. aus dem Franz. übernommen, zunächst nur für den Inhaber eines Hofamtes, seit dem 17. Jh. in der heutigen Bedeutung, bald rangmäßig gegliedert: a) Unteroffizier, b) Offiziere, die dann wieder nach vier Rangklassen und innerh. dieser nach Dienstgraden unterschieden wurden: Generale, Stabsoffiziere, Hauptleute, subalterne Offiziere.

LIT. Untersuchungen zur Geschichte des Offizierskorps In: Beiträge zur Militär- und Kriegsgeschichte. Bd. 4 (1962); K. Tharau, Die geistige Kultur der preuß. Offiziere von 1640–1806 (1968); H. Rumschöttel, Das bayerische Offizierskorps 1866–1914 (1973); H. John, Das Reserveoffizierskorps im Dt. Kaiserreich 1890–1914 (1981); D. Bald, Der deutsche O. Sozial- und Bildungsgeschichte des dt. Offizierskorps im 20. Jh. (1982); R. Stumpf, Die Wehrmacht Elite. Rang- und Herkunftsstruktur der dt. Generale und Admirale 1933–45 (1982).

Offizium. Heiliges Offizium; Sanctum Officium → Kardinalskongregationen.

o. J. Bei bibliograph. Angaben Abkürzung für **ohne Jahr**, d. h. ohne Angabe des Erscheinungsjahres auf dem Titelblatt.

Okkasionalismus (von lat. occasio, Gelegenheit). Philosoph. System der Gelegenheitsursachen; Lehre, wonach die geschaffenen Dinge nicht in Wirkursächlichkeit aufeinander einwirken, sondern nur »gelegentlich« aus Anlaß göttl. Wirkens. Zw. Seele und Leib gebe es z. B. keine Wechselwirkungen. »Gelegentlich« eines leibl. Zustandes verursache Gott einen seelischen und umgekehrt. Der O. wurde gegenüber Descartes bes. von Malebranche und Geulincx vertreten.

Okkultismus (von lat. occultum, das Verborgene).
[1] Glaube, daß es geheime, übersinnl., in die heutige wissenschaftl. Systematik nicht einzugliedernde Tatsachen und Kräfte der Natur und des Seelenlebens gebe, die unter bestimmten Voraussetzungen dem Menschen jedoch zugänglich seien.
[2] Lehre von den auf bekannte Ursachen und Gesetze nicht reduzierbaren Erscheinungen (Telepathie, Hellsehen [Kryptoskopie], Psychometrie, Zweites Gesicht, Erscheinungen), Geheimwissenschaften, z. B. Astrologie, Magie, Theosophie, Spiritismus. Die Unerklär-

lichkeit okkulter Erscheinungen war stets ein guter Nährboden für den Aberglauben. Kritiklose Beschäftigung mit dem O. kann zu religiösen Verwirrungen und sozialen Schädigungen führen. Als Forschungsgegenstand gehört der O. zur Parapsychologie.

LIT. A. Seitz, O., Wissenschaft, Religion (1926); F. Moser, Der O. (1935).

Okkupation (lat. occupation).
[1] Besetzung, eine Form des einseitigen Gebietserwerbs eines Staates entweder als Kriegshandlung oder in Erwartung eines Vertrags bzw. zu dessen Sicherung oder Durchführung.
[2] Aneignung.

LIT. Zu [1] C. Madajczyk, Die Okkupationspolitik Nazideutschlands in Polen 1939–45 (dt. 1988).

Oktav (lat., achter Tag). Nachfeier eines kirchl. Festes durch eine Woche oder am 8. Tag. Im 4. Jh. hat Ostern eine O., im 7. Jh. Weihnachten; seit der Karolingerzeit begegnet eine O. auch bei größeren Heiligenfesten, ja starke Vermehrung der O. bis zu den Feiertagsreduktionen des 18. Jh. Mit Ausnahme der Weihnachten, Ostern, Pfingsten wurden alle O. 1956 abgeschafft.

Oktroi (Machtbrief).
[1] Bewilligung. [2] Torsteuer.

Oktroyierte Verfassung → Verfassung.

Ökumene. Der bewohnte und bewohnbare Teil der Erde, ohne die Tropen- und Kältewüsten und die Ozeane. Die Grenzen der Ö. haben sich seit dem At. (Orbis antiquus) ständig ausgedehnt, auch in der Vorstellung verschoben.

Ökumenik. Theolog. Disziplin, die aus der ökumen. Bewegung hervorgegangen ist und ihr dienen will.

Ökumenisch. Weltumspannend, gesamtkirchlich (→ Konzil).

Ökumenische Bewegung.
[1] Christl. Unionsbestrebungen.
[2] Im engeren Sinne die seit dem Anfang des 20. Jh. aufgetretene und nach dem Zweiten Weltkrieg (Versammlung von Amsterdam 1948, Neu-Delhi 1961, Weltrat der Kirchen und Uppsala 1968) stärker gewordene Bewegung zur Sichtbarmachung der Einheit der christl. Kirchen und Verbindung von kirchl. Einheit und Mission und Klärung der Beziehungen zw. der Einheit der Menschen.

LIT. Staatslexikon X (1970) 761–69; Internationale ökumen. Bibliographie.

Bd. 1/2 (1962/63; 1967); J. F. Lescrauwaet, Die Einheit der Ökumene (1969); P. Michalon, Ökumene und Einheit der Christen (dt. 1969).

Ökumenische Symbole. Die drei altkirchl. Bekenntnisse, die in allen christl. Kirchen angenommen sind; das Apostolische, das Nicänisch-konstantinopolitanische, das Athanasianische Glaubensbekenntnis.

Okzident (lat. occidens [sol], untergehende Sonne). Das Abendland im Gegensatz zum Orient.

Oligarchie (griech. olígoi, wenige, und árchein, herrschen). Bez. für die Herrschaft einer kleinen Gruppe, vor allem dann, wenn mit dieser Herrschaft Mißstände verbunden sind. In der griech. Staatstheorie wurde unter O. eine Entartung der Aristokratie verstanden. Von O. wird aber auch gesprochen, wenn es sich um die faktische Herrschaft einzelner oder einer kleinen Minderheit handelt, obgleich der Staat verfassungsrechtl. Monarchie oder Republik ist, z. B. beim Einfluß von Höflingen (Camarilla), Adel, Militär, besitzenden Schichten.

Plutokratische O. nennt man die Herrschaft einer ihre Macht auf Besitz gründenden Gruppe. Während in der Monarchie die Tendenz der oligarch. Erweiterung bestehen kann, kann in der Demokratie umgekehrt die Tendenz der oligarch. Konzentration wirksam werden, indem Parteifunktionäre, Interessengruppen, Verbände sich der Macht bemächtigen und den Grundsatz des Gemeinwohls ihren Zielen unterordnen. Auch die »Diktatur des Proletariats« kann als O. (Herrschaft einer Minderheit, Klassenherrschaft) verstanden werden. Stark ausgeprägt und vielfach nicht nur von negativen Auswirkungen begleitet war die O. in den altgriech. und ma. Stadtstaaten, in den Generalstaaten des 16.–18. Jh., in der Eidgenossenschaft.

LIT. Staatslexikon X (1970) 772–778; H. Krüger, Allgem. Staatslehre (1964); R. Zippelius, Allgem. Staatslehre (1969).

Oliva, Friede von (3. 5. 1660). Beendet den Nordischen Krieg von 1655 bis 1660, der zuletzt von einer europ. Koalition Österreich, Polen, Brandenburg, Holland gegen Schweden geführt worden war, zu dessen Gunsten Frankreich unter Mazarin verstärkt einzugreifen begann, nachdem es mit Spanien den

Pyrenäenfrieden (7. 11. 1659) geschlossen hatte. Der Tod des Schwedenkönigs Karl X. (22. 2. 1660) erleichterte insgesamt die Verhandlungen. Der Friede von Oliva stellt im Ostseeraum im wesentlichen den Status quo wieder her. König Johann Kasimir von Polen anerkennt die Thronfolge des Hauses Zweibrücken in Schweden und verzichtet auf den von Schweden beherrschten Teil Livlands. Schweden gibt seine letzten Positionen in Westpreußen auf und erklärt sich mit der Wiedereinsetzung des Herzogs von Kurland einverstanden. Kurfürst Friedrich Wilhelm von Brandenburg erlangt die europ. Bestätigung seiner Souveränität im Herzogtum Preußen, das nicht zum Reich gehörte, und tritt damit in die Reihe der europ. Souveräne ein. Außerdem erhält er Lauenburg, Bütow, die poln. Lehen waren, sowie Draheim. Österreich erhält eine Garantie gegen einen schwed. Einfall in die Erblande. Die Forderung auf freie Religionsausübung der österreich. Protestanten wurde dagegen zurückgewiesen.

LIT. E. Haumant, La guerre du nord et la paix d'Oliva 1655–1660; A. F. Pribram, Franz Paul Freiherr von Lisola (1613–74) und die Politik seiner Zeit (1894).

Olivetaner (Ordo S. Benedicti Montis Oliveti). Selbständige Benediktinerkongregation, 1313 von Bernardo Tolomei u. a. auf dem Monte Oliveto gegründet, als Reformkongregation im 14.–16 Jh. stark verbreitet, im 19. Jh. fast vernichtet.

LIT. M. Scarpini, I monaci benedittini di Monte Oliveto (1952).

Olmützer Punktation. 29. 11. 1850 abgeschlossen zw. Österreich und Preußen unter Vermittlung Rußlands; verhindert den durch Hassenpflugs Konflikt in Kurhessen heraufbeschworenen Krieg, liquidiert die Erfurter Union und bereitet die gemeinsame Intervention von Österreich und Preußen in Holstein vor. Die Olmützer Punktation muß als Mißerfolg der preuß. Politik gewertet werden.

LIT. E. R. Huber, Dt. Verfassungsgeschichte II (1960) 915–20; H. von Srbik, Dt. Einheit II (1935); Gebhardt-Grundmann II (1960).

Olympiade. Zeitraum zw. zwei Olympischen Spielen, d. h. von vier Jahren. Beginn der Ära 1. 7. 776 v. Chr. Die Zeitrechnung wurde seit dem 3. Jh.

v. Chr. üblich und gelegentlich auch im MA gebraucht. Die Spiele in Olympia sind jedoch älter als 776 v. Chr.; sie fanden alle vier Jahre statt und hörten 394 n. Chr. auf.

Oñatevertrag (15. 6. und 29. 7. 1617). Nach dem span. Gesandten Oñate benanntes Abkommen zw. den Habsburgern in Madrid und Wien. König Philipp III. von Spanien, der als Enkel Maximilians II. Erbrechte auf Böhmen und Ungarn geltend machte, verzichtete (6. 6. 1617) darauf unter der Bedingung, daß Erzherzog Ferdinand, falls sein Mannesstamm ausstürbe, beide Königreiche an den span. Mannesstamm der Habsburger gelangen lassen würde. Ferdinand sagte das in einem nur ihm und Spanien bekannten Geheimabkommen zu und versprach gleich nach seinem Regierungsantritt, die habsburg. Gebiete im Elsaß und in der Ortenau an den span. König abzutreten und die Belehnung mit den ital. Fürstentümern Finale und Piombino auszusprechen. Das Geheimabkommen wurde von Ferdinand am 29. 7. 1617 ratifiziert, während Kaiser Matthias, ohne von dem Geheimabkommen Kenntnis zu haben, den nicht geheimen Teil des Vertrags am 15. 6. 1617 bestätigte. Der O. sollte Spanien gegen Frankreich stärken; sein Bekanntwerden mußte Frankreich, Holland und die antihabsburg. Kräfte im Reich mobilisieren. Umstritten ist, ob dieser Vertrag den Ausbruch des Dreißigjährigen Kriegs mitbestimmt hat.

LIT. W. Platzhoff, Geschichte des europ. Staatensystems, 1559–1660 (1968) 148 f.; Gebhardt-Grundmann II ([8]1960) 132 f.; O. Gliss, Der O. (1934).

Onomastikon (griech.; von ónoma, Wort). Ein nach Sachen geordnetes Verzeichnis von Wörtern, Wortbestimmungen und Worterklärungen, im Gegensatz zum Lexikon als alphabet. geordnetem Wörterverzeichnis.

Opiumkrieg. Wenig zutreffende Bez. für den Krieg zw. Großbritannien und China 1840–42. Letztlich ging es dabei nicht um den Opiumhandel, sondern um die Gleichberechtigung eines ausländischen Staates mit China, das sich als Reich der Mitte und Weltstaat verstand, in allen übrigen Staaten jedoch nur Barbarenstaaten sah. Ausgelöst wurde der O., als der kaiserl. Kommissar Lin-Tsehü am 10. 3. 1839 vor Kanton erschien, die Herausgabe von 30 000 Kisten Opium erzwang und diese verbrannte. Darauf kam es seit November 1839 zu Feindseligkeiten. Der Krieg (1840–42) führte zur Besetzung verschiedener Häfen und endete mit dem aufgezwungenen Vertrag von Nanking (29. 3. 1842) zw. zwei »gleichberechtigten Staaten«, was für China unvorstellbar war. China trat im Vertrag zu Nanking Hongkong ab, öffnete Amoy, Foochow, Ningpo und Shanghai dem brit. Handel. Ein Ergänzungsvertrag vom 8. 10. 1843 traf Regelungen bezügl. der Handelsbeziehungen und des Opiumhandels, der erneut Gegenstand eines Vertrags von Tientsin (1860) war.

Opposition.

[1] Logik: Entgegensetzung.

[2] Politik: Gegensatz zur herrschenden Meinung, zur herrschenden Regierung bzw. zu den herrschenden Regierungsparteien. O. bezeichnet zugleich die Gruppe (bzw. Gruppen), die sich in diesem Gegensatz befindet (Oppositionspartei, -en). In England, dem Musterland des modernen Parlamentarismus, trat jahrhundertelang diejenige der beiden Parteien in die O., die bei den Wahlen unterlegen war. Die polit. belebende Funktion der O. und ihre Rechte sind unbestritten, sie muß jedoch immer von der Verantwortung für Staats- und Gemeinwohl getragen sein und darf nicht in Obstruktion entarten.

LIT. StL VI ([6]1961) 12–17; N. Gehrig, Parlament, Regierung, Opposition (1969); I. Bode, Ursprung und Begriff der parlamentarischen Opposition (1962); A. S. Foord, His Majesty's Opposition (1964); K. Kluxen, Das Problem der polit. Opposition (1956).

Optimaten (lat. optimi). Die Besten, Aristokraten; Selbstbez. der regierenden Kreise Roms, d. h. der Senatoren, die den Populares entgegentraten. Dann seit Cicero auch ausgedehnt auf die konservativen Kräfte, zu denen auch Nichtsenatoren zählen konnten. Optimates: im MA Hochfreie.

optimus codex (der beste Codex). Die Handschrift, die bei der Überlieferung eines Textes in den meisten Fällen die besten Lesarten enthält. Während die Textkritik im 19. Jh. dem optimus codex weitgehend blind folgte, ist jetzt die Meinung durchgedrungen, daß es im letzten Sinn keinen optimus codex gibt.

Option.

[1] Das Recht der von Gebietsveränderungen in ihrer Staatsangehörigkeit be-

troffenen Personen, sich durch freien Willensakt für die alte Staatszugehörigkeit zu entscheiden. Das völkerrechtl. Optionsrecht, seit 1839 stärker ausgebildet, in den Friedensverträgen von Versailles und St. Germain anerkannt, scheint heute in der Praxis auf die Wahl zw. der Anerkennung des bestehenden Zustands oder Auswanderung reduziert.

[2] Bei den Kardinälen das Recht, sich nach ihrer Rangfolge für eine freie röm. Diakonie oder Titelkirche zu nominieren.

LIT. zu [1] J. L. Kunz, Die völkerrechtl. O. (1925); K. M. Meessen; Die O. der Staatsangehörigkeit (1966).

Opus (lat.). Werk, Schrift.

Opusculum (lat.). Kleine Schrift.

Ora et labora (Deus adest sine mora): Bete und arbeite (Gott ist da ohne Verzug). Wahlspruch der Benediktiner.

Orakel (von lat. oro, ich rede; oraculum). [1] Wahrsagung, Schicksalsspruch. [2] Stätte, an der eine Gottheit durch ein menschl. Medium auf Fragen Antworten oder Weissagungen erteilte. O. in fast allen Religionen und in verschiedensten Formen: animalisches O. (Tierkult) und lebloses bzw. Zeichen-Orakel (Baum-, Quellen-Orakel, Würfel-, Pfeil-Orakel), Beobachten des Vogelfluges, Deutung der Eingeweide von Opfertieren (Leberschau), von Losen, Träumen, bes. beim Schlaf im Tempel usw. Bekannte Orakelstätten: Dodona und Olympia (Zeus), Delphi (Apollo), Oase Siwa, Präneste. Im 4. Jh. n. Chr. verloren die Orakelstätten ihre Bedeutung.

LIT. M. Maaß (Hrsg.), Delphi (1996).

Orakelsammlungen. In Buchform unter dem Namen des Bakis und des Orpheus. Am bekanntesten die Sibyllinischen Bücher, in der röm. Religionsgeschichte von großer Bedeutung.

LIT. Pauly-Wissowa XVIII, 1, 829 bis 866; A. Bouché-Leclercq, Histoire de la Divination dans l'Antiquité. 4 Bde. (1879–82); P. Amandry, La mantique apollinienne à Delphes (1950).

Orans, Orante (von lat. orare, beten). Betende, meist weibl. Gestalt der altchristl. Kunst, stellt die arme Seele des Verstorbenen dar oder ist in Verbindung mit der Darstellung des »Guten Hirten« die Verkörperung des Gebets.

Orator. Ältere Bez. für Diplomaten, im 17. und 18. Jh. vor allem der ambassadeur; auch bes. Titel bestimm-

ter Gesandter, z. B. des kaiserl. Gesandten in Konstantinopel oder der → Wiener Oratoren.

Oratorianer. Verein von Weltgeistlichen, von Filippo Neri 1564 zu Rom gestiftet, 1575 förml. errichtet, 1612 von Paul V. bestätigt. Der Name leitet sich her von einem Oratorium (Bethaus), in dem Neri geistl. Übungen und Andachten abhielt. Hauptsitz war S. Maria in Vallicella in Rom. Nach Neris Vorbild stiftete Bérulle 1611 das Oratoire de Jésus, eine Weltpriesterkongregation ohne Gelübde, die sich rasch verbreitete. Bedeutende Gelehrte wie Malebranche, Thomassin, Massillon gehörten ihr an.

LIT. G. de Libero, Vita di S. Filippo Neri, Apostolo di Roma (1970); M. Jouhandeau, Ph. Neri (1957; dt.: Der heilige Narr, 1960); A. George, L'Oratoire (1928); M. Dupuy, Bérulle et le sacerdoce (1969); HKG IV (1967), V (1970).

Oratorium. Bez. für Kapelle im MA, später für einen nicht öffentl. Betraum.

Orden → Augustineremiten, → Benediktiner, → Bettelorden, → Deutscher Orden, → Dominikaner, → Franziskaner, → Jesuiten, → Johanniter, → Kamaldulenser, → Kamillianer, → Kamillianerinnen, → Kapuziner, → Karmeliten, → Kart(h)äuser, → Mercedarier, → Prämonstratenser, → Ritterorden, → Schwertbrüder, → Somasker, → Templerorden, → Theatiner, → Trappisten, → Zisterzienser.

LIT. M. Heimbucher, Die O. und Kongregationen der kath. Kirche. 2 Bde. ([5]1932–34; 1966); StL VI ([6]1961) 17–32.

Orden K→ Ehrenzeichen.

Ordenskunde. Die O. befaßt sich mit Ehrenzeichen, Orden, Medaillen und Abzeichen, die an Einzelpersonen und Gruppen verliehen werden; eine Art histor. Hilfswissenschaft.

LIT. M. Gritzner, Handbuch der Ritter- und Verdienstorden aller Kulturstaaten der Welt innerhalb des XIX. Jh. (Nachdruck 1962).

Orden vom Heiligen Grab.
[1] Im 13. Jh. gegründeter, 1496 vom Papst Alexander VI. bestätigter, ehemals militär., heute autonomer weltl. päpstl. Ritterorden. Der Name des Ordens ist auf den Brauch zurückzuführen, den Ritterschlag während des Kreuzzüge am Hl. Grab zu Jerusalem zu erteilen. Ordenszeichen ist das rote Jerusa-

lemkreuz, das am schwarzen Bande getragen wird.

[2] Vom König Heinrich III. von Frankreich 1578 gestifteter, bis 1789 und 1815–30 höchster franz. Orden. Die Erlangung des Ordens setzte den Besitz des franz. Michaelsordens voraus. Das Ordenszeichen besteht aus einem grünen Malteserkreuz mit weißen Rändern; in der Mitte zeigt es eine Taube (Symbol des Hl. Geistes), in den Kreuzwinkeln die bourbon. Lilien und auf der Rückseite den Erzengel Michael.

Ordinariat, bischöfliches. Im weiteren Sinne syn. mit Diözesankurie, im engeren gebraucht für die dem Generalvikar unterstehende Behörde für alle Angelegenheiten der Bistumsverwaltung. Der Name O. stammt aus dem 17. Jh., doch ist das Amt selbst so alt wie das des Generalvikars.
LIT. LThK VII (²1962) 1209.

Ordinarius. Aus iudex ordinarius entstandene Kurzform, bezeichnet jeden Inhaber der iurisdictio ordinaria, d. h. in der kath. Kirche den Papst und a) die Ordinarii locorum: den regierenden Bischof, den gefreiten Abt oder Prälaten, den apostolischen Administrator, Vikar bzw. Kapitelsvikar usw.;
b) die Personalordinarii wie die Vorsteher exemter Orden.
c) der durch Berufung auf einen Lehrstuhl auf Lebenszeit ernannte ordentl. Universitätsprofessor. Seit der Abschaffung der »Ordinarienuniversität« mit der Universitätsreform der 70er Jahre unüblich.

Ordination. Kirchl. Weihe, durch die eine Person in die kirchl. Hierarchie (hierarchia ordinis), in eine bestimmte Weihestufe (Ordo) und in das Leitungsgremium einer bestimmten Gemeinde aufgenommen wird (Ordines maiores, Höhere Weihen): Weihe zum Diakon, Priesterweihe, Bischofsweihe. Aus praktischen Gründen entwickelte sich in den Kirchen der Reformation, die das allg. Priestertum lehrten, aus der Einführung in den Dienst einer Gemeinde ein Ritus der Ordination, der als einmalige Berufung ins Amt gedeutet wird, während die Einweisung in eine bestimmte Stelle als **Introduktion** bezeichnet wird.

Ordonnanz (ordonnance, ordonnance royale). In Frankreich seit dem 12. Jh. bis in die Zeit der Restauration alle königl. Erlasse mit Gesetzeskraft. Es werden unterschieden Ordonnanzen im engeren Sinn (Allgemeines), Edikte (über spezielle Fragen), Deklarationen (Erläuterungen von Gesetzen), Règlements (Ausführungsbestimmungen).

Organische Artikel. Von Napoleon gemachte Hinzufügungen zu dem mit Consalvi ausgehandelten Konkordat von 1801, insgesamt 77 Artikel, die mit dem Konkordat als Staatsgesetze gelten sollten. Sie greifen auf die Gallikanischen Artikel von 1682 zurück, welche sie für den theolog. Unterricht vorschreiben, beleben die Grundsätze des franz. Staatskirchentums wieder – und abgeschwächt – die kirchenpolit. Praxis der Revolutionszeit. Im einzelnen führen sie das staatl. Plazet für die Verkündigung päpstl. Erlasse in Frankreich ein, verbieten die Entsendung päpstl. Gesandter außer dem beglaubigten Nuntius, erklären nur den von der Regierung genehmigten Katechismus für zulässig, führen den »appel comme d'abus« ein, d. h., die Appellation vom geistl. an das weltl. Gericht.
LIT. A. Mercati, Raccolta di concordati su materie ecclesiastiche tra la Santa Sede e le autorità civili (1954); G. Desdevises du Dezert, L'Église et l'État en France 1598–1906 (1906/08); S. Delacroix, La réorganisation de l'Église de France après la Révolution (1962); A. Latreille, Napoléon et le Saint-Siège, 1801–08 (1935); H. H. Walsh, The concordat of 1801 (1933); HKG VI, 1 (1971); → Konkordate.

Organisches Statut. Die poln. Revolution von 1830 bot Zar Nikolaus I. (reg. 1825–55) den Anlaß, die kath. Polen und Litauer unter das russ. Staatskirchentum zu beugen. Handhabe dazu sollte das O. S. (1832) sein, mit dem die Aufhebung von Klöstern verfügt, konfessionelle Mischehen im Sinne der russ. Staatskirche geregelt, die Veröffentlichung päpstl. Erlasse verboten wurde.

organische Staatsauffassung. Auffassung des Staates nach Art eines Organismus, von organ. Weltanschauung, Absage an den rational konstruierten »Maschinen- bzw. Polizeistaat« der Aufklärung und des Absolutismus, von starkem Sensorium für die irrationalen Mächte im Staatsleben und von dem histor. Entwicklungsgedanken geprägt. Als Idee alt, erfuhr die o. S. als Gegenbewegung gegen die Französische Revolution, gegen Absolutismus, Rationalismus und individualist. Liberalismus unter dem Einfluß des engl. antirevolu-

Orient

tionären Staatsdenkers Edmund Burke und des Gedankenguts der Romantik über Persönlichkeit, Volk, Geschichte, historisches Recht, Freiheit und Bindung ihre Ausprägung im frühen 19. Jh. (→ politische Romantik). Die organ. Weltanschauung mit dem Willen zur Totalität, die »souveräne Allgegenwart« der religiösen Idee, die Deutung des Staates als Makranthropos und »innige Verbindung der gesamten physischen und geistigen Bedürfnisse ... des gesamten inneren und äußeren Lebens einer Nation zu einem großen, energischen, unendlich bewegten und lebendigen Ganzen« (A. Müller) sind charakterist. für die organ. Staatstheorie. Zentralen Platz nimmt darin auch ein die »Idee des Bleibenden unter allem Vergänglichen«. Der Zusammenhang der aufeinander folgenden Generationen, das Ineinanderleben von Vergangenheit, Gegenwart und Zukunft wird nachdrücklich betont, der histor. Sinn geschärft, der Volksgeist in seiner Eigenart hochgeschätzt. Der Staat ist nach der organ. Staatstheorie nicht durch Vertrag zustande gekommen, vielmehr eine sittl., aus dem Volksgeist erwachsende organ. Persönlichkeit.
Bedeutendster Vertreter der organ. Staatstheorie: Adam Heinrich Müller (1779–1829). Philosophisch grundlegend ist Müllers ›Lehre vom Gegensatz‹ (1804; Erstlingswerk). Seine für die Staatstheorie der späten Romantik, z. T. auch der Restauration und für eine jüngere kath.-universalist. Staatsauffassung wichtigsten Werke: ›Von der Idee des Staates‹ (1809); ›Die Elemente der Staatskunst‹ (3 Bde., 1810; Müllers Hauptwerk, neue Auflage 1922); ›Versuch einer neuen Theorie des Geldes‹ (1816); ›Von der Notwendigkeit einer theologischen Grundlage der gesamten Staatswissenschaften und der Staatswirtschaft insbesondere‹ (1820, neue Aufl. 1898).
Neben Müller wurde die o. S. u. a. vertreten von Friedrich .Schlegel, Joseph Görres, in den Kreisen der Wiener Spätromantik, z. T. auch von dem Reichsfreiherrn vom Stein u. a. Die Grenzen zur Restauration sind fließend.
LIT. C. Schmitt, Polit. Romantik (²1925); Fr. Meinecke, Weltbürgertum und Nationalstaat, hrsg. von H. Herzfeld (1962); J. Baxa, A. Müllers Lebenszeugnisse. 2 Bde (1967); P. Kluck-

hohn, Das Ideengut der dt. Romantik (⁵1966); →politische Romantik (mit weiterer Lit.).

Orient (lat. oriens [sol], aufgehende Sonne; von oriri, aufgehen, sich erheben). Land im Osten, wo die Sonne scheinbar aufgeht; von Luther verdeutscht: Morgenland; Näherhin Vorderasien mit Ägypten, in der frühen NZ das Gebiet des Osmanischen Reiches. Der Begriff wird auch auf Gesamtasien ausgedehnt (z. B. in der Orientalistik). Heute ist die Unterscheidung Naher Osten = Orient im engeren urspr. Sinn, Ferner Osten = China, Japan verbreitet.
Orientalen: Bewohner des Orients; orientalische Frage: Verhältnis der europ. Großmächte zur verfallenden Osman. Großmacht, bes. im 17. und 18. Jh.
LIT. E. Schulin, Die weltgeschichtl. Erfassung des O. bei Hegel und Ranke (1958); J. Fischer, Oriens-Occidens-Europa (1957); W. Hartner, Oriens – Occidens. 2 Bde. (1968–83).
Orientalistik, orientalische Philologie, Orientkunde. Wissenschaft von den oriental. Sprachen, Literaturen und Kulturen. Nach ersten, von den Päpsten veranlaßten Bemühungen um die oriental. Sprachen (um 1250 Errichtung eines Lehrstuhls für Arabisch an der Universität von Paris) förderten die Humanisten, dann die Reformation das Studium des Hebräischen. Die durch Jesuitenmissionare vermittelten Kenntnisse über China (17. und 18. Jh.), die Entzifferung der Hieroglyphen und der Keilschrift, die Erforschung der Quellen des alten Orients ließen den Stoff ungeheuer anwachsen und führten zur Aufspaltung der O. in zahlreiche Einzelwissenschaften: Ägyptologie, Assyriologie, Semitistik, Hebraistik, Arabistik, Islamkunde, Iranistik, Turkologie, Mongolistik, Sinologie usw. Der Förderung der O. dienen die Asiat. Gesellschaften und die Orientalistenkongresse.

Oriflamme (franz., Goldwimpel; von lat. aurum, Gold; flamma, Flamme). Die ehem. Kriegsfahne der franz. Könige, mit goldenen Sternen auf rotem Grund, wahrscheinl. urspr. das Banner der Abtei St. Denis, das die Könige als Schirmvögte des Klosters übernahmen.

Original (lat. origo, Ursprung).
[1] Urbild, urspr. Schöpfung, Urschrift (autographa), im Unterschied zur Nachahmung, zur Kopie.

[2] Quellenkritischer Begriff. Das O. einer Urkunde z. B. ist die Ausfertigung, die auf Anordnung oder mit Genehmigung des Ausstellers dem Empfänger ausgehändigt wurde. Von dem O. oder den ihm am nächsten stehenden Formen der Überlieferung hat die Edition grundsätzlich auszugehen.

Originaldrucke. Bez. für vom Verfasser selbst kontrollierte Drucke.

Orléansscher Krieg → Pfälzischer Erbfolgekrieg.

Orphik. Philosophisch-religiöse Bewegung der Antike, aus der Verschmelzung griech., thrak. und vorderasiat. Elemente entstanden, Mysterienkult, der durch ein reines »orphisches Leben« seinen Anhängern ein seliges Jenseits zu sichern vorgibt.
LIT. Pauly-Wissowa XVIII, 2.

orphisch-dionysisch. Nachdem Schelling bereits eine dionys. Denkweise der apollinischen gegenübergestellt hatte, wurde das Begriffspaar »o.-d.« durch F. Nietzsche, ›Geburt der Tragödie aus dem Geist der Musik‹ zur allgemeinen Bedeutung gebracht. Dionysisch meint dabei rauschhafte Bejahung des Lebens, die religiöse Formen annimmt; apollinisch dagegen Streben nach Klarheit und Überschaubarkeit.
LIT. J. von Rintelen, Von Dionysos zu Apollon (1948).

Orphische Literatur. Sammelbez. für die unter Orpheus' Namen überlieferten Dichtungen (in Hexametern).
LIT. W. Quandt (Hrsg.), Orpheus, Hymni (²1955).

orthodoxe Kirchen. Aus der byzantin. Kirche hervorgegangen, seit dem Morgenländischen Schisma in ihrer Mehrzahl von der kath. Kirche getrennte (Ost-)Kirchen. Zentrum der o. K. war der Patriarch von Konstantinopel (für die Russ. Kirche schon 1589 ein eigener Patriarch) bis zur Auflösung des türk. Großreiches in selbständige Staaten und zur Ausbildung autokephaler Kirchen, die sich jedoch auf Grund ihrer Gleichförmigkeit in Liturgie und Hierarchie trotz der Verschiedenheit der Kultsprache als Einheit fühlen und dem Patriarchen von Konstantinopel einen Ehrenvorrang einräumen. 1830 erklärte sich die serbische (südslaw.) Kirche für selbständig (1879 völlige kirchl. Autonomie), 1833 die griech. Kirche (Kirche von Hellas), 1856 die rumän., 1870 die bulgar. Kirche. O. K. gibt es ferner in Albanien, Estland, Finnland, Tsche-

choslowakei, USA, Australien. Unionsverhandlungen mit der Röm. Kirche auf den Konzilien von Lyon (1274), Ferrara-Florenz (1439) und 1453 hatten keinen Erfolg und führten auch später über Teilunionen (z. B. mit den Ruthenen [Brest-Litowsk 1595]) nicht hinaus. Ergebnislos blieben auch die Kontaktversuche der Kirchen der Reformation (Ph. Melanchthon, Zinzendorf u. a.), dagegen sind die Beziehungen zur anglikan. Kirche hergestellt und freundschaftlich.
LIT. LThK 7 (1962) 1246–56; A. Ammann, Abriß d. ostslaw. Kirchengeschichte (1950); J. Meyendorff, L'Eglise orthodoxe hier et aujourd'hui (1960); HKG III–V (1962–70); E. von Ivánka u. a., Hdb. der Ostkirchenkunde (1970).

Orthodoxie (griech. orthós, richtig, und dóxa, Glauben, Meinung). Rechtgläubigkeit, Strenggläubigkeit.

Osiandrischer Streit. Von dem prot. Theologen Osiander (1498–1552) mit Philipp Melanchthon und dessen Anhängern (»Philippisten«) geführter Streit über Wesen und Verständnis der Rechtfertigung, in dem Osiander Luthers genuinen Standpunkt vertrat; beigelegt durch die Konkordienformel.
LIT. RGG ³IV 1730f.

Ossianische Dichtung. Von James Macpherson 1760–63 veröffentlichte, ›Ossian the Son of Fingal‹ zugeschriebene Dichtungen, deren Unechtheit erst im 2. Viertel des 19. Jh. nachgewiesen wurde; von Macpherson auf Grund albanogäl. Überlieferung und zeitgenöss. Literatur geschaffen. Die rauhe ossian. Landschaft, die mit der lyrisch-anakreont. Stimmung kontrastierende Welt Ossians, Geniebegriff und Volkspoesie haben dieser Dichtung und dem Ossianismus im späten 18. Jh. weite Verbreitung und starke Nachwirkung gesichert.
LIT. RDL II (²1965) 869–74.

Oss(u)ar(ium). Raum oder Gefäß zur Bergung menschl. Gebeine, im Orient sehr früh verbreitet, im MA als Beinhaus üblich.
LIT. E. M. Meyers, Secondary Burials in Palestine. In: Biblical Archaeologist, 33 (1970).

Ostdeutsche Kolonisation, Ostkolonisation. Unter dieser leicht mißverständlichen Bez. wird die Besiedlung sowie die wirtschaftl. und kulturelle Erschließung der Gebiete östl. der Elbe-Saale und des Böhmerwaldes bis zum

Finnischen Meerbusen, bis zur Save und zum Schwarzen Meer sowie die polit. Angliederung von Gebieten im Osten des Reiches verstanden. Die O. ist eine Reaktion auf eine vorhergegangene Westbewegung der Slawen und reicht von der Zeit Karls d. Gr. bis ins 18. Jh. mit den Höhepunkten im 13. und 14. Jh. Die O. ist Leistung dt. Fürsten, Ritter, Mönche, Bürger und Bauern. Ihre Schwerpunkte liegen a) im Südosten: bayr. Ostmark, Österreich, österreich. Alpengebiete, b) im Sudetenraum, c) im norddt. Tiefland von der Elbe über Ostpreußen bis ins Baltikum und in Schlesien.
Die O. ist keine einheitl. Bewegung, vielmehr in zahlreiche Einzelaktionen aufgelöst und von vielen Rückschlägen begleitet. Bereits im 8. Jh. setzte das Vordringen des bairischen Stammes nach Südosten ein, verstärkt nach den Awarenkriegen Karls d. Gr. und den Siegen Heinrichs I. und Ottos d. Gr. über die Ungarn, die fortan auf Pannonien beschränkt waren. Die Errichtung und Verselbständigung der bayer. Mark an der Donau unter den Babenbergern (Ostarrîchi 996), deren Besitz durch Heinrich II. vergrößert wurde, der bayer. Einfluß in Ungarn und das Vordringen der dt. Besiedlung in Kärnten und Steiermark sind die wichtigsten Daten der Südostkolonisation im 10. Jh. Östlich der Saale, zw. Elbe und Oder und an der Unterelbe wurde durch Heinrich I., Otto d. Gr., Markgraf Gero die dt. Herrschaft polit.-militär. nach Osten vorgeschoben, aber nicht durch Siedlung gesichert, so daß diese Gebiete im Wendenaufstand von 983 bis auf die Mark Meißen der Wettiner wieder verlorengingen.
Die von Otto d. Gr. mit der Gründung des Erzbistums Magdeburg (968), der Bistümer Merseburg, Zeitz und Meißen, von Heinrich II. mit der Stiftung des Bistums Bamberg (1007) geförderte Christianisierung geht mit der O. Hand in Hand. Übervölkerung im Altreich, Veränderung im Wesen der Grundherrschaft lassen die Kolonisationsbemühungen der geistl. und weltl. Fürsten für ostdt. Grenzlande, aber auch der slaw., dem Christentum und dem Deutschtum gewonnenen Fürsten zu einer mächtigen Bewegung im 12.–14. Jh. werden. Ca. 1140 eroberte Adolf II. von Holstein das Land der Wagrier (Ostholstein), Markgraf Albrecht der Bär den

westl. Teil der Mark Brandenburg; im Vogtland und um Eger förderten die ersten Staufer die Ostkolonisation. In die Randgebiete von Böhmen und Mähren vor allem strömten unter den häufig mit dt. Fürstinnen vermählten Przemysliden dt. Bürger, Bergleute und Bauern ein. Von dem 1156 zum Herzogtum erhobenen Österreich wurde die Kolonisation nach Osten und Südosten weiter vorgetragen. Heinrich der Löwe unterwarf das westl. Mecklenburg. Im östl. Mecklenburg und in Pommern gewann unter einheimischen Fürsten, die später Reichsfürsten wurden, die dt. Siedlung an Boden. In Schlesien wurde die dt. Kolonisation durch die einheimischen Piastenherzöge, die Bischöfe von Breslau und die Klöster gefördert. Das Werk des Deutschen Ritterordens ist die Kolonisation in Preußen bis an die Grenze von Litauen und in ihren Ausläufern in Livland, Kurland, Estland. Zentren dt. Siedlung in Ungarn waren Siebenbürgen, das Burgenland, die Zips. Beträchtlich war der Anteil der Zisterzienser und der Hanse an der O. K. Fast alle Städte Böhmens, Polens, Ungarns sind von Deutschen angelegt, mit dt. Recht begabt oder von einem starken dt. Bevölkerungsanteil mitgeprägt (z. B. Krakau, Lemberg, Posen usw.).
Seit der zweiten Hälfte des 14. Jh. ließ die O. K. infolge der großen Menschenverluste durch die Pest von 1348, der Verschlechterung der Siedlungsbedingungen und der langsam entstehenden nationalen Widerstände nach. Die Niederlagen des Dt. Ritterordens im Kampf mit der poln.-litau. Großmacht verschlechterten die Situation für die Ostsiedlung. Im 17. Jh. setzte nach der Zurückdrängung der Türken ein starker dt. Siedlungsstrom nach Ungarn ein (Száthmar, Báranya, Banat). Allerdings wurden diese Siedlungsbewegungen durch Seuchen und milit. Niederlagen häufig unterbrochen oder gar vernichtet.
Unter Maria Theresia und Joseph II. wurde die dt. Besiedlung im Banat, in Siebenbürgen, in der Bukowina, in Galizien gefördert. Die Siedler kamen hauptsächlich aus Südwestdtl., der Freigrafschaft Burgund, Lothringen, den österreich. Niederlanden, dem Kurrheinischen Kreis. Nach dem Nordischen Krieg förderte Friedrich Wilhelm I. die Wiederbesiedlung von Ostpreußen und Litauen. Planmäßig betrieb Friedrich II.

die Kolonisation in Pommern, im Oderbruch, in der Kur- und Neumark, sowie in dem mit der 1. Polnischen Teilung erworbenen Westpreußen. An die untere Wolga, nach Bessarabien, in das Schwarzmeergebiet und nach Wolhynien wurden dt. Siedler von Katharina d. Gr. und Alexander I. gezogen. Die dt. Siedlungsgebiete in Rußland, bes. in der Ukraine und an der Wolga, in Estland, Lettland, Polen, Rumänien, Ungarn, Tschechoslowakei, Jugoslawien gingen während des Zweiten Weltkrieges und unmittelbar danach zum größten Teil durch Vertreibung und Aussiedlung unter; nur in geringem Umfang behaupteten sich geschlossene dt. Siedlungsgebiete in Rumänien und Ungarn.

LIT. R. Kötzschke-W. Ebert, Geschichte der o. K. (1937); E. Klebel, Siedlungsgeschichte des dt. Südostens (1940); F. Valjavec, Geschichte der dt. Kulturbeziehungen in Südosteuropa. 2 Bde. (²1954–55); G. Rhode, Die Ostgebiete des Dt. Reiches (²1953); Atlas zur Geschichte der dt. Ostsiedlung, bearb. von W. Krallert u.a. (1959); W. Kuhn, K. Bosl u.a., in: Leistung und Schicksal, hrsg. von E. G. Schulz (1967); H. Beumann (Hrsg.), Heidenmission und Kreuzzugsgedanke in der dt. Ostpolitik des MA (²1973); W. Schlesinger (Hrsg.), Die dt. Ostsiedlung als Problem der europ. Geschichte (1975); Zs. für Ostforschung seit 1952.

Osterkerze. Sinnbild des auferstandenen Christus.

Ostern. Die Feier des für die Christenheit zentralen Osterfestes wurde von dem 1. Konzil von Nikäa (325) zur Beendigung des Osterfeststreits und zur völligen Trennung des christl. Osterfestes von der jüd. Passahfeier auf den ersten Sonntag nach dem ersten Frühlingsvollmond festgelegt, d.h. auf den Sonntag nach dem Vollmond, der auf oder zunächst nach dem 21. März (Frühlingsanfang) fällt.

Hieraus ergeben sich für die Osterfestberechnung 35 verschiedene Möglichkeiten (dies vagi) zw. dem 22. März und dem 25. April. Die Ordnungsnummer 1–35 ist die jeweils wechselnde Festzahl eines Jahres. Der früheste Ostertermin, der 22. März, tritt ein, wenn Vollmond und Frühlingsanfang (21. 3.) zusammenfallen und dieser Tag ein Samstag ist; der späteste Ostertermin tritt ein, wenn der 1. Frühlingsvollmond erst auf den 18. April fällt und dieser Tag ein Sonntag ist. O. fällt dann auf den 25. 4. Der 22. 3. und 25. 4. heißen »Ostergrenzen« (termini paschales). → Ostertafeln gaben bis in die NZ jeweils das Osterdatum an. Da die ma. Osterfestberechnung von irrigen Voraussetzungen bzw. ungenauen Kenntnissen über das trop. Jahr und die synod. Monate ausging, stimmte die Osterberechnung und das auf O. aufbauende Kirchenjahr, schließlich der gesamte Kalender nicht mehr, so daß im 16. Jh. eine Reform notwendig (→ Kalenderreform) und der alte Julianische durch den Gregorianischen Kalender abgelöst wurde.

LIT. H. Grotefend, Hdb. der histor. Chronologie (1872); Grotefend (¹¹1971); J. Schmid, Die Osterfestberechnung in der abendländ. Kirche (1907); Clavis mediaevalis, 181 f.

Österreichischer Erbfolgekrieg, 1740 bis 1748 geführt um die Erbfolge der Tochter des letzten männl. Habsburgers, Kaiser Karls VI. († 1740), Maria Theresia, in den habsburg. Ländern. Die Erbfolge war durch die, auch von den europ. Mächten anerkannte und garantierte → Pragmatische Sanktion geregelt, wurde aber von Bayern und Sachsen, wegen der Ansprüche der josephin. Prinzessinnen Maria Amalia, Gemahlin des Kurfürsten Karl Albrecht von Bayern, und Maria Josepha, Gemahlin des Kurfürsten von Sachsen, angefochten, von Spanien mit dem Ziel einer Rückerwerbung der im Spanischen Erbfolgekrieg verlorenen Gebiete (südl. Niederlande, Herzogtum Mailand) bekämpft. Die Gegner der Pragmat. Sanktion fanden die Unterstützung Frankreichs, wo sich die Friedens- und Vermittlungspolitik des Kardinals Fleury gegen die Kriegspartei um Belle-Isle nicht durchsetzen konnte. Frankreich trat auf die Seite Bayerns (Nymphenburger Vertrag) und schloß mit Friedrich II. von Preußen am 4. 6. 1741 in Breslau ein Bündnis, in dem es Preußen den Erwerb Schlesiens zusagte, indessen Friedrich auf seine Ansprüche auf die pfalz-neuburg. Herzogtümer Jülich-Berg verzichtete und sich zur Wahl des Kurfürsten von Bayern, Karl Albrecht, zum Römischen König verpflichtete. Dem bayer.-sächs. Vertrag von Frankfurt (1741) schloß sich Frankreich an. Österreich war zunächst, da Schweden an Rußland im August 1741 den Krieg erklärte und Georg II. von England für

Hannover den Neutralitätsvertrag mit Frankreich schloß (27. 9. 1741), auf sich selbst angewiesen, wurde aber später durch die Seemächte (England und Holland) und schließlich auch Rußland unterstützt. Die mit dem Ö. E. z. T. parallel laufenden beiden Schlesischen Kriege, die sich aus der besonderen Situation Preußens und der auf Ausbildung einer preuß. Großmacht abzielenden Politik Friedrichs II. erklären, wirkten z. T. entscheidend auf den Verlauf des Krieges zurück.

Verlauf: Franz., bayer. und sächs. Truppen eroberten am 26. 11. 1741 Prag, wo Karl Albrecht sich als König von Böhmen huldigen ließ, doch konnte Böhmen nach der Konvention von Klein-Schnellendorf wieder befreit und Bayern von den Österreichern besetzt werden (Februar 1742), während Karl Albrecht, seines Stammlandes verlustig, in Frankfurt zum Römischen Kaiser (Karl VII.) gewählt wurde. Nach der Beendigung des Ersten Schlesischen Krieges (Präliminarfriede von Breslau 11. 6. 1742, Friede von Berlin 28. 7. 1742) und dem Friedensschluß mit Sachsen verlagerte sich der Schwerpunkt des Ö. E. an den Rhein. Die Pragmatische Armee unter Führung König Georgs II. von England schlug die Franzosen bei Dettingen (27. 6. 1743). Vergeblich versuchte Friedrich II. den machtlosen, in Frankfurt residierenden Wittelsbacher »Gegenkaiser« Karl VII. zu stützen (Frankfurter Union, 22. 5. 1744; Pariser Allianz mit Frankreich, 5. 6. 1744). Nach milit. Erfolgen Österreichs gegen Frankreich an der Oberrheinfront eröffnete Friedrich II., um das Anwachsen der habsburg. Macht zu bremsen, den Zweiten Schlesischen Krieg mit dem Einfall in Böhmen im August 1744. Österreich, die Seemächte und Sachsen schlossen die Warschauer Quadrupelallianz (8. 1. 1745). Nach dem Tod Kaiser Karls VII. verzichtete sein Sohn und Nachfolger Kurfürst Max III. Joseph (1745–77) im Frieden von Füssen (22. 4. 1745) auf die bayer. Erbansprüche, anerkannte die Pragmat. Sanktion und versprach die bayer. Kurstimme für die Wahl Franz Stephans (des Gemahls Maria Theresias) zum Kaiser abzugeben. Nach den glänzenden militär. Erfolgen Friedrichs II. im Zweiten Schlesischen Krieg (Hohenfriedberg und Kesselsdorf) bestätigte der Dresdener Friede Preußen im Be-

sitz von Schlesien und beendete den Krieg im Reich mit der Anerkennung Franz' I. als Kaiser durch Preußen. Im See- und Kolonialkrieg behielten die Engländer über Frankreich die Oberhand, doch auf dem europ. Kontinent errangen die Franzosen unter Marschall Moritz von Sachsen die Siege bei Fontenoy (11. 5. 1745), Raucoux (11. 10. 1746) und Laffeld (2. 7. 1747) und eroberten die österreich. Niederlande. In Oberitalien wichen die Franzosen nach der Niederlage bei Piacenza (11. 6. 1746) zurück. Das Kriegsende wurde durch das Eingreifen Rußlands auf Grund eines Bündnisses mit Österreich und die Entsendung eines russ. Heeres an den Rhein herbeigeführt. Der Friede von Aachen (18. 10. 1748) beendete den Ö. E., brachte Maria Theresia die allg. Anerkennung für ihre Erbfolge, legte aber auch mit seinen Bestimmungen den Grund für die polit. Entfremdung zw. Österreich und den Seemächten.

LIT. M. Immich, Geschichte des Europ. Staatensystems von 1660–1789 (1905) 304 ff.; Th. Schieder (Hrsg.), Hdb. der Europ. Geschichte IV (1968) 42 ff.; Spindler, II 466 ff.; A. von Arneth, Maria Theresias erste Regierungsjahre. 3 Bde. (1864–65); M. Sautai, La Guerre de la Succession d'Autriche. 2 Bde. (1907/10); R. Koser, König Friedrich d. Gr. 4 Bde. ([7]1925); A. Berney, Friedrich d. Gr., Entwicklungsgeschichte eines Staatsmannes (1934); B. Williams, The Whig Supremacy, 1714–1760 (1939); F. Wagner, Kaiser Karl-VII. und die großen Mächte 1740–1745 (1939); J. M. White, Lorbeer und Rosen. Graf Moritz von Sachsen, Maréchal de France (1962); H. Hantsch, Reichsvizekanzler Friedrich Karl Graf von Schönborn 1674 bis 1746 (1929); W. Kainrath, Die geistl. Reichsfürsten im österreich. Erbfolgestreit 1740–1746 (Diss. Wien 1950).

Österreichisches Institut für Geschichtsforschung → Institut für österreichische Geschichtsforschung.

Österreichisches Staatsarchiv. In Wien, gegründet 1945, besteht aus dem a) Haus-, Hof- und Staatsarchiv, gegr. 1749, das u. a. die für die dt. Geschichte wichtigen Reichsarchive enthält und der Habsburgisch-Lothringische Familienarchiv, b) dem Allgemeinen Verwaltungsarchiv (gegr. 1820), c) dem Finanz- und Hofkammerarchiv, gegr.

1892, d) dem Kriegsarchiv, das aus dem 1711 gegr. Hofkriegsrätlichen Kanzleiarchiv entstanden ist, e) dem Archiv für Verkehrswesen, gegr. 1897 (→ Archiv).
Osterstil. Eine der sieben Möglichkeiten im MA und in der frühen NZ, das Jahr beginnen zu lassen (→ Chronologie). Da Ostern auf 35 verschiedene Daten zw. dem 22. März und dem 25. April fallen kann, ergeben sich ebenso viele Möglichkeiten für den Jahresanfang. Beim O. hat das Jahr außerdem nicht 365 Tage, sondern wechselnde Tageszahl, je nach dem Einfallen des nächsten Osterdatums. Der Beginn eines Osterjahres war meist am Karsamstag nach der Weihe der Osterkerze (a cereo paschali, après le cierge bénit). Die etwa in einem Osterjahr doppelt vorkommenden Daten wurden mit post pascha, après pâques und ante pascha, avant pâques geschieden. Der O. herrschte von Philipp I. bis 1564 in den meisten Gebieten Frankreichs (daher auch Mos Gallicus, stilus Gallicus, stile de France genannt), in weiten Teilen der Niederlande (stile de Namur, more Brabantico usw.) und zeitweise von 1222 bis 1310 in Köln und seinen Suffraganbistümern.
Ostertafel, Osterkanon (tabula paschalis). Die O. gibt in Tabellenform den bewegl. Ostertermin auf der Grundlage des Osterzyklus von 532 Jahren gewöhnlich für diesen Zeitraum an. Größte Bedeutung erlangte die O. des Abtes Dionysius Exiguus (ca. 525; † 540); von ihr abhängig die Werke des Beda Venerabilis (ca. 673–735). Durch die O. des Dionysius begann sich die Jahreszählung nach Inkarnationsjahren in der christl. Welt durchzusetzen.
LIT. Clavis mediaevalis, 182f.; Grotefend ([11]1971).
Osterzeit. Die fünfzig Tage nach Ostern bis Pfingsten (Pentekoste = der fünfzigste Tag); der vierzigste Tag nach Ostern ist Christi Himmelfahrt, das im 5. Jh. den Charakter eines eigenen Festes erhielt. Aus der am »Weißen Sonntag« endenden Taufwoche entwickelte sich eine Oktav.
Ostiarier (lat. ostiarius; aedilis, scario).
[1] Pförtner. Niederes Kirchenamt, Weihestufe der niederen Weihen in der Westkirche. Die Aufgaben der O. sind bereits früh auf den Mesner übergegangen.
[2] Niederes Hofamt mit den Aufgaben eines Zeremonienmeisters. Unter Ludwig dem Frommen hatte der summus ostiarius (magister ostiariorum) größere Bedeutung.
Ostindische Kompanie. Bez. für verschiedene europ. Handelsgesellschaften des 17. und 18. Jh. Ziel dieser Kompanien war, nachdem das in Ostindien maßgebende Portugal 1580 unter span. Herrschaft gekommen war, den Handel mit dem Fernen Osten an sich zu reißen. Die wichtigsten Ostindischen Kompanien waren:
1. Die 1602 gegr. **holländische Ostindische Kompanie,** von den Kollegium der »Siebzehn Herren« geführt, mit einem starken Übergewicht Amsterdams. Gemeinsam mit der engl. Ostindischen Kompanie brach sie die Seeherrschaft Portugals und brachte dann den Handel mit Muskat, Gewürznelken (Molukken, Gewürzinseln), Zimt (hauptsächlich von Ceylon), nachdem die Engländer aus dem südostasiat. Archipel verdrängt waren, an sich.
2. Die englische Ostindische Kompanie, 1709 zur neuen **Vereinigten Ostindischen Kompanie** erweitert, hauptsächlich in Vorderindien, dort mit den Franzosen (Pondichéry und Tschandanagore) und den Holländern bis zum Ende des Siebenjährigen Krieges rivalisierend, dann absolut dominierend.
3. Die von Colbert zur Stärkung der franz. Wirtschaft 1664 gegr. **Ostindische Kompanie,** eine halbstaatl. Unternehmung, die während des 18. Jh. zu einer gefährl. Konkurrenz der engl. wurde, mit dem Frieden von Paris (1762) jedoch ihre Bedeutung einbüßte und 1770 aufgelöst wurde.
4. Wenig bedeutend waren die 1616 gegr. **dänische Ostindische Kompanie,** die schwedische, die österreichische **(Ostendische Handelskompanie)** unter Karl VI., die der Einspruch Englands und der Generalstaaten bald nach der Gründung (1721) vernichtete (Suspension 1727 in den Friedenspräliminarien von Paris).
LIT. S. van Brakel, De hollandsche handelscompagnien der 17[c] eeuw (1908); C. L. Reid, Commerce and conquest, the story of the Honourable East India Company (1950); H. Weber, La compagnie française des Indes, 1604–1875 (1904); M. Laude, La compagnie d'Ostende (1944).
Ostraka. Topfscherben. Als Beschreibstoff anstelle von Papyros im At.

oft verwendet, betreffen meist Rechnungen, Notizen.

Ostrakismos. Scherbengericht. Ca. 507 v. Chr. in die athen. Verfassung eingeführt. Das Volk konnte in geheimer Abstimmung, wobei Topfscherben (Ostraka; daher O.) als Stimmzettel dienten, einen Bürger verbannen. Bekannte Fälle sind die Verbannung des Aristeides und des Themistokles.
LIT. T. Tarkiainen, Die athen. Demokratie (1972).

Ostung (Orientierung). Gebetsrichtung nach Osten, religionsgeschichtl. weit verbreitet, auch im Christentum. In Rom vielfach zunächst Portalostung, später setzte sich die Altarostung durch, dominierend seit dem 10. Jh., jedoch nicht ausschließlich und keineswegs in jedem Fall exakt nach Osten weisend.

Ottonianum. Von Otto d. Gr. nach dem Beispiel der vorausgegangenen Kaiser im eigenen Namen und im Namen seines Sohnes ausgestattetes Privileg für die röm. Kirche, vom 13. 2. 962. Das Original des O. ist verloren. Der Text kann zurückgeführt werden auf die Pacta des 9. Jh. Die Besitzwünsche und Rechtsansprüche des Papstes wurden nie verwirklicht. Der Kaiser blieb oberster Herr des Kirchenstaates.
Text: MGH. Const. I. n. 12.
LIT. Th. Sickel, Das Privilegium Ottos I. für die röm. Kirche (1883); E. E.

Stengel, Die Entwicklung des Kaiserprivilegs für die röm. Kirche 817–962. In: HZ 134 (1926) 216–41; ders., in: Abhandlungen und Untersuchungen zur ma. Geschichte (1960) 218–48; H. Zimmermann, in MIÖG Erg. Bd. 20 (1962) 147–90.

Oudenaarde, Schlacht von (11. 7. 1708). Sieg der alliierten Truppen unter Prinz Eugen und Marlborough über die franz. Armee unter Vendôme und dem untätig verharrenden Herzog von Burgund. Die Niederlage von Oudenaarde, südl. von Gent, schwächte die franz. Armee, wurde aber von Prinz Eugen militärisch nicht genutzt; sie ist eine der größten Schlachten des Span. Erbfolgekrieges.

Ouessant, Seeschlacht von (1778). Im Verlauf des franz.-span. Kolonialkrieges gegen England verhinderte eine franz. Flotte in der unentschieden abgebrochenen Seeschlacht das Auslaufen eines engl. Geschwaders nach den Kolonien.

Ovatio. Bezeichnet im Antike den kleinen, vom Senat dem Feldherrn bewilligten Triumph, bei dem dieser statt eines Lorbeerkranzes einen Myrtenkranz trug.

Ovo, Ab ovo usque ad mala (lat., vom Ei bis zu den Äpfeln). Später übertragen: »Von Anfang bis Ende«; gewöhnlich wird nur »ab ovo« zitiert.

Pacht (aus lat. pactum, ahd. pahta, Vertrag). Eine vertragl. Abmachung, derzufolge ein Verpächter einem Pächter eine nutzbare Sache zum Gebrauch und Bezug der Früchte oder Erträgnisse überläßt; der Pächter verpflichtet sich durch die vertragl. Abmachung, den vereinbarten Pachtzins zu zahlen. Der Gegenstand der Verpachtung kann vielfältiger Art sein. So kam es in der Antike, speziell im hellenist.-röm. Bereich und hier insbes. in Ägypten, zur Verpachtung ausgedehnter Gebiete als Königsland; daneben wurde die Einnahme der staatl. Gefälle, d. h. der Einkünfte jegl. Art, so von Steuern, Zöllen, Tributen der Provinzen verpachtet. Das Pachtwesen des röm. Reiches wurde im MA und während der NZ vielfach weitergeführt; denn es war im bes. Maße geeignet, den Staaten zu Einnahmen zu verhelfen, da der staatl. Verwaltungsapparat noch wenig ausgebaut war. Erwähnt sei in diesem Zusammenhang die Verpachtung von Münz- und Zollstätten.

Im 19. Jh. war die Einrichtung von Pachtgebieten häufig; bei Pachtzeiten von 99 Jahren kam sie nicht selten verhüllten Abtretungen gleich (im Jahre 1898 die Überlassung von Kiautschou durch China an Dtl. auf 99 Jahre).

Vor allem in der Landwirtschaft ist die P. gebräuchlich; vom beginnenden späteren MA an löste sie nach und nach die grundherrl. Leiheformen ab. Diese Entwicklung, während deren der Bauer zum freien Pächter wurde, setzte zunächst in den Staaten Westeuropas und in Italien ein; in England war sie bereits im 16. Jh. abgeschlossen.

Im älteren dt. Recht gab es
1. die Generalpacht; hierbei wurden Grundstücke, Steuern etc. im ganzen verpachtet;
2. die Teil- oder Halbpacht; der Pachtzins bestand in diesem Falle in einem Bruchteil des Früchteertrags und ist in Frankreich und Italien noch in Gebrauch;
3. die Erbpacht; in diesem Falle wird der Pachtvertrag auf die Erben des Pächters ausgedehnt.

Daneben existierte noch die Pachtgenossenschaft, d. h. der Zusammenschluß von kleinen Pächtern, um a) einen Grundbesitz gemeinsam zu pachten und zu bewirtschaften; b) um gemeinsam zu pachten, aber selbständig zu bewirtschaften.

LIT. StL VI (⁶1961) 115–18; HWDRG III, 1396–1400; J. Wackernagel, Die Viehverstellung (1923); K. von Dietze, Überblick über das Pachtrecht in Europa (1930); R. Lange und H. Wulff, Landpachtrecht (1952); L. Enneccerus und H. Lehmann, Lehrbuch des bürgerlichen Rechts, 2: Recht der Schuldverhältnisse (¹⁵1958); R. Mittelbach, Gewerbl. Miet- und Pachtverträge in steuerl. Sicht (1970). Weitere Lit. →Wirtschaftsgeschichte.

Pacta sunt servanda (lat. Verträge müssen gehalten werden). Rechtssprichwort. Nur in bes. begründeten Fällen darf davon abgewichen werden. Vgl. das Rechtssprichwort »Ein Mann ein Wort«.

Padischah (pers., beschützender König). Pers., ind. und afghan. Herrschertitel, dann der Großmogule; vom Ende des 15. Jh. bis 1922 auch der türk. Sultane. Der Titel wurde seit dem 17. Jh. im diplomat. Dienst der Pforte auch für europ. Kaiser und Könige gebraucht; er galt für vornehmer als Schah.

Paganalien. Ein agrar. Fest der Gauverbände (pagi) im frühen Italien.

Paganismus (von lat. pagus, Gau, Dorf im Gegensatz zu Stadt). Bez. für Heidentum. Religionswissenschaftl. vor allem das Weiterleben von alten heidnischen Anschauungen und Gebräuchen in der monotheist. Religion. pagani: a) Gaugemeinde (auch als Kultverband verstanden); b) (ungebildete) Bauern.
LIT. R. Faber, R. Schlesier (Hrsg.), Die Restauration der Götter. Antike Religion und Neo-P. (1985).

Page (franz.-ital. aus griech. paidion, Knäblein). Vor allem im MA ein Edelknabe im Dienste eines Fürsten, einer Dame oder eines sonstigen hohen Adligen mit dem Zweck, höf. Sitte und Waffenhandwerk zu erlernen. Bis 1918 gab es an dt. Höfen, so in Bayern, noch P.; hier bestanden auch Pagenschulen (Pagerien). In den Königreichen Preußen und Sachsen waren die P. ältere Zöglinge der Kadettenanstalten. Der P. wurde von den Höfen Europas aus dem Zeremoniell des Hofes von Byzanz übernommen.

Pagode (malaiisch aus ind.). Tempel in Indien, China und Japan. In Indien Stupa, die einen turmartigen Abschluß hat. In China ein Turm mit rundem oder polygonem Grundriß; die P. hat 7–13 Stockwerke, die sich nach oben zu verjüngen; die Stockwerke haben eigene Vordächer.

LIT. E. Boerschmann, Chines. Architektur. 2 Bde. (1926); ders., P. (1931); A. C. Soper, The Evolution of Buddhist Architecture in Japan (Princeton 1942); Eleanor von Erdberg-Consten, Die Baukunst Chinas und Japans (1964); W. Willets, Foundations of Chinese Art (London 1965).

Pagus (lat., Gau, Bezirk). Im röm. Reich Unterteilung: a) nicht städtisch aufgegliederter Gebiete; b) des zu einer röm. Stadt gehörigen Flurbezirks.

LIT. W. Niemeyer, Der P. des frühen MA in Hessen (1968).

Pairs (franz. von lat. pares, Standesgleiche). Hochadeliger Kreis mit polit. Vorrechten im alten Frankreich. Die Pairswürde entwickelte sich aus der Tätigkeit königl. Vasallen, die als Urteilsfinder im königl. Lehnshof wirkten; nach dem Grundsatz des Genossengerichts (iudicia parium) konnten die Kronvasallen allein durch Standesgenossen gerichtet werden. Der König zog die Mitglieder des königl. Lehnshofes auch zur Beratung wichtiger Staatsangelegenheiten heran. Seit dem ausgehenden 12. Jh. gab es in Frankreich 12 P., und zwar 6 geistl. und 6 weltl. Die geistl. P. waren der Erzbischof von Reims sowie die Bischöfe von Langres, Châlons-sur-Marne, Laon, Noyon und Beauvais; die weltl. die Herzöge von Burgund, der Normandie und Guyenne sowie die Grafen von Flandern, Champagne und Toulouse. Das Pariser Parlament fungierte als Pairsgericht; die übrigen P. mußten hierzu als Beisitzer geladen werden. Durch Vereinigung mit der Krone verschwanden die weltl. Pairien nach und nach. Doch kam es seit 1297 zur Errichtung neuer Pairien, zunächst zugunsten königl. Prinzen. So kam es, daß es beim Ausbruch der Franz. Revolution (1789) außer den 6 geistl. 38 weltl. P. gab; sie führten sämtlich den Herzogstitel. Die Revolution bzw. die Verfassung von 1791 schaffte die Pairien ab. Doch schuf König Ludwig XVIII. (reg. 1814/15–24) 1814 neue P. Sie wurden durch den König entweder auf Lebenszeit oder erblich ernannt und bildeten die an der Gesetzgebung beteiligte Pairskammer (Erste Kammer); gleichzeitig war diese Kammer oberster Staatsgerichtshof bei Staatsverbrechen. Die Pairie wurde nach der Julirevolution (1830) auf Le-

benszeit festgelegt. Durch die Pairskammer beseitigt und durch den Senat ersetzt (1851).

LIT. L. Abes, Les P. de France sous la monarchie de Juillet (Lorient 1938); R. de Warren, Les P. de France au XIX^c siècle (1960); F. Lot, in: RH, 54 (1894); G. de Manteyer, in: Études histoires dédiées à G. Monod (1896).

Pairsschub. Die gleichzeitige Ernennung mehrerer Pairs bzw. Peers für das engl. Oberhaus, gewöhnlich mit der Absicht, eine der Regierung günstige Mehrheit zu schaffen, um so eine bestimmte Gesetzesvorlage im Oberhaus durchzubringen. P. ist auch für die 1. Kammern anderer Staaten übernommen worden.

Pakt (lat. pactum, Vertrag, bes. der völkerrechtl. Vertrag). Im röm. Recht bezeichnet man mit pactum zunächst einen Vergleich, dann jedwede formlose Vereinbarung. Im Gegensatz zu den formalisierten Verträgen (contractus) stellte ein pactum keine Verbindlichkeit dar, die eingeklagt werden konnte, höchstens eine Einrede. Die Rechtsverbindlichkeit jeder Art von Verträgen, auch der formlosen, setzte sich erst zu Beginn der NZ durch. So galt der Satz »Pacta sunt servanda« (nach Cicero, De off. III, 93), »Verträge müssen gehalten werden«, als ein Grundsatz des Naturrechts, vor allem des Völkerrechts. In den Rechtsordnungen der NZ stellte er den obersten Rechtssatz dar.

LIT. H. von Siegler und H. Vornefeld, Die Zusammenschlüsse und P. der Welt (^{5}1960).

Paladin (franz.-ital. aus palatinus, zum röm. Berg Palatin, mithin zum kaiserl. Palast gehörig).

[1] In den Chansons de geste (den ma. franz. Heldenepen, die als Sprechgesang unter Instrumentenbegleitung von Spielleuten, den Jongleurs, vorgetragen wurden), die 12 Begleiter Karls d. Gr. (reg. 768–814), zu denen Roland, Olivier und Erzbischof Turpin gehörten.

[2] Der hervorragende sowie bes. getreue Gefolgsmann und Berater eines Menschen.

Paläographie (von griech. palaiós, alt). Die Lehre von Wesen und Geschichte der Schriftarten (Handschriftenkunde) des At. und des MA. Als Wissenschaft entstand die P. im 17. Jh., und zwar aus dem Streit um die Echtheit alter Urkunden zw. Bollandisten und Maurinern, der 1618 vom hl. Maurus gegr. Kongregation franz. Benedik tiner. Begründer waren J. Mabillon (›De re diplomatica‹, 1681–1704) und B. de Montfaucon (›Palaeographia graeca‹, 1808; hier taucht der Name P. zum erstenmal auf). Nachdem durch Scipione Maffi (1675–1755) die röm. Schrift als ausschließliche Grundlage der späteren Entwicklung erkannt worden war, verfaßte er einen Stammbaum ihrer Arten. In ihrem ›Nouveau Traité de diplomatique‹ (1760–65) unterschieden Ch. F. Toustain und R. P. Tassin bereits Kapitale, Unziale, Halbunziale und Kursive. Die Selbständigkeit der P. gegenüber der Diplomatik propagierte 1801 K. T. G. Schönemann. Bes. Pflege erfuhr die paläograph. Forschung während des 19. Jh. durch die 1819 gegr. ›Gesellschaft für ältere dt. Geschichtskunde‹, die 1821 gegr. ›École de chartes‹ in Paris (hier wirkte L. Delisle), das 1854 durch Th. Sickel gegründete ›Institut für österreichische Geschichtsforschung‹ sowie im Vatikanischen Archiv. Für die Herausgabe von Tafelwerken kam es 1873 in England zur Gründung der ›Palaeographical Society‹, 1902 der ›New Palaeographical Society‹. An bedeutenden Paläographen seien genannt E. Chatelain (in Frankreich), C. Paoli und L. Schiaparelli (in Italien), E. M. Thompson (in Großbritannien), W. Wattenbach, L. Traube und P. Lehmann (in Dtl.).

LIT. W. Wattenbach, Das Schriftwesen im MA (³1896); H. Jensen, Geschichte der Schrift (1925); P. Sattler, G. von Selle, Bibliographie zur Geschichte der Schrift (1935); H. von Fichtenau, Mensch und Schrift im MA (1946); H. Foerster, Ma. Buch- und Urkundenschriften (1946); ders., Abriß der lat. P. (²1963); B. Bischoff, P. des röm. Altertums und des abendländ. MA (1979); K. Dülfer und H.-E. Korn (Hrsg.), Schrifttafeln zur dt. P. des 16.–20. Jh., 2 Tle. (1966); R. Seider, P. der griech. Papyri. 3 Bde. (1967ff.); M. Wittek, Album de paléographie grecque (Gent 1967).

Palas (mhd. Palast). Der Hauptwehrbau einer Burg; er war, von den Wehranlagen abgesehen, deren wichtigster Teil.

Palastbau (von lat. palatium, Residenz, engl. palace). Ein repräsentativer Bau, abgeleitet vom Hügel der Kaiserpaläste in Rom, dem Palatin; in der ital. Form palazzo die Bez. für jeden repräsentativen profanen Großbau mit meist monumentaler Fassade und Innenhof (mit säulentragenden Galerien). Ähnl. Bedeutung hat in Frankreich das Palais. In Dtl. werden alte Fürstenschlösser ebenfalls Palais genannt. Bereits die Herrscher der oriental., griech. und röm. Länder hatten ihre P. Die Pfalz war in karoling. und roman. Zeit die Königs- bzw. Kaiserresidenz.

Palastdame (franz. Dame de palais). Urspr. Bez. für die franz. Hofdamen.

Palästinensische Organisationen. Militante Palästinenser-Gruppen mit der Zielsetzung, Palästina von der israel. Herrschaft zu »befreien«. In zahlreiche Gruppen mit unterschiedl. Bezeichnungen und Zielen zersplittert, ist ihre Dachorganisation die ›Palästinensische Befreiungsorganisation‹ (Abk. PLO). Als zahlenmäßig stärkste Gruppe existiert die 1956 in Syrien gegründete ›Al Fatah‹ (arab., der Sieg); ihr militär. Verband ist die ›Fedayin‹ (arab., Opferbereite). Die radikalste Gruppe ist der ›Schwarze September‹. Die unter der Führung G. Habaschs stehende ›Volksfront zur Befreiung Palästinas‹ ist marxistisch orientiert. Unterstützung erhält die PLO durch die Arabische Liga, die 1945 gegründete Vereinigung der arab. Staaten. Nachdem die PLO in Jordanien ausgeschaltet worden war, führte sie ihren Kampf gegen Israel von Syrien und vom Libanon aus. Auf der arab. Gipfelkonferenz von 1973 wurde die PLO als einzige und legitime Vertretung der Palästinenser anerkannt. 1974 nahmen die Vereinten Nationen einen PLO-Vertreter als Ständigen Beobachter auf; 1975 nahm die PLO als Vollmitglied an der Konferenz der Dritten Welt in Lima teil. Führer der PLO ist J. Arafat (geb. 1929 in Jerusalem).

LIT. I. Altmann, The Palestine Liberation Organization. In: Middle East Contemporary Survey, hrsg. von Colin Legum (N. Y., London 1978).

Palastrevolution. Bez. für die Empörung eines Hofes (der Beamten und des Militärs bei Hofe), gegen einen Herrscher oder Staatsmann gerichtet. Erfolgreiche P. waren die des Jahres 1762 gegen Zar Peter III. (reg. 1762) und 1801 gegen Zar Paul I. (reg. 1796–1801); eine erfolglose P. war die vom 4. 12. 1960 gegen Kaiser Haile Selassie von Äthiopien (reg. 1928–74).

Palatin (lat. Mons Palatinus). Der erstbesiedelte der 7 Hügel Roms, mit den Kuppen Cermalus und Palatium, jetzt eine Ruinenstätte. Man zeigte dort noch im 4. Jh. n. Chr. die »Hütte des Romulus« und das Lupercal (die Höhle, wo der Sage nach Romulus und Remus von einer Wölfin gesäugt wurden). Auch die alten Tempel der Victoria, des Jupiter Stator, der Magna Mater sowie anderer Gottheiten lagen auf dem P. Die röm. Kaiser errichteten auf dem P. ihre Paläste, insbes. Augustus (reg. 31 v.-14 n. Chr.), Tiberius (reg. 14–37), Caligula (reg. 37–41), Domitian (reg. 81–96) und Septimius Severus (reg. 193–211). Unter den teilweise ausgegrabenen Villen befindet sich auch das Haus der Livia. Die weström. Kaiser pflegten bei ihren Rom-Aufenthalten auf dem P. zu residieren, was dessen Bedeutung auch noch in spätröm. Zeit beweist. Erst im MA verödete der P. LIT. E. Gf. Haugwitz, Der Palatin. Seine Geschichte und seine Ruinen (1901); S. B. Platner, Th. Ashby, A Topographical Dictionary of Ancient Rome (London 1929); K. Ziegler, in: Pauly-Wissowa 18, 2 (1949); E. Nash, Bilderlexikon zur Topographie des antiken Rom, 2 (1962, mit Lit.); W. Helbig, Führer durch die öffentl. Sammlungen klass. Altertümer in Rom, 2 (⁴1966).

Palatin (lat. comes palatinus, Pfalzgraf).
[1] Der Pfalzgraf.
[2] In Ungarn einer der 4 obersten Richter des Reiches; im MA vom König ernannt, wurde er seit 1437 von den Großen auf dem Reichstag als Stellvertreter des Königs gewählt. Unter den Habsburgern seiner Bedeutung beraubt, dankte der letzte P. (Erzherzog Stephan) 1848 ab.

Palatina (lat.). Die nach der Pfalz (Palatinatus) genannte Bibliotheca P. Um 1560 in Heidelberg gegr., wo sie bis 1622 ansässig war, kam sie 1623 nach Rom, nachdem Heidelberg durch ligistische Truppen eingenommen worden war. Maximilian von Bayern überwies die damals reichste Bibliothek Europas dem Papst als Teilentschädigung für dessen Kriegskostenbeiträge im Dreißigjährigen Krieg. 500 Handschriften, darunter auch 38 pfälzische, verlor der Vatikan durch den Frieden von Tolentino (1797) an Frankreich. 1816 gelangten die an Frankreich gekommenen Handschriften, dazu 850 aus dem Vatikan, wieder nach Heidelberg. Der Hauptbestand der lat., griech. und hebr.

Manuskripte liegt jedoch bis heute in der Vatikan. Bibliothek.
LIT. F. Wilken, Geschichte der Bildung, Beraubung und Vernichtung der alten Heidelbergischen Büchersammlungen (1817); H. Bastgen, W. Port, in: Neue Heidelberger Jahrbb. (1927); K. Preisendanz, ebd. (1954, mit Lit.); J. Schunke, Die Einbände der P. in der Vatikan. Bibliothek. 3 Bde. (Vatikanstadt 1962).

Palatinat. Die (große oder kleine) Pfalzgrafenwürde; sie wurde insbes. im 17./18. Jh. als ein Mittel der kaiserl. Politik verwendet.
LIT. K. S. Bader, A. von Platen, Das große P. des Hauses Fürstenberg (1954).

Palatium. Name der offenbar ältesten Ansiedlung in Rom; er ist auf Pales, die Feldgöttin und zunächst die Hauptgottheit Roms, zurückzuführen. An ihrem Fest (Parilien: 21. 4.) wurde die Gründung der Stadt Rom gefeiert. Da die röm. Kaiser seit Augustus (reg. 31 v.-14 n. Chr.) ihren Wohnsitz auf dem Palatin (collis Palatinus) hatten, wurde P. identisch mit kaiserl. Wohnung.

Palaver (von portugies. palavre, aus spätgriech. parabolé, Unterredung). Seit dem 18. Jh. ein Eingeborenenwort; in Westafrika der Negerversammlung; ebenfalls die gebräuchl. Bez. für das Verhandeln von Weißen mit Eingeborenen oder der Eingeborenen untereinander.

Palazzo della Cancelleria. In Rom, 1485 erbaut, ein Hauptwerk der Frührenaissance, Sitz hoher kirchl. Behörden.
LIT. Haberkern-Wallach 94 f.

Palazzo publico, Palazzo comunale. Der Sitz der Stadtregierung in der italien. Stadt des MA, bes. im 12. Jh., ein reich ausgestalteter Baukomplex.

Palimpsest (griech., wieder abgekratzt; lat. Bez. Codex rescriptus). Bez. für Handschriften, Urkunden oder Drucke, deren urspr. Schrift durch Abwaschen (bei Papyrus) oder durch Abschaben (bei Pergament) entfernt und durch eine jüngere ersetzt wurde.
LIT. K. Löffler und P. Ruf, in: Hdb. der Bibliothekswiss., hrsg. von G. Leyh, 1 (²1952).

Palisade (von lat. palus, Pfahl). Eine bereits seit prähistor. Zeit verwendete Verteidigungsanlage aus zugespitzten Pfahlreihen.

Pallium (lat., Mantel). Urspr. der

Kaiser-, im Osten der Bischofsmantel, im Westen ein weißwollenes, mit 6 schwarzen Seidenkreuzen bestücktes, um die Schulter gelegtes Band, das dem Erzbischof durch den Papst persönl. verliehen wird (im MA gegen Palliengeld); seit 1215 ist das P. das liturg. Amtsabzeichen der erzbischöfl. Jurisdiktionsgewalt.

Pallottiner, Gesellschaft des kath. Apostolats (lat. Societas Apostolatus Catholici, Abk. SAC), 1854–1947 ›Fromme Missionsgesellschaft‹ (lat. Pia Societas Missionum, Abk. PSM) genannt. Eine 1835 von Vincenzo Pallotti (1795–1850) gegr. Priestergenossenschaft (ohne Gelübde) für die innere und äußere Mission. Sitz des Generaldirektors der P. ist Rom. – 1843 wurde der weibl. Zweig der P. gegründet; seit 1895 haben die P. ein dt. Mutterhaus in Limburg (Lahn).
LIT. J. Hettenkofer, Historia P. S. M. (Rom 1935); ders., Historia S. A. C. (Rom 1950); Studia Pallottiana (Meitingen 1952); J. Frank, Vinzenz Pallotti (1952–62 mit Lit.); E. Weber, Vinzenz Pallotti ([2] 1961); F. Amoroso, S. Vincenzo Pallotti (Rom 1962).

Pamphlet (engl., nach Pamphilus, einer aus der 2. Hälfte des 12. Jh. stammenden weitverbreiteten Liebesdichtung). Seit dem 18. Jh. eine Flug- und Schmähschrift.

Panafrikanismus. Nationalist. Bewegung der Neger Afrikas; sie erstrebt die ›Vereinigten Staaten von Afrika‹. Der P. entstand um 1900 als Solidaritätsbewegung der Neger in den USA und Westindien. Panafrikan. Kongresse finden seit 1919 statt. Nachdem auf ihnen afrikan. Neger zunehmend vertreten waren, konnten sie seit 1945 die Führung übernehmen. Das Programm des P. begründete die Panafrikanische Konferenz von Accra (Dez. 1958).
LIT. G. Padmore, Pan-Africanism or Communism? (London 1956); R. Wright, Black Power (London 1956; dt. 1957: Schwarze Macht); Ph. Decreane, Le Panafricanisme (1961); H. F. Strauch, Panafrika (1964); C. Legum, Pan-Africanism (London [2] 1965); V. B. Thompson, Africa and Unity (London 1969).

Panamaskandal. Nachdem unter Führung von F. de Lesseps (1805–94) 1881 eine franz. Gesellschaft den Bau des Panamakanals begonnen hatte (eine Wasserstraße zw. dem Atlantischen und Stillen Ozean), stieß man auf unerwartete Schwierigkeiten; 1889 brach die Gesellschaft unter der sich hieraus ergebenden Schuldenlast zusammen. Die Folge war der P. der Jahre 1892 bis 1894, in dem zahlreiche Politiker der Bestechung beschuldigt wurden. Den Bau übernahmen im Jahre 1899 die USA; am 15. 8. 1914 erfolgte die erste Durchfahrt.
LIT. K. E. Hilgard, Über Geschichte und Bau des Panamakanals (1915); Courau, F. de Lesseps (Paris 1932); J. Bouvier, Les deux scandales de Panama (ebd. 1964).

Panamerikanische (allamerikanische) Bewegung. Bez. für die Bestrebungen zur freien Entwicklung gemeinsamer polit. und wirtschaftl. Interessen der amerikan. Staaten; die Bewegung wird vor allem von den USA getragen. Seit dem 2. Viertel des 19. Jh. ist die P. B., deren Arbeit vor allem in den Panamerikanischen Konferenzen ihren Niederschlag findet, tätig. Wichtige Beschlüsse wurden auf folgenden Panamerikanischen Konferenzen gefaßt: Washington 1929, Vertrag über interamerikan. Schiedsgerichtsbarkeit; Buenos Aires 1936, Abkommen über die Erhaltung und Wiederherstellung des Friedens, Protokoll über die Nichteinmischung in innere Angelegenheiten etc.; Interamerikanische Kriegs- und Friedenskonferenz in Mexiko am 3. 3. 1945, hier wurde die Akte von Chapultepec unterzeichnet. Der hierin niedergelegte Plan einer gemeinsamen Verteidigung der westl. Hemisphäre ist vertragl. festgelegt worden im Pakt von Rio de Janeiro (2. 9. 1947). Im Jahre 1948 wurde auf der 9. panamerikan. Konferenz (in Bogotá) die Organisation der Amerikanischen Staaten (OAS) gegründet. 1954 kam zu Caracas die Resolution gegen den Kommunismus in der westl. Hemisphäre zustande,
LIT. Yépès, Philosophie du Panaméricanisme et organisation de la paix (1945); G. Connell-Smith, The Inter-American System (London 1966); J. Slater, The OAS and United States Foreign Policy (Columbus, O.; 1967); A. Aguilar Monteverde, Pan-Americanism from Monroe to the Present (aus dem Span., N. Y. [2] 1968).

Panathenäen. Seit der Zeit des athenischen Alleinherrschers Peisistratos (ca. 560 v. Chr.) alle 4 Jahre im Hochsommer (im kleineren Stil jedes Jahr) gefeiertes Hauptfest der Athene (mit Prozession, Überbringen eines neuen Peplos für das Kultbild, Opfermahl und Wettkämpfen). LIT. L. Ziehen, in: Pauly-Wissowa, 18, 3 (1949).

Pandekten (griech., alles enthaltend), lat. Digesten. Bez. vor allem für den Hauptteil des von 528–34 entstandenen Corpus Iuris. Pandektenrecht: Im neuzeitl. Sprachgebrauch das seit der Rezeption bis ins 19. Jh. geltende dt. Privatrecht röm.-rechtl. Ursprungs. – Als Pandektisten werden die auf dem Römischen Recht fußenden dt. Zivilrechtler des 19. Jh. bezeichnet.

Panduren (madjarisch). Eine in Südungarn und Kroatien im 17. und 18. Jh. aufgestellte Truppe der österreich. Armee, die sich vor allem im Kleinkrieg bewährte. Bekannt war insbes. das vom Frhr. F. von der Trenck (1711–49) bei Beginn des Österreich. Erbfolgekrieges (1740–48) im Jahre 1741 aufgestellte Panduren- und Freikorps aus Slowenen und Kroaten; es wurde 1756 in ein Infanterie-Regiment umgewandelt.

Panem et circenses (lat. Brot- und Zirkusspiele). Zitat aus Juvenals (etwa 58–140 n. Chr.) Satiren (10, 81); er faßte damit die Wünsche des röm. Volkes in der Kaiserzeit knapp zusammen.

Panentheismus (griech., All in Gott). Eine zw. Theismus und Pantheismus vermittelnde philosoph. Lehre K. Chr. F. Krauses (1781–1832). Der P. sucht die Welt als dem transzendenten Gott innewohnend zu begreifen. Durch W. Dilthey (1833–1911) wurden die Anschauungen z. B. F. W. J. von Schellings (1755–1854), doch auch J. W. Goethes (1749–1832) als panentheistisch bezeichnet.

Paneuropa. Der in der Schrift ›Paneuropa‹ 1923 durch R. N. Coudenhove-Kalergi (1894–1972) geforderte und seitdem unablässig vertretene Gedanke einer ihrer bes. Kultur und Aufgabe bewußten, den Frieden sichernden Föderation der europ. Staaten (Rußland und die Türkei wurden durch Coudenhove-Kalergi nicht Europa, sondern Asien zugerechnet). LIT. R. N. Coudenhove-Kalergi, P. (1923, ³1926).

Pangermanismus. Ein dem Panslawismus nachgebildeter imperialist. Begriff aus der Gedankenwelt des Alldt. Verbandes, wonach allen Völkern german. Herkunft ein gemeinsames Stammesbewußtsein eigen ist; dann ein vor allem im Ausland gebrauchtes polit. Schlagwort für alle alldt. Bestrebungen. Der P. lebte im Nationalsozialismus wieder auf. LIT. Burchard, Geschichte des alldt. Verbandes (1920); K. Haushofer, Geopolitik der Pan-Ideen (1931).

Panier (franz. bannière, Heerfahne). Banner, Fahne, Feldzeichen. P. wird auch im übertragenen Sinn gebraucht.

Panisbrief, auch **Brotbrief** (nlat. litterae panis). Eine vom 14.–18. Jh. vorkommende und urkundlich bezeugte Anweisung des dt. Königs an ein Kloster oder Stift, einen bedürftigen Laien auf Lebenszeit zu unterhalten. Der P. wird auf das Gewohnheitsrecht des Königs zurückgeführt, Unterhalt für sich und sein Gefolge auf Reisen in geistl. Institutionen zu beanspruchen (vgl. hierzu das Recht der →Ersten Bitte, das geistliche Pfründen betrifft). LIT. H. Bauer, Das Recht der 1. Bitte bei den dt. Königen bis Karl IV. (1919).

Panislamische Bewegung, Panislamismus. Bez. für das durch die europ. nationalen Einigungsbemühungen beeinflußte Bestreben der islam. Staaten, die polit. Zersplitterung zu überwinden und zu einem Zusammenschluß zu gelangen, der schließlich in die Wiedererrichtung des Kalifats einmünden würde. Die P. B. hat ihre Wurzel in dem erdrückenden Übergewicht der europ. Großmächte in der islam. Welt während des 19. Jh.; sie war hierzu zunächst als ein Gegengewicht gedacht. Bis zur Abschaffung des Kalifats (1924) beanspruchten die osmanischen Sultane die Anerkennung als Kalifen, auch durch die außerhalb ihres Herrschaftsbereichs lebenden Mohammedaner. Nach 1924 wurde die P. B. insbesondere durch die panislamischen Kongresse (1931 und 1935 in Jerusalem, 1951 in Karatschi) repräsentiert. Der P. B. wirken die nationalen Einigungsbestrebungen des Panturanismus der Jungtürken (eine westl.-demokrat. Reformpartei) und seit 1918 des Panarabismus entgegen. Wie weit man trotz der 1945 gegr. Arabischen Liga noch von einem einheitl. und in sich geschlossenen Mächteblock entfernt ist, hat nicht zuletzt das Verhalten der arab. Staaten seit den Auseinandersetzungen mit Israel gezeigt. LIT. M. Laissy, Du panarabisme à la Ligue Arabe (Paris 1948); W. M. Watt,

Islam and the Integration of Society (London 1961).

Paenitentiarie, Apostolische (bis 1935 Poenitentiarie). Päpstl. Kurialbehörde, Gerichtshof für sakramentale Gewissensfragen. Sie reicht bis ins 13. Jh. zurück, erhielt ihre heutige Gestalt jedoch im wesentlichen 1744; im Jahre 1908 wurde sie gänzlich auf den Gewissensbereich beschränkt, 1917 wurde ihr die päpstl. Ablaßbehörde angegliedert; im Jahre 1935 erfolgte eine Neuordnung ihres Geschäftsganges. Leiter der A. P. ist der Kardinal-Großpaenitentiar; er besitzt die Alleinentscheidung, während die Beamten nur ein beratendes Mitwirkungsrecht haben; auch bei einer Sedisvakanz bleiben seine Vollmachten bestehen. Wenn auch nicht zur A. P. gehörend, so sind dem Großpaenitentiar doch die einfachen Paenitentiare an den röm. Patriarchal- sowie den dem Papst unmittelbar unterstehenden ital. Basiliken unterstellt. Durch Berührung mit einem langen Stab, den die Bußrute, vermögen sowohl der Großpaenitentiar als auch die erwähnten Paenitentiare den Gläubigen einen Ablaß von 300 bzw. 100 Tagen zu verleihen.
Zur A. P. vgl. Apostolische Konstitution ›Quae divinitus‹ vom 25. 3. 1935.
LIT. →Kurie.

Panpazifische Union (engl. Pan-Pacific Union). Eine Organisation, die Vereinigungen und Klubs aus den Ländern um den Stillen Ozean umfaßt und der Vorbereitung sowie Durchführung wissenschaftl. und wirtschaftl. Kongresse dient. Sitz der P. U. ist Honolulu, wo auch 1921 der erste wissenschaftl. Kongreß stattfand.
LIT. The Mid-Pacific Magazine (monatl. seit 1911); Journal of the Pan-Pacific Research Institution (seit 1926).

Panslawismus (griech.-lat. Neubildung, Allslawentum). Ein von dem Slowaken J. Herkel für die Verwandtschaft der slaw. Sprachen 1826 geprägter Begriff, der nach 1830 zur Parole der auf einen Zusammenschluß aller Slawen gerichteten Bewegung wurde. Der Wille, die kleinen slawischen Völker im german.-röm. Kulturbereich zu stärken, das Bekenntnis der Slawen in der Donaumonarchie, zusammenzugehören (→Austroslawismus) sowie der Wille gegen die russ. Unterdrückung wurden auf dem 1. panslawist. Kongreß in Prag (1848) offenbar.

Anderer Art war der P. Rußlands (Panrussismus), der unter Alexander II. (reg. 1855–81) und Alexander III. (reg. 1881–94) ein Mittel imperialist. Balkanpolitik darstellte (Zersetzung des türk. und österreich. Reiches); er wurde vor allem von den Polen gefürchtet. Mit der russ. Revolution von 1905 erlebte der P. eine neue, national-demokrat. Wendung (Neo-P.), die ihren Ausdruck in den Slawenkongressen zu Prag (1908) und Sofia (1910) erfuhr. Die poln. Nationalbewegung vollzog nunmehr eine Schwenkung nach Rußland hin. Während des Ersten Weltkriegs war der P. vor allem bei den Tschechen und Serben wirksam. Nach dem Ersten Weltkrieg zerbrach der P. an der erbitterten Feindschaft der slawischen Völker (Serben und Kroaten, Tschechen und Slowaken, Polen und Ukrainer). Während des Zweiten Weltkriegs lebte der P. in einer bis nach Amerika reichenden Solidarität (unter den Amerikanern slawischer Herkunft) wieder auf (panslawist. Tagung 1946 in Belgrad). Mit der Ausdehnung des Sowjetimperialismus nach dem Westen sowie der Vereinheitlichung der polit. Linie durch das Zentralkomitee der kommunist. Partei in Moskau, dem auch die Volksdemokratien und Satellitenstaaten im Osten unterstellt sind, ist der P. zumindest polit., zum Stillstand gekommen.
LIT. StL VI ([6]1961) 145–48; N. Danilewski, Rußland und Europa (1871; [3]1889; 1920 gekürzte dt. Ausg.); A. Fischel, Der P. bis zum Weltkrieg (1919); A. Dallin, Russia and Postwar Europe (New Haven 1943); A. Mousset, Le monde slave (1946); J. Kucharzewski, The Origins of Modern Russia (1948); W. Lednicki, in: European Ideology (1953); H. Kohn, Die Slawen und der Westen (1956); ders., Pan-Slavism ([2]1960); M. B. Petrowich, The Emergence of Russian Panslavism (N. Y. 1956); U. Picht, M. P. Pogodin und die slaw. Frage (1969).

Pantheismus (griech., Allgottlehre). Bez. für sämtliche religionsphilosoph. Lehren, die die Einheit von Gott und Weltall behaupten. Geprägt wurde die Bez. Pantheist durch den engl. Philosophen J. Toland (1670–1722) im Jahre 1705. Der P. hat eine primitive Wurzel (»Göttlichkeit« eines als bedeutsam erlebten Dinges) und eine theoret. (philosophischer →Monismus). Die Ausgestaltung des P. kann vorwiegend be-

stimmt sein durch das mystische Erleben des Einsseins von Ich und Gottheit (subjektiver P.) oder durch das welthafte Erleben der Alleinheit und Allgöttlichkeit der Natur (griech. P.) in der Vorsokratik sowie in der Stoa: vor allem die pantheist. Strömungen, die seit der Renaissance (N. Cusanus, 1401–64; G. Bruno, 1548–1600) die europ. Geistesgeschichte beeinflussen: Spinoza, 1632–77; Shaftesbury, 1621–83; Lessing, 1729–81; Goethe, 1749–1832; Schelling, 1775–1854; Hegel, 1770–1831; G. Th. Fechner, 1801–87 u.a. Mithin hat beinahe jede neuere Metaphysik einen Einschlag von P.
LIT. E. von Hartmann, Geschichte der Metaphysik, 2 (1900); P. Paulsen, Der moderne P. und die christl. Weltanschauung (1906); F. Klimke, Der Monismus und seine philosoph. Grundlagen (^{4}1919); W. Dilthey, Der entwicklungsgeschichtl. P. In: Ges. Schr. II (^{3}1921); H. Schwarz, Gott. Jenseits von Theismus und P. (1928); Th. Steinmann und G. van der Leeuw, in: RGG, 4 (^{2}1930); J. Engert, Der Gottesgedanke im modernen Denken (1932); Walter Schulz, Der Gott der neuzeitl. Metaphysik (1957); E. Nobile, Panteismo e dualità nel pensiero di Schelling (Neapel ^{3}1958).

Pantheon (griech. Pantheion). Zunächst das Heiligtum sämtlicher Götter; in der NZ eine Gedächtnisstätte bedeutender Persönlichkeiten.
[1] In Rom wurde das P. mit einer achtsäuligen Giebelvorhalle (auf dem Marsfeld) unter Kaiser Hadrian (reg. 117–138 n.Chr.) wahrscheinlich zw. 120–125 n.Chr. erbaut, und zwar auf dem Platz eines älteren Breittempels des M. V. Agrippa (63–12 v.Chr.), der eine Reihe großartiger Bauwerke in Rom schuf (u.a. Wasserleitungen, Thermen). Das P., ein überkuppelter Rundbau, hat einen Innenraum von 43 m Durchmesser (er entspricht der Höhe). Die Beleuchtung erfolgt aus dem Scheitel der Kuppel. Papst Bonifaz IV. (608–15) weihte 609 (oder 610) das ihm vom byzantin. Kaiser Phokas (reg. 610–16) geschenkte P. als Kirche S. Maria Rotonda der Jungfrau Maria und sämtlichen Märtyrern. Hier wurden zahlreiche bedeutende Italiener (u.a. Raffael, 1483–1520) und die Angehörigen des ehem. Königshauses bestattet.
[2] Das von 1764–90 als Kirche der hl. Genoveva in Paris errichtete P. (nach den Plänen J.-G. Soufflots, 1713–80). 1791 wurde es als ›Panthéon français‹ zur nationalen Gedächtnisstätte bedeutender Franzosen.
LIT. G. Lugli, I monumenti antichi di Roma, 3 (Rom 1938); L. Curtis und A. Nawrath, Das antike Rom (1944); E. Nash, Bilderlexikon zur Topographie des antiken Rom, 2 (1962); H. Kähler, in: Meilensteine europ. Kunst, hrsg. von E. Steingräber (1965); ders., Der röm. Tempel (1970); K. de Fine Licht, The Rotunda in Rome (1966).

Panthersprung. Bez. für die Entsendung des Kanonenbootes ›Panther‹ durch die Reichsregierung nach Agadir (1911); das Dt. Reich wollte durch dieses diplomat. wenig glückl. Unternehmen seine wirtschaftl. Interessen in Marokko betonen.
LIT. P. Guillen, L'Allemagne et le Maroc de 1870 à 1905 (Paris 1967).

Pantoffel (griech.-ital.). Der P., weit über die Welt verbreitet ist, kam im 15. Jh. nach Dtl. Nachdem er zunächst beim Schauspiel als Bekleidungsstück gedient hatte, ging er in die Modekleidung über. Wie der Schuh, so kann auch der P. als Herrschafts- und Hoheitszeichen aufgefaßt werden. Der Kuß des P. galt als höchste Ehrenbezeigung, die Kaisern und Königen erwiesen wurde und heute noch dem Papst erwiesen wird.

Pantokrator (griech. der Allmächtige, der Allbeherrscher). In der Ostkirche die Bez. für Christus als den Weltherrscher, dargestellt als der Lehrende mit dem Buch (häufig in der Apsis). Der P., ein beliebtes Thema der byzantin. Kunst, entspricht der Majestas Domini.
LIT. C. Capizzi, P. (Rom 1964).

Pantschatantra (Sanskrit, aus 5 Beispielen klugen Verhaltens bestehend). Berühmte altindische Fabelsammlung aus der Zeit vor 300 n.Chr., die, meist in Tierfabeln, polit. Weisheit und Lebensklugheit lehrt. Das P., Motivquelle einer reichen Märchenliteratur, wurde in über 60 Sprachen verbreitet.
LIT. J. Hertel, Das P., seine Geschichte und Verbreitung (1914); R. Geib, Zur Frage nach der Urfassung des P. In: Freiburger Beitr. zur Indologie (1969).

Pantschen-Lama (tibet. Pantschenrimpotsche, der in Europa auch Taschi-Lama genannt wird). Neben dem Dalai-Lama das Oberhaupt der lamaist. Geistlichen.

Pantsch-Schila (ind., die 5 Grundsätze). Im Sinne von P. Nehru (1889–1964) die Prinzipien einer ethisch begründeten, friedl. Koexistenz der Völker, die auf der Konferenz von Bandung anerkannt wurden: a) gegenseitige Achtung der territorialen Integrität und Souveränität; b) Nichtangriff; c) allseitige gegenseitige Nichteinmischung in innere Angelegenheiten; d) Gleichberechtigung und wirtschaftliches Entgegenkommen; e) friedliches Nebeneinander.

Panzer (Lehnwort aus ital. von lat. pantex, Wanst). Eine sich aus dem Schild heraus entwickelnde Schutzdeckung gegen Hieb und Stich, später gegen Schuß. Zuerst aus Leder (Lederkoller) wurde der P. später (7. Jh. v. Chr.) als Vollpanzer aus Bronze, dann auch aus Eisen gefertigt. Das Panzerhemd kam seit dem 1. Jh. v. Chr. auf, zunächst als Ring- oder Kettenpanzer, dann als Schuppenpanzer. Vom 13. Jh. an wurden die verschiedenen Formen des P. durch aus festen eisernen Platten bestehenden Harnisch ersetzt. In der NZ findet der P. auf Kriegsschiffen, zu Lande für Geschützen, Panzerwagen (Panzerzüge), Tanks, darüber hinaus an Flugzeugen etc. in Form von Panzerplatten und Panzertürmen Verwendung. Mit dieser Entwicklung läuft die von Panzerabwehrwaffen und ihren Geschossen (Panzerfaust, Panzerabwehrkanonen, Panzersperren etc.) parallel.
LIT: L. Lindenschmit, Tracht und Bewaffnung des röm. Heeres während der Kaiserzeit (1882); H. Falk, Altnord. Waffenkunde (Kristiania 1914); A. Hagemann, Griech. Panzerung, I (1920); E. Sprockhoff, in: Reallex. der Vorgeschichte, 10 (1927/28); H. Guderian, Die Panzertruppen und ihr Zusammenwirken mit den anderen Waffen (^{2}1938); W. Guldimann, Flieger und P. und ihr Einfluß auf den Wandel der modernen Kriegführung (1946); F. M. von Senger und Etterlin, Tb. der P. 1943–57 (1960, 1969); ders., Die dt. P. 1916–1945 (^{3}1968); ders., Kampfpanzer 1916–1966 (1966); ders. (Hrsg.), Taschenbuch der Panzer 1983 (1986).

Papalsystem, Papalismus. Im Gegensatz zum Episkopalsystem das System der päpstl. Kirchenhoheit (Verfassung der kath. Kirche mit Primat des Papstes). Die polit. Suprematie des Papstes hat insbes. durch die seit dem 14. Jh.

einsetzenden Gegenbewegungen (Episkopalismus, Konziliarismus, Gallikanismus) eine Einschränkung erfahren.

Papier (von griech. papyros). In Ägypten schrieb man z. Z. der Pharaonen auf Streifenblätter, die aus dem Mark der Papyrusstaude hergestellt wurden. Nach chines. Überlieferung gelang dem Minister Tsai Lun im Jahre 105 n. Chr. als erstem die Herstellung von P. aus einem aus Baumrinde, Hanf und Lumpen gemischten Faserbrei, der über ein geflochtenes Sieb gegossen wurde. Obwohl diese Angaben unglaubwürdig sind, fällt die Erfindung des P. doch offenbar in das 1. Jh. n. Chr. Ein in Etsina (in der Provinz Kantu) aufgefundenes Dokument trägt das Datum 98 n. Chr. Im 7. und 8. Jh. verbreitete sich die Papierherstellung von China aus in Japan und Korea. Papierrollen von hervorragender Qualität haben sich in Ostturkestan (Tunhuang) erhalten; sie stammen aus dem 5.–10. Jh. Die Araber in Samarkand lernten das P. 751 durch chines. Kriegsgefangene kennen. Im Anschluß daran wurde es während der nachfolgenden Jahrhunderte im gesamten Gebiet des Islam bekannt. Als erstes europ. Land kannte Spanien das P.; ob es aus einheimischer Produktion stammte, ist mit Sicherheit nicht nachzuweisen. Erst seit der Mitte des 12. Jh. besteht Gewißheit darüber, daß P. durch Einheimische hergestellt wurde. Wohl gibt es Papier-Dokumente auf Sizilien aus dem Jahre 1109, in Italien aus dem Jahre 1154, in Frankreich aus dem Jahre 1207; doch handelt es sich hierbei um Ware, die aus den arab. Ländern importiert worden war. Über eine eigene Papierfabrikation verfügte Italien seit der Mitte des 13. Jh. (in Fabriano), Frankreich seit 1338 (in Troyes). Erst im Jahre 1302 ist in Dtl. P. zum erstenmal nachweisbar (als Beschreibmaterial für einen Fehdebrief an die Stadt Aachen); die erste nachweisbare dt. Fabrikationsstätte für P. ist die seit 1389/90 betriebene Papiermühle bei Nürnberg, die sog. »Gleismühle«. Zw. 1400 und 1450 entstanden weitere dt. Produktionsstätten für P., u. a. in Ravensburg, Lüneburg und Metz. Das hier hergestellte Material war dem ital. qualitativ unterlegen. In England gründete John Tate 1494 die erste Papier-Mühle. Eine erhöhte Nachfrage nach P. rief die Erfindung des Buchdrucks hervor. Im Zusammenhang damit wurden auch die

Produktionsmethoden verbessert. Seit dem ausgehenden 17. Jh. (zuerst in Holland) zerkleinerte man den Rohstoff nicht mehr durch Stampfen, sondern durch Zerreiben. Ein mechanisch bewegtes Sieb erfand 1798/99 der Franzose N.-L. Robert, wodurch die mechan. Papiererzeugung eingeleitet wurde. Die neuzeitl. Verfahren verwenden automatisch arbeitende Maschinen und Apparate.

LIT. StL VI (⁶1961) 148–554; D. Hunter, Old Papermaking in China and Japan (Chillicote, Ohio 1932); V. Thiel, in: Buch und Schrift, N. F. 4 (1941): Joseph A. Miller, Pulp and Paper History: A Select List of Publications on the History of the Industry in North America (St. Paul, Minn., 1963).

Papismus. Abwertende Bez. für eine Verherrlichung des Papsttums, der keine Grenzen gesetzt sind. Die Bez. ist vor allem seit der Reformation gebräuchlich.

Papst (lat. papa, griech. pappas, Vater). Amtsbez. für das Oberhaupt der kath. Christenheit und den Inhaber der höchsten Kirchengewalt (→Primat). Im Orient urspr. ein Ehrentitel für Äbte, Bischöfe und Patriarchen, seit dem 3. Jh. ebenfalls im Abendland verwendet, vom 5./6. Jh. an ausschließlich der Amtsbez. für den röm. Bischof. Bischof als Oberhirten der Christenheit. Die mit dem päpstl. Amt verbundenen Jurisdiktionsrechte umfassen:
1. das oberste Lehramt (Unfehlbarkeit in Glaubens- und Sittensachen, wenn der P. »ex cathedra«, d. h. vom Lehrstuhl aus eine Entscheidung trifft);
2. die oberste Gesetzgebungsgewalt;
3. die oberste Gerichts- und Strafgewalt;
4. das oberste Verwaltungsrecht;
5. das oberste Aufsichtsrecht.
Mit der Gründung der Reichskirche durch Kaiser Konstantin d. Gr. (reg. 306–37) wurde die Amtsgewalt des röm. Bischofs über die Bischöfe des lat. Westens (Italien, Gallien, Spanien, Illyricum, Afrika) auf dem Konzil von Nikäa (325) anerkannt. Die Epoche vom 4. bis ins 10. Jh. ist gekennzeichnet durch Bemühungen um Stärkung des Papsttums auf päpstl. Seite, durch Bestrebungen weltlicherseits, ebenfalls seitens des Klerus, das Papsttum in seiner Bedeutung einzuschränken. Ansehen und damit Einfluß gewann das Papsttum unter Innozenz I. (401–17), Leo I.

(440–61) und Gregor d. Gr. (590–604); Rückschläge brachten die Regierungszeit Kaiser Justinians (527–65) und Karls d. Gr. (768–814) sowie die hierauf folgende Epoche sittenloser Päpste, bis die Kaiser Otto I. (reg. 936–73) und Heinrich III. (reg. 1039–56) das Papsttum reformierten. Das reformierte Papsttum beanspruchte unter dem Einfluß der cluniazens. Bewegung (→Cluny) die völlige Freiheit der Kirche vom Staat. Der P. wurde zum Stellvertreter Gottes auf Erden deklariert, dem jede Kreatur unterworfen sein sollte, auch der Kaiser. Das Papsttum legte mit diesen bes. durch Gregor VII. (1073–85) gestalteten Forderungen den Grundstein zu der theokrat. Ordnung, die im HochMA dominierte; ebenfalls erhob es Anspruch auf maßgebliche Mitbestimmung bei der Gestaltung des polit. und gesellschaftl. Lebens (das Verhältnis Kirche-Staat ist heute beeinflussend). Unter Innozenz III. (1198–1216) erreichte das Papsttum den Höhepunkt seiner weltl. Machtstellung. Nach dem Tod Heinrichs VI. (1197) versuchte Innozenz, alle Staaten von sich lehnsabhängig zu machen. Bonifaz VIII. (1294–1303) forderte als Vorbedingung für die ewige Seligkeit (Bulle ›Unam sanctam‹, 1302) in übersteigerter Form den Gehorsam gegenüber dem P. Eine Beeinträchtigung seiner rechtl. Stellung erfuhr das Papsttum während der Zeit der Reformkonzilien und der Reformation sowie durch die Renaissance-Päpste, die bei ihren unbestrittenen Verdiensten um Kunst und Wissenschaft ihrer geistl. Sendung nicht gerecht wurden. Durch das Tridentinum (1545–63) vermochte es seine Stellung zu festigen, was in der Gegenreformation (1555–1618/48) offenbar wurde. Ein Rückgang der Bedeutung des Papsttums bahnte sich seit der Aufklärung an; in der Franz. Revolution von 1789 verlor das Papsttum in Frankreich alle weltl. Macht. Einen neuen Höhepunkt als geistl. Macht erreichte es im Laufe des 19. Jh., insbes. durch das erfolgreiche Pontifikat Pius' IX. (1846–78): Das Vatikanische Konzil (1870) erhob die Unfehlbarkeit sowie den Universalepiskopat (Vormachtstellung) des P. zum Dogma. Vor allem Leo XIII. (1878–1903) vermochte das Ansehen des P. weiter zu steigern, obwohl (vielleicht weil) der Kirchenstaat 1870 an Italien gefallen war, wodurch die rein geistliche

Seite des Papsttums in den Vordergrund gerückt wurde. Neben der rein geistl. Souveränität besitzt der P. zur Wahrung der Freiheit, Unabhängigkeit und Würde des Apostolischen Stuhles auch eine weltliche (1929 durch die Lateranverträge seitens des ital. Staates anerkannt und am 25. 3. 1947 in die ital. Verfassung aufgenommen). Eine neue, in ihren Konsequenzen noch nicht abzusehende Epoche in der Geschichte des Papsttums hat das 1958 durch Johannes XXIII. (1958–63) einberufene 2. Vatikanische Konzil eingeleitet.
LIT. L. von Ranke, Die röm. Päpste, ihre Kirche und ihr Staat im 16. und 17. Jh. 3 Bde. (1834–36); L. von Pastor, Geschichte der Päpste seit dem Ausgang des MA. 16 Bde. (1886–1933; Neuausg. [8–13]1955–61; bis 1800); E. Caspar, Geschichte des Papsttums (bis Mitte des 8. Jh.). 2 Bde. (1930–33); J. Schmidlin, Papstgeschichte der neuesten Zeit. 4 Bde. (1933–39; seit 1800); F. X. Seppelt und K. Löffler, Papstgeschichte ([5]1949); F. X. Seppelt, Geschichte der Päpste von den Anfängen bis zur Mitte des 20. Jh. 6 Bde. (1954/ 59); W. Ullmann, Die Machtstellung des Papsttums im MA (dt. 1961); J. Haller, Das Papsttum. 5 Bde. ([4]1962); F. X. Seppelt, G. Schwaiger, Geschichte der Päpste (1964); G. Schwaiger, Gesch. der Päpste im 20. Jh. (1968); F. Oakley, Council over Pope (1969); K. O. von Aretin, P. und moderne Welt (1970); H. Hermann, in: ZRG KA, 56 (1970); G. Denzler (Hrsg.), Päpste und Papsttum (1971ff., bisher 20 Bde.); A. Franzen, R. Bäumer, Papstgeschichte (1974); B. U. Hergemöller, Die Geschichte der Papstnamen (1980); H. Fuhrmann, Von Petrus zu Johannes Paul II. (1980); A. Rhodes, Der Papst und die Diktatoren. Der Vatikan zwischen Revolution und Faschismus (1980); K. A. Fink, Papsttum und Kirche im abendländ. MA (1981); W. Imkamp, Das Kirchenbild Innozenz III., 1198–1216 (1983); B. Schimmelpfennig, Grundzüge der Geschichte des Papsttums (1984); H. Schreiber, Geschichte der Päpste (1985); M. Greschat (Hrsg.), Gestalten der Kirchengeschichte. Bd. 11: Das Papsttum. Von den Anfängen bis zu den Päpsten in Avignon (1985), Bd. 12: Das Papsttum. Vom Großen Abendländ. Schisma bis zur Gegenwart (1985); R. Fischer-Wollpert, Lexikon der Päpste (1985); J. Laudage, Priesterbild und Reformpapsttum im 11. Jh. (1985); P. Granfield, Das Papsttum (1986); H. Hiller, Die Geschäftsführer Gottes. Eine krit. Geschichte der Päpste (1986); J. N. Kelly, Reclams Lexikon der Päpste (dt. 1988).

Papstkatalog. Das Verzeichnis der röm. Bischöfe. Es sind verschiedene P. bekannt. Der erste ist das um 160 n. Chr. in Rom verfaßte Verzeichnis der röm. Bischöfe bis auf Anicetus (155–66); sein Verfasser ist Hegesipp, ein Judenchrist. Der zweite P. umfaßt die Päpste bis Eleutherus (175–89); verfaßt wurde er von dem griech. Kirchenvater Irenäus. Zunächst verfolgte man mit den P. den Zweck, den Irrlehrern gegenüber die ununterbrochene Überlieferungszusammenhang nachzuweisen, der die röm. Kirche mit den Aposteln Petrus und Paulus verband. Erst seit der Zeit des Theologen Hippolyt (1. Hälfte des 3. Jh.) dienten die P. ebenfalls histor.-chronolog. Zwecken. Doch muß das Hinzufügen bestimmter Daten bis zu Beginn des 3. Jh. als sekundär und unzuverlässig betrachtet werden. Der Todestag des Papstes Pontianus (230–35) am 28. 9. 235 gilt als das erste zuverlässige Datum. Bedeutsam wurde vor allem der Leberianische P. aus dem Jahre 352; mit ihm hängt der Liber pontificalis (→ Liber) zusammen.
Heute behandelt man den P. wie eine Herrscherliste.
LIT. E. Caspar, Die ältesten röm. Bischofslisten (1926); Th. Klauser, Die Anfänge der röm. Bischofsliste. In: Bonner Zs. f. Theologie u. Seelsorge, 8 (1931); E. von Campenhausen, Kirchl. Amt und geistl. Vollmacht (1953).

Päpstlicher Stuhl, Heiliger Stuhl. Die päpstl. Regierung (→Kurie).

Papstwahl. Urspr. durch den Klerus und das Volk Roms vorgenommen. Papst Nikolaus II. (1058–61) übertrug 1059 das Recht der P. den Kardinälen; 1274 schrieb Gregor X. (1271–76) das Konklave vor. Gregor XV. (1621) faßte die Bestimmungen über das Konklave zusammen. Pius X. verbot das Einbringen einer Exekutive (1904). Das Papstwahlrecht wurde durch Papst Pius XII. (1939–58) neu geordnet; zur P. ist eine Stimme mehr als zwei Drittel der im Konklave anwesenden Kardinäle notwendig. Papst Paul VI. ordnete die Papstwahl neu (1975) mit der Konstitution Romano Pontifici eligendo.

Papyruskunde, Papyrologie. Die historische. Grundwissenschaft von der Konservierung und Lesung der Papyri, d. h. der beschrifteten Blätter, die sich in Ägypten in Bodenschichten, die für das Grundwasser unerreichbar blieben, erhalten haben, außerdem derjenigen aus der antiken Epoche Griechenlands, Roms sowie des frühen MA. Die Zahl der Papyri ist unübersehbar. Die ältesten und besterhaltenen sind die hieroglyph. Rollen. Weit zahlreicher und bedeutsamer sind die kopt., aramäischen, phönik., kanaanäischen und hebr. Papyri, ebenfalls die griech. Papyri, die seit der Zeit Alexanders d. Gr. (reg. 336–23 v. Chr.) für die hierauf folgenden 1000 Jahre des griech.-röm.-byzantinisch beherrschten Nillandes zeugen.

Im allg. beschränkt sich die P. auf den Zeitabschnitt der griech. Verwaltungssprache (332 v. Chr.–640 n. Chr.); ältere Funde fallen in den Bereich der Ägyptologie, während die arab. Papyri lediglich am Rande einbezogen werden. Die P. befaßt sich auch mit den Beschriftungen auf anderen Stoffen, so den Ostraka. Die literar. Papyri fallen weitgehend in den Bearbeitungsbereich der klassischen Philologie. Seit dem 19. Jh. hat sich die P. als eine gesonderte historische Hilfswissenschaft entwickelt; im 20. Jh. hat sie eine bedeutende Ausdehnung erfahren. Es gibt lediglich Reihenpublikationen der Papyri, nicht jedoch eine zusammenfassende Publikation aller gefundenen Urkunden. Seit 1947 sind die Papyrologen aller Länder in der ›Association Internationale des Papyrologues‹ zusammengeschlossen; sie veranstalten regelmäßig Kongresse.

LIT. L. Mitteis, U. Wilcken, Grundzüge und Chrestomathie der P., 2 Tle., histor. und jurist. 4 Bde. (1912); W. Schubart, Einführung in die P. (1918); A. Grohmann, Allg. Einführung in die arab. Papyri (Wien 1924); F. Preisigke, Wörterbuch der griech. Papyrus-Urkunden. Bd. 1–4, 1 (1924–44, hrsg. von E. Kiessling); K. Preisendanz, Papyrus-Funde und Papyrus-Forschung (1933); E. G. Turner, Greek Papyri (Oxford 1968); E. Lüddeckens u. a. (Hrsg.), Demot. und kopt. Texte (1968); E. von Druffel, Papyrolog. Studien zum byzantin. Urkundenwesen ([2]1970); Archiv für Papyrusforschung und verwandte Gebiete, hrsg. von den Staatl. Museen zu Berlin (erscheint laufend); O. Montevecchi, La papirologia (1973).

Zeitschriften: Aegyptus (1920ff.); Zeitschrift für Papyrologie und Epigraphik (1967ff.); Chronique d'Égypte (Brüssel 1925ff.); Journal of Juristic Papyrology (N. Y. u. Warschau seit 1946).

Paradies (griech.-persisch paradeisos, das Umwallte = Park).
[1] Im alten Persien der Großpark des Königs oder der Satrapen (auf Dominialland gelegen und mit reichem Wildbestand zur Hofjagd versehen). Nach bibl. Bericht der Garten Eden des ersten Menschenpaares.
[2] In frühchristl. Basiliken der Vorhof (Atrium), in dem der Reinigungsbrunnen stand.

Paragium (frz. parage). Die im westeurop. Lehnsrecht vorgesehene Überlassung eines Teils des Lehens an jüngere Linien. In der NZ wird die Abfindung jüngerer Linien durch anteilige Nutznießung (Sonderform der Apanage) zur Wahrung des Besitzstandes in der Primogenitur P. genannt.

Paragraph (griech. paragraphos, Beigeschriebenes). Antik ein Interpunktions- und kritisches Zeichen. In Gesetzen, wissenschaftl. Schriften etc. ein kleiner Abschnitt (§).

Paränese (griech. parainesis, lat. adhortatio). Die Rede des Feldherrn vor der Schlacht, die eine Ermahnung bzw. Ermunterung der Soldaten darstellte.

Paraph (griech.-franz.), **Paraphe.** Bez. für den abgek. Namenszug unter Schriftstücken; paraphieren, unterzeichnen. Die vorläufige Unterzeichnung einer Vereinbarung, die noch keine völkerrechtl. Verbindlichkeit begründet, wird als Paraphierung bezeichnet.

Parasange (griech.-persisch).
[1] Ein altes Längenmaß der Perser, Phönizier etc.
[2] Ein antikes Längenmaß (Athen): 300 griech. Stadien (= 5549 m).

Paraskeue (griech., Vorbereitung, hebr. Erew). Der dem Sabbat oder einem Fest vorausgehende Tag (Rüsttag).

Paraveredi (spätlat., Beipferde). Im spätantiken und fränk. Postdienst die Spannpferde, im MA die Fronpferde.

Parcham (zu pferchen). Der Zwinger, insbes. der Burgen des Dt. Ordens.

Parentalien (lat. Parentalia). Dies Parentales, eine altröm. Totenfeier; sie wurde vom 13.–21. 2. begangen. Während dieser Zeit wurden die Gräber der Toten geschmückt und den Manen der Abgeschiedenen Opfer (Parentatio) dargebracht. Die Magistrate legten während der P. ihre Amtskleidung ab, die Tempel waren geschlossen, das Feiern von Hochzeiten verboten.

Parentel (lat. von parentela, Verwandtschaft). Die einem Agnatenverband angehörenden Personen, die Nachkommenschaft eines gemeinsamen Stammvaters.

Paria (ind.). Eine auf die Urbevölkerung zurückgehende niedrige Kaste von Webern, Landarbeitern, Totengräbern und Dienern in S.-Indien, die, da wirtschaftl. unentbehrlich, zwar geduldet wurde, aber streng abgesondert lebte (»Unberührbare«). Nominell wurde das diesen Zustand sanktionierende Gesetz im Dezember 1948 durch die indische Verfassung aufgehoben.
LIT. W. E. Mühlmann, Rassen, Ethnien, Kulturen. Moderne Ethnologie (1964).

Pariage, Paréage (franz. zu lat. par, gleich). Im Lehnszeitalter ein Rechtsverhältnis (oder Besitzverhältnis) vor allem zw. König und Lehensträger. P. entstand durch den Erwerb eines Anteils an einem fremden Lehen; die Folge hiervon war die gemeinsame Ausübung der lehnsherrl. Funktionen durch beide Inhaber.

Pariser Friedensschlüsse.
[1] Der Friedensvertrag vom 10. 2. 1763 zwischen England, Frankreich und Spanien; er beendete den mit dem Siebenjährigen Krieg (1756–63) parallel laufenden See- und Kolonialkrieg.
[2] Der Vorfriede vom 30. 11. 1782; hierdurch anerkannte England die Unabhängigkeit der Vereinigten Staaten.
[3] Die Friedensverträge vom 30. 5. 1814 (1. Pariser Friede); hierdurch wurden die Napoleonischen Kriege beendet.
[4] Der Friedensvertrag vom 30. 6. 1856; er beendete den Krimkrieg.
[5] Der Friedensvertrag vom 10. 12. 1898; er beendete den spanisch-amerikan. Krieg von 1898 (Spanien mußte auf Kuba verzichten, das eine Republik, zunächst unter US-amerikanischer Schutzherrschaft, wurde, und die Philippinen sowie Puerto Rico an die USA abtreten. Die USA erlangten als Folge des Krieges allg. die Anerkennung als Großmacht).
[6] Die Pariser →Vorortverträge.
[7] Die Friedenskonferenz vom 27. 7. 1946 bis 10. 2. 1947; sie diente dem Abschluß der Friedensverträge der Sie-

gerstaaten des Zweiten Weltkriegs mit den ehem. Verbündeten Deutschlands: Bulgarien, Finnland, Italien, Ungarn und Rumänien.

Pariser Konferenzen.
[1] Die vom 14. bis 17. 6. 1916 über den Wirtschaftskrieg gegen die Mittelmächte (Blockade, Ausfuhrverbote, Bannwaren) abgehaltene Konferenz der Ententemächte.
[2] Die vom 25. bis 29. 1. 1921 über die Reparationsfrage veranstaltete Konferenz (Pariser Beschlüsse); →Reparationen.
[3] Die Sachverständigenkonferenz über den Young-Plan (11. 2.–7. 6. 1929).
[4] Die Sechsmächtekonferenz zum Abschluß der europ. Kohle- und Stahlgemeinschaft am 18. 4. 1951.
[5] Die →Pariser Verträge vom Oktober 1954.

Pariser Seerechtsdeklaration. Der internationale Vertrag (Rußlands, Großbritanniens, Frankreichs, Österreichs, Preußens, Sardiniens und der Türkei) vom 16. 4. 1856 über das Seekriegsrecht: Abschaffung der Kaperei, Schutz neutraler Schiffe und neutraler Güter auf feindl. Schiffen, Regelung der Blokkade.
LIT. P. Parfond, Le droit de prise (Paris 1955).

Pariser Verträge. Die entsprechend den Richtlinien der 9-Mächte-Konferenz von London (Sept.–Okt. 1954; →Londoner Akte) ausgearbeiteten Verträge; sie wurden am 23. 10. 1954 in Paris auf Grund der zw. den westeurop. Staaten sowie den USA getroffenen Vereinbarungen zur Einbeziehung der BRD in das westl. Verteidigungsbündnis (NATO) und zu ihrer Mitwirkung bei der Verteidigung des Westens unterzeichnet. Im einzelnen bestehen die Abmachungen: 1. aus dem Protokoll über die Beendigung des Besatzungsregimes in der BRD; 2. aus dem Vertrag über den Aufenthalt ausländischer Streitkräfte in der BRD; 3. aus dem Protokoll über den Beitritt der BRD zum Brüsseler Vertrag (Fünfmächtepakt), der am 17. 3. 1948 zw. Großbritannien, Frankreich und den Beneluxländern über die wirtschaftl., soziale und kollektive Selbstverteidigung abgeschlossen wurde.

Pariser Vorortverträge →Vorortverträge.

Parish (engl., Kirchspiel).

Parisienne

[1] In England und Wales Bez. für die unterste Selbstverwaltungseinheit einer Grafschaft (engl. county). Entstanden ist diese weltl. Verwaltungseinheit (Civil P.) seit dem Ende des MA aus einer kirchl. Verwaltungseinheit (Ecclesiastical P.); im Laufe des 19. Jh. wurde sie von letzterer endgültig getrennt.

[2] Im Staate Louisiana (USA) eine Selbstverwaltungseinheit, die dem County entspricht.

Parisienne. Zur Verherrlichung der Juli-Revolution (1830) und der franz. Bürgermonarchie verfaßtes franz. Freiheitslied. Der Anfang der P. lautet: »Peuple français, peuple des braves«.

Parität (lat.). Bez. für bestimmte Zahlenverhältnisse (z. B. zwischen verschiedenen Konfessionen). Die P. dient auf den unterschiedlichsten Gebieten als Beziehungs- und Richtpunkt, insbes. für Maßnahmen der staatl. Politik. Die Frage der P. war dem MA unbekannt; seit der Reformation setzte der Kampf darum ein. Auf Grund des Augsburger Religionsfriedens (1555) bekannte man sich zur P. von Katholiken und Protestanten; sie wurde durch den Westfälischen Frieden (1648) auch auf die Reformierten ausgedehnt. Allerdings galt sie lediglich für die individuelle Glaubensfreiheit, nicht für die öffentl. Kultausübung, auch nicht für die öffentl. Stellung der Religionsgesellschaften selbst. Die völlige konfessionelle P. konnte erst durch die Aufklärung, sodann und vor allem im 19. Jh. zusammen mit den Grundsätzen der Toleranz und der konfessionellen Neutralität des Staates durchgesetzt werden (zunächst auf landesgesetzl. Ebene, dann auch auf der der Reichsgesetzgebung).

LIT. H. Mayer-Scheu, Grundgesetz und P. von Kirchen und Religionsgemeinschaften (1970).

Parlament (mlat. parlamentum, Besprechung). Die verfassungsmäßige Versammlung; sie hat den Charakter einer Volksvertretung und häufig die jurist. Stellung eines obersten Staatsorgans. In der Regel werden die Parlamentssitze durch allg., gleiche und direkte Wahlen besetzt. Beim Zweikammersystem kommen jedoch auch noch andere Formen der Berufung vor. Im Sinne der Gewaltentrennung steht dem P. insbes. die Mitwirkung bei der Gesetzgebung oder deren alleinige Ausübung zu. Wichtigste Verwaltungsfunktion des P. ist die Bestellung der Regierung oder die Mitwirkung dabei, soweit sie dem Staatsoberhaupt oder dem Volk nicht ausschließlich zukommt. Das älteste P. ist das isländische Althing.

Die moderne Bedeutung des Wortes P. entwickelte sich aus engl. Tradition: Das P. Englands (Parliament) ging aus den Beratungen am Hof des Königs hervor, zu denen nicht regelmäßig, sondern von Fall zu Fall, neben den Angehörigen des Hofes hohe Geistliche und weltl. Große sowie die Vertreter der Grafschaften (Gentry) zusammenkamen. Nach franz. Vorbild (Pairsversammlung) wurde das P. im 13. Jh. (Osterparlament von 1258) zu einem Kontrollorgan des Königs und dadurch zu einem Machtfaktor neben der Krone. Im 14. Jh. (1378) erfolgte die Aufspaltung des P. in ein für sich tagendes Oberhaus (House of Lords), das sich aus dem hohen Adel und der Geistlichkeit zusammensetzte, sowie ein Unterhaus (House of Commons), in dem die Gentry und das Bürgertum vertreten waren. Im 15. Jh. konnte das P. das Recht der Ministeranklage und die Priorität im Budgetrecht erringen; in den Revolutionen des 17. Jh. siegte es über die absolutist. Bestrebungen der Stuartkönige. Im 18. Jh. schließlich erlangte das P. im Staat die ausschlaggebende Stellung. Zu einer demokrat. Volksvertretung auf Grund des allg. und gleichen Wahlrechts wurde das P. jedoch erst durch die Reformen von 1832, 1867, 1884/85 und 1918.

In Frankreich war das P. das Pairsgericht, in dem nach und nach die Juristen des Königs die Oberhand gewannen; seit dem 13. Jh. stellte es die oberste rechtl. Instanz dar; vom 14. Jh. an umfaßte es 78 Mitglieder und war in mehrere Kammern gegliedert. Bis zum 18. Jh. wurden in der Provinz 13 weitere P. als Obergerichte geschaffen, denen gegenüber das Pariser P. (P. de Paris) insofern einen Vorrang besaß, als es sowohl die königl. Erlasse in seine Register eintragen befugt war, wie auch das Recht ihrer Überprüfung besaß. Infolgedessen vermochte es sich seit dem 14. Jh. ein bedeutendes Maß an Unabhängigkeit zu wahren. Während des 16.–18. Jh. stellte es die einzige wirksame Kontrollinstanz des Absolutismus in Frankreich dar. 1790 wurden die franz. P. durch die Nationalversammlung aufgelöst.

In Dtl. entstanden P. im Anschluß an

die Freiheitskriege (1812/13) zunächst in den Einzelstaaten (Landtage). Episode blieb die Frankfurter Nationalversammlung (1848/49). In diesem Zusammenhang ist anzumerken, daß es seit der Französischen Revolution (1789) üblich ist, die von Abgeordneten beschickte 2. Kammer als P. zu bez., trotz der offiziellen Wendungen: Bundestag, Nationalrat, Reichstag etc. 1871 wurde der Bundestag des Norddt. Bundes in den Reichstag des ehem. Dt. Reiches umgebildet. In der BRD hat der Bundestag den Reichstag ersetzt. In der ehem. DDR wurde das P. Volkskammer genannt; daneben bestand bis 1952 die Länderkammer.

LIT. StL VI (⁶1961) 173–83; F. Aubert, Histoire du Parlement de Paris 1250–1515. 2 Bde. (1894); E. Glasson, Le Parlement de Paris. 2 Bde. (1901); G. Ducoudray, Les origines du Parlement de Paris (1902); R. Holtzmann, Franz. Verfassungsgeschichte (1910); H. Bourdeau, Le régime parlementaire dans les constitutions européennes d'après-guerre (1932); F. Olivier-Martin, Histoire du droit français (1951); R. Gneist, Engl. Verfassungsgeschichte (1882); J. Redlich, Recht und Technik des engl. Parlamentarismus (1905); B. Wilkinson, Studies in the Constitutional History of England in the 13th and 14th Centuries (Manchester 1937); C. Ilbert, Parliament, its History, Constitution and Practice (London 1950); J. W. Jennings, Parliament (London 1957); Th. Maunz, Dt. Staatsrecht (¹²1963); F. K. Fromme, Von der Weimarer Republik zum Bonner Grundgesetz, verfassungspolit. Folgerungen des parlament. Rates (1960); H. Mitteis, Der Staat des Hohen MA (⁷1962); M. Weber, P. und Regierung im neugeordneten Deutschland (1918); C. Schmitt, Die geistesgeschichtl. Lage des heutigen Parlamentarismus (²1926); J. E. Neale, The Elizabethan House of Commons (London 1949); ders., Elizabeth I and Her Parliaments, vol. I: 1559–1581 (1953); vol. II: 1584–1601 (1957); K. Loewenstein, Der brit. Parlamentarismus (1964); ders., Staatsrecht und Staatspraxis von Großbritannien. 2 Bde. (1967); H. Monz, Die parlamentar. Verantwortlichkeit im dt. Staatsrecht (1965, mit Lit.); W. Gehrig, P., Regierung, Opposition (1969); K.-H. Mattern, Grundlinien des P. (1969, mit Lit.); H. Rausch (Hrsg.), Die geschichtl. Grundlagen der

modernen Volksvertretung. 2 Bde. (1974); M. Rauh, Die Parlamentarisierung des Dt. Reiches (1977).

Parlamentär (franz.). Nach Art. 32 der Haager Landkriegsordnung vom 18. 10. 1907 derjenige, der von einer der kriegführenden Parteien bevollmächtigt ist (in der Regel ein Offizier), mit der anderen in Unterhandlungen zu treten; er ist erkennbar an der weißen Flagge, mit der er sich zeigt. Lt. Völkerrecht ist er unverletzlich.

Parlamentarischer Rat. Die 65 Abgeordnete umfassende Versammlung, welche 1948 durch die 11 Landtage der westl. Besatzungszonen Deutschlands gewählt wurde; sie trat am 1. 9. 1948 in Bonn zur Beratung und Formulierung des Grundgesetzes zusammen.

LIT. M. F. Feldkamp, Der P. R. 1948–1949 (1998).

Parlamentarismus. Regierungsmethode und polit. System, das auf der Gewaltenteilung sowie dem Gleichgewicht zw. Legislative (Parlament) und Exekutive (Regierung) beruht. Das parlamentar. Verfahren ist auf Ausgleich zw. der den Staat führenden Mehrheit und der (meist) oppositionellen Minderheit gerichtet. Der nach dem Ersten Weltkrieg zu verzeichnende Vertrauensverlust des P., den sich die totalitären Strömungen für ihre Zwecke nutzbar machten (insbes. in Frankreich, Italien, Dtl. etc.), hatte seine Ursache in erster Linie in den rein taktischen Mehrheitsbildungen (mit häufigem Kabinettswechsel), wodurch eine zielbewußte Regierungspolitik erschwert wurde. Der P. entwickelte sich zuerst in England. Ansehen und Leistungen des engl. P. basierten auf dem traditionellen Zweiparteiensystem, wodurch die Bildung stabiler Mehrheiten ermöglicht wurde. Im Falle eines Dreiparteiensystems kam es gelegentlich zur Bildung von Minderheitsregierungen. Generell jedoch hat das engl. Wahlsystem auch bei 3 Parteien dazu geführt, daß die Mehrheit durch eine Partei errungen werden konnte. Auf dem europ. Festland konnte sich der P. im 19. Jh. weitgehend durchsetzen, so in Frankreich bei der Julirevolution (1830) und erneut seit Errichtung der Dritten Republik (1870). Erst während des Ersten Weltkriegs und dann im Rahmen der Weimarer Verfassung ging Dtl. zum P. über.

LIT. K. Loewenstein, Der brit. Parlamentarismus (1964); H. H. Röhrig und

593

K. Sontheimer (Hrsg.), Hdb. des dt. P.
(1970); K. von Beyme, Die parlamentar. Regierungssysteme in Europa
(1970); K. Bosl, Repräsentation und
Parlamentarismus in Bayern vom
13. Jh. bis zum 20. Jh. (1974); H. D.
Loock, H. Schulze, P. und Demokratie
(1982); W. Zeh, P. Histor. Wurzeln –
Moderne Entwicklung (²1983); K. E.
Pollmann, P. im Norddt. Bund 1867–
70 (1985); →Parlament.

Parochie (von griech. paroikos, Beisasse, Fremdling). Der kleinste kirchl.
Verwaltungsbezirk: die Pfarrei. Ursprünglich, d. h. in der alten Kirche,
Bez. für die Gemeinschaft der Fremd-
linge auf Erden; hierher dann die Verwendung des Begriffs für die Ortsgemeinde, vor allem auf das Gebiet einer
Stadt und ihr Umland beschränkt. Später war P. gleichbedeutend mit Diözese,
während sie seit dem 4. Jh. (im Zusammenhang mit dem Ausbau des Pfarrsy-
stems) lediglich die kleinste Teileinheit
einer Diözese, d. h. eine Ortspfarrei
war. (Der P. steht entgegen die Gesamtkirche, die Ecclesia.)

Parochus (ital. parocco). Der mit der
dauernden und selbständigen Leitung
einer Gemeinde betraute Geistliche.

Parsen, Parsi (Perser). Die ind. Anhänger des altpers. Propheten Zarathustra, deren Herkunft und Lebensdaten
nicht sicher feststehen. Bei den P. handelt es sich um verhältnismäßig reinblü-
tige Iraner in Indien, die den altiran.
Lichtkult (Parsismus) bewahrt haben;
ihre Zahl umfaßt etwa 100.000 (1986).
Es sind hauptsächlich Kaufleute und
Gelehrte. Die P. sind im 8. Jh. in die
Gegend von Bombay eingewandert.
Häufig werden den P. auch die etwa
10.000 (1986) in Persien (vor allem in
Teheran) lebenden Anhänger Zarathu-
stras (pers., griech. Zoroaster), die
Gebr, zugerechnet.
LIT. D. Menant, Les Parsis. Histoire
des communautés zoroastriennes de
l'Inde (1898); G. Widengren, Die Religionen Irans (1965); G. Gropp, in: Ar-
chäolog. Mitt. aus Iran, N. F., 2 (1969).

Partei (lat. pars, Teil). Politische P.
sind Vereinigungen von Individuen auf
Grund gleicher Weltanschauung oder
gleichgearteter Interessen mit dem Ziel,
die Staatsführung zu beeinflussen oder
sich ihrer zu bemächtigen. Die P., welche in parlamentarisch regierten Staaten von bes. Wichtigkeit ist, stellt das
Verbindungsorgan zw. der Volksvertre-

tung und ihren Wählern dar. Die Aufgabe der P., die in ihrem Parteiprogramm zum Ausdruck kommt, besteht
darin, die öffentl. Meinung im Hinblick
auf polit. Fragen sowohl zu bilden als
auch zu führen. Als Mittel hierzu werden die Diskussion, Versammlungen,
die Presse sowie die individuelle Bearbeitung betrachtet. Bei der Durchführung von Wahlen vermochten die P. in
der polit. Praxis ein Monopol zu erlangen. Die häufig einer strikten Parteidis-
ziplin unterstellten Fraktionen im Parlament stellen eigene Exekutivorgane der
jeweiligen P. dar.
Wohl hat es P. im allg. Sinn in sämtl.
Staatssystemen gegeben, in denen gesellschaftl., ständische oder oligarch.
Gruppen um Macht und Einfluß kämpften. Die P. modernen Stils bildeten sich
allerdings ausschließlich in Staaten mit
parlamentar., konstitutionell-repräsen-
tativer oder demokrat. Verfassung. So
vermochten die modernen P. sich zunächst in der Parlamentsgeschichte
Englands (Whigs und Tories), seit der
Verfassung von 1787 (Föderalisten und
Republikaner) in den USA, schließlich
seit der Revolution von 1789 (Girondisten und Jakobiner) in Frankreich zu
entwickeln. Vom Beginn des Konstitutionalismus an (nach 1815) kam es zunächst in den meisten Staaten, u. a.
auch in Dtl., zur Entwicklung von drei
Richtungen: den Konservativen, den
Liberalen und den Demokraten; hinzu
traten nach 1850 häufig kath.-konfes-
sionelle und sozialist. P.
Die älteren P. des 19. Jh. waren ausschließlich Honoratioren-P., d. h. lockere Zusammenschlüsse angesehener Persönlichkeiten des öffentl. Lebens. Ihre
aktive Parteitätigkeit beschränkte sich
auf die Vorbereitung und Durchführung
der Wahlen, weiter auf die Teilnahme
an den period. Parlamentstagungen als
Abgeordnete, sonst auf die öffentl.
Meinungsbildung durch Presse, Versammlungen und literar. Arbeit. Dagegen versuchen die modernen, d. h. die
seit dem Aufstieg des Sozialismus entstandenen P., ihre Anhänger zu einer
festen, disziplinierten und zentral geführten Vereinigung zusammenzuschlie-
ßen. Wesentlich ist auch deren Verpflichtung auf ein parteipolit. Programm. Die Parteileitung liegt bei einem Vorstand; in ihm organisiert sich
ein geschlossener Kreis von Parteifüh-
rern. Der Entwicklung des Programms

dienen regelmäßige Parteitage. Streng an die Parteidoktrin gebunden sind die Anhänger der herrschenden P. in den totalitären Staaten; Abweichungen von der Parteilinie werden rigoros geahndet (Parteiausschluß etc.). In den liberalen Demokratien gilt der Grundsatz freier Parteibildung, während in totalitären Staaten ein striktes Verbot aller polit. Zusammenschlüsse außerhalb der herrschenden P. bzw. des von ihr beherrschten Blocks besteht.

P. sind zur Kanalisierung der polit. Willensströmungen unentbehrlich. Im Falle ihrer Verfassungsfeindlichkeit können sie lt. GG der BRD durch das Bundesverfassungsgericht verboten werden.

LIT. M. Ostrogorski, La démocratie et l'organisation des partis politiques. 2 Bde. (Paris 1903); M. Weber, Politik als Beruf (1919); ders., Wirtschaft und Gesellschaft. 2 Bde. (1925, [4]1956); O. Kollreuter, Die polit. Parteien im modernen Staatsrecht (1926); G. Radbruch, in: Hdb. des dt. Staatsrechts, 1 (1930); S. Neumann, Die dt. Parteien (1932); Parteien in der Bundesrepublik. In: Schriften des Instituts für Polit. Wissenschaften. Bd. 6 (1955); R. Michels, Zur Soziologie des Parteiwesens in der modernen Demokratie ([3]1957); G. M. Noetzel, Persönlichkeit und Gemeinschaft (1957); Th. Schieder, Staat und Gesellschaft im Wandel unserer Zeit (1958); M. Duverger, Die polit. Parteien (1959); Th. Eschenburg, Staat und Gesellschaft in Dtl. ([4]1960, [6]1963); W. Treue, Dt. Parteiprogramme ([3]1963); L. Bergsträßer, Geschichte der polit. Parteien in Dtl. ([11]1965); G. Ziebura (Hrsg.), Beiträge zur allg. Parteienlehre (1969); H. Rapp, Das Parteienprivileg des Grundgesetzes und seine Auswirkungen auf das Strafrecht (1970); D. Fricke (Hrsg.), Lexikon zur Parteiengeschichte. Die bürgerl. und kleinbürgerl. Parteien und Verbände in Dtl. 1789–1945. 4 Bde. (1984–86); G. A. Ritter, Die dt. Parteien 1830–1914 (1985); W. Schönbohm, Die CDU wird moderne Volkspartei. Selbstverständnis, Mitglieder, Organisation und Apparat 1950–80 (1985); H. J. Veen (Hrsg.), Christl.-demokrat. und konservative Parteien in Westeuropa. 2 Bde. (1985); H. Fenske, Deutsche Parteiengeschichte (1994).

Partei der Arbeit (›Parti ouvrier populaire‹ in der Westschweiz). Die kommunist. Partei der Schweiz (Abk.: PdA).

Partei-Konvent. Die traditionellen Großversammlungen der Parteien in den USA (Demokraten und Republikaner); auf ihnen werden die Kandidaten für die Präsidentschaft und Vizepräsidentschaft der Vereinigten Staaten nominiert.

Parthenopäische Republik (nach Parthenope, alte Bez. für Neapel [wahrscheinlich] nach dem Namen einer Sirene). Tochterrepublik Frankreichs, die durch das Heer der Franz. Republik auf dem Gebiet des Königreichs Neapel gegr. wurde; sie bestand vom 24. 1.–13. 6. 1799 (nach dem Abzug der Franzosen Wiedereroberung durch die Armee des Kardinals Ruffer mit Hilfe der engl. Flotte für den bourbon. König).

Partikulargesetzgebung. Im Unterschied zur Strafgesetzgebung des Reiches oder des Bundes diejenige der Länder (Landesstrafrecht).

Partikularismus (von lat. pars, Teil). Das Streben nach Wahrung polit. Sonderinteressen einzelner Gliedstaaten oder Landschaften innerh. eines Staatenbundes oder Bundesstaates. Gegenüber dem echten →Föderalismus, der die Einigung der Glieder eines Ganzen anstrebt, stehen für den P. das Sonderstaatstum sowie die Sonderinteressen der Gliedstaaten, selbst über die Lebensnotwendigkeiten der Gesamtheit hinaus, im Vordergrund. Der P., zunächst der Stämme, dann der fürstl. Territorien, hat sich als eine Potenz erwiesen, die eine fortwährende Schwächung und Aushöhlung der Kraft des alten Dt. Reiches darstellte (→Reichsregiment). Noch im 19. Jh. vermochte sich der P., allen nationalen Einigungsbewegungen zum Trotz, zunächst innerhalb des Dt. Bundes, zu behaupten; zwar wurde er im Bismarck-Reich zurückgedrängt, infolge der Reservatrechte (1871) blieb er jedoch weiterhin erhalten. Sowohl in der Weimarer Republik als auch in der 1949 gegr. BRD sind partikularist. Bestrebungen immer wieder offenbar geworden.

LIT. J. Haller, P. und Nationalstaat (1926); F. Rörig, Ursachen und Auswirkungen des dt. P. (1937).

Partisan (ital. partigiano, Parteigänger). Der dem Heer nicht eingegliederte irreguläre Kämpfer; er sieht seine Aufgabe darin, in den vom Feinde besetzten Gebieten insbes. den Etappendienst zu stören. Während das ältere Völkerrecht derartigen irregulären Truppen den Schutz des Kriegsrechts häufig nicht zu-

erkannte, unterstellte die Haager Landkriegsordnung von 1899/1907 auch die sog. Freischaren dem Kriegsrecht. Durch die Haager Abkommen vom 12. 8. 1949 wurde der Schutz des Kriegsrechts auf organisierte Widerstandsgruppen in besetzten Gebieten ausgedehnt, soweit sie die Voraussetzungen für Freischaren erfüllen, da die Bestimmungen von 1899/1907 den Umfang der Tätigkeit von Widerstands- und Partisanengruppen, wie er sich während des Zweiten Weltkriegs ergeben hat (Maquis, forces libres), nicht mehr deckten. Das dem Partisanenkampf gegenüberstehende Sicherheitsbestreben der Besatzungsmacht hat zu einer Eskalation der Härte moderner Kriegführung in erhebl. Maße beigetragen (Korea, Indochina, [Vietnam], Naher Osten etc.).
LIT. C. Rousseau, Droit international public (Paris 1953); Castrén, The Present Law of War and Neutrality (Helsinki 1954); J. H. Schmid, Die völkerrechtl. Stellung der P. (1956); V. Redelis, Partisanenkrieg, Entstehung und Bekämpfung ... im Mittelabschnitt der Ostfront 1941–43 (1958); R. Schroers, Der P. (1961); E. Hesse, Der sowjetruss. P.-Kampf 1941–44 (1969); G. Schulz (Hrsg.), Partisanen und Volkskrieg (1985).

Partisane (franz. pertuisane, von pertuis, Öffnung, vgl. dt. [Zier]-Streitaxt). Ein vor allem während des 15.–17. Jh. als Stoßwaffe dienender schwerer Spieß mit langem Holzschaft, zweischneidiger (blattförmiger) Klinge und Seitenhaken, Ohren oder Nebenspitzen und Parierstange. Es gab die P. auch in leichterer Ausführung (→Hellebarde).
LIT. H. Seitz, Ein waffenhistor. Hdb. 1: Blankwaffen (1965).

Pasagier, Passagier. Eine Sekte, die im 12. und 13. Jh. in Italien nachweisbar ist. Sie forderte die strikte Befolgung der mosaischen Gesetze, ausgenommen die blutigen Opfer. Die Gottheit Christi wurde von ihr bestritten, die Kirche abgelehnt.
LIT. L. I. Newman, Jewish Influence on Christian Reform Movements (N. Y. 1925); P. Alphandéry, in: Revue des études juives, 82 (1926); J. N. Garvin und J. A. Corbett, The Summa contra Haereticos ascribed to Praepositus (Notre Dame, Ind., 1958).

Pascendi dominici gregis (lat., des Herrn Herde zu weiden). Papst Pius' X.

(1903–14) gegen den Modernismus gerichtete Enzyklika vom 8. 9. 1907.

Pascha (türk. aus Padischah). Im Osman. Reich seit dem 15. Jh. höchster Offiziers- und Beamtentitel. Es gab P. mit einem, zwei oder drei (die höchste Stufe darstellend) als Rangabzeichen vorausgetragenen Roßschweifen. Unter Sultan Mahmud II. (reg. 1808–39) wurde zunächst dieses Symbol abgeschafft, 1920/34 dann der Titel selbst (in Ägypten 1953). Bei den Europäern hieß der P. früher Bassa.

Paschalyk. Die Paschawürde. Ebenso die früher einem Pascha unterstehende Provinz.
LIT. J. Deny, in: Enzykl. des Islam, 3 (1936).

Pasmaklik, Baschmaklik. Bez. für die während der osman. Zeit in einigen Städten Kleinasiens an die Sultaninmutter zu zahlenden Jahresabgaben.
LIT. H. Bowen, in: Encyclop. of Islam, 21 (1960), 1079 f.

Pasquill (ital.). Schmähschrift. Die Bez. leitet sich her von einem antiken, bruchstückhaft erhaltenen Marmorbildwerk in Rom (1501 von Kardinal Caraffa ausgegraben). Ein Schneider mit Namen Pasquino sowie die spottlustigen Römer des 16. Jh. pflegten hieran ihre Epigramme und Schmähschriften zu heften.

Pasquillant. Der Verfasser einer Schmähschrift.

Passauer Vertrag. Zw. Moritz von Sachsen und König Ferdinand I. (reg. 1531–64) am 2./5. 8. 1552 abgeschlossen. Die Erfolge Kaiser Karls V. (reg. 1519–56) im Schmalkaldischen Krieg (1546–47) wurden hierdurch zunichte gemacht. Auf Grund des Vertrages wurden Johann Friedrich von Sachsen und Philipp von Hessen (beide im Schmalkald. Krieg gefangengenommen) wieder freigelassen, das Augsburger Interim (1548) aufgehoben und der Augsburger Religionsfrieden (1555) vorbereitet.
LIT. G. Bonwetsch, Geschichte des P. V. von 1552 (1907).

Passevolant (franz., blinder Passagier).
[1] Ein mit der Absicht eingekleideter Zivilist oder Veteran, eine erhöhte Präsenzstärke in den (Söldner-)Heeren der NZ vorzutäuschen.
[2] Geschützattrappe.
[3] Eine schwere (16pfündige) Kanone (dt. Paß-Volante).

Passional (lat.). Ein Ende des 13. Jh.

verfaßtes oberdt. Reimgedicht mit etwa 100000 Versen; es enthält das Leben Jesu, der Apostel und der Heiligen.

Passionisten (offiziell: ›Unbeschuhte Kleriker vom Hl. Kreuz und Leiden unseres Herrn Jesus Christus‹, abgekürzt: CP = Congregatio Passionis). Vom hl. Paulus vom Kreuz (1694–1775) im Jahre 1720 für Predigt und Missionstätigkeit gegründet; 1771 erfolgte die Gründung eines weibl. Zweiges (Passionistinnen).

Passus. Antikes röm. Wegemaß = 5 Fuß = 1,479 m; 1000 P. = 1 Meile = 1478,7 m.

Pastor angelicus (lat., der engelgleiche Hirte), **Papa angelicus** (lat., Engelpapst). Eine bis auf das 13. Jh. zurückgehende und bis in die NZ fortwirkende Idealfigur der schwärmer. Endzeiterwartung (Joachim von Fiore [um 1130–1202], Dante [1265–1321], Spiritualen). Vom P. a. wurde erwartet, daß er die Reinheit der Kirche, wie sie z. Z. der Urkirche bestand, wiederherstelle. Lt. Weissagung (Fälschung von etwa 1590) des Malachias (Erzbischof von Armagh, 1094–1148) trifft der Name P. a. auf Papst Pius XII. (1939–58) zu.

LIT. F. Baethgen, Der Engelpapst (1943).

Pastor aeternus (lat., Der ewige Hirte). Dogmat. Konstitution des Vaticanums vom 18. 7. 1870 über die Kirchenverfassung; Primat und Unfehlbarkeit des Papstes wurden hierin festgelegt.

Pataria (ital., »Lumpengesindel«). Eine 1056 gegr. volkstüml.-demokrat. Reformpartei, die sich gegen den Reichtum, vor allem des höheren Klerus, das Konkubinat und die Simonie sowie das dt. Königtum wandte. 1057 verband sich das Papsttum mit der P., um mit ihr deren Ziele zu verwirklichen. Im 13. Jh. ging der Name Patarener häufig auf die lombard. Katharer über.

LIT. F. Savio, in: Gli antichi vescovi d'Italia. La Lombardia, 1 (Mailand 1913); J. Goetz, in: AKG 12 (1914); G. Schwarz, ebd.; S. M. Brown, in: Archivico storico Lombardo, 58 (Mailand 1931), 227–78; C. Violante, La P. milanese (1955ff.); H. E. J. Cowdrey, in: Transactions of the Royal Historical Society (London 1968); E. Werner, Pauperes Christi (1956); LThK 8 (1963).

Patene (griech., flache Schüssel). Urspr. Trink- und Opferschale der Rö-

mer; in der kath. Kirche bzw. Liturgie dann die Schüssel für die Austeilung der Kommunion; heute ein kleiner vergoldeter Teller für die Hostie in der Hl. Messe. Anfänglich aus Glas, Holz oder Alabaster, ist die P. heute gewöhnlich aus Edelmetall gearbeitet.

LIT. J. Braun, Das christl. Altargerät (1932); V. H. Elbern, Der eucharist. Kelch im frühen MA (1964).

Patent (von lat. patens, offen[er Brief]). Allg. eine öffentl. Urkunde über eine öffentl. Rechtshandlung, durch die ein Recht an einen Privaten verliehen wird, z. B. das Jagd-P., die Bestallung als Offizier (Offiziers-P.), die Erhebung in den Adelsstand, die Aufhebung der Leibeigenschaft (durch P. Josephs II. [reg. 1765–90] vom Jahre 1781), freie Religionsausübung (Toleranz-P. Josephs II. von 1781), Protestanten-P. (1861) etc.

Insbes. versteht man unter P. das einem Erfinder oder dessen Rechtsnachfolger vom Staat erteilte, zeitl. begrenzte Monopol für die wirtschaftl. Nutzung einer Erfindung. Die Vorstellung, daß der Erfinder ein spezielles Recht an seiner Erfindung haben könnte, war dem MA fremd. Vielmehr wachte die Zunft streng darüber, daß unter den Zunftgenossen keiner etwas voraus habe; die Benutzung neuer Erfindungen war nicht selten direkt verboten. Durch Gesetz vom 19. 3. 1474 wurde in der Republik Venedig den Erfindern neuer Einrichtungen erstmals eine Monopolstellung auf 10 Jahre zugesichert. Etwa zur gleichen Zeit versuchten die Könige Englands, ausländ. Handwerker dadurch ins Land zu ziehen, daß sie ihnen auf Grund offener Briefe (litterae patentes) königl. Schutz sowie ein Privileg für die uneingeschränkte Ausübung ihres Gewerbes zusicherten (gegen häufig bedeutende Zahlungen wurden ähnl. Privilegien durch die dt. Kaiser und Landesherren erteilt). Die engl. Parlamentsakte vom 2. 11. 1623 (Anti-Monopol-Statut) wandte sich gegen die hiermit verbundene Willkür; nunmehr wurden lediglich solche Monopole anerkannt, und zwar für 14 Jahre, die dem tatsächl. Ersterfinder einer innerh. des Königreichs nicht bekannten Manufaktur entweder erteilt waren oder künftig erteilt werden sollten; doch hatte der Erfinder keinen Anspruch auf Patentschutz. Erst die naturrechtl. Lehre vom geistigen Eigentum (in der Verfassung

pater

der USA sowie in einem franz. Gesetz vom 7. 1. 1791 zum Ausdruck gebracht) führte hierzu. Die Patentgesetze des 19. Jh. sowohl in Österreich als auch in den dt. Einzelstaaten und seit 1871 im Dt. Reich knüpften an diese Auffassung an.
LIT. HWDRG III, 1533–1540; G. Benkard, Patentgesetz und Gebrauchsmustergesetz (⁵1969, Komm.); H. Pitsch, Der Weg zum P. (1955); H. Krause u. a., Das P.-Gesetz (⁵1970); W. Althammer, Das Dt. P. (1970).

pater (lat., Vater). Ehrende Anrede für Respektspersonen (geistl. oder weltl.), so den Klostergeistlichen, der die Priesterweihe erhalten hat, die röm. patrizischen Senatoren (patres). Der **pater familias** (lat., Hausvater) war lt. röm. Recht das Haupt der Familie, dem in der ältesten Zeit Roms eine sehr weitgehende familienrechtl. Gewalt zukam (patria potestas). Der **pater patriae** (Vater des Vaterlandes) war z. Z. der röm. Republik ein gelegentl. Ehrentitel (so des Marius, 156–86 v. Chr., Ciceros, 106–43 v. Chr.). Seit Augustus, der den Titel 2 v. Chr. verliehen bekam, wurde er allmählich in der Kaisertitulatur üblich.
LIT. E. Sachers, in: Pauly-Wissowa 22, 1 (1953).

Paternoster.
[1] Christl. Gebet: Vaterunser (kath.), Unservater (prot.).
[2] Im MA eine vom einfachen Volk benutzte Gebetsschnur; an ihr wurden die anstelle der Psalmen gebeteten Vaterunser abgezählt. Aus der Gebetsschnur entwickelte sich der Rosenkranz.

Patesi (richtig ensi oder issikum). Auf Grund einer falschen Lesung in der älteren Literatur die Bez. für den Unterkönig in Sumer (→Lugal).

patria potestas. Die väterl. Gewalt, die vom Familienoberhaupt (pater familias) ausgeübt wurde. Lt. röm. Recht unterlagen ihr Kinder und Adoptivkinder sowie deren Abkömmlinge. Die Form der Eheschließung entschied darüber, ob ebenfalls die Schwiegertöchter unter die p. p. fielen. Zwar wurde die durch das Familienoberhaupt über die eigene Ehefrau ausgeübte Herrschaft mit dem älteren Namen Manus umschrieben, doch entsprach sie inhaltl. der p. p., einem eigennützig ausübbaren Herrschaftsrecht, das urspr. unbeschränkt war und selbst die Tötungsbefugnis umfaßte; erst allmählich wurde es

598

pflichtgebunden. In vermögensrechtl. Hinsicht ergab sich aus der p. p. die Vermögensunfähigkeit des Hauskindes; sie wurde lediglich durch das Pekulienrecht (→Peculium) gemildert. Beendigt wurde die p. p. durch den Tod des Familienoberhauptes und die Emanzipation.
LIT. HWDRG III, 1540–45; E. Sachers, in: Pauly-Wissowa 22, 1 (1953); M. Kaser, Das röm. Privatrecht. 2 Bde. (1955/59); H. Tellenbach (Hrsg.), Das Vaterbild im Abendland. 3 Bde. (1978).

Patriarchalismus (griech.-lat.). Weitester Begriff zur Bez. des Vaterrechts, der im röm. Patriarchat eine extreme Ausbildung erfuhr. Als Herrschaftsprinzip erlebte der P. seine Ausdehnung auch auf die Gemeinde, darüber hinaus den Staat, die Gesellschaft und die Wirtschaft, d. h., daß das Gemeindebzw. Staatsoberhaupt über den Untertanen, dem Gesinde, den Arbeitnehmern gedacht ist und sowohl weitreichende Herrschafts- und Befehlsrechte (Strafgewalt und Züchtigungsrecht eingeschlossen) als auch weitgehende Fürsorgepflichten und sonstige Verantwortlichkeiten besitzt. In diesem Prinzip lagen der ältere Wohlfahrtsstaat, der dem Feudalsystem eigentümliche Bauernschutz wie auch die Anfänge der industriellen Sozialpolitik des 19. Jh. begründet.
LIT. R. Thurnwald, Werden, Wandel und Gestaltung von Familien, Verwandtschaft und Bünden im Lichte der Völkerforschung (1932); ders., Die menschl. Gesellschaft in ihren ethnosoziolog. Grundlagen. 5 Bde. (1931–35).

Patriarchat.
[1] Der Jurisdiktionsbereich eines Patriarchen.
[2] Die Erzvaterwürde (→Patriarchen).
[3] Im Gegensatz zum →Matriarchat die Vaterherrschaft, das Vaterrecht.
LIT. G. Lerner, Die Entstehung des P. (1991).

Patriarchen (griech.-lat., Erzväter).
[1] Im Judentum und Christentum als hierarch. Amtstitel gebraucht. Als P. gelten in diesem Sinne Abraham, Isaak und Jakob (als die Stamm- und Erzväter Israels).
[2] In der Kirchengeschichte der Titel der mit kirchl. Vorrang ausgestatteten →Bischöfe, und zwar des Bischofs von Rom, Konstantinopel, Alexandria, Antiochia, Jerusalem u. a.

[3] Der Ehrentitel der Bischöfe von Goa (P. von Ostindien), Lissabon, Venedig und Madrid (P. von Westindien).

LIT. Feine, KRG 1 (³1955); C. Andresen, Die Kirchen der alten Christenheit (1971).

Patricius (lat.).

[1] Patrizier.

[2] Seit Konstantin d. Gr. (reg. 306–37) ein persönl. Ehrentitel, der nicht erblich war. Während des frühen MA der Titel des Schutzherrn von Rom; er wurde vom Exarchen von Ravenna (als Vertreter des röm. Kaisers) geführt. 754 wurde der Titel durch den Papst dem Frankenkönig Pippin d. Kleinen (geb. 714, gest. 768) und dessen Nachfolgern verliehen. Der Titel P. Romanorum fiel seit der Kaiserkrönung Karls d. Gr. (800) mit dem des Kaisers zusammen. Als Heinrich IV. (reg. 1056–1106) im Jahre 1076 Papst Gregor VII. (1073–85) zum Rücktritt aufforderte, berief er sich auf den Titel P. (Im 10. Jh. führte ihn die polit. einflußreiche Familie der Crescentier.)

LIT. Pauly-Wissowa XVIII, 4, 2222–32; E. A. Stückelberg, Der konstantin. Patriciat (Diss. Zürich 1899); E. Fischer, Der Patriciat Heinrichs III. und IV. (Diss. Berlin 1908); P. E. Schramm, Kaiser, Rom und Renovatio (1929; ²1957); C. Erdmann, Forschungen zur polit. Ideenwelt des Früh-MA (1951); W. Heil, Der konstantin. Patriziat (1966).

Patrickskreuz. Ein rotes Schrägkreuz auf weißem Grund. Gegen Ende des 18. Jh. als Symbol Irlands eingeführt, wurde es 1801 in den Union Jack eingefügt (Patrick, der kein Märtyrer war, dürfte ein Kreuz als Attribut eigentlich nicht haben).

Patricksorden (engl. The Order of St. Patrick). Unter den brit. Orden der dritte der drei höchsten. Er wurde 1783 durch König Georg III. (reg. 1760–1820) gestiftet. Sein Wahlspruch lautet »Quis separabit?« Die Ordensritter setzen hinter ihren Namen die Buchstaben K. P. Der Orden wird seit 1934 (als Folge der Loslösung Irlands von Großbritannien) nicht mehr verliehen.

Patrimonialgerichtsbarkeit, Gutsgerichtsbarkeit. Die frühere niedere Privat-Gerichtsbarkeit, die mit dem Besitz eines Rittergutes (→Patrimonium) verbunden war. In der Regel wurde die P. durch einen Gerichtshalter (Justitiar) ausgeübt, vom Staat auf Vorschlag des Gutsherrn bestellt. Die Abschaffung der P. erfolgte seit der Mitte des 19. Jh. in den meisten dt. Ländern; 1877 wurden ihre letzten Reste aufgehoben.

Patrimonialstaat. Bez. für einen Staat, in dem sich die Staatsgewalt aus dem Patrimonium ableitet; der Herrscher besitzt hier das Obereigentum gegenüber sämtlichen Einzeleigentümern. Zur Rechtfertigung der an das Grundeigentum angeknüpften Hoheitsrechte der Gutsherren diente das Patrimonialprinzip ebenfalls.

LIT. HWDRG III, 1549–50; H. Mitteis, Der Staat des Hohen MA (⁷1962); O. Brunner, Land und Herrschaft (⁵1965).

Patrimonium (lat.). Nach röm. Recht das väterl. Erbgut, dann aber das Vermögen schlechthin; hierher P. Caesaris (das Kaiservermögen in Rom). Das P. eines Heiligen bezeichnet diejenigen Kirchengüter, welche einem bestimmten Heiligen gewidmet sind. Das P. Petri ist der durch Schenkungen (seit dem 4. Jh.) erworbene Grundbesitz der röm. Kirche; er bildete den Kern des späteren Kirchenstaates.

LIT. A. Kränzlein, in: Pauly-Wissowa, Suppl.-Bd. 9 (1965).

Patriotenliga (franz. Ligue de la Patrie française; seit 1899 ›Liga des franz. Vaterlandes‹ genannt). Ein Verband, der 1882 durch P. Déroulède (1846–1914) zur Rückgewinnung Elsaß-Lothringens gegr. wurde. Während der Dreyfus-Affäre kämpfte die P. gegen die parlamentar. Republik; in zunehmendem Maße verfolgte sie ebenfalls klerikale, monarchist. und antisemit. Ziele. Bis zum Ersten Weltkrieg gehörte die P. zu den führenden Vereinigungen des franz. Nationalismus.

LIT. R. Rémond, La droite en France de la Restauration à nos jours (Paris ²1963).

Patriotismus (von griech. patriotes, Landsmann). Vaterlandsliebe; Zugehörigkeitsgefühl zur Heimat.

Der P. breitete sich seit dem 16. und 17. Jh. auf die nationale, oft auch die sprachl. Eigenart aus. In Dtl. dokumentierten sich der P. in patriot. Gesellschaften, rein polit. in dem Bestreben, das brüchige Reich zu erneuern und zu festigen; darüber hinaus in der Staatsgesinnung der Territorialstaaten, z. B. im Preußen Friedrichs II. (reg. 1740–86) und dem Österreich Josephs II. (reg.

1765–90). Um 1800 fand der P. seinen Ausdruck u. a. in der Dichtung (Schiller, H. von Kleist), außerdem in der Prosa und dem Lied der Befreiungskriege (E. M. Arndt, Th. Körner, M. von Schenkendorf, J. G. Fichte). Eine der Triebfedern der Romantik, ebenfalls der von ihr beeinflußten Geschichts- und Sprachforschung, ist nicht zuletzt der P. Wichtig für die nationale Einigung Deutschlands war der polit. P. während der bürgerl. Bewegung des Liberalismus (1848er Revolution). Während der Regierungszeit Kaiser Wilhelms II. (reg. 1888–1918) wurde der P. häufig zur bloßen Phrase, den man daher auch als »Hurra-Patriotismus« bezeichnete.

Eine Manipulierung und Verkehrung ins Gegenteil erfuhr der P. z. Z. des Nationalsozialismus.

Als **Patrioten** wurden seit der zweiten Hälfte des 18. Jh. (Niederlande) solche polit. Parteien bezeichnet, die sich durch betont nationale Programme auszeichneten.

LIT. H. Hubrig, Die patriot. Gesellschaften des 18. Jh. (1957); L. W. Doob, Patriotism and Nationalism (New Haven 1964); Chr. Prignitz, Vaterlandsliebe und Freiheit. Dt. P. von 1750–1850 (1981).

Patristik, Patrologie (griech., Väterkunde). Die theolog. Wissenschaft, die vom Leben, den Werken sowie der Lehre der Kirchenväter handelt. Entstanden ist die P. aus dem polem.-apologet. Verlangen nach Traditionsbeweisen für kirchl. Lehren und Bräuche; seit neuester Zeit hat sie sich zur altchristl. Literaturgeschichte entwickelt. Die Anfänge der P. liegen bei Eusebios von Caesarea († um 339) und Hieronymus (um 347–419 od. 420); gefördert wurde sie durch den Humanismus sowie die Kontroversen während der Reformation. Doch erst die kritischen Ausgaben seit dem 17. Jh. gaben der Forschung eine sichere Grundlage.

LIT. A. von Harnack, Geschichte der altchristl. Lit., 2 Tle. in 3 Bdn. (1893–1904); O. Bardenhewer, Geschichte der altkirchl. Lit., 5 Bde. (²1913–32); J. Quasten, Patrology (Utrecht 1950ff.); B. Altaner, Patrologie (⁵1958); H. von Campenhausen, Griech. Kirchenväter (³1961); H. Kraft, Die Kirchenväter (1966; bis zum Konzil von Nicäa); B. Altaner und B. Stuiber, Patrologie (⁷1966).

Patriziat (lat.).

[1] In der röm. Republik die Gesamtheit der Geschlechter (Patrizier); im Unterschied zu den Plebejern waren sie allein zur Regierung und Verwaltung des Staates berechtigt. Die Bildung des P. erfolgte während der Königszeit (753–510 v. Chr.); sie kam etwa im 5. Jh. v. Chr. zum Abschluß. Auf Grund seines Grundbesitzes, seiner großen Klientel (→Clienten), seiner sakralrechtl. Machtmittel sowie seiner Vorrechte im Kriegsdienst war das P. zunächst ausschließlich im Besitz der Macht. Die führenden Beamten sowie die Mitglieder der großen Priesterkollegien rekrutierten sich aus ihren Reihen. Auch der Senat nahm seine Mitglieder lediglich aus dem P. Selbst als sich seit dem 4. Jh. v. Chr. im Zusammenhang mit dem Aufstieg der führenden plebejischen Familien in den Kreis der bisher herrschenden Geschlechter ein neuer Adel, die Nobilität, herausbildete, vermochte das P. noch eine Reihe seiner ehem. Vorrechte zu behaupten. So blieben während der Zeit der Republik das Amt des Interrex oder des Princeps Senatus, außerdem verschiedene Priesterschaften (rex sacrorum, Salier, Flamines maiores) dem P. vorbehalten. Im Laufe der Zeit nahm die Zahl der patrizischen Geschlechter immer mehr ab. Aus diesem Grund wurden erstmals unter Cäsar (102/100–44 v. Chr.), dann des öfteren während der Kaiserzeit, herausragende Geschlechter, die aus den Plebejern hervorgegangen waren, in das P. aufgenommen, welches infolgedessen seine ursprüngliche Exklusivität, die auf dem Geburtsadel basierte, verlor.

[2] In den Städten des MA rekrutierte sich das P. aus den adeligen und bürgerl. Geschlechtern (Kaufleuten, Ministerialen, Großgrundbesitzern); sie waren bis ins 14. Jh. ausschließlich und auch später noch bevorzugt ratsfähig. Infolge der polit. und wirtschaftl. Umwälzungen des 14.–16. Jh. verlor das P. seine Geschlossenheit und seine Privilegien. Nunmehr setzten sich in den meisten Städten die Zünfte der Handwerker durch. Die Bez. P. haftet seit Beginn der NZ weiterhin an den alten und einflußreichen bürgerl. Familien.

LIT. HWDRG III, 1551–58; Th. Mommsen, Röm. Staatsrecht, 3. Abt. 1 (1887); E. Meyer, Röm. Staat und Staatsgedanke (³1964); B. Kübler, in: Pauly-Wissowa 18, 2 (1949); A. Alföldi, Der frühröm. Reiteradel und seine Ehrenabzeichen (1952); H. Siber, Röm. Verfassungsrecht (1952); E. Meyer, Einführung in die antike Staatskunde (1968); H. Bengtson, Grundriß der röm. Geschichte (²1969); C. H. Roth von Schreckenstein, Das P. in den dt. Städten (1856); H. Planitz, Studien zur Rechtsgeschichte des städtischen P. In: MIÖG, 58 (1950); H. Conrad, DRG 1 (²1962); H. Planitz, Die dt. Stadt im MA (1954); H. Rössler (Hrsg.), Dt. P. 1430–1740 (1968); H. Mitteis und H. Lieberich, DRG (1969).

Patron (lat. patronus, »Schutzherr« eines Klienten).
[1] Antike: Der röm. Herr im Verhältnis zu seinem Freigelassenen und Klienten.
[2] Kath. Kirche: Ein Heiliger, dessen Schutz (daher Schutzpatron) sich jemand anvertraut (auch als Kirchenpatron und Namenspatron bez.). Während des MA (teilweise bis heute erhalten) gab es außerdem Standes- und Berufspatrone sowie Landes- und Städtepatrone (hl. Barbara, Patronin der Bergleute; hl. Michael, P. der Deutschen etc.).
[3] Kirchenrecht: Der Inhaber eines →Patronats.
LIT. M. Gelzer, Die Nobilität der röm. Republik (1912); A. von Premerstein, Vom Werden und Wesen des Prinzipats (1937); D. H. Kerler, Die Patronate der Heiligen (1905).

Patronage. Bez. für das Ausleseverfahren von Personen, die a) Ämter innehaben, b) gleichzeitig Kreisen zuzurechnen sind, in denen bes. ausgeprägte Solidaritätsvorstellungen bereits vorhanden sind oder entstehen und dann gepflegt werden. Die Solidaritätsvorstellungen entstehen infolge »Intimität oder Dichtigkeit mehr oder minder institutionalisierter Vorstellungen«; sie bewirken, daß das Ausleseverfahren auf den sich solidar. fühlenden Kreis beschränkt bleibt.
LIT. Th. Eschenburg, Ämterpatronage (1961); P. R. van Riper, History of the United States Civil Service (Evanston, Ill., 1958); P. G. Richards, P. in British Government (London 1963).

Patronat (lat.). Die Gesamtheit der Rechte und Pflichten, die der Gründer einer Kirche oder Kapelle seiner Stiftung gegenüber hat (Patron, Patronatsherr). Urspr. stand das P. dem Bischof

als dem Herrn der Kirche zu. Im Gefolge des Eigenkirchenwesens ging es fast gänzlich auf Laien, insbes. hohe und niedrige Adelige, später auch auf Städte, Klöster oder Geschlechter über. Sie besaßen als Stifter, Erben, Käufer oder infolge Tausch, Pfand und Lehen, wodurch sie Besitzer einer Kirche waren, außer den Pflichten der Baulast sowie der Besoldung des Pfarrers auch das Recht der Stellenbesetzung, außerdem bestimmte Ehrenrechte. Eine Einschränkung der Patronatsrechte brachte der Investiturstreit. Das Eigentum an der Kirche wurde nun zum ius patronatus, d. h., der Eigenkirchenherr erhielt unter dem Titel P. seitens der Kirche das Privileg eines Vorschlagsrechts (Präsentationsrecht) im Falle einer Stellenbesetzung; die Verleihung des Amtes hingegen erfolgte durch den Bischof. Obwohl durch die Lateransynoden von 1123 und 1139 das Laieneigentum an der Kirche verboten wurde, vermochte sich das Eigenkirchenwesen weiterhin zu behaupten. Auch in der lutherischen Kirche erhielt sich das P.; ausgeübt wurde es insbes. von den einzelnen Landesfürsten. In der kath. Kirche können seit dem Inkrafttreten des Codex Iuris Canonici (CIC), des Gesetzbuchs der röm.-kath. Kirche lat. Ritus (seit dem 19. 5. 1918 in Kraft), P. nicht mehr neu begründet werden.
LIT. Feine, KRG 1 (³1955); W. M. Plöchl, Geschichte des Kirchenrechts, 2 (1955); H. Ewers, in: Jus Sacrum, hrsg. von A. Scheuermann und G. May (1969); P. Landau, Ius patronatus (1975).

Patronymikon (griech.). Der Ahnenname, bes. der nach dem Vaternamen gebildete Eigenname. P. werden sowohl als Adjektive aus dem Vaternamen gebildet, als auch aus Zusammensetzungen aus dem Namen des Vaters sowie einem Wort für »Sohn« oder »Tochter«. Adjektive sind u. a. die griech. P. auf -iades wie Peleiades »Sohn des Peleus«; im Deutschen wird das P. vor allem auf -ing und -ung gebildet (Henning zu Johannes, Hartung zu Hartwig); in Norddtl. und Skandinavien durch Zusammensetzungen mit Sohn wie Petersen, Peterson, Björnson. Geschlechtsnamen (Wülfinge, Amelunge), ebenfalls Volksnamen (Nibelunge) sind oft aus P. entstanden. Alte P. sind meist die lat. Geschlechtsnamen, so Tullius von Tullus, Septimius von Septimus.

Patrozinium

Der Vater kann ebenfalls (außer durch P.) durch den bloßen Genitiv des Vaternamens angegeben werden, so im Deutschen Jakobs, Jakobi oder durch ein mit dem Genitiv verbundenes Wort für Sohn oder Tochter: im Lateinischen M. f., d. h. Marci filius.

Patrozinium (lat., »Schutz« durch einen Patron).

[1] In der Spätantike der freigewählte Schutz seitens eines →Patrons für seinen →Clienten gegen jedwede Form des Übergriffs.

[2] Die Schutzherrschaft eines Patrons, vor allem eines Heiligen, über eine Kirche, Altar etc. Das P. hat eine bis ins christliche At. zurückreichende Tradition. Während des gesamten MA wird es (wie die Kirchweihe) als gebotener Feiertag gehalten. Das P. des MA liefert wichtige Hinweise und Aufschlüsse über die Missionsgeschichte eines Landes sowie über dessen alte kirchl. Organisation (Patrozinienforschung).

LIT. LThK VII, 187–91; W. Deinhardt, Frühma. Kirchenpatrozinien in Franken (1933); ders. (Hrsg.), Dedicationes Bambergenses (1936); ders., in: Histor. Jb. der Görres-Ges., 56 (1936); E. Klebel, Patrozinien im dt. Südosten (1935); W. Stüwer, Die P. im Kölner Großarchidiakonat Xanten (1938); H. Ch. Heinerth, Die Heiligen und das Recht (1939); H. Tüchle, Dedicationes Constantienses (1949); G. Zimmermann, Patrozinienwahl und Frömmigkeitswandel im MA. In: Würzburg. Diözesangeschichtsblätter (1958ff.); W. Marschall, Alte Kirchen-P. des Archidiakonates Breslau (1966); F. Prinz, in: HZ, 204 (1967); F. Pauly, Siedlung und Pfarrorganisation in alter Erzbistum Trier (1970, mit Lit.); E. Hoffmann, Die hl. Könige bei den Angelsachsen und den skandinav. Völkern (1975).

Paulisten. Eine 1858 von Isaak Thomas Hecker (1819–88) zu New York gegr. Missionsgesellschaft vom hl. Paulus (Genossenschaft der Missionspriester vom hl. Apostel Paulus). Die P. arbeiten seelsorgerisch in den USA.

Paulizianer, Pauliciner. Eine um 650 gegr. Sekte der Ostkirche. Während des 10. Jh. wurden die P. durch die Byzantiner als Grenzschutz auf den Balkan verpflanzt. Infolge ihres Einflusses entstand hier unter den Bulgaren die Sekte der Bogomilen, die in gewissen Sinne Vorläufer der Katharer waren.

LIT. I. von Döllinger, Beiträge zur Sektengeschichte des MA, 1 (1890); F. C. Termkrttschian, Die P. im byzantin. Kaiserreich (1893); F. C. Conybeare (Hrsg. u. Übersetzer); Paulicians, The Key of Truth (1898); M. Loos, in: Byzantino-Slavica, 17 (1956); R. M. Bartikian, Quellen zum Studium der Gesch. der armenisch-paulizian. Bewegung (Eriwan 1961).

Paulskirche. Ev. Kirche in Frankfurt/M. in der Nähe des Römers (1786–1833 in klassizist. Stil erbaut). Hier tagte 1848/49 die Frankfurter Nationalversammlung; sie wird nicht selten als die P. bezeichnet.

LIT. G. Mick, Die P. (1988).

Paulusakten (lat. Acta Pauli). Ein um 180 n. Chr. in Kleinasien entstandenes apokryphes Werk über Erlebnisse des Apostels Paulus. Zu den P. gehörte urspr. ein unechter Antwortbrief an korinth. Gemeinde auf den 2. Korintherbrief, dann die Acta Pauli et Theclae, weiter das legendäre Martyrium des hl. Paulus. Als Zeugnis für das Gemeindechristentum des 2. Jh. ist die Schrift von großer Bedeutung.

Pauperismus (nlat. von pauper, arm). Während des 19. Jh. gebräuchl. Bez. für ständige Massenarmut; große Teile der Bevölkerung vermögen demnach nur den dringendsten Lebensunterhalt zu erwerben oder müssen von Unterstützungen ihr Dasein fristen.

LIT. P. Hollis, The Pauper Press. A Study in Working-Class Radicalism of the 1830s (Oxford 1970); K.-J. Matz, P. und Bevölkerung. Die gesetzl. Ehebeschränkungen in den süddt. Staaten während des 19. Jh. (1980).

Pax Britannica. Bez. für die brit. Weltreichspolitik: Peace imposed by British Rule (der durch die Herrschaft Großbritanniens gesicherte Frieden). Höhepunkt der (nach der Pax Romana formulierten) P. B. war die Zeit von 1815–50. Neuerdings wird auch die brit. Außenpolitik zwischen den beiden Weltkriegen als P. B. bezeichnet.

LIT. W. S. Strang, Britain in World Affairs (London 1961); M. Schlenke, in: Mitt. der Gesellsch. der Wirtschaftshochschule Mannheim, 16 (1967); K. Hildebrand, No Intervention. Die P. B. und Preußen 1865/66–1869/70 (1977).

Pax Romana, auch **Pax Augusta** (lat.). Von Augustus (reg. 31 v.–14 n. Chr.) als Reichsidee entworfen. Sie fand ihren sichtbaren Ausdruck in der Weihe des Friedensaltars i. J. 9 v. Chr.

Die P. R. basierte auf der militär. Überlegenheit Roms. Die Ordnung der Welt betrachtete Rom als seine Aufgabe, wobei man von der Konzeption ausging, daß Widersacher niederzuwerfen seien, während man den um Gnade Flehenden Schonung gewährte.
LIT. C. Koch, in: Pauly-Wissowa 18, 2 (1949).

Pazifikation (lat., Befriedung). Bez. für die zur Befriedung oder zu Kompromissen ausgehandelten Vereinbarungen; speziell die mündl. Zusicherungen hinsichtl. der Glaubensfreiheit durch einen Landesherrn während des 16. Jh.

Pazifismus (von lat. pacificus, friedliebend). Bez. für eine Bestrebung, die das Ziel verfolgt, den Krieg aus dem Völkerleben auszuschalten. Im engeren Sinn gilt als P. die Haltung der absoluten Kriegsgegner, die im Unterschied zu den bloßen Befürwortern internationaler Organisationen zur Kriegsverhinderung zu sehen sind.
Auf christl. Grundlage ist der P. von den myst. Spiritualisten des 16. Jh. und von den Mennoniten und Quäkern vertreten worden. Der moderne P. entwickelte sich und agierte während des 19. Jh. in den Friedensgesellschaften: der ›Peace Society‹ (1816, England), der ›American Peace Society‹ (1828, USA), der ›Ligue internationale de la Paix et de la Liberté‹ (1867, Frankreich), der ›Österreichischen Friedensgesellschaft‹ (1891, Österreich; gegr. von Bertha von Suttner) und in der ›Dt. Friedensgesellschaft‹ (1892, Deutschland; gegr. von Alfred H. Fried). Bereits seit der Mitte des 19. Jh. veranstalteten die Gesellschaften internationale Friedenskongresse; 1867 erfolgte die Gründung der internationalen Gesellschaft der Friedensfreunde. Seit 1891 bestand das Internationale Friedensbüro als Zentrale aller Friedensgesellschaften (in Bern). Schon vor dem Ersten Weltkrieg (vor allem z. Z. der Haager Friedenskonferenzen), insbes. aber nach dem Ersten Weltkrieg (durch die Gründung des Völkerbundes) vermochte die pazifist. Bewegung zunehmenden Einfluß auf die Friedensarbeit der Staatsmänner zu nehmen, in erster Linie in den angelsächs. Ländern.
In Dtl., wo es seit 1921 das alle pazifist. Vereinigungen umfassende Dt. Friedenskartell gab (bis 1929), wurde der P. seit 1933 systemat. unterdrückt. Die Eindrücke und Ergebnisse des Zweiten Weltkrieges haben zu einer erneuten Friedensarbeit geführt, wobei die Bemühungen um die internationale Sicherheit im Vordergrund stehen. Vor allem die Atomwaffengefahr hat der Friedensbewegung neue starke Impulse gegeben. Lt. Art. 4 Abs. 3 des GG kann in der BRD der Kriegsdienst mit der Waffe aus Gewissensgründen verweigert werden. Hierdurch wird dem religiös oder ethisch motivierten P. Rechnung getragen. Zu den bedeutendsten Befürwortern des P. gehören neben den Genannten L. Tolstoi (1828–1910), A. Schweitzer (1875–1965) und M. Gandhi (1869–1948).

LIT. O. Lehmann-Russbüldt, Der Kampf der dt. Liga für Menschenrechte für den Weltfrieden 1914–27 (1927); M. Scheler, Die Idee des Friedens und des P. (1931); L. Gross, P. und Imperialismus (1931); A. Huxley, An Encyclopedia of Pacifism (London 1937); R. Barkeley, Die dt. Friedensbewegung 1870–1933 (1948); R. N. Coudenhove-Kalergi, Vom Ewigen Krieg zum Großen Frieden (1957); E. Krippendorf (Hrsg.), Friedensforschung (1968); L. S. Wittner, Rebels against War (N. Y. 1969); R. Coste, Gewalt und Frieden (dt. 1970); P. Brock, Pacifism in Europe to 1914 (Princeton, N. J. 1972); L. Quidde, Der dt. P. im Weltkrieg 1914–1918 (1977); K. Holl, W. Wette (Hrsg.), P. in der Weimarer Republik (1981); H. Donat, K. Holl (Hrsg.), Die Friedensbewegung. Organisierter P. in Dtl., Österreich und der Schweiz (1983); G. Heiß, H. Lutz (Hrsg.), Friedensbewegungen. Bedingungen und Wirkungen (1984); D. Riesenberger, Geschichte der Friedensbewegung in Dtl. (1985); H. M. Vogel, Strategie des P. (1985); D. Harth (Hrsg.), P. zwischen den Weltkriegen . Dt. Schriftsteller und Künstler zwischen Krieg und Militarismus 1918–33 (1985); J. Janning, H.-J. Lagrand, H. Zander, Friedensbewegungen in der BRD und in Westeuropa (1986).

paziszieren (von lat. pacisci, übereinkommen). Mit jemandem einen Vertrag abschließen, sich mit ihm vergleichen.

Pechnase, Pecherker. An ma. Befestigungen ein kleiner, unten offener Ausbau im Bereich der oberen Stockwerke. Die P. dienten dazu, siedendes Pech oder eine andere heiße Flüssigkeit auf die Angreifer zu gießen.

Peculium (lat., Vermögen, Eigen-

tum). Im röm. Recht das Sondervermögen eines Sklaven oder Haussohnes. Die röm. Familienverfassung kannte nur den pater familias als Rechtsträger. Ein dem Sohn überlassenes P. (z. B. für das Führen eines eigenen Geschäftes) blieb Eigentum des Vaters; es galt als Objekt für die Haftung des Vaters für vom Sohn abgeschlossene Verträge. Das P. schuf die (sonst fehlende) Möglichkeit einer Teilnahme am Geschäftsleben mit einer kapitalmäßig beschränkten Haftung. Erbrechtl. Verfügungen des Sohnes über sein P. wurden erst seit Augustus (reg. 31 v. bis 14 n. Chr.) zugelassen; Sonder-Pekulien wurden anerkannt.
LIT. W. von Uexküll, in: Pauly-Wissowa 19, 1 (1937).

Peculium clericale. Im kath. Kirchenrecht die Einkünfte eines Klerikers aus einem →Benefizium.

Pedum (lat., Hirtenstab). Bez. für den Bischofsstab eines kath. Bischofs.

Pedum rectum. Der »gerade« Bischofsstab des Papstes (er hat keine Krümmung). Obwohl das P. r. vom Papst nicht benutzt wird, gilt es lt. kanonist. Doktrin doch als das eigentl. päpstl. Insigne (neben der Tiara).

Peers. Bez. für Lehnsträger des engl. Königs; heute die Familienhäupter des engl. Hochadels (Herzöge, Marquis, Earls, Viscounts, Barons); seit dem 14. Jh. haben sie Anspruch auf Sitz und Stimme im Oberhaus, zudem auf eigenen Gerichtsstand bei schweren Verbrechen, darüber hinaus jederzeit Zutritt zum König. Die P. führen den Titel Lord; sie scheiden sich nach der Zeit in P. of England (vor 1707), P. of Great Britain (1707–1801) und P. of the United Kingdom (seit 1801).
LIT. L. G. Pine, The Story of Peerage (Edinburgh 1956); Sir J. Fergusson of Kilkerran, The 16 P. of Scotland (London 1960).

peinlich. Lt. ma. Recht Leib und Leben betreffend. Im Inquisitionsprozeß war die p. Befragung die Hauptvernehmung des Angeklagten, ebenfalls die letzte an ihn gerichtete Frage, ob er gestehe; häufig auch die Befragung während der Folter.

Peinliche Gerichtsbarkeit: die Strafgerichtsbarkeit.

Peinliche Gerichtsordnung: die →Carolina.

Peinlicher Prozeß: der Strafprozeß.

Peinliches Recht: das Strafrecht.

Pektorale (lat. von pectus, Brust). Sowohl im alten Rom wie auch im frühen MA ein meist aus Gold und Edelsteinen bestehender Brustschmuck.

Pelagianismus. Eine christl.-theolog. Richtung zu Beginn des 5. Jh. Repräsentanten des P. waren der aus Irland stammende Mönch und Schriftsteller Pelagius, zudem Caelestius (beide nach 418 gest.). Im Sinne der stoisch-philosoph. Aufklärung behauptete der P. die wesentl. Freiheit der menschl. Natur, derzufolge jedermann die Entscheidungsmöglichkeit für das Gute besitze. Mit Nachdruck wurden diese Gedanken ebenfalls durch den ital. Bischof Julian von Eclanum (gest. um 454) vertreten. Im Jahre 412 erreichte Augustinus (354–430) die Verurteilung des P. in Afrika; 418 erfolgte seine Verbannung durch den weström. Kaiser sowie die Zustimmung des (unsicheren) Papstes Zosimus (417–18), hierzu. Der P., der im Osten eine Zuflucht fand (ob er hier jemals verurteilt wurde, ist fraglich), scheiterte im Abendland deshalb, weil er die Bedeutung der kirchl. Gnadenmittel herabsetzte. Der P. leugnete die Erbsünde und daher die Notwendigkeit der Kindertaufe.
LIT. A. Bruckner, Julian von Eclanum (1897); ders., Die 4 Bücher Julians von Aeclanum an Turbantius (1910); A. von Harnack, Lehrb. der Dogmengeschichte, 2 (²1931); H. Barth, Die Freiheit der Entscheidung im Denken Augustins (Basel 1935); K. Rahner, in: Zeitschr. f. kath. Theologie, 62 (1938); G. de Plinval, Pélage, ses écrits, sa vie et sa réforme (Lausanne 1943, mit Bibliogr.); W. Nigg, Das Buch der Ketzer (Zürich 1949); H. von Campenhausen, Die griech. Kirchenväter (1955); F. Loofs, Leitfaden zum Studium der Dogmengesch., hrsg. von K. Aland (⁷1968, mit Lit.).

Peloton (franz.). Eine frühere milit. Unterabteilung. In der Lineartaktik des 18. Jh. bildete das P. einen Teil des Bataillons. Ein Bataillon bestand aus acht Pelotons.

Pelotonfeuer. Bez. für ein Salvenfeuer, das vom rechten Flügel in der Reihenfolge 1, 3, 5, 7, 2, 4, 6, 8 geschossen wurde. Das P. folgte derart schnell aufeinander, daß ein rollendes Feuer entstand.

Peltasten (griech.). Nach thrak. Vorbild gebildete altathen. Söldnertruppe von Leichtbewaffneten. Die P. waren ausgerüstet mit leichterem Schild, längerem Schwert und längerer Lanze; sie waren beweglicher als die Hopliten.

Penaten (lat.). In der röm. Religion die Hausgötter der häuslichen Vorratskammer (penus); sie wurden am Hausherd verehrt. Die P. erfuhren später eine nähere Verbindung mit den Laren; beide Namen verwandte man als gleichbedeutend für Haus und Heimat. Der röm. Staat hatte ebenfalls seine P. am Staatsherd.
LIT. F. Bömer, Rom und Troja (1951); G. Radke, Die Götter Altitaliens (1965).

Pennalismus (lat. Kunstw.). Während des 16. und 17. Jh. in den studentischen Landsmannschaften das Verhältnis der neu auf die Universität gekommenen Studenten, der »Pennäler«, zu den älteren; letzteren mußten sie für ein Jahr persönl. Dienste aller Art leisten und sogar ihre Kasse und Kleidung zur Verfügung stellen, nachdem sie zunächst die Aufnahmeprüfung der Deposition (depositio cornuum, lat., Ablegung der Hörner) hatten hinter sich bringen müssen. In der zweiten Hälfte des 17. Jh. gelang es den Behörden allmählich, den P. einzuschränken. Während des 18. Jh. ging der P. nach und nach in das Verhältnis von Fuchs und Bursch über.
LIT. W. Fabricius, Die akadem. Deposition (1895); F. Schulze und P. Ssymank, Das dt. Studententum von den ältesten Zeiten bis zur Gegenwart (⁴1932).

pensatorische Zahlung (von lat. pendere, wiegen, bezahlen). Bez. für eine Art der Bezahlung, bei der die Geldstücke nicht nur gezählt, sondern auch gewogen wurden. Dies erschien bis zum 19. Jh. angebracht, da das Edelmetallgewicht der Münzen vom verordneten Wert der Prägung abwich (aus polit. oder münztechn. Gründen).

Pensionär (von mlat. pensionarius, Zinspflichtiger). Allg. Bez. für den Festbesoldeten, vor allem den →Syndikus in Städten. Rats- oder Großpensionär hieß der Syndikus der Provinzialstaaten von Holland (1584–1795) und sein Vertreter bei den Generalstaaten; zeitweilig leitete er deren Politik (u. a. J. von Oldenbarneveldt, in den Jahren 1589–1618; J. de Witt, 1653–72).

Pentaeteris. Im antiken Griechenland ein 4 Jahre umfassender Zeitabschnitt, vor allem die zwischen 2 olympischen Festen liegende Frist.

Pentapolis (griech., Fünfstadt).
[1] In der Antike gehörten zur P. des Ostjordanlandes u. a. Sodom und Gomorrha, zur P. der Philister Gaza, Askalon u. a., zur dorischen P. Kos, Knidos, Lindos, Ialysos und Kamitos, zur libyschen P. u. a. Kyrene und Barkas (das griech. Kolonialgebiet der Cyrenaika).
[2] Im FrühMA wurde das Gebiet der 5 Seestädte: Ariminum (Rimini); Pisaurum (Pesaro), Fanum (Fano), Sena Gallica (Se[i]nigallia) und Ancona an der ital. Ostküste, seit der 2. Hälfte des 6. Jh. byzantinisch, seit 727 langobardisch, P. genannt; durch die Pippinsche Schenkung (754) an Papst Stephan II. (752–57) kam es an den Kirchenstaat.

Pentarchie (griech.). Während der klass. Zeit des europ. Gleichgewichts (1763–89; 1815–53) Bez. für die »Fünfherrschaft« der europ. Mächte, und zwar Englands, Frankreichs, Österreichs, Preußens und Rußlands.

Pentere (griech.). Fünfruderer (→Triere).

Peonage (franz. von span. peón, Tagelöhner). Ein früheres Lohnsystem, das vor allem in Mexiko durch die span. Eroberer in der Pflanzungswirtschaft und beim Bergbau eingeführt wurde; es fand später auch in den USA Eingang. Durch Lohnvorschüsse wird durch P. eine künstl. Verschuldung bewirkt.

Perche. Ein früheres franz. Längenmaß: als Feldrute = 3 Toisen = 5,847 m; als Forstrute = 3⅓ Toisen = 7,146 m; in Belgien = 20 Fuß = 220 Pouces (Zoll) = 5,736 m.

Perduellion (lat., Hochverrat). Lt. altröm. Recht ein Verbrechen, das gegen den Staat gerichtet war. Z. Z. der Republik wurde es durch von Fall zu Fall bestelltes Zweimännerkollegium untersucht; auch das Urteil wurde durch das Kollegium gefällt (duoviri perduellionis).

Peregrinus (lat.). Lt. altröm. Recht ein Nicht-Römer. Die röm. Gesetze waren auf ihn nur kraft bes. Bestimmung anwendbar. In Rom besaß der P. keine polit. Rechte.
LIT. B. Kübler, in: Pauly-Wissowa 19, 1 (1937).

Perfektibilismus (Kunstw. lat.). Eine Richtung des aufklärer. Geschichtsdenkens. Der P. lehrt das ständige Fortschreiten der Menschheit zu immer größerer Vollkommenheit.

Perfektionismus. Bez. für die Auffassung vom Ziel der Geschichte als sittl. Vervollkommnung.

Perfides Albion → Albion.

Pergament (mlat. pergamentum; von Pergamon hergeleitet, wo man es zuerst als Ersatz von Papyrus verwendete). Im Vorderen Orient seit dem 2. Jh. v. Chr. bekannt, verbreitete sich die Verwendung von P. von Rom und Byzanz aus über das gesamte Abendland. Weil von hervorragender Haltbarkeit, war das aus Esels-, Schweinshäuten und Kalbfellen hergestellte P. der einzige Schreibstoff des MA. Eigene Werkstätten für die Pergamentproduktion gab es in den großen Klöstern, so in St. Gallen. Vom SpätMA an wurde das P. in zunehmendem Maße durch Papier ersetzt. Von den ersten Buchdruckern wurde P. für solche Druckwerke benutzt, die einer starken Beanspruchung ausgesetzt waren (Meßbücher, Enzyklopädien etc.). Heute werden (seiner Dauerhaftigkeit wegen) nur noch wichtige Urkunden auf P. abgefaßt.

LIT. K. Lüthi, Das P., seine Geschichte, seine Anwendung (1938); E. Bethe, Buch und Bild im At. (1945); K. Weitzmann, Illustrations in Roll and Codex (Princeton 1947); L. Santifaller, Beitr. zur Gesch. der Beschreibstoffe im MA mit bes. Berücksichtigung der päpstl. Kanzlei, 1 (1953); A. Fackelmann, in: Biblos, 10 (1961); P. Rück (Hrsg.), P. (1991).

Peribolos (griech., Umhegtes). Bez. für den Hl. Bezirk, der einen antiken Tempel umgab.

Periegesis (griech., Umherführen). Die geograph. oder antiquar. Darstellung der Erde oder einzelner Länder in Form der Reisebeschreibung seit dem 5. Jh. v. Chr. Hekataios von Milet war der älteste Perieget. Am bekanntesten unter den erhaltenen P. sind die des Pausanias; wichtig sind außerdem die Reisebeschreibungen des Herakleides (3. Jh. v. Chr.), die Erdbeschreibung des Dionysius (um 100 n. Chr.) sowie des Avienus (lat., 4. Jh. n. Chr.).

Texte: Die erhaltenen Texte vgl. bei C. Müller, Geographi Graeci minores. 2 Bde. (Paris 1855–61), die Fragmente bei F. Jacoby, Die Fragmente der griech. Historiker, III A (1943), III B (1950).

LIT. H. Berger, Geschichte der wissenschaftl. Erdkunde der Griechen ([2]1903); F. Pfister, Die Reisebilder des Herakleides (1951).

Periode. Im Unterschied zur meist stärker umgrenzten Epoche ein längerer Zeitraum (zur Periodisierung der Geschichte vgl. → Geschichte, → Antike, → Mittelalter, → Neuzeit).

LIT. G. von Below, Über histor. Periodisierungen (1925); J. H. J. van der Post, De periodisering der geschiedenis (Den Haag 1951); P. E. Hübinger (Hrsg.), Zur Frage der Periodengrenze zwischen Altertum und MA (1969). H. Diller und F. Schalk, Studien zur Periodisierung und zum Epochenbegriff (1972).

Periodizität (griech.-nlat.). Die regelmäßige Wiederkehr, die bestimmte Folge. Im Staatsrecht wird das zu festen Terminen wiederkehrende Zusammentreten des Parlaments als P. bez. Daneben existiert die unregelmäßige Einberufung, die in das freie Ermessen des Staatsoberhaupts gestellt ist (1847/48 wurde in Preußen um die P. des Vereinigten Landtags gekämpft).

Perióken (griech. perioikoi, Umwohner). Im At. eine Bevölkerungsschicht von Kleinhandwerkern und Bauern, die in eigenen Siedlungen (Periökenstädten) lebten. P. gab es in Thessalien und auf Kreta, vor allem aber in Sparta. Im Unterschied zu den Heloten waren die P. zwar frei, doch keine Vollbürger. Sie bewohnten die weniger fruchtbaren Randgebiete Lakoniens. Obwohl ohne polit. Rechte, waren sie doch zum Heeresdienst verpflichtet. Als Teil des spartan. Gesamtaufgebots gewannen sie mit dem Zusammenschrumpfen der Herrenschicht Spartas eine ständig wachsende Bedeutung. Der Handel und das Gewerbe lagen in den Händen der P., da die Beschäftigung hiermit den Spartiaten verboten war.

LIT. F. Hampl, in: Hermes 72 (1937); K. M. T. Chrimes, Ancient Sparta (Manchester [2]1952).

Periplus (griech., Umfahrt). Im At. die Beschreibung von Meeresküsten, ferner von Erdteilen und Inseln einschließlich der nautisch-techn. Angaben, so der Tiefe der Häfen, der Landmarken etc. Zu den ältesten Periploi gehört die unter dem Namen des Skylax von Karyanda bekannte; sie stammt aus dem 4. Jh. v. Chr. Im MA wurden derartige Küstenbeschreibungen Portulane genannt.

LIT. B. Fabricius, Der P. des Erythräischen Meeres von einem Unbekannten (1883); D. Gernez, in: Communications de l'Académie de Marine de Belgique, 5

(1950), R. Güngerich, Die Küstenbeschreibung in der griech. Lit. (1950).

Persevant (franz. poursuivant, nlat. prosecutor armorum). Wappenkundiger, Gehilfe des Herolds.

Persona grata (lat.). Die in Gunst stehende Persönlichkeit; Günstling.

Personal (lat. personalis, der Person gehörig, persönlich, mlat. Königs- und Appellationsrichter in Ungarn). An der Person haftend (im Gegensatz zu real). So werden z. B. die Personalsteuern nach den persönl. Verhältnissen bemessen (u. a. die Kopf- und Einkommensteuer).

Personalhoheit. Die Hoheitsgewalt eines Staates, und zwar insofern, als sie sich (im Unterschied zur Gebietshoheit) aus einer Treue- und Gehorsamsbindung seitens der Staatsangehörigen an den Staat ergibt.

Personallsten →Reichsstände.

Personalitätsprinzip.

[1] Der im fränk. Recht geltende Grundsatz der persönl. (angeborenen) Rechte, d. h., daß jedermann sein angestammtes Recht mit sich trug (auch in der Fremde) und nach ihm beurteilt wurde. Das P. wurde während des MA durch das Territorialitätsprinzip verdrängt.

[2] Lt. geltendem Recht besteht das P. als Staatsangehörigkeitsprinzip, d. h., daß in bestimmtem Umfang das Recht des jeweiligen Heimatstaates für die Rechtsstellung einer Person maßgebend ist. Geregelt ist das P. im Internationalen Privatrecht und im Staatsrecht. LIT. H. Mitteis, DRG ([11]1969).

Personalunion. Im Staatsrecht eine Staatenverbindung, die allein durch die Gemeinsamkeit des Staatsoberhaupts hergestellt wird; die Selbständigkeit der Einzelstaaten wird hierdurch nicht beeinträchtigt. Verwiesen sei auf die P. Polens mit Sachsen (1697–1733), Polens mit Litauen (1386–1569), Großbritanniens mit Hannover (1714–1837), Neuenburgs mit Preußen (1707–1848/1857), der Niederlande und Luxemburgs (1815–1830/1890). Die P. ist im Unterschied zur Realunion zu sehen.

Persona minus grata (lat.). Eine minder genehme Persönlichkeit. Im 19. Jh. war die Bez. P. m. g. ein Begriff des Bischofsrechts. Dementsprechend wurde nicht-kath. Landesherren (u. a. Preußen) seitens des Hl. Stuhles das Recht zugestanden, minder genehme Kandidaten im Falle einer Bischofswahl aus-

zuschließen. Diese sogen. Minderheitsklausel wurde nach dem Ersten Weltkrieg durch eine polit. Klausel ersetzt. Eine als diplomat. Vertreter in einem fremden Staat unerwünschte Person wird als Persona ingrata (oder Persona non grata) bezeichnet.

LIT. U. Stutz, Der neueste Stand des dt. Bischofswahlrechts (1909); H. E. Feine, in: Festschrift A. Schultze (1934).

Persönlichkeit. Die Person, die im Leben gestaltende Kraft und Würde ausstrahlt. Bei Goethe (1749–1832) stellt sie ein Humanitätsideal dar; in der Geschichtsphilosophie, vor allem der des 19. Jh., wird sie unter dem Aspekt der Wirkungsmöglichkeit und Handlungsfreiheit in der Geschichte betrachtet. Eine eindeutige Antwort auf die Rolle der P. in der Geschichte ist schwerlich zu geben, da z. B. das Recht auf Achtung und Ehre, die Freiheit der geistigen und ökonom. Entfaltung, der Gewissensfreiheit, wenn überhaupt, dann keineswegs immer in dem Maße gesichert waren und sind, daß der P. bzw. den P. ein entscheidender Spielraum zuzusprechen ist, wie dies von Th. Carlyle (1795–1881) und H. von Treitschke (1834–96) behauptet wurde: »Männer machen Geschichte.« Von einer eingeengten Wirkungsmöglichkeit der P. in der Geschichte geht der Positivismus aus; er nämlich stellt die grundsätzl. Beschränkung der menschl. Erkenntnis auf das erfahrungsmäßig Gegebene (»Positive«) und durch Erfahrung Beweisbare fest. Allein die konsequente Beschränkung auf dieses Erkenntnisziel ermögliche ein allgemeingültiges, sicher fortschreitendes und praktisch anwendbares Wissen. Ähnlich ist auch die Argumentation der marxist. Geschichtsbetrachtung. Nach der spezifisch histor. Methodenlehre kann eine generell verbindliche Antwort auf die Frage nach der Rolle der P. in der Geschichte nicht gegeben werden, da der Ablauf der Geschichte von zahlreichen Imponderabilien (Naturkatastrophen, Massenbewegungen, die durch eine Verringerung des Persönlichkeitsbewußtseins und durch Auswirkung von zum Teil unbewußten [dynamischen] Kräften gekennzeichnet sind) u. U. nachhaltig, wenn nicht gar entscheidend beeinflußt werden kann.

LIT. Th. Carlyle, Über Helden und Heldenverehrung (1841, dt. 1853 u. ö.); J. Burckhardt, Weltgeschichtl. Betrach-

Pertinenz

tungen (1905 u.ö.); H. von Treitschke, Politik (⁴1918); G. W. Plechanow, Über die Rolle der P. in der Geschichte (dt. ²1946); H. Gruber, Der Positivismus von Comte bis auf unsere Tage (1891–96); J. Petzoldt, Das Weltproblem vom Standpunkte des relativist. Positivismus aus (⁴1924); M. Planck, Positivismus und reale Außenwelt (1931); J. Ortega y Gasset, Der Aufstand der Massen (dt. 1931 u.ö.); D. Riesmann, Die einsame Masse (dt. 1956); A. Hunold, Masse und Demokratie, in: Besinnung und Hoffnung (1957); H. Rickert, Die Probleme der Geschichtsphilosophie (³1924); F. Wagner, Geschichtswissenschaft (1951); C. S. Hail und G. L. Wiley, Theories of Personality (London 1957); E. Rothacker, Die Schichten der P. (⁸1969); Ph. Lersch, Aufbau der P. (¹¹1970); J. P. Guilford, P. (⁴1970); H. J. Eyswnck, The Structure of Human Personality (London ³1970).

Pertinenz (lat., Zubehör). Im Recht Bez. für bewegl. Gegenstände, die wirtschaftl. Zwecken dienen und in einem entspr. Verhältnis zur Hauptsache stehen, ohne allerdings ein Bestandteil derselben zu sein, z. B. Gerätschaft und Vieh eines Landguts.

Peso (aus lat. pensum, Gewogenes). Urspr. war der P. (duro) Duro oder Piaster, eine dem dt. Taler entsprechende span. Silbermünze (seit 1497); Kaiser Karl V. (reg. 1519–56) führte ihn um 1520 als Talermünze des span. Weltreichs ein. Auf einen P. gingen 8 Realen. In Mittel- und Südamerika wurde der P. zur Hauptmünze, ebenfalls auf den Philippinen. Noch heute wird er in zahlreichen Staaten (u. a. in Argentinien, Chile, Mexiko und Uruguay) in ganzen oder in seinen Teilstücken ausgeprägt. In Europa, wo der P. auch Piaster genannt wurde (ital. piastra, Platte), ging letztere Bez. auf die türk. Währungseinheit über.

Pest (lat. pestis, Seuche), die Pestilenz. Eine epidem. bakterielle Infektionskrankheit, in der Volkssprache jede bösartige weitverbreitete Seuche.
Soweit nachweisbar, heben sich aus der Geschichte der P. verschiedene Epidemien heraus. Angaben über die Zahl der Opfer, die die weiter zurückliegenden Seuchenzüge betreffen, beruhen ausschließlich auf Schätzungen. Für die P. des Justinian im 6. Jh. und den »Schwarzen Tod«, der Europa 1347–52 überzog, werden millionenfache Opfer

genannt. Im 15., 16., 17. und 18. Jh. wurde Europa von verschiedenen heftigen Pest-Epidemien heimgesucht, die zum Aussterben ganzer Generationen und zur Entvölkerung von Ortschaften und Landschaften führten. Noch einmal im Jahre 1890 wurde die Welt durch die P. von Innerasien aus bedroht.
Zur Abwendung der P. entstanden im 15. und 16. Jh. Pestblätter mit Gebeten und Holzschnittbildern; in Österreich, Süddtl. und Schlesien wurden Pestsäulen errichtet. Den Passionsspielen zu Oberammergau liegt die Erfüllung eines Gelübdes anläßlich einer Pestepidemie (1633) zugrunde. Etwa 60 Schutzheilige kennt die kath. Kirche gegen die P., vor allem Sebastian, Rochus, Karl Borromäus und die 14 Nothelfer.
LIT. J. Nohl, Der Schwarze Tod. Eine Chronik der P. 1348–1720 (1924); L. F. Hirst, The Conquest of the Plague (Oxford 1953); Ph. Ziegler, The Black Death (1976); K. Bergdolt, Der Schwarze Tod (1995); F. Kraus, Pest (²1986).

Petarde (franz., Sprengbüchse). Ein mörserartiges Metallgefäß (auch aus Holz und Leder) zur Sprengung von Festungen, Palisadenwänden etc. Das Gefäß mit der Sprengladung auf einem Brett (Madrillbrett) verschraubt, wurde an dem zu sprengenden Objekt aufgehängt und mit einer Lunte versehen. Die P. kam Ende des 16. Jh. in den Niederlanden auf; sie wurde bis ins 19. Jh. verwendet.

Peterspfennig (lat. denarius sancti Petri).
[1] Eine urspr. freiwillige jährl. Abgabe Englands an den Papst, die durch die Petrusverehrung gefördert wurde; erstmals wurde die Abgabe unter König Offa von Mercien im 8. Jh. geleistet. Später verlangte die röm. Kurie den P., und zwar als Anerkennungszins für die Lehnsoberherrschaft des Hl. Stuhles über England. Vom 12. Jh. an wurde die Abgabe von einer Reihe anderer Länder, die seitens des Hl. Stuhles als dessen Lehen betrachtet wurden, verlangt: in Dänemark, Norwegen und Schweden, außerdem in Polen, Ungarn und wahrscheinlich auch in einem Teil Rußlands. Die Zahlungen, seit dem 14. Jh. unregelmäßig geleistet, wurden seit dem 16. Jh. eingestellt.
[2] Eine im Jahre 1860 von Papst Pius IX. (1846–78) eingeführte freiwillige Spende der Katholiken als Beitrag für

die Aufgaben des Papstes. Seit der Auflösung des Kirchenstaates wurde die zuerst in Österreich und Irland eingeführte Spende allgemein.
LIT. LThK VIII, 321–22; DDC IV, 1121–23; O. Jensen, Der engl. P. im MA (1903); C. Daux, Le denier de S. Pierre (1907); E. Maschke, Der P. in Polen und dem dt. Osten (^{2}1981).

Petition (lat., Bitte, Bewerbung um ein Amt; mlat. Bede). Das an eine oberste Behörde (Regierung, Parlament, vor allem das Staatsoberhaupt) gerichtete Gesuch, insbes. das Bittgesuch. Die Volksvertretungen hatten bis ins 19. Jh. ein Petitionsrecht dem Herrscher gegenüber. Häufig machten die altständischen Vertretungen die Bewilligungen von Geldern von der Erfüllung einer bes. P. abhängig, vor allem von dem Erlaß von Gesetzen. Das Petitionsrecht verlor an Bedeutung, nachdem die Volksvertretungen im 19. Jh. das Gesetzgebungsrecht erhielten. In den neueren Verfassungen hingegen ist das Petitionsrecht als Grundrecht der Bevölkerung gegenüber der Regierung, dem Parlament oder den obersten Verwaltungsbehörden meist ausdrücklich gewährleistet (für die BRD in Art. 17 des GG).
LIT. StL VI (^{6}1961) 229–43; HWDRG III, 1639–46; K.-H. Mattern, Petitionsrecht. In: Die Grundrechte, hrsg. von F. L. Neumann, H. C. Nipperdey und W. Scheuner, 2 (1954); D. H. Hoffmann, Petitionsrecht (Diss. Frankfurt/M. 1959); P. Dagtoglou: Art. 17 GG, in: Bonner Kommentar (1967).

Petition of Right (engl., Bittschrift um Herstellung des Rechts).
[1] Die für die engl. Verfassungsgeschichte wichtige Aufzählung von Rechten der Bürger gegenüber der Krone, deren Anerkennung das engl. Parlament 1628 von König Karl I. (reg. 1625–49) erreichen konnte. Die Hauptpunkte der P. o. R. sind:
1. Ohne Zustimmung des Parlaments darf kein Untertan zur Zahlung von Steuern etc. herangezogen werden;
2. unter Übertretung der Landesgesetze darf niemand verhaftet werden;
3. in Privathäusern dürfen keine Truppen einquartiert werden.
Obwohl durch die P. o. R. lediglich der bestehende Zustand festgestellt werden sollte, wurde sie doch in der Folge als Bastion der bürgerl. Freiheit betrachtet; ihre Interpretation führte 1642 zum

Ausbruch der puritan. Revolution. Die P. o. R. erfuhr ihre Vervollständigung durch die Habeas-Corpus-Akte (1679) und die Declaration of Rights (1689).
[2] Ein engl. Rechtsverfahren (1861), durch das die Krone von einem Bürger gerichtl. belangt werden kann.
LIT. D. L. Keir, Constitutional History of Modern Britain (London ^{8}1966); C. Roberts, The Growth of Responsible Government in Stuart England (Cambridge 1966); J. Hatscheck, Englische Verfassungsgeschichte bis zum Regierungsantritt der Königin Viktoria (1913; 1978).

Petrobrusianer. Die Anhänger des Peter von Bruis, eines ehem. Priesters. Seit etwa 1105 lehrte er die Rechtfertigung aus dem Glauben; äußeres Kirchentum, Kindertaufe und Eucharistie lehnte er ab. Um 1126 (?) wurde Peter von Bruis verbrannt.
LIT. A. Borst, Die Katharer (1953); R. Manselli, Studi sulle eresie del secolo XII (Rom 1953).

Petrusakten. Verschiedenartige apokryph-legendäre Schilderungen der Schicksale des Apostels Petrus. Zeitlich gehören sie dem 2.–6. Jh. n. Chr. an.

Pezhetairen (griech., Gefährten zu Fuß). Bez. für die makedon. Hopliten in der Phalanx des makedon. Heeres.

Pfaffenfeindtaler. Bez. für einen Reichstaler, den Christian von Braunschweig prägen ließ (1622); er trug die Inschrift: »Gottes Freundt, der Pfaffen Feindt«.

Pfaffengasse. Früher (bis 1806) volkstüml. Bez. für das Rheintal, an sich hier die geistl. Territorien Konstanz, Basel, Straßburg, Speyer, Worms, Mainz, Trier und Köln aneinanderreihten.

Pfaffenwinkel. Volkstüml. Bez. für das Alpenvorland zw. Lech und Ammer, da hier die alten Klöster Steingaden, Rottenbuch, Wessobrunn, Polling und Ettal liegen.

Pfahlbauten. Hütten oder Häuser, die einzeln oder zu Dörfern zusammengeschlossen auf Pfahlrosten über Wasser, Sumpf oder Land errichtet wurden. P. aus vorgeschichtl. Zeit (im Neolithikum, in der Bronzezeit und zum Teil noch weit in die Eisenzeit hinein) wurden zuerst (seit 1854) am Rande des Zürichsees, dann an anderen Seen der Zentralschweiz, der Ostalpen, Norditaliens und am Bodensee festgestellt. Der techn. Aufbau der P., die bedeutende

Fundgruben vorgeschichtl. Altertümer sind, ist an den jeweiligen Untergrund und das Baumaterial gebunden. Die Häuser sind rechteckig angelegt, häufig mehrräumig und stehen einzeln oder in regelmäßigen Gruppen. Ob es sich bei den Pfahlbauern um eine eigene Kulturgruppe handelt, wie früher angenommen wurde, ist heute umstritten. P. gibt es heute noch in Hinterindien, Celebes und Neuguinea.

LIT. F. Keller, Kelt. P. (1856); H. Obermaier, Der Mensch der Vorzeit (1912); H. Reinerth, P. am Bodensee (²1940); O. Paret, Das neue Bild der Vorgeschichte (1946); K. Tackenberg, in: Historia Mundi, 2 (1953); W. U. Guyan, Das Pfahlbautenproblem (1955).

Pfahlbürger (in den von Pfählen umgrenzten Dörfern und nicht hinter Stadtmauern Wohnende), Ausbürger, Schutzbürger. Während des Hoch- und SpätMA neben sonstigen Bewohnern des platten Landes besonders Adelige, die das Bürgerrecht einer Stadt besaßen. Da sie sich häufig den Untertanenpflichten entzogen, wurde in der ›Constitutio in favorem principum‹ (1231) und im ›Mainzer Landfrieden‹ (1235) auf Betreiben der Landesherren hin den Städten verboten, P. aufzunehmen. In der Goldenen Bulle (1356) wurde das Verbot wiederholt, da es den P. weiterhin gab, der von den Landesherren als ein Hindernis für den Ausbau eines geschlossenen Territoriums betrachtet wurde; denn der P. stellte ein Element dar, das militär. und steuerl. durch den Landesherren nicht erfaßt werden konnte.

LIT. HWDRG III, 1652–57; K. Zeumer, in: ZRG GA (1902); E. Schrader, in: ZRG GA (1951); H. Planitz, Die dt. Stadt im MA (1954); E. Klingelhöfer, Die Reichsgesetze von 1220, 1231, 1232 und 1235 (1955, m. Lit.); E. Schrader. In: Stupor Mundi, hrsg. von G. Wolf (1966).

pfählen. Im MA die im Falle von Notzucht, Hexerei und Kindesmord verhängte Strafe. Dem Verbrecher wurde hierbei ein spitzer Pfahl durch das Herz getrieben.

LIT. S. Stiassny, Die Pfählung (1903).

Pfalz (ahd. phalanza aus lat. palatium). Urspr. der kaiserl. Palast z. Z. des röm. Reiches auf dem Palatin (→Palatium), im Frankenreich und im Dt. Reich des MA die Burg des reisenden königl. oder kaiserl. Hofstaats; die P. waren also das gesamte Reichsgebiet verstreut. Häufig war mit der P. ein Gutshof (Königshof) verbunden. Der ständig wechselnde Aufenthalt der Könige (Kaiser) auf den P. verhinderte die Entstehung einer einzigen festen dt. Residenz während des dt. MA. Bedeutende P. z. Z. der Karolinger waren Aachen, Worms, Ingelheim, Frankfurt/M., Forchheim und Nimwegen; z. Z. der sächs. Kaiser Quedlinburg und Magdeburg. P. waren außerdem Speyer, Mainz, Gelnhausen, Goslar, Tribur, Nürnberg, Köln, Wimpfen u. a. Die P., die prachtvolle Wohngebäude für den König (Kaiser) und sein Gefolge, Verwaltungs- und Wirtschaftsbauten (hierunter die königl. Münze) umfaßten, erfuhren von Herrschergeschlecht zu Herrschergeschlecht eine Verschiebung der geograph. Schwerpunkte mit Pfalzanlagen, von dem baugeschichtl. Wandel, der hiermit parallel lief, einmal abgesehen.

LIT. →Pfalzgraf.

Pfalzgraf (für Böhmen, Ungarn, Polen →Palatin). An den Höfen der Merowinger Gehilfe am Hofgericht, insbes. der oberste Urkundsbeamte. Über den Verhandlungsverlauf und das Urteil wurde durch den Pfalzgraf Bericht (testimonatio) an den König erstattet; die Urkunde wurde nach dem Bericht verfaßt. Z. Z. der Karolinger stand der P. einem aus geistl. Notaren gebildeten Gerichtsbüro vor; in wichtigen Fällen vertrat er den König beim Hofgericht, was zur Entwicklung eines eigenen Pfalzgrafengerichts führte. Gegen Ende der karoling. Epoche gab es P. ebenfalls an den Höfen der Teilreiche, z. B. in Italien. In Dtl. gab es seit Otto I. (reg. 936–73) Stammespfalzgrafen in den Stammesherzogtümern Lothringen, Bayern, Schwaben und Sachsen; als Vertreter der königl. Rechte stellten sie ein Gegengewicht zur Herzogsgewalt dar; sie waren verantwortlich für die Rechtspflege und die Verwaltung des Reichsguts. Die größte Bedeutung unter den P. erlangte der von Lothringen (Sitz Aachen), der später P. bei (am) Rhein genannt wurde (Sitz Heidelberg); er war Kurfürst, des Königs Stellvertreter im Hofgericht, bei Thronvakanz Reichsvikar (lt. Goldener Bulle von 1356 zusammen mit dem Herzog von Sachsen, lt. Sachsenspiegel sogar Richter über den König. 1214 kam die Pfalz-

grafschaft an die Wittelsbacher. Durch Teilungen entstanden neben der Kurpfalz die Linien Pfalz-Simmern, Pfalz-Neuburg, Pfalz-Zweibrücken u.a. Die sächs. Pfalzgrafschaft kam an die Landgrafen von Thüringen (später an die Herzöge von Sachsen); P. von Schwaben wurde ein Titel der Herzöge von Tübingen. Die Würde des Hofpfalzgrafen unter Karl IV. (reg. 1347–78) knüpfte an die alte Stellung des Hofbeamten an; zu seinen Aufgaben gehörten u.a.: die Erteilung von Adelsbriefen, Adoptionen sowie die Ernennung von Notaren.
LIT. F. von Reber, Der karoling. Palastbau. 2 Bde. (1891/92); K. Plath, Die Königspfalzen der Merowinger und Karolinger (1892); W. Weitzel, Die dt. Kaiserpfalzen und Königshöfe vom 8.–16. Jh. (1905); G. Schlag, Die dt. Kaiserpfalzen (1940); Dt. Königspfalzen. Beiträge zu ihrer histor. und archäolog. Erforschung. In: Veröffentlichungen des Max-Planck-Instituts f. Geschichte (Göttingen 1949 ff.); M. Lintzel, Der Ursprung der dt. Pfalzgrafschaften, in: ZRG GA 49 (1929); R. Schröder u. E. von Künssberg, Lehrbuch der dt. Rechtsgeschichte (⁷1932); R. Gerstner, Die Geschichte der lothring. und rhein. Pfalzgrafschaft bis zur Ausbildung des Kurterritoriums Pfalz (1941); C. Ehlers (Hrsg.), Orte der Herrschaft. Ma. Königspfalzen (2002).

Pfälzischer Erbfolgekrieg, Orléansscher Krieg (1688–97). Der 3. der Raubkriege Ludwigs XIV. von Frankreich (reg. 1661–1715), der als Schwager der Elisabeth Charlotte (Liselotte) von der Pfalz deren Gebiete 1685 beanspruchte. Diesen Ansprüchen traten Kaiser Leopold I. (reg. 1658–1705), England, Holland, Spanien und Sardinien entgegen. 1689 ließ Ludwig die Pfalz durch seinen General Graf Ezéchiel von Mélac verwüsten. Während der franz. Marschall Luxembourg in den Niederlanden wiederholt über die Verbündeten siegte (bei Fleurus am 1. 7. 1690; bei Steenkerken am 3. 8. 1692; bei Neerwinden am 29. 7. 1693), wurden die Franzosen in der Seeschlacht bei La Hogue am 29. 5. 1692 durch die engl.-holländ. Flotte geschlagen. Im Frieden von Rijswijk (1697) mußte Frankreich seine rechtsrhein. Eroberungen und Lothringen wieder herausgeben; es verzichtete auf die Pfalz, behielt jedoch das 1681 besetzte Straßburg und die Reunionen.

LIT. K. von Raumer, Die Zerstörung der Pfalz (1930); A. Thomson, Louis XIV and William III, 1688–97, in: English Historical Review, 76 (1961); G. Clark, The Nine Years War, 1688–97, in: The New Cambridge Modern History, 6 (1970).

Pfand (wohl von lat. pannus, Stück Tuch). Nach german.-dt. Recht urspr. ein Besitzstück, das dem Schuldner abgenommen worden war.

Pfandlehen. Ein Gut, das als Pfand zu Lehen gegeben ist. Demzufolge ist der Gläubiger Lehnsmann des Schuldners.

Pfandrecht. Das entweder vertragl. vereinbarte oder gesetzl. Recht eines Gläubigers, eine ihm als Pfand anvertraute fremde Sache zur Befriedigung seines Anspruchs zu verwerten. Handelt es sich um das P. an einer bewegl. Sache (Faustpfand), so ist der Pfandgläubiger zur Verwaltung, zum Besitz und unter Umständen zur Nutzung der Sache berechtigt.

Pfänner (von Pfanne). Früher der Inhaber eines Anteils an einem Salzbergwerk. Als Pfännerschaft bez. man die Gemeinschaft der P., eine alte Organisationsform dt. Salz- und Solgutbesitzer (z. B. die Hallesche Pfännerschaft). Die Zunftgenossen in den Salinen zu Halle an der Saale hießen → Halloren.
LIT. H. Freydank, Die Hallesche Pfännerschaft im MA (²1927); ders., Die Hallesche Pfännerschaft 1500–1926 (1930).

Pfarre → Parochie.

Pfarrer (aus griech.-lat. parochus, Gastgeber; Bez. für den verschiedentlich auch Pastor genannten Verwalter einer parochia, [kirchl.] Gemeinde, Pfarrei). Der ordentl. Seelsorger sowie Inhaber der geistl. Amtsgewalt in einer örtl. umgrenzten Pfarrei (→ Parochie). Die **Pfarrarchive** sind für die ältere Zeit wichtige Quellen für die Familienforschung und Lokalgeschichte. Das **Pfarrgut** ist das Vermögen einer Pfarrei, das vom P. verwaltet wird und genutzt werden kann. Der nicht investierte amtl. Seelsorger einer Pfarrei heißt **Pfarrverweser.** Die **Pfarrwahl** erfolgt teils durch die Pfarrmitglieder, teils durch das Kirchenregiment.
LIT. D. Kurze, Pfarrerwahlen im MA (1966); K. Frör und W. Maurer, Hirtenamt und mündige Gemeinde (1966).

Pfarrschulen, Parochialschulen. Bez. für Schulen, die während des MA in den einzelnen Pfarreien eingerichtet und

Pfeifer

vom Pfarrer betreut wurden. Die P. dienten der Ausbildung von Chorknaben und Küstern; außerdem erhielten hier künftige Kleriker ihre erste Ausbildung; darüber hinaus wurde ein allg. Elementarunterricht erteilt. Z. Z. des fränk. Reiches zuerst von Karl d. Gr. (reg. 768–814) gefördert, erfolgte während der Reformation in Dtl. ihre Umwandlung in Rats- und Stadtschulen, soweit sie nicht verschwanden.

Pfeifer (mlat. Ioculatores, Histriones; franz. Jongleurs, Ménétriers). Im MA als rechtlos geltend, seit dem späten 13. Jh. in Bruderschaften organisierte Musikanten (bis 1803); sie wählten später einen Pfeiferkönig und hielten jährliche Gerichtstagungen (Pfeifertage, Pfeifergerichte) ab. Die Nicola-Bruderschaft in Wien (gegr. 1280) und die Confrérie de Saint-Julien in Paris (gegr. 1330) waren die ältesten franz. Zünfte. Die städt. Turm- und Festpfeifer (Stadtpfeifer), denen ein Spielgraf vorstand, bildeten eine bes. Gruppe der P.
LIT. Faral, Les jongleurs en France en moyen âge (Paris 1910); Th. Hampe, Fahrende Leute in der dt. Vergangenheit (²1924).

Pfeilergrabmal. Bez. für ein Grabmal, das aus einem Stufenunterbau, pfeilerförmigem Hauptgeschoß (das meist konkav geschwungen ist) und einem (häufig in ein Kapitell auslaufenden) pyramidenförmigen Oberteil besteht. In den reliefverzierten rhein. Pfeilergrabmälern des 2. und 3. Jh. n. Chr., u. a. in der Igeler Säule, erlebte der im gesamten Mittelmeerraum auftretende Grabmaltyp eine bemerkenswerte Spätblüte.
LIT. H. Kähler, in: Bonner Jb., 139 (1934); L. Crema, L'Architettura Romana (Turin 1969).

Pfennig (ahd., vielleicht von lat. pannus, Stück Tuch, Lappen; von der Verwendung von Stoffen als Zahlungsgegenstand). Die Münzeinheit P. erschien zum erstenmal im 8. Jh. unter Pippin dem Jüngeren (reg. 741–68) und Karl d. Gr. (reg. 768–814), die das fränk. Münzwesen neu ordneten; der P. (mlat. denarius) wurde zur einzigen Münzgattung. 240 P. prägte man aus dem Pfund Silber zu 327,45 g. Auf den Solidus (Schilling), der Rechnungsmünze bis zum Ende des 13. Jh. blieb, gingen 12 P. Von etwa 750 bis 1300 wurden in beinahe ganz Europa nur die P. mit Teilstücken (½ P. = Hälbling; ¼ P. =

Vierling) ausgeprägt (Pfennigzeit). Die engl. Währungsordnung beruhte noch bis zum 15. 2. 1971 auf der Münzordnung Karls d. Gr.: ¹/₁₂ Schilling = ¹/₂₄₀ Pfund Silber. Seit dem 13. Jh. war der P. als kleinste Scheidemünze weit verbreitet. Im 16. Jh. wurden zum erstenmal Kupferpfennige (in Westfalen) geprägt, seit der Mitte des 18. Jh. in beinahe sämtl. Staaten. In Dtl. gehen seit Einführung der Mark (1871) 100 P. auf eine Mark.
LIT. J. Werner, Waage und Geld in der Merowingerzeit (1954); J. Knobloch, in: Bonner Jb., 165 (1965).

Pfleghafte, Biergelden. Die der »Pflege«, d. h. des Schutzes durch einen Grafen teilhaft waren. Dieser Personenkreis umfaßte die Freibauern des Sachsenspiegels. Für den Schutz, der ihnen zuteil wurde, hatten sie einen Zins zu entrichten. Die P. verfügten über ein freies Eigentum von mindestens einer halben Hufe (→Bargilden).
LIT. E. Molitor, Der P. des Sachsenspiegels (1941).

Pflugrecht, Kehrrecht, Anwenderecht. Lt. älterem dt. Recht die Befugnis, den Acker des Nachbarn dann zu betreten, wenn man beim Pflügen den Pflug wendete.

Pforte.
[1] Bez. für einen wichtigen Gebirgsdurchgang, dem große Bedeutung als Völker- und Verkehrsstraße zukam, z. B. Burgundische P., Westfälische P.
[2] Ein künstl. versperrter Eingang, der leicht zu kontrollieren war, z. B. die Chin. Mauer, der röm. Limes.
[3] →Hohe Pforte.

Pfründe (ahd. aus lat. praebenda, Unterhalt). Lt. kath. Kirchenrecht das mit einem Kirchenamt dauernd verbundene Einkommen (aus Land, Geldvermögen etc.), →Präbende.

Pfund (ahd. pfunt, aus lat. pondo, »1 Pfund an Gewicht«). Die Gewichtseinheit in zahlreichen Staaten vor Einführung des metrischen Systems. Größe und Einteilung des P. waren verschieden: Das röm. Münz-Pfund hatte ein Gewicht von 327 g, das fränk. Münz-Pfund nach der Münzreform Karls d. Gr. (reg. 768–814) eines von 409 g. In Dtl. trat seit dem 11. Jh. an die Stelle des P. die Mark (= ½ P.). Mitte des 19. Jh. wurde durch den Zollverein das Zollpfund (0,5 kg) eingeführt. Bis 1884 wurde die Bez. P. offiziell für das ½ kg verwendet. Das P., dessen Gewicht

612

im allg. zw. 400 bis 600 g schwankte, war vor Einführung des Zollpfundes in 30 Lot (= 300 Quentchen = 3000 Cent, jedoch auch in 32 Lot = 128 Quentchen = 512 Richtpfennige oder in 10 Neulot = 1000 Halbgramm) eingeteilt.
In England ist das P. seit der Zeit der Angelsachsen Rechnungsmünze (bis 1971 = 20 Schilling, jetzt = 100 pence), ebenfalls in einer Reihe von Ländern des ehem. brit. Weltreiches, so in Australien und Südafrika. Darüber hinaus ist das P. Währungseinheit in der Türkei, in Ägypten, Syrien, Libyen, und dem Libanon.
Das P. war in Israel bis 1980, danach der Schekel Währungseinheit.
LIT. G. Maass, Die Rolle des P. Sterlings in der Weltwirtschaft seit dem Zweiten Weltkrieg (1968).

Pfundner. Eine Silbermünze, die Sigismund von Tirol im Jahre 1482 einführte; sie entsprach einem Tiroler Pfund (12 Kreuzer). Das Verbreitungsgebiet des Halbpfundner (Innsbrucker) war vor allem Süddeutschland.

Pfund- und Tonnengeld (engl. tonnage and poundage). Die heutige Hafengebühr, die nach dem Tonnengehalt der Seeschiffe berechnet wird, geht zurück auf den Ausfuhrzoll, der in England seit dem späteren MA (erstmals für das Jahr 1346 nachweisbar) für jede Tonne Wein und jedes Pfund anderer Ware erhoben wurde. Seit Eduard IV. (reg. 1461–83) wurde das Pfund- und Tonnengeld jedem König durch das Parlament für die gesamte Regierungszeit bewilligt. Das Jahr 1625, in dem das Parlament das Pfund- und Tonnengeld erstmals lediglich für ein Jahr zugestand (als Folge der Auseinandersetzung zw. dem Parlament und Karl I., reg. 1625–49), gilt als Beginn der engl. Revolution.

Phalansterium, Phalanstère. Im Gesellschaftssystem des Sozialphilosophen Charles Fourier (1772–1835) die Volksgenossenschaft; sie stellt eine Vereinigung von Produktiv-, Konsumgenossenschaft und Lebensgemeinschaft dar. V. Considérant (1808–93) versuchte vergeblich, sie in Texas zu verwirklichen.

Phalanx (griech., Balken, Walze). Seit dem 7. Jh. v. Chr. die geschlossene Schlachtlinie der griech. Fußtruppen (Hopliten); sie erreichte eine Tiefe von etwa 8 Gliedern. Durch die Thebaner wurde der rechte Angriffsflügel im 4. Jh. v. Chr. bis auf 50 Glieder verstärkt (schiefe Schlachtordnung). Unter Philipp II. von Makedonien (reg. 359–36 v. Chr.) war die Schlachtlinie des makedon. Heeres 16 Glieder stark; ausgerüstet waren die Soldaten mit überschweren Lanzen (Sarissen).
LIT. H. Delbrück, Geschichte der Kriegskunst, 1 ([2]1908, Nachdr. 1964); J. Kromayer und G. Veith, Heerwesen und Kriegführung der Griechen und Römer (1928).

Phanarioten →Fanarioten.

Pharao (ägypt. Per'o, großes Haus). Seit ungefähr 1580 v. Chr. in Ägypten und im AT ganz allg. der Titel des ägypt. Königs, sein Hof und seine Regierung. Die Bez., die nicht offiziell war, ebenfalls kein Eigenname, sondern anstelle des eigentl. Namens gebraucht wurde, drückte respektvolle Scheu vor dem absoluten (im Alten Reich göttl.) Herrscher aus, dessen Namen man nicht zu nennen wagte.

Pharisäer (aram., Abgesonderter, Sektierer). Angehöriger einer im 2. Jh. v. Chr. entstandenen religiös-polit. Partei der Juden; im Neuen Testament die Hauptgegner Jesu. Als die Vertreter des absolut gesetzlich gefaßten Judaismus besaßen die P. mächtigen Einfluß auf das Volksleben. Nach dem Untergang des jüd. Staats (135 n. Chr.) verdankt das Judentum den P. seinen Fortbestand.
LIT. F. Lagrange, Le Judaisme avant Jésus-Christ (Paris 1928); L. Finkelstein, The Pharisees. 2 Bde. (Philadelphia [3]1962); J. Wellhausen, Die P. und die Sadduzäer ([3]1967); K. Schubert, Die jüd. Religionsparteien (1970).

Philhellene (griech., Griechenfreund).
[1] Beiname Alexanders I. von Makedonien (5. Jh. v. Chr.) sowie der Partherkönige des 2. Jh. v. Chr.
[2] In Dtl., England und Frankreich Bez. für denjenigen, der den Freiheitskampf der Griechen (1821–27) gegen die Herrschaft der Türken in Lit. und Presse, zudem durch Geld- und Sachspenden unterstützte (in verschiedenen Fällen auch durch persönl. aktive Teilnahme). Zu den bekanntesten P. gehören (in Dtl.) Kronprinz Ludwig von Bayern und der Dichter Wilhelm Müller, (in England) Lord Byron.

Philhellenismus. In der Antike die Begeisterung für die Griechen und deren Kultur (2. Jh. v.-2. Jh. n. Chr.); im

19. Jh. eine geistige Bewegung, die, von der Verherrlichung des antiken Griechenlands ausgehend, sich mit einem gegen die mohammedan. Türken gerichteten romant.-christl. Eifer und dem polit. Realismus vermischte.
LIT. W. Büngel, Der P. in Dtl. (Diss. Marburg 1917); K. Dieterich, Briefe und Tagebücher zum dt. P. (1928); ders., Dt. Philhellenen in Griechenland 1821/22. Auswahl aus ihren Tagebüchern (1929); E. Rothpletz, Beitr. zur Gesch. des P. (1931/32); ders., Die Griechenbewegung in der Schweiz während des hellen. Freiheitskampfes 1821–30. Zur Geschichte des P. im 19. Jh. (1949); S. A. Larrabee, Hellas observed (N. Y. 1957); W. Barth und M. Kehrig-Korn, Die Philhellenenzeit (1960); J. Irmscher, Der P. in Preußen (1966); C. M. Woodhouse, The Philhellenes (London 1969); R. Quack-Eustathriades, Der dt. P. während des griech. Freiheitskampfes 1821–27 (1984).

Philippika (griech.).
[1] Titel der verlorengegangenen Werke des Anaximenes von Lampsakos und des Theopomp von Chios (die Werke behandelten die Zeit Philipps II. von Makedonien, reg. 359–336 v. Chr.).
[2] Die vier gegen Philipp von Makedonien gerichteten Reden (etwa 349–342 v. Chr.) des Demosthenes (384–322 v. Chr.).
[3] Danach benannt die 14 ›Orationes Philippicae‹ Ciceros (106–43 v. Chr.) gegen Antonius 44/43 v. Chr.
[4] Heute allg. eine Kampf- und Strafrede.

Phratrie (griech., Bruderschaft). Seit der griech. Frühzeit eine kultisch und familienrechtl. gebundene Gemeinschaftsgruppe. Mitglied der P. war jeder Vollbürger; die Eintragung in die Liste der P. bedeutete demnach die Aufnahme als Bürger. Da es sich bei einer P. urspr. um einen Sippenverband handelte, betrachteten sich die Phratrie-Mitglieder als Nachkommen eines gemeinsamen Ahnherren; nach ihm nannten sie sich auch gewöhnlich.
LIT. M. Guarducci, in: Memorie del l'Accademia dei Lincei, Classe di Scienze Morali, Serie VI, 6, 1 (1937) und 8, 2 (1938); M. P. Nilsson, Cults, Myths, Orades, and Politics in Ancient Greece (Lund 1951).

Phyle (griech., Stamm). In der griech. Frühzeit eine Unterabteilung der Stäm-

me und Staaten: 3 (die althergebrachten) in den dorischen Staaten (der Hylleer, Dymanen und Pamphyler), 4 bei den Ionern (sie hießen in Athen Geleonten, Hopleten, Argadeer und Ägikoreer). Urspr. bestimmten die Ph., von ihrer religiösen, sozialen und rechtl. Bedeutung einmal abgesehen, auch die Gliederung des Heeres. Die Grundlage der staatl. Ordnung Athens bildeten die durch die Reform des Kleisthenes (508/07 v. Chr.) neugeschaffenen 10 P. (jede einzelne P. setzte sich aus 3 den 3 Regionen Attikas entsprechenden Trittyen [»Dritteln«] zusammen); seit 307 v. Chr. wurden die P. auf 12, unter Kaiser Hadrian (reg. 98–117 n. Chr.) auf 13 vermehrt.
LIT. E. Szanto, in: Ausgew. Abhandlungen, hrsg. von H. Swoboda (1906); K. Latte, in: Pauly-Wissowa 20, 1 (1941).

Physiokratie (griech., Naturherrschaft). Eine von dem Franzosen Pierre-Samuel Dupont de Nemours (1739–1817) geschaffene Bez. für das erste wissenschaftl. System der Sozialökonomie, dessen Grundgedanken von dem franz. Arzt F. Quesnay (1694–1774) in seiner Schrift ›Tableau économique‹ ausgearbeitet worden waren. Den naturrechtl. Gedanken von der jedem menschl. Zusammenleben innewohnenden Harmonie übertrugen die Physiokraten auf das Wirtschaftsleben; dieses sollte, entsprechend ihrer Forderung, nach der in ihm angelegten natürl. Ordnung frei ablaufen: »Laissez-faire, laissez-passer, le monde se lui-même«.
Als einzige Quelle des Reichtums betrachteten die Physiokraten den Grund und Boden. Weil daher die Grundrente die gesamte Steuerlast zu tragen hat, empfiehlt sich die Erhebung einer einzigen Steuer (impôt unique). Quesnay unterschied Grundbesitzer, Pächter sowie den Handel und das Handwerk; unberücksichtigt bleibt bei ihm die Lohnarbeiterschaft. In dem Schema des Güterkreislaufs stellte er die Verflechtung sämtlicher wirtschaftl. Vorgänge dar. Die Bedeutung der P. liegt in ihrem Bemühen, eine volkswirtschaftl. Gesamtrechnung zu erreichen; ebenfalls in der Ablehnung einer staatl. Reglementierung, wie sie vom Merkantilismus betrieben wurde. Durch Adam Smith (1723–90) wurde die P. bald überholt.
LIT. A. Oncken, Geschichte der Natio-

nalökonomie, 1. Teil: Die Zeit vor A. Smith (³1922); W. Petzet, Der Physiokratismus und die Entdeckung des wirtschaftl. Kreislaufs (1929); G. Weulersse, Les physiocrates (Paris 1931); H. Woog, The Tableau Economique of François Quesnay (Bern 1950); L.J. Zimmerman, Geschichte der theoret. Volkswirtschaftslehre (1954); W. Zorn, in: VSWG, 47 (1960).

Piaristen, Kalasantiner, Scolopi, lat. Ordo Clericorum Regularium Pauperum Matris Dei Scholarum Piarum (Abk. SP), Arme Regularkleriker der Mutter Gottes für fromme Schulen. Kath. Lehrorden; gegr. wurde er von Joseph von Calasanza (1556–1648). Nachdem Calasanza 1597 die erste Volksschule Europas eröffnet hatte, für die kein Schulgeld bezahlt werden mußte, gründete er in Rom den 1617 durch den Hl. Stuhl bestätigten Orden für Unterricht und Erziehung von Knaben. Sitz des Generalpräpositus des Ordens ist Rom. Verbreitet ist der Orden vor allem in Italien, Spanien, Österreich, Ungarn und Polen.
LIT. G. Giovannozzi, Il Calasanza e l'opera sua (1930).

Piasten. Dieses älteste poln. Herrschergeschlecht leitete sich her von einem sagenhaften Bauern, Piast. Dessen Name geht wohl auf eine Einrichtung zurück, die dem fränk. Hausmeieramt ähnlich war. Die erste geschichtl. Persönlichkeit dieses Hauses war Mieszko I. (reg. 963–92), dessen männl. Linie in Polen mit Kasimir III. im Jahre 1370 ausstarb. Nebenlinien regierten in Masowien bis 1526, in Schlesien bis 1675.
LIT. G. Hansdorf, Die P. Schlesiens (1933); W. Dworzaczek, Genealogia (Warschau 1959).

Piaster. Seit 1687 eine türk. Talermünze; heute eine Scheidemünze zu ¹/₁₀₀ türk. Pfund (ebenfalls alte Bez. für Peso).

Pickelhaube (Beckenhaube, Beckel-, Bickelhaube). Seit dem 13. Jh. eine beckenförmige Blechhaube, die, zunächst unter dem Topfhelm getragen, später eine selbständige Kopfbedeckung wurde. Seit 1842 von der preuß., bis 1915 von der dt. Infanterie getragener Lederhelm mit Metallbeschlag und Metallspitze.

Pied, Piede, Pé. Fuß; ein früheres Längenmaß, vor allem in den roman. Ländern. (In Frankreich: 0,32 m; in Italien eine Piede: 0,30 m in Rom und 0,435 m in Mailand; in Portugal und Brasilien ein Pé: 0,30 m; in Antwerpen: 0,29 m).

Pietismus (lat. pietas, Frömmigkeit). Eine religiöse Erneuerungsbewegung, die den Protestantismus im 17. Jh. erfaßte; sie sieht das Wesen der Religion im Gefühlserlebnis. Der eigentliche Schöpfer des P. war der luth. Theologe Ph. J. Spener (1635–1705). Im Jahre 1675 erschien sein Buch ›Pia desideria oder herzliches Verlangen nach gottgefälliger Besserung der wahren ev. Kirche‹. In dieser Programmschrift des P. wird eine Vertiefung in die Bibel, Übung des allg. Priestertums zur Unterstützung der Pfarrer, Betonung eines tätigen Christentums, liebevolles Verhalten in Religionsstreitigkeiten, Reform des theolog. Studiums durch stärkere Betonung der sittl.-religiösen Schulung neben der einseitig dogmatischen, praktisch-erbauliche statt rhetorisch-gelehrter Predigt gefordert. Zu einer Bildungsstätte des P. wurde die Universität Halle. Weitere Hauptsitze der pietist. Bewegung waren neben Halle der württemberg. Raum, niederrhein. Gebiete, Westfalen, außerdem die Herrnhuter Brüdergemeine. Als Repräsentanten des P. sind neben Spener zu nennen J. de Labadie (1610–74), A.H. Francke (1663–1727) und N. Zinzendorf. Der Kirche gab der P. einen großen Reichtum an Liedern; er bereitete den Boden für eine gemütstiefe Dichtung. Im 19. Jh. fand er eine Erneuerung in den Erweckungsbewegungen sowie in der Gemeinschaftsbewegung. Ein angelsächs. Ausläufer des P. ist der Methodismus.
LIT. A. Ritschl, Geschichte des P. 3 Bde. (1880–86); W. Mahrholz, Der dt. P. (1921); K. Reichardt, Mystik und P. (1925); H. Bornkamm, Mystik, Spiritualismus und die Anfänge des P. (1926); A. Schlatter, P., Kirche und Welt (1931); E. Hirsch, Geschichte der neueren ev. Theologie, 2 (1951); A. Langen, Der Wortschatz des dt. P. (²1968); M. Schmidt, Ges. Studien zur Gesch. des P. (1969); K. Aland (Hrsg.), P. und Bibel (1970); A. Lang, Puritanismus und P. (1971); K. Fuchs, Mystik, Spiritualismus, P. In: HJB (1978); J. Wallmann, Philipp Jakob Spener und die Anfänge des P. (²1985); M. Gierl, P. und Aufklärung. Theol. Polemik ... (1997).

Pike

Pike. Ein 3–4 m langer Spieß. Die P. war im MA Hauptwaffe des Fußvolks.

Pikett. Früher eine kleine, meist berittene militär. Abteilung; heute jederzeit verfügbare Hilfskräfte.

Pilatusakten, Acta Pilati. Es handelt sich hierbei um einen bruchstückartig erhaltenen Bericht über die Verurteilung und den Tod Jesu, der durch Pontius Pilatus, den 5. röm. Prokurator (Landpfleger) von Judäa (26–36 n.Chr.) an den röm. Kaiser Tiberius (reg. 14–37 n.Chr.) geschickt worden sein soll. Die P. wurden wahrscheinlich gegen Ende des 2.Jh. n.Chr. verfaßt; im 4. und 5. Jh. n.Chr. wurden sie durch weitere Akten ergänzt. Da diese sich als Bericht des Nikodemus deklarieren, werden sie auch ›Evangelium des Nikodemus‹ genannt.
LIT. O. Bardenhewer, Geschichte der altkirchl. Lit., 1 (²1913); E. Hennecke und W. Schneemelcher, Neutestamentl. Apokryphen, 1 (³1959).

Pilgerväter (engl. Pilgrim Fathers). Bez. für die aus England vertriebenen Puritaner, die 1620 auf der Mayflower nach Amerika emigrierten, wo sie die erste Ansiedlung Neuenglands gründeten.
LIT. G. Friederici, Das puritan. Neuengland (1924); E. J. Carpenter, The Mayflower Pilgrims (N. Y. 1918); P. Toon, The Pilgrims' Faith (Linkinhorne, Callington, Cornwall, 1970).

Pilum (lat.). Die Wurfwaffe der röm. Legionäre (1,60–2,00 m lang); sie bestand aus einem hölzernen Schaft mit eiserner Spitze.

Pinakothek (griech., Bildersammlung). In Athen der Raum für Weihegeschenke; er befand sich in den Propyläen der Akropolis; in Pergamon und Rom der Raum für Tafelbilder in einem Palast. In Italien seit der Renaissance die Bez. für eine Gemäldesammlung (pinacoteca). In München schuf König Ludwig I. (reg. 1825–48) die Alte P. (1836) und die Neue P. (1853). Sie gehören zu den bedeutendsten Museen Deutschlands.
LIT. P. Böttger, Die Alte P. in München (1970).

Pinta. In Italien, Frankreich und den Niederlanden (Pintje) altes Hohlmaß.

Pinte. Ein aus Zinn oder rhein. Steinzeug hergestellter Krug oder Trinkkanne des 16. und 17.Jh.; ebenfalls eine Schenke.

Pioniere (franz. pion, Fußsoldat). Seit dem 17.Jh. vordringende Bez. für techn. Truppen, d.h. Truppen, denen die Herstellung von Flußübergängen, Sprengungen, das Verlegen und Suchen von Minen etc. zufällt.
LIT. D. Petter, P. (1969).

Pippinsche Schenkung. Vereinbarungen zwischen dem fränk. König Pippin (741–751 Hausmeier, 751–768 König) und Papst Stephan II. (752–57), die, lückenhaft überliefert und schwer zu deuten, umfangreiches Gebiet in Mittelitalien dem Papst schenkten, damit für die Entstehung des Kirchenstaates und darüber hinaus für die Verbindung von fränk.-karoling. Königtum und Papsttum entscheidende Bedeutung erlangten, dem Papsttum Sicherheit gegenüber dem Langobardenreich und Byzanz boten und mit der Salbung Pippins und seiner Söhne, der Verleihung des Titels Patricius Romanorum eine Legitimation und Sicherung der neuen Dynastie darstellten.
LIT. A.M. Drabek, Die Verträge der fränk. und dt. Herrscher mit dem Papsttum von 754–1020 (1970); A. Angenendt, Das geistl. Bündnis der Päpste mit den Karolingern (754–796). In: HJb 100 (1980) 1–94.

Pirat (lat. pirata). Seeräuber.

Piraterie. Auf hoher See gegen ein Schiff oder einen Kapitän vollführte rechtswidrige Gewaltakte, um über ein Schiff und dessen Ladung die Verfügungsgewalt zu erlangen. Als P. wird auch die Eroberung eines Seefahrzeugs durch die meuternde Mannschaft oder Fahrgäste bez. Im At. bestand P. vornehmlich in Überfällen auf das Festland, da die Schiffahrt auf die Küstengewässer beschränkt war. Eng verbunden mit der P. war seit jeher der Sklavenhandel. Häufig gelang es den Piraten, souveräne oder halbsouveräne Staaten zu bilden, zumal dann, wenn die Ordnungsgewalt eines rechtmäßigen Staates fehlte. Bekämpft wurden derartige staatl. Gebilde u.a. 67 v.Chr. durch Cn. Pompeius (106–48 v.Chr.) im Seeräuberkrieg und durch Karl V. (reg. 1519–56) durch seinen Feldzug gegen Tunis (1535). Seit jeher wird P. als ein schwerer Verstoß gegen das Völkerrecht betrachtet; die Piraten werden daher durch jeden Staat auf hoher See verfolgt; sie dürfen am Leben bestraft werden (→Bukaniere, →Flibustier, →Barbaresken).

Als eine neue Form der P. gilt die Luftpiraterie (Flugzeugentführung).
LIT. F. Stier-Somlo, Die Freiheit der Meere und das Völkerrecht (1917); H. A. Ormerod, Piracy in Ancient World (1924); E. Ziebarth, Beitr. zur Geschichte des Seeraubs und Seehandels im alten Griechenland (1929); E. Zechlin, Maritime Weltgeschichte (1947); A. Rein, Über die Bedeutung der überseeischen Ausdehnung für das europ. Staatensystem (1953).

Pistole (tschech.)
[1] Die älteste Handfeuerwaffe; die ersten (aus dem 15. Jh. stammenden) P. wurden vom Reiter mit ausgestrecktem Arm abgefeuert; sie waren mit Schloß (Hahnen) und Luntenträger versehene Vorderlader. In der preuß. Armee wurde 1840 der Hinterlader eingeführt (1836 war durch J. N. Dreyse das Hinterlader-Gewehr geschaffen worden). P. Mauser entwickelte ab 1890 die Selbstladepistole.
[2] (franz.). Eine kleine Münze, und zwar der von Philipp II. von Spanien (reg. 1556–98) geschaffene Goldescudo oder Dublône. Frankreich prägte die P. als Louisdor seit 1641 nach; daraufhin von den meisten europ. Ländern nachgeprägt. In Dtl. galt die P. bis ins 18. Jh. 5 Taler; ihr Wert stieg bis Anfang des 19. Jh. auf etwa 5½ Taler.
LIT. Zu [1] J. F. Hayward, Die Kunst der alten Büchsenmacher, 1500–1830. 2 Bde. (dt. 1968/69); C. Blair, Pistols of the World (N. Y. 1968); H. Müller, Gewehre – Pistolen – Revolver. Jagd- und Kriegswaffen des 14.–19. Jh. (1979).

Pistoliers. Bez. für eine Reitertruppe, die nur mit Pistole und Degen bewaffnet war; sie kam in der 2. Hälfte des 16. Jh. in Dtl. auf. Nachweisbar sind die P. erstmals in den Kämpfen bei St. Vincent (1552) und Sievershausen (1553). Im Verlauf des 30jährigen Krieges verschwanden sie wieder.

Piusorden. Ein 1847 von Pius IX. (1846–78) gestifteter päpstl. Orden (5 Klassen). Gemäß Motu proprio von 1966 ist die goldene Kette des P. Staatsoberhäuptern vorbehalten.

Pius-Stiftung für Papsturkunden- und für ma. Geschichtsforschung. Mit Zustimmung Papst Pius' XI. (1922–39) und mit vom Papst zur Verfügung gestellten Mitteln 1931 durch P. Kehr in Zürich errichtet. Die P.-S. schuf die Möglichkeit, die 1895 von Kehr begonnenen Forschungen zur Sammlung und Herausgabe der älteren Papsturkunden (bis 1198) fortzuführen. Die Göttinger Akademie der Wissenschaften hat die wissenschaftl. Leitung des Unternehmens; über dessen Tätigkeit berichtet das ›Dt. Archiv für Erforschung des MA‹ (1937ff.).

Piusverein. Zur Interessenwahrung der dt. Katholiken 1848 in Mainz gegründet; 1857 erfolgte die Gründung des schweizerischen P. (seit 1904 ›Schweizerischer Katholischer Volksverein‹).

Piut, Pijut (neuhebr.), Mz. Pijutim. Die Dichtungen für Feiertage sowie die übrigen gottesdienstl. hervorgehobenen Tage, die während des MA in die jüdische Liturgie aufgenommen wurden. Für die Erforschung der Schicksale, Gedanken und Hoffnungen des ma. Judentums stellen die Pijutim ein wichtiges Zeugnis dar. 1930 wurde durch S. Schocken ein Forschungsinstitut für P. in Berlin gegründet; es gehört heute zur Universität Jerusalem.
LIT. L. Zunz, Literaturgeschichte der synagogalen Prosa (1865; mit Nachtrag 1867); ders., Die synagogale Poesie des MA ([2]1928); I. Elbogen, Der jüdische Gottesdienst ([3]1932, Nachdr. 1962); M. Zulay (Hrsg.), Pijjute Jannai (1938).

Pläswitz, Waffenstillstand von (4. 6. 1813). Die Konvention von →Tauroggen vom 30. 12. 1812 leitete Preußens Erhebung ein. Am 28. 2. 1813 schlossen Preußen und Rußland das Bündnis von Kalisch und am 17. März schließlich erließ Friedrich Wilhelm III. (reg. 1797–1840) in Breslau den Aufruf ›An Mein Volk‹. Preußen begann zu rüsten, doch der preuß. König folgte der vaterländ. Begeisterung nur zögernd. Zur gleichen Zeit, da die Franzosen große Teile Deutschlands aufgeben mußten, gelang es Napoleon I. (1769–1821) noch einmal, eine bedeutende Armee aufzustellen, die den preuß. und russ. Streitkräften an Zahl sogar überlegen war. Dadurch vermochte er die Preußen am 2. 5. bei Groß-Görschen und am 20./21. 5. bei Bautzen zu schlagen. Infolgedessen sahen sich die Verbündeten gezwungen, sich nach Schlesien zurückzuziehen. Nach einer am 1. 6. vereinbarten Waffenruhe von 36 Stunden wurde in dem für neutral erklärten Dorf P. bei Striegau in Schlesien am 4. 6. von Napoleon ein Waffenstillstand mit den Verbündeten abgeschlossen; er hatte Bestand bis zum 10. August. Von bei-

den Seiten wurde die Kampfpause zu intensiven Rüstungen genutzt. Napoleon hat später den Waffenstillstand von P. als den größten Fehler seines Lebens bezeichnet.
LIT. O. Koischwitz, Poischwitz oder P.? In: Forschungen zur brandenburg. und preuß. Geschichte 17 (1904); H. Granier, Wo wurde der Waffenstillstand vom 4. Juni 1813 geschlossen? In: Zs. des Vereins für Geschichte und Altertum Schlesiens 38 (1904); F. Meinecke, Das Zeitalter der dt. Erhebung (1906; [4]1941).

Platz an der Sonne. Eine 1897 durch den Diplomaten und Staatsmann Bernhard von Bülow (1849–1929) gebrauchte Formulierung. Sie wurde durch Kaiser Wilhelm II. (reg. 1888–1918) übernommen, der alles Glitzernde und Sentimentale liebte. In der Formulierung drückt sich das Streben des dt. Kaiserreichs nach macht-, wirtschafts- und kulturpolit. Weltgeltung (→Weltpolitik) aus. Ausdruck der Weltgeltung und damit eines P. a. d. S. war u. a. der Erwerb von Kolonien. Man müsse in Weltmaßstäben und in Kontinenten denken, wurde die Formel. Der Ursprung der Formulierung geht zurück auf B. Pascal (1623–1662), bei dem es heißt: »Der Hund gehört mir, sagen die armen Kinder. Das ist mein P. a. d. S. Das ist der Anfang und das Bildnis der Besitzergreifung der ganzen Erde« (in: Pensées sur la religion; Erstveröffentlichung, stark entstellt, 1670).
LIT. F. Fischer, Weltmacht und Niedergang (1969); Dtl. in der Weltpolitik des 19. und 20. Jh. Festschr. für F. Fischer (1973); R. Erbar, »Ein Platz a. d. Sonne«? (1991).

Plazet (lat. placet, es gefällt).
[1] Seit dem At. Zustimmungsformel, vor allem bei Konzilien.
[2] Das landesherrlich beanspruchte P. (lat. Placetum regium, Exequatur), päpstl. wie bischöfl. Erlasse zur öffentl. Verkündigung an die Gläubigen zuzulassen oder zu verbieten; es wurde von der kath. Kirche nie anerkannt.
Im MA aufgekommen, wurde das P. in Frankreich durch den Gallikanismus, in Deutschland seit der Reformation, dann durch den Febronianismus und Josephinismus Bestandteil des Staatskirchentums; es verschwand im Verlauf des 19. Jh. Völlig beseitigt wurde es durch die Weimarer Verfassung (1919).
LIT. Feine, KRG 1 ([3]1955).

Plebanus (mlat.). Seit dem 12. Jh. →Leutpriester.

Plebiszit (lat. plebiscitum, Volksentscheid).
[1] Im antiken Rom ein Beschluß, der in den Tributkomitien von der Plebs gefaßt wurde; er war zunächst nur für diese verbindlich. Später kam diesem Beschluß (zuletzt durch die Lex Hortensia von 287 v.Chr.) die gleiche Bedeutung wie einem durch das römische Volk erlassenen Gesetz zu.
[2] Volksabstimmungen, insbes. solche, die keine normalen verfassungsmäßigen Einrichtungen sind.
LIT. Zu [1] StL VI ([6]1961) 291–95; Ernst Meyer, Röm. Staat und Staatsgedanke ([3]1964, mit Lit.); Lily R. Taylor, The Roman Voting Assemblies (Ann Arbor, Mich., 1966).
Zu [2] C. Schmitt, Volksentscheid und Volksbegehren (1927); M. Imboden, in: Faktoren der polit. Entscheidung. Festschr. für E. Fraenkel, hrsg. von G. A. Ritter und G. Ziebura (1963); H. Huber, in: ebd.; G. Bertoli, Sociologie du référendum dans la France moderne (Paris 1965).

Plebs (lat., [Volks-]Menge). Im röm. Staat die den Patriziern gegenüberstehende Unterschicht verschiedener Herkunft; in der späteren Republik wurden diejenigen Bevölkerungsteile als P. bez., die nicht dem Nobiles und Rittern, seit Beginn der Kaiserzeit auch nicht der geistigen Oberschicht zugerechnet wurden.
In den Standeskämpfen des 5.–3. Jh. v.Chr., die die röm. Innenpolitik dieser Zeit beherrschten, ging es um die Beteiligung bzw. die Mitherrschaft der P. am Staat. Hierbei waren die Zielsetzungen der einzelnen Gruppen innerhalb der P. unterschiedlich. So wurde durch die bäuerliche P. insbes. eine Verbesserung der wirtschaftl. Lage, Anteil an erobertem Land sowie größere Rechtssicherheit angestrebt; die führenden Plebejerfamilien hingegen kämpften um die Vorrechte des Adels, das Konubium mit den Patriziern, desgleichen um die Zulassung zu den führenden Ämtern und den Priesterkollegien. Während dieser Auseinandersetzungen, die zum Zusammenschluß der P. zu einer polit. Organisation mit eigenen Versammlungen (concilia plebis), eigener Kasse (aedilis) und Beamten (aediles und tribuni plebis, →Tribun) führten, kam es 494 v.Chr. (?), 449 v.Chr. (?) und um 286

v. Chr. zu Auswanderungen der P. (secessio plebis); 445 v. Chr. wurde das Konubium mit den Patriziern erreicht; 366 v. Chr. der erste plebejische Konsul gewählt; 287 v. Chr. schließlich erreichte die P. die volle staatl. Gleichberechtigung, als die Beschlüsse ihrer Versammlungen Gesetze wurden, welche allg. bindend waren.

LIT. J. Binder, Die P. (1909); H. Siber, in: Festschrift A. Schultze (1938); W. Hoffmann, in: Neue Jb., 14 (1938); W. Hoffmann/H. Siber, in: Pauly-Wissowa 19 (1951); Ernst Meyer, Röm. Staat und Staatsgedanke (³1964), mit Lit.; Z. Yavetz, P. and Princeps (Oxford 1969).

Plötzensee. Berliner Strafanstalt. Nach dem fehlgeschlagenen Attentatsversuch auf Hitler am 20. 7. 1944 wurden hier die Widerstandskämpfer gegen die nationalsozialist. Diktatur durch Erhängen hingerichtet.

LIT. →Widerstandsrecht.

Plünderung. Ein vor allem in Kriegs- und Revolutionszeiten vorkommender Straftatbestand, bei dem sich Soldaten oder Zivilisten am Gut der Zivilbevölkerung vergreifen, insbes. durch Diebstahl oder Sachbeschädigung. Während die Aneignung (Requirierung) von Gegenständen in dem Rahmen des Kriegsbedarfs als ein dringendes Bedürfnis zu betrachten sind, nicht als P. betrachtet wird, erfüllt die darüber hinausgehende P. im Militärstrafrecht sämtl. Länder den Tatbestand des schweren Vergehens und wird dementsprechend geahndet, in bes. schweren Fällen sogar durch Verhängung der Todesstrafe. Lt. § 28 des Haager Übereinkommens (→Haager Landkriegsordnung) vom 29. 7. 1899 ist die Freigabe eines Ortes zur P. verboten, auch dann, wenn er im Sturm erobert wurde. Gleichwohl hat es immer wieder P. gegeben, und zwar sowohl im Ersten als auch im Zweiten Weltkrieg wie in den krieger. Auseinandersetzungen danach.

LIT. E. Schwinge, Militärstrafgesetzbuch (⁶1944).

Pluralismus (nlat.). In der polit. Theorie der Auffassung, daß der Staat bzw. die Nation in eine Vielzahl von gesellschaftl. Interessen- und Machtgruppen sowie Gestaltungskräfte gespalten sei, die nicht auf die gleiche Wurzel zurückgeführt werden könnten. Insbes. in den modernen »Massendemokratien« sind pluralist. Elemente sowohl in der polit. als auch in der sozialen Struktur registrierbar. Wohl dürfen die gegen den Obrigkeitsstaat und den Staatszwang gerichteten Tendenzen des P. als ein Positivum betrachtet werden; ein Negativum jedoch ist, daß der P. die Gefahr der Zersplitterung und Entmachtung des Staates beinhaltet.

LIT. StL VI (⁶1961) 295–300; W. James, A Pluralistic Universe (1909; dt. 1914); B. A. Jakowénko, Vom Wesen des P. (1928); H. A. Laski, A Grammar of Politics (⁵1948); O. von Nell-Breuning, Wörterbuch der Politik, V. (1951); R. Breitling, Die Verbände in der Bundesrepublik (1955); H. Pross, Zum Begriff der pluralist. Gesellsch., in: Zeugnisse. T. W. Adorno zum 60. Geburtstag (1963); E. Fraenkel, K. Sontheimer und B. Crick, Beiträge zur Theorie und Kritik der pluralist. Demokratie (¹1970), G. Lindgens, Kath. Kirche und moderner P. (1980).

Pluralwahlrecht, Mehrstimmenwahlrecht, Mehrheitsstimmrecht. Eine Form des Wahlrechts, durch die einem Teil der Wählerschaft auf Grund des Einkommens, der Bildung, des Familienstandes, des höheren Lebensalters etc. eine mehrfache Stimme zugestanden werden kann. Ein P. bestand z. B. in Belgien durch Gesetz vom 18. 4. 1893 bis 1919, in Sachsen, Hessen und Oldenburg bis 1918. Das Klassenwahlrecht (→Dreiklassenwahlrecht) kann nicht als eine Form des P. bez. werden.

Plutokratie (griech., Herrschaft des Reichtums). Eine Herrschaftsform, in der die Macht auf dem wirtschaftl. Reichtum basiert; sie stellt eine Entartung der Aristokratie dar. Im At. galt Karthago als ein plutokrat. Staat, während das spätröm. Reich plutokrat. Züge aufwies. In der NZ kann die P. verfassungsmäßig durch rechtl. Privilegien der Reichen verankert sein, u. a. durch das Klassenwahlrecht. Wenn das Finanzkapital durch Monopolstellungen, Presseherrschaft oder Parteibeeinflussung einen beherrschenden Einfluß auszuüben vermag, liegt ebenfalls ein tatsächl. polit. Machteinfluß vor, obwohl formell Rechtsgleichheit besteht.

Pluviôse (franz., Regenmonat). Im franz. Revolutionskalender der 5. Monat.

Podestà (ital. von lat. potestas, Kraft, Macht, [Amts-]gewalt). In den oberital. Städten seit Anfang des 12. Jh. ein gewählter oberster Beamter und Richter;

nach 1158 auch ein Statthalter, der vom Kaiser zur Ausübung der Regalien ernannt wurde; ebenfalls das gemeinsame Oberhaupt der Zünfte. Während die Amtszeit urspr. befristet war, kam später auch Wahl auf Lebenszeit vor. Vom 13. Jh. an hieß das Oberhaupt der von ital. Städten in der Levante gegr. Kolonien P. Von 1815–1918 wurde der Bürgermeister einer Gemeinde in den österreich. Teilen Italiens, soweit sie vorwiegend ital. Gepräge hatte, P. genannt. Von 1926 bis 1943(45) war P. der Name für den durch die faschist. Regierung berufenen Bürgermeister.
LIT. D. Waley, Die ital. Stadtstaaten (dt. 1969).

Poenformel. Eine Klausel, die ma. Urkunden enthielten. Für den Fall, daß die die Urkunden enthaltenen Bestimmungen verletzt wurden, drohte die P. eine Strafe an: Geld, Ungnade, ewige Verdammnis.
LIT. G. Hägele, Das Poenitentiale Vallicellianum I. Ein oberitalien. Zweig der frühmittelalterl. Bußbücher (1984).

Pogrom (russ., Verwüstung). Bez. für planmäßige Verfolgungen, vor allem von Juden, verbunden mit Plünderungen und Zerstörungen. Schwere P. gab es unter dem Einfluß des Antisemitismus seit 1881 in Rußland auf Grund des reaktionären Kurses, den die Ermordung Zar Alexanders II. (reg. 1855–81) auslöste, namentlich in Kiew, Odessa und Kischinew (Ostern 1903). Die P. hielten in Rußland bis in die Zeit des sowjet. Bürgerkriegs an.

Poissy, Kolloquium von. Das im Sept. 1561 unter dem Vorsitz König Karls IX. von Frankreich (reg. 1560–74) veranstaltete Religionsgespräch; es stellt den letzten Versuch dar, zu einer Vereinigung der Reformierten und der Katholiken Frankreichs zu gelangen.

Pokal (griech.-lat.). Ein aus Edelmetall, Zinn, Kristall und Glas, häufig mit einem Deckel versehenes kelchartiges Trinkgefäß, das z. Z. der Spätgotik, Renaissance und Barock reich ausgestattet und sehr beliebt war.

Polemarch (griech., Kriegsherr). In den griech. Stadtstaaten ein Amt, das durch die Aristokratie in frühgriech. Zeit zum Zweck der Beschränkung der Macht des Königs geschaffen worden war. In Sparta der Unterfeldherr der Könige; in Athen einer der 9 Archonten (etwa seit 487 v. Chr. ohne militär. Kommando).

Polemik (griech., zu polemos, Krieg). Bez. für heftige Auseinandersetzungen auf geistigem, insbes. auf dem wissenschaftl., polit., weltanschaul. und religiösen Sektor. Die P. war vor allem während des 16. und 17. Jh. zw. den christl. Konfessionen sehr lebhaft.

Poliorketiker (griech.). Schriftsteller der Antike, deren Arbeiten die Befestigung, Belagerung und Stadtverteidigung samt der hierbei verwendeten Geräte behandeln.
LIT. O. Lendle, Texte und Untersuchungen zum techn. Bereich der antiken Poliorketik (1982).

Polis (griech., Burg, Stadt). Der seit dem 8. Jh. v. Chr. über das Landgebiet regierende antike Stadtstaat, aus Akropolis und Asty (Geschäfts- und Wohnviertel) bestehend. Ihren Höhepunkt erlebte die P. im 5. Jh. v. Chr. Auf einem kleinen Gebiet, mit einer relativ geringen Bevölkerung basierend, war die P. polit. und religiöse Gemeinschaft ihrer Bürger, der Politen. Ihre Verfassungsformen waren Oligarchie und Demokratie. Dies bedeutete, daß entweder die Grundbesitzer oder sämtliche Bürger an den polit. Rechten teilnahmen; die in der P. lebenden Fremden (Metöken) dagegen, ebenfalls die Unfreien, waren in den Bürgerkreis nicht einbezogen. Die Volksversammlung rekrutierte sich ausschließlich aus den Vollbürgern, den Inhabern der Souveränität; aus ihnen wurden die Mitglieder des Rats und die Beamten gewählt; sie übten ihre Funktionen ehrenamtlich aus und wurden, wie der Rat, gewöhnlich für ein Jahr gewählt. Wirtschaftl. und monetäre Autarkie sowie uneingeschränkte polit. Selbständigkeit (Autonomie) waren die Leitmotive der von der P. verfolgten Politik. Als im 4. Jh. v. Chr. die hellenist. Großmächte entstanden, ging die Zeit der P. zu Ende. In Form einer eingeschränkten Autonomie bestand sie jedoch noch bis ins 3. Jh. n. Chr.
LIT. J. Burckhardt, Griech. Kulturgeschichte, 1 (1898; hrsg. von F. Stählin, 1930); V. Ehrenberg, Der griech. und der hellenist. Staat (1932); B. Knauss, Staat und Mensch in Hellas ([2]1949); G. Glotz, La cité grecque (Paris [2]1953); E. Kirsten, Die griech. P. als histor.-geograph. Problem der Mittelmeerraumes (1955); V. Ehrenberg, Der Staat der Griechen ([2]1965); A. H. M. Jones, The Greek City from Alexander to Justinian (Oxford 1966); D. Nörr, Impe-

rium und P. in der hohen Prinzipatszeit (1966); E. Kluwe, Kultur und Fortschritt in der Blütezeit der griech. P. (1985); H. Kreissig, F. Kühnert, Antike Abhängigkeitsformen in den griech. Gebieten ohne Polisstruktur und in den röm. Provinzen (1985); R. Bernhardt, P. und Herrschaft in der späten Republik, 149–31 v. Chr. (1985).

Politbüro (Abk. für russ. Polititscheskoje bjuro, polit. Büro). Erstmals im Mai 1917 neben dem Sekretariat und dem Organisations-(Org-)büro als ein Unterausschuß des Zentralkomitees der russ. KP gegründet. Das (1949) 11 Mitglieder umfassende und von Stalin (1879–1953) geleitete P. war, den realen Machtverhältnissen entsprechend, nur theoret. dem Zentralkomitee unterstellt; in Wirklichkeit bildete es die Spitze der UdSSR und des internationalen Kommunismus. Auf dem XIX. Parteikongreß (1952) wurde das P. aufgehoben, doch nach Stalins Tod in der Form des neuen Zentralkomitee-Präsidiums (Juli 1955 11 Mitglieder und 4 Kandidaten umfassend) wiederhergestellt.

Das P. der SED wurde in der ehem. DDR durch das Zentralkomitee gewählt; es übte die tatsächl. Staatsgewalt aus.
LIT. B. Meissner, Die kommunist. Partei der Sowjetunion (1954).

Politeia (griech., Staat). Vor allem der Name der berühmten Schrift Platons (427–347 v. Chr.) über den Staat. P. war urspr. die Lebensform einer Gemeinschaft, im speziellen Sinn der Anteilnahme des einzelnen Bürgers an der Polis. P. bedeutete daher gleichzeitig die Gesamtheit der Bürger (Politen), also den Staat. U. a. in der Staatslehre des Aristoteles (384–322 v. Chr.) wurde die gute Demokratie als P. bezeichnet.

Politik (griech., politika, Staatsgeschäfte, Staatsführung). Prinzipiell das Schaffen und Erhalten einer staatl. Ordnung. Durch die Außenpolitik, ein Monopol der Staatsbehörden, soll das Problem der Unabhängigkeit eines Staates sowie der zwischenstaatl. Beziehungen gelöst werden. Die Innenpolitik ist reich gegliedert, und zwar in Staats-, Sozial-, Wirtschafts- und Kulturpolitik. Die Träger der P. sind, der jeweiligen Staatsform entsprechend, insbes. Regierungsbehörden (Monarch, Diktator, Beamtenschaft), eine Oberschicht (Aristokratie, Elite), das Parlament oder bes. Gruppen (Parteien, Gewerkschaften, Unternehmerverbände). Die de-

mokrat. Staatsform ermöglicht dem Bürger die direkte Mitverantwortung am öffentl. Leben, wozu die Freiheitsrechte, die Möglichkeit, die Initiative zu ergreifen, sowie das Referendum die Voraussetzungen schaffen.

Zu verschiedenen Zeiten und in den verschiedenen Staatstypen sind bestimmte Lebensgebiete, so die Religion, die Wissenschaft, die Gerichtsbarkeit, die Wirtschaft dem staatl. Eingriff und dem Machtkampf der Parteien gegenüber nach Möglichkeit neutralisiert worden, d. h., man hat sie entpolitisiert. In den modernen Staaten hingegen ist eine starke Politisierung aller Bereiche des öffentl. Lebens zu beobachten. Hinsichtlich der P. ist es eine wesentl. Frage, ob sie den Maßstäben der Religion, der Moral und des Rechts unterliegt oder ihre Eigengesetzlichkeit hat, sich also den normalen Maßstäben entziehen darf, was vor allem Machiavelli (1469–1527) behauptet hat.
LIT. StL VI ([6]1961) 335–49; G. Dahlmann, Politik ([2]1847); R. von Mohl, Geschichte und Lit. der Staatswissensch. 3 Bde. (1855–58); F. von Holtzendorff, Prinzipien der P. ([2]1879); H. von Treitschke, P., hrsg. von Cornicelius. 2 Bde. (1897/98); W. Roscher, P. ([3]1908); F. Fleiner, P. als Wissenschaft (1917); O. Westphal, Philosophie der P. (1921); B. Croce, Grundlagen der P. (1923; dt. 1924); P. R. Rohden, Die Hauptprobleme des polit. Denkens von der Renaissance bis zur Romantik (1925); Max Weber, P. als Beruf ([2] 1926); R. Kroner, Kulturphilosoph. Grundlegung der P. (1931); C. Schmitt, Begriff des Politischen (1932); E. Fraenkel und K. D. Bracher, Staat und P. (1957); StL; H. Heller, Staatslehre ([3]1963); Chr. Meier, Die Entstehung des Politischen bei den Griechen (1983); W. W. Mickel, Handlexikon zur Politikwissenschaft (1983); P. Alter, W. J. Mommsen, Th. Nipperdey (Hrsg.), Geschichte und polit. Handeln (1985); I. Fetscher, H. Münkler, Pipers Hdb. der polit. Ideen. 4 Bde. (1986); V. Gerhardt (Hrsg.), Der Begriff P. Bedingungen und Gründe polit. Handelns (1990); B. Sutor, Politik (1994).

politische Geographie. Im Unterschied zur → Geopolitik die Lehre von der durch die Politik sowie den Staat gestalteten Landschaft oder landschaftl. Erdoberfläche. Die p. G. baut auf F. Ratzel (1844–1904) auf.

LIT. F. Ratzel, P. G. (1897, [3]1923); W. Vogel, P. G. (1922); O. Maull, P. G. (1925); ders., Das polit. Erdbild der Gegenwart (1931); A. Supan, Leitlinien der allg. p. G. ([2]1932); C. A. Fisher (Hrsg.), Essays in Political Geography (London 1968); A. Kühn, in: Westermanns Lex. der Geographie, 3 (1970); K.-A. Boesler, P. G. (1983).

politische Klausel. Lt. Konkordatsrecht die Vorschrift, derzufolge der Hl. Stuhl erst dann den Bischof einer Diözese ernennt, wenn bei der zu erfolgenden Ernennung festgestellt worden ist, daß ihr allgemeinpolit. Bedenken nicht entgegenstehen. Die polit. Klausel hat nach dem Ersten Weltkrieg die früher übliche Regelung abgelöst, wonach ein Staat es ablehnen konnte, daß ihm »minder genehme Personen« zu Bischöfen ernannt wurden.

LIT. W. Weber, Die p. K. in den Konkordaten (1939); J. H. Kaiser, Die p. K. der Konkordate (1949); E. H. Fischer, in: Tübinger Theolog. Quartalschrift, 134 (1954); A. Hollerbach, Die neuere Entwicklung des Konkordatsrechts, in: Jb. des Öffentl. Rechts, N. F., 17 (1968).

politische Polizei, Staatspolizei. Derjenige Teil der Sicherheits- und Kriminalpolizei eines Staates, dem die Beobachtung, Vorbeugung und Verfolgung polit. Delikte obliegt. Im Polizeistaat des Absolutismus (»Schwarze Kabinette«) trat die polit. Polizei modernen Stils zum erstenmal hervor. Ebenfalls die aus der bürgerl. Revolution hervorgegangenen Staaten entwickelten ein System der polit. Polizei (Frankreich nach 1789 und unter Napoleon I., reg. 1804–14/15). In Österreich wurde das polit. Leben durch eine von Metternich ins Leben gerufene polit. Polizei überwacht, u. a. beim Kampf gegen die nationale Einigungsbewegung in Dtl.; ebenfalls bei den Auseinandersetzungen mit den nationalen Befreiungsbewegungen in den nichtdt. Gebieten der Donaumonarchie. Die polit. Polizei unterstand in Dtl. von 1871–1933 den Ländern, ab 1933 wurde sie eine Sonderorganisation (Geheime Staatspolizei). In Rußland bildete bis 1917 die Ochrana die polit. Polizei, während sie in der eigen. Sowjetunion unter wechselnden Bez. (Tscheka, GPU, NKWD, MWD) als Staatssicherheitsdienst organisiert war. Secret Service in England und Sûreté Nationale in Frankreich sind die wichtigsten Organisationen der polit. Polizei dieser beiden Länder.

LIT. A. Schweder, P. P. (1937); B. Vollmer, Volksopposition im Polizeistaat (1975); J. Delarue, Geschichte der Gestapo (1964); S. Aronson, Heydrich und die Frühgeschichte von Gestapo und SD (1971); R. Gellately, Die Gestapo u. die dt. Gesellschaft (dt. 1993).

politische Romantik. Eine Staatsauffassung, die sich gegen Ende des 18. und zu Beginn des 19. Jh. entwickelte. Bedeutende Repräsentanten dieser Staatsauffassung, die sich zunächst gegen den absolutist. Staat wandte, waren Novalis (1772–1801), Fr. Schlegel (1772–1829) und Adam Müller (1779–1829). Die p. R., die die Aufklärung, die liberalen und demokrat. Ideen der Französischen Revolution von 1789 sowie die modernen Gleichheits- und Fortschrittsvorstellungen ablehnte, wollte an das Staatsbild des MA anknüpfen, d. h., daß u. a. die Idee des Ständestaats wiederbelebt werden sollte.

LIT. Adam Müller, Lehre von den Gegensätzen (1804); ders., Elemente der Staatskunst, 3 Tle. (1810; hrsg. von J. Baxa, 2 Bde. 1922); C. Schmitt, P. R. ([3]1968); G. Salomon, Das MA als Ideal der Romantik (1922); S. Neumann, Die Stufen des preuß. Konservatismus (1930); J. Baxa, Einführung in die romant. Staatswissenschaft ([2]1931); P. Kluckhohn, Das Ideengut der dt. Romantik ([3]1953); H. Reiss, Polit. Denken in der dt. Romantik (1966); K. Epstein, The Genesis of German Conservatism (Princeton, N. J. 1966); H. Raab, Joseph Görres. Ein Leben für Freiheit und Recht (1978); H. Kurzke, Romantik und Konservativismus. Das polit. Werk F. von Hardenbergs (1985).

politischer Katholizismus. Bez. für das Eintreten im Interesse der kath.-kirchl. Weltanschauung unter Zuhilfenahme polit. Mittel. Der p. K., der sein weltanschaul. Programm den polit. Eigeninteressen der Bürger, der Stände und des Staates übergeordnet wissen möchte, ist in seiner histor. Entwicklung eng verknüpft mit dem im 19. Jh. aufsteigenden →Liberalismus und der Demokratie.

LIT. W. Loth, Katholiken im Kaiserreich. Der p. K. in der Kirche des Wilhelmin. Deutschlands (1984).

politisches Testament. Bez. für die von einem Fürsten oder Staatsmann seinem Nachfolger mitgegebenen polit. Richtlinien. Bedeutende p. T. sind das 1688 gedruckte ›Testament politique‹ Richelieus, des Großen Kurfürsten Friedrich Wilhelm von Brandenburg von 1667, Friedrich Wilhelms I. von 1722 und Friedrichs d. Gr. von 1752 und 1768.

LIT. W. Mommsen (Hrsg.), P. T. (1926); F. Hartung, Der dt. Territorialstaat des 16. und 17. Jh. In: F. Hartung, Volk und Staat in der dt. Geschichte (1940); ders., Die p. T. der Hohenzollern, ebd.; O. Hintze, Das p. T. Friedrichs d. Gr. von 1752. In: O. Hintze, Gesammelte Abhandlungen, 3 (1943); ders., Friedrich d. Gr. nach dem Siebenjährigen Kriege und das p. T. von 1768, ebda.; J. Kallbrunner (Hrsg.), Kaiserin Maria Theresias p. T. (Wien 1952).

Polizei (griech. politeia, Staatsverfassung, Staatsverwaltung). Seit Beginn der NZ Bez. für die Gesamtheit der verwaltungsbehördl. Betätigungen und die Belange der öffentl. Sicherheit.

LIT. P. Riege, Kleine Polizeigeschichte (1954); StL VI (⁶1961) 384–92; R. Schulze, Policey und Gesetzgebungslehre im 18. Jh. (1985).

Polizeistaat. Bez. für den aufklärer. Vormundsstaat des 17. Jh., vor allem aber des 18. Jh., der für Wohlfahrt und öffentl. Ordnung staatl. Machtmittel einsetzte; er wurde im 19. Jh. durch den Verfassungs- und Rechtsstaat abgelöst. Das bes. Gepräge eines Autoritätsstaates, der sich über die Bürger- und Menschenrechte hinwegsetzt, gaben die Diktaturen des 20. Jh. dem Begriff P.

LIT. O. Meyer, Dt. Verwaltungsrecht 1 (³1924); E. Forsthoff, Lehrbuch des Verwaltungsrechts, 1 (¹⁰1973); H. Conrad, DRG 2 (1966).

Polnische Legion. Poln. Truppenkontingente, die sich im Ausland bildeten. Während des Ersten Weltkrieges standen sie unter dem Befehl J. Pilsudskis (1867–1935) und General Hallers zunächst auf der Seite der Mittelmächte, dann auch auf seiten der Entente. Im Zweiten Weltkrieg kämpften Polen unter General W. Anders auf alliierter Seite: 1941/42 stellte Anders poln. Verbände in der UdSSR auf; 1944 war er Oberbefehlshaber der poln. Streitkräfte in Italien.

Polnischer Korridor, Weichselkorridor, Danziger Korridor. Ein 30–90 km breiter Landstreifen zwischen Pommern und der Weichselmündung, der durch den Versailler Vertrag geschaffen worden war. Polen erhielt hierdurch Zugang zur Ostsee. Das seit 1772 zu Westpreußen gehörende Gebiet trennte Ostpreußen (zudem die Freie Stadt Danzig) vom übrigen Reichsgebiet. Durch die ohne Volksabstimmung vollzogene Gebietsabtretung wurde Dtl. vor allem wirtschaftl. geschädigt, da der Zugang nach Ostpreußen nur über See und auf dem Luftwege möglich war, wenn man poln. Territorium umgehen wollte.

Die Korridorfrage galt als schwerstes Problem zwischen Polen und Dtl. zwischen 1919 und 1939. Während die Politik der Regierungen von Weimar an einer friedl. Lösung der Korridorfrage im Sinne einer Revision der Grenzziehung orientiert war, gingen A. Hitlers (1889–1945) Vorschläge an Polen nach 1933 dahin, Danzig an Dtl. zurückzugeben und ihm einen exterritorialen Durchgang durch den Korridor zu gestatten. Polen sollte dafür eine langfristige Grenzgarantie erhalten; zudem wurde ihm ein 25jähriger Nichtangriffspakt angeboten. Diese Angebote vom 21. 3. 1939 wurden durch Polen am 26. 3. 1939 abgelehnt. A. Hitlers aggressive Politik löste am 1. 9. 1939 den Krieg aus. Nach der Niederlage Polens 1939 wurde das Gebiet des P. K. Teil des Reichsgaues Danzig-Westpreußen (bis 1945).

LIT. R. Donald, The Polish Corridor and the Consequences (1929); R. Martel, Deutschlands blutende Grenzen (dt. 1930); C. Budding, Der p. K. als europ. Problem (1932).

Polnischer Thronfolgekrieg. Bez. für den europ. Krieg von 1733–35/38; er wurde nach August des Starken (reg. 1694–1733) Tod um die Thronfolge in Polen geführt. Stanislaus Leszczynski (1677–1766), der mit Unterstützung König Karls XII. von Schweden (reg. 1697–1718) bereits von 1704–09 anstelle Augusts des Starken König von Polen gewesen war, wurde als Kandidat Frankreichs gewählt (gegen die von Rußland und Österreich unterstützte Kandidatur seines Sohnes). Sein Versuch, die Krone zu behaupten, scheiterte jedoch; denn nach der Besetzung Warschaus und der Einnahme Danzigs durch die Russen (1734) erlangte Friedrich August II. von Sachsen die poln. Krone (als König von Polen: August III.). Mit Spanien und Sardinien im Bunde setzte Frankreich den Krieg dar-

623

aufhin dennoch (am Rhein) erfolgreich fort (1735–38). Im Frieden von Wien (1738) wurde Leszczynski, der Schwiegervater König Ludwigs XV. von Frankreich (reg. 1715–74; er war seit 1725 mit Leszczynskis Tochter Maria vermählt) auf Lebzeiten (bis 1766) mit dem Herzogtum Lothringen entschädigt. (Der Herzog von Lothringen erhielt das 1737 durch Aussterben der Medici erledigte Großherzogtum Toskana [Neapel-Sizilien wurde Sekundogenitur der span. Bourbonen].)
LIT. R. Beyrich, Kursachsen und die poln. Thronfolge (1913); E. von Puttkamer, Frankreich, Rußland und der poln. Thron 1733 (1937); J. L. Sutton, The King's Honor and the King's Cardinal. The War of Polish Succession (1980); M. G. Müller, Polen zwischen Preußen und Rußland. Souveränitätskrise und Reformpolitik 1736–52 (1983).

Polnische Teilungen.
1. Teilung Polens (1772): Für die Neutralität Preußens im Türkenkrieg (1768–74) sowie für die Unterstützung seitens Österreichs bot Zarin Katharina II. von Rußland (1762–96) poln. Gebiete an. Sie konnte dies tun, da sie Polen mit dem unter russ. Einfluß gewählten poln. König Stanislaus II. August (reg. 1764–95), aus der Magnatenfamilie Poniatowski, in Abhängigkeit hielt. Rußland selbst nahm sich das Gebiet östl. der Düna und des Dnjepr; Österreich erhielt die Zips, das südl. Kleinpolen, Rotrußland und West-Podolien; an Preußen kamen Westpreußen (ausgenommen Danzig und Thorn) sowie der Netzedistrikt.
Ein Erstarken des poln. Reststaates durch die Reformbewegung und durch die neue Verfassung von 1791 (Abschaffung des →liberum veto) wußte Katharina II. durch die 2. Teilung Polens (1793), an der sich Österreich nicht beteiligte, im Anschluß an ihren 2. Türkenkrieg (1787–92) zu verhindern. An Rußland kamen ausgedehnte Gebiete, und zwar die restl. Ukraine, Ost-Podolien und Ost-Wolhynien sowie Weißrußland (in etwa das Gebiet bis zur Grenze von 1921); an Preußen kamen Danzig und Thorn, Großpolen sowie ein Teil Masowiens.
Die 3. Teilung Polens (1795) wurde durch den Aufstand der Polen von 1793/94 veranlaßt, der sich gegen die Teilungen richtete und an dessen Spitze

1794 Tadeusz Kościuszko (1746 bis 1817; 1818 im Dom zu Krakau beigesetzt) trat. An Rußland fielen Kurland, das eigentliche Litauen, das Land um Brest-Litowsk sowie der Rest Wolhyniens; Österreich erhielt Kleinpolen bis zum Bug; Preußen nahm den Rest von Masowien, die Gebiete von Suwalki und Bialystok sowie ein kleines Gebiet im Südwesten.
Durch die drei Teilungen war Polen zw. mächtigen Nachbarn zerrieben worden. Rußland besaß ⅔ des poln. Territoriums mit überwiegend ostslawisch-ostkirchl. oder unierter Landbevölkerung; Österreich und Preußen verfügten über je ⅙.
Die aus den Teilungen resultierende poln. Frage wurde während der Teilungszeit (1795/1815–1918) durch den Unabhängigkeitswillen der poln. Adelsnation sowie ein in Paris entstehendes Emigrantenzentrum zu einem Problem der europ. Politik.
LIT. O. Forst de Battaglia, Stanislaw August Poniatowski und der Ausgang des alten Polenstaates (1927); W. F. Reddaway, in: The Cambridge History of Poland 1697–1935 (Cambridge 1951; repr.); F. B. Kaiser-B. Stasiewski (Hrsg.), Die erste p. T. (1974); M. G. Müller, Die Teilungen Polens. 1772 – 1793 – 1795 (1984).

Polykratie (Herrschaft von vielen). Sammelbez. für sämtliche nicht-monarchischen Regierungsformen, das Nebeneinander zahlreicher Machtgebilde autonomen Charakters (Wirtschafts-, Berufsverbände, Selbstverwaltungskörperschaften etc.).

Pomerium (lat.). Die Hl. Grenze Roms, die nach etrusk. Ritus mit dem Pflug gezogen wurde. Sie trennte das Gebiet der Stadt (urbs) vom Lande (ager); mit der Stadtmauer fiel sie nicht zusammen. Nur außerhalb des P. galt das Kriegsrecht. Urspr. war der Bau von Tempeln fremder Götter innerhalb des P. verboten, außerdem die Bestattung von Toten.
Vereinzelt wurde während des MA ein unbebauter Streifen entlang einer Stadtmauer als P. bezeichnet.
LIT. O. Richter, Topographie der Stadt Rom (²1901); S. B. Platner und Th. Ashby, A Topographical Dict. of Ancient Rome (London 1929); A. von Blumenthal, in: Pauly-Wissowa 21, 2 (1952); E. Meyer, Röm. Staat und Staatsgedanke (³1964).

Pontifex (lat., Brückenbauer?).
[1] Im antiken Rom Bez. für das Mitglied einer priesterl. Körperschaft, die ursprünglich 3, dann 6, seit 300 v. Chr. 9, seit 81 v. Chr. 15 Pontifices umfaßte; an der Spitze der Körperschaft stand der pontifex maximus, der durch das Volk auf Lebenszeit gewählte oberste Priester Roms. Die Pontifices, die die Haupterben der sakralen Gewalt der Könige waren, besaßen die Aufsicht über den gesamten Kultus des röm. Staates, falls nicht bes. Priestertümer eingesetzt waren. Seit 12 v. Chr. war das Amt des pontifex maximus mit dem Kaisertum verschmolzen; bis 375 n. Chr. gehörte die Bez. pontifex maximus zur Kaisertitulatur.
[2] Pontifex maximus (sumus). Seit Leo d. Gr. (440–61) Titel des Papstes.
LIT. G. Wissowa, Religion und Kultus der Römer (²1912); K. Latte, Röm. Religionsgesch. (1960).

Pontificale Romanum (lat.). Sammlung der liturg. Vorschriften und Gebete für die Funktionen außerhalb der Hl. Messe. Das P. R. wurde 1596 für die gesamte lat. Kirche eingeführt; Papst Leo XIII. (1878–1903) verfügte 1888 die neueste amtl. Ausgabe.

Pontificia Accademia Ecclesiastica (ital., Päpstl. Kirchl. Akademie). Die 1701 von Papst Clemens XI. (1700–21) gegr. päpstl. Diplomatenschule. Sie wurde im Laufe ihrer Geschichte mehrfach reformiert, zuletzt durch Papst Leo XIII. (1878–1903) im Jahre 1879. Heute dient die Schule dem Studium der Sprachen und des Rechts; ausgebildet werden hier die Anwärter für den päpstl. diplomat. Dienst.

Pontifikalien (lat.). In der kath. Kirche die Würdeabzeichen der Kardinäle, Bischöfe, Äbte bei gottesdienstl. Handlungen (Mitra, Hirtenstab, Brustkreuz); auch die gottesdienstl. Gewänder (Pontifikalstrümpfe, -schuhe u. a.).

Pontifikat (lat.). Regierungszeit und Amt des Papstes oder eines Bischofs.

Populares (lat.). Im 2. Jh. v. Chr. Bez. für die polit. Gegner der herrschenden Optimaten, die den Senat stützten. Es war die Absicht der P., Politik mit dem Volk für das Volk zu machen.
LIT. H. Strasburger, Optimates. In: Pauly-Wissowa 18, 1 (1939); G. Doblhofer, Die Popularen der Jahre 111–99 v. Chr. (1990).

Popularklage (lat. actio popularis). Bez. für eine Klage, die im röm. Recht jedem Bürger im öffentl. Interesse zugebilligt wurde, z. B. wegen einer Störung an geheiligten Orten. (Das heutige Recht kennt die P. nicht.)

Populist Party. Eine von 1891–1905 in den USA bestehende Partei. Ihre Forderungen waren: unbegrenzte Silberprägung im Interesse der Farmer und Lohnempfänger, Gewährung verbilligter Kredite, Verstaatlichung der Eisenbahnen und Einführung einer progressiven Einkommensteuer.
LIT. J. A. Woodburn, Political Parties and Party Problems in the US (N. Y. ²1916); W. E. Binkley, Polit. Leben in Amerika (1947); R. F. Durden, The Climax of Populism: The Election of 1896 (Lexington, Ky., 1965); C. Beals, The Great Revolt and its Leaders (N. Y. 1968); G. Ionescu und E. A. Gellner (Hrsg.), Populism, Its Meaning and National Characteristics (London 1969).

Pornokratie (griech., Dirnenherrschaft). Bez. für die Zeit des Papsttums vom Jahre 904–932, als Rom und der Kirchenstaat durch die Römerin Marozia beherrscht wurde; Marozia setzte mehrere Päpste ein; 932 wurde sie durch ihren Sohn Alberich II. († 954) gestürzt.

Portefeuille → Ressort.

Portorium (lat., Durchgangszoll). Im röm. Reich der Hafen- und Binnenzoll, gewöhnlich der Vierzigste oder Fünfzigste; z. Z. der späteren röm. Republik wurde er durch die Publikanen erhoben.

Portulane (ital., Portolane). Während des MA Schifferhandbücher; sie geben Beschreibungen der Küsten. Zuerst von den Italienern angefertigt, waren sie bis ins 16./17. Jh. in Gebrauch.
LIT. K. Kretschmer, Die ital. P. des MA (1909).

Porzellangeld, Porzellanmünzen. Münzen und Medaillen aus Porzellan. In Siam gibt es P. als Privatmünzen. Das aus der Porzellanmanufaktur Meißen stammende mitteldt. Notgeld der Jahre 1920–22 kam nicht in Umlauf.
LIT. O. Horn, Die Münzen und Medaillen aus der staatl. Porzellanmanufaktur zu Meißen (1923).

Positivismus. Eine philosoph. Richtung des Empirismus, für die allein das wirklich ist, was in der unmittelbaren Erfahrung, d. h. positiv gegeben ist. Metaphysik und Theologie sind für den P. daher Begriffsdichtung oder bloße Vorstufen der Wissenschaft. Als vorwissen-

schaftl. Fragestellung wird jedwede Form der Frage nach dem »Wesen« der Dinge sowie dem »Sinn« des Wirklichen, nach Substanzen, wirkenden Kräften und realen Ursachen abgelehnt. Weil in Kontroversen hineinführend, die mit empirischen Mitteln nicht entschieden werden können, lehnt der P. Fragestellungen ab und verwirft sämtliche normativen und theolog. Denkweisen. Die auf dem Experiment basierende Fragestellung von Gesetzmäßigkeiten in mathemat. Form, wie sie in den exakten Naturwissenschaften erstrebt und zum großen Teil auch erreicht wird, wird als das Ideal der Erkenntnis angesehen. Als erstrebenswert wird dieser Typus des Denkens auch in den Geisteswissenschaften betrachtet, da sie erst hierdurch in den Rang von Wissenschaften erhoben würden. So versuchte H. Th. Buckle (1821–62) naturwissenschaftlich-exakte Gesetze der geschichtl. Entwicklung aufzustellen. Bereits im At. findet man Ansätze zum P. bei einigen Sophisten; in der NZ sind sie in den empirist. Systemen, namentlich in der engl. Assoziationspsychologie sowie bei D. Hume (1711–76) feststellbar. Ein positivist. Wissenschaftsbegriff sowie die Überzeugung von der Anwendbarkeit der positiven Wissenschaften auf jedes Gebiet der Kultur war den Enzyklopädisten gemeinsam. A. Comte (1798–1857) erhob den P. zum Wissenschaftsideal auch für die Geisteswissenschaften; seit 1850 wurde er für mehrere Jahrzehnte dominierend. Durch die sog. Wiener Schule, eine Gruppe Wiener Philosophen, die Logistik und Empirismus zu einer Wissenschaftslehre verband, wurde eine Erneuerung des positivist. Denkweise angestrebt, insbes. mit dem logischen P. (Neopositivismus), der in den angelsächs. Ländern vorherrschend geworden ist; er ist gekennzeichnet durch die Verbindung empirischer Erkenntnistheorie und mathemat. Logik.
LIT. A. Comte, Cours de philosophie positive. 6 Bde. (1830–42); J. St. Mill, Auguste Comte and Positivism (1866); E. Laas, Idealismus und P. 2 Bde. (1879–84); H. Gruber, Der P. von Comte bis auf unsere Tage (1891–96); E. Mach, Beiträge zur Analyse der Empfindungen (⁸1919); J. Petzoldt, Das Weltproblem vom positivist. Standpunkt (⁴1924); M. Schlick, Allg. Erkenntnislehre (²1925); R. Carnap, Der log. Aufbau der Welt (1928); M. Planck, P. und reale Außenwelt (1931); R. von Mises, Kleines Lehrbuch des P. (1939); B. Bavink, Was ist Wahrheit in den Naturwissenschaften? (1947); P. Jordan, Die Physik des 20. Jh. (⁷1949); J. Blühdorn, J. Ritter, P. im 19. Jh. (1971); Th. W. Adorno u. a., Der Positivismusstreit in der dt. Soziologie (1972); H.-D. Rath, P. und Demokratie. Richard Thoma 1874–1957 (1981).

Possibilisten (franz.). Der reformist. Flügel innerhalb der sozialist. Bewegung Frankreichs; er spaltete sich 1882 von der ›Parti ouvrier français socialiste‹; 1882 kam es zur Spaltung der P. in Allemannisten und Broussisten. Die nach den jeweiligen Führern genannten Gruppen sind seit 1905 in der ›Parti socialiste‹ wieder zusammengeschlossen.
LIT. P. Louis, Histoire du socialisme en France 1789–1945 (1946).

Postglossatoren. Kommentatoren. In der 2. Hälfte des 13. und im 14. Jh. Bez. für die Mitglieder einer ital. Rechtsschule, die zwar auf den Leistungen der →Glossatoren fußen, allerdings im Gegensatz zu deren orthodox-romanist. Haltung das Rechtsgut der ital. Statuten, ebenfalls das der Kanonistik, mitverwendeten. Die P. gelten als die Begründer der modernen europ. Rechtswissenschaft. Zu ihren bedeutendsten Repräsentanten gehören Bartolus de Sassoferato (1314–57) und Baldus de Urbaldis (um 1327–1400).
LIT. P. Koschaker, Europa und das röm. Recht (1947).

post urbem conditam (lat., nach Gründung der Stadt; Abk. p.u.c.). Für die altröm. Jahreszählung galt das Jahr der Gründung Roms (753 v. Chr.) als Bezugspunkt.

Postzeitungen, Postmeisterzeitungen. Hierbei handelt es sich um Zeitungen, deren Herausgeber urspr. die Post oder die Postmeister des Hauses Thurn und Taxis waren. Zum erstenmal erschien der Name im Titel der 1621 herausgegebenen ›Unvergreiflichen continuierenden Post-Zeitungen‹; sie wurden später als ›Oberpostamtszeitung‹ fortgesetzt (bis 1866). Daneben gab es die ›Ordinari-P.‹ (sie wurden mit regelmäßig verkehrenden Posten befördert) oder die ›Extraordinari-P.‹ (durch eine Sonderpost befördert; »Extrablatt«). Auch die von Privaten herausgegebenen Zeitun-

gcn nannten sich in einer Reihe von Fällen P. Als »Postreuter« wurden häufig Presseerzeugnisse von der Art der P. bezeichnet.
LIT. G. Rennert, Die ersten P. (1940).
Potentat (lat.). Machthaber, Herrscher, regierender Fürst.
Potentes. Die röm. Großgrundbesitzer während der fränk. Zeit.
Potestas (lat., Gewalt, Macht).
[1] Im röm. Recht die Amtsgewalt des Magistrats; sie unterschied sich vom Imperium der höchsten Ämter, dem des Konsuls, des Prätors und des Diktators (Über die Gewalt des Familienvaters →patria potestas).
[2] In Anlehnung an das röm. Staatsrecht unterscheidet die moderne Staatstheorie der Auctoritas (Autorität) als Attribut einer höchsten Staatsgewalt sowie die P. als den Inbegriff äußerer Machtbefugnisse.
[3] Im kath. Kirchenrecht die Kirchengewalt (u. a. p. clavium, Schlüsselgewalt; p. iurisdictionis, kirchl. Jurisdiktion; p. magisterii, Gewalt des kirchl. Lehramts; p. ordinis, Weihegewalt).
Potsdam, Edikt von (8. 11. 1685). Nach dem Edikt von Fontainebleau (18. 10. 1685), das die Ausübung des prot. Glaubens in Frankreich verbot, sahen sich zahlreiche Hugenotten zur Auswanderung gezwungen. Daraufhin verfügte der Große Kurfürst Friedrich Wilhelm von Brandenburg (reg. 1640–88) am 8. 11. 1685 die Aufnahme der Hugenotten in allen seinen Landen und gewährte ihnen freie Wahl des Niederlassungsortes, Landbesitz, Steuererleichterung, eigene Rechtsprechung (in beschränkter Form) sowie Gleichstellung des eingewanderten mit dem einheimischen Adel. Die Ansiedlung, die überwiegend unter des Großen Kurfürsten Nachfolger Friedrich III. (I., reg. 1688–1701 als Kurfürst, 1701–13 als König in Preußen) erfolgte, umfaßte etwa 20000 Menschen. Sie hatte einen nachhaltigen wirtschaftl. Aufschwung zur Folge.
LIT. E. Mengin, Das Recht der franz.-ref. Kirche in Preußen (1929).
Potsdam, Tag von (21. 3. 1933). Bez. für den Staatsakt in der Potsdamer Garnisonskirche anläßlich der Eröffnung des neuen Reichstags, der nach der Machtübernahme durch die Nationalsozialisten (30. 1. 1933) am 5. 3. 1933 gewählt worden war. Nach dem Verbot und der Selbstauflösung aller Parteien außer der NSDAP im Laufe des Jahres 1933 war der Reichstag ausschließlich von dieser beherrscht.
Potsdamer Abkommen. Die nach der Konferenz zu Potsdam (auf Schloß Cecilienhof, vom 17. 7. bis 2. 8. 1945) am 2. 8. 1945 zw. den Vertretern der USA (Truman), Großbritanniens (Attlee, der am 25. 7. an Churchills Stelle getreten war, nachdem die allg. Wahlen in Großbritannien im Juli 1945 durch die Labour Party gewonnen worden waren) und der UdSSR (Stalin) getroffene Vereinbarung zur Anbahnung des Friedens nach dem Zweiten Weltkrieg (in Forts. der Konf. von Jalta). Hauptthema war die polit. und wirtschaftl. Neuregelung Deutschlands. Es wurden u. a. vereinbart: die weitere Behandlung Deutschlands gemäß den Entscheidungen des Alliierten Kontrollrats in Berlin, die Reparationsansprüche, die Demontagen, die Übertragung der dt. Ostgebiete an die UdSSR und an Polen, und zwar bis zu einer Friedensregelung (hierbei sollte der UdSSR die Unterstützung ihrer Forderung auf Königsberg und das anliegende Gebiet zugesagt werden), die Ausweisung der dt. Bevölkerung aus den zu übertragenden Ostgebieten unter der Voraussetzung einer humanen Durchführung, die Anerkennung der im Stile der Volksfront gebildeten neuen poln. Regierung durch die Angelsachsen. An Frankreich und China erging die Einladung, einem Fünfmächte-Rat der Außenminister (Sitz London) beizutreten; er sollte zunächst den Friedensvertrag mit Italien ausarbeiten, dann die übrigen Friedensverträge. Für Dtl. vereinbarte man die Herstellung der wirtschaftl. Einheit und die Einsetzung zentraler Verwaltungsinstanzen.
Während die UdSSR die Errichtung der Zweizonenverwaltung für die Besatzungszone der Amerikaner und Engländer sowie die Gründung der BRD als Bruch des P. A. bez., warfen die Westmächte der UdSSR vor, sie habe das P. A. durch die Spaltung Berlins und die eigenmächtige Verwaltung ihrer Besatzungszone verletzt. Weder seitens der Westmächte noch der UdSSR war das P. A. jemals aufgekündigt worden.
LIT. W. Grewe, Ein Besatzungsstatut für Dtl. (1948); R. Stödter, Deutschlands Rechtslage (1948); H. G. Sasse, Die ostdt. Frage auf den Konf. von Teheran bis Potsdam (1954); W. Wagner und G. Rhode, Die Entstehung der

Oder-Neiße-Linie. Quellen und Dokumente (1954); E. Deuerlein (Hrsg.), Quellen zur Konf. der »Großen Drei« (1963); F. Faust, Das P. A. und seine völkerrechtl. Bedeutung (1964). H. Kröger, Die staatsrechtl. Bedeutung des P. A. für das dt. Volk (1967); E. Deuerlein, Potsdam 1945 – Ende und Anfang (1970); A. Fischer (Hrsg.), Teheran, Jalta, Potsdam. Die sowjet. Protokolle von den Kriegskonferenzen der »Großen Drei« (^{3}1985).

Präbende (lat. praebenda, das Darzureichende). Zunächst die Mahlzeit der Mönche und Kleriker, dann vor allem die Einnahmen, die ein Kanoniker hatte; ebenfalls die Vermögenswerte, denen die Einnahmen entstammen, und das Kanonikat selbst. → Pfründe.

Praeceptor Germaniae (lat., Lehrer Deutschlands). Ein Beiname, den man bedeutenden Gelehrten gab, so Hrabanus Maurus (um 776–856), Melanchthon (1497–1560).
LIT. L. Marino, P. G. (1995).

Prädestinationslehre. In der christl. Kirche die im Ratschluß Gottes gründende Vorherbestimmung des Menschen zur ewigen Seligkeit oder zur Verdammnis. Unter »doppelter Prädestination« versteht man, daß durch Gott festgesetzt worden ist, wer selig und wer verdammt werden soll; unter »einfacher Prädestination« ist die Vorherbestimmung zur Seligkeit von Ewigkeit her zu verstehen. Bereits im N. T. ist die P. vorgebildet, u. a. Röm. 8, 29–30; 9,16–24; Mark. 4, 11–12; entwickelt wurde sie zuerst durch Augustinus (354–430). Die zur Seligkeit bestimmten Menschen läßt die kath. P. ihr Ziel durch die Gnadenwahl Gottes erreichen; die anderen hingegen werden wegen ihrer von Gott vorhergesehenen Sünden, d. h. nicht ohne Rücksichtnahme auf ihr Verdienst, verworfen. Durch die Reformatoren, die die Prädestination gründlich durchdachten, wurde die »doppelte Prädestination« vertreten. In der P. Luthers (1483–1546) und Zwinglis (1484–1531) spielte die Verdammnis (Reprobation) nicht die Rolle wie in der Calvins (1509–64). Die »doppelte Prädestination« wird durch die heutige prot. Dogmatik abgelehnt, da sie mit der Allgemeinheit des göttl. Heilswillens unvereinbar ist.
LIT. C. Friethoff, Die P. bei Thomas von Aquin und Calvin (1926; kath.); F. Stegmüller, Die Lehre vom allg.

Heilswillen in der Scholastik bis Thomas von Aquin (1929); K. Barth, Gottes Gnadenwahl (1936); Otten, Calvins theolog. Anschauung von der Prädestination (1938); P. Pannenberg, Die P. des Duns Scotus im Zug der scholast. Lehrentwicklung (1954); W. A. Hauck, Die Erwählten. P. und Heilsgewißheit nach Calvin (1950); E. Buess, Die P. Karl Barths (1955); P. Maury, La prédestination (Genève 1957).

Präfation (lat. praefatio, Vorwort).
[1] Im altröm. Kult entweder ein feierl. Vorspruch oder eine Lobpreisung der Gottheit.
[2] In der Liturgie der kath. Kirche sowie der Ostkirche das (feierlich gestaltete) Lobgebet; hierdurch wird in der Messe das eucharist. Gebet (Kanon; Anaphora) eröffnet. Wie das eucharist. Gebet, so geht auch die P. in die Anfänge der Liturgie zurück.
[3] Im ev. Gottesdienst stellt die P. (aus dem kath. Ritus übernommen) die Überleitung zur Abendmahlsfeier dar.

Präfekt (lat. praefectus, Vorgesetzter).
[1] In Rom ein ziviler und milit. Amtstitel; meist wurde der P. durch einen bestimmten Befehlshaber ernannt. Der Praefectus urbi (Stadtpräfekt) wurde für die Zeit der Abwesenheit der höchsten Beamten in Rom (König bzw. Konsul oder Diktator) durch diese bestellt. Während der Kaiserzeit war das Präfektenamt eine ständige Einrichtung; dem Inhaber dieses Amtes oblag die Erhaltung von Ruhe und Ordnung in der Hauptstadt; er wurde durch den Kaiser aus den Konsularen ausgewählt. Den P. gab es seit 395 n. Chr. auch in Konstantinopel. In ähnl. Funktion wie in Rom und Konstantinopel gab es den P. ebenfalls in anderen Städten. Als Vertreter des Prätors fungierte (zur Rechtsprechung in Bürgergemeinden) ein P. Befehlshaber der Prätorianer war der Praefectus praetorio; die Getreide- und Lebensmittelversorgung der Hauptstadt war der Aufgabenbereich des Praefectus annonae; der Löschmannschaft und dem nächtl. Sicherheitsdienst in Rom stand der Praefectus vigilum vor. Daneben gab es u. a. den Praefectus vehiculorum (für die Postverwaltung); den Praefectus alae (Befehlshaber von Hilfstruppen, Reitern); den Praefectus fabrum (Befehlshaber von Pionieren); den Praefectus castrorum (Lagerkommandanten). Die Legion wurde seit Kaiser Gal-

lienus (reg. 253 [260]–68 n.Chr.) vom Praefectus legionis kommandiert (anstelle des senator. Legaten). Unter Kaiser Diokletian (reg. 284–305 n.Chr.) war das Röm. Reich in vier große Präfekturen eingeteilt.

[2] Die ma. Bez. für Graf, Burggraf, Hausmeier (praefectus domus regiae, palatii) und den Reichsvogt (praefectus imperialis).

[3] Im 18.Jh. eine Verwaltungsinstanz in den zu Österreich gehörenden Teilen Italiens (in der Lombardei und der Toskana je 10).

[4] Préfet. In Frankreich der oberste Verwaltungsbeamte des Departements. Die Funktionen des Préfets wurden durch das Dekret vom 26.9.1893 im Sinne der Dezentralisation verstärkt. Der oberste Verwaltungsbeamte eines Arrondissements ist der Sous-Préfet. In Italien steht eine Provinz als Oberverwaltungsbeamter der von der Regierung ernannte Prefetto vor.

[5] Nach kath. Kirchenrecht ist der Apostolische P. der Obere einer Apostol. Präfektur; der Leiter einer Kardinalskongregation ist der Kardinalpräfekt. LIT. W. Ensslin, in: Pauly-Wissowa 22 (1954), Art. Praefectus; O. W. Reinmuth, E. Sachers, ebd.

Präfektur. Amt, Sitz und Amtsbereich eines Präfekten.

Prager Fenstersturz. Das Erstarken des Tschechentums motivierte die von J. Hus (1369–1415) vorangetriebene soziale, nationale und religiöse Bewegung; sie führte schließlich zum allg. Aufstand gegen die dt. Oberschicht. Eingeleitet wurde der Aufstand durch den 1. P. F. (30.6.1419). Obwohl mit den Prager Kompaktaten (1433) eine Befriedung angestrebt wurde, blieb Prag eine Zelle antikath. und antikaiserl. Regungen.
Die Unzufriedenheit des böhm. Protestantismus entlud sich am Vorabend des Dreißigjährigen Krieges im 2. P. F. (23.5.1618): Graf Martinitz (Vertreter der kath. Partei), der Statthalter Slawata sowie der Schreiber Fabricius, die Opfer der Volkswut, wurden aus einem Fenster der Prager Burg (Hradschin) gestürzt, kamen aber mit dem Leben davon. LIT. O. Schürer, Prag, Kunst, Kultur, Geschichte (⁵1943).

Prager Friede (30.5.1635). Zw. dem Kaiser und Kursachsen abgeschlossen.

Durch den P. F. wurde für alle Beteiligten das Restitutionsedikt aufgehoben; die bisher böhm. Lausitz fiel an Sachsen.

Prager Frühling. Reformen in der ČSSR, die 1968 durch den 1. Sekretär des ZK der KPČ, A. Dubček (geb. 1921), eingeleitet wurden. Durch den Einmarsch der Truppen von fünf Warschauer Paktstaaten wurden die Ansätze zu einer Liberalisierung und Demokratisierung wieder rückgängig gemacht. Die Repräsentanten des P. F. wurden entmachtet. LIT. W. Shawcross, Dubček (1970); L. Veselý, Dubček (1970).

Prager Groschen. In Anlehnung an die Turnosen wurden P. G. zum erstenmal um 1300 unter König Wenzel II. von Böhmen (reg. 1278–1305) ausgeprägt; aus der 15lötigen Mark prägte man 63 G. im Gewicht von 3,7 g. Als Umlaufgebiet konnten sich die P. G. weite Teile Deutschlands (soweit sie noch bei der Pfennigprägung geblieben waren, so Westfalen, Schwaben, Bayern, Österreich) erobern; zur Umlaufzulassung wurden sie häufig gegengestempelt. Den P. G. ähnlich waren die in Polen (Krakau) geprägten Groschen (Grosz) mit dem poln. Adler (→Groschen).

Prager Kompaktaten (30.11.1433). Der Abschluß der P. K. bedeutete die vorläufige Beendigung der langen Auseinandersetzungen um die vier Prager Artikel von 1420, d.h. um religiöse Zusicherungen, darunter die freie und ungehinderte Verkündigung des Wortes Gottes durch die Geistlichen im Königreich Böhmen. Nach Vorverhandlungen der Hussiten auf dem Baseler Konzil im Januar 1433 setzte sich im November 1433 die gemäßigte und mit den Katholiken verständigungsbereite Richtung auf einem böhmisch-mähr. Landtag durch. Die vier Prager Artikel wurden stark abgeschwächt, die Hauptforderung der Utrauisten, der Laienkelch, erfüllt. Güterbesitz der Kirche wurde nicht länger verworfen. Die radikale Richtung der Hussiten, die Taboriten, stellten sich bald gegen die P. K. (Iglauer Kompaktaten). LIT. F. von Bezold, König Sigmund und die Reichskriege gegen die Hussiten (1872–77); J. von Aschbach, Geschichte Kaiser Sigmunds (1838–45; Neudr. 1964); F. Seibt, Karl IV. (1978).

Prager Tagblatt. Die größte deutsche,

1878 gegründete Tageszeitung im tschecho-slowak. Raum. Herausgegeben wurde sie vom Mercy-Zeitungskonzern. Ihre polit. Haltung war demokratisch-liberal. Das P. T. bestand bis 1938.

pragmatisch (griech. pragma, Tat, Handlung). Geschäftstüchtig, realistisch, klug und erfahren; daher Pragmatik: die Sachkunde, vor allem die Geschäftsanordnung im Staatsdienst. LIT. L. Adamovich, Hdb. des österr. Verwaltungsrechts, 1 (⁵1954); V. Hackl (Hrsg.), Die Dienstpragmatik (Wien ²1951).

Pragmatische Geschichtsschreibung. Nach J. D. Köler (1741) im Anschluß an Polybios (201–120 v. Chr.) die Darstellung geschichtl. Ereignisse, welche sich nicht allein mit dem bloßen Tatsachenbericht begnügt, sondern auch innere ursächl. Zusammenhänge in belehrender Weise aufzeigt. Die P. G., die ihre letzte große Blütezeit während der Aufklärung erlebte, hat als Hauptvertreter Thukydides (um 460–400 v. Chr.), Polybios, Machiavelli (1469–1527) und Montesquieu (1689–1755). LIT. J. D. Köler, De historia pragmatica (1741); Ch. L. Montesquieu, Betrachtungen über die Ursachen von Größe und Niedergang der Römer (dt. 1958); W. Bauer, Einführung in das Studium der Geschichte (²1928).

Pragmatische Sanktion. [1] Grundlegendes franz. Staatsgesetz (am 7. 7. 1438 durch Karl VII. von Frankreich, reg. 1422–61, in Bourges unterzeichnet), das auf den Reformdekreten des Konzils von Basel (1431–47) basiert. Hierdurch wurde die Verminderung der päpstl. Einflusses bei der Stellenbesetzung und der Gerichtsbarkeit in der franz. Kirche bestimmt. Bereits 1461 und 1467 wurde die P. S. durch Ludwig XI. (reg. 1461–83) aufgehoben und 1516 durch ein Konkordat ersetzt, das für die Kurie günstigere Bedingungen schuf. [2] Die P. S. Karls VI. (reg. 1711–40), das grundlegende Hausgesetz der Habsburger vom 19. 4. 1713. Es sicherte auf Grund älterer Hausgesetze die Unteilbarkeit der habsburg. Länder sowie die Thronfolge nach dem Erstgeburtsrecht im männl. und weibl. Stamme. Dementsprechend sollten Karls VI. Töchter, d. h. Maria Theresia, den Vorrang haben, nicht jedoch die Josephs I. (reg. 1705–11), des Bruders von Karl VI.

Während der Jahre 1720 bis 1723 nahmen die Landtage der einzelnen Provinzen die P. S. an; durch den ungar. Reichstag wurden 1722 lediglich die Nachkommen Kaiser Leopolds I. (reg. 1658–1705) als erbberechtigt anerkannt. Die Zustimmung der europ. Mächte zur P. S. erreichte Karl VI. erst nach langwierigen Verhandlungen und unter großen Opfern. Dennoch sah sich Maria Theresia gezwungen, ihr Erbe im Österreichischen Erbfolgekrieg (1740–48) zu verteidigen. LIT. Zu [1] N. Valois, Histoire de la pragmatique sanction de Bourges (1906); J. Haller, in: HZ, 103 (1906). Zu [2] K. und M. Uhlirz, Hdb. der Gesch. Österreichs und seiner Nachbarländer Böhmen und Ungarn, 1 (1927) u. 4 (1944); W. Michael, Das Original der P. S. Karls VI. (1929); ders., Zur Entstehung der P. S. (Basel 1939).

Praguerie (franz.). Der Hussitensturm auf das Prager Rathaus am 30. 7. 1419; hiernach die Bez. P. auch für die Erhebung der franz. Großen sowie des 17jährigen Ludwig (XI.) gegen die Steuer- und Heeresreformen (Errichtung eines stehenden Heeres) Karls VII. (reg. 1422–61) im Jahre 1440.

Prähistorie →Vorgeschichte.

Praktiken. Gelehrte und volkstüml. Schriften des 15.-17. Jh. In den von J. F. Fischart in ›Aller P. Großmutter‹ (1572) verspotteten P. wurden die Wetter- und Himmelserscheinungen angesagt und astrolog. gedeutet.

Prälat (lat. praelatus, Vorgesetzter). Titel amtierender hoher kirchl. Würdenträger; ebenfalls ein Ehrentitel. [1] Nach kath. Kirchenrecht sind P. im eigentl. Sinne nur diejenigen Geistlichen, die Träger ordentl. Jurisdiktion im äußeren Forum (Jurisdiktionsprälatur) sind, mithin die Ordinarien. Die Gruppe der Hohen P. (praelati maiores) umfaßt die Patriarchen, Erzbischöfe und Bischöfe; den niederen P. (praelati inferiores) werden zugerechnet die P. nullius sowie die Äbte nullius; von der bischöfl. Jurisdiktion sind sie exemt (deshalb auch Freier oder Gefreiter P. oder Abt), desgleichen ihr verselbständigtes Gebiet (nullius dioecesis). Außerdem gehören zu den P. nullius die Ehrenprälaten; sie besitzen nur Titel und Würde, jedoch keine Jurisdiktion. Zur Gruppe der Ehrenprälaten gehören die leitenden P. der Kardinalskongregationen sowie Staatssekretäre; außerdem die 4 Prälatenkollegien: Wirkl. Apostolische Protonotare, Rota Romana, Apostolische Signatur, Apostolische Kammer. Weiter umfaßt die Gruppe der Ehrenprälaten die Hofprälaten (die ständig diensttuenden P. der päpstl. Familie und Kapelle) sowie die Ehrenprälatur (Apostolische Protonotare, Hausprälaten, überzählige Geheimkämmerer, Ehrenkämmerer, Ehren-Geheimkapläne, Ehrenkapläne extra urbem, die lediglich »außerhalb Roms« als P. erscheinen dürfen). Die Entwicklung der Prälatur reicht zurück bis ins 4./5. Jh.

[2] Nach ev. Kirchenrecht wird von dem Leiter eines Kirchenkreises in Württemberg der Titel P. geführt, ferner vom Vertreter des Bischofs in Kurhessen-Waldeck und dem Beauftragten der ev. Kirche in Dtl. (EKD) bei der Bundesregierung.
LIT. A. V. Müller, Papst und Kurie (1921); Feine, KRG 1 (^{3}1955); W. M. Plöchl, Geschichte des Kirchenrechts, Bd. 1 u. 2 (1953–55).

Prälatenbank. Die korporative Einheit der Geistlichen auf den Reichs- und Landtagen des SpätMA. Häufig war die P., geograph. Gesichtspunkten entsprechend, in verschiedene Bänke, u. a. die Rheinische Bank, aufgeteilt.

Präliminarfrieden, Vorfrieden. Die vorläufig getroffenen Vereinbarungen, die bei oder nach der Einstellung von Kampfhandlungen festgelegt werden und die Grundlagen eines späteren endgültigen Friedens bilden (z. B. von Villafranca am 11. 7. 1859 und Nikolsburg am 26. 7. 1866).

Präliminarien (nlat.). Vorverhandlungen. Die in vorläufigen Verhandlungen für eine endgültige Entscheidung aufgestellten Punkte werden als Präliminararartikel bezeichnet.

Prämonstratenser (lat. Ordo Praemonstratensis, Abk. OPraem. (auch Norbertiner). Kath. Orden regulierter Chorherren; er wurde 1121 in Prémontré bei Laon durch den hl. Norbert von Xanten (um 1080–1134) gegr.; 1129 kam der Orden nach Magdeburg; von hier aus wirkte er intensiv bei der Christianisierung und Kultivierung Norddeutschlands, so Brandenburgs, Havelbergs, Rigas und Ratzeburgs mit. Der durch die Reformation stark geschwächte Orden wurde durch die Französische Revolution von 1789 fast völlig vernichtet. Auch der 2. Orden der Prämonstratenserinnen wurde durch die Reformation nahezu bis zur Bedeutungslosigkeit geschwächt.
LIT. F. Winter, Die P. des 12. Jh. (1865); F. Petit, L'Ordre de prémontré (^{2}1927); B. F. Grassl, Der P.-Orden (Tongerloo 1934); H. M. Colvin, The White Canons in England (Oxford 1951); N. Backmund, Monasticon Praemonstratense. Bd. 1 (^{2}1984).

Pranger (mhd.). Schandpfahl. Ein steinerner oder hölzerner Pfahl, an dem nach ma. Strafrecht ein Verbrecher auf öffentl. Platz durch den Gerichtsfronboten oder Henker ausgestellt und der öffentl. Beschämung preisgegeben wurde. Die Prangerstrafe, die örtlich verschieden ausgestaltet war, gehörte zu den Ehrenstrafen.
LIT. H. von Hentig, Die Strafe, 1 (1954).

Praepositus (mlat. propositus, Vorgesetzter). In spätröm. Zeit ein Beamten- und Offizierstitel. Der p. sacri cubiculi war der Oberkämmerer des Kaisers (hierher mlat. Kämmerer und andere Hofämter).
Franz.: **Prévôt.** Oberrichter, Vorsteher (Bailli). Der P. royal, P. du roi war der oberste Richter und Beamte des franz. Königs in Paris; er hatte seinen Sitz im Châtelet, einer 1802 abgebrochenen Pariser Burg, wo er bis zur Französischen Revolution von 1789 Gericht hielt. Der P. des marchands war der Vorsteher der franz. Kaufmannsgilde.
Dt.: **Propst.** 1. Der Verwalter (als Zwischeninstanz) einer größeren Grundherrschaft.
2. In der kath. Kirche der 1. Dignität (Würdenträger) eines Kapitels (Dom- oder Stiftspropst). Nicht in allen Kapiteln gibt es die Dignität des Propstes. Der Propst leitet die äußeren Angelegenheiten eines Kapitels. In einzelnen Fällen ist der Titel Propst auf die Pfarrer eines histor. bedeutsamen Pfarreien übergegangen. Lt. Benediktinerregel bezeichnet der Titel Probst den späteren Prior.
3. In der ev. Kirche ist der Titel Propst von unterschiedl. Rang; während in den Landeskirchen von Pommern, der Provinz Sachsen, Hessen-Nassau und Kurhessen-Waldeck der Propst Leiter eines mittleren Aufsichtsbezirks ist, steht er in Schleswig-Holstein, Mecklenburg und Braunschweig einem unteren Aufsichtsbezirk (Propstei oder Sprengel) vor.

Prärogative (lat., Vorzug, Vorrecht). Die einem Monarchen lt. Staatsrecht zukommenden Vorrechte; sie können ohne Befragung der Volksvertretung wahrgenommen werden. In konstitutionellen Staaten umfassen sie u. a. die Berufung, Eröffnung, Schließung und Auflösung der Volksvertretung, Ernennung und Entlassung von Ministern, Begnadigung.

Präsentationsrecht (ius praesentandi).
[1] Das Recht, für eine erledigte Stelle einen Kandidaten vorzuschlagen. Der Ernennungsberechtigte kann im Falle eines echten P. den Vorschlag lediglich zurückweisen und einen Ersatzvorschlag verlangen. Die Nomination ist eine schwächere Form des Vorschlagsrechts.
[2] Nach kath. Kirchenrecht der Vorschlag eines Patrons für die Besetzung eines Amtes.

Präsentismus. Bez. für die Auffassung (insbes. der amerikan. Geschichtstheorie der Gegenwart), daß alles Geschichtliche seinen Wert dadurch erhält, daß es auf die Gegenwart bezogen ist.

Praeses, Präses (lat., Beschützer, Vorgesetzter).
[1] In der röm. Antike der Provinzialstatthalter, seit dem 3. Jh. n. Chr. (im Unterschied zum Dux) der Zivilstatthalter.
[2] In der ev. Kirche der gewählte Vorsitzende einer Provinzial- oder Landessynode, der in den meisten Fällen auf Grund seines Amtes Mitglied der Kirchenleitung ist; in Rheinland und Westfalen fungiert er auch als deren Vorsitzender.
[3] In der kath. Kirche der Vorsitzende einer Kardinalskommission; desgleichen der Leiter eines kath. Vereins u. a.

Präsident (lat.). Vorsitzender. Der Titel für den Leiter einer jurist. Person, einer Versammlung, einer Behörde oder eines Rates, ferner für das Staatsoberhaupt einer Republik (Reichspräsident, Bundespräsident, Staatspräsident, P. der Republik), vor allem für das seit 1789 alle 4 Jahre durch indirekte Wahl vom Volk gewählte Staatsoberhaupt der USA, das zugleich Regierungschef ist; ihm steht das Recht zu, die Mitglieder der Regierung zu ernennen; bei der Gesetzgebung besitzt er ein aufschiebendes Veto; Verträge mit fremden Mächten sind an die Zustimmung des Senats, Kriegserklärungen an die Zustimmung des Kongresses gebunden.

Präsidentschaft (engl. Presidency). Bez. für die Provinzen Bengalen, Bombay und Madras im ehem. Brit.-Indien.

Präsidialgesandter. Der Gesandte Österreichs am Bundestag des Dt. Bundes (1815–66); er führte verfassungsmäßig den Vorsitz.

Präsidialgewalt. Die Autorität und die Macht, über die ein republikan. Staatspräsident verfügt. Die Zuständigkeit des preuß. Königs als Inhaber des Bundespräsidiums (ab 1871 unter dem Titel ›Dt. Kaiser‹) wurde in der Verfassung des Norddt. Bundes von 1866 und des Dt. Reiches von 1871 als P. bezeichnet.

Präsidialkanzlei. Die Kanzleibehörde des Reichsoberhauptes im Dt. Reich von 1933–45. Der Chef der P., die im Unterschied zur Reichskanzlei zu sehen ist, hatte den Rang eines Staatsministers. Entwickelt hatte sich die P. aus dem Büro des Reichspräsidenten.

Präsidialsystem. Im Gegensatz zum Kollegialsystem ein System, in dem der Staatspräsident zusammen mit einer von ihm abhängigen Regierungsbehörde auf Grund eigener Autorität und Legitimität die Staatsgewalt ausübt. Das P. beruht in den meisten Fällen auf der Volkswahl des Präsidenten (plebiszitäre Präsidentschaft). Dem P., als dessen Musterbeispiel das Regierungssystem der USA gilt, entspricht auch der Präsidentialismus der meisten mittel- und südamerikanischen Staaten. Die Weimarer Republik (1919–33) stellte eine Kombination von P. und parlamentar. Regierungssystem dar. Von 1931–33 wurde versucht, eine handlungsfähige Regierung durch die Errichtung eines Präsidial-Kabinetts zu schaffen; es sollte sich auf das Vertrauen und die Machtbefugnisse des Reichspräsidenten stützen, d. h. Diktaturgewalt, Notverordnungsrecht und Auflösungsrecht dem Reichstag gegenüber; vom Vertrauen des Parlaments sollte es unabhängig sein (Kabinette Brüning, Papen, Schleicher). Hitler beseitigte das P. und schaltete die Präsidialgewalt des Reichspräsidenten aus.
LIT. C. Schmitt, Der Hüter der Verfassung (1931); H. J. Heneman, The Growth of Executive Power in Germany (Minneapolis 1934); W. Gueydan de Roussell, L'évolution du pouvoir exécutif en Allemagne (1935); E. Giraud, Le

pouvoir exécutif dans les démocraties de l'Europe et d'Amérique (1938); K. Loewenstein, in: AÖR 75 (1949).

Präsidium. Eine Personenmehrheit, die als Kollegialorgan den Vorsitz führt. So hieß 1952–66 in der UdSSR das Politbüro der KP ›P. des Zentralkomitees‹.

Prätendent (von lat. praetendere, beanspruchen). Allg. jeder, der etwas beansprucht; speziell ein Herrscher, der Wahl- oder Erbansprüche auf einen Thron, der ihm vorenthalten wird, geltend macht. Als P. der Jetztzeit wären u. a. zu nennen: die Habsburger für Österreich, die Häupter der Dynastien Bonaparte und Orléans für Frankreich.

Prätor (lat., Vorsteher). Im antiken Rom urspr. der Titel der Konsuln; seit 367 v. Chr. der zunächst auf die Stadt beschränkte zweithöchste ordentl. Magistrat (praetor urbanus); er war für die Zivilgerichtsbarkeit unter den Römern zuständig; für Prozesse zw. Bürgern und Nichtbürgern schloß sich ihm 241 v. Chr. ein Fremdenprätor (p. peregrinus) an. Mit dem Konsulat gehörte das Prätor-Amt (Prätur) zu den kurulischen Ämtern mit Imperium. Durch den jeweiligen P. wurden Rechtsgrundsätze und Rechtsformen als Edikt bekanntgegeben, in dem er dort typisierte Tatbestände für Angriffs- (actio) und Verteidigungsmittel (exceptio) zur Sicherung, Ergänzung und Korrektur des Ius civile formulierte (prätorisches Recht). Bis 197 v. Chr. wurde für die Verwaltung der ersten Provinzen die Zahl der P. auf 6 erhöht; sie stieg vom 1. Jh. v. Chr. bis zum 1. Jh. n. Chr. auf 18 (z. Z. Sullas, 138–78 v. Chr., waren es 8). Das Prätoramt erfuhr während der Kaiserzeit infolge der zunehmenden kaiserl. Rechtsprechung eine Entwertung.
LIT. E. Meyer, Röm. Staat und Staatsgedanke (1948; ³1964).

Prätorianer (lat.). Die Leibwache der röm. Kaiser. Sie entwickelte sich seit Augustus (reg. 31 v.–14. n. Chr.) aus der persönl. Schutzgarde des röm. Feldherrn (cohors praetoria). Die P. standen unter dem Kommando von (meist) 2 Präfekten; deren 9 (später 10) Kohorten waren seit 23 n. Chr. in Rom kaserniert. Zunächst 5000, seit 192 n. Chr. 10000 Mann stark. Gegenüber den Legionären waren die P. wesentlich besser gestellt, da ihre Dienstzeit nur 16 Jahre betrug und sie den dreifachen Sold erhielten. Im Laufe der Zeit entwickelten sich die P. zur Offiziersschule der Fronttruppen. Konstantin d. Gr. (reg. 306–37 n. Chr.) löste die Truppe 312 auf.
LIT. A. Passerini, Le coorti pretorie (Rom 1939).

Prätorium. In der Mitte des röm. Lagers ein Platz, auf dem sich das Quartier des Feldherrn befand.

Prätur. Das Amt des →Prätors.

Prävention (lat.). Vorbeugung.
a) Generalprävention (Kollektivprävention): im Strafrecht Bez. für Warnung und Abschreckung aller Bürger durch Strafe;
b) Individualprävention (Spezialprävention): im Strafrecht die Sanktionen zur Abhaltung eines Verbrechers von weiteren Gesetzesverletzungen. Seit dem 13. Jh. insbes. in Frankreich das Eingreifen eines königl. Beamten vor dem Lehnsherrn; es hatte die Zuständigkeit des Königsgerichts zur Folge.

Präventivkrieg. Ein Angriffskrieg, der geführt wird, um einem vermuteten feindl. Angriff zuvorzukommen.

Präzeptor (lat.). Im MA der Hauslehrer, doch auch der Lehrer schlechthin.

Precarium, Prekarium (von lat. precari, bitten).
[1] Im röm. Recht eine widerrufl. Form der Landleihe; der Besitz (possessio) konnte an den Prekaristen übertragen werden.
[2] In der kath. Rechtsgeschichte ein Kirchengut, das auf ein Bittgesuch (lat. p.) hin widerrufl. zum Nießbrauch verliehen werden konnte. Anstelle des Unterhalts und der Kultuskosten empfingen die Kleriker während des frühen MA häufig P.

Preces primariae →Erste Bitten.

Précieuses (franz., die Kostbaren). Zu Anfang des 17. Jh. Damen der franz. Gesellschaft, die häufig bis zur Unnatürlichkeit die Eleganz und Gewähltheit der Sprache übertrieben.
LIT. G. Reynier, La femme au 17ᵉ siècle (1929); P. Benichou, Morales du Grand Siècle (1948); Adam, La genèse du P. In: Revue de l'hist. de la philosophie (Lille 1938).

Predigerorden. Der Orden der →Dominikaner.

Predigt (von lat. praedicare, laut ansagen, ankündigen). Die öffentl. Verkündigung des Wortes Gottes im, aber auch außerhalb des Gottesdienstes. Der Gegenstand der P. und dessen Darlegung sind aus der Hl. Schrift sowie aus der Überlieferung genommen. Bereits die Apostel wirkten durch die P. Die

Premier

Schriften der Kirchenväter und -lehrer
stellen teilweise Predigtliteratur dar, so
die Homilien (die deutende Betrachtung einer Bibelstelle) des Origenes
(um 185–254), Clemens von Alexandrien († vor 216), Ambrosius (339[?]
–397), Augustinus (354–430), Irenäus
(um 140–nach 190) u.a.
Berühmte spätere Prediger waren Bernhard von Clairvaux (1090–1153), Bonaventura (1221–74), Berthold von Regensburg, David von Augsburg (um
1200–72), Geiler von Kaysersberg
(1445–1510), Meister Eckhart (um
1260–1327), J. Tauler (um 1300–61),
H. Seuse (um 1295–1366), G. Savonarola (1452–98), M. Luther (1483–
1546), Juan de Avila (1500–69), J.-B.
Bossuet (1627–1704), Abraham a
Sancta Clara (1644–1709), Fénelon
(1651–1715), L. Bourdaloue (1632–
1704), J. B. Massillon (1663–1742),
F. E. D. Schleiermacher (1768–1834),
J. H. Newman (1801–90), H. E. Man-
ning (1808–92) u.a.
LIT. A. Koch, Homilet. Handbuch
(1937ff.; 1953ff.; kath.); W. Trillhaas,
Ev. Predigtlehre (⁴1955).

Premier (franz., engl., Erster). Der
Premierminister (engl. Prime Minister).
In Großbritannien sowie in den Ländern des Commonwealth der Regierungschef (Erstminister, Ministerpräsident). Nach franz. Vorbild (Richelieu,
Min. 1624–42) setzte er sich unter Wal-
pole (1721–42 erster Premierminister
im eigentl. Sinn des Wortes) durch. Er
war der vom König berufene Leiter der
Politik; bei der Kabinettsbildung der
Vertrauensmann des Königs. Seit dem
20. Jh. ist der P. der Führer der jeweiligen Unterhausmehrheit.
LIT. The Papers of the Prime Ministers
of Great Britain 1715–1866 (Brighton
1985).

Presbyter (von griech. presbyteros,
der Ältere). Die Amtsbez. bürgerl. und
sakraler Beamter der Antike.
[1] Im Judentum waren die P. die Ältesten, zunächst Oberhäupter der Familien oder Stämme, dann Mitglieder des
Vorstandes der Gemeinde.
[2] In der Urkirche ist der P. der Vorsteher einer christl. Ortsgemeinde mit gottesdienstl. Aufgaben; er ist theolog. ausgebildet und rekrutiert sich später nur
noch aus dem Klerus. Durch die Priesterweihe ragt er aus den übrigen Gläubigen heraus; bereits um 100 n. Chr. treten die P. hinter dem Bischof zurück.

Presbyterat. Bez. für Weihe, Amt,
Stand und Würde kath. Priester.
Presbyterialverfassung. Die Kirchenverfassung z.B. der verschiedenen ev.
Kirchen in Dtl., vor allem aber der ref.
Kirchen; sie baut auf der Selbstverwaltung der Einzelgemeinde durch ein
Presbyterium (Gemeindekirchenrat)
auf.
Presbyterianer. Die Anhänger der
ref. und streng calvinist. Kirche Schottlands; sie wurden 1560 durch J. Knox
(1505[?]–72) organisiert; später auch in
den USA verbreitet. Die P., die eine bischöfl. Verfassung sowie den demokrat.
Kongregationalismus ablehnen und den
kirchl. Organismus auf dem Zusammenwirken der Ältesten (P.) in Kirchengemeinde, Kreis-, Provinzial- und
Generalsynode aufbauen, waren die
Hauptträger der Religionskämpfe in
England während des 17. Jh. Ihre Herrschaft wurde durch die Wiederherstellung des Königtums (1660) nach der
Ära Cromwells und seines Sohnes (reg.
1649–59) gebrochen.
LIT. J. von Stephenson, The Presbyterian Churches, Divisions, and Unions in
Scotl., Ireland, and America (Philadelphia 1910); R. E. Thompson, History of
the Presbyterian Churches in the USA
(N. Y. 1895); J. Moffat, The Presbyterian Churches (N. Y. 1928).
Presbyterium.
a) Der prot. Gemeindekirchenrat
(→Presbyterial- oder →Synodalverfas-
sung).
b) Der den kath. Priestern vorbehaltene
Altarraum; er ist bzw. war vom Laien-
raum durch die Chorschranke oder den
Lettner getrennt.

Preßburg, Friede von (26. 12. 1805).
Er beschloß den Feldzug von 1805. Wil-
liam Pitt der Jüngere (1759–1806) hatte 1805 die Dritte Koalition gegen
Frankreich zustande gebracht. Ihr gehörten außer England Österreich und
Rußland an. Im Oktober 1805 vernichtete Admiral Nelson (1758–1805) die
franz. Flotte; durch diesen Sieg errang
England für ein Jh. die Seeherrschaft.
Nur durch weitere Ausdehnung seiner
Herrschaft auf dem Festland vermochte
Napoleon I. (1804–14/15) England
fortan indirekt zu bekämpfen. Diesem
Ziel brachte ihn sein Sieg in der Dreikaiserschlacht von Austerlitz (1805) näher; Österreich wurde hierdurch zum
Frieden von P. gezwungen. Es trat Venetien an das Königreich Italien, Tirol

an Bayern, seine südwestdt. Besitzungen an Baden und Württemberg ab; damit war es aus Italien und Süddtl. verdrängt. Bayern und Württemberg wurden Königreiche, Baden (1806) Großherzogtum.

Pressefreiheit. Die in den meisten Staaten gewährleistete Freiheit der Berichterstattung sowie der Meinungsäußerung.

P. gab es weder in den Staaten des MA noch in den absolutist. regierten Ländern. Im Verlauf des 17. Jh. begann der Kampf um die P. in England; obwohl sie in Frankreich zu den Bürger- und Menschenrechten gehörte, wurde sie dennoch den Gegnern der Revolution von 1789 durch die Jakobiner vorenthalten und durch Napoleon Bonaparte (1769–1821) im Jahre 1800 nahezu gänzlich aufgehoben. Nachdem sie durch die Presseordnung von 1830, die sog. Juliordonnanzen, durchbrochen worden war, erfuhr sie unter dem Bürgerkönig Louis Philippe (reg. 1830–48) infolge der schweren Strafen gegen Pressevergehen (1835) eine Beeinträchtigung. Unter Napoleon III. (reg. 1848/52–70) wurde sie praktisch aufgehoben und erst 1881 (Gesetz vom 29. 7.) wieder anerkannt.

Wohl stellte die Bundesakte von 1815 die P. für Dtl. in Aussicht (durch einige Landesgesetze wurde sie auch tatsächlich eingeführt), doch bedeuteten die Karlsbader Beschlüsse einschneidende bundesrechtl. Beschränkungen; sie blieben bis 1848 in Kraft, während sie in der Reaktionszeit (→Reaktion) erneuert wurden. Durch das Pressegesetz vom 7. 5. 1874 wurde die P. im Dt. Reich eingeführt. In der Weimarer Republik war sie durch die Reichsverfassung (Art. 118) gewährleistet, jedoch war auf Grund des § 48, Abs. 2 eine Suspendierung der P. durch den Reichspräsidenten dann möglich, wenn die öffentl. Sicherheit und Ordnung gefährdet schienen. Bei Belagerungszustand konnte die P. bereits vor 1918 außer Kraft gesetzt werden. Während der Zeit des Nationalsozialismus (1933–45) gab es keine P. Nach 1945 war die P. durch das Besatzungsstatut eingeschränkt. Durch das GG der BRD von 1949 wird sie in Art. 5 gewährleistet.

LIT. G. Le Poitevin, La Liberté de la presse depuis la Révolution 1789–1815 (1901); H. Pardey, Das Recht der engl. Presse (1928); K. Häntzschel, in: Handb. des dt. Staatsrechts, 2 (1932); P. Toggenburger, P. und demokrat. Willensbildung (Diss. Zürich 1945); W. E. Hocking, Freedom of the Press (Chicago 1947); H. K. J. Ridder, in: Die Grundrechte, 2 (1954); F. Ermacora, Hdb. der Grundfreiheiten und der Menschenrechte (1963); R. Herzog, in: Th. Maunz/G. Dürig, R. Herzog: GG (1958ff.), Kommentierung zu Art. 5 (1968); K. Koszyk, Dt. Presse 1914–1945 (1972).

Preußische Jahrbücher. Eine im Jahre 1858 durch einen Kreis Altliberaler (mit dem Historiker und Politiker Max Duncker, 1811–86, der ein führendes Mitglied der Paulskirche und der 2. preuß. Kammer war, an der Spitze) gegr. Berliner Monatsschrift für Politik, Geschichte und Literatur. Herausgegeben und geleitet wurden die P. J. von R. Haym (1858–64), A. Flögel (1865), H. von Treitschke (1866–89), H. Delbrück (1889–1919), W. Schotte (1920–27), W. Heynen und E. Daniels (1927–35). Mit dem 240. Bd. stellten die P. J. im Jahre 1935 ihr Erscheinen ein.

Preußischer Taler. Die preuß. Einheitsmünze. Die vorherrschende Einteilung in 24 Silbergroschen zu 12 Pfennig wich im Münzgesetz vom 30. 9. 1821 der in 30 Silbergroschen zu 12 Pfennig; von den Kurantmünzen blieb neben dem ganzen nur der Sechsteltaler bestehen. Nachdem die dt. Zollvereinsstaaten den Doppeltaler (eine Silbermünze, die u. a. in Hannover seit 1834 geprägt wurde) angenommen hatten, begannen die meisten Staaten Norddeutschlands, auch den ganzen und den Sechsteltaler nach preuß. Art zu prägen, teilweise mit anderer Einteilung. Als letzte Form entstand 1857 der →Vereinstaler.

Preußische Staatsbank (Seehandlung). Auf Grund eines Patents vom 14. 10. 1772 unter der Firma ›See-Handlungs-Gesellschaft‹ als eine Aktiengesellschaft (auf Friedrichs d. Gr. Initiative hin) gegründet. Sie war der Typus eines merkantilist. Wirtschaftsunternehmens. Der Gründung des Seehandlungsinstituts lag in erster Linie die Absicht zugrunde, den Außenhandel des preuß. Staates zu steigern. Weiter sollte durch sie der Handel mit Polen (unter Ausschaltung Danzigs) in preuß. Hand gebracht werden. In den der Gründung folgenden Jahren wandelte sich das Institut aus einem Handelshaus mehr und mehr zu einem Finanz- und

Bankhaus, ohne seine Handelstätigkeit aufzugeben. Zu den Aufgaben der P. S. gehören nach dem letzten Gesetz über sie (20. 2. 1930) die Wahrnehmung der Interessen des preuß. Staates auf dem Geldmarkt, ebenso die Abwicklung der Geschäfte, bei denen die Mitwirkung einer Bank notwendig ist. Die P. S., die ihre Firmenbez. im Laufe ihrer Geschichte mehrfach geändert hat, besteht in veränderter Form noch heute (ruhende Altbank).
LIT. O. Th. Risch, Das Königl. Seehandlungsinstitut und dessen Eingriffe in die bürgerl. Gewerbe (1845); E. Knönagel, Die industriellen Unternehmungen der Seehandlung (1845); P. Schrader, Die Geschichte der Königl. Seehandlung (Preuß. Staatsbank) (1911); Hellwig, Die P. S. (Seehandlung) 1772–1922 (1922); G. Heinicke, Die P. S. (Seehandlung) (1928); K. Fuchs, Neue Beiträge zur Bedeutung der Kgl. Seehandlung für die schles. Spinnstoff- und Metallindustrie. In: Tradition, 11, 2 (1966); W. Radtke, Die Preußische Seehandlung zwischen Staat und Wirtschaft in der Frühphase der Industrialisierung (1982).

Preußische Staatsbibliothek. Von 1918–1945 Name der im Jahre 1661 auf Befehl des Großen Kurfürsten (reg. 1640–88) als ›Churfürstliche Bibliothek zu Cölln an der Spree‹ in Berlin eröffnete Bibliothek; 1701–1918 hieß sie ›Königliche Bibliothek‹. 1699 erhielt sie das Recht auf Pflichtexemplare. Als sie im Jahre 1780 in ein eigenes Gebäude am Opernplatz einziehen konnte, hatte sie einen Bestand von 150000 Bänden. Während des 19. Jh. wurde sie zur größten Bibliothek Deutschlands. Zur Katalogisierung der Neuerwerbungen führte man 1892 den Titeldruck ein. Der Gesamtkatalog der preuß., später der dt. Bibliotheken wurde hier bearbeitet. 1905 erfolgte die Einrichtung des ›Auskunftsbureaus der dt. Bibliotheken‹; 1909 konnte der Neubau Unter den Linden bezogen werden. Im Jahre 1942 belief sich der Bestand der P. S. auf mehr als 3 Mill. Bände; darunter befanden sich 6415 Wiegendrucke sowie 71602 Handschriften. Von den während des Zweiten Weltkriegs ausgelagerten Beständen kam nach 1945 ein beträchtlicher Teil (rd. 1,95 Mill. Bände, darunter 2552 Wiegendrucke und rd. 25000 Handschriften) nach Marburg/Lahn und Tübingen, wo er von der ›Staatsbibliothek der Stiftung Preußischer Kulturbesitz‹ treuhänderisch verwaltet wird. Der in Berlin(-Ost) verbliebene Teil der P. S. (rd. 2,3 Mill. Bände, darunter 692 Wiegendrucke, rd. 70000 Handschriften und rd. 270000 Karten) wurde 1945 in ›Öffentliche Wissenschaftliche Bibliothek‹, 1955 in ›Dt. Staatsbibliothek‹ umbenannt.
LIT. C. Balcke, Bibliogr. zur Geschichte der P. S. (1925); F. Wilken, Geschichte der Königlichen Bibliothek zu Berlin (1908); E. Paunel, in: Zentralbl. f. Bibliothekswesen, 66 (1952). – Jahresber. d. P. S. (1906ff.); Mitt. aus der P. S., 1–10 (1912–31); Jahresber. der Westdt. Bibliothek (1946ff.).

Preußisch-Eylau (P.-Eilau), **Schlacht von** (7. und 8. 2. 1807). Hier kämpften Preußen und Russen gegen Napoleon I. (reg. 1804–14/15). Der unentschiedene Ausgang hemmte den Vormarsch Napoleons vorübergehend (→Napoleonische Kriege).

Primärquellen. Jede Art von Zeugnissen aus 1. Hand, Überreste, die von den Begebenheiten unmittelbar herrühren, sowie die auf Augenzeugen basierende Tradition.
LIT. J. G. Droysen, Historik (³1958); A. von Brandt, Werkzeug des Historikers (³1963).

Primas (mlat., Erster). Bes. in der kath. Kirche der dem griech. Exarchen entsprechende geistl. Würdenträger für den ersten Bischof eines Landes. In Dtl. kam der Stellung des P. (Erzbischof von Salzburg; von 1806–13 war Karl Theodor von Dalberg Fürstprimas des Rheinbundes) keine bes. Bedeutung zu. In Ungarn hingegen führte die P. (Erzbischof von Gran) die Königskrönung durch; in Polen leitete der P. (Erzbischof von Gnesen) vom 15.–18. Jh. als Interrex (→Rex) die Wahl und Krönung des Königs. Heute führt das ›Annuario Pontificio‹ (päpstl. Jahrbuch) als P. lediglich den Papst (P. von Italien) auf; ignoriert werden dagegen die Primaten auf Grund früherer Verleihungen oder Gewohnheit: der P. von Deutschland (Erzbischof von Salzburg), von Belgien (Mecheln), von Böhmen (Prag), von Polen (Gnesen, Warschau), von Spanien (Toledo), von Ungarn (Gran). Hierin drückt sich sowohl die Unbestimmtheit der Primatialrechte als auch der -bezirke seit der stärkeren Betonung des Primas-Titels in den Pseudo-Isidorien aus. – Der Erzbischof von

Canterbury führt den Titel eines P. des Reiches, der Erzbischof von York den eines P. von England (Abtprimas). LIT. H. Becher, Der dt. P. (Kolmar 1944); Feine, KRG 1 (^{3}1955); W. M. Plöchl, Geschichte des Kirchenrechts, 1 u. 2 (1953–55); H. Fuhrmann, in: ZRG KA 39–41 (1953–55).

Primat (von lat. primatus, 1. Rang). Vorrang, oberste Stelle. Lt. kath. Kirchenrecht die oberste Jurisdiktions-, Lehr- und Repräsentationsgewalt der Päpste. Bibl. stützt sich die Lehre vom P. insbes. auf Matth. 16, 18.

Primicerius (primus in tabula cerata, der im Verzeichnis oben Stehende). In spätröm.-byzantin. Zeit ein Vorgesetzter; der Leiter ziviler und militär. Ämter (Archidiakon).

Primipilus (lat. von pilus, Abteilung der Triarier). In der röm. Legion der ranghöchste Zenturio; der Teilnehmer am Kriegsrat; hierher Primipilar, ein in Ehren entlassener P. (später auch ein ziviles Amt, das dem des P. entsprach).

Primogenitur (lat.). Erstgeburtsrecht. In den dt. Fürstenhäusern wurde bereits seit dem 14. Jh. eine P.-Ordnung geschaffen, um so die Zersplitterung des Hausgutes zu vermeiden. Nach der P.-Ordnung ist der Erst- oder Ältestgeborene eines regierenden Hauses zur Thron- und Erbfolge in das Hausgut berufen, alle jüngeren Linien sind ausgeschlossen. Die P. wurde zuerst den Kurfürsten durch die Goldene Bulle (1356) zugestanden; daraufhin auch den Regierenden in den nicht-kurfürstl. Ländern. Im Gegensatz zur P. steht die Sekundogenitur.

Primrose League, Primel-Liga. Ein konservativer Bund, den R. Churchill und H. Drummond Wolff 1884 gründeten. Die P. L., die als Abzeichen die Primel gewählt hatte (die Lieblingsblume des konservativen Politikers und Staatsmannes B. Disraeli, 1804–81), war eine wichtige Wählerorganisation der Konservativen Partei Englands.

Primus (lat.). Der Erste. **P. inter pares:** der erste unter Gleichrangigen, z. B. der röm. princeps senatus, der Primipilus.

Prince of Wales (engl., Prinz von Wales). Titel des brit. Thronfolgers.

Princeps (lat., der Erste, Fürst). Prinzeps. Im antiken Rom ganz allg. eine herausragende Persönlichkeit; die principes gehörten fast ausnahmslos der (ranghöchsten) Klasse der ehem. Konsuln an. Die principes, die an der Spitze der Senatsliste aufgeführt waren, wurden als erste um ihre Meinung gefragt; in polit. und gesellschaftl. Hinsicht waren sie im autoritätsorientierten Rom von ausschlaggebendem Einfluß. Augustus (31 v. bis 14 n. Chr.) verwendete die Bez. p., um seine eigene Position zu umschreiben; dementsprechend war er als p. civium lediglich erster Bürger des Staates. Dadurch, daß es neben ihm auch noch andere principes gab, gelang die Aufrechterhaltung der Fiktion von einer republikan. Freiheit.

Im MA kam die Bez. P. dem Vornehmen, dem Gaufürsten zu; daher rührt die Bez. Prinzipatsverfassung (eine Stammesverfassung, die eine dauernde Königs- oder Herzogsgewalt, z. B. Sachsen bis zur Eroberung durch Karl d. Gr., nicht kannte). Derjenige Reichsfürst, der den Kaiser auf dem Reichstag zu Regensburg (1663–1806) vertrat, wurde als Prinzipalkommissar bezeichnet.

LIT. L. Wickert, in: Pauly-Wissowa 22, 2 (1954); R. Syme, Die röm. Revolution (dt. 1957).

Prinz (von lat. princeps, der Erste), weibl. Form: Prinzessin. Titel der nichtregierenden Mitglieder souveräner fürstl. Häuser; darüber hinaus in Dtl. sämtliche Mitglieder der standesherrl. Familien, soweit sie z. Z. des Hl. Röm. Reiches Dt. Nation (bis 1806) den Fürstentitel innehatten. Der erstgeborene P. wird als Erbprinz bez. (in kaiserl. und königl. Häusern als Kronprinz).

Prinzgemahl (engl. Prince Consort). Der Gatte einer regierenden Fürstin (als Titel 1857 durch die engl. Königin Viktoria, reg. 1837–1901, ihrem Gatten Albert verliehen).

Prinzregent. Der bei Verhinderung des Monarchen mit der Regierung (Regentschaft) betraute P. (z. B. in Preußen von 1858–61 der nachmalige König und Kaiser Wilhelm I., in Bayern von 1886–1912 Prinz Luitpold nach dem Tod Ludwigs II.).

Bis zur Französischen Revolution von 1789 und von 1814–48 wurde in Frankreich jedem Angehörigen des höchsten Adels der Titel Prince (Fürst) verliehen.

Prinzipat (lat. →princeps). Bez. für die Zeit der röm. Kaiserherrschaft; als Epochenbez. von Augustus bis Diokletian (31 v.–284 n. Chr.) ist sie umstritten. Die staatsrechtlich nie festgelegte Bez. der Kaiserherrschaft als P. unter-

scheidet sich von der des Dominats (seit Diokletian).
LIT. E. Schöbauer, in: ZRG RA 47 (1927); J. Béranger, in: Schweiz. Beitr. zur Altertumswiss. 6 (1953); L. Wikkert, in: Pauly-Wissowa 22 (1954); H. Kloft, Liberalitas Principis. Herkunft und Bedeutung. Studien zur Prinzipatsideologie (1970).
Prior (lat., der Vordere, der Höherstehende). Nach kath. Kirchenrecht bei den Benediktinern und diesen verwandten Orden der Abt-Stellvertreter in einem Abtskloster oder der Vorsteher eines Filialklosters (Priorats); bei den Dominikanern und Kartäusern der Hausobere. **Großprior:** bei den Johannitern (→Hospitaliter) der Vorsteher einer Ordensprovinz.
Prise (franz. prise, Wegnahme, Beute). Bez. für das Objekt (Handelsschiff oder Ladung), das gemäß Prisenrecht in einem Seekrieg erbeutet wird. Dem Prisenrecht unterliegen sowohl im Privateigentum stehende feindl. Schiffe als auch die Schiffe neutraler Staaten, die den Feind unterstützen. Ob ein Objekt dem betr. Staat als P. verfällt, entscheidet ein Prisengericht.
Bereits im MA (→Kaper) entwickelten sich die Regeln des Völkerrechts über die Bekämpfung des feindl. Handels im Kriegsfalle. Obwohl die neutralen Staaten sich bemühten, das Prisenrecht der neutralen Schiffahrt gegenüber einzuschränken (1780 und 1800 in Form der »bewaffneten Neutralität«), vermochten sie keine dauernden Erfolge zu erringen. So haben auch die Regeln der Pariser Seerechtsdeklaration (1856) und die Haager Konvention (1907) wohl versucht, das Prisenrecht zu kodifizieren; doch diese Versuche sind während des Ersten und Zweiten Weltkriegs ohne Erfolg geblieben.
LIT. Colombos, Law of Prise (London 1949); L. F. L. Oppenheim u. H. Lauterpacht, International Law, 2 (⁸1952).
Pritsch(en)meister. Personen, die bei Schützenfesten und Fastnachtsumzügen die Pritsche, ein scherzhaftes Züchtigungsgerät, mit sich führten. Die P. traten dabei auch als Sprecher auf und trugen selbstverfaßte, auf die Umzüge gemünzte Dichtungen vor.
LIT. A. Spamer, Dt. Fastnachtsbräuche (1936).
Privat (lat. privatus, beraubt, befreit, Nichtinhaber eines Amtes = Privatmann). Alles, was dem nicht-öffentl.

und nicht-staatl. Bereich zuzurechnen ist, so Privataltertümer (die der Kulturgeschichte zuzurechnenden Materialien; im Gegensatz zu den Staatsaltertümern).
Privatfürstenrecht. Das Sonderrecht der hochadeligen (landesherrl. und standesherrl.) Häuser im Vermögens-, Familien- und Erbrecht.
Privatrecht (lat. ius privatum, ius civile). Der Teil der Rechtsordnung, der Fragen regelt, die die Beziehungen der einzelnen unter sich betreffen. Das dt. P. ist ein System von Rechtssätzen, das im 18. u. 19.Jh. durch die dt. Rechtswissenschaft aus den Rechtsquellen des german.-dt. Rechts des MA sowie den aus ihm abgeleiteten Partikularrechtsquellen entwickelt wurde. Dem dt. P. stand das aus dem rezipierten röm. Recht erwachsene Gemeine Recht gegenüber. Dt. P. und Gemeines Recht wurden 1900 durch das Recht des BGB ersetzt.
LIT. G. Boehner, Die Grundlage der bürgerl. Rechtsordnung, 3 Tle. (1950/1951); F. Wieacker, Privatrechtsgeschichte der NZ (1952); G. Wesenberg, Neuere dt. Privatrechtsgeschichte im Rahmen der europ. Rechtsentwicklung (1954).
Privileg (lat. privilegium, Ausnahmegesetz, Vorrecht). Seit dem Zwölftafelgesetz (451/450 v.Chr.) im röm. Recht eine Rechtsbegünstigung (für eine Person oder Sache, ebenfalls für einen Stand oder eine Klasse). Das P. war während des frühen MA »Urkunde jeder kirchl. Autorität«, vor allem des Papstes, sodann ebenfalls königl. Urkunde betr. kirchl. Angelegenheiten. Im Sinne von Sonderrecht wird P. erst im weiteren Verlauf des MA gebraucht. Das allg. Recht wurde im SpätMA, zu Beginn der NZ und nicht zuletzt im Zeitalter des Absolutismus in weitem Umfang weniger durch allg. Gesetze, als vielmehr durch konkrete Rechtsverleihungen in Form von P. gestaltet (Privilegienstaat). Dementsprechend lebten bis ins 19.Jh. ganze Stände, so der Adel, die Geistlichkeit, das Militär und die Beamtenschaft (privilegierte Stände) nach Sonderrecht. Daneben gab es zahlreiche Gewerbe, deren Betrieb von P. der Obrigkeit abhing (privilegierte Gewerbe).
Privilegien jedweder Art werden durch die modernen Verfassungsstaaten grundsätzl. abgelehnt. Das hat aller-

dings nicht verhindern können, daß sich in sämtl. Herrschaftsformen der Moderne immer wieder neue P. herausgebildet haben.

LIT. R. Stammler, P. und Vorrechte (1903); P. Hinschius u. K. Wahl, in: Stengel-Fleischmann, 3 (²1914); R. Arend, Monopole und P. im heutigen Verwaltungsrecht, (Diss. Köln 1931).

Privilegium immunitatis (lat.). Ein durch den Staat nur teilweise anerkanntes Vorrecht. Nach kath. Kirchenrecht schützt es die Kleriker vor Verpflichtungen, die nach kirchl. Auffassung mit ihrem Stand nicht zu vereinbaren sind, z. B. dem Militärdienst.

Privy Council. In England vor allem im MA und während der Tudorzeit (1485–1603) der geheime königl. Staatsrat, zu dem seit dem 17. Jh. nur noch die hervorragendsten Mitglieder durch den König eingeladen wurden. Als sich aus diesem begrenzten Kreis, den der P. C. jetzt noch darstellte, das Kabinett entwickelte (im Grunde genommen stellt das Kabinett eine Abteilung oder ein Komitee des P. C. dar), büßte der P. C. selbst an Bedeutung ein.

Das Oberste Berufungsgericht für die Gerichte des Commonwealth, außerdem für die kirchl. Gerichte Englands sowie für Prisenangelegenheiten Großbritanniens und seiner Besitzungen ist das ›Judicial Committee of the P. C.‹. Rangmäßig sind die Mitglieder des P. C. nach den Rittern des Hosenbandordens (Order of the Garter) eingestuft.

LIT. P. Williams, The Tudor Regime (1979); G. R. Elton, England unter den Tudors (1983).

Probabiliorismus. Moraltheolog. Lehre, derzufolge eine menschl. Handlung, über deren sittl. Erlaubtheit Zweifel bestehen, allein dann tatsächlich gestattet ist, falls die Gründe für die sittl. Erlaubtheit schwerwiegender erscheinen als die Gründe dagegen. Der →Probabilismus möchte die Handlung bereits bei unlösbarem Zweifel erlauben, selbst wenn die Gegengründe schwerwiegender erscheinen als die guten Gründe dafür.

Probabilismus. Die Lehre, daß Gewißheit nicht zu erreichen ist und daß Denken und Handeln sich lediglich auf Wahrscheinlichkeit zu stützen vermögen (→Probabiliorismus).

LIT. A. Schmitt, Zur Geschichte des P. (1904).

Proband (lat.). Diejenige Person, für die die →Ahnentafel nach der Adelsprobe (→Adel, →Ahnenprobe) aufgestellt wird.

Probebissen. Ein Gottesurteil. Der P. stellte eine Umbildung der christl. Abendmahlsprobe dar. Wie hierbei der Genuß des Abendmahls für den Schuldigen Krankheit und Tod zur Folge haben sollte, so blieb der P. dem in einem Gerichtsverfahren hierzu verurteilten angeblich Schuldigen im Halse stecken.

Proculianer. Eine röm. Rechtsschule; ihr stand von der Zeit des Augustus (reg. 31 v.–14 n. Chr.) bis um die Mitte des 2. Jh. n. Chr. die Schule der Sabinianer gegenüber. Die beiden Schulen, die besser als jurist. Klubs bez. werden, waren nach ihren Häuptern benannt. Vermutlich verschwanden sie, als sich die soziale Stellung der Juristen änderte.

LIT. F. Schulz, History of Roman Legal Science (Oxford 1946).

Prodatar. Ein Kardinal, der mit der Leitung der Datarie beauftragt ist.

Prodigium (lat.). Im antiken Rom ein Schreckenszeichen, das den Naturgesetzen widersprach (Erdbeben, Mißgeburt, Seuche etc.). Es wurde als ein Ausdruck des göttl. Zorns betrachtet. Insbes. z. Z. der röm. Republik hielt man im Falle eines derartigen Schreckenszeichens bes. Sühnopfer für erforderlich.

LIT. L. Wülker, Die geschichtl. Entwicklung des Prodigienwesens (Diss. Leipzig 1903); G. Wissowa, Religion und Kultus der Römer (²1912); P. Händel. In: Pauly-Wissowa 23 (Nachtr.).

Produktionsgenossenschaften (Produktivgenossenschaften). Vereinigungen ohne unternehmerische Selbständigkeit; sie unterscheiden sich in solche, in denen Genossenschafter (Handwerker oder Bauern oder Arbeiter) gleichzeitig die Träger und Arbeiter eines Unternehmens sind, und solche, in denen die Arbeit durch andere Angestellte geleistet wird (z. B. im Falle von Konsum-, Molkerei- und Käsegenossenschaften). Die P. stellen eine Wiederbelebung des alten Genossenschaftsgedankens in der industriellen Arbeitswelt dar, vor allem während der Zeit des Frühsozialismus (Ch. Fourier, 1772–1837; L. Blanc, 1813–82); in der kommunist. Gesellschaftsordnung gingen sie in Kollektive über.

LIT. O. von Gierke, Das dt. Genossenschaftsrecht. 2 Bde. (1868–73); A. Fläxl, Die P. und ihre Stellung zur sozialen Frage (1873); H. Häntschke, Die gewerbl. P. in Dtl. (1894); E. Wehrle, Dt. Genossenschaftswesen (1937); O. Glass, Genossenschaftskunde (1949); Th. Ramm, Die großen Sozialisten (1955); W. W. Engelhardt, Produktivgenossenschaften, in: Handwörterb. der Sozialwiss., 8 (1963); T. Bergmann, Funktionen und Wirkungsgrenzen von Produktivgenossenschaften in Entwicklungsländern (1967).

Pro Ecclesia et Pontifice (lat., Für Kirche und Papst). Ein durch Papst Leo XIII. (1878–1903) am 31. 12. 1888 gestiftetes päpstl. Ehrenzeichen in Kreuzform.

Profoß (von lat. praepositus, Vorgesetzter). Im früheren Heerwesen ein Zuchtmeister; später in manchen Heeren ein mit der Bewachung der Arrestanten betrauter Unteroffizier. Der Generalprofoß (Feldgewaltiger) war in den Söldnerheeren des 15. und 16. Jh. ein hoher Offizier, dem die Heerespolizei unterstand.

Progressisten (franz.). Fortschrittler, Freunde des Fortschritts. Vor allem während des 19. Jh. wurden verschiedene polit. Parteien (→Fortschrittsparteien) als P. bez. Heute wird die Bez. häufig von polit. Gruppen benutzt, die den Kommunisten nahestehen.

Prohibition (von lat. prohibere, verhindern). Staatl. Maßnahmen, die z. B. zum Schutz der einheim. Wirtschaft die Einfuhr bestimmter Güter verhindern sollen; die in diesem Zusammenhang erhobenen Prohibitivzölle stellen eine extreme Form der Schutzzölle dar.
Im Interesse der Volksgesundheit stellt die P. ein staatl. Verbot der Ein- und Ausfuhr, der Herstellung und Beförderung, des Kaufs, des Tauschs und des Besitzes alkoholhaltiger Getränke im Kampf gegen den Alkoholismus dar. In den USA war die P. von 1919–33 eingeführt.
LIT. A. Sinclair, P. (1962); H. W. Lee, How Dry we were (1963); J. A. Krout, The Origins of P. (1967).

Proklamation (lat.). Bekanntmachung, Aufruf. Die P. kann offizieller Art sein und die verbindl. Erklärung einer Regierung darstellen (z. B. die Kaiserproklamation vom 18. 1. 1871 zu Versailles); doch können P. auch Verlautbarungen seitens polit. Parteien und Gruppen sein; außerdem können P. Ankündigungen sein, die in besetzten Gebieten durch die Besatzungsmacht erfolgen und rechtsverbindl. Anordnungen darstellen (z. B. die nach dem Zweiten Weltkrieg erlassenen P. des Alliierten Kontrollrats für Dtl. und der einzelnen Militärregierungen in Dtl.); zudem Mitteilungen verschiedener Staaten über Gemeinsamkeiten ihrer Politik.

Prokonsul (von lat. pro consule, anstelle des Konsuls) und Proprätor. Im antiken Rom ein mit den Amtsbefugnissen eines Konsuls und Prätors ausgestatteter Statthalter und Heerführer. Fast stets war der P. und Proprätor vorher Konsul und Prätor gewesen. Der Statthalter einer Senatsprovinz hieß während der Kaiserzeit P., der einer Provinz des Kaisers Proprätor.

Prokurator (lat., Verwalter, Stellvertreter). Landpfleger. Während der P. z. Z. der röm. Republik ein mit Prozeßvollmacht ausgestatteter Beauftragter in der Privatwirtschaft war, war er im kaiserl. Rom der Verwalter einer kleineren Provinz im Auftrag des Kaisers (z. B. Pontius Pilatus als 5. röm. P. von Judäa, 26–36 n. Chr., bekannt durch seinen Todesprozeß gegen Jesus), in den übrigen Provinzen ein Finanzbeamter, der vom Statthalter unabhängig war; seit Kaiser Hadrian (reg. 117–38 n. Chr.) der Leiter der kaiserl. Hausämter sowie der Verwalter des Hausbesitzes, desgleichen der Inhaber eines kleineren Verwaltungs- und Finanzamtes. Als qualifizierte Fachleute und Angehörige des Ritterstandes stellten die P. ein Gegengewicht zu den senator. Beamten dar.
Während des MA und der NZ nahm der P. die Interessen der Krone wahr, ebenfalls die eines Fürsten und einer Stadt, vor allem vor Gericht. Hieraus entwickelte sich in Frankreich der procureur (der Staatsanwalt), der procureur de la République (der Staatsanwalt am Landesgericht), der procureur général der Generalstaatsanwalt am Oberlandesgericht).
Im zarist. Rußland hieß der Generalstaatsanwalt Prokuror, der Vertreter des Kaisers im Hl. Synod Oberprokuror.
In der Republik Venedig war der Titel der 9 höchsten Staatsbeamten P. von San Marco.
In der kath. Kirche ist der P. der wirtschaftl. Verwalter in einem Kloster; der Generalprokurator der in Rom wohnende Bevollmächtigte von Klosterge-

nossenschaften für den Verkehr mit dem Hl. Stuhl.
LIT. H. G. Pflaum, in: Pauly-Wissowa 23 (1954).

Proletariat (von lat. proletarius, Bürger der untersten Klasse). Eine polit.-polem. gefärbte Bez. für die vorwiegend von niedrigen Lohneinkommen lebende Schicht der Gesellschaft, insbes. die Arbeiter, d. h. vor allem die ungelernten Arbeiter.
Im antiken Rom rekrutierte sich das P. aus denjenigen Bürgern, die nach der servianischen Verfassung (6. Jh. v. Chr.) außerhalb der 5 Klassen umfassenden Zenturienordnung standen, da ihr Vermögen den staatlicherseits festgesetzten Mindestsatz nicht erreichte (proletarii). Anfänglich waren sie sowohl von den Steuern als auch vom Heeresdienst befreit. Allg. wurde ihre Aufgabe für die Gemeinschaft in der Erzeugung von Nachkommenschaft (proles) gesehen. Als die Besoldung eingeführt wurde, zog man die Angehörigen des P. zum Heeresdienst heran, doch blieben seine ärmsten Teile (die capite censi, die »nach dem Kopf Geschätzten«) bis auf Marius (156–86 v. Chr.) hiervon weiterhin ausgenommen.

Proletarisierung. Bez. für das unter der Herrschaft des Kapitalismus sich vollziehende Herabsinken von Angehörigen des Mittelstandes in großer Zahl auf das wirtschaftl. und soziale Niveau des Proletariats (→Marxismus).
LIT. StL VI (⁶1961) 531–34; Geschichtl. Grundbegriffe V (1984) 27–68; H. W. Bensen, Die Proletarier (1847); K. Marx, Manifest der Kommunist. Partei (1848; ¹⁵1958); W. H. Riehl, Die bürgerl. Gesellschaft (1851, ⁸1885, Neudr. 1930); W. Sombart, Das Proletariat (1906); G. Schmoller, Die soziale Frage (1918); G. Lukács, Geschichte und Klassenbewußtsein (1923); W. Sombart, Der proletar. Sozialismus. 2 Bde. (1924); G. Briefs, Das gewerbl. Proletariat. In: Grundriß der Sozialökonomie, 9 (1926); W. Sombart, Der moderne Kapitalismus (1928); A. Winnig, Vom Proletariat zum Arbeitertum (1930); W. E. Peuckert, Volkskunde des Proletariats. Bd. 1 (1931); Th. Geiger, Die soziale Schichtung des dt. Volkes (1932); E. Jünger, Der Arbeiter (1932); Th. Geiger, Die Klassengesellschaft im Schmelztiegel (1949); L. Heyde, Abriß der Sozialpolitik (¹⁰1953); C. Jantke, Der vierte Stand

(1955); ders. und D. Hilger (Hrsg.), Die Eigentumslosen (1965); H. Zwahr, Zur Konstituierung des Proletariats als Klasse (1981); F. Tennstedt, Vom Proleten zum Industriearbeiter. Arbeiterbewegung und Sozialpolitik in Dtl. 1800–1914 (1983).

Prolog (griech. prologos). Die Vorrede, die einem Bühnenstück vorangeschickt wird; gehalten wird sie von einem besonderen Sprecher oder Hauptspieler (soweit nicht im Theaterzettel angegeben). Der P. hat sich allmählich entwickelt; er findet sich bei Aischylos (525–456 v. Chr.), Sophokles (497/96–406 v. Chr.) und Euripides (480–406 v. Chr.). Im Drama des MA und der Renaissance ersetzte der Theaterzettel den P.; häufig nahm er die Ausdeutung des Dramas vorweg. Das Gegenstück zum P. bildet der Epilog.
LIT. E. Zellweker, P. und Epilog im dt. Drama (1906); W. Nestle, Die Struktur des Eingangs in der att. Tragödie (1930).

Promagistratur. Z. Z. der röm. Republik ein Aushilfsamt, das die Geschäfte des ordentl. Magistrats weiterführte, falls in Kriegen oder für die Provinzialverwaltung die normale Amtszeit von einem Jahr nicht ausreichte. Da die P. lediglich außerhalb Roms möglich war und für Rom selbst keine Rechte gewährte, gab es dort nur den Proquästor, den Proprätor und den Prokonsul. Die Magistrate, die als Träger der Souveränität während ihres Amtsjahres unabsetzbar und nicht rechenschaftspflichtig waren, weilten für die Zeit ihrer Amtsführung seit der Diktatur Sullas (82–79 v. Chr.) gewöhnlich in Rom. Daher blieben sowohl die Kriegführung als auch die Verwaltung der P. überlassen. Erhöhte Bedeutung erlangten die Prokonsuln und Proprätoren während des Prinzipats.
LIT. E. Meyer, Röm. Staat und Staatsgedanke (³1964); H. Siber, Röm. Verfassungsrecht (1952).

Pronunciamiento (span., Aufstand, Putsch). Urspr. Kundgebung, Aufruf; heute die Staatsstreiche des Militärs, z. B. die in Südamerika häufig vorkommenden Putsche.

Propaganda (von lat. propagare, fortpflanzen, erweitern). Allg. die Werbung für etwas, z. B. die Wirtschaft, die Kirche etc.; polit. die Werbung im Dienste einer Idee oder Ideologie zur Gewinnung und Sicherung einer Anhänger-

schaft. Propagandamittel sind die Presse, das Buch, Versammlungen, Vorträge, Schlagworte, Radio, Film, Karikatur, Plakat etc. Die P., die vor allem seit dem 19. Jh. als Folge des Massendaseins sowie der Bedeutung, die der öffentl. Meinung zukommt, ein wichtiges Mittel der Politik geworden ist, gilt insbes. in autoritären Staaten als eine der entscheidenden Waffen des polit. Kampfes; sie dokumentiert sich in der Institution der Propagandaministerien, eine fast generelle Erscheinung autoritärer Staatswesen.
LIT. StL VI (⁶1961) 534–38; Geschichtl. Grundbegriffe V (1984) 69–112; I. Lenin, Agitation und Propaganda (1929); H. Leclercq, La propagande révolutionnaire (1931); A. Sturminger, Polit. Propaganda in der Weltgeschichte (1938, mit Lit.); E. H. Carr, P., in: International Policy (Oxford 1939); Quentin, La propagande politique (Boudry 1943); A. Sturminger, 3000 Jahre polit. P. (1960); H. Buchli, 6000 Jahre Werbung (1962–66); P. Wolstrup, Die Strategie der P. (1962); H. Reich, Die völkerrechtl. Schranken der internationalen P. in Friedenszeiten (1966); E. K. Bramsted, Goebbels und die NS-P. 1925–45 (1971); W. Münzenberg, P. als Waffe (1972).

Propagandakongregation (lat. Congregatio de Propaganda Fide, Kongregation der Glaubensverbreitung; Abk. Propaganda). Die 1622 durch Papst Gregor XV. (1621–23) gegr. röm. Kardinalskongregation für das päpstl. Missionswesen; das Missionswesen der gesamten kath. Kirche ist ihr unterstellt. Der Präfekt der P. gehört zu den mit den größten Vollmachten ausgestatteten Kurienkardinälen. Zur P. gehört eine eigene Hochschule, das Päpstliche Propaganda-Kolleg (Pontificio Ateneo-Urbaniano de Propaganda Fide); sie wurde 1627 gegr. und umfaßt ein theolog. und philosoph. Fakultät sowie ein Missionswissenschaftliches Institut.
LIT. O. Mejer, Die Propaganda, ihre Provinzen und ihr Recht. 2 Bde. (1852/53).

Prophet (griech., Verkünder göttl. Orakel; gleichbedeutend mit hebr. Navi, Verkünder oder Deuter einer Gottesbotschaft). In den verschiedensten Religionen Bez. für den Seher, Priester, vor allem den Ekstatiker; er ist das Offenbarungsorgan eines Gottes und der mündl. Übermittler des göttl. Willens.

Prophetie. Gabe der Weissagung, Prophezeiung. Meist wird die P. im Sinne der Vorhersage und somit als psycholog. Erscheinung aufgefaßt; sie war zunächst die Gabe der biblischen u. a. Propheten.
LIT. L. Dürr, Wirken und Wollen der alttestamentl. Propheten (1926); H. Junker, Prophet und Seher in Israel (1928); C. Kuhl, Israels Propheten (1956); G. Hölscher, Die Propheten (1914); H. Gunkel, Die Propheten (1917); B. Duhm, Israels Propheten (²1922); M. Buber, Der Glaube der Propheten (Zürich 1950); G. Fohrer, Die symbol. Handlungen der Propheten (1953).

Propontis (griech., Vormeer). Der antike Name des Marmarameeres, meist einschließlich der hieran angrenzenden breiteren Teile der Dardanellen.

Proporz, Proporzsystem (Proportional-, Verhältniswahlsystem). Bez. für eine Regelung, durch die die Wahl einer Behörde seitens der Bürger in der Form geordnet wird, daß mehrere Mitglieder in einem Wahlkreis gewählt werden (meist Listenwahl); hierbei entscheidet dann der Proportion der für die einzelnen Parteien abgegebenen Stimmen.
LIT. G. Lehmbruch, Proporzdemokratie (1967). A. Lijphart, The Politics of Accomodation (1968); H. Daalder u. a., The Politics of the Smaller European Democracies (1971).

Propst (mlat. propositus aus praepositus, Vorgesetzter). Kirchl. Amtstitel, →Praepositus.

Prorogation (lat.). Aufschub, Verlängerung, Vertagung. Im antiken Rom der Verlängerung der Amtszeit eines röm. Beamten (seit 326 v. Chr., doch lediglich im nicht-städt. Bereich wirksam). P. erfolgte anfangs durch die Volksversammlung, später durch den Senat. Scipios (235–183 v. Chr.) ununterbrochenes Kommando gegen Hannibal (246–182 v. Chr.) ist eines der bedeutendsten Beispiele von P.
Im Recht heute die allg. für sämtliche vermögensrechtl. Prozesse zulässige Begründung eines Gerichtsstandes auf Grund eines Vertrags.

Proselyt (griech., Hinzugekommener). Seit der hellenist.-röm. Zeit der vom Heidentum zum Judentum Übertretende. Gottesfürchtige wurden diejenigen genannt, die lediglich das Sabbatgebot und die mosaischen Speisegesetze befolgten, aber nicht förmlich (durch

Beschneidung, der die Bedeutung des Bundeszeichens, d. h. der Zugehörigkeit zum Volke Jahwes, zukam) zum Judentum übertraten. Wer andere für seinen Glauben zu gewinnen trachtete, war ein Proselytenmacher (Matth. 23, 15). Seit dem 13. Jh. wurden unter Juden lebende Nichtjuden, die zum jüd. Glauben nicht übertraten, als P. des Tores bezeichnet.

Später war P. allg. die Bez. für denjenigen, der von einer religiösen Partei zu einer anderen übertrat.

LIT. A. Bertholet, Die Stellung der Israeliten und der Juden zu den Fremden (1896); M. Guttmann, Das Judentum und seine Umwelt, 1 (1927); P. Dalbert, Die Theologie der Hellenist.-Jüd. Missionsliteratur (1954).

Proskription (lat., Bekanntmachung, Einziehung, Ächtung). Im antiken Rom zunächst eine öffentl. Bekanntmachung, die durch Anschlag erfolgte. Eine Bedeutungsänderung erfuhr der Ausdruck P., als Sulla (138–78 v. Chr.) im Jahre 82 die Namen seiner polit. Gegner durch öffentl. Anschlag bekanntmachen ließ. Auf Grund der P. waren sie für vogelfrei erklärt, d. h. ihr Vermögen durfte ohne ein gerichtl. Verfahren enteignet werden; außerdem durften sie durch jedermann getötet werden. Gegen die P. gab es keine → Provokation.

Proskynese (griech. proskynesis, Fußfall). Der mit dem Küssen des Bodens verbundene Fußfall, wodurch die Götter verehrt wurden. Im alten Persien gehörte die P. zum Hofzeremoniell; Alexander d. Gr. (reg. 336–323 v. Chr.) versuchte, sie für sich einzuführen. Die Griechen sahen in der P. eine Verletzung ihrer Würde, die Juden eine Lästerung Gottes, weshalb Griechen und Juden sie ablehnten. Die P. ist von der lat. und der griech. Kirche übernommen worden. Die lat. Kirche kennt die P. u. a. in der Liturgie vom Karfreitag; in der griech. Kirche erweist man sie den Ikonen.

LIT. F. Taeger, Charisma (1957/60).

Prosopographie (Kunstw. griech.). Personengeschichte, Personenlexikon. In der Altertumswissenschaft ein aus den Quellen, d. h. Inschriften, Münzen, den bei Schriftstellern der Antike vorkommenden Personennamen einschließlich Nachweise, Stammbäume, Behördenlisten etc. erarbeitetes Verzeichnis sämtl. bekannter Personen innerhalb eines Zeitabschnitts.

LIT. J. Kirchner (Hrsg.), Prosopographia Attica. 2 Bde. (1901–03; bis auf Augustus reichend); H. Berve, Das Alexanderreich auf prosopograph. Grundlage. 2 Bde. (1926); P. Poralla, P. der Lakedämonier bis auf Alexander d. Gr. (1913); E. Klebs, H. Dessau, P. von Rohden (Hrsg.), Prosopographia imperii Romani saeculi I. II. III. (31 v.–248 n. Chr.). 3 Bde. (1897/98); 2. Aufl. 1–4, 1 (1933–52), hrsg. von E. Groag und G. Stein; H. Bengtson, Einführung in die Alte Geschichte (⁸1979).

Prostasie (griech.). Führung, Hegemonie, die Stellung und das Amt eines Prostates, eines Vorstandes, das in etwa dem Amt eines Protektors entsprach. So übte nach dem Tode Alexanders d. Gr. (323 v. Chr.) der Reichsfeldherr Krateros von 323–21 v. Chr. die P. des Königtums aus.

Prostitution (von lat. prostituere, preisgeben). Die auf Erwerb gerichtete, wahllose Hingabe des eigenen Körpers. Sie fehlt bei den Urvölkern, ist jedoch bei den monogamen Kulturvölkern des At. als anerkanntes Gewerbe verbreitet. U. a. bei den Babyloniern, den Juden und Indern gibt es daneben die religiöse P. (Tempelprostitution) und die gastliche P. Weit verbreitet war die profane P. bei den Griechen und Römern.

Auf Grund der christl. Lehre erfuhr die P. im christl. Abendland des FrühMA eine starke Einschränkung, ohne jedoch gänzlich aufzuhören. Sie erlebte eine Kommerzialisierung mit der Ausbildung des Städtewesens sowie des Heerund Geldwesens. Seit dem ausgehenden 13. Jh. wurde sie durch die Abschließung in Freudenhäusern (Frauenhäuser, Gemeine Häuser, später Bordelle) reglementiert, gleichzeitig aber in die ständische Gesellschaftsordnung einbezogen. Seit jener Zeit bildeten die sog. »Hübschlerinnen« eine Art berechtigter Zunft; der Betrieb in den Freudenhäusern war durch obrigkeitl. Ordnung geregelt. Gesellschaftl. anerkannt wurden die Kurtisanen (den Hetären der Antike vergleichbar) seit der Renaissance, zuerst in Italien, dann in Frankreich, Dtl. etc. Einen Höhepunkt erlangte die P. im galanten 18. Jh. Seit dem ausgehenden 18. Jh. bzw. der Entstehung von Großstädten konzentrierte sie sich im großstädt. Bereich.

LIT. B. E. Stumpp, P. in der römischen Antike (2001).

Protektionismus (nlat. von protegere,

beschützen). Im Gegensatz zum Freihandel diejenige Form der Wirtschaftspolitik, die der Inlandswirtschaft gegen die Konkurrenz aus dem Ausland dient; das geschieht mit Hilfe von Schutzzöllen, Kontingenten, Ausgleichsprämien, ebenfalls durch die obligator. Angleichung der Löhne der temporären ausländischen Arbeiter an die der inländischen. P. kann sich auf die gesamte inländ. Produktion oder einzelne Produktionszweige (z. B. die Landwirtschaft, die Textilindustrie, die Porzellanmanufaktur etc.) erstrecken.

LIT. H. Bachmann, Zollpolitik und Entwicklungsländer (1965); H. Müller-Godelfroy, A. Pfailer, R. Rode, H. Rytkönen, Der neue P. (1983); D. Wottawa, P. im Außenhandel Deutschlands mit Vieh und Fleisch zwischen Reichsgründung und Beginn des Zweiten Weltkrieges (1985).

Protektor (lat.). Beschützer, Gönner. In Anlehnung an die Gefolgschaft der Germanen seit dem 3. Jh. n. Chr. der Angehörige einer Gruppe von Offizieren, die dem Kaiser besonders ergeben war; desgleichen der Leibwächter (protector lateris Divini). In England war P. ein Titel, den u. a. Humphrey, der Herzog von Gloucester, während der Minderjährigkeit seines Neffen Heinrich VI. (reg. 1422–61) führte (Protector of England); der Herzog von Gloucester (der spätere König Richard III., reg. 1483–85) wurde nach dem Tod Eduards IV., als er Eduard V. in Verwahrung nahm, Protector of the Kingdom genannt (1483); Oliver Cromwell (1599–1658) wurde 1653 zum Lord Protector of the Commonwealth erklärt; sein Sohn Richard folgte ihm als Lord Protector bis zur Restauration des Hauses Stuart im Jahre 1660. Nach der Rheinbundakte von 1806 besaß Napoleon I. (reg. 1804–14/15) den Titel P. des Rheinbundes.

Der **Kardinalprotektor** vertritt in der kath. Kirche die Interessen bei der röm. Kurie.

LIT. T. Bitterauf, Geschichte des Rheinbundes I (1905); E. R. Huber, Dt. Verfassungsgeschichte seit 1789 (^{2}1967).

Protektorat (lat.). Schutzherrschaft, d. h. polit. und jurist. Abhängigkeitsverhältnis eines Staates gegenüber einem oder mehreren anderen Staaten. Gewöhnlich basiert das P. auf einem Vertrag; es kann dem Schutz eines kleineren Landes dienen. Häufiger kommt es in Form einer kolonialen Abhängigkeit vor (sie kann in eine erweiterte oder vollständige Selbständigkeit geändert werden, wie im Falle des brit. P. in Ägypten [1914–36]). Gänzliche koloniale Unterwerfung (häufig unter einem Hochkommissar), jedoch mit einer bes. Art der Selbstregierung, war die in einer Reihe von Fällen praktizierte Form des P. durch Großbritannien, u. a. in Kuwait, Aden, Kenia.

In Europa wurde durch das NS-Regime am 15. 3. 1939 das P. Böhmen und Mähren gewaltsam gegründet, nachdem die Tschechoslowakei durch Dtl. besetzt worden war. Böhmen und Mähren existierten auf Grund der erzwungenen Abmachung vom 15. 3. 1939 als ein autonomes Schutzgebiet des Dt. Reiches. Wohl besaß es ein eigenes Staatsoberhaupt und eine eigene Regierung, die nicht-dt. Einwohner hatten ihre eigene Staatsangehörigkeit; es wurde jedoch durch einen Reichsprotektor (K. von Neurath, dann W. Frick), der die Reichsgewalt ausübte, in Abhängigkeit gehalten.

Die Wahrnehmung der Interessen eines Staates bei der Kurie und im Konklave durch einen seiner Kardinäle wird als nationales P. bezeichnet.

LIT. StL VI (^{6}1961) 542–44; W. Dennler, Böhm. Passion (1953); R. Luža, The Transfer of the Sudeten Germans (1964); D. Brandes, Die Tschechen unter dt. P. (1969).

Protest (franz. zu lat. testis, Zeuge, Mitwisser). Einspruch, Verwahrung. In der Diplomatie wird durch den P. die formelle Nichtanerkennung eines durch einen anderen Staat geschaffenen Zustandes (z. B. bei Gebiets- und Neutralitätsverletzungen) zum Ausdruck gebracht.

Protestantenpatent. Eine Verordnung, die Kaiser Franz Joseph I. von Österreich (reg. 1848–1916) am 8. 4. 1861 erließ. Hierdurch erhielten die Evangelischen in Österreich die volle gesetzl. Gleichberechtigung (→Patent).

Protestantenverein, Dt. P. 1863 in Frankfurt/M. gegr. zu dem Zweck, das kirchl. Leben zu erneuern und mit der Kulturentwicklung in Einklang zu bringen. Als Protestantentage wurden die Jahresversammlungen des P. bezeichnet.

LIT. J. Rathge, Die Welt des freien Protestantismus (1952); D. Fricke (Hrsg.),

Die bürgerl. Parteien in Dtl. 2 Bde. (Berlin-Ost 1968).

Protestantisch-bischöfliche Kirche Nordamerikas, engl. ›Protestant Episcopal Church in the United States‹. Sie entstand 1789 aus der Anglikanischen Kirche. Durch die presbyterialsynodale Verfassung der P.-b. K. N. ist die Stellung ihrer Bischöfe stark eingeschränkt.

Protestantische Union → Union [3].

Protestantismus. Die Ausprägung des Christentums, welche aus der Reformation hervorgegangen ist. Der P. umfaßt im weitesten Sinne diejenigen christl. Kirchen und Gemeinschaften, die nicht zur kath. Kirche und zur Ostkirche gehören. Der Name ist hergeleitet von der Protestation der dt. reformator. gesinnten Reichsstände gegen einen ihnen ungünstigen Mehrheitsbeschluß auf dem Reichstag zu Speyer (15. 4. 1529); hiernach wurden sämtliche kirchl. Reformen verboten. Gegenüber der Bez. »evangelisch« ist P. der weitergefaßte Begriff; er wird auch von denjenigen beansprucht, die zu den Kirchen der Reformation nur noch ein loses Verhältnis haben.

Eine organisator. Einheit wie der Katholizismus stellt der P. nicht dar. Er zerfällt vielmehr in verschiedene Kirchen und Gruppen. Dem P. sind zuzurechnen die großen Bekenntnisgemeinschaften der Lutheraner sowie der Reformierten mit zahlreichen nationalen, landeskirchl. und freikirchl. Organisationsformen, ferner die Unionskirchen und überkonfessionellen Gruppen (Vereinigte Brüder in Christo), die Altlutheraner und Altreformierten, außerdem die kleineren, während der Reformationszeit entstandenen (Schwenkfelder, Mennoniten, Unitarier) oder die erneut angeregten Gemeinschaften (Waldenser, Brüderunität); vom engl.-amerikan. Bereich ausgehend die Independenten, Baptisten und Quäker. Hinzu treten (wie seit der Reformationszeit schon) immer neue Sekten. Der P., der eine an Wandlungen reiche Geschichte erlebte, erfuhr schließlich im Neuprotestantismus einen tiefgreifenden Wandel gegenüber seinen früheren Formen (→ Luthertum).

LIT. StL VI ([6]1961) 545–58; E. Troeltsch, Die Bedeutung des P. für die Entstehung der modernen Welt ([3]1924); K. Heim, Das Wesen des ev. Christentums ([5]1929); Siegfried, Das prot. Prinzip in Kirche und Welt (1939); K. Guggisberg, Der freie P. (1942); L. Lambinet, Das Wesen des kath.-prot. Gegensatzes (1946); K. Holl, Die Kulturbedeutung der Reformation. In: Ges. Aufs. I ([7]1948); P. Tillich, Der P. Prinzip und Wirklichkeit (1950); E. Hirsch, Geschichte der neueren ev. Theologie. 5 Bde. (1949–53); J. S. Whale, The Protestant Tradition (Cambridge 1955); W. H. van de Pol, Prot. Christentum (1955); G. Mecenseffy, Geschichte des P. in Österreich (1956); Séguy, Les Sectes Protestantes dans la France contemporaine (Paris 1956); K. Kupisch, Prot. Perspektiven (1957); R. Prenter, Der P. in unserer Zeit (1959); F. H. Ryssel (Hrsg.), P. heute (1959); W. H. van de Pol, Der Welt-P. (1960); J. Hurstfield (Hrsg.), The Reformation Crisis (1965); F. Mildenberger, Geschichte der dt. ev. Theologie im 19. und 20. Jh. (1981); O. Wagner, Zwischen Völkern, Staaten und Kirchen. Zur Geschichte des P. in Ostmitteleuropa (1986); H. Lehmann, Protestantische Weltsichten (1998).

Proto-, Prot- (griech. protos, erst-). Steigerndes Präfix in Titeln der spätaröm.-byzantin. Zeit (dem. Ober- entsprechend); vgl. → Protonotar etc.

Protokoll (griech., das erste angeleimte [Blatt an der Buchrolle]). Die Niederschrift einer Verhandlung, Erklärung, Aussage, häufig mit Unterzeichnung durch die Beteiligten; Teil der Urkunde.

In der Diplomatie auch internationales Abkommen (z. B. das Londoner P. vom 8. 5. 1852; in ihm setzten die europ. Großmächte fest, daß die weibl. Erbfolge für die dän. Gesamtmonarchie gelten und die Glücksburger Nebenlinie des Hauses Oldenburg nach dem Tode des kinderlosen Königs Friedrich VII., reg. 1848 bis 1863, den Thron besteigen sollte).

Als P. wird ebenfalls die Gesamtheit der im diplomat. Verkehr zu beobachtenden Regeln der Höflichkeit und des Anstandes bezeichnet. Der Chef des P. ist ein (seit dem 16. Jh. unter wechselnden Bez.) tätiger Beamter (heute im Außenministerium), der für die persönl. Angelegenheiten des diplomat. Corps, das Zeremoniell etc. zuständig ist.

Protonotar (griech.-lat., erster Notar). In den kaiserl. und fürstl. Hofkanzleien der erste Notar.

In der kath. Kirche ist der apostolische

Protorenaissance

P. (Protonotarius Apostolicus), einer der sieben an der Kurie tätigen Notare ein Würdenträger (Anrede: Monsignore), der im weiteren Sinn zu den päpstl. Hausprälaten gehört.
LIT. LThK VIII, 837.

Protorenaissance (Vorrenaissance). Bez. vor allem für die in der Kunst des HochMA (11.–13. Jh.) vorkommenden antikisierenden Tendenzen bei den Gliederungs- und Ornamentformen roman. Stils in Florenz (z. B. S. Miniato) und Umgebung; den antikisierenden roman. Stil des unteren Rhônetales, z. B. Arles (St-Trophime), St-Gilles u. a.; südital. Plastik z. Z. Friedrichs II. (reg. 1215–50), Skulpturen von N. Pisano (um 1225–nach 1278), der in der Toskana, in Bologna und Perugia arbeitete, weiter Skulpturen in Reims, Straßburg und Bamberg.

Protze (von ital. biroccio, zweirädriges Fuhrwerk). Früher allg. ein zweirädriges Fuhrwerk, dann speziell der zweirädrige Vorderwagen von Geschützen mit Deichsel und aufgesetztem Protzkasten zur Unterbringung des notwendigsten ersten Schießbedarfs.

Provence. Historische Landschaft Südostfrankreichs (das franz. Küstengebiet östlich der Rhone bis zum Alpenkamm). Zur Römerzeit Provincia Narbonensis oder auch nur Provincia genannt, umfaßte die P. denjenigen Teil SO-Frankreichs, den die Römer zwischen 125–118 v. Chr. eroberten. 470–77 n. Chr. gelangte sie an die Westgoten, 509 an die Ostgoten und 536 an die Franken. Der Hausmeier Karl Martell (714–41) konnte die P. den Arabern zwar entreißen, doch vermochten diese sich in den Küstengebieten (Garde-Freinet) zu halten. Seit 879 gehörte sie zum Kgr. Niederburgund (Arelat). 934 gelangte sie an Hochburgund und mit diesem im Jahre 1033 an den dt. König als Oberherrn. Vom 10. Jh. an waren die Grafen von Arles Herren der P.; ihre Hauptstadt war Aix. Seit 1246 im Besitz des Hauses Anjou, fiel die P. 1481 an die franz. Krone.
LIT. A. Hofmeister, Dtl. und Burgund im frühen MA (1914); Camau, La P. à travers les siècles. 4 Bde. (Paris 1907–30); R. Grieser, Das Arelat in der europ. Politik, 10.–14. Jh. (1925); R. Buchner, Die P. in merowing. Zeit (1933); F. L. Ganshof, in: RH, 183 (1938); R. Busquet, Histoire de P. des origines à la Révolution Française (Mo-

naco 1954); R. Pillorget, Les mouvements insurrectionels de Provence entre 1596 et 1715 (1975).

Provinz (lat. provincia). Im antiken Rom zunächst der Amtsbereich des Inhabers der obersten Befehlsgewalt; nachdem überseeische Länder erworben worden waren, ein Verwaltungsbezirk außerhalb Italiens (erste röm. P. war das durch den 1. Punischen Krieg, 264–41 v. Chr., im Jahre 241 erworbene Sizilien) unter der Leitung eines Prätors, seit Sullas Herrschaft (82–79 v. Chr.) eines Promagistrats. Unter Augustus (reg. 31 v.–14 n. Chr.) wurden die P. (den militär. Anforderungen entsprechend) in kaiserl. P. unter Legaten und Prokuratoren sowie Senatsprovinzen unter Prokonsuln und Proprätoren aufgeteilt. Unter Kaiser Diokletian (reg. 284–305 n. Chr.) wurden die Diözesen einer den P. übergeordnete Zwischeninstanz der Verwaltung. Während es im Jahre 117 n. Chr. 45 P. auf dem Territorium des Röm. Reiches gab, wurden es im Zusammenhang mit der Reform Diokletians 98 (297 n. Chr.).

In zahlreichen Ländern ist P. nach röm. Vorbild die Bez. für die umfassendste Art von Verwaltungsbezirken. In Frankreich wurden die alten P. durch die Französische Revolution von 1789 durch die kleineren Départements (ein ungeschichtl.-zentralist. System der Einteilung) ersetzt.

1815 wurde die P. (10) des preuß. Staates geschaffen, die durch Gebietserwerb und -verlust häufige Änderungen erfuhren. Der auf den Frhr. vom Stein (1757–1831) zurückgehende Gedanke der Selbstverwaltung wurde in den Provinzialordnungen (1875–88) neu gefaßt. Nunmehr waren die P. gleichzeitig (in Regierungsbezirke und Kreise unterteilte) staatl. Selbstverwaltungseinheiten und Gebietskörperschaften (Provinzialverbände). Der staatl. Verwaltung stand der Oberpräsident vor; Beschlußbehörde für bes. staatl. Aufgaben war der Provinzialrat. Der Provinziallandtag, dessen Abgeordnete von den Stadt- und Landkreisen gewählt wurden (seit 1925 durch das Volk) und der an die Stelle der alten Provinzialstände trat, der aus seiner Mitte gewählte Provinzialausschuß und der Landesdirektor oder Landeshauptmann (vom Provinziallandtag auf 6–12 Jahre gewählt) waren die Organe der Provinzialverbände.

Nach der Machtübernahme durch die Nationalsozialisten wurden die Provinzialorgane aufgelöst (1933), der Oberpräsident wurde zugleich zum Leiter der Selbstverwaltung der P.; sein ständiger Vertreter war der Landeshauptmann; als beratendes Organ fungierte der Provinzialrat; ohne eigene Bedeutung bestanden die Provinzialverbände fort. LIT. HWDRG III, 5–13; N. Schäfer, Die Einbeziehung der Provinzialen in den Reichsdienst in augusteischer Zeit (2000).

Provinzial. Der Obere, der der Provinz eines geistl. Ordens vorsteht.

Provinzialschulkollegium. Von 1825 bis 1932 in Preußen die Verwaltungsbehörde für die höheren Schulen; sie war dem Unterrichtsministerium unterstellt. Die Aufgaben des P. wurden 1932 dem Oberpräsidenten übertragen, 1945 den Landeskultusministerien (als Schulkollegium in Nordrhein-Westfalen weiterbestehend).

Provision (von lat. providere, voraussehen). Allg. die Vorkehrung, die vorsorgl. Maßnahme. Im kath. Kirchenrecht ist die provisio canonica die »kanonische Besetzung« eines vakanten Kirchenamtes oder die hierfür zuständige kirchl. Behörde. Im ev. Kirchenrecht stand die P. dem Landesherrn als summus episcopus zu. Im engl. Staatsrecht des MA war die P. in Form eines Statut, Beschluß (z. B. die P. von Oxford und Westminster von 1258/59 zur Reform des engl. Staates).

Provisor (lat., Fürsorger). Stellvertreter, Vikar (mlat. Meier, Hausmeier).

Provokation (lat.). Herausforderung (Provozieren) vor allem einer polit. Bewegung, Gewalttaten zu begehen. Die P. erfolgt durch die Gegenpartei; sie will dadurch die Gegenbewegung ins Unrecht setzen.
Im antiken Rom das dem röm. Bürger zustehende Vorrecht, gegen den Spruch eines Magistrats Berufung an die Komitien einzulegen. Zunächst nur im städt. Bereich möglich, konnte sie seit dem 2. Jh. v. Chr. auch in den Provinzen wahrgenommen werden.

Prov(v)editore (ital.). In der ehem. Republik Venedig Titel höherer Beamter, insbes. der mit der Verwaltung der Festlandsgebiete betrauten.

Proxenie (griech., Gastfreundschaft). In den antiken griech. Stadtstaaten eine Art Ehrenbürgerschaft, d. h., daß ein Bürger Proxenos (Staatsgastfreund) eines fremden Staates wurde. In dieser Eigenschaft hatte er die Interessen der Bürger dieses Staates in seiner Heimat zu vertreten (in etwa dem heutigen Konsul vergleichbar). LIT. P. Monceaux, Les proxenies grecques (1885).

Prügelstrafe. Durch Peitschen-, Stock- oder Rutenhiebe vollzogene Bestrafung. Die P. stellt eine der zahlreichen Körper- und Leibesstrafen in der Strafgesetzgebung des 16. und 17. Jh. dar. Noch im Preuß. Allg. Landrecht von 1794 nahm sie einen breiten Raum ein, vor allem bei Roheitsdelikten. Die P. verschwand allmählich seit der Französischen Revolution von 1789, als sie als eines freien Bürgers unwürdig empfunden wurde. Ihre letzten Reste jedoch wurden in Preußen und in der Mehrzahl der dt. Länder erst 1848 verboten, in Österreich sogar erst 1867. Als Disziplinarmittel im Strafvollzug wurde die Anwendung der P. in Dtl. durch die Grundsätze über den Vollzug von Freiheitsstrafen vom Jahre 1923 endgültig beseitigt. Von fast sämtlichen Kulturstaaten wurde sie auf Grund einer ähnlichen Entwicklung wie der in Dtl. abgeschafft. LIT. HWDRG III, 76–80; H. von Hentig, Die Strafe (²1955).

Prytaneum (griech. Prytaneion). In den Staaten Altgriechenlands das Ratoder Gemeindehaus, in dem die regierende Behörde (die Prytanen) ihren Sitz hatte. So amtierten in Athen die Mitglieder des 50 köpfigen Ausschusses des Rats der 500 (das geschäftsführende Ratszehntel, die Prytanie) permanent im P. zur Erledigung der laufenden Geschäfte; ihnen oblag auch die Einberufung der Volksversammlung. LIT. I. Th. Hill, The Ancient City of Athens (London 1953).

Psalterium (lat.), Psalter. Buch der Psalmen im A. T. In der mlat. Hymnendichtung des MA eine Andachtsdichtung von 150 Reimstrophen zu Ehren Mariens (Psalterium Mariae) mit formaler und inhaltl. Anlehnung an die Psalmen.

Psephisma (griech.). In den altgriech. Stadtstaaten der durch Abstimmung herbeigeführte Beschluß, vor allem der des Rats oder der Volksversammlung; er wurde nach dem Antragsteller, ebenfalls nach dem Inhalt, benannt und in Archiven aufbewahrt. Handelte es sich um Beschlüsse wichtigerer Art, dann wurden sie in Stein gehauen.

Pseudo-Isidorien, Pseudo-Isidorische Fälschungen.
[1] Die gefälschte Sammlung von kirchenrechtl. Urkunden, der Pseudo-Isidorischen Dekretalen des Isidor Mercator; er benutzte für sein Pseudonym die Namen Isidors von Sevilla (um 560–636) und des Marius Mercator. Es handelt sich hierbei um echte und erfundene Papstbriefe und Konzilsakten der Zeit von etwa 90–731 n. Chr. Die Sammlung selbst datiert in die Zeit um die Mitte des 9. Jh.
[2] Die Hispana Gallica Augustodunensis, die in das 8. Jh. fallende verfälschte gall. Bearbeitung einer Sammlung span. Kanones des 7. Jh.
[3] Die gefälschte Kapitulariensammlung des angeblich Mainzer Diakons Benedictus Levita; sie gibt vor allem kirchl. Vorschriften als staatl. Kapitularien aus (die Sammlung will z. Z. des EB Otgar von Mainz entstanden sein).
[4] Die Capitula Angilramni, die Verfälschung echter Kanones, Gesetze etc. (die Sammlung behauptet, von Papst Hadrian I., 772–95, zu stammen).
Die 4 Fälschungen gehen zurück auf eine Gruppe von Klerikern, die sowohl rechtl. als auch archival. als Experten betrachtet werden müssen; sie haben um die Mitte des 9. Jh. im Westfränk. Reich (vermutl. in Reims) aus einem Recht verfaßt, und zwar aus Stücken und Splittern alter Rechtsquellen. Pseudo-Isidor beabsichtigte mit seiner Fälschung, die bischöfl. Macht gegenüber dem König und dem Adel einerseits sowie den Metropoliten andererseits zu stärken. Zu diesem Zweck konstruierte er eine erhöhte päpstl. Zentralgewalt, die dann zum Hauptinhalt der Fälschungen wurde. Obwohl bereits durch Hinkmar von Reims (um 806–82), im SpätMA durch Nikolaus von Kues (1401–64) angezweifelt, konnte das Werk Pseudo-Isidors erst 1628 durch David Blondel, einen ref. Theologen, endgültig entlarvt werden.
Ausgaben: Benedictus Levita, MGH, Legum sectio 2, 2 (1837); J. P. Migne, Patrologia Latina, 97; P. Hinschius (Hrsg.), Decretales Pseudo-Isidorianae et Capitula Angilramni (1863).
LIT. HWDRG III, 80–85; J. B. Sägmüller, Lehrbuch des kath. Kirchenrechts, 1, 2, (⁴1926); W. Wattenbach und W. Levison, Deutschlands Geschichtsquellen im MA, Beih. von R. Buchner, Die Rechtsquellen (1953);
H. Fuhrmann, Einfluß und Verbreitung der pseudoisidor. Fälschungen von ihrem Auftauchen bis in die neuere Zeit. 3 Bde. (1972–75).

Publikanen (lat. publicani, societas vectigalium publicorum). In der röm. Republik Staatspächter; sie stellten eine Klasse von Unternehmern dar, die seit dem 3. Jh. v. Chr. aufkam. Später schlossen sich die P. zu Gesellschaften zusammen; vor allem seit dem 2./1. Jh. v. Chr. pachteten sie die Erhebung namentlich des Zehnt (decima), der Weidegebühren (scriptura), der Hafengebühren (portoria) etc. in den Provinzen gegen Höchstgebot. Die P., die ihre wirtschaftl. Macht rigoros ausnutzten, auch polit., waren bei den Provinzialen zunehmend verhaßt; sie wurden während der Kaiserzeit allmählich ausgeschaltet.
LIT. M. Rostovtzeff, Gesellschaft und Wirtschaft im Röm. Kaiserreich. 2 Bde. (1931).

Publizistik. Die Behandlung von öffentl. Angelegenheiten in öffentl. Aussprache, und zwar durch Wort, Schrift und Bild; im übertragenen Sinn gelten als Mittel dieser Form der Aussprache die Presse, der Rundfunk, der Film sowie das Fernsehen. – Während des 18. Jh. verstand man P. im engeren Sinn als Beschäftigung mit staatswissenschaftl. Angelegenheiten, später wurde sie auf sämtliche Bereiche des öffentl. Interesses ausgedehnt. Als Kriterien der P. gelten sowohl der Öffentlichkeitswille als auch der Beeinflussungswille; damit läuft das Bemühen um Aktualität parallel.
LIT. V. Spieß, Verz. deutschsprachiger Hochschulschr. zur P. (1969); G. Starke, Die Einheit der P. und ihre geistigen Grundlagen (1939); W. Hagemann, Grundzüge der P. (1947); E. Dovifat, Zeitungslehre. 2 Bde. (³1955); Zeitschrift: ›P.‹ (seit 1956); M. Schmolke, Die schlechte Presse (1971); H. Wagner, Das Ende der kathol. Presse. 3 Bde. (1974).

Pud. Früheres russ. Handelsgewicht, 16,381 Kilo.

Pufferstaat (franz. état-tampon). Bez. für Kleinstaaten, die zw. Großmächten (als Puffer) liegen und die Reibungen verhindern, die aus der Berührung der Großmächte entstehen können. Aus diesem Grunde sind die Großmächte an der Integrität der P. gewöhnlich interessiert. P. können jedoch auch

Streitobjekte der Großmächte sein, weshalb man die Streitigkeiten u. U. dadurch beseitigt, daß man die P. unter den betreffenden Großmächten aufteilt.

Pulververschwörung (engl. Gunpowder Plot). Die Verschwörung von 10 kath. Edelleuten (darunter Guy Fawkes, ein Konvertit zum kath. Glauben) unter Mitwissen engl. Jesuiten, König Jakob I. von England (reg. 1603–25) und das engl. Parlament anläßlich der Parlamentseröffnung am 5. 11. 1605 in die Luft zu sprengen, da sich die Verschwörer durch Katholikenverfolgungen gereizt fühlten. Einer der kath. Peers, dem die Warnung zugegangen war, das Parlament an jenem Tag zu meiden, unterrichtete die Behörden hiervon. Auf Grund einer hierauf vorgenommenen Untersuchung konnte die Verschwörung aufgedeckt werden.

LIT. S. R. Gardiner, What the Gunpowder Plot was (1897); P. Sidney, History of Gunpowder Plot (London ²1905); Morgan, The Gunpowder Plot. (Oxford 1933); H. Ross Williamson, Gunpowder Plot (London 1951); M. Nicholls, Investigating Gunpowder Plot (1991).

Punch. Die 1841 von Henry Mayhew in London gegr. bedeutendste polit.-satir. illustrierte Wochenschrift Englands.

LIT. H. J. Weber, Neunzig Jahre P. In: Zeitungswissenschaft, 6. Jg. (1931); M. Spielmann, History of P. (London 1895); R. G. Price, A History of P. (London 1957).

Punische Kriege. Die 3 großen Kriege zw. Rom und Karthago während der Zeit von 264–146 v. Chr.
Der 1. P. K. (264–41); er wurde ausgelöst durch das Eingreifen Roms zugunsten der Mamertiner, als diese sich von Syrakus bedrängt sahen. Seit 263 weitete sich der Krieg zu einer Auseinandersetzung um Rom und Karthago um Sizilien aus. Nach röm. Seesiegen bei Mylae (260) und Eknomos (256) wurde ein röm. Heer unter Regulus auf afrikan. Boden geschlagen (255). Seit dieser Zeit wurde vor allem in West-Sizilien gekämpft, wo seit 247 Hamilkar Barkas den karthag. Widerstand organisierte und leitete. 241 wurde der Krieg beendet, nachdem der röm. Konsul C. Lutatius Catulus die Karthager bei den Ägatischen Inseln geschlagen hatte. Der Friede des Jahres 241 bedeutete für Karthago den Verzicht auf Sizilien und die Zahlung von 3200 Talenten; 238 konnte Rom Sardinien dazugewinnen, als Karthago durch einen Söldneraufstand erschüttert wurde.
Der 2. P. K. (218–01). Die Kampfhandlungen begannen in Spanien, wo Karthago seit 237/36 große Teile des Landes südl. des Ebro erobert hatte. Unmittelbarer Anlaß für den Kriegsausbruch war die Eroberung der mit Rom verbündeten Stadt Sagunt (219/18) durch Hannibal, den größten Feldherrn und Staatsmann Karthagos (246–182). Hannibal überquerte die Alpen, errang Siege an der Trebbia (218), am Trasimenischen See (217) und bei Cannae (216). Obwohl 215/14 karthag. Heere auf Sizilien und Sardinien landeten, vermochten die Römer Hannibal allmählich in die Verteidigung zu drängen: 212 wurde Syrakus auf Sizilien, 211 Capua, 209 Neukarthago in Spanien erobert. Der Versuch Hannibals, sich mit seinem Bruder Hasdrubal bzw. dessen Heer in Italien zu vereinigen, wurde von den Römern durch ihren Sieg am Metaurus verhindert. Nach der endgültigen Vertreibung der Karthager aus Spanien durch Scipio (um 235–183) landeten die Römer in Afrika. Hannibal verließ daraufhin Italien und stellte sich dem röm. Heer unter Scipio bei Zama (202). Hannibal wurde geschlagen. Im Frieden von 201 mußte Karthago sich harten Bedingungen unterwerfen: Beschränkung auf sein afrikan. Territorium, Zahlung von 10000 Talenten, Auslieferung der Kriegsflotte, Kriegführung nur mit Roms Erlaubnis.
Der 3. P. K. (149–46). Der Krieg wurde um Rom mit der Absicht geführt, Karthago endgültig zu vernichten. Nach 3jährigem verzweifeltem Widerstand der Karthager wurde die Stadt durch Scipio Aemilianus (um 185–129) völlig zerstört.

LIT. J. Kromayer/G. Veith (Hrsg.), Schlachtenatlas zur antiken Kriegsgeschichte, Lieferung 1 u. 2 (1922); M. Gelzer, in: Vom Röm. Staat. Zur Politik und Gesellschaftsgeschichte der röm. Republik. Bd. 1 (1944); E. Kornemann, Röm. Geschichte, bearb. von H. Bengtson (1954; mit umfangreichem Lit.-Verz.); A. H. M. Jones (Hrsg.), A History of Rome through the Fifth Century. 2 Bde. (London 1968/1970); K. H. Schwarte, Der Ausbruch des Zweiten P. K. (1982).

Punktation (nlat.). Die vorläufige Fixierung der Vertragspunkte im Ver-

tragswesen, häufig auch eine verbindl. Abmachung oder ein echter Vertrag, so die Olmützer P. vom 29. 11. 1850 zw. Preußen und Österreich, die das Ende der preuß. Unionspolitik bedeutete sowie die **Emser P.**, eine den päpstl. Primat einschränkende Resolution der gallikan. und febronian. Erzbischöfe von Mainz, Trier, Köln, Salzburg auf dem Emser Kongreß vom 25. 8. 1786.
LIT. M. Höhler, Tagbuch vom Emser Kongreß (1915); HKG V.

Punt. Z. Z. der Antike ein geheimnisvolles Land; es war Handelsziel der Ägypter und Phönizier (Gold, Ebenholz). P. soll sich von Abessinien bis Südwest-Arabien erstreckt haben.

Purim(fest) (von pers. pur, Los; daher auch Losfest, Mardochaitage). Jüdisches Freudenfest, das am 14. Adar (Febr./März) in Erinnerung an die Errettung der Juden Persiens durch Esther und Mardochai vor dem Anschlag Hamans gefeiert wird. Eingeleitet wird das Fest mit Fasten, gottesdienstlich durch das Verlesen der Estherrolle, in den Familien durch Gastmähler, Aufführungen, Maskeraden und Geschenke.
LIT. P. Goodman, The P. Anthology (Philadelphia 1949); Th. H. Gaster, P. and Hanukkah (N. Y. 1950).

Puritanismus (von lat. purus, rein). In England seit etwa 1560 eine Sammelbez. für jene religiöse und polit. Gruppierung, die unter dem Einfluß der Genfer calvinist. Reformation Gottesdienste von bibl. Einfachheit und strengste Sonntagsheiligung durchsetzte sowie gegen Ritus und Dogma der episkopal. anglikan. Staatskirche auftrat. Nachdem eine ›tausendstimmige Bittschrift‹ durch Jakob I. (reg. 1603–25) abgelehnt worden war und man in religiöser und polit. Hinsicht isoliert dastand (→Dissenters), begann man nach Nordamerika auszuwandern (seit 1620; →Pilgerväter). Diejenigen, die auf den Brit. Inseln blieben, schlossen sich während der Revolution (1642–49) mit der Opposition gegen das absolute Königtum zusammen. Daher wurden zu jener Zeit alle Oppositionellen Puritaner genannt.
Der P. hat intensiv auf die Prägung von Leben und Moral des Angelsachsentums eingewirkt (Bewährung innerhalb der Welt zur Ehre Gottes etc.), vor allem auch auf die Bildung des Persönlichkeitsideals und der freiheitl.-demokrat. Staatsform. Nachhaltig hat der P.

auch auf die engl. Lit. eingewirkt (vgl. das Werk Miltons, 1608–74; Bunyans, 1628–88; Richardsons, 1689–1761; Kiplings, 1865–1936 etc.). Die auf den P. zurückgehende zeitweilige Schließung der öffentl. Bühnen 1642 hat dem engl. Theaterleben einen Schlag versetzt, der bis heute nachwirkt.
LIT. D. Neal, History of the P. 4 Bde. (1732–38; dt. 1754); E. Dowden, Puritan Anglican (1900); H. W. Clark, History of English Nonconformity. 2 Bde. (London 1911/12); Ch. Burrage, The Early English Dissenters. 2 Bde. (1912); E. Troeltsch, Die Soziallehren der christl. Kirchen und Gruppen (³1923); M. Weber, Die prot. Ethik und der Geist des Kapitalismus. In: Ges. Aufsätze zur Religionssoziologie I (⁴1947); H. Schöffler, Die Anfänge des P. (1932); J. Chambon, Der P. (dt. 1944); Wertenbacker, The Puritan Oligarchy (N. Y. 1947); Marlowe, The Puritan Tradition of English Life (London 1956); H. C. Porter (Hrsg.), Puritanism in Tudor England (1971); W. Hunt, The Puritan Movement: The Coming of Revolution in an English Country (1985); J. T. Cliffe, The Puritan Gentry: The Puritan Families of Early Stuart England (1985); P. Collison, Godly People: Essays on English Protestantism and Puritanism (1985).

Putsch (schweizerdt., Stoß). Bez. für einen plötzlichen polit. Umsturz oder Umsturzversuch (z. B. der Kapp-Putsch zu Berlin am 13. 3. 1920; der Hitler-Putsch zu München am 9. 11. 1923). →Staatsstreich.

Pyrenäenfriede. Der am 7. 11. 1659 auf der neutralen Faseninsel im Fluß Bidassoa (Westpyrenäen) zw. Frankreich und Spanien abgeschlossene Friedensvertrag. Er beendete die mit Unterbrechungen seit etwa 150 Jahren andauernden, seit 1635 erneuerten krieger. Auseinandersetzungen zw. Frankreich und Spanien mit einem Sieg Frankreichs; gleichzeitig brachte er das Ende der span. Vormachtstellung in Europa und besiegelte Frankreichs Übergewicht. Frankreich erhielt von Spanien die katalan. Grafschaft Roussillon und damit eine feste Pyrenäengrenze; außerdem Gebiete im Artois, im Hennegau sowie in Luxemburg; dafür verzichtete es auf eine weitere Unterstützung Portugals gegen Spanien. Es gab die Besitzungen der Herzöge von Lothringen, Savoyen und Modena zurück.

Quadragena (Carena). Vierzig Tage dauernde strenge Kirchenbuße, altchristl., im MA als freiwillige Buße.

Quadragesima. Vierzigtägige Fastenzeit von Aschermittwoch bis Karsamstag.

Quadratum incusum. Das bis ins 4. Jh. v. Chr. auf der Rückseite griech. Münzen vertieft eingeprägte Viereck.

Quadriga (klass. lat. quadrigae aus quadriiugae [equorum], 4 ins Joch geschirrte Pferde). Viergespann; der mit vier nebeneinander laufenden Pferden bespannte, zweirädrige Streit- und Rennwagen der griech. und röm. Antike, auch in Triumphzügen vom Triumphator verwendet. Bekrönung von Bauwerken, z. B. auf dem Mausoleum in Halikarnaß, dem Brandenburger Tor. LIT. G. Hafner, Viergespanne in Vorderansicht (1938).

Quadrivium → Freie Künste.

Quadrupelallianz. Bez. für Viermächte-Bündnisse des 18. Jh.

[1] **Q. vom 2. 8. 1718,** auch **Londoner Vertrag** genannt, ausgelöst durch den Überraschungsangriff der span. Flotte auf Sardinien im August 1717. Da hierdurch die Herrschaft in Italien und die Seeherrschaft Englands im Mittelmeer gefährdet waren, schlossen Österreich, Frankreich, England am 2. 8. 1718 zu London die Q. Mit dem Beitritt der Generalstaaten wurde so fest gerechnet, daß sie bereits als Mitabschließende in die Urkunde aufgenommen waren (daher die Bezeichnung Q.), doch ist dieser Beitritt nicht erfolgt und die Bez. der Allianz insofern unzutreffend. Die wesentl. Bestimmungen der Q.: Kaiser Karl VI. anerkennt Philipp V. als König von Spanien und beläßt ihn und seine Erben im Besitz der Gebiete, die ihm durch den Frieden von Utrecht zugesprochen wurden. Spanien gibt Sardinien an den Kaiser zurück und verzichtet auf alle Ansprüche auf jene Gebiete, die der Kaiser in Italien und Belgien innehat. Parma, Piacenza, Toskana werden als Reichslehen anerkannt; beim Aussterben der dort regierenden Dynastien sollen Söhne der Königin Elisabeth von Spanien nachfolgen, wofür der Kaiser die Zustimmung des Reiches erwerben wird. Savoyen verzichtet auf Sizilien zugunsten des Kaisers, wofür es Sardinien mit dem Königstitel erhält. Das Anrecht des Hauses Savoyen auf die Nachfolge in Spanien, beim Aussterben der bourbon.

Königshauses wird anerkannt, doch sollten Spanien und Frankreich niemals an ein und denselben Herrscher oder an eine Dynastie fallen. Kaiser Karl VI. wird der Besitz seiner gegenwärtigen Staaten garantiert. Der Erfolg der Q. hing von dem Beitritt Spaniens ab. Nach dem Sieg der engl. Flotte über die span. bei Kap Passero (10. 8. 1718), dem Einmarsch franz. Truppen in Nordspanien, sowie den Kämpfen zw. Österreichern und Spaniern vor Messina und Palermo erfolgte der Sturz des span. Ministers Alberoni (Ende 1719) und am 17. 2. 1720 der Beitritt Spaniens zur Q. Sardinien und Sizilien wurde von Spanien geräumt. Die Q. wurde auch für den Nordischen Krieg wichtig, löste sich jedoch infolge der Interessengegensätze zw. den Großmächten bald auf (Kongreß von → Cambrai).
LIT. Pribram, Österreich. Staatsverträge, England I, 350ff.; O. Weber, Die Q. (1887); W. Michael, Geschichte Englands im 18. Jh. I (1921); O. Redlich, Das Werden einer Großmacht. Österreich von 1700–40 (1942); R. J. White, Europe in the Eighteenth Century (1965).

[2] **Q. vom 8. 1. 1745.** Bündnis von Warschau, abgeschlossen zw. Österreich, den Seemächten England und Holland und Sachsen. Ziel dieser Allianz war, die Rechte Maria Theresias im Österreichischen Erbfolgekrieg und im 2. Schlesischen Krieg zu verteidigen und den Frieden in Dtl. herbeizuführen. Österreich sollte Schlesien zurückerhalten und durch engl. Subsidien unterstützt, Sachsen durch böhm. Gebiete vergrößert werden. Die Hoffnung auf einen Beitritt Rußlands ging nicht in Erfüllung.
LIT. Gebhardt-Grundmann II, 276f.; O. Weber, Die Q. vom Jahre 1718 (1887). → Schlesische Kriege, → Österreichischer Erbfolgekrieg.

Quai d'Orsay. Straße am Seineufer (in Paris VIIe), an der das franz. Außenministerium (Bau 1845–53 von Lecorné) liegt, das nach ihr den Namen führt. Häufig für die franz. Außenpolitik gebraucht.

Quäker (von engl. to quake, zittern). Wörtlich übers.: »Zitterer«, Spottname einer von George Fox (1624–91) gegr. Sekte, die sich ›Society of Friends‹ (Gesellschaft der Freunde) nannte. Fox und seine Anhänger lehnten die Bibel zugunsten des »inneren Lichts« (the light within), das jeden erleuchte, den »äußeren Christus« zugunsten der persönl. Gottesstimme ab. Wegen Verweigerung des Eides und Kriegsdienstes wurden die Q. verfolgt. Die Toleranzakte von 1689 gab ihnen die religiöse Freiheit. Die nach Nordamerika ausgewanderten Q. wurden von William Penn in Pennsylvanien organisiert (the holy experiment). Die Quäkergemeinden haben eine demokrat. Verfassung, Leitung durch Älteste, weitestgehende Unabhängigkeit. Ihre eigenartigen Bräuche (Einheitstracht, Anrede mit »Du«, Verbot von Tanz, Theater, Jagd usw.) sind im Schwinden. Die Q. traten bereits im 18. Jh. für Sklavenbefreiung, später für Völkerbund und Weltfrieden ein. LIT. W. Hubben, Die Q. in der dt. Vergangenheit (1929); J. Fiske, Dutch and Quaker's Colonies in America. 2 Bde. (1899); A. R. Fry, Die Weise der Q. (1935); H. Loukes, Die Q. (1965); R. C. Scott (Hrsg.), Die Q. (1974).

Quanta cura. Rundschreiben Pius' IX. vom 8. 12. 1864, in dem der Staatsabsolutismus und der Liberalismus verurteilt werden. Inhaltlich decken sich manche Sätze des Rundschreibens mit dem Syllabus.

quantité négligeable (franz.). Nicht bes. zu berücksichtigende, unwichtige Größe.

Quaestio. Untersuchung, Streitfrage, Abhandlung.

Quaestio disputata. Eine aus den Schulfragen entwickelte Form des Unterrichts und der wissenschaftl. Diskussion, die bes. in der Scholastik gepflegt wurde.

Quaestio quodlibet (quodlibet, was beliebt). Disputation über verschiedene Fragen, die sich in ähnl. Form vollzog wie die Quaestio disputata. In den **Quodlibeta** spiegeln sich auch die polit. Probleme der Zeit.

Quaestor (lat., Untersucher).
[1] Röm. Beamter, in histor. Zeit Finanzbeamter. Die **Quaestur** war die erste Stufe der Ämterlaufbahn, mit ihr, seit Sulla, für die Nobiles der Sitz im Senat verbunden. Feldherrn und Statthaltern war ein Q. als Kriegskommissar beigegeben.
[2] Im MA auch Bez. für Ablaßprediger und Sammler des Almosens.

Quartierfreiheit. Eine Art Asyl- und Immunitätsrecht und großer Zollfreiheit für die Gesandten beim Apostolischen Stuhl, die auch auf die Quartiere ausgedehnt war und zu Mißbräuchen sowie Konflikten zw. den Mächten und der Kurie führte. Die Aufhebung der Q. durch Papst Innozenz XI. (12. 5. 1687) löste einen heftigen Konflikt mit Frankreich aus, der durch die päpstl. Entscheidung der Kölner Doppelwahl (1688) verschärft wurde. Als Gegenmaßnahme erfolgte die Besetzung des päpstl. Avignon und Venaissin durch Ludwig XIV. (16. 9. 1688) und die feierl. Appellation (→ Appellatio ab abusu) an ein Generalkonzil. Der Orléanssche Krieg (→ Pfälzischer Erbfolgekrieg) zwang jedoch Ludwig XIV. einzulenken, was ihm durch das Entgegenkommen Papst Alexanders VIII. erleichtert wurde. Er gab die besetzten Gebiete zurück und verzichtete auf die Quartierfreiheit.
LIT. L. von Pastor, Geschichte der Päpste XIV, 911–57; HKG V (1970); J. Orcibal, Louis XIV contre Innocent XI: les appels au futur concile de 1688 et l'opinion française (1949).

Quatember (lat. quattuor tempora, vier Zeiten). Die mehrtägigen Fastenzeiten jeweils am Mittwoch, Freitag und Samstag in der kath. Kirche zu dem Beginn der vier Jahreszeiten, und zwar nach dem 1. Sonntag in der Quadragesima, in der Pfingstwoche, die 3. Septemberwoche (nach Kreuzerhöhung) und nach dem 3. Adventssonntag. Die Q. galten als Ordinationszeiten und vielfach als Termine für Zahlungen, daher auch die Bezeichnung Gold- oder **Giltfasten,** an denen die Gelt oder Gilt zu zahlen war.

Quattrocento (ital., 400, gemeint 1400). Der Stil des 15. Jh.; ital. Früh-Renaissance. Zentrum des Q. ist Florenz. Bedeutende Künstler des Q. (daher auch **Quattrocentisten**) sind Alberti, Bramante, Fra Angelico, Gozzoli, Ghiberti, Donatello.

Quellen. »Alle Texte, Gegenstände oder Tatsachen, aus denen Kenntnis der Vergangenheit gewonnen werden kann« (P. Kirn). Q. sind »die Summe aller wissenschaftl. brauchbaren Überlieferung, aus deren method. Auswertung wir schöpfen. Kenntnis schöpfen können. Dieses Material ist nach seinem Umfang unermeßlich, nach seinem Inhalt ganz außerordentlich mannigfaltig und von sehr verschiedenem Wert für die histor. Erkenntnis« (K. Jacob). Die Geschichtswissenschaft berücksichtigt in erster Linie nur solche Q., die »Resultate menschlicher Betätigungen« (Bernheim) sind und behandelt sie mit ihren Hilfswissenschaften (→ historische Hilfswissenschaften). Das Quellenmaterial der Geschichtswissenschaft läßt sich in verschiedener Weise einteilen (etwa als primäre und sekundäre Quellen unterschieden). Im allg. werden zwei hauptsächl. Kategorien unterschieden: Überreste und Tradition.

a) **Überreste:** alles, was von Begebenheiten unmittelbar übriggeblieben ist. Q., die unabsichtlich, unwillkürlich Zeugnis von einem histor. Geschehen geben, ohne durch das Medium eines Vermittlers hindurchgegangen zu sein.

b) **Tradition:** was von Begebenheiten überliefert ist; absichtlich, durch menschl. Auffassung des Geschehens geformte Q. mit der Absicht der »Mitoder Nachwelt Kunde vom Geschehenen zu übermitteln« (P. Kirn); auch als histor. Q. in engerem Sinne bezeichnet.

J.G. Droysen und andere Historiker unterscheiden noch eine weitere Gruppe von Quellen, die zw. Überresten und Tradition steht, nämlich die **Denkmäler** oder **Monumente.** »Sie gehören den ersteren an, insofern sie aus der Vergangenheit, von der sie Kunde geben, unmittelbar in die Gegenwart hineinragen, den letzteren insofern sie den Zweck haben, eine bestimmte Auffassung von dem Geschehen eben dieser Vergangenheit der Nachwelt zu überliefern« (H. Bresslau). Damit ist eine Unterscheidung der Q. nach ihrem Erkenntniswert getroffen, doch gilt diese Unterscheidung nur bedingt, da ein und dasselbe Quellenstück gleichzeitig zur Tradition und zu den Überresten gehören kann, je nach der Fragestellung des Historikers an die Quelle. Zu den Überresten zählen unbewegl. und bewegl. Bodenaltertümer (z.B. Hügelgräber, Grenzwälle, alte Wege, Kanäle, Wehrbauten, Wüstungen usw.), gegenständl. Q. (Waffen, Schmuckstücke, Geräte), Kunstdenkmäler und Kunstwerke aller Art, Siegel, Münzen, Wappen. Neben den konkreten Überresten gibt es abstrakte, nämlich die Zeugnisse des menschl. Zusammenlebens in rechtl., religiöser, wirtschaftl. Hinsicht, insbes. die Sprache, Namen (Flurnamen, Ortsnamen usw.), Brauchtum, Sitte. Zu den schriftl. Überresten zählen die schriftl. Zeugnisse, die im

Zug der Regelung wirtschaftl., rechtlicher, sozialer, religiöser u.a. Verhältnisse aus dem Bedürfnis der jeweiligen Zeit und nicht zur Belehrung der Nachwelt entstanden sind, wie z.B. Urkunden, Urbare, Akten, Archivalien (→ Archiv). Der Zweck der Archivalien ist in der Regel nicht auf histor. Unterrichtung, sondern auf Fixierung von Rechts-, Verwaltungs-, Geschäftsvorgängen u. dgl. gerichtet. Soweit Archivalien Zeugnis von Geschehenem geben, geschieht dies in der Regel unabsichtlich, unwillkürlich, unreflektiert. Die Überreste insgesamt besitzen objektiven Aussagewert; sie können ein objektives Bild von Einzelheiten geben, kaum aber ein Bild von histor. Zusammenhängen, Abläufen, Entwicklungen, Persönlichkeiten, Geistesströmungen usw. Erst durch method. Verarbeitung und im Zusammenhang mit mehreren Quellenstücken werden Überreste zu histor. aussagekräftigen und verwertbaren Q.

Zur Tradition (absichtl. Überlieferung) werden alle erzählenden Q. gerechnet, wie z.B. Sagen, histor. Lieder, Annalen, Chroniken, Viten, Nekrologien, Autobiographien, Memoiren, diplomat. Berichterstattung, Instruktionen, Relationen u. dgl., histor. Darstellungen jeder Art, polit. Traktate, Testamente, Parteiprogramme. Die Tradition gibt, da sie auf absichtl. Überlieferung abzielt, die Mit- und Nachwelt unterrichten will, in den meisten Fällen ein relativ zusammenhängendes, aber durch Subjektivität einseitiges Bild. Das muß bei der Auswertung dieser Q. (→ Quellenkritik) berücksichtigt werden.

Die Zuordnung von Q. zu einer der genannten Gruppen ist nie allgemeinoder endgültig. Sie kann sich je nach der Fragestellung ändern, z.B. kann eine Chronik je nach der Fragestellung zu den Überresten oder der Tradition zählen, eine primäre oder sekundäre Q. sein.

Quellenkritik. Die Q. hat die Aufgabe, die bes. räuml., zeitl., subjektiven und formalen Bedingungen der durch die Heuristik erfaßten Quellen festzustellen, zu erklären und die Quellenaussagen auf ihren Wahrheitsgehalt und ihre histor. Glaubwürdigkeit zu prüfen. Q. ist zunächst philolog. Kritik oder Textkritik, Sicherung des Textes, Echtheitskritik, dann innere, histor. Kritik oder Quellenanalyse. Vor allem müssen

Quellenkunde

dabei die Fragen nach der Entstehungszeit, dem Entstehungsort, dem Verfasser der Quelle, nach ihrer Nähe zu dem berichteten histor. Geschehen, ihrer Tendenz geklärt werden. Wieviel konnte, wieviel wollte die Quelle berichten? – Ein Musterbeispiel der Quellenkritik ist H. von Srbik, Wallensteins Ende (^{2}1952).
LIT. J.G. Droysen, Historik (^{3}1958); E. Bernheim, Lehrbuch der histor. Methode (^{6}1908); W. Bauer, Einführung in die Geschichtswissenschaft (^{2}1928); H. Quirin, Einführung in das Studium der ma. Geschichte (^{2}1961); P. Kirn, Einführung in die Geschichtswissenschaft (^{3}1959); E. Opgenoorth, Einführung in das Studium der neueren Geschichte (^{4}1993).

Quellenkunde. Lehre von den Quellen; berichtet über die Ergebnisse der Quellenforschung und Quellenkritik, beschäftigt sich vor allem mit den schriftl. Quellen und beschränkt sich vielfach auf die Tradition (→ Quellen). Am besten ist für die Q. des MA gesorgt. Um die Q. der NZ ist es, nicht zuletzt wegen des fast uferlosen Anschwellens der Quellen, schlecht bestellt. An Q. seien in Auswahl folgende genannt:
Für das MA: R.C. van Caenegem und F.L. Ganshof, Kurze Q. des Westeurop. MA. Eine typolog., histor., bibliograph. Einführung. Aus dem Niederländ. übers. von M. Gysseling (1964); A. Potthast, Wegweiser durch die Geschichtswerke des europ. MA bis 1500. 2 Bde. (^{2}1896), neubearb. unter dem Titel: Repertorium fontium historiae medii aevi. Bd. I: Series collectionum (1962); A. Lhotsky, Quellenkunde zur ma. Geschichte Österreichs (1963).
Für das dt. MA: K. Jacob, Q. der dt. Geschichte im MA Bd. I–III. Bd. I.: Die Zeit der Karolinger, neubearb. von H. Hohenleutner (^{6}1959); Bd. II: Die Kaiserzeit 911–1250, neubearb. von H. Hohenleutner (^{5}1961); Bd. III: Das Spät-MA, bearb. von F. Weden (1952); W. Wattenbach, Deutschlands Geschichtsquellen im MA bis zur Mitte des 13. Jh. Bd. I (^{7}1904); Bd. II (^{6}1894), Neubearbeitung: Vorzeit und Karolinger, bearb. von W. Levison u. H. Löwe, 4 Hefte (1952/63); Beiheft: Die Rechtsquellen von R. Buchner (1953); Dt. Kaiserzeit, hrsg. von R. u. W. Holtzmann, 4 Hefte (1938/43 Neudr. 1967).

Der Versuch einer Quellenkunde für die gesamte dt. Geschichte wurde gemacht von L. Vildhaut, Handbuch der Q. zur dt. Geschichte, Bd. I: Bis zum Ausgang der Staufer (^{2}1906), Bd. II: Vom Fall der Staufer bis zum Auftreten des Humanismus (^{2}1909).
Für die Q. der NZ immer noch wichtig: L. von Ranke, Zur Kritik neuerer Geschichtsschreiber (1824); G. Wolf, Q. der dt. Reformationsgeschichte. 3 Bde. (1917–23); F. Schnabel, Deutschlands geschichtl. Quellen und Darstellungen in der Neuzeit. Bd. I: Das Zeitalter der Reformation, 1500 bis 1550 (1931; mehr nicht erschienen); Dahlmann-Waitz, Q. der dt. Geschichte, 10. Aufl., hrsg. von H. Heimpel u. H. Geuss (1965ff., noch im Erscheinen) ist keine eigentliche Q., sondern eine Bibliographie der gedruckten histor. Quellen und Lit.
Eine Q. einer Nachbardisziplin: P. Raabe, Quellenkunde zur dt. Literaturgeschichte (1962).
Q. werden weiter in den Einführungen in die Geschichtswissenschaft (→ Geschichte) sowie in den Bibliographien nachgewiesen.

Quellensammlungen. Größere, meist längere Zeiträume oder bestimmte Sachgebiete betreffende, gewöhnlich mehrere Bände umfassende Veröffentlichungen histor. Quellen. Es liegt in der Natur des Stoffes und in der Zielsetzung der histor. Forschung, daß es nur wenige allg. Q. für größere Zeitabschnitte, etwa für das gesamte MA, die gesamte NZ, die gesamte Kirchen- oder Papstgeschichte gibt.
1. Kleinere, zum Einlesen in Quellen, zur quellenmäßigen Vertiefung des Wissens oder für Übungen geeignete Sammlungen (in Auswahl):
Eine sehr gute Auswahl für die Reichsgeschichte bietet die Sammlung von K. Zeumer, Q. zur Geschichte der Reichsverfassung in MA und NZ (^{2}1913). Immer noch empfehlenswert: Altmann-Bernheim, Ausgewählte Urkunden zur Erläuterung der dt. Verfassungsgeschichte im MA (^{4}1903); E. Brandenburg – G. Seeliger (Hrsg.), Q. zur dt. Geschichte (1907ff.); Quellen zur neueren Geschichte, hrsg. vom Historischen Seminar der Universität Bern; W. Lautemann – M. Schlenke (Hrsg.), Geschichte in Quellen, darin z.B. Bd. III: F. Dickmann, Renaissance, Glaubenskämpfe, Absolutismus (1966);

K. Mirbt, Quellen zur Geschichte des Papsttums und des röm. Katholizismus (⁴1924); H. Raab, Kirche und Staat. Von der Mitte des 15. Jh. bis zur Gegenwart (1966); E. R. Huber, Quellen zum Staatsrecht der NZ. Bd. 1 (1949); W. Mommsen, Dt. Parteiprogramme vom Vormärz bis zur Gegenwart (1952); F. Salomon, Die dt. Parteiprogramme (⁴1931); W. Treue, Dt. Parteiprogramme 1861–1954 (1954); A. Mercati (Hrsg.), Raccolta di Concordati su materie ecclesiastiche tra la Santa Sede e le autorità civili (²1954); L. Schöppe (Hrsg.), Konkordate seit 1800. Originaltext und dt. Übersetzung der geltenden Konkordate (1964).
2. Große, klass. Quellensammlungen (Auswahl):
→ Monumenta Germaniae Historica inde ab anno Chr. 500 usque ad annum 1500 (1826ff.), Bibliotheca rerum Germanicarum, ed. Ph. Jaffé. 6 Bde. (1864–73); Fontes rerum Austriacarum. Österreich. Geschichtsquellen (1855ff.); Collection des documents inédits relatifs à l'histoire de France (1835ff.); J. Fr. Böhmer, Regesta imperii (1831ff.); Regesta pontificum Romanorum, hrsg. von P. F. Kehr (1906ff.); I. Italia pontifica, ed. P. F. Kehr; II. Germania pontifica, ed. A. Brackmann; J. D. Mansi, Sacrorum conciliorum nova et amplissima collectio, Neudr. mit Fortsetzung von J. B. Martin und L. Petit. 53 Bde. (1759/98; 1901–27).
Dt. Reichstagsakten (1867ff.); Die Chroniken der dt. Städte vom 14. bis ins 16. Jh. (1862ff.).
Rezesse und andere Akten der Hansetage (›Hanserezesse‹) (1870ff.); Monumenta Boica, hrsg. seit 1763 von der Bayer. Akademie der Wissenschaften, seit 1927 von der Kommission für bayer. Landesgeschichte. 65 Bde., »die früheste dt. aus Staatsmitteln in Angriff genommene Edition von Landesurkunden« (Riezler); Quellen und Erörterungen zur bayer. und dt. Geschichte (1856ff.); Acta Borussica, Denkmäler der Preuß. Staatsverwaltung im 18. Jh. (1892); Nuntiaturberichte aus Dtl. (→ Nuntius); Acta Pacis Westphalicae, hrsg. von M. Braubach und K. Repgen (1962ff.); Recueil des Instructions données aux Ambassadeurs et Ministres de France depuis les Traités de Westphalie jusqu'à la Révolution Française; Dt. Geschichtsquellen des XIX. und

XX. Jh., hrsg. durch die Histor. Kommission bei der Bayer. Akademie der Wissenschaften (bisher 55 Bde.); Die Große Politik der europ. Kabinette 1871–1914, hrsg. von J. Lepsius u. a. (1922–27).
3. Quellenpublikationen für einzelne Länder, Territorien, Städte und Stifte (Auswahl):
Regesta Habsburgica. Regesten der Grafen und Herzöge aus dem Hause Österreich (1905ff.); Württemberg. Regesten; Quellen zur Schweizer Geschichte (1877ff.; N. F. 1908ff.); Publikationen der Gesellschaft für Rhein. Geschichtskunde (1884f.); das Hansische, das Hessische, das Bremische und das Salzburger Urkundenbuch, Codex diplomaticus Nassoicus usw.
Hinweise auf Q. in allen Handbüchern zur Geschichte und Kirchengeschichte, vor allem aber Nachweise in den einschlägigen Bibliographien. Auszugehen ist dabei am besten stets vom Dahlmann-Waitz.

Quiberon, Seeschlacht von (20. 11. 1759). Der Sieg der engl. Flotte unter Hawke über die franz. verhinderte ein franz. Landungsvorhaben. Fortan war Frankreich zu schwach, die engl. Blokkade zu durchbrechen. Auf die Nachricht von der Niederlage bei Q. trat die an der irischen Küste gelandete franz. Flotte den Rückzug an.
LIT. G. Marcus, Quiberon Bay. The Campaign in Home Waters (1960).

Quietismus. Im engeren, eigentlichen Sinn versteht man unter Q. eine Lehre und Lebenshaltung des 17. und 18. Jh., die in Spanien (Falconi † 1638, Molinos † 1685), Italien, Frankreich (Mad. de Guyon, Fénelon) verbreitet war, Sakramente, Heiligenverehrung, Fasten usw. sehr gering schätzte und einer z. T. falsch verstandenen mystischen Frömmigkeit das Wort redete. Molinos wurde von Rom verurteilt, quietist. Schriften Fénelons indiziert, Fénelon selbst von Bossuet bekämpft. Auf den engl. und dt. Pietismus hat der quietist. Lit. Frankreichs stark eingewirkt.
LIT. L. Cognet, Crépuscule des Mystiques, Le conflit Fénelon-Bossuet (1958); J. Kraus, J. Calvet (Hrsg.), Fénelon, Persönlichkeit und Werk (1953); HKG V; P. Zovatto, Fénelon e il quietismo (1968).

Quinquennalfakultäten. Fünfjahresvollmachten, die seit 1640 der Hl. Stuhl vor allem den westdeutschen Bischöfen

Quiriten

gewährte. Die Entgegennahme der Fakultäten von den Nuntien wurde von den Bischöfen verweigert, und die Q. waren in der Reichskirche ein ständiger Anlaß zu Streitigkeiten mit den Nuntien (→ Emser Kongreß).
LIT. L. Mergentheim, Die Q. pro foro externo. 2 Bde. (1908; Neudr. 1965).
Quiriten. Bez. der römischen Bürger. Quirites Romani = Quiriten und Römer; Quiriten = Bürger im Gegensatz zu den Soldaten der Legionen.
Quo vadis? (Domine quo vadis?). Wohin gehst Du? (Herr, wohin gehst Du?) Nach der Legende fragt dies Petrus den Herrn, als er vor der Christenverfolgung Neros Rom verläßt und der Herr ihm auf der Via Appia erscheint.

Auf die Antwort des Herrn kehrt er nach Rom zurück.
Quod scripsi, scripsi. Was ich geschrieben habe, habe ich geschrieben. Antwort des Pilatus auf den Protest gegen die Inschrift am Kreuz Jesu. »Jesus von Nazareth, König der Juden«.
Quorum (lat., deren). Die Zahl von Mitgliedern einer Versammlung oder eines Kollegiums, die für die Beschlußfähigkeit oder eine qualifizierte Mehrheit ausreicht.
Quousque tandem abutere, Catilina, patientia nostra? (Wie lange wirst du, Catilina, schließlich noch unsere Geduld mißbrauchen?). Anfang der Rede, die Cicero am 8. 11. 63 v. Chr. vor dem Senat hielt.

Rabbi (hebr., mein Lehrer). Ein Ehrentitel, der z. Z. Jesu von palästinens. Schriftgelehrten, Männern von bibl. Weisheit, den Kennern und Erklärern der Thora (der 5 Bücher Mose, die seit Rückkehr der Juden aus der Gefangenschaft im gesamten Volk verbreitet waren) geführt wurde, den man ebenfalls Jesu beilegte. Später galt R. als höfl. Anrede schlechthin (mein Herr). Seit der Zeit des jüd. Gelehrten Hillel (um 30 v. Chr. – 10 n. Chr.) führten die Präsidenten des Syn(h)edriums den höheren Titel Rabban (unser Lehrer). LIT. S. B. Hoenig, The Great Sanhedrin (N. Y. 1953); J. Bonsirven, Textes rabbiniques . . . (Rom 1955).

Rabbiner (hebr., von Rabbi, mein Lehrer). Ursprüngl. jüd. Gelehrtentitel, später der geistige Führer, Prediger und Seelsorger einer Gemeinde. Der R. wirkt als Schriftausleger und gilt als Talmudkenner, der die Entscheidung über religionsgeschichtl. Fragen trifft. Darüber hinaus ist er Inhaber eines Priesteramtes mit sakralen Zuständigkeiten. In Dtl. gab es bis 1939 Rabbinerseminare in Berlin und Breslau; heute finden sie sich vor allem in Israel und den USA; außerdem gibt es Rabbinerseminare in Frankreich, Großbritannien und Italien. Neben dem Besitz eines Rabbiner-Diploms verfügen R. in der Regel über ein abgeschlossenes Universitätsstudium. LIT. A. Feldmann, The Rabbi and his Early Ministry (New York 1941); M. M. Bermann, The Rabbi and his Role (New York 1941); S. W. Barton, The Jewish Community. 3 Bde. (Philadelphia 1942).

Rache (ahd.). Bez. für die auf eigene Faust vollzogene Vergeltung für ein erlittenes Unrecht (→ Blutrache).

Rachinburgen (rechnende Bürgen, Ratsbürgen). Gehilfen des Grafen, denen im alten fränk. Recht die Pfändung und Vollstreckung oblag; seit dem 6. Jh. waren sie bei Prozessen auch als Urteiler (Schöffen) tätig. LIT. HWDRG IV, 127–30.

Rädelsführer. Urspr. Bez. für den Führer einer Landsknechts- oder Bauernschar (des Rädleins), Anführer im Bauernkrieg, Unruhestifter; später allg. der Anführer einer Verschwörung (er wird nach dt., auch nach schweizer. und österreich. Strafrecht, zumindest bei einer Reihe von Straftaten, strenger als die übrigen Beteiligten bestraft).

Radikalismus (von lat. radicitus, mit der Wurzel, von Grund auf). Bez. für eine Haltung, die den Dingen auf den Grund geht oder an der Verwirklichung von Gesetzen, die als unumgänglich notwendig erachtet werden, unverbrüchlich und unter Ablehnung jedes Kompromisses festhält. Im polit. Leben gilt radikal im allg. als diejenige Richtung, die ohne Verständigungs- oder Kompromißbereitschaft mit polit. anders orientierten Richtungen die Verwirklichung ihrer Ideen und Interessen verfolgt. Die meisten polit. Parteien lassen sich in einen radikalen und gemäßigten Flügel gliedern. Den R. der Rechten bez. man häufig als Hoch- oder Ultra-Konservatismus. Insbes. wird, wenn auch nicht immer zu Recht, der Begriff R. mit der Haltung der extremen Linken in Zusammenhang gebracht, deren Forderung der gewaltsame Umsturz der gesellschaftl. und staatl. Ordnung ist. Im Verlauf des 19. Jh. wurde R. mit kompromißlosem Liberalismus, dann mit entschiedenem Demokratismus identifiziert. Im Sozialismus kam es im Laufe der Zeit zur Herausbildung des Gegensatzes zw. dem radikalen (doktrinären Marxismus) und dem gemäßigten Flügel (Revisionismus). Die heutige Spaltung in eine kommunist. und sozialdemokrat. Richtung, letztere in der Polemik der Gegner als »Kompromißlertum« bezeichnet, beruht letztlich auf diesem Gegensatz. Radikal wird auch im Namen von Parteien geführt, z. B. der Radikalsozialistischen Partei Frankreichs.

Radikalsozialistische Partei (1901 als ›Parti radical et radicalsocialiste‹ gegr. franz. polit. Partei). In Anlehnung an die Radikalen (seit 1880) um Clemenceau (1841–1929), die ganz links standen und sowohl gegen die Kirche als auch gegen die von Bismarck (1815–98) geförderte Kolonialpolitik, ferner gegen den Frankfurter Frieden (1871) kämpften, entstand die R. P. Wie die Radikalen, so berief sich auch die R. P. auf die Jakobiner, Ledru-Rollin und Gambetta (1838–82). Nach der Kompromittierung durch Boulanger (1837–91) ging ihr Erfolg zeitweilig zurück; über die Dreyfus-Affäre jedoch gelangte sie an die Spitze des republikan. Blocks von 1899. Von diesem Zeitpunkt an war sie an der Bildung der meisten Regierungen beteiligt. Ihre Programme waren diktiert von Indivi-

Radizierung

dualismus, Mißtrauen gegen die Macht, Antiklerikalismus, Liberalismus, Kampf gegen die Diktatur des Geldes, von Kollektivismus und Revolution. Häufig verband sich die R.P. mit den Sozialisten und Kommunisten (Linkskartell). Im Laufe der Zeit vollzog die R.P. eine immer stärkere Rechtsschwenkung, wozu ihr Wirtschaftsprogramm Veranlassung gab. Das wiederum führte dazu, daß sie sich auf das Kleinbürger- und Kleinbauerntum stützte. Die R.P. war in der 3. Republik die führende Partei. Bekannte Radikalsozialisten waren Herriot, Daladier, Mendès-France etc. 1956 kam es infolge Meinungsverschiedenheiten, die in der Politik von Mendès-France ihre Ursache hatten, zu einer Abspaltung.
LIT. E. Herriot, Pourquoi je suis r.s. (1928; dt. Erinnerungen eines Politikers und Staatsmannes, 1928); A. Milhaud, Histoire du radicalisme (1951); J. Fauvet, Les partis politiques dans la France actuelle (1947); D. MacRae, Parties and Society in France 1946–1958 (1968); G. Chapman, The Third Republic of France: The First Phase 1871–1894 (London 1962); D. Thomson (Hrsg.), France: Empire and Republic 1850–1940 (London 1968).

Radizierung, Verdinglichung. Bez. für einen im dt. Recht des MA häufig vorkommenden Vorgang, daß nämlich Rechte und Pflichten, die urspr. persönl. Art waren, mit dem Eigentum an Grund und Boden verbunden wurden, d.h. daß nunmehr dessen jeweiliger Inhaber als solcher das Amt (z.B. das Grafen- oder Schöffenamt) wahrnehmen oder die Last (z.B. als Lehnsmann oder Patron) erfüllen mußte.

Râdscha (Sanskrit, König oder Fürst, engl. Raja; verwandt mit lat. rex). Seit dem 3. Jahrtsd. v. Chr. Bez. indischer Eingeborenenfürsten; ebenfalls solcher des malaiischen Archipels und Japans. Später erhielten auch Stammesfürsten und niedrigere Würdenträger und Herrscher den Titel R., so die nicht-islamischen Beamten von den Großmogulen und der engl. Regierung. Häufig wurde der Titel ein Teil des Namens.
Ein **Mahârâdscha** ist ein Großkönig (Gebieter über mehrere R.).

Râdschatarangini (Sanskrit, Strom der Könige). Eine Geschichte Kaschmirs, die von Kalhana in der 1. Hälfte des 12. Jh. verfaßt wurde.
LIT. Krit. Textausgabe (Bombay 1892);

engl. Übersetzung mit Einleitung und Anmerkungen von M.A. Stein. 2 Bde. (London 1908); M. Winternitz, Geschichte der ind. Lit. 3 Bde. (1920; hier Inhaltsübersicht).

Râdschpramukh (Hindi, Erster Fürst, engl. Rajpramukh). Regent oder Verweser. In der Republik Indien Titel der Fürsten, das Oberhaupt der neuen, aus verschiedenen früheren Fürstenstaaten zusammengesetzten Provinzen.

Raitung (dt. reiten, rechnen). Rechnung. Ausgehend von Innsbruck, war die Raitkammer in Vorderösterreich, Ungarn und Böhmen seit dem 16. Jh. die Finanzkontrollbehörde, gleichzeitig das Finanzgericht und die Domänenverwaltung.

Ranzion (franz. rançon von lat. redemptio, Loskauf, Bestechung). Während des SpätMA und der frühen Neuzeit Loskauf, Lösegeld, Freilassung von Kriegsgefangenen.

Rapallo-Verträge.
[1] Um einem von dt. Seite befürchteten engl.-franz.-russ. Übereinkommen in der Reparationsfrage zuvorzukommen, befürwortete der zunächst widerstrebende dt. Außenminister Walther Rathenau (1867–1922; ermordet) den Abschluß des R.-V., des am 16. 4. 1922 während der Weltwirtschaftskonferenz zu Genua zustandegekommenen Abkommens, nachdem bereits im Mai 1921 ein dt.-sowjet. Handelsvertrag abgeschlossen worden war. Lt. Vertrag verzichteten die beiden Staaten auf die Erstattung der militär. und zivilen Kriegsschäden, Dtl. auch auf die in Rußland verstaatl. dt. Vermögen. Die gegenseitigen Wirtschaftsbeziehungen wurden nach den Grundsätzen der Meistbegünstigung geregelt. Von den zu Rapallo geschaffenen Möglichkeiten her hat man auch den am 24. 4. 1926 abgeschlossenen Berliner Vertrag zu sehen. Zu Rapallo wurde ebenfalls die sofortige Wiederaufnahme der diplomat. Beziehungen zwischen den beiden Vertragschließenden vereinbart. Der R.-V. und der Berliner Vertrag leiteten eine Phase guter Beziehungen zwischen Dtl. und der UdSSR ein; ebenfalls kam es zu einer geheimen militär. Zusammenarbeit. Durch Rapallo wurden Frankreichs Bemühungen, Dtl. an der Wiedererlangung seiner Unabhängigkeit zu hindern, zum erstenmal erfolgreich entgegengewirkt.
[2] Der zwischen Italien und Jugosla-

wien am 12.11. 1920 abgeschlossene Vertrag, durch den Fiume zur freien Stadt erklärt wurde.

LIT. W. von Blücher, Deutschlands Weg nach Rapallo (1951); Th. Schieder, Das Problem des R.-V. (1955); H. G. Linke, Dt.-sowjet. Beziehungen bis Rapallo (1970); R. Bournazel, Rapallo, ein franz. Trauma (1977); H. W. Osthoff, Die dt.-sowjet. Vertragsbeziehungen im Spiegel ihrer Zeit 1878–1978 (1980); G. Niedhard (Hrsg.), Der Westen und die Sowjetunion. Einstellungen und Politik gegenüber der UdSSR in Europa und in den USA seit 1917 (1983).

Rappen. Urspr. ein brakteatenförmiger (→ Brakteaten) Pfennig, der seit dem 14. Jh. von Basel und oberrhein. Städten geprägt wurde. Seit 1850 die dt.-spr. Bez. des schweizer Centime.

Räs (arab. ra's, Kopf). Häuptling, Oberhaupt. In Abessinien bez. der Titel R. den dritten Fürstenrang; er wird vor allem an die Statthalter großer Provinzen mit zivilen sowie militär. Befugnissen verliehen.

Rasière (franz.). Früheres belgisches Hohlmaß (= 75 l); für Hafer (= 51,467 l); für anderes Getreide (= 48,758 l).

Raskol (russ., Spaltung). Bez. für Kirchenspaltung, vor allem die des 17. Jh. (→ Raskolniki).

Raskolniki (von russ. raskol, Spaltung). Altgläubige (starowjery), die sich 1666/67 unter der Führung von Awwakum (1620–81) von der »rechtgläubigen« Kirche Rußlands trennten. Die Ursache für die Trennung waren die Reformen der Liturgie und der kirchl. Bücher. Unter den R. gab es insbes. 2 Richtungen: die Bespopowzy (Priesterlose), welche kein Priestertum mehr anerkannten und auf diejenigen Sakramente verzichteten, deren Spendung den Priestern vorbehalten war; sodann die Popowzy, die ein altgläubiges Priestertum hatten. Erst 1905 erhielten die R. die Gleichberechtigung gegenüber den übrigen Gläubigen.

LIT. P. Pascal, Avvakum et le début du raskol (Paris 1938).

Rasse (nach franz. race). Seit dem 18. Jh. zunächst meist abwertend verwendet, ist R. heute ein Ordnungsbegriff der naturwissenschaftl. Systematik. Menschenrassen sind biolog. Gruppen von Individuen, die eine kennzeichnende Vereinigung von normalen, erbl. Körpermerkmalen mit beschränkter Schwankungsbreite aufweisen; daneben gibt es den unmerklichen Übergang der Gruppen unter Kombination von Merkmalen.

Als **Rassenkunde** (Anthropographie; Rassenbiologie) bez. man die Lehre und Erforschung der allg. Lebenserscheinungen der R. (Entstehung, Auslese, Kreuzung, Vermehrung, Verminderung, Erbverhältnisse, Familienanthropologie, Typenkunde etc.).

LIT. E. Fischer, R. und Rassen-Entstehung beim Menschen (1927); H. Lundborg, Die Rassen-Mischung beim Menschen (Den Haag 1931); E. von Eickstedt, Rassenkunde und Rassengeschichte der Menschheit (1934; ²1937 bis 1963); K. Saller, Art- und Rassenlehre des Menschen (1949); E. W. Count (Hrsg.); This is Race (N. Y. 1950); M. F. Ashley-Montagu, Statement on Race (N. Y. 1951); M. R. Sauter, Les races de l'Europe (1952); K. Birket-Smith, Wir Menschen einst und jetzt (dt. 1944); W. Schmidt, Rassen und Völker in Vorgeschichte und Geschichte des Abendlandes. 3 Bde. (1946–48); G. von Frankenberg, Menschenrassen und Menschentum (1956).

Rassengesetze, Nürnberger Gesetze. Die von 1933–35, vor allem am 15. 9. 1935 zur Ausschaltung der Juden aus dem öffentl. Leben und aus der Nation, erlassenen Gesetze. Sie bildeten den Auftakt zur planmäßigen Vernichtung der Juden während des Zweiten Weltkriegs.

LIT. K. Saller, Die Rassenlehre des Nationalsozialismus in Wissenschaft und Propaganda (1961); H. Mommsen, Der nationalsozialist. Polizeistaat und die Judenverfolgung vor 1938. In: Vierteljahreshefte für Zeitgeschichte (VfZG) 10 (1962); U. D. Adam, Judenpolitik im Dritten Reich (1972); A. Rethmeier, »Nürnberger R.« u. Entrechtung der Juden im Zivilrecht (1995).

Rassentrennung (Segregation). Innerhalb einer Gemeinschaft die gesellschaftl. Abtrennung einer Menschengruppe, die rassisch verschieden ist, aus ethnischen Gründen (der Hautfarbe, der Körpergestalt) oder wegen religiöser oder sozialer Unterschiede. Begründet wurde die R. durch den Rassengegensatz zw. Weißen und Negern, vor allem in den Südstaaten der USA. Erhalten hat sie sich nicht zuletzt in der Republik Südafrika (Apartheid), scheint jedoch auch in zunehmendem Maße von den Angehörigen der schwarzen gegenüber der weißen Rasse zum Prinzip erhoben zu werden.

LIT. Warren, Segregation (London 1957); A.H. Richmond, The Colour Problem (²1961); R. Italiaander (Hrsg.), Rassenkonflikte in der Welt (1966); R. Segal, Kampf der Rassen (1968).

Rassenwahn. Bez. für eine Anschauung, die die Erkenntnisse der Rassenkunde verzerrt und Wertunterschiede der Rassen (Herrenrasse und unebenbürtige Rassen) feststellt. Der R. bezieht sich auf den völk., soziolog. und polit. Bereich. Vertreter des R. sind J.A. Graf Gobineau, 1816–82 (›Versuch über die Ungleichheit der menschlichen Rassen‹), F. Nietzsche, 1844–1900 (»Herrenrasse«), H. St. Chamberlain, 1855–1927 (›Die Grundlagen des 19. Jh.‹), C. L. Schemann (›Die Rasse‹), für die NS-Ideologie Alfred Rosenberg, 1893–1945 (›Der Mythus des 20. Jh.‹).

LIT. J. Zischka, Die NS-Rassenideologie. Machttaktisches Instrument oder handlungsbestimmendes Ideal? (1986).

Rastatter Friede. Am 7. 3. 1714 abgeschlossen; er beendete den → Spanischen Erbfolgekrieg zw. Österreich und Frankreich.

LIT. Der Friede von Rastatt. In: Dt. Zs. für Geschichtswissenschaft (1982).

Rastatter Kongreß (zw. dem Dt. Reich und Frankreich). Auf Grund des Friedens von → Campoformio (1797) tagte er vom 9. 12. 1797–23. 4. 1799; er bewilligte die Abtretung des linken Rheinufers durch das Dt. Reich an Frankreich. Die dadurch in ihrem Landbesitz beeinträchtigten dt. Fürsten sollten durch Säkularisation der geistl. Fürstentümer entschädigt werden. Unterbrochen wurde der Rastatter Kongreß durch den 2. Koalitionskrieg gegen Frankreich (1799–1801/02). Der Anlaß zum sog. Rastatter Gesandtenmord (die Ermordung von 2 franz. Gesandten) am 28. 4. 1799 ist umstritten.

LIT. H. Hüffer, Der Rastatter Kongreß und die 2. Koalition (1878/79).

Rat. Mannigfacher Name von kollegialen Behörden und parlamentar. Versammlungen sowie von deren Mitgliedern; er kommt meist in Zusammensetzungen vor wie Geheimer R., Ministerrat, Staatsrat, Hofrat, Stadtrat, Gemeinderat, Bundesrat, Reichsrat, Nationalrat, Sicherheitsrat der UNO etc.

Während des MA bez. man als R. insbes. die leitenden Behörden der alten städt. Selbstverwaltung; Ratsmannen oder Ratsherren wurden deren Mitglieder genannt. Sie rekrutierten sich zunächst aus den ratsfähigen Geschlechtern; im 14./15. Jh. gewannen in zahlreichen Fällen die Zünfte polit. Bedeutung und Einfluß. Nicht selten kommt es in diesem Zusammenhang zu einer Scheidung zw. dem ›Großen‹, ›Äußeren‹, ›Neuen‹, ›Jungen R.‹ (oder ähnlichen Bez.) sowie dem ›Kleinen‹, ›Engeren‹, ›Alten R.‹, der die eigentl. laufenden Geschäfte führte. Kompetenzen und Bez. waren lokal nicht selten verschieden, insbes. z. Z. der aufblühenden Städte und deren Freiheiten in spätma. Zeit. Neben den städt. wurden in den bedeutenderen Reichsstädten auch die außenpolit. Angelegenheiten durch den R. geleitet, und zwar durch dessen engere Gremien.

In der NZ ist in zahlreichen Fällen ein Erstarken des Patriziats zu beobachten. Die polit. Aktivität im R. nimmt allmählich ab, hervorgerufen durch Mißstände, aber auch Notstände; gleichzeitig erreichte es die Landesherren, die R. in ihren Territorien in seiner Wirksamkeit zu beeinträchtigen, so daß er vielfach nur noch beratende Funktionen ausübt; den Städten vermögen die Landesherren Magistratsverfassungen aufzuzwingen.

Aus den beratenden Versammlungen der Großen (zunächst wurde die lat. Bez. curia regis gebraucht) entwickelte sich während des HochMA in vielen Ländern der Staatsrat (lat. consilium status, franz. conseil d'état, span. consejo de estado) zu einer permanenten Regierungsbehörde. Mit dem Aufkommen der Ministerien sinkt er zu einer Institution herab, die lediglich beratenden oder formalen Charakter hat.

Als Titel oder Amtsbez. wird R. von Beamten höheren Ranges in unterschiedl. Zusammensetzungen geführt. Bis ins 18. Jh. noch führten ihn lediglich die Mitarbeiter der höchsten Verwaltungsbehörden und Gerichte. Die Bez. wurde bis 1918 gesteigert wie in Geheimer, Ober- oder Wirklicher R.; daneben gab es die Verleihung des Titels R. an nichtbeamtete Personen: Hofrat, Justizrat, Sanitätsrat, Kommerzienrat. Der höchste Ratstitel war in Preußen bis 1918 ›Wirklicher Geheimer R.‹; er war verbunden mit dem Prädikat ›Exzellenz‹. Heute ist R. eine Amtsbez. (kein Titel), der den meisten höheren Beamten zukommt: Legationsrat, Regierungsrat, Landrat, Medizinalrat, Studienrat, Amtsgerichtsrat etc., vereinzelt auch Beamten des gehobenen mittleren Dienstes: Amtsrat.

LIT. HWDRG IV, 156–66.

Rat der Alten (franz. Conseil des Anciens). In der franz. Direktorialverfassung von 1795 die eine der beiden Kammern. Während ihr die Sanktion der Gesetze zukam, besaß der ›Rat der Fünfhundert‹ (Conseil des Cinq-Cents) die Gesetzesinitiative.

Rat der Republik (franz. Conseil de la République). Die Erste Kammer des franz. Parlaments (seit 1946) anstelle des Senats (bis 1958; seitdem wieder Senat). Das Zentralorgan der Franz. Union (Union Francaise) – seit 1946 in der franz. Verfassung verankerte Neuordnung des Kolonialreiches, um den Autonomiebestrebungen der afrikan. und überseeischen Völker Rechnung zu tragen; sie ging im September 1958 in die Communauté Francaise über – unter dem Vorsitz des Staatspräsidenten: ›Rat der Französischen Union‹ (›Haut Conseil de l'Union Française‹).

Rat der Volksbeauftragten. Bez. für die vorläufige Regierung in Dtl., die am 9. 11. 1918 aus den Mehrheitssozialisten Ebert, Scheidemann, Landsberg sowie den Unabhängigen Haase, Dittmann und Barth gebildet wurde. Die Unabhängigen wurden am 29. 12. 1918 durch Noske und Wissell ersetzt. Der R. d. V. löste sich auf, nachdem die Weimarer Nationalversammlung zusammengetreten war (6. 2. 1919).

Rat der Volkskommissare (russ. Sowjet Narodnych Kommissarow, abgek. Sownarkom). Bis 1946 in der UdSSR das höchste Exekutivorgan (seitdem Ministerrat).

Rat der Zehn. Seit 1310 in der Republik Venedig eine Behörde, die für die Polizei und die Strafgerichtsbarkeit zuständig war; seit 1539 waren jeweils 2 Mitglieder des Rates der Zehn → Inquisitori di Stato.

Rätesystem.
[1] Die Einsetzung von Arbeitsausschüssen zum Zwecke der Mitwirkung an der Verwaltung industrieller Unternehmungen (Betriebsräte).
[2] Das revolutionäre Regierungssystem der Arbeiterklasse (Rätediktatur, Räteregierung) zur Ausübung der »Diktatur des Proletariats« durch Exekutivausschüsse und Volkskommissare, die jederzeit absetzbar sind und gesetzgebende sowie vollziehende Gewalt bis zur endgültigen Verwirklichung des Sozialismus ausüben. Während der »Diktatur des Proletariats« sind diese Arbeiterräte (russ. Sowjets) die Träger der gesamten Staatsgewalt (»Alle Macht den Räten«) unter Ablehnung der Gewaltenteilung. Bereits bei den sozialist. Theoretikern des 19. Jh. (Proudhon, 1809–65; Marx, 1818–83, und Engels, 1820–95) findet sich der Gedanke der Arbeiterräte. Die Pariser Kommune von 1871 war der unmittelbare Vorläufer des bolschewist. R. Mit dem Sieg des Bolschewismus im Jahre 1917 wurde das R. zur ausschließlichen Regierungsform in Rußland. Auch in der dt. Revolution von 1918 kam es zur Bildung von Arbeiter- und Soldatenräten. Unter Verwerfung der parlamentar. Demokratie forderten Unabhängige Sozialisten und Spartakisten für Dtl. ein R. Nicht voll verwirklicht wurden die in der Weimarer Reichsverfassung (in Kraft seit dem 14. 8. 1919) enthaltenen Ansätze eines wirtschaftl. R.

In Bayern und Ungarn kam es 1919 zur vorübergehenden Errichtung von Räterepubliken.

LIT. K. Marx, Der Bürgerkrieg in Frankreich (1871; Neuausg. in: Reichsgründung und Kommune, 1920); W. I. Lenin, Staat und Revolution (1917; dt. 1926); F. Gutmann, Das R. (1922); M. Langhans, Vom Absolutismus zum Rätefreistaat (1925); O. Seeling, Der Rätegedanke und seine Verwirklichung (1925); O. Anweiler, Die Rätebewegung in Rußland 1905–21 (1958); T. Dorst (Hrsg.), Die Münchner Räterepublik (1966); U. Kluge, Soldatenräte und Revolution (1975); V. Arnold, Rätebewegung und Rätetheorien in der Novemberrevolution (1985).

Rathaus (franz. Hôtel de ville; ital. Municipio, Palazzo pubblico u. a., engl. Townhall, Guildhall). Städt. Verwaltungs- sowie Repräsentationsgebäude; es war seit dem 13. Jh. als Sitz des Regimentes und Gerichtes gewöhnlich am Marktplatz gelegen. Vor allem in Italien, Dtl. und den Niederlanden war das R. des HochMA mit Turm, offenen und geschlossenen Hallen, Balkonen, Freitreppen etc. ausgestattet. In Dtl. gehören zu den bedeutendsten während des

Ratifikation

MA errichteten R. die zu Lübeck, Stralsund, Danzig, Regensburg, Münster, Ulm, Breslau, Goslar; außerdem die aus der Renaissance- und Barockzeit stammenden (und teilweise aus älteren Bauten entstandenen) in Rothenburg, Heilbronn, Paderborn, Augsburg, Nürnberg und Schwäbisch-Hall. In den Städten Flanderns, so in Brügge, Brüssel und Löwen, wurden die am reichsten durchgebildeten R. gebaut.
LIT. O. Stiehl, Das dt. R. im MA (1905); A. Grisebach, Das dt. R. der Renaissance (1907); F. Krischen, Antike R. (1941); K. Gruber, Das dt. R. (1943); H. Hoffmann, Schweiz. Rathäuser u. Zunftstuben (1933); H. W. Gewande, Rathäuser (²1954); B. Schwineköper, Gerichtslaube und Rathaus zu Freiburg. In: Schauinsland 83 (1965) 5–69; C. Meckseper, Kleine Kunstgeschichte der dt. Stadt im MA (1982); S. Waetzold, Das Rathaus im Kaiserreich (1982); I. Spille, Rathäuser im Rhein-Main-Neckar-Raum bis 1800 (1985).

Ratifikation, Ratifizierung (von lat. ratum facere, rechtskräftig machen).
[1] Im Staatsrecht die von Staatsverträgen die verfassungsrechtl. vorgesehene Bestätigung, meist durch das Parlament.
[2] Im internationalen Verkehr die Inkraftsetzung eines Vertrages durch dasjenige Organ, das dazu berufen ist, einen Staat nach außen zu vertreten (Staatsoberhaupt oder dessen Vertreter). Im allg. ist die Form der R. der Austausch der Ratifikations-Urkunden, die durch das Staatsoberhaupt vollzogen wurden.

Rationale. Bez. für einen bischöfl. Schulterschmuck; er besteht aus 2 auf der Brust und dem Rücken aufliegenden Stoffblättern. Das R. kam zuerst im 10. Jh. auf; während des MA war es vor allem in Dtl. verbreitet. Heute wird es nur noch von den Erzbischöfen von Paderborn und Krakau sowie von den Bischöfen von Eichstätt und Nancy (früher Toul) getragen.

Rationalismus (von lat. ratio, Vernunft). Eine Geisteshaltung, bei der die Fähigkeit des Menschen, durch begriffliches Denken die letzten Zusammenhänge des Seins, und zwar gerade auch in ihrer Widersprüchlichkeit, zu erhellen, als ausschlaggebend erscheint. In der Philosophie stellt die R. den Gegenpol zum Empirismus dar; er geht davon

aus, daß es allein aus der Vernunft zu schöpfende Erkenntnis gibt.
Wiewohl der R. eine Grundform des philosoph. Denkens ist, die zu allen Zeiten wiederkehrt, ist in der Geistesgeschichte namentlich die Entwicklung vom 17. bis ins 19. Jh. hervorzuheben; der Beginn wird mit Descartes (1596–1650) angesetzt. Schöpfer bedeutender rationalist. Systeme waren Spinoza (1632–77), Leibniz (1646–1716) und Chr. Wolff (1679–1754). Ihnen entgegen stehen die Empiristen Locke (1632–1704) und Hume (1711–76). Nach Spinoza, Leibniz und Wolff liegt das Kriterium der Wahrheit nicht in der Erfahrung, sondern im Verstand, dem lumen naturale, begründet. Gegen diese rationalist. Systeme wandte sich Kant (1724–1804); er wies nach, daß Begriff und Erfahrung beim Erkenntnisvorgang zusammenwirken; den Vernunftideen sprach er lediglich regulative Bedeutung zu.
Sämtliche geschichtl. Erscheinungen, insbes. die Kulturgebilde, sind nach rationalist. Auffassung aus vernunftgeleiteten Erwägungen und Entschlüssen der handelnden Menschen hervorgegangen, so der Staat (aus bewußter Vereinbarung), Sprache und Kunst (aus absichtsvoller Erfindung heraus), Religion (ohne Offenbarung). Häufig wurden irrationale Kräfte als Vernunftwahrheiten umgedeutet, oder aber als Aberglaube und Barbarei verfemt. Die rationalist. Bewegung fand in der europ. Aufklärung, die sämtliche Gebiete des Lebens erfaßte, ihren Höhepunkt. Neben den Bedürfnissen des Fürstenstaates gaben neue Formen der Unternehmerwirtschaft dem R. Raum, um rationale Formen des Lebens zu entwickeln.
In der Religionswissenschaft und prot. Theologie waren die Auswirkungen des R. vom 17. bis 19. Jh. sehr groß; sie führten zur Kritik an der überlieferten Glaubenslehre vom Standpunkt der Vernunft aus.
Der R. ist als allg. Forderung zu vernunftgemäßer Gestaltung der gesellschaftl. Verhältnisse sowie der Zivilisation aus der polit. und geistigen Entwicklung nicht wegzudenken. Neben anderen Soziologen haben vor allem Max Weber (1864–1920) und W. Sombart (1863–1941) die Rationalisierung als eine durchgängige Erscheinung der bürgerl. und industriellen Gesellschaft nachgewiesen.

LIT. J. G. Fichte, Vorlesungen über die Bestimmung des Gelehrten (1794); ders., Über das Wesen des Gelehrten (1806); L. Ziegler, Der abendländ. R. und der Eros (1905); L. Ollé-Laprune, La raison et le rationalisme (1906); J. M. Robertson, Rationalism (London 1912); W. Dilthey, Weltanschauung und Analyse des Menschen seit Renaissance und Reformation (1913; Ges. Schriften, Bd. 2, 1923); B. Groethuysen, Die Entstehung der bürgerl. Welt- und Lebensanschauung in Frankreich. 2 Bde. (1927 bis 1930); K. Girgensohn, Der R. des Abendlandes (1926); H. Freyer, Weltgeschichte Europas. 2 Bde. (1948); K. Jaspers, Vernunft und Existenz (1935; neu ²1967); K. Barth, Die prot. Theologie im 19. Jh. (1947); R. Guardini, Das Ende der Neuzeit (⁷1959); F. Gogarten, Verhängnis und Hoffnung der Neuzeit (1953).

Ratio studiorum, Ratio atque Institutio studiorum Societatis Jesu (lat., Grundsätze und Ordnung der Studien innerhalb der Gesellschaft Jesu). Erlassen wurde die R. s. im Jahre 1599 durch den 5. General des Jesuitenordens Claudius Aquaviva (1543–1615; Ordensgeneral 1581–1615). Durch die R. s. wurde das Studium an den Jesuiten-Kollegien, den Idealen des Humanismus entsprechend, geordnet (1832 erfolgte eine Neubearbeitung der R. s. durch den Ordensgeneral Johann Philipp Roothaan).
Ausgabe von M. Pachtler, in: Monumenta Germaniae Paedagogica, Bd. 2, 5, 9, 16 (1887–94). LIT. E. Boenninghaus, Der Geist der Gesellschaft Jesu und ihr pädagog. Werk (1931); A. Faroll, The Jesuit Code of Liberal Education (Milwaukee 1938); F. Charmot, La pédagogie des Jésuites (1951); J. P. Roothaan, Neubearb. der R. (1832).

Ratspensionär (niederländ. Raadpensionaris). Der Vertreter der Regentenpartei in der niederländ. Provinz Holland. Während die ausführende Gewalt in den Provinzen der nördl. Niederlande bei den Oraniern als Statthaltern lag, besaß sie in Holland, der führenden Provinz, vorwiegend der R.
LIT. H. J. Gosses und N. Japikse, Handboek der staatkundige geschiedenis van Nederland (³1947); H. Brugmans (Hrsg.), Geschiedenis van Nederland. 9 Bde. (Amsterdam 1935–39); P. J.

Blok, Geschichte der Niederlande (1902–18; reicht bis 1795).

Ratsschulen. Bez. für die im späteren MA durch die Städte errichteten und unterhaltenen Schulen; sie hatten Geistliche als Leiter und Lehrer.

Raubkriege. Bez. für die Eroberungskriege Ludwigs XIV. von Frankreich (reg. 1661–1715) gegen die span. Niederlande (1667/68), gegen Holland und das Dt. Reich (1672–78) sowie gegen die Augsburger Alliierten (→ Pfälzischer Erbfolgekrieg, 1688–97).

Rauchnächte, Rauhnächte → Zwölfnächte.

Raufdegen. Bez. für die früher beim Stoßfechten benutzte Hauptwaffe.

Ravelin (franz., ital., Halbmondschanze). Eine halbmond- oder lunettenförmige Schanze vor der Kurtine zw. zwei Bastionen einer Festung.

Ravensburger Gesellschaft (große), Magna Societas Alemanorum. Im 14. Jh. entstanden und von Konstanzer und Ravensburger Kaufmannsfamilien gebildet, verlegte sie ihren Hauptsitz vor oder um 1380 nach Ravensburg. Zu den bekanntesten Familien zählen die Möttelin, Humpis, Täschler, Geldrich und Muntprat. Das Unternehmen bestand bis etwa 1530. Geführt wurde es von drei »Regierern«; ihnen war ein Neunerausschuß beigeordnet. Später erfuhr das Unternehmen eine Erweiterung auf 60–70 Gesellen. Da sie als vollberechtigte Gesellschafter galten, waren sie auch an der Gewinnquote beteiligt. Ihren Wohnsitz hatten sie in verschiedenen Orten Oberdeutschlands und im Ausland, u. a. in Spanien. Teilweise waren sie Leiter der ständigen Niederlassungen der Gesellschaft, der sog. Gelieger. In ihrer Blütezeit hatte die R. G. Niederlassungen in Italien, Frankreich und Spanien (bis nach Aquila, Valencia und Saragossa); im Nordwesten Europas verfügte sie über Gelieger in Köln, Antwerpen, Brügge und London, während sich im Nordosten die Verbindungen bis Wien, Ofen und Breslau erstreckten.
Die Ravensburger exportierten vor allem Leinwand und Barchent aus Oberdtl., Textilien aus Oberitalien und den Niederlanden sowie Metalle, die insbes. aus Nürnberg stammten. Importiert wurde neben Safran eine Fülle von Produkten der ausländ. Märkte. Kreditgeschäfte wurden von der R. G. nur in begrenztem Umfang getätigt, da

Rücksichten auf das kanon. Zinsverbot sie daran hinderten, hier eine bedeutende Rolle zu spielen. Nicht interessiert war die Gesellschaft an dem neuen Geschäft mit ostind. Gewürzen in Lissabon, wie z. B. andere oberdt. Unternehmen. Da die Ravensburger sich den modernen Handels- und Geschäftspraktiken verschlossen, sahen sie sich zur Schließung einer Anzahl von Geliegern gezwungen. Festzuhalten gilt es, daß die R. G. während der Zeit ihres Bestehens keinen festen Namen führte.
LIT. A. Schulte, Geschichte der großen Ravensburger Handelsgesellschaft 1380–1530. 3 Bde. (1923; Neudr. 1964); E. Lutz, Die rechtl. Struktur süddt. Handelsgesellschaften in der Zeit der Fugger. 2 Bde. (1976).

Rayon (franz.). Bezirk, Abteilung. Der unterste Verwaltungsbezirk in der UdSSR; er entspricht dem dt. Kreis.

Razzia (arab. rhad ziat). Eine Form des Nomadenkrieges, die insbes. für die Beduinen typisch ist; der gegen Städte oder Handelswege geführte Beutezug.

Reaktion (mlat.).
[1] Allg. die durch eine Wirkung (Aktion) ausgelöste Rückwirkung, Rückschlag.
[2] Häufig Bez. für eine polit. oder soziale Haltung, die sich angesichts der Gegenwart an der Vergangenheit orientiert; desgleichen das starre Festhalten an den bestehenden Zuständen gegenüber dem Fortschritt. Als Epochenbez. wird R. in der dt. Geschichte für die Zeit von 1819–30 und 1850–58 verwendet. Die am 23. 8. 1851 durch den Dt. Bundestag eingesetzte Bundeszentralkommission, welche die Verfassungen der dt. Länder nach Aufhebung der Grundrechte überprüfte, bez. man volkstümlich als Reaktionsausschuß.
LIT. G. K. Kaltenbrunner (Hrsg.), Was ist reaktionär? (1976).

Real (span. von lat. regalis, Königspfennig). Eine span. Silber- und Kupfermünze, ebenfalls eine Rechnungsmünze. Seit Peter I. (reg. 1350–69) wurde der R. de plata nach franz. Turnosenart geprägt (Gewicht 3,48 g); der Silber-Real war seit der Regierungszeit Ferdinands (reg. 1479–1516) und Isabellas (reg. 1474–1504) ⅛ Peso wert. Zusammen mit dem span. R. wurde ein R. in Portugal nach Turnosenart eingeführt; von 1543 an folgte ihm ein Kupfer-Real. Unter Maximilian (1487/88) gab es einen niederländ. Silber-Real. Durch den span. Handel wurde der R. in ganz Europa bekannt; durch die Portugiesen gelangte er nach Brasilien.

Realanstalten, Realschulen. Bez. für höhere oder mittlere Schulen, die sich mit der Ausbildung in den Realien befaßten. R. wurden 1706 in Halle und 1747 in Berlin gegründet. Zunächst Ausbildungsstätten vornehmlich für Handel, Industrie, Landwirtschaft und andere praktische Berufe, entwickelten sie sich allmählich (unter Einbeziehung der neueren Sprachen) zu allgemeinbildenden Schulen neben den Gymnasien. Seit 1859 unterschied man in Preußen 9klassige Realschulen 1. Ordnung mit Latein als Pflichtfach, seit 1882 Realgymnasien und 6klassige Realschulen 2. Ordnung mit Latein als Wahlfach; sie wurden zu Oberrealschulen ausgebaut. Erst seit 1900 waren die R. mit den Gymnasien voll gleichberechtigt.

Realgemeinde, Altgemeinde. Seit dem 16. Jh. die Genossenschaft der Nutzungsberechtigten in der Allmende, d. h. der engere Kreis der Gemeindebürger im Gegensatz zur polit. Gemeinde (Einwohnergemeinde). Meist ist die Mitgliedschaft in der R. verbunden mit einer Mitgliedschaft an gewissen Höfen. R. gibt es heute noch häufig in Südwestdtl. und der Schweiz; aufgelöst wurden sie hingegen in großen Teilen Deutschlands durch die Gesetze über die Gemeinheitsteilungen im 18. und 19. Jh.

Realien, realia studia (lat.). Im Unterschied zu den Humaniora das Unterrichtsfach Mathematik und ähnliche naturwissenschaftl. Unterrichtsfächer. Erst seit dem 17. Jh. fanden die R. an den Schulen zunehmende Berücksichtigung; an den Realanstalten nahmen sie einen bes. Raum ein.

Reallasten. Die seit dem MA übl. Belastung eines Grundstücks; sie ist verbunden mit der Pflicht des jeweiligen Eigentümers, die aus der Bewirtschaftung des Grundstücks stammenden und dauernd wiederkehrenden Leistungen zu erbringen: Grundzinsen, Frondienste, Zehnten, Renten (1848–51 wurden die R. allgemein abgelöst).
LIT. H. Mitteis, Der Staat des Hohen MA (⁷1962).

Realpolitik. Ein polit. Begriff, der durch Ludwig von Rochau (›Grundsätze der R.‹, 1853) geprägt wurde. Hierdurch sollte der Liberalismus in Dtl.

aufgefordert werden, sein Programm der polit. Wirklichkeit anzupassen, da er sich während der Revolution von 1848/49 in zu starkem Maße von der reinen Ideologie hatte leiten lassen. Der Begriff R. wird vor allem zur Charakterisierung der Politik Bismarcks (1815–98; ab 1862 preuß. Ministerpräsident; 1871–90 Reichskanzler) verwendet, da man ihn als den eigentlichen Repräsentanten einer R. betrachtet. R., die als eine »Politik des Möglichen« interpretiert wird, kann weder als ausgesprochene Interessenpolitik noch als reine Machtpolitik verstanden werden; sie verwirklicht sich vielmehr in einer Begrenzung der polit. Zielsetzungen, weil sie sich an den tatsächlichen (realen) Gegebenheiten orientiert. Wenn daher R. häufig von ihren Gegnern als unverantwortl. Opportunismus gebrandmarkt wurde, dann beweist dies, daß der eigentliche Zweck und das eigentliche Ziel der R. nicht oder bewußt falsch verstanden wurden.
LIT. G. Diezel, Grundsätze der R., angewandt auf die staatl. Zustände Deutschlands (1853).

Realservitut. Die einem Grundeigentümer zustehenden Rechte am Grundeigentum eines anderen.

Realteilung, Besitzteilung. Im Erbrecht Bez. für diejenige Form der Auseinandersetzung mehrerer Miterben, bei der es zur Aufteilung des Nachlasses in einzelne Lose kommt, von denen jedem Miterben eins zugeteilt wird.

Realunion. Bez. für eine Staatenverbindung, die im Gegensatz zur → Personalunion nicht nur durch ein gemeinsames Staatsoberhaupt, sondern außerdem durch weitere gemeinsame Organe gekennzeichnet ist. R. steht begriffl. zwischen Personalunion und Staatenbund. In der Regel sind die auswärtige Verwaltung, zum Teil die militär. und finanziellen Angelegenheiten, gemeinsam. Selbständig bleibt jeder der beiden Staaten in völker- und staatsrechtl. Hinsicht. Als Beispiele für R. seien genannt: Schweden-Norwegen (1814–1905); Österreich-Ungarn (1867–1918); Dänemark-Island (1918–40), Dänemark – Norwegen – Schweden (1397–1661); Polen – Litauen (1385/1569 bis zu den Poln. Teilungen des 18. Jh.).

Rebellion (lat.). Zunächst Bez. für die Wiederaufnahme eines Krieges. Während der NZ allg. Empörung, Auf-

ruhr gegen die bestehende Staatsordnung gerichtet. ›The Great R.‹ bez. in der engl. Geschichte den Kampf zw. Parlament und Regierung; sie begann während der Regierungszeit König Jakobs I. (reg. 1603–25) und mündete ein in den Bürgerkrieg des Jahres 1642; den Höhepunkt des Bürgerkrieges markiert die Hinrichtung Karls I. am 30. 1. 1649. Die Erhebung von 1715 und 1745 zugunsten der Stuarts hat man als ›The R.‹ bezeichnet.
LIT. R. H. Parry (Hrsg.), The English Civil War 1642–58 (London 1970); C. Russell, The Origins of the Civil War (London 1972).

Recall (engl.). Zurückrufung, Widerrufung, Abberufung, z. B. von Abgeordneten durch die Wähler, in den USA vor allem von gewählten Beamten durch die Wähler, bevor die Amtszeit abgelaufen ist. Um ein R. einzuleiten, sind gewöhnlich die Unterschriften von 25% der Wähler notwendig. Falls diese Prozentzahl erreicht wird, hat sich der Beamte einer Neuwahl zu stellen.

Rechabiten, Rekabiten. In Israel eine um 850 v. Chr. durch Jonadab Ben Rechab gestiftete opferfeindl. Sondergruppe mit nomad. Existenzidealen (2. Kön. 10, 15; Jer. 35).
LIT. S. Nyström, Beduinentum und Jahwismus (Lund 1947).

Rechenkammer. Eine Behörde, die der Verwaltungsapparat des spätma.-frühneuzeitl. Territoriums umfaßte; sie war zuständig für die Verwaltung, vor allem die Kontrolle der Finanzen, verschiedentlich ausschließlich für die Finanzen der Landstände.
Der preuß. Staat besaß R. für seine Provinzen.

Rechnungshof (franz. Cour des Comptes). Eine Behörde, die mit ähnl. Unabhängigkeit wie die Gerichte ausgestattet ist; ihr obliegt die Finanzkontrolle der öffentlichen Hand. In der BRD besteht der R. als Bundesrechnungshof, in den Ländern als Landesrechnungshof. Bereits 1866 wurde in Österreich der Oberste R. errichtet; für die Republik Österreich 1919 der Staatsrechnungshof.

Recht. Das R. stellt für das Verhalten in der Gesellschaft Normen auf. Diese sog. Rechtsnormen enthalten Befehle in Gestalt von Geboten und Verboten; häufig wirken sie nur mittelbar und sind zurückhaltend formuliert. Bei Nichtbefolgung seiner Vorschriften sieht das R.

deren Durchsetzung mittels direkt oder indirekt wirkenden Zwanges vor (Strafe und Schadenersatz).

Bereits bei den Naturvölkern wird das Leben von einem Rechtsbewußtsein getragen; es ist einer gewohnheitsrechtl. Ordnung unterworfen. Hierbei nimmt die Selbsthilfe den breitesten Raum ein; ein Einschreiten der Gemeinschaft in wichtig erscheinenden Fällen ist aber keineswegs selten. Das Gewohnheitsrecht und seine Anerkennung beruhten gewöhnlich auf der Tatsache, daß die überkommene Ordnung als Bestandteil der göttl. Weltordnung akzeptiert wird. Das spätere Monopol einer Rechtspflege seitens eines Königs oder eines Staates geht auf die Entstehung starker Autoritäten im weiteren Verlauf der Geschichte zurück; es entstand zunächst in den frühen Hochkulturen.

Das europ. R. hat gemeinsame Wurzeln im römischen R., vor allem in den Räumen des ehem. Römischen Reiches. Daneben besitzt auch das german. R. einen bedeutenden Anteil am europ. R. Außerdem hat das kanon. R. nachhaltigen Einfluß auf das europ. R. ausgeübt; dieser Einfluß geht auf die geistl. Gerichtsbarkeit bzw. die ihr unterliegenden Bereiche zurück, so das Eherecht und die Wuchergesetzgebung. Bedeutend war auch der Einfluß des Naturrechts auf das europ. R. Bemerkenswert erscheint, daß Gemeinsamkeiten in der europ. Geschichte, vor allem die aus dem Christentum erwachsenen, mitgewirkt haben, insbes. eine geistige Einheit des europ. R. zu schaffen.

Von verhältnismäßig geringem Einfluß war das römische R. auf das engl. R.; es hat die aus dem german. R. übernommenen Züge treuer als die kontinentaleurop. Staaten bewahrt.

Neben den genannten Einflüssen auf das europ. R. haben hierauf auch idg. Bestandteile eingewirkt.

LIT. HWDRG IV, 224–32; W. Burckhardt, Methode und System des R. (1936); du Pasquier, Introduction à la théorie générale et à la philosophie du droit (Neuchâtel 1937); E. Wolf, Große Rechtsdenker der dt. Geistesgeschichte ([3]1951); G. Radbruch, Einführung in die Rechtswissenschaft, hrsg. von K. Zweigert ([11]1964); G. Radbruch, Rechtsphilosophie ([5]1956); F. Giese, R. und Rechtswissenschaft (1963).

Rechtlosigkeit. Bez. für die Unfähigkeit, Träger von Rechten und Pflichten

zu sein. Der röm. Sklave war auf verschiedenen Entwicklungsstufen des röm. Rechts rechtlos. Umstritten ist, inwieweit im german. Recht ein Unfreier urspr. als Sache galt und dementsprechend bei seiner Verletzung Schadenersatz geleistet wurde oder aber Wergeld. Es scheint, daß ein Knecht über eine gewisse Vermögensfähigkeit verfügte. Der Fremde war ebenfalls nicht völlig rechtlos, hingegen der Friedlose und Geächtete, häufig auch der Ketzer, da er seine »Mannheiligkeit« im Verhältnis zum gesamten Volk durch Gerichtsbeschluß eingebüßt hatte.

LIT. HWDRG IV, 258–61.

Rechtsaltertümer, Rechtsdenkmäler. Bez. für Quellen des Rechtslebens der Vergangenheit (→ Rechtsbücher); ebenfalls Gegenstände der Rechtsgeschichte, so Strafwerkzeuge, alte Gerichtsstätten, Moorleichen etc., zudem Siegel, Wappen etc. Die Rechtsarchäologie beschäftigt sich mit den R. sowie den Schauplätzen des früheren Rechtslebens.

LIT. HWDRG IV, 265–68; K. G. Homeyer, Die Haus- und Hofmarken ([2]1890); K. von Amira, Der Stab in der german. Rechtssymbolik ([3]1913); J. Grimm, Dt. R. 2 Bde. ([4]1899; Neudr. 1922); C. von Schwerin, Einführung in die Rechtsarchäologie (1943); P. E. Schramm, Herrschaftszeichen und Staatssymbolik. 3 Bde. (1954–56).

Rechtsbücher. Private Darstellungen des im dt. MA geltenden Rechts; sie erlangten später teilweise gesetzesähnl. Bedeutung. Zu den bekanntesten R. gehören der Sachsenspiegel und der Schwabenspiegel (13. Jh.).

Das gerichtl. Verfahren wird in den Rechtsgangbüchern, einer Abart der R., behandelt. Zu den Rechtsgangbüchern gehört der ›Richtsteig Landrechts‹ des Johann von Buch (um 1335).

LIT. HWDRG IV, 277–82; K. G. Homeyer, Die dt. Rechte des MA (neu bearb. von K. A. Eckhardt und J. von Gierke, 1931–34); H. Meyer, Das Mühlhäuser Reichsrechtsbuch ([3]1936); H. Conrad, Dt. Rechtsgeschichte, 1 ([2]1962; dort die wichtigsten Darstellungen); H. Planitz, Dt. Rechtsgeschichte ([2]1961).

Rechtsgang. Ein im alten dt. Recht übliches Verfahren, demzufolge das Unrecht aufgehoben und das Recht wiederhergestellt wurde. Zunächst wurde der R. außergerichtlich geübt; denn urspr. galten sowohl der Rechtsschutz als auch die Rechtsverfolgung als private Angelegenheit des einzelnen und seiner Sippe (Blutrache, Fehde). Nachdem sich daneben später der gerichtl. R. entwickelte (Gerichtsverfahren, Prozeß), wurde der außergerichtl. R., von wenigen Ausnahmefällen abgesehen (Notwehr, Notstand und Selbsthilfe in beschränktem Sinn), nach und nach verdrängt.

LIT. H. Brunner, Dt. Rechtsgeschichte. 2 Bde. (²1906–28; unveränd. Neudr. Bd. I 1961, Bd. II 1958); F. Beyerle, Das Entwicklungsproblem im german. Recht, 1 (1915).

Rechtsgeschichte. Ein Zweig der Geisteswissenschaft, vor allem der Kulturgeschichte. Aufgabe der R. ist es, die Kenntnis früherer Rechtsordnungen sowie der einzelnen Rechtsinstitutionen und Rechtssätze zu fördern.

LIT. H. Loing, Epochen der R. in Deutschland (⁴1981); K. Kroeschell, R. Dtlds. im 20. Jh. (1992).

Rechtskreise. Im dt. Recht des MA die im Falle von bestimmten Rechtsverhältnissen geltenden Sonderrechte. Zu den R. gehörten u. a. das Hofrecht für das gutsherrl.-bäuerl. Verhältnis, das Lehnsrecht für die Beziehung zw. Lehnsherr und Vasallen, das Dienstrecht für die einem Dienstmann zukommenden Rechte und Pflichten. Es war möglich, gleichzeitig mehreren Rechten anzugehören. Darüber hinaus war das allg. Landrecht für jedermann gültig.

LIT. J. J. Moser, Von der teutschen Crays-Verfassung (1773); H. Mitteis, DRG; K. O. von Aretin (Hrsg.), Der Kurfürst von Mainz und die Kreisassoziationen (1975).

Rechtsparteien. Die Parteien der Rechten. In der Zeit von 1919–33 Bez. für diejenigen polit. Parteien, die der republikan. Staatsform feindl. gegenüberstanden (→ Rechts und Links).

Rechtsschulen.
[1] Bedeutende Rechts-Lehrstätten, so im At. vor allem Berytos (Beirut) und Konstantinopel, im MA Bologna und Padua, Orléans, Paris, ab dem 14. Jh. Pavia, Perugia, Toulouse, im Reich Ingolstadt, Leipzig und Freiburg.
[2] Innerhalb der Rechtswissenschaft bestimmte Richtungen, so die Sabinianer und Prokulianer bei den Römern, die Glossatoren, Postglossatoren im MA.

LIT. HWDRG IV, 339–44; J. Fried,

Die Entstehung des Juristenstandes im 12. Jh. (1973).

Rechtsstaat. Bez. für einen Staat, der seinen Zweck darin sieht, das Verhalten der Privaten durch eine Rechtsordnung zu regeln und sich für deren Durchsetzung einzusetzen, ohne jedoch für Wohlfahrt und Kultur in positiver Weise zu sorgen.

Als älterer R. gilt der Staatstypus des europ. MA; in ihm wurde der Staat als eine Institution zur Wahrung des Rechtsfriedens und der Gerechtigkeit betrachtet. Als Hort und Hüter der Friedens- und Rechtsordnung (Rechtsbewahrstaat) galt namentlich das Dt. Reich des MA. Es waren die ständischen Rechte, die in jener Zeit die Grenzen der Staatsgewalt wesentlich bestimmten; infolgedessen galten Rechtsgleichheit und Individualfreiheit nicht als Wesensmerkmale des älteren R. Im Ständestaat der frühen NZ vermochte sich der R. noch zu behaupten; verdrängt wurde er durch den Polizeistaat des Absolutismus. Gerade in dieser Zeit aber entwickelten sich (auf der Grundlage von Naturrechtslehre und Aufklärung) Gegenbewegungen, auf denen der moderne R. aufbaute. Bis zu einem gewissen Grade bereitete sich ebenfalls in der Gesetzgebung und der Staatspraxis des aufgeklärten Absolutismus der moderne R. vor, z. B. im Preußen Friedrichs II. (reg. 1740–86), da hier die Abschaffung der Folter, die Einschränkung der Kabinettsjustiz und die Bindung der Verwaltung an das Gesetz erfolgte.

Der moderne bürgerl. R. ist das Ergebnis einer Verfassungsbewegung, die gegen Ende des 18. Jh. einsetzte. An der Entwicklung des modernen R., dessen Idee bereits bei I. Kant (1724–1804) voll einsetzte, hatten sowohl liberale als auch konservative Theoretiker in gleichem Maße Anteil. Als unerläßliche Charakteristika eines R. werden seitdem betrachtet:
a) eine geschriebene Verfassung, durch die die Macht des Staates rechtl. abgegrenzt wird, vor allem durch die Gewaltenteilung;
b) eine unantastbare und staatsfreie Sphäre des einzelnen, die durch Grundrechte abgesichert ist;
c) die Pflicht des Staates zur Entschädigung bei Enteignung, Aufopferung und Verletzung der Amtspflicht;
d) die Unabhängigkeit der Gerichte, die

Gewährleistung des gesetzl. Richters sowie des Verbots von rückwirkenden Strafgesetzen;
e) der Grundsatz einer Gesetzmäßigkeit der Verwaltung. Zu diesem Zweck wurden in Frankreich und Dtl. spezielle Verwaltungsgerichte geschaffen. Nachdem der R. während der Zeit des nationalsozialist. Dtl. unterdrückt worden war, wurde er in der BRD wiederhergestellt; gesichert werden die rechtsstaatl. Garantien durch das Bonner Grundgesetz.

LIT. StL VI (⁶1961) 686–705; HWDRG IV, 367–75; F.J. Stahl, Die Philosophie des Rechts (³1856); O. Bähr, Der R. (1864); R. Gneist, Der R. (1872); F. Darmstädter, Die Grenzen der Wirksamkeit des R. (1930); ders., R. oder Machtstaat (1932); O. Koellreuter, Der nationale R. (1932); G. Krauss und O. von Schweinichen, Disputation über den R. (1935); E. Fechner, Freiheit und Zwang im sozialen R. (1953); Chr. F. Menger, Der Begriff des sozialen R. (1953); E. Forsthoff und O. Bachof, Der soziale R. (1953); L. Hessdörfer, Der R. (1961); K. Schmidt, Beiträge zur Geschichte des preuß. R. (1980); W. Birkenmaier (Hrsg.), Recht und Rechtspolitik (1985).

Rechtssymbole, Rechtssinnbilder. Gegenstände oder Handlungen, die einen Rechtsvorgang oder ein Rechtsverhältnis, welche sinnlich nicht wahrnehmbar sind, durch Versinnbildlichung anschaulich machen sollen. Im älteren german. Recht (ebenso wie in den Rechten anderer jugendl. Völker) besaßen die R. großen Wert; man legte ihnen magische Bedeutung bei. Durch ein R. wird entweder ein Rechtszustand oder ein Rechtsakt bez. Bei den Franken gehörte zu den Symbolen, die einen Rechtszustand bez., u.a. das lang herabwallende Haar (als Zeichen der Königs); R. während des MA waren u.a. das Marktkreuz sowie die Rolandssäule (als Wahrzeichen städt. Freiheit und Gerichtsbarkeit), der Stab, von einem Boten oder Richter (Richterstab) getragen (als Zeichen ihrer Macht), der Handschuh (das Symbol der Gewalt). Zu den R., die einen Rechtsakt bez., gehörten u.a. der Handschlag (als Abschluß eines Rechtsgeschäftes), die Fahne oder das Szepter (als Zeichen der Übertragung eines Lehens); als Symbol der Übergabe eines Grundstücks gilt auch eine Erdscholle mit Zweig. Daneben gibt es Verkörperungs-, Verdeutlichungs- und Motivationssymbole; so sind Szepter und Krone nicht allein äußere Zeichen der Königswürde, sondern ihr Besitz legitimiert den Besitzer auch. Das Ergreifen eines Schlüssels symbolisiert den Erwerb eines Grundstücks, dessen Beschlagnahme das Aufstecken eines Strohwisches. Ein Todesurteil wird durch einen gebrochenen Stab, die Annahme eines Kindes Statt (›Mantelkinder‹) durch die Verhüllung des Kindes mit dem Mantel versinnbildlicht. Die Rechtssymbolik verlor ihre Bedeutung mit der Entwicklung eines begriffl. Rechts.

LIT. HWDRG IV, 381–84; J. Grimm, Dt. Rechtsaltertümer. 2 Bde. (⁴1899, Neudr. 1922); K. von Amira, Die Handgebärden in den Bilderhandschriften des Sachsenspiegels (1905); S. Puetzfeld, Dt. Rechtssymbolik (1936); P.E. Schramm, in: B. Schwineköper, Der Handschuh im Recht, Ämterwesen, Brauch und Volksglauben (1938); ders., Herrschaftszeichen und Staatssymbolik. 3 Bde. (1954–56); E. Wohlhaupter, Rechtssymbolik. In: Hdb. der Symbolforschung (hrsg. von F. Herrmann), 2 (1942); G. Heinz-Mohr, Lexikon der Symbole (²1981).

rechts und links. Zunächst in der franz. Nationalversammlung von 1790 Bez. für die polit. Richtung; sie rührt her von der (von Präsidenten aus betrachteten) Sitzordnung. Von Frankreich kam die Bez. nach Dtl., dann nach England (seit etwa 1930).

Recke (ahd. wreckeo, der Landflüchtige, Vertriebene). Zunächst Bez. für einen Mann, der aus der Heimat vertrieben worden war, dann der Held. Das Wort sank während des MA zur Bez. eines Kämpfers herab, der ein ungeschlachter, nur auf seine Kraft pochender Protz war (mit Riese gleichbedeutend). Im 18. Jh. erfuhr das Wort eine Neubelebung (durch den Dichter Christoph Martin Wieland, 1733–1813).

Reconquista (span., Wiedereroberung). Bez. für die vom 8. Jh. bis 1492 währenden Kämpfe der christl. Staaten auf der Pyrenäenhalbinsel gegen die arab. Herrschaft um die Rückgewinnung des Landes. Die Einnahme Grenadas (1492) war der Abschluß der R.

LIT. D.W. Lomax, Die R. (1980); O. Engels, R. und Landesherrschaft (1989).

Record (engl.). Aufzeichnung, Protokoll, schriftl. Bericht, Urkunde. Im engl. Recht die schriftl. Protokolle des Parlaments sowie der ordentl. Gerichte (Court of R.); sie wurden zunächst auf Pergament geschrieben. Vor Gericht gilt ein R. als unwiderlegl. Beweismittel.

Das Public Record Office (Sitz: London, Chancery Lane, und Kew, Surry, Ruskin Avenue) ist das offizielle Aktenarchiv der brit. Regierung.

LIT. H.O. Meisner, Urkunden- und Aktenlehre der Neuzeit (1950).

recto, rekto. Die Vorderseite eines Blattes bei den nach Blättern gezählten ma. Handschriften; **verso** heißt die Rückseite (die Kennzeichnung erfolgt durch ein hochgestelltes ^{r} oder ^{v}: 5^r = Vorderseite des 5. Blattes).

Recursus ab abusu → Appellatio ab abusu.

Redemptoristen. (lat. Congregatio Sanctissimi Redemptoris, Genossenschaft vom Allerheiligsten Erlöser, Abgek. CSSR). Eine kath. Ordenskongregation, die 1732 zu Scala bei Neapel durch Alfons Maria Liguori (1696 bis 1787) gestiftet wurde. Die R. widmen sich vor allem der Volks- und der äußeren Mission.

Die Redemptoristinnen (1731 gegr.) sind ein beschaulicher Orden.

LIT. G. Brandhuber, Die R. (1932); M. de Meulemeester, Histoire sommaire de la Congrégation du Très Saint-Rédempteur (Löwen 1950); ders., Origines de la Congr. du Très Saint-Rédempteur (Löwen 1953); K. Jockwig, Die Volksmission der R. in Bayern von 1843–73 (1967).

Redoute (franz.).
[1] Innerhalb einer Befestigung ein trapezförmiges Festungswerk.
[2] Im 19. Jh. Bez. für bes. Bälle, z.B. Künstler-Redoute.

Réduit (franz., Versteck, Kernwerk). Früher Bez. für den bes. starken Kern einer Befestigungsanlage. Als Réduit national wird die Igelstellung einer Armee bez.; in Belgien war es im Zweiten Weltkrieg der Raum innerhalb der unteren Schelde, der Festung Antwerpen und des Brückenkopfs Gent; in der Schweiz das befestigte St. Gotthard-Massiv.

Reduktionen (span. Reducciones, seit 1654 Doctrinas genannt). In den span. und portugies. Kolonien Südamerikas, vor allem im Gebiet des heutigen Paraguay (von 1608–1768), die von den Jesuiten angelegten Indianersiedlungen mit weitgehender Gemeinwirtschaft und Gemeineigentum unter der Leitung eines Ordensgeistlichen. Die R. wurden durch das Einwirken des portugies. Staatsmannes Pombal (1699–1782) zerstört.

LIT. M. Fassbinder, Der Jesuitenstaat in Paraguay (1926).

Refektorium (mlat.). In Klöstern der Speise- und Erholungsraum, der meist an dem Kreuzgangflügel angeordnet ist, der der Kirche gegenüberliegt. Bei den geistl. Ritterorden wird die R. als Rem(p)ter bez.: Herren-(Mönchs-) und Laien-Refektorium, Sommer- und Winter-Refektorium.

Referendar (lat. referens, Berichterstatter). Urspr. (in Byzanz und während des frühen MA) ein höherer Hofbeamter, der das Recht des Vortrages beim Herrscher besaß. Unter den Merowingern leitete er die königl. Kanzlei; er hatte außerdem für die Ausfertigung der Urkunden des Königsgerichts zu sorgen.

Referendum (lat., das zu Überweisende). In der Demokratie die Zustimmung des Volkes (→ Volksentscheid) als Bedingung für das Inkrafttreten eines staatl. Erlasses. In der Schweiz z.B. ist das R. obligatorisch bei sämtl. Verfassungsänderungen in Bund und Kantonen; das R. ist fakultativ bei nicht dringlichen Gesetzen sowie bei unbefristeten oder für eine längere Dauer als 15 Jahre abgeschlossenen Staatsverträgen (Begehren von 50000 Stimmberechtigten oder 8 Kantonen).

LIT. J. Curtius, Über die Einführung von Volksinitiative und Volksreferendum in den Verfassungen der dt. Staaten (1919); A. Innhoffen, Die Volksinitiative in den modernen Staatsverfassungen (1922); G. Kaisenberg, Volksentscheid und Volksbegehren (^{2}1926); C. Schmitt, Volksentscheid und Volksbegehren (1927); E. Kaufmann, Zur Problematik des Volkswillens (1931); Regi, Die Grenzen des fakultativen R. in der Bundesgesetzgebung (Diss. Bern 1945).

Reform (nlat.). Die Bekämpfung bestimmter, vor allem sozialer, aber auch kirchl. Mißstände im Sinne einer allmählichen Evolution; die R. erfolgt durch einzelne (beschränkte) staatl. Maßnahmen und Selbsthilfemaßnahmen.

Reformation (von lat. reformatio, Neugestaltung, Erneuerung). Während des 16. Jh. die religiöse Umgestaltung; sie führte zur Bildung des prot. Christentums (→ Protestantismus) und zur Auflösung der kirchl. Einheit des Abendlandes. Als Voraussetzungen für die R. dürfen die zahlreichen inner- und außerkirchl. Spannungen angesehen werden: Durch Humanismus und Renaissance war das einheitl. religiöse Weltbild des MA verweltlicht; das volle Vertrauen in den Papst als Garanten der kirchl. Einheit war durch das Papst-Schisma von 1378–1417 erschüttert worden. Ohne nachhaltige Wirkung blieben die der R. vorausgehenden Reformkonzilien. Das Vertrauen des Volkes wurde durch bedeutende innerkirchl. Mißstände (schlechte Lebensführung vor allem der höheren Geistlichen, Pfründenjagd etc.) untergraben. Gegen eine Überbetonung des kirchl. Brauchtums sowie Veräußerlichung erging der Ruf nach Vereinfachung und Vertiefung. Es war zu einer vielfachen Erstarrung der theolog. Studien gekommen. Außerdem wirkte sich die Verbindung von kirchl. und weltl. Herrschaft (zahlreiche Bischöfe waren Landesfürsten) verhängnisvoll aus. Dieser Lage wegen war es bereits im 15. Jh. zu bedeutenden Reformbewegungen innerhalb der kath. Kirche gekommen, insbes. in einigen Orden. Im Verlauf der R. selbst überwog das Schriftprinzip, d. h., die Hl. Schrift galt als einzige Glaubensquelle. Hierauf aufbauend, wurden durch die Reformatoren der neuen Anschauungen über Gnade und Rechtfertigung entwickelt. Speziell in Dtl. wurde die R. durch die 95 Thesen Luthers (1483–1546) am 31.10. 1517 ausgelöst. Es folgte die Verwerfung der Autorität des Papstes, Luthers Ausschluß aus der Kirche und die Reichsacht im Jahre 1521. Die Hauptstütze Luthers waren zahlreiche dt. Fürsten, die sich im Schmalkaldischen Bund (1531) formierten, den aber der Kaiser im sog. Schmalkaldischen Krieg (1546/47) besiegen konnte. Der Augsburger Religionsfriede (1555) brachte die reichsrechtl. Anerkennung der Augsburgischen Konfession (1530 Confessio Augustana). Der Landesherr, nicht jedoch der Untertan, erhielt das Recht der freien Religionsausübung (cuius regio, eius religio). Die geistl. Fürstentümer wurden in ihrem Besitzstand gesichert.

Die konfessionelle Spaltung Deutschlands war seit 1555 rechtl. anerkannt.

Die R. konnte außerhalb Deutschlands vor allem in Dänemark, Norwegen, Island, Schweden, Finnland und Livland volle Erfolge erringen; auf Slowaken, Kroaten und Polen übte sie starken Einfluß aus.

In England entstand durch Heinrich VIII. (reg. 1509–47) eine eigene staatskirchl. Anglikanische Kirche.

In der Schweiz begann H. Zwingli (1484–1531) seit 1519 die Reform der Zürcher Kirche; durch ihn erhielt die R. schweizer. Gepräge. Infolge ihrer Ablehnung durch die Innerschweiz kam es zu krieger. Auseinandersetzungen in den beiden Kappelerkriegen 1529 und 1531 (im letzteren fiel Zwingli); im zweiten siegten die kath. Länderorte über die ref. Städte. In der Westschweiz erwuchs eine neue Reformbewegung unter Calvin (1509–64).

Zusammen mit der kath. Reform und der Gegenreformation, außerdem mit den säkularen Geistesbewegungen des Humanismus und der Renaissance vermochte die R. einen allg. Kulturwandel auszulösen; er veränderte nicht allein das geistig-religiöse, sondern auch das wirtschaftl.-soziale und polit. Leben; daher wird die R. weithin als der Anfang der NZ angesehen.

LIT. *Bibliographien:* G. Wolff, Quellenkunde zur dt. Reformationsgeschichte. 3 Bde. (1915–23); K. Schottenloher, Bibliographie zur dt. Geschichte im Zeitalter der Glaubensspaltung. 6 Bde. (1933–44); F. Schnabel, Deutschlands geschichtl. Quellen und Darstellungen in der NZ, 1 (1931); Schriften des Vereins für Reformations-Geschichte (1911ff.); Corpus Catholicorum; Werke kathol. Schriftsteller im Zeitalter der Glaubensspaltung; Vorreformationsgeschichtl. Forschungen; Reformationsgeschichtl. Studien uind Texte. *Darstellungen:* Sacramentum Mundi IV, 74–111; Geschichtl. Grundbegriffe V, 313–60; L. von Ranke, Dt. Geschichte im Zeitalter der R. 6 Bde. (1839–47; neue Ausg. 1925ff.); F. v. Bezold, Geschichte der dt. R. (1890); E. Troeltsch, Die Bedeutung des Protestantismus für die Entstehung der modernen Welt (1906; [5]1928); G. Ritter, Die Weltwirkung der R. (1941); W. E. Peuckert, Die große Wende (1948); J. Lortz, Die R. in Dtl. ([6]1982); G. Ritter, Die Neugestaltung Europas im 16. Jh. (1950);

P. Joachimsen, Die R. als Epoche der dt. Geschichte (1951); R. Stadelmann, in: Gebhardt-Grundmann 2 (²1954); H. Rössler, Europa im Zeitalter der Renaissance, R. und Gegenreformation (1956); W. Andreas, Dtl. vor der R. (⁶1959); K. Brandi, Dt. Geschichte im Zeitalter der R. und Gegenreformation (³1960); V. V. H. Green, Renaissance und R. Europe 1450–1660 (London ²1964); A. G. Dickens und Dorothy Carr, The R. in England to the Accession of Elizabeth I. (Documents of Modern History, London 1967); R. Stupperich, Geschichte der R. (1967); H. J. Hillerbrand (Hrsg.), The Protestant R. (London 1968); P. Joachimsen, Gesammelte Aufsätze. Beiträge zu Renaissance, Humanismus und R.; zur Historiographie und zum dt. Staatsgedanken, hrsg. u. eingeleitet von N. Hammerstein (1970); H. R. Trevor-Roper, Religion, R. und sozialer Umbruch. Die Krise des 17. Jh. (1970); J. Atkinson, The Trial of Luther (1971); F. Reuter (Hrsg.), Der Reichstag zu Worms von 1521 (1971); S. Skalweit, Reich und Reformation (1972); A. Friesen, R. and Utopia (1974); H. J. Goertz (Hrsg.), Radikale Reformatoren (1978); G. Müller, R. und Stadt (1981); B. Lohse, Martin Luther (³1983); H. Chr. Rublack, Eine bürgerl. R. (1982); G. R. Elton, Europa im Zeitalter der R. 1517–1559 (1982); U. Gäbler, H. Zwingli. Leben und Werk (1983); F. P. Sonntag, Ruhelose Zeit. Das Jh. der R. (1984); W. P. Stephens, The theology of Huldrych Zwingli (1985); E. Iserloh (Hrsg.), Kathol. Theologen der Reformationszeit (1985); H. A. Obermann, Die R. (1986); P. Chaunu (Hrsg.), L'aventure de la Réforme. Le monde de Jean Calvin (1986); R. Schmidt, Reichsstädte, Reich und R. Korporative Religionspolitik 1521–1529/30 (1986); Paul S. Russell, Lay theology in the R. Popular pamphleteers in Southwest Germany 1521–1525 (Cambridge 1986); K.-H. zur Mühlen, R. u. Gegenreformation. 2 Tle. (1999).

Reformatio Sigismundi. Eine 1439 von einem unbekannten Verfasser, vermutlich während des Baselers Konzils (1431–47; 1448–49 in Lausanne), geschriebene Flugschrift, die sehr bald weite Verbreitung fand. In leidenschaftl. Worten forderte die Flugschrift, die sich des Namens von Kaiser Sigismund bediente, eine Reform des geistl. und weltl. Standes. Das Verlangen nach Aufhebung der bäuerl. Leibeigenschaft geht auf hussit. Einfluß zurück. Die R. S., die auch Luther (1483–1546) kannte, war von nachhaltigem Einfluß auf die Forderungen des Bundschuhs sowie des Bauernkrieges.

Ausgaben: K. Beer, Reformatio Sigismundi (1933); H. Koller, Reformation Kaiser Sigmunds. In: MGH, Staatsschriften 6 (1964).

LIT. HWDRG IV, 457–59; K. Beer, in: MIÖG 59 (1951); H. Koller, ebda. 60 (1952); H. Koller (Hrsg.), R. S. (1964).

Reform Bill (engl.). Reformgesetz; im engeren Sinn werden die Reformgesetze des 19. Jh. (Wahlreform von 1832 u. a.) als R. B. bezeichnet.

Reformierte Kirche. Diejenige Kirchenreform, die auf der Reformation Zwinglis (1484–1531) und Calvins (1509–64) beruht. Die R. K. stellt keine geschlossene Einheit dar; sie zerfällt vielmehr in zahlreiche selbständige Kirchen, so die franz. Hugenottenkirche, die niederländ. und schott. Kirche, einen Teil der engl. und amerikan. Protestantismus, eine Anzahl Kirchen in Dtl., in der Schweiz, Minderheitskirchen in Österreich, der Tschechoslowakei, Ungarn und Polen. Die ref. Kirchen in Dtl. sind in den meisten Fällen aus der Melanchthonischen Richtung des Luthertums hervorgegangen; in England blieb die Anglikan. Kirche in Verfassung und Kultus dem Katholizismus nahe, während die Lehre weitgehend ref. Züge trägt; allein die evangelikale Richtung in ihr fühlt sich als prot.; neben anderem lebt calvinist. Erbe im engl.-amerikan. Dissentertum (→ Dissenters).

LIT. LThK VIII, 1082–85; RGG V, 884–96; F. K. Müller, Die Bekenntnisschriften der ref. Kirchen (1903); W. Niesel, Was heißt reformiert? (1934); K. Barth, Gotteserkenntnis und Gottesdienst nach reformator. Lehre (1938); J. R. Weerda, Nach Gottes Wort ref. Kirche (1964); K. Halaski, Die r. K. (1977).

Reformismus. In der Sozialdemokratie eine Strömung, die durch sozialpolit. Evolution, von nicht aber durch soziale Revolution wirken möchte.

Reformjudentum. Im jüdisch-religiösen Liberalismus ein extremer Flügel; er schränkt das gottesdienstl. Hebräisch zugunsten der Landessprache stark ein; außerdem ist das Gebetbuch verkürzt.

Das R. kennt teilweise auch den Sonntagsgottesdienst. Die Ideen des R., die von denen der Aufklärung nachhaltig beeinflußt wurden, zeitigten in Dtl. während des 19. Jh. eine lediglich begrenzte Wirkung; hingegen war die Resonanz in den USA stärker.

LIT. D. Philipson, The Reform Movement in Judaism (N. Y. 1907); C. Seligmann, Geschichte der jüd. Reformbewegung (1922).

Reformkatholizismus. In Dtl. und den roman. Ländern eine kath. Bewegung der Jahrzehnte vor dem Ersten Weltkrieg zur Verminderung von Spannungen zw. kath. Kirche und modernem Geiste. Im Gegensatz zum Modernismus hielt der R. sowohl in seinen wissenschaftl. als auch in seinen kirchl. und sozialen Reformbestrebungen an der Bindung zur Kirche fest.

Reformkonzilien. Bez. für die Konzilien von Pisa (1409), Konstanz (1414–18), Basel (1431–49) und das V. Laterankonzil (1512–17); sie werden R. genannt, weil die Reform der Kirche an Haupt und Gliedern (reformatio in capite et membris) durch sie angestrebt wurde. Eine Reform der Kirche haben die R. nicht herbeigeführt; sie begann erst mit dem Sieg der Reformation in Dtl., vor allem mit dem Konzil von Trient (1545–63). → Konzilien (dort auch Lit.).

LIT. H. Jedin (Hrsg.), Hdb. der Kirchengeschichte, 3 (1968).

Reformverein, Dt. Reformverein. Ein polit. Verein, der die Reform des Dt. Bundes im Sinne Österreichs und der süddt. Staaten unterstützte. Gegründet wurde der R. im Oktober 1862 in Frankfurt/M. (als Gegengewicht zum Kleindt. Nationalverein).

Réfugiés (franz., Flüchtling). Im allg. jeder Flüchtling, insbes. aber diejenigen Reformierten (→ Hugenotten), die Frankreich im 16. und 17. Jh., vor allem nach Aufhebung des Edikts von Nantes (1685), verließen. Der franz. Staat verlor mit seinen R. einen bedeutenden Anteil seiner befähigtesten und fleißigsten Einwohnerschaft an das prot. Ausland, vor allem in die Niederlande, England, Dänemark, Dtl., die Schweiz und Amerika. Hauptaufnahmeplätze in den dt. Territorien waren u. a. in Brandenburg: Berlin, Potsdam, Oranienburg, Stendal und Frankfurt/Oder; in Hessen: Kassel, Hofgeismar, Friedrichsdorf, Homburg v. d. H. und Hanau;

in Hannover: Münden und Göttingen; in Sachsen: Leipzig und Dresden; im Rheingebiet: Oppenheim, Frankenthal, Mannheim, Friedensthal. In den neuen Siedlungsgebieten kam es häufig zur Bildung eigener franz. Kolonien, in denen sich franz. Lebensart erhielt. Die während der Französischen Revolution von 1789 geflüchteten Franzosen werden im Unterschied zu den R. als Émigrés bezeichnet (→ Hugenotten).

LIT. C. F. Köhler, Die R. und ihre Kolonien in Preußen und Kurhessen (1867); C. W. Baird, A History of the Huguenot Emigration to America. 2 Bde. (N. Y. 1884); E. Muret, Geschichte der franz. Kolonie in Brandenburg-Preußen (1885); F. de Schickler, Les églises du refuge en Angleterre, 3 Bde. (1892); O. Zoff, Die Hugenotten (1948); weitere Lit. → Hugenotten.

Refugium (lat.). Zufluchtsort, insbesondere die Wehranlage in vor- und frühgeschichtl. Zeit, namentlich bei den Stämmen der Kelten und Slawen die Fliehburgen.

Regalien (lat. iura regalia, königl. Rechte). Die seit der fränk. Zeit der königl. Gewalt zustehenden oder von ihr beanspruchten Hoheitsrechte; begrifflich gefaßt wurden sie jedoch erst in der Publizistik des Investiturstreits; zunächst kam es zur Entwicklung des Begriffes am Reichskirchengut im Dt. Reich des MA. Nach dem Vertrag von Sutri (1111), abgeschlossen zw. Heinrich V. (reg. 1106–25) und Paschalis II. (1099–1118), umfaßten die R. die Verfügung über die Herzogtümer, Markgrafschaften, Grafschaften, Münzen, Zoll, Markt, Gericht, Königshöfe, Ministerialen, Reichsburgen; hierbei handelte es sich um die durch den König der Kirche bislang überlassenen hohen Ämter, die Gerichts- und Militärhoheit, sämtliche finanziell nutzbaren Rechte sowie Grundbesitz. Eine Ausdehnung der R. auf die nutzbaren Hoheitsrechte ausschließlich erfolgte im Weistum des Reichstags von Roncaglia (1158). Die speziellen wirtschaftl. Verhältnisse der oberital. Städte, desgleichen der Einfluß des röm. Rechts (nutzbares Einzelrecht) hatten zur Folge, daß zu den R. die Hoheit über alle Verkehrswege, d. h. die Straßen und Flüsse, zudem über sämtliche Arten von Gerichtsgeldern, Zölle, konfiszierte Güter, Steuern, Forste, Fischereirechte und Schätze hinzutrat. Unterschieden wurde zw. den höheren

R. (z. B. Gerichtsbarkeit und Heerbann) sowie den niederen R. (z. B. das Jagd-, Berg- und Mühlenregal); ferner zw. älteren R. (z. B. dem Markt-, Münz- und Zollregal) und jüngeren R. (z. B. Jagd- und Fischereiregal). Hierbei werden als eigentlich finanziell nutzbare R. (d. h. R. im engeren Sinne) herausgehoben: das Münz-, Zoll-, Markt-, Geleits-, Strom- und Straßenregal, Wildbann und Fischereiregal, das Berg- und Salzregal, das Schatz-, Judenschutz-, Boden- und Strandregal. Die territorialstaatl. Entwicklung brachte es mit sich, daß die R. durch eine Anzahl von Privilegien (1220 Confoederatio; 1231 Statutum in favorem principum; 1356 Goldene Bulle) im Besitz der Landesherren bestätigt wurden.

Während des ausgehenden MA nahmen die Landesherren die R. für sich in Anspruch, ohne hierfür ein ausdrückliches Privileg zu besitzen. Dem Reich, für das die R. das Rückgrat seiner Finanzen bildeten, blieben nur noch das Strom- und Straßenregal, verschiedentlich auch die Münze und der Zoll als nutzbare R. Die R. in der Hand der Landesherren wurden durch diese bedeutend vermehrt, genutzt und weiterverliehen. Unter dem Einfluß des Liberalismus wurden die R. im 19. Jh. größtenteils beseitigt; allein die »niederen« (Finanz-)R. wurden noch genutzt, da man sie als dem Staat ausschließlich zustehende Erwerbsrechte betrachtete (z. B. das Post-, Bernstein-, Flößerei- und Fährregal). Als staatl. Monopolrechte leben die R. bis auf den heutigen Tag fort.

LIT. HWDRG IV, 472–78; A. Pöschl, Die R. der ma. Kirchen (1928); P. W. Finsterwalder, Die Gesetze des Reichstags von Roncaglia. In: ZRG GA (1931); H. Thieme, Die Funktion der R. In: ZRG KA (1948); C. von Schwerin und H. Thieme, Grundzüge der dt. Rechtsgeschichte (⁴1950); H. Planitz, Dt. Privatrecht (³1949); E. R. Huber, Wirtschaftsverwaltungsrecht, 1 (²1953); Feine, KRG 1 (³1955).

Regalienfeld, Regalienschild. Ein leeres rotes Feld in Staatswappen zur Bez. des → Blutbannes (→Blutfahne).

Regalienrecht. Es bildete sich gegen Ende der Salierzeit heraus. Abzuleiten ist es wahrscheinlich aus dem Eigenkirchenrecht. Um einer willkürlichen Verlängerung der Sedisvakanz durch den König vorzubeugen, wurde es bald auf ein Jahr begrenzt. Obwohl Philipp von

Schwaben (reg. 1198–1208), Otto IV. (reg. 1198–1215) und Friedrich II. (1215–50) ihren Verzicht auf das R. erklärten, wurde es doch weiter ausgeübt, wenn auch mit Einschränkungen. Das Ledigwerden der Regalien an den König während dessen Anwesenheit in einer Bischofsstadt oder einer Abtei fällt gleichfalls unter das R.; Friedrich II. mußte es jedoch auf 8 Tage vor Beginn und 8 Tage nach Ende des Aufenthalts beschränken.

LIT. → Regalien.

Regel. Die Richtschnur eines Verhaltens. Benedikt von Nursia (um 480 bis 547/53) schuf um 529 die Ordensregel, die die Frucht röm. Rechts- und Familiensinnes, morgenländisch-mönch. Geisteshaltung, praktisch-realer Lebensauffassung und tiefer christl. Religiosität war; sie gab dem abendl. Mönchtum ihre feste Form. Vom 8.–12. Jh. war sie die einzige abendländ. Klosterregel.

LIT. I. Herwegen, Geschichte der benediktin. Prozeßformel (1912); ders., Sinn und Geist der Benediktinerregel (1944).

Régence (franz.). Zur Zeit der Regentschaft (régence) Philipps von Orléans (1715–23) für den minderjährigen Ludwig XV. eine Stilstufe des franz. Kunst; sie stellt die Vorstufe des Rokokos dar: die Kanten der Gebäude und Räume sind abgerundet, das Ornament ist flächig und leicht (Gitterungen, Bandwerk). Die Régenceart drückt sich auch in der Haartracht (anliegend, weiß gepudert) sowie der Kleidermode (mäßiger Reifrock) aus.

Regent (von lat. regere, leiten, regieren). Allg. ein Regierender, vor allem der Regierungsverweser eines Monarchen, wenn dieser wegen Minderjährigkeit oder Geisteskrankheit seine Aufgaben nicht erfüllen kann; auch im Falle der früher häufigen Gefangenschaft eines Monarchen wurden dessen Befugnisse durch einen R. ausgeübt. Der R. ist im allg. der nach der Primogeniturordnung nächstberufene regierungsfähige Agnat. Wird die Regentschaft kollegial ausgeübt, geschieht dies durch einen Regentschaftsrat. Die Mutter, Großmutter oder Gemahlin eines Herrschers können dem Agnaten als R. vorgehen (→ Reichsverweser).

LIT. I. Freund, Die Regentschaft nach preuß. Staatsrecht (1903); S. Brie, in: Stengel-Fleischmann, 3 (²1914); K.-J.

Matz, Regententabellen zur Weltgeschichte (1980).

Regesten (lat. regesta, Verzeichnis). Sachinhaltl. Auszüge aus Urkunden mit Angabe der Datierung sowie des Ortes, eventuell auch krit. Bemerkungen (seit dem 18. Jh. üblich). Auch gedruckte Verzeichnisse von Urkundenanzeigen werden als Regesten bez., so die Regesta Imperii (die R. der Urkunden der dt. Kaiser und Könige), die Regesta pontificum Romanorum (die R. der Urkunden der Päpste). Verzeichnet sind die verschiedenen Regestensammlungen bei Dahlmann-Waitz (Bd. 1–14, 1925–38; NF 1949ff.).
LIT. A. Hessel, in: Arch. für Urkundenforschung, 10 (1938); →Urkunden.

Regie (franz.). Die unmittelbare Verwaltung von öffentl. Unternehmungen (Regiebetrieben) durch den Staat. Ebenfalls die Eigenverwaltung von gewissen indirekten Steuern, die nicht an Generalpächter übertragen waren, bez. man früher als R. (Tabakregie in Österreich). Die Unternehmen der öffentl. Hand bei den Gemeinden werden heute als Eigenbetriebe bezeichnet.

Regierung.
[1] Eine bestimmte Tätigkeit, die im Sinne eines ständigen und vorausschauenden Wachens über die staatlichen Geschicke sowie des Veranlassens der sich dabei aufdrängenden polit. Maßnahmen durch staatl. Organe erfolgt.
[2] Jene Behörde, der diese Aufgabe hauptsächlich auferlegt ist und die sowohl aus praktischen wie auch aus rechtl. Gründen stets ebenfalls oberstes Organ der Verwaltung ist.
LIT. HWDRG IV, 488–92; Geschichtl. Grundbegriffe V, 361–421; G. A. Ritter (Hrsg.), R., Bürokratie, Parlament (1983).

Regierungsbezirk. Ein dt. Verwaltungsbezirk, der in Preußen zunächst einem Regierungspräsidium als kollegialer Behörde, dann (seit 1825) einem Regierungspräsidenten unterstand. In der BRD ist der R. in den Ländern Baden-Württemberg, Bayern, Hessen, Niedersachsen, Nordrhein-Westfalen und Rheinland-Pfalz der in Stadt- und Landkreise gegliederte höhere staatl. Verwaltungsbezirk, in Bayern und Rheinland-Pfalz (hier jedoch nur den Regierungsbezirk Pfalz betr.) gleichzeitig kommunaler Selbstverwaltungsverband (Bezirksverband). Die Verwaltungsbehörde des R. ist eine Regierung mit einem Regierungspräsidenten an der Spitze. (In Bayern und Nordrhein-Westfalen lauten die speziellen Bez. für die Verwaltungsbehörde des R. »Regierung«, in Baden-Württemberg »Regierungspräsidium«, in Hessen und Niedersachsen »Regierungspräsident«, in Rheinland-Pfalz »Bezirksregierung«.)
LIT. G. Sommerfeld, Das Amt des preuß. Regierungspräsidenten (Diss. Freiburg 1934); H. Beuster, Probleme der staatl. Mittelinstanz, in: AÖR 78 (1952/53).

Regierungspartei. In konstitutionellen und parlamentar. Regierungssystemen im Parlament die Partei der Mehrheit, auf die sich die Regierung stützt; sie steht im Gegensatz zur Opposition.

Regime (franz.). Regierungsform, Regierungsweise (häufig für die abschätzige Bez. eines Regierungssystems gebraucht).

Regiment (nlat., franz.).
[1] Herrschaft, Leitung, Befehlsgewalt; früher ebenfalls die Vorschrift, Bestimmung.
[2] Militär: Seit etwa dem beginnenden 17. Jh. in Dtl., dann auch in den Heeren anderer Länder der Befehlsbereich eines → Obersten. Bis 1945 der wichtigste mittlere Truppenverband, bestehend aus 3 Bataillonen (Infanterie), 3 Abteilungen (Artillerie), 4 Schwadronen (Kavallerie) oder zwei Abteilungen (Panzertruppen) unter der Führung eines Regimentskommandeurs (im Rang eines Obersten oder Oberstleutnants).

Region (lat.). Gegend, Gebiet im Sinne eines bestimmten und begrenzten Bereichs, namentlich der Stadtbezirk von Rom, nachdem durch Augustus (reg. 31 v. bis 14 n. Chr.) im Jahre 7 v. Chr. eine Einteilung in 14 regiones urbis geschaffen worden war.
LIT. P. Knoch, Th. Leeb, Heimat oder Region? Grundzüge einer Didaktik der Regionalgeschichte (1984).

Regionalismus (Kunstw. lat.). Bez. für Bestrebungen zur Wahrung und Förderung der polit. Sonderrechte einer Region, d. h. einer Gegend, eines Gebietes, insbes. in zentralist. regierten Staaten; desgleichen die Besinnung auf die Eigenart regionaler Kultur und deren literar., häufig mundartl. Ausdruck; diese Form des R. umfaßt u. a. in Frankreich die Bretonen, in Spanien die Katalanen, in Italien die Südtiroler.

LIT. J.C. Brun, Le régionalisme (1911); ders., Qu'est-ce que le régionalisme? (1937); M. Brun, Départements et régions (1939); W. Kaegi, Hist. Meditationen, II (1946); F. Blaich (Hrsg.), Entwicklungsprobleme einer Region (1981).

Register (mlat.).
[1] Allg. ein Verzeichnis.
[2] Die R. des Vatikanischen Archivs; Abschriften von ausgehenden, z.T. auch eingehenden Urkunden und Schreiben (Bullen, Breven u.a.) der päpstl. Kanzlei; sie sind seit Papst Innozenz III. (1198–1216) einigermaßen vollständig erhalten. Die Register-Serien bieten eine Reihe von Problemen, da sie häufig als Material verschiedener Herkunft zusammengebunden wurden. Die wesentl. Serien sind: Vatikan-, Avignonesische, Lateran-, Kammer-, Breven-, Suppliken Register.
Erst seit Beginn des 14. Jh. sind R. in der Reichskanzlei sowie den fürstl. Kanzleien üblich; hierunter sind die R. Karls V. (reg. 1519–56) bes. gut erhalten.
LIT. G. Seeliger, Die Registerführung am dt. Königshof bis 1493 (1892); H. Steinacker, Das ältere päpstl. Registerwesen. In: MIÖG (1902); L. Groß, Die Reichsregisterbücher Kaiser Karls V. (1930); K.A. Fink, Das Vatikan. Archiv (²1951); H. Diener, Die großen Registerserien im Vatikan. Archiv, 1378–1523 (1972); H. Bansa, Die Register der Kanzlei Ludwigs des Bayern. 2 Bde. (1971–74).

Regulae iuris (lat., Rechtsregeln). Im röm. Recht abstrakte Rechtsgrundsätze allg. Charakters. Die R. i., von Juristen geformt, wollen in Spruchform über die Ergebnisse der Kasuistik der jurist. Lit. berichten. In seinen Digesten gibt Kaiser Justinian (reg. 527–65) im Titel ›De diversis regulis iuris antiqui‹ (50, 17) hiervon eine Auswahl. Im kanon. Recht entsprechen ihnen 88 R. i. (dem Liber Sextus angehängt). Sie, vielleicht von Papst Bonifaz VIII. (1294–1303) selbst redigiert, haben noch für die Auslegung des heutigen kath. Kirchenrechts ihre Bedeutung.
LIT. F. Reh, The Rules of Law and Canon Law (Rom 1939); L. Wenger, Canon (1942); V. Bartocetti, De regulis iuris canonici (Rom 1955).

Regulare. Bez. für die Mitglieder der Orden mit feierl. Gelübden.

Regularkleriker. Im Gegensatz zu den Weltpriestern (Säkularkleriker) die Mitglieder eines kath. Ordens oder einer Kongregation. Zwar gehören die R., die im engeren Sinne eine im 16. Jh. entstandene Form der Klostergenossenschaften darstellen, noch zu den Orden; durch Aufgabe der Stabilitas loci sowie des Chorgebets haben sie aber die traditionellen Ordenspflichten den neuzeitl. Formen der Seelsorge angepaßt. Die Theatiner, Barnabiten, Jesuiten, Kamillianer und Piaristen sind die bedeutendsten Genossenschaften von R. Nahezu bedeutungslos sind die Minderen R. geworden (1588 gegr. durch Ascanio Caraccioli, 1563–1608).

Regulative. Drei Verordnungen des streng konservativen preuß. Kultusministers Karl Otto von Raumer von 1854; die Volksschullehrerbildung wurde hierdurch im Sinne der Reaktion geregelt. Die R., die erst 1872 (während des Kulturkampfes) aufgehoben wurden, bekämpfte Adolf Diesterweg (1790–1866), der Förderer der Volksschulpädagogik. Verfasser der R. war F. Stiehl.

Regulatoren (engl. Regulators). Eine Farmervereinigung in den Südstaaten der USA, die 1767 gegr. wurde. Durch Selbsthilfe erstrebte sie eine gesetzl. Ordnung; anfangs versuchte sie diese auf revolutionärem Weg zu erreichen (Aufstand in Nord-Carolina 1768–71). Während des 19. Jh. stellten die R. eine Selbsthilfeorganisation der Grenzfarmer gegen die Viehräuber dar.

Reich (german., von kelt., König, lat. imperium, franz. und engl. empire). Ein Begriff, der gegenüber den Begriffen Staat, Königtum, Kaisertum nicht scharf abgegrenzt ist. Meist verbindet sich mit R. die Vorstellung des Großraumes (Festlands- oder See-Reich), außerdem die der bestimmten Autorität des Reichsoberhauptes.
Die Menschheitsgeschichte ist wesentlich durch die Bildung von R. gekennzeichnet. Im alten Orient waren es die R. Babylon, Medien, Persien u.a., in Innerasien die R. der Hunnen, des Dschingis Chan, Timurs und der Goldenen Horde, zudem die R. in Indien, China und Japan.
Im Abendland begann die Reichebildung mit dem Makedonen-R. (Begründer Alexander d. Gr., reg. 336–323 v. Chr.). Den Höhepunkt der Reichebildung im Abendland stellt das Röm. R. dar; es wurde im Westen abgelöst durch

das Merowinger-R., das Karl d. Gr. (reg. 768–814) zur Universalmacht Europas gestaltete. Die Auflösung des Karolinger-R. (843) führte zur Entstehung des Westfranken-R. und des Ostfranken-R. Aus dem Westfranken-R. wiederum entwickelte sich das franz. Königreich, aus dem Ostfranken-R. das Hl. Röm. R. Dt. Nation, welches nicht, wie das franz. Königreich, durch nationalen, sondern übernationalen Charakter gekennzeichnet war. Das Hl. Röm. R. Dt. Nation erlag später dem fürstl. Partikularismus. Im 15./16. Jh. entwikkelten sich das Osmanische R. und das russ. Zarenreich (Iwan III., reg. 1462–1505, Iwan IV., reg. 1533–84). Daneben kam es im Westen Europas zur Entwicklung der über die Ozeane ausgreifenden Kolonialreiche Spanien, Frankreich und England. Das Empire Napoleon Bonapartes (1769–1821) erwuchs aus der franz. Revolutionshegemonie; das Dt. R. Bismarcks (II. R.) und Hitlers (III. R.) aus der Reichs- und Nationalidee. Die Gegenwart wird beherrscht durch die Machtansprüche der Weltreiche USA und UdSSR.

LIT. Geschichtl. Grundbegriffe V, 423–508; Fr. Hielscher, Das R. (1931); Rhoden, Die Idee des R. (1943); F. Heer, Die Tragödie des Hl. Röm. R. 2 Bde. (1952/53); W. Holtzmann, Das ma. Imperium und die werdenden Nationen (1953); H. Kämpf (Hrsg.), Die Entstehung des Dt. R. (1956); A. Dempf, Sacrum Imperium (³1962); W. Müller (Hrsg.), Aufstieg und Untergang der Großreiche des At. (1958); O. Hauser, England und das Dritte Reich (1972); K. Rohe (Hrsg.), Die Westmächte und das Dritte Reich, 1933–39 (1982); H. Lutz, E. Müller-Luckner (Hrsg.), Das röm.-dt. Reich im polit. System Karls V. (1982); A. P. Luttenberger, Glaubenseinheit und Reichsfriede (1982); R. Schnell (Hrsg.), Die Reichsidee in der dt. Dichtung des MA (1983); K. O. von Aretin, Das R. Friedensgarantie und europäisches Gleichgewicht 1648–1806 (1986); M. Essig, Europäische Identitätsfindung. Das R. als europäische Vision (1999); G. Schmidt, Geschichte des Alten R. 1495–1806 (1999).

Reichsabschied, **Reichsrezeß** → Reichstag.

Reichsacht → Acht.

Reichsadel → Reichsritterschaft.

Reichsadler. Das Wappen des Hl. Röm. Reiches Dt. Nation. Bis 1806 zeigte es den zweiköpfigen Adler; das Dt. Reich von 1871 hatte den einköpfigen Adler; ab 1919 wird der Adler ohne die monarch. Attribute geführt. Staatssymbol war der R. im byzantin., im russ.-zarist. Reich. und im österreich-ungar. Reich bis 1918.

Reichsalbus. »Weißpfennig«; eine Silberprägung des 15./16. Jh.

Reichsämter.
[1] Im alten Dt. Reich bis 1806 Bez. für die Erzämter und Hofämter.
[2] Im sog. II. Dt. Reich (1871–1918) die obersten Reichsbehörden, die einem Ministerium entsprachen; sie wurden von einem Staatssekretär geleitet und waren dem Reichskanzler unmittelbar unterstellt. R. waren: das R. des Auswärtigen, das R. des Innern (1879 unter Umwandlung des seit 1871 bestehenden »Reichskanzleramts« errichtet), das Reichsjustizamt (1877), das Reichseisenbahnamt (1873), das Reichsmarineamt (1889), das Reichskolonialamt (1907); weiter das Kriegsernährungsamt (1916), das Reichswirtschaftsamt (1917), das Reichsarbeitsamt (1918). Im Jahre 1919 wurden die R. durch Reichsministerien ersetzt.

Reichsamtmann. Der Verwalter auf einem Reichsgut; ebenfalls der Richter in Reichsstädten.

Reichsanlage, Reichsanschlag. Die auf Grund der Reichsmatrikel erhobene Reichssteuer.

Reichsannalen, Fränkische R. (lat. Annales regni Francorum). Eine seit L. von Ranke (1795–1886) übliche Bez. für die bedeutendsten Aufzeichnungen der fränk. Reichsgeschichte (von 741 bis 829). Die R., die nach den ältesten Handschrift im Kloster Lorsch früher Annales Laurissenses genannt wurden, entstanden wahrscheinlich um 788 am Hofe Karls d. Gr. (reg. 768–814). Einhard, der die R. benutzte (daher auch ›Einhardsannalen‹), schrieb man eine stilist. Überarbeitung zu (nach 814).

Herausgegeben wurden die beiden (für die Bildungsreform Karls d. Gr. ebenfalls bemerkenswerten) Fassungen von F. Kurze, in: MGH Script. rer. Germ. (1895); dt. in: Geschichtsschreiber der dt. Vorzeit, 17 (1940). Während des 9. Jh. wurden die R. in Fulda, St. Bertin sowie an anderen Orten fortgesetzt.

LIT. W. Wattenbach und W. Levison, Deutschlands Geschichtsquellen im MA: Vorzeit und Karolinger, 2 (1953).

Reichsanstalten. Im Dt. Reich von 1871–1945 die reichsunmittelbaren Anstalten des öffentl. Rechts, so die Dt. Reichsbahn, die Dt. Reichsbank, die Dt. Reichspost, die Reichsmonopolverwaltung für Branntwein, die Reichsautobahnen, die Reichsstellen etc.

Reichsapfel → Reichskleinodien.

Reichsarbeitsdienst (Abk. RAD). Während der Zeit der NS-Herrschaft in Dtl. (1933–45) eine Organisation zur Ableistung der Arbeitsdienstpflicht durch die männl. und weibl. Jugend zwischen dem vollendeten 18. und dem 25. Lebensjahr aufgrund des Ges. vom 26. 6. 1936. Die Dienstzeit betrug 6 Monate. Die »Arbeitsmänner« wurden vor allem in der Land- und Forstwirtschaft, bei Straßenarbeiten, Rodungsarbeiten etc. eingesetzt, die »Arbeitsmaiden« hauptsächlich in der Hauswirtschaft, doch auch in der Landwirtschaft. Der männl. und weibl. Arbeitsdienst diente ebenfalls der ideolog. Schulung im Sinne des Nationalsozialismus. Die Arbeitsdienstzeit für die männl. Jugend war zugleich ein Teil der vormilitär. Ausbildung. Nach Kriegsausbruch 1939 wurde der RAD auf die Erfordernisse des Krieges ausgerichtet. Mit der Verschärfung des Luftkrieges über dem Reich seit 1942 wurden sowohl männl. wie weibl. Mitglieder des RAD bei der Luftabwehr eingesetzt. Aufbau und Leitung des RAD lagen in den Händen von »Reichsarbeitsführer« (seit 1935) K. Hierl (1875–1955).

LIT. R. Absolon, Einsatz des R. im Kriege (1958); D. G. Morgan, Weibl. Arbeitsdienst in Dtl. (Diss. Mainz 1979; mit zahlr. Lit.); M. Seifert, Kulturarbeit im R. (1996).

Reichsarchiv. Zum Zwecke der Verwaltung des gesamten Urkunden- und Archivmaterials des alten Heeres (seit 1867) sowie der Reichsbehörden im Jahre 1919 in Potsdam gegr. einziges Archiv des Dt. Reichs; die Archive des Reichskammergerichts, des Dt. Bundes und der Frankfurter Nationalversammlung wurden ihm angegliedert; Zweigstellen gab es in Dresden und Stuttgart. Das amtl. Werk ›Der Weltkrieg 1914–18‹ (Bd. 1–14 und 3 Erg.-Bde., 1925–44) wurde durch eigene Forschungsabteilung bearbeitet; sie gab außerdem die ›Forschungen und Darstellungen aus dem R.‹ heraus. Im Jahre 1935 wurden die Aufgaben der ›Historischen Reichskommission‹, die dem R.

beigegeben war, durch die NS-Regierung dem ›Reichsinstitut für Geschichte des neuen Deutschland‹ übertragen. Im Kriegsjahr 1945 erlitt das R. äußerst schwere Verluste; die Reste des R. werden vom Bundesarchiv (in Koblenz) gesammelt.

LIT. E. Müsebeck, in: Preuß. Jbb. 1919 (1923); ders., in: Archiv für Politik und Gesch., 2 (1924); K. Demeter, in: Schmollers Jb., 49 (1925); W. Rohr, in: Der Archivar, 8 (1955).

Reichsarmee. Seit dem 16. Jh. Bez. für die Armee des alten Reiches. Zunächst setzte sie sich aus denjenigen Kontingenten der Reichsstände zusammen, die in der Wormser Reichsmatrikel von 1521 festgesetzt worden waren. Die Eroberungskriege Ludwigs XIV. von Frankreich seit 1667 führten dazu, daß die Reichsmatrikel von 1681 einen Grundbestand von 40 000 Mann festsetzten; er sollte bei Bedarf um ein Mehrfaches erhöht werden. Der militär. Wert der R., die unter einem Reichsgeneralfeldmarschall neben dem kaiserl. Heer und Heeren der größeren dt. Länder kämpfte, war gering. Die R., die erst bei der Mobilmachung zusammentrat, war daher nie sehr erfolgreich, so in den Türkenkriegen und den franz. Revolutionskriegen.

Mit der Auflösung des Dt. Reiches im Jahre 1806 verschwanden die Grundlagen der R.

LIT. A. Brabant, Das Hl. Röm. Reich teutscher Nation im Kampf mit Friedrich d. Gr., Bd. 1–3 (1904–31).

Reichsbank. Die durch Gesetz vom 14. 3. 1875 geschaffene und bis 1945 bestehende Notenbank in Dtl.

LIT. M. Seeger, Die Politik der R. von 1876–1914 im Lichte der Spielregeln der Goldwährung (1968); H. Habedank, Die R. in der Weimarer Republik. Zur Rolle der Zentralbank in der Politik des dt. Imperialismus 1919–33 (Akademie-Verlag, Berlin 1981).

Reichsbanner **Schwarz-Rot-Gold.** Der am 22. 2. 1924 von den Sozialdemokraten O. Hörsing und K. Höltermann gegr. ›Bund Dt. Kriegsteilnehmer und Republikaner‹. Geplant war das R. als Wehrverband republikanischer Parteien und Gruppen, die zur Verteidigung der Weimarer Republik entschlossen waren. 1932, bei einem Mitgliederstand von 3,3 Mill., schloß sich das R. mit den Freien Gewerkschaften und anderen Verbänden zur ›Eisernen Front‹ zusammen. Die Nationalsozialisten lösten das R. 1933 auf.

LIT. K. Rohe, Das R. (1966).

Reichsbanneramt. Ein jüngeres Erzamt, das durch Kaiser Leopold I. (reg. 1658–1705) Hannover als der 9. Kur verliehen wurde.

Reichsbote.

[1] Ein Beamter (missus), der durch die Reichsgewalt entsandt wurde; desgleichen der Abgeordnete eines Reichstags, vor allem des poln. Sejm.

[2] Eine von 1873–1933 in Berlin erschienene Tageszeitung für das prot. Dtl.

Reichsburg. Die meist unter einem Burggrafen (zur Sicherung des Reichsguts) stehende Burg (Nürnberg, Trifels u. a.).

Reichsdeputationshauptschluß. Der Beschluß über die Festlegung der Gebietsentschädigung der dt. Fürsten durch die letzte außerordentl. Reichsdeputation vom 25. 2. 1803 (→ Deputation). Die außerordentl. Reichsfriedensdeputation wurde durch den Regensburger Reichstag eingesetzt, um die im Frieden von Lunéville(9. 2. 1801; er beendete die franz. Revolutionskriege) bestimmte Abtretung des linksrhein. Gebiets an Frankreich sowie die Entschädigung der dortigen dt. Fürsten für ihre Gebietsverluste durchzuführen. Die außerordentl. Reichsdeputation bestand aus Kurmainz, Böhmen (Österreich), Sachsen, Brandenburg (Preußen), Pfalz-Bayern, dem Hoch- und Deutschmeister, Württemberg und Hessen-Kassel. Entscheidend war jedoch das Votum der sich einschaltenden Großmächte Rußland und Frankreich. Von dem nach Aschaffenburg-Regensburg verlegten Staat des Kurfürst-Erzkanzlers von Mainz, dem Johanniter-Orden sowie dem Dt. Orden abgesehen, wurden sämtl. geistl. Fürstentümer aufgehoben; weiter wurde die Säkularisation des Kirchenguts erlaubt; zudem die Reichsstädte bis auf 6 mediatisiert. Das Ergebnis des R. war nicht nur eine bedeutende Gebietsvergrößerung und -abrundung der süddt. und westdt. Mittelstaaten; durch die Beseitigung der geistl. Fürstentümer sowie die Schaffung der 3 neuen prot. Kurfürstentümer Baden, Württemberg und Hessen-Kassel fand das bisherige Übergewicht der kath. Reichsstände sein Ende.

LIT. HKG V; K. D. Hömig, Der R. vom 25. 2. 1803 (1969); E. Walder, Das Ende des Alten Reiches (^{3}1975); A. Langner (Hrsg.), Säkularisation und Säkularisierung im 19. Jh. (1978).

Reichsdörfer. Die auf ehem. Krongut gelegenen Landgemeinden des alten Reiches (bis 1806); die R. unterstanden nicht der Landeshoheit, sondern unmittelbar der Reichsgewalt. Sie verfügten über eine ausgedehnte Selbstverwaltung, so die niedere, zum Teil auch die hohe Gerichtsbarkeit, die Kirchen- und Schulverwaltung; seit der Reformation besaßen sie ebenfalls die Religionsfreiheit, jedoch keine Reichsstandschaft; sie zahlten lediglich Kriegssteuern. Die letzten R., von denen es im 14. Jh. noch über 100 gab, wurden 1806 mediatisiert.

Reichserbamt → Hofämter.

Reichserzamt → Erzämter.

Reichsexekution. Die durch die Reichsordnung von 1555 geregelte, zwangsweise vorgenommene Vollstreckung von Urteilen des Reichskammergerichts (der Reichsacht), nötigenfalls durch Truppen der Reichskreise, um den Frieden im Reich zu sichern.

LIT. F. Magen, R. u. regionale Selbstverwaltung im späten 18. Jh. (1992).

Reichsfestungen. Die in Elsaß-Lothringen nach 1871 angelegten Festungen des Dt. Reiches, u. a. Straßburg und Metz.

Reichsfreiheit → Reichsunmittelbarkeit.

Reichsfreiherr. Die niedrigste Stufe des ma. hohen Adels (bis ins 16. Jh.); im 18. Jh. (bis 1806) Titel eines Angehörigen der Reichsritterschaft.

Reichsgau. Im NS-Deutschland die von 1939–45 einem → Reichsstatthalter unterstehenden Verwaltungsbezirke der dem Dt. Reich neu einverleibten Gebiete. In ihrer Rechtsstellung waren sie den damaligen Ländern vergleichbar. Am 14. 4. 1939 wurden das Sudetenland sowie die ehem. österreich. Bundesländer Wien, Kärnten, Niederdonau, Oberdonau, Salzburg, Steiermark, Tirol mit Vorarlberg R. In Danzig und Teilen der besetzten poln. Gebiete bestanden während des Krieges (1939–45) die R. Danzig-Westpreußen und Wartheland.

LIT. G. Schulz, Zwischen Demokratie und Diktatur, 2 (1970).

Reichsgerichte.

[1] Das oberste Reichsgericht war während des MA das Reichshofgericht (→Hofgericht); in der NZ bestanden

(bis 1806) der Reichshofrat und das →Reichskammergericht.

[2] Das R. in Leipzig; es bestand seit dem 1. 10. 1879 und war das höchste Gericht des 1871 gegr. Dt. Reiches. Das R. trat an die Stelle des Reichsoberhandelsgerichts, für den Norddt. Bund zunächst als Bundesoberhandelsgericht durch das Gesetz vom 19. 6. 1869 errichtet. Das Reichsoberhandelsgericht, der oberste Gerichtshof für Handelssachen, wurde am 5. 8. 1870 in Leipzig eröffnet.

[3] Der Reichsdisziplinargerichtshof; er war das 1873 geschaffene Berufungsgericht für Urteile der Disziplinarkammer bei Dienstvergehen der Reichsbeamten; 1937 trat an seine Stelle der Reichsdienststrafhof.

[4] Das Reichsmilitärgericht. Von 1900 bis 1919 die höchste Instanz der Militärgerichtsbarkeit. Für die entsprechenden Aufgaben war von 1936–45 das Reichskriegsgericht zuständig.

[5] Das Reichsoberseeamt. Von 1877 bis 1945 die oberste Spruchstelle in Seeunfallsachen.

[6] Der Volksgerichtshof. Während der Herrschaft des Nationalsozialismus für Hoch- und Landesverratsfälle zuständig.

Neben den genannten R. gab es u. a. noch das Reichsarbeitsgericht (1926–45), das Reichsversorgungsgericht (1922–45), das Reichsverwaltungsgericht (1922–45), den Reichsstaatsgerichtshof.

Reichsgeschichte. Vor allem in der Geschichte des röm. Prinzipats eine Darstellung, die sämtl. Teile des Reiches berücksichtigt; sie steht im Gegensatz (zur vorwiegend überlieferten) Kaisergeschichte.

Reichsgrenze. Die Grenze des Staatsgebiets des Dt. oder eines sonstigen Reiches. Der Verlauf einer Grenzlinie ist im allg. durch (strafrechtlich) bes. geschützte Grenzzeichen (Grenzsteine, Schlagbäume) markiert. Wo eine Grenze durch einen Fluß markiert wird, gilt in der Regel der sog. Talweg, d. h. die tiefste Rinne, in der die Schiffe zu Tal fahren, als Grenzlinie.

Reichsgrundgesetz.

[1] Allg. Bez. für die Reichsverfassung.

[2] Diejenigen Reichsgesetze, die für die Verfassung des alten Dt. Reiches (bis 1806) von grundlegender Bedeutung waren: die Goldene Bulle von 1356, der Ewige Landfriede von 1495, die Reichskammergerichtsordnung von 1555, der Westfälische Friede, d. h. die Friedensverträge von Münster und Osnabrück von 1648, der Reichsdeputationshauptschluß von 1803.

Reichsgründung.

[1] Die Gründung eines Reiches (insbes. die während der Völkerwanderung auf röm. Boden erfolgten).

[2] Die Kaiserproklamation zu Versailles am 18. 1. 1871 bzw. die hierdurch nach längeren Verhandlungen erfolgte Gründung des preuß.-kleindt. (2.) Reiches (Verf. vom 16. 4. 1871). LIT. Th. Schieder, E. Deuerlein, R. 1870/71 (1970).

Reichsgut. Bez. für dasjenige Krongut der dt. Könige, das aus dem Hausgut erloschener Dynastien, dem Heimfall von Lehen, aus Kauf etc. stammte. Das im Reich weit verstreute R., vor allem im Westen und Südwesten gelegen, war bis zu seinem Zerfall am Ende der Stauferzeit (1250) vom Hausgut der regierenden Herrscher nicht scharf geschieden. Pfalzen und Reichsburgen gingen in spätma. Zeit an die Reichsstädte über, während das Reichslandvogteien durch Belehnung der Ministerialen mit der Reichsvogtei nach und nach zu Territorien wurden.

LIT. W. Metz, Zur Erforschung des karoling. R. (1972); D. Flach, Untersuchungen zur Verf. und Verwaltung des Aachener R. (1976).

Reichsgutachten (lat. Suffragium, Consultum Imperii). Ein Beschluß im alten Dt. Reich (bis 1806), auf den sich die drei im Reichstag vertretenen Kollegien (Kurfürsten, Fürsten, Reichsstädte) geeinigt hatten. Nach der Bestätigung durch den Kaiser erlangte das R. als Reichsabschied (→ Reichstag) Gesetzeskraft (seit 1663 als Reichsschluß oder Reichsconclusum).

Reichsidee.

a) Im At. erreichte die R. ihre ausgeprägteste Form im Röm. Reich seit dem Zeitalter des Augustus (reg. 31 v. bis 14 n. Chr.): Imperium Romanum. Eine wirksame Befriedung des Erdkreises sowie die Ausbreitung städt. Zivilisation bildeten ihren Inhalt; sie rechtfertigten gleichzeitig Roms Anspruch auf Weltherrschaft.

b) Die abendländ. R. knüpft an das Imperium Romanum an, das von den Kirchenvätern des 4. und 5. Jh. als eine Vorstufe des Imperium Christianum betrachtet wurde. Die Forderung nach überstaatl. Einheit aller christl. Völker sowie einer Friedensordnung, die durch den Kaiser als Statthalter Gottes zu wahren war, wurde hierher motiviert und ging in die R. ein. Die R. erlosch, als das Weström. Reich 476 n. Chr. unterging; im Oström. Reich bestand sie weiter. Die Vorrechte der von Konstantinopel aus herrschenden Oström. Kaiser wurden seit 751 durch die Päpste nach und nach auf die fränk. Könige übertragen. Entscheidend waren bei diesem Prozeß das Jahr 800, als die Kaiserkrönung Karls d. Gr. in diesem Jahr die »translatio imperii« auf die Franken bedeutete, und das Jahr 962, als die Kaiserkrönung Ottos d. Gr. die »translatio imperii« auf die Deutschen darstellte.

Während des MA bildete die räuml. Überlegenheit des Dt. Reiches über sämtliche anderen Staatenbildungen im Abendland den gedanklichen Inhalt der R.; außerdem seine übernationale Zusammensetzung: Deutschland, Italien, Burgund; ferner die mit der röm. Kirche bestehende religiöse und institutionelle Verbindung. Imperialist. Ziele im polit. Sinne dieses Wortes sind durch das Dt. Reich nur selten verfolgt worden, z. B. unter den Kaisern Heinrich III. (reg. 1039–56) und Friedrich II. (reg. 1215–50). Bereits seit dem 13. und 14. Jh. trat der R. die Idee des nationalen souveränen Staates entgegen; unter Kaiser Maximilian I. (reg. 1493–1519) war die R. schon zu einer romant. Erinnerung geworden. Dennoch hielt sich die R. in Dtl. als Gegenstand eines »Reichspatriotismus« bis zum Untergang des alten Reiches im Jahre 1806. Und noch in der großdt. Opposition gegen das Reich Bismarcks lebte sie nach 1871 fort; sie fand ihren Niederschlag selbst in einigen Gedanken der Weimarer Verfassung. Das NS-Deutschland mißbrauchte die R. zur Verbrämung seiner imperialist. Politik.

LIT. A. Dempf, Sacrum Imperium. Geschichts- und Staatsphilosophie des MA und der polit. Renaissance (1929; ³1962); Fr. Hielscher, Das Reich (1931); P. E. Schramm, Sacerdotium und Regnum im Austausch ihrer Vorrechte. In: Studi Gregoriani, 2 (Rom 1947); F. Heer, Aufgang Europas. 2 Bde. (1950/51); ders., Die Tragödie des Hl. Reiches, 2 Bde. (1952/53); G. Barraclough, The Medieval Empire, Idea and Reality (London 1950); G. Ladner, Das Hl. Reich des ma. Westens. In: Welt als Geschichte, 11 (1951); W. Holtzmann, Das ma. Imperium und die werdenden Nationen (1953); R. Schnell (Hrsg.), Die Reichsidee in der dt. Dichtung des MA (1983).

Reichsinsignien → Reichskleinodien.

Reichskammergericht. Das auf dem Wormser Reichstag von 1495 geschaffene oberste Reichsgericht, das 1521 endgültig als Nachfolger des königl. →Kammergerichts eingesetzt wurde; es unterscheidet sich von diesem durch seinen festen Sitz, den es nach Frankfurt und Worms seit 1527 in Speyer und von 1693 bis zum Untergang des alten Reiches (1806) in Wetzlar nahm, durch die reichsgesetzl. Grundlage, durch den ständigen (dem hohen Adel angehörigen) Kammerrichter sowie dadurch, daß die Beisitzer vom Kaiser und den Reichsständen mit Adeligen und Juristen (seit 1648 auch konfessionell) paritätisch besetzt wurden. Zuständig war das R. als ordentl. Gericht für: Landfriedensbruch, Reichsacht, sämtliche fiskal. Klagen, Besitzstreitigkeiten unter Reichsunmittelbaren sowie Zivilklagen gegen diese. Sofern nicht ein Privilegium de non appellando et de non evocando bestand, war das R. oberste Berufungsinstanz für sämtliche Land- und Stadtgerichte. Das R. verfuhr entsprechend der Reichskammergerichtsordnung von 1495; geändert wurde sie 1521, 1548/55, 1613 und 1654. Der schriftl. geführte Prozeß war außerordentl. schwerfällig und leistete einer Verschleppung Vorschub; dennoch wurde er als Reichsprozeß und Kameralprozeß für das Verfahren bei den landesfürstl. Hofgerichten und den Appellationsgerichten vorbildlich. Die Vollstreckung der Urteile durch Reichsexekution war bes. problematisch.

LIT. R. Smend, Das R., I (1911); O. Koser (Hrsg.), Repertorium der Akten des R. 2 Bde. (1933–36); E. Döhring, Geschichte der dt. Rechtspflege seit 1500 (1953); A. Laufs (Hrsg.), Die Reichskammergerichtsordnung von 1555 (1976); B. Diestelkamp (Hrsg.), Forschungen aus Akten des R. (Quellen und Forschungen zur höchsten Gerichtsbarkeit im Alten Reich 14; 1984).

Reichskanzlei. Das Büro des Reichskanzlers; es wurde 1878/79 errichtet und bestand bis 1945. Aufgabe der R. war es, den Reichskanzler über die lau-

fenden Geschäfte der Reichspolitik zu unterrichten sowie dessen Entscheidungen vorzubereiten. Seit 1919 wurden durch die R. ebenfalls die laufenden Geschäfte der Reichsregierung erledigt. Zunächst war die R. lediglich ein »Zentralbüro«; allmählich wurde sie eine Institution, der zunehmende polit. Bedeutung zukam.
LIT. H. von Stuttenheim, Die R. (1940); S. Schöne, Von der Reichskanzlei zum Bundeskanzleramt (1968); G. Franz-Willing, Die R. 1933–45. Rolle und Bedeutung unter der Regierung Hitlers (1985).

Reichskanzler.
[1] Das Erzamt des Erzbischofs von Mainz im alten Dt. Reich bis 1806 (→Kanzler).
[2] Der Titel des Grafen von Beust (1809–86) als Vorsitzender des gemeinsamen oder Reichsministeriums (1867–71) in Österreich-Ungarn.
[3] Der vom Kaiser ernannte höchste Regierungsbeamte und einzige Reichsminister (1871–1918); er war gleichzeitig Vorsitzender des Bundesrats (von 1867–71 Bundeskanzler des Norddt. Bundes). Der Reichskanzler stand der gesamten Reichsverwaltung vor. Die dem R. nachgeordneten Staatssekretäre der Reichsämter standen den einzelnen Verwaltungszweigen vor. Vom Kaiser verfügte Anordnungen, von militär. Kommandoakten abgesehen, erlangten erst Gültigkeit, wenn sie vom R. gegengezeichnet waren (seit 1878 konnte die Gegenzeichnung auch durch einen Staatssekretär vorgenommen werden); ihm fiel dadurch die parlamentar. Verantwortlichkeit zu. Der R. war dem Vertrauen des Reichstags unabhängig; die Parlamentarisierung des Reichskanzleramts setzte sich de facto erst 1917 durch, de iure durch das Gesetz vom 30. 10. 1918.
R. des II. Dt. Reiches waren: Fürst Bismarck (1871–90), Graf Caprivi (1890–94), Fürst zu Hohenlohe-Schillingsfürst (1894–1900), Fürst Bülow (1900–09), von Bethmann Hollweg (1909–17), Michaelis (1917), Graf Hertling (1917/18), Prinz Max von Baden (1918).
[4] In der Weimarer Republik (seit 1919) war der R. Leiter der kollegialen Reichsregierung; durch ihn wurden die Richtlinien der Politik bestimmt; der Reichspräsident ernannte und entließ auf seinen Vorschlag die Reichsminister.

[5] Im NS-Deutschland (1933–45) beanspruchte Hitler das Alleinentscheidungsrecht innerhalb der Reichsregierung; nach dem Tod Hindenburgs (2. 8. 1934) vereinigte er das Amt des Reichsoberhaupts mit dem des R. und nannte sich »Der Führer und Reichskanzler«. Dieses Doppelamt, in einer Person vereinigt, machte die Machtfülle Hitlers aus: Legislative, Exekutive und militär. Gewalt lagen bei ihm.
LIT. W. von Sternburg (Hrsg.), Die dt. Kanzler von Bismarck bis Schmidt (1985).

Reichskanzleramt. Im Jahre 1867 als Bundeskanzleramt des Norddt. Bundes errichtet. Seit 1871 war das R. die oberste Instanz für die Verwaltung sämtl. inneren Angelegenheiten des Reiches; geleitet wurde es von einem Präsidenten. Nachdem mehrere Abteilungen als Reichsämter abgetrennt worden waren, verblieb der Rest als Reichsamt des Innern (1879).
LIT. R. Morsey, Die oberste Reichsverwaltung unter Bismarck 1867–90 (1957).

Reichskirche. Die Staatskirche oder Nationalkirche eines Reiches, namentlich des (Ost-)röm. Reiches seit Theodosius d. Gr. (reg. 379–95), des karoling. Reiches seit Karl d. Gr. (reg. 768–814) und des Dt. Reiches seit Otto d. Gr. (reg. 936–73) bis zu dessen Ende im Jahre 1806.
LIT. HKG III–V; L. Santifaller, Zur Geschichte des otton.-salischen Reichskirchensystems (²1964); H. Raab, Kirche und Staat von der Mitte des 15. Jh. bis zur Gegenwart (1966); M. L. Crone, Untersuchungen zur Reichskirchenpolitik Lothars III., 1125–37 (1982).

Reichskleinodien. Im alten Dt. Reich die Reichsinsignien sowie der Krönungsschmuck der Kaiser. Der Reichsapfel (neben → Krone und → Szepter ein Attribut monarch. Herrschaft) ist eine Kugel (Sinnbild der Weltkugel); als Sinnbild christl. Herrschaft steht auf ihr ein Kreuz. Im dt. Reichswappen (bis 1806 und wiederum von 1871 bis 1918, ebenfalls im ehem. österreich., preuß. und russ. Wappen, wird das Szepter von einem Adler in einen, der Reichsapfel im anderen Fang gehalten. Zu den R. gehörten auch die Reichsheiligtümer (10 Reliquien, darunter Schwert und Lanze des hl. Mauritius, des Anführers der Thebäischen Legion). Seit 1437 wurden die R. in Nürnberg aufbewahrt (bis 1523 stellte man sie jedes Jahr nach Ostern aus). Heute befinden sich die R. in der Hofburg zu Wien.

LIT. P. E. Schramm, Herrschaftszeichen und Staatssymbolik (1954/56); P. Wentzcke, Hoheitszeichen und Farben des Reiches (²1954).

Reichsklöster. Ausbreitung und Vertiefung des monast. Gedankens im Abendland führten zur Beteiligung des merowing. Königtums an Klostergründungen im Norden des fränk. Reiches seit dem 6./7. Jh. (u. a. St. Denis und St. Germain-des-Prés). Während des 7. Jh. erhielten Adelsklöster von den Merowingern Immunitätsprivilegien. Die Karolinger zogen weitere Klostergründungen an sich. Durch die Reformbewegung des 10. Jh. (→ Cluny) wurde diese Entwicklung zum Teil wieder rückgängig gemacht. Während des 10. Jh. stellte man vor allem in Niederdtl. adelige Klostergründungen unter den Schutz des Königs. In dieser neuen Gruppe von R. regelte der König auch die Vogtei (→ Vogt). Im 11. Jh. erwuchs hieraus das in unmittelbarer Beziehung zum König stehende Kloster. Die Reformklöster des 11. Jh. wurden nicht mehr dem König übergeben; sie erhielten jedoch die Bannleihe des Vogts durch den König. Reichsstandschaft mit Virilstimme erlangten bis zum Ende des alten Reiches (1806) nur solche Abteien, die bereits karoling. Königsklöster gewesen waren.

LIT. Ursula Riechert, Oberschwäb. R. im Beziehungsgeflecht mit Königtum, Adel und Städten, 12. bis 15. Jh. (1986).

Reichskommissar. Im Dt. Reich seit 1922 der Inhaber einer höheren oder obersten Amtsstelle. Der R. wurde gewöhnlich zur Erledigung einer zeitl. begrenzten Aufgabe bestellt; er unterstand teils dem Reichskanzler, teils einem Reichsminister. R. wurden berufen:
a) um Maßnahmen der Reichsexekution oder Diktaturgewalt des Reichspräsidenten auszuüben;
b) zur Wahrnehmung besonderer höchster Verwaltungsaufgaben (so zw. 1923–30 der R. für die besetzten rhein. Gebiete; 1931/32 für die Osthilfe; 1932/33 der R. für Arbeitsbeschaffung; der Reichssparkommissar);
c) während der Zeit des Nationalsozialismus wurden R. als unmittelbare Voll-

zugsorgane Hitlers eingesetzt, so 1933/ 34 der Reichsjustizkommissar, 1935 der R. für das Saarland etc.;
d) zur Wahrnehmung nachgeordneter Verwaltungsaufgaben wurden ebenfalls R. bestellt, u. a. für die Aufsicht über die Zündwarenmonopolgesellschaft.

LIT. K. Bilfinger, Der R. (1928); M. Broszat, Der Staat Hitlers (1969); P. Hüttenberger, Die Gauleiter (1969).

Reichskonferenz (engl. Imperial Conference). Bez. für die seit 1907 regelmäßig stattfindenden Besprechungen der Dominions mit dem Mutterland Großbritannien. An die Stelle der R. sind inzwischen die Konferenzen der Premierminister des Commonwealth of Nations getreten (Round Table Konferenzen). Die erste R. hatte 1887 anläßlich des 50jährigen Thronjubiläums von Königin Viktoria (reg. 1837–1901) stattgefunden, als die Premierminister der verschiedenen Dominions in London weilten.

Reichskonkordat. Bez. für die am 20. 7. 1933 zw. dem NS-Dtl. und der röm. Kurie abgeschlossene Vereinbarung. Das R. stellte sowohl das Rahmenkonkordat für die bestehenden Länderkonkordate (mit Preußen, 1929; mit Bayern, 1924; mit Baden, 1932) dar als auch die eigenständige Regelung bedeutender Bereiche (die Rechtsstellung des Klerus, die Besetzung von Kirchenämtern, vor allem der Bischofsstühle, das Recht der kath.-theolog. Fakultäten und der Konfessionsschulen sowie des Religionsunterrichts, das Vereinswesen und die Betätigung der Kirche auf polit. Gebiet).

Der Abschluß des R. stellte die Verwirklichung eines Planes dar, der bereits für das 1806 untergegangene alte Dt. Reich (im Zusammenhang mit dem Reichsdeputationshauptschluß von 1803) entstanden war. Vertreten hatte ihn damals, wie auch später auf dem Wiener Kongreß (1815), Karl Theodor von Dalberg (1744–1817). Der Plan wurde z. Z. der Weimarer Republik wieder aufgegriffen, konnte aber doch erst (obwohl von kirchl. Seite aus auf eine Verwirklichung gedrängt wurde) nach der Machtübernahme durch die Nationalsozialisten verwirklicht werden, als Hitler, der um einen außenpolit. Erfolg bemüht war, bereit eingog. Er war daher auch zu ungemein weitgehenden Zugeständnissen, namentlich auf dem Schulsektor, bereit.

Die Frage nach der Gültigkcit des R. ist eng verbunden mit der Frage, ob Hitler 1933 legitimer Reichskanzler war. Mit Urteil vom 23. 3. 1957 hat das Bundesverfassungsgericht das Recht des Bundes, die Befolgung der Schulbestimmungen von den Ländern zu verlangen, verneint; es hat sich jedoch in den Urteilsgründen für die Weitergeltung des R. ausgesprochen.

Text: J. Wenner, R. und Länderkonkordate (^{5}1949). LIT. StL VI, 797–803; G. Schreiber, Zwischen Demokratie und Diktatur (1949); ders., in: Gegenwartsprobleme des Rechts, hrsg. von H. Conrad und H. Kipp. 2 Bde. (1950); N. Hilling und R. Jestaedt, in: Arch. für kath. Kirchenrecht, 124 (1950); W. Weber, Die dt. Konkordate und Kirchenverträge. Bd. 1 (1962); Bd. 2 (1971).

Reichskreise. Im alten Dt. Reich (bis 1806) die Gliederung des Reichsgebiets (ausgenommen die böhm. Länder, die Reichsritterschaftsgebiete und die Reichsdörfer), sie geht zurück auf die Reichsreform Kaiser Maximilians I. (reg. 1493–1519), derzufolge im Jahre 1500 sechs R. gebildet wurden: der bayer., der schwäb., der fränk., der rhein. (später oberrhein.), der westfäl. (später niederrhein.-westf.) sowie der sächs. (später niedersächs.). Im Jahre 1512 traten dazu noch der kurrhein., der obersächs., der österreich. und der burgund. R. Der Aufgabenkreis der R., denen der von den Reichsständen bzw. gewählte Kreishauptmann (von 1555 an ein Kreisoberst) vorstand und der später durch den vornehmsten Kreisstand (Kreisausschreibender Fürst) ersetzt wurde, umfaßte: ursprünglich die Wahl von Vertretern ins Reichskammergericht und ins Reichsregiment, dann die Wahrung des Landfriedens, die Aufstellung der Reichskreise-Kontingente zum Reichsheer, die Erhebung der Reichssteuern, die Aufsicht über Münze und Zoll sowie die Durchführung der Reichspolizeiordnungen. LIT. K. O. von Aretin (Hrsg.), Der Kurfürst von Mainz und die Kreisassoziationen 1648–1746 (1975); W. Dotzauer, Die dt. R. ... (1500–1806) (1989); ders., Die dt. R. (1383–1806) (1998); W. Wüst (Hrsg.), R. u. Territorium (2000).

Reichskrieg. Ein durch das Reichskammergericht oder den Reichshofrat (als Reichsexekution im Innern), durch den Kaiser oder den Reichstag (seit 1648) beschlossener Krieg.

Reichskristallnacht → Judenverfolgg.
LIT. H. Graml, R. (^{3}1998).

Reichskulturkammer. Die während der NS-Herrschaft in Dtl. (1933–45) seit dem 22. 9. 1933 bestehende Pflichtorganisation für sämtl. Kulturschaffenden. Gegliedert war die R. in Kulturkammern für Schrifttum, Presse, Rundfunk, Theater, Musik und bildende Künste. Die dem Reichsminister für Volksaufklärung und Propaganda J. Goebbels (1897–1945) unterstehende R., deren Präsident er auch war, war ein Organ zur Überwachung und Lenkung des Kulturlebens in Dtl.

LIT. Dt. Kultur im Neuen Reich. Aufgabe und Ziel der R. (1934); H. Grensemann, Leitfaden für den Geschäftsbereich der R. (1937); V. Reimann, Dr. Josef Goebbels (1971).

Reichslandbund. Größter Verband der Landwirtschaft mit wirtschaftspolit. Zielsetzungen, so der Stärkung eines bodenständigen Mittelstandes sowie des Staatsaufbaus auf christlicher, nationaler und berufsständischer Grundlage. Der R. entstand am 1. 1. 1921 aus dem Zusammenschluß des am 14. 4. 1919 gegr. Dt. Landbundes und des 1893 gegr. Bundes der Landwirte. Seit 1929 gehörte der R. der Grünen Front an. Der 30 Einzelverbände umfassende R. hatte (1930) 5,6 Mill. Mitglieder. Am 4. 4. 1933 kam es zur Vereinigung und am 8. 12. 1933 zur Integration mit dem Reichsnährstand.
LIT. D. Gessner, Agrarverbände in der Weimarer Republik (1976).

Reichslande.
[1] Sämtl. Gebiete, die bis 1806 zum Dt. Reich gehörten.
[2] Das R. Elsaß-Lothringen; es war 1871 aus den von Frankreich nach dem Dt.-Franz. Krieg abgetrennten Gebieten Elsaß und Lothringen gebildet worden. Das R. Elsaß-Lothringen war ein unmittelbarer Gebietsteil des Dt. Reiches; es erlangte nicht die Stellung eines selbständigen Gliedstaats (Bundesstaats). Die Bevölkerung des R. wählte (seit 1874) 15 Abgeordnete in den Reichstag.
Seit 1879 lag die Verwaltung Elsaß-Lothringens bei einer eigenen Landesregierung mit einem dem Kaiser unmittelbar unterstellten Statthalter; 1918 kam es wieder an Frankreich.

Reichsmatrikel → Matrikel.

Reichsminister.
[1] Im Dt. Reich (1919–33) auf Vorschlag des Reichskanzlers durch den Reichspräsidenten ernannt.
[2] In Österreich-Ungarn diejenigen Minister, die seit dem Ausgleich von 1867 (Errichtung der österreich-ungar. Monarchie als Doppelstaat) für die gemeinsamen Angelegenheiten beider Reichshälften zuständig waren.
LIT. E. R. Huber, Die Reichsministerien (Diss. Göttingen 1931).

Reichsnährstand. Die 1933/34 unter dem Nationalsozialismus geschaffene öffentl.-rechtl. Gesamtkörperschaft der dt. Landwirtschaft. Der R. umfaßte sämtl. Verbände der Landwirtschaft, zudem die Landeswirtschaftskammern. Gegliedert war er in 20 Landesbauernschaften, 515 Kreisbauernschaften und rd. 55000 Ortsbauernschaften mit 16 Mill. Mitgliedern. Repräsentiert wurde er durch den Ernährungsminister und Reichsbauernführer W. Darré (1895–1953). Die drei Hauptabteilungen des R. befaßten sich mit Produktion, Marktordnung und ideolog. Fragen. Außerdem organisierte er die jährl. Erntedankfeste auf dem Bückeberg bei Hameln, die »Ehrentage des dt. Bauerntums«, typische nationalsozialist. Massenveranstaltungen. Durch Gesetz vom 21. 1. 1949 löste der Wirtschaftsrat des Vereinigten Wirtschaftsgebiets den R. auf.
LIT. H. Gies, Walter Darré und die nationalsozialist. Bauernpolitik (Diss. Frankfurt/M. 1965); H.-J. Puhle, Polit. Agrarbewegungen in kapitalist. Industriegesellschaften (1975).

Reichspartei, Deutsche Reichspartei.
[1] Im Reichstag von 1871–1918 die preuß. Freikonservativen; starken Einfluß übten sie vor allem durch die Unterstützung der Politik Bismarcks aus, namentlich im Kulturkampf und im Zusammenhang mit der Schutzzollpolitik. 1918 ging die R. in der Deutschnationalen Partei auf.
[2] Eine rechtsstehende Partei, die 1946 in den norddt. Ländern der BRD gegr. wurde, sie ging Ende 1961 in der Nationaldemokrat. Partei (NPD) auf.

Reichspolizeiordnungen. Die im Jahre 1530, 1548, 1577 und 1722 erlassenen Polizeiordnungen; es handelt sich hierbei überwiegend um verwaltungs- und strafrechtl. Reichsgesetze.

Reichspräsident. Nach der Weimarer Verfassung der Präsident des Dt. Reiches (1919–34). Der R. wurde auf 7 Jahre unmittelbar durch das Volk gewählt (Art. 43 der Weimarer Verf.), 1919 jedoch durch die Nationalversammlung, 1922 durch den Reichstag. Die Rechte des R. waren: Ernennung und Entlassung des Reichskanzlers sowie der Reichsminister, Auflösung des Reichstags, Ernennung von Reichsbeamten, Ausfertigung und Verkündung von Reichsgesetzen, Begnadigungsrecht, Oberbefehl über die Reichswehr, völkerrechtl. Vertretung des Reiches, Reichsexekution und Ausnahmegewalt.
R. waren Friedrich Ebert (11. 2. 1919–28. 2. 1925); nach Eberts Tod am 28. 2. 1925 Reichsgerichtspräsident Walter Simons als stellvertretender R.; vom 26. 4. 1925 bis 2. 8. 1934 Paul von Hindenburg. Hitler vereinigte nach Hindenburgs Tod die Befugnisse des R. mit denen des Reichskanzlers.
LIT. StL VI, 804–07; H. Wandersleb, Der Präsident in den Vereinigten Staaten von Amerika, in Frankreich und im Dt. Reich (1922); ders., Die Rechte des dt. R. (²1930); C. Schmitt, Der Hüter der Verfassung (1931); H.-J. Hauss, Die erste Volkswahl des dt. R. (1965); A. Dorpalen, Hindenburg in der Geschichte der Weimarer Rep. (1966).

Reichsrat.
[1] Im Dt. Reich 1919–34 die Vertretung der Länder bei der Gesetzgebung, ebenfalls bei der Verwaltung des Reiches. Der R. trat an die Stelle des Bundesrats, doch war sein Einfluß ungleich geringer, da er nicht wie jener oberstes Reichsorgan war, sondern bei der Gesetzgebung lediglich ein Einspruchsrecht besaß. Bis 1926 umfaßte der R. 67, dann 68, seit 1928 66 Stimmen. Die Teilnahme Österreichs am R., die in Art. 61 der Weimarer Verf. vorgesehen war, mußte auf den Einspruch der Entente-Mächte hin unterbleiben (22. 9. 1919). Durch Gesetz vom 14. 2. 1934 wurde der R. beseitigt.
[2] In Bayern von 1818–1918 die erste Kammer des Landtags (Kammer der Reichsräte).
[3] In Österreich-Ungarn von 1867 bis 1918 die aus dem Herrenhaus und dem Abgeordnetenhaus bestehende Volksvertretung der österreich. Reichshälfte (Zisleithanien).
[4] In Dänemark (bis 1866), in Schweden (bis 1772) eine aristokrat. Körper-

schaft; sie nahm seit dem MA neben dem König an der Regierung teil.

[5] Im zarist. Rußland die höchste beratende Zentralbehörde (gegr. 1801); sie stellte seit der Verfassung vom 6. 5. 1906 eine Art Oberhaus dar, das sich aus 98 ernannten und 98 gewählten Mitgliedern zusammensetzte; bei der Gesetzgebung war sie mit der Duma gleichberechtigt.

Reichsrecht.
[1] Das nach der Verleihung des röm. Bürgerrechts (Constitutio Antoniniana) an alle Freien im Röm. Reich im Jahre 212 n. Chr. durch Kaiser Caracalla (reg. 212–217) fast durchweg angewendete röm. Recht. Es ist im Unterschied zum Volksrecht zu sehen, das als lebendiges Recht ebenfalls geübt wurde. Infolge nationaler (vor allem hellenist. oder oriental.) sowie provinzieller und örtl. Beeinflussung wich das Volksrecht häufig vom R. ab.
[2] Das im Unterschied zum Territorial- oder Landesrecht zu sehende Recht des Dt. Reichs. R. gab es bis 1806 im alten Dt. Reich und im Dt. Reich seit 1871. Nach 1945 blieb das R. insofern in Kraft, als es nicht Ausdruck nationalsozialist. Grundsätze war.
In der BRD wirkt das R. als Bundesrecht fort.
LIT. L. Mitteis, R. und Volksrecht in den östl. Provinzen des röm. Kaiserreiches (1891); L. Wenger, in: Mélanges F. de Visscher, 2 (1949); J. Wurtzbacher, Das Reichsrecht und die Reichswirklichkeit im Fall des Dr. Martin Luther (1976).

Reichsreform. Bez. für die im 15. und 16. Jh. unternommenen Versuche, die Rechtsunsicherheit zu beseitigen sowie die Reichsverfassung umzugestalten, die seit dem Untergang der stauf. Kaisertums in Auflösung begriffen war. Bei den Reformversuchen spielen zwei gegensätzlich und einander ausschließende Auffassungen eine Rolle: wie nämlich Ritter, Bürger und Bauern die königl. Zentralgewalt den Landesfürsten gegenüber zu stärken sich bemühten, so versuchten die Landesfürsten, die Zentralgewalt durch Bildung eines fürstl. Ständestaates zu schwächen. Mit der R. lief eine Reform der Kirche parallel (vgl. Nikolaus von Kues ›De concordantia catholica‹, 1433/34, sowie die ›Reformatio Sigismundi‹, 1438/39). Auf den Reichstagen von 1434–38 wurde eine R. versucht, doch machte der Gegensatz zw. König und Reichsständen jeden Erfolg zunichte.

Der Versuch einer R. erfuhr unter Kaiser Maximilian I. (reg. 1493–1519) eine Neubelebung. Die Reichsstände, die von dem Mainzer EB Berthold von Henneberg angeführt wurden, waren bestrebt, den König zu einer Umgestaltung der Reichsregierung im ständischen Sinne zu veranlassen; sie beabsichtigten die Errichtung eines »Reichsregiments«, d. h. eines ständigen fürstl. Ausschusses; der König sollte an dessen Mitwirkung und Zustimmung gebunden sein. Maximilian sah sich gezwungen, den Wünschen, die an ihn herangetragen wurden, bis zu einem gewissen Grade zu entsprechen, da er auf die Mithilfe des Reiches bei seiner Auseinandersetzung mit König Franz I. von Frankreich (reg. 1515–47) nicht verzichten konnte. Durch den Wormser Reichstag von 1495 wurde das Fehderecht aufgehoben (Ewiger Landfriede), außerdem die Errichtung des Reichskammergerichts beschlossen, das vom König unabhängig war, ferner der »Gemeine Pfennig«, eine allg. Reichssteuer; der Reichstag sollte nunmehr jährl. zusammentreten. Wohl lehnte Maximilian das Reichsregiment, wie es von den Ständen gefordert worden war, zunächst ab, doch mußte er es 1500 auf dem Augsburger Reichstag zugestehen; dessen Sitz wurde Nürnberg; jedoch schon 1502 löste er es wieder auf. Durch die Kreiseinteilung (1500/12) sollten die Reichsstände in festen territorialen Bereichen verbunden werden.

Nach dem Schmalkaldischen Krieg (1546/47) versuchte Karl V. (reg. 1519–56), die Reichsverfassung in monarch. Sinne umzugestalten (Reichstag von Augsburg 1548); am Widerstand der Fürsten scheiterten die Versuche jedoch. Auf dem Augsburger Reichstag von 1555 erreichte die R. einen gewissen Abschluß, und zwar in dem Sinne, daß man die vorhandenen Einrichtungen erneuerte, d. h., daß die Reichsstände sich gegenüber dem Kaiser durchsetzten.
LIT. V. von Kraus, Das Nürnberger Reichsregiment. Gründung und Verfall 1500–02 (1883; Neudr. 1969); A. Grabner, Zur Geschichte des 2. Nürnberger Reichsregiments 1521–23 (1903); G. von Below, Die R., in: Morgenrot der Reformation, hrsg. von Pflug-Hartung (1912); J. Poetsch, Die

Reichsjustizreform von 1495 (1912); F. Hartung, Die R. von 1485 bis 1495. Ihr Verlauf und ihr Wesen. In: Histor. Vierteljahresschrift (1913); E. Molitor, Die Reichsreformbestrebungen des 15. Jh. bis zum Tode Kaiser Friedrichs III. (1921); F. Hartung, Dt. Verfassungsgeschichte vom 15. Jh. bis zur Gegenwart (⁶1954); H. Angermeier, Die R. 1410–1555 (1984).

Reichsregierung, Reichskabinett. Ein aus dem Reichskanzler und den Reichsministern bestehendes Kollegialorgan, das im Dt. Reich (1919–45) Träger der vollziehenden Gewalt war (Art. 52 der Weimarer Verf.). Den Vorsitz als »princeps inter pares« führte der Reichskanzler; er bestimmte die Richtlinien der Politik. Die Reichsminister, die auf Vorschlag des Reichskanzlers durch den Reichspräsidenten ernannt wurden, führten ihre Ressorts – innerhalb der Richtlinienkompetenzen – selbständig (Art. 56). Sowohl der Reichskanzler als auch die Reichsminister waren abhängig vom Vertrauen des Reichstags.

Reichsregiment. Von 1500 bis 1502 sowie von 1521 bis 1530 ein ständisches Regierungsorgan des Reiches, bestehend aus 21 (23) Mitgliedern. Das R. tagte in Nürnberg (zuletzt in Esslingen, Speyer). → Reichsreform. LIT. A. Grabner, Zur Geschichte des 2. Nürnberger Reichsregiments 1521–23 (1903); V. von Kraus, Das Nürnberger R. Gründung und Verfall 1500–02 (1883; Neudr. 1969).

Reichsrezeß, Reichsabschied →Reichstag.

Reichsritterschaft. Im alten Dt. Reich (bis 1806) der niedere Adel (Reichsadel) im Süden und Westen Deutschlands, der vor allem aus den Reichsministerialen hervorgegangen war; er konnte seine Selbständigkeit wahren und war reichsunmittelbar; zur vollen Landeshoheit und Reichsstandschaft gelangte er nicht. Im 15. Jh. schloß sich die R. in Ritterbünden zusammen; im Ewigen Landfrieden (1495) erhielt sie ihre verfassungsrechtliche Anerkennung. Durch das erstarkende Landesfürstentum wurde ihre Kraft gebrochen, nachdem sie zu Beginn des 16. Jh. mit starkem Unabhängigkeitsstreben hervorgetreten war. 1577 schloß sie sich in 3 Ritterkreisen mit 14 Kantonen zusammen: Schwaben 5 Kantone, Franken 6 Kantone, am Rhein 3 Kantone. An der Spitze der Kantone stand ein Ritterhauptmann mit einigen Ritterräten; innerhalb ihrer Besitzungen besaßen die einzelnen Reichsritter eine beschränkte landesherrl. Gewalt (vor allem Religionsbann und Gerichtsbarkeit); ferner das Recht der Hausgesetzgebung sowie den bevorrechteten Gerichtsstand der Reichsunmittelbaren. Die Reichsritter waren von der Zahlung der Reichs- und Kriegssteuern befreit; anstelle der Kriegsdienste leisteten sie von Fall zu Fall Beisteuern (subsidia caritativa). Die R. umfaßte um die Mitte des 18. Jh. etwa 350 Geschlechter, die den freiherrl. Titel führten; insgesamt verfügte sie über 5000 km² Land mit 200000 Einwohnern. Durch die Rheinbundakte von 1806 wurde die R. beseitigt; ihre Besitzungen verleibten sich die sie umschließenden Staaten ein, nachdem durch letztere bereits 1805 die reichsritterschaftl. Gebiete mediatisiert worden waren. LIT. K. H. Roth von Schreckenstein, Gesch. der ehem. R. in Schwaben, Franken und am Rheinstrom. 2 Bde. (²1886); R. Fellner, Die fränk. Ritterschaft 1495–1524 (1905); H. Müller, Der letzte Kampf der R. um ihre Selbständigkeit 1790–1815 (1910); O. Eberbach, Die dt. R. in ihrer staatsrechtl.-polit. Entwicklung bis 1495 (1913); E. Hölzle, Der dt. Südwesten am Ende des alten Reiches (1938); V. Press, Kaiser Karl V., König Ferdinand und die Entstehung der R. (1976).

Reichsschluß → Reichsgutachten.

Reichsstädte. Im alten Dt. Reich (bis 1806) diejenigen Städte, die auf königl. oder Reichsgrundbesitz lagen; sie unterstanden unmittelbar dem Kaiser (reichsunmittelbare Städte); dagegen waren die Landstädte einem Landesherrn untertan. R. waren auch solche Städte, die ihre Reichsunmittelbarkeit durch Vertrag, durch gewaltsame Verselbständigung, durch Erlöschen der Landesherrschaft oder durch königl. Verleihung erlangt hatten. Die Hoheitsrechte sowie die oberste Gerichtsbarkeit übten in den R. königl. Beamte (Burggrafen, Vögte, Schultheißen) aus. Die meisten dieser Rechte und die Vogtei vermochten die R., insbes. die auf stauf. Gebiet gelegenen, seit 1250 an sich zu bringen. Freie R. (Freie Städte) wurden diejenigen Städte genannt, die während des 13. und 14. Jh. die Herrschaft ihrer geistl. Herren brechen konnten. Eine Unterscheidung zwischen R. und Freien R. gab es später nicht mehr, sondern nur noch die generelle Bez. »des Hl. Reiches freie Städte«. Die R. wurden seit dem Interregnum zu den Reichstagen zugezogen (seit 1498 regelmäßig als 3. Kollegium: schwäb. und rhein. Städtebank), seit dem 14. Jh. mit Sitz und Stimme. Es gab zeitweise 83 R., darunter die meisten großen Städte (u. a. Köln, Frankfurt/M., Straßburg, Augsburg, Nürnberg); die Eigenschaft als R. hing jedoch nicht von der Größe ab. Alle R. wurden zw. 1801–10 mediatisiert. Hamburg, Lübeck, Bremen und Frankfurt/M. wurden durch den Wiener Kongreß (1814/15) als Freie Städte wiederhergestellt. Während Frankfurt seine Eigenschaft als Freie Stadt 1866 verlor, konnten sie die übrigen 3 bis ins 20. Jh. bewahren. LIT. P. Brülcke, Die Entwicklung der Reichsstandschaft der Städte (1881); A. Köcher, Bremens Kampf mit Schweden um seine Reichsfreiheit. In: Hanseat. Gesch.-Bll. (1882); H. Keussen, Die polit. Stellung der R. (1885); A. M. Ehrentraut, Untersuchungen über die Frage der Frei- und R. (1902); H. Lentze, Der Kaiser und die Zunftverfassung in den R. bis zum Tode Karls IV. (1933); P.-J. Heinig, R., freie Städte und Königtum 1389–1450 (1983); R. Gömmel, Vorindustrielle Bauwirtschaft in der Reichsstadt Nürnberg und ihrem Umland, 16.–18. Jh. (1985); Heinrich R. Schmidt, Reich und Reformation. Korporative Religionspolitik 1521–1529/30 (1986).

Reichsstände. Im alten Dt. Reich (bis 1806) die Inhaber der Reichsstandschaft, d. h. die reichsunmittelbaren Glieder des Reiches mit Sitz und Stimme im Reichstag. Zu den geistl. R. gehörten die geistl. Kurfürsten, die Erzbischöfe und Bischöfe, die Äbte und Äbtissinnen der Reichsabteien, der Hoch- und Deutschmeister sowie der Johannitermeister. Weltliche R. waren die weltl. Kurfürsten, Herzöge, Fürsten, Landgrafen, Markgrafen, desgleichen eine Reihe von Grafen, Fürsten und Herzögen, ferner die Reichsstädte. Die Reichsstandschaft konnte bis zum Jahre 1653/54 durch den Kaiser auch solchen Personen verliehen werden, die über kein Territorium verfügten (**Personalisten**); seit dieser Zeit waren zum Erwerb der Reichsstandschaft der Besitz eines reichsunmittelbaren Territoriums, die Zustimmung des betreffenden Kollegiums des Reichstags sowie die Einwilligung des Kaisers erforderlich (Kooption und Admission). Die Pflichten der R. umfaßten: persönl. Teilnahme an den Reichstagen (die Entsendung eines Vertreters war möglich), Stellung von Truppenkontingenten zum Reichsheer und Entrichtung der vom Reichstag bewilligten Reichssteuern. LIT. H. Neuhaus, Zwänge und Entwicklungsmöglichkeiten reichsständ. Beratungsformen in der 2. Hälfte des 16. Jh. In: Zs. f. histor. Forschung 10 (1983).

Reichsstatthalter. Während der NS-Herrschaft (1933–45) in Dtl. die Regierungsvertreter in den dt. Ländern. Die R., die gegenüber den Landesregierungen Weisungsbefugnis besaßen, stellten das entscheidende Instrument zur Gleichschaltung der Länder dar. Zu R. wurden generell die zuständigen Gauleiter der NSDAP ernannt. Die Rechte eines R., die in Preußen Hitler vorbehalten waren, übte hier in dessen Auftrag der preuß. Ministerpräsident aus. In den Reichsgauen wurden ebenfalls R. eingesetzt.

Reichsstraße → Heerstraße.

Reichssymbole. Als R. galten Reichsadler, Reichsfarben (→Deutsche Farben), Reichssturmfahne (die neben der Reichsrennfahne der Vorhut vom Gros des Reichsheeres geführte Hauptgefechtsfahne: gelbe Fahne, schwarzer Adler, rote Stange; sie wurde seit 1336 mit der Herrschaft Markgröningen ständig den Grafen von Württemberg verliehen) sowie Reichsrennfahne.

Reichstag.

[1] Im alten Dt. Reich (bis 1806) die Ständeversammlung, die sich zunächst nur aus den Fürsten zusammensetzte. Der R. entwickelte sich seit dem 12. Jh. aus den Hof- und Reichstagen zu einer verfassungsmäßigen Rechtsinstitution, die die Macht des Königs einschränkte. Die Fürsten waren zu Hoffahrt und Ratserteilung verpflichtet; sie besaßen das Recht auf die Reichsstandschaft. Der vom König in eine Reichs- oder Bischofsstadt einberufene R. befaßte sich im allg. mit Heerfahrt und Reichskrieg, Reichssteuern und Reichsgesetzen sowie der Erhebung in den Reichsfürstenstand. Die Beschlüsse wurden in einem Reichsabschied zusammengefaßt und verkündet. 1654 erging der (»jüngste«) Reichsabschied; seit 1663 tagte der R. als ständiger Gesandten-

kongreß in Regensburg (Regensburger R. oder Immerwährender R.).

Neben den Fürsten erschienen auf den R. später auch Grafen (Grafenbank) und freie Herren; seit dem 13. Jh. waren zum erstenmal (aus bes. Anlässen), seit 1498 ständig, Reichs- und Bischofsstädte vertreten; durch den Westfäl. Frieden (1648) wurde deren Gleichberechtigung anerkannt. Der R. gliederte sich seit 1498 in drei getrennt beratende und Beschlüsse fassende Kollegien:

a) das Kurfürstenkollegium, das unter dem Vorsitz des Reichskanzlers (des EB von Mainz) stand;

b) den Reichsfürstenrat der übrigen Reichsfürsten sowie derjenigen Grafen und Herren, welche die Reichsstandschaft besaßen (den Vorsitz im Reichsfürstenrat hatten abwechselnd Salzburg und Österreich, die 1801 über 94 Viril- und 6 Kuriatstimmen verfügten; →Gesamtstimme);

c) das Kollegium der Städte (es umfaßte die rhein. Bank mit 14 Reichsstädten im Jahre 1801 und die schwäb. Bank mit 37 Reichsstädten 1801).

Das Zustandekommen eines Reichsgesetzes erforderte gleichlautende Beschlüsse der drei Kollegien, außerdem die Zustimmung (Ratifikation) des Kaisers (seit 1648 entschieden innerhalb der einzelnen Kollegien Mehrheitsbeschlüsse); bei der Abstimmung in Sachen Religion galten bes. Regelungen (Itio in partes). Die Mitwirkung des R. war seit der Stauferzeit erforderlich für Heerfahrt bzw. Reichskrieg, Reichssteuern, Reichsgesetze sowie die Errichtung von Reichsfürstentümern. Gesetzl. war die Zuständigkeit des R. nicht geregelt.

[2] Im Norddt. Bund (1867–71) und unter der Bismarckschen (1871–1918) sowie der Weimarer Verfassung (1919–33) das Parlament. Von 1871–1918 übte der R. mit dem Bundesrat die Reichsgesetzgebung aus; von 1918–33 wurden die Reichsgesetze durch den R. ohne die Mitwirkung eines dem Bundesrat gleichen Gesetzesorgans beschlossen (Art. 68 der Weimarer Verfassung). Dem Reichsrat stand nur ein sehr abgeschwächtes Einspruchsrecht zu. In Sonderfällen konnte das ganze Volk als Gesetzgeber auftreten, nämlich durch Volksabstimmung (Art. 73–74 der Weimarer Verfassung). Z. Z. des Nationalsozialismus bestand der R. nur noch formell; in ihm war nach Verbot und Selbstauflösung aller polit. Parteien allein die NSDAP vertreten (seit dem 5. 3. 1933).

[3] Die Stände- oder Volksvertretung eines Reiches: in Dänemark und Schweden die Gesamtheit beider Kammern; in Finnland die Volksvertretung, die aus einer Kammer besteht.

LIT. StL VI, 807–11; Dt. Reichstagsakten, hrsg. durch die histor. Kommission bei der Bayer. Akademie der Wissenschaften (seit 1867); P. Coterier, Der R., seine Kompetenzen und seine Verfahren ... (1972); E. Deuerlein, Der R. (1963); A. Milatz, Wähler und Wahlen in der Weimarer Rep. (1965); R. Aulinger, Das Bild des R. im 16. Jh. Beitrr. zu einer typolog. Analyse schriftl. und bildl. Quellen (1980); H. Neuhaus, Reichsständische Repräsentationsformen im 16. Jh. (1982); F. L. Sepaintner, Die Reichstagswahlen im Großherzogtum Baden (1983); H. Lutz (Hrsg.), Aus der Arbeit an den Reichstagen unter Kaiser Karl V. Beitr. zu Fragen der Forschung und Edition. Hist. Komm. bei der Bayerischen Akad. der Wiss. 26. (Göttingen 1985).

Reichstagsbrand. Der Brand des Berliner Reichstagsgebäudes am 27. 2. 1933. Über die Entstehung des R. ist relativ wenig bekannt. Die Auseinandersetzung darüber, wer den Reichstag anzündete, ist bis heute nicht beendet. Die nationalsozialist. Machthaber schoben den Brand den Kommunisten zu und nahmen ihn zum Anlaß, gegen sie vorzugehen. Noch in der Nacht vom 27./28. 2. 1933 wurden 4000 kommunist. Funktionäre verhaftet. Durch eine Verordnung vom 28. 2. 1933 wurden zahlreiche Art. der Verfassung außer Kraft gesetzt: »Es sind daher Beschränkungen der persönl. Freiheit, des Rechtes, der freien Meinungsäußerung einschließl. der Pressefreiheit, des Vereins- und Versammlungsrechts, Eingriffe in das Brief-, Post-, Telegraphen- und Fernsprechgeheimnis, Anordnungen von Hausdurchsuchungen und von Beschlagnahme sowie Beschränkungen des Eigentums auch außerhalb der sonst hierfür bestimmten gesetzl. Grenzen zulässig.« Der gegen den am Tatort als Brandstifter verhafteten holländischen Kommunisten M. van der Lubbe und andere Kommunisten vor dem Reichsgericht in Leipzig (21. 9.–22. 12. 1933) geführte Reichstagsbrandprozeß endete infolge der Angriffe des Mitangeklagten

Bulgaren G. Dimitroff (1882–1949) mit einer polit. Niederlage des NS-Regimes.
LIT. E. Tobias, Der R. (1962); P. Stojanoff, R. Die Prozesse in London und Leipzig. In: W. Hofer (Hrsg.), Der R. (1972); A. Berndt, Zur Entstehung des R. In: Vierteljahreshefte für Zeitgeschichte, 23 (1975); U. Backes u. a., Reichstagsbrand (1986).

Reichsteilung. Im allg. Bez. für die nach dynast. Erbrecht erfolgten Teilungen von Reichen, z. B. die fränk. bis 880; sie können ebenfalls auf Grund machtpolit. Ansprüche erfolgen, so z. Z. der Diadochen: 321, 311, 301 v. Chr.

Reichsunmittelbarkeit, Reichsfreiheit. Im alten Dt. Reich (bis 1806) Bez. für die staatsrechtl. Stellung derjenigen Adeligen, Städte und Landesteile, die unmittelbar unter königl. bzw. kaiserl. sowie Reichsverwaltung standen, d. h. die Landesherren, deren Häuser, das Reichsstädte, Reichsdörfer, Reichsritter und Reichsbeamten, vor allem die Mitglieder der höchsten Reichsgerichte. Mit der R. war ein bevorzugter Gerichtsstand verbunden.

Reichsverfassung.
[1] Im alten Dt. Reich (bis 1806) die teilweise noch in den Reichsgrundgesetzen niedergelegte staatsrechtl. Grundordnung des Reiches. Die R., die durch den Westfälischen Frieden (1648) ergänzt wurde, war zum Teil nur durch Rechtsgrundsätze und Gewohnheiten, die man allg. anerkannte, bestimmt (Goldene Bulle).
[2] Die R. vom 28. 3. 1849, die von der Frankfurter Nationalversammlung ausgearbeitet worden ist. Da die größeren dt. Einzelstaaten sie ablehnten, vermochte sie keine Wirksamkeit zu erlangen.
[3] Die R. vom 16. 4. 1871. Hiernach war das Dt. Reich ein Bundesstaat, der aus 22 monarch. geleiteten Einzelstaaten, 3 Freien Städten sowie dem Reichsland Elsaß-Lothringen bestand.
Die Gesamtheit der Landesregierungen war Träger der Reichsgewalt; sie war verkörpert im Bundesrat; hier lag das Schwergewicht der Reichsgesetzgebung und Reichsverwaltung. Preußen besaß gegenüber den übrigen Bundesstaaten insofern eine Vormachtstellung, als der König von Preußen zugleich Dt. Kaiser und der Reichskanzler meist der preuß. Ministerpräsident war; zudem verfügte es im Bundesrat über beträchtl. Einfluß;

denn es besaß hier von 61 Stimmen 17 (Bayern 6, Sachsen und Württemberg je 4). Den süddt. Staaten räumte die R. eine Anzahl von Reservatrechten ein: Kriegs-, Eisenbahn-, Post- und Telegraphenwesen. Als »Dt. Kaiser« hatte der König von Preußen das Präsidium des Reiches inne. Das Reich wurde durch ihn völkerrechtl. vertreten. Außerdem war der Kaiser Oberbefehlshaber der bewaffneten Streitkräfte; ferner wurden die Reichsgesetze durch ihn verkündet, der Reichskanzler und die Reichsbeamten durch ihn ernannt und entlassen, Kriege im Namen des Reiches durch ihn erklärt und Friedensverträge geschlossen. Im Falle einer Bedrohung der öffentl. Sicherheit konnte vom Kaiser der Kriegszustand verhängt werden. Verträge mit dem Ausland hingegen bedurften der Zustimmung von Bundesrat und Reichstag; die Reichsexekution wurde durch den Bundesrat beschlossen und vollstreckt.
Der Reichstag war die Vertretung des Volkes. Die innere und äußere Verwaltung lag in der Hand des Reichskanzlers als alleinigem Reichsminister.
Die bedeutsamste Änderung der R. war die Einführung des parlamentar. Systems durch Gesetz vom 20. 10. 1918, das aber infolge des Zusammenbruchs Deutschlands nicht mehr wirksam wurde.
[4] Die Weimarer R. von 1919–33. Durch die Weimarer Nationalversammlung wurde zunächst ein ›Gesetz über die vorläufige Reichsgewalt‹ erlassen (10. 2. 1919); dadurch wurden anstelle des Rats der Volksbeauftragten ein Reichspräsident sowie eine Reichsregierung (mit einem Ministerpräsidenten an der Spitze) eingesetzt. An der Verfassungsberatung nahm ein Staatenausschuß teil, der von den Ländern bestellt war. Am 14. 8. 1919 trat die R. in Kraft: Reichsoberhaupt war der Reichspräsident; die Reichsregierung bildete das oberste Verwaltungsorgan; der Reichstag besaß die höchste Reichsgewalt. Verglichen mit dem früheren Bundesrat war der Reichsrat von weit geringerer staatsrechtl. Bedeutung.
Die Weimarer R. bekannte sich nachdrücklich zu den Grundsätzen des Rechtsstaats.
[5] Die R. von 1933–45. Das NS-Regime hob die Weimarer R. zwar nicht de iure, aber de facto auf. Die »Gewalten-

teilung« wurde dadurch beseitigt, daß die Gesetzgebungsgewalt auf die Reichsregierung überging. Das bundesstaatl. System, das seit der R. von 1871 geherrscht hatte, wurde durch das Gesetz über den Neuaufbau des Reiches (30. 1. 1934) beseitigt. Die Länder leiteten Reichsstatthalter; Landesgesetze wurden von der Zustimmung der Reichsregierung abhängig gemacht; 1935 ging die Landesjustiz auf das Reich über. Preußen, das bereits am 20. 7. 1932 einem Reichskommissar unterstellt worden war, wurde eng mit der Reichsverwaltung verbunden, die preuß. Ministerien mit den entsprechenden Reichsministerien verschmolzen (außer dem Finanzministerium). Nach 1945 hat das Dt. Reich staatsrechtl. nicht aufgehört zu existieren.

LIT. A. Bergsträsser, Die Verfassung des Dt. Reiches von 1849 (1913); G. Anschütz, Die Verfassung des Dt. Reiches vom 11. 8. 1919 (¹⁴1933); A. Schulte, Der dt. Staat – Verfassung, Macht und Grenzen (1933); C. Bornhak, Dt. Verfassungsgeschichte vom Westfäl. Frieden an (1934); H. E. Feine, Das Werden des dt. Staates (1936); E. R. Huber, Verfassungsrecht des Großdt. Reiches (²1939); E. Forsthoff, Dt. Verfassungsgeschichte der NZ (1940); E. R. Huber, Quellen zum Staatsrecht der NZ. 2 Bde. (1951/52); F. Hartung, Dt. Verfassungsgeschichte vom 15. Jh. bis zur Gegenwart (⁶1954); Th. Maunz, Dt. Staatsrecht (¹²1963); K. Loewenstein, Verfassungslehre (²1969); H. Peters, Geschichtliche Entwicklung und Grundfragen der Verfassung, bearb. von J. Salzwedel und G. Erbel (1969); F. Siebert, Von Frankfurt nach Bonn. 100 Jahre dt. Verfassungen 1848–1949 (überarbeitete ¹²1978); J.-D. Kühne, Die R. der Paulskirche. Vorbild und Verwirklichung im späteren dt. Rechtsleben (1985).

Reichsverwandter. Reichsangehöriger.

Reichsverweser (von ahd. firwesan, jemandes Stelle vertreten).
[1] Das provisor. Staatsoberhaupt einer Monarchie ohne eine regierende Herrscherfamilie.
[2] Der 1848 durch die Frankfurter Nationalversammlung zum Inhaber der Zentralgewalt für Dtl. gewählte Erzherzog Johann von Österreich; er hatte das Reichsverweseramt von Juni 1848 bis Dezember 1849 inne.

Reichsvikar (lat. Vicarius oder Provisor Imperii). Im alten Dt. Reich (bis 1806) im Falle einer Reichsvakanz (vacante Imperio), d. h. der Thronerledigung (soweit nicht ein Nachfolger vorhanden war, den man bereits zu Lebzeiten des verstorbenen Herrschers zum König gewählt hatte), der einstweilige Verwalter der königl. Gewalt; desgleichen bei Minderjährigkeit, längerer Abwesenheit, Gefangenschaft oder einer durch Krankheit verursachten Regierungsunfähigkeit des Königs. Clemens V. (1305–14), der als Papst in Frankreich blieb und durch die Wahl Avignons zur Papstresidenz (1309) das Babylonische Exil der Päpste begründete, beanspruchte bei Reichsvakanz das Reichsvikariat für das Papsttum. König Ludwig der Bayer (reg. 1314–47) wies den Anspruch entschieden zurück. R. war in den Ländern fränk. Rechts lt. Goldener Bulle (1356) der Pfalzgraf bei Rhein, in den Ländern sächs. Rechts der Herzog von Sachsen. Dem R. oblag die Ausübung der gesamten Königsgewalt; nicht berechtigt war er zur Verleihung von Fahnenlehen, ebenfalls nicht zur Verpfändung oder Veräußerung von Reichsgut.

LIT. G. Kupke, Das Reichsvikariat und die Stellung der Pfalzgrafen bei Rhein bis zu Sigismunds Zeit (Diss. Halle 1891); W. Hermkes, Das Reichsvikariat in Dtl. (1968); E. Heinze, in: Histor. Vierteljahrsschrift, 22 (1925).

Reichsvisitation. Die Überprüfung des Reichskammergerichts. Die R. erfolgte durch eine Deputation des Reichstags.

Reichsvizekanzler. Bez. für den eigentl. Leiter der Reichskanzlei während der NZ, insbes. während des 16. und 17. Jh.
LIT. H. Kretschmayr, Das dt. Reichsvizekanzleramt (1898).

Reichsvogt. Im alten Dt. Reich (bis 1806) der Verwalter und Hochrichter eines zusammenhängenden Gebiets von Krongütern oder einer königl. Abtei; der R. wurde vom König bestellt. Ihren Mittelpunkt hatten die Reichsvogteien (die ein R. verwaltete) in einer Reichsstadt (als der ehem. Königspfalz). Zur Spaltung der Reichsvogteien (häufig in Landvogteien und Stadtvogteien) kam es im Zusammenhang mit dem Erstarken der Städte.
Im Laufe der Zeit gelangten dann die Land- und Stadtvogteien (in den mei-

sten Fällen kauf- oder pfandweise) an die Reichsstädte selbst.

Reichswehr. Die zahlenmäßig auf 100000 Mann (freiwillige Berufssoldaten mit 12jähriger Dienstzeit) beschränkte Wehrmacht des Dt. Reiches (1919–35); die R. war im Friedensvertrag von Versailles zugestanden worden (Wehrgesetz vom 23. 3. 1921). Aufgabe der R., die 96000 Mannschaftsangehörige und ein Offizierskorps von 4000 Mann umfaßte, war, die innere Ordnung aufrechtzuerhalten. Panzer, Flugzeuge, einen Generalstab etc. durfte die R. nicht haben.
LIT. StL VI, 811–19; J. W. Wheeler-Bennett, Nemesis der Macht. Die dt. Armee in der Politik 1918–45 (1955); O. E. Schüddekopf, Das Heer und die Republik (1955); T. Vogelsang, R., Staat und NSDAP (1963); L. Carsten, R. und Rep. 1918 bis 1933 (³1966); R. Wohlfeil, R. und Rep. (= Hdb. zur dt. Militärgeschichte 1648–1939, Abschn. VI, 1970); E. W. Hansen, R. und Industrie (1978); M. Geyer, Aufrüstung oder Sicherheit. Die R. in der Krise der Machtpolitik 1924–1936 (1980).

Reihengrab. Bez. für eine von etwa 500 n. Chr. – um 700 n. Chr. übliche Bestattungsart; die Friedhöfe wurden hierbei in mehr oder weniger regelmäßigen Reihen angelegt.
LIT. A. Ecker, Craniae Germaniae meridionalis occidentalis (1865); J. Werner, in: Archaeologia Geographica, 1 (1950); S. J. de Laet, J. Dhondt und J. A. Nenquin, Les Laeti du Namurois et l'origine de la civilisation mérovingienne. In: Etudes d'hist. et d'arch. namuroises déd. à Courtoy. 2 Bde. (Namur 1952).

Reihenfahrt. In den west- und mitteleurop. Staaten vom SpätMA an bis ins 19. Jh. Bez. für die Wettbewerbsregelung der Binnenschiffahrt, außerdem der Fahrt in der Nord- und Ostsee. Ihr zufolge war es für ein Schiff nur dann möglich, Fracht zu laden, wenn es an der Reihe war; die Fahrt durfte nicht eher angetreten werden, bis das Schiff vollbeladen war. Aus dieser Form der Schiffahrt kam es in Holland in einer Reihe von Fällen zur Entwicklung eines Linienverkehrs.

Reimchroniken. Gereimte Darstellungen der Weltgeschichte (›Weltchronik‹ des Rudolf von Ems) und Lokalgeschichte (eines Landes, einer Stadt oder eines Klosters, einer Gemeinschaft:

›Deutschordenschronik‹ des Nikolaus von Jeroshin; eines Krieges oder einer Schlacht). Während des 12. Jh. kamen die teilweise sehr umfangreichen R. auf; sie verschwanden im Verlauf des 16. Jh.
LIT. O. Lorenz, Deutschlands Geschichtsquellen im MA. 2 Bde. (³1886/1887); H. F. Rosenfeld, Mittelniederländ. R. (1939).

Re'is (arab., Oberhaupt). Vor allem ein türk. Titel, häufig für Schiffskapitäne. Vom 15. Jh.–1837 war der Re'is-Efendi der Außenminister der Türkei; zunächst ohne Bedeutung, war sein Amt später das wichtigste nach dem Großwesir.

Reisige (von mhd. reis[e], Aufbruch, Kriegszug). Während des MA Bez. für schwerbewaffnete Reiter.

Reisläuferei (von mhd. reis[e], Aufbruch, Kriegszug). Bez. für das Söldnerwesen in MA und NZ, d. h. das Eintreten junger Männer in den Kriegsdienst fremder Mächte. Die R. war in der Schweiz seit dem 13. Jh., vor allem vom 16.–18. Jh. an, verbreitet. Nachdem häufig wiederholte Verbote ohne Erfolg blieben, waren die Orte der Eidgenossenschaft bestrebt, die R. durch »Kapitulationen« (Verträge) zu ordnen; im Jahre 1859 wurde jeder Kriegsdienst für eine fremde Macht verboten.
LIT. P. E. de Vallière, Treue und Ehre (Lausanne ²1940); R. Feller, Bündnisse und Söldnerdienst 1515–1798 (1915); H. Dubler, Der Kampf um den Solddienst der Schweizer im 18. Jh. (Diss. Bern 1939).

Re'is ül-Küttab. Staatskanzler.

Re'is ül-'Ulema. Oberhaupt der Geistlichkeit.

Reklamation (lat.). Beschwerde, Beanstandung. In der fränk. Zeit durch die hierzu Privilegierten die Inanspruchnahme des Königsgerichts.

Reklusen (lat., Eingeschlossene) → Inklusen.

Rekognition. Die Prüfung einer Urkunde sowohl auf ihre Echtheit als auch auf ihren Inhalt; bestätigt wurde die R. in den ma. Königs- bzw. Kaiserurkunden durch das Rekognitionszeichen des Kanzlers oder seines Vertreters.

Rekognitionszins. Eine symbol. (geringe) Zahlung; hierdurch wurde lediglich demonstriert, daß man einen bestehenden Rechtszustand anerkannte.

Rekonstruktion (engl. Reconstruction). Im Anschluß an den Sezessions-

krieg (1861–65) in den USA die heißumkämpfte Neuordnung der polit. Verhältnisse in den abgefallenen Südstaaten; sie wurde durch die Republikaner, die die Mehrheit im Kongreß besaßen, in einseitiger Weise vorgenommen, zumal zahlreiche Beamte aus dem Norden, die mit den Stimmen der befreiten Neger zu ihren Ämtern kamen, die Gewalt in den Südstaaten an sich bringen konnten. Im Jahre 1867 kam es sogar zur Errichtung einer Militärdiktatur (bis 1870 bzw. 1877).
LIT. W. L. Fleming, Documentary History of R. 2 Bde. (Cleveland 1906/ 1907); C. G. Bowers, The Tragic Era (Boston 1929); H. K. Beale, The Critical Years … (N. Y. 1930); G. F. Milton, The Age of Hate. A. Johnson and the Radicals (N. Y. 1930); J. G. Randall, The Civil War and R. (Boston 1937).

Rekonziliation (lat., Versöhnung, Entsühnung).
[1] Die Lossprechung eines mit der Exkommunikation Belegten.
[2] Die Wiederherstellung des Weihecharakters einer Kirche, eines Friedhofs etc. durch eine neue Weihe im Falle einer Schändung.

Rekordanzen, Memorien. Offene Briefe der großen → Ravensburger Gesellschaft; sie wurden einem Gesellen als Gedächtnisstütze mitgegeben. Bei den R. handelt es sich im einzelnen um Aufzeichnungen, die sowohl von der Ravensburger Zentrale an ihre auswärtigen Niederlassungen, die sog. Gelieger, als auch von diesen an die Zentrale gerichtet waren.

Relation (von lat., berichten).
[1] Das den Magistraten und Volkstribunen zustehende Recht des Vortrags vor dem röm. Senat (vgl. referendi).
[2] Ein Gesandtenbericht der ital. Diplomatie (seit dem 15. Jh.); die Gesandtenberichte Venedigs sind die bekanntesten R.; sie stellen in der Geschichte der frühen NZ eine der wichtigsten Quellen dar.
[3] In der NZ wurde R. häufig zur Bez. einer gedruckten Nachricht gebraucht, ebenfalls als Titel von Zeitungen, so der Straßburger ›R. aller Fürnemmen vnd gedenckwürdigen Historien …‹ des J. Carolus. Zum erstenmal wurde eine derartige Zeitung 1583 aus Anlaß der Frankfurter Messen (Meßrelationen) publiziert. Da die Messen im Frühjahr und Herbst stattfanden, erschien die Zeitung zweimal jährlich.

LIT. Th. Mommsen, Röm. Staatsrecht (⁴1952); W. Andreas, Staatskunst und Diplomatie der Venezianer im Spiegel ihrer Gesandtenberichte (1943); W. Schöne, Die dt. Zeitung des 17. Jh. in Abbildungen (1940); H. Münster, Geschichte der dt. Presse (1941).

Relegation (lat., Verbannung).
[1] Die Ausweisung aus Rom, insbes. die von Nichtbürgern; während der röm. Kaiserzeit war die R. eine gemäßigte Form der Verbannung, da ohne Ehr- und Vermögensverlust.
[2] Als akadem. Disziplinarstrafe der Ausschluß eines Studenten von der Universität.

Relève (franz.). Während des Zweiten Weltkriegs die Aushebung von franz. Arbeitern zum Einsatz in der dt. Kriegswirtschaft; für sie wurden deutscherseits franz. Kriegsgefangene entlassen.

Religio (kirchenlat.). Klostergemeinschaft.

Religionsedikt. Eine geschichtl. bedeutsame staatl. Verordnung, durch die die öffentl.-rechtl. Stellung einer Religionsgemeinschaft geregelt wurde, z. B. das Mailänder (Toleranz-)Edikt von 313 (ein Erlaß der Kaiser Konstantin und Licinius, der die freie Religionsausübung für die Christen gestattete), das Wormser Edikt von 1521 (es verhängte über Luther die Reichsacht; → Reformation), das Edikt von Nantes 1598 (→ Hugenotten), das Wöllnersche R. zur Durchsetzung der Orthodoxie in Preußen 1788–97.

Religionsfrieden. Das in den Reichstagsabschieden von 1532 (zu Nürnberg) und 1555 (zu Augsburg) geregelte Verhältnis zw. den Religionsparteien (Katholiken und Protestanten), vor allem die Sicherung der Rechte der kath. und prot. Reichsstände. Der Nürnberger R. (am 23. 7. 1532 zw. Kaiser Karl V. und den Protestanten abgeschlossen) hatte die Sicherung des Friedens bis zu einem allg. Konzil oder bis zum nächsten Reichstag zum Inhalt. Der Augsburger R. (am 25. 9. 1555 zw. Lutheranern und Katholiken abgeschlossen) garantierte den Anhängern der Augsburgischen Konfession (→ Confessio Augustana) bis zum Tag einer Vergleichung in Glaubensangelegenheiten dauernden Frieden. Weitere Bestimmungen des Augsburger R. waren: Anerkennung des augenblickl. bekenntnismäßigen Zustands in den Gebieten der Anhänger der

Augsburgischen Konfession; Anerkennung des Kirchengutsbesitzes, über den sie z.Z. des Passauer Vertrags (1552) verfügt hatten; inskünftige Gestattung des Glaubenswechsels für weltl. Fürsten; Beschränkung dieses Rechtes für die kath. geistl. Reichsstände durch den geistl. Vorbehalt (→ Reservatum ecclesiasticum); außerdem durften diejenigen Ritterschaften, Städte und Gemeinden, die bereits über einen längeren Zeitabschnitt hinweg unter geistl. Herrschaft standen, nicht gezwungen werden, ihr Bekenntnis zu ändern. Der R. bezog sich ausschließl. auf die Landesherren, während die Untertanen deren Religionsbann unterworfen waren (→ Cuius regio, eius religio). Die Calvinisten, vom Augsburger R. ausgeschlossen, erlangten im Westfälischen Frieden (1648), der z.T. auch ein R. war, die Gleichberechtigung.

Ausgabe: K. Brandi, Der Augsburger R. (²1927).

LIT. K. Brandi, Dt. Geschichte im Zeitalter der Reformation und Gegenreformation. 2 Bde. (²1941); H. von Schubert, Der Reichstag von Augsburg (1930); R. Decot, Religionsfriede und Kirchenreform (1980).

Religionsgeschichte. Sie sucht die Frage nach Ursprung und Entwicklung der Einzelreligionen zu beantworten. Entwickelt hat sich die Erforschung fremder Religionen (ohne dabei auf den Absolutheitsanspruch des Christentums Rücksicht zu nehmen) erst seit dem 18. Jh. Der erste bedeutende Anreger in der R. ist J.G. Herder (1744–1803). Die fetischist. Schule (Ch. de Brosses, 1709–77; A. Comte, 1798–1857) erblickte die Anfänge der Religion in der furchtsamen Verehrung von unbelebten Naturgegenständen; die naturmytholog. Schule (F. Creuzer, 1771–1858; M. Müller, 1823 bis 1900) in personifizierten Naturerscheinungen; H. Spencer (1820–1903) in der Ahnenverehrung; E.B. Tylor (1832–1917) im Animismus (Glaube an eine geheimnisvolle Verwandtschaft von bestimmten Menschen mit bestimmten Gruppen von Tieren), später im Zauberglauben; A. Lang (1844–1912) und W. Schmidt (1868–1954) im Glauben an einen obersten Gott.

LIT. N. Söderblom, Einführung in die R. (²1928); W. Schmidt, Handbuch der vergleichenden R. (1930); H. Pinard de la Boullaye, L'étude comparée des reli-

gions. 2 Bde. (³1929–31); H. von Glasenapp, Die fünf großen Religionen. 2 Bde. (1952); ders., Die nichtchristl. Religionen (1957); J. Murphy, The Origins and History of Religions (N.Y. 1952); R. Pettazoni, Essays on the History of Religions (Leiden 1954); E. Rochedieu, Initiation à l'histoire des religions (Neuchâtel 1954).

Religionskriege. Urspr. die aus dem Gegensatz der religiösen Bekenntnisse entstandenen krieger. Auseinandersetzungen, die sich meist zu polit. Machtkämpfen erweiterten, z.B. die Kappeler-Kriege, 2 schweizer. R. zw. den ref. Ständen und den kath. Orten (1529–31); die Villmergerkriege, 2 schweizer. R. (1656 und 1712), die Hugenottenkriege (1562–1710), der Dreißigjährige Krieg (1618–48), der Heilige Krieg der Mohammedaner (Dschihad). Die Zeit der Gegenreformation (1555–1648) wird häufig das »Zeitalter der R.« genannt.

LIT. G. Ritter, Die Neugestaltung Europas im 16. Jh. Die kirchl. und staatl. Wandlungen im Zeitalter der Reformation und der Glaubenskämpfe (1950); F. Hartung, Dt. Geschichte im Zeitalter der Reformation, der Gegenreformation und des Dreißigjährigen Krieges (Sammlung Göschen 1105, 1951); K. Brandi, Dt. Geschichte im Zeitalter der Reformation und Gegenreformation. 2 Bde. (²1941); K. Eda, Die Kirche im Zeitalter des konfessionellen Absolutismus 1555–1648. In: Kirschs Kirchengeschichte. Bd. III, Abt. 2 (1949); H. Rössler, Europa im Zeitalter von Renaissance, Reformation und Gegenreformation. Weltgeschichte in Einzeldarstellungen. Bd. 4 (1956); H.J. Cohn, Government in Reformation Europe 1520–60 (London 1971).

Religionsrecht. Das Recht, das sowohl die Religionsausübung als auch die Rechtsstellung, ferner die Religionszugehörigkeit betrifft. Das Kirchenrecht (einschließlich des Staatskirchenrechts) ist ein Teil des R.; das Kirchenrecht umfaßt das innere und äußere Recht der christl. Kirchen.

Religiosen (→ Religio). Klosterleute.

Religiosenkongregation. Eine Kardinalskongregation, die 1856 errichtet wurde. Der R., die verschiedene Male umgestaltet wurde, untersteht das gesamte Klosterwesen der lat. Kirche, eingeschlossen die Dritten Orden sowie die weltlichen Institute.

Reliquiar. Ein Behälter, häufig künstler. gestaltet, für die Aufnahme von Reliquien. Man unterscheidet vor allem zw. Reliquienkästchen, -schrein, -monstranz, Reliquientafel (Staurothek); als Sonderformen gelten Kopf.- R. und Arm-R.

LIT. J. Braun, Die R. (1940).

Reliquien (lat. reliquiae, Überbleibsel). Asche oder Gebeine von Leibern der Heiligen oder die durch ihre Berührung geheiligten Gegenstände (Kleider etc.). Reliquienverehrung knüpfte insbes. an die Altäre über Märtyrer-Gräbern (seit dem 4. Jh.) an. Hieraus entstand der Brauch, R. ebenfalls in anderen Altären einzuschließen. Die dadurch bedingte Nachfrage nach R. führte zu einem bedeutenden Reliquienhandel und im Zusammenhang damit zu umfangreichen Reliquienfälschungen.

LIT. St. Beissel, Verehrung der Heiligen und ihrer R. in Dtl. 2 Bde. (1890–92); J. Pfister, Der Reliquienkult im At. 2 Bde. (1909–12); A. Grabar, Martyrium. Recherches sur le culte des reliques et l'art chrétien antique, 3 Bde. (1947); H. Schiffers, Karls d. Gr. Reliquienschatz (1951); B. Kötting, Der frühchristl. Reliquienkult und die Bestattung im Kirchengebäude (1965).

Remonstration (lat.). Einwendung, Zurückweisung, Protest, Protestschreiben.

Renaissance (franz. nach lat. ordo renascendi, ital. rinascimento, Wiedergeburt). Die Wiederentdeckung einer vergangenen Epoche. So spricht man von der augusteischen R., der karoling. R., insbes. während der Regierungszeit Karl d. Gr. (768–814), von der otton. R. des späteren 10. Jh. und der R. des 12. Jh. Vor allem aber wird unter R. die Kulturwende vom MA zur NZ, die in Italien des 13.–14. Jh. ihren Anfang nahm und von dort aus auf die Länder West- und Mitteleuropas übergriff, verstanden (erstmals ausgesprochen von G. Vasari, 1511–74). Zum allg. Kulturbegriff erweitert wurde R. im 19. Jh. durch den Schweizer Kunst- und Kulturhistoriker Jacob Burckhardt (1818–97). Er stellte die Bewußtwerdung der Persönlichkeit (ebenfalls in Briefen, Tagebüchern, Biographien), den erweckten Natur- und Weltsinn heraus und sah in der Wiederaufnahme der antiken Kultur einen Ausdruck des neugewonnenen Lebensgefühls.

Die Träger des neuen Geistes waren vor allem die Dichter und Künstler (F. Petrarca, 1304–74; G. Boccaccio, 1313–75; L. Ariost, 1474–1533; L. B. Alberti, 1404–72; Leonardo da Vinci, 1452–1519) sowie neugebildete Akademien. Mittelpunkte der R. in Italien wurde das Florenz des Lorenzo I. Medici, des Prächtigen (reg. 1469–92), und das Rom der Renaissancepäpste (Alexander VI., 1492–1503; Julius II., 1503–13; Leo X., 1513–21). In B. Castigliones (1478–1529) Hauptwerk ›Il Cortegiano‹ (1518–24) spiegelt sich das weithin nachwirkende Idealbild des geistig hochstehenden und weltoffenen Renaissancemenschen. Die Geschichtsschreibung wurde psycholog. vertieft, die Theorie der Politik an der polit. Wirklichkeit orientiert. So gab Niccolò Machiavelli (1469–1527) in seinen ›Discorsi sopra la prima Deca di Tito Livio‹ (1531) eine umfassende Krisenanalyse seiner Zeit; im ›Principe‹ (1513; gedruckt 1531) entwarf er das künstler. Bild des Fürsten, der »Italien von den Barbaren befreien« sollte (dieses Werk diente häufig als Rechtfertigung der »Staatsräson«, die alle Mittel erlaubt findet, wenn es um das Staatsinteresse geht). Dank der neuen, experimentellen Methode konnte die Naturforschung bedeutende Fortschritte machen. In der Lit. außerhalb Italiens verkörpern vor allem die Werke von F. Rabelais (1494 [?]–1553 [?]), P. de Ronsard (1524–85), S. M. Cervantes (1547–1616) und W. Shakespeare (1564–1616) den Geist der R.

LIT. J. Burckhardt, Die Kultur der R. in Italien (1860 u. ö.; Neuausg. 1966); K. Burdach, Reformation, R. und Humanismus ([2]1926; Nachdr. 1966); J. Huizinga, Parerga (1945; Wandlung des Renaissancebegriffes seit Burckhardt); G. Voigt, Wiederbelebung des klassischen Alt. 2 Bde. ([3]1898); W. Dilthey, Weltanschauung und Analyse der Menschen seit R. und Reformation (1913); E. Gothein, Schriften zur Kulturgeschichte der R., Reformation und Gegenreformation. 2 Bde. (1924); K. Brandi, Die R. in Florenz und Rom ([7]1927); J. Huizinga, Herbst des MA (1919, dt. [8]1961); ders., Das Problem der R. (1920; dt. Neudr. 1953); ders., Wege der Kulturgeschichte (1930); E. Cassirer, Individuum und Kosmos in der Philosophie der R. (1927); E. Walser, Ges. Studien zur Geistesgeschichte der R. (1932); A. von Martin, Die Soziologie der R. (1932); ²1949); H. Schaller, Kulturgeschichte Europas, 4 (³1943); G. Ritter, Die Neugestaltung Europas im 16. Jh. (1950); W. Durant, Geschichte der Zivilisation, 5 (1955); H. Mühlestein, Die verhüllten Götter. Neue Genesis der ital. R. (1957); H. H. Green, R. and Reformation. Europe 1450 to 1660 (London ²1964); H. Levin, The Myth of Golden Age in the Renaissance (1969); P. Joachimsen, Ges. Aufsätze. Beiträge zu R., Humanismus u. Reformation; zur Historiographie u. zum dt. Staatsgedanken, hrsg. u. eingeleitet von N. Hammerstein (1970); E. Cochrane (Hrsg.), The Late Italian R. 1527-1633 (London 1970); F. Simone, The French R. (London 1970); L. H. Heydenreich, Ital. R. – Beginn und Entfaltung (1972); I. Rachum, Illustrierte Enzyklopädie der R. (1980); J. von Stackelberg, R. und Barock (1984); F. J. Wortsbrook (Hrsg.), Der Brief im Zeitalter der R. (1983); A. Beck (Hrsg.), R. und Reformation. Gegensätze und Gemeinsamkeiten (1984); W. Jungandreas, Die Einwirkung der Karoling. R. auf das mittl. Rheinland (1986); E. Garin (Hrsg.), Der Mensch der R. (1990).

Kunstgeschichtlich wird die R. unterteilt in eine Vorstufenentwicklung im 13. und 14. Jh., die Früh-R. oder das Quattrocento (15. Jh.), die Hoch-R. (1500–40) und die Spät-R. (1540–90), beide auch als Cinquecento bez. Merkmale der R. in kunstgeschichtl. Hinsicht sind: bewußtes Schaffen und künstler. Reflexion, so bei L. B. Alberti, Leonardo da Vinci und A. Dürer (1471–1528), konstruktive Erkenntnis (Goldener Schnitt, Symmetrie), unmittelbarer Naturbeobachtung, modellierende Lichtführung, Klarlegung des Körperbaues sowie harmon. Proportionen (Leonardo da Vinci, 1452 bis 1519; Raffael, 1483–1520; J. B. Giorgione, 1478–1510; Tizian, 1476/77[?]1487/90–1576; Michelangelo, 1475–1564), Gleichgewicht von religiösen und weltl. Interessen; so dominiert bei Fra Angelico (1378–1455), der geistig zum MA, formal aber zur R. gehört, noch die alte Frömmigkeit; ebenfalls bei Filippo Lippi (um 1406/09–69) und Filippino Lippi (um 1457/59–1504) sowie Giovanni Bellini (um 1430–1516); trag. Problematik kommt zum Ausdruck bei Michelangelo. Neue Stoffe für die darstellende Kunst liefern die Bereiche der Mythologie und der Allegorie; hinzu treten das Porträt, Gruppenbilder, Landschaften und Stilleben. Mit Niccolò Pisano (um 1225–um 1280) knüpfte die *Skulptur* an röm. Sarkophagplastik an. Bei L. Ghiberti (1378–1455), J. Della Quercia (zw. 1364 u. 1375–1438), Donatello (1386[?]–1466), A. del Verrocchio (1436–88), A. Della Robbia (1399–1482) findet sich die Synthese von MA und Antike.

Auf dem Gebiet der *Architektur* griff F. Brunelleschi (1377–1446) in San Spirito und San Lorenzo an altchristl.-roman. Basiliken zurück; in der Pazzi-Kapelle schuf er einen neuen Zentralbau. Im Palazzo Medici-Riccardi gab B. di Michelozzo (1396–1472) das Vorbild eines um einen Loggienhof gruppierten Palastwürfels. Den Weg strenger Gliederung wiesen Albertis Dom zu Rimini und San Andrea in Mantua. Um 1500 entwickelten sich eine neue Idealität. Schönheit der Proportionen und monumentaler Sinn, repräsentiert durch das Werk D. Bramantes (1444–1514), Raffaels, Giulio Romanos (1499–1546), B. Peruzzis (1446–1523) und A. da Sangallos d. Ä. (1455–1534). Die spätere Zeit zeichnete sich durch theoret. Überlegung aus; sie zeigt sich im Werk S. Serlios (1475–1554), G. B. da Vignolas (1507–1573), A. Palladios (1508–80) und V. Scamozzis (1552–1616); es kommt zu bewegten Bauglicderungen und Figuren (Entwicklung hin zum Barock), die Klarheit der Formen wird überdeckt vom Willen zu eindrucksreicher Pracht.

In den Ländern nördl. der Alpen ist ein neuer Realismus seit der Zeit um 1400 feststellbar, und zwar in der Plastik Claus Sluters (um 1350–1405/06) in Dijon und der Malerei der Brüder van Eyck (Hubert van Eyck, um 1370–1426; Jan van Eyck, um 1390–1441), dem Werk des Schweizer Malers K. Witz (1400–1446/47) u. a. Seit 1350 drangen Elemente der ital. Malerei in die Malerei Frankreichs, Deutschlands und Böhmens ein. Eine Synthese zw. Spätgotik und R. ist bei Dürer nach 1500 zu beobachten, Loslösung vom MA bei A. Altdorfer (1484–1538), L. Cranach d. Ä. (1472–1553), Hans Baldung, gen. Grien (um 1476–1545), und endgültig bei Hans Holbein d. J. (1497/98–1543). In sämtl. westl. Ländern Europas war das 16. Jh. eine Epo-

che der Abhängigkeit von Italien. Seit etwa 1520 strömten Renaissance-Elemente in die Architektur ein. Bedeutendster dt. Renaissancearchitekt war Elias Holl (1573–1646). Seine von A. Palladio (1508–1580) inspirierten Bauten stellen den Höhepunkt der dt. R. dar.
LIT. H. Wölfflin, R. und Barock ([6]1965); ders., Die klass. Kunst ([13]1963); ders., Kunstgeschichtl. Grundbegriffe ([10]1948); D. Frey, Gotik und R. als Grundlagen der modernen Weltanschauung (1929); A. Buck, Zu Begriff und Problem der R. (1969); H. O. Burger, R., Humanismus, Reformation (1969); R. Kaufmann, Der Renaissancebegriff in der dt. Kunstgeschichtsschreibung (1932); A. Chastel, Italiens R. Bd. 1 (1965); Bd. 2 (1966); J. Gage, Life in Italy at the Time of the Medici (London 1968); P. Laven, R. Italy 1464–1534 (London 1966); W. Jungandreas, Die Einwirkung der Karolingischen R. auf das mittlere Rheinland (1986).
Auf dem Gebiet der *Literatur* wurde das Italien der R. durch die Erneuerung der Kunstformen des At. für das gesamte Europa auf nahezu allen entsprechenden Gebieten beispielgebend: des Epos, der Lyrik, der Satire, des Epigramms, schließlich aber auch in der Prosa. Infolge der Reformation kamen die Antriebe der R. in Dtl. nicht zu voller Entfaltung. So begann die dt. »Renaissancedichtung« nach roman. Muster erst im 17. Jh. mit M. Opitz (1597–1639); sie gehört damit bereits zum Barockzeitalter.
Musikhistor. ist der Begriff R. nicht eindeutig geklärt.
LIT. W. Flemming, Dt. Kultur im Zeitalter des Barock (1937–40; [2]1964); P. Burke, Culture and Society in Renaissance Italy 1420–1540 (London 1972); O. Logan, Culture and Society in Venice 1470–1790 (London 1972); Hugh Trevor-Roper, R. Essays (Chicago 1985).

Rendant (franz.). Früher Rechnungsführer, Kassenverwalter, Einnehmer. Rendantur. Die Gelder einnehmende und auszahlende Behörde.

Renegat (nlat.). (Glaubens-)Abtrünniger, vor allem der z. Z. der Türkenkriege zum Islam in türk. Dienste Übergetretene.

Rennfahne. Während des MA ein Reiterfähnlein (→ Fähnlein).

Rennstieg, Rennsteig, Rennweg (zu rain, Grenze). Der sich auf dem Kamm des Thüringer Waldes von der Werra bis zur Saale hinziehende alte Grenzweg zw. Thüringen und Franken.
LIT. O. Ludwig, Der Rennsteig. Ein Wanderbuch ([4]1988).

Renovatio (imperii Romani). Ma. Begriff; er verband die Idee von der Erneuerung der röm. Kaiserwürde oder von ihrer Übertragung (translatio imperii) auf die dt. Kaiser mit der Vorstellung von der Wiederkehr eines idealen Zustandes. Die R., die zunächst das Ziel der Westkriege Kaiser Justinians (reg. 527–65) war, fand ihre programmat. Formulierung durch Karl d. Gr. (reg. 768–814); unter den Ottonen war sie bes. ausgeprägt bei Otto III. (reg. 983–1002). Obwohl in der Kaiserpolitik der folgenden Zeit nur von untergeordneter Bedeutung, zog sie doch schon z. Z. der Hohenstaufen (1138–1254) die Vorstellung von der Geltung des röm. Kaiserrechts nach sich. In Italien blieb der Begriff in den nationalen Programmen bis auf Cola di Rienzo (1313–47) lebendig (in der Forschung durch P. E. Schramm [1894–1970] 1929 wiederbelebt). → Rezeption.
LIT. P. E. Schramm, Kaiser, Rom und R. 2 Bde. ([2]1957); H. Krause, Kaiserrecht und Rezeption (1952).

Rente (franz., von mlat. rendere, zurückgeben, bezahlen).
[1] Ein regelmäßiges Einkommen, das auf Versorgungsansprüchen beruht.
[2] Eine period. Geldleistung (Pension) durch einen Versicherer.
[3] Das aus dem Ertrag einer Unternehmung nach Abzug von Lohn und Kapitalzins stammende Einkommen.

Rentenbank. Landwirtschaftl. Krediteinrichtung. In Dtl. wurden R. während des 19. Jh. vor allem in Preußen errichtet. Ihr Zweck war es, die bäuerl. Lasten gegenüber den Grundherren abzulösen. Hierbei wurden die Grundherren durch Rentenbriefe (Wertpapiere, durch eine R. zur Ablösung von Rentenforderungen ausgegeben) abgefunden. Die R. haben ebenfalls bei der Schaffung von Rentengütern durch Kreditgewährung mitgewirkt. Während die 10 preuß. R. 1928 in der neugegr. Preuß. Landesrentenbank aufgingen, wurden die R. in den nicht-preuß. Teilen Deutschlands durch die Landeskreditkassen, Landeskultur-Rentenbanken (Bodenkultur-R.), teilweise die landwirtschaftl Genossenschaften übernommen.

LIT. Fr. Schulte, in: HWSt 7 (⁴1926); W. von Altrock, Landeskulturrentenbanken. In: HWSt 6 (⁴1925).

Rentengut. Ein Bauerngut, aber auch ein ländl. Grundstück, dessen Kaufpreis durch eine jährl. Rente abgezahlt wird. Während des 19. Jh. wurden im Zusammenhang mit der Bauernbefreiung die Reallasten durch Renten abgelöst, die an den früheren Grundherrn zu entrichten waren. Im Rahmen der preuß. Ansiedlungspolitik in den Ostprovinzen kam es später zur Errichtung von R.; nach dem Reichssiedlungsgesetz von 1919 wurde die Bildung von R. ausgedehnt. Die Siedlung auf Grund des Rentengutverfahrens gab unbemittelten Landwirten die Möglichkeit, Grundeigentum zu erwerben. Als oberstes Finanzierungsinstitut fungierte die Preußische Landesrentenbank.

Rentenwirtschaft. Während des MA eine Spätform der Grundherrschaft. Die Naturalleistungen der abhängigen Bauern an den Grundherrn wurden jetzt durch Zinszahlungen (Renten), die verdinglicht (»radiziert«) waren, abgelöst, d. h. sie mußten von den jeweiligen Eigentümern der Grundstücke erbracht werden, und zwar auch dann, wenn diese zum Grundherrn keine persönl. Bindung mehr besaßen. Die R. existierte bis zu ihrer Ablösung im 19. Jh.

Reparationen (lat. reparare, wiederherstellen). Seit dem Ende des Ersten Weltkriegs (1918) allg. gebräuchl. Bez. für die dem besiegten Land vom Sieger auferlegten Leistungen, und zwar zur Wiedergutmachung von Kriegsschäden, evtl. auch zur Deckung der Kriegskosten. Der Reparationskatalog umfaßt industrielle Anlagen, Maschinen, Waren, Dienste, Abtretungen, Zahlungen; Demontagen stehen hiermit ebenfalls im Zusammenhang; desgleichen die Konfiszierung von Auslandsvermögen. Die Höhe der durch Dtl. nach dem Ersten Weltkrieg zu leistenden R. wurde auf den Reparationskonferenzen von Boulogne und Spa (1920) sowie Paris (1921) durch eine Reparationskommission festgestellt. Abgelehnt wurden deutscherseits die auf Grund der Pariser Beschlüsse erhobenen Forderungen in Höhe von 226 Mrd. Goldmark, worauf Truppen der franz. Armee Düsseldorf, Duisburg und Ruhrort besetzten; anerkannt wurde durch Dtl. die durch das

Londoner Ultimatum festgesetzte Reparationsschuld von 123 Mrd. Goldmark sowie die Leistung von 26% vom Wert der dt. Ausfuhr pro Jahr (die Ruhrbesetzung durch franz. und belg. Truppen am 11. 1. 1923 wurde damit begründet, daß Dtl. mit seinen Sachlieferungen im Rückstand sei). Nachdem die dt. Währung unter die R. zusammengebrochen war (1923), wurde durch den Dawes-Plan (1924) und Young-Plan (1930) versucht, die R. der dt. Zahlungsfähigkeit anzupassen. Auf Grund des Hoover-Moratoriums (20. 6. 1931) wurden die R. auf 1 Jahr gestundet. Zur Abgabe von 3 Mrd. RM Schuldverschreibungen und damit zur endgültigen Ablösung der R. verpflichtete sich Dtl. im Abkommen von Lausanne (9. 7. 1932); die Abgabe ist praktisch aber nicht erfolgt. Österreich, Ungarn, Bulgarien und die Türkei, die Verbündeten Deutschlands im Ersten Weltkrieg, wurden ebenfalls zur Leistung von R. herangezogen. Nach dem Zweiten Weltkrieg bestanden die dt. R. in Sachleistungen, die aus dem Auslandsvermögen und Industrieausrüstungen stammten; sie erfolgten im Vorgriff auf einen späteren Friedensvertrag. Die dt. R., auf den Konferenzen der Sieger zu Quebec (1944), Jalta, Moskau, Potsdam, London und Paris (1945) festgelegt, beliefen sich auf 517 Mill. Dollar (Handelsflotte, Auslandswerte, Erträge von Demontagen; andere Werte wie Patente fanden keine Anerkennung). Die von der UdSSR geforderten 10 Mrd. Dollar wurden nicht anerkannt. Nach westdt. Angaben zog die sowjet. Regierung aus ihrer Besatzungszone R. im Wert von 13 Mrd. Dollar. Die R. der BRD an die Westmächte wurden durch die Pariser Verträge vom 23. 10. 1954 beendet. Für Österreich erfolgte die Endregelung im Staatsvertrag vom 15. 5. 1955; für die ehem. Verbündeten Deutschlands: Finnland, Italien, Ungarn, Rumänien und Bulgarien 1947, für Japan 1951.

LIT. StL VI, 857–65; E. Salin (Hrsg.), Das Reparationenproblem. 2 Bde. (1929); J. M. Keynes, The Economic Consequences of Peace (1919; dt. 1920); M. J. Bonn, Der neue Plan (1930); A. McFadyean, Reparation reviewed (London 1930); H. Schacht, Das Ende der R. (1931); E. Weill-Raynal, Les réparations allemandes et la France. 3 Bde. (1938–47); M. Maul,

Repartimento

Sieger und Besiegte (1948); G. W. Harmssen, R., Sozialprodukt, Lebensstandard (Neue Ausg. 1948); ders., Am Abend der Demontage (1951); M. Lanter, Die Finanzierung des Krieges (Luzern 1950); R. Castillon, Les réparations allemandes (Paris 1954); Die finanzielle Liquidation des Krieges beim Aufbau der BRD, hrsg. vom Bundesfinanzministerium (1962); B. Röper, R., in: Hdb. der Sozialwiss. 8 (1964); J. v. Spindler, R., in: Hdb. der Finanzwiss. 4 (^{2}1965); W. Link, Die amerikan. Stabilisierungspolitik in Dtl. 1921–32 (1970); E. Wandel, Die Bedeutung der Vereinigten Staaten von Amerika für das Reparationsproblem 1924–29 (1971); P. Krüger, Deutschland und die R. 1918/19 (1973); Ph. Heyde, Das Ende der R. (1998).

Repartimento (span., Verteilung). Während der Kolonisation Amerikas durch Spanien die älteste Form der Encomienda, d. h. der Zwangszuteilung freier Indianer zur Arbeitsleistung für die span. Konquistadores, ebenfalls für die Siedler der Westind. Inseln. Später wurde auch das freie System der Arbeitsvermittlung als R. bez.; desgleichen die Zuteilung von Land an die span. Kolonisten.

Repertorium (von lat., [er-]finden) Nachschlage-, Studienbuch, Namens- oder Sachverzeichnis.

LIT. Repertorium Germanicum. 4 Bde. (1916–43).

Repetitorium (nlat.). Die zusammenfassende Wiederholung eines bereits behandelten Stoffes als Unterrichtsform (Vorlesung oder Übung) oder in Gestalt eines Lehrbuchs.

Repetundenprozeß (lat.). Im Röm. Reich ein Verfahren auf Erstattung von Geldern, die zu Unrecht erpreßt worden waren. Das Verfahren wurde auf Grund einer Klage von Provinzialen gegen röm. Magistrate eingeleitet. Seit 149 v. Chr. wurde der R. vor einem bes. Geschworenengericht geführt.

Repräsentant (lat., engl. representative). Vertreter(in), Abgesandter, z. B. der Sonderkommissar des Wohlfahrtsausschusses (1792–94); weiter der Volksvertreter, der Abgeordnete.

Repräsentantenhaus (engl. House of Representatives). In Australien und Neuseeland die 2. Kammer des Parlaments; in den USA (und den meisten ihrer Gliedstaaten) diejenige Kammer des *Congress of the United States of America,* in der die Wählerschaft repräsentiert ist. Die Abgeordneten werden alle 2 Jahre gewählt. Bis auf die Vorschrift der allg. Wahl ist den Staaten der Wahlmodus freigestellt. Den Vorsitzenden und offiziellen Wortführer (Speaker) im R. stellt die Mehrheitspartei. Im Unterschied zum Sprecher im brit. Unterhaus ist er gleichzeitig der Führer seiner Partei im R.; seine Stellung ist, wie auch die des Sprechers bzw. Speakers im brit. Unterhaus, sehr stark. Die gesetzl. Arbeit vollzieht sich insbes. in den ständigen Ausschüssen (standing committees) sowie den zahlreichen Unterausschüssen des R.

LIT. De A. St. Alexander, History of Procedure of the House of Representatives (Boston 1916); P. de Witt Hasbrouck, Party Government in the House of Representatives (N. Y. 1927); F. M. Riddick, The US Congress, Organization and Procedure (1949); F. A. Gogg und P. O. Ray (Hrsg.), Introduction to American Government (N. Y. ^{10}1951).

Repräsentantentafel. Von 1848–1920 die 2. Kammer des ungar. Reichstags.

Repräsentation (lat.). Stellvertretung, Vorstellung, Aufwand, standesgemäßes Auftreten. Entsprechend dem Verfassungsrecht die Verkörperung des Gesamtvolkes durch ein Repräsentativorgan, vor allem eine gewählte Volksvertretung. Ein Abgeordneter ist als Repräsentant der unabhängige Vertreter des gesamten Volkes. Aus diesem Grund kann ihm auch die Legitimation für polit. Entscheidungen nach dem Repräsentationsprinzip im Verlauf einer Legislaturperiode in dem Fall nicht abgesprochen werden, daß sich die Volksmeinung ändert (repräsentative Demokratie, im Unterschied zur unmittelbaren Demokratie).

LIT. Geschichtl. Grundbegriffe V (1984) 509–48; StL VI, 865–72; G. Leibholz, Das Wesen der R. unter bes. Berücksichtigung des Repräsentativsystems (1929); ders., Die R. in der Demokratie (^{3}1966, Nachdr. 1973); K. Bosl (Hrsg.), R. und Parlamentarismus in Bayern vom 13. bis zum 20. Jahrhundert. 2 Bde. (1972); H. Hofmann, R. (1974); H. Rausch, Zur Theorie und Gesch. der R. und Repräsentativverfassung (1968); V. Hartmannn, R. in der polit. Theorie und Staatslehre in Dtl. (1979); H. Neuhaus, Reichsständische Repräsentationsformen im 16. Jh.... (1982); II. Hofmann, R. Studien zur Wort- und Begriffsgeschichte von der Antike bis ins 19. Jh. (1992); O. G. Oexle/A. v. Hülsen-Esch, Die R. der Gruppen (1998).

Repräsentativsystem, Repräsentativverfassung. Eine verfassungsrechtl. Ordnung, in der die staatl. Willensbildung mindestens teilweise durch gewählte Volksvertreter erfolgt, da wegen der Bevölkerungszahl der Wille der Gesamtheit nicht unmittelbar wirksam werden kann (→ Repräsentation).

Repressalie (nlat.). Allg. und völkerrechtl. eine im eigentl. Sinne rechtswidrige Handlung gegen einen anderen (Person, Staat etc.). Zweck der R. ist es, die rechtswidrige Handlung eines anderen zu vergelten; hierbei sollen die Vergeltungsmaßnahmen die Grenzen der Humanität nicht überschreiten. R. in Friedenszeiten können in Beschlagnahmungen, Einfrieren von Forderungen, Handelssperren etc. bestehen, nicht aber in militär. Maßnahmen. In Kriegszeiten können Verletzungen des Kriegsrechts R. der Gegenseite in Form von verschärften Gegenaktionen auslösen, was aber vielfach gerade die Basis des im Kriege Erlaubten zerstört.

Reptilienfonds. Bez. für Mittel der preuß. Regierung, die der Beeinflussung der öffentl. Meinung dienten, aber der Kontrolle durch das Parlament aber entzogen waren, und zwar deshalb, weil sie dem durch den preuß. Staat eingezogenen Vermögen des abgesetzten Königs von Hannover und des Kurfürsten von Hessen-Kassel (im Anschluß an deren Teilnahme am Krieg von 1866 auf der Seite Österreichs) entstammten. Die Bez. geht zurück auf Bismarck, der am 30. 1. 1869 von den Agenten der beiden ehem. Souveräne als »bösartigen Reptilien« sprach. LIT. R. Nöll von der Nahmer, Bismarcks R. (1968).

Republik (lat. res publica, Gemeinwesen). Der Staat (auch Freistaat), bei dem die Staatsgewalt nicht bei einer Einzelperson konzentriert ist; sie geht vielmehr von der Volksgesamtheit oder zumindest von einer führenden Minderheit aus. In den antiken griech. Stadtstaaten (→ Polis) und im antiken Rom gab es sowohl die aristokrat. R. (mit feudalem Adels- oder bürgerlich-patrizischem Regiment), welche seit dem MA bis 1789 in den ital., niederländ. und schweizer. Stadtstaaten (in den dt. bis ins 19. Jh.) ausgebildet war, als auch die demokrat. R. Der moderne Begriff R. (im Gegensatz zur Monarchie stehend) wurde durch die Franz. Revolution von 1789 ausgebildet; hiervon wesentlich abweichend, bez. sich die bolschewist. Staatsform (s. China, Nord-Korea, Vietnam, Kuba) ebenfalls als R. (Volksrepubliken).

In der franz. Geschichte dient der Begriff R. auch als Epochenbez.: 1. R.: 1792–1804; 2. R. 1848–52; 3. R.: 1870–1942; 4. R.: 1944(46)–58; 5. R.: ab 1958.

LIT. Geschichtl. Grundbegriffe V (1984) 549–652; StL VI, 872–77; M. T. Cicero, De re publica (dt. von K. Büchner, 1955); J. Bodin, Six livres de la république (1576; lat. 1586); I. Kant, Zum ewigen Frieden (1795); H. A. L. Fisher, The Republican Tradition in Europe (1911); R. Hübner, Die Staatsform der R. (1919); E. Bernatzik, R. und Monarchie (²1919); F. Stier-Somlo, R. oder Monarchie im neuen Deutschland? (1919); H. Renk, Der republikan. Gedanke in der dt. Geschichte (1930); E. Meyer, Röm. Staat (⁵1964); G. Chapman, The Third Republic of France: The First Phase 1871–94 (London 1962); W. G. Andrews, S. Hoffmann, The Fifth Republic at twenty (1980); H. Reinalter (Hrsg.), R.begriff u. R. seit dem 18. Jh. im europ. Vergleich (1999).

Republikanische Parteien. Sie gingen in versch. Staaten aus dem Kampf gegen die Monarchie hervor, so in Italien und Frankreich; in den USA vor allem aus der Opposition gegen die weitere Ausbreitung der Sklaverei (vermutl. im Februar 1854 in Wisconsin gegr.).

[1] In *Italien* entstand die republikan. Bewegung 1797 im Zusammenhang mit den Republikgründungen durch die Franzosen. Der republikan. Gedanke wurde nach 1815 erneut aufgegriffen; er fand unter Giuseppe Mazzini (1805–72), dem Apostel und Agitator der Freiheits- und Einheitsbewegung Italiens, Verbreitung. Zu ihrer eigentl. Bedeutung kam die republikan. Bewegung seit der Auflösung des Faschismus (1943); durch die Volksabstimmung vom 2. 6. 1946 erfolgte die Umwandlung der Monarchie in eine Republik. Der republikan. Gedanke, den seitdem sämtl. demokrat. und sozialist. Parteien (ausgenommen die Rechtsparteien) vertreten, ist in der eigentl. R. P. (Partito

699

Repubblicano Italiano) durch eine polit. Gruppierung repräsentiert, die relativ wenige Anhänger hat.

[2] In den *USA* hatte die R. P. ihren Hauptrückhalt zunächst in den bedeutenden Industrie- und Handelszentren des Nordens; sie trat ein für kapitalist. Produktion, Schutzzoll etc.; Ende des 19. Jh. verfolgte sie imperialist. Ziele. Ihre Hauptrepräsentanten waren die Präsidenten McKinley (1897–1901), Th. Roosevelt (1901–08) und W. H. Taft (1909–13).

[3] In *Frankreich* wuchs die republikan. Bewegung aus der Opposition gegen Napoleon III. (reg. 1852–70) stark an, nachdem sie 1792 den Sturz des Königtums herbeigeführt, dann aber dem Kaisertum Napoleons I. (1804–14/15) hatte weichen müssen und während der 2. Republik (1848–52) nur von kurzer Lebensdauer gewesen war. Heute zerfällt die republikan. Bewegung Frankreichs in verschiedene Parteien: das Mouvement républicain populaire (MRP), die Parti républicain de la liberté (PRL), die Union des indépendants et paysans d'action sociale (IPAS), das Rassemblement des gauches républicaines (RGR).

[4] In *Spanien* gab es eine republikan. Bewegung seit dem Sturz (1868) Isabellas II. (reg. 1833–68). Nachdem diese Bewegung 1873/74 Trägerin der Republik gewesen war, konnten die beiden in Spanien bestehenden (seit etwa 1900) republikan. Parteien (Radikale Partei und Radikalsozialisten) bei den Gemeindewahlen von 1931 einen bedeutenden Sieg erringen; er führte zur Ausrufung der 2. Republik sowie zur Bildung einer republikan. Volksfrontregierung; sie endete mit F. Francos (1892–1975) Sieg im Span. Bürgerkrieg (1936–39).

LIT. J. Fauvet, Les partis politiques dans la France actuelle (1947); G. Weill, Histoire du parti répupl. en France de 1814–1870 (1900); E. Goguel, La politique des partis sous la IIIe République (1946); A. B. Claffin (Hrsg.), Political Parties in the U. S. 1800–1914 (N. Y. 1915); W. E. Binkley, American Political Parties; their Natural History (N. Y. ^{2}1945; dt. Polit. Leben in Amerika, 1947); A. W. Crandall, The Early History of the Republican Party (Boston 1930); W. S. Myers, The Republican Party. A History (N. Y. 1928; neu bearb. 1931).

Republikschutzgesetz, Gesetz zum Schutz der Republik. Das R. wurde nach der Ermordung des dt. Außenministers W. Rathenau (24. 6. 1922 in Berlin) am 21. 7. 1922 auf 5 Jahre erlassen; am 17. 5. 1927 um weitere 2 Jahre verlängert. Das R. diente der »Verteidigung der republikan.-demokrat. Staatsform in Deutschland« (gegen polit. Mord sowie Bedrohung und Verunglimpfung des republikan. Staates). Am 25. 3. 1930 erging das 2. R. in abgeschwächter Form (am 19. 12. 1932 außer Kraft gesetzt). Teilweise wurden die Bestimmungen des R. in das Strafgesetzbuch (§§ 49, 94 und 134 a) aufgenommen.

LIT. K. Häntzschel, K. Schöner, Gesetz zum Schutz der Rep. mit den Ausführungsbestimmungen der Länder (1930); G. Jasper, Der Schutz der Rep. (1963); H. und E. Hannover, Politische Justiz 1918–33 (1966).

Requisition (lat., Nachfrage).

[1] Die staatl. Inanspruchnahme von Privateigentum, vor allem die nach der Haager Landkriegsordnung (Art. 52) gestattete Forderung eines Besatzungsheeres nach Ablieferung oder Leistungen durch die Zivilbevölkerung.

[2] Das durch eine Behörde an eine andere gerichtete Ersuchen um Rechtsbeihilfe. Bei Gefahr für den Bestand der demokrat. Grundordnung in einem der Länder der BRD kann dieses lt. Art. 91 des GG Polizeikräfte anderer Länder anfordern.

Rerum novarum (lat., Nach Neuerungen [begierig]). Die Enzyklika Papst Leos XIII. (1878–1903) vom 15. 5. 1891, die Arbeiterfrage betreffend.

Reservation, Reservat (von lat. reservare, aufbewahren). Allg. Vorbehalt.

[1] Der Vorbehalt, auf Grund dessen der Papst (seit dem HochMA) die Besetzung eines bestimmten Amtes oder bestimmter Ämtergruppen an sich zieht (so zeitweilig die während der sog. Papstmonate erledigten).

[2] Ein Gebiet, in dem Volksstämme vollständigen oder teilweisen Schutz genießen. Bereits 1786 begannen Kanada und die USA, Indianerstämme auf einer R. zusammenzudrängen. In den USA wird als R. seit 1934 ein autonomes Schutzgebiet bez. Die Indianer fordern heute dessen Auflösung, da sie mit den Weißen rechtl. gleichgestellt sein wollen.

LIT. M. Meriam, The Problem of Indian Administration (Washington 1928); R. Underhill, Red Man's America (Chicago 1953).

Reservatrechte (lat. iura reservata).
[1] Im alten Dt. Reich seit dem 16. Jh. (bis 1806) die Hoheitsrechte des Kaisers, die er ohne die Mitwirkung des Reichstags ausüben durfte; sie sind im Unterschied zu den iura comitialia zu sehen, wozu z. B. die Gesetzgebung, die Besteuerung, die Entscheidung über Krieg und Frieden oder der Abschluß von Bündnissen gehörten.
[2] Die Bayern, Baden, Württemberg und den Hansestädten im Dt. Reich von 1871–1918 eingeräumten Sonderrechte anläßlich ihres Eintritts ins Reich durch die Novemberverträge von 1870. Allein mit Zustimmung des berechtigten Staates konnten diese Rechte abgeändert werden. Die wichtigsten R. waren eigene Post- und Telegraphenverwaltung und ein eigenes Heer (Bayern eingeräumt), das im Kriegsfall jedoch unter dem Oberbefehl des Kaisers stand. Durch die Weimarer Verfassung (1919) wurden die R. hinfällig. Der Umfang der R. war umstritten, da der Begriff in der Reichsverfassung von 1871 (Art. 78) fehlt.

Reservatum ecclesiasticum (lat., Geistlicher Vorbehalt). Bestimmung des Augsburger Religionsfriedens von 1555. Danach sollten die geistl. Reichsstände (in Abweichung vom Grundsatz »cuius regio, eius religio«) beim Übertritt zum Protestantismus ihre Würden, ihr Land und die damit verbundenen Einkünfte verlieren (→ Reformation).

Reserve (franz.). Kampfmittel und Kampftruppen, die ausgespart und zum Zwecke des Einsatzes im Falle der Notwendigkeit bereitgehalten werden.

Resident (franz.-lat.). Ein Gesandter dritter Rangklasse; er steht über dem Geschäftsträger (in höheren Rangstufen auch General- und Ministerresident). Die Kolonialmächte hatten bei den einheimischen Herrschern einen R. akkreditiert, der in Wahrheit der Beherrscher eines kolonialen Schutzgebietes war.

Residenz. Der Sitz des Landesfürsten oder eines hohen kirchl. Würdenträgers.
LIT. P. Johanek (Hrsg.), Vorträge und Forschungen zur R.frage (1990).

Residenzpflicht. Die Pflicht (eines Lehensträgers, des Inhabers eines Kirchenamtes, vor allem seit dem Tridentinum), allg. eines Beamten, am Amtsort ständig oder zu festgesetzten Zeiten zu wohnen und das Amt persönl. auszuüben.

Resignation. Verzichtleistung, Entsagung.

Résistance (franz., Widerstand).
[1] Im 19. Jh. eine franz. Parteirichtung, die im Gegensatz zu den Parteien des »Mouvement« (Bewegung) die konservativ ausgerichteten Gruppen umfaßte.
[2] Im Zweiten Weltkrieg Bez. für den Widerstand innerhalb und außerhalb des besetzten Frankreich gegen die dt. Besatzung; erster »Résistant« war General Ch. de Gaulle (1890–1970).
LIT. F. Mauriac, De la R. à la Révolution (Neuchâtel 1945); European Resistance Movements 1939–1945 (1960–64); H. Michel, Histoire de la résistance 1940–44 (1950); F. W. Deakin, Die brutale Freundschaft (1964).

Reskript (lat., Antwort).
[1] Seit dem 2. Jh. n. Chr. der schriftl. Bescheid und die Verfügung durch den röm. Kaiser.
[2] Der auf einen Antrag oder eine Anfrage hin erfolgende förml. schriftl. Bescheid des Hl. Stuhles oder eines Bischofs.
LIT. P. Classen, Kaiserreskript und Kaiserurkunde. In: Archiv für Diplomatik (1955 f.).

Ressort (franz.). Der einer Person oder dem Mitglied einer Behörde übertragene Geschäftsbereich, der fachlich abgegrenzt ist (im Gegensatz zum Minister ohne Geschäfts- bzw. Aufgabenbereich [= Portefeuille] untersteht dem Ressortminister z. B. eines der klassischen R.: Äußeres, Inneres, Finanzen, Verteidigung, Justiz).

Restauration (von lat. restaurare, wiederherstellen). Die Wiederherstellung eines früheren polit. Zustandes, meist die Wiedereinsetzung von Dynastien, die auf revolutionärem Weg beseitigt worden waren, z. B. der Stuarts in England, 1660–88, der Bourbonen in Frankreich, 1814/15–30. Darüber hinaus werden die Bestrebungen der Jahre von 1815–30, die darauf hinausliefen, die Neuerungen der Französischen Revolution von 1789 und der dt. Reformen in Europa zu beseitigen und gleichzeitig die alte Ordnung wiederherzustellen, als Restaurationszeit bezeichnet.
LIT. StL VI, 877–81; G. M. Trevelyan, Kultur- und Sozialgeschichte Englands (dt. 1948); F. Schnabel, Dt. Geschichte

Restitution

im 19. Jh. 4 Bde. ($^{2-4}$1948–55); E. R. Huber, Dt. Verfassungsgeschichte seit 1789. 3 Bde. (1957 ff.); M. Walker (Hrsg.), Metternich's Europe, 1813–48 (London 1968); R. von Thadden, R. und napoleon. Erbe (1972); H. Denkler, R. und Revolution. Polit. Tendenzen im dt. Drama zwischen Wiener Kongreß und Märzrevolution (1972); R. A. Kann, Die R. als Phänomen in der Geschichte (1974); H. Hürten, R. und Revolution im 19. Jh. (1981); W. Siemann, R., Liberalismus und nationale Bewegung (1815–1870). Akten, Urkunden und persönl. Quellen (1982); M. Botzenhart, Reform, R., Krise. Dtl. 1789–1847 (1985); K. O. von Aretin, G. A. Ritter (Hrsg.), Europa zwischen Revolution und R. (1986).

Restitution (lat., Wiederherstellung). Als röm.-rechtl. Begriff (restitutio in integrum) die durch ein Gericht verfügte Wiederherstellung eines früheren Rechtszustandes. Die R. dient im modernen Prozeßrecht der Beseitigung von Rechtsnachteilen bei unverschuldeter Verletzung der Verfahrensvorschriften.
LIT. StL VI, 881–85.

Restitutionsedikt. Der Erlaß Kaiser Ferdinands II. (reg. 1619–37) vom 6. 3. 1629, wonach alle seit dem Passauer Vertrag (1552) von den Protestanten eingezogenen Stifte und Kirchengüter den Katholiken zurückerstattet, die Reformierten vom Religionsfrieden von 1555 ausgeschlossen sein sollten; den kath. Reichsständen wurde gestattet, ihre Untertanen zu rekatholisieren.
LIT. H. Urban, Das R. (1968).

Rétablissement (franz. von lat. stabilire, befestigen). Wiederherstellung, Wiederaufbau, insbes. Ostpreußens durch König Friedrich Wilhelm I. (reg. 1713–40) im Anschluß an die Verheerung infolge des Nordischen Krieges (1700–21) sowie die Pest- und Hungerheimsuchungen. Das R. fällt in die Jahre 1732–36; es lief parallel mit einer Zurückdrängung der ständischen Einflusses und der Ansiedlung der Salzburger Protestanten, die auf die Initiative des Erzbischofs von Salzburg, Firmian, hin 1731/32 ausgewiesen worden waren (über 20000).
LIT. O. Hintze, Die Hohenzollern und ihr Werk (1915); M. Braubach, Der Aufstieg Brandenburg-Preußens 1640 bis 1815 (1933); F. Terveen, Gesamtstaat und R. (1954); J. K. Mayr, Die Emigration der Salzburger Protestanten von 1731/32 (1931).

Rethra. Im 10.–12. Jh. der von ma. Chronisten beschriebene religiöse und polit. Mittelpunkt der Redarier und anderer Stämme der Liutizen, in Mecklenburg oder im N Brandenburgs gelegen. Die bis heute noch nicht gefundene Örtlichkeit ging zu Beginn des 12. Jh. zugrunde.
LIT. C. Schuchhardt, Arkona, R., Vineta (1926); W. Brüske, Unters. zur Gesch. des Liutizenbundes (1955).

Retorsion (lat., Rückwendung). Im Völkerrecht die Vergeltung einer zwar nicht rechtswidrigen, aber unbilligen Handlung seitens eines ausländ. Staates durch eine entsprechende Maßnahme. Retorsionsmaßnahmen können verschiedenartig – wie auch ihr Anlaß – sein; sie können u. a. in der Ausweisung von Angehörigen des anderen Staates, in der Erschwerung des Grenzverkehrs, in Rundfunkstörungen, im Einfrieren von Guthaben, im Abbruch der diplomat. Beziehungen bestehen. Zur Abwendung der handelspolit. Diskriminierung eigener Waren kann ein Staat zu Retorsions- oder Kampfzöllen greifen, d. h., daß er besondere Zollsätze auf Waren eines bestimmten Landes legt. Rechtswidrige Handlungen eines Staates werden in schärferer Form geahndet (→Repressalie).

Rettungshäuser (Fürsorgeheime). Erziehungsanstalten für verwahrloste oder gestörte Kinder. Die R. entstanden in Dtl. während der den Napoleon. Kriegen folgenden Notzeiten, wobei die Erweckungsbewegung und die auf J. H. Pestalozzi (1746–1827) zurückgehende Erziehungsbewegung eine wesentl. Rolle spielte. 1819 wurde das erste R. in Owerdyck bei Bochum gegründet, 1820 folgte die ›Freiwillige Armenschullehrer- und Armenkinder-Anstalt‹ in Beuggen am Oberrhein. Von Dtl. aus breitete sich die Rettungshäuser-Bewegung weit über die Grenzen nach Frankreich, Belgien, Holland, England, Norwegen, Schweden und Rußland (Baltikum) aus. In Österreich entstanden seit den 40er Jahren des 19. Jh. R., in der Schweiz nach Pestalozzis und J. J. Wehrlis (1790–1855) Vorbild Armenkinder-Anstalten (oft ›Wehrlischulen‹ genannt).

Réunionen (franz. von Réunion, Wiedervereinigung, Einverleibung). Die unter König Ludwig XIV. (reg.

702

1661–1715) seit Ende des Jahres 1679–81 in Lothringen, im Elsaß und in der Franche-Comté gewaltsam vorgenommenen Gebietsaneignungen mit der Begründung, daß diese Gebiete früher zu denjenigen Ländern gehört hätten, die in den Friedensschlüssen von Münster (1648) und Nimwegen (1678) an Frankreich abgetreten worden waren. Die Réunionskammer in Metz, der oberste Gerichtshof in Breisach und das Parlament in Besançon suchten die Ansprüche Ludwigs zu rechtfertigen. Frankreich eignete sich auf Grund ihrer Urteile über 600 Herrschaften, Städte, Flecken und Dörfer an; am 30. 9. 1681 wurde die Freie Reichsstadt Straßburg ohne Urteilsspruch dem Dt. Reich entrissen, außerdem bemächtigte es sich der Festung Casale in Piemont. Im Regensburger Stillstand (1684) mußte der Kaiser, dessen militär. Kräfte infolge der Türkenabwehr gebunden waren, die R. provisor. anerkennen, auch wegen der Haltung der franz. Partei im Reich (1679–86) unter der Führung Brandenburgs. Einen Teil der R. mußte Ludwig XIV. im Frieden von Rijswijk (1697) wieder herausgeben, u. a. Lothringen, Luxemburg, die Saarprovinz und die rechtsrheinischen Brückenköpfe; Elsaß, Straßburg und Landau wußte er hingegen zu behaupten; 1714 wurde ihm deren Besitz zu Rastatt bestätigt.
LIT. H. Kaufmann, Die Reunionskammer zu Metz (1900); A. Schulte, Frankreich und das linke Rheinufer (²1918); K. G. Schneider, Überblick über die Herrschafts- und Rechtsformen des franz. Vordringens nach Osten 1550–1812 (1938); H. von Srbik, Wien und Versailles 1692–97 (1944); P. Wentzcke, Straßburg und das Elsaß. Schicksalswege am Oberrhein (1952); P. Kirn, Polit. Geschichte der dt. Grenzen (⁴1958); J. Wysocki, Kurmainz und die R. (Diss. Mainz 1961); M.-O. Piquit-Marchal, La Chambre de réunion de Metz (1969).
Revanche (franz., Vergeltung, Rache). In Frankreich nach dem Krieg von 1866 (R. pour Sadova, Rache für Sadova, d. h. Königgrätz, da die Entscheidungsschlacht im Krieg von 1866 zwischen den Orten Königgrätz und Sadova stattfand) Bez. für das Vergeltungsstreben gegenüber Dtl., da die kommende Einigung Deutschlands unter preuß. Führung als eine Gefahr empfunden wurde. Zum polit. Schlagwort

der 3. Republik wurde R. nach dem Verlust Elsaß-Lothringens 1871. Nach dem Sturz Boulangers (1888; →Boulangismus) wurde der Revanchegedanke von der nationalist. ›Action Française‹ (Th. Delcassé, 1852–1923; M. Barrès, 1862–1923; R. Poincaré, 1860–1934) vertreten.
LIT. J. Haller, 1000 Jahre dt.-franz. Beziehungen (²1930); Juliette Adam, Mes angoisses et nos luttes 1871–73 (1907); Nos amitiés politiques avant l'abandon de la revanche (1908); W. Gurian, Der integrale Nationalismus in Frankreich (1931); J. Bainville, La troisième République (1935); D. Thomson (Hrsg.), France: Empire and Republic 1850–1940 (London 1968); R. Poivedin, J. Bariéty, Zwischen R. und Verständigung. Die franzœs.-dt. Beziehungen 1815–1975 (1979).
Reverend. Die respektvolle Anrede und Titel eines Geistlichen, insbes. in der Kirche Englands (seit dem 15. Jh.). So ist ein Erzbischof ›the Most Reverend‹ (Father in God); ein Bischof ›the Right Reverend‹; ein Dekan ›the Very Reverend‹; ein Archidiakon ›the Venerable‹. Der gesamte übrige Klerus wird als ›the Reverend‹ angeredet.
Reverendissimus (von lat. reverentia, Ehrerbietung). Die Anrede der Kardinäle und Bischöfe während des MA (neben anderen Ehrennamen).
Revers (mlat.-franz.).
[1] Ein Verpflichtungs- oder Verzichtschein.
[2] Die Rückseite einer Münze (Gegensatz: Avers, Vorderseite).
Reversbriefe, Reversalien. Die Bestätigungen der Landesfürsten im Ständestaat, daß anläßlich außerordentl. Steuerbewilligungen hierfür ein Recht, derartige Steuern zu fordern, nicht bestehe. Häufig verpflichteten sich die Fürsten in der R., die Rechte, Freiheiten und Privilegien ihrer Untertanen unangetastet zu lassen.
Revindikation (mlat.). Die »Rückforderung« einer Sache, die einen rechtmäßigen Besitz darstellte, z. B. des Reichsguts durch Rudolf I. von Habsburg (reg. 1273–91), das während des Interregnums verlorengegangen war, oder eines Rechts, z. B. der landesfürstl. Einkünfte.
Revision (lat.).
[1] Allg. die nochmalige Durchsicht, die Nachprüfung; vereinzelt ebenfalls

Volkszählung, Ergänzung des Steuerkatasters.

[2] Im Zivil- und Strafprozeß die rechtl. Überprüfung eines Urteils durch eine höhere Instanz.

[3] Die Überprüfung des Rechnungswesens.

LIT. W. Sauer, Grundlagen des Prozeßrechts (²1929); E. Schwinge, Grundlagen des Revisionsrechts (1935); L. Rosenberg, Lehrbuch des dt. Zivilprozeßrechts (⁶1954).

Revisionismus.

[1] In der dt. Sozialdemokratie vor dem Ersten Weltkrieg eine reformist.-gemäßigte Richtung; sie befürwortete seit 1891 die aktive Mitarbeit in den Volksvertretungen; die marxist. Theorie von einem bevorstehenden Zusammenbruch der kapitalist. Gesellschaftsordnung wurde durch sie verworfen. Im kulturpolit. Kampf ging die den R. vertretende Richtung mit den Liberalen zusammen. Eduard Bernstein (1850–1932) war der wissenschaftl. Wortführer des R.

[2] Die Bestrebungen, Verfassungen oder völkerrechtl. Verträge abzuändern. Nach dem Ersten Weltkrieg richteten sich vor allem gegen den Vertrag von Versailles und die Pariser Vorortverträge (mit Österreich zu Saint-Germain, mit Ungarn zu Trianon, mit Bulgarien zu Neuilly, mit der Türkei zu Sèvres), zudem gegen die Regelung der Palästinafrage. Revisionist. Forderungen gab es auch nach dem Zweiten Weltkrieg, so gegenüber dem Friedensvertrag mit Italien (Triest-Frage).

LIT. E. Bernstein, Die Voraussetzungen des Sozialismus und die Aufgaben der Sozialdemokratie (1899; ²1920); A. Rikli, Der R. (1936); C. Gneuss, Um den Einklang von Theorie und Praxis – Eduard Bernstein und der R., in: Marxismusstudien, 2 (1957); L. Labedz (Hrsg.), Der R. (1965); W. Gottschalch, Ideengeschichte des Sozialismus in Dtl. In: H. Grebing (Hrsg.), Gesch. der sozialen Ideen in Deutschland (= Dt. Hdb. der Politik. 3) (1969); S. Papcke, Der Revisionismusstreit (1979).

Revolte. Der gegen eine bestehende Ordnung gerichtete Aufstand.

Revolution (spätlat., Umwälzung). Der polit. oder soziale Umsturz einer bestehenden Gesellschaftsordnung oder Lebensführung. Die R. ist im Unterschied zur Evolution, der friedl. Fort-entwicklung, zu sehen. Die am häufigsten vorkommende R. ist die politische. Sie erfolgt durch eine Führungsgruppe mit dem Ziel, eine neue Ordnung zu schaffen, um sie dann gegen jeden weiteren Umsturz zu verteidigen, auch unter Anwendung von Gewalt. R. vollziehen sich im allg. nach gewissen Gesetzmäßigkeiten; hierzu gehören die Negierung der bestehenden Zustände und die Formierung kämpferischer Kräfte, die Lähmung des Gegners, das Ergreifen der Macht, die Beseitigung der alten Herrschaftsträger sowie die Entmachtung ihrer Gewalten, sodann der Ausbau und die Rechtfertigung der neuen Macht sowie die Neugestaltung der gesellschaftl. Verfassung (sie erfolgt dadurch, daß man den Vorstellungen entsprechende Personen, Gruppen und Schichten umsetzt und hierdurch eine neue Ordnung herbeiführt). Unter den modernen Verhältnissen, die durch Technik und Bürokratie entscheidend mitgeprägt sind, hängt der Verlauf und Erfolg einer R. mehr und mehr davon ab, daß die öffentl. Gewalten, die Nachrichtenmittel, die Versorgungsstellen und die Materialvorräte in die Hand der Revolutionäre gelangen und ihre Funktionsfähigkeit keine Beeinträchtigung erfährt.

Ihrem geschichtl. Typus entsprechend gibt es ständische R. (in ihnen werden die monarch. Alleinherrschaft oder die Vorherrschaft einer allein privilegierten Schicht durch Gruppen mit ständischer Verfassung gestürzt), bürgerl. R. (in ihnen vernichtet das aufstrebende Bürgertum, durch Bildung und Besitz ausgezeichnet, die feudal-klerikal-monarchische Herrschafts- und Gesellschaftsordnung), schließlich proletar. R. (in ihnen wird im Namen der Arbeiterklasse oder der »Arbeiter und Bauern« der bürgerl. Verfassungs- und Rechtsstaat durch die Diktatur des Proletariats abgelöst). Im 20. Jh. sind zu diesen Revolutionstypen noch die sog. »R. von rechts« getreten, d. h. die faschist. und die nationalsozialist. Umsturzbewegungen.

Als legale R. wird ein Umsturz bez., der dadurch zustande kommt, daß die formellen Verfahrensmöglichkeiten der bestehenden Rechtsordnung in Anspruch genommen werden, um diese zu vernichten.

Die nationale R. will eine Fremdherrschaft abschütteln und die Konstituierung einer Nation herbeiführen. Die wichtigsten R. der neueren Geschichte sind die puritan. R. (seit 1642) und die ›Glorious R.‹ (von 1688) in England; der Unabhängigkeitskampf der engl. Kolonisten in Nordamerika (1775–82); die Französische R. (seit 1789); die franz. Juli-Revolution (von 1830); die belg. R. (von 1830); die franz. Februar-Revolution (von 1848), die dt. und österreich. März-Revolution (von 1848); die russ. R. (von 1905 und 1917); die chines. R. (von 1911); die faschist. R. in Italien (1922); die nationalsozialist. R. in Dtl. (1933); schließlich die sozialist. Staatsumwälzungen (seit 1945).

Im Gegensatz zur Rebellion, dem Putsch und dem Staatsstreich neigt die R. dazu, »total« zu werden.

LIT. Geschichtl. Grundbegriffe V (1984) 653–788; StL VI, 885–93; A. de Tocqueville, L'ancien régime et la révolution (1856, [7]1866; dt. 1867); L. von Stein, Geschichte der sozialen Bewegung in Frankreich (1850, 1921); O. Rühle, Die R. Europas. 3 Bde. (1927); H. Freyer, R. von rechts ([2]1931); H. Taine, Les origines de la France contemporaine (1878, [27]1947; dt. [3]1936); C. Brinkmann, Soziolog. Theorie der R. (1948); E. Burke, Reflections on the R. in France (1790, 1872; dt. 1793; neu hrsg. Wien 1950); K. Griewank, Der neuzeitl. Revolutionsbegriff (1955); A. Heuss, Der Untergang der Röm. Republik und das Problem der R. In: HZ 182 (1956); C. Brinton, Die R. und ihre Gesetze (dt. 1959); E. Rosenstock, Die europ. R. und der Charakter der Nationen (Neuausg. 1961); W. Mühlmann (Hrsg.), Studien zur Soziologie der R. (1961 ff.); H. Marcuse, Vernunft und R. (dt. 1962); H. Shukman, Lenin and the Russian Revolution (London 1966); W. Laqueur, Mythos der R. (1967); P. Gäng und J. Horlemann, Modelle der Kolonialen R. und Gegenrevolution (Bd. 1: 1967; Bd. 2: 1968); L. Bergeron, F. Furet, R. Koselleck (Hrsg.), Das Frankreich der R. und die europ. Staaten (1789–1799) (1969); T. Schabert, Natur und R. (1969); R. Waelder, Fortschritt und R. (1970); C. Johnson, Revolutionstheorie (1971); A. Rauscher, Dt. Katholizismus und R. im frühen 19. Jh. (1975); K. H. Bender, Revolutionen. Die Entstehung des polit. Revolutionsbegriffs in Frankreich zwischen MA und Aufklärung (1977); J. G. A. Pocock, Three British revolutions 1641, 1688, 1776 (1980); A. Forrest, The French Revolution and the Poor (1981); D. Folias, Die R. in Permanenz: Theorie der proletar. Weltrevolution von 1848 bis heute (1981); N. M. Frieden, Russian Physicians in the Era of Reform and R. 1856–1905 (Princeton N. J. 1981); H. Chr. Schröder, Die Amerikan. R. (1982); E. H. Carr, Die Russische R. (1982); D. Langewiesche, Die dt. R. von 1848/49 (1983); S. Fitzpatrick, The Russian Revolution 1917–32 (1984); H. Hürten, Die Kirchen in der Novemberrevolution (1984); F. Seibt, R. Ursprung und Wege innerer Gewalt. Strukturen, Elemente, Exempel (1984); P. Scheibert, Lenin an der Macht. Das russ. Volk in der R. 1918–1922 (1984); M. Salewski (Hrsg.), Die Deutschen und die R. (1984); F. P. Lock, Burke's Reflections on the R. in France (1985); L. Schapiro, 1917: The Russian Revolutions and the Origins of Present-Day Communism (London 1985); K. O. von Aretin, G. A. Ritter (Hrsg.), Europa zwischen R. und Restauration (1986); W. Siemann, Die dt. R. von 1848/49 (1985); M. Kossok, W. Loch (Hrsg.), Die franz. Julirevolution von 1830 und Europa (1985); M. Steinmetz, Die frühbürgerl. R. in Dtl. (1985); D. M. G. Sutherland, France 1789–1915. Revolution and Counter-Revolution (1985); C. Rehem, Katholiken zwischen R. und Restauration ... (1986); W. Hardtwig (Hrsg.), R. in Deutschland und Europa 1848/49 (1998).

Revolutionskalender. In Frankreich durch Konventsdekret vom 5. 10. 1792 eingeführter Kalender. Danach bestand das Jahr aus 12 Monaten zu 30 Tagen mit 5 Ergänzungstagen (im Schaltjahr 6). Der Monat war eingeteilt in 3 Dekaden zu je 10 Tagen. Die Monate und Tage wurden mit neuen Namen versehen. Napoleon I. (1769–1821) schaffte den R. 1806 wieder ab.
LIT. W. Uhl, Unser Kalender in seiner Entwicklung (1893).

Revolutionstribunal. Während der Franz. Revolution der von 1793–95 tagende außerordentl. Gerichtshof der Jakobiner.

Revue (franz.). Insbes. im 17. und 18. Jh. die Heerschau, die Überprüfung der Truppenstärke und der Ausrüstung.

Rex (lat., Lenker, dann: König). Bis

zur angeblichen Vertreibung im Jahre 510 v. Chr. die etrusk. Herrscher Roms. Der R., der ein absoluter Monarch war, wurde bei seiner Regierung durch den Adelsrat und die großen Geschlechter unterstützt. Über das Dasein und die Eigenart des etrusk. Königtums, das nicht erbl. war, können Aussagen lediglich von späteren Organen und Einrichtungen her gemacht werden. Der Titel R. lebte fort in Interrex (Zwischenkönig) und Rex sacrorum (Opferkönig); er übte bei Opfern und Festen die Priesterfunktion des Königs aus. In Erinnerung an Tarquinius Superbus, den letzten (7.) der altröm. Könige (nach der Sage regierte er von 534–510 v. Chr.), der von Lucius Junius Brutus als Tyrann gestürzt wurde, setzte man in republikan. Zeit (510–31 v. Chr.) R. häufig mit dem griechischen Tyrannos und Regnum mit Tyrannis gleich.
R. wurde in einer Reihe von Ländern als Titel der Könige gebraucht.
LIT. E. Meyer, Röm. Staat und Staatsgedanke (Zürich 1948).

Rex apostolicus (Apostolische Majestät) war der Titel des Königs von Ungarn (seit 1000).

Rex-Bewegung, Rexisten. Eine von Léon Degrelle (geb. 1906) im Jahre 1933 gegr. Reformbewegung innerhalb der wallonischen kath. Bewegung. Anfangs eine Vorkämpferin des Christ-Königs-Gedankens, richtete sie sich bald gegen den Parteienstaat; sie konnte 1936 21 Sitze in der Kammer erringen. Im Zweiten Weltkrieg arbeiteten die Rexisten mit der dt. Besatzung zusammen; während des Rußland-Feldzugs (seit 1941) kämpften Rexisten in der ›Wallonischen Legion‹ auf dt. Seite. Seit 1944 besteht die Bewegung nicht mehr.

Rex catholicus (Katholische Majestät). Titel der Könige von Spanien; er wurde 1497 durch Papst Alexander VI. (1492–1503) an Isabella I. von Kastilien (reg. 1474–1504) und Ferdinand II. von Aragonien (reg. 1479–1516) verliehen.

Rex christianissimus (Allerchristlichste Majestät). Titel der Könige von Frankreich; er wurde 1469 durch Papst Paul II. (1464–71) König Ludwig XI. (reg. 1461–83) ausdrücklich zugesprochen, doch ist er bereits lange vorher gelegentlich nachweisbar.

Rex fidelissimus (Allertreuste Majestät). Titel der Könige von Portugal; er wurde 1748 durch Papst Benedikt XIV.

(1740–58) König Johann V. (reg. 1706–50) verliehen.

Rex Gloriae. In der bildenden Kunst der thronende Christus in der Darstellung der Maiestas Domini (seit dem 6. Jh. Hauptthema der Apsis- und Kuppelmosaiken und -fresken, seit dem 12. Jh. des Tympanonreliefs; hier häufig mit Jüngstem Gericht); meist von den Evangelistensymbolen begleitet.

Rezension (lat.).
[1] Das Bestreben, die beste Überlieferung durch Vergleiche der verschiedenen Handschriften wiederherzustellen, namentl. bei antiken Schriftstellern. Durch den Altphilologen und Germanisten Karl Lachmann (1793–1851) wurde die R. zu einem wesentl. Bestandteil der Textkritik und zur Grundlage der Textberichtigung.
[2] Die krit. Besprechung von wissenschaftl., literar., künstler. und publizist. Produktionen und Veröffentlichungen.

Rezeption (lat. von recipere).
[1] Allg. im Rechtsleben der Völker die bewußte Übernahme fremder Rechtsinstitute oder ganzer Gesetzbücher. So wurde z. B. während des MA dt. Stadt- und Landrecht, namentl. das Recht des Sachsenspiegels, in weiten Teilen des von Slawen besiedelten Ostens übernommen; in Teilen Deutschlands nach 1806 wiederum die Code civil; ausgangs des 19. Jh. Gesetze des Dt. Reiches in Japan.
[2] Obwohl seit Friedrich I. Barbarossa (reg. 1152–90), namentl. auf dem Reichstag von Roncaglia (1158), das röm. Kaiserrecht noch immer als gültiges Reichsrecht betrachtet wird, so bleibt es doch bei einer theoret. R., von einer vereinzelten praktischen R. des röm. Privat- und Prozeßrechts in Dtl. im 12. Jh. abgesehen; sie setzt im eigentlichen Sinne in der Mitte des 15. Jh. ein (bis Mitte des 16. Jh. dauernd). Sie war das Werk des in dieser Zeit in der Ausbildung begriffenen gelehrten Juristenstandes. Die R. vollzog sich jedoch nicht über die Gesetzgebung, sondern durch die gewohnheitsrechtl. Anwendung des röm. Rechts als Juristenrecht. Allerdings ging man dabei nicht von der Vorstellung aus, ein fremdes Recht zu rezipieren, vielmehr meinte man, ein von altersher geltendes Recht einzuführen, dessen wissenschaftl. Methode der Rolle der laienhaften Rechtspflege des MA einnehmen müsse. Ursachen für die R. des röm. Rechts waren: eine allg. Gei-

stesströmung, die auf eine Wiederbelebung der antiken Kultur hin orientiert war, das Studium durch Deutsche an ital. Rechtsschulen, weiter die Auffassung, daß im alten Dt. Reich die Fortsetzung des Röm. Reiches zu sehen sei bzw. in den dt. die Nachfolger der röm. Kaiser und nicht zuletzt die Zersplitterung des einheimischen Rechts. Das röm. Recht besaß lediglich die Funktion eines übernommenen Rechts, dem die einheimischen Sonderrechte vorgingen. Diese Tatsache fand ihren Ausdruck in dem Rechtssprichwort »Stadtrecht bricht Landrecht, Landrecht bricht gemeines Recht«. Im Gegensatz zu Dtl., das das röm. Recht nicht nur in einzelnen Punkten, sondern insgesamt übernahm, entlehnten andere Länder, so Frankreich und England, weit weniger Rechtssätze und bewahrten insofern ihr nationales Recht entschieden besser. Unter dem Einfluß der deutsch-rechtl. Wissenschaft sowie der Naturrechtsschule wurden die Teile des röm. Rechts, die den dt. Verhältnissen nicht entsprachen, wieder aufgegeben. Die röm. Rechtsquellen verloren in Dtl. ihre Geltung mit dem Inkrafttreten des Bürgerlichen Gesetzbuches am 1. 1. 1900.

LIT. F. C. von Savigny, Geschichte des röm. Rechts im MA (²1834/51); O.-Stobbe, Geschichte der dt. Rechtsquellen (1860/64); G. von Below, Die Ursachen der R. des röm. Rechts in Dtl. (1905); H. Coing, Die R. des röm. Rechts in Frankfurt/M. (1939); F. Wieacker, Privatrechtsgeschichte der NZ (1952); P. Koschaker, Europa und das röm. Recht (³1958); H. Krause, Kaiserrecht und R. (1952); G. Wesenberg, Neuere dt. Privatrechtsgeschichte (1954); H. Mitteis, DRG (¹²1971); Filippo Ranieri, Recht und Gesellschaft im Zeitalter der Rezeption. Eine sozialgeschichtl. Analyse der Tätigkeit des Reichskammergerichts im 16. Jh. (1985).

Rezeß (lat., Rücktritt).
[1] Der →Abschied, namentl. der auf Hanseatentagen gefaßte allgemeinverbindl. Beschluß.
[2] Die Auseinandersetzung, der Vergleich, insbes. das (schriftl. niedergelegte) Ergebnis von gepflogenen Verhandlungen, u. a. zw. verschiedenen Erben über die Teilung des Nachlasses (Erbezeß), zwischen den Mitgliedern eines Fürstenhauses über Familienstreitigkei-

ten (Familienrezeß), zw. Gutsherrschaft und Bauern über die zu leistenden Abgaben und Fronden.
Rezeßherrschaft. Eine Herrschaft, die auf Grund eines Rezesses mediatisiert wurde.
Reziprozität (lat.). Bei zwischenstaatl. Handelsverträgen die gegenseitige Einräumung, sich wechselseitig die gleichen Einfuhrerleichterungen einzuräumen (bedingte Meistbegünstigung).
Rhapsode (griech.). Im antiken Griechenland der fahrende Sänger, der auf Festen epische Gedichte, insbes. Homers und Hesiods, rezitierte. In einigen Fällen waren die R., die eine eigene Zunft bildeten und bis ins 5. Jh. v. Chr. die entscheidenden Bewahrer und Verbreiter des alten Epos darstellten, selbst Dichter. Hesiod und Xenophanes gehörten zu den R. Platon (427–347 v. Chr.) läßt sich in seinem Dialog ›Ion‹ über den Verfall des Rhapsodentums aus.

Rheinbund.
[1] →Rheinische Allianz.
[2] R. (franz. Confédération du Rhin). Der auf die Initiative Napoleons I. (reg. 1804–14/15) hin am 12. 7. 1806 gegr. Bund mit zunächst 16 süd- und westdt. Fürsten. Unter dem Protektorat Napoleons sollte er der Beherrschung Westdeutschlands durch Frankreich dienen. Nachdem sich die Rheinbund-Fürsten für souverän erklärt hatten, sagten sie sich am 1. 8. 1806 förmlich vom Reich los, woraufhin Kaiser Franz II. (reg. 1792–1806) am 6. 8. 1806 die dt. Kaiserkrone niederlegte. Die Durchführung der Verfassung des R. (Rheinbund-Akte) erfolgte nur insofern, als die Rheinbund-Fürsten als Bundesgenossen Frankreichs bedeutende Truppenkontingente für Napoleons Feldzüge stellen mußten. Hierfür wurden sie durch Standeserhöhungen belohnt, während ihre Staaten, teilweise auf Kosten der kleineren mittelbaren Reichsstände, vergrößert wurden. Dem R. schlossen sich auch der Niederlage Preußens im Jahre 1806 (bis 1808) Würzburg, Sachsen sowie weitere mittel- und norddt. Kleinstaaten an; 1807 wurde das neugeschaffene Königreich Westfalen zum Rheinbund-Staat erklärt. 1808 umfaßte der R. 325800 km² mit 14,61 Mill. Einwohnern: 1811 waren es 283100 km² mit 13,3 Mill. Einwohnern (4 Königreiche, 5 Großherzogtümer, 11 Herzogtümer und 16 Für-

Rheingraf

stentümer; lediglich Preußen, Österreich sowie die Fürsten von Braunschweig und Kurhessen waren nicht Mitglieder des R.). Fürstprimas des R., der während der Freiheitskriege zerfiel (1813), war Karl Theodor von Dalberg (1744–1817).
LIT. J. L. Klüber, Staatsrecht des R. (1809); E. R. Huber, Dt. Verfassungsgeschichte seit 1789, I (1957); E. Fehrenbach, Traditionale Gesellschaft und revolutionäres Recht. Die Einführung des Code Napoléon in den Rheinbundstaaten (1974); A. von Reden-Dohna (Hrsg.), Dtl. und Italien im Zeitalter Napoleons (1979); E. Weis, E. Müller-Luckner (Hrsg.), Reformen im rheinbünd. Dtl. (1984).

Rheingraf. Im MA der Titel eines niederen fränk. Adelsgeschlechts im Rheingau, der wie der der verwandten und benachbarten Wild- und Raugrafen ohne staatsrechtl. Bedeutung war. Der Name R. ging 1223 an die Herren von Stein (Stammburg bei Kreuznach) über; sie erwarben im 14. Jh. die wildgräfl. Herrschaften Dhaun und Kyrburg; 1475 setzten sie sich im Geschlecht Salm fort. In der NZ war der R. ein landesherrl. Beamter, der die Aufsicht über Rheinfischerei und Rheinschifffahrt innehatte.

Rheinische Allianz, franz. Alliance du Rhin, (Erster) Rheinbund. Auf die Initiative des Mainzer Kurfürsten Johann Philipp von Schönborn (1605–73) hin im Jahre 1658 in Frankfurt/M. abgeschlossenes Bündnis zw. einer Reihe südwestdt. Fürsten, Braunschweig-Lüneburg sowie dem schwed. Bremen-Verden; Frankreich trat dem Bündnis ebenfalls bei. Die R. A., die sich insbes. gegen Österreich richtete, wollte die Beschlüsse des Westfälischen Friedens (1648) aufrechterhalten. Bis zu ihrer Auflösung (1667) blieb sie ein Reich ein Instrument der Politik Frankreichs.
LIT. F. Wagner, Frankreichs klass. Rheinbundpolitik (1941); R. Schnur, Der Rheinbund von 1658 (1955).

Rheinischer Bund, Rheinischer Städtebund. 1254 von Mainz und Worms gegründet. Um während der 1254 einsetzenden kaiserlosen Zeit (→ Interregnum) den Landfrieden zu erhalten, schlossen sich dem Rhein.Bund zwischen Aachen, Lübeck, Regensburg und Zürich über 70 Städte an, ebenfalls geistl. und weltl. Fürsten und Herren. Der Rhein.Bund wurde durch König

Wilhelm von Holland (reg. 1247–56) anerkannt, zerbrach jedoch 1257 an der Doppelwahl Richards von Cornwall und Alfons' von Kastilien (der nie nach Dtl. kam). Im Jahre 1381 kam es zur Gründung eines neuen R. B., der sich gegen die Ritterbünde richtete; 1388 wurde er durch Rupprecht (II.) von der Pfalz (reg. 1390–98) geschlagen.
LIT. J. Weizsäcker, Der R. B. 1254 (1879); E. Bielefeldt, Der R. B. von 1254 (1937); J. Mötsch, F.-J. Heyen (Bearb.), Propter culturam pacis ... um des Friedens willen. Der R. S. von 1254/56 (1986).

Rheinischer Merkur.
[1] Bedeutende dt. polit. Zeitung, die von 1814–16 in Koblenz veröffentlicht wurde. Herausgeber und Leiter war Joseph Görres (1776–1848). In der mehrmals wöchentl. erscheinenden Zeitung kämpfte Görres für Freiheit der Person und des Volkstums; am 3. 1. 1816 wurde sie durch die preuß. Regierung verboten, da sie eine Verfassung und die Erneuerung der Kaiserwürde forderte sowie scharfe Kritik am Wiener Kongreß übte. Zu den Mitarbeitern des R. M. gehörten Frhr. vom Stein (1757–1831), E. M. Arndt (1769–1860), M. von Schenkendorf (1783–1817), J. Grimm (1785–1863), W. Grimm (1786–1859), A. von Arnim (1781–1831), A. Neidhardt von Gneisenau (1760–1831) und C. Brentano (1778–1842).
[2] Eine seit 1946 in Koblenz erscheinende Wochenzeitung für Kultur, Wirtschaft und Politik.
LIT. W. Schellberg, Joseph von Görres (²1926; mit Bibl.); H. A. Münster, Die öffentl. Meinung in Görres' polit. Publizistik (1926); K. Koszyk, Deutsche Presse im 19. Jh. II (1966); F. Schneider, Pressefreiheit und polit. Öffentlichkeit (1966); H. Raab, Joseph Görres (1978).

Rhense, Kurverein von. Die Vereinigung der Kurfürsten (mit Ausnahme Böhmens) am 16. 7. 1338. Zweck des K. war, das Reichsrecht sowie das Wahlrecht der Kurfürsten jedermann gegenüber zu wahren, insbes. aber den päpstl. Ansprüchen gegenüber. Die Erklärung, daß die Wahl des dt. Königs durch eine Mehrheit der Kurfürsten Herrschaftsrechte im Reich begründe, ohne daß hierzu eine Bestätigung (→ Approbation) durch den Papst erforderlich sei, bedeutete seitens des Kurvereins eine Zurückweisung jeder Einmischung des Papsttums in die dt. Königswahl. Damit sprach er sich für König Ludwig den Bayern (reg. 1314–47) aus, der 1324 durch den franz. Papst Johannes XXII. (1316–34) in Avignon gebannt worden war, weil er ohne päpstl. Approbation kaiserl. Herrschaftsrecht in Italien beanspruchte. LIT. C. Müller, Der Kampf Ludwigs mit der röm. Curie. 2 Bde. (1879/80); R. Moeller, Ludwig und die Kurie im Kampf um das Reich (1914); E. E. Stengel, Avignon und Rhense (1930); F. Bock, Reichsidee und Nationalstaaten vom Untergang des alten Reiches bis 1341 (1944).

Ribemont (in Nordfrankreich an der Loire). Durch das im Februar 880 von dem ostfränk. König Ludwig III. (um 830–82), dem Sohn Ludwigs d. Dt. (um 804–76), und den westfränk. Karolingern Ludwig III. (864–82) und Karl mann (866–84), den Enkeln Karls II. d. Kahlen (reg. 843–77), in Erweiterung des Vertrags von Meersen (870) geschlossene Vertragswerk fiel auch der Westteil Lothringens an Ostfranken. Dadurch wurde die Westgrenze des aus dem Vertrag zu Verdun (843) hervorgegangenen Mittelreiches Lothars I. (795–855) zur dt.-franz. Grenze. Sie hatte Bestand bis zum Westfäl. Frieden (1648). LIT. E. Mühlbacher, Dt. Geschichte unter den Karolingern (1896); F. Steinbach, Das Frankenreich. In: Hdb. der dt. Geschichte, hrsg. von A. O. Meyer (1941); H. Fichtenau, Das karoling. Imperium (1949).

Ribuarisches Gesetz (lat. lex Ribvaria). Das Volksrecht der ripuar. Franken; es wurde unter Benutzung der Lex Salica und des Volksrechts der Burgunder verfaßt. Aus der Zeit Chlotars II. (613) stammt der älteste Teil des R. G.; aus der Zeit Dagoberts I. (reg. 633–34) ein anderer Teil. Eine Reihe von Ergänzungen wurde erst während der Karolingerzeit (8.–10. Jh.) vorgenommen. *Ausgabe:* Lex Ribvaria, hrsg. von F. Beyerle u. R. Buchner. In: MGH, Leges I, 3, 2 (1954); W. Wattenbach u. W. Levison, Deutschlands Geschichtsquellen im MA, Beiheft ›Die Rechtsquellen‹, hrsg. von R. Buchner (1953); E. Ewig, Die Civitas Ubiorum, die Francia Rinensis und das Land Ribuarien (1973).

Richter (hebr. Schophet; vgl. auch die beiden Sufeten, in Karthago und in den karthag. Gemeinden das auf ein Jahr gewählte Oberamt; lat. iudex). U.a. in Israel während der Zeit vor den Königen (bis um 1050 v. Chr.), bei den Westgoten (im 4. Jh. n. Chr.) der Stammesführer, Häuptling (neben seiner Funktion als Träger der Rechtspflege).

Richterbuch (lat. Liber Iudicum). Ein alttestamentl. Buch, in dem die Taten der israelit. Volks- und Stammesführer nach Josua (bis um 1200 v. Chr.) und vor den Königen (1050 v. Chr.) geschildert werden. In dem Buch wird von 12 Richtern (6 großen und 6 kleinen) berichtet.

Richtpfennig (auch Stahl, Stal). Seit dem ausgehenden 17. Jh. im dt. Münzwesen dasjenige System von Gewichten, das man beim Prüfen der Münzen benutzte. Ein R. entsprach dem 256. Teil einer köln. Mark. Der Richtpfennig-Teil war der kleinste des Gewichte-Systems; von ihm gingen 65 536 Stück auf eine Mark.

Richtschwert. Das Symbol der Gerichtsbarkeit.

Richtsteig. »Weg des Gerichts«. Name der ma. Rechtsgangbücher (→Rechtsbücher).

Richtung. Ein außergerichtl. Vergleich; Abmachung, Vertrag, z. B. die Ewige R. (1474), wodurch die Habsburger auf sämtliche Ansprüche gegenüber den Schweizern endgültig verzichteten.

Right Honourable (engl., sehr ehrenwert). In England dem Earl, Viscount, Baron vorangestellt. Als R. H. werden ebenfalls die jüngeren Söhne der Dukes und Marquesses sowie die Mitglieder des Privy Council tituliert, ebenfalls einige andere Würdenträger, so verschiedene Oberbürgermeister.

Right or wrong, my country (engl., Recht oder Unrecht, [es ist] mein Vaterland). Ausdruck eines bedingungslosen Patriotismus (nach einem Ausspruch des US-Admirals St. Decatur, 1779–1820).

Rigsdaler (Reichstaler). Der dän. Taler (1813 durch den Rigsbankdaler abgelöst), der die Geldeinheit der dän. Silberwährung bildete.

Rijder (niederländ., Reiter), **Ryder, Ruiter.** Niederländ. Münze: Goldener R. (niederländ. gouden rijder; franz. chevalier d'or); er wurde zuerst um 1440 in Holland, dann (bis 1590) ebenfalls in anderen niederländ. Provinzen geprägt; auf Beschluß der Generalstaaten hin seit 1606 als ›Niederländischer R.‹. Außerdem gab es Silberne R. (niederländ. zilveren Rijder).

Rijswijk, Friede von (20. 9./30. 10. 1697). Zw. Frankreich und England, Holland, Spanien und dem Dt. Reich; er beendete den Pfälz. Erbfolgekrieg. LIT. A. Rodenburg, De vrede van R. (Rijswijk 1947).

Rijswijker Klausel. Bez. für die dem Art. 4 des Friedensvertrags von Rijswijk (1697) beigefügte Bestimmung, daß die während des Pfälz. Erbfolgekriegs vorgenommenen gewaltsamen Rekatholisierungen, namentlich in der Pfalz, gültig bleiben sollten, obwohl sie den Religionsartikeln des Westfäl. Friedens widersprachen (Religione tamen catholica in locis sic restitutis in statu, quo nunc est, remanente). Anlaß für die Rijswijker Klausel waren innenpolit. Gründe des Kurfürsten Johann Wilhelm von der Pfalz; er wollte sie als Druckmittel gegen die Opposition des ref. Kirchenrates benutzen. LIT. J. Krisinger, Religionspolitik des Kurfürsten Johann Wilhelm von der Pfalz. In: Düsseldorfer Jb., 47 (1955).

Riksdaler (Reichstaler), **Riksmynt** (Reichsgeld). Eine zuerst von König Gustav I. Wasa (reg. 1523–60) geprägte schwed. Silbermünze; ihr Wert schwankte stark. 1875 wurde der R. einer skandinav. Krone gleichgestellt.

Rinascimento. Italienisch für →Renaissance.

Ring. Allg. und kulturgeschichtl: ein Reif aus Ton, Knochen, Holz oder verschiedenen Metallen; er wurde getragen von Frauen und Männern aller Kulturen und Zeiten, und zwar als Schmuck, Amtszeichen oder als abwehrende Bindung, ebenfalls als Symbol, Opfer, magisches Amulett etc. Im SpätMA spielten die Edelsteine der Ringe wegen der ihnen zugeschriebenen Geheimkräfte eine große Rolle.
Das kath. Kirchenrecht erlaubte das Tragen eines R. nur den Prälaten und den Inhabern eines kirchl. Doktorgrades; ferner gab bzw. gibt es den Bischofsring und den Fischerring. LIT. H. Battke, Geschichte des R. (1953).

Ringkragen. Ein kleines, halbmondförmiges Brustschild aus Metall, das aus der ma. Halsberge hervorging; es wurde an einer Kette um den Hals getragen. Im 18. Jh. war der R., u. a. in Preußen, das Dienstabzeichen der Offiziere, dann

in der dt. Wehrmacht (bis 1945) das Abzeichen der Fahnen- und Standartenträger, ebenfalls der Feldgendarmen.

Risiko (ital., von span. riesgo, Klippe). Allg. die Gefahr des Mißerfolgs. Wirtschaftl. und polit. das in der Ungewißheit der Zukunft begründete Wagnis. Bes. Bedeutung kam dem Risikogedanken des Admirals A. von Tirpitz (1849–1930), der von 1897–1916 Staatssekretär des dt. Marineamtes war, zu. Er begründete die Aufrüstung einer dt. Flotte damit, daß im Falle einer krieger. Auseinandersetzung mit Großbritannien dessen überlegene Seestreitkräfte durch einen Sieg derart geschwächt würden, daß die brit. Suprematie den anderen Nationen gegenüber verlorenginge. LIT. R. Goldberg, Flottenfrage und Risikogedanke (1941).

Risorgimento (ital., Wiedererhebung). In der ital. Geschichte der Zeitabschnitt zw. dem Wiener Kongreß (1815) und der Proklamierung des geeinten Königreichs Italien (1861). Durch Einbeziehung der Irredenta wird das R. auch bis in die jüngste Zeit ausgedehnt. Die in der Aufklärung wurzelnde Doktrin betonte das Nationalitätenprinzip mit dem Ziel einer »Humanitas der Nationen«, wie es der italienische Völkerrechtler P. St. Mancini (1817–89) formulierte. Als ideenhafter Anwalt des R., das, wie betont wird, nur im Zusammenhang mit der europ. Geschichte verständlich wird, gilt der Agitator und Apostel der republikan. ital. Freiheits- und Einigungsbewegung G. Mazzini (1805–72), als sein realpolit. Erfüller der ital. Staatsmann C. B. Cavour (1810–61). LIT. R. Huch, Menschen und Schicksale aus dem R. (1925); A. Omodeo, L'età del R. italiano (Neapel ⁶1948; dt. Zürich ²1951); L. Salvatorelli, Pensiero e azione del R. (³1950); E. Rota (Hrsg.), Questioni di storia del R. (Mailand 1951); H. Michaelis, Die Einigung Italiens (1960); M. Montanari, Die geistigen Grundlagen des R. (1963); E. Holt, R. The Making of Italy 1815–70 (London 1970); D. Beales, The Risorgimento and the Unification of Italy (1971).

Ritenkongregation. Eine 1588 gegr. röm. Kardinalskongregation, die für die Liturgie, die Heiligenverehrung sowie die Selig- und Heiligsprechungsprozesse zuständig ist.

Ritenstreit (Akkomodationsstreit). Die Meinungsverschiedenheit der kath. Missionare in China und Indien über die missionar. Anpassung an die Landessitten im 16., 17. und 18. Jh.
LIT. A. Hounder, Der chin. R. (1921); G. Schurhammer, Das kath. Sprachproblem in der japan. Jesuitenmission des 16. und 17. Jh. (1928).

Rites de passage (franz., Durchgangsriten). Die beim Übergang von dem einen in einen anderen Zustand beobachteten Reinigungsbräuche. Um z. B. Befleckung und Unreinheit abzustreifen, schritt man unter einem Joch, einem Tor oder einem Bogen hindurch. Hierin liegt wahrscheinlich die ursprüngl. Bedeutung des röm. Triumphbogens begründet: Durch das Einziehen eines röm. Heeres in Rom durch einen Triumphbogen suchte es Entsühnung vom Kontakt mit dem Krieg und den Feinden. Zu den Rites de passage gehört häufig auch das Scheren des Haares, so bei Neuvermählten und bei verschiedenen Initiationsriten, d. h. den meist mit Eintritt der Pubertät stattfindenden, nach bestimmten Riten erfolgenden Jünglings-(oder Mädchen-)weihen bei primitiven Völkern.
LIT. A. van Gennep, R. d. p. (Paris 1909).

Ritter (mhd. riter, ritter, Reiter, lat. eques, mlat. miles). Z. Z. der röm. Republik (510 bis 31 v. Chr.) zunächst der Reiter; er erhielt durch den Staat das Geld für den Ankauf von zwei Pferden, später wurde er auch besoldet. Als die durch den Staat unterhaltene Reiterei nicht mehr ausreichte, insbes. seit den 3 Samnitenkriegen (343–341 v. Chr.; 327–304 v. Chr.; 298–290 v. Chr.), kam es auch zur Einstellung begüterter Bürger, d. h. von solchen Bürgern, die Pferd und Ausrüstung aus eigenen Mitteln zu stellen vermochten. Bis in die Spätzeit der Republik entwickelte sich aus ihnen der ordo equester (der 2. Stand nach den Senatoren) mit bes. Aufnahmebedingungen: ein Alter von 17 Jahren, freie Geburt, Zensus von 400000 Sesterzen sowie mit speziellen Standesabzeichen: ein schmaler Purpursaum an der Tunika und ein Reitermantel, ein goldener Fingerring sowie das Privileg eines Sitzplatzes in den ersten 14 Reihen des Theaters. Der röm. Geldadel, dessen Wohlstand in Großhandel, Geldgeschäften sowie der Pachtung der Staatsgeschäfte begründet war, rekru-

tierte sich aus dem ordo equester. Während der Kaiserzeit wurden R. als kaiserl. Beamte verwendet (Präfekt, Prokurator). Im 4. Jh. n. Chr. stellten die R. nur noch eine Gesellschaftsklasse dar.
Seit dem FrühMA bis ins 11. Jh. wurde in West- und Mitteleuropa der zu Pferd und in voller Ausrüstung ausziehende adelige Krieger als R. bez., dann ebenfalls die zu seiner Gefolgschaft gehörenden Männer, deren militär. Aufgabe und Ausrüstung (insbes. der Ministerialen, von denen sich die R. anfänglich streng unterschieden) der der R. ähnlich war. Als Folge ihrer wachsenden Aufgaben stiegen, insbes. im Dt. Reich z. Z. der Salier und Staufer (1024–1125 und 1138–1254), die Ministerialen sozial auf; in der 2. Hälfte des 12. Jh. teilten sie sich endgültig mit dem alten Geburtsadel in die Pflege der gemeineurop. verbreiteten Kultur des Rittertums, das von Frankreich ausging und bei seiner Verbreitung vor allem durch die Kreuzzüge Impulse erhielt.
LIT. O. Zallinger, Ministeriales und Milites (1878); K. H. Roth von Schreckenstein, Geschichte der ehem. freien Reichsritterschaft ([2]1886); O. Eberbach, Die dt. Reichsritterschaft in ihrer staatsrechtl.-polit. Entwicklung bis 1495 (1913); A. Stein, Der röm. Ritterstand (1927); H. Meyer, Geschichte der Reiterkrieger, Pferdebogner, R. und Kavalleristen (1982); M. Keen, Chivalry (1984); Das Ritterbild in MA und Renaissance. In: Studia humaniora, Düsseldorfer Studien zu MA und Renaissance. Bd. 7 (1985); F. L. Boschke, R., Burgen, Waffen. Glanz und Elend ritterl. Zeit (1985).

Ritterakademien. Im 16., 17. (vor allem nach dem Dreißigjährigen Krieg) und 18. Jh. Ausbildungsinstitute für die adelige Jugend; ihre Gründer waren Fürsten oder adelige Stände. Ziel der Ausbildung an den R. war, für den Heeres-, Hof- und Staatsdienst sowie zur Pflege der »galantiora« vorzubereiten. Der Lehrplan umfaßte u. a. Tanzen, Reiten, Fechten, Jagen und Voltigieren, d. h. Gewandtheitsübungen am lebenden Pferd, ferner Französisch und andere moderne Fremdsprachen, Naturwissenschaften, Geschichte, Kameralien, Rechts- und Staatswissenschaft.
Die ersten R., die jedoch in den Kriegswirren der Folgezeit wieder untergingen, waren das Collegium illustre in Tübingen (gegr. 1589) und das Collegium

Mauritianum in Kassel (gegr. 1599). Als weitere Gründungen folgten: Kolberg (1653), Lüneburg (1655), Halle (1680; sie ging in der 1694 gestifteten Universität auf), Wolfenbüttel (1687), Erlangen (1699; 1743 Universität), Brandenburg (1704), Berlin (1705), Liegnitz (1708), Kassel (1709), Ettal (1711), Hildburghausen (1714), Dresden (1725), Braunschweig (1745), Wien (1746; Theresianum). Die R. wurden z. Z. des Neuhumanismus, d. h. seit etwa 1750, entweder in Gymnasien oder Kadettenanstalten umgewandelt. LIT. F. Debitsch, Die staatsbürgerl. Erziehung an der Dt. R. (Diss. Halle 1927); N. Conrads, R. (1982).

Ritterbank. Auf Landtagen die Standesvertretung der Ritter.

Ritterbruder. Der in den geistl. Ritterorden Kriegsdienst verrichtende Bruder; im Gegensatz zum dienenden Bruder war er daher voll berechtigt.

Ritterbünde, Rittergesellschaften. Im 14./15. Jh. Vereinigungen des niederen Adels, vor allem in Südwestdtl., um ihre reichsritterl. Rechte den Städten und Territorialfürsten gegenüber zu verteidigen. Die R. nannten sich nach ihren Abzeichen. So gab es die R. ›mit dem Schwerte‹ (1370), ›von der Krone‹ (›Kroner‹, 1372), ›mit dem Löwen‹ (1379; in der Wetterau und im Rheinland), ›Schlegler‹ (in Schwaben). Die 1406 gegründete St.-Georgen-Gesellschaft bestand am längsten; sie trat 1488 dem Schwäbischen Bund bei. Seit 1500 wurde zw. drei Ritterschaften unterschieden: der zu Schwaben, Franken und am Rhein; sie schlossen sich 1577 zur Reichsritterschaft zusammen. LIT. O. Eberbach, Die Dt. Reichsritterschaft in ihrer staatsrechtl.-polit. Entwicklung bis 1495 (1913); H. Mau, Die Rittergesellschaften mit St. Jörgenschild in Schwaben (1941); H. Obenaus, Recht und Verfassung der Gesellschaft mit St. Jörgenschild in Schwaben (1961); K. E. Demandt, Geschichte des Landes Hessen ([2]1979).

ritterbürtig. Derjenige, der zumindest dem Ritterstand zugehörige Eltern und Großeltern hatte.

Ritterdichtung, höfische Dichtung. Während des MA (von 1160–1250) die mhd. Dichtung der Ritter (Minnesang, Epen auf Grund der Artussage). Vertreter der R. sind Heinrich von Veldecke (2. Hälfte des 12. Jh.), Eilhart von Oberg (2. Hälfte des 12. Jh.), Hartmann von Aue (gest. zw. 1210 und 1220), Wolfram von Eschenbach (um 1170 bis um 1220), Gottfried von Straßburg (2. Hälfte des 13. Jh.) und Rudolf von Ems (gest. zwischen 1250 und 1254). LIT. St. Selzer, Artushöfe im Ostseeraum (1996).

Ritterdramen. Bez. für diejenigen Dramen, deren Stoff und Helden dem altdt. Rittertum entnommen sind: ›Agnes Bernauerin‹ (1780) von J. A. von Törring (1753–1826), ›Otto von Wittelsbach‹ (1782) von J. M. von Babo (1756–1822), ›Karl von Berneck‹ (1793) von Ludwig Tieck (1773–1853) und schließlich ›Käthchen von Heilbronn‹ (1810) von H. von Kleist (1777–1811). Die R. entstanden in der Nachfolge von Goethes (1749–1832) ›Götz von Berlichingen‹ (1773) und F. M. Klingers (1752–1831) ›Otto‹ (1774). LIT. O. Brahm, Das dt. R. (1880); R. F. Arnold (Hrsg.), Das dt. Drama (1925).

Rittergut. Im alten Dt. Reich (bis 1806) ein ländl. Besitztum, das dem ritterbürtigen Adeligen durch den Landesherren gegen die Verpflichtung zum Kriegsdienst übertragen wurde. Das R. war mit einer Anzahl von Vorrechten ausgestattet: Steuerbegünstigung, Zollfreiheit, Landstandschaft, Jagdrecht, Mühlenbannrecht. Zudem besaßen die Inhaber eines R., vor allem im Nordosten Deutschlands, die niedere Gerichtsbarkeit sowie die Polizeistrafgewalt über die erbuntertänigen Bauern. Der Besitz und Erwerb gutsherrl. Ländereien war ein Privileg des Adels. Die Vorrechte wurden im Zusammenhang mit der Bauernbefreiung und den Verwaltungsreformen nach und nach abgeschafft. Die Möglichkeit uneingeschränkten Erwerbs von R. für alle Reichsangehörigen schuf das Freizügigkeitsgesetz vom 1. 11. 1867. Der selbständige Gutsbezirk, eine letzte an das alte R. erinnernde Einrichtung, wurde durch das Gesetz vom 27. 12. 1927 beseitigt.

Ritterkanton (auch Viertel). Der Teilbezirk eines Ritterkreises; er wurde von einem Kantonsdirektorium, das aus Ritterhauptmann, Ritterräten und Ausschuß bestand, geleitet. Die in ihrer Matrikel geführten Ritter wurden durch die R. vor dem Reichshofrat und dem Reichskammergericht vertreten. Den R. stand das Recht zu, Steuern zu erheben.

Ritterkreis. Ein Bezirk, der mehrere Ritterkantone umfaßte. Seit 1577 war die Reichsritterschaft in drei Kreise eingeteilt: den Schwäbischen Kreis, den Fränkischen Kreis und den Rheinischen Kreis.

Ritterorden, Geistliche R. Rittervereinigungen, die z. Z. der Kreuzzüge entstanden. Ihr urspr. Ziel war es, die Pilger und das Hl. Land zu schützen, außerdem Kranke und Verwundete zu pflegen. Außer ihren Mönchsgelübden forderten die R. von ihren Mitgliedern den Kampf gegen die Ungläubigen (→ Johanniter, → Deutscher Orden, → Templerorden). LIT. J. Fleckenstein, M. Hellmann (Hrsg.), Die geistl. R. Europas (1980).

Ritterromane. Eine Literaturgattung mit abenteuerl. Zug; sie entstand aus dem Ritterepos. Ihren Höhepunkt erlebten die R. im ›Don Quijote de la Mancha‹ (Teil I: 1605: Teil II: 1615) von M. Cervantes (1547–1616), durch den die R. ironisiert wurden.

Ritterschaft.
[1] Das → Rittertum.
[2] Im Ständestaat die ritterschaftl. Kurie (Ritterbank) der Landstände; sie rekrutierte sich aus den burgsässigen Ministerialen, später den Inhabern der landtagsfähigen Rittergüter.

Ritterschlag. Die sorgfältige Erziehung zum Ritter (→ Rittertum) begann mit dem 7. Lebensjahr. In diesem Alter wurde der Knabe an den Hof eines Fürsten oder Ritters gesandt, dem er als Edelknabe (Bube) diente. Mit dem 14. Lebensjahr wurde der Edelknabe zum Knappen erhoben. Hatte er die Knappschaft rühmlich bestanden, wurde er in der Regel im 21. Lebensjahr zum Ritter »geschlagen«.

Ritterspiegel. Lehrhafte Auseinandersetzungen über die Rechte, Pflichten und Tugenden des Ritters im SpätMA. Der R. des J. Rothe aus dem 14. Jh. ist der bekannteste. LIT. H. Obenaus, Recht und Verfassung der Gesellschaft mit St. Jörgenschild (1961).

Rittertum. Gesamtbez. für sämtl. sozialen und kulturellen Erscheinungen, die mit dem ma. Stand des Ritters zusammenhängen. Das R. hatte seine Grundlagen im german. Gefolge. Im Kampfe gegen die Sarazenen mußten die Fußheere seit dem 8. Jh. durch berittene Truppen ersetzt werden. Die Ausrüstung der zugewiesenen Anzahl von Rittern erfolgte durch die adeligen Großgrundbesitzer. Die Besoldung der Ritter, die in schwerer Rüstung Reiterdienste leisteten, bestand in einem zu Lehen verliehenen Rittergut. Da die Ritterlehen erblich waren, entwickelten sich die Ritter zu einem bes. Stand. Die Erhebung zum Ritter erfolgte nach einer Knappenzeit (ab 14. Lebensjahr) durch die Schwertleite, seit dem Ende des 12. Jh. durch den Ritterschlag (mit dem 21. Lebensjahr); dadurch erhielt er die Lehnsfähigkeit, Turnier- und Stiftsfähigkeit sowie Ebenbürtigkeit im gerichtl. Zweikampf. Zunächst war die Ritterwürde nicht vererbbar, sondern mußte stets neu erworben werden. Die Kultur des R., das eine eigene Ethik entwickelte, fand ihren Niederschlag im Minnesang und im höfischen Epos. Das R. proklamierte die Treue gegen den Lehnsherrn, den Schutz von Witwen und Waisen und Bedrängten, christl. Lebenswandel, Meisterschaft im Waffenhandwerk sowie krieger. Tüchtigkeit. Im SpätMA und zu Beginn der NZ vermochte sich das R. gegen das erstarkende Landesfürstentum und das emporstrebende Bürgertum nur schwer zu behaupten; hinzu kam, daß die Entwicklung der Feuerwaffen die militär. Bedeutung des R. mehr und mehr in Frage stellte. Sozialer Niedergang und wirtschaftl. Not ließen das **Raubrittertum** entstehen. Um ihre Stellung zu wahren, schlossen sich die Ritter zu Genossenschaften, zu Ritterbünden zusammen. Im 15. und 16. Jh. erlangten diese Zusammenschlüsse der Ritter in der Mehrzahl der Territorien die Standschaft, voraussetzt, daß ihre Mitglieder burgsässig, später Inhaber von landtagsfähigen Rittergütern waren. Wohl vermochte die Reichsritterschaft ihre reichsunmittelbare Stellung zu behaupten, die Reichsstandschaft konnte sie jedoch nicht erringen. LIT. J. Petersen, Das R. in der Darstellung des Johannes Rothe (1909); P. Kluckhohn, Die ritterl. Kultur in Dtl. In: Das MA in Einzeldarstellungen (1930); H. Naumann, Dt. Kultur im Zeitalter des R. (1938); J. Johrendt, »Milites« und »militia« im 11. Jh. (1971); A. Borst (Hrsg.), Das R. im MA (1976); Otto Henne am Rhyn, Geschichte des R. (1985); J. Fleckenstein, R. (2002).

Rituale. Das liturg. Buch der kath.

Kirche; es enthält die von den Priestern der kath. Kirche zu vollziehenden Riten der Sakramente und Sakramentalien (Sacramentale), außerdem die Riten der Beerdigung (Exequiale) sowie der Prozessionen (Processionale). Das der Gesamtkirche empfohlene R. Romanum wurde 1614 durch Papst Paul V. (1605–21) veröffentlicht (letzte Ausgabe 1952). Den dt. Bistümern wurde 1950 der 1. Teil (Sacramentale) eines einheitl. und muttersprachl. R. zugestanden.
LIT. V. Turner, Das R. (dt. 1989); C. Caduff u. J. Pfaff-Czarnecka (Hrsg.), R. heute (^{2}2001).

Ritualmord. Der in Ausübung eines religiösen Ritus vollzogene Mord. Der Vorwurf, R. zu begehen, wurde den ersten Christen gegenüber durch die Römer im Zusammenhang mit dem Abendmahlsvollzug erhoben, ohne daß sie jedoch den Beweis hierfür antreten konnten. Seit dem 12. Jh. verstand man unter R. vor allem den angeblich zu kult. Zwecken durch das jüd. Gesetz vorgeschriebenen Christenmord. Der Vorwurf wurde bis in das 20. Jh. hinein erhoben, obwohl seine Haltlosigkeit mehrfach erwiesen werden konnte.
LIT. H. Rengstorf, S. von Kortzfleisch (Hrsg.), Kirche und Synagoge. 2 Bde. (1968–70); H. L. Strack, Das Blut im Glauben und Aberglauben der Menschheit mit bes. Berücksichtigung der Volksmedizin und des jüd. Blutritus (^{8}1900); D. Chwolson, Die Blutanklage und sonstige ma. Beschuldigungen der Juden (1901); A. Hellwig, R. und Blutaberglaube (1913); ders., Blutlügen (1929); C. Roth, The Ritual Murders Libel and the Jews (N. Y. 1953).

Robe (franz.).
[1] Die Amtstracht von Rechtsgelehrten wie von Geistlichen, nicht selten auch von Magistratsmitgliedern (→ Talar).
[2] Frauengewand, vor allem das große Abendkleid (→ Bliaud).

Rocher de bronze (franz., eherner Fels). Ein auf König Friedrich Wilhelm I. von Preußen (reg. 1713–40) zurückgehendes geflügeltes Wort, durch das unerschütterl. Festigkeit zum Ausdruck gebracht werden soll.

Rodel, Rotel, später **Rolle** (franz. rôle, engl. roll, aus lat. rotula, Rädchen; in der mlat. Kanzleisprache ein zusammengerolltes Schriftstück). Bez. für Liste, Urkunde, Aktenrolle, Schriftstück; im MA aufgeschriebene ländl. Weistümer.

Rodung. Die Beseitigung der Waldvegetation zur Gewinnung landwirtschaftl. Nutzfläche oder von Siedlungsgebiet. R. erfolgte vor allem im MA, zunächst in den Räumen westl. von Elbe und Saale, dann ebenfalls in den neugewonnenen Ostgebieten. Die R. war von bedeutenden verfassungsrechtl. Folgen sowohl für den Adel als auch für die Bauern. Für den Adel ergab sich die Möglichkeit, im herrenlosen Wald geschlossene Herrschaftsgebiete anzulegen; sie waren nicht selten die Voraussetzung für die Entwicklung des Territorialstaates. Die Bauern siedelten auf größeren Gütern, die mit besserem Leiherecht ausgestattet und von gewissen Abgaben befreit waren; vielfach entrichteten sie nur den Neubruchzehnten. Die R. begannen in der Karolingerzeit; von größerer Intensität waren sie (infolge der gestiegenen Bevölkerung) vom 11. Jh. bis zum Beginn des 13. Jh. Im 14. Jh. wurde die R. eingestellt; es kam nunmehr sogar zur Aufgabe wirtschaftl. unrentabler Siedlungen (→ Wüstung). Der Grund hierfür waren Rodungsverbote der Landesherren und ein Rückgang der Bevölkerung infolge Seuchen, z. B. der Pest.
LIT. Th. Mayer, Geschichtl. Grundlagen der dt. Verfassung (1933); K. S. Bader, Das Freiamt und die freien Bauern am Oberrhein (1936); K. Bosl, Forsthoheit als Grundlage der Landeshoheit in Baiern (Festschr. des Max-Gymnasiums, 1956).

Rodungsfreie. Während des MA bäuerl. Siedler, die unter relativ freien Bedingungen entweder vom König oder von den Landesherren bestellt wurden, um im dt. Reich oder den Gebieten der Ostkolonisation Ausbauland urbar zu machen. Bei den R. handelte es sich nicht um Abkömmlinge »altfreier« Bauern; vielmehr stellten die R. eine neue Schicht von Bauern dar, die als Anreiz zur Rodung und zur Siedlung von der Hörigkeit befreit wurden.
LIT. Th. Mayer (Hrsg.), Adel und Bauern im dt. Staat des MA (1943); ders., in: Zs. für Württemberg. Landesgesch., 13 (1954).

Rogationen. Bittumgänge, Bittprozessionen. Urspr. in Notzeiten entstanden, wurden sie dann für die reifende Ernte unternommen; die R. traten an die Stelle heidn. Riten.

Rokoko (von franz. rocaille, Muschelwerk). Die graziöse Spätphase des Barock; sie umfaßt den Zeitabschnitt von etwa 1730–75. Insbes. offenbart sie sich in Schmuckformen der Architektur und der Möbel: Alle Geraden werden nunmehr geschweift, alle Ecken runden sich, das Ornament ist asymmetrisch, eindeutige Farben werden durch helle Mischtöne ersetzt.

In der Lit. z. Z. des R. dominiert die gesellschaftl. galante Dichtung.

In der Musik ist die Anwendung des Terminus R. problematisch.

In der Tracht äußert sich das R. bei den Männern in langer Kniehose, langer Weste mit Hemdjabot, besticktem Schoßrock, Perücke und Schnallenschuhen; bei den Frauen im Reifrock, im ausgeschnittenen Mieder, der engen Taille, der Lockenfrisur und Stöckelschuhen.

LIT. Kunst: A. Feulner, Bayr. R. (1923); ders., Skulptur und Malerei des 18. Jh. in Dtl. (1929); Goncourt, L'art du XVIIIᵉ siècle. 3 Bde. (Paris 1927); A. E. Bruckmann, Die Kunst des R. (1940); H. Tintelnot, Die barocke Freskenmalerei in Dtl. (1951); A. Schönberger u. H. Soehner, Die Welt des R. (1959); G. P. Woeckel, Franz Ignaz Günther. Der große Bildhauer des bayer. Rokoko (1977).
Dichtung: RDL III (1971) 480–90; E. Ermatinger, Barock und R. in der dt. Dichtung (²1928); A. Anger, Lit. R. (1962); ders., Dt. Rokoko-Dichtung (1963); F. Sengle, Wieland (1949).
Musik: E. Bücken, Die Musik des R. in der Klassik (1927).

Roland, Rolandsäule. Ma. Bildsäulen aus Holz oder Stein vor allem vor niedersächs. Rathäusern und denen des nördl. Mitteldtl., so in Bremen, Halberstadt, Halle, Nordhausen, Perleberg, Quedlinburg und Zerbst. Die Bildsäulen stellten einen barhäuptigen Ritter mit bloßem Schwert dar. Sowohl die Herkunft als auch die Bedeutung der R. sind umstritten. Sie scheinen Zeichen des Königsbannes, des Königsfriedens, des Marktrechts oder der Gerichtsbarkeit gewesen zu sein. Höchstwahrscheinlich jedoch sind in den R. Wahrzeichen für Marktfreiheit und Handelsprivilegien zu sehen. Vermutlich erfolgte die Übernahme des Begriffs R. mit der Verbreitung des Rolandsliedes in Dtl. (seit der Umgestaltung des franz. Heldenepos zur christl. Märtyrerlegende durch Konrad den Pfaffen [Konrad von Regensburg; Mitte des 12. Jh.]).

LIT. Th. Goerlitz, Der Ursprung und die Bedeutung der Rolandbilder (1934); E. Waldstein, R. als Name von Rechtssinnbildern. In: Hans. Geschichtsblätter, 61 (1937); K. Hoede, Dt. Rolande (1934); M. Samson-Campbell, Deutschlands Rolande in Geschichte und Bild (1938); W. Finck, Alte dt. Rechtsmale (1940); A. D. Gathen, Rolande als Rechtssymbole (1960).

Rolandsspiel. Im MA ein von ritterl., dann von bäuerl. Kreisen geübtes Spiel zur Waffenübung und Belustigung. Als Fastnachtsbrauch war das R. in Norddtl. noch im 17. Jh. üblich.

Roman de la Rose. Der erfolgreichste altfranz. Versroman; sein erster Teil wurde zw., 1225 und 1230 verfaßt (von Guillaume de Lorris), der zweite um 1270 mit trefflicher Satire der höf. und scholast. Anschauungen.

Dt. Ausgaben von H. Fahrmann, Vorwort von F. H. von der Hagen (1839); von J. Gregor, mit 8 Faksimiletafeln nach der Hs. der Österreich. Nationalbibliothek (1921).

LIT. F. W. Müller, Der Rosenroman und der lat. Averroismus des 13. Jh. (1947); A. M. F. Gunn, The Mirror of Love. A Reinterpretation of the Romance of the Rose (Lubbock, Texas ²1952).

Romanik (Romanischer Stil). Der im ausgehenden 10. Jh. auf die karoling. Kunst folgende Stil; er wurde in Frankreich in der 2. Hälfte des 11. Jh., in Dtl. im 13. Jh. durch die Gotik abgelöst. Der zunächst altroman. Stil in Oberitalien, der Provence, Katalonien, Burgund und dem Rheinland hat als Leitform Rundbogen; weitere Charakteristika sind flachgedeckte Pfeilerbasiliken mit oder ohne Querhaus und Vierungskuppel. Gegen 1100 erfolgt der Übergang zu »römischem« Quaderwerk und zur Wölbung. Die R. entwickelte bes. Stilelemente, so im ostroman. Raum: Italien, Dtl., Ostfrankreich; im westroman. Raum: Südwestfrankreich und Spanien. Die Spät-Romanik im dt. Kulturgebiet nach 1200 hat »barocke« Züge. Die ostroman. Architektur orientierte sich an der frühchristl. Basilika (Hirsauer Bauschule bis nach 1200). Sie dokumentiert sich in den quadrat. Pfeilerbasiliken zu Speyer und Worms sowie in Zentralbauten wie St. Maria im Kapitol zu Köln. Ein Charakteristikum sind ihre imposanten Turmgruppen (Westwerk). Doppelchorige Kirchen entstanden in

Mainz, Worms und Maria Laach. Die klar gestalteten Grundformen der Mauermassen wurden gegliedert durch Sokkel, Lisenen, Pilaster und Halbsäulen, Gesimse und Zwerggalerien, das Kircheninnere durch rhythm. Stützenwechsel der Arkaden, weiter durch Emporen und Triforiengalerien. Unter byzantin. Einfluß entstanden um 1200 am Niederrhein zentralisierende Raumformen: Groß-St. Martin und St. Aposteln in Köln.

In Italien entwickelten sich regionale Schulen (Ausnahmebauten stellen San Marco in Venedig und San Antonio zu Padua dar): Die Lombard. Schule zeichnet sich aus durch flachgedeckte, querschifflose Pfeilerbasiliken; Rippenkreuzgewölbe um 1200. Die Pisan. Schule durch Säulenbasiliken mit Prunkfassaden von mehreren Geschossen, Zwergarkaden, inkrustiert mit schwarzgrünem und weißem Marmor.

Der westroman. Stil in Frankreich ist gekennzeichnet durch eine plastische Durchgliederung der Mauern nach dem Vorbild antiker röm. Bauten, vielleicht auch syr. Kirchen; der islam. Architektur sind spätere Gliederungsformen entlehnt: verschränkte Bogen, Rippengewölbe und Spitzbogen. Die Tonnengewölbe sind durch Gurtbogen gegliedert und zu den Pfeilern in Beziehung gesetzt. Figurale Plastik erscheint seit 1100 in den abgetreppten Gewänden der Portale und figurales Relief im Bogenfeld.

In der Provence entstanden meist einschiffige Bauten mit Tonnengewölbe. 1088 wurde in Burgund mit dem dritten Neubau zu Cluny begonnen, der spitzbogige Tonnengewölbe und Arkaden erhielt. Dreitonnenhallen entstanden in Périgueux und Limoges. In der Normandie wurden seit der Mitte des 11. Jh. riesige Emporenbasiliken mit Staffelchor (ohne Umgang) gebaut; seit der Schlacht von Hastings (1066), in der Wilhelm der Eroberer (von der Normandie) über die Angelsachsen siegte, strahlte die R. auf England aus. In Nordfrankreich erfolgte mit der Abteikirche zu St. Denis 1135 der Übergang zur Frühgotik.

Was die figurale Kunst betrifft, so zweigten von der Buchmalerei die Wandmalerei und das Kunstgewerbe (Goldschmiede- und Emailarbeiten wie Reliquiare, Leuchter, Kreuze, Antependien, Retabel) ab; die Figuren sind straff und starr und als symbol. Zeichen ins Visionäre gesteigert. Was die Glasmalerei anbetrifft, so entstanden die ältesten Figurenfenster im Dom zu Augsburg. Malerschulen wurden u. a. in St. Gallen, Reichenau, Trier, Echternach, Köln, Regensburg und Salzburg gegründet; in Frankreich u. a. zu Arras, Laon, Albi und Limoges. Der Zeichenstil der engl. Schule wurde eine der Grundlagen der got. Buchmalerei. Als Hauptbeispiele der expressiven südfranz.-span. Plastik gelten Moissac, Toulouse, Conques und Souillac.

Seit der Antike war die Baukunst der R. die erste, in der das christl. Abendland in architekton. Hinsicht als eine Einheit erscheint; sie unterscheidet sich von den Bauten der vorausgegangenen Epochen dadurch, daß der gesamte Baukörper einheitl. durchgestaltet ist. Nach dem schon in der karoling. und vor allem otton. Kunst erkennbaren Prinzip der Gruppierung verbinden sich rechteckige und runde, längs- und quergerichtete, lagernde und aufstrebende Teile zu einem vielgliedrig monumentalen Ganzen.

LIT. H. Schmitz, Die Kunst des frühen und hohen MA in Dtl. (1924); G. Graf Vitzthum und W. F. Volbach, Malerei und Plastik des MA in Italien (1924); P. Frankl, Die frühma. und roman. Baukunst (1926); M. Hauttmann, Die Kunst des frühen MA (1929); M. Aubert, L'art français à l'époque romane. 3 Bde. (1930–33); J. Baum, Malerei und Plastik des MA in Dtl., Frankreich, Britannien (1930); E. Lehmann, Der frühe dt. Kirchenbau (1938); W. Meyer-Barkhausen, Das große Jh. Kölner Kirchenbaukunst 1150–1250 (1952); A. Grabar und C. Nordenfalk, Die Malerei des frühen MA (Genf 1957); H. Decker, Italia Romanica (Wien 1958); M. Salmi, Die roman. Kirchen in der Toskana (1961); Baukunst der R. in Europa, hrsg. von H. Busch und B. Lohse, Einl. und Bilderläuterung von H. Weigert (³1961); Roman. Plastik in Europa, hrsg. von H. Busch und B. Lohse, Einl. und Bilderläuterung von H. Weigert (1961); J. Gantner, M. Probé und J. Roubier, Gallia Romanica (Wien ²1962); M. Durliat und J. Dieuzaide, Hispania Romanica (Wien 1962); E. Kubach und P. Bloch, Früh- und Hochromanik (1964).

Romantik. Eine Epochenbez. mit vielfältigen Tendenzen, künstler. For-

men, Persönlichkeiten und Gruppen, die den Übergang vom 18. zum 19. Jh. kennzeichnen; die R. löste den Klassizismus ab. Ihren umfassendsten Ausdruck fand die R. zw. 1795 und 1830 in Dtl. mit dem Zentrum Jena.
Für die Ausbildung der romant. Lebens-, Kunst- und Naturanschauung, insbes. bei F. Schlegel (1772–1829) und Novalis (1772–1801), wurde die spekulative Weiterbildung der Philosophie I. Kants (1724–1804) in den idealist. Systemen Fichtes (1762–1814) und Schellings (1775–1854) bedeutsam. Die Lehre Fichtes von der schöpfer. Freiheit des Ich als dem höchsten Prinzip des Geistes wurde durch die R. als Legitimierung der gänzlichen Freiheit, ja sogar Willkür der Phantasie und des Witzes verstanden, mit den Formen sowie den Gesetzen der Kunst, mit dem eigenen Werk, mit dem Publikum und schließlich mit sich selbst zu spielen.
Für den Wandel von der Früh- zur Hoch- und Spät-R. war grundlegend, daß die Vergötterung des Ich der Ein- und Unterordnung des Einzelnen in die Bindungen der Natur und der Geschichte, des Staates und der Religion wich. Eine der Hauptleistungen der späteren R. ist in der Anwendung ihrer Grundanschauungen auf die Bereiche der Natur, der Geschichte und der Gesellschaft und im Zusammenhang damit in der Begründung der modernen Geistes- und Geschichtswissenschaft zu sehen. Ihre generell rezeptive Haltung, ihr »sensibles Einfühlungsvermögen«, außerdem die als unzulänglich erachtete Gegenwart verwiesen sie in die Geschichte; hier suchte sie das Vollkommene, und zwar in poetisch-verklärter Form, nicht aber in der Zukunft wie noch der Idealismus. Die R. meinte, der wahren Bestimmung der Menschheit in der Frühzeit der Völker unverletzter und universeller zu begegnen. In dieser Auffassung liegt sowohl die Größe, gleichzeitig aber auch die Grenze der romant. Geschichtsarbeit, zumal sie nicht selten das in der Geschichte Gesuchte zuvor in sie hineininterpretiert hatte. Dennoch sind die Leistungen der R. unbestritten, da sie durch die Brüder Schlegel (August Wilhelm Schlegel, 1767–1845; Friedrich Schlegel, 1772–1829) die Literaturwissenschaft, durch die Brüder Grimm (Jacob Grimm, 1785–1863; Wilhelm Grimm, 1786–1859) mit ihren Arbeiten zur german.

Sprach-, Religions-, Rechts- und Dichtungsgeschichte (von Ludwig Uhland, 1787–1862, und Friedrich Heinrich von der Hagen, 1780–1856, gefolgt) die Germanistik begründete. Friedrich Diez (1794–1876) wurde zum Begründer der roman. Sprachwissenschaft, Friedrich Karl von Savigny (1779–1861) zum Begründer der Rechtsgeschichte, Friedrich Creuzer (1771–1858), Joseph Görres (1776–1848) und Johann Jakob Bachofen (1815–87) vor allem zu Begründern der Religions- und Mythengeschichte.
Vom übergeordneten Ganzen einer organisch gegliederten Gesellschaft ging die Staats- und Wirtschaftslehre der R. aus. Kennzeichnend für die innere Gesamtentwicklung der späteren R., die sowohl polit. wie auch weltanschaul., zudem religiös in konservative und selbst restaurative Bahnen lenkte, · ist die Linie, die von dem konstruktiven ›Geschlossenen Handelsstaat‹ Johann Gottlieb Fichtes über Novalis zu den ständisch-theokrat., anti-kapitalist. Staats- und Wirtschaftstheorien Adam Müllers (1779–1829) in seinem dreiteiligen Werk ›Elemente der Staatskunst‹ (1810) und ›Versuch einer neuen Theorie des Geldes‹ (1816) führte. Aus diesen Auffassungen resultierte der Widerstand gegen die kapitalist. Entwicklung, die sich zu einer generellen Ablehnung der neuen industriellen Bewertung verhärtete.
Wegbereitend für die von Dtl. angeregten romant. Bewegungen Europas waren vor allem Mme. de Staëls (1766–1817) Buch ›De l'Allemagne‹ (1810) sowie A. W. Schlegels ›Vorlesungen über dramatische Kunst und Literatur‹ (1809).
LIT. RDL III (1975) 578–94; StL VI, 944–54; R. Huch, Die R. Blütezeit, Ausbreitung und Verfall. 2 Bde. (1899 u. 1902; neu 1964); O. Walzel, Dt. R. 2 Bde. (⁵1923–26); P. Kluckhohn, Persönlichkeit und Gemeinschaft, Studien zur Staatsauffassung der dt. Romantik (1925); W. Kohlschmidt, Form und Innerlichkeit. Zur Geschichte der dt. Klassik und R. (1955); E. C. Mason, Dt. und engl. R. (1959); F. Schultz, Klassik und R. der Deutschen. 2 Bde. (²1959); H. Mayer, Zur dt. Klassik und R. (1963); C. David, Zwischen R. und Symbolismus (1966); J. B. Halsted (Hrsg.), Romanticism (London 1969); H. Brunschwig, Gesellschaft und Ro-

mantik in Preußen im 18. Jh. (1976); R. Immerwahr, R. (1972); H. Raab, J. Görres (1977); B. Anton, Romantische Parodien (1979); U. Scheuner, Der Beitrag der dt. Romantik zur polit. Theorie (1980); H. Kurzke, R. und Konservativismus. Das polit. Werk F. von Hardenbergs (1985).

Römer. Das 1405 erbaute alte Rathaus zu Frankfurt am Main mit dem Kaisersaal, der Stätte der dt. Königswahl im Hl. Röm. Reich Dt. Nation, denn die Goldene Bulle (1356) hatte Frankfurt zum Wahlort des dt. Königs bestimmt. Seit Maximilian II. (1562) bis zum Ende des alten Reiches (1806) war Frankfurt auch Krönungsort der dt. Kaiser.
LIT. (Anonym) Einige Besonders zu sehende Merckwürdigkeiten der Heil. Röm. Reichs- Wahl- und Handels-Stadt Frankfurt am Mayn. Frankfurt am Mayn 1749; J. H. Faber, Topograph., polit. und histor. Beschreibung der Reichs-Wahl- und Handelsstadt Frankfurt am Mayn. 2 Bde. (1788f.); B. Müller (Hrsg.), Alt-Frankfurt (1917); H. Traut, Der R. und die neueren Rathausbauten zu Frankfurt a. M. (³1924); H. Meinert und Th. Derlam, Das Frankfurter Rathaus (1953).

Römermonat. Im alten Dt. Reich eine Kriegssteuer der Reichsstände, die seit Kaiser Maximilian I. (reg. 1493–1519) bis zum Ende des Reiches im Jahre 1806 erhoben wurde. Die Steuer leitete sich her von der Pflicht der Reichsstände zur Heeresfolge bei der Romfahrt.

Römerstraßen. Die Straßen im Römischen Reich. Die R. dienten zunächst milit. Zwecken, dann auch dem Handel und dem Reiseverkehr. Eine wesentliche Absicht, die die Römer beim Straßenbau mitverfolgten, war, ihre Kolonien und Bundesgenossen mit Rom zu verbinden. Dieser Gründe wegen entwickelten sie die Kunst des Straßenbaus derart, daß sie hierin unerreichbar wurden. Nachdem die Latinische Straße sich als nicht mehr ausreichend erwiesen hatte, wurde durch Appius Claudius Caecus im Jahre 312 v. Chr. die erste Kunststraße Roms, die Via Appia, gebaut; sie war 8 m breit, mit Basaltplatten gedeckt und hatte eine Einfassung. Im Zusammenhang mit der Unterwerfung Italiens entstanden die Via Flaminia (220 v. Chr.) sowie ihre Verlängerung, die Via Aemilia, weiter die Via Cassia, die über Veji, Volsinii und Arretium nach Florentia führte, die Via Aurelia nach Pisa und die Via Postumia nach Aquileja. Auf Außeritalien wurde das röm. Straßennetz durch den Bau der Via Egnatia (146 v. Chr.) ausgedehnt; in ihren Bau konnten streckenweise makedon. Königsstraßen einbezogen werden. Unter Augustus (reg. 31 v. Chr.–14 n. Chr.) wurden vor allem die Alpenstraßen ausgebaut (Via Iulia Augusta), ferner durch den Feldherrn und Staatsmann M. V. Agrippa (63–12 v. Chr.), des Augustus Freund und Schwiegersohn, die Straßen in Gallien (der Mittelpunkt war Lugdunum, das heutige Lyon), in den Rheinlanden und in Spanien. Die R. führten sämtlich nach Rom, wo auf dem Forum Romanum der als ihr Ausgangspunkt geltende goldene Meilenstein (milliarium aureum) stand (von Augustus errichtet). Unter Kaiser Trajan (reg. 98–117 n. Chr.) erreichte das röm. Straßennetz eine Gesamtlänge von 80000 km. Die Instandhaltung der R. (cura viarum), die auch dem Postverkehr (cursus publicus) dienten, besorgten bes. Beamte. Gebaut wurden die R. großenteils durch die örtl. Garnisonen. Die Entfernungen zu den größeren Städten und Standorten waren auf säulenartigen Meilensteinen in röm. Meilen (1 Meile = 1,5 km) angegeben. Bis ins MA und bis in die neuere Zeit hinein sind zahlreiche Abschnitte der R. benutzbar geblieben, da ihr Unterbau äußerst widerstandsfähig angelegt war (teilweise 6 verschiedene Schichten).
LIT. J. Hagen, R. der Rheinprovinz (1923); R. J. Forbes, Notes on the History of Ancient Roads and their Construction (Amsterdam 1934); H. Bulle, Geleisestraßen des At. (1948).

Romfahrt, Römerzug, Romzug. Von Otto I. (reg. 936–73) bis Friedrich III. (reg. 1440–93) die Heerfahrt der dt. Könige nach Rom, um dort durch den Papst zum Kaiser gekrönt zu werden. Seit Maximilian I. (reg. 1493–1519), der sich nicht mehr durch den Papst krönen ließ, wurde die Vasallenpflicht der Reichsfürsten zur Heeresfolge durch eine finanzielle Leistung der Reichsstände abgelöst (→Römermonat).

Romfreie katholische Kirchen. Die durch Loslösung von der röm.-kath. Kirche entstandenen Religionsgemeinschaften. Bei den Gründungen, die sich entweder durch Ablehnung oder aber durch die Einschränkung des päpstl. Primats von der röm.-kath. Kirche unterscheiden, ist die Ablehnung einer außer- oder übernationalkirchl. Bindung fast stets von Bedeutung (→Los-von-Rom; →Nationalkirche). Bisher haben sich die als r. k. K. bez. Religionsgemeinschaften beinahe immer entweder völlig dem Primat des Papstes wieder untergeordnet (z. B. der Gallikanismus), oder aber es ist auch in anderen dogmat. Fragen eine Fortentwicklung von der röm.-kath. Kirche erfolgt: z. B. bei den Altkatholiken (→Altkatholizismus), den Mariaviten, einer tschech. nationalkirchl. Bewegung.

Römische Frage. Die von 1815–70 bestehende Spannung zw. dem Papst und der ital. Einigungsbewegung; sie entstand aus der Weigerung des Papstes, auf den Kirchenstaat zu verzichten. 1870 erfuhr die R. F. insofern eine Lösung, als Rom zur Hauptstadt Italiens proklamiert wurde. Erst 1929 erkannte die Kurie diese Lösung an (→Lateranverträge).

Römische Protokolle. Die am 17. 3. 1934 zur Vertiefung der Zusammenarbeit getroffenen Vereinbarungen der leitenden Staatsmänner Italiens (Mussolini, 1883–1945), Österreichs (Dollfuß, 1892–1934) und Ungarns (Gömbös, 1886–1936).

Römischer König. Bis 1806 im alten Dt. Reich der Titel des noch nicht zum Kaiser gekrönten dt. Königs; seit 1125 wurde der bis dahin seltene Titel ständig geführt. Vom Jahre 1508 an führte der zu Lebzeiten eines Kaisers gewählte Nachfolger den Titel R. K.

Römisches Germanien, lat. Germania Romana. Sammelbez. für diejenigen Teile Germaniens, die z. Z. des Röm. Reiches unter röm. Verwaltung standen. Die Grenze zw. der R. G. und dem freien Germanien bildete der Unterlauf des Rheins, weiter der obergerman. und rät. Limes sowie die Donau. Das R. G. gehörte nach der Schlacht im Teutoburger Wald (9 n. Chr.; Hermannsschlacht) verwaltungsmäßig zu der nordgall. Provinz Belgica; es wurde etwa 90 n. Chr. in zwei selbständige Provinzen geteilt: Obergermanien (Germania superior) und Untergermanien (Germania inferior), außerdem →Dekumatenland. Die befestigten Standorte bildeten die Keimzellen der ersten Städte in Dtl., u. a. von Köln, Mainz und Regensburg. Die Christianisierung ging nicht selten von solchen Orten aus. Die Archäologie konnte im R. G. zahlreiche Zeugnisse der röm.-german. Provinzialkultur des 1.–4. Jh. n. Chr. (Befestigungen, Villen, Bäder, Heiligtümer, Grabdenkmäler, Amphitheater, Inschriften, Münzen etc.) identifizieren. Bedeutendster Ort in spätröm. Zeit war Trier; von etwa 275 bis 390 n. Chr. war es eine der Residenzen des Röm. Reiches (→Limes).

LIT. F. Koepp, Die Römer in Dtl. (1903); F. Koepp und G. Wolff, Röm. German. Forschung (1922); F. Wagner, Die Römer in Bayern (⁴1928); F. Hertlein, P. Goessler, O. Paret, Die Römer in Württemberg. 3 Bde. (1918–32); Germania Romana. Ein Bilderatlas. 5 Bde. (²1924–30); W. Schleiermacher, Der röm. Limes in Dtl. (²1961); C.-M. Ternes, Röm. Dtl. Aspekte seiner Geschichte und Kultur (1986).

Römisches Recht. Bis auf Kaiser Justinian (reg. 527–65) das Recht des röm. Staates; im weiteren Sinn auch das oström.-byzantin. Recht. Mit dem Zwölftafelgesetz (um 450 v. Chr.) beginnt die röm. Rechtsgeschichte. Neben das strenge, formalist. und ausschließl. für röm. Bürger geltende ›ius civile‹ trat später das anpassungsfähigere ›ius gentium‹, d. h. das urspr. vom Praetor peregrinus (seit 242 v. Chr.) geschaffene und für die Rechtsbeziehungen zw. Römern und Fremden geltende Amtsrecht oder ›ius honorarium‹ (Prätorisches Recht). Wesentlich mitgestaltet wurde das klass. R. R. (146 v. Chr. bis 235 n. Chr.) durch den angesehenen röm. Juristenstand. In jener Zeit wirkten M. A. Labeo (42 v. Chr.–22 n. Chr.), Gaius (zw. 117–80 n. Chr.), Aemilius Papinianus (um 140–212 n. Chr.), Iulius Paulus (Zeitgenosse des Papinianus), Domitius Ulpianus (um 170–228 n. Chr.) u. a. Ihre Rechtsauffassungen entwickelten sie nicht in Form einer systemat. Lehre, sondern als praktische Lösung typ. Einzelfälle (Digesten). Die Rechtswissenschaft wurde in verschiedenen Schulen gelehrt, z. B. in Rom, Athen und Konstantinopel. Während der Kaiserzeit kam auch den Senatsbeschlüssen (senatus consultum) sowie den kaiserl. Konstitutionen (Edikten, Mandaten, Dekreten) Gesetzeskraft zu. Für das Fortleben des R. R. war das →Corpus iuris civilis, die bedeutendste Leistung der spätröm. Zeit, die entscheidende Kodifikation.

Erst mit den ital. →Glossatoren (12./ 13. Jh.) setzte eine Fortentwicklung des R. R. im Abendland ein; hierauf folgten die Kommentatoren oder Postglossatoren des 14. und 15. Jh.; durch sie wurde das R. R. der Praxis der damaligen Zeit angepaßt. In dieser Form fand es Aufnahme in Dtl. (→Rechtsschulen; →Rezeption; →Recht).

LIT. R. von Jhering, Der Geist des R. R. auf den verschiedenen Stufen seiner Entwicklung (3 Tle. in 4 Bden.: Tl. 1, [8]1924; Tl. 2, Bd. 1, [6]1921; Tl. 2, Bd. 2, [7]1923; Tl. 3, [5]1907; Register, [2]1924); R. Sohm, Institutionen, Geschichte und System des röm. Privatrechts ([17]1923); F. Schulz, Prinzipien des R. R. (1934); L. Wenger, Die Quellen des R. R. (1953); U. von Lübtow, Das röm. Volk, sein Staat und sein Recht (1955); G. Dulckeit, Röm. Rechtsgeschichte ([2]1957); P. Koschacker, Europa und das R. R. ([3]1958); F. Wieacker, Vom R. R. ([2]1961); E. Scharr (Hrsg.), De Romanorum iure, lat.-dt. (o. J.).

Ronkalische Felder. Eine Ebene oberhalb Piacenzas (auf dem linken Ufer des Po). Während des MA waren die R. F. die Stätte, auf der sich die dt. Heere auf ihrem Zug nach Rom sammelten. Hier hielten die dt. Könige und Kaiser ebenfalls Gericht, Heerschau und Reichstage ab. Friedrich I. Barbarossa (reg. 1152–90) ließ hier im Jahre 1158 durch Rechtsgelehrte und Vertreter der lombard. Städte die Regalien neu verzeichnen (Ronkalische Beschlüsse).

LIT. K. Schrod, Reichsstraßen und Reichsverwaltung im Königreich Italien (1931); P. W. Finsterwalder, Die Gesetze von Roncaglia. In: ZRG GA 51 (1931); V. Colorni, Die drei verschollenen Gesetze des Reichstags bei Roncaglia (1969); A. Haverkamp, Herrschaftsformen der Frühstaufer in Reichsitalien (1970/71).

Römisch-Germanisches Zentralmuseum. Ein 1852 vom Gesamtverein der dt. Geschichts- und Altertumsvereine in Mainz gegründetes Museum. Seine Aufgabe besteht in der Sammlung der german. und röm. Gräber- und Denkmalfunde entweder im Original oder als Rekonstruktion, Nachbildung sowie Abbildung, um dadurch einen Überblick über sämtliche mitteleurop. Kulturen der vor- und frühgeschichtl. Zeit von der Altsteinzeit, der Grundstufe der menschl. Kultur, bis zur Karolingerzeit

zu bieten. Von 1906–52 war das RGZ Mithrsg. der ›Mainzer Zeitschrift‹; seit 1954 veröffentlicht das RGZ das ›Jahrbuch des RGZ‹.

LIT. Festschr. zur Feier des 50jähr. Bestehens des RGZ, 1902 (1902); Festschr. zur Feier des 75jähr. Bestehens des RGZ (1927); Festschr. des RGZ in Mainz zur Feier seines 100jähr. Bestehens. 3 Bde. (1952/53).

Römische Frage. Bezeichnung für den Konflikt zwischen Staat und Kirche in Italien z. Z. der nationalen Einigung. Sie beginnt mit der Erklärung Roms zur Hauptstadt des italien. Königreiches durch Cavour (27. 3. 1861), dem Protest Papst Pius IX. dagegen (28. 9. 1861), erreicht mit der Besetzung Roms (20. 9. 1870) und den neuen Protesten des Papstes einen Höhepunkt und wird mit den Lateranverträgen (11. 12. 1929) und der Anerkennung des Vatikanstaates beigelegt.

Rosenkreuzer (richtiger **Rosenkreutzer**). Geheime Bruderschaften (legendär oder wirklich), die myst.-reformator. Ziele verfolgten. J. V. Andreae (1586–1654), der von 1614–50 als ev. Theologe in hohen kirchl. Ämtern wirkte und u. a. mit dichter. Mitteln sich für eine innere Erneuerung des Christentums einsetzte, regte die ersten dt. Rosenkreutzerschriften an. Im Jahre 1605 schrieb er vier Bücher, von denen wohl nur zwei echt sind, über einen legendären Christian Rosenkreutz (1378–1484), dessen Name an Andreaes Wappen erinnert: vier Rosen zw. den Armen eines Andreaskreuzes. Ausgangs des 14. Jh. bereits hatte Andreae eine mönchsähnl. Bruderschaft gegründet, die sich der Pflege der Pansophie und der geheimen Wissenschaften widmen sollte. Mit seinen Schriften bezweckte er eine Reform der religiösen, kulturellen und polit. Verhältnisse. Als die Schriften 1614/15 veröffentlicht wurden, bestritt Andreae seine Urheberschaft. Sie lösten eine enorme Flut von Flugschriften aus. Ihr Interesse an den Gedanken und Ideen Andreaes bekundeten Männer wie J. A. Comenius (1592–1670) und J. Jungius (1587–1657). Obwohl die Bruderschaft Andreaes de facto offenbar nie bestanden hat, haben sein Gedankengut und seine Symbolik immer wieder dazu angeregt, R.-Bruderschaften zu gründen. Einige Freimaurerlogen (Gold- und Rosenkreutzer) griffen die Gedanken um

1760 erneut auf; sie spielten auch am Hofe Friedrich Wilhelms II. von Preußen (reg. 1786–97) eine Rolle. Noch um die Wende zum 20. Jh. trat die Idee, der sich neben der Freimaurerei auch die Geschichtsschreibung annahm, wieder hervor, so in der Anthroposophie und in pansoph. Vereinigungen. Eine organisierte R.-Bewegung besteht heute in den USA. LIT. LThK IX, 49–50; RE XVII, 150–56; W. E. Peuckert, Die R. (1932); H. Schick, Das ältere Rosenkreuzertum (1942); F. Yates, Aufklärung im Zeichen des Rosenkreuzes (1975); G. Wehr, Christian Rosenkreuz. Urbild und Inspiration neuzeitl. Esoterik (1980).

Rosenkriege. Die Thronkämpfe zw. den engl. Häusern Lancaster (Wappenzeichen: rote Rose) und York (Wappenzeichen: weiße Rose) von 1455–85. Die Ursache für die Auseinandersetzungen war folgende: Seit 1154 wurde England durch die Plantagenets regiert. Vom Jahre 1399 an hatte das Haus Lancaster, eine Nebenlinie der Plantagenets, die Krone inne. Seit 1455 wurde sie ihm, d. h. dem regierenden Heinrich VI. (reg. 1422–61), durch die andere noch lebende Linie der Plantagenets, das Haus York, streitig gemacht. Mit Eduard IV. gelangte 1461 ein Angehöriger des Hauses York auf den Thron (reg. bis 1483). Im Jahre 1471, nach der Ermordung des Thronanwärters aus dem Hause Lancaster, gingen die Ansprüche dieses Hauses auf eine Kusine, die Witwe des walis. Adeligen Edmund Tudor und ihren Sohn Heinrich Tudor, Earl of Richmond, über. Nach Eduards IV. Tod gingen die Thronansprüche auf dessen beide Söhne über: Eduard V. und Richard von York. Eduards IV. Bruder Richard aber ließ sie ermorden und brachte sich so auf den Thron; als Richard III. regierte er von 1483–85. Er machte sich jedoch verhaßt; im Kampf mit dem Earl of Richmond fiel er in der Schlacht von Bosworth (1485). Nun wurde Richmond zum König proklamiert und als Heinrich VII. zum König gewählt. Damit war das Haus Tudor in den Besitz der engl. Krone gelangt. Als Heinrich VII. (reg. 1485–1509) drei Monate nach seiner Krönung Eduards IV. Tochter Elisabeth heiratete, brachte er dadurch ebenfalls die Thronansprüche des Hauses York an sich. Die Zeit der R. zog das gesamte Land schwer in Mitleidenschaft. Bes. stark war der Aderlaß des Adels (durch Tod auf dem Schlachtfeld oder Hinrichtung). Nur wenige der alten Geschlechter überlebten die Wirren. LIT. Ramsay, Lancaster and York (London 1892); Thornley, England under the Yorkists (London 1920); Fleming, England under the Lancastrians (London 1921); J. R. Lander, The War of the Roses (1965); S. B. Chrimes, Lancastrians, Yorkists, and Henry VII. (London ²1966).

Roßbach, Schlacht von (5. 11. 1757). Nachdem Friedrich II. (reg. 1740–86) am 4. 11. 1757 mit einer Streitmacht von 22000 Mann ein Lager bei R. (Kreis Merseburg) bezogen hatte, griffen ihn die fast doppelt so starken Gegner (41000) an, die aus franz. und kaiserl. Truppen bestanden. Vor allem durch die Attacken der preuß. Kavallerie unter dem Kommando des Generals von Seydlitz (1721–73) gelang es dem Preußenkönig, die verbündeten gegner. Streitkräfte in wenig mehr als zwei Stunden vernichtend zu schlagen. LIT. Die Kriege Friedrichs d. Gr., hrsg. vom Großen Generalstab, Tl. 3 (1903); K. von Priesdorff, Seydlitz (1933); C. Jany, Geschichte der Preuß. Armee vom 15. Jh. bis 1914. 4 Bde. (²1967).

Rössener Kultur. Eine Kulturgruppe der Jungsteinzeit (vom 4. Jahrtsd. bis 1800 v.Chr. in Europa), dem mitteleurop.-bandkeram. Kreis zugehörig. Verbreitet war die Rössener Kultur vor allem in Mittel-, West- und Süddtl. (auch in der Nordschweiz). Der Name ist hergeleitet von dem Gräberfeld Rössen bei Merseburg.

Rota (offiziell: **Sacra Romana R.,** Hl. Römische R.). Der Gerichtshof der päpstl. Kurie für Appellationen in kirchl. Prozessen in der 2., 3. oder weiteren Instanzen. Die Richter der R. werden als Auditor (lat.) oder Uditore (ital.) bez.; sie stellen ein eigenes Prälaten-Kollegium dar, das reich privilegiert ist. Der Dekan steht (als primus inter pares) an der Spitze der 12–16 Auditoren. In die R. werden auch Nicht-Italiener, darunter immer ein Deutscher, berufen.

Die R. entstand, als Papst Innozenz III. (1198–1216) den päpstl. Untersuchungsrichtern (auditores) die Urteilsfällung in Prozessen übertrug, die bei der Kurie anhängig waren. In der Folgezeit kam es öfters zur Neuordnung des

Gerichts. Im 19. Jh. war es fast ausschließl. Berufungsgericht für den Kirchenstaat, weshalb es 1870 seine Tätigkeit einstellte. 1908 wurde die R. durch Papst Pius X. (1903–14) neu errichtet; sie ist seit 1930 ebenfalls Berufungsgericht für die Vatikanstadt.

Im 16. Jh. wurde für Spanien ein eigenes Berufungsgericht beim Nuntius in Madrid errichtet; es trägt seit 1771 die Bez. ›R. de la Nuntiatura Apostolica‹. 1933 aufgehoben, wurde die span. R. 1947 wieder eingerichtet.

LIT. LThK IX, 62–64; DDC VII, 742–71 (mit reicher Lit.); F. E. Schneider, Die röm. R. (1914); H. E. Feine, KRG 1 (³1955); W. M. Plöchl, Geschichte des Kirchenrechts, 2 (Wien 1955).

Roter-Adler-Orden. Eine von 1792–1918 in Preußen verliehene Auszeichnung. Hervorgegangen war der Rote-Adler-Orden aus dem Orden ›de la Sincérité‹, den Georg-Wilhelm von Brandenburg-Bayreuth gestiftet hatte. Seit 1864 hatte die R.-A.-O. eine Kette, ein Großkreuz und vier Klassen (die II. Klasse auch ›mit Stern‹). Durch die Beifügung von Krone, Eichenlaub, Schleife etc. schuf man Zwischenstufen. Für Verdienste auf dem militär. Sektor konnten Schwerter beigefügt werden.

LIT. L. Schneider, Die preuß. Orden, Ehrenzeichen und Auszeichnungen. Der Rote-Adler-Orden (1868); F. W. Höftmann, Der preuß. Rote-Adler-Orden und der königl. Kronenorden (1878).

Rotes Kreuz.
[1] Internationales Schutzzeichen für Personen und Sachen, die unter dem Schutz der Genfer Konvention stehen (rotes Kreuz auf weißem Grund; Schweizer Staatswappen mit vertauschten Farben). Dem R. K. entsprechen der Rote Halbmond (Irak und Türkei) und die Rote Sonne (Iran).
[2] Die Gesamtheit der freiwilligen und privaten Hilfsorganisationen zur Linderung der Leiden der Kriegsopfer sowie zur Wahrung der Menschlichkeit im Kriege. Hervorgegangen ist das R.K. aus der von dem Schweizer J. H. Dunant (1828–1910), zusammen mit General Dufour, den Ärzten L.-P.-A. Appia und Th. Maunoir sowie dem Juristen G. Moynier im Jahre 1863 ins Leben gerufenen Bewegung.

Die Organisation des Internationalen R. K. umfaßt rd. 125 selbständige nationale Rotkreuzgesellschaften, das Internationale Komitee des R. K. (IKRK) in Genf, die Liga der Rotkreuzgesellschaften (1919 gegr.; eine Föderation sämtlicher nationalen Gesellschaften). Die Internationale Konferenz des R. K. tritt etwa alle vier Jahre zusammen; sie hat die Aufgabe, die bestehenden Abkommen zu verbessern und neue, der modernen Kriegführung angepaßte Satzungen auszuarbeiten. Das sich aus Schweizer Bürgern rekrutierende Internationale Komitee des R. K. stellt während eines Krieges ein überparteil. Verbindungsglied zw. den Kriegführenden dar, und zwar durch Zivilbotschaften von und nach allen Ländern der Welt, durch Nachforschung nach vermißten Soldaten, durch Kontrollbesuche in Kriegsgefangenenlagern, durch materielle und intellektuelle Hilfe an Kriegsgefangenenlager etc.

[3] Das Deutsche R. K. (DRK) mit Sitz in Bonn entstand 1921 (Neugründung 1951). Es leistet Hilfe im Rettungsdienst, in der Krankenpflege, der Familienzusammenführung (Suchdienst) etc. Auch die Ausbildung der Bevölkerung in Erster Hilfe sowie die häusliche Krankenpflege gehören zum Aufgabenbereich des DRK, das ebenfalls eigene Krankenhäuser, Heime und Ausbildungsstätten unterhält.

In der ehem. DDR bestand seit 1952 wieder ein DRK (1954 vom IKRK anerkannt). Im großen und ganzen entsprach seine Aufgabenstellung den international festgelegten Richtlinien.

LIT. *Zeitschriften:* Revue Internationale de la Croix Rouge, hrsg. vom Internation. Komitee vom R. K. (Genf 1919ff.); Dt. R.K., Zentralorgan des DRK (1953ff.); Die Gute Tat, Mitgliederzeitschrift des DRK (1955ff.).
Liste des publications du Comité internat. de la Croix-Rouge de 1863 à 1944 (Genf 1945; vollständige bibliograph. Zusammenstellung); Inter arma caritas – Vom Kriegswerk des Internation. Komitees vom R. K. (Genf 1947); H. G. Kernmayr, Die waffenlose Macht (1953); J. Freymond, Guerres, Révolutions, Croix-Rouge (1976); 100 Jahre Rotkreuzidee (1963); C. M. Ringgenberg, Die Beziehungen zwischen dem R.K. und dem Völkerbund (1970); W. Heudtlass, J. H. Dunant (⁴1985).

Rotten boroughs, auch **Pocket boroughs** (engl.). Verfallene, im Parlament vertretene Marktflecken. Sie verfügten in einer Reihe von Fällen über nur drei oder vier Wähler. Deherrscht wurden die R. b. durch wohlhabende oder einflußreiche Grundbesitzer, die häufig das Recht dieser Flecken auf eine Vertretung im Parlament für Tausende von Pfund verkauften. Deshalb wurden sie oft »Borough mongers« (Marktflekken-Händler oder -Krämer) genannt. Durch die engl. Wahlrechtsreform vom 7. 6. 1832 wurde dieser Mißstand beseitigt

Rottmeister. Der Führer einer Rotte (10 Mann starke Unterabteilung eines Fähnleins) in den Landsknechtheeren. Der R. ist in etwa einem Unteroffizier vergleichbar.

Roture (franz. zu lat. ruptura, Bruch). Unter der franz. Aristokratie während der NZ eine verächtl. Bez. für sämtl. Nichtadeligen. Der Roturier ist ein »Prolet«, »Bauer«, insbes. ein »Kleinbürger«.

Round table (engl.), runder Tisch; hierher die Bez. »round table conferences«, d. h. Konferenzen von polit. Parteien, in denen jede gleichrangig ist. Durch die runde Sitzordnung werden Rangstreitigkeiten vermieden. Zunächst vor allem bei den brit. Reichs- und Indienkonferenzen gebräuchlich, wird die Sitzordnung heute auch bei sonstigen internationalen Konferenzen angewandt.

Royalisten (zu franz. roi). Befürworter des Königtums. Im 17. Jh. in England die Anhänger des Königtums. Seit der Franz. Revolution von 1789 in Frankreich die Anhänger der Bourbonen; sie standen im Gegensatz zu Bonapartisten und Republikanern. Nachdem Ludwig Philipp (Louis Philippe) aus der jüngeren bourbon. Linie Orléans zum »Bürgerkönig« erhoben worden war (1830; reg. bis 1848), spalteten sich die R. in Orléanisten und Legitimisten (die Anhänger der älteren Linie der Bourbonen, d. h. Karls X., reg. 1824–30, dann infolge der Juli-Revolution zur Abdankung gezwungen); erst im Jahre 1873 kam es wieder zu einer Vereinigung. Eine Gruppe gemäßigter Orléanisten stellte sich 1892 auf den Boden der republikan. Verfassung; die Mehrzahl dagegen organisierte sich 1898 in der Action Française.

LIT. Cl. N. Desjoyeaux, La fusion monarchique (1913); M. Clauss, Das polit. Frankreich vor dem Kriege (1928); K. R. Perry, The Bourgeois Century (London 1972).

Royal Society. Die älteste wissenschaftl. Gesellschaft Englands zur Förderung der Naturwissenschaften; sie wurde 1660 gegr.; ihr Sitz ist London. Die Mitglieder der Gesellschaft heißen »Fellows«.

Rubikon (lat. Rubico). Der antike Name eines Apenninflusses; er mündet südl. von Ravenna in die Adria (früher Fiumicino, heute wieder Rubicone genannt). Seit Sulla (138–78 v. Chr.) bildete der R. die Grenze zw. Italien und der Provinz Gallia cisalpina. Mit der Überschreitung des R. und seinem Eindringen nach Italien im Jahre 49 v. Chr. eröffnete Caesar (100–44 v. Chr.) den Bürgerkrieg.

Rückversicherungsvertrag. Der am 18. 6. 1887 durch Bismarck abgeschlossene dt.-russ. Geheimvertrag, in dem sich die beiden Mächte wechselseitig zu wohlwollender Neutralität im Kriegsfalle über einen Zeitraum von drei Jahren hinweg verpflichteten. Der R. galt nicht im Falle eines dt. Angriffskrieges gegen Frankreich und eines russ. Angriffskrieges gegen Österreich. Darüber hinaus wurde durch das Dt. Reich Rußlands Einfluß in Bulgarien anerkannt und (in einem ganz geheimen Zusatzprotokoll) das russ. Interesse an Konstantinopel und den Meerengen. Nach Bismarcks Sturz (1890) lehnte dessen Nachfolger im Reichskanzleramt, Leo von Caprivi (1890–94), eine Verlängerung des R., auf den Rat des außenpolit. Ratgebers des »Neuen Kurses«, Friedrich von Holstein (1837–1909; 1876–1906 im Auswärtigen Amt), hin, ab. Erst 1919 wurde der R. im Wortlaut bekannt.

LIT. Die große Politik der europ. Kabinette 1871–1914, Sammlung der diplomat. Akten des Auswärtigen Amtes, R.: 1, 3 u. 5 (1922); O. von Bismarck, Gedanken und Erinnerungen. 2 Bde. (1898; Bd. 3: 1921); G. Raab, Der dt.-russ. R. (1923); R. Frankenberg, Die Nichterneuerung des dt.-russ. R. (1927); W. Schüssler, Dtl. zw. Rußland und England (^{2}1940); H. Hallmann, Zur Gesch. und Problematik des dt.-russ. R. (1968); E. Eyck, Bismarck. 3 Bde. (Zürich 1944); H. Hallgarten (Hrsg.), Zur Geschichte und Problematik des R. (1986); W. Bussmann, Das Zeitalter Bismarcks. In: Gebhardt-Grundmann (1956); W. N. Medlicott, Bismarck and Europe (London 1971).

Rügeverfahren. Im dt. Recht des MA die Anzeige von Verbrechen. Bereits

z. Z. der Karolinger war das R. ein amtl. Verfahren, Verbrechen zu ermitteln, die nicht durch den Verletzten, sondern durch die vom Grafen oder Königsboten vereidigten Rügegeschworenen oder Rügezeugen (iuratores) vor Gericht gebracht wurden. Unter Eid über ihre Kenntnis des Verbrechens vom öffentl. Richter befragt, wurde durch glaubwürdige Dinggenossen Anzeige (Rüge) erstattet. Durch Eid vermochte sich der Beschuldigte zu reinigen. War er hierzu jedoch nicht in der Lage, dann wurde er auf Rüge hin verurteilt.

Aus dem fränk. R. entwickelten sich die westfäl. Femegerichte, die Sendgerichte, die heutige engl. Anklagejury sowie die (Forst- und Feld-)Rügegerichte; sie bestanden z.T. bis ins 19. Jahrhundert.

Rumormeister. Der Chef der städt. oder Militärpolizei.

Rumpfparlament (engl. the Rump). Spottname (verbunden mit Zweifeln an der Legalität der Beschlüsse) für den Rest des engl. »Langen Parlaments« nach der am 7. 12. 1648 vorgenommenen Säuberung. Das R. tagte, bis es durch Oliver Cromwell (1599–1658) im Jahre 1653 verjagt wurde. Die Bez. R. bezieht sich ebenfalls auf den Rest des im Mai 1659 eingesetzten und bis zum Februar 1660 tagenden Parlaments. Allg. bez. man als R. jedes beschließende Gremium, sobald es in seinem Bestand reduziert ist, z.B. den Rest der Frankfurter Nationalversammlung, der vom 6. 6. bis 18. 6. 1849 in Stuttgart tagte.

Rundköpfe (engl. roundheads). Spottname für die radikalen Puritaner während der engl. Revolutionsepoche (1642–60), insbes. Oliver Cromwells (1599–1658) Soldaten. Der Name ist hergeleitet von dem kurzen Haarschnitt der Puritaner; demgegenüber trugen die Royalisten langes, bis zu den Schultern reichendes Haar.

Runen. Schriftzeichen german. Stämme vor Übernahme der latein. Schrift, auch noch neben dieser verwendet. Älteste bekannte R. stammen aus dem 2. Jh. n. Chr. und wurden nur epigraphisch gebraucht.

LIT. H. Arntz, Hdb. der Runenkunde (^{2}1944).

Ruodlieb. In Dtl. der älteste eigenständige Abenteuer- und Ritterroman; er wurde zw. 1030 und 1050, vermutl. von einem Mönch der Benediktinerab-

tei Tegernsee, geschrieben. Die Dichtung, lediglich bruchstückhaft erhalten, erzählt die Geschichte eines ritterl. Jünglings. Die Darstellung verbindet Sagen- und Märchenhaftes mit Historischem.

Ausgabe von F. Seiler (1882); dt. Übers. von M. Heyne (1897) sowie von P. von Winterfeld, in: Dt. Dichter des lat. MA (^{4}1922).

LIT. M. Manitius, Geschichte der lat. Lit. des MA, 2 (1923); G. Ehrismann, Geschichte der dt. Lit., 1 (^{2}1932); K. Langosch, in: W. Stammlers Verf.-Lex., 3 (1943); K. Hauck, in: Beitrr. zur Gesch. der dt. Sprache, 70 (1948).

Rus (rusj; Ursprung des Wortes ist umstritten), **Ros.** Seit 862 ein in Nowgorod herrschender Stamm der Waräger. Zunächst auf die herrschende Oberschicht beschränkt, wurde der Name später auf das beherrschte ostslaw. Volk und dessen Raum übertragen. Über den Anteil der R. an der polit. Gestaltung Rußlands im 9. Jh. und 10. Jh. gehen die Meinungen in der modernen Geschichtsforschung auseinander.

LIT. U. Halbach, Der russ. Fürstenhof vor dem 16. Jh. Eine vergleichende Untersuchung zur polit. Lexikologie und Verfassungsgeschichte der alten R. (1985); ders., H. Hecker, A. Kappeler (Hrsg.), Altrußland in der Begriffswelt seiner Quellen. Festschr. zum 70. Geburtstag von G. Stökl (1986).

Russische Revolution →Februarrevolution [2].

Rustikalland, Rustikalgründe (von lat. rusticus, Bauer, Landmann). Das im Rahmen der Grundherrschaft an abhängige Bauern bei gleichzeitiger Verpflichtung zu Zins- und Dienstleistung ausgegebene Land.

Rüstkammer. Der Aufbewahrungsort des fürstl. oder ständ. Waffenbesitzes. Die R. bildete häufig den Grundstock histor. Waffensammlungen.

Rüstung.
[1] Allg. die Gesamtheit der Vorbereitungen für die Bewaffnung und Ausrüstung eines Heeres, des vorhandenen Materials sowie des einsatzbereiten Bestandes an Truppen.
[2] Früher die Schutzbekleidung gegen Waffenwirkung, zunächst aus gepolsterten Überkleidern, später aus Bronze oder Eisen (zum Schutz gegen Hieb und Stich) bestehend. Die R. umfaßte Helm, Harnisch, Armschienen, Beinschienen,

Kampfhandschuhe, Eisenhandschuhe und Schild.

LIT. L. u. Fr. Funcken, Historische Waffen und Rüstungen – Ritter und Landsknechte vom 8. bis 16. Jh. (2001).

Rute. Altes dt. Längenmaß zwischen 2,8 und 5,3 m. Es war unterteilt in a) 10 Fuß, 100 Zoll, 1000 Linien, oder b) in 12 Fuß, 144 Zoll, 1728 Linien. Die rhein. R. mit 3,766 m genoß die größte Verbreitung. In Bayern hatte 1 R. die Länge von 2,919 m, in Württemberg von 2,865 m, in Baden und in der Schweiz von 3,0 m, in Österreich von 3,793 m, in Oldenburg von 5,326 m und in Hannover von 16 Fuß (= 4,674 m). In Frankfurt/M. gab es die Feldrute (= 3,558 m) und die Waldrute (= 4,511 m).

Sabbat. Der 7. Wochentag der Israeliten, der als heiliger Tag Jahwes mit völliger Arbeitsenthaltung und bes. Opfern gefeiert wurde. Im Christentum ist der S. (= Samstag) durch den Sonntag als Tag der Auferstehung Christi abgelöst.

Sabbatarier, Sabbatisten. Christl. Sekten, die sich zur Einhaltung des Sabbat verpflichteten.

Sabbatjahr. Das jeweils siebte, als Ruhe- und Erlaßjahr vorgeschriebene Jahr, in dem Felder und Weinberge nicht bestellt werden durften; umstritten ist, ob im S. Schulden nur ausgesetzt oder erlassen wurden.

Säbel. Hiebwaffe; aus poln. szabla im 16. Jh. entlehnt.

Säbel Karls d. Gr. Ein leicht gekrümmter, 90 cm langer, reich verzierter Säbel, etwa in der 2. Hälfte des 9. Jh. entstanden, nach anderen ein Geschenk des Kalifen Harun-al-Raschid oder ein Stück aus der Awarenbeute von 796; zählt zu den Reichsinsignien.

Sabotage (von franz. sabot, Holzschuh, Hemmschuh). Verpfuschen der Arbeit; absichtl. Unbrauchbarmachen von Betriebsmitteln, absichtl. Störung der Produktion.

Sacco di Roma. Bez. für die Eroberung und Plünderung Roms am 6. 5. 1527 durch dt. Landsknechte; bez. das Ende der Renaissance in Rom und den Anfang einer Erneuerung der Kurie. Papst Clemens VII. konnte sich erst nach sechsmonatiger Gefangenschaft mit erhebl. Geldsummen gegen das Versprechen der Neutralität freikaufen.
LIT. L. Pastor, Geschichte der Päpste IV, 2, 228–322 (^{11}1958–59); J. Ruysschaert, Le sac de Rome de 1527 et la tombe de S. Pierre. In: Röm. Quartalschrift 58 (1963); J. Hook, The Sack of Rome (1972).

Sacerdos (lat.). Priester.

Sacerdotium. Priestertum. Kampf zw. S. und Imperium: Kampf zw. Papsttum und Kaisertum im MA.

Sachsenspiegel (Spiegel der Saxen). Rechtsbuch, von dem Ritter Eike von Repgow (ca. 1180/90–1233) wahrscheinlich um 1221/24 verfaßt, zuerst in lat. Sprache, vom Verfasser jedoch (ca. 1224/27) ins Niederdt. übersetzt. Der S. besteht aus zwei Teilen: a) Landrecht, b) Lehnsrecht. In den Ländern des sächs. Rechts genoß er größtes Ansehen. Sprachl. ist er eines der bedeutendsten Prosawerke der mittelhochdt. Lit. Eine süddt. Bearbeitg. des S. ist der Schwabenspiegel (Neuausg. 1992).
LIT. DRG I (^{2}1962); E. Wolf, Große Rechtsdenker (^{4}1963) 1–29.

Sacramentar(ium) (liber sacramentorum, sacramentarium). Buch mit Texten der lat. christl. Liturgie. Wichtigste Quelle der Liturgieforschung. Aus dem S. entwickelte sich seit dem 13. Jh. das Missale. Als älteste röm. S. gelten das sog. S. Leonianum (allerdings kein eigentl. S.) und das S. Gregorianum.
LIT. LThK IX (^{2}1964) 238 f.; J. Deschusses, Le Sacramentaire Grégorien (1971).

Sacrificium intellectus. Opferung der Vernunft angesichts der christl. Offenbarung. Unterordnung des eigenen Denkens unter einen Machtspruch.

Saecularfeier (von lat. saeculum, Zeitalter). In der röm. Religion die Feier zur Wende eines Zeitalters, z. B. veranstaltet in den Jahren 249, 146 und 17 v. Chr. sowie 204 nach Chr.

Saeculum obscurum (finsteres Jahrhundert). Von Caesar Baronius geprägte Bez. für die Zeit zw. 880–1046, die infolge der Sarazenen-, Wikinger- und Ungarneinfälle und unfähiger Päpste aus dem Hause des Theophylakt, der Crescentier und Tusculaner in vieler Hinsicht einen Tiefpunkt der Kirchengeschichte darstellt und in der Profangeschichte durch den Zerfall des Karolingerreiches charakterisiert ist.

Saga (von segja, sagen, erzählen). Form der altnord. Lit., im 12.–13. Jh. von Geistlichen ohne wesentl. Änderungen niedergeschrieben. Inhaltl. lassen sich drei Gruppen unterscheiden: Isländergeschichten (Egil-Saga u. a.), Königsgeschichten (Lebensbeschreibungen norweg. Könige, u. a. Olaf-Saga) und Heldensagen (Wälsungen-Saga, Thidrek-Saga usw.). Die etwa 40 erhaltenen Sagas haben auch kulturhistor. Quellenwert.
LIT. A. Heusler, Altgerman. Dichtung (1943); W. Baetke, Über die Entstehung der Island-Sagas (1956).

Saint-Cyr, l'École de. Von Napoleon I. gegr. Militärschule für Offiziersanwärter der Infanterie und Kavallerie.

Saint-Germain, Friede von (1668). Abgeschlossen zw: England, den Generalstaaten und Frankreich; beendete den Devolutionskrieg (1667/68) und zwang Spanien, dem Frieden zu Aachen beizutreten.

Saint-Germain, Vertrag von (10. 9. 1919). Abgeschlossen zw. der Republik Österreich und den Alliierten zur Herbeiführung des Friedenszustandes nach dem Ersten Weltkrieg. Die 1918 herbeigeführte Trennung zw. Österreich und Ungarn wird aufrechterhalten, die neue Republik Tschechoslowakei (aus Böhmen, Mähren, Österreichischschlesien, dem nördl. Teil Ungarns) errichtet, Südtirol bis zum Brenner an Italien, Teile von Kärnten und Krain, Dalmatien, Kroatien, Bosnien, Slawonien und einige ungar. Komitate an Jugoslawien abgetreten; Fiume wird zum Freistaat erhoben. Siebenbürgen, Bukowina, Banat kommen an Rumänien, das auch beträchtl. Gebietsteile Ungarns erhält. Deutsch-Österreich bildet einen Bundesstaat; der Anschluß an das Dt. Reich wird untersagt (→Vorortverträge).

Saint-Germain (-en-Laye), Januaredikt von (1562). Gewährte den Hugenotten weitgehende Religionsfreiheit, unter der Bedingung, daß sie die kath. Feiertage beachteten und für ihre Versammlung die Erlaubnis der königl. Beamten einholten. Das Toleranzedikt war unter dem Eindruck des Religionsgesprächs von Poissy, des Einflusses der ref. Königin von Navarra, Jeanne d'Albret, des Kanzlers L'Hôpital, Colignys und der Königin Katharina von Medici zustande gekommen. Der Vorfall von Vassy, das sogenannte Blutbad (1. 3. 1562), führte zur Zurücknahme des Toleranzedikts.

Saint-Germain-en-Laye, Friede von (8. 8. 1570). Beendete den dritten Hugenottenkrieg in Frankreich. Sicherte den Hugenotten trotz deren Niederlagen bei Jarnac und Montcourton vollständige Amnestie und Gewissensfreiheit, ungehinderte Ausübung ihres Kultes für die Gebiete des Adels und eine Anzahl von Städten sowie vier Sicherheitsplätze (La Rochelle, La Charité, Montauban, Cognac) auf zwei Jahre, in einem Geheimartikel sogar Erstattung der Werbungskosten von 2 Millionen Livres durch König Karl IX. zu. Der Friede ließ einen hugenott. Staat im Staate entstehen und sollte durch die Ehe zw. Margaretha von Valois und Heinrich von Navarra besiegelt werden.

Saint-Germain-en-Laye, Friede und Vertrag von (29. 6./25. 10. 1679). Abgeschlossen zw. König Ludwig XIV. von Frankreich und Kurfürst Friedrich Wilhelm I. von Brandenburg, nachdem dieser durch den Frieden von Nimwegen (1679) isoliert war. Brandenburg erhielt einen kleinen schwed. Gebietsstreifen an der rechten Oderseite, den Verzicht Schwedens auf die hinterpommerschen Seezölle, eine Kriegskostenentschädigung von Frankreich in Höhe von 300 000 Talern, jährl. franz. Subsidien sowie eine Garantie Frankreichs für seinen ganzen Besitz. Kurfürst Friedrich Wilhelm mußte dafür auf seine schwedischen Eroberungen verzichten, verpflichtete sich, franz. Truppen auf zehn Jahre den Durchzug zu gewähren, bei der künftigen poln. Königswahl den franz. Kandidaten zu unterstützen und bei der künftigen Kaiserwahl für den Ausschluß der Habsburger und einen franz. Kandidaten einzutreten.
LIT. F. Fehling, Frankreich und Brandenburg in den Jahren 1679–84 (1906).

Saint-Quentin, Schlacht von (10. 8. 1557). Glänzender Sieg der span. Truppen unter Philibert Emanuel von Savoyen und Graf Egmont über die franz. Armee unter dem Herzog von Montmorency. Der Erinnerung dieses Sieges und dem Tagesheiligen, dem. hl. Laurentius, ist der Escorial gewidmet.

Saint-Simonismus. Von Claude Henri de Rouvroy, Comte de Saint-Simon (1760–1825) begründetes Lehr- und Lebenssystem eines utopischen Sozialismus. Grundlage der Gesellschaft ist die Industrie; Vermehrung des Wohlstandes soll durch Produktionsausdehnung und Ausschaltung der unproduktiven Klassen erfolgen: Verteilung des Eigentums nach Leistung, kein Erbrecht. In der neuen sozialen Ordnung des »Industrialismus« sollen Unternehmer, Wissenschaftler die Führungsschicht bilden, die die Erkenntnis der »positiven Wissenschaft« den Arbeitern in religiösen Sätzen vermittelt. Die gesellschaftl. Neuordnung soll evolutionär durch die herrschenden Schichten erfolgen. An der Spitze eines europ. Staatenbundes soll ein Parlament in Genf stehen. Die Grundformel des S.-S. hieß: »A chacun selon sa capacité, à chaque capacité selon ses œuvres.« Die wichtigsten Werke Saint-Simons sind: ›De la réorganisation de la société européenne‹ (1814); ›L'industrie‹ (1821–22); ›Catéchisme des industriels‹ (1824); ›Le Nouveau Christianisme‹ (1825). Nach dem Tod Saint-Simons unterstrichen seine Schüler Bazard und Enfantin stärker die sozialist. und religiösen Vorstellungen und gründeten eine saint-simonist. »Kirche«, zu deren wichtigsten Programmpunkten die »Emanzipation des Fleisches« und die »Emanzipation des Weibes« gehörten. Auf den Positivismus von Auguste Comte hat der S.-S. ebenso eingewirkt wie auf die Vorstellungen von Ferdinand Lesseps, der ein Schüler von Saint-Simon war, auf Proudhon, Marx und Engels und das Junge Deutschland. Auch die Förderung mancher Industrieprojekte (Bahnbau, Suezkanal), die Errichtung von Mustergütern und die Forderung nach allg. Berufsausbildung ist vom S.-S. beeinflußt.

LIT. StL VI, 1065–66; G. Weill, Saint-Simon et son œuvre (1894); ders., L'École saint-simonienne, son histoire, son influence jusqu'à nos jours (1896); C. Bougle, E. Halevy, Doctrine de Saint-Simon (1924); G. Brunet, Le Mysticisme social de Saint-Simon (1925); D. G. Charlton, Secular Religions in France 1815–70 (1963); Th. Ramm, Die großen Sozialisten als Rechts- und Sozialphilosophen I (1955) 210–287; W. Spieß, Recht und Staat bei Saint-Simon (1959); E. M. Butler, The Saint-Simonian Religion in Germany (1926).

Sakrileg (lat. sacrilegium, von sacra legere, Heiliges stehlen). Tempelraub, Gottesraub. Schändung, Zerstörung von geweihten Gegenständen bzw. Orten, Beleidigung geweihter Personen durch Wort oder Tat, im kath. Kirchenrecht und im staatl. Recht in bes. Strafen bedroht.

Sakristan →Mesner.

Sakristei (mlat. sacristia, zu lat. sacer, geweiht). Nebenraum der Kirche, Aufbewahrungsort liturg. Gewänder, Bücher und Gegenstände; im Barock wurde die S. häufig prunkvoll ausgestattet.

Säkularisation (von lat. saeculum, saecularis). Wort und Begriff S. sind in Gefahr, uferlos ausgedehnt und entleert zu werden. Die Umprägung des Begriffs S. zur philosoph., kulturgeschichtl. Kategorie ist seit dem 19. Jh. im Gange und schreitet zur zeitdiagnost., soziolog. und theolog. Kategorie weiter fort. Bei der erstmaligen Verwendung des Terminus S. in den Vorverhandlungen des Westfälischen Friedens wird darunter die ohne kirchl. Erlaubnis durch staatl. oder öffentl. Gewalt vollzogene Einziehung von Vermögen, Sachen, Territorien oder Institutionen aus kirchl. Herrschaft oder kirchl. Ge-

brauch zu profanen Zwecken verstanden. S. ist ein urspr. rechtl.-polit. Begriff. Angewendet wird der Begriff auf die von den Karolingern im 8.–9. Jh. vorgenommenen Zugriffe auf den Besitz der fränk. Kirche, auf die unter dem Einfluß der Reformation und im Zuge dynast. und territorialer Bestrebungen der Landesfürsten vom 16. bis zum frühen 19. Jh. durchgeführten Maßnahmen. Summarische Übersicht über S. des 16. Jh.: Umwandlung des Deutschordenslandes durch Albrecht von Brandenburg in das weltl. Herzogtum Preußen 1525; Einverleibung des Fürstbistums Utrecht in Burgund 1528; Aufhebung der Bistümer Brandenburg, Havelberg, Lebus durch die Markgrafen von Brandenburg, der Bistümer Meissen, Merseburg, Naumburg-Zeitz durch die Herzöge von Sachsen. Keine S. stellen die vor allem in der ersten Hälfte des 16. Jh. erfolgten Vereinigungen einiger reichsunmittelbarer Stifter mit Fürstbistümern dar (z. B. Prüm mit Trier 1530, Weißenburg mit Speyer 1546, Reichenau mit Konstanz 1535). Einen nur unzureichenden Schutz gegen die S. reichsunmittelbarer Territorien gewährte das Reservatum ecclesiasticum des Augsburger Religionsfriedens von 1555. Der Kampf um den Geistlichen Vorbehalt bzw. die »Freistellung« (z. B. Kölner Krieg, Straßburger Kapitelstreit, Vierklösterstreit) führte zur Lähmung der Reichsorgane und zur Gründung der konfessionellen Schutzbünde Union und Liga, schließlich mit dem böhm. Konflikt zum Ausbruch des Krieges 1618. Die Suspendierung des Restitutionsedikts (1635) und das kaiserl. Säkularisationsangebot an Brandenburg bedeuten den Anfang vom Ende der geistl. Staaten und die Einleitung der mit der Total-Säkularisation von 1803 abschließenden Reichsauflösung. Der Westfälische Friede (1648) bestätigte die S. als Restitution, Kompensation oder Satisfaktion, indem er polit. Notwendigkeiten und dem tatsächl. Konfessionsstand bis in den Kompromiß einer Teilsäkularisation des Fürstbistums Osnabrück (Alternatio Osnabrugensis) Rechnung trug. Normaljahr und Kaiserliche Wahlkapitulation bildeten in den letzten einhundertfünfzig Jahren nur einen unzureichenden Schutz gegen Säkularisationspläne und verschieden weit gediehene Säkularisationsbestrebungen. Für diese Säkulari-

sationsbestrebungen sind charakteristisch:
a) der Expansions- und Arrondierungswille der weltl. Territorien verbunden mit innerem Reformstreben;
b) die Abwertung geistl. Staaten zu »polit. Brandsalben«;
c) die Verquickung von Säkularisationsplänen, Konversionsabsichten, kirchl. Reunionsversuchen und dynast. Reichskirchenpolitik;
d) die innere »Säkularisationsbereitschaft« geistl. Staaten, der nachlassende Wille des Papsttums und Kaisertums, die geistl. Staaten zu verteidigen.
Starke Impulse zur S. gingen von der Publizistik der Aufklärung und dem aufgeklärten Staatskirchentum (→Josephinismus) aus.
Nach dem zur Zeit des Österreichischen Erbfolgekrieges von Friedrich II. zugunsten des Wittelsbacher Kaisers Karl VII. lancierten Säkularisationsprojekt sollte Bayern u. a. durch S. der Fürstbistümer Salzburg, Freising, Regensburg, Eichstätt und Augsburg vergrößert, Österreich durch das Hochstift Passau entschädigt werden. Preußen hoffte dabei auf die S. von Breslau und Münster. Dieser Säkularisationsplan konnte ebenso wie Säkularisationsprojekte während des Siebenjährigen Krieges abgewehrt werden. Der Anstoß zur Totalsäkularisation von 1803 im Reich ging von der Franz. Revolution aus.
Auf Antrag Talleyrands wurde am 2. 11. 1789 das Kirchengut zum Nationaleigentum erklärt, mit der Auflage, der Staat habe die Kosten des Kultus, den Unterhalt der Kirchendiener und die Armenpflege aufzukommen. Die Konstituierende Nationalversammlung hob 1790 und 1792 insgesamt 51 Bistümer, alle Kirchenstellen ohne Seelsorge, sowie sämtliche religiösen Gemeinschaften und die päpstl. Gebiete Avignon und Venaissin auf; 1798 bzw. 1808 wurde der Kirchenstaat säkularisiert. Mit dem Napoleonischen Konkordat von 1801 erhielt die Kirche die noch nicht veräußerten Kirchengebäude zurück, mußte jedoch auf bereits eingezogenes Kirchengut verzichten. Die Vorgänge in Frankreich bedrohten zunächst aus einer Reihe von Gründen die benachbarten geistl. Fürstentümer Basel, Straßburg, Speyer, dann infolge der Emigrantenpolitik und der Koalitionskriege auch andere geistl. Staaten. Die im Baseler Separatfrieden Preußen garantierten rechtsrhein. Entschädigungen und die Bestimmungen des Friedens von Campo Formio (17. 11. 1797) liefen auf rechtsrhein. S. hinaus. Im Frieden von Lunéville (7. 3. 1801) wurde das Reich zur Abtretung der linksrhein. Gebiete und zur Entschädigung linksrheinisch depossedierter Erbfürsten »aus dem Schoß des Reiches« gezwungen, was eine S. implizierte. Die Entschädigungs- und Säkularisationspläne der vermittelnden Mächte Frankreich und Rußland nahm die Reichsdeputation zu Regensburg mit geringen Änderungen als →Reichsdeputationshauptschluß an (25. 2. 1803). Danach wurden, nachdem die Erbfürsten schon vorher S. eingeleitet hatten, sämtliche reichsunmittelbaren geistl. Territorien mit Ausnahme der Malteser (→Johanniter) und des Deutschen Ordens (aufgehoben 1809) sowie des aus geistl. Restgebieten unter Dalberg neugeschaffenen Kurerzkanzlerstaates (7. 3. 1810 dem Königreich Bayern zugesprochen) säkularisiert. Neben dieser polit. oder reichsständischen S. wurde aber auch eine vermögensrechtl. oder Gütersäkularisation durchgeführt. Die S. von 1803 führte als »Fürstenrevolution« zur Beseitigung der Reichskirche, zum Ende des Reiches, aber auch zum Ausbau des bürokrat. Staatskirchentums. Andererseits machte sie die Kirche frei von dem histor. Ballast, bereitete dem »Ultramontanismus« und päpstl. Zentralismus den Boden.
LIT. StL VI, 1070–75; RGG V, 1280–88; LThK VI, 248–53; Sacramentum Mundi V, 353–59; Gebhardt-Grundmann II u. III; Spindler II u. III; HKG V (1970); H. Raab, Der Untergang der Reichskirche, 533 bis 554. In: HKG (1970; mit ausführl. Lit.); A. Langner (Hrsg.), S. und Säkularisierung im 19. Jh. (1978); W. Schieder, W. Kube, S. und Mediatisierung. Die Veräußerung der Nationalgüter im Rhein-Main-Departement 1803–1813 (1987).

Salamis, Seeschlacht von (480 v. Chr.). Sieg der griech. Flotte über die persische, die erste entscheidende Seeschlacht der Weltgeschichte; die Perser wurden zum Rückzug gezwungen.

Salariengeld (von lat. salarium). In Preußen 1748 eingeführte Steuer zur Deckung der durch die Justizreform erhöhten Ausgaben für Richtergehälter.

Salarium (lat., Salzgeld). Freiwillig ausgesetzter Unterhaltsbeitrag seit der späten röm. Republik (vgl. franz. salaire: Lohn, Arbeitslohn, Gehalt von Beamten und Offizieren).

Salbung. In der Antike waren Salbungen zur Pflege des Körpers weit verbreitet. In der frühen Christenheit wurde die S. zum sakramentalen Zeichen: Krankensalbung, bei der Taufe, der Firmung, der Priesterweihe. Aus verschiedenen Motiven, vor allem aus der Nachahmung alttestamentl. Königssalbungen (Saul, David, Absolon, Salomon) wurden S. seit der Karolingerzeit auch den Herrscherweihen und Krönungen eingefügt, zunächst bei der Krönung Pippins I., und bis in die NZ beibehalten.
LIT. LThK IX, 259–61; E. Müller, Die Anfänge der Königssalbung im MA. In: HJB 1938.

Salesianer. Verschiedene Kongregationen:
a) Die Oblaten des hl. Franz von Sales (1567–1622), gegr. 1873.
b) Von Don Bosco (1815–88) zu Turin gegr. Genossenschaft von Priestern (1857), die sich bes. der verlassenen Jugend annimmt.

Salesianerinnen, auch **Visitantinnen.** Auf Anregung des hl. Franz von Sales von Johanna Franzisca Frémiot de Chantal 1610 zunächst zum Dienst an Armen und Kranken gegr. Genossenschaft von der Heimsuchung Mariens, seit 1618 Orden nach der Augustinerregel, vor allem im Dienst der Erziehung und Unterweisung der weibl. Jugend, im franz. Sprachgebiet verbreitet.
LIT. LThK IX, 263ff.; RGG V, 1134f.; E. J. Lajeunie, Saint François de Sales. 2 Bde. (1966; dt. 1975).

Salisches Gesetz →Lex Salica.

Salmann (ahd. saljan, übergeben). Im älteren dt. Recht Bez. für eine Person, der ein Recht übertragen wurde, und zwar in eigenem Namen, jedoch in fremdem Interesse und zum Besten des Treugebers. Im MA diente der S. vor allem als Ersatz für den ursprünglich fehlenden »unmittelbaren Stellvertreter« sowie für den Vollzug von letztwilligen Verfügungen. Aus dem S. entwickelte sich im Laufe der Zeit der Testamentsvollstrecker.
LIT. L. Ennecerus, Th. Kipp, H. Coing, Lehrbuch des Bürgerl. Rechts, 5: Erbrecht ([10]1955).

Salon (ital. salone, Saal; franz. salle). Empfangs- und Gesellschaftszimmer. S. spielten im 17./18. Jh. bei der Verbreitung der Mode, literarisch-künstler. Strömungen, wissenschaftl. und polit. Ideen eine wichtige Rolle. Die geistesgeschichtl. bedeutendsten S. waren: Rambouillet, La Rochefoucauld, Maintenon, Tencin, Geoffrin, Deffand, Lespinasse. Die meist von schöngeistig interessierten Damen in ihren Privathäusern arrangierten Zusammenkünfte (S.) hatten die Funktion von literar. Gesellschaften und Kulturzentren.
LIT. L. Riese, Les salons littéraires parisiens (1962); P. Wilhelmy, Die Berliner S. im 19. Jh. (1780–1914) (1989).

Salpeterer. Kath. Laienbewegung nach dem Salpetersieder Johann Fridolin Albiez genannt, die in der Gegend von St. Blasien und Waldshut sich gegen den Josephinismus und das badische Staatskirchentum wandte.
LIT. H. Hansjacob, Die S., eine politisch-religiöse Sekte auf dem südöstl. Schwarzwald ([2]1867); J. Ebner, S. des 18. Jh. (1953).

Salve regina (lat., Sei gegrüßt, Königin). Anfang eines wahrscheinlich von Bischof Aimar von Le Puy (Ende 11. Jh.) oder Petrus von Compostela verfaßten marian. Lobgesangs, in der kath. Kirche sehr verbreitet.
LIT. LThK IX, 281f.

Salzburger Emigranten. Die im Zug der Gegenreformation aus dem Erzstift Salzburg ausgewiesenen Protestanten, vor allem in der Zeit des Fürsterzbischofs Leopold Anton von Firmian (1727–44).
LIT. G. Mecenseffy, Geschichte des Protestantismus in Österreich (1956); F. Martin, Salzburgs Fürsten in der Barockzeit ([3]1966); G. Florey, Bischöfe, Ketzer, Emigranten. Der Protestantismus im Lande Salzburg von seinen Anfängen bis zur Gegenwart (1967); A. Marsch, Geschichte der S. und ihre Emigration 1731/32 (1977).

Salzburger Kongreß (1770–72). Zusammenkunft der Vertreter der Bischöfe von Chiemsee, Freising, Regensburg, Passau, Eichstätt, Würzburg, Augsburg und Salzburg. Ziel des Kongresses war die Abwehr des bayer. Staatskirchentums und die Aufstellung eines episkopalist.-febronian. Reformprogramms (→Episkopalismus; →Febronianismus).
Die Verwirklichung der hauptsächlich von dem Salzburger Domdekan und späteren Bischof von Chiemsee, Graf Ferdinand Christoph zu Zeil, entwickelten Vorschläge scheiterte an der schwierigen Rechtslage, der mangelnden Ge-

schlossenheit des kurbayer. Episkopats und an der bayer. Kirchenpolitik.
LIT. G. Pfeilschifter-Baumeister, Der S. K. und seine Auswirkungen, 1770–77 (1929); HKG V (1970); Spindler II (1969).

Salzregal. Ausschließl. Recht der Fürsten auf Salzgewinnung auf Grund der Goldenen Bulle (→Regalien); bes. ertragreich in Bayern und Österreich. Dem fiskal. Salzerzeugungsrecht in Bayern und Österreich entsprach in Preußen das Salzhandelsmonopol.
LIT. H. Wanderwitz, Das ma. Salzwesen in Bayern (1983).

Sanatio in radice (lat., Heiligung in der Wurzel). Im kath. Eherecht eine Form, ungültige Ehen zu ordnen.

Sancta Sanctorum.
[1] Seit Anfang des 9. Jh. Bez. für einen päpstl. Reliquienschatz in der päpstl. Laurentiuskapelle zu Rom, beim Sacco di Roma geplündert.
[2] Bez. für die Laurentiuskapelle im Lateran-Palast (eigentlich: **Basilica ad Sancta Sanctorum**).
LIT. LThK IX, 308–09.

Sancta simplicitas. Heilige Einfachheit: in der Patristik von Hieronymus u. a. auf die einfache Sprache der Apostel bezogen, in der NZ meist abwertend bedauernd im Sinne von »Oh, heilige Einfalt!« gebraucht.

Sanctum Officium. Offizielle Bez. Sacra Congregatio Sancti Officii; Kardinalskongregation, dient dem Schutz der Glaubens- und Sittenlehre der kath. Kirche.

Sanktion.
[1] Allg.: Rechtsverwirklichung durch den Gesetzgeber, Überleitung eines Gesetzentwurfs in verbindl. Recht.
[2] Rechtsverwirklichungsgarantie. Vorschrift bzw. Strafandrohung zur Gewährleistung der Ausführung von Rechtsvorschriften.
[3] Grundlegendes Gesetz wie z. B. die Pragmatische Sanktion.
[4] Strafmaßnahme eines Staates oder einer Gruppe von Staaten (Völkerbundstaaten, UNO) bei Verletzung des Völkerrechts, drohendem Angriff, Friedensbedrohung.

Sansculotten (franz., der keine Kniehosen trägt, statt dessen lange Hosen). Ohnehosen; Schlagwort, aufgekommen zu Beginn der Franz. Revolution für radikale Patrioten, Republikaner, bald allg. verbreitet für Radikalisten jeder Art.

LIT. W. Markow, A. Soboul, Die S. von Paris (1957).

Sansculottismus. Polit. Bewegung zur Aufhebung sozialer Unterschiede; auch polit. Schlagwort zur Bezeichnung von radikalen, auf soziale Gleichheit zielenden Bestrebungen. Pestalozzi z. B. unterscheidet zwischen moral. und polit. Sansculottismus.

San Stefano, Friede von (türk. Yesilköy). Vorort von Konstantinopel, in dem am 3. 3. 1878 der russ.-türk. Friede geschlossen wurde; abgeändert durch den Berliner Kongreß.

Sapere aude. Wage, die Vernunft zu gebrauchen; nach Horaz, Episteln 1, 2, 40. Wahlspruch der Aufklärung, von I. Kant und anderen gegen wirklichen und vermeintlichen Obskurantismus ins Feld geführt.

Sarabaiten. Mönche, die zu zweit oder dritt ohne Regel und Obere in Städten lebten, im 4./5. Jh. stark verbreitet, von Benedikt von Nursia u. a. wegen ihrer Disziplinlosigkeit bekämpft, bald ohne Bedeutung.

Sarazenen. Seit dem Vordringen der Araber in den Mittelmeerraum Sammelbez. für alle Araber und Muslims, später auch für die Türken und »Ungläubige« überhaupt.

Sarkophag. Meist kunstvoll verzierter Sarg aus Stein, Ton, Metall, Holz; die Wände oft reliefgeschmückt. Die Form des S. wechselt.
LIT. F. Gerke, Die christl. S. der vorkonstantin. Zeit (1940).

Sasbach, Schlacht bei (27. 7. 1675). Sieg der österreich. Truppen unter Montecuccoli über die auf das rechte Rheinufer vorgedrungene franz. Armee. Die tödl. Verwundung Turennes in dieser Schlacht besiegelte die Niederlage der Franzosen. Condé konnte jedoch die ins Elsaß vorgedrungenen Österreicher zurückwerfen.

Satellitenstaat. Staat, der zwar formell unabhängig ist, tatsächlich aber in seiner ganzen Politik von einer Großmacht bestimmt wird.

Satemsprachen →Kentumsprachen.

Satrap. Provinzstatthalter im Perserreich.

Saturnalien. Altes röm. volkstüml. Fest zu Ehren des (urspr. etruskischen [?]) Gottes Saturnus, zuerst am 17. 12. gefeiert, später auf sieben Tage ausgedehnt mit Festessen, ausgelassenem Treiben und Gleichheit zw. Herren und Sklaven.

LIT. K. Latte, Röm. Religionsgeschichte (1960).

Sax →Schwert.

Saxa loquuntur (lat., Die Steine reden). Sprichwörtl. Redewendung nach Lukan, Pharsalia 6, 618 und Lukas 19, 40.

Sbirren (ital., Häscher). In Italien, bes. im Kirchenstaat, die Vollzugsbeamten der Gerichts- und Polizeibehörden.

Scabinus →Schöffe.

Scabinatus. Amt eines Schöffen.

Schaltjahr (lat. annus bissextus, annus bissextilis). Das Jahr des Julian. Kalenders, das alternierend mit drei Gemeinjahren (anni communes; →Jahr) eintritt und um einen **Schalttag** (dies intercalaris) vermehrt ist, damit der Unterschied zw. dem trop. Sonnenjahr und dem Julian. Jahr ausgeglichen wird. Das Gemeinjahr hat 365, das S. 366 Tage. Der dabei vernachlässigte Unterschied zum Sonnenjahr wird dadurch ausgeglichen, daß innerhalb von 400 Jahren je drei Schalttage ausfallen. Als Schalttag galt im MA, ohne Zählung, der Tag nach dem 24. Februar.

LIT. Grotefend I, 105; Clavis mediaevalis 217f.

Schamade (aus lat. clamare, rufen, über ital. chiamare). Trommel- oder Truppensignal zu Rückzug oder Festungsübergabe.

Scharteke (von carta, Urkunde). Bez. für altes Buch, weil Pergamentblätter zum Einband verwendet wurden.

Scherbengericht →Ostrakismos.

Schibboleth. Hebräisches Wort, das infolge seiner Aussprache zum Kennzeichen wurde, im übertragenen Sinn als Losung, Kennzeichen gebraucht.

Schied →Abschied.

Schiiten. Mohammedan. Sekte, die sich im 7./8. Jh. bildete und vor allem in Persien zahlreiche Anhänger fand. Neuplaton. und buddhist. Strömungen übten auf die Glaubenslehre der Schiiten einen starken Einfluß aus. Es bildeten sich verschiedene radikale Gruppen, die sich zum Teil gegenseitig, vor allem aber die Sunniten bekämpften. In Persien wurde der Schiitismus mit der Thronbesteigung der Safawiden Staatsreligion. Eine der Hauptkonfessionen des Islam.

Schild.
[1] Schutzwaffe des Ritters.
[2] Begriff der Heraldik. S. und Helm sind die wichtigsten Bestandteile des Wappens. Der S. wegen seiner Flächigkeit bes. für die Anbringung des Wappens als Erkennungszeichen des Einzelkämpfers geeignet. Der S. kann als Wappen auch alleine stehen, so vor allem in der neuzeitl. Heraldik bei Staats- und Städtewappen. Die Schildform ist mehr oder weniger eine Dreiecksform. Betrachtung und Beschreibung des S. (Blasonierung) gehen vom Standpunkt des Schildträgers aus, d. h. heraldisch rechts ist in der Sicht des Betrachters und in der Abbildung links. Das Wappenbild im S. wird von Farben (Gold und Silber = Metalle; Schwarz, Rot, Blau, Grün) und Figuren gebildet. Heraldische Regel: »Metall auf Farbe, Farbe auf Metall.« Als »gemeine Figuren« können alle heraldisch darstellbaren Erscheinungen der Natur, Kultur sowie Phantasiewesen dienen: z. B. Baum, Stern, Krone, Beil, Einhorn, Drache, Lilie usw. Als Heroldsstücke (Heroldsbild →Heraldik) bezeichnet man die für das Wappen charakterist. Schildteilung bzw. die durch verschiedene Linien und Farben aus dem Schild herausgeschnittenen geometr. Figuren.

Schildteilung. a) gespaltener S. (senkrechte Teilung); b) geteilter S. (waagrechte Teilung). Die Schildteilung dient zur Unterbringung mehrerer Figuren in einem Wappen.

LIT. →Heraldik; Clavis mediaevalis 218ff.; A. von Brandt, Werkzeug des Historikers (1966) 147ff. (mit weiterer Lit.).

Schildbürger. Nach dem Ortsnamen Schildau geprägte Bez., vielfach mit **Spießbürger** identisch. Syn. Krähwinkler.

Schildbürgerstreich. Durch Ch. M. Wieland beflügelte Bez. für närrisches Bürgertreiben.

Schilling (mlat. solidus). Rechnungseinheit in der Münzordnung Karls d. Gr.: 1 Pfund Silber hatte 20 Schillinge (solidi), der Schilling 12 Denare (= Pfennige), die Mark 16 Schillinge und 192 Denare. Im 14. Jh. wurde der Schilling von England übernommen und im übrigen Europa als Scheidemünze geprägt; seit 1924 österreich. Währungseinheit.

Schisma. Spaltung, vor allem auf Grund einer anderen Lehre, gegen Einheit und Autorität der Kirche gerichtet. S. ist fast stets auch mit Häresie verbunden. Das S. des Photios trennte nach einem schon mehr als 300 Jahre anhaltenden Entfremdungsprozeß die morgenländ. Kirche von Rom (Morgenländisches S.) und wurde mit der Niederlegung der Exkommunikationsbulle gegen den Patriarchen von Konstantinopel durch den Legaten Humbert von Silva Candida in der Sophienkirche endgültig. Von den zahlreichen übrigen meist durch zwiespältige Papstwahlen und Gegenpäpste verursachten S. ist das für die europ. Geschichte und die Kirchengeschichte folgenschwerste das große Abendländische S. (1378–1417 bzw. 1449), hervorgerufen durch die Doppel-Papstwahl von 1378 und die Nachwirkungen des Avignoneser Exils.

LIT. LThK IX, 404–06; HKG III, 2 (1968); J. B. Morrall, Gerson and the Great Schism (1960); K. Böhmer, Das S. von 1054 im Lichte der byzantin. und fränk.-dt. Reichspolitik. In: Sapienter ordinare. Festschr. für E. Kleineidam (1969) 317–36; M. Harvey, Solutions to the Schism. A study of some English attitudes 1378 to 1409 (1983).

Schlachta (poln. szlachta). Der poln. niedere Adel mit kleinem Grundbesitz, beherrschte zusammen mit den Magnaten dank seiner Privilegien seit dem Aussterben der Jagiellonen das in Anarchie versinkende Polen, wirkte bei den poln. Königswahlen entscheidend mit, hatte Sitz und Stimme im poln. Reichstag und das Veto bei der Gesetzgebung.

Schlagwort. Treffendes Wort; Wort, das eine Situation schlagartig erhellt; sehr stark gefühlsgeladen, für bestimmte polit. Richtungen und Tendenzen kennzeichnend (»Fahnenwort« nach W. Stammler), zeitgebunden und schnell verwelkend, vielfach auch während des Gebrauchs in das Gegenteil verkehrt, stets in der Bedeutung schwankend, unklar und mißverständlich. Die Bedeutung der **Schlagwortforschung** für die polit. Geschichte und die Ideengeschichte ist offenkundig. Bedeutende S., z. B. »Freiheit«, »Brüderlichkeit«, »ultramontan«, »Obskurantismus«, »Mainlinie«, »großdeutsch«, »Volk ohne Raum« usw., haben den histor. Ablauf entscheidend beeinflußt, andere haben den Schlagwortcharakter verloren.

LIT. O. Ladendorf, Histor. Schlagwörterbuch (1968); F. Lepp, Schlagwörter des Reformationszeitalters. In: Quellen und Darstellungen aus der Geschichte des Reformationszeitalters ([8]1908); F. Schramm, Schlagworte der Alamodezeit. In: Beiheft zur Zeitschr. für dt. Wortforschung (1914); R. Rotheit, Kernworte des Weltkrieges (1916); W. Bauer, Das S. als sozialpsych. und geistesgeschichtl. Erscheinung. In: HZ 122 (1920) 189–240; W. Stammler, Polit. Schlagworte in der Zeit der Aufklärung. In: Festschrift W. Goetz (1948) 199–259; H. Raab, Zur Geschichte und Bedeutung des Schlagwortes »ultramontan« im 18. und frühen 19. Jh. In: Histor. Jahrbuch 81 (1962) 159–173; ders., Kirchengesch. im S. in Annuarium Historiae Conciliorum 8 (1976); K. Pätzold u. M. Weißbecker, Schlagwörter u. Schlachtrufe aus zwei Jh. deutscher Geschichte (2002).

Schlesische Kriege. Bez. für die drei Kriege, die Friedrich II. gegen Maria Theresia hauptsächl. um den Besitz Schlesiens und um eine preuß. Großmachtstellung geführt hat. Der Dritte S. K. wird besser als → Siebenjähriger Krieg bezeichnet.

[1] **Erster S. K.** (1740–42). Nach dem Tod seines Vaters, Friedrich Wilhelms I. (reg. 1713–40), setzte der auf Arrondierung und Vergrößerung Preußens bedachte Friedrich II. die traditionelle, auf Erwerb der jülich-berg. Lande gerichtete Politik zunächst fort, da allg. mit einem baldigen Ableben des Pfälzer Kurfürsten und einem Erbfolgestreit um Jülich-Berg gerechnet wurde. Der unerwartet frühe Tod Kaiser Karls VI. (20. 10. 1740) rückte jedoch die Erbfolge der Maria Theresia (→ Pragmatische Sanktion, → Österreichischer Erbfolgekrieg) in den Vordergrund der großen europ. Politik und veranlaßte Friedrich II., histor. und rechtlich schlecht begründete Ansprüche auf Schlesien anzumelden. Der nach dem Scheitern der Verhandlungen erfolgte Einmarsch preuß. Truppen in Schlesien (16. 12. 1740) eröffnete den Ersten S. K. und damit ein hartnäckiges Ringen um den Besitz Schlesiens, die Vorherrschaft im Reich und die Großmachtstellung Preußens. Friedrich II. gelang es, ein österreich. Heer bei Mollwitz (10. 4. 1741) zu besiegen. Mit dem am 4. 6. 1741 zu Breslau abgeschlossenen Bündnis mit Frankreich wurde der S. K. mit dem Österreichischen Erbfolgekrieg verquickt, Preußen der Erwerb Schlesiens zugesagt, indes Friedrich II. auf seine Ansprüche auf Jülich-Berg verzichtete und sich zur Unterstützung der Wahl des Kurfürsten Karl Albrecht von Bay-

ern zum Kaiser (Karl VII.) verpflichtete. Doch zögerte Friedrich nicht, mit der Konvention von Klein-Schnellendorf (9. 10. 1741) gegen die Einräumung von Neisse und schles. Winterquartiere den Abzug des österreich. Heeres unter Neipperg zu gestatten. Die Bekanntgabe der Konvention durch die Österreicher nützte er zur Wiederaufnahme des Krieges. Nach dem preuß. Sieg bei Chotusitz (17. 5. 1742) und unter dem Druck des gegen Frankreich, Sachsen und Bayern zu führenden Krieges schloß Maria Theresia mit Friedrich II. den Präliminarfrieden von Breslau (11. 6. 1742) und den Frieden von Berlin (28. 7. 1742). Schlesien, einschließlich Glatz, jedoch ohne die südwestl. Gebiete mit Jägerndorf, Troppau und Teschen, wurde an Preußen abgetreten.

[2] **Zweiter S. K.** (1744/45). Die militär. Erfolge Österreichs im Österreich. Erbfolgekrieg gegen Frankreich und die Furcht vor einem Anwachsen der habsburg. Macht bestimmten Friedrich zu einer neuen Allianz mit Frankreich (5. 6. 1744) und zum Einfall in Böhmen, womit der Zweite S. K. begann. Nach der Eroberung Prags (16. 9. 1744) wurde die Situation Preußens mit dem Abschluß der aus den Seemächten und Sachsen bestehenden Warschauer Quadrupelallianz (8. 1. 1745), dem Tod des Wittelsbacher Kaisers Karl VII. (20. 1. 1745) und dem Abschluß des Friedens von Füssen zw. Bayern und Österreich schwierig. Der Sieg von Hohenfriedberg (4. 6. 1745) über ein nach Mittelschlesien vorgedrungenes österreich.-sächs. Heer verbesserte zwar die Lage, brachte aber nicht den Frieden. Erst nach den preuß. Siegen bei Soor (30. 9. 1745) und Kesselsdorf (15. 12. 1745) entschloß sich Maria Theresia zum Frieden, der am 25. 12. 1745 in Dresden zustande kam und Preußen im Besitz Schlesiens bestätigte. Der inzwischen in Frankfurt zum röm. Kaiser gewählte Gemahl Maria Theresias, Franz I., wurde von Friedrich II. anerkannt. Der Dresdener Friede wurde unter die Garantie Englands und des Reiches gestellt.

LIT. Gebhardt-Grundmann II; A. Berney, Friedrich d. Gr., Entwicklungsgeschichte eines Staatsmannes (1934); M. von Hoen, Der 1. und 2. S. K. auf Grund der beiderseitigen Generalstabswerke mit Benutzung der Akten des k.

u. k. Kriegs-Archivs (1907); P. Rassow, Die Angliederung Schlesiens an Preußen 1740 in ihrer Bedeutung für das System der Großen Mächte. In: Osteuropa und der dt. Osten II, Heft 1 (1953); M. Schlenke, England und das friderizianische Preußen 1740–63 (1963).

Schloßfreiheit. Platz um ein Schloß mit bes. Privilegien, Freiheiten, begabt.

Schlußprotokoll →Eschatokoll, →Urkunde.

Schmalhans. Seit der Mitte des 17. Jh. Personifikation des Hungers. In dieser Zeit kommt das Sprichwort auf: »Da ist S. Küchenmeister.«

Schmalkaldischer Bund (1531–46). Verteidigungsgemeinschaft von Fürsten und Städten der Augsburger Konfession (→Confessio Augustana) zur Abwehr der Folgen des Reichstagsabschieds von Augsburg (1530), zunächst zw. Kursachsen, Braunschweig, Hessen u. a., sowie acht oberdt. Reichsstädten (darunter Straßburg, Konstanz, Ulm) und 3 Hansestädten auf 6 Jahre geschlossen, traten dem Bund bald weitere Fürsten und Städte bei. In der ›Verfassung zur eilenden Hilfe und Gegenwehr‹ (23. 12. 1535) fand der Bund seine innere Organisation. Der Bund, der bald zur stärksten innerdt. Macht wurde, rief auf kaiserl.-kath. Seite die Gründung eines Gegenbundes, der Nürnberger Liga (1538) hervor. Der fähigste Politiker des S. B., Landgraf Philipp von Hessen, beraubte sich mit seiner Doppelehe der polit. Handlungsfreiheit und suchte in einem Geheimvertrag (1541) den Ausgleich mit Kaiser Karl V. In den Krieg Karls V. mit dem Herzog von Kleve um Geldern (1543) griff der S. B. nicht ein und erlaubte damit eine Festigung der kaiserl. Macht im Westen des Reiches. Mit dem Frieden von Crépy zw. dem Kaiser und König Franz I. verlor der Bund einen möglichen Rückhalt an Frankreich. Ein fünfjähriger Waffenstillstand mit den Türken unter Verzicht auf Ungarn und ein Bündnis mit Papst Paul III. (Mai 1545) sowie der Übertritt einiger luth. Fürsten, vor allem des Herzogs Moritz von Sachsen, auf die Seite des Kaisers boten die Voraussetzungen, zum Schlag gegen die Schmalkaldener auszuholen. →Schmalkaldischer Krieg.

LIT. E. Fabian (Hrsg.), Die Schmalkaldischen Bundesabschiede 1530–36. 3 Bde. (1958); ders., Die Beschlüsse der oberdt. Schmalkaldischen Städtetage

1530–36. 3 Bde. (1959–60); ders., Die Entstehung des S. B. und seiner Verfassung (²1962); G. Dommasch, Die Religionsprozesse der rekursierenden Fürsten und Städte und die Erneuerung des S. B. 1534–36 (1961); W. Metzger (Hrsg.), Die Schmalkaldischen Artikel (²1977).

Schmalkaldischer Krieg. Nach der Ächtung der beiden Führer des Schmalkaldischen Bundes, des Kurfürsten Johann Friedrich von Sachsen und des Landgrafen Philipp von Hessen, zogen diese Kaiser Karl V. nach Oberdtl. entgegen, nutzten aber diese militär. Überlegenheit nicht zu einer Entscheidungsschlacht, sondern ließen dem Kaiser Zeit, die Truppen des Ottavio Farnese und des Alexander von Büren an sich zu ziehen. Der Einfall König Ferdinands I. und Herzog Moritz' von Sachsen in Kursachsen (30.10.1546) zwang die Schmalkaldener zum Abzug aus Oberdtl. und ermöglichte es dem Kaiser, die oberdtl. Städte, das Herzogtum Württemberg und Kurköln zu unterwerfen und Kurfürst Hermann von Wied zur Resignation zu zwingen. Der Sieg des Kaisers in der Schlacht bei Mühlberg an der Elbe (24.4.1547), die Gefangennahme des Kurfürsten von Sachsen und die Unterwerfung Philipps von Hessen beendeten den S. K. und führten die Auflösung des Bundes herbei, doch konnte Kaiser Karl V. den Sieg nur zu einem geringen Teil polit. nutzen.
LIT. J. G. Jahn, Geschichte des Schmalkaldischen Krieges (1837); K. Brandi, Kaiser Karl V. (1937–41).

Schmerzensmann. Darstellung des leidenden Christus, auch Erbärmdebild, Ecce homo genannt.

Schöffe (ahd. sceffino, zu schaffen, gestalten, vollbringen; lat. scabinus, scavio).
[1] Laienrichter.
[2] Ländlicher Gemeinderat in der altpreuß. Gemeindeverfassung.
Der ma. Schöffe war ehrenamtl. Laienrichter, von den Grafen oder Missi aus den angesehenen Dingpflichtigen, später aus bestimmten Schichten (→ Schöffenbarfreie) ausgewählt. Im Laufe des MA wurde der Schöffe in die Niedergerichtsbarkeit abgedrängt und verschwand seit der Rezeption fast ganz.

Schöffenbank. Platz der Schöffen.

schöffenbar. Zum Schöffen wählbar.

Schöffenbarfreie. Nach dem Sachsenspiegel die zum Schöffenamt und Waffendienst fähige Bauer mit Erbbesitz über drei Hufen, auch allg. der Edelfreie, Ministeriale mit Vorbehalt der Schöffenbarkeit.

Schöffengericht. In karoling. Zeit das Hundertschaftsgericht (→Zentgericht), später Gericht aus Richtern und Schöffen.

Schola.
[1] Schule; Studium, Vorlesung.
[2] In der röm. Kaiserzeit und Byzanz eine milit. Abteilung, insbes. der persönl. Leibwache des Kaisers.

Schola cantorum (Scola cantorum).
[1] Päpstl. Singschule in Rom; nach röm. Vorbild gab es an jeder bedeutenden Kirche im MA eine schola cantorum.
[2] Eine Sängergruppe, die Gregorianische Melodien sang.
Die Schola verschwand in den großen Kirchen mit dem Aufkommen der Mehrstimmigkeit und der Solisten.

Scholae Palatinae. Berittene Leibgarde seit Konstantin d. Gr.

Scholaren (lat. scholares). Angehörige der Schola; spätlat., Gardesoldaten, zur Leibwache des Kaisers gehörend; Gefolgschaft; Schüler.

Scholastik (von griech. scholé; lat. schola, Schule). Schulwissenschaft. Die in den Schulen des MA entwickelte und bis zum Durchbruch des Humanismus im 15. Jh. herrschende Philosophie und Theologie. In der S. verschmelzen das Erbe der Patristik, der antiken Philosophie (bes. Aristoteles) und arab.-jüd. Einflüsse.
Die **Frühscholastik** (800–1200), charakterisiert durch die lectio, mit den bedeutenden Vertretern Alkuin, Hrabanus Maurus, Johannes Scotus Eriugena, Anselm von Canterbury, Petrus Abaelard hatte ihre Zentren in Auxerre, Corbie, St.-Germain-des-Prés, St. Gallen und seit Beginn des 12. Jh. in den Stadtschulen von Salerno, Montpellier, Bologna, Laon, Chartres, Reims, Paris, Toledo, Canterbury.
Die **Hochscholastik** (1200–1300), charakterisiert durch die quaestio und die Aristotelesrenaissance, blühte an den Universitäten des 13. Jh., Bologna, Oxford, vor allem aber Paris, getragen von den Bettelorden der Dominikaner und Franziskaner. Hauptvertreter waren Albertus Magnus, Thomas von Aquin, Bonaventura, Siger von Brabant, Heinrich von Gent.

Die **Spätscholastik** 1300–1500, als deren Kennzeichen man die disputatio genannt hat, wird repräsentiert durch Johannes Duns Scotus, Wilhelm von Ockham. Die Spätscholastik zerstörte sich im Nominalismus und durch Übersteigerung ihrer Methoden selbst. Eine neue Blüte erlebte die S. im 16. und 17. Jh. in Spanien mit F. de Suarez, Vitoria, der Schule von Salamanca und in Italien mit Kardinal Cajetan. Im 19. Jh. erfuhr die S. eine Wiedergeburt in der Neuscholastik.
Für die scholast. Denkweise ist bezeichnend die systemat. Vereinigung von ratio (Rationalität des natürl. Denkens) und auctoritas (Autorität der Kirchenlehrer).
LIT. B. Geyer, Die patrist. und scholast. Philosophie ([11]1928); M. Grabmann, Thomas von Aquin. Eine Einführung in seine Persönlichkeit und Gedankenwelt ([7]1949); M. Grabmann, Geschichte der scholast. Methode. 2 Bde. (Neudr. 1955); J. Hirschberger, Geschichte der Philosophie I ([3]1957); H. A. Obermann, Spätscholastik und Reformation. 2 Bde. (1965, [2]1979); J. de Vries, Grundbegriffe der S. (1980).

Scholastikus. Gelehrter oder Gebildeter; Vorsteher von Kloster-, Stifts- und Domschulen; der **Domscholaster** übernahm aber bereits im HochMA andere Aufgaben und übertrug die Aufsicht an der Domschule einem Stellvertreter.

Scholie (von lat. schola, Schule). Schulmäßige Erklärung; erklärende Randbemerkungen sprachl. und sachl. Art zu einem Text.

Schollenpflichtigkeit (lat. adscriptio glebae). Teil der Erbuntertänigkeit: ohne ausdrückl. Bewilligung des Gutsherrn darf der Bauer nicht abziehen. Die S. wurde seit dem Ende des 15. Jh. vielfach in Landesordnungen bestätigt.

Schönbrunn, Vertrag von (15. 12. 1805). Abgeschlossen zw. Frankreich und Preußen. Preußen erkennt im voraus die in dem bevorstehenden Frieden zw. Frankreich und Österreich (Friede von Preßburg 26. 12. 1805) erfolgenden Gebietsveränderungen. Napoleon sichert Preußen alle dt. Besitzungen des Königs von England, insbes. Hannover zu, wofür Preußen das Fürstentum Ansbach, das Herzogtum Kleve und das Fürstentum Neuchâtel an Frankreich abtritt. Napoleon vertauscht das Fürstentum Ansbach an Bayern gegen das Herzogtum Berg.

Schöne Madonnen. Bez. für eine Gruppe spätgot. Skulpturen der stehenden Maria mit dem Kinde im dt. Sprachgebiet; um 1400 entstanden die ersten Werke dieses Typs im Ordensland Preußen.

Schöne Seele. Begriff insbes. der dt. Empfindsamkeit und Romantik:
a) ein Mensch, der das Sittliche aus natürl. Neigung tut, bei dem Pflicht und Neigung übereinstimmen;
b) ein Mensch, der ganz bes. und ausschließl. um seine innere Harmonie besorgt ist, die »Berührung mit der Wirklichkeit« flieht. Der Begriff »S. S.« wurde bekannt durch Goethes ›Bekenntnisse einer S. S.‹.
LIT. K. H. Well, Die »schöne Seele« und ihre »sittliche Wirklichkeit«. Überlegungen zum Verhältnis von Kunst und Staat bei Hegel (1986).

Schreiber (lat. librarius, antiquarius). Der antike Bücherschreiber lebte im frühen MA in veränderter Form in den Klöstern weiter. Schreiben wurde als Arbeit der Mönche hochgeschätzt, vor allem bei den Karthäusern, in der Windesheimer Kongregation, bei den Brüdern vom gemeinsamen Leben (→Bruderschaft).
An ma. Königs- und Fürstenhöfen wurde die Schreibarbeit von Weltgeistlichen (clericus, Schreiber; engl. clerc) ausgeführt, in den Städten auch von Laien. Das Notariat war zunächst nur Geistlichen ohne höhere Weihen, dann auch von Laien besetzt.
LIT. Clavis mediaevalis 221 ff.; W. Wattenbach, Schriftwesen im MA ([3]1896, Neudr. 1958); H. Liermann, Richter, S., Advokaten (1957).

Schreibmeister, auch **Modisten** (von lat. modus scribendi, die rechte Art zu schreiben). Seit dem SpätMA Schreib- und Leselehrer, meist Laien, für Kinder und Erwachsene, entweder mit festem Wohnsitz in größeren Städten oder als Wanderlehrer tätig. Seit dem Ausgang des 15. bis ins 18. Jh. benutzten die S. als Vorlagen (gedruckte) Schreibmeisterbücher. Ein hervorragender dt. S. war Johannes Neudörffer aus Nürnberg (1538).
LIT. Clavis mediaevalis 224 f.; W. Doede, Bibliographie der dt. Schreibmeisterbücher (1958).

Schrift. Bestimmte Zeichen zur sichtbaren Wiedergabe der gesprochenen

Sprache. Aus der in Griechenland übernommenen phöniz. Buchstabenschrift (Konsonantenschrift) wurde mit einigen Änderungen und Ergänzungen das griech. Alphabet (Einführung von Vokalzeichen) entwickelt, die Grundlage aller Schriften West- und Osteuropas. Das griech. Alphabet übernahmen die Römer in der westgriech. Form durch die Etrusker und paßten es ihrer Sprache an. Aus der griech. S. gingen die S. Wulfilas und im Bereich der Ostkirche die slaw. Schriften hervor, während für die abendländ. Schriftenentwicklung die im Bereich der röm. Kirche herrschende lat. S. (Romanen, Germanen, Westslawen) durchdrang. Nur geringe Bedeutung erlangte die german. Runenschrift. Die lat. S. wandelte sich von der Kapitale seit dem 3. und 4. Jh. in die Unziale und Halbunziale zum handschriftl. Gebrauch. Aus den nach dem Untergang Westroms entwickelten sog. »Nationalschriften« ragt die um 780 auftretende karoling. Minuskelschrift hervor, aus der sich die Schriftformen des Abendlandes ableiten. Aus den runden lat. Formen entsteht in dt. Klöstern des 12. Jh. die got. Schrift (→Fraktur), die im dt. →Buchdruck übernommen wird und bis ins 20. Jh. fortlebt. Die roman. Länder dagegen kehren früh wieder zur runden Antiqua zurück, die auch in handschriftl. Formen als Kursive geläufig wird.
LIT. Handbuch der Bibliothekswissenschaft I² (²1965); . ; W. H. Lange, Schriftfibel (³1952); R. Benz, U. Schleicher, Kleine Geschichte der S. (1956); J. Tschichold, Gesch. der S. in Bildern (⁴1961); K. Földes-Papp, Vom Felsbild zum Alphabet. Die Geschichte der S. (1966); G. Barthel, Konnte Adam schreiben? (1972); H. Haarmann, Universalgeschichte der Schrift (1990).

Schultheiß, Schulze (mlat. scultetus). Im 8. Jh. Unterbeamter eines Grafen, Exekutivorgan für eine Hundertschaft. Verschmilzt seit der karoling. Zeit mit dem centenarius und entwickelt sich zum Vorsteher einer Dorfschaft bzw. Bürgermeister einer Stadt. Das Amt eines **Erbschulzen** hatten in der ostdt. Kolonisation ritterl. Unternehmer oder Lokatoren inne.

Schutzjuden. Während des MA und der NZ Bez. für diejenigen Juden, die als Handwerker, Juweliere etc. privilegiert waren. Sie besaßen auf Zeit das mindere Recht der Schutzverwandten.

Schwabenkrieg, richtiger: **Schweizerkrieg** (1495–99). Die Eidgenossenschaft, die sich gegen die Einführung des gemeinen Pfennigs und des Reichskammergerichts wehrte, behauptete sich militär. und setzt im Frieden von Basel ihre weitgehende Unabhängigkeit vom Reich durch.
LIT. Hdb. der Schweizer Gesch. I (²1980).

Schwabenspiegel. Weitverbreitete Darstellung des gesamten dt. Rechts, entstand 1275/76 als Privatarbeit im Augsburger Minoritenkloster. Eine Vorarbeit dazu war der 1274/75 in Augsburg verfaßte unvollendete Deutschenspiegel. Neben anderen Quellen wurde der Sachsenspiegel herangezogen.
LIT. H. Lentze, Die Kurzform des S. (1938); H. Conrad, DRG I (²1962).

Schwäbische Prälatenbank. Ihre Mitglieder, die schwäb. Reichsklöster, vor allem der Benediktiner (u. a. Weingarten, Ochsenhausen, Schussenried, Zwiefalten, Neresheim), hatten eine Kuriatstimme im Reichsfürstenrat. Im 17. und 18. Jh. (Reichsbarock) erlebten die schwäb. Reichsklöster eine einzigartige Blüte.
LIT. Ph. Funk, Aus dem Leben schwäb. Reichsstifte vor der Säkularisation. In: HJB 51 (1931); H. Tüchle, Kirchengeschichte Schwabens (1950); H. Reuther, Die Kirchenbauten Balthasar Neumanns (1960); K. S. Bader, Der Südwesten in seiner territorialstaatl. Entwicklung (1950); ferner die einschlägigen Bände der Kunst- und Altertumsdenkmale in Württemberg, in Bayern sowie der ›kleinen Kirchenführer‹.

Schwäbischer Bund. Zusammenschluß schwäb. Reichsstände zur Sicherung des Landfriedens, 1488 auf Veranlassung Kaiser Friedrichs III. gegr., später ein Machtinstrument habsburg. Politik, z. B. im Kampf gegen die Eidgenossenschaft (→ Schwabenkrieg), im Landshuter Erbfolgestreit und gegen Herzog Ulrich von Württemberg. Im Bauernkrieg wurde das Heer des S. B. in Oberschwaben gegen die Bauern eingesetzt. An inneren Gegensätzen zwischen den Bundesgliedern und an der konfessionellen Spaltung ging der Bund zugrunde, und Landgraf Philipp von Hessen konnte ihn 1534 sprengen. Versuche des bayer. Kanzlers Eck (1535) und Kaiser Karls V. (1547), den Bund zu erneuern, blieben erfolglos.

LIT. K. S. Bader, Der dt. Südwesten in seiner territorialstaatl. Entwicklung (1950); E. Bock, Der S. B. und seine Verfassung (1488–1534) (1927); M. Salomies, Die Pläne Kaiser Karls V. für eine Reichsreform mit Hilfe eines allg. Bundes (1953); H. Hesslinger, Die Anfänge des S. B. (1970).

Schwäbischer Städtebund. 1376 von Ulm gegr. und geleitet, umfaßte zunächst 14 schwäb. Reichsstädte, 1388 bereits 40 verbündete Städte. Mit ihm verband sich der 1381 gegr. Rhein. Städtebund (→Rheinischer Bund). Bei Reutlingen (14. 5. 1377) siegte der S. S. über Ulrich von Württemberg. Die Niederlage des Städteheeres bei Döffingen (24. 8. 1388) entschied den großen süddt. Städtekrieg zugunsten Eberhards II. von Württemberg und der Landesfürsten.

Schwadron (nach ital. squadra, squadrone, d. h. großes Viereck). Bezeichnung für eine Abteilung der Reiterei in Stärke von 100–150 Mann, seit dem 16. Jh. im Deutschen eingeführt; syn. **Eskadron**, meist von einem Rittmeister befehligt.

Schwanenorden. Von Kurfürst Friedrich II. von Brandenburg (1440–71) gestifteter Ritterorden ›Gesellschaft unserer Lieben Frauen‹. Das Ordenszeichen bestand aus einer Muttergottes-Darstellung auf einem Halbmond, darunter ein auffliegender weißer Schwan in einer Schleife, die Kette wurde aus je zwei Sägeblättern gebildet, die ein Herz durchschneiden. König Friedrich Wilhelm IV. erneuerte den Orden 1843 als »eine freie Gesellschaft von Männern und Frauen aller Stände und Konfessionen, mit der Aufgabe, durch vereinte Kräfte physische und moralische Leiden zu lindern«. Die Verleihung dieses Ordens kam infolge der Revolution von 1848 nicht mehr zustande. 1871 tauchte der Orden in einem Entwurf für das neue Reichswappen auf.

Schwarz-Rot-Gold →Deutsche Farben.

Schwedisch-polnischer Krieg. Als nach der Konversion und dem Thronverzicht von Königin Christina von Schweden Karl X. Gustav von Pfalz-Zweibrücken (reg. 1654–60) die Krone übernahm und Johann Casimir von Polen als Wasa-Sproß dessen Königtum nicht anerkannte, kam es zum Krieg zw. Schweden und Polen. 1655 gelang es den Schweden, Warschau und Krakau

zu erobern und Johann Casimir zur Flucht nach Oberschlesien zu zwingen. Brandenburg, seit dem Königsberger Vertrag (17. 1. 1656) Schwedens Verbündeter, erhielt für höhere militär. Hilfe im Marienburger Vertrag (25. 6. 1656) vier poln. Palatinate (u. a. Posen, Kalisch), siegte zusammen mit Schweden über die Polen in der Schlacht von Warschau (28.–30. 7. 1656) und erhielt im Vertrag von Labiau von Schweden die Souveränität über Preußen. Im Vertrag von Wehlau (19. 9. 1657) schloß Brandenburg jedoch Frieden mit Polen unter Anerkennung seiner Souveränität über Preußen und Übertragung von Lauenburg und Bütow als poln. Lehen, von Draheim und Elbing als freiem Besitz. Der s.-p. K. weitete sich zu einem Krieg Schwedens gegen Dänemark und zu einem dän.-brandenburg.-habsburg.-poln. Bündnis gegen Schweden aus, an dem sich auch Rußland beteiligte. Franz. Vermittlung rettete das verbündete Schweden aus einer militär. schwierigen Situation und erzwang den Frieden von Oliva (3. 5. 1660) zw. Schweden und Brandenburg, Österreich, Polen.

LIT. W. Platzhoff, Geschichte des europ. Staatensystems 1559–1660 (1968).

Schwenckfelder, Schwenkfeldianer. Auf Kaspar Schwenckfeld von Ossig (1489–1561), einen schles. Edelmann, zurückgehende spiritualist., dem Täufertum nahestehende Sekte der Reformation, die das Leben der apostol. Urgemeinde fordert, Waffendienst, Eid ablehnt, von den Lutheranern in Schmalkalden (1540) als Sakramentarier und Täufer verurteilt wurde, im 17. Jh. verfolgt wurde und in ihren Resten 1734 nach Pennsylvanien ausgewandert ist.

LIT. RGG V, 1620–23; H. W. Kriebel, The Schwenckfelders in Pennsylvania (Lancaster 1904); K. Ecke, Kaspar Schwenckfeld (1952); G. Maron, Individualismus und Gemeinschaft bei Schwenckfeld (1961); M. Weber, Kaspar Schwenckfeld und seine Anhänger (1962); H. Weigelt, Spiritualist. Tradition im Protestantismus. Die Geschichte des Schwenckfeldertums in Schlesien (1973).

Schwert. Seit der Bronzezeit in verschiedenen Formen in Asien und Europa verbreitete Hieb- und Stichwaffe. Das klass. S. bei den Griechen war das zweischneidige Xiphos, bei den Römern der Gladius. Neben dem von den Kelten übernommenen Langschwert kannten die Germanen den **Sax,** ein Kurzschwert. Das S. war die vorzüglich gebrauchte, oft besungene Waffe des ma. Rittertums. Im 16. Jh. erreichte es in den Zweihändern und Flambergen eine Länge von fast zwei Metern. Nach dem Aufkommen der Handfeuerwaffen wurde das S. durch Säbel und Degen verdrängt. Das S. gilt als Zeichen der Macht und der strafenden Gerechtigkeit.

Schwertbrüder (Fratres militiae Christi). Geistl. Ritterorden in Livland, 1202 gegr. nach der Regel der Templer; 1236 gingen die Reste des Ordens nach einer vernichtenden Niederlage im Dt. Orden auf.
LIT. R. Wittram, Geschichte Livlands (1954); F. Benninghoven, Der Orden der S. (1965).

Schwertleite →Rittertum.

Schwertmagen, syn. auch **Speermagen.** Bez. der Agnaten, d. h. der von väterl. Seite herstammenden Verwandten (→Spindelmagen).

Schwertseite. Die Verwandten der väterl. Seite; die mütterl. Seite heißt **Kunkelseite.**

Scrinium. Rundes Behältnis zum Aufbewahren von Bücherrollen, Papier, Salben bei den Römern; in spätröm. Zeit Bez. für Kanzlei; Lebt im Lehnwort Schrein weiter.

Scriniarius. Im frühen MA Bez. für Kanzleibeamte, auch für →Notare.

Scriptor (lat.) → Schreiber.

Scriptorium. Der Raum im ma. Kloster, in dem sich Schreiber aufhielten; später die gesamte, vielfach mit der Bibliothek verbundene Organisation des klösterl. Schreibgeschäfts. Große Scriptorien gab es im 8. und 9. Jh. in St. Gallen und Tours, im 9. Jh. in Fulda, im 10./11. Jh. auf der Reichenau, im 12. Jh. in Michelsberg bei Bamberg, im 15. Jh. bei der Windesheimer Kongregation.

Scudo Romano. Ital. Silbertaler zu 10 Paoli = 100 Bajocchi.

sculpsit, abgek. **sculp.** oder **sc.** (lat., hat gestochen, hat gemeißelt). Bezeichnet vor einem Künstlernamen bei Skulpturen den Bildhauer, bei graph. Blättern den Stecher.

Sebastianismus. Schwärmerische Volksbewegung in Portugal, die an die Gestalt des Königs Dom Sebastian (reg. 1554–78) anknüpfte. Sebastian, der die Kreuzzugsidee neu beleben und Mauretanien erobern wollte, erlitt 1578 eine vernichtende Niederlage und fand dabei wahrscheinlich den Tod. Seine Anhänger wollten an seinen Tod nicht glauben und hofften auf seine Wiederkehr. Diese Tatsache machten sich einige Pseudosebastiane zunutze und stürzten Portugal in schwere innere Unruhen.

Seckenheim, Schlacht von. Sieg des Kurfürsten Friedrich von der Pfalz und des Erzbischofs Dieter von Mainz über Graf Ulrich von Württemberg und Markgraf Karl von Baden am 30. 6. 1462.

Secretaria Brevium ad Principes et Epistolarum Latinarum. Sekretarie der Fürstenbreven und der lat. Briefe.

Secretaria Status →Staatssekretariat.

Sedan, Kapitulation von. Am 2. 9. 1870 kapitulierte die franz. Armee MacMahons vor den dt. Armeen. Kaiser Napoleon III. und ein großer Teil der franz. Armee geriet in Gefangenschaft. Der Krieg gegen das kaiserl. Frankreich war damit zu Ende, mußte jedoch gegen die Republik weitergeführt werden.

Sedes Apostolica (syn. Sancta S.) Apostolischer Stuhl.

Sedes epactarum →Epakten.

Sedes impedita. Im Unterschied zur Sedisvakanz (sede vacante ist kein Papst oder Bischof vorhanden) ist sede impedita ein kirchl. Oberhaupt vorhanden, aber durch Gefangenschaft, Exkommunikation, Minderjährigkeit oder andere Umstände an der Regierung gehindert.

Sedia gestatoria. Tragthron des Papstes bei feierl. Anlässen; Ausdruck des päpstl. Herrschaftsanspruchs.

Sedisvakanz (lat. sedes vacans, freier Stuhl). Zeit und Zustand der Erledigung des päpstl. Stuhles, eines bischöfl. oder quasibischöfl. Stuhles durch Tod oder Resignation des Inhabers. Bei Vakanz des päpstl. Stuhles fällt die Verwaltung an den Camerlengo, bei Bischofsstühlen fällt bei Eintritt der S. das ganze Ius episcopale an das Domkapitel bzw. den von ihm eingesetzten Kapitelvikar. Die bischöfl. S. endete im alten Reich in der Regel mit der päpstl. Konfirmation, die Vakanz des päpstl. Stuhles mit der Papstwahl.

Seehandlung →Preußische Staatsbank.

Seelbuch (liber anniversariorum). Verzeichnis der gestifteten Totenmessen. →Nekrologium.

Seelgerät (lat. donatio pro anima, mortuarium, remedium animae). Vermögensteil oder Stiftung zugunsten einer Kirche oder der Armen zum Heil einer Seele; in neuerer Zeit vor allem eine Meßstiftung.

LIT. A. Schultze, Augustinus und das Seelheilgerät des german. Rechts (1928).

Sekretär (lat. secretarius, a secretis; von secretus, abgesondert, geheim).
[1] Allg. Bez. für Schreiber, Geheimschreiber, Schriftführer bei Behörden.
[2] Titel für Beamte: z. B. Staatssekretär.
[3] Im MA an den meisten Fürstenhöfen Bez. der (geheimen) Räte und Notare.

Sekretsiegel (sigillum secretum, sigillum minus). Siegel, das zunächst in der Kanzlei des Reiches nachweisbar ist, seit dem SpätMA allg. verbreitet war und als Kontrollsiegel diente. →Signet.

Sekte (von lat. sequi, folgen). Partei, Richtung, Schule. Kleineres religionssoziolog. Gebilde, das sich von einem Großverband (Kirche) getrennt hat. S. gibt es in allen Religionen und im Christentum in seiner ganzen Geschichte. Charakterist. für die S. sind bestimmte Züge und Motive: z. B. reformerisch-perfektionist., spiritualist., eschatologische. Eine neue Bedeutung erhält S. seit der Reformation: jene christl. Gemeinschaften, die reichsrechtl. weder durch den Augsburger Frieden noch den Westfälischen Religionsfrieden legitimiert waren. Einige der bekannteren, histor. bedeutenden S. sind: die Katharer, Albigenser, Waldenser, Hussiten, Schwenckfelder, Quäker, Brüderunität, Adventisten, Neuapostolische Gemeinde, Zeugen Jehovas, Mormonen.

LIT. RGG V, 1658–61; LThK IX; StL VII, 24–28.

Sekundant (lat.). Helfer, Beistand im Zweikampf.

Sekundärliteratur. Lit. über literar. Werke, die in diesem Fall als Quellen erscheinen.

Sekundogenitur (lat.). Die Zweitnachkommenschaft im Hochadel, bes. in Fürstenhäusern; die zweite Linie eines Fürstenhauses und die dafür gestifteten und in ihr vererbl. Gebietsteile (Vermögen), z. B. bei den Habsburgern die Toskana (1765–1859).

Selbstbestimmungsrecht. Recht eines Volkes, über seine Daseinsform frei entscheiden und seine nationale Eigenart frei entfalten zu können. Das S. folgt aus der Lehre von der Volkssouveränität, dem Begriff der Nation, des Nationalstaats und wurzelt letztlich in der Lehre von der natürl. Freiheit des Einzelmenschen, die sich zur Freiheit der Volksgemeinschaft erweitert. Das S. wurde vor allem von nationalen Minderheiten als Programm aufgegriffen. Präsident Wilson forderte seine Anerkennung als Grundlage der nach dem Ersten Weltkriege abzuschließenden Friedensverträge in seinen 14 Punkten (8. 1. 1918), in den 4 Punkten (11. 2. 1918) und in der Rede vom 4. 7. 1918. Das S. wurde zwar in den Friedensverträgen verwertet, aber weder Südtirol noch Danzig oder dem Saargebiet und anderen volksdt. Randgebieten zugestanden und in anderen Gebieten (z. B. Eupen-Malmedy, Oberschlesien) verfälscht bzw. gebrochen. Nach wie vor fehlen die notwendigen Grundsätze für eine richtige Anwendung und vor allem die Macht, die eine gerechte sachl. Durchführung des S. garantiert.

LIT. StL VII, 28–33; W. Burckhardt, Das S. (1919); W. Wetz, Das S. der Völker und völkerrechtl. Schutz nationaler Minderheiten in den Friedensverträgen von Versailles und St. Germain (1929); G. Decker, Das S. der Nationen (1955); H. Raschhofer, Das S., sein Ursprung und seine Bedeutung (1959); P. Kluke, Selbstbestimmung (1963); W. Heidelneyer, Das S. der Völker (1973).

Selbstverwaltung. Im Anschluß an engl. selfgovernment geprägte Bez., erstmals von R. von Gneist gebracht. Erfüllung von Staatsaufgaben durch eigene vom Staat anerkannte Körperschaften, Verbände, Hochschulen usw. im Rahmen der allg. Gesetze. Eine Neubelebung der S. erfolgte aus polit. Gründen mit den Reformen des Freiherrn vom Stein (1807 ff.), nachdem sie durch den Absolutismus weitgehend zurückgedrängt worden war. Ehrenamtlichkeit ist kein Kennzeichen der S.; Handeln unter eigener Verantwortung ist ihr wesentl. Begriffsmerkmal. Sie ist ein Mittel gegen die Omnipotenz des absolutist. Staates wie der egalitären Demokratie.

LIT. R. von Gneist, Zur Verwaltungsreform und Verwaltungspflege in Preußen (1880); H. von Gierke, Das dt. Genossenschaftsrecht I (1868); H. Peters,

Grenzen der kommunalen S. in Preußen (1926); H. Heffter, Die dt. S. im 19. Jh. (1950); D. Schwab, Die »Selbstverwaltungsidee« des Frhr. vom Stein und ihre geistigen Grundlagen (1971).

Seliger (beatus). Von der kath. Kirche amtl. verehrter, in die Seligkeit eingegangener Christ, zu unterscheiden von dem Heiligen (sanctus). Die öffentl. Verehrung des S. ist im Unterschied zum Heiligen nur innerhalb örtl. Grenzen und in beschränkten Formen gestattet. Urspr. wurde zw. S. und Heiligen nicht unterschieden. Die Unterscheidung kam, als die Päpste sich das Recht der Heiligsprechung reservierten, die Bischöfe aber nach wie vor die Verehrung von Verstorbenen gestatteten. Das Verfahren des Seligsprechungsprozesses wurde 1631 geregelt.

LIT. LThK IX, 642–44.

Semester (lat. semestris – sechsmonatig). Akadem. Halbjahr. Die Halbjahreseinteilung an den dt. Universitäten gilt seit der Mitte des 15. Jh.

Seminar (lat. seminarium). Pflanzschule, Ausbildungsstätte. Schon im klass. Latein in diesem Sinne gebraucht, ohne daß indessen damit eine Institutionalisierung gemeint wäre. Seinen speziellen Sinn als Ausbildungsstätte für Theologen erhielt das Wort in der frühen NZ.
[1] **Klerikal-** oder **Priesterseminare,** auch Tridentin. S., wurden vom Konzil von Trient 1563 vorgeschrieben.
[2] **Lehrerseminare** dienten etwa seit 1700 zuerst in Halle der besseren Heranbildung von Lehrern; die Bez. wurde später z. T. durch pädagog. Akademie ersetzt.
[3] Als Institut der Hochschulen, Universitäten, begegnet im 18. Jh. zuerst das S. der Klass. Philologie mit dem Ziel, ein vertieftes Studium, prakt.-didakt. Aufgaben mit einer Begabtenförderung zu verbinden. Histor. S. wurden im Laufe des 19. Jh. an den dt. Universitäten eingerichtet. S. sollen neben den Vorlesungen Studierende in die Wissenschaft, vor allem durch prakt. Übungen und eigene Forschungen, einführen. Oft verfügen S. über ausgezeichnete Bibliotheken und eine wissenschaftl. Tradition.

LIT. LThK [2]IX (1964) 647–50; P. Paulsen, Die dt. Universitäten und das Universitätsstudium (1902); ders., Geschichte des gelehrten Unterrichts auf den dt. Schulen und Universitäten vom

Ausgang des MA bis zur Gegenwart II ([3]1921); P. E. Hübinger, Das Histor. S. der Rhein. Friedrich-Wilhelms-Universität zu Bonn (1963).

Semipelagianismus. Halb-Pelagianismus. Im 5. Jh. entstandene Lehre, die zw. Augustinus und Pelagius über die Verantwortlichkeit des Menschen für sein ewiges Heil, die Rechtfertigung und das Verhältnis von Gnade und Freiheit zu vermitteln suchte.

LIT. LThK IX ([2]1964) 650ff.; H. J. McSorley, Was Gabriel Biel a Semipelagian? In: Wahrheit und Verkündigung. Michael Schmaus zum 70. Geburtstag II (1967) 1109–20.

Sempach, Schlacht von (9. 7. 1386). Herzog Leopold III. von Österreich, der sich durch das Kriegsbündnis der eidgenöss. Städte (1385), vor allem Luzerns, und deren Anschlußversuche an die schwäb. und rhein. Städtebünde in seiner Herrschaft bedroht fühlte, entschloß sich zum militär. Vorgehen gegen Luzern, erlitt jedoch bei S. eine vernichtende Niederlage. Die Schlacht, in histor. Volksliedern gefeiert, begründete die Selbständigkeit Luzerns und förderte die Weiterbildung einer autonomen Schweiz.

LIT. Hdb. der Schweizer Gesch. I.

Semperfreie (eigentlich: Sendbar Freie; lat. homines synodales). Mitglieder des Herrenstandes, über die sich der Bischof im Sendgericht die Gerichtsbarkeit persönl. vorbehalten hat.
Der Begriff **Reichssemperfreie** erhielt die Bedeutung von reichsunmittelbar.

Senat. Rat der Ältesten in Rom. Der S. setzte sich zu Beginn der Republik aus 300, seit Sulla aus 600, unter Caesar sogar zeitweise aus 900 Mitgliedern (**Senatoren**) zusammen. Voraussetzung für die Aufnahme in den S. war die Bekleidung der Quaestur. Die Zensoren entschieden über die Zulassung oder den Ausschluß auf Grund von Unwürdigkeit. Das Mindestalter wurde von Sulla auf 30, von Augustus auf 25 Jahre festgesetzt. Zu den patriz. Senatoren kamen in der Republik auch plebejische, daher die offizielle Anrede Patres et conscripti (Väter [d. h. Patrizier] und Beigeschriebene). Die Senatsfamilien, die den ersten Stand (ordo senatorius) bildeten, waren seit 218 auf den Grundbesitz beschränkt, vom Handel ausgeschlossen. Augustus forderte für die Aufnahme in den S. den Besitz von 1 Million Sesterzen. So lag in der Zusam-

mensetzung des S. ein stark konservativer Zug. Abzeichen des Senatorenstandes waren der goldene Ring, ein Purpurstreifen an der Tunica, rote Schuhe. Der Senat wurde von den Konsuln einberufen. In allen wichtigen Fragen hielten sich die Konsuln an den Rat des S. (= senatus consultus). Der S. hatte kraft Tradition praktisch die Leitung des Staates und sicherte, bes. in der Außenpolitik, bei dem jährl. Wechsel der Beamten die Kontinuität. In der Kaiserzeit ging die Bedeutung des S. stark zurück, bis er in der Spätantike zum Stadtrat herabsank. Der Senatorenstand wurde aber als Grundadel und kraft weitgehender Immunität für die Ausbildung von lokalen Machtzentren in der Spätantike wichtig. Seit 1143 war der S. wieder oberste Behörde Roms; seit dem 13. Jh. hieß der Ausschuß des Großen Rates in Venedig S. Die erste Kammer in den USA und in Frankreich (1799–1814; 1852–70; 1875 ff.) trägt die Bez. S. In Hamburg, Bremen und Berlin (seit 1946) ist der S. oberste Regierungsbehörde. An Universitäten in Dtl. und in der Schweiz oberstes Organ der akadem. Selbstverwaltung und Beirat des Rektors.
LIT. R. Meyer, Röm. Staat und Staatsgedanke (1948); P. Sattler, Augustus und der S. (1960).

Senatus Populusque Romanus (abgek. SPQR, Senat und Volk von Rom) war seit dem 1. Jh. die offizielle Bez. des röm. Staates.

Send, Sendgericht (von lat. synodus, Zusammenkunft; synodus parochialis, synodus per villas, synodus laicalis). Geistl. reisendes Sittengericht, das über Zucht und Sitte in den Diözesen wachte. Alleiniger Träger der Sendgerichtsbarkeit war vom 8.–11. Jh. der Bischof (= **Sendherr**), der auch seit ca. 830 vereidigte Sendzeugen, meistens sieben, bestellte. Sendabgaben, d. h. vor allem Unterkunft und Verpflegung für den Sendherrn und sein Gefolge, später auch Abgaben in Geld (= Sendpfennig), mußten von den Sendpflichtigen entrichtet werden. Die Zuständigkeit des Sendgerichts erstreckte sich urspr. auf alle Gläubigen, doch wurden mit dem Übergang der Sendgerichtsbarkeit vom Bischof an Archidiakone, Äbte, Pröpste und Dekane oder sogar an einfache Geistliche ebenso der Adel und die Ritterschaft von der Sendgerichtsbarkeit freigestellt, d. h. sendbarfrei und

der Gerichtsbarkeit des Bischofs unmittelbar unterstellt. Dieser Übergang der Sendgerichtsbarkeit an die dem Bischof nachgeordneten Instanzen vollzog sich seit dem 11. Jh.; im 13.–14. Jh. erlebten die Sendgerichte ihre Blüte. Die Klagen wegen Sendabgaben, steigenden Strafen und Kompetenzstreitigkeiten der Sendgerichte fanden in der Gravamina und in den Schriften der Reformatoren ihren Niederschlag. Das Konzil von Trient verfügte die Rückgabe der Sendherrlichkeit an den Bischof. Die Gegenreformation brachte einen nochmaligen kurzen Aufschwung der Sendgerichte, doch verkümmerten sie über Pfarrsende unter dem Einfluß der Aufklärung. Auch im Protestantismus gab es, etwa unter dem Einfluß von J. Brenz, Sendgerichte.
LIT. A. M. Koeniger, Die Sendgerichte in Dtl. I (1907); LThK IX (^{2}1964) 658–661; Feine, KRG.

Seneschall (lat. senex und ahd. skalk, ältester Diener; franz. sénéchal).
[1] Im merowing. Reich Hofbeamter, der das königl. Hauswesen besorgt, dasselbe wie Hausmeier und Truchseß im Deutschen.
[2] Später **Grand Sénéchal de France**, 1127 vom König gestürzt, seit 1191 nicht mehr besetzt.
[3] Bei den Ritterorden leitete der S. das Verpflegungswesen.
[4] Verwalter einer sénéchaussée, eines Gerichtsbezirkes.

Senioratsprinzip. Das Aufrücken von einer Stelle in die andere, erfolgt nach dem Lebens-, Dienst- oder Weihalter (Ancienität).

Sensualismus (von lat. sensus, Sinn, Empfindung).
[1] Die erkenntnistheoret. Lehre, nach der alle Erkenntnis nur auf Sinneswahrnehmung beruht (»Nihil est in intellectu, quod non prius fuerit in sensu«; d. h. »Nichts ist im Intellekt, was vorher nicht in den Sinnen war«).
[2] Die eth. Lehre, die im Sinnengenuß Ziel und Sinn des Lebens sieht. Als Vertreter des S. in der NZ gelten Locke, Hume und aus der franz. Aufklärung Condillac und Helvétius.

sensus communis. Gemeinsamer Sinn, Gemeinsinn (→Gemeingeist). Bez. für den gesunden Menschenverstand.

Sentenz, Sentenzen (lat. sententia, Meinung).
[1] Ausspruch, Sinnspruch.

[2] Scholastik: Lehrsatz, Lehrmeinung.
Sentenzen: systemat. Zusammenfassung von Lehrmeinungen. Die bekanntesten Sentenzen sind die des Petrus Lombardus.

[3] Literatur: Denkspruch, im Rahmen größerer Vers- oder Prosawerke, vor allem in der silbernen Latinität (Tacitus, Seneca, Lukian, Juvenal) ausgeprägt.
Sentenziarier. Verfasser von Sentenzen.

Separation. Lostrennung.

[1] Trennung des in Gemengelage befindl. Grundbesitzes von Gutsherren und Bauern.

[2] Abtrennung eines Gebietsteiles vom Reich.

Separatismus. Sonderbündelei; wahrscheinlich entlehnt von den Sonderbund der kath. Kantone der Eidgenossenschaft. In der Zeit nach dem Ersten Weltkrieg aufgetretene Bestrebung, die Gebietszugehörigkeit der mittel- und niederrhein. Gebiete neu zu bestimmen und eine staatsrechtl. Verselbständigung zu erreichen. Im engeren Sinne ist S. die illegale, bes. auf Unterstützung Frankreichs gestützte rhein. Freistaatsbewegung zw. 1919–23. Gegen den Widerstand der Bevölkerung (sog. Schlacht am Ägidienberg im Siebengebirge 15./16. 11. 1923; Erstürmung des Bezirksamts Pirmasens) vermochte sich der S. nicht durchzusetzen. Das Ende der Inflation, die Haltung der Reichsregierung und Englands machten ihm 1924 ein Ende.
LIT. Dokumentensammlung zur Geschichte des pfälz. S. Teile 1–3 (1924), amtl. Sammlung; M. Springer, Loslösungsbestrebungen am Rhein 1918/24 (1924); A. Maas, Die Rhein. Freistaatsbewegung 1918/19; J. Feil, Bayer. S. und Eisner-Zeit (1939); A. H. Jacob, Das Ende des S. in Dtl. (1940); H. Armbruster, Selbstbestimmungsrecht, in: Wb. des Völkerrechts, 3 (²1960–62); R. Morsey, Die Rheinlande, Preußen und das Reich 1914–45, in: Rhein. Vierteljahresbll. 30 (1965); K. D. Erdmann, Adenauer in der Rheinlandpolitik nach dem Ersten Weltkrieg (1966); E. Bischof, Rhein. S. 1918–24. Hans Adam Dortens Rheinbundbestrebungen (1969); H. Köhler, Autonomiebewegung oder Separatismus? Die Politik der Kölnischen Volkszeitung 1918/1919 (1974).

Septembermorde. Während der Franz. Revolution durchgeführte Massenmorde an polit. Gefangenen (2.–6. 9. 1792).

Septennat (lat.). Einen Zeitraum von sieben Jahren umfassend. Im Bismarckreich die 1874, 1880 und 1887 auf Antrag der Regierung hin beschlossene Geltungsdauer des Militäretats für sieben Jahre. Da die Militärausgaben ⅘ des Reichshaushalts umfaßten, stellte das S. eine erhebl. Einschränkung des Budgetrechts des Reichstags dar. Obwohl 1874 die Friedensstärke des Heeres ohne zeitliche Beschränkung auf 410000 Mann festgelegt war, gelang es Bismarck (1815–98), im 2. S. 1880 die Heeresstärke auf 427000 und im 3. S. 1887 auf 468000 Mann zu steigern. 1893 wurde das S. durch ein Quinquennat, d. h. ein Militärbudget mit fünfjähriger Laufzeit, abgelöst.
LIT. E. von Frauenholz, Dt. Kriegs- und Heeresgeschichte (1927).

Septimanien. Z. Zt. des frühen MA Bez. für das zwischen den Ostpyrenäen und der Rhonemündung sich erstreckende Gebiet. Bei der Eroberung Südgalliens durch die Franken (507–34) blieb S. in westgot. Hand; daher auch der Name ›Gothia‹ für S. Zwischen 719 und 725 wurde S. durch die Araber erobert. 759 erfolgte unter Karl Martells Sohn Pippin III. dem Jüngeren (reg. 751–68) seine Einverleibung in das Frankenreich. Vom Jahre 852 an bildete es eine Markgrafschaft (→Marken), die auch die Bez. Hzgt.Narbonne trug. Gegen Ende des 11. Jh. fiel sie an die Grafschaft Toulouse, die wiederum 1271 in den Besitz der Krone Frankreichs gelangte.
LIT. L. Auzias, L'Aquitaine carolingienne (1937); J. Dhont, Etudes sur la naissance des principautés du France (Brügge 1948); E. Ewig, Spätantikes und fränkisches Gallien (1976).

Septuagesima (der 70. Tag vor Ostern). Sonntag, mit dem die Vorfastenzeit beginnt.

Sepulcriner (Fratres crucifieri dominici sepulcri Hierosolymitani). Chorherrn vom Hl. Grab, 1114 in Jerusalem entstanden, 1291 ins Abendland verlegt, 1489 mit einer Ausnahme in Polen mit den Johannitern vereinigt.

Sequenz (lat. sequentia, Folge). Die S. entstand aus dem Alleluja und wurde seit der Mitte des 9. Jh. textiert (Prosa). Die zunächst in Frankreich ausgebildete S. wurde von Notker dem Stammler übernommen und in seinem Kloster St.

Gallen weitergebildet. Heute gebräuchlich sind im kath. Gottesdienst noch folgende S.: Victimae paschali laudes (Ostersequenz), Veni Sancte Spiritus (Pfingstsequenz), Lauda Sion Salvatorem (Fronleichnamssequenz von Thomas von Aquin), Dies irae (von Thomas von Celano, 13. Jh., S. des Totenamtes), Stabat Mater (von Jacopone da Todi), 13. Jh., Mariensequenz.

Sequester (lat. sequestrare, absondern, vermitteln).
[1] Von einer Behörde eingesetzter Verwalter zwecks einstweiliger Verwaltung, oder Verwahrer.
[2] Sequestrierung, Sequestration. Staats- und Völkerrecht: Zwangsverwaltung eines Staates oder eines Staatsteils. Die Ursache eines S. kann verschieden sein, z. B. Erlöschen einer Dynastie und nachfolgende Erbstreitigkeiten zw. verschiedenen Prätendenten (z. B. im Jülich-Klevischen Erbfolgestreit mit der Einsetzung eines kaiserl. S.), im Zuge einer Bundesexekution gegen ein Bundesland usw.

Serenissimus (von lat. serenus, heiter). Serenitas (Heiterkeit, Hoheit), seit der spätröm. Zeit Prädikat von Kaiser und Königen, 1376 den Kurfürsten verliehen, im 18. Jh. auch von anderen Reichsfürsten geführt. **Son Altesse Sérénissime** (abgek. S. A. S.) = Seine Durchlauchtigste Hoheit.

Serf (lat. servus, Sklave). In Frankreich der Unfreie, Leibeigene, der an die Scholle gebunden und zu gemessenen Diensten verpflichtet war, aber Vermögen erwerben und eine rechtsgültige Ehe eingehen konnte.

Sergeant. Bez. der Unteroffiziere über dem Korporal, in den roman. Ländern und in England seit dem 16. Jh. üblich; S. entspricht dem dt. Feldwebel.

Sermo (lat., gelehrtes Gespräch; Rede). Als Gattung der röm. Lit. der Vortrag oder die Rede, dann Versdichtung im Stil der Umgangssprache. In christl. Zeit die Kanzelrede, Predigt, häufig im Sinn der langatmigen Strafpredigt gebraucht.

Serviten (Ordo Servorum Mariae).
[1] Bruderschaft in Florenz Mitte des 13. Jh.
[2] Daraus entstand der nach der Augustinerregel lebende Servitenorden (1233, bestätigt 1249 und 1252) in Italien und seit dem Beginn des 17. Jh. auch in Tirol, Österreich, Böhmen, Ungarn verbreitet, heute in fast allen Staaten Europas und Amerikas.

Servitien →Annaten, →Taxe.

Servitium. Dienst, Leistung, die ein Unfreier seinem Herrn schuldete, insbes. Fronden und Naturallieferungen der Hörigen. S. im engeren Sinne: Lehnsdienst.

Servitium regis. Königsdienst. Im MA bes. in fränk. Zeit die Naturalleistungen und Abgaben an den König, z. B. Herbergsrecht.
LIT. C. Brühl, Fodrum, Gistum, S. R. (1968); W. Metz, Das S. r. (1978).

Servus servorum Dei (lat. Diener der Diener Gottes). Devotionsformel, von Bischöfen und Klerikern verwendet, seit Gregor d. Gr. als Devotionsformel der Päpste üblich; ähnliche Devotionsformel auch von Herrschern, Konstantin d. Gr., Otto III. (»Servus Jesu Christi«) gebraucht.
LIT. W. Levison, Zur Vorgeschichte der Bez. S. s. D. In: Aus rhein. und fränk. Frühzeit (1948) 264ff.; P. E. Schramm, Der Titel »Servus Jesu Christi« Kaiser Ottos III. In: Byzantin. Zs. 30 (1930) 424–30; ders., Kaiser, Rom und Renovatio (^{2}1957).

Sestertius, Sesterz. Münze im alten Rom zu 2½, in der Kaiserzeit 4 As.

Sevilla, Traktat von (9. 11. 1729). Abgeschlossen zw. König Philipp V. von Spanien, England, Frankreich und den Generalstaaten unter Bruch der Wiener Verträge von 1725, da die Königin Elisabeth von Spanien erkannt hatte, daß Kaiser Karl VI. aus polit. Gründen nicht beabsichtigte, seine Tochter Maria Theresia mit dem Infanten Don Carlos zu verheiraten. Spanien entzog den Untertanen Karls VI. alle in den Wiener Verträgen gewährten Handelsvorteile, verzichtete auf Gibraltar und erhielt dafür von den Vertragspartnern das Recht, span. Truppen beim Erbfall in Parma, Piacenza und Toscana einmarschieren zu lassen. In Livorno, Portoferraio und Piacenza wurden sofort span. Truppen stationiert. Die drohende Kriegsgefahr bannte der Vertrag mit England vom 16. 3. 1731 (→Wiener Vertrag).
LIT. O. Redlich, Das Werden einer Großmacht. Österreich von 1700–1740 (1942). L. Auer, Das Reich und der Vertrag von S. 1729–31. In: MÖSTA 22 (1969) 64–93.

Sezessionskrieg. Nordamerikan. Bürgerkrieg, ausgelöst durch den Austritt von Südkarolina, Georgia, Alabama, Florida, Mississippi, Louisiana, Texas aus der Union der Vereinigten Staaten von Amerika. Diese Staaten bildeten am 8. 2. 1861 die »Konföderierten Staaten von Amerika«. Der Angriff der Konföderierten auf Fort Sumter (12. 4. 1861) bedeutete den Beginn des Bürgerkrieges. Virginia (mit Ausnahme Westvirginias), Arkansas, Tennessee, Nordkarolina erklärten sich ebenfalls gegen die Union; Missouri blieb schwankend, Kalifornien wurde von der Union gewonnen. Kentucky erklärte seine Neutralität. Der S. war nicht nur ein Krieg verschiedener Staaten gegeneinander, sondern wurde auch um polit. Ideale und Interessen geführt. Die zahlenmäßige Überlegenheit war auf seiten des Nordens, der jedoch nur langsam seine Wirtschaftskraft gegen das polit.-militär. Potential des Südens ausspielen konnte. Der mit großer Härte, weitgehenden Zerstörungen und viel Disziplinlosigkeit geführte Bürgerkrieg endete mit der Kapitulation des Südstaatengenerals Lee bei Appomatox (9. 4. 1865).

Die Ermordung Lincolns am 14. 4. 1865 nahm den Vereinigten Staaten den einzigen Politiker, der den militär. Sieg des Nordens mit einer polit. Versöhnung hätte krönen können.

Sibylle(n). Der oriental. Name S. (Sibylla) bez. eine Prophetin, die ungefragt (im Unterschied zum Orakel) in Ekstase die Zukunft vorhersagt. Eine der bekanntesten S. ist die von Cumae, deren von König Tarquinius gekaufte Prophezeiungen in Rom heilig gehalten wurden und beim Brand des kapitolin. Tempels 83 v. Chr. verlorengingen. Die Sprüche wurden später neu gesammelt.

Die **Sibyllinischen Bücher** oder **Orakel** sind eine Sammlung von 15 Bänden, im 6. Jh. n. Chr. entstanden, mit Sprüchen, Prophezeiungen, Weissagungen zu kommenden Ereignissen, einiges voll dichterischer Kraft, vieles unklar und verworren, doch von beträchtl. Einfluß auf die Kunst des MA und der Renaissance. Zu den großen Sibyllenmalern des 15. Jh. zählen Ghirlandajo, Perugino, Raffael.

LIT. Pauly-Wissowa 2, II, 2, 2073 bis 2117; K. Latte, Röm. Religionsgeschichte (1950); E. Sackur, Sibyllin. Texte und Forschungen (1898); LThK IX (^{2}1964) 726–30; H. Stumfohl, Zur Psychologie der S. In: Zeitschrift f. Religions- und Geistesgeschichte 23 (1971) 84–103.

Sic et non (lat., Ja und Nein). Titel einer Schrift von Petrus Abaelard (1079–1142). Danach die Bez. einer Methode, verschiedene Lehrmeinungen theolog. und philosoph. Autoritäten gegenüberzustellen und den Widerstreit der Thesen durch die Vernunft zu klären; wichtig für die scholast. Methode (→Scholastik).

Siebenjähriger Krieg (1756–63). Ein globaler Krieg, in dem nicht so sehr die von Österreich angestrebte Wiedergewinnung der in den beiden ersten Schlesischen Kriegen an Preußen verlorenen Gebiete, die Vorherrschaft im Reich und die junge preuß. Großmachtstellung im Vordergrund stehen, als vielmehr die Hegemonie Englands oder Frankreichs, die Rivalität dieser beiden Mächte in den Kolonien (Nordamerika, Indien) und auf den Weltmeeren. Das von Kaunitz betriebene Renversement des alliances zielte seit dem Frieden von Aachen (1748) auf eine Aussöhnung mit Frankreich. Das wichtigste Fundament der österreich. Außenpolitik war jedoch die St. Petersburger Allianz von 1746. Daß es Kaunitz schließlich gelang, die Allianzen umzukehren, wurde nicht zuletzt durch Friedrichs II. außenpolit. Fehler erreicht und den Abschluß der Westminster-Konvention zw. Preußen und England zwecks Sicherstellung Hannovers, das in Personalunion mit England vereinigt war. Obwohl die Westminster-Konvention keine für Frankreich nachteilige Bestimmung enthielt, betrachtete Frankreich die Annäherung Preußens an England als Bruch des Bündnisses und schloß mit Österreich am 1. 5. 1756 den ersten Versailler Vertrag. Als ungewolltes Ergebnis der Westminster-Konvention lockerten sich die Bindungen zw. Rußland und England, und der zw. beiden Mächten gerade unterzeichnete Subsidienvertrag wurde praktisch außer Kraft gesetzt. Der Konflikt der Westmächte England und Frankreich im Ohiotal und in Übersee (seit 1754) zog nach demonstrativen preuß. Rüstungen und einem russ. Aufmarsch, der sich nach wenigen Tagen wieder in einen Rückmarsch verwandelte, den Kriegsbeginn durch Preußen gegen eine angebliche Offensivallianz nach sich.

Friedrich II. begann den Krieg mit dem Überfall auf das neutrale Kursachsen

(29. 8. 1756). Nach der Kapitulation der im befestigten Lager bei Pirna eingeschlossenen sächs. Truppen (17. 10. 1756), die in das preuß. Heer gezwungen wurden, schien der Weg nach Böhmen frei, doch zeigte die Schlacht bei Lobositz, daß Friedrich II. es nicht mehr mit der alten österreich. Armee zu tun hatte und blutige Kämpfe erwartet werden mußten. Im Januar 1757 beschloß der Reichstag zu Regensburg die Reichsexekution gegen Preußen, doch unterblieb die Verhängung der Reichsacht über Friedrich II. Militärisch fiel die Reichsarmee, die nach der Schlacht bei Roßbach als »Reißausarmee« verspottet wurde, nicht ins Gewicht. Die Hauptlast des kontinentalen Krieges gegen den »englischen Festlanddegen« trugen Österreich und Rußland. Friedrich II. erlitt im Verlauf des Krieges eine Reihe von schweren Niederlagen (Kolin 17. 6. 1757, Hochkirch 13./14. 10. 1758, Kunersdorf 12. 8. 1759). Seine bekanntesten Siege sind die von Roßbach (5. 11. 1757), Leuthen (5. 12. 1757), Zorndorf (25. 8. 1758), Torgau (3. 11. 1760). Auf den kontinentalen Krieg wirkten die engl. Seesiege über die franz. Flotte bei Lagos und Quiberon (20. 11. 1759) sowie die Erfolge in Nordamerika (Eroberung von Quebec 17. 9. 1759) und Indien zurück. Der verspätete Eintritt des bourbon. Spanien in den Krieg (1. 6. 1762) konnte den Ausgang des Krieges nach den engl. Erfolgen auf Kuba und den Philippinen nicht mehr wenden, führte aber mit dem dadurch ausgelösten Ministerwechsel in England, wo auf den preußenfreundl. Pitt John Stuart Bute folgte, zu einer für Preußen äußerst bedrohlichen Situation, als sich ein Friedensbündnis der Mächte unter engl. Führung gegen Preußen abzuzeichnen begann und England mit der Nichterneuerung des Subsidienvertrags (12. 12. 1761) seinen Verbündeten fallenließ. Ein zweites »Mirakel des Hauses Brandenburg«, der plötzl. Tod der Zarin Elisabeth von Rußland (5. 1. 1762), brachte für Preußen die Rettung. Nach dem Tod der Zarin brach die russ.-österreich. Allianz auseinander, und Zar Peter III. schloß mit dem König von Preußen Frieden (5. 5. 1762) und vermittelte den Frieden mit Schweden. Allerdings wirkte sich ein mit Rußland geschlossenes Bündnis nicht aus, weil Peter III. von seiner Gemahlin Katharina zur Abdan-

kung gezwungen wurde (10. 7. 1762), doch trug die von der Zarin abberufene russ. Armee durch ihre drohende Aufstellung wesentlich zur Niederlage Dauns bei Burkersdorf (2. 7.) und zur fast vollständigen Befreiung Schlesiens von den Österreichern bei. Österreich, am Ende seiner wirtschaftl. und militär. Kraft, mußte nach dem Ausscheiden seiner Verbündeten Rußland, Schweden und Frankreich, das mit England den Präliminarfrieden von Fontainebleau und den Definitivfrieden von Paris abschloß, Friedensverhandlungen aufnehmen. Der Friede von Hubertusburg sah den endgültigen Verlust Schlesiens (→Schlesische Kriege) für Österreich, die Bestätigung der Großmachtstellung Preußens und den Beginn eines neuen Mächtesystems in Europa.

Das welthistor. Resultat des Siebenjährigen Krieges kann mit Leopold von Ranke darin gesehen werden, daß a) Frankreich darauf verzichtete, der anglo-amerikan. Entwicklung in Nordamerika entgegenzutreten, b) England die maritime Vorherrschaft gegenüber Frankreich und Spanien und das Übergewicht in Nordamerika an sich brachte. Die Unabhängigkeit Nordamerikas von Frankreich und die Großmachtstellung Preußens werden in enger Beziehung miteinander erkämpft. Der Siebenjährige Krieg bringt schließlich einen gewaltigen Machtanstieg Rußlands.
LIT. Th. Schieder (Hrsg.), Hdb. der europ. Gesch. IV; Gebhardt-Grundmann II; H. Brabant, Das Hl. Röm. Reich teutscher Nation im Kampfe mit Friedrich d. Gr. 3 Bde. (1904–13); W. Andreas, Friedrich d. Gr. und der S. K. (1940); C. V. Easum, Prinz Heinrich von Preußen, Bruder Friedr. d. Gr. (1958); W. Baumgart, Der Ausbruch des S. K. Zum gegenwärtigen Forschungsstand. In: Militärgeschichtl. Mitteilungen, H. 2 (1971); C. Duffy, Feldmarschall Browne (1966); D. E. Bangert, Die russ.-österreich. militär. Zusammenarbeit im S. K. 1758-59 (1973); J. Kunisch, Das Mirakel des Hauses Brandenburg (1978).

Siebenschläfer. Nach der Legende sieben Brüder, die sich zur Zeit der decischen Christenverfolgung (250) in einer Höhle verbargen, nach mehr als 190 Jahren vorübergehend aus dem Schlaf geweckt wurden und ihren Glauben bekannten. Die Verehrung wurde durch die Kreuzzüge im Abendland verbreitet und hatte im Barock in Süddtl. ihre Blütezeit.

Sieben Weise. Als die S. W. galten Thales, Solon, Periandros, Kleobulos, Chilon, Bias, Pittakos, doch wurden auch andere Namen genannt.

Sieben Weltwunder. Bau- und Kunstwerke des Altertums, die als die bedeutendsten galten. Die Auswahl schwankt. Zu den S. W. wurden im allg. gerechnet: die Zeusstatue des Phidias in Olympia, die Hängenden Gärten der Semiramis in Babylon, das Mausoleum in Halikarnassos, die ägyptischen Pyramiden, der Koloß von Rhodos, der Artemistempel in Ephesos, der Leuchtturm auf Pharos bzw. die Stadtmauern von Babylon, die Memnonsäulen bei Theben.

Siegburger Reform. Nach dem Kloster Siegburg benannte Reformbewegung und Klostergruppe des späten 11. Jh. Über 50 Klöster im Rheinland, in Westfalen, Hessen, Bayern, Österreich und in den Niederlanden gehörten zu dieser jungcluniazensischen Reformgruppe, die Laienklosterherren und Vögte weitgehend ausschaltete und vom Investiturstreit verschont blieb.
LIT. J. Semmler, Die Klosterreform von Siegburg (1959).

Siegel (lat. sigillum; zu signum, Zeichen; griech. sphragis, daher Sphragistik). Vertieft geschnittener Stempel (Typar, Petschaft) mit Bild, Wappen oder anderen Erkennungszeichen eines Siegelführenden zur Herstellung des Siegelabdruckes. Im allg. wird dieser Siegelabdruck in eine zunächst weiche, dann erhärtende Masse (Siegelstoff, Wachs, Lack, Metall) als S. bezeichnet.
Das S. geht bis ins At. zurück, wurde von Griechen und Römern vorwiegend als Verschlußsiegel benutzt, während das MA es hauptsächlich zur Untersiegelung (zur Beglaubigung) verwendete.
Die Wissenschaft, die sich mit dem Siegel und seiner Verwendung befaßt, heißt **Siegelkunde** oder **Sphragistik** und wird zu den histor. Hilfswissenschaften gerechnet.
S. wurden geführt von Königen (bereits bei den Merowingern, wo sie neben der persönl. Unterschrift als zusätzl. Beglaubigung auftauchen), vor allem seit der Zunahme der Schreibunkundigkeit der Herrscher, ferner von Kaisern, vom Papst, dem hohen Adel, der Geistlichkeit, Standespersonen, Klöstern, Städten, Universitäten, Körperschaften, Bürgern, Zünften, im SpätMA sogar bei Juden.
Das S. diente als Ausweis im weitesten Sinn. Es war Verschlußmittel, vor allem aber Mittel zur Beglaubigung von Urkunden durch Besiegelung, und zwar a) als Ausdruck einer verbindl. Willenserklärung des Siegelinhabers oder b) zur Bezeugung der Handlung eines Dritten (Siegelung in fremder Sache). Die gebräuchlichste Siegelform war bei den Metallsiegeln rund; daneben gab es spitzovale S. (besonders bei der Geistlichkeit) mehrkantige und schildförmige. Allg. besteht während des MA die Tendenz nach Vergrößerung des S. in Durchmesser und Dicke.
Nach dem Siegelbild können im wesentl. vier Gruppen von S. unterschieden werden:
1. Schriftsiegel,
2. Bildsiegel mit histor., symbol., religiösen, architekton. oder anderen Darstellungen,
3. Porträtsiegel, wobei der Siegelführende in ganzer Figur oder als Kopf-, Brust- oder Kniestück dargestellt ist und Porträtähnlichkeit im MA nicht vorausgesetzt werden kann. Wichtige Sonderform ist das Thronsiegel, zuerst von Kaiser Heinrich II. verwendet und zum Majestätssiegel weitergebildet.
4. Wappensiegel mit dem Wappen der siegelführenden Person oder Institution, seit dem 16. Jh. das herrschende Siegelbild.
Die Anbringung des S. erfolgte durch Anhängen (sigillum pendens, Hängesiegel) oder durch Aufdrücken (sigillum impressum, aufgedrücktes Siegel). Eine Abart des sigillum pendens ist das im 13./14. Jh. beliebte abhängende S. Beschriftet ist das S. meist mit Namen und Titel des Siegelführers, häufig auch mit Jahreszahlen, Sinnsprüchen und einer Erläuterung des Siegelbildes. Zum Schutz des abhängenden S. diente eine hölzerne Kapsel, später auch Metallkapsel (Siegelkapsel). Die S. bieten der Kultur- und Kunstgeschichte ein oft interessantes Material und sind wichtig für die Heraldik.
LIT. W. Ewald, Siegelkunde (1914); E. von Berchem, Siegelkunde ([2]1923); Clavis mediaevalis 228–35; A. von Brandt, Werkzeug des Historikers ([4]1958) 159–77 (mit weiterer Lit.); O. Schömann, Siegelabgüsse aus Kunststoff. In: Archival. Zeitschrift 35 (1957)

134–37; H. Krabusch, Siegelreproduktion durch ein reines Abdruckverfahren. In: Zeitschrift für Gesch. des Oberrheins 108 (1960) 623–28; R. Kahsnitz, Typare und Wachssiegel im Rhein. Landesmuseum Bonn (1970); T. Diederich, Rhein. Städtesiegel (Rhein. Verein für Denkmalpflege und Landschaftskunde, Jb. 1984/85).

Siegelbewahrer. Im MA Bez. für einen hohen Staatsbeamten, der mit der Aufbewahrung des Staats- oder Königssiegels betraut war. Im Reich hatte diese Funktion der Kurfürst-EB von Mainz, in Großbritannien der Lordsiegelbewahrer, der seit Elisabeth I. auch das Lordkanzleramt innehatte.

Sievershausen, Schlacht von (9. 7. 1553). Sieg der verbündeten Moritz von Sachsen und Heinrich von Braunschweig über den in Norddtl. brandschatzenden Markgrafen Albrecht Alkibiades von Brandenburg. Blutigste Schlacht des Reformationszeitalters in Dtl. Moritz von Sachsen bezahlte den Sieg mit seinem Leben.

Siglen (lat. singulae litterae). Abkürzungen. →Abbreviaturen.

Signatär (von lat. signum, franz. signataire). Unterzeichner eines Vertrages.

Signatarmächte. Bez. für die Staaten, die einem völkerrechtl. Vertrag durch ihre Unterschrift beigetreten sind.

Signatur (Signatura Apostolica). Supremum Signaturae Apostolicae Tribunal; eines der höchsten ordentl. Gerichte, heute oberste Verwaltungsgerichtsbehörde der kath. Kirche. Als eigene Behörde besteht die S. seit Papst Sixtus IV. (1471–84). Unter Julius II. Trennung in zwei S.: Signatura gratiae (für Gnadensachen, Bittschriften) und Signatura iustitiae (Zulässigkeit von Apellationen →Appellatio ab abusu, Kompetenzstreitigkeiten usw.). Die Signatura gratiae wurde durch Pius X. aufgehoben, die Signatura iustitiae später zur heutigen S. umgewandelt.

Signet. Dem Sekretsiegel verwandtes kleines Geheimsiegel, hauptsächl. im SpätMA verwendet, wurde von dem Herrscher persönl. verwahrt.

Signoria (ital., Herrschaft). Polit. Herrschaftsform oberital. Städte vom 13. bis 16. Jh. Die wichtigsten:
a) Die S. von Venedig, seit 1200 Bez. des Kleinen Rates, im 13. Jh. die einflußreichste Behörde und das eigentl. Staatsoberhaupt der Republik;

b) die S. von Florenz, seit 1293 oberste Behörde unter der Leitung eines Gonfaloniere.
Auch die Herrschaft eines Geschlechts über eine Stadt wird als S. bezeichnet.

Silberflotte. In der Lit. übl. Bez. für die zw. Spanien und seinen amerikan. Kolonien seit dem 16. Jh. zweimal jährl. verkehrende Flotte, offiziell »flotas y galeones« genannt. Sie brachte aus Südamerika nebst Kolonialwaren das monopolisierte Silber, auf dem zum größten Teil der span. Staatshaushalt beruhte und führte Fertigwaren, Waffen usw. nach den Kolonien. Während des Kämpfe mit England beliebtes Angriffsziel.

Silentium obsequiosum. Schweigen gegenüber einer kirchl. Lehrentscheidung aus Rücksicht auf die kirchl. Autorität, aber ohne Zustimmung.

Simonie (lat. simonia). Von dem Ansinnen Simons des Magiers an den Apostel Petrus (Apostelgeschichte 8, 18–25) abgeleitete Bez. für den Handel mit geistl. Dingen, d. h. Sakramenten, Sakramentalien, Weihen und kirchl. Ämtern. S. wurde auf den Konzilien von Chalkedon (451) und Nikaia (787) verboten. Im 11. Jh. betrachtete man auch die Laieninvestitur als S. Im Investiturstreit spielte die S. eine wichtige Rolle. Sie wurde von den kirchl. Reformkreisen energisch bekämpft, später aber wieder enger gefaßt.
LIT. A. Leinz, Die S. (1902); J. Drehmann, Papst Leo IX. und die S. (1908); Feine, KRG; HKG III, 1 (1966); H. Meier-Welcker, Die S. im frühen MA. In: Zs. für Kirchengeschichte 64 (1952/53) 61–93.

Simul iustus et peccator (lat., gerecht und Sünder zugleich). Von Martin Luther selbst geprägter Satz; Grundformel seiner Rechtfertigungslehre. Zum Verständnis der luth. Reformation von größter Bedeutung.
LIT. R. Hermann, Luthers These »Gerecht und Sünder zugleich« (²1960).

simultan (lat. simul. zugleich; gleichzeitig) gemeinsam.

Simultaneum (simultaneum exercitium religionis). Die gemeinsame Benutzung von Kirchen, Friedhöfen, Glocken, Orgel usw. von verschiedenen christl. Konfessionen auf Grund staatl. Verträge, Miteigentums oder Herkommens. Im Reich entstanden zahlreiche Simultaneen infolge der Reformation. Sie wurden geregelt insbes. durch den

Westfälischen Frieden, den Kölner Vergleich (1652) und die Religionsklausel des Rijswijker Friedens (1697). Das kath. Kirchenrecht verbietet ohne ausdrückl. Erwähnung S. grundsätzlich und empfiehlt die Ablösung. Bekannte S. sind die Heiliggeistkirche zu Heidelberg (eingeführt durch die Kurpfälzer Religionsdeklaration 1705), die Elisabethkirche zu Marburg (eingeführt durch König Jérôme von Westfalen 1810, 1896 aufgehoben), die Dome zu Altenberg, Wetzlar und Bautzen.

LIT. D. Beck, Die kirchl. Simultanverhältnisse in der Rheinprovinz unter bes. Berücksichtigung des Ryswicker Friedens (1934); K. Rosendorn, Die rheinhess. Simultankirchen bis zum Beginn des 18. Jh. (1958); H. Hoffmann, Tobias Claunitzer und die Einführung des S. im Gemeinschaftsamt Weiden-Parkstein. In: ZbKg 29 (1960) 186–218; Chr. Schäfer, Das S. (1995).

Sinsheim, Schlacht von (16. 6. 1674). Sieg der franz. Truppen unter Turenne über die Österreicher unter Karl von Lothringen. Nach dem Sieg begann Turenne mit der Zerstörung der Pfalz, doch gelang es den Truppen von Kaiser und Reich bald darauf, den Sieg von Enzheim zu erringen.

Sint, ut sunt, aut non sint (lat., Sie sollen sein, wie sie sind, oder sie sollen nicht sein). Ausspruch Papst Clemens' XIV. anläßlich der franz. Vorschläge zu einer Umgestaltung des Jesuitenordens. Auch in übertragenem Sinne gebraucht.

Sippe (got. sibja; ahd. sippa, mhd. sippe). Unter S. versteht man zwei verschieden aufgebaute Verwandtschaftsgruppen:
[1] Kreis der Blutsverwandten einer bestimmten Person, Speer- oder Schwertmagen, Kunkel- bzw. Spindelmagen: wechselnde Sippe.
[2] Agnatischer, von einem Stammvater abstammender Geschlechtsverband: die feste Sippe.
Die S. war Friedens- und Schutzgemeinschaft, auch Rechtsverband (→Munt) und Kultgemeinschaft. Die Aufnahme in die S. erfolgte bei dem Neugeborenen durch den Hausherrn, daneben durch Geschlechtsleite, der Ausschluß durch die S. oder Lossagen des Einzelnen. Im Laufe des MA wurde die S. in ihrer Bedeutung weitgehend durch andere staatl., kirchl. Bindungen zurückgedrängt.

Sire (von lat. senior). Abkürzung für seigneur, Lehns-, Landes-, Gutsherr; in diesem Sinne in Frankreich seit dem MA, vereinzelt bis ins 18. Jh. gebraucht; seit dem 16. Jh. Anrede für den König bzw. Kaiser.

Sistowa, Friede von (4. 8. 1791). Abgeschlossen zw. Österreich und der Türkei, beendet dieser Friede den unglücklichen, von Joseph II. am 9. 2. 1788 begonnenen Krieg gegen die Türkei und verfügt die Rückgabe der von Österreich eroberten Gebiete nach dem Status von 1788. Die Grenze zw. Österreich und der Türkei wird festgelegt, der Friede von Belgrad (1739) erneuert und bestätigt, lediglich eine unbedeutende Grenzberichtigung konnte Österreich erhalten.

Sixtusbriefe. Briefe, benannt nach Sixtus Prinz von Bourbon-Parma (1886–1934), dem Bruder der Kaiserin Zita von Österreich, der als belgischer Offizier am Ersten Weltkrieg teilnahm. Mit dem Einverständnis seines Schwagers, Kaiser Karl von Österreich (reg. seit 1916), sowie des Außenministers Graf Czernin (1872–1932) unternahm er den Versuch einer geheimen Friedensvermittlung, d. h. daß er 1917 zwei an ihn gerichtete Briefe des österreich. Kaisers an den franz. Präsidenten R. Poincaré (1860–1934) weiterleitete. Der Kaiser bot in den Briefen an, die berechtigten Ansprüche Frankreichs auf Elsaß-Lothringen bei der dt. Regierung zu unterstützen sowie Belgien und Serbien wiederherzustellen. Der ohne Wissen des dt. Verbündeten angebahnte Sonderfrieden scheiterte an der Unnachgiebigkeit Frankreichs und Italiens hinsichtl. der durch sie verfolgten Kriegsziele.

LIT. A. Demblin, Czernin und die Sixtusaffäre (1920); R. Fester, Die polit. Kämpfe um den Frieden und das Deutschtum (1938); R. A. Kann, Die Sixtusaffäre (1966).

Sizilianische Vesper. Aufstand der Sizilianer (30. 3. 1282) gegen die Herrschaft Karls I. von Anjou; zerstörte die Herrschaftspläne Karls I., ermöglichte es Peter III. von Aragon, seine Ansprüche auf das stauf. Erbe durchzusetzen und legte die Grundlage für die Herrschaft des Hauses Aragon über Sizilien.

LIT. S. Runciman, Die s. V. (1959).

Skabine. Schöffe. In Italien vom Ende des 8. bis Mitte des 10. Jh. Bez. für Richter.

Skalde (altnord. skald). Dichter und Sänger der Wikingerzeît, vom 9.–10. Jh. in Norwegen, bis ins 13. Jh. in Island. Die S. traten im Gefolge der Fürsten mit Preisliedern und Stegreifdichtungen auf. LIT. A. Neckel, Altnord. Literaturgeschichte (1923); J. de Vries, Altnord. Literaturgeschichte (1941).

Sklaverei.
[1] Bei allen Kulturvölkern der Antike verbreitet. S. leitete sich aus der Unterjochung wirtschaftl. schwächerer Bevölkerungsschichten, aus Menschenraub, Kriegsgefangenschaft, Geburt von unfreien Eltern, Kindesaussetzung oder Schuldknechtschaft und Verkauf außer Landes her. Die Schuldknechtschaft wurde in Athen von Solon, in Rom im 4. Jh. beseitigt, unter Konstantin d. Gr. aber wieder gesetzl. gestattet. Aristoteles begründete die S. mit wirtschaftl. Argumenten. Bei den Römern waren die Sklaven Sache, Handelsware, weitgehend rechtlos, doch bildeten Mißhandlung und Tötung von Sklaven eine Ausnahme und standen unter verschärften Strafen.
Die Beschäftigung der Sklaven erfolgte hauptsächl. im Hausdienst, in der Landwirtschaft (→Latifundien), im Bergbau und anderen Industrien. Vielfach hatten Sklaven Vertrauensstellungen inne, spielten als Ärzte, Lehrer, Stenographen oder am kaiserl. Hof eine beachtl. Rolle und verfügten über beträchtl. Vermögen. Nach der Freilassung erhielt der Sklave in Rom volles Bürgerrecht. Augustus beschränkte, als er das alte Römertum wiederherstellen wollte, die Freilassungsmöglichkeiten (→Freigelassener). Zur Strafe konnten Sklaven körperl. gezüchtigt, in Gladiatorenschulen (→Gladiator) gesteckt, zu härterer Arbeit verurteilt oder im schlimmsten Fall gekreuzigt werden.
[2] Das Christentum verbot und bekämpfte die S. nicht direkt, trat aber für humane Behandlung ein und versuchte die Gegensätze zw. Herrn und Sklaven über das Gebot der Nächstenliebe und die Gemeinschaft in Christus, die alle zu Brüdern mache, zu überbrücken. Freigelassene Sklaven konnten in der Kirche höchste Ämter erlangen (Papst Calixtus, †222). Kaiser Justinian (6. Jh.) beseitigte die letzten gesetzl. Hemmnisse der Sklavenbefreiung.
Vom At. übernahm das MA die S., wenn sie auch zuletzt nur noch in Überresten bestand. Die Sklaven verloren im FrühMA mit der Rückentwicklung der antiken Kapitalwirtschaft zu Haus- und Naturalwirtschaft ihre Bedeutung für das Wirtschaftsleben. Hörigkeit und Leibeigenschaft und mildere, versteckte Formen der S. bildeten sich aus. Die Synoden von Sevilla (590) und Toledo (633) schränkten die Erlaubnis zum Halten von Klostersklaven ein. Durch den Zudrang zahlreicher Unfreier zu den Klöstern und Weihen (Priester- und Bischofsweihe) wurde das Los der Sklaven gemildert. Den Bedarf an Sklaven deckten im frühen MA der in den Händen von Juden und Arabern liegende Sklavenhandel, im Spät-MA Genuesen und Venezianer. Der gewerbsmäßige Sklavenhandel erlosch im fränk. Reich gegen Ende des 10. Jh., in Skandinavien erst im 13. Jh., in den Mittelmeerländern, die mit den islam. Staaten Handel trieben, lebte er weiter. Durch die Kriegszüge der Sarazenen und Türken lebte der Sklavenhandel erneut auf. Dem Loskauf von Christen aus muslim. S. diente die Stiftung der Trinitarier- und Mercedarierorden. Eine Erlaubnis zur Versklavung von Sarazenen, Heiden und anderen Feinden, die jedoch von späteren Päpsten nicht gegeben wurde, erteilte Nikolaus V. (1452) den Portugiesen.
Mit der Entdeckung Amerikas und der Inbesitznahme der Gebiete der Neuen Welt beginnt die Versklavung der Eingeborenen und bald ein ausgedehnter Handel mit Negersklaven. Nach Schätzungen beträgt die Zahl der nach Amerika ausgeführten Negersklaven in ca. 350 Jahren rd. 30 Millionen; ebenso hoch soll die Zahl der bei den Sklavenjagden und beim Transport umgekommenen sein. Der Widerstand gegen die S. ging zunächst von christl. Missionaren (Las Casas), Orden (Dominikanern und Jesuiten – in der Jesuitenmission von Paraguay gab es keine S.) und den Quäkern aus (W. Burling; W. Penn). In den Quäkerkolonien wurde die S. abgeschafft. In den preuß. Staaten wurde die S. 1794 durch das Allgemeine Landrecht beseitigt, in Österreich die Leibeigenschaft 1782, in Rußland erst 1863 aufgehoben. 1784 erfolgte von England aus eine erste Milderung der Sklavengesetze für die engl. Kolonien, 1807 der Abolitions act of slavery, damit das offizielle Ende des Sklavenhandels, doch ging der Sklavenschmuggel bis in die

1860er Jahre weiter. Ohne größere Wirkung blieb die Erklärung der Freiheit aller Sklaven unter franz. Herrschaft durch den Nationalkonvent 1794, doch wirkte die Idee der Menschenrechte seit der Revolution stärker. Die Deklaration des Wiener Kongresses, die Verträge europ. Staaten untereinander über das Ende des Sklavenhandels, die Aufhebung der S. in den franz. Kolonien (1848) sind wichtige Marksteine zur Beseitigung der S. Schwierig gestaltete sich die Sklavenbefreiung in den Südstaaten der USA; sie wurde erst mit dem Ende des Bürgerkriegs erreicht (1866). Mexiko und die span.-amerikan. Republiken hoben die S. beim Abfall vom Mutterland auf, Brasilien und Kuba im Jahre 1871. In der Türkei wurde die S. unter dem Druck der europ. Mächte 1876 abgeschafft. Die Berliner Kongo-Akte (1885), von 13 europ. Staaten und den USA unterzeichnet, verbot die S. 1926 übernahm der Völkerbund, 1946 die Vereinten Nationen die Sorge um die Abschaffung der S. in arab. und asiat. sowie in südamerikan. Staaten. In Saudi-Arabien wurde die S. 1963 abgestellt, doch existiert das Problem noch immer.
LIT. Zu [1] E. Meyer, Die S. im At. (1924); J. Vogt, S. und Humanität im klass. Griechentum (1953); ders., Struktur der antiken Sklavenkriege (1957); S. Lauffer, Die Bergwerkssklaven von Laureion I (1955); F. Bömer, Untersuchungen über die Religion der Sklaven in Griechenland und Rom I–IV (1954–1963); H. Chantraine, Freigelassene und Sklaven im Dienst der röm. Kaiser (1967); T. V. Blavatskaja, E. S. Globucova, A. J. Pavlovskaja, Die S. in hellenist. Staaten im 3.–1. Jh. v. Chr. (dt. 1972); C. Meissassoux, Anthropologie der S. (1989); J. Walvi, Slaves und Slavery (1992); H. Klees, Sklavenleben im klassischen Griechenland (1999); L. Schumacher, S. in der Antike (2001).
Zu [2] F. Schaub, Studien zur Geschichte der S. im FrühMA (1913); Haiser, Die S., ihre biolog. Begründung und sittl. Rechtfertigung (1923); R. Pfaff-Giersberg, Geschichte der S. (1954); Ch. Verlinden, L'esclavage dans l'Empire médiévale (1955); S.M. Elkins, Slavery (1959); D. Grant, The fortunate Slave (1968); H. Bellen, Sklavenflucht im Röm. Reich (1971); W. Peukert, Der atlant. Sklavenhandel 1740–1797 (1978); H. Loth, Die Geschichte des Sklavenhandels zwischen Afrika und Amerika (1981); M. I. Finley, Die S. in der Antike (1981); W. D. Phillips, Slavery from Roman times to the early transatlantic trade (1985).

Skotismus. Von dem scholast. Philosophen Duns Scotus († 1308) begründete, wenig einheitl. Denk- und Schulrichtung, die sich von der Lehre des Duns Scotus vielfach unterschied. Der S. ist charakterisiert durch den Gegensatz zum Thomismus, die vor allem seit dem 14. Jh. zunehmende Neigung zu Spitzfindigkeiten. Bedeutende Skotisten waren: Antonius Andreas († 1320), Franciscus de Maironis († 1328), Petrus von Aquila († 1361), Johannes von Köln, Nicolaus Denyse († 1509), Antonius Trombetta († 1518), Hugo Cavellus († 1620).

Skrutinium (von lat. scrutari, erforschen). Abstimmung oder Wahl. Das S. oder die Skrutinalwahl ist eine Form der Besetzung von Bischofsstühlen. Bischofswahl, Papstwahl. Die rechtl. Merkmale der Skrutinalwahl sind: Bestellung von drei Skrutatoren ex gremio, geheime und einzelne Stimmabgabe an sie, Niederschrift der Stimmen und Publikation der Stimmergebnisse vor dem Kapitel durch die Skrutatoren, förml. electio communis des Gewählten, der alle Stimmen oder die der maior et sanior pars capituli für sich hat.
LIT. H. E. Feine, Die Besetzung der Reichsbistümer vom Westfälischen Frieden bis zur Säkularisation 1648 bis 1803 (1921; Neudr. 1964).

Sodalität (zu lat. sodalis, Genosse, Gefährte). Bruderschaft, in den meisten Fällen marianische Kongregation.

Soester Fehde. Fehde 1444–49 um den Besitz von Soest zw. dem Landesherrn, dem Kölner EB Dietrich von Moers und Herzog Johann von Kleve, dem die Stadt Soest 1444 die Erbhuldigung geleistet hatte. Der sehr blutige, mit Rückhalt an Burgund und Frankreich geführte Krieg fand in allg. Erschöpfung und mit dem Schiedsspruch eines päpstl. Legaten (1449) vorübergehend ein Ende, wurde aber in der Münsterischen Stiftsfehde fortgesetzt. Soest und Xanten blieben bei Kleve.
LIT. W. H. Deuss, Die S.F. (1949); A. Korn, Beiträge zur Geschichte der S.F. In: Zeitschrift des Vereins für Geschichte von Soest 62 (1949).

Soissons, Kongreß von. Der am 14. 6. 1728 eröffnete Kongreß vereitelte einen kontinentalen Krieg, der wegen der Belagerung Gibraltars durch Spanien auszubrechen drohte. Auf dem von Österreich, Spanien, Frankreich, den Generalstaaten und England in Fortführung des Kongresses von Cambrai beschickten Kongreß wurde hauptsächlich über die Österreichische Ostindische Kompanie und das span. Heiratsprojekt für die Erbtochter Karls VI. verhandelt. Die von Kardinal Fleury bei den Verhandlungen erreichte Trennung Spaniens von Österreich wurde durch den Traktat von →Sevilla (9. 11. 1729) besiegelt; Österreich fand mit dem Berliner Vertrag (23. 12. 1728) Rückhalt an Preußen.

LIT. C. Höfler, Der K. v. S. 2 Bde. In: Fontes rerum Austriacarum 32, 38 (1871–76).

sola fide (lat., aus dem Glauben allein). Grundprinzip der Lehre Martin Luthers, in den kategorialen Gegensatz von »Werk« und »Glauben«, menschl. und göttl. Gerechtigkeit gestellt.

LIT. H. Asmussen, S. f. – das ist lutherisch. 2 Bde. (1937); RGG V³ 834–46.

sola scriptura (lat., aus der Schrift allein). Relativ späte, schlagwortartige Zusammenfassung des ref. Schriftprinzips.

Sold (lat. solidus, fest. Goldmünze, seit Konstantin d. Gr. in ihrem Wert festgelegt). Entgelt, Entlöhnung für geleistete Dienste, bes. Kriegsdienste.

Soldat (ital. soldato). Der (geworbene) Krieger; Söldner; Gegensatz zum Zivilisten.

Soldatenhandel, Soldatenverkauf. →Reisläuferei. Die Anwerbung von Truppen aus wenig ertragreichen, übervölkerten Gebirgsgegenden nimmt mit dem Aufkommen der Landsknechte im ausgehenden MA und in der frühen NZ neue Formen an, doch wird dieser Solddienst für fremde Mächte noch als S. bezeichnet. Als S. oder Soldatenverkauf bez. man die Überlassung von geschlossenen Truppenteilen durch einen (deutschen) Landesherrn für Kriegsdienste anderer Mächte (z. B. Spaniens, Englands, Frankreichs). Diese Truppenüberlassung, die während der franz. Raubkriege des 17. Jh. und des Span. Erbfolgekrieges noch mit polit., militär. und wirtschaftl. Interessen (Subsidienpolitik) begründet werden kann, wird im 18. Jh. von dt. Mittel- und Kleinstaaten (insbes. von Hessen-Kassel, Bran-

denburg-Ansbach, Anhalt-Zerbst, Waldeck, Württemberg) zur Schuldentilgung der Fürsten und der Länder in großem Umfang praktiziert. Bes. während des Nordamerikan. Unabhängigkeitskrieges nahm der Soldatenverkauf an die engl. Krone üble Formen an und stieß auf die ständig schärfer werdende Verurteilung durch die Aufklärung (Schubart, Schiller).

LIT. E. Städtler, Die Ansbach-Bayreuther Truppen im amerikan. Unabhängigkeitskrieg (1956); J. Sauer, Finanzgeschäfte der Landgrafen von Hessen-Kassel, ein Beitrag zur Geschichte des kurhess. Haus- und Staatsschatzes und zur Entwicklungsgeschichte des Hauses Rothschild (1930); Ph. Losch, Soldatenhandel. Mit einem Verzeichnis der hess. Subsidienverträge und einer Bibliographie (1933).

Soldateska (ital. 17. Jh.). Undisziplinierter, demoralisierter Soldatenhaufen.

Söldner. Um Sold (röm. solidus), Löhnung Kriegsdienste leistend. Seit dem Verfall des Lehnswesens wurden Truppen gegen Löhnung, Besoldung, angeworben. Blütezeiten des Söldnerwesens sind die Renaissance (condotta, →Condottiere), das 16. und 17. Jh. (Wallenstein). Die stehenden Heere des Absolutismus bis zur Französischen Revolution waren überwiegend Söldnerheere. Mit der Konskription und der Allg. Wehrpflicht ging das Söldnerwesen zurück.

LIT. R. Baumann, Das Söldnerwesen im 16. Jh. am bayer. und süddt. Beispiel (1978).

Solferino, Schlacht von (24. 6. 1859). Sieg der verbündeten Franzosen und Piemontesen unter Napoleon III. und Viktor Emanuel II. über die Österreicher unter Kaiser Franz Joseph. Das Versagen österreich. Generale und vor allem der österreich.-ungar. Reitertruppen führte zu einer schweren Niederlage. Die franz. Siege bei Magenta und S. hatten den Ausbruch der Revolution in den Herzogtümern Parma und Modena und in den päpstl. Legationen zur Folge. Die blutigen Verluste von Magenta und S. gaben dem Schweizer Henri Dunant die Anregung zur Gründung des Internationalen Roten Kreuzes.

Solidarismus. Von Heinrich Pesch (1852–1926) geprägte Benennung der kath. Soziallehre. S. ist wechselseitige, verpflichtende Gemeinhaftung von Person und Gemeinschaft (»Einer für alle, alle für einen«). Beide stehen in Zuordnung und Abhängigkeit zueinander, in sozialer Bindung und Rückbindung. LIT. O. von Nell-Breuning, S. In: Gesellschaftl. Ordnungssysteme. Wb. der Politik, H. 5 (1951); G. Gundlach, S. In: Hwb. der Sozialwiss. IX.

Solidarität. Die innere Geschlossenheit einer Gruppe oder Klasse, die durch gemeinsame Interessen bedingt ist.

Somasker. In Somasca (1532) endgültig gestifteter Orden zur Leitung von Armen- und Waisenhäusern, vor allem in Italien verbreitet.

Somnium Viridarii. 1376 entstandene, König Karl V. von Frankreich gewidmete Schrift, in der ein Ritter und ein Kleriker die Rechte von Kirche und Staat erörtern, mit staatskirchl.-gallikan Tendenz.

Sonderbund. Tendenziöse Bez. für die »Schutzvereinigung« der Kantone Luzern, Uri, Schwyz, Unterwalden, Freiburg, Wallis zur Abwehr der Freischarenzüge und zur Verteidigung ihrer kantonalen Autonomie.

Sonderbundskrieg. Militärische, von H. Dufour geleitete Aktion der 12 nicht beteiligten Kantone zur Auflösung des Sonderbunds, die in drei Wochen zur Besetzung von Freiburg (10. 11. 1847) und Luzern (24. 11.) führte. Die Verfassung von 1848 stärkte die Befugnisse des Bundes, ließ aber im wesentlichen die kirchlich-kulturelle Autonomie der Kantone bestehen. LIT. Ph. A. von Segesser, Beiträge zur Geschichte des S. 1847. In: Sammlung kleiner Schriften II (1879); E. Bucher, Die Geschichte des S. (1966); E. Bonjour, Das Schicksal des Sonderbundes in zeitgenöss. Darstellung (1947); S. Widmer, S. und Bundesreform von 1848 im Urteil Frankreichs (1948).

Sondershausen. Sieg des Prinzen Soubise über Engländer, Hannoveraner und Hessen (1758) im Siebenjährigen Krieg.

Sonntagsbuchstabe (mlat., littera dominicalis). Hilfsmittel zur Datenberechnung in ma. Kalendarien. Mit den Buchstaben A–G wurden fortlaufend vom 1. Januar die 365 Tage eines Jahres bezeichnet = Tagesbuchstaben, littera calendarum. Der Buchstabe, auf den in dem betreffenden Jahr der erste Sonntag fiel, war der S. Das Schaltjahr hat 2 S.

LIT. Grotefend I, 179, Clavis mediaevalis 238 f.

Soor, Schlacht von (30. 9. 1745). Schlacht des Zweiten Schlesischen Krieges, die trotz beträchtl. Anfangserfolge der Österreicher unter Karl von Lothringen schließlich den preuß. Truppen gewonnen wurde, aber ohne größere militär. oder polit. Folgen blieb.

Sophisten, Sophistik, Sophismus (griech.). Sophist: Denker, Weiser, Lehrer der Weisheit und der Redekunst. Die S. kamen in der 2. Hälfte des 5. Jh. v. Chr. auf und versuchten gegen hohes Honorar, ihre Schüler für das private Leben und die polit. Karriere tüchtig zu machen. Die S. wurden zu Entdeckern des Individuums, rechtfertigten theoretisch den Egoismus und bahnten dem Relativismus den Weg. Bekannte S. sind: Protagoras, Prodikos, Thrasymachos. Überwunden wurde der S. von Sokrates und Plato. Im 2. Jh. lebte die Sophistik erneut auf bis um die Mitte des 3. Jh. n. Chr. Diese 2. Sophistik ging aus der Rhetorik hervor und ist wegen ihrer Form recht dürftig. Typ. Vertreter der 2. Sophistik u. a.: Polemon, Aristeides, Prokopios, Lukianos, Athenaios, Libanios.

Sophisterei. Klügelei, Wortklauberei, spitzfindiges Philosophieren.

Sorbonne. Nach seinem Gründer Robert de Sorbon († 1274) benanntes Kolleg der Universität von Paris, seit 1554 ständiger Versammlungsraum der Theolog. Fakultät, mit größtem wissenschaftl. Ansehen im 17. und 18. Jh. Die 1884–1900 neugebauten Räume der »neuen S.« dienen der Faculté des Lettres et des sciences der Pariser Universität. Die Kapelle mit dem Grab Richelieus von Girardon wurde erhalten. LIT. J. Bonnerot, La S., sa vie, son rôle, son œuvre à travers les siècles (1935); P. Glorieux, Les origines du Collège de S. (1959).

Soter (griech.). Retter, Erlöser. Beiname von Göttern, bes. Zeus S., später auch von hellenist. Königen, die als Götter verehrt wurden, beigelegt. Im NT Beiname Christi.

Soteriologie. Lehre vom Werk des Erlösers Jesus Christus.

Soutane (franz. soutane; ital. sottana, zu ital. sotto, unter, unterhalb). Langer Rock, Amtstracht der kath. Geistlichen.

Soutanelle (Verkleinerungsform zu Soutane). Kurzer Rock.

Souveränität

Souveränität (franz. souveraineté, höchste, unabhängige Gewalt, Oberherrschaft, Staatshoheit nach außen und innen). Bez. und Problem der S., d.h. einer letzten höchsten, nicht abgeleiteten Staats- oder Herrschergewalt (»civitates superiorem in terris non recognoscentes«) konnten erst mit dem Verfall des Reiches im SpätMA entstehen. Der Ausdruck »S.« wurde von Jean Bodin (1530–96) in seinen ›Six livres de la république‹ (1576) in Abwehr gegen die Forderungen der franz. Stände, der Ansprüche von Kaiser und Papst geprägt. Souverän ist nach Bodin jener Fürst, der wie der König von Frankreich, über seine Untertanen die höchste Gewalt ausüben kann, ohne selbst an die von ihm erlassenen Gesetze gebunden zu sein (»summa in cives legibusque soluta potestas«). Nur an das göttl. Recht, das Naturrecht und an das Völkerrecht bleibt der souveräne Fürst gebunden. Vom Träger der S. in der Monarchie, dem Fürsten, der nach der Theorie des Absolutismus selbst dem Staate stand, wurde dann unter dem Einfluß der Idee der Staatsräson und der Aufklärung im 17. und 18. Jh. der Begriff der S. auf den Staat übertragen (z.B. von E. de Vattel, 1758). Nach außen blieb aber der Gebrauch der S. eingeschränkt durch die Idee des Gleichgewichts, des Europ. Konzerts und der Konvenienz. Als souveräne Staaten galten jene, die Unabhängigkeit von einer fremden staatl. Rechtsordnung nach außen und Selbstregierung nach innen hatten. Bei Rousseau begegnet erstmals der Gedanke der **absoluten**, durch keine Rechtsnormen beschränkten S., deren Träger das Volk ist. Die »S. der Nation« (→Volkssouveränität) wurde in der Franz. Revolution zur Quelle des Rechts. Nach Hegel ist alles Recht nur Produkt eines staatl. Willens, das Völkerrecht lediglich äußeres Staatsrecht. Nicht zuletzt auf Hegel fußend wurde im 19. und 20. Jh. der Begriff der S. von Nationalismus und Imperialismus extrem ausgedehnt.
Die Ausbildung der S. im Hl. Röm. Reich und in den dt. Territorien stieß auf unüberwindliche Schwierigkeiten. Zwar bez. der franz. Text des Westfälischen Friedens die Landeshoheit der dt. Fürsten als »souveraineté« (im lat. Text: »ius territorii et superioritatis«), doch war eine territoriale S. wegen des noch bestehenden Reichslehnsrechts, der Verbindlichkeit der Reichstagsbeschlüsse, der Reichsverfassung unmöglich. Das Reich galt in der Staatslehre des 17./18. Jh. als eine »Res publica composita«, als ein Oberstaat, die Territorien wurden als status rei publicae subalternae, als Unterstaaten, angesehen. Die summa potestas war geteilt; sie wurde dem Kaiser nur gemeinsam mit den Reichsständen zugestanden. Das Reich war in »lauter besondere Staaten eingeteilt, die jedoch alle noch unter einer gemeinsamen höchsten Gewalt eines zusammengesetzten Staates vereinigt sind« (Johann Stephan Pütter, 1725–1807). S. entwickelte sich faktisch in den nicht zum Reich gehörenden Preußen (seit 1660) und Schlesien (seit 1742/45) und wurde von den Königen in Preußen auch für ihre übrigen dt. Gebiete beansprucht. Für Österreich wurde mit der Errichtung eines Kaisertums der österreich. Erblande (18.8. 1804) die S. erklärt. Der Preßburger Friede (1805) erkannte den mit Frankreich verbündeten Kurfürsten von Bayern, Baden und dem Herzog von Württemberg die S. zu. S. erhielten auch die Rheinbundstaaten und weitere Territorien mit der Auflösung des Reiches. Diese S. blieb auf dem Wiener Kongreß erhalten, und der Dt. Bund wurde als Bund souveräner Staaten konstituiert. Die Verfassung der Weimarer Republik sprach die S. allein dem Reich zu.
Eine **relative Souveränität**, d.h. Selbstregierung und Unabhängigkeit von anderen Staaten, aber unmittelbare Unterwerfenheit unter das Völkerrecht und Zusammenarbeit zur Verwirklichung der Menschenrechte und des sozialen Fortschritts der gesamten Menschheit ist das Ziel der Vereinten Nationen.
LIT. StL VII, 136–39; A. Dock, Der Souveränitäts-Begriff seit Bodin bis zu Friedrich d. Gr. (1897); Th. Kürschner, Die Landeshoheit der dt. Länder seit dem Westfäl. Frieden unter dem Gesichtspunkt der S. (1938); F.A. von der Heydte, Die Geburt des souveränen Staates (1953); F. Meinecke, Die Idee der Staatsräson (⁴1957); M. Imboden, Johannes Bodinus und die Souveränitätslehre (1963); H. Kurz, Volkssouveränität und Volksrepräsentation (1965); H. Krüger, Allgem. Staatslehre (²1966); E.R. Huber, Dt. Verfassungsgeschichte. Bd. I und II; H. Conrad, Dt. Rechtsgeschichte, II (1966); E. Reibstein,

Volkssouveränität und Freiheitsrechte. Texte und Studien zur polit. Theorie des 14. bis 18. Jh., hrsg. von C. Schott. 2 Bde. (1971); W. Quint, Souveränitätsbegriff und Souveränitätspolitik in Bayern (1971).

Sovereign (engl. Landesherr, Herr). Engl. Goldmünze im Wert von 1 Pfund. Der Name leitet sich davon her, daß die erste geprägte Münze dieser Art das Bildnis König Heinrichs VIII. von England trug.

Sozialdemokratie. Sammelbezeichnung für die in vielen Staaten unter wechselnden Namen vertretenen polit. Parteien, die, sozial und demokratisch handelnd, Grundsätze des Sozialismus und der Demokratie zu verwirklichen suchten. Seit der bolschewist. Revolution im Unterschied zum Kommunismus der gemäßigte Flügel der im Gegensatz zur Labour Party auf dem Marxismus beruhenden sozialist. Parteien.

LIT. StL VII, 202–14; H. Hirschfelder, Die bayer. S. 1864–1914. 2 Bde. (1919); J. A. Schumpeter, Kapitalismus und Demokratie (1950); W. Hofmann, W. Abendroth, Ideengeschichte der sozialen Bewegungen des 19. und 20. Jh. (²1968); P. Domann, S. und Kaisertum unter Wilhelm II. (1973); G. Fülberth, J. Harrer, Die dt. S. 1890–1933 (1974); H. Hirsch, August Bebel in Selbstzeugnissen und Dokumenten (²1979); K. Franke, Die niedersächs. SPD-Führung im Wandel der Partei nach 1945 (1980); B. Engelmann, Vorwärts und nicht vergessen. . . . Wege und Irrwege der dt. S. (1985); P. Schöffer, Der Wahlrechtskampf der österreich. S. 1888/89–97 (1986); B. Meurer, Bürgerl. Kultur und S. (1988).

Soziale Frage. Bez. für die Gesamtheit der sozialpolit. Probleme des 19. und 20. Jh., die aus dem Zusammenleben und Zusammenwirken der verschiedenen sozialen Schichten, Stände, Klassen und Berufsgruppen mit ihren häufig konträren Interessen und Auffassungen bzw. den hieraus sich ergebenden gesellschaftl. Spannungen resultiert.

Maßnahmen zur Bekämpfung der durch die S. F. hervorgerufenen Probleme, die in engem Zusammenhang mit der 1. Industriellen Revolution und ihren Konsequenzen zu sehen sind, wurden relativ früh eingeleitet, wenngleich, was es zu betonen gilt, wenig wirkungsvoll. So

kam es 1842 in England zum Verbot der weibl. Untertagearbeit und 1847 zur Einführung des Zehnstundentags für Frauen und Jugendliche. 1839 verbot die preuß. Regierung den Einsatz von Kindern unter 9 Jahren zur regelmäßigen Arbeit auf Hüttenwerken etc.; 1848 setzte, ausgelöst durch die Revolution des Jahres 1848, der Kampf um den Achtstundentag ein; seit 1878 gibt es in Dtl. die Fabrikinspektion. Von bes. Bedeutung und Konsequenz waren die durch O. von Bismarck (1815–1898) durchgesetzten sozialpolit. Maßnahmen; sie fanden ihren Ausdruck im Krankenversicherungsgesetz 1883, dem Unfallversicherungsgesetz 1884 und dem Gesetz über die Invaliditäts- und Altersversicherung 1889. Die Angestelltenversicherung wurde 1911 geschaffen. Das Arbeiterschutzgesetz existiert seit 1891. Als Novelle zur Gewerbeordnung brachte sie Vielzahl von einschneidenden Maßnahmen, darunter Lohnschutzbestimmungen und verstärkte Sonntagsruhe. 1903 traten das Kinderschutzgesetz, 1905 der verstärkte Schutz bei Kinderarbeit sowie die ersten Arbeiterausschüsse in Kraft.

Sowohl während der Zeit der Weimarer Republik als auch seit der Gründung der BRD 1949 wurde bzw. wird fortwährend an der Lösung der sozialen Probleme gearbeitet. Das war und ist nicht zuletzt deshalb notwendig, weil ebenso im polit. wie auch im privaten Bereich immer wieder Auffassungen vertreten werden, die die sozialen Errungenschaften als übertrieben bezeichnen, woraus Motivationen und Bestrebungen abgeleitet werden, sie einzuschränken.

LIT. StL VII, 221–25; F. Tönnies, Die Entwicklung der s. F. bis zum Weltkrieg (³1919); L. Uhen, Gruppenbewußtsein und informelle Gruppenbildungen bei dt. Arbeitern im Jahrhundert der Industrialisierung (1964); H. J. Henning, K. E. Born, Quellensammlung zur Geschichte der dt. Sozialpolitik (1966ff.); B. F. Hoselitz, Wirtschaftl. Wachstum und sozialer Wandel (1969); G. Brakelmann, Die soziale Frage des 19. Jh. (⁶1979); A. Langner, Theologie und Sozialethik im Spannungsfeld der Gesellschaft (1974); H. U. Wehler (Hrsg.), Sozialgeschichte heute (1974); F. J. Stegmann, Der soziale Katholizismus und die Mitbestimmung in Dtl. (²1978); A. Klose, W. Mantl, V. Zsifkovits

(Hrsg.), Kathol. Soziallexikon (²1980); O. Dann, Gleichheit und Gleichberechtigung. Das Gleichheitspostulat in der alteurop. Tradition und in Dtl. bis zum ausgehenden 19. Jh. (1980); W. Berg, Wirtschaft und Gesellschaft in Dtl. und Großbritannien im Übergang zum »organisierten Kapitalismus«. Unternehmen, Angestellte, Arbeiter und Staat im Steinkohlenbergbau des Ruhrgebiets und von Südwales 1850–1914 (1984); E. Bruckmüller, Sozialgeschichte Österreichs (1985); F. Braudel, Sozialgeschichte des 15.–18. Jh. (1986); B. Kettern, Sozialethik u. Gemeinwohl (1992); K. E. Born (Hrsg.), Quellensammlung zur Gesch. der dt. Sozialpolitik 1867 bis 1914 (1997).

Sozialismus (von lat. socius, Genosse; socialis, gesellschaftlich). Der Begriff S. ist nicht eindeutig und wurde bis hin etwa zu dem afro-asiat. S., der kaum noch Gemeinsamkeiten mit dem S. aufweist, uferlos ausgeweitet. Th. Brauer zählt in seinem Buch über den ›modernen‹ S.‹ (1929) nicht weniger als 20 Gegensatzpaare von Spielarten des S. auf, und Werner Sombart nennt mehr als 100 Varianten des S. S. ist weder identisch mit Sozialdemokratie noch mit Kommunismus.

Der Ausdruck S. ist 1827 zum ersten Male nachweisbar.

Den idealtyp. S. gibt es wohl kaum. S. ist eine »nach Wertideen und Mitteln dem kapitalist. Zeitalter innerl. zugehörige, allumfassende Lebensbewegung zur Herbeiführung und dauernden Sicherung der Freiheit und des diesseitigen Glücks aller durch ihre uneingeschränkte Einfügung in die Einrichtungen der von höchster Sachvernunft geformten und jedes Herrschaftscharakters entkleideten menschl. Gesellschaft« (Joh. Messner). S. ist ein auf Vergesellschaftung der Produktionsmittel und auf ihrem ausschließlichen Einsatz durch die Verfügungsgewalt der Gesellschaft beruhendes System. S. betont die Gemeinschaft stärker als das Individuum. S. ist eine Gegenbewegung gegen den bürgerl. Individualismus und Liberalismus, ist jedoch, wie mit Recht betont worden ist, »des Liberalismus natürliches Kind« (Bischof Wilh. Em. von Ketteler). S. ist antiindividualistisch, antikapitalistisch gegen die auf angebliche Ungleichheit gegründete Gesellschaftsverfassung gerichtet; betont die Gleichheit als Voraussetzung der vollkommenen Gesellschaft,

schränkt die Eigenständigkeit des Individuums ein oder leugnet sie für manche Bereiche ganz. S. ist, geschichtlich gesehen, der Inbegriff aller Lehren und Bewegungen, die das individualist., liberalist.-kapitalist. Wirtschafts- und Gesellschaftssystem ersetzen wollen durch eine Ordnung, die angeblich Freiheit und Gleichheit aller schützt. An die Stelle des Privateigentums tritt insbes. bei den Produktionsmitteln das Gemeineigentum, an die Stelle der wirtschaftl. Selbstentscheidung staatl. Planung. Als den Willen des industriellen Proletariats, seine Situation zu verändern, hat Lorenz von Stein (1842) den S. charakterisiert; Werner Sombart sieht in ihm den Ausdruck des proletarischen Emanzipationsstrebens.

Der S. hat seinen Ursprung in England und Frankreich im frühen 19. Jh. und stellt eine Gegenbewegung auf Manchestertum, Industrialisierung, Liberalismus, wirtschaftl. Mißstände dar. Der utop. S. – vertreten durch Gracchus Babeuf (│ 1797), Saint-Simon (→Saint-Simonismus), Charles Fourier (│ 1837), Louis Blanc (│ 1882) und den Anarchisten Proudhon – wurzelt zu einem guten Teil in der Gedankenwelt der Aufklärung, aus der die Vorstellungen von Freiheit, Gleichheit, Fortschritt, von einer auf Gütergemeinschaft aufgebauten Gesellschaft (Jean Meslier │ 1729, François Boissel │ 1807, G. B. Mably) entlehnt wurden. Um die Mitte des 19. Jh. begann sich der von Karl Marx und Friedrich Engels entwickelte sog. »wissenschaftl. S.« gegen eine Vielzahl sozialrevolutionärer Ideen, vom Anarchismus bis zum Saint-Simonismus oder zum »Handwerksburschenkommunismus« Wilhelm Weitlings (›Das Evangelium eines armen Sünders‹ 1843, ›Die Menschheit wie sie ist und sein sollte‹ 1838, ›Garantien der Harmonie und Freiheit‹ 1842) durchzusetzen. Im Auftrag des Bundes der Kommunisten arbeiteten Marx und Engels das ›Manifest der kommunist. Partei‹ aus, das man die Geburtsurkunde des wissenschaftl. S. genannt hat. Von der Grundlage des histor. Materialismus her sagen Marx und Engels den Untergang des Kapitalismus voraus. Die Geschichte der Menschheit ist die Geschichte von Klassenkämpfen. Das Proletariat werde die Herrschaft antreten. In der Schulung für das »letzte Gefecht«, in dem die »Internationale erkämpft das Menschenrecht«, sehen Marx und Engels eine vordringliche Aufgabe.

Der Marxismus ist jedoch stets nur ein Faktor neben anderen in der europ. Arbeiterbewegung. 1863 kam es in Dtl. unter der Führung von Ferdinand Lassalle zur Gründung eines Allgemeinen Deutschen Arbeitervereins. Aus der Vereinigung der Lassalleaner mit den mehr internationalistisch eingestellten Eisenachern unter August Bebel († 1913) und Wilhelm Liebknecht († 1900) ging auf dem Gothaer Parteitag 1875 die Sozialdemokratie hervor. Bei der Reichstagswahl 1890 war sie bereits die stärkste Partei. Parallel zum Aufstieg der Sozialdemokratie verläuft das Wachstum der Gewerkschaften. Wegen der Frage der Kriegskredite kommt es 1917 zur Abspaltung der Unabhängigen Sozialdemokrat. Partei Deutschlands und des noch radikaleren Spartakusbundes, nach 1918 Kommunist. Partei Deutschlands. Über die Frage des Anschlusses an die Kommunistische Internationale spaltet sich 1920 die USPD, ein Teil wandert zur KPD ab, ein Teil schließt sich mit der SPD zusammen. Die inneren Spannungen überschatten die Geschichte der SPD während der Weimarer Republik. Die letzte mit der SPD gebildete Reichsregierung scheitert an der Desavouierung der SPD-Minister durch die eigene Parteifraktion. Nach der Machtergreifung Hitlers verliert die SPD im Juni 1933 jede legale Betätigungsmöglichkeit, doch kann sie nach 1945 schnell ihre Organisation in den westl. Besatzungszonen aufbauen.

LIT. J. Stammhammer, Bibliographie des S. und Kommunismus (1893–1909; Neudr. 1963–64); M. Weber, Der S. (1918); Geschichtl. Grundbegriffe V (1984) 923–96; StL VII, 303–24; Hwb. der Staatswissenschaften VII (⁴1926) 578–612; M. Beer, Allg. Geschichte des S. und der sozialen Kämpfe (1919, ²1932); Th. Ramm, Die großen Sozialisten (1955); Hwb. der Sozialwissenschaften 9 (1956); K. Kupisch, Das Jahrhundert des S. und die Kirche (1958); L. Bergsträsser, Die Geschichte der polit. Parteien in Dtl. (¹⁰1960); E. Schraepler, Quellen zur Geschichte der sozialen Frage in Dtl. 1800–1870. Bd. I (1955, ²1960); A. Rosenberg, Demokratie und S. (²1962); J. Messner, Die soziale Frage (⁷1964); D. Klinck, Die Entwicklung des sozialist. Denkens von Erfurt 1891 bis Bad Godesberg 1959 (1960); G. E. Kafka, Der freiheitl. S. in Dtl. (1960); J. Jaurès, Les origines du socialisme allemand (1960); W. Gottschalch, F. Karrenberg, F. J. Stegmann, Geschichte der sozialen Ideen in Dtl. (1969); H. Grebing (Hrsg.), Geschichte der sozialen Ideen in Dtl. (1969); W. Loth, S. und Internationalismus (1977); H. Hirsch, Der »Fabier« Eduard Bernstein. Zur Entwicklungsgeschichte des evolutionären S. (1977); C. D. Kernig, Der S. Ein Handbuch. 3 Bde. (1979–85); W. Hofmann, Ideengeschichte der sozialen Bewegungen des 19. und 20. Jh. (⁶1979); P. Huber, Kommunisten und Sozialdemokraten in der Schweiz 1918–35 (1986); R. Deppe, D. Hoß, Arbeitspolitik im Staatssozialismus (1989).

Sozinianer, Sozinianismus. Nach Lelio Sozzini (1525–62) und seinem Neffen Fausto Sozzini (1539–1604) genannte antitrinitar. Bewegung, die zu Anfang des 17. Jh. vor allem in Polen verbreitet war, im **Rakower Katechismus** (1605) ihre Anschauungen fixierte, 1658 in Polen unter Todesstrafe verboten wurde und sich dann in kleinen Gruppen in Siebenbürgen, Ostpreußen, Danzig, Schlesien, den Niederlanden und England verbreitete. Dort übten sie z. T. auf die Arminianer und Puritaner Einfluß aus und trugen zur Bildung des Unitarismus bei.

LIT. G. Schramm, Antitrinitarier in Polen 1556–1658. In: Bibliothèque d'Humanisme et Renaissance 21 (1959) 473–511; B. Stasiewski, Reformation und Gegenreformation in Polen (1960); P. Wrzecionko, Die Theologie des Rakower Katechismus. In: Kirche im Osten 6 (1963) 73–166; ders., Reformation und Frühaufklärung in Polen (1977).

Soziologie (syn. Sozialwissenschaft; Gesellschaftslehre). Wissenschaft von dem Wesen, den Formen, den Funktionen, Institutionen und Gesetzen des gesellschaftl. Lebens. Im Mittelpunkt steht der Mensch als Träger einer sozialen Funktion. Als selbständige Wissenschaft begann sich die S. aus der Philosophie und Staatswissenschaft im 19. Jh. (Fichte, Hegel, Ad. Müller, Condorcet, Comte, Spencer) zu lösen. Mit dem Positivismus wurde die Orientierung an den Naturwissenschaften, Fortschrittsglaube und Glaube an die Planbarkeit der zukünftigen Gesellschaftsstruktur in

Spahi

die S. hineingetragen. Sozialreformerische Impulse kamen von L. von Stein, W. H. von Riehl, Le Play, sozialrevolutionäre von Karl Marx. Zu den Klassikern der heutigen S. zählen Durkheim, Tönnies, Simmel, Pareto, bes. Max Weber, dem eine Synthese von systemat. und histor. S. gelang. Die von der Hegelschen Linken ausgehende S. mit entsprechender philosoph. Ausrichtung verbindet kritisches Gegenwartsbewußtsein mit polit. Engagement. Eine andere Richtung der S. ist stärker »geisteswissenschaftlich«, orientiert und histor. interessiert. Eine scharfe Trennung zwischen S. und Sozialphilosophie ist kaum möglich. Die marxist. Theorie lehnt die S. als »Wissenschaft der Verfallszeit bürgerl. Ideologien« ab. Gegenseitige Anregungen zwischen S. und Geschichte haben sich als fruchtbar erwiesen.
LIT. Geschichtl. Grundbegriffe V (1984) 997–1032; M. Weber, Wirtschaft und Gesellschaft, Grundriß der verstehenden S. (1922, ⁴1956); H. Schelsky, Ortsbestimmung der dt. S. (1959); R. König, S. (1958); ders. (Hrsg.), Hdb. der empir. Sozialforschung I (1962); W. Schulze, S. und Geschichtswiss. (1974); H. U. Wehler, Geschichte und Soziologie (1984); J. Wössner, Soziologie. Einführung und Grundlegung (⁹1986); A. Salomon, S. als Aufklärung und Verhängnis. Werkausgabe, Bd. 1, hrsg. v. U. Matthiesen (1987).

Spahi.
[1] In der osman. Armee waren die Spahis eine leichte Reitertruppe aus Türken und Renegaten, seit Murad I. (14. Jh.) bei Kriegsgefahr aufgeboten.
[2] In der franz. Armee gab es seit 1831 die spahis irréguliers, die unter den Eingeborenen und den Kolonisten im Bedarfsfall aufgeboten wurden, sowie seit 1834 die spahis réguliers, nur unter den Eingeborenen rekrutiert. Nach der Selbständigkeit Algeriens (1962) wurden die Spahis aufgelöst.
LIT. P. Jouffrault, Les Spahis au feu (1948).

Spanischer Erbfolgekrieg (1701–1714). Nach dem Tod des kinderlosen Königs Karl II. von Spanien († 1. 11. 1700), des letzten Habsburgers auf dem span. Thron, nahm König Ludwig XIV. von Frankreich das Testament des Verstorbenen für seinen 17jährigen Enkel, den Herzog Philipp von Anjou, an und

ließ ihn am 16. 11. als Philipp V. zum König von Spanien ausrufen. Der nächste Anwärter auf das span. Erbe war Kaiser Leopold I., wie Ludwig XIV. von Frankreich ein Enkel Philipps III. Beide waren in erster Ehe mit span. Prinzessinnen vermählt gewesen und sowohl für Habsburg wie für Bourbon war das immer noch gewaltige span. Erbe im gleichen Maße begehrenswert und machtpolit. wichtig, hing doch von seinem Besitz die Herrschaft über die Hälfte Europas (Spanien, das Herzogtum Mailand, die beiden Sizilien, weitere ital. Gebiete, die südl. Niederlande) und den großen Kolonialbesitz, vor allem in Amerika, ab. Als dritter Anwärter meldete Kurfürst Max Emanuel von Bayern Ansprüche an.
Die Seemächte unter Wilhelm III. wirkten im Interesse des europ. Gleichgewichts und der engl. Machtstellung auf eine Teilung der span. Erbschaft hin. In einem 1698 im Bund mit den Niederlanden konzipierten Vertrag sollte der bayer. Kurprinz Joseph Ferdinand, Enkel Kaiser Leopolds, als der ungefährlichste der Prätendenten, Spanien, die span. Kolonien und die Niederlande erhalten, der Kaiser das Herzogtum Mailand, der Enkel König Ludwigs XIV. Neapel, Sizilien und einige Gebiete an den Pyrenäen. Der Vertrag blieb unausgeführt, da Kurprinz Joseph Ferdinand am 6. 2. 1699 plötzlich – nach zeitgenöss. Vermutungen infolge einer Vergiftung – verstarb.
Ein zweiter Teilungsvertrag der Seemächte sah vor, daß der zweite Sohn Kaiser Leopolds, Karl (der spätere König Karl III. von Spanien und Kaiser Karl VI.), Spanien, die Kolonien und die Niederlande, Philipp von Anjou Gebiete an den Pyrenäen, Neapel, Sizilien, Mailand erhalten sollte, das gegen Lothringen oder ein anderes Frankreich entsprechendes Grenzland ausgetauscht werden könnte. Ausdrücklich festgelegt war, daß Spanien niemals mit Frankreich oder Österreich vereinigt werden dürfe. Leopold I. lehnte jedoch diesen Teilungsvertrag ab, und auch Spanien erhob Einspruch. Das Testament Karls II. und der enthusiast. gefeierte Einzug des Herzogs von Anjou als Philipp V. in Madrid im Januar 1701 gefährdeten indessen das europ. Gleichgewicht, schienen eine franz. Weltmacht zu begründen und riefen die Seemächte auf den Plan, nachdem Philipps V. Erbrecht auf

die Krone Frankreichs gewahrt wurde (1. 2. 1701).

Nach der Thronbesteigung Philipps V. in Spanien lag es nicht im Interesse Frankreichs, einen Krieg in Europa zu entfesseln, vielmehr sollte durch Bündnisse mit Kurbayern und Kurköln ein neutraler Block in Mitteleuropa geschaffen werden. Dennoch kam es wegen der von Kaiser Leopold I. auf das Erbe der span. Habsburger angemeldeten Ansprüche und der Gefahr, die aus der Erwerbung der span. Gesamtmonarchie durch einen franz. Prinzen für das Gleichgewicht in Europa erwuchsen, zum Spanischen Erbfolgekrieg. Österreich erlangte durch diesen Krieg eine mitteleurop. Vormachtstellung. Für England bedeutete er »den eigentlichen Beginn des brit. Kolonial- und Weltreiches«.

Mit den Seemächten England und Holland schloß Kaiser Leopold I. die Haager Allianz (7. 9. 1701), wonach die niederländ. und ital. Gebiete der span. Monarchie an den Kaiser, die eroberten spanisch-amerikan. Kolonien an die Seemächte fallen, Spanien selbst aber Philipp V. verbleiben sollte. Die Koalition wurde durch den Beitritt Hannovers, Brandenburg-Preußens, Dänemarks und Portugals sowie durch den Übertritt Savoyens aus dem Bündnis mit Frankreich erweitert. Die »Vorderen Kreise des Reiches« schlossen sich der Haager Allianz auf dem Nördlinger Assoziationstag an (März 1702), und das Reich erklärte Frankreich den Krieg (30. 9. 1702). Ludwig XIV. war es indessen gelungen, Kurfürst Max II. Emanuel von Bayern und dessen Bruder, Kurfürst Joseph Clemens von Köln, Herzog Anton Ulrich von Braunschweig-Wolfenbüttel, die Herzöge von Savoyen und Mantua auf seine Seite zu ziehen, nicht aber die Türkei, wo dieses Mal die engl.-holländ. Diplomatie mit größerem Erfolg operierte, noch Schweden, das im Nordischen Krieg eigene Wege ging.

Nicht kriegsentscheidend war die von Frankreich geschürte ungar. Insurrektion unter Franz Rákóczi noch die Proklamation eines Stuartschen Gegenkönigtums Jakobs III. im Sept. 1701 oder die Parteinahme Papst Clemens' XI. für Frankreich.

Im wesentlichen mußte Frankreich den Spanischen Erbfolgekrieg mit den nicht mehr ausreichenden Kräften des eigenen Staates gegen eine mächtige, im Laufe des Krieges an inneren Differenzen zerbröckelnde Allianz führen. Trotz der Erfolge des Prinzen Eugen von Savoyen in Oberitalien, der Alliierten unter Marlborough an der Maas sowie gegenüber Kurköln, Braunschweig und an der Oberrheinfront, gelang es Kurfürst Max Emanuel von Bayern, sich mit einem franz. Heer unter Villars bei Tuttlingen an der oberen Donau zu vereinigen, doch konnte die Verbindung mit der franz. Armee in Oberitalien nach dem Einfall der Bayern in Tirol nicht hergestellt werden. Kurfürst Max Emanuel hielt zwar am 2. 7. 1703 seinen Einzug in Innsbruck, mußte aber vor dem Volksaufstand der Tiroler zurückweichen.

In der Schlacht bei Höchstädt (13. 8. 1704) wurden die vereinigten Franzosen und Bayern von Prinz Eugen und Herzog Marlborough geschlagen. Die Franzosen wurden aus Oberdeutschland vertrieben. Kurfürst Max Emanuel mußte fliehen und Kaiser Joseph I. (reg. 1705–11) setzte die Ächtung der beiden Wittelsbacher Kurfürsten durch. Die im Westfälischen Frieden dem Pfälzer Kurfürsten abgesprochene Oberpfalz und die 4. Kurwürde wurden diesem zurückgegeben. Unter seemächtigem Druck fielen Portugal und Savoyen von Frankreich im Laufe des Jahres 1703 ab, und der zweite Sohn Kaiser Leopolds I., Erzherzog Karl, wurde zum span. König erhoben. Das Königtum dieses Habsburgers in Spanien konnte nur mit Hilfe Englands und Portugals gegen den Widerstand Philipps V. und seiner Anhänger vor allem in Kastilien erkämpft werden. Da es nicht der Wiederherstellung einer span. Weltmacht dienen durfte, erfolgte, dem polit. Willen Englands entsprechend, am 5. 9. 1703 vor der Abreise Karls III. nach Spanien die Zession des span. Reiches an diesen durch seinen Vater, Kaiser Leopold I., und damit die Trennung der span. von der österreich. Monarchie bzw. vom Reich. Das Pactum mutuae successionis (12. 9. 1703) regelte die Erbfolge für die josephin. (österreich.) und die neue karolin. (span.) Linie der Habsburger. Das Königtum Karls III. in Spanien blieb Episode, trotz der Erfolge in Katalonien, Valencia, Estremadura, der Eroberung von Gibraltar (1704), Menorca (1708) und von Madrid (August 1710). Im größeren Teil Spaniens sowie in den Kolonien behauptete sich die Herrschaft der Bourbonen.

Die drohende Verquickung des Nordischen Krieges mit dem Spanischen Erbfolgekrieg konnte durch den Abschluß der Konvention von Altranstädt (1. 9. 1707) verhindert werden. Nach der Niederlage von Oudenaarde (11. 7. 1708), dem Verlust von Lille, dem Zusammenbruch der nordfranz. Festungslinie und dem Scheitern der Stuart-Expedition sah Frankreich sich gezwungen, Friedensverhandlungen mit den Alliierten im Haag einzuleiten (Mai 1709), die aber an den maßlosen Forderungen der Alliierten – so sollte Ludwig XIV. seinen Enkel zum Verzicht auf die gesamte span. Erbschaft zwingen und bei dessen Weigerung den Verbündeten Spanien für die Habsburger erobern helfen – scheiterten. Auch die nach der Niederlage von Malplaquet (11. 9. 1709) von Ludwig XIV. und den Alliierten zu Gertruidenberg (1710) geführten Verhandlungen endeten ohne Ergebnis. Dennoch konnte die wenig erfolgreiche, durch die Abberufung Marlboroughs gehemmte Kriegführung der Alliierten nicht eine militär. Entscheidung über das schwer angeschlagene Frankreich erzwingen.

Der überraschende Tod Kaiser Josephs I. (14. 4. 1711) und die Wahl seines jüngeren Bruders, Karls III., zum röm. Kaiser (Karl VI., reg. bis 1740) änderten die Lage von Grund auf, da England das europ. Gleichgewicht jetzt durch die habsburg. Macht und die drohende Wiederherstellung des Weltreiches Karls V. gefährdet sah und in Holland nach dem Sieg von Villars bei Denain der Wille zur Fortsetzung des Krieges erlosch. Die neue engl. Tory-Regierung, aus innenpolit. und wirtschaftl. Gründen zum Frieden entschlossen, leitete ohne Rücksicht auf ihre Verbündeten und die bestehende Allianz Verhandlungen mit Frankreich ein. Die Friedensschlüsse von Utrecht (11. 4. 1713), Rastatt (6. 3. 1714) und Baden (7. 9. 1714) beendeten den Spanischen Erbfolgekrieg, als dessen eigentlicher Sieger England angesehen werden muß.

LIT. Hdb. der europ. Geschichte, hrsg. von Th. Schieder. Bd. IV (1968); Gebhardt-Grundmann II; W. Imhein, Geschichte des europ. Staatensystems 1660–1789 (1905, Neudr. 1967); C. von Noorden, Europ. Geschichte im 18. Jh. Abt. 1: Der s. E., I. Bd. (1870); M.

Landau, Rom, Wien und Neapel während des s. E. (1885); M. Braubach, Die Politik des Kurfürsten Josef Clemens von Köln beim Ausbruch des S. E. und die Vertreibung der Franzosen vom Niederrhein 1701–03 (1925); ders., Die Bedeutung der Subsidien für die Politik im S. E. (1923); W. Reese, Das Ringen um Frieden und Sicherheit in den Entscheidungsjahren des S. E. 1708–09 (1933); G. W. Sante, Die kurpfälz. Politik des Kurfürsten Johann Wilhelm vornehmlich im S. E. 1690–1716. In: Histor. Jahrbuch 44 (1924); L. Pfandl, Karl II. Das Ende der span. Machtstellung in Europa (1940); W. S. Churchill, Marlborough, His Life and Times. 4 Bde. (1933–39); M. Braubach, Prinz Eugen von Savoyen. Eine Biographie. 5 Bde. (1963–65); H. Kamen, The War of Succession in Spain 1700–1715 (1969).

Spartakisten, Spartakusbund. Nach dem thrakischen Sklavenführer Spartacus († 71 v. Chr.) benannte Gruppe radikaler Marxisten unter Führung von Karl Liebknecht, Rosa Luxemburg, Clara Zetkin, Wilhelm Pieck. Seit dem 27. 1. 1916 erschienen die **Spartakusbriefe.** Ziel des Spartakusbundes war der »internationale Klassenkampf gegen den Krieg, um den Frieden zu erzwingen durch den Willen der Massen«. Der Spartakusbund, zahlenmäßig beschränkt auf eine kleine Gruppe Intellektueller, übte auf die Novemberrevolution keinen entscheidenden Einfluß aus und bildete sich am 1. 1. 1919 zur Kommunist. Partei Deutschlands um.

LIT. Spartakusbriefe, hrsg. vom Institut für Marxismus-Leninismus beim ZK der SED (1958); K. Kautsky, Rosa Luxemburg – Karl Liebknecht – Leo Jogiches (1921); W. Bartel, Die Linken in der dt. Sozialdemokratie im Kampf gegen Militarismus und Krieg (1958); G. Schmidt, Spartakus, R. Luxemburg und K. Liebknecht (1971).

Speaker (engl., Sprecher). Vorsitzender des engl. Unterhauses (seit 1376); von diesem aus seiner Mitte gewählt, vertritt er es gegenüber dem König; seit 1832 fest besoldet und seit 1835 gesetzl. unparteiisch.

Sperrgesetz, Brotkorbgesetz. Preuß. Gesetz vom 22. 4. 1875. Dadurch wurde die Einstellung sämtl. Leistungen von staatl. Mitteln an die röm.-kath. Kirche verfügt (→Kulturkampf).

Speyer, Vertrag von (16. 8. 1570). Vertrag zw. Kaiser Maximilian II. (reg.

1564–76) und Johann Siegmund Szápólyai von Siebenbürgen. Letzterer verzichtete auf den Titel eines Königs von Ungarn, behielt aber Siebenbürgen sowie die Komitate Bihar, Kraszna, Mittel-Stolnok und Marmaros mit Huszt. In einem gegen die Türkei gerichteten Geheimvertrag mit Maximilian wurden Szápólyai für den Fall einer Eroberung Siebenbürgens durch die Türken die schles. Herzogtümer Oppeln und Ratibor zugesagt.

Speyerer Reichstag.
[1] 1526: Der am 25. 6. eröffnete Reichstag sollte dem Wormser Edikt zur Geltung verhelfen. Doch dem geschlossenen Auftreten der luth. Stände und der oberdt. Städte gegenüber, hinzu trat die erneute Gefährdung des Kaisers durch die Liga von Cognac, kam es zu einer Einigung der Stände, die die Aufhebung des Wormser Edikts sowie einen Reformentwurf zum Inhalt hatte, demzufolge dem Kaiser die Freigabe der Priesterehe, des Laienkelches und der dt. Liturgie vorgeschlagen werden sollte. Auf die Bekanntgabe einer geheimen Nebeninstruktion des Kaisers hin, wonach jede Änderung in Glaubenssachen bis zu einem Konzil verboten war, gaben die Stände nach; sie begnügten sich mit der Erklärung, daß jeder Stand bis zum Zusammentreten eines Nationalkonzils hinsichtl. der Religion und des Edikts »so leben, regieren und es halten (sollte), wie ein jeder solches gegen Gott und kaiserl. Majestät hofft und vertraut zu verantworten«. Durch eine Gesandtschaft wollte man den Kaiser bitten, ein allg. Konzil oder eine Nationalversammlung einzuberufen; seine Rückkehr sollte innerhalb von 18 Monaten erfolgen. Damit verzichtete der Reichstag, zwar nicht formal, aber doch tatsächlich, auf eine Lösung der konfessionellen Frage; der Weg für die Ausbreitung der luth. Lehre und die Bildung von luth. Landeskirchen war nunmehr geebnet. Karl V. (reg. 1519–56) verbot die Absendung der Gesandtschaft.
[2] 1529: Nach der Bestätigung des Speyerer Abschieds von 1526 durch den Regensburger Reichstag von 1528 wurde durch Karl V. ein neuer Reichstag nach Speyer einberufen (für Februar 1529). Den Speyerer Abschied hob der Kaiser bereits in der Proposition auf; jede Abweichung vom Wormser Edikt wurde verboten. Nachdem die kath.

Mehrheit dem zugestimmt hatte, darüber hinaus den Versuch unternahm, die Reformation durch Bestimmungen der Art zu hindern, daß keinem Stande Obrigkeiten, Güter und Zinsen entzogen werden dürften, protestierten die ev. Fürsten hiergegen: Ein einhellig zustande gekommener Reichsabschied könne nicht durch einen Mehrheitsbeschluß geändert werden. Nachdem Vermittlungsversuche gescheitert waren, legten die luth. Stände am 25. 4. noch einmal Verwahrung gegen den Reichsabschied ein; außerdem appellierten sie an ein freies christl. Konzil. Diese Speyerer Protestation (daraufhin wurden die Lutheraner nunmehr Protestanten genannt) wurde durch eine eigene Gesandtschaft Karl V. zugeleitet. Karls V. Bruder Ferdinand, mit der Stellvertretung im Reich beauftragt, sah sich wegen der Türkengefahr gezwungen, mit den luth. Ständen Sicherungsverträge abzuschließen; sie kamen einem Waffenstillstand zw. den Konfessionen gleich. Von nun an wurde die polit. Entwicklung nicht mehr durch das Reich, sondern die Konfessionsparteien bestimmt.
LIT. J. Kühn, Die Geschichte des Sp. R. 1529 (1929).

Sphinx. Die Würgerin. Fabelwesen der antiken Mythologie. Als Ödipus das Rätsel der vor Theben sitzenden S. löste, stürzte sich diese in den Abgrund. In der Kunst wurde die S. als sitzende Löwin mit Oberkörper und Kopf einer Frau dargestellt.
LIT. W. Walter, Sphingen. In: Antike und Abendland 9 (1960).

Sphragistik (zu griech. sphragis, Siegel). Siegelkunde; zu den histor. Hilfswissenschaften gerechnet. →Siegel. Lit. ebd.

Spichern, Gefecht bei (6. 8. 1870). Unter schweren Verlusten stürmte die 1. dt. Armee im Dt.-Franz. Krieg die stark befestigten Höhen vor dem Dorf Spichern.

Spiegel (lat. speculum). Im MA und in der NZ Bez. und Titel für Bücher lehrhaften Inhalts, z. B. Rechtsbücher, wie Sachsenspiegel, Schwabenspiegel; oder theolog. Kompilationen; Speculum humanae salvationis, Heilsspiegel; Speculum perfectionis status Minoris, aus der Zeit des franziskan. Armutsstreits; oder Fürstenspiegel, in denen in utopisch-didakt. Form oder am Beispiel einer histor. Persönlichkeit das Idealbild eines Herrschers gezeichnet und Ratschläge für die Regierung erteilt werden, z. B. Fénelons Télémaque (1699).

Spielmann, Spielmannsdichtung. Der S. (spileman), auch Vagant, Fahrender, in England: minstrel, in Frankreich: menestrel oder jongleur (joculator), war aus der Gesellschaft des MA und den Zünften ausgeschlossen, nur beschränkt rechtsfähig. Die Bedeutung des S. für die ma. Lit. ist ebenso umstritten wie der Begriff, der Menschen verschiedenster Art und Bildung umfaßte. Zu den Spielmannsepen werden gezählt: ›König Rother‹, ›Herzog Ernst‹, ›Orendel‹ u. a.
LIT. RDL IV (1979) 105–122; W. J. Schröder, Spielmannsepik (1962); W. Hartung, Die Spielleute. Eine Randgruppe in der Gesellschaft des MA (1982).

Spießbürger.
[1] Urspr. abwertende Bez. für den nur mit einem Spieß ausgerüsteten Bürger.
[2] Eng oder kleinlich denkender Mensch (Spießer).
LIT. H. Glaser, Spießer-Ideologie (1964).

Spindellehen (von Spindel; ahd. spinula, Teil des Spinnrades, der die Spule trägt). Auch auf Frauen vererbbares Lehen.

Spindelmagen. Syn. Kunkelmagen. Verwandtschaft von mütterl. Seite. Gegensatz: Speermagen, Schwertmagen.

Spiritual (magister spiritus). In Seminarien und manchen Klöstern für die religiös-asket. Seelenführung verantwortl. Priester.

Spiritualen. Gruppen im Franziskanerorden des 13./14. Jh., die für die absolute Armut, beschauliches Leben eintraten, mit den Päpsten Bonifaz VIII., Clemens V. und Johannes XXII. in Konflikt gerieten und sich in ihrem überspannten Idealismus zu häret. Sekten (Fratizellen) entwickelten.
LIT. M. Gerwing, Malogranatum oder der dreifache Weg zur Vollkommenheit. Ein Beitrag zur Spiritualität des MA (1986).

Spiritualien (lat. spiritualia). Die geistl. Befugnisse und Aufgaben eines kirchl. Amtes im Gegensatz zu den Temporalien, dem Grundbesitz oder den Einkünften eines kirchl. Amtes.

Spital. Kurzform für Hospital, Hospiz; mhd. auch spittel.

splendid isolation (engl., glänzende Isolation). Polit. Schlagwort für die Freiheit Englands von Bündnissen; entstanden vor 1900.
LIT. G. W. Monger, The End of Isolation (1963).

Spolia. In der Antike die dem erlegten Feind abgenommene Waffenbeute. Mit **Spolia optima** bez. man den Vorgang, daß ein röm. Anführer den gegnerischen eigenhändig tötete und ihm die Waffenbeute abnahm.

Spolienrecht (ius spolii, ius exuviarum). Im MA bis in die frühe NZ der Rechtsanspruch, die Hinterlassenschaft der Kleriker, auch wenn darüber in einem Testament verfügt war, an sich zu ziehen. Das S. wurde von Kaiser und Königen auf Grund des Regalienrechts, seit dem 12. Jh. zunehmend auch von dem Landesherrn, den Bischöfen und im Zusammenhang mit den Reservationen auch von den Päpsten beansprucht. Die Hinterlassenschaft des Klerikers galt als herrenloses Gut, nur für sein Patrimonialvermögen hatte er Testierfreiheit. Erst seit der zweiten Hälfte des 16. Jh. besaßen die Kleriker Testierfreiheit.
LIT. Feine, KRG 718; LThK IX (²1964) 978; J. Kaps, Das Testamentrecht der Weltgeistlichen und Ordenspersonen (1958).

Sprachgesellschaften, Sprachreinigungsgesellschaften. Vereinigungen, die sich die Pflege und Reinerhaltung der Sprache zur Aufgabe stellten, vor allem im 17. Jh. verbreitet: die erste war die ›Fruchtbringende Gesellschaft‹ (1617 in Köthen gegründet). Die ›Deutschgesinnte Genossenschaft‹ wurde 1643 in Hamburg, der ›Pegnesische Blumen-Orden‹ 1645 in Nürnberg und der ›Elbschwanenorden‹ 1658 in Lübeck gegründet. Außer literarisch-kulturellen Zielen verfolgten die S. auch politische. Im 19. Jh. verlieren die S. stark an Bedeutung.
LIT. RDL IV (1979) 122–32.

Staat (lat. status, Zustand; ital. stato, lat. civitas, res publica). Das Wort S. begegnet erstmals in der ital. Lit. des 15. Jh., erhält vor allem durch Machiavelli seinen Sinngehalt, dringt im 16. und 17. Jh. ins Französische (état) und Englische (state) ein und wird erst im 18. Jh. in Dtl. üblich. Die Bezeichnung »S.« war dem At. (polis im Griech., res publica und imperium in der röm. Geschichte) und dem MA unbekannt. Charakterist. für das MA (»Personalverbandsstaat«) sind das Reich (Imperium), Königtümer (Regna), Lehnsherrschaften, Stadtrepubliken, Territorien. Ihre Ausbildung erfahren S. und Staatsidee seit der frühen NZ, vor allem im Absolutismus und erreichen ihre Höhepunkte in den Nationalstaaten des 19. Jh.

Der S. ist polit. soziale Zweckeinheit des Staatsvolkes (nicht identisch mit Volk oder Nation), innerhalb festgelegter Grenzen (Staatsgebiet) seßhaft, unter einer hoheitl. Gewalt (Staatsgewalt) zur Wahrung gemeinsamer Güter und Interessen, ausgestattet mit Kontinuität und in seinem Wesen begründeter Gewalt (»Monopol der Gewaltsamkeit«). Monarchie, Aristokratie und Demokratie galten der Antike als die klass. Staatsformen, Tyrannis, Oligarchie, Plutokratie und Ochlokratie als deren Entartungen. Als erstrebenswerte Bestform wird vielfach ein gesunder Ausgleich von monarch., aristokrat. und demokrat. Formen bezeichnet. Ist die Regierungsgewalt in einem einzigen durch Erbgang oder durch Wahl auf Lebenszeit mit ihr betrauten Herrscher vereinigt, spricht man von Erb- oder Wahl-Monarchie; von absoluter Monarchie, wenn der Herrscher ohne Gewaltentrennung regiert; von konstitutioneller Monarchie, wenn der Herrscher die gesetzgebende Gewalt mit einer Volksvertretung teilt und die richterl. Gewalt ganz freigestellt hat. Liegt die Staatsgewalt bei den vom Staatsvolk gewählten Vertretern oder bei den Mitgliedern eines bevorrechteten Standes, haben wir eine demokrat. oder aristokrat. Republik. Wird in republikan. regierten S. oder parlament. Monarchien die Staatsgewalt für eine Notzeit einer einzigen Persönlichkeit übertragen, entsteht eine rechtl. bevollmächtigte Diktatur. Im Ständestaat ist die Regierungsgewalt begrenzt durch das Mitentscheidungsrecht der Stände. Im Parlamentarismus liegt die Regierungsgewalt bei einem Ministerium, das vom Vertrauen der Volksvertretung abhängig ist. Auch nach der Art des Staatszieles werden S. unterschieden. Die größtmögliche Machtentfaltung nach innen und außen strebt der totalitäre S. an; größtmögliche Wohlfahrt des einzelnen und der Gemeinschaft will der Sozialstaat bzw. Versorgungsstaat. Vorzüglichste Aufgaben des S. sind Schutz nach außen, Sicherheit und Ordnung innen, Sicherung der Individual- und Privatrechte, Rechtsschutz, Förderung von Wohlfahrt und Kultur, »Förderung aller dem ird. Wohl dienenden Interessen der Bürger unter Wahrung ihrer Selbstbestimmung und Selbsttätigkeit«. Als staatsbildende Kräfte wirken das Staatsbewußtsein, Vaterlandsliebe, gemeinsame Abstammung und Sprache, Kultur, Wirtschaft und Religion. LIT. Hwb. der Sozialwissenschaft; StL VII, 520–63; E. von Hippel, Geschichte der Staatsphilosophie (1955/57); H. Mitteis, Der S. des Hohen MA (³1959); F. Hartung, Dt. Verfassungsgeschichte (⁶1964); Th. Eschenburg, S. und Gesellschaft in Dtl. (⁸1963); St. Skalweit, Der moderne S. (1975); R. Vierhaus, Staaten und Stände. Vom Westfäl. Frieden bis zum Hubertusburger Frieden 1648–1763 (1984).

Staatenbund. Zusammenschluß mehrerer souveräner Staaten (Systema civitatum) zur Ausübung bestimmter Hoheitsrechte. Zu unterscheiden von der durch Personalunion unter einem Herrscher herbeigeführten Vereinigung mehrerer Staaten und vom Bundesstaat, obwohl hier die Grenzen fließend sein können. S. waren z. B. der Rheinbund 1806–13, der Dt. Bund 1815–66, die Republik der Vereinigten Niederlande 1580–1795. S. existieren in der Gegenwart nicht mehr. LIT. StL VII, 564f.

Staatskirchentum. Kirchenpolit. System unter staatl. Leitung ohne feste jurist. oder histor. Umschreibung. Gemeinsam ist dieser Form der Beziehungen von Staat und Kirche, die sehr viele Variationen aufweisen kann, die Unterordnung der Kirche unter den Staat. Der Staat übt die Kirchenhoheit aus, besetzt die hohen Kirchenämter, insbes. die Bischofsstühle, leitet das konfessionelle Schulwesen, erhebt Steuern für die Staatskirche, greift durch Gesetzgebung und Verwaltung in Kirchensachen ein. Die theoret. Begründung und prakt. Durchführung des S. ist nach Epochen und Staaten sehr verschieden. S. bestand unter Konstantin d. Gr., im Arianismus, im SpätMA, Absolutismus, Josephinismus, weitgehend im Gallikanismus. Das luth. S. ist durch den Bund von »Thron und Altar« charakterisiert. LIT. H. Raab, Kirche und Staat von der Mitte des 15. Jh. bis zur Gegenwart (1966); E. R. Hubert/W. Huber, Staat und Kirche im 19. und 20. Jh. 3 Bde. (1973ff.); E. Friesenhahn, U. Scheuner, J. Listl, Hdb. des Staatskirchenrechts der Bundesrepublik Dtl. (1974f.); R. A. Müller, Akadem. Ausbildung zwischen Staat und Kirche. Das bayer. Lyzealwesen 1773–1849 (1986).

Staatsräson, Staatsraison (ital. ragione di stato; franz. raison d'état). Staatsvernunft im Gegensatz zur einzelmenschl. Vernunft; Staatsnotwendigkeit. Polit. Grundsatz: Oberste Maxime für das staatl.-polit. Handeln muß die Verwirklichung des Staatswohls sein, die Sicherung seiner Existenzbedingungen. Die Staatsnotwendigkeit läßt gewisse Abweichungen von den moral. und ethischen Forderungen zu, die an den Einzelmenschen gerichtet werden. Obwohl der Sache nach schon früher bekannt, geht der Ausdruck S. zurück auf Machiavelli, wurde in der Staatslit. und der polit. Praxis des Absolutismus, des aufgeklärten Absolutismus aufgegriffen und durchgesetzt.

LIT. G. Ritter, Die Dämonie der Macht (⁶1948); W. Hubatsch, Das Problem der S. bei Friedrich d. Gr. (1956); F. Meinecke, Die Idee der S. in der neueren Geschichte (1957); O. Hauser, Preuß. S. und nationaler Gedanke (1960); H. Lutz, Ragione di Stato und christl. Staatsethik im 16. Jh. (1961); C. J. Friedrich, Die S. im Verfassungsstaat (1962); Etienne Thuau, Raison d'Etat et pensée politique à l'époque de Richelieu (Paris 1966); M. Stolleis, S., Recht und Moral in philosoph. Texten des späten 18. Jh. (1972); R. Schnur (Hrsg.), S. Geschichte eines polit. Begriffs (1975); R. Mandrou, S. und Vernunft (1976); J. Wollenberg, Richelieu, S. und Kircheninteresse (1977); M. Stolleis, Arcana imperii und Ratio status (1980); U. Marwitz, S. und Landesdefension (1984).

Staatsrat. In manchen Staaten beratendes Kollegium bei Gesetzgebung und Verwaltung; die Mitglieder (Minister, volljährige Prinzen, Generale) dieses Kollegiums werden ebenfalls S. genannt.

[1] **Preußischer Staatsrat.** Für Brandenburg wurde bereits 1604 ein S. zur Koordination der gesamten Verwaltung unter dem Herrscher berufen. Seine Blütezeit hatte der brandenburg.-preuß. S. 1640–1722; 1817 wurde erneut ein S. für Preußen berufen bis 1848, dann nur vorübergehend; seit 1920 durch die preuß. Verfassung eingerichtet, war der S. die Vertretung der Provinzen bei Gesetzgebung und Verwaltung.

[2] **Österreichischer Staatsrat.** Der S. trat in Österreich im 18. Jh. (1760) an die Stelle des Geheimen Rates; er war oberstes Beratungsorgan ohne Exekutivgewalt und wurde unter Franz I. vorübergehend beseitigt. Er erhielt 1814 durch die Errichtung eines Konferenzrates (Staatskonferenz) eine übergeordnete Behörde.

LIT. C. Frhr. von Hock, Der österreich. Staatsrath (1760–1848). Eine geschichtliche Studie ... fortgesetzt und vollendet von H. J. Biedermann (1879).

Staatsroman. Dichter. Behandlung von polit. Forderungen und Idealen, entweder an polit.-histor. Verhältnisse anknüpfend (z. B. Albrecht von Haller) oder in Form von Utopien (z. B. Thomas Morus). Die antiken Anfänge des S.: Platons ›Staat‹ und Xenophons ›Kyropädie‹. Die ma. und frühneuzeitl. Fürstenspiegel mit dem Idealbild eines Herrschers können als Sonderform zu den S. gerechnet werden. Zahlreiche S. haben Renaissance, Barock und Aufklärung hervorgebracht; z. B. Th. Campanella, ›Civitas solis‹ (1620), J. V. Andreae, ›Reipublicae Christianopolitanae descriptio‹ (1619), Anton Ulrich von Braunschweig ›Aramena‹ (1669) und ›Oktavia‹, H. J. Ch. von Grimmelshausen, ›Simplicissimus‹ (Buch 3, 3,5 und 5,19), der anonyme ›Orphische Staat‹ (1699). Von den zahlreichen S. des 18. Jh. seien genannt: J. G. Schnabel, ›Insel Felsenburg‹ (1731f.), A. von Haller ›Usong‹ (1771), ›Alfred, König der Angelsachsen‹ (1773) und ›Fabius und Cato‹ (1774), in denen die unbeschränkte Monarchie und Despotie, die beschränkte Monarchie der demokrat. Aristokratie dargestellt werden; ferner Ch. M. Wieland ›Goldener Spiegel oder Die Geschichte der Könige von Schechian‹ (1772), der künstler. Höhepunkt des dt. S.; F. W. von Meyern, ›Dya-Na-Sore oder Die Wanderer‹ (1787), F. L. von Stolberg, ›Die Insel‹ (1788). Unter dem Eindruck der industriellen Revolution entstehen seit der Mitte des 19. Jh. utopische S. wie E. Cabet, ›Voyage en Icarie‹ (1842), E. Bellamy, ›Looking backward‹ (1888), Th. Hertzberg, ›Entrückt in die Zukunft‹ (1895). Nach dem Ersten Weltkrieg äußerte sich in einer Reihe von S. Kritik an der Zeit, Skepsis, Fragen nach der

Zukunft. Stellvertretend für viele andere seien genannt: L. Frank, ›Der Bürger‹ (1924), C. Sternheim, ›Europa‹ (1919), F. Fürst Wrede, ›Politeia‹ (1926), M. Brod, ›Das große Wagnis‹ (1919), G. Orwell, ›1984‹ (1949). LIT. RDL IV (1979) 169–83; F. Kleinwächter, Die S. (1891); A. von Kirchenheim, Schlaraffia politica (1892); J. Prys, Der S. des 16. und 17. Jh. (1913); K. Mannheim, Ideologie und Utopie (³1952); W. D. Müller, Geschichte der Utopieromane (1938).

Staatssekretär.
[1] Im späten MA aufkommendes Amt, zunächst für private Angelegenheiten der Fürsten zuständig, seit der Mitte des 16. Jh. zunehmend mit Aufgaben der Minister betraut, seit der Franz. Revolution in Frankreich eigentliche Fachminister; auch in England vollzieht sich im 17. und 18. Jh. die Entwicklung der S. zu leitenden Ministern.
[2] **Kardinalstaatssekretär.** Polit. Ratgeber des Papstes, er leitet das Staatssekretariat. Das Ringen zw. dem Kardinalstaatssekretär und dem Kardinalnepoten um die entscheidende Position wird 1644 mit dem Sieg des Kardinalstaatssekretärs, 1692 auch formal entschieden. Seit 1908 hat das Amt seine heutige Gestalt.

Staatssekretariat, Secretaria Apostolica, Secretaria Status. Kuriale Behörde der NZ; untersteht dem Kardinalstaatssekretär. Das S., das etwa dem Ministerium des Auswärtigen entspricht, ist aus der Institution der päpstl. Sekretäre entstanden. 1609 begegnet erstmals der Titel Staatssekretär, seit 1644 ist der Staatssekretär stets ein Kardinal.
LIT. StL VII, 619–21; A. Kraus, Das päpstl. S. unter Urban VIII. 1623 bis 1644 (1964); J. Semmler, Das S. in den Pontifikaten Pauls V. und Gregors XV. (1969).

Staatsstreich. Gewaltakt der Inhaber von Regierungsgewalt oder von anderen höheren polit. oder militär. Instanzen gegen die bestehende Verfassung mit dem Ziel der Aneignung der staatl. Machtbefugnisse. Im Unterschied zur Revolution, die meist von einem Teil des Volkes getragen wird, geht der S. von »oben« aus. Der S. kann den Charakter eines Putsches oder einer Revolution annehmen. Der eigentliche S. führt zur völligen und dauernden Umkehrung des bisherigen Rechtszustandes. Legitimiert wird der S. durch die stillschweigende oder ausdrückliche Anerkennung des Volkes. Bekannte S. waren: der S. Bonapartes vom 18. Brumaire (9. 11. 1799), der S. Napoleons III. (1851), Mussolinis Marsch auf Rom (28. 10. 1922), der Hitler-Putsch in München 1923, der S. Pilsudskis in Polen 1926, Nagibs in Ägypten 1952.

Staatswörterbuch,   **Staatslexikon.** Darstellung der Staatslehre und des Staatsrechts. Bekannte, auch für den Historiker wichtige Staatslexika sind: von C. Rotteck und C. Welcker mit 15 Bden. und 4 Supplementbden., erste Aufl. 1834–48; Staats- und Gesellschaftslexikon von Hermann Wagner, 23 Bde. (1889–97); Staatslexikon der Görres-Gesellschaft, 6. Aufl., 8 Bde. und 3 Erg.-Bde. (1957–70); HWSt (1923–29), 5. Aufl. unter dem Titel: Hwb. der Sozialwissenschaften (1953 ff.).

Stab.
[1] Altes Symbol geistl. und weltl. Macht bis in die Neuzeit: Abtstab, Bischofsstab, Marschallstab, Szepter, ferula des Papstes.
[2] Hilfspersonal von Truppenführern oder Mitarbeiter einer führenden Persönlichkeit.

Stabat mater (dolorosa) lat., es stand die [schmerzensreiche] Mutter). Jacopone da Todi zugeschriebener aus der Mitte des 13. Jh. stammender Marienhymnus, oft vertont.

Stabilitas, Stabilität (von lat. stabilis, fest, beständig). Beständigkeit, Gesetz, feste Norm. In der Benediktinerregel: Treue zu Christi Lehre, Treue im Kloster, Festhalten an Ordensberuf und Kloster. Stabilitas loci: Dieser Ausdruck findet sich noch nicht bei Benedikt, aber in der Prämonstratenserregel.

Stadhouder →Statthalter.

Stadt. Eine vorwiegend durch Handel, Gewerbe, Industrie bestimmte Großsiedlung, vom Dorf verschieden; siedlungsmäßig, soziologisch, verfassungsmäßig ist die S. Ergebnis eines Prozesses, der parallel geht mit wirtschaftl. und kulturellen Entwicklungen. »Sie wird zur S. im Rechtssinne, wenn die Handel- und Gewerbetreibenden sich zur Selbstverwaltung der städt. Angelegenheiten zusammenschließen.« Siedlungsgeschichtl. haben zwar in Gallien, Süd- und Westdtl. zahlreiche Römerstädte den Untergang des Weström. Reiches und die Völkerwanderung

Stadt

überdauert (Siedlungskontinuität), doch gingen sie in ihrer Bedeutung sehr zurück. Verfassungskontinuität zw. röm. (civitates) und ma. dt. S. besteht nicht. In der german. Welt spielte die S. urspr. keine Rolle.

Die S. als eigenständige Rechts- und Verfassungseinrichtung ist in der Zeit der Salier und Staufer unter verschiedenen siedlungsgeschichtl. Voraussetzungen (Römerstadt, Burg, Markt, Wik) entstanden. Die wichtigsten Grundlagen waren wirtschaftl. Faktoren, insbes. der Fernhandel, die Entstehung von Kaufmannssiedlungen neben der Burg und hervorragenden Bischofsstädten (z. B. Köln, Mainz, Regensburg) und deren Einbeziehung in die städt. Ummauerung sowie die Freiheit des Marktes und die privilegierte Stellung der freien Kaufleute unter der Munt des Königs, schließlich die genossenschaftl. Einigung der Kaufleute zu Gilden und davon weiterwirkend der Bürger in Schwurvereinigungen oder Eidgenossenschaften (coniuratio, amicitia, pax).

Die Eidgenossenschaft richtete sich gegen die **Stadtherrn**, die vielfach Bischöfe waren (z. B. in Köln, Cambrai, Worms) und brach deren Macht zuerst während des Investiturstreits (Worms 1073, Vertreibung des bischöfl. Stadtherrn, Parteinahme für Heinrich IV.; 1074 erfolgloser Aufstand in Köln gegen EB Anno). Die Eidgenossenschaften richteten ein Stadtregiment auf, dessen Kern die mächtigen Kaufmannsfamilien (Patriziat) bildeten.

Der Grundsatz »Stadtluft macht frei« entstand, meist mit der Klausel »nach Jahr und Tag«; die Scheidung von Stadtrecht und Landrecht begann. Trotz städtefeindl. Maßnahmen Heinrichs VII. und Friedrichs II. konnten zahlreiche ma. S. sich aus der Hoheit der Stadtherrn lösen und zu freien Reichsstädten werden, die unmittelbar dem Reich unterstanden, wie z. B. viele ehem. Bischofsstädte (Worms, Speyer, Regensburg, Basel, Straßburg, Augsburg, Konstanz, Köln, Mainz, das allerdings 1462 seine Reichsunmittelbarkeit wieder verlor) und ehemals landesherrl. S. (z. B. Lübeck). Im Reich gewannen die S. im SpätMA durch polit. und wirtschaftl. Zusammenschlüsse (Schwäb. Städtebund, Rhein. Städtebund, Hanse) eine führende Stellung. Die Freien Reichsstädte (im Jahre 1521 insgesamt 84) nahmen seit 1474 regelmäßig an den Reichstagen teil und bildeten dort eine eigene Körperschaft. Auch in den von der Stadtherrschaft nicht völlig befreiten S. erlangte die Bürgerschaft gewisse Freiheiten. Am Ende des MA gab es ungefähr 3000 dt. S., von denen 25 mehr als 10000 Einwohner hatten. Mit der Verlagerung der Wirtschafts- und Verkehrswege infolge der frühneuzeitl. Entdeckungen, dem Niedergang der Hanse, dem Dreißigjährigen Krieg ging die Bedeutung der S. zurück.

Die Kultur des Barock und Rokoko ist vorwiegend höfisch, an die Residenzen gebunden. Die absolutist. Fürstenstädte des 17. und 18. Jh. (z. B. Mannheim, Karlsruhe, die Städtegründungen in Kursachsen) stellen rein städtebaul. bereits einen neuen Stadttyp dar. Von der Mediatisierung des Reichsdeputationshauptschlusses blieben lediglich die Reichsstädte Hamburg, Bremen, Lübeck, Frankfurt, Nürnberg, Augsburg (die beiden letzten gehen 1806 an Bayern) verschont. In den Rheinbundstaaten beseitigte die Einführung der franz. Munizipalverfassung den älteren Stadtbegriff. Der Maire mit seinen Beamten führte allein die Verwaltung. In Preußen stellte die Städteordnung des Freiherrn vom Stein (19. 11. 1808) die städt. Selbstverwaltung wieder her. Die Paulskirchen-Verfassung von 1849 verankerte die städt. Selbstverwaltung. Industrialisierung, Landflucht und Verstädterung prägen vor allem seit der zweiten Hälfte des 19. Jh. das Bild der dt. S. und der Großstadt im besonderen.

LIT. H. Conrad, DRG I; G. A. Apitz, Die Landflucht (1939); E. Ennen, Frühgeschichte der europ. S. (1953); H. Planitz, Die dt. S. im MA (1954); F. Rörig, Die europ. S. und die Kultur des Bürgertums im MA (²1955); H. Schmidt, Die dt. Städtechroniken als Spiegel des bürgerlichen Selbstverständnisses im MA (1958); K. Kroeschel, Stadtgründung und Weichbild in Westfalen (1960); H. Mauersberg, Wirtschafts- und Sozialgeschichte zentraleurop. S. in neuerer Zeit (1960); H. Planitz und K. A. Eckhardt, Dt. Rechtsgeschichte (²1961); F. Merzbacher, Die Bischofs-Stadt (1961); E. Keyser (Hrsg.), Bibliographie zur Städtegeschichte Dtl. (1964); H. Stoob, Forschungen zum Städtewesen in Europa I (1968); H. Pirenne, Les villes du moyen-âge (1971); G. Pfeiffer, Nürnberg, Gesch. einer S. (1971); L. Grote, Die dt. S. im 19. Jh. (1974); K. Eiler, Stadtfreiheit und Landesherrschaft in Koblenz (1980); M. Puhle, Die Politik der Stadt Braunschweig innerhalb des Sächsischen Städtebundes und der Hanse (1982); E. Maschke, Städte und Menschen (1983); J. Serczyk, Die bürgerl. Geschichtsschreibung der großen Städte des Königlichen Preußen als interne Kommunikation des staatl. Machtapparates. In: Schichtung und Entwicklung der Gesellschaft in Polen und Dtl. im 16. und 17. Jh., hrsg. von M. Biskup und K. Zernack (1983); F. B. Fahlbusch, Städte und Königtum im frühen 15. Jh. (1983); H. Wernicke, Die Städtehansa 1280–1418 (1983); E. Meuthen (Hrsg.), Stift und Stadt am Niederrhein (1984); F. Kolb, Die S. im Altertum (1984); G. Binding, Städtebau und Heilsordnung (1986); E. Isenmann, Die dt. S. im Spät-MA 1250–1500. Stadtgestalt, Recht, Stadtregiment, Kirche, Gesellschaft, Wirtschaft (1988); W. R. Krabbe, Die dt. S. im 19. und 20. Jh. (1989); S. Kostof, Das Gesicht der S. (1992); Ehbrecht/Schröder/Stoob (Hrsg.), Bibliographie zur deutschen historischen Städteforschung (1996); W. Behringer/B. Roeck (Hrsg.), Das Bild der S. in der NZ. 1400–1800 (1999); K. Klaudy, Zum Werden der Deutschen Stadt (2001). *Zeitschrift:* Die alte Stadt. Zs. für Stadtgeschichte, Stadtsoziologie und Denkmalpflege, hrsg. von O. Borst u. a.

Städtebünde. Zusammenschluß von Städten zur Verteidigung ihrer Interessen gegen feindl. Landesherrn und Adelige, insbes. im SpätMA. Der bedeutendste S. war die Hanse. Es ist den S. nicht gelungen, auf die Geschichte des Reiches dauernd und entscheidend einzuwirken. Neben der eigene Wege gehenden Hanse und dem für das 12. Jh. wichtigen Lombardischen S. haben für das SpätMA Bedeutung: der Rheinische S. von 1254, der Rheinische S. von 1381, der Sächsische S., der Schwäbische S. (1376). Im Kampf mit den Landesfürsten und Ritterbünden unterlagen schließlich die S. Mit dem Landfrieden von Eger (5. 5. 1389) wurden die S. und fürstl. Bündnisse aufgelöst.

LIT. H. Bielefeldt, Der Rhein. Bund von 1254 (1937); H. Blezinger, Der Schwäb. S. in den Jahren 1438–1445 (1954); J. Füchtner, Geschichte der Städtebündnisse im Bodenseegebiet von der Mitte des 13. bis zur Mitte des 15. Jh. (1960).

Stadtrat. Eine Schöpfung des selbständig gewordenen Bürgertums, übernimmt der S. im 13. Jh. die städt. Verwaltung. Der S. (consilium) setzte sich zunächst aus den Mitgliedern patriz. Familien zusammen. Die Mitglieder des S. wurden von der Bürgerschaft oder einem engeren Kreis privilegierter Bürger gewählt. Es gab auch Selbstergänzung des S. bzw. Besetzung durch den Stadtherrn. Nicht ratsfähig waren die in den Zünften zusammengeschlossenen Handwerker.

LIT. H. E. Feine, Der Goslar. Rat bis zum Jahre 1400 (1913); E. Pitz, Die Entstehung der Ratsherrschaft in Nürnberg im 13. und 14. Jh. (1956); W. Spieß, Die Ratsherren der Hansestadt Braunschweig 1231–1671 (1940).

Stadtrecht (auch Weichbild [wicbeled] genannt). Als die Städte selbständige polit. Körperschaften wurden, bildete sich aus den Gründungsprivilegien, durch Einzelgesetzgebung und Aufzeichnung von Gewohnheitsrecht das S. heraus. Bis im 13. Jh. war die Sprache des S. lat., seit dem 14. Jh. vorherrschend dt. Bedeutende S.: Augsburg (1276/81), Braunschweig (sog. Ottonianum 1227), Bremen (1303/08, 1428, 1433). Dortmund (magnus civitatis liber 14./15. Jh.), Köln und das weitverbreitete Recht von Lübeck und Magdeburg.

Durch Bewidmung jüngerer Städte mit dem Recht einer älteren (sog. Mutterstadt) bildeten sich **Stadtrechtsfamilien.**

Seit dem Ende des MA wurde in den **Stadtrechts-Reformationen** »dt. und röm. Recht in sehr verschiedenartigem Mischungsverhältnis verschmolzen« (O. von Gierke). Bedeutende Stadtrechtsreformationen sind: die Nürnberger Reformation von 1479, die älteste und einflußreichste; die Wormser Reformation von 1499; die Frankfurter Reformation von 1509 und 1578, die umfassendste von allen; die Reformation von Freiburg i. Breisgau von 1520, ein Werk des Ulrich Zasius; die Lüneburger Reformation von 1577–83; das sog. revidierte lübische S. von 1586; das revidierte Hamburger S. von 1603; die Zwickauer Stadtrechtsreformation von 1539 und 1569.

LIT. H. Conrad, DRG I und II; H.

Stadtrechtsbücher

Coing, Die Rezeption des röm. Rechts in Frankfurt/M. ([2]1962); ders., Die Frankfurter Reformation von 1578 und das Gemeine Recht ihrer Zeit (1935); H. Berthold, K. Hahn, A. Schulze (Hrsg.), Die Zwickauer Stadtrechtsreformation 1539/69 (1935); W. Ebel, Der Bürgereid als Geltungsgrund und Gestaltungsprinzip des dt. ma. S. (1958); K. Kroeschel, Stadtgründung und Weichbild in Westfalen (1960).

Stadtrechtsbücher. Sind als private Bearbeitungen des Stadtrechts entstanden. Das älteste S. ist das Mühlhauser Reichsrechtsbuch, weitere bedeutende das Zwickauer Rechtsbuch, das sächs. Weichbild, das Meißener Rechtsbuch, das Wiener S., das Münchener S.

LIT. H. Conrad, DRG I; F. Markmann, Zur Geschichte des Magdeburger Rechts (1938); H. Planitz, Das Wiener Stadtrecht und seine Quellen. In: MIÖG 56 (1948); H. Planitz und G. Ullrich, Zwickauer Rechtsbuch (1941).

Stammbaum. Nachgebildet dem lat. arbor generationis, bzw. consanguinitatis, bzw. affinitatis; franz. arbre généalogique. In der Familienkunde in Analogie zum Bild vom Baum die Darstellung einer Stammtafel in Baumform, wobei mit dem Bild des Baumes das natürl. Verhältnis umgekehrt, die Deszendententafel nach unten gerichtet wird; vielfach auch eher sinnbildl. für künstler. Darstellungen von Abstammung und Geschlechtsverzweigung verwendet: z. B. »S. Jesse«; S. Christi am Dom von Orvieto (1290/96). S. ist im Grunde eine Nachfahrentafel; die Bez. S. sollte in der wiss. Literatur ganz vermieden werden.

Stammbuch. Urspr. ein Verzeichnis von Familienangehörigen (Stammtafel, Geschlechterbuch). Seit der zweiten Hälfte des 16. Jh. bis ins 19. Jh. ein Erinnerungsbuch mit Eintragungen von Freunden und Gästen, Widmungen und Wappen. Das S., für die Geschichte des 16. bis 19. Jh. oft eine interessante Quelle, lebt weiter in Gästebuch und im Poesiealbum.

LIT. Rob. und Rich. Keil, Die dt. S. des 16.–19. Jh. (1893); A. Fiedler, Vom S. zum Poesiealbum (1960); J. U. Fechner, Stammbücher als kulturhistor. Quellen (1981).

Stammtafel. Unklare Bez. für sämtl. Arten genealog. Darstellung, so z. B. →Aszendenztafel, →Deszendenztafel oder →Konsanguinitätstafel.

Stand, Stände (mlat. status). Rechtl. und sozial abgeschlossene Schicht von gleicher Herkunft (Geburtsstand, Ebenbürtigkeit), gleichem Beruf (Berufsstand) und gleicher Bildung (z. B. Geistlichkeit, Offizierskorps). Daneben taucht der Begriff S. auf in der Unterscheidung von Lehr-, Wehr-, Nährstand, in der Vorstellung des Standesgemäßen usw. Für das frühe und hohe MA wurde die geburtsständ. Schichtung in Adel, Freie und Unfreie wichtig. Im SpätMA kennt man drei S.: Adel, Bürger, Bauern mit Untergruppen innerhalb eines jeden S. Verfassungsrechtl. Bedeutung erlangte die ständ. Ordnung im Ständestaat (→Landstände). Auf den Landtagen, bei der Steuerbewilligung insbes. machten die S. des Adels, der Prälaten, der Bürger (Städte), in wenigen Territorien auch die Bauern ihr Mitspracherecht geltend. Die Kämpfe des absolutist. Staates mit den Ständen machen das verfassungsgeschichtl. wichtigste Problem des 17. Jh. aus (→Ständestaat, dort auch weitere Lit.).

LIT. StL VII, 652–55; F. Hartung, Dt. Verfassungsgeschichte vom 15. Jh. bis zur Gegenwart (1914; [9]1969); F. L. Carstens, Princes and Parliaments in Germany (1959); W. Schwer, S. und Ständeordnung im Weltbild des Mittelalters. Die geistes- und gesellschaftsrechtl. Grundlagen der berufsständ. Idee. Mit Vor- und Nachwort hrsg. von N. Monzel (1952; unveränd. Nachdr. 1970); G. Engelberg, Ständerechte im Verfassungsstaat, dargestellt am Beispiel der Auseinandersetzung um die Rechte der landschaftl. Repräsentanten Ostfrieslands mit dem Königreich Hannover (1979).

Standesherr. Syn. Mediatisierter (→Mediatisierung). Angehöriger der bis 1803 und 1806 reichsunmittelbaren, dann mediatisierten Fürsten und Grafengeschlechter. Art. XIV der Bundesakte erklärte sie als zum hohen Adel gehörig, sicherte ihnen Ebenbürtigkeit sowie ein bes. Familien- und Güterrecht zu. Sie führten das Prädikat Durchlaucht bzw. Erlaucht und gehörten meist den ersten Kammern der betr. Länder an. Ihre persönl. Sonderrechte verloren sie 1918.

LIT. U. Neth, S. und liberale Bewegung. Der Kampf des württemberg. standesherrl. Adels und seine Rechtsstellung in der zweiten Hälfte des 19.

Jh. (1970); H. Gollwitzer, Die S. (²1964).

Ständestaat. Nach gesellschaftl. Ständen gegliederter Staat, in dem bestimmte Stände bei der Gesetzgebung und Verwaltung vorzüglich mitwirken. Der S. war in Mittel-, West- und Nordeuropa vom 13.–17. Jh. die herrschende Staatsform. Die staatstragenden Stände (→Landstände), die sich seit dem Spät-MA teils in Zusammenarbeit mit der landesherrl. Gewalt, teils im Gegensatz zu ihr ausbildeten, waren der Adel, die Prälaten und die Städte (Bürgertum). Nur in wenigen Territorien waren auch die Bauern unter den Ständen vertreten. Die Stände (Landstände, status provinciales) traten auf den Landtagen zusammen und wirkten bei bestimmten Staatsgeschäften (z. B. Landesteilungen, Besetzung landesherrl. Behörden, bei der Gesetzgebung) mit. Eines der wichtigsten ständischen Rechte war das der Steuerbewilligung. Neben der Funktion, Träger einer negativen, die landesherrl. Gewalt einschränkenden Staatsmacht zu sein, steht die Wahrung ständischer Gerechtsame.

Seit dem Ende des 16. Jh. begann der monarch. Absolutismus in den meisten Territorien die Macht der Stände abzubauen, wobei vielfach die Landstände formell bestehen blieben. In Württemberg, Mecklenburg, Hannover, in den geistl. Staaten, in denen das Domkapitel an die Spitze der Landstände trat oder deren Stelle einnahm, konnte sich eine ständische Mitregierung, nicht zuletzt über Wahlkapitulationen, bis zum Untergang des Reiches bzw. bis in das frühe 19. Jh. behaupten. Die Forderung nach landständischen Verfassungen, die zu Anfang des 19. Jh. von Staatstheoretikern und Publizisten der Romantik erhoben wurde, griff zum Teil auf die altständische Ordnung zurück, zum Teil leitete sie zu dem modernen Repräsentativsystem über.

Versuche zur Erneuerung des S. auf berufsständischer Grundlage wurden im 19. und 20. Jh. von den verschiedensten weltanschaul.-polit. Richtungen vorgeschlagen oder unternommen. Der S. steht im Gegensatz zur egalitären Parteidemokratie. Seine Theorie ist stark von dem Organismusgedanken, von Romantik und Konservatismus beeinflußt.

LIT. StL VII, 655–58; J. Messner, Die berufsständ. Ordnung (1936); O. Hintze, Staat und Verfassung I (1941); H. Spangenberg, Vom Lehensstaat zum S. (1912); W. von Dungern, Die berufsständ. Selbstverwaltung als Grundlage des kommenden Staates (1928); W. Andreae, Staatssozialismus und S. (1931); O. Spann, Der wahre Staat (⁴1938); H. Christern, Dt. S. und engl. Parlamentarismus am Ende des 18. Jh. (1939); D. Gerhard (Hrsg.), Ständ. Vertretungen in Europa im 17. und 18. Jh. (1969); R. Vierhaus, Ständewesen und Staatsverwaltung in Dtl. im späteren 18. Jh. In: Festgabe für Kurt von Raumer (1966) 337–60; P. Huemer, Sektionschef Dr. Robert Hecht und die Entstehung der ständ.-autoritären Verfassung in Österreich (1968); W. Schwer-N. Menzel, Stand und Ständeordnung im Weltbild des MA (1970); H. Helbig, Der wettinische Ständestaat. Untersuchungen zur Geschichte des Ständewesens und der landständischen Verfassung in Mitteldtl. bis 1485 (1980); B. Töpfer (Hrsg.), Städte und S. Zur Rolle der Städte bei der Entwicklung der Ständeverfassung in europäischen Staaten vom 13. bis zum 15. Jh. (1980); R. Walz, Stände und frühmoderner Staat. Die Landstände von Jülich und Berg im 16. und 17. Jh. (1982); P. Baumgart (Hrsg.), Ständetum und Staatsbildung in Brandenburg-Preußen (1983); F. Reichert, Landesherrschaft, Adel und Vogtei. Zur Vorgeschichte des spätma. S. im Herzogtum Österreich. In: Beihefte zum Archiv für Kulturgeschichte 23 (Köln/Wien 1985).

Starez (russ., alter Mann). Alter Mönch, der junge Mönche in die Schulung nimmt, handelt oft im Auftrag eines Abtes. Das **Starzentum** erlangte in Rußland im 18. Jh. große Bedeutung im Klosterleben und Einfluß auf die Laien.

LIT. F. von Lilienfeld (Hrsg.), Hierarchie und Starzen (1970).

Starost (slaw.). Stammesältester, dann gewählter Gemeindevertreter, in Polen Adliger auf einem Kronlehen, das schließlich zum erbl. Besitz wird mit eigener Gerichtsbarkeit.

Statthalter. Urspr. und allg. der Vertreter des Staatsoberhauptes oder der Regierung in einem Landesteil.

In den nördl. Niederlanden erhielten nach der Trennung von Spanien die Prinzen von Oranien den Titel **Stadhouder,** als erster Wilhelm I. von Nassau-Oranien, dann sein Sohn Moritz. Diese

Stadhouderschaft war insofern unge-wöhnlich, als sie ohne Souverän war, ihrem Wesen nach nur auf die einzelnen Gemeinwesen beschränkt, dann aber für mehrere Provinzen in einer Hand vereinigt, schließlich für ein halbes Jh. auf die ganze Union ausgedehnt, erblich und zu einer fast monarch. Würde wurde (1674; Erbstatthalter, Generalerbstatthalter). Nach dem Tod Wilhelms III. (1702) ruhte diese Erbstatthalterwürde, bis Wilhelm IV. 1747 wieder damit bekleidet wurde. Um die Stadhouders bildete sich eine oranische, auf Stärkung der Zentralgewalt gerichtete Partei, die die Macht der Ratspensionäre zu beschränken versuchte.
LIT. H. Rademacher, Die Stellung des Prinzen von Oranien als S. der Niederlande von 1572–1584 (1958).

Status quo. »Zustand, in dem« sich etwas befindet; derzeitiger Zustand z. B. eines Staates.

Status quo ante. »Zustand, in dem sich früher etwas befand« (z. B. ein Staat, Grenzen usw.). Der Begriff spielt bei Restitutionen, Friedensverhandlungen, Grenzziehungen bzw. -regulierungen eine Rolle.

Staurothek (griech., Kreuzbehälter). Behälter für eine Reliquie des Hl. Kreuzes. Am bekanntesten ist die S. des Domschatzes von Limburg (10. Jh.).

Stemma. Urspr. Kranz, gemalte Linien, welche die in zeitl. Folge aufgestellten imagines maiorum der Römer verbanden. In der Editionstechnik und Handschriftenkunde üblicher Begriff, gleichbedeutend mit Handschriftenstammbaum. Ein S. stellt die Verwandtschaft einzelner Handschriften nach Gruppen und Familien dar. Musterbeispiele hierzu in den Ausgaben der MGH.

Stephansbursa. Reichsreliquiar in der Form einer Pilgertasche; mußte als einziges der Reichskleinodien bei der Krönung auf dem Kredenztisch liegen. Sollte angeblich mit dem Blut des Erzmärtyrers Stephanus getränkte Erde enthalten.

Stephanskrone. Die Krone des Königreichs Ungarn nach dem Nationalheiligen Stephan I. benannt, in einigen Teilen auf die Krone zurückgeführt, die der hl. Stephan ums Jahr 1000 von Papst Silvester II. empfing. Von 1526–1918 blieb die S. in den Händen der Habsburger.
LIT. H. Filitz. Die Insignien und Klein-odien des Hl. Röm. Reiches (1954); P. E. Schramm, Herrschaftszeichen (1957); J. Deér, Die hl. Krone Ungarns (1966).

Steuer (ahd. stiura, Stärkung, Stützung, Beistand). Von Staat, Gemeinde oder anderen öffentl. Gewalten kraft Steuerhoheit erhobene einmalige oder laufende Zwangsabgaben ohne spezielle Gegenleistung, zu fordern von allen, bei denen die Leistungspflicht gegeben ist. Die S. dient der Bestreitung des Finanzbedarfs bzw. der Verwirklichung polit., sozialpolit. und wirtschaftl. Zwecke. In der Zeit der Feudalwirtschaft waren die S. freiwillige Leistungen, wie die ältesten Bez. precaria, graciosa, stiura zeigen. S. waren urspr. grundherrl. oder gerichtsherrl. und polizeiherrl. Pflichten, Ablösungen der Kriegsdienstpflicht, der Pflichten der Vasallen gegen den Lehnsherrn. Zum Ausbau der S. kam es mit der Entstehung des modernen Staates (bes. im Absolutismus), mit der Begründung seiner Steuerhoheit, aber in den meisten dt. Territorien wurden sie erst gegen Ende des 18. Jh. die S. die wichtigste Einnahmequelle des Staates. Noch 1740 wurden in Preußen 48% des Finanzbedarfs aus Domänen gedeckt. Dagegen hatten die Reichsstädte bereits im ausgehenden MA ein ausgedehntes Steuersystem entwickelt. Das Recht der Steuerbewilligung beanspruchten die Landstände, die vielfach auch eine eigene Steuerverwaltung, die von der landesherrl. Finanzverwaltung verschieden war, ausbilden konnten. Die Territorien unterlagen der Steuerhoheit des Reiches und mußten Reichssteuern aufbringen. Die Einziehung der S. erfolgte vielfach durch Steuerpächter. Die älteste Einteilung der S. ist die in direkte (z. B. Grund-, Gebäudesteuer usw.) und indirekte (z. B. Akzise, Umsatzsteuer, Verbrauchssteuer usw.), die vom Zahler nur bevorschußt und im wirtschaftl. Verkehr weitergewälzt werden.
LIT. StL VII, 688–97; G. Schmölders, Allg. Steuerlehre (³1958); U. Schultz, Mit dem Zehnten fing es an. Eine Kulturgeschichte der S. (1986).

St. Germain, Friede von →Saint-Germain.

St. Gotthard, Schlacht von (1. 8. 1664). Vernichtender Sieg des kaiserl. Heeres unter Montecuccoli, des vereinigten Reichsheeres unter Hermann von Baden sowie der Truppen des Rheinbundes und des franz. Hilfskorps

über die Türken unter dem Großwesir Mohamed Köprülü. Bald darauf fand der Krieg mit dem Vertrag von Vasvár-Eisenburg ein Ende.
LIT. R. Kindinger, Die Schlacht bei St. Gotthard am 1. August 1664. Ein Würdigungsversuch der Feldherrnkunst Montecuccolis unter neuen Gesichtspunkten. In: Zs. des Histor. Vereins für die Steiermark 48 (1957); G. Wagner, Raimund Montecuccoli, Die Schlacht an der Raab und der Friede von Eisenburg (Vasvár) 1664. In: Österreich in Geschichte und Lit. 8 (1964) 201–21; R. Neck, Österreich und die Osmanen. In: Mitteilungen des österreich. Staatsarchivs 10 (1957) 434–68; G. Wagner, Das Türkenjahr 1664. Eine europ. Bewährung (1964).

Stift. Ein präbendiertes Kollegium von kanon. lebenden Klerikern, den sog. Stiftsherrn oder Kanonikern (→Stiftskapitel), denen die Verrichtung des Chordienstes an einer bestimmten Kirche übertragen ist. Diese Kirche heißt ecclesia collegiata, **Stiftskirche** oder **Dom(kirche).** Das S. als Institution wurde auch monasterium (Münster) genannt (z. B. Fraumünster Zürich, Münster zu Aachen, Bonn, Straßburg, Basel). Die Kapitulare stellen das eigtl. S. dar, daher wird dieses auch Kollegiatsstift bzw. Stiftskapitel oder Domkapitel genannt. An der Spitze der S. steht für die Vertretung nach außen der Propst (Stiftspropst), für die inneren Angelegenheiten der Dekan (Dechant). **Hochstift** wird syn. gebraucht für Fürstbistum, **Erzstift** für geistl. Kurstaaten bzw. auch das Territorium des EB von Salzburg.
LIT. A. Werminghoff, Verfassungsgesch. der dt. Kirche im MA (²1913); Feine, Kirchl. Rechtsgesch.; R. Holbach, Stiftsgeistlichkeit im Spannungsfeld von Kirche und Welt. Studien zur Geschichte der Trierer Domkapitels. 2 Bde. (1982); E. Meuthen (Hrsg.), Stift und Stadt am Niederrhein (1984); weitere Lit. →Stiftskapitel.

Stift, Tübinger. Bildungsanstalt für ev. Theologen, 1536 von Herzog Ulrich von Württemberg eingerichtet. 1559 erhielt das S. in der Großen Kirchenordnung seine für die folgenden Jahrhunderte geltende Grundlage; 1806–1929 unterstand das ›Evangel. Seminar‹ der Landesbehörde für das höhere Schulwesen, seither wieder unter kirchl. Leitung, amtl. Bez. ›Evangel. S.‹. Aus dem

S. sind u. a. hervorgegangen: Kepler (1589), Hegel (1788), Schelling, Hölderlin, E. Mörike, D. Fr. Strauß.
LIT. M. Leube, Die Geschichte des T. S. 3 Bde. (1921–36); ders., Das T. S., 1770–1950 (1954).

Stiftisches Deutschland. Zusammenfassende Bez. der geistl. Territorien des alten Reiches zw. Reformation und Säkularisation, auch Krummstablande genannt.
LIT. HKG V.

Stiftsfähigkeit. Fähigkeit, in ein Stift aufgenommen werden zu können; war nach den Stiftsstatuten beschränkt und wurde u. a. mit der Ahnenprobe und Aufschwörung erbracht.

Stiftskapitel. Die Korporation der vollberechtigten Mitglieder eines Stifts, der sog. Kapitulare oder Kapitularkanoniker im Unterschied zu den einfachen Kanonikern (→Kollegiatkapitel, →Domkapitel). An der Spitze der S. steht für äußere Angelegenheiten der Propst, für innere der Dekan.
LIT. H. Nottarp, Ehrenkanoniker und Honorarkapitel. ZRG KA 14 (1925); ders., Das Stift Altötting. In: H. Nottarp, Aus Rechtsgeschichte und Kirchenrecht. Hrsg. von Fr. Merzbacher (1967) 59–95.

Stipendiat (lat. stipendiarius, steuer-, tributpflichtig, um Sold dienend). Empfänger eines Stipendiums.

Stipendium. Milde Gabe.
a) Gabe für einen Geistlichen mit dem Wunsch, dafür eine Messe zu feiern (Meßstipendium).
b) Studienhilfe.

Stipulation (lat. stipulatio). Forderung, Vertragsbestimmung; Vertragsklausel; Kontrakt.

stipulieren. Als wesentliche Bestimmung fordern, sich ausbedingen.

Stockholm, Friedensschlüsse von. Die F. v. S. beenden den Nordischen Krieg zw. Schweden einerseits und Hannover, Preußen, Dänemark und Rußland (Friede von Nystad) andererseits. Mit dem Tod Karls XII. (1718) war das stärkste Hindernis der Befriedung Nordeuropas beseitigt. Da die hess. Partei in Schweden mit Hilfe der Seemächte Schwedens Position gegen Rußland sichern wollte, kam es zum Frieden von Stockholm.
[1] Friede zw. Schweden und England-Hannover (9. 11. 1719): Schweden tritt an König Georg I. von England als Kurfürsten von Hannover die Herzogtümer

Bremen und Verden ab, und England-Hannover zahlt an Schweden 1 Million Reichstaler. Beide Vertragspartner verpflichten sich zur Garantie des Westfäl. Friedens.

England-Hannover bemühte sich dann, den Frieden zw. Schweden einerseits und Preußen und Dänemark andererseits zu vermitteln. Durch diese Vermittlung kam es, obwohl Preußen mit Rücksicht auf Rußland einem Separatabkommen zunächst widerstrebte, zum [2] Frieden zw. Schweden und Preußen (21. 1. 1720). Schweden tritt an Preußen die Stadt Stettin, das Gebiet zwischen Oder und Peene, die Inseln Usedom und Wollin ab. Schweden behält dank franz. Vermittlung den Rest von Vorpommern, die Stadt Wismar, dafür Sitz und Stimme auf den dt. Reichstagen. Preußen zahlt an Schweden eine Kriegsentschädigung. Im Juli 1720 kam der schwed.-dän. Friede zustande, nachdem im Januar 1720 ein Waffenstillstand mit Friedenscharakter zw. August von Sachsen-Polen und Schweden vorangegangen war. Der Friede von Nystad (10. 9. 1721) beendete den Krieg mit Rußland und die schwed. Großmachtstellung.

Stola. Insignie des höheren Klerus in Form eines Tuchstreifens, der band- oder schärpenartig in den liturg. Farben getragen wird und sich seit dem 8./9. Jh. als Amtszeichen durchgesetzt hat.
LIT. Th. Klauser, Der Ursprung der bischöfl. Insignien und Ehrenrechte (1949); LThK IX (²1964) 1090 f.

Stolgebühren (lat. taxae, oblationes, praestationes). Gebühren, die dem Pfarrer für bestimmte Amtshandlungen, bei denen er die Stola trägt, zu entrichten sind, örtl. und zeitl. verschieden, urspr. freiwillige Abgaben zum Unterhalt des Pfarrers, seit dem Ende des 16. Jh. durch landesherrl. Verordnungen, für die Gegenwart durch das Kirchenrecht und Synoden geregelt, in den ev. Kirchen seit dem 19. Jh. abgeschafft.
LIT. LThK IX (²1964) 1092 f.

St. Omer, Vertrag von (9. 5. 1469). Zw. Herzog Siegmund von Tirol und Herzog Karl dem Kühnen von Burgund abgeschlossen. Um Karls Unterstützung gegen die Eidgenossenschaft zu gewinnen, verpfändete ihm Siegmund die Landgrafschaft Oberelsaß, die Grafschaft Pfirt und die Städte Breisach, Waldshut, Laufenburg und Säckingen.

1474 kündigte Siegmund den Vertrag und verbündete sich mit der Eidgenossenschaft und Kaiser Friedrich III. gegen Burgund.

St. Petersburg, Vertrag von, Allianz von (22. 5. 1746). Abgeschlossen zw. der Zarin Elisabeth I. von Rußland und Maria Theresia; ein Defensivbündnis zw. Rußland und Österreich, das aber gelegentlich in der Forschung als Beginn einer förmlichen Einkreisung Preußens gedeutet wird oder aber als Anfang eines Verteidigungssystems gegen die preuß. Gefahr, die in den beiden Schles. Kriegen offenkundig geworden war. In den wichtigsten vierten geheimen Artikel des Petersburger Vertrags sichern sich Rußland und Österreich für den Fall eines preuß. Angriffskrieges gegenseitige militär. Hilfe zu. Erst für den Fall eines preuß. Angriffs wurde die Bestimmung des Petersburger Vertrags wirksam; der Kaiserin Maria Theresia die verlorenen schles. Gebiete zurückzuerobern. Der Beitritt Englands konnte erst 1750 erreicht werden, blieb aber insofern ohne Bedeutung, als England nicht den Geheimbestimmungen des Vertrages beitrat, ein deutliches Zeichen für den Zerfall des Systems der Seemächte – Österreich. Die Petersburger Allianz ist für die Außenpolitik Österreichs vom Ende des 2. Schles. Krieges bis zum Siebenjährigen Krieg entscheidend; sie ist ein wichtiger Schritt zu dem Renversement des alliances, dem Versailler Vertrag von 1756.

St. Petersburg, Konvention von (2. 2. 1757). Nach dem Überfall Preußens auf Kursachsen Ende August 1756 auf Grund des 4. Geheimartikels der Petersburger Allianz von 1746 zw. Rußland und Österreich abgeschlossen. Rußland sichert gegen eine jährl. Subsidie Österreich stärkste Unterstützung durch ein Landheer (80000 Mann) und eine Kriegsflotte bis zur Wiedereroberung Schlesiens und Unschädlichmachung Preußens (durch weitere Gebietsabtretungen) zu.

St. Petersburg, Friede von (5. 5. 1762). Nach dem Tod der Zarin Elisabeth († 5. 1. 1762) abgeschlossener Friede zw. Zar Peter III. und König Friedrich II. von Preußen; Rußland scheidet damit aus der Front der Gegner Preußens im sog. Siebenjährigen Krieg aus und gibt die besetzten bzw. bereits annektierten Gebiete (Ostpreußen, Hinterpommern, Neumark) zurück. Dem Frieden folgten am 19. 6. 1762

a) ein Bündnis zw. Rußland und Preußen, von dem Zar Peter die Verdrängung Dänemarks aus Schleswig-Holstein erhoffte und

b) der Friedensschluß zw. Preußen und Schweden.

Der Friedensschluß mit Rußland bedeutete die Rettung Preußens in der gefährl. Endphase des Siebenjährigen Krieges. Er wurde nach dem Sturz Peters III. von seiner Gemahlin und Nachfolgerin Katharina II. bestätigt, die jedoch das Bündnis mit Preußen alsbald löste.

LIT. Hdb. der europ. Geschichte, hrsg. von Th. Schieder, Bd. IV; Gebhardt-Grundmann II (mit weiterer Lit.); auch →Siebenjähriger Krieg.

Straßburger Eide (14. 2. 842). Von Ludwig dem Dt. und Karl dem Kahlen in franz. bzw. althochdt. Sprache geleistet. Sie stellen ein erstes Zeugnis der sprachl. Verschiedenheit der fränk. Teilreiche Ost- und Westfranken dar. Inhaltl. bekräftigen die Eide den Bund gegen den älteren Bruder Lothar I. *Text:* MGSS in us. schol. 1907.

LIT. E. Anrich, Die S. E. (1943); W. Wattenbach, W. Levison, Deutschlands Geschichtsquellen im MA 3.

Straßburger Kapitelstreit und »Bischofskrieg« (1583–März 1593). Zw. dem kath. und dem prot. Teil des Straßburger Domkapitels um Gerhard Truchseß von Waldburg ausgetragener Kampf um die konfessionelle Zugehörigkeit von Kapitel und Hochstift. Die prot. Partei wurde dabei unterstützt von der Reichsstadt Straßburg und der Kurpfalz, später von Heinrich IV. von Frankreich. Der Kapitelstreit geht mit der Wahl Karls II. von Lothringen durch die kath. Partei und des fünfzehnjährigen prot. Johann Georg von Brandenburg über in den »Bischofsstreit«. Er endete mit dem Vertrag von Hagenau (1604) und dem Sieg der Katholiken, obwohl die Stadt Straßburg auf der Seite der Protestanten stand. Kapitelstreit und Bischofskrieg sind wie die Kölner Wirren Zeichen für die Verschärfung der konfessionellen Lage im Reich.

LIT. K. Wolf, Der S. K. und der Wetterauer Grafenverein. In: Nassauische Annalen 68 (1957).

Straßenregal, Stromregal. Straßen-und Stromregal standen im MA dem Reiche zu und sind erst nach der Goldenen Bulle an die Landesfürsten bzw. territorialen Gewalten gekommen. Ein Straßenregal entstand nur an den eigentl. Land- und Heerstraßen, ausgenommen waren die Privatwege und die keine Nutzung abwerfenden öffentl. Straßen und Wege. Es umfaßte das Recht, Straßen anzulegen, zu verändern, die Verpflichtung, für Unterhaltung und Sicherheit der Straßen zu sorgen. Die Nutzung der Straßen bestand in der Erhebung von Wegegeldern, Zöllen, Geleitsgeldern (→Geleit). Aus dem Stromregal ergab sich das Floßrecht, das Fähr-, Fischerei-, Brücken- und Mühlenregal. Die schiffbaren Flüsse galten als das »Reiches Straßen«, Strombett und Flußinseln als Eigentum des Reiches.

LIT. A. Schulte, Geschichte des ma. Verkehrs zw. Westdtl. und Italien (1900); K. Zeumer, Straßenzwang und Straßenregal. In: ZRG GA 36 (1915).

Stratege (griech.). Heerführer, vor allem in den griech. Demokratien; in Athen gab es etwa seit 500 v. Chr. ein zehnköpfiges Strategenkollegium. Der S. konnte auch mit der Gesamtleitung des Staates betraut sein.

Im Byzantin. Reich oberster Befehlshaber, Richter und Verwaltungschef eines Themas mit Oberaufsicht über die Kirche.

Im normann. Unteritalien und Sizilien Lokalbeamter mit richterl. Befugnissen. Die Bez. lebte, nachdem das Amt im 12. Jh. verschwand, weiter in Stratigò, dem obersten Beamten Messinas vom 12. Jh. bis 1678.

Streik (von engl. strike [work], die Arbeit niederlegen). Die gemeinsame Arbeitsniederlegung einer Anzahl von Arbeitnehmern als Kampfmaßnahme zur Durchsetzung einer Forderung, vor allem der Verbesserung der Löhne, der Arbeitsbedingungen oder zur Unterstützung anderer. Wenn diese Ziele auf anderem Wege nicht erreicht werden können, ist der S. gerechtfertigt als ultima ratio des Arbeitskampfes. In manchen Ländern gilt nur der von der Gewerkschaft ausgerufene S. als rechtmäßig, jeder andere als »wilder S.«. Das Streikrecht gilt als demokrat. Grundrecht. Als rechtswidrig wird der polit. S. beurteilt, außer wenn er der Verteidigung der Verfassungsordnung dient.

LIT. H. Grote, Der S., Taktik und Strategie (1952); J.H. Kaiser, Der polit. S. (²1959); F. Siebrecht, Das Recht im Arbeitskampf (³1964); W. Däubler, Der S. im öfftl. Dienst (1970); K. Tenfelde, H. Volkmann (Hrsg.), S. Zur Geschichte der Arbeitskämpfe in Dtl. während der Industrialisierung (1981); L. Machtan, Streiks und Aussperrungen im Dt. Kaiserreich. Eine Dokumentation für die Jahre 1871–1875 (1985); F. Segbers, Streik und Aussperrung sind nicht gleichzusetzen (1986).

St.-Stephans-Orden. Von Maria Theresia 1764 gestifteter Orden für zivile Verdienste.

Studium generale →Universität.

Stundenbuch (lat. horarium, franz. livre d'heures). Gebetbuch für Laien mit Texten für die einzelnen Horen, d.h. Stunden des Tages.

Stundengebet (lat. horae canonicae, kanon. Stunden). Horen. Das im Brevier für bestimmte Stunden für alle Kleriker vom Subdiakon an sowie für Klosterleute, deren Regel es vorschreibt, zu verrichtende Gebet. Kanoniker und Klosterinsassen beten das Stundengebet gewöhnlich gemeinsam (Chorgebet). LIT. H. Reifenberg, S. und Breviere im Bistum Mainz (1963).

Sturm und Drang. Literar. Bewegung des 18. Jh., gegen die Aufklärung gerichtet, auf das dt. Sprachgebiet und dessen prot. Teile beschränkt. Der Begriff wurde von dem Schweizer Christoph Kaufmann (1759–95) geprägt und von Friedrich Maximilian Klinger für sein Drama ›Der Wirrwarr‹ als neuer Titel übernommen. Seitdem bürgerte sich die Bez. schnell ein; syn. verwendet werden **Genieperiode** (zeitgenössisch) und **Geniezeit.** Der Höhepunkt des S.u. D. liegt zw. 1770 und 1780. Am kräftigsten repräsentieren diese literar. Bewegung F.M. Klinger (1752–1831): ›Die Zwillinge‹ (1776), ›Die Neue Arria‹ (1776), ›Simone Grisaldo‹ (1776); ›Sturm und Drang‹ (1776); J. A. Leisewitz (1752–1806): ›Julius von Tarent‹ (1776); J. M. R. Lenz (1751–92): ›Die Soldaten‹ (1776); H. L. Wagner (1747–79): ›Die Kindermörderin‹ (1776). Typisch sind: Genie und Naturbegriff (Einfluß Rousseaus); die Wirkung der Volkspoesie (Einfluß Macphersons, Percys) und Wertschätzung der Primitiven; myst. Irrationalismus (Hamann), Opposition gegen die herrschenden polit. Verhältnisse und lat. Bildungstradition, Auflösung der Formkonventionen.

Die Bedeutung des S. u. D. liegt weniger in eigenen Leistungen, zu denen auch die wichtigsten Jugendwerke Goethes und Schillers gerechnet werden müssen, als in den Anregungen, die von ihm ausgingen. LIT. F. J. Schneider, Die dt. Dichtung der Geniezeit (1952); R. Pascal, Der S. u. D. (1963); O. Smoljan, Klingers Leben und Werke (1960).

Styx. Bach in Arkadien, zum Fluß der Unterwelt umgedeutet.

Subdiakonat, Subdiakon. Kirchl. Weihestufe, in der lat. Kirche zu den höheren Weihen gerechnet.

Subjektivismus (von lat. subiectum, Subjekt). Tendenz, das Subjekt zum Maß aller Dinge zu machen, vom Subjektiven auszugehen, sowohl in der Erkenntnistheorie wie in der Ethik. Der S. G. Berkeleys (1685–1753) z.B. anerkennt keine andere Realität als geistigseelische Subjekte. Der existentielle S. Kierkegaards stellt die subjektive Existenz des einzelnen gegen alle Versuche, sie systematisch-objektiv oder spekulativ abzuleiten.

Subscriptio. In der Urkundenlehre die Unterschriften der Aussteller, des beteiligten Kanzleipersonals (Rekognition); Vollziehungsstrich im Monogramm.

Subskription. Im Buch und Verlagswesen die Verpflichtung des Beziehers, ein Werk nach seinem Erscheinen zu beziehen durch Eintragung in die **Subskribentenliste.** Der Bezieher heißt **Subskribent.** Verfahren, das vor allem bei wissenschaftl. Lieferungswerken deren Absatz sichern soll.

Subsidiarität, Subsidiaritätsprinzip. Prinzip der kath. Soziallehre, baut auf dem Solidarismus auf, begründet in der Sozialnatur des Menschen als zugleich individuales und soziales Wesen und im Naturrecht, wonach Anspruch auf Herstellung des dem Subsidiaritätsprinzip entsprechenden Zustandes besteht, d. h. Verteilung aller gesellschaftl. Zuständigkeiten nach dem Grundsatz des Gemeinwohls und größtmöglicher Freiheit. LIT. G. Wildmann, Personalismus, Solidarismus und Gesellschaft (1961); E. Link, Das Subsidiaritätsprinzip (1955); A. F. Utz (Hrsg.), Das Subsidiaritätsprinzip (1953); F. Klüber, Grundlagen der kath. Gesellschaftslehre (1960); G. Wildmann, Personalismus, Solidarismus und Gesellschaft (1961).

Subsidien (lat. subsidium, Ruheplatz; franz. subside). Beisteuer, Hilfssteuer, Hilfsgelder, die, seit dem SpätMA üblich, einem Staat von einem Verbündeten gezahlt werden. Für die dt. Geschichte spielte Frankreich bis 1650 als Subsidiengeber an dt. Fürsten die wichtigste Rolle, wurde dann von den Generalstaaten und England abgelöst. Die Subsidienpolitik erklärt sich aus dem größeren Reichtum der Subsidienzahlenden und der milit. Stärke wirtschaftl. armer Staaten (z. B. Preußen, Hessen-Kassel). In der 2. Hälfte des 18. Jh. sank die Bedeutung der S. beträchtlich; sie wurden fast nur mehr an Kleinstaaten gezahlt, entarteten einerseits zum →Soldatenverkauf, nahmen andererseits den Charakter von Kriegsanleihen an.

Subsidiengeber waren häufig auch die Römische Kurie, die Republik Venedig; Subsidienempfänger neben dt. Fürsten vor allem Schweden.

LIT. M. Braubach, Die Bedeutung der S. für die Politik im Span. Erbfolgekrieg (1923).

Sub specie aeternitatis (lat.). Unter dem Gesichtspunkt der Ewigkeit.

sub voce (abgekürzt s. v.). Unter dem Stichwort; Verweisung in Lexika und wissenschaftl. Lit.

Successio Apostolica →Apostolische Sukzession.

Suffragetten. In England um 1840 auftauchende Bez. für die Vorkämpferinnen des Frauenwahlrechts. John Stuart Mill setzte sich 1867 für das Frauenwahlrecht ein und ließ 1869 seine Schrift ›On the Subjection of Women‹ erscheinen. Gegner des Frauenwahlrechts waren Gladstone und Königin Victoria. R. M. Pankhurst gründete 1865 die erste Suffragettenbewegung, seine Frau und seine Tochter setzten nach seinem Tod mit der ›Women's Social and Political Union‹ (1903 W. S. P. U.) sein Werk fort. In England erhielten die Frauen das volle Wahlrecht 1928. Suffragettenbewegungen gab es auch in den USA, Frankreich, Dtl.

Suffragium. Abstimmung, Einzelstimme in den röm. Komitien und Gerichten. In der kath. Liturgie werden als **Suffragien** Fürbittgebete für andere bezeichnet.

Suffragium imperii →Reichsgutachten.

Sui generis. Eigener Art.

Sukzession (lat. succedere, unter etwas gehen, nachfolgen). Nachfolge, Erbfolge.

Sukzession, Apostolische →Apostolische Sukzession.

Sukzessionskriege →Erbfolgekrieg; →Bayerischer Erbfolgekrieg, →Österreichischer Erbfolgekrieg, →Spanischer Erbfolgekrieg, →Polnischer Thronfolgekrieg.

Sukzessionsstaaten →Nachfolgestaaten.

LIT. J. Kunisch (Hrsg.), Der dynast. Fürstenstaat. Zur Bedeutung von Sukzessionsordnungen für die Entstehung des frühmodernen Staates (1982).

Sulingen, Konvention von (3. 7. 1803). Nach dem Frieden von Amiens und dem Wiederbeginn des engl.-franzōs. Kriegs war es das erklärte Ziel der Londoner Regierung, von Kurhannover, das seit 1714 mit Großbritannien in Personalunion verbunden war, den Krieg fernzuhalten. Napoleon dagegen wollte England restlos aus Europa verdrängen, es in Hannover schlagen. Da an eine wirksame Verteidigung Hannovers gegen die seit Ende Mai 1803 vorrückenden franzōs. Truppen nicht zu denken war, kam es zur K. von S., nach der die hannoverschen Truppen hinter die Weser zurückgehen sollten. Die Konvention, die eine Verletzung des Friedens von →Lunéville und der mit Preußen ausgehandelten norddeutschen →Neutralität bedeutete, wurde von England nicht ratifiziert. Die dann folgende Besetzung Hannovers durch franzōs. Truppen alarmierte Rußland als Garantiemacht des →Westfälischen Friedens.

Sulpizianer (Societas Presbyterorum a S. Sulpitio). Kongregation von Weltpriestern, von J. J. Olier, dem Pfarrer von St. Sulpice in Paris 1642 gegr., von der franz. Spiritualität des 17. Jh. beeinflußt, bes. um die Erziehung von Klerikern bemüht.

LIT. P. Boisard, La Compagnie de St. Sulpice, trois siècles d'histoire. 2 Bde. (1959); LThK 9 (²1964) 1162.

Sultan. Dieser Titel, der urspr. eine moral.-religiöse Autorität meinte, wurde bereits den ersten abbasidischen Kalifen beigelegt, dann mit dem Verfall des Kalifats auch den Wesiren und allen, die in der Meinung des Volkes mehr oder weniger unabhängige Macht hatten. Seit Toughril Beg († 1063) Titel der Seldschukenherrscher, aber auch der Mameluckenherrscher, die sich

»S. des Islam« nannten. Seit dem 14. Jh. bis 1922 war S. die gebräuchl. Bez. für den Herrscher des Osmanischen Reiches, der in der europ. Lit. auch **Großsultan, Großherr, Großtürke** genannt wurde. Heute noch übliche Bez. der Herrscher von Marokko, Oman und verschiedener kleinerer arab. Fürsten.

Summa (lat.). Zusammenfassung. Der wissenschaftstheoret. und method. Begriff S. bedeutet die Ganzheit des Wissensstoffes, die Kunst, ihn systemat. zu sammeln und zu sichten. In den Summen haben Theologie, Jurisprudenz, Philosophie und Medizin im Hoch- und SpätMA Wissen und Lehrmeinungen gesammelt und geordnet. Zur bekanntesten Summenlit. des 13. Jh. zählen die S. der Alexander von Hales, Albertus Magnus, Thomas von Aquin, Hugo von Straßburg, Heinrich von Gent, Gerhard von Bologna.

Summarium. Kurze Inhaltsangabe nach den wichtigsten Punkten.

Summa summarum. Summe der Summen; Gesamtsumme. Zuerst bei Plautus, Truculentus 25.

Summepiskopat (Oberbischoftum). Vor allem vom Absolutismus des 17. und 18. Jh. in Fortbildung älterer Rechtsinstitute (→Advocatia ecclesiae) und der ev. Lehre vom Notbischof entwickelte oberste Kirchengewalt ev. Fürsten; mit der Aufklärung wurde der S. zum Kollegialsystem umgedeutet; endete mit der Revolution von 1918. LIT. RGG VI³ 525f.; H. W. Krummwiede, Zur Entstehung des landesherrlichen Kirchenregiments in Kursachsen und Braunschweig-Wolfenbüttel (1967).

Summum bonum (lat.). Das höchste Gut, der höchste Wert.

Sunniten (arab. sunna, Tradition). Orthodoxe Richtung innerhalb des Islam, die neben dem Koran auch die Überlieferung von Reden und Tun des Propheten als fast gleichberechtigte Glaubensquelle anerkennt. In der Diskussion um die Nachfolge halten die S. im Gegensatz zu den Schiiten die Übertragung des Kalifats nach der Ermordung Alis (661) an die Omaijaden für rechtsgültig.

Superintendent (Aufseher), auch Kreispfarrer, Dekan oder Propst, bezeichnet in den ev. Kirchen Deutschlands die Mittelinstanz zw. Pfarrgemeinde und Kirchenleitung; führt die Aufsicht über die Pfarrer und hat das Recht zur Ordination. LIT. RGG VI³ 527f.

Superior (superior religiosus). Klosteroberer, Ordensoberer. Der S. leitet einen klösterl. Verband oder einen Teil davon. Höhere S. sind: Abtprimas, Abt, Generaloberin, Provinzial.

Supplik (lat. supplicare, bitten). Bittschrift, die unter Beachtung bestimmter Formeln und Klauseln an den Papst gelangt, Pfründenangelegenheiten, Justizsachen, Gewährung von Gnaden betreffend. Der Form nach werden Einzel-Suppliken und Suppliken-Rollen (Rotuli) unterschieden. Mit der Ausfertigung der Bulle wurde die S. wertlos und deshalb nur in Ausnahmefällen aufbewahrt. Seit Johannes XXII. erfolgte wahrscheinlich die Eintragung der signierten S. in bes. Suppliken-Register; diese sind seit Clemens VI. in mehr als 7000 Bänden erhalten. LIT. Repertorium Germanicum I (1916) 59–83; II (1933) 41–47; B. Katterbach, Inventio dei registri delle suppliche (1932); K. A. Fink, Das Vatikan. Archiv (²1951) 42ff.; P. Herde, Beiträge zum päpstl. Kanzlei- und Urkundenwesen im 13. Jh. (1961).

Suprematsakte (Act of Supremacy). Parlamentsgesetz vom 3. 11. 1534, das, auf dem spätma. Staatskirchentum aufbauend, König Heinrich VIII. von England im Zusammenhang mit seinem Ehescheidungsprozeß zum Oberhaupt der Ecclesia Anglicana machte und die Anglikan. Staatskirche gründete. Maria die Katholische schaffte die Suprematsakte ab. Elisabeth I. führte sie 1559 wieder ein. Die Verweigerung des von allen Parlamentsmitgliedern, Geistlichen und Beamten verlangten Eides auf die Suprematsakte (**Suprematseid**) wurde mit härtesten Strafen, auch der Hinrichtung, geahndet (Beispiel: J. Fisher, Thomas More). Die Emanzipationsakte von 1829 ersetzte den Suprematseid für die Katholiken durch einen annehmbaren Suprematseid; abgeschafft wurde der Suprematseid 1867. LIT. Ph. Hughes, The Reformation in England. 3 Bde. (1952–54); J. E. Neale, The Elizabethan Act of Supremacy and Uniformity. In: English Historical Review 65 (1950) 303–32.

Suspension (lat. suspendere, hemmen, unterbrechen). Amts- oder Dienstaufhebung. Eine der Strafen der kath. Kirche, die einem Geistlichen

oder einer geistl. Gemeinschaft die
Ausübung eines Amtes oder den Bezug
eines Amtseinkommens untersagt.
LIT. LThK IX (²1964) 1197f.; Feine,
KRG 362.

Sustentatio congrua →Kongrua.

Sutri, Synode von.
[1] Synode vom 20. 12. 1046. Gericht
über die drei Päpste Silvester III., Gregor VI., Benedikt IX. Höhepunkt der
Machtentfaltung Heinrich III. über die
Kirche und das Papsttum; macht mit der
folgenden Wahl Suitgers von Bamberg
den Weg frei zur kirchl. Erneuerung.
[2] Synode vom 9. 3. 1111: Radikale
aber wirklichkeitsfremde Geheimabsprache zwischen Heinrich V. und Papst
Paschalis II. zur Lösung des Investiturstreits. Ihre Verwirklichung scheiterte
an den Fürsten und Bischöfen.

Suum cuique (tribuere) (Jedem das
Seine [zuteilen]). Alter Rechtssatz, bei
Aristoteles, Cicero, Augustinus, Thomas von Aquin, klassisch von Ulpian,
Corpus iuris civilis, Digesten 1, 1, 10
vertreten: »Iustitia est constans et perpetua voluntas ius suum cuique tribuendi.« (»Gerechtigkeit ist der beständige
und dauerhafte Wille, jedem sein Recht
zukommen zu lassen.«) Als Naturrechtsprinzip unmittelbar einleuchtendes Postulat; Devise des preuß. Schwarzen →Adlerordens.

Suzeränität (franz. suzeraineté).
Lehnsherrlichkeit; Oberherrlichkeit;
Halbsouveränität. Unter S. wird eine
Staatenverbindung (»Staatenstaat«)
verstanden, in der ein Oberstaat (Suzerain) nicht voll souveräne Unterstaaten
in bestimmten völkerrechtl. Beziehungen vertritt. Der Begriff der S. wurde
vor allem im 19. Jh. auf das Verhältnis
der Türkei zu den christl. Balkanstaaten
angewendet.

Sykophanten. Denunzianten in der
att. Demokratie vor allem im 4. Jh., die
mit der Drohung von Anzeigen hohe
Summen erpreßten. Das Sykophantentum war eine bedenkliche Erscheinung
der Demokratie.

Syllabus. Ein Verzeichnis von Irrtümern der Zeit, in 80 Sätzen verkündet
von Papst Pius IX. am 8. 12. 1864. Der
S. wurde zusammen mit der Enzyklika
›Quanta cura‹ an die Bischöfe der kath.
Kirche gesandt. Der S. ist keine päpstl.
oder kirchl. Äußerung über Glaubensfragen, sondern eine Zusammenstellung
von Zeitanschauungen und Äußerungen
(z. B. Pantheismus, Rationalismus,

Indifferentismus, Kommunismus, Liberalismus), die entweder falsch oder mißverständlich in päpstl. Verlautbarungen, Enzykliken oder Briefen einmal erwähnt worden waren. Worin also der
Irrtum oder die Bedenklichkeit liegt,
muß aus dem früheren Zusammenhang
ermittelt werden. Für die Zeit selbst war
der S. eine Herausforderung, zumal bei
den einzelnen Thesen viel zu wenig unterschieden wird.
LIT. F. Heiner, Der S. in ultramontaner und antiultramontaner Beleuchtung
(1905); LThK IX (²1964) 1202f.

Symbol (griech. symbolon, Wahrzeichen, Merkmal, Erkennungszeichen).
Erkennungszeichen, etwa in Form von
zwei zusammenfügbaren Teilen eines
Ringes oder Stabes für Boten, Vertragspartner, Gastfreunde oder Gleichgesinnte. Das Zeichen setzt Vorverständnis einer Gemeinschaft voraus, wird
Ausdruck einer Wert- und Idealwelt,
spricht eine Gruppe Gleichgesinnter an.
Frühe Symbole des Christentums:
Lamm, Orans, Taube, Guter Hirt,
Fisch, Chrismon, später Kreuz. Die Erforschung der Symbole ist zu einer eigenen Wissenschaft geworden. **Symbolforschung** im engeren Sinne ist die Erforschung der Glaubensbekenntnisse.
→Symbolum.
LIT. RDL IV (1980) 308–33; F. Creuzer, Idee und Probe alter Symbolik
(1806; Reprint 1969); A. Rabbow, dtv-Lexikon politischer S. (1970); F. Herrmann, Symbolik der Religionen. 20
Bde. (1958–75); A. Zimmermann
(Hrsg.), Der Begriff der Repräsentation
im MA. Stellvertretung, S., Zeichen,
Bild (1972); H. Pross, Polit. Symbolik.
Theorie und Praxis der öffentl. Kommunikation (1974); W. Bauer, Irmtraud
Dümotz, S. Golowin, Lexikon der S.
(¹⁰1990); D. de Chapeaurouge, Einführung in die Geschichte der christl. Symbole (1984); Zur Entstehung von S.
Hrsg. von der Gesellschaft für Symbolforschung (1985); M. Lurker (Hrsg.),
Wb. der Symbolik (²1988); A. Frutiger:
Der Mensch und seine Zeichen (1989).

Symbolische Bücher →Bekenntnisschriften.

Symbolum. Christlicher Glaubenssatz. Glaubensbekenntnis; seit der Reformation auch Bekenntnisschrift, Confessio.

Synagoge.
[1] Bez. für eine jüd. Einzelgemeinde
und ihr Versammlungsgebäude, ihren

Gebets- und Gottesdienstraum, zunächst in der jüd. Diaspora und nach der Zerstörung des Tempels gebraucht.

[2] Im übertragenen Sinne für das AT und das verstockte Judentum gebraucht, Gegensatz zur **ecclesia.** Diese Vorstellung hat auch die bildende Kunst (Figuren der Kirche und Synagoge am Straßburger Münster) beeinflußt.
LIT. R. Bothe, Synagogen in Berlin. Zur Geschichte einer zerstörten Architektur. Berlin Museum, Stadtgeschichtl. Publikationen I, 2 Bde. (1983); M. Wenzel, J. Glatz, A. Neugebauer (Red.), Rheinland-Pfalz. Synagogen und Denkmalpflege (1989).

Syndikalismus (von franz. syndicat, Gewerkschaft). Urspr. eine Bez. für Gewerkschaftsbewegung allg.; dann revolutionäre gewerkschaftl. Bewegung und Doktrin; vor allem in den roman. Ländern; fordert Ausschaltung des Staates, Übernahme der Betriebe durch die Gewerkschaften, Einrichtung von Arbeiterbörsen, direkte Aktion, Kampfmaßnahmen wie Streik, Boykott, Sabotage. Der von F. Pelloutier, G. Sorel, A. Labriola u. a. begründete S. war vor allem in Frankreich, Spanien, Italien verbreitet.
LIT. G. Lefranc, Le s. dans le monde (1949); E. Naef, Zur Geschichte des franz. S. (1953); H. M. Bock, S. und Linkskommunismus 1918–1923 (1969).

Syndik(c)us (griech., lat.). Rechtsbeistand, rechtsgelehrter Berater. Begegnet im MA seit der Rezeption, an deren Durchdringen die Syndici maßgeblich beteiligt sind, auch in dt. Städten in der Stadtverwaltung und Rechtspflege sowie bei den Ständen, bes. Bedeutung in den Niederlanden. Pensionäre, Ratspensionäre bei den Staaten.

Synedrium (griech.). Sitzung, polit. Körperschaft (z. B. Areopag), Gerichtssitzung. Als Bez. für den Hohen oder Großen Rat der Juden in Jerusalem unter Herodes I. übernommen; seitdem Judäa röm. Provinz geworden war (6 n. Chr.), höchste einheim. Behörde für die religiösen Angelegenheiten. Mit dem Fall Jerusalems (70 n. Chr.) hörte es auf zu bestehen, wurde aber wieder neugegründet, zunächst als wissenschaftl. Akademie für religiöse Fragen, dann als Gerichtshof bis um 425. Von Napoleon I. wieder für die Juden der Franz. Republik einberufen.

Synergismus. Ansicht, daß der Mensch zur Erlangung seines ewigen Heils mitwirken könne und müsse; von den Pelagianern und Semipelagianern in häret. Sinn vertreten, von Augustinus verworfen. Der **Synergismus-Streit** lebte im 16. Jh. im Zusammenhang mit der Reformation erneut auf. Diesmal standen sich die Gnesiolutheraner (Flacius) und Melanchthons Anhänger gegenüber. Der synergist. Streit konnte auch durch das Altenburger Religionsgespräch nicht beigelegt werden.

Syngramma (griech., Zusammengeschriebenes). Histor. bzw. philolog. Erläuterungsschriften in geschlossener Darstellung.

Synod, Heiliger Synod. Oberste kirchl. Behörde in Rußland 1721–1917. Der von Zar Peter d. Gr. ins Leben gerufene Synod unterstellte die orthodoxe Kirche dem Staat.

Synode. Zusammenkunft von Bischöfen, wobei diese beanspruchen, in Übereinstimmung mit dem Hl. Geist zu entscheiden; seit dem 4. Jh. reguläres Institut der Kirchenprovinzen (Diözesansynoden). Zunächst stand die Entwicklung der S. unter landes-eigenkirchl. Einfluß und german. Rechtsvorstellungen, kam aber mit der Gregorianischen Reform unter röm. Einfluß. Nach dem 2. Vaticanum ist die S. die Vertretung des Gesamtepiskopats mit vollberechtigter Teilnahme der Laien.
LIT. J. Neumann, Synodales Prinzip (1973); H. J. Sieben, Die Konzilsidee der Alten Kirche (1978); J. Schröder, Die westfränk. S. (1980); H. Schwöbel, S. und König im Westgotenreich (1982); H. Vollrath, Die S. Englands bis 1066 (1986); O. Pontal, Die S. im Merowingerreich (1986); H. Wolter, Die S. im Reichsgebiet und in Reichsitalien von 916–1056 (1988).

Synodalen.
[1] Seit dem 13. Jh. Adelige und Ritter, die den bischöfl. Gerichtsstand am Sendgericht hatten.
[2] Stimmberechtigte Mitglieder an der Synode, bes. im Rahmen der Synodalverfassung.

Synodalstatuten (statuta synodalia oder constitutiones synodales). Vom Bischof unter Beirat der Diözesansynode erlassene Anordnungen, die durch Veröffentlichung sofort wirksam werden.
LIT. LThK IX (1964) 1236.

Synodalverfassung. In den ref. Kirchen der Niederlande, Frankreichs und Westdeutschlands unter Calvins Einfluß entwickelt. Während in der frühen NZ das luth. Konsistorialsystem von den Landesfürsten auch über ref. Kirchen ausgedehnt worden war, drängte die S. im 19. Jh. vor. Mit dem Ende des landesherrl. Kirchenregiments bekamen die Spitzensynoden die Stellung oberster Kirchenorgane.

Synode. Zusammenkunft von Bischöfen in den Ostkirchen, die mit dem Patriarchen oder Katholikos die Kirche leitet. →Diözesansynode, →Konzil.

Synonyme (griech., gleichnamig). Wörter mit ähnlicher, doch nie gleicher Bedeutung und verschiedener etymolog. Herkunft; dienen der Erweiterung und Nuancierung der Aussage, der größeren Anschaulichkeit. LIT. H. Wehrle, Dt. Wortschatz (¹¹1955); H. Menge, Lat. Synonymik (⁵1959); K. Peltzer, Das treffende Wort (⁶1961).

Synopse. Zusammenschau, Übersicht.

[1] Darbietung der 3 bzw. 4 Evangelientexte neben- oder untereinander.
[2] Vergleichende Textübersicht zur Aussonderung von inhaltsgleichen Abschnitten.
[3] Gedruckte Programmhefte mit Inhaltsangabe im Jesuitendrama.

Synoptiker. Bez. der 3 ersten Evangelisten Matthäus, Markus und Lukas.

Szepter. Als kaiserl. Herrschaftszeichen der Antike entlehnt, aus dem Stab entwickelt, zunächst unter Karl d. Gr. als Langstab (baculus), wie es noch im Krummstab der Bischöfe und der Äbte weiterlebt, unter Karl dem Kahlen dann in der urspr. Form des Kurzstabs (sceptrum).

Szepterlehen. Im Unterschied zu den Fahnenlehen versteht man unter S. das seit dem Wormser Konkordat (→Investiturstreit) durch das Symbol des Szepters übertragene Reichskirchengut, d. h. insbes. die Stifte oder die geistl. Fürstentümer.

Tabellionat (zu lat. tabella, Urkunde, Stimmtäfelchen). Während der röm. Kaiserzeit das Notariat. Die Tabellionen waren als Privatpersonen offiziell ermächtigt, gegen Gebühren Urkunden über bestimmte Rechtsgeschäfte aufzunehmen.

Taberna (lat., Kneipe, Schankstätte). Im röm. Reich waren die tabernae Wirtschaften und Herbergen an den Römerstraßen. Im MA wurden Weinstuben, insbes. solche in Verbindung mit Kleinhandel, T. genannt.

Taboriten. Eine radikale Gruppe der Hussiten; ihr Zentrum war Tabor in Südböhmen.

Tabula (lat.). Brett, Schreibtafel, Brief, Gesetzestafel, (geographische) Karte, Buch, Register.

Tabulae (Mz.). Rechnungsbücher, Staatsschriften, Urkunden, Archiv.

Tabula rasa (lat., geglättete Tafel). Die antike Schreibtafel; ihre Schreibfläche bestand meist aus Wachs, so daß sie geglättet und dann wieder beschrieben werden konnte. Hierher tabula rasa machen, d.h. reinen Tisch machen, mit etwas völlig aufräumen.

Tabularium (lat.). Im antiken Rom das Staatsarchiv; hier wurden die öffentl. Urkunden (tabulae publicae) aufbewahrt.

Tachygraphie (griech., Schnellschrift). In der Antike eine Art Kurzschriftsystem; es war gebildet aus Teilen griech. Buchstaben. Erhalten ist es auf ägypt. Wachstafeln und Papyrusblättern aus der Zeit des 3.–8. Jh. n. Chr.
LIT. A. Mentz, Antike Stenographie (1927).

Tagfahrt. In der älteren Rechtssprache der Termin (lat. terminus), d.h. ein festgesetzter Zeitpunkt; terminus a quo, der Zeitpunkt von dem ab; terminus ad quem, der Zeitpunkt, bis zu dem etwas geschehen soll oder geschehen ist.

Tagsatzung, Tagleistung. In der alten Schweizer Eidgenossenschaft urspr. die Festsetzung eines Tages zu gemeinsamer Tagung, später auch die Tagung selbst; bis 1798 war sie die Versammlung der Vertreter der Orte (Kantone), von 1803–48 der Gesandtenkongreß der Kantone. Zunächst ohne festen Termin und Tagungsort, wurde die T. von 1426–1712 meist nach Baden, von 1712 bis 1798 einmal pro Jahr nach Frauenfeld durch Zürich einberufen und geleitet. Während der Reformationszeit war die T. unterbrochen. Nach der Reformation fanden Sondertagsatzungen der Reformierten in Aarau, der katholischen Orte in Luzern statt. Aufgaben der T. waren: Wahrung der gemeinsamen Interessen der Eidgenossenschaft; Beratung über Aktionen nach außen und die Friedenssicherung im Innern. Beschlüsse konnten nur mit Zustimmung der souveränen Orte verwirklicht werden. In Fragen der Außenpolitik und des Heerwesens waren die getroffenen Entscheidungen für die Kantone sofort verbindlich. Durch die Verfassung vom 12. 9. 1848 wurde die T. aufgehoben.

Taifas (ta'ifa, arab., Teil). Im islam. Spanien die mehr als 20 Teilreiche, die sich nach dem Ende des Kalifats von Córdoba (1031) bildeten.
LIT. R. Tschudi, Das Kalifat (1926); G. C. Miles, Coins of the Spanish Muluk al-Tawa'if (N. Y. 1954).

Taika, Taikwa (jap., Große Umwandlung). Die in Japan seit 645 durchgeführten staatspolit. Reformen. Sie dauerten mehr als ein halbes Jahrhundert und brachten die völlige Neuordnung der polit. und sozialen Verhältnisse: der Herrscher wurde zum ausschließl. Eigentümer des gesamten Grund und Bodens; an die Stelle des bisherigen lose gefügten Geschlechterverbands trat ein straffer und zentralisierter kaiserl. Beamtenstaat. Der Kronprinz, als Kaiser Tenchi Tenno (reg. 661–71) genannt, war die treibende Kraft dieser Reformen; er wurde hierbei von seinem Kanzler Nakatomi wirksam unterstützt. Im ersten japan. Gesetzbuch, dem Taihoryo (702), sind die Ergebnisse des Reformwerks niedergeschrieben.

Taille (franz. von lat. talea, Stab; engl. tally, Kerbholz; im engl. Schatzamt als Quittungsbeleg verwendet, ebenfalls für Anweisungen, wobei die Einkerbungen der anerkannten Geldsumme entsprachen; 1826 wurde das letzte tally ausgegeben; mlat. tallagium, tallia, Abgabe, →Bede). Eine durch den franz. Lehnsherrn erhobene Einkommensteuer; im Jahre 1439 zog der König die T. an sich (taille royale); sie stellte nunmehr eine allg. und regelmäßige Abgabe dar, die vom Vermögen oder Einkommen der nicht-privilegierten Stände (d.h. daß Adel und Geistlichkeit ausgenommen waren) erhoben wurde. Bis ins 18. Jh. wurde sie mehrmals gesteigert; die verbotene taille seigneuriale bestand teilweise weiter.

Taillon. Die seit dem 16. Jh. zur Taille erhobene Nachsteuer.

Tai-p'ing (chin., Frieden überall). [1] In China seit vorchristl. Zeit die Bez. für revolutionäre Geheimsekten. [2] Eine um die Mitte des 19. Jh. gegr. chin.-christl. Sekte, die einen selbständigen Staat T. zu bilden beabsichtigte; 1853 eroberte sie Nanking; ihr Aufstand dauerte bis 1865.

Tairo (jap., Großer Alter). In Japan seit etwa 1590 Minister, Vertreter (auch Vormund) des Shogun.

Talar (von lat. talaris, bis zu den Knöcheln). In spätröm. Zeit ein langes Obergewand. Heute ein langer und weiter, meist schwarzer Rock; Amtskleidung der Geistlichen, Richter und Hochschulprofessoren.

Talayot-Kultur. Eine Kulturgruppe auf den Balearen, die ihren Namen von den steinernen Wachttürmen (bisweilen auch Grabbauten), den Talayots, herleitet. Die Talayot-Kultur fällt zeitlich in die ausgehende Bronze- und die frühe Eisenzeit (8./7. Jh. v. Chr.).

Talent (griech.-lat., das Gewogene). [1] Z. Z. Homers (Ende des 8. Jh. v. Chr.) ein kleines Goldgewicht von etwa 26 g. [2] Die größte Gewichts- und Geldeinheit der Antike mit einem Rechnungswert von 60 Minen (an das babylon. Münz- und Gewichtssystem angelehnt). Attisch-euböisches T.: 26,19 kg. [3] Seit dem 18. Jh. im übertragenen Sinn: natürl. Anlage, Begabung.

Taler. In der NZ das verbreitetste Silbergeldstück. Nach der erstmals zu Hall in Tirol im Jahre 1484 verstärkt einsetzenden Silberprägung kam es um 1520 in Sachsen und Böhmen zur ersten Massenemission aus dem Silber von Sankt Joachimsthal, woraus seit 1515 durch die Grafen Schlick Guldengroschen geprägt wurden. Aus dem Namen Joachimsthal ging das Wort T. hervor. Von 1566 bis um 1750 war der »Reichstaler« die amtl. Währungsmünze des Reiches; sie hatte einen Silbergehalt von 25,984 g (etwa ⅑ der alten Kölnischen Mark). Zeitweilig wurde der T. nach dem Münzbild benannt; so gab es u. a. den Marien-, den Engel- und Glocken-Taler. (Der T. wurde auch als Denkmünze geprägt. Durch den Konventionsfuß [1 Konventionsfuß = 23,386 g Silber] änderte sich um 1750 der Silbergehalt, in Preußen durch den Graumannschen Talerfuß [14 T. = 1 Mark Feinsilber].) Seit 1838 galt im Dt. Zollverein der Vereinstaler. Der T. wurde im Jahre 1908 durch das Dreimarkstück (15 g Silber) ersetzt. Schon recht früh übernahm eine Reihe anderer Länder den Namen T.: Vom 16. Jh. bis 1816 gab es in den Niederlanden den (Rijks-)Daalder, in der Toskana und in Venetien während des 18. Jh. den Tallero (Tollero), bis 1813 in Dänemark den Rigsdaler. Seit 1780 wurde für den Orienthandel der Maria-Theresien-Taler geprägt, der bis ins 20. Jh. (in Abessinien bis 1945) gültig war. Der Dollar ist in den USA seit 1792 Währungseinheit.

Talion (lat.). Poena talionis, die Vergeltung von Gleichem mit Gleichem. Dieses älteste Prinzip der Strafe ist in zahlreichen Rechten enthalten, so im jüdischen (»Aug' um Aug', Zahn um Zahn«). Das Talion-Prinzip ist in neuerer Zeit (u. a. für Tötungsverbrechen) durch I. Kant (1724–1804) vertreten worden; in der Form der Blutrache lebt es bei primitiven Völkern bis heute weiter.

Talmud (hebr., Lehre, Belehrung). Die wichtigste Zusammenfassung der Lehren, Vorschriften und Überlieferungen des nachbibl. Judentums. Nachdem der alttestamentl. Kanon abgeschlossen und die Thora als dessen Zentrum anerkannt worden war, entstand innerhalb des palästinens. Judentums, zunächst in mündl. Tradition, die Mischna, eine Sammlung von Überlieferungen über rechtl. und religiöse Einrichtungen, die an die Thora anknüpfte. Bis zum 5. Jh. n. Chr. entstand als Kommentar zur Mischna die größtenteils in aramäischer Sprache geschriebene Gemara mit ihrer Schriftdeutung, und zwar eine ältere, die jerusalemische (richtiger paläst. Gemara zu 39 Traktaten sowie die jüngere babylon. Gemara zu 36 Traktaten. Mischna und Gemara zusammengenommen bildeten den T., der wiederum während des MA Kommentare (Tosephot) erhielt. LIT. G. Sternberger, Der T. Einführung, Texte, Erläuterungen (1982).

Tannenberg (Ort im Kreis Osterode in Ostpreußen). [1] Am 15. 7. 1410 schlug ein 20000 Mann starkes vereinigtes litauisch-poln. Heer bei T. das 15000 Mann starke Heer des Dt. Ordens unter dem Hochmeister Ulrich von Jungingen (um 1360–1410), der seit 1407 an der Spitze des Ordens stand. Mit dem Hochmeister fielen in der Schlacht von T. sämtliche Gebietiger bis auf einen, 11 Komture und 205 Ordensritter. Der Kampf fand zwischen T. und dem Ort Grünfelde statt, weshalb die poln. und russ. Geschichtsschreibung von der »Schlacht von Grunwald« sprechen.

[2] Vom 26.–30. 8. 1914 wurde östl. von T. die russ. 2. (Narew-) Armee unter A. W. Samsonow (1859–1914) durch die dt. 8. Armee unter P. von Hindenburg (1847–1934) und seinem Stabschef E. Ludendorff (1865–1937) geschlagen. Die Schlacht bei T. wurde bis Ende des Ersten Weltkriegs als die größte Einkreisungs- und Vernichtungsschlacht der Geschichte betrachtet; sie begründete den Mythos Hindenburgs, obwohl neben Ludendorff der 1. Generalstabsoffizier der 8. Armee, M. Hoffmann (1869–1927), entscheidenden Anteil am Sieg von T. hatten. 1927 wurde in Erinnerung an die Schlacht von T. auf einer Höhe bei Hohenstein das Tannenbergdenkmal als Nationaldenkmal errichtet (aus staatl. und privaten Mitteln). Hier war Hindenburg von 1934–44 bestattet (nach 1945 in der Elisabeth-Kirche zu Marburg).
LIT. Zu [1] C. Krollmann, Die Schlacht bei T. (1910); ders., Polit. Geschichte des Dt. Ordens in Preußen (1932). Zu [2] W. Elze, T. (1928).

Tansimat (arab., Anordnungen). Die im Jahre 1839 in der Türkei eingeleiteten Verwaltungs- und Gesetzgebungsreformen nach europ. Vorbildern; um 1880 wurden sie durch Sultan 'Abd ul-Hamid II. (reg. 1876/1909) beendet, weil ihn der unglückl. Verlauf des russisch-türk. Krieges (1877/78) zur Niederhaltung jeder freiheitl. Regung und Nichtdurchführung der Verfassung von 1876 trieb.

Tappert, Trappert. Mantelrock; gegen Ausgang des 14. Jh. und im 15. Jh. das Hauptobergewand der männl. Tracht. Der T. war von wechselnder Länge und Ärmelbildung, häufig nur mit Armschlitzen versehen. Im 16. Jh. wurde er von der Schaube abgelöst.

Tarhan, Tarchan.
[1] Bei türk. und mongol. Stämmen Zentralasiens Titel für den niederen Adel. Seine Träger genossen das Privileg der Steuerfreiheit; sie konnten jederzeit die Herrscher sehen und wurden erst nach dem 9. Verbrechen bestraft.

[2] Stammesname bei den Turkmenen und Kurden im Irak.

Tarif (arab., Kundmachung). Die systemat. Zusammenstellung größtenteils von Gütern und Leistungen samt ihren Preisen (Taxen): Zoll-, Steuer-, Gas-, Elektrizitäts-, Eisenbahn-, Zoll-, Versicherungs-Tarif etc. Tarifvertrag: Im modernen Arbeitsrecht (seit Dezember 1918 im Dt. Reich) der befristete Normvertrag über die Löhne und Gehälter zw. Gewerkschaft und Arbeitgeberverband.
LIT. R. Tschirbs, Tarifpolitik im Ruhrbergbau 1918 bis 1933 (1986).

Tarraß (von ital. terrazzo, mlat. terratia). Erdwall, Barrikade, Bollwerk; Tarraßbüchse: Kanone auf dem Wall, auch ganz allg. Kanone.

Tartsche (franz. targe, von arab. dardí oder angelsächs. targe). Zunächst der den gesamten Körper deckende eckige Schild, dann verschiedene Formen des Schildes: von der schweren Setztartsche (Pavese) bis hin zum Rundschild der Reiter.

Taschi Lama (tibetan., Segens-Oberer). Neben dem Dalai-Lama (häufig mit diesem rivalisierend) der Inhaber spezifisch geistiger Macht im Kirchenstaat Tibet. Als Inkarnation des Buddha steht der T. L. hierarchisch im Lamaismus über dem Dalai Lama. Der Titel T. L. ist in Indien und Europa, nicht aber in Tibet gebräuchlich.

Tataren (häufig fälschlich Tartaren). Zunächst ein Mongolenstamm. Dann wurde ein im Wolgabecken, auf der Krim und in West-Sibirien ansässiges Neuvolk, das im Staat der →Goldenen Horde gebildet hatte, so genannt; es war entstanden aus der Verschmelzung eingewanderter Mongolen sowie Türken mit den Resten früher ansässiger Turkvölker (Wolga-Bulgaren, Petschenegen, Kumanen und wohl auch Chasaren), zu denen sich noch Wolga-Finnen und Slawen gesellten. Z. Z. der Goldenen Horde waren die T. das Staatsvolk, außerdem in einer Reihe von Chanaten, so in dem Chanat Astrachan und Krim. Die T. verloren ihre Bedeutung, nachdem das Dnjepr-Wolga-Land (1502–27) und die Krim (1783) durch die Moskauer bzw. Petersburger Herrscher erobert worden waren.
LIT. B. Spuler, Idel-Ural. Völker und Staaten zwischen Wolga und Ural (1942).

Täufer(-bewegung). Bez. für diejenigen christl. Richtungen, welche an die Stelle der Kindertaufe die Erwachsenentaufe setzen.

LIT. H. J. Goertz, Die Täufer (1980).

Tauroggen, Konvention von. Die Neutralitätserklärung für das am Rußlandfeldzug Napoleons I. im Jahre 1812 (→Napoleonische Kriege) beteiligte preuß. Hilfskorps. Sie erfolgte in der Mühle des bei T. gelegenen Dorfes Poscherun am 30. 12. 1812 durch den preuß. General Yorck von Wartenburg (1759–1830) gegenüber dem russ. General Diebitsch (1785–1831).

LIT. W. Busch, Yorck und T. (1912); W. Elze, Der Streit um T. (1926); J. G. Droysen, Das Leben des Feldmarschalls Grafen Yorck von Wartenburg. 2 Bde. ([11]1913).

Tausendjähriges Reich.
[1] Das Reich nach der Wiederkunft Christi (→Chiliasmus, →Millenarismus).
[2] Bez. für das nationalsozialist. Dt. Reich durch seine Träger (1933–45); nach 1945 in verächtl. Form gebraucht.

Taxe (von griech. taxis, Anordnung; mlat. taxa; franz. taxe; engl. tax; span. tasca; ital. tassa). Seit dem MA eine vor allem für den amtlich festgesetzten Preis und für Gebühren verwendete Bez. Nach kath. Kirchenrecht die für die Inanspruchnahme einer kath. Behörde erhobenen Gebühren. Im SpätMA stellte die T. eine wichtige Einnahmequelle des Papsttums dar (Servitien, →Annaten).

Taxiarch (griech., Abteilungsführer).
[1] Im antiken Griechenland ein Offizier, dessen Rang in etwa dem eines Hauptmannes oder Obersten entsprach.
[2] Die griech. Bez. für den röm. Zenturio.

Technik, Technik-Geschichte (griech., Erzeugungsvermögen, Fertigung). Die Ausbeutung, Verarbeitung sowie die Verwendung von Naturschätzen, um Bedürfnisse zu befriedigen und die Lebensbedingungen sowie die Lebensbedürfnisse der Menschen zu erweitern, gleichzeitig auch zu verbessern. Maßnahmen zur Erhaltung und Weiterentwicklung des erreichten Standes der Zivilisation begleiteten die T. von Anfang an. Bereits im Altertum schuf die T. hervorragende Bau- und Kunstwerke, so die Pyramiden, Wasserwerke und Wasserleitungen, Kanal- und Straßenbauten, Arbeits- und Kriegsgerät etc.

Seit der Renaissance ist die T. eng mit den Naturwissenschaften verbunden. Während das Zeitalter des Barocks die neue messende Physik und das Aufblühen der experimentellen Physik brachte, war das 18. Jh. bestrebt, die mathemat. Naturwissenschaft auf den Stand des techn. Schaffens anzuwenden. Das 19. Jh. ist durch die Ausbreitung der Dampfmaschine, der Verbrennungsmotoren, die Einführung leistungsfähigerer Arbeitsmaschinen sowie den zunehmenden Einfluß der Wissenschaft auf die T. geprägt. Das 20. Jh. schließlich brachte eine immer stärkere Spezialisierung der T., wodurch der Leistungsgrad der Wirtschaft ständig gesteigert werden konnte. Stets verlangte die T. nach der Erfindung verbessernder Werkzeuge, Maschinen, energieerzeugender Kraftmaschinen, physikal. Apparate etc., worin sich ihr Fortschritt augenfällig dokumentiert. In den Industriestaaten markiert der Stand der T. die Leistungsfähigkeit der Wirtschaft.

LIT. K. Karmarsch, Geschichte der Technologie seit der Mitte des 18. Jh. (1872); F. Muckermann, Der Mensch im Zeitalter der T. ([2]1945); F. G. Jünger, Die Perfektion der T. ([4]1953); J. G. Leithäuser, Die zweite Schöpfung der Welt (1954); A. P. Usher, History of Mechanical Inventions (Cambr./Mass., [2]1954); F. Klemm, Technik (1954); F. Dessauer, Streit um die Technik (1956); W. Treue, Gesellschaft, Wirtschaft und T. Deutschlands im 19. Jh. In: Gebhardt-Grundmann. Bd. 17 ([4]1982); ders., Wirtschafts- und Technikgeschichte Preußens (1984); B. Gille (Hrsg.), The History of Techniques. 2 Bde. (N. Y. 1986); H. Lackner/ G. Luxbacher/Chr. Hannesschläger, T.geschichte in Österreich (1996).

Technokratie (Kunstw. von griech. techne). Herrschaft der Technik. Eine geistige Bewegung, die aus den USA stammt; sie fordert einen Primat der Technik über Wirtschaft sowie Politik und strebt die Auswirkungen des techn. Fortschritts auf den Wohlstand der Völker als kulturpolit. Ziel an. Das Wirtschaftsleben soll den Absichten der Technokraten entsprechend derart geändert werden, daß es zu einer vollen Auswertung aller techn. Möglichkeiten kommt; sie versprechen sich hiervon eine bedeutende Steigerung der Produktivität sowie eine Arbeitszeitverkürzung. Außerdem will man die Ideen der Tech-

nik auf die gesamte menschl. Gesellschaft anwenden.
LIT. D. Brinkmann, Mensch und Technik: In: Hamburger Akadem. Rundschau, 1 (1946/47); N. Berdjajew, Der Mensch und die Technik (1949); M. Bense, Techn. Existenz (1949); W. G. Waffenschmidt, Technik und Wirtschaft (1952); F. Dessauer, Streit um die Technik (1956); K. Fuchs, Siegerländer Unternehmer des 19. Jh. und ihr Werk (1979).

Technologie (griech.) Verfahrenskunde.
a) Chemische T.: Die Lehre von den Arbeitsmethoden sowie Fabrikationsprozessen der chem. Technik;
b) Mechanische T.: Allg. die Lehre von den mechan. Mitteln und Verfahren, Zwischen- und Fertigprodukte aus Rohstoffen herzustellen.
LIT. B. Gille (Hrsg.), The History of Techniques. 2 Bde. (N. Y. 1986).

Teigdruck. Eine Abart der Graphik, die im 15. Jh. vorkommt. Das Papier wurde hierbei mit einer teigartigen Masse überzogen; in diese wurde das Bild dann von einer Holz- oder Metallplatte eingedrückt. Der Empfindlichkeit des Materials wegen sind nur wenige Beispiele von T. erhalten geblieben.
LIT. G. Leidinger, T. des 15. Jh. in der Kgl. Hof- und Staatsbibliothek München (1908).

Teilbau, Halbpacht, Teilpacht, Halbscheidwirtschaft. Eine alte Form der landwirtschaftlichen →Pacht. Hierbei stellt der Grundeigentümer dem Pächter das gesamte oder einen Teil seines Gutes einschließl. des Inventars zur Verfügung; er behält aber sowohl die Leitung als auch die Aufsicht über die Bewirtschaftung. Vom Teilpächter, der mit seiner Familie die Arbeit leistet, erhält der Eigentümer etwa die Hälfte des Rohertrags. Neben der am häufigsten vorkommenden gleichen Teilung (Halbpacht, Halfenwirtschaft) gibt es ebenfalls Drittel- und Viertelpacht. T. hat sich vor allem in Frankreich (Métayage) und Italien (Mezzadria) erhalten.
LIT. E. Jenny, Der T. (1913); F. Kobler, Der T. im röm. und geltenden ital. Recht (1928).

Teleologie (von griech. telos, Ziel, Zweck). Die Lehre von der Zweckmäßigkeit im Aufbau und Geschehen des Weltalls. Im Unterschied zur Kausalität wird die Zweckbestimmtheit auch Finalität genannt. Die T. geht auf Aristoteles (384–322 v. Chr.) zurück. Da sie auch die Geschichte einschließt, verwendet die Geschichtsphilosophie ebenfalls den Ausdruck, um die Deutungsmöglichkeiten der Geschichte zu kennzeichnen, hierbei jedoch im Sinne der christl. Transzendenz vor allem einengend.
LIT. A. Brunner, Der Stufenbau der Welt (1950); N. Hartmann, Teleolog. Denken (1951).

Telones (griech., der die Abgaben kauft). Im griech.-hellenist. Bereich der Steuerpächter (der »Zöllner« des NT); er zog die Steuern, Zölle etc. entweder einzeln oder in einer Gesellschaft ein, und zwar sowohl direkt als auch in der Form, daß die Einziehung dem Staat durch staatl. Organe garantiert wurde.
LIT. M. Rostovtzeff, Gesellschafts- und Wirtschaftsgeschichte der hellenist. Welt. 3 Bde. (dt. 1955/56).

Tempel (lat. templum; griech. temenos). Urspr. das von religiöser Scheu umgebene, durch Beobachtung des Vogelflugs von den Auguren abgesteckte Viereck; später Gebäude, in dem die Gottheit, sichtbar oder unsichtbar, gegenwärtig gedacht wurde. Im alten Ägypten waren die T. seit dem 4. Jahrtausend v. Chr. hochummauerte Hallen mit schweren, enggestellten Säulen, häufig mehrere hintereinandergereihte Hallen und Höfe; der Vorhof war mit einem Torbau (Pylon) versehen. Die Hauptwerke der ägypt. Tempelanlagen befinden sich in Luksor, Karnak und Edfu. Die babylonisch-assyr. Kultur schuf mächtige, turmartige T., die bis in die Zeit des Perserreiches (558–331 v. Chr.) nachwirkten.
Der um 950 v. Chr. durch Salomon in Jerusalem errichtete T. bestand aus Vorhalle, Hauptraum sowie erhöhtem (dunklem) Allerheiligsten, in dem sich, mit vorhangverhüllter Tür, die Bundeslade befand; der Tisch mit den Schaubroten stand im Hauptraum, der Brandopferaltar im Vorhof. Tempelneubauten erfolgten Ende des 6. Jh. v. Chr. (nach der Rückkehr der Juden aus babylon. Gefangenschaft) sowie unter Herodes d. Gr. (reg. 40–4 v. Chr.). Im Jahre 691 v. Chr. wurde an der Stelle des T. die Omarmoschee errichtet.
Die T. des antiken Griechenland, urspr. wohl als Holzbauten errichtet, hatten als einfachste Form den Anten-Tempel mit Cella (fensterloser Hauptraum) und

Vorraum aus zwei Sälen mit vorgezogenen Seitenmauern (Anten) gebildet. Der Hera-Tempel zu Argos, um 650 v. Chr. erbaut, war der älteste monumentale T.

Die Etrusker und Römer errichteten ihre T. auf hohem Podium mit Säulenvorhalle und Holzgebälk, teilweise mit Terrakottaverkleidung; seit dem 1. Jh. v. Chr. wurden sie den griech. T. angeglichen.

Die Chinesen bauten offene Kulturterrassen, die in die Landschaft eingepaßt waren; früh schon gab es auch Tempelbauten aus Holz (mehrere geschweifte Dächer übereinander). Später kam es zur Entwicklung von Pagoden sowie 3- und 5teiligen Tempeltoren. In Japan sind Tore ebenfalls die Hauptbauten zu Tempelbezirken mit Shinto-Schreinen (Geisterhäuser). Buddhist. Tempel mit Haupt- und Predigthalle (sämtl. aus Holz errichtet) gibt es seit etwa 550 n. Chr. Die Tempelformen Indiens sind: dreischiffige Tschaitya-Hallen mit Tonnengewölbe, Apsis und Kultbild; Viharas, Versammlungssäle, die von Mönchszellen umgeben sind, und Sikharas, in einen Turm endende Baldachinarchitekturen, die fast gänzlich vom Götterbild ausgefüllt sind (seit dem 5. Jh. n. Chr. häufig von Hallen umgeben). Riesige, pyramidenförmige Terrassen sind ein Kennzeichen altamerik. T.

LIT. P. O. Rave, T. Italiens (1924); W. Andrae, Gotteshaus und Urform des Bauens (1930); G. H. Rohde, Die Bedeutung der Tempelgründungen im Staatsleben der Römer (1932); G. Rodenwaldt, Der griech. T. (1941).

Tempelherren →Templerorden.

Tempelprostitution. Im At. die sakrale Prostitution der weibl. Hierodulen (Tempelsklaven), einer niederen Klasse von Priesterinnen. Die T. war nicht generell verbreitet; sie wurde vor allem in Babylonien (Kult der Liebesgöttin Ischtar), in Assyrien und teilweise auch in Ägypten ausgeübt. Im griech.-röm. Bereich erfuhr sie insofern eine Ausartung, als die Hierodulen während der jährl. Tempelfeste den Besuchern zur Verfügung standen (→Prostitution).

Tempelpyramide, Tempelturm →Zikkurat.

Tempelwirtschaft. Eine von den Sumerern (etwa 4. Jahrtausend v. Chr.) und seither im Vorderen Orient entwickelte Wirtschaftsform. Das einem Gott geweihte Land wurde zur wirtschaftl.

und polit. Autarkie geführt (Frühformen von Verwaltungsorganisation).

Templerorden, Tempelherren, Templer, eigentl. Fratres militiae Templi oder Pauperes commilitones Christi templique Salomonis. Geistl. Ritterorden, der 1119 durch Hugo von Payens (Champagne) zum Schutz der Jerusalempilger gegründet wurde. Der Orden leitete seinen Namen vom Sitz des Großmeisters im ehem. Tempelbezirk (beim Salomontempel) her. 1128 wurde der Orden durch Papst Honorius II. (1124–30) auf das Betreiben des Kirchenlehrers Bernhard von Clairvaux (1090–1153) hin, der an den Ordensstatuten mitarbeitete und ein Buch zum ›Lob der neuen Ritterschaft‹ verfaßte, bestätigt. Neben Keuschheit, Armut und Gehorsam gelobten die T., den Kampf gegen die Ungläubigen zu führen. Die Tracht der T. war ein weißer Mantel mit rotem, achtspitzigem Kreuz (dienende Brüder trugen eine graue oder schwarze Tracht). Der Orden, der seit 1139 allein dem Papst unterstellt war, war von sämtl. Zehnten und Zöllen befreit; er genoß nahezu völlige Unabhängigkeit; insbes. in Frankreich war er reich begütert. Nach der Eroberung Akkons (1291) durch die Mamelucken (Akkon war von 1191 bis 1291 Hauptsitz der Kreuzfahrer) gingen die Templer nach Zypern. Der Orden, der dadurch seiner Aufgabe, gegen die Ungläubigen zu kämpfen, enthoben war, wurde 1305 durch König Philipp IV. (den Schönen) von Frankreich (reg. 1285–1314) der Häresie und Unzucht angeklagt; sämtl. Templer in Frankreich wurden verhaftet, viele von ihnen verbrannt, so auch der letzte Großmeister des Ordens Jacques de Molay (geb. um 1245; verbrannt am 11. 3. 1313 zu Paris). Auf dem 15. allg. Konzil von Vienne (1311–12) wurde der T. durch Papst Clemens V. (1305–14) verurteilt und aufgehoben. Das Vermögen des Ordens in Frankreich zog der König ein, in Deutschland erhielten es die Johanniter, in Portugal der nach Auflösung des T. auf dessen Gütern 1318 gegründete Christusorden.

Nach dem Zweiten Weltkrieg hat der Orden eine bemerkenswerte Neubelebung erfahren, insbes. durch die dt. Observanz mit etwa 20 Prioraten in Europa und in Übersee. Die T. sind heute christl.-überkonfessionell; sie wenden sich gegen das moderne Heidentum. Ei-

ne histor. Kontinuität mit dem Templerorden des MA besteht nicht.
LIT. G. Schnürer, Die ursprüngl. Templer-Regel (1903); H. Finke, Papsttum und Untergang des T. (1907); A. d'Albon, Cartulaire gén. de l'ordre du Temple (1913); M. Dessubré, Bibliographie de l'ordre des Templiers (1928); E. Müller, Das Konzil von Vienne (1934); G. Roman, Le procès des Templiers (Thèse Montpellier 1943); F. Charpentier, L'Ordre des Templiers (1944); ders., Die Templer (1965); K. Schottmüller, Der Untergang des Templer-Ordens, mit urkundl. und krit. Beiträgen, 2 Bde. (1887; Neudr. 1970); F. Charpentier, Macht und Geheimnis der Templer (1978); H. Neu, Bibliographie des T. 1927–65 (1985); H. Sippel, Die T. (1996).

Temporalien (lat. temporalia, das Zeitliche). Der Besitz einer Kirche an Gütern oder die mit einem Kirchenamt verbundenen Einkünfte; früher ebenfalls die weltl. Hoheitsrechte der kath. Kirche, die im alten Dt. Reich durch die Säkularisation untergingen.

Temporaliensperre. Einbehaltung von Staatsleistungen (Staatsdotationen) an eine Kirche, um sie dadurch zum Gehorsam gegenüber Anordnungen des Staates zu zwingen (z. B. während des Kulturkampfs in Preußen durch das Sperrgesetz von 1875).

Tenno (japan., himmlischer Herrscher). Der göttl. Abstammung bezeichnende Titel des japan. Kaisers, der unfehlbar und über jede Kritik erhaben war. Seine absolute Macht wurde im MA durch die Sippen, seit 1192 durch den Shogun beschränkt, am 3. 1. 1868 aber von Meiji-Tenno wiederhergestellt. Auch noch im 20. Jh. regierte der T. autoritär, obwohl es sich seit dem 11. 2. 1889 eine konstitutionelle Verfassung gab. Auf Grund der Verfassung vom 3. 5. 1947 besitzt der T. fast nur noch repräsentative Funktionen. In seiner Neujahrsbotschaft von 1946 hat T. Hirohito (1926–89) auf amerikanischen Druck hin seine Göttlichkeit verneint. Ehrende Bezeichnung, aber keine Titel der japan. Kaiser sind ›Mikado‹ (erlauchtes Tor) oder ›Tenshi‹ (Himmelssohn).

Teocalli (aztekisch, Tempel). Bei den alten Mexikanern eine pyramidenförmige Kultstätte mit Tempelanlage; ihr Mittelpunkt war das Götterbild mit dem Altar. Die Tempelpyramide von Te-

nochtitlan in Mexiko war die gewaltigste Kultstätte im alten Mexiko.

Terminanten, auch **Terminarier** (mlat. terminus, Bezirk). Bez. für die Almosensammler der Bettelorden.

Terminus a quo, terminus post quem. Zeitpunkt, von dem an.

Terminus ante quem. Zeitpunkt, vor dem.

Terramare(n)-Kultur. In Oberitalien (rechts des mittleren Po) eine wichtige Kulturgruppe der Bronzezeit mit runden, halbrunden und viereckigen Hüttengrundrissen, benannt nach ihrer dunklen Kulturschicht (terramare, bittere Erde).

Terra sigillata (lat., gesiegelte bzw. figurenverzierte Erde). Moderner Name für Tonwaren von stark roter Farbe und hohem Glanz. Ihre höchste Blüte erlebte die T. s. in den Werkstätten von Arretium (vasa arretina, arretinische Gefäße); von hier aus breitete sie sich seit dem 1. Jh. n. Chr. aus.
LIT. A. Oxé, Arretin. Reliefgefäße vom Rhein (1933); H. Comfort, in: Pauly-Wissowa, Suppl.-Bd. 7 (1940); H. Dragendorff u. C. Watzinger, Arretin. Reliefkeramik (1948).

Territorialarmee. Eine freiwillige Truppe (Miliz, Landwehr) im älteren Militärwesen (in England seit 1907), die neben den aktiven Streitkräften bestand (oder noch besteht). Die T. ist eine ortsgebundene militär. Organisation zur Unterstützung und Entlastung der aktiven Truppe.

Territorialgewässer. Diejenigen Meeresteile (Binnenmeere, Buchten, Küstengewässer und Flußmündungen), die der Uferstaat als Staatsgebiet beansprucht; ebenfalls Meerengen, soweit sie Teile des offenen Meeres miteinander verbinden und von den Ufern aus gesperrt werden können. Die einzelnen Staaten beanspruchen derartige Gewässer in verschiedener Breite.

Territorialhoheit → Landesherr, Landeshoheit.

Territorialität. Das gebietsstaatl. Prinzip (im Gegensatz zum stammesstaatl. Prinzip); hiernach bestimmen sich die Hoheitsrechte nicht durch den Personenverband (Personalität), sondern durch das Gebiet, d. h., daß der Erwerb eines Staatsgebiets automatisch die Staatsgewalt über die Insassen nach sich zieht und daß die gesamte Staatsgewalt sich auf alle erstreckt, die sich in dem Staatsgebiet aufhalten (quidquid est in territorio, est de territorio), mithin auch auf die Staatsfremden, soweit sie nicht Exterritorialität genießen. Der Übergang zur T. erfolgte im MA im 12./ 13. Jh. Der Staat der NZ wird vom Prinzip der T. beherrscht.

Territorialstaat. In der Antike im Gegensatz zur griech. Polis der hellenist. Staat, soweit es sich bei ihm um speergewonnenes Land handelte. Im MA und während der NZ der landesherrl. Staat (auch dann, wenn die Landeshoheit durch ständ. Rechte eingeschränkt war).

LIT. H. Mitteis, Lehnsrecht und Staatsgewalt (Neudr. 1958); ders., Der Staat des hohen MA (⁷1962); H. Kämpf (Hrsg.), Herrschaft und Staat im MA (1963); D. Willoweit, Rechtsgrundlagen der Territorialgewalt (1975); K. S. Bader, Der dt. Südwesten in seiner territorialstaatl. Entwicklung (²1978); H. Patze (Hrsg.), Der dt. T. im 14. Jh. 2 Bde. (²1985); A. Schindling/W. Ziegler (Hrsg.), Die Territorien des Reichs im Zeitalter der Reformation u. Konfessionalisierung, 7 Teile (1992–97).

Territorialstimme. Im Reichsfürstenstand die an einem Territorium haftende Stimme; sie war von Erbteilungen oder Vereinigungen unabhängig.

Territorialsystem. Die von S. Pufendorf (1632–94) und Ch. Thomasius (1655–1728) begr. und auf die Aufklärung zurückgehende Lehre, die dem Staat die Herrschaft über die Kirche zuweist (im Gegensatz zum Episkopal- und Kollegialsystem).

Territorium (lat.). Gebiet, Staatsgebiet. In der Antike der Landbesitz, im MA Grundherrschaft; Gerichts-, Rechtsgebiet. Bis 1806 im alten Dt. Reich namentlich die Gebiete der Landesherren sowie der Reichsstädte (Territorialherren) im Unterschied zum Reich, das einen unmittelbaren Territorialbesitz nicht mehr innehatte.

In einer Reihe von außereurop. Staaten, so in den USA, wird unterentwickeltes, dünn besiedeltes Gebiet, das daher noch minderberechtigt ist, als T. bezeichnet.

Terror (lat., Schrecken), **Terrorismus.** Schreckensherrschaft, insbes. ein Ausdruck zur Bez. der extremist.-radikalen Phase der Revolution.

[1] Darüber hinaus gilt der T. als extremes Mittel revolutionärer und totalitärer Systeme zur Bekämpfung ihrer Gegner (Staatsterror); er dokumentiert sich vor allem im Polizeiterror. Der militär. T.

dient zur Zerschlagung des Widerstands der feindl. Zivilbevölkerung, u. a. in Form von Luftangriffen (Luftterror) oder durch Geiselerschießungen. In der Gegenwart äußert sich Terror (Terrorismus) in Flugzeug- und Schiffsentführungen, Selbstmordkommandos usw. Terror-Organisationen: IRA, ETA, RAF, Revolutionäre Zellen, Brigate Rosse usw. Es liegt im Wesen des T., daß er Gegenterror erzeugt und dadurch zur gegenseitigen Steigerung der terrorist. Maßnahmen führt. Ein bes. hohes Maß an Grausamkeit erreicht gewöhnlich der gegen Minderheiten (polit., rass., nationale und religiöse) gerichtete T. Die Mittel des T. reichen von Zwangsarbeit über Deportation, Zwangsaustreibung und Mißhandlungen bis hin zur Massenexekution.

[2] Die radikalste Phase der Franz. Revolution, die Periode der blutigen Gewaltherrschaft vom Sturz der Girondisten (2. 6. 1793) bis zum Sturz Robespierres (27. 7. 1794) wird ›**la terreur**‹ genannt.

LIT. D. Schönpflug, Der Weg in die Terreur (2002).

Tertia (lat., mlat. ebenfalls tertiaria, tertius denarius). Von Abgaben oder Einkünften verschiedener Art der dritte Teil; eine im MA gelegentl. beanspruchte Quote.

Tertiarier(-innen), Tertiaren, Terziaren. Die Mitglieder eines Dritten Ordens (lat. tertius ordo). Seit dem 13. Jh. vor allem bei den Franziskanern und Dominikanern.

Tertiogenitur. Die Anwartschaft von Drittgeborenen auf Herrschaftsrechte (→ Sekundogenitur).

Terzeronen (lat.-span.). Mischlinge von Weißen und Mulattinnen oder Mestizinnen in lateinamerikan. Staaten.

Teschener Frieden (13. 5. 1779). Der T. F. bildet den Abschluß der Friedensverhandlungen, die auf Vermittlung Frankreichs und Rußlands zwischen Friedrich II. von Preußen (reg. 1740–86) und Maria Theresia (1740–80) im März 1779 zur Beendigung des Bayer. Erbfolgekrieges eingeleitet worden waren. Die wichtigste Bestimmung des aus 17 Art., einem Separat-Art. und sechs Konventionen bestehenden Friedensvertrags war der Verzicht des pfälz.-bayer. Kurfürsten Karl von Zweibrücken auf das von Donau, Inn und Salzach begrenzte Innviertel. Kaiser Josef II. (reg. 1765/80–90) schloß sich als

Mitherrscher und Nachfolger Maria Theresias den Abmachungen von Teschen an.

LIT. A. Unzer, Der Friede von Teschen (1903); W. Kuhn, Geschichte der Stadt Teschen (1976).

Tessera (lat., Würfel, Parole). In der Antike ein münzähnl. Gegenstand, der als Ausweis, Eintritts- oder Spielmarke diente.

Testakte (engl. test, Probe). Allg. ein vom engl. Parlament beschlossenes Gesetz, das sich gegen Katholiken und Dissidenten richtete; insbes. das 1673 beschlossene (1829 aufgehobene) Gesetz, demzufolge sämtl. Inhaber eines öffentl. Amtes den Suprematseid leisten mußten, außerdem das Abendmahl nach anglikan. Ritus empfangen mußten und der kath. Transsubstantiationslehre abzuschwören hatten.

Testament (lat. testamentum; zu testari, ein Testament machen, bezeugen; mlat. Besitzübertragungs-, Freilassungsurkunde).

[1] Die letztwillige Verfügung, das einseitige Rechtsgeschäft von Todes wegen (Erbeneinsetzung, Enterbung, Vermächtnisse). Der Form nach wird unterschieden zw. a) öffentl. beurkundeten T.; b) eigenhändigen T.; c) mündl. (Not-)T.; letztere sind nur unter außergewöhnl. Umständen zulässig.

[2] →Politisches T.

LIT. H. Schuster, T. und Erbvertrag (1930); A. Schreiber, L'exécution testamentaire en droit suisse (Lausanne 1940); L. Enneccerus, Th. Kipp u. H. Coing, Lehrbuch des Bürgerl. Rechts ([10]1955).

Testierfreiheit. Das Recht, durch ein Testament über ein Vermögen nach freiem Ermessen zu verfügen.

Testone (franz. Teston, engl. Testoon). Eine seit dem 15. Jh. in Italien gebräuchl. Silbermünze; sie wurde in einer Reihe von Ländern zum Münzvorbild, u. a. in Westdeutschland sowie in der Schweiz (→Dicken).

Tetragrammaton (griech., vierbuchstabig). Bez. für den in vier Buchstaben geschriebenen Namen Gottes: IHWH (das Jahwe des AT; hebräisch). Das T. kommt auch in anderen Sprachen vor und wurde bzw. wird häufig als abergläubisches Schutzzeichen verwandt.

Tetraktys (griech.). Vierheit. Inbegriff der vier ersten Zahlen; ihre Summe ergibt die Heilige Zahl 10.

Tetramorph (griech. Viergestalt). Die Darstellung eines Wesens mit vier Köpfen. Nach Hesekiel 1, 5 ff., Apok. 4, 6 ff. die Verbindung der vier Evangelistensymbole: Engel (Matthäus), Löwe (Markus), Stier (Lukas), Adler (Johannes). Der T. ist vermutl. syrischen Ursprungs.

Tetrapolis. Eine aus vier Orten bestehende Stadt bzw. ein Vierstädtebund, z. B. in der Antike im hellenist. Syrien der aus den Städten Antiochia, Seleukeia, Apameia und Laodikeia bestehende Städtebund; in der NZ der aus den Reichsstädten Straßburg, Memmingen, Lindau und Konstanz auf dem Augsburger Reichstag (1530) gebildete Städtebund.

Tetrarch (griech., Vierfürst). Der Fürst einer Tetrarchie, d. h. die Regentschaft über den als Tetrarchie (Vierfürstentum) bez. Gau oder Bezirk eines Landes. Nach dem Tod von Herodes d. Gr. im Jahre 4 v. Chr. z. B. wurde dessen Reich von Augustus (reg. 31 v. bis 14 n. Chr.) in Tetrarchien aufgeteilt (bis 39 n. Chr.).

Teuerdank, Theuerdank, Tewrdank (der auf Hohes, Kostbares denkt). Ein allegor. Gedicht, in dem über die Brautfahrt T., d. h. Maximilians I. (reg. 1493–1519), zu Maria von Burgund (Ehrenreich) berichtet wird. T. wird während seiner Fahrt in eine Reihe von Abenteuern verwickelt, die er aber glücklich und mutig besteht. Während der Stoff und die Anlage zu dem Gedicht von Maximilian stammen, besorgten seine Ausführung Marx Treizsaurwein und Melchior Pfinzing; letzterer regelte vor allem den Versbau. Die von H. Schäufelein in Nürnberg 1517 besorgte und mit Holzschnitten ausgestattete Erstausgabe ist das erste bibliophile dt. Buch (Neuausgabe von K. Goedecke, 1878; Faksimile in: Jahrb. der kunsthistor. Sammlung des Kaiserhauses, 8, 1888).

LIT. C. Biener, in: Zs. für dt. Altertum, 67 (1930).

Textkritik. Die Prüfung der schriftl. Überlieferung eines Werkes mit dem Ziel, seine ursprüngl. Fassung wiederherzustellen, falls die eigene Niederschrift des Verfassers nicht mehr vorhanden ist; dies gilt insbes. bei Schriftwerken der Antike und des MA. Zunächst werden die Handschriften gesammelt und dann auf ihr Alter, ihre Herkunft sowie ihre Zuverlässigkeit geprüft (recensio). Daraufhin wird ver-

sucht, den Text, der fehlerhaft überliefert wurde, durch Vermutung zu korrigieren (emendatio). Der T. wird durch die neuzeitl. Lit. die Aufgabe gestellt, die Text-Vorgeschichte zu ermitteln, wo handschriftl. Entwürfe erhalten geblieben sind, evtl. Veränderungen des Wortlauts im Anschluß an den Erstdruck festzustellen sowie krit. Ausgaben zu besorgen.
LIT. O. Stählin, Editionstechnik ([2]1914); E. Kantorowicz, Einführung in die T. (1921); G. Witkowski, T. und Editionstechnik neuerer Schriftwerke (1924); J. Kirchner, Germanist. Handschriftenpraxis (1951); J. Friedrich, Entzifferung verschollener Schriften und Sprachen (1954); P. Maas, T. ([4]1960); H. W. Seifert, Studien zu Kritik und Edition dt. Texte (1961).

Than (angelsächs.-germ. thegn, engl. thane, dt. Degen). Im angelsächs. England Bez. für einen Gefolgsmann, dann den Angehörigen des königl. Dienstadels, der mindestens 5 Hufen Land besaß. Ein beträchtl. Teil des königl. Einflusses beruhte auf der Stellung des T. Außer den ›Königsdegen‹ gab es (in Abstufungen) ›Degen‹ der Aristokratie. Nach der normann. Eroberung (1066) verschwand die Bez. T. zugunsten des ›Knight‹, d. h. im Zusammenhang mit dem Vordringen des normann. Feudalsystems.
In Schottland war der T. bis ins 15. Jh. Lehnsträger der Krone.

Theatiner, Teatiner, Ordo Clericorum Regularium (lat. Orden der Regularkleriker), Abk. CR. Kath. Orden, der 1524 von Cajetan von Tiene (1480–1547) und G. Carafa, Bischof von Chieti (dem späteren Papst Paul IV., 1555–59) in Rom gegr. wurde. Nach Cajetan wurde der Orden auch Cajetaner genannt. Von Carafa leitet sich der Name Chietiner, von Teate, dem lat. Namen der Stadt Chieti, der Ordensbez. Theatiner her. Der Orden machte sich um die frühe kirchl. Reform verdient. Im 11. Jh. Niederlassungen in München, Prag, Salzburg, Wien.
Im Jahre 1583 wurde von Ursula Benincasa (1547–1618) der Orden der Theatinerinnen gegründet.

Theatrum Europaeum (lat.). Ein 21 Bände umfassendes dt. Sammelwerk zur Zeitgeschichte von 1618–1718, das von 1633–1738 in Frankfurt/M. erschien. Begonnen wurde es von dem Historiker J. Ph. Abelin (1600–34). Die Beliebtheit des Werkes liegt in den Kupferstichen von Merian begründet.

Theatrum mundi (lat., Schauplatz der Welt).
[1] Im 17. und 18. Jh. Titel von Weltgeschichten.
[2] Bez. für ein panoramaartiges mechan. Theater, dessen Figuren man auf Laufschienen bewegte.

Thebais.
[1] Eine in Oberägypten gelegene antike Landschaft (nach der Hauptstadt Theben genannt). Seit dem 2. Jh. n. Chr. christl., war die T. die Heimat zahlreicher Märtyrer; sie ist außerdem die Wiege des Mönchtums.
[2] Altgriech. Epos, das die theban. Sagen erzählt.

Thebäische Legion. Eine Abteilung christl. Soldaten des röm. Heeres, die aus der ägypt. Landschaft Thebais stammte. Auf Befehl Kaiser Maximinians (reg. 286–305) wurde die Truppe mit ihrem Anführer Mauritius bei Agaunum (St. Maurice im Wallis) ihres Glaubens wegen (sie weigerte sich, bei der Verfolgung von Christen eingesetzt zu werden) zw. 286 und 300 n. Chr. getötet. Über den Thebäergräbern wurde bereits von 400 an eine Basilika gebaut; später die Abtei Saint-Maurice (517 gegr.). Fest: 22. September.
Der histor. Kern der Legende ist umstritten.

Theismus (von griech. theos, Gott). Die religiöse oder philosoph. Lehre, daß (im Gegensatz zum Atheismus) ein höchstes, überweltl., persönl. Wesen, durch welches die Welt erschaffen wurde, erhalten und regiert wird, wesenhaft und ewig existiert.
LIT. Lippert, Gott ([10]1936); W. Schmidt, Der Ursprung der Gottesidee. 12 Bde. (1912–52); M. Repp, Die Transzendierung des Theismus in der Religionsphilosophie Paul Tillichs (1986).

Thema (griech., das Aufgestellte). Ein militär. organisierter Verwaltungsbezirk des Byzantinischen Reiches. Seit Beginn des 7. Jh. vollzog sich im Byzantin. Reich eine Neuorganisation, die im 8. Jh. vollendet wurde. Im Rahmen dieser Neuorganisation wurden der Teilung zw. Militär- und Zivilgewalt schrittweise abgebaut und die Kommandobezirke (Themata) zugleich Verwaltungseinheiten, die Divisionsgeneräle zugleich Provinzstatthalter (Themenverfassung). Die Themenmiliz erhielt vererbl. Soldatengüter zur Siedlung. Den Anfang der Reform machte Kaiser Heraklios (reg. 610–41).

Theodizee (griech., Rechtfertigung Gottes). Die bereits seit Hiob und Epikur (342/41–271/70 v. Chr.) immer wieder gestellte Frage, wie das »Böse« (physisches und moralisches Übel) in der Welt mit der Allmacht, Allweisheit und Allgüte Gottes in Einklang gebracht werden könne. T. wurde als philosoph.-theolog. Begriff von G. W. Leibniz (1646–1716) gebildet. In seiner Schrift ›T.‹ (Amsterdam 1710) versuchte er angesichts des Bösen in der Welt nachzuweisen, daß die uns bekannte Schöpfung die denkbar beste sei. I. Kant (1724–1804) und andere Philosophen kritisierten Leibniz' Auffassung scharf; ebenso die christl. Theologie, die den Leibnizschen Optimismus ablehnt und im Übel der Welt eine Konsequenz der (Erb-)Sünde sieht.

T. bedeutete später ebenfalls natürl. Theologie und umfaßt damit (wie bereits bei Ch. Wolff, 1679–1754) die gesamte philosoph. Gotteslehre der natürl. Vernunft (Existenz und Eigenschaften Gottes, Schöpfung), insbes. in der Neuscholastik.

LIT. G. W. Leibniz, Essais de Théodizée (1710); Ch. Wolff, Theologia naturalis. 2 Bde. (1736–37); I. Kant, Das Mißlingen aller theolog. Versuche in der T. (1791); Th. Haecker, Schöpfer und Schöpfung (1934); F. Billicsich, Das Problem der T. im philosoph. Denken des Abendlandes, 1 ([2]1954), 2 (1952); G. Kattkov, Untersuchungen zur Werttheorie und T. (Brünn 1937).

Theokratie (griech., Gottesherrschaft). Eine Form des Gemeinschaftslebens, in der sowohl der polit. als auch der soziale Bereich vom Religiösen her bestimmt ist. Zumindest an der Spitze wird die Staatsgewalt von Angehörigen des Priesterstandes ausgeübt. Beispiele einer T. sind die sumerischen Stadtstaaten, das nachexilische Judentum (nach 548 v. Chr.) und der tibetische Lamaismus. Die Bez. T. wird ebenfalls für das Karolingerreich und die Kreuzfahrerstaaten gebraucht.

Theophanie (griech., Gotteserscheinung), auch **Epiphanie**. Die Erscheinung eines Gottes als dessen Selbstoffenbarung. Die Form der T. ist von den betreffenden religiösen Vorstellungen abhängig. So erscheint in den älteren T. des A.T. Jahwe selbst, in den späteren hingegen sein Engel, sein Geist oder sein Wort. Bei den Griechen war Epiphanie die Bez. für die Erscheinung eines Gottes unter den Menschen, welche man durch Feste feierte. In der christl. Kirche ist der 6. Januar seit Anfang des 4. Jh. als Epiphanie fest nachweisbar.

Theorie (von griech. theorein, schauen).

[1] Eine Festgesandtschaft der griech. Stadtstaaten, die zu den panhellen. Heiligtümern und Festen, ebenfalls zu den Festen anderer Städte entsandt wurde. Die einzelnen Gesandten hießen Theoren.

[2] Die von Aristoteles (384–322 v. Chr.) begründete Anschauung von der Fähigkeit der Vernunft zur unmittelbaren Erfassung derjenigen höchsten Begriffe und Urteile, zu denen das induktive Forschen hinführt. Für den antiken Philosophen lag in der T. die höchste Lebensform und Tätigkeit. Im MA wurde die T. zur Kontemplation und Spekulation, d. h. zur betrachtenden Versenkung in das Göttliche.

[3] In der NZ wird unter T. die umfassende wissenschaftl. Erklärung eines Gegenstandes (nicht praktisch, sondern lehrmäßig) verstanden.

LIT. I. Kant, Über den Gemeinspruch: Das mag in der T. richtig sein, taugt aber nicht für die Praxis (1794; hrsg. von J. Ebbinghaus, 1946); H. Vaihinger, Philosophie des Als-Ob ([10]1927); H. Poincaré, Wissenschaft und Hypothese ([3]1928).

Theorikon (griech., Schaugeld). Von etwa 450–317 v. Chr. in Athen das Schaugeld bzw. Tagegelder (2 Obolen), wodurch den ärmeren Bürgern der Besuch der staatl. Theateraufführungen ermöglicht wurde. Das T. wurde später in eine allg. gezahlte Zulage umgewandelt. Im 4. Jh. v. Chr. hatte die mit der Verwaltung des T. beauftragte Behörde zeitweilig die Oberaufsicht über das gesamte Finanzwesen.

Thermen (griech.-lat., Mz.). Warme Quellen; während des röm. At. die öffentl. Bäder. Bis ins 1. Jh. n. Chr. sachlich gehalten, wurden sie im weiteren Verlauf der Kaiserzeit zu riesigen überwölbten Raumgruppen vor allem in Rom entwickelt (T. des Titus, 79–81 n. Chr.; Trajan, 98–117 n. Chr.; Caracalla, 211–17 n. Chr. u.a.). Die T. gehörten in den antiken Städten zu den umfangreichsten und prächtigsten Bauten. Ihre Anlagen, symmetrisch und axial gegliedert, vermochten selbst noch als Ruinen nachhaltig auf die abendländ. Architektur zu wirken.

Die Badeanlage, die aus einem Schwimmbecken, einem Kaltwasserbad, einem Luftbad (auf lauwarmer Temperatur gehalten), einem Schwitzbad und einem Heißwasserbad bestand, war Mittelpunkt sämtlicher T. Außerdem gab es Arzt- und Masseur-Räume sowie Hallen und Plätze für sportl. Betätigung. In den großen T. der Stadt Rom waren diesen Bibliotheken, Museen, Unterhaltungsräume und Läden aller Art angegliedert. Seit Kaiser Hadrian (reg. 117–38 n. Chr.) wurde getrenntes Baden für Männer und Frauen zur Vorschrift.

Die Thermen, die während der Kaiserzeit zu den gesellschaftl. und kulturellen Mittelpunkten sämtl. Volksschichten gehörten, schlossen bei Sonnenuntergang.

LIT. W. Technau, Die Kunst der Römer. 2 Bde. (1940); J. Carcopino, So lebten die Römer während des Kaiserreichs (^{2}1959); E. Brödner, Untersuchungen an den Caracalla-T. (1951).

Thermopylen (griech. thermopylai, warme Tore). Engpaß zw. dem Ötagebirge und dem Golf von Lamia. Während der Antike stellten die T. den wichtigsten Zugang nach Mittelgriechenland von Nordgriechenland her dar. Ihre außerordentl. militär. Bedeutung rührte daher, daß dieses Einfallstor nach Griechenland leicht zu sperren war.

König Leonidas von Sparta verteidigte die T. 480 v. Chr. gegen die Perser unter Xerxes (reg. 486–65 v. Chr.). Durch den Verrat des Ephialtes konnten die Perser die T. umgehen; Leonidas kämpfte mit 300 Spartiaten bis zum Untergang. Eine Sperrung der T. gegen die eindringenden Kelten (279 v. Chr.) und gegen die Römer (191 v. Chr.) gelang nicht.

LIT. J. Kromayer u. G. Veith, Schlachtenatlas zur antiken Kriegsgeschichte, 1 (1926); E. Kirsten u. W. Kraiker, Griechenlandkunde (^{2}1956).

Thesaurus (griech., lat., Schatz). Bez. für ein umfassendes Wörterbuch einer Sprache mit Erklärung, Redewendungen, Belegstellen. Z. B. Thesaurus linguae latinae (1900ff.).

These (griech. thesis). Setzung, Satz, Behauptung, die wissenschaftl. oder weltanschaul. Grundformel (u. a. die 95

T. Luthers vom 31. 10. 1517 an der Schloßkirche zu Wittenberg).

Thesmophorien. Ein von Frauen gefeiertes altgriechisches Fest der Demeter, das aus Anlaß der Aussaat im Herbst begangen wurde.

Thesmoteten (griech.). Seit dem 7. Jh. v. Chr. in Athen die letzten sechs der neun Archonten. Sie nahmen die Verwaltungsgerichtsbarkeit zunächst kollegial, später als Vorsitzende von Geschworenengerichten wahr.

Theten (griech. thetes, Ez. thes). Die freien Lohnarbeiter, Handwerker und Händler im alten Griechenland. Seit dem 6. Jh. v. Chr. die Angehörigen der untersten Steuerklasse der Bürgerschaft, ohne Grundbesitz und nicht als Hopliten dienend; sie erhielten im 6. Jh. v. Chr. Zutritt zu den Ämtern.

Theurgie (griech., göttliches Werk). Die Kunst der Chaldäer und Neuplatoniker, durch Magie Götter und Geister zu beschwören und sie sich dienstbar zu machen.

Thing →Ding.

Thomismus. Das philosoph.-theolog. System des kath. Kirchenlehrers und bedeutendsten Scholastikers des MA (Doctor angelicus, communis), Thomas von Aquin (1225/27–74), sowie der sich ihm anschließenden theolog. Schule. Der T. erlebte im 16. Jh. eine Erneuerung. Am wirksamsten war die Thomistenschule von Salamanca; sie zählte zu ihren Meistern sowohl Dominikaner als auch Karmeliter. Die ersten Jesuiten gingen gleichfalls aus der Schule von Salamanca hervor; sie entschieden sich für einen, jedoch freieren Anschluß an Thomas von Aquin. In der Gnadenlehre (Mitwirkung Gottes am Akt des freien Willens) trat der T. in Gegensatz zum Molinismus des span. Jesuiten L. de Molina (1535–1600), begründet mit seinem Werk ›Liberi arbitrii cum gratiae donis . . . Concordia‹ (1588); er erregte bei einer Reihe von Dominikanern Widerspruch. Mit Berufung auf Thomas wurde dem Molinismus ein anderes System entgegengesetzt, das die Wirksamkeit der Gnade durch die »physische Vorausbestimmung des geschöpfl. Willens« erklärt. Es wird wohl auch als T. bez., jedoch in einem bes., und zwar dem Molinismus entgegengesetzten Sinn. Auf eine Epoche des Niedergangs im 18. Jh. folgte eine Wiedererstarkung des T. seit der Mitte des 19. Jh.; sie hatte ihre Ursache

insbes. in der Förderung seitens der Päpste (→Neuscholastik).
LIT. A. Bačič, Ex primordiis scholae thomisticae. In: Angelicum, 4–5 (Rom 1927/28); M. Grabmann, Mittelalterl. Geistesleben, 1 (1926), 2 (1936); zum System vgl. G. M. Manser, Das Wesen des T. (³1949); J. Gredt, Elementa philosophiae aristotelico-thomisticae. 2 Bde. (⁸1946); zur Bibliographie vgl. P. Wyser, Der T. (1951); J. Pieper, Scholastik. Gestalten und Probleme der ma. Philosophie (1978); ders., Thomas von Aquin (1981).

Thora, Tora (hebr., Weisung, Gesetz). Die Sammlung der 5 Bücher Mose; sie enthält Erzählungsstoffe und Gesetze.

Threnos (griech.) oder **Threnodie.** Im alten Griechenland ein Trauer- oder Klagelied; es wurde bei der Aufbahrung und dem Leichenbegängnis gesungen.

Thron (griech.). Zunächst ein mit Rücken- und Armlehnen versehener kunstvoller Stuhl; er war sowohl ein religiöses (Sitz der Gottheit) als auch weltl. (Sitz des Königs, Kaisers) Herrschaftssymbol; ebenfalls der Sitz des geistl. Oberhauptes (Papstes, Bischofs etc.).
Der thronos Homers war ein mit hoher Rückenwand und Armlehnen ausgestatteter Stuhl. Der kurul. Stuhl (sella curulis) war das Vorbild für den Herrschersitz des röm. Kaisers. Die weltl. Form des T. (Königsstuhl im Aachener Münster) entwickelte sich im MA, wie die des päpstl. und bischöfl. T., nach den von der Antike her bekannten Sitzmöbeln. Meist wurde der T. in einem Thronsaal erhöht errichtet, häufig von einem Baldachin überwölbt (Thronhimmel). Der Sitz des Herrschers erscheint im Orient nicht selten in Diwanform. Sprachlich gilt der Begriff T. als Symbol für die Herrscherwürde; hierher Thronfolge, Thronprätendenten etc.
LIT. P. E. Schramm, Herrschaftszeichen und Staatssymbolik. 3 Bde. (1954–56); ders., Kaiser, Rom und Renovatio (²1957); K. Bund, Thronsturz und Herrscherabsetzung im FrühMA (1979); W. Dotzauer, Die Ausformung der frühneuzeitl. dt. Thronerhebung. In: AKG, 68. Bd. (1986), 25–80.

Thronfall. →Heimfall an den König; →Lehen, Lehnswesen.

Thronfolge, Sukzession. In der Monarchie die Nachfolge; sie vollzieht sich in der Erbmonarchie nach dem Hausgesetz des regierenden Geschlechts, wobei das Recht auf T. durch Geburt erworben wird. In Dtl. war das öffentl.-rechtl. Thronfolgerecht in den Verfassungsurkunden der Einzelstaaten enthalten; es bestimmte den Kreis von Personen, an die die Krone überhaupt fallen konnte. Die Abstammung vom ersten Erwerber (primus acquirens) der Landeshoheit aus ebenbürtiger Ehe gehörte zur Folgefähigkeit. Im Dt. Reich war die T. agnatisch (→Agnaten) im dt.-rechtl. Sinne unter Vorzug des Mannesstammes. Im Geltungsbereich des Salischen Gesetzes war allein der Mannesstamm folgeberechtigt (z. B. in Preußen). In einer Reihe anderer Staaten, so in Österreich und Bayern, trat eine kognat. T. beim Aussterben des Mannesstammes ein, die für die Niederlande, Luxemburg, Dänemark und teilweise Großbritannien noch heute maßgebend ist. In Dtl. war die Thronfolgeordnung die Primogenitur. Wenn ein folgeberechtigtes Familienmitglied nicht vorhanden war (außerordentliche T.), konnte für den Fall der Aussterbens eines Hauses ein gegenseitiges Thronfolgerecht festgelegt werden, und zwar durch Erbverbrüderungen zw. den Fürstenhäusern. Geschah dies nicht, dann konnte der letzte Throninhaber durch ein neues Verfassungsgesetz Vorsorge für die T. treffen.
LIT. H. Schulze, Die Hausgesetze der regierenden dt. Fürstenhäuser. 3 Bde. (1862–83); ders., Das dt. Fürstenrecht (1890); H. Rehm, Modernes Fürstenrecht (1904); H. Mitteis, Die dt. Königswahl, ihre Rechtsgrundlage bis zur Goldenen Bulle (²1944); F. Kern, Kingship and Law (Oxford ²1948).

Thronlehen. Die (fürstl.) Lehen, deren Verleihung (seit dem 16. Jh.) durch den Kaiser persönl. vorgenommen wurde.

Thronrede. Die in einer konstitutionellen Monarchie anläßl. der Eröffnung der Parlamentssitzungen durch den Monarchen oder seinen Stellvertreter gehaltene (verlesene) Rede; sie enthält die Grundsätze des Regierungsprogramms der neuen Regierung.

Thron und Altar. Ein (um 1775) aus dem Französischen stammendes Schlagwort, um die überkommene Einheit von Kirche und Staat (der Monarchien) zu kennzeichnen. Im 19. Jh. galt T. u. A. als Kernbegriff einer Staatsanschauung, die christlich-konservativ orientiert war.

LIT. H. Raab, Kirche und Staat (dtv-Dokumente, Nr. 238/39, 1966).

Thug, Thag (Hindi, tag, Räuber). Eine seit dem 12. Jh. bekannte indische Raubmörderkaste. Sie verehrte die blutrünstige Göttin Kali. Um 1835 wurde die Kaste ausgerottet.

Tiahuanaco. Eine aus vor-inkaischer Zeit stammende Ruinenstätte südl. vom Titicacasee in Bolivien. Hier befinden sich u.a. monolith. Portale und Steinpfeiler mit Gesichtsmasken. Es handelt sich hierbei um megalith. Bauten sowie Denkmäler der Tiahuanacokultur (rd. 500–1000 n. Chr.).

LIT. A. Stübel u. M. Uhle, Die Ruinenstätte von T. (1892); H. D. Disselhoff, Geschichte der altamerikan. Kulturen (1953).

Tiara (griech.-lat.).
[1] Bez. für die oriental., aus Filz gefertigte, auffallige Kopfbedeckung, und zwar sowohl für die der achämenid. Perser und des pers. Großkönigs bei feierl. Anlässen als auch die phryg. Mütze. Hohe, zylinderförmige Kappen als Kopfbedeckung des Königs sind von Darstellungen in Persepolis her bekannt.
[2] T. Triregnum (lat., dreifache Krone). Die vom Papst bei feierl. Anlässen getragene außerliturgische Kopfbedeckung.
Zuerst erscheint die T. als spitze Mütze, die aus weißem Zeug oder Flechtwerk hergestellt wurde; seit dem 12. Jh. war sie mit einem goldenen Kronreif geschmückt; dazu trat unter Papst Bonifaz VIII. (1294–1303) ein zweiter, seit Anfang des 14. Jh. ein dritter Kronreif, die Symbole des päpstl. Priester-, Hirten- und Lehramts.

LIT. Zu [1] A. T. Ohnstead, History of the Persian Empire (Cambridge 1949). Zu [2] E. Eichmann, Weihe und Krönung des Papstes im MA (1951); P. E. Schramm, Herrschaftszeichen und Staatssymbolik. 3 Bde. (1954–56).

T'ien-tse (chin., Sohn des Himmels). Bez. für den Kaiser von China.

Tierkämpfe. Bereits im myken. Griechenland als Volksschauspiele nachgewiesen, und zwar gab es Kämpfe zw. Menschen und Tieren (seit 186 v. Chr. in Rom, insbes. in der Kaiserzeit entwickelt) sowie der Tiere untereinander (Hahnen- und Wachtelkämpfe); bei den Germanen gab es Hengstkämpfe. In Indien kennt man noch heute Elefantenkämpfe, auf Java Hahnenkämpfe, in

Südostasien Fischkämpfe, in China Grillenkämpfe etc.

Tierkult (Zoolatrie). Die religiöse Verehrung von Tieren durch Gebete, Opfer, Tanz sowie die feierl. Bestattung. Die den einzelnen Tieren zugeschriebenen Eigenschaften waren grundlegend für den T.: Löwe (Stärke), Schlange (Schlauheit), Stier (Zeugungskraft); Kuh (Labungsspenderin) etc.; außerdem ihr Wert als Jagdbeute, Nahrungs- und Kleidungsspender. (Heilige) Tiere, die noch heute verehrt werden, sind Kuh und Affe in Indien.

Tilsiter Friede. Er beendete den preuß.-franz. Krieg von 1806/07, in dem Preußen völlig geschlagen worden war, obwohl es Rußlands Unterstützung hatte. Nach Begegnungen zw. Kaiser Napoleon und der Königin Luise von Preußen wurde am 7. 7. 1807 der Friede zw. Frankreich und Rußland und am 9. 7. 1807 zw. Frankreich und Preußen geschlossen. Preußen wurde auf die Gebiete östl. der Elbe beschränkt.

Timar (pers., Pflege). Z.Z. der osman. Türkei ein Militärlehen, das, je nach Gegend und Einstufung, 2000–6000 →Asper pro Jahr einbrachte. Der Inhaber eines T. (T. Sahibi, Timariot) war verpflichtet, persönl. Kriegsdienst zu leisten. Lehen, die einen Ertrag von 30000 Asper pro Jahr abwarfen, hießen Si'amet; sie verpflichteten außer zum persönl. Kriegsdienst zur Stellung bewaffneter Reiter.

LIT. S. Ömer, Beiträge zur Geschichte des alten türk. Grundstücksrechts (Diss. Fribourg 1935).

Timokratie (griech., von timé, Ehre, Steuerschätzung). Die Herrschaft der Besitzenden, eine auf Vermögensklassen oder dem Einkommen aufbauende Staatsform. Die T. stellt eine Sonderform der Aristokratie dar. Verwirklicht wurde sie zum erstenmal in der Verfassung des Solon in Athen (594 v. Chr.).

Tipheuke. Ein glatter oder stark gefalteter Mantel ohne Ärmel in der niederelt und niederdt. Frauentracht des 16. Jh.; er wurde über den Kopf gezogen; oben lief er meist in einem gewölbten Schild aus, der verschieden geformt war.

Tirailleurs (franz.). Veraltete Bez. für die in geöffneter Ordnung (Schützenlinie, -kette) kämpfenden Schützen.

Tironische Noten →Noten, Tironische.

Tischgesellschaft; Christlich-deutsche

Tischgesellschaft. Von Achim von Arnim 1810 in Berlin gegründeter romantischer Zirkel, dem u. a. Chamisso, Brentano, Kleist, Adam Müller angehörten.

Titel (lat. titulus, Inschrift; Anschlag; Titel). Allg. die Bez. des Standes, die Anredeform. In der kath. Kirche die dauernde Bestallung auf ein Benefizium oder eine Kirche.

Titelkirchen. Die Kirchen der röm. Kardinalpriester. Die T. sind gleichzeitig die ältesten Kirchen Roms.

Titularbischof, Titularerzbischof. Der auf ein erloschenes Bistum bzw. Erzbistum geweihte Bischof bzw. Erzbischof; über das entsprechende (Erz-)Bistum besitzt er keine Jurisdiktion. Die Mehrzahl der T. übt die Funktion eines Apostol. Nuntius, eines Delegaten, eines Vikars oder eines Weihbischofs aus.

Titularreichsfürst. Seit 1653 ein Reichsfürst ohne reichsunmittelbares Territorium; der T. gehörte nicht dem Reichsfürstenrat an.

Titulatur. Die Anredeform mit dem Titel. Die T. ist in einer Monarchie oder einer ständisch gegliederten Gesellschaft reichhaltiger als in einer Republik oder in einer demokrat. Sozialstruktur.
In Frankreich schaffte die Revolution von 1789 alle Titel ab (bis zum Kaisertum Napoleons, 1804–14/15); einzige Anrede war ›Bürger‹. Zu einer ähnl. Umwälzung kam es in Rußland im Zusammenhang mit der Revolution von 1917/18 (Anrede ›Genosse‹). Nach 1918 fielen in den dt. Ländern, vor allem aber in Österreich, die durch Geblüt erworbenen Titel fort. Es blieben nur noch die akadem. Titel bestehen; außerdem die im diplomat. Verkehr üblichen (auf Grund internationalen Brauchs).

Tituskopf. Während der Directoire- (um 1795–99) und Empirezeit (1800–20) die weibl. Haartracht: kurz geschnittener, wirrer Lockenkopf nach einer Büste des röm. Kaisers Titus (reg. 79–81 n. Chr.).

Todesweihe → Devotion.

Tokens (engl. token money, Ersatz-, Notgeld). Kupfer- oder Messingmünzen. Wegen Mangel an Kleingeld wurden sie vom 15. bis ins 19. Jh. durch Gewerbetreibende in England angefertigt und in Umlauf gebracht.

Toleranz, Toleranzidee (von lat. tolerare, aushalten, ertragen). Die Duldung gegenüber Andersdenkenden in weltanschaul. und polit., vor allem aber in religiöser Hinsicht.
Die T. wurde seit dem Aufklärungszeitalter als eine soziale Tugend aus der Achtung vor dem Recht des Gewissens abgeleitet. Vorläufer hatte sie insbes. im niederländ. Humanismus und bei John Milton (1608–74). Grundlegend für die T. war die Erfahrung, daß der zum Irrtum neigende Mensch mit seinen ebenso fehlbaren Mitmenschen zusammenleben muß. Die Sicherung der T. wurde dem Staat als Pflicht auferlegt. Die Toleranzidee konnte sich nur allmählich durchsetzen. Sie fand ihre Verankerung in den Grund- und Menschenrechten. Vorgeschrieben ist die T. in der ›Erklärung der Menschenrechte‹ der Vereinten Nationen von 1948.
LIT. J. Locke, Vier Briefe über T. (1689–92); D. Lerch, Das Problem der T. in theolog. Sicht (1948); G. Mensching, T. und Wahrheit in der Religion (1955); A. Hartmann, T. und christl. Glaube (1955); J. Lecler, Histoire de la Tolérance au siècle de la Réforme. 2 Bde. (1955; dt. 1965); T. und die menschl. Gesellschaft (1956); G. Güldner, Das Toleranzproblem in den Niederlanden ... (1968); L. Binder, T. in Siebenbürgen (1975); A. P. Luttenberger, Glaubenseinheit und Reichsfriede. Konzeptionen und Wege konfessionsneutraler Reichspolitik 1530–1552 (1982); La Tolérance civile. Actes du Colloque de Mons, publiés par R. Crahay (1982); I. W. Frank (Hrsg.), T. am Mittelrhein (1984); Volker Roeser, Politik und religiöse T. vor dem ersten Hugenottenkrieg in Frankreich (1985); Joseph Karniel, Die Toleranzpolitik Kaiser Josephs II. (1985); J. Wahley, Religious Toleration and Social Change in Hamburg 1529–1819 (1985); A. Patschorsky/H. Zimmermann (Hrsg.), T. im MA (1998).

Toleranzakte. In England ein im Jahre 1689 erlassenes Gesetz, das die Duldung der der anglikan. Staatskirche nicht Angehörigen (→ Dissenters) aussprach, soweit sie dem engl. König Treue gelobten und die päpstl. Gewalt ableugneten. Die T. bezog sich nicht auf Katholiken sowie Leugner Gottes und der Dreifaltigkeit.

Toleranzedikt.
[1] Das T. von Mailand (Mailänder Religionsedikt), eine 313 n. Chr. von den röm. Kaisern Konstantin d. Gr. (reg.

306–37) und Licinius erlassene Konstitution, wonach den Christen die gleiche gottesdienstl. Freiheit wie allen übrigen Kulten eingeräumt sowie das Kirchenvermögen der Christen zurückgegeben wurde. Die Bez. T. ist ungenau, da es sich staatsrechtl. hierbei nicht um ein Edikt, sondern um eine Abgrenzung der Einflußsphären und die Proklamierung einer allg. Religionsfreiheit handelte. [2] Das 1598 zugunsten der Hugenotten erlassene Edikt von Nantes (1685 durch König Ludwig XIV. [reg. 1661–1715] aufgehoben). →Hugenotten, →Hugenottenkriege.

Toleranzgeld. Eine Sondersteuer, die durch Juden zu entrichten war, und zwar als Entgelt für den Schutz, der ihnen vom Herrscher gewährt wurde. So zahlten z. B. die Juden Ungarns im Jahre 1811 ein T. von 1,6 Mill. Gulden. Das T. trat an die Stelle des alten Judenschutzgeldes (→Schutzjuden).

Toleranzpatent. 1781 durch Kaiser Joseph II. (reg. 1765/80–90) erlassen. Es gewährte den Protestanten und Griechisch-Orthodoxen freie Religionsausübung. 1782 wurde ein T. zugunsten der Juden erlassen (→Josephinismus). LIT. P. F. Barton (Hrsg.), Im Zeichen der Toleranz. Aufsätze zur Toleranzgesetzgebung des 18. Jh. in den Reichen Joseph (!) II., ihren Voraussetzungen und ihren Folgen (1981); P. F. Barton (Hrsg.), Im Lichte der Toleranz. Aufsätze zur Toleranzgesetzgebung des 18. Jh. in den Reichen Joseph (!) II., ihren Voraussetzungen und Folgen (1981).

Tonsur (lat., Abscherung). Die seit dem 4. Jh. n. Chr. im Mönchtum und im Klerus übliche Rasur des Haupthaares und die dadurch entstehende kahle Stelle. Die erste T. ist ein symbol. Rechtsakt; sie kann nur durch einen zur Weihe Berechtigten vorgenommen werden. Zweck der ersten T. ist, einen Laien in den Klerus aufzunehmen und einen Weltkleriker einer Diözese zuzuschreiben. Obwohl die T. ständig getragen werden soll, ist sie doch (gewohnheitsrechtl.) vielfach abgeschafft. Zunächst im morgenländ. Mönchtum als Zeichen der Demut und der Buße aufgekommen, wurde sie seit dem 5. Jh. auch durch den Weltklerus übernommen; seit dem 13. Jh. galt sie als allg. Vorschrift. Im Morgenland war die Voll-T. (Paulus-T.) üblich, in der röm. Kirche die

Kranz-T. (Petrus-T.), die sich gegenüber der irisch-brit. Halb-T. des Vorderkopfes (Johannes-T.; T. des Simon Magus) im frühen MA durchsetzte. Die Kranz-T. ist bei den Weltgeistlichen auf eine Scheitel-T. verkleinert.

T'opa, Toba, Tabgač. In der Mongolei eine große Föderation von Nomaden, die wohl unter der Führung altaischer Stämme stand; sie drangen nach Nordchina vor, wo sie die spätere Wei-Dynastie (385–550) sowie die Nördliche Tschou-Dynastie (557–80) gründeten. LIT. W. Eberhard, Das Toba-Reich Nordchinas (Leiden 1949).

Toque (franz.). Ein aus Seide oder Samt gearbeitetes kleines Barett mit schmaler Krempe, Schnur und Federbusch. In der 2. Hälfte des 16. Jh. war die T. die Kopfbedeckung beider Geschlechter; nach 1900 ein Hut ohne Krempe mit faltigem Kopf für Damen (das Material war Samt, Seide oder Stroh).

- **Tortur** →Folter.

Tory (engl., Mz. Tories; die Etymologie ist unsicher). Seit 1679 Name der legitimist. und anglikan., auf den Grundbesitz gestützten Partei des engl. Parlaments, die für Jakob II. (reg. 1685–88) eintrat und im Gegensatz zu den Whigs stand. Die volle Regierungsgewalt besaßen die T. zunächst nur von 1710–14 (1711 setzten sie das Ausscheiden Großbritanniens aus dem Spanischen Erbfolgekrieg durch). Im übrigen blieben die T. seit 1688 für einen Zeitraum von 70 Jahren von der Regierung ausgeschlossen. Größere Bedeutung, und zwar als reine Hofpartei, erhielten die T. erst während der Regierungszeit König Georgs III. (1760–1820). Die Französische Revolution von 1789 wurde von den T. abgelehnt, was ihnen Zulauf aus sämtl. Adelskreisen einbrachte. Infolgedessen konnten sie die Mehrheit gewinnen und bildeten, von kurzen Unterbrechungen abgesehen, bis 1830 die Regierung. Im Jahre 1829 führten sie die Katholikenemanzipation durch. Die Parlamentsreform von 1832, das Werk der Whigs, führte dazu, daß unter Robert Peel (1788–1850) der Name T. in Conservative geändert wurde, um auch im Mittelstand Anhänger zu finden; im Volksmund hingegen hat sich der Name T. bis heute erhalten. Der wohl bedeutendste konservative Politiker und Staatsmann des

19. Jh. war Benjamin Disraeli (1804–81; seit 1876 Earl of Beaconsfield), einer der herausragenden Repräsentanten des brit. Imperialismus während der Zeit, da er Premierminister war (1868 und 1874–80).

LIT. H. Dietz, Geschichte der konservativen Partei Englands (1955); Lord Hugh Cecil, Conservatism (1912); G. Quabbe (i. e. Lord Hailsham), The Case for Conservatism (1947); W. A. Speck, T. and Whig (London 1970); R. Blake, The Conservative Party from Peel to Churchill (London 1970).

totaler Krieg. Eine unter Mißachtung der vom Völkerrecht anerkannten Unterscheidung zw. kriegführenden Truppen (Streitkräften) und nicht kämpfender Bevölkerung ausgetragene krieger. Auseinandersetzung. Der t. K. beinhaltet die Mobilmachung der militär. wirtschaftl. und geistigen Mittel schlechthin; Kriegsdienst bedeutet nicht allein Waffendienst, sondern Kriegführung an jeder Stelle der gesamten Gesellschaft, die ausnahmslos auf die krieger. Auseinandersetzung ausgerichtet ist. Mithin umfaßt der t. K. die Zerstörung von kriegs- und lebenswichtigen Anlagen im Feindesland ohne Rücksicht auf die Zivilbevölkerung. Außerdem werden in einem t. K. ungeheure Propagandamittel eingesetzt, um die eigene Kriegsbereitschaft zu mobilisieren und zu steigern, die des Gegners aber zu zersetzen. Im Gegensatz zu den beiden Weltkriegen eröffnet der derzeitige Stand der Waffentechnik eine unerhörte Steigerung der Totalität der Kriegführung.

In Dtl. forderte E. Ludendorff (1865–1937) während der Endphase des Ersten Weltkriegs den t. K.; im Zweiten Weltkrieg proklamierte ihn J. Goebbels (1897–1945) am 18. 2. 1943 in einer Rede im Sportpalast zu Berlin.

LIT. G. Förster, T. K. und Blitzkrieg (1967); L. Herbst, Der Totale Krieg und die Ordnung der Wirtschaft 1939–45 (1982); L. Gruchmann, T. K. (1991); St. Förster (Hrsg.), An der Schwelle zum T. K. (2002).

Totalitarismus (zu lat. totus, ganz, völlig). Kennzeichnung für eine Staats- und Gesellschaftsform des 20. Jh., wie sie vor allem der Bolschewismus, der Faschismus und der Nationalsozialismus verkörpern bzw. verkörperten. Ausdruck des »totalen« Staates ist die gänzliche (totale) Ausschaltung der Prinzipien des Rechtsstaats durch Gleichschaltung bzw. Unterdrückung der öffentl. Meinung, der freien Parteienbildung, freier Wahlen, der Grundrechte und der richterl. Unabhängigkeit mit den Mitteln des Terrors, die in der Hand einer Machtgruppe (Partei, Bewegung) liegen. Darüber hinaus werden sämtl. polit., wirtschaftl. und kulturellen Bereiche dem Geltungsanspruch einer polit. Ideologie unterworfen. Von dem erhobenen Ausschließlichkeitsanspruch her wird auch die Beseitigung jeder legalen sowie die Unterdrückung jedweder geheimen Opposition gerechtfertigt; man brandmarkt sie als »staatsfeindliche« Bestrebung, jede Form der Kritik als »Sabotage« oder »Zersetzung«. Zum T. gehört ebenfalls, daß sich der ausgeübte Terror nicht allein gegen Andersdenkende, sondern gleichfalls gegen Abweichler unter den Anhängern richtet. Daher ist eine lückenlose Überwachung sowohl der Feinde als auch der Freunde des Systems notwendig. Insbes. die vermeintl. oder tatsächl. Abweichung von Systemanhängern führt immer wieder zu Säuberungen in den eigenen Reihen. Geheimpolizei und Konzentrationslager stellen daher wesentliche Mittel dar, Widersacher unschädlich zu machen.

LIT. E. Jünger, Die totale Mobilmachung (²1934); H. Arendt, Elemente und Ursprünge der totalen Herrschaft (1955); C. J. Friedrich, Totalitäre Diktatur (1957); H. Buchheim, Totalitäre Herrschaft. Wesen und Merkmale (1962); E. Fraenkel, Dtl. und die westl. Demokratien (³1968); C. P. Ludz, Parteielite im Wandel (1968); M. Jänicke, Totalitäre Herrschaft. Anatomie eines polit. Begriffs (1971); W. Schlangen, Die Totalitarismus-Theorie. Entwicklung und Probleme (1976); A. Lindt, Das Zeitalter des T. (1981); F. G. Friedmann, Hannah Arendt. Eine deutsche Jüdin im Zeitalter des T. (1985).

Tote Hand (lat. manus mortua).
[1] Im älteren dt. Recht die aus dem Nachlaß eines bäuerl. Unfreien dem Herrn geschuldete Leistung.
[2] Jurist. Personen, insbes. kirchl. Organisationen, deren Vermögen aus der allg. Wirtschaft ausgeschaltet und der Vererbung entzogen war. Häufig genossen sie Steuerfreiheit oder hatten, z. B. in Frankreich, Sondersteuern zu entrichten. Urspr. wurde der Ausdruck t. H. lediglich auf die kirchl. Körperschaf-

ten und Stiftungen angewandt (→Amortisationsgesetze).

Totemismus (von indian. totem, blutsverwandt). Die bei primitiven Völkern verbreitete Auffassung, daß die Blutsverwandtschaft bestimmter Menschengruppen (Clans, Sippen) sich darauf gründet, daß sie von bestimmten Tierarten abstammen, bisweilen auch von Pflanzen, Steinen oder Himmelskörpern. Das Totemtier zu töten oder zu essen, ist verboten; Totemtier und Totemclan haben sich gegenseitig zu fördern und zu unterstützen. Den Angehörigen derselben Totemgruppe ist es nicht erlaubt, untereinander zu heiraten.

Der T. reicht zurück bis in die Jägerkultur. Er steht, im Gegensatz zu früherer Auffassung, nicht am Anfang der Religion. Wiewohl sein Ursprung unbekannt ist, so ist doch die Einheit alles Lebenden sinne gedankl. Grundlage; sie beseelt den urtümlichen Menschen. In der Vorstellung möglicher Verwandlungen zw. Mensch und Tier manifestiert sich u. a. die Einheit alles Lebenden.

LIT. S. Freud, Totem und Tabu (⁴1925); J. G. Frazer, Totemism and Exogamy. 4 Bde. (London ²1935); W. Koppers, Der T. als menschheitsgeschichtl. Problem (1936); Sir J. G. Frazer, Totemica (London 1937); A. Jensen, Mythos und Kult bei Naturvölkern (1951); C. Levi-Strauss, Das Ende des Totemismus (1972); B. Malinowski, Magie, Wissenschaft und Religion (1973).

Totenbretter, Rebretter (von ahd. hreô, Leiche). Geschmückte Bretter, die zunächst der Aufbewahrung, im Anschluß daran der Erinnerung an den Verstorbenen dienten, weshalb sie an Kapellen, Wegkreuzungen, Bächen, Dorfeingängen etc. aufgestellt wurden (insbes. in Süddeutschland).

Totenbuch. Eine altägypt. Sammlung von Sprüchen und Gebeten, die sich auf das Leben nach dem Tode beziehen. Urspr. von Priestern und Angehörigen für den Toten gesprochen, wurden sie im Mittleren Reich auf die Sargwände geschrieben, im Neuen Reich auf Papyrus und dem Toten in den Sarg oder ins Grab gelegt.

LIT. R. Lepsius, Das T. der Ägypter (1842); E. Naville, Das ägyptische T. 3 Bde. (1886); K. Sethe, Die Totenlit. der alten Ägypter (1931); Altägyptisches T., dt. von G. Kolpaktschy (1955).

Totengespräche. Literar. Gattung, in der Antike durch Lukian (2. Jh. n. Chr.) begründet, in der Aufklärung wieder belebt und zunächst in Frankreich (›Dialogues des Morts‹) von Boileau, Fontenelle, Fénelon didaktisch-politisch gemeint. In Dtl. von Friedrich d. Gr., Gottsched, Wieland benutzt, um polit. und aufgeklärte Überzeugungen in imaginären Gesprächen zum Ausdruck zu bringen.

LIT. RDL IV (1981) 475–513.

Totenklage. Ein Brauch, der in bestimmten Formen und an bestimmten Stellen des Begräbnisrituals ausgeübt wurde. Die T. war bei allen Völkern üblich (ebenfalls bei den Primitiven). Häufig wurde die Trauer durch blutige Opfer am Grab sinnfällig gestaltet und die T. bes. »Klageweibern« übertragen.

Totenkult. Die bei allen Völkern vor und nach der Bestattung eines Toten vollzogenen Handlungen (Zeremonien); sie sind religiös orientiert. Das alte Ägypten, wo man dem Toten die Texte, die er beim späteren Totengericht zu rezitieren hatte, als Totenbuch mit ins Grab gab, ist das klassische Land des T.

LIT. W. F. Otto, Die Manen (1923); K. Th. Preuss, Tod und Unsterblichkeit der Naturvölker (1930); Trautwitz, Urmensch und Totenglaube (1929); J. Spiegel, Die Idee vom Totengericht in der ägypt. Religion (1935).

Totenleuchte (franz. lanterne des morts). Im MA ein pfeiler- oder tabernakelartiger steinerner Aufbau auf Friedhöfen, bei Beinhäusern oder auch an Kirchen, als Lichtträger für das nächtl. »Armseelenlicht« errichtet. Im 11. bis 12. Jh. war die T. vor allem in Frankreich, vom 13. bis zum 15. Jh. in Dtl. verbreitet. Im SpätMA verlor sich der Brauch, T. zu errichten.

LIT. F. Hula, Die T. und Bildstöcke Österreichs (Wien 1948).

Totentanz (franz. danse macabre). Die symbol. Darstellung der Macht des Todes in der Malerei. Seit dem 14. Jh., zunächst in Frankreich, verbreitete sich die Darstellungsform in England, Dtl. und anderen Ländern. Während urspr. Tote mit Lebenden tanzten, diese in das Reich der Toten hineinziehend, forderte auf späteren Darstellungen der Tod als Gerippe Angehörige aller Stände und Lebensalter einzeln zum Tanz auf. Beispiele: T. von La Chaise-Dieu (Auvergne) um 1400; Pariser T. (1425);

Lübecker T. (1463); Basler T. (1470); T. als Holzschnittfolge: Pariser Danse macabre (1485); H. Holbein d. J. (1538); A. Rethel (1849) u. a. LIT. RDL IV (1981) 514–22; A. Dürrwächter, Die Totentanzforschung (1914); W. Stammler, Die T. des MA (1922); ders., Der T., Entstehung und Deutung (1948); G. Buchheit, Der T. (1926); W. Rehm, Der Todesgedanke in der dt. Dichtung (1928); J. S. Kozáky, Geschichte der T. 3 Bde. (Budapest 1936 ff.); J. M. Clark, The Dance of Death in the Middle Ages and the Renaissance (Glasgow 1950); H. Rosenfeld, Der ma. T. (^{3}1974; mit Bibliogr.); R. Hammerstein, Tanz und Musik des Todes. Die ma. Totentänze und ihr Nachleben (1980).

Totenteil. Im ältesten german. Recht diejenige Totengabe, die dem Verstorbenen ins Grab mitgegeben oder bei Feuerbestattung mitverbrannt wurde.

Trabanten (aus tschech. drabant, Krieger zu Fuß; seit Mitte des 15. Jh.). Im MA geworbene Krieger; seit dem 16. Jh. die mit Hellebarden und Seitengewehren bewaffneten, mit Helm und Küraß versehenen sowie reich gekleideten (in span. Tracht) Leibwachen hochgestellter Personen.

Trade Unions. Die brit. Gewerkschaften (heute etwa 700), die sich im 18. Jh. im Anschluß an die Abschaffung der gesetzl. Lohn- und Arbeitsregelungen bildeten. Im Anschluß an ihr Verbot (von 1799–1824) erlangten sie schnell Bedeutung. Durch den engl. Sozialreformer Robert Owen (1771–1858) wurden sie nachhaltig beeinflußt. Owen selbst gründete 1834 die etwa 500000 Mitglieder umfassende Grand National Consolidated T. U., welche die erste allg. Gewerkschaft darstellte. Seine Bewegung endete jedoch mit einer völligen Niederlage. Im Jahre 1851 kam es zur Gründung der ersten modernen T. U., der ›Amalgamated Society of Engineers‹, die Verbesserungen der Arbeitsbedingungen durch Verhandlungen zu erreichen suchte und für ihre Mitglieder ein Unterstützungswesen aufbaute. Der 1. brit. Gewerkschaftskongreß trat 1868 zusammen. Ihren Ausbau erfuhr die Organisation während der Jahre 1875–95, gleichzeitig ihre Vereinheitlichung, wiewohl sich ihr Wachstum in diesem Zeitabschnitt verlangsamte. Eine strukturelle Änderung der Bewegung, die 1913 mehr als 4 Mill. Mitglie-

der hatte, rief die Gründung von T. U. für Berg-, Textil- und Dockarbeiter hervor. Die T. U., die während des Ersten Weltkriegs die Regierung unterstützten, hatten 1921 einen Mitgliederstand von 8,3 Mill. Dennoch vermochten sie keinen entscheidenden Einfluß auf die wirtschaftl. Entwicklung Großbritanniens zu nehmen, insbes. auf die fortschreitende Konzentration. Hingegen gewannen sie während des Zweiten Weltkriegs (unter Ernest Bevin [1881–1951] als Präsident des Generalrats, 1936–51) sowie während der sozialist. Regierungszeit (1945–51) nachhaltigen Einfluß auf das Wirtschaftsleben Großbritanniens; er verminderte sich kaum unter den folgenden konservativen Regierungen, nicht zuletzt deshalb, weil etwa ⅓ der brit. Arbeiterschaft konservativ wählt. Noch während des Zweiten Weltkriegs (1944) hatten die T. U. ihre zukünftige Politik in 3 Punkten formuliert: 1. Verbesserung der Arbeitszeit, der Arbeitsbedingungen und der Löhne; 2. Sicherung der Vollbeschäftigung; 3. Einflußnahme auf die Wirtschaftsführung. Die Verstaatlichung der Grundstoffindustrie Großbritanniens nach dem Zweiten Weltkrieg hatte den T. U. bedeutende Möglichkeiten der Einwirkung auf die Lenkung dieser Industriezweige gebracht. Kennzeichnend für die T. U. ist deren enge Verflechtung mit der Labour Party. Der T. U. Congress bildet zusammen mit der Labour Party sowie der Co-operative Union (Genossenschaften) den ›National Council of Labour‹, der die höchste polit. Instanz der brit. Arbeiterbewegung darstellt. (Er ist Mitglied des Internationalen Bundes Freier Gewerkschaften.)

LIT. N. Baron, British T. U. (1947); G. D. H. Cole, A Short History of the British Workingclass Movement (1948); ders., An Introduction to Trade Unionism (1953); H. Tracey, The British T. U. Movement (Brüssel 1954); V. L. Allen, Power in T. U. (London 1954); H. Pelling, A History of British Trade Unionism (1967); A. E. Musson, British T. U. 1825–75 (1973); W. J. Mommsen, H. G. Husung (Hrsg.), Auf dem Wege zur Massengewerkschaft. Gewerkschaften in Großbritannien und Dtl. 1890–1914 (1983).

Tradition (lat. traditio, Übergabe, Überlieferung). In soziolog. Hinsicht bedeutet T. eine bestimmte Einstellung, die eine Gewohnheit, Haltung oder Äußerungsweise, welcher Art auch immer, ebenfalls ein Werkzeug, Verfahren oder Kulturgut deshalb für wertvoll, richtig und gut erachtet, weil es in einem bestimmten Lebenskreis überliefert ist. Die Bewahrung der T. verkümmert zu einem traditionellen Handeln, das durch Gewohnheiten bewirkt und gerechtfertigt wird, falls nicht die Aufgabe gelöst wird, mit der Traditionswahrung sowie der Bindung an ihren Gehalt eine dauernde Anpassung an neue Erkenntnisse, mithin einen sachgebundenen Fortschritt zu vollziehen. Man hat davon auszugehen, daß sich fast das gesamte alltägl. Handeln in dieser Weise vollzieht, selten bewußt, sondern mehr oder weniger an der Grenze des Bewußtwerdens.

Aus Abwehr gegen eine übertriebene Neuerungssucht kann das Handeln im Sinne der T. auch bewußt gewollt werden; hierbei vermag ebenfalls die bejahte gesellschaftl. religiöse oder geschichtl. Gebundenheit mitzuwirken, da man davon ausgeht, daß sittl. und religiöse Erkenntnisse nur aus der in der Übereinstimmung der Völker enthaltenen Uroffenbarung Gottes gewonnen werden können. Derartige Einstellungen werden als Traditionalismus bezeichnet.

Vertreter des Traditionalismus waren in England E. Burke (1729–97), in Frankreich L. G. A. de Bonald (1754–1840), F. de Lamennais (1782–1854), J. M. de Maistre (1753–1821), in Dtl. neben dem späten Fr. Schlegel (1772–1829) Adam Müller (1779–1829) und K. L. v. Haller (1768–1854).

Den Traditionalismus repräsentierten im 20. Jh. M. Barrès (1862–1923) und Ch. Maurras (1868–1952); desgleichen Moeller van den Bruck (1876–1925) und bis zu einem gewissen Grad auch O. Spengler (1880–1936).

LIT. E. R. Curtius, M. Barrès und die geistigen Grundlagen des franz. Nationalismus (1921); C. Schmitt, Polit. Romantik (^{2}1925); P. M. Jones, T. and Barbarism (London 1930); W. Gurian, Der integrale Nationalismus in Frankreich (1931); E. Sagarra, T. und Revolution – Dt. Literatur und Gesellschaft 1830–1890 (List Tb. Bd. 1445); J. Ebbinghaus, Traditionsfeindschaft und Traditionsgebundenheit (1969); G. Boehm, K. Stierle, G. Winter (Hrsg.), Modernität und T. Festschrift für M.

Imdahl (1986); B. C. Dietrich, Tradition in Greek Religion (1986); Yves M.-J. Congar, Tradition und Kirche (1986).

Traduzianismus (lat.). Die Lehre, derzufolge die Seele des Kindes bei der Zeugung aus der des Vaters hervorgeht; sie wurde im At. und MA vertreten; sie findet sich auch noch bei G. W. Leibniz (1646–1716).

Trafalgar, Seeschlacht von. Bei dem nahe der Straße von Gibraltar an der Atlantikküste gelegenen Kap schlug Admiral Horatio Nelson (geb. 1758) am 21. 10. 1805 mit der engl. Flotte, bestehend aus 27 Linienschiffen, die span.-franz. Flotte, bestehend aus 33 Linienschiffen, unter Führung der Admirale Villeneuve und Herzog von Gravina; nur 11 Linienschiffe konnten entkommen. Nelson, der in der Schlacht fiel, entschied dadurch den Krieg zur See in der Auseinandersetzung zw. England und Frankreich zugunsten Englands (→Koalitionskriege). Darüber hinaus sicherte er die engl. Seeherrschaft für ein Jh.

LIT. J. S. Corbett, The Campaign of T. 2 Bde. (^{2}1919).

Trajanswall. Die Reste einer 3–6 m hohen Befestigungslinie; sie wurde durch die Römer in der heutigen Dobrudscha, einem Teil des alten Mösien (lat. Moesia), angelegt.

Traktament. Zu Beginn der NZ Bez. für die Verpflegung, Quartierleistung und Löhnung der Soldaten.

Traktat (lat. tractatio, Behandlung, Bearbeitung, Abhandlung). Eine Flugschrift bzw. Broschüre mit ausgesprochen religiös-erbaul. oder tendenziöser Absicht.

LIT. RDL IV (1981) 530–46.

Traktatgesellschaften. Die sich der Schriftenmission widmenden prot. Vereinigungen. In Dtl. arbeiten sie mit der Inneren Mission zusammen; sie haben sich zum Teil zu ev. Verlagen entwickelt.

Traktathäfen. Die 5 Häfen Chinas (Kanton, Amoy, Futschou, Ningpo, Schanghai), welche nach dem engl.-chin. Opiumkrieg von 1840–42 durch den Frieden von Nanking für den europ. Handel geöffnet wurden.

Tränenkrüge. Volkstüml. Bez. für kleine Tongefäße, die sich in vorgeschichtl. und röm. Gräbern als Totengabe finden.

Transfix, Transsumt →Urkunde.

Translatio imperii (lat.). Die Übertragung des Kaisertums auf die dt. Könige (→Reichsidee).

Transleithanien. Zwischen 1867 und 1918 in der österreich.-ungar. Doppelmonarchie die gebräuchl. (nicht-amtl.) Bez. für die jenseits (östl.) der →Leitha gelegenen Länder, d. h. das gesamte Gebiet der Länder der ungar. Krone (→Zisleithanien).

Trapesa. In ostkirchl. Klöstern der Speisesaal, der häufig mit der Kirche eine architekton. Einheit bildet. Die T. wird stets als liturg. Raum behandelt und ausgeschmückt; sie dient ebenfalls als Gästeraum des Klosters. Vor allem in nordruss. Dorfkirchen ist die T. ein der Kirche angeschlossener Aufenthaltsraum für die Gemeindemitglieder.

Trappisten, Reformierte Zisterzienser, Zisterzienser von der strengeren Observanz (lat. Ordo Cisterciensium Reformatorum seu Strictioris Observantiae). Abk. OCistR, OCR, OSCO. Volkstüml. Name für den kath. Mönchsorden der Zisterzienser von der strengeren Observanz, genannt nach dem Reformkloster La Trappe (Dép. Orne), der um den Orden 1664 von A. J. Le Bouthillier de Rancé (1626–1700) nach der ursprüngl. Lebensart von Cîteaux gegründet wurde; 1892 wurde er zu einem selbständigen Orden. Die Lebensweise der Mönche besteht in Beschauung und Sühne durch fortwährendes Stillschweigen, ausgedehntes liturg. Gebet, vegetar. Nahrung und Handarbeit. Die Patres tragen eine weiße, die Brüder eine braune Tracht, beide mit schwarzem Skapulier. 1689 wurde der weibl. Zweig, die Trappistinnen, als ref. Zisterzienserinnen gegründet (ebenfalls von Rancé). Die T. sind vor allem in Westeuropa (insbes. in Frankreich) und Nordamerika verbreitet; in Dtl. haben sie eine Niederlassung (Abtei Mariawald bei Heimbach, Kr. Schleiden).
LIT. J. B. Chautard, Les Cisterciens Trappistes (⁵1955); C. Goerke, Mariawald (⁴1937); Ch. Grolleau u. G. Chastel, La Trappe (1954).

Treck (mhd., afrikaans Trek). Zug, Wanderung, vor allem die Auswandererzüge der Buren aus der Kapkolonie seit 1835: Großer T. Daher wurden die späteren Siedlerzüge (mit Gespannen) der amerikan. Kolonisatoren T. genannt; ebenfalls die Flüchtlingszüge während und nach dem Zweiten Weltkrieg (Flüchtlingstreck).

Trentschin, Vertrag von (24. 8. 1335). Im Anschluß an den Frieden von Sandomir kam es zu T. zu einer Verständigung zwischen König Kasimir III. von Polen (1333–70) und dem Erben Böhmens, dem späteren Kaiser Karl IV. (1346–78). Ohne Gegenleistung anerkannten die Beauftragten Kasimirs, daß die schles. Fürsten von Oppeln, Liegnitz, Öls und Glogau 1327/29 böhm. Lehnsleute geworden seien. Außerdem wurde die böhm. Herrschaft über Masowien bestätigt. König Johann von Böhmen (1310–46) verzichtete im Gegenzug auf sämtl. Ansprüche auf die poln. Krone gegen eine Zahlung von 20000 Schock Groschen. »Der Trentschiner Vertrag markiert den Abschluß eines sich über viele Jahrhunderte erstreckenden friedl. Aufbau- und Ausbauwerkes von europ. Dimension, in dessen Verlauf Schlesien zu einem modernen, westl. geprägten, weithin dt. besiedelten Territorium wurde, das sich innerl. und äußerl. von Polen löste und in den Verband des Dt. Reiches hinüberwechselte.« (J. J. Menzel).
LIT. H. Aubin (Hrsg.), Geschichte Schlesiens I (³1961); J. J. Menzel, Der Vertrag von T. aus dem Jahre 1335 und seine epochale Bedeutung für die Geschichte Schlesiens. In: H. Neubach, H.-L. Abmeier, Für unser Schlesien (1985), 225–39.

Treppenwitz. Zunächst eine treffsichere Entgegnung, die einem jedoch erst nachträglich, gleichsam beim Weggehen auf der Treppe einfällt. Seit dem Buch ›Treppenwitz der Weltgeschichte‹ (1882) von L. Hertslet Bez. für kuriose und paradoxe Vorgänge und Entwicklungen in der Weltgeschichte.

Tres faciunt collegium (lat., Drei bilden ein Kollegium). Nach röm. Recht mußten an einer Vereinsgründung wenigstens drei Personen beteiligt sein; heute als Rechtssprichwort verwendet.

Treßler (griech. thesauros, Schatz, vor allem eines Herrschers; mlat. thesaurarius, Schatzmeister; vgl. franz. Trésorier, seit dem 14. Jh. ein hoher Finanzbeamter der franz. Krone; engl. treasury, Schatzkammer, das brit. Finanzministerium). Im Deutschen Orden der Schatzmeister.

Tresviri (lat.) → Triumvirn.

Treue. Beständige Haltung zu dem Partner, mit dem man eine Bindung eingegangen ist, z. B. als gegenseitige Verläßlichkeit. Insbes. das Gemeinschaftsleben der Germanen, aber auch das Lehnswesen des MA basierten auf dem persönl. Treue-Verhältnis.

LIT. N. Hartmann, Ethik ([4]1962).

Treuga Dei (vulgärlat., aus kelt. treve, altsächs. trewa, Treue). Seit dem 11. Jh. innerhalb des →Gottesfriedens das Fehdeverbot an bestimmten (gebundenen) Tagen: zuerst am Samstag, dann von Mittwoch abend bis Montag früh, später ebenfalls während der gesamten Advents- und Weihnachtszeit, außerdem während der Fastenzeit. Der Begriff T. D. wird fälschlicherweise auf den Gottesfrieden insgesamt bezogen.

Trialismus (nlat.). In der Donaumonarchie der Plan, den Dualismus (Österreich-Ungarn) zu erweitern, und zwar durch die Schaffung eines dritten (slawischen) Reichsteils. Dieser dritte Reichsteil sollte zunächst die böhm.-mähr. Länder, später ebenfalls die südslaw. Provinzen umfassen. Dadurch wollte man ein Gegengewicht gegenüber den madjarischen Ansprüchen sowie gegenüber der großserbischen Bewegung schaffen.

LIT. G. Franz, Erzherzog Franz Ferdinand und die Pläne zur Reform der Habsburger Monarchie (1943); R. Kiszling, Franz Ferdinand (1953); J. Ch. Allmayer-Beck, Ministerpräsident Baron Beck (1956).

Triarier (lat.). In der altröm. Legionsordnung die ausgewählte und altgediente, mit Stoßwaffen (hasta) bewaffnete Kerntruppe im 3. Glied der Manipularphalanx.

Triasidee. Der erfolglos gebliebene Versuch vom Jahre 1763 an, den man vor allem im Dt. Bund (1815–66) zu verwirklichen suchte, gegenüber den dt. Großmächten Österreich und Preußen eine dritte selbständige Kraft zu bilden. Seit 1820 wurde der »Bund im Bunde« von König Wilhelm I. von Württemberg durch K. A. v. Wangenheim gefordert. Wangenheim stand als württemberg. Bundestagsgesandter von 1817–23 an der Spitze der mittelstaatl. Opposition gegen den österreich. Staatskanzler (seit 1822) Metternich. Seit 1849 beanspruchte der bayer. Minister L. von der Pfordten die Führung Bayerns in einem Dritten Dtl. (franz. troisième Allemagne). In Sachsen wurde die Triaspolitik durch Minister Graf Beust vertreten.

LIT. K. A. Frhr. von Wangenheim, Österreich, Preußen und das reine Dtl.

(1849); C. Albrecht, Die Triaspolitik des Frhr. K. A. von Wangenheim (1914); P. Burg, Die dt. Trias in Idee und Wirklichkeit. Vom alten Reich zum Dt. Zollverein (1989).

Tribun (lat. tribunus). Im antiken Rom Beamte und Offiziere.

[1] Ärartribunen (tribuni aerari). Urspr. Beamte oder Offiziere der →Tribus; ihre Aufgabe war es, die Kriegssteuern einzuziehen und den Soldatensold zu zahlen; im 2./1. Jh. v. Chr. bildeten sie nach den Senatoren und Rittern den dritten, durch den Census bedingten Stand. Seit 70 v. Chr. wurden sie vorübergehend zu den Geschworenengerichten herangezogen.

[2] Kriegs- oder Militärtribunen (tribuni militum). Zunächst die Befehlshaber der drei Tribusaufgebote, fungierten sie später als die sechs Stabsoffiziere der Legion; im 5./4. Jh. v. Chr. auch mit konsular. Gewalt ausgestattet, waren sie häufig anstelle der Konsuln Oberbeamte (3, 4 oder 6) der Republik. Die Kriegs- oder Militärtribunen wurden durch das Volk gewählt, teilweise auch durch den Konsul ernannt. Im Verlauf des 1. Jh. v. Chr. verdrängte sie der Legat aus dem Legionskommando; als Titel für Stabsoffiziere, Stadtkommandanten und Kommandeure bevorzugter Einheiten bleibt T. weiterhin erhalten. Seit dem 6. Jh. n. Chr. ist der T. mit zivilen Aufgaben als Vertreter des Dux, später des Grafen, bis in das MA hinein nachzuweisen.

[3] Volkstribunen (tribuni plebis). Die aus dem sog. Ständekampf (494 v. Chr.[?]) hervorgegangenen Sonderbeamten; sie sollten die Plebs gegen Willkürmaßnahmen der patriz. Magistrate schützen. Nach dem Abschluß der Ständekämpfe bzw. dem Ausgleich von 287 v. Chr. (lex Hortensia) waren sie fast röm. Magistrate. Die von den Tributkomitien gewählten 10 plebejischen Volkstribunen besaßen ein Vetorecht (→Interzession), das jeder Amtshandlung eines Kollegen, eines anderen Magistrats oder den Volks- und Senatsbeschlüssen gegenüber eingelegt werden konnte. Außerdem beriefen und leiteten die Volkstribunen die Versammlungen der Plebejer, und seit dem 3. Jh. v. Chr. konnten sie ebenfalls den Senat zusammenrufen; 100 Jahre später besaßen sie den Anspruch auf Aufnahme in den Senat. Persönl. genossen die Volkstribunen erhöhten Rechtsschutz. Das

Tribunal

Amt (Tribunat) wurde als ein Staatsorgan unter Zuhilfenahme der Interzessionsbefugnis durch die herrschende Schicht in deren Dienste eingespannt. Der revolutionäre Charakter des Volkstribunats trat seit den Gracchen (133 v. Chr.) wieder hervor; es wurde zum Ausgangspunkt einer polit. sowie sozialen Reformbewegung; Sulla (reg. 82 bis 79 v. Chr.) beraubte es zeitweilig seiner Rechte. Im stadtröm. Bereich wurde die Tribunengewalt (tribunicia potestas) unter Augustus (reg. 31 v. bis 14 n. Chr.) die Rechtsgrundlage des Prinzipats. Augustus und seine Nachfolger waren jedoch selbst keine Volkstribunen; sie übernahmen lediglich deren Vollmachten und Vorrechte. Das Amt selbst, wiewohl es an Bedeutung verlor, blieb nach wie vor ein Teil der senator. Laufbahn. Wegen des revolutionär-republikanischen Charakters des Tribunenamtes ließ Cola di Rienzo (1313–54) sich 1347 zum Tribunen wählen. Die franz. Konsulatsverfassung (1799–1807) kannte das Tribunat als erste gesetzgebende Körperschaft (zunächst 100, seit 1802 50 Tribunen).
LIT. J. Bleicken, Das Volkstribunat der klass. Republik (1955); L. Thommen, Das Volkstribunat der späten röm. Republik (1988).

Tribunal (lat. tribunal, Hochsitz des Tribunen, von tribus). Im antiken Rom der erhöhte Amtssitz (ein etwa 1 m hohes Holzpodest) für den Befehlshaber und sein Gefolge im Heerlager, für die Magistrate bei der Wahlleitung, insbes. bei der Rechtsprechung. Hierher die Bez. für Gericht, so in Frankreich (seit 1791), in Polen (seit 1548), in Preußen (1748–1879; seit 1774 Obertribunal), in Württemberg (1806–79).

Tribus (lat., Bezirk). Urspr. die Bez. für die 3 Stadtteile Roms (nach etrusk. Geschlechtern benannt; jeder Stadtteil zu je 10 →Kurien). Nach der Reform im 5. Jh. v. Chr. waren die T. Teil des ager Romanus; sie wurden bis 241 v. Chr. auf 35 vermehrt: 4 stadt-römische (t. urbanae) und 31 ländliche T. (t. rusticae). Von diesem Zeitpunkt an wurden bei der Eingliederung von eroberten Gebieten in den röm. Staat sämtliche neuen Bürgergemeinden sowie alle Neubürger in die vorhandenen T. eingereiht. Den röm. Bürger kennzeichnete die Zugehörigkeit zu einer T.; sie wurde (als Nachweis des röm. Bürgerrechts) im Namen aufgeführt.

LIT. Th. Mommsen, Röm. Staatsrecht ([4]1952); W. Kubitschek, in: Pauly-Wissowa, Reihe 2; 6, 2 (1937); E. Meyer, Röm. Staat ([3]1964).

Tribut (lat. tributum, Steuer, Abgabe).
[1] In der röm. Republik eine von den Bürgern erhobene direkte außerordentl. Vermögensabgabe; sie wurde von 404–167 v. Chr. im Bedarfsfalle für Kriegsausgaben erhoben. Während bis auf Kaiser Diokletian (reg. 284–305 n. Chr.) die röm. Bürger Italiens hiervon befreit waren, wurde sie seitdem auf Rom und Italien ausgedehnt, d. h., daß sie nicht mehr allein in den Provinzen erhoben wurde; sie stellte die wichtigste Einnahme des röm. Staates dar.
[2] Im MA (bis in die frühe NZ) ein Zins, der von denjenigen, die als freie Leute mit freiem Erbe in geschlossener Genossenschaft auf Königsland saßen, an den König zu entrichten war (neben dem zu leistenden Kriegsdienst); daher auch Königszins genannt.
[3] Die Leistungen, die von einer polit. Gruppe (Provinz, besiegter Staat) an eine stärkere (Zentralstaat, Sieger) zu erbringen sind. Dann auch die Abgaben für die Respektierung der Selbständigkeit eines schwächeren durch einen stärkeren Stamm, Volk etc. Anstelle der Bez. T. sind heute Formulierungen wie Kriegsentschädigung (→Reparationen), Besatzungskosten etc. getreten.
LIT. W. Schwahn, in: Pauly-Wissowa, Reihe 2; 7, 1 (1939).

Trichterbecher. Eine dem nordischen Kreis der Jungsteinzeit Europas (4. Jahrtsd. bis 1800 v. Chr.) eigene Keramik, die hauptsächlich in Megalithgräbern (Großstein- oder Hünengräbern) gefunden wird. Die T. haben eine eingezogene Schulter und eine verhältnismäßig breite Öffnung.

Tridentinisches Glaubensbekenntnis. Das von Papst Pius IV. (1559–65) im Jahre 1564 auf Beschluß des →Konzils von Trient (1545–63) veröffentlichte Glaubensbekenntnis der kath. Kirche. Es stellt die für den Glaubenseid vorgeschriebene Bekenntnisformel dar.

Tridentinum. Der in der wissenschaftl. Fachsprache gebräuchl. Terminus für das →Konzil von Trient (1545–63). Diese 19. allg. Kirchenversammlung befaßte sich mit den von den Reformatoren angegriffenen Glaubenslehren sowie mit der Abstellung kirchl. Mißbräuche. Trient »grenzte bekannt-

lich ab, aber es trennte nicht, wo nicht schon Trennung war«.
LIT. H. Jedin, Geschichte des Konzils von Trient. 2 Bde. (1950–75); ders., Der Abschluß des Trienter Konzils (1963); R. Bäumer (Hrsg.), Concilium Tridentinum (1979); J. Pfeifer, Reform an Haupt u. Gliedern ... (1996).

Triens. Altröm. Kupfermünze; das Drittel eines →As oder eines Solidus. In der Spätantike und im FrühMA war der T. die verbreitetste Goldmünze.

Trierarchie (griech., Führung einer →Triere). Im Athen vor allem des 5./ 4. Jh. v. Chr. eine Art der Liturgie (→Leiturgie).
LIT. H. Strasburger, in: Pauly-Wissowa, Reihe 2; 7 (1939).

Triere (griech.), **Trireme** (lat.). Dreiruderer. In der Antike der häufigste Typ des Ruderschlachtschiffes mit drei übereinanderliegenden Ruderbänken und Rammsporn vorn in der Wasserlinie. Die T. hatte eine Wasserverdrängung von etwa 150 t, war annähernd 50 m lang und hatte eine Besatzung von 144 Ruderern sowie rd. 50 Soldaten. Bei günstigem Wind wurden auf Marschfahrten Mast und Segel gesetzt. Ergänzungen zu den T. waren die Penteren (Fünfruderer), insbes. in hellenist. Zeit noch größere Schiffe, die aber wenig manövrierfähig waren. Der Befehlshaber einer T. war der Trierarch.
LIT. A. Köster, Studien zur Geschichte des antiken Seewesens (1934); F. Miltner, in: Pauly-Wissowa, Reihe 2; 13 (1939); E. Zechlin, Maritime Weltgeschichte (1947).

Trifels. Die Ruine (teilweise ausgebaut) einer ehem. Reichsburg bei Annweiler (Pfalz); sie stammt aus der Mitte des 11. Jh. Der T., in dem die dt. Könige häufig Aufenthalt nahmen, war während der Stauferzeit die vornehmste Königsfeste. 1193/94 wurde der engl. König Richard Löwenherz (reg. 1189–99) hier gefangengehalten. Von 1195–1273 lagerten hier die Reichskleinodien. Der T. ging 1330 in den Besitz der Pfalzgrafen bei Rhein über. Die nach dem Dreißigjährigen Krieg verfallene Feste wurde 1937 ausgegraben.
LIT. F. Ramsauer, Die Burg T. (1899); F. Sprater, Der T., die dt. Gralsburg (⁴1953).

Triklinium (lat. triclinium, Speisesofa, Speisezimmer). Das altröm. Speisezimmer mit drei Speisesofas, die in Hufeisenform aufgestellt wurden.

Trikolore (franz. von lat. tricolor). Eine dreifarbige Flagge, vor allem die durch die Französische Revolution im Jahre 1790 eingeführte franz. Nationalflagge. Zunächst war die Farbenfolge Rot-Weiß-Blau, seit 1794 Blau-Weiß-Rot (senkrecht gestreift). Die T. entstand aus der dreifachen Kokarde.
LIT. O. Neubecker, Fahnen und Flaggen (1939).

Trilingue (lat.). Ein dreisprachiger Text, der vor allem für die Entzifferung einer unbekannten Schrift von Bedeutung ist. So entzifferte der franz. Archäologe J. C. Champollion (1790–1832) auf Grund der dreisprachigen (altägypt.-neuägypt.-griech.) Inschrift des Steins von Rosette (eine Ehrenurkunde für König Ptolemäos V. Epiphanes, 196 v. Chr.) die ägypt. Hieroglyphen und begründete die Ägyptologie.

Trilithen (Kunstw. griech.). In Polen vorgeschichtl. Steinsetzungen. Es handelt sich hierbei um drei in einer Reihe stehende Blöcke, die verschiedentlich von Steinkreisen umgeben sind. Die T. waren vielleicht Grabmäler.

Trinitarier (lat.). Orden der Allerheiligsten Dreifaltigkeit vom Loskauf der Gefangenen, lat. Ordo Sanctissimae Trinitatis de redemptione captivorum; Abk. OSsT. Ein im Jahre 1198 nach der Augustinerregel gegr. Orden; seit 1609 Bettelorden. Ordensstifter waren die hl. Johannes von Matha (1160–1213) und der hl. Felix von Valois (1127–1212). Der Orden, dessen urspr. Zweck der Loskauf christl. Gefangener aus den Händen der Sarazenen war, wirkt heute in der Seelsorge und Mission, vor allem in Italien und Spanien. Die Tracht der T. ist eine weiße Kutte, ein weißes Skapulier mit rotblauem Kreuz und schwarzem Mantel. Da die Ordensmitglieder bettelnd von Ort zu Ort ritten, wurden sie auch Eselsbrüder genannt.
Neben den T. gibt es den strengen Zweiten Orden der Trinitarierinnen (mit einigen Klöstern in Spanien und Südamerika), der auch dessen sieben Kongregationen des Dritten Ordens (in Italien, Frankreich und Spanien) umfaßt.
LIT. R. von Kralik, Geschichte des Trinitarierordens (Wien 1918); Antonin de l'Assomption, Les origines de l'Ordre de la Très-Sainte Trinité (Rom 1925); N. Schumacher, Der hl. Johannes von Matha (1936).

Tripelallianz. Das am 23. 1. 1668 zw.

Großbritannien, den Generalstaaten und Schweden abgeschlossene Dreierbündnis, wodurch König Ludwig XIV. von Frankreich (reg. 1643–1715) gezwungen wurde, seinen sog. 1. Raubkrieg (1667–68; →Devolutionskrieg) zu beenden.

Tripelentente →Dreiverband.

Tripitaka (Sanskrit, Dreikorb; Pâli: Tipitaka). Die Sammlung buddhist. Schriften (Pâli-Kanon, da in Pâli abgefaßt); sie ist eingeteilt in das Vinayapitaka (Lehre von der Ordensdisziplin), das Suttapitaka (Lehrreden Buddhas) sowie das Abhidhammapitaka (metaphys. Auseinandersetzungen).

Tripolje-Kultur. Eine nach dem 1. Fundort T. (am Dnjepr, südlich Kiew) benannte Kulturgruppe der jüngeren Steinzeit (3. Jahrtsd. v. Chr.) im Schwarzerdgebiet der Ukraine.
LIT. Tatjana S. Passek, Tripilska Kultura (Kiew 1941).

Tripudium (lat.). Im antiken Rom die Beobachtung der Hühner beim Fressen, um hieraus den göttl. Willen zu erkunden. Wenn den Hühnern ein Teil des Futters wieder aus dem Schnabel fiel, wurde dies als ein günstiges Zeichen gedeutet.

Tripus. Dreifuß-Gestell. Es sollte Gefäße tragen, die keine Berührung mit dem Boden haben durften. Aus dem antiken Griechenland sind vor allem dreibeinige Kessel bekannt, die auf einem kunstvoll gearbeiteten Gestell ruhten. Im Kult und im öffentl. Leben spielte der T. eine bedeutende Rolle. Er wurde bereits z. Z. Homers (Ende des 8. Jh. v. Chr.) sowie in der Frühzeit der Olympischen Spiele als wertvoller Kampfpreis verliehen, in späterer Zeit als Preis für Chöre, die an den Wettkämpfen anläßlich der Dionysosfeste erfolgreich teilnahmen. Der T. der Pythia in Delphi war der bekannteste.

Triquetrum (lat., das Dreieckige). Dreischenkel, Dreibein. Ein sinnbildl. Zeichen, das mit drei in gleicher Richtung gebogenen Schenkeln versehen war. Das T. kommt im At. bereits in Mykene vor; im MA wurde es auch als Wappen verwendet.

Triregnum (mlat.). Die päpstl. →Tiara.

Trireme (lat. triremis, Dreiruderer). Das schwere röm. Kriegsschiff (→Triere).

Triumph (lat. triumphus, Triumph, Sieges[ein]zug). Im antiken Rom der feierl. Einzug eines siegreichen Feldherrn mit seinem Heer (→Imperator). Z. Z. der röm. Republik (510–31 v. Chr.) konnte der T. lediglich den Magistraten als den Trägern eines Imperiums zugestanden werden. Voraussetzung hierfür war, daß mindestens 5000 Feinde in einer erfolgreichen Schlacht ums Leben gekommen waren. Der Zug des Siegers (auf einem mit vier weißen Rossen bespannten Wagen mit Lorbeer, Goldpurpurgewand, Szepter und Krone, das Gesicht mit Mennige bemalt) bewegte sich vom Marsfeld zum Jupitertempel auf dem Kapitol. Trophäen, Opfertiere und Kriegsgefangene wurden im Triumphzug mitgeführt.
Es gab außerdem noch den kleinen Triumphzug, für den die Genehmigung des Senats nicht erforderlich war. Unter dem kleinen Triumphzug verstand man den feierl. Einzug zu Fuß oder zu Pferd und nicht mit dem Lorbeer, sondern dem Myrtenkranz auf dem Haupt (→Ovation); weiterhin verstand man darunter den Triumphzug auf den Albaner Bergen. Da während der Kaiserzeit (von 17 n. Chr., d. h. von Germanicus, bis 403 n. Chr., d. h. bis Stilicho) der Triumphzug dem Kaiser vorbehalten war, wurden dem siegreichen Feldherrn in dieser Zeit Triumphinsignien verliehen.
LIT. W. Ehlers, in: Pauly-Wissowa, Reihe 2; 13 (1939); E. Wallusch, in: Philologus, 99 (1955).

Triumvirat (lat. triumviri oder tres viri, drei Männer). Während der Zeit der röm. Republik ein aus drei Männern bestehendes Kollegium. So gab es als ordentl., niedere Magistrate, die tres viri capitales; sie fungierten als eine Art Polizeibehörde im Dienst der Kriminal- und Zivilgerichtsbarkeit. Die triumviri monetales waren für die Münzprägung zuständig. Außerordentl. Magistrate waren T. für eine Reihe von staatl. Aufgaben, vor allem für Landaufsiedlungen und Koloniegründungen. Von bes. Bedeutung waren die zur Wiederherstellung des Staates im Jahre 43 v. Chr. eingesetzten T. Antonius, Octavian und Lepidus (triumviri rei publicae constituendae). Durch Volksbeschluß wurden sie im Jahre 38 v. Chr. auf fünf Jahre mit diktator. Vollmacht ausgestattet. Nach diesem Zeitabschnitt wurde der Auftrag erneuert. Das sog. Erste Triumvirat, der Bund des Jahres 60 v. Chr. zw. Caesar, Crassus und Pompeius, war, da auf

Grund einer privaten Absprache zustande gekommen, lediglich ein polit. Bündnis, das der gesetzl. Grundlage entbehrte.

Die Versammlung der drei Klassen zur Wahl des Ordensmeisters bei den Johannitern wird ebenfalls Triumvirat genannt.

Trivium (lat. tres, drei; via, Weg). Die drei Wege, die im MA zur Gelehrsamkeit führten: Grammatik, Rhetorik und Dialektik (→Freie Künste).

Trojaburgen. Labyrinthartig vorgenommene Steinsetzungen; desgleichen Wälle aus Rasentorf. Bei den T., die namentlich in Dtl., England und Nordamerika vorkommen, handelt es sich vermutlich um ur- und frühgeschichtl. Kultstätten.

LIT. E. Krause, Die T. Nordeuropas (1893); I. Ringbom, in: Finskt Museum, 45 (1938).

Trommelfeuer. Ein im Ersten Weltkrieg entstandener Begriff zur Charakterisierung eines bis dahin unbekannten höchstmögl. Vernichtungsfeuers der Artillerie, das oft tagelang anhielt. In der Winterschlacht in der Champagne (1915) wurde auf franz. Seite zum erstenmal T. angewandt. Seitdem diente T. der Vorbereitung eines jeden größeren Angriffs.

Tropäum (griech. tropaion, Sieg[es]zeichen], Denkmal). Im antiken Griechenland urspr. das unverletzl. Siegesdenkmal, zunächst ein Pfahl, der mit Beutewaffen behängt wurde; man errichtete ihn dort, wo der Feind sich zur Flucht gewandt hatte. Vom 4. Jh. v. Chr. an (Leuktra 371) war das T. ein aus Erz oder Stein errichtetes Denkmal, das künstler. gestaltet wurde. Nach und nach entwickelte man es zu selbständigen Bauwerken weiter, ohne Bindung an einen Schlachtort, wie beispielsweise das von Kaiser Trajan (reg. 98–117) im Jahre 109 n. Chr. errichtete T. von Adamklissi in der südl. Dobrudscha, ein Rundbau von 38 m Durchmesser.

Trophäe. Das Siegeszeichen; es bestand vor allem aus erbeuteten Helmen, Schilden und Rüstungen der Feinde.

Troß (von franz. trousse, Bündel). Bez. für den Transportpark der früheren Heere, der das Gepäck, die Verpflegung, die Munition, das Schanzzeug und das Sanitätsmaterial beförderte; seit dem ausgehenden 18. Jh. Train (franz., Zug) genannt. Noch bis ins 19. Jh. rekrutierte er sich größtenteils aus gemie-

tetem Fuhrwerk, dessen Fahrer Zivilisten waren. Erst 1860 wurde im preuß. Heer eine reguläre Traintruppe geschaffen. Im dt. Heer vor dem Ersten Weltkrieg umfaßte jedes Armeekorps eine Trainabteilung (zu 4 Eskadronen). In der Reichswehr gehörte zu jeder Division eine Fahrabteilung (zu 4 Schwadronen).

Troubadour (provenzal. trobador, von trobar, finden). Im 11.–13. Jh. die ritterl. Lyriker (Dichter, Komponisten und Vortragende) an den Höfen der Provence. Die Troubadour-Dichtung entwickelte sich aus dem speziellen kulturellen sowie gesellschaftl. Leben an den Höfen Südfrankreichs, d. h. aus dem Feudalwesen, der Lebensbejahung sowie der Ästhetisierung; darüber hinaus wurde sie aus den Kräften der Landschaft, dem geistigen Erbe, d. h. der Romanisierung und Christianisierung, sowie aus den Einflüssen, die von der Iberischen Halbinsel kamen (arab. Dichtung), gespeist. Die Troubadour-Dichtung ist die erste bedeutende Blüte einer weltl. romant. Lyrik. Sowohl inhaltl. als auch formal hat sie auf die gesamte europ. Dichtung Einfluß genommen.

LIT. Th. Frings, Minnesinger und T. (1949); E. Lommatzsch/F. Gennrich, Leben und Lieder der Provenzalischen T. 2 Bde. (1957–59); E. Köhler, Trobadorlyrik und höfischer Roman (1962).

Trouvère. Der ma. Dichter, vor allem der Hofdichter Nordfrankreichs; er entspricht dem Troubadour der Provence. Chrétien (Chrestien) de Troyes, der größte der franz. Romandichter des MA, gehört zu den frühesten T.

Truchseß (ahd. truhtsazzo, der Oberste des Gefolges), Seneschall (Seneschalk), lat. dapifer. Zunächst derjenige Beamte, der den vier german. Hausämtern vorstand. Seit der Merowingerzeit hatte er für die königl. Tafel zu sorgen, d. h., daß er vor allem Küchenmeister war. Der T. war der einflußreichste Hofbeamte. Im alten Dt. Reich (bis 1806) gehörte das Amt des T. zu den vier Erzämtern. Erz-Truchseß war der Pfalzgraf bei Rhein, seit 1623 der Kurfürst von Bayern. 1706 ging das Amt wieder an Kurpfalz zurück, 1714 kam es erneut an Bayern. Erb-Truchseß des Reiches war der Graf von Waldburg (ein oberschwäb. Fürstenhaus).

Truck System (engl. truck, Tausch-Handel). Die Entlöhnung der Arbeiter nicht mit Bargeld, sondern mit Waren, deren Bezug an bestimmte Läden gebunden war. Da den Arbeitern minderwertige oder zu teure Ware angeboten wurde, stellte das T.S. eine Ungerechtigkeit sondergleichen dar. Durch die Truck Acts von 1831, 1887 und 1896 wurde das T.S. in England verboten. In der BRD ist das T.S. für gewerbl. Arbeitnehmer, Bergarbeiter sowie im Bereich der Heimarbeit verboten (lt. § 115 der Gewerbeordnung).

Trudowiki (russ., Arbeitsgruppe). Eine sozialist. Gruppe, die in der ersten Duma (1906) entstand; sie war nicht als Partei organisiert. In der vierten Duma (seit 1912) wurde sie von A. Kerenskij geführt.

Truhe. Ein kastenartiges, niedriges Möbelstück (zur Aufbewahrung von Kleidern, Wäsche und Kostbarkeiten), das bereits in der Antike bekannt war. In Mitteleuropa wurde die T. seit dem 12. Jh. häufig verwendet. Seit dem 16. Jh. wurde sie vielfach künstler. und prunkvoll gestaltet.
LIT. F. Schottmüller, Wohnkultur und Möbel der ital. Renaissance (1921); O. von Falke, Dt. Möbel des MA und der Renaissance (1924); O. Völckers, Wohnraum und Hausrat (1949).

Trust (engl., Unternehmerring; trust company, Treuhandgesellschaft). Sozialökonomie: Eine Unternehmung, die sämtliche ehemals rechtl. selbständigen Betriebe eines Produktionszweiges oder einer Produktionsstufe zusammenfaßt und einheitlich über die dabei verwendeten Produktionsmittel sowie den aus der Gesamtproduktion sich ergebenden Erlös verfügt. Ziel eines T. ist die ausschließl. Marktbeherrschung.
Der T. ist in den USA besonders verbreitet; in Europa hingegen überwiegen die Interessengemeinschaft und der Konzern. Die Trustbildungen werden durch die Antitrustgesetzgebung (seit 1890) bekämpft. Sie richtet sich nicht allein gegen T., sondern auch gegen monopolist. Vereinbarungen zw. Verbänden, Firmen und Einzelpersonen, mithin vor allem gegen Kartelle, d. h. Organisationen (Verbände), die sich ergeben, wenn Unternehmer gleicher (oder sich ergänzender) Branchen vertragl. Vereinbarungen treffen, um durch den Preis die Macht der Organisation direkt oder indirekt im Sinne einer dauernden Ertragsbesserung zu beeinflussen.
In Deutschland galten als T. die IG Far-

benindustrie und die Vereinigten Stahlwerke AG.
In der BRD besteht, von einer Reihe von Ausnahmen abgesehen, ein allgemeines Kartellverbot.
LIT. R. Liefmann, Die Unternehmungen und ihre Zusammenschlüsse. 2 Bde. (⁸1930); O. Klug, Das Wesen der Kartell-, Konzern-Trustbewegung (1930); F. Haussmann, Der Antitrustgedanke im Wirtschaftssystem (1950); J. Kaskell u. R. B. Schlesinger, Monopole, T., Kartelle in Amerika und Dtl. (1951); F. Blaich, Der Trustkampf (1901–1915) (1975).

trustis (ahd. truht, davon mlat. trustis ›Gefolgschaft‹). Die Gefolgschaft von Königen und Fürsten während der german. und fränk. Zeit (t. ist eine fränk. Bez.).

Trutzwaffen. Angriffswaffen; im Gegensatz zu den Schutzwaffen dienen sie dazu, den Gegner niederzuringen.

Tschako (ungar. csákó). Ehem. milit. Kopfbedeckung ungar. Ursprungs; sie war zunächst aus Filz, später aus schwarzlackiertem Leder gearbeitet. 1806 wurde der T. in der franz. Armee, dann auch in den Heeren der übrigen Staaten anstelle des bisherigen dreieckigen Hutes der Infanterie eingeführt. 1842 ersetzte man in der preuß. Armee den T. durch die Pickelhaube; Jäger und andere Spezialtruppen hingegen behielten den T. bei (bis 1918). Heute dient er noch gelegentlich als Kopfbedeckung der dt. Schutzpolizei.

Tschapka, Czapka (poln., Mütze). Zunächst die Kopfbedeckung der poln. Ulanen (mit einem hohen, viereckigen Deckel). Später wurde die T. auch von anderen Heeren, darunter das frühere dt., für die Ulanen übernommen.

Tscheka (Abk. für russ. Tschreswytschajnaja Komissija po Borbe s Kontrrevolucijej i Sabotaschem, Außerordentliche Kommission zum Kampf gegen Konterrevolution und Sabotage). Am 20. 12. 1917 als sowjetruss. Geheimpolizei geschaffen, führte sie gegen sämtliche oppositionellen Strömungen ein Schreckensregiment; die T. übertraf den Terror der zarist. Ochrana bei weitem. Sie unterstand F. Dserschinskij (1877–1926). Bald wurde der Name T. in Wetscheka (Vserossijskaja Tschreswytschajnaja Komissija, Allrussische Außerordentliche Kommission) und 1922 in GPU (Gossudarstwennoje Polititscheskoje Uprawlenije, Staatliche po-

litische Verwaltung) umgeändert. Sie ging im 1934 gebildeten Volkskommissariat des Innern (NKWD, Abk. für Narodnij Kommissariat Wnutrennich Djel) auf. Am 3. 2. 1941 wurde die polit. Geheimpolizei vom NKWD abgetrennt und dem NKGB (Volkskommissariat für Staatssicherheit) unterstellt. 1946 wurden beide Volkskommissariate in Ministerien umbenannt: MGB (Ministerium für Staatssicherheit) und MWD (Ministerium für innere Angelegenheiten).
LIT. D. J. Dallin, Die Sowjet-Spionage (1956); R. Conquest, The Great Terror (London 1968; Neuausg. 1972).

Tschin (russ., Rang, Klasse). Im zarist. Rußland (bis 1917) die Zugehörigkeit zu einer der vierzehn Rang- und Beamtenklassen; gleichfalls zum erbl. oder persönl. Adel für Staats-, Hof- und Militärdienste (nach der Rangtabelle Zar Peters d. Gr., reg. 1689–1725, vom Jahre 1722 geregelt).

Tudor. Englisches Königshaus (reg. 1485–1603). Sein Stammvater war Owen T. Der erste T. auf dem engl. Thron war Heinrich VII. (reg. 1485–1509), der Erbe des Hauses Lancaster und Mittelpunkt der Opposition gegen Richard III. (reg. 1483–85), der jüngere Sohn des Herzogs von York (→Rosenkriege). Der letzte T. war Elisabeth I. (reg. 1558–1603).
LIT. G. R. Elton (Hrsg.), The Tudor constitution, 1485–1603. Documents and commentary (1960); J. A. Williamson, The Tudor age (^{3}1964); M. Leine, T. dynastic problems, 1462–1571 (1973); P. Crowson, Tudor foreign policy (1973); M. Foss, Tudor portraits. Succes and failure of an age (1973); J. Hurstfield, The Tudors (1973); M. Roulstone, The royal house of Tudor (1974).

Tugendbund. Ein 1808 in Königsberg i. Pr. gegründeter (»sittlich-wissenschaftlicher«) Verein. Seine Aufgabe war, die Vaterlandsliebe während der napoleon. Herrschaft zu pflegen und eine Erhebung vorzubereiten. Die 300 bis 400 männl. Mitglieder des Vereins besaßen polit. kaum Einfluß. Am 31. 12. 1809 wurde der T. aufgelöst.

Tugh (türk.). Bei den Osmanen der als Zeichen des militär. Ranges verwendete Roßschweif (anstelle des Jakschwanzes, der von den zentralasiat. Türken als Standarte verwendet wurde). Die Roßschweife (von eins bis

neun) bezeichneten den militär. Rangunterschied.

Tughra (türk.). Auf Urkunden, Orden und Münzen der verschlungene arabische Namenszug des Sultans; er wurde wie ein Staatswappen gebraucht.

Tunika (lat. tunica). Ein zunächst ärmelloses altröm. Kleidungsstück, das von Männern und Frauen getragen wurde. Später war die T. ein weißwollenes Hemd mit kurzen Ärmeln, reichte bis unter die Knie und wurde als Hauskleid ungegürtet, auf der Straße gegürtet getragen. Die T. der Senatoren war durch einen breiten Purpurstreifen (latus clavus), die der Ritter durch einen schmalen (angustus clavus) gekennzeichnet. Im MA wurde das liturg. Obergewand der Diakone T. genannt; später abgelöst durch die Tunicella.

Türkenkriege. Bez. für die krieger. Auscinandersetzungen der christl. Staaten Südost- und Osteuropas, namentlich Ungarns, Österreichs, Venedigs, Polens und Rußlands, mit dem mohammedan. Großreich der türk. Osmanen, die im 14. und 15. Jh. von Kleinasien aus die gesamte Balkanhalbinsel und außerdem das Nordufer des Schwarzen Meeres unterworfen hatten. Während die T. zunächst den Charakter eines Kreuzzuges trugen, traten im Laufe der Zeit weltl.-polit. Motive in den Vordergrund; desgleichen das Streben nach Landgewinn. Seit dem Jahre 1536 war Frankreich über Jahrhunderte hinweg mit dem »Ungläubigen« verbündet, um dadurch ein Gegengewicht gegenüber der Umklammerung durch Habsburg, d. h. Deutschland und Spanien einschließlich der Spanischen Niederlande, zu schaffen.

[1] Der T. des Dt. Kaisers und Venedigs (im 16. Jh.): Nach seinem Sieg bei Mohács (29. 8. 1526) eroberte der türk. Sultan Suleiman II. der Prächtige (reg. 1520–66) einen großen Teil Ungarns und übernahm darüber hinaus einen Angriff auf Wien, den jedoch Graf Niklas Salm erfolgreich verteidigte (24. 9.–14. 10. 1529). Dennoch vermochten sich die Österreicher als Erben der ungar. Krone lediglich in W- und NW-Ungarn zu behaupten. 1541 eroberte Suleiman Ofen, das auf Grund eines Waffenstillstands (1547) in seinem Besitz blieb. Diese türk. Erfolge wurden durch die Eroberung aller venezian. Stützpunkte auf den Ägäischen Inseln, auf dem Peloponnes (Morea) so-

wie durch die Besetzung Zyperns (1571) ergänzt. Lediglich Kreta vermochten die Venezianer zu halten. Der bedeutende Seesieg der vereinten christl. Mittelmeermächte unter dem Kommando Juans de Austria (1547–78) bei Lepanto (1571) zeitigte, da er nicht ausgenutzt wurde, keine Nachwirkungen zugunsten der Sieger. Währenddessen dauerten in Ungarn die Grenzkämpfe an, unter denen die Einwohnerschaft der betroffenen Gebiete, vor allem der Steiermark, schwer zu leiden hatte. Zur Abwehr weiterer Türkeneinfälle wurde die →Militärgrenze eingerichtet. 1593 brach erneut ein Krieg aus; er wurde durch den Frieden zu Zsitva Torok (11. 11. 1606), der die Bestätigung des bisherigen Besitzstandes brachte, beendet.

[2] Der T. Venedigs (1645–71): Nach bedeutenden Anfangserfolgen der Venezianer, zu denen der Seesieg vor den Dardanellen gehörte (1656), ging nach zwanzigjährigen Kämpfen Kreta an die Türken verloren (1669); 1671 wurde der Friede von Salona geschlossen. Die türk. Erfolge waren vor allem der Energie des alban. Geschlechts der Köprülü zu verdanken, die als Großwesire in türk. Diensten standen.

[3] Der T. Österreichs (1662–64): Nach dem Sieg kaiserl. und brandenburg. Truppen bei St. Gotthard a. d. Raab am 1. 8. 1664 (unter dem Kommando des kaiserl. Feldherrn Raimund Montecuccoli, 1609–80) wurden dennoch im Frieden von Eisenburg (10. 8. 1664) den Türken die durch sie kurz zuvor eroberten Städte Neuhäusel und Großwardein überlassen, da Kaiser Leopold I. (reg. 1658–1705) sich gegen Ludwig XIV. von Frankreich (reg. 1643–1715) freie Hand sichern mußte.

[4] Der T. Polens (1672–78): Trotz des poln. Sieges bei Hotin (11. 11. 1673) unter Johann Sobieski (1674–96 poln. König) bestätigte er den Verlust Podoliens zugunsten der Türkei.

[5] Der Große T. (1683–99): Der letzte große Vorstoß der Türken gegen den Westen unter Mohammed IV. (reg. 1648–87) leitete die Wende im Machtverhältnis zw. dem Kaiser und dem Sultan zugunsten des Kaisers ein. Die Türken drangen zunächst erneut bis Wien vor (1683); seit dem 15. 7. wurde die Stadt durch sie belagert. Graf Rüdiger von Starhemberg und der Bürgermeister Andreas Liebenberg vermoch-

ten dem Ansturm jedoch so lange zu widerstehen, bis ein Entsatzheer unter Herzog Karl von Lothringen und dem Polenkönig Johann Sobieski herangeführt worden war. Durch den Sieg in der Schlacht am Kahlenberg bei Wien (12. 9. 1683) konnte Wien befreit werden. Daraufhin gingen die kaiserl. Truppen zur Gegenoffensive über. Am 2. 9. 1686 wurde Ofen durch Karl von Lothringen erstürmt; am 12. 8. 1687 erfocht er den Sieg am Berg Harsány bei Mohács. Der weitere Verlauf des Krieges ist gekennzeichnet durch das Vordringen des Markgrafen Ludwig Wilhelm von Baden (→Türkenlouis) nach Bosnien und Serbien sowie seine Siege bei Nisch (24. 9. 1689) und Slankamen (19. 8. 1691), obwohl die Kräfte des Kaisers durch die Kriege Ludwigs XIV. seit 1688 geschwächt waren. 1685–87 eroberten die Venezianer den Peloponnes und Athen, wo die Akropolis zerstört wurde. Der großartige Sieg Prinz Eugens von Savoyen (1663–1736) bei Zenta (11. 9. 1697) über Sultan Mustafa II. (reg. 1695–1703) führte die Entscheidung zugunsten des Kaisers herbei, nachdem es für ihn seit 1690 Rückschläge gegeben hatte (u. a. die Rückeroberung Belgrads durch die Türken). Auch die am Krieg beteiligten Polen hatten sich gegenüber den Türken nicht durchzusetzen vermocht. Erst als Zar Peter d. Gr. (reg. 1689–1725) eingriff, konnte der Kriegsverlauf erfolgreich gestaltet werden (Eroberung Asows). Im Frieden von Karlowitz (26. 1. 1699) mußte die Türkei an den Kaiser den größten Teil Ungarns (das Banat von Temeschburg ausgenommen), außerdem Siebenbürgen sowie den Großteil Sloweniens abtreten. Polen erhielt Podolien, Venedig den Peloponnes und Teile Dalmatiens zurück. Im Frieden von Konstantinopel (3. 7. 1700) wurde Rußland Asow zugesichert.

[6] Der T. Rußlands (1710–11): Im Verlauf dieses Krieges wurde Zar Peter d. Gr. am Pruth eingeschlossen (21./22. 7. 1711). Durch Bestechung sowie die Rückgabe des im Jahre 1700 erworbenen Asows konnte er sich freikaufen.

[7] Der T. Venedigs und des Kaisers (1714–18): Ein türk. Angriff auf den zu Venedig gehörenden Peloponnes leitete den Krieg ein. Im Jahre 1716 beteiligte sich der Kaiser auf seiten der Venezianer an der Auseinandersetzung. Prinz

Eugen von Savoyen errang Siege bei Peterwardein (5. 8. 1717) und eroberte Temeschburg. Am 16. 8. 1717 brachte er Belgrad in seinen Besitz. Durch den Frieden von Passarowitz, der am 21. 7. 1718 zustande kam, mußte die Türkei auf das Temeschburger Banat, den nördl. Teil Serbiens und Bosniens (mit Belgrad) sowie auf die Kleine Walachei zugunsten Österreichs verzichten. Anstelle der Peloponnes wurden Venedig dalmatin. und alban. Küstenplätze zugesprochen. Die Kampfhandlungen zwischen 1716 und 1718 sind der Höhepunkt in den Auseinandersetzungen zw. dem Sultan und dem Kaiser.

[8] Der T. Rußlands und des Kaisers (1735–39): Während Rußland in dieser Auseinandersetzung nach erfolgreichen Kämpfen auf der Krim Asow endgültig in seinen Besitz bringen konnte, kämpfte der Kaiser erfolglos. Im Frieden von Belgrad (18. 9. 1739) mußte er, das Banat von Temeschburg ausgenommen, sämtliche Gewinne von 1718 wieder herausgeben.

[9] Der T. Rußlands (1768–74): Die Auseinandersetzung wurde durch mehrere Siege Rußlands sowie die Vernichtung der türk. Flotte bei Tscheschme (in der Nähe von Smyrna gelegen) eingeleitet. Rußland konnte sich nunmehr endgültig an der Schwarzmeerküste festsetzen (N-Küste) und die freie Handelsschiffahrt auf dem Schwarzen Meer erreichen. Die Krimtataren erhielten ihre Unabhängigkeit. Der Frieden zw. Rußland und der Türkei wurde am 21. 7. 1774 zu Kütschük Kainardschy abgeschlossen.

[10] Der T. Rußlands und des Kaisers (1787–92): Der brachte für Österreich keinen Erfolg, obwohl Feldmarschall Laudon (1717–90) als Oberbefehlshaber der österreich. Armee am 8. 10. 1789 Belgrad erobern konnte. Im Frieden von Swischtow (4. 8. 1791) verzichtete der Kaiser auf sämtliche Eroberungen. Rußland hingegen gewann das Gebiet zw. Bug und Dnjestr mit Otschakow infolge der Erstürmung Otschakows und der Siege bei Focşani und Rymnik durch die Feldherren Potemkin (1739–91) und Suworow (1730–1800). Im Frieden von Jassy (9. 1. 1792) wurde der Landgewinn durch die Türkei anerkannt; ebenfalls erkannte die Türkei Rußland offiziell den Besitz der Krim zu, die bereits 1783 an Rußland gefallen war.

[11] Der T. Rußlands (1806–12): Nach zunächst schleppender Kriegführung seitens Rußlands konnte es dennoch im Frieden von Bukarest (28. 5. 1812) Bessarabien in seinen Besitz bringen.

[12] Der T. Rußlands (1828–29): Die Auseinandersetzung war insofern zukunftsträchtig, als sie erstmals die russ.-engl. Rivalität in der →Meerengen-Frage (Durchfahrt von Bosporus und Dardanellen) offenbar werden ließ sowie dem russ. Einfluß auf dem Balkan den Weg öffnete. Nach russ. Siegen im rumän., bulgar. und kaukas. Raum konnten im Frieden von Adrianopel (14. 9. 1829) die Inseln an der Donaumündung, die Ostküste des Schwarzen Meeres, die Schutzherrschaft über die →Donaufürstentümer gewonnen sowie die freie Durchfahrt durch Bosporus und Dardanellen erreicht werden. Die Unabhängigkeit Griechenlands wurde bestätigt.

[13] →Krimkrieg.

[14] Der russ.-türk. Krieg (1877–78) → Berliner Kongreß.

LIT. Zu [1] W. Schulze, Reich und Türkengefahr im späten 16. Jh. (1978); L. Kupelwieser, Die Kämpfe Österreichs mit den Osmanen 1526–37 (1899); A. H. Loebl, Geschichte der T. von 1593–1606. 2 Bde. (1899–1904).

Zu [3] A. von Schempp, Der Feldzug von 1664 in Ungarn (1909).

Zu [5] F. Salamon, Ungarn im Zeitalter der Türkenherrschaft (1887); Die Feldzüge des Prinzen Eugen, hrsg. vom k. k. Kriegsarchiv. Bd. 2 (1876); M. R. Popović, Der Friede von Karlowitz (Diss. Leipzig 1893); R. Lorenz, Türkenjahr 1683 (²1934); K. von Landmann, Prinz Eugen, der Begründer der Großmachtstellung Österreich-Ungarns (1905); B. Böhm, Bibliographie zur Geschichte des Prinzen Eugen und seiner Zeit (1943); B. H. Sumner, Peter the Great and the Ottoman Empire (1949); W. Stürminger, Bibliographie und Ikonographie der Türkenbelagerungen Wiens 1529 und 1683 (1955); M. Braubach, Prinz Eugen von Savoyen. 5 Bde. (1963–65).

Zu [6] A. N. Kurat, Prut seferi. 2 Bde. (türk., Ankara 1953/54); ders., Der Aufenthalt Karls XII. in der Türkei. 2 Bde. (1943).

Zu [7] Die Feldzüge des Prinzen Eugen, hrsg. vom k. k. Kriegsarchiv. Bd. 16 und 17 (1891); J. Odenthal, Österreichs T. 1716–18 (1938).

Zu [8] Th. Tupetz, in: HZ 40 (1878); M. von Angeli, in: Mitt. des k. k. Kriegsarchivs (1881); D. J. Popović, Srbija i Beograd 1718–39 (Belgrad 1950). Zu [10] H. Uebersberger, Rußlands Orientpolitik. Bd. 1 (1913). Zu [12] H. von Moltke, Der russ.-türk. Feldzug in der europ. Türkei 1828/29 (^{2}1877). Zu [14] G. Jäschke, Das Osman. Reich vom Berliner Kongreß bis zu seinem Ende. In: Hdb. der Europ. Gesch. 6, hrsg. v. Th. Schieder (1968).

Türkenlouis. Beiname des Markgrafen Ludwig Wilhelm von Baden (1655–1707; von 1677–1707 Markgraf). Er zeichnete sich als Reichsfeldmarschall (seit 1682) in den → Türkenkriegen sowie als Oberbefehlshaber der Reichsarmee (seit 1693) gegen die Franzosen aus.

Turmerlebnis. Die durch Luther (1483–1546) wahrscheinlich im Frühjahr 1513 in einem Turmzimmer seines Klosters zu Wittenberg gewonnene Einsicht, daß die »Gerechtigkeit Gottes« (Röm. 1, 17) in der Rechtfertigung des Sünders aus dem Glauben heraus besteht. Das T. wurde durch Luther selbst für seine Entwicklung als entscheidend betrachtet.

Turnier (franz. tournoi). Das charakterist. (streng geregelte) Kampfspiel der ritterl. Gesellschaft des MA; es wurde ausgetragen in der Form des Buhurt (Schar gegen Schar) und des Tjost (Zweikampf). Das T., das franz. Ursprungs war, war aus älteren Waffen- und Reitspielen hervorgegangen. Ursprüngl. nur anläßlich höfischer Feste veranstaltet, waren später auch spezielle Turnier-Gesellschaften Veranstalter von T. Der Burghof oder der Zwinger dienten als Turnierplatz, in späterer Zeit der städt. Markt, den man zu diesem Zweck mit einer dicken Strohschicht belegte. Wegen der zahlreichen schweren Unfälle beim T. wurde es von geistl. und weltl. Fürsten verboten; es hielt sich aber dennoch in Dtl. bis ins 16. Jh., in Frankreich bis 1559, als König Heinrich II. (reg. seit 1547) im T. tödlich verletzt wurde. Der Begriff T. ging auf eine Reihe moderner Wettkämpfe über: Reit-, Fecht-, Schach-, Tennis-Turnier etc. LIT. H. Naumann, Dt. Kultur im Zeitalter des Rittertums. In: Hdb. der Kulturgeschichte (1938); J. Fleckenstein (Hrsg.), Das ritterl. T. im MA (1985).

Turnierbücher regelten das T., bei dem der Schild und die Stoßlanze als Waffen zugelassen waren.

Turnierkragen. In der Heraldik ein in das Schildhaupt gesetzter Balken; er hat unten drei oder mehr Ansätze (Lätze).

Turnose (franz. gros Tournois). Der im 13. Jh., zuerst in Tours, geprägte älteste Silbergroschen.

Tympanon (griech.-lat. tympanum, Handpauke). [1] Musikinstrument der Antike: eine kleine, aufreizende Handtrommel zum Kult der Kybele (eine kleinasiat. Fruchtbarkeitsgöttin, der ein orgiast. Kult gewidmet war) und des Bacchus (im griech. Mythos der Gott des Weines, dem zu Ehren von Bacchanten und Bacchantinnen Feste gefeiert wurden). Später die unbestimmte Bez. für Pauke, Trommel, Hackbrett. [2] Architektonisch (namentlich im Kirchenbau des MA) das Bogenfeld über dem Türsturz eines Portals, das mit Reliefs geschmückt sein kann. Das reliefierte T. wurde während des MA vor allem in Frankreich und Dtl. ausgebildet. Mit Sicherheit besteht ein Zusammenhang mit röm. Giebelfeldern, in denen an Stelle der griech. Freifiguren Figurenreliefs traten. LIT. Zu [2] P. Hommel, Studien zu den monumentalen Figurengiebeln der röm. Kaiserzeit (Diss. Heidelberg 1952).

Typologie. Methode, die aufgrund einer bestimmten Gesetzmäßigkeit, die sich auch formenkundlich äußert, zur Datierung von Fundgegenständen angewendet wird. Als einzige Methode der Datierung ist die T. nicht unumstritten. LIT. K. H. Friesen, Grundfragen der Urgeschichtsforschung (1928).

Tyrann (griech., Herr). Im At. ein Fürst, der ohne gesetzl. Bindung herrschte; später galt als T.: 1. wer sich der Staatsgewalt widerrechtl. bemächtigte (Usurpator); 2. der überhaupt hart und ungerecht regierende, wenn auch legitime Herrscher. LIT. M. Hofer, Tyrannen, Aristokraten, Demokraten (1999).

Tyrannenmord. Da die griech. Demokratie des 5. Jh. v. Chr. im Tyrannen insbes. den ungesetzmäßigen Herrscher sah, der sich gegen die Rechte des Volkes wandte, wurde im Tyrannenmörder der Begründer der Freiheit gesehen, der verherrlicht zu werden verdiente, wie

z. B. Harmodios und Aristogciton, die im Jahre 514 v. Chr. Hipparchos, den Sohn des Tyrannen Peisistratos, erdolchten und dafür mit dem Leben büßten.

Während des MA galt der T. als ein Mittel des äußersten Widerstandes, das gegen eine ungerechte Obrigkeit gerichtet wurde; er wurde generell lediglich als eine Form des Widerstandes betrachtet, die man gegenüber einer als ungerecht empfundenen Herrschaft eines einzelnen anwandte. Die Definition des T. ist nach der Staatslehre des MA einigermaßen kompliziert. So unterschied man zunächst einmal zwischen dem Tyrannen als unrechtmäßigem Herrscher (Usurpator) sowie dem tyrannisch regierenden, jedoch rechtmäßigen Herrscher. Es galt als erlaubt, den Usurpator zu töten, aber nur dann, wenn er durch die rechtmäßige Obrigkeit als Usurpator geächtet worden war, und solange er sich als Herrscher noch nicht hatte durchsetzen können. Gegenüber dem ungerecht regierenden, aber rechtmäßigen Herrscher galt der folgende Grundsatz: er durfte (entsprechend der kirchl. Lehre) nur auf legaler Grundlage beseitigt werden (z. B. dann, wenn er durch den Papst von seinem Treueid gelöst worden war). Die Kirche hat zwar den privaten, d. h. ohne diese legale Grundlage vollzogenen T. auf dem Konzil von Konstanz (1414–18) mißbilligt, eine eindeutige Verurteilung aber ist hier nicht ausgesprochen worden. (Für die NZ vgl. → Monarchomachen, → Widerstandsrecht.)

LIT. H. G. Schmidt, Die Lehre vom T. (1901); G. Strohm, Demos und Monarch (1922); C. von Schwerin, Freiheit und Gebundenheit im german. Staat (1933); F. Kern, Gottesgnadentum und Widerstandsrecht im frühen MA (²1954); H. Friedel, Der T. in Gesetzgebung und Volksmeinung der Griechen (1937); F. Schoenstedt, Der T. im Spät-MA (1938); A. Andrewes, The Greek Tyrants (1956); M. Stahl, Aristokraten und Tyrannen im archaischen Athen (1986).

Tyrannis (griech.). Im At. allg. die illegitime Form der Monarchie; sie diente, im Gegensatz zur Monarchie (basileia), der persönl. Macht sowie dem materiellen Nutzen des jeweiligen Herrschers. Speziell in Griechenland war die T. diejenige Form der Alleinherrschaft, welche, im Gegensatz zu den aristokrat. Oligarchien, ihre (usurpierte) Macht auf die Volksmassen stützte. In der Geschichte Griechenlands wird zw. einer älteren T. (7. und 6. Jh. v. Chr.) und einer jüngeren T. (4. und 3. Jh. v. Chr.) unterschieden.

Die älteren Tyrannen, darunter Periander von Korinth (reg. 627–586/85 v. Chr.[?]), der Korinth zu hoher wirtschaftl. Blüte führte und schon früh den Sieben Weisen zugerechnet wurde, Peisistratos in Athen, der sich 560 v. Chr. (bis 528/27 v. Chr.) mit Hilfe der Gebirgsbauern Attikas (der Diakrier) zum Tyrannen machte, und Polykrates in Samos (um 538 v. Chr.), der mit seiner großen Flotte weithin das Ägäische Meer beherrschte, eine großartige Bautätigkeit entfaltete (Wasserleitung, Hafenmole, Heratempel) sowie Dichter und Künstler an seinen Hof zog, kamen gewöhnlich als Führer der bäuerl. Bevölkerung zur Macht; sie bereiteten durch ihre Herrschaft die im 5. Jh. v. Chr. herrschenden demokrat. Staatsformen in der griech. Welt vor.

Die jüngere T., darunter die des Dionysios von Syrakus (404–367 v. Chr.) sowie die des Jason von Pherä (etwa 380–370 v. Chr.), der die Hegemonie über Griechenland anstrebte, stellte (im Anschluß an die erfolglos praktizierte demokrat. Staatsform) ein auf Söldner gestütztes Stadtkönigtum dar, das häufig gewaltsam gestürzt, aber auch von hellenist. Königen oder durch die Römer beseitigt wurde. Z. Z. des röm. Kaiserreiches bez. man gewalttätige Kaiser und Gegenkaiser (Usurpatoren) als Tyrannen. Nach der griech. Staatsphilosophie ist die T. die schlechteste aller Staatsformen.

LIT. H. G. Plass, Die T. in ihren beiden Perioden bei den alten Griechen. 2 Bde. (²1859); P. N. Ure, The Origin of Tyranny (Cambridge 1922); T. Lenschau, in: Pauly-Wissowa, Reihe 2; 7 (1948); H. Berve, in: HZ 177 (1954); A. Andrewes, The Greek Tyrants (1956).

Tzolkin. Im Kalender der Maya ein 260 Tage umfassender Zeitabschnitt; er ist aus der Kombination einer 20-tägigen Periode (unial) mit der Zahl 13 hervorgegangen. Über den Ursprung dieses Zeitabschnitts besteht noch keine völlige Klarheit.

Überbau, ideologischer. Lehrbegriff des Marxismus und dialektischen Materialismus. Religion, Kunst, Wissenschaft gelten als Überbau über den wirtschaftl.-gesellschaftl. Faktoren.

Übermensch. Aus dem Adjektiv übermenschlich (supranaturalis) rückgebildet, schon im 16. Jh. nachgewiesen, vor allem in der theolog. Lit. des 17. und 18. Jh. gebraucht und von Herder auf Goethe übergegangen. Durch Nietzsches ›Zarathustra‹ (1883) neu geprägt im Sinne einer höchsten, idealen Stufe des Menschen; der schöpferisch-geniale Mensch, Herrenmensch; Zukunftsideal, durch das der Mensch überwunden werden soll.

Ubiquisten. Bezeichnung für diejenigen, die an Luthers →Ubiquitätslehre festhalten, z. B. J. Brenz, J. Andreae.

Ubiquität. (von lat. ubique, überall). Das Überallsein, Anwesenheit Gottes an allen Orten zugleich.

Ubiquitätslehre. Von Martin Luther in seinen Abendmahlsschriften gegen Karlstadt, Zwingli u. a. entwickelte Lehre hauptsächlich zur Verteidigung der Realpräsenz Christi im Abendmahl.

Ulan, Ulanen (aus türk. oglan entlehnt). Lanzenreiter; zunächst im 16. Jh. in Polen, unter August d. Starken († 1732), Kurfürst von Sachsen und König von Polen, in Kursachsen, unter Friedrich d. Gr. in Preußen, unter dem Maréchal de Saxe (1734/50) auch in Frankreich eingeführt. Zu Beginn des Zweiten Weltkriegs wurden die Ulanenregimenter aufgelöst.

Ulm, Schlacht von (14.–17. 10. 1805). Glänzender Sieg Napoleons (durch Umgehung) über die unter Mack bei U. stehende österreich. Armee. Mack, durch die Niederlage bei Elchingen (14. 10.) auf U. zurückgeworfen, kapitulierte am 17. 10. 1805.

Ultima ratio (lat.). Letztes Mittel.

Ultimatum (zu lat. ultimus, der letzte). Letzte staatl. Aufforderung; verlangt unzweideutige Antwort in bestimmter Frist bzw. Annahme einer Forderung, meist unter Androhung des Abbruchs der diplomat. Beziehungen oder gar Kriegsdrohung.

Ultra, Ultras (lat., jenseits). Extremist. Anhänger extremer Tendenzen. Zur Zeit der Restauration in Frankreich von den Liberalen zur Bez. ihrer polit. Gegner von der äußersten Rechten geprägtes Schlagwort. Die U. galten als »plus royalistes que le roi«, Ludwig XVIII., d. h. als »ultraroyalistes«, abgekürzt Ultra. Die U. weisen in ihren Staatstheorien und polit. Vorstellungen erhebl. Unterschiede auf. Zu ihnen werden die Anhänger der Traditionalisten J. M. de Maistre, L. G. A. de Bonald ebenso gerechnet wie Chateaubriand, der 1816 ›De la monarchie selon la Charte‹ veröffentlicht hat und 1825 zu den Liberalen überging, R. F. de Lamennais zu Beginn seines Wirkens oder der Schweizer K. L. von Haller, der mit seiner Restauration der Staatswissenschaften dem Zeitalter den Namen gab und während seines Pariser Exils, später auch in der Schweiz, als Wortführer der U. angesehen wurde. Die wichtigsten Zeitungen der U. waren ›Le Conservateur‹, ›La Quotidienne‹, ›Le Drapeau Blanc‹. Ihre polit. Hoffnungen setzten die U. vor allem auf den Herzog von Berry (ermordet im Februar 1820). Das letzte Ministerium des U. Polignac endete mit der Juli-Revolution 1830 und dem Sturz der Bourbonen. Im kirchl. Bereich können die U. gewöhnlich zu den Ultramontanen gerechnet werden.

ultramontan, Ultramontanismus (lat. ultra montes, jenseits der Berge). Urspr. nur in geograph. Sinn, wechselseitig für Italiener bzw. Franzosen und Deutsche gebrauchte Bez. Seit der Mitte des 18. Jh. Bedeutungswandel durch antiröm. Affekte, →Gallikanismus, →Episkopalismus, →Febronianismus, →Jansenismus, →Aufklärung und →Staatskirchentum in dem Sinn, daß das Schlagwort ultramontan fortan die Anhänger des päpstl. Infallibilitätsanspruchs und Jurisdiktionsprimats bezeichnet. Syn. gebraucht für kurialistisch, hierokratisch, aufklärungsfeindlich, bigott, antipatriotisch und reichsfeindlich. Zu neuem Leben erweckt und mit Inhalt gefüllt seit der kirchl. Restauration des 19. Jh. und während des →Kulturkampfes, z. B. durch F. X. Kraus vor allem in seinem 2. Spectatorbrief, P. v. Hoensbroech (Der Ultramontanismus, [2]1898) u. a., auch auf den polit. Katholizismus angewendet; noch in der Zeit der Weimarer Republik syn. für undeutsch, national unzuverlässig gebraucht.

Als hochbedeutsam für den U. des 19. Jh. gelten: J. de Maistre, ›Du Pape‹ (1819) und R. F. de Lamennais, ›De la religion considérée dans l'ordre politique et civil‹ (1825), die Enzyklika

Quanta Cura und der Syllabus (1864).
LIT. H. Raab, Zur Geschichte und Bedeutung des Schlagwortes »u.« im 18. und frühen 19. Jh. In: HJB 81 (1962); K. Buchheim, Ultramontanismus und Demokratie. Der Weg der dt. Katholiken im 19. Jh. (1963); R. Epp, Le mouvement ultramontain ... en Alsace (1802–1870). 2 Bde. (1973).

Ultra posse nemo obligatur oder **Ultra posse nulla obligatio** (lat., Über seine Kräfte hinaus kann niemand verpflichtet werden). Sentenz des röm. Rechts.

Umfahrt (lat. circumitio). In der Zeit der Merowinger die durch das Reich unternommene Wagenfahrt zum Zeichen der förml. Besitzergreifung.

Umgeld, Ungeld. Eine Art Umsatzsteuer, die durch die dt. Reichsstädte des 13. Jh. auf Massenguter wie Getreide, Wein, Bier, Vieh etc. auf den Märkten sowie an den Stadttoren erhoben wurde. Die daraus resultierenden Einkünfte waren in nicht wenigen Fällen erheblich. Seit dem 16. Jh. wurde das U. durch die Landesfürsten übernommen. Beim U. handelt es sich um die älteste indirekte europ. Steuer (→Akzise).
LIT. K. Pirnat, Dämon Steuer (1956); J. Rosen, Verwaltung und Ungeld in Basel 1360–1535 (1986).

Unabhängigkeitserklärung (4. 7. 1776). Von Thomas Jefferson hauptsächlich verfaßte Erklärung der alten nordamerikan. Kolonien über ihre Unabhängigkeit von England unter Berufung auf das Naturrecht, die Gleichheit und Freiheit aller Menschen; der Annahme der U. durch den Kongreß folgt der nun offen erklärte, seit dem Bostoner Teesturm (16. 12. 1773) bereits während Krieg um die Unabhängigkeit.
LIT. Malone, Kaplan, Milhollen, The story of the Declaration of Independence (²1974).

Unabhängigkeitskrieg. Nach anfänglich aussichtslos scheinenden Kämpfen führte der Sieg über die bei Saratoga (1777) kapitulierende brit. Armee zum Kriegsbündnis mit Frankreich. Der U. verwandelte sich in einen allg. Krieg gegen England, in den auch Spanien, Holland, das neutrale Europa unter Führung Rußlands mit der Erklärung der »bewaffneten Seeneutralität« eingriffen. Nordamerika sank zum Nebenkriegsschauplatz herab. Die englisch-holländische Seeschlacht auf der Doggerbank endete unentschieden; brit. Besitzungen in Westindien gingen verloren, doch konnten die großen Invasionsversuche von 1779, 1781 und 1782 abgewehrt, Gibraltar gehalten, die franz. Kriegsflotte in Westindien vernichtet werden. Die Kapitulation der brit. Hauptarmee bei Yorktown an der Küste Virginias (19. 10. 1781) entschied den U. militärisch. Der Pariser Friede (3. 9. 1783) brachte für die 13 nordamerikan. Kolonien die Unabhängigkeit als Vereinigte Staaten von Amerika, für England die Rettung seiner Weltstellung, für Frankreich keine Gewinne, nur einen polit. Abstieg.
LIT. J. Ch. Miller, Origins of the American Revolution (²1959); F. E. Whitton, The American War of Independence (1931); H. H. Peckham, The War of Independence. A military History (1958); D. S. Freeman, George Washington. A Biography. 7 Bde. (1948–1957); G. S. Wood, The Creation of the American Republic, 1776 to 1787 (1969).

Unam Sanctam. Bulle Papst Bonifaz' VIII. vom 18. 11. 1302, erlassen im Konflikt mit Philipp IV. (dem Schönen) von Frankreich, verteidigt den geistl. Vorrang über alle weltl. Herrschaft (»Porro subesse Romano Pontifici omni humanae creaturae«) und den päpstl. Primat auch gegenüber den Griechen.
LIT. Bihlmeyer-Tüchle II; HKG III, 2 (1966).

Una Sancta (Ecclesia) (lat., eine heilige [Kirche]). Nach kath. Auffassung die von Christus gestiftete Kirche unter Oberleitung des Papstes als dem Nachfolger des Apostels Petrus.

Una-Sancta-Bewegung. Ökumen. Bewegung mit dem Ziel, die Glaubenseinheit im Sinne Christi, des Stifters der Kirche, wiederherzustellen.

Ungefähr. Sowohl im german. als auch im ma. Recht Bez. für eine Tat, die ohne Absicht (ungewollt) geschah; sie wurde daher weniger streng als die vorsätzl. Tat geahndet.

Uniform (lat. uniformis, einförmig; franz. uniforme, gleichmäßig). Als franz. Fremdwort im 17. Jh. mit dem Aufkommen stehender Heere ins Deutsche übernommene Bez. für deren nach Schnitt und Farbe gleichmäßige Bekleidung. Dann auch für bestimmte Berufsgruppen, vor allem als Dienstkleidung von Beamten (Post, Bahn, Polizei usw.)

übernommen, im weiteren Sinn auch die gleichförmige Bekleidung von Vereinen. Die U. ist ein Mittel zur Kenntlichmachung bzw. Hervorhebung, soll zu Disziplin und Standesbewußtsein erziehen helfen. Die U. im engeren Sinn hat ihren Ursprung in der Livree der Garden Ludwigs XIV., ist um 1700 weitgehend in allen europ. Heeren eingeführt, von der jeweiligen Nationaltracht und weiterreichenden Einflüssen des Ritterwesens mitbestimmt, nach Waffengattung und Regimentern zunächst sehr differenziert. Von der ursprüngl. Farbenpracht und Aufwendigkeit weg entwickelte sich die U. vor allem seit dem Ersten Weltkrieg immer mehr zur unauffälligen Zweckkleidung (Feldgrau, Khaki), zum Kampf- und Tarnanzug, über dessen Form und Farbe die Kriegsbrauchbarkeit entschied.
LIT. R. Knötel, Hdb. der Uniformkunde. Fortgef. u. erweitert von H. Knötel d. J. u. H. Sieg (Nachdruck 2000); Bilderlexikon der U. von 1700 bis zur Gegenwart (1980).

Unigenitus (genauer: Unigenitus Dei filius). Bulle Papst Clemens' XI. (8. 9. 1713), auf Betreiben Ludwigs XIV. verfaßt, verurteilt aus Quesnels ›Réflexions morales‹ 101 Sätze und damit zahlreiche Grundsätze des Jansenismus, im ganzen 18. Jh. heftig umstritten.
LIT. LThK X (²1965) 499f.; HKG V (1970); J. Parquez, La Bulle U. et le jansénisme (1936); B. F. Thomas, La Querelle de l'U. (1950).

Union (lat. unio; franz., engl. union). Vereinigung, Verbindung.
[1] In der Form einer sehr engen Allianz gleichgesinnter Mächte, z. B. U. von Brest (1594); protestantische U. (→ Union [3]), U. von Kalmar u. a.
[2] Verbundenheit mehrerer Staaten durch denselben Herrscher (Personalunion) bzw. in gemeinsamer Verfassung (→ Realunion).
[3] protestantische Union (1608–21). Polit. Zusammenschluß prot. Reichsstände zu Auhausen bei Dinkelsbühl zunächst auf zehn Jahre. Der U. gehörten zunächst an: Kurpfalz, Baden-Durlach, Anhalt, Württemberg, Kulmbach, Ansbach, Pfalz-Neuburg, später traten die Reichsstädte Straßburg, Ulm, Nürnberg sowie 1610 Kurbrandenburg und Hessen-Kassel bei. Der U. gehörten Lutheraner und Calviner an. Innere Differenzen ließen es kaum zu einheitl.

polit. Aktionen kommen. Kursachsen blieb der U. fern. Die Gründung der U. hatte den Zusammenschluß kath. Reichsstände in der Liga unter Führung von Bayern zur Folge. Rückhalt fand die U. zur Zeit des Jülich-Klevischen Erbfolgestreits (1609–14) an Frankreich und den Generalstaaten. Im böhm.-pfälz. Krieg (1618–23, → Dreißigjähriger Krieg) versagte die U. dem zum König von Böhmen gewählten Kurfürsten Friedrich V. von der Pfalz ihre Hilfe. Nach der Erklärung des Pfälzer Kurfürsten in die Reichsacht (1621) löste sich die U. auf dem Heilbronner Tag auf.
[4] Union von 1849–50. Von Preußen versuchte → kleindt. Lösung der dt. Frage. Der U. traten alle dt. Staaten bei mit Ausnahme Österreichs, Bayerns, Württembergs, Holsteins, Luxemburgs und Liechtensteins. Sachsen und Hannover zogen sich im Oktober 1849 von der U. zurück und schlossen mit Württemberg und Bayern das Vierkönigsbündnis. Das Unionsparlament in Erfurt (seit 20. 3. 1850) blieb durch innere Gegensätze gehemmt; eine Annahme der Unionsverfassung konnte nicht erreicht werden, und Preußen verzichtete schließlich am 29. 11. 1850 auf die Durchführung der Union.
LIT. Zu [3] Gebhardt-Grundmann II; W. Platzhoff, Geschichte des europ. Staatensystems 1559–1660 (1928); H. Weigel, Franken, Kurpfalz und der böhm. Aufstand I (1932).

Union Jack. Volkstüml. Bez. der Flagge Großbritanniens, bestehend aus dem engl. Georgskreuz auf weißem Grund, dem weißen schott. Andreaskreuz auf blauem Grund, dem roten irischen Patrickskreuz auf weißem Grund, alle drei Kreuze überlegt und für das irische und schottische Kreuz ineinander verschoben angeordnet. Seit dem 1. 1. 1801 die Flagge Großbritanniens.
LIT. A. Rabbow, dtv-Lexikon polit. Symbole (1970).

Unionsbestrebungen. Aus verschiedenen Motiven entstandene, mit ganz verschiedenen Zielen verfolgte Bestrebungen im Zug des ökumen. Bewegung und im Rahmen des Weltrats der Kirchen. Die U. begannen im 19. Jh. mit dem Zusammenschluß zu konfessionellen Weltbünden (z. B. Lutherischer Weltbund, Reformierter Weltbund) aus der Einsicht, daß die in Christus beste-

hende Einheit der Kirche wieder sichtbar gemacht werden müsse.
LIT. RGG II, 379–404; LThK X, 504 ff.

Unionsplan (von 1653). Von Graf Georg Friedrich von Waldeck (1620–92) entworfenes Projekt eines antihabsburg. Bündnisses der Reichsstände; von Friedrich Wilhelm I., dem Großen Kurfürsten, abgelehnt; später fälschlich als früher Versuch einer dt. Einigung unter brandenburg.-preuß. Führung gedeutet.

Union von Utrecht →Utrechter Union; →Utrechter Kirche.

Unitarier (von lat. unitas, Einheit). Die U. leugnen die Trinität Gottes; →Antitrinitarier; → Sozinianer; im 17. Jh. auftauchende Bez. der Sozinianer. Von dem Zentrum Raków in Polen im 17. Jh. nach den Niederlanden, England, von dort nach Nordamerika verbreitet; nicht in die →Toleranz-Akte von 1689 aufgenommen, erst 1844 als gleichberechtigte Kirchen staatl. anerkannt.
LIT. RGG VI, 1148–51; LThK X, 506 f.; K. Algermissen, Konfessionskunde (⁷1957).

Unitarismus.
[1] Bez. für das Bestreben in einem Bundesstaat, die Staatsgewalt einer zentralen Regierung zu übertragen, die Selbständigkeit der Gliedstaaten zurückzudrängen oder zu beseitigen (→Zentralismus). Insofern ist der U. der Gegensatz zum →Föderalismus, der das Schwergewicht bei den Gliedstaaten belassen will. Die Vorzüge werden in Machtkonzentration, Staatsvereinfachung, klarer Zuständigkeitsregelung, Verbilligung gesehen.
[2] Lehre der Unitarier.

Universalia (von lat. universale). Die Universalien, Allgemeinbegriffe.

Universalienstreit. Auseinandersetzung über das Verhältnis der Allgemeinheiten, Allgemeinbegriffe zu den Dingen, bes. im 12., 14. und 15. Jh. Es geht dabei darum, ob die Allgemeinbegriffe vor den Dingen (ante res, extremer Realismus) oder nur in den Dingen (in rebus, gemäßigter Realismus) oder nach den Dingen (post res, Konzeptualismus) oder nur bloße Namen (Nominalismus) sind. Die histor. Entwicklung zeigt folgende Stufen und Systeme dieser philosoph. Diskussion:
a) Extremer Realismus 9.–12. Jh. (Anselm von Canterbury u. a.);
b) Extremer →Nominalismus (Roscelin von Compiègne; bb) gemäßigter →Realismus (Abaelard);
c) Gemäßigter Realismus im 13. Jh. (Albertus Magnus, Thomas von Aquin);
d) Streit im 14. u. 15. Jh. zw. Thomisten und Skotisten und Wilhelm von Ockham und seiner Schule. →Nominalismus.
LIT. F. Ueberweg, Grundriß der Geschichte der Philosophie II (¹¹1928) 192–226; H. Mayer, Gesch. der abendländ. Weltanschauung III (1948).

Universalismus (von lat. universalis, auf das Ganze gerichtet). Ganzheitsdenken; Gesellschaftslehre, die einheitlich, ganzheitlich, organisch sein will; Antithese zum Individualismus, Partikularismus, aber auch Sozialismus.
In der Gesellschafts-, Staats- und Volkswirtschaftslehre eine von Othmar Spann begründete Richtung, die sich gegen Individualismus, Positivismus, Materialismus wendet. Ausgangspunkt des U. ist der Satz: »Alles was ist, besteht als Glied eines Ganzen.« Das Ganze ist logisch, wesenhaft vor den Teilen und wird in den Gliedern geboren (Kategorie der »Ausgliederung«). Die Gesellschaft ist kein Mechanismus, das kausale Verfahren daher auf sie unanwendbar. Der U. ist stark von Plato, der dt. Mystik und der Romantik beeinflußt.
LIT. O. Spann, Der wahre Staat (1921); ders., Hauptpunkte der universalist. Staatsauffassung (²1931); StL VI, 1141–44; Hwb. der Sozialwissenschaften X.

Universität (lat. universitas; universitas litterarum et artium liberalium). Lehr- und Forschungsstätte mit dem Ziel der Ausbildung und Bildung. Aus der Rechtsschule von Bologna und der philosoph.-theolog. Hochschule zu Paris entstanden im 12. Jh. die beiden ältesten U. »Universitas« wurde zum ersten Mal 1221 von der Gemeinschaft der Pariser Magister gebraucht (»nos universitas magistrorum et scolarium«). Universitas bedeutet also Körperschaft der Lehrer und Studenten an dem Studium generale, wie die eigentliche Lehrstätte hieß. In Dtl. gingen beide Bez. »universitas« und »studium generale« früh ineinander über; bis zum Ende des MA war Studium generale allg. üblich. Papst und Kaiser gewährten den neuen Institutionen Privilegien. Nach dem Vorbild von Bologna und Paris entstanden

durch spontanen Zusammenschluß die U. von Cambridge, Oxford, Modena, Montpellier; päpstl. Gründungen waren Rom, Pisa, Avignon, Perugia u.a.; fürstl. Gründungen: Neapel (1224 von Kaiser Friedrich II.), Toulouse (1229 von Graf Raimund und König Ludwig IX.), die span. U. Valencia (1208/ 1209), Salamanca (1254), Alcala (1508), die dt. U. Prag (1348 gegr. von Karl IV. als König von Böhmen), Wien (1365).
Als infolge des Abendländischen Schismas dt. Studenten Paris nicht mehr besuchen konnten, wurden Heidelberg (1385), Köln (1388) und Erfurt (1392) gegründet. Die Vertreibung der Deutschen aus Prag führte zur Gründung von Leipzig (1409). Es folgten Rostock (1419) als erste U. in Norddeutschland, und nach längerer Pause Greifswald (1456), Freiburg/Breisgau (1457), Basel (1460), Ingolstadt (1472), Trier (1473), Mainz (1476), Tübingen (1477), Wittenberg (1502) und Frankfurt/O. (1506).
Das bedeutendste Amt an den ma. U. war das des Kanzlers. Der Rektor bekleidete die höchste Würde; die Magistri regentes waren zum Zölibat verpflichtet, Lehrer und Schüler waren Kleriker, Unterrichtssprache war Latein. Die U. waren in vier Fakultäten geteilt (Jura, Theologie, Medizin, Philosophie), wobei der Besuch der Philosophie oder Artistenfakultät Voraussetzung war für den Besuch der drei anderen Fakultäten. Nach dem Studium von Grammatik, Rhetorik, Dialektik und Mathematik, konnte der Grad des Baccalaureus, nach dem Studium der Logik, Physik, Metaphysik, Ethik, Politik, Astronomie und Geometrie der Magistergrad erworben werden. Den Doktortitel verliehen die höheren Fakultäten.
Die Krise der U. im ausgehenden 15. und 16. Jh. ist durch das Ringen zw. via antiqua und via moderna, durch die Auseinandersetzung mit dem Humanismus und die Glaubensspaltung (Reformation) umschrieben. Mit der Einheit des Glaubens zerbrach die trotz zunehmender territorialer Bindung noch vorhandene Einheit der U. Die U., von denen die meisten sich anfangs ablehnend gegenüber der Reformation verhielten, mußten sich für das Tridentinum, die Confessio Augustana oder das ref. Bekenntnis entscheiden. Ein allg. Rück-

gang setzte ein. Freie Forschung und Lehre brachte die Reformation den U. nicht. Nach dem von Luther und Melanchthon in Wittenberg neu geschaffenen Typ wurden in prot. Ländern neue landesherrl. U. eingerichtet: Marburg/ Lahn (1527), Königsberg (1544), Jena (1558), Helmstedt (1576), Gießen (1607) nach der Aufteilung der Landgrafschaft Hessen als luth. U. gegen das ref. Marburg, Kiel (1665). Bestehende ältere U. wurden nach dem Glaubenswechsel des Landesherrn reformiert; z.B. Tübingen nach 1535, Rostock nach 1542, Leipzig nach 1542. Eine Reform der kath. U. setzte erst relativ spät und unter maßgebl. Beteiligung der Jesuiten ein. Kath. Neugründungen in Dillingen, Würzburg, Innsbruck, Graz, Salzburg, Bamberg stehen prot. in Rinteln, Altdorf, Herborn, Duisburg gegenüber. Die große Zahl der U. in Dtl. vor und nach dem Dreißigjährigen Krieg kann indessen nicht über deren geringe Leistung und den ständigen Rückgang der Studenten hinwegtäuschen. Die eigentl. Pflegestätten der empir. Wissenschaften sind seit dem 17. Jh. die Akademien. Erst mit der Gründung der U. Göttingen (1734) tritt neben die U. als landesherrl. Ausbildungsstätte der Typ der zweckfreien, nur der freien Forschung und Lehre dienenden, von Staat und Kirche unabhängigen Institution. Ähnliche Ziele werden in Halle unter Thomasius und Wolff verfolgt, durch die Aufklärung mehr oder weniger an einer Reihe anderer U. (z.B. weitgehend in Würzburg, Mainz) verwirklicht.
Den Auswirkungen der Französischen Revolution und der Säkularisation fiel mehr als die Hälfte der dt. U. zum Opfer, u.a. Straßburg, Köln, Mainz, Trier, Bonn, Fulda, Innsbruck, Erfurt, Rinteln, Frankfurt/O., Duisburg, Münster.
Für den Neuaufbau lieferte das Modell die 1810 nach den Vorstellungen von Wilhelm von Humboldt errichtete U. Berlin. Neuhumanismus und Idealismus prägten das Konzept. Freiheit von Lehre und Forschung sollten vom Staat geachtet, das Ziel der U. der selbständig denkende, kritische, verantwortungsbewußte Akademiker sein. Erneuert wurden Breslau (1811), Bonn (1818), München (1826) aus der ehem. U. Ingolstadt über die Zwischenstufe Landshut; Straßburg wurde 1872 wieder errichtet, Münster 1902, Frankfurt 1914, Köln und Hamburg 1919, Mainz 1946

und die Freie U. Berlin 1948 erneut zu U. erhoben bzw. neugegründet. Die Zahl der Neugründungen wuchs bei steigenden Studentenzahlen.
LIT. G. Kaufmann, Geschichte der dt. U. 2 Bde. (1888–96); W. Erman und E. Horn (Hrsg.), Bibliographie der dt. U. 3 Bde. (1904 bis 1905); L. Petry, Dt. Forschungen nach dem Zweiten Weltkrieg zur Geschichte der U. In: VSWG 46 (1959) 145–203; R. P. Atcon, Zum Strukturwandel der dt. U. (1964); J. Schriewer, Die französ. Universitäten 1945–68 (1972); P. Moraw, Kleine Geschichte der U. Gießen (1970); L. Boehm und J. Spörl, Ludwig-Maximilians-U. (1972); R. A. Müller, U. und Adel (1974); H. Weber (Hrsg.), Tradition und Gegenwart. Studien u. Quellen z. Gesch. d. U. Mainz (1977); W. König, Universitätsreform in Bayern ... 1848/49 (1977); G. Meinhardt, Die U. Göttingen. Ihre Entwicklung und Geschichte von 1734 bis 1974 (1977); H. J. Brandt, Eine kath. U. in Dtl. (1981); H.-W. Prahl, J. Schmidt-Harzbach, Die U. Eine Kultur- und Sozialgeschichte (1981); P. Baumgart, Vierhundert Jahre U. Würzburg (1982); Chr. Renger, Die Gründung und Einrichtung der U. Bonn und die Berufungspolitik des Kultusministers Altenstein (1982); G. Haase, J. Winkler (Hrsg.), Die Oder-Universität Frankfurt (1983); T. Ellwein, Die dt. Universität vom MA bis zur Gegenwart (1983); H. Ringeling, M. Svilar (Hrsg.), Die Universität Bern. Geschichte und Entwicklung (1984); L. Buzás, Bibliographie zur Geschichte der U. Ingolstadt-Landshut-München, 1472–1826 (1984); S. Hoyers, W. Flächendräger, Die Geschichte der U. und ihre Erforschung (1985); G. Kreis, Die U. Basel (1986); H. Boockmann, Wissen und Widerstand. Geschichte der dt. U. (1999).

Unterhaus. Deutsche Bez. für das House of Commons, d. h. die 2. Kammer des brit. Parlaments; im engl. Sprachgebrauch nicht üblich.

Untertan (lat. subditus). Bez. für den Staatsangehörigen im vorkonstitutionellen Staat. Der Formulierung liegt die Tatsache zugrunde, daß der U. dem jeweiligen Herrscher unterworfen war. Im Verfassungsstaat wird der Staatsangehörige als Staatsbürger bez. Dadurch soll das Mitbestimmungsrecht des Einzelnen im Staat und am Staatsgeschehen zum Ausdruck gebracht werden.

LIT. J. Lotz (Hrsg.), Obrigkeit und Untertan. Anmerkungen zur dt. Geschichte im 18. Jh. (1985).

Unze (von lat. uncia). Im klass. Latein war uncia ein Zwölftel der betreffenden Maß- und Gewichtseinheit, wie auch der Münze.

Unziale (uncialis scriptura; von uncia, Zoll; uncialis, zollhoch). In der Antike wird mit litterae unciales eine großbuchstabige Schönschrift bezeichnet. Die durch Abrundung insbes. der Buchstabenschäfte aus der eckigen capitalis quadrata, capitalis rustica entstandene Kapitalschrift des 3. bis 9. Jh. wird in der Paläographie als U. bezeichnet. Die U. ist eine Buchschrift, vor allem auf Pergament. Neben die U. tritt durch Ausbildung von Ober- und Unterlängen die Halb-U., ebenfalls als Buchschrift vom 4. bis 8. Jh. verwendet.

LIT. Clavis mediaevalis 254 f.; E. Chatelain, Uncialis scriptura (1901/02).

Up ewig ungedeelt (niederdt., Auf ewig ungeteilt). Wahlspruch Schleswig-Holsteins.

Uradel → Adel.

urban (von lat. urbs). Syn. für städtisch, gebildet, geistreich. Urbanität: Lebensart, Höflichkeit, Weltläufigkeit.

LIT. H. Matzerath, Urbanisierung in Preußen 1815–1914 (1985); J. Reulecke, Geschichte der Urbanisierung in Dtl. (1985).

Urbar, Urbarien (mhd. urbar; Ausgangsbedeutung ist »Ertrag«, »ertragbringendes Grundstück«). Systemat. Güter- und Abgaben-Verzeichnisse, insbes. aus Grundbesitz, z. T. aus den Traditionsbüchern entwickelt. Die U., die bereits seit dem 9./10. Jh. vor allem im Moselgebiet und Oberlothringen vorkommen, werden seit dem 12./13. Jh. auffallend zahlreicher. Die U. sind vor allem für die Rechts-, Verwaltungs- und Wirtschaftsgeschichte von größtem Quellenwert.

LIT. R. Kötzschke, Urbare des Klosters Werden I (1902); O. Herding, Das U. als orts- und zeitgeschichtl. Quelle. In: Zs. für württemberg. Landesgesch. 10 (1951); F. Herberhold, Das U. der Grafschaft Ravensberg von 1556 I (1960 f.); H. C. Faußner, A. von Grote (Hrsg.), Urbarbuch des landesfürstl. Kastenamts Burghausen für den Kasten Ober- und Niederweilhart von 1581 (1981); J. Hopfenzitz, Studien zur oberdt. Agrarstruktur und Grundherrschaft. Das U. der Deutschordenskommende Oettingen von 1346/47 (1982); I. Schwab (Hrsg.), Das Prümer Urbar (1983).

urbi et orbi (lat., Der Stadt [Rom] und dem Erdkreis). Seit dem Zeremoniell Papst Gregors X. (1271–76) über die Papstwahl wurden diese Worte von dem ersten Kardinaldiakon gesprochen, wenn er dem gewählten Papst den Mantel umlegte. Die Zeremonie verschwand später, doch wird der päpstl. Segen heute noch mit dieser Formel bei feierl. Anlässen gespendet.

Urfehde. Zustand, in dem keine Fehde ist (Unfehde). Beschworener Verzicht auf Rache; feierl. Friedensversprechen (iuramentum pacis) beider Parteien beim Sühnevertrag. Im späten MA Eid des Angeklagten, sich jeder Rache gegen Kläger und Richter zu enthalten. Die U. wurde in U.-Briefen und U.-Büchern beurkundet.

Urgicht (mhd. erjëhen, aussagen, bekennen). Aussage, Bekenntnis.

Uriasbrief. Nach 2. Sam. 11,14 ein für den Überbringer verderbl. Brief.

Urkunde (ahd. urkundi, mhd. brief; mlat. testimonium, privilegium, carta). Rechtskräftige Aufzeichnung, die einen Vorgang bekundet. »Im Sinne der geschichtl. Quellenkunde verstehen wir unter U. für sich allein bestehende Schriftdenkmale, in denen Rechtssachen in bestimmten, nach Person, Zeit, Ort und Inhalt wechselnden Formen verbrieft werden so zwar, daß diese schriftl. Zeugnisse zur Erfüllung rechtl. Aufgaben befähigt sind« (Wilh. Bauer).

Für jede U. kommen in Betracht a) der Urheber, b) der Empfänger, c) der Aussteller, der nicht mit dem Urheber identisch sein muß. Die organisierte Beurkundungsstelle wird Kanzlei, die Ähnlichkeit der Merkmale aller in einem bestimmten Zeitraum aus derselben Kanzlei hervorgegangenen U. Kanzleimäßigkeit genannt. Der Text der U. heißt Diktat (dictare, konzipieren), dessen Verfasser Diktator, der nicht identisch sein muß mit dem Schreiber. Die Formulierung des Diktats kann nach einer Vorurkunde bzw. nach Formularen oder nach Konzepten erfolgen, die wegen der darin enthaltenen Korrekturen, Streichungen und Zusätze oft von großem Wert sein können. Die Ausfertigung einer U., die auf Anordnung oder mit Genehmigung des Ausstellers dem Empfänger ausgehändigt wurde, heißt →Original (autographa). »Alle handschriftl. Texte von U., welche im Sinne dieser Definition nicht als Originale angesehen werden können, werden als Abschriften bezeichnet« (H. Bresslau). Eine U. kann als Original, als Konzept, als Kopie (vidimierte, transsumierte Kopie) oder als Registereintragung (z. B. Kopialbücher, Cartularien, Traditionsbücher) oder in allen diesen Formen überliefert sein. Ob beglaubigte Abschriften unter Umständen als Originale gelten können, vor allem dann, wenn das Original verloren ist, ist umstritten. Gewöhnlich bezeichnet man sie als »sekundäre Stücke«.

Man unterscheidet (die Grenzen sind manchmal fließend)

1) **öffentliche Urkunden,** die von einer souveränen Autorität ausgestellt sind (Papst-, Kaiser- bzw. Königsurkunden, überhaupt Herrscherurkunden).

2) **Privaturkunden,** d. h. U. nichtsouveräner Gewalten, z. B. von Klöstern, kleinen Adeligen und Städten.

Nach ihrem Inhalt unterscheidet man **Geschäftsurkunde,** Carta, und **Beweisurkunde,** Notitia.

Für die Urkundenkritik werden äußere und innere Merkmale unterschieden.

a) äußere: Beschreibstoff, Format, Schrift, →Siegel, Faltung oder Verschluß, äußere Erhaltung.

b) innere: Diktat, rechtl. und sachl. Inhalt der U.

Urkundenformeln. Zur Sicherung der Glaubwürdigkeit waren Urkunden an feste Formen gebunden. Die Ideal-Urkunde hat folgenden Aufbau

I. (Eingangs-)Protokoll.

1. →Invocatio (»In nomine sanctae et individuae trinitatis . . .«);

2. Intitulatio, meist mit Devotionsformel (Nennung des Ausstellers);

3. Inscriptio. oft mit Salutatio (Nennung des Empfängers, oft mit Grußformel).

II. Text oder auch Kontext (Kern der Urkunde; bringt den Rechtsinhalt).

1. →Arenga (rhetorisch gehaltene Begründung des folgenden Haupttextes);

2. Promulgatio (Willenserklärung an den Empfänger; »notum sit . . .«);

3. Narratio (Erzählung des Tatbestandes, der Rechtsgrundlage für die beurkundeten Vorgänge);

4. Dispositio (eigentlicher Rechtsakt);

5. Sanctio oder →Poenformel (Bekräftigung der Dispositio);
6. →Corroboratio (Siegelbefehl, Zeugenreihe).
III. Schlußprotokoll, auch Eschatokoll genannt.
1. Subscriptio (Unterschriften, Monogramm, Vollziehungsstrich im Monogramm; Rekognitionszeichen des Kanzlers, Scriptumformel, Bene valete, sog. Rota mit Devise des betreffenden Papstes, Bulle an Hanf- oder Seidenschnur);
2. Datierung;
3. Apprecatio (Segenswunsch).

Urkundenlehre. →Diplomatik. Aufgabe der U. ist es, »den Wert der Urkunde als histor. Zeugnisse zu bestimmen« (H. Bresslau) und sie in krit. Editionen zugänglich zu machen. Sie hat die Frage der Echtheit oder Unechtheit zu lösen. Auch eine Falschung oder Verunechtung ist für den Historiker als Quelle verwertbar. Die Kritik der Urkunden ist so alt wie die Urkunden selbst. Wissenschaftl. Urkundenkritik setzt mit dem Humanismus (Petrarca 1361, Lorenzo Valla 1440) ein, erlebt mit den bella diplomatica des 17. Jh. einen Höhepunkt; wird in Dom Jean Mabillons ›De re diplomatica libri VI‹ (1681) erstmals in ein System gebracht und auf wissenschaftl. Grundlagen gestellt. Fortgesetzt wurde die U. von den Maurinern Chr. Fr. Toustain und F. Fr. Tassin in dem sechsbändigen ›Nouveau traité de diplomatique, où l'on examine les fondements de cet art‹ (1754–65). Die Herauslösung der U. aus der jurist.-staatsrechtl. Betrachtungsweise und die Entwicklung zu einer selbständigen histor. Hilfswissenschaft wurde durch die Veränderung der hist. gewordenen Rechtsstruktur Europas seit der Französischen Revolution und das Aufblühen der histor. Forschung im frühen 19. Jh. gefördert. Die 1821 gegr. →École des Chartes entwickelte und lehrte die Methodik der →Paläographie und U. In Dtl. wurde die U. vor allem durch das 1854 gegr. Institut für österreichische Geschichtsforschung, wo Theodor Sickel (1828–1908: ›Die Urkunden der Karolinger‹. 2 Bde., 1867) seit 1856 wirkte, sowie durch die Monumenta Germaniae Historica (MGH) gepflegt. Den Papsturkunden widmete sich seit 1896 ein eigenes Göttinger Unternehmen; 1908 wurde von Karl Brandi, Harry Bresslau und Michael Tangl

das Archiv für Urkundenforschung gegründet. Muster moderner Urkundeneditionen sind die Diplomata-Bände der MGH und zahlreiche lokale Urkundenbücher, von denen nur das von E. E. Stengel herausgegebene Urkundenbuch des Klosters Fulda genannt sei.
LIT. Clavis mediaevalis 256–59; W. Erben, L. Schmitz-Kallenberg, O. Redlich, U. In: Hdb. der ma. und neueren Geschichte, hrsg. von G. von Below und F. Meinecke, Abt. IV (1907); H. Quirin, Einführung in das Studium der ma. Geschichte (³1964) 137f., 328f.; W. Bauer, Einführung in das Studium der Geschichte 244–58; H. Bresslau, Hdb. der U. für Dtl. und Italien. 2 Bde. (³1958–60); L. Santifaller, Neuere Editionen ma. Königs- und Papsturkunden (1958); P. Herde, Beiträge zum päpstl. Kanzlei- und Urkundenwesen im 13. Jh. (1961); I. Kehr, Papsturkunden in Spanien. 2 Bde. (1926/28–70); C. Brühl, Studien zu langobard. Königsurkunden (1970); H. Fichtenau, Das Urkundenwesen in Österreich (1971); RDL IV (1981) 592–603; E. Rieger, Das Urkundenwesen der Grafen Kyburg und Habsburg, hrsg. von W. Heinemeyer. 2 Bde. (1985); L. Santifaller, Urkundenforschung. Methoden, Ziele, Ergebnise (⁴1985); Alfons Sprinkart, Urkundenwesen, Kanzlei, Rat und Regierungssystem der Pfalzgrafen bei Rhein und Herzöge von Bayern Rudolf I. und Ludwig IV. von 1294 bis 1314 bzw. 1317. Forschungen zur Kaiser- und Papstgeschichte des Mittelalters 4. Beihefte zu J. F. Böhmer, Regesta Imperii (Köln/Wien 1985/86); Th. Frenz, Papsturkunden des MA und der Neuzeit (1986); W. Heinemeyer (Hrsg.), Das Urkundenwesen der Grafen von Kiburg und Habsburg (1986); B. Diestelkamp (Hrsg.), Urkundenregesten zur Tätigkeit der dt. Königs- und Hofgerichts bis 1451 (1986).

Urne (lat. urna; spätmhd. urn).
[1] Flüssigkeitsmaß.
[2] Gelehrte Entlehnung im 17. Jh. und in dieser Zeit als »Todesgefäß«, »Leichentopf« übersetzt. Vorgeschichtl. Tongefäß zur Aufnahme von Wegzehrung für den Bestatteten, dann mit Zunahme der Brandbestattung auch Behälter für die Reste des Leichenbrandes.
[3] Gefäß zum Einwerfen der Stimmzettel.

Ursulinen, Ursulinerinnen (Ordo

Sanctae Ursulae). Gegr. 1535 in Brescia, unter den Schutz der hl. Ursula gestellte Klostergenossenschaft, die nach Orts- und Zeitverhältnissen weiterentwickelt, sich vor allem der Katechese und Erziehung widmete, in Italien, Frankreich, Dtl. recht verbreitet war, durch die Franz. Revolution fast vernichtet wurde, im 19. Jh. aber einen neuen Aufschwung erlebte.

LIT. S. M. D. Hunt, Der Orden der hl. Ursula (1961); LThK 10 (²1965) 576 ff.

Usurpation. Widerrechtl. Besitzergreifung der Staatsgewalt, Thronraub.

LIT. St. Elbern, Usurpationen im spätröm. Reich (1984).

Usurpator (lat.). Derjenige, der illegal die Staatsgewalt an sich reißt; Thronräuber.

Usus (lat.). Brauch, Herkommen, Gewohnheit.

Usus fructus (lat.). Nießbrauch.

Utilitarismus (von lat. utilis, nützlich). Philosophisch-ethische Lehre, die das Sittliche dem Nützlichen gleichsetzt. Im U. ist der Nutzen, entweder als Nutzen des einzelnen (individualist. U.) oder als Nutzen der Gesellschaft (Sozialeudämonismus) das letzte Ziel. Als eigentl. Begründer des U. gilt J. Bentham (†1832), weitere Vertreter: J. St. Mill, A. Comte. Der Grundsatz des U. vom »größten Glück der größten Zahl« gehört zu den Grundlagen der Demokratie, des Wohlfahrtsstaates und in abgewandelter Form auch des Marxismus-Kommunismus (kollektivist.-sozialist. U.).

LIT. A. Müller, Die sozial- und wirtschaftsphilosoph. Bedeutung des U. unter bes. Berücksichtigung Englands speziell von Jeremy Bentham (1956); J. Plamenatz, The English Utilitarians (²1958); W. R. Köhler, Zur Geschichte und Struktur der utilitarist. Ethik (1979); B. Williams, Kritik des U. (1979).

Ut in omnibus glorificetur Deus (lat., Abk. U. I. O. G. D., In allem möge Gott verherrlicht werden). Wahlspruch der Benediktiner.

Utopie (griech., Nirgendsland). Von Thomas Morus' Vernunftstaatsfiktion Utopia (›De optimo rei publicae statu deque nova insula Utopia‹, Über den besten Zustand des Staates und über die neue Insel Utopia, 1516) abgeleiteter Begriff; wird sofort auf dem Kontinent übernommen, gleichbedeutend mit Wolkenkuckucksheim, Wahnbild, Schwärmerei.

Die wichtigsten U. seit Thomas Morus sind: Thomas Campanella, ›Civitas Solis‹ (1602), Johann Valentin Andreae, ›Christianopolitanae rei publicae descriptio‹ (1619), F. Bacon, ›Nova Atlantis‹ (ca. 1625), Teile von Rabelais, ›Gargantua und Pantagruel‹, Romane, (1532–52), J. Harrison, ›Oceana‹ (1656), Teile von Fénelons ›Télémaque‹ sowie einige Aspekte von Grimmelshausens ›Simplicissimus‹ (1668), J. G. Schnabel, ›Insel Felsenburg‹ (1731 f.), J.-J. Rousseau, ›Émile‹ (1762). Sozialist. U. finden sich bei Saint-Simon (→Saint-Simonismus), Owen, Proudhon; techn.-staatssozialist. U. bei E. Bellamy, ›Looking Backward‹ (1888), B. v. Suttner, ›Das Maschinenzeitalter‹ (1889); die U. des totalen Staates, der Vermassung und Entindividualisierung bei Aldous Huxley, ›Brave New World‹ (1932), Ernst Jünger, ›Heliopolis‹ (1949), ›Die gläsernen Bienen‹ (1956); George Orwell, ›1984‹ (1950); christl. Züge begegnen in den utop. Romanen von H. Gohde (d. i. Friedrich Heer), ›Der achte Tag‹ (1950), F. Werfel, ›Der Stern der Ungeborenen‹ (1946).

LIT. StL VII, 1181–96; K. Mannheim, Ideologie und U. (⁴1965); A. Guggenberg, Die U. vom Paradies (1957); D. Naumann, Politik und Moral. Studien zur Utopie der dt. Aufklärung (1977); R. Spaemann, Zur Kritik der polit. Utopie (1977); B. Baczko, Lumière et utopie (1978).

Utraquisten. Anhänger der gemäßigten Richtung der Hussiten, die das Abendmahl »sub utraque specie«, d. h. mit Gewährung des Kelches empfangen. →Calixtiner.

Utrecht, Friede von, Kongreß von (11. 4. 1713). Beendete im wesentl. den Spanischen Erbfolgekrieg nach dem gescheiterten Verhandlungsversuch im Haag und in Gertruidenburg (1709/ 1710); durch die Friedenskongresse von Rastatt, Baden und Wien sowie die Quadrupel-Allianz ergänzt. Der Friede wurde zwar in U. unterzeichnet, aber dort nicht wirklich verhandelt, denn der Utrechter Kongreß registrierte nur, was ihm unterschriftsbereit vorlag und vor allem von England mit den einzelnen Staaten ausgehandelt bzw. von ihnen erzwungen worden war.

Der von England, Frankreich, Preußen, Savoyen, Portugal, nicht aber von Kaiser Karl VI. unterzeichnete Friede bestimmte im wesentl. folgendes: England erhält von Frankreich außer der Anerkennung der engl. Sukzession der Welfen Neufundland, Neuschottland (Akadien), die Hudsonbailänder, von Spanien Gibraltar und Menorca und den →Assiento. Den Generalstaaten wird ein Teil der im Barrièretraktat zugestandenen Grenzfestungen der bisher span. Niederlande eingeräumt. Preußen erhält die Anerkennung des Königstitels und die Bestätigung von Neuenburg und Valengin und das Oberquartier Geldern. Es überläßt an Frankreich seine Ansprüche auf das Fürstentum Orange. Philipp von Anjou wird als König des gesamten span. Reiches, ausgenommen der Österreich zuerkannten span. Nebenländer: Niederlande, Mailand, Neapel, Sardinien anerkannt; der Herzog von Savoyen erhält Sizilien als Königreich.

Da Kaiser Karl VI. die Zustimmung zu dem Frieden verweigert, geht der Krieg am Rhein weiter und wird nach den Eroberungen von Landau und Freiburg durch Villars in den Frieden zu Rastatt, Baden und Wien beendet. U. leitet das Zeitalter der engl. Hegemonie ein.

LIT. O. Weber, Der Friede von U., Verhandlungen zw. England, Frankreich, dem Kaiser und den Generalstaaten 1710–13 (1891); G. W. Sante, Die kurpfälz. Politik Johann Wilhelms und die Friedensschlüsse zu U., Rastatt und Baden (1711–16). In: Zs. des Bergischen Geschichtsvereins 54 (1923/24); W. Platzhoff, England und der Utrechter Friede. In: HZ 167 (1943); M. Braubach, Friedensverhandlungen in U. und Rastatt 1712–14. In: HJB 90 (1970).

Utrechter Kirche. Seit dem frühen 18. Jh. von Rom getrennte Kirche. Amtl. Bez.: Röm.-kath. Kirche der alten bischöfl. Klerisei. Stark vom Jansenismus beeinflußt; →Apostolische Sukzession. Mehrere Unionsversuche mit Rom scheiterten. Die dt. Altkatholiken schlossen mit der U. K. 1889 die Utrechter Union.

LIT. LThK X ²588; RGG ³VI 1322; Bihlmeyer-Tüchle III; HKG V (1970); B. van Bilsen, Het schisma van Utrecht (1949); A. van Kleef, Geschiedenis van de Oud-Katholieke Kerk van Nederland (1953); J. Tans, M. Kok, Rome-. Utrecht (1966).

Utrechter Union.
[1] (23. 1. 1579) Zusammenschluß der sieben nördl. Provinzen der Niederlande, nämlich Holland, Seeland, Utrecht, Geldern, Groningen, Friesland, Overijssel im Kampf gegen die span. Herrschaft. Die Union ist eine Folge der seit dem 14. Jh. zw. nördl. und südl. Niederländern bestehenden Gegensätze, ein auf der Grundlage ma. Freiheitsbegriffe ad hoc geschlossenes Kriegsbündnis, jedoch nicht von Anfang an als Verfassung eines Staates gedacht, da man dem König von Spanien noch nicht abgeschworen hatte. Sie bedeutet für die vereinigten Provinzen die Vormacht des prot. Glaubens, die Erhaltung der Selbstverwaltung und der provinziellen Regierung gegenüber der herrschenden polit. Zeitströmung und die Konservierung eines veralteten Wirtschaftssystems.

[2] Zusammenschluß dt. Altkatholiken von Dtl., Holland, der Schweiz, Österreich und der →Utrechter Kirche (1889).

Utrechtpsalter. Karoling. Psalterhandschrift des 9. Jh., in England während des MA öfter kopiert. Faksimile-Ausgabe der Palaeographical Society (1874).

LIT. E. T. Dewald, The illustrations of the U. (1933).

Vae victis. (lat., Wehe den Besiegten). Nach der Schlacht an der Allia (vermutlich 387 v. Chr.), in der es dem Führer eines senonischen Heerhaufens gelang, die Römer zu schlagen, Rom zu besetzen und das Kapitol einzuschließen, vermochten es die Römer, den Abzug der Belagerer durch Zahlung eines Lösegeldes zu erreichen. Beim Abwiegen des Lösegeldes soll der Führer des Heerhaufens, →Brennus, falsches Gewicht gebraucht haben. Auf die Beschwerde der Römer hin soll Brennus sein Schwert mit den Worten »V. v.« in die Waagschale geworfen haben.

Vaganten (lat. vagantes, die Umherschweifenden). Umherziehende Schüler, Studenten und stellensuchende Kleriker (ma. clerici vagantes; sie wurden in Frankreich auch Goliarden genannt) insbes. aus Dtl., Italien und Frankreich, die die weltl. lat. Lyrik im 12. und 13. Jh. repräsentierten. Die V. verdienten sich ihren Lebensunterhalt dadurch, daß sie ihre meistenteils lat. Vagantenlieder insbes. vor den Klerikern im Amte vortrugen. Von zahlreichen Vagantenliedern ist der Verfasser nicht bekannt; sie sind enthalten in Sammlungen. Eine berühmte Sammlung sind die → Carmina Burana. Neben der im Vordergrund stehenden Darstellung persönl. Erlebnisse werden die Freude an Liebe, Wein, Spiel und Besitz geschildert, doch auch der Klerus, das Mönchtum und die Kurie kritisiert. Außer den genannten Gruppen von Schülern, Studenten und stellensuchenden Klerikern gehörten zu den V. auch bedeutende Geistliche im Amt, u. a. Hugo Primas von Orléans (um 1093–nach 1160), der rhein. Archipoeta, der von 1162 bis 1165 im Dienste des Kölner Erzbischofs Rainald von Dassel (um 1120–67) stand, sowie Walther von Châtillon (um 1135–1200). LIT. H. Süssmilch, Die lat. Vagantenpoesie des 12. und 13. Jh. als Kulturerscheinung (1917); P. Lehmann, Die Parodie im MA (1922/23); H. Waddell, The Wandering Scholars (1927); E. Heyck, Die V. und ihr Liederbuch (1928); O. Dobiache-Rojdestvensky, Les poésies des goliards (1931); M. Manitius, Geschichte der lat. Lit. des MA, 3 (1931); M. Bechtheim, Beweggründe und Bedeutung des Vagantentums in der lat. Kirche des MA (1941).

Vakanz. Die erledigte, die freie Stelle infolge eines Todesfalles, einer Ab-oder Versetzung, eines Verzichts seitens des Amtsinhabers oder auf Grund einer Zurruhesetzung.

Valmy, Kanonade von. Die Französische Revolution von 1789 zerstörte das überkommene europ. Staatensystem auf immer. Nachdem am 7. 2. 1792 ein österreich.-preuß. Schutzvertrag aus Furcht um den Bestand der alten fürstl.-feudalen Ordnung zustande gekommen war, erklärte das revolutionäre Frankreich auf Betreiben der Girondisten dem König von Böhmen und Ungarn den Krieg; Preußen stellte sich sofort auf die Seite seines Verbündeten. Nach einem Vorstoß des verbündeten preuß.-österreich. Heeres unter Herzog Wilhelm Ferdinand von Braunschweig im Sommer 1792 mußte sich dieses nach der erfolglosen K. v. V. (20. 9. 1792; Dorf bei Ste-Menehould in Nordostfrankreich) wieder zurückziehen. Die Franzosen gingen nun ihrerseits zum Angriff über; in den folgenden Kriegszügen bestimmten sie das Gesetz des Handelns. Goethe hat in seiner ›Campagne in Frankreich‹ (1822) den Tag von V. mit den folgenden Worten charakterisiert: »Von hier und heute geht eine neue Epoche der Weltgeschichte aus.« LIT. L. von Ranke, Ursprung und Beginn der Revolutionskriege. Bd. 45 der sämtl. Werke (²1879); A. Chuquet, Les guerres de la Révolution. 2 (1887).

Valvassoren, Vavassoren (mlat.). Während des MA (insbes. vom 11.–14. Jh.) vorzugsweise in den roman. Ländern die Vasallen des Hochadels sowie der hohen Geistlichkeit (valvassores maiores, auch capitanei); desgleichen deren (After)vasallen unterschiedl. Grades (v. minores); in der Lombardei vor allem die Aftervasallen 3. Grades (sie erhoben sich im 11. Jh. gegen den Hochadel). V. hießen in der Normandie (bis ins 18. Jh.) die Inhaber eines kleinen Lehens; desgleichen nichtadelige Grundbesitzer.

Vandalismus →Wandalismus.

Vansittartismus. Von dem Namen des brit. Diplomaten R. G. Lord (seit 1941) Vansittart (1881–1957), der seit 1902 im diplomat. Dienst stand, 1929 ständiger Unterstaatssekretär im Foreign Office wurde und 1937–41 deren Erster diplomat. Berater war, hergeleitet. Da Vansittart ein scharfer Gegner Deutschlands war, galt V. im Zweiten Weltkrieg als ein Ausdruck, der den

Deutschenhaß der Engländer von
1939–45 umschrieb.

Variante. Die Lesart eines Textes, die
von anderen Handschriften oder gedruckten Ausgaben desselben abweicht.
Eine Sammlung derartiger V., die für
die Überlieferung des Textes von Bedeutung sind, wird als kritischer Apparat bezeichnet.

Varusschlacht. Schlacht im Teutoburger Wald, →Hermannsschlacht. Im Jahre 9 n.Chr. schlug der Cheruskerfürst
Arminius (18 od. 16 v.Chr.–19 od.
21 n.Chr.), nachdem er die Cherusker
und andere Stämme vereinigt und zur
Erhebung gegen die Römer veranlaßt
hatte, die unter dem Befehl des röm.
Statthalters und Oberbefehlshabers von
Germanien (seit 7 n.Chr.), Publius
Quinctilius Varus, stehenden drei Legionen sowie ihre Hilfstruppen vernichtend. Ort der Schlacht und deren Verlauf sind umstritten. Varus, der sich auf
dem Marsch von der Weser (bei Hameln) nach den Winterlagern am Rhein
befand, wurde in ein schwer zugängl.
Wald- und Sumpfgebiet gelockt und
(unter Ausnutzung eines Unwetters) in
drei Tage währenden Kämpfen geschlagen. Während der von Tacitus (55–116
n.Chr.) beschriebene Schlachtort Saltus
Teutoburgiensis im Ems- oder Lippe-
Raum liegen soll, wird seit Melanchthon
(1497–1560) der Osning von zahlreichen Forschern für den Teutoburger
Wald gehalten (hier wurde auch das
Hermannsdenkmal errichtet). Durch
den Bischof Ferdinand von Fürstenberg
(1626–83), der die ›Monumenta Pader-
bornensia‹ (1672) herausgab, wurde der
Osning dann auch Teutoburger Wald
genannt. Der Schlachtort wird von anderen Forschern u.a. an der oberen und
mittleren Lippe vermutet. Der Sieg der
Germanen in der V. hatte zur Folge,
daß die Römer das Gebiet zw. Rhein
und Elbe aufgaben, da die Feldzüge des
Germanicus (14–16 n.Chr.) die röm.
Herrschaft in diesem Raum nicht wiederherzustellen vermochten.
LIT. W. Judeich, in: Rhein. Museum,
NF Bd. 80 (1931); W. Kolbe, in: Klio,
25 (1932); H.E. Stier, in: HZ 147
(1933); C. Schuchhardt, in: HZ 149
(1933); Gen. Haenichen, Wie siegten
die Germanen am Teutoburger Wald?
(1933); E. Kornemann, in: Gestalten
und Reiche (1943); E. Hohl (Rez. von
W. John, Die Örtlichkeit der V.), in:
Gnomon, 23 (1951); F. Knoke, Armi-

nius, der Befreier Deutschlands (1909);
F. Koepp, Die Römer in Dtl. (³1926);
R. Wiegels/W. Woesler, Arminius und
die V. (1995).

Vasall (mhd. aus lat. vassus von kelt.
gwas, Knecht). Der Lehnsmann, der in
verschiedene Grade abgestuft war. So
wurden die Reichsvasallen durch den
König unmittelbar belehnt, während die
Belehnung mittelbarer V. (mediati)
durch einen Reichsfürsten oder einen
sonstigen Herrn erfolgte. Vom Ministerialen unterschied sich der V. durch seine gehobenen Dienste (→Lehen).

Vasallenstaat. Bez. für einen Staat,
der von einem Oberstaat, meist einer
Großmacht, abhängt, obwohl eine formelle Selbständigkeit besteht.
Die Vasallität kann auf verschiedenen
Voraussetzungen basieren: a) einer
Lehnsabhängigkeit (→Suzeränität);
b) einem Protektionsvertrag (→Protek-
torat); c) einem Interventionsvertrag, auf
Grund dessen der Oberstaat das Recht der
Einmischung in die inneren Angelegenheiten des V. besitzt, wie sie z.B. die
USA gegenüber Cuba, Haiti, der Domi-
nikan. Republik und Panama besaßen;
d) einem Bündnisvertrag, demzufolge
nur eine scheinbare Gleichberechtigung
der beiden Vertragspartner besteht, da
der Oberstaat infolge der Rechtsposi-
tion, die es ihm erlaubt, zur Erhaltung
der militär. Sicherheit im V. einzugreifen, eine Vormachtstellung besitzt (wie
z.B. im Vertrag Großbritanniens mit
Ägypten, 1936–56, festgesetzt);
e) der De-facto-Unterwerfung unter die
militär., wirtschaftl. oder polit. Überlegenheit des Oberstaates, nicht selten
auch unter dessen ideolog. Einfluß
(→Imperialismus; →Satellitenstaat).
LIT. P. Herde (Hrsg.), Die fränk. Vasallität (1990).

Vassy, Blutbad von. Auf das zw.
kath. und ref. Geistlichen im September
1561 zu Poissy veranstaltete Religionsgespräch hin, das mit dem Sieg der Hugenotten endete, wuchs die Zahl der
Hugenotten-Gemeinden auf 2500 an;
fast der gesamte Klerus ging zu den Hugenotten über, denen das sog. Januaredikt (17. 1. 1562) freie Ausübung des
Gottesdienstes außerhalb der Städte erlaubte. Die eifrige kath. Partei antwor-
tete darauf mit der Niedermetzelung
der Hugenottengemeinde von V. (1. 3.
1562). Dieses B. v. V. führte zum
1. Hugenottenkrieg.

Vaterherrschaft, Patriarchat. Eine

Form der Ehe, derzufolge die in der Familie ausgeübte Gewalt beim Mann liegt. Die patriarchal. Großfamilie, in der zwei oder drei Generationen unter der Führung eines Familienältesten zusammengefaßt sind, stellt die ausgeprägteste Form der V. dar (vgl. die Schilderungen des AT). Dagegen gibt es bei afrikan. Herdenzüchtern auch die Mutterherrschaft.
LIT. R. Thurnwald, Die menschl. Gesellschaft, II (1932); G. P. Murdock, Social Structure (N. Y. 1949); C. Lévi-Strauss, Les structures élémentaires de la parenté (1949).

Vaterland (lat. patria). Der dem einzelnen triebhaft eingeborene sowie geschichtl. erwachsene Begriff von der Heimat in einem Land und von der Zugehörigkeit zu dessen Bewohnern (Landsleuten) sowohl in Art als auch in Sprache. Der Vaterlandsbegriff, der immer wieder neu zu bilden ist, vereint Idee und Wirklichkeit; als wachsende Empfindung für die im V. zu schützenden Werte der geistigen Selbständigkeit und polit. Unabhängigkeit erzeugt er den Patriotismus.
LIT. W. Conze, Die dt. Nation ([2]1965).

vaterländische Dichtung. Häufig von konkreten histor. Situationen ausgehend, versucht die v. D. das Bewußtsein für das Lebensrecht und die Werte eines Volkes zu stärken. Das gilt für Zeiten der Kriegsgefahr und der Besatzung bzw. der damit verbundenen Unterdrückung ebenso wie für Aufrufe zu vaterländ. Taten in Kriegszeiten. Daher treten vaterländ. Dichter zumal in Perioden wie den genannten hervor, so M. von Schenkendorf (1783–1817), der in Gedichten und Liedern für den Freiheitskampf gegen Napoleon I. (1769–1821) zu begeistern versuchte, oder Hoffmann von Fallersleben (1798–1874), der mit seiner patriot. Lyrik für eine freiheitl.-gesamtdt. Gesinnung stritt (1841 Deutschlandlied).
LIT. F. Arnold, Die Dichter der Befreiungskriege (1908); R. Weissenfels, Dt. Kriegslieder und v. D. (1915).

Vaterländische Front. Der Zusammenschluß aller christl. konservativen und regierungstreuen Kreise Österreichs am 21. 5. 1933 auf die Initiative von E. Dollfuß (1892–1934) hin. Die V. F., eine Körperschaft des öffentl. Rechts, war in dem »christlichen dt. Bundesstaat Österreich auf ständischer Grundlage« (lt. Verfassung vom 1. 5.

1934) die ausschließl. Trägerin der polit. Willensbildung. Sie blieb bis zum Anschluß Österreichs an das Dt. Reich im Jahre 1938 die Organisationsform sowohl des anti-nationalsozialist. als auch des anti-marxist. »Austro-Faschismus«.
LIT. H. Benedikt (Hrsg.), Geschichte der Republik Österreich (1954); J. Bärnthaler, Geschichte und Organisation der V. F. (Wien 1964).

Vaterlandspartei, Deutsche V. Eine von W. Kapp (1858–1922) im Jahre 1917 in Königsberg in Preußen gegr. polit. Partei. Im Gegensatz zu der durch den dt. Reichstag am 19. 7. 1917 gefaßten Friedensresolution trat sie für den »Siegfrieden« ein. Führer der V., die sich am 10. 12. 1918 wieder auflöste, waren der preuß. General und Präsident der Dt. Kolonialgesellschaft Herzog Johann Albrecht von Mecklenburg (1857–1920) und Großadmiral A. Tirpitz (1849–1930).
LIT. K. Wortmann, Geschichte der Dt. V. 1917/18 (1926).

Vaterrecht. Ein Begriff zur Bez. der durch die Vaterschaft begründeten sämtl. Rechte im Hinblick auf eine Familie oder einen Sippenverband. Das V. kam insbes. bei den Großviehzüchtern (Indogermanen, Semiten, Türken, Mongolen u. a.) zur Ausbildung. Da die Großviehzüchter staatenbildend wurden, hat sich bei den meisten Völkern der Erde das V. durchgesetzt, im Abendland namentlich infolge des Prozesses der Indogermanisierung.

Vatikan (lat. Vaticanus, italien. Vaticano). Röm. Name einer Flur (im Nordwesten Roms gelegen) mit der Grabeskirche des hl. Petrus (seit dem 4. Jh.) sowie dem päpstl. Palast (seit dem 6. Jh.). Seit 1377, d. h. seit der Verlegung des Sitzes der päpstl. Regierung von Avignon, wo er seit 1309 gewesen war, nach Rom durch Papst Gregor XI. (1370–78), den letzten franz. Papst, ist der V. die ständige Residenz der Päpste. Seine heutige Gestalt erhielt er zur Zeit der Renaissance. Durch Sixtus IV. (1471–84) wurde die Sixtinische Kapelle, durch Innozenz VIII. (1484–92) das Belvedere und durch Alexander VI. (1492–1503) die Torre Borgia sowie die von Pinturicchio (1454–1513) ausgemalten Appartamenti Borgia errichtet. D. Bramante (1444–1514) schuf unter Papst Julius II. (1503–13) zwei riesige Längsflügel; den Damasushof umgab er mit Säulenhallen; hierüber befinden sich die von Raffael (1483–1520) ausgemalten Loggien. Die Fresken der Stanzen stammen ebenfalls von Raffael. Den Bau des heutigen Papstpalastes am Petersplatz began Sixtus V. (1585–90); er schuf zudem den Neubau der Bibliothek. Den neuen Eingang zu den Vatikan. Museen sowie die neue Pinakothek errichtete Pius XI. (1922–39).

LIT. F. Ehrle u. H. Egger, Der V.-Palast in seiner Entwicklung bis zur Mitte des 15. Jh. (Rom 1935); B. Wall, Report on the V. (1956; dt. 1957); LThK 10 (²1957 ff.); R. Faber, Der Vatikan. Geschichte und Gegenwart (1986); F. Mayer, V. (1979).

Vatikanische Bibliothek, Bibliotheca Vaticana, Vaticana. Von Papst Nikolaus V. (1447–55) gegr. und von Sixtus IV. (1471-84) fortgeführt, ist die V. B. heute eine der reichsten Bibliotheken der Welt. Sie ist in einem Gebäude untergebracht, das um 1587 unter Sixtus V. (1585–90) entstand (Erweiterung unter Pius XI., 1922–39). Die V. B., die in Westeuropa die erste Sammlung griech. Handschriften besaß, setzt sich in ihren Beständen zusammen aus den Codices Vaticani latini, graeci u. a. sowie den geschlossen erhaltenen Sammlungen der Bibliotheca →Palatina (Heidelberg 1622), Urbinas, Regia (von Königin Christine von Schweden, reg. 1632–54; sie wurde katholisch und verzichtete 1654 auf die ihr als Katholikin gesetzl. verweigerte schwedische Krone; seit 1668 lebte sie ständig in Rom), Ottoboniana; dazu treten die Bibliotheken und Archive der Borghese, Barberini, Chigi sowie zahlreiche kleinere Fonds. Die Gesamtbestände der Vatikan. Bibliothek umfassen über 60000 Handschriften, 7000 Inkunabeln, 700000 Druckschriften sowie 100000 Stiche und Karten.

LIT. F. Ehrle, Historia bibliotheca Rom. Pont. (Rom 1890); A. Mercati, in: Vaticano (Florenz 1946; mit Lit.); Studi e Testi (wissenschaftl. Publikationsreihe der Vaticana. 134 Bde., Città del Vaticano, 1900–47; Hauptwerk).

Vatikanisches Archiv. Das älteste und reichste Archiv der Welt. Seine Anfänge liegen bereits im 5. Jh. Der Begründer des heutigen V. A., das durch die Zusammenlegung zahlreicher Behördenarchive entstand, ist Papst Paul V. (1605–21); 1798 wurde das von Sixtus IV. (1471–84) errichtete Engelsburgarchiv mit seinen alten und bedeutenden Beständen mit dem V. A. vereinigt. Seine Bestände umfassen insbes. die Registerüberlieferung von abgesandten Schreiben. Die große Serie der Vatikanregister beginnt mit Innozenz III. (1198–1216); später schlossen sich die Avignonischen Register, die Supplikenregister, die Lateranregister, die Brevenregister sowie die Bestände der Apostolischen Kammer an. Die Zahl der registrierten Schreiben wird auf mehr als eine Million geschätzt. Vom Inhalt her betrachtet, stellt das V. A. die bedeutendste Quelle der europ. Geschichte während des MA dar. Dazu treten in der NZ die Akten des Staatssekretariats (Nuntiaturen) sowie der röm. Kongregationen, außerdem zahlreiche Spezialfonds und Deposita. Das V. A., das durch Leo XIII. (1878–1903) für die Forschung zugänglich gemacht wurde (1881), kann hinsichtl. seiner Bestände bis 1846 benutzt werden. Nicht alle Akten des Hl. Stuhls werden im V. A. aufbewahrt.

LIT. A. K. Fink, Das V. A. (Rom ²1951); Il Libro de Centenario. L'Archivio S. Vaticano a un secolo dalla s. apertura (1981).

Vatikanisches Konzil → Konzil.

Vatikanstadt (ital. Stato della Città del Vaticano). Das weltl. Hoheitsgebiet des Papstes. Die V. stellt eine Neugründung dar, die auf Grund des am 11. 2. 1929 zw. dem ital. Staat und dem Stuhl abgeschlossenen Staatsvertrags geschaffen wurde. Mit einem Flächeninhalt von ca. 440000 m² ist die V. der kleinste Staat der Welt, verfügt aber nichtsdestoweniger über sämtl. Merkmale eines freien Staates, d. h. Staatsgebiet, Staatsvolk und Staatsgewalt. Der Papst besitzt als Staatsoberhaupt die gesetzgebende, die vollziehende und die richterl. Gewalt. An der Spitze der Verwaltung steht ein vom Papst ernannter und ihm allein verantwortl. Gouverneur.

LIT. G. Bachmann, Rom und die V. (1950); H. Tichy, Auf einem Hügel der Ewigen Stadt (1950); H. Emmerich, Vatikan, in: LThK, 10 (²1957 ff.); Annuario Pontificio (jährl.) →Vatikan.

V-Day. Engl. Abk. für Victory Day, Tag des Sieges; VE-Day: Victory Europe Day, Tag des Sieges in Europa (8. 5. 1945); VJ-Day: Victory Japan Day, Tag des Sieges über Japan (2. 9. 1945).

Vendée-Kriege. Während der Franz. Revolution die Erhebung der Königstreuen in der Vendée (histor. Landschaft Westfrankreichs, südl. der Loiremündung; von der Marschenküste, Le Marais, in das wellige Hügelland des Bocage) sowie in Teilen der Provinzen Poitou, Anjou und Bretagne von 1793–96. Bereits 1792 setzte in der Bretagne der Kleinkrieg der Chouans gegen die neue Republik ein. Der allg. Aufstand in der Vendée brach nach der Hinrichtung Ludwigs XVI. (reg. 1774–92; hingerichtet am 21. 1. 1793 zu Paris) aus. Das Land wurde während der Auseinandersetzungen, in denen sich die Republikaner durchzusetzen vermochten, verwüstet. Ruhe trat erst nach 1800 ein.
LIT. E. Gabory, La Révolution et la Vendée. 3 Bde. (Paris 1925–28); D. Lacroix, Guerre des Vendéens (1932); G. Walfer, La Guerre de Vendée (1953); C. Tilly, The Vendée (London 1964).

Veni, vidi, vici (lat., Ich kam, sah, siegte). Nach dem griech. Schriftsteller Plutarch (um 46–um 125 n.Chr.) meldete Julius Caesar (100–44 v.Chr.) seinen Sieg bei Zela in Kleinasien (47 v.Chr.) über Pharnakes, den Sohn des Mithridates VI. (reg. 106–63 v.Chr.), in dieser Form seinem Freund Amintius. Der röm. Geschichtsschreiber Sueton (um 69–um 140 n.Chr.) hingegen berichtet, daß die Worte Caesars Titel nach seinen Siegen in Pontus (antike Landschaft in Kleinasien; um 280–64 n.Chr. bestand das Pontische Reich) vorangestellt wurden; er schreibt sie nicht Caesar selbst zu.

Venner (ahd. faneri, mhd. venre, vener, Fähnrich).
[1] In der Schweiz urspr. der Fahnenträger im Felde, dann der Führer der städt. Streitkräfte. Da im MA der militär. auch noch Verwaltungsaufgaben kamen, wurden die V. zu städt. Beamten. In Bern z.B. nahmen die V. eine beherrschende Stellung ein.
[2] **Venner's Plot.** In England eine Verschwörung, die von Thomas Venner angezettelt wurde, um sich des Londoner Regierungsviertels Whitehall während der Abwesenheit König Karls II. (reg. 1660–85) zu bemächtigen. Die Verschwörung schlug jedoch fehl. V. und zahlreiche seiner Anhänger wurden hingerichtet.

Verbannung. Eine bes. im At. und MA verhängte Strafe; sie bestand im Aufenthaltsverbot in einem bestimmten Gebiet auf Zeit oder Lebenszeit entweder aus polit. Gründen (vor allem im At.) oder als Strafmaßnahme (→Ostrakismos, →Acht).
LIT. E. L. Grasmück, Exilium. Untersuchungen zur Verbannung in der Antike (1978).

Verdun, Teilungsvertrag von (843). Pippin der Mittlere, Hausmeier von Austrasien (der östl. Teil des fränk. Reiches mit den Hauptstädten Reims und Metz), konnte im Jahre 687 die Alleinherrschaft im gesamten Frankenreich gewinnen. Unter Karl d. Gr. (reg. 768–814) erreichte es seine größte Ausdehnung. Ludwig der Fromme (reg. 814–40), der einzige überlebende Sohn Karls d. Gr., erbte die Alleinherrschaft. Auf einer Reichsversammlung zu Aachen (817) wurde durch Ludwig die Erbfolge geordnet: Ludwigs ältester Sohn Lothar wurde zum Mitkaiser erhoben und sogleich gekrönt; seine Brüder Ludwig und Pippin bekamen als Unterkönige Bayern und Aquitanien zugewiesen. Damit hatte sich die Idee des Universalreiches noch einmal durchsetzen können.
Der Streit um die Erbfolge begann, als Ludwig der Fromme die Erbfolgeordnung zugunsten seines Sohnes Karl aus 2. Ehe, nachmals der ›Kahle‹ genannt, ändern wollte. Das letzte Jahrzehnt der Regierung Ludwigs des Frommen war infolgedessen von den wechselvollen Kämpfen Ludwigs mit seinem Sohn Lothar erfüllt. Nach dem Tode Ludwigs des Frommen standen gegen Lothar (reg. 840–55) seine Brüder Ludwig der Deutsche (reg. 843–76) und Karl der Kahle (reg. 840–77). 842 bekräftigten die beiden Brüder in Straßburg ihr Bündnis gegen Lothar (Straßburger Eide), der nachgeben mußte. Die drei Brüder schlossen nun den T. v. V. (843): Lothar erhielt die Stammlande mit Aachen und Italien mit Rom; beide Gebiete sollten durch einen Landstreifen miteinander verbunden werden. Ludwig erhielt die Hauptmasse der deutschsprachigen, Karl der romanischen Lande. Man hat jedoch davon auszugehen, daß bei der Teilung eine Rücksichtnahme auf die Sprachgrenze nicht mitgesprochen hat.
LIT. P. Classen, Die Verträge von Verdun und Coulaines 843, in: HZ (1963).

Verein für das Deutschtum im Aus-

land (abgek. VDA); bis 1908 Allg. Dt. Schulverein zur Erhaltung des Deutschtums im Ausland (gegr. 1881). Er wirkte insbes. durch die Gründung dt. Schulen im Ausland, u. a. in Südamerika und Afrika. Seine Absicht war die Pflege der dt. Sprache und des dt. Kulturguts, darüber hinaus die Erhaltung des Zusammengehörigkeitsgefühls unter den auf 30 Mill. geschätzten Auslandsdeutschen. 1938 verlor der VDA seine Unabhängigkeit. Als ›Volksbund für das Deutschtum im Ausland‹ arbeitete er nunmehr unter »Verfälschung des Volkstumsbegriffs«, nachdem die dt. auswärtige Kulturpolitik bereits seit 1933 zu einer Kulturpropaganda geworden war. 1952 wiedergegründet, steht der Pflege der dt. Sprache im Ausland wieder im Vordergrund der Bemühungen des VDA.
LIT. E. von Twardowski, Anfänge der dt. Kulturpolitik im Ausland (1970); K. Düwell, Deutschlands auswärtige Kulturpolitik 1918–32 (1976); R. vom Bruch, Weltpolitik als Kulturmission (1982).

Vereinigte Staaten von Europa (Europäische Föderation). Die Zusammenfassung der europ. Staaten in einem Staatenbund, um so die Befriedung der Welt zu erreichen. Erstmals angeregt wurde sie durch das ›Projet de paix perpétuelle‹ des Abbé de St. Pierre (1713). Als Bewegung organisiert wurden die Vereinigten Staaten von Europa durch Graf Richard Coudenhove-Kalergi (1894–1972) und seine Paneuropa-Gesellschaften. Den Anstoß zur Bildung des Europarates mit Sitz in Straßburg gab ein Kongreß im Haag im Jahre 1948.

Vereinsfreiheit, Vereinigungsfreiheit (Assoziationsfreiheit). Das den Staatsbürgern zustehende Freiheitsrecht, kraft dessen Vereine und Gesellschaften gebildet und diese sich ihre Satzung selbst geben dürfen.
In der BRD gilt die V. nicht für solche Vereinigungen, deren Zielsetzungen oder Tätigkeiten den Strafgesetzen zuwiderlaufen oder die gegen die verfassungsmäßige Ordnung gerichtet sind (GG, Art. 9); derartige Vereinigungen sind verboten; sie können durch die Verwaltungsbehörden als verbotene Organisationen unterdrückt werden. Den Vereinigungen steht als Rechtsschutz die verwaltungsgerichtl. Anfechtungsklage zu; u. U. können sie den Weg der Verfassungsbeschwerde beschreiten.
Eine Sonderstellung ist den polit. Parteien eingeräumt. Einen bes. Schutz genießt zudem (auf Grund des Art. 9, Abs. 3 des GG) die Koalitionsfreiheit der Arbeitnehmer- und Arbeitgeberverbände (Art. 140 des GG in Verbindung mit Art. 137 der Weimarer Reichsverfassung).
In der DDR ist die V. zwar zugesichert (Art. 12 der Verf.), bisher jedoch nicht verwirklicht.

Vereinstaler. Der 1838 durch die Staaten des Dt. Zollvereins geschaffene Doppeltaler (3½ Gulden) nach dem 14-Taler-Fuß. Der durch die dt. Münzkonvention von 1857 eingeführte Taler nach dem 30-Taler-Fuß wurde ebenfalls als V. bezeichnet.

Vereinte Nationen (engl. United Nations Organization; franz. Organisation des Nations Unies; offizielle Abk.: UN od. UNO).
[1] Bez. für die gegen Dtl., Japan und deren Verbündete gerichtete Kriegsallianz von 26 Staaten (seit Ende 1941).
[2] Die internationale Organisation (von 185 Staaten im Jahre 1995) zur Wahrung des Friedens sowie der allg. Sicherheit als Ersatz für den Völkerbund. Die Vorarbeiten zur Gründung der UN wurden im Anschluß an die Moskauer Erklärung vom 1. 11. 1943 aufgenommen. Am 21. 9. 1943 sprach sich das Repräsentantenhaus der USA für eine Beteiligung an den UN aus (Fulbright Resolution). Die Ausarbeitung der Satzung erfolgte auf der Konferenz von San Francisco (25. 4.–25. 6. 1945); sie trat am 24. 10. 1945 in Kraft. Die erste Tagung wurde am 10. 1. 1946 in London eröffnet. Ständiger Sitz der UN ist New York City; Sitz des europ. Büros ist Genf.
Hauptorgane der UN sind:
a) das Sekretariat unter der Leitung eines Generalsekretärs (1946–53 der Norweger Trygve Lie; 1953–61 der Schwede Dag Hammarskjöld; 1961–71 der Burmese U Thant; 1972–81 der Österreicher Kurt Waldheim; 1982–91 der Peruaner J. Perez de Cuellar; seit 1. 1. 1992 der Ägypter B. Ghali).
b) die Vollversammlung (Generalversammlung); sie ist zuständig für die Erörterung sämtl. Angelegenheiten, die sich aus dem Zweck der Vereinten Nationen ergeben, vor allem Fragen des

827

internationalen Friedens und der Sicherheit (darunter auch Rüstungsbeschränkung). In der Vollversammlung, die regelmäßige Tagungen abhält, hat jedes Mitglied eine Stimme. Neue Mitglieder werden auf Vorschlag des Sicherheitsrates mit ⅔ Mehrheit aufgenommen;

c) der Sicherheitsrat (Security Council), er umfaßt 15 Mitglieder, darunter 5 ständige (China, Frankreich, Großbritannien, Rußland [bis 1991 UdSSR] und die USA) sowie 10 auf jeweils 2 Jahre durch die Vollversammlung mit ⅔ Mehrheit gewählte. Der Sicherheitsrat beschließt, ob eine Bedrohung des Friedens vorliegt, ein Friedensbruch oder eine Angriffshandlung; er entscheidet auch über kollektive Maßnahmen. Jedes der 5 ständigen Mitglieder besitzt das Vetorecht;

d) der Wirtschafts- und Sozialrat (Economic and Social Council; abgek. ECOSOC); er rekrutiert sich aus 54 von der Generalversammlung gewählten Mitgliedern (je 18 auf 3 Jahre). Sein Zuständigkeitsbereich umfaßt wirtschaftl., soziale, medizin. und kulturelle Fragen;

e) der Treuhandschaftsrat (Trusteeship Council); er hat die Aufsicht über die Treuhandgebiete, d.h. die in die Treuhandschaft der UNO übergegangenen Mandatsgebiete des Völkerbunds;

f) der Internationale Gerichtshof (International Court of Justice), Sitz in Den Haag.

Als Spezialorganisationen sind den Vereinten Nationen u.a. angeschlossen: das Internationale Arbeitsamt, der Welternährungsrat, die UNESCO (Abk. für ›United Nations Educational, Scientific and Cultural Organization‹, 1945 als kulturelle Organisation der UNO zur friedl. kulturellen Durchdringung gegr.), die Internationale Luftorganisation, der Internationale Währungsfonds, die Internationale Bank für den Wiederaufbau, der Weltpostverein, die Weltgesundheitsorganisation.

LIT. StL XI (1970) 574–80; A. Vandenbosch und W. N. Hogan, V. N. (dt. 1955); W. Blümel, Dt. und ausländ. Schrifttum über die Organisation der V. N. In: Aktuelle Bibliogr. d. Europa-Archivs, 9 (1955); J. L. Claude, Power and International Relations (1962); H. Dröge, F. Münch, E. von Puttkammer, Die BRD und die V. N. (1966); P. Pawelka, Die UNO und das Deutschlandproblem (1971); K. Hüfner, J. Naumann, Die V. N. (1973); A. Pfeil, Der Völkerbund (1977); G. Unser, Die UNO. Aufgaben und Struktur der V. N. (³1985).

Verfassung, Konstitution, Grundgesetz. Allg. die Gesamtheit der als rechtsverbindl. anerkannten Regeln, durch welche die höchsten Organe eines Staatswesens oder eines staatsähnl. Gemeinwesens bez. ihre Zuständigkeiten umschrieben sowie ihr Zusammenwirken geordnet werden. Daher hat auch der Gewaltstaat eine V. Das Bestreben, einen so gearteten Zustand durch einen umfassenden Akt zu regeln, ist zunächst bei den Griechen zu beobachten; es findet z.B. seinen Ausdruck in der sog. V. des Lykurg in Sparta (um 800 v.Chr.), des Solon (594 v.Chr.) und des Kleisthenes (508/07 v.Chr.) in Athen, theoretisch bei Platon (427–347 v.Chr.).

Bei Staaten mit einer stark verankerten Verfassungstradition oder starker monarch. Spitze erscheint das Bestreben nach Regelung der Zuständigkeiten durch einen Akt nicht erforderlich. Zum Staatsgrundgesetz wird V. erst im Zusammenhang mit dem Begriff der Volkssouveränität durch eine gewählte verfassunggebende Versammlung, der Trägerin der verfassunggebenden Gewalt (pouvoir constituant). Sie stand im Zeitalter des Konstitutionalismus dem Fürsten sowie der gewählten Volksvertretung gemeinsam zu.

Die V. war das Resultat eines zw. Fürst und Volksvertretung zustande gekommenen Vertrags (Verfassungsvertrag; vereinbarte V.). Eine oktroyierte V. entstand dort, wo der Fürst die verfassunggebende Gewalt für sich allein in Anspruch nahm (z.B. die V. Preußens von 1848). In der Demokratie wird die V. durch ein ausschließlich vom Volk beschlossenes Gesetz geschaffen (Verfassungsgesetz).

Formalrechtl. ist V. die Urkunde, die die Rechtsgrundsätze über Idee, Form, Aufbau und Wirksamkeit des Staates, über Umfang und Grenzen der Staatsgewalt, über die Zuständigkeit der Staatsorgane, d.h. Regierung, Volksvertretung und Justiz, über die Grundeinrichtungen des Staates, d.h. Wehrmacht, Beamtentum und Parteien, über die Stellung der Gebietskörperschaften, d.h. Länder, Provinzen und Gemeinden, zudem anderer Verbände, d.h. Religionsgesellschaften, Universitäten,

Berufs- und Wirtschaftsverbände, über die Formen der Sozialordnung, d.h. Ehe, Familie und Eigentum, sowie schließlich über die Rechte und Pflichten der Staatsbürger zusammenfaßt. Dementsprechend hat allein der moderne Verfassungsstaat eine V. im eigentlichen Sinn.

LIT. H. Helfritz, Allg. Staatsrecht (1949); G. Franz, Staatsverfassungen (1950); C. Schmitt, Verfassungslehre (1957); K. Löwenstein, Verfassungslehre (1969); ders., Über Wesen, Technik und Grenzen der Verfassungsänderung (1961); W. Schlesinger, Beiträge zur dt. Verfassungsgeschichte des MA, 2 Bde. (1963); H. Mitteis, Dt. Rechtsgeschichte (1961); E. Forsthoff, Dt. Verfassungsgeschichte der NZ (1961); M. Imboden, Die polit. Systeme (1962); E.R. Huber, Dt. Verfassungsgeschichte seit 1789; bisher 7 Bde. (Bd. 1: ³1978; Bd. 2: ²1975; Bd. 3: ²1978; Bd. 4: 1969; Bd. 5: 1978; Bd. 6: 1981; Bd. 7: 1984); ders., Dokumente zur dt. Verfassungsgeschichte. 3 Bde. (³1978); M. Draht, Verfassungsrecht und Verfassungswirklichkeit in der sowjet. Besatzungszone (1954); H. Peters, Geschichtl. Entwicklung und Grundfragen der V. (1969); P. Feuchte, Verfassungsgeschichte von Baden-Württemberg (1983); H. Boldt, Dt. Verfassungsgeschichte. 2 Bde. (1984); H. Fenske, Dt. Verfassungsgeschichte. Vom Norddeutschen Bund bis heute (²1984); U. Karpen, Die geschichtl. Entwicklung des liberalen Rechtsstaates. Vom Vormärz bis zum Grundgesetz (1985); J. Heideking, Die V. vor dem Richterstuhl. Vorgeschichte und Ratifizierung der amerikan. V. 1787–91 (1988); H. Fenske, Der moderne V.staat (2001).

Verfassungsänderung, Verfassungsrevision. Eine Abänderung des gültigen Verfassungsrechts, und zwar entsprechend dem Verfahren, das lt. Verfassung hierfür vorgeschrieben ist. Gewöhnlich erfolgt eine V. durch einen Gesetzgebungsakt. Hierfür gelten jedoch, im Vergleich zur einfachen Gesetzgebung, erschwerte Bedingungen. So verlangt z.B. das Grundgesetz (Art. 79) für eine V. die Zustimmung einer Zweidrittelmehrheit des Bundestags sowie die Zustimmung von zwei Dritteln des Bundesrats.

LIT. W. Hildesheimer, Über die Revision moderner Staatsverfassungen (1918); H. Ehmke, Grenzen der V. (1953); C.F. Curtius, Die Schranken der Änderung des Grundgesetzes (Diss. Köln 1953).

Verfassungskonflikt. Die Auseinandersetzung, die zw. Regierung und Parlament um die verfassungsmäßigen Rechte der Volksvertretung ausgetragen wird. Vor allem wird hierunter der Streit während der preuß. Konfliktszeit (→ Konflikt) verstanden.

LIT. J. Schlumbohm, Der V. in Preußen (1970).

Verfassungskonvent (engl. Federal Convention). Die im Jahre 1787 in Philadelphia tagende Versammlung; sie entwarf die Verfassung der USA.

LIT. J. Elliot, Debates on the Adoption of the Federal Constitution. 5 Bde. (Philadelphia 1901); J.R. Pole (Hrsg.), The Revolution in America 1754–1788 (London 1970).

Verfassungsstaat. Ein Staatswesen, das eine Verfassung hat, d.h., daß in ihm die Staatsgewalt beschränkt ist, die staatl. Organe einer bestimmten Zuständigkeit und einem bes. Pflichtenkreis unterliegen, während den Staatsbürgern ein bestimmtes Maß an Mitbestimmung, an Freiheit sowie an Rechtsschutz garantiert wird. Die konstitutionelle Monarchie und der parlamentar.-demokrat. Staat gehören zu den wesentl. Arten des V.

Vergabung. Lt. älterem dt. Recht die Verfügungsgewalt, die dem Erblasser durch christl. Einfluß zugestanden wurde. Sie ermöglichte es, einen Teil des Vermögens (Freiteil) der Kirche (oder dem König) für sein Seelenheil (donatio pro anima) zuzuwenden: V. von Todes wegen. Aus der V. in Form einer direkten Übergabe wurde im Laufe des MA (unter röm.-rechtl. Einfluß) eine in Gestalt eines Testamentes oder vor Gericht erfolgende Verfügung.

Vergeltungsrecht. Dasjenige Recht, das ein Staat für sich im Falle einer Rechtsverletzung in Anspruch nimmt. Das V. erlaubt das Ergreifen von Abwehrmaßnahmen gegenüber dem das Recht verletzenden Staat. Durch die Satzung der Vereinten Nationen ist die Gewaltanwendung eng begrenzt.

Verismus (von lat. verus, wahr; ital. verismo). Um die Mitte des 19. Jh. in Italien eine literar. Strömung, die insbes. unter dem Einfluß des franz. Naturalismus entstanden war. Das Streben des V. ging dahin, die sozialen Probleme der Zeit durch rücksichtslose, auf

wissenschaftl. Erkenntnis beruhende Darstellung zu erfassen.
Die krasse Wirklichkeitsdarstellung in der modernen Kunst, häufig mit satir. und sozialkrit. Tendenzen verbunden, wird ebenfalls als V. bez. Vertreter dieser Kunstrichtung sind u.a. der Maler und Graphiker G. Grosz (1893–1959), der mit seinen Zeichnungen Militarismus, Kapitalismus und die Bourgeoisie angriff, sowie der Maler O. Dix (1891–1970), der den Krieg, das Nachkriegselend sowie die abstoßenden Seiten des Großstadtlebens schonungslos mit krassem Naturalismus darstellte.

Verlag(ssystem), Vorschuß, Geldzahlung. Seit dem 15. Jh. eine gewerbl. Organisationsform, bei der sowohl die Leitung der Produktion (vor allem von Textil- und Metallwaren) als auch der Absatz und die Materialbeschaffung in der Hand eines Unternehmers (Verlegers) liegt, während die Durchführung in zahlreichen selbständigen Gewerbebetrieben (Kleinhandwerkern oder Hausindustrie) dezentralisiert ist.

Vernichtungslager. Die durch die SS eingerichteten, in Polen gelegenen Konzentrationslager zum Zwecke der »Endlösung der Judenfrage«. Als V. galten vor allem Auschwitz (Birkenau), Maidanek, Treblinka, Sobibor, Chełmno und Bełżec (→Judenverfolgung).
LIT. W. Groß, Die rassenpolit. Voraussetzungen zur Lösung der Judenfrage. Kleine Weltkampfbücherei 1 (1943); U. D. Adam, Judenpolitik im Dritten Reich (1972).

Verordnung. Eine allg. Anordnung, die durch eine staatl. Behörde erlassen wird. Die (im Gesetz festgesetzte) Zustimmung der Stände, einer Volksvertretung bzw. Volksversammlung, ist hierzu nicht erforderlich. Insbes. in Notzeiten kann eine Regierung auf Grund der Verfassung ermächtigt werden, V. zu erlassen (→Notverordnung). Soweit eine V. nur innerdienstl. Anweisungen an eine nachgeordnete Behörde enthält, spricht man von einer Verwaltungsverordnung.

Verrat. Nach älterem dt. Recht der am Lehnsherrn verübte Treubruch; allgemein das treulose Handeln gegenüber Personen, denen man zur Treue verpflichtet war (→Hochverrat, →Landesverrat).
LIT. R. Maurer, Strafrecht, Besonderer Teil (²1956); H. Welzel, Dt. Strafrecht (⁵1956).

Ver sacrum (lat. heiliger Frühling). Ein in Notzeiten geübter altitalischer Brauch. Er bestand darin, daß man den Ernteertrag eines Frühlings sowie die in diesem Frühling geborene Jungmannschaft den Göttern weihte. Während man das Vieh opferte, wurde die Jungmannschaft, sobald sie herangewachsen war, aus der Gemeinde vertrieben bzw. zur Auswanderung gezwungen. Zum letzten Mal wurde der Brauch im Jahre 216 v.Chr. geübt.

Versailler Vertrag. Der wichtigste der von den alliierten und assoziierten Siegermächten (insgesamt 26) zur Beendigung des Ersten Weltkriegs abgeschlossenen Friedensverträge. Er kam am 28. 6. 1919 mit Dtl. zustande; ratifiziert wurde er am 10. 1. 1920 (China lehnte die Unterzeichnung ab; die USA schlossen am 25. 8. 1921 einen Sonderfrieden ab).
Die dem V. V. vorausgehende Friedenskonferenz wurde am 18. 1. 1919 ohne die Anwesenheit der besiegten Länder sowie Rußlands in Paris eröffnet. Der ›Rat der Zehn‹ mit je zwei Vertretern der fünf Großmächte (Frankreichs, der USA, Großbritanniens, Italiens und Japans) wurde zum maßgebenden Gremium; im März 1919 wurde dieses Gremium auf den ›Rat der Vier‹ reduziert: Wilson (USA), Lloyd George (Großbritannien), Clemenceau (Frankreich), Orlando (Italien). Die polit. Entscheidungen wurden den »Großen Vier« ausschließlich getroffen. Da der amerikan. Präsident W. Wilson seine Idee vom Völkerbund verwirklichen wollte, sah er sich gezwungen, den Sonderwünschen seiner Vertragspartner in vielerlei Hinsicht entgegenzukommen. Am 7. Mai schließlich wurde eine dt. Delegation (unter der Leitung des dt. Außenministers U. Graf v. Brockdorff-Rantzau) zur Entgegennahme des fertigen Vertragsentwurfs eingeladen. Die dt. Abordnung suchte, da mündl. Verhandlungen nicht gestattet wurden, durch zahlreiche Denkschriften Milderungen zu erreichen. Ihre Bemühungen hatten jedoch nur geringen Erfolg. Nach heftigen Auseinandersetzungen um die Annahme des V. V. sowohl seitens der polit. Parteien als auch des in Weimar tagenden Kabinetts sowie nach einem Protest der Nationalversammlung unterzeichneten ihn schließlich (im Spiegelsaal des Schlosses von Versailles) Außenminister Hermann Müller

(SPD) und der Kolonialminister und Verkehrsminister Johannes Bell (Zentrum). Wegen der Vertragsabschlüsse mit Österreich (zu Saint-Germain), Bulgarien (zu Neuilly), Ungarn (zu Trianon) und der Türkei (zu Sèvres) tagte die Friedenskonferenz noch bis 1920 (→Vorortverträge). Der V. V. umfaßte 440 Art.: die Völkerbundsatzung (Art. 1 bis 26; Dtl. blieb bis 1926 vom Völkerbund ausgeschlossen) sowie die Schaffung eines internationalen Arbeitsamtes; die Gebietsverluste des Dt. Reiches: Eupen und Malmedy (an Belgien); Elsaß-Lothringen sowie die Saarkohlengruben (an Frankreich); das Saargebiet wurde für einen Zeitraum von 15 Jahren dem Völkerbund unterstellt (eine Volksabstimmung sollte dann über sein weiteres polit. Schicksal entscheiden); der Hauptteil der Provinzen Posen und Westpreußen (an Polen; lt. Art. 88 waren Volksabstimmungen vorgesehen für die west- und ostpreuß. Bezirke Allenstein und Marienwerder sowie für Oberschlesien; Danzig wurde zur Freien Stadt erklärt, dem Schutz des Völkerbunds unterstellt und dem Zollgebiet Polens eingegliedert); das Hultschiner Ländchen (an die Tschechoslowakei), Nordschleswig (an Dänemark; auf Grund einer Volksabstimmung vom 10. 2. und 14. 3. 1920); das Memelgebiet (an die Alliierten, lt. Art. 90; 1923/24 ging es an Litauen über). Durch den Art. 80 des Versailler Vertrags wurde der vom österreich. Parlament beschlossene Anschluß an Dtl. verboten. Die dt. Kolonien fielen dem Völkerbund als Mandatsgebiete (zur weiteren Verteilung) zu.

Das Dt. Reich erfuhr insofern eine Beeinträchtigung seiner Souveränität, als die dt. Ströme auf Grund der Art. 331 ff. internationalisiert wurden (Elbe, Donau, Memel, Mosel, Oder, Rhein), das linke Rheinufer auf 15 Jahre besetzt und entmilitarisiert und Brückenköpfe auf dem rechten Rheinufer bei Mainz, Kehl, Koblenz und Köln gebildet wurden (Art. 428 ff.).

Das dt. Heer beschränkte man auf ein Berufsheer, der Generalstab mußte aufgelöst werden. Die Entwaffnungsbestimmungen wurden im Rahmen einer allg. Rüstungsbeschränkung für sämtl. Nationen gesehen. Das Berufsheer (mit 12jähriger Dienstpflicht) wurde auf 100 000 Mann, die Marine auf 6 Pan-

zerschiffe, 6 Kleine Kreuzer, 12 Zerstörer und 12 Torpedoboote mit einer Personalstärke von 15 000 Mann beschränkt. Eine U-Bootwaffe, Luftwaffe und schwere Waffen zu unterhalten, war verboten. Die Befestigungsanlagen waren nahezu sämtlich zu schleifen. Zum Zwecke der Ausführung und Überwachung dieser Bestimmungen wurde eine Militärkontrolle eingesetzt (Art. 203 ff.).

Von weittragender Bedeutung waren die wirtschaftl. Bestimmungen: Dtl. wurde zur Leistung von Reparationen verpflichtet (Art. 231); man rechtfertigte sie mit der Schuld des Dt. Reiches am Ausbruch des Weltkrieges. Die Sachleistungen umfaßten die Auslieferung fast der gesamten dt. Handelsflotte sowie die Abtretung beinahe aller dt. Kabel. Das dt. Privateigentum im ehem. feindl. Ausland wurde enteignet. Wilhelm II. und zahlreiche Generale wurden als Kriegsschuldige (insgesamt 895 dt. »Kriegsverbrecher«) unter öffentl. Anklage gestellt und deren Auslieferung gefordert (jedoch nicht durchgeführt).

Der V. V., vor allem die hierin enthaltenen Reparationsforderungen, stellten für die Weimarer Republik eine schwere Belastung dar, zumal sich in weiten Kreisen damit die Uneinsichtigkeit verband, die Niederlage Deutschlands sowie die hieraus erwachsenden Konsequenzen anzuerkennen. Sehr bald wurde ein Zusammenhang zwischen Niederlage und Demokratie hergestellt. In den Schlagworten →»Dolchstoßlegende« und →»Erfüllungspolitik« artikulierte sich die Ablehnung der aus der Niederlage im Ersten Weltkrieg erwachsenen Konsequenzen. Obwohl es der Verständigungspolitik G. Stresemanns (1878–1929) gelang, einen Teil der wirtschaftl. Auswirkungen des V. V. nach 1920 zu mildern, konnte doch nicht vermieden werden, daß der »Diktatfrieden« von Versailles den Gegnern des Weimarer Staates die zugkräftigsten Propagandaparolen lieferte (vor allem A. Hitler, 1889–1945) und daher zum Untergang der Republik nicht unwesentlich beitrug.

LIT. U. Graf von Brockdorff-Rantzau, Dokumente und Gedanken um Versailles ([3]1925); K. Hauschild, Versailles. Die wichtigsten Bestimmungen des Friedensvertrages. Die Frage der Schuld am Kriege . . . (1924); Der V. V.

(^{2}1924; *Textausgabe); H.* Delbrück, Der Friede von Versailles (^{2}1930); L. von Muralt, Der Friede von Versailles (Zürich 1947); H. von Hentig, Der Friedensschluß (1952); P. Mantoux, Les délibérations du Conseil des Quatre, 24 mars à 28 juin 1919 (1955); E. Kern, Von Versailles bis Adolf Hitler (1961); E. Wüest, Der Vertrag von Versailles in Licht und Schatten der Kritik (1962); E. Klöss (Hrsg.), Von Versailles zum Zweiten Weltkrieg (1965); M. Gunzenhäuser, Die Pariser Friedenskonferenz und die Friedensverträge 1919–1920, Literaturbericht und Bibliographie (1970); J. Headlam-Morley, A Memoir of the Paris Peace Conference 1919, hrsg. von Agnes Headlam-Morley (London 1972).

Versailles (17 km südwestl. von Paris gelegener Hauptort des Dep. Seine-et-Oise). Seit 1682 unter Ludwig XIV. (reg. 1643/61–1715) Residenz der franz. Könige. Dabei handelt es sich um das Barockschloß zu V. (Baubeginn 1631; vollendet um 1710). 1788 tagte hier die Notabelnversammlung; am 5. 5. 1789 wurde die Reichsversammlung eröffnet (→Etats généraux); vom 17. 6. 1789 bis zu ihrer Übersiedlung nach Paris am 6. 10. 1789 tagte zu V. die Nationalversammlung. Während des dt.-franz. Krieges war V. vom September 1870 bis März 1871 Sitz des dt. Hauptquartiers; am 18. 1. 1871 erfolgte zu V. die Proklamation des dt. Kaisers. Nach dem Abzug der Deutschen war V. bis 1879 Sitz der franz. Regierung und der Nationalversammlung. Im Ersten Weltkrieg (1914–18) fanden seit Ende 1917 zu V. die Sitzungen des obersten Kriegsrats der Entente (cordiale) statt. Am 28. 6. 1919 wurde zu V. der Versailler Vertrag abgeschlossen.
LIT. Histoire du Chateau de V. 3 Bde. (Paris 1911–28); Lenotre, V. au temps des rois (Paris 1934); Bertrand, Der Hof von V. (1947).

Verschleppte. Menschen, die zum Zwecke des Arbeitsdienstes aus einem anderen Lande verschleppt oder auf Grund eines Arbeitsvertrages angeworben wurden, später aber nicht zurückkehrten, oder aber aus polit. Gründen vertriebene oder abgeschobene sowie in ihr Ursprungsland zurückgedrängte Personen. Bereits im At. gab es Verschleppungen, im großen Ausmaß bei den Assyrern und deren Nachfolgern (vgl. die Babylonische Gefangenschaft,

d. h. den zwangsweisen Aufenthalt der Juden in Babylonien nach der Eroberung und Zerstörung Jerusalems durch Nebukadnezar, 597 v. Chr. und 586 v. Chr., bis zur Rückkehr unter Kyros im Jahre 537 v. Chr.). Zu den großen Verschleppungen der NZ gehören die der im Zweiten Weltkrieg aus den unter NS-Herrschaft stehenden besetzten Gebieten Weggeführten (etwa 6 Mill.; nach dem Zweiten Weltkrieg als »displaced persons« bezeichnet), ebenfalls die derjenigen Nichtdeutschen, die 1945 ihre Heimat aus Furcht vor der sowjet. Besetzung verließen. Während das Gros der nach Dtl. verschleppten Personen in ihre Heimatländer zurückkehrte, blieb eine Minderheit in der Bundesrepublik; eine weitere Minderheit wanderte nach anderen Ländern (u. a. den USA, Kanada, Australien) weiter.
LIT. J. Vernant, The Refugee in the Post War World (New Haven 1953); L. W. Holborn, International Refugee Organization (Oxford 1956).

Verstaatlichung. Die Überführung von Unternehmungen aus privatem in öffentl. Besitz. Im engeren Sinne die direkte oder indirekte Unterstellung unter die staatl. Zentralgewalt, im weiteren Sinne auch unter die Verwaltung anderer öffentl. Körperschaften, d. h. von Provinzen, Bezirken, Gemeinden. Die V. ist, im Unterschied zur Sozialisierung, ebenfalls innerhalb einer privatwirtschaftl. Ordnung möglich. Begründet wird eine V. mit der Bedeutung des jeweiligen Betriebes oder Wirtschaftszweiges für das allg. Interesse (z. B. von Eisenbahnen, Banken, Grundstoffindustrien).

Verstehen. In der verstehenden Psychologie, namentlich von W. Dilthey (1833–1911) begründet, ist das V. eine Methode, um die Verhaltensweisen, Handlungen und Leistungen des Menschen im Rahmen sowohl des geschichtl. als auch des kulturellen Geschehens (Religion, Kunst, Staat, Recht etc.) zu deuten. Hierbei geht es nicht um kausale Gesetzlichkeiten, vielmehr um das Individuelle und Typische, um Sinn, Struktur, Ganzheit. Als Methodenlehre des V. wird nicht selten die →Hermeneutik aufgefaßt.
LIT. J. G. Droysen, Grundriß der Historik (neu hrsg. v. R. Hübner, ^{4}1960); W. Dilthey, Ideen über eine beschreibende und zergliedernde Psychologie

(1894; Gesammelte Schriften 5, 1924); E. Rothacker, Logik und Systematik der Geisteswissenschaften (Nachdr. 1965); H. W. Gruhle, Verstehende Psychologie (1948); O. F. Bollnow, Das V. (1949); E. Spranger, Lebensformen (⁹1966); W. Bauer, Einführung in das Studium der Geschichte (²1928).

Verteidigung, militär. Defensive. Im Gegensatz zum Angriff diejenige Form der Kriegführung, die darauf hinzielt, den Angreifer lediglich abzuwehren. LIT. H. Schmidt, V. oder Vergeltung (⁵1968); ders., Strategie des Gleichgewichts (⁵1970).

Vertrag, Kontrakt (von sich vertragen; SpätMA). Die rechtsgeschäftl. Willenserklärung von zwei oder mehreren Personen oder Staaten (Vertragsparteien) über ein Rechtsverhältnis. Während der obligator. V. der häufigste Rechtsgrund einer Forderung ist, verschafft der einseitige V. lediglich einer der Parteien Rechte gegenüber dem anderen Vertragsteil. Dagegen begründet der gegenseitige oder synallagmatische V. beiderseits Ansprüche und Pflichten. Der Vertragsabschluß, zu dem die Parteien der Vertragsfähigkeit bedürfen, erfolgt durch den Austausch von übereinstimmenden Willenserklärungen.

Vertragshäfen. In China bestimmte Häfen, in denen nach Beendigung des Opiumkrieges 1842, ebenfalls durch spätere Verträge, fremden Staaten sowie deren Staatsangehörigen (Missionaren, Kaufleuten) Vorrechte eingeräumt wurden, namentl. die Konsulargerichtsbarkeit. Weil die V. eine Verletzung der Souveränität Chinas darstellten, wurden die Abmachungen, auf denen die V. basierten, durch die Chinesen als »Ungleiche Verträge« bekämpft. Sie spielten eine entscheidende Rolle beim Kampf Chinas um seine Unabhängigkeit, bei der Revolution von 1911 sowie beim Sieg des Kommunismus im Jahre 1949.

Vertragslehre, Vertragstheorie. Bez. für die staatsphilosoph. Lehre vom Gesellschafts-, Sozial- oder Staatsvertrag. Hiernach basiert sowohl das Entstehen als auch das Bestehen eines Staates auf einer freien Vereinbarung der einzelnen; hierdurch erhält er seine Rechtfertigung. Die V. geht von der Annahme eines »Naturzustandes« aus, in dem nicht nur die einzelnen ohne eine Rechts- und Staatsordnung nebeneinander lebten, sondern der mutmaßlich sogar von einem »Kampf aller gegen alle« bestimmt war. Dieser Zustand wurde durch einen Gesellschaftsvertrag beendet, eine vereinbarte Herrschaftsordnung zur Gewährleistung von Frieden, Recht und Sicherheit.

Die V. entwickelte sich auf Grund der während des MA ausgetragenen Kämpfe zw. Kaiser und Papst; man verwendete sie ebenfalls dazu, um das Widerstandsrecht des Volkes gegen die dem Recht zuwider handelnde Obrigkeit zu begründen. Dann stellte sie das Kernstück der naturrechtl. Staatstheorie dar. In unterschiedl. Ausprägungen findet sie sich bei H. Grotius (1583–1645), S. Pufendorf (1632–94), J. Althusius (1557–1638), Th. Hobbes (1588–1679), J. Locke (1632–1704) sowie in J.-J. Rousseaus (1712–78) Schrift ›Contrat social‹ (1762). Gewöhnlich unterscheidet man den Vereinigungsvertrag (pactum unionis), wodurch die einzelnen sich zu einem geordneten Macht- und Rechtszustand zusammenschließen, sowie den Unterwerfungsvertrag (pactum subiectionis), wodurch sie die Staatsgewalt einem Herrscher übertragen. LIT. G. H. Sabine, History of Political Theory (²1948).

Vertrauensvotum. In parlamentar. Regierungssystemen ein Beschluß des Parlaments, durch den dieses der Regierung oder einem Minister das Vertrauen ausspricht. Auf Grund eines Mißtrauensvotums wird das Vertrauen entzogen.

Vertreibung. Die Ausweisung von Minderheiten, die sich innerhalb eines Staates ethn., sprachl. oder religiös von der Mehrheit der Staatsangehörigen unterscheiden. Das hieraus resultierende Minderheitenproblem der Ersten und Zweiten Weltkriegs ist vor allem ein kontinentaleurop. Problem, eng verflochten mit der Entwicklung des Nationalitätenprinzips sowie dem Gedanken des Selbstbestimmungsrechts.

Die V. von Einwohnern, die in ihrer Gesamtheit als eine Minderheit zu qualifizieren sind, ist bereits seit dem At. bekannt. Vertreibungsgrund in der NZ war zunächst und vor allem die unterschiedl. Konfession. So wurden die Hugenotten namentlich im 17. Jh. zur Auswanderung aus Frankreich gezwungen. Nach dem Ersten Weltkriege erfolgte V. infolge Gebietsveränderungen bzw. Gebietsabtretungen: Deutsche aus Polen; Deutsche aus Elsaß-Lothringen;

Polen aus der UdSSR etc. 1940 und erneut 1944 wurden Finnen aus den westkarel. Gebieten vertrieben; nach 1948 und erneut nach 1967 kam es zur Massenflucht von Arabern aus Israel bzw. den von Israel besetzten Gebieten. Etwa 17,2% der Bevölkerung in der BRD sind Opfer von V., vornehmlich aus den seit 1945 unter poln. und sowjet. Verwaltung stehenden deutschen Ostgebieten.
LIT. E. Lemberg, Die Ausweisung als Schicksal und Aufgabe (1949); P. Frings, Das internationale Flüchtlingsproblem 1919–50 (1951); J. Vernant, The Refugees in the Post War World (1953); Th. Schieder (Hrsg.), Dokumentation der V. der Deutschen aus Ost-Mitteleuropa (1953 ff.); W. Köllmann, Bevölkerung und Raum in neuester Zeit. In: Bevölkerungs-Ploetz, 2 (1955); M. J. Proudfoot, European Refugees 1930–52 (1957); Th. Schieder, Die Ost-V. als wissenschaftl. Problem. In: Vierteljahreshefte für Zeitgeschichte 8 (1960); A. M. de Zayas. Die Anglo-Amerikaner und die V. der Deutschen ([6]1981); G. Böddeker, Die Flüchtlinge – Die V. der Deutschen im Osten ([3]1981); W. Benz (Hrsg.), Die V. der Deutschen aus dem Osten. Ursachen, Ereignisse, Folgen (1985).

Verwaltung (Administration). Nach wissenschaftl. Sprachgebrauch die Umschreibung der gesamten Staatstätigkeit, sofern sie nicht Gesetzgebung oder Rechtspflege ist. Im formellen Sinn umfaßt sie jede von der Verwaltungsorganisation ausgeübte Tätigkeit, im materiellen Sinne die behördl. Behandlung von Einzelfällen, soweit diese nicht die Natur eines Rechtsstreits aufweisen. Die Vorschriften der Verwaltungsbehörden sind im Verwaltungsrecht zusammengefaßt. Seit dem 19. Jh. wird die Tätigkeit der Verwaltungsbehörden im Interesse und zum Schutz des einzelnen durch die Verwaltungsgerichtsbarkeit kontrolliert. In Dtl. wurde die Verwaltungsgerichtsbarkeit zunächst in Baden gesetzl. geregelt (1863). Preußen führte 1872 eine Verwaltungsgerichtsbarkeit der Kreisausschüsse ein. Allgemein geregelt wurde in Hessen (1874), Württemberg (1876), Bayern (1878), Sachsen (1900); in Preußen umfassend 1875/80, endgültig am 30. 7. 1883. Im Dt. Reich wurde das in der Weimarer Reichsverfassung (Art. 107) vorgesehene Reichsverwaltungsgericht am 3. 4.

1941 als die oberste Spruchbehörde der V. errichtet (bis 1945).
LIT. B. Dennewitz, Die Systeme der V. (1948); H. Peters, Lehrbuch der V. (1949); E. Forsthoff, Lehrbuch des Verwaltungsrechts ([8]1961); C.-F. Menger, System des verwaltungsgerichtl. Rechtsschutzes (1954); Th. Eschenburg, Staat und Gesellschaft in Dtl. (1963); T. Ellwein, Einführung in die Regierungs- und Verwaltungslehre (1966); W. Thieme, Verwaltungslehre (1967); T. Ellwein, Verwaltungspolitik in den 70er Jahren (1968); R. Mayntz (Hrsg.), Bürokrat. Organisationen (1968); G. E. Caiden, Administrative Reform (1970); K. E. Iserich, H. Pohl, G. C. Unruh (Hrsg.), Dt. Verwaltungsgeschichte. 2 Bde. (1983); Th. Ellwein, J. J. Hesse (Hrsg.), Verwaltungsvereinfachung und Verwaltungspolitik (1986).

Verwandter. Das Mitglied eines Rats, eines Gerichts und dergleichen (Rats-, Gerichts-Verwandter), das als Beisitzer fungiert.

Vesper (aus lat. hora vespera, Abendstunde).
[1] Während des MA die vorletzte der kirchl. Stunden, die für die bürgerl. Tageseinteilung maßgebend waren. Zunächst fiel die V. etwa eine Stunde vor Sonnenuntergang, später auf die Zeit um die Mitte des Nachmittags.
[2] In der kath. Liturgie derjenige Teil des kirchl. Stundengebets (Brevier), der für den Abend vorgesehen ist und dessen Höhepunkt das Magnifikat bildet.

Vestalinnen, Vestalische Jungfrauen. Im antiken Rom die 6 Priesterinnen der Vesta, der altitalischen Göttin des Herdes und des Herdfeuers. Die V. hatten eine symbol. Ehe zu schließen, und zwar in ältester Zeit mit dem König, später mit dem Pontifex Maximus. Nur Mädchen im Alter zwischen 6 und 10 Jahren wurden unter der Voraussetzung, daß sie keine körperl. Gebrechen hatten, ihre Eltern freier Herkunft waren und noch lebten, als V. angenommen. Der Dienst der V. umfaßte einen Zeitraum von 30 Jahren. Während dieser Zeit wohnten sie neben dem Tempel im Atrium Vestae. Verstieß eine der klösterl. V. gegen die Keuschheit, wurde sie in der Form bestraft, daß man sie lebendig begrub; ließen sie das Herdfeuer des Staates, das sie zu hüten hatten, verlöschen, dann bestrafte man sie mit Geißelhieben. Die V. besaßen bes. Ehrenvorrechte.

Die alte Brauttracht war ihre Amtstracht. LIT. H. Jordan, Der Tempel der Vesta und das Haus der V. (1886); E. Fehrle, Kultische Keuschheit im Altertum (1910).

Veteranen (lat. veteranus, altgedient, Veteran). Die älteren, vor allem die erfahrenen Jahrgänge im röm. Heer; darüber hinaus die Älteren und Erfahrenen. Nachdem unter Marius (156–86 v. Chr.) ein Berufsheer geschaffen worden war, nannte man auch diejenigen Soldaten V., die über die reguläre Dienstzeit hinaus im Heer zurückbehalten wurden. Ebenfalls die alten, ausgedienten Soldaten, insbes. diejenigen, die an einem Krieg teilgenommen haben, werden als V. bezeichnet. LIT. L. Koppie, Legions and Veterans (2000).

Veto (lat., ich verbiete). Allg. die Ablehnung eines Beschlusses, und zwar entweder durch ein Mitglied der zur Beschlußfassung berufenen Behörde oder durch ein anderes Organ; das V. hat die Wirkung, daß der Beschluß nicht zustande kommt.
Im antiken Rom das Interzessionsrecht, das die Magistrate besaßen, vor allem das der Volkstribunen gegen alle Magistrate (vom 3. Jh. v. Chr. an ebenfalls gegen den Diktator), Kollegen, Senatsbeschlüsse, Gerichte, Wahlen sowie Gesetzesanträge. Im alten poln. Reichstag besaß jedes Mitglied das Veto-Recht (→ Liberum V.). In den konstitutionellen Verfassungen war dem Monarchen das V. gegenüber allen Beschlüssen der Volksvertretung vorbehalten. Als einem bei der Gesetzgebung oder Beschlußfassung beteiligten Organ steht dem Präsidenten der USA das Veto-Recht zu. Das absolute Veto-Recht steht u. a. jeder der 5 Großmächte im Sicherheitsrat der UNO zu. Ein aufschiebendes (suspensives) V. besitzt z. B. das brit. Oberhaus. LIT. F. Münch, in: WB des Völkerrechts, 3 (1962).

Via Aemilia (Ämilische Straße). Die im Anschluß an die Niederwerfung der Kelten durch den Konsul Marcus Aemilius Lepidus im Jahre 187 v. Chr. als Fortsetzung der Via Flaminia gebaute Römerstraße in Oberitalien. Sie führte von Ariminum (Rimini) über Bononia (Bologna) nach Placentia (Piacenza); später wurde sie über Mediolanum (Mailand) bis nach Comum (Como) verlängert. Von ihr leitet sich auch der Name Aemilia (Emilia), die Bez. für den südl. Teil der Poebene, her. LIT. F. Berger, Über die Heerstraßen des röm. Reiches. 2 Bde. (1882/83); N. Lamboglia, in: Athenaeum, N. S. 15 (Pavia 1937).

Via Appia (Appische Straße), **V. A. Antica.** Bedeutende, von Rom nach Capua führende, später bis Brundisium (Brindisi) verlängerte Militärstraße. Angelegt wurde sie im Jahre 312 v. Chr. durch den auf Grund seines Wirkens als Zensor berühmt gewordenen Appius C. Caecus. Im Bereich der Pontinischen Sümpfe war die V. A. von einem Kanal begleitet; in der Nähe Roms von heidn. und frühchristl. Grabdenkmälern eingefaßt (Gräberstraße). Parallel zur V. A. verläuft südöstl. die V. A. Nuova.

Via Aurelia (Aurelische Straße). Eine durch Etrurien und Ligurien verlaufende röm. Heerstraße. Von Rom aus führte sie an der Küste Etruriens entlang bis etwa nach Cosa (Ansedonia), von hier aus weiter über Pisa, Luna und Genua bis etwa Nizza. Mit der Severianischen Straße stand sie durch die von Rom nach Ostia führende Vitellische Straße in Verbindung. Eine Abzweigung der V. A. hieß später Iulia Augusta.

Via Egnatia (Egnatische Straße). Eine von Dyrrhachium (Durazzo) nach Byzanz führende → Römerstraße. Sie verlief entlang der Adria über Thessalonike (Saloniki). Erbaut wurde sie 146 v. Chr. als östl. Fortsetzung der Via Appia.

Via Flaminia (Flaminische Straße). Die von dem röm. Staatsmann Gaius Flaminius (aus plebej. Geschlecht stammend) während seiner Zeit als Zensor 220 v. Chr. erbaute Staatsstraße. Sie führte von Rom durch Etrurien und Umbrien nach Ariminum. Im Jahre 27 v. Chr. wurde die V. F. durch Augustus (reg. 31 v. Chr. bis 14 n. Chr.) renoviert.

Vicomte (franz. von alt. vicecomes, Vizegraf, ital. Visconte, span. Vizconde, engl. Viscount). In den roman. Ländern und in England ein Adelstitel zw. dem Grafen und dem Baron. Zunächst war er der Stellvertreter eines Grafen, im 10. und 11. Jh. wurde er häufig ein selbständiger Kronvasall oder nahm den Grafentitel selbst an.

Vierbund. Während des Ersten Weltkriegs die Verbündeten Dtl., Österreich-Ungarn, die Türkei und Bulgarien.

Viererbund, Quadrupelallianz. Ein Bündnis zw. vier Vertragspartnern. Im 18. Jh. kamen verschiedene derartige Bündnisse zustande, so am 2. 8. 1718 zw. England, Österreich, Frankreich und den Generalstaaten (gegen Spanien gerichtet); am 8. 1. 1745 zw. England, Österreich, Sachsen und den Generalstaaten (gegen Friedrich II., reg. 1740–86, gerichtet).

Vier Freiheiten. Die 1941 durch den US-Präsidenten F. D. Roosevelt (1882–1945) proklamierten Ziele, zu deren Verwirklichung die amerikan. Politik beitragen wollte: Redefreiheit, Glaubensfreiheit, Freiheit von wirtschaftl. Not sowie Freiheit von Kriegsfurcht. Gerichtet waren diese Zielsetzungen gegen die Politik NS-Deutschlands und des faschist. Italiens.
LIT. M. Cranston, Freedom. A New Analysis (London 1953).

Vierfürst →Tetrarch.

Vierjahresplan. Der am 18. 10. 1936 durch Verordnung verkündete Wirtschaftsplan NS-Deutschlands. Der V. diente dem Ziel, die Entwicklung des Bergbaus, der Schwerindustrie, des Maschinenbaus sowie der Chemie vom Ausland unabhängig zu machen. Als »Beauftragter für den V.« erhielt der Preuß. Ministerpräsident und Luftfahrtminister H. Göring (1893–1945) umfassende Vollmachten; durch den Erlaß vom 18. 10. 1940 wurde der V. (unter Anpassung an die Anforderungen des Krieges) um vier weitere Jahre verlängert.
LIT. P. Rheinländer, Die dt. Eisen- und Stahlwirtschaft im V. (1939); Zs. ›Der Vierjahresplan‹ (1937ff.); M. Riedel, Eisen und Kohle für das Dritte Reich (1973).

Vierkaiserjahr. Das Jahr 69 n.Chr., in dem in Rom Galba, Otho und Vitellius Kaiser waren, denen, noch im Jahre 69, Vespasian (69–79 n.Chr.) als Kaiser folgte.

Vierlander. Ein Doppelgroschen, der durch Philipp den Guten von Burgund (reg. 1419–67) für die niederländ. Gebiete Flandern, Brabant, Hennegau und Holland geprägt wurde.

Viermächtepakt. Auf Anregung des ital. Diktators und ›Duce‹ B. Mussolini (1883–1945) am 14. 7. 1933 in Rom zw. Dtl., Frankreich, Großbritannien und Italien abgeschlossen. Der V. bestätigte die Völkerbundsurkunde, die Locarno-Verträge sowie den Kellogg-

Pakt. Darüber hinaus verpflichtete er die Beteiligten zu gemeinsamen Beratungen über sämtl. Fragen von gegenseitigem Interesse, zur Erhaltung des Friedens im Rahmen des Völkerbunds sowie zu Bemühungen um einen Erfolg der Abrüstungskonferenz. Der V. wurde nicht wirksam.

Vierschlag (lat. quadratum supercusum). Während der Zeit vom 11.–16. Jh. das Kennzeichen verschiedener süddt. Münzen; es handelte sich hierbei um ein erhaben erscheinendes, beinahe die gesamte Münze einnehmendes Viereck.

Vierteilen. Eine Strafe des späteren MA; sie wurde fast ausschließlich an Verrätern vollzogen. Der Strafvollzug erfolgte entweder mit der Axt oder dadurch, daß man den Körper des Delinquenten unter Zuhilfenahme von Pferden auseinanderriß.

Viertel (auch Quartier). Sowohl im MA als auch während der NZ die (vereinzelt vorkommende) Bez. für eine territoriale Einheit, ebenfalls die Unterteilung eines Verwaltungsbezirks, namentlich in Städten. Urspr. der Wehrgliederung dienend, war das V. später eine Verwaltungseinheit, ein Polizeirevier.

Viertelstück. Während des MA diejenige Münze, die den Wert eines Viertels der Währungseinheit besaß.

Vierte Republik. In Frankreich durch General Ch. de Gaulle (1890–1970) am 25. 8. 1945 proklamiert; sie endete 1958.

Vierter Stand. Im 19. Jh. das Lohnarbeiter-Proletariat; es entwickelte sich durch das Aufkommen der Industriearbeiterschaft. Der V. S. ist im Unterschied zum →Dritten Stand zu sehen.

Vierzehn Punkte (engl. Fourteen Points). Der Friedensentwurf des amerikan. Präsidenten W. Wilson (28. Präsident der USA: 1913–21), dargelegt in seiner Botschaft an den Kongreß am 8. 1. 1918. Im einzelnen umfassen die für den Weltfrieden nach dem Ersten Weltkrieg aufgestellten Grundsätze: 1. die Öffentlichkeit der Diplomatie; 2. die Freiheit der Schiffahrt auf allen Meeren; 3. die Beseitigung der wirtschaftl. Schranken sowie die Herstellung gleicher Handelsbedingungen für sämtliche Nationen; 4. die Verminderung der Rüstung bis auf ein mit der heimischen Sicherheit vereinbares Maß; 5. die gerechte Regelung aller kolonialen Ansprüche; 6. die Räumung der durch die Mittelmächte besetzten Gebiete Rußlands; 7. die Wiederherstellung Belgiens; 8. die Rückgabe des 1871 durch Dtl. annektierten elsaßlothring. Gebietes an Frankreich; 9. die Berichtigung der Grenzen Italiens nach klar erkennbaren Nationalitätsgrenzen; 10. für die Völker der österreich.-ungar. Monarchie die freie autonome Entfaltung; 11. die Räumung von Rumänien, Serbien und Montenegro; 12. die Unabhängigkeit der Türkei, die selbständige Entwicklung der innerhalb der Grenzen des Osmanischen Reiches lebenden Nationalitäten sowie die Öffnung der Dardanellen; 13. die Schaffung eines unabhängigen poln. Staates, der sämtliche von unzweifelhaft poln. Bevölkerung bewohnten Gebiete umfassen sowie einen freien und sicheren Zugang zum Meer erhalten sollte; 14. die Bildung eines allg. Verbandes der Staaten zum Zwecke der gegenseitigen Sicherung der polit. Unabhängigkeit sowie der territorialen Unverletzlichkeit.

Von Punkt 2 abgesehen, wurden die V. P. durch die Alliierten am 5. 11. 1918 als Friedensgrundlage akzeptiert; die Mittelmächte waren am 5. 10. 1918 auf die V. P. eingegangen. Wilsons Bemühungen, die Grundsätze seiner V. P. auf der Pariser Friedenskonferenz (1919) durchzusetzen, blieben angesichts der durch die Verbündeten erhobenen nationalen Forderungen unvollkommen.

LIT. H. W. V. Temperley, A History of the Peace Conference. 5 Bde. (London 1920); W. Wilson, Memoiren und Dokumente. 3 Bde. (dt. 1923 u. 1924); Ch. Seymour (Hrsg.), The Intimate Papers of Colonel House. 4 Bde. (Boston 1926–28); R. St. Baker, Woodrow Wilson, Life and Letters. 8 Bde. (N. Y. 1927–39); F. P. Walters, A History of the League of Nations. 2 Bde. (1952); F. Bleiber, Der Völkerbund. In: Hdb. des Völkerrechts. Bd. 4 (1939); J. L. Snell, Wilson on Germany and the Fourteen Points. In: Journal of Modern History (1954); G. Schulz, Revolutionen und Friedensschlüsse (1967).

Vigilia (lat., Wache, Wachtposten). Die Nachtwache im röm. Heerwesen. Man teilte für die Ablösung der militär. Wachen die Nacht (von Sonnenuntergang bis Sonnenaufgang) in vier Teile; dementsprechend wurde die 1. bis 4. Nachtwache gezählt.

Vigintivirat (lat. Zwanzigmänner-schaft). Im antiken Rom die Gesamtbez. für vier Beamtenkollegien niederen Ranges; sie umfaßten insgesamt 20 Mitglieder. Nach der Neuregelung durch Kaiser Augustus (reg. 31 v. Chr.–14 n. Chr.) war das V., dessen vier Kollegien als Hilfsbeamte der röm. Magistrate fungierten, und zwar u. a. als Vollstreckungsbeamte der Straf- und Ziviljustiz, als Aufsichtsbeamte über die städt. Straßenreinigung, als Richter (vor allem in Erbschaftsprozessen), eine Vorstufe für die senator. Ämterlaufbahn.

Vikar (lat. vicarius, Stellvertreter). Allg. der weltl. oder kirchl. Vertreter eines Amtsträgers, und zwar zeitweilig oder ständig (so u. a. in der Antike auch der Untersklave eines Sklaven). Nach der Verwaltungsneuordnung des Kaisers Diokletian (reg. 284–305 n. Chr.) war der vicarius der Stellvertreter des praefectus praetorio; er war, als Mittelinstanz in der Verwaltungshierarchie, der Leiter einer Diözese. Im MA spielten namentlich der vicarius imperatoris als Statthalter des Kaisers in einer ital. Stadt sowie die vicarii imperii, die beiden Reichsverweser während der Abwesenheit und nach dem Ableben eines Kaisers, eine Rolle.

Nach kirchl. Sprachgebrauch ist der vicarius Christi der Papst. Im FrühMA hieß der Inhaber eines herausragenden Bischofssitzes (so Arles' und Thessalonichs), dem vom Papst vorübergehend oder für dauernd bes. Jurisdiktions- oder Ehrenrechte übertragen wurden, Apostolischer V.; in der NZ wird der Titularbischof, dem in Missionsgebieten eine Reihe von Pfarreien bis zu dem Zeitpunkt unterstellt sind, da diese zu einem Missionsbistum vereinigt werden, als Apostolischer V. bez. Der Pfarrvikar ist ein durch den Bischof ernannter Geistlicher, der entweder anstelle eines Pfarrers oder zu seiner Unterstützung tätig ist. Der dauernde und beamtete Vertreter des Bischofs bei der Diözesanverwaltung ist der Generalvikar. Der Kapitularvikar ist derjenige Geistliche, der im Falle der Erledigung eines Bischofsstuhles innerhalb von 8 Tagen gewählt werden muß; er leitet dann die Diözese bis zu dem Zeitpunkt, da ein neuer Bischof von ihr Besitz ergreift. Als Kardinalvikar wird der Stellvertreter des Papstes in der Leitung des Bistums Rom bez. Der Chorvikar war früher der Vertreter eines Kanonikers beim Chordienst; in einer Anzahl von Fällen wird dieses Amt, trotz verschiedener Verbote, noch ausgeübt.

Vikinger (andere Schreibung für Wikinger) →Normannen.

Viktoriakreuz, Victoria Cross. Höchste brit. Tapferkeitsauszeichnung, die an Offiziere, Unteroffiziere und Mannschaften für hervorragende Tapferkeit oder die Aufopferung für das Vaterland vor dem Feind (»conspicuous bravery or devotion to the country in the presence of the enemy«) verliehen wird. Die Auszeichnung wurde 1856 durch Königin Viktoria (reg. 1837–1901) gestiftet. Bis 1942 wurde sie aus dem Metall von Kanonen hergestellt, die durch die Engländer vor Sewastopol (während des Krimkrieges, 1853–56) erobert worden waren. Bis heute wurde die Auszeichnung über 1000mal verliehen.

Viktoriner. Die Chorherren von St. Viktor, einem ehem. Augustinerchorherrenstift in Paris. Zu Beginn des 12. Jh. gegr., wurde es in der Franz. Revolution 1790 unterdrückt. Als Pflegestätte der myst. Theologie und Bewahrerin der Tradition war die theolog. Schule von St. Viktor im 12. Jh. von hervorragender Bedeutung, vor allem Hugo von St. Viktor (1096–1141), der als Leiter der Schule die theolog. Systematik augustin. Richtung förderte; ebenfalls Hugos Schüler und Nachfolger, der schott. Philosoph und Mystiker Richard von St. Viktor (seit 1162 Prior; 1173 gest.).

Villa (lat., Landhaus; davon franz. ville, engl. und span. villa; vgl. dt. Weiler). In der röm. Antike ein herrschaftl. Wohnhaus, das während der Kaiserzeit häufig mit reicher Innenausstattung versehen war und oft eine kleinere oder größere Gartenanlage umfaßte. Dann aber insbes. der herrschaftl. Wohnsitz mit parkartigem Garten (häufig eine Landwirtschaft einschließend); er lag vor der Stadt oder auf dem Lande und wurde zur Erholung benutzt. Namentlich in den Westprovinzen des Römischen Reiches stellte die V. ein Zentrum der Provinzialkultur dar. Zahlreiche Villen sind in Italien, aber auch in Dtl. gefunden worden (z. B. in Nennig bei Trier).

Mit der Renaissancezeit setzte in Italien der Bau großer Villen ein. Der gesamte Besitz wird dort seitdem V. genannt. Mit dem modernen Begriff V. wird ein anspruchsvolleres Einfamilienhaus bezeichnet.

LIT. K. M. Swoboda, Röm. und roman. Paläste ([2]1924); A. G. McKay, Röm. Häuser, Villen und Paläste (1980).

Villanovakultur. Die ältere eisenzeitl. Kultur Oberitaliens (9.–5. Jh. v. Chr.). Sie hat ihren Namen von dem Dorf Villanova östl. von Bologna.

Vindelizien. Der von den kelt. Vindelikern oder Vindeliziern bewohnte Teil der röm. Provinz Rätien (15 v. Chr. durch Drusus und Tiberius der röm. Herrschaft unterworfen) zw. Bodensee, Donau und Lech (Augusta vindelicorum: Augsburg).

Vineta. Die (nach der Sage) vom Meer verschlungene Stadt auf der Insel Wollin, das frühgeschichtl. Julin (Jumne, Jumneta, Jomsburg). Ausgrabungen finden seit 1934 statt (teilweise bis 6 m unter der heutigen Stadt Wollin freigelegt).

LIT. K. A. Wilde, Die Bedeutung der Grabung Wollin 1934 ([2]1953); O. Kunkel, in: Nachrichtenbl. f. dt. Vorzeit, 10–12 (1934–36).

Vinland, Winland (Weinland). Der normann. Name für einen Teil der nordamerikan. Ostküste; es handelt sich hierbei nach den neuesten Forschungen wahrscheinlich um Neufundland. 986 n. Chr. wurde V. von Bjarne Herjulfsson auf der Fahrt von Island gesichtet; um 1000 wurde es von Leif Eriksson aufgesucht (1. Entdeckung Amerikas).

Während die nordamerikan. Wikingersiedlungen nur kurze Zeit bestanden, währte die Verbindung zw. Grönland und V. noch bis in das 14. Jh.

LIT. W. Hovgaard, Voyages of the Norsemen to America (N. Y. 1914); H. P. Steensby, The Norsemen's Route from Greenland to Wineland (Kopenhagen 1918); G. M. Gathorne-Hardy, The Norse Discoveries of America (London 1921); M. Thordarson, in: American Geographic Society Research Series, 18 (N. Y. 1930).

Vinzentiner →Lazaristen.

Vinzenzvereine, Vinzenzkonferenzen. Vereine kath. Laien zur Ausübung karitativer Werke. Der 1. Verein wurde 1833 in Paris von Studenten unter der Leitung von A.-F. Ozanam (1813–53), der seit 1844 als Professor an der Sorbonne wirkte, gegründet. Benannt sind die V. nach dem hl. Vinzenz von Paul (1581–1660), der eine bahnbrechende

Fürsorge für Arme, Kranke und Galeerensträflinge schuf.

Viribus unitis (lat.). Mit vereinten Kräften. Der Wahlspruch Kaiser Franz Josephs I. (reg. 1848–1916).

Virilisten. Während des 19. Jh. (im Konstitutionalismus) diejenigen Männer, die von Amts wegen (z. B. als Bischof oder Universitätsrektor) in der gesetzgebenden Körperschaft einen Sitz hatten.

Virilstimme (lat. votum virile). Im Reichstag des alten Dt. Reiches (bis 1806), ebenfalls im dt. Bundestag (1815–66) die fürstl. Einzelstimme (im Unterschied zur Kuriatstimme).

Virtus (lat., die Eigenschaft des Mannes). Kraft, Tapferkeit, Tüchtigkeit, Vollkommenheit. Für den Römer die Zusammenfassung der höchsten Werte. Nach christl. Interpretation Tugend.

Visier.
[1] Der aufklappbare vordere Teil (Gesichtsschutz) des ma. Helms.
[2] Bei Schußwaffen die Zielvorrichtung.

Visitantinnen. Eine andere Bez. für →Salesianerinnen.

Visitatio (sacrorum) liminum (lat. Besuch der Hl. Gräberschwellen). Nach kath. Kirchenrecht die den europ. Bischöfen zukommende Pflicht der Romfahrt, verbunden mit dem Besuch der Gräber der Apostel Petrus und Paulus (limina SS Apostolorum) sowie des Papstes. Außereurop. Bischöfe haben sich dieser Pflicht alle 10 Jahre zu unterziehen.

Visitation (lat.). Im kath. Kirchenrecht als kanon. V. die Verpflichtung zur persönl. und regelmäßigen Besichtigung kirchl. Einrichtungen durch den zuständigen Obern (Bischof, Dekan). Nach ev. Kirchenrecht ein Besuchsdienst, der zugleich seelsorgerl. und brüderl. Hilfe bedeutet; verbunden ist mit dem Besuchsdienst die Aufsicht über die kirchl. Arbeit; die Durchführung obliegt in der Kirchengemeinde dem Superintendenten, im Kirchenkreis (General-V.) dem Bischof oder dem Papst. Andere Geistliche sowie beauftragte Laien werden sowohl zu den V. in der Kirchengemeinde als auch im Kirchenkreis herangezogen. Die V. war bereits in der alten Kirche bekannt. LIT. K. Mencke, Zur Entwicklung der ordentl. V. des Reichskammergerichts im 16. Jh. (1984).

Vita (lat., Leben). Die Lebensbeschreibung, die →Biographie.

Vita communis (lat., gemeinsames Leben). Nach kath. Klosterrecht das Leben in der klösterl. Gemeinschaft; die Vita communis bildet die Grundlage des Klosterstandes.

Vita contemplativa. Das beschaul. Leben; es steht im Unterschied zur **Vita activa,** dem tätigen Leben.

Vitalienbrüder, Vitalianer, Likendeeler (mit gleichem Beuteanteil). Freibeuter und Seeräuber in der Nord- und Ostsee um 1400. Während der Auseinandersetzung von Königin Margarete (1387–1412 Königin von Dänemark, Norwegen und Schweden) mit dem Schwedenkönig Albrecht (reg. 1364–89) unterstützten sie Albrecht, als Margarete Stockholm belagerte (1389–92), mit Lebensmitteln (Vitalien). Sie setzten dann aber den Kaperkrieg auf eigene Faust fort. Da sie die Beute gleichmäßig unter sich teilten, wurden sie auch Likendeeler genannt. Die Deutsch-Ordensritter vertrieben sie 1398 von ihrem Stützpunkt auf der Insel Gotland. 1401 wurden sie von Flotten der Hanse bei Helgoland sowie an der Emsmündung geschlagen. Die V. konnten, nachdem ihre Führer Klaus Störtebeker und Gödeke Michels in Hamburg geköpft worden waren (1401), allmählich beseitigt werden (bis 1450). LIT. M. Puhle, Die V. (1992).

Vize ... (lat. vice und vicem, anstatt, wie). Vorsilbe zur Bez. der stellvertretenden Amtsgewalt, z. B. Vize-König; der Titel eines Statthalters oder Generalgouverneurs in Kolonien und Provinzen als Stellvertreter des Herrschers.

Viztum, Vitztum, Vizedom (von lat. vicedominus, Verwalter eines Fürsten). Seit dem MA die Regierungsbeamten der Mittelbehörden in den dt. Territorien, insbes. in Süddtl. und Bayern; hierbei handelte es sich vor allem um die obersten Finanzbeamten (z. B. in Österreich). In den ital. Städten war der Visdominus oder der Leiter der Verwaltung; die Bez. leitete sich her von der ehem. Statthalterschaft für den deutschen König.

Vlies →Goldenes Vlies.

vogelfrei, wolfsfrei, rechtlos, geächtet, friedlos, →Acht.

Vogt (ahd.), **Voigt** (lat. advocatus, der Herbeigerufene, der Rechtsbeistand). Während des MA Beamte, die mit der Aufgabe des Schutzes sowie der

Vertretung von Personen, Institutionen und Interessen betraut waren.

[1] Das Amt des V. entwickelte sich aus röm. Rechtsformen (→advocatus) in Verbindung mit der german. Munt, vermutlich auch der kelt. Klientel sowie der Haus-, Sippen- und Gefolgsherrschaft. Auf Grund eines kaiserl. Erlasses vom Jahre 401 waren der Kirche advocati vorgeschrieben, da sie sich (nach Tim. II, 2, 4) sämtlicher weltl. Geschäfte enthalten soll. Im Frankenreich, zunächst bei den Westfranken, wurden in den geistl. Immunitäten die Immunitätsleute durch einen V. (zunächst rector, praepositus, vicedominus) vertreten; er schützte sie durch seine Macht und führte auch deren Aufgebot, später Schirmvogtei genannt; im Immunitätsgericht übte er das Richteramt aus. Im Jahre 802 berief Karl d. Gr. (reg. 768–814) grafschaftsweise Vögte sowohl für Bistümer als auch Abteien; sie wurden durch den Grafen im echten Ding eingesetzt und von den Missi kontrolliert; sie wurden für das gesamte Reich verbindl. (nachdem sie zunächst privatrechtl. Charakter gehabt hatten). Sowohl die Gerichts- als auch die Schirmvogtei wird während des 10. Jh. zu einem erbl. Lehen des Hochadels; in Eigenklöstern wird die Vogtei durch die Klöster selbst übernommen. Dem Adel diente die Vogtei zur persönl. Machterweiterung, weshalb die kirchl. Reformbewegung des 11. Jh. im Versuch unternahm, diesen Mißbrauch zu beseitigen; dies gelang ihr durch die Einrichtung der abbatiae liberae.

[2] Während des gesamten MA betrachtete sich der König als oberster Schirmvogt über das Reich, namentlich über die Reichskirche, seit der Zeit der Salier und Staufer (1024/1138) über die Reichsstädte und -bauern. Zur Zeit des SpätMA war der Landesherr in seinem Territorium, das sich nicht selten aus Vogteien entwickelt hatte, der oberste V., insbes. über die landsässigen geistl. und weltl. Grundherrschaften sowie die freien Bauern; sie hatten als Abgabe das Vogtrecht (Fastnachtshuhn, Vogthaber u. a.) zu entrichten.

[3] Der vom König (im alten Dt. Reich bis 1806) bestellte Verwaltungsbeamte sowie Hochrichter eines Krongutsbezirks oder einer königl. Abtei (→Reichsvogt).

[4] In der Ämterverfassung der Territorien der Richter sowie der Verwaltungsbeamte eines Sprengels (Vogtei), der meist Teil eines Amtes, vereinzelt auch (z. B. in Württemberg seit dem ausgehenden 15. Jh.) eines aus mehreren Ämtern bestehenden Bezirks war (mit dem Titel Obervogt). Insgesamt gesehen war die Stellung des V. von Territorium zu Territorium verschieden; gemeinsam aber war den Vögten, daß es sich dabei stets um einen herrschaftl. Beamten handelte. In den Städten oblag dem V. die Ausübung der hohen Gerichtsbarkeit; häufig wurde er im Verlauf des MA durch den Schultheiß ersetzt.

LIT. H. Hirsch. Die Klosterimmunität seit dem Investiturstreit (1913); A. Waas, Vogtei und Bede in der dt. Kaiserzeit (Teil 1: 1919; Teil 2: 1923); E. F. Otto, Die Entwicklung der dt. Kirchenvogtei im 10. Jh. (1933); E. Klebel, Eigenklosterrecht und V. in Bayern und Dt.-Österreich (1939); W. Schlesinger, Die Entstehung der Landesherrschaft (1941); Th. Mayer, Fürsten und Staat (1950); Feine, KRG 1 (²1955).

Vogteigericht. Das Gericht eines Vogts. Während es sich in den späteren Territorien hierbei meist um Niedergerichte handelte, die meist zu Patrimonialgerichten absanken, waren es in den Städten in der Mehrzahl der Fälle Hochgerichte.

Vogteigut. Ein bäuerl. Gut, das nur einem Schirmvogt unterstand (im SpätMA häufig dem Landesherrn). Da es keiner Grundherrschaft angehörte, zahlte sein Besitzer lediglich Bede oder das Vogtrecht.

Vogtfrei. Die Freiheit vom Gericht eines Vogts. V. waren vor allem Klöster, u. a. die der Zisterzienser.

Vogtleute. Allg. sämtl. Leute, die einem Vogt unterworfen waren und die ein Vogtrecht entrichteten, namentlich die Angehörigen einer Immunität.

Volk. Ein mehrdeutiger Begriff:
a) die Gesamtheit der Bürger oder die als Minderheit mit ihren Eigenarten auftretende Gruppe eines Landes;
b) die durch Abstammung, Kultur und Geschichte verbundene Tiefenschicht im sozialen Gesamtleben, worin Gemeinschaft, Sitten, Tradition sowie Selbstbewußtsein (Volkstum) wirksam sind;
c) die durch spezielle Eigenschaften ausgezeichnete lebendige Substanz des als ihre äußere Organisation aufgefaßten Staates, dessen Regierung das V. in

Wahrung seiner Rechte in demokrat. Staaten, da es »souverän« ist, bestimmt.

In Dtl. wurde während des Zeitalters der ›Dt. Bewegung‹ eine Volkslehre entwickelt; sie hat in ihrer reichen und tiefsinnigen Art für die dt. Auffassung vom Wesen sowie der Bedeutung des V. nicht zuletzt in polit. Hinsicht weittragende Konsequenzen gehabt. Das V. wurde als die eigentlich tragende Kraft des geschichtl. Lebens verstanden (J. Möser, 1720–94; J. G. Herder, 1744–1803; J. G. Fichte, 1762–1814; J. Görres, 1776–1848; E. M. Arndt, 1769–1860; später W. H. Riehl, 1823–97). Die durch den Nationalsozialismus verkündete biolog.-materialist. Auffassung des V. als einer Rasseneinheit ist nicht haltbar. Es existiert kein V., das nicht aus mehreren rass. Elementen besteht.

LIT. F. Meinecke, Weltbürgertum und Nationalstaat (⁷1928); P. Joachimsen, Vom dt. V. zum dt. Staat (³1956); Th. Litt, Individuum und Gemeinschaft (³1926); M. H. Boehm, Das eigenständige V. (1932); H. Freyer, Der polit. Begriff des V. (1933); E. Spranger, V., Staat, Erziehung (1932); H. Oncken, Nation und Geschichte (1935); H. Harmjanz, V., Mensch und Ding (1936); Chr. Grasser, Geschichte der Volksfreiheit und der Demokratie (1939); K. Stavenhagen, Krit. Gänge in der Volkstheorie (1936); G. Leibholz, Nation und Staat im 20. Jh. (1958); W. Conze, Die dt. Nation (²1965).

Völkerbund (franz. Société des Nations; engl. League of Nations). Die erste internationale Organisation zur Sicherung des Weltfriedens; sie bestand von 1920–46; ihren Sitz hatte sie in Genf. Bereits zu Beginn des Ersten Weltkriegs hatte der damalige brit. Außenminister Lord Grey (1862–1933) geäußert, daß der einzige Ausweg aus der polit. schwierigen Situation die Bildung eines V. sei, in dem auch Dtl. vertreten sein müsse. Vor allem setzte sich der US-Präsident W. Wilson (1856–1924) für die Errichtung einer Organisation zur Erhaltung des Weltfriedens ein. Am 27. 5. 1916 legte er anläßlich eines Banketts der ›League to enforce Peace‹ in großen Zügen sein Grundprogramm dar, das sich in seinen späteren →Vierzehn Punkten wiederfindet. Während der Versailler Friedensverhandlungen vermochte die US-Delega-

tion unter Führung Wilsons aber noch keinen konkreten Verhandlungsplan für die Bildung eines V. vorzulegen. Daher war es notwendig, eine Spezialkommission zur Abfassung einer Völkerbundssatzung zu bilden. Als Geburtsstunde des V. wird häufig der 28. 4. 1919, als die 2. Fassung der Satzung in der Plenarsitzung angenommen wurde, genannt. Der oberste Rat des V. betonte allerdings in seiner Note vom 2. 1. 1920, daß erst der 28. 6. 1919 als Geburtsstunde des V. gelten könne, da der Versailler Vertrag zu diesem Zeitpunkt von den beteiligten Mächten unterzeichnet gewesen sei und diese damit erst die endgültige Fassung der Satzung angenommen hätten. Demgegenüber wird argumentiert, die Völkerbundssatzung könne nicht vor dem 10. 1. 1920 datiert werden, da sie erst mit der Ratifikation der Versailler Friedensverträge durch die einzelnen Staaten in Kraft getreten sei. Am 16. 1. 1920 nahm der V. seine Tätigkeit auf.

Zunächst waren die 32 Verbündeten des Ersten Weltkriegs, 13 eingeladene sowie die neutralen Staaten während des Ersten Weltkriegs Völkerbundsmitglieder. Weitere Staaten konnten später mit ⅔ Mehrheit der Mitglieder aufgenommen werden (z. B. Österreich 1920, Deutschland 1926, die UdSSR 1934). Die höchste Mitgliederzahl, die je erreicht wurde, betrug 59. Ein Austritt war möglich; u. a. traten Brasilien 1928, Deutschland und Japan 1933, Italien 1937 aus dem V. aus. Nach dem Angriff auf Finnland wurde die UdSSR 1940 ausgeschlossen.

Die Erhaltung des Friedens und des Gebietsstandes der Mitglieder war das wichtigste Anliegen des V. In einer Reihe von Fällen hat er seine Aufgabe der Vermittlung und Schlichtung lösen können (u. a. Korfu-Konflikt 1923). Hingegen vermochte er weder durch Entschließungen noch durch wirtschaftl. Maßnahmen das Eindringen Japans in China (seit 1931) zu verhindern. Auch blieben seine wirtschaftl. Sanktionen gegenüber Italien im Anschluß an dessen Einfall in Abessinien ohne Erfolg. Infolgedessen litt das Ansehen des V. sehr. Eine ausgedehnte Tätigkeit, wenn auch nur mit begrenztem Erfolg, entfaltete der V. zum Schutz der nationalen Minderheiten. Er übte die Aufsicht über die Mandatsgebiete. In verschiedenen Fällen vermochte er durch wirt-

schaftl. Unterstützung zu helfen, so in Griechenland und in Österreich. Bemerkenswert ist auch die Aktivität, die der V. auf dem Gebiet der Flüchtlingshilfe sowie der kulturellen und techn. Zusammenarbeit entfaltete. Seine Bemühungen um die Abrüstung (Abrüstungskonferenz 1932–35) blieben ohne Erfolg. Der V. war in Bundesversammlung (oberstes, einmal jährl. tagendes Entscheidungsorgan, in dem jedes Mitglied eine Stimme hatte), Völkerbundsrat (mit fast gleicher Zuständigkeit wie die Bundesversammlung, vor allem auf dem Gebiet der Streitschlichtung und Vermittlung; aus 4–6 ständigen, darunter Dtl., Frankreich, Großbritannien, Italien und Japan, und – zuletzt – 9 nichtständigen Mitgliedern bestehend, erledigte er die eigentl. polit. Aufgaben; er tagte mehrere Male im Jahr) und ständiges Sekretariat (unter einem Generalsekretär) gegliedert. Verschiedene Organisationen (u. a. die Internationale Arbeitsorganisation und der Ständige Internationale Gerichtshof) widmeten sich speziellen Aufgaben des V. Auf den Ausbruch des Zweiten Weltkriegs vermochte der V. keinen Einfluß von Belang zu nehmen. Durch Beschluß der letzten Versammlung am 18. 4. 1946 in Genf löste sich der V. auf.
LIT. I. Kant, Zum Ewigen Frieden (1795); M. Erzberger, Der V. Der Weg zum Weltfrieden (1918); W. Schücking, H. Wehberg, Die Satzung des V. (³1931); P. Guggenheim, Der V. (Zürich 1932); P. Barandon, Das Kriegsverhütungsrecht des V. (1933); O. Göppert, Der V. (1938); F. P. Walters, A History of the League of Nations. 2 Bde. (London 1952); E. Klöss (Hrsg.), Verträge zur Zeitgeschichte (1965); Akten zur dt. auswärtigen Politik. Serie B, Bd. 1, 1–2 (1966–68); Serie C, Bd. 2, 1 (1973); W. Baumgart, Vom europ. Konzert zum V. (1974).

Völkerfrühling. Seit Ludwig Börne (1786–1837) ein im Kampf um die Freiheit und nationale Einheit beliebtes Schlagwort. Börne, Pionier des modernen Feuilletons, verbreitete es in der von ihm seit 1818 herausgegebenen Zs. ›Die Wage, Blätter für Bürgerleben, Wissenschaft und Kultur‹.
LIT. R. Riemenschneider, Die dt.-poln. Beziehungen 1831–48: Vormärz und V. In: Schriftenreihe des Georg-Eckert-Instituts für internationale Schulbuchforschung, Bd. 22/II (1979).

Völkerkunde. Die Wissenschaft von der kulturellen Differenzierung der Menschheit unter des. Berücksichtigung der Primitiven. Häufig wird zw. Ethnographie (beschreibende V.) und Ethnologie (vergleichende V.) unterschieden (von griech. ethnos, Volk). Die Anfänge der V. reichen bis ins At. zurück (Herodot um 500–um 424 v. Chr.; Hippokrates, 460 [?]–375 [?] v. Chr.; Caesar, 100–44 v. Chr.; Tacitus, 55–116 n. Chr.). Im 18. und 19. Jh. erwuchs die V. zu einer klar umrissenen Diszplin. In den 80er Jahren des 19. Jh. forderte F. Ratzel (1844–1904) eine vermehrte Berücksichtigung histor. Prinzipien. L. Frobenius (1873–1938), F. Gräbner und W. Schmidt (1868–1954) bauten die Ideen Ratzels zur kulturhistor. Methode (Kulturkreislehre) aus, die das Alter der Einzelkulturen sowie deren Wechselbeziehungen untersucht. Mit dem sie kritisierenden Funktionalismus (B. Malinowski) sowie der Strukturlehre (F. Krausse), beide schon in der Kultur eines jeden Volkes ein organisches Ganzes sehend, zudem mit der Völkerpsychologie (F. Boas), erreichte die V. ihre jüngste Entwicklung.
LIT. W. Schmidt, Hdb. der Methode der kulturhistor. Ethnologie (1937); S. Passarge, Geograph. V. (1951); H. Bernatzik, Die große V. 3 Bde. (1954); H. Tischner (Hrsg.), V. (Fischer-Lexikon 1959 u. ö.); K. E. Müller, Geschichte der antiken Ethnographie und ethnolog. Theoriebildung (1972).

Völkermord, Gruppenmord, Genozid. Die an nationalen, rassischen oder religiösen Gruppen vollzogenen Tötungen, Minderung ihrer Lebensbedingungen, Verhinderung ihrer Vermehrung, Kinderverschleppungen, körperliche Schädigungen mit der Absicht der Ausrottung. Für V. gibt es in der Geschichte zahlreiche Beispiele: Kolonialkriege, Ketzerverfolgungen, Religionskriege, Kreuzzüge, nicht zuletzt die Judenpogrome. Unter dem Eindruck der Vernichtungspolitik des Nationalsozialismus bes. gegen Juden, Polen, Russen und Tschechen wurde aufgrund des Abkommens der Vereinten Nationen vom 18. 12. 1948 der V. als international zu ächtendes Verbrechen erklärt; es trat am 12. 1. 1951 in Kraft. Die BRD trat der Konvention 1954 bei. In § 129 des Strafgesetzbuchs hat sie einen ent-

sprechenden Straftatbestand eingeführt.
LIT. R. Lemkin, Axis Rule in Occupied
Europe (London 1946); O. M. Uhler,
Der völkerrechtl. Schutz der Bevölkerung eines besetzten Gebiets (Diss. Zürich 1950); F. Bauer, in: Hwb. der Kri-
minologie I (1966).

**Völkerpsychologie, Ethnopsycholo-
gie.** In ihrer älteren, um 1850 von M.
Lazarus, H. Steinthal und W. Wundt
begründeten Form versuchte sie eine
psycholog. Untersuchung der »Volks-
geister« (→Volksgeist). Später wandte
sich die V. entwicklungsgeschichtl.
Ideen zu und versuchte das sog. bioge-
net. Gesetz auf die Geschichte der Na-
tur- und Kulturvölker anzuwenden. Die
Aufgaben der V. sind heute vor allem
auf den Bereich der Sozialpsychologie
sowie der ethnolog.-soziolog. Forschung aufgeteilt; sie wird in großem
Umfang namentlich in den USA betrieben, wo sie als Cultural Anthropology
(Kulturanthropologie) bekannt ist.
LIT. W. Wundt, V. 10 Bde. (^{3}1911–20);
F. Krueger, Entwicklungspsychologie
(1915); W. Hellpach, Einführung in die
V. (^{2}1944); B. Holzner, V. (1961).

Völkerrecht, Internationales Recht
(lat. ius gentium; franz droit international public, droit des gens; engl. Law of
Nations, International Law). Der Inbegriff derjenigen Rechtsnormen (Gewohnheitsrecht und Staatsverträge),
durch die festgelegt wird, welches im
Frieden und im Krieg die Rechte und
Pflichten im Verhältnis der Staaten untereinander sind; darüber hinaus werden durch sie noch einige andere, den
Bereich eines einzelnen Staates über-
schreitende, Beziehungen geregelt, z. B.
das internationale Privat- oder Zivilrecht, das internationale Strafrecht oder
das internationale Verwaltungsrecht.
Das moderne V. entstand im MA im
Zusammenhang mit der Bildung nationaler Staaten, zw. denen sich ein Recht
der Gesandtschaft, der Verträge, des
Handels und auch des Krieges herausbildete. Als die ma. Idee einer einheitl.
christl. Gemeinschaft zw. Papst und
Kaiser erlosch und gleichzeitig die
Wandlung des Staatensystems zu einem
Nebeneinander souveräner Staaten erfolgte, entwickelte sich das V., das im
16. und 17. Jh. zu seiner vollen Entfaltung kam. Entscheidende Förderung erfuhr das europ. V. durch die Arbeiten
der span. Schule (F. Vitoria, 1483/

1486–1546, Bahnbrecher des modernen V.; F. Suarez, 1548–1617, dessen
moral- und rechtsphilosoph. Schriften
einen Höhepunkt des spätscholast. Naturrechts darstellen) sowie durch den
Niederländer Hugo Grotius (1583–
1645), vor allem durch sein grundlegendes Werk ›De iure belli ac pacis‹ (1625).
Das V. war bis zur Mitte des 19. Jh. ein
europ. V. Es darf als ein Ausdruck der
polit. und geistigen Vorherrschaft der
europ. Staaten bis zu diesem Zeitpunkt
aufgefaßt werden. Seit etwa 1850 kam
es zu einer Umformung des V. zu einer
Weltrechtsordnung. Während gegen
1800 die amerikan. Nationen in den
Kreis der Völkerrechtsgemeinschaft
eintraten, waren 1856 die Türkei, gegen Ende des 19. Jh. Japan. Gegenüber
der früheren vollen Unabhängigkeit der
Einzelstaaten ist die Gegenwart durch
eine starkere sachl. Bindung der einzelnen Staaten untereinander gekennzeichnet. Eine Weiterentwicklung der
organisator. Einheit der Welt wird in
der noch losen Form der Vereinten Nationen offenbar. So zeigt das gegenwärtige V. die Charakteristika einer Über-
gangsepoche, in der den einzelnen Staaten die grundlegende Freiheit ihrer inneren Ordnung vorbehalten bleibt.
LIT. A. Wegner, Geschichte des V.
(1936); A. Nussbaum, A Concise History of the Law of Nations (^{2}1954);
A. Verdross, V. (^{3}1955); P. Guggenheim, Lehrbuch des V., unter Berücksichtigung der internationalen und
schweiz. Praxis. 2 Bde. (1947/51);
F. Berber, Lehrbuch des V. 2 Bde.
(1960–62); F. Menzel, V. (1962); ›International Law‹, in: Collier's Encyclopedia, 13 (1971), 140–44; J. von
Münch u. a., Völkerrecht (1971);
R. Geiger, Die völkerrechtl. Beschränkung der Vertragsschlußfähigkeit von
Staaten (1979); H. Bülck, V. und Europ. Recht (1984); R. K. Neuhaus, Das
Rechtsmißbrauchsverbot im heutigen
V. (1984); W. W. Grewe, Epochen der
Völkerrechtsgeschichte (1984); B. Rill
(Hrsg.), V. und Friede (1985).

Völkerschaft (lat. civitas). Die zur
Zeit des röm. Geschichtsschreibers Tacitus (55–116 n. Chr.) am Rhein existie-
renden Kleinstaaten der german. Teil-
stämme; ihnen waren vermutl. größere
Staaten vorausgegangen. Die späteren
Stammesstaaten sind teilweise aus dem
Zusammenschluß mehrerer V. hervorgegangen. Häufig war die V. in Gaue,

denen ein oder mehrere Gaufürsten vorstanden, unterteilt. Nicht sicher ist die Bedeutung der Hundertschaften (huntari) als Herrschaftsbezirk oder Heeresverband. Die Volksversammlung (Ding) stellte das oberste Organ der V. dar; es hatte auch über gerichtl. und religiöse Angelegenheiten zu befinden. Der Volksversammlung stand der Adel vor, verschiedentlich bereits ein Herzog oder König, und zwar in der Eigenschaft eines Repräsentanten des Volkes, von dem er abhängig war.

LIT. H. Mitteis, DRG (^{9}1965); Th. Mayer, Staat und Hundertschaft in fränk. Zeit. In: Rhein. Vierteljahresblätter, 17 (1952).

Völkerschlacht (bei Leipzig). Vom 16.–19. 10. 1813 bei den unweit Leipzig gelegenen Ortschaften Probstheida und Möckern ausgetragen. Die verbündeten Österreicher, Preußen und Russen errangen hier einen den Herbstfeldzug der Freiheitskriege entscheidenden Sieg über Napoleon. Zur Erinnerung an die V. wurde im Süden der Stadt das 91 m hohe Völkerschlachtdenkmal errichtet (1898–1913).

Völkerstaat (auch Vielvölkerstaat, Nationalitätenstaat). Ein Staat, dessen Bevölkerung sich aus verschiedenen Nationen oder Volksgruppen (Nationalitäten) zusammensetzt. Als V. galt vor allem die bis 1918 bestehende Donaumonarchie. Das Gegenteil eines V. ist der Nationalstaat.

Völkerwanderung (engl. migration of nations; franz. migration[s] des peuples). Die bedeutenden Völkerverschiebungen, die sich im Verlauf des 4.–6. Jh. n. Chr. vollzogen. In histor. Zusammenhang betrachtet, begannen sie jedoch bereits Jahrhunderte vor der Geburt Christi. Die Ursache hierfür waren die großen Wanderungen asiat. Steppenvölker, u. a. der Hunnen, die aus dem Osten nach dem Westen vorstießen. Infolgedessen wurden die vor ihnen ansässigen Bevölkerungen in Bewegung gesetzt. So kamen nacheinander die Kelten, Germanen, Slawen, um nur die wichtigsten Gruppen zu nennen, ins Wandern. Sie stießen vor allem nach Süden und Westen in den Kreis der Mittelmeerkultur vor.

Im engeren Sinn beginnt die V. im Jahre 375 n. Chr., als die Hunnen das Ostgotenreich am Dnjepr unterwarfen und die Westgoten vor sich her nach Siebenbürgen, in die Karpaten und ins Innere des Imperium Romanum schoben. Doch bereits zur Zeit des Markomannenkrieges (166–180 n. Chr.) machte sich im Osten Germaniens eine Unruhe bemerkbar, die offenkundig durch die Abwanderung der Goten von der Weichsel ausgelöst worden war. In deren weiterem Verlauf schoben sich die Wandalen über die Karpaten nach Süden vor. Um 260 n. Chr. brach der Limes unter dem Druck der westl. Germanenstämme zusammen. Während die durch die Römer auf dem linken Rheinufer angelegten Befestigungen das Vordringen der Germanen nach dem Westen aufzuhalten vermochten, konnten sich im Osten bzw. Südosten die Goten, Gepiden, Heruler und andere Stämme im Vorland der röm. Reichsgrenze festsetzen. Unter dem Druck der vorstoßenden Hunnen überschritten sie die Grenze und ließen sich auf röm. Gebiet nieder. Zunächst wurden sie in den meisten Fällen in eine Art Bundesgenossenschaft (Föderaten; →Foedus) genommen; diese war mit der Verpflichtung zur Grenzverteidigung verbunden. Der Hunneneinfall des Jahres 375 n. Chr. hatte zur Folge, daß etwa von 400 an eine verstärkte Ost-West-Wanderung der Ostgermanen einsetzte; in deren Verlauf gelangten die Ostgoten nach Italien, die Westgoten nach Südfrankreich und Spanien. Der Abzug der röm. Legionen vom Rhein (406) hatte zur Folge, daß die Rheingrenze nunmehr durch die Wandalen, Burgunder, Alemannen und andere Völker ohne bes. Schwierigkeiten überschritten werden konnte. Bereits im 3. Jh. n. Chr. hatten die Franken den Niederrhein überquert; doch erst im 5. Jh. vermochten sie unter Childerich (457 [?]–etwa 482) und Chlodwig (466–511) in das Innere Galliens vorzudringen. Nachdem zunächst die Chauken, dann die Sachsen und Angeln die röm. Küstengebiete im Nordseeraum beunruhigt hatten, siedelten die Sachsen und Angeln seit der Mitte des 5. Jh. in England. Die V. fand auf dem europ. Festland ihren Abschluß mit dem Langobardeneinfall in Italien (568). Als das eigentl. Ende der großen Verschiebungen german. Völker dürfen die Züge der Normannen betrachtet werden. Die auf die german. V. folgende slawische V. dauerte bis ins 9. Jh.

Die german. V. zerstörte das Römische Reich in West- und Südeuropa. An seine Stelle traten german., slawische, islam. Reiche, vorübergehend Reiche asiat. Nomaden. Als dauerhaft erwiesen sich schließlich nur die Reichsgründungen der Westgermanen: der Franken, der Langobarden und der Angelsachsen; sie wurden zur Ausgangsbasis für die abendländ. Geschichte des MA. Die ostgerman. Reiche hingegen waren nur von verhältnismäßig kurzer Dauer und nicht zuletzt deshalb von wenig nachhaltiger Wirkung.

LIT. J. Bühler, Die Germanen in der V. (1925); E. Stein, Geschichte des spätröm. Reiches, 1 (1928); ders., Histoire du Bas-Empire, 2 (1949); F. Lot, Les invasions germaniques (Paris 1935); ders., Les invasions barbares et le peuplement de l'Europe. Bd. 1/2 (Paris 1937); W. von Wartburg, Die Entstehung der roman. Völker (1939); L. Schmidt, Geschichte der dt. Stämme. Bd. 1: Die Ostgermanen (⁷1941), Bd. 2: Die Westgermanen, 1 (²1928); G. Schnürer, Die Anfänge der abendländ. Völkergemeinschaft (1932); A. Schenk von Stauffenberg, Das Imperium und die V. (1948); F. Behn, Römertum und V. (1963); O. Bertolini, I Germani (1965); K. F. Stroheker, Germanentum und Spätantike (1965); H. J. Diesner, Das Vandalenreich (1966); G. Haendler, Die abendländ. Kirche im Zeitalter der Völkerwanderung (1980).

völkisch. Eine etwa vom Jahre 1875 an aufkommende Verdeutschung des Wortes ›national‹. Seit der Wende vom 19. zum 20. Jh. wurde der Begriff insbes. vom Alldt. Verband vertreten, und zwar im Sinne eines Nationalismus, der auf dem Rassegedanken basierte und daher radikal antisemitisch war. Nach 1918 bez. sich eine Anzahl kleinerer Parteien und Organisationen als v., u. a. der Dt.-v. Schutz- und Trutzbund (er veranlaßte 1922 die Ermordung des damaligen Außenministers W. Rathenau, geb. 1867); außerdem diejenigen Teile der Jugendbewegung, die ihre Impulse aus dem Erlebnis der jungen Generation während des Ersten Weltkriegs erhielten. Bereits frühzeitig wurden diese Parteien und Gruppen durch den Nationalsozialismus aufgesogen. Das eigentlich altgerman. v. vermochte sich in allg. Bedeutung nicht durchzusetzen.

Völkischer Beobachter. Von Dezember 1920 bis Ende April 1945 das Zentralorgan der Nationalsozialisten; es erschien im Zentralverlag der NSDAP Franz Eher Nachf. GmbH, München-Berlin, und zwar in München in einer süddt. und Münchener Ausgabe sowie in Berlin in einer norddt. und Berliner Ausgabe, seit 1938 auch in Wien. Verantwortlicher Herausgeber des V. B., der 1944 eine Auflage von 1,7 Mill. erreichte, war 1925–33 A. Hitler; seit 1922 zeichnete A. Rosenberg (1893–1946) als Hauptschriftleiter. Die Zeitung war bereits 1887 als ›Münchner Beobachter‹ gegründet worden.

Volksabstimmung. Eine Abstimmung der das aktive Wahlrecht besitzenden Bürger nach dem Mehrheitsprinzip über Sachfragen. Die V. unterscheidet sich von einer Wahl insofern, als diese sich auf eine Personalentscheidung bezieht. Bereits im At. wurde die V. praktiziert; sie galt als Kundgebung des gemeinsamen Willens in den Volksversammlungen. Soweit es sich nicht um die antike Demokratie handelt, wird deren Zuständigkeit in zunehmende Maße eingeschränkt, und zwar durch die Entwicklung solcher Herrschaftsorgane, wie sie das des Königs oder des Princeps darstellen. Im germ. Bereich wurde die Zuständigkeit des (westgerman.) Dings nach der Völkerwanderung bald auf eine Gerichtsfunktion beschränkt. Dagegen vermochte sich in den nordischen Ländern die gesetzgebende Versammlung bis ins Hohe MA zu behaupten. Gleicher Art war die Situation der Landsgemeinde in den Schweizer Kantonen; erst nach und nach verlor sie die oberste Exekutivgewalt; sie blieb jedoch Wahl- und Gesetzgebungskörper. Die Entwicklung der Teilhabe der Wähler an der Gesetzgebung ging in den Einzelstaaten der USA und Australiens in ähnl. Weise sich vor. Im modernen Staatsrecht ist die V. ein Ausdruck der unmittelbaren Demokratie; sie findet ihre Ausgestaltung in den Formen des →Volksbegehrens und des →Volksentscheids. Eine von der Norm abweichende Form der V. machte sich der Nationalsozialismus zu eigen. Auf Grund des Gesetzes vom 14. 7. 1933 konnte das Volk durch die Reichsregierung befragt werden, ob es einer von ihr in Aussicht genommenen Maßnahme zustimme. In diesem Zusammenhang sei darauf hingewiesen, daß es die Regierungen totalitärer oder autoritär Staaten gewöhnlich verstehen, sich allein durch die Art der Fragestellung eine Mehrheit zu sichern.

LIT. S. Wambough, Plebiscites since the

845

World War (1933); G. Leibholz, Strukturprobleme der modernen Demokratie (1958).

Volksbeauftragte →Rat der Volksbeauftragten.

Volksbegehren,   Volksinitiative, Volksanregung. Bez. für das (gemäß Verfassung oder Gesetz) einem bestimmten Teil der das aktive Wahlrecht besitzenden Bürger gewährte Recht, entweder von sich aus einen Gesetzentwurf auszuarbeiten und dem Parlament zuzuleiten oder von diesem den Erlaß für ein durch ihn zu erarbeitendes Gesetz zu begehren. Es kann hierbei die Vorschrift bestehen, daß das begehrte Gesetz für den Fall, daß es durch das Parlament abgeändert oder abgelehnt wird, zum →Volksentscheid zu bringen ist.

Nach der Weimarer Reichsverfassung (Art. 73) war das V. im Dt. Reich von 1919 in Aussicht genommen:
a) für einen Gesetzeserlaß (nicht zulässig allerdings über den Haushaltsplan, Abgabengesetze und Besoldungsordnungen); der entsprechende Antrag war von zumindest 5000 Stimmberechtigten oder einer Korporation von wenigstens 100000 Mitgliedern zu stellen; er mußte zudem von einem ausgearbeiteten Gesetzentwurf begleitet sein. Ein V. wurde zw. 1919 und 1933 in lediglich zwei Fällen angenommen: Enteignung des Fürstenvermögens (1926) und Gesetz gegen den Youngplan (1929). In beiden Fällen scheiterte das V. im Volksentscheid;
b) auf Volksentscheid über ein Gesetz, das vom Reichstag angenommen worden war. Falls ⅟₂₀ der Stimmberechtigten das V. beantragte, mußte die Verkündung des in Frage stehenden Gesetzes auf das Verlangen von einem Drittel der Reichstagsmitglieder hin ausgesetzt werden.

Als einziges Bundesland nennt Bayern die Einrichtung der V., sonst sind V. in der BRD lediglich im Rahmen der Neugliederung des Bundesgebiets zugelassen; sie konnten nur bis zum 5. 2. 1956 beantragt werden.

In Österreich gibt es ein V. auf Erlaß von Gesetzen; in der Schweiz besteht die Möglichkeit eines V. a) im Bund für Verfassungsänderungen, b) in den Kantonen sowohl für Verfassungsänderungen als zum Teil auch für den Erlaß zur Abänderung oder Aufhebung von Gesetzen.

LIT. J. Curtius, Über die Einführung von Volksinitiative und Volksreferendum in den Verfassungen der dt. Staaten (1919); A. Inhoffen, Die Volksinitiative in den modernen Staatsverfassungen (1922); G. Kaisenberg, Volksentscheid und V. ([2]1926); C. Schmitt, Volksentscheid und V. (1927); E. Kaufmann, Zur Problematik des Volkswillens (1931); Th. Eschenburg, Die improvisierte Demokratie. Gesammelte Aufsätze zur Weimarer Republik ([2]1964); Th. Maunz, Dt. Staatsrecht ([15]1966); O. Sigg, Die eidgenöss. Volksinitiative in der Nachkriegszeit (1978); H. Werder, Die Bedeutung der Volksinitiative in der Nachkriegszeit (1978); K. Troitzsch, Volksbegehren und Volksentscheid (1979).

Volksdemokratie. Der pleonast. Begriff (Volksherrschaft des Volkes) bez. die nach dem Zweiten Weltkrieg unter sowjetruss. Einflußsphäre stehenden und gleichgeschalteten Regierungssysteme der europ. und asiat. Staaten; die polit. Macht liegt in der Hand der kommunist. Partei. Wohl bestehen in einer Reihe von Staaten noch andere Parteien (z. B. in der DDR); sie sind jedoch durch die Einbeziehung in eine nationale Front der kommunist. Aufsicht unterworfen. Eine echte parlamentar. Opposition gibt es nicht. In den Formen einer parlamentar. Demokratie wird häufig nur äußerlich und auch nur bis zu einem gewissen Grad festgehalten. Weitere Charakteristika der V. sind u.a.: Ächtung der freien Meinungsäußerung, Eliminierung der Gesinnungsgegner, unfreie Gerichtsbarkeit, Geheimpolizei, Kirchenkampf.

Zu den V. gehört auch Jugoslawien, obwohl es sich 1948 unter J. Tito (1892–1980) dem Machtsystem der UdSSR zu entziehen vermochte und eine eigene Art kommunist. Ordnung (Titoismus) entwickelte.

LIT. G. Dimitrow, Rolle und Bedeutung der V. (dt. 1950); Mao Tse-tung, Über die Diktatur der V. (dt. 1950); R. Maurach, Sowjet. Demokratie (1950); E. Birke, R. Neumann (Hrsg.), Die Sowjetisierung Ostmitteleuropas 1945–57 (1959); Z. K. Brzezinski, Der Sowjetblock (1962).

Volksdeutsche. Diejenigen Bewohner dt. Herkunft, die in den Ländern außerhalb der Grenzen des Dt. Reiches (nach dem Gebietsstand des Jahres 1937) sowie Österreichs lebten. Dabei handelte es sich insbes. um die dt. Minderheiten in Südost- und Osteuropa. Zur Zeit des Nationalsozialismus wurden die im Sudetenland sowie die in den westpoln. Gebieten lebenden V. dem dt. Reichsverband eingegliedert. Zahlreiche V., u. a. die im sowjet. Machtbereich lebenden, erhielten durch Umsiedlung (vor allem nach 1939) die dt. Staatsangehörigkeit. Nach Art. 116, Abs. 1 des GG sind die V., insofern sie innerhalb der Grenzen des Reichsgebiets vom 31. 12. 1937 angesiedelt wurden, den dt. Staatsangehörigen in der BRD gleichgestellt.

Volksentscheid, Volksabstimmung, Referendum. Demokratisch staatsrechtl. die direkte Mitwirkung des Volkes bei der staatl. Gesetzgebung; darüber hinaus bei anderen staatl. Entscheidungen. Der V. wird häufig durch ein →Volksbegehren eingeleitet. In der BRD ist der V. nur vorgesehen, soweit es sich um Fragen der Gebietsgliederung handelt. Österreich kennt das Referendum bei Änderungen der Verfassung. In der Schweiz gibt es das obligator. Referendum bei sämtl. Verfassungsänderungen im Bund und in den Kantonen; das fakultative Referendum im Falle eines unterschriftl. Begehrens von zumindest 50 000 Stimmberechtigten.

Volkserhebung. Der bewaffnete Widerstand, der durch die Bevölkerung eines Landes einem anderen kriegführenden Staat entgegengesetzt wird. Auf Grund der Haager Landkriegsordnung (1899) wird der in Frage stehende Volksteil als Kriegspartei (legitime Kombattanten) betrachtet, falls gewisse Voraussetzungen erfüllt sind, vor allem, wenn die V. gegen einen erst eindringenden Feind gerichtet ist. Nach dem Genfer Kriegsgefangenenabkommen von 1919 gilt das gleiche (unter bestimmten Voraussetzungen allerdings) ebenfalls für organisierte Widerstandsbewegungen, die in dem schon besetzten Gebiet aktiv sind. V. (Volkskriege) gab es in neuerer Zeit zuerst in den Kriegen der Vendée gegen die Franz. Revolution. Für die Militärherrschaft Napoleons in Spanien (1808–14) stellten sie eine schwere Belastung dar. Der Aufstand der Tiroler im Jahre 1809 war ebenfalls eine V. (vgl. auch →Levée en masse).

Volksfront. Der auf kommunist. Initiative zurückgehende Versuch, zw. den bürgerl. Linken, den Sozialdemokraten und den Kommunisten eine Wahl- oder Regierungskoalition zustande zu bringen. 1935 wurde die V. durch den Generalsekretär der Komintern G. Dimitroff (1882–1949) empfohlen. Praktiziert wurde sie 1936 in Frankreich (Front populaire), als es hier zu einer Wahlkoalition zw. Sozialisten, linksbürgerl. Radikalen und Kommunisten kam. Léon Blum (1872–1950) stand von 1936–37 einer V.-Regierung als Ministerpräsident vor. Als ihr der Senat im Juni 1937 die Finanzvollmachten verweigerte, scheiterte sie. Spanien hatte im Jahre 1936 unter M. Azaña (1880–1940) ebenfalls eine V. (Frente Popular). In zahlreichen Ländern (z. B. Frankreich, Italien) war seitdem das Bestreben der KP darauf gerichtet, eine V. als Voraussetzung für eine kommunist. Machtergreifung zu bilden.

LIT. F. Borkenau, Der europ. Kommunismus (1952); G. Nollau, Die Internationale (1959); J. Braunthal, Gesch. der Internationale (1961–63); J. Fauvet, Histoire du Parti communiste français (1964–65).

Volksgeist. Die einem Volk innewohnenden schöpfer. Kräfte, welche teilweise unbewußt wirksam sind. Sprache, Lieder und Sagen, Sitten, Bräuche und Rechtsformen sollen im V. des jeweiligen Volkes wurzeln. Der Begriff V. geht auf die Romantik zurück.

Volksgericht.

[1] In der german. Rechtsgeschichte diejenigen Gerichte, bei denen (im Unterschied zum Königsgericht) das Volk Recht spricht.

[2] Ein Ausnahmegericht nicht-militär. Art, das 1918/19 in Bayern geschaffen wurde. Es bestand bis 1924; dann wurde es aufgehoben.

[3] Ein nach 1945 in Österreich eingerichtetes Sondergericht zum Zwecke der Aburteilung strafbarer Handlungen, und zwar nach dem Verbotsgesetz (NS-Gesetz) sowie dem Kriegsverbrechergesetz. Das Gericht setzte sich aus 2 Richtern und 3 Schöffen zusammen.

Volksgerichtshof. Ein in Berlin tagendes NS-Sondergericht zur Aburteilung von Hoch- und Landesverrat sowie anderer polit. Vergehen in erster und letzter Instanz. Der V. wurde auf Grund des Gesetzes vom 24. 4. 1934 gebildet; er nahm seine Tätigkeit erstmals nach dem »Röhmputsch« auf. Das bis dahin zuständige Reichsgericht wurde ausgeschaltet (Gesetz vom 18. 4. 1936). Prä-

sidenten waren G. Thierack (bis 1942) und R. Freisler (1893–1945) seit August 1942. Die Mitglieder des V. (»Volksgerichtsräte«) wurden sämtlich unter dem Aspekt ihrer polit. Zuverlässigkeit ausgewählt; in der Mehrzahl handelte es sich bei ihnen um Laienrichter. Die Vorschrift, für das Richteramt befähigt zu sein, galt allein für den Vorsitzenden und ein weiteres Mitglied. Der V. war ein Instrument zur Unterdrückung und Verfolgung von Gegnern des Nationalsozialismus. Traurige Berühmtheit erlangte er insbes. durch die Aburteilung der Anhänger der Widerstandsbewegung und deren Angehöriger im Anschluß an das mißglückte Attentat auf A. Hitler am 20. 7. 1944.
LIT. B. M. Kempner, Priester vor Hitlers Tribunalen (1966); G. Buchheit, Richter in roter Robe (1968); G. Gribbohm, in: Jurist. Schulung, 9 (1969); W. Wagner, Der V. im NS-Staat (²1990).

Volkskammer. [1] Im Zweikammersystem die zweite, vom Volk gewählte Kammer. [2] In der ehem. DDR die Volksvertretung. Die Mitglieder der V. der DDR wurden über die Einheitsliste der Nationalen Front gewählt.
LIT. Zu [2] S. Mampel, Die volksdemokrat. Ordnung in Mitteldtl. (1963).

Volkskommissar (russ. Narodnyi kommissar). In der UdSSR und deren Gliedstaaten von 1917–46 die Bez. für Minister. Sie bildeten den ›Rat der V.‹ (russ. Sowjet narodnych kommissarow, abgek. Sownarkom).

Volkskönig (norweg. fylkiskonungr.). Der Kleinkönig, Jarl, Gaufürst. Zunächst in Norwegen (10. Jh.), darüber hinaus in den übrigen nordischen Ländern, wurden die V. in langwierigen Kämpfen durch das Königtum der Macht der Krone unterworfen.

Volkskunde →Folklore.

Volksrechte. Rechtsgeschichtl. das vom Volk ausgehende Recht. Es ist im Unterschied zu dem durch Beamte und das Königtum geschaffenen Amtsrecht zu sehen, das häufig fortschrittlicher als die V. oder vereinheitlichend war. Bei den V. handelt es sich vor allem um die german. Stammesrechte (leges Germanorum und Romanorum); sie wurden während des 5.–9. Jh. aufgezeichnet.
Als V. oder politische Rechte werden heute auch die den Bürgern von der Verfassung gewährten Kompetenzen zur Mitwirkung bei der Bildung des staatl. Willens bez.: Stimmrecht, aktives und passives Wahlrecht, Initiative und Referendum.
LIT. L. Mitteis, Reichsrecht und V. in den östl. Provinzen des röm. Kaiserreichs (Neudr. 1935).

Volkssouveränität. Das Recht eines Volkes, seine Regierungsform selbst zu bestimmen, entsprechend dem Grundsatz, daß alle Gewalt vom Volke ausgeht. Bereits im MA gab es unter den führenden Geistern Stimmen, die sich (unter Berufung auf das Naturrecht) gegen den absoluten Herrschaftsanspruch sowohl des Papstes als auch der Krone wandten, so der Begründer des spätscholast. Nominalismus, Wilhelm von Ockham (zw. 1290 u. 1300–49), und der erste neuzeitl. Philosoph, Nikolaus von Cues (1401–64). Zu den entscheidenden Antriebskräften der V. in der NZ gehört der Calvinismus. Das bereits in der thomist. Lehre vertretene Widerstandsrecht wird nunmehr weiterentwickelt. Vor allem J. Althusius (1557–1638) trat in seiner Staats- und Gesellschaftslehre für die V. und das Widerstandsrecht gegen eine tyrann. Obrigkeit ein. Er wandte sich gegen J. Bodin (1529/30–96/97), der in seinem Hauptwerk ›Six livres de la république‹ (1576; lat. 1586) die absolute Monarchie für die beste Staatsform erklärte. Ihre konsequente Verwirklichung fand die V. in den USA, wo sich das allg. Wahlrecht, wenn auch nur für die Männer, zum erstenmal durchsetzte, nachdem sie bereits zur Rechtfertigung der puritan. Revolution in England gedient hatte: J. Milton (1608–74) und J. Locke (1632–1704). Durch seine Lehre vom ›Contrat social‹ (1762), in dem an die Stelle des einst gepriesenen freien Naturmenschen der polit. mündige Bürger trat, welcher durch willentliche Abtretung seiner Naturfreiheit an einen Kollektivstaat den idealen Staat schafft, wurde J.-J. Rousseau (1712–78) zum herausragenden Theoretiker der V. Rousseaus ›Contrat social‹ (Gesellschaftsvertrag) stand Th. Hobbes' (1588–1679) Unterwerfungsvertrag gegenüber. Die Vertragstheorien sind auf die Entwicklung des modernen Verfassungsstaates von maßgebl. Einfluß gewesen. Eng verbunden ist der Begriff der V. mit den liberalen und demokrat. Ideen des 19. Jh.; denn ein Volk vermag seine Gewalt nur dann auszuüben, wenn ein Konkurrenzprinzip besteht, das das parlamentar. System gewährleistet.

LIT. A. Dock, Der Souveränitätsbegriff seit Bodin bis zu Friedrich d. Gr. (1897); O. von Gierke, Joh. Althusius und die Entwicklung der naturrechtl. Staatstheorien (^{4} 1929); F. Schnabel, Dt. Geschichte im 19. Jh. Bd. 2: Monarchie und V. (^{2}1949); H. Kurz, V. und Volksrepräsentation (1965); H. Krüger, Allg. Staatslehre (^{2}1966); P. Graf Kielmannsegg, V. (1977).

Volkssturm. Dt. Kampforganisation im Zweiten Weltkrieg, die aufgrund eines Erlasses A. Hitlers (1889–1945) vom 25. 9. 1944 gebildet wurde. Zweck des V. war es, die dt. Wehrmacht zu unterstützen und den »Heimatboden mit allen Waffen und Mitteln« zu verteidigen. Die aus Männern zwischen 16 und 60 Jahren bestehenden Einheiten des V. unterstanden den Gauleitern der NSDAP. Die Verantwortung für Ausbildung und Einsatz des V. lag beim Befehlshaber des Ersatzheeres H. Himmler (1900–1945), für polit. und organisator. Fragen beim Leiter der Parteikanzlei M. Bormann (1900–1945). Angesichts der unzulängl. Ausbildung und Bewaffnung sowie der Zusammensetzung war der Kampfwert des V. gering.

LIT. H. Kissel, Der dt. V. 1944/45 (1962).

Volkstribun → Tribun.

Volkstum. Der zuerst von F. L. Jahn (1778–1852) im Jahre 1810 angewandte Begriff (1817/18 hielt Jahn in Berlin Vorlesungen über ›Dt. V.‹) bez. die Gesamtheit der Lebensäußerungen eines Volkes; sie sind durch die Gemeinsamkeit der Abstammung, Lebensraum und Volksschicksal mitbestimmt. »Volkstümlich« und »Volkstümlichkeit« finden sich bereits bei J. G. Herder (1744–1803) im Zusammenhang mit seinen Einsichten in die Beziehungen von Natur, Volk und Kultur.

LIT. F. L. Jahn, Dt. V. (1800); R. Müller-Freienfels, Psychologie des dt. Menschen und seiner Kultur (1922); N. Krebs, Die geograph. Grundlagen des dt. Volkes (1923); W. Pressler, Dt. V.-Geographie (1931).

Volksverein für das katholische Deutschland. Eine Vereinigung für soziale Arbeit. Sie wurde durch den Sozialpolitiker F. Brandts (1834–1914) und den Professor für christl. Gesellschaftslehre F. Hitze (1851–1921) unter

Förderung durch den Zentrumsführer L. Windthorst (1812–91) im Jahre 1890 gegründet. Sitz des V. war München-Gladbach. Bis nach dem Ersten Weltkrieg bildete er den Mittelpunkt der Bestrebungen zur Sozialreform auf kath. Seite.

LIT. E. Ritter, Die kath.-soziale Bewegung ... (1954); H. Heitzer, Der V.f.d.k.D. 1890–1918 (1979); G. Klein, Der V.f.d.k.D. 1890–1933 (1996); D. Grothmann, »Verein der Vereine«? (1999).

Volksversammlung. Die einfachste und unmittelbarste Form der Versammlung, früher der freien und waffenfähigen Männer eines Gemeinwesens (Dorf, Gau, Stamm etc.), heute der wahl- und abstimmungsberechtigten Bürger eines Staates oder eines Gemeinwesens. In den Stadtstaaten des antiken Griechenland besaß die V. (meist die ekklesia, d. h. die gesetzmäßig einberufene V. der freien Bürger) die souveräne Gewalt. In Athen z. B. hatte jeder über 20 Jahre alte Vollbürger das Recht auf Teilnahme an der V. Einberufen wurde sie durch die Prytanen (→ Prytaneum); den Vorsitz hatte deren tägl. wechselnder Vorsteher (Epistates) inne. Es stand jedem Bürger frei, in der Debatte das Wort zu ergreifen und einen Antrag zu stellen. Abgestimmt wurde in der Regel durch Handzeichen (Cheirotonie). Hingegen durfte in der röm. V. (sie stand zur Zeit der röm. Republik im Banne des Senats oder einzelner Adelsgruppen) nur derjenige sprechen, der vom leitenden Beamten aufgerufen worden war. Anträge konnten lediglich durch einen Beamten gestellt werden. (Zur V. bei den Germanen vgl. → Ding, → Völkerschaft).

In einigen Kantonen der Schweiz existiert die V. (als Landsgemeinde) als oberstes gesetzgebendes Organ bis auf den heutigen Tag.

LIT. G. Busolt u. H. Swoboda, Griech. Staatskunde (1920–26); B. Knauss, Staat und Mensch in Hellas (Neudr. 1964).

Volksvertretung → Parlament.

Volkszählungen. Umfassende statist. Erhebungen zum Zwecke der Feststellung der genauen Bevölkerungszahl eines Landes sowie der Bevölkerungsgliederung.

V. gab es bereits im At., u. a. bei den Chinesen, den Ägyptern und den Juden. Die Bürgerlisten in Griechenland sowie der Census in Rom kamen V. nahe. Die Zählungen in einigen Städten, so in Nürnberg 1449, stellen die ersten Versuche in Dtl. dar, V. durchzuführen. Die später vorgenommenen »Landeszählungen« dienten in erster Linie der Ermittlung der Anzahl der Feuerstellen. Nachdem die Landbewohner in Preußen seit 1686 jährl. gezählt worden waren, kam es im Jahre 1719 zur Anfertigung der ersten Bevölkerungstabelle der kur- und neumärkischen Städte. Eine erste allg. V. erfolgte im Jahre 1725. Auch in anderen europ. Staaten wurde im 18. Jh. versucht, die Bevölkerungszahl durch Zählungen zu erfassen, u.a. in England, Schweden und Österreich, wo die ersten V. während der Regierungszeit Maria Theresias (1740–80) stattfanden. Die Schweiz kennt für die ältere Zeit lediglich V. in einzelnen Kantonen. Insgesamt gesehen waren die früheren Zählungen recht unvollkommen, da die Voraussetzungen fehlten, die gesamte Bevölkerung zu erfassen. Aus diesem Grunde wurden nur wenige Fakten aufgezeichnet.

Bis zum Ersten Weltkrieg wurden in Dtl. V. alle fünf Jahre durchgeführt; sie waren mit Berufszählungen verbunden. Die Vereinten Nationen bemühen sich, eine Vereinheitlichung der Volkszählungs-Termine auf internationaler Ebene zu erreichen.

LIT. R. von Ungern-Sternberg, Grundriß der Bevölkerungswissenschaft (1950).

Vollbauern, Vollspänner, Vollerben, Vollhufner. Eine ältere Bez. für landwirtschaftl. Betriebe, deren Besonderheit darin bestand, daß sie für eine bäuerl. Familie die Möglichkeit der gänzlichen Existenzsicherung boten. Die betreffenden Betriebe unterlagen der selbständigen Bewirtschaftung. Bis zum 19. Jh. verfügten die V. in den Dörfern über bes. Rechte gegenüber den Besitzern von nicht spannfähigen Kleinstellen (Häusler).

Vorderlader. Die ältesten Feuerwaffen. Die Ladung wurde von der Mündung her mit dem Ladestock in den Lauf gestoßen. Bei den heutigen Feuerwaffen handelt es sich im allg. um Hinterlader.

Vorfrieden →Präliminarfrieden.

Vorgeschichte, Urgeschichte, Prähistorie. Derjenige Teil der Geschichtsforschung, der sich mit den Lebensäußerungen des Menschen von den frühesten Anfängen bis zur Zeit der schriftl. Überlieferung befaßt, die in den einzelnen Regionen unterschiedl. ist. Auf Grund sicherer Belege, die sich durch die systemat. Erschließung von Bodendenkmälern und Funden ergeben, will die V. ein Bild von den vorgeschichtl. Kulturen entwerfen. Zu den häufigsten Grabungsobjekten gehören Grabanlagen, Siedlungen und Höhlen. Die Luftbildforschung ergänzt und erleichtert seit geraumer Zeit das Auffinden vorgeschichtl. Anlagen.

Eine relative Chronologie ermöglicht die Schichtenkunde (Stratigraphie), und zwar mit Hilfe der Formenkunde (Typologie). Das Grundgerüst der Chronologie bilden die Zeit- und Kulturstufen: Altsteinzeit, Mittelsteinzeit, Jungsteinzeit, Bronzezeit, Eisenzeit. Eine absolute Chronologie ergibt sich dort, wo die einzelnen Perioden in geschichtl. Zeitrechnung verankert werden können. In Mitteleuropa z. B. kann sie sich von der Bronzezeit an auf Importstücke stützen, die aus den Mittelmeerländern stammen. Mit Hilfsmitteln, die die Naturwissenschaft liefert (Geochronologie und Radiokarbonmethode), hat man die Altersbestimmung geolog. und histor. Gegenstände aus Holz und ähnl. organ. Stoffen wesentl. verbessern können. Die Radiokarbonmethode wurde z. B. bei bis zu über 40000 Jahre alten Proben angewendet. Man verbindet die chronolog. Ordnung der Bodenfunde mit einer regionalen Gliederung des Fundstoffes (Chorologie); aus deren kartograph. Fixierung ergeben sich die Formen- und Kulturgruppen, zudem die Siedlungs- und Kulturprovinzen.

Die Anfänge der Vorgeschichtsforschung reichen zurück bis ins 16. Jh. Unter dem Einfluß des Humanismus riefen damals Bodenfunde wissenschaftl. Interesse hervor. Seit dem Zeitalter der Aufklärung beschäftigte sich eine Reihe von Forschern mit dem Problem der Entstehung der Menschheit und deren früherer Kultur intensiv, u. a. der franz. Naturforscher G.-L. Buffon (1707–88), J.-J. Rousseau (1712–78) und J. G. Herder (1744–1803). Zunächst standen die Bodenfunde noch nicht im Vordergrund. Erst seit der zunehmenden Beschäftigung mit der V. vom Beginn des 19. Jh. an (insbes. durch die Romantik) widmete man auch den Bodenfunden zunehmende Bedeutung. Sowohl die provinzialröm. als auch die Entdeckungen im Vorderen Orient bedeuteten für die V. starke Impulse. Erwähnt sei in diesem Zusammenhang J. G. G. Büsching (1783–1829), ein Wegbereiter der dt. Vorgeschichtsforschung, die er durch seinen ›Abriß der dt. Altertumskunde‹ (1824) zur Wissenschaft erhob.

Die Bedeutung der V. nahm namentlich durch die Forschungsergebnisse nach der Mitte des 19. Jh. außergewöhnlich zu. Genannt seien: die Erforschung der Muschelhaufen in Dänemark durch J. Steenstrup (1851), die Entdeckung der schweizer. Pfahlbauten durch den Initiator der Somme-Industie. Forschung in der Schweiz, F. Keller (1854), die Bergung des ersten Skeletts des ersten Neandertalers durch J. C. Fuhlrott (1856), außerdem die Anerkennung der durch den franz. Vorgeschichtsforscher J. Boucher de Perthes gemachten Funde durch franz. und engl. Naturwissenschaftler (1859) nach jahrelanger Ablehnung (bei Ausgrabungen in Kiesgruben an der Somme hatte Boucher de Perthes die Vergesellschaftung von Feuersteinwerkzeugen mit den Knochen ausgestorbener Tiere in diluvialen Schichten festgestellt), die Ausgrabung von Höhlen in Südfrankreich durch E. Lartet (1860), insbes. die Entdeckung der Felsbilder von Altamira (Spanien) mit bis zu 2 m großen, lebensnahen Darstellungen einzelner Tiere in Kohle und Rötel (1868).

Nach 1870 nahm die V. auf sämtlichen Forschungssektoren einen weiteren bedeutenden Aufschwung, wozu insbes. die Arbeiten von G. de Mortillet, O. Montelius, O. Tischler, dann M. Hoernes, H. Breuil, H. Obermaier, P. Reinecke und N. Åberg beitrugen. Die Erforschung der eiszeitl. Kunst wurde vor allem durch die Arbeiten von H. Kühn vorangetrieben.

Die Errichtung von Forschungsstätten und Lehrstühlen in zahlreichen Ländern spiegelt die Anerkennung der V. als einer wissenschaftl. Disziplin wider.

LIT. H. Kühn, Die Malerei der Eiszeit (1921); M. Ebert, Reallexikon der V. 15 Bde. (1924–32); K. H. Jacob-Friesen, Grundlagen der Urgeschichtsforschung (1928); H. Kühn, Kunst und Kultur der Vorzeit Europas. Das Paläolithikum (1929); ders., Vorgeschichtl. Kunst Deutschlands (1935); R. Pittioni, Die urgeschichtl. Grundlagen der europ. Kultur (1949); H. Kühn, Felsbilder Europas

(1952); P. L. Zambotti, Il Mediterraneo, L'Europa, L'Italia durante la Preistoria (Turin 1954); J. Maringer, Vorgeschichtl. Religion (1956); H. Eggers, Einführung in die V. (1959); K. J. Narr, Urgeschichte der Kultur (1961); F. Behn, Vorgeschichtl. Welt (1962); H. Kühn, V. d. Menschheit. 3 Bde. (1962–66); K. J. Narr, Handbuch der V. 2 Bde. (Bern 1966/75); H. Müller-Karpe, Einführung in die V. (1975); H. Kühn, Geschichte der Vorgeschichtsforschung (1976); R. Hachmann (Hrsg.), Ausgewählte Bibliographie zur V. von Mitteleuropa (1984); P. Stein (Hrsg.), Bibliographie zur V. u. F. (1998).

Vorlande. Alte Bez. für Vorderösterreich. Sie umschreibt den südwestdt. Landbesitz der Habsburger, zunächst nur die habsburg. Landesteile am Oberrhein umfassend (Breisgau, Oberelsaß, Waldstätte), die mit den Landvogteien des Unterelsaß und der Ortenau nur in lockerer Verbindung standen. Die schwäb. Herrschaften Österreichs (Burgau, Hohenberg, Nellenburg, Tettnang einschließlich der oberschwäb. Landvogteien) wurden seit 1752 an die V. angegliedert, vorübergehend auch Vorarlberg (1752–84). Bei den habsburg. Länderteilungen des 15., 16. und 17. Jh. waren die V. mit Tirol zu einem Teilfürstentum, dem »Oberösterreich. Ländern«, vereinigt. Die elsäss. Besitzungen der Habsburger gingen durch den Westfäl. Frieden (1648) an Frankreich, alle übrigen Gebiete der V. durch den Preßburger Frieden (1805) an die Rheinbundstaaten Baden, Bayern und Württemberg verloren.

LIT. O. Stelz, Geschichtl. Beschreibung der ober- und vorderösterreich. Lande (1943).

Vormärz. Epoche der dt. Geschichte, die der dt. Märzrevolution von 1848 vorausging (von 1815–48); sie umfaßte somit das Biedermeier und das System Metternichs. Kennzeichen des dt. V. war u. a. der Kampf gegen die nationalen und liberalen Bestrebungen, die zuerst namentlich in der Studentenschaft (Burschenschaft) hervortraten; er bewirkte die Karlsbader Beschlüsse von 1819 und die gefürchteten »Demagogenverfolgungen«. Wohl wurden in Süddtl. bereits 1818/19 Volksvertretungen geschaffen, aber Preußen hielt am Absolutismus fest. Infolge der Auswirkung der franz. Julirevolution wurde seit den Wiener Ministerialkonferenzen

(1834) die Reaktion mit Demagogenverfolgungen und Pressezensur wieder verschärft. Sammelplätze der Emigranten waren Paris (K. Marx, 1818–83; H. Heine, 1797–1856) und die Schweiz (G. Herwegh, 1817–75; F. Freiligrath, 1810–76). Nachdem die Personalunion zw. England und Hannover aufgelöst worden war (1837), hob König Ernst August von Hannover (reg. 1837–51) sofort die Verfassung von 1833 auf und setzte die Göttinger Sieben ab, als diese hiergegen protestierten. Die franz. Forderung nach der Rheingrenze löste Stürme des Protests in ganz Dtl. aus. Es entstand eine Reihe patriot. Lieder, darunter ›Die Wacht am Rhein‹ und das Deutschlandlied.

Nachdem Preußen 1815 durch die Erwerbung der Rheinlande den Schutz der dt. Westgrenze übernommen hatte, war es nunmehr ganz anders als Österreich mit dem gesamtdt. Schicksal verbunden. 1834 kam unter preuß. Führung der Dt. Zollverein zustande; er gab dem größten Teil Deutschlands (ohne Österreich) die wirtschaftl. Einheit. Nicht zuletzt durch den Bau der ersten Eisenbahnen gefördert (seit 1835), entwickelte sich das Industriezeitalter in Dtl.
LIT. F. Schnabel, Dt. Geschichte im 19. Jh. 4 Bde. (1929–37; ²–⁴1948–55); W. Conze (Hrsg.), Staat und Gesellschaft im dt. V. (²1970); V. Valentin, Geschichte der dt. Revolution 1848/49 (1970); H. Rosenberg, Polit. Denkströmungen im dt. V. (1972); P. Stein, Epochenproblem V., 1815–49 (1974); H. Boldt, Dt. Staatslehre im V. (1975); U. Otto, Die histor.-polit. Lieder und Karikaturen des V. und der Revolution von 1848/49 (1982); F. X. Vollmer, Der Traum von der Einheit (1983); H.-G. Husung, Protest und Repression im V. (1983); W. Schieder (Hrsg.), Liberalismus in der Gesellschaft des dt. V. (1983); RDL IV (1984) 786–96; W. Schubert, Preußen im V. (1999); W. Hardtwig, V. (⁴1998).

Vormundschaft (von ahd. munt, Schutz), **Kuratel,** lat. tutela. Das umfassende Fürsorge- und Vertretungsverhältnis für handlungsunfähige (unmündige, nicht unter der elterl. Gewalt stehende oder entmündigte), Mündel genannte Personen.
LIT. G. Beitzke, Familienrecht (²1956).

Vorort. In einem Verband der leitende und geschäftsführende Ort, so Lübeck für die Hanse. In der Schweiz besaß bis 1848 der leitende Stand (Kanton), in dem die Tagsatzung beriet, Vorortfunktionen; er wechselte zwischen Zürich, Bern und Luzern.
LIT. A. Gasser, Die territoriale Entwicklung der schweizer. Eidgenossenschaft (1922); M. Hoffmann, Geschichte Lübecks. 2 Bde. (1889, 1892).

Vorortverträge. Sammelbez. für die nach Beendigung des Ersten Weltkriegs mit den Kriegsgegnern der Ente-Mächte zustandegekommenen Friedensschlüsse: Vertrag von Versailles (mit dem Dt. Reich am 28. 6. 1919); St-Germain (mit Österreich am 10. 9. 1919), Trianon (mit Ungarn am 4. 6. 1920), Neuilly (mit Bulgarien am 27. 11. 1919) und Sèvres (mit der Türkei am 10. 8. 1920). → Versailler Vertrag.
LIT. M. Gunzenhäuser, Die Pariser Friedenskonferenz und die Friedensverträge 1919–1920, Literaturbericht und Bibliographie (1970).

Vorreformation. Eine seit dem 14. Jh. einsetzende Bewegung zum Zwecke der »Wiederherstellung« und Erneuerung des kirchl. Systems und Lebens. Die Bewegung wurde insbes. von den Humanisten und den Reformkonzilien (Pisa, 1409; Konstanz, 1414–18; Basel – Ferrara – Florenz – Lausanne, 1431–49) getragen. Die weitere Entwicklung führte zur Reformation.
LIT. R. Stadelmann, Vom Geist des ausgehenden MA (1929); W. Andreas, Dtl. vor der Reformation (⁵1948); J. Huizinga, Herbst des MA (⁹1965); G. Strauß (Hrsg.), Pre-Reformation in Germany (London 1972).

Vorvertrag. Ein Vertrag, durch den sich eine oder beide Parteien dazu verpflichten, einen anderen Vertrag (den Hauptvertrag) abzuschließen.

Vorwerk.
[1] Grangia (ma., Scheune), der selbständige landwirtschaftl. Eigen- und Musterbetrieb eines Zisterzienserklosters.
[2] Wirtschaftshof eines landwirtschaftl. Betriebes; er ist vom Haupthof getrennt und dient der Unterbringung von Vieh- und Erntevorräten. Während des MA und der frühen NZ war das V. ein kleinerer Fronhof; er gehörte zu einem größeren Fronhofsverband mit einem zentralen Fronhof. Der Vorwerk-Verwalter war dem Meier des Haupthofs unterstellt.
LIT. Zu [1] H. Svoboda, Die Kloster-

wirtschaft der Zisterzienser in Ostdtl. (1930).

Votivfunde (aus lat.). Bodenfunde aus vor- und frühgeschichtl. Zeit, soweit sie als Votivgaben (Weihegeschenke) zu erkennen sind. Der größere Teil der V. wurde in Mooren entdeckt; nicht selten handelt es sich bei ihnen aber auch um sog. Quellopfer, da der Quellenkult weit verbreitet war, d. h. man betrachtete die Quelle häufig als den Sitz weibl. Gottheiten, denen man Opfer darbrachte (Geld- und Schmuckstücke sowie Speiseopfer).

Votivtafel. Eine den Göttern geweihte Tafel; sie kam bereits im antiken Rom vor, dann wieder von etwa 1500 an. Die V. ist im gesamten Europa verbreitet, vor allem in Bayern, Österreich und der Schweiz.

LIT. L. Kriss-Rettenbeck, Ex Voto. Zeichen, Bild u. Abbild im christl. Votivbrauchtum (1973).

Votum (lat., Gelübde). Allg. eine durch Stimmabgabe (bei Wahlen etc.) herbeigeführte urteilende Entscheidung (Vertrauensvotum; Mißtrauensvotum). Im antiken Rom war das V. das Gelübde (z. B. eines Tempels im Falle eines Sieges) seitens eines röm. Feldherrn für die Gemeinde, einer Einzelperson, dann des röm. Kaisers, für das Wohlergehen des Staates, eine Loyalitätserklärung, die in Eidesform erfolgte.

Vulgärrecht. Während der Zeit der Germanenherrschaft in Italien das röm. Recht, insofern es vom klass. röm. Recht abweicht. Das V., aus der Praxis sowie »einer degenerierten Theorie« entstanden, wurde durch die Gesetzgebung der Germanen für die röm. Untertanen übernommen. Es darf neben dem klass. röm. Recht und den german. Volksrechten angesiedelt werden.

Vulgata (lat. vulgata editio, die allg. verbreitete Überlieferung). Die bereits im 2. Jh. n. Chr. in Nordafrika und Rom begonnene lat. Bibelübersetzung. Durch Augustinus (354–430) wurde die V. im Jahre 389 als ›Itala‹ (von Italien) nach Nordafrika gebracht. Der Name V. geht auf eine auf das Geheiß des Papstes Damasus I. (366–84) hin durch den Kirchenlehrer Hieronymus (um 347–419 oder 420) erfolgte Bibelübersetzung (383 begonnen; um 405 vollendet) zurück. Auf dem Konzil von Trient (1546) wurde die V. für offiziell erklärt.

Die amtlichen Ausgaben von 1590, 1592, 1593 und 1598 genügen den heutigen philolog. Ansprüchen nicht mehr. Daher arbeiten seit 1907 die Benediktiner (seit 1933 die Abtei vom hl. Hieronymus in Rom) an einer krit. Vulgata-Ausgabe *(Ausgabe:* u. a. die ›Biblia vulgata‹, hrsg. von A. Colunga u. L. Turrado, Madrid 1965).

LIT. F. Stummer, Einführung in die lat. Bibel (1928); M. A. van den Oudenrijn, Unsere authent. Kirchenbibel (Olten 1946).

Waffe. Der Begriff ist schwer abzugrenzen. Im engeren Sinn wird unter W. ein Kampfgerät verstanden, das entweder zum Angriff (Trutzwaffe) oder zur Verteidigung (Schutzwaffe) geeignet ist. Nach Art der Verwendung werden unterschieden: Hieb-, Stich-, Wurf- und Schußwaffen bzw. Nahkampf- und Fernkampfwaffen; zu den W. werden auch Kriegsmaschinen, wie in der NZ Panzer, Flugwaffen usw., gerechnet. Das Tragen von W. galt als Zeichen von Macht und wurde vielfach im Laufe der Geschichte auf bestimmte Schichten eingeschränkt (z. B. Freie, Ritter). W. werden zur Quellengruppe der Altertümer gerechnet.

Waffenkunde. Ende des 19. Jh. begründete histor. Hilfswissenschaft, die sich mit der Geschichte der Waffen und ihrer Verwendung befaßt.
LIT. W. Boeheim, Hdb. der W. (1897); E. Hänel, Alte Waffen ([2]1920); R. Lusar, Die dt. Waffen und Geheimwaffen des Zweiten Weltkrieges und ihre Weiterentwicklung (1956); G. Ortenberg, Waffe und Waffengebrauch im Zeitalter der Landsknechte (1984).

Waffenleihe. German. Form der Adoption, Freilassung und Wehrhaftmachung durch Überreichung von Speer, Schwert.

Waffensammlungen. Meist aus überkommenen Beständen von Rüstkammern oder Zeughäusern entstanden, vermitteln die Waffensammlungen ein Bild von der Entwicklung des Waffenwesens. Bekannte Waffensammlungen: die Hofburg in Wien, das Musée de l'armée in Paris, das Armeemuseum in München (im 2. Weltkrieg zerstört, die Sammlungen des Bayerischen Armeemuseums befinden sich jetzt im Schloß zu Ingolstadt).

Waffenstillstand. Noch im 16. Jh. war Anstand oder Stillstand üblich, im 17. Jh. Stillstand der Waffen, seit der Mitte des 17. Jh. W. Unter W. versteht man die Einstellung der Feindseligkeiten zw. Kriegführenden auf längere, bestimmte Zeit unter genauen Bedingungen, vielfach mit Errichtung einer Demarkationslinie. W. wird getroffen durch Vereinbarung der Regierungen oder der obersten Militärbefehlshaber.
W. ist zu unterscheiden von der auf kurze Zeit befristeten, zu bestimmten Zwecken abgeschlossenen **Waffenruhe,** die auch durch örtl. Befehlshaber abgeschlossen werden kann und der Bergung von Verwundeten und Toten dient. Die W. geht meistens einem Friedensschluß voraus und dient seiner Vorbereitung.
LIT. StL XI (1970) 634–41.

Wagram, Schlacht von (5./6. 7. 1809). Nach der Niederlage von Aspern Sieg Napoleons über die österreich. Armee unter Erzherzog Karl, der, von der Aussichtslosigkeit weiterer Kampfes überzeugt, um Waffenstillstand nachsuchte; abgeschlossen zu Znaim am 12. 7. 1809.

Wahl (von idg. uel, wollen; oft syn. mit Entscheidung, Entschluß gebraucht).
[1] Abstimmung; Berufung zu einem öffentl. oder kirchl. Amt oder in eine öffentl. oder private Stellung durch Abstimmung von Wahlberechtigten in völliger Freiheit.
[2] **Kanonische Wahl** (electio canonica). Berufung einer Person auf ein Kirchenamt; geschichtlich bedeutsam ist vor allem die Ausbildung der Bischofswahl und der Papstwahl (Investiturstreit, Kardinalskollegium). Die Erhebung eines Bischofs war bis zum Decretum Gratiani ein vielstufiger Prozeß, an dem Klerus, Volk und Metropolit mitwirkten und die weltl. Gewalt (→Investiturstreit, Reichskirche) oft einen entscheidenden Anteil hatte. In der ersten Hälfte des 12. Jh. (Wormser Konkordat) wurde das Wahlrecht immer mehr auf den Klerus, bes. auf die Domkapitel eingeengt und die Mitwirkung des Volkes auf die Akklamation beschränkt. Das Majoritätsprinzip begann sich erst im Hohen MA gegen das Senioritätsprinzip, nach dem die Stimmen nicht gezählt, sondern nach ihrem Gewicht beurteilt wurden, durchzusetzen. Garantiert wurde den Domkapiteln der Reichskirche das Recht der Bischofswahl mit dem Wiener Konkordat von 1448, während sonst überall das fürstl. Nominationsrecht das Wahlrecht verdrängte.
LIT. Zu [2] DDC V, 237–48; J. B. Sägmüller, Die Papstwahlen u. die Staaten von 1447 bis 1555 (1890; Nachdruck 1965); E. Friedberg, Der Staat u. d. Bischofswahlen in Dtl. Das 19. Jh. (1874; Nachdruck 1965); Feine KRG; HKG I–VI, 1.

Wahlkapitulation.
[1] W. der dt. Kaiser und Könige sind einseitige förml. Zusagen der Gewählten. Sie wurden von den Kurfürsten mit

dem Gewählten vereinbart und von die sem entweder persönl. oder durch einen Vertreter nach der Wahl beschworen. Ihre Vorläufer haben die W. in Wahlversprechen ma. dt. Herrscher oder Kirchenfürsten. Die erste förml. W. war die Karls V. (1519). Die Bemühungen um eine ständige W. (capitulatio perpetua) sind über ein Projekt (1711), das künftigen W. als Richtschnur diente, nicht hinausgekommen. Die W. spiegeln das Ringen zw. kaiserl. Gewalt und ständischen Interessen wider.

[2] W. der Bischöfe: W. der Bischöfe gegenüber den Domkapiteln begegnen bereits im 13. Jh. in fast allen dt. Bistümern. Ständische Forderungen der Domkapitel und deren Anspruch auf Mitregentschaft sind die eigentl. Ursachen der W., die im 17. Jh. vielfach zu capitulationes perpetuae wurden, gleichzeitig aber von einigen Fürstbischöfen heftig bekämpft, von Innozenz XII. in der sog. Innocentiana (22. 9. 1695) unter strengsten Kirchenstrafen verurteilt, aber nur zum Teil überwunden wurden.

[3] Bei der Papstwahl erscheinen W. an die Kardinäle zuerst 1352, dann fast regelmäßig 1431 bis 1730; 1904 wurden päpstl. W. verboten.

LIT. Zu [1] F. Hartung, Die W. der dt. Kaiser und Könige. In: HZ 107 (1911); G. Kleinheyer, Die kaiserl. W. (1968); R. Vierhaus (Hrsg.), Herrschaftsverträge, Wahlkapitulationen, Fundamentalgesetze (1977); W. Dotzauer, Anrufung und Messe zum Heiligen Geist bei Königswahl und Reichstagen in MA und früher Neuzeit. In: AmrhKG 33 (1981), 11–44; ebd. 34 (1982), 11–36.
Zu [2] M. Stimmig, Die W. der Erzbischöfe und Kurfürsten von Mainz (1233–1788) (1909); L. Bruggaier, Die W. der Bischöfe und Reichsfürsten von Eichstätt 1295–1790 (1915); H. E. Feine, Die Besetzung der Reichsbistümer vom Westfäl. Frieden bis zur Säkularisation 1648–1803 (1921; Neudr. 1964); R. Heinisch, Die bischöfl. W. im Erzstift Salzburg 1514–1688 (1977).
Zu [3] J. Lulvès, Päpstl. W. (1909).

Wahlkommissar. Vom Kaiser zu den Bischofswahlen in der Reichskirche entsandter Vertreter, der für bestimmte, dem Kaiser genehme Kandidaten eine Wahlempfehlung aussprach, oder genüber anderen von der kaiserl. Exklusive Gebrauch machen konnte. In Analogie zu dem kaiserl. W. beanspruchte auch Kurbayern das Recht, W. zu den Bischofswahlen vor allem nach Regensburg, Passau, Freising, Salzburg entsenden zu dürfen.

Wahlrecht (ius suffragii, vox activa et passiva). Das Recht, bei einer Wahl frei mit eigener Stimme mitzuwirken (aktives W.) bzw. sich wählen zu lassen (passives W.; Wählbarkeitsrecht). Das aktive oder passive W. ist jeweils an bestimmte Bedingungen geknüpft: z. B. an ein Mindestalter, Wahlalter, an die Staatsangehörigkeit, an den Besitz der bürgerl. Ehrenrechte. Das allg. gleiche W., eine institutionelle Voraussetzung der Demokratie, hat sich erst allmählich und zum Teil nach heftigen Kämpfen durchgesetzt. W., Parlament und Parteien sind in ihrer Entwicklung eng miteinander verknüpft. Mit dem Übergang von den indirekten Wahlen zu direkten Wahlen entstand ein näheres Verhältnis zw. Wahlberechtigten und Abgeordneten bzw. Fraktionen. Die Nationalversammlung beschloß in dem Wahlgesetz vom 12. 4. 1849, gegen den Widerstand der →Liberalen, daß das Volkshaus aus allg., gleichen, direkten und geheimen Wahlen hervorgehen sollte. Für den Reichstag des Norddeutschen Bundes führte Bismarck das allg., gleiche, unmittelbare und geheime W. ein, das nach der Gründung des Reiches als Reichswahlrecht übernommen wurde. Der Verschiebung der Bevölkerung wurde jedoch nicht durch eine Neuordnung der von 1863 bis 1918 gleichbleibenden Wahlkreise Rechnung getragen. In Preußen blieb das Dreiklassenwahlrecht mit öffentl. Stimmabgabe bis 1918 bestehen. Nachdem noch 1913 ein Antrag auf Wahl des Reichstags nach der Verhältniswahl abgelehnt worden war, wurde mit der Weimarer Verfassung die Verhältniswahl für Reichstag und Länderparlamente vorgeschrieben.

LIT. G. Meyer, Das parlamentar. W., hrsg. von G. Jellinek (1901); F. Stier-Somlo, Vom parlamentar. W. in den Kulturstaaten der Welt (1918); J. Philippson, Über den Ursprung und die Einführung des allg. gleichen W. in Dtl. (1913); P. F. Müller, Das Wahlsystem (1959); W. Wolf, Wahlkampf und Demokratie (1985).

Wahlstatt, Schlacht auf der (bei Liegnitz, 9. 4. 1241). Abwehrschlacht gegen die Mongolen; Herzog Heinrich II. der Fromme, von Schlesien fällt in der

Schlacht; das dt.-poln. Heer, das er führte, erleidet eine furchtbare Niederlage. Die Mongolen rücken jedoch nicht weiter nach Westen vor, sondern wenden sich nach Mähren und Ungarn.
LIT. L. Petry, 1241. Schlesien und der Mongolensturm (1938); H. Aubin, Die Schlacht auf der W. bei Liegnitz am 9. 4. 1241 (1941).

Wahlverfahren. Zu den bekanntesten im kirchl. Bereich üblichen W. zählen: a) die Wahl per scrutinium mit Abgabe von verdeckten Stimmzetteln und Auszählung; b) die Akklamations- oder Inspirationswahl: Wahl durch Zuruf, gleichsam unter Inspiration des Hl. Geistes; c) die Wahl per compromissum, d. h. durch einstimmig Beauftragte.

Waldenser (Waldesier). Von Waldes († vor 1218) – der Vorname Petrus kommt erst im 14. Jh. dazu – in Lyon um 1173/76 gestiftete Genossenschaft, die der Buße und in freiwilliger Armut lebt, bald aber den Anspruch auf »freie Predigt« anmeldet und auf der Synode von Verona (1184) mit Lucius III. mit anderen Ketzern exkommuniziert wird. Das Aufkommen der W., die sich anfangs gegen die Katharer wandten, später aber unter ihren Einfluß gerieten, ist nicht nur aus dem Versagen der Kirche, den wirtschaftl. Verhältnissen der Zeit, sondern auch aus dem Anspruch auf armes, apostolisches Leben zu erklären. Ein Teil der W. wurde von Papst Innozenz III. wieder mit der Kirche versöhnt und pauperes catholici (Katholische Armen) bzw. pauperes reconciliati genannt. Die Waldenser waren im MA auch in Südostdtl. (Passau, Regensburg), in Böhmen sich mit Hussiten und Böhmischen Brüdern verbanden, vor allem aber in der frühen NZ in Italien, Savoyen, Piemont verbreitet. Zu blutigen Verfolgungen kam es im 16. und 17. Jh. Auswanderung nach Dtl. im ausgehenden 17. Jh. nach Aufhebung des Edikts von Nantes und der Verfolgung in Savoyen.
LIT. H. Grundmann, Religiöse Bewegungen im MA (1967); K. V. Selge, Die ersten W. 2 Bde. (1967); A. Molnar, Die W. Geschichte und europ. Ausmaß einer Ketzerbewegung (1980); Th. Kiefner, Die W. auf ihrem Weg . . . nach Dtl. 1532–1755. 2 Bde. (1985).

Waldhufendorf. Reihendorf, dessen längs einer Talstraße liegende Häuser hinter sich eine bis zum Kamm reichende Waldhufe haben.

Walhalla. Von König Ludwig I. von Bayern erbaute nationale Gedenkstätte (1830–1842) bei Regensburg mit über einhundert Marmorbüsten und Gedenktafeln hervorragender dt. Männer und Frauen.

Wall. Erdbefestigung durch Aufschüttung, oft zusammen mit Graben.

Wallfahrt. In vielen Religionen üblicher Gang, Reise, Prozession zu bestimmten Kultstätten. Zu den Wallfahrtsorten gehören Orte, die a) im Leben von Religionsstiftern bzw. Heiligen eine Rolle spielen (z. B. Jerusalem, Mekka, Rom), b) deren Gräber oder Reliquien bergen (Märtyrergräber), c) bes. Gnadenbilder aufweisen (z. B. Altötting, Kevelaer usw.). Kulturgeschichtl. sind die Wallfahrten und Wallfahrtsorte von großer Bedeutung, nicht nur für die Entstehung von Reisebeschreibungen, sondern auch für die bildende Kunst (z. B. Einsiedeln, Vierzehnheiligen usw.), für die Geistesgeschichte (z. B. Santiago de Compostela, Trier), den Kulturaustausch, für kirchl., wirtschaftl. und polit. Leben.
LIT. RGG III, 161 f.; VI, 1539–42; LThK X, 941–46; R. Roussel, Les pélerinages à travers les siècles (1954); B. Kötting, Peregrinatio religiosa (1954); H. Dünninger, Processio peregrinationis (1962); ders., Die marianischen Wallfahrten der Diözese Würzburg (1960); V. und H. Hell, Die große W. des MA (1964); L. Hüttl, Marianische Wallfahrten im süddt.-österreich. Raum. In: Kölner Veröffentlichungen zur Religionsgeschichte. Bd. 6 (1986); R. Habermas, Wallfahrt u. Aufruhr (1991); M. Matheus (Hrsg.), Pilger u. Wallfahrtsstätten in MA u. NZ (1999).

Waltharius. Das Waltharilied. Es handelt unter formaler Anlehnung an antike Vorbilder einen Sagenstoff der Völkerwanderung, die Flucht der Königskinder Walther und Hildegunde vom Hof der Hunnen und die Kämpfe beim Betreten des Frankenreiches; die Verfasserschaft Ekkehards I. ist umstritten.
Text: MGH Poet VI, 1 (1951) 24–83.
LIT. K. Langosch, W., Ruodlieb, Märchenepos (1956).

Wandalismus, Vandalismus. Ein von dem Bischof von Blois, Henri Grégoire (1750–1831), Mitglied der Konstituierenden Versammlung und des Konvents, im Jahre 1794 geprägtes Schlag-

wort (mit Bezug auf die Jakobiner) zur Umreißung der sinnlosen Zerstörung namentlich von Kunstwerken, wie sie bei der Eroberung Roms durch die Vandalen unter Geiserich im Jahre 455 n. Chr. verübt worden sein soll.
LIT. A. Demandt, V. (1997).

Wanderbischof (episcopus ambulans). Seit dem 6. Jh. Bez. für irische Mönche, die die Bischofsweihe empfangen hatten, im fränk. Reich umherzogen, ohne eine Diözese zu haben.

Wappen (= Waffen, franz. armes, engl. arms). Schildförmige, farbige, genau festgelegte Abzeichen, die Personen oder Institutionen repräsentieren und ihnen erblich oder dauernd verliehen sind. Die Ursprünge der W. sind wahrscheinlich in den Feldzeichen zu suchen. Im 12. Jh. begegnet die Bez. »wâpen« für Schildzeichen; sie werden zu Zeichen der mit Fahnenlehen ausgestatteten, reichsunmittelbaren weltl. und geistl. Fürsten (Dynasten). Die Ausgestaltung der Landeshoheit und Vererblichung der Lehen im 13. Jh. führt zur Ausbildung von Landeswappen und persönl. vererbbaren W. Für die Entstehung der W. waren die Kreuzzüge, das Ritter- und Turnierwesen von großer Bedeutung. Mit dem ausgehenden 13. Jh. stabilisiert sich das Wappenwesen, nicht zuletzt unter dem Einfluß der Siegel. Die äußeren Merkmale der W. sind: a) Schild, b) Helm mit Helmkleinod und Helmdecken; die inneren Merkmale beziehen sich auf die dingl. und rechtl. Beziehung, in der der Wappenträger zu dem W. steht. Die Heraldik als histor. Hilfswissenschaft erschließt die W. als Geschichtsquelle. Seit dem 16. Jh. geht die Blütezeit der W. zu Ende.
LIT. F. Hauptmann, Wappenkunde. In: Hdb. für ma. und neuere Geschichte (1914); Siebmachers Wappenbuch. 95 Teile (1854–1937); A. M. Hildebrandt, Wappenfibel ([14]1943); W. Ewald, Rhein. Heraldik (1934); A. A. von Siegenfeld, Das Landeswappen der Steiermark (1900); H. E. Baumert, Die W. der Städte und Märkte Oberösterreichs (1958); C. Kissel, Wappenbuch des dt. Episkopats (1891); E. Frodl-Kraft, Das Fünf-Adler-Wappen. In: MIÖG 65 (1957); W. Scheffler, O. Neubecker, Das W. Christi. In: Der Herold N. F. 3 (1945); E. Zimmermann, Augsburger Zeichen und W. Die Bürger der Reichsstadt Augsburg und die Inhaber höherer geistl. Würden der Bischofsstadt Augsburg, ihrer Stifte und Klöster (1970); H. Bardua, Stuttgarter W. (1973); O. Neubecker, Großes Wappen-Bilder-Lexikon der bürgerl. Geschlechter Dtl., Österreichs und der Schweiz (1985); J. Arndt, W. Seeger, Wappenbilderordnung, Bd. 1 (1986).

Wappenbriefe. Urkunden, durch welche die Führung eines bestimmten Wappens gestattet wird, ausgestellt von Kaisern, Königen, Fürsten, Staatsoberhäuptern. Erste W. im 14. Jh. erwähnt, oft in Verbindung mit Erhebung in den Adelsstand.

Wappenbücher, auch **Wappenrollen.** Seit dem 13. Jh. bekannt, sind die W. regional begrenzte, von Herolden gefertigte Zusammenstellungen, um Wappen prüfen und identifizieren zu können.
LIT. Clavis mediaevalis 268; Ch. Becher, O. Gamber (Hrsg.), Die Wappenbücher Herzog Albrechts VI. von Österreich (1986).

Wappenkunde →Heraldik.

Wappenzelt. Hinter dem Wappen angebrachte, vorhangartige Draperie, wodurch das Wappen gewissermaßen wie in einem Zelt erscheint. Ohne direkte Verbindung mit dem Wappen, dient es als bloße Dekoration. W. kamen im späten 17. Jh. auf, als ihr Erfinder gilt Philipp Moreau. Die Idee dafür ist in den Thronbaldachinen der alten Fürstensiegel zu sehen, auf denen der Fürst auf dem Thron sitzend dargestellt ist. W. sind im 18. Jh. für fürstl. Wappen allgemein üblich.

Wardein (ahd. von warten). Münzprüfer; die Bez. wird im 15. Jh. allgemein. Der **Münzwardein** ist oft zugleich auch Bergbeamter (Hüttenwardein).

Wartburgfest (18. 10. 1817). Zur Erinnerung an Luthers Thesenanschlag und die Völkerschlacht bei Leipzig von der Burschenschaft organisiert. Demonstration patriot. und liberaler Kräfte gegen die Restauration, insbes. durch die Verbrennung von Büchern von Schmalz, Kotzebue, Haller. Das W. und die Ermordung Kotzebues (1819) gaben den Anstoß zur Demagogenverfolgung (→Demagoge [2]).
LIT. H. F. Massmann, Das W. (1917).

Wasserzeichen (auch Papierzeichen bis Anfang 19. Jh.). Fabrikmarke des Herstellers, im Papier durchscheinend. Die ältesten W. stammen aus dem 13. Jh. Von den W. ist die Benennung verschiedener Papierformate ausgegan-

gen: z. B. Ochsenkopfpapier, Kronen-
papier. Die Erforschung der W. hat sich
zu einer Hilfswissenschaft entwickelt,
deren Ergebnisse dem Historiker oft,
vor allem bei der Bestimmung und Datierung von Papierhandschriften und älteren Drucken der frühen NZ eine
wichtige Hilfe sein können.
LIT. Ch. M. Briquet, Les filigranes.
Dictionnaire historique des marques du
papier dès leur apparition vers 1282
jusqu'à 1600. 4 Bde. (^{2}1923); G. Piccard, Die Wasserzeichenforschung als
histor. Hilfswissenschaft. In: Archivalische Zeitschrift 52 (1956); ders., Die
Kronen W., Findbuch I–XIV der Was-
serzeichenkartei Piccard im Haupt-
staatsarchiv Stuttgart (1961–84); K. Th.
Weiss, Hdb. der Wasserzeichenkunde.
Bearb. und neu hrsg. von W. Weiss
(1962); W. Herdeg, A. Renker, Kunst
im W. (1952).

Wehrkirche. Eine mit wehrhaften
Einrichtungen versehene oder von
Wehrbauten umgebene Kirche, im MA
sehr verbreitet, z. B. in Frankreich
(»églises forteresses«), vor allem in Siebenbürgen zu **Kirchenburgen** entwikkelt.
LIT. W. Horwarth, Siebenbürg.-sächsi-
sche Kirchenburgen (1934).

Wehrpflicht. Verpflichtung der
Staatsangehörigen zum Wehrdienst, in
Friedenszeiten für einen gesetzl. begrenzten Zeitraum, im Kriegsfall unbeschränkt. Der Gedanke einer Wehrpflicht begegnet im republikan. Rom,
bei den Germanen (→Heerbann), wurde im MA durch das →Lehnswesen, das
Aufkommen der Söldnerheere verdrängt, hielt sich aber in der Eidgenossenschaft in bestimmtem Umfang ohne
Unterbrechung. Die allg. W. ist eine
Folgerung aus dem Gleichheitsprinzip
der Französischen Revolution, taucht in
der Levée en masse und in einer Erklärung vom 20. 4. 1792 auf und wurde
1793 vom Wohlfahrtsausschuß mit der
Gleichheit aller begründet. Personale
Freiheit, Gleichheit und W. stehen in
enger Verbindung. Vorläufer der W.
war in Preußen die Kantonverfassung
von 1733. Doch brachte erst das Boyen-
sche Dienstpflichtgesetz (3. 9. 1814) die
allg. W. für Männer im 20. bis 40. Lebensjahr. Die allg. W. wurde vom
Norddt. Bund und vom Dt. Reich übernommen. Allg. W. und allg. Wahlrecht
wurden im 19. Jh. in wechselseitiger Bedingtheit gesehen. Ende des 19. Jh. be-

stand von den Ausnahmen Großbritannien, USA, lateinamerikan. Staaten abgesehen, wo am Freiwilligensystem und
am Berufsheer festgehalten wurde, die
W. in allen größeren Staaten. Von der
BRD wurde die allg. W. durch Gesetz
vom 21. 7. 1956 erneuert, in der ehem.
DDR am 24. 1. 1962 wieder eingeführt.
LIT. StL VIII, 494 f.

Weichbild →Stadtrecht.

Weihbischof. Hilfs- oder Auxiliarbi-
schof, ein →Titularbischof, der den
Diözesanbischof unterstützt bzw. vertritt. Seit Ende des MA in den großen
Bistümern der Reichskirche eine bleibende Einrichtung. Die auf dem Tridentinum beantragte Abschaffung der
W. unterblieb.

Weihe (von ahd. wīhen, heiligen). Mit
feierl. Zeremonien verbundene Kulthandlung, durch die Personen, Sachen,
Orte aus dem Bereich des Profanen herausgenommen und mit geistl. Würde
und sakraler Gewalt begabt werden.
Ordination, Konsekration. In engerem
Sinn wird unter W. die das Priestertum
mitteilende Handlung verstanden.

Weihnachten (mhd. ze den wīhe[n]
nahte[n]; lat. natalis, nativitas Domini).
Das Fest der Geburt Christi, Christfest,
heiliger Christ, von allen christl. Kirchen mit Ausnahme der Armenischen,
die es an Epiphanie begeht, am 25. Dezember gefeiert, erstmals für Rom 336
bezeugt, wahrscheinlich als Reaktion
auf das Staatsfest Natalis Solis Invicti
(Geburtsfest des Unbesiegbaren Son-
nengottes). Das Weihnachtsfest wurde
bald in Afrika (360), Spanien (380),
Italien, zögernder in Gallien übernommen. Die Vigil von W., »Heiliger
Abend«, W. selbst sowie die Begleit-
und Folgefeste fanden im Volksbrauchtum, in der ma. Weihnachtsspielen, in der
Krippenkunst, im Weihnachtsbaum einen reichen Niederschlag.
LIT. H. Usener, Das Weihnachtsfest
(^{2}1911); O. Cullmann, Der Ursprung
des Weihnachtsfestes (^{2}1960).

Weihnachtsstil (Nativitätsstil). Zähl-
weise der Jahre, bei der die Jahreszahl
am 25. 12., Weihnachten, wechselt. Der
W. war im MA recht verbreitet
(→Chronologie).

Weimarer Koalition. In der Weimarer
Republik (1919–1933) die Verbindung
von Sozialdemokraten, Zentrum und
Demokraten.

Weimarer Verfassung (11. 8. 1919).
Von der verfassunggebenden dt. Natio-

nalversammlung in Weimar erarbeitet, polit. und rechtl. Grundordnung der ersten dt. Republik, nach der »Machtergreifung« (1933) stark geändert (z. B. Ermächtigungsgesetz) und schließlich 1934 ihres Verfassungscharakters entkleidet. Das Reich ist nach der W. V. Bundesstaat, jedoch weniger föderalist. als das Kaiserreich. Die Staatsgewalt geht vom Volke aus (Art. 1). Die Weimarer Republik beruht auf den Prinzipien der repräsentativen Demokratie. Legislative, Exekutive und Rechtsprechung sind getrennt. Hauptorgan der Legislative ist der Reichstag, Hauptorgan der Exekutive der Reichspräsident und die Reichsregierung. Ein umfassender Katalog von Grundrechten im 2. Hauptteil der W. V. gewährt individuelle Freiheitsrechte, Gleichheit vor dem Gesetz, garantiert Rechtsinstitute (Ehe, Eigentum, Erbrecht) und enthält u. a. die Grundpflicht des Deutschen, seine Kräfte so zu betätigen, wie es das Wohl der Gemeinschaft erfordert. LIT. StL VIII, 517–26; F. Poetsch-Hefter, Handkommentar der Reichsverfassung von 11. 8. 1919 (³1928); H. C. Nipperdey (Hrsg.), Die Grundrechte und Grundpflichten der Reichsverfassung. Kommentar zum 2. Teil der Reichsverfassung (1929/30); W. Bracher, Die Auflösung der W. Rep. (²1957); K. Dederke, Reich und Republik 1917–33 (1969); E. Eimers, Das Verhältnis von Preußen und Reich in den ersten Jahren der W. Rep. (1918–23) (1969); F. Siebert, Von Frankfurt nach Bonn 1849 bis 1949 (¹²1978); D. Gessner, Das Ende der W. Rep. (1978); K. Nowak, Ev. Kirche und W. Rep. (1980); Th. Eschenburg, Die Republik von Weimar (1984); H. Möller, Weimar, die unvollendete Demokratie (1985); M. Stürmer (Hrsg.), Die W. Rep. (²1985); W. Benz, H. Graml (Hrsg.), Biograph. Lexikon zur W. Rep. (1988); E. Kolb, Die W. Rep. (⁴1998); L. Grevelhörster, Kleine Geschichte der W. Rep. (³2002).

Weißer Berg, Schlacht am Weißen Berg (8. 11. 1620). Sieg der ligistisch-kaiserl. Truppen unter Tilly über das Heer des zum König von Böhmen gewählten ref. Kurfürsten Friedrich V. von der Pfalz unter Christian von Anhalt. Mit der Flucht des Königs brach der böhm. Aufstand zusammen, aber der Krieg um die böhm. Krone und die Er-haltung des Katholizismus in den habsburg. Landen zog den Pfälzischen Krieg nach sich und wuchs sich zum Dreißigjährigen Krieg aus. LIT. R. Brendel, Die Schlacht am Weißen Berge bei Prag. Eine Quellenuntersuchung (1875); Krebs, Die Schlacht am Weißen Berge bei Prag (1879); C. V. Wedgwood, Der Dreißigjährige Krieg (1967); H. Sturmberger, Aufstand in Böhmen (1959).

Weißer Sonntag (lat. Dominica in albis depositis oder deponendis). Erster Sonntag nach Ostern, so benannt, weil in der alten Kirche am Sonntag nach Ostern die Neugetauften die weißen Gewänder, in denen sie in der Osterwoche (Weiße Woche) zum Gottesdienst erschienen waren, ablegten. Seit dem 17. Jh. als Tag der Erstkommunionfeier vielfach bevorzugt. Nach dem Introitus wird dieser Sonntag auch Quasimodogeniti genannt.

Weißfrauen → Magdalenerinnen.

Weißkunig (Weißer König). Autobiographie Kaiser Maximilians I. mit Holzschnitten von H. Burgkmair, H. Schäufelein u. a.; Erstdruck in 2 Bden., 1775; kritische Ausgabe von A. Schultz, 1891; Faksimile. 2 Bde., 1956.

Weißspanier → Trinitarier in Österr.

Weistum (mhd. wîstuom, vrâge, auch Ehehaftrechten, Offnung, Taidinge, → Rodel genannt). Aufzeichnung des herkömml. dt. Gewohnheitsrechts. Die eigtl. Überlieferung der W. setzt, wenn auch fränk. Volksrechte (z. B. Lex Salica) auf W. beruhen, erst im HochMA ein: Die meisten W. stammen aus dem 15. und 16. Jh.; ihr Verfall beginnt mit dem Eindringen des röm. Rechts. Neben den bäuerl. W. gab es kirchl. (→ Send) und städt. W. Auch das ma. Reichsrecht kennt W. Rhenser W. von 1338 → Rhense, Kurverein von. LIT. H. Conrad, DRG I; J. Grimm, Weistümer. 7 Bde. (1840–78; Nachdruck 1957); D. Werkmüller, Über Aufkommen und Verbreitung der Weistümer (1978).

Welfen → Ghibellinen, Guelfen.

Welfenfonds. Das dem früheren König Georg V. von Hannover 1867 vertragl. zugewiesene, dann wegen der polit. Umtriebe des Königs beschlagnahmte und von einer preuß. Kommission verwaltete Vermögen. Der W. wurde zum Teil zur Bekämpfung welf. und preußenfeindl. Umtriebe verwendet.

Welfenschatz. Reliquienschatz des

Hauses Braunschweig-Lüneburg, der fast ausschließlich auf Stiftungen der Welfen zurückgeht und aus niederrhein. und niedersächs. Werkstätten stammt, bis 1671 im Braunschweiger Blasius-Dom, bis 1862 in der Schloßkirche zu Hannover, anschließend im Welfenmuseum war, 1930 verkauft, 1935 jedoch von der preuß. Staatsregierung zum Teil zurückgekauft wurde.

LIT. Der W., hrsg. von den Staatl. Museen Berlin (1935).

Weltanschauung. Aus der dt. Romantik stammender Begriff, der die Gesamtauffassung von Struktur, Wert und Ziel der Welt und des menschl. Lebens, das Ganze der Lebensüberzeugungen eines Menschen oder einer Gruppe meint; seitdem (W. Dilthey, H. Rickert, M. Scheler u. a.) beliebter Begriff der Geistesgeschichte. »W.« spielte im Nationalsozialismus eine bes. Rolle: nach Krieck und Rosenberg war sie ein Höchstwert, abhängig vom Wert der Rasse und ihrer Reinerhaltung. Nach der W. habe sich die Wissenschaft zu richten. W. unterscheidet sich von Weltbild dadurch, daß dieses sich bewußt, oft in wissenschaftl. Form, Rechnung gibt und weniger anspruchsvoll ist.

LIT. K. Jaspers, Psychologie der W. (^{5}1960); G. Wyneken, W. (^{2}1947); A. Wenzl, Wissenschaft und W. (^{2}1949); W. Weischedel, Philosoph. Grenzgänge (1967); H. G. Meier, W. (1968).

Weltbild (oft syn. mit →Weltanschauung gebraucht). Eine Ganzheitsschau der Wirklichkeit, daher letztlich nicht begründbar und nicht konstruierbar, immer von einer gewissen Zeitbedingtheit, häufig in reine Historizität abfallend, für die Geistesgeschichte aber in jedem Fall, selbst wo das W. scheiterte, von Interesse.

LIT. K. Jaspers, Psychologie der Weltanschauungen (^{5}1960); H. Precht, Das wissenschaftl. W. und seine Grenzen (1960).

Weltbürger, Weltbürgertum. W. ist die Lehnübertragung von Kosmopolit, Weltbürgertum von Kosmopolitismus. Die Anschauung, daß alle Menschen allein durch ihr Menschsein Mitbürger einer die Menschheit umfassenden Gemeinschaft nach dem Grundsatz von Freiheit und Gleichheit seien, war schon in der antiken Philosophie (Kyniker, Stoa) verbreitet, wurde vom Christentum aufgenommen und auf neue Grundlagen gestellt, im Humanismus und in der Aufklärung vor allem (Lessing, Schiller, Kant) verbreitet. 1741/42 erschien in Berlin die Zeitschrift: ›Der W.‹. Ende des 18. Jh. wurden W. und Weltbürgertum zum Schlagwort. Der auflebende Nationalismus im ausgehenden 18. und im 19. Jh. drängte die Idee des Weltbürgertums zurück. Verbreitet blieb die Vorstellung von Weltbürgertum im Freimaurertum.

LIT. Fr. Meinecke, Weltbürgertum und Nationalstaat. In: Werke Bd. V, hrsg. von H. Herzfeld.

Weltchroniken →Chroniken.

Weltgeist. Von Aristoteles stammender Begriff, von Platons Lehre von der »Weltseele« beeinflußt. Geistige, wollende, schaffende Macht, in der christl. Philosophie durch Gott ersetzt, nach Herder der objektive Geist, der sich in der Weltgeschichte verwirklicht; nach Hegel der sich in der Menschheitsentwicklung entfaltende Geist.

Weltgeschichte. Vielfach gleichbedeutend gebraucht mit Universalgeschichte, Allgemeiner Geschichte, Menschheitsgeschichte. Schon Polybios wollte, offenbar unter dem Einfluß der stoischen Philosophie, eine W. schreiben. Das Wort W. stammt aus dem MA. W. ist nicht Summe aller Einzelgeschichten, vielmehr, nach August Ludwig Schlözer, »systematische Sammlung von Tatsätzen, vermittels deren sich der gegenwärtige Zustand der Erde und des Menschengeschlechts aus Gründen verstehen läßt«. Nach L. von Ranke soll W. den Zusammenhang des histor. Geschehens nachweisen, »welcher alle Völker verbindet«. W. ist Geschichte mit dem Blick auf die konkrete Einheit der Menschheit, den Weg der Menschheit, die wechselseitigen Beziehungen der Völker, Reiche, Kulturen und Religionen und ihre inneren Gemeinsamkeiten. Die reflexive Frage nach der W. wurde aus christl. Ansätzen vom Humanismus, der Aufklärung (Bossuet, Vico, Leibniz, Voltaire, Condorcet), Herder, ›Ideen zur Philosophie der Geschichte der Menschheit‹ (1785–92), später von Hegel (›Philosophie der W.‹, 1822–23) gestellt, im 19. Jh. weitgehend aufgegeben, mit dem 20. Jh. wieder von H. F. Helmolt. O. Spengler, K. Breysig, A. Toynbee aufgegriffen. W., soweit sie Sinndeutung anstrebt, enthält stets viel Geschichtsphilosophie.

Handbücher (Auswahl): Allg. Ge-

schichte in Einzeldarstellungen, hrsg. v.
W. Oncken. 50 Bde. (1879–94); H.
Schiller, W. 4 Bde. (1900–01). Nach geograph. Gesichtspunkten geordnet: W.,
hrsg. v. H. F. Helmolt. 9 Bde. (1899–
1907); W. in gemeinverständl. Darstellung, hrsg. v. L. M. Hartmann; A. Cartellieri, Grundzüge der W. (378–1914)
(^{2}1922); Historia Mundi, begr. v. F.
Kern, hrsg. v. F. Valjavec. 10 Bde.
(1952ff.); Hdb. der W., hrsg. v. A. Randa. 4 Bde. (^{2}1962); J. Pirenne, Les
grands courants de l'histoire universelle.
7 Bde. (1960ff.); Propyläen-W., hrsg. v.
G. Mann. 10 Bde. (1960ff.); Saeculum
W. 7 Bde. (1965ff.).

Zeitschriften: Saeculum, Jahrbuch für
Universalgeschichte (1950ff.); Cahiers
d'histoire mondiale (1953); Welt als
Geschichte (1953ff.).

LIT. J. Burckhardt, Weltgeschichtl. Betrachtungen (^{7}1910), D. Schäfer, W.
der NZ (^{11}1929); A. von Randa
(Hrsg.), Mensch und Weltgeschichte.
Zur Geschichte der Universalgeschichtsschreibung (1969).

Weltkriege. Die beiden W. (1914–18
und 1939–45) haben die polit. Verhältnisse in Europa und in der Welt entscheidend verändert. Beide W. waren
zunächst europ. Kriege und erst dann
mit einem bemerkenswerten Unterschied globale Kriege. Sie gelten als
letzte Phase in der Reihe der europ. Hegemonialkriege und drängten Europa in
den polit. Schatten der beiden Weltmächte. Die histor. Verquickung des
Zweiten W. mit dem Ersten ist offenkundig. Die problemat. Rolle der dt.
Hegemonialmacht steht dabei für uns
im Vordergrund.

[1] Erster Weltkrieg. Der Erste W.
1914–18 erwuchs aus Gegensätzen, die
sich zw. Dtl. und seinen Verbündeten
und der Entente und den alliierten und
assoziierten Mächten gebildet hatten.
Die wichtigsten Probleme und Gegensätze im europ. Staatensystem, die zum
Krieg führten, waren: die panslawist.
Bewegung und die russ. Expansionspolitik auf dem Balkan, die franz. Revanchebestrebungen seit dem Krieg von
1870/71 und dem Verlust von Elsaß-Lothringen, die Flottenrivalität zw.
England und Dtl., die bes. komplizierten Probleme des Vielvölkerstaates
Österreich-Ungarn, der sich seit Jahren
in einer gefährlichen Krise befand. Äußerer Anlaß wurde die Ermordung des
österreich. Thronfolgers Franz Ferdi-

nand durch einen bosnischen Studenten
in Sarajewo (28.6.1914). Trotz aller
Versuche, den serbisch-österreich. Konflikt beizulegen, sind die europ. Hauptmächte durch ihre Bündnisverpflichtungen, durch Unterlassungen und allzu
vorschnelle Erklärungen (dt. »Blankovollmacht« an Österreich-Ungarn) in
den Krieg »hineingeschlittert« (Lloyd
George). Von einer Alleinschuld des
Dt. Reiches (Art. 231 des Versailler
Vertrags) kann keine Rede sein.
Die österreich. Kriegserklärung an Serbien (28.7.1914) beantwortete Rußland mit der Generalmobilmachung,
wodurch ein militär. Mechanismus ausgelöst wurde, der zum W. führte. Als
Antwort auf die russ. Mobilmachung erklärte Dtl. nach Ablauf des Ultimatums,
die Mobilmachungsorder rückgängig zu
machen, am 1.8.1914 Rußland den
Krieg. Am 3.8. folgte die Kriegserklärung an Frankreich, nachdem der franz.
Regierung ein unannehmbares dt. Ultimatum zurückgewiesen hatte. Bethmann begründete den dt. Einmarsch in
Luxemburg (2.8.) und Belgien (3.8.)
mit dem Gebot der Not und erklärte die
belgische Neutralität für einen »Fetzen
Papier«. Die Mißachtung der belgischen
Neutralität aus militär.-strateg. Erwägungen (Schlieffen-Plan) führte Großbritannien zum Eintritt in den Krieg
(4.8.). Dtl. hatte durch seine Kriegserklärungen und den Völkerrechtsbruch
gegenüber Belgien das Odium des Angreifers auf sich genommen und in verhängnisvoller Weise militär.-strateg.
Gesichtspunkte über politische gestellt.
Die Mittelmächte waren durch die
Landfronten im Westen, Südosten und
Osten, später auch im Süden und durch
die engl. Überlegenheit zur See eingeschlossen. Nur Bulgarien und die Türkei
verstärkten später ihre Fronten, ohne
aber eine Entscheidung bringen zu können, während die Ententemächte durch
den Kriegseintritt Italiens, Rumäniens,
insbes. aber der USA gestärkt wurden.
Die Unterschätzung aller Gegner und
die Überschätzung der Bundesgenossen
zwang die dt. Oberste Heeresleitung zu
einer neuen Strategie. Der Widerstand
Belgiens hielt die dt. Armeen fast drei
Wochen länger als erwartet auf, der
russ. Vorstoß gegen Ostpreußen erfolgte früher als erwartet, der österreich.
Widerstand an der Ostfront brach
schneller als angenommen zusammen
und selbst der Feldzug gegen Serbien

scheiterte. In der Marneschlacht, die nach günstigem Verlauf auf Befehl der Obersten Heeresleitung am 9. 9. 1914 abgebrochen wurde (»Wunder an der Marne«) kam der dt. Vormarsch zum Stehen, und nach dem Wettlauf zum Meer erstarrte die Westfront im Stellungskrieg. Im Osten wurde der russ. Vormarsch durch die Schlachten bei Tannenberg, in Masuren, bei Lodz und die Winterschlacht in den Karpaten aufgefangen. Im Kriegsjahr 1915 konnten die Erfolge im Osten (Gorlice-Tarnow; Rückeroberung von Galizien, Offensive zw. Bug und Weichsel) nicht ausgenutzt, im Westen alliierte Durchbruchsversuche (Winterschlacht in der Champagne, Lorettohöhen) abgewehrt werden. Im Westen wie im Osten erstarrten die Fronten im Stellungskrieg und konnten auch durch größten Materialeinsatz zu keiner durchschlagenden Offensive aufgebrochen werden. Der von Falkenhayn unter dem Eindruck der ständig stärker werdenden alliierten Offensive (Einführung der allg. Wehrpflicht in England im Januar 1916, Eintreffen der Empire- und Kolonialtruppen) geführte Kampf um Verdun, den stärksten Punkt der franz. Front, führte nicht zu dem beabsichtigten Ausbluten des Gegners, schwächte vielmehr das dt. Heer sehr und erschütterte den Glauben an einen Sieg, wenn auch die noch verlustreichere Sommeschlacht (Juli/November 1916) einen dt. Abwehrerfolg darstellte.

Wichtiger als das Eingreifen Japans in den Krieg war der Kriegseintritt der Türkei, die engl. Kräfte in Ägypten und Mesopotamien fesselte und durch ihre Abwehrerfolge bei Gallipoli die Balkanflanke der Mittelmächte schützte. Der Eintritt Italiens in den Krieg band österr. und dt. Kräfte an einer neuen Front und erschwerte durch die territorialen Zugeständnisse des Londoner Geheimvertrags (26. 4. 1915) Friedensbemühungen. Im Herbst 1915 wurden, nachdem Bulgarien sich den Mittelmächten angeschlossen hatte, Serbien und Montenegro erobert, Rumänien, das 1916 in den Krieg eingetreten war, bis Ende dieses Jahres zum größten Teil besetzt.

Die Überlegenheit der engl. Kriegsflotte (Vorstoß gegen Helgoland, Seeschlacht bei den Falklandinseln) machte die dt. Kolonien schutzlos und schnitt mit der Blockade die Mittelmächte von aller Zufuhr zur See ab. Die Schlacht am Skagerrak (1916) brachte keine Wende im Seekrieg, und der uneingeschränkte, mit unzulängl. Mitteln geführte U-Boot-Krieg führte zum Kriegseintritt der USA (2. 4. 1917). Die russ. Revolution, von der dt. Obersten Heeresleitung mit dem Transport Lenins aus der Schweiz unterstützt, ließ mit dem von den Bolschewiki (15. 12.) abgeschlossenen Waffenstillstand und dem Frieden von Brest-Litowsk Rußland aus dem Ring der Alliierten ausscheiden. Streiks und Meutereien (Heeresmeuterei nach der Nivelle-Offensive, Matrosenmeuterei im Juli 1916), Preissteigerungen, innere Unsicherheit, Kampfunfähigkeit Österreich-Ungarns, zunehmende Friedensbestrebungen (Kaiser Karl I. und Benedikt XV.), Angebote der Alliierten für Sonderfriedensschlüsse an die dt. Verbündeten lassen die Erschöpfung und Kriegsmüdigkeit auf beiden Seiten erkennen. Der Kriegseintritt der USA im April 1917 schlug sich vorerst nur in Materiallieferungen und in steigendem Tonnagezuwachs der Alliierten nieder. Die Offensiven Ludendorffs an der Westfront im Frühjahr und Sommer 1918 brachten zwar örtl. Gewinne, aber keinen durchschlagenden Erfolg. Die Gegenoffensive Fochs (seit 18. 6.) zw. Reims und Soissons und bei Amiens (8. 8.) zwang die dt. Truppen zum Rückzug auf breiter Front und durchbrach die Siegfriedstellung. Da Österreich-Ungarn seit August 1918 am Ende seiner Kraft war, Bulgarien und die Türkei um einen Waffenstillstand nachsuchten, forderte die OHL am 29. 9. 1918 sofortige Einleitung der Waffenstillstandsverhandlungen. Nach Ludendorffs Entlassung (26. 10.) wurde der Waffenstillstand am 11. 11. 1918 in Compiègne unterzeichnet, bezeichnenderweise nicht von einem Militär, sondern von dem Zentrumsabgeordneten Erzberger. Die wichtigsten Bedingungen des Waffenstillstandes waren: Räumung der besetzten Gebiete und Elsaß-Lothringens in 15 Tagen, Räumung des linken Rheinufers, Bildung einer 10 km breiten neutralen Zone rechts des Rheins, Auslieferung des meisten Kriegsmaterials und der Kriegsgefangenen ohne Gegenseitigkeit, Abrüstung der Hochseeflotte, Verzicht auf die Verträge von Brest-Litowsk und Bukarest. Während der Schlußverhandlungen mit

Foch war in Dtl. unter dem Eindruck der sich abzeichnenden Niederlage die Novemberrevolution ausgebrochen. Kaiser Wilhelm II. begab sich nach Holland ins Exil. Beendet wurde der verlorene Krieg für Dtl. durch den Versailler Vertrag. An die Stelle des Kaiserreichs trat die Weimarer Republik.

LIT. K. Helfferich, Der Weltkrieg. 3 Bde. (1919); K. D. Erdmann, Die Zeit der Weltkriege. In: Gebhardt-Grundmann IV; W. Hubatsch, Der Weltkrieg 1914–1918. In: Hdb. der dt. Geschichte, hrsg. v. L. Just. Bd. IV, 2. Abschnitt (1955); F. Fischer, Krieg der Illusionen (1969); H. W. Koch (Hrsg.), The Origins of the First World War (London 1972); M. Ferro, The Great War 1914–18 (London 1973); P. Graf Kielmannsegg, Dtl. und der Erste W. (^{2}1980); B. F. Schulte, Europ. Krise und erster Weltkrieg (1982), W. Baumgart (Bearb.), Die Julikrise und der Ausbruch des Ersten W. (1983); J. Joll, The Origins of the First World War (London, N. Y. 1984); K. J. Janssen, Macht und Verblendung. Kriegszielpolitik der dt. Bundesstaaten 1914–18 (1984); W. Gutsche, Der Erste W. Ursache und Verlauf; herrschende Politik und Antikriegsbewegung in Dtl. (1985); K. Schönhoven (Hrsg.), Die Gewerkschaften in Weltkrieg und Revolution 1914 bis 1918 (1985); K. Unruh, Langemarck (1986); J. Dülffer, K. Holl (Hrsg.), Bereit zum Krieg. Kriegsmentalität im Wilhelmin. Dtl. 1890–1914 (1986); A. Hillgruber, Dtls. Rolle in der Vorgeschichte der beiden Weltkriege (^{3}1986); J. J. Heydecker, Der große Krieg 1914–18 (1988); R. Roth, Staat u. Wirtschaft im 1. Weltkrieg (1997).

[2] Zweiter Weltkrieg (1939–45). Von Hitler bewußt vorbereitet und entfesselt. Nach der Zerschlagung der Tschechoslowakei im März 1939 konnte eine weitere Ausdehnung Deutschlands von den Westmächten nicht mehr hingenommen werden. In dem Nichtangriffsvertrag (23. 8. 1939) gestand Hitler, der die »Lösung der polnischen Frage« anstrebte, der Sowjetunion die baltischen Staaten Estland, Lettland, Litauen und Ostpolen als Interessensphäre zu und glaubte damit freie Hand für die Eroberung Polens gewonnen zu haben, da er nicht annahm, daß Großbritannien und Frankreich dem bedrohten Polen zu Hilfe kommen würden. Nachdem dt. Truppen am 1. 9. 1939 in Polen einmar-

schiert waren und ein letzter Vermittlungsversuch scheiterte, erklärten Großbritannien und Frankreich am 3. 9. dem Deutschen Reich den Krieg. Es war Hitler nicht gelungen, die poln. Frage isoliert zu lösen, den Krieg zu lokalisieren. Aus dem europ. Krieg wurde durch das von Japan mit dem Überfall auf Pearl Harbor provozierte Eingreifen der USA ein globaler Krieg.

Polen brach unter dem Ansturm von zwei dt. Heeresgruppen in kürzester Zeit zusammen. Mit der Kapitulation Warschaus (28. 9.) und der Festung Modlin (30. 9.) waren die Operationen abgeschlossen. Durch den deutsch-sowjetischen Grenz- und Freundschaftsvertrag (Moskau 28. 9.) wurde das nach sowjet. Version von einer ukrainisch-weißruthen. Mehrheit bevölkerte Ostpolen bis zum Bug der sowjet. Interessenssphäre zugesprochen, ebenso Litauen. Danzig und die im Versailler Vertrag an Polen abgetrennten Gebiete, ferner das Wartheland und der Bezirk Ciechanów wurden dem Deutschen Reich einverleibt, die übrigen poln. Gebiete einem Generalgouverneur in Krakau unterstellt (12. 10.) und so zu einer Art »Kolonie« gemacht. Die Slowakei erhielt von Polen 1920, 1924 und 1938 in den Karpaten erworbene Gebiete zurück. Ein Friedensappell Hitlers an die Westmächte (6. 10. 1939) blieb wirkungslos. 1940 wurde Dänemark reibungslos, Norwegen jedoch erst nach härteren, für die Kriegsmarine und die Gebirgstruppen verlustreichen Kämpfen besetzt, die Erzzufuhr aus Schweden gesichert und die Gefahr einer alliierten Landung in Skandinavien abgewehrt. An der Westfront kam es im Herbst und im Winter 1939/40 nicht zu größeren Kampfhandlungen. Im Westfeldzug, der am 10. 5. 1940 begann, wurde Holland in kürzester Zeit durch Fallschirm-, Luftlande- und Panzertruppen zur Kapitulation gezwungen (14. 5.). Nach dem strategisch entscheidenden Vorstoß der Panzerkräfte der Heeresgruppe A von Sedan-Dinant zur Somme-Mündung (»Sichelschnittplan«) wurde das um Brügge zusammengedrängte belgische Heer am 28. 5. zur Kapitulation gezwungen, das brit. Expeditionskorps zerschlagen – es konnte jedoch aus dem Brückenkopf Dünkirchen entkommen – und 30 Divisionen des franz. Heeres und fast seine gesamten Luftstreitkräfte ausgeschaltet. Mit dem dt. Angriff über die Somme auf die Seine und die untere Marne begann der 2. Abschnitt des Feldzugs im Westen, der zur kampflosen Besetzung von Paris (14. 6.), zum Vorstoß bis zur Schweizer Grenze führte und mit dem Nachsuchen der Regierung Pétain um einen Waffenstillstand endete (22. 6.). Am 10. 6. war Italien, um territorialer Gewinne willen, in den Krieg eingetreten. Der »Feldzug der 40 Tage«, sosehr er auch die gesamte Welt beeindruckte und zum Größenwahn Hitlers beitrug, wirkte sich indessen nicht auf eine Friedensbereitschaft Englands aus, wo W. Churchill seit dem 10. 5. 1940 Chef eines Allparteienkabinetts war. Der nach Großbritannien geflüchtete General de Gaulle bildete ein Nationalkomitee der freien Franzosen.

Die Blitzfeldzüge gegen Polen und Frankreich waren durch die Überlegenheit der dt. Luftwaffe und der Panzerdivisionen sowie durch eine überragende strateg. Planung gewonnen worden. Unbesiegt blieb im Sommer 1940 die Seemacht England, da die dt. Luftoffensive trotz erfolgreicher Großangriffe auf engl. Industriezentren an der ständig stärker werdenden Abwehr scheiterte und das Projekt einer Invasion aufgegeben wurde. Der Handelskrieg gegen England durch Überseestreitkräfte und U-Boote verschärfte sich, doch begann sich hier bereits die Hilfe der USA zugunsten Englands auszuwirken.

Die dt. Siege über Jugoslawien, wo es am 27. 3. 1941 zum achsenfeindl. Belgrader Militärputsch gekommen war, und über Griechenland, das die eingedrungenen Italiener nach Albanien zurückgeworfen hatte, die Erfolge Rommels in Nordafrika vermochten England nicht zum Frieden zu zwingen, zögerten aber den Beginn des von Hitler unter Bruch des gegenseitigen Nichtangriffspaktes beschlossenen Krieges gegen die Sowjetunion bis zum 22. 6. 1941 hinaus. Mit dem Überfall auf die Sowjetunion war die Zweifrontensituation des Ersten Weltkrieges wiederhergestellt. Italien, Rumänien, Ungarn, die Slowakei und Finnland, die sich am Krieg gegen die Sowjetunion beteiligten, stellten eine nennenswerte Hilfe nicht dar, während andererseits die ständig stärker werdenden Lieferungen aus den USA die Widerstandskraft der Sowjetunion beträchtl. stärkten. In den Kesselschlachten von Bialystok-Nowogródek

(9. 7. 1941), Smolensk-Orscha-Witebsk, Kiew (9.–26. 8.), Brjansk und Wiasma (2.–20. 10.) erlitt die Rote Armee gewaltige Verluste an Menschen und Material, doch mußten infolge von erhebl. Materialausfall, hoher Verluste des Ostheeres und unter dem Druck der durch die Witterungsverhältnisse begünstigten sowjet. Winteroffensive die Heeresgruppe Mitte, die bis kurz vor Moskau vorgestoßen war, und die Heeresgruppe Süd, die Rostow (21. 11.) genommen hatte, weit zurückgenommen werden. Die Heeresgruppe Nord ging hinter den Wolchow zurück. Eine auf die Heeresgruppe Süd beschränkte, auf die kaukas. Erdölfelder und auf Stalingrad zielende Offensive brachte im Sommer und Frühherbst 1942 große territoriale Gewinne bis zum Kaukasus und Stalingrad, führte aber infolge der Verzettelung der Kräfte und Überbeanspruchung der Truppe zur Katastrophe von Stalingrad (November 1942–31. Januar, 2. Februar 1943) und zum Rückzug aus dem Kaukasus. In Nordafrika ging die Initiative mit der angloamerikan. Landung in Marokko und Algier (8. 11. 1942) und den dt. Niederlagen bei El Alamein (Okt.-Nov. 1942) an die Alliierten über. Die See-Luft-Schlacht bei Midway (3.–6. 6. 1942), die alliierte Landung auf Guadalcanal (7. 8. 1942), der Seesieg über die Japaner bezeichnen die Wende des Kriegs im Pazifik. Am 12. 5. 1943 kapitulierte der Rest der Heeresgruppe Afrika, im Juli scheiterte die Offensive bei Kursk (Unternehmen Zitadelle), und mit der Landung der Alliierten in Sizilien begann der Angriff auf die »Festung Europa«. Süd- und später Mittelitalien gingen verloren. Die faschist. Herrschaft brach mit der Verhaftung Mussolinis (25. 7.) zusammen, Badoglio schloß mit den Alliierten einen Waffenstillstand, und die königl. Regierung Italiens erklärte am 13. 10. 1943 dem Deutschen Reich den Krieg, während der von einem dt. Kommando befreite Mussolini eine ›Faschistische Republik‹ in Norditalien errichtete.

Im Osten mußten nach der abgebrochenen Schlacht von Kursk, welche die operativen Reserven verbraucht hatte, die Front der Heeresgruppe Süd auf den Dnjepr, in erbitterten Winterschlachten 1944 auf den Bug, die Karpaten, den Pruth zurückgezogen werden. Im Sommer 1944 wurde die balkanartig nach

Osten vorgeschobene Heeresgruppe Mitte von der Roten Armee völlig zerschlagen, die Heeresgruppe Nordukraine in Mittelpolen und Galizien aufgesplittert und auf Weichsel und San zurückgedrängt, die Heeresgruppe Nord abgeschnürt. Die dt. U-Boot-Waffe erlitt schwerste Verluste, die Luftüberlegenheit der Alliierten wurde fast täglich größer, der Bombenkrieg gegen das Reich führte zu furchtbaren Zerstörungen und hohen Verlusten unter der Zivilbevölkerung. Als der Widerstand gegen Hitler mit dem gescheiterten Attentat vom 20. 7. 1944 zutiefst getroffen wurde, war auch die letzte Chance dahin, den verlorenen Krieg polit. zu liquidieren. Hitler kam es schließlich nur noch darauf an, das unabwendbare Ende in der falschen Hoffnung auf ein Wunder solange wie möglich hinauszuziehen. Damit waren die Fronten und große Teile der dt. Zivilbevölkerung dem Martyrium eines allmählichen Unterganges preisgegeben.

Der Frontwechsel Bulgariens und Rumäniens machte die Räumung Griechenlands notwendig, riß die Heeresgruppe Südukraine in den Sog des rumän. Abfalls und hatte den Einbruch der Roten Armee in Ungarn und ihren Vorstoß gegen Belgrad zur Folge, das am 15. Oktober eingeschlossen wurde. In Ungarn konnte auch nach der Verhaftung Horthys die Lage nicht stabilisiert werden. Am 10. Dezember 1944 erreichte die Rote Armee den Plattensee und stieß östl. der Donau bis an die Südgrenze der Slowakei vor. Als Finnland am 4. 9. 1944 den Kampf einstellte und die diplomat. Beziehungen zum Deutschen Reich abbrach, hatte dieses den letzten Verbündeten, wichtige strategische Stützpunkte und lebensnotwendige Rohstoffquellen verloren. Die Landung der Alliierten in der Normandie (6. 6. 1944) eröffnete eine neue Front und führte nach dem Durchbruch bei Avranches (31. 7. 1944) zu vernichtenden Niederlagen des Westheeres. Die Ardennenoffensive (16.–24. 12. 1944) scheiterte, und der russ. Großangriff im Januar (Beginn 12. 1.) 1945 an den Weichselbrückenköpfen, über den San und gegen Ostpreußen hatte den Verlust des Warthegaus, des größten Teils von Schlesien, Pommern und Ostpreußen und eine weitere Schwächung des Ostheeres zur Folge. Ein unvorstellbares Meer von Leid und Not kam über

Millionen dt. Flüchtlinge aus den Ostgebieten. Mitte April setzte die Rote Armee aus den Oderbrückenköpfen und Niederschlesien zum Angriff auf Berlin an; am 13. April fiel Wien; am 25. war die Reichshauptstadt eingeschlossen. Am gleichen Tag trafen amerikan. und sowjet. Truppen bei Torgau an der Elbe zusammen. Hitler beging am 30. 4. Selbstmord, und die Gesamtkapitulation der dt. Wehrmacht trat nach vorangegangenen Teilkapitulationen am 9. 5. 1945 in Kraft. Von Mitte 1943 bis Mitte 1944 war die japan. Vorfeldverteidigung systemat. von den Alliierten aufgerollt, in der Schlacht im Leytegolf (23.–26. 10. 1944), die japan. Flotte geschlagen und im Oktober 1944 die Philippinen erobert worden. Mit den Landungen auf Jwo Jima (19. 2.) und Okinawa (26. 3./21. 6. 1945) begann der Großangriff auf Japan selbst, das nach dem Einsatz der Atombomben gegen Hiroshima (6. 8. 1945) und Nagasaki (9. 8. 1945) und dem Eingreifen der Sowjetunion sowie der Mongolischen Volksrepublik in den Krieg (8. 8. 1945) bedingungslos kapitulierte (15. 8.). Die japan. Festlandsarmee kapitulierte am 23. 8. 1945. Die Unterzeichnung der Kapitulation fand am 2. 9. auf dem amerikan. Schlachtschiff Missouri statt.

LIT. W. S. Churchill, Der Zweite W. 6 Bde. (1949–54); H. Speidel, Invasion (²1949); W. Görlitz, Der Zweite W. 1935–45. 2 Bde. (1951/52); W. Hofer, Die Entfesselung des Zweiten W. (²1956); H. A. Jacobsen, 1939 bis 1945. Der Zweite W. in Chronik und Dokumenten (1959); K. D. Erdmann, Die Zeit der W. In: Gebhardt-Grundmann IV (²1960); H. Michaelis, Der Zweite W. In: L. Just (Hrsg.), Hdb. der dt. Geschichte IV, 5; A. Philippi-F. Heim, Der Feldzug gegen Sowjetrußland 1941–45 (1962); H. W. Baldwin, Große Schlachten des Zweiten W. (1968); E. Hesse, Der sowjetruss. Partisanenkrieg (1969); Studien und Dokumente zur Geschichte des Zweiten W., hrsg. vom Arbeitskreis f. Wehrforschung; B. H. Liddel Hart, Geschichte des Zweiten W. (1970); W. Dlugoborski (Hrsg.), Zweiter Weltkrieg und sozialer Wandel (1981); B. Wegner, Hitlers Politische Soldaten. Die Waffen-SS 1933–45 (1982); H. Fromm, Dtl. in der öffentl. Kriegszieldiskussion Großbritanniens 1939–1945 (1982); G. Breitter, Die Rote Armee im 2. Weltkrieg (1984); G. R. Überschär, W. Wette, Unternehmen Barbarossa. Der dt. Überfall auf die Sowjetunion 1941. Berichte, Analysen, Dokumente (1984); G. Haas, W. Schumann, Dtl. im Zweiten W. 6 Bde. (1985); A. Hillgruber, Der Zweite W. 1939–45 (⁴1985); Die Wehrmachtsberichte 1939–45. 3 Bde. (1985); A. Hillgruber, Der Zusammenbruch im Osten 1944/45 als Problem der dt. Nationalgeschichte und der europ. Geschichte. Rhein.-Westfäl. Akademie der Wissenschaften. Vorträge Geisteswissenschaften G 277 (1985); Geschichte des Zweiten Weltkrieges (1939–45). 12 Bde. (1985); J. Pielkalkiewicz, Der Zweite Weltkrieg (1985); W. A. Boelcke, Die Kosten von Hitlers Krieg. Kriegsfinanzierung und finanzielles Kriegserbe in Dtl. 1933–1948 (1985); D. Eichholtz, Geschichte der dt. Kriegswirtschaft. 2 Bde. (1986); O. Chadwick, Britain and the Vatican during the Second World War (1986); La seconde Guerre mondiale 1939–1945 (1986); C. Kleßmann (Hrsg.), September 1939 (1989).

Weltmacht. Mit dem Begriff »Welt« – die »Ökumene« des Altertums umfaßte nur einen Bruchteil der Erde – wandelte sich auch der Begriff W. bzw. **Weltreich:** ihnen beiden liegt derselbe Gedankeninhalt und tatsächl. Bestand zugrunde: ein umfassendes Gebiet unter einem zentralen Herrschaftswillen, Sicherung des Friedens, der Wohlfahrt, einheitl. Kultur (z. B. Weltreich Alexanders d. Gr., Röm. Imperium). In der ma. Gedankenwelt blieb das Reich die ideale W., wenn auch sein realer Herrschaftsbereich immer mehr zusammenschrumpfte. Nichtchristl. W. des MA: das islam. Reich unter den Omaijaden und Abbasiden, das mongol. Reich unter Dschingis Chan († 1226) und Timur Lenk (1400). Die Entdeckungen der frühen NZ brachten eine Umwälzung des Begriffs »Welt« und eine gewaltige Ausdehnung der Kolonialmächte Spanien, Portugal, dann Holland, England, Frankreich, aber auch Rußland mit sich (→ Großmacht, → Kolonien). Aus dem System der Großmächte hoben sich nach dem Zweiten Weltkrieg die drei W. USA, UdSSR und die Volksrepublik China heraus.
LIT. C. Hacke, W. wider Willen (1988); S. Neitzel, Weltreich oder Untergang (2000).

Weltmann, Weltmensch. Mensch, der an der Welt hängt, irdisch gesinnt ist.

Im 16. Jh. wandelt sich, wahrscheinlich unter span. Einfluß, die Bedeutung zu: Mann von Welt.

Weltpolitik. Polit. Schlagwort, das eine auf macht-, wirtschafts- und kulturpolit. Weltgeltung zielende Außenpolitik umschreibt. Seit dem Entdeckungszeitalter anwendbar, so auf die polit. Zielsetzungen vor allem Portugals, Spaniens und Englands, erlangte es nach der Entwicklung der Nationalstaaten in Europa und der sich herausbildenden Großmächte Bedeutung. Dementsprechend waren nach Gründung des dt. Kaiserreiches 1871 so gut wie alle Deutschen der Überzeugung, daß ihr Vaterland zu klein sei. Der Widerstand des alten Preußentums gegen die W., mit der sich die Vorstellung von Geld, kosmopolit. Wurzellosigkeit und exotischer Widersinnigkeit verband, erstarb schnell. Es gab für die W. eine militaristische, aufgeklärte, liberale, reformierende weltbeglückende Form mit der Devise, daß man aus der Enge des kleinen dt. Vaterlandes in die Weite der Welt hinausstreben müsse. W. in ihrer widersinnigsten, gleichzeitig rückständigen Form wurde vom 1891 gegründeten Alldt. Verband vertreten. Bestimmendes Prinzip der W. seit 1945 bis Ende der 80er Jahre war der Gegensatz zwischen den beiden Weltmächten USA und UdSSR.
LIT. W. Frauendienst, Dt. W. In: Welt als Geschichte 19 (1959); F. Fischer, Krieg der Illusionen (1969); Dtl. in der W. des 19. und 20. Jh. Festschr. für F. Fischer (1973); E. Eickhoff, Macht und Sendung. Byzantin. W. (1981); R. von Bruch, W. als Kulturmission (1982); K. Kaiser, H.-P. Schwarz (Hrsg.), W. Strukturen – Akteure – Perspektiven (1985); W. Michalka (Hrsg.), Die Deutsche Frage in der Weltpolitik (1986).

Weltschmerz. Bezeichnet insbes. die Stimmung der Zerrissenheit, der schmerzhaften Daseinserfahrung. Der Ausdruck wurde von Jean Paul geprägt. In Goethes ›Werther‹, bei Byron, Chateaubriand, Heine, Lenau, Leopardi bes. ausgeprägt. Mißmut über die bestehenden Verhältnisse der Restauration.

Weltstaat. Der Gedanke eines W., d. h. einer weltumfassenden Organisation, einer civitas maxima, mit Staatscharakter insbes. zur Herstellung und Sicherung eines dauerhaften Friedens ist alt und galt im At. in den Großreichen, bes. im Reich Alexanders d. Gr., im Röm. Reich als verwirklicht. Der Völkerbund nach dem Ersten und die Vereinten Nationen nach dem Zweiten Weltkrieg sind als Realisierungsversuche von Ideen von einem Weltstaat aufzufassen. Hierhin gehören auch die propagandist. Vorstöße vor allem nach dem Zweiten Weltkrieg.

LIT. Th. Schieder, Zum Problem des Staatenpluralismus in der modernen Welt (1969).

Weltwirtschaftskrise. Eine Krise, die einige oder alle bedeutenden Wirtschaftsmächte erfaßt, die in wechselseitigem Warenaustausch stehen. Die Gründe für die Gefahr des Übergreifens einer krisenhaften Situation liegen insbes. in der internationalen Kreditverflechtung. Die Wirtschaftsgeschichte kennt mehrere Krisen weltweiten Ausmaßes; die erste war die von 1857–59. Als jüngste und schwerste gilt die der Jahre 1929–32, heute allgemein als *die* W. bezeichnet. Auf dem Tiefpunkt der Depression wurden auf der Welt mehr als 30 Mill. Arbeitslose gezählt; in einigen Ländern gingen die Großhandelspreise um mehr als 50% zurück. Verstärkt wurde die W. noch dadurch, daß sie mit einer Agrarkrise zusammenfiel. Ausgelöst wurde sie durch den Kurssturz an der New Yorker Börse am 24. 10. 1929. Die Ursachen hierfür lagen in den durch den Weltkrieg und seine Folgeerscheinungen ausgelösten Störungen eines natürl. Ausgleichs zwischen den Volkswirtschaften der Wirtschaftsmächte sowie einer nicht früh genug bemerkten monetären Expansion in den USA, an der auch Dtl. durch eine beträchtl. Kapitaleinfuhr teilgenommen hatte. Und während des Krieges schon hatten die Alliierten durch Anleihen erhebliche Schulden in den USA gemacht. Nach 1918 bestanden die Vereinigten Staaten auf der Rückzahlung der Schulden. Um dies den Schuldnern, vor allem England und Frankreich, zu ermöglichen, sollte Dtl. seine Reparationen bezahlen, die in die Schuldnerländer flossen. Dtl. aber bezahlte mit geliehenem amerikan. Geld. Darüber hinaus suchte amerikan. Kapital nach Anlagemöglichkeiten in Dtl., und dies in erhebl. Umfang. Allerdings wurde das amerikan. Geld meist nur kurzfristig angelegt. 1929 riefen die Amerikaner ihr Geld aus Europa zurück, weil sie zum einen ihre eigene Wirtschaftskrise hatten und daher ihr Geld brauchten, zum andern

die Lage in Europa unsicher geworden war, zumal in Dtl. wegen der Wahlerfolge der Nationalsozialisten. Ein weiterer Stoß gegen das Finanzgefüge ging von der österreich. Bankenkrise aus. Mit dem Zusammenbruch der Österreich. Creditanstalt, einem der größten und ältesten internationalen Kreditinstitute Mitteleuropas (gegr. 1853), 1931, erreichte die Krise ihren Höhepunkt, denn infolge der dadurch heraufbeschworenen Verunsicherung kam es zu einem nicht mehr zu bremsenden Ansturm der Kunden auf die dt. Banken.

Die betroffenen Länder versuchten, der Krise durch Einschränkung der weltwirtschaftl. Verflechtung entgegenzuwirken, u. a. durch Devisenbewirtschaftung und Autarkiebestrebungen. Sie stellten jedoch kein wirksames Mittel gegen die Depression und die durch sie heraufbeschworene Massenarbeitslosigkeit dar.

Insbes. in Dtl. führten die sozialen Folgen der W. zu einer massiven Verschärfung der polit. Radikalisierung, von der vor allem die Nationalsozialisten profitierten, während sie die Weimarer Republik erheblich schwächte.

LIT. E. Varga, Die große Krise und ihre polit. Folgen, Wirtschaft und Politik 1928–34 (Moskau-Leningrad 1934); W. Grotkopp, Die große Krise (1954); R. Lüke, Von der Stabilisierung zur Krise (Zürich 1958); G. Kroll, Von der W. zur Staatskonjunktur (1958); R. Treviranus, Die konjunkturpolit. Rolle der öffentl. Haushalte in Dtl. während der großen Krise 1928–34 (Diss. Kiel 1964); G. Bondi, Die W. im Spiegel westdt. Geschichtsschreibung. In: Jb. für Wirtschaftsgeschichte II (1965) 11ff.; F. A. Hermens, Das Kabinett Brüning und die Depression. In: Festschrift für H. Brüning, hrsg. von F. A. Hermens und Th. Schieder (1967) 287ff.; C. P. Kindleberger, The World in Depression 1929–1939 (dt. 1973); D. Petzina, Zur Interpretation der W. in Dtl. In: G. Alföldy, F. Seibt, A. Timm (Hrsg.), Probleme der Geschichtswissenschaft (1973); K. Fuchs, W. In: dtv-Lexikon zur Geschichte und Politik im 20. Jh. Bd. 3 (1974); H. Rosenberg, Die W. 1857–59 ([2]1974); G. Enderle, Die Auswirkungen der W. der dreißiger Jahre auf die personellen Einkommens- und Vermögensverhältnisse. Method. und theoret. Probleme. Ergebnisse einer Fallstudie (Freiburg/Schweiz 1982);

G. D. Feldman, Vom Weltkrieg zur W. Studien zur deutschen Wirtschafts- und Sozialgeschichte (1984); G. Ziebura, Weltwirtschaft und Weltpolitik 1922/ 24–1931. Zwischen Rekonstruktion und Zusammenbruch (1984); G. Schulz (Hrsg.), Die Große Krise der dreißiger Jahre. Vom Niedergang der Weltwirtschaft zum Zweiten Weltkrieg (1985); H.-R. Hemmer, S. Quandt (Hrsg.), Dt. Wirtschaft 1929/1983. Konjunkturen, Krisen, Perspektiven (1985).

Wenzelskrone (Sankt-Wenzels-Krone). Die Krone Böhmens. Im wesentlichen die Krone Wenzels I., des Einäugigen, der am 6. 2. 1228 zu Prag durch den Metropoliten des Landes, den EB von Mainz, gekrönt wurde. Die Gestalt dieser Přemyslidenkrone war dieselbe, welche die spätere Wenzelskrone bewahrt hat. Die »Krone« wurde in Böhmen zu einer Rechtspersönlichkeit. Eine von Karl, dem späteren Kaiser Karl IV. »neu« gefertigte Krone, im Grunde die überarbeitete Krone Wenzels I., wurde durch eine Bulle Papst Clemens' VI. (6. 5. 1346) zum Eigentum des heiligen Wenzel erklärt, sollte auf dessen Haupt bleiben und nur zur Krönung oder Festkrönung gegen eine Leihgebühr an das Prager Domkapitel geliehen werden dürfen. Diese W. ist 19 cm hoch, ebenso breit, besteht aus vier Teilen, je aus einer herald. Lilie, aus zwei Bogen und einem Kreuz am Schnittpunkt der Bogen.
LIT. H. Biehn, Die Kronen Europas und ihre Schicksale (1957); J. Cibulka, La couronne royale de Bohème et les couronnes des rois de France (1958); Karl Fürst Schwarzenberg, Die Sankt Wenzels-Krone und die böhm. Insignien (1960).

Werelä, Friede von (14. 8. 1790). Der Friede beendet den 1788 von Gustav III. gegen Rußland begonnenen Krieg in wesentl. mit der Wiederherstellung des Status quo ante.

Wergeld. Bis ins 12. Jh. Bez. für das Sühnegeld bei Totschlag.
LIT. H. Brunner, C. von Schwerin, Dt. Rechtsgeschichte II, 769 ff.; B. Hilliger, Ursprung und Wert des Wergeldes im Volksrecht. In: Histor. Vierteljahresschrift 29 (1935) 681 ff.; R. His, Geschichte des dt. Strafrechts (1928).

Werwolf (mhd.).
[1] Wolf, in dem nach dem Volksglauben die Seele eines Menschen steckt, Mann in Wolfsgestalt. Der Werwolf-glaube ist im Dt. seit ca. 1000 n. Chr. belegt.
[2] Freischärlerbewegung, die Ende des Zweiten Weltkrieges von den nationalsozialist. Machthabern befohlen wurde, jedoch keine Bedeutung erlangte.
LIT. Zu [1] K. Völker, Von Werwölfen u. a. Tiermenschen (1972).

Wesir (arab.). Seit den Abbasiden 750 Titel und Amt des leitenden Ministers in den meisten islam. Staaten, im 14. Jh. auch von den Osmanen übernommen. Oberster Wesir war der Großwesir.

Wessenbergianismus. Nach dem Konstanzer Generalvikar Ignaz Heinrich von Wessenberg (1774–1860) benannte Richtung im dt. Katholizismus. Der von der kath. Aufklärung, dem reichskirchl. Episkopalismus und dem Josephinismus beeinflußte Wessenberg trat für stärkere Berücksichtigung der dt. Sprache im Gottesdienst, Reduktion der Feiertage und Wallfahrten, breite Volksbildung, allmähliche Auflösung des Zölibats, eine gesamtdt. Kirche unter einem Primas und ein die Freiheit der Kirche stark beschränkendes Staatskirchentum ein. Der W. wurde von Rom und den ultramontanen Kreisen in Dtl. bekämpft.
LIT. Bihlmeyer-Tüchle, III.; C. Radlspeck, Die nationalkirchl. Idee Wessenbergs im Urteil der Flugschriften-Lit. 1803–21 (1930); W. Müller, Wessenberg in heutiger Sicht. In: ZSKg 58 (1964); E. Plassmann, Staatskirchenrechtl. Grundgedanken der dt. Kanonisten an der Wende vom 18. zum 19. Jh. (1968).

Wessobrunner Gebet. In einem Codex der oberbayer. Benediktiner-Abtei Wessobrunn zu Anfang des 9. Jh. niedergeschriebenes Stabreimgedicht von der Weltschöpfung mit anschließendem Prosagebet; eines der ältesten dt. Sprachdenkmäler.
LIT. H. de Boor, R. Newald, Geschichte der dt. Lit. I (⁴1960).

Westfälischer Friede (Pax Westphalica). Er wurde nach langwierigen, seit 1644/45 an den beiden Kongreßorten Münster und Osnabrück geführten Verhandlungen in Münster (Instrumentum Pacis Caesareo-Gallicum Monasterii Westphal. anno 1648 erectum, abgek. Instrumentum Pacis Monasteriense = IPM) am 24. 10. 1648 für Kaiser und Frankreich und in Osnabrück für Kaiser und Schweden (Instrumentum Pacis

Caesareo-Suevicum Osnabrugi anno 1648 erectum, abgek. Instrumentum Pacis Osnabrugense = IPO) sowie von einer Reichsdeputation unterzeichnet. Der W. F. setzt sich also aus zwei als Einheit betrachteten Verträgen (Friede von Münster und Friede von Osnabrück) zusammen.

Der W. F. beendete den Dreißigjährigen Krieg mit einem Kompromiß: Er war insgesamt eine Niederlage des kath. Kaisertums und des Reiches, das große territoriale Verluste erlitt, zum anderen insgesamt eine Niederlage der kath. Kirche mit der reichsrechtl. Anerkennung der Anhänger der Augsburger Konfession und der Reformierten. Zwar bringt der W. F., da der Krieg zw. Frankreich und Spanien anhält, nur für einen Teil Europas einen kurzen Frieden, auch keine Toleranz und Parität im modernen Sinn, doch sind die Friedensschlüsse von Münster und Osnabrück für die Geschichte Mitteleuropas in polit., konfessionsrechtl. und geistesgeschichtl. Hinsicht von grundlegender Bedeutung für die frühe NZ.

Das Programm des W. F. läßt sich mit Herstellung des Friedens, Restitution, Satisfaktion umschreiben.

Reichsverfassungsrechtl. Fragen wurden dem W. F. gegen den Widerstand des Kaisers von den Mächten Frankreich und Schweden sowie von einigen ev. dt. Fürsten unter Führung von Hessen-Kassel nahegebracht. Der W. F. griff tief in die Verfassung des Reiches ein und legte die iura statuum, die Rechte der Reichsstände und des Kaisers fest (IPO Art. VIII).

Verfassungsrechtliche Bestimmungen: Der W. F. verleiht den Reichsständen das »ius territorii et superioritatis« und schränkt die Rechte des Kaisers weitgehend ein, indem die Reichsgeschäfte von der Mitwirkung der Reichsstände auf dem Reichstag abhängig gemacht werden. Ein Versuch, das Reich monarch. zu regieren, ist unmöglich gemacht. Die Reichsstände erhielten das Recht, Bündnisse untereinander und mit ausländ. Mächten zu schließen, doch sollten sich diese nicht gegen den Kaiser, das Reich, den Landfrieden richten dürfen. Den Reichsstädten wurde das volle Stimmrecht auf dem Reichstag eingeräumt. Paritätisch besetzt werden sollten das Reichskammergericht und die Reichsdeputationen; Protestanten sollten zum Reichshofrat

zugelassen werden. In religiösen Fragen sollte eine Majorisierung durch die Itio in partes des Reichstages und gütl. Übereinkunft ausgeschlossen werden. Die Fragen der Königswahl, der kaiserl. Gerichtsbarkeit in Lehnssachen, Kreisverfassung, Reichsmatrikel blieben auf dem Friedenskongreß in der Schwebe und sollten auf einem späteren Reichstag, der binnen 6 Monaten einzuberufen war, erörtert werden.

Konfessionsrechtliche Bestimmungen: Der W. F. baut auf den konfessionsrechtl. Bestimmungen des Augsburger Religionsfriedens auf. Das ius reformandi wird als Ausfluß der Landeshoheit (→Landesherr) ausdrückl. anerkannt, jedoch durch die Festsetzung von Normaljahr (annus normalis) und Normaltag (1. Januar 1624) für den konfessionellen Bekenntnisstand der Untertanen von Reichsständen und den Besitz kirchl. Güter und Stifter eingeschränkt. Keine Geltung hatte das Normaljahr in den österreich. Erblanden; in einigen Territorien des Reiches – wie etwa der Kurpfalz und Bayern – galt für den konfessionellen Besitzstand ein anderes Datum. Das Abzugsrecht andersgläubiger Untertanen (ius emigrandi) bleibt erhalten, gleicht aber eher einer Ausweisungsbefugnis des Landesherrn. Die bürgerl. und religiöse Rechtsstellung geduldeter Andersgläubiger wird festgelegt, wobei zw. öffentl. (devotio publica) und privater, häuslicher Religionsausübung (devotio domestica) unterschieden wird. Der Geistliche Vorbehalt (→Reservatum ecclesiasticum) bleibt bestehen, wird aber aus einer Schutzbestimmung zugunsten der kath. Kirche in eine parität. Bestimmung für und gegen beide Konfessionsparteien umgewandelt. Praktisch hat der Geistliche Vorbehalt nicht mehr die Spur jener Bedeutung, die ihm im 16. Jh. zukam. Das ref. Bekenntnis (→Calvinismus) wird der Augsburgischen Konfession (→Confessio Augustana) reichsrechtl. gleichgestellt und das Verhältnis beider Bekenntnisse zueinander geregelt. Für Konfessionswechsel zw. prot. Reichsständen ist 1648 das Normaljahr. Außer den drei großen Konfessionen (Katholizismus, Augsburgische Konfession, ref. Bekenntnis) sollte im Reich kein anderes Bekenntnis geduldet werden. Die Verhältnisse der Konfessionen sollten durch den Grundsatz der Parität (aequalitas exacta mutuaque) beherrscht sein, doch wurde nur in einigen Reichsstädten (Augsburg, Biberach, Ravensburg, Dinkelsbühl, Kaufbeuren) die Konfessionsparität geregelt.

Die wichtigsten territorialen Veränderungen:

a) Schweden erhält Vorpommern mit Rügen und Stettin, Usedom, Wollin, Wismar, Teile von Hinterpommern, die säkularisierten Hochstifte Bremen (ohne die Stadt) und Verden und bekommt die Reichsstandschaft für die übertragenen Gebiete.

b) Frankreich erhält die habsburg. Hoheitsrechte im Elsaß, Besatzungsrecht in Philippsburg, Herrschafts- und Besitzrecht an der Stadt Breisach, die Landvogtei über zehn im Elsaß gelegene Reichsstädte, schließlich Bestätigung des Besitzes der Hochstifte Metz, Toul, Verdun, die an die Krone Frankreichs übertragen werden.

c) Brandenburg erhält Hinterpommern, die säkularisierten Bistümer Cammin, Minden, Halberstadt und die Anwartschaft auf das Erzstift Magdeburg, wo z.Z. noch ein sächs. Administrator regierte.

d) Bayern behält die erste weltl. Kurwürde (→Kurfürstenkolleg), die von der Kurpfalz 1621 an Bayern kam, sowie die Oberpfalz. Für die restituierte Rheinpfalz (Kurpfalz) wird die 8. Kurwürde errichtet.

e) Hessen-Kassel, Württemberg, Mecklenburg-Güstrow, Braunschweig-Lüneburg werden mit säkularisiertem Reichskirchengut entschädigt. Im Hochstift Osnabrück wird mit der Alternation eine Teilsäkularisation durchgeführt.

Die Eidgenossenschaft und die Niederlande scheiden aus dem Reichsverband aus.

Garantiert wurde der W. F. durch alle an diesem Vertrag Beteiligten, mithin auch durch Frankreich und Schweden, an dessen Stelle später Rußland als Garantiemacht trat. Am 18. Februar 1649 wurden in Münster die Ratifikationsurkunden der Friedensverträge ausgetauscht. Im Laufe des Sommers 1649 lösten sich die Friedenskongresse in Münster und Osnabrück auf. Der sogen. Exekutionstag in Nürnberg beschäftigte sich seit April 1649 mit der Durchführung der wichtigsten Friedensbestimmungen, der Auszahlung der Satisfaktionsgelder, der Räumung der besetzten Länder und Plätze, der Herstellung von

Rechten und Gütern nach dem Stand von 1618 und der konfessionellen Verhältnisse nach dem Normaljahr. 1650 kam der Friedensexekutionshauptrezeß mit Frankreich und Schweden zustande. Wirkungslos blieb der päpstl. Protest (Bulle ›Zelo Domus Dei‹). Der Krieg zw. Frankreich und Spanien ging unberührt von dem Friedensschluß weiter.

TEXT. Instrumenta Pacis Westphalicae. Bearb. von K. Müller (³1975).

LIT. L. Bäte, Der Friede von Osnabrück (1948); M. Braubach, Der W. F. (1948); F. Dickmann, Der W. F. (1959, ⁵1985); E. Hövel (Hrsg.), Pax optima rerum. Beiträge zur Geschichte des W. F. 1648 (1948); K. Repgen, Die röm. Kurie und der W. F. Bd. 1: Papst, Kaiser und Reich 1521–1644, Teil 1 (1962); ders., Der päpstl. Protest gegen den W. F. und die Friedenspolitik Urbans VIII. In: Histor. Jb. 75 (1956); E. W. Böckenförde, Der W. F. In: Der Staat VIII (1969); F. Bosbach, Die Kosten des Westfäl. Friedenskongresses (1984); H. Lahrkamp, Dreißigjähriger Krieg und W. F. (1997); H. Duchhardt, Bibliographie zum W. F. (1996).

Westgotische Schrift (Spanische Schrift; Scriptura Visigothica, Toletana, Mozarabica). Im Westgotenreich aus der jüngeren Röm. Kursive entwickelte Schrift, die erst nach 711 in nordspan. Klöstern ihre Blüte erlebt, seit dem letzten Drittel des 11. Jh. aber zum Teil durch Verbote zugunsten der Karoling. Minuskel zurückgedrängt wird.

LIT. Clavis mediaevalis 273 f.

Westminster-Konvention. Am 16. 1. 1756 zw. Preußen und Großbritannien abgeschlossen. Die Vertragspartner wollen »den allgemeinen Frieden Europas und den Deutschlands im besondere« bewahren. Sie sichern sich gegenseitig zu, ihre Territorien nicht anzugreifen, auch ihre Verbündeten vom Angriff auf die Territorien eines Vertragspartners abzuhalten und jeder Einmischung einer fremden Macht in Dtl. mit Waffengewalt zu begegnen. Ausgenommen von der W.-K. sind die österreich. Niederlande. Preußen will dort dem mit ihm verbündeten Frankreich freie Hand lassen. Die Konvention sollte der Sicherstellung des Kurfürstentums Hannover dienen, für den Fall, daß der Kolonial- und Seekrieg zw. Großbritannien und Frankreich auf Europa übergreifen sollte. Preußen sollte Frankreich von Hannover, dafür Groß-

britannien das in der St. Petersburger Allianz mit Österreich verbündete Rußland von Preußen fernhalten. Die Konvention stellte kein Bündnis dar, war vor allem nicht gegen Frankreich gerichtet. Da sie aber ohne Konsultation Frankreichs geschlossen worden war, wurde sie am Versailler Hof im Hinblick auf das auslaufende Bündnis mit Preußen als Frontwechsel und Verrat empfunden. Das von Österreich (insbes. von Kaunitz) seit dem Frieden von Aachen mit der Lockerung des seemächtigen Systems betriebene »Renversement des alliances«, bisher ohne rechten Erfolg, wurde jetzt erst durch die W.-K. möglich. Dieses »entscheidende Ereignis zu Österreichs Heil« trieb Frankreich an die Seite Österreichs und führte zum Abschluß des ersten Versailler Vertrags. Die Bindung Rußlands durch Großbritannien, auf die Friedrich II. gehofft hatte, erfüllte sich nicht. In der Vorgeschichte des Siebenjährigen Krieges kommt der W.-K. größte Bedeutung zu.
LIT. M. Braubach, Versailles und Wien. Von Ludwig XIV. bis Kaunitz. Die Vorstadien der diplomat. Revolution im 18. Jh. (1952); G. Küntzel, Fürst Kaunitz-Rittberg als Staatsmann (1923) (Vgl. Lit. zum →Siebenjährigen Krieg).

Westminstersynode (Westminster Assembly of Divines). 1643/53, Versammlung von Theologen und Parlamentsmitgliedern in der Westminsterabtei. Sie sollte durch Angleichung der anglikan. Kirche an die schott. Presbyterianismus eine einheitl. Kirchenverfassung Englands, Schottlands, Irlands im puritan. Sinne schaffen. Die 1647 beschlossene Westminster-Konfession, 1648 vom Parlament gebilligt, wurde die verbreitetste Bekenntnisschrift des ref. Protestantismus in Schottland und Nordamerika. Die Reformen der W. drangen jedoch infolge der Stuart-Restauration (seit 1660) in England nicht durch.
LIT. E. F. K. Müller, Bekenntnisschriften der reformierten Kirchen (1903); S. W. Carruthers, The Westminster Confession of Faith (1938).

Westwerk. Querbau, der den frühma. Domen und Klosterkirchen im Westen vorgelagert, in karoling. Zeit aufkommt. Bekannte W.: Kloster Centula in Nordwestfrankreich (790–99; frühestes Westwerk), Klosterkirche Corvey (873–85), Werden, St. Pantaleon, Köln.

Die W. werden gedeutet als Gastkirchen des Herrschers, der von einem bevorzugten Platz der Westempore dem Gottesdienst der Capella regia beiwohnte. Mit dem W. wurde die roman. Westfassade entscheidend vorgebildet.
LIT. A. Fuchs, Die karoling. W. (1929); ders., Zum Problem der W. In: Karoling. und otton. Kunst III (1957); E. Lehmann, Der frühe dt. Kirchenbau (^{2}1949).

Wette (germ. Stammwort, Pfand, Bürgschaft).
[1] Das anläßl. eines Vertragsabschlusses symbolhaft gereichte und wieder zurückgereichte »Pfand«; ebenfalls Bez. für den derart feierl. geschlossenen (Schuld-)Vertrag.
[2] Die im Wettbuch verzeichnete Geldstrafe, Buße; auch Gewette, Brüche, Brüchte.

Whigs. Ursprüngl. Bezeichnung für Vieh- und Pferdediebe.
Während der engl. Revolutionszeit Bezeichnung der radikalen Presbyterianer.
Seit 1679 Parteiname in England (→Tory); als W. werden die Gegner der kath. Stuarts bez. Während des 18. Jh. stellten die W. wiederholt die Regierung und wandten sich unter C. J. Fox (1749–1806) dem Liberalismus zu.
Nach der Wahlrechtsreform von 1832 wurde die Bez. ›Liberale Partei‹ üblich.
In den USA werden 1832–35 als W. die föderalist. Gegner der Demokraten bezeichnet. Sie gingen in der Republikan. Partei auf.
LIT. G. M. Trevelyan, The Two-Party-System in English Political History (1926); H. Butterfield, The W. interpretation of History (1931); J. R. Jones, The first W. (1961); W. A. Speck, Tory and Whig (London 1970); F. O'Gorman, The Whig Party and the French Revolution (1967); D. Southgate, The Passing of the W. 1832–86 (1962); J. Bulmer-Thomas, The Growth of British Party System. 2 Bde. (^{2}1967); H. Setzer, Wahlsystem und Parteienentwicklung in England (1973).

Wid(d)um →Wittum.

Widem →Wittum.

Widerstandsrecht. Freiheit des Menschen bzw. eines Volkes, der Staatsgewalt, wenn sie die Menschenrechte mißachtet oder das Gemeinwohl schwer schädigt, den Gehorsam zu versagen.

W. gilt nur für polit. Grenzfälle, prinzipielles W. ist unsinnig. Das W. umschließt die passive Resistenz und den aktiven Widerstand bis zu Angriffshandlungen gegen den Staat, Revolution und Tyrannenmord. W. kann nur als Notrecht benützt werden. Alle legitimen Mittel des faktisch geltenden Rechts und der Verfassungsordnung müssen vorher ausgeschöpft sein. Schlüssige abstrakte Regeln über die Erlaubtheit eines Widerstandes gibt es nicht. Widerstand ruht letztlich in der Gewissensentscheidung. Das W. kann vom Staat selbst anerkannt sein. Bibel und klassisches Altertum (Aristoteles 384/83–322) kennen eine Widerstandspflicht gegen den Tyrannen. Das W. des MA erwuchs aus dem german. Volksrecht, der Vorstellung vom guten alten Recht, der christl. Ethik und Staatsauffassung sowie dem Lehnsrecht. Johannes von Salisbury (1157), Thomas von Aquin, der Sachsenspiegel, Jean Petit (1408) begründeten und verteidigten das W. bis zum Tyrannenmord. Seit dem SpätMA haben die Landstände des Ständestaats das W. ausschließlich für sich beansprucht. Die Monarchomachen bejahen grundsätzl. das Recht des Tyrannenmords. Auch die Reformatoren Zwingli, Calvin, Melanchthon, die Jesuiten Juan Mariana (1536–1623), Molina (1535–1600) und Suarez, vor allem aber Althusius kannten in unterschiedl. Abstufung und Begründung ein W., insbes. gegen den häret. Tyrannen. Luther kennt »geistlichen Widerstand« gegen die Obrigkeit und ein W. der Stände gegen den Kaiser, doch ist im Luthertum die Lehre vom W. sehr viel weniger ausgebildet als im Recht des ref. Bekenntnisses oder des Katholizismus. So kann wegen der Betonung des unbedingten Gehorsams die Meinung durchdringen, daß Luthertum sei dem Fürsteninteresse am meisten angepaßt. Die Diskussion um W. und Tyrannenmord erlebte zur Zeit der Ermordung der Könige Heinrich III. (†1589) und Heinrich IV. (†1610) von Frankreich, des Aufstandes der Niederlande gegen die span. Herrschaft, der Hinrichtung König Karls I. von England (1649) Höhepunkte. Im 17. und 18. Jh. wurde das W. auch dem Naturrecht begründet (u. a. von Althusius, Locke, Chr. Wolff), verschwand aber im Absolutismus weitgehend. Eine neue Begründung des W. erfolgte aus der Lehre von der Volkssou-

veränität (Rousseau, →Französische Revolution). Mit der Bewegung der Menschenrechte erhielt diese Begründung einen weiteren Auftrieb. Schiller rechtfertigte den Tyrannenmord durch die Konfrontation Tells mit Johannes Parricida. Im 19. und 20. Jh. scheint das W. im dt. konstitutionellen Rechtsstaat weitgehend entbehrlich, wird aber in der franz. Staatsdoktrin, im angelsächs. Rechtsbereich aufrechterhalten. Eine Rechtfertigung erfährt das W. in der neuesten Zeit durch die Lehre vom Klassenrecht im Leninismus. Erhebliche Bedeutung kommt dem W. im Kampf gegen totalitäre Diktaturen der Gegenwart zu.

LIT. StL. VIII, 670–88; RGG VI, 1681–92; J. Schlosser, Die Lehre vom W. gegen die legitime Fürstengewalt bei den Katholiken des 16. Jh. (1914); K. Wolzendorff, Staatsrecht und Widerrecht in der Lehre vom W. des Volkes gegen rechtswidrige Ausübung der Staatsgewalt (1916); O. von Gierke, Johannes Althusius und die Entwicklung der naturrechtl. Staatstheorie (⁴1929); A. Groß, Der Streit um das W. Ein Beitrag zur Geschichte der europ. Revolution (²1929); F. A. v. d. Heydte, Die Geburtsstunde des souveränen Staates (1952); W. Künneth, Das W. als theolog.-eth. Problem (1954); E. Weise, Das W. im Ordensland Preußen (1955); F. Kern, Gottesgnadentum und W. im frühen MA (³1962); A. Roberts (Hrsg.), Gewaltloser Widerstand gegen Aggressoren. Probleme, Beispiele, Strategien; übers. aus dem Englischen von G. Rabe (1971); H. Buchheim, W. Schmitthenner (Hrsg.), Der dt. Widerstand gegen Hitler (1966); B. Scheurig (Hrsg.), Dt. Widerstand 1938–44 (1969); P. Hoffmann, Widerstand, Staatsstreich, Attentat (²1970); U. Hochmuth, Faschismus und Widerstand 1933–45 (1973); G. von Roon, Widerstand im 3. Reich (1979); K. Zentner, Illustrierte Geschichte des Widerstandes in Dtl. und Europa 1933–45 (²1983); H. Schnorbach (Hrsg.), Lehre und Schule unterm Hakenkreuz. Dokumente des Widerstandes von 1930–1945 (1983); H. Graml (Hrsg.), Widerstand im Dritten Reich (1984); M. Bosch, W. Nies (Hrsg.), Der Widerstand im dt. Südwesten 1933–45 (1984); in Bibliographie ›Widerstand‹, hrsg. von der Forschungsgemeinschaft 20. Juli e. V. (1984); R. Lill, H. Oberreuter, 20. Juli. Porträt des Widerstands (1984); J. Sieß (Hrsg.), Widerstand, Flucht, Kollaboration. Literar. Intelligenz in Frankreich (1984); M. Thilenhaus, Zwischen Anpassung und Widerstand. Die dt. Diplomaten 1938–1941. (1984); G. Besier, G. Ringshausen (Hrsg.), Bekenntnis, Widerstand, Martyrium von Barmen 1934 bis Plötzensee 1944 (1985); K.-J. Müller (Hrsg.), Der dt. Widerstand 1933–45 (1986); Tarnschriften der KPD aus dem antifaschist. Widerstandskampf. Eingeleitet und zusammengestellt von G. Nitzsche und M. Pikarski (München 1986); W. Schmale, Bäuerl. Widerstand. Geschichte einer Rechtsentwicklung in Frankreich (1986); K. J. Müller (Hrsg.), Der dt. Widerstand 1933–45 ([2]1990); P. Steinbach (Hrsg.), Widerstand. Ein Problem zwischen Theorie und Geschichte (1986); K. J. Müller/ D. N. Dilks (Hrsg.), Großbritannien und der deutsche Widerstand (1994).

Wiedertäufer. Die von ihren Gegnern geprägte Bez.; die aus der Täuferbewegung selbst stammende Bez. Täufer oder Taufgesinnte ist zutreffend.
LIT. R. Klötzer, Die Täuferherrschaft von Münster (1998).

Wiegendrucke. Sie sind für die Geschichte des Buchdrucks sowie die Schrift des Späten MA, darüber hinaus die Literaturgeschichte des 15. Jh. von Bedeutung, weil sich in ihnen das für lesens- und damit erhaltenswert erachtete Schrifttum bzw. das geistige Leben gegen Ende des 15. Jh. reflektiert. Die Zahl der W., sämtlich Druckerzeugnisse der Zeit vor 1500, wird auf 40 000 verschiedene Werke geschätzt (→ Inkunabeln).

Wien, Friede von (23. 6. 1606). Abgeschlossen zw. Erzherzog Matthias für Kaiser Rudolf II. und Stephan Bocskay, dem Großfürsten von Siebenbürgen und König von Ungarn. Bocskay erhält Teile Ostungarns, die Komitate von Szathmár, Bereg und Ugosca und anerkennt dafür die Oberherrschaft Rudolfs II. und dessen Erbrecht bei seinem eigenen söhnelosen Tod. Ungarn erhält eine eigene von Österreich getrennte Verfassung, ständisch-religiöse Freiheiten für Adel, Städte, königl. Marktflekken. Außerdem übernahm Matthias die Verpflichtung, mit den Türken Frieden zu schließen, was in dem Waffenstillstand von Zsitra-Torok geschah.
LIT. G. Lencz, Der Aufstand Bocskays und der Wiener Friede. Eine kirchenhistor. Studie (1917); L. Gross, Zur Geschichte des Wiener Vertrags vom 25. 4. 1606. In: MIÖG Erg. Bd. 11 (1929).

Wien, Friede von (8. 5. 1624). Abgeschlossen zw. Kaiser Ferdinand II. und Bethlen, der auf die schles. Fürstentümer Oppeln und Ratibor verzichtete, im übrigen aber die Bestätigung des Friedens von Nikolsburg erhielt.

Wiener Allianz, auch **Wiener Verträge** Kgenannt (30. 4. und 1. 5. 1725). Abgeschlossen zw. Kaiser Karl VI. und Spanien.
Die W. A. besteht aus 3 Verträgen:
a) dem Friedensvertrag (Verzicht Spaniens auf Mailand, Neapel-Sizilien und die Niederlande, Anerkennung der Bestimmungen der Quadrupelallianz und der Pragmat. Sanktion durch Spanien und Verzicht Karls VI. auf Spanien, Versprechen des Kaisers, Don Carlos mit den Reichslehen Parma, Piacenza und Toscana zu belehnen);
b) dem österreich.-span. Defensivbündnis (in dem Österreich u. a. seine guten Dienste Spanien bei der Zurückgewinnung von Gibraltar und Menorca mit Port Mahon zusagt);
c) dem Handelsvertrag vom 1. Mai 1725 zw. Spanien und Österreich (in dem Spanien Österreich dieselben Privilegien wie England und den Generalstaaten und der Ostindischen Kompanie, freien Handel nach allen span. Gebieten zusagt).
Der Friedens- und Handelsvertrag wurde den übrigen Mächten mitgeteilt, das Defensivbündnis nicht.

Wiener Allianz (25. 11. 1725). Abgeschlossen zw. Kaiser Karl VI. und Spanien, nachdem sich gegen die Allianz vom 30. 4. 1725 (→ Wiener Allianz, 30. 4. 1725) der Herrenhausener Bund gebildet hatte. Beide Vertragspartner sichern sich Hilfe zu bei einem Krieg mit Frankreich, der Türkei oder einer anderen Macht. Bei einem Krieg mit Frankreich sollte das Reich Metz, Toul, Verdun, das Elsaß und Straßburg zurückerhalten, Spanien die Grafschaft Roussillon. Spanien versprach Hilfe bei der röm. Königswahl, der poln. Königswahl, dem Jülich-Klevischen Erbfolgestreit, zahlte dem Kaiser beträchtl. Subsidien und garantierte die Pragmatische Sanktion. Karl VI. versprach, zwei seiner Töchter mit den Infanten Carlos und Philipp zu vermählen, doch sollten die dt. Erblande nie mit Spanien oder Habsburg verbunden werden. Der Allianz traten bei Rußland (6. 8. 1726), die Wittelsbachische Hausunion, der König von Preußen im Vertrag von Wusterhausen. Die nach dem vergeblichen span. Angriff auf Gibraltar auftauchende Kriegsgefahr schwand mit dem Abfall der Wittelsbachischen Hausunion zu Frankreich. Als Karl VI. eine bindende Erklärung in der span. Heiratsfrage verweigerte, löste Spanien mit dem Traktat von Sevilla die Allianz von Wien auf. LIT. O. Redlich, Das Werden einer Großmacht, Österreich 1700–40 (⁴1962); H. Hantsch, Geschichte Österreichs II (³1962); G. Mecenseffy, Karls VI. span. Bündnispolitik 1725 bis 1729 (1934); M. Braubach, Prinz Eugen (1963–65); ders., Versailles und Wien von Ludwig XIV. bis Kaunitz. Die Vorstadien der diplomat. Revolution im 18. Jh. (1952).

Wiener Beschlüsse. Ergebnisse der Wiener Ministerkonferenzen von 1819/1820 und 1834; sie setzten die Karlsbader Beschlüsse fort, festigten das monarch. Prinzip der dt. Staaten und stärkten das Aufsichtsrecht des Deutschen Bundes.

Wiener Kongreß (18. 9. 1814–19. 6. 1815). Kongreß europ. Monarchen und Diplomaten zum Zweck der polit. Neuordnung Europas nach dem Sturz Napoleons. Im Zentrum stehen der österreich. Minister Metternich, sein Gegenpol Zar Alexander, Castlereagh, der Vertreter Englands, und Talleyrand, der sehr geschickt die Interessen des besiegten Frankreich vertrat. Der Kongreß kam als Ganzes nie zusammen und trat formell erst dann seinen Schlußakt ins Leben. Seine Arbeit wurde in Ausschüssen und Verhandlungen geleistet. Metternich wünschte ein Gleichgewichtssystem und ein föderatives Mitteleuropa unter österreich. Führung, Rußland verlangte ganz Polen, und Talleyrand kämpfte für die Gleichberechtigung des bourbon. Frankreich. England erstrebte ein europ. Gleichgewicht durch Stärkung Deutschlands, bes. Preußens, Vergrößerung der Niederlande und Savoyen-Sardiniens. Die wichtigsten Streitpunkte waren die poln. Frage zw. Österreich und Rußland, die Erhaltung Sachsens gegen Preußen, worüber es zur Krise, zu Kriegsdrohungen Rußlands und Preußens und zum Geheimabkommen zw. England, Österreich, Frankreich (3. 1. 1815) kam, dem Holland, Hannover und Bayern beitraten. Die Krise wurde durch den Kompromißvorschlag Castlereaghs über eine Teilung Sachsens und durch ein Nachgeben des Zaren in der poln. Frage schon am 7. 1. 1815 überwunden.

Die wichtigsten Bestimmungen der territorialen Neuordnung in der Wiener Kongreßakte (8. 6. 1815) und den folgenden Verträgen sind:

a) Österreich erhält Tirol, Vorarlberg, Kärnten, Krain, Galizien, Mailand, Venetien, Salzburg zurück, tritt aber Belgien an die Niederlande ab und den Breisgau und das benachbarte Gebiet an Baden und Württemberg. Erzherzog Franz von Este kehrt nach Modena, Erzherzog Ferdinand nach Toskana zurück; die österreichische Gemahlin Napoleons, Marie Louise, und ihr Sohn Napoleon II. erhalten Parma. Österreich hat damit eine beherrschende Stellung in Ober- und Mittelitalien.

b) Preußen erhält Schwedisch-Pommern mit Rügen, die Rheinprovinz (Kurköln, Kurtrier, Jülich, Berg u. a.), ein vergrößertes Westfalen, fast die Hälfte des Königreichs Sachsen; es überläßt an Bayern: Ansbach und Bayreuth; an Hannover: Ostfriesland, Hildesheim, Goslar und Lingen, das nördl. Münsterland; an Rußland: die poln. Gebiete aus der zweiten und dritten Teilung Polens außer Danzig, Thorn und Posen.

c) Bayern, das außer den genannten Gebieten noch Augsburg und Nürnberg erhält, sowie Sachsen und Württemberg bleiben Königreiche, das Kurfürstentum Hannover wird Königreich. Mit Rußland wird der größte Teil des Herzogtums Warschau (Kongreßpolen) als Königreich Polen in Personalunion vereinigt. England behält aus den Eroberungen der Koalitionskriege Malta, Ceylon, das Kapland, Helgoland. Ein brit. Protektorat über die Ionischen Inseln wird errichtet. Holland und die südl. Niederlande (Belgien, Luxemburg, bisher österreich.) werden zum Königreich der Niederlande vereinigt, Norwegen mit Schweden. Aus der helvet. Republik wird ein Gesamtstaat auf föderativer Grundlage mit den drei neuen Kantonen: Wallis, Neuenburg (früher preuß. Fürstentum) und Basel (früher Fürstbistum). Die Unabhängigkeit und immerwährende Neutralität der Schweiz werden von den Großmächten garantiert. In Spanien, Portugal, Sardinien (durch Genua vergrößert), Toskana, Neapel werden die alten Dynastien

wiederhergestellt, der Kirchenstaat zum Teil restauriert.
Politische Gestaltung des deutschen Raumes: An die Stelle des Heiligen Römischen Reiches Dt. Nation tritt der Deutsche Bund, gebildet aus 38 (39) unabhängigen Staaten, unter Österreichs Leitung (8. 6. 1815). Ihm gehören drei außerdt. Monarchen an: der König von England für Hannover, der König der Niederlande für Luxemburg, der König von Dänemark für Schleswig-Holstein. Grundgesetz ist die Bundesakte, die in die Wiener Schlußakte vom 9. 6. 1815 aufgenommen ist, woraus sich gewisse Möglichkeiten zur Einmischung der europ. Mächte ergaben. Außerdem beschließen die Mächte des W. K. eine Erklärung gegen den Sklavenhandel, regeln die Rangverhältnisse der Diplomatie und die Schiffahrt auf Flüssen, die durch mehrere Länder fließen.
Auf dem W. K. siegten die Vorstellung von einem rational organisierten europ. Gleichgewicht, die Idee der europ. Konvenienz und der Staatsräson. Eine nationale Neuordnung Europas hätte zur Selbstzerstörung Österreichs und Rußlands geführt. Unbefriedigend blieb die polit. Lösung für Dtl. und Mitteleuropa. Die Sieger des W. K. waren die europ. Flügelmächte England und Rußland. Frankreich setzte die Idee der Legitimität durch. Trotz vieler Mängel, die vor allem vom Liberalismus und Sozialismus kritisiert wurden, hat der W. K. für Europa eine vorher nie dagewesene Friedenszeit eingeleitet.
LIT. Gebhardt-Grundmann III; K. Griewank, Der W. K. und die europ. Restauration 1814/15 (²1954); E. R. Huber, Dt. Verfassungsgeschichte 1; H. von Srbik, Metternich I (1935); III (1954); A. Roveri, La missione Consalvi e il Congresso di Vienna (1970); H.-D. Dyroff (Hrsg.), Der W. K. 1814/15 (1966); G. De Berthier de Sauvigny, Metternich et la France après le Congrès de Vienne (1968–71); M. Botzenhart (Hrsg.), Die dt. Verfassungsfrage, 1812–15 (1968); H. Spiel (Hrsg.), Der W. K. (1965, Neudr. 1978); K. G. Faber, Dt. Geschichte im 19. Jh. Restauration und Revolution von 1815–51 (1979); K. Müller, W. K. 1814–15 (Wissenschaftl. Buchges., o. J.); P. Burg, Der W. K. (³1993).

Wiener Konkordat, auch **Aschaffenburger Konkordat** → Konkordate.

Wiener Konvention (3. 1. 1778). Von Kaunitz durch Kriegsdrohungen dem Nachfolger des verstorbenen Kurfürsten Max III. Joseph († 30. 12. 1777), Karl Theodor von der Pfalz-Bayern, abgepreßt, auch **Rittersche Konvention** genannt. In dieser Konvention anerkennt Karl Theodor österreich. territoriale Forderungen an Bayern. Als Joseph II. jedoch ein weit umfangreicheres Gebiet, als in der Konvention angegeben war, besetzen ließ, suchte die bayer. Patriotenpartei Rückendeckung bei Friedrich d. Gr., womit die bayer. Erbfolge zu einer Angelegenheit der Großmächte wurde (→ Bayerischer Erbfolgekrieg).
LIT. A. Unzer, Die Entstehung der pfälzisch-österreich. Konvention vom 3. 1. 1778. In: MIÖG 15 (1894); P. P. Bernard, Joseph II. and Bavaria. Two eighteenth century attempts of German unification (1965); Spindler II.

Wiener Oratoren. Als Wiener »Oratoren« bezeichnet man die Vertreter der Interessen der kath. Kirche Deutschlands auf dem Wiener Kongreß, Franz Frhr. von Wambold, Domdekan von Worms, Jos. Helfferich, Dompräbendar von Speyer, Jos. Schiess, ehem. Syndikus von St. Andreas in Worms.

Wiener Präliminar (3. 10. 1735). Abgeschlossen zw. dem Kaiser und Frankreich, beendet den Polnischen Thronfolgekrieg (1733–35). Wichtigste Bestimmungen: Don Carlos, Sohn des Königs Philipp V. von Spanien, erhält von Kaiser Karl VI. Neapel-Sizilien unter der Bedingung, daß sie dauernd von Spanien getrennt bleiben. Er überläßt dafür dem Kaiser Parma und Piacenza. Das Herzogtum Mailand und die übrigen Besitzungen, die es vor dem Krieg besessen hat, kamen an Österreich zurück, doch werden Novara und Tortona zugunsten von Savoyen abgetrennt. Franz Stephan muß auf sein Herzogtum Lothringen-Bar verzichten, das an den poln. Exkönig Stanislaus Leszczyński, den Schwiegervater König Ludwigs XV. von Frankreich, kommt. Nach dem Tod von Exkönig Stanislaus soll Lothringen-Bar der Krone Frankreichs »in vollkommener Souveraineté und auf ewig reuniert und einverleibt werden«. Franz Stephan wird für Lothringen mit dem Herzogtum Toskana entschädigt, das nach dem Tod des letzten regierenden Medici, Gaston II., an ihn fällt. Stanislaus Leszczyński verzichtet für Lothrin-

gen unter Beibehaltung des Titels ›König von Polen und Herzog von Litauen‹ auf Polen zugunsten des Kurfürsten Friedrich August II. von Sachsen.
Auf Grund dieser Präliminarien wurde trotz heftigen span. Widerstands der Definitivfriede von Wien am 18. 2. 1738 geschlossen zwischen Frankreich und Österreich zugleich im Namen des Reiches, von diesem jedoch entgegen der dem Kaiser erteilten Ermächtigung zum Friedensschluß nicht ratifiziert. 1739 traten dem Wiener Definitivfrieden Savoyen-Sardinien, Spanien, Don Carlos und Rußland bei. Frankreich anerkannte die Pragmatische Sanktion, Österreich gab zugunsten einer Festigung seiner Position in Oberitalien den Anspruch auf das spanische Erbe auf und betrieb verstärkt eine mitteleurop. Politik. Rußlands Einfluß auf Ostmitteleuropa (Polen) wurde stärker.
LIT. O. Redlich, Das Werden einer Großmacht, Österreich 1700–45 (⁴1962); H. Hantsch, Geschichte Österreichs II (³1962); M. Braubach, Prinz Eugen (1963–65); ders., Friedensvermittlung in Europa 1735. In: Histor. Jahrbuch 70 (1950).

Wiener Stadtrechtsbuch. Wahrscheinlich um die Mitte des 14. Jh. entstanden; enthält einen umfassenden Auszug aus dem Schwabenspiegel.

Wiener Vertrag. Abgeschlossen anläßlich der Ehe der Maria von Österreich mit König Ludwig II. von Ungarn und Böhmen (1515). Auf Grund dieses Vertrages fielen nach dem Tod des Königs in der Schlacht von Mohácz (29. 8. 1526) Böhmen und Ungarn an das Haus Habsburg; der größte Teil Ungarns war jedoch unter türk. Herrschaft.

Wiener Vertrag (16. 3. 1731). Sogen. zweiter W. V., abgeschlossen zw. König Georg II. von England und Kaiser Karl VI. Der Vertrag besteht aus einer Reihe von offenen, geheimen und geheimsten Artikeln und verschiedenen Deklarationen. Die wichtigsten sind: Kaiser Karl VI. verzichtet auf alle Handelsunternehmungen, auf die Ostind. Kompanie, gibt außerdem seine Zustimmung zur sofortigen Besetzung von Parma, Piacenza und Toscana. England und Hannover übernehmen die Garantie der Pragmat. Sanktion, allerdings mit der Einschränkung, daß Maria Theresia nicht einen bourbon. Prinzen oder einen Fürsten mit großer Macht heiratet. Die Generalstaaten, die in dem Vertrag bereits als Kontrahenten genannt werden, traten dank engl. Unterstützung in einem Akzessionsvertrag bei, ebenso Spanien am 22. Juli 1731.

Wik. Seit dem 7. Jh. übliche Bez. für Kaufmannssiedlungen in und außerhalb der Römerstädte, Pfalzen, Bischofsburgen. Hauptverbreitungsgebiet der Bezeichnung »W.« waren der Niederrhein, Westfalen, dann Flandern, später Nordfrankreich, Dänemark und Norwegen. Im Süden wird burgus (burgum) im gleichen Sinne gebraucht. Die Kaufleute eines Wik stehen unter Königsmunt, der durch den **Wikgrafen**, **Wikvogt** seine Rechte wahrnehmen ließ.
LIT. L. Schütte, W. (1976).

Wildbann. Wildbannregal, Forstregal. Recht des Königs, Wälder auf Grund des Königsbanns, insbes. zum Zweck der Jagd, einzuforsten (→Forst). Das Forst- und Wildbannregal ging bereits im MA in die Hände der Landesherren über. Seine Durchsetzung stieß auf den Widerstand der Stände. Neben dem Forstregal entwickelte sich die Forsthoheit der Landesherrn.

Wildfangregal, Wildfangrecht, Wildfangstreit (wildfangiatus ius; entspricht im Franz. dem droit d'aubaine). Ma. Fremdenrecht. Recht des Königs bzw. des Landesherrn, Bastarde und ins Land kommende Fremde, die keinen nachfolgenden Herrn hatten, als Leibeigene in Anspruch zu nehmen. Es verschwand mit dem Entstehen der Landeshoheit im wesentl. bis auf die Kurpfalz, wo es in der Landesordnung von 1582 bestätigt und von Pfalzgraf Karl Ludwig (1649–80) nach dem Dreißigjährigen Krieg wieder beansprucht wurde. Darüber kam es mit den angrenzenden Territorien Kurmainz, Kurtrier, Worms, Straßburg, Lothringen, der schwäb., fränk. und rhein. Reichsritterschaft zum Wildfangstreit (1664–67). Die von Kurpfalz angerufenen Mächte Frankreich und Schweden entschieden als Garanten des Westfäl. Friedens im Laudum Heilbronnense 17. 2. 1667 zugunsten von Kurpfalz, das noch im 18. Jh. das Wildfangrecht ausübte.
LIT. R. Stammler, Dt. Rechtsleben in alter und neuer Zeit I (1932); Rössler-Franz, Sachwörterbuch 1403.

Wilhelmstraße. Straße in Berlin; als ehemaliger Sitz des dt. Reichskanzlers (Reichskanzlei) und des Auswärtigen (neben anderen Ministerien) Symbol für die einstige dt. Außenpolitik.

Wilhelmiten.
[1] Benediktiner-Eremiten, gestiftet von Wilhelm von Vercelli.
[2] Eremiten des hl. Wilhelm d. Gr. von Malavalle († 1157), seit der Mitte des 13. Jh. in Frankreich, den Niederlanden, Dtl., Böhmen, Ungarn verbreitet. Die meisten Wilhelmitenklöster gingen in der Reformation unter. Hauptklöster in Deutschland: Grevenbroich und Gräfintal.
LIT. K. Elm, Beiträge zur Geschichte des Wilhelmitenordens (1961); LThK X, 1157.

Willebrief. Im SpätMA Erteilung des Konsensus zu einer königl. Verfügung durch Zustimmung anderer Fürsten, vor allem der Kurfürsten.

Wimperg (mhd. wintberge). Vor dem Winde schützender Teil eines Bauwerks, Zinne.

Windesheimer Kongregation. Nach dem holländ. Chorherrenstift Windesheim benannter Zusammenschluß von Klöstern, vor allem in den Niederlanden und in Norddtl., die sich um ein vorbildl. Klosterleben, die Wissenschaft, das religiöse Buch, die Devotio moderna Verdienste erwarben. 1387 wurde die W. K. gegr. und ging 1802 unter. 1901 wurde sie wieder errichtet. Zu unterscheiden von den Fraterherren, den Brüdern vom gemeinsamen Leben (→Bruderschaft).
LIT. LThK X, 1177f.

Winkelschulen. Seit dem 16. Jh. gegründete Schulen, die keine offizielle Anerkennung besaßen. Sie entstanden zunächst in den Niederlanden, dann vor allem in den dt. Handelsstädten. Sog. Winkelmeister, die über eine Lehrbefugnis nicht verfügten, erteilten an ihnen Elementarunterricht. Zu Beginn des 19. Jh. stellten die W. ihren Lehrbetrieb ein.
LIT. H. Heppe, Geschichte des dt. Volksschulwesens. 5 Bde. (1858–60); B. Magner, Geschichte der Leipziger W. (1916); J. Thews, Ein Jahrhundert preuß. Schulgeschichte (1914).

Wirtschaftsgeschichte. Eine »selbständige Disziplin des histor. Zweiges der Sozialwissenschaft« (Cl. Bauer), die sowohl der Geschichtswissenschaft als auch den Wirtschaftswissenschaften angehört. Erforscht die geschichtl. Entwicklung der Wirtschaftsverfassungen und Wirtschaftsformen und stellt sie dar. Gefördert wurde die W. durch die Histor. Rechtsschule und die Histor. Schule der Sozialökonomie. Die Bedeutung der W. wuchs insbes. durch die Auseinandersetzung mit dem Materialismus (→ Historischer Materialismus).
LIT. M. Weber, W. (^{2}1924); G. von Below, Probleme der W. (^{2}1926); A. Müller-Armack, Genealogie der W. (^{3}1944); H. Bechtel, W. Deutschlands vom Beginn des 16. bis zum Ende des 18. Jh. 2 Bde. (1952–67); L. Beutin, Einführung in die W. (1958, 1967); W. Treue, W. der Neuzeit (1962); J. Kulischer, Allg. W. des MA und der NZ. 2 Bde. (^{3}1965); F. Lütge, Dt. Sozial- und W. (^{3}1966); F. Tremel, Wirtschafts- und Sozialgeschichte Österreichs (1969); H. Haußherr, W. der NZ vom Ende des 14. bis zur Höhe des 19. Jh. (^{4}1970); F.-W. Henning, Das vorindustrielle Dtl. 800–1800; Die Industrialisierung in Dtl. 1800–1914; Das industrialisierte Dtl. 1914–72. 3 Bde. (^{8}1993); H. Kellenbenz, Dt. Wirtschaftsgesch., I (1977) II (1981); K. H. Schmidt, Wirtschaftspolitik (1979); K. Fuchs, Zur Rolle des schles. Judentums bei der wirtschaftl. Entwicklung Oberschlesiens. In: ZfO, 28. Jg. H. 2 (1979), S. 270–83; V. Hentschel, Dt. Wirtschafts- und Sozialpolitik 1815–1945 (1980); K. Fuchs, W. Oberschlesiens 1871–1945 (1981); H. Ott, H. Schäfer (Hrsg.), Wirtschafts-Ploetz. Die Wirtschaftsgeschichte zum Nachschlagen (1984); R. Klump, W. der Bundesrepublik Dtl. (1985); K. E. Born, Wirtschafts- und Sozialgeschichte des dt. Kaiserreichs 1867/71–1914 (1985); K. Fuchs, Beiträge zur Wirtschafts- und Sozialgeschichte Schlesiens (1985); W. Steitz (Hrsg.), Quellen zur dt. Wirtschafts- und Sozialgeschichte von der Reichsgründung bis zum Ersten Weltkrieg (1985); S. Pollard, Europa im Zeitalter der Industrialisierung. Eine W. Europas (1985); Handbuch der europ. Wirtschafts- und Sozialgeschichte, hrsg. von H. Kellenbenz. 6 Bde. (1985–86); R. Engelsing, Sozial- und Wirtschaftsgeschichte Deutschlands (^{3}1986); K. Fuchs, Aus Wirtschaft und Gesellschaft. Beiträge zur Geschichte Schlesiens vom 18.–20. Jh. (1990); K. Fuchs, Ein Konzern aus Sachsen. Das Kaufhaus Schocken 1901–53 (1990); H. Pirenne, Sozial- u. W. des MA (^{7}1994); R. Walter, Einführung in die W.- u. Sozialgeschichte (1994); O. Volk, Wirtschaft u. Gesellschaft am Mittelrhein vom 12. bis zum 16. Jh. (1998).

Zeitschrift: Vierteljahrsschrift für Sozial- u. Wirtschaftsgeschichte (1903 ff.).

Wittelsbachische Hausunion. Abgeschlossen zw. Kurf. Karl Philipp von der Pfalz und Kurf. Max Emanuel von Bayern (1714), durch den Beitritt der Wittelsbacher geistl. Fürsten Clemens August von Köln, der auch die Fürstbistümer Münster, Hildesheim, Paderborn, Osnabrück in seiner Hand vereinigte, und Johann Theodor, der die Fürstbistümer Regensburg, Freising, Lüttich besaß, auf einen großen Teil des westl. Reichsgebiets ausgedehnt, aber schlecht organisiert und nie ein wirkl. Machtfaktor. Die W. H. führte zur pfälzisch-bayer. Einigung über das Reichsvikariat, zu einer gewissen Klärung der Nachfolge von Pfalz-Sulzbach in der Kurpfalz, Jülich und Berg und zu einer Schwächung des habsburg. Einflusses im Reich. Die prot. Wittelsbacher traten der Hausunion nicht bei.
LIT. Spindler, II; K. Th. Heigel, Die Wittelsbach. Hausunion vom 15. Mai 1724. In: Sitzungsberichte der königl. bayer. Akademie der Wissenschaften. Phil. histor. Klasse (1891); A. Rosenlehner, Kurf. Karl Philipp von der Pfalz und die Jülichsche Frage, 1725–29 (1906); H. Schmidt, Kurf. Karl Philipp von der Pfalz als Reichsfürst (1963).

Wittenberger Kapitulation (19. 5. 1547). Verzicht des Kurf. Johann Friedrich von Sachsen nach der Niederlage bei Mühlberg auf seine Kur und einen Teil seiner Länder zugunsten seines Vetters Moritz von Sachsen. →Schmalkaldischer Krieg.

Wittenberger Konkordie (Concordia Vitebergensis). Auf der von Landgraf Philipp von Hessen in Wittenberg durchgesetzten Theologenkonferenz (23. 5. 1536) von Melanchthon entworfenes Bekenntnis, das zu einer Einigung zw. Lutheranern und Zwinglianern vor allem in der Abendmahlslehre führen sollte, vielfach zweideutig war, aber dazu führte, daß die oberdt. Protestanten im Luthertum aufgingen. Von den Schweizern abgelehnt.
LIT. RGG VI, 1784; LThK X, 1201.

Wittum, Wid(d)um, Widem (ursprüngl. widen, die Widmung, das Gewidmete).
[1] Im german. Recht die vom Mann zu erbringende Dotierung der Ehefrau, die ihr auf Lebenszeit, vor allem als Witwenversorgung bleibt.
[2] Im Kirchenrecht der Teil der Dota-

tion einer Kirche, der noch nicht als Fabrikgut oder Pfründe erklärt ist; auch Bez. für Pfründengut.

Woche (Grundbedeutung: Wechsel des Mondes). Gliederung des Zeitablaufs in sieben Tage; Zeit von sieben Tagen. Aus dem semitischen Bereich vor allem durch das Christentum im Abendland eingeführt, von Konstantin d. Gr. gesetzlich vorgeschrieben, durch die Ausrichtung auf den Sonntag geprägt. Die Bez. der Wochentage in der hellenist.-röm. Zeit nach den Planetengöttern konnte von der durch die Kirche durchgeführten Numerierung der Tage nach dem Sonntag (lat. dominica; Montag: feria secunda usw.) im roman. Sprachbereich mit Ausnahme von Samstag und Sonntag nicht verdrängt werden. Im german. Bereich wurden die röm. Götternamen durch einheimische ersetzt.
Die Zehntage-Woche der Franz. Revolution hatte keinen Bestand.

Wohlfahrt (von mhd. wôl varn, glücklich leben). Gutes Ergehen, im weiteren Sinn: Gemeinwohl, Volkswohl, im engeren Sinne: Fürsorge.

Wohlfahrtsausschuß. Übersetzung von franz. Comité du salut public. In ihrer Zusammensetzung wechselnde, keineswegs homogene Regierungsbehörde des franz. Nationalkonvents 1793–95 mit diktator. Vollmachten. Hervorragende Mitglieder: Gasparin, Saint-Just, Danton, Robespierre, Carnot.
LIT. J. Godechot, Les institutions de la France sous la Révolution et l'Empire (Paris ²1968).

Wohlfahrtsstaat. Eine nicht einheitl. gebrauchte Bez. für verschiedene Sachverhalte.
[1] Der ältere W. entwickelte sich im Absolutismus, vor allem unter dem Einfluß der Aufklärung. Syn. oft Polizeistaat gebraucht.
[2] Die moderne Bez. W. unterstreicht die Sorge des Staates für Wirtschafts- und Sozialpolitik, seine Verantwortung für die materielle Sicherung des einzelnen und der Gesamtheit. In der Gegenwart ist die Bez. W. weitgehend ersetzt durch Sozialstaat bzw. Versorgungsstaat und dadurch verfälscht.
LIT. O. Nell-Breuning, Sozialer Rechtsstaat, W., Versorgungsstaat (1963).

Wolfenbütteler Fragmente. Von G. E. Lessing veröffentlichte ›Fragmente eines Wolfenbüttelschen Ungenannten‹ (1774–78) nach Abschriften aus

dem nie veröffentlichten Hauptwerk von H. S. Reimarus, ›Schutzschrift für die vernünftigen Verehrer Gottes‹. Gegen Biblizismus und Orthodoxie gerichtet, wichtiger Ausgangspunkt der kritischen Leben-Jesu-Forschung, löste den für die Aufklärung wichtigen Fragmentenstreit aus.
LIT. RE VI, 136–41; RGG V, 937; LThK VIII, 1137f.

Wöllnersches Religionsedikt (9. 7. 1788). Gegen die Aufklärung in Preußen auf Betreiben des Kultusministers J. Chr. von Wöllner von König Friedrich Wilhelm II. erlassenes, in der Publizistik heftig umstrittenes Edikt. Der 1. Teil verankert gesetzlich die bereits praktisch geübte Toleranz, indem allen Bekenntnissen und Religionsgemeinschaften Duldung und Gewissensfreiheit gewährt wird. Der 2. Teil stellt für die preuß. Landeskirche die Bekenntnisschriften fest, untersagt jede Abweichung davon. Die Errichtung einer Zensur soll die Verbreitung von aufklärer., antichristl. Schrifttum verhindern. Seit dem Regierungsantritt König Friedrich Wilhelms III. 1798 und der Entlassung Wöllners war der 2. Teil des Ediktes außer Kraft gesetzt.
LIT. F. Valjavec, Das W. R. In: Histor. Jahrbuch 72 (1953).

Worcester, Schlacht von (3. 9. 1651). Sieg Oliver Cromwells über die letzten Truppen König Karls I.; beendet den engl. Bürgerkrieg.

Wormser Edikt. Auf dem Reichstag von Worms 1521 nach ergebnislosen Verhören und Verhandlungen über Martin Luther verhängtes Edikt (8. 5. 1521), wonach über Luther die Reichsacht verhängt und die Vernichtung seiner Schriften angeordnet wurde. Das Edikt trägt das Datum der Genehmigung durch den Kaiser, wurde aber erst am Schlusse des Reichstages den nicht mehr vollzählig anwesenden →Reichsständen außerhalb der Sitzung in der Wohnung des Kaisers vorgelegt, von den noch anwesenden Reichsständen gebilligt und am 26. 5. 1521 von Kaiser Karl V. in einer lat. und in einer dt. Fassung unterschrieben. Nicht die Frage der Rechtsverbindlichkeit, sondern die Frage der Durchführbarkeit des W. E. war für die folgenden zwanzig Jahre der dt. Geschichte und der Geschichte der Reformation von größter Bedeutung.
Text. Reichstagsakten J. R. II, Nr. 92f., 640f.

LIT. P. Kalkoff, Der Wormser Reichstag 1521 (1922); Gebhardt-Grundmann II; HKG IV; W. Völker, Luther auf dem Reichstag in Worms. In: AMrhKG 14 (1962) 115–27; W. Borth, Die Luthersache (causa Lutheri) 1517–24 (1970).

Wormser Konkordat →Konkordate, →Investiturstreit.

Wormser Reichstag.
[1] 1495 →Reichsreform.
[2] 1521: der 1. Reichstag Karls V. (reg. 1519–56) nach seiner Wahl. Es erfolgte hier der Zusammenstoß des über die nationalen Grenzen hinausgehenden habsburg. Herrscherbewußtseins Karls mit dem Streben der dt. Stände nach Selbständigkeit; daher suchten letztere auch eine Erneuerung der Regimentsordnung von 1500 zu erreichen. Doch wurde das Reichsregiment lediglich für die Zeit der Abwesenheit des Kaisers, nicht jedoch als dauernde Reichsregierung errichtet; außerdem war das Reichsregiment in wichtigen Beschlüssen an die Zustimmung des Kaisers gebunden. Eine Reform erfuhr das in Verfall geratene Reichskammergericht. Eine Reichsmatrikel wurde für die Kostendeckung aufgestellt, ebenfalls für die Beteiligung am Romzug (ihr lag eine Forderung des Kaisers zugrunde). Bis zum 18. Jh. blieben die beiden Matrikel grundlegend. Die Gravamina der dt. Nation gegen Rom wurden erneut zusammengetragen (auf das Drängen Herzog Georgs von Sachsen hin).
Von herausragender Bedeutung war die Entscheidung über Luther (1483–1546); sie hatte den Vorrang gegenüber den polit. Entscheidungen. Einem kaiserl. Edikt vom Dezember 1520, durch das Luther als Ketzer geächtet wurde, verweigerte zunächst der Mainzer Kurf. als Erzkanzler, dann der Reichstag seine Zustimmung, da man von der Annahme ausging, es werde Unruhe und Aufstände auslösen. Der Reichstag beschloß daher, der Forderung Kurf. Friedrichs des Weisen (1486–1525) zu entsprechen und Luther nicht ohne vorherige Anhörung zu verurteilen. Daraufhin wurde Luther vorgeladen (unter kaiserl. Geleit), um seine Lehre zu widerrufen. Am 17. 4. 1521, einen Tag nach dem Eintreffen in Worms, erschien Luther vor dem Reichstag. Gefragt, ob er widerrufen wolle, erbat er sich Bedenkzeit. Am darauffolgenden Tag lehnte er die geforderte Widerrufung

ab. Daraufhin beabsichtigte der Kaiser, gegen Luther als Ketzer vorzugehen. Die Stände jedoch erreichten ein nochmaliges Verhör am 24. 4. vor einem Ausschuß, der sich unter dem Vorsitz des Kurf. Joachim I. von Brandenburg (reg. 1499–1535) aus zwei Trierer Theologen und zwei Juristen zusammensetzte. Doch der Ausgleichsversuch scheiterte. Schon am 2. 5. 1521 war durch den päpstl. Diplomaten Aleander (1480–1542) ein Edikt entworfen worden, wonach Luther und seine Anhänger geächtet werden sollten; zudem sah es die Vernichtung der Schriften Luthers sowie die Einführung einer bischöfl. Zensur für alle Drucke vor. Nachdem der Reichstag beendet und eine Reihe von Fürsten bereits abgereist war, wurde das Edikt von den Ständen (in nichtförmlicher Weise) gebilligt und verkündet; zuvor war es auf den 8. 5. rückdatiert worden. Das →Wormser Edikt war dennoch rechtsgültig. Seine Durchführung hingegen scheiterte am Widerstand der Bevölkerung sowie zahlreicher Stände. Durch den Nürnberger Reichstag (1524) wurde das Wormser Edikt rezipiert und dadurch als Reichsgesetz anerkannt. Der Zusatz jedoch, daß jeder Stand es nur »soweit es ihm möglich sei« auszuführen habe, bedeutete seine Suspendierung für die prot. Stände.

Luther wurde bei seiner Rückkehr von Worms im Auftrag Friedrichs des Weisen entführt und auf die Wartburg verborgen.

LIT. F. Reuter (Hrsg.), Der Reichstag zu Worms von 1521 (1971).

Wormser Verträge. Während des Österreichischen Erbfolgekrieges abgeschlossen zw. England, Österreich und den Generalstaaten am 13. 9. 1743. Savoyen-Sardinien trat dem Vertrag am 20. 12. 1743, Kursachsen und Rußland am 4. 2. 1744 bei. England garantierte die Pragmatische Sanktion, sicherte Österreich Ersatz für Schlesien, den Erwerb von Neapel-Sizilien und jährliche Subsidien zu. Österreich sollte an Savoyen Piacenza und Finale sowie die Lombardei westl. des Tessin abtreten und auf die Erwerbung Bayerns verzichten. Die Wormser Verträge stärkten in Friedrich II. erneut das Gefühl der Bedrohung, führten zur Frankfurter Union (22. 5. 1744) und wurden durch den 2. Schlesischen Krieg in ihren Bestimmungen überholt.

Worringen, Schlacht von (5. 6. 1288). Sieg des Herzogs Johann von Brabant im Bündnis mit der Stadt Köln, den Grafen von Holland, Jülich, Kleve über den Kölner EB Siegfried II., der gefangengenommen wurde, und die Grafen von Flandern, Geldern, Luxemburg und Nassau. Die Schlacht entschied über die Vorherrschaft im Gebiet zw. Rhein und Maas. Kurköln wurde vom Niederrhein abgedrängt, die Stadt Köln von erzbischöfl. Bevormundung frei, die niederrhein. Geschichte fortan endgültig territorial zersplittert.

Würdenträger (kirchenlat.: dignitarius; franz. dignitaire). Lehnübersetzung aus dem Kirchenlatein; nicht vor der Mitte des 19. Jh. nachweisbar.

Wusterhausen, Vertrag von (12. 10. 1726). Abgeschlossen zw. Preußen (König Friedrich Wilhelm I.) und Österreich (Karl VI.). Preußen garantiert in diesem Vertrag die Pragmatische Sanktion, die militär. Unterstützung Österreichs im Kriegsfall. Österreich garantiert allen preuß. Besitz; außerdem verspricht der Kaiser, zw. Pfalz-Sulzbach und Preußen in der Pfälzischen Erbfolgefrage einen Vergleich zu vermitteln, der innerhalb von 6 Monaten zustande kommen muß und in dem die Sulzbacher nach Aussterben des neuburgischen Mannesstammes auf Berg und Ravenstein zugunsten Preußens verzichten sollen. Blieben die kaiserl. Bemühungen wegen Berg und Ravenstein erfolglos, sollte der Vertrag null und nichtig sein. Der V. v. W. löste Preußen aus dem Bündnis von Herrenhausen, führte mit dem Berliner Vertrag zu einem engeren Anschluß an Österreich, löste sich aber infolge des Doppelspiels der österreich. Diplomatie und der Weigerung der Pfälzer, Berg und Ravenstein abzutreten, wieder auf. Wesentl. Bestimmungen des Vertrags wurden modifiziert im Berliner Vertrag (23. 12. 1728) ratifiziert.

LIT. J. G. Droysen, Geschichte der preuß. Politik IV (1872) 393 ff., 413 ff.; G. Mecenseffy, Karls VI. span. Bündnispolitik 1725–29 (1934); M. Naumann, Österreich, England und das Reich 1719–32 (1936); O. Redlich, Das Werden einer Großmacht. Österreich 1700–40 (^{2}1942).

Wüstung (syn. Ödung). W. sind verlassene Siedlungen oder aufgegebene landwirtschaftlich genutzte Flächen. In Dtl. sind W. am häufigsten in Hessen,

Thüringen, Sachsen, selten in Bayern, Schlesien, Pommern. Die meisten W. stammen aus dem 13./14. Jh., nur in Ausnahmen aus späteren Zeiten, z. B. aus dem Dreißigjährigen Krieg. Ursachen des Wüstwerdens sind u. a. Erschöpfung des Bodens, Siedlungskonzentration, Pest, Kriege, Maßnahmen der Grundherrschaft, sog. Vergetreidung, d. h. Vergrößerung der Anbauflä-che für Getreide, Preisverfall. Manche Wüstungen wurden später wieder besiedelt bzw. bebaut.

Die Wüstungsforschung beschäftigt sich mit der Geschichte der W., ihren Ursachen, Auswirkungen.

LIT. W. Abel, Die W. des ausgehenden MA (²1956); H. Ott, Das Urbar als Quelle für die Wüstungsforschung. Zs. für Gesch. des Oberrheins 116 (1968).

Xenelasie (griech.). Fremdenaustreibung, vor allem die Ausweisung von Fremden aus Sparta.

Xenien (Mz.; griech., Gastgeschenke; Ez. Xenion). In der Antike Gastgeschenke, die nach der Mahlzeit verteilt wurden. Bei dem röm. Dichter M. V. Martial (um 40–104 n. Chr.) der Titel seines 13. Epigrammbuches.

Xenodochium (griech.). Pilgerhaus →Hospital.

Xenokratie (griech.). Fremdherrschaft, und zwar in dem Sinne, daß ein fremdes Herrscherhaus einen Staat beherrscht.

Xestes. Altgriech. Hohlmaß: 0,546 l.

Xiphos. Das (bis zu 75 cm lange) Schwert der Griechen (im Unterschied zur kurzen Machaira).

Xystos (griech.).
[1] Bei den Griechen die Säulenhalle; sie diente in den Gymnasien als (gedeckte) Laufhalle.
[2] Bei den Römern außerdem der mit Bildern ausgeschmückte Promenadenweg in Gartenanlagen.

Youngplan. Das auf den Pariser Konferenzen von 1929 und 1930 von Finanzsachverständigen Deutschlands, Frankreichs, Großbritanniens, Belgiens, Italiens, Japans und der USA unter dem Vorsitz des amerikan. Wirtschaftsführers O. D. Young (1874–1962) beschlossene Abkommen zur Regelung der dt. Reparationen, das rückwirkend zum 1. 9. 1929 in Kraft trat. Ziel des Y. war es, eine endgültige Regelung der Reparationszahlungen des Dt. Reiches herbeizuführen. Aufgrund des Y. waren folgende Durchschnittszahlungen pro Jahr vorgesehen: 2,05 Milliarden RM in 37 Raten, davon während der ersten 10 Jahre ein Teil in Sachleistungen. Danach 900 Millionen RM in 22 Raten. In jedem Fall waren pro Jahr 660 Millionen RM zu transferieren. Für den verbleibenden Jahresbetrag stand der Reichsregierung ein Anspruch auf ein Transfermoratorium zu. Gegenüber dem Dawesplan stellte der Y. eine bedeutende Verbesserung dar. Die endgültige Annahme des Y. erfolgte deutscherseits gegen den erbitterten Widerstand der Rechten (NSDAP, DNVP, Stahlhelm) durch Reichsgesetz vom 13. 3. 1930. Sie hatte die Räumung der Rheinlande durch die alliierten Besatzungstruppen 5 Jahre vor der festgesetzten Zeit zur Folge. Die Auswirkungen der → Weltwirtschaftskrise (1929–32) machten die Erfüllung des Y. für Dtl. unmöglich, weshalb es am 1. 7. 1931 aufgrund des Hoover-Moratoriums zur Zahlungseinstellung kam. Mit dem Abkommen von Lausanne vom 9. 7. 1932 wurde der Y. faktisch aufgehoben. Es markiert mithin das Ende der Reparationsleistungen. Dieser bedeutende Erfolg konnte jedoch den Zerfall der Weimarer Republik nicht mehr aufhalten.

Endgültig wurden die aus dem → Dawesplan und Y. resultierenden Zahlungsverpflichtungen Deutschlands durch das Londoner Schuldenabkommen von 1953 geregelt.

LIT. F. Raab, Der Neue Plan (1930); J. Curtius, Der Y. (1950); W. Helbich, Die Reparationen in der Ära Brüning (1962); M. Vogt (Hrsg.), Die Entstehung des Y., dargestellt vom Reichsarchiv 1931–1933 (1970).

Zadruga (slaw., Freundschaft). Die Verfassung der südslaw., früher wahrscheinlich der gemeinslaw. Großfamilie. Wohl heirateten die mannbaren Söhne früh, sie blieben aber dennoch weiterhin unter der Autorität des Ältervaters, der (auf dem Gesamtland) für deren Lebensunterhalt zu sorgen hatte. Als Rechtsordnung existiert die Z. seit 1900 nicht mehr. Lediglich in der Sitte der Frühehe wirkt sie noch weiter.

Zählkandidat. Ein bei Wahlen aufgestellter Kandidat, dessen Niederlage voraussehbar ist. Er wird lediglich zum Zwecke der Ermittlung seiner Wähler bzw. der Wähler seiner Partei aufgestellt.

Zain. Ein früheres hess. Braunkohlenmaß von 30 Kubikfuß (= 0,81 m³).

Zakat (arab., Almosen). Das im Islam vorgeschriebene Almosen; es wurde bald in eine feste Steuer (Almosensteuer) umgewandelt.

Zakonik (serb., Gesetzbuch). Das von Stefan Dušan (seit 1331 König; von 1346–55 Zar von Serbien, das unter ihm die größte polit. Macht auf dem Balkan erreichte) geschaffene Gesetzbuch.

Zamindar (pers.). In Indien Bez. für einen Landpächter. Nach dem Zamindar-System, das namentlich in den nördl. Teilen Indiens vorherrschte, wurden diejenigen Steuern, die man einem Dorf auferlegte und für die die gesamte Einwohnerschaft haftete, durch Mittelspersonen des Staates (Steuer-Landpächter), häufig auf eine äußerst drückende Weise, erhoben. Daneben gab es noch das Ryotwari-System, demzufolge der Dorfschulze die Steuern auf die einzelnen Bauern (Raiyat) umlegte und einzog. Das Zamindar-System wurde durch die Engländer übernommen und geregelt, und zwar durch das ›Permanent Settlement Regulation‹ von 1793 (erst am 15. 4. 1955 durch die Boden- und Grundsteuerreform aufgehoben und in der Mehrzahl der Staaten durch das Ryotwari-System ersetzt); hiernach wurde der durch den Bauern persönlich bearbeitete Grund und Boden zu dessen Eigentum, die Steuern entrichtet er unmittelbar an den Staat, während der Z. eine geringe Entschädigung erhält.
LIT. G. D. Patell, The Indian Land Problem and Legislation (Bombay 1954).

Zapfenstreich. Ein altes militär. Trommel- oder Trompetensignal; es ruft die Mannschaft abends zur Rückkehr ins Quartier. Im MA war mit dem Z. die Aufforderung an die Marketender verbunden, den Zapfen (Spund) ins Faß zu schlagen, d.h., daß sie nichts mehr ausschenken sollten. Daher leitet sich der Name Z. ab.

Zar (von lat. Caesar; spätgriech. kaisar; altslaw. cesař). Ein slaw. Herrschertitel. Er wurde infolge Verleihung durch den byzantin. Kaiser von den Fürsten von Bulgarien seit dem 7. Jh. getragen (erneut von 1908–46). Außerdem trugen ihn verschiedene serb. Herrscher, so Stefan Dušan (von 1346–55). Im Jahre 1547 nahm Iwan IV. der Schreckliche (reg. 1533–85), den Zarentitel an (auf Grund seiner Verwandtschaft mit den letzten byzantin. Herrschern); er bezweckte damit die polit. und kirchl. Anknüpfung an Konstantinopel und Rom (Doppeladler; Moskau als 3. Rom). Peter d. Gr. (reg. 1689–1725) dagegen nannte sich statt dessen offiziell Imperator. Seit 1815 nannten sich die Kaiser von Rußland auch Zaren von Polen.
Zariza: Zarin; Zarewitsch: Sohn des Zaren, kaiserlicher Prinz; Zesarewitsch, Thronfolger; Zarewna, Tochter des Zaren.
Insbes. die bis 1905 während unumschränkte Herrschaft der Z. wird als Zarismus bezeichnet.

Zäsarismus, Bonapartismus. Diejenige Form der Praktizierung der Staatsgewalt, die der zur Zeit der röm. Cäsaren oder der Herrschaft Kaiser Napoleons I. (1804–14/15) ähnelt. Wohl bleibt hierbei das Volk im Besitz der Macht, es überträgt deren Ausübung aber auf einen Alleinherrscher, und zwar durch Akklamation, Plebiszit oder Wahlen. Der Z. ermöglicht es dem Alleinherrscher häufig, eine diktator. Stellung zu erreichen. Moderne totalitäre Systeme sind nicht selten dem Z. ähnlich.

Zaudengericht (zu slaw. czuda, Kreis). Im SpätMA ein böhm. Kreisgericht. Vom 14.–18. Jh. war das Z. namentlich in Schlesien ein Erbschaftsgericht des Adels nach poln. Recht.

Zecchino (ital. von zecca, Münzstätte; aus arab. sikka, Prägstock). Name einer seit 1284 in Venedig geprägten Goldmünze, des späteren Dukaten (dt. Zechine).

Zedlersches Lexikon. Bez. für das ›Große vollständige Universal-Lexicon aller Wissenschaften und Künste‹ (64 Bde., dazu 4 Suppl.); es erschien

zwischen 1732 und 1754 in Halle und Leipzig und stellt die umfangreichste Enzyklopädie aus dem 18. Jh. dar. Verfaßt wurde sie vom Standpunkt und den Auffassungen der Aufklärung her. Das in Einzelheiten auch heute noch benutzbare Lexikon wurde nach seinem Verleger Joh. Heinrich Zedler benannt.
LIT. E. H. Lehmann, Geschichte des Konversationslexikons (1934).

Zehnerwoche, Dekade. In dem durch die Französische Revolution geschaffenen Kalender der dritte Teil des stets 30 Tage umfassenden Monats.

Zehnt, Dezem (griech. dekate, lat. decuma, mlat. decima, franz. décime, dîme, engl. tithe, span. diezmo). Eine period. Naturalabgabe, die den Bruchteil (meist ¹⁄₁₀) des landwirtschaftl. Ertrages, der eingeführten Ware, der Kriegsbeute etc. umfaßte. Der Z. gehört zu den ältesten und verbreitetsten Abgabeformen. Er war bereits in Babylon, in der griech. Frühzeit und in der hellenist.-röm. Zeit bekannt.
Durch die Kirche wurde er (auf Grund des AT, vor allem 3. Mos. 27, 30ff.) von allen Gläubigen gefordert; in der fränk. Kirche waren die Gläubigen zur Leistung des Z. verpflichtet (seit der Synode von Mâcon, 585). Vom 8. Jh. an wurde die Zehnt-Forderung der Kirche durch das staatl. Zehnt-Gebot unterstützt als Entschädigung für die außerordentl. Säkularisation von Kirchengut nach 700.
Der sog. Feldzehnt oder Fruchtzehnt war eine Abgabe von Getreide, Wein, Garten- und Baumfrüchten (auch Großer Z. genannt); der Blutzehnt (oder Fleischzehnt, Viehzehnt) bestand in Tieren (Groß- und Kleinvieh) und Tierprodukten (auch Kleine Z. genannt) wie Eier, Milch, Butter, Honig. Er wurde an den Bischof sowie die Einzelkirche (Taufkirche, vom Jahre 818/19 auch Eigenkirche) entrichtet. Der röm. Vorschrift entsprechend, wurde er geviertelt (Bischof, Klerus, Arme, Kirchenfabrik); bei weltl. Eigenkirchen kam auch Drittelung vor (²⁄₃ dem Herrn, ¹⁄₃ dem Pfarrer). Vom 10. Jh. an hatte sich der Z. allg. durchgesetzt. Das Verlangen des Z. seitens der Kirche führte zu langwierigen Zehntstreitigkeiten, zumal der Z. im MA die ergiebigste Abgabe darstellte. Zu den bereits genannten Zehntformen trat im 13. Jh. der Papstzehnt, eine Abgabe, die der Klerus an die Kurie entrichten mußte.

In den fränk. und otton. Burgwardbezirken gab es einen weltl. Z.; er wurde durch die Königsfreien entrichtet, die als Grenzschutz eingesetzt waren. Darüber hinaus existierte in den Kolonisationsgebieten ein Slawenzehnt; er war eine Abgabe der unterworfenen Bevölkerung. In den Binnenkolonisationsgebieten erhob der Grundherr einen Rott- oder Neubruchzehnt (decima novalis). Zehntherr waren nicht selten auch die Armen.
In Frankreich entwickelte sich ein Kirchenzehnt (décime ecclésiastique) aus den Sondersteuern für die Kreuzzüge; er stellte eine Abgabe dar, die durch den Klerus von dessen Z. und Pfründen an den König entrichtet wurde. In einigen Fällen kam der Z. auch als ein Kriegs- oder Notsteuerzuschlag in Höhe von 10% vor.
Die Aufhebung des Z. erfolgte im Zusammenhang mit der Französischen Revolution sowie der Ablösungsgesetzgebung (der Aufhebung rechtl. Lasten und Verpflichtungen, meistenteils in Geld; namentlich die Abschaffung der Lasten auf bäuerl. Liegenschaften) im 19. Jh.: teilweise aufgehoben, teilweise für ablösbar erklärt; seine Neugründung wurde untersagt.
LIT. M. Rostovtzeff, Economic and Social History of the Hellenistic World. 3 Bde. (Oxford 1941; dt. 1955ff.); E. Widera, Der Kirchenzehnt in Dtl. z. Z. der sächs. Kaiser, in: Arch. f. Kath. Kirchenrecht, 110 (1930); E. Klebel, Z. und Zehntprobleme im bayr.-österreich. Rechtsgebiet. In: ZRG 58 (1938); H. Planitz, Dt. Privatrecht (Wien ³1948); E. O. Kunjo, Das Zehntwesen in Hamburg-Bremen (1949); R. Gmür, Der Z. im alten Bern (Bern 1954).

Zehntausend. Kyros der Jüngere (423–401 v. Chr.), der jüngste Sohn Darius' II. (reg. 423–404 v. Chr.), erhob sich als Statthalter von Kleinasien gegen seinen älteren Bruder Artaxerxes Mnemon (reg. 404–358 v. Chr.). Zu dem Heer, das er gegen ihn sammelte, gehörten 11 600 schwer- und 2300 leichtbewaffnete griech. Söldner, die sog. Z. Nachdem Kyros der Jüngere bei Kunaxa in der Nähe von Babylon geschlagen und getötet worden war, zogen die griech. Söldner nach Griechenland zurück. Über den Rückzug der Griechen (ebenfalls über das Leben Kyros' des Jüngeren) berichtete (›Anabasis‹) deren

885

Führer Xenophon (um 430–um 354 v. Chr.).

Zehntausend Märtyrer. Die nach einer ma. Legende auf dem Berge Ararat in Kleinasien gekreuzigten 10000 Soldaten der christl. Frühzeit.

Zehntland →Dekumatenland.

Zehntschaft (lat. contubernium). Im Fränkischen Reich eine 10 Krieger umfassende Heeresabteilung; sie stand unter einem Dekan (decanus).

Zeitalter, Weltalter, Äon. Im allg. ein Zeitraum der Geschichte, der sich durch die Aus- und Nachwirkung eines bestimmten Ereignisses, einer Persönlichkeit oder einer Idee auszeichnet. Der Mythos der Antike kannte vier Z. als Entwicklungsstufen der Menschheit: ein goldenes, ein silbernes, ein ehernes und ein eisernes; das MA vier Weltmonarchien oder sechs Z. Die geläufigste Gliederung der Weltgeschichte in einzelne Z. ist die Scheidung in Altertum (Antike), Mittelalter und Neuzeit. Die neueste Zeit wird häufig als Atomzeitalter bezeichnet.
LIT. M. Landsmann, Das Z. als Schicksal (1956); M. L. Eidinoff u. H. Ruchlis, Das Atomzeitalter (1949).

Zeitgeist. Ein von J. G. Herder (1744–1803) geprägter Begriff zur Bez. der Gleichartigkeit, der geistigen Haltung, des Stils, der Lebensform und der Ideen, die in den Erscheinungen eines Zeitalters bzw. bei einer Mehrheit der Zeitgenossen zum Ausdruck kommen.
LIT. E. Böhler, Psychologie des Z. (1973).

Zeitgeschichte. Derjenige Teil der Geschichte, der von den noch lebenden Menschen miterlebt und mitgestaltet wird sowie die wissenschaftl. Behandlung dieses Geschichtsabschnitts. Obwohl bereits zur Zeit der Franz. Revolution geprägt, hat sich der Begriff Z. als ein wissenschaftl. Begriff doch erst nach dem Ersten Weltkrieg eingebürgert. Was den Zeitraum angeht, den die Z. umfaßt, so gibt es hier unterschiedl. Auffassungen: die franz. »histoire contemporaine« reicht zurück bis 1789, die engl. »contemporary history« bis 1832; in Dtl. hingegen wird mit Z. erst die Epoche vom Jahr 1917 an bez. Ziel der zeitgeschichtl. Forschung ist die allg. Zusammenhänge sowie die Grundformen der gegenwärtigen Situation zu deuten, von der Untersuchung und Aufklärung einzelner Fakten einmal abgesehen. Darüber hinaus will sie Legendenbildungen verhindern. Nicht zuletzt ist es das Ziel der zeitgeschichtl. Forschung, die Unmenschlichkeiten, die von Staats wegen in der jüngsten Vergangenheit begangen wurden, zu enthüllen und die Widerstandsbewegungen hiergegen zu erforschen. Zu den bevorzugten Forschungsgebieten der Z. in Dtl. gehören die Weimarer Republik und der Nationalsozialismus. Hierbei, wie überhaupt bei der zeitgeschichtl. Forschung, ist man sich der Unzulänglichkeiten, die sich aus dem fehlenden zeitl. Abstand, außerdem aus den modernen Kontaktmöglichkeiten (Telefon, Tonbandaufnahmen, die wieder gelöscht werden etc.) ergeben, vollauf bewußt, ebenfalls der Tatsache, daß wichtiges Aktenmaterial (aus Gründen der Geheimhaltung) noch nicht zugänglich ist. Daher sind die Aussagen von Zeugen von erhebl. Bedeutung, wiewohl hierdurch die Objektivität beeinträchtigt werden kann, da Zeugenaussagen weit eher als Konferenzberichte, der Aktenvergleich etc. der Subjektivität unterworfen sind.
LIT. H. Rothfels, Zeitgeschichtl. Betrachtungen (1959); G. Binder, Lebendige Z. 1890–1945 (1961); G. Barraclough, Tendenzen der Geschichte im 20. Jh. (1967); B. Scheurig, Einführung in die Z. (²1970); Th. Vogelsang, H. Auerbach (Hrsg.), Bibliographie zur Z. Bd. II u. III (1982/83); M. Overesch, F. W. Saal, Droste Geschichtskalendarium. Chronik deutscher Z. 2 Bde. (1983); W. Hilgemann, Atlas zur dt. Z. (1984).
Biographien zur Z. seit 1945. Hrsg. von W.-R. Baumann und G. Fochler-Hauke (Neuausg. 1985).
Zeitschrift: Vierteljahreshefte für Z. (1953 ff.).

Zeitrechnung →Ära, →Chronologie.

Zeitschrift. Eine Druckschrift, die periodisch erscheint (wöchentl., monatl., vierteljährl., vereinzelt auch tägl.). Bei den einzelnen Z. handelt es sich um Berufs- oder Verbands-, Fach-, Werks-, Freizeitzeitschriften etc. Ein bes. Platz kommt den Unterhaltungszeitschriften zu, und zwar sowohl nach Umfang als auch nach Auflage.
In Europa wurde die erste Z. in Paris gegr. (1665), das ›Journal des Savants‹ (eine wissenschaftl.-krit. Monatsschrift, die bis heute erscheint; ihr Gründer war Denis de Sallo). Ebenfalls erschien seit

dem Jahre 1665 die erste engl. Z., die ›Philosophical Transactions‹. Vom Jahre 1668 an erschien die erste ital. Z., das ›Giornale dei Letterati‹. 1682 erfolgte die Gründung der ersten gelehrten Z. Deutschlands, der ›Acta Eruditorum‹, durch Otto Mencke(n); sie ging 1782 ein (insgesamt umfaßt sie 117 Bde.). Chr. Thomasius (1655–1728) gab 1688 die erste dt.-sprachige Z. heraus, die ›Monatsgespräche‹. Nach und nach entwickelten sich aus den gelehrten Z. der 1. Hälfte des 18. Jh. (ihre Einstellung war enzyklopädisch) die wissenschaftl. Fachzeitschriften. Außerdem entstand im Verlauf dieser Jahrzehnte eine Reihe volkstüml. Z.; im Sinne der Aufklärung setzten sie sich für die Erziehung ein.

Seinen Höhepunkt erlebte das dt. Zeitschriftenwesen im 18. Jh.; hingegen wurde im 19. Jh. die →Zeitung dominierend. Von den Z. des 19. Jh. seien die ›Leipziger Illustrierte Z.‹ (seit 1843), die ›Gartenlaube‹ (seit 1853), ›Daheim‹ (seit 1864) genannt. Zu den bedeutendsten satir. Z. jener Epoche zählen die ›Fliegenden Blätter‹ (seit 1844) und der ›Kladderadatsch‹ (seit 1848). Innerhalb rd. eines Jh. wuchs der Umfang des dt. Zeitschriftenwesens um etwa das 18fache. 1973 gab es in der BRD (einschl. West-Berlin) rd. 10.000 Z., in der damaligen DDR erschienen 680 Zeitschriften.

LIT. J. Kirchner, Die Grundlagen des dt. Zeitschriftenwesens. 2 Bde. (1928–31); G. Menz, Die Z., ihre Entwicklung und ihre Lebensbedingungen (1928); E. Lorenz, Die Entwicklung des dt. Zeitschriftenwesens (1937); H. Max, Wesen und Gestalt der polit. Z. (1942); B. Sticker, Verzeichnis der dt. polit. Z. (1954); J. Kirchner (Hrsg.), Bibliographie der Zeitschriften des dt. Sprachgebiets bis 1900. 3 Bde. (1966ff.).

Zeitschrift für Geschichtswissenschaft (ZfG). Die von einem Redaktionskollegium herausgegebene führende Fachzeitschrift der Geschichtswissenschaft in der ehem. DDR. Die ZfG erschien seit 1952 (12 Hefte jährlich).

Zeitung. Druckschrift, die in kurzen Abständen erscheint und eine breite Öffentlichkeit über die Tagesgeschehnisse informiert. Einer der Ursprünge der Z. ist der mündl. oder schriftl. Bericht. Eine rasche und billige Vervielfältigung ermöglichte der Buchdruck. Die Flugblätter und Flugschriften (1. Flug-

blatt 1488) hatten bereits zeitungsähnl. Charakter. Die ältesten Z. im modernen Sinn erschienen 1609. Im Jahre 1621 kam der Begriff Postzeitung auf. In Leipzig erschienen seit 1660 die ›Leipziger Zeitungen‹ (fünfmal pro Woche). Die ersten Z. unterlagen einer strengen Zensur; eine eigene Meinung zu äußern, war streng untersagt. In Preußen erschien 1727 das erste Intelligenzblatt, wodurch das staatl. Anzeigenmonopol geschaffen wurde. Größere Zeitungsunternehmen entstanden ausgangs des 18. und zu Beginn des 19. Jh. (Cottas Allgemeine Z.; Kölnische Z.). Seit der Französischen Revolution setzte sich die Z. als Sprachrohr der öffentl. Meinung in Form der Gesinnungspresse durch. Einen neuen Zeitungstyp schuf Napoleon I. (reg. 1804–14/15) mit dem ›Moniteur‹, nämlich den der Staatszeitung. Eine umfangreiche nationale Publizistik rief die Unterdrückung der Meinungsfreiheit in den durch das Frankreich Napoleons I. kontrollierten und den einverleibten dt. Gebieten hervor; sie leitete den Befreiungskampf ein. Die Karlsbader Beschlüsse (1819) bedeuteten einen empfindl. Rückschlag für die Publizistik. Eine Fülle von Zeitungsgründungen löste das Jahr 1848 aus, das die Pressefreiheit brachte. Mit der Entstehung der polit. Parteien entwickelte sich der Typ der polit. Z. Bereits vor dem Ersten Weltkrieg kam es zur Gründung großer Pressekonzerne (u. a. in Dtl. Scherl und Ullstein, in Großbritannien Beaverbrook, in den USA Hearst). Heute werden die meisten Z. in Großbritannien gelesen; mit Abstand folgen die USA und die BRD.

LIT. L. Salomon, Geschichte des dt. Zeitungswesens. 3 Bde. (1902–06); K. Schottenloher, Flugblatt und Z. (1922); O. Groth, Die Z. (1928/30); ders., Geschichte der dt. Z. (1948); H. A. Münster, Die moderne Presse (1955f.); E. Dovifat, Zeitungslehre I/II (1962); J. Blunck, Die Kölner Zeitungen und Zeitschriften vor 1814 (1966); K. Koszyk, Dt. Presse 1914–45 (1972); H.-D. Fischer, Zeitungen nach dem Zweiten Weltkrieg (1972); G. Hagelweide, Dt. Zeitungsbestände in Bibliotheken und Archiven (1974); Die dt. Z. des 17. Jh. Ein Bestandsverzeichnis mit histor. und bibliograph. Angaben, zusammengestellt von E. Bögel und E. Blüm. Bd. III: Nachtrag. Studien zur Publizistik 17/III (1985); K. Schottenloher, J. Binkowski, Flugblatt und Z. Ein Wegweiser durch das gedruckte Tagesschrifttum. Bd. 1: Von den Anfängen bis zum Jahre 1848; Bd. 2: Von 1848 bis zur Gegenwart (1985).

Zeitungslied. Eine Volksliedgattung, die im 16. Jh. aufkam. Durch das Z. wurden aktuelle Ereignisse in einer singbaren Liedform mitgeteilt, und zwar unter genauer Angabe von Zeit und Ort. Die Melodien für das Z. entlehnte man geistl. oder weltl. Weisen. Verbreitet wurden die Z. durch Flugblätter. LIT. E. Seemann, Newe Zeitung und Volkslied. In: Jb. für Volksliedforschung, 3 (1932).

Zelge, Zelche. Der aus dem German. hergeleitete Ausdruck für Zweig bez. diejenigen Drittel des Ackerlandes, die im Umtrieb der Dreifelderwirtschaft von den Dorfgenossen gleichzeitig und gleichartig genutzt wurden. Seit der Aufhebung des Flurzwangs besteht die Einheitlichkeit in den meisten Fällen nicht mehr; in Teilen Süddeutschlands wird hieran jedoch, vor allem was die Einheit des Winterfeldes angeht, noch festgehalten.

Zeloten (griech., Eiferer). Die Anhänger einer fanatischen jüdischen Partei zur Zeit Jesu, die sich für die religiöse und nationale Unabhängigkeit der Juden hervorgegangen. Sie war aus den Pharisäern hervorgegangen. Während des jüdischen Krieges gegen Rom (66–70 n.Chr.) war sie die Hauptträgerin des Widerstandes. Begründer der Partei der Z. war nach dem jüdischen Geschichtsschreiber Flavius Josephus (37–100 n.Chr.) Judas der Galiläer (auch aus der Apostelgesch. 5, 37 bekannt).

Zelter (von spätahd. zelten, im Paßgang gehen). Urspr. eine zeltartige, von Schimmeln getragene Sänfte, später (im MA) ein Reitpferd für Damen und Geistliche mit Paß- oder Zeltergang, d.h., daß die beiden Füße derselben Seite gleichzeitig bewegt wurden.

Zen. Die chines.-japan. Schule der Meditation. In China beeinflußte sie vor allem die Malerei, in Japan vom 13. Jh. an die gesamte Kultur. LIT. C. Humphreys, Z. Buddhism (London 1949, dt. 1951); D. T. Suzuki, Leben aus Z. (dt. 1955).

Zensoren (lat. censores; zu censere, schätzen). Vermutl. seit 443 v.Chr. wirkende hohe altröm. Beamte (Magistrate). Bei den Z. handelte es sich um ein als Zweierkollegium wirkendes Gre-

mium, das alle 5 Jahre für 1½ Jahre gewählt wurde und dessen Aufgabe zunächst darin bestand, das Verzeichnis der Bürger zu erstellen (zum Zwecke der Aushebung, der Steuererhebung, der Konstituierung der Komitien). Ihr Aufgabenbereich erweiterte sich durch das Hinzutreten der Musterung der Ritterschaft (recognitio equitum) und des Senats (lectio senatus), das sittenrechtl. Aufsichtsrecht (cura morum); außerdem kontrollierten sie die Staatsfinanzen, vergaben Staatsaufträge (Straßen-, Wasserleitungsbau etc.), verkauften Staatsland und verpachteten es. Plebejer konnten spätestens seit der Mitte des 4. Jh. v.Chr. Z. werden. Seit Sulla (138–78 v.Chr.) büßten die Z. an Bedeutung ein. Im Anschluß an die letzte private Zensur (22 v.Chr.) verschmolz das Amt mit dem Prinzipat. Auf Grund der zensor. Gewalt erfolgten durch die Kaiser die Neuernennungen von Patriziern. LIT. E. Schmähling, Die Sittenaufsicht der Censoren (1938); A. Calderini, La censura in Roma antica (1944); Ernst Meyer, Röm. Staat (⁴1964); D. Kienast, Cato der Z. (1954).

Zensur (lat. censura). [1] Nach kath. Kirchenrecht a) diejenigen Kirchenstrafen, die verhängt werden, um einen Delinquenten zum kirchl. Gehorsam zurückzubringen (deshalb auch Medizinal-, d.h. Besserungsstrafen genannt); b) die Bücherzensur; c) die dogmatischen Z. Zu den Z. der kath. Kirche gehören Interdikt, Suspension und Exkommunikation. [2] Im antiken Rom das Zensorenamt (→Zensoren). [3] Die durch eine Behörde (in Ausnahmefällen durch Privatpersonen) erfolgende Prüfung der Zulassung von Veröffentlichungen. Formen der Z. sind die Theater-, Presse-, Buch-, Film-, Bild-, Radiozensur. Die Z. kann präventiv (Vorzensur) und repressiv (Nachzensur, u.a. durch Beschlagnahme) sein. Nachdem eine kirchl. Vorzensur hinsichtl. aller den Glauben betreffenden Schriften für einzelne Länder bereits seit etwa 1500 bestand (für Dtl. seit 1501; durch Papst Alexander VI., 1492–1503, angeordnet), wurde sie seit 1515 für die gesamte Kirche vorgeschrieben. (Eine Form der Nachzensur ist der Index). Durch den Reichsabschied von Speyer (1529) wurde die staatl. Z. Reichsgesetz. Bücherzensuren stellten die Ernennung der ersten kaiserl. Bücherkommission zu Frankfurt/M. im Jahre 1569 durch Kaiser Maximilian II. (reg. 1564–76), die Buchhandelszentrale sowie die ebenfalls 1569 in Leipzig eingesetzte kurfürstl. sächs. Bücherkommission dar. Bereits unter dem Großen Kurfürsten (reg. 1640–88) gab es in Brandenburg-Preußen eine polit. Z.; durch Friedrich II. (reg. 1740–86) wurden Zensur-Edikte in den Jahren 1749 und 1772 erlassen, die auf die Z. von Büchern jedoch kaum Bezug nahmen. Das geschah namentlich durch das am 9. 7. 1788 vom preuß. Justizminister und Chef der geistl. Angelegenheiten J. Chr. Wöllner (1732–1800) erlassene sog. Wöllnersche Religionsedikt. Obwohl 1797 aufgehoben, blieben die Zensurbestimmungen im wesentl. bis 1848 gültig. Einer Präventivzensur wurden sämtl. Schriften, die weniger als 20 Bogen Umfang hatten, durch die Karlsbader Beschlüsse von 1819 unterworfen. Die Verfassungen von 1848 garantierten Zensurfreiheit.

Der Erste Weltkrieg brachte die Einführung von Vorzensuren in beinahe sämtl. kriegführenden Ländern. Durch Art. 118 der Weimarer Verfassung wurde folgendes bestimmt:»Jeder Deutsche hat das Recht, innerhalb der Schranken der allg. Gesetze seine Meinung durch Wort, Schrift, Druck, Bild oder in sonstiger Weise frei zu äußern. . . . Eine Zensur findet nicht statt.« Doch kam es infolge des innerpolit. Radikalismus im Staat von Weimar zu Republikschutzgesetzen (1922, 1930). Das Beschlagnahmerecht auf Grund von Art. 48 der Weimarer Verfassung (Reichsexekution, Ausnahmezustand) wurde hierdurch erweitert. Nach der Machtübernahme durch die Nationalsozialisten (30. 1. 1933) setzte Hitler durch die ›Notverordnung zum Schutze von Volk und Staat‹ vom 28. 2. 1933 das Grundrecht auf Meinungsfreiheit außer Kraft. Nachdem die Besatzungsregierungen der Amerikaner und Engländer nach 1945 die Veröffentlichung von Druckschriften von einer Lizenz abhängig gemacht hatten (Gesetz Nr. 76 u. 191), wurde der Lizenzzwang im Sommer 1949 in den Besatzungsgebieten der drei Westmächte aufgehoben. In Art. 5, Abs. 1 des GG von 1949 wird das Recht der freien Meinungsäußerung in Wort, Schrift und Bild gewährleistet. Eine Z. findet nicht statt.

LIT. H. H. Houben, Verbotene Lit.

2 Bde. (1924–28); ders., Polizei und Z. (1926, Neuausg. 1978); L. Delp (Hrsg.), Das gesamte Recht der Presse, des Buchhandels, des Rundfunks und des Fernsehens (1953/54; Loseblattsammlung); E. R. Huber, Dt. Verfassungsgeschichte seit 1789 (1957–63); D. Breuer, Geschichte der literar. Z. in Dtl. (1982); St. Fitos, Z. als Mißerfolg (2000).

Zensus (lat. census, Schätzung, mlat. Pacht, Zins, Abgabe).
[1] Im antiken Rom die Schätzung der erwachsenen männl. Bürger sowie deren Vermögen, später der sämtl. röm. Staatsbürger entsprechend ihrem Vermögen als Grundlage für die Militärdienstpflicht, die Steuer sowie die Zuweisung polit. Rechte (z. B. der Nachweis von 400 000 Sesterzen des Ritters während der röm. Kaiserzeit).
Während die modernen Verfassungen und Wahlgesetze keinen Z. mehr kennen, wurde er noch während der neueren Zeit (bis in die neueste Zeit hinein) bei der Zuteilung von öffentl. Rechten berücksichtigt. So konnte das Wahlrecht an den Nachweis eines bestimmten Vermögens, Einkommens oder Steuerbetrags gebunden sein. Das Wahlsystem des Frühkonstitutionalismus, das zum preuß. Landtag (1849–1918; Dreiklassenwahlrecht), beruhte auf dem Z.
[2] Im angelsächs. Sprachgebiet die statist. Erhebung, vor allem die Volkszählung.

Zent.
[1] Ein früheres dt. Gewicht, das in fast allen dt. Staaten bekannt war; in Preußen hatte 1 cent ein Gewicht von 166,667 mg.
[2] Cent, die → Hundertschaft.

Zentgericht. Während des hohen und späten MA die für die niedere, teilweise auch, so in Hessen und Ostfranken, für die Blutgerichtsbarkeit zuständigen Gerichte. Vorsitzender der Z. war der Zentgraf. Ob ein Zusammenhang mit der Hundertschaft (Centena) besteht, ist umstritten. Verschiedentl. wird die Auffassung vertreten, daß die Z. eine Neubildung des 11. und 12. Jh. waren und daß sie, unter dem Vorsitz von Schultheißen, die Gerichtsbarkeit über die bäuerl. Bevölkerung besaßen. Die Landgerichte sollen sich aus den Z. entwickelt haben.

LIT. H. Dannenbauer, Grundlagen der ma. Welt (1959/62).

Zentgraf (centenarius, centurio, Hunno, Gograf, Ammann, Schultheiß).

Im MA ein Beamter, der innerhalb der Hundertschaft (Centena, Zent), die Gerichtsgemeinde (Zentgericht) leitete.

Zentralgewalt. In einem Bundesstaat die oberste Gewalt (Regierung) oder deren Inhaber (Kaiser, Präsident); im Jahre 1848/49 (bei der Diskussion um eine dt. Verfassung) der Reichsverweser und das Reichsministerium, denen durch das Gesetz vom 28. 6. 1848 die »provisorische Z. für alle gemeinsamen Angelegenheiten der dt. Nation« übertragen worden war. Sie waren bis Mai 1849 im Amt.

Zentralismus. Ein Organisations- und Lenkungsprinzip auf wirtschaftl., polit. und staatl. Gebiet, das das Bestreben zeigt, möglichst zahlreiche staatl. Entscheidungsbefugnisse bei einem zentralen Apparat zu konzentrieren.

Zentralkomitee (ZK). In den kommunist. (ebenfalls in einigen sozialist.) Parteien das Führungsgremium. An die Stelle des 1936 abgeschafften (seit 1923 bestehenden) Zentralen Exekutivkomitees (ZIK), ein aus 2 Kammern bestehender geschäftsführender Ausschuß, trat in der ehem. UdSSR der Oberste Sowjet.

Zentralkongregation. In der Lombardei und Venetien die seit 1815 bestehende ständische Vertretung.

Zentralverwaltungsrat. Eine Behörde, die durch Alexander I. von Rußland (reg. 1801–25) auf Vorschlag des Frhr. vom Stein (1757–1831) ins Leben gerufen wurde. 1813/14 verwaltete sie (unter Steins Leitung) die in den Freiheitskriegen wiedereroberten dt. Gebiete.

Zentrum, Zentrumspartei. Dt. kath.-polit. Partei, die nach den ihr zugeteilten Plätzen in der Mitte des Sitzungssaales genannt wurde.
1848 bildete sich unter J. M. von Radowitz (1797–1853) ein interfraktioneller kath. Verein, 1852 (unter der Führung August Reichenspergers, 1797–1853) eine kath. Fraktion (mit 62 Abgeordneten). Nachdem sie in der ›Neuen Ära‹ seit 1862 zerrieben worden war, kam es im Juni 1870 zur Bildung einer neuen kath. Zentrumspartei. Die entscheidende Anregung hierzu kam von P. F. Reichensperger (1810–92), dem Bruder A. Reichenspergers. Nachdem sie im ersten Dt. Reichstag (1871) 58 Sitze innehatte, konnte sie in den Reichstagen von 1874–1914 zw. 90–100 Sitze behaupten. Unter L. Windthorst (1812–91) bildete das Z. den Kern der Opposition gegen das klein-dt.-preuß. Reich Bismarckscher Prägung, 1878 stellte es die stärkste Reichstagsfraktion. Während des Kulturkampfes bildete das Z. die schärfste Opposition gegen Bismarck (1815–98). Fast stets gelang es ihm, eine Schlüsselstellung im Reichstag einzunehmen. Eine feste Parteiorganisation und den Namen ›Dt. Zentrumspartei‹ gab sich das Z. erst 1911–14. Unter dem Einfluß M. Erzbergers (1875–1921; ermordet) verband es sich während des Ersten Weltkriegs mit den Fortschrittlern und Sozialdemokraten zur Reichstagsmehrheit der Friedensresolution (1917). Am 1. 11. 1917 wurde der Zentrumspolitiker Graf Hertling (1843–1919) Reichskanzler und preuß. Ministerpräsident. Auch während der Weimarer Republik besaß das Z. eine entscheidende parlamentar. Schlüsselstellung (60–70 Sitze); es wurde zur maßgebenden Regierungspartei. Obwohl es dem Nationalsozialismus von Anfang an entgegentrat, stimmte es doch dem Ermächtigungsgesetz vom 24. 3. 1933 zu. Am 5. 7. 1933 löste es sich als letzte bürgerl. Partei auf. Nach dem Zweiten Weltkrieg wurde die Zentrumspartei neu gegründet. Ihre Anhängerschaft hatte sie vor allem in Nordrhein-Westfalen und Niedersachsen. Während sie 1953 noch 3 Bundestagsmandate erhielt, ist sie seit 1957 nicht mehr im Bundestag vertreten.
Neben den Brüdern Reichensperger, Windthorst, Hertling und Erzberger sind als bedeutende Zentrumsführer noch zu nennen H. Mallinckrodt (1821–74) und W. E. von Ketteler (1811–74).
LIT. K. Bachem, Vorgeschichte, Geschichte und Politik der dt. Zentrumspartei. 9 Bde. (1927–32); H. G. Wieck, Die Entstehung der CDU und die Wiedergründung des Z. im Jahre 1945 (1953); Die Dt. Zentrumspartei (1918–33), in: E. Matthias, R. Morsey (Hrsg.), Das Ende der Parteien 1933 (1960); R. Morsey, Die Dt. Zentrumspartei 1917–23 (1966); J. Becker, Die Dt. Zentrumspartei 1918–33, in: Polit. Parteien in Dtl. u. Frankreich, hrsg. v. O. Hauser (1969); H. Hömig, Das Preuß. Z. in der Weimarer Republik (1979); G. May, Ludwig Kaas, Der Priester, der Politiker und der Gelehrte aus der Schule von Ulrich Stutz. 3 Bde. (Amsterdam 1981/82); H. J. Kremer (Hrsg.), Mit Gott für Wahrheit, Freiheit

und Recht. Quellen zur Organisation und Politik der Zentrumspartei und des polit. Katholizismus in Baden (1983); W. Becker, Die Minderheit als Mitte. Die dt. Zentrumspartei in der Innenpolitik des Reiches 1871–1933 (1986).

Zentumvirn (lat., Hundertmänner). Ein wahrscheinlich um 150 v. Chr. eingesetzter röm. Gerichtshof, bestehend aus 100 Richtern (eigentlich 105, da jeweils drei auf einen der 35 Tribus entfielen; später 180). Vor dem Z., das (unter magistrat. Vorsitz) in kleineren Senaten, nicht aber als Plenum tagte, wurden sachen-, familien- und erbrechtl. Verfahren verhandelt.

Zenturie (lat. centuria, Hundertschaft).
[1] Die niederste, vom Centurio (im Unteroffiziersrang stehend) geführte Einheit des röm. Heeres. Sie war der 60. Teil der Legion und umfaßte 100 Mann.
[2] Die in 193 Z. (18 Z. Reiter, 175 Z. Fußsoldaten) gegliederte militär. und polit. Ordnung der röm. Bürgerschaft. Davon waren die 175 Z. in fünf Vermögensklassen: zu 80, 20, 20, 20, 30 Z. unterteilt (mit abgestuftem Stimmrecht in den Zenturiatkomitien). Von den restl. fünf Z. entfielen je zwei auf die Handwerker und Spielleute, einer auf die Proletarier. Die einzelnen Z. rekrutierten sich aus den iuniores (jüngere Bürger im Alter von 17–45 Jahren) sowie den seniores (Bürger von 46–60 Jahren). Eine vermutlich 220 v. Chr. vorgenommene Reform erhöhte die Anzahl der Z., wahrscheinlich auf 373. Auf jede Klasse entfielen nunmehr 70 Stimmen bzw. 2 auf jede der 35 Tribus innerhalb der einzelnen Vermögensklassen.
LIT. E. Meyer, Röm. Staat (³1964); H. Siber, Röm. Verfassungsrecht (1952).

Zepter →Szepter.

Zeremonie (lat.). Die feierl. Handlung im höfischen, bürgerl. und kirchl. Leben, insbes. die begleitende Gebärde, oder die Handlung, jedoch auch die Gesamtheit des Vorgangs.

Zeremoniell, franz. cérémonial. Diejenigen Vorschriften, die an den Fürstenhöfen die Pflichten der Höflinge dem Fürsten gegenüber, bei Diplomatenempfängen etc. regelten. Bereits im Alten Orient war ein Hofzeremoniell entwickelt worden; es wurde im spätröm. und byzantin. Kaiserreich, eben-falls an der päpstl. Kurie, weiter ausgebildet. Nach dem Vorbild des span. und franz. Z. entfaltete es sich im Zeitalter des Absolutismus an den Höfen Europas (auf der Grundlage des Feudalismus). →Protokoll.
LIT. K. Mösenecker, Zeremoniell und monumentale Poesie (1983); C. Hofmann, Das Spanische Hofzeremoniell von 1500 bis 1700 (1985).

Zeug. Ältere Bez. für das Artilleriegerät.

Zeugen Jehovas. Bis 1931 Ernste Bibelforscher. Eine internat. relig. Vereinigung. Ihr Gründer war der amerikan. Kaufmann C. T. Russell (1852–1916). Von den Z. J. wird die Aufrichtung einer Theokratie erwartet; 1914 habe das Ende der gegenwärtigen (alten) Welt begonnen; Jehova werde in der Schlacht von Harmagedon, dem bibl. Armageddo, alle Feinde seiner Theokratie vernichten; in der zum Paradies umgestalteten Erde sollen die Z. J. ewiges Leben haben. Die kirchl. Glaubenslehre lehnen die Z. J. in Hauptstücken ab (u. a. die Trinitätslehre und die Gottheit Christi). Als Pazifisten verweigern sie den Wehrdienst. Im NS-Dtl. kamen 2000 Z. J. um.
LIT. C. T. Russell, Schriftstudien. 7 Bde. (1886ff.); K. Hutten, Seher, Grübler, Enthusiasten (⁴1954).

Zeughaus (Arsenal). Ein für die militär. Ausrüstung bestimmtes Lagerhaus. Zuständig ist das Z. dem Zeugamt.

Zeugiten (griech., Reihenleute). Die freien Bauern im antiken Attika, welche in der Lage waren, die Ausrüstung zu stellen, um in der Phalanx als Hopliten zu dienen. Seit der Gesetzgebung des Solon (594 v. Chr.) die dritte der vier nach dem Naturalwert des Einkommens abgestuften Klassen der Bürgerschaft (mit einem Jahresertrag von wenigstens 150, später 200 Scheffeln). 458/57 wurden die Z. zum Archontenamt (→Archon) zugelassen.

Zeugmeister. Artilleriebefehlshaber. **Feldzeugmeister** war ein Offiziersrang (General der Artillerie) während des 17. und 18. Jh.; in Österreich bis ins 20. Jh.

Ziese. Bis zum 17. Jh., als sie von der →Akzise verdrängt wurde, städt., aber auch allg. Verbrauchssteuer (vor allem Getränkesteuern: Bierziese), namentlich des norddt. Raumes. Die Z. wurde in den Städten durch den Zieseherrn, Ziesemeister erhoben.

Ziffern (mittellat. cifra von arab. sifr, leer, Null). Die Zahlzeichen 0, 1, 2, 3, 4, ... 9. Die Z. gehören zum Hochkulturgut; in Halbkulturen finden sie sich nur verschiedentlich. Urspr. bestanden die Z. aus ebenso vielen Strichen oder Knoten, wie sie Dinge darstellen sollten; bei der Darstellung größerer Zahlen vereinfachten sie sich.

Zikkur(r)at, Ziggurat. Akkad. Bez. für einen rechteckigen Turmtempel in Babylon mit meist vier bis sechs zurückgestaffelten Geschossen aus Backstein auf einer künstl. Terrasse. Zuoberst befand sich die eigentl. Kultstätte. Ältester Z. ist der von Warka (4. Jahrtsd. v. Chr.); größter der sog. »Turm zu Babel« (91,7 + 91,7 + 91,7 m) mit acht Geschossen, von denen die beiden obersten blau glasiert waren. Der Zeitpunkt seiner ersten Errichtung ist unbekannt. Die Aufgänge waren meist dreiteilige Freitreppen. In Babylonien verfügte jede größere Stadt über eine oder mehrere Z.
Ähnliche Bauten finden sich in Ägypten, Polynesien und Mexiko.
LIT. F. Wetzel u. F. H. Weißbach, Das Hauptheiligtum des Marduk in Babylon (1938); H. J. Lenzen, Die Entwicklung der Z. (1941).

Zilizium (lat.). Das sackartige Trauer- und Bußgewand der Israeliten. Es war aus Ziegenhaar (aus Kilikien in Kleinasien stammend) gefertigt.

Zimmerische Chronik. Die durch Graf Froben Christoph von Zimmern und dessen Sekretär von 1564–66 in dt. Sprache verfaßte Familiengeschichte der schwäbischen Grafen von Zimmern. Sie gibt bedeutende Hinweise sowohl für die Volks- als auch die Sitten- und Sagenkunde (Hrsg. von P. Hermann. 4 Bde., 1931).

Zindik (arab., Ketzer, Freigeist). Der Angehörige persischer Sekten (Manichäer, Masdakiten). Nachdem Persien und Babylonien durch die Mohammedaner erobert worden waren, hatten letztere sich mit den Z. auseinanderzusetzen; während des 9. Jh. wurden sie von den Abbasiden (einem mohammedan. Herrschergeschlecht) verfolgt.

Zingel (von lat. cingulum, Gürtel). Zunächst die Palisade mit dem davorliegenden Wall und Graben, dann die äußere Ringmauer einer Burg oder einer Stadt.

Zink, Zinken, Kornett. Ein wahrscheinlich aus Persien stammendes Blasinstrument aus Horn oder lederüberzogenem Holz mit Kesselmundstück und 7 Grifflöchern. Seit dem MA bis ins 18. Jh. war es in Europa gebräuchlich. Der Z. (in verschiedenen Größen gebaut) wurde von den Stadtpfeifern (Zinkenisten) anstelle der Trompeten gespielt, da sie diese nicht benutzen durften.

Zinnaischer Münzfuß. Bez. für denjenigen Münzfuß, der durch den Großen Kurfürsten (reg. 1640–88) auf Grund des im Jahre 1667 mit Kursachsen und den braunschweigisch-lüneburg. Herzögen im Kloster Zinna zustande gekommenen Münzvereins vereinbart wurde. Danach mußten aus 1 Mark Feinsilber 10½ Taler gemünzt werden. Die Bestimmung galt jedoch nur für Taler-Teilwerte. Im Jahre 1690 wurde der Z. M. durch den Leipziger Münzfuß abgelöst.

Zinne. Auf der Mauerkrone antiker und ma. Befestigungen die regelmäßige Folge von Brustwehr und Schießlücken; die Z. hatte meist eine rechteckige Form. Eine Sonderform stellte die schwalbenschwanzförmige Z. in Norditalien (ghibellin. Z.) dar. In Dtl. war die Z. auch überdacht. Am Kaufhaus in Mainz (1314–17 erbaut; 1805 abgebrochen) waren die rechteckigen Z. mit Figurenreliefs ausgestattet; am Gürzenich in Köln (1437–44 errichtet; im Zweiten Weltkrieg zerstört, danach wiederaufgebaut) haben die Z. Maßwerk-Verzierung.

Zins (von lat. census, Schätzung, Abgabe). Derjenige Preis, der für die Nutzung fremden Kapitals, für einen Kredit bezahlt wird; meist wird er als eine auf Grund des Darlehnsbetrages errechnete jährl. Rate ausgedrückt. Der Zinssatz oder Zinsfuß ist der in Prozent oder Promille dargestellte Z. Die Frage nach der ethisch-moralischen Berechtigung stand bis zum 18. Jh. im Vordergrund der Überlegungen über den Z. Während des MA hatte die Kirche (der Lehre des Aristoteles, 384–322 v. Chr., folgend) das Zinsnehmen verboten. In erster Linie bezog sich dieses kanon. Zinsverbot auf den Konsumtivkredit (der für Anschaffungen zur unmittelbaren Bedürfnisbefriedigung dient); nach kath. Kirchenrecht gilt es noch heute, allerdings mit dem Vorbehalt des positivrechtl. erlaubten Z.
Die Theorien zur Erklärung der Entstehung, des Wesens sowie der volkswirt-

schaftl. Bedeutung des Z., die seit den Physiokraten (→Physiokratie) entwikkelt wurden, können folgendermaßen gegliedert werden: 1. die Produktivitätstheorie (sie sieht den Ursprung des Z. in einer produktionssteigernden Wirkung der Verwendung von Kapital); 2. die Nutzungstheorie (sie baut darauf, daß neben der Substanz des Kapitals auch dessen Nutzung eine selbständige wirtschaftl. Bedeutung hat); 3. die Abstinenztheorie (sie sieht im Z. eine Entschädigung für das Opfer, das ein Kapitalbesitzer durch seinen Verzicht auf unmittelbaren Konsum leistet); 4. die Ausbeutungstheorie (sie sieht im Z. einen Bestandteil des Mehrwerts); 5. die Agiotheorie (sie erblickt die Ursache des Z. in der höheren Bewertung der Gegenwarts- gegenüber den Zukunftsgütern).
LIT. F. X. Funk, Geschichte des kirchl. Zinsverbotes (1876); E. von Böhm-Bawerk, Kapital u. Kapitalzins, 1: Geschichte u. Kritik der Kapitalzinstheorien (⁴1921); J. M. Keynes, Allg. Theorie der Beschäftigung, des Z. u. des Geldes (1955); W. Lautenbach, Z., Kredit u. Produktion (1952); F. A. Lutz, Zinstheorie (1956).

Zinsgut. Im MA ein Bauerngut, das, von einem Grundherrn abhängig, zu dingl. Leihe ausgegeben wurde. Die spätere Entwicklung führte vielfach zu einem Erstarken der Rechtsstellung des Inhabers, d. h., daß das Bauerngut zu Untereigentum oder gar zu freiem Eigen wurde, auf dem lediglich eine Reallast ruhte.

Zinsleute (lat. censuales, censuarii). Während des MA Hörige; sie hatten an den Grund- und Schutzherrn entweder einen Zins zu entrichten oder mußten ihm Dienste zu leisten.

Zionismus. Bez. für eine moderne Bewegung, die die Rückkehr der Juden nach »Zion« (Palästina) anstrebt. Begründer des polit. Z. ist Th. Herzl (1860–1904). Im Anschluß an den ersten Zionistenkongreß in Basel (1897) versuchte der Z. sein Vorhaben, für die Juden eine »Heimstätte in Palästina« zu schaffen, der Verwirklichung näher zu bringen. Von 1897–1956 fanden 24 internationale Zionistenkongresse statt. Die teilweise Verwirklichung des polit. Programms des Z. begann mit der Balfour-Deklaration vom 2. 11. 1917, einer brit. Regierungerklärung zugunsten der Errichtung der angestrebten jüdisch-nationalen Heimstatt in Palästina bei gleichzeitiger Sicherung der bürgerl. und religiösen Rechte der einheimischen Bevölkerung (1922 wurde der Text in das Palästinamandat des Völkerbunds aufgenommen). Neben der Rückkehr der Juden nach »Zion« sind die weiteren Ziele des Z.: 1. die Kolonisation Palästinas durch Chaluzim (jugendl. Siedler); 2. die Organisierung der Juden als einer einheitl. Volksgruppe in der Diaspora; 3. die Neubelebung des Hebräischen als einer gemeinsamen Nationalsprache der Juden Mit dem Abzug der brit. Truppen nach Erlöschen des Palästinamandats Großbritanniens (durch den Völkerbund erteilt) erreichte der Z. am 15. 5. 1948 die Errichtung eines souveränen Staates Israel.
LIT. Th. Herzl, Der Judenstaat (²1896); J. Heller, The Zionist Idea (N. Y. 1949); J. Cohen, A Short History of Zionism (1951); C. Weizmann, Memoiren (1953); R. Lichtheim, Geschichte des dt. Z. (Jerusalem 1954); K. Blumenfeld, Erlebte Judenfrage (1964); M. u. H. Bodenheimer, Die Zionisten und das kaiserl. Dtl. (1971); W. Laqueur, A History of Zionism (London 1972); H. M. Sachar, A History of Israel. From the Rise of Zionism to Our Times (New York 1976); J. Reinharz (Hrsg.), Dokumente zur Geschichte des dt. Z. (1981); E. W. Said, Z. und palästinens. Selbstbestimmung (1981).

Zipangu. Das zuerst von dem venezian. Weltreisenden Marco Polo (1254–1324) genannte japan. Inselreich, dessen Goldreichtum er schilderte.

Zips (slowak. Spiš, ungar. Szepes). Histor. Landschaft und ehem. dt. Volksinsel in der Slowakei am Südostfuß der Hohen Tatra; sie umfaßte eine Fläche von ca. 2500 km². Kultureller Mittelpunkt war Käsmark. Während des 12. und 13. Jh. siedelten ungar. Könige in der Z., der Durchgangslandschaft zw. Ungarn, Polen und Schlesien, Deutsche aus Schlesien und Mitteldeutschland (Zipser Sachsen) an. Später wurden in der sog. Unter-Zips, den »Gründen« des östl. slowakischen Erzgebirges, die 7 Bergstädte (Gründlerstädte) angelegt, deren bedeutendste Göllnitz und Schmöllnitz waren. Die Gemeinschaft der insgesamt 24 Zipser Städte besaß Selbstverwaltung unter eigenen Grafen und eigenem Recht (Zipser Willkür; 1370). Die Verpfändung von 13 Städten an Polen (1412–1771) war von großem Nachteil, 1876 hob Ungarn die Selbstverwaltung auf. Die Gründung des tschechoslowak. Staates (1919) brachte für die Zipser eine Neubesinnung auf ihr Deutschtum. 1944/45 wurde der größte Teil der deutschstämmigen Bevölkerung der Z. vertrieben; nur ein geringer Teil blieb zurück. LIT. H. Grothe, 700 Jahre dt. Lebens in der Z. (1927); E. Fausel, Das Zipser Deutschtum (1927); J. Gréb, Zipser Volkskunde (1932).

Zirkumskription (lat., Umschreibung). Nach kath. Kirchenrecht die Abgrenzung eines kirchl. Jurisdiktionsbezirks. Während allein dem Hl. Stuhl die Z. der kirchl. Provinzen, der Diözesen, der Abteien und der Prälaturen nullius sowie der Missionsgebiete zusteht, gehört es zum Aufgabenbereich der Ortsordinarien, die Pfarreien und Dekanate zu zirkumskribieren.

Zirkumskriptionsbulle. Ein päpstl. Erlaß, durch den die kirchl. Gliederung eines Staatsgebiets erfolgt. Früher galten die Z. nicht-kath. Staaten gegenüber als Ersatz für ein Konkordat; dementsprechend wurde deren Inhalt vorher mit dem betreffenden Staat vereinbart, so die preuß. Z. ›De salute animarum‹. Derartige Vereinbarungen erfolgen heute in der Regel durch ein Konkordat; ihm gegenüber bedeutet dann die Z. lediglich einen kirchl. Ausführungserlaß. LIT. Feine, KRG 1 (³1955).

Zirkumvallation (lat.). Die völlige Umschließung einer belagerten Stadt durch Wall und Graben; die Befestigungswerke der Belagernden.

Zirkus (lat. circus, von griech. kirkos, Kreis).
[1] Bei den Römern ein länglicher Bau für Wagen- und Pferderennen; er war etwa 600 m lang und 110 m breit, hatte eine mittlere Längsschranke und amphitheatral. Zuschauerraum. Der Circus Maximus, im Tal zw. den Hügeln Aventin und Palatin der Stadt Rom gelegen, war der größte Z. des At. (etwa 600 m lang und 350 m breit); während der Kaiserzeit scheint er mehr als 200000 Zuschauer gefaßt zu haben. Der Z. der Kaiser Caligula (reg. 37–41 n. Chr.) und Nero (reg. 54–68 n. Chr.) ist vor allem durch die Christenverfolgungen Neros bekannt geworden.
[2] In der NZ ein festes Gebäude oder Zelt (Wanderzirkus) mit einer runden oder ellipt. Manege sowie amphitheatral. Zuschauertribünen für Reitkünste und Tierdressur und artistische Darbietungen (→Zirzensische Spiele). LIT. A. Henze, A. Hönle, Röm. Amphitheater und Stadien. Gladiatorenkämpfe und Circusspiele (1981).

Zirzensische Spiele, Circensische Spiele (lat. ludi circenses). Im antiken Rom diejenigen Spiele und Aufführungen, die im Zirkus stattfanden. Zunächst wurden die Z. S. aus religiösem Anlaß gefeiert, später ebenfalls durch Privatpersonen sowie siegreiche Feldherrn veranstaltet. Seit der Zeit des Kaisers Augustus (31 v. Chr.–14 n. Chr.) waren insbes. die Kaiser die Veranstalter der Z. S.; sie gehörten zu den Hauptvergnügen der Volksmasse (→panem et circenses). Das Veranstaltungsprogramm umfaßte außer Pferderennen und militär. Schaustellungen vor allem Wagenrennen (mit Zwei- und Viergespannen). Die aurigae (Wagenlenker) lieferten ob ihres Könnens den Stoff für das sportl. Tagesgespräch. In Byzanz spielten die Zirkusparteien eine bedeutende polit. Rolle. LIT. J. Carcopino, Das Alltagsleben im alten Rom zur Blütezeit des Kaisertums (dt. 1950).

' **Zisalpinisch** (lat.). Diesseits (südl.) der Alpen (von Rom aus gesehen). Gallia cisalpina, Name der röm. Provinz Oberitalien; im Gegensatz zu Gallia transalpina, das eigentliche, jenseits der Alpen gelegene Gallien.

Zisalpinische Republik. Der 1797 durch Napoleon Bonaparte (1769–1821) aus dem österreich. Mailand geschaffene franz. Vasallenstaat (Hauptstadt Mailand). In der Z. R. gingen die Transpadanische Republik (Mailand) sowie die Zispadanische Republik (Modena, Ferrara, Bologna) auf; sie umfaßte außerdem Verona, Brescia, Cremona, die Romagna; darüber hinaus die bisher schweizer. Gebiete Veltlin, Bormio und Chiavenna. Insgesamt umfaßte sie ein Gebiet von 42500 km² mit 3,5 Mill. Einwohnern. 1805 wurde die Z. R. in das Königreich Italien umgewandelt. Vizekönig des Königreichs war der Stiefsohn Napoleons, Eugène Beauharnais (1781–1824).

Zischägge. Eine oriental. Sturmhaube z. Z. des MA.

Zisleithanien. Land diesseits des Flusses Leitha. Von 1867–1918 die übliche Bez. für den österreich. Teil der österreich.-ungar. Doppelmonarchie (→ Transleithanien).

zispadanisch (lat.). Von Rom aus gesehen diesseits, d. h. südl. des Po gelegen.

Zispadanische Republik. Ein 1796 in Oberitalien durch Napoleon Bonaparte (1769–1821) geschaffener Staat. Bereits 1797 ging er in der Zisalpinischen Republik auf.

zisrhenanisch (lat.). Von Gallien aus betrachtet diesseits, d. h. westl. des Rheins gelegen.

Zisrhenanische Republik. Ein im Jahre 1797 von den rhein. Anhängern der Franz. Revolution betriebener Plan einer linksrhein. Republik, die unter dem Schutz Frankreichs stehen sollte. Der Förderer der Z. R., der franz. General Lazare Hoche (1768–97), verstarb plötzlich, als die Ausrufung bevorstand. Im Frieden von Campoformio (17. 10. 1797) gestand Österreich in geheimen Artikeln die Abtretung des linken Rheinufers an Frankreich zu.

Ziste (lat. cista, griech. kiste, Kiste). Urgeschichtl., zylindrisch getriebener Bronzeeimer, vor allem aus der Gegend von Bologna und Venedig (Villanova- und Latènekultur).

Zisterzienser (lat. Sacer Ordo Cisterciensis, Abk. OCist, SOrd Cist). Ein 1098 von Robert von Molesme (um 1027–1111) in Cîteaux (franz. Dorf im Dep. Côte-d'Or) gegr. benediktin. Reformkloster (Betonung strenger Armut und Handarbeit). Den Aufstieg der Z. begründete Bernhard von Clairvaux (1090–1153), der 1113 Mönch in Cîteaux und 1115 Gründer und Abt des Tochterklosters Clairvaux wurde. Grundlage der zentralisierten Ordensverfassung bildete die Charta caritatis, die erste Verfassungsurkunde des neuen Ordens, die Stephan S. Harding, der dritte Abt von Cîteaux (1110–33), schuf. Eine erste Blüte erlebte der Orden im 12. und 13. Jh. vor allem in Frankreich, Dtl. sowie den Ostseeländern durch Mission und Bodenkultur, religiösen und polit. Einfluß auf die Kirche und Kreuzzugspredigt. Zu Anfang des 14. Jh. bestanden bereits mehr als 700 Klöster, namentlich in Frankreich, England und Dtl. An der ostdt. Kolonisation bis zur Weichsel waren die Z. maßgebend beteiligt. Vom 14. Jh. an zeigten sich immer wieder innere Verfallserscheinungen. Von den Reformbewegungen waren die Trappisten am erfolgreichsten. Die meisten der Zisterzienser-Klöster gingen während der Reformation, der Französischen Revolution und der Säkularisation unter. Die Tracht der Z. ist weiß mit schwarzem Skapulier, im Chor weiße Kukulle, für Laienbrüder dunkelbraun.

Seit 1132 besteht ein weibl. Zweig der Z. Vor der Reformation gab es 900 Abteien der Zisterzienserinnen, vor allem in Frankreich und Dtl. Durch Reformation, Französische Revolution und Säkularisation erlitten die Zisterzienserinnen ebenfalls erhebl. Verluste. Ihre Tracht ist weiß mit schwarzem Skapulier, im Chor ein weißer Mantel.

Im Gegensatz zum Formenreichtum der Schule von Cluny hielt sich die Baukunst der Z. an das Vorbild von Cîteaux: eine gewollte Einfachheit (Turmlosigkeit; lediglich ein Dachreiter mit einer Glocke; rechteckiger Chor) gehaltene großzügige Sonderart des roman. und frühgot. Stils. Er wirkt nach bei den Bettelorden.

LIT. H. Rose, Die Baukunst der Z. (1916); M. Aubert, L'architecture cistercienne en France. 2 Bde. (1943); Feine, KRG 1 (³1955; m. Bibliogr.); L. Bouyer, La spiritualité de Cîteaux (1955); A. Wienand, A. Schneider, W. Bickel, Geist und Kunst der Cisterzienser (1971); L. Lekai, The Cistercians. Ideal and Reality (Ohio 1977); A. Schneider (Hrsg.), Die Z. (1977); R. A. Donkin, The Cistercians (1978); G. Duby, Der hl. Bernhard und die Kunst der Z. (1981); Die Z. Ordensleben zwischen Ideal und Wirklichkeit. Katalog zur Ausstellung des Landschaftsverbandes Rheinland, Rhein. Museumsamt, Brauweiler (1981); J. Kuthan, Die ma. Baukunst der Z. in Böhmen und in Mähren (1982); M. Töpfer, Die Konversen der Z. Untersuchungen über ihren Beitrag zur mittelalterl. Blüte des Ordens (1983); O. Volk, Salzproduktion, Salzhandel und Salinenbeteiligungen mitteleurop. Zisterzienserklöster (1984); Yvonne Monsees, Das Zisterzienserkloster Gottesthal im Rheingau (1986); C. Norton, D. Park (Hrsg.), Cistercian art and architecture in the British Isles (1986); H. Nehlsen/K. Wollenberg (Hrsg.), Z. zwischen Zentralisierung und Regionalisierung (1998); I. Ebert, Die Z. (2002).

Zitadelle (von ital. cittadella, kleine Stadt). Ein Festungswerk, das meist als Kern einer befestigten Stadt angelegt wurde. Zur Verbesserung des Schußfeldes war es von der Stadtumwallung in den meisten Fällen durch eine geebnete freie Fläche getrennt.

Zitat (lat., das Aufgerufene). Eine aus einem Schriftwerk, Vortrag etc. wörtl. angeführte Stelle. Häufig gebrauchte Z. (einzelne Sätze oder Verse) heißen »geflügelte Worte«.

LIT. R. Zoozmann, Zitatenschatz der Weltliteratur (⁷1935).

Zitiergesetz. Ein Gesetz des oström. Kaisers Theodosius II., des Jüngeren (reg. 408–50), und des weström. Kaisers Valentinian III. (reg. 425–55) vom Jahre 426 n. Chr. Durch das Z. sollten die aus der Überfülle der Schriften der alten Juristen sowie den dürftigen Bibliotheksverhältnissen sich ergebenden Schwierigkeiten behoben werden. Lediglich die Meinungen der röm. Juristen Papinianus (um 140–212 n. Chr.), Iulius Paulus (Zeitgenosse Papinianus'), Ulpianus (um 170–228 n. Chr.), Modestinus und Gaius (zw. 117 u. 180 n. Chr.) sollten noch gerichtl. Autorität genießen. Traten Meinungsverschiedenheiten auf, dann entschied die Mehrheit dieses Gremiums (»Geistersenat«): bei Stimmengleichheit die Stimme Papinianus'. Vom Z. gehen die spätröm. Kodifikationen aus.

LIT. L. Wenger, Die Quellen des röm. Rechts (1953).

zivil (lat.). [1] Bürgerlich, d.h. dem Bürgerstand angehörend oder von ihm ausgehend. [2] Gegensatz zu militärisch.

Zivilgouverneur. Ein für die Zivilverwaltung eines Gouvernements oder kolonialen Gebiets verantwortl. Beamter. Der Begriff Z. war ebenfalls in Teilen des zarist. Rußlands (bis 1917) gebräuchlich.

Zivilisation (von lat. civis, Bürger; ital. civiltà). Ein Begriff zur Bez. eines entwickelten und geordneten Lebens im Unterschied zum primitiven Naturzustand sowie wiederum zur Barbarei; außerdem die Ausbildung und das Fortschreiten des geistigen wie auch der moralischen Kräfte der Gesellschaft. Die Abgrenzung des Begriffes Z. gegenüber der Kultur ist unscharf.

An der vor allem im roman. und angelsächs. Sprachgebrauch dominierenden optimist. Auffassung wird mit dem Aufkommen der Kulturkritik seit J.-J. Rousseau (1712–78) in zunehmendem Maße Kritik geübt, in Dtl. namentlich

seit F. Nietzsche (1844–1900) und J. Burckhardt (1818–97), insbes. aber seit O. Spengler (1880–1936). Zu den Kritikern in anderen Ländern gehören Th. Carlyle (1798–1881), H. G. Wells (1866–1946), C.-H. Saint-Simon (1760–1825), P.-J. Proudhon (1809–65), G. Sorel (1847–1922), L. Tolstoi (1828–1910), F. M. Dostojewski (1821–81), H. Ibsen (1828–1906), A. Strindberg (1849–1912), A. J. Toynbee (1889–1975), J. Huizinga (1872–1945) und J. Ortega y Gasset (1883–1955).

Die Kritik geht dahin, in der Z. eine Veräußerlichung des Lebens und eine Betonung der staatl. Organisation anstelle einer lebendigen Gemeinschaft zu sehen; zudem erblickt sie in ihr ein Streben nach Komfort, eine Überbetonung sowohl der wirtschaftl. Bedürfnisbefriedigung als auch der techn. Leistungen; rationales Denken und wirtschaftl. Gesichtspunkte herrschen vor, während die schöpfer. Kräfte erlahmen. Dadurch werde eine Verkümmerung der in den Bereich der Kultur fallenden Aufgaben bewirkt, nämlich das Wesen des Menschen zum Besseren zu verändern, d. h. ihn edler zu machen. Mithin stellt die Z. eine Bedrohung der Kultur dar.

LIT. O. Spengler, Der Untergang des Abendlandes. 2 Bde. (1918–22; Neudr. 1965); E. Troeltsch, Dt. Geist und Westeuropa (1925); A. J. Toynbee, Der Gang der Weltgeschichte. 2 Bde. (1: (⁵1961; 2: 1958); ders., Die Kultur am Scheidewege (1949); Nef, Cultural Foundation of Industrial Civilization (London 1957); K. Jaspers, Die geistige Situation der Zeit (⁶1965); H. Freyer, Theorie des gegenwärtigen Zeitalters (²1956).

Zivilkabinett. Bis 1918 in Preußen eine dem König unmittelbar unterstehende Behörde. Aufgabe des Z. war es, dem König sowohl bei seiner persönl. Regierungstätigkeit zu unterstützen als auch den regelmäßigen Verkehr mit den verschiedenen Ministerien (mit Ausnahme der Angelegenheiten des Wehrwesens) zu vermitteln. Der Chef des Z. führte den Titel ›Geheimer Kabinettsrat‹. In der Weimarer Republik erledigte das Büro des Reichspräsidenten die Aufgaben des Z.; in der BRD ist das Präsidialkanzlei; in der BRD ist damit das Bundespräsidialamt betraut.

Zivilliste, Krondotation. Eine aus dem Englischen stammende Bez. (Civil

List), und zwar für das dem Monarchen durch die Verfassung oder das Parlament jährl. zugesicherte Einkommen für seine persönl. Ausgaben, die seines Haushalts sowie für die durch den König zu machenden wohltätigen Geschenke. Die Staatsoberhäupter der Republiken beziehen anstelle der Z. ein Gehalt.
Der König von Preußen erhielt vor dem Ersten Weltkrieg eine Z. von rd. 18 Mill. Mark.

Zivillord (engl. Civil Lord). Seit 1690 in England das nicht-seemännische Mitglied der Admiralität. Im Gegensatz zu den Seelords ist der Z. nicht Seeoffizier, sondern Parlamentsmitglied.

Zivilrecht. Nach altem röm. Recht war das Z. (ius civile) ein ausschließlich für die röm. Bürger geltendes Recht. Begründet durch die Zwölftafeln, erfuhr es seine Weiterentwicklung durch die Gesetze, Senatsbeschlüsse, Edikte des Prätors, Gutachten und Abhandlungen der Juristen, desgleichen durch die Rechtsprechung und das Gewohnheitsrecht. Durch das ius gentium wurde insbes. das Recht der Peregrinen (der zwar freien, jedoch nichtröm. Bürger) geregelt. Die zuvor vorher nicht mehr bestehende strenge Scheidung zwischen ius civile und ius gentium wurde durch Kaiser Justinian (reg. 527–65) beseitigt (→ Corpus Iuris Civilis). Die sog. Zivilgesetzbücher enthalten Zusammenfassungen des Z. (bürgerl. Rechts); in den meisten Ländern des europ.-amerikan. Kulturkreises entstanden sie seit der 2. Hälfte des 18. Jh. In Großbritannien und den USA hingegen ist das bürgerl. Recht im wesentlichen ein durch die Rechtsprechung der Gerichte entwickeltes und weiter fortgebildetes Gewohnheitsrecht geblieben, ausgenommen Teilgebiete des bürgerl. sowie des Handelsrechts, wofür Sondergesetze erlassen wurden. Die Zivilgesetzbücher des 19. und 20. Jh. regeln lediglich das bürgerl. Recht; Handels-, See- und Wechselrecht werden in der Mehrzahl der Fälle ausgeschieden. Dagegen regelte das preuß. Allgemeine Landrecht das gesamte bürgerl. und öffentl. Recht, ausgenommen das Prozeßrecht. Von den geltenden Zivilgesetzbüchern seien genannt: der Code civil von 1804 (Frankreich), das Allgemeine Bürgerliche Gesetzbuch (Österreich), das Bürgerliche Gesetzbuch (Deutschland) und das Zivilgesetzbuch (Schweiz).

LIT. K. Heinsheimer (Begründer), Die Zivilgesetze der Gegenwart, Sammlung europ. und außereurop. Privatrechtsquellen (1928 ff.); F. Schlegelberger (Hrsg.), Rechtsvergleichendes Hwb. für das Zivil- und Handelsrecht des In- und Auslandes. 5 Bde. (1929–36); L. Raape, Internationales Privatrecht (^{5}1961).

Zizith (hebr., Schaufäden). Wollfäden, die die Juden an den vier Ecken des Oberkleides zu befestigen hatten (nach 4. Mos. 15, 37–41 und 5. Mos. 22, 12). Der ständige Anblick der Fäden sollte an die Gebote der Religion erinnern. Von den orthodoxen Juden werden die Z. bis heute an den vier Enden des Gebetsmantels getragen.

Zölibat (von lat. caelebs, unvermählt). Die seit etwa dem 5. Jh. vom röm.-kath. Klerus mit den drei höheren Weihegraden (Majoristen) geforderte Ehelosigkeit; sie beinhaltet die Verpflichtung zu dauernder Ehelosigkeit. Der Z. basiert theolog. auf der asket. Überzeugung, daß gegenüber der Ehe die Ehelosigkeit einen Zustand der Vollkommenheit darstellt (Matth. 19, 12; 1. Kor. 7) und daß das Geschlechtliche als unrein zu bewerten ist.
Obwohl bereits seit dem 5. Jh. gefordert, vermochte sich der Z. nur allmählich durchzusetzen, trotz zahlreicher Synodalbewegungen und Reformbewegungen zu seinen Gunsten. Nicht eher als im Jahre 1139 (auf dem 2. Laterankonzil) wurde das Eheverbot für Majoristen gemeinrechtl. eindeutig ausgesprochen. Dennoch konnte der Z. erst seit dem Tridentinum (1545–63) zur vollen Geltung gebracht werden. Obwohl z. Z. der Aufklärung, im 19. Jh. und nach dem Ersten Weltkrieg (vor allem in der Tschechoslowakei) Vorstöße unternommen wurden, den Z. aufzuheben, ist eine Wirkung hiervon nicht ausgegangen. Im Anschluß an das Vatikanische Konzil (1962–64) ist es erneut zu Diskussionen über den Z. gekommen, der rein kirchl., nicht aber göttl. Rechts ist, doch ist die kath. Kirche theol. u. histor. auf ihn festgelegt.

LIT. Sacramentum mundi IV, 1440–52; H. Doms, Vom Sinn des Z. (1954); W. Bertrams, Der Z. des Priesters (1960); Um den Z. (Enzyklika ›Sacerdotis caelibatus‹, 1966); B. Kötting, Der Z. in der alten Kirche (^{2}1970); S. Heid, Z. in der frühen Kirche (^{2}1998).

Zoll (griech. telos; lat. portorium; vectigal; mlat. teloneum, pedaticum; pedagium; franz. péage). Eine Verkehrssteuer, die bei der Überschreitung einer Gebietsgrenze auf Waren erhoben wird. Zweck des Z. kann einmal sein, die einheim. Erzeugnisse zu schützen (Schutzzoll), dann auch, Staatseinnahmen (Finanzzoll) zu erzielen. Man unterscheidet zw. Einfuhrzoll, Ausfuhrzoll und Durchfuhrzoll; eine wesentl. Rolle spielen heute jedoch nur die Einfuhrzölle. Anstelle der allg. abgeschafften Durchfuhrzölle bestehen gewisse Zollkontrollen. Außerdem existiert eine Reihe spezifischer Zölle: Gewichts- und Stückzoll, nach der Anwendung Einheits- und Differentialzoll (sie sind nach Art und Herkunftsland abgestuft); zu dieser Kategorie gehören auch die Präferenzzölle.

Urspr. wurden die Z. als Binnenzölle (früher auch als Mauten, Mautgelder, Um- oder Ungeld bez.) von Personen oder Waren für das Benutzen bestimmter Einrichtungen sowie Durchfahrt durch bestimmte Orte erhoben. In der Mehrzahl der Fälle handelte es sich hierbei um Marktzoll, Hafenzoll, Passierzoll (d.h. Tor- oder Brückenzoll) sowie Wegezoll (d.h. Straßen-, Kanal-, Geleitzoll). Die Erhebung des Z. stand bzw. steht dem Träger der Gebietshoheit zu, im At. Städten und Königen, bzw. dem souveränen röm. Volk; im MA war sie ein Regal. Mit dem Zerfall der kaiserl. Macht im alten Dt. Reich wurde das Recht, Z. zu erheben, in zunehmendem Maße an Landesherren und Städte, feudale Lokalgewalten und Grundherren vergeben. Infolgedessen herrschte schließlich eine kaum noch übersehbare Fülle von Binnenzöllen. Im Jahre 1790 noch wurden im Dt. Reich etwa 1800 Binnenzollgrenzen gezählt. Seit dem ausgehenden 18. Jh. wurden die Binnenzölle durch Grenzzölle abgelöst: in Frankreich 1791, in Preußen 1818. Seit dem Merkantilismus wurde der Schutzzoll, zusammen mit Ein- und Ausfuhrverboten, zu einem bedeutenden Instrument der Wirtschaftspolitik.

Ein wesentl. Schritt auf dem Wege zu einem einheitl. Zoll- und Wirtschaftsgebiet in Dtl. war die Gründung des Zollvereins.

LIT. E. Siegert, in: Handbuch der Finanzwiss., 2 (1956); Zeitschr. für Zölle und Verbrauchssteuern (seit 1920); H. Martinstetter, Internat. Bibliogr. des Zollwesens (1954; Nachtrag 1, 1957); B. Woischnik, Die europ. wirtschaftl. Zusammenschlüsse (1966); H. Hassinger, Geschichte des Zollwesens, Handels und Verkehrs in den östl. Alpenländern vom SpätMA bis zur zweiten Hälfte des 18. Jh. Teil 1 (1986); M. Polli, Zollpolitik und illegaler Handel (1989).

Zollparlament. Im Anschluß an die Schaffung des Norddt. Bundes wurden auf Grund von Verträgen mit den süddt. Staaten (vom 8. 7. 1867) ein Zollbundesrat und ein Z. errichtet. Das Z. rekrutierte sich aus den Mitgliedern des Norddt. Reichstags sowie aus Abgeordneten, die in Süddeutschland gewählt wurden. Die im Jahre 1868 durchgeführten ersten Wahlen zum Z. brachten in Bayern und Württemberg einen Sieg für die antipreuß. partikularist. Kräfte.

Zollunion (Zollverband). Der Zusammenschluß mehrerer Zollgebiete zu einem einheitlichen; die Zollgrenzen fallen zw. den beteiligten Staaten weg; lediglich an den Außengrenzen des Gebiets der zusammengeschlossenen Staaten werden noch Zölle erhoben. Zu einer Z. finden sich meist solche Staaten zusammen, deren Wirtschaften derart eng miteinander verflochten sind, daß sie durch Zollgrenzen nachteilig belastet und gehemmt würden. Die bekannteste Z. der Vergangenheit war der Dt. Zollverein von 1834. Nach dem Ersten Weltkrieg kamen Z. zw. Luxemburg und Belgien am 25. 7. 1921, zw. Liechtenstein und der Schweiz am 29. 3. 1923 und zw. Estland und Lettland am 5. 2. 1927 zustande. Durch den Versailler Vertrag vom 28. 6. 1919 wurde eine Z. zw. Danzig und Polen geschaffen. Eine 1931 zw. Dtl. und Österreich geplante Z. mußte auf den Druck Frankreichs hin aufgegeben werden.

LIT. B. Woischnik, Die europ. wirtschaftl. Zusammenschlüsse (1966).

Zollverein, Dt. Zollverein. Die insbes. auf das Betreiben Preußens zustande gekommene handelspolit. Einigung dt. Bundesstaaten mit dem Ziel, eine dt. Wirtschaftseinheit zu erreichen. Der liberal-fortschrittl. gesinnte preuß. Staatsmann F. von Motz (1775–1830) hatte frühzeitig erkannt, daß die Wirtschaft in der Folge zu einem Faktor von entscheidender Bedeutung für die polit. Entwicklung Deutschlands werden würde. Als preuß. Regierungspräsident in

Erfurt (seit 1817) und Oberpräsident der Provinz Sachsen (seit 1821) hatte er einen tiefen Einblick in die Schäden der Kleinstaaterei in Mitteldtl. tun können. Nachdem durch das ›Gesetz über den Zoll und die Verbrauchssteuer von ausländ. Waren und über den Verkehr mit den Provinzen des preuß. Staats‹ vom 28. 5. 1818 zunächst die den innerpreuß. Warenaustausch hemmenden Schranken beseitigt worden waren, ging das Streben Motz' dahin, eine über Preußen hinausgehende Wirtschaftsgemeinschaft zu schaffen. Als Finanzminister (seit 1825) erreichte Motz zunächst eine Teillösung durch den 1828 mit Hessen-Darmstadt gegründeten preuß.-hess. Z., dem ein bayer.-württemb. (Süddt. Z.) bereits vorausgegangen war. Auf österreich. Initiative hin wurde, ebenfalls 1828, ein 3. Verein gegründet, der sog. Mitteldt. Handelsverein (ihm schlossen sich Sachsen, Hannover, Kurhessen, Weimar, Altenburg, Coburg, Nassau, Schwarzburg-Rudolstadt, Braunschweig, Oldenburg, Meiningen, Hessen-Homburg, die reußischen Häuser und Bremen an). Als sich Hessen-Kassel 1831 dem preuß.-hess. Verein anschloß, wurde der Mitteldt. Handelsverein gesprengt. Auf einen Vertrag vom 22. 3. 1833 zw. dem preuß.-hess. und dem Süddt. Z. hin, dem sich ebenfalls Sachsen sowie die thüring. Staaten anschlossen, trat am 1. 1. 1834 der Dt. Z. ins Leben. Zunächst schloß der Dt. Z. nur einen Teil der späteren kleindt. Reiches zusammen; 1836 traten ihm Baden, Nassau, Frankfurt/M., 1842 Luxemburg, Braunschweig und Lippe bei; den Hannover und Oldenburg gelang 1851–54 die Einigung (1834 hatten sich die beiden Staaten im ›Steuerverein‹ zusammengeschlossen). Der Dt. Z. hat überholte Handelsstrukturen abgebaut, die Zollast vermindert und auf ein Dtl. ohne Österreich hingewirkt, das Motz von Anfang an fernhalten wollte. Mecklenburg und Lübeck schlossen sich dem Dt. Z. 1868, Bremen und Hamburg erst 1888 an. Luxemburg gehörte bis 1919 dem Dt. Z. an.
LIT. K. Sturmhöfel, Der Dt. Z. (1906); H. Oncken u. F. Saemisch (Hrsg.), Vorgeschichte und Begründung des Dt. Z. 3 Bde. (1934); H. von Petersdorf, Friedrich von Motz. 2 Bde. (1913); A. Hasenclever, F. v. Motz. In: Mitteldt. Lebensbilder, 2. Bd. (1927); W. Mommsen, F. v. Motz. In: Lebensbilder aus Kurhessen

und Waldeck, 2. Bd. (1940); F. Lenz, Friedrich List (1936); A. H. Price, The Evolution of the Z. (1949); F. Schnabel, Dt. Geschichte im 19. Jh., 3. Bd. ([3]1949); H. von Treitschke, Der letzte Akt der Zollvereinsgeschichte. In: Preuß. Jbb., XLV. Bd., 6. Heft (Sonderdr. 1880); W. Menn, Zur Vorgeschichte des Dt. Z. Nassaus Handels- und Schiffahrtspolitik vom Wiener Kongreß bis zum Ausgang der süddt. Zollvereinsverhandlungen 1815–1827 (Diss. Marburg 1917; Greifswald 1939); A. Weber, Der Dt. Z. als Präzedenzfall für die Bildung eines freien europ. Marktes, in: Schmoller's Jb. 78 (1958); W. O. Henderson, The Z. (London [2]1959); W. Fischer, The German Z. In: Kyklos, 13 (1960); K. Fuchs, Die Bedeutung des Dt. Z. als Institution zur Austragung des preuß.-österreich. Gegensatzes. In: Nass. Annalen, 78 (1967); E. R. Huber, Dt. Verfassungsgeschichte seit 1789 ([2]1967/68); H.-W. Hahn, Geschichte des dt. Zollvereins (1984); A. Meyer, Der Z. und die dt. Politik Bismarcks (1986); G. Kollmer/v. Oheimb-Loup, Innovation u. Z. (1996).

Zone (griech., Gürtel). Lt. Völkerrecht wird unter dem urspr. geograph. Begriff derjenige Teil verstanden, den man bei einer Aufteilung von nichtsouveränem Gebiet unter mehreren Mächten einem Staat zuteilt (z. B. die ehem. span. und franz. Z. in Marokko).

Zonen, dt. Die nach dem Zweiten Weltkrieg vorgenommene Aufteilung Deutschlands in 4 Z.; sie wurden je Z. von amerikan., engl., franz. und sowjetruss. Truppen besetzt, wobei Berlin mit vier Sektoren gemeinsam übernommen wurde. Aus der verschiedenartigen polit. und wirtschaftl. Verwaltung der einzelnen Z. ergaben sich Spannungen und Gegensätze namentlich zw. der UdSSR und den drei übrigen Besatzungsmächten; sie fanden ihren vorläufigen staatspolit. Ausdruck in der Schaffung von BRD und DDR. Die provisor. Zoneneinteilung fand damit ihr Ende. Während die BRD der Europ. Gemeinschaft (EG) und der Nordatlantischen Verteidigungsgemeinschaft (NATO) angehört, war die ehem. DDR wirtschaftl. und militär. dem inzwischen zerfallenen Ostblock angeschlossen, d. h. dem Rat für gegenseitige Wirtschaftshilfe (Comecon) und dem Warschauer Pakt.

Zonenstreit. Ausgetragen zw. Frankreich und der Schweiz. 1815/16 waren

Zönobium

die Landschaft Gex (Jura) sowie ein
schmaler Landstreifen Hochsavoyens
zum Schutz der Genfer Wirtschaft als
Freizonen eingerichtet worden; die
franz. Zollinie verlief erst an deren
Grenze. Außerdemwurde 1815 Hoch-
savoyen in die Neutralitätserklärung der
Schweiz einbezogen. Anläßlich des Anschlusses Savoyens an Frankreich
(1860) kam der Großteil Hochsavoyens
zur Freizone. Die Neutralisierung wurde nach dem Ersten Weltkrieg aufgehoben.
Der Versuch Frankreichs, die Freihandelszonen durch den Versailler Vertrag
(Art. 435) zu beseitigen, wurde 1934
durch den Internationalen Gerichtshof
im Haag zurückgewiesen.
Zönobium (griech., Lebensgemeinschaft). Hierher Zönobitentum (seit
dem 4. Jh. n. Chr.). Es geht zurück auf
Pachomius (I 346), der 320 n. Chr. in
Tabennisi in Oberägypten ein Kloster
gründete, und bez. das klösterl. Leben
in der Gemeinschaft, insbes. innerhalb
der griech. Kirche. Z. steht im Gegensatz zur Anachorese.
zoon politikon (griech., geselliges Wesen). Seit Aristoteles (384–322 v. Chr.)
die Bez. des Menschen als eines ursprünglich geselligen Wesens (›Politik‹,
1, 2 u. 3, 6).
Zopf. Die seit der Völkerwanderung
bekannte Haartracht der Frauen: langes, geflochtenes Haupthaar in ein oder
zwei Z. Die Haartracht kehrte in verschiedenen Epochen wieder, so im 12.
und 13. Jh. in Frankreich, Italien und
Dtl. (teils über dem Kopf geknotet, teils
als seitl. Z.). 1713 führte König Friedrich Wilhelm I. (reg. 1713–40) den auf
dem Rücken herabhängenden Z. im
preuß. Heer ein. Der Z. ging auf die
Perücke über. In der 2. Hälfte des
18. Jh. wurde die Zopfperücke zur herrschenden Frisur (Zopfzeit). Der Z. verschwand mit der Franz. Revolution.
Seitdem als satir. Bez. für eine veraltete
Anschauung gebraucht.
Zopfstil. Insbes. eine Stilstufe der dt.
Kunst. Zeitl. umfaßt sie die Übergangs-
epoche vom Rokoko zum Klassizismus,
insofern in ihr das Bürgerliche, Lehrhafte und Nüchterne der Aufklärungszeit hervortritt. Der Maler und Radierer
D. Chodowiecki (1726–1801), der seit
1797 in Berlin als Direktor der Akademie wirkte, war ein Hauptmeister des Z.
Die Bez. Z., heute nur noch selten verwendet, geht zurück auf die Mode des

Zopfes, der später Steifheit und Unnatürlichkeit symbolisierte.
Zugewandte, zugewandte Orte. Im
alten eidgenöss. Sprachgebrauch Bez.
für diejenigen Städte und Territorien,
die sich seit dem 13. Jh. (bis 1798) der
alten Eidgenossenschaft in loser Form
angeschlossen (zugewandt) hatten, ihren Schutz genossen und Militärhilfe
leisteten. Zu den z. O. gehörten u. a. die
Drei Bünde (Graubünden), Wallis, das
Bistum Basel, das Stift St. Gallen, die
Stadt St. Gallen, Mülhausen i. E., Rott-
weil und Genf. Die z. O. waren an der
Leitung der eidgenöss. Politik nicht beteiligt; desgleichen waren sie von krieger. Eroberungen ausgeschlossen. Mit
Ausnahme von Mülhausen und Rott-
weil gingen die z. O. seit 1798 in den
neugebildeten Kantonen auf.
LIT. W. Oechsli, Orte und Zugewandte.
In: Jb. für schweizer. Geschichte 13
(Zürich 1888); C. Hilty, Die Bundes-
verfassungen der schweizer. Eidgenossenschaft (Bern 1891).
Zunft (mhd. zumft, was sich ziemt,
Schicklichkeit, Regel, der entsprechend
eine Genossenschaft lebt, auch Gilde,
Innung, Amt, Gaffel; mlat. confraternitas, coniuratio, officium, universitas;
franz., engl. corporation, engl. guild).
Bez. für die vom Hohen MA bis um die
Mitte des 19. Jh. in allen europ. Städten
sich freiwillig bildenden, jedoch von der
Obrigkeit mit Monopolrecht (**Zunftzwang**, d. h. Beitrittszwang für den selbständigen Betrieb eines Gewerbes) ausgestatteten genossenschaftl. Verbände
der Gewerbetreibenden (Handwerker,
Krämer). Namentlich das Produzenten-
interesse vertraten sie gegenüber der
stadtfremden Konkurrenz, dem städt.
Rat sowie den übrigen Z. (Abgren-
zungsfragen); daneben dienten sie aber
auch polit., militär., fürsorger. und religiösen Zwecken.
Die frühesten dt. Urkunden über das
Zunftwesen stammen aus dem 11./
12. Jh. Während des MA waren neben
den handwerkl. auch nahezu sämtl.
nichthandwerkl. Berufstätigen (u. a.
Notare und Musikanten, sogar Bettler
und Dirnen) in Z. organisiert; sie stellten jedoch eine Minderheit dar. Im Einvernehmen mit der städt. Obrigkeit erließ die Z. verbindl. Vorschriften
über die Arbeitszeit, die Höchstzahl von
Lehrlingen und Gesellen pro Betrieb,
deren Rechte und Pflichten dem Meister gegenüber, über die Aufnahme von

Meistern (u. a. auf Grund des Meisterstücks und des Eintrittsgeldes), die Warenqualität, gegen den unlauteren Wettbewerb etc. Die Rechte, Pflichten sowie Privilegien der Z., ebenfalls der Zunftmeister, waren in Zunftbüchern (Rollen, Schragen) niedergelegt; sie wurden bei Bedarf durch die Obrigkeit (Stadt, Landesherrn, Kaiser) erneuert und bestätigt. Häufig bildeten spezielle Zunfthäuser (Gewandhäuser, Tuchhäuser, u. a. in Braunschweig und Leipzig) den Mittelpunkt des Zunftlebens. Der nicht zur Z. gehörende Handwerker, auch Bönhase, Pfuscher genannt (sie stellten eine Minderheit dar), wurde boykottiert. Der Tätigkeitsbereich der einzelnen Z. untereinander war scharf abgegrenzt. Diese Entwicklung ist vor allem seit dem späteren MA zu beobachten. Im 15. Jh., d. h. mit dem Aufkommen strenger Aufnahmebestimmungen, wo zu ehrliche Herkunft, eheliche Geburt, guter Leumund, bes. Vermögensnachweis gehörten, erreichte die Abgrenzung (auch »Schließung« genannt) ihren Höhepunkt. In den Rahmen der Abgrenzungsbestrebungen gehören auch die Ausbildungsbestimmungen (u. a. die Lehr- und Wanderzeit sowie das Meisterstück).

Auf Grund ihrer Monopolstellung, die die Z. hinsichtl. der einzelnen Produktionsbereiche einnahmen, sahen sie sich veranlaßt, für gerechten Preis, gemeinsamen Einkauf, die Zuteilung der Rohstoffe, Arbeitszeitregelung, Produktionsüberwachung etc. zu sorgen, um die Produktion qualitativ hervorragender (»zünftiger«) Erzeugnisse zu erreichen. Aus dieser Situation heraus entwickelte sich das Arbeitsethos der Handwerker.

Die Leitung der Z. lag bei dem von der allg. Zunftversammlung, der Morgensprache, gewählten Zunftmeister. Es gab ein eigenes Gericht der Z., das für die Zunftgenossen Recht sprach; das Zunftrecht war in Zunftordnungen und Zunftbriefen niedergelegt. Das System der Haupt-, Unter- oder Nebenladen stellte eine übergebietl. Organisation bei weit verbreiteten Handwerken dar.

Teilweise auf dem Umweg über Revolutionen erreichten die Z. im SpätMA die Teilnahme am Stadtregiment, d. h. daß ihre Meister in den Rat aufgenommen wurden. Im Falle einer notwendig werdenden Stadtverteidigung wurde die Z. als geschlossene Formation eingesetzt und ihr ein Mauerabschnitt übertragen. – Zu Gesellenaufständen kam es an zahlreichen Plätzen, weil die aus der Bevorzugung der Meistersöhne bei der Neubesetzung von Meisterstellen resultierende Benachteiligung der Gesellen Unzufriedenheit hervorrief. Deutlichere Formen der inneren Auflösung des Zunftwesens sind seit dem Ende des Dreißigjährigen Krieges zu beobachten. Trotz zahlreicher Reichsabschiede, die sich gegen die Mißstände richteten, konnten diese nicht beseitigt werden. Mit dem Reichsbeschluß von 1731 gegen die Mißbräuche im Handwerk fand die Zunftgesetzgebung des alten Dt. Reiches ihr Ende. Nachdem die Zunftschranken in England im 18. Jh. gefallen waren, fielen sie u. a. in Frankreich 1791, in Preußen 1807, 1810; im übrigen Dtl., in der Schweiz sowie in Österreich-Ungarn um die Mitte des 19. Jh. Neue Formen des berufl. Zusammenschlusses im Anschluß an die Aufhebung der Z. stellen die Innungen dar.

LIT. M. Heyne, Das altdt. Handwerk (1908); E. Mummenhoff, Der Handwerker in der dt. Vergangenheit (²1924); R. Kötzschke, Allg. Wirtschaftsgeschichte des MA (1924); R. Wissell, Des alten Handwerks Recht und Gewohnheit. 2 Bde. (1929); L. Arentz, Die Zersetzung des Zunftgedankens (Diss. Köln 1935); G. Fischer, Dt. Handwerkerkunde (1943); H. Proesler, Das gesamtdt. Handwerk im Spiegel der Reichsgesetzgebung von 1530–1806 (1954); H. Planitz, Die dt. Stadt im MA (1954); M. Rumpf, Dt. Handwerkerleben (1955); W. Wernet, Kurzgefaßte Geschichte des Handwerks in Dtl. (²1956); S. Fröhlich, Die soziale Sicherung bei Zünften und Gesellenverbänden (1976); ders., Die soziale Ordnung bei Zünften und Gesellenverbänden (1976); F. Horsch, Die Konstanzer Zünfte in der Zeit der Zunftbewegung bis 1432 (1979); K. D. Bechtold, Zunftbürgschaft und Patriziat. Studien zur Sozialgeschichte der Stadt Konstanz im 14. und 15. Jh. (1981); H. Hof, Wettbewerb im Zunftrecht. Zur Verhaltensgeschichte der Wettbewerbsregelung durch Zunft und Stadt. Reich und Landesherr bis zu den Stein-Hardenbergschen Reformen (Diss. 1983); B. Schwineköper (Hrsg.), Gilden und Zünfte (1985); P. Schichtel, Das Recht des zünftigen Handwerks im Herzogtum Pfalz-Zweibrücken während des 18. Jh. In: Schriften zur Rechtsgeschichte, H. 37 (1986); 650 Jahre Zürcher Zünfte (1986); W. Reininghaus, Zünfte, Städte und Staat in der Grafschaft Mark (1989).

Zunge. Eine der acht (in Großpriorate gegliederten) Provinzen des Johanniterordens.

Zwangs- und Bannrechte. Während des MA und der frühen NZ die Banngewalt des Grundherrn (→Bannrechte), wodurch er seine Grundholden zum Mahlen in seiner Mühle (Mühlenbann), zum Backen in seinem Backofen sowie zum Keltern in seiner Kelter zwang. Im Bereich des städt. Handwerks das Recht, in einer bestimmten Zone (Bannmeile) Fremde von der Praktizierung des Gewerbes auszuschließen. Auch das städt. Stapelrecht gehört bis zu einem gewissen Grad zu den Zwangs- und Bannrechten.

Zweibund.
[1] Das Defensivbündnis vom 7./15. 10. 1879 zw. Dtl. und Österreich. Es beinhaltete das Beistandsversprechen im Falle eines Angriffs durch Rußland oder einen von ihm unterstützten Staat. Der Z. wurde von Bismarck (1815–98) gegen die rußlandfreundl. Neigungen Kaiser Wilhelms I. (reg. 1871–88) durchgesetzt. Am 20. 5. 1882 wurde der Z. zum →Dreibund erweitert.
[2] Das gegen den Dreibund gerichtete Bündnis zw. Frankreich und Rußland. Es bestand kein förml. Vertrag, sondern ledigl. ein Einverständnis (Entente) über eine gemeinsame Außenpolitik (vom 27. 8. 1891) sowie eine Militärkonvention (vom 17. 8. 1892), die durch die franz. und russ. Regierung am 4. 1. 1894 genehmigt wurden.

Zweifelderwirtschaft. Eine alte Form der Bodennutzung, bei der die Aufteilung der Flur in zwei Gewanne erfolgte, die dann entweder mit Getreide bebaut wurden und brachlagen oder auf denen Sommer- und Wintergetreideanbau erfolgte. Die Z. gehört in das Fruchtfolgesystem der Felderwirtschaft.

Zweihänder, Bidenhander. Ein mannshohes Schwert des 15. Jh., dessen Griff mit beiden Händen gefaßt wurde; man benutzte es insbes. zum Kampf von der Mauer aus.

Zweikammersystem. Die Zusammensetzung eines Parlaments aus 2 Behörden (Kammern, Häuser), die getrennt beraten und beschließen. Dabei ist die 1. Kammer entweder ein feudales Oberhaus (eine aus Adel, Klerus sowie verdienten Persönlichkeiten des öffentl. Lebens, auf Grund königl. Vertrauens berufen, sich rekrutierende Vertretung, so das brit. Oberhaus und bis 1918 das preuß. Herrenhaus) oder ein regionaler Senat (eine Vertretung der Einzelstaaten, Provinzen, Departements durch gewählte Repräsentanten).
Die 2. Kammer ist die durch das gesamte Volk gewählte demokrat. Vertretung. Hinsichtl. der Zuständigkeit der 1. Kammer gibt es Unterschiede:
a) der 1. Kammer steht ledigl. ein aufschiebendes Veto zu (z. B. dem brit. Oberhaus gegen Beschlüsse des Unterhauses; seit 1911);
b) bestimmte Geschäfte sind ledigl. von einem Haus zu behandeln (so in den USA).
Daneben gibt es auch eine gleichberechtigte Stellung der Kammern (z. B. in der Schweiz).
In der BRD stellt der Bundesrat keine 1. Kammer dar (wie bereits der Bundesrat des Bismarckschen Reiches und der Reichsrat der Weimarer Republik); er ist ein ständiges Organ von weisungsgebundenen Regierungsvertretern der einzelnen Länder.
LIT. J. D. Kühne, Die Reichsverfassung der Paulskirche (1986); M. I. Finley, Das politische Leben in der antiken Welt (1986).

Zweikampf, Wirklicher Z. Der Ursprung des dem röm. Recht unbekannten Z. ist strittig. Wahrscheinlich wurde er nach bestimmten Regeln insbes. seit altgerman. Zeit (Holmgang) durchgeführt und zunächst als Gerichts-, dann als Gottesurteil aufgefaßt.
Als ritterl. Kampfspiele gab es den Zwei- und Mehrkampf (→Turnier).
Ein Ehrenhandel sog. »ehrenfähiger Kreise« (Adel, Offiziere, Akademiker etc.) war und ist verschiedentl. noch das Duell, seine leichtere Abart (mit sportl. Einschlag) die student. Mensur.

Zweischwerterlehre. Lehre über das Verhältnis von Kirche und Staat, wonach Christus die geistl. und weltl. Gewalt versinnbildlicht, und zwar durch die beiden Schwerter (Luk. 22, 38), dem hl. Petrus übergeben, damit dieser das geistl. für sich behalte, das weltl. dem Fürsten weitergebe. Erstmals wurde die Z. durch Papst Gelasius I. (492–96) vertreten. Seit dem Investiturstreit stritt man darüber, ob das weltl.

Schwert dem König oder dem Kaiser durch Gott unmittelbar gegeben sei oder (wie das geistl.) dem Papst, der es den Herrschern zu verleihen habe, damit diese es für die Kirche führen (so in der Bulle ›Unam Sanctam‹ von 1302 dargelegt). Die Z. war zu keiner Zeit allg. Lehre der kath. Kirche; sie wurde in nachma. Zeit aufgegeben.
LIT. Arguillière, Les origines de la théorie des deux glaives. In: Studi Gregoriani, I (Rom 1947); W. Levison, in: Dt. Arch. f. Erforsch. d. MA, 9 (1952).

Zweispitz. Ein Hut mit einer Krempe, die an zwei Seiten hochgeklappt war. Ende der 80er Jahre des 18. Jh. löste er den Dreispitz ab. Zu Beginn des 19. Jh. wurde der Z. (mit Federbusch oder Straußenfederrüsche versehen) ebenfalls im Heer eingeführt; er gehörte gleichfalls zur Hoftracht (mit der Spitze nach vorn). Als Teil der Galatracht von Diplomaten und Marineoffizieren hat er sich bis heute erhalten.

Zweiter Orden. Im Klosterwesen der kath. Kirche der weibl. Zweig einer Reihe von Bettelorden, insofern er sich als ein eigener Orden existierte und nicht der anders gearteten Form der Tertiarier (→Dritter Orden) zugehört. Die Z. O. wurden im Anschluß an die Ersten Orden (den männl. Zweig) gegründet. Unter den Z. O. sind die Dominikanerinnen und Klarissinnen die bedeutendsten.

Zwickauer Propheten. Religiöse Schwärmer, welche, beeinflußt vom Taboritentum, an die Stelle der Bibel die innere Erleuchtung setzten, das 1000jährige Reich erwarteten, einen alttestamentl. Kommunismus und die Ablehnung jeglicher Obrigkeit predigten. Nach der Vertreibung von Thomas Müntzer aus Zwickau tauchten sie 1521 in Wittenberg auf, vermehrten dort die Wittenberger Wirren, wurden jedoch bald vertrieben und gingen in den Wirren des Bauernkrieges und der Kämpfe gegen die Wiedertäufer unter.

Zwing (ebenfalls Twing) **und Bann.** Die in ihrem Ursprung, ebenfalls in ihrer Bedeutung ungeklärte ma. Befehls- und Strafgewalt, insbes. der niederen Gerichtsbarkeit, d. h. der geistl. oder weltl. Grundherrn, später auch der dörfl. Herrschafts- und Gerichtsgewalt (vor allem in Südwestdtl. und der Schweiz bzw. dem alemann. Stammesraum).

Z. u. B. wurde zum Kern der öffentl.-rechtl. Gemeindehoheit und umfaßte
a) die Ämterbesetzung;
b) die Verwaltung der Dorfflur;
c) die Ansprüche auf Dienste und Abgaben;
d) die Gewerbeordnung und die richterl. Funktionen.
LIT. H. Wiessner, Twing und Bann (1935); U. Stutz, in: ZRG GA (1937); K. H. Ganahl, in: ZRG GA (1940); H. Rennefahrt, T. u. B. In: Schweizer. Beitr. z. allg. Gesch. (1952); K. S. Bader, in: Festschr. für Guido Kisch (1955); ders., Das ma. Dorf als Friedens- und Rechtsbereich, I (1957).

Zwinger (nhd., zwingen, einengen, Zwang ausüben). Zunächst das Sicht- und Schußfeld, das vor einer Burg lag; vom 14. Jh. an das Feld, das zw. der hohen Ringmauer einer Burg oder Stadt und Wall und Graben oder Vormauer lag (Vorburg). Nachdem der Verteidigungszweck weggefallen war, diente der Z., wenn er die notwendige Ausdehnung hatte, häufig zu ritterl. Übungen und Hoffestlichkeiten (bis ins Barock), der Haltung wilder Tiere, als Schloßgarten, Ackerfeld und auch als Gefängnis. Der durch M. D. Pöppelmann (1662–1736) während der Jahre 1711–22 erbaute Dresdener Z. (eine großartige Pavillonumrahmung für Hoffestlichkeiten) leitet seinen Namen von dem ehem. Zwingergarten her, in dem er angelegt wurde.

Zwölf Artikel. Hauptprogrammschrift der dt. Bauern im Bauernkrieg; verlangt wird darin die Aufhebung der Leibeigenschaft und des Zehnten, die Abschaffung zahlreicher Mißbräuche sowie freie Pfarrerwahl. Die Z. A. wurden in zahlreichen Drucken verbreitet und von Martin Luther bekämpft.

Zwölfnächte, Rauhnächte, Rauchnächte, Zwölften. Die Zeit zw. dem 25. 12. und 6. 1. Nach dem Volksglauben wird sie von Geistern und bösen Zaubermächten beherrscht. Entweder man bewirtet sie oder erwehrt sich ihrer durch Räuchern, Lärmen oder Kreuzeszeichen. Vor der Wilden Jagd, die ebenfalls in den Z. rast, verschließt man das Haus. Auch schützt man sich dadurch, daß man jede unnötige Arbeit, so vor allem das Waschen und Aufhängen der Wäsche, unterläßt. Die Z. sind als Zeit des Jahresanfangs von Bedeutung: für das Erkennen der Zukunft im Traum, in Vorzeichen oder auch durch Orakel.

Zwölfstädte.

[1] In Kleinasien ein alter Bund ionischer Städte. Wiewohl seine Mitglieder im Laufe der Zeit wechselten, blieb die Mitgliedszahl 12 bestehen. Das Heiligtum des Poseidon Helikonios bei Priene war der kulturelle Mittelpunkt der Z.

[2] Ein sowohl polit. als auch kultureller Bund der bedeutendsten Städte der Etrusker im antiken Italien. Dem Bund, der im Zusammenhang mit dem Vordringen der Römer nach Etrurien während des 4. und 3. Jh. v. Chr. zerfiel, gehörten wahrscheinlich die folgenden Städte an: Arretium, Caere, Clusium, Cortona, Perusia, Rusellae, Tarquinii, Veji (oder später Populonia), Vetulonia, Volci, Volaterrae und Volsinii.

LIT. Zu [1] U. v. Wilamowitz-Moellendorff, Panionion (1906); C. Roebuck, in: Classical Philology, 50 (Chicago 1955).
Zu [2] H. Nissen, Ital. Landeskunde, 2 (1902); F. Altheim, Der Ursprung der Etrusker (1950).

Zwölf Tafeln, Zwölftafelgesetz (lat. duodecim tabulae, leges duodecim tabularum). Die Zwölftafelgesetzgebung wurde während der Jahre 451/50 v. Chr. durch die Dezemvirn ausgeführt. In ihrer Aufzeichnung dokumentiert sich ein Ergebnis des Ständekampfes, in welchem von den Plebejern ein sicheres, d. h. ein jedermann zugängl. Recht verlangt wurde. Daher zeichnete man die bisher umstrittenen Normen sämtl. Rechtsbereiche auf; wahrscheinlich wurden auch die bisherigen Sonderrechte der Patrizier (→Patriziat) nunmehr zu allg. Recht erklärt. Die Zwölftafelgesetzgebung ist im Strafrecht und in der Vollstreckung sowohl durch primitive Züge als auch durch Humanisierungsbestrebungen gekennzeichnet; sie galt den Römern als die Quelle des gesamten privaten und öffentl. Rechts. Häufig bearbeitet, enthält selbst das Corpus iuris noch Fragmente der Zwölftafelgesetz-Kommentars.
Der Inhalt der Z. ist nicht im Original, auch nicht als Kopie, sondern ledigl. aus den Zitaten von Schriftstellern bekannt, jedoch nur bruchstückhaft. Zitiert wird heute nach einem Rekonstruktionsversuch von R. Schöll (Legis duodecim tabularum fragmenta, 1866).
LIT. E. Täubler, Untersuchungen zur Geschichte des Dezemvirats und der Z. (1921); A. Berger, Tabulae duodecim = Zwölftafeln. In: Pauly-Wissowa, Reihe 2, Bd. 4 (1932); L. Wenger, Die Quellen des röm. Rechts (1953).

Zwölftaler, Doppelgroschen. Eine Silbermünze, die seit 1690 nach Torgauer Fuß (einer Ergänzung des →Leipziger Münzfußes) geschlagen wurde.

Bibliographie

Die folgende systematisch geordnete Bibliographie soll zugleich die Möglichkeit für einen Einführungskurs in die Geschichte geben. Zunächst werden Konversationslexika und allgemeine Enzyklopädien aufgeführt, die zu einer ersten Information herangezogen werden. Es folgen Einführungen in die Geschichte und die Nachbarwissenschaften. Sie sollen mit den besonderen Methoden, den Hilfsmitteln, dem Studium der Geschichte und benachbarter Disziplinen vertraut machen. Der Überblick über historische Fachlexika und Fachlexika wissenschaftlicher Nachbargebiete stellt weiterführende Hilfsmittel vor. Biographische Nachschlagewerke werden immer wieder benutzt werden müssen. Sie sind ihrer Bedeutung für die Geschichte entsprechend ausführlicher aufgeführt.

Eine Zusammenstellung der wichtigsten Handbücher und größeren Darstellungen der Weltgeschichte, der Europäischen Geschichte, der Deutschen Geschichte, der Geschichte der einzelnen europäischen Staaten, der Kirchen-, Landes-, Rechts-, Verfassungs- und Wirtschaftsgeschichte usw. will eine Art bibliographischer Handapparat sein. Von diesem Grundstock führen die unter Bibliographien genannten Hilfsmittel weiter: die Bibliographien der Bibliographien, die Bibliographien zur Geschichte, die periodisch erscheinenden Bibliographien und die speziellen Bibliographien. Eine Übersicht über die wichtigsten historischen Zeitschriften in Auswahl soll die Möglichkeit bieten, sich mit Hilfe dieser Zeitschriften in die gegenwärtige wissenschaftliche Diskussion einzulesen und durch Forschungsberichte, Rezensionen und Anzeigen die eigene wissenschaftliche und bibliographische Arbeit auf den letzten Stand zu bringen.

Inhaltsverzeichnis der Bibliographie

Bibliographie

Bibliographie

1.0. Allgemeine Enzyklopädien und Lexika

Eine erste rasche und präzise Information erfolgt gewöhnlich mit Hilfe von Konversationslexika. Normalerweise wird in den Lexika wichtige, weiterführende Lit. nachgewiesen und ein erster Grundstock für eine Bibliographie zu bestimmten Fragen (z. B. Adel, Kaiser, Westfäl. Friede) gelegt. Zwei Typen allg. Nachschlagewerke sind zu unterscheiden: a) die Enzyklopädie und b) das Konversationslexikon.

1.0.1. Konversationslexika
Brockhaus Enzyklopädie, 20 Bde. (17. Aufl. 1966–74).
Meyers Enzyklopädisches Lexikon, 25 Bde. (1971–79).
Meyers neues Lexikon. 8 Bde. (1978ff.).
dtv-Brockhaus-Lexikon, 20 Bde. (1982, 1986).
Der Große Herder, 12 Bde. (1952–62).
Der Neue Herder, 6 Bde. mit einem Großatlas (1967ff.).
P. Bayle, Dictionnaire historique et critique 1–2 (1697); 1–16 (1820–1924).

1.0.2. Bedeutende ältere Lexika und Enzyklopädien
Ältere Lexika sind für die histor. Forschung nicht einfach »überholt«, sondern vielfach selbst eine Quelle für die Ideen- und Begriffsgeschichte, für die Erforschung polit. Schlagworte usw. Die Qualität einzelner Artikel in älteren Enzyklopädien sichert ihnen auch heute noch ihren Wert.
D. Diderot, J. d'Alembert (Hrsg.), Encyclopédie ou dictionnaire raisonné des sciences, des arts et des métiers, 17 Bde., 6 Erg.Bde. (1751–77).
J. S. Ersch, J. G. Gruber (Hrsg.), Allgemeine Encyclopädie der Wissenschaften und Künste, 167 Bde. (1818–89) (unvollständig).
Zedlers Großes vollständiges Universal-Lexicon aller Wissenschaften und Künste, 64 Bde. 4 Erg. Bde. (1732–54).

1.0.3. Neuere Enzyklopädien
Es kann hier nur eine Auswahl getroffen werden, die der Bedeutung der wichtigeren Enzyklopädien Rechnung zu tragen sich bemüht.
Encyclopedia Americana, 30 Bde. (1971).
Encyclopaedia Britannica, 32 Bde. (1985). *Weitverbreitet; wichtig dank der gründlichen und oft recht umfangreichen Beiträge.*
Enciclopedia cattolica, 12 Bde. (1949–54).
Enciclopedia universal ilustrada Europeo-Americana, 70 Bde. (1905–30); Anhang, 10 Bde. (1931–33); jährl. 1 Erg. Bd. (1934ff.).
Enciclopedia Italiana, 35 Bde. (1929–37); 5 Erg.Bde. (1937–60).
Grand dictionnaire universel du XIXᵉ siècle. (Par Pierre Larousse). 17 Bde. (1865–90).
Grande encyclopédie Larousse en 22 volumes. 22 Bde., Index-Bd. und Erg.Bd. (1974).
Encyclopaedia Universalis, 20 Bde. (³1977).

2.0. Einführungen in die Geschichtswissenschaft und in Nachbarwissenschaften
O. Brunner, W. Conze, R. Koselleck (Hrsg.), Geschichtl. Grundbegriffe, 6 Bde. (Bd. 1–5: 1979–84; Bd. 1 und 2: ²1979; Bd. 6: in Vorbereitung).

2.0.1. Einführungen in wissenschaftliches Arbeiten
G. Bangen, Die schriftl. Form germanist. Arbeiten. Empfehlungen für die Anlagen und die äußere Gestaltung wissenschaftl. Manuskripte unter bes. Berücksichtigung der Titelangaben von Schrifttum. Mit einem Geleitwort von H. E. Hass. 7. durchges. Aufl. (1975; Sammlung Metzler M 13).
P. Borowsky, B. Vogel, H. Wunder, Einführung in die Geschichtswissenschaft (Bd. 1 ²1976, Bd. 2 1975).
E. H. Carr, Was ist Geschichte? (⁶1981).
M. Greschat u. a., Studium und wissenschaftl. Arbeiten (1970).
S. Hellmann, Wie studiert man Geschichte? (²1920).
H. Kliemann, Anleitungen zum wissenschaftl. Arbeiten. Eine Einführung in die Praxis (⁸1973). Unter Mitwirkung von M. Schütze [durchgreifend] überarbeitet und hrsg. von H. Steinberg.
W. Kröber, Kunst und Technik der geistigen Arbeit (⁴1964).
F. Zurbonsen, Anleitung zum wissenschaftl. Studium der Geschichte (²1920).

2.0.2. Allgemeine Einführungen in die Geschichtswissenschaft
Alföldi, Seibt, Timm, Probleme der Geschichtswissenschaft (1973).
W. Bauer, Einführung in das Studium der Geschichte ([3]1961). *Eine der besten Einführungen, die es gibt.*
E. Bernheim, Einleitung in die Geschichtswissenschaft ([4]1926).
E. Boshof, K. Düwell, H. Kloft, Grundlagen des Studiums der Gesch. ([5]1997).
K. Brandi, Einführung in die Geschichtswissenschaft und ihre Probleme (1922).
Faber/Geiss, Arbeitsbuch zum Geschichtsstudium (1983).
B. Faulenbach, Geschichtswissenschaft in Deutschland (1974).
G. K. Clark, Guide for research students working on historical subject (1958).
J. G. Droysen, Historik. Vorlesungen über Enzyklopädie und Methodologie der Geschichte. Hrsg. von R. Hübner (1958, [2]1967).
L. E. Halkin. Initiation à la critique historique ([4]1973).
ders.: Élément de critique historique ([2]1966).
L. Halphen, Introduction à l'histoire ([2]1948).
P. Harsin, Comment on écrit l'histoire (1964).
E. Keyser, Die Geschichtswissenschaft (1931).
P. Kirn, J. Leuschner, Einführung in die Geschichtswissenschaft ([6]1972).
J. Leuschner, Geschichte in Vergangenheit und Gegenwart (1980).
W. J. Mommsen (Hrsg.), L. v. Ranke und die moderne Geschichtswissenschaft (1990).
R. Mousnier, D. Huisman, L'art de la dissertation historique (1960).
M. Reinhard, L'enseignement de l'histoire et ses problèmes (1957).
Th. Schieder, Geschichte als Wissenschaft. Eine Einführung ([2]1968).
R. Schörken, Geschichte in der Alltagswelt (1981).
V. Sellin, Einführung in die Geschichtswissenschaft ([2]2001).
R. Wittram, Anspruch und Fragwürdigkeit der Geschichte (1969).

2.0.3. Einführungen
2.0.3.1. Alte Geschichte
H. Bengtson, Einführung in die alte Geschichte. 8. durchgesehene Aufl. (1979).
A. Gercke, E. Norden (Hrsg.): Einl. in die Altertumswissenschaft (1910–12).
R. Günther, Alte Geschichte in Studium und Unterricht (1978).
R. Günther, Einführung in das Studium der Alten Geschichte (2001).
W. Schuller, Einführung in die Geschichte des Altertums (1994).
H. Strasburger, Studien zur Alten Geschichte, 2 Bde. (1982).

2.0.3.2. Mittelalterliche Geschichte
H. Boockmann, Einführung in die Geschichte des Mittelalters ([6]1996).
H. Nabholz, Einführung in das Studium der mittelalterlichen Geschichte (1948).
H. Quirin, Einführung in das Studium der mittelalterlichen Geschichte. Mit einer neuen Einführung ([5]1991).
P.-J. Schuler, Grundbibliographie Mittelalterl. Geschichte (1990).

2.0.3.3. Neuere Geschichte
W. Baumgart, Zur Problematik eines Handbuches über die Einführung in das Studium der neueren Geschichte, Rh. Vj. 34 (1970) 353–360. – *Zum folgenden:*
E. Opgenoorth, Einführung in das Studium der neueren Geschichte. Mit einem Geleitwort von W. Hubatsch ([5]1997).
W. Schulze, Einführung in die Neuere Geschichte (3. überarb. u. erw. Aufl. 1996).
G. Wolf, Einführung in das Studium der neueren Geschichte ([2]1910).

2.0.3.4. Zeitgeschichte
B. Scheurig, Einführung in die Zeitgeschichte. 2. überarb. und erg. Aufl. (1970; Sammlung Göschen 1204).

2.0.3.5. Hilfs- und Nachbarwissenschaften
Hier werden jeweils zu den einzelnen Hilfswissenschaften nur Einführungen und erste Hilfsmittel genannt. Weitere Hilfsmittel, Handbücher, Tafel- und Sammelwerke, sowie die wichtigsten Monographien sind unter dem jeweiligen Stichwort, z. B. »Genealogie«, »Heraldik«, »Kirchengeschichte« usw. zu finden.

2.0.3.5.1. Hilfswissenschaften
A. v. Brandt, Werkzeug des Historikers. Eine Einführung in die histor. Hilfswissenschaften ([15]1998).

Bibliographie

A. Largiader, Neuere Richtungen im Bereich der histor. Hilfswissenschaften. In: Schweiz. Beiträge zur allg. Geschichte 12 (1954).

2.0.3.5.2. Genealogie

O. Forst de Battaglia, Wissenschaftl. Genealogie. Eine Einführung in die wichtigsten Grundprobleme (1948).

E. Henning, W. Ribbe (Hrsg.), Handbuch der Genealogie (1972). Deutsches Familienarchiv (bis 1981 waren 75 Bände erschienen). Vgl. auch die Stichworte Genealogisches Handbuch des Adels und Gotha; Gothaische Taschenbücher.

E. Heydenreich, Handbuch der praktischen Genealogie ([3]1971).

2.0.3.5.3. Heraldik/Wappenkunde

D. L. Galbreath, Handbüchlein der Heraldik ([2]1948).

D. L. Galbreath, L. Jéquier, Lehrbuch der Heraldik (1978).

F. Gall, Österreichische Wappenkunde (1977).

M. Gritzner, Handbuch der heraldischen Terminologie (1890).

E. Henning, G. Sochums (Hrsg.), Bibliographie zur Heraldik. Schrifttum Deutschlands und Österreichs (1984).

O. Neubecker, Wappenkunde (1980).

G. Oswald, Lexikon der Heraldik (1985).

M. Pastoureau, Traité d' Héraldique (1979).

J. B. Rietstap, C. Pama, Handboek der Wapenkunde ([4]1961).

E. v. Sacken, Heraldik ([8]1920).

2.0.3.5.4. Historische Geographie

G. Franz, Histor. Kartographie. Forschung und Bibliographie ([2]1962).

H. Hassinger, Geograph. Grundlagen der Geschichte ([2]1953).

H. Kretschmer, Histor. Geographie von Mitteleuropa (Neudr. 1962).

W. Vogel, Stand und Aufgaben der histor.-geograph. Forschung in Deutschland (1930).

2.0.3.5.5. Kirchengeschichte

Einführungen in die Kirchengeschichte bieten fast alle Handbücher, so z. B.:

K. Bihlmeyer, H. Tüchle, Kirchengeschichte. Bd. 1 ([18]1966).

G. Denzler, Kirchengeschichte. In: Was ist Theologie, hrsg. von E. Neuhäusler und E. Gössmann (1966) 138–166.

P. Guilday, An Introduction to Church History (1925).

H. Jedin, in dem von ihm herausgegebenen Handbuch der Kirchengeschichte. Bd. 1 ([3]1965) 1–55.

J. Overath, Einführung in das Studium der mittleren und neueren Kirchengeschichte (1979).

Ch. Poulet, Initiation à l'histoire ecclésiastique. 2 Bde. (1944–46). *Kann unter den speziellen Einführungen in die Kirchengeschichte als ausführlichste und beste gelten.*

G. Ruhbach, Kirchengeschichte (1974).

V. Selge, Studium der Kirchengeschichte (1985).

E. Wolf, Kirchengeschichte. In: Einführung in das Studium der ev. Theologie, hrsg. von R. Bohren (1964) 151–180.

2.0.3.5.6. Kunstgeschichte und Kulturgeschichte

H. Ladendorf, Grundlagen des Studiums der Kunstgeschichte (1960).

Kindlers Kulturgeschichte Europas. 20 Bde. (1983; dtv 5941).

2.0.3.5.7. Landes- und Ortsgeschichte

H. Aubin, Grundlagen und Perspektiven geschichtl. Kulturraumforschung. Aufsätze, hrsg. von F. Petri (1965).

P. Kläui, Ortsgeschichte. Eine Einführung (1942).

K. Puchner, L. F. Barthel, Heimatgeschichtl. Ratgeber. In: Bayerische Heimatforschung. H. 6 (1953).

2.0.3.5.8. Literaturgeschichte und Literaturwissenschaft

»Ein tüchtiger Historiker muß sich in weiten Bereichen der Dichtung auskennen. Die Bedeutung der deutschen und der fremden Klassiker versteht sich von selbst. Wer als mittelalterlicher Historiker ernst genommen sein will, wird Dantes Divina Commedia nicht ungelesen lassen. Wer seinen Schülern vom Goldenen Jahrhundert

der spanischen Kultur erzählt, wird, wenn er es nicht schon vorher tat, den Don Quixote lesen.« *(P. Kirn, J. Leuschner, Einführung in die Geschichtswissenschaft, S. 24).*

H. W. Eppelsheimer (Hrsg.), Bibliographie der deutschen Literaturwissenschaft, I (1957).

J. Hansel, Bücherkunde für Germanisten. Studienausgabe ([7]1978).

ders., Personalbibliographie zur dt. Literaturgeschichte. Studienausgabe ([2]1978).

L. Hirschberg, Der Taschengoedeke. 2. Bde. dtv 4030/31 (1970).

J. Körner, Bibliographisches Handbuch des deutschen Schrifttums. Unveränderter Nachdruck der 3. [völlig] umgearbeiteten und [wesentlich] vermehrten Auflage (1966).

P. Raabe, Einführung in die Bücherkunde zur deutschen Literaturwissenschaft (1961).

2.0.3.5.9. Numismatik

H. Gebhardt, Numismatik und Geldgeschichte (1949).

F. von Schrötter, Wörterbuch der Münzkunde (1930).

2.0.3.5.10. Politische Wissenschaft

C. J. Friedrich, Die polit. Wissenschaft (1961; Orbis academicus Bd. 8).

O. H. von der Gablentz, Einführung in die politische Wissenschaft (1965).

F. Nachold, Politische Wissenschaft (1970).

H. Schneider (Hrsg.), Aufgabe und Selbstverständnis der polit. Wissenschaft Wege der Forschung CXIV (1967).

2.0.3.5.11. Rechtsgeschichte

H. E. Feine, Die Periodisierung der kirchl. Rechtsgeschichte (1949); wieder abgedruckt in H. E. Feine, Reich und Kirche (1966) 119–129.

H. Mitteis, Vom Lebenswert der Rechtsgeschichte (1947).

H. Mitteis, H. Lieberich, Deutsche Rechtsgeschichte. Ein Studienbuch ([19]1992).

U. Stutz, Die kirchliche Rechtsgeschichte (1905).

H. Thieme, Ideengeschichte und Rechtsgeschichte. In: Festschrift für J. von Gierke (1950).

2.0.3.5.12. Sozialwissenschaft/Soziologie

E. Beckrath u. a. (Hrsg.), Handwörterbuch der Sozialwissenschaften (1956–68).

R. F. Behrendt, Der Mensch im Licht der Soziologie ([3]1966).

J. Wösser, Soziologie – Einführung und Grundlegung (1970).

2.0.3.5.13. Urkundenlehre

H. Bresslau, Handbuch der Urkundenlehre für Deutschland und Italien. 2 Bde. ([2]1912–31; Nachdruck 1958–60).

H. Foerster, Urkundenlehre in Abbildungen mit Erläuterungen und Transkriptionen (1951).

2.0.3.5.14. Wirtschaftsgeschichte

L. Beutin, H. Kellenbenz, Einführung in die Wirtschaftsgeschichte (1973).

W. Zorn, Einf. in die Wirtschafts- und Sozialgeschichte des MA und der NZ ([2]1974).

2.0.3.5.15. Zeitungswissenschaft

K. Bömer, Internationale Bibliographie des Zeitungswesens (1932).

E. Dovifat, Zeitungslehre, 2 Bde. (1937, 5. neubearb. Aufl. 1967; Sammlung Göschen 1039/40).

H. A. Münster, Publizistik. Menschen, Mittel, Methoden (1939).

K. Schottenloher, Flugblatt und Zeitung (1922).

3.0. Wörterbücher und Glossare

Der Historiker braucht praktische Sprachkenntnisse nicht nur für das Verständnis der Quellen, sondern auch für die Benützung der Literatur. Er muß mit den Hilfsmitteln der Sprachwissenschaft vertraut sein. Ohne Lateinkenntnisse bleiben ihm Altertum, Mittelalter und sogar viele Quellen der frühen Neuzeit (z. B. der Text des Westfälischen Friedens 1648) verschlossen. Bei der Behandlung der Quellen ist für den Historiker »selbst stümperhafte Kenntnis ihrer Sprache vorteilhafter als die beste Übersetzung anderer« (W. Bauer, Einführung in das Studium der Geschichte,

Bibliographie

171). »Wer dem Englischen und dem Französischen hilflos gegenübersteht, ist auch kein Historiker« (P. Kirn, Einführung, 22).

E. Haberkern, J. F. Wallach, Hilfswörterbuch für Historiker. Mittelalter und Neuzeit ([8]1995).

W. Zaunmüller, Bibliographisches Handbuch der Sprachwörterbücher (1958). *Ein internationales Verzeichnis von 5600 Wörterbüchern der Jahre 1460–1958 für mehr als 500 Sprachen und Dialekte (1958).*

3.0.1. Deutsch

F. Dornseiff, Der deutsche Wortschatz nach Sachgruppen ([7]1970).

Duden, Deutsches Universalwörterbuch A–Z (1986).

Th. Frings, E. Karg-Gasterstädt (Hrsg.), Althochdeutsches Wörterbuch (1952ff.).

J. und W. Grimm, Deutsches Wörterbuch. 16 Bde in 32 Teilbänden (1854–1960), Quellenverzeichnis (Bd. 33; 1971). Nachdruck dtv Nr. 5945 (1984).

F. Kluge, Etymologisches Wörterbuch der deutschen Sprache ([21]1975).

E. Koller, W. Wegstein, N. Wolf (Hrsg.), Neuhochdeutscher Index zu M. Lexers Mittelhochdeutschem Wörterbuch (1986).

H. Küpper, Wörterbuch der deutschen Umgangssprache (1963–67).

M. Lexer, Mittelhochdeutsches Handwörterbuch. 3 Bde. (1872–78; Nachdruck 1979).

M. Lexer, Mittelhochdeutsches Taschenwörterbuch ([37]1983).

L. Mackensen, Ursprung der Wörter. Etymologisches Wörterbuch der deutschen Sprache (1985).

N. Osman, Kleines Lexikon untergegangener Wörter ([4]1983).

N. Osman, Kleines Lexikon deutscher Wörter arabischer Herkunft (1982).

H. Paul, Deutsches Wörterbuch ([8]1981).

Rückläufiges Wörterbuch der mittelhochdeutschen Sprache (1984).

R. Schützeichel, Althochdeutsches Wörterbuch ([3]1981).

3.0.2. Englisch

J. Murray u.a. (Hrsg.), A new English dictionary on historical principles. 3 Bde. (1888ff.; Neuaufl. 1933).

W. W. Skeat, An etymological dictionary of the English language (1884, Neuausg. 1961).

3.0.3. Französisch

Dictionnaire historique de la langue française, hrsg. von der Académie Française, 4 Bde. (1858–94).

F. Godefroy, Dictionnaire de l'ancienne langue française et de tous les dialectes du 9e au 14e siècle. 10 Bde. (1881–1902).

E. Levy, Petit dictionnaire provençal-français (1909).

A. Tobler, E. Lommatzsch, Altfranzösisches Wörterbuch. Bisher 4 Bde. (1925ff).

3.0.4. Griechisch

W. Bauer, Griechisch-Deutsches Wörterbuch zu den Schriften des Neuen Testaments und der übrigen urchristl. Lit. ([5]1963).

H. G. Liddell, R. Scott, A Greek-English Lexicon, neu hrsg. von H. St. Jones und R. McKenzie ([9]1940).

H. Stephanus, Thesaurus linguae Graecae (1572), erneuert von C. B. Hase u.a. 9 Bde. (1829–63, Neuausg. 1953).

3.0.5. Kirchenlatein

L. Frede, Vademecum Latinum für Juristen und andere Humanisten. Rechtswörter, Begriffe, Sentenzen ([2]1961).

R. Köstler, Wörterbuch zum Codex Iuris Canonici (1928–30).

J. Schmid, Kurzes Handwörterbuch des Kirchenlateins (1934).

A. Sleumer, Kirchenlat. Wörterbuch ([2]1926; Neudr. 1937).

3.0.6. Latein

Ch. Du Cange, L. Favre, Glossarium ad scriptores mediae et infimae latinitatis, 10 Bde. (1833–87, Neudr. 1954/55).

E. Brinckmeier, Glossarium diplomaticum zur Erläuterung schwieriger, einer diplomatischen, historischen, sachlichen oder Worterklärung bedürftigen lateinischen, hoch- und niederdeutschen Wörter und Formeln in Urkunden usw. des gesamten deutschen Mittelalters. 2 Bde. (1855/56, Neudr. 1962).

K. E. Georges, Ausführliches lateinisch-deutsches Handwörterbuch. 2 Bde. Unveränd. Nachdr. der 8., von H. Georges verb. und verm. Aufl. (1969).

E. Habel, Mittellateinisches Glossar ([2]1971).

A. Hemme, Das lateinische Sprachmaterial im Wortschatze der deutschen, französischen und englischen Sprache (Neudr. 1979).

Mittellateinisches Wörterbuch bis zum ausgehenden 13. Jh., hrsg. von der Bayerischen Akademie der Wissenschaften. Bd. 1 ff. (1959 ff.).

A. Souter, A Glossary of Later Latin to A. D. 600 (1949).

J. M. Stowasser, Lateinisch-deutsches Schulwörterbuch. 2. verb. und mit Nachträgen versehene Auflage (1969).

3.0.7. Schlagwörter

O. Ladendorf, Histor. Schlagwörterbuch (1906).

F. Lepp, Schlagwörter des Reformationszeitalters. In: Quellen und Darstellungen des Reformationszeitalters 8 (1908).

Weitere Lit. unter dem Artikel »Schlagwort«.

4.0. Historische Fachlexika

Ein großes Fachlexikon gibt es für die Geschichte nicht, dagegen eine Reihe von kleineren Nachschlagewerken, Hilfsmitteln und vielbändigen Lexika aus den wissenschaftlichen Nachbargebieten. Die folgende Zusammenstellung bringt zunächst kleine Nachschlagewerke zur ersten Information für Geschichte und Nachbargebiete, dann größere Fachlexika.

4.0.1. Kleine Nachschlagewerke zur ersten Information. Geschichte

J. T. Adams, Dictionary of American History. 5 Bde. ([2]1940–63).

E. Bayer (Hrsg.), seit 5. Aufl. F. Wende, Wörterbuch zur Geschichte ([5]1995).

R. Beck, Wörterbuch der Zeitgeschichte seit 1945 (1967).

O. Brunner, W. Conze, R. Koselleck (Hrsg.), Geschichtliche Grundbegriffe. Bde. 1–5 (1979–85).

E. Haberkern, J. F. Wallach, Hilfswörterbuch für Historiker ([7]1987).

Lexikon zur Geschichte und Politik im 20. Jh. Hrsg. von Carola Stern, Th. Vogelsang, E. Klöss und A. Graff (1971); neubearb. dtv-Ausg. 3 Bde. (1974)

M. Mourré, Dictionnaire d'histoire universelle. 2 Bde. (1968).

H. Rössler, G. Franz, Sachwörterbuch zur deutschen Geschichte (1956–58; Nachdruck in 2 Bänden, 1970).

Steinberg's Dictionary of British History ([2]1970).

Lexikon des Mittelalters (1980 ff.; erscheint in Lieferungen).

4.0.2. Wissenschaftliche Nachbargebiete. Staat, Verfassung, Recht

H. Back, H. Cirullies, G. Marquard (Hrsg.), Polec. Lexikon für Politik und Wirtschaft. Dictionary of politics and economics. Dictionnaire de politique et d'économie ([2]1967).

Deutsches Rechtswörterbuch, bisher Bd. 1–6 (1914 ff.).

Dictionnaire diplomatique, hrsg. von der Académie diplomatique internationale. 4 Bde. (1933–47).

Evangelisches Soziallexikon ([6]1970).

Evang. Staatslexikon, hrsg. von H. Kunst, R. Herzog, W. Schneemelcher ([2]1975).

Handbuch politischer und sozialer Grundbegriffe in Frankreich 1680–1820, hrsg. von R. Reichardt (1985 ff., erscheint in Lieferungen).

Handwörterbuch der Sozialwissenschaften. 12 Bde. (1956–68).

Handwörterbuch der Staatswissenschaften (HWSt), hrsg. von L. Elster u. a. ([4]1923–29).

Handwörterbuch zur Deutschen Rechtsgeschichte (HWDRG), hrsg. von A. Erler und E. Kaufmann (1964 ff.), erscheint in Lieferungen.

C. Rotteck, C. H. Welcker, Das Staats-Lexikon. 15 Bde. (1834–44; [3]1856–66).

Staatslexikon (StL), hrsg. von der Görresgesellschaft. 11 Bde ([6]1957–70); 5 Bde. ([7]1985 ff.).

Wörterbuch des Völkerrechts, begr. von K. Strupp, 2., neubearb. Aufl. hrsg. von H.-J. Schlochauer u. a. 3 Bde. und Reg. Bd. (1960–62).

Bibliographie

4.0.3. Wissenschaftliche Nachbargebiete. Deutsche Philologie und Literatur

Deutsche Literatur des Mittelalters, Verfasserlexikon. 5 Bde.; Bd. I–II, hrsg. von W. Stammler, Bd. III–V, hrsg. von K. Langosch ([2]1979), 6 Bde., hrsg. von F. Ruh.

Handbuch der Literaturwissenschaft 1–25 (1923–32/41).

Kleines literarisches Lexikon. In Fortführung der von W. Kayser bes. 2. und 3. Aufl.: hrsg. von H. Rüdiger und E. Koppen.
1. Bd.: Autoren I. Von den Anfängen bis zum 19. Jahrhundert ([4]1969).
2. Bd.: Autoren II. 20. Jahrhundert ([2]1971/72).
3. Bd.: Sachbegriffe ([4]1966).

Dt. Philologie im Aufriß, 3 Bde., hrsg. von W. Stammler, 2. Aufl., 2. Nachdruck (1977–79).

Deutsches Literatur-Lexikon. Biograph.-bibliograph. Handbuch. Begr. von W. Kosch, 3. völlig neu bearb. Aufl. hrsg. von B. Berger und H. Rupp (1968ff.).

R. Newald, G. Ristow, Sachwörterbuch zur deutschen Philologie (1954).

Reallexikon der deutschen Literaturgeschichte (RDL), hrsg. von P. Merker und W. Stammler. 4 Bde. (1925–31); 2. Aufl. neu bearb. und hrsg. von W. Kohlschmidt und W. Mohr. 3 Bde. (1955ff.), erscheint in Lieferungen.

Sachwörterbuch der Deutschkunde. Unter Förderung durch die Deutsche Akademie hrsg. von W. Hofstaetter und U. Peters. 2 Bde. (1930).

F. Schmitt, J. Göres, Abriß der deutschen Literaturgeschichte in Tabellen. 5., durchgesehene und um eine Bibliographie erweiterte Aufl. (1969).

4.0.4. Verschiedene Gebiete

H. Hiller, Wörterbuch des Buches ([4]1980).

Lexikon des Buchwesens, hrsg. von J. Kirchner. 4 Bde. (1952–56).

Handbuch der Kulturgeschichte, hrsg. von E. Thurnherr (1970ff.).

Reallexikon zur Byzantinischen Kunst, hrsg. von K. Wessel unter Mitwirkung von M. Restle, erscheint seit 1963 in Lieferungen.

Reallexikon für Antike und Christentum. Sachwörterbuch zur Auseinandersetzung des Christentums mit der antiken Welt, hrsg. von Th. Klauser in Verbindung mit C. Colpe, A. Dihle, B. Kötting u. J. H. Waszink, erscheint seit 1941 in Lieferungen von 5 Bogen, jährlich 3–4 Lieferungen, Bd. I–VI bis 1966 erschienen.

K. H. Rengstorf, S. von Kortzfleisch (Hrsg.), Kirche und Synagoge. Handbuch zur Geschichte von Christen und Juden. 2 Bde. (1968–70).

4.0.4.1. Militärgeschichte

Wörterbuch zur deutschen Militärgeschichte. 2 Bde. (1985).

4.0.5. Kirchengeschichte. Kirchenrecht. Theologie

Carl Andresen, Georg Denzler, dtv-Wörterbuch der Kirchengeschichte ([2]1984).

Biographisch-bibliographisches Kirchenlexikon, bearb. und hrsg. von F. W. Bautz (1975ff.).

Dictionnaire de droit canonique, hrsg. von R. Naz (1935ff.).

Dictionnaire d'histoire et de géographie ecclésiastique, hrsg. von A. Baudrillart u. a. 16 Bde., von Bd. 17 sind 3 Faszikel bis »Foliot« erschienen (1912ff.). *Ein sehr breit angelegtes Nachschlagewerk von größtem wissenschaftl. Wert, das nur langsam fortschreitet und in vielen Artikeln der ersten Buchstaben bereits veraltet ist.*

Dictionnaire de spiritualité, ascétique et mystique. Doctrine et Histoire, hrsg. von M. Viller (1932ff.).

Dictionnaire de Théologie catholique, hrsg. von A. Vacant und E. Mangenot, fortges. von E. Aman (1930ff.).

Die Religion in Geschichte und Gegenwart (RGG). 6 Bde. u. 1 Reg.-Bd. ([3]1957–65).

Evangelisches Kirchenlexikon. Kirchlich-theolog. Handwörterbuch, hrsg. von H. Brunotte und O. Weber. 3 Bde. und 1 Reg.-Bd. ([2]1961/62).

Handbuch theolog. Grundbegriffe, hrsg. von H. Fries. 2 Bde. (1962–63).

Lexikon für Theologie und Kirche (LThK). 10 Bde. und 1 Reg.-Bd. ([2]1957–67; Taschenbuch 1986).

914

Mennonitisches Lexikon (1913–58 ff.).

Realencyklopädie für prot. Theologie und Kirche (RE), begr. von J. J. Herzog, hrsg. von A. Hauck, 24 Bde. (^{3}1896–1913).

Theol. Realenzyklopädie (TRE), 25 Bde.; erscheint in Lieferungen (1977 ff.); setzt die Realenzyklopädie fort.

Biographisch-Bibliographisches Kirchenlexikon, Bd. 1–15 (1975–99).

4.0.6. Besondere Hilfsmittel

K. Ploetz, Hauptdaten der Weltgeschichte (^{33}1980).

Der farbige Ploetz. Illustrierte Weltgeschichte von den Anfängen bis zur Gegenwart (^{11}1986).

K. Ploetz, Auszug aus der Geschichte (^{30}1986).

K. Ploetz, Geschichte der deutschen Länder (Territorien-Ploetz; 1964, 1971).

K. Ploetz, Geschichte des Zweiten Weltkrieges (^{2}1960).

K. Ploetz, Konferenzen und Verträge (Vertrags-Ploetz).

> Bd. 3: Neuere Zeit 1492–1914, bearb. von H. Rönnefarth (^{2}1980);
> Bd. 4 A: Neueste Zeit 1914–1959, bearb. von H. Rönnefarth und H. Euler (^{2}1982);
> Bd. 4 B: Neueste Zeit 1959–1963, begr. von H. Rönnefarth, bearb. von H. Euler (^{2}1982);

K. Ploetz, Raum und Bevölkerung in der Weltgeschichte (Bevölkerungs-Ploetz). 3., von E. Kirsten, E. W. Buchholz, W. Köllmann, bearb. Aufl.

> Bd. 1: Kartenband (^{3}1965);
> Bd. 2: Von der Vorzeit bis zum Mittelalter (^{3}1966);
> Bd. 3: Vom Mittelalter zur Neuzeit (^{3}1966);
> Bd. 4: Bevölkerung und Raum in neuerer und neuester Zeit (^{3}1965).

K. Ploetz, Regenten und Regierungen der Welt (Minister-Ploetz), bearb. von B. Spuler.

> Bd. 3: Neuere Zeit 1492–1918 (^{2}1962);
> Bd. 4: Neueste Zeit 1917/18–1964; Nachtrag 1964/65 (^{2}1966);
> Bd. 5: 1965–1970 (1972).

K. Ploetz, Weltgeschehnisse der Nachkriegszeit

> Bd. 4: 1966–1970 (1971).

K. Ploetz, Die Vereinigten Staaten von Amerika (USA-Ploetz, 1985).

5.0. Biographische Nachschlagewerke

5.0.1. Bibliographie biographischer Nachschlagewerke

M. Arnim, Internationale Personalbibliographie. Fortgeführt von F. Hodes 1952 u. 1981 ff., 5 Bde.

> Bd. 1: 1800–1943 (A–K), 2. verb. und stark vermehrte Aufl. (1952);
> Bd. 2: 1800–1943 (L–Z), 2. verb. und stark vermehrte Aufl. (1952);
> Bd. 3: 1944–1959, mit Nachträgen zur 2. Aufl. von Bd. 1–2, hrsg. von G. Bock und F. Hodes (1963). *Enthält die Nachweise von Schriftenverzeichnissen von Gelehrten und Schriftstellern in selbständiger und unselbständiger Form. Ein weiterer Ergänzungsband ist vorgesehen.*

R. F. Arnold, Allg. Bücherkunde zur neueren dt. Literaturgeschichte (^{3}1931). *Über den Titel hinaus ein bibliograph. Handbuch zur neueren Geschichte.*

R. Dimpfel, Biograph. Nachschlagewerke, Adelslexika, Wappenbücher. Systemat. Zusammenstellung (1922).

5.0.2. Biographische Nachschlagewerke nach Staaten geordnet

5.0.2.1. Römisches Reich; Deutschland

Allgemeine Deutsche Biographie, 55 Bde. und 1 Registerband (1875–1912; unveränderter Neudr. 1981). *Von Leopold von Ranke angeregt und von der Münchner Historischen Kommission herausgegeben.*

Neue Deutsche Biographie, hrsg. von der Historischen Kommission bei der Bayerischen Akademie der Wissenschaften (1953 ff.); 14 Bde. (1991) sind erschienen. *Vorgesehen etwa 20 Bde. und 1 Registerband. Die NDB will eine völlige Neubearbeitung der Allgemeinen Deutschen Biographie (ADB) sein. Alle bedeutenden Persönlichkeiten des deutschen Kulturraumes sollen in der NDB gewür-*

digt werden. Zuverlässige, prägnante Darstellung, ausführliche Bibliographie (Quellen-, Schriften- und Literaturverzeichnisse), sowie Nachweise von bildlichen Zeugnissen über die betreffende Persönlichkeit machen die NDB zu einem unentbehrlichen Nachschlagewerk.

Biographisches Handbuch der deutschsprachigen Emigration nach 1933. Bd. 1: Politik, Wirtschaft, öffentliches Leben. Bearb. von W. Röder und H. A. Strauss (1980); Bd. 2: Sciences, Arts, and Literature (1983), Bd. 3: Gesamtregister/Index (1983).

Biographisches Jahrbuch und deutscher Nekrolog, hrsg. von A. Bettelheim, 18 Bde. und Reg. (1897–1917); *für die Jahre 1896–1913; fortgesetzt unter dem Titel:*

Deutsches biographisches Jahrbuch, NF 1 (1914/16)–11 (1929), (1925–32). *Der Anschluß an die Biographien lebender Persönlichkeiten ist mit den Gelehrtenkalendern gegeben (5.0.3.).*

Biographisch-bibliographisches Kirchenlexikon. Hrsg. von F. W. Bautz (1970ff.).

Biographisches Lexikon des deutschen Episkopats von der Säkularisation bis 1945. Hrsg. von E. Gatz (1985).

Biographisches Lexikon zur Deutschen Geschichte von den Anfängen bis 1917 (1967). *Marxistisch orientiert; in Auswahl und Darstellung tendenziös.*

Biographisches Wörterbuch zur deutschen Geschichte, begr. von H. Rössler und G. Franz. 2. von K. Bosl, G.Franz. H. H. Hofmann völlig neu bearb. Aufl., 3 Bde. (1973–75).

Die Großen Deutschen. Neue Deutsche Biographie, hrsg. von W. Andreas und W. von Scholz. 5 Bde. (1935/36).

Die Großen Deutschen. Deutsche Biographie, begr. von W. Andreas und W. von Scholz, hrsg. von H. Heimpel, Th. Heuss und B. Reifenberg. 5 Bde. (1960/61). *Beide Auflagen bieten biograph. Essays bedeutender Persönlichkeiten, sind chronologisch geordnet, weniger als Nachschlagewerke geeignet als die ADB oder die NDB.*

W. Kosch, Das katholische Deutschland (1933f.); *reicht vom 16. Jh. bis zur Gegenwart.*

Meyers Handbuch der Geschichte, Bd. 1: Lexikon der histor. Persönlichkeiten, hrsg. von H. Wittenberg (1968).

5.0.2.2. Österreich und österreichische Erblande

C. von Wurzbach, Biographisches Lexikon des Kaiserthums Österreich, enthaltend die Lebensskizzen der denkwürdigen Personen, welche 1750–1850 im Kaiserstaat und seinen Kronländern gelebt haben. Bde. 1–60 (Wien 1856–91; Neudr. 1966). *Die Fortsetzung des ›Wurzbach‹ stellt dar das auf 5 bis 6 Bde. zu je 5 Lieferungen veranschlagte:*

Österreichisches Biographisches Lexikon 1815–1950, hrsg. von der Österreichischen Akademie der Wissenschaften unter der Leitung von L. Santifaller bearb. von E. Obermayer-Marnach (1957ff.).

Österreich-Lexikon, hrsg. von R. Bamberger und F. Maier-Bruck u. a. 2 Bde. (1970).

Biographisches Lexikon zur Geschichte Südosteuropas, 4 Bde., hrsg. von M. Bernath (1974ff.).

5.0.2.3. Belgien und Niederlande

Biographie Nationale, hrsg. von der Académie Royale de Belgique. 27 Bde. und 1 Reg.-Bd. (1944–70); dazu 6 Suppl. seit 1957ff. *Ergänzend von flämischer Seite:*

Nationaal Biografisch Woordenboek (1964ff.); es liegen 3 Bde. vor.

Biographisch woordenboek van protestantsche godgelelerden in Nederland (1919ff.).

5.0.2.4. Frankreich

Dictionnaire de biographie française (1929ff.); bisher 8 Bde.

Historical dictionary of Napoleonic France, 1799–1815, hrsg. von O. Connelly (1985).

Nouvelle Biographie générale depuis les temps les plus reculés jusqu'à 1850–1860. Bd. 1–46 (1963–69; Nachdr. der Ausg. von 1857ff.). *Vielfach veraltet; aber noch brauchbar als Ergänzung zu anderen Nachschlagewerken.*

5.0.2.5. Großbritannien
Dictionary of national biography, hrsg. von L. Stephan und S. Lee. 63 Bde. (1885–1940); Suppl. f. 1901–1921. 20 Bde. (1912–59).
The Dictionary of national biography 1961–1970. Eds. E. T. Williams, C. S. Nicholls.

5.0.2.6. Italien
Dizionario biografico degli Italiani. Bd. 1–9 (1960 ff.).

5.0.2.7. Schweiz
Große Schweizer, hrsg. von M. Hürlimann (1942).
Historisch-Biographisches Lexikon der Schweiz. 7 Bde. und 1 Suppl. (1921–34).

5.0.2.8. USA
Dictionary of American Biography. 22 Bde. (1928–58).

5.0.2.9. Rußland
Lexikon der Geschichte Rußlands. Von den Anfängen bis zur Oktoberrevolution. Hrsg. von H. J. Torke (1985).

5.0.3. Biographien lebender Persönlichkeiten
Chi è?, hrsg. von G. Biagi (1908 ff.).
H. Degener, Wer ist's? 10 Bde. (1905–35); seit 1961: Wer ist wer?, hrsg. von W. Habel (laufende Fortsetzungen).
Kürschners deutscher Gelehrten-Kalender, laufende Fortsetzungen ([18]2001).
Kürschners deutscher Literatur-Kalender, laufende Fortsetzungen (59. Jahrgang 1984).
Men of America, hrsg. von J. W. Leonard (1908).
Wer ist wer? Ausg. 1990/91.
Wer ist wer? Lexikon österreich. Zeitgenossen, hrsg. von P. Emödi (1937).
Who is who? An annual biographical dictionary (erscheint seit 1849; [127]1977).
Who is who in America, hrsg. von J. W. Leonard (1899/1900 ff.).

6.0. Handbücher. Größere zusammenhängende Darstellungen. Sammelwerke
Handbücher wollen histor. Abläufe und Probleme knapp zusammengefaßt und zuverlässig schildern, die wichtigsten Quellen, die einschlägige weiterführende Lit. oder auch klassische Darstellungen nachweisen und darüber hinaus auf Probleme der Forschung aufmerksam machen. Daher eignen sich Handbücher weniger zur durchgehenden Lektüre als zum Nachschlagen oder zur Information über bestimmte Probleme. In Anlage, Umfang, Schwerpunktbildung weisen die Handbücher Unterschiede auf. Es empfiehlt sich, zur Information nicht nur ein Handbuch heranzuziehen, sondern nach Möglichkeit stets auf mehrere Handbücher, auch fremdsprachige, zurückzugreifen.

6.0.1. Weltgeschichte
Clio. Introduction aux études historiques, hrsg. von J. Calmette u. a. 10 Bde. in mehreren Auflagen seit 1934–54.
›Clio‹ *bringt eine sehr komprimierte Darstellung des histor. Geschehens, einen »état des questions« und eine »bibliographie raisonnée«, die allerdings in bezug auf fremdsprachige Lit. häufig sehr lückenhaft und wenig zuverlässig ist. Das Ziel der Sammlung, »des Manuels de l'Enseignement supérieur« zu bieten, kann als erreicht bezeichnet werden.*
Nouvelle Clio. L'histoire et ses problèmes, hrsg. von R. Bourtruche und P. Lemerle.
Die von dieser Sammlung vorliegenden Bände empfehlen sich im allg. durch ihre ausführliche Problemdiskussion. »La collection n'est pas tourné seulement vers le passé et les résultats acquis, mais vers l'avenir: questions à poser, domaines à explorer, tâches à accomplir.« Die Darstellung ist recht knapp, die Bibliographie vor allem bei fremdsprachigen Werken nicht immer zuverlässig. Für die Vermittlung von Daten- und Faktenwissen weniger geeignet als für eine Einführung in Probleme.
Vorgesehen sind 4 Abteilungen mit insgesamt 46 Bänden.
1. Antiquité: 11 Bde.
2. Moyen-Âge: 14 Bde.

Bibliographie

3. Époque moderne: 12 Bde.; es liegen vor
F. Mauro, L'expansion européenne 1600–1870;
J. Delumeau, Naissance et affirmation de la Réforme (1965);
J. Godechot, Les Révolutions (1770–99) (1965);
ders., L'Europe et l'Amérique à l'époque napoléonienne (1800–15) (1967);
H. Lapeyre, Les monarchies européennes du XVIe siècle (1967).
4. Époque Contemporaine: 9 Bde.
Fischer Weltgeschichte. 36 Bde. (1965ff.). *Taschenbuchreihe.*
A. Randa, Handbuch der Weltgeschichte. 4 Bde. (^{3}1962).
Geschichte der führenden Völker, hrsg. von H. Finke, H. Junker, G. Schnürer (1931ff.). *Auf 30 Bde. veranschlagt, aber nicht vollendet. Erwähnenswert darin u.a. die Bde. von H. Berve über die Griechische Geschichte; von J. Vogt über Römische Geschichte; von H. Günther über das Mittelalter; von H. Hantsch und M. Braubach über den Aufstieg von Österreich und Preußen zu Großmächten; von H. Hassinger über die geograph. Grundlagen der Geschichte.*
Histoire Générale, hrsg. von G. Glotz u.a. (1925ff.).
Historia mundi. Ein Handbuch der Weltgeschichte. Begründet von F. Kern, hrsg. von F. Valjavec. 10 Bde. (1952–61). *Ein durch Mitarbeit internationaler Fachgelehrter entstandenes Werk, dessen Schwergewicht auf den früheren Kulturen liegt.*
Peuples et Civilisations. Histoire générale, hrsg. von L. Halphen und Ph. Sagnac. 20 Bde. (1926–57 [z.T. in mehreren Auflagen]). *Die einzelnen Bände sind, wie bei einem Sammelwerk nicht anders zu erwarten, von unterschiedlichem, doch insgesamt von hohem wissenschaftl. Niveau.*
J. Pirenne, Les grands courants de l'histoire universelle. 6 Bde. (1939); Neuaufl. in 7 Bden. (1944–56); dt.: 3 Bde. (1944–49).
J.H. Pirenne, Panorama de l'histoire universelle d'après les grands courants de l'histoire universelle de J. Pirenne (1963).
An eine breitere, nicht nur fachlich interessierte Öffentlichkeit wendet sich die von bedeutenden Autoren verfaßte:
Propyläen-Weltgeschichte. Eine Universalgeschichte, hrsg. von G. Mann, A. Heuss, A. Nitschke. 12 Bde (1961–65). *Keine Literaturangaben.*
Mit Nutzen ist heranzuziehen die Vorkriegsausgabe:
Propyläen-Weltgeschichte, hrsg. von W. Goetz, 10 Bde. (1929–33).
Nicht frei von Konzessionen an den »Zeitgeist« ist die von W. Andreas betreute Kriegsausgabe:
Die Neue Propyläen-Weltgeschichte, hrsg. von W. Andreas.
Saeculum, Jahrbuch für Universalgeschichte, hrsg. von H. Franke, H. Hoffmann, O. Köhler u.a. (Jg. 36: 1985).

6.0.2. Europäische Geschichte

Grundriß der Geschichtswissenschaft, hrsg. von A. Meister (1906ff.). *Nur Hilfs- und Nachbarwissenschaften. Zu benutzen ist die in Einzelbänden erschienene zweite und dritte Auflage (1912–28).*
Handbuch der europäischen Geschichte, hrsg. von Th. Schieder (1968ff.).
    Bd. 1: Europa im Wandel von der Antike zum Mittelalter ..., hrsg. von Theodor Schieffer (1976);
    Bd. 2: Europa im Hoch- und Spätmittelalter ..., hrsg. von Ferdinand Seibt (1987);
    Bd. 3: Die Entstehung des neuzeitl. Europa, hrsg. von J. Engel (1971; Nachdruck 1985);
    Bd. 4: Europa im Zeitalter des Absolutismus und der Aufklärung, hrsg. von F. Wagner (1968; ^{2}1975);
    Bd. 5: Europa von der Französ. Revolution bis zu den nationalstaatl. Bewegungen des 19. Jh., hrsg. von W. Bussmann (1981);
    Bd. 6: Europa im Zeitalter der Nationalstaaten und europäische Weltpolitik bis zum Ersten Weltkrieg, hrsg. von Th. Schieder;
    Bd. 7/I und II: Europa im Zeitlater der Weltmächte, hrsg. von Th. Schieder (1979).
Handbuch der mittelalterl. und neueren Geschichte, hrsg. von G. von Below und F. Meinecke (1903–28); unvollständig, in 4 Abteilungen gegliedert:

1. Allgemeines, 2. Politische Geschichte, 3. Verfassung, Recht, Wirtschaft, 4. Hilfswissenschaften und Altertümer.

Aus Abt. 2 sind die Bände von E. Fueter: Geschichte des europ. Staatensystems 1492–1559; W. Platzhoff: Geschichte des europ. Staatensystems 1559–1660; W. Immich: Geschichte des europ. Staatensystems 1660–1789; A. Wahl: Geschichte der franz. Revolution und der Befreiungskriege 1789 bis 1815 von beträchtlichem Wert und neu aufgelegt.

Aus Abt. 3. Verfassung, Recht, Wirtschaft verdienen bes. Erwähnung: Holtzmann, Franz. Verfassungsgeschichte; Hatschek, Engl. Verfassungsgeschichte.

6.0.3. Deutsche Geschichte

Auf geringerem Umfang informiert zuverlässig die:
Deutsche Geschichte im Überblick, hrsg. von P. Rassow ([2]1962).
B. Gebhardt, Handbuch der deutschen Geschichte, hrsg. von H. Grundmann. 4 Bde. 9., neu bearb. Aufl. (1970/71); auch im Taschenbuch (dtv 4201–22, 22 Bde.; 1973 ff.). *Knappe Darstellung mit guten bibliograph. Angaben; bewährtes Arbeitsinstrument für das Studium.*
Handbuch der deutschen Geschichte, begr. von O. Brandt, fortgeführt von A. O. Meyer, hrsg. von L. Just. *Von der älteren von Brandt-Meyer besorgten Ausgabe liegen 4 Bde. vor (1936 ff.). Die von L. Just betreute Ausgabe ist nahezu vollständig, doch ist fraglich, ob nach dem Tod auch dieses Herausgebers (1965) die fehlenden Lieferungen noch erscheinen werden. Neben ausgezeichneten Beiträgen (z. B. H. Heimpel: Spätmittelalter; L. Just: Aufgeklärter Absolutismus; K. v. Raumer: Deutschland um 1800 u. a.) stehen schwache Leistungen (z. B. von J. Hashagen: Gegenreformation). Zu diesem Handbuch, das stärker als der ›Gebhardt‹ zur durchgehenden Lektüre ermuntern will, liegt bereits ein Bildband vor.*
Relativ selbständig stehen drei Bände nebeneinander in:
G. Ritter (Hrsg.), Geschichte der Neuzeit.
1. E. Hassinger, Das Werden des neuzeitlichen Europa 1300–1600 ([2]1966). *Gründliche Darstellung mit guter Bibliographie.*
2. W. Hubatsch, Das Zeitalter des Absolutismus ([2]1965).
3. H. Herzfeld, Die moderne Welt. 2 Teile ([5]1966). *Empfehlenswert; gute Auswahlbibliographie.*
M. Freund, Deutsche Geschichte (1973; 1977).
H. Diwald, Geschichte der Deutschen (1978).
J. Fleckenstein, H. Fuhrmann u. a., Deutsche Geschichte in 3 Bänden (1985).
Deutsche Geschichte im Osten Europas, 10 Bde. (1992–99). Begründet von W. Conze; Siedler Deutsche Geschichte, 12 Bde. (1992–98).

6.0.4. Österreichische Geschichte. Schweizer Geschichte

H. Hantsch, Die Geschichte Österreichs, Bd. 1 ([4]1968), Bd. 2 ([5]1969).
Das großangelegte Werk von A. Huber, O. Redlich, Geschichte Österreichs. 7 Bde. (1885–1938) reicht bis 1740.
Grundlegend und mit guter Bibliographie, ein »österreichisches« Gegenstück zum ›Gebhardt‹:
K. u. M. Uhlirz, Handbuch der Geschichte Österreichs und seiner Nachbarländer Böhmen und Ungarn. 4 Bde. (1927–44).
Bd. 1 (bis 1526 reichend) in 2. Aufl. bearb. von M. Uhlirz (1963).
A. Wandruszka, P. Urbanitsch, Die Habsburgermonarchie 1848–1918. 4 Bde. (1973–85).
E. Zöllner, Geschichte Österreichs von den Anfängen bis zur Gegenwart ([7]1984).
Handbuch der Schweizer Geschichte, 2 Bde. ([2]1980).
H. Nabholz u. a., Geschichte der Schweiz, 2 Bde. (1932–38).

6.0.5. Englische Geschichte

The Cambridge Modern History, 13 Bde. (1904–12).
New Cambridge Modern History (1957 ff.).
The Cambridge History of the British Empire. 8 Bde. (1929–59). 2. Aufl. erscheint seit 1963.
The Oxford History of England, hrsg. von G. N. Clark. 15 Bde. (1934 ff.), z. T. in 2. Aufl.
H. Höpfl, Geschichte Englands und des Commonwealth (1973).
P. Wende, Geschichte Englands (1985).

Bibliographie

6.0.6. Französische Geschichte
Histoire de France contemporaine depuis la Révolution jusqu'à la paix de 1919.
10 Bde. (1920–22).

E. Lavisse, Histoire de France depuis les origines jusqu'à la Révolution. 18 Bde.
(1900–11). *Zwar in einzelnen Abschnitten überholt, aber immer noch ein wertvolles Werk.*

H.-O. Sieburg, Französische Geschichte (³1977).

6.0.7. Kulturgeschichte
M. Crouzet, Histoire générale des civilisations. 7 Bde. (²1955–59).

Handbuch der Kuturgeschichte, hrsg. von H. Kindermann.

1. Abt.: Geschichte des deutschen Lebens. 8 Bde. (1934–37).
2. Abt.: Geschichte des Völkerlebens, Kulturen der Völker. 7 Bde. (1934–39).
Eine neue Ausgabe erscheint unter der Leitung von E. Thurnher (1960ff.).

6.0.8. Kunstgeschichte und Kunstwissenschaft
W. Braunfels, Die Kunst im Heiligen Römischen Reich. 8 Bde. (1979f.).

P. Clemen (Hrsg.), Die Kunstdenkmäler der Rheinprovinz. 20 Abteilungen mit
jeweils mehreren Bden. (1891ff.); *ähnlich andere Gebiete, z. B. Bayern, Württemberg.*

G. Dehio, Handbuch der deutschen Kunstdenkmäler, 3.–5. Aufl. von G. Dehio,
E. Gall (1935–56); Neuaufl. seit 1964.

Handbuch der Kunstgeschichte, begr. von F. Burger, vollendet von A. E. Brinckmann (1914–30).

Handbuch der Kunstwissenschaft 1–29 (1913–29).

P. Meyer, Europäische Kunstgeschichte. 2 Bde. (³1978).

6.0.9. Kirchengeschichte
Einführungen in die Kirchengeschichte siehe oben (2.0.3.5.5.).

6.0.9.1. Gesamtdarstellungen und Handbücher
K. Bihlmeyer, H. Tüchle, Kirchengeschichte
Bd. 1: Das christliche Altertum (¹⁸1966);
Bd. 2: Das Mittelalter (¹⁸1968);
Bd. 3: Die Neuzeit und die neueste Zeit (¹⁸1969). *Knappe Darstellung, mit guten
Quellen- und Literaturangaben; weitverbreitet.*

A. Fliche, V. Martin, Histoire de l'Eglise depuis les origines jusqu'à nos jours
(1934ff.); von E. Jarry und G. B. Duroselle fortgeführt. Die geplanten 26 Bände liegen fast vollzählig vor.

M. Greschat (Hrsg.), Gestalten der Kirchengeschichte. 12 Bde. (1981ff.).

H. Jedin (Hrsg.), Handbuch der Kirchengeschichte (HKG). 7 Bde. (1962–79;
Sonderausgabe als Taschenbuch: 7 Bde. 1985). *Nach Inhalt und bibliograph.
Genauigkeit zu den besten Handbüchern der Kirchengeschichte zu rechnen.*

R. Kottje, B. Moeller (Hrsg.), Ökumenische Kirchengeschichte. 3 Bde. (Bd. 1:
⁴1983, Bd. 2: ³1983, Bd. 3 ³1982).

G. K. Krüger (Hrsg.). in Verbindung mit G. Ficker, H. Hermelink, E. Preuschen,
H. Stephan, Handbuch der Kirchengeschichte für Studierende, 2. neubearb.
Aufl. von W. Maurer und H. Leube. 4 Bde. (1923–31).

J. Lortz, Geschichte der Kirche in ideengeschichtl. Betrachtung. 2 Bde.
(²²,²³1965). *Kein Handbuch und auch keine Gesamtdarstellung im eigentlichen
Sinne, aber sehr ideenreich und anregend; ein »neuer Typ der Kirchengeschichtsschreibung« (G. Denzler).*

K. D. Schmidt, E. Wolf (Hrsg.), Die Kirche in ihrer Geschichte (1971ff.).

6.0.9.2. Kleinere Darstellungen
A. Franzen, Kleine Kirchengeschichte (¹²1984).

K. Heussi, Kompendium der Kirchengeschichte (¹⁶1981).

A. Schuchert, Kirchengeschichte von den Anfängen bis zur Gegenwart. 2 Bde.
(1958). *Mehr als Lesebuch für breite Schichten geschrieben.*

6.0.9.3. Kirchengeschichte bestimmter Länder, Territorien und Diözesen
6.0.9.3.1. Länder und Territorien
R. Bauerreis, Kirchengeschichte Bayerns. 7 Bde. (1970–74).

Bibliographie

A. Hauck, Kirchengeschichte Deutschlands. 5 Bde. ([10]1969). *Reicht bis 1437; grundlegendes Werk.*
R. Herrmann, Thüringische Kirchengeschichte. 2 Bde. (1937–47).
J. Moorman, A History of Church in England (1953).
E. de Moreau, Histoire de l'Eglise en Belgique. 6 Bde. (1940–52).
C. Poulet, Histoire de l'Eglise de France. 3 Bde. ([2]1946–49).
Th. Schwegler, Geschichte der kath. Kirche in der Schweiz ([2]1945).
L. Stamer, Kirchengeschichte der Pfalz. 3 Bde. (1936–56). *Reicht bis 1801.*
E. Tomek, Kirchengeschichte Österreichs. 3 Bde. (1953–59); 3. Bd. von H. Hantsch.
H. Tüchle, Kirchengeschichte Schwabens, 2 Bde. (1950–54). *Reicht bis zur Reformation.*
J. Wodka, Kirche in Österreich. Wegweiser durch ihre Geschichte (1959).

6.0.9.3.2. Bistumsgeschichten

A. Bertram, Geschichte des Bistums Hildesheim. 3 Bde. (1899–1925).
J. Kist, Fürst- und Erzbistum Bamberg. Leitfaden durch ihre Geschichte 1007–1955 ([2]1958).
J. Marx, Geschichte des Erzstifts Trier von den ältesten Zeiten bis zum Jahre 1816. 5 Bde. (1858–64).
G. Mayer, Geschichte des Bistums Chur. 2 Bde. (1914).
J. Staber, Kirchengeschichte des Bistums Regensburg (1966).
L. Vautrey, Histoire des Evêques des Bâle. 2 Bde. (1884–86).
Germania Sacra. Historisch-statistische Darstellung der deutschen Kirche (Bistümer, Domkapitel, Kollegiat- und Pfarrkirchen, Klöster und sonstiger kirchlicher Institute), hrsg. vom Kaiser-Wilhelm-Institut für deutsche Geschichte. *s. auch Stichwort »Germania Sacra«.*
Bisher erschienen u. a.:
Bistum Brandenburg I (G. Abb – G. Wentz) (1929).
Bistum Brandenburg II (F. Büngert – G. Wentz) (1941).
Bistum Havelberg (G. Wentz) (1933).
Bistum Bamberg I (E. Frh. von Guttenberg) (1937).
Erzbistum Köln, Archidiakonat Xanten I (W. Classen) (1938); dazu aber J. Ramackers – Fr. Gescher in: Annalen des Historischen Vereins für den Niederrhein 137 (1940).
Neue Folge, hrsg. vom Max-Planck-Institut für Geschichte I: Mainzer Kirchenprovinz, Bistum Würzburg, 1: Bischofsreihe bis 1254 (A. Wendehorst) (1962).

6.0.9.4. Papstgeschichte

G. Denzler (Hrsg.), Päpste und Papsttum (1971ff., bisher 20 Bde.). *Bringt Biographien von Päpsten und Monographien zum Thema Papsttum.*
R. Fischer-Wollpert, Lexikon der Päpste (1985).
A. Franzen, R. Bäumer, Papstgeschichte (1974).
M. Greschat, Das Papsttum. 2 Bde. (1985).
J. Haller, Das Papsttum. Idee und Wirklichkeit, 2. von H. Dannenbauer erg. und vervollst. Aufl. in 5 Bden. (1950–53; Neudruck 1962). *Reicht bis zu Johannes XXII. (1316). Vollendete Darstellung von hohem wissenschaftl. Rang, im Urteil kritischer, nicht immer objektiver Standpunkt.*
L. von Pastor, Geschichte der Päpste seit dem Ausgang des Mittelalters. 6 Bde. (1886–1933); in zahlreichen Neuauflagen. *Reicht von ca. 1300 bis 1800 und ist aufgrund jahrzehntelanger Studien in vatikanischen und europäischen Archiven und Bibliotheken verfaßt; auch für die Profan-, Geistes- und Kulturgeschichte eine Fundgrube.*
Fortgesetzt wurde Pastors Papstgeschichte von J. Schmidlin bis zum Ende des Pontifikats Pius' XI. (1939); materialreich, aber in der Darstellung hinter Pastor zurückbleibend.
J. Schmidlin, Papstgeschichte der neuesten Zeit, 4 Bde. (1933–39).
Eine auf die Literatur, weniger auf Quellenstudien gestützte Gesamtdarstellung von den Anfängen bis zur Gegenwart schrieb der Kirchenhistoriker F. X. Seppelt. Sein Werk, von dem jetzt der 6. Bd. (bis Pius VI.) vorliegt, wird weitergeführt von G. Schwaiger.

921

Bibliographie

6.0.10. Landesgeschichte und geschichtliche Landeskunde

Handbuch der historischen Stätten Deutschlands. *Regional und alphabetisch nach Orten aufgebaut. Bringt für jede Landschaft zunächst eine allgemeine historische Einführung.*

Bd. 1. Schleswig-Holstein und Hamburg, hrsg. von O. Klose (^{3}1976);

Bd. 2. Niedersachsen und Bremen, hrsg. von K. Brüning und H. Schmidt (^{4}1976);

Bd. 3. Nordrhein-Westfalen, hrsg. von F. Petri, G. Droege, F. von Glocke, J. Bauermann (^{2}1970);

Bd. 4. Hessen, hrsg. von G. W. Sante (^{3}1976);

Bd. 5. Rheinland-Pfalz, hrsg. von L. Petry (^{3}1976);

Bd. 6. Baden-Württemberg, hrsg. von M. Miller (^{2}1980);

Bd. 7. Bayern, hrsg. von K. Bosl (^{3}1981);

Bd. 8. Sachsen, hrsg. von W. Schlesinger (1965);

Bd. 9. Thüringen, hrsg. von H. Patze (1968).

Bd. 10. Berlin u. Brandenburg, hrsg. von G. Heinrich (3. überarb. u. erg. Aufl. 1995).

Bd. 11. Sachsen-Anhalt, Ost- u. Westpreußen, hrsg. von B. Schwineköper, E. Weise und U. Arnold (1981).

Bd. 12. Schlesien, hrsg. von H. Weczerka (1977).

Bd. 13. Mecklenburg/Pommern, hrsg. von R. Schmidt, H. Bei der Wieden (1996).

Handbuch der historischen Stätten Österreichs

Bd. 1. Donauländer und Burgenland, hrsg. von K. Lechner (1985);

Bd. 2. Alpenländer mit Südtirol, hrsg. von F. Huter (^{2}1978).

Musterbeispiele landesgeschichtlicher Handbücher:

Geschichte Thüringens, hrsg. von H. Patze und W. Schlesinger, 6 Bde. (1967–84).

Handbuch der bayerischen Geschichte, hrsg. von M. Spindler. 4 Bde. (1967 ff.).

Bd. 1: Das Alte Bayern. Das Stammesherzogtum bis zum Ausgang des 12. Jh. (^{2}1981);

Bd. 2: Das Alte Bayern. Der Territorialstaat. Vom Ausgang des 12. Jh. bis zum Ausgang des 18. Jh. (^{3}1977);

Bd. 3, I u. II: Franken-Schwaben-Pfalz/Oberpfalz bis zum Ende des 18. Jh. (^{2}1979);

Bd. 4, I u. II: Das Neue Bayern 1800–1970 (^{2}1979).

Handbuch der Geschichte der böhmischen Länder, hrsg. im Auftrag des Collegium Carolinum von K. Bosl. 4 Bde. (1967 ff.).

G. W. Sante (Hrsg.): Geschichte der deutschen Länder (Territorien-Ploetz), Bd. 1: Die Territorien bis zum Ausgang des alten Reiches (1964).

L. Petry, J. J. Menzel, W. Irgang, Geschichte Schlesiens. 3 Bde. (Bd. 1: ^{7}2000, Bd. 2: ^{4}2000, Bd. 3: 1999).

6.0.11. Rechts- und Verfassungsgeschichte

6.0.11.1. Rechtsgeschichte

H. Conrad, Deutsche Rechtsgeschichte. 2 Bde. (^{2}1962–66; Nachdr. 1981/82).

H. Loing, Epochen der Rechtsgeschichte in Deutschland (^{4}1981).

H. Mitteis, Deutsche Rechtsgeschichte. Ein Studienbuch. Neubearb. von H. Lieberich (^{16}1981).

H. Planitz, Deutsche Rechtsgeschichte, bearb. von K. A. Eckhardt (^{4}1981).

Cl. Frh. von Schwerin, Grundzüge der deutschen Rechtsgeschichte (1941). 4. Aufl. bearb. von H. Thieme (1950).

A. Zycha, Deutsche Rechtsgeschichte der Neuzeit (^{2}1949).

6.0.11.2. Verfassungsgeschichte

C. Bornhak, Deutsche Verfassungsgeschichte vom Westfälischen Frieden an (1934).

H. Conrad, Der deutsche Staat (1969; ^{2}1974).

H. E. Feine, Deutsche Verfassungsgeschichte der Neuzeit (^{3}1943).

E. Forsthoff, Dt. Verfassungsgesch. vom 15. Jh. bis zur Gegenwart (^{8}1964).

F. Hartung, Dt. Verfassungsgesch. vom 15. Jh. bis zur Gegenwart (^{7}1959).

E. R. Huber, Deutsche Verfassungsgeschichte seit 1789. 6. Bde. (1957–81; teilweise in 2. Auflage).

C. F. Menger, Deutsche Verfassungsgeschichte der Neuzeit (^{2}1979).

Kein Handbuch, aber eine ausgezeichnete, vielfach auch heute nicht überholte Darstellung:
A. Schulte, Der deutsche Staat. Verfassung, Macht und Grenzen 919–1914 (1933).

6.0.12. Kirchliche Rechtsgeschichte
H. E. Feine, Kirchliche Rechtsgeschichte, I. Die kath. Kirche ([5]1972). *Grundlegende Darstellung.*
W. Plöchl, Geschichte des Kirchenrechts. 4 Bde. (1953/66).

6.0.13. Sozial- und Wirtschaftsgeschichte
H. Aubin und W. Zorn, Handbuch der dt. Wirtschafts- und Sozialgeschichte (Bd. 1: 1971, Nachdr. 1978; Bd. 2: 1976).
H. Bechtel, Wirtschaftsgeschichte Deutschlands, 3 Bde. (1951–56).
H. Haußherr, Wirtschaftsgeschichte der Neuzeit vom Ende des 14. Jh. bis zur Höhe des 19. Jh. ([4]1970).
H. Kellenbenz, Deutsche Wirtschaftsgeschichte. Bd. I: Von den Anfängen bis zum Ende des 18. Jh. (1977).
F. Lütge, Deutsche Sozial- und Wirtschaftsgeschichte ([3]1966; Nachdr. 1979).
H. Mottek, Wirtschaftsgeschichte Deutschlands. Ein Grundriß, 2 Bde. ([4] 1964).
W. Treue, Wirtschaftsgeschichte der Neuzeit. Im Zeitalter der techn.-industriellen Revolution 1700–1966 ([3]1973).
H.-U. Wehler (Hrsg.), Bibliogr. zur modernen dt. Sozialgeschichte/Wirtschaftsgeschichte, 2 Bde. (1976).
H.-U. Wehler (Hrsg.), Sozialgeschichte Heute (1974).

6.0.14. Geschichte der Geschichtsschreibung
E. Fueter, Geschichte der neueren Historiographie ([3]1936). *Materialreich; im Urteil anfechtbar.*
P. Joachimsen, Geschichtsauffassung und Geschichtsschreibung in Deutschland unter dem Einfluß des Humanismus (1910).
A. Kraus, Vernunft und Geschichte. Die Bedeutung der deutschen Akademien für die Entwicklung der Geschichtswissenschaft im späten 18. Jh. (1963).
A. Lhotsky, Österreichische Historiographie (1962).
ders.: Geschichte des Instituts für österreichische Geschichtsforschung (1954).
P. Meinhold, Geschichte der kirchlichen Historiographie. 2. Bde. (1967). *Auch Quellen; in der Darstellung wenig glücklich.*
H. Ritter von Srbik, Geist und Geschichte vom deutschen Humanismus bis zur Gegenwart. 2 Bde. (1950–51); Bd.1 ([3]1964); Bd. 2 ([2]1964).

6.0.15. Quellensammlungen
Eine Auswahl wichtiger größere Perioden oder Problembereiche erschließender Quellensammlungen, die sich für ein die einschlägige Literatur ergänzendes Quellenstudium zunächst empfehlen, soll hier angeboten werden. Im übrigen wird für die Quellensammlungen auf die einschlägigen Bibliographien und Quellenkunden verwiesen, sowie auf Handbücher und Monographien.
R. Buchner (Hrsg.), Ausgewählte Quellen zur Deutschen Geschichte des Mittelalters und der Neuzeit. 78 Bde. (1955ff.).
A. Buschmann (Hrsg.), Kaiser und Reich. Klassische Texte und Dokumente zur Verfassungsgeschichte des Hl. Römischen Reiches Deutscher Nation (1984; dtv 4384).
E. R. Huber (Hrsg.), Dokumente zur deutschen Verfassungsgeschichte. 3 Bde. (Bd. 1: [3]1978; Bd. 2: [3]1979; Bd. 3:[2]1966).
A. Mercati, Raccolta di concordati su materie ecclesiastiche tra la Santa Sede e le autorità civili. 2 Bde. ([2]1954).
C. Mirbt, Quellen zur Geschichte des Papsttums und des römischen Katholizismus ([5]1934); 6. Aufl. hrsg. von K. Aland, I und II (1967).
Quellen zur neueren Geschichte, hrsg. vom Historischen Seminar der Universität Bern. 13 Hefte (1945–49).
K. Zeumer (Hrsg.), Quellensammlung zur Geschichte der Deutschen Reichsverfassung in Mittelalter und Neuzeit ([2]1913).

7.0. Bibliographien

7.0.1. Handbücher und Bibliographien der Bibliographien

Th. Besterman, A world bibliography of bibliographies and of bibliographical catalogues, calendars, abstracts, digests, indexes and the like. 5 Bde. ([4]1965 bis 1966).

H. Bohatta, F. Hodes, Internationale Bibliographie der Bibliographien (1950).

F. Domay, Formenlehre der bibliographischen Ermittlung. Eine Einführung in die Praxis der Literaturerschließung. Mit einer Beispielsammlung, zahlreichen Einzelbeispielen im Text und dem Modell eines bibliograph. Apparats (1968; [2]1975).

L. N. Maclès, Les sources du travail bibliographique (1950–58; Neudruck 1965).

G. Schneider, Handbuch der Bibliographie ([5]1969; Neudruck der 4. gänzlich veränderten und stark vermehrten Aufl. von 1930). *Das Handbuch beschränkt sich auf die allg. Bibliographien; von ihnen verzeichnet und kommentiert es ca. 5000.*

W. Totok, R. Weitzel, K. Weimann, Handbuch der bibliographischen Nachschlagewerke ([6]1984/85).

C. M. Winchell, Guide of reference books (1957).

7.0.2. Bücherlexika

W. Heinsius, Allg. Bücherlexikon oder vollständiges alphabet. Verzeichnis aller von 1700–1892 erschienenen Bücher. 19 Bde. (1812–94; Nachdr. 1962/63).

C. G. Kayser, Vollständiges Bücherlexikon (1750–1911). 36 Bde. mit Sachregister (1834–1911; Nachdr. 1961/63).

An Heinsius und Kayser schließt an:

Deutsches Bücherverzeichnis. Eine Zusammenstellung der im deutschen Buchhandel erschienenen Bücher, Zeitschriften und Landkarten. Nebst Stich- und Schlagwortregister. Erscheint seit 1911 als wöchentl. Verzeichnis und in Halbjahrs- und Fünfjahresbänden. Das wöchentl. Verzeichnis erscheint seit 1931 unter dem Titel:

Deutsche Nationalbibliographie Reihe A: Neuerscheinungen des deutschen Buchhandels, bearb. von der Deutschen Bücherei.

Reihe B: Außerhalb des Buchhandels erschienene Schriften.

Seit 1945: Bibliographie der Deutschen Bibliothek.

Seit 1953: Deutsche Bibliographie. Bearb. von der Deutschen Bibliothek Frankfurt/M.

Th. Grässe, Trésor des livres rares et précieux ou nouveau dictionnaire bibliographique. 7 Bde. (1859–69; Nachdr. 1922).

7.0.3. Bibliographie der Zeitschriften

Internationale Bibliographie der Zeitschriftenliteratur, hrsg. von F. und R. Dietrich (1896 ff.).

Reihe A: Bibliographie der deutschen Zeitschriften mit Einschluß von Sammelwerken.

Reihe B: Bibliographie der fremdsprachigen Zeitschriftenliteratur.

Reihe C: Bibliographie der Rezensionen.

7.0.4. Kataloge wichtiger Bibliotheken

Deutscher Gesamtkatalog. Bde. 1–14 (1931–39). *Reicht bis »Beethord« – Sonderheft: Goethe. Bis Bd. 9 Gesamtkatalog der preuß. Bibliotheken mit Nachweis des identischen Besitzes der Bayr. Staatsbibliothek in München und der Nationalbibliothek in Wien. Hrsg. Preuß. Staatsbibliothek Berlin.*

Fortsetzung seit 1930:

Berliner Titeldrucke. Fünfjahreskatalog 1931–34. 8 Bde.

Deutscher Gesamtkatalog. Neue Titel 1935–39. 8 Bde. (1940–43).

British Museum, General catalogue of printed books, 263 Bde. (1965–66. Stand von 1955; Zusatzbände für die Jahre 1955 ff.).

A catalogue of books represented by Library of Congress, 167 Bde. ([2]1949 bis 1950).

7.1. Bibliographien zur Geschichte

7.1.1. Weltgeschichte

G. M. Dutscher u. a., A Guide to historical literature (1949). *Bes. Publikationen der angelsächsischen Länder.*

G. Franz, Bücherkunde zur Weltgeschichte vom Untergang des Römischen Welt-reiches bis zur Gegenwart (1956). *Sehr gedrängt, rigorose Auswahl der Titel.*
P. Heine, Quellenkunde zur Weltgeschichte (1910). *Veraltet.*

7.1.2. Periodische bibliographische Hilfsmittel

Internationale Bibliographie der Geschichtswissenschaft (International Bibliogra-phy of Historical Sciences (1930 ff.). *Die Bände 1–14 (erschienen 1930–41) enthalten die von 1926–39 veröffentlichte Literatur. Lücke für die Kriegsjahre. Dann wieder Bd. 16 für 1947 usw.*

Rascher unterrichtet über Neuerscheinungen die ausgezeichnete, jedem Band der Revue d'Histoire Ecclésiastique (RHE) beigegebene Bibliographie, die außerdem Hinweise auf Rezensionen zitierter Arbeiten gibt.

Ferner sind wichtig die bibliographischen Hinweise in der Historischen Zeit-schrift, im Deutschen Archiv, im Historischen Jahrbuch, usw.

7.1.3. Bibliographien zur Geschichte einzelner Staaten

W. Baumgart, Bücherverzeichnis zur deutschen Geschichte ([13]1999). *Überarbeitet und ergänzt.*
M. Bernath, G. Krallet (Hrsg.), Historische Bücherkunde. Südosteuropa Bd. 1 (1978). 2,1 (1988), 2,2 (i. V.).
Das grundlegende bibliograph. Hilfsmittel für das Studium der deutschen Ge-schichte ist:
Dahlmann-Waitz, Quellenkunde der deutschen Geschichte ([10]1969 98; Bd. 1–11), hrsg. von H. Heimpel, H. Geuss.
G. Franz, Bücherkunde zur deutschen Geschichte (1956).
L. B. Frewer, Bibliography of Historical Writings published in Great Britain and the Empire 1940–45 (1947).
Jahresberichte für deutsche Geschichte, hrsg. von A. Brackmann und F. Hartung, Jg. 1–15 (1925–40), N. F. ab 1949 (1952 ff.). *Die Jahresberichte enthalten Bibliographien und kritische Referate. Von Bd. 15 ist nur die Bibliographie erschienen. Die Neue Folge erscheint im Auftrag der Ost-Berliner Akademie. Die Auswahl ist nicht selten unter ideolog. Gesichtspunkten getroffen.*
W. Holzmann, G. Ritter, Die deutsche Geschichtswissenschaft im Zweiten Welt-krieg. Bibliographie des historischen Schrifttums deutscher Autoren 1939–45 (1951). Bd. 1: Vorgeschichte und Antike; Bd. 2: Mittelalter und Neuzeit.
J. A. Roach, A Bibliography of Modern History (1968). *Bibliographischer Stand von 1961.*
Südosteuropa-Bibliographie. 5 Bde. (1981).
W. Trillmich, Kleine Bücherkunde zur Geschichtswissenschaft (1950).
J. A. Van Houtte, Un quart de siècle de recherche historique en Belgique 1944–68 (1970).

7.1.4. Spezielle Bibliographien

7.1.4.1. Zeitschriften

R. Aubert, Un demi-siècle de revues d'histoire ecclésiastique. In: RSCI 14 (1960) 173–202.
C. Diesch, Bibliographie der Germanistischen Zeitschriften (1927; unveränderter Neudruck der Erstauflage 1970). *Verzeichnet über 5000 Titel von Zeitschriften, die seit dem ausgehenden 17. Jh. erschienen sind; beginnt mit den ›Acta eruditorum‹.*
J. Kirchner (Hrsg.), Bibliographie der Zeitschriften des deutschen Sprachgebietes bis 1900, 3 Bde. mit je etwa 480 Seiten und 1 Registerband, erscheint seit 1966 in Lieferungen von je 5 Bogen (80 S.), jährlich etwa 3 Lieferungen.

7.1.4.2. Hochschulschriften

Jahresverzeichnis der deutschen Hochschulschriften, hrsg. von der Deutschen Bücherei Leipzig (1936 ff.)
vorher: Jahresverzeichnis der an den deutschen Universitäten und Hochschulen erschienenen Schriften (seit 1887). *Nach Universitäten und Fakultäten geord-net, durch Namens- und Sachregister erschlossen. – Ähnliche Verzeichnisse für die Schweiz, Österreich, Frankreich usw.*
Hochschulschriften zur neueren deutschen Geschichte. Eine Bibliographie I: 1945–55 (1956).

Bibliographie

7.1.4.3. Einzelne historische Epochen und Probleme
7.1.4.3.1. Mittelalter

International Medieval Bibliography (1967 ff.). *Verzeichnet laufend histor. Beiträge zur europ. Geschichte und Zivilisation von 500–1500, die in Zeitschriften, Festschriften und Reihenwerken enthalten sind.*

A. Potthast, Bibliotheca Historica Medii Aevi. Repertorium fontium historiae medii aevi. 2 Bde. (1892); neu hrsg. von W. Holtzmann und R. Morghen (1962 ff.).

R. van Caenegem, F. L. Ganshof, Kurze Quellenkunde des europäischen Mittelalters (1964).

7.1.4.3.2. Kreuzzüge

A. S. Atiya. The Crusade, Historiography and Bibliography (1962).

H. E. Mayer, Bibliographie zur Geschichte der Kreuzzüge (^{3}1965).

7.1.4.3.3. Reformation und Gegenreformation

Bibliographie de la réforme 1450–1648 (1958 ff.).

K. Schottenloher, Bibliographie zur deutschen Geschichte im Zeitalter der Glaubensspaltung 1517–85. 7 Bde. (Bd. 1–6: 1933–40; unveränd. Nachdr. 1956–58; Bd. 7, bearb. von N. Thürauf: 1962–66). *Der ›Schottenloher‹ ist eine vorbildliche »bibliographie raisonnée« für das Zeitalter der Reformation und Gegenreformation.*

Bd. 1: Personen A–L (1956).
Bd. 2: Personen M–Z, Orte und Landschaften (1956).
Bd. 3: Reich und Kaiser, Territorien und Landesherren (1957).
Bd. 4: Gesamtdarstellungen, Stoffe (1957).
Bd. 5: Ergänzungen, Berichtigungen, Zeittafel (1958).
Bd. 6: Verfasser- und Titelverzeichnis zu Bd. 1–5 (1958).
Bd. 7 (Erg.-Bd.): Das Schrifttum von 1938–60 nebst Nachträgen zu Bd. 1–6, bearb. von U. Thürauf (1962–66).

7.1.4.3.4. Zeitgeschichte

T. Vogelsang, H. Auerbach (Hrsg.), Bibliographie zur Zeitgeschichte 1953–80. 3 Bde. (1982).

7.1.4.3.5. Habsburg

J. Kertész, Bibliographie zur Habsburg-Literatur (1934).

7.1.4.3.6. Deutscher Orden

R. Ten Haaf, Kurze Bibliographie zur Geschichte des Deutschen Ordens 1198–1561 (1949).

7.1.4.3.7. Breviere

H. Bohatta, Bibliographie der Breviere 1501–1850 (^{2}1963 Nachdr. der 1. Aufl. von 1937). *Einzige Bibliographie der gedruckten Brevierausgaben bis 1850. Über den engeren im Titel angegebenen Bereich wichtig.*

7.1.4.3.8. Ikonographie. Symbolik. Mythologie.

Lexikon der christl. Ikonographie. Begründet von Engelbert Kirschbaum. Hrsg. von Wolfgang Braunfels (bis 1985 lagen 8 Bde. vor; noch nicht abgeschlossen).

M. Lurker (Hrsg.): Bibliographie zur Symbolik, Ikonographie und Mythologie (1968 ff.).

A. Rabbow, dtv-Lexikon politischer Symbole (1970).

7.1.4.3.9. Frankreich

Bibliographie annuelle de l'histoire de France (1965 ff.).

R. De Lasteyrie, Bibliographie générale des travaux historiques et archéologiques publiés par les sociétés savantes de France, 6 Bde. (1888–1918).

anschließend unter dem Titel: Bibliographie annuelle ... 1901–10. Für 1910 bis 1940 5 Bde.; 1944–61 unter dem ursprünglichen Titel, hrsg. von R. Gandilhon und Ch. Samaran.

7.1.4.3.10. Großbritannien

C. Read, Bibliography of British History, 3 Bde.
Tudor Period (^{2}1959); Stuart Period (1933); The Eighteenth Century (1951).

7.1.4.3.11. Schweiz
Repertorium über die in Zeit- und Sammelschriften der Jahre 1812–90 enthaltenen Aufsätze und Mitteilungen schweizergeschichtlichen Inhalts, hrsg. von J. L. Brandstetter, Nachdruck der Ausgabe von 1892 (1967).
Die Ergänzungen dazu: Repertorium über die in Zeit- und Sammelschriften der Jahre 1891–1900 enthaltenen Aufsätze und Mitteilungen schweizergeschichtlichen Inhaltes. Als Fortsetzung zu Brandstetters Repertorium für die Jahre 1812–90, hrsg. von der Allgemeinen geschichtsforschenden Gesellschaft der Schweiz und in ihrem Auftrag bearbeitet von H. Barth, Nachdr. der Ausgabe von 1906 (1967).
Bibliographie zur Schweiz. Geschichte. In: Zs. für Schweiz. Geschichte.

8.0. Zeitschriften
Durch Aufsätze, Miszellen, Rezensionen und Anzeigen informieren zahlreiche Zeitschriften auf dem Gebiet der Geschichte. Die wichtigsten Zeitschriften der deutschen Geschichtswissenschaft:

8.0.1. Allgemeine, Mittelalterliche und Neuere Geschichte sowie Zeitgeschichte
Archivalische Zeitschrift (AZ) (1876 ff.).
Archiv für Diplomatik, Schriftgeschichte, Siegel- und Wappenkunde (1955 ff.).
Archiv für Kulturgeschichte (AKg) (1903 ff.).
Deutsches Archiv für Erforschung des Mittelalters (DA) (1950 ff.); hieß 1937 bis 1944: Deutsches Archiv für Geschichte des Mittelalters. Es trat an die Stelle von: Neues Archiv der Gesellschaft für ältere deutsche Geschichtskunde zur Beförderung einer Gesamtausgabe der Quellenschriften deutscher Geschichte des Mittelalters (NA) (1876–1935).
Geschichte in Wissenschaft und Unterricht (GWU). Zeitschrift des Verbandes der Geschichtslehrer Deutschlands (1950 ff.).
Historisches Jahrbuch der Görresgesellschaft (HJb) (1880 ff.).
Historische Zeitschrift (HZ) (1859 ff.).
Mitteilungen des Instituts für österreichische Geschichtsforschung (MIÖG) (1880 ff.; zeitweise: Mitteilungen des österreichischen Instituts [MÖIG]).
Schwerpunkte in den Hilfswissenschaften und in österreich. Geschichte.
Mitteilungen des Österreichischen Staatsarchivs (MÖSTA; MOSA) (1948 ff.).
Quellen und Forschungen aus italienischen Archiven und Bibliotheken (1898 ff.).
Saeculum. Jahrbuch für Universalgeschichte, (Saec) (1950 ff.).
Vierteljahreshefte für Zeitgeschichte (VJhfZ) (1953 ff.).
Zeitschrift für Geschichtswissenschaft (ZfG) (Ost-Berlin 1953 ff.).

8.0.1.1. Frankreich
Revue d'histoire diplomatique (RHD) (1887 ff.).
Revue d'histoire moderne et contemporaine (RHMC) (1954 ff.).
Revue historique (RH) (1876 ff.).
Revue des questions historiques (RQH) (1866 ff.).

8.0.1.2. Großbritannien
English Historical Review (Eng Hist Rev) (1886 ff.).

8.0.1.3. Italien
Rivista storica Italiana (RStJt) (1884 ff.).

8.0.1.4. USA
American Historical Review (AHR) (1895 ff.).

8.0.1.5. Schweiz
Zeitschrift für schweizerische Geschichte, Bde. 1–30 (1921–50). Fortsetzung: Schweizerische Zeitschrift für Geschichte (1951 ff.).

8.0.2. Zeitschriften für Landesgeschichte und geschichtliche Landeskunde
Fast jede deutsche Landschaft und zahlreiche Städte haben historische Zeitschriften. Von ihnen sind viele, über das Regionale und Lokale hinaus, für die deutsche Geschichte wichtig und wertvoll. Das Angebot an landesgeschichtl. Zeitschriften ist besonders reich. Es kann daher nur eine bibliographische Auswahl von Zeitschriften getroffen werden, die nach Möglichkeit und Fragestellung heranzuziehen sich empfiehlt.

Bibliographie

Annalen des Historischen Vereins für den Niederrhein, insbes. das alte Erzbistum Köln (Ann Hist VNdrh) (1855 ff.).
Berichte zur deutschen Landeskunde (BDL) (1941 ff.).
Blätter für deutsche Landesgeschichte. Neue Folge des Korrespondenzblattes, im Auftrag des Gesamtvereins der deutschen Geschichts- und Altertumsvereine (BDLG) (1852 ff.).
Forschungen zur brandenburgischen und preußischen Geschichte (FBPrG) (1888–1943).
Geschichtliche Landeskunde. Veröffentlichungen des Instituts für Geschichtliche Landeskunde an der Universität Mainz (1962 ff.).
Rheinische Vierteljahresblätter. Mitteilungen des Instituts für geschichtliche Landeskunde der Rheinlande (RhVjbll) (1931 ff.).
Westfälische Zeitschrift. Zeitschrift für vaterländische Geschichte (WestfZ) (1838 ff.).
Zeitschrift für bayerische Landesgeschichte (ZbLG) (1928 ff.).
Zeitschrift für die Geschichte des Oberrheins (ZfGO) (1850 ff.).
Zeitschrift für württembergische Landesgeschichte (ZWürttLG) (1937 ff.); vorher: Württembergische Vierteljahreshefte für Landesgeschichte (WVjLG) (1878 ff.).
Jahrbuch für westdeutsche Landesgeschichte (JbwL) (1976 ff.).
Jahrbuch der Schlesischen Friedrich-Wilhelms-Universität zu Breslau (JSFWUB) (1955 ff.).

8.0.3. Kirchengeschichtliche Zeitschriften

8.0.3.1. Für die gesamte Kirchengeschichte
Archivum Historiae Pontificiae (1963 ff.). *Enthält eine gute Bibliographie zur Kirchen- und Papstgeschichte.*
Revue d'histoire ecclésiastique (RHE) (1900 ff.). *Mit ausgezeichneter Bibliographie, weit über die Kirchengeschichte im engeren Sinn hinausgehend, umfangreichem Besprechungsteil und Nachweis von Rezensionen für angezeigte Bücher. Wichtiges bibliographisches Hilfsmittel.*
Römische Quartalschrift für christliche Altertumskunde und für Kirchengeschichte (RQS) (1887 ff.).
Zeitschrift für Kirchengeschichte (ZKiG) (1876 ff.).

8.0.3.2. Mit regionalen Schwerpunkten
Ähnlich wie bei den landesgeschichtlichen Zeitschriften ist hier das Angebot sehr groß; es kann daher nur eine Auswahl geboten werden.
Archiv für elsässische Kirchengeschichte (AElsKg) (1926 ff.).
Archiv für mittelrheinische Kirchengeschichte (ArchMrhKg) (1949 ff.).
Archiv für schlesische Kirchengeschichte (1936 ff.).
Freiburger Diözesanarchiv (FreibDiözArch) (1865 ff.).
Zeitschrift für Schweizer Kirchengeschichte (ZSKG) (1907 ff.).

8.0.3.3. Mit thematischen Schwerpunkten
Von den zahlreichen kirchengeschichtl. Zeitschriften mit thematisch bestimmten Schwerpunkten seien wegen ihrer Bedeutung für die allg. Kirchen- und Profangeschichte lediglich genannt:
Archiv für Reformationsgeschichte (ARefG) (1903 ff.).
Archivum historicum Societatis Jesu (AHSJ) (1932 ff.).
Luther-Jahrbuch; Jahrbuch der Luthergesellschaft (LuthJb) (1919 ff.).
Studien und Mitteilungen aus dem Benediktiner- und Zisterzienserorden bzw. zur Geschichte des Benediktinerordens und seiner Zweige (SMGB) (1880 ff.; seit 1911 Neue Folge).

8.0.4. Wichtigere Zeitschriften aus wissenschaftlichen Nachbargebieten
Archiv für katholisches Kirchenrecht (ArchkathKR) (1857 ff.).
Deutsche Vierteljahresschrift für Literaturwissenschaft und Geistesgeschichte (DtVjs) (1923 ff.).

Militärgeschichtl. Mitteilungen (MGM). Hrsg. vom Militärgeschichtl. Forschungs-
amt, Potsdam (seit 1999: Militärgeschichtliche Zeitschrift (MGZ)).
Vierteljahrsschrift für Sozial- und Wirtschaftsgeschichte (VSWG) (1903 ff.).
Zeitschrift der Savigny-Stiftung für Rechtsgeschichte, Germanistische Abteilung
(ZRGGA) (1880 ff.).
Zeitschrift der Savigny-Stiftung für Rechtsgeschichte. Kanonistische Abteilung
(ZRGKA) (1911 ff.).
Zeitschrift für Religions- und Geistesgeschichte (ZRG) (1948 ff.).
Zeitschrift Technikgeschichte (1909–41 Jahrbuch Technikgeschichte. Beiträge zur
Geschichte der Technik und Industrie; seit 1965 Zeitschr. Technikgeschichte).
*Veröffentlicht Beiträge über die geschichtliche Entwicklung der Technik in ihren
wissenschaftlichen, gesellschaftlichen, wirtschaftlichen und politischen Zusam-
menhängen.*

Bibliographie

Die politische Neuordnung des Balkans durch den Berliner

- osmanische Reichsgrenze 1830
- Neue Staaten in Flächenfarbe
- Erwerbungen
- serbi-türkische Aufstände 1875/76
- russischer Vormarsch
- österreichische Militärgrenze

dtv-Atlas Weltgeschichte
von W. Hilgemann und
H. Kinder
Band 1: Von den Anfängen
bis zur Französischen
Revolution
Band 2: Von der Französi-
schen Revolution bis zur
Gegenwart
Originalausgabe
dtv 3001 / 3002

dtv-Atlas
Weltgeschichte

Band 2
Von der Französischen
Revolution
bis zur Gegenwart

Lebendiges Mittelalter

Egon Friedell im dtv

»Ein Kompendium an Weisheit und Einsicht,
an historischer Klugheit und dichterischer Inspiration,
an stilistischer Bravour, fachwissenschaftlicher
Genauigkeit und aller Freiheit der Phantasie.«
Saarländischer Rundfunk

Kulturgeschichte Griechenlands
<u>dtv</u> 3-423-30084-1

Kulturgeschichte der Neuzeit
In zwei Bänden
<u>dtv</u> 3-423-30061-2 und <u>dtv</u> 3-423-30062-0

Egon Friedell (1878–1938) studierte Philosophie und Germanistik und war als Theaterkritiker, Schriftsteller,
Schauspieler und Feuilletonist tätig. Berühmt machte ihn
die ›Kulturgeschichte der Neuzeit‹, die von 1927–1931 erschien. Von einer geplanten ›Kulturgeschichte des Altertums‹
wurde 1937 die ›Kulturgeschichte Ägyptens und des alten
Orients‹ veröffentlicht und – im besetzten Norwegen –
1940 die ›Kulturgeschichte Griechenlands‹.

»Friedell hält von den Geschehnissen einer Epoche jene des
Erzählens und Durchleuchtens wert, in denen das Kräftespiel offenbar wird, das zu organisieren und auszutragen
uns heute als der geschichtliche Sinn einer Epoche erscheint.
Wo das Beglaubigte, das geschichtlich Sichere nicht ausreichte, seine Interpretationen des Gewesenen zu stützen,
verbreiterte er die Stütze durch Einschmelzung des Wahr-
scheinlichen in das Sichere. Friedells Wahrscheinlichkeiten
sind verführerisch. Sie bezeugen schöpferische Einbildungs-
kraft und psychologischenSpürsinn.«
Alfred Polgar

Frauen, die Geschichte machten

Edwin Dillmann
Maria Theresia
<u>dtv</u> 3-423-31028-6

Françoise Giroud
Das Leben der Jenny Marx
Biographie
<u>dtv</u> 3-423-30632-7

Angela Grünert
Der längste Weg heißt Frieden
Die Frauen im ersten palästinensischen Parlament
<u>dtv</u> premium 3-423-24145-4

Hildegard Hamm-Brücher
Freiheit ist mehr als ein Wort
Eine Lebensbilanz
1921–1996
<u>dtv</u> 3-423-30644-0
Erinnern für die Zukunft
Ein zeitgeschichtliches
Nachlesebuch 1991 bis 2002
<u>dtv</u> premium 3-423-24254-X

Gerda Hoffer
Zeit der Heldinnen
Lebensbilder außergewöhnlicher jüdischer Frauen
<u>dtv</u> 3-423-30701-3

Jean Markale
Isabeau de Bavière
Biographie
<u>dtv</u> 3-423-30633-5

Régine Pernoud
Königin der Troubadoure
Eleonore von Aquitanien
<u>dtv</u> 3-423-30042-6
Herrscherin in bewegter Zeit
Blanca von Kastilien,
Königin von Frankreich
<u>dtv</u> 3-423-30359-X
Christine de Pizan
Das Leben einer außergewöhnlichen Frau und
Schriftstellerin im Mittelalter
<u>dtv</u> 3-423-30631-9

Der Prozeß der Jeanne d'Arc
Akten und Protokolle
1431–1456
Herausgegeben von
Ruth Schirmer-Imhoff
<u>dtv</u> 3-423-30202-X

Martha Schad
Elisabeth von Österreich
<u>dtv</u> 3-423-31006-5

Männer, die Geschichte machten

Bücher zum Dritten Reich

Bücher zum Dritten Reich

Bücher gegen das Vergessen

Bücher gegen das Vergessen

20 Tage im 20. Jahrhundert

Herausgegeben von
Norbert Frei, Klaus-Dietmar Henke und Hans Woller

Norbert Frei
Paris, 13. Mai 1968
Kulturprotest und
Gesellschaftsreform
dtv 3-423-30612-2
(i. Vb.)

Brigitte Röthlein
Mare Tranquillitatis,
20. Juli 1969
Die wissenschaftlich-
technische Revolution
dtv 3-423-30613-0

Wilfried Loth
Helsinki, 1. August 1975
Entspannung und
Abrüstung
dtv 3-423-30614-9

Harold James
Rambouillet,
15. November 1975
Die Globalisierung der
Wirtschaft
dtv 3-423-30615-7

Mária Huber
Moskau, 11. März 1985
Die Auflösung des
sowjetischen Imperiums
dtv 3-423-30616-5

Franz J. Brüggemeier
Tschernobyl,
26. April 1986
Die ökologische
Herausforderung
dtv 3-423-30617-3

Klaus-Dietmar Henke,
Kurt Sontheimer
Berlin, 9. November 1989
Die deutsche Frage
dtv 3-423-30618-1
(i. Vb.)

Walther L. Bernecker
Port Harcourt,
10. November 1995
Aufbruch und Elend
in der Dritten Welt
dtv 3-423-30619-X

Michael Jeismann
Boston,
26. Dezember 2000
Schöne neue Welt:
Erwartung und
Erfahrung
dtv 3-423-30620-3
(i. Vb.)

Der Kleine Pauly
Lexikon der Antike

**Das klassische
Nachschlagewerk
in fünf Bänden**

dtv 3-423-05963-X

Dieses vielseitige Lexikon reicht von der Vor- und Frühgeschichte bis zum Weiterleben der Antike, von Mythen und Sagen bis zu den Kirchenvätern. Artikel zur Rechtswissenschaft, zur Tier- und Pflanzenkunde, zur vergleichenden Sprachforschung, zur Musik und zur Mathematik runden das Standardwerk ab.

Auf der Grundlage von ›Pauly's Realencyclopädie der classischen Altertumswissenschaft‹ bearbeitet und herausgegeben von Konrat Ziegler, Walther Sontheimer und Hans Gärtner.

5 Bände mit Abbildungen und Karten, 12 700 Stichwörtern und zahlreichen Literaturangaben.

»Niemals wird der Benutzer mit trockenen Zusammenstellungen oder Literaturhinweisen abgespeist:
Jeder Beitrag ist ein lebendig geschriebener
Forschungsbericht.«
Die Welt